FRANCISCO FERREIRA
JORGE NETO

Desembargador Federal do Trabalho (TRT 2ª Região). Professor convidado no curso de pós-graduação *lato sensu* da Escola Paulista de Direito. Mestre em Direito das Relações Sociais e em Direito do Trabalho pela PUC/SP.

JOUBERTO DE QUADROS PESSOA
CAVALCANTE

Doutor em Direito do Trabalho pela Faculdade de Direito da Universidade de São Paulo (USP). Mestre em Direito Político e Econômico pela Universidade Presbiteriana Mackenzie. Mestre em Integração da América Latina pela Universidade de São Paulo (USP/PROLAM). Professor Doutor da Faculdade de Direito da Universidade Presbiteriana Mackenzie. Professor convidado na Faculdade de Direito da Universidade de Lisboa, no curso de pós-graduação *lato sensu* da Pontifícia Universidade Católica – PUC/PR e em outros diversos cursos. Membro da Academia Paulista de Letras Jurídicas.

DIREITO
PROCESSUAL
DO TRABALHO

O GEN | Grupo Editorial Nacional – maior plataforma editorial brasileira no segmento científico, técnico e profissional – publica conteúdos nas áreas de concursos, ciências jurídicas, humanas, exatas, da saúde e sociais aplicadas, além de prover serviços direcionados à educação continuada.

As editoras que integram o GEN, das mais respeitadas no mercado editorial, construíram catálogos inigualáveis, com obras decisivas para a formação acadêmica e o aperfeiçoamento de várias gerações de profissionais e estudantes, tendo se tornado sinônimo de qualidade e seriedade.

A missão do GEN e dos núcleos de conteúdo que o compõem é prover a melhor informação científica e distribuí-la de maneira flexível e conveniente, a preços justos, gerando benefícios e servindo a autores, docentes, livreiros, funcionários, colaboradores e acionistas.

Nosso comportamento ético incondicional e nossa responsabilidade social e ambiental são reforçados pela natureza educacional de nossa atividade e dão sustentabilidade ao crescimento contínuo e à rentabilidade do grupo.

FRANCISCO FERREIRA
JORGE NETO

JOUBERTO DE QUADROS PESSOA
CAVALCANTE

DIREITO
PROCESSUAL
DO TRABALHO

8ª edição | revista e atualizada

■ A EDITORA ATLAS se responsabiliza pelos vícios do produto no que concerne à sua edição (impressão e apresentação a fim de possibilitar ao consumidor bem manuseá-lo e lê-lo). Nem a editora nem o autor assumem qualquer responsabilidade por eventuais danos ou perdas a pessoa ou bens, decorrentes do uso da presente obra.

Todos os direitos reservados. Nos termos da Lei que resguarda os direitos autorais, é proibida a reprodução total ou parcial de qualquer forma ou por qualquer meio, eletrônico ou mecânico, inclusive através de processos xerográficos, fotocópia e gravação, sem permissão por escrito do autor e do editor.

Impresso no Brasil – *Printed in Brazil*

■ Direitos exclusivos para o Brasil na língua portuguesa
Copyright © 2019 by
EDITORA ATLAS LTDA.
Uma editora integrante do GEN | Grupo Editorial Nacional
Rua Conselheiro Nébias, 1384 – Campos Elíseos – 01203-904 – São Paulo – SP
Tel.: (11) 5080-0770 / (21) 3543-0770
faleconosco@grupogen.com.br / www.grupogen.com.br

■ O titular cuja obra seja fraudulentamente reproduzida, divulgada ou de qualquer forma utilizada poderá requerer a apreensão dos exemplares reproduzidos ou a suspensão da divulgação, sem prejuízo da indenização cabível (art. 102 da Lei n. 9.610, de 19.02.1998).

Quem vender, expuser à venda, ocultar, adquirir, distribuir, tiver em depósito ou utilizar obra ou fonograma reproduzidos com fraude, com a finalidade de vender, obter ganho, vantagem, proveito, lucro direto ou indireto, para si ou para outrem, será solidariamente responsável com o contrafator, nos termos dos artigos precedentes, respondendo como contrafatores o importador e o distribuidor em caso de reprodução no exterior (art. 104 da Lei n. 9.610/98).

■ Capa: Fabricio Vale

■ Data de fechamento: 09.10.2018

■ **CIP – BRASIL. CATALOGAÇÃO NA FONTE.**
SINDICATO NACIONAL DOS EDITORES DE LIVROS, RJ.

J71d
Jorge Neto, Francisco Ferreira

Direito Processual do Trabalho / Francisco Ferreira Jorge Neto, Jouberto de Quadros Pessoa Cavalcante. – 8. ed. – São Paulo: Atlas, 2019.

Inclui bibliografia
ISBN 978-85-97-01793-9

1. Direito do trabalho - Brasil. 2. Justiça do trabalho. I. Cavalcante, Jouberto de Quadros Pessoa. II. Título.

18-50744   CDU: 349.2(81)

Meri Gleice Rodrigues de Souza – Bibliotecária CRB-7/6439

Sem Deus não há luz.
Sem Deus não há vida.
Agradeço a Deus tudo o que ele
representa e proporciona a minha vida.

Sem o amor, nada somos e nada criamos.
Sem a luz, nada somos e nada criamos.

À Neire, amada esposa e luz da minha vida,
em ti, tudo sou e por todo o sempre tudo serei.

Como reflexo do nosso amor, nasce mais uma obra, a qual
dedicamos ao nosso Deus, que nos permite viver em harmonia e
participar da criação jurídica na seara literária e acadêmica do Brasil.

Ao nosso amado filho Felipe, espírito de luz e sabedoria, dedico o
meu amor, compreensão e amizade. Que o amor e a luz sempre
estejam em seu caminho, querido filho.

Francisco Ferreira Jorge Neto

O Senhor é a minha força e o meu
cântico, porque Ele me salvou.
(Bíblia, Salmo 11:14)
Aos meus alunos e a todos os estudantes que
acreditam e constroem um mundo melhor.

Jouberto de Quadros Pessoa Cavalcante

SUMÁRIO

PARTE I
ASPECTOS HISTÓRICOS DO DIREITO PROCESSUAL DO TRABALHO

Capítulo I – História Universal do Direito Processual do Trabalho 3
    1.1   França 3
    1.2   Alemanha 6
    1.3   Itália.. 7
    1.4   México 9
    1.5   Espanha 10
    1.6   Grã-Bretanha 11
    1.7   Estados Unidos 12
    1.8   Argentina.. 12
    Questionário.. 13

Capítulo II – Evolução do Direito Processual do Trabalho no Brasil 14
    Questionário.. 23

PARTE II
INTRODUÇÃO AO DIREITO PROCESSUAL DO TRABALHO

Capítulo I – Conceito de Direito Processual do Trabalho............................... 26
    Questionário.. 27

Capítulo II – Autonomia do Direito Processual do Trabalho 28
    2.1   A Questão da Autonomia do Direito Processual..................... 28
    2.2   A Questão da Divisão do Direito Processual e o Direito Processual
           do Trabalho 29
    Questionário.. 32

**Capítulo III – Relações do Direito Processual do Trabalho com Outros Ramos
da Ciência Jurídica**.. 33
    3.1   Direito Internacional Público 33
    3.2   Direito Constitucional... 33

3.3	Direito do Trabalho	34
3.4	Direito Administrativo	35
3.5	Direito Penal e Processo Penal	35
3.6	Direito Processual Civil	35
3.7	Direito Tributário	36
3.8	Direito da Seguridade Social	36
3.9	Direito Privado (Direito Civil e Comercial)	38
3.10	Direito do Consumidor	38
	Questionário	38

Capítulo IV – Fontes do Direito Processual do Trabalho 39

4.1	A Sistemática das Fontes na Ciência Jurídica	39
4.2	A Classificação das Fontes Formais	41
	4.2.1 Fontes Diretas ou Imediatas	41
	4.2.1.1 Lei	41
	4.2.1.2 Costumes	42
	4.2.2 Fontes Indiretas ou Mediatas	43
	4.2.2.1 Doutrina	43
	4.2.2.2 Jurisprudência	44
4.3	A Natureza Cogente da Norma Jurídica Processual Trabalhista como Justificativa do Predomínio da Fonte Formal no Direito Processual	45
	4.3.1 Visão Geral das Fontes Processuais Trabalhistas	46
	4.3.1.1 A Norma Estatal Processual Trabalhista	46
	4.3.1.2 Outras Fontes Processuais Trabalhistas	46
	Questionário	48

Capítulo V – Hermenêutica do Direito Processual do Trabalho 49

5.1	Hermenêutica	49
5.2	Interpretação	49
	5.2.1 Técnicas de Interpretação	50
	5.2.1.1 Quanto à Origem	50
	5.2.1.2 Quanto aos Resultados	50
	5.2.1.3 Quanto ao Método	52
5.3	Integração da Norma Jurídica	53
	5.3.1 Equidade	54
	5.3.2 Princípios Gerais de Direito	55
	5.3.3 Analogia	58
5.4	A Questão da Aplicação das Normas Jurídicas	59
	5.4.1 As Normas Processuais no Tempo	59
	5.4.1.1 A Questão da Vigência da Norma Processual	59
	5.4.1.2 A Irretroatividade da Norma Jurídica	60

5.4.2	A Norma Processual no Tempo		62
	5.4.2.1	A Eficácia da EC 45/04 no Tempo	64
5.4.3	As Normas Processuais no Espaço		64
	5.4.3.1	A Competência Internacional no Direito Processual Civil	65
	5.4.3.2	A Competência Internacional no Direito Processual do Trabalho	66
	5.4.3.3	A Aplicação Espacial e o Direito do Trabalho	67

5.4.3.3.1 Trabalhador Brasileiro Contratado para Laborar no Exterior 68

5.4.3.3.2 Contratação de Trabalhador Brasileiro por Empresa Estrangeira, sem Filial ou Agência no Brasil, para o Trabalho no Exterior 70

5.4.3.3.3 Empregado de Empresa Brasileira que Fiscaliza Trabalhos Executados em Diversos Países 71

5.4.3.3.4 Empregado de Empresa Brasileira que Executa Serviços Esporádicos no Exterior 71

5.4.3.3.5 Trabalhador Estrangeiro Contratado no Brasil por Empresa Estrangeira para o Trabalho no Exterior 71

5.4.3.3.6 Empregado Estrangeiro que vem Laborar Permanentemente no Brasil 71

5.4.3.3.7 Trabalhadores Fronteiriços 71

5.4.3.3.8 Trabalho Efetuado a Bordo de Embarcações e Aeronaves 71

Questionário 72

Capítulo VI – Princípios e o Direito Processual do Trabalho 73

6.1 A Noção de Princípio 73

6.2 Princípios do Direito Processual 74

6.2.1 Princípios Informativos 75

6.2.2 Princípios Fundamentais 76

6.2.2.1 Princípio da Igualdade 76

6.2.2.2 Princípio do Contraditório e da Ampla Defesa .. 77

6.2.2.3 Princípio da Imparcialidade do Juiz 78

6.2.2.4 Princípio da Publicidade e da Motivação das Decisões 79

	6.2.2.5	Princípio do Devido Processo Legal	80
		6.2.2.5.1 Duplo Grau de Jurisdição	81
	6.2.2.6	Princípio da Razoabilidade Duração do Processo	83
	6.2.2.7	Princípio da Inafastabilidade do Controle Jurisdicional	84
6.3	Princípios Comuns ao Direito Processual Civil e ao Direito Processual do Trabalho		84
	6.3.1	Princípios: Dispositivo e Inquisitivo	84
	6.3.2	Princípio da Lealdade Processual	85
	6.3.3	Princípio da Oralidade	87
	6.3.4	Princípio da Economia Processual	88
	6.3.5	Princípio da Eventualidade ou Preclusão	89
	6.3.6	Princípio do Ônus da Prova	90
	6.3.7	Princípio da Instrumentalidade	91
	6.3.8	Princípio da Impugnação Especificada	92
	6.3.9	Princípio da Estabilidade da Lide	92
	6.3.10	Princípio da Eventualidade	93
6.4	Os Princípios Peculiares ao Direito Processual do Trabalho		93
	6.4.1	O Princípio Protetor e o Direito Processual do Trabalho	93
		6.4.1.1 O Princípio Protetor e o Direito do Trabalho	93
		6.4.1.2 O Princípio Protetor no Processo Trabalhista	94
	6.4.2	Princípio da Busca da Verdade Real	95
	6.4.3	Princípio da Finalidade Social	95
	6.4.4	Princípio da Indisponibilidade	96
	6.4.5	Princípio da Conciliação	96
	6.4.6	Princípio da Normatização Coletiva	96
6.5	O Caráter Subsidiário do Direito Processual Civil no Processo Trabalhista		97
	Questionário		102

Capítulo VII – As Relações e os Conflitos Coletivos de Trabalho 103

Questionário 104

Capítulo VIII – As Formas de Soluções de Conflitos Individuais de Trabalho ... 105

8.1	Autodefesa		105
8.2	Autocomposição		105
	8.2.1	Negociação Direta	105
	8.2.2	Comissões Prévias de Conciliação	105
		8.2.2.1 Introdução	105
		8.2.2.2 Constituição	106

	8.2.2.3	A Comissão na Empresa	106
	8.2.2.4	A Comissão no Sindicato	108
	8.2.2.5	Procedimento na Comissão	108
	8.2.2.6	Dos Efeitos da Conciliação perante a Comissão	112

8.2.3 Quitação Anual das Obrigações Trabalhistas 114

8.3 Heterocomposição 114

8.3.1 Arbitragem 114

    8.3.1.1 Introdução 114

    8.3.1.2 Arbitragem prestada pelo Ministério Público do Trabalho 115

    8.3.1.3 Arbitragem Facultativa e Obrigatória 115

    8.3.1.4 Convenção de Arbitragem 116

    8.3.1.5 Arbitragem e o Conflito Coletivo e Individual do Trabalho 116

8.3.2 Jurisdição 119

Questionário 120

PARTE III

ORGANIZAÇÃO DA JUSTIÇA DO TRABALHO

Capítulo I – A Constituição Federal e a Estrutura da Justiça do Trabalho ... 123

Questionário 125

Capítulo II – Tribunal Superior do Trabalho 126

2.1 Órgão Especial 127

2.2 Tribunal Pleno 128

2.3 Seção Especializada em Dissídios Coletivos 128

2.4 Seção Especializada em Dissídios Individuais 129

2.5 Turmas 130

2.6 Corregedoria-Geral da Justiça do Trabalho 130

2.7 Procedimento para Edição e Revisão de Súmulas e Enunciados Jurisprudenciais 131

Questionário 132

Capítulo III – Tribunais Regionais do Trabalho 133

3.1 Regiões 133

3.2 Competência Originária 134

3.3 Competência Recursal 134

3.4 Composição e Funcionamento 135

3.5 Corregedoria Regional 137

Questionário 138

Capítulo IV – Varas do Trabalho 139

4.1 Critérios Legais para a Criação de uma Vara do Trabalho 139

4.2 Composição 140

4.3 Funcionamento 141

4.4 A Transferência da Vara do Trabalho e a Lei 10.770/03 142

Questionário 142

Capítulo V – Órgãos Auxiliares da Justiça do Trabalho 143

5.1 Secretaria da Vara do Trabalho 143

5.2 Secretaria do Tribunal Regional do Trabalho 145

5.3 Serviços Administrativos do Tribunal Superior do Trabalho 145

5.4 Distribuidor 145

5.5 Oficial de Justiça Avaliador 146

5.6 Contadoria 146

5.7 Perito 147

5.8 Depositário e Administrador 148

5.9 Intérprete e Tradutor 148

Questionário 149

Capítulo VI – Ministério Público do Trabalho 150

6.1 Ministério Público 150

6.2 Conselho Nacional do Ministério Público 152

6.3 Órgãos Integrantes do Ministério Público do Trabalho 153

6.4 A Atuação Judicial e Extrajudicial do Ministério Público do Trabalho 154

Questionário 155

PARTE IV

COMPETÊNCIA DA JUSTIÇA DO TRABALHO

Capítulo I – A Importância da Jurisdição 159

1.1 A Noção de Jurisdição 159

1.2 A Jurisdição Trabalhista 160

Questionário 161

Capítulo II – Competência 162

Questionário 163

Capítulo III – Competência Material da Justiça do Trabalho 164

3.1 Introdução 164

3.2 Trabalho Humano e o Direito do Trabalho 165

3.3 Conceito de Relação de Trabalho 166

3.3.1 Abrangência da Relação de Trabalho 168

3.3.2	Relação de Trabalho e Relação de Consumo	168

3.4 Dissídios Individuais e a Competência Material Trabalhista e a EC 45.. 170

3.4.1 A Qualidade de Ex-Empregado e a Complementação de Aposentadoria ou de Pensão 172

3.4.2 Pré-contrato 174

3.4.3 Ação Indenizatórias: Danos Patrimoniais e Extrapatrimoniais 176

3.4.4 Atleta Profissional de Futebol 178

3.4.5 Contribuições Previdenciárias 179

3.4.6 A Competência da Justiça do Trabalho para o IR Incidente sobre os Rendimentos do Trabalhador 183

3.4.7 Demais Tipos de Relações de Trabalho 187

3.4.7.1 Trabalhador Autônomo 187

3.4.7.2 Trabalhador Eventual 189

3.4.7.3 Trabalhador Doméstico 191

3.4.7.4 Trabalhador Avulso 191

3.4.7.5 Trabalhador Temporário 192

3.4.7.6 Empregado Rural 192

3.4.8 A Justiça do Trabalho e o Contrato de Empreitada 193

3.4.8.1 Conceito de Empreitada 193

3.4.8.2 Empreiteiro – Operário ou Artífice 194

3.4.8.3 Empreitada e Subempreitada 194

3.4.9 Agentes Públicos 195

3.4.10 Jurisdição Voluntária. Homologação de Acordo Extrajudicial 198

3.5 Dissídio Individual e a Competência Derivada 198

3.6 Dissídios Individuais Especiais 199

3.7 Ações Relativas aos Atos Praticados pela Fiscalização do Trabalho..... 200

3.8 A Justiça do Trabalho e o Transporte Rodoviário 201

3.9 Entes de Direito Público Externo e a Competência Material Trabalhista 202

3.10 Dissídio Coletivo 204

3.10.1 Conceito de Dissídio Coletivo de Trabalho 204

3.10.2 Espécies de Dissídio Coletivo 205

3.10.3 Competência Jurisdicional para os Dissídios Coletivos de Trabalho 206

3.11 Dissídios Sindicais 207

3.11.1 Conflitos Intersindicais Coletivos 208

3.11.2 Intersindicais Não Coletivos 208

3.11.3 Conflitos Intrassindicais (ou Internos) 208

3.11.4	Conflitos Extrassindicais	209
3.11.5	Conflitos entre Trabalhadores	209
3.11.6	Dissídios Individuais Sindicais sobre Contribuições	210

3.12 Ações que Envolvam o Exercício do Direito de Greve e o *Lockout* 211

3.13 Súmulas do STF e a Competência Material Trabalhista 213

3.14 Súmulas do Extinto Tribunal Federal de Recursos e a Competência Material Trabalhista 214

3.15 Súmulas do STJ e a Competência Material Trabalhista 215

3.16 Súmulas do TST e a Competência Material Trabalhista 217

3.17 Orientações Jurisprudenciais da SDI-I e a Competência Material Trabalhista 218

3.18 Competência Penal da Justiça do Trabalho 218

Questionário...... 221

Capítulo IV – Competência Territorial da Justiça do Trabalho 222

4.1 Dissídio Individual e a Competência Territorial Trabalhista 222

4.1.1	Empregado – Agente ou Viajante Comercial	222
4.1.2	Empregado Brasileiro Laborando no Estrangeiro	223
4.1.3	Empresas que Promovem Atividades Fora do Lugar do Contrato	224

4.2 Dissídio Coletivo e a Competência Territorial Trabalhista 225

4.3 Prorrogação da Competência 225

4.4 Foro de Eleição e a Competência Territorial Trabalhista................. 226

Questionário...... 227

Capítulo V – Competência Funcional da Justiça do Trabalho 228

5.1 Atribuições do Juiz Titular da Vara do Trabalho 228

5.2 Atribuições do Desembargador Presidente do Tribunal Regional do Trabalho...... 228

5.3 Tribunais Regionais do Trabalho 229

5.3.1	Competência Originária	229
5.3.2	Competência Recursal	229
5.3.3	Funcionamento	229

5.4 Tribunal Superior do Trabalho 230

5.5 Juiz de Direito 231

Questionário...... 231

Capítulo VI – Competência em Função do Valor da Causa e a Justiça do Trabalho...... 232

6.1 Introdução...... 232

6.2 Procedimento Sumário e o Valor da Causa 232

6.3 Procedimento Sumaríssimo e o Valor da Causa 232

SUMÁRIO | **XV**

6.3.1 Recurso Ordinário no Procedimento Sumaríssimo 232

6.3.2 Recurso de Revista no Procedimento Sumaríssimo 233

Questionário.. 234

Capítulo VII – Conflitos de Competência 235

Questionário.. 236

PARTE V

A DECADÊNCIA E A PRESCRIÇÃO

Capítulo I – A Decadência e a Prescrição 239

1.1 Conceitos de Decadência e Prescrição 239

1.2 Direitos Imprescritíveis no Direito Brasileiro 245

1.3 Normas Gerais sobre a Prescrição 246

1.4 Prescrição e Preclusão 247

1.5 Prescrição e Perempção 248

1.6 A Redução do Prazo Decadencial e Prescricional pela Lei Nova e sua Aplicação Imediata... 250

1.7 Início da Contagem do Novo Prazo Decadencial e Prescricional 251

Questionário.. 251

Capítulo II – A Decadência no Direito do Trabalho 252

2.1 As Hipóteses de Decadência no Direito do Trabalho...................... 252

2.2 Prazo de 30 Dias para a Propositura do Inquérito para Apuração de Falta Grave 252

2.3 Ação Rescisória.. 253

2.4 Mandado de Segurança 254

2.5 Comprovação do Estado Gravídico 256

2.6 A Estabilidade Provisória e a Decadência do Direito...................... 256

Questionário.. 258

Capítulo III – Causas Impeditivas, Suspensivas e Interruptivas da Prescrição...... 259

3.1 Aspectos Gerais das Causas Impeditivas, Suspensivas e Interruptivas da Prescrição 259

3.2 Causas Impeditivas e Suspensivas da Prescrição Trabalhista........... 261

3.3 Causas Interruptivas da Prescrição Trabalhista 266

3.4 O Ajuizamento das Ações Coletivas e a Interrupção da Prescrição para as Ações Individuais.. 268

Questionário.. 268

Capítulo IV – Normas Específicas da Prescrição Trabalhista 269

4.1 A Importância da Prescrição 269

4.2 Prazos Prescricionais Trabalhistas... 269

4.2.1	A Prescrição do Rurícola em Face da EC 28	270
4.2.2	A Prescrição nos Contratos dos Empregados Domésticos	271
4.2.3	A Prescrição do Trabalhador Avulso	272
4.2.4	A Prescrição em Ações Declaratórias	272
4.2.5	O Prazo Prescricional do FGTS	273
4.2.6	A Prescrição em Matéria Tributária	276
4.2.7	A Decadência e Prescrição das Ações Relativas às Penalidades Administrativas Aplicadas por Órgãos de Fiscalização do Trabalho	277
4.2.8	A Prescrição e as Férias	278
4.3	Termo Inicial de Contagem da Prescrição	279
4.3.1	Tese dos Sete Anos	280
4.3.2	Parcelas Oriundas de Sentença Normativa	281
4.3.3	Ato Único do Empregador (Prescrição Total e Parcial)	282
4.3.4	Parcelas de Complementação de Aposentadoria	286
4.4	Arguição da Prescrição: Legitimidade e Momento	287
4.4.1	Legitimidade	287
4.4.2	Momento de Arguição no Processo de Conhecimento	288
4.4.3	Declaração de Ofício da Prescrição	290
4.4.4	A Prescrição Intercorrente	292
4.4.4.1	Conceito da Prescrição Intercorrente	292
4.4.4.2	A Prescrição Intercorrente é Aplicável ao Processo Trabalhista?	293
4.4.4.3	Prazo da Prescrição Intercorrente	297
Questionário		297

Capítulo V – Enfoques Jurisprudenciais Específicos sobre a Prescrição Trabalhista ... 299

5.1	Períodos Descontínuos de Trabalho	299
5.2	A Interrupção Trabalhista pelo Arquivamento da Demanda	299
5.2.1	A Demanda Arquivada e a Contagem da Prescrição	300
5.3	Equiparação Salarial	301
5.4	Desvio de Função	302
5.5	Gratificação Semestral	302
5.6	Horas Extras Pré-Contratadas e Suprimidas	302
5.7	Adicional de Horas Extras	303
5.8	O Aviso-Prévio e a Prescrição	303
5.9	Mudança de Regime Celetista para Estatutário	304
5.10	Complementação de Pensão e Auxílio-Funeral	305
5.11	A Decadência ou a Prescrição Afastada pela Instância Superior	305

5.12	Danos Materiais e Morais na Justiça do Trabalho			306
5.13	A Prescrição das Ações que Passaram a ser de Competência da Justiça do Trabalho (EC 45)			310
5.14	A Prescrição e a Constatação da Doença Profissional			312
5.15	Diferenças Salariais dos Planos Econômicos			312
5.16	Diferenças dos Planos Econômicos no FGTS			312
5.17	A Prescrição Trabalhista na Falência			314
5.18	A Prescrição na Ação Civil Pública Trabalhista			316
5.19	Prescrição da Ação Popular			317
5.20	Plano de Cargos e Salários			318
	Questionário			318

PARTE VI
AÇÕES TRABALHISTAS

Capítulo I – Direito de Ação 321

1.1	Ação e Pretensão			321
1.2	Definição do Direito de Ação			322
	1.2.1	Introdução		322
	1.2.2	Definição		323
	1.2.3	Autonomia do Direito de Ação		324
1.3	Condições da Ação			324
	1.3.1	Interesse de Agir		324
	1.3.2	Legitimidade de Agir		325
1.4	Garantias Constitucionais do Direito de Ação e o Processo Trabalhista			325
	Questionário			326

Capítulo II – Classificação das Ações Trabalhistas 327

2.1	Classificação das Ações			327
	2.1.1	Quanto ao Tipo de Provimento Pedido pelo Autor		328
		2.1.1.1	Conhecimento	328
		2.1.1.2	Execução	329
	2.1.2	Tutela Pleiteada no Processo de Conhecimento		330
		2.1.2.1	Declaratória	330
		2.1.2.2	Condenatória	331
		2.1.2.3	Constitutiva	331
2.2	Os Conflitos Trabalhistas			332
2.3	Ações Individuais Trabalhistas			332
	2.3.1	Ações Individuais Trabalhistas de Conhecimento		332
		2.3.1.1	Condenatória	332

	2.3.1.2	Constitutiva	333
	2.3.1.3	Declaratória	333
2.3.2	Ações Individuais Trabalhistas Executórias		334
	2.3.2.1	A Execução Trabalhista e a Ação Monitória...	334
	2.3.2.1.1	Visão Panorâmica da Ação Monitória no Processo Civil	334
	2.3.2.1.2	A Ação Monitória no Processo Trabalhista	337

2.4 Ações Coletivas Trabalhistas 338
2.5 Tutela Provisória 339
    2.5.1 Fundamento Jurídico 339
    2.5.2 Aplicabilidade ao Processo do Trabalho 339
    2.5.3 Tutela Provisória e suas Espécies 339
    2.5.4 Competência Jurisdicional 340
    2.5.5 Tutela Provisória de Urgência 340
        2.5.5.1 Tutela de Urgência de Natureza Cautelar 340
            2.5.5.1.1 Tutela Cautelar e sua Finalidade .. 340
            2.5.5.1.2 Tutela cautelar e Medida Liminar 341
            2.5.5.1.3 Objeto da Tutela Provisória de Natureza Cautelar 341
    2.5.6 Tutela de Urgência de Natureza Antecipatória 344
    2.5.7 Requisitos Legais 344
    2.5.8 Dano Processual e Prejuízo Sofrido 346
    2.5.9 Tutela de Evidência 347
    2.5.10 Procedimento da Tutela de Urgência 347
        2.5.10.1 Procedimento da Tutela Antecipada Requerida em Caráter Antecedente 348
        2.5.10.2 Procedimento da Tutela Cautelar Requerida em Caráter Antecedente 348
    2.5.11 Custas Processuais 349
    2.5.12 Recurso Contra a Decisão de Tutela Provisória 349
    2.5.13 Tutela Provisória Quanto às Obrigações de Fazer e Não Fazer 350
    2.5.14 Tutela Provisória em Obrigação para Entregar Coisa 351
    2.5.15 Tutela Provisória contra a Fazenda Pública 352
    Questionário 354

Capítulo III – Processo 355
3.1 Conceitos: Processo e Procedimento 355
3.2 Relação Jurídica Material e Processual 355

3.3	Formação do Processo		356

3.3   Formação do Processo 356

3.4   Suspensão do Processo 357

    3.4.1   Pela Morte ou Perda de Capacidade Processual 357

    3.4.2   Por Convenção das Partes 358

    3.4.3   Em Razão de Exceção 358

    3.4.4   Suspensão por Prejudicialidade 359

    3.4.5   Motivo de Força Maior 359

    3.4.6   Outras Hipóteses Legais 359

3.5   Extinção do Processo 360

    3.5.1   Conceito de Sentença 360

3.6   Pressupostos Processuais 361

3.7   Pressupostos Processuais de Existência 361

    3.7.1   Petição Inicial 361

    3.7.2   Jurisdição 361

    3.7.3   Citação 361

    3.7.4   Capacidade Postulatória 362

3.8   Pressupostos Processuais de Validade – Positivos 362

    3.8.1   Petição Inicial Válida 362

    3.8.2   Órgão Jurisdicional Competente 363

    3.8.3   Imparcialidade 363

    3.8.4   Capacidade 363

3.9   Pressupostos Processuais de Validade – Negativos 364

    3.9.1   Litispendência e Coisa Julgada 364

    3.9.2   Convenção de Arbitragem 364

    3.9.3   Perempção 364

Questionário 365

Capítulo IV – Sujeitos da Relação Processual 367

4.1   Juiz 367

    4.1.1   Atuação do Juiz – Visão Crítica 367

    4.1.2   Garantias e Prerrogativas da Magistratura 369

    4.1.3   Deveres da Magistratura 370

    4.1.4   O Juiz e a Relação Jurídico-Processual 373

        4.1.4.1   Os Poderes do Juiz na Relação Processual 373

        4.1.4.2   Poderes Jurisdicionais do Magistrado 374

            4.1.4.2.1   Poderes Ordinatórios ou Instrumentais 374

            4.1.4.2.2   Poderes Instrutórios 375

            4.1.4.2.3   Poderes Finais e a Tutela Provisória 376

    4.1.5   Declaração de Suspeição pelo Magistrado 376

4.2	Partes		377
	4.2.1	Capacidade de Ser Parte e de Estar em Juízo	378
	4.2.2	Representação	378
	4.2.3	Assistência	379
	4.2.4	A Presença das Partes no Processo Trabalhista	379

4.2.4.1 Absolutamente Incapazes ... 379

4.2.4.2 Relativamente Incapazes ... 381

4.2.4.3 Curatela Especial ... 383

4.2.4.4 Sociedades de Fato e Irregular ... 384

4.2.4.5 Massa Falida ... 384

4.2.4.6 Concordata e Recuperação Judicial ... 385

4.2.4.7 Espólio ... 385

4.2.4.8 Herança Jacente ... 386

4.2.4.9 Condomínio ... 387

4.2.4.10 Pessoas Jurídicas ... 387

4.2.4.10.1 A Representação do Empregador em Audiência ... 389

4.2.4.10.2 Advogado e Preposto ... 390

4.2.4.11 União, Estados, Distrito Federal, Territórios e Municípios ... 392

4.2.4.12 Autarquias ... 392

4.2.4.13 Instituto Nacional do Seguro Social (INSS) ... 393

4.2.4.14 Fundações ... 393

4.2.4.15 Sociedade em Liquidação Extrajudicial ... 393

4.2.4.16 Empregador Doméstico ... 393

4.2.4.17 Sociedade de Economia Mista ... 394

4.2.4.18 Empresa Pública ... 394

4.2.4.19 Empregado ... 394

4.3 Capacidade Postulatória ... 394

4.3.1 Conceito ... 394

4.3.2 O Processo Trabalhista e a Capacidade Postulatória ... 395

4.3.3 Assistência Jurídica e o Processo do Trabalho ... 397

4.3.3.1 A Assistência Judiciária ao Empregador ... 402

4.3.4 O Código Civil 2002 e a Verba Honorária Advocatícia no Processo do Trabalho ... 404

4.3.4.1 Introdução ... 404

4.3.4.2 A Responsabilidade pela Verba Honorária Advocatícia. O Princípio da Causalidade ... 405

4.3.4.3	A Verba Honorária Advocatícia em face do Estatuto da Advocacia e do Código de Ética e Disciplina da Ordem dos Advogados do Brasil.	407
4.3.4.4	O Cabimento da Verba Honorária Advocatícia no Processo Trabalhista	408

4.4 Advogado 412

4.4.1 Da Atividade da Advocacia... 413

4.4.2 A Importância da Procuração 413

4.4.3 Dos Direitos e dos Deveres do Advogado................................ 414

4.4.4 Da Incompatibilidade e Impedimento 415

4.4.5 Das Infrações e Sanções Disciplinares..................................... 415

4.4.6 Da Responsabilidade Civil do Advogado................................. 416

4.5 A Responsabilidade dos Participantes do Processo..................... 417

4.5.1 Responsabilidade das Partes por Dano Processual............ 419

4.5.1.1 Caracterização da Litigância de Má-fé pelas Partes e Demais Sujeitos do Processo............. 420

4.5.1.1.1 Deduzir Pretensão ou Defesa contra Texto Expresso de Lei ou Fato Incontroverso...................... 420

4.5.1.1.2 Alterar a Verdade dos Fatos....... 420

4.5.1.1.3 Usar do Processo para Conseguir Objetivo Ilegal 420

4.5.1.1.4 Opuser Resistência Injustificada ao Andamento do Processo....... 421

4.5.1.1.5 Proceder de Modo Temerário em Qualquer Incidente ou Ato do Processo................................... 421

4.5.1.1.6 Provocar Incidentes Manifestamente Infundados..................... 421

4.5.1.1.7 Interposição de Recurso com Intuito Manifestamente Protelatório.................................... 421

4.5.2 Natureza Jurídica da Sanção Imposta ao Litigante de Má-fé... 422

4.5.3 Conteúdo das Perdas e Danos pela Litigância de Má-fé.... 422

4.5.4 A Litigância de Má-fé e o Art. 940 do CC................................ 422

4.5.5 Assédio Processual... 424

4.6 Sucessão das Partes 425

4.6.1 Sucessão de Empregado por Ato entre Vivos 425

4.6.2 Sucessão de Empresas... 426

4.6.3 Sucessão de Empregado por Ato *Causa Mortis*.................... 428

4.6.4 Sucessão do Empregador por Ato *Causa Mortis*................. 429

4.7	Substituição Processual			429
4.8	Litisconsórcio			430
	4.8.1	Tipos de Litisconsórcio		430
		4.8.1.1	Quanto à Cumulação de Sujeitos	430
		4.8.1.2	Quanto ao Tempo de sua Formação	431
		4.8.1.3	Quanto à sua Obrigatoriedade	431
		4.8.1.4	Quanto ao Alcance de seus Efeitos	431
	4.8.2	Os Tipos de Litisconsórcio e Procedimentos		431
	4.8.3	A Cumulação Subjetiva Prevista no Art. 842 da CLT		433
4.9	Intervenção de Terceiros			433
	4.9.1	Conceito de Terceiro		433
	4.9.2	Tipos de Intervenção de Terceiro		435
		4.9.2.1	Assistência	435
			4.9.2.1.1 Assistência Simples	435
			4.9.2.1.2 Assistência Litisconsorcial	436
		4.9.2.2	Oposição	437
		4.9.2.3	Nomeação à Autoria	440
		4.9.2.4	Denunciação à Lide	443
			4.9.2.4.1 Conceito	443
			4.9.2.4.2 Hipóteses Legais	444
			4.9.2.4.3 Procedimento	445
			4.9.2.4.4 O Cabimento da Denunciação da Lide no Processo do Trabalho	445
			4.9.2.4.5 Factum Principis e a Denunciação à Lide	446
		4.9.2.5	Chamamento ao Processo	448
		4.9.2.6	Incidente da Desconsideração da Personalidade Jurídica	449
			4.9.2.6.1 Desconsideração da Personalidade Jurídica	449
			4.9.2.6.2 Incidente de Desconsideração da Personalidade Jurídica no CPC/2015	451
			4.9.2.6.3 Processo Trabalhista e o Incidente de Desconsideração	452
		4.9.2.7	Intervenção do Amicus Curiae	454
	Questionário			455

Capítulo V – Atos Processuais 457

5.1	Conceito de Atos Processuais			457
5.2	Classificação dos Atos Processuais			460

5.3	Forma dos Atos Processuais	462
5.4	Publicidade dos Atos Processuais	463
	5.4.1 Comunicação Eletrônica dos Atos Processuais	465
5.5	Atos da Parte	466
	5.5.1 Conceito e Classificação	466
	5.5.2 Efeitos dos Atos Praticados pelas Partes	467
	5.5.3 Cotas Marginais e Lineares nos Autos	467
5.6	Atos do Juiz	467
	5.6.1 Atos Decisórios	468
	5.6.2 Atos Não Decisórios	471
	5.6.3 Forma dos Atos Decisórios	471
5.7	Atos do Escrivão ou do Chefe de Secretaria	471
5.8	Forma dos Termos Processuais	472
	5.8.1 Processo Eletrônico	473
5.9	O Tempo e o Lugar dos Atos Processuais	476
	5.9.1 O Tempo	476
	5.9.1.1 Feriados e Férias Forenses	477
	5.9.2 O Lugar	478
5.10	Prazos Processuais	478
	5.10.1 Classificação dos Prazos Processuais	479
	5.10.2 Natureza dos Prazos Processuais	479
	5.10.3 Fluência dos Prazos Recursais	480
	5.10.3.1 Contagem dos Prazos: Termo Inicial	480
	5.10.3.1.1 O Termo Inicial para o Recurso	482
	5.10.3.1.2 Recurso e o Protocolo Integrado	484
	5.10.3.1.3 Feriado Local e o Prazo Recursal	484
	5.10.3.2 Termo Final	484
	5.10.4 Preclusão	485
	5.10.5 Prazos para as Partes	485
	5.10.6 Prazos para o Juiz e seus Auxiliares	486
	5.10.7 Prazo para a Fazenda Pública	486
	5.10.8 Principais Prazos Trabalhistas	487
5.11	Intercâmbio Processual	488
	5.11.1 Forma dos Atos de Comunicação	488
	5.11.2 Requisitos das Cartas	489
	5.11.3 Cumprimento das Cartas	489
	5.11.4 Cartas Urgentes	490
	5.11.5 Cooperação Internacional e as Cartas Rogatórias	490

		5.11.5.1	Cooperação Internacional no CPC	490
		5.11.5.2	Cartas Rogatórias	492
		5.11.5.3	Procedimento	492
	5.11.6	Intercâmbio Processual e a Informatização		493
5.12	Citação			493
	5.12.1	Destinatário, Local e Impedimentos Legais da Citação		494
	5.12.2	Modos de Realização da Citação		494
		5.12.2.1	Citação pelo Correio	495
		5.12.2.2	Citação por Oficial de Justiça	496
		5.12.2.2.1	Citação com Hora Certa	496
		5.12.2.3	Citação por Edital	497
	5.12.3	Efeitos da Citação		497
	5.12.4	Contagem do Prazo		498
5.13	Intimação			498
	5.13.1	Conceito		498
	5.13.2	Forma		498
	5.13.3	Forma e a Informatização Processual		501
5.14	A Comunicação dos Atos Processuais no Processo Trabalhista			502
5.15	Distribuição			504
5.16	Vícios do Ato Processual			506
	5.16.1	Introdução		506
	5.16.2	Espécies de Vícios do Ato Processual		506
	5.16.3	As Nulidades no Código de Processo Civil		507
	5.16.4	As Nulidades no Processo do Trabalho		511
5.17	Prioridade na Tramitação Processual			512
5.18	Carga Rápida			512
5.19	Atos Processuais no Âmbito do Mercosul – Protocolo de Las Leñas			512
Questionário				513

Capítulo VI – Petição Inicial 515

6.1	Conceito			515
6.2	Os Procedimentos no Processo do Trabalho			516
6.3	Requisitos da Petição Inicial no Processo Civil			516
6.4	Requisitos da Petição Inicial no Processo do Trabalho			517
	6.4.1	Requisitos Externos		517
	6.4.2	Requisitos Internos		517
		6.4.2.1	Designação da Autoridade Judicial a Quem é Dirigida	518
		6.4.2.2	Qualificação das Partes	519

6.4.2.3		Breve Exposição dos Fatos que Deram Origem ao Dissídio	520
6.4.2.4		Tutela Provisória	521
6.4.2.5		O Pedido	521
	6.4.2.5.1	Requisitos do Pedido	523
	6.4.2.5.2	Pedidos Determinados e Genéricos	525
	6.4.2.5.3	Pedido Fixo	526
	6.4.2.5.4	Pedido Alternativo	526
	6.4.2.5.5	Pedidos Subsidiários	526
	6.4.2.5.6	Pedido Único e Pedidos Cumulados	526
	6.4.2.5.7	Pedido de Prestações Sucessivas	527
	6.4.2.5.8	Pedido com Cominação	528
6.4.2.6		Requerimentos na Reclamação Trabalhista	529
	6.4.2.6.1	Opção do Autor por Audiência de Conciliação ou de Mediação	529
	6.4.2.6.2	Citação	529
	6.4.2.6.3	Assistência Judiciária Gratuita	529
	6.4.2.6.4	Intervenção do Ministério Público do Trabalho	529
	6.4.2.6.5	Provas	529
	6.4.2.6.6	Despesas Processuais	530
	6.4.2.6.7	Honorários Advocatícios	530
	6.4.2.6.8	Assinatura do Autor ou de seu Representante	530
6.4.3		A Petição Inicial e o Valor da Causa no Processo Trabalhista	530
	6.4.3.1	Conceitos	530
	6.4.3.2	Procedimento Sumário e o Valor da Causa	533
	6.4.3.3	Procedimento Sumaríssimo e o Valor da Causa	534
6.4.4		Documentos	534
6.4.5		Petição Inicial e o Processo Eletrônico	534

6.5	Indeferimento da Petição Inicial	536
6.6	Inépcia da Inicial	538
6.7	Emendas à Reclamação Trabalhista	539
6.8	Aditamento à Reclamação Trabalhista	540
6.9	Processo de Jurisdição Voluntária para Homologação de Acordo Extrajudicial	541
Questionário		542

Capítulo VII – Resposta 544

7.1 Introdução 544

7.2 Aspectos Técnicos do Exercício do Direito de Defesa pelo Reclamado (Réu) 546

    7.2.1 Resposta e o Processo Eletrônico 546

7.3 O Exercício do Direito de Defesa pelo Reclamado (Réu) 549

    7.3.1 Inexistência ou Nulidade de Citação 549

    7.3.2 Pressupostos Processuais Subjetivos 551

        7.3.2.1 Imparcialidade do Juiz 551

            7.3.2.1.1 Procedimento da Exceção de Impedimento ou Suspeição do Juiz 553

            7.3.2.1.2 Impedimento e Suspeição de Outras Pessoas 554

        7.3.2.2 Órgão Jurisdicional Competente 555

        7.3.2.3 Relativos às Partes (Autor) 556

    7.3.3 Pressupostos Processuais Objetivos 557

        7.3.3.1 Intrínsecos à Relação Processual 557

        7.3.3.2 Extrínsecos à Relação Processual 557

    7.3.4 Condições da Ação 557

    7.3.5 Preliminares ou Prejudiciais de Mérito 558

    7.3.6 Defesa de Mérito 560

7.4 O Prazo da Resposta no Processo Trabalhista 561

7.5 O Momento da Apresentação da Resposta no Processo Trabalhista 562

7.6 Resposta, Revelia e Confissão Quanto à Matéria de Fato 562

7.7 Reconvenção 563

    7.7.1 A Omissão da Lei Processual Trabalhista 563

    7.7.2 Conceito 564

    7.7.3 Requisitos e Procedimentos 565

    7.7.4 Revelia do Réu e a Reconvenção 566

    7.7.5 Reconvenção e Compensação 567

    7.7.6 Litisconsórcio 567

    7.7.7 Reconvenção e Ação de Cumprimento 567

    7.7.8 Reconvenção e o Processo de Execução 568

Questionário 568

Capítulo VIII – Audiência 569

8.1 Conceito 569

8.2 Audiência e o Princípio da Publicidade 569

8.3 Horário das Audiências no Processo Trabalhista 570

8.4 Audiência e o Poder de Polícia do Juiz 572

8.5 A Duração da Audiência e o Comparecimento das Partes 573

8.6	A Presença das Partes na Audiência		575
	8.6.1	A Representação do Empregador em Audiência	576
	8.6.2	Demais Hipóteses	577
8.7	Trâmites da Audiência Trabalhista		577
8.8	A Realização da Audiência Una é Obrigatória?		579
Questionário			580

Capítulo IX – Provas 581

9.1	Prova: Conceito e Finalidade		581
9.2	Objeto da Prova		582
	9.2.1	A Prova do Direito Invocado	584
9.3	Princípios Informativos da Prova		585
9.4	Ônus da Prova		588
	9.4.1	A Inversão do Ônus da Prova	590
	9.4.2	Convenção Sobre o Ônus da Prova	593
	9.4.3	A Prova do Fato Negativo	594
	9.4.4	O Ônus da Prova e o Princípio *In Dubio Pro Operario*	596
	9.4.5	Máximas da Experiência	597
9.5	Indícios e Presunções		598
9.6	Prova Emprestada		599
	9.6.1	A Prova Emprestada em Relação às Pessoas dos Litigantes	601
	9.6.2	A Prova Emprestada Produzida em Juízo Incompetente	602
	9.6.3	A Prova Emprestada Produzida em Processo Anulado	603
	9.6.4	A Prova Emprestada Formulada em Processo Criminal	603
9.7	A Valoração das Provas		604
9.8	Meios de Prova		606
	9.8.1	Depoimento Pessoal	607
		9.8.1.1 Da Confissão	608
		9.8.1.2 Procedimentos do Depoimento Pessoal	609
		9.8.1.2.1 Perguntas Indeferidas	611
		9.8.1.2.2 Depoimento de Menores de 18 Anos	612
	9.8.2	Prova Documental	612
		9.8.2.1 Conceito de Documento	612
		9.8.2.1.1 Documento Público	614
		9.8.2.1.2 Documento Particular	615
		9.8.2.1.3 Documentos Especiais	617
		9.8.2.1.4 Ata Notarial	618

| | | 9.8.2.1.5 | Cópias Reprográficas e a Fé que Emana Desses Documentos ...... | 618 |

9.8.2.1.5 Cópias Reprográficas e a Fé que Emana Desses Documentos 618

9.8.2.1.6 Falsidade Documental................ 619

9.8.2.2 Incidente de Falsidade 621

9.8.2.2.1 Procedimento do Incidente de Falsidade...................................... 622

9.8.2.3 Produção da Prova Documental 622

9.8.2.4 Exibição de Documento ou Coisa.................... 624

9.8.2.4.1 Procedimento e Efeitos da Exibição Requerida contra a Parte..... 624

9.8.2.4.2 Procedimento e Consequências da Exibição Requerida contra Terceiro...................................... 626

9.8.2.5 Prova Documental e o Processo Eletrônico ... 627

9.8.3 Prova Testemunhal.. 631

9.8.3.1 Conceito 631

9.8.3.2 Deveres e Direitos das Obrigações da Testemunha.. 631

9.8.3.3 Admissibilidade da Prova Testemunhal.......... 633

9.8.3.4 Quem Pode ser Testemunha? 634

9.8.3.4.1 Incapazes.................................... 634

9.8.3.4.2 Impedidos 634

9.8.3.4.3 Suspeitas 635

9.8.3.5 Produção de Prova Testemunhal..................... 636

9.8.3.5.1 O Número de Testemunhas....... 636

9.8.3.5.2 Comparecimento da Testemunha... 636

9.8.3.5.3 O Procedimento Quanto ao Depoimento Testemunhal................ 639

9.8.4 Prova Pericial 641

9.8.4.1 Conceito 641

9.8.4.2 A Admissibilidade da Prova Pericial 641

9.8.4.3 Perito... 643

9.8.4.4 Procedimento.. 645

9.8.5 Inspeção Judicial.. 648

Questionário.. 648

Capítulo X – Procedimento Sumaríssimo 650

10.1 Introdução.. 650

10.2 Causas Sujeitas ao Procedimento Sumaríssimo 650

	10.2.1	Requisitos da Petição Inicial no Procedimento Sumaríssimo	651
10.3	Audiência Una		653
	10.3.1	Decisão de Plano dos Incidentes e Exceções	655
	10.3.2	Produção das Provas	655
10.4	Sentença		656
	Questionário		658

Capítulo XI – Despesas Processuais 659

11.1	Conceito: Despesas Processuais		659
11.2	Conceitos: Custas Processuais, Emolumentos e Verba Honorária Pericial		659
11.3	As Custas Processuais nos Dissídios Individuais e Coletivos Trabalhistas		660
	11.3.1	O Percentual Legal e a Base de Cálculo das Custas Processuais	660
		11.3.1.1 Valor do Acordo	661
		11.3.1.2 Valor da Causa	661
		11.3.1.3 Valor da Condenação	662
	11.3.2	As Regras quanto ao Pagamento das Custas Processuais	662
11.4	As Custas Processuais no Processo de Execução Trabalhista		663
11.5	Emolumentos na Justiça do Trabalho		664
11.6	Demais Procedimentos quanto às Custas Processuais e os Emolumentos		665
11.7	Isenção Quanto ao Pagamento das Custas Processuais e dos Emolumentos		666
11.8	A Responsabilidade pelos Honorários Periciais		667
	11.8.1	A Atualização da Verba Honorária Pericial	670
	Questionário		670

Capítulo XII – Sentença Trabalhista 671

12.1	Atos do Juiz		671
	12.1.1	Atos Decisórios	671
	12.1.2	Atos Não Decisórios	676
12.2	Forma dos Atos Decisórios		676
12.3	Publicação e Intimação da Sentença		681
12.4	Sentença Trabalhista		682
	12.4.1	Conceito	682
	12.4.2	Sentenças Processuais	684
		12.4.2.1 Sentenças Processuais Típicas	686
		12.4.2.2 Sentenças Processuais Atípicas	688

12.4.3	Sentenças de Mérito	689
	12.4.3.1 Acolhimento ou Rejeição do Pedido	690
	12.4.3.2 Reconhecimento do Pedido pelo Réu	690
	12.4.3.3 Transação	691
	12.4.3.4 Prescrição e Decadência	693
	12.4.3.5 Renúncia ao Direito	693
12.5	Sentença e as Ações Trabalhistas	693
	12.5.1 Classificação das Ações	693
	12.5.1.1 Quanto ao Tipo de Provimento Pedido pelo Autor	696
	12.5.1.1.1 Conhecimento	696
	12.5.1.1.2 Execução	696
	12.5.1.2 Tutela Pleiteada no Processo de Conhecimento	698
	12.5.1.2.1 Declaratória	698
	12.5.1.2.2 Condenatória	699
	12.5.1.2.3 Constitutiva	699
12.6	Os Conflitos Trabalhistas	700
	12.6.1 Ações Individuais Trabalhistas	700
	12.6.1.1 Ações Individuais Trabalhistas de Conhecimento	701
	12.6.1.1.1 Condenatória	701
	12.6.1.1.2 Constitutiva e Desconstitutivas	701
	12.6.1.1.3 Declaratória	701
	12.6.1.2 Ações Individuais Trabalhistas Executórias	702
	12.6.2 Dissídio Coletivo	703
12.7	A Eficácia da Sentença	703
	12.7.1 Existência	703
	12.7.2 Validade	704
	12.7.3 Eficácia	706
12.8	Coisa Julgada	707
	12.8.1 Introdução	707
	12.8.2 Sentença e a Coisa Julgada	709
	12.8.3 Sentença e a Cláusula *Rebus Sic Stantibus*	712
	12.8.4 Limites Objetivos da Coisa Julgada	712
	12.8.5 Limites Subjetivos da Coisa Julgada	714
	12.8.6 Coisa Julgada Parcial	715
	12.8.7 Eficácia da Coisa Julgada Criminal no Processo Civil	717
	12.8.8 A Decisão Penal e os seus Efeitos no Direito do Trabalho	719
	12.8.9 Coisa Julgada Inconstitucional	719

12.8.10	Coisa Julgada e a Colusão		722
12.8.11	Coisa Julgada e a Ação Coletiva		723

Questionário 724

Capítulo XIII – Teoria Geral dos Recursos 725

13.1 Recurso 725

13.1.1 Conceito 725

13.1.2 Natureza Jurídica 726

13.1.3 Classificação dos Recursos nos Processos: Civil e Trabalhista 727

13.1.4 Principiologia dos Recursos 728

13.1.4.1 Duplo Grau de Jurisdição 728

13.1.4.2 Singularidade, Unirrecorribilidade, Absorção ou Unicidade Recursal 730

13.1.4.3 Fungibilidade Recursal 730

13.1.4.4 Variabilidade 732

13.1.4.5 Dialeticidade ou Discursividade 732

13.1.4.6 Voluntariedade 733

13.1.4.7 Proibição de *Reformatio in Pejus* 734

13.1.4.8 Concentração dos Recursos ou Irrecorribilidade das Decisões Interlocutórias 734

13.1.5 Os Efeitos dos Recursos 735

13.1.5.1 Efeito Devolutivo 735

13.1.5.2 Efeito Suspensivo 740

13.1.5.3 Efeito Translativo 744

13.1.5.4 Efeito Extensivo 744

13.1.5.5 Efeito Substitutivo 745

13.1.6 Pressupostos dos Recursos 746

13.1.6.1 Pressupostos Básicos dos Recursos 746

13.1.6.2 Pressupostos Subjetivos 746

13.1.6.2.1 Legitimidade 746

13.1.6.2.2 Capacidade Processual 747

13.1.6.2.3 Interesse Recursal 748

13.1.6.3 Pressupostos Objetivos 749

13.1.6.3.1 Previsão legal 749

13.1.6.3.2 Adequação 749

13.1.6.3.3 Tempestividade 749

13.1.6.3.4 Preparo 750

13.1.6.3.5 Prequestionamento 755

13.1.6.3.6 A Relevância, a Transcendência ou a Repercussão Geral 759

13.1.7	Recurso do Terceiro Interessado	766
13.1.8	Recurso em Caso de Litisconsórcio	767
13.1.9	Recursos das Pessoas Jurídicas de Direito Público e a Remessa *Ex Officio*	769
13.1.10	Desistência e Renúncia dos Recursos	771
13.1.11	Admissibilidade dos Recursos	772
13.1.12	Consequências do Julgamento do Recurso	775

13.2 Uniformização de Jurisprudência 775

13.2.1	Incidente de Uniformização de Jurisprudência	775
13.2.2	Incidente de Assunção de Competência	779
13.2.3	Incidente de Resolução de Demandas Repetitivas (IRDR)	779

Questionário 782

Capítulo XIV – Recursos Trabalhistas em Espécie ... 784

14.1 Embargos de Declaração 784

14.1.1	Conceito e Natureza Jurídica	784
14.1.2	Cabimento	786
14.1.3	Efeito Modificativo ou Efeito Infringente	789
14.1.4	Embargos Declaratórios Prequestionatórios	791
14.1.5	A Decisão dos Embargos de Declaração	791
14.1.6	Princípio da Identidade Física do Juiz na Apreciação dos Embargos de Declaração	791
14.1.7	Prazo Recursal	791
14.1.8	Embargos Protelatórios	792
14.1.9	Processamento	793

14.2 Recurso Ordinário 794

14.2.1	Cabimento	794
14.2.2	Recurso Ordinário Constitucional	795
14.2.3	Prazo Recursal	796
14.2.4	Efeitos do Recurso Ordinário	797
14.2.5	Procedimento	798
14.2.6	Preparo	801
14.2.7	Recurso Ordinário no Procedimento Sumário	801
14.2.8	Recurso Ordinário no Procedimento Sumaríssimo	801
14.2.9	A Decisão Homologatória de Acordo e a Sentença Trabalhista. Os Recolhimentos das Contribuições Previdenciárias e do Imposto de Renda. Recurso Ordinário da União	802
14.2.10	O Recurso Ordinário, a União e os Tributos Federais	805
14.2.11	O Recurso Ordinário, as Nulidades e o Protesto	806

14.3 Agravo de Instrumento 809

14.3.1	Introdução		809
14.3.2	Cabimento e Prazo		810
14.3.3	Procedimento		812
14.3.4	Preparo Recursal		814
	14.3.4.1	Custas Processuais	814
	14.3.4.2	Depósito Recursal	814
14.3.5	Processamento		815
14.3.6	Efeitos		817

14.4 Agravo Interno ou Regimental 817

14.4.1	Introdução	817
14.4.2	Hipóteses de Cabimento	818
14.4.3	Processamento	819

14.5 Agravo de Petição 820

14.5.1	Cabimento	820
14.5.2	Matérias	823
14.5.3	Prazo	824
14.5.4	Depósito Recursal	824
14.5.5	Custas	825
14.5.6	Efeitos	826
14.5.7	Processamento	826
14.5.8	O Agravo de Petição e a Execução das Contribuições Previdenciárias	827

14.6 Recurso de Revista 828

14.6.1	Breve Histórico		828
14.6.2	Cabimento		830
	14.6.2.1	Introdução	830
	14.6.2.2	Hipóteses	831
		14.6.2.2.1 Divergência Jurisprudencial (Art. 896, Alínea *a*)	831
		14.6.2.2.2 Divergência Jurisprudencial (Art. 896, Alínea *b*)	834
		14.6.2.2.3 Violação Literal de Dispositivo de Lei Federal ou Afronta Direta e Literal da Constituição Federal (Art. 896, Alínea *c*)	835
		14.6.2.2.4 Recurso de Revista em Procedimento Sumaríssimo	836
		14.6.2.2.5 Recurso de Revista em Execução Trabalhista	836

		14.6.2.2.6	Recurso de Revista nas Execuções Fiscais e nas Controvérsias envolvendo a CNDT	837
		14.6.2.2.7	Recurso de Revista em Agravo de Instrumento	837
		14.6.2.2.8	Preliminar de Nulidade em Recurso de Revista	837
	14.6.3	Recurso de Revista em Incidente de Resolução de Demandas Repetitivas (IRDR)		837
	14.6.4	Noções sobre a Uniformização de Jurisprudência		838
	14.6.5	Recurso de Revista (e de Embargos no TST) Repetitivos..		839
		14.6.5.1	Seleção dos Múltiplos Recursos com Idêntica Questão de Direito	840
		14.6.5.2	Órgão Julgador	841
		14.6.5.3	Procedimento do Incidente de Recursos Repetitivos	841
		14.6.5.4	Incidente de Não Afetação do Recurso e Prosseguimento da Ação	844
		14.6.5.5	Acórdão Paradigma	845
	14.6.6	Prequestionamento		848
	14.6.7	Transcendência		848
	14.6.8	Recurso de Revista Adesivo		848
	14.6.9	Prazo		848
	14.6.10	Preparo Recursal		849
	14.6.11	Juízo de Admissibilidade		849
	14.6.12	Estrutura do Recurso de Revista		851
14.7	Embargos			852
	14.7.1	Embargos no Tribunal Superior do Trabalho		852
	14.7.2	Finalidade e Natureza dos Embargos		853
	14.7.3	Embargos de Divergência		854
	14.7.4	Embargos de Nulidade		857
	14.7.5	Preparo nos Embargos		857
	14.7.6	Processamento nos Embargos		857
	14.7.7	Embargos Infringentes		859
	14.7.8	Embargos no TST (e Recursos de Revista) Repetitivos		859
14.8	Correição Parcial			859
	14.8.1	Fundamento Jurídico		859
	14.8.2	Cabimento		859
	14.8.3	Prazo Recursal		861
	14.8.4	Efeitos		862

14.8.5	Procedimento		862
14.8.6	Estrutura		863

14.9 Pedido de Revisão 863

14.9.1	Cabimento	863
14.9.2	Prazo Recursal	865
14.9.3	Efeitos	865
14.9.4	Procedimento	865

14.10 Recurso Extraordinário 866

14.10.1 O Recurso Extraordinário no Sistema Jurídico Brasileiro. 866

14.10.2 Hipóteses de Cabimento do Recurso Extraordinário......... 867

14.10.2.1 Contrariar Dispositivo da Constituição Federal... 869

14.10.2.2 Declarar a Inconstitucionalidade de Tratado ou Lei Federal 869

14.10.2.3 Julgar Válida Lei ou Ato de Governo Local Contestado em Face da Constituição ou de Lei Federal 870

14.10.3 O Recurso Extraordinário e a Repercussão Geral 870

14.10.4 Recurso Extraordinário e o Processo do Trabalho 870

14.10.5 Dissídio Jurisprudencial 872

14.10.6 Processamento 873

14.10.6.1 Admissibilidade pelo Tribunal *A Quo* 873

14.10.6.2 Admissibilidade pelo Tribunal *Ad Quem* 873

14.10.7 Efeito 875

14.10.8 Preparo Recursal 876

14.10.9 Recursos Extraordinários Repetitivos 877

14.11 Recurso Adesivo 877

14.11.1	Fundamento Jurídico	877
14.11.2	Cabimento	877
14.11.3	Objeto	879
14.11.4	Prazo Recursal	879
14.11.5	Preparo Recursal	879
14.11.6	Efeitos	879
14.11.7	Procedimento	879

Questionário 880

Capítulo XV – Liquidação Trabalhista 882

15.1 Conceito de Liquidação e à sua Natureza Jurídica 882

15.2 Regras Gerais quanto à Liquidação Trabalhista 883

15.2.1 Títulos Extrajudiciais e a Liquidação Trabalhista 884

15.3	Critérios para a Liquidação Trabalhista		885
	15.3.1	Liquidação por Cálculos	885
	15.3.2	Liquidação por Arbitramento	889
	15.3.3	Liquidação por Artigos	890
15.4	Liquidação Mista		893
15.5	Liquidações Autônomas		893
15.6	Liquidação das Obrigações Alternativas		893
15.7	Correção Monetária		894
	15.7.1	Conceito de Correção Monetária	894

15.7.1.1 Evolução da Sistemática Legal dos Índices da Correção Monetária 894

15.7.1.2 Da Época Própria 896

15.7.1.3 A Correção Monetária e a Jurisprudência do TST 897

15.7.1.4 Correção Monetária e a Falência do Empregador 898

15.7.1.5 Correção Monetária e o Dano Moral 898

15.8 Juros 899

15.8.1 Época Própria 899

15.8.2 Juros e a Falência do Empregador 899

15.8.3 Juros e as Empresas em Liquidação Extrajudicial ou Intervenção 900

15.8.4 Juros e os Créditos contra a Fazenda Pública 900

15.8.5 Juros e o Depósito na Execução 901

15.9 Juros Legais e Correção Monetária em Cobrança de Contribuição Sindical Rural 901

15.10 Os Créditos da Previdência Social 902

15.11 Juros e o Dano Moral 902

Questionário 902

Capítulo XVI – Execução Trabalhista 903

16.1 A Execução e a Reforma do Código de Processo Civil 903

16.2 Conceito de Execução 904

16.3 Conceito de Execução Trabalhista 905

16.4 Natureza Jurídica da Execução Trabalhista 905

16.5 Princípios Informativos da Execução Trabalhista 906

16.5.1 Redução do Contraditório 906

16.5.2 Natureza Real 906

16.5.3 Limitação Expropriatória 907

16.5.4 Primazia do Credor Trabalhista 907

16.5.5 Meio Menos Oneroso para o Executado 907

16.5.6 Especificidade 907

16.5.7	Responsabilidade pelas Despesas Processuais		908
16.5.8	Não Aviltamento do Executado		908
16.5.9	Livre Disponibilidade do Processo pelo Exequente		908
16.5.10	Título		908
16.5.11	Subsidiariedade		910
16.5.12	Função Social da Execução Trabalhista		910

16.6 As Fases da Execução Trabalhista 910

16.6.1	Quantificação	910
16.6.2	Constrição	911
16.6.3	Expropriação	911

16.7 Legislação Aplicável à Execução Trabalhista 912

16.8 Ação de Execução Trabalhista 913

16.8.1	Pretensão Executiva	913
16.8.2	Condições da Ação Executória	913

16.8.2.1	Interesse de Agir	914
16.8.2.2	Legitimidade	914

16.8.2.2.1	Legitimidade Ativa Ordinária Primária	915
16.8.2.2.2	Legitimidade Ativa Ordinária Derivada ou Superveniente	916
16.8.2.2.3	Legitimação Ativa Extraordinária	919
16.8.2.2.4	Legitimidade Passiva Ordinária Primária	919
16.8.2.2.5	Legitimidade Passiva Ordinária Derivada ou Superveniente	920
16.8.2.2.6	Legitimação Passiva Extraordinária e a Desconsideração da Personalidade Jurídica	921
16.8.2.2.7	Legitimação Passiva Extraordinária e o Fiador	934
16.8.2.2.8	Massa Falida, Recuperação Judicial e Liquidação Extrajudicial e a Legitimação Passiva Ordinária Primária	935
16.8.2.2.9	A Responsabilidade da Empresa Tomadora no Caso da Terceirização. Legitimação Ordinária ou Extraordinária?	935
16.8.2.2.10	A Legitimação (Ativa e Passiva) e os Títulos Extrajudiciais Trabalhistas	936

16.8.3	A Competência na Execução Trabalhista		937
	16.8.3.1	Órgão Competente	937
	16.8.3.2	Execução Mediante Carta Precatória e os Embargos do Devedor	938
	16.8.3.3	A Competência nos Embargos de Terceiro	939
16.8.4	Requisitos da Execução Trabalhista		939
	16.8.4.1	Inadimplemento do Devedor	939
	16.8.4.2	Título Executivo – Execução Definitiva e Provisória	940
16.8.5	Cumulação de Execuções		940
16.8.6	Execução de Obrigações Alternativas		941
16.8.7	Execução Sujeita a Condição ou Termo		941
16.8.8	Execução de Prestações Sucessivas		942
16.8.9	Responsabilidade Patrimonial do Devedor		942
16.8.10	Fraude à Execução		943
16.8.11	Ato Atentatório à Dignidade da Justiça		946
16.8.12	Execução contra a Fazenda Pública		947
	16.8.12.1	Conceito de Fazenda Pública	947
	16.8.12.2	A Obrigatoriedade do Precatório na Execução contra a Fazenda Pública	947
		16.8.12.2.1 Créditos de Natureza Alimentícia	948
		16.8.12.2.2 Obrigações de Pequeno Valor contra a Fazenda Pública	949
		16.8.12.2.3 Compensação de Crédito pela Fazenda Pública	950
		16.8.12.2.4 Atualização dos Precatórios	951
		16.8.12.2.5 Atuação do Credor	951
		16.8.12.2.6 Regime Especial para Pagamento de Precatórios	952
	16.8.12.3	A Citação da Fazenda Pública	953
16.8.13	Execução contra a Massa Falida e a Empresa em Recuperação Judicial		955
	16.8.13.1	A Falência e a Sucessão Trabalhista	960
	16.8.13.2	A Recuperação Judicial e a Sucessão Trabalhista	961
16.8.14	Execução contra as Sociedades em Regime de Liquidação Extrajudicial		961
16.8.15	Execução contra Devedor Insolvente		962
16.8.16	Suspensão da Execução		963
	16.8.16.1	Suspensão do Processo	963

	16.8.16.2	Embargos à Execução Recebidos com Efeito Devolutivo	963
	16.8.16.3	Outras Hipóteses	965
16.8.17	Extinção da Execução		966
16.8.18	Desistência da Execução		966
16.9	Espécies de Execução		967
16.9.1	Entrega de Coisa Certa		967
16.9.2	Entrega de Coisa Incerta		968
16.9.3	Obrigação de Fazer		969
16.9.4	Obrigação de Não Fazer		972
16.9.5	Obrigação de Emitir Declaração de Vontade		973
16.9.6	Execução por Quantia Certa (Cumprimento de Sentença)		973
16.9.7	Execução de Sentença Arbitral		974
16.10	O Procedimento da Execução		975
16.10.1	Citação do Devedor		976
16.10.2	Análise do Art. 830 do CPC		977
16.10.3	Depósito e Nomeação de Bens		978
	16.10.3.1	Nomeação de Bens e Benefício de Ordem	982
16.10.4	Penhora		983
	16.10.4.1	Conceito de Penhora	983
	16.10.4.2	Natureza Jurídica dos Bens Penhorados	984
	16.10.4.3	Bens Penhoráveis	984
	16.10.4.4	Bens Impenhoráveis	984
		16.10.4.4.1 Alienação Fiduciária	986
		16.10.4.4.2 Bem de Família	986
		16.10.4.4.3 Impenhorabilidade do Salário	988
	16.10.4.5	O Local da Realização da Penhora	993
	16.10.4.6	O Auto de Penhora	994
	16.10.4.7	Expropriação Antecipada	995
	16.10.4.8	Penhora de Direitos e Ações	995
	16.10.4.9	Penhora de Créditos	996
	16.10.4.10	Penhora de Empresas, de Outros Estabelecimentos e de Semoventes	997
	16.10.4.11	Penhora de Navio ou Aeronave	998
	16.10.4.12	Penhora de Bem Imóvel Hipotecado	998
	16.10.4.13	Penhora de Fração do Bem	999
	16.10.4.14	Da Segunda Penhora	1001
	16.10.4.15	Modificação da Penhora	1001
	16.10.4.16	Ampliação ou Redução da Penhora	1002
	16.10.4.17	Depósito dos Bens Penhorados	1002

	16.10.4.18	Ação de Depósito	1004
	16.10.4.19	A Avaliação dos Bens Penhorados	1005
16.10.5	Arrematação		1006
	16.10.5.1	Edital	1006
	16.10.5.2	Praça e Leilão	1008
	16.10.5.3	Credor Hipotecário	1008
	16.10.5.4	Aspectos Procedimentais da Arrematação	1008
	16.10.5.5	Lanço Vil na Arrematação Trabalhista	1010
	16.10.5.6	Auto de Arrematação	1011
	16.10.5.7	Desfazimento da Arrematação	1011
	16.10.5.8	Carta de Arrematação	1012
	16.10.5.9	Consequências da Arrematação	1012
16.10.6	Reunião de Execuções Trabalhistas		1012
16.10.7	Adjudicação		1015
	16.10.7.1	Legitimação para a Adjudicação	1016
	16.10.7.2	Procedimento	1017
16.10.8	Alienação por Iniciativa Particular ou em Leilão Judicial		1017
16.10.9	Remição		1018

16.11 Embargos do Devedor 1019

16.11.1	Fundamento Jurídico	1019
16.11.2	Cabimento	1019
16.11.3	Objeto	1021
16.11.4	Legitimação	1024
16.11.5	Competência	1025
16.11.6	Prazo	1026
16.11.7	Garantia do Juízo	1027
16.11.8	Custas Processuais	1027
16.11.9	Efeitos dos Embargos à Execução	1028
16.11.10	Procedimento	1029
16.11.11	Estrutura	1031
16.11.12	Resposta do Embargado	1031

16.12 Impugnação à Sentença de Liquidação 1032

16.12.1	Fundamento Jurídico	1032
16.12.2	Cabimento	1032
16.12.3	Objeto	1033
16.12.4	Prazo	1033
16.12.5	Custas Processuais	1034
16.12.6	Efeitos	1034
16.12.7	Procedimento	1034
16.12.8	Estrutura	1035

16.13 Impugnação à Arrematação e à Adjudicação 1035

16.13.1 Sistemática no CPC/73 1035

16.13.2 O CPC/15 e a Impugnação à Arrematação 1036

16.13.3 O CPC/15 e a Impugnação à Adjudicação 1037

16.14 Embargos de Terceiro 1037

16.14.1 Fundamento Jurídico 1037

16.14.2 Cabimento 1037

16.14.3 Objeto 1038

16.14.4 Legitimidade 1038

16.14.5 Competência 1040

16.14.6 Prazo 1040

16.14.7 Custas Processuais.. 1040

16.14.8 Efeitos.. 1040

16.14.9 Procedimento... 1041

16.15 A Execução Trabalhista e os Recolhimentos Previdenciários.......... 1042

16.15.1 Introdução... 1042

16.15.2 A Importância do Título Judicial 1046

16.15.2.1 A Conciliação Trabalhista e os seus Efeitos quanto à Previdência Social............................. 1046

16.15.2.2 A Decisão Trabalhista e a Contribuição Previdenciária 1047

16.15.3 Pagamento Espontâneo pelo Devedor................................ 1048

16.15.4 A Contribuição Previdenciária na Liquidação Trabalhista..... 1048

16.15.4.1 A Preclusão na Liquidação Trabalhista........... 1054

16.15.5 A Contribuição Previdenciária na Execução Trabalhista .. 1055

16.15.5.1 Estrutura da Relação Jurídica 1055

16.15.5.2 Os Trâmites Iniciais da Execução 1055

16.15.5.3 Os Embargos do Devedor e a Impugnação à Sentença de Liquidação.................................... 1055

16.15.5.4 Recolhimentos das Contribuições Sociais 1056

16.15.5.5 O Recurso na Execução Trabalhista das Contribuições Previdenciárias............................... 1056

16.15.5.6 A Execução Previdenciária contra a Massa Falida, Recuperação Judicial ou Empresa em Liquidação Extrajudicial 1057

16.15.5.7 A Execução Previdenciária contra as Entidades Filantrópicas.. 1057

16.16 Exceção de Pré-Executividade... 1057

16.16.1 Conceito.. 1057

16.16.2 Hipóteses de Cabimento da Exceção de Pré-Executividade... 1058

16.16.3 Procedimento ... 1059

16.17 A Justiça do Trabalho e o Convênio BACEN-JUD ... 1059

16.17.1 Os Serviços mais Importantes Disponibilizados pelo Sistema.... 1061

16.17.1.1 Solicitação de Informações ... 1061

16.17.1.2 Bloqueio de Contas ... 1062

16.17.2 Questões Procedimentais da Execução Trabalhista ... 1062

16.17.2.1 A Utilização do Sistema em Tutela Provisória de Urgência ... 1062

16.17.2.2 A Utilização do Sistema na Execução Trabalhista ... 1062

16.17.2.2.1 O BACEN-JUD e o Art. 830 do CPC ... 1063

16.17.2.3 A Questão da Penhora Eletrônica ... 1063

16.17.2.4 Competência para as Determinações de Bloqueio ... 1064

16.18 Execução das Multas Impostas aos Empregadores pelos Órgãos de Fiscalização do Trabalho ... 1064

16.18.1 Legitimação Ativa ... 1064

16.18.2 Legitimação Passiva ... 1065

16.18.3 Requisitos da Petição Inicial ... 1066

16.18.4 Despacho do Juiz ao Deferir a Inicial ... 1066

16.18.5 Demais Procedimentos da Lei 6.830/80 ... 1066

16.18.5.1 Citação do Executado ... 1066

16.18.5.2 Pagamento Imediato ou Garantia da Execução ... 1067

16.18.5.3 Intimação da Penhora ... 1068

16.18.5.4 Embargos do Executado ... 1069

Questionário ... 1070

PARTE VII

AS AÇÕES CONSTITUCIONAIS E AS DE PROCEDIMENTOS ESPECIAIS

Notas Introdutórias ... 1073

Capítulo I – *Habeas Corpus* ... 1075

1.1 *Habeas Corpus* no Sistema Legal ... 1075

1.2 Conceito e Finalidade ... 1076

1.3 Cabimento de *Habeas Corpus* na Justiça do Trabalho ... 1077

1.4 Competência Trabalhista e o *Habeas Corpus* ... 1080

1.5 Legitimidade Ativa ... 1081

1.6 Legitimidade Passiva ... 1082

1.7	Espécies	1083
1.8	Pedido Liminar	1083
1.9	Ato Coator	1084
1.10	Gratuidade	1085
1.11	Procedimento	1085
1.12	Nomeação do Depositário	1088
	Questionário	1090

Capítulo II – Mandado de Segurança 1091

2.1	Fundamento Jurídico	1091
2.2	Cabimento e Atos Atacáveis	1091
2.3	Legitimidade Ativa	1097
	2.3.1 *Writ* individual	1097
	2.3.1.1 Capacidade Postulatória	1097
	2.3.2 *Writ* coletivo	1097
2.4	Legitimidade Passiva	1098
2.5	Litisconsórcio	1101
2.6	Competência	1101
2.7	Prazo para Ajuizamento	1102
2.8	Medida Liminar	1103
2.9	Recursos contra a Decisão Liminar	1104
	2.9.1 Agravo de Instrumento	1104
	2.9.2 Pedido de Suspensão dos Efeitos da Liminar	1105
2.10	Decisão	1106
2.11	Recursos contra Sentença	1107
2.12	Honorários Advocatícios	1109
2.13	Processamento	1109
	Questionário	1111

Capítulo III – *Habeas Data* 1112

3.1	Aspectos Gerais	1112
3.2	O *Habeas Data* e a Competência da Justiça do Trabalho	1113
3.3	Disciplina Jurídica	1115
	Questionário	1120

Capítulo IV – Inquérito Civil, Ação Civil Pública e Ação Civil Coletiva 1121

4.1	Direitos Difusos, Coletivos e Individuais Homogêneos	1121
4.2	Prescrição	1124
4.3	Inquérito Civil	1128
4.4	Termo de Ajuste de Conduta (TAC)	1129
4.5	Ação Civil Pública	1130
4.6	Ação Civil Coletiva	1132

4.7	A Coisa Julgada na Ação Coletiva		1133
	4.7.1	Coisa Julgada na Ação Coletiva com Fundamento em Interesses ou Direitos Difusos	1133
	4.7.2	Coisa Julgada na Ação Coletiva com Fundamento em Interesses ou Direitos Coletivos	1134
	4.7.3	Coisa Julgada na Ação Coletiva com Fundamento em Interesses ou Direitos Individuais Homogêneos	1135
	4.7.4	A Decisão na Ação Coletiva com Fundamento nos Direitos Difusos e Coletivos e os Titulares dos Direitos Materiais..	1136
	4.7.5	A Coisa Julgada na Ação Coletiva e o Art. 16 da Lei 7.347/85	1137
	4.7.6	A Coisa Julgada na Ação Coletiva e o Art. 2º-A da Lei 9.494/97	1138
4.8	Cumprimento das Decisões Coletivas		1139
	4.8.1	Liquidação e a Execução de Sentença Coletiva (Direitos Individuais Homogêneos)	1139
	4.8.2	Liquidação e a Execução de Sentença Coletiva (Direitos Difusos e Coletivos)	1142
	Questionário		1143

Capítulo V – Inquérito para Apuração de Falta Grave 1144

Questionário 1146

Capítulo VI – Ação Rescisória 1147

6.1	Fundamento Jurídico		1147
6.2	Aspectos da Ação Rescisória		1147
6.3	Cabimento		1150
	6.3.1	Prevaricação, Concussão ou Corrupção do Juiz	1150
	6.3.2	Impedimento ou Incompetência Absoluta do Juiz	1150
	6.3.3	Dolo ou Coação da Parte Vencedora em Detrimento da Parte Vencida ou, Ainda, de Simulação ou Colusão entre as Partes, a Fim de Fraudar a Lei	1151
	6.3.4	Ofensa à Coisa Julgada	1153
	6.3.5	Violar Manifestamente Norma Jurídica	1154
	6.3.6	Falsidade da Prova	1158
	6.3.7	Prova Nova	1158
	6.3.8	Erro de Fato Verificável do Exame dos Autos	1159
	6.3.9	Confissão, Desistência ou Transação	1159
6.4	Prazo de Ajuizamento		1161
6.5	Legitimidade		1162
6.6	Competência Jurisdicional		1163
6.7	Natureza Jurídica da Decisão na Rescisória		1164

6.8	Valor da Causa	1164
6.9	Custas Processuais	1164
6.10	Depósito Prévio	1165
6.11	Procedimento	1165
6.12	Estrutura	1167
	6.12.1 Tutela Provisória na Ação Rescisória	1167
	6.12.2 Os Pedidos da Ação Rescisória	1168
	Questionário	1169

Capítulo VII – Ação Anulatória 1170

7.1	Fundamento Jurídico	1170
7.2	Cabimento	1170
7.3	Ação Anulatória de Negócio ou Ato Judicial	1171
7.4	Ação Anulatória de Cláusula Convencional	1171
7.5	Ação Anulatória de Débito Fiscal	1172
7.6	Legitimidade Ativa	1172
7.7	Procedimento	1173
	Questionário	1174

Capítulo VIII – Ação de Consignação de Pagamento 1175

	Questionário	1179

Capítulo IX – Ações Possessórias 1180

9.1	O Cabimento das Ações Possessórias na Justiça do Trabalho	1180
9.2	Das Ações Possessórias	1183
	Questionário	1185

Capítulo X – Habilitação Incidental 1186

	Questionário	1188

Capítulo XI – Ação Revisional 1189

11.1	Ação Revisional	1189
11.2	Dissídio Coletivo de Trabalho Revisional	1190
	Questionário	1191

PARTE VIII

PROCESSO COLETIVO DO TRABALHO

Capítulo I – Relações e Conflitos Coletivos de Trabalho 1195

1.1	As Relações de Trabalho: Individual e Coletiva	1195
1.2	Conflitos de Trabalho	1199
	1.2.1 Conceito	1199
	1.2.2 Classificações dos Conflitos	1201

| | | 1.2.2.1 | Conflitos Coletivos de Trabalho | 1205 |

1.3 Formas de Soluções de Conflitos Coletivos de Trabalho ... 1209

    1.3.1 Os Meios de Solução de Conflitos Coletivos de Trabalho Apregoados pela OIT ... 1215

1.4 Os Principais Meios de Solução de Conflitos ... 1217

    1.4.1 Negociação Coletiva ... 1218

        1.4.1.1 A Negociação Coletiva de Trabalho no Brasil .. 1222

    1.4.2 Conciliação e Mediação ... 1231

        1.4.2.1 Conciliação ... 1231

        1.4.2.2 Mediação ... 1232

        1.4.2.3 A Conciliação e a Mediação no Brasil ... 1235

    1.4.3 Arbitragem ... 1236

        1.4.3.1 A Arbitragem no Brasil ... 1240

    1.4.4 Jurisdição ... 1241

Questionário ... 1244

Capítulo II – Dissídio Coletivo de Trabalho ... 1245

2.1 Conceito e Espécies ... 1245

2.2 Natureza Jurídica ... 1247

2.3 Competência ... 1247

2.4 Prazo para Instauração ... 1248

2.5 Condições do Dissídio Coletivo ... 1249

    2.5.1 Legitimidade Ativa e Passiva ... 1249

        2.5.1.1 Deliberação da Assembleia ... 1255

    2.5.2 Interesse de Agir ... 1256

        2.5.2.1 Negociação Coletiva Prévia Frustrada ... 1257

    2.5.3 Possibilidade Jurídica do Pedido ... 1258

    2.5.4 Ajuizamento de "Comum Acordo" ... 1261

2.6 O Julgamento do Dissídio Coletivo e o Princípio do Não Retrocesso Social ... 1266

2.7 Dissídio Coletivo de Trabalho no Setor Público ... 1266

Questionário ... 1275

Capítulo III – Procedimento do Dissídio Coletivo de Trabalho ... 1276

3.1 Instauração do Dissídio Coletivo ... 1276

    3.1.1 Dissídio de Extensão ... 1278

    3.1.2 Dissídio de Revisão ... 1280

    3.1.3 Dissídio de Greve ... 1281

3.2 Pedido de Instauração ... 1283

3.3 Audiência ... 1286

3.4 Resposta ... 1288

SUMÁRIO | **XLVII**

3.4.1	Contestação	1288
3.4.2	Reconvenção	1289
3.4.3	Exceção	1290

3.5 Diligências Necessárias 1290

3.6 Sentença Normativa 1291

3.6.1	Poder Normativo	1295
3.6.2	Coisa Julgada	1303
3.6.3	Integração da Sentença Normativa ao Contrato Individual de Trabalho	1304

3.7 Recursos 1306

3.7.1	Efeito Suspensivo do Recurso Ordinário	1306
3.7.2	Custas Processuais e o Depósito Recursal	1307

Questionário 1308

Capítulo IV – Ação de Cumprimento 1309

4.1 Conceito e Cabimento da Ação de Cumprimento 1309

4.2 Natureza Jurídica 1310

4.3 Competência Jurisdicional 1310

4.4 Legitimidade Ativa e Passiva 1310

4.5 Ajuizamento 1311

4.6 Prazo Prescricional 1311

4.7 Ação Reconvencional 1312

4.8 Instrução 1312

4.9 A Decisão 1313

4.10 Efeitos da Alteração da Sentença Normativa na Ação de Cumprimento 1313

Questionário 1314

PARTE IX
PROCEDIMENTOS ADMINISTRATIVOS

Capítulo I – Falta ou Recusa de Anotação na Carteira de Trabalho e Previdência Social 1316

1.1 A Definição da CTPS 1316

1.2 As Anotações na CTPS 1317

1.3 O Procedimento Administrativo quanto à Falta ou Recusa de Anotação na CTPS 1318

1.4 A CTPS e a Legislação Criminal 1321

1.5 A Omissão quanto ao Registro na CTPS é Crime? 1323

1.6 A CTPS e o Dano Moral 1324

Questionário 1325

Capítulo II – Fiscalização do Trabalho.. 1326

    2.1   Conceito de Fiscalização do Trabalho.. 1326

    2.2   A Fiscalização do Trabalho nos Planos Internacional e Nacional.... 1326

    2.3   O Procedimento da Fiscalização Trabalhista..................................... 1330

        2.3.1   Da Fiscalização, da Autuação e da Imposição das Multas..... 1330

        2.3.2   Fiscalização Orientadora para as Microempresas e as Empresas de Pequeno Porte... 1335

        2.3.3   Fiscalização do Trabalho Doméstico................................. 1335

        2.3.4   Recursos Administrativos... 1336

        2.3.5   Do Depósito, da Inscrição e da Cobrança da Multa........... 1337

    Questionário.. 1337

Referências Bibliográficas... 1339

Parte I

ASPECTOS HISTÓRICOS DO DIREITO PROCESSUAL DO TRABALHO

Capítulo I

HISTÓRIA UNIVERSAL
DO DIREITO PROCESSUAL DO TRABALHO

Como há vários antecedentes históricos, o campo de análise será dividido em: história universal do Direito Processual do Trabalho e a evolução do Direito Processual do Trabalho no Brasil.

No plano universal, destacam-se as experiências históricas ocorridas nos sistemas jurídicos de França, Alemanha, Itália, México, Espanha, Grã-Bretanha, Estados Unidos da América e Argentina.

1.1 FRANÇA

A evolução do Direito Processual do Trabalho na França será efetuada em função do tipo do conflito trabalhista, o qual pode ser individual ou coletivo.

Os dissídios individuais, ou seja, os ocorridos entre empregados e empregadores, vistos de forma singular, eram decididos pelos *Conseils de prud'hommes*.

O termo *prud'homme* denota *"homem sisudo, prudente, íntegro, versado em alguma coisa. A expressão é encontrada no período dos grêmios e corporações de ofício, para designar os homens que, gozando de especial consideração entre os seus pares, eram eleitos para a administração desses organismos. Também eram denominados assim juízes dos tribunais ordinários, funcionários municipais e peritos"*.[1]

As origens dos *Conseils de prud'hommes*:

a) o Conselho da Cidade de Paris (1426) designou 24 *prud'hommes*, os quais deveriam colaborar com o magistrado municipal na solução das questões entre fabricantes e comerciantes. No reinado de Luís XI, por intermédio de uma ordem assinada em 29/4/1464, os *prud'hommes* foram autorizados a solucionar os conflitos existentes entre fabricantes de seda residentes em Lyon. Posteriormente, tais poderes foram ampliados para os embates entre tais industriais e seus operários;

b) em 1776, com os ideais do liberalismo econômico, no qual se tinha à exaltação do individualismo, tais órgãos foram extintos, já que se entendia que toda organização

---

[1] NASCIMENTO, Amauri Mascaro. *Curso de direito processual do trabalho*, 12. ed., p. 13.

era prejudicial à livre iniciativa dos homens. Os dissídios individuais trabalhistas passaram a serem dirimidos pelos tribunais comuns. Pelos protestos de trabalhadores e dos patrões, houve a edição de uma lei em 1803, a qual determinou ao prefeito de polícia de Paris e aos alcaides, comissários ou substitutos, em outras cidades, a tarefa da solução das pendências trabalhistas individuais. Para tanto, tais autoridades deveriam observar as normas do Código Municipal e as regras de polícia. Como as autoridades policiais não estavam aptas para o desempenho de tais funções, as críticas tornaram-se mais contundentes, sendo que houve a solicitação da restauração dos conselhos de *prud'hommes*;

c) Napoleão Bonaparte, por uma lei assinada em 18/3/1806, *"determinou a instituição dos conselhos, constituídos de empregadores e com atribuições para terminar, por via de conciliação, as questões trabalhistas e julgar, com força definitiva, as reclamações de valor até 60 francos. O Conselho funcionava diariamente, das 11 às 13 horas; as partes não pagavam custas e, além das reuniões de conciliação, semanalmente o plenário do Conselho se reunia para decisões. Conquanto esse órgão fosse constituído apenas em Lyon, a lei previa a possibilidade da instituição de organismos idênticos em outras cidades, de tal sorte que em 1921 existiam 205 Conselhos. Uma cidade não podia ter mais de um Conselho, porém era admitida a divisão do Conselho de uma cidade em secções. Em Paris (1908), eram cinco as seções (bâtiments, métaux, industries diverses, produtis chimiques, commerce). Em Lyon (1910), três (soieries, bâtimentes et industries diverses, commerce). A maioria dos Conselhos dividia-se em duas secções, indústrias e comércio. Diversas foram às modificações introduzidas no sistema. A sua competência estendeu-se, além do comércio e indústria, à agricultura (1932). Foi instituído o sufrágio universal para a escolha dos conselheiros (1848), bem como a representação dos trabalhadores foi admitida no órgão que passou, assim, a ser constituído por patrões e operários (1848). O próprio Conselho passou a eleger o seu presidente e vice-presidente (1880). Nas decisões em caso de empate, nova sessão seria realizada, sob a presidência do juiz de paz (1905), que é um magistrado de carreira. As mulheres passaram a ser admitidas como conselheiras (1907). Institucionalizou-se, portanto, o sistema, na história da França"*.[2]

Atualmente os Conselhos de *prud'hommes* possuem a seguinte estrutura:

a) trata-se de um órgão jurisdicional paritário. Em cada município, pode ser constituído um Conselho, o qual pode ser ou não dividido em seções (comércio, agricultura, indústria etc.). A presidência do Conselho é exercida de forma alternativa por representantes dos empregadores e dos empregados, sendo que o mandato é de seis anos. Se houver a divisão em seções, cada uma também poderá ter um presidente;

b) as eleições ocorrem a cada três anos para a metade dos conselheiros. Em cada Conselho, há dois colégios eleitorais distintos (empregados e empregadores). Para ser

---

[2] NASCIMENTO, Amauri Mascaro. Ob. cit., p. 14.

eleito como conselheiro, a pessoa deverá preencher os seguintes requisitos: idade mínima de 25 anos; alfabetização; o exercício da profissão pelo período mínimo de seis anos; a inscrição na lista eleitoral. A função de conselheiro não é remunerada. As condições para ser eleitor são: estar em gozo dos direitos políticos; não ter sofrido condenações; exercer a profissão pelo período mínimo de três anos;

c) no Conselho, há dois órgãos: o da Conciliação e o relativo ao Julgamento. O primeiro é integrado por um representante dos empregados e outro, dos empregadores. No segundo, há pelo menos dois representantes de cada lado;

d) a sistemática de atuação desses órgãos é simplificada: (1) as partes são convocadas por carta, para uma tentativa de conciliação, não sendo necessária à presença de um advogado; (2) no caso de ser infrutífera a conciliação, o autor da demanda irá solicitar perante o órgão de julgamento a citação do réu, a qual será efetuada por carta; (3) as provas são produzidas sob a direção do Conselho; (4) as decisões são proferidas pela maioria absoluta dos membros presentes. Nos julgamentos, os debates são orais, sendo que a sentença é prolatada em audiência. Em caso de empate, haverá novo julgamento, com a presença de um juiz de carreira, o qual irá presidi-lo; (5) da decisão cabe recurso de oposição em três dias. Também caberá o recurso de apelação para a Câmara Social da Corte de Apelação, se o valor da demanda exceder o montante de 13.000 francos; (6) das decisões finais de qualquer órgão, haverá a possibilidade de recurso extraordinário para a Corte de Cassação. É importante salientar que os recursos – apelação e extraordinário – são julgados por magistrados de carreira.

As reformas de 1979 e 1982 não fizeram grandes alterações na sistemática de composição e funcionamento dos Conselhos. As alterações mais significativas são: (a) o mandato do integrante do Conselho passou a ser de cinco anos; (b) o candidato deve possuir a nacionalidade francesa, estar inscrito nas listas eleitorais há pelos três anos e exercer a atividade pelo menos por dez anos.

Há críticas quanto à atuação dos Conselhos: (a) a ignorância jurídica dos Conselheiros, sendo que as sentenças são redigidas pelos Secretários dos Conselhos, os quais, geralmente, são juristas; (b) a parcialidade nos julgamentos do Conselho, o que enseja um elevado número de recursos.

Nos locais onde não se tinha à instauração de um Conselho, a demanda deveria ser ajuizada perante o Tribunal de Instância, o qual possuía a competência para o trato das questões trabalhistas. Contudo, mesmo que houvesse o Conselho na localidade, a sua atuação não era obrigatória, podendo a parte interessada solicitar a solução do dissídio individual perante o Tribunal de Instância.

O Conselho de *Prud'hommes* não tem competência na execução dos seus julgados.

Nos dissídios coletivos, a esfera de competência não pertencia aos Conselhos de *Prud'hommes*. Em 1936, uma lei criou os processos obrigatórios de conciliação e arbitragem para questões coletivas. Os recursos das decisões arbitrais eram analisados por uma Corte Superior de Arbitragem. Essa forma de solução dos conflitos foi suspensa durante a Segunda Guerra Mundial.

Em 1950, uma nova lei, ao dispor sobre as convenções coletivas de trabalho, estabeleceu que a conciliação era obrigatória, porém a arbitragem seria facultativa.

Um Decreto de 1955 instituiu um novo procedimento:

a) a conciliação ocorre perante a comissão paritária ou a autoridade pública, a qual poderá ser: (1) inspetor de divisão do trabalho (âmbito regional); (2) ministro (nível nacional). Tais pessoas também atuam como presidentes das Comissões;

b) no caso de não ser possível à conciliação, procede-se à arbitragem por um terceiro escolhido pelas partes. Na falta de acordo quanto ao árbitro, ocorrerá a nomeação de um ministro, o qual é escolhido dentre uma lista de pessoas competentes e imparciais. Da sentença arbitral, caberá recurso para a Corte Superior de Arbitragem, a qual é integrada por cinco magistrados administrativos e quatro magistrados judiciais.

1.2 ALEMANHA

O sistema jurisdicional alemão possui pontos comuns com a estrutura hierárquica da Justiça do Trabalho no Brasil.

Em 1808, na região do Reno, surgiram os Tribunais Industriais. Em outros locais, também houve a criação de tribunais de arbitragem, os quais perderam a sua importância em 1890, quando da instituição dos Tribunais Industriais em diferentes partes da Alemanha.

Os Tribunais Industriais tinham a competência para dirimir os conflitos individuais e coletivos de trabalho. Dentre os seus elementos característicos, destacavam-se: (a) os cargos de presidente e do vice-presidente, os quais eram nomeados pela autoridade administrativa do local; (b) na representação dos grupos, havia a eleição de quatro assessores, de maneira igualitária, para um mandato de um a seis anos; (c) nos dissídios individuais, as decisões prolatadas tinham força executória; (d) as partes tinham a faculdade de serem representadas por qualquer pessoa, inclusive por um parente ou amigo; (e) a conciliação tinha um papel de relevo na atuação desses órgãos, notadamente quanto aos dissídios coletivos. A princípio, a atuação desses Tribunais estava vinculada ao ramo industrial das atividades econômicas. Em 1904, a atuação foi estendida para o comércio.

Com a edição da Carta do Trabalho do III Reich (1934), a arbitragem, que era convencional, passou a sofrer ingerências do Estado. Os árbitros eram funcionários do Estado. Também foram constituídas comissões de arbitragem de caráter oficial. Em 10/10/1934, os Tribunais do Trabalho foram criados com a seguinte divisão: Tribunais de Trabalho da Primeira Instância, Tribunais do Trabalho de Apelação e Tribunais do Trabalho do Reich.

Nos Tribunais de Trabalho da Primeira Instância destacam-se:

a) criação: determinação do Ministério da Justiça com a concordância do Ministro do Trabalho do Reich;

b) composição: presidente, vice-presidente, juízes de carreira nomeados pelo Ministro da Justiça e assessores em número igual de empregados e empregadores,

PARTE I • Cap. I – HISTÓRIA UNIVERSAL DO DIREITO PROCESSUAL DO TRABALHO | 7

nomeados pelo Ministro do Trabalho. As funções dos assessores não eram remuneradas, havendo, apenas, o pagamento de uma ajuda de custo para os gastos decorrentes do desempenho da atividade;

c) procedimento: o início ocorre com a tentativa de conciliação. Quando a instrução era infrutífera, havia a instrução do feito, com a publicação da sentença em audiência. Desta decisão, cabia recurso para o Tribunal de Apelação, cuja composição observava os mesmos critérios do Tribunal de Primeira Instância. Em face do valor da causa, as decisões do Tribunal de Apelação estavam sujeitas ao controle do Tribunal do Reich.

A estrutura atual da Justiça do Trabalho Alemã mantém os mesmos critérios. Os seus órgãos jurisdicionais são: (a) distritais: Tribunais do Trabalho (*Arbeitsgerichte* – ARBG); (b) estaduais: Tribunais Regionais do Trabalho (*Landesarbeitsgerichte* – LAG); (c) Tribunal Federal do Trabalho (*Bundesarbeitsgerischte* – BAG); (d) Superior Tribunal Constitucional.

Com exceção ao Tribunal Superior Constitucional, os demais tribunais adotam uma estrutura colegiada, onde se tem a presença de juízes de carreira, os quais são assessorados por membros classistas, representantes de empregados e empregadores.

No primeiro grau – Tribunais do Trabalho –, a atuação jurisdicional compreende os dissídios individuais e os coletivos. A divisão funcional se faz por câmaras. Nos dissídios individuais, a câmara é composta de um presidente (juiz togado) e dois juízes classistas (um representante dos empregados e outro dos empregadores). Nos dissídios coletivos, além do Presidente da Câmara, também atuam quatro juízes classistas.

Os Tribunais Regionais do Trabalho compreendem a segunda instância de atuação do sistema jurisdicional alemão. Cada Tribunal possui dez juízes togados e 160 classistas. A Presidência do Tribunal é exercida por um juiz togado. Também é dividido por câmaras, havendo um juiz togado (presidente) e dois classistas.

O Tribunal Federal do Trabalho pertence à União e possui uma natureza constitucional. É composto de um presidente, pelos presidentes das turmas e juízes classistas. Os cargos de presidência são restritos aos juízes togados.

Em qualquer esfera de atuação, os tribunais do trabalho têm competência para dirimir conflitos coletivos e individuais. Só atuam quando provocados pelas partes. O procedimento valoriza a oralidade e a imediatividade; portanto, as provas são produzidas perante o próprio tribunal.

A Alemanha tem um Código de Processo do Trabalho, mas, quando necessário, adota, de forma subsidiária, as normas pertinentes ao Código de Processo Civil.

1.3 ITÁLIA

É inegável que o corporativismo[3] italiano teve uma acentuada influência na formação do sistema jurídico-trabalhista brasileiro (arts. 138 a 140, Constituição Federal de 1937).

---

[3] Corporativismo representa o sistema político, baseado na organização de corporações profissionais. Por intermédio da colaboração mútua, as corporações pretendem evitar os conflitos de classe.

Por volta de 1878, à semelhança dos conselhos franceses, foram criados na Itália os Conselhos de *Probiviri*, os quais eram constituídos de representante dos empregados e empregadores. A princípio, sua atuação estava restrita às controvérsias havidas na indústria da seda. Em 1893, houve ampliação da competência, abrangendo outras categorias da economia.

Na estrutura dos Conselhos de *Probiviri*s havia: (a) os cargos de presidente e vice-presidente eram designados por decreto real, por meio da proposta do Ministro da Agricultura, da Indústria ou do Comércio; (b) dois órgãos: a Comissão de Conciliação (Presidente e dois representantes – um dos empregados e outro dos empregadores) e o Tribunal (Presidente, Vice-Presidente e quatro representantes classistas – dois dos empregados e dois dos empregadores); (c) das decisões proferidas pelo Tribunal cabiam recursos para o juiz de paz da cidade e para a Corte de Cassação.

Ao lado dos Conselhos de *Probiviri*, em 1º/5/1916, houve a instituição de Comissões de Arbitragens, integradas por cinco membros designados pelo Tribunal do Distrito. Posteriormente, esses órgãos foram extintos.

Com a *Carta del Lavoro* (1927), deu-se um passo importante para a adoção da organização corporativista na solução dos conflitos trabalhistas. Houve a criação da Magistratura do Trabalho.

A Magistratura do Trabalho era o *"órgão com o qual o Estado intervém regulando as controvérsias do trabalho, sejam as referentes sobre a observância dos acordos ou outras normas existentes, sejam as que versem sobre a determinação de novas condições de trabalho"* (*Carta del Lavoro*, inc. V).

Na composição da Magistratura do Trabalho, havia a Corte de Apelação, constituída de peritos e com a competência de decidir, em um único grau, as controvérsias advindas dos conflitos coletivos de trabalho. Em segundo grau, a Corte de Apelação tinha a incumbência de solucionar os dissídios individuais de trabalho. Em 1928, a Magistratura do Trabalho foi abolida como magistratura especial, passando as suas atribuições para os juízes ordinários.

Amauri Mascaro Nascimento[4] acentua que *"o aspecto mais importante que resultou foi a desenvolvida atuação da nova estrutura nos dissídios coletivos e o poder normativo que exerceu, criando direito novo, através das decisões de caráter judicial. O poder normativo dos Tribunais Trabalhistas significa a atribuição legal que lhes é conferida para a decisão dos conflitos coletivos de interesses".*

Atualmente, *"os dissídios individuais são submetidos a julgamento por juízes togados, que aplicam um capítulo do Código de Processo Civil que regula o processo do trabalho. Os dissídios coletivos são resolvidos por meio de greves, convenções coletivas, arbitragem e mediações. Hoje, no primeiro grau, há o juiz do trabalho; no segundo, há o Tribunal Comum de Apelação; e acima a Corte 'di Cassazione' e o Tribunal Constitucional".*[5]

---

[4] NASCIMENTO, Amauri Mascaro. Ob. cit., p. 21.
[5] MARTINS, Sergio Pinto. *Direito processual do trabalho*, 20. ed., p. 36.

1.4 MÉXICO

Pela Lei Aguirre Berlanga, de 7/10/1914, houve a criação das Juntas Municipais, cujo objetivo era a solução dos conflitos entre trabalhadores e seus patrões (art. 16). As Juntas possuíam a seguinte divisão: agricultura, pecuária e a industrial. O procedimento era verbal, concentrado em uma única audiência, na qual havia o recebimento da petição inicial, da contestação e produção das provas. A decisão era tomada por maioria de votos, sem direito a recurso.

Em 1914, no Estado de Vera Cruz, uma determinada lei previu a criação de Juntas de Administração Civil, com a competência para ouvir e decidir as questões propostas pelos empregados.

Em 14/3/1915, no Estado de Yucatán, houve a criação dos Conselhos e do Tribunal de Arbitragem, os quais eram encarregados de aplicar a legislação trabalhista com liberdade. Essa organização era um poder independente, em que o trabalho e o capital ajustavam suas diferenças de forma automática, buscando, sempre, a solução mais justa para ambos, sem o recurso às greves que sempre são nocivas para os interesses de todos.

Na atuação desses órgãos, destacavam-se:

a) as Juntas de Conciliação, as quais eram compostas por um ou dois representantes de cada uma das classes, sem a intervenção estatal, tinham a competência de celebrar os contratos coletivos de trabalho. No caso de não ser possível à conciliação, poderiam impor uma fórmula de acordo, que teria a vigência por um mês, até que houvesse a solução definitiva pelo Tribunal de Arbitragem;

b) como órgão supremo, havia o Tribunal de Arbitragem, com sede na Cidade do México. Era constituído por um representante indicado pelas uniões de trabalhadores e outro nomeado pelos patrões, além de um juiz-presidente, o qual era escolhido por todas as Juntas de Conciliação. No caso de não ser possível à escolha por maioria, o juiz-presidente seria indicado pelo Governador do Estado. Os membros integrantes do Tribunal tinham o mandato de um ano. O Tribunal, após o exame de livros de contabilidade, da oitiva de testemunhas e de outros meios de prova, elaborava uma proposta de conciliação. No caso de não ser aceita a proposta, o Tribunal deveria proferir uma decisão, a qual teria os mesmos efeitos do contrato coletivo de trabalho.

Na Constituição Mexicana de 1917 (art. 123, XX) houve a criação das Juntas de Conciliação e Arbitragem, com a incumbência de solucionar os conflitos entre capital e trabalho. Cada Junta deveria ser formada por igual número de representantes dos empregados e dos empregadores e um do governo.

Em 8/3/1926, houve a edição do Regulamento das Juntas de Conciliação e Arbitragem do Distrito Federal.

No ano de 1927, foram criadas as Juntas Federais de Conciliação e Arbitragem, como também de uma Junta Comercial.

Atualmente, a Lei Federal do Trabalho de 1972 *"estabelece que a organização da Junta do Trabalho mexicana segue o sistema de Juntas Locais e Federais de Conciliação e Arbitragem, com composição paritária, porém tendo função administrativa, mas reconhece-se o seu caráter jurisdicional. As Juntas podem livremente julgar qualquer conflito, seja individual ou coletivo, seja jurídico ou econômico, que derive do contrato ou da relação de trabalho, independentemente da quantidade e do valor que representem. O artigo 622 permite que cada uma das Juntas se estabeleçam em Juntas Especiais para o conhecimento de conflitos em determinados ramos de atividade laboral. O artigo 600, fração IV, faculta apenas às Juntas de Conciliação conhecer e arbitrar nos casos em que a matéria do conflito não exceda da importância de três meses de salário. Os artigos 685 e ss. tratam do Derecho Procesal del Trabajo, determinando os procedimentos quanto ao andamento do processo na Junta, sendo a decisão normativa (art. 815) como se fosse uma espécie de laudo arbitral com efeitos obrigatórios. O artigo 816 prevê que as decisões das Juntas são irrecorríveis. As Juntas locais são criadas pelos governos estaduais nos Municípios ou zonas econômicas que não têm as Juntas Federais. O órgão de cúpula é a Junta Federal de Conciliación y Arbitraje".*[6]

1.5 ESPANHA

Na evolução da ordem jurídica espanhola, *"três sistemas coerentes com os momentos histórico-políticos em que foram instituídos* são encontrados: os Tribunais Industriais, os Comitês Paritários e os Jurados Mistos".[7]

Os Tribunais Industriais foram criados em 1908, porém a lei que os implantou deixou de ser aplicada, já que no ano de 1912 houve o surgimento da Justiça do Trabalho espanhola, cuja estrutura normativa foi incorporada, em 1926, ao Código *de Trabajo*, possuindo a seguinte composição: presidente, juiz de carreira e seis jurados, sendo três de empregados e três de empregadores. Os Tribunais Industriais foram suprimidos em 1935.

Os Comitês Paritários surgiram na época corporativa, tendo uma atuação paralela com os Tribunais Industriais, e, mais tarde, com as Comissões Mistas (1920-1922). A competência dos Comitês Paritários envolvia a solução das questões individuais ou coletivas entre os trabalhadores e os seus patrões, possuindo uma natureza de instituição de Direito Público, com atribuições jurisdicionais.

Com a supressão dos Comitês Paritários em 1931, houve a criação dos Jurados Mistos que também tinham uma natureza de órgão jurisdicional de solução dos conflitos individuais e coletivos de trabalho. Eram compostos por um presidente, um secretário e representantes de empregados e empregadores em igual número. Com a supressão dos Tribunais Industriais em 1935, os Jurados Mistos restaram como o único órgão de solução dos conflitos trabalhistas.

Durante a guerra civil espanhola (1936 a 1939), houve a previsão da criação de uma Magistratura do Trabalho, a qual foi instituída no ano de 1938. Em 1940, houve a

---

[6]   MARTINS, Sergio Pinto. Ob. cit., p. 37.
[7]   NASCIMENTO, Amauri Mascaro. Ob. cit., p. 24.

PARTE I · Cap. I – HISTÓRIA UNIVERSAL DO DIREITO PROCESSUAL DO TRABALHO | 11

promulgação da sua Lei Orgânica. O regulamento orgânico dos órgãos de Magistrados de *Trabajo y Secretarios de la Magistratura* foi editado em 1958.

Hodiernamente, a Justiça do Trabalho espanhola encontra-se disciplinada pela Lei de Procedimento Laboral (1966), além do Texto Articulado do Regime Geral da Segurança Social (1973). Houve a supressão dos Jurados Mistos.

Antes do ingresso em juízo, as partes são obrigadas a tentar a conciliação nas Juntas de Conciliação Sindical. No caso de não ser possível a conciliação, na primeira instância trabalhista, a demanda deverá ser proposta aos órgãos intitulados "magistratura trabalhista".

Onde não houver tais órgãos, a competência material trabalhista é exercida pelos juízes municipais, os quais também atuam nas causas até 1.500 pesetas.

Como a Justiça do Trabalho espanhola é competente para o julgamento de questões de previdência social e de acidente de trabalho, o Tribunal Central do Trabalho, órgão de segunda instância, é dividido em seções especializadas.

A última instância é o Tribunal Supremo, o qual foi instituído em 1931.

A competência da Justiça do Trabalho espanhola abrange os dissídios individuais e coletivos. Nos dissídios coletivos, é incumbência da autoridade trabalhista do Poder Executivo remeter ao Judiciário Trabalhista, quando julgar oportuno, a sua solução.

No ano de 1979, em substituição às Juntas de Conciliação Sindical, houve a adoção do Instituto de Mediação, Arbitragem e Conciliação (IMAC), no qual se dá a tentativa obrigatória da conciliação, antes do ajuizamento da demanda judicial.

1.6 GRÃ-BRETANHA

Na Grã-Bretanha, o Estado adotou um mecanismo de solução dos conflitos, quando não for possível a solução pelo sistema de convenções coletivas de trabalho.

Como órgãos de uma justiça especializada em questões trabalhistas, destacam-se: os *Industrial Tribunals*, como órgãos de primeira instância; os *Employmente Appeal Tribunals* (EATs), órgãos de segunda instância, com aspectos de instância extraordinária, que não reexaminam matéria fática.

A respeito da origem, criação e estrutura dos tribunais ingleses, Sergio Pinto Martins[8] aponta: *"Os Industrial Tribunals foram criados em 1964, para decidirem questões de empregadores contra a imposição de impostos sobre a aprendizagem industrial. Em 1965, foi ampliada a jurisdição desses tribunais para decidir disputas sobre o direito dos trabalhadores sobre pagamento pela despedida coletiva de empregados por causas econômicas ou técnicas, como de redução de pessoal. Mais tarde, foi ampliada novamente a jurisdição dos referidos tribunais, para que julgassem reclamações entre empregados e empregadores quando estes se recusassem a fornecer informação completa das condições e termos de seus*

---

[8] MARTINS, Sergio Pinto. Ob. cit., p. 38.

contratos de trabalho. Em 1971, foi determinado que os citados tribunais passassem a julgar questões decorrentes de despedidas imotivadas.

Os tribunais trabalhistas da Grã-Bretanha têm composição paritária. São integrados por juízes, tanto na primeira como na segunda instância, sendo um deles o presidente, que é escolhido entre advogados ou procuradores com experiência forense de, no mínimo, sete anos. Os tribunais de segunda instância são presididos por juiz membro da Corte de Apelação. Os presidentes dos tribunais de primeira instância (chairpersons) são vitalícios até a idade de 72 anos, quando há a aposentadoria compulsória, desde que exerçam a magistratura em tempo integral. Quando a exercem por tempo parcial são nomeados para mandatos de três anos. Os dois outros membros dos tribunais trabalhistas são juízes leigos (lay members), um deles é indicado pelo sindicato dos trabalhadores e o outro pelo dos empregadores. O mandato dos juízes leigos é de três anos, podendo também exercer seu mandato em tempo integral ou parcial.

Os juízes dos tribunais trabalhistas não pertencem a um determinado tribunal, mas são convocados para julgar cada caso, não existindo, portanto, um tribunal de composição permanente."

A competência dos tribunais trabalhistas britânicos é para questões de direito individual do trabalho, não abrangendo as temáticas advindas das relações coletivas de trabalho.

1.7 ESTADOS UNIDOS

A principal fonte normativa trabalhista nos Estados Unidos repousa na negociação coletiva – acordos coletivos de trabalho entre os sindicatos e as empresas. Tanto os conflitos individuais, como os coletivos, geralmente, são dirimidos pela arbitragem. O árbitro é um particular escolhido e nomeado pelas partes. Somente em situações excepcionais, nas quais se tenha à ocorrência de arbitrariedades ou fraudes, o laudo arbitral está sujeito à análise judicial.

1.8 ARGENTINA

Na Argentina, a estruturação da justiça do trabalho começou na Capital Federal com a edição do Decreto-lei 32.347, de 30/11/44, o qual foi, posteriormente, alterado pela Lei 12.948.

A Lei 12.713 criou as comissões de conciliação e arbitragem, além da disciplina quanto ao trabalho a domicílio.

Na província de Buenos Aires, com a edição da Lei 5.178/47, foram criados os Tribunais de Trabalho, cuja estrutura tem ênfase no procedimento oral, com a presença de um colegiado de juízes letrados, com as mesmas garantias dos juízes de primeira instância, com competência para solucionar as controvérsias decorrentes das relações individuais de trabalho, qualquer que seja o seu valor. Essa estrutura está em vigência até a presente data.

De acordo com o Decreto-lei 32.347, a estrutura da Justiça do Trabalho Argentina compreenderia a Comissão de Conciliação, a Comissão de Arbitragem, os juízes de primeira instância e a Câmara de Apelações.

PARTE I · Cap. I – HISTÓRIA UNIVERSAL DO DIREITO PROCESSUAL DO TRABALHO | 13

Na Comissão de Conciliação, ocorria a primeira etapa do procedimento (ajuizamento da demanda, contestação, provas e a realização de uma audiência com a finalidade da conciliação). A Comissão de Arbitragem, que não tinha caráter permanente, era composta de um representante de empregados e outro do empregador, sendo presidida por um presidente e o vice-presidente da Comissão de Conciliação. Evidente o predomínio do procedimento oral (oralidade), com restrição quanto aos recursos, a limitação do número de testemunhas, a realização das provas em audiência, além do fato de que o trabalhador não tinha despesas com o ajuizamento da demanda.

A estrutura da Justiça do Trabalho Argentina sofreu alterações com a Lei 18.345, de 12/9/1969, inclusive, com as suas sucessivas modificações introduzidas pelas Leis 20.196, 21.625, 22.084 e 22.743. Houve a supressão da Comissão de Conciliação e Arbitragem. Na Capital Argentina, até o ano de 1988, havia 45 juízes de primeira instância, além da Câmara Nacional de Apelações de Trabalho. Com a Lei 23.640/88, o número inicial de juízes de primeira instância foi elevado para mais 45 juízes. Na legislação processual trabalhista, aplica-se, de forma subsidiária, como ocorre no Brasil (art. 769, CLT), o Código de Processo Civil. Houve a manutenção do Conselho de Trabalho Doméstico (Decreto 7.979/1956), atrelado ao Ministério do Trabalho e da Seguridade Social, com atribuição para dirimir os dissídios trabalhistas decorrentes do estatuto dos empregados domésticos. Das decisões do Conselho de Trabalho Doméstico tem-se a possibilidade de recurso para o Juiz Nacional de Primeira Instância do Trabalho.

Nas províncias há tribunais locais, o que não ocorre com os da capital, os quais são nacionais e integrados pela *"Câmara Nacional de Apelações do trabalho da Capital. Não existem juízes classistas. A competência jurisdicional é para resolver questões de conflitos individuais, mas também conflitos coletivos de direito administrativo e penal, como as infrações às normas regulamentares do trabalho. Predomina o procedimento escrito, porém a contestação, reconvenção e exceções podem ser apresentadas oralmente. Os depoimentos devem ser transcritos, inclusive os das testemunhas. Há uma audiência inicial com o objetivo de conciliação. O não comparecimento do autor não importa o arquivamento."*[9]

QUESTIONÁRIO

1. Explique a atuação dos Conselhos de *Prud'hommes* na ordem jurídico-trabalhista francesa.

2. Cotejando-se o sistema legal da Alemanha e os arts. 114 e segs., da Constituição Federal brasileira de 1988, explique as diferenças e similitudes das Justiças do Trabalho – alemã e brasileira.

3. A estrutura atual da Justiça do Trabalho no Brasil ainda reflete a *Carta del Lavoro* da Itália fascista?

---

[9] MARTINS, Sergio Pinto. Ob. cit., p. 40.

Capítulo II
EVOLUÇÃO DO
DIREITO PROCESSUAL DO TRABALHO NO BRASIL

A evolução do Direito Processual do Trabalho no Brasil será analisada pelo desenvolvimento dos órgãos jurisdicionais[1] responsáveis pela solução dos conflitos trabalhistas – individuais e coletivos.

Com a Emenda Constitucional 3, de 1926, a competência para legislar sobre trabalho passou a ser do Congresso Nacional (art. 31, XXVIII, Constituição Federal de 1891).

Antes da reforma constitucional de 1926,[2] houve duas experiências de criação de organismos especializados na solução dos conflitos trabalhistas na área rural no âmbito do Estado de São Paulo:

a) Lei 1.299-A, de 1911, regulamentada pelo Decreto Legislativo 2.515, de 15/3/1912, criou o Patronato Agrícola, com o intuito da assistência jurídica ao trabalhador agrícola, principalmente ao imigrante, para a cobrança de salários, execução de contratos agrícolas e na defesa contra aliciamento de colonos;

b) Lei 1.869, de 10/10/1922, da lavra do então Presidente do Estado de São Paulo – Washington Luiz Pereira de Souza (que seria o Presidente do Brasil de 1926 a 1930), estabeleceu os Tribunais Rurais, os quais deveriam funcionar em cada comarca de São Paulo, para conhecer e julgar as questões, até o valor de quinhentos

---

[1] Abordando a temática da evolução universal dos sistemas jurisdicionais de solução dos conflitos trabalhistas, Ives Gandra da Silva Martins Filho ensina-nos: "Originariamente, os organismos jurisdicionais trabalhistas foram compostos por juízes letrados, conhecedores tanto do direito como das questões laborais (juízos monocráticos). Seguiu-se à sistemática da representação paritária, em que as comissões de conciliação dos conflitos trabalhistas eram compostas por um representante do empregador e outro dos empregados, indicado pelo sindicato profissional. Atualmente, diante das insuficiências dos juízes leigos representantes das categorias profissionais, muitos países que haviam adotado originariamente o modelo paritário, vão retornando à jurisdição técnica do magistrado letrado, como são os casos da Espanha e da Itália" (FERRARI, Irany; NASCIMENTO, Amauri Mascaro; MARTINS FILHO, Ives Gandra da Silva. *História do trabalho, do direito do trabalho e da justiça do trabalho*, p. 173).

[2] Os Estados-membros tinham a competência legislativa em matéria trabalhista (art. 34, XXVIII, da Constituição Federal de 1891).

PARTE I · Cap. II – EVOLUÇÃO DO DIREITO PROCESSUAL DO TRABALHO NO BRASIL | 15

mil réis (500$000), decorrentes da interpretação e execução dos contratos de locação de serviços agrícolas.[3]

No ano de 1923, por meio do Decreto 16.027, houve a criação do Conselho Nacional do Trabalho, ligado ao Ministério da Agricultura, Indústria e Comércio, com as seguintes finalidades: (a) órgão consultivo do Ministério em matéria trabalhista; (b) instância revisora nas questões previdenciárias; (c) órgão de homologação das dispensas dos empregados públicos.[4]

Com o advento da Revolução de 1930, Getúlio Vargas subiu ao poder. A partir de então, adotou-se uma política de tutela paternalista ao trabalhador.

O Decreto 19.433, de 26/11/1930, estabeleceu a criação do Ministério do Trabalho. Pelo Decreto 19.667, de 4/2/1931, surgiu o Departamento Nacional do Trabalho (DNT).

O Decreto 20.886, de 30/12/1931, atribuiu à Procuradoria do DNT, que funcionava junto ao Conselho Nacional do Trabalho, a competência para opinativa e consultiva em matéria contenciosa. Em 1934, também passou a ter atribuição para julgar. Quando da sua criação (1923), o Conselho Nacional do Trabalho tinha doze integrantes. Em 1934, o número foi elevado para 18 membros, escolhidos livremente pelo Presidente da República: 4 representantes de empregados, 4 de empregadores, 4 do Ministério do Trabalho e 6 técnicos em seguro social.

Para a solução dos conflitos trabalhistas, o Governo Provisório de Getúlio Vargas criou dois organismos básicos:

a) Comissões Mistas de Conciliação (Decreto 21.396, de 12/5/1932) para os conflitos coletivos, sem competência para julgar, atuando como órgãos de conciliação. Com o acordo, era lavrada uma ata. Em caso contrário, propunha-se a adoção do juízo arbitral. A última alternativa implicava a remessa do conflito para o

---

[3] Em linhas gerais, quanto à estrutura do Tribunal Rural, temos: (a) competência: conflitos originários do contrato de locação de serviços agrícola, sendo um tribunal por comarca, que era presidido pelo juiz de direito; a alçada era para causas de até o valor de quinhentos mil réis: (b) composição: um juiz leigo ou de fato escolhido por cada parte, que deveria levá-lo à audiência; as testemunhas deveriam ser trazidas pelas partes à audiência; (c) trâmites: após o transcurso de 15 minutos, sem a presença das partes à audiência, o juiz de direito arquivaria o feito, sendo facultada aos litigantes a renovação da demanda. Se o juiz de fato escolhido pela parte não comparecesse à audiência, o juiz de direito nomearia outro, livremente; em caso de consenso entre os juízes escolhidos pelas partes, o juiz de direito homologaria o acordo. No transcorrer da audiência, em face da discussão da causa pelas partes, o juiz de direito, se convidado pelos juízes leigos, poderia intervir para a busca da conciliação. No caso de divergência, o juiz de direito elaboraria a sentença, da qual não haveria recurso, a não ser embargos modificativos ou de nulidade, de competência única da primeira instância.

[4] Essa função limitava-se aos ferroviários, cuja Caixa de Previdência fora criada pela Lei Elói Chaves (Lei 4.682/23), e que tinham a estabilidade após dois anos de serviço. Pelo inquérito administrativo é que o ferroviário poderia ser dispensado, cabendo ao Conselho Nacional do Trabalho a autorização da demissão. Com a Lei 5.109/26, houve a extensão desse benefício aos marítimos e, em 1931, pelo Decreto 20.465, a todas as empresas de serviço público.

Ministro do Trabalho. Houve a instalação de 38 comissões no Brasil, ocorrendo a sua supressão em 1941, com o surgimento da Justiça do Trabalho.

b) Juntas de Conciliação e Julgamento (Decreto 22.132, de 25/11/1932) para os conflitos individuais. Tratava-se de órgãos administrativos, sem caráter jurisdicional, porém com a atribuição de impor a solução do conflito para as partes envolvidas. Não tinham a competência para executar as próprias decisões. As execuções dos seus julgados competiam aos Procuradores do Departamento Nacional do Trabalho perante a Justiça Comum. As Juntas atuavam como instância única, mas havia possibilidade de o Ministério do Trabalho mandar subir o caso para exame. E sempre era possível, na fase da execução, que a matéria acabasse sendo rediscutida na Justiça Comum. As Juntas de Conciliação e Julgamento eram constituídas de um presidente (advogado, magistrado ou funcionário, nomeado pelo Ministro do Trabalho) e dois classistas (vogais), representando os empregados e os empregadores (a nomeação era feita pelo Diretor-Geral do Departamento Nacional do Trabalho, dentre os nomes indicados nas listas formuladas pelos sindicatos). Até o ano de 1937, houve a criação de 79 Juntas. Somente os empregados sindicalizados detinham o *ius postulandi* nas Juntas (forma de estímulo à sindicalização). Os demais trabalhadores deveriam propor as suas demandas na Justiça Comum. A citada discriminação foi rejeitada por uma decisão do STF, ante o conteúdo dos arts. 122 e 139, respectivamente, das Constituições Federais de 1934 e 1937.

Do ponto de vista constitucional, a Justiça do Trabalho foi estabelecida, como órgão administrativo (integrante do Poder Executivo Federal, vinculada ao Ministério do Trabalho), pela CF/34 (art. 122) nos seguintes termos: *"Para dirimir questões entre empregadores e empregados, regidas pela legislação social, fica instituída a Justiça do Trabalho, à qual não se aplica o disposto no Capítulo IV do Título I. A constituição dos Tribunais do Trabalho e das Comissões de Conciliação obedecerá ao princípio da eleição de membros, metade pelas associações representativas dos empregados, e metade pelas dos empregadores, sendo o presidente de livre nomeação do Governo, escolhido entre pessoas de experiência e notória capacidade moral e intelectual."*

Antes da promulgação da CF/34, o que ocorreu em 16 de julho, pelo Decreto 24.784, de 14/7/1934, os órgãos existentes foram adaptados ao novo modelo constitucional, sendo que o Conselho Nacional do Trabalho era o órgão deliberativo de cúpula.

Apesar da previsão constitucional da criação da Justiça do Trabalho, não houve a sua instalação, em face da discussão legislativa havida no Congresso Nacional em relação à representação classista e ao poder normativo.[5]

---

[5]   Waldemar Ferreira entendia que o Poder Legislativo não poderia dar competência ao Judiciário para estabelecer normas genéricas, o que significava ofensa ao princípio clássico da tripartição dos Poderes do Estado, não podendo o Judiciário Trabalhista funcionar também como poder legiferante. Na sua opinião, o constituinte de 1934, ao contrário da legislação italiana, só tinha dado à Justiça do Trabalho poder jurisdicional e não legislativo (normativo). Em outra posição, Oliveira Viana "sustentou a outorga de poder normativo à Justiça do Trabalho na doutrina anglo-americana da

PARTE I • Cap. II – EVOLUÇÃO DO DIREITO PROCESSUAL DO TRABALHO NO BRASIL | 17

Na CF/37, manteve-se a previsão da Justiça do Trabalho como órgão de natureza administrativa, *"para dirimir os conflitos oriundos das relações entre empregadores e empregados, reguladas na legislação social, é instituída a Justiça do Trabalho, que será regulada em lei e à qual não se aplicam as disposições desta Constituição relativas à competência, ao recrutamento e às prerrogativas da Justiça comum"* (art. 139).

Os Dec.-leis 1.237 e 1.346 (1939), estabeleceram a institucionalização da Justiça do Trabalho, além da reorganização do Conselho Nacional do Trabalho.

Para a instalação da Justiça do Trabalho, houve a criação de uma Comissão, presidida por Francisco Barbosa de Rezende (quinto presidente do Conselho Nacional do Trabalho).

No dia 1º/5/1941, no campo de futebol do Vasco da Gama, Getúlio Vargas declarou instalada a Justiça do Trabalho no Brasil.

A estrutura da Justiça do Trabalho era a seguinte:

a) órgãos: Juntas de Conciliação e Julgamento (JCJ/s), Conselhos Regionais do Trabalho (CRT/s) e o Conselho Nacional do Trabalho (CNT);

b) composição dos órgãos: (1) JCJ – um juiz-presidente (nomeado pelo Presidente da República por dois anos, dentre juízes de Direito ou bacharéis, podendo ser reconduzido) e dois vogais (escolhidos pelos Presidentes dos Conselhos Regionais do Trabalho, dentre os nomes constantes de listas fornecidas pelos sindicatos obreiros e patronais, para mandato de dois anos, com garantias próprias de jurado); (2) CRT – um juiz-presidente (nomeado pelo Presidente da República por dois anos, dentre desembargadores ou juristas trabalhistas, podendo ser reconduzido) e quatro vogais (um representante dos empregados, um representante dos empregadores e dois especialistas em questões sociais e econômicas, alheios aos interesses profissionais, todos nomeados pelo Presidente da República, sendo os dois primeiros dentre os nomes constantes de listas oferecidas pelas federações, para mandato de dois anos); (3) CNT – composto de 19 membros (4 bacharéis em Direito; 4 representantes dos empregados; 4 representantes dos empregadores; 3 pessoas de reconhecido saber; 2 funcionários do Ministério do Trabalho e 2 funcionários de Instituições de Seguro Social), dividido numa Câmara de Justiça do Trabalho e numa Câmara de Previdência Social (cada uma com 9 membros, presidida por um vice-presidente), havendo o Pleno como órgão consultivo e de uniformização de jurisprudência (presidido pelo Presidente do Conselho);

---

delegação de poderes, calcada no princípio da 'eficiência do serviço público': 'Todas as vezes que a experiência mostra que esta eficiência é mais bem alcançada por uma legislação delegada do que por uma legislação direta do Poder Judiciário, a delegação se processa, investindo-se a autoridade administrativa de poderes que não estão nem no texto, nem no pensamento da lei'. O que se pretendia era a instituição de uma Justiça rápida e barata, norteada pela oralidade processual e avessa ao formalismo jurídico, contrabalançando a desigualdade social e econômica das partes litigantes. Nos conflitos coletivos, dotada de poder normativo, cujas decisões teriam corpo de sentença e alma de lei" (MARTINS FILHO, Ives Gandra da Silva et al. Ob. cit., p. 186).

c) competência: (1) JCJ – conciliar e julgar os dissídios individuais, as reclamatórias de reconhecimento de estabilidade e executar suas próprias decisões; (2) CRT – conciliar e julgar os dissídios coletivos de âmbito regional, apreciar os inquéritos administrativos contra empregados estáveis e os recursos ordinários em dissídios individuais superiores à alçada geral e em reclamações sobre estabilidade; (3) CNT: (3.1) CJT – Câmara de Justiça do Trabalho – conciliar e julgar os dissídios coletivos de âmbito nacional e os recursos ordinários em inquéritos administrativos e dissídios coletivos regionais; (3.2) Pleno – apreciar os recursos ordinários em dissídios coletivos nacionais, recursos extraordinários contra decisões dos CRTs, em dissídios individuais, que contrariem jurisprudência do plenário do CNT, além da função consultiva do Ministério, sobre Legislação Social e Previdenciária, opinando sobre os projetos do governo e propondo medidas.

Os princípios norteadores da Justiça do Trabalho, posteriormente absorvidos pela Consolidação das Leis do Trabalho (CLT), eram os seguintes: (a) obrigação da tentativa de conciliação; (b) ampla liberdade dada ao juiz para a direção do processo; (c) reclamação direta pelo próprio trabalhador (reclamação verbal); (d) citação pelo registrado postal; (e) predomínio do procedimento oral na única audiência (defesa, instrução e julgamento); (f) capacidade postulatória aos litigantes; (g) poder normativo dos Tribunais em dissídios coletivos.

Em 1941, além do Conselho Nacional do Trabalho, havia oito Conselhos Regionais do Trabalho e 36 Juntas de Conciliação e Julgamento.

Pelo Decreto 5.452, de 1º/5/1943, foi publicada a CLT. Esse diploma legal é originário da comissão presidida pelo Consultor Jurídico do Ministério do Trabalho, Oscar Saraiva, e integrada por quatro Procuradores do Trabalho: Arnaldo Süssekind, Rego Monteiro, Segadas Vianna e Dorval Lacerda.

Do ponto de vista processual, a CLT manteve as regras da legislação de 1939 com algumas pequenas alterações, das quais se destacam: (a) a competência originária das JCJs para apreciar os inquéritos administrativos; (b) a criação dos prejulgados do CNT com força vinculante para as instâncias inferiores.

O Decreto 8.737, de 19/1/1946, excluiu da competência do Conselho Nacional do Trabalho as questões previdenciárias, com a criação do Conselho Superior da Previdência Social.

Com a redemocratização do Brasil, a CF/46 transformou a Justiça do Trabalho em órgão do Poder Judiciário, porém com a manutenção da representação classista.

A estrutura da Justiça do Trabalho passou a ter os seguintes órgãos: (a) Tribunal Superior do Trabalho (TST), com sede na Capital Federal; (b) Tribunais Regionais do Trabalho (TRTs); (c) juntas ou juízes de conciliação e julgamento (JCJs). Caberia à legislação infraconstitucional: (a) fixação do número dos tribunais regionais do trabalho e respectivas sedes; (b) criação das juntas de conciliação e julgamento, podendo, nas comarcas onde elas não forem instituídas, atribuir as suas funções aos juízes de Direito; (c) criação de outros órgãos da Justiça do Trabalho; (d) constituição, investidura, jurisdição, competência, garantias e condições de exercício dos órgãos da Justiça do Trabalho,

PARTE I · Cap. II – EVOLUÇÃO DO DIREITO PROCESSUAL DO TRABALHO NO BRASIL | 19

ficando assegurada à paridade de representação de empregados e empregadores (art. 122, §§ 1º a 5º).

Do ponto de vista material, competia à Justiça do Trabalho conciliar e julgar os dissídios individuais e coletivos entre empregados e empregadores, e as demais controvérsias oriundas de relações do trabalho regidas por legislação especial (art. 123, *caput*). Os dissídios relativos a acidentes do trabalho são da competência da Justiça ordinária (art. 123, § 1º). Competia ao legislador infraconstitucional especificar os casos em que as decisões em dissídios coletivos poderiam estabelecer normas e condições de trabalho (§ 2º).

O constituinte de 1946 estendeu aos juízes trabalhistas as garantias da magistratura – vitaliciedade, inamovibilidade e irredutibilidade dos vencimentos (art. 95).

Com a Lei 2.244/54, o TST foi dividido em turmas, o que foi necessário em face do volume de processos naquela Corte Trabalhista.

O Dec.-lei 229/67 efetuou uma série de alterações no processo do trabalho, com a inclusão de novos padrões recursais no processo trabalhista: (a) a extinção do recurso de embargos na Junta para os processos de alçada; (b) o recurso ordinário para o tribunal regional, no caso de o dissídio individual exceder a alçada legal; (c) o recurso de revista para a Turma do TST, nas seguintes hipóteses: (1) violação na interpretação de dispositivo legal, exceto se a decisão recorrida estivesse em consonância com prejulgado ou jurisprudência pacífica do TST; (2) violação de norma jurídica (o que incluía todas as fontes de direito, autônomas e heterônomas); (d) o recurso de embargos para o Pleno do TST, para a uniformização *interna corporis* do TST.

Em linhas gerais, a CF/67 e a EC 1/69 mantiveram inalteradas a estrutura da Justiça do Trabalho, fixando que as decisões do TST eram irrecorríveis, salvo no caso de estarem contrariando a Constituição, caso em que haveria a possibilidade de recurso extraordinário para o STF. Houve a previsão da inclusão de membros do Ministério Público e da Advocacia (quinto constitucional) no TST (art. 141, § 1º) e nos tribunais regionais do trabalho (art. 141, § 5º).

O Dec.-lei 779/69 dispõe sobre a aplicação de normas processuais trabalhistas à União Federal, aos Estados, Municípios, Distrito Federal e Autarquias ou Fundações de Direito Público que não explorem atividade econômica: (a) a presunção relativa de validade dos recibos de quitação ou pedidos de demissão de seus empregados ainda que não homologados nem submetidos à assistência na forma do art. 477, § 1º ao § 3º; (b) o quádruplo do prazo fixado ao final do art. 841 da CLT para fins de apresentação da sua resposta; (c) o prazo em dobro para recurso; (d) a dispensa de depósitos para interposição de recurso; (e) o recurso ordinário *ex officio* das decisões que lhe sejam total ou parcialmente contrárias; (f) o pagamento de custas a final, salvo quanto à União Federal, que não as pagará.

A Lei 5.584/70 trouxe uma série de alterações no processo do trabalho: (a) os processos de alçada exclusiva das JCJs (valor da causa até dois salários-mínimos); (b) o pedido de revisão do valor da causa, sem a possibilidade de efeito suspensivo, para o Presidente do Tribunal Regional do Trabalho; (c) a assistência judiciária no âmbito da Justiça do Trabalho, a cargo da entidade sindical profissional (art. 14 e segs.).

Em 1982, os prejulgados[6] do TST, os quais eram vinculantes para os demais órgãos jurisdicionais trabalhistas, foram transformados em Súmulas (Enunciados), com a supressão do seu caráter vinculante.

A CF/88 manteve a estrutura da Justiça do Trabalho (art. 111 e segs.) nos moldes da CF/67, com a ampliação da competência material.

A Lei 7.701, de 21/12/1988, efetuou uma série de alterações na competência funcional do TST.

Com a EC 20, de 15/12/1998, a Justiça do Trabalho passou a executar, de ofício, as contribuições previdenciárias previstas nos arts. 195, I, *a*, e II, e seus acréscimos legais, decorrentes das sentenças que proferir (art. 114, § 3º).

A EC 24, de 9/12/1999, acabou com a representação classista nos órgãos integrantes da Justiça do Trabalho, sendo que as JCJ/s passaram a ser denominadas de varas do trabalho.

A Lei 9.957/00 instituiu o procedimento sumaríssimo no processo do trabalho (dissídios individuais cujo valor não exceda a 40 vezes o salário-mínimo vigente na data de ajuizamento da demanda).

A Lei 9.958/00 estabeleceu as Comissões de Conciliação Prévia, como forma de atenuar o volume de demandas judiciais individuais nos diversos órgãos da Justiça do Trabalho. Os termos de conciliação das Comissões de Conciliação Prévia, no caso do não cumprimento, são títulos extrajudiciais, podendo ser executados na Justiça do Trabalho (art. 876, *caput*, CLT).

A Lei 10.035, de 25/10/2000, criou uma série de regras processuais no texto da CLT, como forma de disciplinar o procedimento quanto às contribuições previdenciárias.

A Lei 10.537, de 27/8/2002, alterou a redação dos arts. 789 e 790, bem como acrescentou os arts. 789-A, 789-B, 790-A e 790-B ao corpo da CLT. Em linhas gerais, a Lei 10.537 denota as alterações legais impostas quanto à cobrança das custas processuais e dos emolumentos, nas ações de conhecimento e de execução e das suas isenções legais, como também da responsabilidade pelo pagamento dos honorários periciais na Justiça do Trabalho.

A EC 45, de 8/12/2004, introduziu sensíveis alterações na estrutura da Justiça do Trabalho, além da criação do Conselho Nacional de Justiça (CNJ), do Conselho Nacional do Ministério Público (CNMP) e do Conselho Superior da Justiça do Trabalho (CSJT).

---

6   Os prejulgados estavam previstos no art. 902 da CLT, que foi revogado pela Lei 7.033/82. De acordo com a sua redação, o TST tinha a faculdade de estabelecer os prejulgados, de acordo com os critérios fixados no seu regimento interno. Após a criação do prejulgado, os Tribunais Regionais do Trabalho, as Juntas de Conciliação e Julgamento e os Juízes de Direitos investidos de jurisdição da Justiça do Trabalho eram obrigados a respeitá-lo. O prejulgado seria considerado revogado ou reformado sempre que o TST, na sua composição plena, pronunciasse, em tese ou em concreto, sobre a hipótese do prejulgado, firmando nova interpretação. Em tais casos, o acórdão faria remissão expressa à alteração ou revogação do prejulgado.

PARTE I · Cap. II – EVOLUÇÃO DO DIREITO PROCESSUAL DO TRABALHO NO BRASIL | 21

Por intermédio da Resolução 126, de 22/2/2005, o TST editou a Instrução Normativa 27, que dispõe sobre normas procedimentais aplicáveis ao processo do trabalho em decorrência da ampliação da competência da Justiça do Trabalho pela EC 45.

O Conselho Nacional de Justiça foi instalado no dia 14/6/2005, com sede em Brasília (edifício Anexo II, do STF, Praça dos três Poderes), possuindo como órgãos o Plenário, a Presidência, a Corregedoria, as Comissões e a Secretaria-Geral. O Conselho Nacional do Ministério Público foi instalado em junho de 2005. Tem sede em Brasília e funciona atualmente no edifício da Procuradoria-Geral da República.

O Conselho Superior da Justiça do Trabalho foi instalado no dia 14/6/2005, com sede em Brasília, possuindo como órgãos a Presidência, a Vice-Presidência e o Plenário.

A Lei 11.419/06, aplicável indistintamente ao processo civil, penal e trabalhista, bem como aos juizados especiais, em qualquer grau de jurisdição, dispõe sobre a informatização do processo judicial e promoveu alterações no CPC. Com o advento da Lei 11.457/07, além da criação da Secretaria da Receita Federal do Brasil (conhecida como "A Super Receita") e as reestruturações administrativas e de algumas carreiras públicas (Administração Tributária Federal), os arts. 832, 876, 879 e 889-A, CLT, foram alterados. O art. 16, da Lei 11.457, atribui a Procuradoria-Geral Federal à representação da União, nos processos em tramitação perante a Justiça do Trabalho relacionados com a cobrança de contribuições previdenciárias, de imposto de renda retido na fonte e de multas impostas aos empregadores pelos órgãos de fiscalização das relações de trabalho, mediante delegação da Procuradoria-Geral da Fazenda Nacional.

As Leis 11.495 e 11.496, de 22/6/2007, modificaram os arts. 836 e 894 da CLT, bem como a alínea *b* do inciso III do art. 3º da Lei 7.701/88, alterando a disciplina no tocante a ação rescisória e do recurso de embargos. Os embargos ficaram restritos a hipótese de divergência jurisprudencial entre Turmas do TST ou entre Turma e SDI. Para a ação rescisória passou a haver a necessidade de depósito prévio (20% sobre o valor da causa), como condição de sua admissibilidade, exceto se o autor gozar do benefício da justiça gratuita.

Em 2007, a Resolução 35 TST, determinou que os TRTs devem destinar recursos orçamentários para o pagamento de honorários periciais, sempre que à parte sucumbente na pretensão for concedido o benefício da justiça gratuita. Atualmente a matéria é disciplinada pela Resolução 66, de 10/6/2010, CSJT (Súm. 457, TST) e pela Resolução 232, de 13/7/2016, CNJ.

A Lei 12.016, de 7/8/2009, ao revogar a Lei 1.533/51, dá nova regulamentação legal ao instituto do mandado de segurança.

A Lei 12.275, de 29/6/2010, estabeleceu a obrigatoriedade do recolhimento do depósito recursal para fins de oposição de agravo de instrumento (art. 899, § 7º, CLT).

A Lei 12.440, de 7/6/2011, instituiu a Certidão Negativa de Débitos Trabalhistas, expedida de forma gratuita e eletrônica, para comprovar a inexistência de débitos inadimplidos perante a Justiça do Trabalho.

A Resolução 94, de 23/3/2012, do Conselho Superior da Justiça do Trabalho instituiu o PJE (Processo Judicial Eletrônico), como sistema de processamento de informações e prática de atos processuais (Lei 11.419/06). Atualmente, a matéria é disciplinada pela Resolução 185, de 24/3/2017, CSJT.

A Lei 13.015, de 21/7/2014, trouxe alterações quanto aos recursos trabalhistas, em especial, aos embargos no TST (art. 894, CLT) e ao de revista (art. 896, CLT), além de inovações quanto ao incidente de uniformização de jurisprudência e o recurso de revista repetitivo.

De 2010 a 2014 tramitou no Congresso Nacional o projeto de lei do Novo Código de Processo Civil (NCPC). Após o retorno do projeto de lei da Câmara dos Deputados, o Senado Federal (ao final de 2014) aprovou a redação final do NCPC, o qual foi sancionado pela Presidência da República em 16 de março de 2015 (Lei 13.105).

A IN 39, de 15/3/2016, TST, de forma não exaustiva, dispõe sobre as normas do CPC/2015 (NCPC) aplicáveis e inaplicáveis ao processo trabalhista.[7]

O Conselho Superior da Justiça do Trabalho (CSJT), ao responder à consulta 0017652-49.2016.5.00.000 formulada pela ANAMATRA, assentou que: (a) a interpretação contrária do magistrado trabalhista ao estabelecido na IN 39 não acarreta qualquer sanção disciplinar; (b) a interpretação concreta quanto à aplicabilidade das normas do NCPC, em desconformidade com as regras da IN 39 não desafia o manejo da correição parcial, por incabível à espécie, até porque a atividade hermenêutica do ordenamento jurídico exercida pelo magistrado encerra tão somente o desempenho da sua função jurisdicional, o que não implica em tumulto processual (art. 13, *caput*, RICGJT), apto a ensejar a medida correicional.

Com a Reforma Trabalhista (Lei 13.467, de 13/7/2017), houve alteração significativa no Direito do Trabalho no Brasil, tanto em seu aspecto material (individual e coletivo) e administrativo (fiscalização do Ministério do Trabalho), como também em diversas questões processuais.[8] Com *vacatio legis* de 120 dias, a Lei 13.467 entrou em vigor no dia 11/11/2017.

A MP 808, de 14/11/2017, promoveu ajustes na Reforma Trabalhista, com novas alterações na CLT. Contudo, no prazo legal, a MP 808 não foi convertida em lei e, com isso, produziu efeitos limitados no tempo.

A Lei 13.545, de 19/12/2017, disciplina a suspensão dos prazos entre os dias 20 de dezembro a 20 de janeiro (art. 775-A, CLT).

A Lei 13.660, de 08/05/2018, trata da responsabilidade pelo pagamento dos honorários do tradutor intérprete nomeado no processo (art. 819, § 2º, CLT).

A IN 41, de 21/06/2018, TST, disciplina a aplicação das normas processuais da CLT, as quais foram alteradas pela Lei 13.467 (Reforma Trabalhista).

---

[7] A IN 39/16, TST, é objeto da ação direta de inconstitucionalidade promovida pela Associação Nacional dos Magistrados da Justiça do Trabalho – ANAMATRA (ADI 5516, Rel. Min. Cármen Lúcia).

[8] As alterações da CLT, pela Lei 13.467/17, são objeto da ADI 5766 e de outras, perante o STF (Rel. Min. Roberto Barroso).

QUESTIONÁRIO

1. Quais foram os princípios norteadores da Justiça do Trabalho, os quais foram absorvidos pela CLT?

2. Quais foram as inovações da Constituição de 1946 em relação à estrutura da Justiça do Trabalho?

3. Quais são as principais inovações trazidas pela EC 45, de 8/12/2004?

4. De forma geral, quais foram as principais alterações advindas da Lei 13.467/17?

Parte II

INTRODUÇÃO AO DIREITO
PROCESSUAL DO TRABALHO

Capítulo I
CONCEITO DE DIREITO PROCESSUAL DO TRABALHO

A função básica do Direito Processual[1] é a solução dos conflitos de interesses, por meio da prestação jurisdicional.

De acordo com a natureza jurídica do conflito de interesses, há no Direito Processual uma série de ramos: o Direito Processual Civil,[2] o Direito Processual Penal[3] e o Direito Processual do Trabalho.

Na ótica de José Augusto Rodrigues Pinto,[4] Direito Processual do Trabalho é o *"conjunto de princípios e normas jurídicos destinados a regular a atividade dos órgãos jurisdicionais do Estado na solução dos dissídios, individuais ou coletivos, entre empregadores e empregados. Pelo ordenamento jurídico brasileiro, a competência dos órgãos jurisdicionais trabalhistas vai algo além do conceito do Direito Processual do Trabalho, graças à extensão feita a outros conflitos, oriundos de relações de trabalho em que são sujeitos não necessariamente o empregado e o empregador (Constituição Federal de 1988, art. 114, e CLT, art. 652, III). Desse modo, é bom ter-se em vista, na conceituação do Direito Processual do Trabalho, essa possibilidade de extensão ao que se denomina outras controvérsias provindas de relação de trabalho".*

---

[1] A locução "Direito Processual" é "mais perfeita que Direito Judiciário, em outras épocas adotado por alguns autores, com base na denominação romana do processo (*iudicium*) e em seu principal sujeito (o juiz, o órgão judiciário). Direito Judiciário, todavia, indica demais porque nem tudo que é judiciário (como a posse dos juízes) é processual e indica de menos porque o processo não diz respeito apenas aos órgãos judiciários, exigindo pelo menos mais dois sujeitos, que são os litigantes. Por influência alemã difundiu-se a expressão Direito Processual. Partindo-se de que o processo é o método estatal para a solução de conflitos de interesses, o Direito Processual é o ramo do Direito que disciplina o processo. O Direito Processual, contudo, já é um método em si, não havendo, pois, diferença entre Direito Processual e processo" (MALTA, Christovão Piragibe Tostes. *Prática do processo trabalhista*, 22. ed., p. 21).

[2] Direito Processual Civil é o "sistema de princípios e normas que regulam o funcionamento da jurisdição civil, tendo em vista o exercício do direito da ação, que contenha lide civil, e o direito de defesa, bem como a estruturação infraconstitucional dos órgãos do Poder Judiciário e seus auxiliares – exceto o que respeita à organização judiciária – e, ainda, a disciplina de todos os casos de jurisdição voluntária" (ALVIM, Arruda. *Manual de direito processual civil*, v. 1, 6. ed., p. 17).

[3] Direito Processual Penal é o conjunto de normas que regulam o exercício do direito de punir do Estado.

[4] PINTO, José Augusto Rodrigues. *Processo trabalhista de conhecimento*, 2. ed., p. 32.

PARTE II · Cap. I – CONCEITO DE DIREITO PROCESSUAL DO TRABALHO | 27

Para Amauri Mascaro Nascimento,[5] Direito Processual do Trabalho é o ramo do *"Direito Processual destinado à solução judicial dos conflitos trabalhistas. As normas jurídicas nem sempre são cumpridas espontaneamente, daí a necessidade de se pretender, perante os tribunais, o seu cumprimento, sem o que a ordem jurídica tornar-se-ia um caos. A atuação dos tribunais também é ordenada pelo direito, mediante leis coordenadas num sistema, destinadas a determinar a estrutura e o funcionamento dos órgãos do Estado, aos quais é conferida a função de resolver os litígios ocorridos na sociedade, bem como os atos que podem ser praticados não só por esses órgãos, mas também pelas partes em Juízo."*

O Direito Processual do Trabalho, como parte integrante da Ciência Jurídica, possui autonomia, sendo composto por normas, princípios, regras e instituições próprias.

A finalidade do Direito Processual do Trabalho é a pacificação dos conflitos trabalhistas (individuais, coletivos e difusos), decorrentes não só do vínculo jurídico empregatício como das relações de trabalho (a EC 45/04 estabeleceu a relação de trabalho como o padrão normativo para fins de fixação da competência da Justiça do Trabalho, art. 114, CF).

Além de atuar na solução dos conflitos trabalhistas, o Direito Processual do Trabalho possui como objeto a regulação do funcionamento dos diversos órgãos que compõem a estrutura do Judiciário Trabalhista Brasileiro (varas do trabalho, TRTs e TST).

Portanto, vamos conceituar o Direito Processual do Trabalho como o ramo da Ciência Jurídica, constituído por um sistema de normas, princípios, regras e instituições próprias, cujos objetos são a solução dos conflitos trabalhistas decorrentes das relações de trabalho e a regulação da estrutura dos órgãos que compõem o Judiciário Trabalhista.

QUESTIONÁRIO

1. Qual é a função básica do Direito Processual?
2. Qual é o conceito de Direito Processual do Trabalho?

---

5 NASCIMENTO, Amauri Mascaro. *Curso de direito processual do trabalho*, 20. ed., p. 55.

Capítulo II
AUTONOMIA DO DIREITO PROCESSUAL DO TRABALHO

2.1 A QUESTÃO DA AUTONOMIA DO DIREITO PROCESSUAL

Pode-se falar que um ramo do Direito é autônomo,[1] a partir da existência de institutos peculiares que o distinguem dos demais ramos da Ciência Jurídica, além da amplitude das matérias que compõe o seu objeto de estudo.

Quanto ao Direito Processual, o seu *"caráter de instrumento é peculiaridade suficiente para permitir sua distinção em face de outros ramos do Direito. Seus princípios (oralidade, contraditório etc.) são em número suficiente e com particularidades bastantes para merecerem estudo em separado. Também os institutos que acolhe são muitos: preclusão, revelia, litisconsórcio etc."*.[2]

Pelo fato de possuir princípios próprios, além de ser o processo o seu objeto específico de estudo, o Direito Processual é uma *"ciência autônoma no campo da dogmática jurídica"*.[3]

Em função da dicotomia clássica que divide o Direito em Público e Privado, entende-se que o Direito Processual *"está claramente incluído no primeiro, uma vez que governa a atividade jurisdicional do Estado. Suas raízes principais prendem-se estreitamente ao tronco do Direito Constitucional, envolvendo-se as suas normas com as de todos os demais campos do Direito. O Direito Constitucional deita as bases do Direito Processual ao instituir o Poder Judiciário, criar os órgãos (jurisdicionais) que o compõem, assegurar as garantias da Magistratura e fixar aqueles princípios de ordem pública e ética que consubstanciam o acesso à justiça ('acesso à ordem jurídica justa') e a chamada 'garantia do devido processo legal' (due process of law). O Direito Processual, por sua vez, inclusive por meio de disposições contidas no próprio texto constitucional, cria e regula o exercício dos remédios*

---

[1] "Segundo Alfredo Rocco (1928/72), para caracterizar a autonomia de uma ciência é mister que: (a) ela seja vasta a ponto de merecer um estudo de conjunto, adequado e particular; (b) ela contenha doutrinas homogêneas dominadas por conceitos gerais comuns e distintos dos conceitos gerais que informam outras disciplinas; (c) possua método próprio, empregando processos especiais para o conhecimento das verdades que constituem objeto de suas investigações" (MARTINS, Sergio Pinto. *Direito processual do trabalho,* 20. ed., p. 49).

[2] MALTA, Christovão Piragibe Tostes. *Prática do processo trabalhista*, 22. ed., p. 23.

[3] CINTRA, Antonio Carlos de Araújo; GRINOVER, Ada Pellegrini; DINAMARCO, Cândido Rangel. *Teoria geral do processo,* 13. ed., p. 47.

jurídicos que tornam efetivo todo o ordenamento jurídico, em todos os seus ramos, com o objetivo precípuo de dirimir conflitos interindividuais, pacificando e fazendo justiça em casos concretos. Ademais dessa conexão instrumental genérica que se estabelece entre o Direito Processual e todos os demais ramos da árvore jurídica, outras existem, mais específicas, que o relacionam com cada um dos ramos do direito substancial".[4]

É inegável a autonomia do Direito Processual; todavia, mais delicado é o exame da autonomia dos diversos ramos que compõem esse ramo da Ciência Jurídica.

Na doutrina, *"para alguns autores, o Direito Processual se divide em dois grandes ramos, o Penal e o Civil; para outros, o Direito Processual é uno; para terceiro ponto de vista, há várias distinções a serem feitas: o Direito Processual Trabalhista, por exemplo, deve ter sua autonomia reconhecida".*[5]

2.2 A QUESTÃO DA DIVISÃO DO DIREITO PROCESSUAL E O DIREITO PROCESSUAL DO TRABALHO

Há duas correntes doutrinárias clássicas em relação à questão da divisão do Direito Processual: *"Uma sustentando a unidade; e outra, a dualidade do Direito Processual. A primeira corrente denomina-se unitarista; a segunda, dualista.*

Os unitaristas sustentam que o Direito Processual civil e o Direito Processual penal são dois ramos distintos da mesma ciência, que é a ciência do Direito Processual, não existindo distinção substancial entre ambos. Os seus adeptos constituem hoje a grande maioria.

De outro lado, os seguidores da corrente dualista sustentam que o Direito Processual civil e o penal são substancialmente distintos entre si, constituindo, pois, duas ciências jurídicas distintas.

À frente dos unitaristas estão Carnelutti e, mais modernamente, Giovanni Leone. A corrente dualista conta com expoentes do porte de Vicenzo Manzini e Eugenio Florian.

Carnelutti afirma que o Direito Processual é substancialmente uno e que o processo civil se distingue do processo penal não porque tenham raízes distintas, mas pelo fato de serem dois grandes ramos em que se bifurca, a uma boa altura, um tronco único.

Giovanni Lenoe observa, por seu turno, que as pilastras do ordenamento processual são comuns aos dois tipos de processo: ambos têm a mesma finalidade (atuação do Poder Jurisdicional); em ambos, a intervenção do Poder Jurisdicional é condicionada ao exercício da ação; e, finalmente, ambos, se iniciam, se desenvolvem e se concluem com a participação de três sujeitos: autor, réu e juiz."[6]

A jurisdição, como expressão do poder estatal, é una, logo, *"uno também é o Direito Processual, como sistema de princípios e normas para o exercício da jurisdição. O Direito Processual como um todo descende dos grandes princípios e garantias*

---

4   CINTRA, Antonio Carlos de Araújo et al. Ob. cit., p. 47.

5   MALTA, Christovão Piragibe Tostes. Ob. cit., p. 23.

6   ALVIM, José Eduardo Carreira. *Elementos de teoria geral do processo*, 7. ed., p. 37.

constitucionais pertinentes e a grande bifurcação entre processo civil e processo penal corresponde apenas a exigências pragmáticas relacionadas com o tipo de normas jurídico-substanciais a atuar". [7]

A CF, ao fazer a discriminação da competência legislativa da União e dos Estados (concorrente), *"refere-se ao Direito Processual, unitariamente considerado, de modo a abranger o Direito Processual Civil e o Direito Processual Penal (arts. 22, inc. I, e 24, inc. XI). E, com efeito, os principais conceitos atinentes ao Direito Processual, como os de jurisdição, ação, defesa e processo, são comuns àqueles ramos distintos, autorizando assim a elaboração científica de uma teoria geral do processo. Pense-se, ainda, nas noções de defesa, coisa julgada, recurso, preclusão, competência, bem como nos princípios do contraditório, do juiz natural, do duplo grau de jurisdição – que são correntes, em igual medida, em ambos os campos do Direito Processual. Aliás, a unidade funcional do processo revela-se inequivocamente na recíproca interferência entre jurisdição civil e jurisdição penal, decorrente, de um lado, da aplicação do princípio da economia processual (repelir a duplicação de atividades para atingir um único objetivo), e, de outro, da ideia de que há conveniência em evitar decisões judiciais contraditórias sobre a mesma situação de fato".* [8]

O direito processual, como reflexo de uma teoria geral do processo, é o instrumento do direito substantivo (material), já que *"todos os seus institutos básicos (jurisdição, ação, execução, processo) justificam-se no quadro das instituições estatais ante a necessidade de se garantir a autoridade do ordenamento jurídico-positivo, tornando-o efetivo. É, portanto, um direito adjetivo ou formal que regula a aplicação do direito substantivo, ou material, aos casos concretos, ou seja, disciplina a criação de normas jurídicas individuais (sentenças), pela aplicação de uma norma geral, e estabelece as normas procedimentais, indicativas dos atos sucessivos e das normas que deve cumprir o juiz para aplicar o direito".* [9]

Apesar do reconhecimento da existência científica de uma teoria geral do processo, *"a unidade fundamental do Direito Processual não pode levar à falsa ideia da identidade entre cada um de seus ramos distintos. Conforme a natureza da pretensão sobre a qual incide, o processo será civil ou penal".* [10]

Em face da natureza da norma jurídica material violada, do ponto de vista didático, o direito processual pode ser dividido em: direito processual civil, direito processual penal e direito processual do trabalho.

O que vem a justificar a divisão somente para fins didáticos é a posição de Jorge Pinheiro Castelo,[11] o qual afirma que *"entre o processo civil, penal e trabalhista existem diferenças decorrentes do trato com valores, especificamente considerados, diferentes. Além disso, os três processos são marcados por diferenças históricas profundas e procedimentos bastante peculiares. Estas diferenças trazem consigo a falsa impressão de*

---

[7]   CINTRA, Antonio Carlos de Araújo et al. Ob. cit., p. 48.

[8]   CINTRA, Antonio Carlos de Araújo et al. Ob. cit., p. 48.

[9]   DINIZ, Maria Helena. *Compêndio de introdução à ciência do direito*, 9. ed., p. 259.

[10]   CINTRA, Antonio Carlos de Araújo et al. Ob. cit., p. 49.

[11]   CASTELO, Jorge Pinheiro. *O direito processual do trabalho*, 2. ed., p. 32.

serem disciplinas baseadas em fundamentos diversos e voltadas para escopos distintos. No entanto, apesar das distinções, tem-se em todos os setores do Direito Processual (civil, penal, trabalhista etc.) as mesmas características essenciais relevantes para a tentativa unificadora, condensadas na disciplina da jurisdição e seu exercício pelas formas do processo legalmente instituídas e mediante a participação dos interessados. Tal é o Direito Processual jurisdicional".

Conclui-se, portanto, que o direito processual do trabalho, didaticamente, é um ramo do Direito Processual, contudo pertence à teoria geral do direito processual, como reflexo instrumental de princípios e normas para o exercício da jurisdição, atuando na solução dos conflitos individuais, coletivos e difusos do trabalho. Pertence ao ramo do Direito Público, como todo ramo do direito processual.[12]

Quanto à autonomia do direito processual do trabalho, Renato Saraiva[13] ensina que há a teoria monista e a dualista: *"A teoria monista, minoritária, preconiza que o direito processual é unitário, formado por normas que não diferem substancialmente a ponto de justificar a divisão e autonomia do direito processual do trabalho, do direito processual civil e do direito processual penal.*

Neste contexto, para a teoria monista, o processo do trabalho não seria regido por leis e estruturas próprias que justificassem a sua autonomia em relação ao processo civil, constituindo-se o direito instrumental laboral em simples desdobramento do direito processual civil.

A teoria dualista, significativamente majoritária, sustenta a autonomia do direito processual do trabalho perante o direito processual comum, uma vez que o direito instrumental laboral possui regulamentação própria na Consolidação das Leis do Trabalho, sendo inclusive dotados de princípios e peculiaridades que o diferenciam, substancialmente, do processo civil. Frise-se, também, que é o próprio texto consolidado que determina a aplicação, apenas subsidiária, das regras de processo civil, em caso de lacuna da norma instrumental brasileira (art. 769, CLT). [...] Em última análise, embora seja verdade que a legislação instrumental trabalhista ainda é modesta, carecendo de um Código de Processo do Trabalho, definindo mais detalhadamente os contornos do processo laboral, não há dúvida que o Direito Processual do Trabalho é autônomo em relação ao processo civil, vez que possui matéria legislativa específica regulamentada na Consolidação das Leis do Trabalho, sendo dotado de institutos, princípios e peculiaridades próprios, além de independência didática e jurisdicional."

---

[12] "O Direito Processual do Trabalho está inserido no âmbito do Direito Processual, ramo do Direito Público que regula a atividade desenvolvida pelo Estado ao administrar a Justiça. As normas do Direito Processual, nelas inseridas as do Direito Processual do Trabalho, são instrumentos para aplicação do direito material posto em debate em juízo. É por meio do processo que vai ser discutido o direito material do empregado de receber verbas rescisórias, de acordo com o exemplo citado. A Justiça do Trabalho é que tem competência para analisar essa questão, dando a solução ao litígio, de acordo com pronunciamento neutro e isento de qualquer interesse de ajudar ou prejudicar quaisquer das partes" (MARTINS, Sergio Pinto. Ob. cit., p. 52).

[13] SARAIVA, Renato. *Curso de direito processual do trabalho*, 6. ed., p. 28.

QUESTIONÁRIO

1. Do ponto de vista científico, o direito processual é um ramo autônomo da ciência jurídica?

2. O Direito Processual admite a sua divisão científica em direito processual penal, civil e trabalhista? Explique.

3. As normas jurídicas processuais são públicas ou privadas?

Capítulo III

RELAÇÕES DO DIREITO PROCESSUAL DO TRABALHO COM OUTROS RAMOS DA CIÊNCIA JURÍDICA

O direito processual do trabalho interage com outros ramos da Ciência Jurídica, na medida em que o Direito, como sistema, deve ser aplicado e interpretado de forma harmoniosa.

Em linhas gerais, vamos abordar o relacionamento do direito processual do trabalho com as seguintes disciplinas jurídicas: internacional, constitucional, trabalho, administrativo, penal, processual, tributário, civil, comercial e seguridade social.

3.1 DIREITO INTERNACIONAL PÚBLICO

No direito internacional, vários são os tratados que preveem princípios processuais (Declaração Universal de Direitos Humanos, Pacto de São José da Costa Rica e a Declaração de Nova Iorque), além de outros que cuidam especificadamente de institutos e procedimentos processuais (Convenção Interamericana sobre Carta Rogatória e Pacto de Las Leñas/Mercosul).

O art. 13 (NCPC) assegura que a jurisdição civil será aplicada, observando-se as normas processuais brasileiras, contudo, ressalvando-se as disposições específicas constantes em tratados, convenções ou acordos internacionais de que o Brasil seja parte.

De igual maneira, diante do conflito entre a ordem jurídica processual trabalhista interna e os tratados internacionais ratificados pelo Brasil, serão aplicáveis os critérios de hermenêutica, exceto se a norma versar sobre direitos humanos (art. 5º, § 3º, CF).

3.2 DIREITO CONSTITUCIONAL

A CF/88 atribui à União a competência privativa para legislar sobre direito processual,[1] o que inclui o direito processual trabalhista (art. 22, I).

---

[1] Para Nelson Nery Junior, "o Direito Processual se compõe de um sistema uniforme, que lhe dá homogeneidade de sorte a facilitar sua compreensão e aplicação para a solução das ameaças e lesões a direito. Mesmo que se reconheça essa unidade processual, é comum dizer-se didaticamente que existe um Direito Constitucional Processual, para significar o conjunto das normas de Direito Processual que se encontra na Constituição Federal, ao lado de um Direito Processual Constitucional, que seria a reunião dos princípios para o fim de regular a denominada jurisdição constitucional. Não se trata,

As disposições constitucionais gerais relacionadas com o Poder Judiciário são aplicáveis ao Judiciário Trabalhista: (a) princípios atinentes à magistratura (art. 93); (b) quinto constitucional (art. 94); (c) garantias da magistratura (art. 95); (d) competência privativa dos tribunais (art. 96); (e) declaração de inconstitucionalidade (art. 97); (f) autonomia administrativa e financeira dos tribunais (art. 99); (g) precatórios (art. 100).

Além das normas gerais quanto ao Poder Judiciário, no Texto Constitucional há uma série de normas que regulam a competência material e funcional da Justiça do Trabalho (arts. 111 e segs., CF), além da disciplina quanto ao Ministério Público do Trabalho (MPT) (art. 128, I, *b*).

Há vários dispositivos fundamentais que garantem o Estado Democrático de Direito, os quais norteiam a aplicação – interpretação e integração – das normas jurídico-trabalhistas pelo magistrado trabalhista, tais como: o princípio da igualdade (art. 5º, *caput*), do contraditório e da ampla defesa (art. 5º, LV), da imparcialidade do juiz, da motivação das decisões (art. 93, IX), do devido processo legal (art. 5º, LIV), do juiz natural (art. 5º, LIII), da inafastabilidade do controle jurisdicional (acesso individual ou coletivo à justiça) (art. 5º, XXXV) e da razoabilidade da duração do processo.

A CF assegura ainda a aplicação de vários remédios constitucionais ao processo trabalhista, tais como: mandado de segurança (art. 5º, LXIX e LXX), *habeas corpus* (art. 5º, LXVIII), *habeas data* (art. 5º, LXXII), ação civil pública (art. 129, III), como também a substituição processual a entidade sindical (art. 8º, III).

3.3 DIREITO DO TRABALHO

Como o direito processual do trabalho é um conjunto de normas e princípios aplicáveis à solução dos conflitos individuais e coletivos de trabalho, torna-se inegável a sua interação com o direito do trabalho. As normas jurídicas autônomas e heterônomas, as quais compõem as diversas fontes normativas trabalhistas, quando violadas, justificam a ativação da função jurisdicional trabalhista, portanto o direito processual do trabalho é um instrumento de efetivação do direito do trabalho.

Para Amauri Mascaro Nascimento,[2] *"o Direito do Trabalho e o Direito Processual do Trabalho são autônomos, porque o primeiro é ramo do direito material, e o segundo, do Direito Processual. Este, em linhas gerais, compreende as figuras da ação, da jurisdição e do processo. Aquele, diferentemente, traça a estrutura das organizações sociais relacionadas com a matéria trabalhista e os direitos e deveres dos trabalhadores e empregadores. Historicamente, surgiu primeiro o Direito do Trabalho. Da necessidade de estabelecer regras para a solução dos conflitos trabalhistas pelos órgãos judiciais resultou o Direito Processual do Trabalho, cujo fim, portanto, é o de atuar o Direito do Trabalho".*

---

portanto, de ramos novos do Direito Processual. Exemplos de normas de Direito Constitucional Processual podemos encontrar no art. 5º, XXXV; art. 8º, III etc. De outra parte, são institutos de Direito Processual Constitucional o mandado de segurança, o *habeas data*, a ação direta de inconstitucionalidade etc." (*Princípios do processo civil na Constituição Federal*, 5. ed., p. 21).

[2]   NASCIMENTO, Amauri Mascaro. *Curso de direito processual do trabalho*, 20. ed., p. 59.

3.4 DIREITO ADMINISTRATIVO

O Poder Judiciário é um dos Poderes do Estado (art. 2º, CF), de modo que seus atos não jurisdicionais são atos regidos pelo Direito Administrativo.

Os regimentos internos, provimentos e resoluções são atos administrativos e, muitas vezes, possuem ingerência no processo do trabalho, quando, por ex., dividem os Tribunais em órgãos internos e fixam suas competências, regram os procedimentos de recolhimento de custas e depósito recursal, preveem o agravo regimental etc.

A própria atuação do juiz corregedor não é jurisdicional. Também merece ser destacado que os magistrados e servidores da Justiça do Trabalho possuem uma relação jurídico-administrativa com o Estado.

3.5 DIREITO PENAL E PROCESSO PENAL

No desenrolar do processo trabalhista há vários momentos nos quais o Direito Penal está sendo observado pelo magistrado trabalhista, a saber: crimes de falso testemunho, falsa perícia, coação, fraude processual, além de crimes contra a organização do trabalho, contra a Justiça, crimes praticados por funcionários públicos e o crime de trabalho escravo.

Nessas situações, os órgãos trabalhistas devem oficiar a autoridade competente para que sejam tomadas as medidas administrativas e judiciais cabíveis (art. 40, CPP).

Várias normas materiais trabalhistas são assemelhadas aos ilícitos penais, notadamente na área da justa causa para o término da relação jurídico-trabalhista, deve o magistrado trabalhista, ao sentenciar, conhecer e aplicar as interpretações das normas penais, como forma de se dar a melhor solução ao caso concreto, como ocorre no caso de furto e assédio sexual.

Há também os casos em que a decisão penal faz coisa julgada trabalhista. Se a Justiça Criminal reconhecer, por exemplo, a legítima defesa ou o estado de necessidade, a decisão faz coisa julgada na Justiça do Trabalho (art. 65, CPP). No caso da não condenação dos réus, por falta de elementos, tais decisões na Justiça Criminal não influenciam a Justiça Comum ou Trabalhista (art. 66). Poderá o juízo trabalhista reconhecer a justa causa e declarar a improcedência dos títulos rescisórios solicitados. A decisão criminal que reconhece a existência material do crime e da autoria faz coisa julgada na Justiça do Trabalho (art. 63). A sentença criminal, a qual reconhece a inexistência categórica do crime ou a inocência do réu, tem força de coisa julgada na Justiça Comum ou do Trabalho (art. 935, CC).

No tocante à prescrição, quando a ação se originar de fato que deva ser apurado no juízo criminal, ela não correrá antes da respectiva sentença definitiva (art. 200, CC).

3.6 DIREITO PROCESSUAL CIVIL

Entre direito processual civil e direito processual do trabalho, além de pertencerem ao mesmo ramo do direito (teoria monista), existem princípios comuns (ex., economia processual e boa-fé) e institutos comuns (mas também existem os institutos com idêntico nome, contudo, com tratamentos distintos, ex.: agravo de instrumento e perempção).

Quanto ao direito processual civil, não se pode esquecer que o mesmo é fonte subsidiária do direito processual do trabalho (art. 769, CLT; art. 15, CPC). Quando for o caso de lacunas, o magistrado trabalhista há de aplicar a norma do direito processual civil, desde que seja compatível com os princípios do processo do trabalho. Como exemplos: a aplicação dos conceitos de ação, autor, réu, exceção, reconvenção, recurso etc.

Na execução trabalhista, de forma subsidiária, em primeiro lugar aplica-se a lei dos executivos fiscais (art. 889, CLT) (Lei 6.830/80) e, posteriormente, as normas do processo civil.

O Enunciado 66 da 1ª Jornada de Direito Material e Processual da Justiça do Trabalho (2007) prevê: *"Diante do atual estágio de desenvolvimento do processo comum e da necessidade de se conferir aplicabilidade à garantia constitucional da duração razoável do processo, os arts. 768 e 889 da CLT comportam interpretação conforme a Constituição Federal, permitindo a aplicação de normas processuais mais adequadas à efetivação do direito. Aplicação dos princípios da instrumentalidade, efetividade e não retrocesso social."*

3.7 DIREITO TRIBUTÁRIO

Atualmente, como a Justiça do Trabalho, de ofício, possui competência para executar as contribuições previdenciárias incidentes sobre a folha de pagamento, em decorrência das suas decisões (art. 114, VIII, CF/88; Lei 10.035/00; Súm. 368, TST; art. 876, parágrafo único, CLT, com a redação da Lei 13.467/17), os laços do direito processual do trabalho com o direito tributário foram corroborados. Além disso, a legislação tributária determina a retenção do imposto de renda pelo magistrado. Não poderíamos deixar de citar o art. 186 do Código Tributário Nacional, o qual assegura o caráter privilegiado do crédito trabalhista.[3]

O art. 16, da Lei 11.457/07, atribui a Procuradoria Geral Federal à representação da União, nos processos em tramitação perante a Justiça do Trabalho relacionados com a cobrança de contribuições previdenciárias, de imposto de renda retido na fonte e de multas impostas aos empregadores pelos órgãos de fiscalização das relações de trabalho, mediante delegação da Procuradoria-Geral da Fazenda Nacional.

Além disso, tem-se a competência da Justiça do Trabalho para decidir todas as questões relacionadas ao imposto sobre a renda incidente sobre os créditos trabalhistas.[4]

3.8 DIREITO DA SEGURIDADE SOCIAL

Direito da Seguridade Social é *"um conjunto de princípios, de regras e de instituições destinado a estabelecer um sistema de proteção social aos indivíduos contra contingências*

---

[3] O crédito tributário prefere a qualquer outro, seja qual for sua natureza ou o tempo de sua constituição, ressalvados os créditos decorrentes da legislação do trabalho ou do acidente de trabalho (art. 186, *caput*). Na falência: (a) o crédito tributário não prefere aos créditos extraconcursais ou às importâncias passíveis de restituição, nos termos da lei falimentar, nem aos créditos com garantia real, no limite do valor do bem gravado; (b) a lei poderá estabelecer limites e condições para a preferência dos créditos decorrentes da legislação do trabalho; (c) a multa tributária prefere apenas aos créditos subordinados (art. 186, parágrafo único, I a III).

[4] Consultar o item 3.4.6.3, Parte IV, desta obra.

PARTE II · Cap. III – DIREITO PROCESSUAL DO TRABALHO E OUTROS RAMOS | 37

que os impeçam de prover as suas necessidades pessoais básicas e de suas famílias, integrado por ações de iniciativa dos Poderes Públicos e da sociedade, visando assegurar os direitos relativos à saúde, à previdência e à assistência social".[5]

Vários são os pontos de conexão entre o Direito do Trabalho e o da Seguridade Social: (a) empregado (art. 3º, CLT); (b) empregador (art. 2º); (c) remuneração (art. 457); (d) salário (art. 457); (e) salário-utilidade (art. 458); (f) conceito de empregado doméstico (art. 1º, LC 150/15); (g) conceito de trabalhador temporário (Lei 6.019/74) etc.

Pela EC 20/98, a Justiça do Trabalho passou a ser competente para executar, de ofício, as contribuições sociais previstas no art. 195, I, *a* (contribuição social do empregador, da empresa e da entidade a ela equiparada na forma da lei incidente sobre a folha de salários e demais rendimentos do trabalho pagos ou creditados, a qualquer título, à pessoa física que lhe preste serviço, mesmo sem vínculo empregatício) e II (contribuição social do trabalhador e dos demais segurados da previdência social), e seus acréscimos legais, decorrentes das sentenças que proferir (art. 114, § 3º). Atualmente, essa competência está disciplinada pelo art. 114, VIII.

O TST, com respaldo do entendimento do STF (SV 53), vem entendendo que a competência da Justiça do Trabalho, quanto à execução das contribuições previdenciárias, limita-se às sentenças condenatórias em pecúnia que proferir e aos valores, objeto de acordo homologado, que integrem o salário de contribuição (Súm. 368, I, TST). A matéria encontra-se disciplinada pelo art. 876, parágrafo único, CLT, alterado pela Lei 13.467/17.

Na execução das contribuições previdenciárias, é do empregador a responsabilidade pelo recolhimento das contribuições previdenciárias e fiscais, resultante de crédito do empregado oriundo de condenação judicial, devendo ser calculadas, em relação à incidência dos descontos fiscais, mês a mês, nos termos do art. 12-A da Lei 7.713/88 (Súm. 368, II, TST).

Em se tratando de descontos previdenciários, o critério de apuração encontra-se disciplinado no art. 276, § 4º, do Decreto 3.048/99, que regulamentou a Lei 8.212/91 (art. 43) e determina que a contribuição do empregado, no caso de ações trabalhistas, seja calculada mês a mês, aplicando-se as alíquotas previstas no art. 198, observado o limite máximo do salário de contribuição (Súm. 368, III, TST).

Com a alteração do art. 43 da Lei 8.212, pela MP 449/08 e pela Lei 11.941/09, o TST (Súm. 368, IV e V) passou a entender que:

a) Considera-se fato gerador das contribuições previdenciárias decorrentes de créditos trabalhistas reconhecidos ou homologados em juízo, para os serviços prestados até 4/3/2009, inclusive, o efetivo pagamento das verbas, configurando-se a mora a partir do dia dois do mês seguinte ao da liquidação (art. 276, caput, Decreto 3.048/1999). Eficácia não retroativa da alteração legislativa promovida pela MP 449, posteriormente convertida na Lei 11.941, que deu nova redação ao art. 43 da Lei 8.212;

b) Para o labor realizado a partir de 5/3/2009, considera-se fato gerador das contribuições previdenciárias decorrentes de créditos trabalhistas reconhecidos ou

---

[5] MARTINS, Sergio Pinto. *Direito da seguridade social*, 18. ed., p. 44.

homologados em juízo a data da efetiva prestação dos serviços. Sobre as contribuições previdenciárias não recolhidas a partir da prestação dos serviços incidem juros de mora e, uma vez apurados os créditos previdenciários, aplica-se multa a partir do exaurimento do prazo de citação para pagamento, se descumprida a obrigação, observado o limite legal de 20% (art. 61, § 2º, Lei 9.430/96).

No que tange ao imposto de renda decorrente de crédito do empregado recebido acumuladamente, o mesmo deve ser calculado sobre o montante dos rendimentos pagos, mediante a utilização de tabela progressiva resultante da multiplicação da quantidade de meses a que se refiram os rendimentos pelos valores constantes da tabela progressiva mensal correspondente ao mês do recebimento ou crédito (art. 12-A, Lei 7.713/88, com a redação conferida pela Lei 13.149/15), observado o procedimento previsto nas Instruções Normativas da Receita Federal do Brasil (Súm. 368, VI, TST).

3.9 DIREITO PRIVADO (DIREITO CIVIL E COMERCIAL)

Quanto ao direito privado (direito civil e comercial), o magistrado do trabalho utiliza-se de uma série de normas, tais como: falência, recuperação judicial, habilitação de herdeiros, laços de parentesco (para fins de análise da incapacidade e impedimento das testemunhas), prescrição, decadência, direitos de personalidade, atos e fatos jurídicos, direito de empresa, teoria geral das obrigações, contratos etc. Também não se pode esquecer que o Direito comum é fonte subsidiária do direito do trabalho (art. 8º, CLT).

Com a alteração constitucional quanto à competência da Justiça do Trabalho, houve um entrelaçamento maior com o direito civil, na medida em que o Judiciário Trabalhista é competente para dirimir e solucionar as relações de trabalho, a qual envolve uma série de contratos regulados pelo CC.

3.10 DIREITO DO CONSUMIDOR

Direito do consumidor é o conjunto de princípios, institutos e normas que regulam as relações de consumo existentes entre consumidor e fornecedor.

O direito processual do trabalho entrelaça-se com o Direito do Consumidor no que se relaciona com o Título III do Código de Defesa do Consumidor (CDC, Lei 8.078/90), que trata da parte processual. Citados dispositivos são importantes para a análise do procedimento da ação civil pública no âmbito do Judiciário Trabalhista.

QUESTIONÁRIO

1. Qual é a importância do direito processual civil para o direito processual do trabalho?

2. Quais são os principais pontos de conexão entre o direito processual do trabalho e o direito constitucional?

3. Qual a relação do direito penal e do direito processual do trabalho?

4. Qual é a importância do direito administrativo para o direito processual do trabalho?

Capítulo IV
FONTES DO DIREITO PROCESSUAL DO TRABALHO

4.1 A SISTEMÁTICA DAS FONTES NA CIÊNCIA JURÍDICA

Na Ciência Jurídica, fontes são *"os meios pelos quais se formam ou se estabelecem as normas jurídicas. São os órgãos sociais de que dimana o direito objetivo"*.[1]

O termo "fontes"[2] comporta vários significados: (a) origem do Direito; (b) fundamento da validade das normas jurídicas; (c) exteriorização do Direito.

---

[1]   MONTEIRO, Washington de Barros. *Curso de direito civil*, v. 1, 33. ed., p. 12.

[2]   Não poderíamos deixar de citar as lições doutrinárias de Miguel Reale a respeito das fontes de direito e a teoria dos modelos: "Quem tiver dedicado honrosa atenção a meus trabalhos de Filosofia do Direito sabe que, em determinado momento de meus estudos, em meados da década de 1960, cheguei à conclusão de que era necessário proceder a uma revisão da teoria das fontes do direito, com base na teoria dos modelos jurídicos. Quer na comunicação apresentada ao Congresso Internacional de Filosofia realizado em Viena, em 1968, quer na 1ª edição de *O direito como experiência*, do mesmo ano, cheguei a declarar que, possivelmente, com a evolução dos estudos, seria possível a substituição da ideia de fontes pela de modelos do direito. Todavia, com a evolução das pesquisas, tal como saliento na Introdução à 2ª edição de *O Direito como experiência* (1992), fui aos poucos me convencendo de que entre a teoria das fontes e a dos modelos do direito existe uma relação de complementariedade, sendo a primeira completada pela segunda. Desse modo, cabe-nos estudar, de maneira conjunta e congruente, os processos de instituição das normas jurídicas, dando realce ao problema de sua validade, o que é nuclear na teoria das fontes, para, a seguir, examinar o problema da significação e o da eficácia ou aplicação dessas normas, problemas estes que correspondem mais propriamente aos modelos do Direito nas duas modalidades, a dos modelos jurídicos e a dos modelos dogmáticos ou hermenêuticos. [...] Assim sendo, limito-me a recordar que foi em meu livro *Lições preliminares de Direito*, cuja 1ª edição é de 1973 – obra esta de cunho propedêutico, mas na qual exponho sinteticamente a minha Teoria Geral do Direito Positivo –, que me foi dado situar de maneira mais clara a relação entre fonte e modelo jurídico, no sentido de que este resulta daquela como projeção objetiva de seu conteúdo. Foi, pois, nesse sentido que escrevi que as fontes produzem ou põem as normas jurídicas, entre as quais sobressaem os modelos jurídicos, os quais por isso mesmo surgem como prescrições, 'modelos prescritivos', em razão das fontes de que promanam, as quais são sempre dotadas do poder de obrigar" (*Fontes e modelos do direito*: para um novo paradigma hermenêutico, p. 1).

Fontes reais ou materiais[3] representam a essência do Direito. São todas as influências externas, em determinando momento, que levam à formação das normas jurídicas.[4] Exemplos: movimentos sociológicos, ecológicos, princípios ideológicos, necessidades locais, regionais, nacionais, forma de governo, riqueza econômica, crises econômicas etc.

Fontes formais[5] denotam os modos de expressão das normas jurídicas: a lei, o costume, a jurisprudência, os princípios gerais do Direito, as normas coletivas de trabalho

---

[3] Miguel Reale entende que está superada a distinção entre fonte formal e fonte material. Para ele, "uma fonte de direito só pode ser formal, no sentido de que ela representa sempre uma estrutura normativa que processa e formaliza, conferindo-lhes validade objetiva, determinadas diretrizes de conduta (em se tratando de relações privadas) ou determinadas esferas de competência, em se tratando sobretudo de Direito Público. O que comumente se denomina fonte material diz respeito *qua tale*, mas sim à Política do Direito, porquanto se refere ao exame do conjunto de fatores sociológicos, econômicos, ecológicos, psicológicos, culturais em suma, que condiciona a decisão do poder (e veremos que este se manifesta sob diversas formas) no ato de edição e formalização das diversas fontes do direito. Para o jurista o problema essencial que se lhe põe é o estudo daquilo que foi processado e formalizado, isto é, positivado numa lei, num costume, numa sentença ou num contrato, que são as quatro fontes por excelência do Direito. É claro que o intérprete, ao procurar alcançar o sentido daquilo que a fonte revela, não pode deixar de atender às suas causas e pressupostos materiais, mas só na media em que estes possam esclarecer o conteúdo das regras jurídicas formalizadas como estatuições objetivas, isto é, dotadas de per si de obrigatoriedade. Nesse sentido quem diz fonte de direito fiz fonte formal de direito" (Ob. cit., p. 2).

[4] "Dito isso, passemos à primeira questão: que se deve entender por fontes materiais do direito? São as constituídas por fenômenos sociais e por dados extraídos da realidade social, das tradições e dos ideais dominantes, com as quais o legislador, resolvendo questões que dele exigem solução, dá conteúdo ou matéria às regras jurídicas, isto é, às fontes formais do direito (lei, regulamento etc.). Tais fontes se confundem com os fatores sociais do direito e, portanto, com a realidade histórico-social. Quais são eles? São de várias espécies, dentre os quais destacamos o econômico, o geográfico, o moral, o religioso, o técnico, o histórico e até o ideal predominante em uma época/valores" (GUSMÃO, Paulo Dourado de. *Introdução ao estudo do direito*, 31. ed., p. 102).

[5] "São os meios ou as formas pelas quais o direito positivo se apresenta na História [...] São, assim, os meios de conhecimento e de expressão do direito, isto é, de formulação do direito, nos quais com certeza o identificamos. São os meios ou as formas (lei, costume, decreto etc.) pelos quais a matéria (econômica, moral, técnica etc.), que não é jurídica, mas que necessita de disciplina jurídica, transforma-se em jurídica. Tais fontes, ditas secundárias, supõem as fontes materiais ou reais do direito, conhecidas por fontes primárias [...] De modo geral, pode-se dizer que as fontes formais do direito são estatais, ou de direito escrito, e não estatais. Dentre as fontes estatais, temos a lei, enquanto entre as não estatais, isto é, entre as que não dependem da atividade legislativa do Estado: o costume, o contrato coletivo de trabalho, a doutrina, o tratado internacional etc. As fontes formais do direito podem ser classificadas em três categorias: 1ª, fontes estatais do direito (lei, regulamento, decreto-lei, medida provisória); 2ª, fontes infraestatais (costume, contrato coletivo de trabalho, jurisprudência, doutrina); 3ª, fontes supraestatais (tratados internacionais, costumes internacionais, princípios gerais do direito dos povos civilizados). Poderíamos dizer ainda que as fontes formais do direito podem ser: 1) de direito interno, isto é, de direito nacional (lei, regulamento, decreto-lei, jurisprudência dos tribunais estatais, direito interno consuetudinário, contrato coletivo de trabalho, doutrina); 2) de direito comunitário, como as do direito da União Europeia; 3) de direito internacional (tratado, costumes internacionais, princípios gerais do direito dos povos civilizados, jurisprudência da Corte Internacional de Justiça e a ciência do direito internacional). De modo mais amplo: 1) legislativas (lei, regulamento, decreto-lei); 2) consuetudinárias (costumes);

PARTE II • Cap. IV – FONTES DO DIREITO PROCESSUAL DO TRABALHO | 41

(convenções e acordos coletivos de trabalho) e a doutrina, representando as fontes no sentido técnico.

As fontes materiais sintetizam o conhecimento e a criação da norma jurídica. Por outro lado, as fontes formais são retratadas nas normas jurídicas.

4.2 A CLASSIFICAÇÃO DAS FONTES FORMAIS

As fontes *formais* dividem-se em diretas (ou imediatas) e indiretas (ou mediatas). Fontes diretas ou imediatas possuem a força necessária para gerar a norma jurídica, são a lei e o costume. As indiretas ou mediatas não possuem a referida força, porém, ao longo do tempo, levam ao surgimento da norma, são a doutrina e a jurisprudência.

4.2.1 Fontes Diretas ou Imediatas

4.2.1.1 Lei

A lei é a fonte formal por excelência. Para alguns, o termo "lei" deriva do verbo latino *ligare*, sintetizando aquilo que liga, aquilo que vincula, aquilo que obriga. Para outros, a origem repousa no verbo *legere*, ou seja, aquilo que se lê.

O termo "lei" denota a regra geral e constante, seja no mundo físico como jurídico, que representa a ordem dos fenômenos. No mundo jurídico, sintetiza o pensamento deliberado e consciente, emanado dos órgãos competentes, do que vem a ser o Direito.

Onde se adota a sistemática do Direito Codificado,[6] o Direito tem como fonte básica à lei. É a norma geral e abstrata emanada do poder competente e provida de forma obrigatória.

A lei é um elemento vital para a própria manutenção da ordem social, constituin-do-se em fonte primordial do direito. Por meio deste preceito enunciativo, o Direito atua como fonte reguladora dos comportamentos em sociedade, impondo regras e sanções.

Em função dessa importância, derivam os elementos do que vem a ser lei: é um preceito comum, pois se dirige aos membros da coletividade; é obrigatória e deve emanar do poder competente.

No Brasil, a lei trabalhista se revela na CF, na CLT e em legislação esparsa.

---

3) jurisprudenciais (formadas pela jurisprudência dos tribunais estatais e da Corte Internacional); 4) convencionais (tratados internacionais, contrato coletivo de trabalho); 5) doutrinárias (opinião dos juristas no campo do direito interno e no do direito internacional)" (GUSMÃO, Paulo Dourado de. Ob. cit., p. 104).

6   Código é o "conjunto ordenado de princípios e disposições legais alusivos a certo ramo do direito positivo, redigido sob a forma de artigos, que, às vezes, se subdividem em parágrafos e incisos, agrupando-se em capítulos, títulos e livros" (DINIZ, Maria Helena. *Dicionário jurídico*, v. 1, p. 629).

4.2.1.2 Costumes

O costume é uma forma reiterada e única de comportamento, caracterizando-se pela sua continuidade, publicidade e generalidade. De forma lenta e espontânea, pela reiteração do comportamento, torna-se uma norma jurídica.

Para Paulo Dourado de Gusmão,[7] em termos jurídicos, o costume é a *"regra de conduta usualmente observada em um meio social por ser considerada juridicamente obrigatória e necessária. É a forma usual de agir considerada no meio social juridicamente obrigatória".*

O costume não se confunde com os usos, os quais, apesar de serem destituídos de obrigatoriedade, são úteis. Em comum, os usos e os costumes têm a sua reiteração, contudo, quando adota um caráter de obrigatoriedade, o uso passa a ser um costume.[8]

No direito antigo, o costume representava a essência quanto à origem do Direito. Hoje, com o avanço das codificações, foi perdendo sua importância. Porém, nos países onde se prepondera o *Common Law*, é ainda fonte vital, pelos intitulados precedentes judiciários *case law*.

A legitimidade do costume *"promana dessa reiteração que produz a tendência à conformidade geral, transformando-a em ordem autoritária do ente coletivo. São, pois, condições indispensáveis à sua vigência: (a) sua continuidade; (b) sua uniformidade; (c) sua diuturnidade; (d) sua moralidade; (e) sua obrigatoriedade".*[9]

Em relação à lei, o costume pode apresentar-se numa das seguintes categorias: *praeter legem, secundum legem* e *contra legem*.

Na primeira categoria (*praeter legem*), ele *"caracteriza-se pelo seu cunho supletivo, só intervém na ausência ou omissão da lei; no segundo, o preceito, não contido na norma, é reconhecido e admitido com eficácia obrigatória; no terceiro, surge como norma contrária à lei. Os costumes são admitidos excepcionalmente para suprir lacunas ou deficiências da lei; por motivos óbvios, os Tribunais jamais poderão acolhê-los contra preceito legal expresso. Se há lei em vigor que prescreva em sentido contrário, não é possível a formação da regra consuetudinária".*[10]

No Direito do Trabalho, os costumes são resultantes de três fontes de produção.

Os costumes surgem no seio da própria empresa, fazendo com que os usos atinentes a um grupo de empregados passem a ser normas e que aderem aos contratos de trabalho.

---

[7] GUSMÃO, Paulo Dourado de. Ob. cit., p. 119.

[8] "O que distingue o costume dos demais usos sociais é a convicção de sua obrigatoriedade e de sua necessidade jurídica (*opinio iuris et necessitatis*), ou seja, a convicção de que determinada regra costumeira é jurídica, obrigatória e necessária. Temos, portanto, no costume a repetição constante, ininterrupta, por largo tempo de uma conduta ou de um ato, que gera a convicção jurídica de sua obrigatoriedade para os negócios, para a convivência social etc. Em se formando essa convicção, opera-se à transformação em costume jurídico" (GUSMÃO, Paulo Dourado de. Ob. cit., p. 120).

[9] MONTEIRO, Washington de Barros. Ob. cit., p. 19.

[10] MONTEIRO, Washington de Barros. Ob. cit., p. 19.

PARTE II · Cap. IV – FONTES DO DIREITO PROCESSUAL DO TRABALHO | 43

Também podem surgir no seio da própria categoria econômica e profissional. Existem categorias que possuem normas peculiares que derivam de padrões reiterados de comportamento e que, pela sua reprodução, aderem aos contratos destes trabalhadores. E, por fim, os costumes são representados pelos comportamentos globais nas relações de trabalho que refletem na ordem jurídica trabalhista.

Na ótica de Mauro Schiavi,[11] como exemplos de costume no processo do trabalho, temos: *"1. apresentação da contestação escrita em audiência; 2. protesto em face de decisão interlocutória proferida pelo Juiz do Trabalho que causa gravame à parte, máxime em audiência; 3. a procuração tácita passada em audiência ou apud acta."*

4.2.2 Fontes Indiretas ou Mediatas

4.2.2.1 Doutrina

A doutrina[12] representa os pareceres dos juristas, os ensinamentos dos professores, as opiniões dos tratadistas e os trabalhos forenses. Materializam-se pela doutrina os melhores critérios de interpretação, sendo um guia para os julgadores e de orientação para os legisladores.

A investigação doutrinária atua na formação do direito positivo das seguintes maneiras: (a) base justificativa e interpretativa do texto legal; (b) fonte supletiva das deficiências e omissões do texto legal; (c) solução das questões para as quais a lei não fornece elementos; (d) repositório de princípios que não podem ser submetidos à lei escrita pela própria natureza.

É comum para os operadores do direito a utilização do argumento de autoridade, isto é, adotar a citação de opiniões doutrinárias, como ponto de fundamento de uma tese jurídica desenvolvida normalmente nas demandas judiciais.

Contudo, uma advertência há de ser feita: *"Os antecedentes judiciais e as lições dos jurisconsultos famosos devem apenas complementar a argumentação e não ocupar o primeiro plano. Os advogados frequentemente abusam do chamado argumento de autoridade, louvando-se mais na palavra dos juristas do que na própria exegese da lei. Argumentam, não com base em raciocínio lógico e jurídico, mas apoiando-se no prestígio de renomados cultores do Direito.*

O recurso ao argumento ab auctoritate *tem por base, muitas vezes, o princípio da inércia: em vez de se desenvolver raciocínio próprio e a citação doutrinária servir de*

---

[11] SCHIAVI, Mauro. *Manual de direito processual do trabalho*, p. 87.

[12] Para Miguel Reale, a doutrina, ao "contrário do que sustentam alguns, não é fonte do direito, uma vez que as posições teóricas, por mais que seja a força cultural de seus expositores, não dispõem de per si do poder de obrigar. É a razão pela qual, como veremos, a doutrina não gera modelos jurídicos, propriamente ditos, que são sempre prescritivos, mas sim modelos dogmáticos ou hermenêuticos, o que em nada lhe diminui a relevância, pois ela desempenha frequentemente uma posição de vanguarda esclarecendo a significação dos modelos jurídicos do Direito graças à edição de modelos jurídicos correspondente aos fatos e valores supervenientes" (Ob. cit., p. 12).

complemento, transcreve-se o raciocínio de alguma autoridade no assunto. É mais fácil para o causídico e também para o magistrado que, receoso de errar, prefere ficar com a jurisprudência dominante e com os autores de projeção. O procedimento correto se dá quando o magistrado, convencido quanto ao acerto de determinada tese, aduz às suas razões os complementos doutrinários e judiciais. O condenável é seguir-se o caminho oposto, dos assentos doutrinários e jurisprudenciais extrair, por automatismo, a opinião pessoal."[13]

4.2.2.2 Jurisprudência

O termo *jurisprudência* é derivado do latim *jurisprudentia*, de *jus* (Direito, Ciência do Direito) e *prudentia* (sabedoria). De forma literal, pode ser entendido como a Ciência do Direito vista como sabedoria. Também é utilizado para designar o conjunto de decisões relativas a uma matéria ou a coleção de decisões de um tribunal.

Para o sistema jurídico anglo-saxão (*Common Law*), a jurisprudência é a base constitutiva da lei comum. Quem possuir a seu favor os precedentes judiciários ganhará, provavelmente, a demanda. Para os sistemas latinos o significado da jurisprudência é de menor realce, mas mesmo assim é inegável o seu fator como fonte do Direito.

O STF, órgão máximo da cúpula do Poder Judiciário, atuando como guardião da CF, possui várias súmulas a respeito das matérias trabalhistas constitucionais.

O STJ, como órgão responsável pela uniformização da jurisprudência a respeito da legislação federal infraconstitucional, também tem uma série de súmulas pertinentes às relações de trabalho, notadamente no campo dos conflitos de competência.

No âmbito da Justiça do Trabalho, têm-se: as Súmulas,[14] os Precedentes Normativos, as Orientações Jurisprudenciais (OJs) do Pleno do TST, as Orientações Jurisprudenciais da Seção de Dissídios Coletivos, as Orientações Jurisprudenciais da Seção Especializada em Dissídios Individuais (SDI-I e II), todos de lavra do TST. Aos TRTs cabe a uniformização da sua jurisprudência (art. 896, § 3º, CLT, revogado expressamente pela Lei 13.467/17).

A EC 45, de 8/12/2004, estabeleceu a súmula vinculante (art. 103-A).

Por força da alteração constitucional, poderá o STF, de ofício ou por provocação, mediante decisão de dois terços dos seus membros, após reiteradas decisões sobre matéria constitucional, aprovar súmula que, a partir de sua publicação na imprensa oficial, terá efeito vinculante em relação aos demais órgãos do Poder Judiciário e à administração pública direta e indireta, nas esferas federal, estadual e municipal, bem como proceder à sua revisão ou ao cancelamento, na forma estabelecida em lei (art. 103-A, *caput*, CF; art. 2º, Lei 11.417). Nos termos da própria CF, a súmula vinculante terá por objetivo a validade, a interpretação e a eficácia de normas determinadas, acerca das quais haja controvérsia atual entre órgãos judiciários ou entre esses e a administração pública que acarrete grave insegurança jurídica e relevante multiplicação de processos sobre questão idêntica.

---

[13] NADER, Paulo. *Introdução ao estudo do direito*, 22. ed., p. 179.

[14] O termo "Enunciado" foi alterado para "Súmula" de acordo com a Resolução nº 129 do Tribunal Superior do Trabalho.

PARTE II · Cap. IV – FONTES DO DIREITO PROCESSUAL DO TRABALHO | **45**

Pelo CPC (art. 927), como precedentes vinculativos, os juízes e os tribunais devem observar: (a) as decisões do STF em controle concentrado de constitucionalidade; (b) os enunciados de súmula vinculante; (c) os acórdãos em incidente de assunção de competência ou de resolução de demandas repetitivas e em julgamento de recursos extraordinário e especial repetitivos; (d) os enunciados das súmulas do STF em matéria constitucional e do STJ em matéria infraconstitucional; (e) a orientação do plenário ou do órgão especial aos quais estiverem vinculados.

O art. 3º, XXIII, IN 39/16, TST aplica ao processo trabalhista, em face de omissão e compatibilidade, o art. 927, CPC, sendo que no art. 15 elenca quais são os precedentes vinculativos: a) acórdão proferido pelo STF ou TST em julgamento de recursos repetitivos (art. 896-B, CLT; art. 1.046, § 4º, CPC); (b) entendimento firmado em incidente de resolução de demandas repetitivas ou de assunção de competência; (c) decisão do STF em controle concentrado de constitucionalidade; (d) tese jurídica prevalecente em TRT e não conflitante com súmula ou orientação jurisprudencial do TST; (e) decisão do plenário, do órgão especial ou de seção especializada competente para uniformizar a jurisprudência do tribunal a que o juiz estiver vinculado ou do TST.

4.3 A NATUREZA COGENTE DA NORMA JURÍDICA PROCESSUAL TRABALHISTA COMO JUSTIFICATIVA DO PREDOMÍNIO DA FONTE FORMAL NO DIREITO PROCESSUAL

Normas cogentes são os dispositivos legais de ordem pública, as quais não podem ser afastadas pela vontade dos particulares. Opõem-se às normas dispositivas ou facultativas, cuja aplicação pode ser impedida pela iniciativa dos interessados.

O Direito Processual do Trabalho tem *"normas predominantemente, embora não exclusivamente, estatais, ao contrário do Direito do Trabalho, que é multinormativo, combinando normas estatais e não estatais. É que a autonomia privada coletiva, embora seja uma inesgotável fonte de produção no âmbito do Direito do Trabalho, não atua com a mesma eficácia na esfera do Direito Processual. Tal se dá porque neste as normas têm a finalidade de reger a atuação da jurisdição e o exercício do direito de ação, matéria que pela sua natureza não está confiada à esfera dispositiva dos particulares e é disciplinada de modo imperativo pelo Estado"*.[15]

Também no campo do Direito Processual Civil, como acentua Arruda Alvim, há o predomínio das normas cogentes, tendo como característica fundamental *"o não ser possível afastar sua incidência nem às partes, nem ao juiz. Assim, está excluída a possibilidade de um processo convencional"*.[16]

Tanto no processo civil como no trabalhista, apesar do predomínio das normas cogentes, há a presença de normas dispositivas. Exemplos: a permissão em relação ao

---

[15]   NASCIMENTO, Amauri Mascaro. *Curso de direito processual do trabalho*, 20. ed., p. 61.

[16]   ALVIM, Arruda. *Manual de direito processual civil*, v. 1, 6. ed., p. 107.

ônus da prova (art. 373, § 3º, CPC) e a suspensão do processo (art. 313, II, CPC) pela convenção das partes.

O predomínio das normas cogentes, em matéria processual, faz com que as fontes formais sejam mais importantes do que as fontes materiais.

Arruda Alvim[17] afirma que, *"no moderno Estado de Direito, se aceita como princípio nuclear da vida social o fato de que a conduta dos jurisdicionados, de maneira geral, subordina-se à regra jurídica emanada do Estado, mormente porque o próprio Estado fica a elas subordinado (especificidade que marca o Estado de Direito)".*

4.3.1 Visão Geral das Fontes Processuais Trabalhistas

As fontes processuais trabalhistas são as mesmas do Direito em geral, tais como: a lei, os costumes, a jurisprudência e a doutrina.

4.3.1.1 A Norma Estatal Processual Trabalhista

Por excelência, a lei é a principal fonte normativa no campo do direito processual. Convém salientar que compete à União legislar sobre matéria processual (art. 22, I, CF). No ápice da hierarquia, temos a CF que prevê as normas básicas a serem observadas quanto ao direito de ação, as garantias constitucionais do devido processo legal, a estruturação e a composição da jurisdição, as garantias da magistratura etc. Na órbita do Direito Processual do Trabalho, os arts. 111 e segs., da CF disciplinam a competência material e funcional da Justiça do Trabalho.

No plano infraconstitucional processual trabalhista, há uma série de leis ordinárias, dentre as quais destacam-se: (a) CLT (Dec.-lei 5.452, de 1º/5/1943), a qual disciplina nos arts. 643 a 762 a organização e composição da Justiça do Trabalho e do Ministério Público do Trabalho; nos arts. 763 a 910 regulam as normas procedimentais quanto ao processo trabalhista; (b) Lei 5.584/70 trata da assistência judiciária da Justiça do Trabalho, além da criação do procedimento sumário; (c) Lei 7.701/88 disciplina os órgãos internos do TST e a sistemática dos recursos no seu âmbito; (d) a aplicação subsidiária do processo civil (art. 769, CLT), como também da Lei 6.830/80 (Executivos Fiscais), na execução trabalhista (art. 889, CLT); (e) Lei 7.347/85, que disciplina a ação civil pública; (f) Lei 8.078/90 (CDC).

4.3.1.2 Outras Fontes Processuais Trabalhistas

Os regimentos internos dos TRTs e do TST estabelecem uma série de regras quanto à organização interna dos seus órgãos e respectivas atribuições funcionais, como também disciplinam a tramitação dos recursos e dos processos de competência originária de segundo ou terceiro grau da jurisdição trabalhista.

---

[17] ALVIM, Arruda. Ob. cit., p. 122.

PARTE II • Cap. IV – FONTES DO DIREITO PROCESSUAL DO TRABALHO | 47

Além dos regimentos internos, os TRTs e o TST expedem provimentos, instruções normativas, resoluções administrativas, disciplinando questões pertinentes ao Direito Processual do Trabalho.

A jurisprudência trabalhista[18] estabelece uma série de regras a serem observadas quanto aos recursos, além da fixação de padrões normativos interpretativos quanto à aplicação das normas processuais trabalhistas.

Todo e qualquer operador do Direito, no campo do direito processual do trabalho, deve estar atento aos critérios interpretativos da jurisprudência dominante e atual do TST (as Súmulas, os Precedentes Normativos, as Orientações Jurisprudenciais do Pleno do TST, as Orientações Jurisprudenciais da Seção de Dissídios Coletivos, as Orientações Jurisprudenciais da Seção Especializada em Dissídios Individuais).

Para Sergio Pinto Martins,[19] a *"doutrina e a jurisprudência também exercem importante papel, ao analisar as disposições processuais trabalhistas, mas a verdadeira fonte é a legislação. A jurisprudência não pode ser considerada como fonte do Direito Processual do Trabalho. Ela não se configura como regra obrigatória, mas apenas o caminho predominante em que os tribunais entendem de aplicar a lei, suprimindo, inclusive, eventuais lacunas desta última. A doutrina também não se pode dizer que venha a ser uma de suas fontes, justamente porque os juízes não estão obrigados a observar a doutrina em suas decisões, tanto que a doutrina muitas vezes não é pacífica, tendo posicionamentos opostos".*

Como o magistrado trabalhista não pode se eximir de sentenciar ou despachar alegando lacuna ou obscuridade da lei, deverá suprir a lacuna, valendo-se: da analogia, dos costumes, dos princípios gerais de direito e da equidade (art. 140, NCPC; arts. 4º e 5º, da Lei de Introdução às normas do Direito Brasileiro – LINDB; art. 8º, CLT). Tais institutos tratam da integração da norma jurídica trabalhista.

Nesse aspecto, a Lei 13.467/17 evidenciou que não cabe aos tribunais trabalhistas editarem súmulas ou enunciados com caráter normativo (restringindo ou criando direitos) (art. 8º, § 2º, CLT), pois tal atribuição compete ao Poder Legislativo.

Além disso, a Lei 13.467 também passou a disciplinar um procedimento para a criação e revisão de súmulas e enunciados. Com isso, somente é possível estabelecer ou alterar súmulas e outros enunciados de jurisprudência uniforme pelo voto de pelo menos 2/3 de seus membros, caso a mesma matéria já tenha sido decidida de forma idêntica por unanimidade em, no mínimo, 2/3 das turmas em pelo menos dez sessões diferentes em cada uma delas, podendo, ainda, por maioria de 2/3 de seus membros, restringir os efeitos daquela declaração ou decidir que ela só tenha eficácia a partir de sua publicação no *Diário Oficial* (art. 702, I, *f*, § 4º, CLT).

---

[18] O TST, com base no art. 902 da CLT, expedia os prejulgados, os quais eram de aplicação obrigatória pelos magistrados trabalhistas. Citado dispositivo legal foi revogado pela Lei 7.033, de 5/10/1982. A partir de então, o TST começou a expedir súmulas, as quais, posteriormente, foram denominadas de "Enunciados", como forma de retratação da sua jurisprudência dominante. Atualmente, de acordo com a Resolução 129/05 do TST, adotamos o termo "Súmula".

[19] MARTINS, Sergio Pinto. *Direito processual do trabalho*, 20. ed., p. 56.

As sessões de julgamento sobre estabelecimento ou alteração de súmulas e outros enunciados de jurisprudência deverão ser públicas, divulgadas com, no mínimo, 30 dias de antecedência, e deverão possibilitar a sustentação oral pelo Procurador-Geral do Trabalho, pelo Conselho Federal da Ordem dos Advogados do Brasil, pelo Advogado-Geral da União e por confederações sindicais ou entidades de classe de âmbito nacional (art. 702, § 3º, CLT).

A IN 41, de 21/06/2018, TST, disciplina a aplicação das normas processuais da CLT, as quais foram alteradas pela Lei 13.467/2017 (Reforma Trabalhista).

De acordo com o art. 18, § 1º, IN 41, os incidentes de uniformização suscitados ou iniciados antes da vigência da Lei 13.467/2017, no âmbito dos Tribunais Regionais do Trabalho ou por iniciativa de decisão do TST, deverão observar e serão concluídos sob a égide da legislação vigente ao tempo da interposição do recurso, segundo o disposto nos respectivos Regimentos Internos.

Por outro lado, diante do § 3º do art. 18, as teses jurídicas prevalecentes e os enunciados de Súmulas decorrentes do julgamento dos incidentes de uniformização de jurisprudência suscitados ou iniciados anteriormente à entrada em vigor da Reforma Trabalhista (dia 11/11/2017), no âmbito dos Tribunais Regionais do Trabalho, conservam sua natureza vinculante (arts. 926, §§ 1º e 2º, e 927, III e V, CPC).

QUESTIONÁRIO

1. Qual é o conceito de fontes do Direito?

2. Qual é o significado da expressão "fontes materiais do Direito"?

3. O que representa "fontes formais" do Direito?

4. Como se classificam as fontes do Direito?

5. Qual a importância da lei para o Direito?

6. Quais são as formas que levam ao surgimento dos costumes nas relações jurídico-trabalhistas?

7. Qual é a importância da doutrina?

8. Qual é o significado da jurisprudência e como a mesma se apresenta no Direito do Trabalho?

Capítulo V
HERMENÊUTICA DO
DIREITO PROCESSUAL DO TRABALHO

5.1 HERMENÊUTICA

Às vezes, os termos "hermenêutica" e "interpretação" são adotados como expressões sinônimas. Contudo, não são vocábulos equivalentes.

Interpretação é a determinação do sentido e do alcance das expressões jurídicas, enquanto hermenêutica é a ciência cujo objeto é o estudo da sistematização dos processos que se aplicam para a determinação do sentido e do alcance das expressões jurídicas. Vale dizer, a hermenêutica é a teoria científica da interpretação, compreendendo: a interpretação, a integração e a aplicação do Direito.

5.2 INTERPRETAÇÃO

A interpretação é a *"reconstrução do pensamento contido na lei. Interpretar a lei será, pois, reconstruir a mens legis, seja para entender corretamente seu sentido, seja para suprir-lhe as lacunas. Fácil à tarefa se se trata de lei clara; difícil, porém, se a norma a ser interpretada é obscura ou formulada de modo ambíguo"*.[1]

Cabe ao operador do Direito revelar o espírito da lei (*mens legis*), logo, necessita da interpretação, a qual envolve o estudo dos métodos utilizados pelo intérprete para determinar o sentido das expressões jurídicas e da lei.[2]

---

[1] MONTEIRO, Washington de Barros. *Curso de direito civil*, v. 1, 33. ed., p. 34.

[2] "As normas jurídicas necessitam sempre de interpretação? A interpretação tem razão de ser quando a lei é clara? Alguns pretendem não haver necessidade de interpretação quando a norma é clara. É o que diz o brocardo latino *In claris cessat interpretatio*. Outros, sob inspiração das concepções racionalistas, acreditaram que a interpretação seria inútil porque os códigos e a legislação podem prever todos os casos. Não é exato. A interpretação é sempre necessária, sejam obscuras ou claras as palavras da lei ou de qualquer outra norma. É sempre preciso determinar seu sentido e alcance. Naturalmente, quando o texto é claro, a interpretação é mais fácil e surge espontaneamente. Mas quando o texto é obscuro a interpretação é mais difícil e por isso sua necessidade se evidencia. Por outro lado, como adverte Coviello, a clareza de um texto é algo muito relativo e subjetivo: o que parece claro a alguém pode ser obscuro para outrem. Ou, ainda, uma palavra pode ser clara segundo a linguagem comum e ter, entretanto, um significado próprio e técnico, diferente do seu

A interpretação da norma processual segue os mesmos critérios, podendo, inclusive alcançar idênticos resultados que ocorrem com a interpretação das leis em geral.

No tocante ao direito processual do trabalho, Ísis de Almeida[3] ensina: *"Tendo em vista a natureza social do direito do trabalho, o direito processual que o instrumenta não pode deixar de refletir tal sentido em suas normas, daí se concluindo que, para interpretá-las, ter-se-á o fim último pretendido pelo legislador, que é o equilíbrio socioeconômico-político entre os fatos dinâmicos da produção, que são o capital e o trabalho."*

5.2.1 Técnicas de Interpretação

Vários são os modos de interpretação. O primeiro critério reflete a origem da interpretação. O segundo envolve os resultados e extensão do processo interpretativo. O terceiro sintetiza os meios ou métodos utilizados.

Mauro Schiavi[4] ensina: *"Os meios de interpretação da legislação processual do trabalho são os mesmos pertencentes à teoria geral do direito. [...] Há certo consenso na doutrina que os principais métodos de interpretação da legislação processual trabalhista são: literal ou gramatical, histórico, teleológico, sistemático, restritivo e extensivo."*

O juiz do trabalho, ao aplicar o ordenamento jurídico, deverá atender aos fins sociais e às exigências do bem comum, resguardando e promovendo a dignidade da pessoa humana e observando a proporcionalidade, a razoabilidade, a legalidade, a publicidade e a eficiência (art. 8º, CPC, em sua aplicação subsidiária, de acordo com os art. 15, CPC, e art. 769, CLT).

5.2.1.1 Quanto à Origem

Quanto à origem, temos: autêntica, doutrinária e jurisprudencial.

Diz-se autêntica a interpretação produzida pelo mesmo órgão que construiu a norma jurídica. Seria, ilustrativamente, a interpretação de diploma legal efetuada pelo próprio Poder Legislativo, por meio de nova lei.

Jurisprudencial é a interpretação produzida pelos tribunais por meio de decisões reiteradas a respeito de casos concretos semelhantes.

Doutrinária é a interpretação produzida pelos juristas, pesquisadores e estudiosos do direito, na leitura dos diversos dispositivos integrantes da ordem jurídica.

5.2.1.2 Quanto aos Resultados

É comum para o operador do Direito, no ato da interpretação, a situação em que a expressão utilizada pelo legislador nem sempre é feliz, pois pode ocorrer de dizer menos ou mais do que pretendia.

---

sentido vulgar. Daí a necessidade de interpretação de todas as normas jurídicas" (MONTORO, André Franco. *Introdução à ciência do direito*, 25. ed., p. 371).

[3] ALMEIDA, Ísis de. *Manual de direito processual do trabalho*, v. 1, 10. ed., p. 23.

[4] SCHIAVI, Mauro. *Manual de direito processual do trabalho*, p. 91.

PARTE II · Cap. V – HERMENÊUTICA DO DIREITO PROCESSUAL DO TRABALHO | 51

Quanto aos resultados, a interpretação envolve os seguintes critérios: (a) declarativa é a que se faz para aferir a exata vontade e sentido da norma;[5] (b) restritiva visa estabelecer que a mensagem utilizada pelo legislador é inferior ao real alcance da norma;[6] (c) a extensiva é o contrário da restritiva, isto é, o intérprete procura estabelecer que a mensagem contida na lei não reflete o real intuito do legislador;[7] (d) ab-rogante, ou seja, é a que ocorre quando o operador do direito verifica que a norma jurídica não pode ser aplicada, por exemplo: pela inconstitucionalidade, ou por ter sido revogada tacitamente por lei posterior com ela incompatível.

Para evitar a declaração da inconstitucionalidade da norma, é muito comum ao intérprete aplicar, após o exame de todas as interpretações possíveis, e não encontrando uma análise da norma que seja adequada ao texto constitucional, adotar um mecanismo que faça a compatibilização com a CF. Dentro de cada caso concreto, o intérprete deve ter uma visão ampliativa ou reducionista na análise do texto normativo em confronto com a norma constitucional. Trata-se da interpretação conforme a CF, ou seja, a adoção de uma regra interpretativa que visa possibilitar a manutenção no ordenamento jurídico de leis e atos normativos infraconstitucionais que tenham um valor interpretativo compatível com o texto constitucional.

Como bem adverte Alexandre de Moraes,[8] é *"extremamente importante ressaltar que a interpretação será possível quando a norma apresentar vários significados, uns compatíveis com as normas constitucionais e outros não, ou, no dizer de Canotilho, 'a interpretação conforme a constituição só é legítima quando existe um espaço de decisão (= espaço de interpretação) aberto a várias propostas interpretativas, umas em conformidade com o a constituição e que devem ser preferidas, e outras em desconformidade com ela'. Portanto, não terá cabimento a interpretação conforme a constituição quando contrariar texto expresso da lei, que não permita qualquer interpretação em conformidade com a constituição, pois o Poder Judiciário não poderá, substituindo-se ao Poder Legislativo (leis) ou Executivo (medidas provisórias), atuar como legislador positivo, de forma a criar um novo texto legal. Nessas hipóteses, o Judiciário deverá declarar a inconstitucionalidade da lei ou do ato normativo incompatível com a constituição."*

---

[5] "Trata-se do resultado alcançado toda vez que a atividade interpretativa demonstrar que a lei significa exatamente o que está escrito, nada havendo que altere o sentido literal e gramatical da norma" (CÂMARA, Alexandre Freitas. *Lições de direito processual civil*, v. 1, 14. ed., p. 28).

[6] "Esse é o resultado alcançado quando, na exegese da lei, o intérprete descobre que a lei disse mais do que o seu real significado, tendo portanto um alcance inferior ao que aparenta ter. Diz-se, nessa hipótese, que a lei *dixit plus quam voluit*. Também não são raros os casos em que o legislador manifesta sua imprecisão de linguagem, dando à lei uma redação que aparenta uma amplitude que, em verdade, não existe" (CÂMARA, Alexandre Freitas. Ob. cit., v. 1, p. 28).

[7] "Na hipótese ora em consideração, a lei *dixit minus quam voluit*, ou seja, a norma disse menos do que queria. A hipótese é aquela em que a lei interpretada tem uma redação restritiva, embora seu real sentido seja mais amplo do que a sua literalidade permite antever, sendo certo que, nesses casos, a lei possui um alcance maior do que aparentemente se poderia lhe atribuir" (CÂMARA, Alexandre Freitas. Ob. cit., v. 1, p. 29).

[8] MORAES, Alexandre de. *Direito constitucional*, 15. ed., p. 47.

Na interpretação conforme a CF, o intérprete, dependendo do caso concreto, poderá: (a) declarar a inconstitucionalidade parcial do texto impugnado. Tem-se a denominação de *interpretação conforme com redução de texto*. Com a supressão parcial do texto, torna-se possível uma interpretação compatível com a CF; (b) dar ao texto normativo analisado uma interpretação que lhe preserve a constitucionalidade. Não se tem a redução de texto; (c) excluir da norma impugnada uma interpretação que lhe ocasionaria a inconstitucionalidade. Também nessa hipótese não se tem a redução de texto.

Mauro Schiavi[9] ensina: *"Conforme já nos posicionamos, a interpretação da legislação processual do trabalho deve estar em compasso com os princípios constitucionais do processo (interpretação conforme a Constituição Federal). Desse modo, toda norma que rege o Processo do Trabalho deve ser lida com os olhos da Constituição Federal, buscando sempre a máxima eficiência das normas e princípios constitucionais do processo."*

O Enunciado 1 da 1ª Jornada de Direito Material e Processual na Justiça do Trabalho indica: *"Os direitos fundamentais devem ser interpretados e aplicados de maneira a preservar a integridade sistêmica da Constituição, a estabilizar as relações sociais e, acima de tudo, a oferecer a devida tutela ao titular do direito fundamental. No Direito do Trabalho, deve prevalecer o princípio da dignidade da pessoa humana."*

5.2.1.3 Quanto ao Método

A interpretação pelo método é representada pelos seguintes critérios: a gramatical, a lógica, a sistemática, a teleológica e a histórica.

Gramatical é a interpretação realizada com base nas regras e métodos da linguística e filologia, procurando-se saber qual o sentido literal do texto normativo e das palavras que o compõem. Trata-se do primeiro mecanismo de análise do texto legal.

Lógico, também intitulado de racional, é o método interpretativo que busca o significado, a coerência e a harmonia do texto legal, socorrendo-se de técnicas da lógica formal. A interpretação é no sentido de se buscar o pensamento da lei, a sua razão, mesmo que exteriorizada de forma inadequada.

Sistemático é o critério no qual a interpretação busca a adequação da norma em face do sistema jurídico. O campo de aferição é mais amplo, visualizando-se a norma não em si, porém, no conjunto do ordenamento jurídico. Faz-se a comparação da norma com outras que tratam de matérias correlatas.

Pelo critério teleológico, também intitulado de finalístico, procura aferir os fins sociais da norma e as exigências do bem comum que visa atingir (art. 5º, LINDB). Fins sociais representam as linhas básicas do ordenamento jurídico no sentido do bem-estar, bem como a prosperidade do indivíduo e da sociedade. Exigências do bem comum, por sua vez, denotam os elementos que levam os homens à busca do ideal de justiça. A essência da interpretação é a finalidade da norma jurídica, os seus objetivos e os valores a serem tutelados.

---

[9] SCHIAVI, Mauro. Ob. cit., p. 90.

Por fim, a técnica interpretativa histórica *"baseia-se na averiguação dos antecedentes da norma. Refere-se ao histórico do processo legislativo, desde o projeto de lei, sua justificativa ou exposição de motivos, emendas, aprovação e promulgação, ou, às circunstâncias fáticas que a precederam e que lhe deram origem, às causas ou necessidades que induziram o órgão a elaborá-la, ou seja, às condições culturais ou psicológicas sob as quais o preceito normativo surgiu* (occasio legis). *Como a maior parte das normas constitui a continuidade ou modificação das disposições precedentes, é bastante útil que o aplicador investigue o desenvolvimento histórico das instituições jurídicas, a fim de captar o exato significado das normas, tendo sempre em vista a razão delas* (ratio legis), *ou seja, os resultados que visam atingir"*.[10]

5.3 INTEGRAÇÃO DA NORMA JURÍDICA

A legislação não contempla todas as situações sociais, o que leva ao surgimento da temática da existência ou não de lacunas na ordem jurídica (Direito). Nesse sentido, encontramos cinco correntes doutrinárias:

a) realismo ingênuo – pela evolução social incessante, a legislação não é suficiente para contemplar todas as alterações da sociedade. A posição não pode ser acatada. A lei há de ser aplicada de forma abstrata, desvinculando a sua interpretação da previsão nela contida pelo legislador. Em outras palavras: o Direito há de ser aplicado de forma dinâmica e não estática;

b) empirismo científico – o que não está proibido na norma jurídica, encontra-se autorizado pela ordem jurídica, logo não haveria vácuos;

c) ecletismo – a lacuna está na lei e não na ordem jurídica. O Direito, como ordem jurídica, compreende não só a norma jurídica, como também as demais formas de expressão do fenômeno jurídico. Portanto, dentro da própria ordem jurídica, encontramos mecanismos para a solução das lacunas, tais como a analogia, o costume ou os princípios gerais de direito;

d) pragmatismo – essa corrente doutrinária acata a tese da existência das lacunas, contudo, afirma ser necessário o ato de se convencionar, para efeitos práticos, que a ordem jurídica contempla mecanismos para regular todos os casos da vida social;

e) apriorismo filosófico – a teoria, como o empirismo científico, defende a posição de que a ordem jurídica não tem lacuna, contudo, adota um outro fundamento. No empirismo científico, a ordem jurídica é vista como uma justaposição ou soma de normas jurídicas (o que não é proibido expressamente está juridicamente permitido). Para o apriorismo filosófico, a ordem jurídica, como uma estrutura totalizadora, contempla todas as situações sociais possíveis. Vale dizer, como um todo, o Direito Positivo é pleno de respostas e soluções para todas as questões sociais.

---

[10] DINIZ, Maria Helena. *Compêndio de introdução à ciência do direito*, 9. ed., p. 426.

Na doutrina, como espécies de lacunas, encontramos: (a) normativa – ausência de norma sobre determinado caso; (b) ontológica – a norma jurídica existe, contudo, o fato social nela previsto não mais reflete um valor a ser tutelado pela ordem jurídica, o que leva à perda da sua eficácia social; (c) axiológica – ausência de uma norma jurídica justa. A sua aplicação ao caso concreto poderá ocasionar uma decisão insatisfatória ou injusta.

Como dito, o legislador não consegue prever todas as hipóteses que deverão ocorrer na vida real. Por outro lado, não pode o juiz se eximir de sentenciar ou despachar alegando lacuna ou obscuridade do ordenamento jurídico (art. 140, CPC), logo, os costumes, os princípios gerais de direito, a analogia e a equidade atuam como fatores de integração da norma jurídica (art. 4º, LINDB).

Em face das lacunas, a integração representa *"o fenômeno pelo qual a plenitude da ordem jurídica é mantida sempre que inexiste uma norma jurídica prevendo o fato a ser decidido. Consiste numa autorização para que o intérprete, através de certas técnicas jurídicas, promova a solução do caso cobrindo as lacunas decorrentes da falta de norma jurídica"*.[11]

Na solução do caso concreto, o operador do direito, diante de uma lacuna, vale-se de outras fontes normativas para a busca de uma norma jurídica a ele aplicável.

No âmbito trabalhista, também se tem a presença do fenômeno da integração jurídica: as autoridades administrativas como a Justiça do Trabalho, na falta de disposições legais ou contratuais, decidirão, conforme o caso, pela jurisprudência, por analogia, por equidade e outros princípios e normas gerais de direito, principalmente do direito do trabalho e, ainda, de acordo com os usos e costumes, o direito comparado, mas sempre de maneira que nenhum interesse de classe ou particular prevaleça sobre o interesse público (art. 8º, *caput*, CLT). Pondere-se, ainda, que o direito comum será fonte subsidiária do Direito do Trabalho, naquilo em que não for incompatível com os princípios fundamentais deste (art. 8º, parágrafo único).

O legislador consolidado contempla idênticos mecanismos do direito comum, como elementos de integração da norma jurídica (a analogia, os princípios gerais de direito, os costumes e a equidade), contudo, também inclui o direito comparado e a jurisprudência.

5.3.1 Equidade

A equidade representa o próprio ideal do Direito. É a razão de ser de toda e qualquer atividade humana. Em sociedade se tem a necessidade de regras. Tais regras compõem o Direito. Nesta aplicação deve-se ter a noção da justiça, ou seja, a visão humanista do abrandamento da lei como regra genérica ao caso específico. O juiz deve atuar de forma a suavizar o rigor da norma abstrata, considerando peculiaridades de cada caso em concreto.

A equidade liga-se a três acepções: (a) *latíssima*, o princípio universal que deve estar em toda e qualquer atitude humana, configurando-se como uma regra suprema de justiça; (b) *lata*, a equidade confunde-se com a ideia de justiça absoluta, representando

---

[11]   NASCIMENTO, Amauri Mascaro. *Iniciação ao direito do trabalho*, 32. ed., p. 64.

uma das noções do que é direito; (c) *estrita*, seria o ideal de justiça efetivamente aplicado a um caso concreto.

Por outro lado, a equidade também pode representar um critério de integração do direito. Há situações nas quais o Direito, como sistema, não possui regras específicas para um determinado caso. Em tais circunstâncias, o juiz poderá decidir com equidade (art. 140, parágrafo único, CPC). O juiz deve atuar de forma discricionária e não arbitrária.

5.3.2 Princípios Gerais de Direito

A expressão "princípios gerais de direito" é vista por diversas maneiras pela doutrina:

a) há os que combatem a existência de uma concepção dos princípios gerais, mas não negam a sua existência: "*a) meros expedientes para liberação das passagens legais que não mais atendem a opinião dominante (Unger); (b) permissões para livre criação do direito por parte do magistrado (Hoffman, Pfaff e Ehrenzweig); (c) impossíveis de determinação, ante o caráter variável da razão humana; e (d) simples fontes interpretativas e integrantes de normas legais, sem qualquer força criadora*";[12]

b) a identificação dos princípios gerais de direito com as normas do direito natural, isto é, "*acima do direito positivo, e nesse âmbito mais elevado é que encontram a sua substanciação, de modo que falar em princípios, segundo essa perspectiva, é o mesmo que se referir às ideias fundantes do direito, situadas em um plano metajurídico, que comporta não só leis positivadas pelo homem, mas, também, outras leis que provêm de fontes mais profundas, a própria natureza das coisas. Nesse caso, os princípios são supralegislativos, exteriores à regra jurídica, valem como verdades acima das regras positivadas no ordenamento jurídico e independentemente destas, porque se manifestam como valores que estão acima dessas regras das quais não dependem e diante das quais são desvinculados. Essas premissas conduzem a uma concepção universalista dos princípios, compreensiva da sua validade para todos os sistemas jurídicos, independentemente das suas características, quer os sistemas heterônomos, de modo transcendente, não condicionados às disposições restritas do ordenamento jurídico positivo, superando-as, no sentido territorial, pondo-se em um contexto de significados filosófico-políticos que se sobrepõem ao direito escrito, com força permanente e função retificadora deste, como ideias corretoras das injustiças da lei*";[13]

c) os princípios gerais de direito são normas inspiradas na equidade;

d) os princípios gerais são normas universais, ditadas pela ciência e pela filosofia do direito;

---

[12] DINIZ, Maria Helena. Ob. cit., p. 457.

[13] NASCIMENTO, Amauri Mascaro. *Teoria geral do direito do trabalho*, p. 199.

e) há os que interagem os princípios gerais de direito com o direito positivo. Nesse sentido, Maria Helena Diniz[14] afirma: *"a) princípios historicamente contingentes e variáveis, que estão na base do direito legislado, que o antecedem, constituindo os parâmetros fundamentais da norma jurídica, inspirando a formação de cada legislação, uma vez que se trata de orientações culturais ou políticas da ordem jurídica; dentro desta tendência temos Savigny e os pandectistas alemães; (b) princípios norteadores extraídos das diversas normas do ordenamento jurídico (Coviello, Fadda, Bensa, Carnelutti, Boulanger, Barassi, Ruggiero, Esser)"*. Para Amauri Mascaro Nascimento,[15] no positivismo, diferentemente do que ocorre no jusnaturalismo, *"os princípios estão situados no ordenamento jurídico, nas leis em que são plasmados, como formulações de regras implícitas, algumas vezes também explícitas, mas positivas, verdadeiras sínteses de textos legislativos, interiores à ordem jurídica, dentro da qual – e não acima da qual – devem ser procurados. Nessa perspectiva, não são realidades exteriores aos quadros do direito positivo, porque neles devem ser encontrados, com base nos quais são revelados por meio de raciocínios indutivos que têm como matriz as leis. Sua função, se essa é a dimensão em que põem, seria meramente integradora das lacunas da lei, mas não, como no caso anterior, corretora das injustiças das leis, papel que não poderiam cumprir, porque a sua natureza não se distinguiria da mesma das leis, não tendo outra posição a não ser a de diretriz maior prescrita nas regras jurídicas, ainda que estabelecedora de ideias mais gerais, fruto de induções que partem das próprias leis, cujos espaços vazios visariam cobrir"*;

f) por fim, há os doutrinadores que adotam uma posição eclética, procurando conciliar todas as posições supracitadas, ou seja: *"os princípios sistemáticos com o direito científico ou com os imperativos da consciência social, ou os princípios sistemáticos com a concepção da escola livre. Condena o extremismo dos positivistas em querer submeter os princípios gerais do direito à regra de que só poderão ter lugar depois de esgotados todos os recursos no sentido de extrair a norma positiva, e assim mesmo não se poderá contradizer as ideias fundamentais da lei, dos costumes ou da doutrina. Argumenta que o mais perigoso seria forçar o magistrado a obter do direito positivo uma solução que este não pode ter"*.[16]

Para a Ciência do Direito, os princípios se conceituam *"como proposições ideais que informam a compreensão do fenômeno jurídico. São diretrizes centrais que se inferem de um sistema jurídico e que, após inferidas, a ele se reportam, informando-o"*.[17]

Os princípios gerais de direito possuem uma natureza múltipla na medida em que são: (a) decorrentes das normas do ordenamento jurídico; (b) originários das ideias políticas e sociais vigentes em uma dada realidade, as quais influem na formação do

---

[14]   DINIZ, Maria Helena. Ob. cit., p. 459.

[15]   NASCIMENTO, Amauri Mascaro. Ob. cit., p. 200.

[16]   DINIZ, Maria Helena. Ob. cit., p. 459.

[17]   DELGADO, Mauricio Godinho. *Introdução ao direito do trabalho*, 2. ed., p. 143.

PARTE II · Cap. V – HERMENÊUTICA DO DIREITO PROCESSUAL DO TRABALHO | 57

direito positivo; (c) reconhecidos e acatados pelas nações civilizadas, representando um substrato social comum aos povos, em função de uma dada época histórica.

Na fase da criação da norma jurídica, os princípios[18] atuam como fontes materiais do Direito. As fontes materiais representam os fatores externos ao sistema jurídico, compreendendo os fatores históricos, sociais, econômicos, políticos, religiosos, morais etc. que provocam e condicionam a elaboração normativa.

Na fase da aplicação da norma jurídica, os princípios atuam:

a) como fator de interpretação, isto é, no fenômeno da compreensão da norma jurídica, propiciando *"uma leitura reveladora das orientações essenciais da ordem jurídica analisada. Os princípios informativos ou descritivos não atuam, pois, como fonte formal do direito, mas como instrumental de auxílio à interpretação jurídica"*;[19]

b) como fontes supletivas do direito, ou seja, quando se está diante de uma lacuna no sistema jurídico (o art. 4º, LINDB): *"Quando a lei for omissa, o juiz decidirá o caso de acordo com a analogia, os costumes e os princípios gerais de direito"*). Os princípios gerais de direito atuam como critério de integração do sistema jurídico: *"Como normas jurídicas em face de casos concretos não regidos por fonte normativa principal da ordem jurídica."*[20]

---

[18] A respeito dos significados dos termos "norma" e "princípio", Canotilho ensina que: "A teoria da metodologia jurídica tradional distinguia entre normas e princípios (*Norm-Prinzip, Principles--rules, Norm und Grundsatz*). Abandonar-se-á aqui essa distinção para, em sua substituição, se sugerir: (1) as regras e princípio são duas espécies de normas; (2) a distinção entre regras e princípios é uma distinção entre duas espécies de normas. [...] Saber como distinguir, no âmbito do superconceito norma, entre regras e princípios, é uma tarefa particularmente complexa. Vários são os critérios sugeridos. (a) Grau de abstracção: os princípios são normas com um grau de abstraccção relativamente elevado; de modo diverso, as regras possuem uma abstracção relativamente reduzida. (b) Grau de determinabilidade na aplicação do caso concreto: os princípios, por serem vagos e indeterminados, carecem de mediações concretizadoras (do legislador, do juiz), enquanto as regras são susceptíveis de aplicação directa. (c) Carácter de fundamentalidade no sistema das fontes de direito: os princípios são normas de natureza estruturante ou com um papel fundamental no ordenamento jurídico devido à sua posição hierárquica no sistema das fontes (ex.: princípios constitucionais) ou à sua importância estruturante dentro do sistema jurídico (ex.: princípio do Estado de Direito). (d) "Proximidade" da ideia de direito: os princípios são "standards" juridicamente vinculantes radicados nas exigências de "justiça" (Dworkin) ou na "ideia de direito" (Larenz); as regras podem ser normas vinculativas com um conteúdo meramente funcional. (e) Natureza normogenética: os princípios são fundamentos de regras, isto é, são normas que estão na base ou constituem a *ratio* de regras jurídicas, desempenhando, por isso, uma função normogenética fundamentante" (CANOTILHO, José Joaquim Gomes. *Direito constitucional e teoria da constituição*, 5. ed., p. 1144).

[19] DELGADO, Mauricio Godinho. Ob. cit., p. 145.

[20] DELGADO, Mauricio Godinho. Ob. cit., p. 145.

De forma explícita, como exemplos de princípios gerais de direito previstos na ordem jurídica nacional, têm-se: (a) o art. 3º, LINDB, dispõe: *"Ninguém se escusa de cumprir a lei, alegando que não a conhece"*; (b) o art. 112, CC: *"Nas declarações de vontade se atenderá mais à intenção nelas consubstanciada do que ao sentido literal da linguagem"*; (c) o art. 5º, II, CF: *"Ninguém será obrigado a fazer ou deixar de fazer alguma coisa senão em virtude de lei"* (princípio da legalidade).

Também há os princípios gerais de direito previstos de forma implícita: (a) ninguém pode transferir ou transmitir mais direitos do que tem; (b) a boa-fé se presume e a má-fé deve ser provada; (c) igualdade de direitos e deveres em face do ordenamento jurídico; (d) ninguém pode invocar a própria malícia; (e) a exigência da justa causa nos negócios jurídicos; (f) as obrigações contraídas devem ser cumpridas; (g) quem exercita o próprio direito não prejudica ninguém; (h) equilíbrio dos contratos; (i) autonomia da vontade e da liberdade de contratar; (j) a interpretação a ser seguida é aquela que se revelar menos onerosa para o devedor; (l) não se pode responsabilizar alguém mais de uma vez pelo mesmo fato; (m) nas relações sociais tutela-se a boa-fé e se reprime a má-fé.

5.3.3 Analogia

O direito romano declina: *Ubi eadem ratio ibi idem jus*, isto é, onde houver o mesmo fundamento haverá o mesmo direito, ou *Ubi eadem legis ratio ibi eadem dispositio*, onde impera a mesma razão deve prevalecer a mesma decisão.

Analogia é o processo lógico por meio do qual o aplicador da lei adapta, a um caso concreto não previsto pelo legislador, norma jurídica que tenha o mesmo fundamento.

A analogia não é critério de interpretação e sim de integração da norma jurídica, pois o seu objetivo básico é suprir a existência de lacunas.

Dois elementos são imperiosos na utilização da analogia: (a) a disposição legal invocada deve ser suscetível de extensão; (b) o caso omisso deve guardar paridade com as razões que governam as disposições da hipótese prevista expressamente na norma jurídica. Em função desses dois elementos é que não se pode confundir a analogia com a interpretação extensiva.

Interpretação extensiva é a técnica que estende o alcance da norma jurídica aos fatos que o legislador previu, porém, não incluiu de forma expressa em seu corpo. Já a analogia tem como pressuposto a omissão involuntária do legislador.

Existem partes do ordenamento jurídico nas quais não é possível a aplicação da analogia de forma incontestável. É o caso das leis penais. Aplica-se a analogia somente para favorecer a lei, jamais para agravar a pena. É a analogia *in bonam partem*. Não há lacunas na lei penal, pois não há crime sem lei anterior que o defina. Toda conduta humana, para ser considerada criminosa, há de estar tipificada na lei penal.

Há dois tipos de analogia: (a) *legis*, existe um preceito legal que se aplica a caso semelhante (*ubi eadem ratio ibi idem jus*); (b) *juris*, há a necessidade do exame do conjunto de normas e princípios que regem o sistema jurídico, para a extração de elementos que possibilitem sua aplicação ao caso concreto não regulado pelo ordenamento.

5.4 A QUESTÃO DA APLICAÇÃO DAS NORMAS JURÍDICAS

A expressão "aplicação do direito" denota o processo de incidência da norma jurídica abstrata sobre o caso concreto (subsunção da norma ao caso concreto). Após a constatação do fato em face da realidade social, o operador do Direito passa a efetuar a sua apreciação de acordo com as normas e princípios inseridos na ordem jurídica.

Mauricio Godinho Delgado[21] ensina que *"a dinâmica da aplicação jurídica implica, desse modo, uma 'passagem do plano abstrato ao plano do concreto, do plano geral ao plano particular, o que traduz uma operação de dedução'. O instrumental para efetuação desse processo de aplicação do direito concentra-se, fundamentalmente, em um silogismo, mediante o qual a norma jurídica emerge como premissa maior, o fato, como premissa menor, e a sentença, como conclusão. Essa conhecida operação silogística não esgota, contudo, integralmente, o processo de aplicação da norma jurídica. Na verdade, esse processo, do ponto de vista de sua dinâmica interna, enuncia-se como a combinação equilibrada do mencionado silogismo abstrato com uma vontade concreta permeada por uma necessária sensibilidade jurídico-social. Na precisa fusão dessas equações é que se encontra a chave da função primordial desempenhada pelo juiz"*.

No estudo da aplicação das normas jurídicas, a doutrina aponta quatro critérios: (a) aplicação no tempo; (b) aplicação no espaço; (c) aplicação territorial; (d) pessoas a quem se destinam às normas trabalhistas (destinatários).

5.4.1 As Normas Processuais no Tempo

5.4.1.1 A Questão da Vigência da Norma Processual

Como a lei é uma criação humana, está sujeita a um princípio e a um fim, ou seja, possui um período de vigência até o momento de sua expiração.

Em linhas gerais, as leis processuais observam as regras comuns previstas na Lei de Introdução às normas do Direito Brasileiro (Dec.-lei 4.567/42).

As leis, exceto disposição contrária, começam a vigorar em todo o país em 45 dias – depois de oficialmente publicadas (art. 1º, *caput*, LINDB). Nos Estados estrangeiros, a obrigatoriedade da lei brasileira, quando admitida, se inicia três meses depois de oficialmente publicada (art. 1º, § 1º). A vigência das leis, que os governos estaduais elaborem por autorização do Governo Federal, depende da aprovação deste e começará no prazo que a legislação estadual fixar (art. 1º, § 2º). Se, antes de entrar a lei em vigor, ocorrer nova publicação de seu texto, destinada à correção, o prazo deste artigo e dos parágrafos anteriores começará a correr da nova publicação (art. 1º, § 3º). As correções a texto de lei já em vigor consideram-se lei nova (art. 1º, § 4º).

---

[21] DELGADO, Mauricio Godinho. Ob. cit., p. 195.

A obrigatoriedade da lei não se inicia com o dia da publicação, salvo disposição em contrário. O tempo entre a publicação e a vigência da lei denomina-se *vacatio legis*, o qual visa propiciar a melhor divulgação das leis.

A publicação é fator primordial na obrigatoriedade da lei, pois ninguém poderá recusar o cumprimento desta alegando o seu desconhecimento (art. 3º). Ninguém pode alegar a ignorância da lei para se eximir de seu cumprimento. A doutrina e a jurisprudência têm atenuado a aplicação dessa regra, já que o seu conteúdo é mais uma ficção do que uma realidade concreta.

As normas jurídicas têm vigência temporária quando: (a) o legislador fixa o prazo de sua duração; (b) os seus efeitos estão subordinados a um determinado fato.

Por outro lado, a norma jurídica pode ter vigência para o futuro, sem a fixação de prazo determinado, ou seja, não se destinando à vigência temporária, a lei terá vigor até que outra a modifique ou revogue (art. 2º, *caput*).

As normas só podem ser *"revogadas por outras de hierarquia igual ou superior. Revogar é tornar sem efeito uma norma, retirando sua obrigatoriedade. A revogação é gênero, que contém duas espécies. A ab-rogação, supressão total da norma anterior; e a derrogação, que torna sem efeito uma parte da normal. Logo, se derrogada, a norma não sai da circulação jurídica, pois somente os dispositivos atingidos é que perdem a obrigatoriedade".*[22]

Pela LINDB, a revogação é expressa ou tácita.[23] A expressa ocorre quando a nova lei declara expressamente a revogação da lei anterior. A tácita se dá quando a lei nova é incompatível com a lei anterior ou quando regule inteiramente a matéria prevista na lei anterior (art. 2º, § 1º).

A lei nova que estabeleça disposições gerais ou especiais a par das já existentes não modifica a lei anterior (art. 2º, § 2º).

E, por fim, temos o que se denomina de efeito repristinatório: salvo disposição em contrário, a lei revogada não se restaura por ter a lei revogadora perdido a vigência (art. 2º, § 3º).

5.4.1.2 A Irretroatividade da Norma Jurídica

Após a publicação, observado eventual período de *vacatio legis*, a lei inicia a sua vigência, regulando fatos futuros e não pretéritos. O passado escapa ao teor da aplicação da lei nova.[24]

---

[22] DINIZ, Maria Helena. *Compêndio de introdução à ciência do direito*, 9. ed., p. 389.

[23] A cláusula da revogação deverá enumerar, expressamente, as leis ou disposições legais revogadas" (art. 9º, da LC 95/98).

[24] "O princípio informador em sede legislativa é o de que toda e qualquer lei prevê e provê para o futuro. A regra geral é de que a lei não retroage para alcançar atos que já tenham produzido seus efeitos. A retroatividade deve constituir exceção e só será válida quando constar expressamente da lei e com objetivo definido" (OLIVEIRA, Francisco Antonio de. Do direito intertemporal – das leis processuais no tempo e no espaço – breve enfoque, *Revista LTr* 69, v. 12, p. 1424).

PARTE II • Cap. V – HERMENÊUTICA DO DIREITO PROCESSUAL DO TRABALHO | 61

Essa sistematização tem o escopo básico de se evitar situações de insegurança nas relações sociais.

Sem o princípio da irretroatividade,[25] *"inexistiria qualquer segurança nas transações, a liberdade civil seria um mito, a estabilidade patrimonial desapareceria e a solidez dos negócios estaria sacrificada, para dar lugar a ambiente de apreensões e incertezas, impregnado de intranquilidade e altamente nocivo aos superiores interesses do indivíduo e da sociedade. Seria negação do próprio direito, cuja específica função, no dizer de Ruggiero-Maroi, é tutela e garantia".*[26]

Como exceção, a lei nova pode atingir fatos pretéritos ou regular as consequências jurídicas de fatos efetuados sob a égide da lei anterior. Esse fenômeno é o que denomina da retroatividade das leis (art. 5º, XXXVI, CF; art. 6º, *caput*, LINDB).

Quando se verifica a retroatividade da lei, hão de ser respeitados alguns postulados fundamentos do Direito:

a) ato jurídico perfeito e acabado – os atos jurídicos implicam a criação, modificação e extinção de relações jurídicas. O ato é perfeito e acabado quando a sua constituição reputa-se consumada segundo os critérios legais vigentes à época da própria consumação. Lei nova não pode atingir atos consumados sob o império da lei anterior (art. 6º, § 1º);

b) direito adquirido – (1) o direito incorporado ao patrimônio de seu titular. Como já se tem o exercício desse direito, a lei nova não poderá atingi-lo; (2) o direito futuro, cujo começo do exercício tenha termo pré-fixo, ou condição preestabelecida inalterável, a arbítrio de outrem. Há situações em que o direito é exercido na vigência de

---

[25] "A lei não é retroativa. Mas esta máxima deve combinar-se com a da aplicação imediata da lei, coisa perfeitamente normal. Diz com razão Roubier que o fundamento da ciência dos conflitos das leis no tempo é a distinção entre o efeito retroativo e o efeito imediato da lei. O efeito retroativo é a aplicação da lei no passado; o efeito imediato, a aplicação no presente. Quando se afirma que a lei 'não é retroativa' deve entender-se com isto que ela não se aplica às controvérsias concernentes às situações jurídicas definitivamente constituídas antes de sua entrada em vigor e, também dentro de certos limites, aos fatos verificados posteriormente, quando sejam as consequências de fatos anteriores. [...] A teoria preferível – ensina Coviello – é a seguinte: a norma legal não pode obrigar antes de existir; por isso, é lógico e justo que não se estenda sua eficácia aos fatos ocorridos antes de sua vigência. Tais são o fundamento e o conteúdo da máxima da não retroatividade. Mas retroatividade existe não apenas quando a lei nova desconhece as consequências já realizadas do fato ocorrido, isto é, quando destrói as vantagens já nascidas, como, também, quando impede uma consequência futura de um fato consumado, por uma razão relativa unicamente a este fato. Se. No primeiro caso, há retroatividade, porque a lei age diretamente sobre o fato passado, também existe no segundo, em que a lei, se bem de modo mediato, age, igualmente, sobre o fato passado, inutilizando suas consequências. Quando, pelo contrário, a lei nova regula as consequências de um fato passado, verificadas sob seu império, mas consideradas em si mesmas, e não por motivo relativo àquele fato, que fica assim, intocado, não há retroatividade, mas aplicação imediata da lei" (MARANHÃO, Délio; SÜSSEKIND, Arnaldo; VIANNA, Segadas; TEIXEIRA FILHO, João de Lima. *Instituições de direito do trabalho*, v. 1, 19. ed., p. 175).

[26] MONTEIRO, Washington de Barros. *Curso de direito civil*, v. 1, 33. ed., p. 31.

uma nova lei, contudo, como houve o implemento dos requisitos da lei revogada, as novas disposições legais não poderão alterar citado direito (art. 6º, § 2º);

c) coisa julgada – denomina-se coisa julgada material a autoridade que torna imutável e indiscutível a decisão de mérito não mais sujeita a recurso (art. 502, CPC; art. 6º, § 3º, LINDB).

5.4.2 A Norma Processual no Tempo

Como as normas jurídicas em geral, as leis processuais se transformam no tempo.

Para justificar a aplicação das normas processuais no tempo, a doutrina desenvolveu três sistemas, a saber:

a) da unidade processual – o processo é um complexo de atos que interagem no tempo, formando uma unidade (um só corpo), na medida em que se subordinam a um fim, ou seja, a decisão. Como unidade, deverá ser disciplinado por uma única lei. Se houver uma nova lei, ao longo da tramitação processual, em respeito ao princípio da irretroatividade, há de ser aplicada à lei antiga;

b) das fases processuais – o processo, embora seja uma unidade (um só corpo), encontra-se dividido em fases autônomas (postulatória, instrutória, decisória e recursal), as quais, de acordo com a autonomia, podem ser disciplinadas por leis diferentes. Sobrevindo uma nova lei, esta não disciplinaria a fase não encerrada, que continuaria sendo regida pela lei anterior;

c) do isolamento dos atos processuais – o terceiro sistema analisa o processo como uma unidade, contudo, composto por um conjunto de atos, os quais devem ser vistos de forma isolada, para os efeitos da aplicação da lei nova. A lei nova, quando encontra o processo em andamento, deverá respeitar a eficácia dos atos praticados na vigência da lei anterior, respeitando-se o princípio da irretroatividade, isto é, a coisa julgada, o ato jurídico-processual perfeito e os direitos adquiridos incorporados ao patrimônio dos sujeitos do processo. Assim dispõe o Código de Processo Civil: ao entrar em vigor, suas disposições aplicar-se-ão aos processos pendentes (art. 1.046, CPC).[27] Nos processos trabalhistas, os dis-

---

[27] O NCPC (art. 14) determina que a norma processual não retroaja, sendo aplicável imediatamente aos processos em curso, respeitados os atos processuais praticados e as situações jurídicas consolidadas sob a vigência da norma revogada. Por sua vez, o art. 1.046 assevera que: (a) as disposições do NCPC são aplicáveis aos processos pendentes, ficando revogado o CPC/73 (Lei 5.869/73); (b) as regras do CPC/73 relativas ao procedimento sumário e aos procedimentos especiais, que forem revogadas, serão observadas até o início da vigência do NCPC, desde que ainda não tenham sido sentenciados; (c) permanecem em vigência as disposições especiais dos procedimentos regulados em outras leis, aos quais se aplicará supletivamente o NCPC; (d) os processos mencionados (art. 1.218, CPC/73), cujo procedimento ainda não tenha sido incorporado por lei, ficam submetidos ao procedimento comum previsto no NCPC; (e) as remissões a disposições do CPC/73, existentes em outras leis, passam a referir-se às que lhes são correspondentes no NCPC; (f) a primeira lista de

PARTE II · Cap. V – HERMENÊUTICA DO DIREITO PROCESSUAL DO TRABALHO | 63

positivos de caráter imperativo terão aplicação imediata às relações iniciadas, mas não consumadas, antes da vigência da CLT (art. 912).

Como corolário dessas normas jurídicas, devemos concluir, a título exemplificativo, que:

a) as provas serão coletadas de acordo com a lei vigente à época de sua produção;

b) se o recurso não foi interposto, deverá observar a lei nova. Já interposto, a solução será pela observância da lei anterior. Claro está que nos *"atos futuros, de procedimento recursal, ainda não praticados, mesmo nos recursos interpostos segundo o quadro recursal da lei velha, obedecerão à nova lei. O princípio, portanto, é o mesmo. Os atos não praticados o serão de acordo com os critérios que passaram a vigorar. Se muda a lei no prazo de interposição, quanto ao prazo, se aumentado, beneficiará o recorrente. Se reduzido, é preciso distinguir. Antes da intimação o prazo será o da lei nova. Depois da intimação o prazo será o da lei mais benéfica, que é a antiga. Ressalte-se, outra vez, que essas regras são doutrinárias, propostas à falta de normas específicas".*[28]

Humberto Theodoro Júnior[29] afirma que a lei processual também *"respeita o direito adquirido, o ato jurídico perfeito e a coisa julgada (Constituição Federal, art. 5º, inc. XXXVI, e Lei de Introdução, art. 6º).*

E mesmo quando a lei nova atinge um processo em andamento, nenhum efeito tem sobre os fatos ou atos ocorridos sob o império da lei revogada. Alcança o processo no estado em que se achava no momento de sua entrada em vigor, mas respeita os efeitos dos atos já praticados, que continuam regulados pela lei do tempo em que foram consumados. Se, por exemplo, a lei nova não mais considera título executivo um determinado documento particular, mas se a execução já havia sido proposta ao tempo da lei anterior, a execução forçada terá prosseguimento normal sob o império ainda da norma revogada.

Em suma: as leis processuais são de efeito imediato diante dos feitos pendentes, mas não são retroativas, pois só os atos posteriores à sua entrada em vigor é que se regularão por seus preceitos. Tempus regit actum.

Deve-se, pois, distinguir, para aplicação da lei processual nova, quanto aos processos: 1) exauridos: nenhuma influência sofrem; 2) pendentes: são atingidos, mas ficando respeitado o efeito dos atos já praticados; 3) futuros: seguem totalmente a lei nova".

A IN 41, de 21/6/2018, TST, dispõe a respeito da aplicação das normas processuais da CLT, as quais foram alteradas pela Reforma Trabalhista (Lei 13.467/2017), indicando, por regra geral, que as novas disposições devem ser aplicadas a partir de 11 de novembro de 2017, de forma imediata, sem atingir, no entanto, situações pretéritas iniciadas ou consolidadas após a égide da lei revogada (art. 1º).

---

processos para julgamento em ordem cronológica deverá observar a antiguidade da distribuição entre os já conclusos na data da entrada em vigor do NCPC.

[28] NASCIMENTO, Amauri Mascaro. *Curso de direito processual do trabalho,* 20. ed., p. 94.

[29] THEODORO JÚNIOR, Humberto. *Curso de direito processual civil,* v. 1, 25. ed., p. 22.

5.4.2.1 A Eficácia da EC 45/04 no Tempo

Pelo teor da EC 45/04 houve uma ampliação significativa da competência da Justiça do Trabalho.

Em função deste contexto, será que a EC 45 aplica-se aos processos que estão tramitando na Justiça Comum ou na Justiça Federal, nos quais se discute matéria cuja competência tenha sido atribuída à Justiça do Trabalho?

Deve ser ressaltado que a EC 45 não previu em seu bojo nenhuma norma de direito intertemporal para dirimir as questões relativas aos atos processuais e a alteração da competência da Justiça do Trabalho, como ocorreu, por exemplo, com o art. 27, § 10, ADCT (CF/88).

Como lei nova, a EC 45, quando encontra o processo em andamento, deve respeitar a eficácia dos atos praticados na vigência da lei anterior, respeitando, assim, o princípio da irretroatividade.

Vale dizer, a EC 45 não poderá retroagir para: (a) prejudicar o ato processual realizado. Por exemplo: a nova competência da Justiça do Trabalho não anula as decisões prolatadas pela Justiça Comum; (b) impedir o direito da parte de praticar o ato processual iniciado na vigência da lei revogada e que ainda se encontra pendente de realização. A título exemplificativo, a recorribilidade regula-se pela lei do tempo em que a decisão foi publicada. Se no curso do prazo, altera-se a lei, haverá de ser aplicada à lei revogada.

O STF, ao julgar o CC 7.204-1/MG, Rel. Min. Carlos Britto, assim decidiu: *"A nova orientação alcança os processos em trâmite pela Justiça comum estadual, desde que pendentes de julgamento de mérito. É dizer: as ações que tramitam perante a Justiça comum dos Estados, com sentença de mérito anterior à promulgação da EC 45/04, lá continuam até o trânsito em julgado e correspondente execução. Quanto àquelas cujo mérito ainda não foi apreciado, hão de ser remetidas à Justiça do Trabalho, no estado em que se encontram, com total aproveitamento dos atos praticados até então. A medida se impõe, em razão das características que distinguem a Justiça comum estadual e a Justiça do Trabalho, cujos sistemas recursais, órgãos e instâncias não guardam exata correlação."*

5.4.3 As Normas Processuais no Espaço

No espaço, a lei processual deverá observar as normas do lugar onde se exerce a jurisdição. A jurisdição é função estatal. O CPC é aplicável em todo o território nacional (art. 16, CPC). Isso também ocorre com as normas processuais trabalhistas (arts. 911 e 912, CLT). Portanto, as normas processuais ficam subordinadas ao princípio da territorialidade.[30]

---

[30] Na Teoria Geral do Direito, o princípio da territorialidade é "aquele segundo o qual a norma é aplicada no território do Estado (*leges non valent ultra territorium*), incluindo-se o ficto por ser havido como extensão do território nacional. A norma territorial é a aplicável apenas no território nacional, atendendo a interesses internos relativos à nação de origem, obrigando, exclusivamente, dentro do território." (DINIZ, Maria Helena. *Dicionário jurídico*, v. 3, p. 732).

Moacyr Amaral Santos[31] entende que a regra processual *"diz respeito a todas as pessoas que se encontram no território do Estado, sejam nacionais ou estrangeiras. A umas e outras se aplica a lex fori – a lei do lugar onde se move a ação – segundo a qual se estabelecem a competência e o processo. Na consonância do princípio da territorialidade, a ação, os pressupostos de admissibilidade, os meios de defesa, a produção de provas, a sentença e seus efeitos, os recursos e a execução da sentença se processam pela lei processual do lugar onde o órgão jurisdicional exerce a sua função [...]. Assim, são normas de direito interno as que regulam a aplicação e eficácia das leis processuais civis, mesmo quando disciplinam a jurisdição e a competência do juiz do Estado para conhecer, decidir e executar as causas em que estrangeiros sejam partes".*

5.4.3.1 A Competência Internacional no Direito Processual Civil

A jurisdição brasileira fica limitada ao território nacional. Contudo, é importante a seguinte ênfase: o Poder Jurisdicional, *"como um dos poderes do Estado, manifestação de soberania, é pleno e completo, mas não exclui a possibilidade de autolimitação, tornando-se aplicável somente a determinadas causas".*[32]

Há critérios na legislação processual civil brasileira para dirimir a questão da competência internacional, os quais se encontram nos arts. 21 a 25, CPC.

É competente a autoridade judiciária brasileira quando: (a) o réu, qualquer que seja a sua nacionalidade, estiver domiciliado no Brasil. Reputa-se domiciliada no Brasil a pessoa jurídica estrangeira que aqui tiver agência, filial ou sucursal; (b) no Brasil tiver de ser cumprida a obrigação; (c) o fundamento seja fato ocorrido ou ato praticado no Brasil (art. 21, I, III, parágrafo único, CPC).

Compete à autoridade judiciária brasileira, com exclusão de qualquer outra: (a) conhecer de ações relativas a imóveis situados no Brasil; (b) em matéria de sucessão hereditária, proceder à confirmação de testamento particular e ao inventário e à partilha de bens situados no Brasil, ainda que o autor da herança seja de nacionalidade estrangeira ou tenha domicílio fora do território nacional; (c) partilha de bens situados no Brasil, nas hipóteses de divórcio, separação judicial ou dissolução de união estável, ainda que o titular seja de nacionalidade estrangeira ou tenha domicílio fora do território nacional (art. 23, I a III, CPC).

Por regra, a ação proposta perante tribunal estrangeiro não induz litispendência e não obsta a que a autoridade judiciária brasileira conheça da mesma causa e das que lhe são conexas (art. 24, *caput*, CPC). Torna-se inegável a supremacia da competência internacional da jurisdição brasileira sobre a jurisdição de outro país. Contudo, há exceções: (a) o art. 24, *caput*, CPC, indica que poderá ocorrer exceções a essa regra (não ocorrência da supremacia da jurisdição brasileira), se houver disposições em contrário previstas em tratados internacionais e acordos bilaterais em vigor no Brasil; (b) a pendência de causa perante a jurisdição brasileira não impede a homologação de sentença

---

[31] SANTOS, Moacyr Amaral. *Primeiras linhas de direito processual civil*, v. 1, 9. ed., p. 35.

[32] GRECO FILHO, Vicente. *Direito processual civil*, v. 1, 12. ed., p. 174.

judicial estrangeira quando exigida para produzir efeitos no Brasil (art. 24, parágrafo único); (c) não é da competência da autoridade judiciária brasileira o processamento e o julgamento da ação, quando houver cláusula de eleição de foro exclusivo estrangeiro em contrato internacional, arguida pelo réu na contestação (art. 25, *caput*). Esta exceção não se aplica às hipóteses de competência internacional exclusiva da jurisdição nacional (as previstas no art. 23) (art. 25, § 1º).

A sentença proferida por tribunal estrangeiro não terá eficácia no Brasil senão depois de homologada pelo STJ (art. 105, I, *i*, CF). A homologação obedecerá ao que dispuserem os tratados em vigor no Brasil e o regimento interno desse órgão (art. 960, § 2º, CPC). Trata-se do juízo de delibação, ou seja, *"uma modalidade de exequatur, em que o Tribunal, em cuja jurisdição a sentença deve ser executada, certifica que sentença proferida aliunde atende a certos requisitos legais, imprimindo valor formal de ato de soberania estatal ao conteúdo do ato jurisdicional estrangeiro".*[33]

5.4.3.2 A Competência Internacional no Direito Processual do Trabalho

A competência territorial é fixada pelo local da prestação de serviços. Essa é a regra básica e que está inserida no art. 651, *caput*, CLT.

A competência das varas do trabalho estende-se aos dissídios ocorridos em agência ou filial no estrangeiro, desde que o empregado seja brasileiro e não se tenha convenção internacional dispondo em contrário (art. 651, § 2º).

Se o empregado for trabalhar no estrangeiro, a ação deverá ser ajuizada perante a Vara onde o empregador tenha sede no Brasil, ou onde o trabalhador tenha sido contratado antes da sua ida para o exterior.

À margem de tudo isso, recorde-se que o Código de Bustamante prevê a submissão voluntária dos litigantes à Justiça de qualquer país, desde que uma das partes seja nacional ou nele domiciliada (art. 318), o mesmo acontecendo quanto à jurisdição voluntária".

Na opinião de Valentin Carrion,[34] a *"competência da Justiça brasileira ainda está fixada pela CLT, art. 651, § 2º, quanto 'aos dissídios ocorridos em agência ou filial no estrangeiro, desde que o empregado seja brasileiro e não haja convenção internacional dispondo em contrário'. O texto deve ser entendido como visando aos 'litígios decorrentes da prestação de trabalho no estrangeiro' subordinados à 'agência ou filial' no exterior. A impropriedade da expressão 'em agência ou filial', em vez de 'subordinado a', é evidente".*

Valentin Carrion acentua a necessidade de ressalvas quando se faz alusão a *empregado brasileiro* no art. 651, § 2º. Deveria ser utilizado: *domiciliado no Brasil*. Com isso, a regra torna-se aplicável aos nacionais, bem como aos estrangeiros, os quais adotam o Brasil com ânimo definitivo.[35]

---

[33] DINIZ, Maria Helena. Ob. cit., v. 3, p. 13.

[34] CARRION, Valentin. *Comentários à Consolidação das Leis do Trabalho*, 28. ed., p. 493.

[35] No AIRR 842.16.2013.5.10.0003, a 2ª Turma do TST deliberou que o art. 651, § 2º, CLT não pode ter uma aplicação discriminatória, logo, deve ser aplicável não só ao empregado brasileiro como

PARTE II · Cap. V – HERMENÊUTICA DO DIREITO PROCESSUAL DO TRABALHO | 67

Por outro lado, será que qualquer brasileiro, o qual trabalhe no exterior, para qualquer empresa, terá direito à jurisdição nacional? Em outras palavras, será que é necessário que a empresa tenha domicílio, sede ou filial no Brasil?

Valentin Carrion,[36] adotando a opinião de Arnaldo Süssekind, salienta *"estar implícito no dispositivo legal que a empresa tenha domicílio no Brasil [...]. Deduzimos no sentido amplo de domicílio: qualquer agência, filial ou sucursal aberta ou instalada no Brasil, como indica o CPC, e não apenas matriz da empresa, como alguém já disse"*.

É importante salientar: o art. 651, § 2º, CLT, não obriga o empregado, o qual reside e trabalha no exterior, a ajuizar a demanda trabalhista no Brasil.

Para o TST, as organizações ou organismos internacionais gozam de imunidade absoluta de jurisdição quando amparados por norma internacional incorporada ao ordenamento jurídico brasileiro, não se lhes aplicando a regra do Direito Consuetudinário relativa à natureza dos atos praticados. Excepcionalmente, prevalecerá a jurisdição brasileira na hipótese de renúncia expressa à cláusula de imunidade jurisdicional (OJ 416).

5.4.3.3 A Aplicação Espacial e o Direito do Trabalho

Em matéria trabalhista, prevalece o princípio da territorialidade. Isso significa que, dentro do território nacional, as relações de trabalho, tanto de nacionais como de estrangeiros, são regidas pela mesma lei. Tal imposição decorre da soberania que possui o Estado Brasileiro em relação ao seu território; logo, todos se sujeitam ao mesmo poder normativo, não havendo distinção entre nacionais ou estrangeiros.[37]

Há questões atinentes a aplicação da lei trabalhista no espaço, isto é, a respeito da vigência da lei trabalhista de um país fora de seu território. Por exemplo, é o caso de um trabalhador brasileiro, contratado no Brasil e cuja execução do contrato ocorrerá no território de um outro país.

O art. 9º da LINDB determina a observância da lei do lugar onde o negócio jurídico foi realizado, como forma de qualificação e regência das obrigações.[38]

---

ao estrangeiro. Isso significa que o empregado estrangeiro, o qual tenha laborado no exterior, poderá ajuizar a sua ação no Brasil.

[36] CARRION, Valentin. Ob. cit., p. 494.

[37] Há exceções, como o Decreto-lei 691/69, que regula o trabalho de técnico estrangeiro, com estipulação de pagamento de salários em moeda estrangeira, que podem existir para estrangeiros.

[38] "Vemos, assim, que a Lei de Introdução ao Código Civil privilegia basicamente o princípio *lex loci contractus*, quer dizer, a prevalência da lei do lugar onde o negócio jurídico foi realizado, para qualificação e regência das obrigações. No entanto, tal princípio não pode ser utilizado nas relações laborais, pois que prejudicial ao trabalhador. Ora, imagine apenas que um trabalhador seja contratado num País de pouca proteção às relações do trabalho, e venha laborar no Brasil. Quer dizer que aqui estaria o mesmo desprotegido, em situação de desvantagem, além de discriminado em relação aos demais trabalhadores nacionais" (ZANGRANDO, Carlos. *Curso de direito do trabalho*, t. 1, p. 358).

Pode-se pensar que seja aplicável à lei trabalhista brasileira, contudo, em sede de direito do trabalho, não é aplicável o princípio *lex loci contractus* e sim o princípio da lei do local da prestação dos serviços (*lex loci executionis*).

Para Wilson Campos Batalha,[39] *"o contrato de trabalho rege-se, como os demais, pela lei do lugar em que foi celebrado; ocorre, porém, que sendo quase todo o direito do trabalho constituído de normas imperativas de ordem pública, forçosa será a aplicação da* lex loci executionis *como um mínimo de garantias e benefícios assegurados ao trabalhador."*

O art. 198 do Código de Bustamante[40] declina que é territorial a legislação sobre acidentes do trabalho e proteção social do trabalhador. Trata-se da adoção da lei do local da prestação dos serviços (*lex loci executionis* ou *lex loci laboris*).[41]

O TST adotava esse critério, consoante o teor da Súm. 207 (cancelada pela Res. 181/2012), *in verbis*: "*A relação jurídica trabalhista é regida pelas leis vigentes no país da prestação do serviço e não por aquelas do local da contratação.*"[42]

A lei nacional não atinge trabalhadores que prestam serviços em outros países. Desse modo, um nacional que pretenda residir ou trabalhar fora do país terá suas relações trabalhistas reguladas pelas leis do país onde estiver, não podendo invocar a legislação obreira nacional, posto que essa não vigora em território estrangeiro.

Há situações em que o princípio geral da *lex loci executionis* não consegue solucionar, satisfatoriamente, todos os problemas decorrentes do conflito de normas trabalhistas no espaço.

5.4.3.3.1 Trabalhador Brasileiro Contratado para Laborar no Exterior

A contratação ocorreu no Brasil e aqui o trabalhador prestou serviços. Posteriormente houve a sua transferência (expatriação) para uma outra localidade, por exemplo, a Alemanha.

---

[39] BATALHA, Wilson de Souza Campos. *Tratado elementar de direito internacional privado*, v. 2, p. 168.

[40] O Código de Bustamante foi ratificado e promulgado pelo Brasil por intermédio do Decreto 18.871, de 13/8/1929.

[41] "Há vários elementos de conexão que podem ser observados para a solução do conflito trabalhista no espaço. Entre eles podem ser destacados: lei do local da prestação de serviços, lei do local da contratação, nacionalidade, norma mais benéfica. O critério mais aceito pelas legislações é o da lei da execução do contrato de trabalho (*lex loci laboris* ou *lex loci executionis*). Importa, segundo esse critério, onde o empregado efetivamente presta serviços, sendo-lhe aplicável a respectiva lei do local" (MARTINS, Sergio Pinto. Os conflitos de leis trabalhistas no espaço e a circulação dos trabalhadores, *Suplemento de Legislação, Jurisprudência e Doutrina do Informativo IOB*, nº 11/2003, p. 3). A ordem jurídica nacional (Lei de Introdução às normas do Direito Brasileiro) aponta vários elementos de conexão: (a) domicílio das partes no negócio jurídico; (b) nacionalidade das partes; (c) residência das partes; (d) o lugar do nascimento ou falecimento da pessoa; (e) o local da constituição da pessoa jurídica; (f) o local da situação do bem; (g) o local da constituição ou execução da obrigação; (h) o local em que encontre o proponente do contrato; (i) o local da prática do ato ilícito.

[42] TRT – 3ª R. – RO 1038/2009-033-03-00.0 – Rel. Anemar Pereira Amaral – *DJe* 14/6/2010 – p. 194; TST – 6ª T. – AIRR 2812/2002-016-02-40.9 – Rel. Min. Horácio Senna Pires – *DJU* 6/6/2008; TST – 4ª T. – AIRR 17557/2002-900-01-00.8 – Relª Maria Doralice Novaes – *DJU* 27/4/2007.

PARTE II · Cap. V – HERMENÊUTICA DO DIREITO PROCESSUAL DO TRABALHO | 69

Qual será a legislação aplicável? A lei brasileira ou a lei alemã?

Na ordem jurídica nacional, a Lei 7.064/82 regula a situação de trabalhadores brasileiros no exterior (art. 1º, *caput*, alterado pela Lei 11.962/09).

Fica excluído do regime da Lei 7.064 o empregado designado para prestar serviços de natureza transitória, por período não superior ao prazo de 90 dias, desde que: (a) tenha ciência expressa dessa transitoriedade; (b) receba, além da passagem de ida e volta, as diárias durante o período de trabalho no exterior, as quais, seja qual for o respectivo valor, não terão natureza salarial.

Para os efeitos da Lei 7.064, considera-se transferido o empregado: (a) removido para o exterior, cujo contrato estava sendo executado no território brasileiro; (b) cedido a empresa sediada no estrangeiro, para trabalhar no exterior, desde que mantido o vínculo trabalhista com o empregador brasileiro; (c) contratado por empresa sediada no Brasil para trabalhar a seu serviço no exterior.

A empresa responsável pelo contrato de trabalho do empregado transferido, independentemente da observância da legislação do local da execução dos serviços, deverá assegurar: (a) os direitos previstos na Lei 7.064; (b) a aplicação da legislação brasileira de proteção ao trabalho, naquilo que não for incompatível com a Lei 7.064, quando mais favorável do que a legislação territorial, no conjunto de normas em relação a cada matéria (art. 3º, I e II).

Os direitos previstos na Lei 7.064 são: (a) filiação ao Regime Geral de Previdência Social, com a manutenção da condição de segurado, inclusive, computando-se o período no exterior para todos os fins previdenciários; (b) depósitos fundiários; (c) inscrição no PIS/PASEP; (d) gozo de férias do trabalhador no Brasil, acompanhado de seus familiares, com custeio da viagem pelo empregador, após dois anos de estadia no estrangeiro; (e) contrato de seguro de vida e acidentes pessoais, a ser pago pela empresa, em valor superior a 12 vezes o valor da remuneração mensal do trabalhador; (f) serviços gratuitos de assistência médica e social, próximos ao local de trabalho, devidamente custeados pelo empregador; (g) retorno ao Brasil, após o término da transferência, totalmente custeado pela empresa, exceto se o motivo da dispensa for decorrente de justa causa.

Por tais dispositivos, ao trabalhador, nacional ou estrangeiro, contratado no Brasil, e transferido para o exterior, aplica-se à lei brasileira quando mais favorável do que a legislação do local da prestação de serviços e em relação a cada matéria.

Sobre o tema, Carlos Zangrando[43] afirma: *"Tratando-se de contratação de empregado no Brasil para trabalhar no exterior, existe norma específica para regular as relações jurídicas daí advindas (Lei n. 7.064/82), na qual se determina a aplicação da lei brasileira, quando mais favorável (art. 3º), sempre que o trabalhador seja (art. 2º): (a) removido para o exterior, cujo contrato estava sendo executado no território brasileiro; (b) cedido à empresa sediada no estrangeiro, para trabalhar no exterior, desde que mantido o vínculo trabalhista com o empregador brasileiro; (c) contratado por empresa sediada no Brasil para trabalhar a seu serviço no exterior. Nesse contexto, a norma mais benéfica deve ser*

---

[43] ZANGRANDO, Carlos. Ob. cit., t. 1, p. 359.

examinada pelo confronto de cada matéria, não pela comparação de preceitos isolados ou pelo cotejo global de toda a legislação aplicável. Isso se deve ao fato de que o sentido exato das normas jurídicas não é apurado quando da sua relação com outras normas que digam respeito à mesma matéria. Portanto, rege-se pela Lei n. 7.064/82 o contrato de trabalho de empregado admitido no Brasil para prestar serviço no exterior. A Súmula n. 207 do TST, ao consagrar o princípio da lex loci laboris, concerne à situação em que o trabalhador é contratado no exterior para prestar serviço no exterior."

Já Mauricio Godinho Delgado[44] leciona: *"A Lei nº 7.064, de 1982, aplica-se, como visto, às transferências externas produzidas por empresas prestadoras de serviços de engenharia, consultoria, projetos e obras, montagens, gerenciamento e congêneres. É possível falar-se, entretanto, na aplicação analógica do referido diploma a remoções implementadas pelos demais empregadores situados no Brasil? A resposta a tal indagação deve ser positiva, ainda que sem abrangência a todos os preceitos componentes da Lei 7.064/82."*

Para Alice Monteiro[45], *"A Lei nº 7.064, de 1982, dispõe sobre a situação de trabalha-dores contratados ou transferidos para prestar serviços no exterior por prazo superior a 90 dias. É aplicável a legislação brasileira, se mais favorável do que a legislação territorial, no conjunto, em relação a cada matéria."*

5.4.3.3.2 Contratação de Trabalhador Brasileiro por Empresa Estrangeira, sem Filial ou Agência no Brasil, para o Trabalho no Exterior

A contratação de trabalhador brasileiro por empresa estrangeira, para o trabalho no exterior, necessita de prévia autorização do Ministério do Trabalho (art. 12, Lei 7.064). A autorização somente será concedida à empresa de cujo capital participe, em pelo menos 5%, pessoa jurídica domiciliada no Brasil (art. 13).

Além da observância da legislação (trabalhista e previdenciária do local da prestação dos serviços), são assegurados ao trabalhador brasileiro outros direitos (art. 14):

a) correrão obrigatoriamente por conta da empresa estrangeira as despesas de via-gem de ida e volta do trabalhador ao exterior, inclusive a dos dependentes com ele residente (art. 15);

b) a permanência do trabalhador no exterior não poderá ser ajustada por período superior a três anos, salvo quando for assegurado a ele e a seus dependentes o direito de gozar férias anuais no Brasil, com despesas de viagem pagas pela empresa estrangeira (art. 16);

c) a empresa estrangeira assegurará o retorno definitivo do trabalhador ao Brasil quando: (1) houver terminado o prazo de duração do contrato, ou for o mesmo rescindido; (2) por motivo de saúde do trabalhador, devidamente comprovado por laudo médico oficial que o recomende.

---

[44] DELGADO, Mauricio Godinho. *Curso de direito do trabalho,* 5. ed., p. 1.048.

[45] BARROS, Alice Monteiro de. *Curso de direito do trabalho,* p. 160.

5.4.3.3.3 Empregado de Empresa Brasileira que Fiscaliza Trabalhos Executados em Diversos Países

O art. 75, IV, CC, determina que o domicílio das pessoas jurídicas é o local onde funcionarem as respectivas diretorias e administrações, ou onde elegerem domicílio especial no seu estatuto ou atos constitutivos. O domicílio do empregador no Brasil é o ponto de conexão. Portanto, para o empregado de empresa brasileira, que fiscaliza trabalhos executados em diversos países, aplica-se à lei brasileira.

5.4.3.3.4 Empregado de Empresa Brasileira que Executa Serviços Esporádicos no Exterior

Diante do trabalho esporádico no exterior, como não há residência ou domicílio específico no exterior, o ponto de conexão é o domicílio da empresa no Brasil. Aplica-se, portanto, ao empregado de empresa brasileira, que executa serviços esporádicos no exterior, a legislação brasileira (art. 75, IV, CC).

5.4.3.3.5 Trabalhador Estrangeiro Contratado no Brasil por Empresa Estrangeira para o Trabalho no Exterior

Para o trabalhador estrangeiro contratado no Brasil por empresa estrangeira e cujo trabalho será executado no exterior, aplica-se à lei do local da prestação dos serviços (art. 198, Código Bustamante).

5.4.3.3.6 Empregado Estrangeiro que vem Laborar Permanentemente no Brasil

Para o empregado estrangeiro, o qual venha a ser transferido de forma definitiva para o Brasil, como ponto de conexão, aplica-se a lei brasileira, diante do princípio da lei do local da prestação dos serviços (art. 198, Código de Bustamante).

5.4.3.3.7 Trabalhadores Fronteiriços

Do ponto de vista doutrinário, o trabalhador fronteiriço é aquele que reside em um determinado país, contudo, trabalha em outro país, estando em constantes deslocamentos periódicos, que podem ser diários, semanais ou mensais.

A Convenção Internacional sobre a Proteção de Todos os Trabalhadores Migrantes e seus Familiares, a qual foi firmada pela ONU em 1990 (não foi ratificada pelo Brasil), dispõe que trabalhador fronteiriço é o migrante que, exercendo atividade em um Estado, regresse diariamente ou pelo menos uma vez por semana ao Estado vizinho, onde tem residência habitual.

Para o trabalhador fronteiriço, se não houver tratado dispondo em contrário, aplica-se a legislação do trabalhador.

5.4.3.3.8 Trabalho Efetuado a Bordo de Embarcações e Aeronaves

Para os tripulantes de embarcações e aeronaves, por decorrência direta do Código de Bustamente (arts. 279 e 281), aplica-se a legislação do país onde o navio ou aeronave está matriculado. Trata-se da Lei do Pavilhão. Contudo, não se aplica a lei da bandeira quando:

a) a relação de emprego está estabelecida entre o tripulante e a empresa que explora a embarcação ou aeronave e não com o proprietário da embarcação ou da aeronave.[46] Outro elemento de conexão será escolhido: a lei da nacionalidade do tripulante ou a lei do domicílio do empregador;

b) é o caso de aeronaves ou navios matriculados em países que não adotam políticas adequadas de proteção ao trabalhador, como forma de fraudar os direitos trabalhistas dos tripulantes. Adota-se então, como forma de solução, *"as leis do ordenamento com o qual o contrato de trabalho possuir mais pontos de conexão seja pela nacionalidade do empregador, pela sua sede ou pelo local a que o empregado subordina-se, entre outros critérios"*.[47]

Em dezembro/2010, diante da fraude, o TST deliberou pela aplicação da lei brasileira (aplicação da teoria do centro de gravidade, ou seja, aplica-se a lei que tenha mais interatividade com as peculiaridades da relação jurídica material deduzida em juízo).[48] Também há decisões dos TRTs no sentido da aplicação da lei brasileira.[49]

QUESTIONÁRIO

1. O que é hermenêutica?

2. Quais são as técnicas de interpretação quanto ao resultado?

3. É possível a interpretação conforme a CF com redução de texto?

4. Como se dá a aplicação da norma processual no tempo? A norma processual pode ser retroativa? Há limites?

5. A norma processual trabalhista é aplicável a todo e qualquer conflito ocorrido no território nacional?

6. A Justiça do Trabalho é competente para todo e qualquer dissídio oriundo da prestação dos serviços no exterior, quando o empregado é brasileiro? Explique.

---

[46] "Em princípio, as relações de trabalho marítimas são regidas pela lei do pavilhão do navio. Não se trata, porém, de regra absoluta e pode sofrer mutações e limitações impostas pela lei do lugar da execução do contrato ou pela do lugar em que este foi concluído. Na verdade não deve aquele princípio se sobrepor, sempre, ao da territorialidade das leis de proteção ao trabalho, nem permitir sua utilização para encontrar o propósito de fraudar estar leis em detrimento do trabalhador nacional. Afinal, o empregador não é o navio e sim o armador, pessoa física ou jurídica" (MARANHÃO, Délio. *Direito do trabalho*, 8. ed., p. 26).

[47] Zangrando, Carlos. Ob. cit., t. 1, p. 363.

[48] TST – 7ª T. – AIRR 109240-45.2004.5.01.0481 – Rel. Min. Pedro Paulo Manus – *DEJT* 17/12/2010.

[49] TRT – 2ª R. – 8ª T. – RO 00021395220125020444 – Rel. Celso Ricardo Peel Furtado de Oliveira – j. 25/6/2014.TRT – 9ª R. – 2ª T. – RO 39224-2011-016-09-00-9 – Rel. Ana Carolina Zaina – *DEJT* 14/3/2014. TRT – 9ª R. – 4ª T. – RO 06873-2012-195-09-00-4 – Rel. Adilson Luiz Funez – *DEJT* 17/9/2013.TRT – 1ª R. – 2ª T. – RO 0001162-86.2012.5.01.0024 – Rel. José Geraldo da Fonseca – j. 8/10/2014.

Capítulo VI
PRINCÍPIOS E O DIREITO PROCESSUAL DO TRABALHO

6.1 A NOÇÃO DE PRINCÍPIO

De maneira geral, o termo "princípio" denota os juízos de valor presentes na consciência de pessoas e grupos sociais, que são decorrentes da vida em sociedade a partir de uma dada realidade.

Os princípios surgem das abstrações das pessoas e dos grupos sociais. Posteriormente, são postas ao conhecimento de toda a sociedade, como forma de compreensão, reprodução e recriação da realidade social.

Na dinâmica social, os princípios retratam as enunciações políticas, culturais, religiosas, econômicas etc., atuando como fatores condicionantes das relações sociais.

Pelo prisma lógico princípios são *"verdades fundantes de um sistema de conhecimento, como tais admitidas, por serem evidentes ou por terem sido comprovadas, mas também por motivos de ordem prática de caráter operacional, isto é, como pressupostos exigidos pelas necessidades da pesquisa e da* práxis".[1]

Os princípios podem ser discriminados em três grandes categorias, a saber:

"a) princípios omnivalentes, quando são válidos para todas as formas de saber, como é o caso dos princípios da identidade e da razão suficiente;

b) princípios plurivalentes, quando aplicáveis a vários campos de conhecimento, como se dá com o princípio de causalidade, essencial às ciências naturais, mas não extensivo a todos os campos do conhecimento;

c) princípios monovalentes, que só valem no âmbito de determinada ciência, como é o caso dos princípios gerais de direito."[2]

No campo da ciência, os princípios representam e denotam as proposições ideais, que são elaboradas a partir de uma dada realidade e com o objetivo de compreendê-la. A ciência, como representa o conhecimento sistematizado do homem a respeito de um determinado objeto, necessita dos seus princípios para analisar e captar a realidade inerente ao seu campo de estudo.

---

[1]   REALE, Miguel. *Lições preliminares de direito,* 18. ed., p. 299.

[2]   REALE, Miguel. Ob. cit., p. 300.

Para a Ciência do Direito, os princípios se conceituam *"como proposições ideais que informam a compreensão do fenômeno jurídico. São diretrizes centrais que se inferem de um sistema jurídico e que, após inferidas, a ele se reportam, informando-o"*.[3]

Os princípios gerais de Direito possuem uma natureza múltipla na medida em que são: (a) decorrentes das normas do ordenamento jurídico; (b) originários das ideias políticas e sociais vigentes em uma dada realidade, as quais influem na formação do direito positivo; (c) reconhecidos e acatados pelas nações civilizadas, representando um substrato social comum aos povos, em função de uma dada época histórica.

Na fase da criação da norma jurídica, os princípios atuam como fontes materiais do Direito. As fontes materiais representam os fatores externos ao sistema jurídico, compreendendo os fatores históricos, sociais, econômicos, políticos, religiosos, morais etc. que provocam e condicionam a elaboração normativa.

Na fase da aplicação da norma jurídica, os princípios atuam como:

a) fator de interpretação, isto é, no fenômeno da compreensão da norma jurídica, propiciando *"uma leitura reveladora das orientações essenciais da ordem jurídica analisada. Os princípios informativos ou descritivos não atuam, pois, como fonte formal do direito, mas como instrumental de auxílio à interpretação jurídica"*;[4]

b) fontes supletivas do direito, ou seja, quando se está diante de uma lacuna no sistema jurídico (art. 4º, LINDB): *"Quando a lei for omissa, o juiz decidirá o caso de acordo com a analogia, os costumes e os princípios gerais de direito"*). Os princípios gerais de direito atuam como critério de integração do sistema jurídico: *"Como normas jurídicas em face de casos concretos não regidos por fonte normativa principal da ordem jurídica."*[5]

6.2 PRINCÍPIOS DO DIREITO PROCESSUAL

Podemos classificar os princípios do direito processual em princípios informativos e fundamentais.[6]

---

[3] DELGADO, Mauricio Godinho. *Introdução ao direito do trabalho*, 2. ed., p. 143.

[4] DELGADO, Mauricio Godinho. Ob. cit., p. 145.

[5] DELGADO, Mauricio Godinho. Ob. cit., p. 145.

[6] "A doutrina distingue os princípios gerais do direito processual daquelas normas ideais que representam uma aspiração de melhoria do aparelhamento processual; por esse ângulo, quatro regras foram apontadas, sob o nome de 'princípios informativos' do processo: (a) o princípio lógico (seleção dos meios mais eficazes e rápidos de procurar e descobrir a verdade e de evitar o erro; (b) o princípio jurídico (igualdade no processo e justiça na decisão; (c) o princípio político (o máximo de garantia social, com o mínimo de sacrifício individual da liberdade); (d) o princípio econômico (processo acessível a todos, com vistas ao seu custo e à sua duração)" (CINTRA, Antonio Carlos de Araújo; GRINOVER, Ada Pellegrini; DINAMARCO, Cândido Rangel. *Teoria geral do processo*, 12. ed., p. 49).

6.2.1 Princípios Informativos

Na sua essência, os princípios informativos são regras de cunho predominantemente técnico, sem um acentuado conteúdo ideológico. São regras universais, sendo aplicados como axiomas, na medida em que não necessitam de uma demonstração.

Os princípios informativos são:

a) lógico – o processo, na sua manifestação extrínseca (procedimento), possui uma estruturação racional, compreendendo uma série lógica e cronológica de atos processuais (petição inicial, resposta do réu, provas orais etc.), cuja finalidade é a prestação jurisdicional (sentença e a formação da coisa julgada material). Como reflexo direto do princípio lógico, por exemplo, o réu, na formulação da sua contestação, antes de adentrar o mérito, deverá articular as suas questões preliminares (art. 337, CPC);

b) jurídico – o encadeamento processual há de observar as normas previamente estabelecidas no ordenamento jurídico, assegurando-se às partes a igualdade de tratamento e a justiça na prestação jurisdicional;[7]

c) político – para a sua vitalidade, o sistema processual exige o implemento das premissas políticas previstas no ordenamento, como, por exemplo, do dever do juiz em sentenciar, *"que recolhe sua raiz do texto constitucional, no próprio art. 5º, XXXV, da CF. É preciso que se decida à luz e conforme o ordenamento, o que responde também ao mesmo mandamento constitucional citado, o qual determina não poder nenhuma lesão de direito, ou ameaça de lesão, ser subtraída à apreciação do Judiciário. Ora, se o juiz se negasse a decidir, ipso facto, por omissão estariam sendo maculados o sentido e a função da norma constitucional, que garante a plenitude de acesso ao Judiciário. Para o Direito Material existe o chamado princípio da plenitude lógica do ordenamento jurídico, que significa estarem todas as condutas da vida social submetidas à ordem jurídica. Justapostamente e ao lado deste princípio, precisamente para que não ocorram lesões, ou mesmo incertezas jurídicas objetivas, que não sejam reparadas ou suprimidas, respectivamente, há o chamado princípio de pleno acesso ao Judiciário, estampado na regra já citada, do art. 5º, XXXV, da CF"*;[8]

d) econômico – a prestação jurisdicional há de ser rápida, com o menor custo possível, contudo, sem a violação das normas do devido processo legal. Como observa Nelson Nery Junior, o princípio econômico é de aplicação intuitiva, na medida em que se deve *"obter o máximo do processo com o mínimo dispêndio de tempo e de atividade, observadas sempre as garantias das partes e as regras*

---

[7] O CPC/15 menciona que o magistrado, quando da aplicação do ordenamento jurídico, deve atender aos fins sociais e às exigências do bem comum, resguardando e promovendo a dignidade da pessoa humana e observando a proporcionalidade, a razoabilidade, a legalidade, a publicidade e a eficiência (art. 8º).

[8] ARRUDA ALVIM NETTO, José Manoel de. *Manual de direito processual civil*, v. 1, p. 20.

procedimentais e legais que regem o processo civil".[9] Como desdobramentos do princípio econômico, temos: (1) o juiz tem a obrigação de velar pela rápida solução do litígio(= velar pela duração razoável do processo) (art. 139, II, CPC); (2) os atos e termos processuais independem de forma determinada, salvo quando a lei expressamente a exigir, considerando-se válidos os que, realizados de outro modo, lhe preencham a finalidade essencial (art. 188, CPC); (3) quando a lei prescrever determinada forma, o juiz considerará válido o ato se, realizado de outro modo, lhe alcançar a finalidade (art. 277, CPC).

6.2.2 Princípios Fundamentais

Os princípios fundamentais, os quais também recebem a denominação de princípios gerais do processo, são os princípios *"sobre os quais o sistema jurídico pode fazer opção, considerando aspectos políticos e ideológicos. Por essa razão, admitem que em contrário se oponham outros, de conteúdo diverso, dependendo do alvedrio do sistema que os está adotando"*.[10]

Como são dotados de conteúdo ideológico, os princípios gerais do processo são princípios antagônicos. A título exemplificativo: o da oralidade e o do procedimento escrito; o inquisitivo e o dispositivo.

6.2.2.1 Princípio da Igualdade

Em face do princípio da igualdade, a lei não deve ser fonte de privilégios ou perseguições, mas um instrumento que regula a vida em sociedade, tratando de forma equitativa todos os cidadãos. Da aplicação do princípio da igualdade surge para o legislador à obrigação de criar condições que assegurem uma igual dignidade social em todos os aspectos.

Cotejando-se o princípio da igualdade com as ordens econômica e social, concluímos que o exercício de toda e qualquer atividade econômica visa, também, uma igualdade social. A efetividade da igualdade implica a busca da justiça real, concreta ou material, colocando-se de lado os aspectos formais. Contudo, nem sempre é possível à aplicação igualitária da lei, pois é necessário que os desiguais sejam tratados de forma desigual.

No campo do direito processual, em função do disposto no art. 5º, CF, deriva o princípio da igualdade processual, isto é, os litigantes e os seus advogados devem ter idêntico tratamento pelo juiz (art. 139, I, CPC).

De acordo com o CPC, é assegurada às partes paridade de tratamento em relação ao exercício de direitos e faculdades processuais, aos meios de defesa, aos ônus, aos deveres e à aplicação de sanções processuais, competindo ao juiz zelar pelo efetivo contraditório (art. 7º).

---

[9]   NERY JÚNIOR, Nelson. *Princípios do processo civil na Constituição Federal*, 5. ed., p. 28.
[10] NERY JÚNIOR, Nelson. Ob. cit., p. 28.

PARTE II • Cap. VI – PRINCÍPIOS E O DIREITO PROCESSUAL DO TRABALHO | 77

A Convenção Americana sobre Direitos Humanos (Pacto de San José de Costa Rica, que integra o Direito Brasileiro por meio do Decreto 678, de 6/11/1992), no seu art. 8.1, determina que toda pessoa tem direito a ser ouvida, com as devidas garantias e dentro de um prazo razoável, por um juiz ou tribunal competente, independente e imparcial, estabelecido por lei, na apuração de qualquer acusação penal formulada contra ela, ou para que se determinem seus direitos ou obrigações de natureza civil, trabalhista, fiscal ou de qualquer outra natureza.

O princípio processual do tratamento igualitário às partes não é absoluto. A ordem jurídica estabelece exceções: (a) prazo em quádruplo para contestar e em dobro para recorrer quando a parte for a Fazenda Pública ou o Ministério Público (art. 1º, II e III, Dec.-lei 779/69). Pelo CPC, todos os prazos são em dobro (arts. 180 e 183); (b) isenção de caução para os trabalhadores; (c) dispensa de custas aos necessitados e carentes (art. 790, § 3º, CLT); (d) isenção do pagamento dos honorários periciais (art. 790-B); (e) isenção de custas para a Administração Pública Direta e Indireta (Autárquica e Fundacional, que não explorem atividade econômica) e o Ministério Público do Trabalho (art. 790-A, I e II); (f) o duplo grau de jurisdição obrigatório nas causas em que a Administração Pública Direta e Indireta são vencidas total ou parcialmente (art. 496, CPC; art. 1º, V, Dec.-lei 779; Súm. 303, TST).

6.2.2.2 Princípio do Contraditório e da Ampla Defesa

O princípio do contraditório reflete a necessidade de se ouvir os litigantes, assegurando-lhes o pleno direito de defesa e de pronunciamento durante o desenrolar do processo (art. 5º, LV, CF; arts. 7º e 10, CPC).

As consequências da aplicação do princípio do contraditório são as seguintes: (a) via de regra, a decisão só afeta as pessoas que são partes no processo; (b) a relação jurídica processual se apresenta completa após a regular citação do demandado; (c) a decisão só é prolatada após a oitiva das partes.

O CPC prevê o princípio do "efetivo contraditório" (art. 7º). O efetivo contraditório garante uma "tríplice ordem de situações subjetivas processuais", as quais representam, de forma simples, o direito de receber informações adequadas e tempestivas sobre o processo, o direito de se manifestar sobre todas as questões relevantes do processo e, por fim, o direito de pretender que suas alegações e provas sejam analisadas pelo magistrado.

Como complemento do princípio do contraditório, o princípio da ampla defesa sintetiza uma particular manifestação do direito de reação, ou seja, de aduzir livremente as razões da resposta, da produção de provas e contraprovas, da participação da colheita das provas em audiência, do direito de usar dos recursos etc.

O CPC determina que não haverá a prolação de decisão contra uma das partes sem que esta seja previamente ouvida (art. 9º, *caput*). Esta regra não se aplica: (a) à tutela antecipada de urgência; (b) às hipóteses de tutela antecipada de evidência (art. 311, II e III); (c) à decisão que expede o mandado na ação monitória (art. 701).

De acordo com a IN 39/16, TST, são aplicáveis ao processo do trabalho as normas do CPC relacionadas ao princípio do contraditório, em especial os arts. 9º e 10, os quais estabelecem a vedação à "decisão surpresa" (art. 4º, caput). Entende-se por decisão surpresa a que, no julgamento final do mérito da causa, em qualquer grau de jurisdição, aplicar fundamento jurídico ou embasar-se em fato não submetido à audiência prévia de uma ou de ambas as partes (art. 4º, § 1º). Não pode ser considerada como "decisão surpresa" aquela que, à luz do ordenamento jurídico nacional e dos princípios que informam o Direito Processual do Trabalho, as partes tinham obrigação de prever, concernentes às condições da ação, aos pressupostos de admissibilidade de recurso e aos pressupostos processuais, salvo disposição legal expressa com contrário (art. 4º, § 2º).

6.2.2.3 Princípio da Imparcialidade do Juiz

O CPC disciplina que é assegurada às partes paridade de tratamento no curso do processo, devendo o magistrado velar pelo efetivo contraditório (art. 7º).

No desempenho de suas atribuições, o magistrado deve atuar com isenção de ânimo, lisura e probidade. Vale dizer, a plena capacidade subjetiva do juiz é um dos pressupostos processuais.

Quando ausente a plena capacidade subjetiva do juiz, a parte pode e deve denunciar. A denúncia ocorre por meio da exceção de impedimento ou suspeição, a qual poderá ser apresentada em qualquer tempo ou grau de jurisdição, cabendo à parte oferecê-la no prazo de 15 dias, contado do fato que ocasionou o impedimento ou a suspeição (art. 146, CPC; arts. 801 e 802, CLT).

Ao contrário do que ocorre com o processo civil, a CLT não efetua uma diferenciação explícita quanto aos motivos de impedimento ou suspeição do juiz. Por questão de técnica, hão de ser adotados os motivos e as respectivas distinções inseridas no CPC, que são compatíveis com o processo trabalhista (art. 769, CLT).

O impedimento ocorre quando a lei estabelece a presunção absoluta de parcialidade do juiz (art. 144, CPC). Suspeito é o juiz que está em situação de dúvida quanto ao seu bom procedimento. Ao contrário do impedimento, na suspeição o que se tem é uma suspeita da parcialidade do juiz (art. 145).

Para a efetividade da imparcialidade do juiz, a CF assegura as garantias da magistratura: a vitaliciedade, a inamovibilidade e a irredutibilidade de subsídios (art. 95, I a III).

Como corolário do princípio da imparcialidade, tem-se o princípio da motivação[11] das decisões judiciais, como uma garantia das partes e da sociedade, como um todo, da prática de atos arbitrários dos magistrados (art. 93, IX).

---

[11] "A motivação da decisão é essencial para que se possa verificar se o juiz prolator da decisão era ou não imparcial. Isto se dá por uma razão. Ao contrário do administrador e do legislador, que recebem sua legitimação antes do exercerem suas atividades (já que tal legitimação provém do voto popular), o juiz não é previamente legítimo. A legitimação do juiz só pode ser verificada *a posteriori*, através da análise do correto exercício de suas funções. Assim, a fundamentação das decisões é essencial para que se possa realizar o controle difuso da legitimidade da atuação dos magistrados. Trata-se, pois, de mais uma garantia ligada à ideia de processo justo, de devido processo legal. A motivação das decisões judiciais é essencial para que se possa assegurar a participação

PARTE II • Cap. VI – PRINCÍPIOS E O DIREITO PROCESSUAL DO TRABALHO | 79

6.2.2.4 *Princípio da Publicidade e da Motivação das Decisões*

Todos os julgamentos dos órgãos do Poder Judiciário serão públicos, bem como fundamentadas todas as suas decisões, sob pena de nulidade, podendo a lei limitar a presença, em determinados atos, às próprias partes e a seus advogados, ou somente a estes, em casos nos quais a preservação do direito à intimidade do interessado no sigilo não prejudique o interesse público à informação (art. 93, IX) (art. 11, CPC).

O art. 93, IX, da CF assegura dois princípios:

a) o da publicidade,[12] o qual consiste na publicação dos atos processuais, na faculdade da intervenção das partes e de seus advogados em todas as fases processuais, presença do público nas audiências e a consulta dos autos por qualquer das pessoas (exceto se for o caso de segredo de justiça – art. 189, CPC);

b) o da fundamentação, que representa um aspecto político na atuação da magistratura, pois, a partir do momento em que o juiz é obrigado a emitir e a justificar os motivos adotados para a sua decisão, tem-se um remédio potencialmente eficaz para o surgimento de decisões arbitrárias ou despóticas.[13] A fundamentação assegura a defesa a dois interesses: (1) às partes a oportunidade de adequar os seus argumentos para o exercício do direito ao recurso (interesse privado); (2) se a atuação do magistrado, na análise das questões de fato de direito de um caso, é ou não imparcial (interesse público). É uma forma pública de controle da atividade judiciária. A nulidade abrange as sentenças sem fundamentação, como também as não bem fundamentadas. Deve ser ressaltado que nos casos

---

da sociedade no controle da atividade jurisdicional, o que lhe confere legitimidade" (CÂMARA, Alexandre Freitas. *Lições de direito processual civil*, v. 1, 14. ed., p. 56).

[12] "A publicidade dos julgamentos possui estreitas ligações com os regimes democráticos, por assegurar a transparência do processo. Os julgamentos secretos, felizmente, fazem parte do passado. A reação contra esses juízos esotéricos, aliás, surgiu com a Revolução Francesa de 1789, que preconizou a publicidade dos atos processuais como garantia de independência, imparcialidade e responsabilidade do magistrado e, ao mesmo tempo, de justiça para os jurisdicionados. A Declaração Universal dos Direitos do Homem, enunciada pela Organização das Nações Unidas, em 1948, assegura o princípio da publicidade popular do processo (art. 10), que é de certa forma ampla, pois permite ao povo fiscalizar a atividade dos juízes mediante comparecimento às audiências e sessões das cortes judiciárias" (TEIXEIRA FILHO, Manoel Antonio. *Breves comentários à reforma do poder judiciário com ênfase à Justiça do Trabalho*: Emenda Constitucional nº 45/2004, p. 50).

[13] "A fundamentação das decisões judiciais também constitui, sob o aspecto político, manifestação característica dos Estados Democráticos de Direito, porquanto destinada a impedir a existência de decisões arbitrárias, despóticas, nas quais prevalece não o império da Lei, senão que a exclusiva vontade imperscrutável do julgador; sob o prisma técnico, traduz emanação do princípio constitucional do devido processo legal (art. 5º, inciso LV)" (TEIXEIRA FILHO, Manoel Antonio. Ob. cit., p. 50).

de sentenças sem a resolução do mérito (art. 485, CPC), a fundamentação pode ser concisa (art. 490), o que não ocorre com as definitivas (art. 487).[14]

6.2.2.5 Princípio do Devido Processo Legal

No sentido genérico, o princípio do devido processo legal *"caracteriza-se pelo trinômio vida-liberdade-propriedade, vale dizer, tem-se o direito de tutela àqueles bens da vida em seu sentido mais amplo e genérico. Tudo o que disser respeito à tutela da vida, liberdade ou propriedade está sob a proteção da* due process clause".[15]

A CF assegura que ninguém será privado da liberdade ou de seus bens sem o devido processo legal (art. 5º, LIV).

No sentido processual, Nelson Nery Junior[16] acentua que no ordenamento jurídico brasileiro, a expressão devido processo legal tem sido aplicada para garantir: *"(a) direito à citação e ao conhecimento do teor da acusação; (b) direito a um rápido e público julgamento; (c) direito ao arrolamento de testemunhas e à notificação das mesmas para comparecimento perante os tribunais; (d) direito ao procedimento contraditório; (e) direito de não ser processado, julgado ou condenado por alegada infração às leis* ex post facto; *(f) direito à plena igualdade entre acusação e defesa; (g) direito contra medidas ilegais de busca e apreensão; (h) direito de não ser acusado nem condenado com base em provas ilegalmente obtidas; (i) direito à assistência judiciária, inclusive gratuita; (j) privilégio contra a autoincriminação. Especificamente quanto ao processo civil, já se afirmou ser manifestação do* due process in law: *(a) a igualdade das partes; (b) garantia do* jus actionis; *(c) respeito ao direito de defesa; (d) contraditório".*

Jurisdição e processo são institutos que possuem uma estreita correlação, pois o segundo representa o mecanismo pelo qual o Estado opera a sua função jurisdicional.

---

[14] Na estrutura do CPC, as sentenças, que não adentram ao mérito, estão previstas no art. 485. Por sua vez, o art. 487 elenca as hipóteses das denominadas sentenças de mérito, as quais implicam na extinção da demanda com resolução de mérito. O CPC é rígido quanto a fundamentação dos atos jurisdicionais, indicando que não se considera fundamentada qualquer decisão judicial, seja ela interlocutória, sentença ou acordão que: (a) se limitar à indicação, à reprodução ou à paráfrase de ato normativo, sem explicar sua relação com a causa ou a questão decidida; (b) empregar conceitos jurídicos indeterminados, sem explicar o motivo concreto de sua incidência no caso; (c) invocar motivos que se prestariam a justificar qualquer outra decisão; (d) não enfrentar todos os argumentos deduzidos no processo capazes de, em tese, infirmar a conclusão adotada pelo julgador; (e) se limitar a invocar precedente ou enunciado de súmula, sem identificar seus fundamentos determinantes nem demonstrar que o caso sob julgamento se ajusta àqueles fundamentos; (f) deixar de seguir enunciado de súmula, jurisprudência ou precedente invocado pela parte, sem demonstrar a existência de distinção no caso em julgamento ou a superação do entendimento (art. 489, § 1º, I a VI). De acordo com a IN 39/16, TST, o art. 489, CPC, é aplicável ao processo trabalhista (art. 15).

[15] NERY JÚNIOR, Nelson. Ob. cit., p. 33.

[16] NERY JÚNIOR, Nelson. Ob. cit., p. 39.

PARTE II · Cap. VI – PRINCÍPIOS E O DIREITO PROCESSUAL DO TRABALHO | 81

O direito ao processo é uma das garantias individuais na medida em que a lei não excluirá da apreciação do Poder Judiciário lesão ou ameaça a direito (art. 5º, XXXV, CF).

A tutela há de ser prestada de acordo com as normas do direito processual. Pondere-se: ninguém será privado da liberdade ou de seus bens sem o devido processo legal (art. 5º, LIV); aos litigantes, em processo judicial ou administrativo, e aos acusados em geral são assegurados o contraditório e a ampla defesa, com os meios e recursos a ela inerentes (art. 5º, LV).

Além destas garantias, também há outras que asseguram o devido processo legal, tais como: juiz natural[17] (art. 5º, LIII); promotor natural[18] (arts. 5º, XXXVI e LIII, 127 e 129, e o duplo grau de jurisdição – art. 5º, XXXV e LV).

6.2.2.5.1 Duplo Grau de Jurisdição

A necessidade humana impõe que se dê ao vencido a oportunidade quanto ao reexame da decisão. Pelo aspecto político, o duplo grau de jurisdição é fator de segurança para as decisões judiciais. É garantia fundamental de boa justiça (art. 5º, LV, CF).

Como regra geral, a parte tem *"direito a que sua pretensão seja conhecida e julgada por dois juízes distintos, mediante recurso, caso não se conforme com a primeira decisão. Desse princípio decorre a necessidade de órgãos judiciais de competência hierárquica diferente: os de primeiro grau (juízes singulares) e os de segundo grau (Tribunais Superiores). Os primeiros são os juízos da causa e os segundos, os juízos dos recursos"*.[19]

Do latim *re + cursus*, "recurso" significa retorno, volta e repetição.[20]

---

[17] "Por princípio do juiz natural (CF, art. 5º, LIII) entende-se aquele que não só consagra a tese de que o juiz é aquele investido de função jurisdicional, afastando julgamentos por outro poder, como ainda impede a criação de tribunais de exceção ou *ad hoc* para julgamento de causas cíveis e penais. Os tribunais especializados não constituem exceção ao princípio do juiz natural, pois estão previstos na própria Constituição, que prevê a existência de Justiças Especializadas, com competência para julgar causas trabalhistas, militares e eleitorais" (LEITE, Carlos Henrique Bezerra. *Curso de direito processual do trabalho*, 4. ed., p. 55).

[18] A figura do promotor natural tem amparo na interpretação sistêmica do Texto Constitucional (arts. 5º, XXXV e LIII, 127 e 129). Em outras palavras, tem fundamento nas cláusulas da independência funcional e da inamovibilidade dos integrantes do Ministério Público. Por outro lado, a sociedade tem o direito de que nos processos de atuação do MP, nenhuma autoridade tenha poderes de escolha de promotor ou procurador específico para a demanda. "Consagra uma garantia da ordem jurídica destinada tanto a proteger o membro do *Parquet*, na medida em que lhe assegura a inamovibilidade, quanto a tutelar a prória coletividade, a quem reconhece o direito de ver atuando em quaisquer causas apenas o promotor cuja intervenção se justifique a partir de critérios abstratos e predeterminados estabelecidos em lei. Antes de ser uma prerrogativa institucional tal princípio é direito inalienável do cidadão de se ver processado por membro do Ministério Público isento e imparcial, que proverá a justiça sem odiosas discriminações" (JATAHY, Carlos Roberto de Castro. *Curso de princípios institucionais do Ministério Público*, 3. ed., p. 22).

[19] THEODORO JÚNIOR, Humberto. *Curso de direito processual civil*, v. 1, 44. ed., p. 32.

[20] ACQUAVIVA, Marcus Cláudio. *Dicionário jurídico brasileiro Acquaviva*, 13. ed., p. 716.

Etimologicamente, do latim *recurrere*, o termo "recurso", no meio jurídico, representa o meio que a parte vencida em um processo possui para provocar a revisão de uma decisão judicial desfavorável.[21]

Nas lições de Barbosa Moreira,[22] recurso é o *"remédio voluntário idôneo a ensejar, dentro do mesmo processo, a reforma, a invalidação, o esclarecimento ou a integração de decisão judicial que se impugna".*

Representa o *"direito (a) que a parte vencida ou o terceiro (b) possui de, na mesma relação processual (c), e atendidos os pressupostos de admissibilidade (d), submeter à matéria contida na decisão recorrida (e) a reexame (f), pelo mesmo órgão prolator, ou por órgão distinto e hierarquicamente superior (g), com o objetivo de anulá-la (h), ou de reformá-la (i), total ou parcialmente (j)".*[23]

É o desdobramento do próprio direito de ação (art. 5º, LV, CF).

Trata-se de um direito cujo exercício pressupõe a presença do interesse jurídico por parte do recorrente (gravame ao patrimônio jurídico). Se existe o direito subjetivo de recorrer, o ato de recorrer constitui um *"ônus processual, uma vez que, não praticado o ato, a decisão ficará insusceptível de reexame, passando em julgado ou se tornando preclusa".*[24]

O princípio do duplo grau de jurisdição tem previsão no Pacto de San José da Costa Rica (art. 8º, 2, h).

O duplo grau de jurisdição é um princípio constitucional (art. 5º, LV, CF)?

Não se trata de um princípio expresso, mas implícito na CF, quando prevê a existência de vários órgãos do Poder Judiciário (art. 92, CF), dos recursos extraordinário e especial e as hipóteses de cabimento dos mesmos (arts. 102 e 105).

A afirmativa de que o duplo grau é um princípio constitucional não implica, necessariamente, o argumento de que toda norma infraconstitucional que faça a vedação de recurso a uma determinada decisão seja tida por inconstitucional. Pode e deve o legislador ordinário, em função de determinadas situações, traçar novos critérios quanto aos pressupostos recursais, bem como em relação aos diversos tipos de recursos e decisões recorríveis. É uma garantia, mas não pode ser vista de forma ilimitada. O duplo exame deve ser assegurado, adequando-o aos limites e pressupostos inseridos na legislação infraconstitucional.[25]

---

[21] HOUAISS, Antônio; VILLAR, Mauro de Salles; FRANCO, Francisco Manoel de Mello. *Dicionário Houaiss da Língua Portuguesa*, p. 2.406.

[22] BARBOSA MOREIRA, José Carlos. *Comentários ao Código de Processo Civil*, Lei nº 5.869, de 11 de janeiro de 1973, arts. 476 a 565, v. 5, 11. ed., p. 233.

[23] TEIXEIRA FILHO, Manoel Antonio. *Sistema dos recursos trabalhistas*, 10. ed., p. 73.

[24] FREDERICO MARQUES, José. *Manual de direito processual civil*. v. 2, 9. ed., p. 381.

[25] Nelson Nery Junior conclui que, "muito embora o princípio do duplo grau de jurisdição esteja previsto na CF, não tem incidência ilimitada, como ocorria no sistema da Constituição Imperial. De todo modo está garantido pela lei maior. Quer dizer, a lei ordinária não poderá suprimir recursos pura e simplesmente, os recursos previstos na Constituição Federal" (*Princípios fundamentais – teoria geral dos recursos*, 6. ed., p. 41).

PARTE II · Cap. VI – PRINCÍPIOS E O DIREITO PROCESSUAL DO TRABALHO | 83

Como princípio constitucional, o duplo grau de jurisdição é fator de manutenção do prestígio, da formação e da conduta ética do Judiciário como um todo. Deve ser incentivado. Aliás, representa um elemento primordial para a segurança das decisões.

O duplo grau de jurisdição possui pontos a favor e contra.

Os fundamentos positivos: necessidade humana quanto à revisão dos julgados; o cuidado em se evitar o erro nos julgados ou a má-fé; como os recursos são julgados por pessoas de maior experiência, tem-se a possibilidade de que o juízo inferior seja mais prudente em suas decisões.

Os fundamentos negativos: atividade supérflua do Judiciário; a reforma envolve desprestígio do próprio poder que o julga; os recursos delongam a atividade para a formação da coisa julgada; a má-fé na utilização dos recursos.[26]

6.2.2.6 Princípio da Razoabilidade Duração do Processo

A EC 45/04 introduziu no art. 5º, LXXVIII, o qual assegura a todos, no âmbito judicial e administrativo, a razoável duração do processo[27] e os meios que garantam a celeridade de sua tramitação.

A razoável duração do processo implica a celeridade da obtenção, além da efetividade quanto ao conteúdo da decisão judicial. Vale dizer, o magistrado deve atuar evitando uma demanda demorada, contudo, não deve ser tão célere a ponto de prejudicar a produção das provas e das alegações das partes. Uma decisão eficiente respeita o primado do devido processo legal (contraditório, ampla defesa e necessária produção de provas). A razoabilidade está no ponto de equilíbrio de uma decisão rápida e justa na qual se tenha o respeito ao direito das partes ao devido processo legal.

---

[26] Reputa-se litigante de má-fé: quem interpuser recurso com intuito manifestamente protelatório (art. 80, VII, CPC; art. 793-B, VII, CLT).

[27] "Essa norma constitucional enuncia, assim, o princípio a que a doutrina, com base no próprio texto, passou a denominar de 'razoável duração do processo. Na verdade, as expressões constitucionais 'razoável duração do trabalho' e 'celeridade da sua tramitação' não são muito harmoniosas entre si. Afinal, nem sempre a 'duração razoável' conduzirá à celeridade, assim como esta nem sempre implicará aquela. Se o constituinte estivesse preocupado, apenas, com a celeridade na entrega da prestação jurisdicional, teria, por certo, feito uso, somente, da segunda expressão por nós colocada entre aspas. Parece-nos, pois, que a melhor conclusão a extrair-se do preceito constitucional em foco é a de que conduza a um equilíbrio entre as duas expressões, de tal arte que uma não sacrifique a outra. Assim dizemos porque, se é verdade que um dos grandes anseios institucionais reside na celeridade da tramitação dos processos judiciais, não menos correto é asseverar que essa celeridade autorizaria o espezinhamento de determinadas garantias constitucionais que a Constituição da República assegura aos litigantes, como as do contraditório, da ampla defesa, e do devido processo legal. Logo, pode-se entender como 'duração razoável' da tramitação processual aquela que, sem desprezar o anseio de celeridade na entrega da prestação jurisdicional, permita às partes exercer os direitos processuais que a Constituição da República lhes outorga" (TEIXEIRA FILHO, Manoel Antonio. *Curso de direito processual do trabalho*, v. 1, p. 56).

O CPC dispõe que as partes têm direito de obter em prazo razoável a solução integral do mérito, incluída a atividade satisfativa (art. 4º).

6.2.2.7 Princípio da Inafastabilidade do Controle Jurisdicional

Pelo princípio da inafastabilidade (também denominado de princípio da indeclinabilidade da jurisdição), o órgão jurisdicional não pode recusar a aplicação do Direito, como também a lei não poderá excluir da apreciação do Poder Judiciário qualquer lesão ou ameaça a direito (art. 5º, XXXV, CF).

O principal destinatário deste princípio é o legislador, visto que não mais se pode impedir que o cidadão tenha acesso ao Judiciário para a proteção dos seus direitos e interesses.

Nelson Nery Junior[28] ensina que, após o advento da CF/88, o Brasil retornou à normalidade institucional, sendo que *"todos têm acesso à justiça para postular tutela jurisdicional preventina ou reparatória relativamente a um direito. Estão aqui contemplados não só os direitos individuais, como também os difusos e coletivos. Pelo princípio constitucional do direito de ação, além do direito ao processo justo, todos têm o direito de obter do Poder Judiciário a tutela jurisdicional adequada. Não é suficiente o direito à tutela jurisdicional. É preciso que essa tutela seja a adequada, sem o que estaria vazio de sentido o princípio. Quando a tutela adequada para o jurisdicional for medida urgente, o juiz, preenchidos os requisitos legais, tem de concedê-la, independentemente de haver lei autorizando, ou, ainda, que haja lei proibindo a tutela urgente"*.

As regras legais, como a previsão de intervenção mínima na autonomia da vontade coletiva ("princípio") e a análise exclusiva dos elementos essenciais do negócio jurídico (art. 8º, § 3º, CLT, Lei 13.467/17), não podem restringir o princípio constitucional (art. 5º, XXXV, CF).[29]

6.3 PRINCÍPIOS COMUNS AO DIREITO PROCESSUAL CIVIL E AO DIREITO PROCESSUAL DO TRABALHO

6.3.1 Princípios: Dispositivo e Inquisitivo

O princípio dispositivo reflete a liberdade que é dada às pessoas para exercer ou não seus direitos. Em sede de Direito Processual, o princípio dispositivo indica a possibilidade de aduzir em juízo ou não sua pretensão, bem como de apresentá-la da forma que desejar, inclusive podendo desistir ou renunciar. Atribui-se às partes toda a iniciativa, seja na instauração do processo, como no seu impulso. Convém salientar que nenhum

---

[28] NERY JUNIOR, Nelson. *Princípios do processo na Constituição Federal*, 10. ed., p. 175.

[29] O Enunciado 7, aprovado na 2ª Jornada de Direito Material e Processual do Trabalho (outubro/2017), dispõe que: *"Princípio da intervenção mínima. A autonomia da vontade coletiva impede interferência judicial ou administrativa na eclosão de greve em outros mecanismos de pressão de que dispõem os trabalhadores."*

PARTE II · Cap. VI – PRINCÍPIOS E O DIREITO PROCESSUAL DO TRABALHO | 85

juiz prestará a tutela jurisdicional senão quando a parte ou o interessado a requerer, nos casos e forma legais. A jurisdição é inerte, necessitando para a sua movimentação da provocação da parte.

Contrapondo-se ao dispositivo, o princípio inquisitivo estabelece que compete ao juiz o poder de acusar, defender e julgar, inclusive com a iniciativa probatória na busca de elementos, com os quais possa basear a convicção para a prolação da prestação jurisdicional (art. 765, CLT).

Os ordenamentos jurídicos modernos não mais adotam os referidos princípios em sua pureza clássica, apresentando preceitos tanto de ordem inquisitiva como dispositiva.[30] O processo civil começa por iniciativa da parte, mas se desenvolve por impulso oficial (art. 2º, CPC).

No direito processual do trabalho, encontramos exceções ao princípio dispositivo: (a) demanda trabalhista instaurada por ofício e que é oriunda da Superintendência Regional do Trabalho e Emprego (SRTE) (Dec. 5.063, 3/5/2004, Anexo I, art. 21) (art. 39, CLT); (b) a execução *ex officio* das contribuições previdenciárias (art. 114, VIII, CF; art. 876, parágrafo único, CLT; Lei 13.467/17); (c) execução promovida *ex officio* pelo juiz (art. 878, CLT; Lei 13.467).

6.3.2 Princípio da Lealdade Processual

O processo representa um instrumento de justiça, logo, as partes e todos aqueles que de qualquer forma participam do processo, em seus atos e alegações, devem agir com lisura e boa-fé. Devem dizer a verdade, agindo com moralidade e probidade.

O princípio da lealdade processual deriva do dever de bom comportamento em juízo das partes, de seus procuradores e de todos aqueles que de qualquer forma participam do processo, atuando de forma honesta e com respeito à verdade (art. 77, *caput*, CPC).

O CPC regula a matéria da seguinte forma (art. 77, I a VI), devem as partes: (a) expor os fatos em juízo conforme a verdade; (b) deixar de formular pretensão ou de apresentar defesa quando cientes de que são destituídas de fundamento; (c) não produzir provas e não praticar atos inúteis ou desnecessários à declaração ou à defesa do direito; (e) cumprir com exatidão as decisões jurisdicionais, de natureza antecipada ou final, e não criar embaraços à sua efetivação; (e) declinar o endereço, residencial ou profissional, onde receberão intimações no primeiro momento que lhes couber falar nos autos, atualizando essa informação sempre que ocorrer qualquer modificação temporária ou

---

[30] "Esses princípios não ocorrem de modo exclusivo em nenhum sistema processual, sendo normal que o legislador de ambos se utilize, dando prevalência ora a um deles ora a outro. Dessa forma, mesmo naqueles sistemas mais comprometidos com o princípio dispositivo, onde o juiz tenha limitados poderes de iniciativa probatória, encontram-se exemplos de aplicação do princípio inquisitório. Nas demandas que versem sobre direitos indisponíveis, tais como as chamadas ações matrimoniais, a lei confere ao juiz amplos poderes para a investigação dos fatos da causa, tornando-se sensivelmente atenuado o princípio da disponibilidade pelas partes do material probatório" (SILVA, Ovídio A. Baptista da. *Curso de processo civil*, v. 1, 4. ed., p. 60).

definitiva; (f) não praticar inovação ilegal no estado de fato de bem ou direito litigioso. Caso tenha ocorrido a violação, o juiz determinará o restabelecimento do estado anterior, podendo, ainda, proibir a parte de falar nos autos até a purgação do atentado, sem prejuízo da multa. O representante judicial da parte não pode ser compelido a cumprir decisão em sua substituição. Nas hipóteses das alíneas *d* e *f*, o magistrado advertirá o responsável de que a sua conduta poderá ser punida como ato atentatório à dignidade da justiça. Sem prejuízo das sanções criminais, civis e processuais cabíveis, o juiz pode aplicar ao responsável multa de até 20% do valor da causa, de acordo com a gravidade da conduta. A multa não paga será inscrita como dívida ativa. A multa pode ser cumulada com: (a) multa de 10%, quando não se paga a dívida em 15 dias após a intimação (art. 523, § 1º, CPC); (b) multa imposta para o cumprimento de obrigação de fazer ou não fazer (art. 536). Caso o valor da causa seja irrisório, a multa pode ser fixada em até dez vezes o valor do salário mínimo. Aos advogados públicos ou privados e aos membros da Defensoria Pública e do Ministério Pública a multa é inaplicável, devendo eventual responsabilidade disciplinar ser apurada pelo respectivo órgão de classe ou corregedoria, ao qual o juiz oficiará.

A má-fé de um dos litigantes poderá ocasionar a responsabilidade pelo pagamento de uma indenização, em função do dano processual. Todos têm a obrigação de atuar com lisura e boa-fé, no trato dos atos processuais e de suas alegações aduzidas em juízo, para que o órgão jurisdicional possa declinar a efetiva prestação, compondo o conflito de interesses.

Litigante de má-fé é a parte que atua de forma maldosa, ocasionando dano processual à parte contrária. Utiliza-se de procedimentos escusos para obter ganho de causa, ou procura delongar a solução processo, com atitudes procrastinatórias.

A parte tem a obrigação de atuar com honestidade. É um dos atributos da correta formação do caráter do ser humano. Em todos os campos da vida em sociedade, de forma ética, a honestidade deve estar presente. A honestidade visualiza-se em todos os atos do cotidiano, tanto em nossos relacionamentos afetivos, sociais ou jurídicos.

As hipóteses que justificam a caracterização da litigância de má-fé são: (a) deduzir pretensão ou defesa contra texto expresso de lei ou fato incontroverso; (b) alterar a verdade dos fatos; (c) usar do processo para conseguir objetivo ilegal; (d) opuser resistência injustificada ao andamento do processo; (e) proceder de modo temerário em qualquer incidente ou ato do processo; (f) provocar incidente manifestamente infundado; (h) interpuser recurso com intuito manifestamente protelatório (art. 80, I a VII, CPC).

De ofício ou a requerimento, o juiz condenará o litigante de má-fé a pagar multa de 1% a 10% sobre o valor da causa corrigido e a indenizar a parte contrária dos prejuízos que esta sofreu, mais os honorários advocatícios e todas as despesas que efetuou (art. 81, *caput).*

Quando forem dois ou mais os litigantes de má-fé, o juiz condenará cada um na proporção do seu respectivo interesse na causa, ou solidariamente aqueles que se coligaram para lesar a parte contrária (art. 81, § 1º).

De acordo com o CPC, o valor será fixado pelo magistrado. Caso não seja possível, haverá a sua mensuração, a ser efetuada por arbitramento ou pelo procedimento comum, nos próprios autos (art. 81, § 3º). Não há mais a previsão de 20% como no CPC/73. Contudo, quando o valor da causa for irrisório ou inestimável, a multa poderá ser fixada em até 10 vezes o valor do salário-mínimo (art. 81, § 2º).

A Lei 13.467/17 passou a disciplinar a litigância de má-fé e a responsabilidade pelo dano processual na seara da Justiça do Trabalho de forma específica (arts. 793-A a 793-D, CLT). Com isso, de forma similar ao processo civil, responde por perdas e danos e pela multa processual aquele que litigar de má-fé como reclamante, reclamado ou interveniente. A multa também se aplica à testemunha que omitir ou alterar os fatos, bem como a outros auxiliares do Poder Judiciário.

Considera-se litigante de má-fé aquele que: a) deduzir pretensão ou defesa contra texto expresso de lei ou fato incontroverso; b) alterar a verdade dos fatos; c) usar do processo para conseguir objetivo ilegal; d) opuser resistência injustificada ao andamento do processo; e) proceder de modo temerário em qualquer incidente ou ato do processo; f) provocar incidente manifestamente infundado; g) interpuser recurso com intuito manifestamente protelatório.

A multa por litigância de má-fé, aplicada *ex officio* ou a requerimento da parte, deverá ser superior a 1% e inferior a 10% do valor corrigido da causa, além de indenizar a parte contrária pelos prejuízos que esta sofreu e a arcar com os honorários advocatícios e com todas as despesas que efetuou.

Nos casos em que forem dois ou mais os litigantes de má-fé, o juízo condenará cada um na proporção de seu respectivo interesse na causa ou solidariamente aqueles que se coligaram para lesar a parte contrária.

Quando o valor da causa for irrisório ou inestimável, a multa poderá ser fixada em até duas vezes o limite máximo dos benefícios do Regime Geral de Previdência Social.

O valor da indenização será fixado pelo juízo ou, caso não seja possível mensurá-lo, liquidado por arbitramento ou pelo procedimento comum, nos próprios autos.

A execução da multa será efetuada nos mesmos autos em que for fixada.

A IN 41 (arts. 7º, 8º, 9º e 10), de 21/06/2018, TST, disciplina que os arts. 793-A, 793-B e 793-C, § 1º, da CLT, têm aplicação autônoma e imediata, contudo, a condenação de que trata o art. 793-C, *caput*, bem como seus §§ 2º e 3º, e o *caput* do art. 793-D, somente serão aplicáveis as ações ajuizadas após a Reforma Trabalhista (11/11/2017).

Por sua vez, o art. 10, parágrafo único, indica que, após a colheita da prova oral, que a multa à testemunha será aplicada em sentença, contudo, deverá ser precedida de instauração de incidente mediante o qual o juiz indicará o ponto ou os pontos controvertidos no depoimento, assegurados o contraditório, a defesa, com os meios a ela inerentes, além de possibilitar a retratação.

6.3.3 Princípio da Oralidade

Nos primórdios do Direito Romano havia a predominância da oralidade. Com a sua evolução, vários atos passaram a ser por escrito, reservando-se para os debates as palavras orais.

O CPC adota o procedimento[31] misto, ou seja, a adaptação da palavra escrita com a oral. Os debates orais são imperiosos em audiências, como também em sessões dos tribunais, contudo, ao lado da oralidade, tem-se a transformação das provas orais em relatos escritos, tais como: transcrição de votos, depoimentos, esclarecimentos etc.

Não há uma regulação específica para o princípio da oralidade. A princípio, a oralidade está relacionada com a aplicação de outros princípios:

a) da imediatividade ou da imediação – na instrução processual, o juiz encontra-se diretamente ligado as partes e as suas testemunhas, na busca de elementos para a devida reconstrução da verdade real (arts. 139, VIII, e 481, CPC; art. 820, CLT);

b) da identidade física do juiz, isto é, *"princípio processual pelo qual o magistrado que iniciar a audiência deve concluir a instrução do processo, julgando a lide, exceto se for transferido, promovido ou aposentado. Neste caso, os autos processuais passarão ao seu sucessor, que ao recebê-los prosseguirá na audiência, mandando repetir, se necessário, as provas já produzidas".*[32] A identidade física do juiz não era aplicável no processo do trabalho (Súm. 136, TST, cancelada). Para Francisco Antonio de Oliveira,[33] *"o que pesou para que se concluísse pela exclusão desse princípio no processo trabalhista foi justamente a sua composição colegiada em primeiro grau".* A nosso ver, esse princípio há de ser aplicado ao processo trabalhista, notadamente, pelo fato de que a representação classista foi extinta em 1999, por meio da EC 24;

c) da concentração – as provas devem ser realizadas em uma ou em poucas audiências, colhendo-se os relatos pessoais e testemunhais, inclusive com a prolação da decisão (arts. 334 e 358, CPC; arts. 849 e 852-C, CLT);

d) irrecorribilidade das decisões interlocutórias – o processo civil não adota a irrecorribilidade plena das interlocutórias, ao admitir o agravo (art. 1.015, CPC), o que não ocorre no processo trabalhista (art. 893, § 1º, CLT; Súm. 214, TST).

O princípio da oralidade possui aplicabilidade no processo do trabalho: (a) petição verbal (art. 840, CLT); (b) prazo de 20 minutos para defesa oral em audiência (art. 847); (c) prazo para razões finais – 10 minutos (art. 850).

6.3.4 Princípio da Economia Processual

Pelo princípio da economia processual, os atos judiciais devem ser realizados com a maior brevidade possível, com o mínimo emprego de atividade processual. Como a justiça deve ser rápida, deve-se ter o maior resultado com o mínimo de atividade jurisdicional.

---

[31] O procedimento é a manifestação extrínseca do processo, refletindo a sequência e cronológica dos atos processuais, os quais levam à prolação da sentença.

[32] DINIZ, Maria Helena. *Dicionário jurídico*, v. 2, p. 750.

[33] OLIVEIRA, Francisco Antonio de. *Comentários aos Enunciados do Tribunal Superior do Trabalho*, 3. ed., p. 335.

PARTE II · Cap. VI – PRINCÍPIOS E O DIREITO PROCESSUAL DO TRABALHO | **89**

Como exemplos da aplicação do princípio da economia processual, temos: (a) reunião de processos em caso de conexidade ou continência (art. 57, CPC), reconvenção, ação declaratória incidente, litisconsórcio; (b) aproveitamento dos atos processuais (art. 283); (c) pedidos cumulados (art. 327); (d) julgamento antecipado da lide (art. 355, I).

No processo do trabalho, ante o procedimento que se adota (arts. 843 e segs., CLT), também se põe ênfase ao princípio da economia processual, otimizando-se o procedimento oral em detrimento do escrito. A defesa é declinada em audiência (art. 846), sendo que as provas nela são produzidas (art. 848). Após o encerramento da instrução, haverá a prolação da decisão (arts. 849 a 851).

6.3.5 Princípio da Eventualidade ou Preclusão

O processo é a relação jurídica de índole instrumental acrescido dos atos lógicos e cronológicos que levam à prolação da decisão. Os atos são realizados em fases do procedimento, nas quais temos a atuação das partes e do magistrado.

A mola propulsora dos atos processuais é a preclusão.[34] O processo implica uma marcha para frente, havendo atos inerentes a cada uma destas fases, os quais devem ser praticados, sob pena de se perder a oportunidade processual.

Em linhas gerais, as fases procedimentais do processo civil são: (a) postulação – petição inicial e resposta; (b) saneamento – a solução das questões processuais para se adentrar a apreciação do mérito; (c) instrução – coleta dos elementos necessários para a formação da convicção do juiz; (d) julgamento – a declinação da sentença, que poderá ser definitiva – acolhe ou rejeita o pedido (sentença com resolução de mérito; art. 487, CPC) ou terminativa – põe fim ao processo, sem resolução do mérito (art. 485).

No processo trabalhista, encontramos: (a) postulação – a petição inicial será verbal ou escrita (art. 840, CLT); (b) a designação de audiência de instrução e julgamento pelo diretor de secretaria (art. 841), cuja data deverá respeitar o prazo mínimo de cinco dias; (c) em audiência: (1) abertos os trabalhos, a proposta de conciliação; em havendo a conciliação, será lavrado o termo, o qual vale como sentença irrecorrível para as partes (arts. 846 e 831), podendo ser desconstituído somente por meio de ação rescisória (Súm. 259, TST); (2) no caso da não conciliação, tem-se a formulação da defesa, que poderá ser formulada oralmente em 20 minutos (art. 847); usualmente, as defesas são apresentadas por escrito; (3) na sequência, inicia-se a instrução da demanda, sendo ouvidos as partes,

---

[34] Há três formas de preclusão: temporal, consumativa e lógica. A preclusão temporal é a decorrente da perda de prazo para a realização do ato processual. A consumativa é quando se pratica o ato no prazo legal, não podendo ser, portanto, repetido. A lógica é resultante da prática de um ato incompatível com aquele que deveria ter sido realizado no momento processual oportuno. Também há a preclusão-sanção ou preclusão punitiva, ou seja, a perda de um poder processual como sanção pela prática de um ato ilícito. Como a parte deixa de cumprir com um dever processual, tem-se a perda de direitos, pretensões, ações ou exceções. Exemplos: (a) a proibição de o réu falar nos autos até a purgação do atentado (art. 77, VI e § 7º, NCPC); (b) se a parte intimada não comparecer à audiência, o juiz lhe aplicará a confissão (art. 385, § 1º, NCPC).

as testemunhas, o perito e os assistentes técnicos (art. 848); após, encerra-se a instrução, dando-se a oportunidade para razões finais, as quais serão formuladas em dez minutos (art. 850); (4) tem-se a renovação da proposta de conciliação; (5) por fim, restando prejudicada a conciliação, passa-se à prolação da sentença (arts. 850 e 851).

No processo civil, as nulidades devem ser arguidas na primeira oportunidade em que couber à parte falar nos autos, sob pena de preclusão (art. 278, CPC). Idêntica regra também existe no processo trabalhista (art. 795, CLT).

6.3.6 Princípio do Ônus da Prova

O termo "ônus" significa obrigação, dever, encargo de alguém ou de uma das partes. Assim, ônus da prova significa o dever da parte de fazer prova de suas alegações.

A incumbência do ônus da prova encontra-se delineada pelo art. 373, I e II, CPC, o qual determina que o ônus probatório do autor seja em relação aos fatos constitutivos de seu direito, enquanto o réu deve provar a existência dos fatos (impeditivos, modificativos ou extintivos) da pretensão do autor.

Por fato constitutivo temos aquele que gera o direito do autor e, via de consequência, o dever do réu. Em outras palavras, são aqueles que, provados, concedem ao autor o deferimento da sua pretensão inicial (ex.: o trabalho em jornada suplementar; a identidade de função para efeito de equiparação salarial; a ocorrência da justa causa do empregador em caso de rescisão indireta do contrato de trabalho etc.).

Enquanto fato impeditivo é aquele que impede que de um fato decorra efeito jurídico que seria normal (ex.: o reclamante pretende o pagamento de horas extras diárias, a reclamada apresenta um acordo coletivo de compensação de jornada, com folga em outro dia da semana); já o fato modificativo é aquele que, sem impedir ou excluir a relação jurídica, tem o poder de modificar a situação jurídica (ex.: o empregado exige o pagamento imediato das comissões; o empregador informa que as mesmas são devidas, contudo, de forma parcelada); e, por fim, fato extintivo do direito do autor é o que torna sem razão a pretensão inicial (o pagamento das horas extras ou das verbas rescisórias solicitadas).

Tal preceito processual civil, no que tange às questões de cunho trabalhista, deve ser observado cumulativamente com o disposto no art. 818, CLT.

Se o réu apresenta sua defesa apenas negando as alegações (fatos) em que se baseia a pretensão inicial do autor, este terá o ônus de provar os fatos constitutivos do seu direito.

Se o réu defende-se apresentando fatos capazes de alterar ou eliminar as consequências jurídicas daquele fato descrito pelo autor, o ônus da prova será seu, uma vez que implicitamente admitiu a veracidade das alegações iniciais e porque a sua defesa baseia-se em fatos modificativos, extintivos e impeditivos.

O CPC (art. 373, §§ 1º e 2º) faculta ao juiz, nas hipóteses legais ou diante das peculiares da demanda relacionadas à impossibilidade ou à excessiva dificuldade de cumprir o encargo probatório ou à maior facilidade de obtenção da prova do fato contrário, atribuir o ônus da prova de modo diverso, contudo, desde que: (a) o faça por decisão fundamentada; (b) dê à parte contrária a oportunidade de se desincumbir do ônus que lhe foi atribuído; (c) não gere situação em que a desincumbência do encargo pela parte seja impossível.

PARTE II • Cap. VI – PRINCÍPIOS E O DIREITO PROCESSUAL DO TRABALHO | 91

Com a Lei 13.467/17, o art. 818, CLT, foi alterado e, de forma similar ao CPC, passou a prever que o ônus probatório cabe: a) ao reclamante, quanto ao fato constitutivo de seu direito; b) ao reclamado, quanto à existência de fato impeditivo, modificativo ou extintivo do direito do reclamante.

Além disso, houve a inserção de regras quanto à inversão do ônus da prova (art. 818, §§ 1º a 3º), de modo que, nos casos previstos em lei ou diante de peculiaridades da causa relacionadas à impossibilidade ou à excessiva dificuldade de cumprir o encargo nos termos desse artigo ou à maior facilidade de obtenção da prova do fato contrário, poderá o juízo atribuir o ônus da prova de modo diverso, desde que o faça por decisão fundamentada, caso em que deverá dar à parte a oportunidade de se desincumbir do ônus que lhe foi atribuído.

A decisão judicial que determinar a inversão deverá ser proferida antes da abertura da instrução e, a requerimento da parte, implicará o adiamento da audiência e possibilitará provar os fatos por qualquer meio em direito admitido. A decisão não pode gerar situação em que a desincumbência do encargo pela parte seja impossível ou excessivamente difícil.

O juiz de ofício poderá determinar a realização de provas que julgar necessárias à instrução do processo (arts. 765, CLT, art. 370, CPC). Esse dispositivo não deve suprir o ônus da prova das partes, mas tão somente produzir novas provas, a fim de auxiliar o julgador na avaliação das provas que já se encontram nos autos.

O magistrado sensível e atuante, porém, não pode manter-se distante da real necessidade das partes e do objetivo maior do processo, a busca da justiça, bem como da obrigação do Estado em prestar a tutela jurisdicional, preservando as relações sociais, evitando situações onde as partes procuram fazer justiça pelas próprias mãos.

O Enunciado 3 da 1ª Jornada de Direito Material e Processual da Justiça do Trabalho, indica: *"Quando há alegação de que ato ou prática empresarial disfarça uma conduta lesiva a direitos fundamentais ou a princípios constitucionais, incumbe ao empregador o ônus de provar que agiu sob motivação lícita."*

6.3.7 Princípio da Instrumentalidade

O processo, como mecanismo de ativação da função jurisdicional, é o meio pelo qual o Estado põe fim ao litígio, por intermédio da prestação jurisdicional. Em outras palavras, o processo é o instrumento ou método de realização do direito material.

Pela aplicação do princípio da instrumentalidade, também denominado de princípio da finalidade, os atos e termos processuais: (a) não dependem de forma determinada senão quando a lei expressamente a exigir, reputando-se válidos os que, realizados de outro modo, lhe preencham a finalidade essencial (art. 188, CPC); (b) quando a lei prescrever determinada forma, sem cominação de nulidade, o juiz deverá considerar válido o ato se, realizado de outro modo, lhe alcançar a finalidade (art. 277).

No processo do trabalho, a nulidade não será pronunciada quando for possível suprir-se a falta ou repetir-se o ato (art. 796, *a*, CLT).

6.3.8 Princípio da Impugnação Especificada

Como decorrência do princípio do contraditório, pelo princípio da impugnação específica, cabe ao réu a manifestação precisa sobre os fatos narrados na fundamentação da petição inicial (art. 341, *caput*, CPC).

Caso contrário, haverá a presunção de serem verdadeiros os fatos não impugnados, salvo: (a) se não for possível, a seu respeito, a confissão; (b) se a petição inicial não estiver acompanhada de instrumento público que a lei considerar da substância do ato; (c) se estiverem em contradição com a defesa, considerada em seu conjunto (art. 341, I a III).

Da mesma forma, os documentos apresentados com a contestação devem ser impugnados pelo autor em réplica.

O princípio do ônus da impugnação especificada dos fatos não se aplica ao advogado dativo, ao curador especial e ao órgão do Ministério Público.

6.3.9 Princípio da Estabilidade da Lide

O princípio da estabilidade da lide apresenta-se em dois planos: subjetivo e objetivo.

No plano subjetivo, no curso do processo, somente será lícita a sucessão das partes nos casos previstos em lei (art. 108, CPC). Sucessão implica ficar no lugar de alguém, podendo ser por ato entre vivos[35] ou *mortis causa* (arts. 778, § 1º, II, 779, II).

No plano objetivo, o autor poderá até: (a) a citação, aditar ou alterar o pedido ou a causa de pedir, independentemente de consentimento do réu; (b) o saneamento do processo, aditar ou alterar o pedido ou a causa de pedir, com consentimento do réu, assegurado contraditório mediante a possibilidade de manifestação deste no prazo mínimo de 15 dias, facultado o requerimento de prova suplementar (art. 329, I e II, CPC). A sistemática é aplicável à reconvenção e à respectiva causa de pedir (art. 329, parágrafo único).

---

[35] O credor pode ceder o seu crédito, se a isso não se opuser a natureza da obrigação, a lei, ou a convenção com o devedor; a cláusula proibitiva da cessão não poderá ser oposta ao cessionário de boa-fé, se não constar do instrumento da obrigação (art. 286, CC). A alienação da coisa ou do direito litigioso por ato entre vivos, a título particular, não altera a legitimidade das partes (art. 109, *caput*, CPC). A propositura da demanda e a citação válida fixam várias consequências, dentre elas, a identidade das partes (*perpetuatio legitimationis*). Qualquer alteração no plano do direito material, após a citação, não implica mutação quanto ao polo ativo ou passivo da demanda, exceto com a autorização da parte contrária (art. 109, § 1º). O adquirente ou o cessionário poderá adentrar o processo, como assistente litisconsorcial do alienante ou cedente (art. 109, § 2º), sendo que a sentença, proferida entre as partes originárias, estende os seus efeitos ao adquirente ou cessionário (art. 109, § 3º). A cessão dos direitos trabalhistas pelo empregado, por ato entre vivos, não é possível. A cessão é incompatível com o princípio de proteção do trabalhador. O art. 109, CPC, é inaplicável ao processo trabalhista. O art. 100 da Consolidação dos Provimentos da Corregedoria-Geral da Justiça do Trabalho estabelecia: "A cessão de crédito prevista em lei (Código Civil de 2002, artigo 286) não pode ser operacionalizada no âmbito da Justiça do Trabalho, visto que se trata de um negócio jurídico entre empregado e terceiro que não se coloca em quaisquer dos polos da relação processual trabalhista". A nova Consolidação da CGJT não mais contém esta regra.

6.3.10 Princípio da Eventualidade

Pelo princípio da eventualidade, no momento processual adequado (previsto em lei ou quando do exercício de uma faculdade processual), as partes devem alegar todas as matérias de defesa ou de seu interesse. É o que deflui do art. 336, CPC, isto é, compete ao réu alegar, na contestação, toda a matéria de defesa, expondo as razões de fato e de direito, com que impugna o pedido do autor e especificando as provas que pretende produzir.

6.4 OS PRINCÍPIOS PECULIARES AO DIREITO PROCESSUAL DO TRABALHO

Não é uniforme o tratamento doutrinário que se dá aos princípios peculiares ao direito processual do trabalho. Em linhas gerais, os princípios processuais peculiares são: proteção, finalidade social, busca da verdade real, da indisponibilidade e da conciliação.

6.4.1 O Princípio Protetor e o Direito Processual do Trabalho

6.4.1.1 O Princípio Protetor e o Direito do Trabalho

O princípio protetor visa a atenuar a desigualdade entre o trabalhador e o empregador, justificando, assim, a própria existência do direito do trabalho. Há três ideias básicas:

a) *in dubio pro operario* – na dúvida, a interpretação é a favor do trabalhador. A sua origem repousa no princípio geral *in dubio pro reo*. Como o empregador é *"que se constitui em devedor na relação de emprego (e réu na relação processual trabalhista), adaptou-se o princípio a parêmia* dubio pro misero *(ou pro operario). Nesse antigo princípio estaria englobada não somente a dimensão de interpretação normativa (hoje referenciada pelo princípio da norma mais favorável), como também uma dimensão de aferição e valoração dos fatos trazidos a exame, e combinada dimensão do princípio* in dubio pro misero *(exame de fatos e provas) propunha-se que a decisão do operador jurídico deveria dirigir-se em benefício do trabalhador em caso de dúvida no exame de situações fáticas concretas"*.[36] Sergio Pinto Martins[37] entende que o princípio *"não se aplica integralmente ao processo do trabalho, pois, havendo dúvida, à primeira vista, não se poderia decidir a favor do trabalhador, mas verificar quem tem o ônus da prova no caso concreto, de acordo com as especificações dos artigos 333 do CPC (art. 373, NCPC) e 818 da CLT"*;

b) norma mais favorável – quando se interpretam normas jurídicas trabalhistas relativas ao mesmo tema, será aplicada a que seja mais benéfica ao trabalhador;

c) a condição mais benéfica – uma condição de trabalho conquistada não pode ser substituída por outra menos vantajosa, na mesma relação de emprego (art. 468, CLT). A jurisprudência do TST (Súm. 51) agasalha tal entendimento: *"As*

---

[36] DELGADO, Mauricio Godinho. *Introdução ao direito do trabalho*, 2. ed., p. 152.

[37] MARTINS, Sergio Pinto. *Direito do trabalho*, 20. ed., p. 97.

cláusulas regulamentares, que revoguem ou alterem vantagens deferidas anterior-mente, só atingirão os trabalhadores admitidos após a revogação ou alteração do regulamento."

O princípio da norma mais favorável atua em tríplice dimensão no direito do trabalho, ou seja, *"na fase jurídica (política, pois), como critério de política legislativa, influindo no processo de construção do Direito do Trabalho. Essa influência é muito clara, especialmente em contextos políticos democráticos, colocando em franca excepcionalidade diplomas normativos que agridam a direção civilizatória essencial que é inerente ao direito do trabalho.*

Na fase jurídica, atua quer como critério de hierarquia de normas jurídicas, quer como princípio de interpretação de tais normas.

Como critério de hierarquia, permite eleger como norma prevalecente, em uma dada situação de conflito de normas, aquela que for mais favorável ao trabalhador [...]. Como princípio de interpretação do direito, permite a escolha da interpretação mais favorável ao trabalhador, caso anteposta ao intérprete uma variedade de hipóteses interpretativas em face de uma norma obscura enfocada". [38]

6.4.1.2 O Princípio Protetor no Processo Trabalhista

Em qualquer enfoque doutrinário quanto ao processo do trabalho e os seus princípios, na opinião de José Martins Catharino,[39] devemos considerar como válidas as seguintes assertivas: *"a) da adequação, em que as normas processuais de trabalho devem ser adequadas à finalidade do direito material do trabalho; (b) do tratamento desigual, em que, tendo em vista a desigualdade processual entre empregado e empregador, deve haver tratamento desigual de pessoas que se encontram em desigualdade de condições; (c) teleológico, da finalidade social específica, em que o objetivo é impedir efeitos violentos da questão social, mediante regras constitucionais de competência da Justiça do Trabalho, determinando a existência de normas processuais próprias; (d) normatividade jurisdicional, que caracteriza o processo coletivo do trabalho no Brasil".*

A visão sistêmica dessas assertivas resume a essência do direito do trabalho como um todo, ou seja, a sua feição protetiva quanto ao trabalhador. As normas, que regulam as relações materiais como processuais, são impregnadas de um cunho protecionista, na medida em que se deve tratar de forma desigual os que são de fato desiguais.

Wagner Giglio[40] afirma: *"Objetam alguns que o Direito Processual não poderia tutelar uma das partes, sob pena de comprometer a própria ideia de justiça, posto que o favorecimento afetaria a isenção de ânimo do julgador. Não lhes assiste razão, pois justo é tratar desigualmente os desiguais, na mesma proporção em que se desigualam, e o favorecimento*

---

[38] DELGADO, Mauricio Godinho. Ob. cit., p. 152.

[39] CATHARINO, José Martins apud MARTINS, Sergio Pinto. *Direito processual do trabalho*, 20. ed., p. 66.

[40] GIGLIO, Wagner D. Ob. cit., p. 73.

é qualidade da lei e não defeito do juiz, que deve aplicá-la com objetividade, sem permitir que suas tendências pessoais influenciem seu comportamento. Em suma: o trabalhador é protegido pela lei, e não pelo juiz."

Como exemplos da aplicabilidade do princípio protetor no processo do trabalho temos: (a) assistência judiciária gratuita (art. 98 e segs. CPC), que é concedida ao empregado (arts. 14 e segs., Lei 5.584/70); (b) a inversão do ônus da prova em prol do empregado; (c) o arquivamento da ação quando da ausência do reclamante à audiência inaugural (art. 844, CLT), enquanto o reclamado é tido como revel e confesso quanto à matéria de fato; (d) o impulso processual de ofício determinado pelo juiz quando da execução (art. 878); (e) a obrigatoriedade do depósito recursal para o empregador (art. 899, § 4º); (f) a demanda trabalhista há de ser ajuizada no local onde ocorreu à prestação dos serviços (art. 651, *caput*). Assevere-se, ainda, que o trabalhador tem a opção de escolher entre o local da prestação dos serviços e o local da contratação (art. 651, § 3º). É uma modalidade de proteção ao obreiro, objetivando, assim, a produção das provas, além da diminuição das despesas. A título de *lege ferenda*, o Enunciado 7º, da 1ª Jornada de Direito Material e Processual da Justiça do Trabalho, declina: *"Em se tratando de empregador que arregimente empregado domiciliado em outro município ou outro Estado da federação, poderá o trabalhador optar por ingressar com a reclamatória na Vara do Trabalho de seu domicílio, na do local da contratação ou na do local da prestação dos serviços."*

6.4.2 Princípio da Busca da Verdade Real

O processo é o instrumento de solução do conflito material posto em juízo, logo deve se buscar a essência da verdade (= verdade real).

Pela influência publicista do direito processual, o magistrado não é mais um espectador, tendo participação ativa e decisiva na busca de elementos para a profícua prestação jurisdicional. A lei processual civil deixa evidente tal influência (arts. 139, 370, 369, e 464, CPC). Contudo, é de se ressaltar a atuação do magistrado não poderá resultar na violação ao princípio da imparcialidade do juiz.

No processo do trabalho, os juízos e os TRTs terão ampla liberdade na direção do processo e velarão pelo andamento rápido das causas, podendo determinar qualquer diligência necessária ao esclarecimento delas (art. 765, CLT).

6.4.3 Princípio da Finalidade Social

Não devemos confundir o princípio da finalidade social com o da proteção no campo do direito processual do trabalho.

O princípio da proteção no processo do trabalho está presente quando a própria legislação estabelece a desigualdade entre as partes.

A finalidade social é um princípio que norteia a própria atuação do juiz, que na busca de uma solução justa para o litígio auxilia o trabalhador, até o momento da prestação jurisdicional.

Na busca da efetiva justiça, partindo-se da premissa de que as partes são desiguais (trabalhador × empregador), o juiz deve adotar as medidas processuais adequadas e que auxiliam o trabalhador, notadamente, quando se está diante da instrução processual (coleta das provas).

6.4.4 Princípio da Indisponibilidade

No campo do processo trabalhista, o princípio da indisponibilidade é um desdobramento do princípio da irrenunciabilidade do direito material do trabalho.

Pelo princípio da indisponibilidade, a atuação do Poder Judiciário Trabalhista, na busca da verdade real, deve adotar as medidas mais adequadas para o restabelecimento das normas jurídico-trabalhistas no ato da prolação da prestação jurisdicional. Em outras palavras, o processo do trabalho *"teria uma função finalística: a busca efetiva do cumprimento dos direitos indisponíveis dos trabalhadores"*.[41]

6.4.5 Princípio da Conciliação

A conciliação é obrigatória no procedimento trabalhista: (a) antes da formulação da defesa (art. 846, *caput*, CLT); (b) após a formulação das razões finais (art. 850).

No procedimento sumaríssimo, o magistrado trabalhista usará os meios adequados para a solução conciliatória do litígio, em qualquer fase da audiência (art. 852-E).

A razão desse cunho obrigatório reside na própria essência da Justiça do Trabalho, a qual tem como escopo a solução do conflito, mediante a negociação, eliminando as tensões advindas da relação capital *versus* trabalho.

A representação classista (cuja origem histórica reside nos *Conseils de Prud'hommes*) tinha como objetivo o efetivo aparelhamento do órgão jurisdicional, na busca de elementos confiáveis para a negociação desses conflitos.

Em todos os órgãos da Justiça do Trabalho havia a presença paritária, ou seja, representantes de trabalhadores e de empregadores. A representação paritária (juízes leigos ou juízes classistas) ou classista foi extinta pela EC 24/99.

6.4.6 Princípio da Normatização Coletiva

Durante muitos anos, a peculiaridade legislativa mais importante era a jurisdição normativa (poder normativo).

O poder normativo da Justiça do Trabalho representava o exercício da sua competência em prolatar sentenças em dissídios coletivos, estabelecendo normas e condições, respeitadas as disposições convencionais e legais mínimas de proteção ao trabalho.

A sentença no dissídio coletivo, quando a Justiça do Trabalho exercitava o poder normativo, iria produzir efeitos que atingiam os que, no momento, eram empregados das empresas, bem como os que ainda pudessem ser, durante a vigência da sentença.

A doutrina majoritária distingue os dissídios coletivos em dissídios de natureza jurídica ou econômica.

---

[41] LEITE, Carlos Henrique Bezerra. Ob. cit., p. 78.

PARTE II · Cap. VI – PRINCÍPIOS E O DIREITO PROCESSUAL DO TRABALHO | 97

Os de natureza jurídica ocorrem *"quando objetivam a aplicação de uma norma jurídica legal ou convencional, mediante sua mera interpretação, decidindo-se da existência ou inexistência de uma relação jurídica com referência aos fatos da categoria profissional; têm, como se vê, as características de uma ação declaratória, cujo desfecho obrigará aos membros daquela categoria e respectivos empregadores em suas relações individuais"*.[42]

Os de natureza econômica visam *"alterar as normas legais ou contratuais dos membros da categoria, obtendo novas condições de trabalho em geral (salários, jornada etc.). Têm as características de ações constitutivas que visam criar, alterar ou extinguir uma situação jurídica, ou melhor, de uma lei geral"*.[43]

Para alguns, com a EC 45, o poder normativo da Justiça do Trabalho deixou de existir, na medida em que o Texto Constitucional apenas passou a prever expressamente que, ajuizado o dissídio coletivo de natureza econômica, caberá *"à Justiça do Trabalho decidir o conflito, respeitadas as disposições mínimas legais de proteção ao trabalho, bem como as convencionadas anteriormente"*, não fazendo mais referência à possibilidade de o Judiciário Trabalhista *"estabelecer normas e condições, respeitadas as disposições convencionais e legais mínimas de proteção ao trabalho"*, como estava na redação original.

Com a alteração constitucional, as disposições convencionais e legais mínimas de proteção ao trabalho passaram apenas a orientar as decisões dos tribunais em questões trabalhistas.

Ao lado desse argumento também se deve considerar que com a EC, o ajuizamento do dissídio coletivo de trabalho de natureza econômica, após a recusa de qualquer das partes à negociação coletiva ou à arbitragem, somente pode ocorrer de "comum acordo" pelas partes (art. 114, § 2º) que, por sua vontade, estarão indicando ao Judiciário quais são exatamente as questões divergentes e limitando a prestação jurisdicional.

6.5 O CARÁTER SUBSIDIÁRIO DO DIREITO PROCESSUAL CIVIL NO PROCESSO TRABALHISTA

O Direito Processual do Trabalho é um ramo do Direito Processual, contudo, pertence à Teoria Geral do Direito Processual, como reflexo instrumental de princípios e normas para o exercício da jurisdição, atuando na solução dos conflitos individuais, coletivos e difusos do trabalho. Pertence ao ramo do Direito Público, como todo ramo do Direito Processual.

Quanto à autonomia do Direito Processual do Trabalho, existem tradicionalmente a teoria monista e a teoria dualista. Esclarece Renato Saraiva:[44] *"A teoria monista, minoritária, preconiza que o direito processual é unitário, formado por normas que não diferem substancialmente a ponto de justificar a divisão e autonomia do direito processual do trabalho, do direito processual civil e do direito processual penal.*

---

[42] CARRION, Valentin. *Comentários à Consolidação das Leis do Trabalho*, 28. ed., p. 679.

[43] CARRION, Valentin. Ob. cit., p. 679.

[44] SARAIVA, Renato. *Curso de direito processual do trabalho*, 6. ed., p. 28.

Neste contexto, para a teoria monista, o processo do trabalho não seria regido por leis e estruturas próprias que justificassem a sua autonomia em relação ao processo civil, constituindo-se o direito instrumental laboral em simples desdobramento do direito processual civil.

A teoria dualista, significativamente majoritária, sustenta a autonomia do direito processual do trabalho perante o direito processual comum, uma vez que o direito instrumental laboral possui regulamentação própria na Consolidação das Leis do Trabalho, sendo inclusive dotados de princípios e peculiaridades que o diferenciam, substancialmente, do processo civil. Frise-se, também, que é o próprio texto consolidado que determina a aplicação, apenas subsidiária, das regras de processo civil, em caso de lacuna da norma instrumental brasileira (art. 769, CLT). [...] Em última análise, embora seja verdade que a legislação instrumental trabalhista ainda é modesta, carecendo de um Código de Processo do Trabalho, definindo mais detalhadamente os contornos do processo laboral, não há dúvida que o Direito Processual do Trabalho é autônomo em relação ao processo civil, vez que possui matéria legislativa específica regulamentada na Consolidação das Leis do Trabalho, sendo dotado de institutos, princípios e peculiaridades próprios, além de independência didática e jurisdicional".

Conquanto mantenha a autonomia, o processo do trabalho não é compartimento isolado dentro do Direito, situa-se dentro de um círculo maior chamado de Direito Processual, relacionando-se com disciplinas.

Assim, o art. 769, CLT, prescreve norma de integração entre o processo civil e o trabalhista: *"Nos casos omissos, o direito processual comum será fonte subsidiária do direito processual do trabalho, exceto naquilo em que for incompatível com as normas deste Título".*

Já em se tratando de execução, o art. 889, CLT, operou delicada peculiaridade: *"Aos trâmites e incidentes do processo da execução são aplicáveis, naquilo em que não contravierem ao presente Título, os preceitos que regem o processo dos executivos fiscais para a cobrança judicial da dívida ativa da Fazenda Pública Federal".*

Como se depreende, inobstante o último dispositivo citado remeta prioritariamente o socorro da legislação celetista à lei dos executivos fiscais, mantém-se observância da regra geral estatuída anteriormente: omissão e compatibilidade.

Por ser um sistema específico, à Lei 6.830/80 falta a abrangência de institutos da norma geral e, por isso, em seu art. 1º estabelece a aplicação subsidiária do CPC. Portanto, em que pese a alusão à Lei 6.830, em última análise, a processualística geral cível também é fonte subsidiária e supletiva para os trâmites executivos do processo do trabalho.

São muitos os exemplos de aplicação do processo civil nos tramites dos processos trabalhistas, citando-se: disciplinamento da tutela provisória, ordem de penhora, parcelamento da dívida, extinção da execução etc.

Não se pode deixar passar que após a EC 45 causas cuja matéria diferia da relação de emprego pura passaram a ser processadas e julgadas pela Justiça do Trabalho, nascendo a discussão sobre o procedimento (ou processo) a ser aplicado, o que fez com que o TST editasse a IN 27/05, disciplinando as normas procedimentais aplicáveis ao processo do trabalho dessas novas ações.

Retomando a discussão acerca da interação do CPC com a CLT, dois são os intuitos do legislador, primeiro é permitir o emprego de normas do processo comum (processo civil), a fim de aperfeiçoar o processo trabalhista e tornar possível a prestação jurisdicional; segundo é construir filtro objetivando manter a autonomia entre o regramento processual trabalhista em relação ao outro.

Dessa forma, a aplicação do processo comum (civil) no processo do trabalho, tradicionalmente, é composta de duas fases: (a) primeira, averiguação da omissão do texto da CLT, a respeito de determinada matéria; (b) segunda, comparação dos desígnios da norma a ser importada com a sistemática do processo trabalhistas, seus princípios e objetivos.

O CPC trouxe, no art. 15, a previsão de sua aplicação supletiva e subsidiária, *in verbis*: *"Na ausência de normas que regulem processos eleitorais, trabalhistas ou administrativos, as disposições deste Código lhes serão aplicadas supletiva e subsidiaria".*

Dando as primeiras interpretações ao dispositivo, Teresa Arruda Alvim Wambier, Maria Lúcia Lins Conceição, Leonardo Ferres da Silva Ribeiro e Rogério Licastro Torres de Mello[45] comentam: *"O legislador disse menos do que queria. Não se trata somente de aplicar as normas processuais aos processos administrativos, trabalhistas e eleitorais quando não houver normas, nestes ramos do direito, que resolvam a situação.*

A aplicação subsidiária ocorre também em situações nas quais não há omissão. Trata-se, como sugere a expressão 'subsidiária', de uma possibilidade de enriquecimento, de leitura de um dispositivo sob outro viés, de extrair-se da norma processual eleitoral, trabalhista ou administrativa um sentido diferente, iluminado pelos princípios fundamentais do processo civil.

A aplicação supletiva é que supõe omissão. Aliás, o legislador, deixando de lado a preocupação com a própria expressão, precisão da linguagem, serve-se das duas expressões. Não deve ter suposto que significam a mesma coisa, se não, não teria usado as duas. Mas como empregou também a mais rica, mais abrangente, deve o intérprete entender que é disso que se trata".

Nessa trilha de pensar, infere-se que o artigo consolidado carece de rigor terminológico, na medida em que mistura dois institutos diversos. A supletividade tem lugar para sanar lacunas, consoante posto do dispositivo "Nos casos omissos", ao passo que a subsidiariedade aprimora um sistema por aplicação de outro.

Assim, ao prever a que *"o direito processual comum será fonte subsidiária do direito processual do trabalho"*, a CLT estaria se referindo à supletividade e não à subsidiariedade.

Ao analisar a temática, João Humberto Cesário[46] alerta: *"Parece-nos, demais disso, que sem embargo da proximidade linguística das palavras 'subsidiário' e 'supletivo', a primeira delas seria algo que vem em reforço do que já existe, enquanto a segunda seria*

---

[45]   WAMBIER, Teresa Arruda Alvim et al. *Primeiros comentários ao novo Código de Processo Civil artigo por artigo,* p. 75.

[46]   CESÁRIO, João Humberto. O processo do trabalho e o novo Código de Processo Civil: critérios para uma leitura dialogada dos arts. 769 da CLT e 15 do CPC/2015. *Revista Trabalhista – Direito e Processo*, São Paulo a. 14, n. 53, jan./mar. 2015, p. 148.

aquilo que completa (e não meramente complementa como indica o parecer parlamentar) um espaço totalmente vazio".

Outra visão é dada por Salvador Franco de Lima Laurino:[47] *"Se prestigiarmos o sentido como o vocábulo é empregado na jurisprudência dos tribunais do trabalho, podemos avançar que haverá 'aplicação subsidiária' quando estiver em causa um imperativo jurídico de integração, ao passo que haverá 'aplicação supletiva' quando, suposta a compatibilidade com a lógica formal dos procedimentos, estiver presente um juízo de conveniência voltado ao aprimoramento do processo do trabalho à luz da Constituição e em conformidade com a pauta de valores estabelecida pelo novo Código de Processo Civil".*

A par, registre-se a existência de opiniões no sentido de que as duas expressões importam divergência prática, na medida em que ambas pressupõem a existência de incompletude da legislação processual trabalhista.

A partir disso, é possível afirmar que *"Embora possam ter sentidos um pouco distintos, não vemos nessas proposições força interpretativa suficiente para que se considere que ambos apresentem diretrizes descompassadas. Do contrário, ambos os vocábulos pressupõem uma ideia de incompletude do sistema originário, e a autorização para que esse sistema seja suprido, suplementado ou completado por outro (...).*

Dessa maneira, embora acreditemos que o legislador não tenha pretendido desenvolver essas minúcias gramaticais, entendemos que o sentido do art. 769 da CLT não foi, de forma alguma, desfigurado, sobretudo porque ele já admitia um instrumento equivalente àquele outorgado pelo art. 15 do NCPC".[48]

Para outros, *"Etimologicamente, existe uma diferença entre aplicação supletiva e aplicação subsidiária. A primeira se destina a suprir algo que não existe em uma determinada legislação, enquanto a segunda serve de ajuda ou de subsídio para a interpretação de alguma norma ou mesmo um instituto.*

Todavia, na prática, tem-se confundido a etimologia dessas palavras, aplicando, uma ou outra, nos dois sentidos. A propósito, o art. 769 da CLT afirma que 'nos casos omissos, o direito processual comum será fonte subsidiária do direito processual do trabalho' e, assim tem ocorrido com aplicação de inúmeros institutos previstos no CPC ou em leis específicas. É o caso, por exemplo, e respectivamente, das regras que dispõem sobre a tutela antecipada e da lei que regulamenta o mandado de segurança (Lei 12.016/2009)".[49]

Inobstante as questões terminológicas, a comparação dos dois artigos revela que a regra contida no civil é mais abrangente do que a do consolidado, pois permite a aplicação ante a existência de omissão e também para aprimoramento, não impondo a exigência de compatibilidade.

---

[47] LAURINO, Salvador Franco de Lima. O artigo 15 do novo Código de Processo Civil e os limites da autonomia do processo do trabalho. *Revista LTr*, v. 79, n. 8, agosto de 2015, p. 953.

[48] DIAS, Carlos Eduardo Oliveira. O novo CPC e a preservação ontológica do processo do trabalho. *Revista Magister de Direito do Trabalho*, n. 66, maio-junho/2015, p. 83.

[49] WAMBIER, Teresa Arruda Alvim et al. *Breves comentários ao Código de Processo Civil*. São Paulo: RT, 2015, p. 94.

PARTE II • Cap. VI – PRINCÍPIOS E O DIREITO PROCESSUAL DO TRABALHO | 101

Surge a seguinte pergunta: O art. 15 do CPC teria derrogado tacitamente os arts. 769 e 889 da CLT? Em outras palavras, além dos casos omissos, o CPC poderia ser aplicado a despeito de normas celetistas, afastando-se a necessidade de compatibilidade principiológica?

Tradicionalmente, o conflito aparente de normas (antinomia) é solucionado por três critérios: (a) critério hierárquico: norma superior prevalece sobre norma inferior; (b) critério da especialidade: norma especial prevalece sobre norma geral; (c) critério cronológico: norma posterior prevalece sobre norma anterior, em ordem de preferência.

Dessa forma, existindo conflito entre norma superior e norma inferior, prevalecerá a primeira, pelo critério hierárquico; a norma especial deverá prevalecer sobre a norma geral, segundo o critério da especialidade, e no conflito entre norma posterior e norma anterior, valerá a primeira, pelo critério cronológico.

Acompanhando essa linha de raciocínio, o CPC e a CLT possuem a mesma hierarquia legislativa, pelo que o primeiro critério não é apto para solucionar a aparente antinomia.

No quesito especialidade, inquestionavelmente, trata-se o CPC de normal geral. A processualística cível é a espinha dorsal do sistema processualista, donde se ramificam o trabalhista, eleitoral e os procedimentos administrativos. Por ser específica, ainda que mais antiga, prevalece a regra prevista no texto consolidado.

Acresça-se que as próprias razões de ser de cada ramo processual impõem a manutenção dos arts. 769 e 889 da CLT. O direito processual tem escopo de instrumentalizar o direito material. Uma vez ferido o direito material, nascendo a pretensão jurídica ao ofendido de acionar o Judiciário, o direito processual atuará. Dessa forma, ainda que autônomo, o direito processual está umbilicalmente ligado ao material que visa a efetivar.

Não se pode negar que diferentemente da relação discutida em uma ação cível, a lide trabalhista decorre da venda da força de trabalho do obreiro ao seu tomador de serviço. Em regra, a força de trabalho é o único bem do qual o trabalhador dispõe para auferir renda e, assim, prover o seu sustento e o de sua família. Nesse passo, a remuneração pelo trabalho é indispensável para a própria sobrevivência da pessoa, disso decorrendo necessidade de haver meios que lhe assegurem o rápido pagamento, quando suprimido.

Se o processo cível é pautado pela presunção de igualdade das partes, o trabalhista o é pela desigualdade, tendo-se o empregado como figura vulnerável em relação ao empregador.

Nesse contexto, remanesce a necessidade de o intérprete aferir a compatibilidade de determinada norma processual cível previamente à sua importação à sistemática do processo trabalhista. Vale dizer, a norma deve privilegiar a rápida solução do feito e a atividade satisfativa, protegendo o hipossuficiente.

Em conclusão, inobstante o disposto no novel art. 15 do CPC, a aplicação de regras do processo comum no trabalhista depende da existência de lacuna e compatibilidade principiológica.

Nesse sentido, o art. 2º, §§ 1º e 2º, da IN 39/16, TST, assim dispõe: (a) aplica-se o CPC, subsidiária e supletivamente, ao processo do trabalho, em caso de omissão e desde que haja compatibilidade com as normas e princípios do direito processual do trabalho;

(b) será observado o princípio da irrecorribilidade em separado das decisões interlocutórias, de conformidade com o art. 893, § 1º, CLT e Súmula 214, TST; (c) o prazo para interpor e contra-arrazoar todos os recursos trabalhistas, inclusive agravo interno e agravo regimental, é de oito dias (art. 6º, Lei 5.584/70 e art. 893, CLT), exceto embargos de declaração (art. 897-A, CLT).

QUESTIONÁRIO

1. Qual é a importância dos princípios na formulação da Ciência Jurídica?

2. Na sua opinião, a norma infraconstitucional pode limitar o duplo grau de jurisdição?

3. As normas processuais quanto à litigância de má-fé são aplicáveis ao processo trabalhista?

4. A oralidade é importante no processo trabalhista?

5. O princípio da identidade física do juiz é compatível com o direito processual do trabalho?

6. A conciliação é vital para a validade do processo trabalhista?

7. Na sua opinião, a capacidade postulatória das partes deve ser mantida no processo trabalhista?

8. O princípio protetor possui ingerência no direito processual do trabalho?

Capítulo VII

AS RELAÇÕES E OS
CONFLITOS COLETIVOS DE TRABALHO

No campo do direito do trabalho, a doutrina costuma distinguir dois tipos de relações de trabalho, a saber: individual ou coletiva.

A relação individual de trabalho diz respeito ao contrato individual de trabalho, envolvendo o empregado e o empregador (sujeitos), em seus interesses individuais (dizem respeito ao contrato de trabalho individual, ou seja, a relação de emprego). Trata de regulação do contrato de trabalho (direitos e deveres de ambas as partes).

As relações individuais diferem das coletivas porque, nestas, as questões ultrapassam o contrato individual de trabalho para atingir uma coletividade que se une para defender suas reivindicações.

Na concepção de Amauri Mascaro Nascimento, a distinção entre as relações individuais e as coletivas se dá pelos sujeitos e pelos interesses. Isso porque, *"nas relações coletivas, os sujeitos são os grupos de trabalhadores e de empregadores, representados, em regra, pelos sindicatos profissionais e patronais, apresentando-se como relações intersindicais. São coletivas as relações entre sindicato de trabalhadores e, diretamente, uma empresa, ou mais de uma empresa. Quando o sindicato representa os trabalhadores da empresa perante esta, sem a intermediação do sindicato patronal, estar-se-á diante de uma relação coletiva. O sindicato pode representar interesses dos trabalhadores de uma única empresa e, quando o faz, trata-se de uma relação coletiva, uma vez que o grupo, e não cada trabalhador, é o representado. Nessa mesma perspectiva, no direito sindical há sujeitos coletivos. A expressão refere-se ao grupo. Este, o grupo, é o sujeito. E é coletivo porque é considerado de modo global, como um todo, sem destaque de cada um dos seus participantes. O grupo não tem personalidade jurídica. O ente que o representa, sim, é que a terá formalizado perante o direito. O grupo é, simplesmente, a unidade representada"*.[1]

Além dos sujeitos e interesses, Amauri Mascaro afirma que a causa também permite diferenciar as duas relações, pois *"nas relações coletivas a defesa dos interesses grupais, nas relações individuais a defesa dos interesses isolados e específicos das pessoas. A causa nas relações coletivas é abstrata e geral, nas individuais é concreta e específica"*.[2]

---

[1]   NASCIMENTO, Amauri Mascaro. *Compêndio de direito sindical*, 3. ed., p. 31.

[2]   NASCIMENTO, Amauri Mascaro. *Curso de direito do trabalho*, 19. ed., p. 1005.

Américo Plá Rodríguez, após reconhecer a distinção entre as duas formas de relações de trabalho, entende que essas relações possuem distintos sujeitos e conteúdo, além de se separarem pela natureza do conflito (interesse do trabalhador e interesse abstrato da categoria); interesse que está em jogo e, por fim, afirma que nas relações individuais se buscam negociar trabalho por salário e as coletivas têm uma finalidade normativa ou obrigacional.

Assim, pode-se dizer que as relações jurídicas de trabalho individual e coletiva diferem essencialmente quanto aos sujeitos e interesses, ainda que outras distinções também possam ser encontradas na doutrina.

Conflito coletivo de trabalho é o conflito oriundo da relação de trabalho, o qual, de um lado, envolve um grupo de trabalhadores, visto de forma abstrata, e de outro, um grupo de empregadores ou um único empregador. Grupos esses que no direito brasileiro formam as categorias: econômica (empregador), profissional e diferenciada (trabalhadores).

Os desdobramentos temáticos das relações e os conflitos coletivos de trabalho são tratados na Parte IX, Capítulo I desta obra.

QUESTIONÁRIO

1. Quais são as espécies de relações de trabalho e como elas se distinguem?

Capítulo VIII

AS FORMAS DE SOLUÇÕES DE CONFLITOS INDIVIDUAIS DE TRABALHO

8.1 AUTODEFESA

A autodefesa denota o ato pelo qual alguém faz a defesa própria de seus direitos ou interesses. Atualmente, não pode mais ser reconhecida como forma de solução do conflito individual, porque caracteriza crime fazer justiça pelas próprias mãos, para satisfazer pretensão, embora legítima, salvo quando a lei o permite (art. 345, CP).

8.2 AUTOCOMPOSIÇÃO

8.2.1 Negociação Direta

No campo do direito individual do trabalho, não existe regulamentação para negociação direta entre as partes, porém nota-se que parte dos conflitos é resolvida dessa forma, resultando em alterações do contrato de trabalho, *v. g.*, aumento salarial ou alteração da jornada de trabalho.

A alteração do contrato de trabalho deve observar o sistema de proteção (arts. 9º e 468, CLT).

8.2.2 Comissões Prévias de Conciliação

8.2.2.1 Introdução

Com a edição da Lei 9.958/00, houve uma série de alterações na CLT, com a criação das Comissões de Conciliação Prévia (CCP). Inseriram-se na CLT os arts. 625-A a 625-H, art. 877-A, além de se alterar o art. 876.

Com a Lei 9.958, no âmbito das empresas ou dos sindicatos, poderá haver a criação de CCP. Trata-se de uma inovação sem precedentes legais de grande amplitude no ordenamento trabalhista nacional, atribuindo-se aos próprios interessados e aos sindicatos a responsabilidade na solução dos conflitos individuais de trabalho.

Ressalvamos, de antemão, que a presente lei é aplicável aos particulares, não justificando a sua adoção quando o empregador for ente público, na medida em que o ordenamento jurídico veda a conciliação do administrador público, preconizando regras inflexíveis para o emprego dos recursos orçamentários.

A LC 123/06, que trata do Estatuto Nacional da Microempresa e da Empresa de Pequeno Porte, em seu art. 75, *caput*, acentua que tais empresas deverão ser estimuladas a utilizar os institutos de conciliação prévia, mediação e arbitragem para solução dos seus conflitos. O estímulo compreenderá campanhas de divulgação, serviços de esclarecimento e tratamento diferenciado, simplificado e favorecido no tocante aos custos administrativos e honorários cobrados (art. 75, § 2º). O art. 75, § 2º, determina que serão reconhecidos de pleno direito os acordos celebrados no âmbito das CCPs.

8.2.2.2 Constituição

As empresas e os sindicatos podem instituir CCPs, de composição paritária, com representantes dos empregados e dos empregadores, com a atribuição de conciliar os conflitos individuais do trabalho (art. 625-A, *caput*, CLT).

A criação das CCPs não é obrigatória, ficando ao arbítrio das empresas e dos sindicatos a instituição deste mecanismo, como forma extrajudicial de solução de conflitos individuais de trabalho.

Não é necessária a alusão aos conflitos coletivos de trabalho, já que o ordenamento jurídico prevê as formas autocompositivas (convenção e acordo coletivo de trabalho – art. 7º, XXVI, CF), além da arbitragem facultativa (art. 114, § 1º).

As CCPs podem ser instituídas tanto no âmbito das empresas como das entidades sindicais, inclusive havendo a possibilidade da constituição por grupos de empresas ou sindicatos (art. 625-A, parágrafo único, CLT).

8.2.2.3 A Comissão na Empresa

Diante do texto legal, é necessária a participação do sindicato na criação da CCP no âmbito da empresa?

A lei não é expressa neste sentido. O art. 625-B estabelece os critérios para a composição da referida Comissão, porém não é explícito quanto à gênese da mesma.

Será que basta uma simples avença entre a empresa e os seus empregados, de forma direta, sem a participação da entidade sindical que represente tais trabalhadores?

Entendemos que a resposta deve ser pela negativa. É necessária a participação da entidade sindical, representativa dos trabalhadores da empresa, para que haja a legalidade da Comissão a ser instituída. Não podemos esquecer que o art. 625-A, *caput*, da CLT, enuncia que as empresas e os sindicatos podem instituir as comissões.

A conclusão é no sentido de que a Comissão que seja criada no âmbito da empresa ou do sindicato, tenha sido deliberada em ajuste normativo, diretamente com a empresa e o sindicato da categoria profissional (acordo coletivo) ou entre os sindicatos da categoria profissional ou econômica (convenção coletiva).

É possível, ainda, diante do que dispõe o art. 625-A, parágrafo único, da CLT, a criação das comissões por meio de um acordo coletivo que envolva várias empresas e o

PARTE II · Cap. VIII – AS FORMAS DE SOLUÇÕES DE CONFLITOS INDIVIDUAIS DE TRABALHO | 107

sindicato da categoria profissional, bem como através de um ajuste intersindical (sindicatos de várias categorias econômicas e profissionais de forma concomitante).

Deve ser frisado que é incabível a adoção da comissão por meio de um acordo direto entre a empresa e os trabalhadores, sem a participação da entidade sindical representativa da categoria profissional.

O art. 625-B da CLT estabelece os requisitos que devem ser observados quando da instituição da Comissão de Conciliação Prévia no âmbito da empresa. Tais requisitos são os seguintes:

a) o número dos componentes – a comissão será composta, no mínimo de dois e, no máximo, de dez membros, observando-se a composição paritária (art. 625-B, *caput*, combinado com o art. 625-A, *caput*);

b) os representantes da empresa serão por ela indicados; por sua vez, os representantes dos empregados serão eleitos por meio de um escrutínio secreto, o qual terá a fiscalização pelo sindicato da categoria profissional (art. 625-B, I);

c) para cada representante titular, haverá um suplente; o mandato seja para o titular como o suplente, terá a duração de um ano, permitida uma recondução (art. 625-B, II e III);

d) os representantes dos empregados, titulares e suplentes, possuem a estabilidade no emprego, até um ano após o final do mandato, salvo se cometerem falta grave, nos termos da lei (art. 625-B, § 1º);

e) o representante dos empregados desenvolverá seu trabalho normal na empresa, afastando-se de suas atividades apenas quando convocado para atuar como conciliador, sendo computado como tempo de trabalho efetivo o despendido nessa atividade (art. 625-B, § 2º).

A Lei 9.958 não dispõe sobre a observância de outros requisitos quanto à CCP, criada para atuação no âmbito da empresa.

Como se denota, o diploma limita-se a dispor sobre a quantidade mínima e máxima dos seus integrantes, a eleição para os representantes dos empregados (suplentes e titulares), a indicação do empregador quanto aos seus, a duração do mandato (com uma recondução), a estabilidade para os representantes dos empregados (suplentes e titulares) – até um ano após o término do mandato (exceto no caso da prática de falta grave, reconhecida em inquérito judicial) – e os efeitos da participação deste membro na CCP e o seu contrato de trabalho.

As normas exigíveis são mínimas, nada dispondo sobre os demais critérios de constituição e funcionamento. Tal ponderação nos leva a corroborar a tese de que a origem da comissão, cuja atuação seja no âmbito da empresa, necessita para sua validade a participação efetiva da entidade sindical, representativa dos empregados, não se justificando os entendimentos diretos entre os trabalhadores e a empresa.

8.2.2.4 A Comissão no Sindicato

A Comissão instituída no âmbito do sindicato terá sua constituição e normas de funcionamento definidas em convenção ou acordo coletivo (art. 625-C, CLT).

O legislador não estabelece nenhuma norma, como forma de valorização da autonomia privada coletiva, ao deixar para os atores sociais (os sindicatos e as empresas) o estabelecimento das normas necessárias para a constituição e funcionamento desta Comissão.

A Lei 9.958, interpretada de forma sistemática, em seu art. 625-B, trata exclusivamente da comissão criada para uma empresa e cujo funcionamento ocorre dentro da própria empresa, sendo que a sua criação deve originar-se por meio de um acordo coletivo de trabalho (assinado entre a empresa interessada e o sindicato da categoria profissional). Neste caso, o acordo coletivo deve respeitar as regras mínimas inseridas no dispositivo.

O art. 625-C é aplicável para a Comissão cujo funcionamento ocorra dentro do sindicato (profissional ou não), sendo que a sua criação pode ser nas seguintes hipóteses:

a) de um acordo entre o sindicato profissional e o empregador ou empresas signatárias (neste caso a comissão somente possui competência para os conflitos individuais dos trabalhadores do empregador ou empresas signatárias);

b) entre os sindicatos da categoria profissional ou econômica, por meio de uma convenção coletiva (neste caso, a comissão terá competência para deliberar sobre os conflitos individuais dos trabalhadores de toda a categoria, respeitando-se os limites da representação dos signatários);

c) em função de um ajuste intersindical (sindicatos de várias categorias econômicas e profissionais de forma concomitante). Nessa hipótese, a comissão terá competência para deliberar sobre os conflitos individuais dos trabalhadores de todos os trabalhadores que estejam no âmbito de representação das entidades signatárias.

A comissão a ser instituída no âmbito de atuação do Sindicato (nas dependências deste, seja patronal ou profissional) e intersindical não necessita da observância das regras previstas no art. 625-B, desde que se observe quanto aos seus membros a composição paritária (art. 625-A, *caput*).

8.2.2.5 Procedimento na Comissão

Qualquer demanda de natureza trabalhista será submetida à CCP se, na localidade da prestação de serviços, houver sido instituída a comissão no âmbito da empresa ou do sindicato da categoria (art. 625-D, *caput*, CLT).

A interpretação literal do dispositivo assegura que é indispensável, em qualquer demanda de natureza trabalhista de cunho individual (art. 625-A), que a mesma seja submetida à CCP, desde que seja instituída no âmbito da empresa ou da entidade sindical.

Claro está que, se a comissão não estiver localizada nas dependências do município onde ocorrer prestação dos serviços, o trabalhador deverá dirigir-se ao local onde a CCP esteja em funcionamento.

PARTE II · Cap. VIII – AS FORMAS DE SOLUÇÕES DE CONFLITOS INDIVIDUAIS DE TRABALHO | 109

Nada obsta, quando da criação da comissão, que sejam estabelecidos os limites territoriais de sua atuação, bem como o local de seu funcionamento, ou, ainda, que sejam criados mecanismos de dias e horários alternados nos vários municípios que estejam abrangidos pela mesma. Tudo irá depender das normas de constituição ou funcionamento estabelecidas pelas partes (empregadores e sindicatos; sindicatos e sindicatos).

A comissão, quando instituída, deverá ser procurada pelas partes interessadas para a conciliação dos interesses advindos de um conflito individual de trabalho.

Há uma corrente doutrinária que entende que a passagem pela comissão é obrigatória. Em sentido contrário, há outra posição que defende que essa obrigatoriedade colide com o disposto no art. 5º, XXXV, CF (princípio da inafastabilidade da jurisdição).

A exigência da passagem pela CCP não é pressuposto processual ou condição para o exercício do direito de ação. Os fundamentos: (a) o direito de ação é norma constitucional (art. 5º, XXXV); (b) a exigência pela passagem fere o princípio da igualdade (o demandado não sofre nenhuma consequência se não comparecer à Comissão); (c) a perda do interesse processual na articulação da submissão à Comissão por parte da empresa contestante eis que, quando do comparecimento em Juízo (audiência trabalhista), no exercício do seu direito de defesa, não oferece nenhuma proposta para fins de conciliação com a parte contrária.

O Plenário do STF (ADIs 2139 e 2160), em maio de 2009, por reputar caracterizada, em princípio, a ofensa ao princípio do livre acesso ao Judiciário, por maioria, deferiu, de forma parcial, as medidas cautelares, para dar interpretação conforme a CF relativamente ao art. 625-D da CLT, que determina a submissão das demandas trabalhistas à CCP, a fim de afastar o sentido da obrigatoriedade dessa submissão.

Em agosto de 2018, a decisão liminar foi confirmada pelo Plenário do STF (ADIs 2139, 2160 e 2237), e não pode o legislador infraconstitucional criar exceções ao direito de ação. Apesar disso, a Min. Cármen Lúcia ressaltou que *"A legitimidade desse meio alternativo de resolução de conflitos baseia-se na consensualidade, importante ferramenta para o acesso à ordem jurídica justa. O artigo 625-D e seus parágrafos devem ser reconhecidos como subsistema administrativo, apto a buscar a pacificação social, cuja utilização deve ser estimulada e constantemente atualizada, não configurando requisito essencial para o ajuizamento de reclamações trabalhistas".*

Adotando o entendimento liminar do STF, a SDI-I fixou o entendimento de que a passagem pela CCP não constitui pressuposto processual nem condição para agir – não cabendo, portanto, a extinção do processo sem julgamento do mérito em caso de ausência de tentativa de conciliação (E-ED-RR 349.2004.241.02.00-4).

Qualquer que seja a natureza da controvérsia da relação jurídica individual, ela poderá ser submetida à CCP? Nesse sentido é o *caput* do art. 625-D, ou seja: *"Qualquer demanda de natureza trabalhista...".*

Quando se fala em demanda de natureza trabalhista a qual deve ser submetida à comissão de forma obrigatória, outro impasse interpretativo pode surgir diante do texto legal, a saber: (a) é comum, em um conflito trabalhista, haver a violação de vários direitos subjetivos de forma simultânea; (b) quando houver a passagem pela comissão, a qual é obrigatória, a parte interessada deverá solicitar todos os direitos, para que possa então, se infrutífera a conciliação, ajuizar a demanda junto a uma das varas do trabalho?

Imagine uma dada situação: o empregado tem direito à percepção de horas extras e de adicional de insalubridade; junto à comissão, por um lapso ou, por desconhecer a lei trabalhista como um todo (o que é comum ao trabalhador brasileiro), solicita somente as horas extras. Resumindo-se a problemática: O conteúdo por inteiro deve ser submetido à comissão? Eventual falha de conteúdo material na demanda proposta perante a comissão inviabiliza uma ação trabalhista perante a Vara do Trabalho competente?

A demanda deve ser submetida à Comissão, porém eventual título não solicitado neste ato não inviabiliza o ajuizamento posterior desta diferença junto à Justiça do Trabalho. Qualquer que seja a conciliação havida nestas comissões, a quitação ficará restrita às verbas que foram requeridas, não abrangendo outros títulos que não tenham sido solicitados. Essas assertivas são importantes na medida em que a quitação dada nas comissões não pode ser equiparada a uma plena transação. A quitação dada na Comissão refere-se somente às verbas postuladas, ou seja, ao conteúdo material da demanda que foi reduzida a termo diante da comissão. A eficácia liberatória do termo da conciliação fica limitada ao conteúdo material da demanda apresentada perante a Comissão.

Prosseguindo-se na análise do art. 625-D, CLT, temos: A demanda será formulada por escrito ou reduzida a termo por qualquer dos membros da Comissão, sendo entregue cópia datada e assinada pelo membro aos interessados (art. 625-D, § 1º).

Várias são as críticas quanto ao conteúdo do art. 625-D, § 1º, a saber:

a) a lei não estabelece, explicitamente, se a parte (trabalhador ou empregador) pode estar representada ou assistida por advogado. Como não proíbe, entende-se que a parte interessada pode estar acompanhada de um advogado. O correto seria a presença obrigatória do advogado, como sendo indispensável para a validade do processado, respeitando a norma constitucional que assim enuncia: *"O advogado é indispensável à administração da Justiça, sendo inviolável por seus atos e manifestações no exercício da profissão, nos limites da lei"* (art. 133). A busca da Justiça não pressupõe somente a ativação da máquina jurisdicional, como também a conscientização e a valorização do trabalhador como cidadão, sendo a presença do advogado indispensável para que o interessado possa ter uma ideia exata dos interesses violados, podendo traçar objetivamente a amplitude da lesão havida, indicando-se os fundamentos fáticos e jurídicos, os direitos pleiteados e os seus valores. Saliente-se que a atuação da advocacia se faz tanto no contencioso como no preventivo. Para alguns a provocação da comissão é pressuposto para o exercício do direito de ação. Partindo-se desta premissa, o legislador deveria declinar que a demanda fosse apresentada, de forma obrigatória, pelo trabalhador representado ou assistido por um advogado, como ocorre na prática com as demandas trabalhistas. Em qualquer caso, nada obsta que os instrumentos normativos, ao criar normas e critérios para o funcionamento das comissões,

PARTE II • Cap. VIII – AS FORMAS DE SOLUÇÕES DE CONFLITOS INDIVIDUAIS DE TRABALHO | 111

atribuam aos interessados a faculdade de estarem representados ou assistidos por advogados, invocando-se para tanto a aplicação subsidiária das inteligências contidas nos arts. 839 e 840, CLT;

b) o art. 625-D, § 1º, não declina quem poderá constar do polo ativo da demanda. Surgem várias indagações: (1) Será o empregado de forma necessária? (2) Poderá a demanda ser ajuizada pelo empregador? (3) Empregado e empregador, de comum acordo, podem solicitar a apreciação da demanda pela Comissão? As dúvidas surgem na medida em que o dispositivo utiliza a expressão "interessados", não indicando quem seja o titular do direito quanto à provocação deste órgão extrajudicial. Partindo-se do pressuposto de que o objetivo da lei é a composição do conflito trabalhista, não se pode visualizar o detentor do direito quanto à provocação como de posse exclusiva do empregado, sendo uma atribuição de qualquer de um dos sujeitos da relação jurídica material controvertida (de natureza individual).

Com base na assertiva de que o empregado e o empregador possuem a faculdade de apresentar a demanda perante a comissão, a parte contrária que não atender a um chamado para a conciliação deveria ser penalizada pela sua ausência. A parte que é inerte, como não pode ser sujeita aos efeitos processuais de sua inércia, deveria sofrer uma sanção. A sanção deveria ser prevista na Lei 9.958.

Em concreto, ao que nos parece, quem irá procurar a comissão será o trabalhador, enquanto o empregador, em caso de recusa, nada sofrerá. Os trabalhadores irão gastar tempo e dinheiro, pois, se não houver o comparecimento junto à Comissão, não poderão acionar o Judiciário Trabalhista.

O sistema imposto pela lei, indiretamente, já atribui uma sanção ao empregado. Logo, quando fosse o empregado o responsável por acionar a Comissão, no caso do não comparecimento do empregador, a ele deverá ser fixada uma multa pecuniária, a qual seria revertida para o trabalhador. Nada obsta que haja nos instrumentos normativos que constituíram as comissões a fixação de uma multa para a parte que não responde ao convite para a conciliação.

Não prosperando a conciliação, será fornecida ao empregado e ao empregador declaração da tentativa conciliatória frustrada com a descrição de seu objeto, firmada pelos membros da Comissão, que deverá ser juntada à eventual reclamação trabalhista[1] (art. 625-D, § 2º).

---

[1] Para vários autores, o art. 625-D, § 2º, CLT, realça a argumentação de que a passagem pela comissão é um pressuposto ou condição indispensável para o exercício do direito de ação (art. 5º, XXXV, CF). Se não for observada pelo trabalhador, quando da formulação da defesa a um petitório formulado a uma das Varas do Trabalho, o empregador deverá solicitar a extinção do feito sem julgamento do mérito (art. 485, IV ou VI, CPC). Em caso de inércia do empregador, a referida matéria poderá ser conhecida de ofício pelo juiz do trabalho (art. 337, X, § 5º, CPC). A conciliação não é obrigatória, contudo, o documento do ajuizamento da demanda junto à comissão é documental essencial para a propositura da ação.

Havendo motivo relevante que impossibilite a observância do procedimento previsto no art. 625-D, *caput,* será a circunstância declarada na petição inicial da ação intentada perante a Justiça do Trabalho (art. 625-D, § 3º). O motivo, para ser tido como relevante, ficará submetido ao prudente arbítrio do magistrado trabalhista. A caracterização, ou não, do que vem a ser motivo relevante dependerá do caso em concreto. É razoável, quando houver a declinação de motivo relevante no petitório, se o mesmo não for acatado pela vara do trabalho, que se possibilite à parte interessada o suprimento desta exigência e a sua comprovação nos autos, suspendendo-se o andamento do feito por um prazo razoável, valendo-se para tanto do que dispõe o art. 313, V, *b*, CPC.

Caso existam, na mesma localidade e para a mesma categoria, comissão de empresa e comissão sindical, o interessado optará por uma delas para submeter a sua demanda, sendo competente aquela que primeiro conhecer do pedido (art. 625-D, § 4º, CLT). A comissão escolhida estará prevenida, devendo a outra parte nela comparecer para a solução da sua contenda.

As CCPs têm o prazo peremptório de dez dias para a realização da sessão de tentativa de conciliação, sendo que o mesmo se inicia a partir da provocação do interessado (art. 625-F, *caput*). Esgotado o prazo sem a realização da sessão, deverá ser fornecida ao interessado a declaração no sentido de que a conciliação restou frustrada (art. 625-F, parágrafo único).

A prescrição trabalhista fica suspensa quando se submete a demanda ao exame do órgão extrajudicial. A contagem volta a fluir a partir da tentativa frustrada de conciliação ou quando se tem o esgotamento do prazo de dez dias para o procedimento (art. 625-G).

Aplica-se aos Núcleos Intersindicais de Conciliação Trabalhista ou aos que vierem a ser criados os arts. 625-A a 625-G, CLT, desde que sejam observados os princípios da paridade e da negociação coletiva na sua constituição (art. 625-H).

8.2.2.6 Dos Efeitos da Conciliação perante a Comissão

Havendo o consenso sobre o conteúdo da demanda proposta, deverá haver a elaboração de um termo de conciliação, o qual será assinado pelas partes e membros da Comissão, sendo fornecida cópia aos interessados (art. 625-E, *caput*, CLT).

Nos termos da CLT, o termo de conciliação é título executivo extrajudicial e terá eficácia liberatória geral, exceto quanto às parcelas expressamente ressalvadas (art. 625-E, parágrafo único).

O termo de conciliação deve valer como título executivo extrajudicial, sob pena de tornar inócua a própria intenção do legislador. Contudo, há críticas ao efeito pretendido nesta conciliação.

A conciliação, fruto da convergência dos interesses, somente pode ser vislumbrada como efetiva quanto às parcelas que compõem o conteúdo material da demanda que foi submetida à comissão.

O empregador, alegando dificuldades, pode postergar a homologação da rescisão contratual e procurar o órgão extrajudicial para uma conciliação. Propõe os valores da rescisão, por exemplo. Se o empregado aceita receber os valores de forma parcelada, a eficácia da conciliação ficará restrita aos títulos trabalhistas que foram citados no conteúdo da solicitação.

Quanto à eficácia liberatória da conciliação, a doutrina aponta três posições: (a) geral, abrangendo todos os títulos decorrentes do contrato de trabalho, a não ser que haja ressalva expressa. Nessa hipótese, se não houver ressalva expressa, a quitação poderá ser ampla, com equiparação à coisa julgada; (b) dos títulos, isto é, engloba os atos ou fatos jurídicos mencionados na demanda apresentada na CCP, não se tendo a necessidade expressa da ressalva quanto a outros fundamentos jurídicos não pleiteados. Vale dizer, a eficácia envolveria somente os direitos solicitados na Comissão; (c) dos valores (parcelas), ou seja, a eficácia fica restrita aos montantes das parcelas pagas, não englobando os direitos dela decorrentes. Em outras palavras, se na Comissão o trabalhador recebeu R$ 500,00 a título de horas extras, poderá reclamar outras diferenças pelo mesmo título na Justiça do Trabalho.

No julgamento da ADI 2237, o STF entendeu que a expressão "eficácia liberatória geral" não é incompatível com a Constituição Federal (Min. Cármen Lúcia).

O título, oriundo da conciliação, possui eficácia liberatória quanto aos títulos que sejam objeto da demanda, desde que não haja ressalva expressa. Os títulos não citados, como sendo conteúdo da demanda, não precisam ser ressalvados, na medida em que a quitação deve ser entendida de forma restritiva, valendo somente para os títulos demandados junto ao referido órgão extrajudicial.

Quem produz coisa julgada, dentro do ordenamento jurídico nacional,[2] é a sentença de mérito, proferida pelo órgão jurisdicional competente, não mais sujeita a recurso (art. 502, CPC). Ainda neste sentido temos a Lei de Introdução às Normas do Direito Brasileiro, a qual, em seu art. 6.º, § 3º, enuncia: *"Chama-se coisa julgada ou caso julgado a decisão judicial de que já não caiba recurso."*

A pretensa equiparação dos termos "terá eficácia liberatória geral" à figura da coisa julgada, de forma concreta, deve ser vista como verdadeira ofensa ao art. 5.º, XXXVI, que enuncia: *"A lei não prejudicará o direito adquirido, o ato jurídico perfeito e a coisa julgada."*

Sergio Pinto Martins[3] afirma que *"a eficácia liberatória geral só pode dizer respeito ao que foi pago e não ao contrato de trabalho, salvo se assim for descrito no termo. Prevê o art. 320 do Código Civil que a quitação designará o valor e a espécie da dívida quitada, o nome do devedor, ou quem por este pagou, o tempo e o lugar do pagamento, com a assinatura do credor ou de seus representantes. Não haverá eficácia liberatória daquilo que não foi pago. Assim, a quitação envolve apenas as parcelas e os valores pagos e não os títulos. Se não houve o pagamento integral, o empregado poderá reclamar eventuais diferenças ou até mesmo verbas que não foram pagas e que, portanto, não foram quitadas. É claro que o empregado poderá fazer ressalvas expressas em relação àquilo que não foi quitado. O fato de a lei fazer referência à ressalva expressa em nada modifica a questão, pois, mesmo que a ressalva não seja feita, não haverá quitação quanto à verba não paga ou paga em valor inferior ao devido."*

---

[2]   De acordo com a Lei nº 9.307/96, a sentença arbitral produz, entre as partes e seus sucessores, os mesmos efeitos da sentença proferida pelos órgãos do Poder Judiciário e, sendo condenatória, constitui título executivo judicial (art. 31; art. 515, VII, CPC).

[3]   MARTINS, Sergio Pinto. *Direito do trabalho*, 21. ed., p. 785.

A jurisprudência do TST entende que a quitação do termo firmado na CCP é ampla quanto ao contrato de trabalho, quando não se tem a ressalva expressa *(TST – AIRR 0000372-51.2012.5.04.0402 – Rel. Min. Mauricio Godinho Delgado – DJe 30/6/2014 – p. 1170).*

O termo de conciliação, como título extrajudicial, se não for cumprido, poderá ser objeto de uma ação de execução na Justiça do Trabalho, em face da nova redação que foi dada ao art. 876, CLT, que assim enuncia: *"As decisões passadas em julgado ou das quais não tenha havido recurso com efeito suspensivo; os acordos, quando não cumpridos; os termos de ajuste de conduta firmados perante o Ministério Público do Trabalho e os termos de conciliação firmados perante as Comissões de Conciliação Prévia serão executados pela forma estabelecida neste Capítulo."*

A vara do trabalho competente para a ação de execução é a mesma competente para o processo de conhecimento relativo à matéria que foi objeto da demanda junto ao órgão extrajudicial (art. 877-A, CLT).

8.2.3 Quitação Anual das Obrigações Trabalhistas

No texto constitucional originário, havia a possibilidade de o empregador rural comprovar, de cinco em cinco anos, perante a Justiça do Trabalho, o cumprimento das suas obrigações trabalhistas para com o empregado rural, na presença deste e de seu representante sindical (art. 233). Uma vez comprovado o cumprimento das obrigações trabalhistas, ficava o empregador isento de qualquer ônus decorrente daquelas obrigações no período respectivo. A regra foi excluída expressamente do texto pela EC 28/2000.

Com a Reforma Trabalhista, tal instituto foi revigorado, de modo que passou a ser facultado a empregados e empregadores, na vigência ou não do contrato de emprego, firmar o termo de quitação anual de obrigações trabalhistas, perante o sindicato dos empregados da categoria. O termo discriminará as obrigações de dar e fazer cumpridas mensalmente e dele constará a quitação anual dada pelo empregado, com "eficácia liberatória das parcelas nele especificadas" (art. 507-B, CLT).

Não se trata de um instrumento de transação ou conciliação extrajudicial, mas apenas de comprovação do cumprimento da legislação trabalhista perante a entidade sindical do empregado, sendo que tal instituto não pode representar restrição ao direito de ação. Por conta disso, *a priori*, entendemos que a "quitação" abrange apenas os "valores pagos" (quitação parcial).

8.3 HETEROCOMPOSIÇÃO

8.3.1 Arbitragem

8.3.1.1 Introdução

Ao Estado cabe resolver e julgar os conflitos de interesses (art. 5º, XXXV, CF), porém nada obsta que as partes elejam um terceiro,[4] para que elabore uma decisão, visando à solução do conflito.

---

[4] "Todavia, com base nos princípios da liberdade de contratar e da solução pacífica dos conflitos, pertencentes aos direitos privados, as partes de uma relação jurídica onde haja controvérsia a

PARTE II · Cap. VIII – AS FORMAS DE SOLUÇÕES DE CONFLITOS INDIVIDUAIS DE TRABALHO | 115

A arbitragem denota a solução do conflito mediante a decisão de um árbitro, que poderá ser um órgão ou pessoa. É uma decisão proferida por um terceiro que é aceito pelas partes como árbitro e que tem como escopo a composição de uma controvérsia.

Como forma de solução dos conflitos coletivos de trabalho, a arbitragem não é obrigatória e sim facultada às partes quando estiver frustrada a negociação coletiva (art. 114, § 1º, CF). Denota uma forma de alternativa para se evitar a solução do conflito através do dissídio coletivo. Não se trata de um pressuposto processual do dissídio, mas de um instrumento equivalente.

A inserção da arbitragem na CF é louvável, mas de forma concreta a sua prática resta inócua, não sendo comum no seio do sindicalismo brasileiro a referida utilização.

A arbitragem é disciplinada pela Lei 9.307/96, sendo que a mesma se aplica aos contratos que contenham cláusula arbitral, ainda que celebrados antes da sua edição (Súm. 485, STJ).

8.3.1.2 Arbitragem prestada pelo Ministério Público do Trabalho

O art. art. 83, XI, possibilita ao MPT atuar como árbitro, se assim for solicitado pelas partes, nos dissídios de competência da Justiça do Trabalho. Trata-se de uma atuação administrativa.

8.3.1.3 Arbitragem Facultativa e Obrigatória

Em linhas gerais, a arbitragem é uma decisão proferida por um terceiro que é aceito pelas partes como árbitro e que tem como escopo a composição de uma controvérsia. Possui natureza jurídica híbrida (contrato e jurisdição), visto que as partes contratam um terceiro para a solução da pendência. Pode ser: (a) prestada pelo Estado ou particular; (b) de cunho obrigatório ou facultativo (voluntário).

Para os particulares, a arbitragem poderá ser de direito ou de equidade, podendo, inclusive, ser convencionado que: (a) as regras de direito serão aplicáveis, desde que não haja violação aos bons costumes e à ordem pública; (b) a arbitragem seja realizada com base nos princípios gerais de direito, nos usos e costumes e nas regras internacionais de comércio (art. 2º, §§ 1º e 2º, Lei 9.307/96).

No âmbito da Administração Pública, a arbitragem sempre será de direito e deverá respeitar o princípio da publicidade (art. 2º, § 3º), sendo que a autoridade ou o órgão competente da Administração Pública Direta para a celebração de convenção de arbitragem é a mesma para a realização de acordos ou transações (art. 1º, § 2º).

---

respeito de direitos patrimoniais poderão combinar que um terceiro resolva suas pendências finalizando o dissídio. Se a lei permite a transação, por que não delegar a um terceiro para atuar como juiz privado (árbitro)? [...] Dessa forma, dentro dessa possibilidade de resolver os litígios relativos a certos direitos patrimoniais sem a intervenção do Poder Judiciário, os interessados poderão contratar árbitros para lhessubmeterem as questões controvertidas que anteriormente pactuaram" (SANT'ANNA, Valéria Maria. *Arbitragem* – comentários à Lei nº 9.307/96, p. 19).

No Direito brasileiro, a lei não excluirá da apreciação do Poder Judiciário lesão ou ameaça a direito (art. 5º, XXXV, CF).

De acordo com o art. 3º, §§ 1º e 2º, CPC, a arbitragem é permitida na forma da lei, sendo que o Estado promoverá, sempre que possível, a solução consensual dos conflitos.

8.3.1.4 Convenção de Arbitragem

Aqueles que assim desejarem podem submeter à solução de seus litígios ao Juízo arbitral mediante convenção de arbitragem, assim entendidos a cláusula compromissória e o compromisso arbitral (art. 3º, Lei 9.307).

A cláusula compromissória (cláusula arbitral) é a convenção da qual as partes em um contrato comprometem-se a submeter à arbitragem os litígios que possam vir a surgir, relativamente a tal contrato (art. 4º).

Enquanto o compromisso arbitral é a convenção da qual as partes submetem um litígio à arbitragem de uma ou mais pessoas, podendo ser judicial ou extrajudicial (art. 9º).

Luiz Antonio Scavone Junior[5] ensina que existem as cláusulas arbitrais vazias (ou em branco) e as cláusulas arbitrais cheias. As primeiras são aquelas em que as partes, em caso de conflito, se obrigam a submetê-lo à arbitragem, enquanto as cláusulas arbitrais cheias são aquelas "que contém os requisitos mínimos para que possa ser instaurado o procedimento arbitral (as condições mínimas que o art. 10 da Lei de Arbitragem impõe para o compromisso arbitral), como, por exemplo, a forma de indicação dos árbitros, o local etc., tornando prescindível o compromisso arbitral".

Pelo CPC, a arbitragem deve ser objetivada pelo magistrado, como forma de solução do conflito (art. 359).

8.3.1.5 Arbitragem e o Conflito Coletivo e Individual do Trabalho

No Direito Civil, a arbitragem é admitida para a solução de litígios relativos a direitos patrimoniais disponíveis (art. 1º, caput, Lei 9.307).

Para os conflitos coletivos de trabalho, a arbitragem tem previsão constitucional (art. 114, § 2º, CF), além de menção específica na lei de greve (art. 3º, Lei 7.783/89) e na lei que disciplina a participação dos trabalhadores nos lucros e resultados (art. 4º, Lei 10.101/00).

Em relação aos conflitos individuais, na doutrina trabalhista se costuma fazer algumas distinções, a saber:

a) quanto à fonte do direito pronunciado:[6] (1) se a origem for de dispositivo legal, o direito é irrenunciável (ex.: aviso prévio), exceto por autorização expressa de

---

[5]   SCAVONE JUNIOR, Luiz Antonio. *Manual de arbitragem*: mediação e conciliação, 8. ed., p. 89-91.

[6]   "A indisponibilidade de direitos trabalhistas pelo empregado constitui-se em regra geral no Direito Individual do Trabalho do país, estando subjacente a pelo menos três relevantes dispositivos celetistas: arts. 9º, 444 e 468, CLT. Isso significa que o trabalhador, quer por ato individual (renúncia),

PARTE II • Cap. VIII – AS FORMAS DE SOLUÇÕES DE CONFLITOS INDIVIDUAIS DE TRABALHO | **117**

lei;[7] (2) no caso de norma oriunda de trato consensual, pode haver a renúncia, desde que não haja proibição legal para tal, vício de consentimento ou prejuízo para o empregado[8] (art. 468, CLT);

b) o momento da realização da renúncia: (1) antes da formalização do contrato de trabalho não se admite a renúncia; (2) durante o seu transcurso, é admissível, como exceção – para as regras contratuais e legais, quando expressamente autorizadas; (3) após a sua cessação, com bem menos restrições, a renúncia é permitida.

De qualquer modo, parece não restar dúvidas de que se está – quando se analisa o direito do trabalho – diante de um direito que não comporta, em princípio, a faculdade da disponibilidade de direitos por ato voluntário e isolado do empregado.

Assim, o direito do trabalho não se coaduna com a Lei 9.307, não admitindo a arbitragem como mecanismo de solução dos conflitos individuais do trabalho.

A 7ª Turma do TST (AIRR 1475.200.193.05.00-7) reconheceu como válida e eficaz uma sentença proferida por juiz arbitral em ação trabalhista. Pela análise dos autos

---

quer por ato bilateral negociado com o empregador (transação), não pode dispor de seus direitos laborais, sendo nulo o ato dirigido a esse despojamento. Essa conduta normativa geral, no plano concreto da relação de emprego, a um só tempo, tanto o princípio da indisponibilidade de direitos trabalhistas, como o princípio da imperatividade da legislação do trabalho. A indisponibilidade inerente aos direitos oriundos da ordem justrabalhista não tem, contudo, a mesma exata rigidez e extensão. Pode-se, tecnicamente, distinguir entre os direitos imantados por indisponibilidade absoluta ao lado de direitos imantados por uma indisponibilidade relativa" (DELGADO, Mauricio Godinho. *Curso de direito do trabalho*, 5. ed., p. 216).

[7] "Absoluta será a indisponibilidade, do ponto de vista do direito individual do trabalho, quando o direito enfocado merecer uma tutela de nível de interesse público, por traduzir um patamar civilizatório mínimo firmado pela sociedade política em um dado momento histórico. É o que ocorre, como já apontado, ilustrativamente, com o direito à assinatura de CTPS, ao salário-mínimo, à incidência das normas de proteção à saúde e segurança do trabalhador. Também será absoluta a indisponibilidade, sob a ótica do direito individual do trabalho, quando o direito enfocado estiver protegido por norma de interesse abstrato da respectiva categoria. Esse último critério indica que a noção de indisponibilidade absoluta atinge, no contexto das relações bilaterais empregatícias (direito individual, pois), parcelas que poderiam, no contexto do direito coletivo do trabalho, ser objeto de transação coletiva e, portanto, de modificação real. Noutras palavras: a área de indisponibilidade absoluta, no direito individual, é desse modo, mais ampla que a área de indisponibilidade absoluta própria ao direito coletivo" (DELGADO, Mauricio Godinho. Ob. cit., p. 218).

[8] "Relativa será a indisponibilidade, do ponto de vista do direito individual do trabalho, quando o direito enfocado traduzir interesse individual ou bilateral simples, que não caracterize um padrão civilizatório geral mínimo firmado pela sociedade política em um dado momento histórico. É o que se passa, ilustrativamente, com a modalidade de salário paga ao empregado ao longo da relação de emprego (salário fixo *versus* salário variável, por exemplo): essa modalidade salarial pode se alterar, licitamente, desde que a alteração não produza prejuízo efetivo ao trabalhador. As parcelas de indisponibilidade relativa podem ser objeto de transação (não de renúncia, obviamente), desde que a transação não resulte em efetivo prejuízo ao empregado (art. 468, CLT). O ônus da prova do prejuízo, entretanto, caberá a quem alegue sua ocorrência, isto é, ao trabalhador, já que não há prova sobre fato negativo" (DELGADO, Mauricio Godinho. Ob. cit., p. 218).

constatamos que o ex-empregador (Lojas Brasileiras S.A. – Feira de Santana na Bahia) e os trabalhadores elegeram como árbitro o presidente da entidade sindical profissional, a quem foi submetido, para fins de apreciação, a questão relacionada com o fechamento da loja no município. Na sua sentença arbitral, o presidente deliberou pela extinção do contrato de trabalho, com ampla e irrevogável quitação. Em juízo, a ex-empregada pretendeu o direito à percepção das diferenças salariais. O TRT da 5ª Região declarou extinto o feito sem julgamento de mérito ante o caráter de coisa julgada da sentença arbitral. Houve a oposição de recurso de revista, cujo seguimento foi negado, gerando, assim, o protocolo do agravo de instrumento, para o qual não foi dado provimento. Para o relator da matéria, ministro Pedro Paulo Teixeira Manus, o inciso XXXV do art. 5º, CF, não é incompatível com o compromisso arbitral e os efeitos de coisa julgada de que trata a Lei 9.307/96. No voto consta que a arbitragem é uma forma alternativa de prevenção ou solução de conflito à qual as partes aderem *"por força de suas próprias vontades"* –, e a Constituição *"não impõe o direito à ação como um dever, no sentido de que todo e qualquer litígio deve ser submetido ao Poder Judiciário"*. E conclui pela rejeição das alegações sobre a afronta à norma constitucional e a alegada inconstitucionalidade da Lei 9.307, destacando que o TRT reconheceu não haver vício na sentença proferida pelo juiz arbitral no caso em questão.

Em outras decisões, o TST entendeu que a arbitragem é incompatível com o processo trabalhista como forma de composição de conflitos individuais de trabalho (6ª T. – RR 2253/2003-009-05-00.9 – Rel. Min. Aloysio Corrêa da Veiga – *DEJT* 15/5/2009; 3ª T. – RR 795/2006-028-05-00.8 – Re. Min. Alberto Luiz Bresciani de Fontan Pereira – *DEJT* 29/5/2009; SDI-I – E-RR 27700-25.2005.5.05.0611 – Rel. José Roberto Freire Pimenta – j. 26/3/2015).

Outro argumento utilizado pelo TST contra a arbitragem nos conflitos individuais diz respeito ao vício de vontade do empregado que assina um contrato de trabalho com cláusula arbitral, com renúncia prévia em contrato de adesão (TST – 4ª T. – RR 25900-67.2008.5.03.0075 – Rel. Min. Antônio José de Barros Levenhagen – j. 2/12/2009 – *DEJT* 11/12/2009; TST – 8ª T. – RR 51085-09.2005.5.10.0014 – Relª. Min. Maria Cristina Irigoyen Peduzzi – j. 24/3/2010 – *DEJT* 30/3/2010).

Como não é possível à inserção de uma cláusula de arbitragem em um contrato individual de trabalho, pelas mesmas razões, também se mostra inadmissível a admissibilidade de cláusula de instrumento normativo que preveja a arbitragem para os conflitos individuais (TST – 1ª T. – RR 3093400-86.2002.5.02.0900 – Rel. Min. Luiz Philippe Vieira de Mello Filho – j. 27/5/2009 – *DEJT* 5/6/2009).

Da mesma forma, o TST considerou inválida a utilização da arbitragem como supedâneo da homologação da rescisão do contrato de trabalho (TST – SDI-I – E-ED-RR – 79500-61.2006.5.05.0028 – Rel. Min. João Batista Brito Pereira – j. 18/3/2010).

Apesar de ser uma norma destinada à arbitragem privada, Carlos Alberto Carmona[9] entende que *"tanto para as questões ligadas aos direitos coletivos quanto para aquelas*

---

[9] CARMONA, Carlos Alberto. *Arbitragem e processo*: um comentário à Lei nº 9.307/96, p. 51-52.

PARTE II • Cap. VIII – AS FORMAS DE SOLUÇÕES DE CONFLITOS INDIVIDUAIS DE TRABALHO | **119**

atinentes aos individuais pode incidir a Lei nº 9.307/96, cujos dispositivos são plenamente aplicáveis também à arbitragem trabalhista".

De forma semelhante, depois de analisar o tema, J. E. Carreira Alvim[10] afirma que *"excluem alguns ordenamentos jurídicos do âmbito da arbitragem – assim procede o italiano, art. 806 – as controvérsias individuais de trabalho, o que não acontece entre nós, onde a Lei nº 9.307/96 não faz qualquer restrição nesse sentido".*

Com a Lei 13.467/17 (Reforma Trabalhista), passou-se a admitir que, nos contratos individuais de trabalho cuja remuneração seja superior a duas vezes o limite máximo estabelecido para os benefícios do Regime Geral de Previdência Social, poderá ser pactuada cláusula compromissória (cláusula arbitral) de arbitragem, desde que por iniciativa do empregado ou mediante a sua concordância expressa (art. 507-A, CLT).

Luiz Antonio Scavone Junior[11] aponta duas consequências do art. 507-A, CLT: a primeira delas é a iniciativa do trabalhador na celebração da cláusula arbitral e a segunda (a outra forma) é que se tenha a concordância expressa do empregado, "essa concordância, exigida pelo art. 507-A, CLT, vem expressa no art. 4º da Lei de Arbitragem se se trata de contrato de adesão, como na maioria das vezes se trata, de tal sorte que a cláusula inserida no contrato de trabalho deverá estar em negrito e conter visto ou assinatura específica para a cláusula arbitral".

Além disso, Luiz Scavone[12] defende a celebração do compromisso arbitral depois da extinção do contrato de trabalho, por entender que o interessado tem a possibilidade de optar entre a postulação judicial e a arbitragem, ou seja, "é preciso ponderar que, depois do fim da relação jurídica trabalhista, os direitos de qualquer trabalhador – não apenas aqueles qualificados pelo art. 507-A da CLT – são patrimoniais disponíveis, de natureza indenizatória sendo possível neste momento, pactuar a arbitragem".

Quanto à aceitação e à possibilidade de execução de sentença arbitral, recomenda-se a leitura do tópico 16.9.7, Parte VI, Capítulo XVI da presente obra.

8.3.2 Jurisdição

A jurisdição é uma das *"funções do Estado, mediante a qual este se substitui aos titulares dos interesses em conflito para, imparcialmente, buscar a pacificação do conflito que os envolve, com justiça. Essa pacificação é feita mediante a atuação da vontade do direito objetivo que rege o caso apresentado em concreto para ser solucionado; e o Estado desempenha essa função sempre mediante o processo, seja expressando imperativamente o*

---

[10] CARREIRA ALVIM, J. E. *Comentários à Lei de Arbitragem (Lei nº 9.307, de 23/9/1996)*, 2. ed., p. 32.

[11] SCAVONE JUNIOR, Luiz Antonio. Ob. cit., p. 38.

[12] SCAVONE JUNIOR, Luiz Antonio. Ob. cit., p. 39.

preceito (através de uma sentença de mérito), seja realizando no mundo das coisas o que o preceito estabelece (através da execução forçada)".[13]

A jurisdição nos conflitos individuais de trabalho está garantida pelo direito de ação (art. 5º, XXXV, CF).

QUESTIONÁRIO

1. É obrigatória a passagem pela Comissão de Conciliação Prévia? Justifique.

2. Na sua opinião, a conciliação havida na Comissão de Conciliação Prévia deve ter o efeito de coisa julgada? Explique.

3. É válida a cláusula de arbitragem nos contratos individuais de trabalho? Justifique.

4. O que justifica a jurisdição estatal nos conflitos trabalhistas individuais?

---

[13] CINTRA, Antônio Carlos de Araújo; GRINOVER, Ada Pellegrini; DINAMARCO, Cândido Rangel. *Teoria geral do processo,* 12. ed., p. 129.

Parte III

ORGANIZAÇÃO DA JUSTIÇA DO TRABALHO

Capítulo I
A CONSTITUIÇÃO FEDERAL E A ESTRUTURA DA JUSTIÇA DO TRABALHO

A EC 45, de 8/12/2004, introduziu sensíveis alterações na estrutura da Justiça do Trabalho:

a) criação de varas do trabalho. A lei criará varas da Justiça do Trabalho, podendo, nas comarcas não abrangidas por sua jurisdição, atribuí-la aos Juízes de Direito, com recurso para o respectivo tribunal regional do trabalho (art. 112, CF);

b) competência da Justiça do Trabalho nos dissídios individuais. Compete à Justiça do Trabalho processar e julgar: (1) as ações oriundas da relação de trabalho, abrangidos os entes de direito público externo e da administração pública direta e indireta da União, dos Estados, do Distrito Federal e dos Municípios; (2) as ações que envolvam exercício do direito de greve; (3) as ações sobre representação sindical, entre sindicatos, entre sindicatos e trabalhadores, e entre sindicatos e empregadores; (4) os mandados de segurança, *habeas corpus* e *habeas data*, quando o ato questionado envolver matéria sujeita à sua jurisdição; (5) os conflitos de competência entre órgãos com jurisdição trabalhista, ressalvado o disposto no art. 102, I, *o*, CF; (6) as ações de indenização por dano moral ou patrimonial, decorrentes da relação de trabalho; (7) as ações relativas às penalidades administrativas impostas aos empregadores pelos órgãos de fiscalização das relações de trabalho; (8) a execução, de ofício, das contribuições sociais previstas no art. 195, I, *a*, e II, e seus acréscimos legais (CF), decorrentes das sentenças que proferir; (9) outras controvérsias decorrentes da relação de trabalho, na forma da lei (art. 114, I a IX);

c) em relação aos dissídios coletivos: (1) recusando-se qualquer das partes à negociação coletiva ou à arbitragem, é facultado às mesmas, de comum acordo, ajuizar dissídio coletivo de natureza econômica, podendo a Justiça do Trabalho decidir o conflito, respeitadas as disposições mínimas legais de proteção ao trabalho, bem como as convencionadas anteriormente (art. 114, § 2°); (2) em caso de greve em atividade essencial, com possibilidade de lesão do interesse público, o Ministério Público do Trabalho (MPT) poderá ajuizar dissídio coletivo, competindo à Justiça do Trabalho decidir o conflito (art. 114, § 3°);

d) quanto aos TRTs: (1) a sua composição será de, no mínimo, sete juízes, recrutados, quando possível, na respectiva região, e nomeados pelo Presidente da República dentre brasileiros com mais de 30 e menos de 65 anos, sendo: (1.1) 1/5 dentre advogados com mais de dez anos de efetiva atividade profissional e membros do MPT com mais de dez anos de efetivo exercício, observado o disposto no art. 94 da CF; (1.2) os demais, mediante promoção de juízes do trabalho por antiguidade e merecimento, alternadamente (art. 115, I e II); (2) haverá a instalação da justiça itinerante, com a realização de audiências e demais funções de atividade jurisdicional, nos limites territoriais da respectiva jurisdição, servindo-se de equipamentos públicos e comunitários (art. 115, § 1º); (3) o funcionamento poderá ser descentralizado, com a constituição de Câmaras Regionais, a fim de assegurar o pleno acesso à Justiça do jurisdicionado em todos os momentos processuais (art. 115, § 2º);

e) no âmbito do TST: (1) a sua composição é de 27 Ministros, escolhidos dentre brasileiros com mais de 35 e menos de 65 anos, nomeados pelo Presidente da República após aprovação pela maioria absoluta do Senado Federal, sendo: (1.1) 1/5 dentre advogados com mais de dez anos de efetiva atividade profissional e membros do MPT com mais de dez anos de efetivo exercício, observado o disposto no art. 94, CF; (1.2) os demais dentre juízes dos TRTs, oriundos da magistratura da carreira, indicados pelo próprio Tribunal Superior (art. 111-A, I e II); (2) a sua competência será definida por lei ordinária (art. 111-A, § 1º); (3) junto ao TST, funcionam os seguintes órgãos: (3.1.) a Escola Nacional de Formação e Aperfeiçoamento de Magistrados do Trabalho,[1] cabendo-lhe, dentre outras funções, regulamentar os cursos oficiais para o ingresso e promoção na carreira; (3.2) o Conselho Superior da Justiça do Trabalho, cabendo-lhe exercer, na forma da lei, a supervisão administrativa, orçamentária, financeira e patrimonial da Justiça do Trabalho de primeiro e segundo graus, como órgão central do sistema e cujas decisões terão efeito vinculante (art. 111-A, § 2º, I e II). De acordo com o art. 6º da EC 45, o TST regulamentou o funcionamento do Conselho Superior da Justiça do Trabalho (art. 111-A, § 2º, II). O Conselho foi instalado no dia 15/6/2005;

f) a criação por lei ordinária,[2] haverá a criação do Fundo de Garantia das Execuções Trabalhistas, integrado pelas multas decorrentes de condenações trabalhistas e administrativas oriundas da fiscalização do trabalho, além de outras receitas (art. 3º, EC 45).

---

[1] A Resolução Administrativa 1140/06 do TST instituiu a Escola Nacional de Formação e Aperfeiçoamento de Magistrados do Trabalho (ENAMAT), no âmbito do Tribunal Superior do Trabalho, como órgão autônomo, com o fim de promover a seleção, a formação e o aperfeiçoamento dos magistrados do trabalho.

[2] Há no Congresso Nacional dois projetos de lei a respeito do Fundo de Garantia das Execuções Trabalhistas (PL 6.541/06 e PL 4.597/04).

QUESTIONÁRIO

1. Como é composta a estrutura constitucional da Justiça do Trabalho?

2. Qual é a importância da Escola Nacional de Formação e Aperfeiçoamento de Magistrados do Trabalho (ENAMAT) para o Judiciário Trabalhista?

Capítulo II
TRIBUNAL SUPERIOR DO TRABALHO

O Tribunal Superior do Trabalho[1] (TST) é composto de 27 Ministros, escolhidos dentre brasileiros com mais de 35 e menos de 65 anos, de notável saber jurídico e reputação ilibada, nomeados pelo Presidente da República após aprovação pela maioria absoluta do Senado Federal, sendo: 1/5 dentre advogados com mais de dez anos de efetiva atividade profissional e membros do Ministério Público do Trabalho com mais de dez anos de efetivo exercício, observado o disposto no art. 94 da CF, e os demais dentre juízes dos TRTs, oriundos da magistratura da carreira, indicados pelo próprio Tribunal Superior (art. 111-A, I e II, CF). A sua competência será definida por lei ordinária (art. 111-A, § 1º; Lei 7.701/88).

Pela EC 92/16, compete ao TST processar e julgar, de forma originária, a reclamação para a preservação de sua competência e garantia da autoridade de suas decisões (art. 111-A, § 3º, CF).

Junto ao TST, funcionam os seguintes órgãos: (a) a Escola Nacional de Formação e Aperfeiçoamento de Magistrados do Trabalho, cabendo-lhe, dentre outras funções, regulamentar os cursos oficiais para o ingresso e promoção na carreira; (b) o Conselho Superior da Justiça do Trabalho, cabendo-lhe exercer, na forma da lei, a supervisão administrativa, orçamentária, financeira e patrimonial da Justiça do Trabalho de primeiro e segundo graus, como órgão central do sistema e cujas decisões terão efeito vinculante (art. 111-A, § 2º, I e II).

O TST possui os seguintes órgãos: (a) Tribunal Pleno; (b) Órgão Especial; (c) Seção Especializada em Dissídios Coletivos; (d) Seção Especializada em Dissídios Individuais, dividida em Subseção I e Subseção II; (e) Turmas (art. 65, I a V, RITST, atualizado em novembro/17). Além disso, são órgãos que funcionam junto ao TST: Escola Nacional de Formação e Aperfeiçoamento de Magistrados do Trabalho (ENAMAT) e Conselho Superior da Justiça do Trabalho (CSJT).

O Regimento Interno do TST (RITST) ainda disciplina a Corregedoria-Geral da Justiça do Trabalho (arts. 44 a 47).

---

[1] Pelo prisma formal, a EC 92/16 estabeleceu o TST como um dos órgãos do Poder Judiciário Nacional (art. 92, II-A).

2.1 ÓRGÃO ESPECIAL

O Órgão Especial do TST (OE) é composto por 14 membros, sendo 7 escolhidos por antiguidade, 7 por eleição, e 3 suplentes (art. 69, RITST).

Em matéria judiciária, compete ao OE: a) processar e julgar as reclamações destinadas à preservação de sua competência, à garantia da autoridade de suas decisões e à observância obrigatória de tese jurídica firmada em decisão com eficácia de precedente judicial de cumprimento obrigatório, por ele proferida; b) julgar mandado de segurança impetrado contra atos do Presidente ou de qualquer Ministro do Tribunal, ressalvada a competência das Seções Especializadas; c) julgar os recursos interpostos contra decisões dos TRTs em mandado de segurança de interesse de magistrados e servidores da Justiça do Trabalho; d) julgar os recursos interpostos contra decisão em matéria de concurso para a Magistratura do Trabalho; e) julgar os recursos ordinários em agravos internos interpostos contra decisões proferidas em reclamações correicionais ou em pedidos de providências que envolvam impugnação de cálculos de precatórios; f) julgar os recursos ordinários interpostos contra decisões proferidas em mandado de segurança impetrado contra ato do Presidente de TRT em precatório; g) julgar os recursos ordinários interpostos contra decisões proferidas em reclamações quando a competência para julgamento do recurso do processo principal for a ele atribuída; h) julgar os agravos internos interpostos contra decisões proferidas pelo Corregedor-Geral da Justiça do Trabalho; i) julgar os agravos internos interpostos contra decisões que denegam seguimento a recurso extraordinário por ausência de repercussão geral da questão constitucional debatida; j) deliberar sobre as demais matérias jurisdicionais não incluídas na competência dos outros órgãos do Tribunal (art. 76, I, a a j).

Em matéria administrativa, compete ao OE: a) proceder à abertura e ao encerramento do semestre judiciário; b) eleger os membros do Conselho da Ordem do Mérito Judiciário do Trabalho e os das Comissões no RI; c) aprovar e emendar o Regulamento Geral da Secretaria do TST, o Regimento da Corregedoria-Geral da Justiça do Trabalho, o Regulamento da Ordem do Mérito Judiciário do Trabalho, os Estatutos da Escola Nacional de Formação e Aperfeiçoamento de Magistrados do Trabalho (ENAMAT) e do Centro de Formação e Aperfeiçoamento de Assessores e Servidores do TST (CEFAST), e o Regimento Interno do Conselho Superior da Justiça do Trabalho (CSJT); d) propor ao Poder Legislativo, após a deliberação do Conselho Superior da Justiça do Trabalho (CSJT), a criação, extinção ou modificação de TRTs e varas do trabalho, assim como a alteração de jurisdição e de sede destes; e) propor ao Poder Legislativo a criação, a extinção e a transformação de cargos e funções públicas e a fixação dos respectivos vencimentos ou gratificações; f) escolher, mediante escrutínio secreto e pelo voto da maioria absoluta dos seus membros, Desembargador de TRT para substituir temporariamente Ministro do TST; g) aprovar a lista dos admitidos na Ordem do Mérito Judiciário do Trabalho; h) aprovar a lotação das funções comissionadas do Quadro de Pessoal do Tribunal; i) conceder licença, férias e outros afastamentos aos membros do Tribunal; j) fixar e rever as diárias e as ajudas de custo do Presidente, dos Ministros e servidores do Tribunal; l) designar as comissões temporárias para exame e elaboração de estudo sobre matéria relevante, respeitada a competência das comissões permanentes; m) aprovar as instruções de concurso para provimento dos cargos de Juiz do Trabalho Substituto; n) aprovar as instruções dos concursos para provimento dos cargos do Quadro de Pessoal do Tribunal e homologar seu resultado final; o) julgar os recursos de decisões ou atos do Presidente do Tribunal em matéria administrativa; p) julgar os recursos interpostos contra decisões dos TRT em processo administrativo disciplinar envolvendo Magistrado, estritamente para controle da legalidade; q) examinar as matérias encaminhadas pelo Conselho Superior da Justiça do Trabalho (CSJT); r) aprovar a proposta orçamentária da Justiça do Trabalho; s) julgar os recursos ordinários interpostos contra agravos internos em que tenha sido apreciada decisão de Presidente de TRT em precatório; t) deliberar sobre as questões relevantes e atos normativos (art. 41, XXXIII e parágrafo único) (art. 76, II, a a t).

2.2 TRIBUNAL PLENO

O Tribunal Pleno (TP) é constituído pelos Ministros da Corte (art. 68, *caput*, RITST). Para o funcionamento do TP é exigida a presença de, no mínimo, 14 ministros, sendo necessária a maioria absoluta para deliberar sobre: a) escolha dos nomes que integrarão a lista tríplice destinada à vaga de Ministro do Tribunal (art. 4º, § 2º, II); b) aprovação de Emenda Regimental; c) eleição dos Ministros para os cargos de direção do Tribunal; d) edição, revisão ou cancelamento de súmula, de orientação jurisprudencial e de precedente normativo; e) declaração de inconstitucionalidade de lei ou de ato normativo do Poder Público.

No entanto, será tomada por 2/3 dos votos dos Ministros a deliberação preliminar referente à existência de relevante interesse público que fundamenta a proposta de edição, revisão ou cancelamento de súmula, orientação jurisprudencial e precedente normativo (art. 702, § 3º, CLT).

2.3 SEÇÃO ESPECIALIZADA EM DISSÍDIOS COLETIVOS

A Seção Especializada em Dissídios Coletivos (SDC) é composta pelo Presidente e o Vice-Presidente do Tribunal, o Corregedor-Geral da Justiça do Trabalho e mais seis Ministros (art. 70, RITST).

De forma originária, a SDC tem as seguintes atribuições: a) julgar os dissídios coletivos de natureza econômica e jurídica, de sua competência, ou rever suas próprias sentenças normativas, nos casos previstos em lei; b) homologar as conciliações firmadas nos dissídios coletivos; c) julgar as ações anulatórias de acordos e convenções coletivas; d) julgar as ações rescisórias propostas contra suas sentenças normativas; e) julgar os agravos internos contra decisões não definitivas, proferidas pelo Presidente do Tribunal, ou por qualquer dos Ministros integrantes da SDC; f) julgar os conflitos de competência entre TRTs em processos de dissídio coletivo; g) processar e julgar as tutelas provisórias antecedentes ou incidentes nos processos de dissídio coletivo; h) processar e julgar as ações em matéria de greve, quando o conflito exceder a jurisdição de TRT; i) processar e julgar as reclamações destinadas à preservação de sua competência e à garantia da autoridade de suas decisões (art. 77, I, a a i).

PARTE III • Cap. II – TRIBUNAL SUPERIOR DO TRABALHO | 129

A SDC, em última instância, compete julgar: a) os recursos ordinários interpostos contra as decisões proferidas pelos TRTs em dissídios coletivos de natureza econômica ou jurídica; b) os recursos ordinários interpostos contra decisões proferidas pelos TRTs em ações rescisórias, reclamações e mandados de segurança pertinentes a dissídios coletivos e em ações anulatórias de acordos e convenções coletivas; c) os embargos infringentes interpostos contra decisão não unânime proferida em processo de dissídio coletivo de sua competência originária, salvo se a decisão embargada estiver em consonância com precedente normativo do TST ou com súmula de sua jurisprudência predominante; d) os agravos de instrumento interpostos contra decisão denegatória de recurso ordinário nos processos de sua competência (art. 77, II, a a d).

2.4 SEÇÃO ESPECIALIZADA EM DISSÍDIOS INDIVIDUAIS

A Seção Especializada em Dissídios Individuais (SDI) é composta de 21 Ministros, sendo o Presidente e o Vice-Presidente do Tribunal, o Corregedor-Geral da Justiça do Trabalho e mais 18 Ministros, e funciona em composição plena ou dividida em duas subseções para julgamento dos processos de sua competência (art. 71, caput, RITST).

O quórum exigido para o funcionamento da SDI plena é de 11 Ministros, mas as deliberações só poderão ocorrer pelo voto da maioria absoluta dos integrantes da Seção (art. 71, § 1º).

São integrantes da SDI-I: 14 Ministros, sendo o Presidente e o Vice-Presidente do Tribunal, o Corregedor-Geral da Justiça do Trabalho e mais 11 Ministros, preferencialmente os Presidentes de Turma, exigida a presença de, no mínimo, 8 Ministros para o seu funcionamento, sendo que, na falta de quorum, deve ser convocado Ministro para substituir o ausente, preferencialmente da sua mesma Turma.

São integrantes da SDI-II: 10 Ministros, sendo o Presidente e o Vice-Presidente do Tribunal, o Corregedor-Geral da Justiça do Trabalho e mais 7 Ministros, exigida a presença de, no mínimo, 6 Ministros para o seu funcionamento, sendo que, na falta de quorum, deve ser convocado Ministro para substituir o ausente, preferencialmente da sua mesma Turma (art. 78).

A SDI, em composição plena, compete julgar: a) em caráter de urgência e com preferência na pauta, os processos nos quais tenha sido estabelecida, na votação, divergência entre as Subseções I e II da SDI, quanto à aplicação de dispositivo de lei federal ou da Constituição da República; b) as reclamações destinadas à preservação de sua competência, à garantia da autoridade de suas decisões e à observância obrigatória de tese jurídica firmada em decisão com eficácia de precedente judicial de cumprimento obrigatório, por ela proferida.

A SDI-I compete julgar os: a) julgar os embargos interpostos contra decisões divergentes das Turmas, ou destas que divirjam de decisão da SDI, de súmula ou de orientação jurisprudencial; b) processar e julgar as reclamações destinadas à preservação de sua competência, à garantia da autoridade de suas decisões e à observância obrigatória de tese jurídica firmada em decisão com eficácia de precedente judicial de cumprimento obrigatório, por ela proferida; c) julgar os agravos internos interpostos contra decisão monocrática exarada em processos de sua competência ou decorrentes do juízo de admissibilidade da Presidência de Turmas do Tribunal; d) processar e julgar os incidentes de recursos repetitivos que lhe forem afetados.

A SDI-II, originariamente, compete julgar: a) as ações rescisórias propostas contra suas decisões, as da Subseção I e as das Turmas do Tribunal; b) os mandados de segurança contra os atos praticados pelo Presidente do Tribunal, ou por qualquer dos Ministros integrantes da SDI, nos processos de sua competência; c) julgar os pedidos de concessão de tutelas provisórias e demais medidas de urgência; d) julgar os habeas corpus; e) processar e julgar os Incidentes de Resolução de Demandas Repetitivas suscitados nos processos de sua competência originária; f) processar e julgar as reclamações destinadas à preservação de sua competência, à garantia da autoridade de suas decisões e à observância obrigatória de tese jurídica firmada em decisão com eficácia de precedente judicial de cumprimento obrigatório, por ela proferida.

A SDI-II, em única instância, compete julgar os: a) agravos internos interpostos contra decisão monocrática exarada em processos de sua competência; b) os conflitos de competência entre TRTs e os que envolvam desembargadores dos Tribunais de Justiça, quando investidos da jurisdição trabalhista, e juízes do trabalho em processos de dissídios individuais.

A SDI-II, em última instância, compete deliberar sobre os: a) julgar os recursos ordinários interpostos contra decisões dos TRTs em processos de dissídio individual de sua competência originária; b) julgar os agravos de instrumento interpostos contra decisão denegatória de recurso ordinário em processos de sua competência.

2.5 TURMAS

As Turmas são constituídas, cada uma, por três Ministros, sendo presidida pelo Ministro mais antigo integrante do Colegiado do TST (art. 73, *caput*, RITST).

Para os julgamentos nas turmas é necessária a presença de três magistrados (art. 66, parágrafo único).

As atribuições das Turmas do TST compreendem os julgamentos de: a) reclamações destinadas à preservação da sua competência e à garantia da autoridade de suas decisões; b) recursos de revista interpostos contra decisão dos TRTs, nos casos previstos em lei; c) agravos de instrumento das decisões de Presidente de TRT que denegarem seguimento a recurso de revista; d) agravos internos interpostos contra decisão monocrática exarada em processos de sua competência; e) recursos ordinários em tutelas provisórias e as reclamações, quando a competência para julgamento do recurso do processo principal for atribuída à Turma, bem como a tutela provisória requerida em procedimento antecedente (art. 79).

2.6 CORREGEDORIA-GERAL DA JUSTIÇA DO TRABALHO

A Corregedoria-Geral da Justiça do Trabalho está disciplinada nos arts. 44 a 47 do RITST.

A competência do Corregedor-Geral da Justiça do Trabalho é definida no Regimento Interno da Corregedoria-Geral da Justiça do Trabalho (art. 45).

Das decisões proferidas pelo Corregedor-Geral da Justiça do Trabalho caberá agravo interno para o Órgão Especial, incumbindo-lhe determinar sua inclusão em pauta (art. 46).

O Corregedor-Geral da Justiça do Trabalho apresentará ao Órgão Especial, na última sessão do mês seguinte ao do término de cada ano de sua gestão, relatório circunstanciado das atividades da Corregedoria-Geral durante o ano findo (art. 47).

2.7 PROCEDIMENTO PARA EDIÇÃO E REVISÃO DE SÚMULAS E ENUNCIADOS JURISPRUDENCIAIS

Com a Reforma Trabalhista, a CLT passou a disciplinar o procedimento para edição e revisão de súmulas e enunciados jurisprudenciais, o qual também deverá ser observado pelos TRTs (art. 702, I, *f*, §§ 3º e 4º, CLT).

Assim, compete aos Tribunais Trabalhistas estabelecer ou alterar súmulas e outros enunciados de jurisprudência uniforme, pelo voto de pelo menos 2/3 de seus membros, caso a mesma matéria já tenha sido decidida de forma idêntica por unanimidade em, no mínimo, 2/3 das turmas em pelo menos dez sessões diferentes em cada uma delas, podendo, ainda, por maioria de 2/3 de seus membros, restringir os efeitos daquela declaração ou decidir que ela só tenha eficácia a partir de sua publicação no Diário Oficial.

As sessões de julgamento sobre estabelecimento ou alteração de súmulas e outros enunciados de jurisprudência deverão ser públicas, divulgadas com, no mínimo, trinta dias de antecedência, e deverão possibilitar a sustentação oral pelo Procurador-Geral do Trabalho, pelo Conselho Federal da Ordem dos Advogados do Brasil, pelo Advogado-Geral da União e por confederações sindicais ou entidades de classe de âmbito nacional. No caso dos TRTs, com rol equivalente de legitimados para sustentação oral, observada a abrangência de sua circunscrição judiciária.

No TST, a competência para edição, revisão ou cancelamento de súmula, de orientação jurisprudencial e de precedente normativo é do Tribunal Pleno (art. 68, § 1º, IV; art. 75, VII, RITST).

A IN 41, de 21/06/2018, TST, disciplina a aplicação das normas processuais da CLT, as quais foram alteradas pela Lei 13.467/2017 (Reforma Trabalhista).

De acordo com o art. 18, § 1º, IN 41, os incidentes de jurisprudência suscitados ou iniciados antes da vigência da Lei 13.467, no âmbito dos Tribunais Regionais do Trabalho ou por iniciativa de decisão do TST, deverão observar e serão concluídos sob a égide da legislação vigente ao tempo da interposição do recurso, segundo o disposto nos respectivos Regimentos Internos.

Por outro lado, diante do § 3º, art. 18, as teses jurídicas prevalecentes e os enunciados de Súmulas decorrentes do julgamento dos incidentes de uniformização de jurisprudência suscitados ou iniciados anteriormente à entrada em vigência da Reforma Trabalhista (dia 11/11/2017), no âmbito dos Tribunais Regionais do Trabalho, conservam sua natureza vinculante (arts. 926, §§ 1º e 2º, e 927, III e V, CPC).

QUESTIONÁRIO

1. Quais são as atribuições da Seção de Dissídios Coletivos do TST?
2. Quais são as atribuições das Seções de Dissídios Individuais do TST?
3. Quais são as atribuições das Turmas do TST?
4. Quais são as atribuições do Órgão Especial do TST?
5. Quais são as atribuições do Tribunal Pleno do TST?

Capítulo III
TRIBUNAIS REGIONAIS DO TRABALHO

A princípio, os Tribunais Regionais do Trabalho (TRTs) representam a segunda instância na hierarquia dos órgãos integrantes da Justiça do Trabalho. Há determinados tipos de dissídios que são de competência originária dos TRTs, como é o caso dos dissídios coletivos, cujos conflitos ocorram nos limites das suas jurisdições.

3.1 REGIÕES

Os TRTs encontram-se divididos nas seguintes regiões (art. 674, CLT):

1ª Região – Estado do Rio de Janeiro, com sede no Rio de Janeiro;

2ª Região – Estado de São Paulo, com sede em São Paulo, abrangendo os municípios de São Paulo, Arujá, Barueri, Biritiba-Mirim, Caieiras, Cajamar, Carapicuíba, Cotia, Cubatão, Diadema, Embu das Artes, Embu-Guaçu, Ferraz de Vasconcelos, Francisco Morato, Franco da Rocha, Guararema, Guarujá, Guarulhos, Itapecerica da Serra, Itapevi, Itaquaquecetuba, Jandira, Juquitiba, Mairiporã, Mauá, Mogi das Cruzes, Osasco, Pirapora do Bom Jesus, Poá, Praia Grande, Ribeirão Pires, Rio Grande da Serra, Salesópolis, Santa Isabel, Santana de Parnaíba, Santo André, Santos, São Bernardo do Campo, São Caetano do Sul, São Vicente, Suzano e Taboão da Serra;

3ª Região – Estado de Minas Gerais, com sede em Belo Horizonte;

4ª Região – Estado do Rio Grande do Sul, com sede em Porto Alegre;

5ª Região – Estado da Bahia, com sede em Salvador;

6ª Região – Estado de Pernambuco, com sede em Recife;

7ª Região – Estado do Ceará, com sede em Fortaleza;

8ª Região – Estado do Pará e Amapá, com sede em Belém;

9ª Região – Estado do Paraná, com sede em Curitiba;

10ª Região – Distrito Federal, com sede em Brasília;

11ª Região – Estado do Amazonas e de Roraima, com sede em Manaus;

12ª Região – Estado de Santa Catarina, com sede em Florianópolis;

13ª Região – Estado da Paraíba, com sede em João Pessoa;

14ª Região – Estados de Rondônia e Acre, com sede em Porto Velho;

15ª Região – Estado de São Paulo (na área não abrangida pela jurisdição estabelecida para a 2ª Região), com sede em Campinas;

16ª Região – Estado do Maranhão, com sede em São Luís;

17ª Região – Estado do Espírito Santo, com sede em Vitória;

18ª Região – Estado de Goiás, com sede em Goiânia;

19ª Região – Estado de Alagoas, com sede em Maceió;

20ª Região – Estado de Sergipe, com sede em Aracaju;

21ª Região – Estado de Rio Grande do Norte, com sede em Natal;

22ª Região – Estado de Piauí, com sede em Teresina;

23ª Região – Estado de Mato Grosso, com sede em Cuiabá (Lei 8.430/92);

24ª Região – Estado do Mato Grosso do Sul, com sede em Campo Grande (Lei 8.431/91).

Os Estados do Amapá, Tocantins, Roraima e Acre pertencem, respectivamente, à competência dos Tribunais da 8ª, 10ª, 11ª e 14ª Regiões.

Os TRTs possuem dois tipos de competência: (a) originária; (b) recursal.

3.2 COMPETÊNCIA ORIGINÁRIA

A competência originária dos TRTs envolve os dissídios individuais e coletivos, os quais são iniciados perante o próprio tribunal.

Os dissídios individuais são: mandados de segurança; ações rescisórias; *habeas corpus*; ações anulatórias em convenção ou acordo coletivo (OJ 129, SDI-II); tutelas provisórias, antecedentes ou incidentais, nos processos de sua competência originária ou na forma do art. 299, parágrafo único, CPC.

De forma concreta, os dissídios coletivos representam os processos originais típicos dos TRTs. A instância recursal é o TST.

3.3 COMPETÊNCIA RECURSAL

A competência recursal é decorrência natural do princípio – duplo grau de jurisdição –, ou seja, a faculdade que é dada ao vencido de ter o reexame da decisão que lhe foi desfavorável.

As decisões definitivas ou terminativas originárias das varas do trabalho nos dissídios individuais de conhecimento ficam submetidas ao duplo grau de jurisdição, por intermédio do recurso ordinário (art. 895, *a*, CLT).

Nas ações de execução, as decisões proferidas pelas varas do trabalho são reexaminadas pelo agravo de petição (art. 897, *a*).

Os despachos denegatórios de recursos, os quais são proferidos pelos juízes das varas do trabalho ou juízes estaduais no exercício da jurisdição trabalhista, podem ser revistos nos TRTs, pela interposição do agravo de instrumento (art. 897, *b*).

PARTE III · Cap. III – TRIBUNAIS REGIONAIS DO TRABALHO | 135

Da fixação do valor da causa no processo trabalhista (art. 2º, § 2º, Lei 5.584/70), no prazo de 48 horas, cabe o pedido de revisão para o presidente do TRT.

3.4 COMPOSIÇÃO E FUNCIONAMENTO

Os juízes dos TRTs são nomeados pelo Presidente da República (arts. 115, *caput*, e 84, XVI, CF).

A indicação dos juízes deverá observar: (a) a promoção de juízes do trabalho, alternadamente, por antiguidade e merecimento; (b) advogados e membros do MPT (art. 115, I e II, CF).

Há uma série de regras para a escolha por merecimento dos magistrados: (a) a promoção obrigatória do juiz que figure por três vezes consecutivas ou cinco alternadas em lista de merecimento (art. 93, II, *a*, CF); (b) dois anos de exercício, devendo o juiz integrar a 1ª parte da lista de antiguidade, salvo se não houver com tais requisitos quem aceite o cargo vago (art. 93, II, *b*); (c) a aferição do merecimento será efetuada pelos critérios de produtividade e presteza no exercício da jurisdição, além da frequência e do aproveitamento em cursos oficiais ou reconhecidos de aperfeiçoamento (art. 93, II, *c*); (d) na escolha por antiguidade, o Tribunal somente poderá recusar o juiz mais antigo pelo voto fundamentado de 2/3 de seus membros, conforme procedimento próprio, e assegurada ampla defesa, repetindo-se a votação até a fixação da indicação (art. 93, II, *d*); (e) não será promovido o juiz que, injustificadamente, retiver autos em seu poder além do prazo legal, não podendo devolvê-los ao cartório sem o devido despacho ou decisão (art. 93, II, *e*).

Um quinto dos lugares dos TRTs será composto de membros do Ministério Público, com mais de dez anos de carreira, e de advogados de notório saber jurídico e de reputação ilibada, com mais de dez anos de efetiva atividade profissional, indicados em lista sêxtupla pelos órgãos de representação das respectivas classes (arts 115 e 94, *caput*, CF)[1]. Recebidas as indicações, o Tribunal formará lista tríplice, a qual será enviada ao Poder Executivo, que, nos 20 dias subsequentes, escolherá um de seus integrantes para nomeação (art. 94, parágrafo único).

Nos TRTs, com número superior a 25 juízes, poderá ser constituído órgão especial, com o mínimo de 11 e o máximo de 25 membros, para o exercício das atribuições administrativas e jurisdicionais delegadas da competência do tribunal pleno, provendo-se metade das vagas por antiguidade e a outra metade por eleição pelo tribunal pleno (art. 93, XI).

A atividade jurisdicional será ininterrupta, sendo vedadas férias coletivas nos juízos e tribunais de segundo grau, funcionando, nos dias em que não houver expediente forense normal, juízes em plantão permanente (art. 93, XII). Essa disposição constitucional

---

[1]   O art. 94, *caput*, CF, prevê que um quinto dos lugares dos Tribunais Regionais Federais, dos Tribunais dos Estados, e do Distrito Federal e dos Territórios será composto de membros, do Ministério Público, com mais de dez anos de carreira.

imposta pela EC 45 não se aplica aos feriados forenses, como é o caso do recesso no período de 20 de dezembro a 6 de janeiro. [2]

De acordo com o número de juízes, os TRTs podem ser divididos em turmas e pleno. Quando o Tribunal tiver quatro ou mais turmas, tem-se a possibilidade da criação da seção especializada em dissídios coletivos. Nos tribunais não divididos em turmas os dissídios coletivos são julgados pelo Pleno.

Os TRTs, em sua composição plena, deliberarão com a presença, além do Presidente, da metade e mais um do número de seus juízes (art. 672, *caput*, CLT).

As Turmas são compostas por cinco juízes. Somente poderão deliberar presentes, pelo menos, três dos seus juízes (art. 672, § 1º).

As decisões serão tomadas pelo voto da maioria dos juízes presentes, ressalvada, no tribunal pleno, a hipótese de declaração de inconstitucionalidade de lei ou ato do poder público[3] (art. 672, § 2º).

O presidente do TRT, excetuada a hipótese de declaração de inconstitucionalidade de lei ou ato do poder público, somente terá voto de desempate.[4] Nas sessões administrativas, o Presidente votará como os demais juízes, cabendo-lhe, ainda, o voto de qualidade (art. 672, § 3º).

É comum ainda existirem nos TRTs os seguintes cargos: presidente, vice-presidente, corregedor e vice-corregedor.

As atribuições do cargo de Presidente são: (a) dar posse aos juízes do trabalho, juízes substitutos e funcionários do próprio tribunal e conceder férias e licenças aos mesmos; (b) presidir as sessões do tribunal; (c) presidir as audiências de conciliação nos dissídios coletivos; (d) executar suas próprias decisões e as proferidas pelo tribunal; (e) convocar suplentes dos juízes do tribunal, nos impedimentos destes; (f) despachar os recursos interpostos pelas partes; (g) requisitar às autoridades competentes, nos casos de dissídio coletivo, a força necessária, sempre que houver ameaça de perturbação da ordem; (h) exercer correição, pelo menos uma vez por ano, sobre as varas do trabalho, parcialmente, sempre que se fizer necessário, e solicitá-la,

---

[2]   Pelo CPC (art. 220), suspende-se o curso do prazo processual nos dias compreendidos entre 20 de dezembro e 20 de janeiro, contudo, ressalvadas as férias individuais e os feriados legais, os juízes, os membros do Ministério Público, da Defensoria Pública e da Advocacia Pública, e os auxiliares da Justiça exercerão suas atribuições durante esse período. Neste período, os órgãos jurisdicionais não realizarão audiências nem proferirão julgamentos. A Lei 13.545, de 19/12/2017, disciplina a suspensão dos prazos entre os dias 20 de dezembro a 20 de janeiro (art. 775-A, CLT).

[3]   Somente pelo voto da maioria absoluta de seus membros ou dos membros do respectivo órgão especial poderão os tribunais declarar a inconstitucionalidade de lei ou ato normativo do Poder Público (art. 97, CF).

[4]   Voto de desempate é "aquele que compete ao Presidente de órgão colegiado, ou seja, de tribunal, de assembleia, de sociedade ou de entidade, para fins de desempate. É também chamado voto de minerva ou de qualidade, ou, ainda, voto preponderante" (DINIZ, Maria Helena. *Dicionário jurídico*, v. 4, p. 758).

quando julgar conveniente, ao presidente do tribunal de justiça, relativamente aos juízes de direito investidos na administração da justiça do trabalho; (i) distribuir os feitos, designando os juízes que os devem relatar; (j) designar, dentre os funcionários do tribunal e das varas existentes em uma mesma localidade, o que deve exercer a função de distribuidor; (l) assinar as folhas de pagamento dos juízes servidores do tribunal (art. 682, CLT).

No Regimento Interno de cada TRT serão disciplinadas: (a) a ordem das sessões (art. 673, CLT); (b) a substituição de seus juízes, observados, na convocação de juízes inferiores, os critérios de livre escolha e antiguidade, alternadamente (art. 670, § 6º).

Os TRTs possuem uma secretaria judiciária, de forma análoga à junta (ou vara), possuindo as atribuições previstas no art. 711, CLT, como também as seguintes funções: (a) a conclusão dos processos ao presidente e sua remessa, depois de despachados, aos respectivos relatores; (b) organização e a manutenção de um fichário de jurisprudência do tribunal para consulta dos interessados (art. 719). Saliente-se, ainda, que os Regimentos Internos dos Tribunais poderão estabelecer outras atribuições para as suas secretarias judiciárias (art. 719, parágrafo único).

Além da secretaria judiciária, os Regimentos Internos dos Tribunais estabelecem outros setores, tais como: secretaria do tribunal pleno, cadastramento processual, de acórdãos e traslados e o de precatórios requisitórios. Todos esses setores são coordenados pela secretaria geral da presidência.

3.5 CORREGEDORIA REGIONAL

Compete ao corregedor regional: (a) exercer correição ordinária nas varas do trabalho, obrigatoriamente, uma vez por ano; (b) realizar, de ofício, sempre que se fizerem necessárias ou a requerimento, correições extraordinárias ou inspeções nas varas do trabalho; (c) conhecer das representações e reclamações relativas aos serviços judiciários de primeiro grau, determinando ou promovendo as diligências que se fizerem necessárias; (d) decidir sobre reclamações contra atos atentatórios à boa ordem processual ou funcional relativas a processos de primeiro grau, apresentadas no prazo de cinco dias, a contar da ciência do ato impugnado, nos casos em que não houver recurso legal; (e) prestar informações ao tribunal ou a seu presidente sobre os prontuários dos juízes, para fins de declaração de vitaliciedade, promoção por merecimento ou aplicação de penalidades; (f) apresentar ao tribunal, anualmente, relatório das correições ordinárias realizadas e atividades da corregedoria regional, até a última sessão de fevereiro do ano subsequente; (g) determinar a realização de sindicância, nos casos de sua competência; (h) realizar, no âmbito de sua competência, as medidas indispensáveis ao bom funcionamento da corregedoria regional e respectiva secretaria.

O corregedor regional poderá expedir provimentos e atos normativos, como forma de racionalização dos trabalhos das varas.

Nos TRTs não divididos em turmas, a correição é exercida pelo próprio presidente (art. 682, XI, CLT).

QUESTIONÁRIO

1. Explique a competência originária dos TRTs.
2. Comente a respeito da competência recursal dos TRTs.
3. Como é composto um TRT?
4. Como se dá a indicação dos juízes para os TRTs?

Capítulo IV
VARAS DO TRABALHO

Com a EC 24,[1] de 9/12/1999, a jurisdição, nas varas do trabalho, é exercida por um juiz singular (art. 116, CF).

Cabe ao legislador ordinário dispor sobre a constituição, investidura, jurisdição, competência, garantias e condições de exercício dos órgãos da Justiça do Trabalho (art. 113,).

Nas comarcas onde não forem instituídas as varas do trabalho, a jurisdição trabalhista é exercida por juízes de Direito (art. 112, CF; arts. 658 e segs., CLT).

A jurisdição de cada vara do trabalho abrange todo o território da comarca em que tem sede, só podendo ser estendida ou restringida por lei federal (art. 650, *caput*, CLT). As leis locais de organização judiciária não influirão sobre a competência das varas do trabalho, até que lei federal assim determine (art. 650, parágrafo único).

Na estrutura da Justiça do Trabalho, as varas do trabalho estão equiparadas hierarquicamente, não existindo distinções. Todas integram a primeira instância, não havendo entrâncias,[2] como na Justiça Estadual.

As competências material e territorial das varas do trabalho encontram-se disciplinadas nos arts. 651 a 653, CLT.

4.1 CRITÉRIOS LEGAIS PARA A CRIAÇÃO DE UMA VARA DO TRABALHO

A Lei 6.947/81 disciplina os critérios de criação das novas varas do trabalho:

a) condiciona-se à existência, na base territorial prevista para sua jurisdição, de mais de 24.000 empregados ou ao ajuizamento, de média igual ou superior, no último triênio, de pelo menos 240 reclamações anuais (art. 1º, *caput*);

---

[1] Anteriormente, as varas tinham a denominação de juntas de conciliação e julgamento, com a seguinte composição: (a) um juiz do trabalho, na qualidade de presidente; (b) dois juízes classistas (vogais), sendo um representante dos empregadores, e outro dos empregados (art. 647, *caput, a* e *b*, CLT). Havia um suplente para cada juiz classista (art. 647, parágrafo único). As juntas poderiam conciliar, instruir ou julgar com qualquer número, sendo, porém, indispensável à presença do presidente, cujo voto prevalecia em caso de empate (art. 649, *caput*).

[2] Entrância é a "categoria hierárquica das circunscrições judiciárias, correspondentes a um grau na carreira da magistratura para acesso e efeito de promoção por merecimento ou por antiguidade" (DINIZ, Maria Helena. *Dicionário jurídico*, v. 1, p. 344). Os Estados dividem as suas comarcas em entrâncias de várias classes, primeira, segunda ou ainda terceira, de acordo com sua importância, para administração de sua justiça.

b) nas áreas de jurisdição de uma vara, haverá a criação de novas unidades quando a frequência de reclamações, em cada órgão já existente, exceder, seguidamente, 1.500 ações por ano (art. 1º, parágrafo único);

c) a jurisdição de uma vara só poderá ser estendida a Municípios situados em um raio máximo de 100 quilômetros da sede e desde que existam facilidades de acesso e meios de condução regulares (art. 2º, *caput*). Para a cobertura de área territorial situada entre duas ou mais jurisdições, a qual não comporta instalações de vara, poderá o TRT propor a inclusão de área em qualquer das jurisdições limítrofes, ainda que fora do raio de 100 quilômetros, respeitados os requisitos da parte final do *caput* do art. 2º (art. 2º, § 1º). Essa decisão do TRT necessita ser aprovada pelo TST (art. 2º, § 2º). Para conveniência da distribuição da Justiça em jurisdições de grandes distâncias a percorrer, o TRT poderá regular o deslocamento de vara, com recursos próprios, visando ao recebimento de reclamações e à realização de audiências (art. 2º, § 3º);

d) a apreciação de propostas, para a criação de novas varas do trabalho, cabe ao Tribunal Superior do Trabalho. As propostas serão efetuadas a cada lapso de dois anos (art. 5º).

4.2 COMPOSIÇÃO

Cada vara do trabalho é integrada por um juiz singular. Na primeira instância da Justiça do Trabalho, ao lado do juiz titular da vara, há os juízes substitutos. A Seção III, do Capítulo II, CLT, além da disciplina quanto às varas do trabalho, nos seus arts. 654 e segs., também trata do ingresso dos juízes na magistratura trabalhista.

O ingresso na magistratura do trabalho é efetuado por concurso público de provas e títulos.[3] O concurso é realizado pelo TRT no âmbito de sua jurisdição, tendo validade por dois anos, podendo ser prorrogado por outro igual período. A organização do concurso deve observar as instruções expedidas pelo TST.

---

[3] Os candidatos inscritos só serão admitidos ao concurso após apreciação prévia, pelo tribunal regional do trabalho da respectiva região, dos seguintes requisitos: (a) idade maior de 25 anos e menor de 45 anos; (b) idoneidade para o exercício das funções (art. 654, § 4º, CLT). A questão da idade mínima resta superada ante o teor do art. 7º, XXX, da Constituição Federal: "proibição de qualquer diferença de salários, de exercício de funções e de critério de admissão por motivo de sexo, idade, cor ou estado civil." Essa proibição é aplicável ao servidor ocupante de cargo público (art. 39, § 3º, CF). A idade máxima não pode ser superior a 65 anos (idade limite para a indicação de um juiz para os tribunais superiores). Pela EC 45, de 8/12/2004, o candidato deverá ter no mínimo 3 anos de atividade jurídica (art. 93, I, CF).

PARTE III · Cap. IV – VARAS DO TRABALHO | **141**

Os juízes do trabalho ingressam na carreira como juízes substitutos[4] e, na sequência da carreira, chegam a titular da vara do trabalho,[5] podendo, ainda, integrar o tribunal de sua região e até mesmo o TST. As promoções para as varas do trabalho e os tribunais regionais do trabalho ocorrem, alternadamente, por antiguidade e merecimento.

Tanto o juiz titular como os substitutos gozam das garantias da magistratura[6] (art. 95, CF). Ao lado das garantias, os magistrados também possuem deveres.[7]

4.3 FUNCIONAMENTO

As varas do trabalho atuam na conciliação, instrução e julgamento dos dissídios individuais do trabalho e outras competências previstas na CF ou por lei.

A conciliação representa a fase processual em que o magistrado trabalhista procura fazer com que as partes entrem em acordo, com a dispensa de uma decisão de mérito por parte da vara do trabalho. O acordo possui efeito de sentença irrecorrível entre as partes (art. 831, CLT) e só poderá ser desconstituído por ação rescisória (Súm. 259, TST). A proposta de conciliação é obrigatória: (a) no início da audiência, antes da formulação da defesa (art. 846, *caput*, CLT); (b) após a formulação das razões orais pelas partes (art. 850, *caput*).

---

[4]   O juiz do trabalho substituto, quando não estiver substituindo o juiz titular, poderá ser designado para atuar nas varas do trabalho (art. 656, *caput*, CLT). Para o fim mencionado no *caput* deste artigo, o território da região poderá ser dividido em zonas, compreendendo a jurisdição de uma ou mais varas, a juízo do TRT respectivo (art. 656, § 1º). A designação referida no *caput* deste artigo será de atribuição do juiz-presidente do TRT ou, não havendo disposição regimental específica, de quem este indicar (art. 656, § 2º). Os juízes do trabalho substitutos, quando designados ou estiverem substituindo os juízes titulares de varas, perceberão os vencimentos destes (art. 656, § 3º). O juiz-presidente do TRT ou, não havendo disposição regimental específica, que este indicar, fará a lotação e a movimentação dos juízes substitutos entre as diferentes zonas da região na hipótese de terem sido criadas na forma do § 1º deste artigo (art. 656, § 4º).

[5]   O preenchimento dos cargos de titular de vara, vagos ou criados por lei, será feito dentro de cada região: (a) pela remoção de outro titular, prevalecendo à antiguidade no cargo, caso haja mais de um pedido, desde que a remoção tenha sido requerida, dentro de 15 dias, contados da abertura da vaga, ao Presidente do Tribunal Regional, a quem caberá expedir o respectivo ato; (b) pela promoção do substituto, cuja aceitação será facultativa, com observância de critério alternado de antiguidade e merecimento (art. 654, § 5º, CLT). Há uma série de regras para a escolha por merecimento dos magistrados: (a) a promoção obrigatória do juiz que figure por três vezes consecutivas ou cinco alternadas em lista de merecimento (art. 93, II, *a*, CF); (b) dois anos de exercício, devendo o juiz integrar a primeira parte da lista de antiguidade, salvo se não houver com tais requisitos quem aceite o cargo vago (art. 93, II, *b*); (c) a aferição do merecimento será efetuada pelos critérios de presteza e segurança no exercício da jurisdição, além da frequência e aproveitamento em cursos de aperfeiçoamento (art. 93, II, *c*); (d) na escolha por antiguidade, o Tribunal somente poderá recusar o juiz mais antigo pelo voto fundamentado de dois terços de seus membros, conforme procedimento próprio, e assegurada ampla defesa, repetindo-se a votação até a fixação da indicação (art. 93, II, *d*); (e) não será promovido o juiz que, injustificadamente, retiver autos em seu poder além do prazo legal, não podendo devolvê-los ao cartório sem o devido despacho ou decisão (art. 93, II, *e*).

[6]   Esta matéria está abordada no tópico 4.1.3 do Capítulo IV da Parte VI desta obra.

[7]   Citada temática encontra-se analisada no tópico 4.1.4 do Capítulo IV da Parte VI desta obra.

Instrução é a parte do procedimento em que se tem a coleta das provas, as quais serão consideradas pelo juiz quando da prolação da sentença de mérito. O juiz possui ampla liberdade na condução e interpretação do valor das provas, as quais podem ser requeridas pelas partes ou determinada *ex officio* pelo magistrado. Durante a instrução, além das partes, também são ouvidas as testemunhas e, se for o caso, o perito e os assistentes técnicos.

Além da instrução, o juiz despacha e exara as decisões interlocutórias, fazendo com que o processo tenha o seu regular curso, chegando-se ao julgamento.

À época da estrutura paritária na Justiça do Trabalho, o STF fixou o entendimento de que o princípio da identidade física[8] do magistrado não se aplicava às juntas de conciliação e julgamento (Súm. 222).

Com a extinção da representação classista, o julgamento passou a ser ato unipessoal do juiz; logo, surgiu o argumento de que o princípio da identidade física deveria ser observado no processo trabalhista.

Em setembro de 2012, o TST cancelou a Súmula 136, a qual considerava inaplicável às varas do trabalho o princípio da identidade física do juiz. Apesar disso, em janeiro de 2014, o TST deliberou pela não aplicação do princípio da identidade física ao processo do trabalho (3ª T – Ag-AIRR 322-81.2011.5.06.0021 – Rel. Min. Mauricio Godinho Delgado – *DEJT* 31/1/2014).

4.4 A TRANSFERÊNCIA DA VARA DO TRABALHO E A LEI 10.770/03

A Lei 10.770/03, que estabelece a criação de 269 novas varas do trabalho no país, traz uma importante inovação no sentido de que pode haver a transferência de vara ou mudança de jurisdição por ato direto do TRT, o que, anteriormente, só poderia ocorrer por lei específica (art. 28).

Esse novo mecanismo é louvável, pois tem por objetivo a celeridade na prestação jurisdicional, podendo transferir varas de um local para outro, em função de dados concretos das movimentações processuais de cada um deles.

QUESTIONÁRIO

1. No Brasil, quem representa a primeira instância da Justiça do Trabalho?

2. Nas localidades onde não se tem a presença da vara do trabalho, quem é o responsável pelo exercício da jurisdição trabalhista?

3. Como se dá o ingresso do juiz na magistratura trabalhista?

---

[8] Pelo CPC/73, o juiz, titular ou substituto, que concluísse a audiência julgaria a lide, exceto se estivesse convocado, licenciado, afastado por qualquer motivo, promovido ou aposentado. Nessas hipóteses, o juiz passaria os autos ao seu sucessor (art. 132, *caput*). Em qualquer hipótese, o magistrado que proferisse a sentença, se entendesse necessário, poderia mandar repetir as provas já produzidas (art. 132, parágrafo único, CPC/73). O CPC/15 não mais contempla o princípio da identidade física do magistrado de forma explícita.

Capítulo V
ÓRGÃOS AUXILIARES DA JUSTIÇA DO TRABALHO

Como os auxiliares da Justiça são os *"órgãos e pessoas que participam do processo, prestando serviços à administração da Justiça, sem interesse no resultado prático visado pelo processo, podemos classificá-los em três grupos: I – Órgãos auxiliares da Justiça, propriamente ditos, que são os serventuários e funcionários judiciais, investidos no cargo, na conformidade das leis de organização judiciária, que lhes traçam as atribuições e a disciplina; II – Órgãos de encargo judicial, que são as pessoas a que se atribui, eventualmente, um particular encargo no processo; III – Órgãos auxiliares extravagantes, que são órgãos não judiciários, mas da administração pública e que, no exercício de suas próprias funções, realizam atos no processo, visando servir à administração da Justiça, como, por exemplo, os Correios e Telégrafos, o Diário da Justiça, a força policial etc.".*[1]

Na estrutura do Processo Civil, são auxiliares do juízo, além de outros, cujas atribuições são determinadas pelas normas de organização judiciária, o escrivão, o chefe de secretaria, o oficial de justiça, o perito, o depositário, o administrador, o intérprete, o tradutor, o mediador, o conciliador judicial, o partidor, o distribuidor, o contabilista e o regulador de avarias (art. 149, CPC).

A CLT regula os serviços auxiliares da Justiça do Trabalho nos arts. 710 e segs.

5.1 SECRETARIA DA VARA DO TRABALHO

A secretaria da vara do trabalho é o local em que os serventuários da Justiça[2] exercem suas funções ou ofício. Também é o local da vara onde se tem o arquivo de documentos e processos. É na Secretaria que a maior parte dos atos determinados pelo magistrado são cumpridos e executados.

Compete à secretaria da vara do trabalho: (a) o recebimento, a autuação, o andamento, a guarda e a conservação dos processos e outros papéis que lhe forem encaminhados; (b) a manutenção do protocolo de entrada e saída dos processos e demais papéis; (c) o registro das decisões; (d) a informação, às partes interessadas e seus procuradores, do

---

[1] SANTOS, Moacyr Amaral. *Primeiras linhas de direito processual civil*, v. 2, 9. ed., p. 139.

[2] O serventuário é o mais importante dos auxiliares de justiça, "sem o qual não pode o juízo funcionar, participa diretamente do processo, de um lado documentando os atos processuais e, por outro, movimentando-o" (SANTOS, Moacyr Amaral. Ob. cit., p. 141).

andamento dos respectivos processos, cuja consulta lhes facilitará; (e) a abertura de vista dos processos às partes, na própria secretaria; (f) a contagem das custas devidas pelas partes, nos respectivos processos; (g) o fornecimento de certidões sobre o que constar dos livros ou do arquivamento da secretaria; (h) a realização das penhoras e demais diligências processuais; (i) o desempenho dos demais trabalhos que lhe forem cometidos pelo juiz, para melhor execução dos serviços que lhe estão afetos (art. 711, *a* a *j*, CLT).

A secretaria é dirigida por um diretor, o qual é indicado pelo juiz da vara e nomeado pelo presidente do tribunal regional do trabalho. As suas atribuições são: (a) superintender os trabalhos da secretaria, velando pela boa ordem do serviço; (b) cumprir e fazer cumprir as ordens emanadas do juiz e das autoridades superiores; (c) submeter a despacho e assinatura do juiz o expediente e os papéis que devam ser por ele despachados e assinados; (d) abrir a correspondência oficial dirigida à vara ou ao juiz; (e) tomar por termo as reclamações verbais nos casos de dissídios individuais; (f) promover o rápido andamento dos processos, especialmente na fase de execução, e a pronta realização dos atos e diligências deprecadas pelas autoridades superiores; (g) secretariar as audiências da vara, lavrando as respectivas atas; (h) subscrever as certidões e os termos processuais; (i) dar aos litigantes a ciência das reclamações e demais atos processuais de que devam ter conhecimento, assinando as respectivas notificações; (j) executar os demais trabalhos que lhe forem atribuídos pelo juiz da vara (art. 712, *a* a *j*).

No âmbito do Processo Civil, incumbe ao escrivão ou ao chefe de secretaria: (a) redigir, na forma legal, os ofícios, os mandados, as cartas precatórias e os demais atos que pertençam ao seu ofício; (b) efetivar as ordens judiciais, realizar citações e intimações, bem como praticar todos os demais atos que que lhe forem atribuídos pelas normas de organização judiciária; (c) comparecer às audiências, ou, não podendo fazê-lo, designar servidor para substituí-lo; (d) manter sob sua guarda e responsabilidade os autos, não permitindo que saiam do cartório, exceto: (1) quando tenham de seguir à conclusão do juiz; (2) com vista ao procurador, à Defensoria Pública, ao Ministério Público ou à Fazenda Pública; (3) quando forem remetidos ao contabilista ou ao partidor; (4) quando forem remetidos a outro juízo em razão da modificação de competência; (e) fornecer certidão de qualquer ato ou termo do processo, independentemente de despacho, observadas as disposições referentes ao segredo de justiça; (f) praticar, de ofício, os atos meramente ordinatórios (art. 152, I a VI, CPC). O juiz titular da Vara é o responsável pela regulamentação da atribuição quanto aos atos meramente ordinatórios (art. 152, § 1º). Caso se tenha o impedimento do escrivão ou chefe de secretaria, o juiz procederá à convocação do substituto e, não o havendo, nomeará pessoa idônea para o ato (art. 152, § 2º).

Os serventuários que, sem motivo justificado, não realizarem os atos, dentro dos prazos fixados, serão descontados em seus vencimentos, em tantos dias quantos os do excesso (art. 712, parágrafo único).

No Processo Civil, o escrivão, o chefe de secretaria e o oficial de justiça são responsáveis, civil e regressivamente, quando (a) sem justo motivo, se recusarem a cumprir, no prazo, os atos impostos pela lei ou pelo juiz a que estão subordinados; (b) praticarem ato nulo com dolo ou culpa (art. 155, I e II, CPC). Os cartórios dos juízos de direito, investidos na administração da Justiça do Trabalho, têm, para esse fim, as mesmas atribuições e obrigações conferidas às secretarias das varas do trabalho (art. 716, *caput*, CLT).

PARTE III · Cap. V – ÓRGÃOS AUXILIARES DA JUSTIÇA DO TRABALHO | 145

Os escrivães dos juízos de direito, investidos na administração da Justiça do Trabalho, competem especialmente às atribuições e obrigações dos diretores de secretaria. E aos demais funcionários dos cartórios, as que couberem nas respectivas funções, dentre as que competem às secretarias das Juntas, enumeradas no art. 711, da CLT (art. 717, CLT).

5.2 SECRETARIA DO TRIBUNAL REGIONAL DO TRABALHO

Cada TRT tem uma secretaria, sob a direção do funcionário designado para exercer a função de secretário, com a gratificação de função fixada em lei (art. 718, CLT).

Compete à secretaria dos tribunais, além das atribuições estabelecidas no art. 711, para a secretaria das varas do trabalho, mais as seguintes: (a) a conclusão dos processos ao presidente e sua remessa, depois de despachados, aos respectivos relatores; (b) a organização e a manutenção de um fichário de jurisprudência do tribunal, para consulta dos interessados (art. 719, *a* e *b*).

O Regimento Interno dos TRTs estabelece as demais atribuições, o funcionamento e a ordem dos trabalhos de suas secretarias (art. 719, parágrafo único).

Competem aos secretários dos tribunais regionais as mesmas atribuições, conferidas no art. 712, aos diretores de secretaria das varas, além das que lhes forem fixadas no Regimento Interno dos TRTs (art. 720).

5.3 SERVIÇOS ADMINISTRATIVOS DO TRIBUNAL SUPERIOR DO TRABALHO

Os serviços administrativos do TST estão previstos e disciplinados no RITST, os quais são estruturados em: a) secretaria do tribunal; b) gabinete da presidência; c) gabinete dos ministros (arts. 342 a 351).

5.4 DISTRIBUIDOR

Nos lugares em que há mais de uma vara do trabalho, haverá a distribuição dos processos para cada uma delas, por um distribuidor (art. 713, CLT).

Compete ao distribuidor: (a) a distribuição, pela ordem rigorosa de entrada, e sucessivamente a cada vara do trabalho, dos feitos que, para esse fim, lhe forem apresentados pelos interessados; (b) o fornecimento, aos interessados, do recibo correspondente a cada feito distribuído; (c) a manutenção de dois fichários dos feitos distribuídos, sendo um organizado pelos nomes dos reclamantes e o outro dos reclamados, ambos por ordem alfabética; (d) o fornecimento a qualquer pessoa que o solicite, verbalmente ou por certidão, de informações sobre os feitos distribuídos; (e) a baixa na distribuição dos feitos, quando isso lhe for determinado pelos juízes das varas, formando, com as fichas correspondentes, fichários à parte, cujos dados poderão ser consultados pelos interessados, mas não serão mencionados em certidões (art. 714).

Os distribuidores são designados pelo presidente do tribunal regional, dentre os funcionários das varas e do tribunal regional, existentes na mesma localidade (art. 715).

146 DIREITO PROCESSUAL DO TRABALHO • Francisco Ferreira Jorge Neto – Jouberto de Quadros Pessoa Cavalcante

Nos juízos de direito em que houver mais de um cartório, será efetuada a distribuição alternada e sucessiva das reclamações entre eles (art. 716, parágrafo único).

Na Justiça Comum, a distribuição encontra-se regulada no art. 284 e segs., CPC.

5.5 OFICIAL DE JUSTIÇA AVALIADOR

Oficial de justiça é o serventuário que cumpre ou executa as ordens do juiz. Geralmente, são os responsáveis pelas citações nas execuções (art. 721, *caput*, CLT), como também notificam as testemunhas, levando-as a juízo, além da realização de citações nas ações cognitivas, quando se torna difícil a localização dos reclamados.

No âmbito da Justiça do Trabalho, como também na Justiça Federal, a denominação utilizada é a de oficial de justiça avaliador, o qual faz a penhora de bens e a sua respectiva avaliação, dispensando-se o perito avaliador.

Para efeito de distribuição dos atos, cada oficial de justiça avaliador funcionará perante uma vara, salvo quando da existência, nos tribunais regionais do trabalho, de órgão específico, destinado à distribuição de mandados judiciais (art. 721, § 1º).

Nas localidades onde houver mais de uma vara do trabalho, a atribuição para o cumprimento do ato deprecado ao oficial de justiça avaliador será transferida a outro oficial, sempre que, após o decurso de nove dias, sem razões que o justifiquem, não tiver sido cumprido o ato, sujeitando-se o serventuário às penalidades da lei (art. 721, § 2º).

No caso de avaliação, terá o oficial de justiça avaliador, para cumprimento do ato, o prazo de dez dias (arts. 721, § 3º, *caput*).

É facultado aos presidentes dos TRTs cometer a qualquer oficial de justiça avaliador a realização dos atos de execução das decisões desses tribunais (art. 721, § 4º).

Na falta ou impedimento do oficial de justiça avaliador, o juiz da vara poderá atribuir a realização do ato a qualquer serventuário (art. 721, § 5º).

No processo civil incumbe ao oficial de justiça: (a) fazer pessoalmente as citações, prisões, penhoras, arrestos e mais diligências próprias do seu ofício, sempre que possível, na presença de duas testemunhas, certificando no mandado o ocorrido, com menção ao lugar, ao dia e à hora; (b) executar as ordens do juiz a que estiver subordinado; (c) entregar o mandado em cartório após seu cumprimento; (d) auxiliar o juiz na manutenção da ordem; (e) efetuar as avaliações, quando for o caso; (f) cerificar, em mandado, proposta de autocomposição apresentada por qualquer das partes, na ocasião de realização de ato de comunicação que lhe couber (art. 154, I a VI, CPC). Após a certificação da proposta de autocomposição, o juiz ordenará a intimação da parte contrária para manifestação no prazo de cinco dias, sem prejuízo do andamento regular do processo, entendendo-se o silêncio como recusa (art. 154, parágrafo único).

5.6 CONTADORIA

Contadoria é órgão auxiliar da justiça, o qual tem a responsabilidade de efetuar os cálculos aritméticos das custas em geral, do principal e juros das condenações e qualquer outro cálculo determinado pelo juiz.

5.7 PERITO

Perito é o técnico ou especialista, o qual opina sobre questões propostas pelas partes ou pelo juiz, auxiliando o órgão jurisdicional no esclarecimento dos fatos necessários para a prolação da decisão (art. 156, *caput*, CPC).

O perito cumprirá escrupulosamente o encargo que lhe foi cometido, independentemente de termo de compromisso (art. 466, CPC), podendo escusar-se ou ser recusado por impedimento ou suspeição (art. 467). Ao aceitar a escusa ou julgar procedente a impugnação, o juiz nomeará novo perito (art. 467, parágrafo único).

O CPC (art. 156, § 1º) assegura que os peritos serão nomeados entre os profissionais legalmente habilitados e os órgãos técnicos científicos devidamente inscritos em cadastro mantido pelo tribunal ao qual o juiz está vinculado.

Na formação do cadastro de peritos, os tribunais devem realizar consulta pública, por meio de divulgação na rede mundial de computadores ou em jornais de grande circulação, além de consulta direta a universidades, a conselhos de classe, ao Ministério Público, à Defensoria Pública e à Ordem dos Advogados do Brasil, para a indicação de profissionais ou órgãos técnicos interessados (art. 156, § 2º).

Os tribunais devem, periodicamente, proceder a avaliação deste cadastro, considerando a formação profissional, a atualização do conhecimento e a experiência dos peritos interessados (art. 156, § 3º). O cadastro é um critério de dar transparência ao processo de indicação e nomeação do perito pelo magistrado.

Nas localidades onde não houver inscrito no cadastro disponibilizado pelo tribunal, a nomeação do perito será de livre escolha pelo magistrado, contudo, a nomeação deverá recair sobre profissional ou órgão técnico ou científico comprovante detentor do conhecimento necessário à realização da perícia (art. 156, § 5º).

O perito tem o dever de cumprir o ofício, no prazo fixado, empregando toda a sua diligência; pode, todavia, escusar-se do encargo alegando motivo legítimo (art. 157, *caput*, CPC). A escusa será apresentada dentro de quinze dias, contados da intimação, da suspeição ou do impedimento supervenientes, sob pena de renúncia ao direito de alegá-la (art. 157, § 1º).

O CPC estabelece que o órgão jurisdicional deve organizar uma lista de peritos, com disponibilização dos documentos exigidos para habilitação à consulta de interessados, para que a nomeação seja distribuída de modo equitativo, observadas a capacidade técnica e a área de conhecimento (art. 157, § 2º). Trata-se de um dispositivo, o qual dá transparência à indicação e nomeação do profissional pelo magistrado.

A Resolução 233, de 13/7/2016, CNJ, regula a criação de cadastro de profissionais e órgãos técnicos ou científicos no âmbito da Justiça (primeiro e segundo graus) (Cadastro Eletrônico de Peritos e Órgãos Técnicos ou Científicos – CPTEC).

O perito que, por dolo ou culpa, prestar informações inverídicas responderá pelos prejuízos que causar à parte e ficará inabilitado para atuar em outras perícias no prazo de dois a cinco anos, independentemente das demais sanções legais, devendo o juiz comunicar o fato ao respectivo órgão de classe para adoção das medidas que entender cabíveis (art. 158, CPC). O CPC admite a responsabilidade subjetiva (dolosa, de forma intencional; culposa, por negligência, imprudência e imperícia) do perito, não exigindo, necessariamente, a caracterização de dano à parte, sendo que o profissional poderá sofrer sanções: processuais (inabilitação para atuação como perito); disciplinares de seu órgão de classe e eventuais penalidades criminais (art. 342, CP).

5.8 DEPOSITÁRIO E ADMINISTRADOR

A guarda e a conservação de bens penhorados, arrestados, sequestrados ou arrecadados serão confiadas a depositário ou a administrador, não dispondo a lei de outro modo (art. 159, CPC).

Por seu trabalho, o depositário ou administrador perceberá remuneração fixada pelo magistrado, o qual deverá, quando da fixação, considerar a situação dos bens, o tempo do serviço e as dificuldades de sua execução (art. 160, *caput*, CPC).

Por indicação do depositário ou do administrador, o magistrado poderá nomear um ou mais prepostos (art. 160, parágrafo único).

O depositário ou o administrador responde pelos prejuízos que, por dolo ou culpa, causar à parte, perdendo a remuneração que lhe foi arbitrada; mas tem o direito a haver o que legitimamente despendeu no exercício do encargo (art. 161, *caput*).

A responsabilidade civil não exclui a sua imputação penal (apropriação indébita, art. 168, § 1º, II, CP; estelionato, art. 171, II, CP) e a imposição de sanção por ato atentatório à dignidade da justiça (art. 161, parágrafo único, CP).

O depositário poderia ser preso caso não apresentasse o bem. A prisão seria decretada no próprio processo em que se constituiu o encargo, independentemente da propositura da ação de depósito (Súm. 619, STF). Atualmente, *é ilícita a prisão civil de depositário infiel, qualquer que seja a modalidade do depósito* (SV 25, STF; Súmula 419, STJ).

5.9 INTÉRPRETE E TRADUTOR

O termo "intérprete" possui vários significados: *"1. Teoria geral do direito. Aquele que, sendo jurista ou órgão com competência normativa, busca o sentido e o alcance da norma jurídica. 2. Direito Autoral. (a) Tradutor; (b) aquele que interpreta uma obra de arte; (c) o que executa obra musical. 3. Nas linguagens comum e jurídica, pode significar aquele que serve de mediador ou intermediário entre pessoas que falam idiomas diversos, procurando fazer com que elas se entendam. 4. Direito Processual. Pessoa habilitada e juramentada que verte documentos estrangeiros para o idioma nacional"*.[3]

O tradutor juramentado é o intérprete que, *"em caráter oficial, faz tradução de documento, que tem fé pública, podendo ser juntada nos autos, acompanhada do texto original, para comprovar contrato ou fato nele instrumentado"*.[4]

---

[3]   DINIZ, Maria Helena. *Dicionário jurídico*, v. 2, p. 889.
[4]   DINIZ, Maria Helena. Ob. cit., v. 4, p. 598.

PARTE III • Cap. V – ÓRGÃOS AUXILIARES DA JUSTIÇA DO TRABALHO | 149

O juiz nomeará intérprete ou tradutor para: (a) traduzir documento redigido em língua estrangeira; (b) verter para o português as declarações das partes e das testemunhas que não conhecerem o idioma nacional; (c) realizar a interpretação simultânea dos depoimentos das partes com deficiência auditiva que se comuniquem por meio da Língua Brasileira de Sinais, ou equivalente, quando assim for solicitado (art. 162, I a III).

Em todos os atos e termos do processo é obrigatório o uso da língua portuguesa (art. 192, *caput*). Por exceção, o documento redigido em língua estrangeira poderá ser juntado quando acompanhado da versão para a língua portuguesa tramitada por via diplomática ou pela autoridade central, ou firmada por tradutor juramentado (art. 192, parágrafo único).

Não pode ser intérprete ou tradutor quem: (a) não tiver a livre administração dos seus bens; (b) for arrolado como testemunha ou atuar como perito no processo; (c) estiver inabilitado para o exercício da profissão por sentença penal condenatória, enquanto durarem seus efeitos (art. 163, I a III).

O intérprete, oficial ou não, é obrigado a prestar o seu ofício, estando sujeito às responsabilidades previstas nos arts. 157 e 158, CPC (art. 164).

QUESTIONÁRIO

1. Discorra sobre as competências da secretaria da vara do trabalho.
2. Os auxiliares judiciários respondem pelos seus atos?

Capítulo VI
MINISTÉRIO PÚBLICO DO TRABALHO

6.1 MINISTÉRIO PÚBLICO

O Ministério Público é aqui estudado, *"não porque integra o sistema do Poder Judiciário, mas porque é, em certa medida, indispensável ao seu funcionamento. Por isso, não pode ser esquecido quando se cogita de analisar a organização judiciária em qualquer de seus setores".*[1]

Celso Ribeiro Bastos[2] ensina que o Ministério Público *"tem a sua razão de ser na necessidade de ativar o Poder Judiciário, em pontos em que este remanesceria inerte porque o interesse agredido não diz respeito a pessoas determinadas, mas a toda coletividade. Mesmo com relação aos indivíduos, é notório o fato de que a ordem jurídica por vezes lhe confere direitos sobre os quais não podem dispor. Surge daí a clara necessidade de um órgão que zele tanto pelos interesses da coletividade quanto pelos dos indivíduos, este apenas quando indisponíveis. Trata-se, portanto, de instituição voltada ao patrocínio desinteressado de interesses públicos, assim como de privados, quando merecem especial tratamento do ordenamento jurídico".*

Na ótica constitucional, o Ministério Público é instituição permanente e essencial à função jurisdicional, incumbindo-lhe a defesa da ordem jurídica, do regime democrático e dos interesses sociais e individuais indisponíveis (art. 127). São princípios institucionais do Ministério Público: a unidade, a indivisibilidade e a independência funcional (art. 127, § 1º).

O Ministério Público possui as seguintes ramificações: (a) Ministério Público da União, que compreende o Ministério Público Federal, o Ministério Público do Trabalho, o Ministério Público Militar e o Ministério Público do Distrito Federal e Territórios; (b) os Ministérios Públicos dos Estados (art. 128, CF).

Ao Ministério Público é assegurada autonomia funcional e administrativa, podendo, observado o disposto no art. 169, propor ao Poder Legislativo a criação e extinção de seus cargos e serviços auxiliares, provendo-os por concurso público de provas ou de provas

---

[1] PINTO, José Augusto Rodrigues. *Processo trabalhista de conhecimento,* 2. ed., p. 102.

[2] BASTOS, Celso Ribeiro. *Curso de direito constitucional,* 18. ed., p. 412.

PARTE III · Cap. VI – MINISTÉRIO PÚBLICO DO TRABALHO | 151

e títulos, a política remuneratória e os planos de carreira; sendo que sua organização e funcionamento é regulamentada pela LC 75/93 (art. 127, § 2º, CF).

A elaboração da sua proposta orçamentária será efetuada dentro dos limites estabelecidos na lei de diretrizes orçamentárias (art. 127, § 3º).

Os membros do Ministério Público possuem as seguintes garantias: (a) vitaliciedade, após dois anos de exercício, não podendo perder o cargo senão por sentença judicial transitada em julgado; (b) inamovibilidade, salvo por motivo de interesse público, mediante decisão do órgão colegiado competente do Ministério Público, pelo voto da maioria absoluta de seus membros, assegurada ampla defesa; (c) irredutibilidade de subsídio, fixado na forma do art. 39, § 4º, e ressalvado o disposto nos arts. 37, X e XI, 150, II, 153, III, 153, § 2º, I, todos da CF (art. 128, § 5º, I, *a* a *c*, CF).

É vedado aos membros do Ministério Público: (a) receber, a qualquer título e sob qualquer pretexto, honorários, percentagens ou custas processuais; (b) exercer a advocacia; (c) participar de sociedade comercial, na forma da lei; (d) exercer, ainda que em disponibilidade, qualquer outra função pública, salvo uma de magistério; (e) exercer atividade político-partidária; (f) receber, a qualquer título ou pretexto, auxílios ou contribuições de pessoas físicas, entidades públicas ou privadas, ressalvadas as exceções previstas em lei (art. 128, II, *a* a *f*).

A LC 75 trata da organização, atribuições e do Estatuto do Ministério Público da União, sendo que assegurado aos integrantes do Ministério Público as seguintes prerrogativas (art. 18):

a) institucionais: (1) sentar-se no mesmo plano e imediatamente à direita dos juízes singulares ou presidentes dos órgãos judiciários perante os quais oficiem; (2) usar vestes talares; (3) ter ingresso e trânsito livres, em razão de serviço, em qualquer recinto público ou privado, respeitada a garantia constitucional da inviolabilidade do domicílio; (4) a prioridade em qualquer serviço de transporte ou comunicação, público ou privado, no território nacional, quando em serviço de caráter urgente; (5) o porte de arma, independentemente de autorização; (6) carteira de identidade especial, de acordo com modelo aprovado pelo Procurador-Geral da República e por ele expedida, nela se consignando as prerrogativas constantes do inciso I, alíneas *c, d* e *e* do inciso II, alíneas *d, e* e *f*, do art. 18;

b) processuais: (1) do Procurador-Geral da República, ser processado e julgado, nos crimes comuns, pelo STF e pelo Senado Federal, nos crimes de responsabilidade; (2) do membro do Ministério Público da União que oficie perante tribunais, ser processado e julgado, nos crimes comuns e de responsabilidade, pelo STJ; (3) do membro do Ministério Público da União que oficie perante juízos de primeira instância, ser processado e julgado, nos crimes comuns e de responsabilidade, pelos Tribunais Regionais Federais, ressalvada a competência da Justiça Eleitoral; (4) ser preso ou detido somente por ordem escrita do tribunal competente ou em razão de flagrante de crime inafiançável, caso em que a autoridade fará imediata comunicação àquele tribunal e ao Procurador-Geral da República, sob pena de responsabilidade; (5) ser recolhido à prisão especial ou à sala especial de

Estado-Maior, com direito a privacidade e à disposição do tribunal competente para o julgamento, quando sujeito a prisão antes da decisão final; e a dependência separada no estabelecimento em que tiver de ser cumprida a pena; (6) não ser indiciado em inquérito policial, observado o disposto no parágrafo único do art. 18; (7) ser ouvido, como testemunhas, em dia, hora e local previamente ajustados com o magistrado ou a autoridade competente; (8) receber intimação pessoalmente nos autos em qualquer processo e grau de jurisdição nos feitos em que tiver que oficiar.

A Lei 13.300/16, ao tratar sobre o processo e o julgamento do mandado de injunção individual e coletivo, legitimou o Ministério Público, entre outros, para o mandado de injunção coletivo (art. 12, I) (art. 6º, VIII, LC 75).

O Procurador-Geral da República terá as mesmas honras e tratamento dos Ministros do STF; e os demais membros da instituição, as que forem reservadas aos magistrados perante os quais oficiem (art. 19).

Os órgãos do Ministério Público da União terão presença e palavra asseguradas em todas as sessões dos colegiados em que oficiem (art. 20).

As garantias e prerrogativas dos membros do Ministério Público da União são inerentes ao exercício de suas funções e irrenunciáveis (art. 21, *caput*). A LC 75 não exclui as garantias e prerrogativas previstas em outras leis (art. 21, parágrafo único).

Ainda existe a Lei Orgânica do Ministério Público, a qual dispõe sobre as normas gerais para a organização do Ministério Público (Lei 8.625/93).

6.2 CONSELHO NACIONAL DO MINISTÉRIO PÚBLICO

A EC 45/04, criou o Conselho Nacional do Ministério Público (CNMP) com as seguintes diretrizes:

a) composição de 14 membros nomeados pelo Presidente da República, depois de aprovada a escolha pela maioria absoluta do Senado Federal, para um mandato de dois anos, admitida uma recondução, sendo: (1) o Procurador-Geral da República, que o preside; (2) quatro membros do Ministério Público da União, assegurada a representação de cada uma de suas carreiras; (3) três membros do Ministério Público dos Estados; (4) dois juízes, indicados um pelo STF e outro pelo STJ; (5) dois advogados, indicados pelo Conselho Federal da Ordem dos Advogados do Brasil; (6) dois cidadãos de notável saber jurídico e reputação ilibada, indicados um pela Câmara dos Deputados e outro pelo Senado Federal (art. 130-A, I a VI);

b) os membros do Conselho oriundos do Ministério Público serão indicados pelos respectivos Ministérios Públicos, na forma da lei (art. 130-A, § 1º);

c) compete ao CNMP o controle da atuação administrativa e financeira do Ministério Público e do cumprimento dos deveres funcionais de seus membros, cabendo-lhe: (1) zelar pela autonomia funcional e administrativa do Ministério

Público, podendo expedir atos regulamentares, no âmbito de sua competência, ou recomendar providências; (2) zelar pela observância do art. 37, CF, e apreciar, de ofício ou mediante provocação, a legalidade dos atos administrativos praticados por membros ou órgãos do Ministério Público da União e dos Estados, podendo desconstituí-los, revê-los ou fixar prazo para que se adotem as providências necessárias ao exato cumprimento da lei, sem prejuízo da competência dos Tribunais de Contas; (3) receber e conhecer das reclamações contra membros ou órgãos do Ministério Público da União ou dos Estados, inclusive contra seus serviços auxiliares, sem prejuízo da competência disciplinar e correicional da instituição, podendo avocar processos disciplinares em curso, determinar a remoção, a disponibilidade ou a aposentadoria com subsídios ou proventos proporcionais ao tempo de serviço e aplicar outras sanções administrativas, assegurada ampla defesa; (4) rever, de ofício ou mediante provocação, os processos disciplinares de membros do Ministério Público da União ou dos Estados julgados há menos de um ano; (5) elaborar relatório anual, propondo as providências que julgar necessárias sobre a situação do Ministério Público no País e as atividades do Conselho, o qual deve integrar a mensagem prevista no art. 84, XI (art. 130-A, § 2º, I a V);

d) o Conselho escolherá, em votação secreta, um Corregedor nacional, dentre os membros do Ministério Público que o integram, vedada a recondução, competindo-lhe, além das atribuições que lhe forem conferidas pela lei, as seguintes: (1) receber reclamações e denúncias, de qualquer interessado, relativas aos membros do Ministério Público e dos seus serviços auxiliares; (2) exercer funções executivas do Conselho, de inspeção e correição geral; (3) requisitar e designar membros do Ministério Público, delegando-lhes atribuições, e requisitar servidores de órgãos do Ministério Público (art. 130-A, § 3º, I a III);

e) o Presidente do Conselho Federal da Ordem dos Advogados do Brasil oficiará junto ao Conselho (art. 130-A, § 4º);

f) leis da União e dos Estados criarão ouvidorias do Ministério Público, competentes para receber reclamações e denúncias de qualquer interessado contra membros ou órgãos do Ministério Público, inclusive contra seus serviços auxiliares, representando diretamente o CNMP (art. 130-A, § 5º).

O CNMP foi instalado em junho de 2005. Tem sede em Brasília e funciona atualmente no edifício da Procuradoria-Geral da República.

6.3 ÓRGÃOS INTEGRANTES DO MINISTÉRIO PÚBLICO DO TRABALHO

O Ministério Público do Trabalho (MPT) é composto dos seguintes órgãos: (a) Procurador-Geral do Trabalho; (b) Colégio de Procuradores do Trabalho; (c) Conselho Superior do Ministério Público do Trabalho; (d) Câmara de Coordenação e Revisão do Ministério Público do Trabalho; (e) Corregedoria do Ministério Público do Trabalho;

(f) Subprocuradores-Gerais do Trabalho; (g) Procuradores Regionais do Trabalho; (h) Procuradores do Trabalho (art. 85, LC 75).

No MPT, a carreira tem início no cargo de Procurador do Trabalho e termina no de Subprocurador-Geral do Trabalho.

O Procurador do Trabalho, como órgão inicial da carreira do MPT, é lotado nas Procuradorias Regionais do Trabalho nos Estados e no Distrito Federal.

O Procurador Regional do Trabalho, na qualidade de órgão do MPT, atua junto aos TRTs. Também é lotado nas Procuradorias Regionais do Trabalho nos Estados e no Distrito Federal.

Os Subprocuradores-Gerais do Trabalho são órgãos designados para atuarem junto ao TST e nos ofícios na Câmara de Coordenação e Revisão. São lotados na Procuradoria-Geral do Trabalho.

6.4 A ATUAÇÃO JUDICIAL E EXTRAJUDICIAL DO MINISTÉRIO PÚBLICO DO TRABALHO

A atuação judicial do MPT está disciplinada pelos arts. 127 e 129, CF, e art. 83 (incisos I a XIII), LC 75, a qual derrogou, por incompatibilidade, o disposto nos arts. 736 e segs., CLT.

O MPT, na sua atuação judicial, pode ser como parte ou *custos legis* (fiscal da lei).

Como parte, as hipóteses são:

a) promover as ações que lhe sejam atribuídas pela CF e pelas leis trabalhistas;

b) promover a ação civil pública no âmbito da Justiça do Trabalho, para defesa de interesses coletivos, quando desrespeitados os direitos sociais constitucionalmente garantidos;

c) propor ações cabíveis para declaração de nulidade de cláusula de contrato, acordo coletivo ou convenção coletiva, que violem as liberdades individuais ou coletivas ou os direitos individuais indisponíveis dos trabalhadores;

d) propor as ações necessárias à defesa dos direitos e interesses dos menores (art. 793, CLT), incapazes e índios, decorrentes das relações de trabalho;

e) instaurar instância em caso de greve, quando a defesa da ordem jurídica ou o interesse público assim o exigir (art. 114, § 3º, CF);

f) promover mandado de injunção, quando a competência for da Justiça do Trabalho;

g) interpuser, como parte, recurso das decisões da Justiça do Trabalho.

Na qualidade de fiscal da lei (*custos legis*):

a) manifestar-se em qualquer fase do processo trabalhista, acolhendo solicitação do juiz ou por sua iniciativa, quando entender existente interesse público que justifique a intervenção;

PARTE III · Cap. VI – MINISTÉRIO PÚBLICO DO TRABALHO | 155

b) recorrer das decisões da Justiça do Trabalho, quando entender necessário, nos processos em que atue como fiscal da lei, bem como pedir revisão da súmula de jurisprudência do TST;

c) funcionar nas sessões dos TRTs, manifestando-se verbalmente sobre a matéria em debate, sempre que entender necessário, sendo-lhe assegurado o direito de vista dos processos em julgamento, podendo solicitar as requisições e diligências que julgar conveniente;

d) promover ou participar da instrução e conciliação em dissídios decorrentes da paralisação de serviços de qualquer natureza, oficiando obrigatoriamente nos processos, manifestando sua concordância ou discordância, em eventuais acordos firmados antes da homologação, resguardado o direito de recorrer em caso de violação da lei ou da CF;

e) requerer às diligências que julgar convenientes para o correto andamento dos processos e para a melhor solução das lides trabalhistas.

Pelo art. 83, XIII, da LC 75, o MPT deverá intervir, obrigatoriamente, em todos os feitos do segundo e terceiro graus de jurisdição da Justiça do Trabalho, quando a parte for pessoa jurídica de Direito Público, Estado estrangeiro ou organismo internacional.

O art. art. 83, XI, possibilita ao MPT atuar como árbitro, se assim for solicitado pelas partes, nos dissídios de competência da Justiça do trabalho. Trata-se de uma atuação administrativa.

A atuação extrajudicial do MPT opera-se na esfera administrativa. Como exemplos têm-se: (a) integrar os órgãos colegiados; (b) instaurar inquérito civil e outros procedimentos administrativos, sempre que cabíveis, para assegurar a observância dos direitos sociais dos trabalhadores; (c) requisitar à autoridade administrativa federal competente, dos órgãos de proteção ao trabalho, a instauração de procedimentos administrativos, podendo acompanhá-los e produzir provas; (d) ser cientificado pessoalmente das decisões proferidas pela Justiça do Trabalho, nas causas em que o órgão tenha intervindo ou emitido parecer escrito; (e) exercer outras atribuições que lhe foram conferidas por lei, desde que compatíveis com sua finalidade (art. 84).

QUESTIONÁRIO

1. O que representa o Ministério Público?

2. Quais são os princípios constitucionais relativos ao Ministério Público?

3. O Ministério Público do Trabalho pode instaurar qualquer tipo de dissídio coletivo?

4. Quais são as principais atribuições judiciais e extrajudiciais do Ministério Público do Trabalho?

Parte IV

COMPETÊNCIA DA JUSTIÇA DO TRABALHO

Capítulo I
A IMPORTÂNCIA DA JURISDIÇÃO

1.1 A NOÇÃO DE JURISDIÇÃO

O Direito surge da necessidade social de regras a serem observadas por uma sociedade ou comunidade. Os seres humanos necessitam de regras de conduta e de caráter obrigacional, como forma de regular os seus comportamentos mútuos. Sua origem deriva da necessidade humana da convivência mútua e pacífica. Sintetizando-se: *ubi societas, ibi jus* (onde está a sociedade está o Direito). O Direito constitui o fundamento da ordem social.

A jurisdição atua quando se tem a violação dos direitos assegurados pelas normas jurídicas (Direito Objetivo) em função de um conflito de interesses, ou seja, pressupõe a aplicação da lei ao caso concreto. O legislador cria o Direito Objetivo, enquanto a jurisdição aplica a norma abstrata ao caso concreto, atuando na pacificação dos conflitos de interesses.

A jurisdição é uma das funções do Estado e é inerente ao Poder Judiciário. Como é vedado aos particulares o exercício arbitrário das próprias razões (autotutela), o Estado Moderno atua na pacificação dos conflitos.

De forma concomitante, jurisdição sintetiza: (a) poder – autoridade do Estado de decidir e impor as decisões; (b) função – a obrigação que possui o Estado de solucionar os conflitos, aplicando-se a lei ao caso em concreto, por meio de instrumento intitulado processo; (c) atividade – o complexo dos atos que o juiz realiza no processo.

Os princípios fundamentais da jurisdição são: (a) investidura – como função estatal, só pode ser exercida por quem dela se ache legitimamente investido. É desempenhada pelos juízes, que representam o Estado, atuando para a solução das lides, em relação as quais é competente, de acordo com os critérios de competência estabelecidos na CF e legislação infraconstitucional; (b) indelegabilidade da jurisdição – o juiz exerce a função jurisdicional por meio da delegação outorgada pelo Estado, não podendo delegá-la a outrem, exercendo-a pessoalmente. A jurisdição é inerente ao Poder Judiciário, não sendo possível que se tenha a sua abdicação em favor de outros Poderes da República. Por outro lado, a indelegabilidade também pode ser analisada sob o ponto de vista interno, ou seja, cada órgão possui as suas funções, não se permitindo a atribuição de funções de um órgão para outro; (c) aderência da jurisdição ao território – a jurisdição pressupõe um âmbito territorial no qual pode e deve ser exercida. A CF estabelece os órgãos que compõem o Poder Judiciário e estabelece os critérios pelos quais a jurisdição será exercida. A jurisdição não se confunde com a competência. A competência é a fixação de critérios pelos quais a jurisdição é exercida. Cada órgão judiciário, cada juiz possui um âmbito territorial no qual deverá exercer a sua jurisdição; (d) inércia – a função jurisdicional somente é desenvolvida quando é provocada. Nenhum juiz prestará a tutela jurisdicional senão quando a parte ou o interessado a requerer, nos casos e formas legais (art. 2º, CPC); (e) indeclinabilidade – o órgão jurisdicional não pode recusar a aplicação do Direito, como também a lei não poderá excluir da apreciação do Poder Judiciário qualquer lesão ou ameaça a direito (art. 5º, XXXV, CF).

1.2 A JURISDIÇÃO TRABALHISTA

Em linhas gerais, a jurisdição trabalhista é constituída por três sistemas:

a) individual – é a jurisdição trabalhista relativa aos dissídios individuais ou individuais plúrimos, cujo processamento é regulado pelos arts. 837 a 855, CLT, e, subsidiariamente, pelo CPC (art. 769, CLT; art. 15, CPC). Pela EC 45, de 8/12/2004, houve a ampliação da competência material da Justiça do Trabalho nos dissídios individuais: (1) as ações oriundas da relação de trabalho, abrangidos os entes de direito público externo e da administração pública direta e indireta da União, dos Estados, do Distrito Federal e dos Municípios; (2) as ações que envolvam exercício do direito de greve; (3) as ações sobre representação sindical, entre sindicatos, entre sindicatos e trabalhadores, e entre sindicatos e empregadores; (4) os mandados de segurança, *habeas corpus* e *habeas data*, quando o ato questionado envolver matéria sujeita à sua jurisdição; (5) os conflitos de competência entre órgãos com jurisdição trabalhista, ressalvado o disposto no art. 102, I, *o*, da CF; (6) as ações de indenização por dano moral ou patrimonial, decorrentes da relação de trabalho; (7) as ações relativas às penalidades administrativas impostas aos empregadores pelos órgãos de fiscalização das relações de trabalho; (8) a execução, de ofício, das contribuições sociais previstas no art. 195, I, *a*, e II, e seus acréscimos legais (CF), decorrentes das sentenças que proferir; (9) outras controvérsias decorrentes da relação de trabalho, na forma da lei (art. 114, I a IX);

b) normativa – envolve os dissídios coletivos, em que a Justiça do Trabalho desempenha o seu poder normativo (art. 114, § 2º, CF). Sua regulação encontra-se nos arts. 856 a 875, CLT, aplicando-se, no que for cabível, a lei processual civil.

c) metaindividual – ao contrário do que ocorre na normativa (sentenças normativas), onde se tem a criação de normas jurídicas, na jurisdição metaindividual a Justiça do Trabalho aplica o direito preexistente na tutela preventiva e reparatória dos direitos ou interesses metaindividuais (interesses: difusos, coletivos e os individuais homogêneos).

A regulação da jurisdição trabalhista metaindividual decorre da aplicação simultânea da CF (arts. 129, III e IX, 8º, III, e 114), da Lei Orgânica do Ministério Público da União (arts. 83, III, 84, *caput*, e 6º, VII, *a* e *b*, LC 75/93; Lei da Ação Civil Pública, Lei 7.347/85) e pelo Título III do Código de Defesa do Consumidor (Lei 8.078/90) e outras normas.

No elenco dos novos instrumentos para a proteção dos interesses e direitos metaindividuais, destacamos: ação civil pública, a ação civil coletiva e o mandado de segurança.

QUESTIONÁRIO

1. O que representa a jurisdição?

2. Quais são os princípios fundamentais da jurisdição? Explique-os.

3. Quais foram as alterações efetuadas na jurisdição trabalhista individual pela EC 45/04?

4. Quais foram as alterações efetuadas na jurisdição trabalhista normativa pela EC 45/04?

Capítulo II
COMPETÊNCIA

A jurisdição, como expressão do poder estatal, é uma só. Cada juiz ou tribunal é investido da jurisdição. Porém, o seu exercício é distribuído, pelas normas constitucionais e ordinárias, para vários órgãos jurisdicionais. Essa distribuição se faz em função de vários critérios. De acordo com esses critérios, o órgão jurisdicional poderá exercitar a sua jurisdição em função de determinados limites, ou seja, grupo de litígios. Portanto, vamos conceituar competência como a *"quantidade de jurisdição cujo exercício é atribuído a cada órgão ou grupo de órgãos"*.[1]

Oreste Dalazen[2] indica que *"o conteúdo substancial da competência é a jurisdição, ou seja, a jurisdição necessariamente está contida na competência. Di-lo Couture, por todos: 'um juiz competente é, ao mesmo tempo, juiz com jurisdição; porém, um juiz incompetente é um juiz com jurisdição e sem competência'. Vale dizer: um juiz legalmente empossado no cargo sempre está investido de jurisdição. Ora, se jurisdição e competência fossem coisas diversas, em essência, ou qualitativamente, então restaria sem explicação a natureza da atividade desenvolvida pelo juiz competente, ao dirimir o litígio, em nome do Estado.*

Por isso, indubitavelmente mais acertado e afinado com a 'communis opinio doctorum' o magistério de Couture: 'a relação entre jurisdição e a competência é a relação que existe entre o todo e a parte. A jurisdição é o todo; a competência é a parte: um fragmento da jurisdição'.

De sorte que, em conclusão, inspirando-se na doutrina de Liebman, assim se pode definir competência: é a quantidade de jurisdição concretamente conferida a cada órgão judicante, segundo critérios predeterminados em lei".

A competência é o pleno exercício da jurisdição, que se concretiza por meio de órgãos incumbidos de resolver determinados grupos de litígios.

Os critérios para a fixação da competência são estabelecidos em função dos seguintes elementos: território, valor, material e funcional.

---

[1] LIEBMAN apud CINTRA, Antônio Carlos de Araújo; GRINOVER, Ada Pellegrini; DINAMARCO, Cândido Rangel. *Teoria geral do processo*, 12. ed., p. 230.

[2] DALAZEN, João Oreste. *Competência material trabalhista*, p. 34.

Os critérios territorial e valor ligam-se à competência relativa,[3] sendo que os demais estabelecem regras de competência absoluta.

Como regra, a competência é perpétua. Todo processo deverá ter o seu término junto ao juízo em que houve o seu início, não influindo as transformações posteriores à propositura da demanda relativas ao domicílio, cidadania das partes, objeto da causa ou seu valor, na competência do juízo.

A determinação da competência ocorre quando a demanda é proposta. São irrelevantes as modificações do estado de fato ou de direito ocorridas posteriormente (perpetuação da jurisdição), salvo quando suprimirem o órgão judiciário ou alterarem a competência em razão da matéria ou da hierarquia (competência absoluta) (art. 43, CPC).

Como se denota a regra da perpetuação não é absoluta. Admite-se a sua modificação quando for o caso de supressão do órgão judiciário ou de alteração da sua competência em razão da matéria ou da hierarquia. A título exemplificativo: o STJ entende que, instalada a vara do trabalho, cessa a competência do Juiz de Direito em matéria trabalhista, inclusive para a execução das sentenças por ele proferidas (Súm. 10).

A EC 45, além de ampliar a competência da Justiça do Trabalho, a alterou: de competência em relação às pessoas (empregado x empregador) passou à competência em razão da matéria (relação de trabalho).

A Súm. 367 do STJ determina que a competência estabelecida pela EC 45 não alcança os processos já sentenciados.

QUESTIONÁRIO

1. O que representa a competência?

2. Quais são os critérios de fixação da competência? Explique-os.

3. É possível a alteração da competência no curso do processo? Justifique.

4. Qual foi a principal alteração trazida pela EC 45/04 em relação à competência da Justiça do Trabalho? Houve alteração de competência pelo critério material ou pelo critério material e funcional? Explique e justifique.

---

[3] A competência relativa pode ser prorrogada, quando não alegada oportunamente pelas partes (arts. 62 a 64 e 337, II, CPC/2015). Opõe-se à competência absoluta, a qual pode ser conhecida de ofício pelo juiz. A sentença de mérito, transitada em julgado, pode ser rescindida quando proferida por juiz absolutamente incompetente (art. 966, II, CPC/2015).

Capítulo III

COMPETÊNCIA MATERIAL DA JUSTIÇA DO TRABALHO

3.1 INTRODUÇÃO

A competência material é estabelecida de acordo com a natureza da lide, ou seja, deriva da própria natureza da relação jurídica controvertida.

Na Justiça do Trabalho, a partir da EC 45, a competência material trabalhista relaciona-se com os diversos tipos de conflitos decorrentes das relações de trabalho (art. 114, *caput*, CF). Em outras palavras, todas as relações jurídicas em que o trabalho seja prestado por pessoa natural (ser humano).

No Direito do Trabalho, apesar de outras classificações existentes, a doutrina costuma apontar duas formas de conflitos de trabalho: individuais ou coletivos (conflitos próprios ou puros).

Américo Plá Rodríguez[1] elenca a existência de três critérios para classificar os conflitos laborais em individual ou coletivo: (a) critério subjetivo – o número de sujeitos envolvidos; (b) critério objetivo – origem da norma em questão; (c) critério funcional – interesse em jogo.

Alfredo Ruprecht[2] aponta outros critérios: (a) subjetivo (número de sujeitos); (b) objetivo (relações reguladas individual ou coletivamente); (c) dimensão social quantitativa (ou âmbito social em que repercutem); (d) critério que se baseia na realização formal do conflito (órgão ante o qual se formaliza o conflito); (e) critério que busca a diferenciação em mais de um elemento.

Seguindo as lições de Nicola Jaeger (1936), Américo Plá Rodríguez prefere o critério funcional.

Para Arnaldo Süssekind,[3] *"o que caracteriza a natureza do dissídio é seu objeto. Se a controvérsia tende a assegurar, a uma ou várias pessoas, o direito proveniente da relação de emprego a que se vincularam, seja este resultado da lei, de sentença, de contrato coletivo ou individual, haverá então dissídio individual. Haverá, em troca, dissídio coletivo, quando a*

---

[1] RODRÍGUEZ, Américo Plá. *Curso de derecho laboral*: conflictos colectivos, t. 2, v. 2, p. 13.
[2] RUPRECHT, Alfredo J. Ob. cit., p. 697-699.
[3] Süssekind, Arnaldo apud RUPRECHT, Alfredo J. Ob. cit., p. 693-694.

controvérsia tiver por objeto assegurar às pessoas que pertencem a certo grupo ou categoria de trabalhadores novas condições de trabalho, como também a aplicação e interpretação das normas jurídicas às condições de trabalho vigentes".

Os conflitos coletivos, por sua vez, se subdividem em de natureza jurídica (também denominados de conflitos de direito ou de cunho declaratório) ou econômica (ou de interesses ou constitutivo).

A distinção entre os conflitos coletivos de natureza econômica e de natureza jurídica ocorre, como aponta a doutrina,[4] porque *"nos primeiros a finalidade é a obtenção de uma norma jurídica convenção coletiva ou sentença normativa. Nos segundos a finalidade não é a obtenção, mas a declaração sobre o sentido de uma norma já existente ou a execução de uma norma que o empregador não cumpre; exemplifique-se com o atraso no pagamento dos salários".*[5]

Além dos puros, Mozart Victor Russomano[6] também reconhece a existência de um outro grupo de conflitos coletivos de trabalho, são os impróprios (ou impuros), *"embora não caibam, com justeza"*, na definição articulada por ele mesmo sobre os conflitos de trabalho.

Mozart Russomano,[7] com base nas lições de Américo Plá Rodríguez, aponta como principais formas de conflitos impróprios: (a) conflitos intersindicais coletivos; (b) conflitos intersindicais não coletivos; (c) conflitos intrassindicais (conflitos internos); (d) conflitos extrasindicais; (e) conflitos entre trabalhadores.

Américo Plá Rodríguez[8] considera como formas de conflitos impróprios: (a) conflitos intersindicais coletivos; (b) conflitos intersindicais não coletivos; (c) conflitos entre o sindicato e seus membros; (d) conflitos entre trabalhadores.

Alfredo R. Ruprecht entende que os conflitos impróprios são: (a) intersindicais coletivos; (b) intersindicais não coletivos; (c) entre os sindicatos e seus respectivos membros; (d) entre trabalhadores.[9]

3.2 TRABALHO HUMANO E O DIREITO DO TRABALHO

Em sentido amplo, o trabalho pode ser considerado como toda e qualquer atividade, não se perquirindo a respeito do agente, da natureza ou da sua destinação.

Quando a atividade é humana, adota-se uma visão restrita, justificando a interação do trabalho com a órbita do Direito. A atividade humana pode ter uma natureza econômica ou não. Várias são as atividades humanas que visam a outros fins. Por exemplo: o serviço

---

4   RODRÍGUEZ, Américo Plá. Ob. cit., p. 15. LÓPEZ, Manuel-Carlos Palomeque. *Derecho sindical epañol*, 5. ed., p. 260. GIUDICE, F. Del.; MARIANI, F. *Diritto sindicale*, 9. ed., p. 253-254.

5   NASCIMENTO, Amauri Mascaro. *Iniciação ao direito do trabalho*, 28. ed., p. 556.

6   RUSSOMANO, Mozart Victor. *Princípios gerais de direito sindical*, 2. ed., p. 227-235.

7   RUSSOMANO, Mozart Victor. Ob. cit., p. 234-235.

8   RODRÍGUEZ, Américo Plá. Ob. cit., p. 17-18.

9   RUPRECHT, Alfredo J. Ob. cit., p. 687.

voluntário que não gera vínculo empregatício, nem obrigações de natureza trabalhista, previdenciária ou afim (art. 1º, § 1º, Lei 9.608/98).

Para o direito do trabalho, no entanto, o que interessa é a atividade humana aplicada à produção de bens ou serviços.[10] Assim, mesmo quando se fala em produção, é importante precisar sua destinação. Não basta o trabalho para o suprimento das necessidades de seu agente.

O trabalho jurídico, para a sua caracterização, exige uma relação interpessoal e o interesse do sujeito da relação. Tais elementos são os pressupostos da interação do trabalho humano com o direito do trabalho, mas em função da ordem jurídico-trabalhista nacional (CLT) sempre houve o realce para o trabalho subordinado (relação jurídica empregatícia). A subordinação é elemento presente nas relações jurídicas que interessam ao direito do trabalho, inserindo-se nas diversas espécies, a saber: trabalho empregatício; doméstico; eventual; rural; temporário e avulso.

3.3 CONCEITO DE RELAÇÃO DE TRABALHO

Para Amauri Mascaro Nascimento,[11] "relação de trabalho" compreende o *"universo de relações jurídicas ou contratos de atividade nos quais o objeto preponderante do vínculo jurídico é a atividade mesmo da pessoa que presta serviços para outra, para uma empresa ou para uma pessoa física, portanto, gênero, como, também, o que não nos parece acontecer, relação de trabalho como sinônimo de relação de emprego".*

Cláudio Mascarenhas Brandão[12] entende que relação de trabalho é o *"vínculo que se estabelece entre a pessoa que executa o labor – o trabalhador propriamente dito, o ser humano que empresta a sua energia para o desenvolvimento de uma atividade – e a pessoa jurídica ou física que é beneficiária desse trabalho, ou seja, aufere o trabalho proveniente da utilização da energia humana por parte daquele".*

Para José Affonso Dallegrave,[13] *"considerando que o conceito de relação de trabalho é aquele que pressupõe qualquer liame jurídico entre dois sujeitos, desde que tendo por*

---

[10] "Interessa-nos, porém, a situação em que o produto do trabalho do homem é apropriado por outrem, a qualquer título, caso em que entra em cena a 'relação jurídica de trabalho'. Ao amparo da ordem jurídica, estabelece-se um vínculo (contratual ou institucional) entre o prestador do trabalho e o seu tomador, tendo por objeto exatamente o trabalho, entendido como a colocação da energia em movimento para a geração de um bem" (RODRIGUES, Rodnei Doreto; RODRIGUES, Gustavo Doreto. A nova competência da Justiça do Trabalho – uma abordagem inicial. *Justiça do Trabalho*: competência ampliada. Coords. Grijalbo Fernandes Coutinho e Marcos Neves Fava, p. 451).

[11] NASCIMENTO, Amauri Mascaro. A competência da Justiça do Trabalho para a relação de emprego. *Nova competência da Justiça do Trabalho*. Coord. Grijalbo Fernandes Coutinho e Marcos Neves Fava, p. 25.

[12] Brandão, Cláudio Mascarenhas. Relação de trabalho: enfim, o paradoxo superado. *Nova competência da Justiça do Trabalho*. Coord. Grijalbo Fernandes Coutinho e Marcos Neves Fava, p. 59.

[13] DALLEGRAVE NETO, José Affonso. Primeiras linhas sobre a nova competência da Justiça do Trabalho fixada pela Reforma do Judiciário (EC nº 45/2004). *Nova competência da Justiça do Trabalho*. Coord. Grijalbo Fernandes Coutinho e Marcos Neves Fava, p. 196.

objeto a prestação de um serviço, autônomo ou subordinado, não há dúvidas que não só os contratos celetistas estão nele abrangidos, mas boa parte dos contratos civis e comerciais".

Na dinâmica sociojurídica[14] há uma série de relações jurídicas, as quais envolvem a atividade humana como objeto e que não se relacionam com a subordinação.[15] Foi necessário o alargamento da competência material trabalhista para a devida adequação do Judiciário Trabalhista à nova realidade do direito do trabalho.

Relação de trabalho é a relação jurídica em que o prestador dos serviços é uma pessoa natural, tendo por objeto a atividade pessoal, subordinada ou não, eventual ou não, e que é remunerada (ou não) por uma outra pessoa natural ou pessoa jurídica. Portanto, relação de trabalho é o gênero, sendo a relação de emprego uma de suas espécies.[16]

Quanto aos elementos da relação de trabalho, a doutrina aponta: trabalho remunerado (onerosidade); pessoalidade; atividade do prestador como objeto do contrato; a subordinação e a eventualidade não atuam mais como critérios básicos para a delimitação da competência material trabalhista.

Na nossa ótica, o fator onerosidade é importante, contudo, não é essencial na caracterização do que vem a ser a relação de trabalho. Há situações em que se tem o trabalho, sem haver, necessariamente, a presença da onerosidade ou que exista de uma forma indireta.

Diante da nova redação do art. 114, CF, a Justiça do Trabalho tem competência material para conhecer, instruir e julgar toda e qualquer relação de trabalho, em que o prestador dos serviços é uma pessoa natural, tendo por objeto a atividade pessoal,

---

[14] Há uma série de relações jurídicas nas quais se tem a presença do trabalho humano, sem a presença da subordinação como elemento essencial, a saber: prestação de serviços (arts. 593 e segs., CC); contrato de transporte (art. 730); contrato de agência e distribuição (arts. 710 a 721); corretagem (arts. 722 e segs.).

[15] "Para o fim de fixar a competência da Justiça do Trabalho, perde interesse a distinção entre trabalho subordinado e autônomo. No passado, esta distinção era fundamental, porque os autônomos só poderiam dirigir-se à Justiça Comum. As portas do Judiciário Trabalhista estavam fechadas para eles. Agora, porém, não mais. A Justiça do Trabalho tem competência para julgar também (isto é, além daquelas de interesse dos empregados) as ações de interesse dos trabalhadores autônomos e parassubordinados" (ROMITA, Aryon Sayão. Competência da Justiça do Trabalho para ações sobre relações de trabalho – trabalho eventual, *Revista Justiça do Trabalho*, ano 22, n° 258, jun. 2005, p. 12).

[16] "A Ciência do Direito enxerga clara distinção entre relação de trabalho e relação de emprego. A primeira expressão tem caráter genérico: refere-se a todas as relações jurídicas caracterizadas por terem sua prestação essencial centrada em uma obrigação de fazer consubstanciada em labor humano. Refere-se, pois, a toda modalidade de contratação de trabalho humano modernamente admissível. A expressão relação de trabalho englobaria, desse modo, a relação de emprego, a relação de trabalho autônomo, a relação de trabalho eventual, de trabalho avulso e outras modalidades de pactuação de prestação de labor (como trabalho de estágio, etc.). Traduz, portanto, o gênero a que se acomodam todas as formas de pactuação de prestação existentes no mundo jurídico atual" (DELGADO, Maurício Godinho. *Curso de direito do trabalho*, 5. ed., p. 285).

subordinada ou não, eventual ou não, e que é remunerada (ou não) por uma outra pessoa natural ou pessoa jurídica.

3.3.1 Abrangência da Relação de Trabalho

Partindo da premissa que "relação de trabalho" é o gênero (todo trabalho humano) e tem como espécies as diversas relações jurídicas de trabalho, sejam elas subordinadas ou não, remuneradas ou não, eventuais ou não, podemos indicar as seguintes espécies:

a) relações de trabalho disciplinadas pelo Direito do Trabalho (CF, CLT e leis esparsas): relação de emprego (empregado urbano); doméstico; rural; avulso e o temporário;

b) outras relações de trabalho, assim denominadas porque são regulamentadas pelo Direito, ainda que de forma indireta, como ocorre com o trabalho do preso ou do cônjuge que presta serviços no lar (dona de casa); autônomo; eventual; cooperativa de trabalho; serviço voluntário; estagiário etc.;

c) relações de trabalho proibido, as quais podem variar de país para país e nos momentos históricos, como trabalho escravo, exploração do sexo, trabalho infantil, trabalho em cassinos etc.;

d) relações de trabalho com o Estado, abrangendo todos os agentes públicos, sejam eles: agentes políticos; particulares em colaboração com o Estado; servidores públicos civis (funcionários estatutários, empregados públicos ou temporários) ou militar (arts. 42 e 142, § 3º, CF);

e) relações de trabalho disciplinadas pelo Direito Comum (Direito Civil, CDC e leis esparsas), nos contratos ou relações de consumo, onde aquele que presta serviços é uma pessoa natural.

Com a alteração da CF pela EC 45, parte dessas relações passou para a competência da Justiça do Trabalho.

O Enunciado 64, da 1ª Jornada de Direito Material e Processual na Justiça do Trabalho (2007), entende que: *"Havendo prestação de serviços por pessoa física a outrem, seja a que título for, há relação de trabalho incidindo a competência da Justiça do Trabalho para os litígios dela oriundos (CF, art. 114, I), não importando qual o direito material que será utilizado na solução da lide (CLT, CDC, CC etc.)."*

3.3.2 Relação de Trabalho e Relação de Consumo

Em face da ordem constitucional, será que a relação de consumo pode ser tida como uma espécie de relação de trabalho e, consequentemente, ser da competência da Justiça do Trabalho?

De acordo com o CDC (Lei 8.078/90), a relação de consumo é aquela estabelecida entre o consumidor e o fornecedor.

Pelo prisma legal: (a) consumidor é toda pessoa física ou jurídica que adquire ou utiliza produto ou serviço como destinatário final (art. 2º, *caput*); (b) fornecedor é toda

PARTE IV · Cap. III – COMPETÊNCIA MATERIAL DA JUSTIÇA DO TRABALHO | 169

pessoa natural ou jurídica (pública ou privada), nacional ou estrangeira, bem como os entes despersonalizados, que desenvolvem atividade de produção, montagem, criação, construção, transformação, importação, exportação, distribuição ou comercialização de produtos ou prestação de serviços (art. 3º, *caput*); (c) produto é qualquer bem, móvel ou imóvel, material ou imaterial (art. 3º, § 1º); (d) serviço é qualquer atividade fornecida no mercado de consumo, mediante remuneração, inclusive as de natureza bancária, financeira, de crédito e securitária, salvo as decorrentes das relações de caráter trabalhista (art. 3º, § 2º).

Para José Geraldo Brito Filomeno,[17] consumidor é *"qualquer pessoa física ou jurídica que, isolada ou coletivamente, contrate para consumo final, em benefício próprio ou de outrem, a aquisição ou a locação de bens, bem como a prestação de serviço".*

Ocorre a relação de consumo quando *"alguém – o consumidor – pessoa física ou jurídica, adquire algum bem ou serviço para uso pessoal, ou de sua família como destinatário final, ou seja, sem a intenção de utilizar deste bem ou serviço como meio de incrementar de suas próprias atividades. Outrossim, o objeto da relação de consumo é o bem ou os serviços consumíveis, e não o trabalho realizado para a sua obtenção. Como podemos observar, o consumo é,* lato sensu, *uma atividade destruidora, no sentido que consiste na ampla utilização dos bens e serviços adquiridos para a satisfação das necessidades humanas. É um fato mui importante ressalta: o consumidor adquire efetivamente a propriedade sobre o bem consumível. Ele é o dominus daquilo que adquiriu, exercendo sobre este bem os poderes advindos da propriedade, inclusive até o de destruí-lo".*[18]

De plano, pode-se afirmar que nem todas as relações de consumo estarão sob a competência da Justiça do Trabalho. Estão excluídas da competência da Justiça do Trabalho as relações de consumo cuja atividade seja de: produção, montagem, criação, construção, transformação, importação, exportação, distribuição ou comercialização de produtos, bem como a prestação de serviços quando o prestador seja pessoa jurídica.

Surge a celeuma relativa à competência da Justiça do Trabalho quando na relação de consumo se tenha a prestação de serviços e a que o prestador seja pessoa natural.

Na abordagem da prestação de serviços por trabalhadores, como sendo relação de trabalho ou relação de consumo, em linhas gerais, na doutrina encontramos três vertentes:

a) a primeira corrente nega a competência da Justiça do Trabalho sob o fundamento de que o prestador de serviço, na execução das suas tarefas, insere-se em uma relação de consumo, onde o tomador dos serviços é o usuário final;

b) em uma posição diametralmente oposta à primeira, há os que defendem a competência da Justiça do Trabalho, sustentando que as relações de consumo, onde

---

[17] FILOMENO, José Geraldo Brito. *Código Brasileiro de Defesa do Consumidor comentado pelos Autores do Anteprojeto*, p. 31.

[18] ZANGRANDO, Carlos Henrique da Silva. As diferenças entre relação de consumo e relação de trabalho e a competência da Justiça Laboral – parte final. *Jornal Trabalhista da Editora Consulex*, ano XXIII, nº 1141, out. 2005, p. 6.

o prestador de serviços é pessoa física, inserem-se na definição de relação de trabalho;

c) e, por fim, a última, em que se analisa a temática, partindo-se do pressuposto de que há dois ângulos a serem analisados: (1) o primeiro, que envolve o consumidor (destinatário do serviço), em que se aplica o CDC e cuja competência é da Justiça do Trabalho; (2) o segundo que se relaciona com a pessoa física prestadora (fornecedora) do serviço cuja pendência há de ser resolvida pela Justiça do Trabalho, aplicando-se a legislação civil.

Em maio 2006, o TST cancelou a OJ 138, da SDI-II, que tinha a seguinte redação: *"Mandado de Segurança. Incompetência da Justiça do Trabalho. Cobrança de honorários advocatícios. Contrato de natureza civil. A Justiça do Trabalho é incompetente para apreciar ação de cobrança de honorários advocatícios, pleiteada na forma do art. 24, §§ 1º e 2º, da Lei nº 8.906/94, em face da natureza civil do contrato de honorários".*

Em 2008, o STJ uniformizou a jurisprudência: *"Compete à Justiça estadual processar e julgar a ação de cobrança ajuizada por profissional liberal contra cliente"* (Súm. 363).

A SDI-I do TST tem entendido pela incompetência da Justiça do Trabalho para as ações envolvendo relações de consumo.[19] O Enunciado 23 da 1ª Jornada de Direito Material e Processual na Justiça do Trabalho indica: *"A Justiça do Trabalho é competente para julgar ações de cobrança de honorários advocatícios, desde que ajuizada por advogado na condição de pessoa natural, eis que o labor do advogado não é prestado em relação de consumo, em virtude de lei e de particularidades próprias, e ainda que o fosse, porque a relação consumeirista* não afasta, por si só, o conceito de trabalho abarcado pelo art. 114 da CF."

3.4 DISSÍDIOS INDIVIDUAIS E A COMPETÊNCIA MATERIAL TRABALHISTA E A EC 45

Historicamente, a competência material da Justiça do Trabalho tinha como fundamento a relação de emprego.[20]

---

[19]   TST – SDI-I – ERR 78100.45.2005.5.04.0005 – Rel. Min. Aloysio Corrêa da Veiga – *DEJT* 20/11/2009. TST – SDI-I – ERR 58800.22.2007.5.03.0081 – Rel. Min. João Batista Brito Pereira – 8/10/2010.TST – SDI-I – ERR 139200.86.2008.5.03.0081 – Rel. Min. Horácio Raymundo de Senna Pires– *DEJT* 27/8/2010.TST – SDI-I – ERR 75500.03.2005.5.04.0021– Rel. Min. Luiz Philippe Vieira de Mello Filho – *DEJT* 28/6/2010.TST – SDI-I – E-ED-RR 446600-12.2007.5.12.0001 – Re. Min. Augusto César Leite de Carvalho – *DEJT* 23/8/2013.TST – SDI-I – E-RR 74700-26.2008.5.22.0002 – Rel. Min. Luiz Philippe Vieira de Mello Filho – *DEJT* 10/5/2013.

[20]   Relação de emprego é um contrato, cujo conteúdo mínimo é a lei, possuindo como sujeitos, de um lado, o empregado, que presta serviços, e, de outro lado, o empregador, em função de quem os serviços são prestados de forma subordinada, habitual e mediante salário. Dentro desse prisma, devemos desenvolver as seguintes assertivas: (a) contrato de trabalho – acordo tácito ou expresso que corresponde à relação de emprego; (b) os sujeitos são o empregado e o empregador; (c) empregado é a pessoa física, que presta de serviços de natureza não eventual a empregador, sob a subordinação deste e mediante salário (art. 3º, CLT); (d) empregador é a empresa ou outros entes que admitem, assalariam e dirigem a prestação pessoal dos serviços (art. 2º, CLT).

PARTE IV · Cap. III – COMPETÊNCIA MATERIAL DA JUSTIÇA DO TRABALHO | 171

Pela EC 45 houve a ampliação da competência material da Justiça do Trabalho nos dissídios individuais: (1) as ações oriundas da relação de trabalho,[21] abrangidos os entes de Direito Público externo e da administração Pública Direta e Indireta da União, dos Estados, do Distrito Federal e dos Municípios;[22] (2) as ações que envolvam exercício do direito de greve; (3) as ações sobre representação sindical, entre sindicatos, entre sindicatos e trabalhadores, e entre sindicatos e empregadores; (4) os mandados de segurança, *habeas corpus* e *habeas data*, quando o ato questionado envolver matéria sujeita à sua jurisdição; (5) os conflitos de competência entre órgãos com jurisdição trabalhista, ressalvado o disposto no art. 102, I, *o*, da CF; (6) as ações de indenização por dano moral ou patrimonial decorrentes da relação de trabalho; (7) as ações relativas às penalidades administrativas impostas aos empregadores pelos órgãos de fiscalização trabalhista; (8) a execução, de ofício, das contribuições sociais previstas no art. 195, I, *a*, e II, e seus acréscimos legais (CF), decorrentes das sentenças que proferir; (9) outras controvérsias decorrentes da relação de trabalho, na forma da lei (art. 114, I a IX).

---

[21] Manoel Antonio Teixeira Filho afirma que o Poder Judiciário Trabalhista poderá apreciar e solucionar "não apenas lides envolvendo trabalhadores e empregadores, senão que lides nas quais, de um lado, figure como parte trabalhador, *lato sensu*, independentemente da natureza jurídica do contrato a que esteja vinculado, e, de outro, o tomador dos seus serviços, mesmo que não seja empregador. Sob essa nova perspectiva, poderá figurar doravante, em um dos polos da relação jurídica processual, na esfera da Justiça do Trabalho, trabalhadores autônomos em geral, como: contadores, contabilistas, consultores, engenheiros, arquitetos, eletricistas, jardineiros, pintores, pedreiros, carpinteiros, mestres-de-obras, decoradores, costureiras, manicuras, *personal trainer*, corretores, representantes comerciais, apenas para nomear alguns" (A Justiça do Trabalho e a Emenda Constitucional nº 45/2004. *Revista LTr*, v. 69, nº 1, p. 14).

[22] Em caráter liminar, como Presidente do STF, o Ministro Nelson Jobim suspendeu, *ad referendum*, toda e qualquer interpretação dada ao inciso I do art. 114 da CF, na redação dada pela EC, que inclua, na competência da Justiça do Trabalho, nos seguintes termos: "Não há que se entender que justiça trabalhista, a partir do texto promulgado, possa analisar questões relativas aos servidores públicos. Essas demandas vinculadas a questões funcionais a eles pertinentes, regidos que são pela Lei 8.112/90 e pelo direito administrativo, são diversas dos contratos de trabalho regidos pela CLT. Leio Gilmar Mendes, há "Oportunidade para interpretação conforme à Constituição [...] sempre que determinada disposição legal oferece diferentes possibilidades de interpretação, sendo algumas delas incompatíveis com a própria Constituição. [...] Um importante argumento que confere validade à interpretação conforme à Constituição é o princípio da unidade da ordem jurídica [...]" (*Jurisdição constitucional*, São Paulo: Saraiva, 1998, p. 222-223). É o caso. A alegação é fortemente plausível. Há risco. Poderá, como afirma a inicial, estabelecerem-se conflitos entre a Justiça Federal e a Justiça Trabalhista, quanto à competência desta ou daquela. Em face dos princípios da proporcionalidade e da razoabilidade e ausência de prejuízo, concedo a liminar, com efeito *ex tunc*. Dou interpretação conforme ao inciso I do art. 114 da CF, na redação da EC 45/04. Suspensa, *ad referendum*, toda e qualquer interpretação dada ao inciso I do art. 114 da CF, na redação dada pela EC 45/2004, que inclusa, na competência da Justiça do Trabalho, a'... apreciação... de causas que... sejam instauradas entre o Poder Público e seus servidores, a ele vinculados por típica relação de ordem estatutária ou de caráter jurídico-administrativo'" (STF – ADI nº 3.395-6 – Ministro Nelson Jobim – j. 27/1/2005). Em 05/04/2006, o STF, por maioria, referendou a liminar concedida (Rel. Min. Cezar Peluso).

Em agosto de 2008, o Plenário do STF decidiu que a Justiça do Trabalho não tem competência para dirimir a controvérsia entre o servidor público temporário e a administração pública (RE 573202). Em outros julgados, o Plenário do STF ratificou esse entendimento (CC 7201 e CC 7211 em 10/2008; Rcl 4824 em 4/2009; Rcl 4464 e 3737 em 5/2009). Por decorrência direta do posicionamento do STF, o Pleno do TST cancelou a OJ 205 da SDI-I, que tratava da competência material da Justiça do Trabalho para julgar ações relativas ao desvirtuamento das contratações especiais (temporárias) por entes públicos.

Compete às varas do trabalho conciliar e julgar os dissídios: (a) em que se pretenda o reconhecimento da estabilidade de empregado; (b) concernentes à remuneração, férias e indenizações por motivo de rescisão do contrato individual de trabalho; (c) resultantes de contratos de empreitadas em que o empreiteiro seja operário ou artífice; (d) os demais dissídios concernentes ao contrato individual de trabalho; (e) os inquéritos para apuração de falta grave (art. 652, *a*, I, II, IV, e *b*, CLT).

A competência material da Justiça do Trabalho relaciona-se com os diversos tipos de ações (conhecimento: declaratória, condenatória e constitutiva; cautelares e de execução), abrangendo não só os dissídios individuais nos quais a discussão esteja circunscrita aos direitos subjetivos trabalhistas como também outras matérias decorrentes da relação de trabalho, tais como: complementação de aposentadoria, pré-contrato, perdas e danos, ação possessória, atleta profissional de futebol, as contribuições previdenciárias etc.

Quanto aos depósitos fundiários, a Justiça do Trabalho é competente para julgar os dissídios entre os trabalhadores e os empregadores, mesmo quando a Caixa Econômica Federal e o Ministério do Trabalho e Emprego figurarem como litisconsortes (art. 26, caput, Lei 8.036/90).

O TST fixou a posição de que a Justiça do Trabalho é incompetente para julgar bloqueio de seguro-desemprego pelo Ministério do Trabalho (5ª T. – RR 149800-79.2008.5.02.0022 – Rel. Min. Caputo Bastos). Para o ministro Caputo Bastos, o fato de o Judiciário Trabalhista entender pela sua competência no tocante à indenização do seguro desemprego pelo não fornecimento das guias (Súm. 389), não acontece o mesmo quanto a não liberação do benefício pela SRTE. Trata-se de questão administrativa.

3.4.1 A Qualidade de Ex-Empregado e a Complementação de Aposentadoria ou de Pensão

Há no Brasil três regimes previdenciários: (a) regime geral da previdência social (RGPS); (b) regimes próprios de previdência social (RPPS); (c) regime de previdência complementar. *"O RGPS é regime de previdência social de organização estatal, contributivo e compulsório, administrado pelo INSS – Instituto Nacional de Seguro Social, sendo as contribuições para ele arrecadadas fiscalizadas e normatizadas pela Receita Federal do Brasil."*[23]

---

[23] KERTZMAN, Ivan. *Curso Prático de Direito Previdenciário*. 6. ed., p. 30.

PARTE IV · Cap. III – COMPETÊNCIA MATERIAL DA JUSTIÇA DO TRABALHO | 173

Em relação aos regimes próprios de previdência social, *"fazem parte destes regimes os servidores públicos da União, dos Estados e dos Municípios que preferiram organizar o seu pessoal segundo um estatuto próprio."*[24]

Os regimes de previdência complementar podem ser de dois tipos: (a) regime de previdência complementar dos servidores públicos; (b) regime de previdência privada complementar.

"O Regime de Previdência Privada Complementar é facultativo e, obviamente, de natureza privada. É organizado de forma autônoma em relação ao Regime Geral de Previdência Social e baseia-se na constituição de reservas que garantam o benefício contratado."[25]

Esse regime privado tem fundamento no art. 202 da CF, segundo o qual *"o regime de previdência privada, de caráter complementar e organizado de forma autônoma em relação ao regime geral de previdência social, será facultativo, baseado na constituição de reservas que garantam o benefício contratado, e regulado por lei complementar"*. É regulado atualmente pelas Leis Complementares 108/01 e 109/01, sendo que a LC 109/01 regulamenta o regime de previdência complementar, enquanto a LC 108/01 trata dos planos de Previdência Complementar da União, Estados, Distrito Federal, Municípios e os respectivos entes da Administração Pública indireta.

A partir de 2008, o STF emitiu ementas a respeito da previdência privada decorrente do contrato de trabalho e a competência da Justiça do Trabalho, a teor do disposto no art. 114 da CF (AI 670715 AgR-ED – Relª Minª Ellen Gracie – *DJe* 3/9/2010 – p. 1044; AI 692074 AgR-ED – Rel. Min. Ricardo Lewandowski – *DJE* 7/11/2011 – p. 215).

A competência era da Justiça do Trabalho, se o pedido de complementação de aposentadoria decorresse do contrato de trabalho, ou seja, a causa de pedir e o pedido fossem fundamentados na relação de emprego.

A jurisprudência do TST também era no sentido de que a Justiça do Trabalho era competente para julgar controvérsias nascidas entre empregados e instituições de complementação de aposentadoria criadas mediante normas regulamentadoras dos empregadores, pois nesse caso, a complementação de aposentadoria decorre do contrato de trabalho, independentemente da transferência da responsabilidade pela complementação dos proventos de aposentadoria a outra entidade, pois o contrato de adesão é vinculado ao de trabalho (8ª T. – RR 245000-67.2009.5.04.0202 – Relª Maria Laura Franco Lima de Faria – *DEJT* 15/2/2013; 1ª T. – RR 111800-12.2009.5.05.0371 – Rel. Hugo Carlos Scheuermann – *DEJT* 28/9/2012).

Contudo, em fevereiro de 2013, o Plenário do STF concluiu o julgamento dos recursos extraordinários 586.453 e 583.050, e decidiu, por maioria, que compete à Justiça Estadual processar e julgar litígios previdenciários contra entidade de previdência complementar privada (STF – TP – RE 586453 – Rel. Min. Dias Toffoli – *DJE* 6/6/2013).

---

[24] KERTIZMAN, Ivan. Ob. cit., p. 34.

[25] KERTIZMAN, Ivan. Ob. cit., p. 36.

A competência é da Justiça Comum quando a complementação de aposentadoria for paga por entidade privada de previdência social, contudo, por um critério modular, remanesce a competência da Justiça do Trabalho para as demandas em que houve sentença de mérito prolatada até o dia 20 de fevereiro de 2013.[26]

Conquanto aparente existir divergência no posicionamento da Suprema Corte no tocante à competência para julgamento de ações que envolvam discussão acerca de complementação de aposentadoria, não há conflito real, isso porque aquela primeira diz respeito a pretensões dirigidas contra entidade de previdência alheia à relação jurídica empregatícia. Este último julgado, por sua vez, concerne à pretensão dirigida unicamente à ex-empregador, sem participação de entidade de previdência privada.

Essa distinção foi elucidada pelo Ministro Ricardo Lewandowski quando do julgamento dos embargos declaratórios interpostos (RE 716.896). Por oportuno, colaciono trecho do voto proferido: *"(...) ressalto que a matéria debatida nos Recursos Extraordinários 586.453/SE e 583.050/RS, Redator para o acórdão o Min. Dias Toffoli, não se aplica ao caso em discussão, uma vez que nestes autos não se discute a complementação de aposentadoria por entidade de previdência privada, mas sim a cargo de ex-empregador dos autores da ação de cobrança."*

Portanto, o conteúdo das duas decisões não se confunde, visto que se referem a distintas situações jurídicas. No RE 586.453, a relação jurídica processual espelha a relação material existente entre Empregado-Empregador-Fundação, responsável pela complementação. No RE 716.896, a relação estabelece-se entre Empregado-Empregador, quando este é responsável direto pela complementação. Portanto, para o Supremo, no primeiro, o vínculo existente entre Empregado-Fundação não está inserido no campo de competência da Justiça do Trabalho, ante o disposto no art. 202, § 2º, CF. No segundo, a matéria deriva diretamente da relação jurídico trabalhista, estando, pois, incutida no art. 114, CF.

O STJ tem fixado a competência da Justiça Comum (AgRg/REsp 1.269.499-SP) para as demandas propostas contra as entidades privadas de previdência social.

3.4.2 Pré-contrato

Pré-contrato ou contrato preliminar[27] é *"aquele pelo qual um ou ambos os contraentes obrigam-se a celebrar determinado contrato no momento em que lhes convier. Gera uma obrigação de fazer um contrato definitivo, ou seja, a obrigação de um futuro contrahere, isto é, de contrair contrato definitivo, contendo a possibilidade de arrependimento e indenização das perdas e danos".*[28]

---

[26] Nos autos (E-ED-ED-ED-RR 1011.92.2011.5.03.0059), o TST (SDI-I) indicou que a sentença definitiva é o critério adequado para a manutenção da competência residual da Justiça do Trabalho no tocante a complementação de aposentadoria.

[27] A proposta de contrato obriga o proponente, se o contrário não resultar dos termos dela, da natureza do negócio, ou das circunstâncias do caso (art. 427, CC).

[28] DINIZ, Maria Helena. *Dicionário jurídico*, v. 1, p. 862.

PARTE IV · Cap. III – COMPETÊNCIA MATERIAL DA JUSTIÇA DO TRABALHO | 175

Podem ocorrer ajustes preliminares[29] entre os futuros sujeitos de um contrato de trabalho, as quais levam a um pré-contrato (verbal ou documental), mas, no momento da consumação da contratação, um dos contratantes não cumpre com a sua palavra. Isso pode gerar uma série de transtornos pecuniários para a outra parte. Por exemplo: um trabalhador, que muda de cidade, com os seus familiares, deixando um emprego, confiando no ajuste preliminar de que teria uma colocação na nova localidade.

A concretização do contrato de trabalho de trabalho exige o implemento de etapas.

As duas primeiras etapas do processo de contratação são: (a) recrutamento – o empregador anuncia que há vagas para empregados nos seus quadros funcionais, o que ocasiona a presença de vários trabalhadores para o processo de seleção; (b) seleção – os trabalhadores recrutados são submetidos a um processo de escolha pelo empregador. São submetidos a testes, exames e entrevistas. O objetivo é a escolha do trabalhador ou dos trabalhadores aptos para o posto de emprego oferecido pela empresa. Nestas etapas, ainda não há como se indicar um pré-contrato. O trabalhador tem a mera expectativa de direito.

As duas últimas etapas são: (a) admissão – tem-se a formalização do contrato de trabalho. O trabalhador passa a ser parte do grupo de colaboradores do empregador; (b) treinamento – não é uma etapa necessária. Às vezes, a função, que será exercida, após a admissão, exige, por parte do trabalhador, um treinamento especial.

O pré-contrato de trabalho nasce a partir do momento em que o trabalhador é aprovado na seleção e, por qualquer meio, recebe a confirmação da sua escolha. *"Podemos então afirmar que o pré-contrato de trabalho nasce apenas quando da comunicação da seleção para a vaga ao candidato escolhido. Esta comunicação pode ser formal (p. ex.: telegrama, carta, fax, telefonema, e-mail, etc.) como pode se dar até mesmo tacitamente (p. ex.: quando o selecionado é enviado para fazer exames médicos admissionais, quando o setor de pessoal retém a CTPS para anotação e requer a documentação necessária, etc.)".*[30]

Também pode ocorrer o pré-contrato, quando o trabalhador, após a seleção, contudo, antes da admissão, passa por um treinamento prévio. *"Dependendo da empresa e de suas necessidades, o treinamento pode se dar antes ou após a admissão do empregado. Em sendo anterior à admissão, mister se faz a formalização de contrato de treinamento, no*

---

[29] "Para que ocorra a efetiva celebração do contrato, haverá sempre um procedimento anterior necessário composto de fases sem as quais não se aperfeiçoa o vínculo obrigacional. É possível, ainda, que exista uma fase eventual no procedimento de forma contratual" (NERY JUNIOR, Nelson; NERY, Rosa Maria Barreto Borriello de Andrade. *Código Civil comentado*, 3. ed., p. 390). A fase eventual ou preparatória envolve as seguintes etapas: "o contato preliminar – a declaração de que há disposição (bilateral) de contratar; (b) a tratativa – discussões acerca das disposições do contrato, que poderá ou não se formar; (c) a minuta contratual – assim compreendida como a documentação escrita das tratativas, já avançadas nessa etapa, e que auxilia materialmente o seu prosseguimento; e (d) o contrato preparatório (preliminar)" (NERY JUNIOR, Nelson; NERY, Rosa Maria de Andrade. Ob. cit., p. 390).

[30] ZANGRANDO, Carlos Henrique da Silva. *Curso de direito do trabalho*, t. 1, p. 645.

qual fique estipulado que a admissão dependerá exclusivamente dos resultados obtidos pelo treinando. Se assim não for, pressupõe-se o desejo de formalização de relação empregatícia, e temos também pré-contrato de trabalho".[31]

Diante da não formalização do contrato pelo empregador, se não houver justo motivo, poderá o prejudicado pleitear a reparação dos prejuízos patrimoniais e extrapatrimoniais junto à Justiça do Trabalho (art. 114, I, CF).[32]

3.4.3 Ação Indenizatórias: Danos Patrimoniais e Extrapatrimoniais

Não se pode negar que o direito do trabalho é um campo propício para as ações de responsabilidade civil.

Durante o contrato de trabalho, de forma concreta, o empregado e o empregador podem causar danos morais ou patrimoniais, gerando a obrigação de repará-los.

O fato de se aplicar à responsabilidade civil subjetiva (art. 186, CC) não implica a transferência de competência da Justiça do Trabalho para a Justiça Comum.

A teoria positivista, a qual defendia a competência da Justiça do Trabalho para as ações de responsabilidade civil, aponta os seguintes argumentos:

a) a CF dirimiu todas as questões sobre a existência ou não dos danos morais (art. 5º, V e X);

b) a Justiça do Trabalho é competente para apreciar questões de danos morais trabalhistas, pois a CF é bastante clara em seu art. 114, *caput*, ao conceder à Justiça do Trabalho competência para apreciar, na forma da lei, outras controvérsias decorrentes da relação de trabalho;

c) a CLT prevê a competência desta Justiça para conciliar e julgar pedidos de indenizações por motivo de rescisão do contrato individual de trabalho e os demais dissídios concernentes ao contrato individual de trabalho (art. 652, I e IV);

d) a Justiça Comum não tem o condão para analisar as questões trabalhistas, de forma que não poderia analisar eventuais danos derivados desta relação, até porque existe um gravame na relação trabalhista que é a subordinação;

e) o STF já se manifestou sobre a questão análoga, julgando pela competência da Justiça Especializada. De tal sorte a criar um precedente, determinando a competência da Justiça do Trabalho para apreciar e julgar os danos morais surgidos da relação de trabalho (STF – TP – CC 6.959-6 – Rel. Min. Sepúlveda Pertence – j. 23/5/1990 – *DJU* 22/2/1991 – p. 1.259);

f) o entendimento no sentido de que a causa de pedir e o pedido demarcam a tutela jurisdicional pretendida não é compartilhada pela corrente positivista, pois, apesar de indiscutivelmente tratar-se de matéria civilista, o direito comum

---

[31] ZANGRANDO, Carlos Henrique da Silva. Ob. cit., t. 1, p. 651.

[32] TST – RR 2343-13.2010.5.02.0462 – Rel. Min. Mauricio Godinho Delgado – *DJe* 23/8/2013 – p. 758.

é fonte subsidiária do direito do trabalho, naquilo em que não for incompatível com os princípios fundamentais deste (art. 8º, parágrafo único, CLT), assim como nos casos omissos, o Direito Processual comum será fonte subsidiária do Direito Processual do Trabalho, exceto naquilo em que for incompatível com a estrutura do processo do trabalho (art. 769);

g) alguns positivistas sustentam que a CLT não é omissa quanto à proteção, honra e boa fama do trabalhador, pois o art. 483 prevê a rescisão indireta do contrato de trabalho e a possibilidade de pleito de uma indenização quando houver ato lesivo contra ele (empregado) ou pessoa de sua família.

Os negativistas, em defesa de sua teoria, apresentavam dois argumentos. Em primeiro lugar, afirmavam que a causa de pedir (fatos e fundamentos) e o pedido (indenização) determinavam a competência, que no caso *sub judice* é da Justiça Comum. Além disso, os negativistas defendiam a falta de expressa previsão legal determinando a competência da Justiça do Trabalho para apreciar e julgar os pedidos de danos morais.

O TST, por intermédio da Súm. 392, dirimiu a questão, afirmando que a Justiça do Trabalho é competente para dirimir controvérsias referentes à indenização por dano moral, quando decorrente da relação de trabalho.

A Súm. 736 do STF afirma que compete à Justiça do Trabalho julgar as ações que tenham como causa de pedir o descumprimento de normas trabalhistas relativas à segurança, higiene e saúde dos trabalhadores.

Após a publicação da EC 45 (art. 114, VI), no início, o STF entendeu ser da Justiça Comum a competência para apreciar a responsabilidade civil decorrente de acidente de trabalho (RE 394.943-8-SP, j. 1/2/2005, Rel. Min. Eros Grau; RE 444.361-9-MG, j. 21/2/2005, Rel. Min. Cezar Peluso; RE 438.639-9-MG, j. 21/3/2005, Rel. Min. Cezar Peluso).

Após uma série de discussões, o STF fixou o entendimento de que a Justiça do Trabalho é a competente para apreciar ação de indenização decorrente de acidente de trabalho, a partir da decisão proferida no CC 7.204-1-MG, j. 29/6/2005, em que teve como relator o Min. Carlos Britto.

Em dezembro de 2009, o STF pacificou o entendimento de que a Justiça do Trabalho é competente para processar e julgar as ações de indenização por danos morais e patrimoniais decorrentes de acidente de trabalho propostas por empregado contra empregador, inclusive aquelas que ainda não possuíam sentença de mérito em primeiro grau quando da promulgação da EC 45/04 (SV 22).

Em dezembro de 2013, o TST deu nova redação a Súmula 392: "Nos termos do art. 114, inc. VI, da Constituição da República, a Justiça do Trabalho é competente para processar e julgar ações de indenização por dano moral e material, decorrentes da relação de trabalho, inclusive as oriundas de acidente de trabalho e doenças a ele equiparadas."

Nas questões relacionadas com indenizações por danos morais e materiais decorrentes da morte do trabalhador, quando ajuizadas por seus dependentes (viúvas e filhos), como se trata de uma controvérsia decorrente do contrato de trabalho (art. 114, I, CF), a competência também deve ser da Justiça do Trabalho.

O Enunciado 36, da 1ª Jornada de Direito Material e Processual na Justiça do Trabalho (2007), decidiu que: *"Compete à Justiça do Trabalho apreciar e julgar ação de indenização por acidente de trabalho, mesmo quando ajuizada pelo herdeiro, dependente ou sucessor, inclusive em relação aos danos em ricochete."*

Em sentido diverso, o STJ havia entendido que: *"Compete à Justiça estadual processar e julgar ação indenizatória proposta por viúva e filhos de empregado falecido em acidente de trabalho"* (Súm. 366, cancelada).

Em junho de 2009, o Plenário do STF, ao apreciar o Conflito de Competência 7.545, por maioria, deliberou que a Justiça do Trabalho tem competência para julgar os pedidos de indenização decorrentes de acidente de trabalho quando a demanda tiver sido ajuizada pelos dependentes da vítima. Portanto, diante da posição do STF. O STJ, ao julgar o CC 101.977-SP, em setembro de 2009, deliberou sobre o cancelamento da Súm. 366.

Em novembro de 2015, o TST alterou a redação da Súmula 392: "Nos termos do art. 114, inc. VI, da Constituição da República, a Justiça do Trabalho é competente para processar e julgar ações de indenização por dano moral e material, decorrentes da relação de trabalho, inclusive as oriundas de acidente de trabalho e doenças a ele equiparadas, ainda que propostas pelos dependentes ou sucessores do trabalhador falecido".

Há outras hipóteses de competência relacionadas com a temática de perdas e danos e a competência da Justiça do Trabalho. Destacamos alguns julgados:

a) o TST reconhece a competência da Justiça do Trabalho para julgamento de dano moral após a extinção do contrato de trabalho (TST – 3ª T. – RR 32340.58.2009.5.02.0015 – Rel. Min. Horácio Raymundo de Senna Pires – *DEJT* 17/9/2010);

b) o STJ, ao apreciar o CC122556 (2ª Seção – Min. Maria Isabel Gallotti – j. 24/10/2012), deliberou que compete à Justiça do Trabalho processar e julgar demanda proposta pelo ex-empregador cujo objetivo é o ressarcimento de danos causados por ex-empregado, em decorrência da relação de emprego;

c) o TRT da 17ª Região (ROS 21900.82.2010.5.17.0004) deliberou que compete a Justiça do Trabalho decidir a respeito de uma ação, em que se discutem perdas e danos, movida pelo trabalhador em relação à entidade sindical e a uma socie-dade de advogados, diante da não propositura de uma demanda trabalhista. A decisão foi mantida pelo TST – 3ª T. – RR 21900-82.2010.5.17.0004 – Relª Minª Rosa Maria Weber – *DJe* 5/8/2011);

d) o STJ tem julgado no sentido de compete a Justiça do Trabalho deliberar a respeito de perdas e danos movidas por trabalhador em relação à entidade sindical (CC 124.930-MG, *DJe* 30/4/2013);

e) no CC 121161 (Rel. Min. Ricardo Villas Bôas Cueva – j. 22/5/2013), o STJ deliberou que compete à Justiça Comum e não à Justiça do Trabalho, o proces-samento e o julgamento de ação cautelar de exibição de documentos na qual beneficiário de seguro de vida coletivo busque a exibição, pelo ex-empregador

PARTE IV · Cap. III – COMPETÊNCIA MATERIAL DA JUSTIÇA DO TRABALHO | 179

de seu falecido pai, de documentos necessários a instruir ação de cobrança contra a seguradora;

f) o TST decidiu que compete a Justiça do Trabalho julgar empresa por difamar motorista que não era seu empregado (TST – 3ª T. – RR 143700-45.2008.5.01.0343 – Rel. Min. Mauricio Godinho Delgado – *DJE* 14/2/2014).

3.4.4 Atleta Profissional de Futebol

No plano constitucional, o Poder Judiciário só poderá admitir ações relativas à disciplina e às competições desportivas após o exaurimento das instâncias da Justiça Desportiva (art. 217, § 1º, CF).

A Justiça Desportiva terá o prazo máximo de sessenta dias, contados da instauração do processo, para proferir decisão final (art. 217, § 2º).

Como a lei não excluirá da apreciação do Poder Judiciário lesão ou ameaça a direito (art. 5º, XXXV, CF), quando a demanda patrimonial for entre o atleta e a sua entidade associativa, a competência material pertence à Justiça do Trabalho.

Por outro lado, se a questão envolver uma sanção disciplinar aplicada ao atleta (art. 50, § 1º, Lei 9.615/98), a Justiça Desportiva deve ser acionada, com a instauração do procedimento administrativo. No caso de não haver a solução da demanda administrativa em sessenta dias, a questão poderá ser proposta ao Judiciário Trabalhista.[33]

A Lei 9.615 (art. 52, § 1º), estabelece que as decisões finais da Justiça Desportiva são impugnáveis nos termos gerais do direito, desde que sejam observadas as regras do art. 217, §§ 1º e 2º, CF.

Contudo, o recurso ao Poder Judiciário não prejudicará os efeitos desportivos validamente produzidos em consequência da decisão proferida pelos tribunais da Justiça Desportiva (art. 52, § 2º).

A Lei 12.395/11 incorporou o art. 90-C a Lei 9.615, ao dispor que a arbitragem poderia ser prevista para a solução das pendências relativas a direitos patrimoniais disponíveis, não sendo possível a sua instituição para fins de apreciação de matéria relativa à disciplina e à competição desportiva. É importante ser ressaltado que a instituição da arbitragem está condicionada a que: (a) se tenha a previsão em acordo ou convenção coletiva de trabalho; (b) só poderá ser adotada após a concordância expressa das partes, mediante cláusula compromissória ou compromisso arbitral (art. 90-C, parágrafo único).

3.4.5 Contribuições Previdenciárias

Antes da EC 20/98, a Justiça do Trabalho tinha uma atribuição fiscalizatória.

---

[33] TST – 7ª T. – AIRR 625040-48.2006.5.09.0001 – Rel. Min. Guilherme Augusto Caputo Bastos – *DEJT 29/10/2009.TST – RR 19732/2006-013-09-00.4 – Rel. Min. Mauricio Godinho Delgado – DJe 4/11/2011 – p. 2027.*

O magistrado trabalhista somente deveria determinar as medidas necessárias ao cálculo, dedução e recolhimento das contribuições previdenciárias:

a) nas ações trabalhistas de que resultar o pagamento de direitos sujeitos à incidência de contribuição previdenciária, o juiz, sob pena de responsabilidade, determinará o imediato recolhimento das importâncias devidas à Seguridade Social (art. 43, *caput*, Lei 8.212/91, com a redação dada pela Lei 8.620/93). Nas sentenças judiciais ou nos acordos homologados em que não figurarem, discriminadamente, as parcelas legais relativas à contribuição previdenciária, esta incidirá sobre o valor apurado em liquidação de sentença ou sobre o valor do acordo homologado (art. 43, parágrafo único). A autoridade judiciária velará pelo fiel cumprimento do disposto no artigo anterior, inclusive fazendo expedir notificação ao Instituto Nacional do Seguro Social (INSS), dando-lhe ciência dos termos da sentença ou do acordo celebrado (art. 44, Lei 8.212);

b) Provimento 1/96, da Corregedoria Geral da Justiça do Trabalho, em seu art. 3º, tratava da matéria;

c) Provimento 2/93 (atualmente cancelado), da Corregedoria Geral da Justiça do Trabalho, estabelece o procedimento a ser observado no que diz respeito à incidência e ao recolhimento de contribuições, devidas à Previdência Social, sobre o pagamento de direitos nas ações ajuizadas na Justiça do Trabalho.

Com a EC 20/98 houve o acréscimo do § 3º ao art. 114, CF, que assim enunciava: *"Compete ainda à Justiça do Trabalho executar, de ofício, as contribuições sociais previstas no art. 195, I, a, e II, e seus acréscimos legais, decorrentes das sentenças que proferir."*

Não se pode negar, diante da interpretação literal do art. 114, § 3º, CF, que a competência da Justiça do Trabalho abrange a execução das contribuições previdenciárias. Com a Lei 10.035/00, houve uma série de alterações na CLT, para estabelecer os procedimentos quanto à execução das contribuições devidas à Previdência Social.

Com a EC 45, a qual ampliou a competência material trabalhista, o art. § 3º do art. 114 foi alterado para o inciso VIII do art. 114, com a seguinte redação: *"A execução, de ofício, das contribuições sociais previstas no art. 195, I, a, e II, e seus acréscimos legais, decorrentes das sentenças que proferir."*

Além das contribuições sociais, a Seguridade Social é financiada pela sociedade de forma direta e indireta (art. 195, *caput*, CF), mediante recursos orçamentários da União, dos Estados, do Distrito Federal e dos Municípios.

A competência da Justiça do Trabalho compreende as seguintes contribuições sociais: (a) do empregador, da empresa e da entidade a ela equiparada na forma da lei e que são incidentes sobre a folha de salários e demais rendimentos do trabalho pagos ou creditados, a qualquer título, à pessoa física que lhe preste serviço, mesmo sem vínculo empregatício; (b) do trabalhador e dos demais segurados da previdência social.

Com a OJ 414, SDI-I, o TST reconheceu a compete à Justiça do Trabalho a execução, de ofício, da contribuição referente ao Seguro de Acidente de Trabalho (SAT), que tem natureza de contribuição para a seguridade social (arts. 114, VIII, e 195, I, *a*, da CF),

PARTE IV · Cap. III – COMPETÊNCIA MATERIAL DA JUSTIÇA DO TRABALHO | 181

pois se destina ao financiamento de benefícios relativos à incapacidade do empregado decorrente de infortúnio no trabalho (arts. 11 e 22 da Lei 8.212/91). Em maio de 2014 (Resolução 194), o TST converteu a OJ 414 na Súmula 454.

A execução da contribuição previdenciária poderá envolver: a parcela do empregador, a do trabalhador ou as duas de forma simultânea. Em qualquer hipótese, além da parcela, a execução deverá abranger os acréscimos legais: juros, correção monetária e multa.

A nosso ver, a competência da Justiça do Trabalho abrangia não só as contribuições decorrentes das tutelas condenatórias ou constitutivas, como as decorrentes das ações meramente declaratórias[34] pelo mero reconhecimento do vínculo.

A princípio, o TST fixou o entendimento de que a competência da Justiça do Trabalho para execução das contribuições previdenciárias alcança as parcelas integrantes do salário de contribuição, pagas em virtude de contrato de emprego reconhecido em juízo, ou decorrentes de anotação da CTPS, objeto de acordo homologado em juízo (Súm. 368, I).

Atualmente, a competência limita-se às sentenças condenatórias em pecúnia que proferir e aos valores, objeto de acordo homologado, os quais integrem o salário-de-contribuição (Súm. 368, I).

Tal entendimento não prevalecia diante da Lei 11.457/07, que promoveu a alteração da CLT, dispondo expressamente sobre a competência da Justiça do Trabalho para as contribuições sociais incidentes sobre os salários pagos na vigência do contrato de trabalho (art. 876, parágrafo único). Em outras palavras, a competência não estava mais limitada à execução das contribuições previdenciárias que possam ser apuradas na execução de sentenças condenatórias.

O TST, ao apreciar o processo ERR 346/2003-021-23-00.4, por unanimidade, manteve a atual redação do item I, Súm. 368, logo, no âmbito desta corte trabalhista, a Justiça do Trabalho não tem competência para executar de ofício as contribuições previdenciárias não recolhidas sobre os salários de contribuição pagos na vigência da prestação dos serviços.

Em setembro de 2008, após o exame do RE 569056, o STF decidiu que a Justiça do Trabalho não tem competência para executar as contribuições previdenciárias devidas pelos salários pagos à época da prestação dos serviços. O Plenário decidiu, inclusive, que haveria a edição de súmula vinculante, o que até a presente data não ocorreu.

A 1ª Jornada de Direito Material e Processual na Justiça do Trabalho (2007) concluiu que o item I, Súm. 368, TST, deveria conter a seguinte redação: *"En. 73, I – Com a edição da Lei n. 11.457/2007, que alterou o parágrafo único do art. 876 da CLT, impõe-se*

---

[34] Se da decisão resultar reconhecimento de vínculo empregatício, deverão ser exigidas as contribuições, tanto do empregador como do reclamante, para todo o período reconhecido ainda que o pagamento das remunerações correspondentes não tenha sido reclamado na ação, tomando-se por base de incidência, na ordem, o valor da remuneração paga, quando conhecida, da remuneração paga a outro empregado de categoria ou função equivalente ou semelhante, do salário normativo da categoria ou do salário-mínimo mensal, permitida a compensação das contribuições patronais eventualmente recolhidas (art. 276, § 7º, Decreto 3.048/99).

a revisão da Súmula n. 368 do TST: é competente a Justiça do Trabalho para a execução das contribuições à Seguridade Social devidas durante a relação de trabalho, mesmo não havendo condenação em créditos trabalhistas, obedecida a decadência."

Em junho de 2015, o STF editou a Súmula Vinculante 53: *"A competência da Justiça do Trabalho prevista no art. 114, VIII, da Constituição Federal alcança a execução de ofício das contribuições previdenciárias relativas ao objeto da condenação constantes das sentenças que proferir e acordos por ela homologados".* Com a Reforma Trabalhista (Lei 13.467/17), o entendimento jurisprudencial consagrado foi positivado (art. 876, parágrafo único).

A responsabilidade pelo recolhimento das contribuições social e fiscal, resultante de condenação judicial referente a verbas remuneratórias, é do empregador e incide sobre o total da condenação. Contudo, a culpa do empregador pelo inadimplemento das verbas remuneratórias não exime a responsabilidade do empregado pelos pagamentos do imposto de renda devido e da contribuição previdenciária que recaia sobre sua quota-parte (Súm. 368, II, TST)

É devida a incidência das contribuições para a Previdência Social sobre o valor total do acordo homologado em juízo, independentemente do reconhecimento de vínculo de emprego, desde que não haja discriminação das parcelas sujeitas à incidência da contribuição previdenciária, conforme parágrafo único do art. 43, Lei 8.212/91, e do art. 195, I, *a*, CF/88 (OJ 368, SDI-I).

É devida a contribuição previdenciária sobre o valor do acordo celebrado e homologado após o trânsito em julgado de decisão judicial, respeitada a proporcionalidade de valores entre as parcelas de natureza salarial e indenizatória deferidas na decisão condenatória e as parcelas objeto do acordo (OJ 376, SDI-I).

A Advocacia Geral da União editou a Súmula 67, a qual determina que na reclamação trabalhista, até o trânsito em julgado, as partes são livres para discriminar a natureza das verbas objeto do acordo judicial para efeito do cálculo da contribuição previdenciária, mesmo que tais valores não correspondam aos pedidos ou à proporção das verbas salariais constantes da petição inicial.

Nos acordos homologados em juízo em que não haja o reconhecimento de vínculo empregatício, é devido o recolhimento da contribuição previdenciária, mediante a alíquota de 20% a cargo do tomador de serviços e de 11% por parte do prestador de serviços, na qualidade de contribuinte individual, sobre o valor total do acordo, respeitado o teto de contribuição (art. 30, § 4º; art. 22, III, Lei 8.212/91) (OJ 398, SDI-I).

Apesar da competência da Justiça do Trabalho para execução de ofício da contribuição previdenciária, o TST entendeu que não há fundamento para determinar ao INSS averbação de tempo de serviço, devendo este pedido ser apreciado pela Justiça Federal ou Justiça Estadual, na hipótese em que a comarca do domicílio do segurado ou do beneficiário não seja sede de vara do juízo federal.[35]

---

[35]   TST – SDI-I – E-ED-RR 5100-73.2006.5.09.0672 – Rel. Min. Renato de Lacerda Paiva – DEJT 25/11/2011.De acordo com a OJ 57, SDI-II, do TST, é cabível o mandado de segurança para impugnar ato que determina ao INSS o reconhecimento e/ou averbação de tempo de serviço.

PARTE IV • Cap. III – COMPETÊNCIA MATERIAL DA JUSTIÇA DO TRABALHO | 183

A Portaria MF 582/2013 prevê que o Órgão Jurídico da União responsável pelo acompanhamento da execução de ofício das contribuições previdenciárias perante a Justiça do Trabalho, inclusive nos processos perante os Tribunais, poderá deixar de se manifestar quando o valor das contribuições previdenciárias devidas no processo judicial for igual ou inferior a R$ 20.000,00.

3.4.6 A Competência da Justiça do Trabalho para o IR Incidente sobre os Rendimentos do Trabalhador

Nos termos da CF, dentre outras matérias, compete aos juízes federais processar e julgar as causas em que a União, entidade autárquica ou empresa pública federal forem interessadas na condição de autoras, rés, assistentes ou oponentes (art. 109, I), cabendo ao Tribunal Regional Federal a revisão desses julgados (art. 108, II).

Com as EC 20/98, e 45/04, a Justiça do Trabalho passou a ter competência constitucional para determinar a apuração e a execução, de ofício, dos valores referentes às contribuições sociais (art. 195, I, *a*, e II, CF) e seus acréscimos que se originem ou decorram de suas decisões, tendo sido disciplinada no âmbito infraconstitucional pela Lei 10.035/00, alterando parte da CLT.

Por força desse dispositivo constitucional, foi atribuída ao juiz do trabalho a competência jurisdicional para decidir sobre um universo de questões que até então ele não se detinha com grande afinco: são as questões de natureza tributária.

Ocorre que mesmo muito antes da EC 20 a Justiça do Trabalho já se preocupava com o recolhimento dos tributos, em especial do Imposto de Renda e das contribuições previdenciárias, decorrentes das suas decisões, principalmente porque a legislação tributária do Imposto sobre a Renda determina a incidência do tributo quando da disponibilidade econômica ou jurídica da renda e proventos (art. 43, CTN) e porque é de sua atribuição apreciar e julgar questões de pagamento de salários e os descontos realizados pelo empregador, ainda que determinada por disposições legais.

A legislação tributária determina expressamente que os rendimentos do trabalho assalariado ficam sujeitos à incidência do IR na fonte, a ser retido por ocasião de cada pagamento pela fonte pagadora (art. 7º, I, § 1º, Lei 7.713/88).

Em relação ao cumprimento de decisões judiciais, o legislador tributário determina que o IR sobre os valores pagos será retido pela fonte pagadora no momento em que, de qualquer forma, se dê sua disponibilidade (art. 46, Lei 8.541/92).

Ademais, em relação ao cumprimento das decisões trabalhistas, o juiz do trabalho é competente para decidir os litígios que tenham origem no cumprimento de suas sentenças e a determinação legal para que se procedam aos descontos do IR no curso do processo nada mais são do que incidente de execução a ser resolvido pelo juiz da causa.

Essa lógica está em consonância com a redação original da CF/88, a qual não deixava dúvida sobre a competência da Justiça do Trabalho para apreciar e julgar as questões relacionadas ao contrato de trabalho – matéria trabalhista (*ratione materiae*) e que envolviam o trabalhador e o empregador (*ratione personae*), além de outras questões que expressamente a lei determinasse, como no caso da pequena empreitada, e *"os litígios que tenham origem no cumprimento de suas próprias sentenças"* (parte final do *caput*, art. 114).

Contudo, é de se acrescentar que o art. 114, da CF, sofreu alteração pela EC 45, deixando de tratar expressamente sobre esses litígios (que tenham origem no cumprimento de suas decisões), remanescendo a ideia no art. 877, CLT, que fixa a competência para execução das decisões (e claro, dos incidentes da execução) ao juiz ou ao presidente do tribunal que tiver conciliado ou julgado originariamente o dissídio.

O STF entendeu que a competência é da Justiça do Trabalho para apreciar as questões que envolvam descontos legais – Imposto de Renda e contribuições previdenciárias – durante a execução de suas decisões.

Além desses dispositivos legais de natureza tributária, a CLT veda expressamente ao empregador a possibilidade de efetuar qualquer desconto nos salários dos seus empregados, salvo se resultante de adiantamento, de dispositivo legal ou de contrato coletivo (art. 462). É o princípio da intangibilidade salarial. A proteção ao salário é fator decorrente do princípio tutelar do direito do trabalho.

Dispositivos como esses fizeram com que a Justiça do Trabalho se preocupasse com os descontos legais efetuados pelo empregador nos salários dos seus empregados e a correta retenção do IR e das contribuições previdenciárias incidentes sobre esses valores, seja durante a vigência do contrato de trabalho, seja na extinção do pacto laboral ou quando de pagamentos feitos perante a Justiça do Trabalho.

Tanto é verdade que em julho de 1984, o TST, em ato administrativo do Corregedor Geral, editou o Provimento 3, de 9/7/1984, determinando que nas hipóteses de condenação do empregador ao cumprimento de obrigação de dar a decisão deveria registrar, quando cabível, a incidência dos descontos legais relativos à contribuição previdenciária e ao IR.

Em fevereiro de 1990, outro Provimento do Corregedor-Geral do TST tratou da matéria (Provimento 1, de 20/2/1990), determinando aos TRTs a adoção de medidas objetivando alcançar a demonstração pelos devedores do recolhimento das importâncias devidas à Previdência Social.

O Provimento do Ministro Corregedor-Geral 1, de 12/1/1993, determinava a apuração e o pagamento dos valores devidos à União pela incidência do IR quando do pagamento de créditos trabalhistas por acordo ou cumprimento de decisão judicial.

Alguns meses após aquele Ato Administrativo, outro Provimento do Ministro Corregedor tratou do recolhimento das contribuições previdenciárias, determinando que as decisões condenatórias da Justiça do Trabalho, ainda que fruto de conciliação entre as partes, observassem a necessidade dos recolhimentos das contribuições previdenciárias devidas ao INSS, inclusive destacando os valores devidos quando dos cálculos de liquidação da sentença pelo empregado e empregador (Provimento TST/CG 2, de 27/8/1993).

No final do ano de 1996, novo Provimento do Corregedor-Geral da Justiça Especializada cuidou do tema (Provimento TST/CG 1, de 5/12/1996), atribuindo unicamente ao empregador o ônus de calcular, deduzir e recolher à União o IR relativo às importâncias pagas ao reclamante quando do cumprimento das decisões daquela Justiça (arts. 1º e 2º, Provimento TST/CG 1), bem como determinava aos juízes a adoção das medidas

PARTE IV · Cap. III – COMPETÊNCIA MATERIAL DA JUSTIÇA DO TRABALHO | 185

necessárias ao cálculo, dedução e recolhimento das contribuições previdenciárias devidas pelo empregado ao INSS (art. 3º).

O Provimento TST/CG 1, de 16/4/1997, determinou a aplicação do Provimento 1/96 às execuções de débitos trabalhistas realizadas por precatórios.

O art. 1º, do Provimento 1/96, revogado pelo Provimento 3/05,[36] da Corregedoria Geral da Justiça do Trabalho, a qual passou a disciplinar a matéria da seguinte forma: (a) a decisão ou o despacho que autorizar o levantamento, total ou parcial, do depósito judicial, em favor do reclamante, deverá também autorizar o levantamento, pela fonte pagadora, dos valores apurados a título de IR, de responsabilidade do reclamante, a serem deduzidos do seu crédito, destinados ao recolhimento na forma da lei; (b) o recolhimento do imposto de renda deverá ser comprovado pela fonte pagadora, nos respectivos autos, no prazo de 15 dias da data da retenção; (c) na hipótese de omissão por parte da fonte pagadora quanto à comprovação de pagamento do imposto, e nos pagamentos de honorários periciais, competirá ao Juízo do Trabalho calcular o imposto de renda na fonte e determinar o recolhimento à instituição financeira depositária do crédito; (d) a não indicação, pela fonte pagadora, da natureza jurídica das parcelas objeto de acordo homologado perante a Justiça do Trabalho acarretará a incidência do imposto de renda na fonte sobre o valor total da avença.

Ante tais determinações legais e administrativas, alguns questionamentos judiciais surgiram, principalmente no tocante à competência jurisdicional da Justiça do Trabalho para determinar e resolver algumas questões jurídicas de natureza tributária, bem como em relação à incidência dos tributos sobre algumas verbas, como a indenização recebida pela adesão ao programa de demissão voluntária (OJ 207, SDI-I).

Após vários anos de questionamento, atualmente, o debate dessas questões encontra-se pacificado na jurisprudência do TST (Súm. 368, I, II e III; OJ 19, SDI-II; Súm. 401).

O STJ, por vezes, foi invocado para decidir questões de natureza tributária decorrentes do contrato de trabalho, chegando inclusive a editar algumas súmulas sobre seu posicionamento jurídico (Súm. 125, 136 e 215).

Com base nas assertivas acima, a competência da Justiça do Trabalho para apreciar e julgar as questões que envolvam os tributos incidentes sobre a remuneração do empregado justifica-se na própria legislação tributária que determina a incidência do Imposto de Renda no momento da disponibilidade da remuneração mensalmente ou quando do cumprimento da decisão trabalhista (art. 43, CTN; art. 7º, Lei 7.713; art. 46, Lei 8.541) e porque constitucionalmente compete à Justiça Especializada decidir litígios em face da relação de trabalho (art. 114), sendo que a retenção do imposto pelo empregador, na qualidade de fonte pagadora, não diz respeito apenas à matéria tributária, mas também à realização de descontos legais incidentes sobre a remuneração do trabalhador[37] (art.

---

[36] O Provimento 3/05 foi revogado pela Consolidação dos Provimentos da Corregedoria Geral da Justiça do Trabalho.

[37] "I - AGRAVO DE INSTRUMENTO. RECURSO DE REVISTA INTERPOSTO NA VIGÊNCIA DA LEI Nº 13.015/2014. EXECUÇÃO. RECLAMANTE. DEVOLUÇÃO DE VALORES DE IMPOSTO

462, CLT, princípio da intangibilidade salarial) e, por último, as controvérsias sobre a retenção do imposto, no curso do processo de execução, são incidentes a serem solucionados pelo juiz do trabalho.

O art. 16, da Lei 11.457/07, atribui a Procuradoria Geral Federal à representação da União, nos processos em tramitação perante a Justiça do Trabalho relacionados com a cobrança de contribuições previdenciárias, de IR retido na fonte e de multas impostas aos empregadores pelos órgãos de fiscalização das relações de trabalho, mediante delegação da Procuradoria-Geral da Fazenda Nacional.

O Ministro de Estado da Fazenda poderá, mediante ato fundamentado, dispensar a manifestação da União nas decisões homologatórias de acordos em que o montante da parcela indenizatória envolvida ocasionar perda de escala decorrente da atuação do órgão jurídico (art. 832, § 7º).

Os juros de mora decorrentes do inadimplemento de obrigação de pagamento em dinheiro não integram a base de cálculo do imposto de renda, independentemente da natureza jurídica da obrigação inadimplida, ante o cunho indenizatório conferido pelo art. 404, CC, aos juros de mora (OJ 400, SDI-I).

Pelo conteúdo do Ato Declaratório nº 1 da Procuradoria Geral da Fazenda Nacional, de 27/3/2010, temos que, no cálculo do imposto de renda incidente sobre rendimentos pagos acumuladamente, devem ser levadas em consideração as tabelas e alíquotas das épocas próprias a que se referem tais rendimentos, devendo o cálculo ser mensal e não global.

Para o TST, é do empregador a responsabilidade pelo recolhimento das contribuições previdenciárias e fiscais, resultante de crédito do empregado oriundo de condenação judicial, devendo ser calculadas, em relação à incidência dos descontos fiscais, mês a mês, nos termos do art. 12-A, Lei 7.713/88 (Súm. 368, II).

DE RENDA RECOLHIDOS A MAIOR. INCOMPETÊNCIA DA JUSTIÇA DO TRABALHO. 1 - O recurso de revista foi interposto sob a vigência da Lei 13.015/2014 e foram atendidos os requisitos previstos no art. 896, § 1º-A, I, II e III, da CLT. 2 - Tratando-se de pedido de devolução de imposto de renda retidos a maior, matéria relativa ao contrato de trabalho, a Justiça do Trabalho é competente para julgar o feito, ao teor do art. 114 da Constituição Federal. 3 - Assim, ante uma provável violação do art. 114 da Constituição Federal, deve ser provido o agravo de instrumento para determinar o processamento do recurso de revista. Agravo de instrumento a que se dá provimento. II - RECURSO DE REVISTA INTERPOSTO NA VIGÊNCIA DA LEI 13.015/2014. EXECUÇÃO. RECLAMANTE. DEVOLUÇÃO DE VALORES DE IMPOSTO DE RENDA RECOLHIDOS A MAIOR. INCOMPETÊNCIA DA JUSTIÇA DO TRABALHO. 1 - O recurso de revista foi interposto sob a vigência da Lei 13.015/2014 e foram atendidos os requisitos previstos no art. 896, § 1º-A, I, II e III, da CLT. 2 - Trata-se de pedido de restituição de valores de incorretamente descontados a título de imposto de renda por ocasião do pagamento das rubricas apuradas na reclamação trabalhista, portanto, matéria relativa ao contrato de trabalho. Assim, a Justiça do Trabalho é competente para julgar o feito, ao teor do art. 114 da Constituição Federal. 3 - Recurso de revista de que se conhece e a que se dá provimento" (TST – 6ª T. – RR - 30300-12.1990.5.01.0302 – Relª Minª Kátia Magalhães Arruda – DEJT 3/11/2015).

PARTE IV · Cap. III – COMPETÊNCIA MATERIAL DA JUSTIÇA DO TRABALHO | 187

O *caput* do art. 12-A da Lei 7.713/88 estabelece que os rendimentos recebidos acumuladamente e submetidos à incidência do imposto sobre a renda com base na tabela progressiva, quando correspondentes a anos-calendário anteriores ao do recebimento, serão tributados exclusivamente na fonte, no mês do recebimento ou crédito, separados dos demais rendimentos recebidos no mês.

O imposto será retido pela pessoa física ou jurídica obrigada ao pagamento ou pela instituição financeira depositária do crédito e calculado sobre o montante dos rendimentos pagos, mediante a utilização de tabela progressiva resultante da multiplicação da quantidade de meses a que se refiram os rendimentos pelos valores constantes da tabela progressiva mensal correspondente ao mês do recebimento ou crédito (art. 12-A, § 1º).

Poderão ser excluídas as despesas, relativas ao montante dos rendimentos tributáveis, com ação judicial necessárias ao seu recebimento, inclusive de advogados, se tiverem sido pagas pelo contribuinte, sem indenização (art. 12-A, § 2º).

A base de cálculo será determinada mediante a dedução das seguintes despesas relativas ao montante dos rendimentos tributáveis: (a) importâncias pagas em dinheiro a título de pensão alimentícia em face das normas do Direito de Família, quando em cumprimento de decisão judicial, de acordo homologado judicialmente ou de separação ou divórcio consensual realizado por escritura pública; (b) contribuições para a Previdência Social da União, dos Estados, do Distrito Federal e dos Municípios (art. 12-A, § 3º, I e II).

O art. 26 da Instrução Normativa 1.500, de 19/11/2014, da Receita Federal do Brasil, dispõe sobre a apuração e tributação de rendimentos recebidos de forma acumulada (art. 12-A, Lei 7.713/88).

Por fim, o TST consolidou o entendimento segundo o qual o imposto de renda decorrente de crédito do empregado recebido acumuladamente deve ser calculado sobre o montante dos rendimentos pagos, mediante a utilização de tabela progressiva resultante da multiplicação da quantidade de meses a que se refiram os rendimentos pelos valores constantes da tabela progressiva mensal correspondente ao mês do recebimento ou crédito (art. 12-A, Lei 7.713/88, com a redação conferida pela Lei 13.149/15), observado o procedimento previsto nas Instruções Normativas da Receita Federal do Brasil (Súm. 368, VI).

3.4.7 Demais Tipos de Relações de Trabalho

Além dos dissídios individuais relacionados com a relação de emprego (contrato de trabalho por prazo determinado ou indeterminado ou para a prestação de trabalho intermitente, art. 443, CLT), a Justiça do Trabalho é competente para conhecer, instruir e julgar outras controvérsias decorrentes da relação de trabalho (art. 114, I, CF, EC 45).

3.4.7.1 Trabalhador Autônomo

Trabalhador autônomo é *"aquele que não transfere para terceiro o poder de organização da sua atividade. Assim, auto-organizando-se, não se submete ao poder de controle e ao poder disciplinar de outrem. O autônomo exerce atividade econômico-social por sua atividade, sua conveniência ou os imperativos das circunstâncias, de acordo com o modo de trabalho que julga adequado aos fins a que se propõe. Autônomo é o médico no seu consultório, o dentista na mesma situação, o vendedor, qualquer profissional não subordinado".*[38]

A partir da EC 45/04, para fins de fixação da competência da Justiça do Trabalho, deixa de ter interesse à distinção entre trabalho autônomo e subordinado. Anteriormente essa distinção era importante, na medida em que o autônomo somente poderia demandar os seus direitos contratuais ou legais violados na Justiça Comum.

Atualmente poderemos ter pedidos sucessivos, ou seja: o representante comercial autônomo poderá solicitar o reconhecimento do vínculo de emprego e os seus direitos consolidados e, sucessivamente, no caso de não se caracterizar a relação de emprego, direitos decorrentes da relação contratual.

Além do trabalho subordinado, a competência da Justiça do Trabalho também abrange o trabalho parassubordinado, o qual reflete uma posição intermediária entre o trabalho subordinado e o autônomo, com os seguintes traços característicos: continuidade, coordenação e o caráter pessoal na prestação dos serviços. Arion Sayão Romita[39] ensina: *"O trabalhador parassubordinado pode ser considerado quase sempre um contratante débil. A debilidade contratual, que constitui uma característica constante nas formas de prestação de serviços parassubordinados, justifica a tentativa de incluir esta modalidade no campo de aplicação do direito do trabalho. A debilidade contratual se configura não somente pela debilidade econômica mas também pela circunstância de que o tomador de serviços tem a possibilidade de anular ou reduzir sensivelmente a liberdade contratual do prestador.*

Entre os trabalhadores parassubordinados são elencados, além dos prestadores de trabalho associativo (sociedades em conta de participação, membros de cooperativa de trabalho, o sócio de indústria, membros de empresa familiar), os representantes comerciais, os propagandistas, agentes teatrais, cinematográficos e esportivos, corretores de toda espécie de negócios (como os corretores de imóveis), concessionários de vendas, pequenos empresários (dependentes economicamente de indústrias a que prestam colaboração contínua), profissionais liberais (como o advogado que trata de modo contínuo dos interesses de uma pessoa física, o médico de família etc.).

[...] Mercê da promulgação da Emenda Constitucional nº 45, a Justiça do Trabalho passou a ser competente para processar e julgar: 1º – os litígios entre empregados e empregadores (competência antiga, já existente antes da promulgação da Emenda, que em nada foi afetada), mediante aplicação da legislação trabalhista (Consolidação das Leis do Trabalho e demais normais que dispõem sobre a relação de emprego); 2º – os litígios entre os trabalhadores autônomos e parassubordinados e os respectivos tomadores dos serviços, mediante aplicação da legislação comum (não trabalhista), civil ou comercial."

Quanto à temática, destacamos as seguintes decisões judiciais:

a) o TST deliberou pela competência do Judiciário Trabalhista quanto ao pedido formulado pela entidade sindical profissional quanto ao fator de recomposição monetária dos honorários e demais procedimentos médicos de profissionais

---

[38] NASCIMENTO, Amauri Mascaro. *Curso de direito do trabalho*, 16. ed., p. 326.

[39] ROMITA, Arion Sayão. Competência da Justiça do Trabalho para ações sobre relações de trabalho – trabalho eventual. *Revista Justiça do Trabalho*, ano 22, nº 258, jun. 2005, p. 13.

PARTE IV • Cap. III – COMPETÊNCIA MATERIAL DA JUSTIÇA DO TRABALHO | **189**

vinculados a empresas gestoras de planos de saúde. O sindicato, como substituto processual, pleiteia diferenças para uma série de trabalhadores autônomos. O ministro relator Aloysio Corrêa da Veiga entendeu que o trabalho desses profissionais envolve uma relação de trabalho, o que atrai a análise das controvérsias nele originadas para a Justiça do Trabalho (art. 114, I, CF): *"(...) O Sindicato dos Médicos do Estado do Paraná – SIMEPAR ajuizou ação civil pública em que pretende a recomposição monetária dos honorários e demais procedimentos médicos de profissionais vinculados a empresas gestoras de plano de saúde. A análise da controvérsia demonstra que as empresas operadoras dos planos de saúde atuam na condição de tomadoras de serviços, haja vista que o desenvolvimento de sua atividade-fim somente se dá mediante a contratação de profissionais liberais ou clínicas credenciadas para prestarem serviços de assistência médica, hospitalar ou odontológica àqueles que aderem ao plano de assistência à saúde. Em assim sendo, os serviços oferecidos pelos profissionais da área de saúde, credenciados pelas operadoras, revestem-se de verdadeiro insumo de sua atividade, ou seja, o meio pelo qual as operadoras atuam no mercado, eis que a consecução de seus objetos somente se dá mediante a exploração da força produtiva dos trabalhadores por ela contratados. Verifica-se, pois, que o trabalho desses profissionais é o cerne do contrato, de modo a atrair a aplicação do inciso I do artigo 114 da Constituição Federal. Por se tratar de pretensão que envolve relação de trabalho de uma categoria, a Justiça do Trabalho é competente para dirimir a demanda. Recurso de revista conhecido e provido"* (6ª T – RR 1485-76.2010.5.09.0012 – Rel. Min. Aloysio Corrêa da Veiga – *DEJT* 20/9/2013);

b) no CC 86066/SP, o STJ decidiu pela competência da Justiça Comum em uma demanda movida por uma sociedade de economia mista contra seus diretores, objetivando a responsabilidade civil do administrador na forma da Lei 6.404/76;

c) no E-RR 529000-86.2009.5.09.0069, o TST concluiu que o acordo efetuado perante a Justiça Comum, para fins de satisfação de diferenças de comissões, não impede o trabalhador, em demanda trabalhista, pleitear os seus direitos como empregado da empresa (TST – SDI-1 – E-RR 529000-86.2009.5.09.0069 – Rel. Min. Renato de Lacerda Paiva – *DEJT* 13/6/2014);

d) a Justiça do trabalho é incompetente para dirimir conflitos oriundos de contrato civil de representação comercial assinado entre pessoas jurídicas (TRT – 3ª T. – RO 00296.2012.036.03.00.4 – Rel. Juiz Convocado José Nilton Ferreira Pandelot – j. 12/5/2015).

3.4.7.2 Trabalhador Eventual

Na caracterização do que vem a ser serviços não eventuais, a doutrina nos aponta quatro correntes, a saber:

a) descontinuidade: eventual é o trabalho descontínuo e interrupto com relação ao tomador dos serviços. Vale dizer, a prestação de serviços é fragmentada, com a existência de afastamentos razoáveis entre um período de trabalho e outro para o mesmo tomador. Para Mauricio Godinho Delgado, a CLT teria rejeitado a teoria da descontinuidade ao adotar a expressão "serviços de natureza não eventual" (art. 3º, *caput*), portanto, *"um trabalhador que preste serviço ao tomador, por diversos meses seguidos, mas apenas em domingos ou fins de semana (caso de garçons de clubes campestres, por exemplo), não poderia se configurar como trabalhador eventual, em face da não absorção, pela CLT, da teoria da descontinuidade"*;[40]

b) evento: a prestação de serviços ocorre por um fato determinado e esporádico para o tomador. A eventualidade está atrelada à duração do evento. Contudo, a teoria não é razoável quando se têm eventos que resultem em uma dilação temporal mais ampla. Portanto, só seria admissível em se tratando de acontecimento incerto, casual ou fortuito;

c) fins do empreendimento: o lapso de tempo para caracterizar ou não o vínculo empregatício não possui critérios numéricos exatos. A não eventualidade se fará em função de cada caso concreto e de acordo com as particularidades do mesmo. Por isso, para fundamentar essa ideia, há uma parte da doutrina que atrela a eventualidade aos fins da empresa, aduzindo que serviços não eventuais são os exercidos de acordo com a finalidade da empresa. A justificativa está incorreta, pois existem várias empresas que possuem empregados que exercem atividades não condizentes com a sua finalidade. Como exemplo, temos: uma empresa prestadora de serviços na área de vigilância pode possuir um pedreiro, registrado como empregado, que lhe preste serviços na área de manutenção;

d) fixação jurídica: eventual é o trabalhador que não se fixa de forma contínua a nenhuma fonte de trabalho, tendo vários tomadores simultâneos quanto aos seus serviços. Amauri Mascaro Nascimento[41] ensina: eventual é *"aquele que presta a sua atividade para múltiplos destinatários, sem se fixar continuamente em nenhum deles. Eventual é um subordinado de poucas horas ou pouco tempo que vai realizar um serviço especificado, findo o qual terminará a sua obrigação. Não é autônomo porque está sob o poder diretivo de outrem, o destinatário do serviço, enquanto o executar"*.

Na caracterização do trabalho eventual, Mauricio Godinho Delgado[42] afirma que não é razoável partir de um único critério e sim da combinação de todas as teorias, propondo, assim, os seguintes elementos característicos: "*(a) descontinuidade da prestação do trabalho, entendida como a não permanência em uma organização com ânimo definitivo; (b) não fixação jurídica a uma única fonte de trabalho, com pluralidade variável de tomadores de serviços; (c) curta duração do trabalho prestado; (d) natureza do trabalho tende a ser concernente a evento certo, determinado e episódico no tocante a regular dinâmica do empreendimento tomador dos serviços; (e) em consequência, a natureza do trabalho prestado tenderá a não corresponder, também, ao padrão dos fins normais do empreendimento*".

---

[40] DELGADO, Mauricio Godinho. *Curso de direito do trabalho*, 5. ed., p. 294.

[41] NASCIMENTO, Amauri Mascaro. *Curso de direito do trabalho*, 21. ed., p. 629.

[42] DELGADO, Mauricio Godinho. Ob. cit., p. 297.

3.4.7.3 Trabalhador Doméstico

Pela ótica doutrinária, empregado doméstico é quem presta serviços de natureza contínua e de finalidade não lucrativa, mediante salário e de forma subordinada à pessoa natural ou à família no âmbito residencial. Exemplos: arrumadeira, cozinheira, babá, lavadeira, faxineira, copeiro, jardineiro, vigilante, enfermeira particular, governanta, mordomo, cuidador de idoso etc.

A LC 150/15 (art. 1º), ao dispor a respeito do conceito de empregado doméstico, pôs fim à discussão relacionada com o número de dias da semana em que o trabalhador presta serviços à família ou à pessoa. Vale dizer, quando a prestação for superior a dois dias por semana, tem-se a configuração da "continuidade" na caracterização do vínculo de emprego doméstico.

Por lei, empregado doméstico é aquele que presta serviços de forma contínua, subordinada, onerosa, pessoal e de finalidade não lucrativa à pessoa ou à família, no âmbito residencial destas, por mais de dois dias por semana.

É considerado doméstico não só quem trabalha nas delimitações espaciais da residência, como também os que atuam de forma externa, para a pessoa natural ou a família. É o caso: (a) do motorista que leva o patrão para o serviço, a esposa em seus afazeres domésticos, as crianças para a escola etc.; (b) dos trabalhadores que labutam em sítio no qual não há exploração lucrativa da propriedade rural (caseiro, cozinheira etc.).

Quando os serviços são prestados, dentro ou fora do âmbito residencial, em atividades comerciais ou industriais, deixa de ter a natureza de trabalho doméstico. É o caso da faxineira que só limpa o consultório que está localizado na residência do patrão. Também é a hipótese do motorista que leva o patrão para a empresa e vice-versa, bem como em seus compromissos profissionais. Nesses dois casos, passa a existir uma relação jurídica como de qualquer outro empregado, ou seja, nos moldes da CLT.

3.4.7.4 Trabalhador Avulso

Os dissídios oriundos das relações entre empregados e empregadores, bem como de trabalhadores avulsos e seus tomadores de serviços, em atividades reguladas na legislação social, serão dirimidos pela Justiça do Trabalho (art. 643, *caput*, CLT).

Também é competente o Judiciário Trabalhista para processar e julgar as ações entre trabalhadores portuários e os operadores portuários[43] ou o órgão Gestor de Mão de obra (OGMO)[44] decorrentes da relação de trabalho (arts. 643, § 3º, e 652, V, da CLT, MP 2.164-41, de 24/8/2001).[48]

---

[43] Operador portuário é a pessoa jurídica pré-qualificada para exercer as atividades de movimentação de passageiros ou movimentação e armazenagem de mercadorias, destinados ou provenientes de transporte aquaviário, dentro da área do porto organizado (art. 2º, XIII, Lei 12.815/13).

[44] Em cada porto organizado, os operadores portuários devem constituir um órgão de gestão de mão de obra do trabalho portuário, destinado a: (a) administrar o fornecimento da mão de obra do trabalhador portuário e do trabalhador portuário avulso; (b) manter, com exclusividade, o cadastro do trabalhador portuário e o registro do trabalhador portuário avulso; (c) treinar e habilitar profissionalmente o traba-

A Lei 12.023/09 disciplina as atividades de movimentação de mercadorias em geral, bem como o trabalho avulso. O teor da Lei 12.023 é inaplicável às relações de trabalho regidas pelas Leis 12.815/13 e 9.719/98.

A submissão prévia de demanda a comissão paritária não é pressuposto de constituição e desenvolvimento válido e regular do processo, ante a ausência de previsão em lei (OJ 391, SDI-I).

3.4.7.5 Trabalhador Temporário

O termo "temporário" envolve os trabalhadores que as empresas de trabalho temporário colocam à disposição de outras empresas, por intermédio de um contrato de prestação de serviços, em que conste o motivo da contratação temporária e as modalidades de remuneração. Ressalte-se que a condição de temporário deve ser anotada na carteira de trabalho.

Compete à Justiça do Trabalho dirimir os litígios entre as empresas de serviço temporário e seus trabalhadores (art. 19, Lei 6.019/74).

3.4.7.6 Empregado Rural

Empregado rural é toda pessoa natural que, em propriedade rural ou prédio rústico, presta serviços de natureza não eventual a empregador rural, sob a dependência deste e mediante salário (art. 2º, Lei 5.889/73).

São comuns, tanto para o empregado urbano quanto para o rural, os seguintes elementos: pessoa física, serviço não eventual, subordinação e salário. Em princípio, rural

---

lhador portuário, inscrevendo-o no cadastro; (d) selecionar e registrar o trabalhador portuário avulso; (e) estabelecer o número de vagas, a forma e a periodicidade para acesso ao registro do trabalhador portuário avulso; (f) expedir os documentos de identificação do trabalhador portuário; (g) arrecadar e repassar aos beneficiários os valores devidos pelos operadores portuários relativos à remuneração do trabalhador portuário avulso e aos correspondentes encargos fiscais, sociais e previdenciários (art. 32, I a VII, Lei 12.815/13). Caso celebrado contrato, acordo ou convenção coletiva de trabalho entre trabalhadores e tomadores de serviços, o disposto no instrumento precederá o órgão gestor e dispensará sua intervenção nas relações entre capital e trabalho no porto (art. 32, parágrafo único).

[45] "Foram recepcionados pela Emenda Constitucional nº 45 os dispositivos da Consolidação das Leis do Trabalho que atribuíam à Justiça do Trabalho competência para ações não derivadas de relação de emprego, como é o caso dos dissídios resultantes de contrato de empreitada em que o empreiteiro seja operário ou artífice (CLT, art. 652, alínea a, inciso III) e as ações entre trabalhadores portuários ou o Órgão Gestor de Mão de obra (OGMO) decorrentes da relação de trabalho (idem, inciso V, introduzido pela Medida Provisória nº 2.164-41, de 24/8/2001). Pode-se entender que esses litígios cabem na previsão do inciso I do art. 114 da Constituição, que alude a relação de trabalho, já que este é conceito amplo, em cuja compreensão se incluem a do empreiteiro e a do trabalhador portuário. Entretanto, qualquer dúvida seria espancada pelo inciso IX do art. 114, que estende a competência da Justiça do Trabalho a 'outras controvérsias decorrentes da relação de trabalho, na forma da lei'. A lei, no caso, é a própria CLT, que atribui à Justiça do Trabalho competência para julgar os dissídios de interesse dos empreiteiros e dos portuários, norma anterior à edição da Emenda nº 45, daí a recepção" (ROMITA, Arion Sayão. Ob. cit., p. 15).

PARTE IV · Cap. III – COMPETÊNCIA MATERIAL DA JUSTIÇA DO TRABALHO | 193

é o que se relaciona com a terra. Pelo vocábulo podíamos compreender as atividades ligadas à exploração da terra, tais como: agricultura, pecuária etc.

Atualmente, para se definir a atividade do empregador rural, utiliza-se o termo "agrário". Por atividade agroeconômica entendem-se as atividades agrícola, pastoril ou pecuária que não se destinam, exclusivamente, ao consumo de seus proprietários.

Podemos, então, estabelecer como empregado rural não só aquele que esteja ligado com a terra pelo seu trabalho, como também aquele que, mesmo não trabalhando em funções típicas da lavoura ou da pecuária, tem seus serviços direcionados para a finalidade da empresa. Logo, são rurais: os motoristas, apontadores, fiscais, administradores, tratoristas, pedreiros e outros cujos serviços convergem para a atividade agroeconômica.

Quanto ao fator propriedade rural ou prédio rústico, o legislador não está a exigir a área fora dos perímetros urbanos, e sim a própria destinação do estabelecimento onde o trabalho é executado.

Em agosto de 2013, o TST entendeu que a Justiça do Trabalho não tem competência para processar e julgar ações em que se discutem relações decorrentes de parceria avícola, na qual estejam ausentes os elementos caracterizadores da relação de emprego (pessoalidade, subordinação e a exclusividade) (RR 310900-79.2009.5.12.0038).

3.4.8 A Justiça do Trabalho e o Contrato de Empreitada

3.4.8.1 Conceito de Empreitada

O termo "empreitada" deriva do latim *placitum*, expressando homenagem, sujeição, dependência.

Empreitada é o contrato em que uma das partes se propõe a fazer ou a mandar fazer obra certa, mediante remuneração determinada ou proporcional ao serviço executado. É a *locatio operis* do Direito Romano.

O objetivo da empreitada é a entrega de uma obra mediante o pagamento de um preço.

A figura da empreitada tem traços com a locação de serviços. Os pontos de convergência repousam na prestação de serviços, entretanto, na empreitada, os serviços são braçais e, na segunda, os serviços são mais intelectuais. As duas figuras envolvem a autonomia na prestação dos serviços, mas, na empreitada, o que se contrata é a atividade autônoma (empreitada de mão de obra) ou um resultado (empreitada de obra), enquanto, na locação de serviços, o que se contrata é a prestação de uma atividade profissional. Exemplos: (a) locação de serviços entre o advogado e seu cliente; entre o médico e seu paciente; entre o dentista e seu paciente; entre o engenheiro e o dono da obra; (b) empreitada quando se contrata um construtor para a edificação de um imóvel, no qual poderá fornecer tanto a mão de obra como os materiais ou somente a mão de obra.

Na empreitada não há a subordinação e sim a autonomia na prestação de serviços. Já no contrato de trabalho, temos a presença da subordinação, isto é, a figura do empregador admitindo, remunerando e dirigindo a prestação de serviços. Na empreitada, o risco da atividade econômica é do prestador de serviços, ao contrário do contrato de trabalho, no qual é do empregador.

A distinção ocorre pelos sujeitos e pelo objeto. Na empreitada, o sujeito pode ser pessoa física ou jurídica, o que já não ocorre com o contrato de trabalho, em que o empregado está sujeito ao poder diretivo do empregador, constituindo-se em uma obrigação personalíssima. O objeto do contrato de trabalho é um contrato de atividade, na medida em que o empregador exerce um poder de direção sobre a atividade do trabalhador. Já no contrato de empreitada, o que se pretende é a obra, isto é, o seu objeto é o resultado do trabalho.

3.4.8.2 Empreiteiro – Operário ou Artífice

Empreiteiro – operário ou artífice sintetiza os pequenos prestadores de serviços, os quais são pessoas físicas que, trabalhando de forma isolada para terceiros, prestam pequenos serviços em troca de pequenos valores, pagos de uma forma única ou em parcelas. É o caso de um pedreiro que reforma uma casa, de um pintor que pinta alguns cômodos de uma residência etc.

O empreiteiro é um profissional de maior quilate e que loca a sua atividade para outras pessoas, fornecendo a mão de obra e os materiais ou somente a mão de obra. O empreiteiro geralmente possui uma equipe de trabalhadores que são seus empregados.

Entre o empreiteiro e o seu contratante temos um contrato de empreitada, mas, entre aquele e seus auxiliares, temos vários contratos individuais de trabalho. No caso de divergência entre o dono da obra e o empreiteiro, a competência para dirimir a questão é da Justiça Comum. Entre o empreiteiro e seus auxiliares, a competência é da Justiça do Trabalho.

Para se proteger a figura do pequeno empreiteiro, o legislador da época preferiu atribuir à Justiça do Trabalho suas reivindicações, onde não irá solicitar verbas trabalhistas e sim o saldo da pequena empreitada. Geralmente irá reclamar valores não pagos em função dos serviços prestados (art. 652, *a*, III, CLT).

3.4.8.3 Empreitada e Subempreitada

A subempreitada ocorre quando o empreiteiro, para o cumprimento de suas obrigações, efetua a contratação de outros empreiteiros (o que é comum no ramo da construção civil). É um ajuste regulado pelo Direito Civil, como também ocorre entre o empreiteiro e o dono da obra.

O empreiteiro, para o desempenho de suas obrigações, pode contratar empregados ou celebrar com outros empreiteiros o contrato de subempreitada.

Para o cumprimento de seu contrato, o subempreiteiro também contrata vários empregados, sendo que as controvérsias decorrentes dessas relações serão dirimidas pela Justiça do Trabalho.

As controvérsias entre o empreiteiro e o subempreiteiro, bem como entre o dono da obra e o empreiteiro, após a EC 45/04, devem ser dirimidas perante a Justiça do Trabalho,

PARTE IV · Cap. III – COMPETÊNCIA MATERIAL DA JUSTIÇA DO TRABALHO | 195

se o subempreiteiro e o empreiteiro forem pessoas naturais. Os contratos de empreitada e subempreitada são espécies que se enquadram no gênero relação de trabalho.

3.4.9 Agentes Públicos

Podemos dividir os agentes públicos em três categorias: (a) agentes políticos; (b) particulares em colaboração com o poder público; e (c) servidores públicos.

Agentes políticos são os ocupantes de cargos estruturais da organização político--administrativa geral e não possuem uma relação profissional com a Administração, como, por exemplo: Presidente da República, Governador, Prefeito, Ministro, Secretário, Senador, Deputado, Vereador etc.

Os agentes políticos não estão sujeitos às mesmas normas dos servidores públicos.

Os particulares que prestam serviços ao Estado sem um vínculo de trabalho, a título oneroso ou gratuito, são denominados particulares em colaboração com o poder público. Exemplos típicos dessa situação são: o mesário na eleição, o jurado etc.

Os particulares em colaboração com a Administração podem prestar serviços quando requisitados pelo Estado, ou quando por vontade própria assumem a gestão de coisa pública em casos de emergência, ou, ainda, quando desempenham, por conta própria, sem relação de dependência, mas com concordância do Poder Público e em seu nome, função ou serviço público.

Desta forma, a prestação de serviços dos particulares em colaboração com o Poder público pode ocorrer por: (a) delegação do Poder público, como, por exemplo, os empregados das empresas concessionários e permissionárias de serviços públicos, leiloeiros, tradutores, intérpretes públicos etc.; (b) mediante requisição, nomeação ou designação, v. g., serviço militar; (c) como gestores de negócios espontâneos que assumem funções públicas em momentos de incêndio, enchentes etc. (emergenciais).

Os servidores públicos são as pessoas naturais que possuem um liame de trabalho com o Estado e as entidades da Administração indireta e, mediante remuneração, prestam serviços.

Primeiramente, os servidores públicos podem ser subdivididos em civis e militares.

O próprio Texto Constitucional distingue os servidores públicos em servidores civis (arts. 39 a 41, CF) e militares, sendo que, com a EC 18/98, têm-se dois grupos de militares, o primeiro, composto pelos membros das Polícias Militares e Corpos de Bombeiros Militares dos Estados, Distrito Federal e Territórios (art. 42) e outro grupo integrado pelos membros das Forças Armadas (Aeronáutica, Exército e Marinha) (art. 142, § 3º).

O servidor público civil, por sua vez, é gênero do qual são espécies: (a) servidores públicos estatutários (também conhecidos como funcionários públicos); (b) empregados públicos; e (c) servidores temporários.

Os servidores estatutários são os ocupantes de cargos públicos, sujeitos ao regime estatutário previamente implantado pela Administração para a qual prestam serviços, os quais podem ser de caráter efetivo ou em comissão.

Os cargos em comissão destinam-se às atribuições de direção, chefia e assessoramento, com percentuais mínimos previstos em lei, a serem preenchidos por servidores de carreira (art. 37, V, CF, EC 19/98).

Empregado público (servidor público trabalhista) é aquele que presta serviço para Administração Pública e é regido pelo regime trabalhista federal (CLT e outras normas).

Da terceira espécie, os servidores temporários exercem função pública, possuem contratos por tempo determinado e visam atender necessidade temporária de excepcional interesse público previsto em lei (art. 37, IX, CF).

A Administração Pública direta e indireta pode ou não adotar o regime trabalhista para a contratação de pessoal, podendo implantar o regime estatutário de caráter administrativo, sendo que as fundações de direito privado, empresas públicas, sociedades de economia mista e as suas subsidiárias estão atreladas obrigatoriamente ao regime da iniciativa privada (art. 173, CF), o que também ocorre com os empregados das pessoas de cooperação governamental.

No regime celetista, a Administração equipara-se ao empregador particular, sem quaisquer prerrogativas especiais. Contudo, mesmo nessa hipótese, impõe-se à relação jurídica de trabalho preceitos de Direito Público, como: exigência de aprovação em concurso público, vedação de acumulação de cargos e empregos, remuneração etc.

Partindo da regra básica, o que não é de competência da Justiça especializada é de competência da Justiça Comum, podemos traçar alguns parâmetros sobre atribuições dos órgãos jurisdicionais.

O art. 114, da CF, prevê a competência da Justiça do Trabalho, enquanto o art. 109 traz a competência da Justiça Federal.

Diante da redação da CF, fácil concluir que a competência será da Justiça do Trabalho para julgar questões de empregados públicos, sejam eles da Administração direta ou indireta, sobre a aplicação da legislação trabalhista federal.

Também são da competência da Justiça do Trabalho litígios entre empregados celetistas e a Administração pública que tenham como objeto a aplicação de legislação municipal ou estadual.

Considerando que os servidores estatutários estaduais e municipais, efetivos ou comissionados, não possuem uma relação de emprego, mas sim de caráter institucional, a Justiça Estadual, antes da EC 45, era competente para solucionar seus litígios envolvendo normas estatutárias.

Para os servidores estatutários federais, a princípio, a lei que instituiu o regime único (Lei 8.112/90) atribuiu à Justiça do Trabalho competência para dirimir as controvérsias de dissídios individuais ou coletivos decorrentes de regime jurídico único instituído.

No entanto, o STF, ao apreciar liminarmente uma ação direta de inconstitucionalidade, suspendeu o referido disposto (TP – ADIn 4921 – Rel. Min. Carlos Mário Velloso – *DJU* 1/7/1992).

Posteriormente, apreciando o mérito da questão, o Plenário do STF entendeu, por maioria de votos, que a Justiça do Trabalho era incompetente para julgar dissídios individuais e coletivos propostos por servidores públicos. Em consequência, declarou a inconstitucionalidade do art. 240, *e*, da Lei 8.112 (ADIn 4921 – Rel. Min. Carlos Mário Velloso – *DJU* 12/3/1993).

O próprio STF já havia se posicionado anteriormente, ao decidir que o art. 114 da CF refere-se apenas ao pessoal regido pela CLT e não ao estatutário (TP – CJ 6.829.8-SP – Rel. Min. Octávio Gallotti – *DJU* 14/4/1989).

O STJ editou as Súm. 97 e 137 sobre a matéria:

"Súm. 97 – Compete à Justiça do Trabalho processar e julgar reclamação de servidor público relativo a vantagens trabalhistas anteriores à instituição do regime jurídico único."

"Súm. 137 – Compete a Justiça Estadual processar e julgar ação de servidor público municipal, pleiteando direitos relativos ao vínculo estatutário."

Com a EC 45, a competência das controvérsias envolvendo as relações de trabalho dos agentes públicos foi deslocada para a Justiça do Trabalho.

Contudo, em caráter liminar, o Min. Nelson Jobim (STF) suspendeu, *ad referendum*, toda e qualquer interpretação dada ao inciso I do art. 114 da CF, na redação dada pela EC, que inclua, na competência da Justiça do Trabalho, a *"apreciação [...] de causas que [...] sejam instauradas entre o Poder Público e seus servidores, a ele vinculados por típica relação de ordem estatutária ou de caráter jurídico-administrativo"* (ADIn 3.395-6 – Ministro. Nelson Jobim – j. 27/1/2005). Decisão confirmada pelo Tribunal Pleno (Rel. Min. Cezar Peluso, j. 5/4/2006).

Mesmo após a EC 45, a temática da competência da Justiça do Trabalho para o servidor público estatutário na doutrina não é pacífica.

Sobre o tema, entende o TST:

"OJ 138, SDI-I – Competência residual. Regime jurídico único. Limitação da execução. Compete à Justiça do Trabalho julgar pedidos de direitos e vantagens previstos na legislação trabalhista referente a período anterior à Lei nº 8.112/90, mesmo que a ação tenha sido ajuizada após a edição da referida lei. A superveniência de regime estatutário em substituição ao celetista, mesmo após a sentença, limita a execução ao período celetista."

"OJ 205, SDI-I – Competência material. Justiça do Trabalho. Ente público. Contratação irregular. Regime especial. Desvirtuamento. I – Inscreve-se na competência material da Justiça do Trabalho dirimir dissídio individual entre trabalhador e ente público se há controvérsia acerca do vínculo empregatício. II – A simples presença de lei que disciplina a contratação por tempo determinado para atender a necessidade temporária de excepcional interesse público (art. 37, inciso IX, da CF/1988) não é o bastante para deslocar a competência da Justiça do Trabalho se se alega desvirtuamento em tal contratação, mediante a prestação de serviços à Administração para atendimento de necessidade permanente e não para acudir a situação transitória e emergencial."

Ao analisar o RR 657316.00.9, em setembro de 2006, o TST fixou o entendimento de que a relação entre as partes era de natureza estatutária, tendo em vista que a contratação se deu em caráter temporário, de previsão em lei municipal, com a declaração da incompetência da Justiça do Trabalho para instruir e julgar a ação. O relator fundamentou seu voto em decisão do STF que, no julgamento da ADIN 3395, suspendeu toda e qualquer interpretação do art. 114, I, da CF, na redação dada pela EC 45, que inclua, na competência da Justiça do Trabalho, a apreciação de causas entre o Poder Público e seus servidores, a ele vinculados por típica relação de caráter jurídico-administrativo e de ordem estatutária.

Em agosto de 2008, o Plenário do STF decidiu que a Justiça do Trabalho não tem competência para dirimir a controvérsia entre o servidor público temporário (art. 37, IX, CF), regidos ou não pela CLT, e a Administração Pública (RE 573202). Em outros julgados, o Plenário do STF ratificou esse entendimento (CC 7201 e CC 7211 em 10/2008; Rcl 4824 em 4/2009; Rcl 4464 e 3737 em 5/2009; Rcl 4351 MC-AgR em 11/2015). Por decorrência direta do posicionamento do STF, o Pleno do TST cancelou a OJ 205, SDI-I, que tratava da competência material da Justiça do Trabalho para julgar ações relativas ao desvirtuamento das contratações especiais (temporárias) por entes públicos.

Em outubro de 2015, o STF, no ARE 906.491-DF (Rel. Min. Teori Zavascki), reafirmou a jurisprudência no sentido de que é da competência da Justiça do Trabalho processar e julgar demandas visando obter prestações de natureza trabalhista, ajuizadas contra órgãos da Administração Pública por servidores que ingressaram em seus quadros, sem concurso público, antes do advento da CF/88, sob regime consolidado, não sendo, assim, aplicável o precedente firmado na ADI 3.395 de idêntica forma (CC 7950).

Para os estagiários, os quais tenham sido contratados pela Administração Pública, caso ocorra discussão judicial quanto ao contrato de estágio, por aplicação do precedente ADI 3.395, a competência será da Justiça Comum (TST – SDI-I – E-RR 5500-47.2010.5.13.0022 – Rel. Min. Aloysio Corrêa da Veiga – DEJT 31.3.2016).

NA RCL 21.842 (outubro/2015), o Min. Luís Roberto Barroso reafirmou a jurisprudência do STF de que é da Justiça Comum (Tribunal de Justiça) a competência para processas e julgar originariamente conflitos decorrentes do exercício do direito de greve de servidores públicos estatutários.

Encontra-se pendente de julgamento no STF a ADIn 4417 ajuizada pelo Governador de São Paulo (maio de 2010), com o objetivo de se ter à declaração da inconstitucionalidade parcial do Regimento Interno do Tribunal de Justiça de SP quanto à definição da competência do tribunal para fins de fixação de novas condições de remuneração e trabalho em dissídio coletivo por greve de servidores estatutários (art. 239, §§ 3º, 4º e 5º; arts. 242, 242 e 246).

3.4.10 Jurisdição Voluntária. Homologação de Acordo Extrajudicial

Com a Reforma Trabalhista, o juiz do trabalho passou a ter competência para decidir quanto à homologação (ou não) de acordo extrajudicial (jurisdição voluntária) em matéria da competência da Justiça do Trabalho (art. 652, f, arts. 855-B a 855-E, CLT).

3.5 DISSÍDIO INDIVIDUAL E A COMPETÊNCIA DERIVADA

A competência derivada é uma forma de prorrogação de competência, a qual se opera por força de lei.

José Frederico Marques[46] afirma que *"a prorrogação de competência abrange em seu conceito, na atualidade, tanto os casos de modificação voluntária da competência, como aqueles em que essa mudança se opera por força de lei. Há, assim, prorrogação de competência, sempre que, 'em determinadas condições, um tribunal se torna competente para conhecer de uma causa que, segundo as regras ordinárias, teria escapado de sua juris-dição'. Há, em tal caso, extensão ou ampliação da competência do órgão judiciário, com a prorrogação de sua jurisdição".*

No processo trabalhista, a competência derivada está presente na competência material da Justiça do Trabalho para dirimir os litígios, os quais tenham origem no cumprimento de suas próprias sentenças, inclusive coletivas (art. 114, *caput*, CF). Por exemplo, temos: (a) ação rescisória; (b) embargos de terceiro; (c) embargos: do devedor, a arrematação e a adjudicação; (d) impugnação à sentença de liquidação (art. 884, § 3º, CLT); (e) mandado de segurança: individual e coletivo; (f) ação anulatória de ato judicial homologatório de arrematação ou adjudicação, como também de decisão proferida em procedimento voluntário (homologação de rescisão contratual do empregado estável – art. 500, CLT), de acordo com o art. art. 966, § 4º, CPC; (g) dissídios individuais decorrentes de contribuições sindicais previstas em sentença normativa; (h) *habeas corpus*, quando o coator é magistrado trabalhista.

3.6 DISSÍDIOS INDIVIDUAIS ESPECIAIS

A partir da EC 45, a CF passou a prever expressamente a competência da Justiça do Trabalho para mandado de segurança, *habeas corpus* e *habeas data*, quando o ato questionado envolver matéria sujeita a sua jurisdição (art. 114, IV). Há também controvérsias envolvendo o mandado de injunção e a ação civil pública na Justiça Laboral.

No âmbito infraconstitucional, com exceção ao inquérito para apuração de falta grave e a ação de cumprimento, não há outro procedimento individual especial tratado pela CLT. A ação rescisória não é tratada na CLT, mas apenas mencionada no art. 836.

A omissão da CLT quanto aos procedimentos especiais e à abrangência da competência jurisdicional da Justiça do Trabalho (art. 114, CF) obriga o operador do Direito, constantemente, a se socorrer dos procedimentos especiais previstos no CPC (art. 769, CLT) ou outros diplomas legais.

A utilização dos procedimentos previstos no CPC e em outros diplomas legais para proteção jurídica das relações de trabalho tem dividido a doutrina quanto a algumas questões procedimentais. Isso porque para uma corrente aplica-se o procedimento processual especial como estabelecido pelo legislador, por entender que a norma trabalhista é omissa e que sua alteração afetaria sua finalidade, e uma segunda corrente aceita esses procedimentos, desde que adequados ao procedimento das reclamações trabalhistas.

---

[46] MARQUES, José Frederico. *Instituições de direito processual civil*, v. 1, p. 410.

A Instrução Normativa 27/05 dispõe sobre as normas procedimentais aplicáveis ao processo do trabalho em decorrência da ampliação da competência da Justiça do Trabalho pela EC 45.

A ação monitória, apesar de estar dentro do livro que cuida dos procedimentos especiais do CPC (art. 702), teve sua adequação ao processo do trabalho tratada no capítulo da ação trabalhista.

Nesta obra, os procedimentos especiais são tratados na Parte VII.

3.7 AÇÕES RELATIVAS AOS ATOS PRATICADOS PELA FISCALIZAÇÃO DO TRABALHO

A partir da EC 45, a Justiça do Trabalho passou a ser competente para processar e julgar as ações relativas às penalidades administrativas impostas aos empregadores pelos órgãos de Fiscalização das Relações de Trabalho (art. 114, VII).

Importante salientar que a competência da Justiça Laboral abrange não só as penalidades aplicadas, como também os demais atos praticados pela Fiscalização das Relações de Trabalho que possam ocasionar prejuízos pecuniários ou não ao empregador, como, por exemplo, o ato do fiscal do trabalho que extrapola o exercício regular das suas funções.

Com relação à fiscalização do trabalho, a 1ª Jornada de Direito Material e Processual do Trabalho na Justiça do Trabalho (2007) indicou os seguintes enunciados:

"En. 56 – *AUDITOR FISCAL DO TRABALHO. RECONHECIMENTO DA RELAÇÃO DE EMPREGO. POSSIBILIDADE. Os auditores do trabalho têm por missão funcional a análise dos fatos apurados em diligências de fiscalização, o que não pode excluir o reconhecimento fático da relação de emprego, garantindo-se ao empregador o acesso às vias judicial e/ou administrativa, para fins de reversão da autuação ou multa imposta."*

"En. 57 – *FISCALIZAÇÃO DO TRABALHO. RECONHECIMENTO DE VÍNCULO EMPREGATÍCIO. DESCONSIDERAÇÃO DA PESSOA JURÍDICA E DOS CONTRATOS CIVIS. Constatando a ocorrência de contratos civis com o objetivo de afastar ou impedir a aplicação da legislação trabalhista, o auditor-fiscal do trabalho desconsidera o pacto nulo e reconhece a relação de emprego. Nesse caso, o auditor-fiscal não declara, com definitividade, a existência da relação, mas sim constata e aponta a irregularidade administrativa, tendo como consequência a autuação e posterior multa à empresa infringente."*

"En. 58 – *AÇÃO DE EXECUÇÃO FISCAL. PRESUNÇÃO DE CERTEZA E LIQUIDEZ DA EXISTÊNCIA DA DÍVIDA. Não é dado ao Juiz retirar a presunção de certeza e liquidez atribuída pela lei, nos termos dos arts. 204 do CTN e 3º da Lei nº 6.830/80, à dívida ativa inscrita regularmente. Ajuizada a ação de execução fiscal – desde que presentes os requisitos da petição inicial previstos no art. 6º da Lei nº 6.830/80 –, a presunção de certeza e liquidez da Certidão de Dívida Ativa somente pode ser infirmada mediante produção de prova inequívoca, cujo ônus é do executado ou do terceiro, a quem aproveite."*

"En. 59 – *DIREITO ADMINISTRATIVO SANCIONADOR (FISCALIZAÇÃO DO TRABALHO). CONTRADITÓRIO E AMPLA DEFESA. INTERPRETAÇÃO CONFORME DO ARTIGO 632 DA CLT. Aplicam-se ao Direito Administrativo sancionador brasileiro, em matéria laboral, os princípios do contraditório e da ampla defesa (artigo 5º, LV, da CRFB), com projeção concreta no art. 632 da CLT. Nesse caso, a prerrogativa administrativa de 'julgar da necessidade das provas' deve ser motivada, desafiando a aplicação da teoria dos motivos determinantes, sob pena de nulidade do ato."*

"En. 60 – *INTERDIÇÃO DE ESTABELECIMENTO E AFINS. AÇÃO DIRETA NA JUSTIÇA DO TRABALHO. REPARTIÇÃO DINÂMICA DO ÔNUS DA PROVA.*

I – A interdição de estabelecimento, setor de serviço, máquina ou equipamento, assim como o embargo de obra (artigo 161 da CLT), podem ser requeridos na Justiça do Trabalho (artigo 114, I e VII, da CRFB), em sede principal ou cautelar, pelo Ministério Público do Trabalho, pelo sindicato profissional (artigo 8º, III, da CRFB) ou por qualquer legitimado específico para a tutela judicial coletiva em matéria labor-ambiental (artigos 1º, I, 5º, e 21 da Lei 7.347/85), independentemente da instância administrativa.

II – Em tais hipóteses, a medida poderá ser deferida [a] 'inaudita altera parte', em havendo laudo técnico preliminar ou prova prévia igualmente convincente; [b] após audiência de justificação prévia (artigo 12, caput, da Lei 7.347/85), caso não haja laudo técnico preliminar, mas seja verossímil a alegação, invertendo-se o ônus da prova, à luz da teoria da repartição dinâmica, para incumbir à empresa a demonstração das boas condições de segurança e do controle de riscos."

"En. 61 – *PRESCRIÇÃO. MULTAS ADMINISTRATIVAS IMPOSTAS PELA DRT. Aplica-se às ações para cobrança das multas administrativas impostas pela Delegacia Regional do Trabalho, por analogia, o prazo prescricional quinquenal, previsto no art. 174 do CTN."*

"En. 62 – *DEPÓSITO RECURSAL ADMINISTRATIVO. RECEPÇÃO CONSTITUCIONAL. O depósito exigido pelo parágrafo 1º do artigo 636 consolidado não afronta qualquer dispositivo constitucional que assegure a ampla defesa administrativa, o direito de petição aos órgãos públicos e o direito aos recursos administrativos."*

Para o STF é inconstitucional a exigência de depósito prévio como requisito de admissibilidade de ação judicial na qual se pretenda discutir a exigibilidade de crédito tributário (SV 28).

O § 1º, art. 636, CLT, que estabelece a exigência de prova do depósito prévio do valor da multa cominada em razão de autuação administrativa como pressuposto de admissibilidade de recurso extraordinário, não foi recepcionado pela CF/88, ante a sua incompatibilidade com o inciso LV, art. 5º, CF (Súm. 424, TST).

3.8 A JUSTIÇA DO TRABALHO E O TRANSPORTE RODOVIÁRIO

A Lei 11.442/07 dispõe a respeito do transporte[47] rodoviário de cargas por conta de terceiros e mediante remuneração, revogando, explicitamente, a Lei 6.813/80.

---

[47] De acordo com o CC, pelo contrato de transporte alguém se obriga, mediante retribuição, a transportar, de um lugar para outro, pessoas ou coisas (art. 730). O transporte exercido em função de autorização, permissão ou concessão, rege-se pelas normas regulamentares e pelo que for

Nos termos da Lei 11.442, compete à Justiça Comum o julgamento de ações oriundas dos contratos de transporte de cargas (art. 5º, parágrafo único).

É inegável que o contrato da empresa de transporte rodoviário de cargas (ETC) com transportador autônomo de cargas (TAC), haja ou não a fraude na contratação, sempre envolverá uma relação de trabalho, cujo objeto é a prestação de serviços. Em outras palavras, a relação jurídica sempre será uma relação de trabalho.

Por ser uma relação de trabalho, qualquer divergência ou controvérsia dela decorrente deverá ser proposta junto à Justiça do Trabalho, como determina o art. 114 da CF.

Portanto, a nosso ver, o parágrafo único do art. 5º da Lei 11.442/07 é inconstitucional.

Contudo, o TST concluiu pela incompetência da Justiça do Trabalho (TST – 1ª T. – AIRR 3612140-05.2008.5.09.0003 – Rel. Min. Lelio Bentes Corrêa – *DEJT* 11/2/2011).

De forma idêntica ao art. 5º, caput e parágrafo único, a Lei 13.103/15 acresceu os §§ 3º e 5º ao art. 4º, dispondo que: (a) é facultada ao TAC a cessão de seu veículo em regime de colaboração a outro profissional, assim denominado TAC-Auxiliar, não implicando tal cessão a caracterização de vínculo de emprego; (b) as relações decorrentes do contrato estabelecido entre o TAC e o TAC-Auxiliar ou entre o transportador autônomo e o embarcador não caracterização vínculo de emprego. Pelos fundamentos acima expostos, também entendemos que são inconstitucionais tais dispositivos.

3.9 ENTES DE DIREITO PÚBLICO EXTERNO E A COMPETÊNCIA MATERIAL TRABALHISTA

A expressão "imunidade diplomática" representa os privilégios de que gozam os agentes diplomáticos. Como exemplos: inviolabilidade de pessoa, residência, sede da representação diplomática, bens móveis, correspondência postal e telegráfica, imunidade de jurisdição civil e criminal, isenção de impostos.

Pelo princípio da extraterritorialidade, determinadas pessoas não se sujeitam aos efeitos da legislação e jurisdição do Estado em que se encontram. É o caso das missões diplomáticas, que são vistas como um prolongamento do Estado que representam.

O art. 114, CF, estabeleceu a competência da Justiça do Trabalho para conciliar e julgar os dissídios individuais e coletivos entre trabalhadores e empregadores, abrangidos os entes de direito público externo. Essa competência foi mantida pela EC 45 (art. 114, I).

Como se denota a partir da nova ordem constitucional, as embaixadas estrangeiras sujeitam-se à jurisdição brasileira.

---

estabelecido naqueles atos, sem prejuízo do disposto no CC (art. 731). Aplicam-se, ainda, aos contratos de transporte, no que couber, desde que não sejam contrárias as normas do CC, os preceitos constantes: legislação especial, nos tratados e nas convenções internacionais (art. 732). É o caso da Lei 11.442/07.

PARTE IV • Cap. III – COMPETÊNCIA MATERIAL DA JUSTIÇA DO TRABALHO | 203

Quanto ao processo de conhecimento, a competência é incontroversa, o que não ocorre quanto à execução trabalhista.[48]

Será que é possível a execução da sentença diante da impenhorabilidade pela jurisdição trabalhista quanto aos bens de uma embaixada brasileira?

Na ótica de Amauri Mascaro Nascimento:[49] *"A Constituição resolveu a discussão sobre competência, mas não solucionou o problema da impenhorabilidade. Logo, ainda restam algumas dificuldades para o completo deslinde desse problema, mas, ao menos em parte, há, agora, um caminho indicado pela lei."*

Para o TST, as organizações ou organismos internacionais gozam de imunidade absoluta de jurisdição quando amparados por norma internacional incorporada ao ordenamento jurídico brasileiro, não se lhes aplicando a regra do Direito Consuetudinário relativa à natureza dos atos praticados. Excepcionalmente, prevalecerá a jurisdição brasileira na hipótese de renúncia expressa à cláusula de imunidade jurisdicional (OJ 416, SDI-I).

Como não é possível a penhora em território nacional, a execução deve ser processada por meio de carta rogatória.[50] A execução forçada na Justiça do Trabalho não será possível.

Francisco Antonio de Oliveira[51] ensina: *"Embora se constate através de julgados que a Excelsa Corte mantém posição conservadora sobre a matéria, tal constatação não deve desacorçoar as instâncias inferiores, pena de perpetuar-se a situação. E embora reconheçamos a dificuldade que terá juízo para levar a bom termo a execução, mesmo em havendo renúncia na fase de conhecimento e na fase executória, caso a pessoa jurídica de direito público internacional não se disponha a efetuar o pagamento (impenhorabilidade), deve a execução prosseguir por intermédio da Justiça do Trabalho, mediante ofício do juiz presidente ao Ministério das Relações Exteriores, encaminhado através do Ministério da Justiça, solicitando ao estado estrangeiro que faça cumprir uma decisão judicial que se apresenta irrecorrível, juntando cópia autêntica. Neste sentido já decidiu o egrégio Tribunal Regional do Trabalho da 2ª Região em agravo de petição (Proc. TRT – SP 12.703/77, Ac. 1ª T. 2.516/78), relator o eminente jurista Antônio Lamarca: 'Tratando-se de bem pertencente ao país que, juntamente com o Brasil, seja signatário da Convenção de Viena sobre relações diplomáticas, a impenhorabilidade é de ser declarada. Prossegue-se, no entanto, na execução, mediante ofício ao Ministério das Relações Exteriores, encaminhado através*

---

[48] TST – 5ª T. – RR 170700-28.2006.5.02.0063 – Rel. Min. Caputo Bastos – *DEJT* 01/3/2013.TST – SBDI-2 – RO 1258500-04.2008.5.02.0000 – Rel. Min. Alberto Luiz Bresciani de Fontan Pereira – *DEJT* 19/4/2011.

[49] NASCIMENTO, Amauri Mascaro. *Curso de direito processual do trabalho*, 20. ed., p. 197.

[50] Carta rogatória é o ato processual pelo qual um juiz de determinado Estado solicita a juiz de Estado diverso o cumprimento, no território deste, de providências judiciais. Recebe, também, a denominação de comissão rogatória. O ato deve observar à convenção internacional entre o Brasil e o país do qual se solicita a prática do ato. Em não havendo a convenção, a rogatória será remetida à autoridade judiciária estrangeira por meio da via diplomática.

[51] OLIVEIRA, Francisco Antonio de. *A execução na Justiça do Trabalho*, 3. ed., p. 99.

do Ministério da Justiça, encarecendo ao Estado estrangeiro que faça cumprir, pelo órgão que representa os seus interesses no Brasil, uma decisão judicial com trânsito em julgado'."

"IMUNIDADE DE JURISDIÇÃO. Execução fiscal movida pela União contra a República da Coréia. É da jurisprudência do Supremo Tribunal que, salvo renúncia, é absoluta a imunidade do Estado estrangeiro à jurisdição executória: Orientação mantida por maioria de votos. Precedentes: ACO 524-AGR, Velloso, DJ 9.5.2003; ACO 522-AGR e 634-AGR, Ilmar Galvão, DJ 23.10.98 e 31.10.2002; ACO 527-AGR, Jobim, DJ 10.12.99; ACO 645, Gilmar Mendes, DJ 17.3.2003" (STF – TP – ACO-AgR 543-SP – Rel. Min. Sepúlveda Pertence – *DJU* 24/11/2006 – p. 61).

"AGRAVO DE INSTRUMENTO PROVIDO. PROCESSAMENTO CONJUNTO COM O AGRAVO DE PETIÇÃO TRANCADO. Em sendo provido o agravo de instrumento, impõe-se o exame do agravo de petição em conjunto. ESTADO ESTRANGEIRO. IMUNIDADE DE JURISDIÇÃO RELATIVA. A imunidade de jurisdição dos Estados estrangeiros e Organismos internacionais é relativa no âmbito da execução, de forma que podem ser alcançados apenas os bens não afetos aos objetivos da missão diplomática" (TRT – 10ª R. – AIAP 7101-30.1995.5.10.0012 – Relª Flávia Simões Falcão – *DJe* 3/6/2010 – p. 6).

Também tem imunidade a ONU/PNUD (Organização das Nações Unidas; Programa das Nações Unidas para o Desenvolvimento) face à celebração de tratado internacional (Convenção sobre Privilégios e Imunidades das Nações Unidas, ratificada pelo Brasil pelo Decreto 27.784/50, na Convenção sobre Privilégios e Imunidades das Agências Especializadas das Nações Unidas – Decreto 52.288/63 – e no Acordo Básico de Assistência Técnica com as Nações Unidas e suas Agências Especializadas – Decreto 59.306/66) (TST – E-RR 51900.55.2004.5.10.009; E-ED-RR 1260.2004.019.10.00.4; E-E-D-RR 1260.2004.019.10.00.3; E-ED-RR 900.2004.019.10.00.9).

Em agosto de 2013, o Min. Celso de Mello julgou extinta a ação cível originária (ACO) 709, em que a União, representada pela Caixa Econômica (CEF), promovia a execução fiscal de dívida ativa do FGTS contra o Consulado Geral da França em São Paulo, por entender que há a imunidade jurisdicional ao processo de execução instaurado em território brasileiro.

3.10 DISSÍDIO COLETIVO

3.10.1 Conceito de Dissídio Coletivo de Trabalho

O dissídio coletivo de trabalho é uma ação judicial, onde as partes buscam a solução de um conflito que ultrapasse as relações individuais de trabalho (conflito coletivo).[52]

---

[52] "Essa distinção não é aceita de modo uniforme. O motivo da divergência existente resulta da dificuldade em estabelecer a exata diferença entre ambos e das suas motivações de ordem prática. Pode-se, no entanto, entender por individuais os conflitos entre um trabalhador ou diversos trabalhadores, individualmente considerados, e o empregador. São conflitos sobre o contrato individual de trabalho de cada um. O conflito coletivo, ao contrário, é mais amplo. Não surge de um contrato de trabalho, individualmente considerado, nem é destinado a superar as controvérsias em torno

PARTE IV · Cap. III – COMPETÊNCIA MATERIAL DA JUSTIÇA DO TRABALHO | 205

Como bem aponta Alice Monteiro da Silva Barros,[53] o dissídio coletivo do trabalho não se confunde com o dissídio individual, ainda que plúrimo, isso porque, *"no primeiro estão em jogo, imediatamente, interesses abstratos de um grupo social ou de uma categoria, enquanto no segundo a relação jurídica submete à apreciação do judiciário interesses concretos de indivíduos determinados. Nos dissídios coletivos reivindica-se a criação de novas condições de trabalho ou a interpretação de norma preexistente e nos dissídios individuais plúrimos se pleiteia a aplicação destas normas. Nos primeiros, o conflito interessa a uma comunidade de interesses e as decisões se aplicam a pessoas indeterminadas que pertençam ou venham a pertencer à coletividade; nos segundos, os interesses em jogo são de um grupo, de uma soma material de indivíduos. A indeterminação dos sujeitos é o traço fundamental do dissídio coletivo: refere-se indeterminadamente aos que pertençam ou venham a pertencer à coletividade, cujos interesses abstratos estão em jogo. Por fim, há outro traço distintivo que merece destacar entre o dissídio coletivo e o dissídio individual plúrimo: trata-se da competência para julgá-los".*

3.10.2 Espécies de Dissídio Coletivo

A doutrina dominante distingue os dissídios coletivos de natureza jurídica (também denominados de conflitos de direito ou de cunho declaratório) e os de natureza econômica (ou de interesses ou constitutivo).

Essa distinção, a qual tem como referência o objeto do dissídio, acabou sendo acolhida por quase a totalidade dos doutrinários pátrios e pelo TST (art. 241, RITST).

Além de prever os dissídios de natureza jurídica e econômica, o RITST prevê a existência dos dissídios originários, de revisão e de declaração sobre a paralisação do trabalho decorrente de greve dos trabalhadores.

No dissídio coletivo de natureza econômica, os trabalhadores reivindicam novas e melhores condições de trabalho.

No de natureza jurídica procura-se sanar divergência sobre aplicação ou interpretação de uma norma jurídica existente que pode ser uma: (a) lei de aplicação particular de determinada categoria (não se tem admitido dissídio coletivo para interpretação de norma legal de caráter geral – OJ 7, SDC);[54] (b) convenção coletiva, um acordo coletivo,

---

dele. Alcança um grupo de trabalhadores e um ou vários empregadores e se refere a interesses gerais do grupo, ainda que possa surgir de questões sobre os contratos individuais de trabalho. Assim, os conflitos são coletivos quando, em razão dos seus sujeitos, os grupos de trabalhadores, abstratamente considerados de um lado, e o grupo de empregadores, de outro lado, objetivarem matéria de ordem geral. O grupo não é uma simples soma ou reunião de pessoas" (NASCIMENTO, Amauri Mascaro. *Compêndio de direito sindical*, 3. ed., p. 285).

[53] BARROS, Alice Monteiro de (Coord.). Procedimento no dissídio coletivo. *Compêndio de direito processual do trabalho*, p. 643.

[54] OJ 7, SDC – Dissídio coletivo. Natureza jurídica. Interpretação de norma de caráter genérico. Inviabilidade. Não se presta o dissídio coletivo de natureza jurídica à interpretação de normas de caráter genérico, a teor do disposto no art. 313, II, do RITST (atual art. 220, II, RITST).

um contrato coletivo, uma sentença normativa, um laudo arbitral ou um ato normativo qualquer.

Na sistemática da CLT, o dissídio de natureza econômica pode ser subdividido em: (a) originário (quando inexistir norma coletiva anterior, art. 867, parágrafo único, *a*); (b) revisional (quando pretender a revisão de norma coletiva anterior, arts. 873 a 875); (c) extensão (quando visar à extensão ao restante da categoria, arts. 868 a 871).

Com a EC 45, a CF passou a prever que no caso de recusa de qualquer das partes à negociação coletiva ou à arbitragem, é facultado às mesmas, de comum acordo, ajuizar dissídio coletivo de natureza econômica, podendo a Justiça do Trabalho decidir o conflito, respeitadas as disposições mínimas legais de proteção ao trabalho, bem como as convencionadas anteriormente (art. 114, § 3º). A exigência constitucional de ajuizamento do dissídio pelas partes de comum acordo nos parece ser a forma encontrada pelo legislador para fortalecer o diálogo social entre as partes.

O art. 1º, da Lei 8.984/95, prevê a competência da Justiça do Trabalho para conciliar e julgar os dissídios que tenham origem no cumprimento de convenções coletivas de trabalho ou acordos coletivos de trabalho, mesmo quando ocorram entre sindicatos ou entre sindicato de trabalhadores e empregador.

Apesar de não haver referência expressa na CF, considerando que cabe à Justiça do Trabalho a solução dos conflitos trabalhistas, o que, por vezes, ocorre pela interpretação normativa (função do Poder Judiciário), tanto no campo do direito individual, como coletivo, e que também possui competência para ações anulatórias e de cumprimento de cláusula de convenção ou acordo coletivo, os dissídios coletivos de natureza jurídica continuam existindo em nosso sistema, não havendo a exigência de sua instauração de comum acordo pelas partes.

3.10.3 Competência Jurisdicional para os Dissídios Coletivos de Trabalho

A competência originária do dissídio coletivo é do TST, se a base territorial sindical for superior à da jurisdição de um TRT, e do TRT, quando o dissídio envolver categorias profissionais sob sua jurisdição.

No TST, a competência para julgamento dos dissídios coletivos é da SDC (art. 2º, Lei 7.701/88).

Ives Gandra Martins Filho[55] diz se tratar de competência hierárquica e não territorial como possa parecer inicialmente, o que importará o reconhecimento da incompetência pelo juiz *ex officio* e a remessa dos autos para o tribunal competente.

Exceção a essa regra de competência originária do TST é o estado de São Paulo, o qual comporta os TRTs da 2ª R e da 15ª R. Nesse estado da federação, caso o dissídio envolva a jurisdição dos dois Tribunais Regionais, a competência será do TRT da 2ª R. (Lei 7.520, 15/7/1986, art. 12, I, a qual instituiu o TRT da 15ª R., com a redação dada pela Lei 9.254, 3/1/1996).

---

[55] MARTINS FILHO, Ives Gandra. *Processo coletivo do trabalho*, 3. ed., p. 143.

Caso o dissídio envolva apenas a jurisdição de um desses Tribunais, a competência será do Tribunal Regional.

Nos tribunais regionais onde não há turma especializada para a solução dos conflitos coletivos, a competência para examinar os dissídios coletivos é do pleno.

Quando o dissídio ocorrer fora da sede do tribunal, o presidente do tribunal poderá delegar ao juiz do trabalho local ou ao juiz estadual com essa função a atribuição conciliatória. Havendo a conciliação, a autoridade local encaminhará o processo ao tribunal para homologação, fazendo exposição circunstanciada dos fatos e indicando a solução que lhe parece conveniente (art. 866, CLT).

Antes da EC 45, a Justiça do Trabalho não tinha competência para disputa de titularidade de representação sindical (OJ 4, SDC, cancelada em 2006), nem para as ações nas quais o sindicato buscava obter o reconhecimento judicial de que a categoria que representa é diferenciada (OJ 9, SDC), que era de atribuição da Justiça Estadual. Contudo, mesmo antes da alteração da CF (EC 45), sendo a disputa intersindical questão incidental do processo de dissídio coletivo, poderia a Justiça do Trabalho resolver a questão de forma incidental e sem força de coisa julgada (arts. 469, III, e 470, CPC/73).

O art. 503, § 1º, I a III, CPC, dispõe que a decisão da questão prejudicial faz coisa julgada, desde que: (a) a sua solução é necessária para o julgamento do mérito; (b) tiver ocorrido o contraditório prévio e efetivo, o que não é necessário se for o caso de revelia; (c) se o juízo tiver competência em razão da matéria e da pessoa para resolver a temática como questão principal. Não se aplica a coisa julgada à questão prejudicial, se no curso da demanda houver restrições probatórias ou limitações à cognição que impeçam o aprofundamento da sua análise (art. 503, § 2º).

3.11 DISSÍDIOS SINDICAIS

A partir da EC 45, a Justiça do Trabalho passou a ser competente expressamente para as ações de representação sindical, entre sindicatos, entre sindicatos e trabalhadores, e entre sindicatos e empregadores (art. 114, III, CF), aplicável a todas as relações de trabalho.

No campo do direito do trabalho, esses conflitos são denominados pela doutrina de conflitos impróprios e estão ao lado dos conflitos individuais e coletivos de trabalho (próprios), pois, apesar de não decorrerem diretamente da relação de emprego, estão a ela relacionados (cuja origem e motivação margeiam as relações de emprego).

Mozart Victor Russomano,[56] com base nas lições de Américo Plá Rodríguez, aponta como principais formas de conflitos impróprios: (a) conflitos intersindicais coletivos; (b) conflitos intersindicais não coletivos; (c) conflitos intrasindicais (conflitos internos); (d) conflitos extrasindicais; (e) conflitos entre trabalhadores.

---

[56] RUSSOMANO, Mozart Victor. *Princípios gerais de direito sindical*, 2. ed., p. 234-235.

Américo Plá Rodríguez[57] considera como formas de conflitos impróprios: (a) conflitos intersindicais coletivos; (b) conflitos intersindicais não coletivos; (c) conflitos entre o sindicato e seus membros; (d) conflitos entre trabalhadores.

Alfredo J. Ruprecht[58] entende que os conflitos impróprios são: (a) intersindicais coletivos; (b) intersindicais não coletivos; (c) entre os sindicatos e seus respectivos membros; (d) entre trabalhadores.

O Enunciado 24, da 1ª Jornada de Direito Material e Processual na Justiça do Trabalho (2007), enuncia que *"os conflitos inter e intra-sindicais, inclusive os que envolvam sindicados de servidores públicos (estatutários e empregados públicos), são da competência da Justiça do Trabalho"*.

3.11.1 Conflitos Intersindicais Coletivos

Os dissídios intersindicais coletivos de representatividade envolvem a discussão quanto à legitimação ou âmbito de representação das categorias econômicas ou profissionais.

Anteriormente à EC 45, eram de competência da Justiça Comum. Nesse sentido, existia a OJ 4, SDC (cancelada em 2006): *"Disputa por titularidade de representação. Incompetência da Justiça do Trabalho. A disputa intersindical pela representatividade de certa categoria refoge ao âmbito da competência material da Justiça do Trabalho"*.

Mesmo durante o período em que as questões de representação sindical eram de competência da Justiça Comum, defendíamos a possibilidade de a controvérsia ser resolvida de forma incidental pela Justiça Laboral. Isso porque se tratava de uma controvérsia surgida no curso do processo trabalhista individual, formando uma questão prejudicial que deveria ser resolvida pelo juiz.

3.11.2 Intersindicais Não Coletivos

Os conflitos intersindicais não coletivos são os que têm como partes os sindicatos, mas com interesses próprios e não da categoria representada; exemplo disso é que o dissídio declaratório de vínculo jurídico-sindical indica a discussão de filiação ou não de uma entidade sindical a uma federação.

Como não se trata de uma demanda decorrente das relações de trabalho, a ação era ajuizada perante a Justiça Comum. Com a EC 45, passou a ser de competência da Justiça do Trabalho.

3.11.3 Conflitos Intrassindicais (ou Internos)

Os conflitos intrassindicais (ou internos) surgem na administração da entidade sindical ou entre a entidade e seus associados.

---

[57] RODRÍGUEZ, Américo Plá. Ob. cit., p. 17-18.
[58] RUPRECHT, Alfredo J. Ob. cit., p. 687.

Alguns casos de dissídios intrassindicais: (a) o trabalhador, na qualidade de dirigente sindical, tem seu contrato individual de trabalho suspenso (licença não remunerada), salvo se houver ajuste em contrário com a empresa ou cláusula contratual (art. 543, § 2º, CLT). Pela suspensão contratual, a assembleia geral do sindicato poderá fixar uma gratificação ao dirigente sindical (art. 521, parágrafo único). Caso esta gratificação venha a ser suspensa, sem justo motivo, mesmo permanecendo o trabalhador em licença não remunerada, a matéria é de competência do Judiciário Trabalhista; (b) anulação de eleição sindical – se a matéria do dissídio individual intrassindical estiver relacionada com a validade ou não de procedimento de eleição sindical, a competência pertence ao Judiciário Trabalhista. Contudo, mesmo antes da EC 45, tratava-se de questão incidental e caberia ao magistrado trabalhista decidir a matéria (art. 503, § 1º, I a III, CPC); (c) anulação de assembleia geral sindical por violação de requisitos previstos no estatuto ou na lei.

No CC 124.534-DF (junho/2013), o STJ reconheceu que compete à Justiça do Trabalho, por aplicação da EC 45/04, processar e julgar as causas referentes aos litígios envolvendo dirigente sindical e a própria entidade que ele representa em matérias referentes a questões estatutárias.

No CC 124.930-MG (maio/2013), o STJ concluiu pela competência da Justiça do Trabalho em uma ação movida pelo trabalhador, na qual pleiteia danos morais e materiais, pela desídia da entidade sindical, como substituto processual, em outra ação trabalhista.

3.11.4 Conflitos Extrassindicais

Os conflitos extrassindicais são aqueles que surgem entre a entidade sindical e terceiros, por exemplo: "*sempre que for rejeitado o pedido de inscrição do trabalhador ou do empresário no sindicato representativo de sua categoria. Nesse caso, o conflito se situa fora do sindicato, mas dentro da vida interssindical do país, motivo por que os conflitos extrassindicais podem ser denominados conflitos externos.*"[59]

Citados conflitos devem ser conhecidos, instruídos e julgados pelo Judiciário Trabalhista (EC 45/04).

3.11.5 Conflitos entre Trabalhadores

Por fim, os conflitos entre trabalhadores com motivo de trabalho em comum surgem, *v. g.*, nos contratos por equipe: "*Se os trabalhadores divergirem, entre si, no rateio da remuneração global ajustada e regularmente paga pelo empregador, cria-se o conflito. Esse conflito é trabalhista, embora os litigantes sejam apenas trabalhadores.*"[60]

---

[59] RUSSOMANO, Mozart Victor. Ob. cit., p. 235.
[60] RUSSOMANO, Mozart Victor. Ob. cit., p. 235.

3.11.6 Dissídios Individuais Sindicais sobre Contribuições

Atualmente, existem de quatro tipos de contribuições sindicais, a saber: (a) contribuição sindical – destina-se a atender o custeio do sistema sindical (art. 8º, IV, CF, e arts. 548, *a*, 578 e segs., CLT). Anualmente, os integrantes da categoria profissional ou econômica devem fazer o pagamento correspondente a um dia do salário e apurada sobre o capital social das empresas e fixado um percentual para os profissionais liberais. Refere-se ao antigo imposto sindical (Dec.-lei 27/66); (b) contribuição confederativa – é uma fonte de receita criada com a CF/88 (art. 8º, IV). Tem como finalidade custear o sistema confederativo (sindicato, federação e confederação). Fixada em assembleia e inserida em acordo coletivo ou convenção coletiva de trabalho; (c) contribuição assistencial – conhecida como taxa assistencial, taxa de reversão, contribuição de solidariedade ou desconto assistencial. Visa cobrir os gastos do sindicato realizados por conta da participação em negociação coletiva (art. 513, *e*, CLT); (d) contribuição dos associados (contribuição voluntária) – é devida pelos trabalhadores que tomaram a decisão de filiação a um sindicato a fim de participar de suas atividades e desfrutar dos serviços por ele proporcionados (art. 548, *b*, CLT). Obrigatória, nos termos do Estatuto.

De acordo com Súm. 334, o TST entendia que a Justiça do Trabalho era incompetente para julgar ação na qual o sindicato, em nome próprio, pleiteia o recolhimento de desconto assistencial previsto em convenção ou acordo coletivo de trabalho. A Súm. 334 foi cancelada pela Resolução 59/96 (DJ 28/6/1996).

A razão do cancelamento da Súm. 334 foi a promulgação da Lei 8.984/95, a qual no seu art. 1º enuncia: *"Compete à Justiça do Trabalho conciliar e julgar os dissídios que tenham origem no cumprimento de convenções coletivas de trabalho ou acordo coletivos de trabalho mesmo quando ocorram entre sindicatos ou entre sindicato de trabalhadores e empregador."*

Com a Lei 8.984, a competência material da Justiça do Trabalho passou a abranger todo e qualquer dissídio individual que envolva as contribuições sindicais decorrentes de acordo ou convenção coletiva de trabalho, desde que sejam relacionadas com os trabalhadores.

O TST, antes da EC 45, considerava incompetente a Justiça do Trabalho para apreciar lide entre o sindicato patronal e a respectiva categoria econômica, objetivando cobrar a contribuição assistencial (OJ 290, SDI-I, cancelada em 2005).

Quanto à contribuição sindical, a qual é imposição legal (arts. 578 e segs., CLT), a competência pertencia à Justiça Comum (Súm. 222, STJ).

Em relação à mensalidade do associado do sindicato, Oreste Dalazen[61] ensina: *"O modo triangular por que se consuma o desconto da mensalidade sindical rende ensejo a três dissídios individuais diferentes no plano subjetivo, com reflexo na competência. Em primeiro lugar, a mensalidade sindical pode gerar um litígio entre empregado e empregador,*

---

[61] DALAZEN, João Oreste. *Competência material trabalhista*, p. 186.

de competência óbvia da Justiça do Trabalho (CF/88, art. 114, parte inicial). Em segundo lugar, a mensalidade sindical pode provocar uma espécie de dissídio intra-sindical: entre o sindicato e o associado, por exemplo, porque o empregado não autorizou o desconto em folha e não o quitou diretamente junto à entidade. Em terceiro lugar, pode haver lugar a um conflito entre o sindicato e o empregador, geralmente em virtude de este não proceder ao desconto da mensalidade em favor do sindicato. Nestes dois últimos casos, à semelhança do que sucede com o desconto assistencial, a competência da Justiça do Trabalho dependerá do título em que se arrima o pedido. Efetivamente. Se o dissídio sobre a mensalidade entre sindicato e associado, ou entre sindicato e empregador, não se apoia em qualquer instrumento normativo, mas apenas em deliberação de assembleia geral da categoria, ou em disposição estatutária, é flagrante a competência material do Judiciário Trabalhista, porquanto a situação, notoriamente, não se amolda a qualquer dos casos previstos no art. 114, da CF/88. [...] Se, ao revés, o dissídio entre sindicato e associado, ou entre sindicato e empregador, referente à mensalidade, tem origem em cláusula de sentença normativa, ou de acordo homologado em dissídio coletivo, induvidosa é a competência da Justiça do Trabalho: o caso subsume-se ao art. 114, parte final, da CF/88."*

Após a EC 45, todas as controvérsias surgidas da cobrança ou pagamento das contribuições sindicais dos membros da categoria ou dos associados, decorrentes da lei ou norma coletiva de trabalho, entre os trabalhadores e empregadores ou sindicato, ou, ainda, entre sindicatos, são de competência da Justiça do Trabalho.

3.12 AÇÕES QUE ENVOLVAM O EXERCÍCIO DO DIREITO DE GREVE E O LOCKOUT

Com a EC 45, o art. 114, II, CF, passou a prever a competência da Justiça do Trabalho para *"as ações que envolvam exercício do direito de greve"* em todas as relações de trabalho (art. 114, *caput*).

Mesmo no que tange às relações de emprego, a interpretação do dispositivo constitucional não pode ser restritiva, de modo que todas as controvérsias do direito de greve são de competência da Justiça do Trabalho, não se limitando a aplicação da Lei 7.783/89 (a qual regulamentou o direito de greve previsto no art. 9º, CF), como a legalidade ou abusividade (formal ou material) do movimento (greve típica), mas abrangendo também a atuação dos trabalhadores no que a doutrina denomina de greve atípica (movimentos de não colaboração), como greve rotativa (ou articulada ou por turno), greve trombose (ou nevrálgica ou tampão), greve de solidariedade, greve de zelo, greve de rendimento, greve política, greve de rigor excessivo (operação padrão) e outras formas de paralisação ou não colaboração dos trabalhadores, em que pese as divergências doutrinárias para se enquadrar essas formas de manifestações como exercício do direito de greve.

A ocupação ou a ameaça de ocupação do local de trabalho pelos empregados como decorrência de movimento grevista se inserem na competência da Justiça do Trabalho, ante o fato de que a ocupação é um desdobramento das relações coletivas de trabalho e o próprio exercício do direito de greve e consequentemente possíveis abusos serem constitucionalmente de competência da Justiça Laboral (art. 114, II).

Mesmo após a EC 45, o STJ vinha considerando que a questão civil (direito de propriedade) prevalecia na definição da competência, rejeitando a competência da Justiça do Trabalho para as ações possessórias decorrentes de movimento paredista (STJ – 2ª S. – CC 46577/ES – Rel. Min. Fernando Gonçalvez – j. 14/2/2005 – *DJ* 4/5/2005 – p. 153; STJ – 4ª T. – AgRg no Ag 720362/SP – Rel. Min. Aldir Passarinho Júnior – j. 7/2/2006 – *DJ* 20/3/2006 – p. 296 – Revista *LTr* v. 4 – abr./2006 – p. 484).

Nessa mesma linha, segundo o STJ, a ação de manutenção de posse visando coibir piquete realizado por empregados de outra categoria profissional (greve de solidariedade), seria julgada pela Justiça Comum e não do Trabalho (STJ – 2ª S. – EDcl no AgRg no CC 57730 /RJ – Rel. Min. Ari Pargendler – j. 24/5/2006 – *DJ* 8/6/2006 – p. 17).

Contudo, o STF fixou o entendimento de que a Justiça do Trabalho é competente para processar e julgar ação possessória ajuizada em decorrência do exercício do direito de greve pelos trabalhadores da iniciativa privada (SV 23).

As ações que envolvam controvérsias sobre o *lockout*,[62] ainda que não previstas expressamente na CF, também são de competência da Justiça do Trabalho, porque decorre das relações coletivas de trabalho.

Registre-se que a competência da Justiça do Trabalho também se estende para garantir os direitos dos trabalhadores durante a greve (art. 6º, Lei 7.783), como: (a) emprego de todos os meios pacíficos para aliciamento dos trabalhadores; (b) arrecadação de fundos; (c) livre divulgação; (d) suspensão do contrato de trabalho; (e) impossibilidade de rescisão contratual pelo empregador; e restringir atos dos empregadores que possam: (a) constranger o empregado ao trabalho; (b) frustrar a divulgação do movimento; (c) rescindir o contrato de trabalho; (d) contratar empregados substitutos.

Nessas situações, as ações poderão ser individuais ou coletivas.

As ações individuais, por exemplo, assim consideradas por envolver interesses individuais e os sujeitos da relação laboral, podem ter como objeto, por exemplo, a nulidade da rescisão de alguns contratos de trabalho por parte do empregador durante a greve.

Outra situação de ação individual será, *v. g.*, a reparação de danos causados pelo empregado ou empregador durante o movimento paredista ou mesmo durante o *lockout*. Da mesma forma, poderá envolver a responsabilidade civil do sindicato ou da empresa, pela prática de atos abusivos.

---

[62] *Lockout* é a paralisação das atividades, por iniciativa do empregador, com o objetivo de frustrar negociação ou dificultar o atendimento de reivindicações dos respectivos empregados (art. 17, Lei nº 7.783/89). Trata-se da paralisação patronal quanto às suas atividades econômicas, sendo que é proibida pela lei. Durante a referida paralisação patronal, é assegurado ao trabalhador o direito aos salários (art. 17, parágrafo único).

PARTE IV · Cap. III – COMPETÊNCIA MATERIAL DA JUSTIÇA DO TRABALHO | 213

Isso porque os abusos cometidos durante a greve sujeitam os responsáveis às penas da lei (art. 9º, § 2º, CF), e a responsabilidade pelos atos praticados, ilícitos ou crimes cometidos no curso da greve, será apurada, conforme o caso, segundo a legislação: trabalhista, civil ou penal (art. 15, Lei 7.783).

Essas ações indenizatórias, apesar de envolverem o direito de greve no sentido lato, são mencionadas expressamente pelo art. 114, VI, CF, por terem como objeto a reparação de danos materiais e morais.

As ações individuais que envolvam o exercício do direito de greve ou a prática de *lockout* são de competência do juiz do trabalho, observando as regras de fixação de competência do art. 651, CLT.

No campo do Direito Coletivo, além de prever os dissídios de natureza jurídica e econômica, o RITST prevê a existência dos dissídios originários, de revisão e de declaração sobre a paralisação do trabalho decorrente de greve dos trabalhadores (art. 220, III a V). A CLT prevê o dissídio de extensão e de revisão (arts. 868 e 873).

A Justiça do Trabalho decidirá sobre a procedência, total ou parcial, ou improcedência das reivindicações (art. 8º, Lei 7.783) e a abusividade ou não da greve (Súm. 189, TST).

A Lei 7.783 (art. 4º, § 2º, e art. 5º) confere à comissão de trabalhadores legitimidade para participarem do dissídio coletivo em caso de greve e desde que não haja entidade sindical da categoria.

Com a EC 45, o Ministério Público do Trabalho poderá ajuizar dissídio de greve quando se tratar de atividade essencial, com possibilidade de lesão do interesse público (art. 114, § 3º).

No caso de greve conjunta da categoria predominante e da categoria diferenciada na mesma empresa, o caráter abusivo ou não do movimento será apreciado pelo Tribunal separadamente, pois o movimento de qualquer das categorias, analisado isoladamente, pode estar respeitando os limites da lei de greve.[63]

Da mesma forma que ocorre com os demais dissídios coletivos, a competência originária é do TST, se a base territorial sindical for superior à da jurisdição de um TRT, e do TRT, quando o dissídio envolver categorias profissionais sob sua jurisdição.

3.13 SÚMULAS DO STF E A COMPETÊNCIA MATERIAL TRABALHISTA

A concordata do empregador não impede a execução de crédito nem a reclamação de empregado na Justiça do Trabalho (Súm. 227).

É competente o TRT para julgar mandado de segurança contra ato de seu presidente, em execução de sentença trabalhista (Súm. 433).

---

[63] "Será apreciado pelo Tribunal separadamente, uma vez que a categoria diferenciada pode ter paralisado os serviços respeitando os ditames da lei de greve e a categoria principal não" (MARTINS FILHO, Ives Gandra. Ob. cit., p. 85).

Compete à Justiça ordinária comum o processo e o julgamento, em ambas as instâncias, das causas de acidente de trabalho, ainda que promovidas contra a União, suas autarquias, empresas públicas ou sociedades de economia mista (Súm. 501). Perdeu a razão de ser, com a EC 45.

Compete à Justiça do Trabalho julgar as ações que tenham como causa de pedir o descumprimento de normas trabalhistas relativas à segurança, higiene e saúde dos trabalhadores (Súm. 736).

A Justiça do Trabalho é competente para processar e julgar as ações de indenização por danos morais e patrimoniais decorrentes de acidente de trabalho propostas por empregado contra empregador, inclusive aquelas que ainda não possuíam sentença de mérito em primeiro grau quando da promulgação da EC 45 (SV 22).

A Justiça do Trabalho é competente para processar e julgar ação possessória ajuizada em decorrência do exercício do direito de greve pelos trabalhadores da iniciativa privada (SV 23).

A competência da Justiça do Trabalho, prevista no art. 114, VIII, da CF, alcança a execução de ofício das contribuições previdenciárias relativas ao objeto da condenação constante das sentenças que proferir e acordos por ela homologados (SV 53).

3.14 SÚMULAS DO EXTINTO TRIBUNAL FEDERAL DE RECURSOS E A COMPETÊNCIA MATERIAL TRABALHISTA

Na execução por carta precatória (art. 914, § 2º, CPC), os embargos do devedor serão decididos no Juízo deprecante, salvo se versarem unicamente vícios ou defeitos da penhora, avaliação ou alienação dos bens (Súm. 32).

O juízo deprecado, na execução por carta, é o competente para julgar os embargos de terceiro, salvo se o bem apreendido foi indicado pelo juízo deprecante (Súm. 33).

Ajuizada a execução fiscal anteriormente à falência, com penhora realizada antes desta, não ficam os bens penhorados sujeitos à arrecadação no juízo falimentar; proposta a execução fiscal contra a massa falida, a penhora far-se-á no rosto dos autos do processo da quebra, citando-se o síndico (Súm. 44).

Compete à Justiça do Trabalho processar e julgar as reclamações pertinentes ao cadastramento no PIS ou indenização compensatória pela falta deste, desde que não envolvam relações de trabalho dos servidores (funcionários públicos) da União, suas autarquias e empresas públicas (Súm. 82).

Compete à Justiça Comum Estadual o processo e julgamento da ação de cobrança de contribuições sindicais (Súm. 87). Perdeu a razão de ser, com a EC 45.

Compete à Justiça do Trabalho o processo e julgamento de reclamação ajuizada contra a Rede Ferroviária Federal S.A. por servidor cedido pela União Federal (Súm. 88).

Compete à Junta de Conciliação e Julgamento, sediada em comarca do interior, cumprir carta precatória expedida por juiz federal, em matéria trabalhista (Súm. 89).

Compete à Justiça Comum Estadual processar e julgar as causas entre os sindicatos e seus associados (Súm. 114). Perdeu a razão de ser, com a EC 45.

PARTE IV · Cap. III – COMPETÊNCIA MATERIAL DA JUSTIÇA DO TRABALHO | 215

Compete à Justiça Federal processar e julgar os crimes contra a organização do trabalho, quando tenham por objeto a organização geral do trabalho, ou direitos dos trabalhadores considerados coletivamente (Súm. 115).

Compete à Justiça Federal processar e julgar pedidos de complementação de proventos da aposentadoria dos ferroviários cedidos à Rede Ferroviária Federal S/A. Imprópria a reclamação trabalhista para a espécie (Súm. 180). Perdeu a razão de ser, com a EC 45.

3.15 SÚMULAS DO STJ E A COMPETÊNCIA MATERIAL TRABALHISTA

Compete à Justiça Estadual julgar causa decorrente do processo eleitoral sindical (Súm. 4). Perdeu a razão de ser, com a EC 45.

Instalada a vara do trabalho, cessa a competência do Juiz de Direito em matéria trabalhista, inclusive para a execução das sentenças por ele proferidas (Súm. 10).

Compete à Justiça Estadual processar e julgar os litígios decorrentes de acidente de trabalho (Súm. 15). A competência envolve os acidentes em que a instituição autárquica (INSS) é parte (art. 129, Lei 8.213/91).

Compete à Justiça Comum Estadual processar e julgar ação de cumprimento fundada em acordo ou convenção coletiva não homologada pela Justiça do Trabalho (Súm. 57). Citado entendimento colide com o teor da Lei 8.984/95 e perdeu a razão de ser, com a EC 45.

Compete à Justiça Estadual processar e julgar o crime de falsa anotação na CTPS, atribuído à empresa privada (Súm. 62).

Compete à Justiça Federal, excluídas as reclamações trabalhistas, processar e julgar os feitos relativos à movimentação do FGTS (Súm. 82). A Justiça do Trabalho é competente nas demandas que *"objetivem o ressarcimento de parcelas relativas ao FGTS, ou que, direta ou indiretamente, impliquem essa obrigação de fazer; o juiz determina que a empresa sucumbente proceda ao recolhimento imediato das importâncias devidas a tal título"*[64] (art. 26, Lei 8.036/90).

Compete à Justiça do Trabalho processar e julgar reclamação de servidor público relativamente a vantagens trabalhistas anteriores à instituição do regime jurídico único (Súm. 97). Trata-se de competência residual da Justiça do Trabalho para os empregados públicos.

Compete à Justiça Comum Estadual processar e julgar ação de servidor público municipal, pleiteando direitos relativos ao vínculo estatutário (Súm. 137).

É da competência da Justiça Estadual autorizar o levantamento dos valores relativos ao PIS/PASEP e FGTS em decorrência do falecimento do titular da conta (Súm. 161). Tal entendimento não mais prospera ante o teor da EC 45 e o próprio cancelamento da Súm. 176, TST. Nesse sentido, o Enunciado 63, da 1ª Jornada de Direito Material e Processual na Justiça do Trabalho (2007), indica que: *"Compete à Justiça do Trabalho,*

---

[64] NASCIMENTO, Amauri Mascaro. Ob. cit., p. 202.

em procedimento de jurisdição voluntária, apreciar pedido de expedição de alvará para liberação do FGTS e de ordem judicial para pagamento do seguro-desemprego, ainda que figurem como interessados os dependentes de ex-empregado falecido."

No RO 8247-42.2010.5.02.0000, em abril/2015, a SDI-II do TST deliberou pela rejeição do recurso ordinário da Caixa Econômica Federal, concluindo pela competência da Justiça do Trabalho para determinar a expedição de alvará judicial para o levantamento dos depósitos fundiários aos sucessores de um empregado falecido.[65]

Quanto ao seguro-desemprego, a Justiça do Trabalho é incompetente para processar e julgar mandado de segurança contra ato do Superintendente Regional do Trabalho e Emprego que obstou a concessão. Nesse aspecto, correto o entendimento do TST, visto que a pretensão ao pagamento de parcelas do benefício em questão tem natureza administrativa, pois não decorre de vínculo de emprego com o Estado, nem se caracteriza como obrigação atribuída ao empregador. O TST deliberou pela remessa dos autos a Justiça Federal.[66]

Compete à Justiça Federal processar e julgar crime de falso testemunho cometido no processo do trabalho (Súm. 165).

Compete ao juízo onde primeiro for intentada a ação envolvendo acumulação de pedidos, trabalhista e estatutário, decidi-la nos limites da sua jurisdição, sem prejuízo do ajuizamento de nova causa, com o pedido remanescente, no juízo próprio (Súm. 170).

Compete à Justiça Federal processar e julgar o pedido de reintegração em cargo público federal, ainda que o servidor tenha sido dispensado antes da instituição do regime jurídico único (Súm. 173).

Compete à Justiça dos Estados processar e julgar ação de servidor estadual decorrente de direitos e vantagens estatutárias no exercício do cargo em comissão (Súm. 218).

Compete à Justiça Comum processar e julgar as ações relativas à contribuição sindical prevista no art. 578, CLT (Súm. 222). Perdeu a razão de ser, com a EC 45.

Compete à Justiça Federal ou aos juízes com competência delegada o julgamento das execuções fiscais de contribuições devidas pelo empregador do FGTS (Súm. 349).

Compete à Justiça estadual processar e julgar a ação de cobrança ajuizada por profissional liberal contra cliente (Súm. 363).

---

[65] (TST – SDI-II – RO 8247-42.2010.5.02.0000 – Rel. Minª Delaíde Miranda Arantes – *DEJT* 24/4/2015).

[66] "COMPETÊNCIA DA JUSTIÇA DO TRABALHO. MANDADO DE SEGURANÇA. ATO DE SUPERINTENDENTE REGIONAL DO TRABALHO. SEGURO-DESEMPREGO. 1. Não se inscreve na competência da Justiça do Trabalho processar e julgar mandado de segurança contra ato de Superintendente Regional do Trabalho que nega a concessão de seguro-desemprego. 2. A teor do art. 114, IV, da Constituição Federal, a competência da Justiça do Trabalho para o mandado de segurança pressupõe que o ato impugnado envolva matéria sujeita à sua jurisdição. Tal não se dá se a postulação dirige-se contra ato de autoridade administrativa no exame dos requisitos para a concessão de seguro-desemprego. Precedente da SbDI-1 do TST. 3. Embargos da União de que se conhece, por divergência jurisprudencial, e a que se dá provimento" (TST – SDI-I – E-RR 144740-36.2008.5.02.0084 – Rel. Min. João Oreste Dalazen – *DEJT* 13/5/2016).

PARTE IV · Cap. III – COMPETÊNCIA MATERIAL DA JUSTIÇA DO TRABALHO | 217

Compete à Justiça estadual processar e julgar ação indenizatória proposta por viúva e filhos de empregado falecido em acidente de trabalho (Súm. 366, atualmente cancelada).

A competência estabelecida pela EC 45 não alcança os processos já sentenciados (Súm. 367).

3.16 SÚMULAS DO TST E A COMPETÊNCIA MATERIAL TRABALHISTA

A Justiça do Trabalho é competente para apreciar reclamação de empregado que tenha por objeto direito fundado no quadro de carreira (Súm. 19).

É incompetente a Justiça do Trabalho para julgar ação contra a Rede Ferroviária Federal, em que ex-empregado desta pleiteie complementação de aposentadoria, elaboração ou alteração de folhas de pagamento de aposentados, se por essas obrigações responde órgão da Previdência Social (Súm. 106, cancelada em 31/9/2009).

A Justiça do Trabalho só tem competência para autorizar o levantamento do depósito do Fundo de Garantia por Tempo de Serviço na ocorrência de dissídio entre empregado e empregador (Súm. 176, cancelada pela Res. 130, TST).

A Justiça do Trabalho é competente para declarar a abusividade, ou não, da greve (Súm. 189).

Compete à Justiça do Trabalho processar e julgar ações de empregados contra empregadores, relativas ao cadastramento no Plano de Integração Social (PIS) (Súm. 300).

A Justiça do Trabalho é competente para determinar o recolhimento das contribuições fiscais. A competência da Justiça do Trabalho, quanto à execução das contribuições previdenciárias, limita-se às sentenças condenatórias em pecúnia que proferir e aos valores, objeto de acordo homologado, que integrem o salário-de-contribuição (Súm. 368, I).

Inscreve-se na competência material da Justiça do Trabalho a lide entre empregado e empregador tendo por objeto indenização pelo não fornecimento das guias do seguro-desemprego (Súm. 389, I).

Nos termos do art. 114, VI, da Constituição da República, a Justiça do Trabalho é competente para processar e julgar ações de indenização por dano moral e material, decorrentes da relação de trabalho, inclusive as oriundas de acidente de trabalho e doenças a ele equiparadas, ainda que propostas pelos dependentes ou sucessores do trabalhador falecido (Súm. 392).

Na execução por carta precatória, os embargos de terceiro serão oferecidos no juízo deprecante ou no juízo deprecado, mas a competência para julgá-los é do juízo deprecante, salvo se versarem, unicamente, sobre vícios ou irregularidades da penhora, avaliação ou alienação dos bens, praticados pelo juízo deprecado, em que a competência será deste último (Súm. 419).

Compete à Justiça do Trabalho a execução, de ofício, da contribuição referente ao Seguro de Acidente de Trabalho (SAT), que tem natureza de contribuição para a seguridade social (arts. 114, VIII, e 195, I, "a", da CF), pois se destina ao financiamento de benefícios relativos à incapacidade do empregado decorrente de infortúnio no trabalho (arts. 11 e 22 da Lei 8.212/91) (Súm. 454).

3.17 ORIENTAÇÕES JURISPRUDENCIAIS DA SDI-I E A COMPETÊNCIA MATERIAL TRABALHISTA

Empresa em liquidação extrajudicial. Execução. Créditos trabalhistas. Lei 6.024/74. A execução trabalhista deve prosseguir diretamente na Justiça do Trabalho mesmo após a decretação da liquidação extrajudicial. Lei 6.830/80, arts. 5º e 29, aplicados supletivamente (CLT, art. 889 e CF, art. 114) (OJ 143).

Competência da Justiça do Trabalho. Complementação de pensão requerida por viúva de ex-empregado (OJ 26).

Competência residual. Regime jurídico único. Limitação da execução. Compete à Justiça do Trabalho julgar pedidos de direitos e vantagens previstos na legislação trabalhista referente ao período anterior à Lei nº 8.112/90, mesmo que a ação tenha sido ajuizada após a edição da referida lei. A superveniência de regime estatutário em substituição ao celetista, mesmo após a sentença, limita-se à execução ao período celetista (1ª parte – ex-OJ 138, SDI-1 – inserida em 27/11/98; 2ª parte – ex-OJ 249 – inserida em 13/3/02) (OJ 138).

Competência material. Justiça do trabalho. Ente público. Contratação irregular. Regime Especial. Desvirtuação. I – Inscreve-se na competência material da Justiça do Trabalho dirimir dissídio individual entre trabalhador e ente público se há controvérsia acerca do vínculo empregatício. II – A simples presença de lei que disciplina a contratação por tempo determinado para atender à necessidade temporária de excepcional interesse público (art. 37, IX, CF) não é o bastante para deslocar a competência da Justiça do Trabalho se se alega desvirtuamento em tal contratação, mediante a prestação de serviços à Administração para atendimento de necessidade permanente e não para acudir a situação transitória e emergencial (OJ 205, cancelada pela Res. 156/2009).

As organizações ou organismos internacionais gozam de imunidade absoluta de jurisdição quando amparados por norma internacional incorporada ao ordenamento jurídico brasileiro, não se lhes aplicando a regra do Direito Consuetudinário relativa à natureza dos atos praticados. Excepcionalmente, prevalecerá a jurisdição brasileira na hipótese de renúncia expressa à cláusula de imunidade jurisdicional (OJ 416).

3.18 COMPETÊNCIA PENAL DA JUSTIÇA DO TRABALHO

A EC 45/04 trouxe uma nova dimensão para a competência da Justiça do Trabalho. O modelo informador era a relação de emprego. Atualmente, o critério é a "relação de trabalho".

O art. 114, IV, CF, determina que a Justiça do Trabalho tem competência para dirimir os mandados de segurança, *habeas corpus* e *habeas data*, quando o ato questionado envolver matéria sujeita à sua jurisdição. Como sabemos, o *habeas corpus*, como remédio constitucional (art. 5º, LXVIII), possui natureza penal.[67] Pondere-se: antes da Reforma

---

[67] O *habeas corpus* tem o procedimento regulamentado pelos arts. 547 a 667, Código de Processo Penal.

do Judiciário pela EC 45/04, já se acatava a competência do Judiciário Trabalhista para o *habeas corpus*.

Vários são os tipos ilícitos previstos no Código Penal e que estão presentes nas relações de trabalho.[68] Aliás, na dinâmica das relações jurídico-trabalhistas encontramos inúmeras situações fáticas atentatórias contra a dignidade do trabalhador e que podem incidir a tipicidade criminal.[69]

A partir da EC 45, surgiu o entendimento de que a Justiça do Trabalho passou a ter competência para processar e julgar as controvérsias fáticas criminais decorrentes das relações de trabalho sujeitas à sua apreciação. O fundamento estaria na nova redação do art. 114, CF, com destaque para os incisos I, IV e IX.

Enoque Ribeiro dos Santos,[70] depois de elencar vários ilícitos penais, entre eles o trabalho escravo (art. 149, CP) e os crimes contra a organização do trabalho (arts. 197 e segs.) que podem ocorrer no transcorrer de um contrato de trabalho ou mesmo de uma relação de trabalho, com o apoio de Antônio Álvares da Silva[71] e Marcelo D'Ambrosio, defende a competência penal da Justiça do Trabalho, argumentando: (a) a competência da Justiça abrange qualquer ação envolvendo relação de trabalho; (b) a CF não afasta a competência da Justiça do Trabalho para ações penais; (c) a própria CF atribui à Justiça do Trabalho competência para *habeas corpus*, remédio constitucional de grande importância no campo penal; (d) a LC 75/93 não delimita expressamente os poderes do Ministério Público do Trabalho para a propositura de ação penal; (e) a competência penal trabalhista

---

[68] A título exemplificativo, temos: (a) art. 129, lesão corporal; (b) arts. 138 a 140, crimes contra a honra (calúnia, difamação e injúria); (c) art. 153, divulgação de segredo; (d) art. 154, violação do segredo profissional; (e) art. 155, furto; (f) art. 168, apropriação indébita; (g) art. 168-A, apropriação indébita previdenciária; (h) art. 171, estelionato; (i) art. 179, fraude à execução; (j) artigos 197 a 207, crimes contra a organização do trabalho (atentados contra as liberdades de: trabalho, contrato de trabalho e associação; paralisação de trabalho, seguida de violência ou perturbação da ordem; paralisação de trabalho de interesse coletivo; invasão de estabelecimento industrial, comercial ou agrícola – sabotagem; frustração de direito assegurado por lei trabalhista; frustração de lei sobre a nacionalização do trabalho; exercício de atividade com infração de decisão administrativa; aliciamento para o fim de emigração; aliciamento de trabalhadores de um local para outro do território nacional); (l) art. 216-A, assédio sexual; (m) arts. 227, 231 e 231-A, lenonício e do tráfico de pessoas (interno e internacional); (n) arts. 297, 298, 299, 313-A, 313-B, 342, 343, falsificação (documento público e particular); ideológica; inserção de dados falsos em sistema de informações; modificação ou alteração não autorizada de sistema de informações; falso testemunho ou falsa perícia.

[69] Exemplos: (a) a contratação sem o devido registro na CTPS; (b) práticas fraudulentas (recibos em branco, *truck system*, falsificação de assinaturas dos empregados), como forma de não se pagar os direitos trabalhistas; (c) pagamento de salário "por fora"; (d) simulação das demandas trabalhistas, como forma de se objetivar uma falsa transação judicial; (e) o não registro para a percepção indevida de parcelas do seguro-desemprego; (f) a exposição do trabalhador a risco de vida pela inobservância das normas de medicina e segurança do trabalho etc.

[70] SANTOS, Enoque Ribeiro dos. *Responsabilidade objetiva e subjetiva do empregador em face do novo Código Civil*, p. 107-123.

[71] SILVA, Antônio Alvares da. *Competência penal da Justiça do Trabalho*. São Paulo: LTr, 2006.

foi delineada pelo próprio STF, por meio do Min. Ayres Neto, ao discorrer sobre a Teoria da Unidade de Convicção, pela qual o mesmo fato, quando tiver de ser analisado mais de uma vez, deve sê-lo pela mesma Justiça. *"Em outras palavras, o próprio STF reconhece hoje que a cisão ou partilhamento de competência não favorece a aplicação da Justiça, e que a divergência de decisões para ações decorrentes da mesma relação de direito material invocada entre órgãos jurisdicionais distintos pode vir a causar um impacto deletério no jurisdicionado e mesmo sobre a segurança jurídica. A cisão de competência provoca mora estatal na apreciação das demandas, o que agride frontalmente o princípio da razoável duração do processo (art. 5, inciso LXXVIII, da CF 88)"*; (f) a competência penal seria a mais eficiente ferramenta de afirmação dos direitos do trabalhador na Justiça do Trabalho e a mais potente arma para combater as violações às leis trabalhistas; (g) remeter a outra jurisdição controvérsias penais decorrentes da relação de trabalho significa enfraquecer ou mesmo eliminar o direito de acesso à jurisdição (art. 5º, XXXV, CF), ferindo o princípio de que as normas constitucionais devem ter a máxima efetividade.

Em sentido contrário, Mauro Schiavi[72] ensina: *"De outro lado, não nos parece que a Justiça do Trabalho está afeita às ações criminais, uma vez que seu foco é o acesso do trabalhador à Justiça e garantir os direitos fundamentais para a dignidade da pessoa do trabalhador e dos valores sociais do trabalho. Acreditamos que não é missão institucional da Justiça do Trabalho propiciar que o Estado ingresse com ações criminais para exercer o seu poder punitivo, porquanto, a ação criminal tem como partes o Estado (ativa) e uma pessoa física no polo passivo (réu). Ainda que a ação penal se inicie por iniciativa do ofendido (queixa crime) ou por representação da vítima, o jus puniendi pertence ao Estado."*

A ADIn 3.684, de 9/3/2006, ajuizada pelo Procurador-Geral da República, em atendimento ao pedido feito pela Associação Nacional dos Procuradores da República, solicita a decretação da inconstitucionalidade dos incisos I, IV e IX do art. 114, CF.[73], [74]

Em fevereiro/2007, o Pleno do STF (Rel. Min. Cézar Peluso), ao analisar o pedido liminar feito na ADIn 3.684, entendeu que atribuir a Justiça do Trabalho competência penal viola o princípio do juiz natural, uma vez que, *"segundo a norma constitucional, cabe à justiça comum, estadual ou federal, dentro de suas respectivas competências, julgar e processar matéria criminal"*. Com isso, por unanimidade, foi deferida a liminar na ADIn,

---

[72] SCHIAVI, Mauro. *Manual de direito processual do trabalho*, p. 189.

[73] O conteúdo da ADIn afirma: (a) a inobservância do devido processo legislativo na aprovação da EC 45 (alteração substancial do texto do projeto de emenda, na votação do Senado em primeiro turno, a qual não foi devidamente observada na votação do segundo turno e consequente aprovação); (b) a interpretação dada ao art. 114 da CF para fins de fixação da competência criminal da Justiça do Trabalho estaria violando regras e princípios da própria CF relacionados ao juiz natural e a repartição das competências jurisdicionais, na medida em que a CF, no seu art. 109, VI, fixa a competência da Justiça Federal para processar e julgar os crimes contra a organização do trabalho.

[74] O Tribunal, à unanimidade, deferiu a medida cautelar, com eficácia *ex tunc*, nos termos do voto do Relator. Votou a Presidente, Ministra Ellen Gracie. Falaram, pelo Ministério Público Federal, o Dr. Antônio Fernando Barros e Silva de Souza, Procurador-Geral da República, e, pelos *amici curiae*, Associação dos Magistrados do Trabalho (ANAMATRA) e Associação Nacional dos Procuradores do Trabalho (ANPT), o Dr. Alberto Pavie Ribeiro. j. 1º/2/2007.

com efeitos *ex tunc*, para atribuir interpretação conforme a CF, aos incisos I, IV e IX de seu art. 114, declarando que, no âmbito da jurisdição da Justiça do Trabalho, não está incluída competência para processar e julgar ações penais.

O objetivo da ADIn é evitar os desequilíbrios interpretativos praticados pelo Ministério do Trabalho que estariam propondo medidas contra os crimes da organização do trabalho junto à Justiça do Trabalho.

A nosso ver, a nova ordem constitucional não estendeu ao Judiciário Trabalhista a ampla competência criminal no exame das situações criminais decorrentes das relações do trabalho ante a ausência de previsão expressa. A matéria encontra-se afeta ao Judiciário Federal (art. 109, VI, CF).

O STF, em novembro de 2006, ao analisar o RE 398.041 concluiu que os crimes contra a organização do trabalho devem ser apreciados e solucionados pela Justiça Federal.

QUESTIONÁRIO

1. A Justiça do Trabalho é competente para demandas individuais relativas ao trabalhador autônomo?

2. A competência da Justiça do Trabalho envolve todo e qualquer tipo de processo de conhecimento, o qual tenha por base a relação de emprego? Justifique.

3. Joana, viúva de Pedro, tem direito à complementação de pensão. Para quem deve propor a sua postulação? Explique.

4. Maria, consultora de moda, assinou um pré-contrato com Alta Costura Neire Dias S.A., o qual, posteriormente, não foi cumprido pela empresa. O pedido de indenização deverá ser proposto na Justiça do Trabalho?

5. A Justiça do Trabalho é competente para as ações de reparação pela prática de ato ilícito? Justifique.

6. Neide é zeladora de um condomínio comercial. Ao ser despedida, não desocupou o imóvel que ocupava em função do contrato de trabalho. O seu empregador pode solicitar à Justiça do Trabalho a desocupação do imóvel?

7. A Justiça do Trabalho, após reconhecer o vínculo empregatício, possui competência para executar de ofício as contribuições previdenciárias sobre os valores pagos na vigência da relação jurídica?

8. A Justiça do Trabalho é competente para a cobrança da contribuição sindical?

9. Em uma determinada base territorial, dois sindicatos discutem a representação da categoria dos metalúrgicos. Quem é competente para dirimir a temática?

10. Quem é competente para conhecer uma ação civil pública trabalhista?

11. Na hipótese de um conflito coletivo de trabalho atingir dois Estados da Federação brasileira, a quem deve ser solicitado o dissídio coletivo? Justifique.

12. A Justiça do Trabalho é competente para dirimir o conflito entre a Administração Pública e o servidor público estatutário? Explique.

13. Felícia, copeira da Embaixada do Iraque, foi dispensada por justa causa. A Justiça do Trabalho é competente para conhecer, instruir e julgar a eventual lesão de Felícia? Explique.

Capítulo IV

COMPETÊNCIA TERRITORIAL DA JUSTIÇA DO TRABALHO

4.1 DISSÍDIO INDIVIDUAL E A COMPETÊNCIA TERRITORIAL TRABALHISTA

Em regra, a competência territorial é fixada pelo local da prestação de serviços (art. 651, *caput*, CLT). A regra aplica-se ao empregado brasileiro ou estrangeiro.

Na hipótese de o empregado ter laborado em vários locais, a competência será do último.

Pode ainda ocorrer a hipótese de que o trabalho tenha ocorrido de forma concomitante em vários locais. Nesta hipótese, a competência poderá ser de cada um destes locais.

Além da regra básica, há outras três e que serão analisadas na sequência da exposição: (a) viajantes e agentes; (b) empregado brasileiro laborando no estrangeiro; (c) empresas que promovem atividades em mais de uma localidade.

Pela necessidade de se garantir o acesso à Justiça (art. 5º, XXX, CF) ao empregado (hipossuficiente na relação de emprego) e efetivação dos direitos sociais (art. 6º e segs.), é razoável, verificando as peculiaridades do caso concreto, não se aplicar o critério legal de fixação de competência territorial (art. 651, CLT) quando o mesmo representar um óbice de acesso ao Poder Judiciário.[1]

4.1.1 Empregado – Agente ou Viajante Comercial

Quando for parte no dissídio agente ou viajante comercial, a competência será da vara da localidade em que a empresa tenha agência ou filial e a está o empregado esteja subordinado e, na falta, será competente a vara da localização em que o empregado tenha domicílio ou a localidade mais próxima (art. 651, § 1º, CLT).

Para o empregado agente ou viajante comercial, a competência territorial é fixada em função da localidade onde a empresa tenha agência ou filial e desde que o

---

[1] TST – RR 0160000-61.2007.5.15.0106 – Rel. Min. Lelio Bentes Corrêa – DJe 13/6/2014 – p. 727. TST – AIRR 98/2005-017-06-40.1 – Rel. Min. Guilherme Augusto Caputo Bastos – *DJe* 14/5/2010 – p. 1022.TST – SDI-I – RR 86700-15.2009.5.11.007 – Redator Min. João Oreste Dalazen – DEJT 18/12/2015.

empregado esteja subordinado a ela. No caso da não subordinação do empregado à agência ou filial, será competente a vara do local do domicílio do empregado ou da localidade mais próxima.

4.1.2 Empregado Brasileiro Laborando no Estrangeiro

A competência das varas do trabalho estende-se aos dissídios ocorridos em agência ou filial no estrangeiro, desde que o empregado seja brasileiro e não haja convenção internacional dispondo em contrário (art. 651, § 2º).

No caso de o empregado ir trabalhar no estrangeiro, a ação deverá ser ajuizada perante a vara onde o empregador tenha sede no Brasil ou onde o trabalhador tenha sido contratado antes da sua ida para o exterior.

Valentin Carrion acentua a necessidade de ressalvas quando se faz alusão a *empregado brasileiro* no art. 651, § 2º. Deveria ser utilizado: *domiciliado no Brasil*. Com isso, o citado dispositivo torna-se aplicável aos nacionais, bem como aos estrangeiros, os quais adotam o Brasil como ânimo definitivo.[2]

Por outro lado, será que qualquer brasileiro, o qual trabalhe no exterior, para qualquer empresa, terá direito à jurisdição nacional? Em outras palavras, será que é necessário que a empresa tenha domicílio, sede ou filial no Brasil?

Sergio Pinto Martins[3] entende que, *"se a empresa não tiver sede no Brasil, haverá a impossibilidade da propositura da ação, pois não será possível sujeitá-la à decisão de nossos Tribunais. A lei não exige expressamente, contudo, que a empresa tenha sede ou filial no Brasil, mas é ideal que o possua, sob pena de a citação ter de ser feita por carta rogatória, o que vai inviabilizar a propositura da ação, pois a empresa no estrangeiro não vai querer se sujeitar à decisão do tribunal brasileiro. Se a sede da empresa for no exterior e a empresa tiver alguma filial no Brasil, a competência será da Junta onde se localizar a filial. Da expressão agência ou filial vê-se, porém, que há necessidade de que a empresa tenha alguma repartição no Brasil."*

No mesmo sentido, Valentin Carrion,[4] adotando a opinião de Arnaldo Süssekind, salienta *"estar implícito no dispositivo legal que a empresa tenha domicílio no Brasil. [...] Deduzimos no sentido amplo de domicílio: qualquer agência, filial ou sucursal aberta ou instalada no Brasil, como indica o CPC, e não apenas matriz da empresa, como alguém já disse".*

É importante salientar: o art. 651, § 2º, da CLT, não obriga o empregado, o qual reside e trabalha no exterior, a ajuizar a demanda trabalhista no Brasil.

---

[2]   No AIRR 842.16.2013.5.10.0003, a 2ª Turma do TST deliberou que o art. 651, § 2º, CLT não pode ter uma aplicação discriminatória, logo, deve ser aplicável não só ao empregado brasileiro como ao estrangeiro. Isso significa que o empregado estrangeiro, o qual tenha laborado no exterior, poderá ajuizar a sua ação no Brasil.

[3]   MARTINS, Sergio Pinto. *Direito processual do trabalho,* 20. ed., p. 130.

[4]   CARRION, Valentin. *Comentários à Consolidação das Leis do Trabalho,* 28. ed., p. 494.

4.1.3 Empresas que Promovem Atividades Fora do Lugar do Contrato

O art. 651, § 3º, CLT, manda que, no caso de o empregador promover atividades fora do local de celebração do contrato de trabalho, é assegurado ao empregado a opção em ajuizar reclamação no foro de celebração ou no local onde se dá a prestação de serviços.

O disposto no citado parágrafo deve ser interpretado em sintonia com a regra inserida no *caput* do art. 651, ou seja, se há ou não limites para a opção que foi dada ao empregado.

A hipótese contida no parágrafo é aplicável aos casos em que o empregador desenvolva seus trabalhos em locais incertos, eventuais ou transitórios.

Nesse sentido, Valentin Carrion[5] afirma que *"a opção do empregado só pode ser entendida nas raras hipóteses em que o empregador desenvolve seu trabalho em locais incertos, eventuais ou transitórios, como é o caso das atividades circenses, artísticas, feiras, exposições, promoções etc."*.

É importante salientar que a questão não é pacífica na doutrina.

Para vários autores, a regra é aplicável para todo e qualquer empregador quando possua empregados que prestem serviços em locais diversos dos quais é contratado.

Amauri Mascaro Nascimento[6] discorre: *"Mas há que se entender, por empresas que promovam atividades fora do lugar do contrato de trabalho, aquelas que mantêm um empregado transferido, uma vez que por fora da celebração do contrato é preciso entender o local inicial da prestação de serviços e não apenas o local onde o serviço foi ajustado. Assim, empregado transferido para outra localidade pode mover a ação não só perante a Junta da localidade onde está servindo, mas, também, naquela de onde provém e na qual trabalhava antes da transferência."*

No mesmo sentido Wagner Giglio:[7] *"A segunda exceção diz respeito a empregadores que realizem atividades fora do local onde são firmados os contratos de trabalho, como acontece com as empresas especializadas em auditorias, instalação de caldeiras, reflorestamento etc. Tais atividades exigem que o empregado se desloque para prestar serviços no local onde são requeridos, por vezes ali permanecendo durante bastante tempo. Prestigiando, ainda uma vez, a facilidade de acesso do empregado às Cortes Trabalhistas, o art. 651, § 3º, da Consolidação permite ao empregado, a sua escolha, 'apresentar reclamações no foro da celebração do contrato ou no da prestação dos respectivos serviços'. E a jurisprudência vem entendendo essa disposição de forma abrangente, ampliando os casos em que o empregado pode propor ação em juízo diverso daquele que seria competente em razão do lugar da prestação dos serviços."*

Em dezembro de 2008, a SDI-II fixou o entendimento de não cabe declaração de ofício de incompetência territorial no caso do uso, pelo trabalhador, da faculdade prevista

---

5   CARRION, Valentin. Ob. cit., p. 496.

6   NASCIMENTO, Amauri Mascaro. *Curso de direito processual do trabalho,* 20. ed., p. 218.

7   GIGLIO, Wagner. *Direito processual do trabalho,* 13. ed., p. 52.

no art. 651, § 3º, da CLT. Nessa hipótese, resolve-se o conflito pelo reconhecimento da competência do juízo do local onde a ação foi proposta (OJ 149).

Como forma de acesso ao judiciário, o Enunciado 7º, da 1ª Jornada de Direito Material e Processual na Justiça do Trabalho, propõe: *"Em se tratando de empregador que arregimente empregado domiciliado em outro município ou outro Estado da federação, poderá o trabalhador optar por ingressar com a reclamatória na Vara do Trabalho de seu domicílio, na do local da contratação ou na do local da prestação dos serviços."*

4.2 DISSÍDIO COLETIVO E A COMPETÊNCIA TERRITORIAL TRABALHISTA

A matéria foi analisada no tópico 3.10.3 do Capítulo III da Parte IV da presente obra.

4.3 PRORROGAÇÃO DA COMPETÊNCIA

A expressão "prorrogação da competência", de uso comum na doutrina e na lei, *"dá a ideia da ampliação da esfera de competência de um órgão judiciário, o qual recebe um processo para o qual não seria normalmente competente".*[8]

A competência absoluta é improrrogável. Não pode ser modificada. É a competência fixada pelos critérios: matéria, pessoa ou hierarquia (art. 62, CPC). A parte pode alegá-la como preliminar da contestação (art. 337, II, CPC); contudo, o juiz poderá conhecê-la de ofício, já que se trata de matéria de ordem pública (art. 337, § 5º, CPC; art. 795, § 1º, CLT).

Por outro lado, a competência relativa é prorrogável, isto é, pode ser alterada pela vontade das partes. É a fixada pelos critérios do valor e do território. Cabe à parte argui-la por meio de exceção, não podendo o Judiciário conhecê-la de ofício. Se não houver a referida arguição, prorroga-se a competência.[9]

O CPC determina que a incompetência relativa deve ser arguida como preliminar de contestação (art. 64, *caput*; art. 337, II).

Com a Lei 13.467/17, a exceção de incompetência territorial no processo do trabalho deve ser apresentada em peça autônoma no prazo de cinco dias a contar da efetiva citação (arts. 799 e 800, CLT).

A prorrogação pode ocorrer pela vontade das partes ou por imposição legal – conexão ou continência (art. 54 e segs., CPC/2015).

De acordo com o art. 55, CPC, ocorre a conexão quando em duas ou mais ações se tem a identidade de causa de pedir ou de pedido. Não há necessidade de que as partes sejam idênticas. Aliás, por conexão, o CPC admite a reunião das ações quando se tem: (a)

---

[8] CINTRA, Antonio Carlos de Araújo; GRINOVER, Ada Pellegrini; DINAMARCO, Cândido R. *Teoria geral do processo,* 12. ed., p. 243.

[9] Por meio da Lei 11.280/06, a nulidade da cláusula de eleição de foro, em contrato de adesão, pode ser declarada de ofício pelo juiz, que declinará de competência para o juízo de domicílio do réu (art. 112, parágrafo único, CPC), portanto, essa é uma modalidade de prorrogação da competência.

execução de título extrajudicial e à ação de conhecimento relativa ao mesmo ato jurídico; (b) execuções fundadas no mesmo título executivo; (c) ações que possam gerar risco de prolação de decisões conflitantes ou contraditórias, caso decididas separadamente, mesmo sem conexão entre elas (art. 55, § 2º, I e II, e § 3º).

Ocorre a continência quando entre duas ou mais ações se tem identidade quanto às partes e a causa de pedir, mas o objeto de uma, por ser mais amplo, abrange o das demais (art. 56, CPC). Pela estrutura do CPC, quando houver continência e ação continente tiver sido proposta anteriormente, o processo relativo à ação contida será extinto sem resolução; caso contrário, as ações serão necessariamente reunidas (art. 57). Isso significa que: (a) se o pedido da primeira ação é mais abrangente, tem-se a extinção da segunda, sem resolução de mérito; (b) se o pedido da segunda ação é mais abrangente, tem-se a reunião das duas ações, com a extinção parcial da segunda.

O CPC reza que a reunião das ações ocorrerá no juízo prevento (art. 58). A prevenção é fixada pela data do registro ou distribuição da petição inicial e não mais pelo despacho (art. 59).

Na Justiça do Trabalho, o momento da prevenção é fixado pela data do ajuizamento da demanda, logo será preventa a vara da primeira ação distribuída.

O termo "prevenção" deriva do latim *praeventione,* significando vir antes, avisar, prevenir. Firma-se a competência de um órgão dentre mais de um igualmente competente.

A prevenção não é *"fator de determinação nem de modificação da competência. Por força da prevenção permanece apenas a competência de um entre vários juízes competentes, excluindo-se os demais. Prae-venire significa chegar primeiro; juiz prevento é que em primeiro lugar tomou contato com a causa".*[10]

Serão distribuídas por dependência as causas de qualquer natureza quando: (a) se relacionarem, por conexão ou continência, com outra já ajuizada; (b) tendo sido extinto o processo, sem resolução de mérito, for reiterado o pedido, ainda que em litisconsórcio com outros autores ou que sejam parcialmente alterados os réus da demanda; (c) quando houver ajuizamento de ações que possam gerar risco de prolação de decisões conflitantes ou contraditórias caso decididos separadamente, mesmo sem conexão entre eles (art. 286, I a III, CPC).

As três hipóteses do art. 286, CPC, não são incompatíveis com o processo do trabalho.

4.4 FORO DE ELEIÇÃO E A COMPETÊNCIA TERRITORIAL TRABALHISTA

Foro de eleição ou do contrato ocorre quando as partes num contrato estipulam o foro competente para dirimir qualquer divergência entre elas (art. 63, CPC).

No processo trabalhista, o foro de eleição não é de todo repulsivo, contudo deve ser visto com acuidade, em função da própria natureza do Direito do Trabalho.

---

[10] CINTRA, Antonio Carlos de Araújo et al. Ob. cit., p. 245.

Com razão Amauri Mascaro Nascimento[11] assevera: *"A sua admissibilidade redundaria em problemas de difícil solução, dada a hipossuficiência do trabalhador. Se num contrato escrito em São Paulo ficasse constatado que a questão dele resultante, por acordo entre as partes, devesse ser movida, por exemplo, em Belém do Pará, o empregado não teria meios de se locomover até lá para propor a ação. Vale dizer, estaria praticamente invalidado o direito de ação, em prejuízo do mais fraco economicamente. Daí a repulsa ao foro de eleição no processo trabalhista. Entende-se, portanto, não escrita cláusula de contrato individual de trabalho estabelecendo foro de eleição."*

QUESTIONÁRIO

1. João foi contratado em Santo André, mas sempre laborou na localidade de São Bernardo do Campo. A quem deve ser endereçada a demanda trabalhista?

2. Pedro foi contratado em Rio Grande da Serra, para exercer as funções de soldador em uma empresa de estruturas metálicas, a qual presta serviços em várias localidades. De forma sequencial, Pedro laborou em São Paulo, Mauá, Santo André e Ribeirão Pires. Qual é a vara do trabalho competente para dirimir eventual ação trabalhista? Justifique.

3. Quais são as regras que disciplinam a propositura da demanda trabalhista, quando o empregado é agente ou viajante comercial? Justifique.

4. O empregado brasileiro foi contratado em São Paulo para laborar na Alemanha. O empregador não possui nenhuma sede ou filial no Brasil. A Justiça do Trabalho é competente para apreciar o dissídio individual? Justifique.

5. José prestou serviços em várias localidades, apesar de ter sido contratado na cidade do Rio de Janeiro. A quem deverá dirigir a sua demanda trabalhista?

6. O dissídio coletivo pertence à categoria profissional dos bancários, apesar de o conflito estar circunscrito a duas cidades do Estado de São Paulo (Ribeirão Preto e Santos). Qual é o órgão jurisdicional competente para solucionar o dissídio coletivo?

7. Quando o conflito coletivo abrange uma região geográfica pertencente a mais de um Estado, quem é órgão jurisdicional competente para solucioná-lo? Justifique.

---

[11] Nascimento, Amauri Mascaro. Ob. cit., p. 220.

Capítulo V
COMPETÊNCIA FUNCIONAL DA JUSTIÇA DO TRABALHO

A competência funcional está relacionada com os atos judiciais praticados pelos diferentes órgãos e juízes no mesmo processo. Pode ser analisada nos planos: (a) horizontal – a fixação da competência dos juízes num mesmo órgão; (b) vertical – a determinação das atribuições do magistrado nos diversos órgãos jurisdicionais onde se tem a tramitação da demanda (primeira e segunda instância).

Além de suas competências, os membros da Magistratura possuem inúmeras atribuições administrativas.

5.1 ATRIBUIÇÕES DO JUIZ TITULAR DA VARA DO TRABALHO

As atribuições privativas do juiz titular da vara do trabalho são: (a) presidir as audiências; (b) executar as suas próprias decisões, as proferidas pela vara e aquelas cuja execução lhes for deprecada; (c) dar posse ao diretor de secretaria e aos demais funcionários da secretaria; (d) despachar as petições e os recursos interpostos pelas partes, fundamentando a decisão recorrida antes da remessa ao tribunal regional; (e) conceder medida liminar, até decisão final do processo em reclamações trabalhistas que visem a tornar sem efeito transferência disciplinada pelos parágrafos do art. 469 da CLT; (f) conceder medida liminar até decisão final do processo, em reclamações trabalhistas que visem reintegrar no emprego dirigente sindical afastado, suspenso ou dispensado pelo empregador (art. 659, I, II, III, VI, IX e X).

Os juízes substitutos podem auxiliar os titulares das varas do trabalho ou substituí-los em caso de férias, impedimentos, afastamentos ou convocação para atuação no Tribunal.

5.2 ATRIBUIÇÕES DO DESEMBARGADOR PRESIDENTE DO TRIBUNAL REGIONAL DO TRABALHO

Compete privativamente ao presidente do TRT: (a) dar posse aos juízes titulares de varas e juízes substitutos e funcionários do próprio tribunal e conceder férias e licenças aos mesmos; (b) presidir as sessões do tribunal; (c) presidir as audiências de conciliação nos dissídios coletivos; (d) executar suas próprias decisões e as proferidas pelo TRT; (e) convocar suplentes dos juízes do tribunal, nos impedimentos destes; (f) representar ao presidente do TST contra os juízes titulares que faltarem a três reuniões ou sessões consecutivas, sem motivo justificado (art. 727, CLT); (g) despachar os recursos interpostos pelas partes; (h) requisitar às autoridades competentes, nos casos de dissídio coletivo, a

PARTE IV · Cap. V – COMPETÊNCIA FUNCIONAL DA JUSTIÇA DO TRABALHO | 229

força necessária, sempre que houver ameaça de perturbação da ordem; (i) exercer correição (apenas nos tribunais não divididos em turmas), pelo menos uma vez por ano, sobre as varas, parcialmente, sempre que se fizer necessário, e solicitá-la, quando julgar conveniente, ao presidente do tribunal de justiça, relativamente aos juízes de direito investidos na administração da Justiça do Trabalho; (j) distribuir os feitos, designando os juízes que os devem relatar; (l) designar, dentre os funcionários do TRT e das varas existentes em uma mesma localidade, o responsável pela função de distribuidor (art. 682).

5.3 TRIBUNAIS REGIONAIS DO TRABALHO

5.3.1 Competência Originária

A competência originária dos TRTs envolve os dissídios individuais e coletivos, os quais são iniciados perante o próprio Tribunal.

Os dissídios individuais são: mandados de segurança; ações rescisórias; habeas corpus; ações anulatórias em convenção ou acordo coletivo (OJ 129, SDI-II); tutelas provisórias, antecedentes ou incidentais, nos processos de sua competência originária ou na forma do art. 299, parágrafo único, CPC/2015.

De forma concreta, os dissídios coletivos representam os processos originais típicos dos TRTs. A instância recursal é o TST.

5.3.2 Competência Recursal

A competência recursal é decorrência natural do duplo grau de jurisdição (art. 5º, LV, CF), ou seja, a faculdade que é dada ao vencido quanto ao reexame da decisão que lhe foi desfavorável.

As decisões originárias definitivas ou terminativas das varas do trabalho, nos dissídios individuais de conhecimento, ficam submetidas ao duplo grau de jurisdição, por intermédio do recurso ordinário (art. 895, *a*, CLT).

Nas ações de execução, as decisões proferidas pelas varas do trabalho são reexaminadas por agravo de petição (art. 897, *a*).

Os despachos denegatórios de recursos, os quais são proferidos pelos juízes das varas do trabalho, podem ser revistos nos tribunais regionais do trabalho, pela oposição do agravo de instrumento (art. 897, *b*).

Da fixação do valor da causa no processo trabalhista (art. 2º, § 2º, Lei 5.584/70), no prazo de 48 horas, cabe o pedido de revisão para o presidente do TRT.

5.3.3 Funcionamento

Nos TRTs, com número superior a 25 juízes, poderá ser constituído órgão especial, com o mínimo de 11 e o máximo de 25 membros, para o exercício das atribuições administrativas e jurisdicionais do pleno (art. 93, XI, CF).

De acordo com o número de juízes, os TRTs podem ser divididos em turmas e pleno.

Quando o Tribunal tiver quatro ou mais turmas, tem-se a possibilidade da criação da Seção Especializada em Dissídios Coletivos.

Nos TRTs não divididos em turmas, os dissídios coletivos são julgados pelo Pleno (TP).

Os TRTs, em sua composição plena, deliberarão com a presença, além do Presidente, da metade e mais um do número de seus juízes (art. 672, *caput*, CLT).

As turmas são compostas por cinco juízes. Somente poderão deliberar presentes, pelo menos, três dos seus juízes (art. 672, § 1º).

As decisões serão tomadas pelo voto da maioria dos juízes presentes, ressalvada, no TP, a hipótese de declaração de inconstitucionalidade de lei ou ato do poder público[1] (art. 672, § 2º).

O presidente do tribunal regional, excetuada a hipótese de declaração de inconstitucionalidade de lei ou ato do poder público, somente terá voto de desempate.[2] Nas sessões administrativas, o presidente votará como os demais juízes, cabendo-lhe, ainda, o voto de qualidade (art. 672, § 3º).

É comum ainda existirem nos TRTs os seguintes cargos: presidente, vice-presidente, corregedor e vice-corregedor.

Os tribunais regionais possuem uma secretaria judiciária, de forma análoga à vara, possuindo as atribuições previstas no art. 711 da CLT, como também as seguintes funções: (a) a conclusão dos processos ao Presidente e sua remessa, depois de despachados, aos respectivos relatores; (b) organização e a manutenção de um fichário de jurisprudência do tribunal para consulta dos interessados (art. 719, CLT). Saliente-se, ainda, que os Regimentos Internos dos TRTs (RITRTs) poderão estabelecer outras atribuições para as suas secretarias judiciárias (art. 719, parágrafo único).

Além da secretaria judiciária, os RITRTs estabelecem outros setores, tais como: secretaria do tribunal pleno, cadastramento processual, de acórdãos e traslados e o de precatórios requisitórios. Todos esses setores são coordenados pela secretaria geral da presidência.

5.4 TRIBUNAL SUPERIOR DO TRABALHO

O TST possui os seguintes órgãos: (a) Tribunal Pleno; (b) Órgão Especial; (c) Seção Especializada em Dissídios Coletivos; (d) Seção Especializada em Dissídios Individuais, dividida em Subseção I e Subseção II; (e) Turmas (art. 59, RITST).

O elenco das atribuições de cada um desses órgãos foi analisado no Capítulo II da Parte III da presente obra.

---

[1] Somente pelo voto da maioria absoluta de seus membros ou dos membros do respectivo órgão especial poderão os tribunais declarar a inconstitucionalidade de lei ou ato normativo do Poder Público (art. 97, CF).

[2] Voto de desempate é "aquele que compete ao Presidente de órgão colegiado, ou seja, de tribunal, de assembleia, de sociedade ou de entidade, para fins de desempate. É também chamado voto de minerva ou de qualidade, ou, ainda, voto preponderante" (DINIZ, Maria Helena. *Dicionário Jurídico*, v. 4, p. 758).

5.5 JUIZ DE DIREITO

Nas localidades não compreendidas na jurisdição das varas do trabalho, os juízes de direito são os responsáveis pela administração da Justiça do Trabalho, com a jurisdição que lhes for determinada pela lei de organização judiciária local (arts. 668, CLT, e 112, CF).

A competência dos juízes de Direito, quando investidos na administração da Justiça do Trabalho, é a mesma das varas do trabalho (art. 669, *caput*).

Nas localidades onde houver mais de um juízo de direito a competência é determinada, entre os juízos do cível, por distribuição ou pela divisão judiciária local, na conformidade da lei de organização respectiva (art. 669, § 1º).

Quando o critério de competência da lei de organização judiciária for diverso do previsto no art. 669, § 1º, CLT, será competente o juiz do cível mais antigo (art. 669, § 2º).

QUESTIONÁRIO

1. Quais são os dissídios individuais e coletivos que compõem a competência originária dos tribunais regionais do trabalho?

2. Como se opera a competência recursal dos tribunais regionais do trabalho em relação às decisões proferidas pela vara do trabalho?

3. Quais são os órgãos que compõem a estrutura interna do TST?

4. O Juiz de Direito possui competência trabalhista? Justifique.

Capítulo VI

COMPETÊNCIA EM FUNÇÃO DO VALOR DA CAUSA E A JUSTIÇA DO TRABALHO

6.1 INTRODUÇÃO

O valor da causa retrata o valor do pedido. Denota a apreciação pecuniária do bem da vida que é lesado e cuja tutela é requerida em juízo.

A CLT não traça regras explícitas quanto aos procedimentos para a mensuração do valor da causa, logo, torna-se necessária a aplicação subsidiária do CPC.

O valor da causa é aplicável aos dissídios individuais trabalhistas, como forma de se determinar qual o procedimento a ser aplicável, além do cabimento ou não do recurso.

Além do procedimento ordinário, há no processo do trabalho os procedimentos: sumário e sumaríssimo.

6.2 PROCEDIMENTO SUMÁRIO E O VALOR DA CAUSA

O procedimento sumário é regulado pelo art. 2º da Lei 5.584/70, sendo aplicável às causas em que o valor da causa é igual ou inferior a dois salários-mínimos.

Nenhum recurso caberá nos processos submetidos ao procedimento sumário, exceto se for o caso de matéria constitucional (art. 2º, § 4º).

6.3 PROCEDIMENTO SUMARÍSSIMO E O VALOR DA CAUSA

O procedimento sumaríssimo é aplicável aos dissídios individuais em que o valor da causa é igual ou inferior a 40 salários-mínimos (art. 852-A, *caput*, CLT, Lei 9.957/00).

Encontram-se excluídas do procedimento sumaríssimo as demandas em que são partes: Administração Pública direta, a autárquica e a fundacional (art. 852-A, parágrafo único).

6.3.1 Recurso Ordinário no Procedimento Sumaríssimo

Nas demandas sujeitas ao rito sumaríssimo, as sentenças podem ser revistas por meio de recurso ordinário (art. 895, *a*, CLT), porém com algumas observações: (a) será distribuído de forma imediata, uma vez recebido no tribunal, devendo o relator

PARTE IV · Cap. VI – COMPETÊNCIA EM FUNÇÃO DO VALOR DA CAUSA E A JUSTIÇA DO TRABALHO | 233

liberá-lo no prazo máximo de dez dias, e a secretaria do tribunal ou turma colocá-lo imediatamente em pauta para julgamento, sem revisor (art. 895, § 1º, II, CLT); (b) terá parecer oral do representante do Ministério Público presente à sessão de julgamento, se este entender necessário o parecer, com registro na certidão (art. 895, § 1º, III); (c) terá acórdão consistente unicamente na certidão de julgamento, com a indicação suficiente do processo e parte dispositiva, e das razões de decidir do voto prevalente. Se a sentença for confirmada pelos próprios fundamentos, a certidão de julgamento, registrando tal circunstância, servirá de acórdão (art. 895, § 1º, IV).

Assim, surgem as seguintes ponderações: (a) ausência do revisor; (b) parecer oral do Ministério Público; (c) acórdão sob a forma de certidão.

Ao que nos parece, a simples confirmação da sentença pelos próprios fundamentos, servindo a certidão de julgamento como acórdão, nos leva à patente violação do que dispõem os art. 93, IX, CF, e art. 832, CLT.

Mesmo que a sentença seja confirmada, em qualquer hipótese, deve haver a declinação dos motivos da convicção do voto vencedor (fundamentação). Trata-se de uma imposição constitucional, bem como uma forma de resguardo ao duplo grau de jurisdição (art. 5º, LV, CF).

Os tribunais regionais, divididos em turmas, poderão designar turma para o julgamento dos recursos ordinários interpostos das sentenças prolatadas nas demandas sujeitas ao procedimento sumaríssimo (art. 895, § 2º, CLT).

6.3.2 Recurso de Revista no Procedimento Sumaríssimo

No procedimento sumaríssimo, o recurso de revista é cabível nas hipóteses de: (a) contrariedade à súmula de jurisprudência uniforme do TST; (b) violação direta da CF; (c) súmula vinculante do STF (hipótese acrescida pela Lei 13.015/14) (art. 896, § 9º, CLT).

Portanto, não será possível o recurso de revista com base em divergência jurisprudencial sobre dispositivo de lei federal (art. 896, *a*) ou sobre dispositivo de convenção coletiva de trabalho, acordo coletivo, sentença normativa ou regulamento de empresa de observância obrigatória em área territorial que exceda à jurisdição do TRT (art. 896, *b*), arguindo-se como acórdão paradigma, decisão de outro TRT ou da SDI do TST.

No caso de o despacho denegatório de recurso de revista invocar, em processo iniciado antes da Lei 9.957/00, o § 9º, art. 896, CLT (sumaríssimo), como óbice ao trânsito do apelo calcado em divergência jurisprudencial ou violação de dispositivo infraconstitucional, o Tribunal superará o obstáculo, apreciando o recurso sob esses fundamentos (OJ 260, II, SDI-I). Portanto, é inaplicável o rito sumaríssimo aos processos iniciados antes da vigência da Lei 9.957 (OJ 260, I).

O TST não tem admitido recurso de revista no procedimento sumaríssimo fundando em orientação jurisprudencial (Súm. 442).

Em causas sujeitas ao procedimento sumaríssimo, em que pese a limitação imposta no art. 896, § 9º, CLT, à interposição de recurso de revista, admitem-se os embargos interpostos na vigência da Lei 11.496/07, que conferiu nova redação ao art. 894, quando demonstrada a divergência jurisprudencial entre turmas do TST, fundada em interpretações diversas acerca da aplicação de mesmo dispositivo constitucional ou de matéria sumulada (OJ 405, SDI-I).

QUESTIONÁRIO

1. Qual é a importância do critério valor na fixação da competência da Justiça do Trabalho?

2. No procedimento sumário, a parte pode interpor recurso ordinário? Justifique.

3. Quais são as hipóteses de cabimento do recurso de revista no procedimento sumaríssimo? Justifique.

Capítulo VII
CONFLITOS DE COMPETÊNCIA

O conflito de competência[1] ocorre quando dois ou mais juízos reputam-se competentes (positivo) ou incompetentes (negativo), ou no caso de controvérsia entre dois ou mais juízos a respeito da reunião ou separação de processos (art. 804, CLT; art. 66, CPC).

O conflito de competência pode ser suscitado pelo juiz, pelas partes ou pelo Ministério Público (arts. 805, CLT; art. 951, CPC).

Não pode suscitar conflito a parte que, no processo, ofereceu exceção de incompetência (arts. 806, CLT; art. 952, CPC/2015).

Pela EC 45/04, houve a inclusão no art. 114, CF, do inciso V, o qual estabelece a competência do Judiciário Trabalhista para processar e julgar os conflitos de competência entre órgãos de jurisdição trabalhista, ressalvado o disposto no art. 102, I, *o*, CF.

Na elucidação dos diversos tipos de conflitos de competência, a CF determina: (a) STF tem a competência para processar e julgar os conflitos de competência entre o STJ e quaisquer tribunais, entre Tribunais Superiores, ou entre estes e qualquer outro tribunal (art. 102, I, *o*); (b) STJ soluciona os conflitos de competência entre quaisquer tribunais, ressalvado o disposto no art. 102, I, *o*, bem como entre tribunal e juízes a ele não vinculados e entre juízes vinculados a tribunais diversos (art. 105, I, *d*); (c) tribunais regionais federais resolvem os conflitos de competência entre juízes federais vinculados ao tribunal (art. 108, I, *e*).

No âmbito do Processo Trabalhista, os conflitos de competência podem ocorrer entre: (a) juízes de Direito investidos na administração da Justiça do Trabalho e varas do trabalho. Na opinião de Sergio Pinto Martins, o conflito deve ser apreciado pelo STJ, já que os juízes estão vinculados a tribunais diversos. Em sentido contrário, Valentin Carrion afirma que a competência é do TRT, salientando que a CF, diferentemente das demais, utilizou a expressão "tribunal e juízes" a ele não vinculados; a vinculação que concerne é a processual (recursal) e não a orgânica, administrativa e correcional. Este entendimento foi acolhido pelo STJ: *"Na lide trabalhista, compete ao Tribunal Regional do Trabalho dirimir conflito de competência verificado, na respectiva Região, entre juiz estadual e Vara do Trabalho"* (Súm. 180, STJ); (b) duas varas do trabalho da mesma Região – o conflito será solucionado pelo TRT da mesma Região – o fundamento encontra respaldo na interpretação *a contrario sensu*, do art. 105, I, *d*; (c) duas varas do trabalho de regiões diferentes – o

---

[1]   Alguns autores preferem a utilização da expressão "conflito de jurisdição".

conflito será solucionado pelo TST (art. 114, V, CF, EC. 45); (d) dois TRTs – o conflito será solucionado pelo TST (art. 114, V, CF, EC. 45); (e) varas do trabalho e juízes federais – como são juízes vinculados a tribunais diferentes, a competência é do STJ (art. 105, I, *d*, CF); (f) TST e juízes de direito ou juízes federais – a competência é do STF (art. 102, I, *o*); (g) STJ e o TST – a competência é do STF (art. 102, I, *o*); (h) TRT e TST – o conflito será dirimido pelo STF (art. 102, I, *o*); (i) TRT e TFR e TJ – o conflito será dirimido pelo STJ, na medida em que a questão envolve quaisquer tribunais (art. 105, I, alínea *d*).

Não há conflito entre o TRT e a vara do trabalho da mesma região (Súm. 420, TST).

Na suscitação do conflito, a parte interessada deverá produzir a prova de existência dele (art. 806, CLT).

Nos conflitos de jurisdição entre as varas do trabalho e os juízos de direito serão observados: (a) o juiz mandará extrair dos autos as provas do conflito e, com a sua informação, remeterá o processo assim formado, no mais breve prazo possível, ao presidente do tribunal regional competente; (b) no tribunal regional, logo que der entrada o processo, o presidente determinará a distribuição do feito, podendo o relator ordenar imediatamente às varas do trabalho e aos juízos, nos casos de conflito positivo, que sobrestejam o andamento dos respectivos processos, e solicitar, ao mesmo tempo, quaisquer informações que julgue convenientes. Seguidamente, será ouvida a Procuradoria, após o que o relator submeterá o feito a julgamento, na primeira sessão; (c) proferida a decisão, será a mesma comunicada, imediatamente, às autoridades em conflito, prosseguindo no foro julgado competente (art. 809, I a III, CLT).

Aos conflitos de jurisdição entre os TRTs serão aplicadas as normas mencionadas no parágrafo anterior (art. 810).

Nos conflitos suscitados na Justiça do Trabalho entre as autoridades desta e os órgãos da Justiça Ordinária, o processo do conflito, formado de acordo com o inciso I do art. 809, será remetido diretamente ao presidente do tribunal competente para a sua apreciação (art. 811).

Após a edição da EC 45/04, em alguns julgados há o entendimento de que as novas regras constitucionais quanto à competência da Justiça do Trabalho não se aplicam aos processos que já tenham sido julgados por outro órgão jurisdicional (STF – 1ª T. – RE-AgR 506065 – SP – Relª Minª Cármen Lúcia – *DJU* 30/3/2007 – p. 75).

Para o STJ, a competência estabelecida pela EC 45/04 não alcança os processos já sentenciados (Súm. 367).

QUESTIONÁRIO

1. A quem cabe dirimir o conflito de competência entre a Justiça Comum e a Vara do Trabalho diante de uma ação de responsabilidade civil decorrente de ato ilícito, acidente de trabalho ou doença profissional?

2. Qual é órgão jurisdicional competente para solucionar o conflito entre duas Varas do Trabalho?

3. Quem deve solucionar o conflito de competência entre duas Varas do Trabalho pertencentes a tribunais diferentes?

Parte V

A DECADÊNCIA E A PRESCRIÇÃO

Capítulo I

A DECADÊNCIA E A PRESCRIÇÃO

1.1 CONCEITOS DE DECADÊNCIA E PRESCRIÇÃO

A decadência e a prescrição têm em comum a produção de efeitos nas relações jurídicas materiais pelo decurso do tempo.[1] Essas figuras jurídicas são indispensáveis à estabilidade e consolidação de todos os direitos.[2]

Nas palavras de Antônio Luis da Câmara Leal,[3] decadência é "*a extinção do direito pela inércia do seu titular, quando sua eficácia foi, de origem, subordinada à condição de seu exercício, dentro de um prazo prefixado, e este se esgotou sem que esse exercício se tivesse verificado*". Enquanto prescrição "é a extinção de uma ação ajuizável em virtude da inércia de seu titular durante *um certo lapso de tempo, na ausência de causas preclusivas de seu curso*".[4]

Para Silvio Rodrigues,[5] o fundamento da prescrição repousa no "*anseio da sociedade em não permitir que demandas fiquem indefinidamente em aberto; no interesse social em estabelecer um clima de segurança e harmonia, pondo termo a situações litigiosas e evitando que, passados anos e anos, venham a ser propostas ações, reclamando direitos cuja prova de constituição se perdeu no tempo*".

Como bem assinala Aloysio Santos,[6] a prescrição é objeto de infindáveis debates jurídicos: "*Há certos institutos jurídicos que são fadados às controvérsias e outros, contudo,*

---

[1]   "A contagem material do tempo é fixada por meio de calendário, que se calcula, de momento a momento e de forma matemática. O calendário adotado é o Gregoriano. Já a contagem jurídica do tempo se faz nos termos dispostos pela lei" (MELLO, Oswaldo Aranha Bandeira de. *Princípios gerais de direito administrativo*, v. 1, 2. ed., p. 447).

[2]   "Com Cunha Gonçalves (*Tratado de direito civil*, v. 3, Coimbra Editora, 1930, p. 633), declaramos ser a prescrição instituto indispensável à estabilidade dos direitos. De fato, inexistindo esse instituto, a insegurança se espalharia por toda a sociedade. Os devedores, por exemplo, teriam de conservar, indefinitivamente, os comprovantes do resgate da dívida contraída" (SAAD, Eduardo Gabriel. *Direito processual do trabalho*, 2. ed., p. 116).

[3]   LEAL, Antônio Luis da Câmara. *Da prescrição e da decadência*, 2. ed., p. 115.

[4]   LEAL, Antonio Luis da Câmara. Ob. cit., p. 26.

[5]   RODRIGUES, Silvio. *Direito civil*, v. 1, 25. ed., p. 321.

[6]   Santos, Aloysio. Reflitamos: a prescrição no direito do trabalho pode mesmo ser alegada no recurso ordinário. *Revista LTr*, v. 64, nº 4, p. 473.

que a doutrina e a jurisprudência caminham tranquilas no mesmo sentido. No primeiro caso, pode-se relacionar a anistia e, no segundo, as nulidades. Há, ainda, os que permanecem como em estado de hibernação dissidencial até que, de repente, surge o debate; agora refiro-me à prescrição."

Em seus estudos, Ari Pedro Lorenzetti[7] agrupa as justificativas para a existência da prescrição em três conjuntos de ideias e admite a sua coexistência mútua: (a) castigo à negligência; (b) presunção de pagamento ou perdão da dívida; (c) regra de segurança e paz social.

A prescrição pode ser aquisitiva e extintiva (ou liberatória), enquanto a decadência corresponde a uma única modalidade.[8]

Na modalidade aquisitiva, a prescrição representa uma forma originária de aquisição do direito de propriedade, *v. g.*, usucapião. Usucapião é a aquisição do direito real de propriedade pelo decurso do prazo em favor daquele que detiver a coisa, com ânimo de dono. Os seus elementos básicos são: a posse e o tempo.

José Martins Catharino[9] coloca como exemplo de prescrição aquisitiva no Direito do Trabalho, *"para certos autores franceses, para os quais a estabilidade é um direito real, o da 'propriedade' do emprego".*

A prescrição extintiva representa a perda de um direito, quando o seu titular, pela inércia e decurso do tempo, não exercida a tutela defensiva para exigi-lo. Implica o término do direito de ação, que é o meio legal para exigir o direito violado.

---

[7] LORENZETTI, Ari Pedro. *A prescrição no direito do trabalho*, p. 37.

[8] "A prescrição extintiva ou liberatória atinge qualquer ação (em sentido material), fundamentando-se na inércia do titular e no tempo, e a aquisitiva ou usucapião visa à propriedade ou a outro direito real, fundando-se na posse e no tempo. Portanto, dúplices são os conceitos. Clóvis Beviláqua entendeu que ambas as instituições sob o prisma dualista, considerando a prescrição uma energia extintiva da ação e de todos os recursos de defesa de que o direito é provido, funcionando mais como meio de defesa, e a usucapião, uma energia criadora de direitos reais, em particular da propriedade, transformando uma situação fática numa realidade jurídica. Enquanto a prescrição extintiva concede ao devedor a faculdade de não ser molestado, a aquisitiva retira a coisa ou o direito do patrimônio do titular em favor do prescribente. Essas motivações de Clóvis não nos parecem perfeitamente exatas. Entendemos que a usucapião é, concomitantemente, uma energia criadora e extintiva de direitos; criadora, porque leva à aquisição de um direito real pela posse prolongada, e extintiva, porque redunda na perda da propriedade por parte daquele que dela se desobriga pelo decurso do tempo, ao passo que a prescrição é puramente extintiva de ação, em sentido material, e não de direitos. Assim, parece-nos que não há que se falar em prescrição aquisitiva, pois, de acordo com a sistemática do nosso Código Civil, a prescrição está regulamentada na parte geral (CC, arts. 189 a 206) e a usucapião, na parte especial, referente ao direito das coisas (CC, arts. 1.238 e parágrafo único, 1.239, 1.240, 1.242, 1.260, 1.261 e 1.379), segundo o critério do Código alemão (§§ 194 a 225, 937 a 945) e do Código das Obrigações suíço (arts. 127 a 142 e 641 a 653)" (DINIZ, Maria Helena. *Curso de direito civil brasileiro*, v. 1, 22. ed., p. 384).

[9] CATHARINO, José Martins. Prescrição – direito do trabalho. *Enciclopédia Saraiva do Direito*, v. 60, p. 214.

PARTE V · Cap. I – A DECADÊNCIA E A PRESCRIÇÃO | 241

Os requisitos da prescrição extintiva são: (a) existência de uma ação exercitável; (b) inércia do titular da ação pelo seu não exercício; (c) continuidade dessa inércia durante certo lapso de tempo; (d) ausência de algum fato ou ato a que a lei confere eficácia impeditiva, suspensiva ou interruptiva do prazo prescricional.

Os prazos prescricionais são fixados por lei e possuem três regras fundamentais: (a) os particulares não podem declarar imprescritível qualquer direito; (b) antes de consumada, a prescrição é irrenunciável; (c) os prazos prescricionais não podem ser dilatados pela vontade dos particulares.

A prescrição é um dos modos de extinção de direitos, não devendo ser confundida com a decadência, como aponta Yussef Said Cahali:[10] *"Constitui lugar comum nos tratados de Direito realce às dificuldades que os autores encontram, ao cuidarem de tema da decadência (ou caducidade) e da prescrição: causas promíscuas de extinção do direito, ou de sua capacidade defensiva, tendo como ponto comum o decurso do tempo aliado à inatividade do respectivo titular, as soluções a seu respeito, estatuídas nos sistemas legislativos, preconizadas na doutrina ou adotadas na jurisprudência, estão longe de se fazer definitivas.*

Conquanto dúvidas e incertezas se acumulem na fixação da linha demarcatória, é certo que a distinção existe: institutos marcados pelo traço comum da carga deletéria do tempo aliado à inatividade do titular do direito, são eles dotados de natureza intrínseca diversa, de que resultam efeitos jurídicos dissímeis."

A distinção entre os dois institutos foi e ainda é objeto de inúmeras controvérsias jurídicas, chegando Agnelo Amorim Filho[11] a afirmar que *"as dúvidas são tantas, e vêm se acumulando de tal forma através dos séculos, que, ao lado de autores que acentuam a complexidade da matéria, outros, mais pessimistas, chegam até a negar – é certo que com indiscutível exagero – a existência de qualquer diferença entre as duas principais espécies de prazos extintivos".*

É inegável que os dois institutos apresentam semelhanças quanto à origem, ou seja, o decurso de prazo, mas a diferença básica repousa quanto aos efeitos que produzem.

Bernardo Ribeiro de Morais[12] apresenta duas correntes: *"O objeto a que visa é que discrimina a distinção entre a decadência e a prescrição [...]. Para a primeira corrente, o objeto da prescrição é a obrigação e, consequentemente, o direito a ela correlato. Assim pensam os adeptos da doutrina ítalo-francesa, onde se destacam Coviello, Roberto Ruggiero, Baudry-Lacantinerie, Colin & Capitant, M. J. Carvalho de Mendonça, Buchel. Para estes a prescrição extingue a ação (diretamente) como o direito por ela protegido (indiretamente), a prescrição é da ação. Somente pela ação é que o credor pode exigir em juízo a prestação que lhe é devida. Prescrita a ação, o credor fica desarmado. O seu direito subjetivo desaparece, pela falta de defesa para fazê-lo valer. Daí dizer que pela prescrição se extingue a ação*

---

[10]   CAHALI, Yussef Said. Decadência. *Enciclopédia Saraiva do Direito*, v. 22, p. 359.

[11]   AMORIM FILHO, Agnelo. Critério científico para distinguir a prescrição de decadência e para identificar as ações imprescritíveis. *Revista dos Tribunais*, v. 300, p. 7.

[12]   MORAES, Bernardo Ribeiro de. A decadência e a prescrição diante do crédito tributário. *Caderno de Pesquisas Tributárias*, v. 1, p. 42.

(diretamente) e o direito (indiretamente). Tal teoria é conhecida também pela denominação de teoria do 'efeito forte' da prescrição.

Para a segunda corrente, a prescrição atinge exclusivamente a ação que assegura o direito, deixando que a obrigação subsista desprovida do instrumento processual. Com a prescrição desaparece apenas o direito de ação. Assim postulam os civilistas alemães, partidários da tradição romana, que tinha por objeto a prescrição das ações, Planck, Maynz, Chironi & Abelli, Bonfante, Barassi, Holland, Hale, Espínola, Carpenter, Câmara Leal, Clóvis Beviláqua. A prescrição, aqui, extingue a ação, deixando incólume o direito, que permanece mesmo desprovido dela."

Na concepção de Oswaldo Aranha Bandeira de Mello,[13] *"Enquanto na prescrição o que determina a extinção do direito é o seu não uso durante um lapso de tempo, na decadência é simples circunstância de se verificar o término do tempo fixado da sua duração, quer ele tenha sido exercido ou não, pois foi conferido por prazo certo.*

A decadência depende de fato originário, que nasce com o direito. Este deve ser exercido dentro de prazo breve, fixado para ele, isto é, dentro do limite conatural para o seu exercício, utilizando-se das medidas adequadas, sob pena de não poder mais valer-se dele contra quem fora de início estabelecido. É a perda que a pessoa sofre de um direito, pela expiração do prazo extintivo, determinado na lei, para o seu exercício. O direito se tem para ser exercido no prazo marcado; não sendo exercido, não pode mais ser.

Na verdade, a decadência diz respeito à caducidade de prazo pelo seu decurso, para exigir determinado ato, relativo ao asseguramento de direito. ...

Assim, tanto a decadência como a prescrição consistem em perda de um direito. Mas, aquela depende de fato originário com o qual nasce o direito, enquanto esta não tem relação com o fato que faz nascer o direito, e lhe é posterior."

Nas questões diárias, é comum a afirmativa de que a prescrição atinge diretamente a ação e, por via oblíqua, faz desaparecer o direito por ela tutelado, enquanto a decadência, ao inverso, atinge o direito e, por via reflexa, extingue a ação.[14]

---

[13]   MELLO, Oswaldo Aranha Bandeira de. Ob. cit., p. 456-457.

[14]   "Com o propósito de estabelecer, didaticamente, a distinção entre ambos a doutrina entendeu que: 1) A decadência não seria mais do que a extinção do direito potestativo, pela falta de exercício dentro do prazo prefixado, atingindo indiretamente a ação, enquanto a prescrição extingue a pretensão alegável em juízo por meio de uma ação, fazendo desaparecer, por via oblíqua, o direito por ela tutelado que não tinha tempo fixado para ser exercido. Logo a prescrição supõe direito já exercido pelo titular, existente em ato, mas cujo exercício sofreu obstáculo pela violação de terceiro; a decadência supõe um direito que não foi exercido pelo titular, existente apenas em potência" (DINIZ, Maria Helena. Ob. cit., p. 402)."O critério mais divulgado é aquele segundo o qual a prescrição extingue a ação e a decadência extingue o direito. Entretanto, além de carecer de base científica, o critério é falho, uma vez que propõe fazer a distinção pelos efeitos ou consequências, enquanto o que se quer saber é quando o prazo atinge a ação ou o direito. O que se quer saber é a causa e não o efeito" (MENDONÇA JÚNIOR, Nelson Teixeira. A prescrição e a equidade. *Revista LTr* v. 60, nº 5, p. 637)."O conceito de prescrição como a perda do direito de ação é tecnicamente imperfeito, pois o direito de ação, em verdade, jamais se perde: é o direito material correspondente que deixa de ser exigível em juízo, caso seja arguida a prescrição. Para corrigir-se o conceito, deve dizer-se

PARTE V · Cap. I – A DECADÊNCIA E A PRESCRIÇÃO | **243**

É a conclusão[15] a que chega Bernardo Ribeiro de Moraes[16] depois de verificar que: "*A. A prescrição é um instituto jurídico que se relaciona com a ação; B. O direito de ação não se confunde com o direito que ela garante [...]. C. Todavia, a prescrição, ao extinguir diretamente a ação, extingue também, embora indiretamente, o direito por ela protegido. O objeto imediato da prescrição é a ação, e o objeto mediato é o direito. Em outras palavras, a prescrição, ao extinguir a ação, não extingue o direito diretamente, mas, sim, por via de consequência. É certo que o direito somente pode existir em sua plenitude quando munido de ação, na hipótese de estar garantido pela ação correspondente. Não havendo ação que o assegure, o direito pode ser impunemente violado ou ameaçado, pois estaria desamparado de qualquer sanção. Extinta a ação, o direito fica desprovido de defesa, ficando sujeito a violações e ao aniquilamento; D. O princípio de que a todo direito corresponde uma ação que o assegura (Código Civil de 1916, art. 75) nos afirma que sem ação o direito se confunde com a norma moral (regra social desamparada de qualquer sanção). Não seria direito; E. Prescrita a ação, o direito inexiste. Somente restaria ao sujeito passivo da obrigação uma obrigação moral de satisfazer a prestação. O direito nada tem a ver com o fato de pessoa desejar prestar uma obrigação por dever de consciência [...].*"

Essas correntes foram contestadas por Agnelo Amorim Filho:[17] "*Tal critério, além de carecer de base científica, é absolutamente falho e inadequado, pois pretende fazer distinção pelos efeitos ou consequências, se bem que aqueles sejam, realmente, os principais efeitos dos dois institutos. O critério apontado apresenta-se, assim, com uma manifesta petição de princípio, pois o que deseja saber, precisamente, é quando prazo extintivo atinge a ação ou o direito. O que se procura é a causa e não o efeito.*"

Com ele se filia Yussef Said Cahali:[18] "*Referido critério não resiste à crítica que lhe tem sido endereçada, em especial desde que tomou corpo a teoria autonomista de ação como remédio jurídico processual, seja sob a forma de direito potestativo, seja sob a forma de direito público subjetivo (v. Carnelutti,* Appunti sulle prescrizione, *p. 32; Santi Romano,* Frammenti di un dizionario giuridico, *p. 47; Clélio Erthal, Prescrição e decadência – distinção, Justitia, 93:180).*"

---

que a prescrição tolhe o exercício do direito de ação, num caso concreto de violação do direito material, o que deixa intocada a noção da perenidade do direito de ação em abstrato" (Pinto, José Augusto Rodrigues; PAMPLONA FILHO, Rodolfo. *Repertório de conceitos trabalhistas* – direitos individuais, v. 1, p. 403).

[15]   "Assim, a prescrição extingue diretamente a ação (objeto imediato), extinguindo também o direito por via de consequência (objeto mediato), se não dispuser o titular de outro meio para se fazer valer. A prescrição extingue apenas a ação específica para cujo exercício foi estabelecida, podendo ser arguida por outra ação, se existir. Na hipótese de inexistência de outra ação, a prescrição extingue também o direito" (MORAES, Bernardo Ribeiro de. Ob. cit., p. 44).

[16]   MORAES, Bernardo Ribeiro de. Ob. cit., p. 43.

[17]   AMORIM FILHO, Agnelo. Ob. cit., p. 9.

[18]   CAHALI, Yussef Said. Ob. cit., p. 359.

Câmara Leal,[19] sem, contudo, fixar um critério científico para identificação dos prazos decadenciais ou prescricionais,[20] afirma que: *"É de decadência o prazo estabelecido, pela lei ou pela vontade unilateral ou bilateral, quando prefixado ao exercício do direito pelo seu titular. E será de prescrição quando fixado não para o exercício do direito, mas para o exercício que o protege. Quando, porém, o direito deve ser exercido por meio da ação, originando-se ambos do mesmo fato, de modo que o exercício da ação representa o próprio exercício do direito, o prazo estabelecido para a ação deve ser tido como prefixado ao exercício do direito, sendo, portanto, de decadência, embora aparentemente se afigure de prescrição. Praticamente, portanto, para se saber se um prazo estatuído para a ação é de decadência ou de prescrição, basta indagar se a ação constitui, em si, o exercício do direito, que lhe serve de fundamento, ou se tem por fim proteger um direito, cujo exercício é distinto do exercício da ação. No primeiro caso, o prazo é extintivo do direito e o seu decurso produz a decadência; no segundo caso, o prazo é extintivo da ação e o seu decurso produz a prescrição."*

O critério científico-jurídico para a identificação dos prazos decadenciais ou prescricionais fixado por Agnelo Amorim Filho,[21] considerando a classificação dos direitos potestativos[22] desenvolvida por Chiovenda, acabou sendo acolhido pela doutrina e pode

---

[19] LEAL, Antônio Luis da Câmara. Ob. cit., p. 130.

[20] "Todavia, o critério proposto por Câmara Leal, embora muito útil na prática, se ressente de dupla falha: Em primeiro lugar, é um critério empírico, carecedor de base científica, e isto é reconhecido pelo próprio Câmara Leal, pois ele fala em 'discriminação prática dos prazos de decadência das ações' (obra citada, pág. 434). Com efeito, adotando-se o referido critério, é fácil verificar, praticamente, na maioria dos casos, se determinado prazo extintivo é prescricional ou decadencial, mas o autor não fixou, em bases científicas, uma norma para identificar aquelas situações em que o direito nasce, ou não, concomitantemente com a ação, pois é este o ponto de partida para a distinção entre os dois institutos. Em segundo lugar, o critério em exame não fornece elementos para se identificar, direta ou mesmo indiretamente (isto é, por exclusão), as denominadas ações imprescritíveis" (AMORIM FILHO, Agnelo. Ob. cit., p. 10).

[21] AMORIM FILHO, Agnelo. Ob. cit., p. 37.

[22] "Segundo Chiovenda, o processo serve às duas grandes categorias de direitos, a saber; 1º) à dos direitos ligados a um bem da vida, a serem alcançados, antes de tudo, mediante a prestação, positiva ou negativa, do obrigado; 2º) à dos direitos tendentes à modificação do estado jurídico existente (a rigor, preexistentes, *ex lege*), os quais são os direitos potestativos. Os direitos tendentes a uma prestação, por sua vez, subdividem-se em direitos obrigacionais (prestação positiva) e direitos reais (prestação negativa – abstenção de todos). A ação segundo Chiovenda, é um direito potestativo, e é aqui que reside a grande novidade de seu pensamento. Os direitos potestativos têm a característica fundamental de, através dos mesmos, poder 'alguém... influir, com sua manifestação de vontade, sobre a condição jurídica de outro, sem o concurso da vontade deste'. O direito potestativo tem dois objetivos primordiais: 1º) fazer cessar um direito ou estado jurídico existente; 2º) produzir um estado jurídico inexistente, e, nessa produção, compreende-se a mera modificação. Em certos casos, para atuar o direito potestativo, há necessidade de intervenção do juiz, em outros, ao contrário, esta não é necessária" (ALVIM, Arruda. *Manual de direito processual civil*, v. 1, 6. ed., p. 359)."O direito potestativo é aquele que consiste no poder que tem o seu titular de influir sobre a situação jurídica de outro, sem a existência de qualquer relação obrigacional, no sentido de criar, modificar ou extinguir uma relação jurídica. O direito potestativo foi conceituado com muita precisão por

PARTE V · Cap. I – A DECADÊNCIA E A PRESCRIÇÃO | 245

ser expresso da seguinte maneira: *"1º Estão sujeitas à prescrição: todas as ações condena-tórias, e somente elas [...]; 2º Estão sujeitas à decadência (indiretamente, isto é, em virtude da decadência do direito a que correspondem): as ações constitutivas que têm prazo especial de exercício fixado em lei; 3º São perpétuas (imprescritíveis): (a) as ações constitutivas que não têm prazo especial de exercício fixado em lei; e (b) todas as ações declaratórias."*

Outras distinções entre os dois institutos podem ser destacadas: (a) a prescrição, ao contrário da decadência, pode ser suspensa ou interrompida, excetuando apenas a situação da incapacidade absoluta – art. 3º, CC (arts. 208 e 198, I, CC); (b) a prescrição só corre contra algumas pessoas, enquanto a decadência corre contra todos – *erga omnes*; (c) a decadência legal, diferentemente da prescrição, não pode ser renunciada (art. 209), a qual pode ser após sua consumação, sem prejuízo de terceiro (art. 191); (d) o prazo decadencial é fixado por lei ou por vontade unilateral ou bilateral das partes (art. 211), enquanto a prescrição somente é fixada por lei (art. 192).

Até o advento da Lei 11.280/06, uma outra diferença apontada entre os institutos era que a decadência, com prazo fixado em lei, poderia ser declarada de ofício pelo juiz, o que não se ocorria com a prescrição, salvo para favorecer a absolutamente incapaz (art. 194, CC, art. 219, § 5º, CPC/73). A Lei 11.280 revogou expressamente o art. 194, CC, e o § 5º, do art. 219, CPC/73, previa que o juiz pronunciaria, de ofício, a prescrição. Com isso, a renuncia à prescrição (art. 191, CC) deverá ser expressa.

O CPC/15 (art. 332, § 1º) menciona que o juiz também poderá julgar liminarmente improcedente o pedido se verificar, desde logo, a ocorrência de decadência ou de prescrição, independentemente da citação do réu (art. 332, *caput*). Sem o julgamento liminar, a prescrição e a decadência não serão reconhecidas sem que antes seja dada às partes oportunidade de manifestação.

1.2 DIREITOS IMPRESCRITÍVEIS NO DIREITO BRASILEIRO

No Direito brasileiro, são imprescritíveis as pretensões envolvendo: (a) os direitos da personalidade; (b) estado da pessoa; (c) bens públicos; (d) direito de família no que concerne à questão inerente ao direito à pensão alimentícia, à vida conjugal, ao regime de bens; (e) pretensão do condomínio de a qualquer tempo exigir a divisão da coisa comum ou a meação de muro divisório; (f) exceção de nulidade (*v. g.*, art. 1.860, CC); (g) ação, para anular inscrição do nome empresarial feita com violação de lei ou do contrato (art. 1.167). [23]

Chiovenda, como sendo aquele que 'consiste no poder que tem uma pessoa de influir sobre a situação jurídica de outra, sem que esta possa ou deva fazer alguma coisa senão sujeitar-se, como, *v. g.*, o poder de revogar a procuração, de ocupar *res nullius*, de pedir a divisão da coisa comum, de despedir empregado. Por declaração unilateral de vontade, o titular, cria, modifica ou extingue situações jurídicas em que outros são interessados' (apud Orlando Gomes, *Introdução ao Direito Civil*, 2. ed., Rio de Janeiro: Forense, 1965)" (Direito potestativo. *Enciclopédia Saraiva do Direito*, v. 27, p. 505).

[23] DINIZ, Maria Helena. Ob. cit., p. 392.

Entendimento jurisprudencial predominante é no sentido de que não há prescrição da ação indenizatória de danos causados ao erário público, ante o caráter de imprescritibilidade dos bens públicos. Segundo o STJ, a aplicação das sanções previstas no art. 12 e incisos da Lei 8.429/92 se submetem ao prazo prescricional de cinco anos, exceto a reparação do dano ao erário, em razão da imprescritibilidade da pretensão ressarcitória (art. 37, § 5º, CF).[24]

O STJ firmou posição que inexiste a prescrição de direitos pela violação de direitos fundamentais, quando relacionadas ao período do Regime Militar (STJ – 1ª T. – Resp 816209 – Rel. Min. Luiz Fux – j. 10/4/2007) e de restrição de direitos (STJ – 2ª T. – Resp 797989-SC – Rel. Min. Humberto Martins – j. 22/4/2008 – *Dje* 15/5/2008).

O prazo prescricional da ação popular é de cinco anos (art. 21, Lei 4.717/65), contudo, ante a omissão legislativa, a existência de prazo prescricional para a ação civil pública tem se mostrado controvertida. Para alguns, o prazo prescricional da ação civil pública deve ser o mesmo da ação popular (*ubi eadem ratio ibi eadem legis dispositio*) (STJ – REsp 890552-MG – Rel. Min. José Delgado – *DJ* 22/3/2007; STJ – REsp 406.545-SP – Rel. Min. Luiz Fux – *DJ* 9/12/2002)[25], enquanto entendimento jurisprudencial predominante defende sua imprescritibilidade, por considerar que seu objeto abrange a defesa do interesse público (TST – 1ª T. – RR 21242/2002-900-10-00 – Rel. Min. Lélio Bentes Corrêa – j. 10/12/2003 – *DJ* 16/4/2004; TST – 8ª T. – AIRR 118840-48.2004.5.04.0662 – Rel. Minª Dora Maria da Costa – DJ 5/9/2008).

1.3 NORMAS GERAIS SOBRE A PRESCRIÇÃO

Com a violação do direito, nasce a pretensão para seu titular, a qual se extingue com a prescrição (art. 189, CC). A exceção prescreve no mesmo prazo da pretensão (art. 190).

---

[24] Precedentes do STJ: 2ª T. – AgRg no REsp 1038103/SP – *DJ* 4/5/2009; 2ª T. – REsp 1067561/AM – *DJ* 27/2/2009; 1ª T. – REsp 801846/AM – *DJ* 12/2/2009; 2ª T. – REsp 902.166/SP – *DJ* 4/5/2009; 2ª T. – REsp 1107833/SP – *DJ* 18/9/2009.

[25] "RECURSO ESPECIAL. ADMINISTRATIVO. AÇÃO CIVIL PÚBLICA POR ATO DE IMPROBI-DADE ADMINISTRATIVA. ALEGAÇÃO DE AFRONTA AO ART. 535 DO CPC. INEXISTÊNCIA. PRAZO PRESCRICIONAL PARA PROPOSITURA DA AÇÃO CONTRA PARTICULAR QUE TENHA AGIDO EM CONLUIO COM AGENTE PÚBLICO. TERMO *A QUO*. ART. 23, I e II, DA LEI Nº 8.429/1992. (...) 2 – A compreensão firmada no Superior Tribunal de Justiça é no sentido de que, nas ações de improbidade administrativa, para o fim de fixação do termo inicial do curso da prescrição, aplicam-se ao particular que age em conluio com agente público as disposições do art. 23, I e II, da Lei nº 8.429/1992. 3 – O objetivo da regra estabelecida na LIA para contagem do prazo prescricional é justamente impedir que os protagonistas de atos de improbidade adminis-trativa – quer agentes públicos, quer particulares em parceria com agentes públicos – explorem indevidamente o prestígio, o poder e as facilidades decorrentes de função ou cargo públicos para dificultar ou mesmo impossibilitar as investigações. 4 – Afasta-se, pois, a tese de ocorrência da prescrição, porque, na espécie, o agente público que atuou em conjunto com o particular desligou--se do cargo apenas no ano seguinte ao da propositura da ação civil pública. 5 – Não bastasse, nos moldes da jurisprudência desta Corte e do Supremo Tribunal Federal, é imprescritível a pretensão de ressarcimento de danos causados ao erário por atos de improbidade administrativa. (...)" (STJ – 1ª T. – REsp 1405346 / SP – Rel. Min. Sérgio Kukina – *Dje* 19/8/2014).

PARTE V · Cap. I – A DECADÊNCIA E A PRESCRIÇÃO | 247

Com o principal também prescrevem os direitos acessórios (art. 92, CC).

A renúncia da prescrição somente pode ocorrer depois de transcorrido o prazo prescricional, sem alcançar terceiro, caso contrário todos os credores poderiam impô-la aos devedores, podendo ser expressa ou tácita. Na primeira, de forma explícita, o interessado declara de modo taxativo que dela não pretende se utilizar. Enquanto na tácita o prescribente pratica atos incompatíveis com a prescrição, tais como: paga a dívida prescrita ou entra em composição com o credor (art. 191).

Atualmente, a renúncia deverá ser expressa (art. 225 do CPC), passando a prever que o juiz poderá julgar liminarmente improcedente o pedido se verificar, desde logo, a ocorrência de prescrição (art. 332, § 1º, CPC).

Os prazos prescricionais não podem ser alterados pela vontade das partes (art. 192, CC).

Pela parte a quem aproveita, a prescrição pode ser alegada em qualquer grau de jurisdição (art. 193), com exceção perante os tribunais superiores, os quais exigem prequestionamento da matéria (Súm. 356, STF, Súm. 320, STJ, Súm. 297, TST, OJ 62, 118, 119, 151 e 256, SDI-I), na execução em relação ao direito material debatido no processo de conhecimento e na ação rescisória (Súm. 298, TST, OJ 124 e 135, SDI-II).

Importante esclarecer que a alegação a qualquer tempo prevista na lei não dá à parte a faculdade de aguardar a tramitação do processo para argui-la. A alegação a qualquer tempo *"só é possível desde que a parte a quem aproveite não tenha ainda falado nos autos (RT, 464:172)"*.[26]

As pessoas jurídicas estão sujeitas aos efeitos da prescrição e podem invocá-los sempre que lhes aproveitar. A prescrição, de forma indistinta, aproveita as pessoas naturais, como as jurídicas, tanto de Direito Público como Privado.

As pessoas que a lei priva de administrar os próprios bens têm ação contra os seus assistentes e representantes legais que derem causa à prescrição ou não a alegarem oportunamente (art. 195).

A prescrição iniciada contra uma pessoa continua a correr contra o seu herdeiro (art. 196).

1.4   PRESCRIÇÃO E PRECLUSÃO

Preclusão é um instituto de direito processual, não repercutindo fora do processo. Representa a perda de uma faculdade processual por não ter sido exercida no devido tempo. O objetivo da preclusão é impedir que o processo se eternize.

Por outro lado, *"embora também seja efeito do tempo, a preclusão apresenta mais pontos de contato com a decadência do que com a prescrição. Pontes de Miranda até prefere a denominação de prazo preclusivo para a decadência.*

---

[26]   DINIZ, Maria Helena. Ob. cit., p. 385.

O que distingue a preclusão da decadência é o âmbito de incidência de cada instituto. A preclusão é instituto de direito processual, cujo fim é criar obstáculos a que o procedimento revolva as fases passadas, enquanto a decadência, tal como a prescrição, é instituto de direito material. Os efeitos da preclusão restringem-se ao processo, embora suas consequências possam ter reflexos sobre o direito das partes. Já no que respeita à decadência e à prescrição, seus efeitos no processo decorrem das consequências que produzem no direito material das partes."[27]

No curso do processo, antes da prolação da sentença, é defeso à parte discutir as questões já decididas, cujo respeito operou-se a preclusão (art. 507, CPC).

Há três formas de preclusão: temporal, consumativa e lógica. A preclusão temporal é a decorrente da perda de prazo para a realização do ato processual. A consumativa acontece quando se pratica o ato no prazo legal, não podendo ser, portanto, repetido, ainda que não esgotado o prazo judicial. A lógica é resultante da prática de um ato incompatível com aquele que deveria ter sido realizado no processual oportuno.

De nenhuma forma a prescrição deve ser confundida com a preclusão. Destacam-se as seguintes distinções: (a) a preclusão implica a perda de uma faculdade processual e a prescrição denota o fenecimento do direito de ação; (b) a prescrição ocorre em função do decurso do tempo, ao contrário da preclusão, que pode ser temporal, lógica, consumativa e pro iudicato; (c) a preclusão é instituto de direito processual, ao passo que a prescrição concerne ao direito material; (d) o acolhimento da prescrição leva à resolução de mérito do processo (art. 487, II, CPC), o que já não ocorre com a preclusão, a qual não produz efeitos diretos no mérito da causa.

1.5 PRESCRIÇÃO E PEREMPÇÃO

A perempção *"equivale à extinção do direito de praticar um ato processual ou de prosseguir com o feito porque a parte se manteve inerte e deixou transcorrer o prazo legal sem exercer aquele direito".*[28]

Na sistemática processual civil, perempção é uma sanção, que corresponde à perda do direito de demandar para o autor que der causa por três vezes à extinção do processo, por não promover os atos e diligências que lhe competir, abandonando a causa por mais de 30 dias (art. 486, § 3º, art. 485, III, CPC). Todavia, o autor poderá alegar o direito material perempto em sua defesa.

Não há no Processo do Trabalho a figura da perempção nos moldes do Processo Civil.[29]

---

[27] LORENZETTI, Ari Pedro. Ob. cit., p. 30.

[28] SAAD, Eduardo Gabriel. Ob. cit., p. 102.

[29] "Há quem dê pela inaplicabilidade da norma ao processo trabalhista por ser restritiva de direito e, por isso, é vedada sua aplicação por analogia. Não vemos qualquer incompatibilidade entre a norma questionada e os princípios orientadores do processo trabalhista. Além disso, no caso, não se trata de aproveitamento do preceito por analogia, mas sim porque o CPC é fonte subsidiária do processo trabalhista" (SAAD, Eduardo Gabriel. Ob. cit., p. 102).

PARTE V · Cap. I – A DECADÊNCIA E A PRESCRIÇÃO | **249**

A CLT prevê a pena da perda ("suspensão") do direito de ação (arts. 731 e 732), pelo prazo de seis meses, ao reclamante que, por duas vezes seguidas, der causa ao arquivamento da ação pelo não comparecimento na audiência inaugural (art. 844).

"PEREMPÇÃO TRABALHISTA. ARQUIVAMENTO DE DUAS AÇÕES TRABA-LHISTAS ANTERIORES POR AUSÊNCIA DO RECLAMANTE. CONFIGURAÇÃO. Para que reste configurada a perempção trabalhista a que alude o art. 732 da CLT, basta que a parte autora tenha dado causa, por duas vezes seguidas, ao arquivamento de ações anteriormente ajuizadas perante esta Justiça Especializada, em virtude do seu não comparecimento à audiência inaugural. Neste caso, perderá o direito de ajuizar ações trabalhistas durante o prazo de seis meses" (TRT – 8ª R. – RO 0000287-58.2015.5.08.0205 – Rel. Mário Leite Soares – DJe 18/3/2016 – p. 225).

Também incorrerá na perda do direito de ação por seis meses o trabalhador que, tendo apresentado ao distribuidor reclamação verbal, não comparecer para a tomar a termo no prazo de cinco dias (arts. 731 e 786).

O prazo de seis meses inicia-se da data do trânsito em julgado da decisão que determinou o arquivamento da segunda reclamação trabalhista, sendo que *"o juiz poderia aplicar a pena já no segundo arquivamento, com a prova da existência do arquivamento anterior, como determinar a pena no terceiro arquivamento, provando o empregador a existência dos dois anteriores, quando o reclamante compareceu na terceira vez".*[30]

Alguns entendem que os arts. 731 e 732, CLT, não tratam de uma figura de perempção trabalhista por ser temporária e não definitiva.

De qualquer forma, ao contrário da perempção, a prescrição não é um instituto de natureza processual, não se constituindo em uma penalidade e não necessitando de sucessivos arquivamentos.

Como conjugar a aplicação dos arts. 731 e 732 da CLT com a prescrição trabalhista?

Ari Lorenzetti[31] afirma categoricamente que não são hipóteses de suspensão da prescrição trabalhista, pois: *"Se a penalidade tivesse o efeito de suspender a prescrição, seria ela até mesmo um prêmio ao reclamante relapso, contrariando os fins da pena [...].*

No caso do art. 731, não se poderia simplesmente afirmar que a penalidade não interfere em nada no fluxo prescricional, pois tal entendimento implicaria uma abreviação do prazo da prescrição. Assim, parece-nos que a melhor solução será a simples prorrogação do prazo prescricional das parcelas cuja prescrição se consumaria durante a vigência da penalidade. Quanto às demais parcelas, a prescrição segue seu curso normal.

Quanto à hipótese figurada no art. 732, em princípio, não haverá necessidade de se prorrogar a prescrição, uma vez que está interrompida pela citação inicial, e o novo prazo, que se inicia após o trânsito em julgado da sentença que extinguir o processo sem julgamento de mérito, se o reclamante deixar para trás alguma parcela imprescrita, em relação a ela, caso o prazo prescricional se complete na vigência da penalidade, aplica-se a mesma

---

30   MARTINS, Sergio Pinto. *Comentários à CLT*, 10. ed., p. 781.
31   LORENZETTI, Ari Pedro. Ob. cit., p. 79.

regra apontada acima. Aquela regra (simples prorrogação) também se aplicará quanto a direitos trabalhistas que o empregado possa fazer valer em relação a outros empregadores, visto que a vedação decorrente da penalidade se estende a qualquer ação perante a Justiça do Trabalho."

1.6 A REDUÇÃO DO PRAZO DECADENCIAL E PRESCRICIONAL PELA LEI NOVA E SUA APLICAÇÃO IMEDIATA

Questão de difícil solução é a aplicação imediata do novo prazo decadencial ou prescricional às relações jurídicas existentes, quando esse é inferior ao que vigia anteriormente.

Para Câmara Leal:[32] *"1ª – Estabelecendo a nova lei um prazo mais curto de prescrição iniciada, esta começará a correr da data da nova lei, salvo se a prescrição iniciada na vigência da lei antiga viesse a completar-se em menos tempo, segundo esta lei, que, nesse caso, continuará a regê-la, relativamente ao prazo. 2ª – Estabelecendo a nova lei um prazo mais longo de prescrição, esta obedecerá a esse novo prazo, contando-se, porém, para integrá-lo, o tempo já decorrido na vigência da lei antiga. 3ª – O início, suspensão ou interrupção da prescrição serão regidos pela lei ao tempo em que se verificaram."*

Na opinião de Rubens Limongi França:[33] *"Desse modo, a regra do efeito imediato deve buscar um corolário, segundo o qual não se desatendam os interesses de ambos os sujeitos, sob pena de retroação. Ora, tal corolário, a nosso ver, consistiria no estabelecimento de uma proporção entre o prazo anterior e o da lei nova, de tal forma que sempre fosse assegurado à parte contrária um lapso para exercer as suas defesas."*

Analisando a questão, o STF entendeu que a Lei 2.437, de 7/3/1955, que reduz o prazo prescricional, é aplicável às prescrições em curso na data de sua vigência (1/1/1956), salvo quanto aos processos então pendentes (Súm. 445).

Pretendendo evitar decisões conflitantes e, consequentemente, a insegurança jurídica nas relações sociais, o legislador civil adotou uma regra de transição entre os prazos decadenciais e prescricionais previstos no CC de 1916 e de 2002, ao estabelecer que *"serão os da lei anterior os prazos, quando reduzidos por este Código, e se, na data de sua entrada em vigor, já houver transcorrido mais da metade do tempo estabelecido na lei revogada"* (art. 2.028).

Entendemos que os requisitos da regra de transição fixados pelo legislador são cumulativos, de modo que apenas nas situações que em esteja presente à redução do prazo prescricional pela Nova Lei e já houver transcorrido mais da metade do tempo estabelecido pela Lei revogada é que se manterá o prazo prescricional do CC de 1916, na medida em que se deve privilegiar a nova sistemática legal, mais adequada à nova realidade, em detrimento da sistemática do Código de mais de 100 anos atrás.

---

[32] LEAL, Antônio Luis da Câmara. Ob. cit., p. 114.

[33] FRANÇA, Rubens Limongi. *A irretroatividade das leis e o direito adquirido*, 5. ed., p. 246.

1.7 INÍCIO DA CONTAGEM DO NOVO PRAZO DECADENCIAL E PRESCRICIONAL

Com a alteração dos prazos pelo CC de 2002, surge o problema da contagem desse novo prazo decadencial e prescricional.

Assim, na solução das questões jurídicas, não basta sabermos qual o prazo que será aplicado (CC de 2002 ou CC de 1916), é necessário também identificarmos quando exatamente se inicia sua contagem.

Como regra, o termo inicial da prescrição segue a *actio nata*, isto é, a partir da lesão ao direito.

Já a contagem do prazo é feita em *dies a quo*, sistema estabelecido pela Lei 810, de 6/9/1949,[34] desconsiderando-se o dia de início e computando o dia de vencimento (art. 132, CC).

Em relação ao início da contagem, a doutrina e a jurisprudência têm firmado posição no sentido de que o novo prazo prescricional inicia-se com a vigência da nova Lei.

O Enunciado 50, aprovado na Jornada de Direito Civil, promovida pelo Centro de Estudos Judiciários do Conselho da Justiça Federal e com o apoio do STJ, enuncia: "*A partir da vigência do novo Código Civil, o prazo prescricional das ações de reparação de danos que não houver atingido a metade do tempo previsto no CC/1916 fluirá por inteiro, nos termos da nova lei (CC, art. 206).*"

Dessa forma, os prazos prescricionais fixados pelo CC de 2002, quando aplicados aos fatos pretéritos (art. 2.028), devem ser computados a partir da entrada de sua vigência.[35] A regra também se aplica aos prazos decadenciais.

QUESTIONÁRIO

1. Como podem ser conceituadas decadência e prescrição?

2. Quais as principais regrais legais sobre a prescrição?

3. Qual a distinção entre prescrição, preclusão e perempção?

4. Como fica a contagem do prazo decadencial e prescricional reduzido pela nova lei de aplicação imediata?

5. Quando se inicia a contagem do prazo decadencial e prescricional alterado pela nova lei?

---

[34] A Lei 810, de 6/9/1949, define o ano civil. Art. 1º Considera-se ano o período de doze meses contados do dia do início ao dia e mês correspondentes do ano seguinte. Art. 2º Considera-se mês o período de tempo contado do dia do início ao dia correspondente do mês seguinte. Art. 3º Quando no ano ou no mês do vencimento não houver o dia correspondente ao dia do início do prazo, este findará no primeiro dia subsequente. Art. 4º Revogam-se as disposições em contrário.

[35] TST – 1ª T. – TST – RR 40800-14.2005.5.20.0002 – Rel. Min. Lelio Bentes Corrêa – *DJe* 15/6/2012.

Capítulo II
A DECADÊNCIA NO DIREITO DO TRABALHO

2.1 AS HIPÓTESES DE DECADÊNCIA NO DIREITO DO TRABALHO

As hipóteses de decadência não são comuns no Direito do Trabalho.

Os prazos decadenciais mais conhecidos são os relativos ao inquérito para apuração de falta grave e da ação rescisória. Além dessas hipóteses, podemos mencionar o prazo decadencial de 120 dias para interposição de mandado de segurança e os prazos fixados em instrumentos normativos para que empregada comprove a condição de grávida para o empregador.

Maurício Godinho Delgado[1] considera que *"é também claramente decadencial o prazo aberto ao empregado para proceder à opção retroativa pelos depósitos de FGTS relativos ao período anterior à Carta de 1988 (tratando-se, obviamente, de empregado não optante naquele período). O prazo para exercício do direito potestativo de opção retroativa cessa com a extinção do vínculo empregatício".*

José Martins Catharino[2] defende a natureza decadencial do prazo de 60 dias anteriores ao término final da convenção, acordo ou sentença normativa para ajuizamento do novo dissídio coletivo de trabalho, para que a nova norma coletiva tenha vigência no dia imediato ao termo da anterior (art. 616, § 3º, CLT). Nem mesmo com o protesto judicial *"há disponibilidade de assegurar, previamente, o exercício de direito que está com os dias contados, prévia e inexoravelmente. Nenhuma. Nem de ressuscitá-lo".*

Atualmente, tem-se a inserção de prazos decadenciais em vários regulamentos empresariais, geralmente nos planos de dispensa ou aposentadoria incentivada, nos quais são fixadas datas para a opção dos trabalhadores.

2.2 PRAZO DE 30 DIAS PARA A PROPOSITURA DO INQUÉRITO PARA APURAÇÃO DE FALTA GRAVE

O inquérito para apuração de falta grave deverá ser ajuizado no prazo de 30 dias, os quais serão contados a partir do momento em que houve a suspensão do empregado estável (arts. 494 e 853, CLT).

---

[1] DELGADO, Maurício Godinho. *Introdução ao direito do trabalho*, 2. ed., p. 206.
[2] CATHARINO, José Martins. O protesto judicial. *Curso de direito coletivo do trabalho*, p. 367.

PARTE V · Cap. II – A DECADÊNCIA NO DIREITO DO TRABALHO | 253

O prazo de 30 dias para instauração de inquérito judicial de empregado estável para apuração de falta grave é de decadência, a contar da suspensão (Súm. 403, STF; Súm. 62, TST).

Não promovendo o empregador a suspensão do empregado, não se cogita da decadência para a propositura do inquérito judicial.

2.3 AÇÃO RESCISÓRIA

Por regra, o direito de propor ação rescisória decai em dois anos, contados do trânsito em julgado da última decisão (art. 975, caput, CPC).

Se o fundamento da ação rescisória for a obtenção de prova nova (art. 966, VII), o CPC estabelece que o termo inicial do prazo de dois anos será a data de descoberta dessa prova, observado o prazo máximo de cinco anos, contados do trânsito em julgado da última decisão proferida no processo (art. 975, § 2º).

Nas hipóteses de simulação ou de colusão das partes, o termo inicial de dois anos começará a fluir, para o terceiro prejudicado e para o Ministério Público, que não interveio no processo, a partir do momento em que têm ciência do ato ilícito (art. 975, § 3º).

Como é uma ação de natureza desconstitutiva (*iudicium rescindens*), com prazo previsto em lei, o mesmo tem natureza decadencial, não havendo, assim, por regra, as possibilidades de interrupção ou suspensão, sendo que por expressa determinação legal não corre a decadência contra os absolutamente incapazes (arts. 208, 198, I, e 3º, CC).

O prazo de decadência, na ação rescisória, conta-se do dia imediatamente subsequente ao trânsito em julgado da última decisão proferida na causa, seja de mérito ou não (Súm. 100, I, TST). Em havendo recurso parcial no processo principal, o trânsito em julgado dá-se em momentos e em tribunais diferentes, contando-se o prazo decadencial para a ação rescisória do trânsito em julgado de cada decisão, salvo se o recurso tratar de preliminar ou prejudicial que possa tornar insubsistente a decisão recorrida, hipótese em que flui a decadência a partir do trânsito em julgado da decisão que julgar o recurso parcial (Súm. 100, II, TST).

Salvo se houver dúvida razoável, a interposição de recurso intempestivo ou a interposição de recurso incabível não protrai o termo inicial do prazo decadencial (Súm. 100, III, TST).

No âmbito do Processo Civil, segundo entendimento do STJ, o prazo decadencial da ação rescisória só se inicia quando não for cabível qualquer recurso do último pronunciamento judicial (Súm. 401, STJ).

O juízo rescindente não está adstrito à certidão de trânsito em julgado juntada com a ação rescisória, podendo formar sua convicção por meio de outros elementos dos autos quanto à antecipação ou postergação do *dies a quo* do prazo decadencial (Súm. 100, IV, TST).

O acordo homologado judicialmente tem força de decisão irrecorrível, na forma do art. 831 da CLT. Assim sendo, o termo conciliatório transita em julgado na data da sua homologação judicial (Súm. 100, V).

Na hipótese de colusão das partes, o prazo decadencial da ação rescisória somente começa a fluir para o Ministério Público, que não interveio no processo principal, a partir do momento em que tem ciência da fraude (Súm. 100, VI, TST).

Não ofende o princípio do duplo grau de jurisdição a decisão do TST que, após afastar a decadência em sede de recurso ordinário, aprecia desde logo a lide, se a causa versar questão exclusivamente de direito e estiver em condições de imediato julgamento (Súm. 100, VII, TST).

A exceção de incompetência, ainda que oposta no prazo recursal, sem ter sido aviado o recurso próprio, não tem o condão de afastar a consumação da coisa julgada e, assim, postergar o termo inicial do prazo decadencial para a ação rescisória (Súm. 100, VIII, TST).

O TST tem admitido a prorrogação até o primeiro dia útil imediatamente subsequente ao prazo decadencial para ajuizamento de ação rescisória quando expira em férias forenses, feriados, finais de semana ou em dia em que não houver expediente forense (Súm. 100, IX, TST).

É o que se tem denominado de "obstáculo judicial" e "obstáculo legal", com fundamento previsto no art. 132, § 1º, CC, no art. 223, CPC, e no art. 775, CLT. Como exemplos: (a) obstáculo legal, a coincidência do último dia da prescrição com o dia destinado ao feriado; (b) obstáculo judicial, a eventual paralisação dos serviços forenses, o que poderá prejudicar o exercício da defesa do direito por seu titular. Com o CPC/15, o prazo de dois anos é prorrogado até o primeiro dia útil imediatamente subsequente, quando a sua expiração ocorrer durante férias forenses, recesso, feriados ou em dia que não houver expediente forense (art. 975, § 1º).

O TST afasta a decadência, prorrogando até o primeiro dia útil, imediatamente subsequente, o prazo decadencial para ajuizamento de ação rescisória quando expira em férias forenses, feriados, finais de semana ou em dia em que não houver expediente forense, pela aplicação do art. 775, CLT (Súm. 100, IX, TST).

Não suspenderá a execução da sentença rescindenda a propositura da ação rescisória, ressalvada a concessão de tutela provisória (art. 969, CPC; Súm. 405, TST).

2.4 MANDADO DE SEGURANÇA

Previsto na CF (art. 5º, LXIX), o mandado de segurança não se encontra disciplinado pelo CPC, mas por legislação especial (Lei 12.016/09).

Originariamente, o prazo fixado em lei para impetração do mandado de segurança era de 120 dias (art. 18, Lei 1.533/51). Apesar das questões envolvendo a constitucionalidade desse prazo legal, o prazo de 120 dias foi mantido pelo art. 23, Lei 12.016.

Como diz Sérgio Ferraz,[3] *"no curso de todos esses anos, desde a edição do aludido diploma, doutrina e jurisprudência acabaram por pacificar-se quanto à natureza do prazo em causa, terminando por preponderar a corrente que nele via decadência, e não prescrição".*

---

[3] FERRAZ, Sérgio. *Mandado de Segurança* – individual e coletivo. Aspectos polêmicos, 3. ed., p. 123.

PARTE V · Cap. II – A DECADÊNCIA NO DIREITO DO TRABALHO | 255

Assim, *"esse prazo é, reconhecidamente, um prazo decadencial, impedindo interrupção ou suspensão".*[4]

Tratando-se de prazo decadencial, o seu curso não sofre interrupção ou suspensão (art. 207, CC). O TST entende que o prazo da ação rescisória, também de natureza decadencial, se prorroga até o primeiro dia útil imediatamente subsequente (Súm. 100, IX, TST).

Na contagem do prazo decadencial para ajuizamento de mandado de segurança, o efetivo ato coator é o primeiro em que se firmou a tese hostilizada e não aquele que a ratificou (OJ 127, SDI-II).

Nem mesmo o pedido de reconsideração na via administrativa interrompe o prazo para o mandado de segurança (Súm. 430, STF). O pedido de reconsideração não se confunde com recurso na esfera administrativa.

Quanto ao início do prazo (*dies a quo*), como aponta Maria Sylvia Zanella di Pietro:[5] *"é preciso distinguir: 1. Se o mandado é interposto contra ato lesivo já praticado, o prazo começa a correr a partir da ciência do ato; nenhuma consequência terá a interposição de recurso administrativo sem efeito suspensivo, porque o ato já está causando lesão e, em consequência, o prazo de decadência já está correndo; mas se o recurso tem efeito suspensivo, o prazo começa a correr quando decidido o último recurso ou quando se esgotar o prazo para recorrer administrativamente; 2. Se o mandado é interposto contra omissão, duas hipóteses devem ser distinguidas: se a Administração está sujeita a prazo para praticar o ato, esgotado esse prazo, começam a correr os 120 dias para impetração da segurança, conforme decisão do STF, in RTJ 53/637; se a Administração não está sujeita a prazo legal para a prática do ato, não se cogita de decadência para o mandado de segurança, por inexistência de um termo a quo; enquanto persistir a omissão, é cabível o mandado; 3. Se o mandado é interposto preventivamente, quando haja ameaça de lesão, também não se cogita de decadência, porque, enquanto persistir a ameaça, há a possibilidade de impetração."*

Ocorre que parte da doutrina considera inconstitucional o prazo de 120 dias fixado pela legislação que trata do tema, por entender que há limitação do Texto Constitucional. [6] Antes do advento da Lei 12.016, o STF (Súm. 632[7]) e o STJ[8] entenderam que o art. 18, Lei 1.553, foi recepcionado pela CF.

Em se tratando de *writ* impetrado por terceiro em favor do direito originário (art. 3º, Lei 12.016), o prazo de 120 dias conta-se da notificação judicial (art. 3º, parágrafo único).

---

4 SALVADOR, Antônio Raphael Silva; SOUZA, Osni de. *Mandado de segurança* – doutrina e jurisprudência. Coleção Temas Jurídicos. v. 4, p. 51.

5 DI PIETRO, Maria Sylvia Zanella. *Direito administrativo*, 18. ed., p. 689.

6 NERY JUNIOR, Nelson; NERY, Rosa Maria de Andrade. *Código de Processo Civil comentado*, 9. ed., p. 1.299.FERRAZ, Sérgio. Ob. cit., p. 128.

7 Súm. 632, STF – É constitucional a lei que fixa o prazo de decadência para a impetração de mandado de segurança.

8 STJ – 2ª T. – RMS 710-0 – Rel. Min. Américo Luz – j. 18/8/1993 – *DJ* 20/9/1993.

2.5 COMPROVAÇÃO DO ESTADO GRAVÍDICO

A empregada gestante não poderá ser dispensada, salvo justa causa, desde a confirmação da gravidez até cinco meses após o parto (art. 10, II, *b*, ADCT).

O STF não admite que as normas coletivas de trabalho possam condicionar, de alguma forma, o direito constitucional da empregada gestante.

Para os que defendem que a norma coletiva de trabalho pode condicionar a estabilidade à comunicação por parte da empregada no lapso de tempo fixado em norma coletiva de trabalho, a existência de cláusula fixando um prazo para a comprovação de estado grávido na norma coletiva de trabalho não fere a norma constitucional, a qual assegura a validade dos acordos e das convenções coletivas de trabalho (art. 7º, XXVI), valorizando a autonomia privada coletiva. Nesse caso, trata-se de prazo decadencial (prazo para exercício de um direito potestativo).

Por outro lado, nos termos do art. 10, II, *b*, do ADCT, a proteção à maternidade foi erigida à hierarquia constitucional, pois retirou do âmbito do direito potestativo do empregador a possibilidade de despedir arbitrariamente a empregada em estado gravídico. Portanto, a teor do art. 9º da CLT, para alguns, torna-se nula de pleno direito a cláusula que estabelece a possibilidade de renúncia ou transação, pela gestante, das garantias referentes à manutenção do emprego e salário (OJ 30, SDC).

2.6 A ESTABILIDADE PROVISÓRIA E A DECADÊNCIA DO DIREITO

No sistema jurídico trabalhista, ao lado das garantias de emprego,[9] têm-se várias hipóteses de estabilidade temporária no emprego, *v. g.*, acidente de trabalho.

Além dos problemas doutrinários e jurisprudenciais que envolvem as ditas estabilidades, por vezes ocorrem problemas relacionados à inércia da parte em promover a postulação judicial que vise a garantir a estabilidade.

Antes, porém, é importante dizer que as ideias que serão desenvolvidas nesta parte do trabalho em nenhum momento desconsideram o ato abusivo do empregador em promover a dispensa e sua responsabilidade.[10]

O primeiro problema que se pode destacar ocorre quando o trabalhador prejudicado ingressa em juízo requerendo a sua reintegração vários meses depois da dispensa.

---

[9] Garantia no emprego e estabilidade não se confundem. São institutos diversos, porém afins. A garantia no emprego é um instituto amplo, o qual se refere a medidas políticas de proteção e criação de empregos, abarcando, inclusive, a estabilidade. Assim, estabilidade é espécie do gênero garantia no emprego. Também são distintas a garantia no emprego da garantia de emprego. A primeira refere-se à política de emprego do governo, enquanto, a segunda, para alguns, equivale à estabilidade provisória.

[10] Súm. 396, TST: I – Exaurido o período de estabilidade, são devidos ao empregado apenas os salários do período compreendido entre a data da despedida e o final do período de estabilidade, não lhe sendo assegurada a reintegração no emprego. II – Não há nulidade por julgamento *extra petita* da decisão que deferir salário quando o pedido for de reintegração, dados os termos do art. 496 da CLT.

Nesses casos, apesar de a lesão ao direito da trabalhadora ter sido ocasionada por culpa do empregador, considerando que o direito não ampara ao que dorme, os princípios da razoabilidade e da boa-fé, admite-se a exclusão da indenização pecuniária dos meses em que a trabalhadora se manteve inerte, reconhecendo-a apenas a partir do ingresso da ação.

Outro problema envolvendo a estabilidade temporária ocorre quando a ação trabalhista é proposta após o término do prazo da estabilidade temporária, mas ainda no prazo constitucional da prescrição de dois anos. Nesses casos, o objeto da ação é a indenização pecuniária pela dispensa indevida no período de estabilidade.

Entendemos que nessa situação não se pode reconhecer ao trabalhador o direito invocado, isto porque o direito à manutenção do contrato de trabalho por certo lapso de tempo, o qual ensejaria a reintegração e sua possível conversão em indenização, não existe mais quando da postulação judicial.

Admitir outra posição seria beneficiar a parte inerte, com desvirtuamento do instituto e com violação aos princípios da razoabilidade e boa-fé, ocasionando, segundo alguns, enriquecimento sem causa.

Francisco Antonio de Oliveira discorre:[11] *"existe aquele caso em que o obreiro deixa transcorrer o prazo da estabilidade para só depois vir cobrar a indenização.*

É bem de ver que a estabilidade existe para proteger uma realidade, v. g., cipeiro etc. Assim, a estabilidade aí existiria em função da representação de outros colegas de serviço, não em função do obreiro solitariamente, vale dizer, ela tem alento em âmbito coletivo e não individual. E o fato de deixar transcorrer in albis *o prazo não lhe dará direito de receber indenização, porque estaria trocando a estabilidade, que é um direito de classe, por dinheiro. E empregado que assim age o faz dolosamente. E não poderá levar vantagem com a sua própria omissão".*

Agora resta-nos saber se, além da aplicação desses princípios de Direito, houve a decadência ou a prescrição do direito do trabalhador e, consequentemente, da sua conversão em pecúnia.

A solução do problema tem como ponto central saber qual é a natureza do direito que se pretende proteger.

Poder-se-ia pensar que o trabalhador tem o direito ao trabalho, como forma de prestar serviços (obrigação de fazer) e de receber pelos serviços prestados (obrigação de dar), e do empregador de dar o trabalho e pagar pelo trabalho realizado (obrigações de dar).

Dentro desse raciocínio, com a lesão ao direito obrigacional, nasce o direito de ação (*actio nata*), o qual, nos termos da CF, pode ser exercido até dois anos após a extinção do contrato de trabalho (art. 7º, XXIX). Como já se viu, as ações que tenham cunho condenatório estão sujeitas à prescrição e nunca à decadência.

---

[11] OLIVEIRA, Francisco Antonio. *Comentários aos precedentes normativos e individuais do TST*, p. 235.

Essas premissas nos levariam a uma conclusão, pois, ainda que não mais houvesse o direito à estabilidade quando do ingresso da ação, estaria garantido seu pagamento em pecúnia. O não cumprimento dos direitos obrigacionais converte-se em perdas e danos.

Não nos parece ser esse o melhor entendimento, na medida em que o trabalhador prejudicado tem o direito de prestar sua força de trabalho como decorrência natural da manutenção do contrato de trabalho. Esse é o objetivo da estabilidade.

O direito do empregado em manter vigente o contrato de trabalho, ainda que contra a vontade do empregador, é um direito potestativo, que tem como característica principal *"o estado de sujeição que o seu exercício cria para outra ou outras pessoas independentemente da vontade destas últimas, ou mesmo contra sua vontade".*[12]

Importante dizer que o direito do empregado em manter vigente o contrato de trabalho não lhe garante qualquer direito pecuniário, sendo que os direitos trabalhistas, como pagamento de salários, somente serão devidos como contraprestação do trabalho que venha a ser realizado. O direito potestativo, por si só, não gera direito pecuniário (outra característica).

Tratando-se do exercício de direito potestativo do trabalhador à manutenção da relação contratual vigente, não se trata de reconhecer a prescrição trabalhista, mas o não exercício do direito ao trabalho (estabilidade) no prazo legal que repercute na sua decadência.[13]

O TST fixou o entendimento que o ajuizamento de ação trabalhista após decorrido o período de garantia de emprego não configura abuso do exercício do direito de ação, pois este está submetido apenas ao prazo prescricional (art. 7º, XXIX, CF), sendo devida a indenização desde a dispensa até a data do término do período estabilitário (OJ 399, SDI-I).

QUESTIONÁRIO

1. Quais são as hipóteses de decadência no direito do trabalho?

2. Quais são os prazos decadenciais das hipóteses apontadas na resposta da questão anterior?

3. No caso de estabilidade provisória, como deve ser decidido o pedido de reintegração quando a ação é proposta após exaurido o prazo da estabilidade?

---

[12] AMORIM FILHO, Agnelo. Ob. cit., p. 12.

[13] "Reunindo-se as três regras *supra* deduzidas, tem-se um critério dotado de bases científicas e que permite, com segurança, identificar, *a priori*, a aplicação da prescrição: (a) Estão sujeitas à prescrição (indiretamente, isto é, em virtude da prescrição da pretensão a que correspondem) todas as ações condenatórias, e somente estas; (b) estão sujeitas à decadência (indiretamente, isto é, da decadência do direito potestativo a que correspondem) as ações constitutivas que têm prazo especial de exercício fixado em lei; (c) são perpétuas (imprescritíveis) as ações constitutivas que não têm prazo especial de exercício fixado em lei e todas as ações declaratórias" (MENDONÇA JÚNIOR, Nelson Teixeira de. A prescrição e a equidade. *Revista LTr*, v. 60, nº 5, p. 639).

Capítulo III
CAUSAS IMPEDITIVAS, SUSPENSIVAS E INTERRUPTIVAS DA PRESCRIÇÃO

3.1 ASPECTOS GERAIS DAS CAUSAS IMPEDITIVAS, SUSPENSIVAS E INTERRUPTIVAS DA PRESCRIÇÃO

Os fatores impeditivos ou suspensivos atuam de forma direta sobre a contagem do prazo prescricional.

As causas impeditivas envolvem as situações que não permitem que o curso da prescrição seja iniciado. Enquanto as causas suspensivas impedem que o prazo prescricional iniciado anteriormente corra no período em que a condição suspensiva exista.

Geralmente, os fatores impeditivos ou suspensivos independem da explícita vontade da parte beneficiada. São fatores externos à vontade da parte, todavia inviabilizam ou restringem a defesa de seus interesses jurídicos.

Dependendo do momento em que se dê a lesão ao direito, a causa pode ser impeditiva ou suspensiva.

O CC elenca as principais hipóteses, são elas: (a) entre os cônjuges, na constância da sociedade conjugal; (b) entre ascendentes e descendentes, durante o poder familiar; (c) entre tutelados ou curatelados e seus tutores ou curadores, durante a tutela ou curatela; (d) contra os incapazes (art. 3º); (e) contra os ausentes do País em serviço público da União, dos Estados ou dos Municípios; (f) contra os que se acharem servindo nas Forças Armadas, em tempo de guerra (arts. 197 e 198).

Acrescente-se que não corre a prescrição quando: (a) pendendo condição suspensiva; (b) não estando vencido o prazo; (c) pendendo ação de evicção.

Tratando-se de fato que deva ser apurado no juízo criminal, a prescrição somente se iniciará com a decisão definitiva (art. 200).

Os fatores suspensivos paralisam de forma temporária o curso da prescrição. Superado o fato suspensivo, o prazo continua a correr, computando-se o tempo decorrido anteriormente.

Suspensa a prescrição em favor de um dos credores solidários, só aproveita os outros se o objeto da obrigação for indivisível (art. 201).

Importante reafirmarmos que, *"embora as causas de impedimento ou suspensão não afastem a inércia do titular do direito, servem para justificá-la, eis que em determinadas situações o titular não tem condições de exigir seu crédito. Tais circunstâncias acham-se expressamente previstas em lei, constituindo* numerus clausus *a fim de evitar eventuais interpretações subjetivas, que poderiam ameaçar os próprios fundamentos da prescrição, que visa, em essência, à paz social".*[1] Convém ressaltar a existência de hipóteses específicas do Direito do Trabalho, como ocorre quando a parte dirige-se às Comissões de Conciliação Prévia (art. 625-G, CLT) e no pedido de homologação de acordo extrajudicial (art. 855-E, CLT, Lei 13.467/17). De qualquer forma, são situações expressamente previstas em lei.

A interrupção, por sua vez, susta a contagem prescricional já iniciada, eliminando o tempo transcorrido, e determina o reinício da prescrição, voltando a fluir o prazo prescricional, como se nunca houvesse fluído.

As causas interruptivas, ao contrário das impeditivas ou suspensivas, são decorrentes de uma efetiva e eficaz manifestação de vontade da parte beneficiada, e ocorrerão apenas por uma vez (art. 202) (interrupção única).

A interrupção pode ser promovida por qualquer interessado (art. 203).

As hipóteses interruptivas são as seguintes: (a) por despacho do juiz, mesmo incompetente, que ordenar a citação, se o interessado a promover no prazo e na forma da lei processual; (b) por protesto judicial; (c) por protesto cambial; (d) pela apresentação do título de crédito em juízo de inventário ou em concurso de credores; (e) por qualquer ato judicial que constitua em mora o devedor; (f) por qualquer ato inequívoco, ainda que extrajudicial, que importe reconhecimento do direito pelo devedor (art. 202).

A prescrição interrompida recomeça a correr da data do ato que a interrompeu ou do último do processo para a interromper (art. 202, parágrafo único).

A interrupção da prescrição por um credor não aproveita aos outros. Semelhantemente, a interrupção operada contra o codevedor e seus herdeiros não prejudica aos demais coobrigados (art. 204). A interrupção, porém, aberta por um dos credores solidários aproveita aos outros; assim como a interrupção efetuada contra o devedor solidário envolve os demais e seus herdeiros (§ 1º). A interrupção operada contra um dos herdeiros do devedor solidário não prejudica os outros herdeiros ou devedores, senão quando se trate de obrigações e direitos indivisíveis (§ 2º).

A interrupção produzida contra o principal devedor prejudica o fiador (§ 3º).

A interrupção única trazida pelo CC de 2002 somente se aplica às situações jurídicas que possam ocorrer após o advento da Lei, sendo que as interrupções prescricionais promovidas pela parte na vigência do CC de 1916 não sofrem qualquer alteração e nem serão consideradas para efeito da interrupção única, a qual deve se operar na vigência da nova sistemática legal.[2]

---

[1] LORA, Ilse Marcelina Bernardi. *A prescrição no direito do trabalho*: teoria geral e questões polêmicas, p. 44.

[2] LORENZETTI, Ari Pedro. A prescrição trabalhista e o novo Código Civil. *Revista O Trabalho*, Encarte nº 87, maio 2004, p. 2116-2217.

PARTE V · Cap. III – CAUSAS IMPEDITIVAS, SUSPENSIVAS E INTERRUPTIVAS DA PRESCRIÇÃO | 261

Ao analisar revisão da Súm. 268, TST, e a interrupção única (art. 202, CC), Enoque Ribeiro dos Santos[3] entende que, *"não havendo lacuna e nem qualquer compatibilidade no tratamento dessa matéria, o novo dispositivo contido no art. 202 do novo Código Civil não se aplica ao processo trabalhista."*

Não vemos óbices para aplicação da interrupção única no Direito do Trabalho, por entender ser instituto compatível com as lides trabalhistas (arts. 8º, *caput* e parágrafo único, e 769, CLT). Tal regra tem aplicação ao Processo do Trabalho e é agasalhada pela jurisprudência do TST.[4]

Contra a Administração Pública Direta, Autarquias e outras entidades criadas e mantidas por impostos, taxas ou contribuições instituídas por lei, a prescrição somente pode ser interrompida uma vez (art. 8º, Decreto 20.910/32), sendo que, uma vez interrompida, essa passa a correr pela metade (art. 3º, Dec.-lei 4.597/42), mas não fica reduzida aquém dos cinco anos, embora o titular do direito a interrompa durante a primeira metade do prazo (Súm. 383, STF).

Questionável a aplicação do Decreto 20.910 e do Dec.-lei 4.597 aos créditos trabalhistas, *"pois implicaria reduzir-lhes o prazo prescricional, em consequência da interrupção, o que contraria a norma constitucional. O inciso XXIX do art. 7º da Carta Magna só prevê a redução do prazo prescricional em razão do término da relação de emprego. Não se pode esquecer, também, que os entes de direito público, quando contratam trabalhadores pela Consolidação das Leis do Trabalho, despem-se do jus imperii, de que dispõem, igualando-se aos empregadores privados, tanto assim que seus atos não podem ser atacados mediante mandado de segurança".*[5]

3.2 CAUSAS IMPEDITIVAS E SUSPENSIVAS DA PRESCRIÇÃO TRABALHISTA

O CC trata de diversas causas impeditivas e suspensivas da prescrição (arts. 197 e 198), as quais são aplicáveis ao Direito do Trabalho (art. 8º, CLT), sofrendo, contudo, algumas adaptações.

A primeira causa impeditiva da prescrição é a relação matrimonial, já que inexiste qualquer restrição legal para a existência de relação de emprego entre os cônjuges. Apesar de a norma prever expressamente a "sociedade conjugal" (art. 197, I, CC), na constância da união estável também não se pode falar em prescrição já que se trata de uma situação equiparada ao casamento pelo ordenamento jurídico (art. 226, § 3º, CF, Lei 9.278/96, arts. 1.723 a 1.727, CC).

---

3   SANTOS, Enoque Ribeiro dos. Considerações sobre a revisão dos enunciados do Tribunal Superior do Trabalho – uma reforma necessária. *Revista Justiça do Trabalho*, nº 244, abr. 2004, p. 16.

4   TST – 4ª T. – AIRR 56700-28.2009.5.02.0251 – Relª Minª Maria de Assis Calsing – *DEJT* 31/10/2012.

5   LORENZETTI, Ari Pedro. *A prescrição no direito do trabalho*, p. 89.

Ao tratar da possibilidade de existência de contrato de trabalho entre cônjuges, Délio Maranhão[6] faz algumas restrições: *"Pode a mulher ser 'empregada' do marido? Pode o marido ser 'empregado' da mulher? Impõe-se, aqui, um escolástico 'distinguo'. Se o regime dos bens é o de comunhão, quando assim for validamente convencionado (art. 257 do Código Civil), não vemos como se possa estabelecer um contrato de trabalho entre esposos. Até a dissolução da sociedade conjugal, os bens de ambos os cônjuges permanecem em estado de indivisão. Ora, o patrimônio do empregador responde pelas obrigações resultantes do contrato de trabalho. Como admitir, portanto, que um cônjuge se torne credor do outro? Coisa inteiramente diversa é a hipótese de um dos cônjuges ser empregado em um outro estabelecimento de uma sociedade comercial da qual o outro seja sócio. Tendo as pessoas jurídicas existência distinta da dos seus membros (art. 20 do Código Civil), nenhuma dificuldade existe para a configuração, nesse caso, de um verdadeiro contrato de trabalho."*

Além dessa causa, também impede a contagem da prescrição a relação de poder familiar e a relação de tutela e curatela. Hipóteses também aplicáveis no Direito do Trabalho, apesar da sua pouca incidência prática. O TST deliberou pelo acatamento da suspensão da prescrição quanto a um trabalhador, que veio a ser interditado por uma decisão da Justiça Comum.[7]

Outra causa impeditiva é a incapacidade absoluta, sendo que a menoridade é a que apresenta maior relevância para o Direito do Trabalho.

De fato, a menoridade trabalhista (18 anos) é fator impeditivo da prescrição, independentemente de ser o menor absolutamente ou relativamente incapaz (arts. 440, CLT; art. 71, CPC). Tal regra não se aplica quando cessar a incapacidade civil, como ocorre na emancipação e em outras situações elencadas pelo legislador (art. 5º, CC).

No entanto, há também a hipótese do menor de idade que figura como sucessor de direitos trabalhistas. Nesse caso, não há uniformidade de entendimentos quanto à questão de se saber se a prescrição também se encontra impedida ou suspensa.

Ilse Marcelina Bernardi Lora[8] defende a tese segundo a qual o menor sucessor também é beneficiado pela regra da CLT (art. 440). Contudo, o TST acabou firmando posição no sentido de que a regra do art. 440, CLT, não se aplica ao herdeiro menor.

Para Ari Lorenzetti,[9] *"basta que haja um herdeiro menor para que a suspensão da prescrição se opere em relação a todo o crédito do espólio, não havendo falar em suspensão apenas de cota dos herdeiros menores."* Trata-se de obrigação indivisível.

Nos dias atuais, não há mais dúvida, pois a interrupção da obrigação indivisível é prevista no novo CC (art. 201) e, nos casos em que houver devedores com responsabilidade solidária, a interrupção efetuada contra um devedor solidário envolve os demais e seus herdeiros (art. 204, § 1º).

---

6   SÜSSEKIND, Arnaldo; MARANHÃO, Délio; VIANNA, Segadas; LIMA, Teixeira. *Instituições de direito do trabalho*, v. 1, 19. ed., p. 318.

7   TST – 3ª T. – AIRR 156100-61.2008.5.15.0033 – Rel. Min. Mauricio Godinho Delgado – *DEJT* 19/6/2013.

8   LORA, Ilse Marcelina Bernardi. Ob. cit., p. 118.

9   LORENZETTI, Ari Pedro. Ob. cit., p. 71-72.

PARTE V · Cap. III – CAUSAS IMPEDITIVAS, SUSPENSIVAS E INTERRUPTIVAS DA PRESCRIÇÃO | 263

"AGRAVO DE INSTRUMENTO EM RECURSO DE REVISTA. RITO SUMARÍS-SIMO. PRESCRIÇÃO. HERDEIRO MENOR. O entendimento perfilhado por esta Corte é o de que não corre prazo prescricional contra o herdeiro menor, nos termos do artigo 198, I, do Código Civil. De igual modo, a teor dos artigos 1.791 e 201 do CC, em se tratando de obrigação indivisível, a suspensão da prescrição aplicada aos herdeiros absolutamente incapazes aproveita aos demais herdeiros/credores solidários. Precedentes. Agravo de instrumento conhecido e não provido" (TST – 8ª T – AIRR 10964-84.2014.5.15.0045 – Rel. Min. Dora Maria da Costa – j. 22/6/2016).

Também é causa impeditiva da prescrição a ausência do titular do direito do Brasil, a serviço público da União, Estados e Municípios. Também aplicável aos ausentes para a prestação de serviço público ao Distrito Federal, autarquias e fundações.

Outra causa impeditiva está prevista no art. 198, III, do CC: os que se acharem servindo nas Forças Armadas, em tempo de guerra.

A submissão do litígio trabalhista à Comissão de Conciliação Prévia é causa de suspensão do prazo prescricional (art. 625-G, CLT) pelo período que durar a tentativa Conciliatória, ainda que o prazo de dez dias fixado pelo legislador para conclusão dos trabalhos da Comissão seja ultrapassado.

Da mesma forma, suspende o prazo prescricional o pedido de homologação de acordo extrajudicial em relação aos direitos nela especificados (art. 855-E) durante o período em que estiver sub judice.

Tratando-se de fato que deva ser apurado no juízo criminal, a prescrição somente se iniciará com a decisão definitiva (art. 200, CC). Tal regra tem aplicação ao Processo do Trabalho, de modo que a parte interessada poderá aguardar o desfecho da ação penal, para posteriormente promover a ação trabalhista, *e. g.*, pleiteando a reparação de dano causado por uma acusação falsa. A aplicação de tal regra é salutar ao Processo do Trabalho, primeiro, porque se evita o ajuizamento de ações que dependam do pronunciamento do juízo criminal (efeitos da coisa julgada penal, arts. 63 e segs., CPP) e, segundo, pela desnecessidade de realização de atos judiciais que possam se mostrar futuramente inócuos (princípio da economia processual).

Evidentemente, que não haverá prescrição apenas no que tange ao fato (e seus efeitos) que está sendo apurado no juízo criminal, não se estendendo as outras verbas de natureza trabalhista.

Trata-se de uma faculdade da parte interessada aguardar o pronunciamento do juízo criminal para ajuizar a ação trabalhista. Certo é que se a decisão trabalhista depender da decisão penal, a ação trabalhista proposta antes do término da ação penal terá que ser suspensa (art. 313, V, NCPC) e ainda corre o risco de não apresentar em juízo todo o relato do desfecho da ação penal.

Para Alice Monteiro de Barros,[10] mesmo *"quando o pedido de compensação por dano moral decorra da imputação de crime ao empregado, cuja apuração está sendo feito em*

---

10   BARROS, Alice Monteiro de. *Curso de direito do trabalho*, 3. ed., p. 1023-1024.

outro segmento do Judiciário, a ação trabalhista deverá ser ajuizada dentro de dois anos a contar do término da relação de emprego, podendo a ação trabalhista ser posteriormente suspensa se for o caso, na forma prevista no art. 265, IV, do CPC. [...]

Isso porque o ilícito trabalhista guarda autonomia em relação ao ilícito penal. Não é necessário que se aguarde a decisão da Justiça Criminal para só então se apreciar a matéria na Justiça do Trabalho."

Como causas suspensivas aplicáveis ao Direito do Trabalho, têm-se: (a) a pendência de condição suspensiva; (b) não estando vencido o prazo (art. 199, I e II, CC).

Em face dessas condições, denota-se o princípio da *actio nata*: a contagem da prescrição inicia-se no instante em que, violado o direito, nasce para o titular à pretensão (art. 189).

Nesse sentido, a Súm. 443, STF: *"A prescrição das prestações anteriores ao período previsto em lei não ocorre quando não tiver sido negado, antes daquele prazo, o próprio direito reclamado ou a situação jurídica de que ele resulta."*

O art. 8º, ADCT, concedeu a anistia aos que no período de 18/9/1946 até a data de promulgação da Constituição, foram atingidos, em decorrência de motivação exclusivamente política, por ato de exceção, institucionais ou complementares, assegurando-lhes promoção na inativa.

Somente haverá efeitos financeiros a partir da CF/88 (art. 8º, § 1º).

O TST entendeu que os efeitos financeiros da readmissão do empregado anistiado por força do previsto no art. 8º, ADCT, serão contados a partir do momento em que este manifestou o desejo de retornar ao trabalho e, na ausência de prova, da data do ajuizamento da ação (OJ 91, SDI-I).

A Lei 8.632/93 concedeu anistia aos dirigentes ou representantes sindicais punidos por motivação política no período de 5/10/1988 até a publicação da lei, assegurando o pagamento dos salários do período da suspensão disciplinar e, aos demitidos, a reintegração ao emprego com todos os direitos.[11]

A Lei 8.632 entrou em vigência no dia da sua publicação (4/3/1993). Como o direito foi reconhecido em 4/3/1993, não se pode falar em prescrição para os dispensados há mais de dois anos anteriores a essa lei, já que a contagem do lapso prescricional iniciou-se a partir da entrada em vigência do diploma legal (princípio da *actio nata*).

A mesma situação ocorre com a Lei 8.878/94, a qual concedeu anistia aos servidores públicos civis e empregados da Administração Pública Federal Direta, Autárquica e

---

[11] "No Direito do Trabalho, surgiu interessante exemplo acerca da aplicação do princípio da *actio nata*. Trata-se do propiciado pela edição da Lei nº 8.632, de 5/3/1993. Esse diploma concedeu anistia a dirigentes sindicais dispensados após 5/10/1988, deferindo-lhes o direito de retorno ao emprego (direito que surgiu, como é óbvio, apenas em março de 1993, em face da anistia prevista no texto legal). Ora, como o direito de retorno em decorrência da anistia surgiu apenas em 5/3/1993, não se poderia considerar prescrita tal vantagem fundada nesse título jurídico ainda que o obreiro houvesse, de fato, sido dispensado há anos antes de 1993: é que pelo princípio da *actio nata* a prescrição somente iniciara sua contagem na própria data do diploma instituidor do direito (e de sua correspondente ação)" (DELGADO, Maurício Godinho. *Introdução ao direito do trabalho*, 2. ed., p. 210).

PARTE V · Cap. III – CAUSAS IMPEDITIVAS, SUSPENSIVAS E INTERRUPTIVAS DA PRESCRIÇÃO | 265

Fundacional, bem como aos empregados das empresas públicas e sociedades de economia mista sob controle da União, no período compreendido entre 16/3/1990 e 30/9/1992, que tenham sido exonerados ou despedidos com violação de preceito legal ou por motivação política ou por interrupção de atividade profissional em decorrência de movimentação grevista. A Lei 8.878 entrou em vigor na data de sua publicação.

Parte da jurisprudência entende suspensa a prescrição trabalhista por conta da suspensão do contrato de trabalho, nos casos de aposentadoria por invalidez (art. 475, CLT, art. 47, Lei 8.213/91, Súm. 217, STF, Súm. 160, TST), doença ou acidente de trabalho, entre outras situações.

Contudo, convém ressaltar que tais hipóteses não se encontram expressamente elencadas na lei, sendo que para nós a suspensão ou não da prescrição, ou mesmo da decadência (arts. 208, 198, I, 3º, II e III, CC), vai depender das condições físicas ou mentais do reclamante de pleitear seus direitos, devendo ser analisado caso a caso, já que, *v. g.*, um empregado hospitalizado estaria impedido de praticar qualquer ato da vida civil.

Para o TST, a suspensão do contrato de trabalho, em virtude da percepção do auxílio-doença ou da aposentadoria por invalidez, não impede a fluência da prescrição quinquenal, ressalvada a hipótese de absoluta impossibilidade de acesso ao Judiciário (OJ 375, SDI-I).

Encontramos ainda como causa suspensiva da prescrição os intitulados obstáculos (judicial e o legal), com fundamento no previsto nos arts. 132, § 1º, CC, art. 223, CPC, art. 775, parágrafo único, CLT. Como exemplos: (a) obstáculo legal, a coincidência do último dia da prescrição com o dia destinado ao feriado; (b) obstáculo judicial, a eventual paralisação dos serviços forenses, o que poderá prejudicar o exercício da defesa do direito por seu titular.

De acordo com o art. 975, § 1º, CPC, o prazo de dois anos da ação rescisória é prorrogado até o primeiro dia útil imediatamente subsequente, quando a sua expiração ocorrer durante férias forenses, recesso, feriados ou em dia que não houver expediente forense.

O TST afasta a decadência, prorrogando até o primeiro dia útil, imediatamente subsequente, o prazo decadencial para ajuizamento de ação rescisória quando expira em férias forenses, feriados, finais de semana ou em dia em que não houver expediente forense, pela aplicação do art. 775, CLT (Súm. 100, IX).

Como causa suspensiva do prazo prescricional, alguns defendem a apresentação de reclamação administrativa junto à Administração Pública direta e indireta, com exceção das empresas públicas e sociedades de economia mista, com respaldo do art. 4º, Decreto 20.910/32, e art. 3º, Dec.-lei 4.597/42.

Entre seus defensores, Ari Lorenzetti[12] entende que *"não há razão para excluir os direitos trabalhistas da incidência de tal regra, embora os tribunais, na grande maioria dos casos, não a tenham acolhido".*

---

[12] LORENZETTI, Ari Pedro. Ob. cit., p. 76.

Também não vemos motivos para negar a aplicação dessas normas ao Direito do Trabalho, pois, além das disposições do CC, é inegável que outras normas possam elencar as causas de suspensão do prazo prescricional.

A Lei 6.830/80, que trata da execução fiscal, no art. 40, determina que o juiz suspenderá o curso da execução, enquanto não for localizado o devedor ou encontrados bens sobre os quais possa recair a penhora e, nesses casos, não correrá o prazo da prescrição. Ou seja, trata-se de uma hipótese de causa suspensiva da prescrição intercorrente.

O STJ sumulou o entendimento de que, em execução fiscal, não localizados bens penhoráveis, suspende-se o processo por um ano, findo o qual se inicia o prazo da prescrição quinquenal intercorrente (Súm. 314).

Por força da Lei 11.051/04, foi incluído o § 4º ao art. 40, da Lei dos Executivos Fiscais, permitindo ao juiz de ofício, depois de ouvida a Fazenda Pública, reconhecer a prescrição intercorrente, se da decisão que ordenar o arquivamento tiver decorrido o prazo prescricional.

Com a Reforma Trabalhista (Lei 13.467/17), reconheceu-se a prescrição intercorrente na fase de execução, a qual pode ser conhecida ex officio em qualquer grau de jurisdição (art. 11-A, CLT). A IN 41, de 21/06/2018, TST, indica que o fluxo da prescrição intercorrente deve ser computado a partir do descumprimento da determinação judicial a que alude o § 1º do art. 11-A da CLT, desde que feita depois de 11 de novembro de 2017 (Lei 13.467/2017).

Por fim, nos contratos de seguro vinculados ao contrato de trabalho, como nos casos de acidente de trabalho ou doença profissional, o pedido do pagamento de indenização à seguradora suspende o prazo de prescrição até que o segurado tenha ciência da decisão (Súm. 229, STJ).

O TST fixou o entendimento de que o marco inicial da contagem do prazo prescricional para o ajuizamento de ação condenatória (quando há a dispensa do empregado no curso de ação declaratória que possua a mesma causa de pedir remota) é o trânsito em julgado da decisão proferida na ação declaratória e não a data da extinção do contrato de trabalho (OJ 401, SDI-I).

Pelo CPC, tem-se a extinção da execução quando ocorrer a prescrição intercorrente (art. 924, V).

3.3 CAUSAS INTERRUPTIVAS DA PRESCRIÇÃO TRABALHISTA

A mais importante causa interruptiva é a propositura de ação judicial trabalhista. A prescrição é interrompida com a citação pessoal feita ao devedor, ainda que ordenada por juiz incompetente (art. 202, I, CC).

A data do ajuizamento fixa o termo quanto à interrupção da prescrição, pois a citação do reclamado no processo do trabalho é automática (art. 841, CLT). O juiz trabalhista, via de regra, tem conhecimento do processo somente quando da realização da audiência inaugural.

No CPC, a citação válida, ainda quando for ordenada por juízo incompetente, induz litispendência, torna litigiosa a coisa, constitui em mora o devedor e interrompe a prescrição (art. 240, caput e § 4º).

PARTE V · Cap. III – CAUSAS IMPEDITIVAS, SUSPENSIVAS E INTERRUPTIVAS DA PRESCRIÇÃO | **267**

A interrupção da prescrição retroage ao momento do ajuizamento da ação, desde que o autor promova a citação do réu nos dez dias subsequentes ao despacho que a ordenar (art. 240, §§ 1º e 2º), sendo que a parte não será prejudicada pela demora imputável exclusivamente ao serviço judiciário (art. 240, § 3º).

A demora ou atraso da citação, em função de motivos inerentes ao mecanismo da Justiça, não pode ser acolhida para a decretação da prescrição ou decadência (Súm. 78, ex-TFR; Súm. 106, STJ).

A demanda trabalhista, ainda que arquivada, interrompe a prescrição em relação aos pedidos idênticos (Súm. 268, TST; art. 11, § 3º, CLT; Lei 13.467/17). Evidentemente que a interrupção da ação trabalhista pelo arquivamento respectivo somente atinge o objeto da ação e não outros direitos que possam ser postulados.

A regra do art. 240, CPC, e do art. 11, § 3º, CLT, também se aplica a todos os prazos extintivos previstos na lei, logo, abrange os prazos decadenciais (art. 207, CC).

Necessário, porém, se faz, para interrupção do prazo prescricional, que haja citação válida, mesmo no caso de demanda arquivada. Essa também é a posição defendida por Ari Pedro Lorenzetti,[13] enquanto Ísis de Almeida[14] entende de outra forma.

Segundo o TST, a interrupção da prescrição independe da citação válida (OJ 392, SDI-I), visto que o protesto (notificação judicial, art. 726, CPC) é medida aplicável no processo do trabalho, sendo que o seu ajuizamento, por si só, interrompe o prazo prescricional, em razão da inaplicabilidade do § 2º do art. 240 do CPC, que impõe ao autor da ação o ônus de promover a citação do réu, por ser ele incompatível com o disposto no art. 841 da CLT.

As hipóteses do art. 202, II a IV (protesto judicial ou cambial; pela apresentação do título de crédito em juízo de inventário ou em concurso de credores; por qualquer ato judicial que constitua em mora o devedor), do CC são de incidência rara no processo trabalhista, já que não são comuns os procedimentos cautelares ou preparatórios, preferindo o credor trabalhista a utilização direta da ação principal.

A situação de qualquer ato inequívoco, mesmo extrajudicial, que importe reconhecimento do direito pelo devedor (art. 202, VI, CC) pode ser aplicável ao processo trabalhista. É a situação, por exemplo, na qual o empregador chama o seu ex-empregado para um acerto de contas ou reconhece a existência de dívida junto ao FGTS.

A interrupção aproveita o demandante, não favorecendo os demais cocredores nem prejudicando os codevedores (art. 204), exceto se for o caso de obrigações solidárias, indivisíveis ou no caso do fiador. Por isso, havendo sucessão do empregado por herdeiros maiores e menores de idade, entende-se interrompida ou suspensa à prescrição para todos, conforme o caso, pois os direitos trabalhistas sucedidos formam uma universalidade de direitos indivisíveis.

---

[13] LORENZETTI, Ari Pedro. A prescrição trabalhista e o novo Código Civil. *Revista O Trabalho*, nº 87, maio 2004, p. 2.217.

[14] ALMEIDA, Ísis de. *Manual da prescrição trabalhista*, 2. ed., p. 129.

Além disso, a interrupção pode ser promovida por qualquer interessado (art. 203); portanto, entende-se que a ação promovida pelo sindicato como substituto processual interrompe o prazo prescricional da ação individual do empregado.

3.4 O AJUIZAMENTO DAS AÇÕES COLETIVAS E A INTERRUPÇÃO DA PRESCRIÇÃO PARA AS AÇÕES INDIVIDUAIS

No caso do ajuizamento das ações coletivas por qualquer um dos legitimados (Ministério Público do Trabalho, entidades sindicais, Defensoria Pública etc.), a prescrição para a ação individual, com idêntico objeto, fica interrompida, pela aplicação do art. 203, CC, *in verbis*: *"a prescrição pode ser interrompida por qualquer interessado."* Posição também defendida por Homero Batista Mateus da Silva.[15]

Marcos Neves Fava[16] preleciona: *"Mesmo que não haja perfeita identidade entre uma ação coletiva e dada ação individual que persegue tutela do mesmo objeto, a primeira, da perspectiva coletiva, enquanto a última, do particular, não se pode desconsiderar a existência do processo coletivo para o efeito de interrupção da prescrição, com seu aforamento. Afinal, prescrição decorre de ato omissivo do credor, de inércia, e a existência da postulação coletiva já dá a saber ao devedor a movimentação do interessado, não por si, pessoalmente, mas por um legitimado – dito extraordinário – em direção à tutela daquele interesse."*

O TST sumulou o entendimento de que a ação movida por sindicato, na qualidade de substituto processual, interrompe a prescrição, ainda que tenha sido considerado parte ilegítima *ad causam* (OJ 359, SDI-I).

Apesar disso, a matéria deve ser analisada caso a caso.

QUESTIONÁRIO

1. Qual a diferença entre as causas impeditivas, suspensivas e interruptivas da prescrição?

2. Quais são as causas impeditivas e suspensivas da prescrição trabalhista?

3. Quais são as causas interruptivas da prescrição trabalhista?

---

[15] SILVA, Homero Batista Mateus da. Ações coletivas interrompem a prescrição das pretensões individuais trabalhistas? Ação coletiva na visão de juízes e procuradores do trabalho, p. 228.

[16] FAVA, Marcos Neves. *Ação civil pública trabalhista*, p. 185.

Capítulo IV
NORMAS ESPECÍFICAS DA PRESCRIÇÃO TRABALHISTA

4.1 A IMPORTÂNCIA DA PRESCRIÇÃO

Como bem coloca Marly A. Cardone,[1] *"em Direito do Trabalho o prazo prescricional assume um aspecto de suma importância, dada a ainda apenas relativa liberdade de que goza o empregado, perante o empregador, não obstante a proteção legal que se lhe pretende outorgar. Muitas vezes, o empregado não reclama judicialmente seus direitos por temor de represálias do empregador, a pior delas sendo a despedida".*

4.2 PRAZOS PRESCRICIONAIS TRABALHISTAS

Anteriormente a 1988, para o trabalhador urbano o prazo prescricional era de dois anos, sendo computado a partir da lesão ao direito (art. 11, CLT), enquanto para o empregado rural o lapso era dois anos, a contar da extinção do contrato de trabalho (art. 10, Lei 5.889/73).

Com o art. 7º, XXIX, CF, os prazos prescricionais trabalhistas passaram a ser de: (a) cinco anos para o trabalhador urbano, até o limite de dois anos após a extinção do contrato; (b) dois anos após a extinção do contrato, para o trabalhador rural, não atingindo as situações já consumadas.

O prazo prescricional de cinco anos previsto no art. 7º, XXIX, é de aplicação imediata, não atingindo pretensões já alcançadas pela prescrição bienal, quando da promulgação da CF (Súm. 308, II, TST); logo, esse prazo somente é válido a partir da vigência da CF (5/10/88).

Na CF/88, a diferença básica entre o empregado urbano e o rural era que, para o segundo, a prescrição não é computada na fluência do contrato de trabalho, o que acabou por ser alterado com a EC 28, igualando os prazos prescricionais do trabalhador urbano e rural.

---

[1] CARDONE, Marly A. Prescrição – direito do trabalho II. *Enciclopédia Saraiva do Direito*, v. 60, p. 231.

4.2.1 A Prescrição do Rurícola em Face da EC 28

Com a EC 28/00, houve alteração na redação do art. 7º, XXIX, CF, passando a não mais haver diferenças de prazo prescricional entre empregado urbano e rural. Diz a nova redação da CF: *"Ação, quanto aos créditos resultantes das relações de trabalho, com prazo prescricional de cinco anos para os trabalhadores urbanos e rurais, até o limite de dois anos após a extinção do contrato."*

A EC 28 também revogou o art. 233, CF, segundo o qual o empregador rural deveria comprovar, de cinco em cinco anos, o pagamento dos créditos trabalhistas.

Alguns autores entendem que a EC 28 é inconstitucional. Para eles, não é possível promover alteração no art. 7º ou em qualquer um dos seus incisos, pois a CF/88 determina expressamente que não será objeto de deliberação a proposta de emenda tendente a abolir os direitos e garantias individuais (art. 60, § 4º, IV).

Além da questão sobre a sua constitucionalidade, a aplicação da EC 28 suscita questões de direito intertemporal.

A norma prescricional é de ordem pública, atingindo as relações jurídicas em curso, porém, caso a prescrição já esteja consumada, ela não é atingida pela nova lei – princípio da irretroatividade da lei no tempo.[2]

Para a prescrição em curso, podemos encontrar duas situações, como aponta Roubier:[3] (a) as anteriores à nova lei, que não poderiam ser atingidas por ela sem retroatividade; (b) as posteriores à nova lei, para as quais ela não terá senão um efeito imediato.

Em regra, a norma só diz respeito a comportamentos futuros, embora possa referir-se a condutas passadas, tendo, então, força retroativa.[4]

No sistema legal vigente, a nova lei poderá ter efeitos retroativos, mas, para tanto, deverá fazer menção expressa da retroação. De qualquer forma, não atingirá o direito adquirido, ato jurídico perfeito e a coisa julgada (art. 5º, XXVI, CF; art. 6º, LINDB).

O poder constituinte não tem limitada sua ação pelo princípio da irretroatividade das leis, de maneira que poderá tocar no ato jurídico perfeito, direito adquirido e coisa julgada, retroagindo no tempo os efeitos do dispositivo constitucional, desde que o faça de maneira expressa.[5]

Dentre os problemas que envolvem o direito intertemporal e a EC 28, destacamos a aplicação da nova sistemática prescricional aos contratos extintos em data anterior à sua vigência, bem como àqueles que, iniciados na vigência da outra norma, se mantêm em vigor até os dias atuais.

---

[2]   Nesse sentido, o TST pacificou o seu entendimento. Súm. 308: "Prescrição Quinquenal. I. [...] II. A norma constitucional que ampliou o prazo de prescrição da ação trabalhista para 5 anos é de aplicação imediata e não atinge pretensões já alcançadas pela prescrição bienal quando da promulgação da CF/88."

[3]   FISCHER, Brenno apud Almeida, Isis de. Ob. cit., p. 111.

[4]   DINIZ, Maria Helena. *Lei de Introdução ao Código Civil Brasileiro interpretada*, 2. ed., p. 176.

[5]   BATALHA, Wilson de Souza Campos. *Direito intertemporal*, p. 438.

PARTE V · Cap. IV – NORMAS ESPECÍFICAS DA PRESCRIÇÃO TRABALHISTA | 271

Visualizando a primeira problemática posta, fazemos a seguinte indagação: qual é a prescrição do contrato de trabalho rural extinto em 1/5/2000 (por exemplo)?

Diante da indagação apresentada, encontramos duas variantes: a propositura da ação trabalhista pode ocorrer antes ou depois do novo Texto Constitucional.

No primeiro caso, com a extinção do contrato de trabalho rural em 1/5/2000 e com a postulação judicial iniciada em data anterior à vigência da EC 28, o prazo prescricional a ser aplicado é o da CF original, ou seja, até dois anos após a extinção do contrato, observando o previsto no art. 233, CF, e art. 10, § 3º, ADCT.

Isso porque somente com previsão expressa a CF pode atingir ato jurídico consumado.

E na segunda hipótese – o contrato de trabalho foi extinto anteriormente à existência da EC 28, mas a postulação judicial se deu na vigência do Novo Texto –, a prescrição a ser observada é a bienal após a extinção do contrato de trabalho, eis que não podemos falar em aplicação de nova norma prescricional dos contratos em curso para uma relação jurídica já extinta.

Admitir a aplicação da nova sistemática prescricional às relações jurídicas extintas antes da sua vigência seria dar efeito retroativo à norma, sem que houvesse qualquer menção para isso no Texto reformado.

Por fim, tratando-se de norma de ordem pública, a disciplina prescricional é aplicável de imediato, atingindo os contratos de trabalho em curso, porém sem efeitos retroativos, de maneira que a contagem da prescrição quinquenal somente pode se iniciar com a vigência da Emenda, pois inexistia um sistema de contagem anterior.

Sobre o tema, o TST (SDI-I) editou a OJ 271, a qual teve sua redação alterada em novembro de 2005, *in verbis*: *"O prazo prescricional da pretensão do rurícola, cujo contrato de emprego já se extinguira ao sobrevir a Emenda Constitucional nº 28, de 26/05/2000, tenha sido ou não ajuizada a ação trabalhista, prossegue regido pela lei vigente ao tempo da extinção do contrato de emprego."*

O empregado que trabalha em empresa de reflorestamento, cuja atividade está diretamente ligada ao manuseio da terra e de matéria-prima, é rurícola e não industriário, nos termos do art. 2º, § 4º, do Decreto 73.626/74, pouco importando que o fruto de seu trabalho seja destinado à indústria. Assim, aplica-se a prescrição própria dos rurícolas aos direitos desses empregados (OJ 38, SDI-I).

O TST consolidou o entendimento de que não há prescrição total ou parcial da pretensão do trabalhador rural que reclama direitos relativos a contrato de trabalho que se encontrava em curso à época da promulgação da EC 28/00, desde que ajuizada a demanda no prazo de cinco anos de sua publicação, observada a prescrição bienal (OJ 417, SDI-I).

4.2.2 A Prescrição nos Contratos dos Empregados Domésticos

A Constituição Federal dispõe que os trabalhadores poderão recorrer ao Poder Judiciário, em regra geral, quanto aos créditos resultantes das relações de trabalho, respeitado o prazo prescricional de cinco anos para os trabalhadores urbanos e rurais, até o limite de dois anos após a extinção do contrato de trabalho.

É certo que tal disposição constitucional também se aplica ao trabalhador doméstico (art. 43, LC 150).

4.2.3 A Prescrição do Trabalhador Avulso

Por meio da OJ 384, SDI-I, o TST considerava aplicável a prescrição bienal prevista no art. 7º, XXIX, CF, ao trabalhador avulso, tendo como marco inicial a cessação do trabalho ultimado para cada tomador de serviço. A OJ 384 foi cancelada em setembro/2012 (Res. 185).

Assim, em regra, aplica-se ao trabalhador avulso a prescrição quinquenal (TRT – 2ª R. – RO 01983006520085020447 – Rel. Álvaro Alves Nôga – j. 20/5/2011).

A prescrição bienal somente será computada a partir do descredenciamento do trabalhador do Órgão Gestor de Mão de Obra (OGMO).

4.2.4 A Prescrição em Ações Declaratórias

As ações declaratórias são utilizadas para as situações de incerteza. Pedem o reconhecimento quanto à existência ou não de uma relação jurídica, sem haver a pretensão quanto à sanção.

O interesse do autor pode limitar-se à declaração da: (a) existência ou inexistência de relação jurídica; (b) autenticidade ou falsidade de documento (art. 19, I e II, CPC).

É admissível a declaratória, ainda que tenha ocorrido a violação do direito (art. 20, CPC).

As ações declaratórias não podem servir à prova de simples fatos, a não ser o expressamente previsto (falsidade de documento).

A experiência demonstra que são várias as hipóteses de ações declaratórias no processo trabalhista: reconhecimento de estabilidade, existência ou não do vínculo empregatício etc.

Atualmente, é pacífico o entendimento de que as ações declaratórias são imprescritíveis.

Para Ísis de Almeida,[6] *"a imprescritibilidade da ação declaratória parece questão pacífica na doutrina, justificada por Chiovenda, 'Instituições de Direito Processual Civil', 1942, vol. I, p. 62, 'porquanto (essas ações) não se destinam a fazer cessar um estado de fato contrário, em sentido próprio, mas a declarar qual é o estado de fato conforme o direito, fazendo cessar a propósito o estado de incerteza'. E Liebman, em nota inscrita na mesma obra supracitada (p. 293), reforça o entendimento, dizendo: 'A ação não está sujeita à prescrição, como em geral todas as ações declaratórias, porque tende simplesmente a fazer resultar de modo certo um estado de coisas já existente e perfeitamente legítimo, que o decurso do tempo, só, não pode modificar'. Por muito mais forte razão, é imprescritível a ação declaratória trabalhista, tendo em vista que o art. 11 da CLT estabelece a prescrição*

---

[6]   ALMEIDA, Ísis de. Ob. cit., p. 191.

PARTE V • Cap. IV – NORMAS ESPECÍFICAS DA PRESCRIÇÃO TRABALHISTA | 273

apenas com referência ao direito de pleitear a reparação de qualquer ao infringente de dispositivo nela contido – e reparação só se pode obter através de sentença condenatória (em ação condenatória, naturalmente), ainda que a decisão venha com maior ou menor carga de declaratividade e/ou constitutividade."

Em função dessas assertivas, a Lei 9.658/98 incluiu o parágrafo único ao art. 11, CLT, dispondo que os prazos prescricionais são inaplicáveis às ações que tenham por objeto anotações para fins de prova junto à Previdência Social.[7]

Mesmo antes da alteração da CLT, o STJ admitia ação declaratória para reconhecimento de tempo de serviço para fins previdenciário (Súm. 242).

O ajuizamento da demanda trabalhista somente com a tutela declaratória não tinha o condão de suspender o cômputo da prescrição para os pedidos de natureza condenatória.

Atualmente, quando advém a dispensa do empregado no curso de ação declaratória que possua a mesma causa de pedir remota, o TST firmou a posição de que o marco inicial da contagem do prazo prescricional para o ajuizamento de ação condenatória é o trânsito em julgado da decisão proferida na ação declaratória e não a data da extinção do contrato de trabalho (OJ 401, SDI-I).

Isto significa que o ajuizamento de uma demanda trabalhista, na qual somente se discuta o vínculo de emprego, durante a tramitação processual e até a data do trânsito em julgado, não fluem os prazos prescricionais quanto aos pedidos de natureza condenatória.

4.2.5 O Prazo Prescricional do FGTS

De acordo com a Súm. 95 do TST, é trintenária a prescrição do direito de reclamar contra o não recolhimento da contribuição para o FGTS (cancelada pela Res. 121, *DJ* 21/11/2003).

Também nesse sentido é a Súm. 210, STJ: *"A ação de cobrança das contribuições para o FGTS prescreve em trinta anos."*

O prazo de 30 anos é originário da visão previdenciária quanto à natureza jurídica da contribuição fundiária (art. 20, Lei 5.107/66). Pela antiga Lei Orgânica da Previdência Social (Lei 3.807), o prazo da prescrição previdenciária era de 30 anos.

A partir da nova legislação de custeio, a prescrição previdenciária passou a ser de dez anos (art. 46, Lei 8.212/91), o que faz com que não se justifique mais o prazo de 30 anos para alguns doutrinadores. Diante do previsto no art. 146, II, *b*, CF, o STF declarou a inconstitucionalidade do art. 46 (SV 8).

Para Sergio Pinto Martins,[8] o prazo é de cinco anos, pois a contribuição fundiária possui natureza tributária, já que o FGTS *"pode ser enquadrado no art. 149 da Constituição,*

---

[7]   Súm. 64, TST – Prescrição. A prescrição para reclamar contra anotação de carteira profissional, ou omissão desta, flui da data de cessação do contrato de trabalho. Cancelada pela Resolução 121, *DJ* 21/11/2003.

[8]   MARTINS, Sergio Pinto. *Direito do trabalho*, 21. ed., p. 470.

em função de se tratar de uma contribuição de interesse de categoria profissional, que só pode ser estabelecida por lei de iniciativa da União, por ser uma contribuição social."

Andréa Ehlke Mucerino[9] considera que, *"após a promulgação da Constituição Federal de 1988, o Fundo de Garantia por Tempo de Serviço teve sua natureza jurídica consagrada como sendo tributária, da espécie de constituição parafiscal. [...]*

Portanto, em face do disposto na nova Lei Maior, o Enunciado da Súmula 95 do Colendo Tribunal Superior do Trabalho deve ser cancelado, bem como o entendimento jurisprudencial acerca da questão deve ser revisto a fim de enquadrar-se a realidade, eis que este vem de encontro com o nosso ordenamento constitucional, que, no artigo 149, determina expressamente serem as contribuições previdenciárias tributo, inclusive situando-as dentro do capítulo do Sistema Tributário Nacional. Em consequência, não mais se pode admitir que às mesmas sejam aplicadas normas diversas daquelas constantes no Código Tribunal Nacional, lei complementar ratione materiae, sob o argumento de que o Colendo Supremo Tribunal Federal anteriormente já tivesse consolidado a questão, cuja decisão seria imutável mesmo após a promulgação de uma nova Carta Magna."

Admitida sua natureza tributária, o prazo para a arrecadação do tributo é de cinco anos (art. 174, CTN). Essa posição, contudo, não foi acolhida pelo STF (STF – 1ª T. – RE 115979 – Rel. Min. Sydney Sanches – j. 19/4/1988 – DJ 10/6/1988 – p. 14.406; STF – 2ª T. – RE 120.189-4 – Rel. Min. Marco Aurélio – DJ 19/2/1999 – ADCOAS 8172882).

A justificativa apontada para o prazo prescricional de 30 anos para o FGTS é o art. 23, § 5º, da Lei 8.036/90. Sergio Pinto Martins considera inconstitucional o art. 23, § 5º, Lei 8.036, pois uma lei ordinária não pode derrogar o estabelecido em uma lei complementar, o CTN.

Outros, por sua vez, defendem a natureza de direito trabalhista social do FGTS, aplicando-lhe a prescrição trabalhista do art. 7º, XXIX, CF.

Posição defendida por Rodolfo Pamplona Filho:[10] *"acreditamos que a melhor interpretação da natureza jurídica do instituto é de que se trata de um depósito que decorre diretamente de um vínculo empregatício e é feito em função dele, pelo que não poderia deixar de ter natureza trabalhista.*

Sendo assim, a prescrição a ser utilizada é a genericamente aplicável aos direitos trabalhistas em geral, ou seja, a prevista no art. 7º, XXIX, da vigente Constituição Federal.

Tal conclusão também pode ser obtida através de uma interpretação do próprio dispositivo constitucional, eis que tanto o FGTS quanto o prazo prescricional estão previstos no mesmo artigo, o que leva à conclusão lógica de que o biênio e o quinquênio prescricional são perfeitamente aplicáveis aos depósitos fundiários, eis que também o são a todos os direitos garantidos nos demais incisos. Por que, então, somente o FGTS teria prazo distinto dos outros direitos trabalhistas garantidos constitucionalmente?".

---

[9] MUCERINO, Andréa Ehlke. A prescrição quinquenal do FGTS. *Revista LTr*, v. 59, nº 10, p. 1.331.

[10] PAMPLONA FILHO, Rodolfo. *Prescrição trabalhista*: questões controvertidas, p. 78.

PARTE V · Cap. IV – NORMAS ESPECÍFICAS DA PRESCRIÇÃO TRABALHISTA | 275

Para nós, a natureza jurídica do fundo de garantia é algo não definido, como se depreende das várias correntes doutrinárias a respeito desse assunto. Como não possui uma natureza jurídica definida, deveria ser mantido o prazo trintenário (art. 23, § 5º, Lei 8.036).

Na visão de João de Lima Teixeira Filho,[11] *"os créditos trabalhistas do fundo de garantia não se confundem com as contribuições de natureza tributária; cumpre, de plano, afastar a hipótese de incidência do art. 174 do Código Tributário Nacional, que fixa a prescrição quinquenal para o recolhimento das contribuições de natureza fiscal. Acertado, pois, o Enunciado nº 95 do TST, segundo o qual [...]"*.

A Súm. 206, TST, prevê que a prescrição parcial das contribuições relativas às parcelas remuneratórias alcança o respectivo recolhimento da contribuição para o FGTS (FGTS como parcela acessória).

A adequação da antiga Súm. 95 com o prazo prescricional trabalhista estava na redação da Súm. 362 (redação anterior), *in verbis*: *"É trintenária a prescrição do direito de reclamar contra o não recolhimento da contribuição para o FGTS, observado o prazo de dois anos após o término do contrato de trabalho."*

E, por fim, quanto à opção pelo FGTS, o termo inicial da prescrição coincide com a data em que houve a formalização do ato opcional e não com a extinção do contrato de trabalho (Súm. 223, TST, cancelada pela Res. 121/03).

Nas ações em que discutem os juros progressivos sobre os saldos da conta vinculada do FGTS, a prescrição da ação atinge o fundo de direito, limitando-se às parcelas vencidas (Súm. 398, STJ).

Em 13 de novembro de 2014, o STF considerou o art. 23, § 5º, Lei 8.036, inconstitucional (ARE 709.2012-DF – Rel. Min. Gilmar Mendes). O STF entendeu que o prazo prescricional retroativo para questões relacionadas ao FGTS é de 5 anos, aplicando a regra prescricional constitucional (art. 7º, XXIX, CF).

No referido julgamento, o STF atribuiu efeito modulador, nos seguintes termos: *"A modulação que se propõe consiste em atribuir à presente decisão efeitos ex nunc (prospectivos). Dessa forma, para aqueles cujo termo inicial da prescrição ocorra após a data do presente julgamento, aplica-se, desde logo, o prazo de cinco anos. Por outro lado, para os casos em que o prazo prescricional já esteja em curso, aplica-se o que ocorrer primeiro: 30 anos, contados do termo inicial, ou 5 anos, a partir desta decisão.*

Assim se, na presente data, já tenham transcorrido 27 anos do prazo prescricional, bastarão mais 3 anos para que se opere a prescrição, com base na jurisprudência desta Corte até então vigente. Por outro lado, se na data desta decisão tiverem decorrido 23 anos do prazo prescricional, ao caso se aplicará o novo prazo de 5 anos, a contar da data do presente julgamento."

---

[11] SÜSSEKIND, Arnaldo; MARANHÃO, Délio; VIANNA, Segadas; LIMA, Teixeira. Ob. cit., v. 1, p. 681-682.

Pela Resolução 198, de 12/6/2015, o TST reformulou a redação da Súmula 362, adequando-a à jurisprudência do STF: *"I – Para os casos em que a ciência da lesão ocorreu a partir de 13.11.2014, é quinquenal a prescrição do direito de reclamar contra o não recolhimento de contribuição para o FGTS, observado o prazo de dois anos após o término do contrato.*

II – Para os casos em que o prazo prescricional já estava em curso em 13.11.2014, aplica-se o prazo prescricional que se consumar primeiro: trinta anos, contados do termo inicial, ou cinco anos, a partir de 13.11.2014 (STF – ARE 709212/DF)."

4.2.6 A Prescrição em Matéria Tributária

As principais relações do Direito do Trabalho e o Direito Tributário se dão no aspecto processual, pela competência da Justiça do Trabalho para cuidar das contribuições previdenciárias (art. 114, VIII, CF, arts. 832, §§ 3º e 4º, 878-A, 879, §§ 3º e 4º, CLT, Lei 10.035/00, art. 43, Lei 8.212/91) e do imposto de renda e proventos de qualquer natureza quando envolver o contrato de trabalho (arts. 832, §§ 4º a 7º, 879, § 3º, CLT, Lei 11.457/07) e pela aplicação subsidiária da Lei dos Executivos Fiscais na fase de execução (art. 889, CLT).

Como esclarece Luciano Amaro,[12] o CTN optou *"por cindir a problemática dos prazos extintivos do direito do credor da obrigação tributária, fixando dois prazos, sendo o primeiro o lapso de tempo dentro do qual deve ser 'constituído' o crédito tributário, mediante a consecução do lançamento, e o segundo, o período no qual o sujeito ativo, se não satisfeita a obrigação tributária, deve ajuizar a ação de cobrança. O Código chamou de decadência o primeiro prazo e designou o segundo como prescrição."*

A constituição do crédito tributário, seja das contribuições previdenciárias, seja do imposto de renda, ocorrerá por decisão judicial trabalhista e não pelo lançamento tributário feito por autoridade administrativa competente.

Assim, a cobrança do imposto de renda deverá se operar no prazo de cinco anos (art. 174, CTN). Enquanto o direito de cobrar os créditos constituídos da Seguridade Social prescrevia em dez anos (arts. 45 e 46, Lei 8.212/91, revogados pelo art. 13, LC 108/08).

Os prazos de prescrição de que goza a União aplicavam-se à Seguridade Social, ressalvado o disposto no art. 46, da Lei 8.212 (art. 88).

Ocorre que a doutrina e jurisprudência não admitiam a prescrição de dez anos fixada pela Lei 8.212. Isso porque, conforme regra constitucional compete à lei complementar estabelecer normas gerais em matéria de legislação tributária, especialmente sobre obrigação, lançamento, crédito, prescrição e decadência tributários (art. 146, III, *b*). De modo que a regra a ser aplicada será do CTN.

Em junho/2008, o Plenário do STF emitiu a Súmula Vinculante 8 com o seguinte teor: *"São inconstitucionais o parágrafo único do artigo 5º do Decreto-lei 1.569/77 e os artigos 45 e 46 da Lei 8.212/91, que tratam de prescrição e decadência de crédito tributário."*

---

[12] AMARO, Luciano. *Direito tributário brasileiro*, 9. ed., p. 389-390.

PARTE V · Cap. IV – NORMAS ESPECÍFICAS DA PRESCRIÇÃO TRABALHISTA | 277

Portanto, o prazo para a cobrança da contribuição previdenciária é de cinco anos.[13]

A decadência e a prescrição são causas de extinção do crédito tributário (art. 156, V, CTN).

Contudo, a Lei das Execuções Fiscais prevê que o juiz suspenderá o curso da execução, enquanto não for localizado o devedor ou encontrados bens sobre os quais possa recair a penhora, e, nesses casos, não correrá o prazo de prescrição (art. 40).

Passado um ano, sem que seja localizado o devedor ou encontrados bens penhoráveis, o juiz ordenará o arquivamento dos autos, que poderão ser desarquivados caso sejam localizados (art. 40, §§ 2º e 3º).

Se da decisão que ordenar o arquivamento tiver decorrido o prazo prescricional, o juiz, depois de ouvida a Fazenda Pública, poderá, de ofício, reconhecer a prescrição intercorrente (art. 40, § 4º).

4.2.7 A Decadência e Prescrição das Ações Relativas às Penalidades Administrativas Aplicadas por Órgãos de Fiscalização do Trabalho

De acordo com o STJ (Súm. 409), a prescrição ocorrida antes da propositura da ação, na execução fiscal, pode ser decretada de ofício (art. 332, § 1º, CPC).

Com a EC 45/04, a Justiça do Trabalho passou a ter competência para as ações relativas as penalidades administrativas impostas aos empregadores pelos órgãos de fiscalização das relações de trabalho (art. 114, VII, CF). A Justiça do Trabalho também é competente para julgar outros atos administrativos praticados pela fiscalização das relações de trabalho que não sejam penalidades, como exigência ilegal de documentos ou de procedimentos.

Há vazio legislativo no que concerne ao prazo de prescrição de tais pretensões executórias e, por isso, há necessidade de análise do ordenamento jurídico como um todo.

Não há lei específica disciplinando a questão em relação às multas imposta pela fiscalização do trabalho e, nesse contexto, divide-se a jurisprudência em duas grandes correntes doutrinárias: (a) uma que entende que o prazo prescricional é a prevista na norma geral da lei civil; (b) outra que entende que o prazo prescricional é quinquenal.

Na segunda grande corrente doutrinária, podemos ainda apontar três fundamentos jurídicos distintos: (1) um que entende ser aplicável o art. 174 do CTN; (2) outro que entende aplicável o art. 1º da Lei 9.873/99; 3) e, por fim, outro que entende aplicável o art. 1º do Decreto 20.910/32.

A Lei 9.873 trata da ação punitiva pela administração federal e considera o prazo de cinco anos para o exercício da pretensão punitiva da infração decorrente do poder de polícia, contados da data do ato (art. 1º, *caput*).

---

[13]   TST – SDI-I – E-ED-RR 74000-08.2006.5.09.0673 – Rel. Min. João Batista Brito Pereira – *DEJT* 28/9/2012.

O artigo 642 da CLT assim dispõe: "*A cobrança judicial das multas impostas pelas Autoridades administrativas do trabalho obedecerá ao disposto na legislação aplicável à cobrança da dívida ativa da União, sendo promovida, no Distrito Federal e nas capitais dos Estados em que funcionarem Tribunais Regionais do Trabalho, pela Procuradoria da Justiça do Trabalho, e nas demais localidades, pelo Ministério Público Estadual, nos termos do Decreto-Lei nº 960, de 17 de dezembro de 1938.*"

A dívida ativa decorrente da penalidade administrativa imposta pela fiscalização do trabalho não se refere a tributo, não se enquadrando no conceito legal previsto no art. 3º do CTN. Trata-se, portanto, de dívida não tributária.

Contudo, isso não afasta a natureza de dívida ativa da União, passível de execução fiscal, pois há equiparação entre dívidas tributárias e não tributárias para fins de caracterização do débito fiscal, nos moldes do art. 2º, §§ 1º e 2º, da Lei de Execuções Fiscais (Lei 6.830/80).

A classificação legal da dívida ativa em tributária e não-tributária vem estabelecida no § 2º, do art. 39, da Lei 4.320/64.

Por isso, afasta-se a aplicação das regras relativas a prazo prescricional previstas no Código Civil, na medida em que referido diploma legal é destinado a reger as relações privadas e o direito comum, enquanto o crédito que se pretende executar é regido por normas de direito público.

Da mesma forma, não é aplicável o art. 174 do CTN, por ser este regulador das relações jurídicas de natureza tributária entre Poder Público e particular, não se tratando de pagamento de crédito tributário, mas sanção de natureza eminentemente administrativa.

Sobre o tema, a iterativa jurisprudência do C. TST firmou-se em ser de 5 anos o prazo prescricional da execução fiscal oriunda de multa administrativa por infração às normas da legislação trabalhista.[14]

Destaque-se, também, que o mesmo posicionamento é adotado pelo C. STJ.[15]

Portanto, a execução fiscal de dívida ativa trata-se de ação especial, que visa a executar a cobrança das multas cominadas pelos órgãos de fiscalização trabalhista, devendo ser aplicado o prazo quinquenal (Decreto 20.910/32 e Lei 9.873/99).

4.2.8 A Prescrição e as Férias

A temática das férias é tratada nos arts. 129 a 153 da CLT e art. 7º, XVII, CF, os quais devem ser aplicados de acordo com a Convenção 132, OIT, cuja promulgação deu-se pelo Decreto 3.197, de 5/10/1999, entrando em vigência no território nacional em 23/9/1999.

---

[14] TST – 1ª T. – AIRR 33700-28.2009.5.02.0015 – Rel. Min. Walmir Oliveira da Costa – *DEJT* 1/6/2012.TST – 2ª T. – AIRR 102500-74.2007.5.15.0029 – Rel. Min. Guilherme Augusto Caputo Bastos – *DEJT* 1/6/2012.

[15] STJ – 2ª T. – REsp 1284645/RS – Rel. Min. Mauro Campbell Marques – *DJE* 10/2/2012.

PARTE V • Cap. IV – NORMAS ESPECÍFICAS DA PRESCRIÇÃO TRABALHISTA | 279

A cada novo período aquisitivo, o empregado terá direito a usufruir um novo período de descanso anual (art. 129, CLT).

As férias serão concedidas pelo empregador no período concessivo (art. 136), ou seja, no prazo de 12 meses após o término do lapso temporal aquisitivo (art. 134).

A prescrição do direito de reclamar a concessão das férias ou o pagamento da respectiva remuneração é contada do término do período concessivo ou, se for o caso, da cessação do contrato de trabalho (art. 149).

Para Amauri Mascaro Nascimento,[16] *"enquanto estiver no emprego, portanto no curso do contrato de trabalho, o empregado disporá do prazo de cinco anos para reclamar na Justiça do Trabalho as férias vencidas que não gozou. Quanto mais demorar, mais períodos de férias vencidas vão sendo atingidos. Quando o contrato de trabalho, por qualquer causa, extinguir-se, o empregado terá dois anos para reclamar judicialmente os pagamentos correspondentes às férias que não gozou, inclusive proporcionais. Não observados esses prazos, dá-se a prescrição do direito de ação"*.

No caso de o empregador efetuar a concessão das férias sem o correto pagamento da remuneração equivalente, para nós, haverá um outro termo inicial para o cômputo da prescrição. Nesse caso, o termo inicial será a data em que se efetuou o pagamento incompleto das férias.

4.3 TERMO INICIAL DE CONTAGEM DA PRESCRIÇÃO

Como regra, o termo inicial da prescrição segue o princípio da *actio nata*, isto é, a partir da lesão ao direito. Ideia estampada no art. 189, CC.

Todavia, em face do entendimento jurisprudencial, o princípio da *actio nata* não é aplicável a uma série de situações no Direito do Trabalho.

Já a contagem do prazo prescricional é feita em *dies a quo*, sistema estabelecido pela Lei 810, de 6/9/1949,[17] desconsiderando-se o dia de início e computando o dia de vencimento (art. 125, CC).

Nos termos do art. 132, CC, em regra, computam-se os prazos, excluído o dia do começo, e incluído o do vencimento: (a) se o dia do vencimento cair em feriado, considerar-se-á prorrogado o prazo até o seguinte dia útil; (b) meado considera-se, em qualquer mês, o seu 15º dia; (c) os prazos de meses e anos expiram no dia de igual número do de início, ou no imediato, se faltar exata correspondência; (d) os prazos fixados por hora contar-se-ão de minuto a minuto.

---

[16] NASCIMENTO, Amauri Mascaro. *Iniciação ao direito do trabalho*, 30. ed., p. 402.

[17] Lei 810, de 6/9/1949. Define o ano civil. Art. 1º Considera-se ano o período de doze meses contados do dia do início ao dia e mês correspondentes do ano seguinte. Art. 2º Considera-se mês o período de tempo contado do dia do início ao dia correspondente do mês seguinte. Art. 3º Quando no ano ou no mês do vencimento não houver o dia correspondente ao dia do início do prazo, este findará no primeiro dia subsequente. Art. 4º Revogam-se as disposições em contrário.

José Martins Catharino[18] diz que *"o que não é uniforme na CLT é o dies a quo, assim: (a) em se tratando de diferenças de salário-mínimo, 'para cada pagamento, da data em que o mesmo tenha sido efetuado' (art. 119); (b) em se tratando de férias, da data em que terminar cada período de concessão (arts. 139 a 149), ou da em que cessar o 'contrato de trabalho' (art. 149); (c) sendo menor o empregado, a partir do dia em que completar 18 anos (art. 440; CC (1916), art. 169, I; estando preso o empregado, em situação de inércia involuntária, a partir da possibilidade de exercer direito seu; J. M. de Carvalho Santos, Da Prescrição contra o empregado preso, Trabalho e Seguro Social, 12 (43); 285-7; Américo Lopes, Prescrição contra preso, Legislação do Trabalho, p. 495, 1951; Joaquim Pimenta, Da prescrição no direito do trabalho, Trabalho e Seguro Social, 12 (43):280-4)."*

4.3.1 Tese dos Sete Anos

A contagem do prazo prescricional retroativo de cinco anos previsto na CF ensejou certa dúvida sobre a correta data de seu início (forma de contagem do prazo).

Uma parte minoritária da jurisprudência entende que, sendo a reclamação ajuizada no prazo de dois anos, a contagem regressiva dos últimos cinco anos teria como marco inicial a data de extinção do contrato de trabalho, e não a data de distribuição da ação.

Isto porque teria o constituinte garantido ao trabalhador o prazo prescricional de cinco anos para reclamar seus direitos dentro do contrato de trabalho e outro prazo de dois anos para ingressar com a ação, de modo que são distintos e não se confundem ou se compensam.

Além do que não se poderia dar interpretação restritiva ao dispositivo constitucional.

Argumenta Nelson Teixeira de Mendonça Júnior:[19] *"Portanto, interrompido o decurso do biênio com o aforamento da reclamatória, dentro desse prazo, após findo o contrato de trabalho, anula-se o prazo precedentemente transcorrido dentro do biênio (e só esse), como se, por uma fictio juria, dele não houvesse transcurso um único dia ou como, pela mesma ficção, tivesse sido a ação proposta na data do termo final da relação laboral.*

Por conseguinte, nesses casos, o trabalhador urbano que teve resilido seu contrato de trabalho deve ter assegurado como imprescritos os mesmos cinco anos não prescritos a que tem direito o mesmo trabalhador urbano que reclame durante o curso do pacto laboral.

Esta é a correta exegese que se há de extrair da citada norma, quer porque cuidou o legislador constituinte de estabelecer dois sucessivos e autônomos prazos prescricionais para a hipótese, quer porque não teve, a toda evidência, o animus de conceder dois prazos prescricionais diversos para o mesmo trabalhador urbano, sendo: um de cinco anos imprescritos ao trabalhador urbano que reclame em atividade e outro prazo, menor, correspondente a cinco anos deduzidos tantos dias quantos decorridos a partir da cessação do vínculo até a data do ajuizamento, isto para aqueles já sem vínculo de emprego."

---

[18] CATHARINO, José Martins. Prescrição – direito do trabalho. *Enciclopédia Saraiva do Direito*, v. 60, p. 219.

[19] MENDONÇA JÚNIOR, Nelson Teixeira de. A prescrição e a equidade. *Revista LTr*, v. 60, nº 5, p. 641.

PARTE V • Cap. IV – NORMAS ESPECÍFICAS DA PRESCRIÇÃO TRABALHISTA | 281

Após analisar questões de ordem constitucional, Humberto Ribeiro Soares[20] conclui: *"Portanto, em conclusão, raciocinar, magicamente, que a segunda parte da alínea a ('até o limite de dois anos ...') teria introduzido um subtraendo de 2 anos (ou fração) ao prazo de 5 teria transformado 5 em 3, porque teria arquitetado 5 – 2 = 3 é absolutamente insensato, importa estar em testilhas com a Constituição Federal de 1988, e em testilhas com o pensamento do Egrégio Supremo Tribunal Federal."*

O TST, no entanto, acabou por considerar que a prescrição quinquenal abrange os cinco anos anteriores ao ajuizamento da ação e não os últimos cinco anos do contrato de trabalho (Súm. 308, I), por entender que o legislador constituinte contemplou apenas o prazo prescricional retroativo de cinco anos, seja para a hipótese de ajuizamento da reclamação na vigência do contrato, seja após sua extinção.

Desta maneira, a limitação de dois anos para o ingresso da ação quando extinto o contrato de trabalho não inibe a contagem do prazo quinquenal do prazo desde o ajuizamento, pois, se assim fosse, o princípio da isonomia (art. 5º, *caput*, CF) estaria ferido, pois o constituinte estaria conferindo a duas situações concretas juridicamente equivalentes tratamento diferenciado, ao fixar para aqueles que ingressassem em juízo durante a vigência do contrato uma contagem retrocedente de cinco anos e, para outros que procurassem os tribunais após a extinção da relação laboral, uma extensão do prazo de cinco para até sete anos.

4.3.2 Parcelas Oriundas de Sentença Normativa

O entendimento do TST é de que *"o prazo de prescrição com relação à ação de cumprimento de decisão normativa flui apenas a partir da data de seu trânsito em julgado"* (Súm. 350).

A decisão proferida nos dissídios coletivos de natureza jurídica, segundo Alice Monteiro de Barros,[21] não tem o condão de interromper o prazo prescricional das ações trabalhistas individuais: *"Sabe-se que a declaração no caso retroagirá à data em que nasceu o direito e, se da violação deste direito, nasceu o direito a uma reclamação individual, onde se ventilam interesses concretos, que podia ser desde logo ajuizada (embora se compreenda que o sindicato preferiu o dissídio coletivo para evitar julgamentos contraditórios em reclamações individuais), é claro que o ajuizamento do dissídio coletivo não interromperá a prescrição das reclamatórias individuais."*

A execução da sentença normativa, por uma ação de cumprimento, antes do trânsito em julgado, é uma faculdade da parte interessada, portanto o prazo prescricional somente começará a fluir com o trânsito em julgado da decisão.

---

[20] SOARES, Humberto Ribeiro. O significado das disposições da Constituição de 5/10/1988 sobre prescrição trabalhista. *Revista LTr*, v. 59, nº 9, p. 1.187.

[21] BARROS, Alice Monteiro de. Procedimento no dissídio coletivo. *Compêndio de direito processual do trabalho*, p. 652.

Até porque, pela Súm. 246, o TST exarou o entendimento de que é dispensável o trânsito em julgado da sentença normativa para propositura da ação de cumprimento.

Alguns, porém, entendem que *"a partir da publicação da sentença normativa passa a existir para as empresas a obrigação de efetivar os salários e vantagens deferidos, correlata ao direito do empregado beneficiário.*

O não cumprimento espontâneo da obrigação correlacionada ao direito deferido, por parte de quem estava a ela diretamente vinculado (a empresa), impunha a intervenção do Judiciário, mediante o exercício da ação própria (ação de cumprimento). Vale dizer, publicada a sentença normativa, o empregado interessado, desde então, é titular da ação de cumprimento, destinada a efetivar o direito nela proclamado. [...]

No caso, então, a prescrição começou a fluir desde a verificação do não cumprimento da sentença normativa, logo após a respectiva publicação e logo que verificada a falta de observância da obrigação por ela instituída.

Aí surge o momento da ação de cumprimento (actio nata)."[22]

4.3.3 Ato Único do Empregador (Prescrição Total e Parcial)

Tratando-se de demanda que envolva pedido de prestações sucessivas decorrentes de alteração do pactuado, a prescrição é total, exceto quando o direito à parcela esteja também assegurado por preceito de lei (Súm. 294, TST). O entendimento jurisprudencial passou a incorporar a CLT com a Reforma Trabalhista (art. 11, § 2º), sem que isso, no nosso modo de ver, implique na solução das controvérsias existentes na doutrina e na jurisprudência.

Anteriormente, a matéria da prescrição total e parcial era tratada pelas Súm. 168 e 198, ambas canceladas, os quais tinham, respectivamente, as seguintes redações: *"Súm. 168 – Na lesão de direito que atinja prestações periódicas, de qualquer natureza, devidas ao empregado, a prescrição é sempre parcial e se conta do vencimento de cada uma delas e não do direito do qual se origina";* e *"Súm. 198 – Na lesão de direito individual que atinja prestações periódicas devidas ao empregado, à exceção da que decorre de ato único do empregador, a prescrição é sempre parcial e se conta do vencimento de cada uma dessas prestações, e não da lesão do direito."*

Exemplifiquemos. Houve alteração contratual em 1º/2/2000 – o percentual de comissão passa de 4% para 3%; a alteração implica diferenças mensais; o empregado é dispensado em 31/5/2007.

No exemplo apresentado, pela Súm. 168, ao propor a demanda trabalhista, teria direito às parcelas dos últimos cinco anos. Com a Súm. 198, surge à discussão: terá direito às parcelas dos últimos cinco anos, se de fato não houver a discussão quanto à ocorrência ou não do ato único do empregador.

---

[22] FERNANDEZ, Cláudio F. Penna. O termo inicial da prescrição na ação de cumprimento. *Revista LTr*, v. 60, nº 4, p. 496.

PARTE V • Cap. IV – NORMAS ESPECÍFICAS DA PRESCRIÇÃO TRABALHISTA | 283

A Súm. 198 ressalva a prescrição parcial, desde que a lesão não seja decorrente do ato único. Se houver a configuração do ato único, temos a ocorrência da prescrição nuclear.

Estará configurado o *"ato único, quando para a concessão do direito pleiteado há necessidade de perquirir-se sobre a legalidade ou ilegalidade do ato praticado, v. g., gratificação concedida nos idos de 1980 e que o autor vem reclamar pagamento nos demais anos, quando não existe lei determinando o pagamento e nem foi concedida em contrato."*[23]

Em especial, quanto a temática da supressão ou alteração quanto à forma ou ao percentual das comissões, em prejuízo ao empregado, o TST entende que é hipótese da prescrição total da ação, de acordo com a inteligência da Súm. 294, visto que a parcela não é assegurada por preceito legal (OJ 175, SDI-I).

Ísis de Almeida[24] adota uma posição crítica quanto à Súm. 198, focando suas assertivas no art. 468 da CLT: *"Ali, dois pressupostos presidem a licitude da alteração: a concordância do empregado e a inexistência de prejuízos diretos ou indiretos, para ele. [...]*

Na verdade, portanto, é o prejuízo que fica, e é suficiente para a discussão.

Se ocorrer, imediata ou remotamente: no momento, logo, da imposição da cláusula modificativa do contrato; ou através de implicações futuras, a ilicitude se evidencia, e o ressarcimento do dano seria deferível, sem qualquer dúvida.

Surge, então, o passar do tempo sobre a alteração prejudicial, e aí é que se tem de verificar como se instala a prescrição.

Ora, se interpretando a CLT é de fixar-se o prazo bienal (quinquenal, pela nova Carta), a partir da prática do ato infringente da norma e esta se funda num prejuízo, é da ocorrência deste que se conta aquele.

Se o prejuízo é constante; se, em cada prestação, ele é sentido; é de cada momento em que o gravame atinge o empregado que nasce, para este, o direito de ação.

Na própria CLT, expressamente, se estabelece, para a execução de prestações sucessivas por prazo indeterminado, que a execução nasce em cada prestação não atendida (art. 892).

Não é diferente o critério fixado para a cobrança de diferenças salariais, segundo o art. 119."

Se a própria alteração contratual pode ser tida como ilícita diante do expresso dispositivo legal, não se pode alegar a figura do ato único como fator inibidor da prescrição parcial.

A Súm. 198 procurou acoplar a prescrição atrelada ao ato único em função das Súm. 349 e 443, do STF: *"Súm. 349 – A prescrição atinge somente as prestações de mais de dois anos, reclamadas com fundamento em decisão normativa da Justiça do Trabalho, ou em convenção coletiva de trabalho, quando não estiver em causa a própria validade de tais atos"* e *"Súm. 443 – A prescrição das prestações anteriores ao período previsto em lei não*

---

[23] OLIVEIRA, Francisco Antonio. *Comentários aos Enunciados do TST*, 4. ed., p. 720.
[24] ALMEIDA, Ísis de. *Manual da prescrição trabalhista*, 2. ed., p. 153.

ocorre, quando não tiver sido negado, antes daquele prazo, o próprio direito reclamado, ou situação jurídica de que ele resulta."

Entendemos que o ato único não é o fator capaz de justificar a prescrição total, quando se discute a validade deste ato em face do princípio da norma mais benéfica e da condição mais favorável (art. 468, CLT).

As Súm. 168 e 198 foram canceladas pela Súm. 294, a qual é mais contundente contra os direitos dos trabalhadores. Estabelece que a prescrição é total, excetuando a hipótese de a parcela estar assegurada em preceito de lei.

A alteração contratual não mais necessita da discussão da ocorrência ou não do ato único. A lesão pode ser mensal, porém, se a lei não garantir o direito à parcela, a prescrição será total.

Preleciona Ari Pedro Lorenzetti:[25] *"Qual o significado desse novo entendimento?*

Não sendo a alteração contratual válida, o empregado lesado terá direito não só de desfazê-la (CC, art. 158), mas também de reaver as parcelas pecuniárias que deixaram de ser pagas em consequência dela. Trata-se, assim, de um direito principal, o de reverter à situação anterior, e um acessório, o de receber as parcelas que não foram pagas em decorrência da alteração.

Quanto às parcelas, conta-se a prescrição a partir em que cada uma delas deveria ter sido satisfeita, se mantido o contrato na forma anterior à alteração. Em relação ao direito de reverter ao status quo ante, a prescrição se inicia a partir do momento em que se faça sentir o prejuízo, em geral quando a primeira parcela deixa de ser satisfeita.

Todavia, nem sempre o direito às parcelas depende da desconstituição de um ato em razão do qual deixaram de ser pagas. Quando o direito à parcela também estiver consagrado em norma legal, basta a invocação desta para que o empregado tenha direito às parcelas. Como a vontade das partes não pode, em regra, afastar a incidência da norma legal, esta impõe-se automaticamente em lugar da cláusula nula, que contraria a norma cogente. Em tais casos, enquanto viger a norma, haverá o direito às parcelas não prescritas, independentemente do tempo decorrido desde a alteração do contrato, isto é, de sua supressão, já que esta não pode produzir efeitos, por ser contrária à lei.

Assim, o direito de retornar à situação anterior confunde-se com o direito à incidência da norma, direito este imprescritível. Apenas as parcelas que a lei garante, mas o empregador não atendeu no seu devido tempo, é que vão prescrevendo à medida que se completa o seu prazo desde à época em que deveriam ter sido satisfeitas.

Se o direito lesado fundava-se exclusivamente no ajuste contratual firmado pelas partes, na esfera de sua autonomia privada, alterado o contrato, ainda que tacitamente, desaparece a causa para a exigência do direito suprimido. Daí em diante, ainda que haja diversos atos, nos quais a lesão se manifesta, sua origem está num só ato, a alteração contratual. Em consequência, para que persista o direito às parcelas, imprescindível se faz reconstituir a sua causa, afastando a alteração que as suprimiu.

---

[25] LORENZETTI, Ari Pedro. Ob. cit., p. 212.

PARTE V • Cap. IV – NORMAS ESPECÍFICAS DA PRESCRIÇÃO TRABALHISTA | 285

Situação diversa é a que ocorre quando o direito também estiver garantido por preceito de lei. Neste caso, a alteração contratual é completamente inoperante ante o disposto na lei, visto que esta se impõe à vontade das partes, incorporando-se automaticamente ao contrato individual de trabalho. Assim, desnecessário fazer o contrato voltar ao estado anterior, porquanto a alteração é insuficiente para fazer com que o empregado deixe de ter o direito à parcela suprimida."

Pela expressão "por preceito de lei", contida na Súm. 294, devem ser entendidos os dispositivos contidos na CLT e sua legislação complementar, as convenções coletivas, os acordos coletivos, as sentenças normativas, os regulamentos de empresa e as cláusulas dos contratos de trabalho.

Mesmo diante do conteúdo da Súm. 294, a ponderação de Ísis de Almeida continua válida. Se o próprio ajuste contratual estabelece uma cláusula, à qual é reformulada de forma a prejudicar o trabalhador, como a lei (art. 468, CLT) estabelece a sua própria ilicitude, a prescrição não poderá ser total e sim periódica.

A própria discussão da alteração é permitida em lei. Se a lei permite a discussão quanto ao critério da validade ou não da alteração de toda e qualquer cláusula contratual, resguarda o reconhecimento da sua nulidade e o retorno ao estado anterior, assegurando, indiretamente, a própria parcela.

Lembramos o princípio da irrenunciabilidade aos direitos trabalhistas, estampado no art. 9º, CLT, *"serão nulos de pleno direito os atos praticados com o objetivo de desvirtuar, impedir ou fraudar a aplicação dos preceitos contidos na presente Consolidação".*

Além do que o art. 468 é um desdobramento do princípio da irrenunciabilidade atrelado ao protetor, que resguarda a discussão quanto à validade ou não da alteração contratual.

Nos contratos individuais de trabalho, só é lícita a alteração das respectivas condições por mútuo consentimento, e, ainda assim, desde que não resultem, direta ou indiretamente, prejuízos ao empregado, sob pena de nulidade da cláusula infringente desta garantia (art. 468). Essa é a regra geral.

Dessa forma, as alterações do contrato de trabalho por vontade comum das partes são válidas (mútuo consentimento), desde que não causem prejuízo (direto ou indireto) para o empregado, sob pena de ser declarada nula a alteração pactual.

Ari Pedro Lorenzetti[26] coloca: *"O Enunciado nº 294 pode até ser visto como uma resposta da jurisprudência às exigências sociais e econômicas dos novos tempos; todavia, aos olhos dos trabalhadores, não deixará de ser uma tentativa de desafogar o Judiciário Trabalhista à custa do sacrifício de seus direitos, o que constitui uma incoerência. Como se isso não bastasse, vai de encontro ao que dispõe o art. 468 da CLT, aspecto este que alguns insistem em negar.*

Todavia, não vemos como afastar a incompatibilidade entre o Enunciado nº 294 e o art. 468 da CLT, a menos que se altere a redação deste. Pela redação atual do dispositivo legal citado, não temos dúvidas em afirmar que o Enunciado nº 294 é contra legem. De nada resolve afirmar

---

[26] LORENZETTI, Ari Pedro. Ob. cit., p. 223.

que, perante o Direito do Trabalho, não se distingue entre ato nulo e ato anulável. Esquecem-se os que assim argumentam que o ato anulável produz efeitos válidos até o momento em que for anulado. A anulação opera apenas ex nunc. Entretanto, pelo Enunciado n° 294, reconhecendo o tribunal que a alteração foi prejudicial ao trabalhador e afastando a prescrição, revertem-se inclusive os efeitos do ato produzidos antes do ajuizamento da ação com aquele objetivo. Se a alteração contratual prejudicial ao trabalhador fosse ato apenas anulável, os efeitos já produzidos até a propositura da ação visando à anulação deveriam ser preservados. Não há, pois, como equiparar ato nulo e anulável, visto que têm tratamento jurídico diverso."

A posição do TST em considerar prescrito o direito de reclamar diferenças salariais resultantes de planos econômicos (OJ 243, SDI-I) está em conflito com a disposição da Súm. 294, na medida em que as diferenças postuladas estavam previstas em lei.

Tratando-se de pedido de pagamento de diferenças salariais decorrentes da inobservância dos critérios de promoção estabelecidos em plano de cargos e salários criado pela empresa, a prescrição aplicável é a parcial, pois a lesão é sucessiva e se renova mês a mês (Súm. 452).

Por maioria de votos, a SDI-I, quando da análise do processo (E-ED-RR 83200-24.2008.5.03.0095), deliberou que a prescrição é parcial, quando se tem a redução de parte fixa do salário, por entender que a irredutibilidade salarial é princípio constitucional.

Em suas decisões, o TRT 3ª Região entendeu que a única hipótese de prescrição total é a prevista no art. 7º, XXIX, CF, logo, não haveria a hipótese da prescrição nuclear (Súm. 294) na vigência do contrato de trabalho, afastando, assim, a tese do ato único do empregador (RO 00450.2013.66.03.00.0 e RO 02506.2013.021.03.00.0).

O Enunciado 12, aprovado na 2ª Jornada de Direito Material e Processual do Trabalho (outubro/2017), dispõe que: "a prescrição total, consubstanciada no artigo 11, § 2º, da CLT, é incompatível com o artigo 7º, XXIX, da Constituição Federal".

4.3.4 Parcelas de Complementação de Aposentadoria

A pretensão à complementação de aposentadoria jamais recebida prescreve em dois anos contados da cessação do contrato de trabalho (Súm. 326). Com isso, se o contrato de trabalho termina em 30/7/2006, nada recebendo o trabalhador a título de complementação de aposentadoria, poderá ajuizar a demanda até o dia 30/7/2008. Ultrapassado este prazo, será o caso da prescrição total.

Não concordamos com este entendimento do TST (Súm. 326), pois, se a complementação de aposentadoria instituída por norma regulamentar já aderiu ao patrimônio do empregado (Súm. 51, I), a prescrição deverá ser parcial, como forma de se respeitar o direito adquirido (art. 5º, XXXVI, CF, art. 6º, LINDB). Não seria o caso de ato único do empregador, mas sim de prestações sucessivas.

Por isso, com razão afirma Francisco Antonio de Oliveira[27] que *"em se tratando de direito adquirido, o fato gerador do início da prescrição não se congela no tempo por se*

---

[27]   OLIVEIRA, Francisco Antonio. Ob. cit., p. 802-803.

PARTE V · Cap. IV – NORMAS ESPECÍFICAS DA PRESCRIÇÃO TRABALHISTA | **287**

cuidar de prestações periódicas. Disso resulta que a discussão se projeta mês a mês, a cada inadimplência, posto que o direito se projeta em cada mês ... Em se cuidando de direito adquirido e já incorporado ao patrimônio do hipossuficiente, posto que somados os requisitos necessários e culminando com a aposentadoria, não nos parece tenha a mais Alta Corte Trabalhista escolhido o melhor caminho, já que investe, sem nenhum motivo plausível que não o apressamento, contra o patrimônio do trabalhador nem sempre politizado e muitas vezes até simplório na busca dos seus direitos. De outra parte, conta com empresas organizadas e que possivelmente usarão de todos os artifícios para que decorram os dois anos de que fala a súmula para então invocá-la."

No caso de pedido de diferença de complementação de aposentadoria, aplica-se à prescrição parcial e quinquenal, salvo se o pretenso direito decorrer de verbas não recebidas no curso da relação de emprego e já alcançadas pela prescrição, à época da propositura da ação (Súm. 327, TST).

A prescrição é parcial quando se tratar de diferença de complementação de aposentadoria paga. As parcelas vencem-se mês a mês, atingindo os últimos 5 anos. O termo inicial é a própria aposentadoria.

Contudo, ocorre à prescrição quanto às diferenças de complementação de aposentadoria quando estas decorrem de parcela não recebida no curso da relação de emprego e que foram atingidas pela prescrição, à época da propositura da ação. Vale dizer, com a extinção do contrato de trabalho e o decurso do prazo de dois anos, está prescrita a pretensão de reivindicar a integração de verbas na remuneração. Admitir-se outro entendimento criaria um paradoxo pelo qual o empregado não pode requerer a integração de verbas na remuneração, haja vista o lapso de dois anos, contudo poderia reclamar a integração de verbas nunca recebidas na sua complementação de aposentadoria.

4.4 ARGUIÇÃO DA PRESCRIÇÃO: LEGITIMIDADE E MOMENTO

4.4.1 Legitimidade

Cabe à parte interessada alegar a prescrição.

O TST entende que o Ministério Público não tem legitimidade para arguir a prescrição a favor de entidade de Direito Público, em matéria de direito patrimonial, quando atua na qualidade de *custos legis* (OJ 130, SDI-I).

Por outro lado, considerando as funções institucionais do Ministério Público (art. 129, CF), em especial no que tange à defesa da ordem jurídica, do regime democrático, dos interesses sociais, dos interesses individuais indisponíveis, dentre outros, alguns admitem a alegação de prescrição pelo *Parquet*.

Aplicando-se o art. 332, § 1º, CPC, o Ministério Público do Trabalho também poderá apontar a prescrição ocorrida mesmo quando atue como *custos legis*.

4.4.2 Momento de Arguição no Processo de Conhecimento

Não se conhece de prescrição não arguida na instância ordinária (Súm. 153, TST).

Em função da Súm. 153 do TST, entende-se que é cabível a arguição da prescrição durante todo o processo de conhecimento ou mesmo em sede recursal[28] ou ainda até o momento da formulação das contrarrazões do recurso ou recurso adesivo.[29]

O teor da Súm. 153 deriva do que previa o art. 162, CC/1916: *"A prescrição pode ser alegada, em qualquer instância, pela parte a quem aproveita."*

Disposição também é encontrada no art. 175 do CPC de 1939.

Necessário dizer que o CC de 2002, mantém a mesma *ratio*, ao prever que *"a prescrição poder ser alegada em qualquer grau de jurisdição, pela parte a quem aproveita"* (art. 193).

Diante do legal sistema vigente, Maria Helena Diniz[30] tece considerações sobre a interpretação do dispositivo legal: *"A prescrição poderá ser alegada em qualquer grau de jurisdição, pela parte a quem aproveita (CC, art. 193; RT 447:209; 447:142; 426:77; 451:143 e 157). Pode ser arguida na 1ª instância que está sob a direção de um juiz singular e na 2ª instância, que se encontra em mãos de um colegiado de juízes superiores. Pode ser invocada em qualquer fase processual; na contestação, na audiência de instrução e julgamento, nos debates, em apelação, em embargos infringentes, sendo que no processo em fase de execução não é cabível a arguição da prescrição, exceto se superveniente à sentença transitada em julgado (CPC, art. 741, VI, com redação da Lei nº 8.953/94). Na fase de liquidação da sentença é inadmissível a invocação de prescrição, matéria que deve ser objeto de deliberação se invocada na fase cognitiva do processo (RT, 475:162). A prescrição de ordem patrimonial não alegada em todo o curso da ação e até o julgamento em última instância não pode ser alegada em ação rescisória (RT, 478:137). É bom esclarecer que a determinação legal de que a prescrição poderá ser alegada em qualquer instância deve ser entendida em seus devidos termos, ou seja, que a alegação só é possível desde que a parte a quem aproveite não tenha ainda falado nos autos (RT, 464:172)."*

---

[28] "Pelo exposto, entendemos que a prescrição pode ser perfeitamente suscitada originariamente quando do recurso ordinário, desde que respeitado o princípio da *audiatur et altera pars*, o que é assegurado com a concessão de prazo para contra-arrazoar o apelo interposto, bem como com a possibilidade de determinação de diligências pelo juízo *ad quem*" (PAMPLONA FILHO, Rodolfo. Ob. cit., p. 90).

[29] "Em primeiro lugar, declaramos, de logo, que, arguida a prescrição na defesa e rejeitada pelo juízo, mas com a improcedência, no mérito, da reclamação, deve o demandado, na hipótese de recurso ordinário do autor, recorrer adesivamente quando a este aspecto, para que não se operem os efeitos da coisa julgada, tendo o reclamado, portanto, legítimo interesse de agir para recorrer. Sendo assim, a prescrição deve ser alegada através de recurso, e não por meio das contrarrazões, eis que estas se prestam somente como uma oposição (contrariedade) ao recurso oposto. Da mesma forma, quando ainda não se cogitou da prescrição no processo, entendemos que não é cabível a arguição, pela primeira vez, da prescriptio, quando das contrarrazões do recurso ordinário, pois, nesta hipótese, não há, em regra, outra oportunidade para a parte contrária se manifestar nos autos, o que violaria a garantia do contraditório" (PAMPLONA FILHO, Rodolfo. Ob. cit., p. 93).

[30] DINIZ, Maria Helena. *Curso de direito civil brasileiro*, v. 1, 22. ed., p. 385.

PARTE V · Cap. IV – NORMAS ESPECÍFICAS DA PRESCRIÇÃO TRABALHISTA | 289

Não é esse, contudo, o entendimento que se dá à Súm. 153, TST.

Amador Paes de Almeida[31] possui uma visão ampla, ao defender: *"pode ser alegada não só perante o juiz da demanda, como perante o juiz de 1º grau, como perante o juízo de apelação"*.

Para Mauricio Godinho Delgado,[32] *"a restrição à instância ordinária deve combinar-se com a observância do princípio do contraditório, constitucionalmente consagrado (art. 5º, LV, CF/88). Desse modo, a arguição da prescrição será válida caso ventilada até em razões de recurso ordinário ou, no máximo, razões de recurso adesivo, por serem estes os últimos instantes, na instância ordinária, de argumentação processual submetida a contraditório. Incabível, desse modo, do ponto de vista de lógica jurídica, o conhecimento de arguição de prescrição efetuada pela parte, por exemplo, em exercício de sustentação oral"*.

Várias são as críticas feitas a esse entendimento amplo.

A razão básica dessas críticas reside no argumento de que a prescrição, com o CPC de 1973, passou a ser matéria prejudicial de mérito, logo, em atendimento aos princípios do contraditório, do devido processo legal e da eventualidade, deve estar mencionada quando da defesa.[33]

Quando é que a parte deve alegar: na oportunidade e no prazo em que é chamada a se defender (art. 335, CPC), pois toda a matéria de defesa deve ser alegada quando da defesa (art. 336, CPC), inclusive a prescrição trabalhista, não se justificando mais o entendimento do TST.

Ísis de Almeida enfatiza ser inadmissível a aplicação do art. 162 do CC de 1916, ponderando que deve ser alegada como preliminar da defesa.

A alegação da prescrição pela parte não poderá ocorrer em instância excepcional (Tribunais Superiores), que exigem o prequestionamento da matéria como requisito de admissibilidade dos recursos.

---

31 ALMEIDA, Amador Paes. *CLT comentada*, 3. ed., p. 50.

32 DELGADO, Mauricio Godinho. Ob. cit., p. 227.

33 "Entendo que o momento correto para se arguir a prescrição seria com a defesa, quando o réu deve alegar todos os motivos de fato e de direito com que impugna a pretensão do autor (art. 300 do CPC). Entretanto, a jurisprudência do TST firmou-se no sentido de que não se conhece de prescrição não arguida na instância ordinária (Súmula nº 153 do TST), o que permite a arguição da prescrição na instância ordinária, ou seja, até mesmo nas razões finais e antes da sentença. Essa orientação do TST é baseada no artigo 162 do Código Civil de 1916, que reza que a prescrição pode ser alegada, em qualquer instância, pela parte a quem aproveita e também no CPC de 1939. Verifica-se, contudo, que a palavra 'instância' contida no artigo 162 do Código Civil de 1916 e encontrada também no artigo 196 do CPC de 1939 tinha um significado de processo, daí se falar em absolvição de instância. Não se pode confundir instância com grau de jurisdição. O CPC de 1973 não mais usou a expressão 'instância', passando a utilizar a denominação 'processo' para designar o que o CPC de 1939 expressava com aquela palavra. Assim, o correto é que a prescrição seja arguida na defesa, até porque hoje o CPC menciona que a prescrição é mérito (art. 269, IV, do CPC). Há ainda quem entenda que a prescrição pode ser alegada até as razões finais ou mesmo no recurso ordinário, porém nunca em recurso de revista e daí em diante (MARTINS, Sergio Pinto. *Comentários à CLT*, 10. ed., p. 48).

4.4.3 Declaração de Ofício da Prescrição

No CC de 2002, o juiz não poderia conhecer da prescrição de direitos patrimoniais, se não fosse invocada pelas partes salvo para beneficiar incapaz (art. 194). Esse dispositivo legal estava em consonância com o art. 219, § 5º, CPC/73, e com toda a sistemática vigente, sendo-lhe defeso decidir a lide fora dos limites em que foi proposta ou conhecer de questões não suscitadas, a cujo respeito à lei exige a iniciativa da parte (art. 128, CPC/73; art. 141, CPC/15). Essa sistemática foi alterada pela Lei 11.280. Há idêntica regra no CPC/15 (art. 332, § 1º).

Melclíades Rodrigues Martins sempre defendeu a aplicação da prescrição *ex officio* em relação aos Entes de Direito Público, valendo-se do previsto no art. 112, Lei 8.112/90 e art. 4º, Dec.-lei 4.597/42.

Na Lei 11.051/04 foi incluído o § 4º ao art. 40, Lei 6.830/80, permitindo ao juiz de ofício, depois de ouvida a Fazenda Pública, reconhecer a prescrição intercorrente no curso da execução, se da decisão que ordenar o arquivamento tiver decorrido o prazo prescricional.

Com a Lei 11.280, o art. 194, CC, foi revogado e o art. 219, § 5º, CPC/73 (art. 332, § 1º, CPC/15), passou a prever que o juiz pronunciará, de ofício, a prescrição, colocando fim a essas discussões.

Na execução fiscal, a prescrição ocorrida antes da propositura da ação pode ser decretada de ofício (Súm. 409, STJ).

A Lei 11.960/09 incluiu o § 5º ao art. 40, Lei 6.830, sendo que é dispensada a manifestação do § 4º por parte da Fazenda Pública de acordo com o valor que está sendo cobrado na execução fiscal. O valor deve ser fixado por ato do Ministro de Estado da Fazenda.

Assim, com ou sem arguição da parte ou de terceiros interessados ou mesmo do Ministério Público, no papel de *custos legis*, o juiz poderá declarar a prescrição *ex officio*.

A manifestação jurisdicional *ex officio* sobre a prescrição (art. 332, § 1º, CPC/15) tem aplicação no Direito do Trabalho (art. 8º, CLT) e no Direito Processual do Trabalho (art. 769), por não haver incompatibilidade com as regras trabalhistas e porque o sistema de proteção do trabalhador (princípio protetor e a irrenunciabilidade dos direitos trabalhistas) não ultrapassa os limites do Direito Material para atingir o Direito Processual. Acrescente-se que a própria CF prevê a regra prescricional para os créditos de natureza trabalhista.

A aplicação do art. 332, § 1º, CPC, poderá inclusive beneficiar a parte revel.

Também consideram aplicáveis as novas regras sobre prescrição ao Processo do Trabalho: Francisco Antonio de Oliveira,[34] José Augusto Rodrigues Pinto,[35] Sebastião Geraldo de Oliveira,[36] Irany Ferrari e Melchíades Rodrigues Martins.[101]

---

[34] OLIVEIRA, Francisco Antonio de. A prescrição com cara nova. *Revista LTr*, v. 70, nº 5, p. 521.

[35] PINTO, José Augusto Rodrigues. Reconhecimento ex officio da prescrição e processo do trabalho. *Revista LTr*, v. 70, nº 4, p. 395.

[36] OLIVEIRA, Sebastião Geraldo de. Prescrição nas ações indenizatórias decorrentes de acidente do trabalho ou doença ocupacional. *Revista LTr*, v. 70, nº 5, p. 534.

PARTE V · Cap. IV – NORMAS ESPECÍFICAS DA PRESCRIÇÃO TRABALHISTA | 291

Arion Sayão Romita[38] entende ser inaplicável a prescrição *ex officio* às lides trabalhistas, isso porque *"a pronúncia da prescrição, no processo do trabalho, aproveita apenas o empregador inadimplente. No confronto com a relação de direito civil, a relação trabalhista apresenta esta peculiaridade: a prescrição não beneficia um devedor de qualquer espécie, mas apenas um único tipo de devedor: o empregador. Não afeta o interesse de um sujeito de direito qualquer, mas de apenas um único sujeito de direito: o empregado.*

De acordo com o disposto no art. 7º da Constituição da República, os dispositivos ali elencados visam à melhoria da condição social dos trabalhadores.

A pronúncia da prescrição de ofício pelo juiz do trabalho não se compatibiliza com o preceito constitucional acima mencionado".

Em seus estudos, Emília Simeão Albino Sako[39] elenca os seguintes argumentos para justificar a sua inaplicabilidade ao Processo do Trabalho: (a) o Processo Civil não é meio hábil e legítimo para subtrair ou reduzir direitos materiais; (b) incompatibilidade com o Processo do Trabalho e seus princípios; (c) violação dos princípios do devido processo legal, da ampla defesa e do contraditório, impedindo a parte de alegar e provar a existência de causas impeditivas, suspensivas ou interruptivas da prescrição; (d) infringe o princípio dispositivo, que não autoriza o juiz a agir em favor da parte; (e) fere a cláusula de não retrocesso social; (f) questionável constitucionalidade, diante dos direitos e garantias contemplados nos arts. 5º e 7º, CF; (g) porque a própria lei continua atribuindo efeitos válidos ao cumprimento espontâneo da obrigação (art. 882, CC), admitindo a renúncia expressa ou tácita da prescrição (art. 191).

Nesse sentido, entende inaplicável essa alteração no Direito do Trabalho Raimundo Simão de Melo,[40] *"por absoluta incompatibilidade com seus princípios. O trabalhador é, por natureza, hipossuficiente em face do seu empregador e não tem liberdade para reclamar seus direitos durante a vigência do contrato de trabalho. Só isso já é suficiente para afastar a aplicação da prescrição, de ofício, pelo juiz do trabalho. A prescrição é instituto utilizado contra o credor, no caso, o trabalhador vitimado por acidente de trabalho, nas maiorias dos casos, em razão da incúria e negligência do empregador, que não cumpre as normas de segurança, higiene e medicina do trabalho e, no caso do acolhimento da prescrição, de ofício, ainda seria beneficiado pela exclusão da obrigação de reparar os danos causados à vítima."*

O TST firmou posição na incompatibilidade do reconhecimento *ex officio* da prescrição trabalhista com o processo do trabalho (art. 769, CLT), apesar do previsto no art.

---

[37] FERRARI, Irany; Martins, Melchíades Rodrigues. *Consolidação das Leis do Trabalho*: doutrina, jurisprudência predominante e procedimentos administrativos. *Introdução*. v. 1, p. 119-120.

[38] ROMITA, Arion Sayão. Pronúncia de ofício da prescrição trabalhista. *Justiça do Trabalho*, nº 279, mar. 2007, p. 28.

[39] SAKO, Emília Simeão Albino. Prescrição ex officio – § 5º do art. 219 do CPC – a impropriedade e inadequação da alteração legislativa e sua incompatibilidade com o direito e o processo do trabalho. *Revista LTr*, v. 70, nº 8, p. 966-973.

[40] MELO, Raimundo Simão de. Prescrição nas ações acidentárias. *Revista Justiça do Trabalho*, nº 276, dez. 2006, p. 21.

219, § 5º, CPC/73 (art. 332, § 1º, CPC/15), por considerar a regra incompatível com os princípios que norteiam o Direito Do Trabalho.[41]

A renúncia à prescrição consumada só poderá ser expressa (art. 191, CC), não mais se admitindo a renúncia tácita. Nesse ponto divergimos de Francisco Antonio de Oliveira,[42] para quem o *"prosseguimento da ação prescrita não será possível, porque a lei não mais permite, ainda que as partes assim o desejem"*. Contudo, considera que *"em sede trabalhista, poderá o juiz tolerar que as partes se conciliem"*.

Com a Reforma Trabalhista, o juiz do trabalho poderá conhecer a prescrição intercorrente ex officio na fase de execução (art. 11-A, § 2º, CLT, Lei 13.467/17).

A IN 41, de 21/06/2018, TST, indica que o fluxo da prescrição intercorrente deve ser computado a partir do descumprimento da determinação judicial a que alude o § 1º do art. 11-A da CLT, desde que feita após 11 de novembro de 2017 (Lei 13.467/2017).

4.4.4 A Prescrição Intercorrente

4.4.4.1 Conceito da Prescrição Intercorrente

A prescrição interrompida recomeça a correr da data do ato que a interrompeu ou do último ato do processo para a interromper (art. 202, parágrafo único, CC).

A prescrição intercorrente relaciona-se com a expressão "último ato do processo", a qual pode ser vista de duas formas, o último ato processual dentro de uma série ou, considerando o processo como um todo harmônico, o último ato reflete uma causa interruptiva única,[43] sendo o ato pelo qual o processo se finda. Acabou por prevalecer na doutrina e na jurisprudência o primeiro entendimento, de modo que, a cada novo ato, há sucessivas interrupções da prescrição.[44]

Na opinião de Manoel Antônio Teixeira Filho,[45] *"prescrição intercorrente é a que ocorre no curso da ação; forma-se, portanto, de permeio. Durante longo período se discutiu,*

---

[41] TST – 2ª T. – ARR 539-21.2010.5.09.0072 – Rel. Min. José Roberto Freire Pimenta – j. 8/10/2014.

[42] OLIVEIRA, Francisco Antonio. Ob. cit., p. 522.

[43] "Enquanto dura a demanda, não se inicia de novo um prazo de prescrição" (LEAL, Câmara apud Süssekind, Arnaldo et al. Ob. cit., v. 2, p. 1.449).

[44] "Apesar do princípio inquisitivo que rege o avanço do procedimento (CPC, art. 262), a jurisprudência acolheu a primeira interpretação. Tem-se, assim, que o último ato do processo não é o ato final, derradeiro, mas o que aparece depois dos demais atos já praticados nele. Último é o mais recente, embora não se destine a ser o ato extremo, que encerra o processo. Prevaleceu, pois, o entendimento segundo o qual, no curso do processo, a prescrição sofre sucessivas interrupções, à medida que se sucedem os atos processuais. Sempre que um ato deixa de ser o último do processo, porque outro lhe sucede, reinicia-se o curso da prescrição, apagando-se o tempo transcorrido. Se, entretanto, desde o último ato já se completou o prazo prescricional, a prescrição estará consumada, podendo invocá-la o interessado, não se reiniciando seu curso caso seja praticado outro ato no processo, salvo se for renunciada" (LORENZETTI, Ari Pedro. Ob. cit., 239).

[45] TEIXEIRA FILHO, Manoel Antônio. *Execução no processo do trabalho*, 7. ed., p. 288-289.

PARTE V · Cap. IV – NORMAS ESPECÍFICAS DA PRESCRIÇÃO TRABALHISTA | 293

na doutrina e na jurisprudência, sobre a admissibilidade, ou não, dessa espécie de prescrição no processo do trabalho. Sustentava-se, de um ponto, que acarretando a perda do direito de ação não se poderia aceitar que viesse a consumar-se após o ajuizamento desta; a este argumento se acrescentava o de que, no processo trabalhista, o juiz pode tomar a iniciativa de praticar os atos do procedimento (CLT, art. 765), máxime na execução (CLT, art. 878, caput), não sendo possível pensar-se, aqui, pois, em prescrição intercorrente. De outro, porém, se afirmava que o art. 8º da CLT autoriza a aplicação supletória de normas do direito civil – atendidos os pressupostos de omissão e de compatibilidade, motivo por que seria perfeitamente possível a adoção do art. 173 do Código Civil (1916), a teor do qual a prescrição recomeça a fluir a contar do ato que a interrompera".

Assim, a prescrição intercorrente é que ocorre no curso do processo ou entre um processo e outro.[46] Com as alterações processuais, as quais acabaram com a separação entre o processo de conhecimento e de execução de título judicial, a prescrição intercorrente também poderá se dar entre as fases do processo (conhecimento e execução).

4.4.4.2 A Prescrição Intercorrente é Aplicável ao Processo Trabalhista?

O TST tem entendido ser inaplicável na Justiça do Trabalho a prescrição intercorrente (Súm. 114).

Contudo, a SDI-I do TST, em maio/09, ao apreciar o processo E-RR 693.039/2000.6, deliberou no sentido de que a prescrição intercorrente é aplicável ao procedimento trabalhista quando o processo fica paralisado por omissão ou descaso dos próprios exequentes. Deliberou, ainda, que a Súmula 114 somente se interage com as demandas nas quais o andamento do processo depende do juiz.

O STF adota posição dissonante, ao considerar que *"o Direito Trabalhista admite a prescrição intercorrente"* (Súm. 327). Acrescente-se que prescreve a execução no mesmo prazo de prescrição da ação (Súm. 150).

---

[46] José Martins Catharino distingue a prescrição intercorrente da prescrição intermediária. "Em tese, as duas espécies a seguir examinadas são comuns a qualquer prescrição, aquisitiva ou extintiva. Dotadas de particularidades, merecem o destaque, principalmente, a intercorrente, controvertida no nosso direito do trabalho, e a intermediária. 3.1. Intercorrente. A prescrição intercorrente é mais projetada processualmente, por ocorrer em processo em curso. É uma prescrição possível em um segundo período de tempo [...]. No nosso direito, eis um exemplo típico de prescrição intercorrente, apresentado por Nicolau Nazo (op. cit., p. 125): '[...] consumar-se-á a prescrição no curso da lide sempre que a partir do último ato ou termo da mesma, inclusive da sentença nela proferida, embora passada em julgado, decorrer o prazo de dois anos e meio' (Dec.-lei nº 4.597, de 19/8/1942, art. 3º, última parte). 3.2. Intermediária. Ao contrário da intercorrente, é isenta de dúvida (v. Nélio Reis, Prescrição na execução, Revista do Trabalho, pp. 379-385, 1945) [...]. É intermediária, e não intercorrente, porque não ocorre no curso de determinado processo, de conhecimento, ou de execução, mas entre o momento que um termina, o precedente ou causal, e o outro, posterior ou consequente, que poderia ter começado (V. CPC, arts. 617; 741, VI; 745 e 746; 756, I). Transcorridos dois anos civis, ou mais, entre o dia do trânsito em julgado de sentença proferida em processo de conhecimento e o da citação do vencido para responder à nova inicial (CLT, art. 880), da inércia do vencedor resulta a prescrição intermediária" (Ob. cit., p. 221-224).

Como se denota, é, no mínimo, muito discutível a aplicação da prescrição intercorrente no Processo Trabalhista.[47]

Admite-se a prescrição intercorrente no processo de conhecimento trabalhista?

Eduardo Gabriel Saad,[48] com fundamento do previsto no art. 173, II, do CPC/73, e na impossibilidade de perpetuidade da ação em questões patrimoniais, afirma que *"no processo de conhecimento, portanto, incide a prescrição intercorrente"*.

O STF entendeu que a ação rescisória sofre prescrição intercorrente se ficar parada por mais de cinco anos (Súm. 264). Nesse caso, a prescrição intercorrente ocorre se o processo esteve parado por negligência da parte; não se pode falar em prescrição intercorrente pela demora da prestação jurisdicional (Sum. 78, Ex-TFR; Súm. 106, STJ).

Admite-se a prescrição intercorrente no processo de execução trabalhista?

Parece-nos que dois são os argumentos daqueles que negam a admissibilidade da prescrição intercorrente no processo de execução trabalhista. Sustentava-se, de um ponto, que, *"acarretando a prescrição a perda do direito de ação, não se poderia aceitar que viesse a consumar-se após o ajuizamento desta; a este argumento se acrescentava o de que, no processo trabalhista, o juiz pode tomar a iniciativa de praticar os atos do procedimento (CLT, art. 765), máxime na execução (CLT, art. 878, caput), não sendo possível pensar-se, aqui, pois, em prescrição intercorrente"*.[49] Admitida a aplicação supletiva das normas de Direito Civil (art. 8º, CLT), há de se admitir o previsto no art. 202, CC, de modo que a prescrição recomeça a fluir do ato que a interrompera ou do último do processo para a interromper.

Em relação ao outro argumento, parte da doutrina entende que o processo de execução trabalhista é um desdobramento da fase de conhecimento, na medida em que o juiz, de ofício, pode dar início à liquidação, além do que a execução trabalhista somente se fazia com base em título judicial (art. 876, CLT).

Com a Lei 11.232/05, a separação entre o processo de conhecimento e de execução de título judicial na sistemática Processual Civil (CPC/73) acabou, surgindo os dois novos Capítulos IX, da Liquidação de Sentença (arts. 475-A a 475-H, CPC) e o Capítulo X, do

---

[47]   "Além dessas duas posições – as do STF e do TST – existe uma terceira: a que admite a prescrição intercorrente nos processos em que o empregado se faz representar por advogado regularmente constituído; deve ser ela rejeitada quando o empregado comparece em Juízo desacompanhado desse profissional. Em favor desse entendimento há o acórdão proferido pela 5ª Turma do Tribunal Superior do Trabalho, no julgamento do Recurso de Revista nº 153.542/94.5, (in DJU de 16/2/1996, p. 3.264), de cuja ementa extraímos o seguinte trecho: 'A prescrição intercorrente é inaplicável na Justiça do Trabalho quando desacompanhado o Reclamante de advogado ou, então, naqueles casos em que a paralisação do processo se dá por motivo de desídia do juízo na efetivação de diligência a seu cargo, tendo em vista o art. 765, da CLT, que consagra o princípio do inquisitório, podendo o Juiz, até mesmo, instaurar execuções de ofício a teor do art. 878 da CLT'. Temos, aí, uma posição conciliadora ante os dois polos: o que aceita a prescrição no curso do processo e aquele que a rejeita" (SAAD, Eduardo Gabriel. Direito processual do trabalho, 2. ed., p. 120).

[48]   SAAD, Eduardo Gabriel. Ob. cit., p. 123.

[49]   TEIXEIRA FILHO, Manoel Antonio. Ob. cit., p. 287.

Cumprimento de Sentença (arts. 475-I a 475-R). Assim, a execução de judicial passou a ser uma fase do processo de cognição.

Após o advento da Lei 9.958/00, a execução trabalhista admite a presença dos títulos extrajudiciais: os termos de ajuste de conduta firmados perante o Ministério Público do Trabalho e os termos de conciliação firmados perante as Comissões de Conciliação Prévia.

Atualmente, a única resistência razoável, para não se admitir a autonomia da ação de execução, repousa na assertiva de que o juiz *ex officio* pode dar início da liquidação.

Com base na afirmação de que a execução é uma fase do Processo Trabalhista, há autores que ainda não admitem a prescrição intercorrente no Processo do Trabalho.

Adepto dessa posição, Ísis de Almeida[50] afirma: *"Relativamente à fase executória da demanda, a prescrição só pode ser alegada com referência a fatos supervenientes à sentença exequenda, o que na prática dificilmente pode ocorrer. De resto, cumpre salientar que a execução trabalhista deve ser considerada como mais uma fase, apenas, da reclamatória, não se constituindo – segundo entende a doutrina tradicional do processo civil – uma ação, autônoma (ou um processo novo, autônomo, como querem alguns) – e, por consequência, não poderia dar lugar a uma arguição de prescrição, pois esta refere-se à ação, e não a direitos propriamente ditos. Uma demora – de responsabilidade do exequente, é claro! – na promoção da execução de modo algum deveria estar sujeita à prescrição, mesmo porque a execução pode ser instaurada ex officio, nos precisos termos do art. 878 da CLT, devendo o Juiz impulsionar o processo e levá-lo até o fim, mesmo sem a participação do exequente, e, muito menos, do executado."*

A questão não é pacífica.

Para José Augusto Rodrigues Pinto,[51] *"não obstante o peso dessas justificativas, preferimos ficar com os vencidos pelo Enunciado do TST nº 114, seja porque o exercício do ius postulandi é, por sua vez, facultativo, incapaz de autorizar quem é parte em juízo a perpetuar o andamento da lide, muitas vezes com propósitos subalternos, seja porque o impulso oficial processual pelo juiz, além de não lhe ser exigido como dever, nem sempre pode dar-se, como lembra Wagner Giglio, até mesmo na cognição, exemplificando com a reintegração condicionada à devolução de indenização, e tanto mais na execução, como se dá com a liquidação por artigos [...]."*

A prescrição intercorrente é aplicável ao Processo do Trabalho, em face da expressa previsão legal do art. 884, § 1º, da CLT. Em outras palavras, uma das matérias a ser alegada nos embargos do executado no Processo do Trabalho é a prescrição da dívida.[52]

---

[50]   ALMEIDA, Ísis de. Ob. cit., p. 65.

[51]   PINTO, José Augusto Rodrigues. *Execução trabalhista*, 9. ed., p. 94.

[52]   "A prescrição intercorrente é também matéria que poderia ser veiculada nos embargos. É o caso do processo ficar parado na fase de execução por muito tempo. Não se trata da prescrição que deva ser alegada na fase de conhecimento, mas de prescrição ocorrida na fase de execução, posteriormente a sentença" (MARTINS, Sergio Pinto. Ob. cit., p. 953).

A prescrição da dívida (art. 884, § 1º) não se confunde com a prescrição que pode ser alegada na fase de conhecimento (prescrição do direito material), pois, na liquidação da sentença, com base em título judicial, não se poderá modificar ou inovar a sentença liquidanda, nem discutir matéria pertinente à causa principal (art. 879, § 1º).

Nessa linha de raciocínio, Manoel Antonio Teixeira Filho[53] discorda da Súm. 114, TST: *"Em primeiro lugar, estamos convencidos de que a possibilidade de ser alegada a prescrição intercorrente no processo do trabalho está insculpida, de forma nítida, no art. 884, § 1º, da CLT; com efeito, ao dizer que o devedor poderá, em seus embargos, arguir – dentre outras coisas – a 'prescrição da dívida', a norma legal citada está, a toda evidência, a referir-se à prescrição intercorrente, pois a prescrição ordinária deveria ter sido alegada no processo de conhecimento [...]. Em segundo, porque o sentido generalizante, que o enunciado da Súmula nº 114 do TST traduz, comete a imprudência de desprezar a existência de casos particulares, onde a incidência da prescrição liberatória se torna até mesmo imprescindível [...]. Exemplifiquemos com os artigos de liquidação."*

Até porque a discussão quanto à natureza jurídica da ação executória em nada altera o fato de ser aplicável, no Processo do Trabalho, a prescrição intercorrente.

Francisco Antonio de Oliveira[54] considera que *"o fato de entender-se que na Justiça do Trabalho a execução constitui simples epílogo da fase cognitiva em nada modifica a situação. A prescrição se completa no mesmo prazo da fase cognitiva, ou seja, em dois anos".*

A execução do Processo Trabalhista tem, em caráter subsidiário, a Lei dos Executivos Fiscais (Lei 6.830/80) (art. 889, CLT).

A Lei 6.830, no art. 40, determina que o juiz suspenderá o curso da execução, enquanto não for localizado o devedor ou encontrados bens sobre os quais possa recair a penhora e, nesses casos, não correrá o prazo da prescrição.

Suspensa a execução, a Fazenda Pública será intimada (art. 40, § 1º). Decorrido o prazo máximo de um ano, sem que sejam localizados o devedor ou encontrados bens penhoráveis, o juiz ordenará o arquivamento dos autos (§ 2º).

O art. 40 trata de uma hipótese de causa suspensiva da prescrição intercorrente, o que vem a corroborar a aplicação deste instituto no processo trabalhista.

Por força da Lei 11.051/04, foi incluído o § 4º ao art. 40, da Lei dos Executivos Fiscais, permitindo ao juiz de ofício, depois de ouvida a Fazenda Pública, reconhecer a prescrição intercorrente, se da decisão que ordenar o arquivamento tiver decorrido o prazo prescricional.

A Lei 11.960/09 incluiu o § 5º ao art. 40 da Lei 6.830, sendo que é dispensada a manifestação do § 4º por parte da Fazenda Pública de acordo com o valor que está sendo cobrado na execução fiscal. O valor deve ser fixado por ato do Ministro de Estado da Fazenda.

O art. 85 da Consolidação dos Provimentos da CGJT prevê que arquivamento provisório do processo de execução, no âmbito do Judiciário do Trabalho, por não ter sido

---

[53] TEIXEIRA FILHO, Manoel Antônio. Ob. cit., p. 219.

[54] OLIVEIRA, Francisco Antonio de. *A execução na justiça do trabalho*, 3. ed., p. 346.

localizado o devedor nem encontrados bens penhoráveis, corresponde à suspensão da execução de que tratam os art. 40, Lei 6.830/80, e art. 921, III, NCPC. É assegurado ao credor requerer (art. 40, § 3º, Lei 6.830) ou ao juiz o determinar de ofício (art. 878, CLT) o desarquivamento do processo com vistas a dar seguimento à execução, independentemente de a secretaria da Vara ter ou não expedido certidão de crédito trabalhista. O arquivamento definitivo do processo de execução, no âmbito do Judiciário do Trabalho, decorre da declaração, por sentença, da extinção da execução (art. 924, NCPC), por se achar exaurida a prestação jurisdicional.

O CPC/15 (art. 924, V) determina que a execução será extinta quando ocorrer a prescrição intercorrente.

O art. 921, §§ 1º a 4º, CPC/15, assegura que o juiz deverá suspender a execução por um ano, prazo em que também ficará suspensa a prescrição. Decorrido o prazo máximo de um ano, sem que seja localizado o executado ou que sejam encontrados bens penhoráveis, o juiz ordenará o arquivamento dos autos. Decorrido o prazo de um ano, sem manifestação do exequente, começa a fluir o prazo da prescrição intercorrente. O magistrado, após ouvir as partes, no prazo de quinze dias, poderá, de ofício, reconhecer a prescrição e extinguir o processo.

O STF (ARE 748.371) fixou o entendimento de que a prescrição intercorrente é matéria infraconstitucional, afastando, assim, a repercussão geral.

Com a Reforma Trabalhista, reconheceu-se expressamente a prescrição intercorrente no processo do trabalho, com regras específicas: a) prazo de 2 anos; b) apenas para a fase de execução; c) inicia-se quando o exequente deixar de cumprir determinação judicial; d) pode ser decretada a requerimento da parte interessada ou declarada ex officio em qualquer grau de jurisdição (art. 11-A, CLT, Lei 13.467).

4.4.4.3 *Prazo da Prescrição Intercorrente*

O prazo para a ação é o mesmo para a execução (Súm. 150, STF).

No campo do Direito do Trabalho, poderia surgir a dúvida se o prazo da prescrição intercorrente é de cinco ou de dois anos?

A prescrição intercorrente é total, logo o seu prazo prescricional é de dois anos, como ocorre para o exercício do direito de ação (processo de conhecimento). Com a Reforma Trabalhista, o prazo para a prescrição intercorrente foi fixado em 2 anos (art. 11-A, caput, CLT).

A IN 41, art. 2º, de 21/06/2018, TST, indica que o fluxo da prescrição intercorrente deve ser computado a partir do descumprimento da determinação judicial a que alude o § 1º, art. 11-A, desde que feita após 11 de novembro de 2017 (Lei 13.467).

QUESTIONÁRIO

1. Com a alteração da CF pela EC 28, como fica o prazo prescricional do empregado rural, considerando os contratos findados antes da alteração e os que se iniciaram antes da alteração e se mantêm em vigor até os dias atuais?

2. Qual é o prazo prescricional dos contratos dos empregados domésticos?

3. Existe prescrição nas ações declaratórias e constitutivas? Justifique.

4. Qual é o prazo prescricional do FGTS?

5. Qual é a prescrição do ato único do empregador que altere o contrato de trabalho?

6. Como se dá a contagem inicial do prazo prescricional?

7. Quando se inicia o prazo prescricional para ação de cumprimento de decisão normativa?

8. Quem tem legitimidade para arguir a prescrição?

9. O juiz do trabalho pode declarar *ex officio* a prescrição?

10. Qual o momento processual adequado para arguição da prescrição?

11. O que é prescrição intercorrente? É aplicável ao processo do trabalho?

Capítulo V

ENFOQUES JURISPRUDENCIAIS ESPECÍFICOS SOBRE A PRESCRIÇÃO TRABALHISTA

5.1 PERÍODOS DESCONTÍNUOS DE TRABALHO

Da extinção do último contrato é que começa a fluir o prazo prescricional do direito de ação objetivando a soma de períodos descontínuos de trabalho (Súm. 156, TST).

A soma dos períodos contínuos ou descontínuos é possível, *acessio temporis*, excetuando-se as seguintes hipóteses: dispensa com justa causa, o pagamento da indenização legal e a aposentadoria (art. 453, CLT).

Assim, havendo a caracterização de unicidade dos períodos contínuos ou descontínuos de trabalho, a prescrição é computada a partir do último contrato de trabalho.

No caso dos contratos de trabalho sucessivos com empresas do mesmo grupo econômico (empregador único, art. 2º, § 2º, CLT), a contagem do prazo prescricional passa a correr com a extinção do último contrato de trabalho, sendo indispensável que todas as empresas do grupo constem do polo passivo da demanda.

5.2 A INTERRUPÇÃO TRABALHISTA PELO ARQUIVAMENTO DA DEMANDA

Em sua versão original, a Súm. 268, TST, espelhava o entendimento de que a demanda trabalhista, ainda que arquivada, interrompe a prescrição. Em novembro de 2003, deu-se a reformulação do seu texto, para esclarecer que a interrupção da prescrição atinge somente os pedidos idênticos, estando com a seguinte redação: *"A ação trabalhista, ainda que arquivada, interrompe a prescrição somente em relação aos pedidos idênticos."*

Esse entendimento jurisprudencial foi positivado no art. 11, § 3º, CLT, com a Reforma Trabalhista.

No Processo do Trabalho, a citação independe da determinação do juiz (art. 841, § 1º, da CLT), portanto, para alguns, a prescrição trabalhista é interrompida na data do ajuizamento da demanda. Na sistemática Processual Civil, com a citação válida, *"a interrupção da prescrição retroagirá à data da propositura da ação"* (art. 240, § 1º, CPC).

O TST, no E-ED-RR 102600-22.2005.5.10.002, fixou a posição de que, para efeito de interrupção do prazo prescricional, não basta a mera identidade formal de pedidos, sendo necessária a identidade formal, de modo a alcançar a própria causa de pedir, gênese da pretensão jurídica de direito material que se buscar alcançar mediante o exercício do direito de ação.

"PRESCRIÇÃO. INTERRUPÇÃO. AJUIZAMENTO DE RECLAMAÇÃO TRABA-LHISTA. IDENTIDADE DE PEDIDOS. SÚMULA Nº 268 DO TST. INDENIZAÇÃO POR DANO MORAL E MATERAL. DOENÇA PROFISSIONAL. LER/DORT. TERMO INICIAL DA CONTAGEM DO PRAZO PRESCRICIONAL. CIÊNCIA DA LESÃO. CONCESSÃO DA APOSENTADORIA POR INVALIDEZ. 1. A teor da Súmula nº 268 do TST, a interrupção do prazo prescricional em curso pelo ajuizamento de anterior ação somente se dá em relação a pedidos idênticos. 2. Para efeito de interrupção do prazo prescricional, à luz da Súmula nº 268 do TST, não basta a mera identidade formal de pedidos. Há que se configurar a identidade substancial, de modo a alcançar a própria causa de pedir, gênese da pretensão jurídica de direito material que se busca alcançar mediante o exercício do direito de ação. 3. A discrepância de causas de pedir pode conduzir, em tese, a desfechos distintos em uma e outra ação, inclusive com a virtual prolação de sentenças condenatórias diversas. Conclusão que só reforça a singularidade das pretensões deduzidas em juízo em ações autônomas e sucessivas, cuja causa de pedir não seja comum. 4. Formulados pedidos com causas de pedir distintas em ação originalmente ajuizada perante a Justiça Comum (indenização por dano moral decorrente de acometimento de doença psiquiátrica – 'Síndrome do Pânico') e em reclamação trabalhista posterior (indenização por dano moral advindo de doença profissio-nal – 'LER/DORT"), a primeira não interrompe o prazo prescricional para o ajuizamento da segunda, máxime se os pedidos em si, deduzidos nesta última, têm contornos próprios. 5. O termo inicial do fluxo do prazo prescricional coincide com a data de ciência da lesão ao direito subjetivo material, ocasião em que nasce a pretensão para repará-lo (actio nata). 6. O prazo prescricional da pretensão de indenização por dano moral decorrente de doença profissional – 'LER/DORT' - conta-se, em regra, a partir da concessão de aposentadoria por invalidez. Precedentes da SbDI-1 do TST. 7. ... " (TST – SDI-I – E-ED-RR 102600-22.2005.5.10.0002 – Rel. Min. João Oreste Dalazen – *DEJT* 30/4/2015).

5.2.1 A Demanda Arquivada e a Contagem da Prescrição

Em que pese algumas divergências quanto à necessidade ou não da efetiva citação, é inegável que tem prevalecido o entendimento do TST quanto à interrupção do prazo prescricional pelo arquivamento da reclamação trabalhista em relação aos pedidos idên-ticos (Súm. 268; art. 11, § 3º, CLT, Lei 13.467).

Esse entendimento traz um problema de ordem prática. Vejamos: o Sr. Pedro Barreto trabalhou para a Editora de Bauru Ltda. no período de 10/3/1970 a 10/3/2009. Em 10/3/2010, ingressa na Justiça do Trabalho postulando horas extras não pagas durante toda a vigência do contrato de trabalho e diferenças de verbas rescisórias. Na primeira ação, o período não prescrito (prescrição parcial quinquenal) seria de 10/3/2005 a 10/3/2009.

Designada a primeira audiência para 2/3/2011 (4ª feira), a reclamação é arquivada, pelo não comparecimento de Pedro. No dia 10/3/2012, propõe nova demanda, a qual

PARTE V · Cap. V – ENFOQUES JURISPRUDENCIAIS ESPECÍFICOS SOBRE A PRESCRIÇÃO TRABALHISTA | **301**

foi julgada procedente, condenando a reclamada a pagar horas extras pelo período não prescrito e diferenças de verbas rescisórias. A Reclamada apresenta recurso ordinário por entender que há bienal prescrição.

Indaga-se: (a) há prescrição bienal total? (b) qual o período em que deve ser computada a prescrição bienal? (c) qual o período deverá ser considerado na prescrição quinquenal retroativa?

Primeiramente, considerando que a demanda arquivada interrompe a prescrição, o novo prazo prescricional bienal inicia-se com o trânsito em julgado da decisão (10/3/2011), porque até aí, pela apresentação de algum motivo plausível ou apresentação de recurso ordinário, a decisão de arquivamento poderia ser reformada. O reclamante terá até 10/3/2013 para propor a nova ação.

Não há, portanto, prescrição bienal total, sendo que o prazo prescricional de dois anos somente deverá ser computado a partir do trânsito em julgado da decisão que determinou o arquivamento da reclamação (no período de 10/3/2011 a 10/3/2013).

O grande problema está na contagem da prescrição retroativa quinquenal.

O TST, com apoio da jurisprudência dominante, entende que a prescrição quinquenal abrange os últimos cinco anos anteriores ao ajuizamento da ação trabalhista (Súm. 308, I).

A aplicação singela desse entendimento nos levaria a considerar os últimos cinco anos, retroagindo da data da apresentação da nova reclamação (10/3/2012), sendo que o período não prescrito seria de 10/3/2007 a 10/3/2009.

Consideramos que esse não é o raciocínio mais adequado.

No cômputo da prescrição quinquenal deve ser desconsiderado o período em que o primeiro litígio esteve *sub judice* (10/3/2010 a 10/3/2011) (art. 202, parágrafo único, CC), contudo, devem ser computados os períodos ocorridos entre a extinção do contrato de trabalho e a propositura da primeira demanda e entre a data do trânsito em julgado da primeira demanda e o da nova distribuição. Vale dizer, deverão ser considerados os períodos de 10/3/2009 a 10/3/2010 e 10/3/2011 a 10/3/2012.

Nesse caso, somos forçados a concluir que para a prescrição quinquenal o arquivamento da demanda gera a suspensão dos seus efeitos e não a interrupção. O período não prescrito na segunda demanda seria de 10/3/2006 a 10/3/2009.

O TST entende que a prescrição bienal reinicia-se a partir da data do trânsito em julgado da decisão, enquanto que a prescrição parcial, a partir da data do ajuizamento da primeira demanda. Vale dizer, para o TST a primeira demanda é causa interruptiva para a prescrição bienal e para a prescrição quinquenal. Logo, dentro do contrato de trabalho acima exemplificado, o período não prescrito na segunda demanda seria de 10/3/2005 a 10/3/2009.

5.3 EQUIPARAÇÃO SALARIAL

Na demanda de equiparação salarial, a prescrição só alcança as diferenças salariais vencidas no período anterior aos cinco anos que precederam o ajuizamento (Súm. 6, IX, TST).

A demanda que visa reenquadramento funcional tem prescrição extintiva (Súm. 275, II), sendo que o desvio funcional do empregado não gera, por si só, novo enquadramento, mas apenas as diferenças salariais (OJ 125, SDI-I).

No contrato de trabalho, por ser de trato sucessivo, as obrigações contratuais trabalhistas se projetam no tempo, desta forma, as lesões são periódicas, fazendo com que haja lapsos temporais distintos.

5.4 DESVIO DE FUNÇÃO

Na demanda que objetiva corrigir desvio funcional, a prescrição só alcança as diferenças salariais vencidas no período anterior aos cinco anos que precederam ao ajuizamento (Súm. 275, I, TST).

A demanda que visa reenquadramento funcional tem contra ela a prescrição extintiva (Súm. 275, II), sendo que o simples desvio funcional do empregado não tem o condão de gerar novo enquadramento, mas apenas as diferenças salariais (OJ 125, SDI-I).

O contrato de trabalho é sinalagmático e comutativo. As obrigações contratuais básicas são conhecidas de forma prévia, além de serem equivalentes. O empregado, ao ser contratado, sabe a função e o salário correspondente.

O empregado, no curso da relação contratual, poderá ser posto em outra função, porém sem o salário equivalente. Neste caso, para nós, a lesão será mensal, abrangendo o período em que perdurar o desvio de função.

5.5 GRATIFICAÇÃO SEMESTRAL

A prescrição é parcial quanto ao congelamento da gratificação semestral (Súm. 373, TST).

O ato do empregador que fixa o congelamento da gratificação semestral reputa-se como uma alteração do pactuado.

A Súm. 294 fixa que a prescrição é total no caso de alteração do pactuado; logo, há uma incoerência desse entendimento com o esposado na Súm. 373.

A nosso ver, toda e qualquer alteração contratual implica o fenecimento do direito de ação à parcela e não ao núcleo do direito, estando correto o entendimento delineado na Súm. 373, quando afirma que a prescrição é parcial.

5.6 HORAS EXTRAS PRÉ-CONTRATADAS E SUPRIMIDAS

Em se tratando de horas extras pré-contratadas e suprimidas a prescrição é total (cinco anos), a partir da data em que foram suprimidas (Súm. 199, II, TST).

Evidente a incongruência do TST no tocante às Súm. 373 e 199, II.

Na supressão das horas extras pré-contratadas e suprimidas, a prescrição é total, o que inocorre com o congelamento da gratificação semestral.

Tanto na Súm. 373, como na Súm. 199, II, temos a discussão quanto à validade das alterações contratuais havidas, as quais tratam de hipóteses de alteração do pactuado.

PARTE V · Cap. V – ENFOQUES JURISPRUDENCIAIS ESPECÍFICOS SOBRE A PRESCRIÇÃO TRABALHISTA | 303

Diante da mesma *ratio*, adotam-se posições distintas. Evidente a necessidade do TST em desvincular a prescrição total da alteração do pactuado, revigorando o entendimento esposado pela Súm. 168 (cancelada pela Súm. 294).

A nosso ver, está incorreto o teor da Súm. 199, II. A prescrição deve ser parcial e não total.

5.7 ADICIONAL DE HORAS EXTRAS

Embora haja previsão legal para o direito à hora extra, inexiste previsão para a incorporação ao salário do respectivo adicional, razão pela qual deve incidir a prescrição total (OJ 242, SDI-I).

5.8 O AVISO-PRÉVIO E A PRESCRIÇÃO

Com base nas OJ 82 e OJ 83, SDI-I, o TST entendeu que o aviso-prévio deve ser computado para fins de baixa na CTPS, além da própria prescrição.

O aviso-prévio pode ser indenizado ou trabalhado. Quando é trabalhado, não há dúvida de que integra o tempo de serviço para todo e qualquer fim.

A data de saída a ser anotada na CTPS deve corresponder à do término do prazo do aviso-prévio, ainda que indenizado (OJ 82). Deve ser computada a proporcionalidade (3 dias por cada ano de tempo de serviço, quando o empregado tenha mais de um ano de contrato de trabalho) (Lei 12.506/11).

A prescrição começa a fluir no final da data do término do aviso-prévio (art. 487, § 1º, CLT, e OJ 83).

Até porque, segundo o TST, no curso do aviso-prévio indenizado, havendo superveniência de auxílio-doença, os efeitos da dispensa só se concretizam depois de expirado o benefício previdenciário, sendo irrelevante que tenha sido concedido no período do aviso-prévio, já que ainda vigorava o contrato de trabalho (Súm. 371).

Todavia, quando é indenizado, a integração deve ser vista somente no plano patrimonial, justificando-se as incidências em décimo terceiro salário, férias e fundo de garantia (Súm. 305).

Com razão, as críticas feitas por Francisco Antonio de Oliveira:[1] *"Em verdade, ao assim direcionar, a mais Alta Corte Trabalhista rompe, de certo modo, com o princípio da actio nata, já que o prazo prescricional, com base naquele princípio, teria início por ocasião do pagamento. Suponha-se a hipótese de aviso-prévio indenizado, em que o pagamento foi efetuado no 10º dia, contado da demissão (art. 477, § 6º, b, CLT). A partir desse momento o trabalhador teve conhecimento dos valores pagos pela empresa, podendo, pois, discutir a correção ou não de tais pagamentos. Aí nasce o legítimo interesse."*

---

[1]   OLIVEIRA, Francisco Antonio. *Comentários aos precedentes normativos e individuais do Tribunal Superior do Trabalho*, p. 215.

Após analisar o tema, Narbal Antônio Mendonça Fileti[2] conclui: *"(b) o 'salário' (sic) correspondente ao período do pré-aviso não cumprido reveste-se de nítida e indiscutível natureza indenizatória substitutiva, ainda que interpretação literal da lei (art. 487, § 1º, CLT) conduza à conclusão diversa;*

c) a dispensa do trabalhador através de indenização do aviso-prévio opera-se ipso facto, tornando a ruptura perfeita e acabada na data dessa comunicação;

d) a projeção temporal fictícia do contrato pela indenização do aviso-prévio ocorre apenas para efeitos administrativos (chancela sindical – art. 477, § 1º, CLT) e pecuniários (indenização e benefícios a cargo do empregador e do Estado: férias, natalinas, reajuste no período, depósito do FGTS, seguro-desemprego, etc.);

e) a prescrição quanto aos créditos resultantes das relações de trabalho (sic), insculpida no art. 7º, inciso XXIX, da Constituição da República de 1988, é de dois anos a contar da data da verdadeira ruptura da contratualidade laboral, assim entendida aquela em que o obreiro tenha cessado efetivamente a prestação de trabalho para o empregador; e

f) a partir dessa data é que deve ser fixado o dies a quo para contagem do prazo prescricional, oportunidade que será também levada em consideração para a aposição da baixa contratual na CTPS do trabalhador."

Não se pode aplicar a OJ 83 quando o aviso-prévio é discutível em face da própria demanda judicial quanto à existência da relação empregatícia.

A declaração de existência do vínculo de emprego é imprescindível para a aplicação do prazo prescricional. Assim, há que se admitir, para a contagem da prescrição, a existência prévia de um contrato de trabalho e, na hipótese específica de aplicação da prescrição bienal, sua extinção. A existência do vínculo empregatício é, portanto, prejudicial à aplicação do próprio instituto da prescrição.

Portanto, a prejudicialidade do pedido declaratório de reconhecimento do vínculo empregatício impõe sua análise em primeiro plano para, posteriormente, ser analisada a prescrição bienal.

5.9 MUDANÇA DE REGIME CELETISTA PARA ESTATUTÁRIO

A transferência do regime jurídico de celetista para estatutário implica extinção do contrato de trabalho, fluindo o prazo da prescrição bienal a partir da mudança de regime (Súm. 382, TST).

Analisando a questão, por maioria de votos, o Plenário do STF entendeu que a aplicação da prescrição do art. 7º, XXIX, CF, pelo TST nos casos de mudança de regime trabalhista para administrativo não ofende a CF.[3]

---

[2] FILETI, Narbal Antônio Mendonça. A projeção do lapso contratual em face do aviso-prévio indenizado: contagem da prescrição e data da baixa da CTPS. *Revista LTr*, v. 62, nº 5, p. 651.

[3] STF – Plenário – RE 317660 – Rel. Ilmar Galvão – j. 6/2/2002.

PARTE V · Cap. V – ENFOQUES JURISPRUDENCIAIS ESPECÍFICOS SOBRE A PRESCRIÇÃO TRABALHISTA | 305

5.10 COMPLEMENTAÇÃO DE PENSÃO E AUXÍLIO-FUNERAL

A prescrição extintiva para pleitear judicialmente o pagamento da complementação de pensão e do auxílio-funeral é de dois anos, contados a partir do óbito do empregado (OJ 129, SDI-I).

A orientação jurisprudencial não deveria dar o mesmo tratamento às duas matérias.

A complementação de pensão gera parcelas mensais; logo, a prescrição seria devida em função de cada parcela. Incorreta a posição do TST. A prescrição é parcial.

Em relação ao auxílio-funeral, o entendimento está correto, já que se reputa devido uma única vez.

5.11 A DECADÊNCIA OU A PRESCRIÇÃO AFASTADA PELA INSTÂNCIA SUPERIOR

Costumeiramente, notamos que, quando a prescrição é afastada pela instância superior, é determinado o retorno dos autos para que os demais pedidos sejam apreciados pelo juízo de primeira instância.

Razão para isso, equivocadamente em nosso entender, é a observância do princípio do duplo grau de jurisdição, de modo, inclusive, a não suprimir instâncias ou violar o princípio do juiz natural (art. 5º, LIII, CF).

Ocorre que apenas na Constituição do Império de 1824 o princípio do duplo grau de jurisdição dispunha expressamente que a causa fosse apreciada pela instância superior sempre que assim fosse requerido pela parte, sendo que *"as constituições que se lhe seguiram limitaram-se a apenas mencionar a existência de tribunais, conferindo-lhes competência recursal. Implicitamente, portanto, havia previsão para a existência de recurso. Mas, frise-se, não garantia absoluta ao duplo grau de jurisdição.*

A diferença é sutil, reconheçamos, mas de grande importância prática. Com isso queremos dizer que, não havendo garantia constitucional do duplo grau, mas mera previsão, o legislador infraconstitucional pode limitar o direito de recurso, dizendo por exemplo não caber apelação nas execuções fiscais de valor igual ou inferior a 50 OTN's (art. 34, da Lei nº 6.830/80) e nas causas, de qualquer natureza, nas mesmas condições, que forem julgadas pela Justiça Federal (art. 4º, da Lei nº 6.825/80), ou, ainda, não caber recurso dos despachos (art. 504, CPC)".[4]

O princípio do duplo grau de jurisdição, como está posto atualmente, *"se realiza com a mera possibilidade de reexame, não se fazendo necessário, para a configuração do princípio, que tal reexame se dê de forma obrigatória".*[5]

Na sistemática Processual Civil, a apelação devolverá ao tribunal o conhecimento da matéria impugnada (art. 1.013, *caput*, CPC), de forma semelhante ao recurso ordinário trabalhista (art. 895, CLT), abrangendo todas as questões suscitadas e discutidas no

---

[4]   NERY JUNIOR, Nelson. *Princípios do processo civil na Constituição Federal*, p. 167.

[5]   CÂMARA, Alexandre Freitas. *Lições de direito processual civil*, v. 2, 12. ed., p. 5.

processo, ainda que a sentença não as tenha julgado por inteiro ou, quando o pedido ou a defesa tiver mais de um fundamento, o juiz acolher apenas um deles (art. 1.013, §§ 1º e 2º). Trata-se do efeito devolutivo do recurso (extensão e profundidade).

Com a Lei 10.352/01, a qual acresceu o § 3º ao art. 515 do CPC/73, permitiu-se aos tribunais, ao reformar decisões que resolverem o processo sem julgamento de mérito, analisar e julgar o mérito quando se tratar de questão de direito e estiver em condições de julgamento. O CPC/15 manteve a regra (art. 1.013, § 3º, I a IV).

Mesmo quando a questão que impediu a apreciação de mérito seja a decadência ou a prescrição (art. 487, II, CPC) (decisão de mérito), caberá ao tribunal, caso afaste a questão prejudicial, apreciar as questões de mérito, ainda que a sentença não as tenha julgado (Súm. 100, VII, TST), desde que o processo trate de questões de direito ou já tenha sido instruído.

Também não se poderia pensar em violação ao princípio do juiz natural ou mesmo supressão de instância, porquanto o juízo de primeira instância já havia sentenciado no processo, não havendo obrigação de proferir nova decisão neste caso apenas porque a decadência ou a prescrição foi afastada.

A Súmula 100, VII, TST, assevera que não ofende o duplo grau de jurisdição a decisão do TST que, após afastar a decadência em sede de recurso ordinário, aprecia desde logo a lide, se a causa versar questão exclusivamente de direito e estiver em condições de imediato julgamento.

O CPC/15 (art. 1.013, § 4º) indica que quando houver a reforma de sentença, a qual reconheça a prescrição ou a decadência, o tribunal julgará o mérito, examinando as demais questões, sem determinar o retorno do processo ao juízo de primeiro grau.

5.12 DANOS MATERIAIS E MORAIS NA JUSTIÇA DO TRABALHO

Atualmente, os debates sobre a competência da Justiça do Trabalho encontram-se superados pela Súm. 392, TST, e pelo inciso VI, art. 114, CF, EC 45, surgindo outras questões como do prazo prescricional a ser considerado nas ações trabalhistas que visem à reparação de danos, abrangendo inclusive aquelas decorrentes de acidente ou doença do trabalho (STF, CC 7.204-MG).

O art. 7º, XXIX, CF, e o art. 11, da CLT, fixam os prazos prescricionais das ações referentes aos créditos resultantes das relações de trabalho.

Discute-se, em várias demandas judiciais, a responsabilidade civil do empregador pela reparação de danos morais e materiais decorrentes de acidente ou de doença do trabalho (art. 7º, XXVIII, CF). Em outras ações, surge o problema da indenização pelo dano moral e material em função de dispensas motivadas infundadas, atos contra a honra do empregado ou do empregador e outras tantas situações fáticas possíveis.

O que há em comum, em todas essas ações, é o fundamento jurídico do pedido de indenização, seja material ou moral, que vem a ser a responsabilidade subjetiva do empregador (art. 186, CC, art. 5º, V e X, CF).

É inegável, mesmo sendo a controvérsia decorrente das relações de trabalho, que os operadores do Direito valem-se da aplicação subsidiária do Direito Civil (art. 8º, CLT).

PARTE V · Cap. V – ENFOQUES JURISPRUDENCIAIS ESPECÍFICOS SOBRE A PRESCRIÇÃO TRABALHISTA | 307

Para a corrente dominante, o fato de o operador do direito utilizar o Direito Civil como instrumental técnico-jurídico para encaminhar a propositura da demanda sobre a responsabilidade civil nas relações do trabalho em nada altera, seja a competência material, seja a questão da prescrição.

Neste aspecto, não podemos nos esquecer de que o fundamento da causa de pedir não é apenas o fundamento jurídico (= causa de pedir próxima). Ao lado do aspecto jurídico, o pedido decorre de fatos, ou seja: do fundamento fático (= causa de pedir remota).

A causa de pedir, como um dos fatores legais para o exercício do direito de ação, deve ser vista em seu conjunto, e não de forma isolada.

Aplica-se a Lei Civil, ante a omissão da Lei Trabalhista, pois, no ato de julgar, o juiz não pode alegar omissão, lacuna ou obscuridade (art. 4º, LINDB; art. 140, CPC).

Pode-se pensar que o fundamento fático decorre da relação jurídica trabalhista. Logo, qualquer verba judicial decorrente deste vínculo implica a regulação dos seus efeitos prescricionais pela norma inserta no art. 7º, XXIX, da CF.

Irany Ferrari e Melchíades Rodrigues Martins[6] sustentam que *"a distinção entre créditos trabalhistas e direitos pessoais não passa de filigrama jurídica, incapaz, contudo, de justificar a aplicação de dois institutos jurídicos distintos (civil e trabalho), já que, mesmo se se entender tratar-se de direito pessoal (o que realmente é), tal direito se converte em crédito trabalhista a partir do momento em que a reparação resultar devida, numa verdadeira simbiose entre ambos, como entendimento analógico. [...]*

Sendo créditos trabalhistas, a aplicação prevista correta será, portanto, a prescrição prevista na CF/88 como um dos direitos sociais que limita o direito de ação, quanto aos créditos resultantes das relações de trabalho, ao prazo prescricional de cinco anos para os trabalhadores urbanos e rurais, até dois anos após a extinção do contrato de trabalho."

Há julgados, os quais aplicam a prescrição do art. 7º, XXIX, CF.[7]

Por outro lado, argumentam alguns que a fixação da Justiça competente não tem o condão de alterar a natureza jurídica do pedido, que, no caso da reparação dos danos, será indenizatório. Como o fundamento repousa na responsabilidade civil do empregador ou do empregado, a indenização decorrente do ato lesivo não se equipara a um crédito trabalhista, portanto o prazo prescricional a ser aplicável é de 20 anos, com respaldo do previsto no art. 177, CC de 1916, e três anos, com fundamento no art. 206, § 3º, V, CC de 2002.

A situação do dano material e moral seria equivalente àqueles "direitos alheios à CLT", nos quais a jurisprudência fixou prazo prescricional diverso, *v. g.*, depósitos do FGTS, contribuições do PIS etc. Outros julgados acolheram essa posição.[8]

---

6   FERRARI, Irany; MARTINS, Melchíades Rodrigues. *Dano moral*: múltiplos aspectos nas relações de trabalho, 2. ed., p. 466.

7   TST – 5ª T. – RR 146/2005-026-04-00.9 – Rel. Min. João Batista Brito Pereira – *DJU* 2/2/2007.TST – 4ª T. – RR 1432/2003-036-01-00 – Rel. Min. Barros Levenhagen – j. 25/10/2006 – *DJ* 10/11/2006.

8   TRT – 12ª R. – RO 816/1985 – Rel. Umberto Grillo – *Revista LTr*, v. 50, nº 8, p. 991.TRT – 21ª R. – TP – RO 00378 – Rel. Ceneide Maria Maia de Oliveira – j. 18/8/1998 – *DJE* 15/1/1999.

Wilson Campos Batalha e Sílvia Batalha[9] defendem que, nesses casos, *"a prescrição não é a bienal vinculada às relações de trabalho (CF/88, art. 7º, XXIX). A prescrição é a vintenária, consoante norma genérica do art. 177 do Código Civil (1916).*

É evidente que esse prazo é extremamente longo, dificultando as provas de ambas as partes e criando dificuldades de apreciação, sobretudo nas hipóteses de doença profissional (disacusia etc.), em que esse longo período transcorreu em várias empresas e diversas situações laborais."

Decisão do TST, SDI I, do Min. Lelio Bentes Corrêa, a qual reformou a decisão, em sentido contrário, proferida pela 3ª T. daquele Tribunal, acabou por adotar essa posição.[10]

O Min. Lelio Bentes Corrêa justifica sua posição elencando os seguintes argumentos: (a) a importância da reparação do dano moral, que não tem natureza trabalhista, interessa não somente ao ofendido, mas a toda a sociedade, como reconhece a melhor doutrina; (b) o prazo prescricional do direito de ação não se afirma pela competência do órgão julgador, mas em razão da natureza da matéria discutida; (c) a CF, quando fala em créditos resultantes da relação de trabalho, está a se referir aos créditos trabalhistas *stricto sensu*; (d) a indenização do dano moral constitui crédito de natureza pessoal; (e) um dos mais importantes princípios que informam o Direito do Trabalho é o da norma favorável ao trabalhador, que ainda deve continuar norteando o intérprete moderno; a subordinação, como marca deste ramo do Direito, nunca vai desaparecer, apenas pode diminuir conforme a atividade desempenhada pelo trabalhador; (f) finalmente, embora adaptados a uma nova realidade, é preciso superar preconceitos e resgatar os princípios informadores do Direito do Trabalho, na busca da dignificação da pessoa humana.

Considerando que a prescrição é instituto de direito material e se a responsabilidade do empregador, para Ricardo Gehling,[11] *"no caso de acidente do trabalho por sua culpa ou dolo, não decorre propriamente de descumprimento de obrigação contratual, mas de ato ilícito seu, é consequência inarredável que ela deva se regida pela lei civil que regula a matéria, e não pelo disposto nos arts. 7º, XXIX, da CF e 11 da CLT".*

Rodolfo Pamplona Filho, aduzindo outras razões, afirma que com o novo CC a regra a ser aplicável, a partir de agora, ao dano moral trabalhista é a da Lei Civil. Sustenta sua posição doutrinária com base no argumento de que, pelo CC de 2002, a responsabilidade civil passou a ter um prazo específico, ou seja, de três anos (art. 206, § 3º, V), e que a norma específica prevalece sobre a norma prescricional geral trabalhista.

Importante dizer ainda que com o novo CC houve a redução do prazo prescricional das ações indenizatórias no Direito Civil para três anos.

---

[9]   BATALHA, Wilson Campos; RODRIGUES NETTO, Silvia M. L. Batalha. *Prescrição e decadência no direito do trabalho*, 2. ed., p. 165.

[10] TST – SDI I – ERR 08871/2002-900-02-00.4 – Rel. Min. Lelio Bentes Corrêa – j. 16/2/2004 – *DJ* 5/3/2004.

[11] GEHLING, Ricardo. Ações sobre acidente do trabalho contra o empregador – competência, coisa julgada e prescrição. *Revista LTr*, v. 69, nº 12, p. 1456.

PARTE V • Cap. V – ENFOQUES JURISPRUDENCIAIS ESPECÍFICOS SOBRE A PRESCRIÇÃO TRABALHISTA | 309

Com esse novo prazo, há de se analisar efetivamente se o princípio da norma mais favorável mencionado pela decisão do TST como um dos motivos que justifique a aplicação do prazo prescricional civil será aplicável.

Se o empregado sofre um dano material ou moral, o seu contrato de trabalho pode ser extinto, até por rescisão indireta, mas, em algumas situações, poderá ser que o contrato continue vigendo entre as partes.

Numa primeira situação a rescisão do contrato de trabalho com o dano material ou moral, *v. g.*, um assédio sexual.

Aplicando a prescrição do CC vigente, a vítima terá três anos a partir do dano para ingressar com a ação indenizatória. Se a vítima esperar os três anos para ingressar com a ação, todos os demais direitos trabalhistas estarão prescritos.

Aplicando a prescrição trabalhista, a reclamante terá dois anos a partir da extinção do contrato de trabalho, podendo inclusive pleitear outros direitos trabalhistas dos últimos cinco anos de trabalho.

Caso o contrato de trabalho continue em vigor, existirão outras consequências.

Aplicando a prescrição do CC, a vítima terá três anos a partir do fato para ingressar com a ação indenizatória.

Aplicando a prescrição trabalhista, a reclamação trabalhista com pedido indenizatório distribuída poderá abarcar os direitos dos últimos cinco anos de contrato de trabalho.

Uma última questão em relação ao tema. Se admitíssemos que o prazo prescricional a ser aplicado for a do CC e se os fatos ocorreram antes de 12/1/2003 (data de entrada em vigência do CC de 2002), há de se aplicar a regra de transição do art. 2.028.

Defende Raimundo Simão de Melo[12] que *"a reparação por danos pessoais (moral, material ou estético) decorrentes de acidente do trabalho, constitui direito humano fundamental de índole constitucional e não mero direito de índole trabalhista ou civil. Desse modo, por inexistir norma expressa sobre o prazo de prescrição das respectivas pretensões, aplicam-se subsidiariamente os prazos previstos na lei civil: vinte anos para as ofensas ocorridas até 9/1/03 (CC de 1916, art. 177) e 10 anos para as ofensas ocorridas a partir de 10/1/03 (CC de 2002, art. 205)".*

A 1ª Jornada de Direito Material e Processual na Justiça do Trabalho (2007) fixou o entendimento de que a prescrição da indenização por danos materiais ou morais resultantes de acidente de trabalho é de dez anos, nos termos do art. 205, CC, ou de 20 anos, observado o art. 2.028, CC (En. 45).

Há ainda aqueles que defendem que tais ações são imprescritíveis, por se tratar de violação aos direitos da personalidade.

---

[12]   MELO, Raimundo Simão de. *Direito ambiental do trabalho e a saúde do trabalhador*, p. 463.

Depois de defender que a reparação do dano decorrente do acidente de trabalho não tem natureza trabalhista e um fundamento não civil, Jorge Luiz Souto Maior,[13] *"há de se entender ser ela imprescritível, até porque os danos à personalidade humana, no contexto da dinâmica das relações hierarquizadas do modelo de produção capitalista, no qual o ser humano é transformado em força de trabalho, não devem mesmo prescrever. Não se querendo chegar a esta conclusão, que é a mais condizente com a própria visão positiva do direito, no máximo, e com muito esforço, só se poderá concluir que a prescrição a ser aplicável é a regra geral, ou seja, de 20 (vinte) anos, para os fatos ocorridos antes de 11/1/03, e de 10 (dez) para aqueles havidos em data posterior, respeitando sempre a condição impeditiva do curso da prescrição que se instaura, naturalmente, durante a vigência do contrato de trabalho, visto que a ele se vincula o empregado com pressuposta dependência econômica".*

Em relação à imprescritibilidade das ações de reparação de dano, sem dúvida trata--se de uma das características dos direitos da personalidade. Contudo, a prescrição não atinge a proteção dos direitos desse conjunto de direitos, mas seus reflexos patrimoniais (pretensão condenatória).

5.13 A PRESCRIÇÃO DAS AÇÕES QUE PASSARAM A SER DE COMPETÊNCIA DA JUSTIÇA DO TRABALHO (EC 45)

Com a EC 45 ocorreu à ampliação da competência da Justiça do Trabalho ou, em outras palavras, deu-se a transferência de parte da competência até então atribuída à Justiça Estadual e à Justiça Federal para a Justiça Laboral.

Apesar das controvérsias ainda existentes sobre os limites dessa nova competência, a reformulação do art. 114, CF, resultou no deslocamento de milhares de processos em curso perante outros Órgãos do Poder Judiciário para a Justiça do Trabalho, colocando em evidência várias questões, dentre elas, debates sobre qual prescrição a ser aplicada aos conflitos que passaram a ser de competência da Justiça Especializada.

Certamente, dentre as novas competências atribuídas à Justiça do Trabalho, uma com maior destaque, são as ações de indenização por dano material e moral decorrentes de acidente e doença profissional.

A própria competência da Justiça Laboral para tais questões se mostrou, no primeiro momento, conflituosa para o STF.[14] Superada a controvérsia sobre a competência, a doutrina e jurisprudência discutem qual deverá ser a regra prescricional a ser aplicada.

---

[13] MAIOR, Jorge Luiz Souto. A prescrição do direito de ação para pleitear indenização por dano moral e material decorrentes de acidente do trabalho. *Revista LTr*, v. 70, nº 5, p. 547.

[14] A princípio, após a publicação da EC 45/04, o STF entendeu ser da Justiça Comum à competência para apreciar a responsabilidade civil decorrente de acidente de trabalho (RE 394.943-8-SP, j. 1/2/2005, Rel. Min. Eros Grau; RE 444.361-9-MG, j. 21/2/2005, Rel. Min. Cezar Peluso; RE 438.639-9-MG, j. 21/3/05, Rel. Min. Cezar Peluso). Após, uma série de discussões, o STF fixou o entendimento de que a Justiça do Trabalho é a competente para apreciar ação de indenização decorrente de acidente de trabalho, a partir da decisão proferida no CC 7.204-1-MG, j. 29/6/2005.

PARTE V · Cap. V – ENFOQUES JURISPRUDENCIAIS ESPECÍFICOS SOBRE A PRESCRIÇÃO TRABALHISTA | 311

Apesar da corrente majoritária considerar que a prescrição a ser aplicada nas ações indenizatórias por danos materiais e morais, sejam elas decorrentes ou não de acidente do trabalho, é a dos créditos trabalhistas (art. 7º, XXIX, CF; art. 11, CLT), nesse caso específico, por conta da segurança jurídica, a prescrição deverá considerar a data do fato causador da lesão.

Assim, se o acidente do trabalho ou a caracterização da doença profissional se deu antes da EC 45, a prescrição deverá ser a prevista no CC (três anos), já que o entendimento predominante atribuía a competência a Justiça Comum, mas se o fato ocorreu após a alteração Constitucional, a prescrição a ser aplicada, se aplicada a corrente majoritária, será a trabalhista.

Parte da doutrina e da jurisprudência tem se manifestado no sentido de considerar apenas aplicação da prescrição do CC quando a ação foi remetida da Justiça Comum, mas não da data do fato, como temos defendido.

Ilse Marcelina Bernardi Lora,[15] após defender a aplicação da prescrição trabalhista às ações indenizatórias decorrentes de acidente do trabalho, considera que *"nos processos encaminhados pela Justiça Estadual à Justiça do Trabalho, por força da Emenda Constitucional 45 e da decisão do STF proferida no julgamento do conflito de competência 7.204-1, a prescrição aplicável é aquela prevista no Código Civil. Sendo um dos fundamentos da prescrição a punição à inércia do credor, não se pode, razoavelmente, atribuir a pecha de negligente ao trabalhador que, confiando no entendimento doutrinário e jurisprudencial dominante, no prazo fixado na lei civil deduziu sua pretensão perante o Juízo então havido competente".*

Em seu estudo sobre o tema, Sebastião Geraldo de Oliveira[16] conclui que *"a prescrição aplicável nas ações indenizatórias decorrentes de acidente do trabalho deve ser a do Código Civil para as ações ajuizadas até 2004 e a trabalhista para aquelas iniciadas posteriormente".*

Parece-nos que esse entendimento necessita ser complementado para considerar a data do fato causador da lesão (*actio nata*) e não do ajuizamento da ação, na medida em no período em que a competência para as ações indenizatórias decorrentes de acidente e doença profissional era da Justiça Comum, a parte poderia ingressar em juízo observando o prazo do CC. Imaginem a situação que o fato se deu em data anterior a EC 45, mas o ajuizamento da ação após (agora, já na Justiça do Trabalho) e a prescrição (aplicável, trabalhista) se consumou. Mantido o entendimento apontado pela doutrina e jurisprudência, a parte também será prejudicada. A justificativa para aplicação do prazo do CC continua sendo a segurança jurídica.

A situação ficaria mais difícil, se dois colegas de trabalho, ambos vitimados pelo mesmo acidente de trabalho. Um ingressasse com ação de cunho indenizatório na Justiça

---

[15] LORA, Ilse Marcelina Bernardi. A prescrição nas ações de indenização decorrentes de acidentes do trabalho. O problema da competência. Disponível em: <http://www.amatra5.org.br/artigos/artigos49_05.php>. Acesso em: 16 nov. 2006.

[16] OLIVEIRA, Sebastião Geraldo de. Prescrição nas ações indenizatórias decorrentes de acidente do trabalho ou doença ocupacional. *Revista LTr*, v. 70, nº 5, p. 530.

DIREITO PROCESSUAL DO TRABALHO • *Francisco Ferreira Jorge Neto – Jouberto de Quadros Pessoa Cavalcante*

Comum antes da EC 45 e o outro somente ingressasse em juízo após a EC 45. Não seria possível, apesar das ações terem sido propostas em órgãos distintos do Poder Judiciário, termos regras prescricionais diferentes.

5.14 A PRESCRIÇÃO E A CONSTATAÇÃO DA DOENÇA PROFISSIONAL

Em inúmeros casos, a constatação da doença profissional somente se dá muitos anos após a extinção do contrato de trabalho.

Nesses casos, a regra prescricional trabalhista se mostra inaplicável, pois a prescrição somente terá início a partir de caracterizada de forma inequívoca a lesão (*actio nata*). Até porque, antes de constatação da lesão, não existe interesse jurídico na postulação judicial, o qual somente nasce com o direito violado (art. 189, CC).

Uma postulação indenizatória anteriormente à caracterização do dano (ainda que se demonstre o ato danoso, culpa *lato sensu* e nexo causal), é tida como dano hipotético, não admitido pelo Direito.

Em situação semelhante, STF pacificou o entendimento de que a prescrição da ação de acidente do trabalho conta-se do exame pericial que comprovar a enfermidade ou verificar a natureza da incapacidade (Súm. 230).

Para o STJ, o termo inicial do prazo prescricional, na ação de indenização, é a data em que o segurado teve ciência inequívoca da incapacidade laboral (Súm. 278).

Nas situações em que o pedido de pagamento de indenização pelo acidente de trabalho ou doença profissional é feito à seguradora do empregador, tem-se a suspensão da prescrição até a ciência da decisão (Súm. 229, STJ).

O Enunciado 46 da 1ª Jornada de Direito Material e Processual na Justiça do Trabalho (2007) fixou o entendimento de que *"o termo inicial do prazo prescricional da indenização por danos decorrentes de acidente do trabalho é a data em que o trabalhador teve ciência inequívoca da incapacidade laboral ou do resultado gravoso para a saúde física e/ou mental."*

5.15 DIFERENÇAS SALARIAIS DOS PLANOS ECONÔMICOS

Segundo o entendimento do TST, aplicável a prescrição total sobre o direito de reclamar diferenças salariais resultantes de planos econômicos (OJ 243, SDI-I).

Equivocado o posicionamento do TST nesse caso, já que a questão de mérito envolve possível reconhecimento de direito adquirido a resíduo inflacionário assegurado pela legislação vigente à época até o advento de alterações impostas pelos planos econômicos, sendo, portanto, o caso de aplicação do previsto na Súm. 294.

5.16 DIFERENÇAS DOS PLANOS ECONÔMICOS NO FGTS

O STF, ao apreciar o recurso extraordinário interposto pela CEF, reconheceu o direito adquirido dos trabalhadores à correção do saldo do FGTS.[17] A posição favorável é no

---

[17]   STF – RE 226.855-7 – Rel. Min. Moreira Alves – j. 31/8/2000 – *DJ* 13/10/2000.

PARTE V · Cap. V – ENFOQUES JURISPRUDENCIAIS ESPECÍFICOS SOBRE A PRESCRIÇÃO TRABALHISTA | **313**

sentido da correção pelos índices relativos a dois planos econômicos: Verão (janeiro de 1989) e Collor I (em parte – abril de 1990).

O STJ pacificou a questão no âmbito da Justiça Federal pela Súm. 252: *"Os saldos das contas do FGTS, pela legislação infraconstitucional, são corrigidos em 42,72% (IPC) quanto às perdas de janeiro de 1989 e 44,80% (IPC) quanto às de abril de 1990, acolhidos pelo STJ os índices de 18,02% (LBC) quanto às perdas de junho de 1987, de 5,38% (BTN) para maio de 1990 e 7,00%(TR) para fevereiro de 1991, de acordo com o entendimento do STF (RE 226.855-7-RS)"*.

Em face da decisão do STF, o legislador infraconstitucional editou a LC 110/01, autorizando a CEF a creditar nas contas vinculadas do FGTS, às expensas do próprio Fundo, o complemento da atualização monetária decorrente dos expurgos inflacionários.[18]

O reconhecimento judicial e legal desse direito trouxe repercussões nos direitos decorrentes dos contratos individuais de trabalho, estejam rescindidos ou não, em especial no pagamento da multa de 40% pela cessação do contrato de trabalho.

O TST considera o empregador responsável pelo pagamento da diferença da multa de 40% sobre os depósitos do FGTS, decorrente da atualização monetária em face dos expurgos inflacionários (OJ 341, SDI-I).

Com o advento da LC 110 (reconhecimento do direito às diferenças dos depósitos do FGTS – base de cálculo da multa de 40% –, decorrentes dos planos econômicos: Verão e Collor I), abriu-se o prazo prescricional bienal para que o trabalhador postulasse judicialmente a diferença da multa de 40% sobre o saldo do fundo de garantia.

Essa posição foi acolhida inicialmente pelo TST (OJ 344, SDI-I, alterada em nov./2005). Em dezembro de 2008, o TST fixou o entendimento de que o ajuizamento de protesto judicial, dentro do biênio posterior à LC 110, interrompe a prescrição, sendo irrelevante o transcurso de mais de 2 anos da propositura de outra medida acautelatória com o mesmo objetivo ocorrido e antes da vigência da referida lei, pois ainda não iniciado o prazo prescricional, conforme disposto na OJ 344 (OJ 370, SDI-I).

Outra posição tem defendido o início do prazo prescricional a partir da decisão de trânsito em julgado da decisão da Justiça Federal que reconhece o direito do trabalhador às diferenças de correção monetária dos depósitos fundiários, se for posterior à data de edição da LC 110, até porque algumas decisões da Justiça Federal têm reconhecido o direito do trabalhador às diferenças decorrentes de outros planos econômicos.

Em decisão de fevereiro de 2003, o TST entendeu que a prescrição se inicia com o reconhecimento do direito pelo Órgão Jurisdicional, no caso a Justiça Federal.

Essa segunda posição também acabou sendo adotada pelo TST, quando da reformulação da OJ 344, SDI-I, em nov./2011, *in verbis: "O termo inicial do prazo prescricional para o empregado pleitear em juízo diferenças da multa do FGTS, decorrentes dos expurgos*

---

[18] Em 30/6/2007, o STF editou a Súm. Vinculante 1: "Ofende a garantia constitucional do ato jurídico perfeito a decisão que, sem ponderar as circunstâncias do caso concreto, desconsidera a validez e a eficácia de acordo constante de termo de adesão instituído pela Lei Complementar nº 110/2001".

inflacionários, deu-se com a vigência da Lei Complementar nº 110, em 30/6/01, salvo comprovado trânsito em julgado de decisão proferida em ação proposta anteriormente na Justiça Federal, que reconheça o direito à atualização do saldo da conta vinculada".

5.17 A PRESCRIÇÃO TRABALHISTA NA FALÊNCIA

O Dec.-lei 7.661/45 (antiga Lei de Falência), em seu art. 24, previa: *"As ações ou execuções individuais dos credores, sobre direitos e interesses relativos à massa falida, inclusive as dos credores particulares de sócio solidário da sociedade falida, ficam suspensas, desde que seja declarada a falência até o seu encerramento."*

Por sua vez, o art. 47 da Lei de Falência dispunha: *"Durante o processo de falência fica suspenso o curso da prescrição relativa a obrigações de responsabilidade do falido."*

O art. 134 determinava que a *"prescrição relativa às obrigações do falido recomeça a correr no dia em que passar em julgado a sentença de encerramento da falência".*

Modesto de Paula[19] aponta a divergência que há na doutrina e na jurisprudência sobre o correto entendimento dos arts. 47 e 134; para alguns, seria suspensão do prazo prescricional, para outros, interrupção.

A suspensão da prescrição *"durante a falência só ocorre 'quanto aos direitos e ações dos credores contra a massa e o falido', não atingindo, obviamente, as obrigações de terceiros para com a massa e o falido".*[20]

Ocorre que tais suspensões são inaplicáveis aos créditos trabalhistas, porque o próprio art. 24, § 2º, exclui da sua aplicação os créditos por títulos não sujeitos a rateio e os que demandarem quantia ilíquida,[21] coisa certa, prestação ou abstenção de fato.

Apesar disso, importante ressaltar, como faz Manoel Justino, que, apesar da literalidade da lei, há autores que, em interpretação sistemática do texto do Dec.-lei 7.661, entendiam que aqui ocorria interrupção e não suspensão, sendo que para Manoel Justino, tendo em vista a clareza do texto legal, parece não ser defensável tal entendimento.

A Lei 11.101/05 disciplinou a recuperação judicial, a recuperação extrajudicial e a falência do empresário e da sociedade empresária, os quais são qualificados como devedor (art. 1º).

Como regra da Lei em vigor, a decretação da falência ou o deferimento do processamento da recuperação judicial suspende o curso da prescrição e de todas as ações e execuções em face do devedor, inclusive aquelas dos credores particulares do sócio solidário (art. 6º, *caput*).

---

[19] PAULA, Modesto de. *Lei de falência anotada*, p. 59.

[20] ALMEIDA, Amador Paes. *Curso de falência e concordata*, 12. ed., p. 159.

[21] "O melhor exemplo de quantia ilíquida é o montante das verbas pleiteadas pelo empregado em reclamação trabalhista, que só irão adquirir liquidez e certeza com o trânsito em julgado da sentença que homologar a conta na Justiça do Trabalho" (PAULA, Modesto de. Ob. cit., p. 46).

PARTE V · Cap. V – ENFOQUES JURISPRUDENCIAIS ESPECÍFICOS SOBRE A PRESCRIÇÃO TRABALHISTA | **315**

Pela interpretação lógica do art. 6º, a suspensão somente é aplicável para as ações e execuções nas quais se tenha a fixação de um valor líquido em face do devedor, de acordo com as próprias exceções legais:

a) o processamento da demanda em que se tenha quantia ilíquida (art. 6º, § 1º), pela necessidade da liquidação do crédito na ação competente, para a subsequente habilitação;

b) as ações de natureza trabalhista e as impugnações previstas no art. 8º, serão processadas perante a Justiça do Trabalho até a apuração do respectivo crédito, que será inscrito no quadro-geral de credores pelo valor determinado em sentença (art. 6º, § 2º). Essa exceção deriva da competência material trabalhista prevista no art. 114 da CF.

Depois de analisar o tema, Márcio Souza Guimarães[22] chega à conclusão de que a suspensão somente atinge as ações de execução e não as de conhecimento, com fundamento no fato de que a execução só existe pela presença de um credor, o que não pode ter cabimento quando o executado (devedor) estiver submetido ao sistema falimentar, que tem como uma das principais consequências a atração de todos os credores para a classificação de cada um no quadro geral de credores, atendendo, assim, ao princípio da *par conditio creditorum*.

Nas situações mencionadas, o juiz da ação ou da execução tem a faculdade de determinar a reserva da importância que estimar devida na recuperação judicial ou na falência. Após a fixação do crédito (valor líquido), o seu montante poderá ser incluído na classe própria (art. 6º, § 3º).

Portanto, o magistrado trabalhista, mesmo antes da prolação da sentença de mérito ou da liquidação do crédito na execução, por cautela, poderá solicitar ao juízo da recuperação judicial ou da falência, a reserva de numerário para a garantia do crédito trabalhista.

A suspensão do curso da prescrição na recuperação judicial não excederá o prazo improrrogável de 180 dias contado do deferimento do processamento da recuperação, restabelecendo-se, após o decurso do prazo, o direito dos credores de iniciar ou continuar suas ações e execuções, independentemente de pronunciamento judicial (art. 6º, § 4º).

O art. 6º, § 2º, permite pleitear, perante o administrador judicial, habilitação, exclusão ou modificação de créditos derivados da relação de trabalho. Essa possibilidade é admissível se o crédito for líquido.

O art. 6º, § 5º, menciona que é aplicável ao processo trabalhista a suspensão do curso da prescrição e das ações e execuções contra o devedor, durante a recuperação judicial, observado o prazo improrrogável de 180 dias, sendo que, após o fim da suspensão, as execuções trabalhistas poderão ser normalmente concluídas, ainda que o crédito já esteja

---

[22] GUIMARÃES, Márcio Souza. Apontamentos sobre os aspectos trabalhistas na nova Lei de Falências e de Recuperação de Empresas. *Revista da Associação Carioca dos Advogados Trabalhistas (ACAT)*, nº 1, p. 122.

inscrito no quadro-geral de credores. Essa disposição colide com a celeridade e economia processuais tão necessárias para o crédito trabalhista, além de ofender a própria competência material trabalhista. Como é que se pode admitir a suspensão da ação trabalhista, se o valor do crédito exequendo ainda sequer está homologado. Vale dizer, o disposto no § 5º colide com a regra inserida no § 2º do art. 6º.

Não podemos nos esquecer que o art. 768 da CLT menciona que terá preferência em todas as fases processuais o dissídio cuja decisão tiver de ser executada perante o juízo da falência.

O art. 6º, § 6º, enuncia que, independentemente da verificação periódica perante os cartórios de distribuição, as ações que venham a ser propostas contra o devedor deverão ser comunicadas ao juízo da falência ou da recuperação judicial pelo: (a) juiz competente, quando do recebimento da petição inicial; (b) devedor, imediatamente após a citação.

As execuções de natureza fiscal não são suspensas pelo deferimento da recuperação judicial, ressalvada a concessão de parcelamento nos termos do CTN e da legislação ordinária específica (art. 6º, § 7º).

A distribuição do pedido de falência ou de recuperação judicial implica a prevenção da jurisdição para qualquer outro pedido de igual natureza relativo ao mesmo devedor (art. 6º, § 8º).

O inciso V do art. 99 estabelece que a sentença que decretar a falência ordenará a suspensão das ações e execuções contra o falido. Esse dispositivo legal não se aplica às ações trabalhistas.

5.18 A PRESCRIÇÃO NA AÇÃO CIVIL PÚBLICA TRABALHISTA

Sem estudos científicos aprofundados, parte expressiva da doutrina tem afirmado ser incabível a prescrição na ação civil pública.

Tal afirmativa parte do pressuposto de que o objeto da ação civil pública ultrapassa os horizontes de um direito individual ou de um grupo apenas, pois abrange a defesa do interesse público, que engloba os interesses difusos, coletivos e individuais homogêneos, pertencentes as pessoas indeterminadas ou apenas determináveis, com ausência de conteúdo econômico.

Considerando que a prescrição tem como objetivo fulminar os direitos individuais, de natureza patrimonial, logo a sua dimensão estaria restrita à parte individualmente posta na demanda trabalhista (um trabalhador – dissídio individual; grupo de trabalhadores – dissídio indivíduo plúrimo).

Essa posição é defendida por Francisco Antonio de Oliveira:[23] *"Ora, se os interesses difusos e coletivos não têm titulação definida, mas pertencem a todos, dúvida não existe de que estamos frente a um direito de interesse social e que diz respeito ao povo e ao público*

---

[23] OLIVEIRA, Francisco Antonio de. Da ação civil pública: instrumento de cidadania. *Revista LTr*, v. 61, nº 7, p. 881.

PARTE V · Cap. V – ENFOQUES JURISPRUDENCIAIS ESPECÍFICOS SOBRE A PRESCRIÇÃO TRABALHISTA | **317**

em geral. E, se assim é, premiar o instituto da prescrição ou da decadência seria o mesmo que inverter a ordem dos valores, ou seja, premiar o interesse particular em detrimento do interesse público. Chegar-se-ia ao absurdo de deixar que uma região toda fosse destruída, por exemplo, sem a possibilidade de cobrar a indenização, já que o ato legal e nocivo não poderá ser desconstituído. E mais. Em não havendo interesse do Poder Público, como já vimos, o Ministério Público estará sempre muito assoberbado de trabalho e as prescrições ocorreriam, sem que ninguém pudesse fazer nada.

A exemplo do que acontece com a coisa julgada, os interesses metaindividuais devem ter tratamento processual especial, não correndo, contra tais direitos, a prescrição da ação ou a decadência do direito. Pensamento contrário será o mesmo que permitir que o escorpião, de veneno letal, pique a si mesmo.

A verdade é que o bem, objeto de proteção da ação civil pública, não tem parâmetro indenizatório em termos de patrimônio, já que não se individualiza a titularidade. E, se assim é, não haverá como aplicarem-se preceitos civis de proteção ao patrimônio individual, pena de neutralizar-se o próprio objetivo da lei que é a proteção (preventiva ou repressiva). Preventiva em termos de não deixar que aconteça o dano e repressiva quando, causando o dano, impõe à parte ônus do restabelecimento ao status quo ante ou a indenização correspondente."

Posição compartilhada por Vera Regina Loureiro Winter[24] e por Raimundo Simão de Melo.[25]

No âmbito do STJ, para o Min. Luiz Fux, a relevância da ação civil pública no microssistema jurídico de tutela coletivas equipara-se à da ação popular e, assim, deve ser aplicável o prazo prescricional de cinco anos (art. 21, Lei 4.717, de 29/6/1965).[26]

Em outra oportunidade, o próprio STJ afastou a prescrição da ação civil pública quando buscava a reparação de dano ambiental.[27]

Por sua vez, o TST considerou que a natureza do direito indisponível justifica a imprescritibilidade da ação civil pública.[28]

5.19 PRESCRIÇÃO DA AÇÃO POPULAR

Mesmo quando admitida na Justiça do Trabalho, a ação popular possui regra prescricional específica, de modo que não se aplica a prescrição trabalhista do art. 7º, XXIX, CF, art. 11, CLT.

---

[24] WINTER, Vera Regina Loureiro. Ação Civil pública, uma nova abordagem na Justiça do Trabalho. *Revista Síntese Trabalhista*, nº 65, p. 25.

[25] MELO, Raimundo Simão de. *Ação Civil pública na Justiça do Trabalho*, p. 179.

[26] STJ – 1ª T. – RE 406545-SP – Rel. Min. Luiz Fux – j. 21/11/2002 – *DJ* 9/12/2002 – p. 292; STJ – 1ª T. – Resp 909446-RN – Rel. Min. Luiz Fux – j. 6/4/2010 – *Dje* 22/4/2010.

[27] STJ – 2ª T. – Resp 1120117 – Rela. Min. Eliana Calmon – j. 10/11/2009 – *Dje* 19/11/2009.

[28] TST – 1ª T. – RR 21242/2002-900-10-00 – Rel. Min. Lélio Bentes Corrêa – j. 10/12/2003 – *DJ* 16/4/2004.

O prazo prescricional da ação popular é de cinco anos (art. 21, Lei 4.717, de 29/6/1965).

5.20 PLANO DE CARGOS E SALÁRIOS

Para as diferenças salariais decorrentes da inobservância dos critérios de promoção decorrentes de promoção em Plano de Caros e Salários criado pela empresa, a prescrição aplicável é a parcial, pois a lesão é sucessiva e se renova mês a mês (Súm. 452, TST).

Correto o entendimento jurisprudencial, vez que salário é parcela que se renova mês a mês, não se podendo, assim, invocar a prescrição nuclear prevista na Súm. 294 do TST (art. 11, § 2º, CLT).

QUESTIONÁRIO

1. Há prescrição para períodos descontínuos de vigência do contrato de trabalho?

2. Os denominados obstáculos legais suspendem os prazos prescricionais e decadenciais?

3. A demanda arquivada sempre interrompe o prazo prescricional? Como fica a contagem do prazo prescricional com sua interrupção?

4. Quais os efeitos do aviso-prévio na contagem do prazo prescricional?

5. Afastada a decadência ou prescrição no Tribunal, o processo deve retornar para Primeira Instância para que não haja violação do princípio do duplo grau de jurisdição?

6. Qual o prazo prescricional da indenização por danos morais na Justiça do Trabalho?

7. Qual prescrição a ser aplicada nas ações indenizatórias decorrentes de acidente do trabalho que tenham como fato gerador data anterior a EC 45?

8. O ajuizamento das ações coletivas interrompe a prescrição para as demandas individuais?

Parte VI

AÇÕES TRABALHISTAS

Capítulo I
DIREITO DE AÇÃO

1.1 AÇÃO E PRETENSÃO

O ser humano possui necessidades (alimentação, lazer, educação, segurança etc.). O vocábulo "necessidade" deriva de *nec esse*, que implica não ser, não existir. Em outras palavras, indica a falta de alguma coisa, algo que não é. Como o ser humano carece dos bens da vida para a sua subsistência, seja física, intelectual, biológica etc., pode-se afirmar que a necessidade traduz a relação de dependência do homem com algum bem da vida.

Bem da vida denota tudo aquilo que satisfaz a necessidade do homem. O que supre a carência para o homem é útil, daí deriva o termo "interesse" como sendo a idoneidade de um bem para satisfazer a uma necessidade.

O interesse pode ser mediato ou imediato. Mediato é o que se presta a suprir a necessidade de forma indireta (a educação como forma de se ter acesso a um cargo público), ao contrário do imediato (alimentação, transporte etc.).

Por outro lado, o interesse também pode ser individual ou coletivo. Individual é o que se vincula a uma pessoa determinada, enquanto o coletivo interage com vários indivíduos, analisados em seu conjunto. A diversidade dos interesses em sociedade é o que leva o homem a agir em grupos, que se apresentam na constituição de famílias, sociedades civis, comerciais, sindicatos, Estado etc.

Como as necessidades são infinitas e os bens são escassos, há os embates, as dissonâncias, o que leva à constituição do conflito de interesses. Os conflitos são inevitáveis em toda e qualquer sociedade, o que leva ao surgimento de regras de conduta, ou seja, à constituição do Direito, como um complexo sistema normativo, cujo objetivo básico é a manutenção da ordem social.

O conflito pode se apresentar para um só ser humano (interno), na medida em que não tenha as condições necessárias para a satisfação de todos os seus interesses. Isso, geralmente, se resolve por meio de uma decisão própria, a qual não afeta os demais relacionamentos humanos.

Quando o conflito extravasa o limite de uma determinada pessoa (externo), levando à dissonância, a situação torna-se grave para a vida social e o seu equilíbrio, já que se têm duas ou mais pessoas em posições de confronto diante de um determinado bem da vida. Com a disputa, cada indivíduo tem uma pretensão em relação ao bem da vida, o qual é necessário para o preenchimento de uma necessidade. A pretensão indica uma atitude, uma exigência que se faz no sentido de subordinação do interesse de outrem ao próprio interesse.

Francesco Carnelutti[1] afirma que a pretensão *"é um ato, não um poder; algo que alguém faz, não que alguém tem; uma manifestação, não uma superioridade da vontade. Não só a pretensão é um ato e, portanto, uma manifestação de vontade, senão daqueles atos que se denominam declarações de vontade; também esta é outra das noções que o aluno deve tomar da Teoria Geral. Dito ato não só não é, como nem sequer supõe o direito (subjetivo); a pretensão pode ser proposta tanto por quem tem, como por quem não tem o direito e, portanto, pode ser fundada ou infundada. Tampouco, o direito reclama necessariamente a pretensão; como poder haver pretensão sem direito, assim também pode haver direito sem pretensão; ao lado da pretensão infundada temos, como fenômeno inverso, o direito inerte".*

A pretensão indica a subordinação de um interesse ao interesse de outrem. Quando se tem a resistência, ou seja, não se acata a exigência, surge a lide. Vale dizer, ocorre à lide quando à pretensão do titular de um dos interesses em conflito o outro opõe resistência.

A lide *"nada mais é do que um modo de ser do conflito de interesses, pelo que Carnelutti definiu-a como 'o conflito de interesses, qualificado pela pretensão de um dos interessados e pela resistência do outro', ou resumidamente 'o conflito de interesses, qualificado por uma pretensão resistida (discutida) ou insatisfeita'".*[2]

A ação denota o mecanismo de ativação da jurisdição para a solução do conflito. Jurisdição é a função pela qual o Estado, por meio de órgãos jurisdicionais, divididos em esferas competentes, procura, através da tutela, compor as lides, os litígios.

Portanto, a ação é um direito subjetivo público de solução dos conflitos de interesses, os quais se caracterizam pela presença de uma resistência, de uma oposição de interesses sobre um determinado bem da vida.

1.2 DEFINIÇÃO DO DIREITO DE AÇÃO

1.2.1 Introdução

A evolução conceitual da ação não se pode dizer encerrada, tão grande é ainda a discussão em torno do seu conceito. Desde a concepção da *actio*, no Direito Romano, muitos séculos se passaram, e o tema continua atual como os mais recentes institutos e as mais novas aquisições da ciência processual.[3]

Em períodos diversos da história, vários foram os doutrinadores que se dedicaram ao estudo sobre uma teoria da ação. Destacam-se os estudos feitos a partir do século XIX, sem, evidentemente, esquecermos os antecedentes.

---

[1] CARNELUTTI, Francesco apud ALVIM, José Eduardo Carreira. *Elementos de teoria geral do processo,* 7. ed., p. 8.

[2] ALVIM, José Eduardo Carreira. Ob. cit., p. 9.

[3] ALVIM, José Eduardo Carreira. Ob. cit., p. 101.

PARTE VI · Cap. I – DIREITO DE AÇÃO | **323**

Nesse aspecto, destacamos os estudos de Bernhard Windscheid, Theodor Muther, Bülow, Köhler, Degenkolb e Plósz, Wach, Chiovenda, Calamandrei, Carnelutti, Ugo Rocco, Enrico Tullio Liebman, entre outros.

Enrico Tullio Liebman, na década de 40 (séc. XX), por razões de adversidade política, deixou o seu país de origem, vindo radicar-se durante anos no Brasil, mais precisamente em São Paulo. Lecionou na Faculdade de Direito da Universidade São Paulo, onde foram seus discípulos figuras que, ulteriormente, se projetaram no cenário brasileiro, como professores e processualistas notáveis. Marcou a sua estada entre nós, indelevelmente, como mestre excepcional, fazendo progredir "aceleradamente" o Direito Processual Civil, na medida em que se dedicou ao ensino e encontrou jovens juristas, ávidos de conhecimentos. Dentre muitos destes, devem ser mencionados os nomes de Alfredo Buzaid, José Frederico Marques e do Bruno Affonso de André, tendo o primeiro concebido o projeto vigente do Código de Processo Civil, encontrando no segundo um dos revisores desse projeto.[4]

Por conta disso, os ensinamentos de Liebman foram incorporados pelo Direito Processual Brasileiro.

Para Liebman, a ação é o direito de provocar o exercício da função jurisdicional; direito subjetivo que consiste no poder de criar a situação a que o exercício desta função está condicionado, ou seja, direito à jurisdição.[5]

A ação é um direito abstrato que independe da existência ou inexistência do direito substancial (material) que se pretende, por meio dela, ver reconhecido ou satisfeito. Especialmente a ação de conhecimento é um "direito ao juízo sobre o mérito", de todo independente do direito subjetivo material.[6]

Assim, a ação depende de alguns requisitos constitutivos, conhecidos como condições da ação: o interesse de agir, a legitimidade e a possibilidade jurídica do pedido.

Note-se que o próprio Liebman, na terceira edição do seu *Manuale di direitto processuale civile*, passou a defender apenas duas condições: interesse de agir e legitimação.

1.2.2   Definição

Arruda Alvim[7] define a ação como o direito constante da lei processual civil, cujo nascimento depende de manifestação de nossa vontade. Tem por escopo a obtenção da prestação jurisdicional do Estado, visando, diante da hipótese fático-jurídica nela formulada, à aplicação da lei (material).

Ao tratar do tema, Antonio Carlos de Araújo Cintra, Ada Pellegrini Grinover e Cândido Rangel Dinamarco consideram a ação como sendo o direito ao exercício da atividade jurisdicional (ou o poder de exigir esse exercício). Com o exercício do direito

---

4   PINTO, Teresa Arruda Alvim. *Nulidades da sentença*, 3. ed., p. 11.
5   ALVIM, José Eduardo Carreira. Ob. cit., p. 119.
6   ALVIM, José Eduardo Carreira. Ob. cit., p. 120.
7   ALVIM, Arruda. *Manual de direito processual civil*, 6. ed., p. 367.

DIREITO PROCESSUAL DO TRABALHO • *Francisco Ferreira Jorge Neto – Jouberto de Quadros Pessoa Cavalcante*

de ação tem-se a provocação da jurisdição, a qual por sua vez é exercida pelo complexo de atos que é denominada de processo.[8]

1.2.3 Autonomia do Direito de Ação

O direito subjetivo que o particular tem contra o Estado, e que se exercita por meio da ação, não se vincula ao direito material da parte, pois não pressupõe que aquele que o maneje venha a ganhar a causa. Mesmo que ao final do processo não demonstre ser titular do direito substancial que invocou para movimentar a máquina judicial, não deixa de ter exercido o direito de ação e de ter obtido a prestação jurisdicional, isto é, a definição estatal da vontade concreta da lei.

Com essa concepção do direito de ação, estabelece-se uma nítida diferença entre o direito subjetivo substancial e o direito subjetivo processual (ação), pois, enquanto o primeiro tem por objeto uma prestação do devedor, a ação visa, por outro lado, provocar uma atividade do órgão judicial. Além disso, o direito substancial que se dirige contra a parte adversária, ordinariamente, é de natureza privada, e a ação, que se volta contra o Estado, tem, por isso mesmo, natureza pública.[9]

1.3 CONDIÇÕES DA AÇÃO

Como condições da ação, o legislador brasileiro adotou o interesse processual e a legitimidade (arts. 17, 330 e 485, CPC). Ausente qualquer das condições da ação, tem-se a carência da ação.

1.3.1 Interesse de Agir

A condição da ação consistente no interesse de agir (interesse processual) se compõe de dois aspectos, ligados entre si, que se podem traduzir no binômio necessidade-utilidade, embora haja setores na doutrina que prefiram traduzir esse binômio por necessidade-adequação.

Parece não haver diferença substancial entre as duas expressões, para a análise do interesse de agir, pois, sempre que se estiver diante da propositura da ação inadequada, estar-se-á, também, diante da inutilidade do pedido para os fins que se pretendam alcançar. A adequação é como o fracionamento da utilidade.

O interesse processual está presente quando a parte tem a necessidade de exercer o direito de ação (e, consequentemente, instaurar o processo) para alcançar o resultado que pretende, relativamente à sua pretensão e, ainda mais, sempre que aquilo que se pede no processo (pedido) seja útil sob o aspecto prático. Essa necessidade tanto pode decorrer de imposição legal (separação judicial, por ex.) quanto da negativa do réu em

---

[8] CINTRA, Antônio Carlos de Araújo; GRINOVER, Ada Pellegrini; DINAMARCO, Cândido R. *Teoria geral do processo*, 13. ed., p. 247.

[9] THEODORO JÚNIOR, Humberto. *Curso de direito processual civil*, v. 1, 28. ed., p. 49.

PARTE VI · Cap. I – DIREITO DE AÇÃO | 325

cumprir espontaneamente determinada obrigação ou permitir o alcance de determinado resultado (devedor que não paga o débito no vencimento).[10]

1.3.2 Legitimidade de Agir

Legitimidade de agir é a pertinência subjetiva da ação, isto é, a regularidade do poder de demandar de determinada pessoa sobre determinado objeto. A cada um de nós não é permitido propor ações sobre todas as lides que ocorrem no mundo. Em regra, somente podem demandar aqueles que foram sujeitos da relação jurídica de direito material trazida a juízo (legitimação ordinária). Cada um deve propor as ações relativas aos seus direitos.

A legitimação, para ser regular, deve verificar-se no polo ativo e no polo passivo da relação processual. O autor estará legitimado para agir em relação ao objeto da demanda e deve ele propô-la contra o outro polo da relação jurídica discutida, ou seja, o réu deve ser aquele que, por força da ordem jurídica material, deve, adequadamente, suportar as consequências da demanda.

Há casos, porém, em que o texto expresso de lei autoriza alguém que não seja o sujeito da relação jurídica de direito material a demandar. Nesses casos, diz-se que a legitimação é extraordinária (é o caso das entidades sindicais no processo trabalhista).[11]

1.4 GARANTIAS CONSTITUCIONAIS DO DIREITO DE AÇÃO E O PROCESSO TRABALHISTA

As garantias constitucionais do direito de ação podem ser analisadas por três prismas:

a) garantias institucionais, as quais são comuns ao processo civil e do trabalho, servindo de tutela constitucional para o exercício da jurisdição, tais como: as garantias da magistratura (art. 95, CF); a composição eclética dos tribunais (juízes de carreira e os oriundos da classe dos advogados e do Ministério Público – o intitulado "quinto constitucional"); o duplo grau de jurisdição (art. 5º, LV);

b) garantias instrumentais, relacionadas com o processo e o procedimento: (1) ninguém será privado da liberdade ou de seus bens sem o devido processo legal (art. 5º, LIV); (2) a concessão de mandado de segurança, individual ou coletivo, para proteger direito líquido e certo, não amparado por *habeas corpus* ou *habeas data*, quando o responsável pela ilegalidade ou abuso de poder for autoridade pública ou agente de pessoa jurídica, no exercício de atribuições do Poder Público (art. 5º, LXIX); (3) aos litigantes, em processo judicial ou administrativo, e aos acusados em geral são assegurados o contraditório e ampla defesa, com os meios e recursos a ela inerentes (art. 5º, LV); (4) o Estado prestará assistência jurídica integral e gratuita aos que comprovarem insuficiência de recursos (art. 5º, LXXIV);

---

[10] WAMBIER, Luiz Rodrigues; ALMEIDA, Flávio Renato Correia de; TALAMINI, Eduardo. *Curso avançado de processo civil*, v. 1, 8. ed., p. 130.

[11] GRECO FILHO, Vicente. *Direito processual civil brasileiro*, v. 1, 8. ed., p. 77.

(5) direito de petição (art. 5º, XXXXIV); (6) o respeito à coisa julgada (art. 5º, XXXVI); (7) a EC 45/04 introduziu no art. 5º o inciso LXXVIII, o qual assegura a todos, no âmbito judicial e administrativo, a razoável duração do processo e os meios que garantam a celeridade de sua tramitação;

c) garantias específicas para o processo do trabalho: jurisdição especial (art. 111), com o apoio dos juízes de Direito nos locais onde não houver autoridade judiciária trabalhista (art. 112); poder normativo da Justiça do Trabalho (art. 114, § 2º); a atuação dos sindicatos para questões processuais de defesa dos direitos individuais e coletivos da categoria (art. 8º, III).

QUESTIONÁRIO

1. O direito de ação confunde-se com o direito material discutido em juízo?
2. Discorra a respeito dos requisitos para o exercício do direito de ação.

Capítulo II
CLASSIFICAÇÃO DAS AÇÕES TRABALHISTAS

2.1 CLASSIFICAÇÃO DAS AÇÕES

As ações podem ser classificadas de acordo com: (a) o provimento pedido pelo autor[1] (conhecimento, execução, cautelar); (b) o tipo de tutela pleiteada no processo de conhecimento.

De acordo com o tipo de tutela pleiteada no processo de conhecimento, a doutrina tradicional classifica as sentenças de mérito em declaratórias, constitutivas e condenatórias.

Teresa Arruda Alvim Wambier[2] entende que as sentenças executivas *lato sensu*[3] e as mandamentais[4] devem ser incluídas dentro da classificação do processo de conhecimento.

---

[1] "A classificação verdadeiramente processual das ações, tal como a construiu a moderna doutrina jurídica, é aquela que as distingue em ações de conhecimento, ações executivas e ações cautelares. Descansa essa tripartição das ações na própria tutela jurisdicional invocada, ou seja, no verdadeiro conteúdo processual do direito subjetivo da ação. Nessa classificação, vamos encontrar subdivisões ou subcategorias, pelo que podemos assim esquematizar a divisão das ações: I – Ações de conhecimento: (a) ações declaratórias, que se dividem, por sua vez, em declaratórias negativas e declaratórias positivas; (b) ações condenatórias; (c) ações constitutivas; II – Ações executivas em sentido lato: (a) ações executórias; (b) ações executivas em sentido restrito; (c) ações executivas fiscais; III – Ações cautelares" (MARQUES, José Frederico. *Instituições de direito processual civil*, v. 2, 2000, p. 34).

[2] WAMBIER, Teresa Arruda Alvim. *Nulidades do processo e da sentença*, p. 77.

[3] A ação executiva *lato sensu* não exige a propositura de uma nova ação (processo de execução). O cumprimento da decisão é realizado na própria relação processual em que foi proferida a sentença. Vale dizer, a decisão executiva *lato sensu* é provimento jurisdicional dotado de uma eficácia condenatória, a qual não necessita da instauração de um novo processo para a sua implementação. Na sentença de procedência, o juiz emite um comando, ordenando a realização de atos práticos e materiais, tendentes à realização do direito reconhecido na própria sentença. Portanto, não se há a citação do réu para o cumprimento da decisão, como também não haverá a possibilidade de oposição de embargos à execução. Exemplos: sentenças proferidas nas ações possessórias e de despejo.

[4] A princípio, ação mandamental refletia a ação na qual se tinha um comando (= mandamento) dirigido a um outro órgão estatal. A sentença continha um comando dirigido a um órgão estatal, sem a necessidade de realização de um outro processo (o de execução). Atualmente, a ação mandamental, além do órgão estatal, poderá abranger o particular, sem a implementação de um

328 | DIREITO PROCESSUAL DO TRABALHO • Francisco Ferreira Jorge Neto – Jouberto de Quadros Pessoa Cavalcante

Além da inclusão das sentenças executivas e mandamentais, como assevera José Frederico Marques,[5] *"também pretendem alguns que exista, no tocante às ações de cognição, um grupo à parte: o das ações dispositivas ou determinativas".*

Em algumas situações concretas, o juiz, ao proferir a sentença, ao complementar o mandamento legal aplicável, determina discricionariamente um elemento da relação jurídica litigiosa. É o que se denomina de sentença dispositiva. Como exemplos da complementação ao mandamento legal, temos: (a) os alimentos devem ser fixados na proporção das necessidades do reclamante e dos recursos da pessoa obrigada (art. 1.694, § 1º, CC); (b) o dono do prédio que não tiver acesso à via pública, nascente ou porto, pode, mediante pagamento de indenização cabal, constranger o vizinho a lhe dar passagem, cujo rumo seria judicialmente fixado, se necessário (art. 1.285, *caput*); (c) a penalidade deve ser reduzida equitativamente pelo juiz se a obrigação principal tiver sido cumprida em parte, ou se o montante da penalidade for manifestamente excessivo, tendo-se em vista a natureza e a finalidade do negócio (art. 413).

2.1.1   Quanto ao Tipo de Provimento Pedido pelo Autor

De acordo com o resultado desejado pelo autor, com o CPC/15, os processos são classificados em dois tipos: conhecimento e execução.

Pelo CPC/73, as ações cautelares podiam ser preparatórias, instauradas antes do processo cognitivo, executivo ou mandamental, ou incidentais, ajuizadas durante a pendência do processo principal (art. 796).

Como gênero, o CPC/15 trata da tutela provisória de urgência, a qual pode ser: antecipada (satisfativa) e cautelar.

Seja qual for a natureza (satisfativa ou cautelar), a medida pode ser concedida de forma preparatória ou incidental (art. 295, parágrafo único). Vale dizer, no CPC/15 a tutela cautelar deixa de ser tratada como um processo autônomo.

2.1.1.1   *Conhecimento*

A ação de conhecimento é aquela *"em que a parte realiza afirmação de direito, demonstrando sua pretensão de vê-lo reconhecido pelo Poder Judiciário, mediante a formulação de*

---

outro processo autônomo (o de execução). Ao lado da condenação (ordem dirigida ao órgão público ou ao particular), tem-se a imposição de medidas coercitivas a serem aplicadas no caso de resistência do obrigado no cumprimento da ordem. É o caso do art. 536, § 1º, CPC, em que para a efetivação da tutela específica ou a obtenção do resultado prático equivalente, o juiz poderá determinar as medidas necessárias, tais como a imposição de multa por tempo de atraso, busca e apreensão, remoção de pessoas e coisas, desfazimento de obras e impedimento de atividade nociva, se necessário com a requisição de força policial. O escopo, com a imposição das medidas concretas e práticas, é de propiciar o cumprimento efetivo do direito reconhecido na decisão, sem a necessidade da instauração de um processo autônomo de execução.

5   MARQUES, José Frederico. Ob. cit., v. 2, p. 35.

PARTE VI · Cap. II – CLASSIFICAÇÃO DAS AÇÕES TRABALHISTAS | **329**

um pedido, cuja solução será ou no sentido positivo ou no sentido negativo, conforme esse pleito da parte seja resolvido por sentença de procedência ou de improcedência".[6]

Há vários tipos de ações de conhecimento: declaratória, constitutiva e condenatória.

2.1.1.2 Execução

A doutrina classifica as ações executivas em sentido estrito e amplo.

No aspecto estrito, as ações executivas são aquelas em que a atividade jurisdicional restringe-se à prática de atos constritivos (para a satisfação das obrigações previstas nos títulos executivos judiciais e extrajudiciais), de transferência do patrimônio, não existindo a fase cognitiva, como ocorre nas ações de conhecimento. A fase cognitiva pode até surgir, contudo, incidentalmente, por meio dos embargos do devedor.

No sentido amplo, as ações executivas implicam uma relação jurídica processual composta de fase cognitiva ou de conhecimento, além da fase executiva propriamente dita. No mesmo processo cognitivo tem-se a prática de atos constritivos (de transferência de patrimônio). A sentença, além de ser cognitiva (adentra o mérito), é simultaneamente executória. Exemplos: as ações reivindicatórias, de imissão de posse, de reintegração de posse, de dissolução e liquidação de sociedades, de busca e apreensão (Dec.-lei 911/69) etc.

Pela antiga estrutura do processo civil, geralmente, a ação de execução, mesmo para os títulos executivos judiciais, operava-se por meio de processo autônomo, distinto do processo de conhecimento.

A partir de 1994, por sucessivas reformas legislativas na estrutura do processo civil, o processo de execução autônomo limita-se aos títulos executivos extrajudiciais e as hipóteses do art. 475-N, II, IV e VI, do CPC/73, as quais tratam dos seguintes títulos executivos judiciais: sentença penal condenatória transitada em julgada; sentença arbitral; sentença estrangeira homologada pelo STJ.

Na primeira fase da Reforma do CPC/73, por intermédio da Lei 8.952/94, com a nova redação dada ao art. 461, a efetivação da sentença condenatória de obrigação de fazer ou não fazer deixou de ser feita por processo autônomo, sendo implementada nos próprios autos da ação de conhecimento.

A Lei 10.444/02, um dos textos legislativos da segunda fase da Reforma do CPC/73, ao alterar a redação do art. 644, estabeleceu, expressamente, que a sentença relativa à obrigação de fazer ou não fazer cumpre-se de acordo com as regras do art. 461, aplicando-se, subsidiariamente, o disposto no Capítulo III do Título II do Livro II do CPC/73 (processo de execução das obrigações de fazer e de não fazer).

Com a Lei 10.444 houve a criação da tutela específica de obrigação de entrega de coisa, a qual passou a ser regida pela sistemática relativa à obrigação de fazer ou não fazer (art. 461-A, CPC/73).

---

[6]   WAMBIER, Luiz Rodrigues; ALMEIDA, Flávio Renato Correia de; TALAMINI, Eduardo. *Curso avançado de processo civil*, v. 1, 8. ed., p. 109.

A Lei 11.232/05, que compreende a terceira fase da Reforma do CPC/73, instituiu a fase de cumprimento da sentença no processo de conhecimento, fazendo com que a "liquidação" e a "execução" fossem partes integrantes deste processo, ao qual são aplicáveis, de forma subsidiária, no que couber, as normas reguladoras do processo de execução de título extrajudicial (art. 475-R, CPC/73). Portanto, o processo de execução, de forma autônomo, persiste para o título extrajudicial (arts. 583 e 585, CPC/73).

Enquanto a Lei 11.232 trouxe uma série de mudanças na cobrança judicial, colocando um fim na separação entre a fase de conhecimento e a de execução, criando a multa de 10% para o não pagamento voluntário da decisão, a Lei 11.382/06 inova com algumas medidas para acelerar os últimos momentos da execução, além de dispor a respeito da execução de títulos extrajudiciais. Algumas das novas medidas são: (a) o uso da penhora *on line* para as execuções cíveis; (b) autoriza o uso de leilão eletrônico pelos tribunais para o leilão público de bens; (c) mudança de regras para a desapropriação dos bens do devedor, com prioridade à adjudicação, em que a propriedade do bem é transferida para o credor, que pode vendê-lo em condições melhores. Quando não for possível a adjudicação, a lei prioriza a venda por leiloeiros privados, e só então menciona o leilão público, o qual será virtual; (d) o fim para o efeito suspensivo quanto aos embargos do devedor, exceto se for o caso de grave lesão ou de dano irreparável na transferência.

Em linhas gerais, o CPC/15, quanto ao cumprimento da sentença (título judicial), dispõe: (a) nos arts. 513 a 519, as disposições gerais a respeito do cumprimento da sentença; (b) nos arts. 520 a 522, o cumprimento provisório da sentença que reconheça a exigibilidade de obrigação de pagar quantia certa; (c) nos arts. 523 a 527, o cumprimento definitivo da decisão judicial quanto a obrigação de pagar quantia certa; (d) nos arts. 528 a 533, as regras quanto a sentença que impõe a obrigação de pagar alimentos; (e) nos arts. 534 e 535, a obrigação de pagar quantia certa pela Fazenda Pública; (f) nos arts. 536 e 537, as obrigações de fazer, de não fazer ou de entregar coisa; (g) no art. 538, o cumprimento da sentença que reconheça a exigibilidade de obrigação de entregar coisa.

Quanto aos títulos extrajudiciais, a matéria é regulada no art. 783 e segs., CPC/15.

2.1.2   Tutela Pleiteada no Processo de Conhecimento

A classificação é utilizada de acordo com o tipo de sentença que é proferida, a qual varia de acordo com a tutela pleiteada no processo de conhecimento, podendo ser: declaratória, constitutiva e condenatória.

2.1.2.1   *Declaratória*

As ações declaratórias são utilizadas para as situações de incerteza. Pede-se o reconhecimento quanto à existência ou não de uma relação jurídica, sem haver a pretensão quanto à sanção. O interesse do autor pode limitar-se à declaração da: (a) existência, inexistência ou do modo de ser de uma relação jurídica; (b) autenticidade ou falsidade de documento (art. 19, I e II, CPC). Contudo, não podem servir à prova de simples fatos, a não ser o expressamente previsto (falsidade de documento). É admissível a ação meramente declaratória, ainda que tenha ocorrido a violação do direito (art. 20).

A eficácia da sentença declaratória é instantânea, com a produção dos seus efeitos independentemente da tomada de outras medidas acessórias ou do ajuizamento de uma nova demanda. Por regra, a eficácia da sentença declaratória é *ex tunc*, com a retroação dos seus efeitos ao passado e não a partir do trânsito em julgado. Ressalte-se, contudo, que a certeza só será concretizada com o trânsito em julgado.

Ao contrário do CPC/73, o CPC/15 não mais prevê, como figura geral, a ação declaratória incidental, como questão prejudicial, a não ser para a declaração de falsidade documental, a qual constará da parte dispositiva da sentença e sobre ela incidirá também a autoridade da coisa julgada (art. 503, CPC).

O CPC (art. 503, § 1º, I a III) dispõe que a decisão da questão prejudicial[7] faz coisa julgada, desde que: (a) a sua solução é necessária para o julgamento do mérito; (b) tiver ocorrido o contraditório prévio e efetivo, o que não é necessário se for o caso de revelia; (c) se o juízo tiver competência em razão da matéria e da pessoa para resolver a temática como questão principal.

Não se aplica a coisa julgada à questão prejudicial, se no curso da demanda houver restrições probatórias ou limitações à cognição que impeçam o aprofundamento da sua análise (art. 503, § 2º).

2.1.2.2 Condenatória

A ação condenatória é o tipo mais comum nas intituladas ações de conhecimento. O que se pretende é o reconhecimento do direito a uma prestação (obrigação positiva ou negativa). Reconhece-se o direito, bem como uma ordem para que o vencido a cumpra. Esta última ordem será cumprida no processo de execução, caso o vencido não o faça espontaneamente.

2.1.2.3 Constitutiva

A ação constitutiva não se limita a uma simples declaração de um direito, como também ao reconhecimento de um fato que leve à constituição, modificação ou desconstituição de relação jurídica.

Na sentença constitutiva podemos visualizar dois momentos: (a) o primeiro, de cunho declaratório, em que o juiz declara a existência do direito da parte em modificar a relação jurídica; (b) o segundo de natureza constitutiva, resultante da declaração judicial, o qual impõe ao magistrado o poder-dever de proceder à operação da modificação pedida pela parte.

Por regra, a eficácia da sentença constitutiva é *ex nunc*, com a produção dos seus efeitos após o trânsito em julgado, sem qualquer projeção no passado.

---

[7]   Questão prejudicial é aquela relacionada com a existência, inexistência ou modo de ser de uma relação ou situação jurídica. Não se vincula com o mérito da causa, contudo, a sua solução é necessária para a análise do mérito. Ex.: a validade de um contrato, na demanda de cobrança de uma de suas parcelas.

2.2 OS CONFLITOS TRABALHISTAS

Os conflitos trabalhistas podem ser divididos em: (a) puros, típicos ou obreiro-patronais, resultantes do antagonismo de interesses entre empregados e empregadores, em função das relações individuais e coletivas de trabalho; (b) impuros ou atípicos, ou seja, os resultantes de uma relação jurídica regulada pelo Direito do Trabalho, não abrangendo aspectos diretos das relações individuais e coletivas entre empregados e empregadores.

Os conflitos puros ou obreiro-patronais são divididos em individuais e coletivos. Por sua vez, os coletivos permitem uma subdivisão em jurídicos e econômicos.

O conflito individual de trabalho ocorre entre um trabalhador ou vários trabalhadores, individualmente considerados (interesses individuais), e o empregador, tendo como base o contrato individual de trabalho.

Os conflitos coletivos alcançam um grupo de trabalhadores e um ou vários empregadores, referindo a interesses gerais do grupo. Os trabalhadores são representados pela sua entidade sindical, o que também ocorre com os empregadores, excetuando-se a hipótese do acordo coletivo de trabalho.

O objeto do conflito coletivo de trabalho reflete os interesses de uma categoria ou de um grupo de trabalhadores, podendo ser de ordem econômica ou jurídica.

O conflito coletivo de natureza econômica engloba a reivindicação de novas e melhores condições de trabalho. Sua finalidade é a obtenção de uma norma jurídica – convenção coletiva, acordo coletivo ou sentença normativa.

No conflito coletivo de cunho jurídico, a divergência repousa na aplicação ou interpretação de uma norma jurídica. Seu intuito não é a obtenção de uma nova norma jurídica, porém, a declaração sobre o sentido de uma regra já existente ou a execução de uma norma que o empregador não esteja cumprindo.

2.3 AÇÕES INDIVIDUAIS TRABALHISTAS

Os conflitos individuais trabalhistas geram as ações individuais na Justiça do Trabalho. Os titulares das ações individuais trabalhistas encontram-se individualizados e visam a um pronunciamento jurisdicional sobre interesses concretos.

As ações individuais trabalhistas também podem ser divididas em ações de conhecimento, executórias e cautelares. Por sua vez, as ações de conhecimento subdividem-se em: condenatórias, constitutivas e declaratórias.

2.3.1 Ações Individuais Trabalhistas de Conhecimento

2.3.1.1 *Condenatória*

No processo trabalhista, as ações individuais envolvem as obrigações de pagar, de fazer e de não fazer.

A mais comum é a ação em que o empregado solicita do empregador o pagamento dos seus direitos não adimplidos na vigência do contrato de trabalho, tais como: saldo de salário; títulos rescisórios; equiparação salarial; horas extras etc.

Também podem ocorrer as ações de fazer em que o empregado, detentor de uma estabilidade (legal, normativa ou contratual), solicita a sua reintegração aos quadros da empresa, em face da dispensa ou suspensão decretada pelo empregador. Por exemplo: as ações trabalhistas que visem reintegrar no emprego dirigente sindical: afastado, suspenso ou dispensado pelo empregador (art. 659, X, CLT).

Não se pode, ainda, negar, o que não é comum na prática forense trabalhista, a possibilidade de o empregado solicitar em juízo uma obrigação negativa por parte do empregador, como, por exemplo, as demandas que visem a tornar sem efeito transferência disciplinada pelos parágrafos do art. 469 da CLT (art. 659, IX).

2.3.1.2 Constitutiva

No processo trabalhista, há ações individuais constitutivas: (a) o inquérito judicial (arts. 853 e segs., CLT), em que o empregador solicita a decretação judicial da rescisão contratual do empregado estável (decenal, dirigente sindical etc.), em face da justa causa por ele perpetrada; (b) a demanda trabalhista em que o empregado pleiteia o reconhecimento da justa causa do empregador – dispensa indireta (art. 483); (c) os pedidos de cancelamento de advertências e suspensões dadas pelo empregador ao empregado; (d) o pedido da gestante em mudar de serviço em face de dificuldades físicas ou materiais durante o período da gravidez; (e) a solicitação quanto ao reconhecimento de desvio ou acúmulo de função.

2.3.1.3 Declaratória

As ações declaratórias podem ser positivas ou negativas.

O exemplo mais comum de ação declaratória individual trabalhista[8] é a solicitação quanto ao reconhecimento do contrato de trabalho, com o pedido de anotações na CTPS e expedição de ofícios à Superintendência Regional do Trabalho e Emprego (SRTE) (Dec. 5.063, 3/5/2004, Anexo I, art. 21), ao INSS e a CEF.

Também não se pode negar o direito de o empregador solicitar ao Judiciário Trabalhista uma tutela declaratória negativa de existência de uma relação jurídica trabalhista.

Além das ações declaratórias positivas ou negativas quanto à existência de uma relação jurídica empregatícia, a Justiça do Trabalho tem analisado várias ações nas quais a parte postula, de forma incidental, a falsidade ou não de prova documental.

A jurisprudência atual do TST entende que é incabível ação, visando à declaração do direito à complementação de aposentadoria, se não houver o atendimento do requisito necessário à aquisição do direito, seja por via regulamentar, ou por acordo coletivo (OJ 276, SDI-I).

---

[8] Súm. 242, STJ – Cabe ação declaratória para reconhecimento de tempo de serviço para fins previdenciários.

2.3.2 Ações Individuais Trabalhistas Executórias

As ações individuais trabalhistas executórias eram lastreadas em títulos judiciais: (a) decisões com trânsito em julgado; (b) decisões sujeitas a recurso, o qual foi recebido tão somente no efeito devolutivo; (c) os acordos judiciais não cumpridos.

Com a edição da Lei 9.958/00, a Justiça do Trabalho passou a ser competente para executar títulos extrajudiciais: (a) os termos de conciliação oriundos das Comissões de Conciliação Prévia não adimplidos; (b) os termos de ajuste de conduta firmados perante o Ministério Público do Trabalho.

Com a EC 45/04, a Justiça do Trabalho passou a ter competência para as ações relativas às penalidades administrativas impostas aos empregadores pelos órgãos de fiscalização das relações de trabalho. Essa nova competência também abrange a execução trabalhista. Em outras palavras, a Justiça do Trabalho passou a ter competência para a execução fiscal das multas e dos valores relativos às infrações aplicáveis pela fiscalização do trabalho ao empregador.

Outros títulos extrajudiciais reconhecidos pela legislação civil e processo civil não podiam ser executados na Justiça do Trabalho (art. 784, I, NCPC). Por exemplo: cheque; nota promissória etc. Na Justiça do Trabalho, tais títulos poderiam instruir a ação monitória.

Na IN 39/16 (art. 13), o TST fixou que, por aplicação supletiva do art. 784, I, CPC (art. 15, NCPC), o cheque e a nota promissória emitidos em reconhecimento de dívida inequivocamente de natureza trabalhista também são títulos extrajudiciais para efeito de execução perante a Justiça do Trabalho (art. 876 e segs., CLT).

2.3.2.1 A Execução Trabalhista e a Ação Monitória

2.3.2.1.1 Visão Panorâmica da Ação Monitória no Processo Civil

O termo *monitório* significa aquilo que avisa, admoesta, exorta.

A doutrina aponta três correntes a respeito da natureza jurídica da ação monitória:

a) procedimento do processo de execução. Essa posição é adotada por Vicente Greco Filho,[9] o qual entende que a ação monitória é *"um misto de ação executiva em sentido lato e cognição, predominando, porém, a força executiva. Assim, apesar de estar a ação colocada entre os procedimentos especiais de jurisdição contenciosa, sua compreensão, assim, como a solução dos problemas práticos que apresenta, somente será possível se for tratada como se fosse processo de execução, ou seja, como uma espécie de execução por título extrajudicial em que, em vez do mandado de citação*

---

[9] GRECO FILHO, Vicente. *Comentários ao Procedimento Sumário, ao Agravo e à Ação Monitória*, p. 49.

para pagamento em vinte e quatro horas, sob pena de penhora, há a citação com a ordem de pagamento ou de entrega de coisa móvel";

b) um novo tipo de processo, ao lado dos já conhecidos (cognitivo executivo e cautelar). Cândido Rangel Dinamarco,[10] adepto dessa corrente doutrinária, considera que a ação monitória não se *"enquadra na figura do processo de conhecimento nem na do executivo e muito menos na do cautelar. É um processo que com extrema celeridade propicia um título executivo ao autor munido de documentos idôneos, prosseguindo desde logo, sem a instauração de novo processo, com a execução fundada nele. A inércia do réu, não opondo os embargos instituídos na lei com a finalidade de suspender a eficácia desse título (chamado mandado de pagamento ou entrega), tem uma consequência muito mais gravosa que o efeito da revelia, do processo de conhecimento (..., porque nesse caso passa-se à fase executiva sem que o juiz tenha oportunidade de julgar sobre a existência do direito do autor"*;

c) procedimento especial do processo de conhecimento[11] – Alexandre Freitas Câmara[12] ensina que o *"procedimento monitório é de natureza cognitiva, destinando-se a proporcionar o mesmo resultado que se alcançaria pelo procedimento comum: a obtenção de título executivo. Encerra-se, pois, o procedimento monitório com a formação do título executivo – quando se tratar de obrigação pecuniária – ou com a efetiva satisfação do direito do credor – quando se tratar de obrigação de entrega de coisa móvel –, já que neste último caso a execução é fase complementar da atividade cognitiva (ressalvados, à evidência, aqueles casos em que se prolate sentença que não seja de procedência da pretensão do demandante). A execução das obrigações pecuniárias vai se desenvolver, no sistema jurídico-processual brasileiro, em processo autônomo, como sói acontecer com as execuções de títulos judiciais referentes a obrigações dessa natureza"*.

Após o apontamento das correntes doutrinárias, como conceito de ação monitória, adotamos as lições de Alexandre Freitas Câmara,[13] o qual ensina que o procedimento monitório é um *"procedimento especial destinado a permitir a rápida formação de título executivo judicial. Como sabido, não se pode dar início à atividade executiva sem que se tenha título executivo. Isto se deve ao fato de que o título executivo é o ato jurídico apto a permitir a incidência da responsabilidade patrimonial. Dito de outro modo: o título executivo*

---

[10] DINAMARCO, Cândido Rangel. *A reforma do Código de Processo Civil*, 3. ed., p. 229.

[11] "Defendem essa tese, entre outros, Clito Fornaciari Júnior, A reforma processual civil (artigo por artigo), p. 211; Nery Júnior, Atualidades sobre o processo civil, p. 226; Cruz e Tucci, Ação monitória, p. 53/56. Na doutrina italiana, essa é a tese aceita pelos autores que, com mais profundidade, trataram do tema. Confira-se, pois, o que lecionam Calamandrei, *El procedimiento monitorio*, p. 55-56; Edoardo Garbagnati, II Procedimento d'Ingiunzione, Milão; Giuffrè, 1991, p. 27-28. A essa orientação já havíamos manifestado nossa adesão em obra anterior: Freitas Câmara, Lineamentos do novo processo civil, p. 206" (CÂMARA, Alexandre Freitas. *Lições de direito processual civil*, v. 3, 10. ed., p. 525).

[12] CÂMARA, Alexandre Freitas. Ob. cit., p. 526.

[13] Câmara, Alexandre Freitas. Ob. cit., p. 521.

336 | DIREITO PROCESSUAL DO TRABALHO • *Francisco Ferreira Jorge Neto – Jouberto de Quadros Pessoa Cavalcante*

é o ato jurídico capaz de produzir o efeito de tornar possível a sujeição de um patrimônio, com o fim de satisfazer um direito de crédito. Assim sendo, inexistindo título executivo, não se pode obter (por falta de interesse-adequação) a tutela jurisdicional executiva. Considerou o legislador, porém, que em alguns casos dever-se-ia facilitar o acesso ao título executivo daquele credor que não o tem e, por tal razão, precisa se valer do processo de conhecimento. Cria-se, então, um procedimento concentrado, rápido, que permite a formação célere do título executivo. Este procedimento é o monitório, ou injuncional. Através desse procedimento, como dito, obtém-se rapidamente a formação do título executivo, pois nele 'predomina sobre a função de declaração de certeza a função de preparação do título executivo'".

O objetivo da ação monitória é propiciar o pronto cumprimento de uma obrigação documentada e que foi descumprida, constituindo, assim, o documento em título executivo,[14] sem a necessidade do processo de conhecimento.

Na estrutura do CPC/15, a ação monitória é disciplinada pelos art. 700 e segs.:

a) a ação monitória pode ser proposta por quem alega, com base em prova escrita sem eficácia de título executivo, ter direito de exigir do devedor capaz: (1) o pagamento de quantia em dinheiro; (2) a entrega de coisa fungível ou infungível ou de bem móvel ou imóvel; (3) o adimplemento de obrigação de fazer ou de não fazer. É admissível ação monitória em face da Fazenda Pública. A prova escrita pode consistir em prova oral documentada, oriunda de uma produção antecipada de prova;

b) na petição inicial, incumbe ao autor explicitar, conforme o caso: (a) a importância devida, instruindo-a com memória de cálculo; (b) o valor atual da coisa reclamada; (c) o conteúdo patrimonial em discussão ou o proveito econômico perseguido pelo autor. O valor da causa corresponderá a uma dessas hipóteses;

c) a petição inicial será indeferida nas hipóteses do art. 330, NCPC (inépcia; ilegitimidade; ausência de interesse processual; não comunicação do endereço para fins de intimação ou citação; o não cumprimento da determinação para fins de emenda a inicial), ou quando não indicar o valor da causa. Na hipótese de dúvida quanto à idoneidade da prova documental apresentada pelo autor, o juiz deve intimá-lo para, querendo, emendar a petição inicial para adaptá-la ao procedimento comum. Na ação monitória admite-se citação por qualquer dos meios permitidos para o procedimento comum;

d) sendo evidente o direito do autor, o juiz deferirá a expedição de mandado (pagamento; de entrega de coisa ou para execução de obrigação de fazer ou de não fazer). Concede-se ao réu o prazo de 15 dias para o cumprimento do mandado, além do pagamento de honorários advocatícios de 5% do valor atribuído à causa. Cumprido o prazo, fica isento do valor das custas processuais. Diante da ausência do pagamento ou da não oposição de embargos, haverá a constituição do título

---

[14] Nos moldes do CPC/15, a execução é baseada em título executivo judicial (art. 515) ou extrajudicial (art.784).

executivo judicial, independentemente de qualquer formalidade, dando-se início à fase de execução. Nestas situações, admite-se ação rescisória quanto à decisão que deferiu a expedição do mandado. Quando no polo passivo encontra-se a Fazenda Pública, diante da não oposição dos embargos no prazo de 15 dias, após o cumprimento da remessa necessária (art. 496, CPC), será observado, no que couber, o Título II do Livro I da Parte Especial (cumprimento de sentença; art. 513 e segs., CPC);

e) como meio de defesa, sem a necessidade da garantia do juízo, no prazo de 15 dias, o réu poderá opor, nos próprios autos, embargos à ação monitória. Em linhas gerais, o conteúdo dos embargos pode se fundar em matéria passível de alegação como defesa no procedimento comum. Os embargos suspendem o curso da ação monitória até o julgamento em primeiro grau. Na hipótese de o réu alegar que o autor pleiteia quantia superior à devida, deverá indicar o valor que entende correto, apresentando demonstrativo discriminado e atualizado da dívida. Não apontado o valor correto ou não apresentado o demonstrativo, os embargos serão liminarmente rejeitados, se esse for o seu único fundamento. Se houver outro fundamento, os embargos serão processados, mas o juiz deixará de examinar a alegação de excesso;

f) o autor será intimado para responder os embargos no prazo de 15 dias. Na ação monitória admite-se a reconvenção, contudo, é inadmissível o oferecimento de reconvenção a reconvenção;

g) a critério do juiz, os embargos serão autuados em apartado, se parciais, constituindo-se de pleno direito o título executivo judicial em relação à parcela não embargada;

h) diante da rejeição dos embargos, haverá a constituição do título executivo judicial, prosseguindo-se o processo em observância ao disposto no Título II do Livro I da Parte Especial, no que for cabível (cumprimento de sentença; art. 513 e segs., CPC);

i) cabe apelação contra a sentença que acolhe ou rejeita os embargos. Haverá a imposição de multas (de até 10% do valor da causa) para o autor ou o réu, diante da má-fé, seja na propositura da ação ou na oposição dos embargos. É aplicável a ação monitória a faculdade prevista no art. 916, CPC, ou seja, o executado pode requerer o pagamento de 30% do valor devido e o restante em seis parcelas iguais, acrescidas de correção monetária e juros de 1% ao mês.

2.3.2.1.2 A Ação Monitória no Processo Trabalhista

Para se invocar as regras do Direito Processual comum no campo do processo do trabalho, duas são as condições: omissão e compatibilidade das normas processuais comuns com a sistemática processual trabalhista (art. 769, CLT; art. 15, CPC).

Como as duas condições são cumpridas, a ação monitória não é incompatível com o processo trabalhista, notadamente por permitir a celeridade processual, com a eliminação do processo de conhecimento.

Na Justiça do Trabalho, como exemplos de prova escrita, têm-se: saldo da pequena empreitada mencionada em documento; termo de rescisão com a indicação dos valores, a qual foi homologada para fins de saque das parcelas do seguro-desemprego e dos depósitos fundiários; recibos de salário; cheque do empregador dado para pagamento de salário não compensado por falta de fundos etc.

O magistrado deve analisar a existência dos requisitos de validade da petição inicial (art. 840, § 1º, CLT; art. 700, CPC), além da constatação da juntada da prova escrita. Admite-se também a prova oral documentada (art. 700, § 1º).

No caso da inobservância dos requisitos legais, de acordo com a Súm. 263, TST, o juiz concederá o prazo de 15 dias (arts. 321 e 700, CPC), para a devida regularização da petição inicial da ação monitória. Em caso de inércia ou da regularização insatisfatória, haverá a extinção da ação por inépcia (art. 485, I, NCPC).

Se observados os requisitos legais pelo autor, o juiz determinará a expedição do mandado monitório, tendo o réu o prazo de 15 dias para a entrega do bem ou pagamento do débito ou para que apresente os embargos. O devedor deverá ser citado pelo correio (art. 841, § 1º, CLT). O prazo de 15 dias será computado a partir da citação do réu.

Os embargos ao mandado monitório (art. 702, NCPC) nada têm a ver com os embargos do devedor previstos no art. 884 da CLT. O réu poderá alegar as matérias previstas nos arts. 337, 338 e 341, CPC (art. 702, § 1º, CPC), como também aduzir as exceções de impedimento, de suspeição ou de incompetência relativa.

Proferida a sentença, com a rejeição dos embargos, ou não sendo os mesmos oferecidos pelo réu, estará constituído o título executivo. Passa-se, assim, à fase de execução, a qual será regida pelas regras dos arts. 876 e segs., CLT.

Caberá o recurso ordinário nas seguintes hipóteses: (a) acolhimento ou rejeição dos embargos do réu; (b) na extinção do processo, pela decretação da inépcia da petição inicial da ação monitória. O réu efetuará o pagamento das custas processuais e do depósito recursal, sob pena de deserção do apelo. Para o autor, somente se exige o recolhimento das custas processuais.

O recurso ordinário oposto pelo réu não possui efeito suspensivo (art. 899, CLT), o que permite a extração de carta de sentença para a execução provisória pelo autor.

2.4 AÇÕES COLETIVAS TRABALHISTAS

Os conflitos coletivos de trabalho levam à formulação das ações coletivas trabalhistas (dissídios coletivos). O direito de ação nos dissídios coletivos é reconhecido às categorias – econômica e profissional, as quais são representadas pelos sindicatos (art. 857, CLT).

As ações coletivas trabalhistas, em regra, podem ser de: (a) natureza econômica – em que há formulações de caráter socioeconômico, objetivando a criação ou revisão ou condição de trabalho; (b) natureza jurídica – visa à interpretação de uma norma jurídica (legal, contratual ou normativa) que seja aplicável à categoria e em relação à qual haja controvérsia. A controvérsia pode envolver o conteúdo ou a aplicação da norma jurídica.

As questões relacionadas ao processo coletivo do trabalho são tradadas na Parte VIII da presente obra.

PARTE VI · Cap. II – CLASSIFICAÇÃO DAS AÇÕES TRABALHISTAS | 339

2.5 TUTELA PROVISÓRIA

2.5.1 Fundamento Jurídico

O CPC/15 (arts. 294 a 311) trata da tutela provisória de forma diversa daquela encontrada no CPC/73 (arts. 273 e 461). Além disso, com a nova sistemática legal, a ação cautelar autônoma (arts. 796 segs., CPC/73) deixa de existir.

Considerando o novo regramento processual civil e a necessidade do TST de se posicionar, ainda que não de forma exaustiva, sobre a aplicação de várias regras e de institutos disciplinados pelo CPC/15 ao processo do trabalho, foi editada a IN 39/16. Nesse aspecto, o TST entendeu aplicável ao processo do trabalho os arts. 294 a 311, CPC/15 (art. 3º, VI, IN 39).

A CLT prevê a concessão de tutela provisória em casos específicos (art. 659, IX e X).

2.5.2 Aplicabilidade ao Processo do Trabalho

No âmbito da CLT, tem-se a previsão expressa da concessão de medidas de urgência para tornar sem efeito transferência (art. 469, CLT) considerada abusiva e para determinar a reintegração de dirigente sindical estável afastado, suspenso ou dispensado pelo empregador (art. 659, IX e X). Nas demais situações, o reclamante deverá invocar o regramento processual civil (art. 294 segs., CPC). Isso poderá ocorrer em situações como: (a) reintegração de empregado estável (legal, normativa ou contratual), com a fixação de multa diária; (b) levantamento dos depósitos fundiários por alvará judicial; (c) levantamento do seguro-desemprego por alvará judicial; (d) anotação do contrato de trabalho na CTPS; (e) anotação de baixa ou retificações na CTPS; (f) anotação de evolução salarial na CTPS; (g) fixação de multas, em dissídios coletivos, para que os grevistas mantenham parte dos serviços em caso dos serviços ou atividades essenciais (art. 11, Lei 7.783/89) etc.

O art. 3º, VI, IN 39, TST, determina que os arts. 294 a 311, CPC, são aplicáveis ao processo trabalhista.

2.5.3 Tutela Provisória e suas Espécies

Dentro da nova sistemática legal, a tutela provisória pode ser de urgência (de natureza cautelar ou antecipatória) ou de evidência (arts. 294 e segs., CPC).

A tutela provisória de urgência (de natureza cautelar ou antecipatória) será requerida em caráter antecipatório (em relação à ação judicial) ou incidental (no curso da ação).

Concedida a tutela provisória, a mesma conserva sua eficácia na pendência do processo, mas pode ser revogada ou modificada a qualquer momento. Em regra, a tutela provisória conservará a eficácia durante o período de suspensão do processo (art. 296, CPC). Para que se tenha a revogação da tutela antecipatória, pelo exame do processado, é necessária a alteração da situação de fato. Vale dizer, deve-se ater à supressão dos pressupostos que levaram à concessão da antecipação de tutela, visto que não se tem a simples alteração da decisão e sim uma nova decisão para uma outra situação existente nos autos. Portanto, é inadmissível a alteração da decisão somente pela assertiva de que o magistrado mudou o seu entendimento sobre a matéria discutida nos autos. É necessária a alteração na situação fática discutida nos autos. Por fim, o magistrado, para que proceda a alteração da decisão concessiva ou denegatória da antecipação, deverá ser provocado. Isso representa que a alteração não poderá ser de ofício.

O juiz poderá determinar as medidas que considerar adequadas para efetivação da tutela provisória (art. 297, CPC). A efetivação da tutela provisória observará as normas referentes ao cumprimento provisório da sentença, no que couber. Vale dizer, a execução será processada como a definitiva, com a ressalva de que: (a) de forma objetiva, o exequente responde pelos danos causados ao executado, caso a decisão seja reformada; (b) via de regra, os atos executivos e/ou expropriatórios, que causarem grave prejuízo ao executado são precedidos de caução. No processo trabalhista, em que o crédito tem natureza alimentar, é mister que a execução fundada em uma tutela provisória de urgência antecipada, de fato, assegure ao seu titular a efetividade na antecipação do direito, pena de se ter, como letra morta, a aplicação desse instituto na Justiça do Trabalho.

2.5.4   Competência Jurisdicional

A tutela provisória, incidental ou antecedente, pretendida deve observar os limites da competência material da Justiça do Trabalho (art. 114, CF).

Como regra, a tutela provisória será requerida ao juízo da causa e, quando antecedente, ao juízo competente para conhecer do pedido principal, observando os critérios de fixação de competência territorial (art. 651, CLT).

Caso o processo já esteja no tribunal, o requerimento de tutela provisória deverá ser feito ao relator do processo (OJ 68, SDI-II).

2.5.5   Tutela Provisória de Urgência

A tutela de urgência (natureza cautelar ou antecipatória) será concedida quando houver elementos que evidenciem a probabilidade do direito (*fumus boni iuris*) e o perigo de dano ou o risco ao resultado útil do processo (*periculum in mora*) (art. 300, CPC).

A tutela de urgência pode ser concedida liminarmente ou após justificação prévia (audiência).

A tutela de urgência de natureza cautelar pode ser efetivada mediante arresto, sequestro, arrolamento de bens, registro de protesto contra alienação de bem e qualquer outra medida idônea para asseguração do direito (art. 301).

2.5.5.1   *Tutela de Urgência de Natureza Cautelar*

2.5.5.1.1 Tutela Cautelar e sua Finalidade

Os órgãos jurisdicionais, enquanto não decidem uma lide de forma definitiva, dispõem de meios eficazes para que possam assegurar a permanência ou conservação do estado das pessoas, coisas e provas, de modo que as futuras decisões jurisdicionais não se tornem inócuas. Na vigência do CPC/73, não ocorrendo a prestação da tutela jurisdicional imediatamente, existia a figura da ação cautelar (ação autônoma), cuja finalidade única era garantir a efetividade dos processos de conhecimento e de execução (função auxiliar e subsidiária ao processo principal). Apesar disso, existiam alguns processos considerados cautelares, mas que possuíam cunho satisfativo (ex. busca e apreensão de incapaz).

O processo cautelar era considerado um *tertium genus*, ao lado do processo de conhecimento e de execução (autônomo), e podia ser instaurado de forma preparatória ou no curso do processo principal (incidental).

O processo cautelar tinha as seguintes características: instrumentalidade (instrumento de realização do processo principal – instrumento do instrumento, o que não descaracteriza sua autonomia), temporariedade (não dura para sempre), revogabilidade (possibilidade de revogação diante de uma nova realidade ou alteração das condições que ensejaram a concessão da medida), modificabilidade (possibilidade de modificação diante de uma nova necessidade) e fungibilidade (admissibilidade de substituição por caução; substituição de cautelar nominada por inominada).

Pela sistemática do CPC/73, as medidas cautelares podiam ser de dois tipos: as cautelares nominadas (ou típicas) e as inominadas (ou atípicas), sendo que as primeiras dizem respeito àquelas expressamente tratadas pelo legislador processual civil, como arresto e sequestro, e estas, mesmo sem tratamento legal expresso, eram concedidas com fundamento no poder geral de cautela do juiz para garantir a eficácia do processo principal.

Com o CPC/15, não existe mais a ação cautelar (ação autônoma), contudo, o instituto foi mantido como tutela provisória de natureza cautelar.

2.5.5.1.2 Tutela cautelar e Medida Liminar

Medida cautelar (tutela cautelar) é todo provimento jurisdicional que visa assegurar a efetividade de uma futura decisão jurisdicional, a qual geralmente é concedida no processo cautelar, de forma liminar ou não, mas que também pode ser encontrada no processo de conhecimento, de execução ou nos processos especiais, como no caso do mandado de segurança, interdito possessório etc.

A CF prevê a possibilidade de medida cautelar na ação direta de inconstitucionalidade (art. 102, I, *p*, CF; arts. 10 a 12, Lei 9.868/99).

É possível a concessão de medida liminar no mandado de segurança (Lei 12.016/09), na ação popular (Lei 4.717/65) e na ação civil pública (Lei 7.347/85).

Frise-se que a "medida cautelar" (tutela cautelar) não tem o mesmo significado de "medida liminar", a qual representa uma decisão *prima facie* no processo, mas pode ter um cunho antecipatório (satisfativo) e não cautelar. Ademais, a tutela cautelar pode ser deferida no curso do processo de conhecimento ou execução.

2.5.5.1.3 Objeto da Tutela Provisória de Natureza Cautelar

A tutela cautelar pode compreender: (a) medidas de impedimento à provável mutação da situação (sequestro, antecipação de prova, exibição de documento); (b) medidas de eliminação de mutação já ocorrida na situação fática (atentado, busca e apreensão etc.); (c) medidas de antecipação de provável ou possível mutação da situação. Atendidos os requisitos legais, a tutela de urgência de natureza cautelar pode ser efetivada mediante arresto, sequestro, arrolamento de bens, registro de protesto contra alienação de bem e qualquer outra medida idônea para asseguração do direito (art. 301, CPC).

2.5.5.1.3.1 Arresto

O arresto é a medida judicial que visa garantir a execução judicial futura por quantia certa pela apreensão de bens do devedor. A tutela de arresto também é possível em outras situações previstas pelo legislador, como ocorre no arresto de bens de administradores do conselho fiscal de instituições financeiras em intervenção, liquidação extrajudicial ou falência (arts. 45 a 49, Lei 6.024/74), no caso de executivos fiscais (arts. 7º e 14, Lei 6.830/80), arresto de bens do acusado para assegurar a reparação do dano *ex delicto* (arts. 136 e 137, CPP) etc.

Apesar de o legislador não mencionar expressamente, a concessão da medida depende de prova literal da dívida líquida e certa (*fumus boni iuris*), admitindo-se a sentença líquida ou ilíquida que ainda esteja pendente de recurso ou de homologação, condenando o devedor no pagamento de dinheiro ou de prestação que em dinheiro possa converter-se. Os títulos executivos extrajudiciais previstos na CLT (termo de ajuste de conduta firmado perante o Ministério Público do Trabalho e o termo conciliatório firmado na Comissão de Conciliação Prévia) demonstram a comprovação de dívida líquida e certa.

2.5.5.1.3.2 Sequestro

A tutela provisória de natureza cautelar de sequestro visa à apreensão de bem determinado para assegurar a efetividade de futura execução para a entrega da coisa (certa).

O CPC/73 (art. 822) previa expressamente que, diante do requerimento da parte, o juiz pode determinar o sequestro de: (a) bens móveis, semoventes ou imóveis, quando lhes for disputada a propriedade ou a posse, havendo fundado receio de rixas ou danificações; (b) frutos e rendimentos do imóvel reivindicando, se o réu, depois de condenado por sentença ainda sujeita a recurso, os dissipar; (c) bens do casal, nas ações de desquite e de anulação de casamento, se o cônjuge os estiver dilapidando etc.

2.5.5.1.3.3 Busca e Apreensão

A tutela antecipada de natureza cautelar de busca e a apreensão pode envolver pessoas (menores de idade ou interditos) ou coisas de qualquer tipo, podendo por meio dela se resguardar "*a produção de prova documental (apreensão de quaisquer papéis) ou da prova pericial que da apreensão desses documentos ou de outras coisas móveis (livros comerciais, o bem destruído) dependa para se realizar*".[15]

---

[15] MACHADO, Antônio Cláudio da Costa. *Código de Processo Civil interpretado*: artigo por artigo. Parágrafo por parágrafo, 5. ed., p. 1.423.

PARTE VI · Cap. II – CLASSIFICAÇÃO DAS AÇÕES TRABALHISTAS | 343

O sistema jurídico prevê ainda a busca e apreensão de bens alienados fiduciariamente, com natureza satisfativa (Dec.-lei 911/69).

Na vigência do CPC/73, Sergio Pinto Martins defendia que[16] "*a busca e apreensão poderá ocorrer na execução, mas não como medida cautelar*". Da mesma forma Wagner Giglio e Claudia Giglio[17] se posicionam.

Estão com razão Wilson de Souza Campos Batalha e Manoel Antonio Teixeira Filho, que a admitem no processo do trabalho, exclusivamente, sobre coisas.

2.5.5.1.3.4 Exibição

Pela medida de exibição, a parte busca ter acesso a documentos que estejam na posse da outra parte, tanto empregado como empregador e terceiro (arts. 396 segs., CPC).

2.5.5.1.3.5 Produção Antecipada de Provas

A produção antecipada de provas é disciplinada pelo CPC (arts. 381 e segs.). É admissível quando: (a) haja fundado receio de que venha a tornar-se impossível ou muito difícil a verificação de certos fatos na pendência da ação; (b) a prova a ser produzida seja suscetível de viabilizar a autocomposição ou outro meio adequado de solução de conflito; (c) o prévio conhecimento dos fatos possa justificar ou evitar o ajuizamento de ação. Citadas hipóteses são compatíveis com o processo trabalhista.

A antecipação pode ser utilizada por quem pretenda justificar a existência de algum fato ou relação jurídica para simples documento e sem caráter contencioso, que exporá, em petição circunstanciada, a sua intenção. Trata-se do procedimento da justificação (medida cautelar específica) prevista no art. 381, § 5º, CPC. Regra aplicável ao processo trabalhista.

Na prática forense, a tutela provisória de natureza cautelar de produção antecipada de provas consiste em interrogatório da parte, inquirição de testemunhas e exame pericial, de modo que se garante o direito da parte à prova, que poderia vir a ser prejudicado caso não se procedesse à sua produção naquele momento. Imagine a situação: a única testemunha está preste a sofrer uma intervenção cirúrgica de alto risco de vida ou o local de trabalho será desativado pela empresa. Em ambos os casos, a produção antecipada de provas visa a assegurar o exercício do direito.

Quanto ao procedimento: (a) pelo CPC, a competência da produção antecipada de prova será requerida ao juízo do foro onde a prova deva ser produzida ou do foro de domicílio do réu, sendo que não haverá prevenção do juízo para a ação principal que venha a ser proposta. No processo trabalhista, a demanda deverá ser proposta de acordo com o foro da prestação dos serviços (art. 651, *caput*, CLT); (b) na petição inicial, o requerente apresentará as razões que justificam a necessidade de antecipação da prova e

---

[16] MARTINS, Sergio Pinto. *Direito processual do trabalho*, 26. ed., p. 594.

[17] GIGLIO, Wagner; CORRÊA, Claudia Giglio Veltri. *Direito processual do trabalho*, 15. ed., p. 396.

mencionará com precisão os fatos sobre os quais a prova há de recair; (c) de ofício ou a requerimento da parte, o juiz deve determinar a citação de interessados na produção da prova ou no fato a ser provado, salvo se inexistente caráter contencioso; (d) os interessados poderão requerer a produção de qualquer prova no mesmo procedimento, desde que relacionada ao mesmo fato, salvo se a sua produção conjunta acarretar excessiva demora; (e) na sentença, o juiz não se pronunciará sobre a ocorrência ou a inocorrência do fato, nem sobre as respectivas consequências jurídicas; (f) não se admitirá defesa ou recurso, salvo contra decisão que indeferir totalmente a produção da prova pleiteada pelo requerente originário; (g) os autos permanecerão em cartório durante um mês para extração de cópias e certidões pelos interessados. Findo o prazo, os autos serão entregues ao promovente da medida. O procedimento não é incompatível com o processo trabalhista.

2.5.6 Tutela de Urgência de Natureza Antecipatória

Apesar de o legislador exigir os mesmos requisitos legais da tutela de urgência de natureza cautelar, a tutela de natureza antecipatória tem maior evidência na plausibilidade do direito (*fumus boni iuris*), de modo que serão concedidos ao autor os efeitos, ainda que parciais, do futuro provimento jurisdicional definitivo.

A tutela antecipada não deve ser confundida com a cautelar. A tutela antecipada é satisfativa, enquanto a medida cautelar não assegura o direito, mas a possibilidade de sua realização efetiva, ou seja, o seu intuito é resguardar o efeito futuro do pedido principal, daí o caráter instrumental da tutela cautelar.

2.5.7 Requisitos Legais

A tutela de urgência (de natureza cautelar ou antecipatória) será concedida quando houver elementos que evidenciem a probabilidade do direito (*fumus boni iuris*) e o perigo de dano ou o risco do resultado útil do processo (*periculum in mora*) (art. 300, *caput*, CPC).

No processo civil, como no trabalhista, a concessão da tutela provisória poderá ocorrer: a) liminarmente, sem a oitiva da parte contrária, desde que se tenha a presença dos seus requisitos legais[18]; (b) após a resposta do réu, quando se tenha a demonstração

---

[18] "Na verdade, nem pelo conteúdo ou pela função, nem pelo tipo de cognição, existe diferenciação da tutela antecipada e da liminar. Isso porque, a liminar é apenas uma determinação topológica de uma decisão judicial que pode ter natureza cautelar ou antecipatória. A decisão liminar da tutela de urgência antecipatória/satisfativa e a decisão da tutela antecipatória não só têm a mesma natureza como são exatamente a mesma coisa. Com efeito, a decisão da tutela antecipada é também uma decisão proferida no curso do processo, *in initio litis* ou em outra fase, que, em sede de urgência ou evidência, antecipa efeitos da decisão de mérito. A liminar satisfativa é justamente a tutela antecipatória concedida de plano (*in initio litis*) pelo juiz. Não há, pois, qualquer impedimento à concessão do provimento antecipatório liminarmente, bastando que se chegue ao juízo de probabilidade necessário e suficiente para a antecipação da tutela. Ao contrário, a natureza do *periculum in mora* antecipatório que se tutela, ou seja, urgência decorrente da própria natureza da situação material a ser tutelada, não obstante exija um juízo de probabilidade mínima (portanto, superior ao juízo de mera verossimilhança necessária à liminar cautelar), revela, claramente, que

PARTE VI · Cap. II – CLASSIFICAÇÃO DAS AÇÕES TRABALHISTAS | 345

do receio de dano irreparável ou de difícil reparação (tutela de urgência) ou a demonstração da evidência do direito alegado na petição inicial (tutela de evidência); (c) entre o encerramento da instrução e antes da prolação da sentença[19]; (d) na própria sentença[20]; (e) após a sentença, a tutela antecipada pode ser concedida pelo juiz relator, ou caso não tenha ocorrido a distribuição do recurso pelo juiz presidente do tribunal.[21]

---

a concessão *inaudita altera parte* do provimento antecipatório, quando presentes os requisitos, mostra-se mais necessária do que a liminar cautelar onde a urgência que se tutela é decorrente de uma situação circunstancial e externa ao direito material" (CASTELO, Jorge Pinheiro. *Tutela antecipada*, v. 1, p. 547).

[19] "Por isso, na falta de um mecanismo mais adequado para lidar com direitos já delineados em sede de cognição plena a partir de determinado momento processual, ou após o encerramento da instrução processual e antes da data da prolação da sentença, ou até quando passíveis de julgamento antecipado da lide, a melhor opção, estando presentes os pressupostos da urgência ou da evidência qualificada pelo abuso do direito de defesa ou da evidência incontestável, é a utilização da técnica da tutela antecipatória que permita a tutela imediata do direito reconhecido. Não obstante não se possa dizer que, mesmo nessa última hipótese, a execução completa é definitiva (nos seus efeitos jurídicos), na medida em que a satisfação é extraída da tutela antecipada, ou seja, de uma fonte normativa provisória e não de uma decisão definitiva" (CASTELO, Jorge Pinheiro. Ob. cit., v. 1, p. 552).

[20] "Todavia, inúmeras outras situações se apresentam em que podem surgir para o julgador os pressupostos de concessão da tutela antecipada, justamente no momento de prolação da sentença. Com efeito, pode o julgador, só no momento da prolação da sentença, convencer-se da urgência da pretensão processual em face do risco da periclitação do direito, especialmente de direitos não patrimoniais e patrimoniais com função não patrimonial, ou pela configuração do abuso do direito de defesa ou do manifesto propósito protelatório do réu. Por exemplo, a determinação de reintegração de dirigente sindical, de cipeiro, de empregado acidentado ou que tenha outra espécie de estabilidade que, em primeira ordem, tutela direito não patrimonial ou patrimonial com função não patrimonial, pode ficar totalmente comprometida se não houver a realização imediata da sentença. De fato, o cumprimento de obrigação de fazer, como a reintegração do empregado protegido por alguma forma de estabilidade ou garantia de emprego em vigência, sempre encontrou forte resistência para o seu cumprimento antes do trânsito em julgado. Por consequência, estando presentes os pressupostos para a antecipação da tutela, nada impede que a sua concessão se dê na própria sentença que julgar o processo, como forma de viabilizar a imediata satisfação do direito, nas situações de urgência, ou de abuso do direito de defesa ou manifesto propósito protelatório do réu" (CASTELO, Jorge Pinheiro. Ob. cit., v. 1, p. 557).

[21] "Estando presentes os pressupostos da antecipação, o juiz relator, ao analisar o pedido de antecipação da tutela feito incidentalmente na apelação cível ou no recurso ordinário trabalhista, deve conceder a tutela antecipada. Existem situações de urgência em que periclitação do direito não permite a espera do julgamento da apelação ou do recurso ordinário, ou o aguardo do trânsito em julgado, cabendo ao juiz relator do recurso, ou, caso ainda não tenha havido a distribuição ao Juiz Presidente ou vice-presidente, que regimentalmente tenha competência, proferir provimentos de urgência. Entretanto, a antecipação em sede recursal pode também dar-se para atender a exigência da prestação jurisdicional e não somente da eficácia dela. De fato, igualmente é possível a (antecipação no caso do abuso do direito de recorrer ou de recurso meramente protelatório). O relator, considerando inconsistentes os fundamentos do recurso, pode, igualmente, conceder a tutela antecipatória. Primeiro quando a fundamentação do recurso remexe apenas matéria de fato e o relator, reputando inconsistentes as razões recursais, conclui que o recurso não se reveste de seriedade indispensável. E, em segundo lugar,

O *fumus boni iuris* não significa a demonstração plena do direito substancial, mas a demonstração da aparência do direito, lembrando que basta a cognição sumária do julgado e não a cognição exauriente, a qual será prestada ao final do processo principal.

O *periculum in mora* representa o risco que corre a efetividade do processo principal pela demora da prestação jurisdicional, mas é preciso que o perigo de dano seja iminente, grave, de difícil ou impossível reparação (utilidade do processo).

Na vigência do CPC/73, o TST entendia ser indispensável a instrução da ação cautelar com as provas documentais necessárias à aferição da plausibilidade de êxito na rescisão do julgado, de modo que, em se tratando de ação cautelar visando à suspensão de execução trabalhista no curso da ação rescisória, deve vir acompanhada de cópias da petição inicial da ação rescisória principal, da decisão rescindenda, da certidão do trânsito em julgado da decisão rescindenda e informação do andamento atualizado da execução (OJ 76, SDI-II).

Para a concessão da tutela de urgência, o juiz pode exigir caução real ou fidejussória idônea para ressarcir os danos que a outra parte possa vir a sofrer, podendo a caução ser dispensada se a parte economicamente hipossuficiente não puder oferecê-la. Essa regra é aplicável ao processo do trabalho (art. 769, CLT; art. 15, CPC).

Além disso, não será concedida a tutela de urgência de natureza antecipada quando houver perigo de irreversibilidade dos efeitos da decisão (art. 300, § 3º, CPC). Trata-se de um pressuposto negativo, porém, assevere-se que a irreversibilidade não é um atributo da decisão, mas da consequência fática que dela decorra. Com prudência, ao conceder a tutela antecipada, o magistrado deve aquilatar as consequências advindas dessa decisão, ponderando, se for o caso, do retorno ao estado anterior, se houver a sua revogação. A reversão deve ser analisada diante de cada caso concreto. Na dúvida, a doutrina pondera que o magistrado deve evitar a lesão ao direito do autor, concedendo a antecipação solicitada, visto que a irreversibilidade é relativa. Toda vez que o seu indeferimento faça com que seja completamente inoperante a prestação jurisdicional para o autor, deve a antecipação ser deferida, ainda que, de certa forma, seja prejudicial ao réu.

2.5.8 Dano Processual e Prejuízo Sofrido

Independentemente da reparação por dano processual, a parte responde pelo prejuízo (dano patrimonial e dano extrapatrimonial) que a efetivação da tutela de urgência causar à parte adversa, se: (a) a sentença lhe for desfavorável; (b) obtida liminarmente a tutela em caráter antecedente, não fornecer os meios necessários para a citação do requerido no prazo de 5 dias; (c) ocorrer a cessação da eficácia da medida em qualquer hipótese legal; (d) o juiz acolher a alegação de decadência ou prescrição da pretensão do autor (art. 302, CPC).

Sempre que possível, a indenização será liquidada nos autos em que a medida tiver sido concedida.

---

quando, sendo a matéria posta no recurso apenas de direito, existe ao seu respeito entendimento pacificado no tribunal" (CASTELO, Jorge Pinheiro. Ob. cit., v. 1, p. 563).

PARTE VI · Cap. II – CLASSIFICAÇÃO DAS AÇÕES TRABALHISTAS | 347

Apesar de o legislador não mencionar de forma expressa, entendemos que a regra do art. 302, CPC, também se aplica à tutela de evidência.

2.5.9   Tutela de Evidência

Ao contrário da tutela provisória de urgência antecipada, a tutela da evidência será concedida, independentemente da demonstração de perigo de dano ou de risco ao resultado útil do processo. Vale dizer, para a sua concessão não se cogita da demonstração do *periculum in mora*. É aplicável ao processo do trabalho (art. 769, CLT; art. 15, CPC).

Por lei (art. 311, I a IV, CPC), as hipóteses de concessão ocorrem quando:

(a) ficar caracterizado o abuso do direito de defesa ou o manifesto propósito pro-telatório da parte. São as hipóteses em que o exercício do direito de resposta está abusivo, excessivo, inadequado, ou seja, incongruente com a celeridade da prestação jurisdicional;

(b) as alegações de fato puderem ser comprovadas apenas documentalmente e houver tese firmada em julgamento de casos repetitivos ou em súmula vinculante. Não se cogita da atitude do réu para a sua concessão, contudo, os dois requisitos devem ocorrer de forma simultânea: (a) prova documental da situação fática; (b) a tese jurídica, como causa de pedir próxima, esteja pacificada via precedente exarado em sede de julgamento de casos repetitivos (art. 896-B, CLT), seja por decorrência de súmula vinculante do STF. É razoável estender citadas hipóteses às demais situações previstas no art. 927, CPC (adaptadas ao processo trabalhista, de acordo com o art. 15, IN 39, TST): (1) entendimento firmado em incidente de assunção de competência; (2) decisão do STF em controle concentrado de constitucionalidade; (3) tese jurídica prevalecente em TRT e não conflitante com súmula ou orientação jurisprudencial do TST (art. 896, § 6º, CLT); (4) decisão do plenário, do órgão especial ou de seção especializada para uniformizar a jurisprudência do tribunal a que o juiz estiver vinculado do TST;

(c) se tratar de pedido reipersecutório fundado em prova documental adequada do contrato de depósito, caso em que será decretada a ordem de entrega do objeto custodiado, sob cominação de multa. Essa hipótese não é compatível com o processo trabalhista;

(d) a petição inicial for instruída com prova documental suficiente dos fatos constitutivos do direito do autor, a que o réu não oponha prova capaz de gerar dúvida razoável. A defesa é inconsistente, desprovida de argumentos e provas razoáveis, os quais possam elidir a força probatória dos documentos produzidos pelo autor.

O juiz está autorizado a decidir liminarmente nas hipóteses "b" e "c". Não se exige a resposta do réu.

2.5.10   Procedimento da Tutela de Urgência

A tutela de urgência (de natureza cautelar ou antecipatória) pode ser requerida em caráter incidental (no curso da ação) ou em caráter antecedente (art. 294, parágrafo único, CPC).

No curso da ação, a tutela será requerida por mera petição, na qual serão apresentados os fundamentos jurídicos pertinentes e apresentadas as provas das alegações.

2.5.10.1 Procedimento da Tutela Antecipada Requerida em Caráter Antecedente

Com a sistemática legal (arts. 303 ss, CPC), nos casos em que a urgência for contemporânea à propositura da ação, a petição inicial pode limitar-se ao requerimento da tutela antecipada e à indicação do pedido de tutela final, com a exposição da lide, do direito que se busca realizar e do perigo de dano ou do risco ao resultado útil do processo.

Uma vez concedida a tutela antecipada em caráter antecedente, o autor deverá aditar a petição inicial, com a complementação de sua argumentação, a juntada de novos documentos e a confirmação do pedido de tutela final, em 15 dias ou em outro prazo maior que o juiz fixar, sob pena de extinção sem resolução de mérito.

Após o aditamento, o réu será citado e intimado para a audiência de conciliação ou de mediação. Resultando infrutífera a autocomposição, inicia-se o prazo para a contestação (art. 303, § 1º, III).

Contudo, caso entenda que não há elementos para a concessão de tutela antecipada, o autor deverá emendar da petição inicial em até 5 dias, sob pena de ser indeferida e de o processo ser extinto sem resolução de mérito.

No processo civil, a tutela antecipada concedida torna-se "estável" se não for interposto o agravo de instrumento. Nesse caso, o processo será extinto e qualquer das partes poderá demandar a outra com o intuito de rever, reformar ou invalidar a tutela antecipada estabilizada. Trata-se da "estabilização da lide" ("não haverá coisa julgada").

A doutrina processual civil tem se mostrado divergente sobre a possibilidade de outras formas de impugnação da decisão, com a apresentação da contestação, não ensejarem a estabilização da lide.

A tutela antecipada conservará seus efeitos enquanto não revista, reformada ou invalidada por decisão de mérito.

No prazo de dois anos, qualquer das partes poderá requerer o desarquivamento dos autos em que foi concedida a medida, para instruir a petição inicial da ação, sendo prevento o juízo em que a tutela antecipada foi concedida.

A nova sistemática legal se aplica ao processo do trabalho (art. 769, CLT), com adequação ao procedimento previsto na CLT. Assim, caso não exista a conciliação entre as partes em audiência, a reclamada deverá apresentar imediatamente (audiência inicial trabalhista) a defesa (oral ou escrita) (art. 847, CLT). No processo eletrônico, a defesa escrita é apresentada até a audiência. Não se fará a contagem do prazo para a contestação da forma prevista no CPC (art. 335, I).

No processo do trabalho, considerando o cabimento restrito do recurso de agravo de instrumento, a parte deverá impugnar a decisão concessiva ou não da tutela antecedente por mandado de segurança (Súm. 414, II, TST).

PARTE VI · Cap. II – CLASSIFICAÇÃO DAS AÇÕES TRABALHISTAS | **349**

2.5.10.2 *Procedimento da Tutela Cautelar Requerida em Caráter Antecedente*

Nas situações em que o autor pretenda a concessão de tutela cautelar em caráter antecedente, a peça inicial indicará a lide e seu fundamento, a exposição sumária do direito que se objetiva assegurar e o perigo de dano ou o risco ao resultado útil do processo (art. 305 e segs., CPC).

Caso o juiz entenda se tratar de tutela de natureza antecipada, deverá aplicar o regramento específico (art. 303).

Admita a pretensão cautelar antecedente, o réu será citado e poderá contestar no prazo de cinco dias, sob pena de serem considerados verdadeiros os fatos alegados. Nesse caso, o magistrado decidirá em cinco dias.

Contestado o pedido, a ação tramitará pelo procedimento comum.

Efetivada a tutela cautelar, o pedido principal terá de ser formulado pelo autor no prazo de 30 dias, caso em que será apresentado nos mesmos autos em que deduzido o pedido de tutela cautelar.

O indeferimento da tutela cautelar não obsta o pedido principal, nem influi no julgamento deste, salvo se o motivo do indeferimento for o reconhecimento de decadência ou de prescrição (art. 310).

Apresentado o pedido principal, as partes serão intimadas para a audiência de conciliação ou de mediação. Caso não ocorra a autocomposição, inicia-se o prazo para a defesa.

A tutela concedida em caráter antecedente cessa a eficácia se: a) autor não deduzir o pedido principal no prazo legal; b) não for efetivada dentro de 30 dias; c) o juiz julgar improcedente o pedido principal formulado pelo autor ou extinguir o processo sem resolução de mérito.

Se por qualquer motivo cessar a eficácia da tutela cautelar, é vedado à parte renovar o pedido, salvo sob novo fundamento.

De forma semelhante à tutela provisória de emergência de natureza antecipada, a nova sistemática legal se aplica ao processo do trabalho (art. 769, CLT), com adequação ao procedimento previsto na CLT. Dessa forma, não havendo a conciliação das partes em audiência, a reclamada deverá apresentar imediatamente (audiência inicial trabalhista) a defesa (oral ou escrita) (art. 847).

2.5.11 Custas Processuais

As custas processuais seguirão o regramento específico do processo do trabalho (arts. 789 e segs., CLT), ou seja, serão pagas quando da interposição do recurso ou ao final pela parte sucumbente.

2.5.12 Recurso Contra a Decisão de Tutela Provisória

Diferentemente do processo civil, contra a decisão interlocutória do juiz do trabalho que acolhe ou rejeita ou ainda revoga tutela provisória, seja em caráter antecedente ou não, é incabível o recurso de agravo de instrumento, em face da irrecorribilidade das decisões interlocutórias no processo do trabalho. No processo do trabalho, a decisão interlocutória é impugnável por mandado de segurança (Súm. 414, II, TST).

Assim, parece-nos que, dentro do sistema positivado vigente, não é possível atribuir ao recurso ordinário trabalhista efeito suspensivo (art. 899, CLT), ainda que a sentença tenha concedido tutela provisória, por ser inaplicável o previsto no art. 1.012, V, CPC, ao processo do trabalho (art. 769, CLT; art. 15, CPC).

Demonstrando a ausência dos requisitos legais para a concessão da medida ou equívoco em sua concessão, o recorrente deverá solicitar excepcionalmente o efeito suspensivo ao recurso ordinário em razões recursais dirigidas ao tribunal e requerer em petição, devidamente instruída, o efeito suspensivo ao recurso imediatamente à Corte Regional (incidente de efeito suspensivo) (art. 1.012, § 3º, CPC).

Em abril de 2017, o TST deu nova redação à Súmula 414, I, ao dispor que: "*A tutela provisória concedida na sentença não comporta impugnação pela via do mandado de segurança, por ser impugnável mediante recurso ordinário. É admissível a obtenção de efeito suspensivo ao recurso ordinário mediante requerimento dirigido ao tribunal, ao relator ou ao presidente ou ao vice-presidente do tribunal recorrido, por aplicação subsidiária ao processo do trabalho do art. 1.029, § 5º, do CPC de 2015*".

Pela jurisprudência do TST, o efeito devolutivo ao recurso ordinário deve ser dirigido: (a) ao tribunal respectivo, no período compreendido entre a publicação da decisão de admissão do recurso e sua distribuição, ficando o relator designado para seu exame prevento para julgá-lo; (b) ao relator, se já distribuído o recurso; (c) ao presidente ou ao vice-presidente do tribunal recorrido, no período compreendido entre a interposição do recurso e a publicação da decisão de admissão do recurso, assim como no caso de o recurso ter sido sobrestado (art. 1.037, CPC). Por analogia, se o recurso ordinário for interposto de decisão da vara do trabalho, nessa hipótese o pedido de efeito devolutivo deverá ser dirigido ao juiz singular.

Tratando-se de requerimento feito no âmbito dos tribunais, a decisão do relator é atacável por agravo interno.

2.5.13 Tutela Provisória Quanto às Obrigações de Fazer e Não Fazer

Na obrigação de fazer, a prestação consiste num ato ou serviço do devedor. Qualquer forma de atividade humana, desde que seja lícita e possível, pode ser objeto dessa obrigação. Exemplos: trabalhos manuais, intelectuais, científicos, artísticos etc.

Na obrigação de não fazer, o devedor se compromete a não realizar determinado ato, que poderia praticar livremente, se não houvesse se obrigado. A prestação se equipara à abstenção do devedor em função de determinado ato ou fato. Tais obrigações são *intuitu personae*, ou seja, personalíssimas.

A tutela do art. 497, CPC, é aplicável para as obrigações de fazer ou de não fazer, não se distinguindo entre as fungíveis ou infungíveis. O intuito é proporcionar ao credor o mesmo resultado prático que ele obteria caso tivesse havido o cumprimento da prestação.

A tutela pode ser específica: a ordem dirigida ao réu para que em determinado prazo realize o *show*, restaure um quadro antigo, apresente peça teatral (obrigações infungíveis), conserte o automóvel, construa um muro, pinte a casa (obrigações fungíveis) ou, ainda, que deixe de produzir ruídos, de emitir poluentes, de interromper a vazão de um córrego, de utilizar uma marca ou de tolerar a utilização do seu prédio pelo vizinho (obrigação de não fazer). A tutela específica apresenta-se com a imposição de um preceito ao réu, que pode ser deferida de forma antecipada ou no momento da própria sentença.

Além da imposição da ordem ao réu, o juiz tem a faculdade de determinar as medidas necessárias para assegurar o resultado prático equivalente. Nessa hipótese, a tutela fica mais restrita às obrigações de fazer fungíveis e às de não fazer, pois as infungíveis, geralmente, são resolvidas em perdas e danos se não houver vontade do devedor em cumpri-las.

O art. 499, CPC, dispõe sobre a forma processual de conversão da obrigação de fazer e não fazer em perdas e danos. O autor tem a possibilidade de formular o pedido de forma sucessiva, isto é, em se tratando de obrigação fungível, a saber: (a) a tutela específica; (b) a tutela sob a forma de execução por terceiro; (c) a forma indenizatória por meio de perdas e danos caso não seja possível o cumprimento da obrigação por execução de interposta pessoa.

Quando o autor não desejar o cumprimento da obrigação nos moldes avençados, pode, justificando o requerimento ao juiz, solicitar a conversão em perdas e danos. De ofício, o juiz também poderá efetuar a conversão, quando for impossível a tutela específica ou não for possível assegurar o resultado correspondente. Além das perdas e danos, é possível haver o acúmulo da multa (art. 500, CPC).

De forma liminar, o juiz tem o poder de antecipar a tutela pleiteada, sem audiência da parte contrária, desde que existentes os pressupostos do *fumus boni iuris* e do *periculum in mora*, ou com a citação do réu, mediante justificação prévia (art. 300, § 2º, CPC).

O art. 500, CPC, possibilita ao juízo a fixação da multa *ex officio*, tanto quando se concede a antecipação, como na própria sentença. A multa deve ser suficiente ou compatível com a obrigação, sendo necessária à fixação de um prazo para o cumprimento do preceito.

Além da multa, também é facultado ao juiz, de ofício ou a requerimento do autor, impor as intituladas medidas de apoio (art. 536, *caput* e § 1º, CPC). As medidas de apoio, ao contrário das multas que visam ao cumprimento do preceito por deliberação e realização de atos próprios do devedor, possuem como escopo o resultado prático, independentemente da vontade do obrigado. Não se trata de medida de antecipação de tutela, e sim de resguardo da própria eficácia das decisões judiciais.

2.5.14 Tutela Provisória em Obrigação para Entregar Coisa

A obrigação para entrega de coisa pode envolver coisa certa ou incerta.

Coisa certa é a coisa devidamente individualizada, possuindo os seus elementos característicos e sendo por eles identificada. Não se confunde com outras. São bens infungíveis. Por exemplo: o iate "Cristina" ou o quadro "Z" de Cândido Portinari.

Por sua vez, a coisa incerta é identificada pela qualidade e quantidade, não possuindo traços distintivos. Representam bens fungíveis (que podem ser substituídos por outros de mesmo gênero, qualidade e quantidade). A título exemplificativo: a obrigação da entrega de 50 exemplares de uma obra ou cem sacas de café.

O juiz, ao conceder a tutela para a entrega de coisa, deverá fixar o prazo para o cumprimento da obrigação com a imposição de multa (art. 498, *caput*, CPC).

Tratando-se de entrega de coisa determinada pelo gênero e quantidade (coisa incerta), o credor a individualizará na petição inicial, se lhe couber a escolha. Cabendo ao devedor escolher, este a entregará individualizada, no prazo fixado pelo juiz, sob pena de multa (art. 498, parágrafo único).

Não cumprida a obrigação no prazo fixado pelo magistrado, será expedido em favor do credor mandado de busca e apreensão ou de imissão na posse em favor do credor, conforme for o caso de coisa móvel ou imóvel (art. 538, *caput*, CPC).

No mais, são aplicáveis à tutela antecipada da obrigação para entregar coisa, no que couber, as disposições sobre o cumprimento de obrigação de fazer ou de não fazer (art. 538, § 3º, CPC).

2.5.15 Tutela Provisória contra a Fazenda Pública

A concessão de tutela provisória contra a Fazenda Pública será concedida observando-se as seguintes disposições legais (art. 1º, Lei 9.494/97):

a) não será concedida a medida liminar de mandados de segurança impetrados visando à reclassificação ou equiparação de servidores públicos, ou à concessão de aumento ou extensão de vantagens (art. 5º, *caput*, Lei 4.348/64; a Lei 4.348 foi revogada pela Lei 12.016/09; atualmente, a matéria está disciplinada pelo art. 7º, § 2º, Lei 12.016). Os mandados de segurança a que se refere este artigo serão executados depois de transitada em julgado a respectiva sentença (art. 5º, parágrafo único; atualmente, a matéria está disciplinada pelo art. 14, § 3º, Lei 12.016);

b) o recurso voluntário ou *ex officio*, interposto de decisão concessiva de mandado de segurança que importa outorga ou adição de vencimento ou ainda reclassificação funcional, terá efeito suspensivo (art. 7º, Lei 4.348; atualmente, a matéria está disciplinada pelo art. 14º, § 3º, Lei 12.016);

c) o pagamento de vencimentos e vantagens pecuniárias asseguradas, em sentença concessiva de mandado de segurança, a servidor público federal, da Administração Pública direta ou autárquica, e a servidor público estadual e municipal, somente será efetuado relativamente às prestações que se vencerem a contar da data do ajuizamento da inicial (art. 1º, *caput*, Lei 5.021/66; a Lei 5.021 foi revogada pela Lei 12.016; a matéria está disciplinada pelo art. 14, § 4º, Lei 12.016). Não se concederá medida liminar para efeito de pagamento de vencimentos e vantagens pecuniárias (art. 1º, § 4º; atualmente, a matéria está disciplinada pelo art. 14, § 3º, Lei 12.016);

d) não será possível medida liminar contra atos do Poder Público, no procedimento cautelar ou quaisquer outras ações de natureza cautelar ou preventiva, toda vez que providência semelhante não puder ser concedida em ações de mandado de segurança, em virtude de vedação legal (art. 1º, *caput,* Lei 8.437/92). Não será cabível, no juízo de primeiro grau, medida cautelar inominada ou a sua liminar, quando impugnado ato de autoridade sujeita, na via de mandado de segurança, à competência originária de tribunal (art. 1º, § 1º). O disposto no parágrafo anterior não se aplica aos processos de ação popular e de ação civil pública (art. 1º, § 2º). Também não se tem a possibilidade da medida liminar que esgote, no todo ou em parte, o objeto da ação (art. 1º, § 3º);

e) o recurso voluntário ou *ex officio,* interposto contra sentença em processo cautelar, proferida contra pessoa jurídica de direito público ou seus agentes, que importe outorga ou adição de vencimentos ou de reclassificação funcional, terá efeito suspensivo (art. 3º, Lei 8.437/92);

f) compete ao presidente do tribunal, ao qual couber o conhecimento do respectivo recurso, suspender, em despacho fundamentado, a execução da liminar nas ações movidas contra o Poder Público ou seus agentes, a requerimento do Ministério Público ou da pessoa jurídica de direito público interessada, em caso de manifesto interesse público ou de flagrante ilegitimidade, e para evitar grave lesão à ordem, à saúde, à segurança e à economia pública (art. 4º, *caput,* Lei 8.437). Essa disposição também é aplicável à sentença proferida em processo de ação cautelar inominada, no processo de ação popular e na ação civil pública, enquanto não transitada em julgado (art. 4º, § 1º). O presidente do tribunal poderá ouvir o autor e o Ministério Público, em 72 horas (art. 4º, § 2º). Do despacho que conceder ou negar a suspensão, caberá agravo, no prazo de cinco dias, que será levado a julgamento na sessão seguinte a sua interposição (art. 4º, § 3º). Se o julgamento do agravo resultar a manutenção ou o restabelecimento da decisão que se pretende suspender, caberá novo pedido de suspensão ao presidente do tribunal competente para conhecer de eventual recurso especial ou extraordinário (art. 4º, § 4º). É cabível também o pedido de suspensão, quando negado o provimento a agravo de instrumento interposto contra a liminar (art. 4º, § 5º). A interposição do agravo de instrumento contra liminar concedida nas ações movidas contra o Poder Público e seus agentes não prejudica nem condiciona o julgamento do pedido de suspensão (art. 4º, § 6º). O presidente do tribunal poderá conferir ao pedido efeito suspensivo liminar, se constatar, em juízo prévio, a plausibilidade do direito invocado e a urgência na concessão da medida (art. 4º, § 7º). As liminares cujo objeto seja idêntico poderão ser suspensas em uma única decisão, podendo o presidente do tribunal estender os efeitos da suspensão a liminares supervenientes, mediante simples aditamento do pedido original (art. 4º, § 8º). A suspensão deferida pelo presidente do tribunal vigorará até o trânsito em julgado da decisão de mérito na ação principal (art. 4º, § 9º);

g) estão dispensadas de depósito prévio, para interposição de recurso, as pessoas jurídicas de direito público federais, estaduais, distritais e municipais (art. 1º- A, Lei 9.494);

h) o prazo para embargos à execução passa a ser de 30 dias (art. 1º-B, Lei 9.494; art. 910, CPC);

i) prescreverá em cinco anos o direito de obter indenização dos danos causados por agentes de pessoas jurídicas de direito público e de pessoas jurídicas de direito privado prestadoras de serviços públicos (art. 1º-C, Lei 9.494);

j) não serão devidos honorários advocatícios pela Fazenda Pública nas execuções não embargadas (art. 1º-D, Lei 9.494; art. 85, § 7º, CPC);

k) são passíveis de revisão, pelo presidente do tribunal, de ofício ou a requerimento das partes, as contas elaboradas para aferir o valor dos precatórios antes de seu pagamento ao credor (art. 1º-E, Lei 9.494);

l) nas condenações impostas à Fazenda Pública, independentemente de sua natureza e para fins de atualização monetária, remuneração do capital e compensação da mora, haverá a incidência uma única vez, até o efetivo pagamento, dos índices oficiais de remuneração básica e juros aplicados à caderneta de poupança (art. 1º-F, Lei 9.494, com a redação dada pela Lei 11.960/09; OJ 7, Pleno TST).

QUESTIONÁRIO

1. Quais são os critérios de classificação das ações?

2. Como podemos classificar os dissídios individuais trabalhistas?

3. Explique os tipos de dissídios coletivos trabalhistas.

4. A tutela provisória é compatível com o processo trabalhista? Justifique.

5. A concessão da tutela provisória deve ocorrer, necessariamente, antes da prolação da sentença de mérito?

6. A ação monitória colide com o teor do art. 876 da CLT? Justifique.

7. A execução trabalhista somente é lastreada em título judicial?

Capítulo III
PROCESSO

3.1 CONCEITOS: PROCESSO E PROCEDIMENTO

O termo "processo" denota "marcha avante", "caminhada" (do latim *procedere* = seguir adiante). O processo era visto como uma série de atos processuais – procedimento. Atualmente, a doutrina visualiza o processo como relação jurídica e procedimento.

Processo sintetiza a relação jurídica que há entre os seus sujeitos, bem como o seu aspecto extrínseco, ou seja, a sequência de atos que leva ao seu nascimento, desenvolvimento e término.

Procedimento é a sequência lógica e cronológica dos atos processuais, denotando o aspecto formal do processo.

Do ponto de vista político, processo é o instrumento pelo qual se opera a jurisdição. O processo é imprescindível como mecanismo de solução dos conflitos de interesses, fazendo com que se tenha a atuação concreta da lei.

3.2 RELAÇÃO JURÍDICA MATERIAL E PROCESSUAL

A relação jurídica material é o vínculo que se estabelece entre duas ou mais pessoas, tendo como objeto um bem da vida, levando ao nascimento, desenvolvimento ou extinção de direitos.

Quando surgem as controvérsias relativas à relação jurídica material e estas não são resolvidas pelas partes de forma amigável, surge a necessidade da intervenção estatal, por meio da jurisdição.

As controvérsias envolvem situações antagônicas em função de um bem da vida. O bem da vida pode ser representado por uma importância em dinheiro, um imóvel etc. O objeto desse conflito é o bem da vida, que, por sua vez, é o próprio objeto da relação jurídica material.

O objeto da relação jurídica processual é a própria tutela jurisdicional que o Estado tem o dever de prestar, quando é acionada a máquina judiciária para a composição do conflito.

A tutela é a prestação jurisdicional. Essa tutela se corporifica na própria decisão judicial, a qual, analisando todos os elementos da relação jurídica controvertida posta em juízo, irá decidir quanto à existência ou não do direito solicitado, compondo o conflito de interesses.

A relação jurídico-processual envolve o Estado, demandante e demandado. É por intermédio do processo que o Estado exerce a sua função jurisdicional. O Estado é representado pela figura do juiz que comanda toda a atividade processual. O juiz atua na condição de órgão do Estado.

A relação jurídico-processual tem um aspecto triangular (o Estado, o réu e o autor). Autor e réu, geralmente, são os sujeitos da própria relação jurídica material controvertida.

A relação jurídica material, como todo negócio jurídico, exige como seus pressupostos: a capacidade, a licitude do objeto e que sejam observadas as exigências legais quanto à forma (art. 104, CC).

Os pressupostos da relação jurídica material não são aplicáveis à relação jurídica processual. A presença dos pressupostos processuais é essencial para que o processo tenha uma existência jurídica e validade formal.

3.3 FORMAÇÃO DO PROCESSO

No início da relação processual, tem-se a presença do princípio dispositivo: cabe à parte a iniciativa quanto à ativação da jurisdição, já que esta é inerte. Após a provocação, salvo as exceções legais, o processo passa a se desenvolver pelo impulso oficial. O Estado tem a obrigação de prestar a tutela jurisdicional que ponha fim ao litígio (art. 2º, CPC).

Paralelamente ao impulso oficial, as partes devem realizar certos atos, sob pena de ocorrer a contumácia, que, se for do autor, poderia ensejar a extinção do processo sem o julgamento do mérito (art. 485, II e III), e se do réu, ocorrendo a revelia, reputar-se-iam verdadeiros os fatos afirmados pelo autor (art. 344), com a decretação da procedência do pedido (art. 487, I).

A ação é tida por proposta quando a petição inicial for protocolada. Quanto ao réu, se for regularmente citado (art. 312), a propositura da ação, ainda quando a citação válida tenha sido ordenada por juízo incompetente, irá produzir os efeitos previstos no art. 240, caput (induz litispendência; torna litigiosa a coisa; constitui em mora o devedor e interrompe a prescrição).

A gênese do processo deriva da formulação da petição inicial. A petição inicial revela ao juiz, pelo prisma do autor, a natureza do conflito, o conteúdo da demanda, além dos pedidos que norteiam a tutela pretendida.

A formação gradual da relação jurídica processual envolve: *"a) a propositura da ação vincula autor e juiz à relação processual por meio do exercício do direito de ação; (b) a citação amplia a relação e nele integra o réu, para assegurar-lhe o exercício do direito de defesa; e (c) completa a relação, assegurado ao Estado estará o exercício pleno do poder jurisdicional".*[1]

---

[1]   THEODORO JÚNIOR, Humberto. *Curso de direito processual civil*, v. 1, 25. ed., p. 297.

3.4 SUSPENSÃO DO PROCESSO

A suspensão do processo ocorre quando um acontecimento voluntário ou não, de caráter temporário, implica a paralisação da marcha dos atos processuais.

Durante o período da suspensão, não poderá haver a realização de nenhum ato processual, exceto os de caráter urgente, a fim de se evitar o dano irreparável, salvo no caso de arguição de impedimento e de suspeição (art. 314, CPC).

3.4.1 Pela Morte ou Perda de Capacidade Processual

Suspende-se o processo pela morte ou pela perda da capacidade processual de qualquer das partes, de seu representante legal ou de seu procurador (art. 313, I, CPC).

Ocorrendo a morte de qualquer das partes, será efetuada a sucessão pelo seu espólio[2] ou pelos seus sucessores[3] (art. 110, CPC). No caso de o litígio versar sobre direitos intransmissíveis, a morte irá representar a extinção do processo (art. 485, IX). Exemplos: as ações de separação conjugal, alimentos etc. Nas demais situações, havendo a morte de uma das partes, o processo estará suspenso, devendo haver a formulação da habilitação incidental[4] (arts. 687 e segs., CPC; Lei 6.858/80).[5] Se a inércia for longa, poderá haver a extinção do feito (art. 485, II, CPC).

A capacidade civil de exercício ou de fato é um dos pressupostos de validade do processo (art. 70, CPC). Se houver a incapacidade da parte ou de seu representante, estará suspenso o processo. Os incapazes devem ser representados ou assistidos por seus pais, tutores ou curadores de acordo com a lei civil (art. 71). O juiz dará curador especial: (a) ao incapaz, se não houver representante legal ou se os interesses deste colidirem com os daquele, enquanto durar a incapacidade (art. 72, I); (b) ao réu preso revel, bem como ao

---

[2] Espólio denota o acervo dos bens do falecido.

[3] Sucessor é o substituto de uma outra pessoa em direitos e obrigações decorrentes de uma mesma relação jurídica. Em sentido amplo, sucessor pode ser: herdeiro legítimo ou testamentário, legatário, adquirente, cessionário, donatário, sub-rogado etc. Em sentido restrito, o termo sucessor somente é aplicável aos herdeiros, legítimos ou testamentários.

[4] Habilitação incidental é o "procedimento especial imprescindível quando, ante o óbito de um dos litigantes, os interessados o sucedem no processo" (DINIZ, Maria Helena. *Dicionário jurídico*, v. 2, p. 700).

[5] O processo do trabalho, o qual não é tão apegado aos ditames formais, "tem admitido, em certas situações, que essa substituição se dê, no caso de a parte ser pessoa física, mediante simples juntada de certidão de casamento do cônjuge sobrevivente ou de nascimento dos filhos do *de cujus*, conforme seja a hipótese. Vindo ao encontro desse objetivo de simplificação, a Lei 6.858, de 24/11/80, dispôs que os valores devidos pelos empregadores aos empregados, assim como os montantes relativos ao FGTS e ao PIS/PASEP, não recebidos em vida pelos respectivos titulares, serão pagos, em cotas iguais, aos dependentes habilitados perante a Previdência Social, e, na falta destes, aos sucessores previstos na lei civil, indicados em alvará judicial, independentemente de inventário ou de arrolamento (art. 1º, *caput*)" (TEIXEIRA FILHO, Manoel Antonio. *Curso de processo do trabalho*: perguntas e respostas sobre assuntos polêmicos em opúsculos específicos nº 8: suspensão do processo, p. 11).

réu revel citado por edital ou com hora certa, enquanto não for constituído advogado (art. 72, II).

Na estrutura do NCPC, diante da morte ou de perda da capacidade processual de qualquer das partes ou do seu representante legal, o juiz suspenderá o processo, de acordo com o art. 689 (art. 313, § 1º). O art. 689 trata da habilitação incidental.

Diante do não ajuizamento da ação de habilitação, ao tomar conhecimento da morte ou da perda da capacidade de qualquer das partes, o juiz deve determinar a suspensão do processo, para que: (a) falecido o réu, o autor será intimado para que promova a citação do respectivo espólio ou, se for o caso, dos herdeiros, no prazo que designar, de no mínimo dois e no máximo seis meses; (b) falecido o autor e sendo transmissível o direito em litígio, haverá a intimação de seu espólio, de quem for o sucessor ou, se for o caso, dos herdeiros, pelos meios de divulgação que reputar mais adequados, para que manifestem interesse na sucessão processual e promovam a respectiva habilitação no prazo designado, sob pena de extinção do processo sem resolução de mérito (art. 313, § 2º).

No caso de morte do procurador de qualquer das partes, ainda que iniciada a audiência de instrução e julgamento, o juiz determinará que a parte constitua novo mandatário, no prazo de 15 dias, ao final do qual extinguirá o processo sem resolução de mérito, se o autor não nomear novo mandatário, ou ordenará o prosseguimento do processo à revelia do réu, se falecido o procurador deste (art. 313, § 3º). A aplicação de tal regra deverá ser compatibilizada ao processo do trabalho e ao *jus postulandi*.

3.4.2   Por Convenção das Partes

Suspende-se o processo pela convenção das partes (art. 313, II, CPC). As partes, após a elaboração do acordo, devem comunicá-lo ao juiz, para que proceda à formalização da suspensão. Não pode o magistrado vetá-la, porém a suspensão não poderá ser superior a seis meses (art. 313, § 4º). Após a expiração do prazo, automaticamente, tem-se a retomada do curso do processo, independentemente da provocação da parte (art. 313, § 5º).

3.4.3   Em Razão de Exceção

Pelo CPC, a temática da incompetência em razão do lugar não é mais arguível por exceção e sim como preliminar na contestação (arts. 64 e 337, II), logo, não é mais causa de suspensão do processo.

No processo do trabalho, a incompetência territorial deve ser arguida em exceção de incompetência territorial (arts. 799 e 800, CLT; Lei 13.467/17).

As demais (suspeição e impedimento) continuam como causas suspensivas (art. 313, III, CPC), contudo, não são mais arguidas por meio de exceção e sim por uma petição específica, de acordo com o disposto no art. 146 e segs., CPC.

No Judiciário Trabalhista, a exceção de suspeição ou impedimento do juiz da Vara será apreciada pela própria vara (art. 653, *c*, CLT).

3.4.4 Suspensão por Prejudicialidade

Há situações em que a sentença de mérito encontra-se na dependência de solução de uma questão prejudicial a ser dirimida em outro processo.

Prejudiciais *"são as questões de mérito que antecedem, logicamente, à solução do litígio e nela forçosamente haverão de influir. A prejudicial é interna quando submetida à apreciação do mesmo juiz que vai julgar a causa principal. É externa quando objeto de outro processo pendente. Se a prejudicial é interna, isto é, proposta no bojo dos mesmos autos em que a lide deve ser julgada, não há suspensão do processo, pois seu julgamento será apenas um capítulo da sentença da causa"*.[6]

Só haverá a suspensão quando for o caso de questão prejudicial externa, ou seja, quando a sentença de mérito depender do julgamento de outra causa, ou da declaração de existência ou de inexistência de relação jurídica, que constitua o objeto principal de outro processo pendente (art. 313, V, *a*, NCPC).

Também será o caso de suspensão do processo quando a sentença de mérito tiver de ser proferida somente após a verificação de determinado fato ou a produção de certa prova, requisitada a outro juízo (art. 313, V, b).

A suspensão pela prejudicialidade perdura até a solução da questão prejudicial ou preliminar, não podendo ultrapassar o prazo máximo de um ano (art. 313, § 4º).

Após a expiração do prazo, automaticamente, tem-se a retomada do curso do processo, independentemente da provocação da parte (art. 313, § 5º).

3.4.5 Motivo de Força Maior

O motivo de força maior (art. 313, VI, CPC) é *"uma razão física que torna impossível o funcionamento do órgão jurisdicional e, consequentemente, o andamento do feito, como um incêndio, ou uma guerra, que destruísse o edifício do Fórum, ou o tornasse inacessível, ou, ainda, causasse a morte dos agentes do juízo.* Vis maior est cui humana infirmitas resistire non potest: *força maior é a que não pode resistir à fraqueza humana. Sendo, como é, uma impossibilidade de ordem física, ou natural, seus efeitos perduram enquanto não desaparece a respectiva causa"*.[7]

3.4.6 Outras Hipóteses Legais

Há outras situações legais nas quais se tem a suspensão do processo:

a) verificação, pelo juiz, de que ocorre incapacidade processual ou irregularidade da representação de parte (art. 76, CPC);

b) oposição (art. 685, CPC);

---

6   THEODORO JÚNIOR, Humberto. Ob. cit., p. 304.
7   THEODORO JÚNIOR, Humberto. Ob. cit., p. 306.

c) embargos à execução (art. 921, II, CPC), execução frustrada ante a falta de bens penhoráveis (art. 921, III, CPC), execução em que o exequente dá prazo ao devedor para que cumpra voluntariamente a obrigação (art. 922, CPC);

d) admissão de incidente de resolução de demandas repetitivas (art. 313, IV, CPC);

e) quando se discutir em juízo questão decorrente de acidentes e fatos da navegação da competência do tribunal marítimo (art. 313, VII, CPC);

f) se o conhecimento do mérito depender de verificação da existência de fato delituoso, o juiz pode determinar a suspensão do processo até que se pronuncie a Justiça Criminal. Caso a ação pena não seja proposta no prazo de três meses, contado da intimação do ato de suspensão, cessará o efeito desse, incumbindo ao juiz cível examinar incidentemente a questão prévia. Proposta a ação penal, o processo ficará suspenso pelo prazo máximo de um ano, ao final do qual a matéria também será examinada de forma incidental pelo juiz cível (art. 315, §§ 1º e 2º, CPC);

g) o incidente de desconsideração da personalidade jurídica (art. 134, § 3º, CPC);

h) pelo parto ou pela concessão da adoção, quando a advogada responsável pelo processo constituir a única patrona da causa. O período de suspensão será de trinta dias, contado a partir da data do parto ou da concessão da adoção, mediante apresentação de certidão de nascimento ou documento similar que comprove a realização do parto, ou de termo judicial que tenha concedido a adoção, desde que haja notificação ao cliente;

i) quando o advogado responsável pelo processo constituir o único patrono da causa e torna-se pai. O período de suspensão será de oito dias, O período de suspensão será de trinta dias, contado a partir da data do parto ou da concessão da adoção, mediante apresentação de certidão de nascimento ou documento similar que comprove a realização do parto, ou de termo judicial que tenha concedido a adoção, desde que haja notificação ao cliente.

3.5 EXTINÇÃO DO PROCESSO

3.5.1 Conceito de Sentença

Pelo CPC, excluindo-se as hipóteses expressas dos procedimentos especiais, sentença é o pronunciamento por meio do qual o juiz, com fundamento nos arts. 485 e 487, põe fim à fase cognitiva do procedimento comum, bem como extingue a execução (art. 203, § 1º).

Pelo que se denota, o CPC, além do critério do conteúdo, acresce o aspecto da função quanto à sentença, ou seja, o de pôr fim à fase cognitiva do procedimento comum e à execução.

O conteúdo pode ser: a) sentenças processuais ou terminativas, motivadas por ausência dos pressupostos processuais e das condições da ação (art. 485); b) sentenças definitivas ou de mérito (art. 487).

As referidas hipóteses são analisadas na Parte VI, Capítulo XII, desta obra.

3.6 PRESSUPOSTOS PROCESSUAIS

Para sua existência e validade, a relação processual necessita do preenchimento de certos requisitos, os quais são intitulados pressupostos processuais.

Os pressupostos processuais de existência são: petição inicial, jurisdição, citação e capacidade postulatória.

Os de validade podem ser positivos (petição inicial apta, órgão jurisdicional competente e juiz imparcial, capacidade de agir e capacidade processual) ou negativos (litispendência, coisa julgada, convenção de arbitragem e perempção).

3.7 PRESSUPOSTOS PROCESSUAIS DE EXISTÊNCIA

3.7.1 Petição Inicial

A petição inicial é o instrumento da demanda, meio pelo qual o autor exerce o direito de ação, invocando a prolação da prestação jurisdicional. De acordo com o que dispõe o art. 2º, CPC, o processo civil começa pela iniciativa da parte.

3.7.2 Jurisdição

A jurisdição atua quando se tem a violação dos direitos assegurados pelas normas jurídicas (Direito Objetivo), em função de um conflito de interesses, ou seja, pressupõe a aplicação da lei ao caso concreto. O legislador cria o Direito Objetivo, enquanto a jurisdição aplica a norma abstrata ao caso concreto, atuando na pacificação dos conflitos de interesses.

A jurisdição é uma das funções do Estado e inerente ao Poder Judiciário. Como é vedado aos particulares o exercício arbitrário das próprias razões – autotutela –, o Estado Moderno atua na pacificação dos conflitos.

Simultaneamente, o termo "jurisdição" sintetiza: (a) poder – autoridade do Estado de decidir e impor as decisões; (b) função – a obrigação que possui o Estado de solucionar os conflitos, aplicando-se a lei ao caso em concreto, através do instrumento intitulado processo; (c) atividade – o complexo dos atos que o juiz realiza no processo.

Na petição inicial, a parte, ao formular o seu pedido, deverá endereçá-lo a um órgão jurisdicional investido dos poderes inerentes ao desempenho desta função estatal.

3.7.3 Citação

A citação é o ato pelo qual são convocados o réu, o executado ou o interessado para integrar a relação processual (art. 238, CPC).

A relação jurídica processual se forma na medida em que a citação é válida. A sua validade, ainda quando ordenada por juízo incompetente, induz litispendência, torna litigiosa a coisa e constitui em mora o devedor, além de interromper a prescrição (art. 240, *caput*, § 1º).

3.7.4   Capacidade Postulatória

Capacidade postulatória consiste na faculdade de requerer e praticar os atos processuais, sendo que no processo civil é atribuída ao advogado. A parte não pode, exceto nas hipóteses previstas em lei,[8] demandar pessoalmente em juízo.

No processo trabalhista, os empregados e os empregadores poderão reclamar pessoalmente perante a Justiça do Trabalho (*ius postulandi*) e acompanhar as suas reclamações desde a vara do trabalho até o TRT (art. 791, *caput*, CLT). Contudo, é necessária a presença do advogado em ação rescisória, ação cautelar, mandado de segurança e recursos de competência do TST (Súm. 425).

3.8   PRESSUPOSTOS PROCESSUAIS DE VALIDADE – POSITIVOS

Os pressupostos processuais de validade positivos são: petição inicial apta, órgão jurisdicional competente e juiz imparcial, capacidade de agir e capacidade processual.

3.8.1   Petição Inicial Válida

A petição inicial é a mola propulsora que dá início ao processo (art. 2º, CPC). Para que possa desenvolver de forma válida o encadeamento processual, deverá preencher os requisitos da lei.

No processo civil (art. 319, I a VII), a petição inicial deverá indicar: (a) o juízo a que é dirigida; (b) os nomes, os prenomes, o estado civil, a existência de união estável, a profissão, o número de inscrição no CPF (Cadastro de Pessoas Físicas) ou no CNPJ (Cadastro Nacional da Pessoa Jurídica), o endereço eletrônico, o domicílio e a residência do autor e do réu; (c) o fato e os fundamentos jurídicos do pedido; (d) o pedido com as suas especificações; (e) o valor da causa; (f) as provas com que o autor pretende demonstrar a verdade dos fatos alegados; (g) a opção do autor pela realização ou não de audiência de conciliação ou de mediação.

Citados requisitos são aplicáveis ao processo trabalhista (art. 840, § 1º, CLT), excetuando-se a hipótese do pedido da realização da audiência, visto que a audiência é elemento fundamental do processo trabalhista (art. 843 e segs., art. 852-E e segs.).

No caso de inexistência de informações corretas do requerido, o CPC (art. 319, § 1º) indica que o requerente poderá, na petição inicial, requerer ao órgão jurisdicional diligências necessárias à sua obtenção. A petição inicial não será indeferida se: (a) a despeito da falta de informações for possível a citação do réu; (b) a obtenção de tais informações tornar impossível ou excessivamente oneroso o acesso à justiça (art. 319, §§ 2º e 3º). Essas disposições são compatíveis com o Judiciário Trabalhista.

---

[8]   Alguns exemplos: ação de alimentos (art. 2º, Lei 5.478/68); retificações no Registro Civil (art. 109, Lei 6.015/77); revisão criminal (art. 654, CPP); *habeas corpus*; juizado de pequenas causas, até 20 salários-mínimos (art. 9º, Lei 9.099/95).

Haverá a inépcia da petição quando (art. 330, I, § 1º, CPC): (a) lhe faltar pedido ou causa de pedir; (b) da narração dos fatos não decorrer logicamente a conclusão; (c) o pedido for indeterminado, ressalvadas as hipóteses legais em que se permite o pedido genérico; (d) contiver pedidos incompatíveis entre si. Diante da omissão da CLT, as hipóteses do art. 330 são aplicáveis ao processo trabalhista.

No procedimento sumaríssimo trabalhista, a petição inicial deverá conter o pedido determinado, com a indicação do valor correspondente (art. 852-B, I, CLT), logo, entendemos que no rito ordinário (valor da causa acima de 40 salários-mínimos) há de ser aplicável o CPC no sentido de ser inadmissível o pedido indeterminado, exceto se for o caso de pedido genérico.

Com a Reforma Trabalhista (Lei 13.467/2017), não só no procedimento sumaríssimo, como nos demais procedimentos, o pedido deverá ser certo, determinado e com indicação do seu valor (art. 840, § 1º, CLT), sendo que os pedidos que não atendam a essa regra serão julgados extintos sem julgamento de mérito (art. 840, § 3º). Pela IN 41, 21/06/2018, TST, a nova disposição somente é aplicável às ações ajuizadas a partir de 11 de novembro de 2017 (vigência da Reforma Trabalhista).

3.8.2   Órgão Jurisdicional Competente

A petição inicial deve ser endereçada a um órgão jurisdicional competente para a sua apreciação.

A jurisdição, como expressão do poder estatal, é uma só. Cada juiz ou tribunal é investido da jurisdição. O seu exercício é distribuído, pelas normas constitucionais e ordinárias, para vários órgãos jurisdicionais. Essa distribuição se faz em função de vários critérios. Em função desses critérios, cada órgão jurisdicional poderá exercitar a sua jurisdição de acordo com determinados limites, ou seja, grupo de litígios. Vale dizer, a jurisdição representa o todo, enquanto a competência é um fragmento desta.

3.8.3   Imparcialidade

No desempenho de suas atribuições, o magistrado deve atuar com isenção de ânimo, lisura e probidade. A plena capacidade subjetiva do juiz é um dos pressupostos processuais.

Quando não presente a plena capacidade subjetiva do juiz, a parte pode e deve denunciar. A denúncia ocorre por meio da exceção de impedimento ou suspeição (arts. 801 e 802, CLT). No CPC, o impedimento ou a suspeição devem ser formulados por uma petição específica (art. 146, § 1º).

3.8.4   Capacidade

Toda pessoa é capaz de direitos e deveres na ordem civil (art. 1º, CC).

Toda pessoa que se acha no exercício dos seus direitos tem capacidade para estar em juízo (art. 71, CPC), observados os parâmetros legais.[9]

---

[9]   Consultar o item 4.2.4, Parte VI, desta obra.

3.9 PRESSUPOSTOS PROCESSUAIS DE VALIDADE – NEGATIVOS

Os pressupostos extrínsecos ou negativos são os seguintes: litispendência, coisa julgada, convenção de arbitragem e a perempção.

3.9.1 Litispendência e Coisa Julgada

Verifica-se a litispendência ou a coisa julgada quando se reproduz ação anteriormente ajuizada (art. 337, § 1º, CPC). Ações idênticas são aquelas nas quais se tem a identidade dos elementos da ação (pedido, causa de pedir e partes) (art. 337, § 2º).

Litispendência representa a reprodução de uma ação idêntica à outra, a qual ainda está em curso. Coisa julgada denota a repetição de uma outra ação, na qual também se tem a tríplice identidade, contudo já houve o trânsito em julgado (art. 337, §§ 3º e 4º).

Tais pressupostos levam à extinção do processo sem julgamento do mérito (art. 485, V, CPC).

3.9.2 Convenção de Arbitragem

No Direito Civil, a arbitragem[10] é admitida para solução de litígios relativos a direitos patrimoniais disponíveis (art. 1º, Lei 9.307/96).

A convenção de arbitragem (art. 3º) é a cláusula que estabelece a solução dos litígios mediante o juízo arbitral compreendendo tanto a cláusula compromissória como o compromisso arbitral.

Cláusula compromissória é a convenção pela qual as partes em um contrato comprometem-se a submeter à arbitragem os litígios que possam vir a surgir, relativamente a tal contrato (art. 4º, *caput*).

Compromisso arbitral é a convenção pela qual as partes submetem um litígio à arbitragem de uma ou mais pessoas, podendo ser judicial ou extrajudicial (art. 9º).

Tem-se a extinção do processo, sem resolução de mérito, em razão da existência de convenção de arbitragem (art. 485, VII, CPC).

O art. 485, § 5º, estabelece que o juiz, de ofício, poderá conhecer de todas as matérias nele previstas, enfatizando que as mesmas são de ordem pública, com exceção da convenção de arbitragem.

A existência da convenção de arbitragem implica a extinção do feito sem resolução de mérito (art. 485, VII).

3.9.3 Perempção

Na doutrina, perempção é a sanção de natureza processual aplicada à parte que não cumpre com os seus deveres ou obrigações processuais no prazo determinado por

---

[10] A temática relacionada com a arbitragem foi discutida no tópico 8.3.1 do Capítulo VIII da Parte II.

lei, consistente na perda do direito de demandar em juízo. Contudo, o direito perempto poderá ser alegado por via de defesa.

No processo civil, a perempção ocorre se o autor der causa, por três vezes, à extinção do processo, por não promover os atos e diligências que lhe competir por mais de 30 dias (art. 485, III, CPC), não podendo intentar nova ação[11] contra o réu com o mesmo objeto, ficando-lhe ressalvada, entretanto, a possibilidade de alegar em defesa o seu direito (art. 487, § 3º).

A pretensão pode ser posta em juízo, tanto por quem possua o direito como por quem não o tenha.

A ocorrência da perempção faz com que se tenha a perda do direito à pretensão fundada. O que se atinge é o direito à tutela e não o direito que se buscou tutelar. Logo, o autor, em defesa, poderá alegar o direito perempto.

O art. 486, § 3º, CPC, não é aplicável ao processo trabalhista.

Pela sistemática da CLT, a perempção pode ocorrer quando: (a) distribuída à reclamação verbal, o reclamante deverá, salvo motivo de força maior, apresentar-se no prazo de cinco dias, ao cartório do juízo de direito ou à secretaria da vara do trabalho, para reduzi-la a termo (arts. 731, e 786, parágrafo único); (b) o arquivamento seguido de duas demandas trabalhistas pelo empregado (arts. 732 e 844).

Nas duas hipóteses, o empregado perderá o direito de ação pelo lapso temporal de seis meses. Na primeira situação, a contagem é a partir do término do prazo de cinco dias para o comparecimento. Quanto à segunda, a doutrina trabalhista não é unânime quanto ao termo inicial: (a) o dia do segundo arquivamento; (b) o momento da decretação da penalidade ao empregado.

Wagner Giglio[12] entende que o empregador deverá alertar o juízo a respeito das demandas arquivadas, *"provando, com certidões dos dois arquivamentos anteriores, que o reclamante está proibido de mover ação. Só então será aplicada a penalidade. Daí concluirmos que o prazo de seis meses só começa a fluir a partir da data em que é aplicada a punição. E como a lei não especifica a que tipo de reclamação ela se refere, entendemos que se estende a todo e qualquer tipo. Em suma: a penalidade consiste na proibição de mover ação na Justiça do Trabalho, seja qual for o teor da reclamação".*

QUESTIONÁRIO

1. O procedimento é a manifestação extrínseca do processo? Justifique.
2. A relação jurídica material é sinônima de relação jurídica processual? Justifique.

---

[11] Denotamos um equívoco na expressão: *nova ação*. Não podemos interpretá-la como sendo uma outra ação. A perempção ocorre quando o autor interpõe uma outra ação com os mesmos elementos que as anteriores. Se a ação for distinta das anteriores não se constata a perempção.

[12] GIGLIO, Wagner. *Direito processual do trabalho*, 13. ed., p. 180.

3. O magistrado pode limitar o prazo de suspensão do processo por convenção das partes?

4. O processo trabalhista pode ficar suspenso em face de uma questão prejudicial discutida em um outro processo?

5. Quais são os significados da palavra "mérito"?

6. Em linhas objetivas, quais são as diferenças entre a prescrição e a decadência?

7. A renúncia ao direito tem o mesmo significado que a desistência da demanda? Justifique.

8. A petição inicial apta é um pressuposto de validade ou de existência do processo?

9. No processo trabalhista, a capacidade postulatória é atributo exclusivo do advogado?

10. O juiz impedido deve atuar no processo trabalhista?

11. A capacidade processual confunde-se com a legitimação?

12. Como se dá a perempção no processo trabalhista?

Capítulo IV
SUJEITOS DA RELAÇÃO PROCESSUAL

4.1 JUIZ

4.1.1 Atuação do Juiz – Visão Crítica

Como assevera Giovanni Ettore Nanni,[1] o juiz é órgão do Poder Judiciário, com a missão de *"desempenhar a função jurisdicional"* (art. 92, CF).

Como ser humano, dotado de inteligência e vontade, o juiz é um dos integrantes da relação jurídica processual. Ao ser acionado, por intermédio do exercício do direito de ação, não pode eximir-se de atuar no processo (arts. 5º, XXXV, CF, 140, CPC, e 4º, LINDB). Pela sua imparcialidade, coloca-se entre as partes e acima delas. Sua presença faz com o órgão jurisdicional seja subjetivamente capaz. Ao representar o Estado na solução dos conflitos, o juiz está investido da jurisdição, com a competência para analisar e decidir um determinado grupo de lides. É o responsável pelo desenvolvimento do processo, possuindo poderes e faculdades. Portanto, além de ser um órgão do Poder Judiciário, é um ser político pela sua atuação na pacificação dos conflitos.

No desempenho da função jurisdicional, o juiz, pela sua formação pessoal, como cidadão, possui valores morais e intelectuais, os quais influem, sensivelmente, na sua atuação profissional. Em outras palavras, não se pode desvincular o operador do direito da sua condição de ser humano. Tais inspirações fizeram com que houvesse a mudança da participação do juiz na dinâmica da relação processual.

Cláudio Armando Couce de Menezes[2] ensina que *"o mito da neutralidade do magistrado, oriundo do liberalismo do século passado, não resiste ao confronto com a realidade. Basta ver que o juiz, por mais 'neutro' que queira ser, representará sempre a soma dos condicionamentos sociais, políticos e ideológicos a ele impostos desde a infância; cumprindo, para isso, a família, a escola e os meios de comunicação, papel destacado. A suposta neutralidade do magistrado, somente existente em devaneios acadêmicos ou em*

---

[1] NANNI, Giovanni Ettore. *A responsabilidade civil do juiz*, p. 147.

[2] MENEZES, Cláudio Armando Couce de. O juiz do trabalho no processo moderno – estudo baseado nas recentes alterações do CPC. *Revista do Direito Trabalhista*, 1995, p. 61.

cínicas dissimulações, não se confunde com o seu dever de imparcialidade, base do princípio do juiz natural, garantia moderna relacionada ao devido processo legal. Com efeito, por juiz imparcial se tem aquele que no processo atua de forma isenta, assegurando que a parte não venha a ser prejudicada por laços que vinculam o juiz ao ex adverso e ao objeto do processo. Entretanto, daí a ser neutro vai uma distância muito grande. O juiz não pode se prender a textos legais dissociados do momento vigente, muitas vezes superados. Tampouco está autorizado a ignorar valores fundamentais do ser humano em atenção a normas vindas ao mundo, muitas vezes, por mero casuísmo, fisiologismo ou, pior, por arroubos autoritários de tecnocratas e governantes. Também de forma alguma permite-se àquele incumbido da tarefa de julgar desconhecer a instrumentalidade do processo frente ao direito substancial e aos seus princípios. Inadmissível, outrossim, é olvidar o juiz o seu comprometimento com a efetividade do processo, concretizada através de um julgamento célere, eficaz e o mais próximo possível da verdade REAL".

Como operador do direito, o juiz deve atuar com devoção, esmero, imparcialidade, honestidade e transparência (aspectos funcionais), além da plena consciência de sua responsabilidade social, valorizando não só a ética, como a sua participação democrática, refletindo em seus atos os anseios da comunidade na qual está inserido. Em outras palavras, como operador do direito, deve ser o juiz ideal.

José Renato Nalini[3] afirma que: *"Não existem fórmulas consagradas para se construir o juiz ideal. Mesmo porque não existe um modelo pronto e acabado de juiz. A humanidade se caracteriza pela absoluta individualidade de cada criatura e cada ser humano pode se realizar, na plenitude de suas potencialidades, de múltiplas maneiras. O pluralismo e a tolerância permitirão a convivência de inúmeros paradigmas de juiz ideal. O núcleo comum que deve uni-los é a preocupação com a efetiva realização de justiça. E ela só se fará de forma completa se instaurada uma ordem social justa. Ordem justa que reduza as diferenças materiais, já que a eliminação das diferenças ontológicas é contra a natureza. Ordem justa que permita a cada qual idênticas oportunidades, a dependerem de seu talento, de sua vontade e de sua força de trabalho. O juiz não é responsável por toda a injustiça. Mas é responsável pela remoção da injustiça. [...] O juiz justo é o juiz equitativo. Uma justiça até certa forma independente da lei. Justiça aplicada, viva, concreta e, se possível, verdadeira. Uma Justiça que 'não dispensa a misericórdia ('a equidade' dizia Aristóteles, 'é perdoar o gênero humano') não no sentido de que se renuncie sempre a punir, mas de que, para ser equitativo, o juízo precisa ter superado o ódio e a cólera'. Não é coisa simples chegar a ser equitativo. Além de não dispensar a misericórdia, a equidade também não dispensa 'a inteligência, a prudência, a coragem, a fidelidade, a generosidade, a tolerância. [...] É nisso que coincide com a justiça, não mais como virtude particular. [...] mas como virtude geral e completa, aquela que contém ou supõe as outras, aquela de que Aristóteles dizia tão belamente que a consideramos 'a mais perfeita das virtudes e que nem a estrela da noite, nem a estrela da manhã são tão admiráveis'. O destino do juiz do milênio próximo é liberar-se dos contornos de um agente escravizado à letra da lei, para imbuir-se da consciência*

---

[3] NALINI, José Renato. *Ética geral e profissional*, 2. ed., p. 277.

PARTE VI · Cap. IV – SUJEITOS DA RELAÇÃO PROCESSUAL | 369

de seu papel social. Um solucionador de conflitos, um harmonizador da sociedade, um pacificador. A trabalhar com categorias abertas, mais próximo à equidade do que à legalidade, mais sensível ao sofrimento das partes, apto a ouvi-las e a encaminhar o drama para uma resposta consensual. Enfim, um agente desperto para o valor solidariedade, a utilizar-se do processo como instrumento de realização da dignidade humana e não como rito perpetuador de injustiças."

4.1.2   Garantias e Prerrogativas da Magistratura

As garantias da magistratura representam uma demonstração constitucional da independência do Poder Judiciário.[4] São atributos do magistrado, para que possa ter o efetivo desempenho de suas funções, resguardando-se a sua independência, notadamente, pela responsabilidade político-institucional que possui.

Os juízes gozam das seguintes garantias: (a) vitaliciedade, que, no primeiro grau, só será adquirida após dois anos de exercício, dependendo a perda do cargo, nesse período, de deliberação do tribunal a que o juiz estiver vinculado e, nos demais casos, de sentença judicial transitada em julgado; (b) inamovibilidade, salvo por motivo de interesse público, na forma do art. 93, VIII; (c) irredutibilidade de subsídio, observado, quanto à remuneração, o que dispõem os arts. 37, X e XI, 39, § 4º, 150, II, 153, III, e 153, § 2º, I (art. 95, I a III, CF).

O estágio probatório é de dois anos, podendo perder o cargo pela deliberação do tribunal ao qual estiver subordinado. Após o decurso do estágio adquire-se a vitaliciedade, ou seja, o magistrado somente perde o cargo em função de sentença judicial. Há juízes que são vitalícios desde a posse no cargo (art. 22, I, LC 35/79 – LOMAN).

A segunda garantia é no tocante a inamovibilidade. Não podem ser removidos, nem mesmo sob a forma de promoção, exceto com o seu consentimento (art. 30). Sem a concordância do magistrado, a sua remoção somente será justificável na hipótese de interesse público.

E, por fim, assevere-se a irredutibilidade de subsídios. Os seus subsídios não podem ser reduzidos. A garantia visa assegurar ao magistrado a manutenção de seus ganhos contra eventuais perseguições governamentais de natureza econômica. Saliente-se que a irredutibilidade não compreende a isenção dos magistrados quanto ao pagamento dos impostos gerais, inclusive, o de renda.

As prerrogativas são as concessões que se relacionam mais com a pessoa do juiz, ou seja, representam as vantagens que são concedidas em função do fato da pessoa estar investida no cargo de magistrado. São: (a) ser ouvido como testemunha em dia, hora e local previamente ajustados com a autoridade ou juiz de instância igual ou inferior; (b) ser recolhido a prisão especial, ou a sala especial de Estado-Maior, por ordem e à disposição do Tribunal ou do Órgão Especial competente, quando sujeito a prisão antes do

---

[4]   Ao lado das garantias da magistratura, a independência do Poder Judiciária também envolve: competência legislativa (art. 96, CF) e a autonomia financeira (art. 99).

julgamento final; (c) não estar sujeito a notificação ou a intimação para comparecimento, salvo se expedida por autoridade judicial; (d) portar arma de defesa pessoal (art. 33).

Quando, no curso da investigação, houver indício da prática de crime por parte do magistrado, a autoridade (policial, civil ou militar) remeterá os respectivos autos ao Tribunal ou Órgão Especial competente para o julgamento, a fim de que prossiga na investigação (art. 33, parágrafo único).

4.1.3   Deveres da Magistratura

Pelo Estatuto da Magistratura (LOMAN), os deveres da magistratura são os seguintes (art. 35):

a) cumprir e fazer cumprir, com independência,[5] serenidade[6] e exatidão,[7] as disposições legais e os atos de ofício – o magistrado cumprirá e zelará pelo cumprimento das obrigações legais e regulamentares. Deve ser sereno, independente e criterioso quanto às disposições que norteiam a sua função, zelando não só pelos seus atos, como dos seus subordinados. É o dever de diligência, de esmero no trato de suas atribuições funcionais;

b) não exceder sem motivo justificado os prazos para sentenciar ou despachar – o juiz realizará os seus atos dentro dos lapsos temporais fixados em lei. É um desdobramento do dever de diligências. Os prazos constituem-se na mola propulsora do

---

[5] "A lei deve ser cumprida, primeiramente, com independência. O juiz não é mero aplicador de textos. Para isso o computador o substituiria com vantagens. Já afirmei, a respeito, não se conceber juiz incapaz de discernir, no emaranhado legislativo de um Estado burocrático e cartorial, se legítimo o diploma na hierarquia normativa. Não é juiz aquele que o não for com independência. Desvinculado de qualquer interesse, corajoso para inovar, pois independência também significa se afastar do imobilismo jurisprudencial, sempre que circunstâncias novas o justifiquem, seguro de sua missão imprescindível de concretizar a produção do justo" (NALINI, José Roberto. Ob. cit., p. 263).

[6] "A lei requer ao juiz seja também sereno. O julgador deve ser pessoa equilibrada e sensata. Deve treinar para vencer eventual irascibilidade acentuada, que o torne vulnerável às oscilações de humor, a confundir com seriedade e temperança a sua escassa reserva de paciência. Nem sempre o destempero verbal caracteriza o magistrado destemido, assim como as feições sombrias nem sempre acompanham o juiz impoluto. A higidez de caráter não é xifópaga da amargura" (NALINI, José Roberto. Ob. cit., p. 263).

[7] "A exatidão exigida ao juiz novamente o remete ao dever de estudo continuado. Somente o juiz tecnicamente preparado, conhecedor da lei, da doutrina e da orientação pretoriana poderá tentar exercer sua função de maneira exata. Essa exatidão deverá se fazer presente no cumprimento da lei e na observância dos chamados atos de ofício. São aqueles que, embora não constando de lei alguma, pertinem à essência do mister confiado ao juiz. Juiz existe para decidir. Apenas de uma visão sistemática se pode extrair o dever comezinho de decidir mesmo, não procrastinar o feito, nem procurar nele um pretexto processual para deixar de conhecer o cerne da controvérsia" (NALINI, José Roberto. Ob. cit., p. 264).

encadeamento processual.[8] O juiz, em sendo sujeito desta relação, possui os seus prazos, como também ocorre com as partes. O juiz, que costumeiramente, não observa os prazos legais, é negligente, desidioso.[9] Pode ser advertido. Se houver a reincidência, haverá a imposição da pena de censura (arts. 43 e 44, LOMAN). Tais penalidades são aplicáveis somente aos juízes de primeira instância (art. 42, parágrafo único). O juiz proferirá: (1) os despachos em cincos dias; (2) as decisões interlocutórias em dez dias; (3) as sentenças em trinta dias (art. 226, I a III, CPC). Por motivo justificado, tais lapsos temporais podem ser excedidos por igual prazo (art. 227);

c) determinar as providências necessárias para que os atos processuais se realizem nos prazos legais – é um desdobramento do dever de diligência. O juiz ficará atento quanto ao trabalho de seus subordinados. O serventuário remeterá os autos à conclusão em 24 horas (art. 228, *caput*, CPC). Quando tiver ciência da ordem emanada pelo juiz ou se tiver concluído o ato processual anterior (art. 228, I e II), os serventuários terão o prazo de cinco dias para o cumprimento do ato processual. Tanto o escrivão como o oficial de justiça são responsáveis pela observância dos prazos, sob pena de responsabilidade civil, de acordo com as hipóteses inseridas no art. 155, I e II. Como também ocorre com o magistrado, para eventual instauração de procedimento administrativo (art. 233, § 1º), o juiz verificará se há ou não justo motivo, que não permite o cumprimento dos prazos legais (art. 233, *caput*). É pública e notória a deficiência da máquina judiciária. O serventuário não pode ser punido pelo excesso de demandas e pela falta de estrutura do Poder Judiciário, tanto no aspecto de número de serventuários como de condições materiais de trabalho. Tais justificativas embasam o que a lei intitula de motivo legítimo;

d) tratar com urbanidade as partes, os membros do Ministério Público, os advogados, as testemunhas, os funcionários e auxiliares da Justiça, e atender aos que o procurarem, a qualquer momento, quando se trate de providência que reclame e possibilite solução de urgência – o relacionamento deve ser saudável. Essa postura é necessária em toda e qualquer relação humana. Quando procurado, deve tomar as providências necessárias em função das situações que lhe são apresentadas;

e) residir na sede da comarca, exceto autorização do órgão disciplinar a que estiver subordinado – este dever é um desdobramento da imposição legal no sentido de assegurar o pronto atendimento de quem procura a Justiça para defesa de seus direitos. A prestação jurisdicional há de ser imediata, quando necessária. De fato, a situação somente é possível, quando se tem a possibilidade concreta quanto à localização do magistrado. Nada obsta, que fixe a sua residência em outra

---

[8] Como uma das garantias individuais, a Constituição Federal assevera: "a todos, no âmbito judicial e administrativo, são assegurados a razoável duração do processo e os meios que garantam a celeridade de sua tramitação" (art. 5º, LXXVIII).

[9] "Não será promovido o juiz que, injustificadamente, retiver autos em seu poder além do prazo legal, não podendo devolvê-los ao cartório sem o devido despacho ou decisão" (art. 93, II, *e*, CF).

Comarca, quando há proximidade, o que é comum, em municípios integrantes de regiões metropolitanas. O importante é que essa autorização, não implique embaraços quanto aos serviços da Justiça;

f) comparecer pontualmente à hora de iniciar-se o expediente ou a sessão; e não se ausentar sem justo motivo antes de seu término – o respeito aos horários é um desdobramento do dever de pontualidade. Todo e qualquer cidadão é responsável pelos seus compromissos pessoais e profissionais. O juiz, como operador do Direito e agente público, mediante delegação do Estado, quanto ao exercício da função jurisdicional, pautará o seu comportamento pelo respeito aos horários de expediente.[10] Quando houver a saída antecipada, impõe-se um motivo justificado. A pontualidade é salutar, contudo, a bem da verdade não pode ser vista ao pé da letra. O magistrado é um eterno devoto do Direito. Não só labuta quando está nas dependências físicas do órgão jurisdicional. Mas também, em outros horários do dia, como durante a noite e nos finais de semana. Poucos sabem avaliar o acúmulo de processos e o desdobramento que se instaura na vida pessoal de todo e qualquer magistrado. Torna difícil, para a grande maioria, a separação da vida profissional de seus afazeres pessoais, como pai, mãe, filho ou filha, sem se falar de horários de lazer e de descanso espiritual e mental;

g) exercer assídua fiscalização sobre os subordinados, especialmente no que se refere à cobrança de custas e emolumentos, embora não haja reclamação das partes;

h) o juiz manterá conduta irrepreensível na vida pública e particular. Contudo, a vida moderna aflige todo e qualquer ser humano. As agressões do meio social são constantes e também atingem o juiz como cidadão. Não se pode generalizar. Como ser humano possui problemas pessoais, tanto em seus relacionamentos familiares, como pessoais etc. Nem sempre, pode se colocar o juiz em uma redoma de vidro, como se fosse imune aos problemas do dia a dia. Certa dose de prudência e de bom-senso há de ser observada na atividade censitória, quando em vias de um procedimento administrativo contra o magistrado.

Na estrutura do CPC, há regras processuais, as quais são indicadores de deveres ao juiz. Como destaques, temos:

a) dirigirá o processo, incumbindo-lhe (art. 139, I a X, CPC): (1) assegurar às partes igualdade de tratamento; (2) velar pela duração razoável do processo; (3) prevenir ou reprimir qualquer ato contrário à dignidade da justiça e indeferir postulações meramente protelatórias; (4) determinar todas as medidas indutivas, coercitivas, mandamentais ou sub-rogatórias necessárias para assegurar o cumprimento de ordem judicial, inclusive nas ações que tenham por objeto prestação pecuniária; (5) promover, a qualquer tempo, a autocomposição, preferencialmente com

---

[10] Horário de expediente representa o número de horas em que, em cada dia e por disposição legal, funcionam os órgãos da Justiça. É o lapso de tempo para as audiências, em primeira instância, e em segunda, quanto às sessões dos Tribunais.

PARTE VI · Cap. IV – SUJEITOS DA RELAÇÃO PROCESSUAL | 373

auxílio de conciliadores e mediadores judiciais; (6) dilatar os prazos processuais e alterar a ordem de produção dos meios de prova, adequando-os às necessidades do conflito de modo a conferir maior efetividade à tutela do direito. O prazo deve ser ditado antes de encerrado o prazo regular; (7) exercer o poder de polícia, requisitando, quando necessário, força policial, além da segurança interna dos fóruns e tribunais; (8) determinar, a qualquer tempo, o comparecimento pessoal das partes, para inquiri-las sobre os fatos da causa, hipótese em que não incidirá a pena de confesso; (9) determinar o suprimento de pressupostos processuais e o saneamento de outros vícios processuais; (10) quando se deparar com diversas demandas individuais repetitivas, oficiar o Ministério Público, a Defensoria Pública e, na medida do possível, outros legitimados a que se referem os art. 5º da Lei 7.347/85 e art. 82 da Lei 8.078/90, para, se for o caso, promover a propositura da ação coletiva respectiva;

b) não se exime de decidir sob a alegação de lacuna ou obscuridade do ordenamento jurídico (art. 140, caput, CPC);

c) só decidirá por equidade nos casos previstos em lei (art. 140, parágrafo único, CPC);

d) decidirá o mérito nos limites propostos pelas partes, sendo-lhe vedado conhecer de questões, não suscitadas, a cujo respeito à lei exige a iniciativa da parte (art. 141, CPC);

e) convencendo-se, pelas circunstâncias da causa, de que autor e réu se serviram do processo para praticar ato simulado ou conseguir fim vedado por lei, o juiz proferirá decisão que impeça os objetivos das partes, aplicando, de ofício, as penalidades da litigância de má-fé[11] (art. 142, CPC).

4.1.4   O Juiz e a Relação Jurídico-Processual

A relação jurídico-processual envolve o Estado, demandante e demandado. Pelo processo, o Estado exerce a sua função jurisdicional. O Estado é representado pela figura do juiz que comanda toda a atividade processual. O juiz atua na condição de órgão do Estado.

4.1.4.1   Os Poderes do Juiz na Relação Processual

Os poderes são dados ao juiz, como forma de resguardo de suas atribuições funcionais, bem como dado ao aspecto político-institucional de sua presença na relação jurídica processual. Como sujeito desta relação, o magistrado se coloca de forma equidistante das partes. Está acima e entre as partes. Os poderes são de jurisdição e de polícia.

---

[11]   A decisão ou acordo judicial subjacente à reclamação trabalhista, cuja tramitação deixa nítida a simulação do litígio para fraudar a lei e prejudicar terceiros, enseja ação rescisória, com lastro na colusão. No juízo rescisório, o processo simulado deve ser extinto (OJ 94, SDI-II).

Os jurisdicionais representam as atribuições que possui o juiz em todo o transcorrer do processo, desde a sua constituição e até a sua extinção.

Os de polícia denotam os poderes que o juiz exerce investido como autoridade judiciária, assegurando a ordem dos trabalhos forenses, quando se tem a perturbação ou ameaça. Como exemplo, têm-se: os arts. 360, I, 78 e 139, III, CPC, os quais, geralmente, são exercidos durante a realização das audiências.

Normalmente, as audiências são realizadas dentro dos órgãos da Justiça do Trabalho, em horários designados, inclusive, com ciência prévia aos efetivos interessados.

O magistrado deve chegar no horário marcado para o início dos trabalhos de audiência, determinando a sua abertura, com o pregão das partes.

Ao juiz é possibilitado que se atrase no máximo pelo lapso de 15 minutos, sendo que, se houver o extravasamento deste limite, as partes poderão se retirar, solicitando que tal fato fique consignado no registro de audiências (art. 815, CLT).

O lapso de 15 minutos não pode ser invocado pela reclamada, como forma de elidir a sua revelia, na medida em que não há previsão legal tolerando atraso de comparecimento da parte à audiência (OJ 245, SDI-I).

Durante as audiências, o juiz possui o poder de polícia. Compete-lhe, manter a ordem e o decoro, ordenando, se necessário, que se retirem da sala de audiência os que se comportarem de forma inconveniente (art. 816, CLT).

No processo trabalhista, a audiência é de vital importância para que se faça justiça. O magistrado deve agir com serenidade e urbanidade, coletando os depoimentos pessoais e testemunhais, evitando os tumultos, as agressões verbais, as discussões etc. Infelizmente, é comum, em audiências, haver um ambiente hostil entre as partes, notadamente, quando se discutem os fatos postos em juízo.

Tanto o juiz como os advogados são pessoas vitais para o bom desempenho dos órgãos jurisdicionais, notadamente, em audiência, devendo haver o respeito e admiração de forma mútua.

4.1.4.2   *Poderes Jurisdicionais do Magistrado*

Os poderes jurisdicionais são classificados da seguinte forma: poderes ordinatórios ou instrumentais, instrutórios, finais e de tutela provisória (cautelares e antecipação de tutela).

4.1.4.2.1   Poderes Ordinatórios ou Instrumentais

Os poderes ordinatórios ou instrumentais destinam-se ao desenvolvimento do processo, como reflexo do poder de direção do processo pelo magistrado (art. 139, CPC).

Os poderes ordinatórios ou instrumentais incluem:

a) inspeção ou verificação da: (1) regularidade da petição inicial (arts. 321, 334, 330, 485, I, CPC); (2) capacidade processual e representação das partes (arts. 354 e 485, IV); (3) regularidade e nulidades (art. 277 e segs.); (4) observância dos requisitos da carta de ordem, da carta precatória e da carta rogatória (art. 260);

PARTE VI · Cap. IV – SUJEITOS DA RELAÇÃO PROCESSUAL | 375

b) poderes de concessão ou recusa. Como exemplos: (1) a determinação ou indeferimento de diligências (art. 370, NCPC); (2) a admissibilidade da prova emprestada (art. 372);

c) poderes de nomeação: (1) nomeação de serventuário *ad hoc* (art. 152, § 2º, CPC; art. 721, § 4º, CLT); (2) nomeação de curador especial – (art. 71, CPC; arts. 792 e 793, CLT);

d) repressão: litigância de má-fé (arts. 79 e 80, CPC; arts. 793-A a 793-D, CLT, Lei 13.467/17); lançamento de cotas marginais ou interlineares e o impedimento de que as partes façam utilização do processo para a realização de ato simulado ou para conseguir fim vedado por lei (arts. 202 e 142, CPC);

e) iniciativa: (1) no processo civil, a título exemplificativo, os arts. 115 e 116, 57, 76, 3 e 494, I, CPC, respectivamente, indicam: citação de todos os litisconsortes necessários para integração da relação processual; reunião de processos relativos a ações em que haja continência; regularização da incapacidade processual ou da irregularidade da representação da parte; regularização de irregularidades ou de vícios sanáveis; a correção das inexatidões materiais quando decorrentes de lapso manifesto, erros de escrita ou de cálculo, existentes na sentença; (2) n o processo do trabalho, como exemplos, temos: os juízos e tribunais do trabalho terão ampla liberdade na direção do processo e velarão pelo andamento rápido das causas, podendo determinar qualquer diligência necessária ao esclarecimento delas (art. 765, CLT); o juiz dirigirá o processo com liberdade para determinar as provas a serem produzidas, considerando o ônus probatório de cada litigante, podendo limitar ou excluir as que considerarem excessivas, impertinentes ou protelatórias, bem como para apreciá-las e dar especial valor às regras de experiência comum ou técnica (art. 852-D, CLT).

4.1.4.2.2 Poderes Instrutórios

Os poderes instrutórios derivam da participação do juiz na condução do processo, notadamente, na coleta de provas, tanto na sua produção como respectiva apreciação. Podem ser divididos em:

a) inspeção: (1) indeferimento de diligências probatórias inúteis ou que são requeridas com intuito protelatório (art. 370, CPC); (2) inquirição das partes e testemunhas (arts. 139, VIII, 385 e 456, CPC; art. 820, CLT); (3) inspeção de pessoas, lugares ou coisas (art. 481, CPC);

b) concessão ou recusa: (1) ordenar ou indeferir diligências (art. 370, CPC); (2) indeferimento de perícia (art. 464) e de quesitos impertinentes (art. 470, I); (3) a não formulação de perguntas impertinentes às testemunhas (art. 459, caput); (4) determinação quanto à realização de nova perícia (art. 480);

c) repressão: (1) punição ao perito que atua com dolo ou culpa quando do fornecimento de informações inverídicas (art. 158, CPC); (2) aplicação de punição a testemunha que se nega a comparecer em Juízo (art. 455, CPC; art. 825, parágrafo único, CLT);

d) apreciação de prova: (1) a formação de seu livre convencimento em função dos fatos e provas constantes dos autos – princípio da livre convicção (art. 371, CPC); (2) presunção quanto à existência de confissão (arts. 385, § 1º, 386 e 336); (3) não fica adstrito ao laudo pericial (art. 479);

e) iniciativa: (1) ordenar as diligências necessárias à instrução do processo (art. 370, CPC); (2) ouvir as testemunhas referidas (art. 461, I), ordenar a exibição de documentos (art. 420); (3) requisição de certidões – repartições públicas (art. 438); (4) acareação de testemunhas (art. 461, II); (5) ordenar nova perícia (art. 480).

4.1.4.2.3 Poderes Finais e a Tutela Provisória

O juiz, quanto aos atos judiciais, realiza as sentenças ou atos executórios.

Pelo CPC, ressalvadas as disposições expressas dos procedimentos especiais, sentença é o pronunciamento por meio do qual o juiz, com fundamento nos arts. 485 (sentença terminativas – as que extinguem o processo, sem adentrar ao mérito) e 487 (sentenças definitivas – as que solucionam o litígio, acolhendo ou rejeitando o pedido), põe fim à fase cognitiva do procedimento comum, bem como extingue a execução (art. 203, § 1º).

Também há atos realizados pelo juiz, no transcorrer da execução, que visam à concretização do direito reconhecido durante o processo de conhecimento, visando à satisfação do crédito do autor (atos de constrição legal e de expropriação).

Em suma: tanto no processo de conhecimento, como no de execução, os poderes finais denotam os poderes que o juiz possui na realização de atos que impliquem a solução da lide.

Contudo, no exercício dos poderes finais, a solução dada pelo magistrado deverá observar algumas regras, a saber: (a) não se exime de decidir alegando lacuna ou obscuridade do ordenamento jurídico (art. 140, caput, CPC); (b) só decidirá por equidade nos casos previstos em lei (art. 140, parágrafo único); (c) decidirá o mérito nos limites propostos pelas partes, sendo-lhe vedado conhecer de questões, não suscitadas, a cujo respeito a lei exige a iniciativa da parte (art. 141).

A fim de objetivar o processo, como instrumento de justiça, o magistrado pode conceder a tutela provisória (art. 294 e segs., CPC), que pode estar fundamentada na: (a) urgência (de natureza cautelar ou antecipatória), a qual será concedida quando houver elementos que evidenciem a probabilidade do direito (*fumus boni iuris*) e o perigo de dano ou o risco do resultado útil do processo (*periculum in mora*); (b) evidência, a qual dispensa, para fins de sua concessão, a demonstração do *periculum in mora*. O art. 3º, VI, da IN 39/16, do TST, determina que os arts. 294 a 311, CPC, são aplicáveis ao processo trabalhista.

4.1.5 Declaração de Suspeição pelo Magistrado

A Resolução 82, de 9/6/2009, do Conselho Nacional de Justiça – CNJ regulamentava as declarações de suspeição do magistrado por foro íntimo (art. 145, § 1º, CPC).

PARTE VI · Cap. IV – SUJEITOS DA RELAÇÃO PROCESSUAL | 377

No caso de suspeição por motivo íntimo, o magistrado de primeiro grau faria essa afirmação nos autos e, em ofício reservado, imediatamente exporia as razões desse ato à Corregedoria local ou a órgão diverso designado pelo seu tribunal (art. 1º).

Para o magistrado de segundo grau, a afirmação ocorreria nos autos e, em ofício reservado, imediatamente exporia as razões desse ato à Corregedoria Nacional de Justiça (art. 2º).

O órgão destinatário das informações manteria as razões em pasta própria, de forma a que o sigilo seria preservado, sem prejuízo do acesso às afirmações para fins correcionais (art. 3º).

Em junho/09, a AJUFE (Associação dos Juízes Federais do Brasil) ajuizou perante o STF a ADI 4260 contra a Resolução 82 do CNJ. Em junho/16, houve a formulação da desistência da ADI 4260, ante os termos do art. 145, § 1º, NCPC, o qual enuncia que o juiz poderá indicar a sua suspeição, por motivo de foro íntimo, sem necessidade de declarar suas razões.

Em fevereiro/10, no MS 28.215 ajuizado por órgãos de classe da magistratura nacional (Associação dos Magistrados Brasileiros – AMB, Associação Nacional dos Magistrados da Justiça do Trabalho (ANAMATRA) e Associação dos Juízes Federais do Brasil (AJUFE), o Min. Carlos Ayres Britto concedeu liminar para suspender os efeitos da Resolução 82 do CNJ. Em agosto/15, o Min. Teori Zavascki revogou a liminar, negando seguimento ao pedido, sob o fundamento de que é inadmissível a utilização do mandado de segurança como típica ação direta de inconstitucionalidade. Houve agravo regimental, contudo, a decisão foi mantida pela 2ª Turma do STF (setembro/15).

No MS 34316, impetrado pela AMB, ANAMATRA e AJUFE (pedido de suspensão do Ofício Circular 22/16, CNJ, que determina a observância da Resolução 82 por parte dos magistrados), o Min. Teori Zavascki deferiu a liminar, por entender que a norma do CNJ, à primeira vista, é incompatível com o art. 145, § 1º, CPC.

Em setembro/16, o CNJ revogou a Resolução 82/09 ante o disposto no CPC.

4.2 PARTES

Partes são as pessoas que participam da relação jurídica processual na qualidade de autor e de réu.

O autor declina a sua pretensão, solicitando a prestação jurisdicional para a tutela do bem da vida violado ou ameaçado. É o que formula o pedido.

Réu é aquele contra quem se move uma demanda em juízo. É que se vê envolvido pelo pedido solicitado.

No processo trabalhista, o autor é chamado de reclamante e o réu de reclamado nos dissídios individuais. Isso é decorrência do período em que a Justiça do Trabalho era órgão do Poder Executivo.

Nos dissídios coletivos, o autor é denominado suscitante e o réu suscitado.

No inquérito para apuração de falta grave (dissídio individual especial trabalhista), o sujeito ativo é o empregador, o qual é intitulado requerente. No polo passivo encontra-se o empregado, denominado requerido.

Em relação aos demais termos utilizados pelo processo civil, são seguidos normalmente: *"como agravante e agravado (para o agravo), recorrente e recorrido (para o recurso), liquidante e liquidado (na liquidação de sentença), exequente e executado (na execução), excipiente e exceto ou excepto (na exceção). Como se vê, o processo do trabalho tentou mostrar sua autonomia em relação ao processo civil também por meio da nomenclatura utilizada em relação a certos conceitos do processo. Mostra-se que no processo do trabalho há certa originalidade, tentando-se inovar expressões já consagradas no processo civil"*.[12]

4.2.1 Capacidade de Ser Parte e de Estar em Juízo

A capacidade de ser parte é inerente ao ser humano. É uma decorrência dos atributos da personalidade civil.

Contudo, não basta possuir a capacidade de ser parte, para que se possa estar em juízo – capacidade processual ou capacidade de estar em juízo. Esta deriva da primeira, na medida em que pressupõe certos fatores, tais como: idade e estado mental, que lhe propicie demandar ou ser demandado.

Os incapazes serão representados ou assistidos por seus pais, tutores ou curadores na forma da lei civil (art. 71, CPC). A representação é um instituto que se integra à capacidade processual.

No Direito do Trabalho, a idade, como critério a justificar a plena capacidade, não tem as mesmas regras que na órbita do Direito Civil.

É absolutamente incapaz para o trabalho o menor de 16 anos, salvo, o menor aprendiz, a partir dos 14 anos. É permitido o labor para o maior de 16 e menor de 18 anos, excetuando-se as condições insalubres e periculosas, bem como o labor noturno (art. 7º, XXXIII, CF). A partir dos 18 anos é plena a capacidade trabalhista (art. 439, CLT).

Os maiores de 18 anos poderão pleitear perante a Justiça do Trabalho sem a assistência de seus pais ou tutores (art. 792, CLT).

A reclamação trabalhista do menor de 18 anos será feita por seus representantes legais, e, na falta destes, pela Procuradoria da Justiça do Trabalho, pelo sindicato, pelo Ministério Público estadual ou curador nomeado em juízo (art. 793).

4.2.2 Representação

Representação denota aquisição de direitos, exercício de funções ou a realização de atos por intermédio de outrem. Pode ser direta ou indireta. Direta é quando se age em nome de outrem. A indireta ocorre quando se prática o ato em nome próprio, contudo, no interesse de outrem.

A representação direta será: (a) legal – o poder do representante emana de disposição legal. Os pais, tutores e curadores são os representantes legais das pessoas absolutamente incapazes. As pessoas jurídicas são representadas por quem os estatutos designarem.

---

[12]   MARTINS, Sergio Pinto. *Direito processual do trabalho*, 20. ed., p. 174.

PARTE VI · Cap. IV – SUJEITOS DA RELAÇÃO PROCESSUAL | 379

O espólio é representado por seu inventariante; a massa falida, pelo administrador; a herança jacente, pelo curador; a sociedade em liquidação, pelo liquidante; o condomínio de edifício de apartamentos, pelo síndico etc.; (b) voluntária ou convencional – os poderes do representante decorrem de um ajuste de vontades com o representado. É o que ocorre, por exemplo, no contrato de mandato.[13]

4.2.3 Assistência

Assistência é a intervenção obrigatória de pessoas designadas por lei em atos praticados por relativamente incapazes (arts. 4º e 1.634, VII, CC). É uma forma de proteção legal para a prática de certos atos da vida civil.

No processo civil, o menor de 16 anos é representado e não assistido. Contudo, a capacidade civil não pode ser aplicável nos mesmos moldes ao processo trabalhista.

Em relação ao trabalho do menor, a CF assevera: proibição de trabalho noturno, perigoso ou insalubre a menores de 18 e de qualquer trabalho a menores de 16 anos, salvo na condição de aprendiz, a partir de 14 anos (art. 7º, XXXIII).

A assistência aos menores de 18 anos será prestada pelos representantes legais e, na falta destes, pela Procuradoria da Justiça do Trabalho, pelo sindicato, pelo Ministério Público estadual ou curador nomeado em juízo (art. 793, CLT).

Os representantes legais dos menores de 18 anos são os seus pais (arts. 1.634, VII, e 1.690, CC) ou quem detenha o pátrio poder.

Wagner Giglio e Sergio Pinto Martins entendem que outros parentes (irmão, irmã, tio, tia etc.) não podem atuar como assistentes. Quando não houver a presença do representante legal, o magistrado trabalhista deverá observar a gradação dos demais entes legitimados previstos no art. 793 da CLT.

4.2.4 A Presença das Partes no Processo Trabalhista

4.2.4.1 Absolutamente Incapazes

As pessoas absolutamente incapazes eram: (a) os menores de 16 anos; (b) os que, por enfermidade ou deficiência mental, não tivessem o necessário discernimento para a prática desses atos; (c) os que, mesmo por causa transitória, não pudessem exprimir sua vontade (art. 3º, I a III, CC).

Com a Lei 13.146/15 (Estatuto da Pessoa com Deficiência), a qual deu nova redação ao art. 3º, CC, temos como absolutamente incapaz apenas o menor de 16 anos.

Os menores de 16 anos não podem praticar os atos da vida civil, pois o legislador presume que a sua idade não lhe dá condições para atuar com discernimento.

---

[13] Opera-se o mandato quando alguém recebe de outrem poderes para, em seu nome, praticar atos ou administrar interesses. A procuração é o instrumento do mandato (art. 653, CC).

Enfermos ou deficientes são as pessoas que *"por motivo de ordem patológica ou acidental, congênita ou adquirida, não estão em condições de reger sua pessoa ou administrar seus bens. Determinadas pessoas, por não terem, por falta de discernimento, a livre disposição de vontade para cuidar dos próprios interesses, são consideradas absolutamente incapazes, devendo ser representadas por um curador (CC, art. 1.767, I), tais como: (a) portadores de enfermidades físico-psíquicas que impedem o discernimento como: demência ou fraqueza mental senil; demência afásica; degeneração, psicastenia; psicose tóxica, psicose autotóxica (depressão, uremia etc.); psicose infectuosa (delírio pós-infeccioso etc.); paranoia; demência arteriosclerótica; demência sifilítica; mal de Parkinson senil, apresentando temores, sensíveis sinais de depressão evolutiva, rigidez muscular, instabilidade emocional e demência progressiva; doença neurológica degenerativa progressiva etc.; (b) deficiência mental ou anomalia psíquica, incluindo alienados mentais, psicopatas mentecaptos, maníacos, imbecis, dementes e loucos furiosos, ou não"*.[14]

Os negócios e os atos jurídicos praticados pelos absolutamente incapazes são nulos (arts. 166, I, e 185, CC). Tais pessoas não podem exercer direitos, direta ou pessoalmente, devendo ser representados. A ordem jurídica impede-os de praticar o ato *per se*. Poderão fazê-lo representados por outra pessoa, que tenha maturidade e esteja em seu lugar para lhes suprir a vontade defeituosa. É o fenômeno da representação.

Os absolutamente incapazes serão representados por seus pais (arts. 1.634, VII, e 1.690, CC), tutores[15] ou curadores.[16]

Compete ao tutor representar o menor, até os 16 anos, nos atos da vida civil, e assisti-lo, após essa idade, nos atos em que for parte (art. 1.747, I).

Pela Lei 13.146, a qual deu nova redação ao art. 1.767, CC, a curatela é aplicável aos: (a) que, por causa transitória ou permanente, não puderem exprimir sua vontade; (b) ébrios habituais e os viciados em tóxicos; (c) pródigos.

A Lei 13.146 deu nova redação ao caput do art. 1.768, CC, substituindo a expressão "A interdição deve ser promovida" por "O processo que define os termos da curatela deve ser promovido", acrescentando, ainda, o inciso IV ao art. 1.768, dispondo que a curatela pode ser requerida pela própria pessoa.

Interdição representa a decisão judicial e que declara que a pessoa não possui capacidade para administrar seus bens nem praticar nenhum ato jurídico.

---

[14] DINIZ, Maria Helena. *Curso de direito civil brasileiro*. 18. ed., v. 1, p. 143.

[15] Tutor é: "1. Aquele que tem o encargo de dirigir a pessoa e administrar bens de menor que não está sob o pátrio poder do pai ou da mãe, zelando pela sua criação, educação e haveres. Exerce, portanto, um múnus público, imposto pelo Estado, para atender a um interesse coletivo, possibilitando a efetivação do dever estatal de guardar e defender órfãos. 2. Aquele que exerce a tutela, em virtude de lei, testamento ou determinação judicial" (DINIZ, Maria Helena. *Dicionário jurídico*, v. 4, p. 651).

[16] Curador é: "(a) pessoa encarregada judicialmente de administrar bens ou interesses alheios; (b) aquele que rege a pessoa de interditos, como loucos, surdos-mudos sem educação que os habilite a manifestar sua vontade ou pródigos" (DINIZ, Maria Helena. Ob. cit., v. 1, p. 971).

PARTE VI · Cap. IV – SUJEITOS DA RELAÇÃO PROCESSUAL | **381**

O art. 1.768, CC, foi revogado de forma expressa pelo CPC (art. 1.072, II). Atualmente, a interdição pode ser promovida pelo: (a) parente ou tutor; (b) cônjuge ou companheiro; (c) representante da entidade em que se encontra abrigado o interditando; (d) Ministério Público (art. 747, I a IV, CPC).

Apesar da revogação do art. 1.768, CC, ante as alterações sistêmicas da Lei 13.146, a pessoa com deficiência não mais será interditada, visto que deixa de ser absolutamente incapaz (na antiga redação do art. 3, II, CC: "os que, por deficiência mental, não tiverem o necessário discernimento para a prática desses atos") para ser relativamente incapaz (na nova redação, art. 4º, III: "aqueles que, por causa transitória ou permanente, não puderem exprimir sua vontade"). Portanto, os atos praticados pela pessoa com deficiência deixam de estar vinculados ao regime da nulidade e incapacidade absolutas.

Em linhas gerais, com a Lei 13.146, temos dois sistemas de apoio à pessoa com deficiência: (a) curatela para os que, por causa transitória ou permanente, não possam exprimir sua vontade (art. 1.767, I, CC). De absolutamente incapazes passaram a ser considerados relativamente incapazes; (b) tomada de decisão para todos os portadores com deficiência que tenham limitações no exercício do autogoverno, mas que preservam, precariamente, a aptidão de se expressarem e de se fazerem compreender. De relativamente incapazes, passaram a ser capazes (arts. 6º e 116, Lei 13.146).

4.2.4.2 Relativamente Incapazes

As pessoas relativamente incapazes eram: (a) os maiores de 16 e menores de 18 anos; (b) os ébrios habituais, os viciados em tóxicos, e os que, por deficiência mental, tinham o discernimento reduzido; (c) os excepcionais, sem desenvolvimento mental completo; (d) os pródigos (art. 4º, I a IV).

Com a Lei 13.146/15 (Estatuto da Pessoa Com Deficiência), a qual deu nova redação ao art. 4º, CC, houve a exclusão dos deficientes e dos excepcionais (sem desenvolvimento mental completo) do rol dos relativamente incapazes. Isso significa que os deficientes e os excepcionais poderão praticar os atos da vida civil (art. 6º, Lei 13.146). Caso seja necessário, poderá ser solicitada a designação de pessoas apoiadoras.[17]

---

[17] A Lei 13.146 acresceu ao Código Civil o art. 1.783-A, que trata do instituto denominado de: "Da Tomada de Decisão Apoiada". Isso significa que a pessoa com deficiência, em querendo, poderá solicitar a designação de pessoas, por ela indicadas, que lhe deem apoio para a execução dos atos. Citadas pessoas são denominadas de apoiadores.A tomada de decisão apoiada é o processo pelo qual a pessoa com deficiência elege pelo menos duas pessoas idôneas, com as quais mantenha vínculos e que gozem de sua confiança, para prestação de apoio na tomada de decisão sobre atos da vida civil, com o fornecimento de elementos e informações necessários para que possa exercer sua capacidade. Para formular o pedido, a pessoa com deficiência e os apoiadores devem apresentar termo em que constem os limites do apoio a ser oferecido e os compromissos dos apoiadores, inclusive o prazo de vigência do acordo e o respeito à vontade, aos direitos e aos interesses da pessoa que devem apoiar. O pedido deverá conter as pessoas aptas a prestarem o apoio.Antes do pronunciamento judicial quanto ao pedido, o juiz, assistido por equipe multidisciplinar, após oitiva do Ministério Público, deverá ouvir, pessoalmente, o requerente e os apoiadores.A decisão

A capacidade dos índios é regulada por legislação especial (art. 4º, parágrafo único), a qual está inserida na Lei 6.001/73, Estatuto do Índio, e o seu regulamento (Dec. 88.118/83). Haverá a cessação dessa tutela na medida em que houver a adaptação do silvícola à civilização do país.[18],[19]

O ato praticado pelo relativamente incapaz não é nulo, e sim anulável (art. 171, I, CC). A anulabilidade deve ser requerida em juízo (art. 177). O relativamente incapaz é assistido. O absolutamente incapaz é representado.

---

tomada por pessoa apoiada terá validade e efeitos sobre terceiros, sem restrições, desde que esteja inserida nos limites do apoio acordado. O terceiro pode solicitar que os apoiadores assinem o contrato ou acordo, especificando, por escrito, sua função em relação ao apoiado. Caso o negócio jurídico possa trazer risco ou prejuízo relevante, diante da divergência de opiniões entre a pessoa apoiada e um dos apoiadores, deverá o juiz, ouvido o Ministério Público, decidir sobre a questão. Se o apoiador agir com negligência, exercer pressão indevida ou não adimplir as obrigações assumidas, poderá a pessoa apoiada ou qualquer pessoa apresentar denúncia ao Ministério Público ou ao juiz. Procedente a denúncia, haverá a destituição do apoiador, sendo que o juiz nomeará, ouvida a pessoa apoiada e se for de seu interesse, outra pessoa para prestação de apoio. A pessoa apoiada pode, a qualquer tempo, solicitar o término de acordo firmado em processo de tomada de decisão apoiada. O apoiador pode solicitar ao juiz a exclusão de sua participação do processo de tomada de decisão apoiada, sendo seu desligamento condicionado à manifestação do juiz sobre a matéria. Aplicam-se à tomada de decisão apoiada, no que couber, as disposições referentes à prestação de contas na curatela.

[18] A prescrição de dois anos para o exercício de ação quanto aos créditos resultantes da relação de trabalho, prevista no art. 7º, XXIX, CF, não se aplica ao silvícola não integrado, ou em via de integração, porque o trabalhador indígena nessas condições equipara-se ao absolutamente incapaz para a prática dos atos da vida civil. A decisão, proferida pela VT de Dourados (MS), foi mantida pela unanimidade dos ministros que compõem a SDI. O Min. Rel. José Simpliciano Fernandes deu provimento ao recurso do Ministério Público do Trabalho e reformou a decisão proferida pelo TRT da 24ª Região (Mato Grosso do Sul) que entendia ser bienal a prescrição. O Min. José Simpliciano Fernandes destacou em seu voto que, tendo sido afastada a incidência da prescrição bienal prevista no artigo 7º, XXIX, da CF, pelo fato de a empregada ser indígena, a ela devem ser aplicadas às regras especiais, visando à proteção de sua condição de incapaz (ROAR – 205/2004-000-24-00.6).

[19] Não haverá discriminação entre trabalhadores indígenas e os demais trabalhadores, com a aplicação de todos os direitos e garantias das leis trabalhistas e de previdência social (art. 14, *caput*, Lei 6.001/73). É permitida a adaptação de condições de trabalho aos usos e costumes da comunidade a que pertencer o índio (art. 14, parágrafo único). Serão nulos os contratos de trabalho ou de locação de serviços realizados com os índios isolados (quando vivem em grupos desconhecidos ou de que se possuem poucos e vagos informes através de contatos eventuais com elementos da comunhão nacional – art. 4º, *i*) (art. 15). Os contratos de trabalho ou de locação de serviços realizados com indígenas em processo de integração ou habitantes de parques ou colônias agrícolas dependerão de prévia aprovação do órgão de proteção ao índio, obedecendo, quando necessário, a normas próprias (art. 16, *caput*). Será estimulada a realização de contratos por equipe, ou a domicílio, sob a orientação do órgão competente, de modo a favorecer a continuidade da via comunitária (art. 16, § 1º). Em qualquer caso de prestação de serviços por indígenas não integrados, o órgão de proteção ao índio exercerá permanente fiscalização das condições de trabalho, denunciando os abusos e providenciando a aplicação das sanções cabíveis (art. 16, § 2º). O órgão de assistência ao indígena propiciará o acesso, aos seus quadros, de índios integrados, estimulando a sua especialização indigenista (art. 16, § 3º).

PARTE VI · Cap. IV – SUJEITOS DA RELAÇÃO PROCESSUAL | **383**

Os relativamente incapazes serão assistidos pelos seus pais, tutores ou curadores.

Os maiores de 16 e menores de 18 anos podem praticar os atos da vida civil. Realiza-se o ato da vida civil com a orientação, a opinião de um assistente.

O art. 5º, V, do CC dispõe que cessa a incapacidade do menor com 16 anos completos pelo estabelecimento civil ou comercial, ou pela existência de relação de emprego, desde que, em função deles, tenha economia própria (remuneração suficiente para o sustento próprio e de sua família). A Ementa 1 (Port. 1, SRT, 25/6/2006) enuncia "Não é necessária a assistência por responsável legal, na homologação da rescisão contratual, ao empregado adolescente que comprove ter sido emancipado".

Portanto, o menor empregado, com 16 anos completos, se tiver condições de prover o sustento próprio e/ou de sua família automaticamente estará emancipado pela Lei Civil.

Pródigo é a pessoa que, de forma desordenada, dissipa o seu patrimônio, reduzindo-se à miséria. A interdição do pródigo não é ampla. Pode praticar atos de mera administração. Contudo, sem a presença do curador, não poderá emprestar, transigir, dar quitação, alienar, hipotecar, demandar ou ser demandado (art. 1.782, CC).

4.2.4.3   Curatela Especial

Em determinadas situações, o juiz deve dar à parte um representante especial, o qual deverá atuar em seu nome apenas no curso do processo, sendo chamado de curador especial ou curador à lide.

O juiz dará curador especial: (a) ao incapaz, se não tiver representante legal, ou se os interesses deste colidirem com os daquele, enquanto durar a incapacidade; (b) ao réu preso,[20] bem como ao revel citado por edital ou com hora certa (art. 72, I e II, CPC).

Pelo CPC, a curatela especial será exercida pela Defensoria Pública (art. 72, parágrafo único).

---

[20]   De fato, "não há por que se deixar de proteger o reclamante ou reclamado, que se encontre preso" (LAMARCA, Antonio. *Roteiro judiciário trabalhista*, p. 8). Francisco Antonio de Oliveira declina que "poderá ocorrer de o empregado ser condenado e preso por motivo alheio ou mesmo ligado ao seu trabalho e a empresa empregadora deixe de pagar consectários legais que seriam devidos, *v. g.*, férias vencidas, saldo de salário. [...] É bem de ver que pelo fato de estar preso não perde o indivíduo os seus direitos civis. Disso resulta que pode constituir advogado e estar em juízo para defender os seus direitos. Sem dúvida a privação do estado de liberdade trará alguma dificuldade, posto que não poderá vir a juízo, salvo autorização judicial, para depor em audiência. Se o advogado constituído não reunir a qualidade e curador especial, inarredável a nomeação deste, em que pese o exija o Código somente para o réu. Todavia, o curador especial não poderá confessar (art. 302, parágrafo único, CPC). O mesmo tratamento há de ser dado ao réu preso, nos exatos termos do art. 9º, II, CPC" (Manual de audiências trabalhistas, p. 67).

4.2.4.4 Sociedades de Fato e Irregular

O art. 75, IX, CPC, dispõe que serão representados em juízo, de forma ativa e passiva, a sociedade e a associação irregulares, bem como outros entes organizados sem personalidade jurídica, pela pessoa a quem couber a administração de seus bens.

O Direito não pode ignorar a existência de instituições que não possuem os atos inscritos (sociedades irregulares) ou mesmo de grupos, que não tendo os atos formais de sua constituição (sociedades de fato), praticam atos que trazem repercussões nas relações jurídicas.

As sociedades ou associações sem personalidade jurídica, quando demandadas, não poderão opor a irregularidade de sua constituição (art. 75, § 2º, CPC).

4.2.4.5 Massa Falida

A massa falida é uma instituição imposta pela lei, para exercer os direitos do falido e para atuar contra ele. Surge após a sentença que declara a falência, implicando para o comerciante a perda do direito quanto à administração e à disposição dos bens.

A Lei 11.101/05 disciplina a recuperação judicial, a recuperação extrajudicial e a falência do empresário e da sociedade empresária, os quais são qualificados como devedor (art. 1º).[21]

O administrador judicial será profissional idôneo, preferencialmente, advogado, economista, administrador de empresas ou contador, ou pessoa jurídica especializada (art. 21).

A falência, ao promover o afastamento do devedor de suas atividades, visa a preservar e otimizar a utilização produtiva dos bens, ativos e recursos produtivos, inclusive os intangíveis, da empresa. O processo de falência atenderá aos princípios da celeridade e da economia processual (art. 75, parágrafo único).

O juízo da falência é indivisível e competente para conhecer todas as ações sobre bens, interesses e negócios do falido, ressalvadas as causas trabalhistas, fiscais e aquelas não reguladas na Lei 11.101 em que o falido figurar como autor ou litisconsorte ativo. Todas as ações terão prosseguimento com o administrador judicial, que deverá ser intimado para representar a massa falida, sob pena de nulidade do processo (art. 76, parágrafo único).

Pelo art. 22, III, n, da Lei 11.101, ao administrador incumbe a representação da massa falida em juízo, contratando, se necessário, advogado, cujos honorários serão previamente ajustados e aprovados pelo Comitê de Credores (art. 75, V, CPC).

---

[21] A Lei 11.105 não é aplicável a: (a) empresa pública e sociedade de economia mista; (b) instituição financeira pública ou privada, cooperativa de crédito, consórcio, entidade de previdência complementar, sociedade operadora de plano de assistência à saúde, sociedade seguradora, sociedade de capitalização e outras entidades legalmente equiparadas às anteriores (art. 2º, I e II).

4.2.4.6 Concordata e Recuperação Judicial

Concordata era o *"acerto amigável ou judicial, que é feito entre o comerciante e seus credores, em virtude do qual são estes levados a conceder uma dilatação de prazo para recebimento de seus créditos, com ou sem rebate sobre o valor dos mesmos. [...] A concordata tida como amigável entende-se, propriamente, a convenção que se firma entre o comerciante e seus credores, a fim de que prorroguem os prazos para o recebimento de seus créditos. É de caráter extrajudicial e que não se estende ou atinge os credores que a ela não anuírem. A concordata judicial, que tanto pode ser promovida no curso da falência (suspensiva), como antes de sua decretação (preventiva), entende-se a concessão decretada pelo juiz, diante de pedido do interessado e conforme prescrições estabelecidas por lei".* [22]

Em qualquer tipo de concordata, o devedor conservava a administração de seus bens (claro que sob a fiscalização do comissário), logo, seria o seu representante (art. 167, Dec.-lei 7.661/45). A concordata do empregador não impedia a execução do crédito nem a reclamação de empregado na Justiça do Trabalho (Súm. 227, STF).

A Lei 11.101/05 instituiu o instituto da recuperação judicial como uma das modalidades legais em substituição ao regime da concordata. A recuperação judicial tem por objetivo viabilizar a superação da situação de crise econômico-financeira do devedor, a fim de permitir a manutenção da fonte produtora, do emprego dos trabalhadores e dos interesses dos credores, promovendo, assim, a preservação da empresa, sua função social e o estímulo à atividade econômica (art. 47).

Na formulação da petição inicial do pedido de recuperação judicial, o devedor deverá, dentre outros documentos, indicar a relação de todas as ações judiciais em que figure como parte, inclusive as de cunho trabalhista, com a estimativa dos respectivos valores demandados (art. 51, IX).

Na recuperação judicial, o empregador conserva a sua representação, logo, não é o administrador o representante legal da empresa. Somente na falência é que cabe ao administrador a representação da massa falida em juízo, contratando, se necessário, advogado, cujos honorários serão previamente ajustados e aprovados pelo Comitê de Credores (art. 22, III, n).

4.2.4.7 Espólio

O espólio é uma universalidade, representando o conjunto de bens, direitos e obrigações de uma pessoa, que surgem após a sua morte.

A representação do espólio cabe ao inventariante (art. 75, VII, CPC).

Quando o inventariante for dativo, todos os herdeiros e sucessores do falecido serão autores ou réus nas ações em que o espólio for parte (art. 75, § 1º).

---

[22] DE PLÁCIDO E SILVA. *Vocabulário jurídico*, v. 1, 6. ed., p. 382.

Francisco Antonio de Oliveira[23] assevera: *"A representação no processo do trabalho competirá ao inventariante. Poderá acontecer de não haver bens a inventariar. Na prática, em não havendo bens a inventariar, aceita-se a representação pelo cônjuge sobrevivente. Todavia, em havendo menores, herdeiros necessários do que porventura vier a ser apurado na reclamatória, é bom alvitre a abertura de inventário negativo na Justiça Comum e a nomeação de inventariante.*

O valor que vier a ser apurado será remetido ao Juízo onde foi aberto o inventário, competente para a distribuição do quantum *porventura apurado. Todavia, em sendo diminuto o valor em discussão, e quase sempre o é, o excesso de formalidade poderá trazer consequências danosas no seio familiar em momento em que mais necessita de dinheiro."*

Bem ressalta Renato Saraiva,[24] *"vale destacar que, na maioria das vezes, em face da insuficiência econômica do obreiro e consequente inexistência de bens, não há inventário do empregado falecido. Nessa hipótese, haverá a habilitação incidente no processo diretamente pelos dependentes habilitados perante a Previdência Social (Lei 6.858/80, art. 1º). Caso não haja dependentes inscritos perante a Previdência Social, os sucessores é que serão habilitados. [...] Todavia, havendo a necessidade de inventário, em face da existência de bens do falecido ou de filhos menores, não haverá habilitação incidente imediata, devendo o processo laboral ser suspenso até a nomeação do inventariante."*

No processo trabalhista, o espólio do empregado poderá ser representado na forma prevista na Lei 6.858/80. Os valores devidos pelos empregadores aos empregados e os montantes das contas individuais do FGTS e do PIS-PASEP, não recebidos em vida pelos respectivos titulares, serão pagos, em quotas iguais, aos dependentes habilitados perante a Previdência Social ou na forma da legislação específica dos servidores públicos ou militares. Por último, na ausência desses dependentes, os valores serão pagos aos sucessores previstos na lei civil, indicados em alvará judicial, independentemente de inventário ou arrolamento (art. 1º, *caput*, Lei 6.858).

As quotas atribuídas a menores ficarão depositadas em caderneta de poupança, rendendo juros e correção monetária, e só serão disponíveis após o menor completar 18 anos, salvo autorização do magistrado para aquisição do imóvel destinado à residência do menor e de sua família ou para dispêndio necessário à subsistência e educação do menor (art. 1º, § 1º).

4.2.4.8   Herança Jacente

A herança jacente surge quando o *de cujus* deixou bens a serem inventariados, mas os herdeiros não são conhecidos ou se o são, não aceitam a herança (arts. 1.819 e segs., CC).

Deve ser nomeado um curador para representá-la (art. 75, VI, CPC). Não havendo a localização dos herdeiros ou a renúncia, os respectivos bens que compõem o acervo devem ser revertidos para o Estado. O curador é nomeado com o intuito de guardar,

---

[23]   OLIVEIRA, Francisco Antonio de. Ob. cit., p. 50.

[24]   SARAIVA, Renato. *Curso de direito processual do trabalho*, 5. ed., p. 241.

PARTE VI · Cap. IV – SUJEITOS DA RELAÇÃO PROCESSUAL | 387

conservar e administrar os bens até serem entregues aos herdeiros (se houver a localização). A hipótese mais comum é a inexistência de herdeiros.

4.2.4.9 Condomínio

No processo civil, o condomínio é representado pelo administrador ou pelo síndico (art. 75, XI, CPC).

De acordo com a Lei 2.757/56, são considerados representantes dos empregadores nas reclamações ou dissídios movimentados na Justiça do Trabalho os síndicos eleitos entre os condôminos (art. 2º).

Sergio Pinto Martins entende que o art. 75, XI, NCPC (art. 12, IX, CPC/73), é inaplicável no Judiciário Trabalhista ante a inexistência de omissão na legislação trabalhista. Quando o síndico for pessoa jurídica, de acordo com o art. 22, § 4º, da Lei 4.591/64, *"poderá haver a substituição por preposto, como no caso de o síndico ser a própria empresa administradora"*.[25]

O art, 75, XI, CPC, e a Lei 2.757 se completam e não se excluem, logo, entendemos que o condomínio pode ser representando não só pelo administrador ou síndico. Por outro lado, também é cabível ao condomínio a faculdade da representação judicial por empregado, na qualidade de preposto (art. 843, § 1º, CLT).

4.2.4.10 Pessoas Jurídicas

A pessoa jurídica é representada pela pessoa designada pelo respectivo ato constitutivo, ou, em caso de não se ter essa designação, pelo seu diretor (art. 75, VIII, CPC).

A pessoa jurídica estrangeira será representada pelo gerente, representante ou administrador de sua filial, agência ou sucursal aberta ou instalada no Brasil (art. 75, X).

O gerente de filial ou agência presume-se autorizado, pela pessoa jurídica estrangeira, a receber citação inicial para qualquer processo (art. 75, § 3º).

O CPC não determina a exibição dos estatutos da empresa em juízo como condição de validade do instrumento de mandato outorgado ao seu procurador, salvo se houver impugnação da parte contrária (OJ 255, SDI-I).

Em relação à procuração outorgada por pessoa jurídica, em que não se tem a identificação do outorgante e de seu representante, a Súm. 456, TST, considera: (a) inválido o instrumento de mandato firmado em nome de pessoa jurídica que não contenha, pelo menos, o nome do outorgante e do signatário da procuração, pois estes dados constituem elementos que os individualizam; (b) verificada a irregularidade de representação da parte na instância originária, o juiz designará prazo de cinco dias para que seja sanado o vício. Descumprida a determinação, extinguirá o processo, sem resolução de mérito, se a providência couber ao reclamante, ou considerará revel o reclamado, se a providência lhe couber; (c) caso a irregularidade de representação da parte seja constatada em fase recursal, o relator

---

[25] MARTINS, Sergio Pinto. Ob. cit., p. 178.

designará prazo de cinco dias para que seja sanado o vício. Descumprida a determinação, o relator não conhecerá do recurso, se a providência couber ao recorrente, ou determinará o desentranhamento das contrarrazões, se a providência couber ao recorrido.

De acordo com o art. 76, CPC, verificada a incapacidade processual (capacidade de parte) ou a irregularidade da representação da parte (capacidade postulatória), o juiz suspenderá o processo e designará prazo razoável para que seja sanado o vício. Caso se tenha o descumprimento da determinação: (a) na instância originária: (1) o processo será extinto, se a providência couber ao autor; (2) o réu será considerado revel, se a providência lhe couber; (3) o terceiro será considerado revel ou excluído do processo, dependendo do polo em que se encontre; (b) em fase recursal perante tribunal de justiça, tribunal regional federal ou tribunal superior, o relator: (1) não conhecerá do recurso, se a providência couber ao recorrente; (2) determinará o desentranhamento das contrarrazões, se a providência couber ao recorrido.

Pela aplicação subsidiária do art. 76, CPC (art. 15, CPC; art. 769, CLT; art. 3º, I, IN 39/16, TST), o TST alterou as redações das Súmulas 383, 395 e 456, e cancelou a Súmula 164.

Quanto ao instrumento de procuração e a fase recursal, a Súm. 383 determina que: (a) é inadmissível recurso firmado por advogado sem procuração juntada aos autos até o momento da sua interposição, salvo mandato tácito. Em caráter excepcional (art. 104, CPC), admite-se que o advogado, independentemente de intimação, exiba a procuração no prazo de cinco dias após a interposição do recurso, prorrogável por igual período mediante despacho do juiz. Caso não a exiba, considera-se ineficaz o ato praticado e não se conhece do recurso; (b) verificada a irregularidade de representação da parte em fase recursal, em procuração ou substabelecimento já constante dos autos, o relator ou o órgão competente para julgamento do recurso designará prazo de cinco dias para que seja sanado o vício. Descumprida a determinação, o relator não conhecerá do recurso, se a providência couber ao recorrente, ou determinará o desentranhamento das contrarrazões, se a providência couber ao recorrido.

No tocante à procuração e ao substabelecimento, quanto às condições de validade, a Súm. 395 enuncia: (a) válido é o instrumento de mandato com prazo determinado que contém cláusula estabelecendo a prevalência dos poderes para atuar até o final da demanda (art. 105, § 4º, CPC); (b) se há previsão, no instrumento de mandato, de prazo para sua juntada, o mandato só tem validade se anexado ao processo o respectivo instrumento no aludido prazo; (c) são válidos os atos praticados pelo substabelecido, ainda que não haja, no mandato, poderes expressos para substabelecer (art. 667, e parágrafos, do CC); (d) configura-se a irregularidade de representação se o substabelecimento é anterior à outorga passada ao substabelecente; (e) verificada a irregularidade de representação (letras "b" e "d"), o juiz deve suspender o processo e designar prazo razoável para que seja sanado o vício, ainda que em instância recursal.

Não caracteriza irregularidade de representação a ausência da data da outorga de poderes, pois, no mandato judicial, ao contrário do mandato civil, não é condição de validade do negócio jurídico. Assim, a data a ser considerada é aquela em que o instrumento for juntado aos autos, conforme preceitua o art. 409, IV, CPC, sendo inaplicável o art. 654, § 1º, do CC (OJ 371, SDI-I).

PARTE VI · Cap. IV – SUJEITOS DA RELAÇÃO PROCESSUAL | **389**

Consideram-se válidos os atos praticados por estagiário se entre o substabelecimento e a interposição do recurso sobreveio a habilitação do então estagiário para atuar como advogado (OJ 319, SDI-I).

Em matéria de representação da parte, o TST fixou o entendimento de que a juntada de nova procuração aos autos, sem ressalva de poderes conferidos ao antigo patrono, implica revogação tácita do mandato anterior (OJ 349, SDI-I).

A procuração outorgada com poderes específicos para ajuizamento de reclamação trabalhista não autoriza a propositura de ação rescisória e mandado de segurança. Constatado, todavia, o defeito de representação processual na fase recursal, cumpre ao relator ou ao tribunal conceder prazo de cinco dias para a regularização, nos termos da Súmula 383, II, TST (OJ 151, SDI-II).

É regular a representação processual do subscritor do agravo de instrumento ou do recurso de revista que detém mandato com poderes de representação limitados ao âmbito do TRT, pois, embora a apreciação desse recurso seja realizada pelo TST, a sua interposição é ato praticado perante o TRT, circunstância que legitima a atuação do advogado no feito (OJ 374, SDI-I).

Verificada a total ausência de assinatura no recurso, o juiz ou o relator concederá prazo de cinco dias para que seja sanado o vício. Diante do descumprimento do prazo, o recurso será considerado inadmissível (art. 932, parágrafo único, CPC) (OJ 120, I, SDI-I). Será considerado válido o recurso, se houver, ao menos, a assinatura na petição de apresentação ou nas razões recursais (OJ 120, II).

O recurso interposto de forma digital não necessita da identidade de advogado para quem assina a petição digitalizada e sim para quem envia, por assinatura eletrônica, o recurso. O importante é que a advogada, responsável pelo envio da petição, tenha poderes (instrumento de mandato) nos autos (TST – 8ª T. – RR 297-05.2012.5.04.0663 – Rel. Min. Márcio Eurico Vitral Amaro).

4.2.4.10.1 A Representação do Empregador em Audiência

É facultado ao empregador fazer-se substituir pelo gerente, ou qualquer outro preposto que tenha conhecimento do fato e cujas declarações obrigarão o proponente (art. 843, § 1º).

Até recentemente, para o TST, exceto quanto à reclamação de empregado doméstico *ou contra micro ou pequeno empresário*, o preposto deve ser necessariamente empregado do reclamado, de acordo com a inteligência do art. 843, § 1º, CLT (Súm. 377, TST; art. 54, LC 123/06). Além disso, segundo o TST, a presença do advogado, sem o comparecimento do empregador ou de seu preposto – empregado, não elidia a caracterização da revelia (Súm. 122).

Com a Reforma Trabalhista, não se exige mais que o preposto seja empregado (art. 843, § 3º, CLT, Lei 13.467/17) e, ainda que ausente o reclamado, presente o advogado na audiência, serão aceitos a contestação e seus documentos (art. 844, § 5º).

Pelo art. 12, § 1º, IN 41, de 21/06/2018, TST, a não mais exigência de que o preposto seja empregado (art. 843, § 3º), há de ser aplicada somente às audiências trabalhistas realizadas após 11 de novembro de 2017 (vigência da Reforma Trabalhista). Por sua vez, a regra do § 5º, art. 844, CLT, somente será observada para as ações ajuizadas depois de 11 de novembro de 2017 (art. 12, caput, IN 41).

Será que é obrigatória, por parte do preposto, a exibição da carta de preposição?

Para Valentin Carrion,[26] a carta de preposição é o *"documento hábil para prova do mandato outorgado"*, contudo, *"a sua ausência não deve atrair a aplicação da revelia, quando possível. Com frequência, o próprio empregado, autor da ação, interrogado, tem condições de esclarecer a identidade funcional ou patrimonial do preposto".*

4.2.4.10.2 Advogado e Preposto

O art. 1º do Provimento 60, do Conselho Federal da Ordem dos Advogados do Brasil, assim enuncia: *"É defeso ao advogado funcionar no mesmo processo simultaneamente como patrono e preposto do empregador."*

Por sua vez, o parágrafo único dispõe: *"Nas causas pendentes, deve o advogado comunicar a proibição ao seu empregador para efeito de substituição imediata."*

O art. 25, do Código de Ética e Disciplina dos Advogados, impõe: *"É defeso ao advogado funcionar no mesmo processo, simultaneamente, como patrono e preposto do empregador ou cliente."*

Por norma interna da advocacia brasileira, o advogado não pode atuar como patrono e preposto do empregador no mesmo processo.

Será que essa norma vincula o Judiciário Trabalhista?

Por ser uma norma interna, o seu conteúdo não é vinculativo para o Judiciário Trabalhista.

Na doutrina, Francisco Antonio de Oliveira[27] expõe: *"O exercício da função técnica advogado e de preposto traz alguns inconvenientes. Muito embora o advogado seja livre no exercício da função, não aceitando qualquer interferência técnica, já não poderá exigir o mesmo quando se coloca na posição de preposto. Aí estará representando a empresa e muitas vezes terá que faltar com a verdade, já que lamentavelmente em nosso direito positivo não existe qualquer proibição a que isso aconteça. Embora a moral incrimine, a lei descrimina. O melhor será que os advogados conscientes das suas reais responsabilidades no exercício de um múnus público, não se prestem a isso. A Ordem dos Advogados do Brasil em âmbito federal, editou o Provimento nº 60, de 4.11.87, com o objetivo de proibir o exercício concomitante das funções de advogado e de preposto. Assim melhor será que os advogados se conscientizem da nocividade do exercício concomitante de ambas as funções, já que existe um alerta expresso pela própria Ordem. Todavia, se o advogado não cumprir a determinação, essa rebeldia só por si não será motivo para que o juiz considere a empresa sem preposto. É que o documento editado pela Ordem dos Advogados do Brasil firma residência em âmbito administrativo, sem qualquer força legal. O que poderá fazer o juiz é oficiar àquele Órgão dando ciência para conhecimento."*

---

[26] CARRION, Valentin. *Comentários à Consolidação das Leis do Trabalho*, 28. ed., p. 663.

[27] OLIVEIRA, Francisco Antonio de. *Manual de audiências trabalhistas*, 1994, p. 71.

PARTE VI · Cap. IV – SUJEITOS DA RELAÇÃO PROCESSUAL | 391

Quando a norma interna da OAB menciona a expressão "simultânea", está impossibilitando que o advogado, na prática do ato processual, seja patrono e preposto do empregador.

Logo, nada obsta que o empregador, em um determinado momento, indique o seu advogado, que é um empregado, como preposto, e na sequência do encadeamento processual, indique o mesmo profissional, como advogado, atuando como seu patrono.

O art. 18, Lei 8.906/94, dispõe que *"o advogado empregado não está obrigado à prestação de serviços profissionais de interesse pessoal dos empregadores, fora da relação de emprego"*.

A atuação como preposto não pode ser recusada pelo empregado que é advogado, na medida em que a condição de preposto é uma das suas tarefas e funções contratuais, pertinentes e presentes na sua relação jurídica empregatícia.

Ressalte-se, ainda, que preposto não é representante da parte no processo, e sim e tão somente no momento da realização da audiência.

Emílio Gonçalves[28] indica: *"Na Justiça do Trabalho, a lei impõe o comparecimento pessoal das partes à audiência, em razão da possibilidade de conciliação, o que, no dizer de Coqueijo Costa (in 'Direito Processual do Trabalho', 2ª ed., pág. 257), constitui o 'principal objetivo dessa Justiça'. Entretanto, no tocante ao empregador, levando em consideração que a exigência do seu comparecimento pessoal poderia revelar-se prejudicial à direção e à produção da empresa, permite que se faça representar, na audiência, pelo gerente ou por qualquer outro preposto. Nem sempre os empregadores dispõem de tempo para comparecer às audiências, em função de suas atividades empresariais. Utiliza o art. 843, § 1º da CLT o termo 'substituir-se'. Autores há que censuram a impropriedade do termo, entendendo tratar-se de representação, e não substituição, uma vez que o termo 'substituição' tem conceito próprio em direito processual (Coqueijo Costa, in 'Direito Processual do Trabalho', 2ª ed., pág. 257), – encontrando-se disciplinado nos arts. 41 a 43 do CPC/73. Parece-nos que, in casu, a discussão terminológica é despicienda, visto tratar-se de uma situação específica. Com efeito, cumpre distinguir entre a representação das partes ou respectiva substituição no processo e a representação ou substituição do empregador na audiência. Por outras palavras, a lei processual trabalhista defere às partes o jus postulandi, em razão do qual as partes podem praticar pessoalmente todos os atos do processo. A representação das partes no processo não se confunde com a representação do empregador na audiência, por preposto. Este apenas substitui a pessoa do empregador na audiência, e não o empregador no processo. É o que deflui do § 1º do art. 843 da CLT que restringe a atuação do preposto à audiência. Tanto assim que o permissivo em tela se encontra inserido como um dos parágrafos do art. 843 que trata especificamente da audiência."*

O empregador, pelo seu poder diretivo, pode indicar o advogado, que é seu empregado, como preposto para a audiência e no restante do encadeamento processual, utilizar o mesmo profissional como seu patrono.

---

[28] GONÇALVES, Emílio. *O preposto do empregador no processo do trabalho*, 2. ed., p. 14.

O que não é possível é a atuação simultânea na realização do mesmo ato processual, do advogado empregado, como preposto e patrono.

Concluindo, temos: (a) a regra interna da OAB é válida como norma administrativa *interna corporis*, não vinculando o Judiciário Trabalhista; (b) mesmo que fosse válida a citada regra, quanto aos processos trabalhistas, o que se veda é a atuação simultânea do advogado empregado, como preposto e patrono do empregador.

Há julgado do TST no sentido de que era possível a atuação simultânea.[29]

A IN 41, 21/06/2018, TST, indica que é inadmissível a cumulação das condições de advogado e preposto (art. 12, § 3º), diante das alterações introduzidas pela Lei 13.467/2017 (Reforma Trabalhista): (a) não se exige mais a condição de empregado para preposto (art. 843, § 3º, CLT); (b) ainda que ausente o reclamado, presente o advogado na audiência, serão aceitos a contestação e os documentos eventualmente apresentados (art. 844, § 5º, CLT).

4.2.4.11 União, Estados, Distrito Federal, Territórios e Municípios

A União é representada pela Advocacia Geral da União (art. 131, CF; arts. 5º e 6º, Lei 9.028/95; art. 75, I, CPC).

Os Estados e o Distrito Federal por seus procuradores (art. 75, II, CPC). Os Municípios podem ser representados pelo prefeito ou procurador (art. 75, III).

O TST entende que é aplicável à revelia para a pessoa jurídica de direito público (art. 844, CLT) (OJ 152, SDI-I).

Os procuradores não estão obrigados a juntar ou exibir mandato ou ato de nomeação, bastando que se identifiquem perante o juízo (Súm. 436, I, TST), sendo essencial que o signatário declare exercer o cargo de procurador, não bastando a indicação do número de inscrição na OAB (Súm. 436, II).

Os Estados e os Municípios não têm legitimidade para recorrer em nome das autarquias e das fundações públicas. Contudo, os procuradores estaduais e municipais podem representar as respectivas autarquias e fundações públicas em juízo somente se designados pela lei da respectiva unidade da federação (art. 75, IV, CPC) ou se investidos de instrumento de mandato válido (OJ 318, SDI-I).

4.2.4.12 Autarquias

A representação das autarquias[30] não era disciplinada pelo CPC/73, o que não ocorre com o NCPC (art. 75, IV). Portanto, em juízo, ativa ou passivamente, a autarquia

---

[29] TST – 2ª T. – RR 1555-19.2010.5.09.0651 – Rel. Min. Guilherme Augusto Caputo Bastos – *DEJT* 14/9/2012.

[30] Autarquia é o serviço autônomo criado por lei, com personalidade jurídica, patrimônio e receita própria, para executar atividades típicas da Administração pública, que requeiram, para seu melhor funcionamento, gestão administrativa e financeira descentralizada (art. 5º, I, Dec.-lei nº 200/67).

é representada pelo seu dirigente ou pelos seus procuradores, caso haja tal previsão na lei que a criou. Ao procurador autárquico não é exigível a apresentação de instrumento de mandato para representá-la em juízo (Súm. 644, STF; Súm. 436, TST).

4.2.4.13 Instituto Nacional do Seguro Social (INSS)

O art. 16, Lei 11.457/07, atribui à Procuradoria Geral Federal a representação da União, nos processos em tramitação perante a Justiça do Trabalho relacionados com a cobrança de contribuições previdenciárias, de imposto de renda retido na fonte e de multas impostas aos empregadores pelos órgãos de fiscalização das relações de trabalho, mediante delegação da Procuradoria-Geral da Fazenda Nacional.

4.2.4.14 Fundações

As fundações são universalidades de bens, que adquirem personalidade jurídica por imposição legal, em decorrência de um fim determinado pelo seu fundador.

O fim da fundação é imutável e deve ser observado pelo gestor da fundação. Os bens integrantes desse acervo devem ser geridos para a consecução desse objetivo.

A essência da fundação repousa em ser um patrimônio destinado a um fim. Tanto o particular, como o Poder Público, para a constituição de uma fundação, necessita de dotação patrimonial.

As fundações de Direito Privado são criadas por escritura pública ou por testamento, mas a fundação de direito público é estabelecida por lei.

A representação da fundação de direito público é estabelecida de acordo com a lei de sua criação (art. 75, IV, CPC), enquanto a de direito privado é fixada nos moldes do estatuto que a originou.

4.2.4.15 Sociedade em Liquidação Extrajudicial

A sociedade em liquidação extrajudicial é representada pelo liquidante, o qual é nomeado por determinação do Banco Central do Brasil (art. 16, Lei 6.024/74).

O liquidante poderá indicar prepostos de acordo com o art. 843, § 1º, CLT.

A decretação da liquidação extrajudicial não é motivo para o deslocamento da competência da Justiça do Trabalho. O processo prossegue no judiciário trabalhista, inclusive, durante o transcorrer da execução trabalhista (OJ 143, SDI-I).

4.2.4.16 Empregador Doméstico

O empregador doméstico pode se fazer representar por qualquer pessoa da família. Além de a família ser representada por qualquer de seus integrantes, poderá também haver a designação de um outro empregado para representá-la em audiência (art. 843, §§ 1º e 3º, CLT).

4.2.4.17 Sociedade de Economia Mista

O CPC não disciplina a representação da sociedade de economia mista.

A representação judicial ativa ou passiva será efetuada em conformidade com a lei que a criou ou de acordo com os seus estatutos.

4.2.4.18 Empresa Pública

A Lei Processual Civil não disciplina os critérios de representação legal da empresa pública.

A atuação judicial ativa ou passiva da empresa pública será realizada em sintonia com a lei que a criou ou de acordo com os seus atos constitutivos.

4.2.4.19 Empregado

Na audiência de julgamento deverão estar presentes o reclamante e o reclamado, independentemente do comparecimento de seus representantes, salvo nos casos de reclamatórias plúrimas ou ações de cumprimento, quando os empregados poderão fazer-se representar pelo sindicato de sua categoria (art. 843, *caput*, CLT).

Se por doença ou qualquer outro motivo ponderoso, devidamente comprovado, não for possível ao empregado comparecer pessoalmente, poderá fazer-se representar por outro empregado que pertença à mesma profissão, ou pelo seu sindicato (art. 843, § 2º).

Wagner Giglio[31] afirma que a substituição do empregado *"visa tão somente evitar a penalidade ou a revelia e confissão, respectivamente. Assim é porque o depoimento das partes é pessoal e não pode ser prestado por interposta pessoa, e ao contrário do que acontece com o empregador, o substituto do empregado não é seu preposto, não tem obrigação de conhecer os fatos e suas declarações, portanto, não obrigariam o substituído. Em decorrência, o substituto comparece apenas para o efeito de justificar a ausência e impedir o arquivamento ou a [...] confissão, devendo o processo ser adiado para outra audiência em que possa comparecer o empregado e prestar depoimento pessoal"*.

4.3 CAPACIDADE POSTULATÓRIA

4.3.1 Conceito

Capacidade postulatória é a faculdade de requerer e praticar atos processuais (*ius postulandi*).

No processo civil, a parte será representada em juízo por advogado legalmente habilitado (art. 103, caput, CPC). Portanto, como regra, a capacidade postulatória compete ao advogado. A parte poderá postular em causa própria quando tiver habilitação legal (art. 103, parágrafo único).

---

[31] GIGLIO, Wagner. Ob. cit., p. 177.

Ovídio A. Batista da Silva[32] ensina: *"Além da capacidade de ser parte e da plena capacidade processual* (Legitimatio ad processum), *nossa lei veda que os interessados realizem pessoalmente os atos processuais e requeiram em juízo sem a assistência de uma pessoa especializada e legalmente habilitada, dotada do chamado* ius postulandi. *As partes, desde que dotadas de capacidade processual, devem, mesmo assim, estar representadas em juízo por advogado habilitado, o que significa dizer advogado em pleno gozo de suas prerrogativas profissionais, a quem a parte haja outorgado o competente mandato para representá-lo em juízo."*

Sem procuração, o advogado não será admitido a procurar em juízo. Poderá, todavia, em nome da parte, intentar ação, a fim de evitar decadência ou prescrição, ou para praticar ato urgente (art. 104, caput, CPC). Nesses casos, o advogado deverá, independentemente de caução, exibir a procuração no prazo de 15 dias, prorrogável até outros 15, por despacho do juiz (art. 104, parágrafo único).

O ato não ratificado será considerado ineficaz relativamente àquele em cujo nome foi praticado, respondendo o advogado por despesas e perdas e danos (art. 104, § 2º).

O TST admite a presença do mandato tácito (Súm. 383, I). No processo do trabalho, o mandato tácito[33] se forma quando a parte comparece em audiência acompanhada de advogado. Em nome da parte, o advogado pratica uma série de atos, tais como: perguntas, requerimentos, razões finais etc.

A Lei 12.437/11, acresceu o § 3º ao art. 791 da CLT, dispondo que a constituição de procurador com poderes para o foro em geral poderá ser efetivada, mediante simples registro em ata de audiência, a requerimento verbal do advogado interessado, com anuência da parte interessada.

Para o agravo de instrumento, a juntada da ata de audiência, em que está consignada a presença do advogado do agravado, desde que não estivesse atuando com mandato expresso, torna dispensável a procuração deste, porque demonstrada a existência de mandato tácito (OJ 286, SDI-I).

O mandato tácito não permite o substabelecimento (OJ 200, SDI-I).

4.3.2   O Processo Trabalhista e a Capacidade Postulatória

Os empregados e os empregadores poderão reclamar pessoalmente perante o Judiciário Trabalhista, acompanhando as suas reclamações da vara do trabalho até o TST (art. 791, *caput*, CLT; Súm. 425, TST).

Nos dissídios individuais, os empregados e empregadores poderão fazer-se representar por intermédio do sindicato ou advogado (art. 791, § 1º).

Nos dissídios coletivos é facultada aos interessados a assistência por advogado (art. 791, § 2º).

---

[32]   SILVA, Ovídio A. Batista da Silva. *Curso de processo civil*, v. 1, 4. ed., p. 246.

[33]   O mandato tácito está melhor analisado no tópico 4.4.2.2 *infra*.

O dissídio individual trabalhista poderá ser apresentado: (a) pelos empregados e empregadores, pessoalmente, ou por seus representantes, e pelos sindicatos de classe; (b) por intermédio das Procuradorias Regionais da Justiça do Trabalho (art. 839, I e II).

Diante dos dispositivos acima citados, no processo trabalhista, a capacidade postulatória não é atribuição exclusiva dos advogados.

No processo do trabalho, a capacidade postulatória outorgada as partes limita-se às varas do trabalho e aos TRTs, não alcançando a ação rescisória, a ação cautelar, o mandado de segurança e os recursos de competência do TST (Súm. 425, TST).

A CF consagrou que o advogado, de acordo com os limites legais, é indispensável à administração da justiça, sendo inviolável por seus atos e manifestações no exercício da profissão (art. 133).

Alguns doutrinadores entenderam que o art. 791, CLT, não foi recepcionado pela CF/88.

Contudo, mesmo após a promulgação da CF/88, no TST permaneceu válido o entendimento de que os honorários advocatícios são devidos em face da assistência pela entidade sindical (Súm. 219, I, e 329).

Com o advento da Lei 8.906/94 (Estatuto da Advocacia), novamente, surgiu a polêmica de que o art. 791 da CLT teria sido revogado. A esse respeito, Sergio Pinto Martins[34] discorre: *"Estabeleceu o art. 2º da Lei nº 8.906 que 'o advogado é indispensável à administração da justiça'. O § 3º do mesmo artigo determinou que, 'no exercício da profissão, o advogado é inviolável por seus atos e manifestações, nos limites desta lei', sendo essa inviolabilidade dependente dos limites estabelecidos pela Lei nº 8.906.*

Disciplina o art. 1º da Lei nº 8.906 que é atividade privativa de advocacia a postulação a qualquer órgão do Poder Judiciário e aos juizados especiais (inciso I), regulando inteiramente a matéria. Aqui, temos uma diferenciação em relação à Lei nº 4.215/63 que falava de atividade privativa de advogado (§ 3º do art. 71) para diferenciá-lo do estagiário (art. 72). O § 1º do art. 1º da Lei nº 8.906 aponta expressamente uma única exceção à regra da participação do advogado, que inexistia na lei anterior, que é a impetração do habeas corpus. Não há outras exceções. Logo, já que é privativo do advogado a postulação em qualquer órgão do Poder Judiciário, sendo a Justiça do Trabalho um desses órgãos, e a única exceção vem a ser a interposição do habeas corpus, a conclusão a que podemos chegar é que o jus postulandi, previsto no art. 791 da CLT, não mais persiste, tendo sido revogado o referido preceito da CLT por ser incompatível com as normas citadas."

No julgamento da ADIN 1.127-8, no tocante ao art. 1º, I, Lei 8.906, o STF deliberou: (a) ficou prejudicada a alegação de inconstitucionalidade da expressão *"aos juizados especiais"* em razão da superveniência de norma posterior que regulamentou a matéria (Lei 9.099/95); (b) por maioria julgou procedente para declarar a inconstitucionalidade da expressão "qualquer" contida no inciso I, vencidos os Min. Marco Aurélio, relator, e o Min. Carlos Ayres Britto. O Min. Marco Aurélio julgou improcedente o pedido com

---

[34] MARTINS, Sergio Pinto. Ob. cit., p. 180.

relação à expressão "qualquer" por entender que o art. 133 da CF não contempla exceção à indispensabilidade do advogado. A divergência, quanto a esse ponto, foi aberta pelo Min. Ricardo Lewandowski, que ressalvou apenas que não é possível proibir a presença do advogado. Lewandowski julgou procedente o pedido formulado quanto à expressão "qualquer" e foi acompanhado pelos Mins. Eros Grau, Joaquim Barbosa, Cezar Peluso, Gilmar Mendes, Celso de Mello e Sepúlveda Pertence. Pertence ainda afirmou que não é absoluta a vedação ao legislador de dispensar a participação do advogado em determinadas causas, sendo que sujeita essa dispensa aos princípios da razoabilidade e da proporcionalidade.

A outorga legal da capacidade postulatória às partes não pode ser vista como elemento inibidor da aplicação da verba honorária advocatícia ao processo legal.

Apesar da capacidade postulatória outorgada às partes pela Lei, a complexidade da técnica processual exige a participação efetiva e concreta de profissionais habilitados, sob pena de se inverter a sua própria finalidade, ou seja, de que seja um instrumento de Justiça.

A 1ª Jornada de Direito Material e Processual na Justiça do Trabalho, por meio do Enunciado 67, fixou o entendimento de que a faculdade de as partes reclamarem, pessoalmente, seus direitos perante a Justiça do Trabalho e de acompanharem suas reclamações até o final, contida no art. 791, CLT, deve ser aplicada às lides decorrentes da relação de trabalho.

4.3.3   Assistência Jurídica e o Processo do Trabalho

É dever do Estado prestar assistência jurídica integral[35] e gratuita aos que comprovarem insuficiência de recursos (art. 5º, LXXIV, CF). Tal dever se insere no rol dos direitos humanos (art. 8º, item 2, a e e, Pacto de São José da Costa Rica).

Pela análise do inciso LXXIV, do art. 5º, é evidente a preocupação do legislador constituinte[36] quanto à assistência judiciária integral e gratuita. Esta assistência engloba não só o acesso ao Judiciário como um todo, propiciando ao necessitado que tenha todas

---

[35]   No direito processual moderno tem-se a visualização de três ondas de inovações, as quais, no seu conjunto, visam permitir um melhor acesso à Justiça. As inovações levaram a superação do modelo individualista do processo (séculos XVIII e XIX), onde se tinha tão somente a garantia do acesso formal à Justiça. As três ondas são: (a) assistência judiciária; (b) meios processuais de proteção aos interesses e direitos difusos e coletivos; (c) criação de mecanismos de acessibilidade geral a justiça.

[36]   "Diferentemente da regra constitucional anterior que só conferia 'assistência judiciária aos necessitados' (art. 153, § 31, da CF/69), a atual Constituição brasileira resolveu ampliar a garantia e outorgar aos carentes 'assistência jurídica integral', como se lê no texto sob análise. A distinção está no fato de que a assistência jurídica compreende a judiciária (assistência para estar perante o juiz), mas vai além, porque significa prestação de consultoria jurídica e atividade extrajudicial em favor dos beneficiários" (MACHADO, Antônio Cláudio da Costa. *Normas processuais civis interpretadas artigo por artigo, parágrafo por parágrafo da Constituição Federal*, 2001, p. 22).

as informações necessárias antes da propositura da demanda, como também condições estruturais para que haja o ajuizamento da demanda e o seu prosseguimento sem qualquer ônus[37] para o necessitado.

Podemos afirmar que assistência jurídica integral e gratuita não só engloba a assistência judiciária, como também se relaciona com serviços jurídicos não relacionados ao processo, tais como: orientações individuais ou coletivas; esclarecimento de dúvidas e até mesmo um programa de informações a toda a comunidade. É importante que o cidadão não só tenha acesso à Justiça. Há de ser assegurado ao cidadão o direito de: ser informado e de se informar a respeito dos seus direitos; ter um profissional competente e habilitado para o patrocínio dos seus interesses de forma judicial ou extrajudicial; isenção quanto ao pagamento dos encargos processuais ou extraprocessuais existentes na busca da tutela dos seus direitos.

Sylvio Mota e Gustavo Barchet[38] discorrem: *"A assistência jurídica integral e gratuita engloba tanto o auxílio extraprocessual, por meio de consultas acerca de nossa legislação, como a assistência processual, no curso de um processo regularmente instaurado, seja o necessitado autor ou réu. Além disso, não se restringe à esfera penal, alcançando os demais ramos do Direito, como o trabalhista e o previdenciário. [...] Podemos sintetizar as principais características desse direito fundamental nos seguintes termos: 1º) ela não abrange somente a assistência jurisdicional, quando já existente processo judicial em curso, mas também a assistência jurídica como um todo (integral, como diz a norma), o que inclui a atividade de consulta sobre a legislação; 2º) a norma não abrange a todos, mas apenas aos que comprovarem insuficiência de recursos, não requerendo, todavia, um estado de miserabilidade. Por insuficiência de recursos, entende-se a falta de disponibilidade financeira para custear as despesas inerentes ao processo judicial. A pessoa tem recursos para seu sustento, mas apenas para isso, não podendo também suportar os encargos do processo*

---

[37] "O mais óbvio obstáculo para um efetivo acesso à justiça é o do 'custo do processo'. Esse problema se relaciona com as custas processuais devidas aos órgãos jurisdicionais, como as despesas para a contratação de advogado e com aquelas necessárias para a produção das provas. É evidente que o custo do processo constitui um grave empecilho para boa parte da população brasileira, pois todos conhecem as dificuldades financeiras que a assolam. Na verdade, as custas processuais, as despesas para a contratação de advogados e as para a produção de provas dificilmente poderão ser retiradas das disponibilidades orçamentárias das partes, e assim terão de obrigá-las a economias sacrificantes. Não há dúvida de que os obstáculos sociais para o acesso à jurisdição também atingem o réu, mas também é inegável que o direito de acesso, quando relacionado à efetividade da proteção dos direitos, vincula-se mais nitidamente à posição do autor e, dessa maneira, ao direito de ação. O custo do processo pode impedir o cidadão de propor a ação, ainda que tenha convicção de que o seu direito foi violado ou está sendo ameaçado de violação. Isso significa que, por razões financeiras, expressiva parte dos brasileiros pode ser obrigada a abrir mão dos seus direitos. Porém, é evidente que não adianta outorgar direitos e técnicas processuais adequadas e não permitir que o processo possa ser utilizado em razão de óbices econômicos. Não é por outra razão que a Constituição Federal, no seu art. 5º, LXXIV, afirma que o Estado prestará assistência jurídica integral e gratuita aos que comprovarem insuficiência de recursos" (MARINONI, Luiz Guilherme. *Teoria geral do processo*, 3. ed., p. 186).

[38] MOTTA, Sylvio; Barchet, Gustavo. *Curso de direito constitucional*, 2008, p. 256.

PARTE VI · Cap. IV – SUJEITOS DA RELAÇÃO PROCESSUAL | 399

[...]. A assistência jurídica gratuita integral entrelaça-se com a assistência judiciária e a justiça gratuita. Em linhas objetivas, a assistência judiciária consiste no benefício gratuito concedido ao necessitado de utilizar os serviços profissionais de advogado e demais auxiliares do Poder Judiciário, além da movimentação processual. Vale dizer, a assistência judiciária é o gênero, enquanto que a justiça gratuita, como espécie, é o direito quanto à isenção de todas as despesas necessárias quanto ao encadeamento processual. A justiça gratuita é um instituto de direito processual."

Mauro Schiavi[39] ensina: *"A doutrina costuma diferenciar a assistência judiciária gratuita da Justiça gratuita. Segundo a doutrina a assistência judiciária é gênero do qual a Justiça Gratuita é espécie. A assistência Judiciária Gratuita é o direito da parte de ter um advogado do Estado gratuito, bem como estar isenta de todas as despesas e taxas processuais. A Justiça gratuita é o direito à gratuidade de taxas judiciárias, custas, emolumentos, honorários de perito, despesas com editais etc. Não terá a parte direito a advogado do Estado, mas não pagará as despesas do processo."*

Para a concessão dos benefícios da assistência judiciária, não é necessário que a pessoa esteja em péssimas condições econômicas, como se fosse totalmente desprovida de qualquer recurso econômico. Vale dizer, necessitado não é sinônimo de pessoa que não tenha recursos, e sim de quem passará por dificuldades econômicas no seu sustento ou de seus familiares, se vier a demandar em juízo assumindo todas as despesas processuais.

Na Justiça do Trabalho, a assistência judiciária é a prestada pelo Sindicato profissional a que pertencer o trabalhador (art. 14, *caput*, Lei 5.584/70). Além disso, a assistência judiciária também pode ser prestada por advogados (Lei 1.060/50, Lei 8.906/94).

Na sistemática processual civil, a pessoa natural ou jurídica, brasileira ou estrangeira, com insuficiência de recursos para pagar as custas, as despesas processuais e os honorários advocatícios tem direito à gratuidade da justiça, na forma da lei (art. 98).

Os benefícios da assistência judiciária compreendem: (a) as taxas ou custas judiciais; (b) os selos postais; (c) as despesas com publicação na imprensa oficial, dispensando--se a publicação em outros meios; (d) a indenização devida à testemunha que, quando empregada, receberá do empregador salário integral, como se em serviço estivesse; (e) as despesas com a realização de exame de código genético – DNA e de outros exames considerados essenciais; (f) os honorários do advogado e do perito, e a remuneração do intérprete ou do tradutor nomeado para apresentação de versão em português de documento redigido em língua estrangeira; (g) o custo com a elaboração de memória de cálculo, quando exigida para instauração da execução; (h) os depósitos previstos em lei para interposição de recurso, proposição de ação e para a prática de outros atos processuais inerentes ao exercício da ampla defesa e do contraditório; (i) os emolumentos devidos a notários ou registradores em decorrência da prática de registro, averbação ou qualquer outro ato notarial necessário à efetivação de decisão judicial ou à continuidade de processo judicial no qual o benefício tenha sido concedido (art. 98, § 1º, I a IX, CPC).

---

[39] SCHIAVI, Mauro. *Manual de direito processual do trabalho*, 2008, p. 208.

A concessão da gratuidade não afasta a responsabilidade do beneficiário pelas despesas processuais e honorários advocatícios decorrentes de sua sucumbência (art. 98, § 2º)

Caso seja vencido o beneficiário da assistência judiciária, as obrigações decorrentes de sua sucumbência ficarão sob condição suspensiva de exigibilidade. Poderão ser executadas se, nos cinco anos subsequentes ao trânsito em julgado da decisão que as certificou, o credor demonstrar que deixou de existir a situação de insuficiência de recursos que justificou a concessão da gratuidade. Decorrido esse prazo, extinguem-se tais obrigações do beneficiário (art. 98, § 3º)

A concessão da gratuidade não isenta o dever de o beneficiário pagar, ao final, as multas processuais que lhe sejam impostas (art. 98, § 4º).

A gratuidade poderá ser concedida em relação a algum ou a todos os atos processuais, ou consistir na redução percentual de despesas processuais que o beneficiário tiver de adiantar no curso do procedimento (art. 98, § 5º).

Conforme o caso, o órgão jurisdicional poderá conceder direito ao parcelamento de despesas processuais que o beneficiário tiver de adiantar no curso do procedimento (art. 98, § 6º)

É aplicável às despesas com notários ou registradores (art. 98, § 1º, IX, CPC), o custeio previsto no art. 95, §§ 3º a 5º, os quais cuidam de custeio realizado pela Fazenda Pública, observada a tabela e as condições da lei estadual ou distrital respectiva. Havendo dúvida fundada quanto ao preenchimento atual dos pressupostos para a concessão da gratuidade, o notário ou registrador, após praticar o ato, pode requerer ao juízo competente para decidir questões notariais ou registrais, a revogação total ou parcial do benefício ou a sua substituição pelo parcelamento. O beneficiário será citado para, em quinze dias, manifestar-se sobre esse requerimento (art. 98, §§ 7º e 8º).

Com a Reforma Trabalhista, estão dispensados do depósito recursal os beneficiários da justiça gratuita (art. 899, § 10, CLT). Regra aplicável aos recursos interpostos contra as decisões proferidas a partir de 11 de novembro de 2017 (art. 20, IN 41/08, TST).

O requerimento da gratuidade da justiça pode ser formulado na petição inicial, na contestação, na petição para ingresso de terceiro no processo ou em recurso (OJ 269, I, SDI-I) (art. 99, *caput*, CPC).

Por outro lado, se superveniente à primeira manifestação da parte na instância, o pedido poderá ser formulado por petição simples, nos autos do próprio processo, e não suspenderá seu curso (art. 99, § 1º).

O juiz somente poderá indeferir o pedido se houver nos autos elementos que evidenciem a falta dos pressupostos legais para a concessão de gratuidade, devendo, antes de indeferir o pedido, determinar à parte a comprovação do preenchimento dos referidos pressupostos (respeito ao princípio do contraditório, evitando-se, assim, a decisão surpresa) (art. 99, § 2º).

Presume-se verdadeira a alegação de insuficiência deduzida exclusivamente por pessoa natural (art. 99. § 3º). Isso significa que para a pessoa jurídica o pedido de assistência judiciária necessita ser corroborado com documentos, os quais evidenciam as dificuldades econômicas da requerente, tais como: protesto de títulos, balanços negativos etc.

A declaração destinada a fazer prova de vida, residência, pobreza, dependência econômica, homonímia ou bons antecedentes, quando firmada pelo próprio interessado

PARTE VI • Cap. IV – SUJEITOS DA RELAÇÃO PROCESSUAL | 401

ou por procurador bastante, e sob as penas da Lei, presume-se verdadeira (art. 1º, Lei 7.115/83).

O TST sumulou o entendimento segundo o qual: a) a partir de 26.06.2017, para a concessão da assistência judiciária gratuita à pessoa natural, basta a declaração de hipossuficiência econômica firmada pela parte ou por seu advogado, desde que munido de procuração com poderes específicos para esse fim (art. 105, CPC); b) no caso de pessoa jurídica, não basta a mera declaração, é necessária a demonstração cabal de impossibilidade de a parte arcar com as despesas do processo (Súm. 463).

A concessão da assistência judiciária não exige que o advogado seja da entidade sindical, como ocorre no processo do trabalho (art. 14, Lei 5.584/70; Súm. 219, I, TST) (art. 99, § 4º).

O direito à gratuidade da justiça é pessoal, não se estendendo a litisconsorte ou a sucessor do beneficiário, salvo requerimento e deferimento expressos (art. 99, § 6º).

Em sede recursal, requerida a concessão de gratuidade da justiça, o recorrente estará dispensado de comprovar o recolhimento do preparo, incumbindo ao relator, neste caso, apreciar o requerimento e, se indeferi-lo, fixar prazo para realização do recolhimento (art. 99, § 7º, OJ 269, II, SDI-I).

Deferido o pedido, a parte contrária poderá oferecer impugnação na contestação, na réplica, nas contrarrazões de recurso ou, nos casos de pedido superveniente ou formulado por terceiro, por meio de petição simples, a ser apresentada no prazo de quinze dias, nos autos do próprio processo, sem suspensão de seu curso (art. 100, *caput*, CPC).

Diante da revogação do benefício, a parte arcará com as despesas processuais que tiver deixado de adiantar e pagará, em caso de má-fé, até o décuplo de seu valor a título de multa, que será revertida em benefício da Fazenda Pública estadual ou federal e poderá ser inscrita em dívida ativa (art. 100, parágrafo único).

Contra a decisão que indeferir a gratuidade ou a que acolher pedido de sua revogação caberá agravo de instrumento, exceto quando a questão for resolvida na sentença, contra a qual caberá apelação (art. 101, *caput*, CPC). No processo trabalhista, a matéria deverá ser objeto de preliminar na formulação do recurso ordinário, visto que as decisões interlocutórias são irrecorríveis de imediato (art. 893, § 1º, CLT; Súm. 214, TST).

Na fase recursal: (a) o recorrente estará dispensado do recolhimento de custas até decisão do relator sobre a questão, preliminarmente ao julgamento do recurso; (b) confirmada a denegação ou a revogação da gratuidade, o relator ou o órgão colegiado determinará ao recorrente o recolhimento das custas processuais, no prazo de cinco dias, sob pena de não conhecimento do recurso (art. 101, §§ 1º e 2º). Entendemos que os dispositivos são aplicáveis ao processo trabalhista.

Sobrevindo o trânsito em julgado de decisão que revoga a gratuidade, a parte deverá efetuar o recolhimento de todas as despesas de cujo adiantamento foi dispensada, inclusive as relativas ao recurso interposto, se houver, no prazo fixado pelo juiz, sem prejuízo de aplicação das sanções previstas em lei (art. 102, *caput*, CPC). Não efetuado o recolhimento, o processo será extinto sem resolução de mérito, tratando-se do autor, e, nos demais casos, não poderá ser deferida a realização de nenhum ato ou diligência requerida pela parte enquanto não efetuado o depósito (art. 102, parágrafo único).

No RR 341-06.2013.5.04.0011, o TST deliberou pela instauração do incidente de resolução de recursos repetitivos (Lei 13.015/14) no sentido de definir se os honorários da assistência judiciária gratuita são devidos, quando o advogado da parte não esteja credenciado pelo sindicato da categoria profissional.

Com a Reforma Trabalhista (Lei 13.467), a CLT passou a contemplar novas regras, as quais são: a) nova redação ao § 3º do art. 790, além da inclusão do § 4º: (1) é facultado aos juízes, órgãos julgadores e presidentes dos tribunais do trabalho de qualquer instância conceder, a requerimento ou de ofício, o benefício da justiça gratuita, inclusive quanto a traslados e instrumentos, àqueles que perceberem salário igual ou inferior à 40% do limite máximo dos benefícios do Regime Geral da Previdência; (2) o benefício da justiça gratuita será concedido à parte que comprovar insuficiência de recursos para o pagamento das custas processuais;

b) nova redação ao art. 790-B, CLT, em que a responsabilidade pelo pagamento dos honorários periciais é da parte sucumbente na pretensão objeto da perícia, ainda que beneficiária da justiça gratuita. Contudo, somente no caso em que o beneficiário da justiça trabalhista não tenha obtido em juízo créditos capazes de suportar o pagamento dos honorários periciais, ainda que em outro processo, é que a União responderá pelo encargo. Citada regra é aplicável para as ações ajuizadas após a vigência da Reforma Trabalhista (dia 11/11/2017), conforme art. 5º, IN 41, 21/06/2018, TST;[40]

c) inovação processual, em que se tenha a condenação do vencido na verba honorária sucumbencial, caso seja vencido o beneficiário da justiça gratuita, desde que não obtidos em juízo, ainda em outro processo, créditos capazes de suportar a despesa, as obrigações decorrentes de sua sucumbência ficarão sob condição suspensiva de exigibilidade e somente poderão ser executadas se, nos dois anos subsequentes ao trânsito em julgado da decisão que as certificou, o credor demonstrar que deixou de existir a situação de insuficiência de recursos que justificou a concessão da gratuidade, extinguindo-se, passado esse prazo, tais obrigações do beneficiário (art. 791-A, § 4º, CLT). Citada regra é aplicável para as ações ajuizadas após a vigência da Reforma Trabalhista (dia 11/11/2017), conforme art. 6º, IN 41, 21/06/2018, TST;

d) inovação processual, em que diante da ausência do Reclamante à audiência, ainda que beneficiário da justiça gratuita, será condenado ao pagamento das custas processuais, salvo se comprovar, no prazo de quinze dias, que a ausência ocorreu por motivo legalmente justificável (art. 844, § 2º, CLT). Citada regra é aplicável para as ações ajuizadas após a vigência da Reforma Trabalhista (dia 11/11/2017), art. 12, *caput*, IN 41, 21/06/2018, TST).

4.3.3.1 A Assistência Judiciária ao Empregador

Será que a falta de capacidade econômica do empregador para efetuar o pagamento do depósito significa que lhe possa ser vedado o direito ao recurso (art. 5º, LV, CF), com a imposição da deserção?

Apesar de ser uma norma constitucional (art. 5º, XXXV), o exercício do direito de ação pressupõe a observância de pressupostos (interesse, legitimidade e possibilidade jurídica do

---

[40] As alterações do art. 790-B, CLT, pela Lei 13.467/17, são objeto da ADI 5766, perante o STF (Rel. Min. Roberto Barroso).

PARTE VI · Cap. IV – SUJEITOS DA RELAÇÃO PROCESSUAL | 403

pedido), os quais são exigíveis por legislação infraconstitucional. Como desdobramento do direito de ação, o recurso possui pressupostos (dentre eles, o preparo), não se admitindo a falta de capacidade econômica do empregador como argumento afirmativo de ofensa ao duplo grau de jurisdição. Portanto, a exigência legal do depósito recursal não é inconstitucional.

Renato Luiz de Avelar Bandini[41] ensina: *"É possível concluir, todavia, pela dispensa do depósito recursal aos agraciados com a assistência judiciária. [...] Mas exigir da pessoa jurídica amparada com a gratuidade da justiça, que proceda ao recolhimento do depósito recursal como condição do recebimento do apelo é falacioso. Foge ao princípio da razoabilidade conceder a justiça gratuita a uma pessoa jurídica (em face da comprovada dificuldade financeira) e isentá-la apenas do recolhimento das custas, quando o maior obstáculo à interposição de recursos na Justiça do Trabalho é justamente o depósito recursal. [...] Deverá o juiz ou tribunal a quem couber o deferimento do benefício analisar meticulosamente se as provas carreadas aos autos permitem a concessão do benefício da justiça à pessoa jurídica que a postula, e, havendo provas suficientes, deverá conceder o benefício requerido na sua plenitude e abrangência, tal qual previsto na Constituição Federal. Só assim se estará dando efetividade aos comandos constitucionais da igualdade, do acesso à justiça e da ampla defesa, consagrados no art. 5º, caput e incisos."*

Entendemos que a concessão da assistência judiciária ao empregador, pessoa natural ou jurídica, encontra respaldo na própria CF (art. 5º, LXXIV). Contudo, a demonstração da falta de capacidade econômica do empregador deverá ser demonstrada de forma inequívoca e está sujeita a apreciação judicial, não sendo suficiente a mera declaração de insuficiência de recursos. Posição adotada pelo STF e STJ. É o que ocorre, por ex., quando o empregador tem caráter filantrópico.[42]

Para o STJ, faz jus ao benefício da justiça gratuita a pessoa jurídica com ou sem fins lucrativos que demonstrar sua impossibilidade de arcar com os encargos processuais (Súm. 481).

Há julgados trabalhistas[43] que não admitem a concessão do benefício da assistência judiciária gratuita a pessoa jurídica, e outros que, observadas as peculiaridades processuais (pessoa natural e microempresário), concedem os benefícios da assistência judiciária ao empregador para fins de isentá-lo quanto ao recolhimento do depósito recursal.[44]

Poder-se-ia argumentar que o depósito recursal, em sendo pressuposto processual e não taxa recursal, não podia ser objeto da assistência judiciária, visto que não estava contemplado no art. 3º da Lei 1.060.[45]

---

[41] BANDINI, Renato Luiz de Avelar. Justiça gratuita em relação à pessoa jurídica na Justiça do Trabalho. *Estado & Atividade Econômica*, 2007, p. 398.

[42] STJ – CE – EREsp 1055037/MG – Ministro Hamilton Carvalhido – *DJE* 14/9/2009.STF – TP – Rcl--ED-AgR 1905 – Rel. Min. Marco Aurélio – j. 15/8/2002 – *DJ* 20/9/2002 – p. 88.STJ – 1ª T. – RESP 839625 – Rel. Min. Teori Albino Zavascki – j. 17/8/2006 – *DJ* 31/8/2006 – p. 269.

[43] TST – SDI-II – AIRO 1671/2003-000-03-40 – Min. Renato de Lacerda Paiva – *DJ* 20/4/2006. TST – 8ª T. – AIRR 1606/2003-018-04-40 – Relª Dora Maria da Costa – j. 13/8/2008.

[44] TST – 7ª T. – AIRR 43540-66.2006.5.03.0071 – Rel. Min. Ives Gandra Martins Filho – *DJ* 15/8/2008. TST – 2ª T. – RR 728010-27.2001.5.09.5555 – Rel. Min. José Luciano de Castilho Pereira – *DJ* 11/4/2006.

[45] TST – 3ª T. – AIRR 370/2005-003-17-40 – Rel. Min. Maria Cristina Irigoyen Peduzzi – j. 9/8/2006 – *DJ* 1/9/2006.TST – 2ª T. – AIRR 1321/2001-008-17-40 – Rel. Juiz Conv. Josenildo dos Santos Carvalho – j. 15/3/2006 – *DJ* 28/4/2006.

Contudo, a LC 132/09 acresceu o inciso VII ao art. 3º, Lei 1.060, logo, é plenamente possível a concessão da isenção para o empregador quanto ao recolhimento do depósito recursal, visto que a assistência judiciária gratuita compreende a isenção dos depósitos previstos em lei para interposição de recurso, ajuizamento de ação e demais atos processuais inerentes ao exercício da ampla defesa e do contraditório. O art. 3º foi revogado de forma expressa pelo CPC (art. 1.072, III).

Diante da alteração legislativa (o acréscimo do inciso VII ao art. 3º da Lei 1.060/50; dispositivo legal mantido no CPC, art. 98, § 1º, VIII), não há mais dúvidas de que o empregador, pessoa natural ou jurídica, tem o pleno direito à percepção da assistência judiciária gratuita, quando diante da inexorável demonstração da sua necessidade.

Esta necessidade para a pessoa jurídica não é demonstrada somente com a juntada da declaração de pobreza, sendo imperiosa que esteja acompanhada de outros meios de prova, os quais demonstrem as dificuldades econômicas do empregador em arcar com os custos judiciais da demanda judicial.[46]

Com o CPC, a pessoa natural ou jurídica, brasileira ou estrangeira, com insuficiência de recursos para pagar as custas, as despesas processuais e os honorários advocatícios, tem direito à gratuidade da justiça, na forma da lei (art. 98).

Com a Reforma Trabalhista, o benefício da justiça gratuita será concedido à parte que comprovar insuficiência de recursos para o pagamento das custas processuais (art. 790, § 4º, CLT).

Estão dispensados do recolhimento do depósito recursal os beneficiários da assistência judiciária gratuita (art. 899, § 10, CLT, Lei 13.467), a qual é aplicável para os recursos interpostos contra as decisões proferidas a partir de 11/11/2017, vigência da Reforma (art. 20, IN 41, 21/06/2018, TST).

Para o TST, no caso de pessoa jurídica, não basta a mera declaração, é necessária a demonstração cabal de impossibilidade de a parte arcar com as despesas do processo (Súm. 463, II).

4.3.4 O Código Civil 2002 e a Verba Honorária Advocatícia no Processo do Trabalho

4.3.4.1 Introdução

O Direito do Trabalho relaciona-se com o Direito Civil em face da própria origem histórica do contrato individual de trabalho.[47]

---

[46] No julgamento do ROAG 478.2008.909.09.40.1, a SDI-II, TST, entendeu que a legislação (art. 5º, XXXV, CF) não faz distinção entre pessoa jurídica ou física para a concessão da assistência judiciária gratuita. No entanto, o benefício para a pessoa jurídica vem sendo admitido de forma cautelosa, sempre condicionado à comprovação inequívoca da incapacidade financeira da parte – o que não foi feito no caso em exame. No mesmo sentido: (TRT – 4ª R. – 8ª T. – RO 0000804-25.2013.5.04.0341 – Rel. Juraci Galvão Júnior – *DJE* 30/10/2013).

[47] No Direito romano havia três formas básicas de locação: (a) *locatio rei*, onde uma das partes obrigava-se a conceder o uso e gozo de uma coisa, em troca de certas retribuições (equipara-

PARTE VI · Cap. IV – SUJEITOS DA RELAÇÃO PROCESSUAL | 405

Além da fonte originária, o direito do trabalho entrelaça-se com o direito civil pela utilização das noções fundamentais da teoria geral das obrigações, das regras sobre a personalidade, das normas a respeito das pessoas, dos vícios do consentimento, da representação, das nulidades e da interpretação e aplicação da lei.

O Direito Civil é fonte subsidiária do direito do trabalho, naquilo em que não for incompatível com os seus princípios fundamentais (art. 8º, parágrafo único, CLT).

O art. 1.056, do CC de 1916, estabelecia que o devedor, não cumprindo a obrigação ou deixando de cumpri-la pelo modo e no tempo devidos, respondia por perdas e danos, os quais abrangiam o que o credor efetivamente perdeu, além do que razoavelmente deixou de lucrar (art. 1.059, *caput*).

O CC 2002 fixa que, não cumprida a obrigação, responde o devedor por perdas e danos, mais juros e atualização monetária segundo índices oficiais regularmente estabelecidos, e honorários de advogado (art. 389).

Nas obrigações de pagamento em dinheiro, as perdas e danos serão pagos com observância da atualização monetária, incluindo-se juros, custas e honorários de advogados, sem prejuízo da pena convencional (art. 404, *caput*, CC).

Diante da expressa responsabilidade do devedor por honorários advocatícios, surge a temática de que o vencido na demanda trabalhista, pela aplicação subsidiária da lei civil, possa também ser responsabilizado pela verba honorária.

4.3.4.2   A Responsabilidade pela Verba Honorária Advocatícia. O Princípio da Causalidade

Ao discorrer sobre a correspondência entre a demanda e a sentença de recebimento, ou seja, os denominados efeitos substanciais da demanda judicial fundada, Giuseppe Chiovenda[48] afirma: *"Entre a demanda e a sentença que a recebe, estabelece-se assim uma relação de correspondência, que dá lugar a uma série de fenômenos, denominados ordinariamente efeitos substanciais da demanda judicial, e mais propriamente efeitos do processo. Costuma-se falar também da influência do processo sobre o direito substancial. Convém, no entanto, ter presente que a relação entre o direito e o processo moderno é muito diferente do que nos direitos de outrora. No direito romano clássico, a constituição do processo mediante a litis contestatio exerce, sobre grande número de relações, este efeito: que a relação, comparativamente, ao que era antes, se consome, e se lhe substitui um direito novo que se identifica com o processo e lhe comparte a sorte (princípio da consumação processual). Mesmo que a lide se encerrasse sem*

-se ao contrato de locação); (b) a *locatio operarum*, onde uma das partes obrigava-se a executar determinado trabalho, sob determinada remuneração (figura análoga à locação de serviços); (c) a *locatio operis faciendi*, onde uma das partes obrigava-se a realizar tarefa determinada, de certo cunho mais especializado, a fim de realizar um objetivo, sob certa remuneração (assemelha-se ao contrato de empreitada). O contrato de trabalho tem como fonte remota a *locatio operarum*, sendo que, com o avanço das relações sociais, houve a necessidade da criação de regras para disciplinar a figura do trabalho subordinado, levando à constituição do Direito do Trabalho.

48   CHIOVENDA, Giuseppe. *Instituições de direito processual civil*, v. 1, 3. ed., p. 199.

uma decisão de mérito, não podia mais propor-se a ação originária (de eadem re bis ne sic actio). *Princípio análogo apresenta o antigo processo germânico.*

Hoje, entretanto, se observa nítida separação entre o direito, como expectativa de um bem, e o processo, como meio de consegui-lo independentemente da vontade do adversário. A vida do primeiro se mantém imodificada durante a pendência do segundo. Por isso não é rigorosamente exato falar-se da influência do processo sobre o direito.

Os efeitos processuais de que tratamos subordinam-se a um princípio, pertencente ao direito processual porque o determinam razões processuais, conquanto se manifeste ordinariamente no campo do direito substancial e se deduza de normas insertas nas leis de direito substancial. Tendo em conta que a atividade do Estado, para operar a atuação da lei, exige tempo e despesa, urge impedir que aquele, que se viu na necessidade de servir-se do processo para obter razão, tenha prejuízo do tempo e da despesa exigidos: a necessidade de servir-se do processo para obter razão não deve reverter em dano a quem tem razão.

De um lado, o interesse do comércio jurídico requer que os direitos e patrimônios tenham um valor possivelmente certo e constante e não já sobrecarregado das despesas e perdas a sofrer por sua eventual defesa, de outro lado, a administração da Justiça faltaria ao seu objetivo e a própria seriedade dessa função do Estado estaria comprometida, se o mecanismo organizado para o fim de atuar a lei tivesse de operar com prejuízo de quem tem razão."

A sentença condenará o vencido a pagar ao vencedor as despesas que antecipou e os honorários advocatícios. Essa verba honorária será devida, também, nos casos em que o advogado funcionar em causa própria (art. 85, *caput* e § 17, CPC).

Antônio Cláudio da Costa Machado[49] ensina que a norma contida no art. 20, CPC/73 (art. 85, CPC/2015) *"institui o princípio da sucumbência, segundo o qual o pagamento das despesas e dos honorários cabe a quem é vencido na causa, como resultado de responsabilidade objetiva, vale dizer, independentemente de qualquer perquirição a respeito de eventual dolo ou culpa: quem perde paga".*

Nelson Nery Junior e Rosa Maria de Andrade Nery, com base nas lições de Chiovenda, acentuam que nem sempre o princípio da sucumbência é satisfatório para solucionar algumas questões sobre responsabilidade pelas despesas do processo.

Pela ótica desses juristas e como decorrência do princípio da causalidade, *"aquele que deu causa à propositura da demanda ou à instauração de incidente processual deve responder pelas despesas daí decorrentes".*[50]

Como exemplos da aplicação do princípio da causalidade, temos: (a) multas processuais; (b) custas de retardamento (art. 93, CPC).

De fato, o princípio da causalidade é o melhor que se adapta às soluções quanto à responsabilidade pelo pagamento das despesas processuais e da verba honorária advocatícia.

---

[49] MACHADO, Antônio Cláudio da Costa. *Código de Processo Civil interpretado*, 4. ed., p. 43.

[50] NERY JÚNIOR, Nelson; NERY, Rosa Maria de Andrade. *Código de Processo Civil comentado*, 3. ed., p. 296.

PARTE VI · Cap. IV − SUJEITOS DA RELAÇÃO PROCESSUAL | **407**

Pelo princípio da causalidade, o fundamento básico para a condenação do vencido no pagamento das despesas processuais e da verba honorária advocatícia repousa na argumentação de que a *"atuação da lei não deve representar uma diminuição patrimonial para a parte a cujo favor se efetiva; por ser interesse do Estado que o emprego do processo não se resolva em prejuízo de quem tem razão, e por ser, de outro turno, interesse do comércio jurídico que os direitos tenham um valor tanto quanto possível nítido e constante".*[51]

A adoção do princípio da causalidade revigora o princípio da reparação integral dos danos, ou seja, *"aquele segundo o qual, havendo dano, deve-se, se possível, colocar o lesado na situação em que estava antes do evento lesivo".*[52]

Não nos convencem os que argumentam que esse princípio não seja aplicável ao processo trabalhista. Não se pode esquecer que: (a) na improcedência, o reclamante é condenado ao pagamento de custas processuais (art. 789, CLT); (b) a responsabilidade do trabalhador pelo pagamento dos honorários periciais quando é sucumbente na pretensão objeto da perícia, ainda que beneficiário da justiça gratuita (art. 790-B).

4.3.4.3   A Verba Honorária Advocatícia em face do Estatuto da Advocacia e do Código de Ética e Disciplina da Ordem dos Advogados do Brasil

O art. 22, *caput,* Lei 8.906/94 (Estatuto da Advocacia), estabelece que a prestação de serviço profissional assegura aos inscritos na Ordem dos Advogados do Brasil: o direito aos honorários convencionados, aos fixados por arbitramento judicial e aos de sucumbência.

Como regra, os honorários advocatícios e sua eventual correção, bem como sua majoração decorrente do aumento dos atos judiciais que advierem como necessários, devem ser previstos em contrato escrito, qualquer que seja o objeto e o meio da prestação do serviço profissional, contendo todas as especificações e forma de pagamento, inclusive no caso de acordo (art. 35, *caput,* Código de Ética e Disciplina da Ordem dos Advogados do Brasil).

Quando não se tem o contrato entre o cliente e o seu advogado, os honorários advocatícios são fixados por arbitramento judicial, em remuneração compatível com o trabalho e o valor econômico da questão, não podendo ser inferiores aos estabelecidos na tabela organizada pelo Conselho Seccional da OAB (art. 22, § 2º, Lei 8.906).

Os honorários advocatícios estabelecidos na condenação[53] e que sejam decorrentes do arbitramento ou da sucumbência, por expressa previsão legal, pertencem ao advogado,

---

[51]   CHIOVENDA, Giuseppe. Ob. cit., v. 3, p. 242.

[52]   DINIZ, Maria Helena. *Dicionário jurídico,* v. 3, p. 729.

[53]   Os honorários profissionais devem ser fixados com moderação, atendidos os elementos seguintes: (a) a relevância, o vulto, a complexidade e a dificuldade das questões versadas; (b) o trabalho e o tempo necessários; (c) a possibilidade de ficar o advogado impedido de intervir em outros casos, ou de se desavir com outros clientes ou terceiros; (d) o valor da causa, a condição econômica do cliente e o proveito para ele resultante do serviço profissional; (e) o caráter da intervenção, conforme se trate de serviço a cliente eventual, frequente ou constante; (f) o lugar da prestação dos

408 DIREITO PROCESSUAL DO TRABALHO • *Francisco Ferreira Jorge Neto – Jouberto de Quadros Pessoa Cavalcante*

tendo este direito autônomo para executar a sentença nesta parte, podendo requerer que o precatório, quando necessário, seja expedido em seu favor (art. 23).

Deve ser ressaltado que os honorários da sucumbência não excluem os contratados, porém, devem ser levados em conta no acerto final com o cliente ou constituinte, tendo sempre presente o que foi ajustado na aceitação da causa (art. 51, *caput*, Código de Ética).

Pela Lei 11.902/09 houve o acréscimo do art. 25-A à Lei 8.906, dispondo que prescreve em cinco anos a ação de prestação de contas pelas quantias recebidas pelo advogado de seu cliente ou de terceiros por conta dele.

Após o breve exame das principais regras concernentes a verba honorária advocatícia, torna-se imperioso o exame de qual é o tipo dos honorários previstos nos arts. 389 e 404, CC.

Os honorários previstos nos arts. 389 e 404 estão relacionados com os contratados entre o cliente e o seu advogado.

Em outras palavras, esse ressarcimento legal direcionado ao lesionado não se interage com a verba honorária imposta pela sucumbência, havendo, assim, uma plena autonomia dos honorários sucumbenciais em relação aos contratuais.

A verba honorária imposta pelo CC é uma indenização de Direito Material, não guardando nenhuma relação com o Direito Processual, sendo que o seu titular é o lesionado e não o seu advogado.

Essa indenização, como é uma decorrência de Direito Material, a nosso ver, deve constar literalmente do pedido deduzido em juízo pela parte interessada, não podendo ser tida como pedido implícito, como ocorre com a verba honorária advocatícia decorrente da sucumbência.

4.3.4.4   *O Cabimento da Verba Honorária Advocatícia no Processo Trabalhista*

Apesar dos inúmeros debates jurídicos que giravam em torno do tema, antes da Reforma Trabalhista (Lei 13.467/17), os honorários advocatícios (art. 85, CPC) sofriam restrições na Justiça do Trabalho. Segundo o entendimento consolidado pelo TST, a condenação não decorre pura e simplesmente da sucumbência, devendo a parte, concomitantemente: (a) estar assistida por sindicato da categoria profissional; (b) comprovar a percepção de salário inferior ao dobro do salário mínimo ou encontrar-se em situação econômica que não lhe permita demandar sem prejuízo do próprio sustento ou da respectiva família (Lei 5.584/70, Súms. 219 e 329, TST).

De forma excepcional, era cabível a condenação em honorários advocatícios (Súm. 219, TST): (a) na Justiça do Trabalho, a condenação ao pagamento de honorários advocatícios não decorre pura e simplesmente da sucumbência, devendo a parte,

---

serviços, conforme se trate do domicílio do advogado ou de outro; (g) a competência profissional; (h) a praxe do foro sobre trabalhos análogos (art. 49, I a VIII, do Código de Ética).

PARTE VI · Cap. IV – SUJEITOS DA RELAÇÃO PROCESSUAL | **409**

concomitantemente: (1) estar assistida por sindicato da categoria profissional; (2) comprovar a percepção de salário inferior ao dobro do salário mínimo ou encontrar-se em situação econômica que não lhe permita demandar sem prejuízo do próprio sustento ou da respectiva família (art. 14, § 1º, Lei 5.584/70); (b) é cabível a condenação ao pagamento de honorários advocatícios em ação rescisória no processo trabalhista; (c) são devidos os honorários advocatícios nas causas em que o ente sindical figure como substituto processual e nas lides que não derivem da relação de emprego; (d) na ação rescisória e nas lides que não derivem de relação de emprego, a responsabilidade pelo pagamento dos honorários advocatícios da sucumbência submete-se à disciplina dos arts. 85, 86, 87 e 90 do CPC; (e) em caso de assistência judiciária sindical, revogado o art. 11 da Lei 1.060/50 (art. 1.072, III, CPC), os honorários advocatícios assistenciais são devidos entre o mínimo de 10% e o máximo de 20% sobre o valor da condenação, do proveito econômico obtido ou, não sendo possível mensurá-lo, sobre o valor atualizado da causa (art. 85, § 2º, CPC); (f) nas causas em que a Fazenda Pública for parte, aplicar-se-ão os percentuais específicos de honorários advocatícios contemplados no Código de Processo Civil.

Por sua vez, a OJ 421, SDI-I, indica que na ação de indenização por danos morais e materiais decorrentes de acidente de trabalho ou de doença profissional, remetida à Justiça do Trabalho após ajuizamento na Justiça comum, antes da vigência da EC 45/04, decorre da mera sucumbência (art. 85, CPC), não se sujeitando aos requisitos da Lei 5.584 (OJ 421, SDI-I).

Com a Lei 13.467, ao advogado, ainda que atue em causa própria, serão devidos honorários de sucumbência, fixados entre o mínimo de 5% e o máximo de 15% sobre o valor que resultar da liquidação da sentença, do proveito econômico obtido ou, não sendo possível mensurá-lo, sobre o valor atualizado da causa (art. 791-A, CLT).

Os honorários são devidos também nas ações contra a Fazenda Pública e nas ações em que a parte estiver assistida ou substituída pelo sindicato de sua categoria, como também na reconvenção.[54]

---

[54] Na vigência da Lei 5.584/70, os honorários advocatícios, decorrentes da assistência judiciária prestada pela entidade sindical, eram destinados ao próprio sindicato (art. 16). No processo civil, a verba honorária é do advogado (art. 85, *caput* e § 14, CPC). Com a inclusão do art. 791-A, CLT, acrescido pela Lei 13.467, os honorários, mesmo os decorrentes da assistência ou da substituição, pertencem ao advogado (art. 791-A, § 1º), de modo que houve uma revogação tácita da regra anterior (art. 16, Lei 5.584). Com a Lei 13.725/18 ocorreu a revogação expressa do art. 16 da Lei 5.584/70, e a alteração da Lei 8.906/94 (Estatuto da Advocacia). Essa alteração no Estatuto da Advocacia estabeleceu que: (a) os honorários assistenciais, decorrentes das ações coletivas propostas por entidades de classe em substituição processual, pertencem ao advogado, sendo que essa verba não exclui os honorários convencionados com a parte; (b) os honorários, os quais tenham sido ajustados de forma contratual com entidades de classe, objetivando a atuação em substituição processual, poderão prever a faculdade de indicar os beneficiários que, ao optarem por adquirir os direitos, assumirão as obrigações decorrentes do contrato originário a partir do momento em que este foi celebrado, sem a necessidade de mais formalidades (art. 22, §§ 6º e 7º, da Lei 8.906/94).

Ao fixar os honorários, o juízo observará: (a) o grau de zelo do profissional; (b) o lugar de prestação do serviço; (c) a natureza e a importância da causa; (d) o trabalho realizado pelo advogado e o tempo exigido para o seu serviço.

Na hipótese de procedência parcial, o juízo arbitrará honorários de sucumbência recíproca, vedada a compensação entre os honorários (art. 791-A, § 3º, CLT). No processo civil, se um litigante sucumbir em parte mínima do pedido, o outro responderá, por inteiro, pelas despesas e pelos honorários (art. 86, parágrafo único).

Vencido o beneficiário da justiça gratuita, desde que não tenha obtido em juízo, ainda que em outro processo, créditos capazes de suportar a despesa, as obrigações decorrentes de sua sucumbência ficarão sob condição suspensiva de exigibilidade e somente poderão ser executadas se, nos dois anos subsequentes ao trânsito em julgado da decisão que as certificou, o credor demonstrar que deixou de existir a situação de insuficiência de recursos que justificou a concessão de gratuidade, extinguindo-se, passado esse prazo, tais obrigações do beneficiário (art. 791-A, § 4º)[55].

O art. 791-A, § 4º, condiciona a suspensão da exigibilidade do pagamento dos honorários advocatícios, para o beneficiário da justiça gratuita, desde que o trabalhador não tenha obtido em juízo, ainda que em outro processo, créditos capazes de suportar a despesa. Evidente a inconstitucionalidade dessa condição. Como o trabalhador é beneficiário da justiça gratuita, ante o seu estado de necessidade, não é correta a imposição do pagamento de honorários advocatícios, visto que: (a) o crédito trabalhista é de natureza alimentar; (b) o crédito trabalhista não é penhorável; (c) a responsabilidade pelos honorários advocatícios não se coaduna com a assistência jurídica integral, tampouco com a proteção do salário (art. 5º, LXXIV; art. 7º, X, CF); (d) como necessitado, o trabalhador depende dos seus créditos trabalhistas para a sua subsistência, logo, essa responsabilidade não se coaduna com o primado da dignidade da pessoa humana (art. 1º, III, CF); (e) a responsabilidade pelos honorários advocatícios, diante da concessão da justiça gratuita, representa uma severa limitação prática ao acesso ao Judiciário (art. 5º, XXX, CF); (f) tem-se a violação ao princípio da igualdade (art. 5º, CF), na medida em que essa condição não se aplica a gratuidade prevista no CPC (art. 98, § 3º).

Para fins de aplicação dos honorários advocatícios sucumbenciais, é necessário o cotejamento do art. 791-A, CLT, com algumas das regras previstas no CPC:

a) sucumbência do Reclamante em parte mínima do pedido – de acordo com o disposto no art. 86, parágrafo único, CPC, se um litigante sucumbir em parte mínima do pedido, o outro responderá, por inteiro, pelas despesas e pelos honorários. Ressalte-se que o acolhimento do pedido, com quantificação inferior ao postulado, não caracteriza sucumbência parcial, pois a verba postulada restou acolhida. Aplica-se, na hipótese, a inteligência da Súmula 326 do STJ, ou seja, *"a*

---

[55] As alterações do art. 791-A, § 4º, CLT, pela Lei 13.467/17, são objeto da ADI 5766, perante o STF (Rel. Min. Roberto Barroso).

condenação em montante inferior ao postulado na inicial não implica sucumbência recíproca";

b) honorários de sucumbência (condenação da Reclamada) – considerando-se a essência do disposto nos arts. 84 a 86, CPC, bem como o que dispõe o art. 791-A da CLT, são devidos honorários de sucumbência, sendo que a base de cálculo dos honorários será o valor da condenação, a ser apurado em liquidação de sentença. A verba será atualizada a partir da data do ajuizamento da demanda e pelos créditos trabalhistas. Juros são devidos a partir do ajuizamento e a base de 1% sobre o valor deste crédito, mês a mês, de forma não cumulativa;

c) honorários de sucumbência (condenação do Reclamante) – considerando-se a essência do disposto nos arts. 84 a 86, CPC, bem como o que dispõe o art. 791-A da CLT, são devidos honorários de sucumbência, a favor da Reclamada, sendo que a base de cálculo dos honorários será o valor do pedido. A verba será atualizada a partir da data do ajuizamento da demanda e pelos créditos trabalhistas. Juros são devidos a partir do ajuizamento e a base de 1% sobre o valor deste crédito, mês a mês, de forma não cumulativa;

d) honorários de sucumbência (desistência ou renúncia) – considerando-se a essência do disposto no art. 90, CPC, bem como o que dispõe o art. 791-A da CLT, em caso de extinção total ou parcial da demanda, por renúncia ou desistência, são devidos honorários de sucumbência, sendo que a base de cálculo dos honorários será o valor do pedido líquido contido na inicial. A verba será atualizada a partir da data do ajuizamento da demanda e pelos créditos trabalhistas. Juros são devidos a partir do ajuizamento e a base de 1% sobre o valor deste crédito, mês a mês, de forma não cumulativa.

Há de ser asseverado que os honorários de sucumbência previstos no art. 791-A da CLT serão devidos somente para os processos distribuídos a partir de 11/11/2017. Em razão da natureza híbrida das normas que regem os honorários advocatícios (material e processual), a condenação à verba sucumbencial somente poderá ser imposta nas demandas iniciadas após a entrada em vigor da Lei 13.467/17, tendo em vista a garantia de não surpresa, bem como em razão do princípio da causalidade, uma vez que a expectativa de custos e riscos é aferida no momento da propositura da ação.

O demandante não pode ser surpreendido com regramento que piora sua situação jurídica, não analisada quando do sopesamento dos riscos de se demandar em juízo.

Importante lembrar que nem sequer havia condenação em honorários de sucumbência nas lides derivadas das relações de emprego (Súmula 219, TST). Seria um atentado surpreender o trabalhador com a possibilidade de "compensação" de seus créditos para o pagamento dos honorários de sucumbência do advogado do empregador, em caso se sucumbência recíproca.

Este é o entendimento do TST:

"(...) HONORÁRIOS ADVOCATÍCIOS. AUSÊNCIA DE ASSISTÊNCIA SINDICAL. A Corte Regional deferiu o pedido de pagamento de honorários advocatícios sem que o

reclamante estivesse assistido por sindicato da categoria. Até a edição da Lei 13.467/2017, o deferimento dos honorários advocatícios na Justiça do Trabalho estava condicionado ao preenchimento cumulativo dos requisitos previstos no art. 14 da Lei 5.584/70 e sintetizados na Súmula nº 219, I, desta Corte (sucumbência do empregador, comprovação do estado de miserabilidade jurídica do empregado e assistência do trabalhador pelo sindicato da categoria). A Lei 13.467/2017 possui aplicação imediata no que concerne às regras de natureza processual, contudo, a alteração em relação ao princípio da sucumbência só tem aplicabilidade aos processos novos, uma vez que não é possível sua aplicação aos processos que foram decididos nas instâncias ordinárias sob o pálio da legislação anterior e sob a qual se analisa a existência de violação literal de dispositivo de lei federal. Verificada contrariedade ao entendimento consagrado na Súmula nº 219, I, do TST. Recurso de revista de que se conhece e a que se dá provimento" (TST – 6ª T. – RR 20192-83.2013.5.04.0026 – Rel. Des. Conv. Cilene Ferreira Amaro Santos – *DEJT* 15/12/2017).

Por tais fundamentos, a condenação em honorários de sucumbência no processo do trabalho somente será possível nas ações ajuizadas a partir de 11/11/2017.

A IN 41, de 21/06/2018, TST, reza que o art. 791-A, CLT, somente é aplicável paras as ações propostas após 11/11/2017 (vigência da Reforma Trabalhista – art. 6º).

4.4 ADVOGADO

O advogado é o mandatário do seu cliente e cabe a ele defender os interesses deste perante a sociedade, sempre respeitando os preceitos éticos e legais. Isso não faz do profissional um mercenário, apesar de muitos não o verem com bons olhos. Evidentemente que, como qualquer outro profissional, o seu trabalho não está isento de críticas, mas o advogado nunca poderá ser considerado um mercenário, que colocaria de lado tudo aquilo em que crê pelos honorários de mais um cliente. Muito pelo contrário, já que, desde os primórdios, a sua existência só se justifica pela eterna busca do homem na realização da Justiça (diríamos, é a sua própria natureza jurídica).

Por isso, hoje, após séculos de trabalho árduo em prol da sociedade como um todo, o advogado tem o seu papel reconhecido, já que é considerado indispensável à administração da justiça (art. 133, CF; art. 2º, Lei 8.906/94; e art. 2º, Código de Ética Profissional),[56] estando em igualdade com o juiz e os membros do ministério público (art. 6º, Lei 8.906).

O advogado é independente no exercício da profissão, não devendo ter nenhum receio de desagradar a magistrado ou a qualquer autoridade, nem mesmo o seu prestígio pessoal, sendo que nada deve detê-lo em sua função (arts. 18 e 31, Lei 8.906; art. 2º, parágrafo único, II, Código de Ética e Disciplina).

Não se trata de uma profissão cheia de louros ou mesmo glória, como muitos possam pensar, mas cheia de sacrifícios e renúncias sempre em uma busca incansável, onde a cada dia o profissional é obrigado a dar mais de si, privando-se de suas vontades pessoais.

---

[56] O Código de Ética e Disciplina da Ordem dos Advogados do Brasil foi aprovado pelo Conselho Federal da OAB em 19/10/2015.

PARTE VI · Cap. IV – SUJEITOS DA RELAÇÃO PROCESSUAL | **413**

4.4.1   Da Atividade da Advocacia

A atividade da advocacia, além dos próprios advogados, é exercida pelos integrantes da Advocacia-Geral da União, da Procuradoria da Fazenda Nacional, da Defensoria Pública e das Procuradorias e Consultorias Jurídicas dos Estados, do Distrito Federal, dos Municípios e das respectivas entidades de administração indireta e fundacional (art. 3º, § 1º, Lei 8.906; art. 8º, Código de Ética e Disciplina).

Também, os estagiários de advocacia, desde que regularmente inscritos, podem praticar atos em conjunto com o advogado e sob a responsabilidade deste na forma do Regulamento Geral (art. 3º, § 2º, Lei 8.906).

Cabe privativamente ao advogado a postulação a qualquer órgão do Poder Judiciário e aos juizados especiais, as atividades de consultoria, assessoria e direção jurídicas (art. 1º).

No entanto, algumas exceções existem: a impetração de *habeas corpus*, a atuação na Justiça do Trabalho e no Juizado Especial de Pequenas Causas.

Também os atos e contratos constitutivos de pessoas jurídicas, sob pena de nulidade, só podem ser admitidos em registro, nos órgãos competentes, quando visados por advogados (art. 1º, § 2º, Lei 8.906; art. 2º, Provimento da Ordem dos Advogados 66, de 20/2/1988).

4.4.2   A Importância da Procuração

Para representar os interesses do seu cliente em juízo ou fora dele, o advogado deverá fazer prova do mandato. No entanto, afirmando preclusão, decadência ou prescrição, ou para praticar ato considerado urgente, poderá atuar sem procuração, obrigando-se a apresentá-la no prazo de 15 dias, prorrogável por igual período (arts. 103 e segs., CPC; art. 5º, Lei 8.906/94).

A procuração geral para o foro, outorgada por instrumento público ou particular assinado pela parte, habilita o advogado a praticar todos os atos do processo, exceto receber citação, confessar, reconhecer a procedência do pedido, transigir, desistir, renunciar ao direito sobre que se funda a ação, receber, dar quitação, firmar compromisso e assinar declaração de hipossuficiência econômica, que devem constar de cláusula específica (art. 105, *caput*, CPC; art. 5º, § 2º, Lei 8.906).

Nos casos de renúncia do mandatário, não é necessária a apresentação de um motivo, mas deve ser comunicada a tempo ao mandante, para que seja providenciado um substituto, sob pena de o mandatário renunciante responder por perdas e danos, resultantes da inoportunidade ou da falta de tempo para a sua substituição, salvo se provar que não podia continuar no mandato sem prejuízo considerável e que não lhe era dado substabelecer (art. 688, CC).

No caso de mandato judicial, não existe nenhuma restrição para que ocorra a renúncia por parte do advogado. No entanto, deverá fazer prova nos autos que cientificou o mandante, a fim de que nomeie um substituto e, se necessário, para evitar prejuízos, o profissional deverá continuar a representar o mandante por mais dez dias (art. 112, CPC; art. 5º, § 3º, Lei 8.906). A comprovação de notificação pode ser feita por entrega direta ao outorgante ou por telegrama com cópia e aviso de recebimento ou ainda por uma notificação notarial.

O advogado não deve aceitar procuração de quem já tenha patrono constituído, sem prévio conhecimento deste, salvo por motivo justo ou para adoção de medidas judiciais urgentes e inadiáveis (art. 14, Código de Ética e Disciplina).

4.4.3   Dos Direitos e dos Deveres do Advogado

Na qualidade de mandatário, o advogado tem os direitos inerentes a este contrato (arts. 675 a 681, CC), destacando-se: (a) receber a remuneração ajustada e as despesas da execução do mandato; (b) ser ressarcido pelas perdas que sofrer com a execução do mandato, sempre que não resultem de culpa sua, ou excesso de poderes; (c) direito de retenção sobre a coisa, até ser reembolsado do que despendeu no desempenho do cargo etc.

A Lei 8.906/94 tem um capítulo que trata tão somente dos direitos dos profissionais do direito (Capítulo II, arts. 6º a 7º-ª), como também possui alguns outros artigos que concedem direitos ao advogado empregado (arts. 18 a 21).

Os honorários advocatícios são disciplinados nos arts. 22 a 26 do Estatuto, bem como nos arts. 48 a 54 do Código de Ética e Disciplina e art. 85, CPC, art. 791-A, CLT, Lei 13.467.

Destacamos, ainda, os arts. 11 e segs., Regulamento Geral, que também tratam do advogado empregado.

Além desses, lembramos que o advogado é inviolável por seus atos e manifestações no exercício da profissão (arts. 133, CF, e 2º, Código de Ética e Disciplina).

Como mandatário, o advogado, tem os mesmos deveres de outros que possuem essa qualidade (arts. 667 a 674, CC), entre os quais destacam-se: (a) o mandatário é obrigado a aplicar toda a sua diligência habitual na execução do mandato, e a indenizar qualquer prejuízo causado por culpa sua ou daquele a quem substabelecer, sem autorização, poderes que devia exercer pessoalmente; (b) é obrigado a dar contas de sua gerência, transferindo as vantagens provenientes do mandato ao mandante etc.

O advogado deve proceder de forma que o torne merecedor de respeito e que contribua para o prestígio da classe e da advocacia (art. 32, Lei 8.906).

O Código de Ética e Disciplina Profissional menciona outros deveres do profissional advogado (art. 2º, parágrafo único), dentre os quais destacamos: (a) preservar, em sua conduta, a honra, a nobreza e a dignidade, da profissão, zelando pelo seu caráter de essencialidade e indispensabilidade; (b) atuar com destemor, independência, honestidade, decoro, veracidade, lealdade, dignidade e boa-fé; (c) velar por sua reputação pessoal e profissional; (d) empenhar-se, permanentemente, em seu aperfeiçoamento pessoal e profissional; (e) contribuir para o aprimoramento das instituições, do Direito e das leis; (f) estimular, a qualquer tempo, a conciliação e a mediação entre os litigantes, prevenindo, sempre que possível, a instauração de litígios; (g) desaconselhar lides temerárias, a partir de um juízo preliminar de viabilidade jurídica; (h) abster-se de: (1) utilizar de influência indevida, em seu benefício ou do cliente; (2) vincular seu nome a empreendimentos sabidamente escusos; (3) emprestar concurso aos que atentem contra a ética, a moral, a

PARTE VI · Cap. IV – SUJEITOS DA RELAÇÃO PROCESSUAL | 415

honestidade e a dignidade da pessoa humana; (4) entender-se diretamente com a parte adversa que tenha patrono constituído, sem o assentimento deste; (5) ingressar ou atuar em pleitos administrativos ou judiciais perante autoridades com as quais tenha vínculos negociais ou familiares; (6) contratar honorários advocatícios em valores aviltantes; (i) pugnar pela solução dos problemas da cidadania e pela efetivação dos seus direitos individuais, coletivos e difusos; (j) adotar conduta consentânea com o papel de elemento indispensável à administração da Justiça.

4.4.4   Da Incompatibilidade e Impedimento

A incompatibilidade relaciona-se a restrição total no exercício da advocacia, enquanto, o impedimento determina a proibição parcial (art. 27, Lei 8.906/94).

A advocacia é incompatível (art. 28), com as seguintes atividades: (a) Chefe do Poder Executivo e membros da Mesa do Poder Legislativo e seus substitutos legais; (b) membro do órgão do Poder Judiciário, do Ministério Público, dos tribunais e conselhos de contas, dos juizados especiais, da justiça de paz, juízes classistas, bem como de todos os que exerçam função de julgamento em órgão de deliberação coletiva da administração pública direta e indireta; (c) ocupantes de cargos ou funções de direção em órgãos da Administração Pública direta ou indireta, em suas fundações e em suas empresas controladas ou concessionárias do serviço público, desde que detenham poder de decisão relevante sobre interesses de terceiros (art. 28, § 2°); (d) ocupantes de cargos ou funções vinculados direta ou indiretamente a qualquer órgão do Poder Judiciário e os que exerçam serviços notariais e de registro; (e) ocupantes de cargos ou funções vinculados direta ou indiretamente à atividade policial de qualquer natureza; (f) militares de qualquer natureza, na ativa; (g) ocupantes de cargos ou funções que tenham competência de lançamento, arrecadação ou fiscalização de tributos e contribuições parafiscais; (h) ocupantes de funções de direção e gerência em instituições financeiras, inclusive privadas.

Os procuradores gerais, advogados gerais, defensores gerais e dirigentes de órgãos jurídicos da Administração Pública (Direta, Indireta e Fundacional) são exclusivamente legitimados para o exercício da advocacia vinculada à função que exerçam, durante o período da investidura (art. 29).

Estão impedidos de exercer a advocacia: (a) servidor da Administração (Direta, Indireta e Fundacional), contra a Fazenda Pública que os remunere ou à qual seja vinculada à entidade empregadora; (b) membros do Poder Legislativo, em seus diferentes níveis, contra ou a favor das pessoas jurídicas de direito público, empresas públicas, sociedades de economia mista, fundações públicas, entidades paraestatais ou empresas concessionárias ou permissionárias de serviço público (art. 30).

4.4.5   Das Infrações e Sanções Disciplinares

As infrações disciplinares encontram-se previstas no art. 34, da Lei 8.906/94; dentre as quais destacamos: (a) exercer a profissão, quando impedido de fazê-lo, ou facilitar, por qualquer meio, o seu exercício aos não inscritos, proibidos ou impedidos; (b) angariar ou captar causas, com ou sem a intervenção de terceiros; (c) violar, sem justa causa, sigilo profissional; (d) prejudicar, por culpa grave, interesse confiado ao seu patrocínio; (e) abandonar a causa sem justo motivo, ou antes, de decorridos dez dias da comunicação da renúncia; (f) deixar de cumprir, no prazo estabelecido, determinação emanada do órgão ou autoridade da Ordem, em matéria de competência desta, depois de regularmente notificado; (g) receber valores, da parte contrária ou terceiro, relacionados com o objeto do mandato, sem expressa autorização do constituinte; (h) recusar-se, injustificadamente, a prestar contas ao cliente de quantias recebidas dele ou de terceiros por conta dele; (i) reter, abusivamente, ou extraviar autos recebidos com vista ou em confiança; (j) incidir em erros reiterados que evidenciem inépcia profissional; (l) praticar crime infamante; (m) manter conduta incompatível, a saber, prática reiterada de jogo de azar, não autorizado por lei; incontinência pública e escandalosa; embriaguez ou toxicomania habituais etc.

Na incidência de tais faltas, dependendo da gravidade da infração, são aplicáveis as sanções de censura; suspensão, exclusão e multa. Após o trânsito em julgado da decisão, a penalidade constará dos assentamentos do inscrito, não podendo ser objeto de publicidade a de censura (art. 35).

Os arts. 36 a 42 da Lei 8.906 disciplinam a aplicação das sanções.

O processo disciplinar tem suas regras de competência e procedimentais dispostas nos arts. 68 a 77, Lei 8.906, arts. 55 a 69, Código de Ética e Disciplinar da Ordem dos Advogados do Brasil, e arts. 138 a 144 do Regulamento Geral.

4.4.6 Da Responsabilidade Civil do Advogado

A atividade do advogado, como a de outros profissionais, é de meio e não de fim (resultado), pois não assume a obrigação de sair vitorioso em uma demanda. Não existe uma responsabilidade pelo resultado final. Suas obrigações, em geral, são de defender os interesses do seu cliente da melhor forma possível, mas sempre observando os preceitos legais e éticos.

Cumpre esclarecer que a obrigação de meio é aquela onde o devedor se obriga tão somente a usar de prudência e diligência normais na prestação dos seus serviços para atingir um resultado, sem, porém, comprometer-se com um resultado final. Daí, conclui-se que a prestação não é um resultado certo e determinado a ser conseguido pelo obrigado, mas apenas o exercício de uma atividade de forma prudente e diligente em benefício do credor. A obrigação do profissional é de utilizar os meios tendentes a produzir o escopo almejado, de maneira que a inexecução da obrigação se caracteriza pela omissão do devedor em tomar certas precauções, sem se cogitar do resultado final.

A obrigação de resultado é aquela em que o credor tem, por objetivo, a contratação da obtenção de um resultado final. Somente será adimplida a obrigação com a efetiva produção do resultado colimado. Nesses casos, o inadimplemento é suficiente para determinar a responsabilidade do devedor, uma vez que não atingido o resultado contratado, o credor tem o direito de ser indenizado pelo obrigado, que só se isentará de responsabilidade se provar que não cumpriu o avençado por caso fortuito ou força maior. Em contrapartida, não terá direito à contraprestação.

PARTE VI · Cap. IV – SUJEITOS DA RELAÇÃO PROCESSUAL | **417**

O advogado é responsável pelos atos que, no exercício profissional, praticar com dolo ou culpa (art. 32, *caput*, Lei 8.906). Em caso de lide temerária, o advogado será solidariamente responsável com seu cliente, desde que coligado com este para lesar a parte contrária, o que será apurado em ação própria (art. 32, parágrafo único).

A responsabilidade pessoal dos profissionais liberais será apurada mediante a verificação de culpa (art. 14, § 4°, Código de Defesa do Consumidor).

Contudo, a responsabilidade profissional é apenas para os erros graves e inescusáveis. Carlos Roberto Gonçalves[57] ressalta: *"O advogado responde pelos erros de fato e de direito cometidos no desempenho do mandato. Quanto aos últimos, é necessário que o erro em si se revista de gravidade, para conduzir à responsabilidade do advogado. [...] Não* será, entretanto, qualquer erro que irá dar causa à responsabilidade civil do profissional, proporcionando a respectiva ação de ressarcimento. E só quando ele for inescusável, patente, demonstrativo apenas de ignorância profunda é que terá *justificativa o pedido de perdas e danos (Mário Guimarães de Souza, O Advogado, Recife, 1935, p. 359)."*

4.5   A RESPONSABILIDADE DOS PARTICIPANTES DO PROCESSO

São deveres das partes, de seus procuradores e de todos aqueles que de qualquer forma participem do processo: (a) expor os fatos em juízo conforme a verdade; (b) não formular pretensão ou apresentar defesa quando cientes de que são destituídas de fundamento; (c) não produzir provas e não praticar atos inúteis ou desnecessários à declaração ou à defesa do direito; (d) cumprir com exatidão as decisões jurisdicionais, de natureza provisória ou final, e não criar embaraços à sua efetivação; (e) declinar o endereço, residencial ou profissional, onde receberão intimações no primeiro momento que lhes couber falar nos autos, atualizando essa informação sempre que ocorrer qualquer modificação temporária ou definitiva; (f) não praticar inovação ilegal no estado de fato de bem ou direito litigioso (art. 77, I a VI, CPC).

No tocante à figura de ato atentatório ao exercício da jurisdição (cumprimento das decisões e proibição de inovação no estado de fato de bem ou direito litigioso), os §§ 2° e 8° do art. 77, CPC, asseguram que: (a) o juiz advertirá qualquer das pessoas de que sua conduta poderá ser punida como ato atentatório à dignidade da justiça; (b) a violação de tais incisos constitui ato atentatório à dignidade da justiça, devendo o juiz, sem prejuízo das sanções cabíveis, aplicar ao responsável a multa de até 20% do valor da causa, de acordo com a gravidade da conduta; (c) caso a multa não seja paga, o valor será inscrito como dívida ativa da União ou do Estado, após o trânsito da decisão que a fixou, sendo que a execução será efetuada na forma do procedimento da execução fiscal. O valor da multa será revertido para o fundo de modernização do Poder Judiciário (art. 97, CPC); (d) a multa poderá ser fixada independentemente da incidência das previstas no art. 523, § 1°, CPC (acréscimo de 10% caso o devedor não pague o valor da execução por quantia no prazo de 15 dias, após a regular intimação) e art. 536 (multa por descumprimento

---

[57]   GONÇALVES, Carlos Roberto. Ob. cit., p. 274.

de obrigação de fazer, não fazer ou de entregar coisa); (e) quando o valor da causa for irrisório ou inestimável, a multa poderá ser fixada em até dez vezes o valor do salário--mínimo; (f) aos advogados públicos ou privados e aos membros da Defensoria Pública e do Ministério não se aplica a multa, devendo eventual responsabilidade disciplinar ser apurada pelo respectivo órgão de classe ou corregedoria, ao qual o juiz oficiará; (g) reconhecida violação ao dever de não praticar inovação no estado de fato, o juiz determinará o restabelecimento do estado anterior, podendo, ainda, proibir a parte de falar nos autos até a purgação do atentado, sem prejuízo da multa. O representante judicial da parte não pode ser compelido a cumprir decisão em sua substituição.

O intuito básico das regras processuais é a concretização do comportamento ético dos participantes do processo.

A ética tem como objeto o estudo dos deveres e obrigações do indivíduo e da sociedade. A palavra deriva do latim *ethica* e do grego *etikè*.

A palavra "ética" é vista como sinônimo de moral, contudo, é imperiosa a distinção entre moral teórica e a prática. A moral teórica é a moral propriamente dita, enquanto a moral prática é a ética.

Ética é a parte da moral que trata da moralidade dos atos humanos, logo, cada ser humano deve proceder de acordo com os princípios éticos de uma sociedade. Em juízo, os participantes processuais devem pautar suas alegações e comportamentos, de acordo com os padrões morais da lealdade, da moralidade e da honestidade.

Além dos deveres previstos no art. 77, pela análise sistemática da estrutura do CPC, devemos citar outros, a saber: (a) comportar-se convenientemente em audiência (art. 360, II); (b) não atentar contra a dignidade da justiça (art. 772); (c) tratar as testemunhas com urbanidade (art. 459, § 2º); (d) é vedado às partes, a seus procuradores, aos juízes, aos membros do Ministério Público e da Defensoria Pública e a qualquer pessoa que participe do processo empregar expressões ofensivas nos escritos apresentados. Quando expressões ou condutas ofensivas forem manifestadas oral ou presencialmente, o juiz advertirá o ofensor de que não as deve usar ou repetir, sob pena de lhe ser cassada a palavra. De ofício ou a requerimento do ofendido, o juiz determinará que as expressões ofensivas sejam riscadas e, a requerimento do ofendido, determinará a expedição de certidão com inteiro teor das expressões ofensivas e a colocará à disposição da parte interessada (art. 78, §§ 1º e 2º).

A Lei 13.467/17 passou a disciplinar a litigância de má-fé e a responsabilidade pelo dano processual na seara da Justiça do Trabalho de forma específica (arts. 793-A a 793-D, CLT). Com isso, de forma similar ao processo civil, responde por perdas e danos e pela multa processual aquele que litigar de má-fé como reclamante, reclamado ou interveniente. A multa também se aplica à testemunha que omitir ou alterar os fatos, bem como a outros auxiliares do Poder Judiciário.

Considera-se litigante de má-fé aquele que: a) deduzir pretensão ou defesa contra texto expresso de lei ou fato incontroverso; b) alterar a verdade dos fatos; c) usar do processo para conseguir objetivo ilegal; d) opuser resistência injustificada ao andamento do processo; e) proceder de modo temerário em qualquer incidente ou ato do processo;

PARTE VI · Cap. IV – SUJEITOS DA RELAÇÃO PROCESSUAL | 419

f) provocar incidente manifestamente infundado; g) interpuser recurso com intuito manifestamente protelatório.

A multa por litigância de má-fé, aplicada *ex officio* ou a requerimento da parte, deverá ser superior a 1% e inferior a 10% do valor corrigido da causa, além de indenizar a parte contrária pelos prejuízos que esta sofreu e a arcar com os honorários advocatícios e com todas as despesas que efetuou.

Nos casos em que forem dois ou mais os litigantes de má-fé, o juízo condenará cada um na proporção de seu respectivo interesse na causa ou solidariamente aqueles que se coligaram para lesar a parte contrária.

Quando o valor da causa for irrisório ou inestimável, a multa poderá ser fixada em até duas vezes o limite máximo dos benefícios do Regime Geral de Previdência Social.

O valor da indenização será fixado pelo juízo ou, caso não seja possível mensurá-lo, liquidado por arbitramento ou pelo procedimento comum, nos próprios autos.

A execução da multa será efetuada nos mesmos autos em que for fixada.

A IN 41 (arts. 8º, 9º e 10), de 21/06/2018, TST, disciplina que os arts. 793-A, 793-B e 793-C, § 1º, da CLT, tem aplicação autônoma e imediata, contudo, a condenação de que trata o art. 793-C, *caput*, bem como os §§ 2º e 3º, art. 793, e o *caput*, art. 793-D, somente serão aplicáveis as ações ajuizadas após a Reforma Trabalhista (11/11/2017).

Por sua vez, o art. 10, parágrafo único, indica que após a colheita da prova oral, que a multa à testemunha será aplicada em sentença, contudo, deverá ser precedida de instauração de incidente mediante o qual o juiz indicará o ponto ou os pontos controvertidos no depoimento, assegurados o contraditório, a defesa, com os meios a ela inerentes, além de possibilitar a retratação.

4.5.1 Responsabilidade das Partes por Dano Processual

Responde por perdas e danos aquele que pleitear de má-fé como reclamante, reclamado ou interveniente (art. 79, CPC; art. 793-A, CLT, Lei 13.467/17).

Em caso de litigância de má-fé, podem ser responsabilizados: o autor, réu ou interveniente. A doutrina e a jurisprudência entendem que também podem ser responsabilizados: os litisconsortes, assistentes e até mesmo o terceiro prejudicado.

Como o processo é instrumento de justiça, o princípio da lealdade deve ser observado por qualquer interessado que faça parte do mesmo.

A multa por litigância de má-fé se aplica à testemunha que intencionalmente alterar a verdade dos fatos ou omitir fatos essenciais ao julgamento da causa (art. 793-D, CLT, Lei 13.467).

O sistema processual disciplina as condutas tidas como litigância de má-fé (art. 80, CPC; art. 793-B, CLT, Lei 13.467).

O conteúdo pecuniário da litigância de má-fé irá abranger não só a multa, como também os prejuízos diretos, o ressarcimento das despesas e a verba honorária advocatícia (art. 81, *caput*, CPC; art. 793-C, CLT, Lei 13.467).

4.5.1.1 Caracterização da Litigância de Má-fé pelas Partes e Demais Sujeitos do Processo

4.5.1.1.1 Deduzir Pretensão ou Defesa contra Texto Expresso de Lei ou Fato Incontroverso

A má-fé pode envolver os fundamentos de direito ou de fato contidos na pretensão ou defesa (art. 80, I, CPC; art. 793-A, I, CLT).

Quanto ao fundamento de direito, a litigância de má-fé está presente na formulação de pretensão ou defesa em total falta de sintonia com o texto legal. Vale dizer, a peça apresentada está em total contradição com o dispositivo legal. Quando o fundamento adotado pela parte é razoável, mesmo denotando uma corrente doutrinária ou jurisprudencial minoritária, não se justifica o reconhecimento da litigância de má-fé.

A inicial ou a defesa, além do fundamento de direito, poderá conter aspectos fáticos colidentes com fatos incontroversos. O fato incontroverso representa a hipótese na qual o reconhecimento é comum pelas partes, isto é, sobre a sua verdade não há controvérsia.

Quando o autor postula em violação ao fato incontroverso, tem-se a formulação da ação ou lide temerária, com a presença evidente do dolo ou da culpa. O seu intuito é levar vantagem sobre fato incontroverso, o que caracteriza a litigância de má-fé.

A resistência é ato de má-fe, quando o réu procura fundamentar as razões de sua defesa, contra fato incontroverso. Nem sempre a má-fé se apresenta quando da formulação e apresentação da defesa, e sim ao longo da instrução processual.

4.5.1.1.2 Alterar a Verdade dos Fatos

A expressão "alterar a verdade dos fatos" (art. 80, II, CPC; art. 793-A, II, CLT) exige o dolo, ou seja, o intuito claro e objetivo da alteração quanto à verdade dos fatos, para se lograr êxito no desfecho da demanda.

A razão, a prova, a verdade dos fatos é o objetivo das partes em juízo, para se ter o resguardo da pretensão ou da resistência. As partes, como têm o dever quanto à lealdade processual, devem expor as suas versões fáticas de forma condizente com a realidade da relação jurídica material controvertida. Quando a versão exposta, intencionalmente, está em dissonância com a realidade, evidencia-se a má-fé.

Contudo, como a versão fática é sempre um ponto de vista da parte (autor ou réu), a constatação da litigância de má-fé exigirá uma criteriosa análise judicial. Até prova em contrário, o magistrado deve presumir a boa-fé dos litigantes.

4.5.1.1.3 Usar do Processo para Conseguir Objetivo Ilegal

Como o processo é instrumento de justiça, as partes, ao exercerem o direito de ação, devem procurar o resguardo de interesses justos e legítimos. Quando o objetivo pretendido é ilegal, evidencia-se a má-fé, punindo-se o dolo do agente (art. 80, III, CPC; art. 793-B, III, CLT).

PARTE VI · Cap. IV – SUJEITOS DA RELAÇÃO PROCESSUAL | 421

Convencendo-se, pelas circunstâncias da causa, de que autor e réu se serviram do processo para praticar ato simulado ou conseguir fim vedado por lei, o juiz proferirá sentença que obste os objetivos das partes (art. 142, CPC).

4.5.1.1.4 Opuser Resistência Injustificada ao Andamento do Processo

Do ponto de vista formal, o processo representa o procedimento, ou seja, a sequência lógica e cronológica de atos processuais realizados de acordo com o princípio do devido processo legal, cujo objetivo é a prestação jurisdicional.

Nessa sequência procedimental, exige-se das partes uma atuação com lisura, sem a prática de atos que possam inibir ou truncar a agilidade da prestação jurisdicional.

Para a caracterização da oposição processual injustificada, exige-se o dolo, a intenção deliberada em colocar empecilhos, podendo a resistência injustificada ser praticada pela parte autora ou pela ré (art. 80, IV, CPC; art. 793-B, IV, CLT).

4.5.1.1.5 Proceder de Modo Temerário em Qualquer Incidente ou Ato do Processo

O proceder de modo temerário, em qualquer incidente ou ato do processo, ocorre quando a parte não pondera sobre as razões de sua pretensão, agindo de forma não técnica, sem prudência, não indicando os motivos de seus atos ou requerimentos. Para a caracterização dessa hipótese, não se necessita da comprovação da intenção da parte, visto que se não cogita da ação temerária (art. 80, V, CPC; art. 793-B, V, CLT).

4.5.1.1.6 Provocar Incidentes Manifestamente Infundados

É a hipótese na qual a parte não justifica, em termos jurídicos, as suas manifestações, requerimentos, pontos de vista etc. durante o transcorrer do processado. Não se exige a comprovação da intenção da parte. Basta a simples presença da culpa grave, que pode consistir na provocação de incidentes, com a criação de discussões acerca de matérias irrelevantes, alongando, sem qualquer justificativa plausível, a solução da controvérsia judicial (art. 80, VI, CPC; art. 793-B, VI, CLT).

4.5.1.1.7 Interposição de Recurso com Intuito Manifestamente Protelatório

O duplo grau de jurisdição é um desdobramento do direito de ação (art. 5º, LV, CF). É garantia fundamental de boa justiça. A necessidade humana impõe que se dê ao vencido à oportunidade quanto ao reexame da decisão. Por outro lado, do ponto de vista político, resguarda a segurança nas decisões judiciais.

O exercício do direito de recorrer não pode ser exercido com o intuito manifestamente protelatório. Como decorrência do direito de ação, o recurso, como todo e qualquer ato processual, encontra-se sujeito ao primado do princípio da lealdade processual. O objetivo do legislador é a celeridade processual, impondo aos litigantes a ética, coibindo apelos, cujos conteúdos visam obstar a concretização da coisa julgada, denegrindo, assim, a imagem do processo, como instrumento de justiça (art. 80, VII, CPC; art. 793-B, VII, CLT).

4.5.2 Natureza Jurídica da Sanção Imposta ao Litigante de Má-fé

O vocábulo "multa" deriva do latim *mulcta*. Indica uma pena pecuniária. Trata-se de uma sanção legal que é desfavorável, cujo conteúdo consiste no pagamento de certa importância em dinheiro. Há diversos tipos, a saber: multa civil, fiscal, penal etc.

Indenização interliga-se com a noção de responsabilidade. A atuação da parte exige o primado da lealdade processual. Quando não é observado e causa lesão à parte contrária, impõe-se a indenização, objetivando, assim, a reparação do dano.

Em princípio, a sanção aplicável, em função da litigância de má-fé, não é multa, pois, geralmente, o ato da responsabilidade é fixado em função do processo, não se incluindo os prejuízos indiretos, que podem ser objeto de uma ação própria. Contudo, há hipóteses legais de multa, como por exemplo a prevista no art. 1.026, §§ 2º e 3º, CPC.

4.5.3 Conteúdo das Perdas e Danos pela Litigância de Má-fé

Na sistemática processual civil, de ofício ou a requerimento, o juiz condenará o litigante de má-fé a pagar: (a) multa, que deverá ser superior a 1% e inferior a 10% dez por cento do valor corrigido da causa. Quando o valor da causa for irrisório ou inestimável, a multa poderá ser fixada em até dez vezes o valor do salário-mínimo; (b) indenização à parte contrária pelos prejuízos que esta sofreu, cujo montante será fixado pelo juiz ou, caso não seja possível mensurá-lo, liquidado por arbitramento ou pelo procedimento comum, nos próprios autos; (c) honorários advocatícios; (d) despesas efetuadas pela parte (art. 81, *caput*, §§ 2º e 3º, CPC).

Na hipótese de serem dois ou mais os litigantes de má-fé, o juiz condenará cada um na proporção de seu respectivo interesse na causa ou solidariamente aqueles que se coligaram para lesar a parte contrária (art. 81, § 1º).

Com a Reforma Trabalhista, a CLT passou a prever os mesmos parâmetros de multa por litigância de má-fé (art. 793-C, *caput* e § 1º).

No processo do trabalho, quando o valor da causa for irrisório ou inestimável, a multa poderá ser fixada em até duas vezes o limite máximo dos benefícios do Regime Geral de Previdência Social.

O valor da indenização será fixado pelo juízo ou, caso não seja possível mensurá-lo, liquidado por arbitramento ou pelo procedimento comum, nos próprios autos.

4.5.4 A Litigância de Má-fé e o Art. 940 do CC

Quem demanda em juízo sobre obrigações, total ou parcial, sem ressalvas quanto ao valor pago, deve restituir o que solicitou em dobro. Quem reclama mais do que é devido, deve restituir o que solicitou (art. 940, CC).

O art. 940, CC, exige uma aplicação razoável: (a) sem a prova da má-fé do autor que efetua a cobrança excessiva, a pena não deve ser aplicada; (b) a cobrança é viável somente em casos de evidente dolo; (c) a solicitação, pode ser feita, tanto em ação própria como reconvencional; (d) a presença da boa-fé do autor, mesmo diante da cobrança excessiva, elide a sanção (Súm. 159, STF).

PARTE VI · Cap. IV – SUJEITOS DA RELAÇÃO PROCESSUAL | 423

Há uma corrente doutrinária, a qual pugna pela não aplicação do art. 940 do CC, pois, há regras próprias quanto à litigância de má-fé (art. 80 e segs., CPC).

Em sentido contrário, Washington de Barros Monteiro[58] pondera: *"Comprovada a má-fé do autor, ao reclamar dívida já paga no todo ou em parte, sem ressalva das quantias anteriormente recebidas, deve arcar com a pena cominada ao seu procedimento doloso e extorsivo. De ponderar que dita pena é para o caso de pedir o autor, com malícia, aquilo que já tinha recebido; de maneira que ela não cabe na hipótese em que o mesmo não logre integralmente o que pleiteia na ação. Se assim fora, toda vez que decaísse no pleito, total ou parcialmente, estaria o vencido obrigado a pagar ao réu o dobro do que estivera a reclamar judicialmente."*

O art. 941 do CC estabelece que as penas previstas no art. 940 não serão aplicadas quando o autor desistir da ação antes de contestada a lide, resguardando ao réu o direito de haver indenização por algum prejuízo que prove ter sofrido.

De fato, o art. 940 do CC é aplicável ao processo civil, o que não ocorre no processo trabalhista. Não se pode esquecer: *"O direito comum será fonte subsidiária do direito do trabalho, naquilo em que não for incompatível com os princípios fundamentais deste"* (art. 8º, parágrafo único, CLT).

Do ponto de vista do direito comum, o art. 940 estabelece uma sanção pecuniária aplicável ao litigante, que, intencionalmente, demanda, sem se importar com os valores pagos. Trata-se de um dispositivo tarifado quanto à fixação do ato intencional. É pura responsabilidade civil, que como já foi dito, também não elide a imputação pelo dano processual.

O art. 940, como estabelece uma sanção típica de responsabilidade civil, não se coaduna com o Direito do Trabalho, o qual tem por objetivo a proteção do trabalho humano, como fator de subsistência, valorização e dignidade do ser humano. Reitere-se: o Direito Civil é fonte supletiva no que for compatível com a essência deste ramo da ciência jurídica.

A inaplicabilidade do art. 940 ao Direito do Trabalho não elide a imposição da litigância de má-fé ao processo trabalhista (art. 769, CLT). Não se deve confundir direito material com o aspecto processual dentro do direito do trabalho. O processo é instrumento de justiça. A violação do dever de lealdade, dentro das hipóteses dos deveres (art. 80 e segs., NCPC), exige do juiz a imediata aplicação da multa e da indenização pelo dano processual.

A jurisprudência é dissonante quanto a aplicação do art. 940, CC, ao processo trabalhista.[59]

---

[58] MONTEIRO, Washington de Barros. *Curso de direito civil*, v. 5, 28. ed., p. 410.

[59] TST – E-RR 212600-34.2005.5.02.0060 – Rel. Min. Aloysio Corrêa da Veiga – *DJe* 10/5/2013 – p. 204.TST – RR 74900-63.2008.5.10 – Relª Minª Maria C. Irigoyen Peduzzi – *DJe* 9/4/2010 – p. 1801. TRT – 3ª R. – RO 15/2012-156-03-00.6 – Rel. Jales Valadão Cardoso – *DJe* 5/7/2013 – p. 69.

4.5.5 Assédio Processual

O procedimento é a sequência lógica e cronológica do encadeamento processual, visando a obtenção da prestação jurisdicional que ponha fim ao litígio. Contudo, nem sempre é possível que se tenha a concretização da justiça no tempo razoável. Um dos fatores que implicam a morosidade da justiça é o retardamento processual ocasionado pela parte ou pelas partes no andamento processual. É a hipótese do assédio processual.

Assédio processual representa a prática de atos processuais cujo objetivo é o retardamento ou procrastinação do andamento processual.

O objetivo do responsável pelo assédio é o prejuízo moral ou patrimonial à parte contrária, evitando, assim, o pronunciamento judicial, confundindo o órgão jurisdicional ou impedindo o cumprimento ou a satisfação do direito reconhecido judicialmente.

Os elementos do assédio processual são: (a) a gravidade das atitudes praticadas pelo litigante no curso da demanda; (b) a representação do assédio pela prática de atos processuais; (c) o objetivo da parte é evitar que se tenha à plenitude da prestação jurisdicional, seja com a prolação da sentença ou com o efetivo cumprimento da obrigação ou a satisfação do direito reconhecido; (d) a duração irracional do andamento processual e que gera graves repercussões na órbita moral ou patrimonial da outra parte, vítima do assédio.

Mauro Vasni Paroski ensina que o assédio processual é uma espécie do assédio moral, contudo, ao invés de estar relacionado com a relação jurídica material, como ocorre no segundo, interage-se com a relação de direito processual.[60] Pondera, ainda, que o instituto do assédio processual não deve ser visto como se fosse um desdobramento da litigância de má-fé ou do ato atentatório à dignidade da justiça. Há diferenças não só na intensidade do fenômeno, como também nas vítimas. No assédio processual, ao contrário da litigância de má-fé, o assediador pratica atos reiterados, prejudicando não só a parte contrária, como o próprio Estado.[61]

---

[60] "A finalidade desejada pelo assediador não é a exclusão do seu adversário desta relação, pela sua exposição a situações desconfortáveis e humilhantes, mas o intento é outro: retardar a prestação jurisdicional e/ou o cumprimento das obrigações reconhecidas judicialmente, em prejuízo da outra parte, reservando a esta todos os ônus decorrentes da tramitação processual" (PAROSKI, Mauro Vasni. Reflexões sobre a morosidade e o assédio processual na Justiça do Trabalho. *Jus Navigandi*, Teresina, ano 13, n° 1973, 25 nov. 2008. Disponível em: <http://jus.uol.com.br/revista/texto/12003>. Acesso em: 28 jan. 2011).

[61] "Há, em doutrina, algumas tentativas de se fazer distinção entre o assédio processual e a litigância de má-fé, mas o que se sucede, na verdade, é uma questão de intensidade, de grau propriamente dito, pois, a prática de apenas um ato que possa caracterizar a parte como litigante de má-fé ou mesmo a prática de ato atentatório à dignidade da justiça ou ao exercício da jurisdição (arts. 14, 17 e 600, do CPC/73), não seria suficiente, pela falta de reiteração, para caracterizar o assédio processual, mas, de outro lado, se a conduta da parte revela sucessivos atos que a enquadre como litigante de má-fé, pela repetição insistente e pelos presumíveis objetivos ilícitos, em manifesto prejuízo a parte adversária e ao exercício da jurisdição, aí sim, poderia ser classificada como assédio processual. Não parece acertada a opinião, que vez ou outra se vê, de que o sujeito passivo da litigância de má-fé é a parte que litiga contra o assediador, ao passo que, no assédio processual as vítimas seriam a um só tempo, aquela e o Estado. Em ambos os casos, tanto a parte que sofre

PARTE VI · Cap. IV – SUJEITOS DA RELAÇÃO PROCESSUAL | **425**

Exemplos de assédio processual: (a) recursos com manifesto objetivo protelatório; (b) requerimentos reiterados de provas desnecessárias; (c) recusa quanto à citação; (d) não cumprimento do acordo ou da sentença.

Em caráter excepcional, Mauro Schiavi[62] pondera que o magistrado também pode ser visto como assediador em relação a um dos litigantes ou ambos: *"tentativas abusivas e reiteradas de conciliação pelo Juiz, exemplificativamente, com os seguintes argumentos: o processo vai demorar demais; há chances de o reclamante não receber nada; a condenação vai quebrar a empresa, etc., visando a minar a resistência das partes e obrigá-las a aceitar a conciliação contra a vontade"*.

4.6 SUCESSÃO DAS PARTES

No curso do processo, só é lícita a sucessão voluntária das partes nos casos expressos em lei (art. 108, NCPC). A sucessão ocorrerá por ato entre vivos ou *mortis causa* (empregado e empregador).

4.6.1 Sucessão de Empregado por Ato entre Vivos

O credor pode ceder o seu crédito, se a isso não se opuser à natureza da obrigação, a lei, ou a convenção com o devedor; a cláusula proibitiva da cessão não poderá ser oposta ao cessionário de boa-fé, se não constar do instrumento da obrigação (art. 286, CC).

A alienação da coisa ou do direito litigioso, a título particular, por ato entre vivos, não altera a legitimidade das partes (art. 109, *caput*, CPC).

A propositura da demanda e a citação válida fixam várias consequências, dentre elas, a identidade das partes (*perpetuatio legitimationis*).

Qualquer alteração no plano do direito material, após a citação, não implica mutação quanto ao polo ativo ou passivo da demanda, exceto com a autorização da parte contrária (art. 109, § 1º).

---

as agressões diretamente, como o Estado, muitas vezes apenas indiretamente, já que não é ele propriamente o alvo escolhido pelo agressor, são sujeitos passivos da conduta reprovável, vez que os efeitos gerados, com distinção de grau (menor na litigância de má-fé e maior no assédio processual), atingem tanto os legítimos interesses da parte adversária, como os objetivos da prestação jurisdicional, e por extensão, o interesse público, já que é dever do Estado-juiz zelar pelo rápido andamento das causas (arts. 765 da CLT e 125, inc. II, do CPC/73) e de prestar jurisdição em tempo razoável (CF, art. 5º, inc. LXXVIII). Tanto no assédio processual como na litigância de má-fé há uma considerável redução da efetividade e da celeridade do processo e da eficiência da prestação jurisdicional, colocando as instituições judiciárias em condição de impotência, diante das atitudes procrastinatórias do litigante, transmitindo à opinião pública a impressão de que o sistema judiciário não funciona a contento, é lento, é ineficiente e é incapaz de resolver seus próprios problemas internos, o que dirá os problemas dos jurisdicionados" (PAROSKI, Mauro Vasni. Ob. cit.)

62 SCHIAVI, Mauro. *Manual de direito processual do trabalho*, 3. ed., p. 326.

O adquirente ou o cessionário poderá adentrar ao processo, como assistente litisconsorcial do alienante ou cedente (art. 109, § 2º, CPC); sendo que a sentença, proferida entre as partes originárias, estende os seus efeitos ao adquirente ou cessionário (art. 109, § 3º).

A cessão dos direitos trabalhistas pelo empregado, por ato entre vivos, não é possível. A cessão é incompatível com o princípio de proteção do trabalhador. O art. 109, CPC é inaplicável ao processo trabalhista.

A cessão de crédito prevista em lei (art. 286, CC) não pode ser operacionalizada no âmbito da Justiça do Trabalho, visto que se trata de um negócio jurídico entre empregado e terceiro que não se coloca em quaisquer dos polos da relação processual trabalhista (art. 100, Consolidação dos Provimentos da Corregedoria Geral da Justiça do Trabalho; citada regra não foi reproduzida na atual Consolidação, de agosto/2012).

4.6.2 Sucessão de Empresas

No tocante ao empregador, a sucessão por ato entre vivos está relacionada com o fenômeno da sucessão de empresas.[63] Pode ocorrer tanto na ação de execução como de conhecimento.

Com o avanço do Direito, a garantia quanto ao cumprimento das obrigações não é mais pessoal, e sim real. O que garante o efetivo cumprimento da obrigação é o patrimônio do devedor. Patrimônio deriva da expressão *patrimonium*, de *paier*, indicando, originariamente, os bens da família ou os bens herdados dos pais. No aspecto jurídico, sintetiza o conjunto de bens, de direitos e obrigações, apreciáveis, economicamente, pertencentes à pessoa física ou jurídica. Em suma: é o conjunto de direitos ou de relações jurídicas que possuem valor econômico.

No campo do direito das obrigações, a responsabilidade é patrimonial, na medida em que o devedor responde com todos os seus bens presentes e futuros (art. 789, CPC), não havendo a possibilidade de prisão civil por dívida, salvo a do responsável pelo inadimplemento voluntário e inescusável de obrigação alimentar e a do depositário infiel (art. 5º, LXVII, CF). O STF firmou o entendimento de que é ilícita a prisão civil de depositário infiel, qualquer que seja a modalidade do depósito (SV 25).

A responsabilidade patrimonial faz com que o credor tenha à sua disposição, como garantia do adimplemento da obrigação, o patrimônio do devedor.

Na ação de execução, a parte ativa intitula-se exequente, enquanto a passiva é denominada executado. Como regra, a pessoa que se encontra legitimada para responder a execução é o próprio devedor (a pessoa física ou jurídica, parte na ação de conhecimento),

---

[63] Sucessão trabalhista é a mudança de propriedade pela alienação, como também quando se tem a absorção de uma empresa por outra (fusão, cisão e incorporação). O mais importante no exame da sucessão trabalhista é o destaque que se dá ao seu conteúdo econômico. Não basta a simples denotação jurídica para se aquilatar o exato alcance desse instituto trabalhista. Se houver o prosseguimento da atividade econômica organizada, com a utilização dos trabalhadores pelo sucessor, justifica-se a presença da sucessão trabalhista, mantendo-se íntegros os contratos individuais de trabalho (arts. 10 e 448, CLT).

PARTE VI · Cap. IV – SUJEITOS DA RELAÇÃO PROCESSUAL | **427**

contra quem é dirigida à sentença ou o acordo não adimplido (arts. 876 e 878, CLT; art. 779, I, CPC). Também são sujeitos passivos: (a) o espólio, os herdeiros ou os sucessores do devedor; (b) o novo devedor que assumiu, com o consentimento do credor, a obrigação resultante do título executivo; (c) o fiador do débito constante em título extrajudicial; (d) o responsável titular do bem vinculado por garantia real ao pagamento do débito; (e) o responsável tributário, assim definido na legislação própria (art. 779, II a VI).

Na execução, a legitimação passiva confunde-se com a que foi revelada na ação de conhecimento. Daí ser plenamente justificável aplicarmos as normas concernentes à responsabilidade pelo contrato de trabalho – grupo de empresas (art. 2º, § 2º, CLT) e sucessão (arts. 10 e 448, CLT). São normas imperativas, que estabelecem o desenvolvimento, a alteração e a extinção do contrato de trabalho, imputando a quem seja de direito os encargos decorrentes das condenações impostas na ação de conhecimento.

Na sucessão trabalhista, a importância dessa argumentação repousa na existência de inúmeras demandas trabalhistas ajuizadas antes da ocorrência do trespasse, algumas de conhecimento e outras de execução.

Manoel Antonio Teixeira Filho[64] afirma: *"Se a sucessão acontecer no processo de conhecimento, o fenômeno não trará maiores dificuldades de ordem prática, porquanto o sucessor será apanhado pela sentença que compuser a lide (exceto se o processo for extinto sem julgamento do mérito); sendo condenatório o provimento jurisdicional, o sucessor estará, automaticamente, legitimado a integrar o polo passivo da relação jurídica executiva. A dificuldade surge, no entanto, quando a sucessão se realiza ulteriormente ao proferimento da sentença condenatória, que renderá ensejo à futura execução. Abre-se, aqui, um leque de casuísmos.*

Estando a sucessão cabalmente comprovada nos autos, a execução será promovida contra a sucessora (ou contra ela prosseguirá, conforme seja a época em que o fato sucessório ocorreu), pouco importando que esta não tenha participado do processo de conhecimento. O direito constitucional de resposta (Const. Fed., art. 5º, LV) – que se revela no âmbito processual sob a forma de garantia de ampla defesa – foi, nessa hipótese, respeitado, pois no processo cognitivo se ofereceu à ré (empregadora primitiva) oportunidade para defender-se amplamente (assim se está a pressupor em decorrência do preceito constitucional há pouco citado), de modo que, transitada em julgado a sentença condenatória, o adimplemento da obrigação, nela contida, será exigido à sucessora; esta deverá satisfazê-la ou sujeitar-se ao comando sancionatório da sentença, que poderá acarretar a expropriação, total ou parcial, de seus bens patrimoniais."

Com a inserção do art. 448-A, CLT, pela Lei 13.467, restou evidenciado que, no caso de sucessão trabalhista, as obrigações trabalhistas, inclusive as contraídas à época em que os empregados trabalhavam para a empresa sucedida, são de responsabilidade do sucessor. Contudo, haverá responsabilidade das empresas sucessora e sucedida quando ficar comprovada a fraude na transferência.

---

[64]   TEIXEIRA FILHO, Manoel Antonio. *Execução no processo do trabalho*, 9. ed., p. 147.

4.6.3 Sucessão de Empregado por Ato Causa Mortis

A habilitação incidental (art. 687 e segs., CPC) não encontra referência na CLT.

Tem-se a habilitação incidental quando, por falecimento de qualquer uma das partes, os interessados houverem de suceder-lhe no processo (art. 687). É um procedimento pelo qual os sucessores da parte ingressam em juízo para recompor a relação processual afetada pelo evento morte que atingiu uma das partes do processo.

O evento morte pode ser de qualquer uma das partes, reclamante ou reclamado, este último quando se tratar de pessoa natural, porque a morte do sócio da pessoa jurídica não reflete nas obrigações dessa para com o trabalhador (arts. 10 e 448, CLT).

Durante a vigência do contrato de trabalho, a morte do trabalhador ou empregador pessoa natural implica sua extinção.

Importante dizer que, no caso de morte de uma das partes do processo no qual era intransmissível a posição jurídica por ela ocupada, *v. g.*, quando morre o devedor de obrigação personalíssima, opera-se a extinção do processo sem resolução de mérito (art. 485, IX, CPC).[65] Essa regra é inaplicável ao processo trabalhista, visto que os direitos trabalhistas, por excelência, são transmissíveis aos dependentes do trabalhador.

Pelo CPC/73, a extinção do processo também ocorreria se houvesse confusão entre reclamante e reclamado (art. 267, X). A confusão é de rara ocorrência na Justiça do Trabalho, mas possível, quando há uma reclamação trabalhista do filho em face do pai ou mesmo do pai em relação ao filho, sendo que uma das partes figuraria como empregador individual, a qual vindo a falecer no curso do processo, o outro é o único herdeiro legal. O CPC/15 não regula de forma expressa essa hipótese.

Os valores devidos pelos empregadores aos empregados e os montantes das contas individuais do Fundo de Garantia por Tempo de Serviço e do Fundo de Participação PIS/PASEP, não recebidos em vida pelos respectivos titulares, serão pagos, em quotas iguais, aos dependentes habilitados perante a Previdência Social ou na forma da legislação específica dos servidores civis e militares, e, na sua falta, aos sucessores previstos na lei civil, indicados em alvará judicial, independentemente de inventário ou arrolamento (art. 1º, Lei 6.858/80).

As quotas atribuídas a menores ficarão depositadas em caderneta de poupança, rendendo juros e correção monetária, e só serão disponíveis após o menor completar 18 anos, salvo autorização do juiz do inventário para aquisição de imóvel destinado à residência do menor e de sua família ou para dispêndio necessário à subsistência e educação do menor.

Inexistindo dependentes ou sucessores, esses valores serão revertidos em favor, respectivamente, do Fundo de Previdência e Assistência Social, do Fundo de Garantia por Tempo de Serviço ou do Fundo de Participação PIS/PASEP.

---

[65] "Na verdade a causa de extinção do processo é da intransmissibilidade do direito material posto em juízo e não da ação. Quando falecer a parte (autor e réu) e o direito feito valer na ação for intransmissível por expressa disposição legal, o processo deve ser extinto sem julgamento de mérito. Exemplo: falecendo o réu em ação de divórcio, extingue-se o processo por intransmissibilidade do direito" (NERY JÚNIOR, Nelson; NERY, Rosa Maria de Andrade. *Código de Processo Civil comentado*, 9. ed., p. 437).

PARTE VI · Cap. IV – SUJEITOS DA RELAÇÃO PROCESSUAL | **429**

Essa mesma sistemática se aplica às restituições relativas ao Imposto de Renda e outros tributos, recolhidos por pessoa física, e, não existindo outros bens sujeitos a inventário, aos saldos bancários e de contas de cadernetas de poupança e fundos de investimento até o limite legal. Na hipótese de inexistirem dependentes ou sucessores do titular, esses valores serão revertidos em favor do Fundo de Previdência e Assistência Social.

Em relação ao levantamento dos valores relativos ao PIS/PASEP e FGTS, em decorrência do falecimento do titular da conta, o STJ tem entendido que a competência é da Justiça Comum (Súm. 161).

O entendimento da Súm. 161 não mais prospera ante o teor da EC 45 e o cancelamento da Súm. 176, TST.

Nesse sentido, o Enunciado 63, da 1ª Jornada de Direito Material e Processual na Justiça do Trabalho, indica que *"compete à Justiça do Trabalho, em procedimento de jurisdição voluntária, apreciar pedido de expedição de alvará para liberação do FGTS e de ordem judicial para pagamento do seguro-desemprego, ainda que figurem como interessados os dependentes de ex-empregado falecido".*

Com a morte do empregado antes do ingresso do processo, não se tem a habilitação, mas sim a representação do espólio pelo inventariante nomeado no processo de inventário ou, quando inexistindo bens a serem inventariados, diretamente pelos interessados (art. 1º, *caput*, Lei 6.858).

No caso da morte do empregado no curso do processo, o mesmo fica suspenso até que ocorra a habilitação incidental. Normalmente, a habilitação incidental também é feita por simples petição, com a observância dos interessados mencionados no art. 1º da Lei 6.858.

4.6.4 Sucessão do Empregador por Ato Causa Mortis

A morte do empregador, proprietário ou dirigente da pessoa jurídica, quando não implica a cessação das atividades da empresa, não altera o prosseguimento da relação jurídica processual trabalhista. A empresa será representada por outro sócio ou preposto.

Quando for o caso de falecimento do empregador pessoa física, em havendo o prosseguimento da atividade econômica, o responsável será o novo dirigente da empresa. Em caso contrário, se os herdeiros do falecido não *"providenciarem a abertura do inventário, poderá fazê-lo o empregado para que, nomeado o inventariante pelo juízo competente, venha ele a representar o espólio reclamado, no processo trabalhista".*[66]

4.7 SUBSTITUIÇÃO PROCESSUAL

Como regra, as partes que estão litigando em juízo são os sujeitos da relação jurídica material controvertida. O autor possui uma ligação com o direito posto em juízo, enquanto o réu tem uma relação de sujeição com a pretensão do autor. É o que se denomina legitimação ordinária.

---

[66] GIGLIO, Wagner. Ob. cit., p. 125.

Há hipóteses em que a lei autoriza que pessoa, em nome próprio, postule, judicial-mente, direito alheio (art. 18, CPC). É o que se denomina legitimação extraordinária, onde o direito de ação é exercido por uma pessoa que não detém o direito material invocado. No processo civil, como exemplos: o marido, que está legitimado a defender o dote da mulher; o Ministério Público que defende as vítimas dos acidentes do trabalho; o curador à lide; a mulher que defende o marido citado por edital, o chamado à autoria, o capitão do navio, o gestor de negócios. No processo trabalhista, a substituição processual é conferida à entidade sindical.

No processo trabalhista, tem-se a atuação da entidade sindical como uma hipótese comum de substituição processual, a qual é analisada no tópico 2.5.1 do Capítulo II da Parte IX da presente obra.

Ao contrário do que ocorre no processo civil, a substituição processual trabalhista pela entidade sindical é: autônoma, concorrente e primária. É autônoma, porque se admite a possibilidade de acordo, transação e renúncia, independentemente de autorização ou anuência do substituto. O direito material não pertence à entidade sindical. Como o substituído pode integrar a lide como assistente litisconsorcial, justifica-se o caráter de ser concorrente. A atuação da entidade sindical não exclui a possibilidade de participação do substituído na relação jurídica processual. A substituição processual também é pri-mária, visto que o substituto não necessita aguardar a inércia do substituído em relação ao exercício do direito de ação.

4.8 LITISCONSÓRCIO

Litisconsórcio representa a presença de vários interessados em um mesmo processo, como autores ou réus, objetivando, assim, a defesa de interesses em comum.

Ao contrário da cumulação objetiva (vários pedidos feitos contra o mesmo réu), o litisconsórcio denota uma situação de cumulação subjetiva (vários autores, vários réus, ou ambos simultaneamente no mesmo processo).

Duas ou mais pessoas podem litigar, no mesmo processo, em conjunto, ativa ou passivamente, quando: (a) entre elas houver comunhão de direitos (exemplo: condô-minos, titulares da propriedade de um mesmo bem) ou de obrigações relativamente à lide (devedores solidários); (b) entre as causas houver conexão pelo pedido (identidade quanto ao pedido mediato – bem da vida que é objeto da prestação jurisdicional) ou pela causa de pedir (fato e fundamento jurídico idênticos); (c) ocorrer afinidade de questões por um ponto comum de fato ou de direito (art. 113, I a II, CPC).

4.8.1 Tipos de Litisconsórcio

4.8.1.1 Quanto à Cumulação de Sujeitos

Quanto à cumulação de sujeitos, o litisconsórcio pode ser: (a) ativo – há vários autores contra um único réu; (b) passivo – a proposição de ação por um só autor contra vários réus; (c) misto – no mesmo processo, há vários autores contra diversos réus.

PARTE VI · Cap. IV – SUJEITOS DA RELAÇÃO PROCESSUAL | **431**

4.8.1.2   Quanto ao Tempo de sua Formação

Em relação ao tempo de sua formação, o litisconsórcio é: (a) inicial – a sua formulação ocorre no momento da propositura da demanda; (b) posterior – a constituição se formaliza no curso da ação. Geralmente, surge com a intervenção de terceiros ou por se tratar de um litisconsórcio necessário. O litisconsórcio posterior é uma exceção ao princípio da *perpetuatio legitimationis*.

4.8.1.3   Quanto à sua Obrigatoriedade

Quanto à sua obrigatoriedade, o litisconsórcio será: (a) facultativo ou voluntário – fica a critério das partes (art. 113, CPC); (b) necessário – decorre da vontade da lei ou da própria natureza da relação jurídica material a ser dirimida em juízo, sendo que a eficácia da sentença depende da citação de todos que devam ser litisconsortes (art. 114).

4.8.1.4   Quanto ao Alcance de seus Efeitos

O litisconsórcio, quanto a seus efeitos, pode ser: (a) unitário – de acordo com o CPC (art. 116), o litisconsórcio será unitário quando, pela natureza da relação jurídica, o magistrado tiver de decidir o mérito de modo uniforme para todos os litisconsortes. Pode ser necessário ou facultativo; (b) simples – é indiferente o resultado da decisão ser o mesmo para todos os litisconsortes.

4.8.2   Os Tipos de Litisconsórcio e Procedimentos

Por sua natureza, o litisconsórcio facultativo tem a sua formação em função da vontade das partes. A regra geral é que o *"litisconsórcio facultativo seja também simples, embora possam existir casos, expressamente previstos em lei, em que o litisconsórcio, ainda que facultativo, seja unitário (ex.: art. 1.314 do CC de 2002 – existe permissão legal para que apenas um dos condôminos [facultativo] defenda a coisa comum de quem a possua de forma injusta, embora a solução deva ser idêntica para todos os condôminos [unitário], ainda que do processo sequer tenham participado)".*[67]

O juiz tem a faculdade de limitar o número de litigantes no facultativo, quando houver o comprometimento da rápida solução do litígio ou dificultar a defesa.

Pelo CPC, a limitação pode ocorrer não só na fase de conhecimento, como também na liquidação ou na execução de sentença (art. 113, § 1º), sendo que o requerimento de limitação interrompe o prazo para manifestação ou resposta, que recomeçará da intimação da decisão que o solucionar (art. 113, § 2º).

O litisconsórcio simples é aquele em que a decisão não é uniforme para os litigantes, o que não ocorre com o unitário, no qual se tem uma disciplina uniforme para todos. Na sua quase generalidade, todo litisconsórcio necessário é unitário, pois a decisão deve ser unânime para os litisconsortes.

---

[67]   WAMBIER, Luiz Rodrigues et al. Ob. cit., v. 1, p. 233.

No litisconsórcio necessário unitário, "*os litisconsortes, conquanto vários, como que constituem uma parte única, pois a sentença os abraça como se fossem um só. Em consequência, cada litisconsorte representa os demais na relação processual. Dessa conclusão segue-se que, no litisconsórcio passivo, a simples contestação de um é suficiente para excluir a revelia dos que não apresentaram defesa, e, outrossim, tanto no litisconsórcio ativo como no passivo, os que tiverem perdido algum prazo serão representados pelos demais*".[68]

"*A necessariedade da formação do litisconsórcio depende de disposição legal e a unitariedade provém da natureza da relação jurídica de direito material a respeito de que se vá decidir no processo. (...) Quanto à sorte da afirmação de direito formulada pela parte (ou pelos liticonsortes ativos), haverá ou não unitariedade, isto é, a sentença deverá decidir uniformemente para todos os que se encontram no mesmo polo da relação jurídica. É possível, todavia, que o litisconsórcio necessário não seja unitário, mas simples, isto é, embora sua formação seja obrigatória, o resultado não precisa ser o mesmo para todos aqueles que se encontram em idêntico polo da relação processual. Exemplo dessa hipótese é a ação de usucapião, pois o resultado não será o mesmo para aquele em cujo nome esteja transcrito o imóvel e para os confinantes.*"[69]

No litisconsórcio necessário, o juiz deve ordenar ao autor que promova a citação de todos os litisconsortes necessários, dentro do prazo que assinar. Pelo CPC (art. 115, *caput*, I e II), temos que no: (a) litisconsórcio unitário necessário, a sentença de mérito proferida sem a citação do litisconsorte é nula; (b) caso de litisconsórcio passivo necessário, o juiz determinará ao autor que requeira a citação de todos que devam ser litisconsortes, no prazo que designar, sob pena de extinção do processo; (c) litisconsórcio necessário simples, o juiz deve determinar a inclusão do litisconsorte pelo autor, contudo, caso isso não ocorra, não haverá a extinção do processo, visto que a sentença não será eficaz para os que não tenham sido citados.

Nas suas relações com a parte adversa, os litisconsortes serão considerados como litigantes distintos, caso em que os atos e as omissões de um não prejudicarão os outros, mas poderão beneficiá-los. Essa regra não se aplica ao litisconsórcio unitário, visto que a sentença será uniforme para todos os litigantes (art. 117, CPC).

Vale dizer, apesar de os litisconsortes estarem em uma única demanda, cada um possui autonomia com a parte contrária. Cada litisconsorte é visto como parte distinta em relação ao adversário. Logo, poderá ter advogado próprio, alegar o que julgar conveniente em defesa dos seus direitos, efetuar as exceções que tiver, oferecer prova, recorrer dos despachos ou sentenças, reconvir etc. (art. 118).

A autonomia é absoluta quanto aos litisconsórcios simples, o que não se aplica ao unitário. Por exemplo, temos: (a) à revelia não possui os seus efeitos, quando houver pluralidade de réus, algum deles contestar a ação a qual tenha um laço fático que una todos os litisconsortes (art. 345, I); (b) o recurso interposto por um dos litisconsortes a todos aproveita, salvo se distintos ou opostos os seus interesses (art. 1.005).

---

[68] SANTOS, Moacyr Amaral. Ob. cit., v. 2, p. 10.
[69] WAMBIER, Luiz Rodrigues et al. Ob. cit., v. 1, p. 234.

4.8.3 A Cumulação Subjetiva Prevista no Art. 842 da CLT

Sendo várias as reclamações e havendo identidade de matéria, poderão ser acumuladas num só processo, se se tratar de empregados da mesma empresa ou estabelecimento (art. 842, CLT).

O art. 842 da CLT espelha um litisconsórcio: *"a) ativo, porque os empregados estão litisconsorciados na qualidade de autores, de sujeitos ativos na relação processual; (b) facultativo, se considerarmos que a sua constituição não se dá por força de lei, e sim em decorrência da vontade das partes; (c) irrecusável, na medida em que, se respeitados fielmente os pressupostos de constituição (identidade de causa de pedir e/ou de pedidos), o litisconsórcio não pode ser recusado pela(s) parte(s) contrária(s); (d) simples, porquanto a decisão não ser, necessariamente, uniforme para os vários litisconsortes; se assim fosse estaríamos diante do litisconsórcio unitário".*[70]

4.9 INTERVENÇÃO DE TERCEIROS

Intervenção de terceiro é o fenômeno processual pelo qual alguém ingressa, como parte ou coadjuvante da parte, em processo pendente entre outras partes.

4.9.1 Conceito de Terceiro

Para se ter ideia do que é terceiro, é imperioso o exame do termo "parte". O vocábulo "parte", no sentido restrito, representa toda pessoa que, tendo interesse, participa ou intervém na realização de um ato jurídico. Parte é o que atua na celebração de um contrato civil ou comercial, bem como aquele que está presente em um litígio, como autor ou réu. Porém, parte não é só quem atua diretamente no ato jurídico, como também aquele que é representado por outra pessoa.

Não se pode aplicar a regra *res inter alios acta* (coisa realizada entre terceiros) para os representados, porque os atos praticados pelos representantes trazem repercussões em seus patrimônios.

Em face da relativização dos contratos, torna-se necessário o exame da sucessão com a noção de parte.

O art. 928, CC de 1916, estabelecia que obrigação não sendo personalíssima, operava-se entre as partes como também em relação aos seus herdeiros.

No direito civil, o vocábulo herdeiro possui vários significados: *"(a) sucessor legítimo ou testamentário do de cujus; (b) legatário; (c) aquele que tem direito de suceder bens, no todo ou em parte, após a morte de seu proprietário; (d) aquele que sucede na totalidade da herança, ou, em parte dela, sem determinação do valor e do objeto, parte que apenas será individualizada com a partilha".*[71]

---

[70] TEIXEIRA FILHO, Manoel Antonio. *Sistema dos recursos trabalhistas*, 5. ed., p. 169.
[71] DINIZ, Maria Helena. Ob. cit., v. 1, p. 713.

Dessa forma, o herdeiro é um sucessor *mortis causa*, adquirindo bens a título universal como particular.

A sucessão tem um aspecto universal e particular. Universal é a que ocorre quando se tem a transmissão total ou de parte indeterminada da herança, incluindo-se o ativo e o passivo. O herdeiro sucede no todo ou em uma cota-parte do patrimônio do *de cujus*. Por sua vez, a sucessão a título singular ou particular é *"a que se dá quando o testador transfere ao beneficiário apenas objetos certos e determinados. Nessa espécie de sucessão é o legatário que sucede ao de cujus em bens ou direitos determinados ou individuados, ou em fração do patrimônio devidamente individuada, sub-rogando-se de modo concreto, na titularidade jurídica de determinada relação de direito, sem representar o falecido, pois não responde pelas dívidas e encargos da herança".*[72]

Adotando-se uma visão mais ampla na interpretação do art. 928, CC de 1916, podemos equiparar o sucessor ao herdeiro. A equiparação não oferece dificuldades quando é a sucessão a título universal, ou seja, as obrigações também são transmissíveis ao sucessor.

Todavia, surge uma questão: o sucessor *inter vivos* seria a título singular ou universal? Há duas correntes doutrinárias: (a) o sucessor é parte somente quando a mesma se dá a título universal; (b) o sucessor é parte quando a mesma se dá a título singular como universal. Portanto, a solução para o impasse reside em se considerar o sucessor, a título singular, *parte* quanto aos direitos e terceiro quanto às dívidas.

Assim, a noção de parte, em sentido amplo, engloba: (a) os sujeitos da relação jurídica; (b) os representados; (c) os herdeiros; (d) os sucessores a título universal e os a título singular (só quanto aos direitos). Conclui-se, então, que o princípio da relatividade dos contratos deve ser aplicado considerando-se a palavra "parte" no sentido amplo.

Retornando à noção do termo "terceiro", vamos considerá-lo como um termo equívoco, ou seja, pode ser interpretado de várias formas; logo, é uma palavra que não pode ser utilizada sem definição prévia.

Evaristo de Moraes Filho[73] afirma que terceiro é *"assim, em geral, todo o sujeito, necessariamente indeterminado, estranho à relação jurídica dada. Por isso mesmo, é impossível dar uma noção unitária de terceiro, que não seja simplesmente negativa. E foi procedendo desta forma que eliminamos aquelas figuras do conceito de terceiro, como tributário da* res inter alios acta. *Neste sentido, então, terceiro é toda pessoa que não esteve presente à realização do contrato, por si ou por seus representantes (voluntários ou legais), ou não é herdeiro, nem sucessor das partes".*

Terceiro é a pessoa que não deve sofrer nenhuma consequência jurídica em função da obrigação estabelecida entre duas pessoas (*primus* – sujeito ativo; *secundus* – sujeito passivo).

---

[72]   DINIZ, Maria Helena. Ob. cit., v. 4, p. 450.

[73]   MORAES FILHO, Evaristo de. *Sucessão nas obrigações e a teoria da empresa*, v. 1, p. 189.

PARTE VI · Cap. IV – SUJEITOS DA RELAÇÃO PROCESSUAL | **435**

Em relação a essa questão, José Martins Catharino[74] declina: *"O relativismo contratual não pode ser separado da relatividade do conceito de terceiro, determinável por exclusão: terceiro é quem não é primeiro nem segundo, em se tratando de contrato entre dois. 'Terceiro' não é apenas quem não contratou, mas também a quem os efeitos de determinado contrato não alcança. Em poucas palavras, terceiro desinteressado ou absoluto."*

4.9.2 Tipos de Intervenção de Terceiro

Os casos de intervenção de terceiros estabelecidos pelo CPC são os seguintes: assistência, oposição, nomeação à autoria, denunciação da lide, chamamento ao processo.

O recurso do terceiro prejudicado (art. 996, CPC) pode ser visto como uma forma de intervenção voluntária de terceiro.

4.9.2.1 Assistência

4.9.2.1.1 Assistência Simples

Ocorre a assistência simples quando o terceiro, pendendo uma causa entre duas ou mais pessoas, tiver interesse jurídico em que a sentença seja favorável a uma delas, podendo intervir no processo para assisti-la (arts. 119 segs., CPC).

Reputa-se à assistência simples a mais autêntica forma de intervenção de terceiro, na medida em que o assistente permanece na condição de terceiro, sendo disciplinada em conjunto com o litisconsórcio – pela estrutura do CPC.

O interesse do assistente repousa na vitória do assistido, mas não formula pretensão ou defesa, sendo originário da perspectiva de sofrer efeitos indiretos da decisão que seja desfavorável ao assistido, afetando a sua esfera jurídica.[75],[76] A sua presença não implica a constituição de outra lide.

---

[74] CATHARINO, José Martins. *Compêndio universitário de direito do trabalho*, v. 1, p. 171.

[75] A intervenção assistencial simples ou adesiva só é admissível se demonstrado o interesse jurídico e não o meramente econômico perante a Justiça onde é postulada (Súm. 82, TST). A doutrina aponta três tipos de terceiros: (a) os indiferentes, ou seja, não há qualquer vinculação fática ou jurídica entre o terceiro e a relação jurídica de direito material controvertida que foi aduzida em juízo; (b) interessados praticamente, em que o terceiro tem um interesse econômico, visto que a eventual procedência ou improcedência lhe trará repercussões materiais. É o caso de um credor do empregador; (c) juridicamente interessados. Nessa categoria há dois tipos: a primeira, dos que têm interesse igual ao das partes, como um empregado que se opõe a uma pendência judicial pelo direito autoral de um invento entre outro empregado e o empregador comum; a segunda, em que o interesse dos terceiros é inferior ao das partes. A título exemplificativo, é a hipótese de um empregado público, o qual é o responsável pelo ato danoso em uma demanda em que outro empregado público pleiteia a responsabilidade do Estado pelos atos de seus agentes.

[76] "Na assistência simples ou adesiva (intervenção *ad adjuvandum*) não se encontra em litígio, no processo, direito ou pretensão do assistente. Porém, mesmo assim, este intervém em auxílio da parte, pois sua vitória lhe interessa (art. 50, CPC). Nesse passo, poderá, por exemplo, complementar defesa por esta apresentada, e que, por alguma razão, entende deficiente" (ZANGRANDO, Carlos. Ob. cit., t. 1, p. 541).

Em linhas gerais, na assistência simples temos: (a) não há relação jurídica entre o assistente e o adversário do assistido; (b) o direito posto e discutido em juízo pertence ao assistido; (c) não pode o assistente ter oposição em relação à desistência da ação pelo assistido, à procedência do pedido ou à transação celebrada pelo assistido e o seu adversário; (d) não pode o assistente assumir posição jurídica distinta da do assistido.

A assistência tem lugar em qualquer dos tipos de procedimento e em todos os graus da jurisdição, recebendo o assistente o processo no estado em que se encontra (art. 119, parágrafo único, CPC).

Não havendo impugnação dentro de 15 dias, o pedido do assistente será deferido, salvo se não for rejeitado liminarmente.

No entanto, se por qualquer das partes houver a alegação de que o assistente não tem interesse jurídico para intervir a bem do assistido, o juiz decidirá, sem suspensão do processo (art. 120, CPC).

O assistente simples atua como auxiliar da parte principal, exercendo os mesmos poderes e estando sujeito aos mesmos ônus processuais que o assistido. Na revelia do assistido, o assistente será considerado seu substituto processual (art. 121, CPC).

A participação do assistente simples é acessória, não tendo poderes para impedir que a parte assistida possa exercitar a faculdade de dispor tanto do direito material como do processual (art. 122, CPC).

Com o trânsito em julgado da sentença, na causa em que interveio o assistente, este não poderá, em processo posterior, discutir a justiça da decisão (art. 123, caput, CPC). Trata-se da eficácia preclusiva da intervenção, sendo que o assistente simples, em qualquer outro processo, não poderá questionar os fatos e fundamentos jurídicos da sentença proferida contra o assistido. Não se trata de coisa julgada, visto que: (a) a eficácia preclusiva alcança os fundamentos da sentença, ao contrário da coisa julgada, que atinge a parte dispositiva (arts. 503 e 504, CPC); (b) a eficácia preclusiva pode ser afastada em outra demanda nas exceções previstas no art. 123, I e II, sendo que a coisa julgada somente pode ser desconstituída pela ação rescisória (art. 966).

Não se aplica a eficácia preclusiva, quando o assistido alegar e provar que: (a) pelo estado em que recebeu o processo ou pelas declarações e atos do assistido, foi impedido de produzir provas suscetíveis de influir na sentença; (b) desconhecia a existência de alegações ou de provas, de que o assistido, por dolo ou culpa, não se valeu (art. 123, I e II).

No processo do trabalho, a hipótese mais comum de assistência simples é a participação da entidade sindical, coadjuvando o empregado em juízo.

4.9.2.1.2 Assistência Litisconsorcial

Na assistência litisconsorcial, o assistente possui interesse próprio, na medida em que a sentença irá influir na relação jurídica entre ele e o adversário do assistido[77] (art. 124, CPC).

---

[77] "Em duas situações ocorrerá a assistência litisconsorcial: quando o terceiro assistente é cotitular do direito objeto do litígio; quando o terceiro assistente é o único titular do direito objeto do litígio,

O terceiro assume a posição de assistente, defendendo direito próprio contra uma das partes, passando à condição efetiva de parte, não lhe sendo aplicável a regra do art. 122, CPC. Vale dizer, o assistente pode se opor a eventual ato de disposição de direitos praticado pelo assistido.

Por outro lado, ao contrário da assistência simples, na litisconsorcial o assistente, como litisconsorte unitário da parte assistida, também fica sujeito à coisa julgada. Portanto, não lhe é aplicável o disposto no art. 123, CPC.

Como exemplos de assistência litisconsorcial: (a) o substituído ingressa na demanda em que o sindicato atua como substituto processual. A Súmula 255 do TST (cancelada em outubro/03) admitia que o substituído poderia, antes da sentença, desistir da ação. O tópico VI da Súmula 310 (cancelada em outubro/03) indicava ser lícito aos substituídos integrar a lide como assistente litisconsorcial, como também acordar, transigir e renunciar, independentemente de autorização ou anuência do substituído; (b) a empresa participante de grupo econômico (art. 2º, § 2º, CLT) na demanda proposta contra uma das empresas; (c) o sócio, quando o reclamado é a empresa; (d) o sucessor ou o sucedido, dependendo de quem seja o réu na demanda.

4.9.2.2 Oposição

Com o CPC/15, a oposição não está elencada entre as figuras de intervenção de terceiros (arts. 119 e segs.). Apesar disso, o CPC tratou da matéria e a sua natureza de intervenção não pode ser desconsiderada pelos aplicadores do Direito.

Ocorre a oposição quando o terceiro pretenda, no todo ou em parte, a coisa ou o direito sobre que controvertem autor e réu, podendo ser aduzida até ser proferida a sentença (art. 682, CPC). O terceiro pretende a exclusão tanto do autor como do réu.

Há um nexo de prejudicialidade[78] entre a ação e a oposição, na medida em que a segunda deverá ser julgada em primeiro lugar (art. 686, CPC). Representa uma nova e

---

mas a demanda foi proposta por substituto processual, devidamente autorizado por lei. Em ambos os casos, o direito em litígio é do assistente. Poderia ele ter sido demandado individualmente, ou em litisconsórcio com o réu, mas não foi. Poderia ele, ainda, ter demandado pessoalmente, mas um substituto processual, autorizado por lei, demandou em nome próprio, pleiteando o direito do assistente. A assistência litisconsorcial em demanda efetuada por substituto processual é deveras conhecida dos pretórios trabalhistas, sendo por isso necessário um estudo mais apurado. De qualquer modo, nesse caso, o terceiro assistente, por ser titular do direito, figurará no processo em posição idêntica à da parte a que assiste, formando um litisconsórcio facultativo superveniente, o que lhe concede os poderes, direitos e ônus inerentes (CPC/73, art. 48). Em relação à posição das partes no plano do direito material, o litisconsórcio será unitário. Não resta dúvida de que, nessa modalidade de assistência, o interesse jurídico do terceiro é evidente, pois que ou é titular do direito, ou cotitular com alguma das partes. A decisão judicial, portanto, influenciará decisivamente na sua situação jurídica, em relação à parte que pretende assistir" (ZANGRANDO, Carlos. *Processo do trabalho*: processo de conhecimento, t. I, p. 547).

78 "O que determina o cabimento e a admissibilidade da oposição é a incompatibilidade entre a pretensão do opoente, e aquela das partes no processo original. Quer dizer, o opoente pleiteia para si, aquilo que os opostos controvertem, entre si. O opoente basicamente diz às partes: 'é meu o direito

verdadeira ação, com pretensão e partes diferentes, sendo que o terceiro se intitula opoente e os réus (autor e réu da ação originária) são tidos como opostos.[79]

O opoente deduzirá o seu pedido, observando os requisitos exigidos para a propositura da ação (art. 319, CPC). Distribuída a oposição por dependência, serão os opostos citados, na pessoa dos seus respectivos advogados, para contestar o pedido no prazo comum de 15 dias (art. 683, parágrafo único).

Se um dos opostos reconhece a procedência do pedido, contra o outro prosseguirá o opoente (art. 684).

A oposição quando admitida, será apensada aos autos principais e correrá simultaneamente com a ação, sendo ambas julgadas pela mesma sentença (art. 685, CPC).

Se a oposição for proposta após o início da audiência de instrução, o juiz suspenderá o curso do processo ao fim da produção das provas, salvo se concluir que a unidade da instrução atende melhor ao princípio da duração razoável do processo (art. 685, parágrafo único).

No processo trabalhista, a doutrina não era pacífica quanto à aceitação da oposição.

A esse respeito, Wagner Giglio[80] afirmava: *"Campos Batalha entende que a oposição é inadmissível no processo do trabalho porque só tem cabimento nas ações reais, repersecutórias ou pessoais 'in rem scriptae', e porque a cessão de direitos é vedada no Direito do Trabalho (op. cit., p. 345).*

---

ou o bem que vocês estão disputando, e por isso vem reivindicá-lo'. O opoente revela pretensão toda sua, e pede o que está em contradição com o que, no processo principal, o autor pede, e o réu refuta, bem como com aquilo que o réu afirma, defendendo-se. No fundo, há demanda em face de uma parte, e em face da outra, só que cumuladas. A controvérsia entre os opostos, sobre o direito ou o bem da vida, não é elemento essencial à admissibilidade da oposição. De fato, pouco importa se, por exemplo, o réu-oposto contestou, excepcionou ou reconheceu o direito do autor-oposto. Nada disso é impeditivo ao exercício do direito de ação pelo opoente, nem desnatura o objeto da oposição. O que importa é que o opoente demonstre interesse e legitimidade" (ZANGRANDO, Carlos. Ob. cit., t. 1, p. 557).

[79] "Oposição (do latim *oppositio*), significa originariamente um estado de antinomia, quer dizer, de contrariedade, de antagonismo, de incompatibilidade, de rivalidade, de objetivos ou vontades contrárias, de coisas colocadas face à face, mas que se contrariam, como a luz e a sombra. No Direito Processual, podemos definir a oposição como o remédio processual à disposição do terceiro que pretender, no todo ou em parte, o direito ou o bem sobre o qual pende demanda entre outras pessoas. A pretensão do opoente é, assim, incompatível com os interesses em conflito entre autor e réu, num processo pendente. Ele, o opoente, deseja para si, aquilo que as partes, no processo original, estão disputando. A oposição, como ação que é (remédio processual), é sempre voluntária. Aquele que se opõe, o faz sempre em relação a alguém, ou alguma coisa. Não há oposição em relação a si mesmo. A oposição é sempre relacional. Outrossim, inexiste hipótese de oposição necessária. Só há oposição em face de ambas as partes, na relação processual originária (opostos). Estas figuram como litisconsortes passivos necessários na oposição, sendo autor o opoente" (ZANGRANDO, Carlos. Ob. cit., t. 1, p. 556).

[80] GIGLIO, Wagner. Ob. cit., p. 129.

Christovão Piragibe Tostes Malta e Gustavo Lanat Cerqueira, ao contrário, entendem cabível a intervenção principal, na hipótese de discussão de adicional de produtividade, formulando um exemplo concreto: o empregado o reivindica alegando haver excedido a quota de 20.000 peças, o empregador contesta afirmando que o adicional não é devido porque não ultrapassou essa produção e o terceiro intervém, alegando que o reclamante não ultrapassou, realmente, a quota (excluindo o direito deste), mas que ele, interveniente, sim, ultrapassou a produção de 20.000 peças, excluindo, assim, o direito do reclamado (apud Coqueijo Costa, op. cit., p. 157).

Amauri Mascaro Nascimento também admite a intervenção de terceiro 'ad excludendum', no caso de se discutir direitos sobre invenção a que se julga com direito o interveniente, afastando as pretensões do reclamante e do reclamado (in 'Elementos de Direito Processual do Trabalho', 2ª ed., p. 106).

Parece-nos que existiriam outras hipóteses em que a admissão dessa figura seria possível, como na ação para obter promoção, baseada em quadro de carreira, em que o interveniente argumentasse ser seu, e não do reclamante, o direito de obter a promoção contestada pelo empregador.''

Manoel Antonio Teixeira Filho entendia que os exemplos acima enunciados não justificavam a aplicabilidade da oposição no processo trabalhista. Na sua visão, como a Justiça do Trabalho era incompetente para dirimir a questão entre dois trabalhadores, tornava-se inviável a adoção desse instituto.

Após a edição da EC 45, Manoel Antonio Teixeira Filho[81] ensina: *"Admitamos que o empregador reconheça a 'procedência do pedido' do oponente: diante disto, afasta-se do processo o empregador e aí permanecem a litigar dois empregados. No passado, não hesitamos em concluir pela incompetência da Justiça do Trabalho para solucionar um conflito de interesses envolvendo dois empregados, levando-se em conta o disposto no art. 114, caput, da Constituição Federal (dirimir conflitos estabelecidos entre trabalhadores e empregadores – sendo certo que inexistia lei ordinária a dar-lhe competência de apreciar lides entre dois empregados). Com o advento da EC nº 45/04, entretanto, é possível sustentar-se à competência dessa Justiça para solucionar litígios entre trabalhadores, desde que oriundo de uma relação de trabalho (art. 114, I).*

Sendo assim, no exemplo analisado, fica removido o obstáculo, até então existente, à admissibilidade da oposição no processo do trabalho.

Vejamos, todavia, esse mesmo exemplo sob um novo ângulo. Um vendedor autônomo promove ação na Justiça do trabalho, vindicando para si um mostruário que lhe pertenceria, e a empresa (ré) contesta, alegando pertencer a ela mostruário. [...] Se, porém, uma outra pessoa jurídica intervier no processo, na qualidade de oponente, e o vendedor autônomo reconhecer que o mostruário pertence à oponente, desapareceria, a nosso ver, a competência da Justiça do Trabalho, uma vez que o conflito de interesses passaria a envolver duas pessoas

---

[81] TEIXEIRA FILHO, Manoel Antonio. *Breves comentários à Reforma do Poder Judiciário com ênfase à Justiça do Trabalho*: Emenda Constitucional nº 45/04, p. 151.

jurídicas. Como se vê, o problema do cabimento da oposição na Justiça do Trabalho não pode receber solução uniforme, pois esta variará segundo sejam as partes envolvidas no conflito."

Em caso de dissídio coletivo, podia-se objetar que a oposição também era incabível, na medida em que a Justiça do Trabalho não era competente para dirimir as questões relativas à representatividade das entidades sindicais. Contudo, seria razoável admitir-se a intervenção de uma outra entidade sindical, como forma de invocação de sua ilegitimidade de parte.

Nesse sentido, Amauri Mascaro Nascimento[82] afirmava que *"a forma processual de ingresso de sindicato em dissídio coletivo para avocar a sua legitimidade em detrimento do sindicato que figura na relação jurídica processual é a oposição. Não é prevista pela legislação processual trabalhista. Todavia, diante da subsidiariedade do Direito Processual Comum, nada impede que seja admitida no dissídio coletivo porque não há restrições legais nem é incompatível com o mesmo, como forma de intervenção de terceiro no processo judicial."*

Com a EC 45/04, é inegável a competência do Judiciário Trabalhista para dirimir a oposição entre as entidades sindicais em um dissídio coletivo (art. 114, III, CF).

4.9.2.3   Nomeação à Autoria

Apesar de o legislador processual civil não mencionar expressamente a nomeação à autoria e parte expressiva da doutrina defender sua extinção, parece-me que o instituto continua a existir de forma implícita nos arts. 338 e 339, NCPC.

A nomeação à autoria representa a intervenção em que o terceiro é convocado a fazer parte da relação jurídica processual pelo réu.

No CPC/73, era admitida a nomeação à autoria quando: (a) aquele que possui a coisa demandada em nome de outrem, indica à autoria o proprietário, para que ele venha ao processo (art. 62, CPC); (b) na ação de indenização, intentada pelo proprietário ou pelo titular de um direito sobre a coisa, toda vez que o responsável pelos prejuízos alegar que praticou o ato por ordem, ou em cumprimento de instruções de terceiro (art. 63, CPC). [83]

---

[82]   NASCIMENTO, Amauri Mascaro. Problemas atuais do direito e do processo do trabalho. *Revista LTr*, v. 55, nº 8, p. 919.

[83]   "A rigor, existem duas situações distintas, nas quais cabe a nomeação à autoria: a primeira, indicada pelo art. 62, do CPC, cabível quando aquele que detiver a coisa em nome alheio, uma vez por ela demandado em nome próprio, nomear à autoria o proprietário ou o possuidor; a segunda, indicada pelo art. 63 do CPC, cabível quando o responsável pelos prejuízos, demandado em indenização pelo proprietário ou pelo titular de um direito sobre a coisa, nomeia à autoria um terceiro, alegando que praticou o ato por suas ordens ou cumprindo suas instruções. A primeira situação reflete o caso clássico de nomeação. A segunda por sua vez, inspirada no Código de Processo Civil lusitano, estendeu esse caso, para a demanda indenizatória movida em face do detentor ou possuidor direto, pelo proprietário ou possuidor indireto. Dessa forma, não basta repetir os termos do art. 62 do CPC, como fazem diversos doutrinadores, para conceituar a nomeação à autoria. Por isso, entendemos que a melhor conceituação (e por sinal, uma das mais simples), foi dada por Dinamarco, ao afirmar que a nomeação à autoria é um 'pedido feito pelo réu, de ser excluído da

No CPC/15, caso o réu alegue ser parte ilegítima ou não ser o responsável pelo prejuízo invocado, o juiz facultará ao autor, em 15 dias, a alteração da petição inicial para substituição do réu (art. 338).

Realizada a substituição, o autor reembolsará as despesas e pagará os honorários ao procurador do réu excluído, que serão fixados entre 3% a 5% por cento do valor da causa ou, sendo este irrisório, o juiz fixará o valor dos honorários por apreciação equitativa (arts. 85, §§ 2º e 8º, e 338, parágrafo único, CPC).

Aduzida a alegação preliminar de ilegitimidade, deverá o réu indicar o sujeito passivo da relação jurídica discutida sempre que tiver conhecimento, sob pena de arcar com as despesas processuais e de indenizar o autor pelos prejuízos decorrentes da falta de indicação (art. 339, CPC).

O autor, ao aceitar a indicação, procederá à emenda da petição inicial para a substituição do réu no prazo de 15 dias e será responsável pelas despesas processuais e honorários advocatícios que deu causa.

Diante do caso concreto, o autor pode optar por alterar a petição inicial para incluir, como litisconsorte passivo, o sujeito indicado pelo réu no prazo de 15 dias.

Antes da EC 45, no tocante ao processo trabalhista, Wagner Giglio entendia que era cabível a nomeação à autoria nas matérias pertinentes as ações possessórias de competência material do Judiciário Trabalhista.[84]

Em sentido contrário, Manoel Antonio Teixeira Filho[85] ensinava que a Justiça do Trabalho não possuía *"competência para apreciar ações reais ou que visem a obter reparação de prejuízos acarretados a certa coisa. Só uma interpretação aberrante do art. 114 da Constituição Federal poderia ensejar semelhante ilação".*

Atualmente, Manoel Antonio Teixeira Filho[86] discorre: *"Imaginemos que uma ação seja ajuizada na Justiça do Trabalho por um trabalhador rural. Este, por equívoco, indica como réu não o proprietário da fazenda, mas, o capataz. Pode-se imaginar que, diante disso, caberia ao capataz nomear a autoria o proprietário do imóvel e, com isso,*

---

relação processual por ilegitimidade *ad causam*, sendo sucedido por um terceiro" (ZANGRANDO, Carlos. Ob. cit., t. I, p. 578).

[84] "Já Eduardo Gabriel Saad e Wagner Giglio, em obras já mencionadas neste capítulo, admitem a nomeação à autoria nos domínios do processo do trabalho, cabendo destacar dois exemplos dados pelos autores, quais sejam: • O primeiro exemplo consistiria na retomada de um imóvel, o qual, como contraprestação salarial *in natura*, foi cedido ao empregado pelo subempreiteiro, mas a propriedade do imóvel era do empreiteiro. Na ação de reintegração de posse proposta pelo empregado, é notificado o subempreiteiro, cabendo a este nomear à autoria o empreiteiro; • O segundo exemplo seria o do empregado que, na realização de sua tarefa na empresa, utiliza-se, por empréstimo, de máquina ou ferramenta pertencente a outro empregado. Caso o empregador almejasse reintegrar-se à posse desse material, o empregado deveria nomear à autoria o verdadeiro dono do bem" (SARAIVA, Renato. Ob. cit., p. 291).

[85] TEIXEIRA FILHO, Manoel Antonio. *Litisconsórcio, assistência e intervenção de terceiros no processo do trabalho*, p. 176.

[86] TEIXEIRA FILHO, Manoel Antonio. Curso de direito processual do trabalho, v. 1, p. 342.

ver-se excluído do processo. Ora, em primeiro lugar, já dissemos que a nomeação à autoria não foi concebida par corrigir ilegitimidades ad causam, em segundo, o pressuposto dessa espécie de intervenção de terceiros é a existência de uma lide, tendo como objeto a coisa; ora, no exemplo em exame, a ação trabalhista não tem por objeto a coisa, senão que os alegados direitos do trabalhador; em terceiro, se o nomeado (proprietário) não reconhecer a qualidade que lhe é atribuída pelo nomeante (capataz), a lide prosseguirá com as partes originárias, quais sejam, o trabalhador rural e o capataz, como determina o art. 66, do CPC, fato que viria em detrimento dos interesses do trabalhador rural e do próprio capataz. Vale dizer, a aceitação da nomeação à autoria, no processo do trabalho, poderia constituir um expediente para que o verdadeiro empregador rural se eximisse das responsabilidades que lhe são inerentes, nessa qualidade.

Por isso, sempre sustentamos a opinião de que a nomeação à autoria é incompatível como o processo do trabalho, no que diz respeito a conflito entre empregado e empregador. Esclareça-se que, no exemplo referido, o problema da ilegitimidade passiva do capataz poderia ser perfeitamente solucionado mediante a determinação do juiz para que fosse citado o proprietário rural (empregador), excluindo-se da lide o capataz. Essa modificação subjetiva no polo passivo da relação jurídica processual poderia ser realizada, portanto, com a simplicidade que é característica do processo do trabalho, sem a necessidade de utilização da figura formal da nomeação à autoria, que além de ser inconciliável com esse processo, conduziria a resultados desastrosos para ambas as partes originárias (trabalhador rural e capataz).

Quanto aos conflitos oriundos das relações de trabalho lato sensu, poder-se-ia admitir a nomeação à autoria, desde que não implicasse: (a) relação de emprego; (b) não provocasse um litígio entre duas pessoas jurídicas."

Mauro Schiavi entende que a nomeação à autoria deve ser aplicável ao processo trabalhista nas hipóteses em que a parte indicada pelo trabalhador, como sendo o empregador, de fato não tenha a referida qualidade. Seria uma forma de correção do polo passivo da demanda: "A nosso ver, a nomeação à autoria, embora de difícil ocorrência no Processo do Trabalho, não é com ele incompatível. O referido instituto pode ser compatibilizado com o Processo do Trabalho (art. 769 da CLT), inclusive para beneficiar o próprio reclamante, mesmo sem os contornos dos arts. 62 e 63 do CPC, mas como medida de correção do polo passivo da ação, sem a necessidade de extinção prematura do processo em razão da ilegitimidade. Muitas vezes, o autor postula verbas trabalhistas em face do reclamado que não é o empregador, e este em defesa indica quem é o verdadeiro empregador. Desse modo, havendo a concordância do reclamante ou até se estiver convencido o juiz, este poderá determinar o acertamento do polo passivo, sem precisar extinguir o processo por ilegitimidade ad causam do demandado. Em hipóteses de terceirização ou de contrato de subempreitada, é comum o reclamante postular o vínculo de emprego em face de um determinado empregador, e este indicar, em defesa, o verdadeiro empregador."[87]

---

[87] SHIAVI. Mauro. *Manual de direito processual do trabalho*, 4. ed., p. 356.

PARTE VI · Cap. IV – SUJEITOS DA RELAÇÃO PROCESSUAL | **443**

Carlos Zangrando indica várias hipóteses concretas de nomeação à autoria: (a) usufruto de empresa[88] em recuperação judicial; (b) empresa arrematada[89] em hasta pública; (c) outorga de concessão[90] de serviços públicos.

No sistema processual vigente, a ilegitimidade ativa e passiva são matérias que devem ser alegadas em preliminar de contestação (art. 337, XI, CPC). Aduzida a preliminar de ilegitimidade passiva, cabe ao réu indicar o sujeito passivo da relação jurídica discutida sempre que tiver conhecimento, sob pena de arcar com as despesas processuais e de indenizar o autor pelos prejuízos decorrentes da falta de indicação (art. 339, CPC).

4.9.2.4   *Denunciação à Lide*

4.9.2.4.1 Conceito

Denunciação da lide representa a *"ação incidental, ajuizada pelo autor ou pelo réu, em caráter obrigatório, perante terceiro, com o objetivo de fazer com que este seja condenado a ressarcir os prejuízos que o denunciante vier a sofrer, em decorrência da sentença, pela evicção, ou para evitar posterior exercício da ação regressiva, que lhe assegura a norma legal ou disposição do contrato".*[91]

---

[88]   "No caso de usufruto da empresa pelos credores, ou por administrador por eles eleito, ou até pelo próprio empresário, os contratos de trabalho *permanecem* inalterados (CLT, art. 449), e a partir do momento em que o usufrutuário assume a direção do trabalho, torna-se empregador, havendo sucessão trabalhista, ainda que temporária. Todavia, o usufrutuário será responsável pelas prestações trabalhistas inadimplidas durante o período em que vigorou o usufruto. Demandado o proprietário, por empregado seu, relativamente a prestações trabalhistas inadimplidas durante o período de usufruto, tem ele direito a nomear à autoria o usufrutuário. Em contrapartida, demandado o usufrutuário, por prestação trabalhista inadimplida anterior ou posteriormente ao período do usufruto, deve ele nomear à autoria o proprietário" (ZANGRANDO, Carlos. Ob. cit., p. 590).

[89]   "Dessa forma, a aquisição da propriedade em hasta pública não guarda relação com o transmitente. Reconhecer a sucessão em tal caso, sem a prova de ser a operação fraudulenta, significaria ampliar o alcance do instituto para todas as hipóteses em que uma empresa quebrasse e seus bens fossem leiloados e adquiridos por terceiros, o que não é razoável. Demandado o arrematante, por empregado do antigo proprietário da empresa ou estabelecimento arrematado, tem aquele o direito de nomear à autoria o original proprietário" (ZANGRANDO, Carlos. Ob. cit., p. 591).

[90]   "Segundo a OJ SDI-1 n. 225, celebrado contrato de concessão de serviço público em que uma empresa (primeira concessionária) outorga a outra (segunda concessionária), no todo ou em parte, mediante arrendamento, ou qualquer outra forma contratual, a título transitório, bens de sua propriedade. No caso de rescisão de contrato de trabalho após a entrada em vigor da concessão, a segunda concessionária, na condição de sucessora, responde pelos direitos decorrentes do contrato de trabalho, sem prejuízo da responsabilidade subsidiária da primeira concessionária pelos débitos trabalhistas contraídos até a sucessão. No tocante ao contrato de trabalho extinto antes da vigência da concessão, a responsabilidade pelos direitos dos trabalhadores será exclusivamente da antecessora. Daí que, demandado o cessionário, por empregado cujo contrato foi extinto antes da concessão, cabível a nomeação à autoria da antecessora" (ZANGRANDO, Carlos. Ob. cit., p. 592).

[91]   TEIXEIRA FILHO, Manoel Antonio. Ob. cit., v. 1, p. 328.

DIREITO PROCESSUAL DO TRABALHO • *Francisco Ferreira Jorge Neto – Jouberto de Quadros Pessoa Cavalcante*

Como decorrência do princípio da economia processual, o objetivo da denunciação da lide é a reunião, num só procedimento, de duas lides.

A natureza jurídica da denunciação à lide é complexa: (a) denúncia da lide – uma das partes comunica à outra a respeito da existência de uma dada relação jurídica processual. Com essa comunicação tem-se a modificação do polo originário da relação jurídica; (b) demanda de garantia – o objeto da própria denunciação, ou seja, a prestação jurisdicional requerida pelo denunciante contra o denunciado.[92]

4.9.2.4.2 Hipóteses Legais

Na nova sistemática processual, é admissível a denunciação da lide, promovida por qualquer das partes: (a) ao alienante imediato, no processo relativo à coisa cujo domínio foi transferido ao denunciante, a fim de que possa exercer os direitos que da evicção lhe resultam; (b) àquele que estiver obrigado, por lei ou pelo contrato, a indenizar, em ação regressiva, o prejuízo de quem for vencido no processo (art. 125, CPC).

O direito regressivo será exercido por ação autônoma quando a denunciação da lide for indeferida, deixar de ser promovida ou não for permitida.

Admite-se uma única denunciação sucessiva, promovida pelo denunciado, contra seu antecessor imediato na cadeia dominial ou quem seja responsável por indenizá-lo, não podendo o denunciado sucessivo promover nova denunciação, hipótese em que eventual direito de regresso será exercido por ação autônoma.

---

[92] "A relação entre o denunciante e o denunciado, no plano do direito material (pré-processual), é qualquer relação jurídica de propriedade, ou de posse, ou de indenização em ação regressiva. A denunciação não se limita a 'noticiar' o litígio ao terceiro, mas também e principalmente revelar as pretensões do denunciante, em relação ao terceiro denunciado. Essas pretensões, todavia, derivam da lei ou do contrato. Tomemos uma demanda indenizatória, entre autor e réu. Este, por sua vez, denuncia ao terceiro que, por força de contrato, está obrigado a indenizar-lhe em regresso. Nesse caso, deverá o denunciante pretender a condenação do terceiro denunciado, a indenizar-lhe, regressivamente. Nesse caso, a demanda de garantia proposta pelo denunciante se aproxima da oposição, pois ambos são remédios processuais. Porém, na oposição, o terceiro tem pretensão em face das partes; e na demanda de garantia, é o denunciante que tem pretensão em face do terceiro. O denunciante, ou tem um direito que deve ser garantido pelo denunciado, ou é titular de eventual ação regressiva em face do terceiro, porque demandada em virtude de ato deste. Desta forma, o denunciante revela pretensão garantitória ou indenizatória em relação ao denunciado, fundada em vínculo jurídico negocial, ou legal. Por isso, visa o denunciante: • a vincular o denunciado ao que ficar decidido na causa entre o denunciante e o adversário; • à condenação do denunciado a indenizar o denunciante, se acaso quedar vencido no processo. A controvérsia entre as partes sobre o bem ou direito litigioso não é elemento essencial à admissibilidade da denunciação. O que realmente importa é a existência, entre o denunciante e o denunciado, de uma relação jurídica material (pré-processual), determinada pela lei ou pelo contrato, devendo este, ainda demonstrar interesse e legitimidade" (ZANGRANDO, Carlos. Ob. cit., p. 600).

4.9.2.4.3 Procedimento

A citação do denunciado será requerida na peça inicial, se o denunciante for o autor; ou na contestação, se o denunciante for o réu (art. 126, CPC).

Com o deferimento da citação, o processo ficará suspenso (art. 126).

No caso de a denunciação ocorrer pelo autor, o denunciado poderá assumir a posição de litisconsorte do denunciante e acrescentar novos argumentos à petição inicial, procedendo-se em seguida à citação do réu (art. 127).

Feita a denunciação pelo réu, poderá ocorrer do denunciado: (a) contestar o pedido formulado pelo autor, hipótese em que o processo prosseguirá tendo, na ação principal, em litisconsórcio, denunciante e denunciado; (b) ser revel, caso em que o denunciante poderá deixar de prosseguir com sua defesa, eventualmente oferecida, e abster-se de recorrer, restringindo sua atuação à ação regressiva; (c) confessar os fatos alegados pelo autor na ação principal, e então o denunciante poderá prosseguir com sua defesa ou, aderindo a tal reconhecimento, pedir apenas a procedência da ação de regresso (art. 128, I a III).

No julgamento, temos as seguintes situações: (a) caso venha a ser procedente o pedido da ação principal, pode o autor, se for o caso, requerer o cumprimento da sentença também contra o denunciado, nos limites da condenação deste na ação regressiva; (b) se o denunciante for vencido na ação principal, o juiz passará ao julgamento da denunciação da lide; (c) se o denunciante for vencedor, a ação de denunciação não terá o seu pedido examinado, sem prejuízo da condenação do denunciante ao pagamento das verbas de sucumbência em favor do denunciado (arts. 128 e 129).

4.9.2.4.4 O Cabimento da Denunciação da Lide no Processo do Trabalho

As hipóteses do inciso I do art. 125, CPC, são inaplicáveis no processo do trabalho. Não há condição material para o Judiciário Trabalhista (art. 114, CF) dirimir eventual discussão entre denunciante e o alienante, bem como entre ele e o proprietário ou possuidor indireto.

No tocante à regressividade (art. 125, II, CPC) derivada de imposição legal ou contratual, há uma corrente doutrinária que entende ser aplicável a denunciação da lide no processo trabalhista.

Wagner Giglio[93] assevera: *"Tanto Carlos Coqueijo Costa (op. cit., p. 162) quanto Amauri Mascaro Nascimento (op. e loc. cit.) admitem a denunciação da lide nos processos trabalhistas em que se discute a sucessão de empregadores.*

Parece-nos, entretanto, que a discussão entre o sucessor denunciante e o sucedido denunciado escaparia à competência da Justiça do Trabalho, limitada pelo art. 114, da Constituição Federal a composição dos litígios entre trabalhadores e empregadores, salvo se fosse admitida a competência secundária, derivada do conflito original. A intervenção assistencial, porém, não poderia ser recusada, ao que nos parece.

---

93 GIGLIO, Wagner. Ob. cit., p. 168.

Um óbice final se opõe à admissão da denunciação da lide, nessa hipótese: não poderia o denunciado aceitar a responsabilidade pelo cumprimento das obrigações trabalhistas sem contrariar frontalmente a lei, que a atribui, em qualquer caso, ao sucessor."

Mesmo após a promulgação da EC 45/04, Manoel Antonio Teixeira Filho[94] entende que a denunciação da lide é inaplicável ao processo trabalhista: *"Vê-se, assim, que nem mesmo nos contratos de subempreitada (CLT, art. 455) o empreiteiro principal poderia denunciar à lide o subempreiteiro, ainda que um e outro fossem pessoas físicas. O problema é que a sentença condenatória do empreiteiro principal teria de valer como título executivo na própria Justiça do Trabalho, para que este pudesse receber do subempreiteiro o que pagou ao empregado. Nem por antonomásia se poderia reconhecer a existência de relação de trabalho (Constituição Federal, art. 114, inciso (i) entre o empreiteiro principal e o subempreiteiro."*

A jurisprudência do TST entendia ser incabível a denunciação da lide no processo trabalhista (OJ 227, SDI-I, cancelada em novembro/15). Atualmente, entende-se que o seu cabimento deve ser analisado caso a caso (TST – 7ª T. – RR – 106900-33-2009.5.03.0050 – Rel. Min. Luiz Philippe Vieira de Mello Filho – j. 27/8/2014).

Como exemplo: o empregador reclamado pode denunciar à lide o empregado que causou o dano, quando esteja sendo demandado pela vítima do dano.

Deferida a denunciação, pouco importa que o denunciado negue sua qualidade. Na motivação da sentença, o juiz terá de apreciar a responsabilidade deste e, no dispositivo, compor duas demandas: uma entre reclamado e reclamante e outra entre o denunciante e o denunciado.

4.9.2.4.5 Factum Principis e a Denunciação à Lide

Antigamente, a expressão *factum principis* (fato do príncipe) representava o ato arbitrário da autoridade executiva. Atualmente, compreende todo ato voluntário da administração que vem onerar as partes que com ela contratam. A teoria do fato do príncipe tem grande importância no campo dos contratos administrativos, para permitir ao prejudicado obter reparação do Estado.

A Lei Anticorrupção (Lei 12.846/13) prevê que em razão da prática de atos que atentem contra o patrimônio público nacional ou estrangeiro, contra princípios da administração pública ou contra os compromissos internacionais assumidos pelo Brasil (art. 5º), a União, os Estados, o Distrito Federal e os Municípios, por meio das respectivas Advocacias Públicas ou órgãos de representação judicial, ou equivalentes, e o Ministério Público, poderão ajuizar ação com vistas à aplicação de sanções às pessoas jurídicas infratoras, entre outras, suspensão ou interdição parcial de suas atividades e dissolução compulsória da pessoa jurídica (art. 19).

No campo do direito do trabalho, *factum principis* compreende a paralisação temporária ou definitiva do trabalho, motivada por ato de autoridade municipal, estadual ou federal, ou pela promulgação de lei ou resolução que impossibilite a continuação da

---

[94] TEIXEIRA FILHO, Manoel Antonio. Ob. cit., p. 156.

atividade, onde prevalecerá o pagamento da indenização, que ficará a cargo do governo responsável (art. 486, *caput*, CLT).

Sempre que o empregador invocar em sua defesa o *factum principis*, o tribunal do trabalho competente notificará a pessoa de Direito Público apontada como responsável pela paralisação do trabalho, para que, no prazo de 30 dias, alegue o que entender devido, passando a figurar no processo como chamada à autoria (art. 486, § 1º).

Se a parte interessada, firmada em documento hábil, invocar defesa baseada na ocorrência do *factum principis* e indicar qual o juiz competente, será ouvida a parte contrária, para, dentro de três dias, falar sobre essa alegação (art. 486, § 2º).

Verificada qual a autoridade responsável, a vara do trabalho ou o juiz de direito, investido da jurisdição trabalhista, dar-se-á por incompetente, remetendo os autos ao juiz privativo da fazenda, perante o qual correrá o feito nos termos previstos no processo comum (art. 486, § 3º).

O TST entendeu que a competência, no caso do *factum principis*, é da Justiça do Trabalho, na medida em que o *"artigo 486, § 3º, da CLT foi introduzido no ordenamento jurídico nacional no contexto da Carta Magna de 1934, quando ainda não era reconhecida, constitucionalmente, a competência dessa Justiça Especializada para examinar causas em que figurassem como partes os entes da Administração Pública. Todavia, a análise da evolução constitucional das atribuições da Justiça do Trabalho conduz ao entendimento de que a CF/88 retirou os fundamentos de validade daquele dispositivo celetário, na medida em que lhe foi atribuída, pelo artigo 114, a competência para dirimir controvérsias decorrentes de relação entre Entidade de Direito Público e trabalhadores. Restando configurado que o fundamento do pedido está assente na relação de emprego – já que o ente público, na ocorrência do* factum principis, *se estabelece na relação processual como litisconsorte necessário, participando efetivamente da relação processual e diante da natureza trabalhista da indenização perseguida, é de se concluir que compete à Justiça Obreira apreciar tanto a questão relativa à caracterização do* factum principis, *como ao pleito de indenização, a cargo do governo responsável pelo ato que originou a rescisão contratual. Violação do artigo 114 da Constituição Federal de 1988. Recurso de revista conhecido e provido"* (TST – 2ª T. – RR 596.021/1999.6 – Min. Renato Lacerda de Paiva – *DJU* 16/4/2004).

Valentin Carrion[95] entende que *"a paralisação do trabalho por ato de autoridade é o* factum principis, *uma das espécies de força maior. O instituto se esvaziou no decorrer do tempo, se é que já não nasceu morto; a prática revela dois aspectos: se o ato da autoridade é motivado por comportamento ilícito ou irregular da empresa, a culpa e as sanções lhe são atribuídas por inteiro; se seu proceder foi regular, a jurisprudência entende que a cessação da atividade faz parte do risco empresarial e também isenta o poder público do encargo; o temor de longa duração dos processos judiciais contra a Fazenda Pública também responde por essa tendência dos julgados".*

---

[95] CARRION, Valentin. *Consolidação às Leis do Trabalho*, 28. ed., p. 375.

O *factum principis* somente transfere para a responsabilidade estatal o pagamento da indenização. Portanto, exime-se o empregador da obrigação legal quanto ao pagamento da multa dos 40% ou da indenização do art. 478 da CLT (para os não optantes anteriores à CF/88 e aos portadores da estabilidade decenal). Os demais títulos rescisórios serão de responsabilidade do empregador.

Wagner Giglio considera que o *factum principis* é uma forma de denunciação da lide.

Sergio Pinto Martins[96] entende que o art. 486, § 1º, da CLT está relacionado com o chamamento à autoria, ou seja, na forma como estava previsto no CPC de 1939: *"O chamamento à autoria, de acordo com o que estava disciplinado no CPC de 1939, correspondia à denunciação da lide romana, que não se assemelha às hipóteses elencadas no artigo 70 do CPC de 1973, pois o chamamento à autoria tinha por base fundamental a evicção, que, inclusive, não se aplica no processo do trabalho, até porque o objetivo principal era notificar o denunciado para que promovesse a defesa do denunciante. O § 1º do artigo 486 da CLT revela, entretanto, que a Administração Pública irá ser responsável no processo pela indenização que seria devida ao empregado em função da paralisação da empresa e não pelo direito de que resulta a evicção.*

Por outro lado, admitindo-se que houve o factum principis *do Poder Público, a responsabilidade pela indenização de estabilidade seria da Administração e não mais da empresa, sendo automaticamente incompetente a Justiça do Trabalho para analisar a questão, razão pela qual os autos serão remetidos à Vara da Fazenda Pública (onde houver), de acordo com o § 3º do artigo 486 da CLT. No caso, o empregador não mais permanece no processo, ficando neste apenas o empregado e a Fazenda Pública. Não haverá, também, o direito de regresso entre empregador e Fazenda Pública, que seria resolvido no próprio processo, nem existirá direito de regresso da última em face do primeiro, pois a responsável pelo pagamento da indenização é apenas a Administração. Nas hipóteses do artigo 70 do CPC, o procedimento é totalmente diverso, e não se assemelha ao artigo 486 da CLT. Logo, não estamos diante da figura processual da denunciação da lide."*

4.9.2.5 Chamamento ao Processo

Chamamento ao processo é a *"faculdade atribuída ao réu, de fazer com que os demais coobrigados venham a integrar a relação processual, na qualidade de litisconsortes, com a finalidade de submetê-los aos efeitos da sentença e, dessa forma, permitir àquele que saldar a dívida receber, dos demais, a quota-parte que a cada um cabe"*.[97]

Na sistemática processual civil, é admissível o chamamento ao processo: do afiançado, na ação em que o fiador for réu; (b) dos demais fiadores, na ação proposta contra um ou alguns deles; (c) dos demais devedores solidários, quando o credor exigir de um ou de alguns o pagamento da dívida comum (art. 130, CPC).

---

[96] MARTINS, Sergio Pinto. Ob. cit., p. 213.
[97] TEIXEIRA FILHO, Manoel Antonio. Ob. cit., p. 225.

PARTE VI · Cap. IV – SUJEITOS DA RELAÇÃO PROCESSUAL | **449**

A citação do litisconsorte deve ser requerida na contestação[98] e promovida no prazo de 30 dias, salvo se residir em outra comarca, seção ou subseção judiciária ou em lugar incerto, nesse caso, o prazo será de 2 meses (art. 131).

Não se aplicam ao processo trabalhista as hipóteses relacionadas com o fiador.

É discutível a situação da existência dos devedores solidários. Em determinadas demandas, torna-se razoável acatar a presença de outros devedores no polo passivo da demanda trabalhista, como forma de resguardo patrimonial para eventual execução. Porém, o Judiciário Trabalhista não poderá adentrar ao mérito da discussão entre os devedores solidários.

A sentença, que julgar procedente a ação, valerá como título executivo, em favor do que satisfizer a dívida, para exigi-la, por inteiro, do devedor principal, ou de cada um dos codevedores a sua quota, na proporção que lhe tocar (art. 132).

Como já foi dito, a parte final deste dispositivo é inaplicável ao processo trabalhista, pela falta de competência da Justiça do Trabalho (art. 114, CF), mesmo após a EC 45, na medida em que dificilmente haverá uma relação de trabalho entre os codevedores solidários.

4.9.2.6 *Incidente da Desconsideração da Personalidade Jurídica*

4.9.2.6.1 Desconsideração da Personalidade Jurídica

Do ponto de vista do Direito, o patrimônio da pessoa jurídica não se confunde com os bens dos sócios, bem como as suas obrigações não podem ser imputadas aos sócios, logo, respondem pelas obrigações da sociedade, em princípio, apenas os bens sociais. Em suma: a garantia do credor é representada pelo patrimônio social da pessoa jurídica.

---

[98] "O chamamento ao processo é um fato processual voluntário da parte, por intermédio do qual o chamador pretende inserir na relação processual o chamado, na qualidade de litisconsorte, e assim submetê-lo aos efeitos da sentença prolatada. No entanto, é necessário desfazer um mito: no chamamento ao processo não há demanda do chamador, em face do chamado. Esse é um erro em que incorrem todos aqueles que classificam o chamamento ao processo como outra espécie de 'demanda de garantia' tal qual a denunciado da lide. Observemos os seguintes fatos: • há um vínculo jurídico pré-processual de solidariedade, entre o chamador e o chamado, mas sempre em relação ao autor da demanda; • o chamado ao processo se encontra inadimplente de alguma obrigação para com o autor, e não ao réu (chamador); • o chamamento não trata de exercício de 'direito de regresso' por parte do chamador, mas apenas de convocação para formação de litisconsórcio passivo; • o chamador não formula pretensão em face do chamado; • a lei, por medida de economia, permite o chamamento, de tal forma que todos os devedores solidários estejam sujeitos aos efeitos da sentença; • não está 'apenas' o réu (chamador) sujeito à execução. Esta é uma pressuposição sem qualquer sentido jurídico. Vencedor, pode o autor executar qualquer um dos litisconsortes passivos, e até mesmo todos eles, concomitantemente; • o litisconsorte passivo que cumprir a obrigação contida na sentença sub-roga-se no direito de credor e, por medida de economia processual, poderá executar os demais coobrigados (litisconsortes passivos) no mesmo processo (CC, art. 346, I); • não há ampliação do objeto do processo, nem criação de processo novo, tampouco efetuação de 'demanda de garantia' acessória; • não se formam, no chamamento ao processo, lides autônomas em *simultaneus processus*" (ZANGRANDO, Carlos. Ob. cit., p. 632).

O princípio da autonomia patrimonial é decorrência da personalização da pessoa jurídica. Em face desse princípio, os sócios não respondem, como regra, pelas obrigações da sociedade.

Para se coibirem as práticas fraudulentas dos sócios, na utilização da pessoa jurídica, a doutrina desenvolveu a teoria da desconsideração da personalidade jurídica: afasta-se o princípio da autonomia patrimonial, nos casos em que ele é mal utilizado.

A desconsideração da personalidade jurídica representa um avanço doutrinário e jurisprudencial de grande valia, notadamente como forma de se aceitar a responsabilidade patrimonial e particular dos sócios, em função dos débitos sociais das empresas em que são membros.

Essa temática jurídica deriva da concepção desenvolvida pela doutrina americana e que se intitula nas expressões *disregard theory* ou *disregard of the legal entity*, ou, ainda, na locução *lifting the corporate veil* – erguendo-se a cortina da pessoa jurídica. A solução, diante de casos concretos, é o juiz desconsiderar o véu da personalidade jurídica, para coibir as fraudes, os jogos de interesses e os abusos de poder, para se conseguir o resguardo dos interesses de terceiros e do próprio Fisco.

Em alguns diplomas legais, a teoria da desconsideração da pessoa jurídica é prevista de forma expressa, como, por exemplo:

(a) na sociedade por cota de responsabilidade limitada, nos casos de excesso de mandato e pelos atos praticados com violação do contrato ou da lei, a responsabilidade dos sócios-gerentes ou que derem o nome à firma encontra-se prevista no art. 10 do Decreto 3.708/19;

(b) na sociedade anônima, a responsabilidade do acionista, controlador e do administrador está prevista nos arts. 115, 117 e 158 da Lei 6.404/76;

(c) no direito pátrio, a *disregard doctrine* foi acolhida pelo CDC (art. 28, Lei 8.078/90), autorizando a desconsideração da personalidade jurídica da sociedade quando houver: (1) abuso de direito, desvio ou excesso de poder, lesando consumidor; (2) infração legal ou estatutária, por ação ou omissão, em detrimento do consumidor; (3) falência, insolvência, encerramento ou inatividade, em razão da má administração; (4) obstáculo ao ressarcimento dos danos que causar aos consumidores, pelos simples fato de ser pessoa jurídica;

(d) a Lei 9.605/98, art. 4º, prevê a desconsideração da pessoa jurídica sempre que sua personalidade for obstáculo ao ressarcimento de prejuízos causados à qualidade do meio ambiente;

(e) a Lei 12.529/11, art. 34, determina a desconsideração da personalização da pessoa jurídica quando ocorrer infração à ordem econômica, desde que configurado abuso de direito, excesso de poder, infração à lei, fato ou ato ilícito, violação dos estatutos ou contrato social e quando houver falência, insolvência, encerramento ou inatividade da pessoa jurídica provocados por má administração;

(f) de acordo com o art. 19, Lei 12.846/13, em razão da prática de atos lesivos à Administração Pública, a União, os Estados, o Distrito Federal e os Municípios, por meio das respectivas Advocacias Públicas ou órgãos de representação judicial, ou equivalentes, e o Ministério Público, poderão ajuizar ação com vistas à aplicação das seguintes sanções às pessoas jurídicas infratoras: (a) perdimento dos bens, direitos ou valores que representem vantagem ou proveito direta ou indiretamente obtidos da infração, ressalvado o direito do lesado ou de terceiro de boa-fé; (b) suspensão ou interdição parcial de suas atividades; (c) dissolução compulsória da pessoa jurídica; (d) proibição de receber incentivos, subsídios, subvenções, doações ou empréstimos de órgãos ou entidades públicas e de instituições financeiras públicas ou controladas pelo Poder Público, pelo prazo mínimo de um e máximo de cinco anos. A dissolução compulsória da pessoa jurídica será determinada quando comprovado ter sido: (1) a personalidade jurídica utilizada de forma habitual para facilitar ou promover a prática de atos ilícitos; (2) constituída para ocultar ou dissimular interesses ilícitos ou a identidade dos beneficiários dos atos praticados. Qualquer das sanções poderá ser aplicada de forma isolada ou cumulativa. O Ministério Público, a Advocacia Pública ou órgão de representação judicial, ou equivalente, do ente público poderá requerer a indisponibilidade de bens, direitos ou valores necessários à garantia do pagamento da multa ou da reparação integral do dano causado, ressalvado o direito do terceiro de boa-fé.

O art. 50 do CC acabou por adotar essa teoria. Em caso de abuso da personalidade jurídica, caracterizado pelo desvio de finalidade ou pela confusão patrimonial, pode o juiz decidir, a requerimento da parte, ou do Ministério Público quando lhe couber intervir no processo, que os efeitos de certas e determinadas relações de obrigações civis sejam estendidos aos bens particulares dos administradores ou sócios da pessoa jurídica.

Apesar das críticas doutrinárias, não se pode negar os avanços adotados no art. 50 do CC, a saber:

(a) a adoção de uma regra genérica a respeito da responsabilidade civil dos administradores e sócios da pessoa jurídica por abuso da personalidade jurídica;

(b) essa responsabilidade inclui o administrador ou o sócio de qualquer pessoa jurídica; anteriormente, somente havia previsão legal para o administrador da sociedade anônima e os sócios das sociedades comerciais limitadas.

4.9.2.6.2 Incidente de Desconsideração da Personalidade Jurídica no CPC/2015

Com o incidente da desconsideração da personalidade jurídica, o CPC/2015 criou uma nova modalidade de intervenção de terceiros, assim, não se exige uma ação judicial própria para a aplicação da teoria da desconsideração da personalidade jurídica.

Quanto à sua disciplina legal, destacam-se (arts. 134 a 137):

a) o incidente será instaurado a pedido da parte ou do Ministério Público, quando lhe couber intervir no processo. Será obrigatória a observância dos pressupostos previstos em lei. Admite-se a hipótese de desconsideração inversa da personalidade jurídica;

b) o pedido é cabível em todas as fases do processo de conhecimento, no cumprimento de sentença e na execução fundada em título executivo extrajudicial;

c) a instauração do incidente será imediatamente comunicada ao distribuidor para as anotações devidas. A comunicação é dispensada quando o pedido é efetuado na petição inicial, hipótese em que será citado o sócio ou a pessoa jurídica;

d) a instauração do incidente suspende o processo, exceto se o requerimento for efetuado na petição inicial. O requerimento deve demonstrar o preenchimento dos pressupostos legais específicos para desconsideração da personalidade jurídica. Instaurado o incidente, o sócio ou a pessoa jurídica será citado para manifestar-se e requerer as provas cabíveis no prazo de 15 dias. Concluída a instrução, se necessária, o incidente será resolvido por decisão interlocutória, contra a qual caberá agravo de instrumento. Se a decisão for proferida pelo relator, cabe agravo interno;

e) acolhido o pedido de desconsideração, a alienação ou oneração de bens, havida em fraude de execução, será ineficaz em relação ao requerente.

É considerado terceiro, para fins de embargos de terceiro, quem sofre constrição judicial de seus bens por força de desconsideração da personalidade jurídica, de cujo incidente não fez parte (art. 674, § 2º, III, CPC).

Na sistemática processual civil, o recurso contra as decisões proferidas em incidente de desconsideração da personalidade jurídica é o agravo de instrumento (art. 1.015, IV, CPC).

O CPC estabelece que ficam sujeitos à execução os bens do responsável, nos casos da desconsideração da personalidade jurídica, se observado o incidente (art. 790, VII, CPC).

Quanto à fraude à execução, nos casos de desconsideração da personalidade jurídica, verifica-se a partir da citação da parte cuja personalidade se pretende desconsiderar (art. 792, § 3º, CPC).

É considerado terceiro, para fins de embargos de terceiro, quem sofre constrição judicial de seus bens por força de desconsideração da personalidade jurídica, de cujo incidente não fez parte (art. 674, § 2º, III, CPC).

4.9.2.6.3 Processo Trabalhista e o Incidente de Desconsideração

Há na doutrina trabalhista uma razoável resistência à aplicação do incidente de desconsideração da personalidade jurídica ao processo trabalhista.

Em linhas gerais, as objeções repousam nos seguintes argumentos:

a) a exigência de iniciativa da parte, o que colide com o princípio do impulso oficial (art. 878, CLT);

b) a suspensão automática do processo, para a solução do incidente, o que colide com a celeridade processual, com prejuízo evidente à garantia da efetividade da jurisdição;

PARTE VI · Cap. IV – SUJEITOS DA RELAÇÃO PROCESSUAL | 453

c) a necessidade que possui o credor em provar os requisitos quanto à desconsideração da personalidade jurídica, o que poderia inviabilizar o seu deferimento, pelas dificuldades práticas na produção dessa prova;

d) a necessidade do contraditório prévio, o que colide com o processo trabalhista, o qual exige a garantia do juízo para que, posteriormente, o devedor possa discutir a sua legitimação quando da oposição de embargos à execução;

e) a possibilidade de recurso imediato, o que colide com o princípio da irrecorribilidade imediata das decisões interlocutórias no processo trabalhista (art. 893, § 1º, CLT; Súm. 214, TST).

Assim, como inúmeras outras inovações do CPC, não temos dúvidas que o incidente da desconsideração da personalidade jurídica é compatível com o processo trabalhista (arts. 769 e 889, CLT; art. 15, CPC), notadamente, por ser um procedimento que permite o respeito à segurança jurídica e ao devido processo legal quanto à pessoa do sócio ou ex-sócio (arts. 7º e 10, CPC).

Contudo, em face das peculiaridades do microssistema processual, a aplicação do incidente de desconsideração da personalidade jurídica deve ser adequada aos procedimentos do processo do trabalho.

Por conta disso, entendemos que o incidente pode também ser instaurado de ofício, na medida em que a execução trabalhista pode ser processada por ato do magistrado (art. 878, CLT).

A IN 39/16 (art. 6º, *caput*), do TST, determina a aplicação do incidente de desconsideração da personalidade jurídica ao processo trabalhista, assegurando a iniciativa, na fase de execução, também ao juiz do trabalho (art. 878, CLT).

A instauração do incidente suspenderá o processo, sem prejuízo de concessão da tutela de urgência de natureza cautelar (art. 301, CPC) (art. 6º, § 2º, IN 39). Isso significa que o juiz trabalhista, de ofício, poderá adotar as medidas necessárias, durante o desenrolar do incidente, para evitar o perigo de dano ou o risco ao resultado útil do processo. Por exemplo, durante a solução do incidente, poderá ser determinada a indisponibilidade dos bens do sócio ou ex-sócio.

A Lei 13.467 fixou que o incidente de desconsideração da personalidade jurídica é aplicável ao processo trabalhista (art. 133 e segs., CPC) (art. 855-A, CLT).

Instaurado o incidente, o sócio ou a pessoa jurídica será citado. Concluída a instrução, se necessária, o incidente será resolvido por decisão interlocutória. Não há dúvidas que, para fins de acolhimento do incidente, o juiz trabalhista irá adotar a teoria menor, não se exigindo que o credor trabalhista demonstre a culpa do sócio ou do ex-sócio na gestão patrimonial da pessoa jurídica.

Além disso, o magistrado, diante do caso concreto, poderá adotar medida acautelatórias (*v.g.* sequestro, arresto e indisponibilidade de bens) *ex officio*, tendo em vista que visam a efetivar as decisões judiciais (art. 855-A, § 2º, CLT).

A Lei 13.467 alterou a redação do art. 878, CLT, ao dispor que a execução de ofício somente é permitida nos casos em que as partes não estiverem representadas por advogado. Evidente a inconstitucionalidade da nova redação, visto que a atuação de ofício do magistrado, ante o impulso oficial, é fator de aplicação do princípio constitucional da razoabilidade da duração do processo (art. 5º, LXXVIII).

Em relação aos recursos na seara trabalhista, temos:

a) na fase de conhecimento, seja a matéria discutida em decisão interlocutória ou na própria sentença definitiva, o recurso cabível é o ordinário quando da prolação da sentença (art. 893, § 1º, CLT; art. 855-A, § 1º, I). Assim, tratando-se de decisão interlocutória proferida no curso do processo, a parte interessada deverá consignar sua insatisfação – "protesto não preclusivo" (art. 795) e, posteriormente, questioná-la pelo recurso ordinário;

b) se ocorrer o incidente apenas na fase recursal por decisão monocrática do relator do processo, o recurso oponível será o agravo interno (art. 855-A, § 1º, III);

c) na liquidação ou execução de sentença, após a decisão do incidente, *a priori*, tem-se o direcionamento da execução em relação à pessoa do sócio ou ex-sócio. Pela ótica dos autores, após a garantia do juízo (art. 884), o sócio deverá interpor embargos à execução. Da decisão que julgar os embargos, caberá o agravo de petição (art. 897, "a"). Contudo, o art. 855-A, § 1º, II, dispõe que na fase de execução, o recurso cabível é o agravo de petição, sem a necessidade da garantia do juízo.

Quanto a iniciativa do juiz na execução (art. 878, CLT) e o incidente da desconsideração da personalidade jurídica (art. 855-A da CLT), o art. 13, IN 41, 21/06/2018, TST, determina que, a partir da vigência da Reforma Trabalhista (Lei 13.467/2017) a atuação de ofício do magistrado ficará limitada aos casos em que as partes não estiverem representadas por advogado.

4.9.2.7 *Intervenção do* Amicus Curiae

De forma semelhante ao que existe no sistema de controle de constitucionalidade concentrado no STF e algumas situações específicas, o novo sistema processual civil prevê a possibilidade do *amicus curie* (amigo da corte) nas ações individuais.

O sistema jurídico prevê a figura do *amicus curie* nos seguintes casos: (a) ADI, ADC e ADPF em tramitação perante o STF (Leis 9.868/99 e 9.882/99); (b) nos processos que tenham por objeto matérias de competência da Comissão de Valores Mobiliários (autarquia federal que fiscaliza o mercado de ações), ela será intimada para intervir (na qualidade de *amicus curiae*) (Lei 6.385/76); (c) nos processos em que se discuta a aplicação de infrações contra a ordem econômica (Lei 12.529/11), o CADE deverá ser intimado para, querendo, intervir no feito; (d) no procedimento de edição, revisão ou cancelamento de enunciado da súmula vinculante, o relator poderá admitir, por decisão irrecorrível, a manifestação de terceiros na questão (Lei 11.417/06).

O CPC (art. 138) dispõe que o magistrado, considerando a relevância da matéria, a especificidade do tema objeto da demanda ou a repercussão social da controvérsia, poderá,

PARTE VI · Cap. IV – SUJEITOS DA RELAÇÃO PROCESSUAL | 455

de ofício ou a requerimento das partes ou de quem pretenda manifestar-se, solicitar ou admitir a participação de pessoa natural ou jurídica, órgão ou entidade especializada, com representatividade adequada, no prazo de 15 dias de sua intimação.

Nesse aspecto, o TST entendeu aplicável ao processo do trabalho o previsto no art. 138, CPC (art. 3º, II, IN 39).

Para as partes, a decisão que determina, admite ou rejeitar a intervenção é irrecorrível, admitida a possibilidade de embargos de declaração. Contudo, ressalve-se que o *amicus curiae* pode recorrer da decisão que julgar o incidente de resolução de demandas repetitivas.

A intervenção não implica alteração de competência.

Na decisão que solicitar ou admitir a intervenção, cabe ao magistrado definir os poderes do *amicus curiae*.

O *amicus curie* é um terceiro que ingressa no processo para trazer subsídios e informações às partes e ao magistrado. O *amicus curiae* não é um terceiro imparcial, mas tem interesse em que uma das partes seja vencedora, apesar de não sofrer qualquer efeito da decisão (interesse institucional).

QUESTIONÁRIO

1. Quais são as penalidades aplicáveis ao magistrado?

2. O magistrado poderá ser responsabilizado pelos seus atos? Justifique.

3. Qual é a importância dos poderes do juiz na relação jurídica processual?

4. A audiência é importante no processo trabalhista? Justifique.

5. A capacidade de ser parte confunde-se com a capacidade de estar em juízo? Explique a interação que há entre a capacidade processual e a regulada no Direito Civil.

6. O menor de 18 anos é representado ou assistido no processo trabalhista?

7. Quem deve representar o espólio na Justiça do Trabalho?

8. O condomínio deve ser representado pelo síndico, pelo administrador ou pelos dois? Justifique.

9. Quem pode ser o representante do empregador em audiência?

10. O preposto pode assinar um recurso ordinário?

11. A capacidade postulatória é aplicável às partes no processo trabalhista? Justifique.

12. Qual é a sua opinião a respeito da assistência judiciária na Justiça do Trabalho?

13. Em caso de lide temerária, o advogado poderá ser responsabilizado solidariamente com a parte? Explique.

14. Qual é a sua opinião sobre a aplicação da litigância de má-fé no processo do trabalho?

15. O que representa a sucessão trabalhista?

16. O sindicato pode ser parte no processo laboral? Em caso positivo, trata-se de uma legitimação ordinária ou extraordinária? Explique.

17. O litisconsórcio representa uma acumulação objetiva ou subjetiva?

18. Qual é a natureza do litisconsórcio em relação à empresa tomadora dos serviços em face do que dispõe a Súm. 331, IV, TST?

19. Quem é terceiro em uma relação jurídica processual?

20. Quais são os tipos de intervenção de terceiro previstos no CPC, que possuam aplicação no processo do trabalho? Explique.

21. O incidente da desconsideração da personalidade jurídica é aplicável ao processo trabalhista?

Capítulo V
ATOS PROCESSUAIS

5.1 CONCEITO DE ATOS PROCESSUAIS

Do ponto de vista político, processo é o instrumento pelo qual se opera a jurisdição. O processo é imprescindível como mecanismo de solução dos conflitos de interesses, fazendo com que se tenha a atuação concreta da lei. Christóvão Piragibe Tostes Malta[1] assevera: *"Submetido um conflito de interesses ao pronunciamento do Estado, este tem o dever de solucioná-lo, o que faz obedecendo a certas diretrizes, a um critério, sistema ou método, a uma ordem enfim. Esse método é justamente o processo. A jurisdição é a função do Estado dirigido à solução de conflitos de interesses. Harmonizando esse entendimento com a noção de processo acima referida, este é o sistema adotado pelo Estado para o exercício da função jurisdicional ou jurisdição."*

O termo "processo" denota "marcha avante", "caminhada" (do latim *procedere* = seguir adiante).

O processo era visto como uma série de atos processuais (procedimento). José Eduardo Carreira Alvim[2] afirma que: *"Em 1868, Oskar von Büllow publica na Alemanha uma obra intitulada a Teoria das Exceções Processuais e os Pressupostos Processuais, que abriu os horizontes para que o direito processual lograsse a sua autonomia científica... O grande mérito de Büllow foi justamente à sistematização da relação processual. Enquanto alguns procuravam fora do direito a explicação para a natureza jurídica do processo (como Guasp), Büllow buscou dentro da própria ciência do direito esta explicação, utilizando-se de um conceito já bastante consolidado nesse campo, que foi o conceito de relação jurídica. Afirmou o escritor alemão que o direito processual civil não havia ainda alcançado um estágio de evolução, se comparado com o direito civil ou com o direito penal, e o motivo deste atraso devia-se ao fato de que a doutrina sequer conseguira distinguir o 'processo' do 'procedimento'. O processo é coisa distinta do procedimento. Tal distinção era importante para a determinação jurídica do processo. Até então, o processo não havia sido estudado sob o prisma da sua essência, sob o seu aspecto interior, senão sob a sua roupagem externa, à luz da forma e dos atos que lhe davam corpo. Dispôs-se, então, a demonstrar que uma coisa*

---

[1] MALTA, Christóvão Piragibe. *Prática do processo trabalhista*, 22. ed., p. 19.

[2] ALVIM, José Eduardo Carreira Alvim. *Elementos de teoria geral do processo*, 7. ed., p. 144.

era o processo e outra, o procedimento. O processo não é apenas uma regulamentação de formas e atos ou uma sucessão de atos. Visto sob o seu aspecto interno, é uma relação jurídica de direitos e obrigações entre as partes e o juiz, ou seja, uma relação jurídica processual. O processo é uma relação jurídica pública (vincula o Estado) que avança gradualmente e se desenvolve passo a passo. Essa relação processual não se identifica porque estas se apresentam totalmente concluídas, enquanto aquela se apresenta apenas no embrião. Assevera Büllow que o equívoco da ciência processual foi – em vez de considerar o processo como uma relação jurídica de direito público, que se desenvolve, progressivamente, entre o juiz (tribunal) e as partes – ter destacado apenas o aspecto da noção de processo mais evidente, consistente na sua marcha ou avanço gradual (o procedimento)."

Atualmente, a doutrina considera que o processo sintetiza a relação jurídica que há entre os seus sujeitos, bem como o seu aspecto extrínseco, ou seja, a sequência lógica e cronológica de atos que leva ao seu nascimento, desenvolvimento e término, a qual se denomina procedimento (manifestação extrínseca ou formal do processo). José Augusto Rodrigues Pinto[3] afirma que a *"noção de processo é 'essencialmente teleológica', enquanto a de procedimento 'é puramente formal, não passando de uma coordenação de atos que se sucedem', justo porque o procedimento apenas encerra as formas a que se sujeita o cumprimento de atos exigidos para atuação do sistema, que é o processo. Daí se dizer, também, que o procedimento é forma de exteriorização do processo ou de exercício de uma função do Estado, do mesmo modo que se pode encarar o procedimento como a visão dinâmica do processo. Todas essas noções conduzem a uma distinção de síntese muito nítida: o processo é um sistema estático, o procedimento é a atuação dinâmica desse sistema, em consequência da provocação da função jurisdicional. Em outras palavras, ainda, o processo é um conjunto de atos logicamente ordenados, em posição de repouso, enquanto o procedimento mostra esse mesmo conjunto de atos em movimento para a prestação jurisdicional".*

Atos processuais são os atos praticados no curso do procedimento, visando ao início, movimentação e término da relação jurídica processual. Normalmente, os atos processuais são praticados pelas partes, juízes e seus auxiliares. Pode ocorrer que os mesmos também sejam realizados por outras pessoas, como é o caso de exibição de documentos ou coisas por terceiros, relatos testemunhais etc.

Para Eduardo Couture,[4] ato processual é o *"ato jurídico emanado das partes, dos agentes da jurisdição, ou mesmo dos terceiros ligados ao processo, suscetível de criar, modificar ou extinguir efeitos processuais".*

Luiz Rodriguez Wambier[5] et al. aduzem: *"Sendo o processo um conjunto ordenado de atos, cada um deles pode ser estudado e per se, sob a ótica de sua função como elemento integrante do processo. Em verdade, o ato processual é modalidade de ato jurídico, mas que*

---

[3] PINTO, José Augusto Rodrigues. *Processo trabalhista de conhecimento*, 2. ed., p. 29.

[4] COUTURE, Eduardo apud Humberto Theodoro Júnior. *Curso de direito processual civil*, v. 1, 25. ed., p. 216.

[5] WAMBIER, Luiz Rodriguez; ALMEIDA, Flávio Renato Correia de; TALAMINI, Eduardo. *Curso avançado de processo civil*, v. 1, 8. ed., p. 164.

é praticado e busca gerar efeitos dentro do processo. É necessário destacar que qualquer ato praticado fora do processo, ainda que a ele ligado, só adquirirá relevância e gerará efeitos quando e se trazido ao processo. Assim, ato processual é conceituado como toda manifestação da vontade humana que tem por fim criar, modificar, conservar ou extinguir a relação jurídica processual. Desta forma, podem ser incluídos na categoria de ato processual a manifestação de qualquer dos sujeitos processuais, e não apenas das partes, pois todos visam ao mesmo objetivo. Por isso, o conceito de ato processual não abrange exclusivamente a atividade das partes, pois todos os integrantes do processo agem para criar, modificar, conservar ou extinguir o processo."

Na busca da conceituação de ato processual, José Augusto Rodrigues Pinto afirma que é necessário discorrer sobre os conceitos de fato e de ato jurídico.

Fato jurídico é o acontecimento que gera efeitos na órbita jurídica, os quais podem ser naturais ou acidentais como voluntários ou provocados. Quando ocorre a manifestação da vontade humana, tem-se a denominação de ato jurídico. Em outras palavras, o ato jurídico é *"um fato gerador de direito qualificado pelo impulso da vontade humana".*[6]

Contudo, pela doutrina alemã, o ato jurídico *"oferece uma subespécie, a que se denomina de negócio jurídico. A síntese diferencial entre o ato jurídico stricto sensu e o negócio jurídico reside em que, no primeiro, o impulso da vontade limita-se a criar a situação de fato a que o direito empresta efeito típico, enquanto, no segundo, esse impulso corresponde à vontade declarada para obtenção de um resultado determinado, a que o direito empresta eficácia."*[7]

Portanto, o ato processual pode ser conceituado, na ótica de José Augusto Rodrigues Pinto[8], como sendo um ato jurídico, o qual *"nos termos do ordenamento legal próprio tem por finalidade a obtenção ou a emissão do pronunciamento do juiz numa relação jurídica do processo. Daí dizer Segni que os atos processuais 'visam provocar (ou contêm) um pronunciamento jurisdicional, e dão vida às condições, preparam a matéria desse pronunciamento'".*

Apesar de o ato processual ter as características de um negócio jurídico, José Augusto Rodrigues Pinto[9] ensina que se nota *"a preponderância, no processo, dos atos jurídicos em sentido restrito sobre os negócios jurídicos, mais se acentua nos sistemas processuais do tipo inquisitório, tal como é o vigente no Brasil, em os quais se verifica sensível restrição dos poderes dispositivos do juiz".*

Além de atos processuais, também se têm fatos processuais, ou seja, acontecimentos involuntários ou naturais, os quais trazem repercussões para o encadeamento processual, como a morte das partes ou de seus representantes (art. 313, I, CPC).

---

[6]   PINTO, José Augusto Rodrigues. Ob. cit., p. 158.
[7]   PINTO, José Augusto Rodrigues. Ob. cit., p. 158.
[8]   PINTO, José Augusto Rodrigues. Ob. cit., p. 158.
[9]   PINTO, José Augusto Rodrigues. Ob. cit., p. 158.

O NCPC permite às partes a transação sobre questões relacionadas com o processo e o procedimento, realizando, assim, o que se denomina de negócios jurídicos processuais.

Caso a demanda tenha por objeto direitos que admitam autocomposição (direitos patrimoniais disponíveis), permite-se às partes, desde que sejam plenamente capazes, a estipulação de mudanças no procedimento para ajustá-lo às especificidades da causa e convencionar sobre os seus ônus, poderes, faculdades e deveres processuais, antes ou durante o processo (art. 190, *caput*, CPC).

Esse poder fica vinculado à atividade censitória (controle judicial da validade das convenções) do magistrado que, de ofício ou a requerimento, controlará a validade das convenções, recusando-lhes aplicação somente nos casos de nulidade ou de inserção abusiva em contrato de adesão ou em que alguma parte se encontre em manifesta situação de vulnerabilidade (art. 190, parágrafo único).

Como se denota, o controle jurisdicional deverá analisar: (a) a capacidade plena das partes; (b) se o pedido comporta a celebração do acordo; (c) a licitude do acordo.

Como exemplo de negociação processual, o juiz e as partes podem fixar calendário para a prática dos atos processuais, quando for o caso. A estipulação vincula as partes e o juiz, e os prazos nele previstos somente serão modificados em casos excepcionais, devidamente justificados. Será dispensável a intimação das partes para a prática de ato processual ou a realização de audiência cujas datas tiverem sido designadas no calendário (art. 191, §§ 1º e 2º, CPC).

Para o TST, o art. 190, CPC, é incompatível com o processo trabalhista (art. 2º I, IN 16).

5.2   CLASSIFICAÇÃO DOS ATOS PROCESSUAIS

Na doutrina, os atos processuais são classificados pelos critérios: (a) objetivo, onde se destaca o objeto do ato processual praticado; (b) subjetivo, com ênfase ao sujeito que tenha praticado o ato processual.[10]

Como exemplo do critério objetivo, José Frederico Marques,[11] com base nas lições de Jaime Guasp, entende que os atos processuais devem ser classificados em função dos

---

[10]   "Os atos processuais, com bem ensina Alcalá-Zamora, podem ser classificados de diferentes maneiras; todas essas classificações, no entanto, são suscetíveis de se reagruparem em torno de dois polos: objeto e sujeito. Classificações objetivas em sentido lato (isto é), em oposição a classificação subjetiva) são as que atendem à função, estrutura, finalidade ou natureza dos diversos atos processuais; divisões subjetivas, ao revés, são as que fixam sobretudo nas pessoas que atuam para a prática do ato. A classificação objetiva é a mais aconselhável pelo seu maior grau de precisão científica. No entanto, a subjetiva é a mais empregada, talvez por atender melhor a critérios de ordem prática e às exigências didáticas" (MARQUES, José Frederico. *Instituições de direito processual civil*, v. 2, p. 281).

[11]   "Dentre as muitas tentativas desse insipiente trabalho de sistematização dos atos processuais, a que nos parece mais satisfatória é a adotada e planejada por Jaime Guasp. O ilustre processualista espanhol toma, para critério de classificação, a natureza da repercussão que os atos produzem na

momentos essenciais da relação jurídica processual: (a) atos de iniciativa[12] – levam à instauração da relação jurídica processual; (b) atos de desenvolvimento[13] – responsáveis pela movimentação processual, compreendendo atos de instrução[14] (provas e alegações) e de ordenação[15] (impulso,[16] direção[17] e formação);[18] (c) atos de conclusão – os atos

---

relação processual, ou seja, a influência imediata, segundo ele o diz, que o ato exerce ou tende a exercer no processo. Colocado assim o problema, devem os atos agrupar-se segundo os momentos da relação processual, uma vez que o processo é uma série de acontecimentos que se entrelaçam, através da sucessão e movimento dos atos respectivos. E como existem, no processo, três momentos essenciais (nascimento, desenvolvimento e conclusão), segue-se que os atos processuais podem agrupar-se em três grandes categorias: atos de iniciação, atos de desenvolvimento e atos de conclusão" (MARQUES, José Frederico. Ob. cit., p. 281).

[12] "Atos de iniciação são aqueles destinados a instaurar a relação processual. É a petição ou pedido inicial com que se propõe a ação, segundo se infere do art. 282 do Código de Processo Civil" (MARQUES, José Frederico. Ob. cit., p. 282). No NCPC, a petição inicial está disciplinada no art. 319.

[13] "Atos de desenvolvimento são aqueles destinados a movimentar o processo, fazendo-o ir para diante e avançar. Eles se dividem em atos de instrução e atos de ordenação" (MARQUES, José Frederico. Ob. cit., p. 282).

[14] "Atos de instrução se denominam aos que se destinam a recolher os elementos necessários para a decisão da lide, e subdividem-se em atos de prova e em alegações: com os atos probatórios, demonstra-se a existência ou inexistência de determinado fato ligado ao litígio; com as alegações, as partes apontam esses fatos e os fundamentos jurídicos da respectiva pretensão" (MARQUES, José Frederico. Ob. cit., p. 282).

[15] "Os atos de ordenação, como o próprio nome indica, visam estabelecer o *modus procedendi*, a sucessão dos momentos procedimentais. Eles se dividem em atos de impulso, atos de direção e atos de formação)" (MARQUES, José Frederico. Ob. cit., p. 283).

[16] "Atos de impulso são os que se destinam a fazer o processo passar em cada uma das fases que a lei lhe marca. Os atos de direção visam orientar, dentro de cada fase do processo, as atividades que devem nele realizar-se. Os atos de formação têm por objetivo 'registrar e fixar os atos que se praticam, para que possam conhecer-se posteriormente', ou seja, documentá-los" (MARQUES, José Frederico. Ob. cit., p. 283).

[17] "Sob três modalidades os atos de direção se apresentam: (a) atos de solução; (b) atos de comunicação; (c) atos de coação. Nos atos de comunicação predomina a atividade judicial. Com os seus despachos ou decisões, o juiz soluciona dúvidas ou incidentes ocorridos no processo a respeito da marcha do procedimento. Em alguns casos, porém, atos dispositivos das partes podem resolver assuntos dessa natureza, como se dá, por exemplo, no caso previsto no art. 182, 2ª parte e parágrafo único do CPC. O que caracteriza os atos de coação é constituírem eles uma 'imposição do órgão jurisdicional sobre pessoas ou coisas', como ocorre quando o juiz manda conduzir uma testemunha debaixo de vara, ou ordena a apreensão de algum documento ou objeto. Atos de comunicação são aqueles que se destinam a dar ciência de outros atos processuais às partes ou interessados. São eles a citação, a notificação e a intimação" (MARQUES, José Frederico. Ob. cit., p. 283). O NCPC, no art. 222, § 1º, veda ao magistrado a redução de prazos peremptórios sem anuência das partes.

[18] "Nos atos de formação, distinguem-se os atos de documentação e os atos de incorporação. Com os atos de documentação, dá-se 'forma escrita a atos praticados no processo', e com os de incorporação, levam-se ao processo 'documentos formados fora dele'" (MARQUES, José Frederico. Ob. cit., p. 283).

decisórios do magistrado ou dispositivos das partes, tais como a renúncia, a transação e a desistência.

Adepto da visão subjetiva, Chiovenda[19] ensina: *"Dizem-se atos jurídicos processuais os que têm importância jurídica em respeito à relação processual, isto é, os atos que têm por consequência imediata a constituição, a conservação, o desenvolvimento, a modificação ou a definição de uma relação processual. Podem proceder de um ou de outro dos sujeitos da relação processual, a saber: (a) atos de parte, (b) atos dos órgãos jurisdicionais. O principal ato processual da parte é o ato constitutivo da relação (demanda judicial) e o principal ato processual dos órgãos públicos é o ato que define a relação (sentença); no entanto, entre o primeiro e o segundo flui uma série de variados atos processuais."*

O CPC/15 adota a classificação subjetiva, ao dividir os atos processuais em atos: (a) da parte (arts. 200 a 202); (b) do juiz (arts. 203 a 205); (c) do escrivão ou do chefe de secretaria (arts. 206 a 211).

Apesar da classificação contida na estrutura do CPC, não se pode negar que há atos processuais praticados por outras pessoas, como é o caso dos oficiais de justiça, depositários, peritos, testemunhas, leiloeiros, arrematantes etc.

5.3 FORMA DOS ATOS PROCESSUAIS

Forma é o conjunto de solenidades adotadas para que o ato jurídico possa ser tido como eficaz. Pela forma, a declaração de manifestação torna-se realidade, adquirindo a condição de ato processual.

Pelo critério da forma, os atos jurídicos em geral podem ser divididos em solenes e não solenes. Para os atos solenes, a observância da forma prevista em lei é condição de validade. Os não solenes, também chamados de atos de forma livre, a sua realização independe de qualquer solenidade, podendo ser provada pelos meios permitidos em direito.

De acordo com a estrutura do CPC, os atos processuais não dependem de forma determinada senão quando a lei expressamente a exigir, reputando-se válidos os que, realizados de outro modo, lhe preencham a finalidade essencial (art. 188). Como se constata, o legislador ordinário faz prevalecer sobre a forma à substância e a finalidade do ato processual.

Portanto, temos: (a) quando a lei prescrever determinada forma, sem cominação de nulidade, o juiz considerará válido o ato se, realizado de outro modo, lhe alcançar a finalidade (art. 277, NCPC); (b) o erro de forma do processo acarreta unicamente a anulação dos atos que não possam ser aproveitados, devendo praticar-se os que forem necessários, a fim de se observar, quanto possível, as prescrições legais (art. 283).

Todos os atos e termos do processo podem ser total ou parcialmente digitais, de forma a permitir que sejam produzidos, comunicados, armazenados e validados por meio eletrônico (art. 193, caput).

---

[19] CHIOVENDA, Giuseppe. *Instituições de direito processual civil*, v. 3, 3. ed., p. 20.

A Lei 11.419/06 dispõe a respeito da informatização do processo judicial. Pela IN 30/07, o TST regulamentou a aplicação da Lei 11.419 no âmbito do Judiciário Trabalhista. A Resolução 94, de 23/3/2012, do Conselho Superior da Justiça do Trabalho (CSJT), instituiu o PJE (Sistema Processo Judicial Eletrônico) no âmbito do processo trabalhista. A Resolução disciplina o sistema de processamento de informações e prática de atos processuais, bem como estabelece os parâmetros para sua implementação e funcionamento. A Resolução 94 foi revogada pela Resolução 136, de 29/4/2014, do CSJT. Atualmente, a matéria está disciplinada pela Resolução 185, de 24/3/2017, do CSJT.

5.4 PUBLICIDADE DOS ATOS PROCESSUAIS

A publicidade dos atos processuais é um dos princípios fundamentais do devido processo legal (art. 93, IX, CF).[20] Como regra, não apenas no processo civil, como no trabalhista, os atos processuais são públicos (art. 189, CPC; art. 770, CLT). A lei somente poderá restringir o princípio da publicidade dos atos processuais, quando a defesa da intimidade ou do interesse social o exigirem (art. 5º, LV, CF).

---

[20] "Todos os julgamentos dos órgãos do Poder Judiciário serão públicos, e fundamentadas todas as decisões, sob pena de nulidade, podendo a lei limitar a presença, em determinados atos, às próprias partes e a seus advogados, ou somente a estes, em casos nos quais a preservação do direito à intimidade do interessado no sigilo não prejudique o interesse público à informação" (art. 93, IX, CF). Todos os atos processuais, com destaques para as decisões interlocutórias e as sentenças, devem ser fundamentados, sob pena de nulidade. A doutrina aponta: "Existe, pois, uma inabalável conexão entre o princípio da publicidade e o que prescreve o dever de fundamentar as decisões judiciais. Apesar de este último possibilitar ao cidadão a efetiva participação no controle da juridicidade dos atos emanados do poder público, é a publicidade do ao decisório processual que torna efetiva a aplicação real do enunciado no art. 93, IX, da CF, servindo como um instrumento de eficácia da regra que obriga à fundamentação das decisões. O princípio da publicidade dos atos estatais possibilita o exercício democrático do poder, que se caracteriza pelas exatas informações, fornecidas pelos governantes, a todo aquele que tiver legítimo interesse em ter conhecimento sobre o desenvolvimento de alguma atividade pública que lhe diz respeito. Na medida em que se possibilita o conhecimento dos motivos, fins e consequências do ato jurisdicional praticado, concretiza-se uma participação democrática em órgãos do poder público [...]. Ademais, cabe assinalar que o juiz, ao exercer sua função jurisdicional, não o faz em nome próprio, ou seja, ele apenas exerce uma função, absolutamente adstrita a postulados previamente inscritos em lei. É por esta razão que, ao prolatar uma decisão judicial, o magistrado deve justificá-la, demonstrando de forma racional como chegou àquele resultado" (NOJIRI, Sérgio. *O dever de fundamentar as decisões judiciais*, p. 65). Por imposição constitucional, os atos judiciais necessitam da fundamentação, na medida em que se impõe o controle da legalidade das decisões. Como é que se pode controlar uma decisão judicial, se o magistrado não expõe, com racionalidade e objetividade, os motivos que o levaram a uma determinada conclusão. Não podemos esquecer: "Por ser a efetividade inerente a todo procedimento judicial (posto que o direito proíbe, permite e obriga), o magistrado deve pautar-se pela mais possível objetividade diante dos fatos trazidos ao processo, objetividade que deve vir revestida da consequente motivação, permitindo o controle da legalidade de suas decisões. Afinal de contas, quando o magistrado impõe uma determinada conduta a alguém, não o faz *sponte* sua, mas em obediência a algum mandamento legal. A motivação dos atos jurisdicionais implica, nesta ordem de ideias, uma limitação constitucional dos 'poderes' (que na realidade são deveres) do juiz, que, a despeito de mandar, determinar e expedir ordens, o faz com fundamento em um critério objetivo: a lei" (NOJIRI, Sérgio. Ob. cit., p. 67).

É o que ocorre com os processos que correm em segredo de justiça: (a) por exigência do interesse público ou social; (b) que dizem respeito a casamento, separação de corpos, divórcio, separação, união estável, filiação, alimentos e guarda de crianças e adolescente; (c) em que há dados protegidos pelo direito constitucional à intimidade; (d) que versem sobre arbitragem, inclusive sobre cumprimento de carta arbitral, desde que a confidencialidade estipulada na arbitragem seja comprovada perante o juízo (art. 189, I a IV, CPC).

Em tais processos temos: (a) o direito de consultar os autos e de pedir certidões de seus atos é restrito às partes e a seus procuradores. O terceiro, que demonstrar interesse jurídico, pode requerer ao juiz certidão do dispositivo da sentença, bem como de inventário e partilha resultante de divórcio ou separação (art. 189, § 1º e 2º); (b) as audiências são realizadas a portas fechadas (art. 375).

A CLT não disciplina os processos que devem correr em segredo de justiça.

Diante do art. 189, CPC, somente são compatíveis com o processo trabalhista as hipóteses em que houver a exigência do interesse público ou social, além do respeito aos dados protegidos pelo direito constitucional à intimidade.

Como a lei processual civil não disciplina o que vem a ser interesse público ou social, caberá ao magistrado trabalhista, em face do caso concreto, estabelecer ou não o segredo de justiça. A situação que permita à parte solicitar segredo de justiça não necessita ser vexatória. Basta que seja possível se ter a geração de constrangimentos ou de qualquer outro dano, como o da concorrência. A título exemplificativo: a justa causa vexatória para o empregado; a reintegração de um trabalhador portador do vírus da AIDS; a realização de perícias no local de trabalho, que podem revelar segredos industriais da empresa.

A intimidade relaciona-se com a existência de vínculos subjetivos de familiaridade e de amizade mais estreitos do ser humano. São os fatos e os acontecimentos mais íntimos, parte mesmo do que se denominam de segredos da vida particular e que são somente compartilhados com as pessoas mais chegadas. Diante da violação da privacidade ou da intimidade do empregado (e de qualquer trabalhador), tem-se a caracterização de um dano moral, o qual há de ser indenizado (art. 5º, X, CF; arts. 11 e 186, CC).

Os atos processuais poderão ser expressos pela linguagem oral como a escrita. Normalmente, os atos adotam o procedimento escrito, todavia, em audiências é comum à linguagem oral,[21] não só pelo magistrado, como pelas partes e respectivos advogados,

---

[21] Nos primórdios do Direito Romano havia a predominância da oralidade. Com a sua evolução, vários atos passaram a ser por escrito, reservando-se para os debates as palavras orais. O processo civil adota o procedimento misto, ou seja, a adaptação da palavra escrita com a oral. Os debates orais são imperiosos em audiências, como também em sessões dos tribunais, contudo, ao lado da oralidade, tem-se a transformação das provas orais em relatos escritos, tais como: transcrição de votos, depoimentos, esclarecimentos etc. O procedimento oral engloba os seguintes aspectos: (a) identidade física do juiz (art. 132, CPC/73; O NCPC não estabelece, de forma expressa, o referido princípio); (b) concentração – as provas devem ser realizadas em uma ou em poucas audiências, colhendo-se os relatos pessoais e testemunhais, inclusive com a prolação da decisão; (c) irrecorribilidade das decisões interlocutórias. O princípio da oralidade possui aplicabilidade

PARTE VI · Cap. V – ATOS PROCESSUAIS | **465**

testemunhas etc., apesar de que os mesmos serão reduzidos a termo pelo escrivão, visando a sua documentação nos autos.

Quando se adota a linguagem escrita, haverá a observância da língua oficial e obrigatória, que, no Brasil, é a língua portuguesa (art. 192, *caput*, CPC).

O documento redigido em língua estrangeira somente poderá ser juntado aos autos quando acompanhado de versão para a língua portuguesa: (a) tramitada por via diplomática ou pela autoridade central; (b) firmada por tradutor juramentado (art. 192, parágrafo único).

O juiz nomeará intérprete toda vez que o repute necessário para: (a) analisar documento de entendimento duvidoso, redigido em língua estrangeira; (b) verter em português as declarações das partes e das testemunhas que não conhecerem o idioma nacional; (c) traduzir a linguagem dos surdos-mudos (Libras) que não puderem transmitir a sua vontade por escrito (art. 162, I a III, CPC).

5.4.1 Comunicação Eletrônica dos Atos Processuais

A Lei 11.419/06, aplicável indistintamente ao processo civil, penal e trabalhista, bem como aos juizados especiais, em qualquer grau de jurisdição, dispõe sobre a informatização do processo judicial e promoveu alterações no CPC.

Mediante prévio credenciamento no Poder Judiciário, passa admitir, mediante o uso de assinatura eletrônica, o envio de petições, de recursos e a prática de atos processuais em geral (art. 2º, Lei 11.419).

Consideram-se realizados os atos processuais por meio eletrônico no dia e hora do seu envio ao sistema do Poder Judiciário, do que deve ser fornecido protocolo eletrônico, sendo tempestivas as transmitidas até as 24 horas do seu último dia.

O Capítulo II, da Lei 11.419, cuida da comunicação eletrônica dos atos processuais (arts. 4º ao 7º).

Com isso, os tribunais poderão criar Diário da Justiça eletrônico, disponibilizado em sítio da rede mundial de computadores, para publicação de atos judiciais e administrativos próprios e dos órgãos a eles subordinados, bem como comunicações em geral.

O sítio e o conteúdo das publicações deverão ser assinados digitalmente com base em certificado emitido por autoridade certificadora, credenciada na forma da lei específica.

A publicação eletrônica substitui qualquer outro meio e publicação oficial, para quaisquer efeitos legais, à exceção dos casos que, por lei, exigem intimação ou vista pessoal.

Considera-se como data da publicação o primeiro dia útil seguinte ao da disponibilização da informação no Diário da Justiça eletrônico.

Os prazos processuais terão início no primeiro dia útil que seguir ao considerado como data da publicação.

---

no processo do trabalho: (a) petição verbal (art. 840, CLT); (b) prazo de 20 minutos para defesa oral em audiência (art. 847); (c) prazo para razões finais – 10 minutos (art. 850).

A criação do Diário da Justiça eletrônico deverá ser acompanhada de ampla divulgação, e o ato administrativo correspondente será publicado durante 30 dias no diário oficial em uso.

As intimações serão feitas por meio eletrônico em portal próprio aos que se cadastrarem, com a dispensa de publicação no órgão oficial, inclusive eletrônico.

Considerar-se-á realizada a intimação no dia em que o intimando efetivar a consulta eletrônica ao teor da intimação, certificando-se nos autos a sua realização. Nos casos em que a consulta se dê em dia não útil, a intimação será considerada como realizada no primeiro dia útil seguinte.

A consulta eletrônica ao teor da intimação deverá ser feita em até dez dias corridos contados da data do envio da intimação, sob pena de se considerar a intimação automaticamente realizada na data do término desse prazo.

Em caráter informativo, poderá ser efetivada remessa de correspondência eletrônica, comunicando o envio da intimação e a abertura automática do prazo processual, aos que manifestarem interesse por esse serviço.

Nos casos urgentes em que a intimação eletrônica possa causar prejuízo a quaisquer das partes ou nos casos em que for evidenciada qualquer tentativa de burla ao sistema, o ato processual deverá ser realizado por outro meio que atinja a sua finalidade, conforme determinado pelo juiz.

As intimações eletrônicas, inclusive da Fazenda Pública, serão consideradas pessoais para todos os efeitos legais.

Observados parâmetros legais, as citações, inclusive da Fazenda Pública, excetuadas as dos Direitos Processuais Criminal e Infracional, poderão ser feitas por meio eletrônico, desde que a íntegra dos autos seja acessível ao citando.

As cartas precatórias, rogatórias, de ordem e, de um modo geral, todas as comunicações oficiais que transitem entre órgãos do Poder Judiciário, bem como entre os deste e os dos demais Poderes, serão feitas preferencialmente por meio eletrônico.

Os arts. 17 a 28, da Resolução 185/17, CSJT (PJe), tratam da prática dos atos processuais.

5.5   ATOS DA PARTE

5.5.1   Conceito e Classificação

Atos da parte são os praticados pelos litigantes (autor ou réu), pelos terceiros intervenientes ou pelo Ministério Público, quando exercitam os seus direitos ou poderes processuais, visando ao atendimento dos ônus, obrigações ou deveres decorrentes da relação jurídica processual.

A doutrina classifica os atos da parte em atos de obtenção e atos dispositivos.

Atos de obtenção são os que objetivam, por intermédio da ativação da função jurisdicional, a prestação da tutela que ponha fim ao litígio. Podemos dividir os atos de obtenção em atos de: (a) petição – peça vestibular ou exordial; contestação; requerimentos judiciais em geral; (b) afirmação – exibição de documentos; pagamento das custas; prestação de caução; (c) prova – os atos praticados pelas partes com o intuito de demonstrar a veracidade das suas alegações em juízo (ação ou defesa).

É importante ressaltar que o conjunto probatório é originário não só da atuação das partes, como da atividade do órgão jurisdicional e de terceiros, como testemunhas, peritos etc.

Atos dispositivos são os praticados pelas partes com o intuito de se levar à criação, modificação ou extinção de situações processuais. Também são chamados de atos de causação. Subdividem-se em atos de: (a) submissão – a parte se submete, expressa ou tacitamente, à vontade do outro litigante. É o caso do réu, quando reconhece a procedência do pedido (art. 487, III, a, CPC) ou quando deixa de contestar de forma específica fato ou pedido contido na peça vestibular (art. 345); (b) desistência – ocorre quando o autor renuncia ao direito sobre o qual se funda a ação ou a reconvenção (art. 487, III, c) ou na hipótese da desistência do processo (art. 485, VIII); (c) transação – os acordos ou avenças estabelecidas pelas partes no curso da demanda, como a transação (art. 487, III, b), adiamento da audiência (art. 362, I) ou no tocante aos prazos (art. 181).

5.5.2 Efeitos dos Atos Praticados pelas Partes

Os atos das partes, consistentes em declarações unilaterais ou bilaterais de vontade, produzem imediatamente a constituição, a modificação ou a extinção de direitos processuais (art. 200, *caput*, CPC).

A desistência da ação só produzirá efeito depois de homologada por sentença (art. 200, parágrafo único). O mesmo ocorre com a transação (art. 487, III, b).

5.5.3 Cotas Marginais e Lineares nos Autos

Cotas marginais ou interlineares são as anotações realizadas por advogados, respectivamente, à margem ou no corpo dos autos processuais. O magistrado deve mandar riscá-las, impondo multa a quem as escreveu (art. 202, CPC). A multa deve corresponder à metade do salário-mínimo vigente na sede do juízo.

5.6 ATOS DO JUIZ

Como responsável pela condução do processo, o juiz pratica atos decisórios e não decisórios.[22]

Atos decisórios possuem um conteúdo de deliberação ou de comando, enquanto os não decisórios representam aspectos administrativos ou de poderes de polícia do magistrado.

---

[22] "No comando do processo, o juiz está dotado de duas espécies de poderes: o de dar solução à lide, e o de conduzir o feito segundo o procedimento legal, resolvendo todos os incidentes que surgirem até o momento adequado à prestação jurisdicional. Durante a marcha processual e no exercício de seus poderes de agente da jurisdição, o juiz pratica atos processuais de duas naturezas: (a) decisórios; e (b) não decisórios. Nos primeiros, há sempre um conteúdo de deliberação ou de comando. Nos últimos, há apenas função administrativa, ou de polícia judicial" (THEODORO JÚNIOR, Humberto. *Curso de direito processual civil*, v. 1, 25. ed., p. 225).

Os despachos, decisões, sentenças e acórdãos serão redigidos, datados e assinados pelos juízes (art. 205, caput, CPC). Quando forem proferidos de forma oral, o servidor os documentará, submetendo-os aos juízes para revisão e assinatura (art. 205, § 1º). A Lei 11.419/06 autoriza que a assinatura dos juízes, em todos os graus de jurisdição, possa ser feita eletronicamente (art. 205, § 2º).

5.6.1 Atos Decisórios

De acordo com a natureza do processo (cognição ou de execução), os atos decisórios são divididos em: *"a) atos decisórios propriamente ditos; e (b) atos executivos. Nos primeiros, visa-se preparar ou obter a declaração da vontade concreta da lei frente ao caso* sub judice. *Já nos atos executivos, procura-se a realização efetiva da mesma vontade, através de providências concretas sobre o patrimônio do devedor, para satisfação do direito do credor (atos, por exemplo, que ordenam a penhora, a arrematação, a adjudicação etc.). Quando, no entanto, se faz a confrontação dos atos do juiz com os atos das partes no processo, aqueles, mesmo quando se referem ao processo executivo, 'são, regra geral, provisões, ordens, determinações, decisões', logo 'atos decisórios' em sentido lato. Assim, é perfeitamente válida a afirmação de Amaral Santos de que 'as atividades do juiz, no desenvolvimento da relação processual, se manifestam especialmente por meio de atos decisórios – despachos e sentenças."*[23]

Do ponto de vista doutrinário, os atos decisórios propriamente ditos do magistrado[24] são finais ou interlocutórias.

As decisões interlocutórias são as proferidas durante o transcorrer do processo, sendo divididas em: (a) simples despachos ordinatórios (também chamados de decisões interlocutórias simples) atos de mero impulso processual. Como exemplos: ato que ordena a citação; o que defere a juntada de contestação, o que manda intimar a testemunha etc.; (b) decisões que resolvem questões processuais, contudo, sem pôr fim ao processo. Resolvem questões incidentes no curso do processo. Por exemplo: as que repelem a exceção de coisa julgada, de litispendência, de ilegitimidade de parte, de incompetência etc. Essas decisões são as denominadas de decisões interlocutórias pela ordem processual civil.

---

[23] THEODORO JÚNIOR, Humberto. Ob. cit., p. 225.

[24] "Os atos do juiz foram classificados por Liebman em quatro grupos: (a) Despachos de expediente ou ordenatórios – são os que dispõem simplesmente sobre o andamento do processo. São exemplos, no direito brasileiro: despachos de juntada, de vista, de notificação de testemunha, de designação de audiência, etc.; (b) Despachos interlocutórios – são os que decidem as questões controvertidas relativas à regularidade e à marcha do processo, sem por lhe fim. São exemplos, no direito brasileiro: o despacho de rejeição de ilegitimidade de parte; de rejeição de extinção do processo, etc.; (c) Decisões terminativas – são aquelas com as quais o juiz põe termo ao processo por um defeito de constituição ou de procedimento, ou por qualquer outro motivo que torne impossível a decisão da lide. São terminativas do processo, sem lhe resolverem o mérito. São exemplos, no direito brasileiro: a decisão que declara o autor parte legítima; a que acolhe a alegação de perempção, litispendência, coisa julgada, etc.; (d) Decisões definitivas – são as que decidem (no todo ou em parte) o mérito da causa, a lide, e recebem o nome de sentenças em sentido restrito. São exemplos, no direito brasileiro: as sentenças que julgam procedente ou improcedente a ação" (ALVIM, José Eduardo Carreira. *Elementos de teoria geral do processo*, 7. ed., p. 249).

PARTE VI · Cap. V – ATOS PROCESSUAIS | **469**

Decisões finais são as que põem termo à relação processual, esgotando a atividade jurisdicional. São terminativas ou definitivas.[25]

As terminativas estabelecem o fim ao processo, sem adentrar ao mérito (art. 485, CPC). Por exemplo: as que acolhem as exceções de coisa julgada e de litispendência.

Definitivas decidem o mérito, acolhendo ou rejeitando a pretensão contida na petição inicial. O escopo da decisão de mérito é a solução da situação jurídica material controvertida posta em juízo. São as sentenças finais por excelência (art. 487).

O julgamento colegiado proferido pelos tribunais recebe a denominação de acórdão[26] (art. 204).

As decisões proferidas nos dissídios coletivos pelos TRTs são denominadas sentenças normativas.[27]

Do ponto de vista legal, os atos decisórios do magistrado[28] (CPC/73) eram:

a) sentença é o ato pelo qual o juiz põe termo ao processo, decidindo ou não o mérito da causa (art. 162, § 1º, CPC);

b) decisão interlocutória é o ato pelo qual o juiz, no curso do processo, resolve questão incidente (art. 162, § 2º);

---

[25] "Sentença é o ato jurisdicional por excelência e consiste no provimento por meio do qual o juiz põe termo ao processo dividindo ou não o mérito da causa. Tendo em vista esta circunstância, subdividem-se as sentenças em terminativas – quando extinguem a relação processual sem decidir a respeito do mérito da causa – e definitivas quando encerram a relação processual decidindo o mérito da causa" (SILVA, Ovídio A. Baptista. *Curso de processo civil*, v. 1, 4. ed., p. 200).

[26] "No segundo grau de jurisdição, as sentenças proferidas pelos tribunais chamam-se acórdãos e devem obedecer, como aquelas, à forma prescrita no art. 458, ou seja, devem conter o relatório, os fundamentos e o dispositivo ou conclusão. É certo que, em segundo grau, no caso de confirmação da sentença de primeiro grau ou mesmo quando há modificação, o acórdão, em virtude da praxe forense, somente se limita a esclarecer o que foi mantido ou modificado, reportando-se, no mais, ao relatório e fundamentação já expostos na sentença. Isso no aspecto redacional ou prático, porque, sob o aspecto jurídico, o julgamento proferido pelo tribunal substituirá a sentença ou a decisão recorrida no que tiver sido objeto do recurso, conforme preceitua o art. 512" (GRECO FILHO, Vicente. *Direito processual civil brasileiro*, v. 2, 11. ed., p. 16).

[27] As sentenças normativas são os pronunciamentos judiciais que põem fim aos processos trabalhistas (dissídios coletivos) nos quais temos como partes os grupos ou categorias profissionais e econômicas e cujos objetos versam sobre interesses não individuais.

[28] "Há inúmeros outros atos processuais praticados pelo juiz que não estão incluídos nesse rol, como, por exemplo, a audiência (que é um ato complexo, onde o juiz tanto pode apenas realizar a colheita da prova, como produzir decisões e, mesmo, sentença), a inspeção judicial (que é ato instrutório, mas realizado pelo próprio juiz), ou, ainda, quando o juiz presta informações no recurso de agravo (art. 527, IV, CPC/73), ou no mandado de segurança (art. 7º, I, da Lei 1.533/51; art. 7º, I, Lei 12.016/09), quando impetrado contra ato judicial. Nessa última hipótese, o ato praticado pelo juiz é de mera comunicação. Há, ainda, os atos de documentação, como a assinatura de termos e ofícios, que também são atos processuais (tanto que servem de prova), mas que não integram o disposto no art. 162 (CPC/73). Portanto, do art. 162 deveria ter constado a expressão pronunciamento, espécie do gênero ato. As hipóteses ali elencadas dizem respeito aos pronunciamentos do juiz no processo, e não a toda gama de atos processuais que por ele podem ser realizados" (WAMBIER, Luiz Rodrigues et al. Ob. cit., p. 170)

c) despachos todos os demais atos do juiz praticados no processo, de ofício ou a requerimento da parte, a cujo respeito à lei não estabelece outra forma (art. 162, § 3º);

d) com a reforma do CPC em 1994, houve a inserção dos atos meramente ordinários, como a juntada e a vista obrigatória, os quais independem de despacho, devendo ser praticados de ofício pelo servidor e revistos pelo juiz quando necessário (art. 162, § 4º).

Pela Lei 11.232/05, o art. 162, § 1º, CPC passou a ter a seguinte redação: *"Sentença é o ato do juiz que implica alguma das situações previstas nos arts. 267 e 269 desta Lei."*

A inovação legislativa (Lei 11.232) significou uma adequação do conceito legal à visão doutrinária do que representava a sentença. Como conceito legal (redação originária do CPC/73), sentença era o ato pelo qual o juiz põe termo ao processo, decidindo ou não o mérito. Posteriormente (Lei 11.232), sentença era o ato praticado pelo magistrado que implicava alguma das situações previstas nos arts. 267 e 269, CPC/73 (arts. 485 e 487, CPC/15). Vale dizer, o cunho significativo da sentença, como ato processual, era o seu conteúdo.

Pelo CPC/15, os atos do juiz são denominados de pronunciamentos e consistem em: (a) ressalvadas as disposições expressas dos procedimentos especiais, sentença é o pronunciamento por meio do qual o juiz, com fundamento nos arts. 485 e 487, põe fim ao processo ou a alguma de suas fases; (b) decisão interlocutória é todo pronunciamento judicial de natureza decisória que não se enquadre como sentença; (c) despachos são todos os demais pronunciamentos do juiz praticados no processo, de ofício ou a requerimento da parte; (d) os atos meramente ordinatórios, como a juntada e a vista obrigatória, independem de despacho, devendo ser praticados de ofício pelo servidor e revistos pelo juiz quando necessário (art. 203, §§ 1º a 4º).

Como se denota, o CPC adota a expressão pronunciamento, ou seja, os atos praticados pelo magistrado não mais se resumem aos descritos no art. 203. Há outros atos, tais como: inquirições das partes e das suas testemunhas; inspeções; assinatura de termo de penhora, de termo de leilão etc.

Sentença tem um conceito restritivo, visto que é a decisão que resolve ou não o mérito (arts. 485 e 487, CPC), bem como, de forma cumulativa, põe fim ao processo (processo ordinário e de execução) ou a alguma das suas fases (fase de conhecimento e de cumprimento).

Por sua vez, como pronunciamento judicial, a decisão interlocutória é a que não se enquadra no conceito de sentença, logo, pode tratar do mérito ou não do processo, contudo, não põe termo ao processo ou a uma de suas fases.

A distinção básica de sentença e da decisão interlocutória não está no conteúdo e sim na capacidade de pôr fim ao processo ou uma de suas fases.

Nesse sentido, a extinção parcial do processo (art. 354, parágrafo único, CPC) ou o julgamento antecipado parcial do mérito (art. 356, § 5º) são impugnáveis por agravo de instrumento.

A IN 39/16, TST, admite a aplicação do julgamento parcial do mérito ao processo trabalhista, contudo, da decisão caberá recurso ordinário (art. 6º).

5.6.2 Atos Não Decisórios

O art. 203, CPC, não esgota os atos processuais praticados pelo magistrado. No desenrolar da relação jurídica processual, o juiz pratica uma série de outros atos, os quais não possuem conteúdo decisório, mas, são importantes para que se chegue à sentença, tais como: presidência de audiências; oitiva de testemunhas; inspeção judicial de coisas e pessoas; poderes de polícia em audiência etc.

5.6.3 Forma dos Atos Decisórios

A temática está desenvolvida no tópico 12.2 do Capítulo XII da Parte VI.

5.7 ATOS DO ESCRIVÃO OU DO CHEFE DE SECRETARIA

O escrivão ou chefe de secretaria representa o órgão auxiliar do magistrado. É o encarregado dos atos de documentação, comunicação e movimentação do processo. As suas atribuições são previstas nos arts. 152 e segs., e 713, respectivamente, do CPC e da CLT.

Os atos de documentação são os que se destinam a retratar de forma escrita às manifestações de vontade das partes, dos membros do órgão jurisdicional, bem como de terceiros que tenham participado de algum evento no curso da demanda.

No desenrolar do processo, o escrivão pratica uma série de termos processuais.[29] Termo indica a redução por escrito de certos atos processuais, como a incorporação dos atos escritos das partes e outros sujeitos processuais.

Atos de comunicação ou de intercâmbio processual são primordiais para o devido processo legal. Por eles, os sujeitos da relação processual tomam ciência dos atos e termos processuais, podendo, assim, desempenhar as faculdades e os encargos a eles atribuídos pela legislação adjetiva. Como exemplos desses atos, têm-se: (a) intimação,[30] é o ato pelo qual se dá ciência a alguém dos atos ou termos do processo (art. 269, CPC); (b) citação, é o ato pelo qual são convocados o réu, o executado ou o interessado para integrar a relação processual (art. 238).

---

[29] Os termos processuais mais "comuns que o escrivão redige no curso do procedimento são os de juntada, vista, conclusão e recebimento, que se apresentam como notas datadas e rubricadas pelo referido serventuário. Juntada é o ato com que o escrivão certifica o ingresso de petição ou documento nos autos. Visto é o ato de franquear o escrivão os autos à parte para que o advogado se manifeste sobre algum evento processual. Conclusão é o ato que certifica o encaminhamento dos autos ao juiz, para alguma deliberação. Recebimento é o ato que documenta o momento em que os autos voltaram a cartório após uma vista ou conclusão" (THEODORO JÚNIOR, Humberto. Ob. cit., v. 1, p. 233).

[30] Na doutrina, há quem faça diferenciação entre a intimação e a notificação. Notificação é a ciência de ato já praticado no processo (despacho, decisão interlocutória ou sentença), enquanto que a intimação é a comunicação sobre ato processual que deve praticar ou comparecer a parte ou terceiro, contendo dia, hora e lugar.

Atos de movimentação são variados no curso da demanda, tais como: certificado do vencimento de prazo, vista às partes, conclusão ao juiz, cobrança de autos, recebimento de processo etc.

5.8   FORMA DOS TERMOS PROCESSUAIS

No processo civil, a forma dos termos processuais deverá observar as seguintes regras: (a) os atos e termos processuais não dependem de forma determinada senão quando a lei expressamente a exigir, reputando-se válidos os que, realizados de outro modo, lhe preencham a finalidade essencial (art. 188, CPC). Todos os atos e termos do processo podem ser produzidos, transmitidos, armazenados e validados por meio eletrônico (art. 193, caput); (b) ao receber a petição inicial de qualquer processo, o escrivão ou o chefe de secretaria a autuará, mencionando o juízo, a natureza do processo, o número de seu registro, os nomes das partes e a data do seu início; e procederá do mesmo modo quanto aos volumes em formação (art. 206); (c) o escrivão ou o chefe de secretaria numerará e rubricará todas as folhas dos autos (art. 207, *caput*); (d) à parte, ao procurador, ao membro do Ministério Público, ao defensor público e aos auxiliares da justiça é facultado rubricar as folhas correspondentes aos atos em que intervieram (art. 207, parágrafo único); (e) os termos (juntada, vista, conclusão e outros semelhantes) constarão de notas datadas e rubricadas pelo escrivão (art. 208); (f) os ato e os termos do processo serão assinados pelas pessoas que neles intervierem, todavia, quando essas não puderem ou não quiserem firmá-los, o escrivão ou o chefe de secretaria certificará a ocorrência (art. 209, caput); (g) quando se tratar de processo total ou parcialmente documentado em autos eletrônicos, os atos processuais praticados na presença do juiz poderão ser produzidos e armazenados de modo integralmente digital em arquivo eletrônico inviolável, na forma da lei, mediante registro em termo, que será assinado digitalmente pelo juiz e pelo escrivão ou chefe de secretaria, bem como pelos advogados das partes (art. 209, § 1º); (h) eventuais contradições na transcrição deverão ser suscitadas oralmente no momento da realização do ato, sob pena de preclusão, devendo o juiz decidir de plano e ordenar o registro, no termo, da alegação e da decisão (art. 209, § 2º); (i) é lícito o uso da taquigrafia, da estenotipia, ou de outro método idôneo, em qualquer juízo ou tribunal (art. 210); (j) não se admitem nos atos e termos processuais espaços em branco, salvo os que forem inutilizados, assim como entrelinhas, emendas ou rasuras, exceto quando expressamente ressalvados (art. 211).

No processo do trabalho, a CLT estabelece as seguintes premissas: (a) recebida e protocolada a reclamação, o escrivão ou diretor de secretaria, dentro de 48 horas, remeterá a segunda via da petição, ou do termo, ao reclamado, notificando-o, ao mesmo tempo, para comparecer à audiência de julgamento, que será a primeira desimpedida, depois de cinco dias (art. 841, *caput*); (b) os atos e termos processuais poderão ser escritos à tinta, datilografados ou a carimbo (art. 771); (c) os atos e termos processuais que devam ser assinados pelas partes interessadas, quando estas, por motivo justificado, não possam fazê-lo, serão firmados a rogo, na presença de duas testemunhas, sempre que não houver procurador legalmente constituído (art. 772); (d) os termos relativos ao movimento dos processos constarão de simples notas, datadas e rubricadas pelos diretores de secretaria

PARTE VI · Cap. V – ATOS PROCESSUAIS | **473**

ou escrivães (art. 773); (e) os requerimentos e documentos apresentados, os atos e os termos processuais, as petições ou razões de recursos e quaisquer outros papéis referentes aos feitos formarão os autos dos processos, os quais ficarão sob a responsabilidade dos escrivães ou diretores de secretaria (art. 777).

A Lei 9.800/99 permite às partes a utilização de sistema de transmissão de dados e imagens – tipo fac-símile ou outro similar, para a prática de atos processuais que dependam de petição escrita.

A utilização de sistema de transmissão de dados e imagens não prejudica o cumprimento dos prazos, devendo haver a entrega dos originais em juízo, necessariamente, até 5 dias da data do término (art. 2º, *caput*, Lei 9.800). Nos atos não sujeitos a prazo, os originais deverão ser entregues, necessariamente, até 5 dias da data da recepção do material (art. 2º, parágrafo único).

Os juízes poderão praticar atos de sua competência à vista de transmissões efetuadas (art. 3º).

Quem fizer uso de sistema de transmissão torna-se responsável pela qualidade e fidelidade do material transmitido e por sua entrega ao órgão judiciário (art. 4º, *caput*).

Sem prejuízo de outras sanções, o usuário do sistema será considerado litigante de má-fé se não houver concordância entre o original remetido pelo fac-símile e o original entregue em juízo (art. 4º, parágrafo único).

O disposto na Lei 9.800 não obriga a que os órgãos judiciários disponham de equipamentos para recepção (art. 5º).

O TST, por intermédio da Súm. 387 (itens I a IV), fixou o entendimento de que: (a) a Lei 9.800 é aplicável somente a recursos interpostos após o início de sua vigência; (b) a contagem do quinquídio para apresentação dos originais de recurso interposto por intermédio de fac-símile começa a fluir do dia subsequente ao término do prazo recursal (art. 2º, Lei 9.800), e não do dia seguinte à interposição do recurso, se esta se deu antes do termo final do prazo; (c) não se tratando a juntada dos originais de ato que dependa de notificação, pois a parte, ao interpor o recurso, já tem ciência de seu ônus processual, não se aplica a regra do art. 224 do CPC quanto ao *dies a quo*, podendo coincidir com sábado, domingo ou feriado; (d) a autorização para utilização do fac-símile somente alcança as hipóteses em que o documento é dirigido diretamente ao órgão jurisdicional, não se aplicando à transmissão ocorrida entre particulares.

5.8.1   Processo Eletrônico

A Lei 11.419/06 regula o uso de meio eletrônico na tramitação de processos judiciais, bem como na comunicação de atos e transmissão de peças processuais, sendo aplicável, indistintamente, aos processos civil, penal e trabalhista, bem como aos juizados especiais, em qualquer grau de jurisdição (art. 1º, § 1º).

O Capítulo III da Lei 11.419 estabelece as regras pertinentes ao processo eletrônico (arts. 8º a 13).

Os órgãos do Poder Judiciário poderão desenvolver sistemas eletrônicos de processamento de ações judiciais por meio de autos, que podem ser total ou parcialmente no formato digital, utilizando, preferencialmente, a rede mundial de computadores e acesso por meio de redes internas e externas. Todos os atos processuais do processo eletrônico serão assinados eletronicamente.

No processo eletrônico, todas as citações, intimações e notificações, inclusive da Fazenda Pública, serão feitas por meio eletrônico. As citações, intimações, notificações e remessas que viabilizem o acesso à íntegra do processo correspondente serão consideradas vista pessoal do interessado para todos os efeitos legais. Quando, por motivo técnico, for inviável o uso do meio eletrônico (para a realização de citação, intimação ou notificação), os atos processuais poderão ser praticados segundo as regras ordinárias, digitalizando-se o documento físico que deverá ser posteriormente destruído.

A distribuição da petição inicial e a juntada da contestação, dos recursos e das petições em geral, todos em formato digital, nos autos de processo eletrônico, podem ser feitas diretamente pelos advogados públicos e privados, sem necessidade da intervenção do cartório ou secretaria judicial, situação em que a autuação deverá se dar de forma automática, fornecendo-se recibo eletrônico de protocolo. Quando o ato processual tiver que ser praticado em determinado prazo, por meio de petição eletrônica, serão considerados tempestivos os efetivados até as 24 horas do último dia. No caso de o sistema do Poder Judiciário estiver indisponível por motivo técnico, o prazo fica automaticamente prorrogado para o primeiro dia útil seguinte à resolução do problema. Os órgãos do Poder Judiciário deverão manter equipamentos de digitalização e de acesso à rede mundial de computadores à disposição dos interessados para distribuição de peças processuais.

Os documentos produzidos eletronicamente e juntados aos processos eletrônicos com garantia da origem e de seu signatário serão considerados originais para todos os efeitos legais. Os extratos digitais e os documentos digitalizados e juntados aos autos pelos órgãos da Justiça e seus auxiliares, pelo Ministério Público e seus auxiliares, pelas procuradorias, pelas autoridades policiais, pelas repartições públicas em geral e por advogados públicos e privados têm a mesma força probante dos originais, ressalvada a alegação motivada e fundamentada de adulteração antes ou durante o processo de digitalização. A arguição de falsidade do documento original será processada eletronicamente na forma da lei processual em vigor. Os originais dos documentos digitalizados deverão ser preservados pelo seu detentor até o trânsito em julgado da sentença ou, quando admitida, até o final do prazo para interposição de ação rescisória. Os documentos cuja digitalização seja tecnicamente inviável devido ao grande volume ou por ser ilegível deverão ser apresentados ao cartório ou secretaria no prazo de dez dias contados do envio de petição eletrônica comunicando o fato, os quais serão devolvidos à parte após o trânsito em julgado. Os documentos digitalizados juntados em processo eletrônico somente estarão disponíveis para acesso por meio da rede externa para suas respectivas partes processuais e para o Ministério Público, respeitado o disposto em lei para as situações de sigilo e de segredo de justiça.

A conservação dos autos do processo poderá ser efetuada total ou parcialmente por meio eletrônico. Os autos dos processos eletrônicos deverão ser protegidos por meio de sistemas de segurança de acesso e armazenados em meio que garanta a preservação e integridade dos dados, sendo dispensada a formação de autos suplementares.

Os autos de processos eletrônicos que tiverem de ser remetidos a outro juízo ou instância superior que não disponham de sistema compatível deverão ser impressos em papel, autuados na forma dos arts. 206 a 208, CPC, ainda que de natureza criminal ou trabalhista, ou pertinentes a juizado especial. Nessa situação, o escrivão ou o chefe de secretaria certificará os autores ou a origem dos documentos produzidos nos autos, acrescentando, ressalvada a hipótese de existir segredo de justiça, a forma pela qual o banco de dados poderá ser acessado para aferir a autenticidade das peças e das respectivas assinaturas digitais. O processo seguirá a tramitação legalmente estabelecida para os processos físicos.

A digitalização de autos, em mídia não digital em tramitação ou arquivados, será precedida de publicação de editais de intimações ou da intimação pessoal das partes e de seus procuradores, para que, no prazo preclusivo de 30 dias, se manifestem sobre o desejo de manterem pessoalmente a guarda de algum dos documentos originais.

O magistrado poderá determinar que sejam realizados por meio eletrônico a exibição e o envio de dados e de documentos necessários à instrução do processo. Consideram-se cadastros públicos, dentre outros existentes ou que venham a ser criados, ainda que mantidos por concessionárias de serviço público ou empresas privadas, os que contenham informações indispensáveis ao exercício da função judicante. O acesso será efetuado por qualquer meio tecnológico disponível, preferencialmente o de menor custo, considerada sua eficiência.

Os arts. 14 a 19 tratam de algumas disposições finais da Lei 11.419.

Os sistemas a serem desenvolvidos pelos órgãos do Poder Judiciário deverão usar, preferencialmente, programas com código aberto e acessível de forma ininterrupta por meio da rede mundial de computadores, priorizando-se a sua padronização. Os sistemas devem buscar identificar os casos de ocorrência de prevenção, litispendência e coisa julgada (art. 14).

Salvo impossibilidade que comprometa o acesso à justiça, a parte deverá informar, ao distribuir a petição inicial de qualquer ação judicial, o número no cadastro de pessoas físicas ou jurídicas, conforme o caso, perante a Secretaria da Receita Federal. Da mesma forma, as peças de acusação criminais deverão ser instruídas pelos membros do Ministério Público ou pelas autoridades policiais com os números de registros dos acusados no Instituto Nacional de Identificação do Ministério da Justiça, se houver (art. 15).

Os livros cartorários e demais repositórios dos órgãos do Poder Judiciário poderão ser gerados e armazenados em meio totalmente eletrônico (art. 16).

Os órgãos do Poder Judiciário regulamentarão, no que couber, no âmbito de suas respectivas competências a Lei 11.419 (art. 18).

Ficam convalidados os atos processuais praticados por meio eletrônico até a data de publicação da Lei 11.419, desde que tenham atingido sua finalidade e não tenha havido prejuízo para as partes.

Pela IN 30/07, o TST regulamentou a aplicação da Lei 11.419 no âmbito do Judiciário Trabalhista. A Resolução 94, de 23/3/2012, do Conselho Superior da Justiça do Trabalho (CSJT), instituiu o PJE (Sistema Processo Judicial Eletrônico) no âmbito do processo trabalhista. A Resolução regulamenta o sistema de processamento de informações e prática de atos processuais, bem como estabelece os parâmetros para sua implementação e funcionamento. A Resolução 94 foi revogada pela Resolução 136 de 29/4/2014. Atualmente, a matéria é disciplinada pela Resolução CSJT 185, de 24/3/2017.

5.9 O TEMPO E O LUGAR DOS ATOS PROCESSUAIS

5.9.1 O Tempo

A lei processual fixa dois critérios de análise do tempo dos atos processuais: (a) o momento adequado para a sua prática; (b) prazo estabelecido para a sua realização.

Os atos processuais serão realizados em dias úteis, no horário das 6:00 às 20:00 (art. 212, CPC; art. 770, *caput*, CLT).

Dias úteis são os dias em que há expediente forense, logo, estão excluídas as férias forenses, bem como os feriados, domingos e sábados.

Em caráter excepcional, admitem-se: (a) a conclusão depois das 20:00 dos atos iniciados antes, quando o adiamento prejudicar a diligência ou causar dano grave (art. 212, § 1º, CPC); (b) a realização da intimação, citação e da penhora, independentemente de autorização judicial, no período das férias forenses, onde as houver, nos feriados ou dias úteis, fora do horário das 6:00 às 20:00, observado o disposto no art. 5º, XI, CF[31] (art. 212, § 2º); (d) durante as férias forenses e nos feriados, admite-se a prática de atos relacionados à tutela de urgência (art. 294 e segs., CPC) (art. 214, II); (e) o processamento durante as férias forenses, onde as houver, e não se suspendem pela superveniência delas: (1) os procedimentos de jurisdição voluntária e os necessários à conservação de direitos, quando puderem ser prejudicados pelo adiamento; (2) a ação de alimentos e os processos de nomeação ou remoção de tutor e curador; (c) os processos que a lei determinar.

Quando o ato tiver de ser praticado por meio de petição em autos não eletrônicos, esta deverá ser protocolada no horário de funcionamento do fórum ou tribunal, conforme o disposto na lei de organização judiciária local (art. 212, § 3º, CPC).

Pela CLT, a penhora poderá ser realizada em domingo ou dia feriado, mediante autorização expressa do magistrado (art. 770, parágrafo único, CLT).

De acordo com a Lei 11.419/06 (art. 3º, *caput*), consideram-se realizados os atos processuais por meio eletrônico no dia e hora do seu envio ao sistema do Poder Judiciário, do que deverá ser fornecido protocolo eletrônico. Quando a petição eletrônica for enviada para atender prazo processual, serão consideradas tempestivas as transmitidas até às 24:00 horas do seu último dia (art. 3º, parágrafo único; art. 213, CPC).

---

[31] A Casa é o asilo inviolável do indivíduo, ninguém nela podendo penetrar sem consentimento do morador, salvo em caso de flagrante delito ou desastre, ou para prestar socorro, ou, durante o dia, por determinação judicial (art. 5º, XI, CF).

5.9.1.1 Feriados e Férias Forenses

Feriados são os dias não úteis, ou seja, aqueles em que não há expediente forense, tais como: domingos, dias de festa nacional ou local e os sábados, quando as normas da organização judiciária suspendem a atividade judiciária (art. 216, CPC).

Também são equiparados aos feriados os dias relativos às férias forenses.

De acordo com o CPC (art. 214, I e II), durante as férias forenses e nos feriados não serão praticados atos processuais, excetuando: (a) citações, intimações e penhoras; (b) tutelas de urgência.

Processam-se durante as férias forenses, onde as houver, e não se suspendem pela superveniência delas: (a) os procedimentos de jurisdição voluntária bem como os necessários à conservação de direitos, quando possam ser prejudicados pelo adiamento; (b) a ação de alimentos e os processos de nomeação ou remoção de tutor e curador; (c) os processos que a lei determinar (art. 215, I a III, CPC).

O período de 20 de dezembro a 6 de janeiro corresponde ao período do recesso da Justiça do Trabalho (art. 62, *caput* e I, Lei 5.010/66).

O art. 62, *caput,* e inciso I, da Lei 5.010 consideram o período de recesso do judiciário trabalhista como sendo feriado, logo, há de ser observado o disposto no art. 220, CPC, ou seja, suspende-se o curso do prazo no referido período.

Pela jurisprudência atual do TST, o recesso forense é período de suspensão dos prazos recursais (Súm. 262, II).

De acordo com o art. 93, XII, CF, com a redação dada pela EC 45, a atividade jurisdicional será ininterrupta, sendo vedado férias coletivas para nos juízos e tribunais de 2º grau, funcionando, nos dias em que não houver expediente forense normal, juízes em plantão permanente.

Pela estrutura do CPC, temos que: (a) suspende-se o curso do prazo processual nos dias compreendidos entre 20 de dezembro e 20 de janeiro (art. 220, *caput*). Ressalvadas as férias individuais e os feriados instituídos por lei, os juízes, os membros do Ministério Público, da Defensoria Pública e da Advocacia Pública, e os auxiliares da Justiça exercerão suas atribuições durante este período (art. 220, § 1º). Durante a suspensão do prazo, o órgão colegiado não realizará audiências nem proferirá julgamentos (art. 220, § 2º); (b) na contagem de prazo em dias, estabelecido por lei ou pelo juiz, somente serão computados os dias úteis (art. 219, *caput*). Esta regra somente é aplicável aos prazos processuais (art. 219, parágrafo único); (c) suspende-se o curso do prazo por obstáculo criado em detrimento da parte ou ocorrendo qualquer das hipóteses de suspensão do processo (art. 314, I) (suspensão processual pela morte ou pela perda da capacidade processual de qualquer das partes, de seu representante legal ou de seu procurador), devendo o prazo ser restituído por tempo igual ao que faltava para sua complementação (art. 221, *caput*). Os prazos se suspendem durante a execução de programa instituído pelo Poder Judiciário para promover a conciliação, incumbindo aos tribunais especificar, com antecedência, a duração dos trabalhos (art. 221, parágrafo único).

No período de 7 de janeiro a 20 de janeiro, mesmo com a suspensão de prazos, audiências e sessões, será mantido o expediente forense, com magistrados e servidores exercendo as suas atribuições regulares, ressalvadas férias individuais e feriados (art. 220, § 2º, CPC).

A Resolução 241, de 9/9/2016, CNJ, disciplina o expediente forense no período natalino, além da suspensão dos prazos processuais.

A Lei 13.545, de 19/12/2017, prevê a suspensão dos prazos entre os dias 20 de dezembro a 20 de janeiro (art. 775-A, CLT). Nesse período, ressalvadas as férias individuais e os feriados instituídos por lei, os juízes, os membros do Ministério Público, da Defensoria Pública e da Advocacia Pública e os auxiliares da Justiça exercerão suas atribuições regularmente. Contudo, durante a suspensão do prazo, não se realizarão audiências nem sessões de julgamento.

5.9.2   O Lugar

Como regra, os atos processuais são realizados na sede do juízo (no edifício do fórum ou do tribunal competente para a demanda), contudo, de forma excepcional, em outro lugar em razão (art. 217, CPC): (a) de deferência – depoimento do Presidente da República, dos Governadores e das demais pessoas elencadas no art. 453. Tais pessoas são inquiridas em sua residência ou onde exerçam a sua função; (b) de interesse da justiça – por exemplo, a inspeção judicial (art. 481); (c) da natureza do ato; (d) de obstáculo arguido pelo interessado e deferido pelo magistrado – testemunha enferma (art. 449, parágrafo único).

As audiências dos órgãos da Justiça do Trabalho serão públicas e realizar-se-ão na sede do juízo ou tribunal em dias úteis previamente fixados, entre 8 e 18 horas, não podendo ultrapassar cinco horas seguidas, salvo quando houver matéria urgente (art. 813, *caput*, CLT).

Em casos especiais, poderá ser designado outro local para a realização das audiências, mediante edital afixado na sede do juízo do tribunal, com a antecedência mínima de 24 horas (art. 813, § 1º).

5.10   PRAZOS PROCESSUAIS

Prazo processual é o lapso temporal no qual o ato processual deverá ser praticado.

Como regra, os prazos processuais devem ser realizados nos prazos prescritos em lei (art. 218, CPC). Quando a lei for omissa, o juiz determinará os prazos, tendo em vista a complexidade da causa (art. 218, § 1º).

Quando a lei ou o juiz não determinar prazo, as intimações somente obrigarão a comparecimento após o decurso de 48 horas (art. 218, § 2º).

Não havendo preceito legal, nem assinação pelo juiz, será de cinco dias o prazo para a prática de ato processual a cargo da parte (art. 218, § 3º).

Há prazos para as partes, como também para o juiz e os serventuários. Contudo, o efeito da preclusão só atinge as partes, portanto, os prazos das partes são chamados de próprios, enquanto os relativos aos órgãos judiciários são denominados impróprios, já que da sua inobservância não surte consequência ou efeito processual.

Os prazos das partes também podem ser tidos como comum ou particular. Comum é o prazo que corre para ambos os litigantes, enquanto o particular pertence a uma das partes.

5.10.1 Classificação dos Prazos Processuais

Os prazos podem ser: (a) legais – fixados por lei (resposta do réu e os recursos; (b) judiciais – determinados pelo magistrado, tais como: designação de audiência; fixação do prazo do edital (art. 257, III, CPC); cumprimento de carta precatória (art. 261); (c) convencionais – os ajustados por convenção das partes (suspensão do processo, art. 313, II, § 4º).

5.10.2 Natureza dos Prazos Processuais

Pela sua natureza, os prazos processuais podem ser dilatórios ou peremptórios.[32]

Dilatório é o prazo fixado por disposição legal, admitindo ampliação pelo juiz ou que, por ajuste das partes, pode ser reduzido ou ampliado. É cabível a fixação pelas partes de prazos não dilatórios, por meio da denominada negociação processual, desde que acatada pelo magistrado (art. 190, CPC).

Peremptório é o que não pode ser alterado pela vontade das partes ou por determinação do magistrado (art. 222, § 1º, CPC).

Nas comarcas onde for difícil o transporte, o magistrado poderá prorrogar quaisquer prazos, mas nunca por mais de 60 dias. Em caso de calamidade pública, o prazo máximo poderá ser excedido (art. 222, *caput* e § 2º).

No processo do trabalho, o magistrado poderá prorrogar o prazo, pelo tempo estritamente necessário, nas seguintes hipóteses: a) quando o juízo entender necessário; b) em virtude de força maior, devidamente comprovada (art. 775, § 1º, I e II, CLT, Lei 13.467/17).

Ao juízo incumbe dilatar os prazos processuais e alterar a ordem de produção dos meios de prova, adequando-os às necessidades do conflito de modo a conferir maior efetividade à tutela do direito.

---

[32] O CPC/73 não "adotou um critério especial para identificar, dentro dos prazos legais, quais são os peremptórios e quais os dilatórios. Caberá, pois, à jurisprudência a seleção casuística dos prazos de uma e outra espécie. Há alguns prazos, todavia, que têm sua natureza já assentada dentro de um consenso mais ou menos uniforme da doutrina processualística. Com efeito, os prazos para contestar, para oferecer exceções e reconvenção, bem como o de recorrer, são tidos como peremptórios. E os de juntar documentos, arrolar testemunhas e realizar diligências determinadas pelo juiz são meramente dilatórios" (THEODORO JÚNIOR, Humberto. Ob. cit., v. 1, p. 241). O mesmo deve ser dito em relação à Consolidação das Leis do Trabalho e ao NCPC.

5.10.3 Fluência dos Prazos Recursais

Todo e qualquer prazo é delimitado por dois termos: o inicial (*dies a quo*) denota o nascimento do surgimento do direito de a parte promover o ato processual; o final (*dies ad quem*) implica a extinção da faculdade, tendo ocorrido ou não a realização do ato processual.

Pelo CPC, na contagem de prazo em dias, estabelecido por lei ou pelo juiz, somente serão computados os dias úteis. Esta modalidade de contagem de prazos somente se aplica aos prazos processuais (art. 219, *caput* e parágrafo único). Essa regra é inaplicável aos prazos de direito material (prazos prescricionais e decadenciais).

Como regra, o prazo é contínuo. A superveniência de férias forenses suspenderá o curso do prazo, sem haver distinção entre prazos dilatórios ou peremptórios.

Pelo CPC, suspende-se o curso do prazo por obstáculo criado em detrimento da parte ou ocorrendo qualquer das hipóteses de suspensão do processo (art. 313, I) (suspensão processual pela morte ou pela perda da capacidade processual de qualquer das partes, de seu representante legal ou de seu procurador), devendo o prazo ser restituído por tempo igual ao que faltava para sua complementação (art. 221, *caput*). Os prazos se suspendem durante a execução de programa instituído pelo Poder Judiciário para promover a conciliação, incumbindo aos tribunais especificar, com antecedência, a duração dos trabalhos (art. 221, parágrafo único).

O prazo, estabelecido pela lei ou pelo juiz, é contínuo, não se interrompendo nos feriados ou dias não úteis (art. 775, *caput*, CLT). Com a Reforma Trabalhista, a regra legal foi alterada e os prazos passaram a ser contados em dias úteis (Lei 13.467).

5.10.3.1 Contagem dos Prazos: Termo Inicial

Salvo disposição em contrário, os prazos processuais são computados, com exclusão do dia de começo e com a inclusão do dia de vencimento (art. 224, *caput*, CPC; art. 775, *caput*, CLT, Lei 13.467).

Deve haver a distinção entre início de prazo e o início da contagem. O primeiro denota o dia em que o interessado toma ciência do ato. O segundo reflete o primeiro dia em que o prazo começa a fluir.

As principais regras são: (a) os dias do começo e do vencimento do prazo serão protraídos para o primeiro dia útil seguinte, se coincidirem com dia em que o expediente forense for encerrado antes ou iniciado depois da hora normal ou houver indisponibilidade da comunicação eletrônica; (b) considera-se como data da publicação o primeiro dia útil seguinte ao da disponibilização da informação no Diário da Justiça eletrônico; (c) a contagem do prazo terá início no primeiro dia útil que seguir ao da publicação (art. 224, §§ 1º a 3º, CPC).

Quando a intimação tiver lugar na sexta-feira, ou a publicação, com efeito, de intimação for feita nesse dia, o prazo judicial será contado da segunda-feira imediata, inclusive, saldo se não houver expediente, caso em que fluirá do dia útil que se seguir (Súm. 1, TST).

PARTE VI · Cap. V – ATOS PROCESSUAIS | 481

Intimada ou notificada a parte no sábado, o início do prazo dar-se-á no primeiro dia útil imediato e a contagem, no subsequente (Súm. 262, I, TST).

Quanto ao CPC, a contagem dos prazos (citação e intimação) é disciplinada da seguinte forma: (a) a citação ou a intimação for pelo correio, a data de juntada aos autos do aviso de recebimento; (b) a citação ou a intimação for por oficial de justiça, a data de juntada aos autos do mandado cumprido. Citada regra também é aplicável à citação com hora certa; (c) a citação ou a intimação se der por ato do escrivão ou do chefe de secretaria, a data da sua ocorrência; (d) a citação ou intimação for por edital, o dia útil seguinte ao fim da dilação assinada pelo juiz; (e) a citação ou a intimação for eletrônica, o dia útil seguinte à consulta ao seu teor ou ao término do prazo para que a consulta se dê; (f) citação ou a intimação se realizar em cumprimento de carta, a data de juntada do comunicado, ou, não havendo este, da juntada da carta aos autos de origem devidamente cumprida; (g) a intimação se der pelo Diário da Justiça impresso ou eletrônico, a data da publicação; (h) a intimação se der por meio da retirada dos autos, em carga, do cartório ou da secretaria, o dia da carga; (i) quando houver mais de um réu, o dia do começo do prazo para contestar corresponde a última das datas mencionadas nas alíneas *a* a *f*; (j) havendo mais de um intimado, o prazo para cada um é contado individualmente; (l) quando o ato tiver que ser praticado diretamente pela parte ou por quem, de qualquer forma, participe do processo, sem a intermediação de representante legal, o dia do começo do prazo para cumprimento da determinação corresponderá à data em que ser a comunicação (art. 231).

Na Justiça do Trabalho, salvo disposição em contrário, os prazos são computados: (a) da data em que for feita pessoalmente a intimação; (b) pelo correio, presume-se recebida à intimação 48 horas depois de sua regular expedição. O seu não recebimento ou a entrega após o decurso desse prazo constituem ônus de prova do destinatário (Súm. 16, TST); (c) da data da publicação do edital no jornal oficial ou no que publicar o expediente da Justiça do Trabalho, ou, ainda, daquela em que for afixado o edital, na sede da vara, juízo ou tribunal (art. 774, *caput*, CLT).

Tratando-se de intimação postal, no caso de não ser encontrado o destinatário ou no de recusa de recebimento, o Correio fica obrigado, sob pena de responsabilidade do servidor, a devolvê-la no prazo de 48 horas, ao tribunal de origem (art. 774, parágrafo único).

Na Justiça do Trabalho, as intimações, quando a parte está representada por advogado, são realizadas pela publicação no Diário Oficial. Em relação às citações, com exceções, pelo correio, por meio de SEED ou registrado postal.

A Lei 11.419/06 regula o uso de meio eletrônico na tramitação de processos judiciais, bem como na comunicação de atos e transmissão de peças processuais, sendo aplicável, indistintamente, aos processos civil, penal e trabalhista, bem como aos juizados especiais, em qualquer grau de jurisdição (art. 1º, § 1º).

O Capítulo II da Lei 11.419 regula a comunicação eletrônica dos atos processuais (arts. 4º a 7º).

Para tanto, os tribunais poderão criar Diário da Justiça eletrônico, disponibilizado em sítio da rede mundial de computadores, para publicação de atos judiciais e administrativos próprios e dos órgãos a eles subordinados, bem como comunicações em geral.

O sítio e o conteúdo das publicações deverão ser assinados digitalmente com base em certificado emitido por Autoridade Certificadora credenciada na forma da lei específica.

A publicação eletrônica substitui qualquer outro meio e publicação oficial, para quaisquer efeitos legais, à exceção dos casos que, por lei, exigem intimação ou vista pessoal.

Será considerada como data da publicação o primeiro dia útil seguinte ao da disponibilização da informação no Diário da Justiça eletrônico.

Os prazos processuais terão início no primeiro dia útil que seguir ao considerado como data da publicação.

5.10.3.1.1 O Termo Inicial para o Recurso

A publicação é ato necessário para a eficácia da sentença. Com a publicação é fixado o teor da sentença, indicando que órgão jurisdicional apresentou a prestação jurisdicional e que está encerrado o seu ofício. O objetivo da publicidade é permitir à sociedade uma maior fiscalização e total acesso aos atos que estão sendo realizados.

No processo civil, o prazo para a interposição do recurso conta-se da data em que os advogados, a sociedade de advogados, a Advocacia Pública, a Defensoria Pública ou o Ministério Público são intimados da decisão, da sentença ou do acórdão (art. 1.003, *caput*, CPC).

As partes são intimadas da sentença quando na audiência é publicada a decisão ou a sentença. Para tanto, é necessário que as partes sejam devidamente intimadas da designação da audiência (art. 1.003, § 1º).

Se a sentença não for publicada no dia da audiência, as partes serão intimadas do conteúdo da sentença. Será da intimação que se contará o prazo para a interposição do recurso.

No processo do trabalho, da decisão serão os litigantes notificados, pessoalmente ou por seu representante, na própria audiência (art. 834, CLT). A intimação também poderá ocorrer eletronicamente (arts. 4º e segs., Lei 11.419).

Em caso de revelia, a intimação da sentença será efetuada por meio de SEED ou registrado postal (art. 852).

No procedimento sumaríssimo, as partes serão intimadas da sentença na própria audiência em que for prolatada (art. 852-I, § 3º).

É importante também o exame, respectivamente, das Súm. 37 e 197 do TST:

"Súm. 37 – Prazo para recurso. Ausência da parte à audiência: o prazo para recurso da parte que não comparece à audiência de julgamento, apesar de cientificada, conta-se da intimação da sentença."

"Súm. 197 – O prazo para recurso da parte que, intimada, não comparecer à audiência em prosseguimento para a prolação da sentença, conta-se de sua publicação."

A Súm. 37 fazia com que sempre houvesse a intimação. Bastava não haver o comparecimento da parte ou de seu representante. Houve a reformulação dessa sistemática com a Súm. 197, que, de forma concreta, representa um avanço.

A Súm. 197 está condicionada ao fato de que a sentença seja juntada aos autos no dia e horário da audiência. Se não o for, as partes deverão ser intimadas da decisão.

Infelizmente o acúmulo de serviços no Judiciário trabalhista não torna possível ao magistrado a elaboração e juntada das decisões nos dias já designados para as audiências, levando-se à adoção da sistemática da intimação da decisão por via postal.

Então, se à parte ou seu representante estão cientes que a sentença será publicada nos moldes da Súm. 197, deverão exigir a sua juntada aos autos no dia e horário designados para a audiência. Se assim não o estiver, deverão solicitar a lavratura da certidão de comparecimento, para que sejam, oportunamente, intimados da decisão.

Para fins recursais, sistematizando-se as assertivas acima, temos:

a) se as partes ou seus representantes estiverem presentes à audiência, em que se tenha à prolação da prestação jurisdicional (sentença), a comunicação é imediata, fluindo o prazo recursal a partir desse momento;

b) no caso do não comparecimento das partes ou de seus representantes à audiência, em que se tenha à emissão da sentença, o início do prazo recursal será a partir da data: (1) do recebimento da comunicação postal;[33], [34] (2) publicação da sentença na imprensa oficial (atualmente, na Justiça do Trabalho, quando a parte está representada por advogado, as intimações são realizadas pela publicação no Diário Oficial Eletrônico; art. 4º, Lei 11.419/06);

c) se a sentença for proferida em nova data de continuação de audiência, haverá duas situações distintas:

---

[33] "Tratando-se de notificação postal, no caso de não ser encontrado o destinatário ou no de recusa de recebimento, o Correio ficará obrigado, sob pena de responsabilidade do servidor, a devolvê-la no prazo de 48 horas, ao juízo ou ao Tribunal de origem. Nem sempre, porém, o Correio encaminha a devolução de notificação postal, não apenas quando o destinatário não é encontrado ou cria embaraços ao seu recebimento, mas também quando o destinatário não assina o recebimento. Para superar as dificuldades operacionais, o TST editou a Súmula n. 16, instituindo o critério da presunção *iuris tantum* do recebimento da notificação: 'NOTIFICAÇÃO. PROVA DE SEU RECEBIMENTO. Presume-se recebida a notificação quarenta e oito horas depois de sua regular expedição. O seu não recebimento ou a entrega após o decurso desse prazo constituem ônus de prova do destinatário.' São admissíveis todos os meios lícitos para derrubar a presunção relativa do recebimento ou entrega da notificação após o decurso do prazo assinalado no verbete sumular nº 16 do TST" (LEITE, Carlos Henrique Bezerra. Curso de direito processual do trabalho, 8. ed., p. 331). Pela Resolução 121/03 do TST, a Súm. 16 passou a ter a seguinte redação: "Presume-se recebida a notificação 48 (quarenta e oito) horas depois de sua postagem. O seu não recebimento ou a entrega após o decurso desse prazo constitui ônus de prova do destinatário."

[34] "Quando a intimação tiver lugar na sexta-feira, ou a publicação com efeito de intimação for feita nesse dia, o prazo judicial será contado da segunda-feira imediata, inclusive, salvo se não houver expediente, caso em que fluirá no dia útil que se seguir" (Súm. 1, TST). "I – Intimada ou notificada a parte no sábado, o início do prazo se dará no primeiro dia útil imediato e a contagem, no subsequente (ex-Súmula 262 – Res. 10/96, *DJ* 31/10/1986). II – O recesso forense e as férias coletivas dos Ministros do Tribunal Superior do Trabalho suspendem os prazos recursais. (ex-OJ 209 – Inserida em 8/11/00)" (Súm. 262, TST).

c.1) sem prévia intimação da nova data de audiência às partes, o início do prazo recursal será a partir da data: (1) do recebimento da comunicação postal; (2) da publicação da sentença no Diário Oficial Eletrônico;

c.2) com prévia intimação da nova data de audiência às partes, desde que a sentença tenha sido juntada aos autos na data designada, a fluência recursal terá início a partir do momento da realização da audiência (Súm. 197).

5.10.3.1.2 Recurso e o Protocolo Integrado

O sistema de protocolo integrado, criado pelos TRTs, que autoriza as Varas localizadas no interior do Estado a receberem e a protocolarem documentos de natureza judiciária ou administrativa, destinados a outras varas ou ao TRT local, tem aplicação restrita ao âmbito de competência do tribunal que a editou, não podendo ser considerado válido em relação a recursos de competência do TST (OJ 320, SDI-I, cancelada em setembro/04).

5.10.3.1.3 Feriado Local e o Prazo Recursal

De acordo com o art. 1.013, § 6º, CPC, a parte, quando da interposição do recurso, deverá comprovar a ocorrência de feriado local.

Para o TST, cabe à parte o ônus de provar, quando da interposição do recurso, a existência de feriado local que autorize a prorrogação do prazo recursal (art. 1.003, § 6º, CPC). No caso de o recorrente alegar a existência de feriado local e não o comprová-lo no momento da interposição do recurso, cumpre ao relator conceder o prazo de cinco dias para que seja sanado o vício (art. 932, parágrafo único), sob pena do não conhecimento, se da comprovação depender a tempestividade recursal (Súm. 385, I).

Na hipótese de feriado forense, incumbirá à autoridade que proferir a decisão de admissibilidade certificar o expediente nos autos (Súm. 385, II).

Admite-se a reconsideração da análise da tempestividade do recurso, mediante prova documental superveniente, em agravo regimental, agravo de instrumento ou embargos declaratórios (Súm. 385, III).

5.10.3.2 *Termo Final*

O termo final do prazo processual não pode cair em dia não útil ou em que não houver expediente normal na sede do juízo.

Pelo CPC: (a) os dias do começo e do vencimento do prazo serão protraídos para o primeiro dia útil seguinte, se coincidirem com dia em que o expediente forense for encerrado antes ou iniciado depois da hora normal ou houver indisponibilidade da comunicação eletrônica; (b) considera-se como data da publicação o primeiro dia útil seguinte ao da disponibilização da informação no Diário da Justiça eletrônico; (c) a contagem do prazo terá início no primeiro dia útil que seguir ao da publicação (art. 224, §§ 1º a 3º).

PARTE VI · Cap. V – ATOS PROCESSUAIS | **485**

5.10.4   Preclusão

Decorrido o prazo, extingue-se, independentemente de declaração judicial, o direito de praticar ou emendar o ato processual, ficando assegurado, porém, à parte provar que o não realizou por justa causa (art. 223, *caput*, CPC).

No processo do trabalho, o vencimento dos prazos será certificado nos processos pelos escrivães ou diretores de secretaria (art. 776, CLT).

Todos os prazos processuais, peremptórios ou dilatórios, são preclusivos. Preclusão é um instituto de Direito Processual, não repercutindo fora do processo. Representa a perda de uma faculdade processual por não ter sido exercida no devido tempo. Há três formas de preclusão: temporal, consumativa e lógica. A preclusão temporal é a decorrente da perda de prazo para a realização do ato processual. A consumativa é quando se pratica o ato no prazo legal, não podendo ser repetido. A lógica é resultante da prática de um ato incompatível com aquele que deveria ter sido realizado no momento processual oportuno.

O objetivo da preclusão é impedir que o processo se eternize.

O CPC, em caráter excepcional, permite à parte provar que não praticou o ato em tempo útil em razão de uma justa causa. Justa causa é o evento imprevisto e alheio à vontade da parte, que a impediu de praticar o ato por si ou por mandatário (art. 223, § 1º).

Com a constatação da justa causa, o juiz permitirá à parte a prática do ato no prazo que lhe assinar (art. 223, § 2º).

5.10.5   Prazos para as Partes

Não havendo preceito legal ou imposição judicial, a parte terá o prazo de cinco dias para a prática do ato processual (art. 218, § 3º, CPC).

A parte poderá renunciar ao prazo, desde que: (a) prazo não seja comum; (b) o direito posto em juízo seja disponível; (c) a parte possa transigir (art. 225).

A renúncia pode ser expressa ou tácita. Expressa é aquela em que há manifestação explícita da parte. Tácita é quando se tem um ato incompatível com a utilização do prazo.

Quando os litisconsortes tiverem diferentes procuradores, de escritórios de advocacia distintos, os prazos serão computados em dobro para todas as suas manifestações, em qualquer juízo ou tribunal, independentemente de requerimento. Cessa a contagem do prazo em dobro se, havendo apenas dois réus, é oferecida defesa por apenas um deles; (b) não se aplica o prazo em dobro aos processos em autos eletrônicos (art. 229, caput, §§ 1º e 2º).

Para o TST, a regra contida no art. 229, caput, §§ 1º e 2º, CPC é inaplicável ao processo do trabalho, em face da sua incompatibilidade com o princípio da celeridade inerente ao processo trabalhista (OJ 310, SDI-I).

Para o STF, não se conta em dobro o prazo para recorrer, quando só um dos litisconsortes haja sucumbido (Súm. 641).

5.10.6 Prazos para o Juiz e seus Auxiliares

Os magistrados trabalhistas devem despachar e praticar todos os atos decorrentes de suas funções, dentro dos prazos estabelecidos, sujeitando-se ao desconto correspondente a um dia de vencimento para cada dia de retardamento (art. 658, *d*, CLT).

Qualquer parte, o Ministério Público ou a Defensoria Pública poderá representar ao corregedor do tribunal ou ao Conselho Nacional de Justiça contra juiz ou relator que injustificadamente exceder os prazos previstos em lei, regulamento ou regimento interno (art. 235, caput, CPC).

Distribuída a representação ao órgão competente e ouvido previamente o juiz, não sendo caso de arquivamento liminar, será instaurado procedimento para apuração da responsabilidade, com intimação do representado por meio eletrônico para, querendo, apresentar justificativa no prazo de 15 dias (art. 235, § 1º).

Sem prejuízo das sanções administrativas cabíveis, dentro de 48 horas seguintes à apresentação ou não da justificativa, se for o caso, o corregedor do Tribunal ou relator no Conselho Nacional de Justiça determinará a intimação do representado por meio eletrônico para que, em 10 dias, pratique o ato (art. 235, § 2º).

Mantida a inércia, os autos serão remetidos ao substituto legal do juiz ou relator contra o qual se representou para decisão em dez dias (art. 235, § 3º).

Pelo CPC, o juiz tem o prazo de: (a) 5 dias para os despachos; (b) 10 dias para as decisões interlocutórias; (c) 30 dias para as sentenças (art. 226, I a III).

A sentença trabalhista não se vincula ao prazo estabelecido no art. 226, III, CPC.

O prazo é de 48 horas após a realização da audiência de julgamento (art. 851, § 2º, CLT). Se o prazo não for observado, as partes serão intimadas da decisão.

Os serventuários e os diretores de secretaria que, sem motivo justificado, não realizarem os atos, dentro dos prazos fixados, serão descontados em seus vencimentos, em tantos dias quantos os do excesso (art. 712, parágrafo único, CLT).

Compete ao juiz verificar se o serventuário excedeu, sem motivo legítimo, os prazos previstos no CPC (art. 233). Constatada a falta, o juiz procederá à instauração de procedimento administrativo (art. 233, § 1º).

Incumbirá ao serventuário (processo civil e trabalhista) remeter os autos conclusos no prazo de um dia e executar os atos processuais no prazo de cinco dias, contados da data em que: (a) houver concluído o ato processual anterior, se lhe foi imposto pela lei; (b) tiver ciência da ordem, quando determinada pelo juiz (art. 228, I e II, CPC). Ao receber os autos, certificará o serventuário o dia e a hora em que ficou ciente da ordem (art. 228, § 1º).

O serventuário trabalhista tem o prazo de 48 horas para remeter a cópia da petição inicial ao reclamado (art. 841, CLT), como também para a juntada do termo de audiência aos autos (art. 851, § 1º).

5.10.7 Prazo para a Fazenda Pública

O CPC (art. 183) estabelece que a União, os Estados, o Distrito Federal, os Municípios e suas respectivas autarquias e fundações de direito público gozarão de prazo em

PARTE VI · Cap. V – ATOS PROCESSUAIS | **487**

dobro para todas as suas manifestações processuais, cuja contagem terá início a partir da intimação pessoal.

Nos processos perante a Justiça do Trabalho constituem privilégio da União, dos Estados, do Distrito Federal, dos Municípios e das autarquias ou fundações de direito público federais, estaduais ou municipais que não explorem atividade econômica: (a) o quádruplo do prazo previsto no art. 841,[35] *in fine*, da CLT; (b) o prazo em dobro para recurso[36] (art. 1º, II e III, Dec.-lei 779/69); (c) 30 dias para os embargos à execução (art. 1º-B, Lei 9494/97, pela redação dada pela MP 2.180-35/01).

5.10.8   Principais Prazos Trabalhistas

Os principais prazos trabalhistas são: (a) a resposta (exceção, contestação e reconvenção) é apresentada em audiência, podendo ser: oral em 20 minutos (art. 847, CLT) ou por escrito; a audiência deve ocorrer no prazo mínimo de cinco dias, a contar da citação (art. 841, *caput*); (b) recurso e contrarrazões em oito dias (art. 6º, Lei 5.584/70); (c) embargos declaratórios em cinco dias (art. 897-A, CLT); (d) depósito recursal e a sua comprovação no prazo do recurso – oito dias (art. 7º, Lei 5.584; Súm. 245, TST); (e) as custas processuais devem ser pagas e comprovadas no prazo para a interposição do recurso (art. 789, § 1º, CLT); (f) embargos à execução – cinco dias, após a garantia do juízo (art. 884, CLT); (g) o correio ficará obrigado, no prazo de 48 horas, sob pena de responsabilidade do servidor, a devolver a notificação postal, no caso de não ser encontrado o destinatário ou no de recusa de recebimento, ao tribunal ou à vara do trabalho (art. 774, parágrafo único); (h) distribuída a reclamação verbal, o reclamante deverá, salvo motivo de força maior, apresentar-se em cinco dias, ao cartório ou à secretaria, para reduzi-la a termo (art. 786, parágrafo único, CLT). Se assim não o fizer, incorrerá na pena de perda, pelo prazo de seis meses, do direito de reclamar perante a Justiça do Trabalho (art. 731); (i) a manifestação sobre a exceção de incompetência é de 24 horas (art. 800, CLT); (j) a exceção de suspeição deve ser instruída em 48 horas (art. 802, CLT); (l) a audiência não pode exceder cinco horas seguidas, exceto se for o caso de matéria urgente (art. 813, CLT); (m) em casos urgentes, a audiência poderá ser realizada em outro local, mediante edital afixado na sede do juízo do tribunal, com a antecedência mínima de 24 horas (art. 813, § 1º); (n) se, até 15 minutos após a hora marcada, o juiz não houver comparecido, os presentes poderão retirar-se, devendo o ocorrido constar do livro de registro de audiências (art. 815, parágrafo único, CLT); o advogado poderá se retirar no prazo de 30 minutos (art. 7º, XX, Lei 8.906/94); (o) ação rescisória – prazo decadencial de dois anos (art. 975, CPC; Súm. 100, TST); (p) após o recebimento da inicial na secretaria da vara, o reclamado deverá ser citado em 48 horas (art. 841, *caput*, CLT); (q) razões finais orais – dez minutos (art. 850, CLT); (r) após a suspensão do empregado

---

[35]   O prazo previsto no art. 841 da CLT é de 5 dias para a realização da audiência, o qual é computado a partir da citação.

[36]   Os recursos trabalhistas devem ser protocolizados no prazo de oito dias (art. 6º, Lei 5.584/70), havendo igual dilação para contrarrazões (art. 900, CLT).

estável, o empregador tem o prazo decadencial de 30 dias para a propositura do inquérito para apuração de falta grave (art. 853, CLT; Súm. 62, TST; Súm. 403, STF); (s) a audiência de conciliação em dissídio coletivo deve ser realizada em dez dias, a contar do seu recebimento (art. 860, *caput*, CLT); (t) a garantia do juízo deve ocorrer em 48 horas, sob pena de penhora (art. 880, CLT); (u) nove dias para o oficial de justiça cumprir as suas diligências (art. 721, § 2º, CLT).

No processo eletrônico, a parte poderá apresentar defesa escrita pelo sistema do PJE até a audiência (art. 847, parágrafo único, CLT, Lei 13.467).

5.11 INTERCÂMBIO PROCESSUAL

A publicidade e o contraditório são vitais para a validade do procedimento (art. 5º, LV, CF). As partes devem ser comunicadas a respeito da prática dos atos processuais.

No processo civil, as formas de intercâmbio ou de comunicação processuais são: citação, intimação e notificação.

Citação é o ato pelo qual são convocados o réu, o executado ou o interessado para integrar a relação processual (art. 238, CPC). É um pressuposto de validade do processo. Possui os seguintes efeitos: torna a coisa litigiosa, interrompe a prescrição, induz litispendência e constitui o devedor em mora (*art. 240, caput*).

Intimação é o ato pelo qual se dá ciência a alguém dos atos e termos do processo (art. 269).

A expressão "notificação" ficou reservada para o procedimento especial (arts. 726 a 729).

Na Justiça do Trabalho não se tem a distinção entre citação e intimação. O legislador consolidado utiliza o vocábulo notificação para fazer referência à comunicação dos atos processuais nas demandas trabalhistas.

A comunicação dos atos processuais pode ser efetuada por intermédio do serventuário da justiça, do oficial de justiça, do correio e da imprensa oficial.

O TST fixou o entendimento de que no caso de se ter pedido expresso de que as intimações e publicações sejam realizadas exclusivamente em nome de determinado advogado, a comunicação em nome de outro profissional constituído nos autos é nula, salvo se constatada a inexistência de prejuízo (Súm. 427).

5.11.1 Forma dos Atos de Comunicação

A comunicação do ato processual pode ser real ou presumida (ou ficta).

A comunicação real ocorre quando a ciência é dada diretamente à pessoa do interessado, sendo realizada pelo serventuário da justiça, pelo oficial de justiça ou por meio de correspondência postal.

O que se tem na comunicação *ficta* é a presunção de que a ciência tenha chegado às mãos do interessado. É o que ocorre com as comunicações realizadas pela imprensa oficial ou com hora certa.

PARTE VI · Cap. V – ATOS PROCESSUAIS | 489

Os atos processuais serão cumpridos por ordem judicial ou requisitados por carta, conforme tenham de ser realizados dentro ou fora dos limites territoriais da comarca (art. 236, CPC).

A carta pode ser: (a) de ordem – emanada do Tribunal a um juiz que lhe é subordinado; (b) rogatória – dirigida à autoridade judiciária estrangeira, para que pratique ato de cooperação jurídica internacional, relativo a processo em curso perante órgão jurisdicional brasileiro; (c) precatória – encaminhada a órgão jurisdicional brasileiro para que pratique ou determine o cumprimento, na área de sua competência territorial, de ato relativo a pedido de cooperação judiciária formulado por órgão jurisdicional de competência territorial diversa (art. 237, I a III).

5.11.2 Requisitos das Cartas

São requisitos da carta (de ordem, precatória e rogatória): (a) a indicação dos juízes de origem e de cumprimento do ato; (b) o inteiro teor da petição, do despacho judicial e do instrumento do mandato conferido ao advogado; (c) a menção do ato processual, que lhe constitui o objeto; (d) o encerramento com a assinatura do juiz (art. 260, I a IV, CPC).

O juiz mandará trasladar para a carta, quaisquer outras peças, bem como instruí-la com mapa, desenho ou gráfico, sempre que estes documentos devam ser examinados, na diligência, pelas partes, pelos peritos ou pelas testemunhas (art. 260, § 1º).

Quando o objeto da carta for exame pericial sobre documento, este será remetido em original, ficando nos autos reprodução fotográfica (art. 260, § 2º).

De forma preferencial, as cartas devem ser expedidas por meio eletrônico, caso em que a assinatura do juiz deverá ser eletrônica (art. 263).

Em todas as cartas declarará o juiz o prazo para cumprimento, atendendo à facilidade das comunicações e à natureza da diligência (art. 261, caput).

A legislação assegura às partes o direito de serem intimadas pelo magistrado do ato de expedição da carta (art. 261, § 2º).

A carta tem caráter itinerante, podendo, antes ou depois de lhe ser ordenado o cumprimento, ser apresentada a juízo diverso do que dela consta, a fim de se praticar o ato. O encaminhamento a outro juízo deve ser, de forma imediata, comunicado ao juízo deprecante, para fins de intimação das partes (art. 262).

5.11.3 Cumprimento das Cartas

Humberto Theodoro Júnior[37] ensina: "*Quem expede o mandado para que a diligência seja realizada é o juízo destinatário da carta, que recebe o nome de juiz deprecado, rogado ou ordenado, conforme se trate de carta precatória, rogatória ou de ordem. O juiz que expede a carta é o deprecante, rogante ou ordenante, conforme o caso. A carta de ordem, por questão de hierarquia, nunca pode deixar de ser cumprida.*

---

[37] THEODORO JÚNIOR, Humberto. *Curso de direito processual civil*, 25. ed., v. 1, p. 253.

A carta rogatória depende de exequatur *do Presidente do Superior Tribunal de Justiça [...] o qual, uma vez concedido, vincula o juiz inferior (togado), que também não poderá deixar de cumpri-la".*

Em relação à carta precatória, a qual é de circulação entre os juízes do mesmo grau de jurisdição, o juiz deprecado poderá recusar o seu cumprimento, quando: (a) não estiver revestida dos requisitos legais (art. 260, CPC); (b) faltar ao juiz competência em razão da matéria ou da hierarquia; (c) tiver dúvida acerca de sua autenticidade (art. 267, I a III). Em qualquer situação, o despacho há de ser fundamentado (art. 267, *caput*).

Diante da incompetência (material ou hierárquica), o juiz deprecado, conforme o ato a ser praticado, poderá remeter a carta ao juiz ou ao tribunal competente (art. 267, parágrafo único).

Começa a correr o prazo quando o ato se realizar em cumprimento de carta de ordem, precatória ou rogatória, da data de sua juntada aos autos devidamente cumprida (art. 231, VI).

5.11.4 Cartas Urgentes

De forma preferencial, as cartas devem ser expedidas de forma eletrônica, hipótese em que a assinatura do juiz será eletrônica (art. 263, CPC).

A carta de ordem e a carta precatória por meio eletrônico, por telefone ou por telegrama, conterão, em resumo substancial, os requisitos legais (art. 260), especialmente no que se refere à aferição da autenticidade (art. 264).

O secretário do tribunal, o escrivão ou o chefe de secretaria do juízo deprecante transmitirá, por telefone, a carta de ordem, ou a carta precatória ao juízo, em que houver de se cumprir o ato, por intermédio do escrivão do primeiro ofício da primeira vara, se houver na comarca mais de um ofício ou de uma vara, observando, quanto aos requisitos, o disposto no art. 264 (art. 265, *caput*).

O escrivão ou o chefe de secretaria, no mesmo dia ou no dia útil imediato, telefonará ou enviará mensagem eletrônica ao secretário do tribunal, ao escrivão ou ao chefe de secretaria do juízo deprecante, lendo-lhe os termos da carta e solicitando que os confirme (art. 265, § 1º). Sendo confirmada, o escrivão ou o chefe de secretaria submeterá a carta a despacho (art. 265, § 2º).

5.11.5 Cooperação Internacional e as Cartas Rogatórias

5.11.5.1 *Cooperação Internacional no CPC*

O CPC disciplina expressamente a possibilidade de cooperação jurídica internacional (arts. 26 segs.), a qual depende, em regra, de celebração de tratado internacional pelo Brasil. Na ausência de tratado, a cooperação jurídica internacional poderá realizar-se com base em reciprocidade, manifestada por via diplomática, a qual está dispensada em caso de mera homologação de sentença estrangeira (art. 26, §§ 1º e 2º).

A cooperação jurídica internacional para execução de decisão estrangeira dar-se-á por meio de carta rogatória ou de ação de homologação de sentença estrangeira, observando o procedimento previsto nos arts. 960 e segs. (art. 40, CPC).

O Decreto 1.899, de 9/5/1996, promulgou a Convenção Interamericana sobre Cartas Rogatórias (de 30/1/1975).

O Decreto 6.891, de 2/7/2009, promulgou o Protocolo de Las Leñas – Acordo de Cooperação e Assistência Jurisdicional em Matéria Civil, Comercial, Trabalhista e Administrativa entre os Estados Partes do Mercosul, a República da Bolívia e a República do Chile.

A cooperação internacional observará: (a) o respeito às garantias do devido processo legal no Estado requerente; (b) a igualdade de tratamento entre nacionais e estrangeiros, residentes ou não no Brasil, em relação ao acesso à justiça e à tramitação dos processos, assegurando-se assistência judiciária aos necessitados; (c) a publicidade processual, exceto nas hipóteses de sigilo previstas na legislação brasileira ou na do Estado requerente; (d) a existência de autoridade central para recepção e transmissão dos pedidos de cooperação; (e) a espontaneidade na transmissão de informações a autoridades estrangeiras.

Na cooperação jurídica internacional não será admitida a prática de atos que contrariem ou que produzam resultados incompatíveis com as normas fundamentais que regem o Estado brasileiro.

O Ministério da Justiça exercerá as funções de autoridade central na ausência de designação específica.

A cooperação jurídica internacional terá por objeto: (a) citação, intimação e notificação judicial e extrajudicial; (b) colheita de provas e obtenção de informações; (c) homologação e cumprimento de decisão; (d) concessão de medida judicial de urgência; (e) assistência jurídica internacional; (f) qualquer outra medida judicial ou extrajudicial não proibida pela lei brasileira (art. 27, CPC).

É possível o auxílio direto quando a medida não decorrer diretamente de decisão de autoridade jurisdicional estrangeira a ser submetida a juízo de deliberação no Brasil (art. 28).

Além dos casos previstos em tratados de que o Brasil faz parte, o auxílio direto terá os seguintes objetos: (a) obtenção e prestação de informações sobre o ordenamento jurídico e sobre processos administrativos ou jurisdicionais findos ou em curso; (b) colheita de provas, salvo se a medida for adotada em processo, em curso no estrangeiro, de competência exclusiva de autoridade judiciária brasileira; (c) qualquer outra medida judicial ou extrajudicial não proibida pela lei brasileira (art. 30).

A autoridade central brasileira comunicar-se diretamente com suas congêneres e, se necessário, com outros órgãos estrangeiros responsáveis pela tramitação e pela execução de pedidos de cooperação enviados e recebidos pelo Estado brasileiro, respeitadas disposições específicas constantes de tratado (art. 31).

No caso de auxílio direto para a prática de atos que, segundo a lei brasileira, não necessitem de prestação jurisdicional, a autoridade central adotará as providências necessárias para seu cumprimento (art. 32).

Recebido o pedido de auxílio direto passivo, a autoridade central o encaminhará à Advocacia-Geral da União, que requererá em juízo a medida solicitada. O Ministério Público requererá em juízo a medida solicitada quando for autoridade central (art. 33).

É de competência do juiz federal do lugar em que deva ser executada a medida apreciar pedido de auxílio direto passivo que demande prestação de atividade jurisdicional (art. 34).

5.11.5.2 Cartas Rogatórias

Dentro da sistemática vigente, compete ao STJ processar e julgar a homologação das sentenças estrangeiras e a concessão do *exequatur* às cartas rogatórias (art. 105, I, *i*, CF), sendo que é de atribuição dos juízes federais processar a execução de carta rogatória, após o *exequatur* pelo STJ (art. 109, X, CF). A homologação de sentença estrangeira observará o procedimento dos arts. 960 e segs. do NCPC.

O procedimento da carta rogatória perante o STJ é de jurisdição contenciosa e deve assegurar às partes as garantias do devido processo legal (art. 36, CPC). A defesa restringe-se à discussão quanto ao atendimento dos requisitos para que o pronunciamento judicial estrangeiro produza efeitos no Brasil, sendo vedada a revisão do mérito do pronunciamento judicial estrangeiro pela autoridade judiciária brasileira.

A carta rogatória será expedida para que órgão jurisdicional estrangeiro pratique ato de cooperação jurídica internacional, relativo a processo em curso perante órgão jurisdicional brasileiro (art. 237, II).

5.11.5.3 Procedimento

O pedido de cooperação jurídica internacional oriundo de autoridade brasileira competente será encaminhado à autoridade central para posterior envio ao Estado requerido para lhe dar andamento (art. 37, CPC).

O pedido de cooperação oriundo de autoridade brasileira competente e os documentos anexos que o instruem serão encaminhados à autoridade central, acompanhados de tradução para a língua oficial do Estado requerido (art. 38).

O pedido passivo de cooperação jurídica internacional será recusado se configurar manifesta ofensa à ordem pública (art. 39).

Considera-se autêntico o documento que instruir pedido de cooperação jurídica internacional, inclusive tradução para a língua portuguesa, quando encaminhado ao Estado brasileiro por meio de autoridade central ou por via diplomática, dispensando-se ajuramentação, autenticação ou qualquer procedimento de legalização (art. 41). Essa regra não impede, quando necessária, a aplicação pelo Estado brasileiro do princípio da reciprocidade de tratamento.

De acordo com as Normas da Corregedoria do TRT da 2ª Região (art. 78-A), quanto à expedição da carta rogatória pelas varas do trabalho, devem ser observadas as seguintes regras: (a) indicação e assinatura do juízo de origem; (b) informação do nome e do endereço completos da pessoa a ser citada, notificada, intimada ou inquirida; (c) informação do nome e do endereço completos da pessoa, no destino, responsável pelo pagamento de despesas processuais decorrentes da carta, se for o caso; (d) indicação do ato a ser cumprido (objeto da Carta); (e) solicitação do prazo para cumprimento da carta.

A carta deve estar acompanhada dos seguintes documentos: (a) cópia da carta rogatória; (b) original e cópia de documentos julgados indispensáveis (dentre eles: inteiro teor da petição, do instrumento de mandato e do despacho judicial); (c) original e cópia da tradução juramentada da Carta (exceto Portugal); (d) original e cópia da tradução juramentada dos documentos julgados indispensáveis (exceto Portugal) (art. 78-A, § 1º).

Devem ser observados atos, provimentos ou portarias específicos do Ministério das Relações Exteriores, para a competente e adequada expedição da Carta (art. 78-A, § 2º).

As cartas serão enviadas pelo juízo de origem ou pela parte interessada, por via postal ou pessoalmente, ao Departamento de Recuperação de Ativos e Cooperação Jurídica Internacional, cujo endereço está disponível no sítio do Tribunal (art. 78-A, § 3º).

5.11.6   Intercâmbio Processual e a Informatização

O Capítulo II da Lei 11.419/06 regula a comunicação eletrônica dos atos processuais (arts. 4º a 7º).

Para tanto, os tribunais poderão criar Diário da Justiça eletrônico, disponibilizado em sítio da rede mundial de computadores, para publicação de atos judiciais e administrativos próprios e dos órgãos a eles subordinados, bem como comunicações em geral.

O sítio e o conteúdo das publicações deverão ser assinados digitalmente com base em certificado emitido por Autoridade Certificadora credenciada na forma da lei específica.

A publicação eletrônica substitui qualquer outro meio e publicação oficial, para quaisquer efeitos legais, à exceção dos casos que, por lei, exigem intimação ou vista pessoal.

As cartas precatórias, rogatórias, de ordem e, de um modo geral, todas as comunicações oficiais que transitem entre órgãos do Poder Judiciário, bem como entre os deste e os dos demais Poderes, serão feitas preferencialmente por meio eletrônico.

O Capítulo III da Lei 11.419 estabelece as regras pertinentes ao processo eletrônico (arts. 8º a 13).

No processo eletrônico, todas as citações, intimações e notificações, inclusive da Fazenda Pública, serão feitas por meio eletrônico. As citações, intimações, notificações e remessas que viabilizem o acesso à íntegra do processo correspondente serão consideradas vista pessoal do interessado para todos os efeitos legais. Quando, por motivo técnico, for inviável o uso do meio eletrônico (para a realização de citação, intimação ou notificação), os atos processuais poderão ser praticados segundo as regras ordinárias, digitalizando-se o documento físico que deverá ser posteriormente destruído (art. 9º, §§ 1º e 2º).

5.12   CITAÇÃO

Citação é o ato pelo qual são convocados o réu, o executado ou o interessado para integrar a relação processual (art. 238, CPC). Para a validade do processo é indispensável à citação do réu ou do executado (art. 239, *caput*). Entretanto, o comparecimento espontâneo supre a falta ou a nulidade da citação (art. 239, § 1º). Rejeitada a alegação de nulidade, no processo de: (a) conhecimento, o réu será considerado revel; (b) execução, o feito terá seguimento (art. 239, § 2º).

5.12.1 Destinatário, Local e Impedimentos Legais da Citação

Por regra, a citação será pessoal. Contudo, poderá ser feita na pessoa do representante legal ou do procurador do réu, do executado ou do interessado (art. 242, *caput*, CPC).

Em caso de ausência da parte a ser citada, a realização do ato ocorrerá na pessoa de seu mandatário, administrador, preposto ou gerente, quando a ação se originar de atos por eles praticados (art. 242, § 1º).

O locador que se ausentar do Brasil sem cientificar o locatário de que deixou, na localidade onde estiver situado o imóvel, procurador com poderes para receber citação, será citado na pessoa do administrador do imóvel encarregado do recebimento dos aluguéis, que será considerado habilitado para representar o locador em juízo (art. 242, § 2º).

A citação será efetuada em qualquer lugar em que se encontre o réu, o executado ou o interessado (art. 243, caput).

O militar em serviço ativo será citado na unidade em que estiver servindo, se não for conhecida a sua residência ou nela não for encontrado (art. 243, parágrafo único).

Não se fará a citação, salvo para evitar o perecimento do direito: (a) de quem estiver participando de ato de culto religioso; (b) de cônjuge, de companheiro ou de qualquer parente do morto, consanguíneo ou afim, em linha reta ou na linha colateral em segundo grau, no dia do falecimento e nos sete dias seguintes; (c) de noivos, nos três primeiros dias de bodas; (d) de doente, enquanto grave o seu estado (art. 244, I a IV).

Também não se fará citação, quando se verificar que o citando é mentalmente incapaz ou está impossibilitado de recebê-la. De forma minuciosa, o oficial de justiça descreverá e certificará a ocorrência. Na sequência, para fins de exame do citando, o juiz designará um médico. O laudo será apresentado em cinco dias. Dispensa-se a realização da perícia, se pessoa da família apresentar declaração do médico que ateste a incapacidade. Reconhecida a impossibilidade, o juiz dará ao citando um curador, observando, quanto à sua escolha, a preferência estabelecida na lei civil. A nomeação é restrita à causa. A citação será feita na pessoa do curador, a quem incumbirá a defesa (art. 245, §§ 1º a 5º).

5.12.2 Modos de Realização da Citação

A citação será efetuada: (a) pelo correio; (b) por oficial de justiça; (c) pelo escrivão ou chefe de secretaria, se o citando comparecer em cartório; (d) por edital; (e) por meio eletrônico (art. 246, I a V, CPC).

Com exceção das microempresas e das empresas de pequeno porte, as empresas públicas e privadas ficam obrigadas a manter cadastro junto aos sistemas de processo em auto eletrônicos, para efeito de recebimento de citações, as quais serão efetuadas preferencialmente por esse meio. Tal regra também é aplicável à União, aos Estados, ao Distrito Federal, aos Municípios e às entidades da administração indireta (art. 246, §§ 1º e 2º).

No processo do trabalho, preferencialmente, as citações devem ser realizadas pelo correio (art. 841, CLT).

A citação por meio eletrônico é válida, inclusive, para a Fazenda Pública, desde que a íntegra dos autos seja acessível ao citando (art. 6º, Lei 11.419).

A citação por edital na execução fiscal é cabível quando frustradas as demais modalidades (Súm. 414, STJ).

A citação postal, quando autorizada por lei, exige o aviso de recebimento (Súm. 429, STJ).

5.12.2.1 Citação pelo Correio

A citação será feita pelo correio, para qualquer comarca do país, exceto: (a) nas ações de Estado; (b) quando for ré pessoa incapaz; (c) quando for ré pessoa de direito público; (d) quando o réu residir em local não atendido pela entrega domiciliar de correspondência; (e) quando o autor a requerer de outra forma (art. 247, I a V, CPC).

Deferida a citação pelo correio, o escrivão ou chefe da secretaria remeterá ao citando cópias da petição inicial e do despacho do juiz e comunicará o prazo para resposta, o endereço do juízo e o respectivo cartório (art. 248, *caput*).

A carta será registrada para entrega ao citando, exigindo-lhe o carteiro, ao fazer a entrega, que assine o recibo. Sendo o réu pessoa jurídica, será válida a entrega para a pessoa com poderes de gerência geral ou de administração, ou, ainda, a funcionário responsável pelo recebimento de correspondências (art. 248, §§ 1º e 2º).

No processo de conhecimento (art. 248, § 3º), a carta de citação deverá conter: (a) os nomes do autor e do citando e seus respectivos domicílios ou residências; (b) a finalidade da citação, com todas as especificações constantes da petição inicial, bem como a menção do prazo para contestar, sob pena de revelia, ou para embargar a execução; (c) a aplicação de sanção para o caso de descumprimento da ordem, se houver; (d) se for o caso, a intimação do citando para comparecer, acompanhado de advogado ou de defensor público, à audiência de conciliação ou de mediação, com a menção do dia, da hora e do lugar do comparecimento; (e) a cópia da petição inicial, do despacho ou da decisão que deferir tutela provisória; (f) a assinatura do escrivão ou do chefe de secretaria e a declaração de que o subscreve por ordem do juiz (art. 250, I a VI).

Nos condomínios edilícios ou nos loteamentos com controle de acesso, será válida a citação se houver sido entregue o mandado ao funcionário da portaria responsável pelo recebimento de correspondência, que, entretanto, poderá recusá-lo, se declarar, por escrito, sob as penas da lei, que o destinatário da correspondência está ausente (art. 248, § 4º).

A citação postal, quando autorizada por lei, exige o aviso de recebimento (Súm. 429, STJ), sendo cabível a citação por edital em ação monitória (Súm. 282).

Por regra, as citações no processo do trabalho ocorrem pelo correio (art. 841, § 1º, CLT), competindo ao destinatário comprovar que não recebeu a citação (Súm. 16, TST). Presume-se recebida a citação quarenta e oito horas após a sua expedição (art. 774, parágrafo único, CLT).

5.12.2.2 Citação por Oficial de Justiça

A citação por oficial de justiça será efetuada nas hipóteses previstas no NCPC ou na lei, bem como quando frustrada a citação pelo correio (art. 249).

O mandado, que o oficial de justiça tiver de cumprir, deverá conter: (a) os nomes do autor e do citando e seus respectivos domicílios ou residências; (b) a finalidade da citação, com todas as especificações constantes da petição inicial, bem como a menção do prazo para contestar, sob pena de revelia, ou para embargar a execução; (c) a aplicação de sanção para o caso de descumprimento da ordem, se houver; (d) se for o caso, a intimação do citando para comparecer, acompanhado de advogado ou de defensor público, à audiência de conciliação ou de mediação, com a menção do dia, da hora e do lugar do comparecimento; (e) a cópia da petição inicial, do despacho ou da decisão que deferir tutela provisória; (f) a assinatura do escrivão ou do chefe de secretaria e a declaração de que o subscreve por ordem do juiz (art. 250, I a VI).

Incumbe ao oficial de justiça procurar o citando e, onde o encontrar, citá-lo: (a) lendo-lhe o mandado e entregando-lhe a contrafé; (b) portando por fé se recebeu ou recusou a contrafé; (c) obtendo a nota de ciente, ou certificando que o citando não a apôs no mandado (art. 251).

Nas comarcas contíguas de fácil comunicação e nas que se situem na mesma região metropolitana, o oficial de justiça poderá efetuar, em qualquer delas, citações, intimações, notificações, penhoras e quaisquer outros atos executivos (art. 255).

5.12.2.2.1 Citação com Hora Certa

Quando, por duas vezes, o oficial de justiça houver procurado o citando em seu domicílio ou residência sem o encontrar, deverá, havendo suspeita de ocultação, intimar qualquer pessoa da família ou, em sua falta, a qualquer vizinho de que, no dia útil imediato, voltará a fim de efetuar a citação, na hora que designar (art. 252, CPC).

Nos condomínios edilícios ou nos loteamentos com controle de acesso, será válida a intimação se feita a funcionário da portaria responsável pelo recebimento de correspondência (art. 253, parágrafo único).

Independentemente de novo despacho, de acordo com o dia e a hora designados, o oficial de justiça comparecerá ao domicílio ou à residência do citando para fins de realização da diligência (art. 253, *caput*).

Diante da ausência do citando, o oficial de justiça procurará informar-se das razões da ausência, dando por feita a citação, ainda que o citando se tenha ocultado em outra comarca, seção ou subseção judiciárias (art. 253, § 1º).

A citação com hora certa será efetivada mesmo que a pessoa da família ou o vizinho que houver sido intimado esteja ausente, ou se, embora presente, a pessoa da família ou o vizinho se recusar a receber o mandado (art. 253, § 2º).

Da certidão da ocorrência, o oficial de justiça deixará contrafé com qualquer pessoa da família ou vizinho, conforme o caso, declarando-lhe o nome (art. 253, § 3º).

O oficial de justiça fará constar do mandado a advertência de que será nomeado curador especial se houver revelia (art. 253, § 4º).

PARTE VI · Cap. V – ATOS PROCESSUAIS | **497**

Realizada a citação com hora certa, o escrivão ou chefe de secretaria enviará ao réu, executado ou interessado, no prazo de dez dias, contado da data da juntada do mandado aos autos, carta, telegrama ou correspondência eletrônica, dando-lhe de tudo ciência (art. 254).

5.12.2.3 Citação por Edital

O CPC regula a citação por edital nos arts. 256 e segs.

A citação por edital será feita quando: (a) desconhecido ou incerto o citando; (b) quando ignorado, incerto ou inacessível o lugar em que se encontrar o citando; (c) nos casos expressos em lei.

É considerado por inacessível, para efeito de citação por edital, o país que recusar o cumprimento de carta rogatória.

Quando for inacessível o lugar em que se encontrar o réu, a notícia de sua citação será divulgada também pelo rádio, se na comarca houver emissora de radiodifusão.

O réu será considerado em local ignorado ou incerto se infrutíferas as tentativas de sua localização, inclusive mediante requisição pelo juízo de informações sobre seu endereço nos cadastros de órgãos públicos ou de concessionárias de serviços públicos.

São requisitos da citação por edital: (a) a afirmação do autor ou a certidão do oficial informando a presença das circunstâncias autorizadoras; (b) a publicação do edital na rede mundial de computadores, no sítio do respectivo tribunal e na plataforma de editais do Conselho Nacional de Justiça, que deve ser certificada nos autos; (c) a determinação, pelo juiz, do prazo, que variará entre vinte e sessenta dias, fluindo da data da publicação única ou, havendo mais de uma, da primeira; (d) a advertência de que será nomeado curador especial em caso de revelia.

O juiz poderá determinar que a publicação do edital seja feita também em jornal local de ampla circulação ou por outros meios, considerando as peculiaridades da comarca, da seção ou da subseção judiciárias.

A parte que requerer a citação por edital, alegando dolosamente a ocorrência das circunstâncias autorizadoras para sua realização, incorrerá em multa de cinco vezes o salário mínimo. A multa reverterá em benefício do citando.

5.12.3 Efeitos da Citação

A citação válida, ainda quando ordenada por juízo incompetente, produz os seguintes efeitos: (a) induz litispendência; (b) torna litigiosa a coisa; (c) constitui em mora o devedor; (d) interrompe a prescrição (art. 240, *caput*, § 1º, CPC).

A interrupção da prescrição, operada pelo despacho que ordena a citação, ainda que proferido por juízo incompetente, retroagirá à data da propositura da ação (art. 240, § 1º, CPC; art. 202, I, CC). Citada retroação também é aplicável aos prazos decadenciais e aos demais prazos extintivos previstos em lei (art. 240, § 4º).

No prazo de dez dias, incumbe ao autor adotar as providências necessárias para a citação. Se o autor for negligente, a interrupção da prescrição não retroagirá à data do ajuizamento da demanda (art. 240, § 2º). Deve ser ressaltado que o autor não poderá ser prejudicado pela demora imputável ao serviço forense (art. 240, § 3º).

O art. 332, § 1º, CPC, dispõe que o juiz poderá julgar liminarmente improcedente o pedido se verificar, desde logo, a ocorrência de decadência ou de prescrição.

5.12.4 Contagem do Prazo

Após a citação, o dia do começo do prazo é considerado: (a) pelo correio, a data de juntada aos autos do aviso de recebimento; (b) por oficial de justiça, a data de juntada aos autos do mandado cumprido; (c) por ato do escrivão ou do chefe de secretaria, a data de ocorrência da citação; (d) por edital, o dia útil seguinte ao fim da dilação assinada pelo juiz; (e) pela forma eletrônica, o dia útil seguinte à consulta ao teor da citação ou do término do prazo para que a consulta se dê; (f) por carta, a data de juntada do comunicado eletrônico expedido pelo juiz deprecado ao juiz deprecante, ou, não havendo este, a data de juntada da carta aos autos de origem devidamente cumprida (art. 231, I a VI, CPC).

Diante da existência de mais de um réu, o termo inicial para a contestação corresponderá à última das datas acima mencionadas (art. 231, § 1º).

Na fase de conhecimento do processo trabalhista é inaplicável o art. 231, CPC, visto que o réu somente apresentará a defesa na audiência (arts. 847 e 852-G, CLT).

5.13 INTIMAÇÃO

5.13.1 Conceito

Intimação é o ato pelo qual se dá a ciência a alguém dos atos e termos do processo (art. 269, caput, CPC). Exceto disposição legal em contrário, as intimações não necessitam de provocação das partes, sendo efetuadas de ofício (art. 271).

5.13.2 Forma

Quanto à forma, o CPC regula a matéria nos arts. 269 e segs.:

a) faculta-se aos advogados promover a intimação do advogado da outra parte por meio do correio, juntando aos autos, a seguir, cópia do ofício de intimação e do aviso de recebimento;

b) sempre que possível, as intimações devem ser efetuadas por meio eletrônico;

c) quanto à União, aos Estados, ao Distrito Federal, aos Municípios e às respectivas autarquias e fundações de direito público, a intimação será realizada perante o órgão de Advocacia Pública responsável por sua representação judicial;

d) o Ministério Público, a Defensoria Pública e a Advocacia Pública devem ser intimados, preferencialmente, pela forma eletrônica;

e) quando não realizadas por meio eletrônico, as intimações serão publicadas no órgão oficial. Nesse caso, há de ser observado que: (1) os advogados poderão

PARTE VI · Cap. V – ATOS PROCESSUAIS | 499

requerer que, na intimação a eles dirigida, figure apenas o nome da sociedade a que pertençam, desde que devidamente registrada na OAB; (2) sob pena de nulidade, é indispensável que da publicação constem os nomes das partes, de seus advogados, com o respectivo número da inscrição na OAB, ou, se assim requerido, da sociedade de advogados; (3) a grafia dos nomes das partes não deve conter abreviaturas, bem como deve corresponder ao nome completo e ser a mesma que constar da procuração ou que estiver registrada junto à OAB; (4) constando dos autos pedido expresso para que as comunicações dos atos processuais sejam feitas em nome dos advogados indicados, o seu desatendimento implicará nulidade; (5) a retirada dos autos do cartório ou da secretaria em carga pelo advogado, por pessoa credenciada a pedido do advogado ou da sociedade de advogados, pela Advocacia Pública, pela Defensoria Pública ou pelo Ministério Público implicará intimação de qualquer decisão contida no processo retirado, ainda que pendente de publicação; (6) o advogado e a sociedade de advogados deverão requerer o respectivo credenciamento para a retirada de autos por preposto; (8) a parte arguirá a nulidade da intimação em capítulo preliminar do próprio ato que lhe caiba praticar, o qual será tido por tempestivo se o vício for reconhecido; (9) não sendo possível a prática imediata do ato diante da necessidade de acesso prévio aos autos, a parte deve arguir a nulidade da intimação, caso em que o prazo será contado da intimação da decisão que a reconheça;

f) caso seja inviável a intimação por meio eletrônico e não haja na localidade publicação em órgão oficial, o escrivão ou chefe de secretaria deve intimar de todos os atos do processo os advogados das partes: (1) pessoalmente, se tiverem domicílio na sede do juízo; (2) por carta registrada, com aviso de recebimento, quando forem domiciliados fora do juízo;

g) não dispondo a lei de outro modo, as intimações serão feitas às partes, aos seus representantes legais, aos advogados e aos demais sujeitos do processo pelo correio ou, se presentes em cartório, diretamente pelo escrivão ou chefe de secretaria. Presumem-se válidas as intimações dirigidas ao endereço constante dos autos, ainda que não recebidas pessoalmente pelo interessado, se a modificação temporária ou definitiva não tiver sido devidamente comunicada ao juízo, fluindo os prazos a partir da juntada aos autos do comprovante de entrega da correspondência no primitivo endereço;

h) a intimação será feita por oficial de justiça quando frustrada a realização por meio eletrônico ou pelo correio. A certidão de intimação deve conter: (1) a indicação do lugar e a descrição da pessoa intimada, mencionando, quando possível, o número de sua carteira de identidade e o órgão que a expediu; (2) a declaração de entrega da contrafé; (3) a nota de ciente ou a certidão de que o interessado não a apôs no mandado. Caso necessário, a intimação poderá ser efetuada com hora certa ou por edital.

Com exceção das microempresas e das empresas de pequeno porte, as empresas públicas e privadas ficam obrigadas a manter cadastro junto aos sistemas de processo em auto eletrônicos, para efeito de recebimento de intimações, as quais serão efetuadas preferencialmente por esse meio. Citada regra também é aplicável à União, aos Estados, ao Distrito Federal, aos Municípios e às entidades da administração indireta (art. 246, §§ 1º e 2º). A Resolução 234, de 13/7/2016, CNJ, regulamenta a criação do Diário de Justiça Eletrônico Nacional (DJEN), a Plataforma de Comunicações Processuais (domicílio eletrônico) e a Plataforma de Editais do Poder Judiciário.

Pelo CPC (art. 231, I a VIII), salvo disposição em sentido diverso, considera-se dia do começo do prazo: (a) pelo correio, a data de juntada aos autos do aviso de recebimento; (b) por oficial de justiça, a data de juntada aos autos do mandado cumprido; (c) por ato do escrivão ou do chefe de secretaria, a data de ocorrência da intimação; (d) por edital, o dia útil seguinte ao fim da dilação assinada pelo juiz; (e) de forma eletrônica, o dia útil seguinte à consulta ao teor da intimação ou ao término do prazo para que a consulta se dê; (f) por carta, a data de juntada do comunicado eletrônica expedida pelo juiz deprecado ao juiz deprecante, não havendo esse, a data de juntada da carta aos autos de origem devidamente cumprida; (g) a data de publicação, quando a intimação se der pelo Diário da Justiça impresso ou eletrônico; (h) o dia da carga, quando a intimação se der por meio da retirada dos autos, em carga, do cartório ou da secretaria.

Havendo mais de um intimado, o prazo para cada um é contado individualmente (art. 231, § 2º).

Quando o ato tiver de ser praticado diretamente pela parte ou por quem, de qualquer forma, participe do processo, sem a intermediação de representante judicial, o dia do começo do prazo para cumprimento da determinação judicial corresponderá à data em que se der a comunicação (art. 231, § 3º).

O prazo para interposição de recurso é computado a partir da data em que os advogados, a sociedade de advogados, a Advocacia Pública, a Defensoria Pública ou o Ministério Público são intimados da decisão (art. 1.003, *caput*).

Se a decisão é publicada em audiência na presença das partes, tem-se a respectiva intimação nesta data (art. 1.003, § 1º).

Para aferição da tempestividade do recurso remetido pelo correio, será considerada como data de interposição a data de postagem (art. 1.003, § 4º).

O recorrente comprovará a ocorrência de feriado local no ato de interposição do recurso (art. 1.003, § 6º).

No processo trabalhista, as intimações ocorrem: (a) por publicação no Diário Oficial Eletrônico, quando a parte possui advogado, sendo que o prazo terá início no primeiro dia útil seguinte ao dia considerado como data de publicação (art. 4º, § 4º, Lei 11;419/06); (b) pelo correio, quando a parte não possui advogado, sendo que o prazo começa a fluir a partir de 48 horas após a sua postagem (art. 774, § 2º, CLT; Súm. 16, TST).

O TST fixou o entendimento de que, no caso de haver pedido expresso para que as intimações e publicações sejam realizadas exclusivamente em nome de determinado advogado, a comunicação em nome de outro profissional constituído nos autos é nula, salvo se constatada a inexistência de prejuízo (Súm. 427).

5.13.3 Forma e a Informatização Processual

Pela Lei 11.419/06, as comunicações dos atos processuais podem ocorrer por meio eletrônico (arts. 4º a 7º e 9º).

Pela IN 30/07, o TST regulamentou a informatização do processo judicial no âmbito do Judiciário Trabalhista. As regras são:

a) o Diário Eletrônico da Justiça do Trabalho Eletrônico (DEJT) é o meio adotado para publicação de atos judiciais e administrativos dos Tribunais e Varas do Trabalho. A publicação eletrônica no DEJT substitui qualquer outro meio e publicação oficial, para quaisquer efeitos legais, à exceção dos casos que, por lei, exigem intimação ou vista pessoal;

b) considera-se por data de publicação o primeiro dia útil seguinte ao da disponibilização da informação no DEJT, sendo que os prazos processuais terão início no primeiro dia útil que seguir ao considerado como data da publicação;

c) aos que estejam credenciados, as intimações serão feitas por meio eletrônico no Portal-JT, dispensando-se a publicação no órgão oficial, inclusive eletrônico. Nessa hipótese, será considerada realizada a intimação no dia em que o intimando efetivar a consulta eletrônica ao teor da intimação, certificando-se nos autos a sua realização. Nos casos em que a consulta se dê em dia não útil, a intimação será considerada como realizada no primeiro dia útil seguinte. A consulta deverá ser feita em até 10 dias corridos contados da data do envio da intimação, sob pena de considerar-se a intimação automaticamente realizada na data do término desse prazo. Aplica-se o sistema de intimação por consulta nos processos em que todas as partes estejam credenciadas, de modo a uniformizar a contagem dos prazos processuais. Nos casos urgentes em que a intimação feita na forma deste artigo possa causar prejuízo a quaisquer das partes ou nos casos em que for evidenciada qualquer tentativa de burla ao sistema, o ato processual deverá ser realizado por outro meio que atinja a sua finalidade, conforme determinado pelo juiz. As intimações feitas na forma deste artigo, inclusive da Fazenda Pública, serão consideradas pessoais para todos os efeitos legais;

d) observadas as formas e as cautelas deste artigo, as citações, inclusive da Fazenda Pública, poderão ser feitas por meio eletrônico, desde que a íntegra dos autos seja acessível ao citando;

e) as cartas precatórias, rogatórias e de ordem, no âmbito da Justiça do Trabalho, serão transmitidas exclusivamente de forma eletrônica, através do Sistema de Carta Eletrônica (CE) já referido, com dispensa da remessa física de documentos. A utilização do Sistema de Carta Eletrônica fora do âmbito da Justiça do Trabalho dependerá da aceitação pelos demais órgãos do Poder Judiciário. Eventuais falhas na transmissão eletrônica dos dados não desobriga os magistrados e serventuários do cumprimento dos prazos legais, cabendo, nesses casos, a utilização de outros meios previstos em lei para a remessa das cartas;

f) as petições e demais documentos referentes às cartas precatórias, rogatórias e de ordem, não apresentados pelas partes em meio eletrônico, serão digitalizados e inseridos no Sistema de Carta Eletrônica.

5.14 A COMUNICAÇÃO DOS ATOS PROCESSUAIS NO PROCESSO TRABALHISTA

A CLT utiliza o termo "notificação" para se referir não só à citação, como também à intimação, como se fossem palavras sinônimas.

No processo civil, a petição inicial indicará: (a) o juízo a que é dirigida; (b) os nomes, os prenomes, o estado civil, a existência de união estável, a profissão, o número de inscrição no Cadastro de Pessoas Físicas ou no Cadastro Nacional da Pessoa Jurídica, o endereço eletrônico, o domicílio e a residência do autor e do réu; (c) o fato e os fundamentos jurídicos do pedido; (d) o pedido com as suas especificações; (e) o valor da causa; (f) as provas com que o autor pretende demonstrar a verdade dos fatos alegados; (g) a opção do autor pela realização ou não de audiência de conciliação ou de mediação (art. 319, I a VII). Caso não disponha das informações do réu (letra "b" supra), na petição inicial, o autor poderá requerer ao juiz diligências necessárias à sua obtenção, sendo que a petição inicial não será indeferida: (a) se, a despeito da falta de informações, for possível a citação do réu; (b) se a obtenção de tais informações tornar impossível ou excessivamente oneroso o acesso à justiça.

A petição inicial trabalhista poderá ser: (a) escrita – deverá conter a designação da Vara, ou do Juiz de Direito a quem for dirigida, a qualificação do reclamante e do reclamado, uma breve exposição dos fatos de que resulte o dissídio, o pedido, que deverá ser certo, determinado e com indicação de seu valor, a data e a assinatura do reclamante ou de seu representante; (b) verbal – será reduzida a termo, em duas vias datadas e assinadas pelo escrivão ou chefe de secretaria, observados, no que couberem, os requisitos da escrita (art. 840, §§ 1º e 2º, CLT). A verbal é reduzida a termo por um funcionário da Distribuição ou da Secretaria. A petição inicial verbal é distribuída antes da própria redução a termo (art. 786, CLT). Se não comparecer no prazo de cinco dias após a sua distribuição, salvo motivo de força maior, ao cartório para a redução a termo, o interessado perde o direito de reclamar pelo prazo de seis meses (art. 786, parágrafo único).

As diferenças básicas repousam quanto aos elementos: valor da causa e o requerimento de citação do réu.

Recebida e protocolada a reclamação, o escrivão ou chefe de secretaria, dentro de 48 horas, remeterá a segunda via da petição, ou do termo, ao reclamado, notificando-o ao mesmo tempo, para comparecer à audiência de julgamento, que será a primeira desimpedida, depois de cinco dias (art. 841, *caput*, CLT). Entre a citação e a designação da audiência, deve haver, no mínimo, um prazo de cinco dias.

A citação ou a notificação para o reclamado, no processo trabalhista, independe de despacho do juiz.[38] Ocorre por iniciativa do cartório. A forma mais usual é a citação

---

[38] A citação poderá ser determinada pelo magistrado trabalhista em caso de processos distribuídos por dependência, na denunciação da lide, chamamento ao processo etc.

pelo correio (art. 841, § 1º). Se o reclamado residir fora dos limites da competência da vara do trabalho, poderá ser adotada a carta precatória; no estrangeiro, a carta rogatória.

No processo civil, quando se adota a citação do réu pelo correio, a carta será registrada para a entrega ao citando, exigindo-lhe o carteiro, ao fazer a entrega, que assine o recibo (art. 248, § 1º, NCPC), o que não ocorre nas lides trabalhistas, em que a citação não necessita ser pessoal. Basta a entrega da notificação postal no endereço indicado com a assinatura da pessoa que a recebeu. Vale dizer, a assinatura não precisa ser do citando. Contudo, no caso de não ser encontrado o destinatário ou no caso de recusa de recebimento, o correio ficará obrigado, sob pena de responsabilidade do servidor, a devolvê-la no prazo de 48 horas, ao tribunal de origem (art. 774, parágrafo único).

Pela jurisprudência trabalhista (Súm. 16 do TST) presume-se o recebimento da notificação 48 horas depois de sua postagem, sendo que o seu não recebimento ou a entrega após o decurso desse prazo constitui ônus de prova do destinatário.

Como a legislação trabalhista não exige, de forma literal que a assinatura no recibo de postagem seja do citando, por questão de justiça e de coerência, para que a presunção da Súm. 16 possa ser aplicável, no mínimo, é exigível que esteja nos autos da demanda trabalhista ou arquivado na Secretaria da Vara, o comprovante de entrega da postagem com a assinatura de quem tenha recebido efetivamente a citação. Esta exigência é imperiosa para que se tenha à comprovação efetiva de que a correspondência foi entregue no endereço.

Quando do julgamento dos autos E-RR 619.698/2000.2, a SDI-II, pelo voto da Ministra Cristina Peduzzi, fixou o entendimento de que a leitura atenta da Súm. 16, TST demonstra que a presunção de entrega do aviso de recebimento está condicionada a realização de ato anterior, ou seja, a postagem. Vale dizer, após a comprovação da postagem, é que se tem a constituição da presunção, cabendo ao destinatário provar que o recebimento não se deu de forma adequada (por erro, culpa ou dolo). No caso analisado, a recorrente pediu à vara do trabalho que houvesse a apresentação do comprovante da postagem, contudo, nada foi providenciado pelo órgão jurisdicional. A relatora deliberou no sentido de que toda presunção há de estar calcada em um mínimo de materialidade, o qual repousa na existência nos autos do aviso de recebimento da citação no endereço que consta dos autos. Por tais fundamentos, a SDI-I concluiu pela declaração de nulidade, a partir da citação, acolhendo, assim, os embargos opostos pela empresa (Martins Comércio, Importação e Exportação Ltda.; processo originário do TRT da 15ª Região).

Convém ser dito que o STJ, por meio da Súmula 429, fixou a posição de que a citação postal, quando autorizada por lei, exige o aviso de recebimento. Apesar da Súmula 16 do TST não indicar, de forma literal, a exigência do aviso de recebimento, do ponto de vista teleológico, é razoável, que, no caso concreto, o operador do direito entenda que este comprovante deva existir dentro do processo para que a presunção possa ser aplicável contra o destinatário.

Se o reclamado criar embaraços ao seu recebimento ou não for encontrado, far-se-á a notificação por edital, inserto no jornal oficial ou no que publicar o expediente forense, ou, na falta, afixado na sede da Vara (art. 841, § 1º).

A prática trabalhista adota a citação, em casos de dificuldades de localização de endereço ou do reclamado, por oficial de justiça. Só após o esgotamento de todas as formas reais de citação, é que o magistrado trabalhista costuma adotar a citação *ficta* por edital.[39]

Nas comarcas contíguas, de fácil comunicação, e nas que se situem na mesma região metropolitana, as citações, as intimações, notificações, penhoras e quaisquer outros atos executivos poderão ser efetuadas por oficial de justiça (art. 255, CPC).

Toda e qualquer forma de citação, observados os critérios legais, deve ser adotada pela processualística trabalhista. A citação por hora certa é mais eficiente do que a realizada por edital, portanto, há de ser aplicada subsidiariamente (art. 769, CLT).

O reclamante será intimado da audiência no ato da apresentação da reclamação ou pelo correio (art. 841, § 2º). Ante a informatização do Judiciário Trabalhista, o reclamante é intimado por meio de publicação na imprensa oficial, no caso de estar representado por advogado.

Após a realização da audiência trabalhista, as partes são intimadas dos demais atos processuais pelo correio – notificação postal (art. 774, *caput*, CLT).

Também pela informatização do Judiciário Trabalhista, se a parte estiver representada por advogado, a intimação ocorrerá pela publicação na imprensa oficial.

Também são aplicáveis ao processo trabalhista as citações e intimações por meio eletrônico, as quais são previstas e reguladas nos arts. 4º a 7º e 9º, Lei 11.419/06.

5.15 DISTRIBUIÇÃO

Distribuidor é o serventuário responsável pelo registro e encaminhamento das petições às varas do trabalho ou turmas ou seções dos tribunais do trabalho.

No processo civil, têm-se: (a) todos os processos estão sujeitos ao registro, devendo ser distribuídos onde houver mais de um juiz ou mais de um escrivão (art. 284, CPC); (b) será alternada a distribuição entre juízes e escrivães, obedecendo a rigorosa igualdade (art. 285); (c) admite-se a distribuição por dependência quando: (1) se relacionarem, por conexão ou continência, com outra já ajuizada; (2) tendo havido a extinção do processo sem resolução de mérito, for reiterado o pedido, ainda que em litisconsórcio com outros autores ou que sejam parcialmente alterados os réus da demanda; (3) quando houver ajuizamento de ações, as quais devam ser reunidas para julgamento conjunto, mesmo que não haja conexão, diante do risco de prolação de decisões conflitantes ou contraditórias, caso sejam julgadas em separado (art. 55, § 3º) (art. 286, I a III). Havendo reconvenção, intervenção de terceiro ou outra hipótese de ampliação objetiva do processo, o juiz, de ofício, mandará proceder à respectiva anotação pelo distribuidor (art. 286, parágrafo único); (d) a petição inicial deve vir acompanhada de procuração, que conterá os endereços do advogado (eletrônico e não eletrônico). Dispensa-se a juntada da procuração: (a) para evitar preclusão, decadência, prescrição ou para praticar ato

---

[39] O procedimento sumaríssimo não autoriza a citação por edital (art. 852-B, II, CLT).

PARTE VI · Cap. V – ATOS PROCESSUAIS | 505

considerado urgente; (b) se a parte estiver representada pela Defensoria Pública; (c) se a representação decorrer diretamente de norma prevista na Constituição Federal ou em lei (art. 287, caput e parágrafo único, I a III); (e) o juiz, de ofício ou a requerimento do interessado, corrigirá o erro ou a falta de distribuição, compensando-a (art. 288); (f) a distribuição poderá ser fiscalizada pela parte ou por seu advogado, pelo Ministério Público e pela Defensoria Pública (art. 289); (g) será cancelada a distribuição do feito se a parte, intimada na pessoa do seu advogado, não realizar o pagamento das custas e despesas de ingresso em 15 dias (art. 290).

No Judiciário Trabalhista, as regras relativas à distribuição são as seguintes: (a) a distribuição será feita entre as varas do trabalho, ou os juízes de direito, quando investidos da jurisdição trabalhista, pela ordem rigorosa de sua apresentação ao distribuidor, quando o houver (art. 783, CLT); (b) as reclamações serão registradas em livro próprio rubricado em todas as folhas pela autoridade a que estiver subordinado o distribuidor (art. 784); (c) o distribuidor fornecerá ao interessado um recibo, do qual constarão, essencialmente, o nome do reclamante e do reclamado, a data da distribuição, o objeto da reclamação e a vara ou o juízo a que coube a distribuição (art. 785); (d) a reclamação verbal será distribuída antes de sua redução a termo. Distribuída a reclamação verbal, o reclamante deverá, salvo motivo de força maior, apresentar-se no prazo de cinco dias, ao cartório ou à secretaria, para reduzi-la a termo, sob a pena estabelecida no art. 731 (art. 786); (e) a reclamação escrita deverá ser formulada em duas vias e desde logo acompanhada dos documentos em que se fundar (art. 787); (f) feita a distribuição, a reclamação será remetida pelo distribuidor à Junta ou Juízo competente, acompanhada do bilhete de distribuição (art. 788); (g) admite-se a distribuição por dependência, aplicando-se de forma subsidiária o art. 286, CPC).

A distribuição no processo trabalhista (art. 841, CLT), apesar de ser um ato administrativo, reputa-se o início da prestação jurisdicional, visto que: (a) interrompe a fluência da prescrição (Súm. 268, TST; art. 11, § 3°, CLT, Lei 13.467); (b) os juros são devidos a partir do ajuizamento da demanda (art. 39, § 1°, Lei 8.177/91).

De acordo com a Lei 11.419, a distribuição da petição inicial e a juntada da contestação, dos recursos e das petições em geral, todos em formato digital, nos autos de processo eletrônico, podem ser feitas diretamente pelos advogados públicos e privados, sem necessidade da intervenção do cartório ou secretaria judicial, situação em que a autuação deverá se dar de forma automática, fornecendo-se recibo eletrônico de protocolo. Quando o ato processual tiver que ser praticado em determinado prazo, por meio de petição eletrônica, serão considerados tempestivos os efetivados até as 24 horas do último dia. No caso de o sistema do Poder Judiciário estar indisponível por motivo técnico, o prazo fica automaticamente prorrogado para o primeiro dia útil seguinte à resolução do problema. Os órgãos do Poder Judiciário deverão manter equipamentos de digitalização e de acesso à rede mundial de computadores à disposição dos interessados para distribuição de peças processuais (art. 10, §§ 1° a 3°).

Salvo impossibilidade que comprometa o acesso à justiça, a parte deverá informar, ao distribuir a petição inicial de qualquer ação judicial, o número no cadastro de pessoas físicas ou jurídicas, conforme o caso, perante a Secretaria da Receita Federal (art. 15).

5.16 VÍCIOS DO ATO PROCESSUAL

5.16.1 Introdução

O ato processual pertence ao gênero dos atos jurídicos, logo, aplicam-se as exigências comuns quanto à validade de todo e qualquer ato: (a) agente capaz; (b) objeto lícito, possível, determinado ou determinável; (c) forma prescrita ou não defesa em lei (art. 104, I a III, CC).

As partes devem atender ao preenchimento dos requisitos legais quanto às capacidades: (a) de ser parte (maioridade); (b) de estar em juízo (representação ou assistência); (c) postulatória – no processo civil, como regra é atribuída ao advogado (art. 104, CPC), o que não ocorre com a Justiça do Trabalho, onde a parte pode requerer pessoalmente (art. 791, CLT).

Em relação à ilicitude do objeto, o juiz tem a obrigação de prevenir ou reprimir ato contrário à dignidade da justiça (art. 139, III, CPC). Convencendo, pelas circunstâncias da causa, de que autor e réu se serviram do processo para praticar ato simulado ou conseguir fim vedado por lei, o juiz proferirá sentença que impeça os objetivos das partes, aplicando, de ofício, as penalidades da litigância de má-fé (art. 142, CPC).

A nulidade processual interliga-se mais com a violação de forma legal, notadamente, em face do aspecto instrumental do processo (= procedimento), onde a forma é indispensável para se atingir a sua finalidade.

5.16.2 Espécies de Vícios do Ato Processual

Humberto Theodoro Júnior, com base nas lições de Couture, por violação aos seus elementos ou requisitos de validade, classifica os atos processuais em atos: (a) inexistentes; (b) absolutamente nulos; (c) relativamente nulos.

Ato inexistente é o que não possui os requisitos mínimos de fato para sua existência como ato jurídico. Não se indaga a respeito da validade ou não do ato praticado, e sim da própria vida do ato. Não poderá ser convalidado e tampouco necessita ser invalidado. Exemplos: (a) a sentença proferida por quem não é juiz, pela ausência da jurisdição; (b) sentença pronunciada contra pessoa inexistente ou sem legitimidade para a ação; (c) sentença não assinada pelo juiz; (d) sentença não escrita; (e) sentença em processo no qual não houve a regular citação, por ser a citação um pressuposto processual de existência; (f) recurso cujas razões não tenham sido assinadas pelo advogado.

Ato absolutamente nulo (= nulidade absoluta) é uma categoria de ato processual. Não se trata de um mero fato como o inexistente, contudo, a sua condição jurídica é afetada por vícios existentes quanto aos seus requisitos essenciais. É o caso da presença de um vício insanável. Exemplos: (a) as citações e as intimações serão nulas, quando feitas sem observância das prescrições legais (art. 280, CPC); (b) sentença que não observa o princípio da congruência (arts. 141 e 492, CPC). Entre o pedido e a sentença há de existir uma correspondência, daí a formulação do princípio da congruência ou da correlação. É o caso das sentenças *infra*, *ultra* e *citra petita;* (c) sentença que não observa os requisitos formais (presença do relatório, fundamentação e conclusão). Constatada a nulidade absoluta, o ato deverá ser invalidado, por determinação judicial, não havendo a necessidade de provocação da parte interessada.

Os atos relativamente nulos (= nulidade relativa) são capazes de produzir efeitos processuais, se à parte interessada não solicitar a sua invalidação. O vício não é tão grave como ocorre no ato nulo. Exemplo: (a) o indeferimento de provas orais (oitiva da parte e das testemunhas); (b) ausência de intimação para a prática de um ato processual.

Como regra geral, o CPC adota a nulidade relativa em face dos vícios dos atos processuais. A distinção entre as duas nulidades repousa na iniciativa. A relativa necessita de provocação da parte, ao contrário da absoluta, que pode ser decretada de ofício pelo magistrado.

A nulidade dos atos deve ser alegada na primeira oportunidade em que couber à parte falar nos autos, sob pena de preclusão (art. 278, *caput*, CPC). Não se aplica essa disposição às nulidades que o juiz deva decretar de ofício, nem prevalece à preclusão, provando a parte legítimo impedimento (art. 278, parágrafo único).

Em síntese, *"pode-se dizer que as nulidades relativas ocorrem quando se violam faculdades processuais da parte (cerceamento do direito ao contraditório e ampla defesa), e as absolutas quando se ofendem regras disciplinadoras dos pressupostos processuais e as condições da ação"*.[40]

5.16.3   As Nulidades no Código de Processo Civil

Um sistema de nulidades processuais é necessário *"para preservar a legalidade e garantir a jurisdição. No sistema chamado legalista, qualquer violação à forma acarretava a invalidade do ato e dos que se lhe seguiam; o sistema pragmático tem em vista o fim prático do ato e da formalidade que o legislador impôs; inexistindo prejuízo, deixa de decretar-se a ineficácia. Mais modernamente, fala-se em teoria teleológica (Buzaid, Aulas, p. 86); se a finalidade foi alcançada, é válido o ato, mesmo que o caminho percorrido não seja o previsto. A CLT e os CPC de 1939 e 1973 (arts. 243 e ss.) seguem essa orientação, sendo o último mais explícito que o anterior"*.[41]

O CPC/73 (art. 244) adotou o princípio da instrumentalidade das formas e dos atos processuais, ou seja, *"segundo o qual o ato só se considera nulo e sem efeito, se, além de inobservância da forma legal, não tiver alcançado a sua finalidade"*.[42]

Idêntica sistemática é adotada pelo processo civil: "Quando a lei prescrever determinada forma, o juiz considerará válido o ato se, realizado de outro modo, lhe alcançar a finalidade" (art. 277, CPC).

Mesmo que se tenha a expressa previsão de nulidade para a inobservância de forma, não será o caso da sua decretação: (a) se não houve prejuízo à parte; (b) quando

---

[40]   THEODORO JÚNIOR, Humberto. Ob. cit., p. 284.
[41]   CARRION, Valentin. *Comentários à Consolidação das Leis do Trabalho*, 28. ed., p. 591.
[42]   THEODORO JÚNIOR, Humberto. Ob. cit., p. 285.

puder decidir do mérito a favor da parte a quem aproveite a declaração de nulidade (art. 282, §§ 1º e 2º, CPC). Como se denota, o ato nulo de pleno direito é o que contamina o processo de nulidade, contudo, não haverá a sua decretação, se a decisão de mérito for favorável ao prejudicado.

A respeito das nulidades absolutas, o CPC determina: (a) não há preclusão sobre as matérias que o magistrado deva conhecer de ofício, bem como em relação às quais a parte prove o legítimo impedimento quanto à respectiva arguição (art. 278, parágrafo único); (b) as citações e as intimações serão nulas, quando feitas sem observância das prescrições legais (art. 280). Não se aplica esta nulidade, se a comunicação for suprida pelo comparecimento da parte e desde que não haja prejuízo (arts. 282 e 239, § 1º)

A nulidade deve ser requerida pela parte prejudicada (autor ou réu) (art. 276) ou pelo Ministério Público. O requerimento não necessita de nenhuma formalidade. Basta uma simples petição. A solicitação também é possível nas razões recursais e nas alegações orais em audiência.

Se for o caso das matérias de ordem pública (condições da ação e pressupostos processuais), a nulidade poderá ser declarada de ofício pelo magistrado (art. 278, parágrafo único), excetuando a inexistência de prejuízo para a parte (art. 282, § 1º) ou de possibilidade de julgamento de mérito a favor da parte a quem aproveite a declaração de nulidade (art. 282, § 2º).

Pelo princípio da convalidação torna-se possível à correção ou retificação dos vícios ou defeitos de um ato jurídico anulável.

A nulidade deve ser alegada na primeira oportunidade em que couber à parte falar nos autos, sob pena de preclusão (art. 278, *caput*)

Se for o caso de nulidade absoluta (condições da ação e pressupostos processuais), não será o caso da preclusão.

Uma característica especial *"das nulidades processuais é a sanação de todas elas pela preclusão máxima operada através da coisa julgada. Mesmo as nulidades absolutas não conseguem ultrapassar a barreira da res iudicata, que purga o processo de todo e qualquer vício formal eventualmente ocorrido em algum ato praticado irregularmente em seu curso. Há vícios fundamentais que inutilizam o próprio processo, como relação processual, a exemplo da falta ou nulidade da citação. Neste caso o defeito não é sanado pela preclusão da coisa julgada porque para formar-se a res iudicata é indispensável à existência de um processo válido, e sem a citação regular, ou sem o comparecimento do réu que a supre, não se pode sequer cogitar de processo. Daí porque a nulidade absoluta da sentença proferida à revelia do réu pode ser utilizada como simples matéria de defesa em embargos à execução,*[43]

---

[43] Manoel Antonio Teixeira Filho entende que "o processo do trabalho não admite os embargos do devedor aviados por esse fundamento. No processo civil, a regra é de que contra o revel os prazos fluirão independentemente de intimação (art. 322). Isso quer dizer que ele não será intimado da sentença condenatória, emitida no processo cognitivo, nada obstante lhe seja consentido intervir no processo em qualquer fase, recebendo-o no estado em que se encontra (*ibidem*). Assim sendo, é provável que o revel só venha a tomar conhecimento da existência de sentença condenatória na

mesmo depois de operada, aparentemente, a coisa julgada (art. 741, nº I)".[44] No NCPC, a matéria é tratada nos arts. 525, § 1º, I, e 535, I.

A nulidade processual (absoluta ou relativa) necessita de decretação judicial.

Anulado o ato, reputam-se de nenhum efeito todos os subsequentes, que dele dependam; todavia, a nulidade de uma parte do ato não prejudicará as outras, que dela sejam independentes (art. 281, CPC).

O princípio da economia processual recomenda *"que se obtenha o máximo resultado na atuação da lei com o mínimo emprego possível de atividades processuais (Echandia). A não observância da forma legal anula apenas os atos que não possam ser aproveitados, desde que não resulte prejuízo à parte".*[45]

O juiz, ao pronunciar a nulidade, declarará que atos são atingidos, ordenando as providências necessárias, a fim de que sejam repetidos, ou retificados (art. 282, *caput*).

O erro de forma do processo acarreta unicamente a anulação dos atos que não possam ser aproveitados, devendo praticar-se os que forem necessários, a fim de se observarem, quando possível, as prescrições legais (art. 283, *caput*).

Haverá o aproveitamento dos atos praticados, desde que não resulte prejuízo à defesa (art. 283, parágrafo único).

O art. 283, CPC é aplicável às nulidades decorrentes de procedimento e não de tipo decorrente de tutela jurisdicional invocada, a qual corresponde aos diversos tipos de processo (conhecimento e execução). Não pode ser invocado para se justificar a substituição de um processo pelo outro.

---

oportunidade em que for citado para a execução; daí a razão pela qual o CPC lhe permite alegar, nos embargos, a nulidade ou falta de citação, no processo cognitivo. Na órbita peculiar do processo do trabalho, entretanto, o revel deve ser intimado da sentença que compôs a lide, por força do princípio embutido no art. 852 da CLT. Dessa maneira, se o revel pretender elidir esse seu estado processual, deverá fazê-lo em sede de recurso ordinário (CLT, art. 895, *a*), sendo inadmissível que se reserve para tentar anular o processo de conhecimento por ocasião dos embargos que oferecer à execução" (*Execução no Processo do Trabalho*, 9. ed., p. 608). Valentin Carrion discorre que "a nulidade de citação deve ser arguida pelo revel após a intimação da sentença que o condenou, mediante recurso ordinário ao Tribunal Regional do Trabalho. O meio mais célere e apropriado seria a declaração de inexistência da sentença por ausência de relação jurídica processual anterior; ainda mais que a exigência de depósito recursal e pagamento de custas, como requisito de admissibilidade, constitui empecilho ao direito de quem não foi citado. Esse entendimento, porém, encontra resistência nos tribunais. Revelias forjadas, pelo oferecimento de endereços incorretos ou por outros meios, fazem parte da patologia forense destinada a propiciar acordos vantajosos para o autor. Mas é acertada a declaração de inexistência jurídica da sentença, pelo próprio juiz que a prolatou, porque desprovida de elemento essencial; Barbosa Moreira, sem referir-se precisamente a essa hipótese, assim induz, quando analisa, no cível, os embargos do devedor, 'fazendo cair a sentença com o processo' na primeira instância (Comentários ao CPC, Forense, v. 5). A provocação do réu e o contraditório são necessários" (Ob. cit., p. 592). No NCPC, a matéria do art. 322, CPC/73, encontra-se disciplinada no art. 346.

[44] THEODORO JÚNIOR, Humberto. Ob. cit., p. 287.

[45] MARTINS, Sergio Pinto. Ob. cit., p. 165.

As nulidades insanáveis são as nulidades absolutas, as quais decorrem da violação de norma cogente. Podem e devem ser declaradas de ofício, não se aplicando a elas o princípio da convalidação (art. 278, parágrafo único).[46]

A inovação legislativa é aplicável ao processo do trabalho, com a peculiaridade de que o recurso será o ordinário (art. 769, CLT).

Manoel Antonio Teixeira Filho[47] ensina: *"Verificando a existência de nulidade sanável, o Tribunal poderá (faculdade) determinar a realização ou a renovação do ato processual, intimando as partes. Sendo cumprida a diligência, sempre que possível, prosseguirá no julgamento da apelação. Trata-se de manifestação do princípio da proteção, materializado no art. 249, do CPC (1973), e que no processo do trabalho possui sede no art. 796, a, da CLT.*

A inovação é elogiável, por atender à política destinada a salvar o processo das nulidades e, com isso, evitar o dispêndio inútil de atividade jurisdicional e privada.

A norma incide no processo do trabalho (CLT, art. 769)."

Pelo CPC, quando da apreciação do recurso, o juiz relator deverá: (a) analisar a questão preliminar antes do mérito, deste não se conhecendo caso seja incompatível com a decisão; (b) diante da constatação da ocorrência de vício sanável, inclusive aquele que possa ser conhecido de ofício, determinar a realização ou a renovação do ato processual, no próprio tribunal ou em primeiro grau de jurisdição, intimadas as partes. Sempre que possível, haverá o prosseguimento do julgamento do recurso; (c) diante do reconhecimento quanto a necessidade de produção de prova, converter o julgamento em diligência, que se realizará no tribunal ou em primeiro grau de jurisdição, decidindo-se o recurso após a conclusão da instrução (art. 938, §§ 1º a 3º). Caso as providências das alíneas "a" e "c" não sejam determinadas pelo relator, poderão ser determinadas pelo órgão competente para julgamento do recurso.

Essas inovações processuais quanto aos poderes do juiz relator são compatíveis com o processo trabalhista, em especial, quando se está diante da nulidade por cerceamento do amplo direito de defesa, ante o indeferimento de prova necessária pelo juiz de primeiro grau. O juiz relator pode determinar a realização dos atos processuais e das provas

---

[46] "Note-se que a nulidade absoluta poderá recair tanto sobre atos que podem ser repetidos ou supridos quanto sobre atos cuja repetição ou suprimento não são permitidos no curso do processo. Exemplos da primeira hipótese: nulidade absoluta da citação (que pode ser suprida por nova citação ou até pelo comparecimento espontâneo do réu), nulidade absoluta da sentença (cassa-se a existente e profere-se outra). Exemplos da segunda hipótese: ilegitimidade ativa, ofensa à coisa julgada etc. Mas, mesmo nos casos em que for possível o suprimento, não caberá falar em 'saneamento' da nulidade, no sentido da convalidação. Se o ato tem de ser repetido (ou substituído por outro), significa que a nulidade absoluta não tem como ser consertada, tanto que outro ato tem de ser praticado. Nessa acepção, as nulidades absolutas são sempre insanáveis" (WAMBIER, Luiz Rodrigues; ALMEIDA, Flávio Renato Correia de; TALAMINI, Eduardo. *Curso avançado de processo civil*, v. 1, 8. ed., p. 177).

[47] TEIXEIRA FILHO, Manoel Antonio. As novas leis alterantes do processo civil e sua repercussão no processo do trabalho. *Revista LTr*, v. 70, nº 3, março de 2006, p. 296.

necessárias, evitando-se, assim, a nulidade da sentença, visto que se tem a possibilidade de prosseguimento quanto ao julgamento do recurso.

5.16.4   As Nulidades no Processo do Trabalho

A CLT não faz a diferenciação entre a nulidade absoluta e a relativa.

Nos processos sujeitos à apreciação da Justiça do Trabalho só haverá nulidade, quando resultar dos atos inquinados manifestos prejuízos às partes litigantes (art. 794).

A CLT adota a regra francesa do *pas de nullité sans grief*, isso é, só haverá nulidade se houver prejuízo à parte.[48]

Além do prejuízo, a nulidade para ser declarada necessita que a sentença de mérito não seja favorável à parte prejudicada (art. 282, § 2º, CPC).

As nulidades não serão declaradas senão mediante provocação das partes, as quais deverão argui-las à primeira vez em que tiverem de falar em audiência ou nos autos (art. 795, *caput*, CLT). Na prática, esse ato de impugnação da parte é conhecido como "protesto". No processo do trabalho, vige o princípio da irrecorribilidade das decisões interlocutórias (art. 893, § 1º).

A reação da parte deve ser imediata ao ato que lhe causa prejuízo. O momento apropriado poderá ser: (a) da intimação; (b) na audiência; (c) razões finais orais; (d) nas razões recursais.

A nulidade fundada em incompetência de foro deve ser declarada de ofício. Nesse caso, serão considerados nulos os atos decisórios (art. 795, § 1º).

A competência prevista no art. 795 não é a relativa e sim a absoluta (material ou funcional). A incompetência em razão do local é prorrogável, não devendo ser conhecida de ofício pelo magistrado.

O juiz ou tribunal que se julgar incompetente determinará, na mesma ocasião, que se faça remessa do processo, com urgência, à autoridade competente, fundamentando sua decisão (art. 795, § 2º).

A nulidade não será pronunciada: (a) quando for possível suprir-se a falta ou repetir-se o ato (art. 796, *a*) – é uma imposição do princípio da economia processual; (b) quando arguida por quem lhe tiver dado causa (art. 796, *b*) – ninguém pode invocar em juízo a própria torpeza.

O juiz ou tribunal que pronunciar a nulidade declarará os atos a que ela se estende (art. 797). Os atos válidos devem ser aproveitados por medida de economia processual. É salutar que o magistrado indique os números das folhas em que houve o reconhecimento da nulidade.

---

[48]   O TST fixou o entendimento de que no caso de se ter pedido expresso de que as intimações e publicações sejam realizadas exclusivamente em nome de determinado advogado, a comunicação em nome de outro profissional constituído nos autos é nula, salvo se constatada a inexistência de prejuízo (Súm. 427).

A nulidade do ato não prejudicará senão os posteriores que dele dependam ou sejam consequência (art. 798).

Humberto Theodoro Júnior[49] ensina: *"Nos atos complexos, isto é, naqueles que se compõem de um feixe de atos simples, como a audiência de instrução e julgamento e a arrematação, pode ocorrer que a nulidade se refira à parte da complexidade. Nessas circunstâncias, a nulidade apenas de uma parte do ato 'não prejudicará as outras, que dela sejam independentes' (art. 248, segunda parte). Trata-se de aplicação do princípio do utile per inulite non vitiatur. Assim, o cerceamento de defesa reconhecido pela recusa de ouvida de uma testemunha leva à anulação do julgamento, mas não invalida as provas que foram coletadas na mesma audiência. Da mesma forma, se há disputa entre o arrematante e o remidor e este vem a decair de seu direito por omissão do depósito em tempo hábil, válida subsiste a arrematação."*

5.17 PRIORIDADE NA TRAMITAÇÃO PROCESSUAL

Nos procedimentos judiciais em que figure, como parte ou interessado, pessoa com idade igual ou superior a 60 anos ou portadora de doença grave, haverá a prioridade na tramitação processual em qualquer juízo ou tribunal (art. 1.048, I, CPC).

A pessoa interessada na obtenção do benefício, juntando prova de sua condição, deverá efetuar o requerimento à autoridade competente para decidir o feito, que determinará ao cartório do juízo as providências a serem cumpridas (art. 1.048, § 1º). Com o deferimento da prioridade, os autos receberão identificação própria que evidencie o regime da tramitação prioritária (art. 1.048, § 2º).

Citados dispositivos são aplicáveis ao processo trabalhista (art. 769, CLT).

Convém ser dito que a prioridade para a pessoa com idade igual ou superior a 60 anos já era assegurada pelo Estatuto do Idoso (Lei 10.741/03).

5.18 CARGA RÁPIDA

Sendo comum o prazo, de forma conjunta ou mediante prévio ajuste por petição nos autos, os procuradores poderão retirar os autos, ressalvada a obtenção de cópias para as quais cada procurador poderá retirá-los pelo prazo de duas a seis horas (art. 107, §§ 2º e 3º, CPC).

5.19 ATOS PROCESSUAIS NO ÂMBITO DO MERCOSUL – PROTOCOLO DE LAS LEÑAS

Pelo Decreto 2.626, de 15 de junho de 1998, o Brasil promulgou o Protocolo de Medidas Cautelares celebrado entre os países membros do Mercosul em 16 de dezembro de 1994, com o objetivo de regulamentar o cumprimento de medidas cautelares destinadas

---

[49] THEODORO JÚNIOR, Humberto. Ob. cit., p. 288.

PARTE VI · Cap. V – ATOS PROCESSUAIS | **513**

a impedir a irreparabilidade de um dano em relação às pessoas, bens e obrigações de dar, de fazer ou de não fazer.

Por sua vez, o Decreto 6.086, de 19 de abril de 2007, promulgou o Acordo sobre o Benefício da Assistência Judiciária Gratuita entre os países membros do Mercosul, garantindo, de forma ampla, aos nacionais, cidadãos e residentes habituais de cada um dos países, no território dos outros estados-membros, em igualdade de condições, os benefícios da justiça gratuita e da assistência jurídica gratuita concedidos a seus nacionais, cidadãos e residentes habituais.

Em julho de 2002, os estados-membros do Mercosul celebraram o Protocolo de Las Leñas, o acordo que versa sobre a Cooperação e Assistência Jurisdicional em Matéria Civil, Comercial, Trabalhista e Administrativa, com a participação da Bolívia e do Chile. No Brasil, foi promulgado pelo Decreto 6.891, de 2 de julho de 2009.

O Protocolo de Las Leñas disciplina: a) cooperação e assistência jurisdicional (art. 1º); b) a figura da autoridade central (art. 2º); c) igualdade de tratamento processual (arts. 3º e 4º); d) cooperação em atividade de simples trâmite e probatórias, como cartas rogatórias (arts. 5º a 17); e) reconhecimento e execução de sentenças e laudos arbitrais (arts. 18 a 24); f) instrumentos públicos e outros documentos (arts. 25 a 27); g) informação do direito estrangeiro (arts. 28 a 30); h) consulta e solução de controvérsias (arts. 31 a 32); i) disposições finais (arts. 33 a 35).

Os estados comprometeram-se a prestar assistência mútua e ampla cooperação jurisdicional em matéria civil, comercial, trabalhista e administrativa. A assistência jurisdicional em matéria administrativa compreenderá, em conformidade com o direito interno de cada Estado, os procedimentos contenciosos administrativos em que se admitam recursos perante os tribunais (art. 1º).

Os nacionais, os cidadãos e os residentes permanentes ou habituais de um dos estados, bem como as pessoas jurídicas constituídas, autorizadas ou registradas de acordo com as leis de qualquer dos países, gozarão, nas mesmas condições dos nacionais, cidadãos e residentes permanentes ou habituais de outro Estado Parte, do livre acesso à jurisdição desse Estado para a defesa de seus direitos e interesses (art. 3º).

QUESTIONÁRIO

1. Qual é a importância da forma na prática do ato processual?

2. A publicidade é vital para a validade do processo? Justifique.

3. Explique a classificação dos atos processuais praticados pela parte.

4. Quais são os atos decisórios praticados pelo juiz? Explique-os.

5. Quais são os elementos integrantes dos atos decisórios praticados pelo magistrado?

6. A penhora pode ser realizada em um domingo?

7. Quais são os desdobramentos do recesso da Justiça do Trabalho na contagem dos prazos nas demandas judiciais trabalhistas?

8. O início do prazo é a mesma coisa que o início da contagem? Explique.

9. Como se dá a classificação dos prazos processuais?

10. Quando se dá o início da contagem dos prazos processuais para fins de interposição dos recursos trabalhistas?

11. Qual é a importância da preclusão no encadeamento processual?

12. A CLT faz distinção entre citação e notificação?

13. Elucide a temática quanto à forma dos atos de comunicação processual.

14. Quais são os tipos de carta?

15. No processo do trabalho é vital a determinação judicial para fins de citação do reclamado? Justifique.

16. A citação, com hora certa, realizada pelo oficial de justiça é válida no processo do trabalho?

17. Quais são os efeitos da citação?

18. A intimação é vital para o encadeamento processual?

19. Qual é a importância da distribuição no processo trabalhista?

20. Quais são os tipos de vícios quanto aos atos processuais?

21. Toda e qualquer ofensa à forma fulmina de nulidade o ato processual? Justifique.

22. A nulidade pode ser invocada pelo responsável? Justifique.

23. O vício quanto ao tipo de tutela invocada é sanável? Justifique.

Capítulo VI
PETIÇÃO INICIAL

6.1 CONCEITO

A CF assegura que a lei não excluirá da apreciação do Poder Judiciário lesão ou ameaça a direito (art. 5º, XXXV). É o princípio da inafastabilidade do controle jurisdicional.

Isso implica dizer que o cidadão tem o direito constitucional de invocar a prestação jurisdicional, como forma de solução do seu conflito de interesses, procurando, assim, restabelecer a paz e o equilíbrio nas relações sociais.

Como a jurisdição é inerte,[1] é necessário que o interessado procure os meios adequados para obter a solução.

O cidadão deve dirigir sua solicitação ao órgão competente do Poder Judiciário, expondo os fundamentos jurídicos e fáticos da relação jurídica material controvertida e com a indicação do respectivo pedido. Em outras palavras, é imperiosa a formulação da petição inicial.

Petição inicial é o meio material, do qual o cidadão dispõe para ativar a prestação jurisdicional, expondo a relação jurídica material controvertida e os seus fundamentos jurídicos e legais, além do requerimento da respectiva solução pelo Estado.

Para Humberto Theodoro Júnior,[2] *"o veículo da manifestação formal da demanda é a petição inicial que revela ao juiz a lide e contém o pedido da providência jurisdicional, frente ao réu, que o autor julga necessária para compor o litígio. Duas manifestações, portanto, o autor faz na petição inicial: (a) a demanda da tutela jurisdicional do Estado, que causará a instauração do processo, com a convocação do réu; (b) o pedido de uma providência contra o réu, que será objeto do julgamento final da sentença de mérito. Por isso mesmo, 'petição inicial e sentença são os atos extremos do processo. Aquela determina o conteúdo desta. Sentential debet esse libello conformis. Aquela, o ato mais importante da parte que reclama a tutela jurídica do juiz; esta, o ato mais importante do juiz, a entregar a prestação jurisdicional que lhe é dirigida'".*

---

[1] A função jurisdicional somente é desenvolvida quando provocada. Nenhum juiz prestará a tutela jurisdicional senão quando a parte ou o interessado a requerer, nos casos e formas legais (art. 2º, CPC; art. 2º, NCPC).

[2] THEODORO JÚNIOR, Humberto. *Curso de direito processual civil*, v. 1, 25. ed., p. 355.

6.2 OS PROCEDIMENTOS NO PROCESSO DO TRABALHO

A reclamação trabalhista (petição inicial) é o meio material de que o cidadão dispõe para ativar a prestação jurisdicional, expondo a relação jurídica material controvertida e os seus fundamentos jurídicos e legais, além do requerimento da respectiva solução pelo Estado.

Existem três procedimentos no processo do trabalho, os quais são fixados em função do valor da causa: (a) sumário (dois salários mínimos, art. 2º, Lei 5.584/70);[3] (b) sumaríssimo (40 salários mínimos, art. 852-A, CLT); (c) ordinário (acima de 40 salários mínimos).

O valor da causa é critério obrigatório na fixação do procedimento.

Não existe a fixação de procedimentos pelo critério material.

Estão excluídas do procedimento sumaríssimo as demandas em que é parte a Administração Pública (direta, autárquica e fundacional) (art. 852-A, parágrafo único, CLT).

6.3 REQUISITOS DA PETIÇÃO INICIAL NO PROCESSO CIVIL

Na teoria geral do direito processual, a petição inicial deve observar três tipos de requisitos: (a) externos (forma) – como regra, a petição inicial deve ser elaborada por escrito. Somente em caráter excepcional admite-se o procedimento oral na postulação; (b) internos (conteúdo) – são divididos em: (1) relativos ao processo, ou seja, as informações necessárias na elaboração da petição inicial, tais como: o juízo a que é dirigida; os nomes, os prenomes, o estado civil, a existência de união estável, a profissão, o número de inscrição no CPF (Cadastro de Pessoas Físicas) ou no CNPJ (Cadastro Nacional da Pessoa Jurídica), o endereço eletrônico, o domicílio e a residência do autor e do réu; o valor da causa; as provas com que o autor pretende demonstrar a verdade dos fatos alegados (art. 319, I, II, V e VI, CPC); (2) relativos ao mérito: o fato e os fundamentos jurídicos do pedido; o pedido, com as suas especificações (art. 319, III e IV); (c) complementares – referem-se aos elementos que acompanham a petição inicial, tais como: documentos indispensáveis à propositura da demanda (art. 320); o instrumento de mandato do advogado que subscreve a peça (arts. 103 e 104) etc.

Caso não disponha das informações necessárias para a qualificação das partes, o autor poderá, na petição inicial, requerer ao órgão jurisdicional diligências necessárias a sua obtenção. Contudo, em qualquer hipótese, a inicial não será indeferida, caso: (a) a despeito da falta de informações, for possível a citação do réu; (b) se a obtenção de tais informações tornar impossível ou excessivamente oneroso o acesso à justiça (art. 319, §§ 1º a 3º).

---

[3]   O art. 2º, § 4º, da Lei 5.584 foi recepcionado pela CF/88, sendo lícita a fixação do valor da alçada com base no salário mínimo (Súm. 356, TST).

PARTE VI · Cap. VI – PETIÇÃO INICIAL | **517**

6.4 REQUISITOS DA PETIÇÃO INICIAL NO PROCESSO DO TRABALHO

6.4.1 Requisitos Externos

A petição inicial trabalhista pode ser escrita (datilografada, digitada ou manuscrita) ou verbal (art. 840, *caput*, CLT).

A peça deverá ser formulada em duas vias (art. 787), ou seja, uma cópia para o reclamante e a outra acompanhando a citação da reclamada. Se for o caso de mais de uma reclamada, será fornecida uma via para cada uma.

A petição inicial poderá ser apresentada: (a) pelos empregados e empregadores, pessoalmente, ou por seus representantes, e pelos sindicatos de classe; (b) por intermédio das Procuradorias Regionais do Trabalho (art. 839).

A petição inicial verbal será distribuída antes de sua redução a termo (art. 786, *caput*). Distribuída a reclamação,[4] o reclamante deverá, salvo por motivo de força maior, apresentar-se no prazo de cinco dias, ao cartório ou à secretaria, para reduzi-la a termo, sob pena de perda do seu direito de reclamar pelo prazo de seis meses (arts. 786, parágrafo único, e 731).

Não se admite a forma verbal para o inquérito para apuração de falta grave (art. 853).

A distribuição das petições iniciais será feita entre as varas do trabalho ou os juízes de direito, quando investidos da jurisdição trabalhista (arts. 668 e segs.), pela ordem rigorosa de sua apresentação ao distribuidor, quando o houver (art. 783).[5]

Feita a distribuição, a reclamação será remetida à vara ou juízo competente (art. 788).

O CPC não estabelece o pedido de citação do réu como requisito da petição inicial (art. 319).

O CPC inova ao estabelecer a opção do autor pela realização ou não de audiência de conciliação ou mediação (art. 319, VII). Citado requisito é inaplicável ao processo trabalhista (art. 2º, IV, IN 39, TST), visto que a audiência conciliatória é parte integrante do procedimento trabalhista (ordinário, sumaríssimo e sumário).

6.4.2 Requisitos Internos

Os requisitos internos da petição inicial (escrita) trabalhista são os seguintes: (a) a designação da vara do trabalho ou do juiz de direito,[6] a quem for dirigida; (b) a qualificação do reclamante e do reclamado; (c) uma breve exposição dos fatos de que resulte o dissídio

---

[4] É comum haver um funcionário que faça a redução a termo da reclamação verbal, não sendo necessário o interessado comparecer até a vara do trabalho.

[5] A distribuição é o meio de fixação de competência quando há mais de um órgão jurisdicional para conhecer o feito (art. 783, CLT; art. 284, CPC).

[6] Nas localidades não abrangidas pela jurisdição das varas do trabalho, os juízes de direito são os responsáveis pela administração da Justiça do Trabalho, observadas as regras de jurisdição que lhes for determinadas pela lei de organização judiciária local (art. 668, CLT).

(causa de pedir); (d) o pedido certo, determinado e com a indicação de seu valor; (e) a data e a assinatura do reclamante ou de seu representante. Se verbal, a reclamação será reduzida a termo, em duas vias datadas e assinadas pelo escrivão ou chefe da Secretaria (art. 840, §§ 1º e 2º, CLT, Lei 13.467/17).[7]

A diferença básica dos requisitos internos da petição inicial trabalhista em relação ao processo civil repousa nos seguintes aspectos: o requerimento do autor para a realização de audiência de conciliação ou de mediação e o requerimento de provas que se pretendem produzir.

Apesar da distinção que há entre o processo civil e o trabalhista, a prudência recomenda ao operador do Direito que observe em sua petição inicial os requisitos previstos no CPC (art. 319, CPC). Desnecessária a opção para a realização (ou não) de audiência de conciliação ou mediação, vez que esta é obrigatória na sistemática da CLT.

É importante frisar que, na reclamação trabalhista, em todos os procedimentos, os pedidos passaram a ser líquidos, com a Lei 13.467.

No procedimento sumaríssimo, além dos requisitos já citados, tem-se: (a) o pedido deverá ser certo ou determinado e indicará o valor correspondente; (b) não se fará a citação por edital, incumbindo ao autor a correta indicação do nome e endereço do reclamado (art. 852-B, I e II, CLT). O não atendimento de tais exigências importará no arquivamento da demanda (extinção sem resolução de mérito) e condenação do autor ao pagamento de custas sobre o valor da causa (arts. 840, § 3º, e 852-B, § 1º).

Pelo art. 12, IN 41, de 21/06/2018, TST, a nova redação do art. 840, CLT, somente é aplicável para os processos distribuídos a partir de 11 de novembro de 2017 (vigência da Lei 13.467 – Reforma Trabalhista).

6.4.2.1 Designação da Autoridade Judicial a Quem é Dirigida

A petição inicial, como mola propulsora do processo, deve ser encaminhada à autoridade judicial competente para apreciar a demanda trabalhista.

Nos locais onde se tem mais de um órgão jurisdicional competente, torna-se imperiosa a apresentação da petição inicial junto ao distribuidor (art. 783, CLT).

A competência territorial segue os parâmetros fixados no art. 651 da CLT, tendo como regra geral o local da prestação de serviços.

A competência material está delineada no art. 114 da CF e no art. 652, a, III, da CLT.

---

[7] "RECURSO DE REVISTA INTERPOSTO SOB A ÉGIDE DA LEI Nº 13.015/2014. INÉPCIA DA PETIÇÃO INICIAL. JULGAMENTO EXTRA PETITA. EQUIPARAÇÃO SALARIAL. DESVIO DE FUNÇÃO. O Processo do Trabalho rege-se pelo princípio da simplicidade e, nos termos do art. 840, § 1º, da CLT, basta que a inicial contenha breve exposição dos fatos, a fim de que o julgador proceda a seu enquadramento jurídico, e o pedido, tal como feito pelo reclamante. Recurso de revista não conhecido. ..." (TST – 8ª T. – RR 41600-15.2013.5.17.0012 – Rel. Min. Márcio Eurico Vitral Amaro – DJe 5/8/2016).

PARTE VI · Cap. VI – PETIÇÃO INICIAL | **519**

6.4.2.2 Qualificação das Partes

Quando da propositura da demanda trabalhista, se o reclamante for pessoa natural, a petição inicial indicará: (a) nome completo, sem abreviaturas; (b) estado civil; (c) profissão; (d) número de inscrição no Cadastro Nacional de Pessoas Físicas (CPF); (e) número do documento de identidade (RG) e respectivo órgão expedidor; (f) número da CTPS; (g) endereço completo, inclusive com Código de Endereçamento Postal (CEP); (h) domicílio eletrônico (*e-mail*); (i) se houver, nome completo do assistente ou do representante, sem abreviaturas, o respectivo número de CPF ou CNPJ e domicílio físico e eletrônico.

No caso do reclamante pessoa jurídica, as exigências são: (a) nome completo, sem abreviaturas; (b) número de inscrição no Cadastro Nacional de Pessoas Jurídicas (CNPJ); (c) endereço completo, inclusive com Código de Endereçamento Postal (CEP); (d) domicílio eletrônico; (e) nome do representante legal e sua qualificação; (f) no caso de Sindicato, o número de registro junto ao Ministério do Trabalho.

Para o reclamado pessoa jurídica, a petição inicial deve ter: (a) nome completo, sem abreviaturas; (b) número de inscrição no Cadastro Nacional de Pessoas Jurídicas (CNPJ); (c) nome completo, sem abreviaturas, e qualificação do representante legal; (d) endereço completo, inclusive com CEP; (e) domicílio eletrônico; (f) no caso de Sindicato, o número de registro junto ao Ministério do Trabalho.

Em se tratando de reclamado pessoa natural, a petição inicial conterá: (a) nome completo, sem abreviaturas; (b) número de inscrição no Cadastro Nacional de Pessoas Físicas (CPF); (c) número do documento de identidade (RG) e respectivo órgão expedidor; (d) endereço completo, inclusive com CEP; (e) domicílio eletrônico; (f) se houver, nome completo do assistente ou do representante, sem abreviaturas, o respectivo número de CPF ou CNPJ e domicílio físico e eletrônico.

Quando não se tem a possibilidade da obtenção dos dados acima indicados, a parte deverá indicar essa circunstância na petição e que o declarante responde pela veracidade da afirmação, sob as penas da lei.

Salvo impossibilidade que comprometa o acesso à justiça, a parte deverá informar, ao distribuir a petição inicial de qualquer ação judicial, o número no cadastro de pessoas físicas ou jurídicas, conforme o caso, perante a Secretaria da Receita Federal (art. 15, Lei 11.419/06).

Na Justiça do Trabalho, as partes possuem capacidade postulatória (*ius postulandi*), sendo dispensada a figura do advogado (art. 791, CLT, Súm. 425, TST). Contudo, devido à complexidade das questões jurídicas (materiais e processuais), não se recomenda a atuação sem a orientação e acompanhamento de profissional qualificado em qualquer das instâncias da Justiça do Trabalho.

O entendimento atual é que *ius postulandi* das partes é limitado às varas do trabalho e aos TRTs (instâncias ordinárias), não alcançando a ação rescisória, o mandado de segurança e os recursos de competência do TST (Súm. 425, TST).

Com a Lei 13.467/17, apesar de as partes manterem a capacidade postulatória das partes nos processos trabalhistas, a verba honorária advocatícia pela sucumbência será contemplada, caso sejam representadas por advogado constituído (art. 791-A, CLT).

Devidamente representado por advogado, compete ao mesmo declarar o endereço físico e eletrônico em que receberá intimações (art. 106, CPC). Não atendida essa determinação, antes de determinar a citação do réu, o juiz mandará que supra a omissão em 15 dias, sob pena de indeferimento da petição inicial (arts. 321 e 330, IV, CPC).

Se houver pedido expresso de que as intimações e publicações sejam realizadas exclusivamente em nome de determinado advogado, a comunicação em nome de outro profissional constituído nos autos é nula, salvo se constatada a inexistência de prejuízo (Súm. 427, TST).

Caso não disponha de informações ou dados do réu, o autor, na petição inicial, poderá requerer ao juiz diligências necessárias à sua obtenção.

A petição inicial não será indeferida se, a despeito da falta de informações ou dados pessoais do réu, for possível a citação, ou ainda se a obtenção de tais informações tornar impossível ou excessivamente oneroso o acesso à justiça.

6.4.2.3 Breve Exposição dos Fatos que Deram Origem ao Dissídio

Na exposição da petição inicial, o autor deverá explicar o fato e os fundamentos jurídicos de sua pretensão, de tal modo que resulte claro o pedido. Esse requisito é chamado de *causa petendi* ou fundamento jurídico.

A ausência da causa de pedir implica a inépcia da petição inicial (art. 330, I, § 1º, I, CPC).

O CPC e a CLT, quanto aos fundamentos do pedido, adotam a teoria da substanciação, em oposição à teoria da individualização.

Pela teoria da individualização, somente seria necessária, como fundamento do pedido, a indicação da natureza do direito violado (causa próxima).

A teoria da substanciação exige do autor, quando da propositura da demanda, a exata indicação dos fundamentos jurídicos (causa próxima), como também dos fundamentos fáticos constitutivos do direito violado (causa remota). Por exemplo: não basta a simples alusão a sobrejornada, sendo necessária a indicação do horário de trabalho, o qual justifique o direito ao pagamento das horas extras.

A exposição dos fatos deve ser clara e precisa, isto é, da narração dos fatos deve decorrer, logicamente, a conclusão, sob pena de inépcia da inicial (art. 330, I, § 1º, III, CPC).

Não se deve confundir fundamento jurídico com fundamento legal, pois o primeiro abrange os aspectos legais, doutrinários e jurisprudenciais embasadores do pedido. É de boa técnica, para o advogado, a indicação da norma legal violada, contudo, o magistrado não pode exigi-la. Em suma: a exposição correta e adequada dos fatos é mais do que suficiente para que o juiz possa deles extrair o direito aplicável: *da mihi factum, dabo tibi ius, iura novit curia.*

Humberto Theodoro Júnior[8] ensina: *"Não é obrigatória ou imprescindível à menção do texto legal que garanta o pretenso direito subjetivo material que o autor opõe ao réu.*

---

[8] THEODORO JÚNIOR, Humberto. Ob. cit., p. 356.

Mesmo a invocação errônea de norma legal não impede que o juiz aprecie a pretensão do autor à luz do preceito adequado. O importante é a revelação da lide através da exata exposição do fato e da consequência jurídica que o autor pretende atingir. Ao juiz incumbe solucionar a pendência, segundo o direito aplicável à espécie: iura novit curia."

Também é necessário que a parte, ao articular a sua causa de pedir (fundamentos: fático e jurídico) e os pedidos, tenha o esmero em evitar que se tenha: (a) pedidos incompatíveis entre si; (b) formulação de pedido indeterminado, ressalvadas as hipóteses legais em que se permite o pedido genérico (art. 330, § 1º, IV e II, CPC).

O uso do vernáculo (língua oficial) é obrigatório (art. 192, CPC); a exceção é o latim. Tecnicamente, expressões em outro idioma devem ser acompanhadas da versão em português.

6.4.2.4   Tutela Provisória

No âmbito da CLT, tem-se a previsão expressa da concessão de medidas de urgência para tornar sem efeito transferência (art. 469, CLT) considerada abusiva e para determinar a reintegração de dirigente sindical estável afastado, suspenso ou dispensado pelo empregador (art. 659, IX e X).

Nas demais situações, o reclamante deverá invocar os arts. 294 e segs. e 498 do NCPC. Isso poderá ocorre em situações como: (a) reintegração de empregado estável (legal, normativa ou contratual), com a fixação de multa diária; (b) levantamento dos depósitos fundiários por alvará judicial; (c) levantamento do seguro-desemprego por alvará judicial; (d) anotação do contrato de trabalho na CTPS; (e) anotação de baixa ou retificações na CTPS; (f) anotação de evolução salarial na CTPS; (g) fixação de multas, em dissídios coletivos, para que os grevistas mantenham parte dos serviços em caso dos serviços ou atividades essenciais (art. 11, Lei 7.783/89) etc.

O CPC/15 trata do tema de forma diversa daquela encontrada no CPC/73.

Dentro da nova sistemática legal, a tutela provisória pode ser de urgência (antecipatória ou cautelar) e de evidência, a qual poderá ser concedida em caráter antecipatório ou incidental em relação à ação principal (arts. 294 e segs., CPC). As ações cautelares nominadas deixam de existir.

A IN 39/16, TST, determina que são aplicáveis ao processo do trabalho os arts. 294 a 311, CPC (art. 3º, VI).

6.4.2.5   O Pedido

Pedido ou *petitum*, como expressão da pretensão do autor, é o objeto da demanda proposta em Juízo (objeto da ação e do processo).

Como decorrência lógica da causa de pedir, o pedido deve ser certo e determinado (com as suas especificações – art. 319, IV, CPC), sob pena de inépcia da inicial (art. 330, I e § 1º, I, CPC; art. 840, § 3º, CLT, Lei 13.467).

O pedido pode ser imediato (direto) ou mediato (indireto). O imediato consiste na própria providência jurisdicional solicitada, podendo ser de conhecimento (declaratória, constitutiva ou condenatória), cautelar, executória ou monitória. O mediato é a tutela de um bem jurídico (reparação do direito violado ou cessação de ameaça a direito), ou seja, aquilo que se pretende obter com a prestação jurisdicional. Por exemplo: o autor solicita a condenação (processo de conhecimento = pedido imediato ou direto) do empregador em horas extras não adimplidas na vigência do contrato de trabalho (direito subjetivo violado = pedido mediato ou indireto).

A petição inicial contém uma declaração de vontade, logo, o pedido está sujeito à interpretação.

Pela aplicação do princípio da iniciativa processual ou dispositivo (art. 2º, CPC), o juiz está adstrito ao pedido da parte, ou seja, deverá decidir a lide nos limites em que foi proposta, sendo-lhe defeso conhecer de questões, não suscitadas, a cujo respeito à lei exige a iniciativa da parte (arts. 141 e 492).

Os arts. 141 e 492, CPC, expressam o que a *"doutrina denomina de princípio da congruência, ou da correspondência, entre o pedido e a sentença. Ou seja, dado o princípio dispositivo, é vedado à jurisdição atuar sobre aquilo que não foi objeto de expressa manifestação pelo titular do interesse. Por isso, é o pedido (tanto o imediato como o mediato) que limita a extensão da atividade jurisdicional. Assim, considera-se* extra petita *a sentença que decidir sobre pedido diverso daquilo que consta da petição inicial.*

Será ultra petita *a sentença que alcançar além da própria extensão do pedido, apreciando mais do que foi pleiteado. E é* infra petita *a sentença que não versou sobre a totalidade do pedido, apreciando apenas parcela desta, sem, todavia, julgar tudo quanto tenha sido expressado no pedido. Claro que a limitação da sentença também diz respeito indiretamente à causa de pedir, pois, ao analisar o pedido, necessariamente deverá o julgador ter em vista os fatos e os fundamentos que lhe dão sustentáculo.*

Se a causa de pedir não integra o pedido, certamente o identifica. Assim, também é vedado ao juiz proferir sentença fundada em outra causa de pedir que não a constante da petição inicial".[9]

Para evitar o julgamento *extra*, *ultra* ou *citra petita*, deve o magistrado, em caso de dúvida, interpretar o pedido considerando o conjunto da postulação e o princípio da boa-fé (art. 322, § 2º, CPC/15). O CPC/15 não mais adota uma visão literal de que os pedidos deveriam ser interpretados de forma restritiva (art. 293, CPC/73).

É importante lembrar que existem pedidos implícitos, os quais são conhecidos pelo juiz, independentemente da solicitação expressa da parte: multa do art. 467 da CLT (a multa de 50% quanto aos títulos rescisórios incontroversos não adimplidos quando da audiência inaugural); pagamento da indenização em dobro, quando se torna inviável a reintegração (art. 496, CLT; Súm. 396, II, TST); juros legais (art. 322, § 1º, CPC; Súm. 211, TST); correção monetária (Súm. 211, TST); honorários advocatícios (art. 85, CPC; art. 322, § 1º, CPC; o art. 791-A, CLT, pela Lei 13.467, passou a prever os honorários

---

9   WAMBIER, Luiz Rodrigues; ALMEIDA, Flávio Renato Correia; TALAMINI, Eduardo. *Curso avançado de processo civil*, v. 1, 8. ed., p. 280.

advocatícios sucumbenciais na Justiça do Trabalho – exigência aplicável aos processos trabalhistas ajuizados após 11 de novembro de 2017, art. 6º, IN 41/7s7, de 21/06/2018).[10]

Ainda, quanto aos pedidos implícitos, surge uma indagação: o reconhecimento do vínculo empregatício pode ser caracterizado como um pedido implícito?

A essa indagação, Manoel Antonio Teixeira Filho[11] ensina: *"Se o autor, narrar (de modo satisfatório) os fatos pelos quais se considera empregado do réu, e, em seguida, pedir a condenação deste ao pagamento, como dissemos, de aviso-prévio, férias, 13º salário, horas extras e o mais, é razoável, é sensato, é necessário inferir que esta condenação pressupõe o reconhecimento jurisprudencial do fato básico, que é a existência da pretendida relação de emprego. Não se nega que, num estágio ideal, em ações dessa natureza o primeiro pedido que o autor deveria formular seria o de declaração da presença da relação de emprego, após o que deduziria os demais, dela oriundos. A simpleza do procedimento trabalhista, todavia, não só justifica, senão que, de certa maneira, exige que se considere aí implícito o pedido básico, a que aludimos. Em outras situações, esse pedido implícito quanto ao vínculo de emprego chega a estar compreendido no de 'anotação da CTPS': aqui, o que o autor está a pretender, em linguagem menos técnica, é justamente um provimento jurisdicional declaratório da existência da alegada relação de emprego."*

Como dito, o NCPC, quando da análise da inicial, fixa que a interpretação do pedido deve considerar o conjunto da postulação e o princípio da boa-fé (art. 322, § 2º), logo, se a petição inicial contiver todos os elementos fáticos (causa de pedir), os quais configuram a existência do vínculo de emprego, nada obsta que possa ser inferido como implícito o seu pedido de reconhecimento.

6.4.2.5.1 Requisitos do Pedido

O pedido deve ser certo (expresso) e determinado (aspectos qualitativos e quantitativos) (arts. 322 e 324, CPC). Não se admite pedido tácito ou não expresso. Determinado é o pedido delimitado em sua qualidade e quantidade (valores líquidos) (art. 324).

Não só o pedido imediato (direto), como também o mediato (indireto), deve ser expresso e determinado. O autor solicitará a tutela condenatória (imediato) e o pagamento das horas extras (certo), indicando-se os seus respectivos valores (determinado).

De acordo com o art. 330, § 1º, II, CPC, a petição inicial será indeferida quando o pedido for indeterminado, ressalvadas as hipóteses em que se permite o pedido genérico (art. 324, § 1º, I a III).

No processo civil, por regra, quando o autor tiver formulado obrigação de pagar quantia, ainda que em pedido genérico, o juiz deverá fixar a extensão da obrigação, o índice de correção monetária, a taxa de juros, o termo inicial de ambos e a periodicidade

---

[10] As alterações do art. 791-A, § 4º, CLT, pela Lei 13.467/17, são objeto da ADI 5766, perante o STF (Rel. Min. Roberto Barroso).

[11] TEIXEIRA FILHO, Manoel Antonio. *Cursos de processo do trabalho*: perguntas e respostas sobre assuntos polêmicos em opúsculos específicos: nº 1 petição inicial, p. 31.

da capitalização dos juros (art. 491, caput, CPC). Isso equivale a dizer que o magistrado, quanto ao valor do principal, deverá indicar o valor expresso da condenação (ideia análoga à do art. 459, parágrafo único, CPC/73).

Para Wagner Giglio,[12] *"a aplicação do art. 459, parágrafo único do CPC aos processos trabalhistas parece-nos irrecusável: Há omissão da legislação específica e perfeita compatibilidade com as normas e princípios do Direito Processual do Trabalho, que enfatizam a celeridade do procedimento, visada pela regra do CPC (cf., art. 769 da CLT). O pedido tem que ser sempre e necessariamente certo. Pedido incerto vicia a petição inicial e não pode ser admitido, pois impossibilitaria sentença, que deve ser certa, nos termos do art. 461 do CPC. Não se conceberia, aliás, sentença incerta. Em decorrência reputamos infeliz a redação do art. 459, § 1º, em estudo: Ao se referir a pedido certo quis obviamente dizer de valor determinado, ou seja, a pedido líquido".*

Mesmo quando a petição inicial formula um pedido líquido, as sentenças trabalhistas não indicam os valores do principal quanto aos títulos deferidos, relegando para a liquidação o *quantum debeatur*. Isso é decorrência da combinação de vários fatores: o elevado número de processos, logo, de várias sentenças a serem prolatadas pelo magistrado; falta de funcionários habilitados para os cálculos; a impugnação na defesa quanto aos cálculos da inicial; o número exagerado de pedidos nas iniciais trabalhistas etc.

No caso do procedimento sumaríssimo,[13] obrigatoriamente, a parte deverá indicar o valor correspondente de cada pedido (art. 852-B, I, CLT), sob pena de arquivamento da reclamação e condenação ao pagamento de custas sobre o valor da causa (art. 852-B, § 1º).

---

[12] GIGLIO, Wagner. Ob. cit., p. 163.

[13] Manoel Antonio Teixeira Filho objeta: "Qual o efeito prático de impor-se ao autor a fixação dos valores dos pedidos formulados? Quase nenhum. Entretanto, as dificuldades que o autor terá para desincumbir-se desse encargo processual serão de grande monta, a começar pelo fato de as iniciais trabalhistas conterem um número expressivo de pedidos, não sendo desarrazoado dizer que chegam a dezenas. Aliás, como proceder quando o trabalhador estiver fazendo uso da capacidade postulatória (*ius postulandi*) que (supostamente) ainda lhe atribui o art. 791, *caput*, da CLT? Nada obstante a sua eventual incidência de regras jurídicas e da consequente falta de domínio da técnica da elaboração de cálculos, será dele a responsabilidade pela indicação dos valores dos pedidos, ou essa incumbência será transferida ao serventuário do juízo que estiver reduzindo a termo a reclamação (CLT, art. 840, § 2º), sobrecarregando, com isso, ainda mais, os serviços judiciários? Com a palavra, o legislador. Ainda: se bem pensarmos, veremos que a Lei em estudo é iníqua, pois impõe àquele que formula pedidos de pequena monta (causa igual ou inferior a quarenta salários-mínimos), e que, talvez, esteja atuando sem advogado, o sacrifício de demonstrar, já na inicial, um a um, os pertinentes valores dos pedidos, ao passa que dispensa desse encargo o autor que está deduzindo pretensões de elevado valor (acima de quarenta salários-mínimos) e que, provavelmente, esteja representando por advogado. Se a Lei nº 9.099/95 (art. 14, § 1º, inciso III), em que se inspirou o legislador trabalhista, impõe a indicação do valor do pedido é porque, lá, de modo geral, as petições iniciais contêm um ou dois pedidos, em média, de tal modo que as dificuldades do autor, naquele processo (civil), são muito menores do que as que terá o trabalhador no procedimento sumaríssimo, levando-se em conta, como salientamos, a enorme quantidade de pedidos que as iniciais, aqui, geralmente enfeixam. Não basta, porém, a crítica: é indispensável o oferecimento da solução. Ei-la, pois: sempre que, em virtude da natureza dos fatos alegados, ou de

PARTE VI · Cap. VI – PETIÇÃO INICIAL | **525**

Como já ocorria com o procedimento sumaríssimo, a partir da vigência da Lei 13.467, os pedidos precisam ser líquidos em todos os procedimentos trabalhistas (reclamação escrita) (art. 840, § 1º), sob pena de arquivamento da reclamação (resolução sem julgamento de mérito) e condenação ao pagamento de custas sobre o valor da causa (art. 840, § 3º).

6.4.2.5.2 Pedidos Determinados e Genéricos

Pedido determinado é o que está definido em suas qualidades e quantidades. Por sua vez, pedido genérico é aquele indeterminado na sua quantidade, contudo, determinado na sua qualidade.

O objeto imediato do pedido não pode ser genérico. Mesmo que a parte não tenha condições de quantificar o seu pedido, deve formular, expressamente, o tipo de prestação jurisdicional invocada.

É lícito, porém, formular pedido genérico mediato (indireto): (a) nas ações universais, se não puder o autor individuar os bens demandados; (b) quando não for possível determinar, desde logo, as consequências do ato ou do fato ilícito; (c) quando a determinação do objeto ou do valor da condenação depender de ato que deva ser praticado pelo réu (art. 324, *§ 1º*, I a III, CPC).

No processo trabalhista, não é muito comum a presença das ações universais,[14] o que é possível quanto às demais hipóteses: (a) as ações de reparação de ato ilícito pelo acidente de trabalho, no caso de culpa ou dolo do empregador (art. 7º, XXVIII, CF); (b) as ações de prestação de contas ajuizadas pelo empregador contra o empregado.

Em tais situações, não é possível ao autor mensurar o valor do pedido da indenização (perdas e danos; lucros cessantes) ou dos valores devidos pelo empregado pela prestação de contas.

Pelo CPC, o réu, quando da formulação da sua reconvenção, também deverá observar a regra dos pedidos genéricos na elaboração do pedido reconvencional (art. 324, § 2º). Citado dispositivo é compatível com o processo trabalhista.

---

outras circunstâncias da causa, não for possível ao autor mencionar, na inicial, o valor dos pedidos formulados, deverá ressalvar esse fato, cumprindo ao juiz aceitar a petição como foi apresentada, sem fazer uso da sanção prevista no § 1º do art. 852-B ('arquivamento da reclamação', *sic*), hipótese em que a sentença, sendo condenatória, cuidará de fixar os valores – sempre que isso for possível, acrescente-se. Mesmo que a nossa sugestão não venha a ser acatada (de tal maneira que o autor deverá formular pedidos líquidos, ainda que não disponha de elementos para isso...), caberá ao juiz assinalar-lhe prazo razoável para essa providência (os dez dias previstos no art. 284, *caput*, do CPC são muito longos), vindo a indeferir a petição inicial (CPC, art. 295, inciso VI), com a consequente extinção do processo sem julgamento do mérito (CPC, art. 267, I), somente quando o mencionado despacho não for atendido" (*O procedimento sumaríssimo no processo do trabalho*, p. 55).

[14] Ações universais são as que versam sobre coisas coletivas de fato (rebanho, gêneros reunidos num armazém) ou de direito (coisas corpóreas ou incorpóreas que reunidas formam um patrimônio, uma herança).

6.4.2.5.3 Pedido Fixo

Pedido fixo é o que consiste em um só resultado imediato e mediato, como, por exemplo, o pagamento da indenização adicional (art. 9º, Lei 7.238/84).

6.4.2.5.4 Pedido Alternativo

O pedido será alternativo, quando, pela natureza da obrigação, o devedor puder cumprir a prestação de mais de um modo (art. 325, caput, CPC).

Quando, pela lei ou pelo contrato, a escolha couber ao devedor, o juiz lhe assegurará o direito de cumprir a prestação de um ou de outro modo, ainda que o autor não tenha formulado pedido alternativo (art. 325, parágrafo único).

O pedido alternativo é uma decorrência da obrigação alternativa (arts. 252 a 256, CC).

No processo trabalhista, temos como exemplos de pedidos alternativos: a comprovação dos recolhimentos fundiários, sob pena de pagamento da indenização equivalente; o fornecimento das guias do seguro-desemprego, sob pena de pagar a quantia equivalente ao benefício prejudicado.

6.4.2.5.5 Pedidos Subsidiários

O autor pode acumular com o pedido principal um outro pedido, o qual é denominado sucessivo, para que seja conhecido pela impossibilidade do conhecimento do primeiro (art. 326, caput, CPC). Trata-se da cumulação subsidiária, em que o autor tem preferência pelo primeiro pedido, contudo, se este não puder ser concedido, que se tenha o exame do outro pedido.

O CPC permite que o autor, quando da formulação do seu elenco de pedidos, possa apresentar, simultaneamente, pedidos alternativos e subsidiários (art. 326, parágrafo único). Nesse caso, o que se tem é uma cumulação alternativa, em que o autor formula mais de um pedido, contudo, não indica por qual é que se tem a preferência. A opção fica a critério do juiz.

Apesar da cumulação alternativa na formulação dos pedidos subsidiários, não devemos confundir pedidos subsidiários com os alternativos.

No pedido subsidiário ou sucessivo, a alternância está presente apenas na forma e não na sua essência, o que não ocorre no pedido alternativo, onde a obrigação poderá ser cumprida pela forma desejada pelo devedor.

No processo trabalhista, como exemplos de pedidos subsidiários, tem-se: (a) reintegração, decorrência de uma estabilidade legal ou contratual ou a sua conversão em pecúnia (art. 496, CLT); (b) o tempo à disposição, como hora extra ou a aplicação analógica do sobreaviso do trabalhador ferroviário (art. 244).

6.4.2.5.6 Pedido Único e Pedidos Cumulados

Em tese, para cada ação corresponde um determinado pedido. Contudo, é lícita a cumulação, num único processo, contra o mesmo réu, de vários pedidos, ainda que entre eles não haja conexão (art. 327, *caput*, CPC). Isso é uma decorrência da aplicação dos princípios da economia e celeridade processuais.

São requisitos de admissibilidade da cumulação dos pedidos: (a) compatibilidade; (b) competência do juízo; (c) adequação do tipo de procedimento (art. 327, § 1º, I a III)

Quando, para cada pedido, corresponder tipo diverso de procedimento, será admitida a acumulação se o autor empregar o procedimento comum, sem prejuízo do emprego das técnicas processuais diferenciadas previstas nos procedimentos especiais a que se sujeitam um ou mais pedidos cumulados, que não forem incompatíveis com as disposições sobre o procedimento comum (art. 327, § 2º).

No processo civil, a regra é de um pedido para cada ação, o que não ocorre no processo do trabalho. Na seara trabalhista, qualquer que seja a natureza do procedimento (ordinário, sumário ou sumaríssimo), a prática forense trabalhista indica a presença de vários pedidos acumulados (em uma só demanda), tais como: verbas rescisórias; horas extras e incidências; adicional de insalubridade e/ou periculosidade e reflexos; reconhecimento do contrato de trabalho e anotações na CTPS etc.

Não será possível, no processo do trabalho, a acumulação, se o órgão jurisdicional não for o competente. Por exemplo: *"o servidor celetista que passa à condição de estatutário por força de conversão legal de regime jurídico de trabalho e cumula pedido de FGTS (relativo ao regime celetista) e quinquênio (relativo ao regime estatutário). Neste caso, tendo em vista que o entendimento do STF de que a ação oriunda da relação de trabalho de natureza institucional ou administrativa é da competência da Justiça Comum, a solução que nos parece mais adequada é julgar extinto o último pedido, por ausência de pressuposto de desenvolvimento válido do processo no âmbito da Justiça do Trabalho"*.[15]

6.4.2.5.7 Pedido de Prestações Sucessivas

Quando a obrigação consistir em prestações sucessivas, essas serão consideradas incluídas no pedido, independentemente de pedido expresso da parte, devendo ser incluídas na condenação, enquanto durar a obrigação, se o devedor, no curso do processo, deixar de pagá-las ou de consigná-las (art. 323, CPC).

No processo do trabalho, devemos observar: (a) nas prestações sucessivas por tempo determinado, a execução pelo não pagamento de uma prestação compreenderá as que lhe sucederem (art. 891, CLT); (b) tratando-se de prestações sucessivas, por tempo indeterminado, a execução compreenderá inicialmente as prestações devidas até a data do ingresso na execução (art. 892).

Nas petições iniciais trabalhistas, diante do pedido de prestações sucessivas, como o contrato de trabalho é de atividade (é necessária a prestação de serviços para a obtenção dos direitos subjetivos trabalhistas), se o empregado continuar a laborar, mesmo após a prolação da sentença, as parcelas vincendas deverão ser apuradas por artigos de liquidação. Exemplo: a apuração da hora extra pela supressão do horário de intervalo

---

[15]   LEITE, Carlos Henrique Bezerra. *Curso de direito processual do trabalho*, 4. ed., p. 400.

(art. 71, CLT; Súm. 437, TST) em parcelas vincendas, após a sentença, não exige que seja demonstrado, em liquidação de sentença, que o trabalhador continua a laborar sem a concessão do intervalo. Há uma presunção de que são mantidas as mesmas condições de trabalho anteriores ao momento da condenação. Caso tenha ocorrido alteração, caberá ao executado alegá-la e comprová-la em liquidação de sentença.

"EXECUÇÃO. HORAS EXTRAS. PARCELAS VINCENDAS. A teor do disposto no art. 290 do CPC, aplicado subsidiariamente ao processo do trabalho, enquanto o contrato de trabalho estiver em vigor com as mesmas condições de trabalho, a condenação não pode ser limitada a data do ajuizamento. O executado não comprovou, sequer alegou, que houve alteração na forma de labor. Nesse contexto, apesar das horas extras deferidas dependerem das circunstâncias em que o labor é prestado, não havendo prova de que houve alteração das condições de trabalho, presume-se que perdura a mesma situação fática analisada pela sentença. O TST tem entendimento pacificado de que não ofende a coisa julgada a decisão proferida em execução quando há necessidade de se interpretar o título executivo judicial ou quando os limites da condenação não estiverem expressamente delineados na sentença de conhecimento (inteligência da OJ 123 da SDI-2 do TST e da OJ 262 da SDI-1 do TST) (AP-0011048- 70.2013.5.18.0002, Rel. Des. Iara Teixeira Rios, Tribunal Pleno, 09/09/2015)" (TRT – 18ª R. – 4ª T. – AP 0003097-50.2012.5.18.0102 – Relª Silene Aparecida Coelho – DJe 12/4/2016 – p. 291).

6.4.2.5.8 Pedido com Cominação

Se o autor pedir que seja imposta ao réu a abstenção da prática de algum ato, tolerar alguma atividade, prestar ato ou entregar coisa, poderá requerer cominação de pena pecuniária para o caso de descumprimento da sentença ou da decisão antecipatória de tutela (arts. 500 e 537, NCPC).

A sentença relativa à obrigação de fazer ou não fazer deve ser cumprida de acordo com o art. 500, CPC, observando-se o disposto no Capítulo VI – "Do Cumprimento de Sentença que reconheça a exigibilidade de obrigação de fazer, de não fazer ou de entregar coisa" (arts. 536 e segs.).

O valor da multa poderá ser modificado pelo juiz da execução, verificado que: (a) se tornou insuficiente ou excessivo o valor; (b) o devedor demonstrou cumprimento parcial superveniente da obrigação ou justa causa para o descumprimento (art. 537, § 1º, I e II).

Na execução de obrigação de fazer ou não fazer, fundada em título extrajudicial, o juiz, ao despachar a inicial, fixará multa por dia de atraso no cumprimento da obrigação e a data a partir da qual será devida (art. 814, *caput*), inclusive, com a possibilidade da redução da multa se o seu valor for excessivo (art. 814, parágrafo único).

Tais dispositivos são aplicáveis ao processo trabalhista, ante a aplicação subsidiária do processo civil, de acordo com a inteligência do art. 769 da CLT (art. 15, CPC).

No processo trabalhista, é comum a solicitação do pedido cominatório para a entrega das guias do fundo de garantia e do seguro-desemprego, como também nos pedidos de antecipação de tutela para a reintegração de empregador portador de estabilidade legal ou contratual.

PARTE VI · Cap. VI – PETIÇÃO INICIAL | 529

6.4.2.6 Requerimentos na Reclamação Trabalhista

6.4.2.6.1 Opção do Autor por Audiência de Conciliação ou de Mediação

Na nova sistemática processual, o autor deverá indicar a opção pela realização de audiência de conciliação ou de mediação (art. 319, VII, CPC).

A exigência legal procura valorizar os meios alternativos de solução de conflitos.

Contudo, considerando as peculiaridades do processo do trabalho, o requisito é desnecessário, vez que a audiência conciliatória trabalhista realizada pelo magistrado é obrigatória (art. 846, CLT) (art. 2º, IV, IN 39/16, TST).

6.4.2.6.2 Citação

Como regra, o requerimento da citação no processo do trabalho é desnecessário (art. 840, CLT), uma vez que não se tem o recebimento da petição inicial pelo magistrado do trabalho e o mandado de citação é expedido pela vara do trabalho (citação pelo correio).

Na vigência do CPC/73, o requerimento de citação de forma expressa era requisito da petição inicial no processo civil (art. 282, CPC).

Em situações diferenciadas do dia a dia, as quais podem ensejar uma citação de forma diversa (por oficial ou edital), esta deve ser requerida e justificada logo de início.

Na prática forense, essa situação exigirá do advogado um acompanhamento diferenciado, podendo se fazer necessário um novo requerimento direto ao juiz competente.

6.4.2.6.3 Assistência Judiciária Gratuita

Como mecanismo de acesso e efetividade da jurisdição, o Estado prestará a assistência judiciária integral e gratuita aos que comprovarem insuficiência de recursos (art. 5º, LXXIV, CF), atribuindo tal delegação à Defensoria Pública (art. 134, CF; art. 185, CPC).

Sugerimos a leitura do item 4.3.3 da Parte VI da presente obra.

6.4.2.6.4 Intervenção do Ministério Público do Trabalho

No exercício de suas atribuições constitucionais (arts. 127 e 129, CF) e defesa dos interesses metajurídicos (difusos, coletivos e individuais homogêneos), o Ministério Público do Trabalho intervém no processo do trabalho de natureza individual em situação envolvendo incapazes, acidente do trabalho (com interesse coletivo), ambiente do trabalho etc. (LC 75/93; arts. 176 e segs., CPC).

6.4.2.6.5 Provas

Como regra, as provas somente serão deferidas em audiência, com a fixação da *litiscontestatio*, de e modo que, na petição inicial, o reclamante se limita a fazer um protesto genérico de provas (art. 319, VI, CPC).

É muito comum a necessidade de exibição de documentos. Por ser uma relação jurídica na qual o empregador é o detentor dos documentos, até para fins da fiscalização do trabalho, quando tais documentos forem necessários ao processo, o reclamante deverá fazer uso do pedido de exibição de documento (art. 396), como controle de frequência.

6.4.2.6.6 Despesas Processuais

Como regra, não há despesas processuais realizadas antes da postulação judicial, por falta de previsão legal.

As custas processuais serão pagas quando da interposição do recurso ou ao final do processo (arts. 789 segs., CLT), de modo que não existem custas processuais no momento da distribuição da ação.

Ao contrário do que ocorre no processo civil (justiça estadual e na federal), no processo trabalhista, por falta de amparo legal, também não há despesas de juntada do instrumento do mandato e diligência de oficial de justiça.

6.4.2.6.7 Honorários Advocatícios

Com a Lei 13.467/17, no processo do trabalho, ao advogado, ainda que atue em causa própria, serão devidos honorários de sucumbência.

Sugerimos a leitura do item 4.3.4 da Parte VI da presente obra.

6.4.2.6.8 Assinatura do Autor ou de seu Representante

O último requisito interno da petição inicial trabalhista escrita é a assinatura do reclamante (*ius postulandi*) ou do representante, a quem delegou a capacidade postulatória da qual é detentor, na Justiça do Trabalho.

6.4.3 A Petição Inicial e o Valor da Causa no Processo Trabalhista

6.4.3.1 *Conceitos*

As expressões "valor de alçada", "valor da causa" e "valor da condenação" não se confundem.

O valor de alçada indica a competência atribuída ao juízo, em face do valor da causa. Nesse sentido, Plácido e Silva[16] pondera: *"Pereira e Sousa a definia como a 'a quantia, além da qual não se pode julgar'. Desse modo, alçada, em linguagem forense, quer significar a competência atribuída ao juiz, em face do valor da causa proposta, respeitada a que for cometida à jurisdição privativa. Indica, pois, o limite da jurisdição."*

Valor da causa é a importância pecuniária que se atribui ao pedido. Não sendo conhecido, deverá ser calculado por estimativa.

---

[16] SILVA, De Plácido e. *Vocabulário jurídico*, v. 1, 6. ed., p. 101.

PARTE VI · Cap. VI – PETIÇÃO INICIAL | 531

Valor da condenação é o montante estabelecido pelo juízo, quando da prolação da sentença, para o cálculo das custas processuais. Esse valor também atua como critério de referência para o recolhimento do depósito recursal.

No processo civil, o valor da causa deve ser indicado na petição inicial (art. 319, V, CPC).

De forma explícita, a CLT não contempla o valor da causa como requisito (art. 840), contudo, é louvável a aplicação subsidiária do CPC.[17]

Quanto ao valor da causa, ante a omissão da CLT, aplicam-se, subsidiariamente, os arts. 291 e 292, CPC, a saber: (a) para toda demanda será atribuído um valor certo, ainda que não tenha conteúdo econômico imediato; (b) o valor da causa constará da petição inicial ou da reconvenção e será: (1) na ação de cobrança de dívida, a soma monetariamente corrigida do principal, dos juros de mora vencidos e de outras penalidades, se houver, até a data da propositura da ação; (2) quando o litígio tiver por objeto a existência, a validade, o cumprimento, a modificação, a resolução; (3) resilição ou a rescisão de ato jurídico, o valor do ato ou o de sua parte controvertida; (4) na ação de alimentos, a soma de doze prestações mensais pedidas pelo autor; (5) na ação de divisão, de demarcação e de reivindicação o valor de avaliação da área ou bem objeto do pedido; (6) nas ações indenizatórias, inclusive as fundadas em dano moral, o valor pretendido; (7) havendo cumulação de pedidos, a quantia correspondente à soma dos valores de todos eles; (8) sendo alternativos os pedidos, o de maior valor; (9) se houver também pedido subsidiário, o valor do pedido principal; (10) quando se pedirem prestações vencidas e vincendas, será considerado o valor de todas as parcelas, observando que o valor das prestações vincendas será igual a uma prestação anual, se a obrigação for por tempo indeterminado ou por tempo superior a um ano; se, por tempo inferior, será igual à soma das prestações.

Nas ações plúrimas, as custas incidem sobre o respectivo valor global (Súm. 36, TST).[18]

---

[17] Mauro Schiavi ensina que apesar do art. 840 da CLT não exigir a indicação do valor da causa como parte obrigatória da petição inicial, recomenda-se a sua indicação, visto que o valor da causa é quem "determina o procedimento a ser seguido: Ordinário (CLT), Sumário (Lei n. 5.584/70) ou Sumaríssimo (Lei n. 9.957/00). Embora alguns sustentem que não há tal obrigação da parte, pois ele pode ser fixado pelo Juiz do Trabalho, conforme a Lei n. 5.84/70, acreditamos que tal argumento não seja suficiente, uma vez que, após a Lei 9.957/00, fica muito difícil sustentar tal entendimento, já que a parte deve, nas causas cujo valor atinja 40 salários-mínimos, liquidar os pedidos" (*Manual de direito processual do trabalho*, 3. ed., p. 438).

[18] "O objetivo do Enunciado foi o de dar tratamento como se fosse um único processo (sinônimo de lide). Todavia, a regra só tem assento quando se cuidar de arquivamento pela ausência dos autores ou desistência de todos ou mesmo renúncia por todos os autores. Em se prosseguindo normalmente na instrução e julgamento, o valor dado à causa passa a ser considerado tão somente para efeito de determinar ou não a alçada recursal, desligando-se do valor das custas, que passará a ser informado por outras realidades do processo. Assim, em havendo condenação, as custas poderão ser fixadas em valor maior (totalmente procedentes os pedidos, considerando-se juros e correção monetária e o tempo decorrido) ou em valor menor (procedência parcial dos pedidos)" (OLIVEIRA, Francisco Antonio de. *Comentários aos enunciados do Tribunal Superior do Trabalho*, 3. ed., p. 100).

Devemos, ainda, estabelecer o valor da causa em função de processos especiais, a saber: ação rescisória, dissídio coletivo, mandado de segurança e reconvenção: *"Ação rescisória – No processo civil o valor da causa na ação rescisória é de grande importância, pois o depósito prévio sobre ele é calculado. No processo do trabalho, embora não seja exigido o depósito prévio, também tem sua importância para fins de alçada e cálculo de custas processuais. O valor a ser fixado para a ação rescisória deve ser o valor da sentença geradora da coisa julgada que se pretende desconstituir. Se a desconstituição pretendida é apenas parcial, o valor deverá ser o correspondente a esta parte.*

Dissídio coletivo – Como no dissídio coletivo pretende-se o estabelecimento de normas e condições de trabalho ou a interpretação de uma norma preexistente, torna-se praticamente impossível o estabelecimento de um valor pecuniário para a pretensão. Por isso, é dispensável a indicação do valor da causa na representação, como também o juiz (Presidente do Tribunal ou Juiz Relator) não necessita fixá-lo. Apenas para condenação em custas tem sido praxe os Tribunais estabelecerem, discriminatoriamente, um valor ao terminar o julgamento.

Mandado de segurança – No mandado de segurança pleiteia-se apenas que se proteja direito líquido e certo; os efeitos patrimoniais só poderão ser cobrados em ação própria. Por isto a dação de um valor à causa não teria o menor sentido, por incompatibilidade, eis que, pela sua própria natureza, o pedido não é passível de avaliação pecuniária imediata. Entretanto, a jurisprudência tem entendido, uniformemente, que se lhe deve atribuir um valor, o mais aproximado possível da tradução pecuniária do direito que se pretende garantir. [...]

Reconvenção – A reconvenção também deverá ter um valor, fixado nos mesmos parâmetros da petição inicial do processo onde for oferecida. O valor da causa, dado na reconvenção, não tem qualquer relação com o valor dado ao processo principal: é autônomo, como o é a própria reconvenção. Por analogia com o valor dado à ação principal, deverá ser dado pelo réu ou fixado pelo Juiz, podendo sofrer as mesmas impugnações, estando sujeito ao mesmo recurso."[19]

Nos dissídios individuais trabalhistas, o valor da causa é importante para se determinar o procedimento a ser aplicável (ordinário, sumário ou sumaríssimo), além do cabimento ou não do recurso.

Nos termos do art. 789, CLT, as custas processuais são calculadas sobre o valor da condenação fixado em sentença ou serão calculadas sobre o valor da causa (2%) quando: (a) houver extinção total do processo, sem julgamento do mérito, e o montante seja igual ou superior a R$ 532,00; (b) julgado totalmente improcedente o pedido, desde que o valor da causa seja igual ou superior a R$ 532,00; (c) no caso de procedência do pedido formulado em ação declaratória e em ação constitutiva, sobre o valor da causa, desde que o montante seja igual ou superior a R$ 532,00. Isso é possível para as situações em que haja um único pedido – declaratório ou constitutivo. Se a exordial tiver vários pedidos cumulados e líquidos (declaratórios, constitutivos e condenatórios), as custas serão

---

[19] CALLADO, Adriana; DAMASCENO, Fernando A. V. Notas sobre o valor da causa no processo do trabalho. *Revista LTr*, v. 59, nº 11, p. 1.511.

calculadas sobre a soma dos pedidos, se a decisão acolher os respectivos valores, ou, em caso contrário, sobre o valor arbitrado pelo juiz.

É importante ressaltar que, mesmo diante da procedência parcial nos dissídios individuais, as custas processuais serão pagas pelo vencido, não podendo haver a fixação de dois montantes distintos (art. 789, § 1º).

Ante a reformulação do art. 840, §§ 1º a 3º, pela Reforma Trabalhista (Lei 13.467/17), o art. 12, § 3º, IN 41, 22/06/2018, TST, dispõe que o valor da causa será estimado, observando-se, no que couber, o disposto nos arts. 291 a 293, CPC.

6.4.3.2 Procedimento Sumário e o Valor da Causa

O procedimento sumário é regulado pelo art. 2º, Lei 5.584/70, sendo aplicável às causas em que o valor da causa é igual ou inferior a dois salários-mínimos.[20]

Nenhum recurso caberá nos processos submetidos ao procedimento sumário, exceto se for o caso de matéria constitucional (art. 2º, § 4º).

A alçada não é aplicável às ações rescisórias e ao mandado de segurança (Súm. 365, TST).

A alçada é fixada no momento em que houver o ajuizamento da demanda, logo, será observado o valor do salário-mínimo vigente à referida data (Súm. 71, TST).

Se não houver a inserção do valor da causa na exordial, após a propositura da conciliação, restando a conciliação prejudicada e antes da instrução, caberá ao juiz fixá-lo.

Com a fixação do valor e diante de sua não reconsideração pelo magistrado, poderá a parte interessada pedir a revisão, no prazo de 48 horas, ao Presidente do TRT.

Pode o juiz alterar de ofício o valor da causa quando este já tenha sido inserido na exordial quando do ajuizamento, não tendo havido a impugnação da parte?

A resposta afirmativa colide com o teor da Súm. 71, TST, contudo, a posição é razoável, principalmente quando este valor não condiz com os pedidos solicitados.

O valor da causa deve ser a retratação exata dos pedidos que são solicitados em juízo. Como o procedimento previsto no art. 2º, Lei 5.584, é para as ações de pequeno valor, é inadmissível ferir o intuito do legislador, dando-se à causa valor inexpressivo, para que ao final a decisão não possa ser objeto do duplo grau de jurisdição.

Nesse sentido, Manoel Antonio Teixeira Filho[21] aduz: *"Postas estas considerações, como justificar-se a proibição de o juiz interferir no valor conferido à causa pela parte quando o próprio pedido líquido, por ela formulado, ultrapassava em cinco, dez, vinte ou mais vezes o que foi atribuído, pro forma, à causa? Estar-se-ia, com esta vedação, respeitando o mencionado propósito do legislador, quanto mais não seja diante da possibilidade de não se permitir a interposição de recurso da sentença que, acolhendo integralmente os pedidos,*

---

[20] O art. 2º, § 4º, Lei 5.584, foi recepcionado pela CF/88, sendo lícita a fixação do valor da alçada com base no salário-mínimo (Súm. 356, TST).

[21] TEIXEIRA FILHO, Manoel Antonio. *Sistema dos recursos trabalhistas*, 10. ed., p. 119.

irradia uma condenação centenas de vezes superior ao do salário-mínimo – malgrado tenha a parte atribuído, propositada e deslealmente, à causa valor que tornava a sentença irrecorrível? Seria prudente e acima de tudo compatível com o inalienável substrato ético do processo consentir-se que a parte se beneficiasse da própria torpeza?"

Qual é o recurso a ser interposto, quando o valor da causa correspondente ao limite de até dois salários-mínimos, e quando a matéria discutida na demanda é de índole constitucional?

É o caso de ajuizamento direto do recurso extraordinário, por aplicação da inteligência da Súm. 640 do STF.

Nos procedimentos sumários, não é cabível o recurso voluntário ou *ex officio* da decisão prolatada contra a União, os Estados-Membros, os Municípios, o Distrito Federal, as autarquias ou as fundações de direito público, mesmo em se tratando de questão constitucional (Súm. 303, TST).

Pelo CPC, de ofício e por arbitramento, o juiz deve corrigir o valor da causa quando verificar que não corresponde ao conteúdo patrimonial em discussão ou ao proveito econômico perseguido pelo autor (art. 292, § 3º). Citado dispositivo será aplicável ao processo do trabalho, ante a inteligência do art. 2º, Lei 5.584/70, sendo que a decisão poderá ser objeto de recurso (pedido de revisão).

O réu deve impugnar o valor da causa, em preliminar da contestação, pena de preclusão (art. 293, CPC).

6.4.3.3 Procedimento Sumaríssimo e o Valor da Causa

O procedimento sumaríssimo é aplicável aos dissídios individuais em que o valor da causa é igual ou inferior a 40 salários-mínimos (art. 852-A, *caput*, CLT).

Estão excluídas do procedimento sumaríssimo as demandas em que é parte a Administração Pública (direta, autárquica e fundacional) (art. 852-A, parágrafo único).

6.4.4 Documentos

A petição inicial trabalhista deverá estar acompanhada com os documentos necessários para a sua propositura (arts. 787, CLT, e 320, CPC), sob pena de sua inépcia (art. 330, I, § 1º, I).

A título exemplificativo, se o autor solicita diferenças salariais pela aplicação da norma coletiva da categoria (acordo ou convenção coletiva de trabalho), tais instrumentos normativos deverão acompanhar a peça exordial.

6.4.5 Petição Inicial e o Processo Eletrônico

A Resolução CSJT 185, de 24/3/2017, dispõe sobre a padronização do uso, governança, infraestrutura e gestão do Sistema Processo Judicial Eletrônico (PJe) instalado na Justiça do Trabalho e dá outras providências.

As partes ou terceiros interessados desassistidos de advogado poderão apresentar peças processuais e documentos em papel, segundo as regras ordinárias, nos locais

PARTE VI • Cap. VI – PETIÇÃO INICIAL | **535**

competentes para recebê-los, que serão inseridos nos autos eletrônicos pela unidade judiciária, em arquivo eletrônico que utilize linguagem padronizada de marcação genérica (art. 4º, Res. 185).

O peticionamento avulso, procedimento exclusivo para habilitação nos autos, deve ser utilizado somente por advogados que não tenham representação nos autos (art. 107, I, CPC), inabilitando-se, neste caso, a juntada de documentos (art. 5º, § 9º, Res. 185).

Ato do presidente do CSJT definirá o tamanho máximo dos arquivos e extensões suportadas pelo PJe (art. 12, Res. 185).

O PJe deve dispor de funcionalidade que permita o uso exclusivo de documento digital que utilize linguagem padronizada de marcação genérica, garantindo-se, de todo modo, a faculdade do peticionamento inicial e incidental mediante juntada de arquivo eletrônico *portable document format* (.pdf) padrão ISO-19005 (PDF/A), sempre com a identificação do tipo de petição a que se refere, a indicação do juízo a que é dirigida, nomes e prenomes das partes e número do processo.

O peticionamento não dispensa a petição redigida no editor de texto do PJe contendo a indicação do juízo a que é dirigida, nomes e prenomes das partes, número do processo, a identificação em sistema do tipo de petição a que se refere e a informação de que o conteúdo da petição está em arquivo eletrônico *portable document format* (.pdf) padrão ISO-19005 (PDF/A).

O agrupamento de documentos em um mesmo arquivo eletrônico *portable document format* (.pdf) sempre deverá corresponder a documentos de mesmo tipo, com classificação disponível no PJe.

Está autorizado o uso do tipo "documento diverso" apenas para agrupamento de documentos que não contenham tipo de documento específico no PJe.

É sempre necessário o preenchimento do campo "descrição", identificando-se resumidamente a informação correspondente ao conteúdo dos documentos agrupados, além dos períodos a que se referem, sendo vedada a descrição que não possibilite a correta identificação do conteúdo do arquivo.

A petição inicial conterá, além dos requisitos do art. 840, § 1º, CLT, a indicação do CPF ou CNPJ das partes, na forma do art. 15, *caput*, da Lei 11.419/06. No lançamento de dados do processo pelo usuário externo, sempre que possível serão fornecidos, na forma do art. 31, II, da Consolidação dos Provimentos da Corregedoria-Geral da Justiça do Trabalho (CPC-GJT): a) o CEI (Cadastro Específico do INSS contendo número da matrícula do empregador pessoa física); b) o número de identificação do trabalhador (NIT) perante o INSS; c) o PIS ou PASEP; d) o número da CTPS do empregado; e d) o CNAE (Classificação Nacional de Atividades Econômicas – código do ramo de atividade) do empregador (art. 19, Res. 185).

Na distribuição, o PJe fornecerá o número atribuído ao processo, o órgão julgador para o qual foi distribuído e, se for o caso, o local, a data e o horário de realização da audiência, da qual estará a parte autora imediatamente intimada.

Os dados da autuação automática serão conferidos pela unidade judiciária, que procederá, com determinação do magistrado e registro no PJe, à intimação da parte para alteração em caso de desconformidade com a petição e documentos.

A ausência de retificação dos dados da autuação automática, referente à petição inicial, no prazo de 15 dias, ensejará a aplicação do disposto no art. 321, parágrafo único, CPC.

A retificação dos dados da autuação será acompanhada de juntada automática de certidão contendo as alterações, inclusive quando houver inclusão ou exclusão de advogado ou parte.

As partes poderão atribuir segredo de justiça à petição inicial e sigilo à contestação, reconvenção, exceção, petições incidentais e aos documentos, desde que, justificadamente, fundamentem em uma das hipóteses do art. 770, *caput*, da CLT e dos arts. 189 e 773, CPC (art. 22, § 2º, Res. 185). O magistrado poderá determinar a exclusão de petições e documentos indevidamente protocolados sob sigilo, ou seja, as petições e os documentos enviados sem observância da Resolução CSJT 185 poderão ser indisponibilizados por expressa determinação do magistrado, com o registro de movimento e exclusão da petição e documentos, assinalando-se, se for o caso, novo prazo para a adequada apresentação da petição (arts. 22. § 3º, e 15, Res. 185).

Os tipos de classe, petição, documentos, movimentos e complementos de movimentos disponibilizados no PJe devem corresponder aos previstos nas tabelas processuais unificadas publicadas pelo CNJ, cujas alterações serão realizadas apenas pela Coordenação Técnica do Sistema PJe (CTPJe) no CSJT e disponibilizadas a cada nova versão do Sistema (art. 24, Res. 185).

6.5 INDEFERIMENTO DA PETIÇÃO INICIAL

No processo civil, se o juiz verificar que a petição inicial não atende aos requisitos exigidos nos arts. 319 e 320, CPC, ou que apresenta defeitos e irregularidades capazes de dificultar o julgamento de mérito, determinará que o autor a emende, ou a complete, no prazo de 15 dias, indicando com precisão o que deve ser corrigido ou completado (art. 321, *caput*).

Se o autor não cumprir a diligência, o juiz indeferirá a petição inicial (art. 321, parágrafo único).

No processo do trabalho, recebida e protocolada a reclamação, o serventuário da vara do trabalho, dentro de 48 horas, remeterá a segunda via da petição, ou do termo, ao reclamado, citando-o, ao mesmo tempo, para comparecer à audiência de julgamento, que será a primeira desimpedida, depois de cinco dias (art. 841, *caput*, CLT).

A citação será feita em registro postal com franquia. Se o reclamado criar embaraços ao seu recebimento, ou não for encontrado, será citado por edital, inserto no jornal oficial ou no que publicar o expediente forense, ou, na falta, afixado na sede da vara ou juízo (art. 841, § 1º).

O reclamante, normalmente, é intimado no ato da apresentação da reclamação, por via postal ou por meio de publicação no Diário Oficial Eletrônico (quando está representado por advogado particular ou da entidade sindical profissional).

Pela sistemática processual trabalhista, ao contrário do que ocorre no processo comum, o juiz não tem contato com a peça inicial após a sua entrega no cartório.

PARTE VI · Cap. VI – PETIÇÃO INICIAL | 537

Geralmente, o conhecimento da demanda pelo juiz só ocorre quando da realização da audiência trabalhista.

O magistrado trabalhista, ao tomar conhecimento do conteúdo da demanda, e, após o seu exame, constatar a sua inépcia ou que apresenta defeitos e irregularidades capazes de dificultar o julgamento do mérito, deverá utilizar o art. 321, CPC, concedendo à parte o prazo de quinze dias para a emenda, sob pena do indeferimento da petição inicial.

De acordo com a Súm. 263, TST, salvo nas hipóteses do art. 330, CPC o indeferimento da petição inicial, por encontrar-se desacompanhada de documento indispensável à propositura da ação ou não preencher outro requisito legal, somente é cabível se, após intimada para suprir a irregularidade em quinze dias, mediante indicação precisa do que deve ser corrigido ou completado, a parte não o fizer (art. 321, CPC).

Será que o magistrado, após a apresentação da defesa em audiência, em constatando a irregularidade, poderá determinar a emenda? Será que há uma limitação temporal para o juiz quanto a essa determinação?

Por uma questão de economia e celeridade processuais, entendemos que o magistrado trabalhista pode determinar a emenda, desde que devolva à outra parte o prazo para a defesa.

Pondere-se que as hipóteses de indeferimento da petição inicial, de acordo com o art. 337, § 5º, CPC, reputam-se matéria de ordem pública, portanto, podem ser conhecidas de ofício pelo magistrado. Esse argumento ratifica a aplicação do art. 321, mesmo quando da realização da audiência inaugural, após a entrega da defesa.

Normalmente, o magistrado adia a sessão, concedendo ao autor o prazo de quinze dias para a emenda e a consequente intimação da parte contrária, com a apresentação da defesa na audiência em prosseguimento.

No caso de inércia ou de a emenda não atender ao conteúdo da determinação judicial, o magistrado irá indeferir a petição inicial, com a condenação do autor no pagamento das custas processuais.

A petição inicial será indeferida (art. 330, I a IV, CPC) quando:

a) for inepta: (1) por ausência de pedido ou causa de pedir; (2) o pedido for indeterminado, ressalvadas as hipóteses legais em que se permite o pedido genérico; (3) da narração dos fatos não decorrer logicamente a conclusão; (3) o pedido for juridicamente impossível; (4) contiver pedidos incompatíveis entre si (art. 330, § 1º, I a IV);

b) a parte for manifestamente ilegítima – geralmente, o juiz só toma ciência da ilegitimidade, quando da realização da audiência, após a entrega da defesa. Essa situação é comum nas ações em que o sindicato atua como substituto processual, contudo, de direito, não detém a prerrogativa da substituição extraordinária;

c) o autor carecer de interesse processual – muitas vezes, o empregado faz pedidos, para os quais não detém nenhum interesse. É o caso do adicional de periculosidade para o vigilante de banco;

d) quando o juiz verificar, desde logo, a decadência ou a prescrição – a decadência pode ser conhecida de ofício pelo juiz, como é o caso do prazo de 30 dias, após a suspensão do empregado estável, para o ajuizamento do inquérito para apuração de falta grave ou, ainda, o decurso do prazo para o mandado de segurança (120 dias) ou da ação rescisória (dois anos). Quanto à prescrição, o juiz também pode conhecê-la de ofício (art. 332, § 1º, CPC). Diante da decadência ou da prescrição, a sentença deverá extinguir o processo com resolução de mérito (art. 487, II);

e) quando o tipo de procedimento, escolhido pelo autor, não corresponder à natureza da causa, ou ao valor da ação; caso em que só não será indeferida, se puder adaptar-se ao tipo de procedimento legal – no processo do trabalho, o procedimento não é fixado em face da natureza da causa e sim de acordo com o valor da causa (procedimento comum; procedimento sumário – até dois salários-mínimos; procedimento sumaríssimo – até 40 salários-mínimos, excluindo-se os entes da Administração Pública: direta, autárquica e fundacional). Para Sergio Pinto Martins, se a parte não der o valor correto à demanda, deverá ser o caso de inépcia. Concordo com a assertiva, desde que o magistrado dê ao autor o direito de suprir a irregularidade;

f) o autor não indicar o endereço para fins de recebimento das intimações (art. 106, CPC) ou não cumprir a determinação do art. 321, CPC.

Indeferida a petição inicial, com a extinção do processo sem resolução de mérito (art. 485, I, CPC), o autor poderá interpor o recurso ordinário (art. 895, I, CLT), facultado ao juiz, no prazo de cinco dias, reformar a sua decisão (art. 331, *caput*, CPC).

Não sendo reformada a decisão, após a oitiva da parte contrária, os autos serão imediatamente encaminhados ao tribunal regional do trabalho (art. 331, § 1º).

No processo civil, a extinção do processo, pelo indeferimento da petição inicial, não obsta a que o autor proceda ao ajuizamento de uma nova demanda, desde que haja a comprovação do pagamento dos honorários advocatícios e das custas processuais (art. 486, §§ 1º e 2º).

No processo do trabalho, o ajuizamento será possível, sem a necessidade do pagamento das custas, já que a perempção trabalhista é regulada pelo disposto nos arts. 731 e 732 da CLT, ou seja, a perda do direito de reclamar pelo prazo de seis meses.

6.6 INÉPCIA DA INICIAL

Considera-se inepta a petição inicial quando (art. 330, § 1º, I a IV, CPC): a) lhe faltar pedido ou causa de pedir – tais elementos são essenciais na petição inicial (art. 319, III e IV, CPC; art. 840, §§ 1º e 3º, CLT, Lei 13.467); b) da narração dos fatos não decorrer logicamente a conclusão – deve existir um nexo de adequação entre os fatos alegados, como base constitutiva do direito invocado, e o pedido posto na fundamentação da petição inicial; c) o pedido for indeterminado, ressalvadas as hipóteses legais em que se permite o pedido genérico (art. 324, § 1º, CPC); d) contiver pedidos incompatíveis entre si – se entre o pedido e a causa de pedir deve haver um nexo de adequação, também é imperiosa a articulação de pedidos compatíveis entre si, já que o pedido deve ser certo (expresso) e determinado (quantificado e qualificado). Não se podem acatar pedidos incongruentes, tais como: (1) pedido de reintegração e o pagamento de diferenças de verbas rescisórias; o correto seria um pedido sucessivo, no caso de não ser possível o reconhecimento da estabilidade, que haja o pagamento das diferenças de verbas rescisórias; (2) o pedido de tempo à disposição como hora extra e o sobreaviso dos ferroviários (art. 244, CLT); o correto é a indicação sucessiva, o tempo à disposição como jornada suplementar ou a aplicação analógica do regime do sobreaviso dos ferroviários (1/3 da remuneração das horas normais em que o empregado fica à disposição do empregador, aguardando o chamado para cumprir ordens).

De forma específica, a CLT passou a prever que se o pedido não for líquido, as pretensões serão julgadas extintas (art. 840, § 3º, CLT, Lei 13.467).

O juiz somente poderá declarar a inépcia, se conceder à parte o prazo de quinze dias para a respectiva emenda (art. 321, CPC; Súm. 263, TST).

Amauri Mascaro Nascimento[22] afirma: *"Entende-se por inepta a inicial com defeitos e irregularidades. O juiz pode determinar ao reclamante a respectiva correção. Este pode emendar a inicial em audiência ou pedir prazo para esse fim, que é de dez dias. Se o autor não cumpre a determinação do juiz de retificar a inicial, a petição pode ser indeferida, o que significa que por sentença será julgado e findo o processo, sem pronunciamento do mérito, nada impedindo a sua renovação (CPC, art. 284, parágrafo único)."*

Em sentido contrário, Sergio Pinto Martins entende[23] que *"difere a inépcia da inicial da petição irregular. Na petição inicial irregular, há possibilidade da concessão de prazo para ser regularizada, como ocorre com um endereço incorreto, um dado da causa de pedir incorreto etc. A petição inepta não obriga o juiz em conceder prazo para sua regularização, podendo ser imediatamente indeferida".*

6.7 EMENDAS À RECLAMAÇÃO TRABALHISTA

No processo do trabalho, os pedidos que não sejam certos, determinados e líquidos ensejam a extinção do feito sem resolução de mérito (art. 840, § 3º, CLT, Lei 13.467).

No processo civil, se o juiz constatar que a petição inicial não atende aos requisitos exigidos na lei (arts. 319 e 320, NCPC), ou que apresenta defeitos e irregularidades capazes de dificultar o julgamento de mérito, determinará que o autor a emende, ou a complete, no prazo de quinze dias (art. 321).

Se o autor não cumprir a diligência, o juiz indeferirá a petição inicial (art. 321, parágrafo único).

Alegando o réu, na contestação, ser parte ilegítima ou não ser o responsável pelo prejuízo invocado, o juiz facultará ao autor a alteração da petição inicial para substituição

---

[22]   NASCIMENTO, Amauri Mascaro. *Curso de direito processual do trabalho*, 20. ed., p. 384.

[23]   MARTINS, Sergio Pinto. Ob. cit., p. 240.

do réu no prazo de quinze dias (art. 338, CPC). No mesmo prazo, poderá o autor optar por alterar a petição inicial para incluir o sujeito indicado pelo réu (litisconsorte passivo).

A CLT é omissa, devendo ser aplicado subsidiariamente o CPC (art. 796, CLT).

No processo do trabalho, recebida e protocolada a reclamação, o serventuário da vara do trabalho, dentro de 48 horas, remeterá a segunda via da petição, ou do termo, ao reclamado, citando-o, ao mesmo tempo, para comparecer à audiência de julgamento, que será a primeira desimpedida, depois de cinco dias (art. 841, *caput*, CLT).

Pela sistemática processual trabalhista, ao contrário do que ocorre no processo comum, o juiz não tem contato com a peça inicial após a sua entrega no cartório. Geralmente, o conhecimento da demanda pelo juiz só ocorre quando da realização da audiência trabalhista.

O magistrado trabalhista, ao tomar conhecimento do conteúdo da demanda e, após o seu exame, constatar a sua inépcia ou que apresenta defeitos e irregularidades capazes de dificultar o julgamento do mérito, deverá utilizar o CPC (art. 321, CPC), concedendo à parte o prazo de quinze dias para a emenda, com a indicação precisa do que deve ser corrigido ou completado, sob pena do indeferimento da petição inicial (Súm. 263, TST).

No processo civil, a extinção do processo, pelo indeferimento da petição inicial, não obsta a que o autor proceda ao ajuizamento de uma nova demanda, desde que haja a comprovação do pagamento dos honorários advocatícios e das custas processuais (art. 486, CPC).

No processo do trabalho, o ajuizamento será possível nesse caso, sem a necessidade do pagamento das custas, já que a perempção trabalhista é regulada pelo disposto nos arts. 731 e 732 da CLT.

6.8   ADITAMENTO À RECLAMAÇÃO TRABALHISTA

Aditamento da petição inicial representa um *plus* ao pedido inicial (ampliar, adição, acrescer, aumentar e completar). Ocorre por meio de outra petição, com a exposição dos fundamentos jurídicos e fáticos e o respectivo pedido.

No processo civil, antes da citação, o autor poderá aditar o pedido livremente, ocorrendo à sua conta as custas acrescidas em razão dessa iniciativa (art. 329, CPC). Após a citação, poderá fazê-lo somente com anuência do réu, tendo como limite máximo no processo o despacho saneador (art. 329, II).

Pela aplicação subsidiária do CPC, o reclamante, na demanda trabalhista, deverá efetuar o aditamento antes da citação. Após a citação, com a anuência da reclamada.

Como no procedimento trabalhista não há o saneamento formal do processo, entende-se que, após a audiência trabalhista (inicial ou una), o aditamento não mais será possível.

O amplo direito de defesa sempre deverá ser preservado, inclusive com a devolução do prazo para elaboração da defesa.

PARTE VI · Cap. VI – PETIÇÃO INICIAL | 541

6.9 PROCESSO DE JURISDIÇÃO VOLUNTÁRIA PARA HOMOLOGAÇÃO DE ACORDO EXTRAJUDICIAL

Com a Lei 13.467, a CLT passou a prever a possibilidade de processo de jurisdição voluntária, com o objetivo de homologar acordo extrajudicial firmado pelos sujeitos da relação de emprego (arts. 855-B a 855-E, CLT).

O objeto dos acordos extrajudiciais deve se relacionar com a competência da Justiça do Trabalho (art. 114, CF, art. 652, *f*, CLT).

O processo de homologação de acordo extrajudicial terá início por petição conjunta, sendo obrigatória a representação das partes por advogado, facultando-se ao trabalhador estar assistido pelo advogado do sindicato de sua categoria. As partes não poderão estar representadas por advogado comum e, no nosso modo de ver, advogados integrantes do mesmo escritório de advocacia.

A petição deve apresentar os termos do acordo extrajudicial (objeto do acordo, valores, prazos, multas, custas processuais, honorários advocatícios etc.) e atender todos os requisitos legais (art. 840, CLT; art. 319, CPC), devendo ainda as partes apresentar documentos essenciais (procurações, contrato social da empresa, documentos pessoais do trabalhador e do representante legal da empresa) e documentos comprobatórios da relação de emprego (*v.g.* cópia do contrato de trabalho, da CTPS, do termo de rescisão etc.) e outros pertinentes aos direitos conciliados. Também se faz necessário apresentar os descritivos de cálculos referentes aos descontos de Imposto de Renda e das contribuições previdenciárias, se for o caso. Cabe as partes também indicar o responsável pelo pagamento das custas processuais, pois, em caso de omissão, a regra legal determina que o pagamento é de responsabilidade dos litigantes em partes iguais (art. 789, § 3º, CLT).

No prazo de quinze dias a contar da distribuição da petição, o juiz analisará o acordo, designará audiência se entender necessário e proferirá sentença. Considerando o princípio da motivação das decisões judiciais, o magistrado deverá fundamentar sua decisão em caso de homologação parcial ou de não homologação do acordo proposto.

A homologação de acordo constitui uma faculdade do juiz, inexistindo direito líquido e certo tutelável pela via do mandado de segurança (Súm. 418, TST).

O procedimento de jurisdição voluntária não afeta os prazos e as multas fixados na CLT para pagamento das verbas rescisórias (art. 477, §§ 6º e 8º).

A petição de homologação de acordo extrajudicial suspende o prazo prescricional da ação quanto aos direitos nela especificados, o qual voltará a fluir no dia útil seguinte ao do trânsito em julgado da decisão que negar a homologação do acordo.

No âmbito do TRT da 2ª Região (São Paulo), foram estabelecidas algumas diretrizes para os pedidos de homologação de acordos extrajudiciais. Com isso, o juiz do trabalho deverá encaminhar os autos para o Centro Judiciário de Métodos Consensuais de Solução de Disputas (Cejusc-JT-2). Além disso, devem ser observados os seguintes procedimentos: a) os juízes podem indeferir as petições iniciais por conta de acordos ilegais ou inadmissíveis; deferir a homologação; determinar o saneamento de defeitos processuais; ou marcar audiência para oitiva dos requerentes; b) as custas de 2% sobre o valor do acordo devem ser adiantadas pelos requerentes e rateadas entre os interessados. O recolhimento de custas será determinado no despacho que receber a petição inicial, pelo juiz do Cejusc-JT-2; c) a petição inicial deverá conter a identificação do contrato ou relação jurídica, as obrigações pactuadas (valor, tempo e modo de pagamento), a cláusula penal, os títulos negociados e os valores respectivos, o valor da causa, bem como a atribuição de responsabilidade pelos recolhimentos fiscais e previdenciários; d) a audiência não é obrigatória, mas o Cejusc-JT-2, em regra, deverá marcá-la; e) os juízes poderão atuar diretamente nas audiências, ou por intermédio de conciliadores, sempre com supervisão do magistrado que é o único competente para homologar o acordo; f) a ausência injustificada de qualquer requerente na audiência provocará o arquivamento do processo, com extinção sem resolução do mérito; g) a petição inicial deverá discriminar as parcelas objeto da transação, definindo a natureza jurídica respectiva, respeitados direitos de terceiros e matérias de ordem pública; h) a quitação envolvendo sujeito estranho ao processo ou relação jurídica não deduzida em juízo somente é possível no caso de autocomposição judicial em processo contencioso. A quitação deve ser limitada aos direitos (verbas) especificados na petição de acordo; i) a existência ou não de vínculo de emprego não está ao arbítrio dos requerentes; j) quanto a questões processuais, o juiz poderá determinar aos requerentes a emenda da petição inicial, previamente ou na audiência, mediante redesignação. Quanto ao mérito, não cabe dilação, devendo o processo ser resolvido pela homologação ou não; k) não serão expedidos alvarás para liberação de FGTS e seguro-desemprego. Por não se tratar de jurisdição contenciosa, cabe ao empregador assegurar ao empregado acesso aos respectivos benefícios; l) após a audiência, a critério do juiz do Cejusc-JT-2, os autos poderão ser conclusos para prolação da sentença; m) o processamento de eventual recurso será apreciado pelo juiz da vara do trabalho de origem; n) os acordos homologados são títulos executivos judiciais. A execução deve ser processada perante o juiz da vara do trabalho de origem.

QUESTIONÁRIO

1. O valor da causa é requisito essencial da petição inicial trabalhista?

2. Quais são os tipos de petição inicial trabalhista?

3. A parte, quando da exposição da causa de pedir, é obrigada a indicar os dispositivos legais que embasam o pedido? Justifique.

4. Há hipóteses nas quais o magistrado pode sentenciar, mesmo que não haja pedido expresso do autor?

5. No processo trabalhista, é obrigatória a indicação dos valores líquidos quanto aos pedidos solicitados em juízo? Explique.

6. Rosa, ao ser despedida, estava grávida. O seu advogado, ao formular o pedido, solicitou a reintegração ao emprego, em face da estabilidade constitucional, e a percepção de diferenças de verbas rescisórias pelo aumento salarial da categoria. Pergunta-se: (a) a formulação do pedido está correta? (b) em caso negativo, explique qual seria a indicação adequada.

7. Quais são as regras para os pedidos cumulados?

PARTE VI · Cap. VI – PETIÇÃO INICIAL | 543

8. Pedido sucessivo é a mesma coisa que pedido alternativo?

9. O magistrado trabalhista, diante da inépcia da inicial, a qual foi arguida em defesa escrita apresentada em audiência, pode determinar a emenda? Explique.

10. Quais os requisitos para o pedido de homologação de acordo extrajudicial?

Capítulo VII
RESPOSTA

7.1 INTRODUÇÃO

O direito de defesa é um desdobramento do direito de ação.[1]

Direito de defesa é o *"direito garantido constitucionalmente a qualquer pessoa de utilizar os meios legais para defender sua pessoa e seus bens contra qualquer pessoa ou ataque sofridos, pois ninguém pode ser condenado sem antes ser ouvido, e, além disso, nenhuma ameaça ou lesão a direito subjetivo pode ser excluída da apreciação do Poder Judiciário. É, como ensina J. J. Calmon de Passos, o direito público subjetivo de haver a prestação jurisdicional por parte daquele que foi chamado a juízo em virtude de contra ele se pretender a prestação de tutela jurisdicional".*

O réu (demandado) é o titular do direito de defesa. O réu resiste à pretensão e ao direito do autor.

O legislador processual civil adota o termo "resposta" como alusão ao exercício de defesa do réu ou demandado.

No processo civil, o prazo legal para apresentar a contestação é de 15 dias (art. 335, NCPC), o qual se inicia: a) da audiência de conciliação ou de mediação, ou da última sessão de conciliação, quando qualquer parte não comparecer ou, comparecendo, não houver autocomposição; b) do protocolo do pedido de cancelamento da audiência de conciliação ou de mediação apresentado pelo réu (art. 334, § 4º, I); c) da data de juntada aos autos do aviso de recebimento (citação pelo Correio) ou do mandado cumprido (citação por oficial de justiça), nos demais casos.

No caso de litisconsórcio passivo, em caso de desinteresse na realização da audiência de autocomposição (art. 334, § 6º), o prazo terá início, para cada um dos réus, na data de apresentação de seu respectivo pedido de cancelamento da audiência.

---

[1] A lei não excluirá da apreciação do Poder Judiciário lesão ou ameaça a direito (art. 5º, XXXV, CF). Ninguém será processado nem sentenciado senão pela autoridade competente (art. 5º, LIII). Ninguém será privado da liberdade ou de seus bens sem o devido processo legal (art. 5º, LIV). Aos litigantes, em processo judicial ou administrativo, e aos acusados em geral, são assegurados: o contraditório e a ampla defesa, com os meios e recursos a ela inerentes (art. 5º, LV).

PARTE VI · Cap. VII – RESPOSTA | 545

Na hipótese de não ocorrer a audiência de autocomposição, pela natureza da controvérsia (art. 334, § 4º, II), havendo litisconsórcio passivo, e o autor desistir da ação em relação a réu ainda não citado, o prazo para resposta correrá da data de intimação da decisão que homologar a desistência.

Em havendo pluralidade de réus, com procuradores distintos, os prazos serão contados em dobro (art. 229, CPC). Regra essa inaplicável ao processo do trabalho (OJ 310, SDI-I).

No processo do trabalho, em todos os procedimentos (ordinário, sumário e sumaríssimo), a resposta da reclamada é feita oralmente em audiência (arts. 847 e 852-F, CLT, e 2º, Lei 5.584/70), no prazo de 20 minutos, após a tentativa frustrada da conciliação e da leitura da reclamação (via de regra, se dispensa tacitamente, até porque se mostra desnecessária).[2] Na prática, a resposta da reclamada é apresentada por escrito, devidamente acompanhada da prova documental. Pela Lei 13.467, a parte poderá apresentar defesa escrita pelo sistema de processo judicial eletrônico até a audiência (art. 847, parágrafo único, CLT).

De acordo com o conteúdo do art. 841, caput, da CLT, é de observância necessária o prazo mínimo de cinco dias entre a data do recebimento da citação e a designação da audiência. Para a União, os Estados, o Distrito Federal, os Municípios e as autarquias ou fundações de direito público federais, estaduais ou municipais que não explorem atividade econômica, o prazo será de 20 dias (art. 1º, II, Decreto-Lei 779/69).

No exercício do direito de defesa, recomenda-se ao réu a abordagem das questões processuais e de mérito na seguinte ordem lógica: (a) inexistência ou nulidade de citação; (b) pressupostos processuais subjetivos – 1) relativos ao juiz: imparcialidade (impedimento e suspeição) e a competência (absoluta ou relativa); 2) relativos às partes (autor): capacidade de ser parte, capacidade processual e a capacidade de postular em juízo; (c) pressupostos processuais objetivos – 1) intrínsecos à relação processual (subordinação do procedimento às normas legais). Nessa parte entra a inépcia da inicial: falta do pedido ou de causa de pedir; pedido indeterminado, ressalvas as hipóteses legais em que se permite o pedido genérico; falta de lógica entre a narração dos fatos e a conclusão e pedidos incompatíveis entre si; 2) extrínsecos à relação processual: falta de caução ou de outra prestação que a lei exige como preliminar; coisa julgada; litispendência; peremção e o compromisso arbitral; (d) condições da ação (carência de ação) – interesse de agir; legitimidade *ad causam*; (e) preliminares ou prejudiciais de mérito – prescrição, decadência, compensação e retenção; (f) defesa de mérito – 1) direta: impugnação ao fato constitutivo do direito do autor; 2) indireta: reconhecimento do fato constitutivo, mas oposição de fato impeditivo, modificativo ou extintivo do pedido do autor.

---

[2]   A leitura da reclamação trabalhista em audiência é desnecessária, na medida em que a reclamada toma ciência de suas alegações (fatos e fundamentos) quando da citação, a qual é acompanhada pela cópia da petição inicial (contrafé).

7.2 ASPECTOS TÉCNICOS DO EXERCÍCIO DO DIREITO DE DEFESA PELO RECLAMADO (RÉU)

Do ponto de vista técnico, a defesa ou resposta do reclamado será articulada em três peças básicas: exceção, contestação e reconvenção.

Na teoria geral do processo, adota-se o termo "exceção" em sentido amplo para representar o poder jurídico que se reconhece ao réu de opor-se à ação que lhe foi movida.

No CPC/73, a exceção era empregada na denúncia da falta de capacidade do juiz: impedimento, suspeição e incompetência relativa (art. 304). O CPC/15 não mais prevê a exceção para tais hipóteses, sendo que a suspeição e o impedimento devem ser arguidas por petição específica (art. 146), enquanto que a incompetência em razão do local como preliminar na contestação (art. 337, II). No processo do trabalho, incompetência territorial continua sendo discutida em exceção de incompetência territorial (arts. 799 e 800, CLT, Lei 13.467).

Para Emílio Gonçalves, contestação é a *"defesa geral, por meio da qual o réu deve apresentar todos os seus argumentos e alegações, ressalvadas as exceções de incompetência relativa, suspeição e impedimento, as quais devem ser apresentadas em separado".*[3]

É aplicável à contestação o denominado princípio da eventualidade: todas as matérias processuais e meritórias de defesa (questões de fato e de direito), em caráter alternativo ou subsidiário, serão apresentadas de uma só vez (art. 336, NCPC), além da manifestação precisa do réu sobre as alegações de fato constantes da petição inicial, presumindo-se verdadeiras as não impugnadas (art. 341, caput).

Presumem-se verdadeiros os fatos não impugnados, salvo se: (a) não for admissível, a seu respeito, a confissão; (b) a petição inicial não estiver acompanhada do instrumento público que a lei considerar da substância do ato; (c) estiverem em contradição com a defesa, considerada em seu conjunto (art. 341, I a III).

A regra da impugnação especificada dos fatos não se aplica ao defensor público, ao advogado dativo e ao curador especial (art. 341, parágrafo único).

Depois da contestação, só é lícito deduzir novas alegações quando: (a) relativas a direito ou fato superveniente; (b) competir ao juiz conhecer delas de ofício; (c) por expressa autorização legal, puderem ser formuladas em qualquer tempo e grau de jurisdição (art. 342, I a III).

7.2.1 Resposta e o Processo Eletrônico

O Sistema Processo Judicial Eletrônico (PJe) é disciplinado pela Lei 11.419/06, sendo que a Resolução CSJT 185, de 24/3/2017, dispõe sobre a padronização do uso, governança, infraestrutura e gestão do PJe instalado na Justiça do Trabalho.

---

[3] GONÇALVES, Emílio. *Exceção, contestação e reconvenção no processo trabalhista*: teoria e prática, 3. ed., p. 27.

As partes ou terceiros interessados desassistidos de advogado poderão apresentar peças processuais e documentos em papel, segundo as regras ordinárias, nos locais competentes para recebê-los, que serão inseridos nos autos eletrônicos pela unidade judiciária, em arquivo eletrônico que utilize linguagem padronizada de marcação genérica (art. 4º, Res. 185).

O peticionamento avulso, procedimento exclusivo para habilitação nos autos, deve ser utilizado somente por advogados que não tenham representação nos autos (art. 107, I, CPC), inabilitando-se, neste caso, a juntada de documentos (art. 5º, § 9º, Res. 185). Ato do presidente do CSJT definirá o tamanho máximo dos arquivos e extensões suportadas pelo PJe (art. 12, Res. 185).

O PJe deve dispor de funcionalidade que permita o uso exclusivo de documento digital que utilize linguagem padronizada de marcação genérica, garantindo-se, de todo modo, a faculdade do peticionamento inicial e incidental mediante juntada de arquivo eletrônico portable document format (.pdf) padrão ISO-19005 (PDF/A), sempre com a identificação do tipo de petição a que se refere, a indicação do juízo a que é dirigida, nomes e prenomes das partes e número do processo.

O peticionamento não dispensa a petição redigida no editor de texto do PJe, contendo a indicação do juízo a que é dirigida, nomes e prenomes das partes, número do processo, a identificação em sistema do tipo de petição a que se refere e a informação de que o conteúdo da petição está em arquivo eletrônico portable document format (.pdf) padrão ISO-19005 (PDF/A).

O agrupamento de documentos em um mesmo arquivo eletrônico portable document format (.pdf) sempre deverá corresponder a documentos de mesmo tipo, com classificação disponível no PJe.

Está autorizado o uso do tipo "documento diverso" apenas para agrupamento de documentos que não contenham tipo de documento específico no PJe.

É sempre necessário o preenchimento do campo "descrição", identificando-se resumidamente a informação correspondente ao conteúdo dos documentos agrupados, além dos períodos a que se referem, sendo vedada a descrição que não possibilite a correta identificação do conteúdo do arquivo.

No processo eletrônico, as citações, intimações e notificações, inclusive as destinadas à União, Estados, Distrito Federal, Municípios e suas respectivas autarquias e fundações de direito público serão feitas por meio eletrônico, sem prejuízo da publicação no Diário Eletrônico da Justiça do Trabalho (DEJT) nas hipóteses previstas em lei (art. 17, Res. 185).

É vedada às sociedades de advogados a prática eletrônica de atos processuais, sendo considerada usuária externa apenas para recebimento de intimações, na forma dos arts. 106, I e 272, § 2º, CPC.

No PJe-JT, a defesa poderá ser apresentada em audiência, de forma oral e no prazo de 20 minutos, ou protocolada até a realização da proposta conciliatória infrutífera, com a utilização de equipamento próprio, sendo automaticamente juntada (art. 22, Res. 185). Com a Lei 13.467, a defesa será apresentada até a audiência (art. 847, parágrafo único, CLT).

No mandado de citação em PJe, constará orientação para que a contestação, outros meios de defesa e documentos sejam protocolados com pelo menos 48h de antecedência da audiência (art. 22, § 1º, Res. 185).

No PJe, a resposta do réu é um ato complexo, visto que se desdobra em dois momentos: (a) o da apresentação da resposta antes da audiência; (b) o do recebimento formal da resposta em audiência.

Luis Fernando Feóla[4] ensina: *"No processo eletrônico, o ato de apresentação e recebimento formal da defesa passa a ser um ato complexo.*

O advogado tem o dever de anexar a contestação no sistema eletrônico antes da audiência. Esta, contudo, até que seja rejeitada a proposta de acordo, não é recebida formalmente pelo magistrado.

A apresentação da defesa decorre de uma forma e em determinado momento, distinto do recebimento da defesa pelo juiz. O juiz recebe formalmente a defesa quando dá por esgotada a fase de tentativa de conciliação, via de regra, rompendo o sigilo atribuído à defesa e possibilitando o acesso da parte autora a seu conteúdo.

Em ata de audiência, o termo apresentada a contestada deve ser substituído pelo termo recebida a contestação. A apresentação não ocorre em audiência, salvo em restritas hipóteses que adiante se estudará. O ato é complexo porque não se pode definir previamente que não seja praticado por pessoas distintas, até porque a defesa é inserida no sistema por um advogado (regra geral) e somente é recebida em audiência com a presença do reclamado ou seu preposto".

Será que se mantém o teor da Súmula 122, TST, diante da ausência da parte ao processo mesmo que a parte tenha protocolizado a defesa nos autos de forma eletrônica? De acordo com a Súmula 122, a reclamada, ausente à audiência em que deveria apresentar defesa, é revel, ainda que presente seu advogado munido de procuração, podendo ser ilidida à revelia mediante a apresentação de atestado médico, que deverá declarar, expressamente, a impossibilidade de locomoção do empregador ou do seu preposto no dia da audiência.

A defesa deve ser apresentada no PJe antes da audiência (art. 847, parágrafo único, CLT) por uma questão operacional, a qual não implica, necessariamente, a mudança procedimental prevista nos arts. 844 e 847. Vale dizer, antes da Lei 13.467, mesmo com a apresentação da defesa antes da audiência, a Reclamada deveria estar presente na audiência, por meio do seu representante legal ou preposto, observadas as ponderações da Súmula 377. Caso contrário, a sua ausência implicaria revelia, além da confissão, quanto à matéria de fato.

Com a Lei 13.467, ainda que ausente a reclamada na audiência inicial, mas presente o advogado, a defesa e os documentos serão aceitos (art. 844, § 5º, CLT), o que não afasta a pena de confissão.

---

4   FEÓLA, Luis Fernando. *Prática jurídica no PJe/JT – processo judicial eletrônico da justiça do trabalho*. São Paulo: LTr, 2014, p. 121.

PARTE VI · Cap. VII – RESPOSTA | 549

De acordo com o art. 12, caput, IN 41, de 22/06/2018, TST, a nova regra (art. 844, § 5º), somente é aplicável para as ações ajuizadas a partir de 11 de novembro de 2017 (vigência da Reforma Trabalhista).

A reclamada poderá atribuir segredo de justiça ou sigilo à contestação, petições incidentais e documentos, desde que, justificadamente, fundamente (art. 770, caput, CLT; arts. 189 e 773, CPC). O magistrado poderá determinar a exclusão de petições e documentos indevidamente protocolados sob sigilo (arts. 22, § 2º, e 15, Res. 185). Na hipótese de acordo judicial, também a defesa e documentos serão excluídos do PJe (art. 22, § 5º).

7.3   O EXERCÍCIO DO DIREITO DE DEFESA PELO RECLAMADO (RÉU)

7.3.1   Inexistência ou Nulidade de Citação

A citação é o ato pelo qual se chama a juízo o réu, o executado ou o interessado, a fim de integrar a relação processual (art. 238, CPC).

A relação jurídica processual se forma na medida em que a citação é válida. Sua validade implica a prevenção do juízo, no induzimento da litispendência, e faz litigiosa a coisa (art. 240).

Para a validade do processo, é indispensável a citação válida (art. 239). O comparecimento espontâneo do réu ou do executado supre a falta da citação. Contudo, comparecendo o réu para arguir a nulidade, e sendo esta decretada, considerar-se-á feita a citação na data em que ele ou seu advogado for intimado da decisão (art. 239, §§ 1º e 2º).

A CLT utiliza o termo *notificação* para se referir não só à citação, como também à intimação, como se fossem termos sinônimos.

Recebida e protocolada a reclamação, o escrivão ou chefe de secretaria, dentro de 48 horas, remeterá a segunda via da petição, ou do termo, ao reclamado, notificando-o ao mesmo tempo, para comparecer à audiência de julgamento, que será a primeira desimpedida, depois de cinco dias (art. 841, *caput*, CLT).

A citação para a reclamada, no processo trabalhista, independe de despacho do juiz.[5] Ocorre por iniciativa do servidor da vara do trabalho. Como regra, a citação ocorre pelos Correios (art. 841, § 1º). Se o reclamado residir fora dos limites da competência da vara do trabalho, poderá ser adotada a carta precatória ou carta rogatória.

No processo civil, quando se adota a citação do réu pelo correio, a carta será registrada para a entrega ao citando, exigindo-lhe o carteiro, ao fazer a entrega, que assine o recibo (art. 248, CPC), o que não ocorre com as lides trabalhistas, em que a citação não necessita ser pessoal. Basta a entrega da notificação postal no endereço indicado com a assinatura da pessoa que a recebeu. Vale dizer, a assinatura não precisa ser do citando.

---

[5]   A citação poderá ser determinada pelo magistrado trabalhista em caso de processos distribuídos por dependência, na denunciação da lide, chamamento ao processo etc.

Contudo, no caso de não ser encontrado o destinatário ou no caso de recusa de recebimento, o correio ficará obrigado, sob pena de responsabilidade do servidor, a devolvê-la no prazo de 48 horas, ao tribunal de origem (art. 774, parágrafo único, CLT).

Pela jurisprudência trabalhista (Súm. 16, TST) presume-se o recebimento da notificação 48 horas depois de sua postagem, sendo que o seu não recebimento ou a entrega após o decurso desse prazo constitui ônus de prova do destinatário.

Como a legislação trabalhista não exige, de forma literal, que a assinatura no recibo de postagem seja do citando, por questão de justiça e de coerência, para que a presunção da Súmula 16 possa ser aplicável, no mínimo é exigível que esteja juntado aos autos da demanda trabalhista ou arquivado na secretaria da vara o comprovante de entrega da postagem com a assinatura de quem tenha recebido efetivamente a citação. Essa exigência é imperiosa para se ter a comprovação efetiva de que a correspondência foi entregue no endereço.

Quando do julgamento dos autos E-RR 619.698/2000.2, Rel. Ministra Cristina Peduzzi, a SDI-II fixou o entendimento de que a leitura atenta da Súmula 16, TST demonstra que a presunção de entrega do aviso de recebimento está condicionada à realização de ato anterior, ou seja, a postagem. Vale dizer, após a comprovação da postagem é que se tem a constituição da presunção, cabendo ao destinatário provar que o recebimento não se deu de forma adequada (por erro, culpa ou dolo). No caso analisado, a recorrente pediu à vara do trabalho que houvesse a apresentação do comprovante da postagem, contudo, nada foi providenciado pelo órgão jurisdicional. A relatora deliberou no sentido de que toda presunção há de estar calcada em um mínimo de materialidade, o qual repousa na existência nos autos do aviso de recebimento da citação no endereço que consta dos autos. Por tais fundamentos, a SDI-I concluiu pela declaração de nulidade, a partir da citação, acolhendo, assim, os embargos opostos pelas empresas.

Convém ser dito que o STJ, por meio da Súmula 429, fixou a posição de que a citação postal, quando autorizada por lei, exige o aviso de recebimento. Apesar de a Súmula 16 do TST não indicar, de forma literal, a exigência do aviso de recebimento, do ponto de vista teleológico é razoável que, no caso concreto, o operador do direito entenda que este comprovante deva existir dentro do processo para que a presunção possa ser aplicável contra o destinatário.

Se o reclamado criar embaraços ao seu recebimento ou não for encontrado, será efetuada a notificação por edital, inserto no jornal oficial ou no que publicar o expediente forense, ou, na falta, afixado na sede da vara (art. 841, § 1º, CLT).

Na prática trabalhista, adota-se a citação por oficial de justiça (art. 249, CPC), em casos de dificuldades de localização de endereço ou do reclamado. Só após o esgotamento de todas as formas reais de citação é que o magistrado trabalhista deve determinar a citação por edital.

A CLT proíbe a citação por edital no procedimento sumaríssimo (art. 852-B, II, CLT).

Nas comarcas contíguas, de fácil comunicação, e nas que se situem na mesma região metropolitana, as citações e as intimações poderão ser efetuadas por oficial de justiça (art. 255, CPC).

PARTE VI · Cap. VII – RESPOSTA | 551

Toda e qualquer forma de citação, observados os critérios legais, deve ser adotada pela processualística trabalhista. A citação por hora certa é mais eficiente do que a citação por edital, portanto, há de ser aplicada subsidiariamente (art. 769, CLT).

O reclamante será intimado da audiência no ato da apresentação da reclamação ou pelos Correios (art. 841, § 2º). Diante da informatização do Judiciário Trabalhista, o reclamante é intimado por meio de publicação na imprensa oficial, no caso de estar representado por advogado.

Após a realização da audiência trabalhista, as partes são intimadas dos demais atos processuais pelos Correios (intimação postal) (art. 774, *caput*, CLT). Também pela informatização do Judiciário Trabalhista, se a parte estiver representada por advogado, a intimação ocorrerá por meio da imprensa oficial.

Aplicam-se ao processo trabalhista as citações e intimações por meio eletrônico (arts. 4º a 7º e 9º, Lei 11.419/06) (tópico 5.13.3, Capítulo V da Parte VI).

7.3.2   Pressupostos Processuais Subjetivos

7.3.2.1   *Imparcialidade do Juiz*

No desempenho de suas atribuições[6] o magistrado deve atuar com isenção de ânimo, lisura e probidade. Portanto, a plena capacidade subjetiva do juiz é um dos pressupostos processuais.

Quando não se tem a plena capacidade subjetiva do juiz, a parte pode e deve denunciá-la. A denúncia ocorria por meio da exceção de impedimento ou suspeição (arts. 801 e 802, CLT; arts. 144 e segs., CPC).

Ao contrário do que ocorre com o processo civil, a CLT não efetua uma diferenciação explícita quanto aos motivos de impedimento ou suspeição em relação ao magistrado.

Nesse sentido, o art. 801 assevera que o juiz é obrigado a dar-se por suspeito, e pode ser recusado, por algum dos seguintes motivos, em relação à pessoa dos litigantes: (a) inimizade pessoal; (b) amizade íntima; (c) parentesco por consanguinidade ou afinidade até o terceiro grau civil; (d) interesse particular na causa.

Por questão de técnica, hão de ser adotados os motivos e as respectivas distinções inseridas no CPC, que são compatíveis com o processo trabalhista (art. 769, CLT).

Impedimento é quando a lei estabelece a presunção absoluta de parcialidade do juiz.

É vedado ao juiz exercer as suas funções no processo: (a) em que interveio como mandatário da parte, oficiou como perito, funcionou como membro do Ministério Público ou prestou depoimento como testemunha; (b) de que conheceu em outro grau de jurisdição, tendo proferido decisão; (c) quando nele estiver postulando, como defensor

---

6   A relação jurídico-processual envolve o Estado, demandante e demandado. É através do processo que o Estado exerce a sua função jurisdicional. O Estado é representado pela figura do juiz que comanda toda a atividade processual. O juiz atua na condição de órgão do Estado.

público, advogado ou membro do Ministério Público, seu cônjuge ou companheiro, ou qualquer parente[7], consanguíneo ou afim, em linha reta ou colateral, até o terceiro grau, inclusive. O impedimento é constatado: (1) quando a pessoa já integrava o processo antes do início da atividade judicante do juiz; (2) também na hipótese de mandato conferido a membro de escritório de advocacia que tenha em seus quadros advogado que individualmente ostente a condição nele prevista mesmo que não intervenha diretamente no processo; (d) quando for parte no processo ele próprio, seu cônjuge ou companheiro, ou parente, consanguíneo ou afim, em linha reta ou colateral, até o terceiro grau, inclusive; (e) quando for sócio ou membro de direção ou de administração de pessoa jurídica parte no processo; (f) quando for herdeiro presuntivo, donatário ou empregador de qualquer das partes; (g) em que figure como parte instituição de ensino com a qual tenha relação de emprego ou decorrente de contrato de prestação de serviços; (h) em que figure como parte cliente do escritório de advocacia de seu cônjuge, companheiro ou parente, consanguíneo ou afim, em linha reta ou colateral, até o terceiro grau, inclusive, mesmo que patrocinado por advogado de outro escritório; (i) quando promover ação contra a parte ou seu advogado (art. 144, I a IX, §§ 1º e 3º, CPC; Resolução 200/15, CNJ).

Na hipótese do item "c", o impedimento só se verifica quando o defensor público, o advogado ou o membro do Ministério Público já integrava o processo antes do início da atividade judicante do juiz. Ainda em relação ao item "c", também se verifica no caso de mandato conferido a membro de escritório de advocacia que tenha em seus quadros advogado que individualmente ostente a condição nele prevista, mesmo que não intervenha diretamente no processo.

É vedada a criação de fato superveniente que possa levar a caracterização do impedimento do magistrado (art. 144, § 2º).

Suspeição ocorre quando o juiz está em situação de dúvida quanto ao seu bom procedimento. Ao contrário do impedimento, na suspeição o que se tem é uma suspeita da parcialidade do magistrado.

Reputa-se fundada a suspeição de parcialidade do juiz, quando: (a) amigo íntimo ou inimigo de qualquer das partes ou de seus advogados; (b) que receber presentes de pessoas

---

[7] Parentes são as pessoas ligadas entre si por vínculos de consanguinidade ou de afinidade e os decorrentes de lei (adoção). Na linha reta, temos os parentes que descendem uns dos outros, na relação de: (a) ascendentes – quando se sobe do filho para o pai, deste para o avô etc.; (b) descendente – quando se desce da pessoa para os seus descendentes: do avô para o filho, deste para o neto etc. Os colaterais ou transversos são os parentes originários de um só tronco, sem descenderem um do outro (irmãos, tios, sobrinhos e primos). Nas duas linhas de parentesco, os graus de parentesco são contados por gerações, mas existe uma diferença: (a) na reta, cada geração é contada uma só vez; (b) na colateral é computada duas vezes, porque se sobe de um parente até o ascendente comum, descendo depois até encontrar o outro parente. Por esta razão é que não há primeiro grau na linha colateral. Exemplo: irmãos são colaterais em 2º grau; primos e tios são colaterais de 4º grau; sobrinhos são colaterais em 3º grau. Afinidade é o vínculo de parentesco de um cônjuge com os parentes naturais do outro cônjuge. Como ocorre na consanguinidade, as linhas podem ser: reta ou colateral. Exemplos: (a) o sogro é parente em linha reta da nora (primeiro grau); (b) o cônjuge (cunhado ou cunhada) é parente colateral (2º grau) do irmão do outro cônjuge.

que tiverem interesse na causa antes ou depois de iniciado o processo, que aconselhar alguma das partes acerca do objeto da causa ou que subministrar meios para atender às despesas do litígio; (c) quando qualquer das partes for sua credora ou devedora, de seu cônjuge ou companheiro ou de parentes destes, em linha reta até o terceiro grau, inclusive; (d) interessado no julgamento do processo em favor de qualquer das partes (art. 145, I a IV, CPC).

Poderá, ainda, o juiz declarar-se suspeito por motivo íntimo, sem a necessidade da declaração dos motivos da suspeição (art. 145, § 1º).

É imperioso ser ressaltado que é inadmissível a alegação de suspeição do magistrado se os atos praticados não são abusivos ou se não favorecem a qualquer das partes. Por outro lado, o acolhimento da suspeição exige prova robusta dos motivos legais.

O CPC fixa que será ilegítima a alegação de suspeição quando: (a) houver sido provocada por quem a alega; (b) a parte que a alega houver praticado ato que signifique manifesta aceitação do arguido (art. 145, § 2º, I e II).

7.3.2.1.1 Procedimento da Exceção de Impedimento ou Suspeição do Juiz

A exceção poderá ser apresentada em qualquer tempo ou grau de jurisdição, cabendo à parte oferecê-la, no prazo de 15 dias, contado do fato que ocasionou o impedimento ou a suspeição (art. 146, CPC).

Na suspeição, se o excipiente houver praticado algum ato pelo qual haja consentido na pessoa do juiz, não mais poderá alegar exceção de suspeição, salvo sobrevindo novo motivo. A suspeição não será também admitida, se do processo constar que o excipiente deixou de alegá-la anteriormente, quando já a conheça, ou que, depois de conhecida, aceitou o juiz suspeito ou, finalmente, se procurou de propósito o motivo de que ela se originou (art. 801, parágrafo único, CLT; art. 145, § 2º, I e II, CPC). Essa regra é inaplicável ao impedimento, ante a inteligência do art. 966, II, CPC.

A parte arguirá o impedimento ou a suspeição, especificando o motivo da recusa. A petição, dirigida ao juiz da causa, poderá ser instruída com documentos em que o excipiente fundar a alegação e conterá o rol de testemunhas (art. 146, caput, CPC).

No processo trabalhista, quando da formulação da defesa em audiência, a exceção de impedimento ou de suspeição poderá ser por escrito ou oral.

Apresentada a arguição (impedimento ou suspeição), o processo ficará suspenso (art. 146, § 2º, II, CPC, e art. 799, *caput*, CLT), devendo o juiz ou tribunal designar audiência, dentro de 48 horas, para instrução e julgamento da exceção (art. 802, *caput*, CLT).

No caso de não haver a necessidade de outras provas, a exceção poderá ser julgada de plano ou com a designação de uma data para o seu julgamento.

A vara do trabalho (art. 653, *c, CLT*) é o órgão competente para apreciar a exceção de suspeição ou impedimento de qualquer um de seus membros, mesmo quando dirigida à pessoa do juiz presidente.

Como o órgão jurisdicional colegiado (Junta de Conciliação e Julgamento) não podia atuar sem a presença do juiz presidente (art. 649, *caput*), por uma questão de ética, o seu afastamento seria imperioso, com a vinda de um juiz de trabalho substituto para atuar na instrução e julgamento da exceção.

Com a extinção da representação classista, as varas do trabalho são monocráticas, logo, necessariamente, haverá a presença de um juiz substituto na instrução e julgamento da exceção.

Para Sergio Pinto Martins, a competência para julgar a exceção será do TRT (art. 146, CPC), com o que não concordamos, em face do conteúdo do art. 653, *c*, CLT.

Se a exceção for rejeitada, o processo terá o andamento normal. No caso da sua procedência nas varas do trabalho e nos tribunais regionais, será logo convocado, para a mesma audiência ou sessão, ou para a seguinte, o suplente do membro impedido ou suspeito, o qual continuará a funcionar no feito até decisão final. Proceder-se-á da mesma maneira caso o juiz se declare suspeito ou impedido (art. 802, § 1º).

Tratando-se de suspeição ou impedimento de juiz de direito, no exercício da competência trabalhista (arts. 668 e 669, CLT), será este substituído na forma da organização judiciária local. Nessa hipótese, despachando a petição, o juiz de direito, se reconhecer o impedimento ou a suspeição, ordenará a remessa dos autos ao seu substituto legal. Em caso contrário, dentro de quinze dias dará as suas razões, acompanhadas de documentos e de rol de testemunhas, se houver, ordenando a remessa dos autos ao tribunal (art. 146, § 1º, CPC). O julgamento dessa exceção será efetuado pelo TRT que tiver jurisdição sobre a localidade onde estiver situado o juiz de direito, pois é o órgão competente para o exame de recurso ordinário da sentença prolatada por aquele magistrado.

Das decisões das exceções de impedimento ou suspeição não cabe recurso, por se tratar de uma decisão interlocutória (arts. 799, § 2º, e 893, § 1º, CLT, e Súm. 214, TST).

Essa decisão deverá ser objeto de matéria preliminar no recurso cabível da decisão definitiva proferida no processo. Na hipótese de ser acolhida pela instância revisora, haverá a nulidade do processado a partir do momento em que se teve a sua arguição nos autos.

Ao contrário da suspeição, o impedimento, como matéria de ordem pública, não necessita ser arguido, explicitamente, pela parte interessada. Não se pode esquecer que a sentença de mérito proferida por juiz impedido é passível de ação rescisória (art. 966, II, NCPC).

De acordo com o Regimento Interno do TRT de São Paulo (2ª Região), a exceção de suspeição ou de impedimento oposta ao juiz de primeiro grau será por ele decidida, podendo a parte interessada pedir a revisão quando do recurso que couber da decisão final (art. 113).

Pelo CPC, caso se tenha o reconhecimento do impedimento ou da suspeição, a decisão fixará o momento a partir do qual o juiz não poderia ter atuado no processo, sendo que serão decretados nulos os atos do juiz, se praticados quando já presente o motivo alegado (art. 146, §§ 5º e 6º). Esse dispositivo é perfeitamente aplicável ao processo trabalhista.

7.3.2.1.2 Impedimento e Suspeição de Outras Pessoas

O CPC indica que as hipóteses de impedimento e de suspeição são aplicáveis: (a) ao membro do Ministério Público; (b) aos auxiliares da justiça (serventuário, perito, intérprete); (c) aos demais sujeitos imparciais do processo (art. 148, I a III). Não se aplica tais hipóteses às testemunhas (art. 148, § 3º), a situação deve ser resolvida pela contradita (art. 457, § 1º).

A parte interessada deverá arguir o impedimento ou a suspeição, em petição fundamentada e devidamente instruída, na primeira oportunidade em que lhe couber falar nos autos; o juiz mandará processar o incidente em separado e sem suspensão da causa, ouvindo o arguido no prazo de quinze dias, facultando a prova quando necessária e julgando o pedido (art. 146, §§ 1º e 2º, CPC). Nos tribunais, caberá ao relator processar e julgar o incidente (art. 146, § 3º).

Quanto ao procedimento da arguição de impedimento ou de suspeição, aplicam-se as regras analisadas no item anterior.

7.3.2.2 Órgão Jurisdicional Competente

A jurisdição, como expressão do poder estatal, é uma só. Cada juiz, cada tribunal é investido da jurisdição. Porém, o seu exercício é distribuído, pelas normas constitucionais e ordinárias, para vários órgãos jurisdicionais. Essa distribuição se faz em função de vários critérios.

De acordo com esses critérios, cada órgão jurisdicional poderá exercitar sua jurisdição em função de determinados limites, ou seja, grupo de litígios, logo, competência é o pleno exercício da jurisdição, que se concretiza por meio de órgãos incumbidos de resolver determinados grupos de litígios.

Os critérios para a fixação da competência são estabelecidos em função dos seguintes elementos: território, valor, material e funcional.

Os critérios (territorial e valor) ligam-se à competência relativa, sendo que os demais estabelecem regras de competência absoluta.

A competência relativa pode ser prorrogada, quando não alegada oportunamente pelas partes (arts. 62, 64 e 337, II, CPC). Opõe-se à competência absoluta, a qual pode e deve ser conhecida de ofício pelo juiz. A sentença de mérito, transitada em julgado, pode ser rescindida quando proferida por juiz absolutamente incompetente (art. 966, II).

No processo trabalhista, a incompetência absoluta do juízo é alegada por meio de preliminar arguida na contestação (art. 799, § 1º, CLT), enquanto a relativa (em razão do local; art. 651, CLT) é arguida por exceção (art. 799, caput).

Com a Lei 13.467, a exceção de incompetência territorial deve ser apresentada no prazo de 5 dias, a contar da efetiva citação (art. 800, CLT).

Com a apresentação da exceção, o processo fica suspenso, não se realizando a audiência previamente designada (art. 843, CLT), até que seja dirimida a exceção (art. 800, § 1º, CLT).

Os autos serão imediatamente conclusos ao juiz, que intimará o reclamante e, se existentes, os litisconsortes, para manifestação no prazo comum de cinco dias.

Se entender necessária a produção de prova oral, o juízo designará audiência, garantindo o direito de o excipiente e de suas testemunhas serem ouvidos, por carta precatória, no juízo que este houver indicado como competente.

Decidida a exceção de incompetência territorial, o processo retomará seu curso, com a designação de audiência, a apresentação de defesa e a instrução processual perante o juízo competente.

Quanto à decisão que rejeita ou acolhe a preliminar de incompetência relativa não cabe recurso, por se tratar de uma decisão interlocutória (arts. 799, § 2º, 893, § 1º, CLT; Súm. 214, TST), exceto se a decisão determinar que o processo seja remetido para TRT distinto daquele a que se vincula o juízo excepcionado. Exemplo: o juiz da 1ª vara do trabalho de São Caetano do Sul (TRT da 2ª Região – São Paulo) acolhe a exceção em razão do local, com a determinação da remessa dos autos para a localidade de Belo Horizonte (TRT da 3ª Região). Contra essa decisão interlocutória cabe recurso ordinário para o TRT de São Paulo.

Quando é o caso da incompetência absoluta, se a mesma é acolhida, como a decisão importa no término da jurisdição trabalhista, caberá recurso da decisão. Exemplo: a demanda ajuizada por funcionário público (servidor público estatutário) na Justiça do Trabalho, a qual não é competente para esse tipo de relação jurídica material (art. 114, CF).

7.3.2.3 Relativos às Partes (Autor)

Os pressupostos processuais subjetivos relativos às partes estão relacionados com a capacidade de ser parte, processual[8] e de postular em juízo,[9] além de defeito na representação do autor ou falta de autorização.

Defeito de representação é a ausência de procuração pela parte ou quando se tem a exigência de procuração por instrumento público.

Pela praxe forense, não é comum a falta de autorização pelo autor no processo do trabalho. No processo civil, pode-se citar a necessidade do consentimento do marido ou da outorga da mulher para o ajuizamento da ação (art. 73, CPC), o que é inaplicável ao processo trabalhista. Exemplo da falta de autorização no processo do trabalho é a falta de autorização do preposto para representar o empregador em audiência.

A inobservância desses requisitos é arguida como preliminar na contestação (art. 301, VIII; art. 337, IX, CPC/73).

Verificando a incapacidade processual ou a irregularidade da representação das partes, o juiz, suspendendo o processo, marcará prazo razoável para ser sanado o defeito (art. 76, CPC; Súm. 383, 395 e 456, TST).

Se o autor não cumprir a determinação judicial, o juiz decidirá pela extinção do processo (art. 76, § 1º, I, CPC) sem resolução de mérito (art. 485, IV). Para o réu, o juiz irá decretar a sua revelia (art. 76, § 1º, II).

---

[8] Recomenda-se a leitura do tópico 4.2 do Capítulo IV da Parte VI.

[9] Essa matéria foi analisada no tópico 4.3 do Capítulo IV da Parte VI.

7.3.3 Pressupostos Processuais Objetivos

7.3.3.1 Intrínsecos à Relação Processual

Os pressupostos processuais objetivos intrínsecos à relação processual estão relacionados com inépcia da petição inicial. Essas hipóteses são alegadas como preliminar na contestação (art. 337, IV, NCPC).

Considera-se inepta a petição inicial quando (art. 330, I, § 1º, I a IV, CPC): (a) lhe faltar pedido ou causa de pedir – tais elementos são essenciais na petição inicial (art. 319, III e IV, CPC; art. 840, § 1º, CLT); (b) o pedido for indeterminado, ressalvadas as hipóteses legais em que se permite o pedido genérico; (c) da narração dos fatos não decorrer logicamente a conclusão – deve existir um nexo de adequação entre os fatos alegados, como base constitutiva do direito invocado, e o pedido posto na fundamentação da petição inicial; (d) contiver pedidos incompatíveis entre si – se entre o pedido e a causa de pedir deve haver um nexo de adequação, também é imperiosa a articulação de pedidos compatíveis entre si, já que o pedido deve ser certo (expresso) e determinado (quantificado e qualificado). Não se podem acatar pedidos incongruentes, tais como: (1) pedido de reintegração e o pagamento de diferenças de verbas rescisórias; o correto seria um pedido sucessivo, no caso de não ser possível o reconhecimento da estabilidade, que haja o pagamento das diferenças de verbas rescisórias; (2) o pedido de tempo à disposição como hora extra e o sobreaviso dos ferroviários (art. 244, CLT); o correto é a indicação sucessiva, o tempo à disposição como jornada suplementar ou a aplicação analógica do regime do sobreaviso dos ferroviários (1/3 da remuneração das horas normais em que o empregado fica à disposição do empregador, aguardando o chamado para cumprir ordens).

Nas hipóteses das letras acima, o juiz somente poderá declarar a inépcia, se conceder à parte o prazo de quinze dias para a respectiva emenda, indicando com precisão o que deve ser corrigido ou completado (art. 321, CPC; Súm. 263, TST).

7.3.3.2 Extrínsecos à Relação Processual

Os pressupostos processuais objetivos extrínsecos à relação processual relacionam-se com as seguintes hipóteses: falta de caução ou de outra prestação que a lei exige como preliminar; coisa julgada; litispendência; perempção e convenção de arbitragem.

Essas matérias devem ser alegadas como preliminar na contestação (art. 337, CPC) e implicam na extinção do processo sem resolução de mérito (art. 485, IV e V).

Com exceção da hipótese da falta de caução ou de outra prestação (a qual não é compatível com o processo trabalhista), as demais foram analisadas no tópico 3.9 do Capítulo III da Parte VI.

7.3.4 Condições da Ação

As condições da ação relacionam-se com os requisitos para o exercício do direito de ação: interesse de agir e legitimidade *ad causam*.

Esses requisitos devem ser alegados como preliminar na contestação (art. 337, CPC) e implicam na extinção do processo sem resolução de mérito (art. 485, VI).

Houve a análise das condições da ação no tópico 1.3 do Capítulo I da Parte VI.

7.3.5 Preliminares ou Prejudiciais de Mérito

Como matérias preliminares ou prejudiciais típicas de mérito temos a prescrição e a decadência, as quais foram analisadas nos Capítulos I e II da Parte V. Essas matérias devem ser alegadas na contestação e, se acolhidas, implicam a extinção do processo com resolução de mérito (art. 487, II, CPC).

Além da prescrição e da decadência, a compensação e a retenção também podem ser alegadas como preliminares ou prejudiciais atípicas de mérito. No processo civil, tais hipóteses não constam, expressamente, dos moldes legais de extinção do processo (arts. 485 e 487, CPC). O processo trabalhista admite a compensação e a retenção como matéria de defesa (art. 767, CLT).

A compensação efetua-se entre dívidas líquidas, vencidas e de coisas fungíveis (art. 369, CC). É um meio indireto da extinção das obrigações no Direito Civil.

No processo do trabalho, as dívidas compensáveis são as de natureza trabalhista[10] (Súm. 18, TST) e devem constar da defesa (Súm. 48), portanto, não podem ser alegadas nas razões finais ou em recurso.

A respeito da natureza jurídica da compensação como matéria de defesa, Emílio Gonçalves[11] ensina: *"Discute-se a respeito da compensação no sentido de saber se constitui defesa direta ou indireta de mérito. Entendemos que a compensação configura defesa indireta de mérito, por constituir fato extintivo do direito do reclamante, até o limite em que se iguala ao respectivo crédito, implicando, em princípio, o reconhecimento da juridicidade do pedido do reclamante, embora a alegação de compensação não impeça o reclamado de opor outras defesas contra o pedido. Poderá o reclamado, utilizando-se do princípio da eventualidade, arguir compensação como uma defesa de segundo plano, mesmo que contraditória, tendo em vista que todas as defesas devem ser apresentadas na contestação. Poderá, desta forma, alegar que o crédito pleiteado na inicial é inexistente, porque o fato constitutivo não ocorreu, mas que, se tivesse ocorrido, fora extinto pela compensação."*

---

[10] "Incumbe ao reclamado, sempre que entenda ser credor do reclamante, pelo valor dos danos causados pelo empregado à empresa, seja em razão do aviso-prévio não concedido pelo empregado que abandonou o serviço, requerer que tais créditos sejam compensados com os valores que sejam reconhecidos pela própria defesa ou que venham a ser deferido ao empregado pela sentença. Ressalte-se, entretanto, que a compensação, no processo do trabalho, está restrita a dívidas de natureza trabalhista (Enunciado nº 18 do TST). Não é admissível a compensação de dívida civil ou comercial do empregado para com a empresa com os créditos trabalhistas que possuir ou que vierem a ser reconhecido judicialmente. Se o empregado é devedor de duplicata originária de compra de mercadorias à empresa ou por esta paga como avalista, tal dívida não é suscetível de compensação no âmbito do processo do trabalho com os créditos do empregado" (GONÇALVES, Emílio. Ob. cit., p. 67).

[11] GONÇALVES, Emílio. Ob. cit., p. 67.

A compensação não se confunde com a dedução. A dedução pode ser decretada de ofício pelo magistrado. É uma forma de se evitar o enriquecimento ilícito.

Mauro Schiavi[12] ensina: *"A compensação não se confunde com a dedução, embora sejam semelhantes. Consiste a dedução na possibilidade do Juiz do Trabalho, uma vez verificando os recibos e o pagamento de parte das verbas postuladas, determinar que sem abatidos, do total da condenação, os valores já pagos constantes dos recibos dos autos, a fim de evitar o enriquecimento sem causa do reclamante. A dedução pode ser determinada de ofício pelo Juiz do Trabalho, enquanto a compensação depende de requerimento em defesa."*

A jurisprudência não é pacífica no sentido da permissão do desconto em liquidação de sentença, exceto se houver expressa autorização na sentença de mérito.

Por regra, por influência direta do art. 459, CLT (o pagamento do salário não pode ser por período superior a um mês), temos que a dedução dos valores pagos fica restrita ao mês da apuração, não se admitindo o desconto de eventuais valores pagos a maior em outros meses. Assevere-se, ainda, que o desconto do valor pago fica vinculado ao título deferido na sentença.

Para o TST, a dedução das horas extras comprovadamente pagas daquelas reconhecidas em juízo não pode ser limitada ao mês da apuração, devendo ser integral e aferida pelo total das horas extraordinárias quitadas durante o período não prescrito do contrato de trabalho (OJ 415, SDI-I).

A retenção é uma modalidade de direito de defesa e que consiste *"na faculdade de reter uma coisa a outrem devida, até a satisfação de um crédito do retentor, desde que a coisa retida guarde relação de conexidade com o crédito. Na retenção o credor conserva em seu poder coisa, cuja posse detinha legitimamente, pertencente ao seu devedor, além do momento em que a deveria restituir, se o seu crédito não existisse e até que o devedor satisfaça a obrigação. A retenção se encontra limitada a casos especiais que são fixados na lei. Para a existência do direito de retenção exigem-se os seguintes requisitos: (a) que o retentor seja o credor; (b) que o credor detenha legitimamente em seu poder a coisa retida; (c) que o crédito guarde com a coisa uma relação de conexidade; (d) que não exista nenhuma exclusão legal ou convencional de seu exercício".*[13]

A compensação e a retenção não podem ser confundidas. Na compensação, o reclamante e o reclamado se pagam, diante da reciprocidade das dívidas trabalhistas líquidas e certas, ao contrário da retenção, onde há uma garantia para que haja o cumprimento da obrigação por parte do devedor. O direito de retenção é um mecanismo para garantir a própria compensação. Exemplos de retenção no processo do trabalho: (a) quando o empregado não cumpre o aviso-prévio (art. 487, § 2º, CLT); (b) nos danos dolosos ou culposos causados pelo empregado (art. 462). Nessas situações, o empregador está autorizado a efetuar tais descontos.

---

[12] SCHIAVI, Mauro. *Manual de direito processual do trabalho*, p. 429.

[13] GONÇALVES, Emílio. Ob. cit., p. 68.

560 | DIREITO PROCESSUAL DO TRABALHO • *Francisco Ferreira Jorge Neto – Jouberto de Quadros Pessoa Cavalcante*

Na ótica de Emílio Gonçalves,[14] o que ocorre em tais casos *"não é propriamente retenção, mas sim, desconto autorizado por lei. Retenção propriamente dita ocorreria na hipótese de o empregador reter o instrumento de trabalhou do empregado para garantir- -se do débito deste, não satisfeito, nos casos de rescisão do contrato de trabalho, quando não houvesse crédito de salários em favor do empregado, não ensejando ao empregador a possibilidade de efetuar descontos. Entretanto, a retenção dos instrumentos de trabalho do empregado só seria admissível se os mesmos se encontrassem legitimamente em poder do empregador, no momento da retenção".*

7.3.6   Defesa de Mérito

Na elaboração da sua contestação, após o exame das questões processuais (art. 337, CPC) e das prejudiciais de mérito, o reclamado deverá impugnar, especificadamente, as razões de fato e de direito invocadas pelo autor (arts. 336 e 341).

É inadmissível a defesa genérica, em que o réu contesta a ação, sem a manifestação explícita sobre a matéria fática aduzida na fundamentação da exordial.

A contestação deverá observar dois princípios: (a) da eventualidade,[15] isto é, o réu tem o ônus da exposição de todas as razões de fato e de direito com que impugna o pedido do autor, inclusive, especificando as provas necessárias para a demonstração de tais fatos (art. 336); (b) da contestação específica, em que o réu tem a incumbência da manifestação objetiva e concreta de todos os fatos indicados na petição inicial, sob pena de se ter uma presunção da veracidade quanto aos fatos não impugnados (art. 341).

Defesa direta de mérito é a que se dirige contra o pedido, atacando-o nos seus fundamentos de fato e de direito.

Na contestação o reclamado poderá: (a) negar os fatos constitutivos do direito do autor. Exemplos: (1) o reclamante solicita verbas rescisórias, alegando a dispensa imotivada. O reclamado nega a dispensa; (2) o autor pleiteia horas extras. Na defesa, o empregador nega a prestação de horas suplementares; (b) reconhecer os fatos narrados na petição inicial trabalhista e suas consequências jurídicas. O empregador confessa a dispensa imotivada e alega o não pagamento por falta de numerário. É o caso de extin- ção do processo com resolução de mérito (art. 487, I); (c) admitir os fatos narrados na inicial como verdadeiros, alegando outros fatos, os quais se opõem às consequências jurídicas do fato constitutivo do reclamante. Nessa linha de defesa, *"o réu pode opor fato modificativo, extintivo ou impeditivo do direito do autor. O fato impeditivo dá-se quando o reclamante alega ter sido demitido, porém a empresa alega a despedida por justa causa, que impede o pagamento das verbas rescisórias. O fato modificativo ocorre quando o autor pede o pagamento de comissões. Vem a empresa em juízo opondo o fato modificativo: de*

---

[14]   GONÇALVES, Emílio. Ob. cit., p. 69.

[15]   Mauro Schiavi ensina: "O princípio da eventualidade consiste no ônus do réu em aduzir todas as defesas que tiver contra o processo (atacar diretamente a relação jurídica processual) e contra o pedido do autor, a fim de que, na eventualidade de o Juiz não acolher a primeira alegação, acolha a segunda" (*Manual de direito processual do trabalho*, 3. ed., p. 511).

que as comissões foram ajustadas para serem pagas a prazo. Há também fato modificativo da pretensão do autor, quando este pede indenização de antiguidade, e a empresa alega que o autor era optante do FGTS. Por último, o fato extintivo. Podemos exemplificar com a hipótese de o reclamante pedir horas extras e a empresa alegar que aquelas já estão pagas".[16]

Ainda quanto a essa forma de linha de defesa de mérito, Emílio Gonçalves[17] declina outros exemplos: *"suponhamos o caso de uma empregada que tenha sido contratada mediante contrato de experiência e venha, após a extinção do contrato, e sob a alegação de que se encontrava grávida, pleitear o pagamento do salário-maternidade; o reclamado, em sua contestação, confessa o fato (a extinção do contrato de experiência e a gravidez), mas nega as consequências jurídicas pretendidas pela reclamante, sob o fundamento de que, em se tratando de extinção normal do contrato a termo, o Direito não ampara a pretensão da reclamante quanto ao recebimento do salário-maternidade. Outro exemplo: empregada pleiteia a reintegração no emprego, sob a alegação de que, ao ser despedida sem justa causa, se encontrava grávida, sendo defeso ao reclamado despedi-la, em face de cláusula da convenção coletiva de trabalho em vigor para sua categoria profissional; em defesa, o reclamado reconhece ambos os fatos (à despedida da reclamante e a gravidez), mas alega que a pretensão quanto à estabilidade provisória no emprego não encontra amparo legal, uma vez que a cláusula da convenção coletiva de trabalho lhe faculta escolher entre a reintegração da empregada despedida e o pagamento da indenização correspondente ao valor dos salários do período da estabilidade provisória, o que efetivamente ocorreu"*.

7.4   O PRAZO DA RESPOSTA NO PROCESSO TRABALHISTA

Como regra, não há um prazo fixo para que a resposta seja formulada no processo do trabalho.[18]

O que ocorre, em face do conteúdo do art. 841, *caput*, CLT, é a observância necessária do prazo mínimo de cinco dias entre a data do recebimento da citação e a audiência.

Carlos Zangrando[19] ensina que *"esse período de 5 (cinco) dias consubstancia no interstício legal mínimo a ser observado entre a notificação e a realização da audiência no Processo do Trabalho. Concede-se assim um prazo para que o réu possa preparar sua defesa. [...] No entanto, a inobservância do prazo previsto pelo art. 841 da CLT não desobriga o réu de comparecer à audiência designada, se devidamente citado. No caso, comparecendo, deve arguir a nulidade existente, e requerer a designação de nova data de audiência, no mínimo para que totalize os 5 (cinco) dias de interstício a que tem direito. Se, validamente citado, o réu não comparece sequer para arguir a nulidade, então torna-se revel e confesso quanto à matéria de fato"*.

---

[16]   MARTINS, Sergio Pinto. *Direito processual do trabalho*, 20. ed., p. 274.

[17]   GONÇALVES, Emílio. Ob. cit., p. 70.

[18]   Quando não se tem a necessidade da audiência, o que ocorre com determinados tipos de ações (mandado de segurança, rescisória etc.), o prazo para a resposta será o mencionado na legislação específica, desde que seja compatível com a estrutura do processo trabalhista (art. 769, CLT).

[19]   ZANGRANDO, Carlos. *Processo do trabalho*: processo de conhecimento, t. I, 2009, p. 227.

Para a União, os Estados, o Distrito Federal, os Municípios e as autarquias ou fundações de direito público federais, estaduais ou municipais que não explorem atividade econômica, o prazo será de 20 dias (art. 1º, II, Dec.-lei 779/69).

7.5 O MOMENTO DA APRESENTAÇÃO DA RESPOSTA NO PROCESSO TRABALHISTA

Pelos ritos procedimentais trabalhistas, a defesa deve ser apresentada na audiência[20] (arts. 847 e 852-F, CLT, e 2º, Lei 5.584/70). Em se tratando de PJe, a defesa será apresentada até a audiência (art. 847, parágrafo único, CLT, Lei 13.467). Contudo, a exceção de incompetência territorial deve ser apresentada no prazo de cinco dias do recebimento do mandado de citação ("notificação", art. 800, CLT, Lei 13.467).

Antes da Lei 13.467, o fato de a contestação ter sido protocolizada, contudo, sem a presença do reclamado à audiência, mesmo presente o seu advogado, importará revelia e consequente confissão quanto à matéria de fato e, quando não constituído advogado nos autos, também não haverá a intimação dos demais atos processuais, salvo da sentença (art. 346, CPC; art. 852, CLT; Súmula 122, TST).

Com a Reforma Trabalhista (Lei 13.467), quando não comparece o reclamado à audiência, contudo, está presente o advogado, deverão ser aceitos a contestação e os documentos eventualmente apresentados (art. 844, § 5º, CLT). Nessa hipótese, diante da apresentação das alegações de defesa e de documentos, a confissão da matéria de fato passa a ser questionável.

7.6 RESPOSTA, REVELIA E CONFISSÃO QUANTO À MATÉRIA DE FATO

A formulação da resposta não é uma obrigação por parte do reclamado. Trata-se de um ônus. A resposta é um desdobramento do amplo direito de defesa.

A revelia é uma situação processual decorrente da omissão do réu em não contestar a ação (art. 344, CPC; art. 844, CLT).

Mesmo diante da formulação da resposta, o réu deve impugnar, especificamente, as razões de fato e de direito narradas na exordial (princípio da eventualidade, art. 336, CPC), sob pena de sofrer as consequências advindas do princípio da eventualidade, ou seja, a presunção de veracidade da matéria fática aduzida pelo autor (princípio da impugnação específica; art. 341, CPC).

Pela estrutura do CPC, a revelia possui o seguinte tratamento legal: (a) não haverá os efeitos do art. 344, CPC: (1) havendo pluralidade de réus, algum deles contestar a ação; (2) litígio versar sobre direitos indisponíveis; (3) a petição inicial não estiver acompanhada do instrumento público, que a lei considere indispensável à prova do ato; (4) as alegações de fato formuladas pelo autor forem inverossímeis ou estiverem em contradição com

---

[20] Para determinados tipos de ações (rescisória; mandado de segurança etc.), as quais possuem procedimentos específicos, quando não se tem a designação prévia de audiência pelo magistrado, a resposta será por escrito, devendo ser apresentada, via protocolo, ao respectivo órgão jurisdicional.

prova constante dos autos (art. 345, I a IV); (b) contra o revel que não tenha patrono nos autos os prazos fluirão da data de publicação do ato decisório no órgão especial (art. 346, caput). Poderá ele, entretanto, intervir no processo em qualquer fase, recebendo-o no estado em que se encontra (art. 346, parágrafo único).

Com a Reforma Trabalhista, a CLT passou a prever expressamente as mesmas hipóteses de revelia não operandi (art. 844, § 4º).

Além disso, de forma contrária ao entendimento consolidado pelo TST (Súm. 122), a Lei 13.467 dispõe que ainda que ausente o reclamado, mas presente o advogado na audiência, a contestação e os documentos serão aceitos (art. 844, § 5º, CLT). Com isso, a Reforma Trabalhista acabou por afastar a revelia, contudo, não afastou a pena de confissão.

A revelia gera a presunção de veracidade dos fatos articulados pelo autor na fundamentação da petição inicial, contudo, não se confunde com a confissão *ficta*.

Revelia é a ausência de defesa ante a inércia do reclamado (réu). É uma situação jurídica. A confissão *ficta* é a consequência advinda dessa situação jurídica (a presunção de veracidade quanto à matéria fática), a qual também ocorre quando a parte não comparece para prestar depoimento pessoal, observados os requisitos jurisprudenciais inseridos na Súm. 74, I, TST.

Há julgados, em sede trabalhista, os quais entendem que a revelia é inaplicável ao Poder Público, sob o fundamento de o litígio versar sobre direitos indisponíveis (art. 345, II, CPC). Esse entendimento não só viola a lei (art. 844, CLT), como a natureza jurídica alimentar do crédito trabalhista, o qual é privilegiado (art. 186, CTN). Não se pode esquecer que quando a Administração Pública contrata pelo regime celetista, se equipara ao empregador comum, ficando, como regra, sujeito às mesmas regras processuais. Para o TST, à revelia aplica-se a pessoa jurídica de direito público (OJ 152, SDI-I).

7.7 RECONVENÇÃO

7.7.1 A Omissão da Lei Processual Trabalhista

A CLT é omissa quanto à reconvenção no processo trabalhista. Diante da omissão, aplicam-se as regras do processo civil, desde que sejam compatíveis com a natureza do procedimento trabalhista (art. 769, CLT).

Alguns doutrinadores trabalhistas (Mozart Victor Russomano, Antonio Lamarca e Arnaldo Süssekind) opõem argumentos contrários a essa aplicação subsidiária: *"a) que a omissão do legislador foi proposital, pois se tivesse querido a reconvenção a ela se teria referido expressamente; (b) o art. 767 da CLT dispõe, taxativamente, sobre a retenção e a compensação, ficando, por essa razão, rejeitada a reconvenção; (c) O CPC proíbe a reconvenção nas ações de alimentos. Como o salário tem caráter alimentar, ainda que a reconvenção não tivesse sido excluída da CLT, seria inadmissível no processo trabalhista, por incompatível com o caráter alimentar do salário."*[21]

---

[21] GONÇALVES, Emílio. Ob. cit., p. 94.

Para outros juristas trabalhistas (Osíris Rocha, Wilson de Souza Campos Batalha, Cesarino Júnior e Amauri Mascaro Nascimento), a reconvenção é perfeitamente aplicável ao processo trabalhista.

A reconvenção deve ser aplicável no processo trabalhista. Como objeção, às críticas acima elencadas, argumenta-se: (a) a omissão da CLT, quanto à reconvenção, não é proposital. Não se pode esquecer que a CLT é uma coletânea da legislação material e processual do Estado Novo, não tendo uma estrutura de código. A adoção subsidiária da reconvenção no processo do trabalho é uma medida de economia e celeridade processual. Em um único processo, duas demandas podem ser solucionadas, desde que a reconvenção tenha conexão com o fundamento da inicial ou da contestação; (b) a retenção e a compensação são institutos de direito material, os quais são insuficientes para elidir a aplicação subsidiária da reconvenção no processo trabalhista. Assevere-se que a reconvenção é um instituto de natureza processual, o qual propicia a efetividade do processo, como instrumento de solução dos conflitos de interesses; (c) não se nega o caráter alimentar do salário, contudo, o Direito do Trabalho não se resume a essa parcela. A ordem jurídico-trabalhista possui dispositivos de várias naturezas, regulando não só o salário, como o trabalho do menor, da mulher, a jornada de trabalho, as diversas modalidades de extinção do contrato individual de trabalho etc. Em algumas situações, apesar do caráter alimentar do salário, a própria lei admite uma série de descontos (por exemplo, o art. 462 da CLT). Apesar da importância do salário, a reconvenção é compatível com o processo do trabalho, já que a mesma, inclusive, pode ser utilizada, dependendo da situação, pelo empregado.

Com a Lei 13.467, a CLT menciona expressamente a condenação em honorários advocatícios em caso de reconvenção (art. 791-A, § 5º).

A prática forense trabalhista indica vários exemplos de reconvenção no processo trabalhista: (a) empregado estável solicita a reintegração, sob alegação de que não houve o inquérito para apuração de falta grave; o empregador, além de contestar a ação, apresenta o inquérito na reconvenção; (b) empregador propõe o inquérito para apuração de falta grave contra o empregado; na sua resposta, o empregado contesta o inquérito, como também ajuíza a reconvenção, onde indica que a justa causa é do empregador, postulando, assim, o pagamento da indenização dobrada (art. 496, CLT); (c) empregado ingressa em juízo pleiteando o pagamento das verbas rescisórias; o empregador contesta a demanda, argumentando a ocorrência de justa causa, além de propor a reconvenção na qual solicita a condenação do autor no pagamento dos prejuízos decorrentes da prática de ato doloso (art. 462); (d) o empregador ajuíza ação de consignação em pagamento, objetivando o depósito judicial das verbas rescisórias, com a finalidade de elidir a futura demanda judicial quanto à multa do art. 477 pelo atraso no pagamento da quitação; o empregado contesta a ação, aduzindo a inexistência da mora do credor, além de oferecer a reconvenção na qual indica existência de outros direitos trabalhistas não adimplidos pelo empregador na rescisão. Por exemplo: as incidências das horas extras; a ausência da parcela salarial paga "por fora".

7.7.2   Conceito

Reconvenção é a ação proposta pelo réu contra o autor no bojo da ação em que está sendo demandado.

PARTE VI · Cap. VII – RESPOSTA | **565**

Na reconvenção, as partes são denominadas réu-reconvinte (autor) e autor-reconvindo (réu).

7.7.3   Requisitos e Procedimentos

O réu pode reconvir ao autor no mesmo processo, toda vez que a reconvenção seja conexa com a ação principal ou com o fundamento da defesa (art. 343, *caput*, CPC).

Na estrutura do CPC/15, a reconvenção é apresentada na própria peça da contestação. Não se trata, pois, de uma peça em apartado.

Pelo CPC/73, não poderia o réu, em seu próprio nome, reconvir ao autor que demandasse em nome de outrem (art. 315, parágrafo único). Seria o caso da entidade sindical, quando atuava em seu nome, contudo, em prol dos interesses jurídicos dos substituídos (substituição processual ou legitimação extraordinária). Nessa hipótese, a reconvenção seria incabível.

Pelo CPC/15, quando o autor for substituto processual, o reconvinte deverá afirmar ser titular de direito em face do substituído e a reconvenção deverá ser proposta em face do autor, também na qualidade de substituto processual (art. 343, § 6º).

Também pelo CPC/15 é cabível a reconvenção: (a) contra o autor e terceiro; (b) proposta pelo réu em litisconsórcio com terceiro (art. 343, §§ 3º e 4º).[22]

Com o oferecimento da reconvenção, a solução do processo não fica restrita aos limites pretendidos pelo autor. Alarga-se o universo da temática a ser decidida pelo magistrado. Na mesma sentença, haverá o julgamento da ação e da reconvenção.

A reconvenção deve ser conexa com a ação (reclamação trabalhista) ou com a contestação do réu (reclamado).

O conteúdo da conexão, como causa de pedir e pedido da reconvenção, será consentâneo com a competência material da Justiça do Trabalho.

---

[22]   "Barbosa Moreira sustenta que 'só o réu' ou qualquer dos réus, no caso de litisconsórcio passivo) é legitimado para reconvir; só o autor (ou qualquer dos autores, no caso de litisconsórcio ativo) tem legitimação para a reconvenção.É possível, no entanto, defender a ampliação subjetiva do processo pela via da reconvenção, se ela impuser litisconsórcio do autor e um terceiro e se tratar de demanda conexa com a ação principal (art. 103 do CPC), o que redundaria, de qualquer modo, na reunião das causas para julgamento simultâneo (art. 105 do CPC). Assim, a inadmissibilidade da reconvenção é medida inútil, pois acaso o réu propusesse ação autônoma, em razão da conexão, a reunião dos feitos no mesmo juízo se impunha.Admitindo a possibilidade de reconvenção subjetivamente ampliativa, Cândido Dinamarco: 'Não há na lei, contudo, nem a boa razão, qualquer dispositivo ou motivo que impeça (a) reconvenção movida em litisconsórcio pelo réu e mais uma pessoa estranha ao processo (litisconsórcio ativo na reconvenção); reconvir ao autor e mais alguma pessoa estranha (litisconsórcio passivo na reconvenção). (...) Ao contrário, fortes razões existem para admitir essas variações, que alimentam a utilidade do processo como meio de acesso à tutela jurisdicional justa e efetiva'" (JR. DIDIER, Fredie. *Curso de Direito Processual Civil*, 14. ed., v. 1, p. 528).

O empregador-reconvinte não pode pleitear a condenação do empregado-reconvindo em dívidas de natureza não trabalhista. É o caso de aluguéis pagos pelo empregador, na qualidade de fiador do empregado, quando o contrato de locação do imóvel nada tenha a ver com a relação empregatícia.

Para a propositura da reconvenção é necessária a presença dos pressupostos processuais de existência e validade e das condições da ação.

Pelo CPC/15, apesar de ser matéria arguida em contestação, deve conter todos os requisitos do art. 319, CPC, não sendo necessária a qualificação das partes, exceto se for o caso de litisconsórcio do réu-reconvinte com terceiro. Neste caso, o terceiro deverá ser qualificado.

Em matérias distintas, o CPC/15 refere-se à reconvenção: (a) valor da causa, art. 292, *caput*); (b) pedido determinado e genérico (art. 324, § 2º, CPC); (c) é lícita a formulação de pedidos acumulados (art. 329, parágrafo único); (d) a formulação dos momentos da desistência (art. 329, parágrafo único); (e) homologação do reconhecimento da procedência do pedido na reconvenção (art. 487, III, a); (f) homologação da renúncia à pretensão formulada na reconvenção (art. 487, III, c).

No caso do não preenchimento dos requisitos da petição inicial, a reconvenção poderá ser indeferida (art. 330, CPC), com a extinção da mesma sem resolução de mérito (art. 485, I, CPC). Como a decisão é interlocutória, não caberá o recurso ordinário (art. 893, § 1º, CLT; Súm. 214, TST). Ao réu, haverá duas saídas: (a) aguardar a decisão final e opor o recurso ordinário, arguindo a nulidade de todo o processado, a partir do indeferimento do pedido reconvencional; (b) propor uma ação, contendo a pretensão da reconvenção indeferida, contra o autor.

Com a apresentação da reconvenção, a audiência será adiada. O autor-reconvindo fica intimado a apresentar a sua contestação no prazo de 15 dias (art. 343, § 1º, CPC). Se não o fizer, será considerado revel quanto ao pedido reconvencional.

Na audiência em prosseguimento, haverá a instrução simultânea da ação e da reconvenção. Após o encerramento da instrução, as duas serão julgadas concomitantemente (art. 485, I). No corpo da sentença, cada uma deverá ter fundamentos e conclusões próprias.

No caso de a sentença não analisar a reconvenção, haverá nulidade, a qual poderá ser objeto de recurso ordinário pelo réu. Com o acolhimento do recurso, a sentença será anulada, com a remessa dos autos ao juízo *a quo* para nova decisão.

A desistência da ação ou a existência de qualquer causa que a extinga não obsta o prosseguimento da reconvenção (art. 343, §§ 2º e 6º). Isso significa que a reconvenção pode ser instruída e julgada, independentemente da apreciação do mérito da ação.

O arquivamento da ação pela ausência do reclamante (art. 844, CLT) implica extinção do processo sem julgamento de mérito, logo, o reclamado estará impossibilitado de apresentar a sua reconvenção.

7.7.4 Revelia do Réu e a Reconvenção

Como o exercício do direito de defesa é uma faculdade para o réu, mesmo diante da ausência da contestação na audiência trabalhista, o mesmo poderá formular a sua reconvenção. Nessa hipótese, o elemento de conexão só poderá ser com os fundamentos da ação.

Exemplo: o empregador não contesta o pedido de verbas rescisórias pela dispensa imotivada do empregado, contudo, propõe um pedido reconvencional, em que pleiteia a condenação do autor-reconvindo no pagamento de danos decorrentes da prática de ato culposo ou doloso (art. 462, CLT).

7.7.5 Reconvenção e Compensação

Nos processos trabalhistas, os réus costumam solicitar a compensação dos valores pagos em função dos títulos requeridos pelos reclamantes.

A compensação é arguida de forma oportuna quando o crédito do autor for igual ou superior ao do réu. Contudo, há situações em que o crédito do réu é superior. Esse excedente não pode ser aduzido como matéria de defesa. Deverá ser por intermédio de um pedido reconvencional, onde o juiz reconhecerá o valor pago a maior pelo empregador e condenará o empregado nessa diferença.

A compensação, *"conforme o art. 767, da CLT, deve ser arguida em contestação, mas se o crédito do reclamado superar o do reclamante, este poderá propor a reconvenção"*.[23]

7.7.6 Litisconsórcio

Nada obsta a formulação da reconvenção em caso de litisconsórcio, seja ativo ou passivo, inicial ou posterior, desde que o reconvinte o faça em caráter pessoal, observados os demais requisitos do art. 343, § 5º, NCPC.

7.7.7 Reconvenção e Ação de Cumprimento

Na ação de cumprimento (art. 872, CLT), o sindicato, como substituto processual, atua em nome próprio, contudo, em prol dos interesses jurídicos dos substituídos, portanto, será incabível a formulação da reconvenção pelo réu.

Pelo CPC, quando o autor for substituto processual, o reconvinte deverá afirmar ser titular de direito em face do substituído e a reconvenção deverá ser proposta em face do autor, também na qualidade de substituto processual (art. 343, § 5º).[24]

---

[23] SCHIAVI, Mauro. Ob. cit., p. 441.

[24] No processo trabalhista, é comum a atuação da entidade sindical, como substituto processual, em várias matérias (ação de cumprimento, art. 872, CLT; insalubridade; periculosidade; diferenças fundiárias etc.), sendo que vários são os substituídos, não havendo a necessidade das respectivas identificações na fase de conhecimento. Portanto, entendemos que esta inovação do NCPC é inaplicável ao processo laboral, pois, seria uma medida contrária a celeridade e a economia processual.

7.7.8   Reconvenção e o Processo de Execução

A Lei 6.830/80, a qual dispõe sobre a cobrança judicial da dívida ativa da Fazenda Pública e dá outras providências, é aplicável ao processo de execução trabalhista (art. 889, CLT).

Na execução da dívida ativa não se admite: reconvenção, compensação e as exceções, com exceção das de suspeição, incompetência e impedimentos (as quais devem ser arguidas como matéria preliminar, com o processamento e respectivo julgamento com os embargos) (art. 16, § 3º, Lei 6.830).

Portanto, a reconvenção é inaplicável ao processo de execução trabalhista.

QUESTIONÁRIO

1. O exercício do direito de defesa inclui a reconvenção?

2. A incompetência absoluta deve ser arguida como exceção ou preliminar na contestação? Justifique.

3. A quem cabe julgar a exceção de suspeição do juiz titular da vara do trabalho?

4. Cabe recurso ordinário da decisão que acolhe a exceção de incompetência em razão do local? Em caso negativo, qual será a solução?

5. Qual é o recurso cabível quando a Justiça do Trabalho acolhe a exceção de incompetência absoluta? Justifique.

6. Existe prazo mínimo para o exercício do direito de defesa no processo trabalhista?

7. Faça a diferenciação entre retenção e compensação?

8. O juiz trabalhista pode reconhecer a inépcia da petição inicial?

9. Na sua opinião, a reconvenção é cabível no processo trabalhista?

Capítulo VIII
AUDIÊNCIA

8.1 CONCEITO

Audiência vem do latim *audientia,* que é o ato de escutar, de atender.

Do ponto de vista processual, audiência consiste no ato praticado sob a presidência do juiz, a fim de ouvir ou de atender as alegações das partes e de seus procuradores, bem como testemunhas e demais auxiliares do juízo (peritos).

Não se confunde com o vocábulo "sessão". Sessão compreende a realização de várias audiências ou julgamentos, em que são julgados os processos.

8.2 AUDIÊNCIA E O PRINCÍPIO DA PUBLICIDADE

A audiência é ato que se reveste de toda a publicidade, inclusive, facultando que seja ouvida por quem quiser.

A publicidade é um dos princípios fundamentais do devido processo legal. Todos os julgamentos dos órgãos do Poder Judiciário serão públicos, além da fundamentação de todas as suas decisões, sob pena de nulidade, podendo a lei limitar a presença, em determinados atos, às próprias partes e seus advogados, ou somente a estes, em casos nos quais a preservação do direito à intimidade do interessado no sigilo não prejudique o interesse público à informação (art. 93, IX, CF). Como regra, não só no processo civil, como no trabalhista, os atos processuais são públicos (art. 189, NCPC; art. 770, CLT).

Contudo, a própria CF admite que a lei restrinja a publicidade dos atos processuais quando a defesa da intimidade ou do interesse social o exigirem (art. 5º, LX).

Assim, em situações especiais, a publicidade dos atos processuais estará restrita apenas às partes e seus procuradores.

O CPC prevê o segredo de justiça nas ações: a) em que o exija o interesse público ou social; b) que versem sobre casamento, separação de corpos, divórcio, separação, união estável, filiação, alimentos e guarda de crianças e adolescentes; c) em que constem dados protegidos pelo direito constitucional à intimidade; d) que versem sobre arbitragem, inclusive sobre cumprimento de carta arbitral, desde que a confidencialidade estipulada na arbitragem seja comprovada perante o juízo (art. 189, I a IV).

Em tais processos temos: (a) o direito de consultar os autos e de pedir certidões de seus atos é restrito às partes e aos seus procuradores. O terceiro que demonstrar interesse jurídico pode requerer ao juiz certidão do dispositivo da sentença, bem como de inventário e partilha resultantes de divórcio ou separação (art. 189, § 2º); (b) as audiências são realizadas a portas fechadas (art. 368).

A CLT não disciplina os processos que devem correr em segredo de justiça. Por conta disso, são compatíveis com o processo do trabalho as demandas em que se tenha situações fáticas relacionadas com o direito à intimidade (art. 189, III) ou que sejam reveladoras de interesse público ou social (art. 189, I).

Com o protocolo da demanda e sua distribuição (nas comarcas em que houver mais de uma vara do trabalho), a reclamada será citada via postal, pela Secretaria, independentemente de despacho do juiz para comparecer à audiência, que será a primeira desimpedida, depois de cinco dias (art. 841, *caput*, CLT).

Se a reclamada opuser qualquer embaraço ao recebimento da citação, ou não for encontrada, a mesma será efetuada por edital, inserto no jornal oficial ou no que publicar o expediente forense, ou, na falta, afixado na sede da vara ou juízo (art. 841, § 1º). Na prática, em várias varas do trabalho, antes da realização da citação por edital, ocorre a tentativa por intermédio do oficial de justiça.

O reclamante será intimado no ato da apresentação da demanda ou via postal (art. 841, § 2º). Normalmente, nos grandes centros, a intimação é efetuada por publicação na Imprensa Oficial, desde que a parte esteja representada por advogado.

8.3 HORÁRIO DAS AUDIÊNCIAS NO PROCESSO TRABALHISTA

As audiências são realizadas dentro dos órgãos da Justiça do Trabalho, em horários designados, inclusive, com ciência prévia aos efetivos interessados. São realizadas das 8:00 às 18:00 horas, não podendo ultrapassar cinco horas seguidas, salvo quando houver matéria urgente (art. 813, *caput*, CLT).

Em casos especiais, poderá ser designado outro local para a realização das audiências, mediante edital afixado na sede do juízo, com antecedência mínima de 24 horas (art. 813, § 1º).

Sempre que for necessário, poderão ser convocadas audiências extraordinárias, com ciência prévia às partes, no mínimo, de 24 horas (art. 813, § 2º).

O magistrado deve chegar no horário marcado para o início dos trabalhos de audiência, determinando a sua abertura, com o pregão das partes (art. 815, *caput*).

Ao juiz é possível o atraso no máximo pelo lapso de 15 minutos, sendo que quando houver o extravasamento deste limite, as partes poderão se retirar, solicitando que tal fato fique consignado no registro de audiências (art. 815, parágrafo único).

O lapso de 15 minutos não pode ser invocado pelas partes, como forma de elidir o arquivamento ou à revelia (art. 844) (OJ 245, SDI-I).[1]

---

[1] O TST, no julgamento (RR 18000-56.2007.5.12.0030), entendeu que o trabalhador não pode ser penalizado por atraso de cinco minutos à audiência em que deveria prestar depoimento.O TST,

PARTE VI · Cap. VIII – AUDIÊNCIA | 571

De forma genérica, a CLT não disciplina as hipóteses em que a audiência pode ser adiada.

No processo civil, a audiência pode ser adiada (art. 362, I e II, CPC):

a) por convenção das partes, caso em que só será possível uma vez. Citado dispositivo é aplicável ao processo trabalhista, visto que a CLT é omissa e não colide com o procedimento laboral;[2]

b) se não puderem comparecer por motivo justificado, o perito, as partes, as testemunhas ou os advogados. Não há como se negar a aplicação deste dispositivo ao processo trabalhista. O adiamento da audiência pela ausência justificada das partes evita as consequências do art. 844, CLT. Por sua vez, o adiamento pela ausência justificada das testemunhas e do perito é uma forma de resguardar às partes o amplo direito de defesa. O NCPC determina que o impedimento deverá ser comprovado até a abertura da audiência. Se isso não ocorrer, o juiz deve proceder a instrução.

É discutível o adiamento diante da ausência dos advogados, visto que as partes possuem capacidade postulatória (art. 791, CLT).

Para Manoel Antonio Teixeira Filho,[3] a audiência trabalhista não pode ser adiada ante a ausência por motivos profissionais quanto ao advogado: *"Pergunta-se: se o advogado possuir duas ou mais audiências no mesmo horário, ou muito próximas, em juízos ou varas distintos, o juiz, a requerimento deste, deve adiar a audiência? Se a resposta devesse ser dada com vistas ao processo civil, é provável que fosse afirmativa, em face do disposto no art. 453, II, do CPC. Cuidando-se, todavia, de processo do trabalho, a única resposta admissível é a negativa.*

Não confundamos, porém, as coisas, Embora seja de nossa convicção pessoal que, a contar da vigência da Constituição Federal de 1988 (art. 133), ninguém pode postular em juízo (a

---

quanto ao atraso da Reclamada, deliberou no sentido de que: "RECURSO DE REVISTA. ATRASO NO HORÁRIO DE COMPARECIMENTO NA AUDIÊNCIA. EFEITOS. I. Não obstante a redação da Orientação Jurisprudencial nº 245 da SBDI-1 desta Corte no sentido de que – inexiste previsão legal tolerando atraso no horário de comparecimento da parte na audiência-, este Tribunal tem decidido reiteradamente que atrasos diminutos que não impliquem prejuízo à instrução processual não justificam a aplicação da confissão à parte atrasada. Precedentes. II. Recurso de revista de que não se conhece" (TST – 4ª T. – RR 265500-36.2005.5.02.0046 – Rel. Min. Fernando Eizo Ono – *DEJT* 29/8/2014).

[2] "ADIAMENTO DA AUDIÊNCIA POR CONVENÇÃO DAS PARTES. INCIDÊNCIA DO ART. 453, I, DO CPC. CERCEAMENTO DE DEFESA CARACTERIZADO. É cediço que o art. 453, I, do Código de Processo Civil, com aplicação subsidiária ao Processo do Trabalho, não estabelece qualquer condição temporal para que seja protocolizado o pedido de adiamento da audiência. Tampouco, há que se perquirir os motivos ensejadores do pedido de adiamento, porquanto, a motivação somente é necessária quando tratar-se de pedido de adiamento feito por apenas uma das partes, sob pena de caracterizar cerceamento de defesa" (TRT – 12ª R. – 1º C. – RO 0002845-21.2012.5.12.0003 – Rel. Jorge Luiz Volpato – j. 29/10/2013).

[3] TEIXEIRA FILHO, Manoel Antonio. *Curso de direito processual do trabalho*, v. 2, p. 1181.

não ser em situações excepcionais) sem advogado, isso não significa que se o advogado não puder comparecer à audiência esta deverá ser automaticamente adiada. Sejamos sensatos. O adiamento de uma audiência, especialmente se feita a requerimento do réu, pode causar sérios transtornos e prejuízos autor, pois isso provocará um retardamento da entrega da prestação jurisdicional. Ora, se o advogado está impossibilitado de comparecer à audiência, por mais plausíveis que sejam as razões por ele apresentadas, cumpre-lhe substabelecer, no todo ou em parte, a outro advogado, os poderes recebidos. É precisamente para atender a situações como essa que se instituiu a possibilidade de substabelecimento (com reservas de poderes)."

Na audiência trabalhista, a parte deve estar acompanhada de seu advogado. Se diante do caso concreto, mesmo que seja de natureza profissional, se o motivo for razoável, o magistrado deve adiar a audiência. É uma forma de possibilitar e assegurar a parte que possa ter o devido assessoramento técnico do seu advogado, como forma de resguardo do devido processo legal.

Há julgados de tribunais regionais, que reconhecem o direito da parte ao adiamento da audiência, diante da ausência justificada do seu advogado.[4]

O CPC/15 acresceu, como hipótese de adiamento da audiência, quando for o caso de atraso injustificado de seu início em tempo superior a trinta minutos do horário marcado (art. 362, III).

8.4   AUDIÊNCIA E O PODER DE POLÍCIA DO JUIZ

A ordem e a tranquilidade são vitais na realização das audiências, devendo os juízes ordenar medidas para a manutenção do respeito por parte dos espectadores, inclusive requisitando a força pública se necessário, fazendo prender e autuar os desobedientes, evacuar a sala, interromper os trabalhos e tomar outras medidas que sejam convenientes.

Compete-lhe, manter a ordem e o decoro, ordenando, se necessário, que se retirem da sala de audiência os que se comportarem de forma inconveniente (art. 816, CLT; art. 360, CPC).

A audiência é de vital importância para que se faça justiça. O magistrado deve agir com serenidade e urbanidade, coletando os depoimentos pessoais e testemunhais, evitando os tumultos, as agressões verbais, as discussões etc. Infelizmente, é comum, em audiências, haver um ambiente hostil entre as partes, notadamente, quando se discutem os fatos postos em juízo.

Francisco Antonio de Oliveira[5] enfatiza: *"Compete ao juiz, em especial, dirigir os trabalhos da audiência, proceder direta e pessoalmente à colheita das provas, exortar os advogados e o órgão do Ministério Público a que discutam a causa com elevação e urbanidade. Esse comando do art. 446 do CPC é aplicável ao processo trabalhista ex vi do art.*

---

[4]   TRT – 3ª R. – RO 1868.2011.022.03.00.9 – Rel. Juiz. Conv. Danilo Siqueira de C. Faria – *DJe* 6/8/2012 – p. 49.TRT – 5ª R. – 3ª T. – RO 0000070-50.2011.5.04.0201 – Relª Marizete Menezes – *DJe* 25/11/2011.TRT – 1ª R. 10ª T. – RO 0079300-13.2007.5.01.0034 – Rel. Marcos Cavalcante – *DOERJ* 18/5/2011.

[5]   OLIVEIRA, Francisco Antonio de. *Manual de audiências trabalhistas*, p. 20.

769 da CLT. Disso resulta que somente o juiz presidente no processo do trabalho poderá dirigir os trabalhos e proceder pessoalmente à colheita das provas. Juntas de Conciliação e Julgamento existem em que o juiz presidente permanece em seu gabinete despachando e deixa a cargo dos representantes classistas a direção da audiência. A praxe é ilegal e desmerece a magistratura. Não devem os advogados concordar com tal vezo. O advogado deverá manter conduta ativa e irrepreensível sempre. E com maior razão em audiência perante magistrado. Não deve o advogado apaixonar-se pela causa. Deverá ser sempre combativo, mas jamais agressivo. A combatividade é um atributo da advocacia. A agressividade é uma conduta não ética, desrespeitosa e censurável. É um desvio da função.”

Juízes e advogados, portanto, são vitais para o bom desempenho dos órgãos jurisdicionais, notadamente, em audiência, devendo haver o respeito e admiração mútuos.

8.5 A DURAÇÃO DA AUDIÊNCIA E O COMPARECIMENTO DAS PARTES

Como regra, a audiência de julgamento será contínua, mas, se não for possível, por motivo de força maior, concluí-la no mesmo dia, o juiz ou presidente marcará a sua continuação para a primeira data desimpedida, independentemente de nova notificação (art. 849, CLT).

A audiência trabalhista deve ser preferencialmente una, como forma de valorização do procedimento oral.

No caso de ser inviável a conciliação, haverá a formulação da defesa. Na sequência, tem-se: (a) a produção das provas orais e documentais, com o encerramento da instrução processual; (b) razões finais orais (10 minutos) pelas partes; (c) renovação da conciliação pelo magistrado; (d) prolação da sentença.

Razoável seria o implemento da audiência una, porém, o acúmulo de processos em pauta, além de outros fatores conhecidos por todos, não se tem condições de observar o procedimento como previsto pelo legislador de 1943. O que se faz, infelizmente, é a cisão da audiência em várias etapas, sendo a inicial, depois a de instrução e por último o julgamento.

Nas audiências unas, o não comparecimento das partes implica: (a) para o reclamante, o arquivamento da reclamação (extinção sem resolução de mérito), com sua condenação ao pagamento de custas processuais, salvo motivo relevante; (b) para o reclamado, à revelia, além de confissão, quanto à matéria de fato (art. 844, *caput*, CLT, Lei 13.467) e não intimação dos demais atos processuais, salvo sentença.

Se o réu não contestar a ação, reputar-se-ão verdadeiros os fatos afirmados pelo autor (art. 344, CPC), salvo as hipóteses legais de revelia não operandi (art. 345, CPC; art. 844, § 4º, CLT, Lei 13.467). As hipóteses legais são: a) havendo pluralidade de réus, algum deles contestar a ação; b) o litígio versar sobre direitos indisponíveis; c) a petição inicial não estiver acompanhada de instrumento que a lei considere indispensável à prova do ato; d) as alegações de fato formuladas pelo autor forem inverossímeis ou estiverem em contradição com prova constante dos autos.

Além disso, de forma contrária ao entendimento consolidado pelo TST (Súm. 122), a Lei 13.467 dispõe que ainda que ausente o reclamado, mas presente o advogado na audiência una ou inicial, a contestação e os documentos serão aceitos (art. 844, § 5º, CLT). Com isso, a Reforma Trabalhista acabou por afastar a revelia, contudo, mantém-se a pena de confissão.

Dependendo da divisão das audiências, há uma série de consequências legais, doutrinárias e jurisprudenciais quanto ao comparecimento das partes.

Na primeira audiência (primeira tentativa de conciliação e, no caso de não se ter êxito, a formulação da defesa escrita ou oral; designação da audiência em prosseguimento), são válidas as regras do art. 844, *caput*, da CLT.

No caso de a reclamada ser revel e o feito for julgado na audiência, haverá a sua intimação quanto ao conteúdo da sentença (art. 852, CLT; art. 346, CPC).

O arquivamento da demanda não obsta que o autor intente nova reclamatória. Se for o caso do segundo arquivamento, deverá observar o prazo de seis meses, de acordo com os arts. 731 e 732 da CLT.

Com a Lei 13.467, o pagamento das custas processuais é condição para a propositura de nova ação judicial (art. 844, §§ 2º e 3º, CLT).[6] Citada imposição não é razoável, visto que: (a) o trabalhador, que é a parte reclamante na totalidade das vezes, como beneficiário da justiça gratuita, deveria ficar, automaticamente, isento do pagamento das custas processuais (art. 790, § 3º, CLT; art. 5º, LXXIV, CF); (b) como os direitos trabalhistas são de caráter alimentar, a regra é o comparecimento do trabalhador, logo, condicionar a isenção das custas a comprovação de um motivo legalmente justificável para a sua ausência, implica em equiparar o trabalhador a um litigante de má-fé. Vale dizer, como o trabalhador é o principal interessado na solução do conflito, presume-se que a sua ausência é por um justo motivo; (c) exigir o pagamento das custas para o trabalhador é violar o acesso ao Judiciário (art. 5º, XXXV, CF).

As alterações do art. 844, §§ 2º e 3º, CLT, são aplicáveis às ações ajuizadas a partir de 11 de novembro de 2017 (art. 12, caput, IN 41, 22/06/2018, TST).

Para a segunda audiência (coleta dos depoimentos pessoais e testemunhais; a oitiva do perito e dos assistentes técnicos: encerramento da instrução; razões finais orais e a segunda tentativa obrigatória de conciliação; designação de uma nova audiência para julgamento) haverá a aplicação da pena de confissão à parte que, expressamente intimada com aquela cominação, não comparecer à audiência em prosseguimento, na qual deveria depor (Súm. 74, I, TST).

De acordo com algumas decisões do TST, quando da designação da audiência de instrução, a parte deve ser pessoalmente intimada com a cominação de que o seu comparecimento é obrigatório sob pena de ser considerada confessa quanto à matéria de fato.

Se a ausência for mútua, a pena de confissão não é possível, devendo o feito ser julgado no estado em que encontra, considerando o ônus da prova de cada parte, exceto se for o caso de uma eventual prova técnica (por exemplo: adicional de insalubridade

---

6   As alterações do art. 844, § 2º, pela Lei 13.467/17, são objeto da ADI 5766, perante o STF (Rel. Min. Roberto Barroso).

PARTE VI · Cap. VIII – AUDIÊNCIA | 575

e/ou de periculosidade; pedido de reparação civil por ato ilícito decorrente de acidente de trabalho).

Alguns juízes, quando a ausência é do reclamante na segunda audiência, costumam determinar o arquivamento do feito, o que não é possível, pois a demanda já está contestada (Súm. 9, TST). Portanto, na audiência em prosseguimento, as duas partes (reclamante e reclamado) estão sujeitas à pena de confissão quanto à matéria de fato.

Diante da confissão parcial de uma das partes, alguns juízes, pelas peculiaridades do caso concreto, ouvem as testemunhas presentes ou autor, evitando, assim, a arguição de futura nulidade por cerceamento do direito de defesa, o que em nossa visão não procede, em face do conteúdo da jurisprudência (Súm. 74, II).

Em 24/5/2011, o TST estabeleceu que a vedação à produção de prova posterior pela parte confessa somente a ela se aplica, não afetando o exercício, pelo magistrado, do poder/dever de conduzir o processo (Súm. 74, III). Trata-se de um incentivo à participação ativa do juiz na busca da verdade real (art. 370, CPC; art. 765, CLT).

Se o feito for julgado na segunda audiência, a parte ausente será intimada do conteúdo da sentença (art. 852, CLT).

Excepcionalmente, as ausências das partes podem ser justificadas, desde que haja um motivo relevante, devidamente comprovado (Súm. 122, TST; art. 844, § 1º, CLT, Lei 13.467), quando, então, o juiz irá determinar a designação de uma nova audiência.

Na terceira audiência (julgamento): (a) se as partes saíram intimadas na forma da Súm. 197, o prazo do recurso ordinário tem início a partir da publicação da sentença, desde que a mesma tenha sido juntada aos autos na data designada para a audiência; (b) se não intimadas para o comparecimento, o prazo será computado a partir da intimação (postal ou pela imprensa oficial) da sentença.

8.6 A PRESENÇA DAS PARTES NA AUDIÊNCIA

Como regra, de acordo com o art. 843, *caput*, CLT, as partes[7] deverão estar presentes na audiência, independentemente de seus representantes, exceto nos casos de reclamatórias plúrimas ou ações de cumprimento, quando os empregados poderão fazer-se representar pelo sindicato de sua categoria.

A doutrina e a jurisprudência admitem a representação por uma comissão de três ou quatro empregados, os quais são escolhidos entre os coautores (ação plúrima) ou substituídos (ação de cumprimento).

Se por doença ou qualquer outro motivo poderoso, devidamente comprovado, não for possível o comparecimento pessoal do reclamante, poderá fazer-se representar por outro empregado que pertença à mesma profissão, ou pelo seu sindicato (art. 843, § 2º).

---

[7]   De forma excepcional, quando se tratar de audiência em prosseguimento, em que a parte já tenha prestado depoimento ou interrogatório, salvo expressa determinação judicial em contrário, a parte estará dispensada do comparecimento (aplicação da inteligência do art. 848, § 1º, CLT, o qual determina, após o término do interrogatório, que parte possa se retirar da sala de audiência).

A representação do empregado por um companheiro ou por seu sindicato tem a eficácia de adiar a sessão, elidindo, assim, o arquivamento da demanda, adiando-se o feito para uma nova data, onde se terão os trâmites legais do processo (tentativa de conciliação e, se não for possível, a formulação da defesa oral ou por escrito etc.).

8.6.1 A Representação do Empregador em Audiência

É facultado ao empregador fazer-se substituir pelo gerente, ou qualquer outro preposto que tenha conhecimento do fato e cujas declarações obrigarão o proponente (art. 843, § 1º). Caso o preposto não conheça os fatos, tem-se a confissão ficta, a qual deve ser requerida pela parte interessada, e suas declarações, espontâneas e contrárias ao interesse do empregador, caracterizam confissão real.

Francisco Antonio de Oliveira[8] afirma que a lei faculta ao empregador fazer-se substituir em audiência *"por preposto, que poderá ser um dos sócios, diretores, ou mesmo gerente ou qualquer outro empregado que tenha conhecimento dos fatos. As declarações do preposto obrigarão à empresa. Exige a lei que o preposto tenha conhecimento dos fatos. Evidentemente, esse conhecimento poderá ser obtido através de relatórios da empresa ou mesmo através dos seus superiores hierárquicos. Não há obrigatoriedade de que o preposto tenha de alguma forma participado do acontecimento. Embora não o diga a lei, firmou-se o entendimento de que o preposto deverá ser empregado da empresa, entendimento que reputamos o melhor. Entendimento diverso levaria ao inusitado de permitir-se a criação de 'prepostos profissionais'. Vale dizer, aquele contador que dá assistência a inúmeras empresas passaria a funcionar como preposto de tais empresas e daí a passar a elaborar as suas defesas seria um caminho muito curto, face ao jus postulandi permitido às partes (art. 791, CLT). Existe diminuta parcela que admite o preposto mesmo não estando ligado à empresa por vínculo empregatício. Trazem em prol do entendimento o fato de a lei não restringir e, portanto, não poderia o intérprete fazê-lo. Sem razão, todavia. A lei prevê por regra geral. Não é função da lei descer às minúcias. E o objetivo da lei, a sua mens legis não foi a de propiciar a criação da 'profissão de preposto'".*

A jurisprudência do TST entendia que, exceto quanto à reclamação de empregado doméstico, *ou contra micro ou pequeno empresário*, o preposto deveria ser necessariamente empregado do reclamado, de acordo com a inteligência do art. 843, § 1º, CLT (Súm. 377, TST; art. 54, LC 123/06). Com a Reforma Trabalhista, o preposto não precisa ser empregado da empresa (art. 843, § 3º, CLT). Citada regra é aplicável para as audiências realizadas após 11 de novembro de 2017 (art. 12, § 1º, IN 41/18, TST).

Será que o preposto necessita exibir a carta de preposição?

Para Valentin Carrion,[9] a carta de preposição é o *"documento hábil para prova do mandato outorgado"*, contudo, *"a sua ausência não deve atrair a aplicação da revelia,*

---

[8] OLIVEIRA, Francisco Antonio de. Ob. cit., p. 36.

[9] CARRION, Valentin. *Comentários à Consolidação das Leis do Trabalho*, 28. ed., p. 663.

quando possível. Com frequência, o próprio empregado, autor da ação, interrogado, tem condições de esclarecer a identidade funcional ou patrimonial do preposto".

8.6.2 Demais Hipóteses

Na audiência trabalhista, aplica-se à sistemática da presença das partes no processo trabalhista, portanto, reportamo-nos ao teor do tópico 4.2 do Capítulo IV da Parte VI desta obra.

8.7 TRÂMITES DA AUDIÊNCIA TRABALHISTA

O reclamante e o reclamado devem comparecer à audiência acompanhados das suas testemunhas, apresentando, nessa ocasião, as demais provas (art. 845, CLT).

No rito ordinário, cada parte poderá apresentar três testemunhas (art. 821, CLT), o que também ocorre no rito sumário, diante da omissão do art. 2º da Lei 5.584/70. As testemunhas devem comparecer à audiência independentemente de intimação (art. 825, CLT). Desde que convidadas, as que não comparecerem serão intimadas, *ex officio*, ou a requerimento da parte, ficando sujeitas à condução coercitiva, além das penalidades do art. 730, caso, sem motivo justificado, não atendam à intimação (art. 825, parágrafo único).

No inquérito para apuração de falta grave, cada parte poderá indicar até seis testemunhas (art. 821, CLT).

No procedimento sumaríssimo: (a) as testemunhas, até o máximo de duas para cada parte, comparecerão à audiência de instrução e julgamento independentemente de intimação (art. 852-H, § 2º); (b) só será deferida intimação de testemunha que, comprovadamente convidada, deixar de comparecer. Não comparecendo a testemunha intimada, o juiz poderá determinar sua imediata condução coercitiva (art. 852-H, § 3º).

Aberta a audiência, o juiz proporá a conciliação: (a) se houver acordo, lavrar-se-á termo, assinado pelo presidente e pelos litigantes, consignando-se o prazo e demais condições para seu cumprimento; (b) entre as condições a que se refere o parágrafo anterior, poderá ser estabelecida a de ficar a parte que não cumprir o acordo obrigado a satisfazer integralmente o pedido ou pagar uma indenização convencionada, sem prejuízo do cumprimento do acordo (art. 846, §§ 1º e 2º).

Não havendo acordo, o reclamado apresentará a defesa. Na prática forense, normalmente, a defesa é formulada por escrito, o que facilita o andamento das audiências trabalhistas, além da segurança dada às partes quanto aos respectivos fundamentos da sua resposta aos termos da demanda formulada em juízo.

Após a defesa, tem-se a produção das provas, podendo o juiz, *ex officio*, interrogar os litigantes. Findo o interrogatório, poderá qualquer dos litigantes ausentar-se, prosseguindo a instrução com o seu representante. Na sequência, serão ouvidos as testemunhas, os peritos e os técnicos, se houver (art. 848, §§ 1º e 2º).

A nosso ver, quando o juiz não determinar o interrogatório, por aplicação subsidiária do processo civil, compete a cada parte requerer o depoimento pessoal da outra.

Em primeiro lugar, é interrogado o reclamante e, na sequência, o reclamado, não se permitindo, a quem não depôs, assistir ao interrogatório da outra parte (art. 385, § 2º, CPC).

Há uma corrente doutrinária, a qual entende ser inaplicável ao processo trabalhista, o disposto no art. 385, § 2º, CPC, diante do argumento da capacidade postulatória dada às partes (art. 791, CLT), além da violação do princípio da igualdade de tratamento.

Nada obsta ao juiz que faça a inversão dos depoimentos pessoais, precisamente, pelos fatos alegados pelas partes e o respectivo ônus da prova.

Após os depoimentos pessoais, serão ouvidas as testemunhas do reclamante e, em seguida, as do reclamado, podendo, também, haver a inversão, desde que seja fundamentada em face do encargo probatório das partes.

No rito ordinário, não há previsão legal, quanto à manifestação do reclamante em relação à defesa e os seus documentos. Contudo, pela aplicação do princípio do contraditório, o juiz deverá conceder oportunidade em audiência ou o prazo de 15 dias (art. 351, CPC). A bem da verdade, o correto é a concessão do prazo, propiciando, assim, ao autor a análise meticulosa da defesa e dos respectivos documentos.

Aliás, nesse particular, é que muitos criticam a audiência una, pela impossibilidade material, por parte dos reclamantes, da análise acurada dos conteúdos das defesas formuladas e dos documentos apresentados, além dos percalços quanto ao direcionamento das demais provas durante a audiência.

Em outras palavras, a adoção da audiência una, diante da complexidade dos direitos trabalhistas e os desdobramentos no processo laboral, seria prejudicial ao exercício do direito de defesa por parte do reclamante.

Terminada a instrução, as partes poderão formular razões finais orais, em prazo não excedente de 10 minutos para cada uma. Em seguida, o juiz ou presidente renovará a proposta de conciliação, e não se realizando esta, será proferida a decisão (art. 850, CLT).

No rito ordinário, os trâmites de instrução e julgamento da reclamação serão resumidos em ata, de que constará, na íntegra, a decisão (art. 851, *caput*).

Nos processos de exclusiva alçada das varas do trabalho (rito sumário), será dispensável, a critério do juiz, o resumo dos depoimentos, devendo constar da ata a conclusão quanto à matéria de fato (art. 851, § 1º).

No procedimento sumaríssimo, na ata de audiência serão registrados resumidamente os atos essenciais, as afirmações fundamentais das partes e as informações úteis à solução da causa trazidas pela prova testemunhal (art. 852-F), sendo que a sentença mencionará os elementos de convicção do juízo, com resumo dos fatos relevantes ocorridos em audiência, dispensado o relatório (art. 852-I, *caput*).

Quando a sentença for prolatada em audiência, na presença das partes, inicia-se o prazo para o recurso ordinário (arts. 852 e 852-I, § 3º). No caso de revelia, a intimação ocorrerá na forma do art. 841, § 1º, ou seja, pela via postal.

No caso da designação da audiência em prosseguimento para o julgamento, se for observada a Súm. 197, TST, o início é a partir dessa audiência, desde que a sentença tenha sido juntada aos autos nessa data. Em caso contrário, o prazo começará a fluir a partir da intimação da sentença.

8.8 A REALIZAÇÃO DA AUDIÊNCIA UNA É OBRIGATÓRIA?

O legislador consolidado adota a audiência una, com três fases, inicial, instrução e julgamento, como forma de valorização do procedimento oral,[10] além do respeito ao princípio da concentração.[11] Contudo, a prática indica que nem todos os órgãos judiciários realizam a audiência una. O que se tem é a cisão da audiência em várias distintas: a inicial, a instrução e o julgamento.[12]

A cisão da audiência não viola o texto legal, logo, a sua ocorrência não é motivo de nulidade processual. Isso porque: (a) o adiamento permite ao reclamante a análise da resposta e dos documentos, o que viabiliza, com maior objetividade, a ocorrência da conciliação, que também é um dos princípios peculiares ao processo trabalhista (art. 764, CLT); (b) o adiamento não viola os direitos processuais dos litigantes, com destaque ao do contraditório e da ampla defesa;[13] (c) o não prejuízo ao reclamante na elaboração da sua estratégia de defesa (produção das provas orais etc.). O adiamento possibilita ao reclamante ter a noção concreta de quais são os fatos efetivamente relevantes e controvertidos e que desafiam a realização das provas orais (relatos pessoais, testemunhais etc.).[14]

---

[10] No caso de ser inviável a conciliação, após a leitura da reclamação, quando não for dispensada, haverá a formulação da defesa oral (20 minutos) ou a entrega da peça escrita. Na sequência, tem-se: (a) a produção das provas orais e documentais, com o encerramento da instrução processual; (b) razões finais orais (10 minutos) pelas partes; (c) renovação da conciliação pelo magistrado; (d) prolação da sentença. No procedimento sumaríssimo, a proposta de conciliação somente é obrigatória no início da audiência (art. 852-E, CLT).

[11] "É a aceitação, pela lei trabalhista brasileira, do princípio da concentração processual, corolário de todo procedimento oral. Se assim não fosse, haveria a possibilidade de ficarem esbatidas, na memória dos juízes, as realidades vivas do processo, que só palidamente ficam conservadas no resumo dos termos e das atas (o que, na prática, não está sendo considerado na Justiça do Trabalho" (RUSSOMANO, Mozart Victor. *Comentários à CLT*, 11ª ed., p. 912).

[12] "O costume processual, portanto, acabou fracionando a audiência de julgamento em três: 'audiência de conciliação', 'audiência de instrução' e de 'audiência de julgamento'" (LEITE, Carlos Henrique Bezerra. *Curso de direito processual do trabalho*, 4. ed., p. 429).

[13] O princípio do contraditório reflete a necessidade de se ouvir os litigantes, assegurando-lhes o pleno direito de defesa e de pronunciamento durante o desenrolar do processo (art. 5º, LV, CF). As consequências da aplicação do princípio do contraditório são as seguintes: (1) via de regra, a decisão só afeta as pessoas que são partes no processo; (2) a relação jurídica processual se apresenta completa após a regular citação do demandado; (3) a decisão só é prolatada após a oitiva das partes. Como complemento do princípio do contraditório, o princípio da ampla defesa sintetiza uma particular manifestação do direito de reação, ou seja, de aduzir livremente as razões da resposta, da produção de provas e contraprovas, da participação da colheita das provas em audiência, do direito de usar dos recursos etc.

[14] "Contudo, não podemos deixar de dizer que, em muitos casos, a realização de audiência contínua só se torna possível mediante o sacrifício de considerável parcela dos direitos processuais dos litigantes, em especial os respeitantes ao contraditório e à ampla defesa. Para exemplificar: se o trabalhador não sabia que o empregador iria alegar, na defesa, a prática de falta grave, como poderia produzir contraprova desse fato, na mesma audiência em que a contestação foi apresentada? Como poderia, também, o trabalhador se manifestar, em poucos minutos, na mesma audiência, acerca dos inúmeros documentos juntados pelo empregador, que poderiam somar dezenas ou centenas?

Não podemos concordar com o disposto no art. 852-H, § 1º, da CLT, quando no procedimento sumaríssimo enuncia que a parte deverá manifestar sobre os documentos juntados sem a interrupção da audiência, ficando condicionado o respectivo adiamento a critério do juiz. Inegável que a parte tem o pleno direito de analisar a defesa e os respectivos documentos com serenidade, o que não é possível durante o desenrolar da audiência, em poucos minutos, ferindo o princípio constitucional do contraditório e da razoabilidade.

QUESTIONÁRIO

1. No processo trabalhista, existe um prazo mínimo para que a parte apresente a sua defesa? Explique.

2. O juiz pode indeferir o depoimento da outra parte e de eventuais testemunhais, quando se tem a aplicação da pena de confissão à parte contrária? Justifique.

3. Ronaldo, filho de um dos sócios da empresa Torquato Rizzi Ltda., mesmo não sendo empregado, pode representá-la na audiência trabalhista?

4. Joaquim, metalúrgico, representa um colega de profissão em uma determinada audiência. O juiz poderá determinar o depoimento de Joaquim? Justifique.

5. No processo entre A e B, submetido ao rito sumaríssimo, o juiz indeferiu o adiamento da audiência pelo não comparecimento da testemunha de B, prolatando, na sequência, a sentença. Pergunta-se: (a) o comportamento do magistrado está de acordo com a lei? (b) no caso de eventual recurso ordinário, será possível a solicitação da nulidade do julgado. Se for o caso, qual é o direito violado a ser alegado?

Demais, há situações em que a audiência contínua é inadmissível, como quando o empregador oferece, além da contestação, reconvenção: aqui, o adiamento é inevitável, a fim de permitir-se ao trabalhador responder à reconvenção. O mesmo se afirme quanto às exceções em geral (suspeição, impedimento, incompetência), pois estas, assim que recebidas, suspendem o processo principal (CPC, arts. 306 e 265, III)" (TEIXEIRA FILHO, Manoel Antonio. Ob. cit., p. 14).

Capítulo IX
PROVAS

9.1 PROVA: CONCEITO E FINALIDADE

O termo "prova", originado do latim *probatio*, o qual deriva do verbo *probare*, é aquilo que tem o condão de demonstrar a veracidade de algum fato ou autenticidade de alguma coisa.

Humberto Theodoro Júnior[1] entende que há dois sentidos para o termo "prova": *"a) um objetivo, isto é, como o instrumento ou o meio hábil, para demonstrar a existência de um fato (os documentos, as testemunhas, a perícia etc.); (b) e outro subjetivo, que é a certeza (estado psíquico) originada quanto ao fato, em virtude da produção do instrumento probatório. Aparece a prova, assim, como convicção formada no espírito do julgador em torno do fato demonstrado. Assim, para o processo, a prova, como ensinava o grande João Monteiro, não é somente um fato processual, 'mas ainda uma indução lógica, é um meio com que se estabelece a existência positiva ou negativa do fato probando, e é a própria certeza dessa existência'."*

Na opinião de Vicente Greco Filho,[2] prova *"é todo elemento que pode levar o conhecimento de um fato a alguém. No processo, a prova é todo o meio destinado a convencer o juiz a respeito da verdade de uma situação de fato. [...] A finalidade da prova é o convencimento do juiz, que é o seu destinatário".*

Arruda Alvim[3] diz que prova *"consiste(m) naqueles meios, definidos pelo Direito ou contidos por compreensão num sistema jurídico (v. arts. 332 e 366), como idôneos a convencer (prova como 'resultado') o juiz da ocorrência de determinados fatos, isto é, da verdade de determinados fatos, os quais vieram ao processo em decorrência de atividade, principalmente dos litigantes (prova como 'atividade')".*

Continua seus ensinamentos,[4] *"a prova, entendida aqui como atividade probatória, diz respeito ao agir humano que, por definição, é finalístico; é, assim, uma atividade*

---

[1] THEODORO JÚNIOR, Humberto. *Curso de direito processual civil*, v. 1, 23. ed., p. 416.

[2] GRECO FILHO, Vicente. *Direito processual civil*, v. 2, 6. ed., p. 175.

[3] ALVIM, Arruda. *Manual de direito processual civil*, v. 2, 6. ed., p. 440.

[4] ALVIM, Arruda. Ob. cit., v. 2, p. 448.

intencional. Todo aquele que prova, deseja obter um certo e determinado resultado; a convicção do juiz".

Acrescenta Sergio Pinto Martins,[5] *"a prova tem por objeto os fatos da causa. Sua finalidade é a formação da convicção do juiz a respeito dos fatos da causa. Assim, o destinatário da prova é o juiz".*

Humberto Theodoro Júnior[6] preleciona: *"A prova judiciária tem como objeto os fatos deduzidos pelas partes em juízo. Sua finalidade é a formação da convicção em torno dos mesmos fatos. O destinatário é o juiz, pois é ele que deverá se convencer da verdade dos fatos para dar solução jurídica ao litígio."*

Assim, temos como claro que a prova consiste no meio idôneo destinado a convencer o julgador (destinatário da prova) da veracidade da alegação feita no processo.

O conceito de verdade pode ser visto pelos seguintes prismas: (a) real ou material – é a verdade que corresponde ao plano de como os fatos ocorreram; (b) formal ou processual – é a que surge nos autos, como consequência das provas produzidas pelas partes. Nem sempre corresponde à verdade real. No processo do trabalho, o juiz deve zelar pela busca da verdade real, já que possuem ampla liberdade na direção do processo, inclusive, zelando pelo andamento rápido das causas, podendo determinar qualquer diligência necessária ao esclarecimento delas (art. 765, CLT). Assim, em situações de revelia ou de uma *ficta confessio*, o magistrado deve ouvir a parte contrária ou as testemunhas presentes, quando não estiver convencido das alegações postas em juízo.

9.2   OBJETO DA PROVA

Para Manoel Antonio Teixeira Filho,[7] *"o objeto da prova são os fatos (do latim factum, de facere = fazer, causar) narrados pelo autor, pelo réu ou por terceiros, que na técnica processual se referem aos acontecimentos jurídicos (fatos jurídicos naturais), ou atos jurídicos ou ilícitos (fatos jurídicos voluntários), originadores do conflito intersubjetivo de interesses. [...] Em outro sentido, os fatos, se correlacionados com o direito, indicam o evento em si, ou seja, aquilo que realmente ocorreu ou se alega haver ocorrido; já o direito atine à norma ou ao princípio legal em que as partes fundamentam as suas pretensões. Aos litigantes incumbe demonstrar apenas a veracidade dos fatos articulados, a fim de que o Juiz faça incidir, concretamente, a regra jurídica apta para reger a espécie e, com isso, solver a controvérsia: da mihi factum, dabo tibi ius (dá-me o fato e te darei o direito) – proclama o vetusto aforismo latino, que constitui uma espécie de síntese feliz da própria função jurisdicional".*

Na estrutura do processo civil, todos os meios legais, bem como os moralmente legítimos, ainda que não especificados no CPC, são hábeis para provar a verdade dos fatos, em que se funda o pedido ou a defesa, e influir eficazmente na convicção do juiz (art. 369, CPC).

---

[5]   MARTINS, Sergio Pinto. *Direito processual do trabalho*, 15. ed., p. 286.
[6]   THEODORO JÚNIOR, Humberto. Ob. cit., v. 1, p. 416.
[7]   TEIXEIRA FILHO, Manoel Antonio. *A prova no processo do trabalho*, 5. ed., p. 27.

PARTE VI · Cap. IX – PROVAS | **583**

Com a demonstração da verdade do fato (= prova), e o consequente reconhecimento da existência do direito, o julgador irá acolher o pedido, utilizando, se for o caso, de fundamento jurídico diverso do invocado pelo interessado.[8]

O que não se permite ao juiz é a aplicação de norma jurídica para fato não alegado pela parte (*quod non est in actis, non est in mundo*). Por exceção, se, depois da propositura da ação,[9] algum fato constitutivo, modificativo ou extintivo do direito influir no julgamento da lide, caberá ao juiz tomá-lo em consideração, de ofício ou a requerimento da parte, no momento de proferir a decisão (art. 493, CPC).[10]

Na doutrina, a prova é necessária para a demonstração da verdade dos fatos: (a) controvertidos – não havendo contestação aos fatos narrados na inicial (art. 341, CPC), ao juiz caberá a simples aplicação do direito; (b) relevantes – a prova é desnecessária para os fatos, os quais não possuem nenhuma importância para o julgamento da causa. Pelo seu poder diretivo (arts. 765, CLT; art. 370, CPC), diante do caso concreto, o juiz efetuará a diferenciação entre os fatos relevantes e irrelevantes. Ao iniciar a instrução, o juiz, ouvidas as partes, fixará os pontos controvertidos sobre os quais incidirá a prova (art. 357, II, CPC); (c) determinados – na ação, como na resposta, as partes devem especificar e individualizar os fatos, como forma de propiciar o entendimento da pretensão deduzida em juízo, agilizando, assim, o direcionamento da atividade probatória.

Do ponto de vista legal, não dependem de prova os fatos (art. 374, I a IV, CPC):

a) notórios – há uma série de conceitos: *"Fatos notórios são, para Rosenberg, aqueles conhecidos em um círculo maior ou menor por uma multidão ou que são percebidos nas mesmas condições, contanto que também sejam conhecidos pelo tribunal. Para Schonke, são os fatos conhecidos por todos ou pelo menos por um grande número de pessoas. Para Kisch, são os fatos conhecidos por todo o mundo ou por um grande número de pessoas. Para Micheli, é notório o fato certo para a generalidade das pessoas fora da lide, ainda que concretamente no processo seja discutido. Os doutrinadores dão como exemplos de fatos notórios um grande acontecimento político, a distância entre dois lugares conhecidos etc."*[11] Como se constata, a notoriedade não é um conceito absoluto. Diante do caso concreto, nem sempre é possível ao magistrado avaliar a exata notoriedade de um fato alegado por uma parte e negado

---

[8] O juiz conhece o direito (*iura novit cura*), logo, não está vinculado à norma jurídica aduzida pela parte, quando da fundamentação da sua pretensão.

[9] Depois da contestação, só é lícito deduzir novas alegações quando: (a) relativas a direito ou a fato superveniente; (b) competir ao juiz conhecer delas de ofício; (c) por expressa autorização legal, puderem ser formuladas em qualquer tempo e grau de jurisdição (p. ex., a incompetência absoluta) (art. 342, I a III, NCPC).

[10] O art. 493 do NCPC, que admite a invocação de fato constitutivo, modificativo ou extintivo do direito, superveniente à propositura da ação, é aplicável de ofício aos processos em curso em qualquer instância trabalhista, cumprindo ao juiz ou tribunal ouvir as partes sobre o fato novo antes de decidir (Súm. 394, TST).

[11] NASCIMENTO, Amauri Mascaro. *Curso de direito processual do trabalho*, 20. ed., p. 427.

pela outra. Portanto, quando se discute a notoriedade de um fato, a prudência exige a sua comprovação (prova ou contraprova) nos autos. Por exemplo: com os recortes de vários jornais juntados aos autos, a empresa alega o encerramento das suas atividades; o empregado nega o fato, invocando a sua transferência, com outro nome, para uma localidade diversa. O juiz deve possibilitar ao empregado que faça a sua prova, sob pena de violação do amplo direito de defesa;

b) afirmados por uma parte e confessados pela parte contrária. Ocorre a confissão, judicial ou extrajudicial, quando a parte admite a verdade de um fato, contrário ao seu interesse e favorável ao do adversário (art. 389, CPC). Como não há controvérsia, não se tem a necessidade da respectiva prova. Exemplo: o empregado solicita as verbas rescisórias, invocando a dispensa imotivada; o empregador contesta a ação, confirmando a dispensa sem justa causa, contudo, alega o não pagamento por dificuldades econômicas;

c) admitidos, no processo, como incontroversos, sendo várias as suas modalidades: (1) admissão expressa ou tácita da parte contrária; (2) dedução extraída de um pronunciamento da parte contrária; (3) pela própria natureza. Por exemplo: o fato de que o empregado tem que ser pessoa física;

d) em cujo favor milita presunção legal de existência ou de veracidade – é o campo das presunções, as quais podem ser: (a) simples – originárias do raciocínio lógico do juiz; (b) legais – decorrentes de dispositivo legal. Não basta a simples alegação da presunção legal, para que a parte esteja isenta da prova. A presunção legal está fundada em três elementos: (1) fato conhecido (fato base); (2) fato desconhecido; (3) nexo de causalidade. Portanto, quando se invoca a presunção legal, a parte interessada possui o encargo probatório quanto à demonstração do fato base, o qual é a essência da presunção do fato presumido (desconhecido). No processo trabalhista, como exemplos de presunção legal, temos: (a) na falta de acordo ou prova sobre condição essencial ao contrato verbal, devemos presumi-la existente (art. 447, CLT); à falta de prova ou inexistindo cláusula expressa a tal respeito, entender-se-á que o empregado se obrigou a todo e qualquer serviço compatível com a sua condição pessoal (art. 456, parágrafo único).

9.2.1 A Prova do Direito Invocado

Ninguém se escusa de cumprir a lei, alegando que não a conhece (art. 3º, LINDB). Essa exigência é maior para o magistrado, o qual, na condição de operador do Direito, tem a obrigação de conhecer as normas que compõem o ordenamento jurídico. Mesmo diante da lacuna ou obscuridade da lei, o juiz não está isento de sentenciar ou despachar, devendo recorrer à analogia, aos costumes e aos princípios gerais de direito (art. 140, CPC; art. 4º, LINDB).

Como regra, o direito invocado independe de prova (*ius allegatur, non probatur*). As partes têm a obrigação de narrar os fatos, cabendo ao juiz aplicar a respectiva norma jurídica (*da mihi factum dabo tibi ius*).

Há exceções a essa regra: (a) a parte, que alegar direito municipal, estadual, estrangeiro ou consuetudinário, terá a incumbência de provar o teor e a vigência, se houver a determinação judicial (art. 376, CPC); (b) sentenças normativas, acordos e convenções coletivas de trabalho – quando se invoca direitos trabalhistas, com base nesses instrumentos normativos, a parte tem a obrigação de juntá-los, pois, não se pode exigir do juiz o pleno conhecimento das normas jurídicas aplicáveis ao âmbito de uma determinada categoria profissional, precipuamente, em face do seu elevado número. Essa exigência tem amparo no art. 320, CPC, a qual indica que a petição inicial será instruída com os documentos indispensáveis à propositura da ação; (c) regulamento de empresa – a parte tem a obrigação de juntá-la (art. 320). Se não tiver o acesso ao regulamento, deverá solicitar a sua exibição pela parte contrária, na forma dos arts. 396 e segs., CPC . Ao decidir o pedido, o juiz admitirá como verdadeiros os fatos que, por meio do documento ou da coisa, a parte pretendia provar: (a) se o requerido não efetuar a exibição, nem fizer qualquer declaração no prazo do art. 398, CPC; (b) se a recusa for havida por ilegítima (art. 400, I e II); (c) tratados e convenções internacionais – a princípio, por aplicação analógica do art. 376, CPC, a parte deverá fazer a prova da vigência e do teor desses instrumentos, quando houver a determinação judicial, observadas as regras dos art. 192, CPC, isto é, só poderá ser juntado aos autos documento redigido em língua estrangeira, quando acompanhado de versão para a língua portuguesa tramitada por via diplomática ou pela autoridade central, ou firmada por tradutor juramentado. Essa exigência é inaplicável quando os tratados e as convenções internacionais, observadas as regras constitucionais (aprovação pelo Congresso e o Decreto Presidencial), passam a ser normas integrantes do ordenamento jurídico nacional. Convém ser dito que os tratados e convenções internacionais sobre direitos humanos que tenham sido aprovados, em cada Casa do Congresso Nacional, em dois turnos, por 3/5 dos votos dos respectivos membros, serão equivalentes às emendas constitucionais (art. 5º, § 3º, redação pela EC 45).

9.3 PRINCÍPIOS INFORMATIVOS DA PROVA

Os princípios que informam a prova são:

a) necessidade da prova – os fatos narrados devem ser comprovados para que o órgão jurisdicional possa admiti-los como verdadeiros. O ônus da prova incumbe: (1) ao autor, quanto ao fato constitutivo do seu direito; (2) ao réu, quanto à existência de fato impeditivo, modificativo ou extintivo do direito do autor (art. 818, I e II, CLT, Lei 13.467/17; art. 373, I e II, CPC). Nas hipóteses legais ou de acordo com as peculiaridades da causa relacionadas à impossibilidade ou à excessiva dificuldade de cumprir o encargo probatório ou a maior facilidade de obtenção da prova do fato contrário, o juiz poderá atribuir o ônus da prova de modo diverso, desde que o faça por decisão fundamentada. Se houver a inversão, deve ser dada à parte a oportunidade de se desincumbir do ônus que lhe foi atribuído (art. 373, § 1º, CPC; art. 818, §§ 1º e 2º, CLT, Lei 13.467). Contudo, a inversão não pode gerar situação em que a desincumbência do ônus pela parte seja impossível ou excessivamente difícil (art. 373, § 2º, CPC; art. 818, § 3º, CLT, Lei 13.467);

b) concentração dos atos processuais – a coleta das provas, sempre que possível, se fará em uma única audiência (depoimentos pessoais e testemunhais);

c) unidade da prova – para cada causa de pedir e respectivo pedido, as provas devem ser apreciadas em seu conjunto, mesmo que esse seja constituído de diversos meios de prova (relatos pessoais, testemunhais, documentos etc.);

d) lealdade da prova, isto é, admitem-se somente os meios legais e moralmente legítimos para a prova da verdade dos fatos alegados na ação ou na defesa (art. 369, CPC; art. 5º, LVI, CF). O juiz não deve admitir a litigância de má-fé (art. 80, CPC; art. 793-B, CLT, Lei 13.467), como também, convencendo-se, pelas circunstâncias, de que autor e réu se serviram do processo para praticar ato simulado ou conseguir fim vedado por lei, deverá proferir decisão que impeça os objetivos das partes, aplicando, de ofício, as penalidades da litigância de má-fé (art. 142, CPC);

e) contraditório – esse princípio é fundamental para a concretude do devido processo legal (art. 5º, LV, CF). Como a prova é a demonstração da verdade dos fatos alegados em juízo, a parte contrária tem o direito de se opor aos meios probatórios produzidos ou pretendidos pelo outro litigante. Exemplos: (1) a intimação para a manifestação sobre os documentos juntados (art. 437, CPC); (2) contraditadas testemunhas pelos motivos previstos em lei (art. 829, CLT; art. 457, § 1º, CPC); (3) recusa do perito (art. 467, CPC);

f) igualdade de oportunidade de prova – os litigantes têm assegurado a mesma oportunidade para o requerimento ou a produção de provas, sob pena de violação do princípio da igualdade de tratamento (art. 139, I, CPC), gerando, assim, uma nulidade processual pela restrição ao amplo exercício do direito de defesa (art. 5º, LV, CF). Contudo, só haverá nulidade quando resultar do ato inquinado manifesto prejuízo (art. 794, CLT), a qual será declarada mediante provocação da parte, devendo ser arguida à primeira vez em que tiver de falar em audiência[12] ou nos autos (art. 795, *caput*), sob pena de preclusão;

g) legalidade – a produção das provas não se subordina à vontade exclusiva das partes. A lei fixa alguns requisitos: (1) tempo – a prova deve ser produzida nos momentos processuais oportunos. Exemplo: os documentos devem ser juntados aos autos com a inicial ou a resposta (art. 434, CPC); (2) lugar – por excelência, as provas devem ser produzidas em audiência (art. 845, CLT; art. 449, CPC);

---

[12] "Temos visto, por exemplo, o Juiz permitir que seja consignado na ata o 'protesto' do advogado cujo requerimento, formulado ou apreciado em audiência, no sentido de determinar a intimação das testemunhas do seu constituinte, foi indeferido. Estamos pressupondo, à evidência, que o indeferimento ocorreu ao início da audiência. *Data venia*, naquele momento o advogado não tinha de falar, segundo o sentido legal da expressão. Ademais, até onde sabemos, esse 'protesto' não tem assento no processo do trabalho. Se a parte interessada pretendia, no caso, arguir a nulidade do processo a partir do instante em que o seu requerimento foi indeferido, deveria fazê-lo nas razões finais, que constituiriam, na hipótese, o momento processual adequado" (TEIXEIRA FILHO, Manoel Antonio. Ob. cit., p. 47).

PARTE VI · Cap. IX – PROVAS | 587

(3) adequação – determinado fato fica condicionado a um meio específico de prova. Exemplos: o pagamento dos salários se faz pela exibição dos recibos de pagamento (art. 464, CLT); a necessidade da prova pericial técnica para fins de insalubridade ou periculosidade (art. 195, § 2º, CLT);

h) imediação – como sujeito da relação jurídica processual, o juiz é quem dirige a atividade probatória das partes ao indeferir ou colher as provas solicitadas, como também ao determinar as diligências necessárias ao esclarecimento dos fatos aduzidos em juízo (art. 765, CLT, art. 370, CPC). O princípio da oralidade é uma manifestação direta da imediação, já que, na audiência trabalhista, serão ouvidas as partes, as suas testemunhas, o perito e os assistentes técnicos (arts. 845 e 848, CLT);

i) obrigatoriedade – a prova não é só interesse das partes, mas também do Estado. O processo, como instrumento de justiça, é primordial para a solução dos conflitos de interesse. O juiz trabalhista tem ampla liberdade na condução e coleta das provas (art. 765, CLT). É importante ressaltar que a parte não tem a obrigação jurídica quanto à produção das provas. De fato, o que incumbe à parte[13] é o ônus objetivo de provar as alegações postas em juízo. A sentença, a qual rejeita um pedido, por falta de provas, não pode ser vista como uma sanção processual;

j) aquisição processual – uma vez produzida a prova, a mesma passa *"a integrar o processo, pouco importando quem a produziu. Tanto que, como adiante se verá, não pode a parte seccionar a prova para aproveitar apenas à parcela que lhe interessa. A prova é um todo, e como um todo deve ser considerada. A questão da autoria das provas toma relevo quando seu conteúdo é contrário ao interesse da parte. Como a prova pertence ao processo, ainda que venha em prejuízo à parte que a produziu, passa a integrar a relação jurídica processual, e seus efeitos se fazem sentir, cabendo ao juiz extrair as consequências do fato provado, pouco importando como a prova tenha chegado ao processo"*.[14]

---

[13] "Para Pontes de Miranda ('Comentários', p. 322) a diferença entre dever e ônus está em que '(a) o dever é em relação a alguém, ainda que seja a sociedade; há relação jurídica entre dois sujeitos, um dos quais é o que deve: a satisfação é do interesse do sujeito ativo; ao passo que (b) o ônus é em relação a si mesmo; não há relação entre sujeitos; satisfazer é do interesse do próprio onerado. Não há sujeição do onerado; ele escolhe entre satisfazer, ou não ter a tutela do próprio interesse. Por onde se vê como a teoria do ônus da prova diz respeito, de perto, à pretensão à tutela jurídica'. Inexiste, portanto, também um dever de provar, seja em face da parte contrária, seja perante o próprio Juiz. Há, sim, mero ônus, em virtude do qual a parte que dele não se desincumbiu corre o risco (*alea iudiciorum*) de não ver acolhida a sua pretensão, que se fundamentava na existência do fato cuja prova deixou de produzir. A necessidade de provas, pois, não emerge de uma obrigação ou de um dever processual das partes, se não que se vincula, ao seu interesse em ver admitidos como verdadeiros, pela sentença, os fatos que constituem o pressuposto da pretensão *in iudicio deducta*" (TEIXEIRA FILHO, Manoel Antonio. Ob. cit., p. 77).

[14] WAMBIER, Luiz Rodríguez et al. Curso avançado de processo civil, 13. ed., v. 1, p. 505.

9.4 ÔNUS DA PROVA

O termo "ônus" significa obrigação, dever, encargo de alguém ou de uma das partes. Assim, ônus da prova significa o dever da parte de fazer prova de suas alegações.

Apesar disso, Arruda Alvim[15] deixa claro que os termos não se confundem, quando distingue ônus de obrigação e de dever: *"A distinção que nos parece primordial é a de que a obrigação pede uma conduta cujo adimplemento ou cumprimento traz benefícios à parte que ocupa o outro polo da relação jurídica. Havendo omissão do obrigado, este será ou poderá ser coercitivamente obrigado pelo sujeito ativo. Já com relação ao ônus, o indivíduo que não o cumprir sofrerá, pura e simplesmente, via de regra, as consequências negativas do descumprimento que recairão sobre ele próprio. Aquela é essencialmente transitiva e o ônus só o é reflexamente. Outra distinção importante que cabe fazer entre ônus e obrigação é a circunstância de esta última ter um valor e poder, assim, ser convertida em pecúnia, o que não ocorre no que tange ao ônus. Há, ainda, uma terceira figura, a do dever* (stricto sensu). *Além de não ser conversível em pecúnia, tem como característica básica a 'perpetuidade', ao contrário do ônus e da obrigação que se esgotam com o seu cumprimento."*

Como bem ressalta Vicente Greco Filho,[16] *"o instituto do ônus da prova e seus fundamentos decorrem de três princípios prévios: 1º) o princípio da indeclinabilidade da jurisdição, segundo o qual o juiz não pode, como podia o romano, esquivar-se de proferir uma decisão de mérito a favor ou contra uma parte porque a matéria é muito complexa, com um* non liquet; *2º) o princípio dispositivo, segundo o qual às partes cabem a iniciativa da ação e das provas, restando ao juiz apenas atividade de complementação, a elas incumbindo o encargo do produzir as provas destinadas a formar a convicção do juiz; 3º) o princípio da persuasão racional na apreciação da prova, segundo o qual o juiz deve decidir segundo o alegado e provado nos autos* (secundum aleegatta et probata partium) *e não segundo sua convicção íntima* (secudum propriam conscientiam)".

A incumbência do ônus da prova encontra-se delineada pelo art. 373 do CPC, e pelo art. 818, CLT (Lei 13.467), os quais determinam que o ônus probatório do autor é em relação aos fatos constitutivos de seu direito. Enquanto o réu deve provar a existência de fato impeditivo, modificativo ou extintivo da pretensão do autor.

Por fato constitutivo temos aquele que gera o direito do autor e, via de consequência, o dever do réu. Em outras palavras, são aqueles que, provados, concedem ao autor o deferimento da sua pretensão inicial (ex.: o trabalho em jornada suplementar; a identidade de função para efeito de equiparação salarial; a ocorrência da justa causa do empregador em caso de rescisão indireta do contrato de trabalho etc.).

Enquanto fato impeditivo é aquele que impede que de um fato decorra efeito jurídico que seria normal (ex.: o reclamante pretende o pagamento de horas extras diárias, a reclamada apresenta um acordo coletivo de compensação de jornada, com folga em outro dia da semana); fato modificativo é aquele que, sem impedir ou excluir a relação

---

[15] ALVIM, Arruda. Ob. cit., v. 2, p. 473.
[16] GRECO FILHO, Vicente. Ob. cit., v. 2, p. 181.

jurídica, tem o poder de modificar a situação jurídica (ex.: o empregado exige o pagamento imediato das comissões; o empregador informa que as mesmas são devidas, contudo, de forma parcelada); e, por fim, fato extintivo do direito do autor é o que torna sem razão a pretensão inicial (o pagamento das horas extras ou das verbas rescisórias solicitadas).

Se o réu apresenta sua defesa apenas negando as alegações (fatos) em que se baseia a pretensão inicial do autor, este terá o ônus de provar os fatos constitutivos do seu direito.

Se o réu defende-se apresentando fatos capazes de alterar ou eliminar as consequências jurídicas daquele fato descrito pelo autor, o ônus da prova será seu, uma vez que implicitamente admitiu a veracidade das alegações iniciais e porque a sua defesa baseia-se em fatos modificativos, extintivos e impeditivos.

O juiz de ofício poderá determinar a realização de provas que julgar necessárias à instrução do processo (art. 765, CLT; art. 370, CPC). Esse dispositivo não deve suprir o ônus da prova das partes, mas tão somente produzir novas provas, a fim de auxiliar o julgador na avaliação das provas que já se encontram nos autos.

Porém, o magistrado sensível e atuante não pode manter-se distante da real necessidade das partes e do objetivo maior do processo, a busca da justiça, bem como da obrigação do Estado em prestar a tutela jurisdicional, preservando as relações sociais, evitando situações onde as partes procuram fazer justiça pelas próprias mãos.

Humberto Theodoro Júnior[17] diz que o *"juiz, no processo moderno, deixou de ser simples árbitro diante do duelo judiciário travado entre os litigantes e assumiu poderes de iniciativa para pesquisar a verdade real e bem instruir a causa. Mas esse poder não é ilimitado, pois, segundo as regras que tratam dos ônus processuais e presunções legais, na maioria das vezes a vontade ou a conduta da parte deflui decisivamente sobre a prova e afasta a iniciativa do juiz nessa matéria. [...] Por outro lado, mesmo quando entenda o juiz de completar a iniciativa probatória da parte, haverá de agir com grande cautela e parcimônia para não violar o dever de imparcialidade que é ponto altíssimo entre os requisitos da boa justiça. Se o direito material é disponível e a parte não cuidou de fazer a prova necessária para demonstrá-lo ou exercê-lo, a presunção lógica é que abriu mão dele. Assim, não seria correto que o juiz viesse sobrepor a essa verdade, passando a advogar a causa da parte. O poder de iniciativa do juiz, quando sentir-se realmente em dúvida quanto à justiça da decisão a proferir, há de ser instrumento apenas para afastá-lo da perplexidade diante das provas incompletas e lacunosas"*.

Arruda Alvim[18] esclarece: *"A nosso ver, não é incorreta a afirmação de que o art. 130 só será aplicado quando não funcione a teoria do ônus da prova. O que ocorre é que, tendo a parte deixado de produzir, ou requerer determinada prova, o juiz, necessitando dela para sua convicção, não deverá normalmente, determinar que ela se realize. Por outro lado, e diversamente, poderá ocorrer que a prova já realizada seja insuficiente e que o juiz mande complementá-la. Todas as considerações por nós feitas procuram interpretar o*

---

[17]   THEODORO JÚNIOR, Humberto. Ob. cit., v. 1, p. 421.
[18]   ALVIM, Arruda. Ob. cit., v. 2, p. 475.

sistema vigente, de inspiração individualista. No entanto, parece-nos que se pode afirmar deverem preponderar, cada vez mais, as seguintes condutas animadas por uma ideia não individualista do processo, e mais, que o processo não deve ser sede da perda de direito, e, nem, correlatamente, da atribuição injustificada de bem jurídico: (a) se o magistrado verificar que a parte não provou porque não tinha direito e em cuja verificação ingressam vários fatores, e, até a intuição, não terá dificuldade de resolver o quadro pelo ônus da prova; (b) se, todavia, à luz das mesmas motivações chegar à convicção de que pode, com grau acentuado de convicção, haver perda de direito e atribuição de bem jurídico 'indevidamente' à outra parte, acreditamos que, possivelmente, e, cada vez mais, interpretar-se-á o sistema atrofiando-se o espaço do art. 333. Desta forma, portanto, acreditamos que, apesar da interpretação dada, dificilmente, sendo viável, o juiz deixará de ordenar a realização de prova, ainda que omisso o litigante, se se convencer de que haverá perda de direito."

9.4.1   A Inversão do Ônus da Prova

Inversão do ônus da prova representa a alteração na distribuição das regras concernentes ao ônus da prova. Isso pode ocorrer tanto no momento da produção da prova, como também no momento em que o magistrado está sentenciando.

Por decorrência direta dos seus poderes instrutórios (art. 370, CPC; art. 765, CLT), o magistrado há de ter uma atuação intensa na produção das provas, as quais irão embasar, no momento adequado (= sentença), a formação da sua convicção na prolação da prestação jurisdicional. Para tanto, quando for necessário, pode e deve inverter a sequência originária do encargo probatório, mantendo, assim, a efetiva justiça na distribuição do ônus da prova.

Sobre o tema, Luiz Eduardo Boaventura Pacífico[19] ensina: *"No entanto, uma doutrina autorizadíssima tem sustentado a possibilidade de investigação probatória oficial sem se apegar à necessidade de o autor provar os fatos constitutivos e o réu, os extintivos, modificativos e impeditivos. Também o juiz pode determinar a produção de provas, sem que isso importe no desvirtuamento do ônus da prova ou no desequilíbrio entre as partes. Essa posição encara o ônus da prova sob o prisma objetivo, como regra de julgamento a ser utilizada pelo juiz no momento de julgar, sem que haja nenhuma contradição entre os arts. 130 e 333 do CPC."*

Em face da aplicação subsidiária do art. 357, II, CPC[20] ao processo trabalhista, o juiz, ao iniciar a instrução, ouvidas as partes, deverá fixar os pontos controvertidos sobre

---

[19]   PACÍFICO, Luiz Eduardo Boaventura. *O ônus da prova no direito processual civil*, p. 144.

[20]   O art. 451, CPC/73, não é previsto de forma explícita no NCPC. Contudo, o novo regramento processual civil (art. 357), quando do saneamento e organização do processo, estabelece que o magistrado deverá: (a) resolver as questões processuais pendentes, se houver; (b) delimitar as questões de fato sobre as quais recairá a atividade probatória, especificando os meios de prova admitidos. (c) definir a distribuição do ônus da prova; (d) delimitar as questões de direito relevantes para a decisão do mérito; (e) designar, se necessário, audiência de instrução e julgamento. As partes têm o direito: (a) após a realização do saneamento, de pedir esclarecimentos ou solicitar ajustes, no prazo comum de cinco dias, findo o qual a decisão se torna estável; (b) nas questões de fato e de direito,

PARTE VI · Cap. IX – PROVAS | 591

os quais a prova irá incidir. Portanto, o momento adequado no processo trabalhista é quando da efetiva instrução do feito em audiência para se ter a inversão quanto ao encargo probatório (art. 818, § 2º, CLT, Lei 13.467).

No sistema jurídico brasileiro, qual deve ser o critério adotado pelo magistrado para justificar, no caso concreto, a inversão do ônus da prova?

Doutrinariamente, identificamos três correntes: (a) a existência de uma presunção em favor de quem, originariamente, teria o encargo; (b) a aplicação subsidiária do art. 6º, VIII, CDC, dada a verossimilhança da alegação do trabalhador ou a sua hipossuficiência; (c) quem seja a parte mais apta, no caso concreto, a se desincumbir do encargo probatório (carga dinâmica quanto ao ônus da prova).

Para Christovão Piragibe Tostes Malta,[21] *"o ônus da prova se inverte quando há uma presunção em favor de quem normalmente estaria incumbido do encargo de comprovar o fato controvertido"*. Por exemplo: a não juntada fundamentada dos cartões de ponto com a resposta. Pela aplicação da Súmula 338 do TST, presume-se verdadeiro o horário inserido na petição inicial como fundamento fático na postulação de horas suplementares, cabendo, assim, ao reclamado o encargo de provar que o citado horário é o incorreto.

Mauro Schiavi e César Pereira da Silva Machado ensinam que o magistrado trabalhista, no caso concreto, há de aplicar a inversão, de forma fundamentada, adotando-se a inteligência subsidiária do art. 6º, VIII, CDC. Vale dizer, na busca da efetiva satisfação dos direitos trabalhistas, haverá a inversão do ônus da prova, quando, a critério do juiz, for verossímil a alegação do trabalhador ou quando for ele hipossuficiente, segundo as regras ordinárias de experiências.

A doutrina indica: *"Conforme o citado art. 6º, VIII, da Lei n. 8.078/90, VIII, são requisitos para a inversão do ônus da prova no Processo do Trabalho: faculdade do juiz e os requisitos alternativos da hipossuficiência ou verossimilhança da alegação: (a) faculdade do juiz: A inversão do ônus da prova é faculdade do Juiz que pode ser levada a efeito de ofício, independentemente de requerimento das partes. Segundo melhor doutrina, só haverá a necessidade de inversão do ônus da prova se não houver provas nos autos, ou seja as partes não se desincumbiram do encargo probatório que lhes competia* (non liquet*). Como bem adverte Nelson Nery Júnior: 'caso as partes tenham se desincumbido do ônus da prova, não haverá o* non liquet *e o juiz, portanto, julgará de acordo com as provas e o seu livre convencimento* (CPC, art. 131)'*; (b) hipossuficiência do reclamante: A hipossuficiência não é necessariamente a econômica, mas a dificuldade excessiva de se produzir a prova; (c) verossimilhança da alegação: A alegação verossímil é que tem aparência de verdade. Na avaliação da verossimilhança, deve o juiz sopesar se há mais motivos para crer do que para*

---

de apresentar ao juiz, para homologação, delimitação consensual das questões. Se homologada, a delimitação vincula as partes e o juiz. Diante da complexidade do litígio em matéria de fato ou de direito, deverá o juiz designar audiência para que o saneamento seja feito em cooperação com as partes. Nesta oportunidade, o juiz, se for o caso, convidará as partes a integrar ou esclarecer suas alegações.

[21] MALTA, Christovão Piragibe Tostes. *A prova no processo trabalhista*, p. 133.

não crer na veracidade da afirmação do autor. Também o Juiz do Trabalho se pautará pelas regras de experiência do que ordinariamente acontece (art. 335 do CPC)."[22]

"A determinação para essa fixação, em audiência, decorre da aplicação subsidiária do art. 6º, inc. VIII, do CDC, que foi taxativo nas hipóteses em que haverá a inversão da prova, e não meramente exemplificativo, e, não sendo sua adoção automática, mas dependente de cada situação específica, é dever do juiz mencionar quando fará esta inversão, de modo fundamentado (CF, art. 93, inc. IX), aludindo 'aos elementos de convicção que o levaram a enxergar verossimilhança na versão apresentada pelo consumidor, ou dos quais extraiu a sua hipossuficiência'."[23]

Para a terceira corrente doutrinária, aplica-se a inversão para quem tenha melhores condições de produzir a prova. Vale dizer: *"Busca-se, com isso, permitir que o juiz modifique a distribuição do ônus da prova quando verifique que este impõe a uma das partes o ônus de uma prova "diabólica" (isto é, de uma prova de impossível produção). Neste caso, por decisão judicial, inverte-se o ônus da prova e se atribui tal ônus a quem tenha condições de a produzir. Só se justifica esta distribuição dinâmica do ônus da prova, frise-se, quando a parte a quem normalmente incumbiria o ônus não tenha sequer condições mínimas de produzi-la."*[24]

O CPC/15 adota a distribuição dinâmica do ônus da prova (art. 373, §§ 1º e 2º). Nos casos previstos em lei (inversão ope legis do ônus da prova) ou diante de peculiaridades da causa, relacionadas à impossibilidade ou à excessiva dificuldade de cumprir o encargo ou à maior facilidade de obtenção da prova do fato contrário, poderá o juiz atribuir o ônus da prova de modo diverso em despacho saneador (art. 357, III) (inversão ope iudicis do ônus), desde que o faça por decisão fundamentada. Nesse caso, o juiz deverá dar à parte a oportunidade de se desincumbir do ônus que lhe foi atribuído. Deve ser ressaltado que a decisão não pode gerar situação em que a desincumbência do encargo pela parte seja impossível ou excessivamente difícil.

Diante do caso concreto, o ônus de provar pode ser atribuído de maneira dinâmica, com o objetivo de atender a paridade de armas entre os litigantes e as especificidades do direito material afirmado em juízo. Além disso, a inversão do ônus deve ocorrer como instrumento de maior efetividade da proteção do direito (art. 139, VI, CPC).

Do ponto de vista processual, dois elementos são necessários na inversão do ônus da prova: uma decisão motivada e a oportunidade de provar, sem que a decisão possa ensejar uma probatio diabolica reversa. Com isso, a inversão do ônus da prova não pode ocorrer em sentença, visto que seria uma atitude contrária à garantia do contraditório. Em outras palavras, seria uma decisão surpresa, o que colide com o art. 10, CPC.

Em certa medida, na jurisprudência consolidada do TST, vamos encontrar a aplicação da teoria da carga dinâmica da prova nos casos em que o empregador deixa de

---

[22]   SCHIAVI, Mauro. Ob. cit., p. 463.
[23]   MACHADO JÚNIOR, César Pereira da Silva. Ob. cit., p. 156.
[24]   CÂMARA, Alexandre Freitas. *Lições de direito processual civil*, v. 1, 17. ed., p. 381.

PARTE VI · Cap. IX – PROVAS | 593

apresentar os controles de jornada de trabalho em 1ª audiência, independentemente de determinação judicial (Súm. 338), e na ocorrência de dispensa imotivada de empregador portador do vírus HIV ou de doença grave (Súm. 443, TST; OJ 142, SDI-II).

Além disso, no dia a dia dos Tribunais, é comum a discussão judicial quanto à existência ou não da relação jurídica de trabalho nos moldes da CLT.

Em muitos casos, o suposto empregador reconhece a prestação de serviços, contudo, nega a existência dos requisitos da relação de emprego (art. 3º, CLT). Com isso, atraiu para si o ônus da prova.

Além disso, no âmbito dos TRTs, pelo princípio da aptidão da prova, se atribui à Administração Pública o ônus de provar que fiscalizou o cumprimento da legislação trabalhista em caso de terceirização – inexistência de culpa (Súm. 331, V, TST).

Com a Reforma Trabalhista, a CLT adotou expressamente a possibilidade de inversão do ônus da prova (art. 818, §§ 1º e 3º), nos moldes do processo civil. Na seara trabalhista, a inversão do ônus deverá ocorrer antes da abertura da fase instrutória e poderá, a requerimento da parte, ensejar o adiamento da audiência (art. 818, § 2º).

9.4.2 Convenção Sobre o Ônus da Prova

A convenção sobre o ônus da prova é o acordo extrajudicial, no qual os contratantes estabelecem os critérios a serem observados, quando uma das partes vier a ingressar em juízo contra a outra, com o propósito de solução de um conflito de interesses originário do negócio jurídico que as vincula.

É nula a convenção que distribui de maneira diversa o ônus da prova quando: (a) recair sobre direito indisponível da parte;[25] (b) tornar excessivamente difícil a uma parte o exercício do direito (art. 373, § 3º, CPC).

Essa convenção é inaplicável ao processo trabalhista: (a) não se pode admitir esse ajuste na vigência do contrato individual de trabalho, precisamente, pela sujeição do empregado ao poder diretivo do empregador; (b) o acentuado aspecto inquisitivo do processo do trabalho, onde o magistrado possui a plena liberdade de condução da

---

[25] "Tratando-se de direitos disponíveis, o ônus da prova pode ser convencionalmente alterado – o que não deve causar espanto ou estranheza, uma vez que por vontade das partes manifestada em comportamento omissivo no curso do processo, a simples afirmação de um fato pode redundar em prova desse fato: é o que se dá quando a *quaestio facti* se torna incontroversa porque o réu não a impugnou; é o que também se dará quando o autor deixar sem resposta ou impugnação os fatos extintivos, modificativos ou impeditivos de seu pedido, que o réu aduzir. Assim sendo, nada impede que, num contrato a respeito de determinado negócio jurídico, avençado fique que o conteúdo de algumas cláusulas contratuais deva ser proposto por um dos contratantes e pelo outro as restantes cláusulas, ou as que ali se especificarem. Tratando-se direitos disponíveis, podem os titulares ativo ou passivo da relação jurídica neles consubstanciados formular entendimentos prévios dessa natureza" (MARQUES, José Frederico. *Instituições de direito processual civil*, v. 3, 1. ed. atualizada, p. 344).

atividade jurisdicional, notadamente, para determinar as diligências necessárias para o esclarecimento do litígio trabalhista (art. 765, CLT).

9.4.3 A Prova do Fato Negativo

No ato da formulação da contestação, o réu tem o ônus da manifestação precisa sobre os fatos narrados na fundamentação da exordial. Em outras palavras, presumem-se verdadeiros os fatos não impugnados (art. 341, CPC). A impugnação do réu pode ser pela: (a) negativa do fato constitutivo do direito do autor; (b) oposição de outros fatos, os quais impedem, extinguem ou modificam as consequências jurídicas da base fática arguida pelo autor. Diante da negativa pelo réu, o *onus probandi* é do autor (art. 373, I, CPC; art. 818, I, CLT) quanto ao fato constitutivo do seu direito.

A negativa do fato constitutivo não se confunde com os chamados fatos negativos: *"Nestes, não há a afirmação da existência do fato pelo autor e a negativa pelo réu, mas, sim, a afirmação de que a incorrência de um fato gera um direito. Afirma-se, portanto, um fato negativo – ou seja, afirma-se que um fato não ocorreu –, e dessa inexistência é que se busca a consequência jurídica pretendida.*

Exemplo: o Código Civil prevê que a servidão sobre imóveis pode ser cancelada pelo interessado (o proprietário do prédio serviente) desde que este comprove o seu não uso durante dez anos contínuos (art. 1.389, III). Então, na ação judicial de cancelamento da servidão, o autor terá de provar um fato negativo, o não uso por dez anos seguidos. Ou seja, o fato constitutivo do direito do autor ao cancelamento da servidão é um fato negativo.

À primeira vista, parece impossível a prova de um fato não ocorrido. Mas assim não é. É preciso distinguir entre fato negativo definido e fato negativo indefinido, pois somente este não pode ser objeto de prova. Se o locatório não desocupa o imóvel quando notificado, basta que se prove que ainda se encontra ocupando-o; se o empreiteiro não executou a obra contratada, pode-se provar que o material foi entregue, mas, a construção não se realizou. São todos fatos negativos definidos. O fato negativo indefinido, que não comporta prova, é aquele que demonstra uma universalidade de inocorrência. Não se pode provar que alguém jamais viajou para Roma, ou que nunca possuiu um anel. A indefinição é que não se prova, e não o fato negativo."[26]

No Direito Romano havia uma máxima – *negativa non sunt probanda*, isto é, não se tinha a necessidade da prova do fato negativo. Essa máxima é inaplicável nos dias de hoje, *"por ser difícil saber-se qual o fato positivo e qual o fato negativo. Via de regra, diz Chiovenda, 'toda afirmação é, ao mesmo tempo, uma negação: quando se atribui a uma coisa um predicado, negam-se todos os predicados contrários ou diversos dessa coisa. Em caso de predicados contrários, isso é evidentíssimo: quem diz móvel, diz não imóvel, quem diz escravo, diz não livre, quem diz maior, diz não menor. Em nenhum desses casos haveria como saber quem afirma e quem nega, quem deve provar e quem não'.*

---

[26] WAMBIER, Luiz Rodrigues et al. Ob. cit., p. 401.

PARTE VI · Cap. IX – PROVAS | 595

Certa, pois, a conclusão de Eduardo Couture, de que tanto 'a doutrina como a juris-prudência superaram a complexa construção do direito antigo acerca da prova dos fatos negativos. Nenhuma regra positiva ou lógica dispensa o litigante de produzir prova de suas alegações'."[27]

A experiência forense trabalhista indica que é comum a discussão judicial quanto à existência ou não da relação jurídica trabalhista. Na sua defesa, o empregador poderá adotar duas linhas distintas de argumentação: (a) a negativa da existência do vínculo empregatício, aduzindo que nunca houve a prestação dos serviços pelo trabalhador. É o caso de alegação de um fato negativo. Nesse caso, o encargo probatório é do autor; (b) o reconhecimento da prestação dos serviços com a negativa total ou parcial da presença dos requisitos do trabalho subordinado (art. 3º, CLT). O réu admite a base constitutiva do direito do autor, contudo, lhe opõe um fato impeditivo. Por exemplo: a inexistência do poder diretivo quanto à prestação dos serviços. O encargo probatório será do réu.[28]

Outro exemplo: (a) o empregado solicita o pagamento das verbas rescisórias, alegando a dispensa imotivada; (b) na sua defesa, o empregador, simplesmente, nega a dispensa, sem qualquer outra conotação. Trata-se de um fato negativo. Nesse caso, como o autor tem para si a presunção da continuidade da relação de emprego, o encargo probatório do fato negativo é do empregador.

A prova do fato negativo é necessária e irá variar em função do que dispõem os arts. 818, CLT, e 373, I e II, CPC.

Em sentido contrário, Manoel Antonio Teixeira Filho[29] afirma: "*Sempre que o empregador expender uma alegação oposta à do empregado e capaz de eliminá-la (donde resulta o seu caráter substitutivo, em relação àquela), sobre ele recairá o ônus de demonstrar ser verdadeira, ainda que se trata de negativa; não se desincumbindo, satisfatoriamente, desse encargo probatório, presumir-se-á autêntica a que foi formulada pelo empregado, na medida em que a objeção que se lhe fez restou ineficaz para elidi-la.*"

---

[27] MARQUES, José Frederico. Ob. cit., v. 3, p. 344.

[28] "(...) PRESTAÇÃO DE SERVIÇOS RECONHECIDA PELA RECLAMADA. ÔNUS DA PROVA. VÍNCULO DE EMPREGO CONFIGURADO. Quando a reclamada reconhece a prestação de serviço, mas pretende afastar a natureza empregatícia do vínculo, é seu o ônus de provar que o trabalho tinha caráter meramente eventual, encargo do qual, in casu, não se desincumbiu. Diante disso, deve ser mantida a decisão que reconheceu a relação de emprego" (TRT – 16ª R. – 2ª T. – ROS 0035900-57.2009.5.16.0002 – Rel. Américo Bedê Freire – DJe 11/7/2016 – p. 107)."ÔNUS DA PROVA. VÍNCULO DE EMPREGO. RECLAMADA. PRESTAÇÃO DE SERVIÇO ADMITIDA. Admitindo a reclamada a prestação de serviço, cabe a ela o ônus de provar a natureza da relação jurídica havida com o reclamante, sob pena de prevalecer a alegação da exordial, reconhecendo-se o vínculo de emprego e as verbas trabalhistas dele decorrentes" (TRT – 17ª R. – RO 0000085-63.2014.5.17.0012 – Rel. Jailson Pereira da Silva – DJe 17/6/2016 – p. 377).

[29] TEIXEIRA FILHO, Manoel Antonio. Ob. cit., p. 88.

9.4.4 O Ônus da Prova e o Princípio *In Dubio Pro Operario*

O princípio *in dubio pro operario* é um desdobramento do princípio protetor[30] e sua aplicação no processo do trabalho suscita grande divergência doutrinária.

Para Mozart Victor Russomano,[31] o princípio *in dubio pro operario é "muito amplo e deve ser aplicado sempre que o juiz se sentir em dúvida razoável. Não se trata de um gesto salomônico. É a saída natural aberta pelo Direito do Trabalho ao juiz, em face de sua complexidade. Em que pesem críticas opostas ao nosso entendimento, continuamos sustentando, frontalmente, que se deve decidir em favor do empregado sempre que o juiz estiver, com fundados motivos, hesitante entre duas soluções opostas. E que essa dúvida resulte da interpretação da lei, quer resulte da avaliação crítica da prova, a conclusão do magistrado deve ser a mesma. Nem teria sentido outra solução. Se o princípio* in dubio pro operario *está embebido do espírito do Direito do Trabalho, esse mesmo espírito deve conduzir o juiz, na exegese da norma ou na apreciação da prova".*

Manoel Antonio Teixeira Filho[32] afirma que o *"princípio* in dubio pro operario *não incide em matéria de apreciação da prova. Há que se destacar, primeiramente, que o estado de hesitação da inteligência, que caracteriza a dúvida, é de foro essencialmente subjetivo, nascendo no íntimo do intérprete (no caso, o julgador). Vale dizer, a dúvida não está na prova produzida (que muitas vezes contém uma definição em prol de um dos litigantes) e sim na pessoa a quem compete apreciar essa mesma prova. Tem-se, então, que essa possibilidade de hesitação do julgador, ou mesmo de haver idiossincrasia interpretativa da prova, revela a fragilidade do princípio, fazendo com que deva ser rechaçado pelo processo do trabalho. Não é este, porém, o nosso principal argumento. Ora, o pressuposto concreto para a incidência desse princípio (isto para os que sustentam o seu cabimento) é a falta ou a insuficiência de provas. Excepcionalmente poderá concernir à existência recíproca de provas (ambas as partes provaram os fatos alegados). Em qualquer caso, porém, a questão deverá ser solucionada à luz do ônus objetivo da prova, segundo o critério contido no art. 818 da CLT. [...] Convém frisar: ou se prova ou não se prova. Se em determinado caso, entretanto, as provas forem insuficientes (de ambos os lados), o resultado do provimento jurisdicional deve ser desfavorável a quem incumbia o* onus probandi."

Valentin Carrion[33] afirma que o *"princípio* in dubio pro misero *não existe; o que há é a proteção ao hipossuficiente pela própria norma legal, que para isso é posta. Menos ainda em Direito Processual. Busca-se o ônus da prova; quem o tinha, e não o provou, será vencido na sentença".*

Na avaliação da prova, o juiz não deve aplicar o princípio *in dubio pro operario*. O direito processual do trabalho é um dos ramos do Direito Público, onde se tem a extrema aplicação do princípio da legalidade (o operador do direito só pode aplicar o

---

[30] A temática do princípio protetor foi analisada no tópico 6.4.1.1 do Capítulo VI da Parte II desta obra.

[31] RUSSOMANO, Mozart Victor. *Princípios de direito processual do trabalho*, p. 17.

[32] TEIXEIRA FILHO, Manoel Antonio. Ob. cit., p. 101.

[33] CARRION, Valentin. *Comentários à consolidação das leis do trabalho*, 28. ed., p. 609.

que é permitido pelo ordenamento jurídico). As regras processuais informadoras do ônus probatório devem ser observadas pelo juiz, sob pena de violação do devido processo legal. Na dúvida, o juiz deve sentenciar ou despachar de acordo com o ônus probatório.

O art. 370, CPC, estabelece que o juiz é soberano na apreciação da prova, contudo, não se pode esquecer da sua obrigação (pelo princípio da publicidade) quanto à indicação dos motivos que lhe formaram o convencimento. Seria temerária uma decisão judicial na qual o juiz, ao declinar a dúvida, decide em prol do reclamante, pela aplicação desse princípio.

9.4.5 Máximas da Experiência

Máximas da experiência estão relacionadas com as regras da experiência cotidiana, da vida prática, de conhecimento do juiz e que servem para que ele forme sua convicção.

Na visão de Moacyr Amaral Santos,[34] *"o juiz, como homem culto e vivendo em sociedade, no encaminhar das provas, no avaliá-las, no interpretar e aplicar o direito, no decidir, enfim, necessariamente usa uma porção de noções extrajudiciais, fruto de sua cultura, colhida de seus conhecimentos sociais, científicos, artísticos ou práticos, dos mais aperfeiçoados aos mais rudimentares. São as noções a que se costumou, por iniciativa do processualista Stein, denominar máximas da experiência, ou regras da experiência, isto é, juízos formados na observação do que comumente acontece e que, como tais, podem ser formados em abstrato por qualquer pessoa de cultura média. Com efeito, em cada esfera social, da mais letrada a mais humilde, há uma porção de conhecimentos que, tendo passado por uma experiência contínua e prolongada, ou, quando não, pelo crivo da crítica coletiva, fruto da ciência, da arte, da técnica ou dos fatos cotidianos, faz parte de sua* communis opinio. É certo, por outro lado, que essa communis opinio *pode variar, conforme o lugar, o tempo, o progresso da ciência ou da técnica, as transformações políticas, sociais, religiosas etc., mas não deixa de ser também certo que as afirmações nela fundadas, por qualquer membro da esfera social, em que se formou, adquirem autoridade que a afirmação individual não pode ter, porque aquela traz consigo e resulta da crítica e da apuração coletiva".*

Em falta de normas jurídicas particulares, o juiz aplicará as regras de experiência comum subministradas pela observação de que ordinariamente acontece e, ainda, as regras de experiência técnica, ressalvado, quanto a estas, o exame pericial (art. 375, CPC).

Diante da lacuna processual trabalhista quanto aos procedimentos comum e sumário, de acordo com o art. 769 da CLT, o art. 375, CPC é aplicável às demandas trabalhistas.

No procedimento sumaríssimo (art. 852-D, CLT), o juiz trabalhista, na apreciação das demandas, está autorizado a utilizar as regras de experiência comum ou técnica.

Para César Machado Júnior,[35] um campo *"propício para a aplicação das regras da experiência refere-se ao ônus da prova na demonstração da existência da relação de emprego, quando incontroversa a prestação de serviço. O Tribunal Superior do Trabalho*

---

[34] SANTOS, Moacyr Amaral. Ob. cit., v. 2, p. 337.

[35] MACHADO JR., César P. S. Ob. cit., p. 151.

vem decidindo que: 'Comprovada a prestação pessoal de serviços mediante remuneração, porém sem a necessária subordinação, presume-se provado o vínculo empregatício, cabendo à reclamada comprovar a existência de trabalho autônomo ou outro sem subordinação, conforme se depreende do disposto no art. 818 da CLT, combinado com o art. 333, inc. III, do CPC' (TST, 4 T., RR 388.611/97.9, Rel. Min. Cnéa Moreira); (in Valentin Carrion, 'Nova Jurisprudência em Direito do Trabalho', 2ºsemestre/1999, p. 380). Com isso, foi estabelecida presunção da existência do vínculo empregatício tão só pela prestação de serviço. Ocorre que essa hipótese não se refere a fato impeditivo a ser atribuído para a empresa, mas, efetivamente, de fato constitutivo, que deveria ser atribuído ao reclamante, porém, a definição de fatos em constitutivos, impeditivos, modificativos ou extintivos é a última etapa na atribuição do ônus da prova. Antes desse critério, devem ser utilizados os demais, tais como os princípios gerais de Direito do Trabalho e as regras da experiência. Acreditamos, com isso, que, efetivamente, é do reclamado a demonstração da inexistência do vínculo empregatício, quando demonstrada a prestação de serviço, pois a presunção de sua efetivação decorre do princípio da proteção e pelas regras da experiência, pois esse é o modo comum em que habitualmente são formalizados os contratos de atividade."

9.5   INDÍCIOS E PRESUNÇÕES

Nas lições de Vicente Greco Filho,[36] *"o indício é, portanto, toda circunstância de fato da qual se pode extrair a convicção da existência do fato principal. O termo indício às vezes é utilizado para significar 'suspeita' ou certo 'grau de probabilidade'. [...] Há, por conseguinte, um salto mental entre a prova do indício e a convicção do fato principal. Esse salto pode resultar de norma legal chamada de presunção legal. A presunção não é, portanto, um meio de prova, mas sim uma forma de raciocínio do juiz, o qual, de um fato provado, conclui a existência de outro que é o relevante para produzir a consequência pretendida".*

A presunção pode ser simples ou legal. A primeira é aquela decorrente do raciocínio comum do homem médio, em considerar verdadeiro um fato, por inferência de outro fato. A segunda é decorrente de previsão legal, estando explicitamente prevista na norma.

Por sua vez, a presunção legal pode ser absoluta (não admite prova em contrário, *iuris et de iure*) ou relativa (admitem prova em contrário, *iuris tantum*).

Arruda Alvim[37] esclarece que *"nas absolutas, desde que provado pelo beneficiário o fato base ou auxiliar, a inferência legal terá que ser necessariamente extraída, não restando possibilidade alguma de o juiz deixar de atender à presunção, ou seja, o fato presumido haverá de ser reputado verdadeiro. Justamente por isso não poderá a parte contrária provar contra a presunção absoluta, isto é, contra o resultado da presunção absoluta. É certo, todavia, que a parte que vai sofrer o efeito inamovível de veracidade de*

---

[36]   GRECO FILHO, Vicente. Ob. cit., v. 2, p. 189.

[37]   ALVIM, Arruda. Ob. cit., v. 2, p. 594.

PARTE VI • Cap. IX – PROVAS | 599

fato presumido absolutamente deve direcionar seus esforços no que respeita à demonstração da inocorrência do fato auxiliar ou base. [...] Já a presunção relativa pode ser afastada por prova em contrário, realizada pela outra parte, inclusive quanto ao fato presumido. Ela confere ao seu beneficiário o favor de que, uma vez provado o fato do qual se vai, ex lege, inferir o outro (que é probando), seja este havido como verdadeiro. Todavia, permite que a parte contrária demonstre que, conquanto provado o fato de que se vai extrair a inferência ou ilação conducente à veracidade do fato probando, tal inferência ou ilação não corresponde à realidade".

O art. 374, IV, CPC, é claro ao dispor que independem de prova os fatos *"em cujo favor milita presunção legal de existência ou veracidade".*

Apesar de a CLT não tratar explicitamente da matéria, prevê algumas situações em que haverá presunção absoluta (art. 447), e outra relativa (art. 456, parágrafo único).

Além dessas presunções, o TST, pelas suas Súmulas e Orientações Jurisprudenciais, criou outras presunções:

As anotações apostas pelo empregador na Carteira Profissional do empregado não geram presunção *iuris et de iure*, mas apenas *iuris tantum* (Súm. 12, TST, Súm. 225, STF).

Presume-se recebida à notificação 48 horas depois de sua postagem. O seu não recebimento ou a entrega após o decurso desse prazo constitui ônus de prova do destinatário (Súm. 16, TST).

Presume-se abusiva a transferência de que trata o § 1º do art. 469 da CLT, sem comprovação da necessidade do serviço (Súm. 43).

É do empregador o ônus da prova do fato impeditivo, modificativo ou extintivo da equiparação salarial (Súm. 6, VIII).

O ônus de provar o término do contrato de trabalho, quando negados a prestação de serviço e o despedimento, é do empregador, pois o princípio da continuidade da relação de emprego constitui presunção favorável ao empregado (Súm. 212).

É ônus do empregador que conta com mais de 10 empregados, o registro da jornada de trabalho na forma do art. 74, § 2º, CLT. A não apresentação injustificada dos controles de frequência gera presunção relativa de veracidade da jornada de trabalho, a qual pode ser elidida por prova em contrário (Súm. 338, I).

Os cartões de ponto que demonstram horário de entrada e saída invariáveis são inválidos como meio de prova, invertendo-se o ônus da prova, relativo às horas extras, que passa a ser do empregador, prevalecendo o horário da inicial se dele não se desincumbir (Súm. 338, III).

É do empregador o ônus da prova em relação à regularidade dos depósitos fundiários, pois o pagamento é fato extintivo do direito do autor (art. 373, II, CPC) (Súm. 461).

9.6 PROVA EMPRESTADA

Em algumas situações em que se mostrar impossível ou inviável a sua produção, a prova já produzida em um processo poderá ser transferida a outro, a fim de que demonstre o alegado por uma das partes. É o que se denomina prova emprestada.

Para Moacyr Amaral Santos,[38] *"conquanto, em princípio, se admita a utilização num processo de prova emprestada de outro, em que foi produzida, controvertida é a sua eficácia em relação ao processo para o qual foi transladada. O problema não diz respeito às provas preconstituídas e às documentais em geral, pois essas, originais ou emprestadas, valem, igualmente, em qualquer juízo em que forem apresentadas. Refere-se às provas casuais, ou simples – as que se colhem ou se produzem no decurso do processo, sem que tenham sido intencionalmente constituídas e preparadas para a demonstração dos fatos ali deduzidos pelos litigantes. Sobre estas, e especialmente sobre as provas de natureza oral (testemunhas, depoimento pessoal, esclarecimentos de perito) é que gira a controvérsia".*

Na doutrina, é discutível a aplicabilidade da prova emprestada, por se entender que a mesma viola o princípio da identidade física do juiz, contudo, essa posição é criticada, notadamente, diante das provas orais, as quais são acolhidas pelo juízo deprecado e analisadas e apreciadas, no ato da prestação jurisdicional, pelo juízo deprecante.

Moacyr Amaral Santos[39] ensina: *"Assim como a prova por precatória se configura uma exceção à regra de que as provas devem ser produzidas perante o juiz da causa, também a prova emprestada, como exceção à mesma regra, terá que ser acolhida e apreciada com certas restrições. Se, em verdade, o princípio da economia processual recomenda sua admissão no processo para a qual é transportada, não o é menos que o juiz deste deverá recebê-la e apreciá-la com as devidas cautelas e tendo em especial atenção às circunstâncias da necessidade do seu aproveitamento e da impossibilidade de sua reprodução no segundo processo."*

A eficácia da prova emprestada deve observar alguns critérios, os quais devem ser analisados em conjunto, a saber: (a) a prova emprestada, de natureza oral, guarda a eficácia do processo em que foi colhida, na conformidade do poder de convencimento que trouxer consigo; (b) a eficácia e a aproveitabilidade da prova emprestada, de natureza oral, estão na razão inversa da possibilidade de sua reprodução; (c) a eficácia da prova emprestada, de natureza oral, equivale à da produzida mediante precatória.[40]

Para Sergio Pinto Martins,[41] *"a prova emprestada será, porém, uma exceção à regra de que as provas devem ser produzidas no mesmo juízo, como ocorre em relação à prova por carta precatória. Assim, a prova emprestada deverá ser analisada com certas restrições. É verdade que o princípio da economia processual recomendaria a sua aplicação, contudo, há necessidade de o juiz observá-la com certas cautelas, principalmente quando não há a possibilidade de tal prova ser repetida num segundo processo".*

Ensina Arruda Alvim:[42] *"excepcionalmente, admite-se a chamada prova emprestada. Assim, havendo os requisitos: (a) identidade da relação fática; e (b) as mesmas partes, deve-se admitir, em princípio, a prova produzida em outro feito, ou seja, a prova emprestada, tanto*

---

[38]   SANTOS, Moacyr Amaral. Ob. cit., v. 2, p. 365.
[39]   SANTOS, Moacyr Amaral. Ob. cit., v. 2, p. 366.
[40]   SANTOS, Moacyr Amaral. Ob. cit., v. 2, p. 365.
[41]   MARTINS, Sergio Pinto. Ob. cit., p. 319.
[42]   ALVIM, Arruda. Ob. cit., v. 2, p. 439.

PARTE VI · Cap. IX – PROVAS | 601

mais admissível quanto mais difícil a sua realização. A respectiva valoração, todavia, poderá, dependentemente do poder de convicção que carreguem, sofrer esta ou aquela restrição".

Porém, não nos parece esse o melhor entendimento, uma vez que consideramos tão somente necessário que a prova emprestada tenha a força probatória para demonstrar a veracidade da alegação de uma das partes, ou seja, a identidade da relação fática, sendo dispensável que seja utilizada em outro processo que envolva as mesmas partes.

No processo trabalhista, a prova emprestada é de grande aplicabilidade, por influência do princípio da economia processual.

Nesse sentido, Manoel Antonio Teixeira Filho[43] exemplifica: *"Um empregado ingressa em Juízo postulando horas extraordinárias; o réu contesta. O órgão judicante, contudo, já teve oportunidade de, em diversas ações anteriores, propostas contra o mesmo réu, conceder as horas extras pedidas, pois sempre restou provado que a jornada de trabalho, então indicada, era igual para todos os empregados e, além disso, coincidente com a que este autor está alegando. Diante disto, indaga-se: qual a necessidade de, nesta última ação, proceder-se à inquirição de testemunhas (que, não raro, são as mesmas) se a 'causa petendi' (trabalho em jornada extraordinária) já foi objeto de provimentos jurisdicionais pretéritos, com trânsito em julgado? É evidente que razões de ordem lógica, articuladas a inafastável necessidade de economia processual, autorizam a que se faça, neste caso, o empréstimo da prova anteriormente produzida, desde que, à evidência, a sua produção tenha sido regular, com obediência aos princípios legais regentes, como, notadamente, o da contrariedade."*

A realização da perícia é obrigatória para a verificação da insalubridade, contudo, quando não for possível sua realização como em caso de fechamento da empresa, poderá o julgador utilizar-se de outros meios de prova (OJ 278, SDI-I).

De acordo com o NCPC, a prova emprestada é prevista de forma expressa na medida em que o juiz poderá admitir a utilização da prova produzida em outro processo, contudo, deverá observar o contraditório, atribuindo-se à prova o valor que considerar adequado (art. 372).

9.6.1 A Prova Emprestada em Relação às Pessoas dos Litigantes

A eficácia da prova emprestada envolve três hipóteses, as quais variam em função das partes no processo para o qual é transportada:

a) entre as mesmas partes – a prova emprestada mantém a sua eficácia inicial,[44] isto é, a que tem no processo da qual foi extraída, desde que se tenha o preenchimento dos seguintes requisitos: (1) a presença das mesmas partes no processo em que foi produzida; (2) a observância dos princípios e formalidades legais na

---

[43] TEIXEIRA FILHO, Manoel Antonio. Ob. cit., p. 63.

[44] Manoel Antonio Teixeira Filho declina que "é elementar que, por princípio, a prova produzida anteriormente, em outros autos de processo, entre as mesmas partes que estão outra vez a litigar, quarda, em relação a elas, eficácia absoluta" (Ob. cit., p. 64).

sua formulação (coleta da prova); (3) a identidade de matéria fática entre os dois processos;

b) entre uma das partes e terceiro – nesse tópico, deve-se fazer uma subdivisão: (1) o transporte da prova é efetuado por quem é parte no processo anterior; (2) o transporte ocorre por quem não participou da produção da prova emprestada. Para Moacyr Amaral Santos,[45] *"na segunda hipótese, conserva ela eficácia probatória, principalmente quando a prova foi reconhecida na sentença do processo anterior, salvo as restrições peculiares a cada caso; na primeira hipótese, não terá ela eficácia em relação à parte contrária, que não participou de sua produção, podendo valer tão somente como adminículo probatório para a formação da convicção do juiz"*. Ousamos discordar dessa posição doutrinária, já que nas duas hipóteses, por não haver a identidade de partes, a prova emprestada deve ser apreciada com o conjunto probatório. Essa situação é a mais comum no processo trabalhista;

c) entre terceiros – a sua eficácia é ainda mais reduzida, servindo como um reforço de prova, sendo analisada e aferida com as demais provas existentes nos autos para a qual foi transportada. Para Manoel Antonio Teixeira Filho,[46] *"nada obsta, contudo, por princípio, o empréstimo dessa prova, conquanto a sua eficácia, em relação aos autos para os quais é transportada, não possa ser equiparada àquela que apresenta a prova que foi acolhida entre as mesmas partes, ou entre uma das partes e terceiro. A resposta é evidente: neste caso, a nenhuma das partes se possibilitou contraditar a prova anteriormente produzida entre terceiros ou mesmo oferecer contraprova. Aqui, mais do que nunca, a sua admissibilidade deverá subordinar-se à extrema prudência do Juiz, sendo de reiterar-se que, mesmo admitida, os seus efeitos serão quase nenhum"*.

9.6.2   A Prova Emprestada Produzida em Juízo Incompetente

O exame da prova emprestada produzida em um processo no qual houve a declaração da incompetência absoluta,[47] comporta duas situações distintas:

a) a utilização da prova na renovação da mesma causa – a prova emprestada mantém a sua eficácia inicial, pois a declaração da incompetência absoluta só anula os atos decisórios (art. 64, § 4º, CPC);

b) o aproveitamento da prova em um processo, em que a matéria debatida está relacionada com outra relação de direito – Moacyr Amaral Santos[48] ensina: *"Quando se tratar de utilização da prova em outro processo em que se discuta outra relação*

---

[45]   SANTOS, Moacyr Amaral. Ob. cit., v. 2, p. 367.

[46]   TEIXEIRA FILHO, Manoel Antonio. Ob. cit., p. 66.

[47]   Trata-se da incompetência absoluta, a qual abrange os critérios: material e hierarquia (competência funcional) (art. 62, CPC).

[48]   SANTOS, Moacyr Amaral. Ob. cit., v. 2, p. 368.

de direito, não é de falar-se em prova produzida perante juiz incompetente, sim em prova nula. Porque, conforme lição de Jorge Americano – escrevendo sob o regime do Código de Processo Civil de 1939 – 'o princípio de que a nulidade afeta só ao consequente não é verdadeiro em matéria de competência, senão dentro dos termos do art. 279' desse Código, que continha norma idêntica à do § 2° do art. 113 do Código de Processo Civil vigente [...] . 'Na verdade' – continua o ilustre jurista – 'a competência é pressuposta, e a sua falta vicia fundamentalmente tudo quando se fez sob o pressuposto inexistente'."

Essa posição doutrinária está correta, por ser um outro processo, em que a competência do órgão jurisdicional é um dos pressupostos de validade da demanda. Portanto, o teor do art. 64, § 4°, CPC, como exceção, somente é válido quando se tem a remessa dos autos, do juízo incompetente, para o órgão jurisdicional competente, o que se justifica, a nosso ver, pela aplicação do princípio da economia processual.

9.6.3 A Prova Emprestada Produzida em Processo Anulado

Pela teoria geral das nulidades, temos: (a) anulado o ato, reputam-se de nenhum efeito todos os subsequentes, que dele dependam; todavia, a nulidade de uma parte do ato não prejudicará as outras que dela sejam independentes (art. 281, CPC); (b) o juiz, ao pronunciar a nulidade, declarará que atos são atingidos, ordenando as providências necessárias, a fim de que sejam repetidos, ou retificados (art. 282, CPC). Com outras palavras, essas assertivas também são reproduzidas, respectivamente, nos arts. 798 e 797, CLT.

Por uma inferência lógica, a validade da prova emprestada, a qual foi produzida em processo anulado, está condicionada ao momento do vício processual, o qual gerou a nulidade: (a) atos anteriores à prova – a prova emprestada não é admissível; (b) da própria prova – por uma inferência lógica, a prova não terá eficácia; (c) posterior à prova – como a nulidade é subsequente ao ato processual em que se deu a produção da prova, a mesma manterá a sua eficácia natural.

9.6.4 A Prova Emprestada Formulada em Processo Criminal

Na opinião de Manoel Antonio Teixeira Filho,[49] o transporte da prova formulada em processo criminal deve ser evitado pelo magistrado trabalhista, por ser necessária a *"preservação dos princípios nucleares que animam a prova trabalhista; eis a diferença vital, que autoriza ao Juiz do Trabalho a rejeitar aquela, ou a deixá-la vir aos autos como um ponto de referência em relação aos fatos que devam ser objeto da instrução neste Juízo. Caso, porém, o Juiz do Trabalho entenda ser conveniente, por alguma razão ponderosa especial, sobrestar a ação trabalhista, até que sobre o fato-comum se pronuncie a Justiça Criminal, poderá fazê-lo com espeque no art. 265, IV, a, do CPC, de subsidiariedade restrita. Advirta-se,*

---

[49]   TEIXEIRA FILHO, Manoel Antonio. Ob. cit., p. 67.

contudo, que a expressão legal revela meramente uma faculdade do Juiz, sendo errôneo afirma-se que haja, aí, um comando impositivo que o constranja a agir desta maneira. Não negamos que, excepcionalmente, deva ser determinado o sobrestamento da ação trabalhista como medida destinada a garantir o equilíbrio do ordenamento jurídico, visto que, a não se proceder desta maneira, estar-se-ia criando a possibilidade de dois Juízos se pronunciarem de maneira conflitante sobre um mesmo fato submetido à sua cognição jurisdicional. Temos, assim, que a sabedoria e a prudência do magistrado do trabalho deverão ser convocadas para atuarem, com segurança, sempre que tiver de – entre as necessidades de manutenção da estabilidade da ordem jurídica e a de preservação dos princípios fundamentais que informam o processo do trabalho – optar por uma delas – tarefa que, na prática, se torna tormentosa, quanto mais não seja quando se perde de vista que preeminência é desta última".

A prova produzida na Justiça Criminal deve ser utilizada no âmbito da Justiça do Trabalho. Essa assertiva é lastreada no argumento de que os princípios que a informam são os mesmos dos processos civil e trabalhista.

Nesse sentido, Moacyr Amaral Santos[50] afirma que *"na sua estrutura e na sua função, a prova no criminal é idêntica à do processo civil. A verdade que ali a prova produz, relativamente a um fato, é a mesma que produziria no processo civil".*

Como exemplos dessa aplicabilidade, temos as hipóteses em que a decisão criminal faz coisa julgada no processo trabalhista, isto é, quando se tem a condenação (arts. 63 e 64, CPP) ou a absolvição (legítima defesa; estado de necessidade etc.) (art. 65).

9.7   A VALORAÇÃO DAS PROVAS

Há três sistemas na apreciação e valoração das provas.

No sistema da prova legal, por determinação legal, cada prova tem o seu peso e valor predeterminado, limitando a atividade jurisprudencial.

Ovídio A. Baptista da Silva[51] afirma: *"O sistema da prova legal está, senão abandonado, pelo menos sensivelmente reduzido de importância no direito moderno. Segundo este sistema, cada prova tem um valor inalterável e constante, previamente estabelecido pela lei, não sendo lícito ao juiz valorar cada prova segundo critérios pessoais e subjetivos de convencimento, de modo diverso daquele que lhe tenha sido determinado pela lei. Assim, por exemplo, no direito medieval, onde vicejou em toda sua plenitude este sistema, o valor da prova testemunhal era rigorosamente quantificado pela lei e estabelecidas regras legais quanto à credibilidade do depoimento, de modo que o juiz ficava adstrito a essa valoração objetiva da prova. O depoimento de um servo jamais poderia ter o mesmo valor do testemunho de um nobre, mas o depoimento de dez servos equivalia ao de um nobre ou senhor feudal, embora intimamente o juiz tivesse sobradas razões para crer que o nobre mentia e o servo dissera a verdade. Além disso, havia uma quantidade enorme de regras legais declarando inidôneo o depoimento prestado por certas pessoas, mesmo que o juiz, em razão de*

---

[50]   SANTOS, Moacyr Amaral. Ob. cit., v. 2, p. 369.

[51]   SILVA, Ovídio A. Baptista da. *Curso de processo civil,* v. 1, 4. ed., p. 348.

circunstâncias especiais do caso concreto e da forma como a testemunha depusera, estivesse plenamente convencido da veracidade do depoimento. Era considerado também insuficiente o depoimento de uma só testemunha, segundo o brocardo latino testis unus testes nullus, erroneamente atribuídos pelos juristas medievais ao processo romano clássico (LESSONA, Teoria general de la prueba, vol. IV, § 382), não podendo o juiz fundamentar a sentença exclusivamente no depoimento de uma só testemunha, embora estivesse intimamente convencido de sua idoneidade e da veracidade do fato por ela descrito em seu depoimento."

Para Moacyr Amaral Santos,[52] o sistema da prova legal equivale ao *"tarifamento das provas, uma vez que cada prova tem como que tabelado o seu valor, do qual não há fugir, tornando-se assim o juiz órgão passivo, incumbindo apenas, verificado o valor atribuído pela lei a cada prova, de reconhecê-lo na sentença, sem que lhe caiba apreciar a prova na conformidade da eficácia que tem na forma de sua convicção. [...] No sistema da prova legal, a instrução probatória se destinava a produzir a certeza legal. O juiz não passava de um mero computador, preso ao formalismo e ao valor tarifado das provas, impedido de observar positivamente os fatos e constrangido a dizer a verdade conforme ordenava a lei que o fosse. No depoimento de uma só testemunha, por mais idônea e verdadeira, haveria apenas prova semiplena, enquanto que nos de duas testemunhas, concordes e legalmente idôneas, ainda que absurdos os fatos narrados, resultaria prova plena e, pois, certeza legal".*

No sistema de livre apreciação, o juiz tem a liberdade de valoração e de decisão, utilizando-se dos seus critérios de valoração íntima, sem qualquer obrigatoriedade de vinculação com o existente no processo.

Renato Saraiva[53] ensina: *"Com o advento da Revolução Francesa, surgiu o sistema da livre convicção, no qual o sistema legal ou positivado foi substituído pela liberdade absoluta, passando os juízes a decidir segundo a sua consciência e íntima convicção. A prova já não era tão importante para o magistrado proferir o julgamento, mas sim o seu íntimo convencimento. Restou consagrada a soberania do juiz na busca da verdade e da apreciação das provas. O juiz não precisava motivar suas sentenças, podendo inclusive não decidir o litígio quando a prova fosse insuficiente."*

Moacyr Amaral Santos[54] pondera que o *"sistema peca, a nosso ver, por ofender dois princípios fundamentais de justiça (o de que ninguém pode ser condenado sem ser ouvido (ne inauditus condemnetur) e o da sociabilidade do convencimento. Com efeito, se, independentemente das provas colhidas, o juiz forma convencimento decorrente do seu próprio testemunho, as partes ficam inibidas de contrariar e debater um tal testemunho, até porque nem mesmo teriam meios para conhecê-lo. Por essa forma, com o sacrifício de um dos fatores vitais à eficácia da prova – o contraditório entre as partes – aquela que fosse condenada teria justa razão para clamar contra a justiça que a condenou sem tê-la ouvido. Por outro lado, a convicção não pode decorrer apenas de apreciações subjetivas do juiz, mas deve dimanar da apreciação dos fatos e das provas".*

---

52   SANTOS, Moacyr Amaral. *Primeiras linhas de direito processual civil*, v. 2, 7. ed., p. 380.
53   SARAIVA, Renato. *Curso de direito processual do trabalho*, 5. ed., p. 381.
54   SANTOS, Moacyr Amaral. Ob. cit., p. 381.

O mais moderno (evolução dos outros dois) é o sistema de persuasão racional, onde se mantém a liberdade de apreciação e, ao mesmo tempo, vincula o convencimento do juiz às provas constantes dos autos. Assim, o magistrado estará isento para apreciar e valorar cada prova do conjunto, contudo, é obrigado a fundamentar nas provas existentes as razões de sua convicção. O legislador pátrio adotou o sistema de persuasão racional ou princípio do livre convencimento motivado, podendo o juiz apreciar livremente a prova, atendendo aos fatos e circunstâncias constantes dos autos, ainda que não alegados pelas partes; mas deverá indicar, na sentença, os motivos que lhe formaram o convencimento (art. 371, CPC). Seguindo essa esteira, a CF decreta a nulidade à decisão que pecar por falta de fundamentação (art. 93, IX).

Ensina Vicente Greco Filho:[55] *"Como se vê, em primeiro lugar dá a lei a liberdade de apreciação, ou seja, as provas não têm valor predeterminado nem peso legal. Cada circunstância de fato será apreciada no contexto das demais provas e pode valer mais ou menos segundo o entendimento não preordenado do juiz. Em segundo lugar, porém, limita a lei esse convencimento e a apreciação aos fatos e circunstâncias constantes dos autos, segundo o princípio id quo non est in actis non est in mundus (o que não está nos autos não existe). Consagra-se, aí, o princípio da verdade formal, ou seja, o juiz decidirá segundo a verdade dos autos e não segundo a verdade da natureza (verdade real). [...] Finalmente, completa o sistema da persuasão racional, e daí o seu nome, o dever de fundamentar a decisão, apresentado as razões do convencimento. A obrigação de fundamentar permite às partes aferir que a convicção foi realmente extraída do material probatório constante dos autos e também que os motivos levam, logicamente à conclusão. Essa garantia não só assegura o exame cuidadoso dos autos, mas, também permite que, em grau de recurso, se faça o eventual reexame em face de novos argumentos apresentados."*

A exceção ao princípio do livre convencimento do juiz é a prova legal, ou seja, são aqueles casos em que a lei especificar que somente por determinado meio se prova um fato, sendo vedado ao magistrado aceitar outro meio. Exemplos: a prova sobre estado da pessoa, o qual somente se prova com certidão do cartório de registro civil; a prova técnica para os pedidos de adicional de insalubridade e ou de periculosidade (art. 195, § 2º, CLT).

9.8 MEIOS DE PROVA

Meios de prova são as diversas espécies de provas trazidas ao processo para demonstrar a veracidade de fato ou alegação da parte, com intuito de convencer o juízo.

Ovídio A. Baptista da Silva[56] afirma que o conceito de meios de prova pode ser entendido de dois modos: *"Pode significar a atividade desenvolvida para produzir a prova. Neste caso, dir-se-ia que a declaração prestada pela testemunha, ou o laudo fornecido pelo*

---

[55] GRECO FILHO, Vicente. Ob. cit., v. 2, p. 193.

[56] SILVA, Ovídio A. Baptista da. *Curso de processo civil*, v. 1, 4. ed., p. 352.

PARTE VI · Cap. IX – PROVAS | 607

perito, ou a percepção do juiz que realiza a inspeção judicial, são meios de prova, no sentido de fontes de onde se extraem os motivos de convencimento. [...] Num segundo sentido, podem considerar-se meios de prova não a atividade, mas os instrumentos de que as partes e o juiz se valem para obter o convencimento dos fatos a provar; ou tanto a atividade quanto os instrumentos. Diz José Frederico Marques: 'Meios de prova, como o nome indica, são as fontes em que o juiz colhe a verdade dos fatos, e os instrumentos de que as partes se servem para demonstrar os fatos, que aduziram' (Manual, II, nº 451). Iremos considerar os meios de prova com os instrumentos utilizados pelas partes e pelo juiz para o estabelecimento dos fatos a serem provados."

Todos os meios legais, bem como os moralmente legítimos, ainda que não previstos expressamente no CPC, são hábeis para provar a verdade dos fatos, em que se funda a ação ou a defesa (art. 369, CPC).

9.8.1 Depoimento Pessoal

Depoimento pessoal consiste na oitiva da parte, solicitada pela outra parte ou por determinação do juiz, com a finalidade de esclarecer fatos relativos à causa, podendo ocorrer em qualquer estado do processo.

O CPC contempla duas modalidades de depoimento pessoal:

a) o interrogatório – o juiz pode, de ofício, em qualquer estado do processo, determinar o comparecimento pessoal das partes, a fim de interrogá-las sobre os fatos da causa (art. 385, CPC). O objetivo do interrogatório é o esclarecimento do juiz. As partes serão interrogadas sucessiva e separadamente (primeiro o autor, depois o réu) (art. 456, CPC), não sendo permitido, a quem não depôs, assistir ao interrogatório da outra parte (art. 385, § 2º, CPC);

b) o depoimento pessoal, isto é, quando o juiz não o determinar de ofício, compete a cada parte requerer o depoimento pessoal da outra, a fim de interrogá-la na audiência de instrução e julgamento (art. 385, caput, CPC). Se a parte intimada não comparecer, ou comparecendo, se recusar a depor, o juiz lhe aplicará a pena de confissão (art. 385, § 1º, CPC). A finalidade do depoimento pessoal é a provocação da confissão.

Na estrutura do processo trabalhista, encontramos: (a) as partes serão inquiridas pelo juiz, podendo ser reinquiridas, por seu intermédio, pelas partes, seus representantes ou advogados (art. 820, CLT); (b) terminada a defesa, seguir-se-á a instrução do processo, podendo o juiz *ex officio* interrogar os litigantes (art. 848, *caput*). Findo o interrogatório, poderá qualquer dos litigantes retirar-se, prosseguindo a instrução com o seu representante ou advogado (art. 848, § 1º).

O sistema único do interrogatório não é adotado pela jurisprudência do TST (Súm. 74). Em outras palavras, no processo trabalhista, além do interrogatório, a parte tem o pleno direito de ouvir o adverso em depoimento pessoal, sob pena de violação do seu amplo direito de defesa.

9.8.1.1 Da Confissão

Confissão é admissão de um fato contrário ao próprio interesse e favorável ao adversário.

Arruda Alvim[57] leciona que a confissão consiste *"na declaração, com efeito probatório, de ciência de fatos, tidos como verídicos pelo confitente, e contrários ao seu interesse, sendo favorável à outra parte"*.

Humberto Theodoro Júnior[58] elucida que *"em regra, a confissão deve conter: I – reconhecimento de um fato alegado pela outra parte; II – a voluntariedade desse reconhecimento; III – um prejuízo para o confitente, em decorrência do reconhecimento. Há, pois, um elemento subjetivo na confissão, que é o ânimo de confessar, ou seja, a intenção de reconhecer voluntariamente um fato alegado pela outra parte. E há, também, um elemento objetivo, que é o próprio fato litigioso reconhecido em detrimento do confitente"*.

Não vale a confissão judicial de fatos relativos a direitos indisponíveis (art. 392, caput, CPC), bem como somente será eficaz se feita: (a) por quem for capaz de dispor do direito a que se referem os fatos confessados; (b) por um representante somente nos limites em que este pode vincular o representado (art. 392, §§ 1º e 2º, CPC; art. 213, CC).

A confissão pode ser judicial ou extrajudicial. Será judicial aquela feita perante o juízo e reduzida a termo. Enquanto a extrajudicial poderá ser: escrita ou oral perante a parte contrária, terceira pessoa ou contida em testamento.

Por sua vez, a confissão judicial poderá ser espontânea ou provocada. Será espontânea se a parte espontaneamente confessar, a qual será tomada a qualquer tempo no processo. A provocada ocorre no depoimento pessoal da parte (art. 390, *caput*, CPC). A confissão espontânea pode ser feita pela própria parte, ou por mandatário com poderes especiais (art. 390, § 1º), contudo, somente é eficaz nos limites em que o representante pode vincular o interessado (art. 213, parágrafo único, CC).

Além disso, a confissão judicial pode ser expressa (real) ou tácita (ficta ou presumida). Confissão real é a feita expressamente sobre os fatos alegados pela parte contrária e ficta é a que decorre da revelia (art. 344, CPC), da falta de impugnação específica dos fatos (art. 341), da falta de comparecimento ou recusa de depor (art. 385, § 1º) ou da recusa de exibir documento por determinação judicial (art. 400), trata-se de uma presunção relativa, podendo ser elidida por outras provas.

A confissão é indivisível, isto é, a parte que se beneficia não pode aceitá-la em uma parte e rejeitá-la em outra, quando desfavorável. Contudo, pode ser cindida, *"quando o confitente a ela aduzir fatos novos, capazes de constituir fundamento de defesa de direito material ou de reconvenção"* (art. 395, CPC).

A confissão, seja ela ficta (por ex., quando ocorre à revelia) ou real, não tem efeitos no processo que tratar sobre questões de direito indisponível ou, nos casos em que,

---

[57] ALVIM, Arruda. Ob. cit., v. 2, p. 556.
[58] THEODORO JÚNIOR, Humberto. Ob. cit., v. 1, p. 432.

havendo litisconsorte, apenas um ou alguns deles fizerem a confissão (arts. 117, 345, II e 391, CPC).

Porém, tratando de litisconsorte unitário, Arruda Alvim[59] ensina que *"os efeitos da confissão se limitam ao confitente, na forma do art. 350, não atingindo, absolutamente, os litisconsortes do processo, visto que os litisconsortes são considerados autonomamente (arts. 48 e 350). Assim, os atos de um litisconsorte não poderão prejudicar os demais. Por outro lado, tratando-se de litisconsórcio unitário, e, juntamente porque a decisão deverá ser igual para todos, a confissão de um litisconsorte será ineficaz em relação à determinação do resultado da decisão da causa, conquanto possa ser considerada válida em si mesma, desde que esteja revestida das formalidades. O fato de se dizer que a confissão do litiscon- sorte unitário é válida significa que não poderá ser revogada pelo litisconsorte-confitente e, somente nos casos do art. 352, pode ser anulada. Não será, todavia, eficaz. Dessa forma – porque válida, mas ineficaz –, ela poderá gerar efeitos fora do processo, em relação ao confitente e à parte contrária, mas nenhum efeito poderá gerar em relação à decisão a ser proferida no feito em que foi feita. Para que se verifique a eficácia no processo, necessário será que todos os litisconsortes unitários igualmente confessem, de forma válida"*.

Por fim, a confissão poderá ser anulada, via ação anulatória, quando produzida por erro de fato ou coação (art. 393, CPC; art. 214, CC).

9.8.1.2   Procedimentos do Depoimento Pessoal

O reclamante e o reclamado devem comparecer à audiência acompanhados das suas testemunhas, apresentando, nessa ocasião, as demais provas (art. 845, CLT).

Após a defesa, tem-se a produção das provas, podendo o juiz, *ex officio*, interrogar os litigantes. Findo o interrogatório, poderá qualquer dos litigantes ausentar-se, prosse- guindo a instrução com o seu representante. Na sequência, serão ouvidos as testemunhas, os peritos e os técnicos, se houver (art. 848, §§ 1º e 2º, CLT).

A nosso ver, quando o juiz não determinar o interrogatório, por aplicação subsidiá- ria do art. 385 do CPC, compete a cada parte requerer o depoimento pessoal da outra.

Dependendo da divisão das audiências, há uma série de consequências legais, doutrinárias e jurisprudenciais quanto ao comparecimento das partes e os respectivos depoimentos pessoais.

Na primeira audiência (primeira tentativa de conciliação e, no caso de não se ter êxito, a formulação da defesa escrita ou oral; designação da audiência em prosseguimento), são válidas as regras do art. 844, *caput*, CLT.

Para a segunda audiência (coleta dos depoimentos pessoais e testemunhais; a oitiva do perito e dos assistentes técnicos: encerramento da instrução; razões finais orais e a segunda tentativa obrigatória de conciliação; designação de uma nova audiência para julgamento) haverá a aplicação da pena de confissão à parte que, expressamente intimada

---

[59]   ALVIM, Arruda. Ob. cit., v. 2, p. 558.

com aquela cominação, não comparecer à audiência em prosseguimento, na qual deveria depor (Súm. 74, I, TST).

Se a ausência for mútua, a pena de confissão não é possível, devendo o feito ser julgado no estado em que encontra, considerando o ônus da prova de cada parte, exceto se for o caso de uma eventual prova técnica (por exemplo: adicional de insalubridade e/ou de periculosidade; pedido de reparação civil por ato ilícito decorrente de acidente de trabalho).

Alguns juízes, quando a ausência é do reclamante na segunda audiência, costumam determinar o arquivamento do feito, o que não é possível, pois a demanda já está contestada (Súm. 9, TST; art. 841, § 3º, CLT, Lei 13.467).

Portanto, na audiência em prosseguimento, as duas partes (reclamante e reclamado) estão sujeitas à pena de confissão quanto à matéria de fato.

Diante da confissão parcial de uma das partes, alguns juízes ouvem as testemunhas presentes ou a outra parte, evitando, assim, a arguição de futura nulidade por cerceamento do direito de defesa, o que, em nossa visão, não procede (Súm. 74, II). Em maio/11 , o TST estabeleceu que a vedação à produção de prova posterior pela parte confessa somente a ela se aplica, não afetando o exercício, pelo magistrado, do poder/dever de conduzir o processo (Súm. 74, III). Trata-se de um incentivo à participação ativa do juiz na busca da verdade real (art. 370, CPC; art. 765, CLT).

Como regra, na audiência trabalhista (art. 361, II, CPC), em primeiro lugar, é interrogado o reclamante e, na sequência, o reclamado, não se permitindo, a quem não depôs, assistir ao interrogatório da outra parte (art. 385, § 2º, CPC).[60]

Há uma corrente doutrinária, a qual entende ser inaplicável ao processo trabalhista, o disposto no art. 385, § 2º, CPC, diante do argumento da capacidade postulatória dada às partes (art. 791, CLT), além da violação do princípio da igualdade de tratamento.

O art. 361, II, CPC, estabelece que o juiz tomará os depoimentos pessoais, primeiro do autor e depois do réu. Nada obsta ao juiz que faça a inversão dos depoimentos pessoais, precipuamente, pelos fatos alegados pelas partes e o respectivo ônus da prova.

---

[60] "AGRAVO DE INSTRUMENTO EM RECURSO DE REVISTA. [...] RECURSO DE REVISTA. PRESENÇA DO PREPOSTO NA SALA DE AUDIÊNCIA NO MOMENTO DO DEPOIMENTO PESSOAL DA RECLAMANTE. PREPOSTO INTEGRALMENTE CIENTE DO TEOR DO DEPOIMENTO PESSOAL DA TRABALHADORA. VIOLAÇÃO AO ARTIGO 344, DO CPC. O parágrafo único do artigo 344 do CPC estabelece que 'é defeso, a quem ainda não depôs, assistir ao interrogatório da outra parte', sendo que sua aplicação subsidiária é medida que se impõe, nos termos do disposto no artigo 769 da CLT. Dessa forma, ao não determinar a saída do preposto da sala de audiências durante a oitiva da reclamante, o Juízo de origem deixou de observar a lei, violando, inclusive, o princípio da igualdade, posto que, neste caso, o preposto, ao prestar depoimento, já sabia o teor do depoimento da reclamante e poderia pautar as suas respostas ao que a reclamante havia dito em seu depoimento, restando claro o prejuízo imposto à autora. Desta forma, deve ser declarada a nulidade, a teor do artigo 794, da CLT. Recurso de revista conhecido e provido" (TST – 2ª T. – RR 2311-96.2011.5.02.0001 – Rel. Des. Conv. Cláudio Armando Couce de Menezes – *DEJT* 28/8/2015).

PARTE VI · Cap. IX – PROVAS | **611**

Após os depoimentos pessoais, serão ouvidas as testemunhas do reclamante e, em seguida, as do reclamado, podendo, também, haver a inversão, desde que seja fundamentada em face do encargo probatório das partes.[61]

Quando a parte, sem motivo justificado, deixar de responder ao que lhe for perguntado, ou empregar evasivas, o juiz, apreciando as demais circunstâncias e elementos de prova, declarará, na sentença, se houve recusa de depor (art. 386, CPC).

Além dos deveres enumerados no art. 77, CPC, compete à parte comparecer em juízo, respondendo ao que lhe for interrogado (art. 379, I).

A parte responderá pessoalmente sobre os fatos articulados, não podendo servir-se de escritos anteriormente preparados, permitindo-lhe o juiz, todavia, a consulta a notas breves, desde que objetivem completar esclarecimentos (art. 387, CPC). É o caso do exame da CTPS ou da ficha de registro, respectivamente, pelo reclamante e reclamada.

A parte não é obrigada a depor sobre fatos: (a) criminosos ou torpes, que lhe forem imputados; (b) a cujo respeito, por estado ou profissão, deva guardar sigilo: (c) fatos a que não possa responder sem desonra própria, de seu cônjuge, de seu companheiro ou de parente em ordem sucessiva; (d) fatos que coloquem em risco a vida do depoente ou das pessoas citadas na alínea anterior (art. 388, I a IV, CPC).

O depoimento das partes e testemunhas que não souberem falar a língua nacional será feito por meio de intérprete nomeado pelo juiz (art. 819, *caput*, CLT), o que também é aplicável ao surdo-mudo, ou de mudo que não saiba escrever (art. 819, § 1º), sendo que as despesas correrão por conta da parte sucumbente, salvo se beneficiária de justiça gratuita (art. 819, § 2º, com as alterações da Lei 13.660/18).

9.8.1.2.1 Perguntas Indeferidas

O juiz não deve permitir que as partes façam perguntas irrelevantes, impertinentes ou inúteis (art. 370, CPC).

Contudo, as perguntas indeferidas serão obrigatoriamente transcritas no termo de audiência se a parte o requerer (art. 459, § 3º, CPC), como forma de se resguardar o amplo direito de prova da parte prejudicada. Isso é necessário para que a parte, no momento oportuno, possa solicitar a nulidade processual (pelo cerceamento do direito de defesa).

Em algumas audiências, é comum que o magistrado *"indeferida a pergunta e se recuse a lançar na ata o indeferimento. Como a parte não dispõe de meios para compelir o juiz a anotar o teor da pergunta indeferida, cabe reclamação correcional visando que o registro seja feito".*[62]

---

[61] Exemplos: a alegação de justa causa pelo empregador diante do pedido de verbas rescisórias; a invocação do cargo de confiança pela instituição bancária para elidir o pedido de horas extras formulado por um chefe de expediente.

[62] MALTA, Christovão Piragibe Tostes. Ob. cit., p. 78.

9.8.1.2.2 Depoimento de Menores de 18 Anos

Para Christovão Piragibe Tostes Malta,[63] *"a Consolidação das Leis do Trabalho e o Código de Processo Civil são omissos a propósito da viabilidade de o menor de dezoito anos poder prestar depoimento, devendo, então, o problema ser solucionado à luz de princípios gerais informativos do Direito Processual. Os menores de dezoito anos são relativamente incapazes, o que impede que confessem, isto é, mesmo que admitam claramente que pratica-ram atos cujos efeitos lhes são contrários e favorecem o adversário, como quando reconhecem haver praticado a falta de que são acusados, suas assertivas não podem ser classificadas como confissão. Não poder confessar, ou seja, não poderem as declarações do menor ser recebidas como confissão, no entanto, não é sinônimo de não poder depor".*

Para esse autor, o menor de 18 anos pode depor, sem a necessidade da presença de seu representante legal durante o depoimento, contudo, não deve haver o reconhecimento da confissão. Para ele, as respostas dadas devem ser valoradas com os demais elementos de convicção existentes nos autos.

Na propositura da ação de menor é imperiosa a assistência pelo seu representante legal (art. 793, CLT), logo, a validade do seu relato pessoal também está condicionada a essa assistência.

Desde que haja a assistência pelo seu representante legal, o menor poderá confessar. Nesse sentido é a opinião de Wagner Giglio:[64] *"Se o menor de 18 e maior de 14 anos pode trabalhar, assinar recibos e responder pelas infrações que tenha cometido, deve também ter reconhecida sua capacidade para confessar (o ato faltoso praticado, por exemplo), desde que assistido por pai, mãe, tutor ou responsável."*

Em determinadas demandas judiciais, o depoimento do menor é *"absolutamente necessário, como quando houver sido despedido por justa causa legal; somente ele, nesta hipótese, poderá dizer a respeito do ato faltoso que lhe é assacado pelo empregador, de modo que negar-se a sua possibilidade de depor seria subtrair do juiz um dos caminhos conducentes à verdade formal, cuja investigação, em regra, é tormentosa, não se podendo, à vista disso, prescindir da audição daqueles que estão intimamente vinculados aos fatos".*[65]

9.8.2 Prova Documental

9.8.2.1 Conceito de Documento

Na concepção de Vicente Greco Filho,[66] *"na vida brasileira da atualidade, nos documentos se retrata toda a vida do cidadão. Essa preocupação, que talvez devamos à formação lusitana (e latina, em geral), chega a ser excessiva, a ponto de vigorar a errada*

---

63 MALTA, Christovão Piragibe Tostes. Ob. cit., p. 79.
64 GIGLIO, Wagner. *Direito processual do trabalho*, 13. ed., p. 208.
65 TEIXEIRA FILHO, Manoel Antonio. Ob. cit., p. 149.
66 GRECO FILHO, Vicente. Ob. cit., v. 2, p. 203.

concepção de que sem documento nada se prova ou de que o documento é a única prova válida. Os excessos dessa mentalidade têm sido combatidos por programas governamentais que visam a eliminar o documento supérfluo, substituindo-o pela palavra da pessoa, que deve merecer fé até prova em contrário. Todavia, no processo civil, ainda, o documento é prova de capital importância, à qual é dada certa preeminência, tanto que provado o fato por documento, não se produz prova testemunhal, e há certos fatos que só por documento podem ser provados".

Humberto Theodoro Júnior[67] conceitua documento como o *"resultado de uma obra humana que tenha por objetivo a fixação ou retratação material de algum acontecimento. Contrapõe-se ao testemunho, que é o registro de fatos gravados apenas na memória do homem. Em sentido lato, documento compreende não apenas os escritos, mas toda e qualquer coisa que transmita diretamente um registro físico a respeito de algum fato, como os desenhos, as fotografias, as gravações sonoras, filmes cinematográficos etc. Mas, em sentido estrito, quando se fala da prova documental, cuida-se especificamente dos documentos escritos, que são aqueles em que o fato vem registrado através da palavra escrita, em papel ou outro material adequado".*

Nelson Nery Junior e Rosa Maria de Andrade Nery[68] esclarecem que *"o termo prova documental abrange os instrumentos e os documentos, públicos e privados. Qualquer representação material que sirva para reconstituir e preservar através do tempo a representação de um pensamento, ordem, imagem, situação, ideia, declaração de vontade etc., pode ser denominado documento".*

Cumpre diferenciar documento de instrumento. O primeiro é gênero a que pertencem todos os registros materiais de fatos jurídicos. Enquanto instrumento é a espécie de documento preparado para registrar, fazer prova de um negócio jurídico, como a escritura pública é instrumento do contrato de compra e venda de um imóvel.

Além disso, dependendo da sua origem, repartições públicas ou particulares, os documentos podem ser públicos ou particulares. Podem, ainda, os documentos apresentarem-se de forma original ou por meio de cópias autenticadas ou não.

Arruda Alvim[69] diz que *"o documento vale pelo seu conteúdo, pois é deste que se pretendem extrair elementos produtores de consequências jurídicas. O conteúdo do documento é, de um modo amplo, um fato de diversas espécies: manifestação de pensamento, declaração de ciência ou de vontade. Ou, ainda, poderão num só documento estar conglobadas essas três espécies".*

Em regra geral, o documento apresentado como prova no processo do trabalho deverá ser exibido no original ou em cópias autenticadas (art. 830, CLT).[70] Entretanto,

---

[67]   THEODORO JÚNIOR, Humberto. Ob. cit., v. 1, p. 444.

[68]   NERY JUNIOR, Nelson; Nery, Rosa Maria de Andrade. *Código de Processo Civil comentado*, 3. ed., p. 632.

[69]   ALVIM, Arruda. Ob. cit., v. 2, p. 493.

[70]   O documento em cópia oferecido para prova poderá ser declarado autêntico pelo próprio advogado, sob sua responsabilidade pessoal (art. 830, *caput*). Impugnada a autenticidade da cópia, a

documentos comuns às partes, como as sentenças normativas, convenções e acordos coletivos de trabalho etc., poderão ser apresentados em cópias simples, em função do conhecimento das partes sobre a existência (OJ 36, SDI-I).

São válidos os documentos apresentados, por pessoa jurídica de direito público, em fotocópia não autenticada, posteriormente à edição da MP 1.360/96 e suas reedições (atual Lei 10.522/02) (OJ 134, SDI-I).

9.8.2.1.1 Documento Público

Em relação ao documento público, em decorrência da fé-pública atribuída aos órgãos estatais, o próprio legislador pátrio atribuiu-lhe presunção de veracidade não só da sua formação, mas também dos fatos que o escrivão, o chefe de secretaria, o tabelião, ou o servidor declarar que ocorreram em sua presença (art. 405, CPC; art. 215, CC). Contudo, tal presunção não atinge o conteúdo das declarações ali prestadas.

O documento público é de conhecimento de todos, em outras palavras, tem validade (oponibilidade) *erga omnes*, tem os seus efeitos resguardados contra terceiros.

Entende Vicente Greco Filho[71] que o *"o juiz não pode formar sua convicção contra o teor de documento público louvando-se em outra prova. Seu convencimento está limitado por força de lei. Para que desapareça a força que emana do documento público o único meio é a declaração de sua falsidade, que pode ser, como se verá, material ou ideológica. Mas enquanto o documento público permanecer íntegro como tal, não pode o juiz decidir contra o que nela consta. É certo que algumas oportunidades, diante de um documento público, o juiz deixa de aplicar a consequência jurídica que dele emana porque um vício externo o impede, como, por exemplo, os vícios de vontade, o erro, dolo ou a coação. Nesses casos, porém, não se nega a fé e o valor do documento, mas somente se deixa de reconhecer as consequências do negócio jurídico que ele representa em virtude de circunstância externa que não interfere em sua constituição. Trata-se, neste último caso, de um fato novo, diferente, que quebra a consequência jurídica que decorre do documento sem que se negue a sua autenticidade e veracidade nem se negue o fato que dele consta".*

O art. 425, CPC, I a VI, enumera outros documentos que fazem a mesma prova que os originais: (a) as certidões textuais de qualquer peça dos autos, do protocolo das audiências, ou de outro livro a cargo do escrivão ou do chefe de secretaria, sendo extraídas por ele ou sob sua vigilância e por ele subscritas; (b) os traslados e as certidões extraídas por oficial público, de instrumentos ou documentos lançados em suas notas; e as reproduções dos documentos públicos, desde que autenticadas por oficial público ou conferidas em cartório, com os respectivos originais (arts. 216 a 218, CC); (c) as cópias reprográficas de peças do próprio processo judicial declaradas autênticas pelo próprio advogado sob sua responsabilidade pessoal, se não lhes for impugnada a autenticidade;

---

parte que a produziu será intimada para apresentar cópias devidamente autenticadas ou o original, cabendo ao serventuário competente proceder à conferência e certificar a conformidade entre esses documentos (art. 830, parágrafo único).

[71] GRECO FILHO, Vicente. Ob. cit., v. 2, p. 204.

(d) os extratos digitais de bancos de dados, públicos e privados, desde que atestado pelo seu emitente, sob as penas da lei, que as informações conferem com o que consta na origem; (e) as reproduções digitalizadas de qualquer documento, público ou particular, quando juntadas aos autos pelos órgãos da Justiça e seus auxiliares, pelo Ministério Público e seus auxiliares, pela Defensoria Pública e seus auxiliares, pelas procuradorias, pelas repartições públicas em geral e por advogados públicos ou privados, ressalvada alegação motivada e fundamentada de adulteração.

Os originais dos documentos digitalizados deverão ser preservados pelo seu detentor até o final do prazo para propositura de ação rescisória (art. 425, § 1º, CPC).

Tratando-se de cópia digital de título executivo extrajudicial ou outro documento relevante à instrução do processo, o juiz poderá determinar o seu depósito em cartório ou secretaria (art. 425, § 2º, CPC).

Quando a lei exigir instrumento público como da substância do ato, nenhuma outra prova, por mais especial que seja, pode suprir-lhe a falta (art. 406, CPC).

Diferentemente do que ocorre com o documento particular, pois, mesmo que a norma exija a sua prova escrita, essa poderá ser suprida por outro meio de prova, como o depoimento pessoal, a confissão etc.

Em alguns casos, pode ocorrer o vício de incompetência do oficial que lavrou o documento público, ou, ainda, não observância de todas as formalidades legais que deve revestir o ato, mas se estiver subscrito pelas partes, terá força probatória equivalente a documento particular (art. 407, CPC).

9.8.2.1.2 Documento Particular

Os documentos particulares, nas palavras de Humberto Theodoro Júnior,[72] são *"aqueles em que não ocorre interferência de oficial público em sua elaboração, podem assumir as feições de declaração: (1) escrita e assinada pelo declarante; (2) escrita por outrem e assinada pelo declarante; (3) escrita pela parte, mas não assinada (papéis domésticos e anotações posteriores em documentos assinados); (4) nem escrita nem assinada pela parte (livros comerciais)"*.

As declarações constantes do documento particular assinado são tidas como verdadeiras em relação ao seu signatário (presunção *iuris tantum*) até prova em contrário (art. 408, *caput*, CPC; art. 219, CC). Porém, se contiver apenas a declaração de ciência relativa de determinado fato, o documento particular prova a ciência, mas não o fato em si, incumbindo o ônus de prová-lo ao interessado em sua veracidade (art. 408, parágrafo único, CPC). O CC ressalva que, não tendo relação direta com as disposições principais ou com a legitimidade das partes, as declarações enunciativas não eximem os interessados em sua veracidade do ônus de prová-las (art. 219, parágrafo único).

O escrito assinado em presença de tabelião e este reconhecer a firma declarando que foi posta em sua presença, presumem-se autêntico o documento (presunção *iuris*

---

[72] THEODORO JÚNIOR, Humberto. Ob. cit., v. 1, p. 448.

tantum) (art. 411, I, CPC). Além do reconhecimento de firma pelo tabelião, o NCPC dá por autêntico quando: (a) a autoria estiver identificada por qualquer outro meio legal de certificação, inclusive eletrônico; (b) não houver impugnação da parte contra quem foi produzido o documento (art. 411, II e III).

Para Humberto Theodoro Júnior,[73] *"fora dos casos de assinatura perante tabelião (art. 369), a presunção de autenticidade do documento particular é muito menor que a do documento público, pois decorre de aceitação dele, expressa ou tácita, pela parte contrária (art. 372). Basta, pois, a simples impugnação da parte, para que se imponha o dever de provar em juízo a autenticidade, sob pena de tornar-se inócuo o documento (art. 388, I, e 389, II)".*

A falsidade deve ser suscitada na contestação, na réplica ou no prazo de quinze dias, contado a partir da intimação da juntada do documento aos autos (art. 430, caput, CPC). Uma vez arguida, a falsidade deve ser resolvida como questão incidental, exceto se a parte requerer que o juiz a decida como questão principal (art. 430, parágrafo único).

O documento particular de cuja autenticidade não se duvida prova que o seu autor fez a declaração que lhe é atribuída (art. 412).

O documento particular admitido expressa ou tacitamente é indivisível, sendo vedado à parte, que pretende utilizar-se dele, aceitar os fatos que lhe são favoráveis e recusar os que são contrários ao seu interesse, salvo se provar que estes não ocorreram (art. 412, parágrafo único).

O conteúdo do documento particular é incindível, ou seja, é defeso *"à parte pretender aproveitar apenas a parcela que a favorece, refutando as demais. O documento é visto e valorado como um todo, e como um todo provará os fatos dele constantes. Porém, admite contraprova. Se um documento expressar vários fatos, é lícito à parte provar um ou alguns por este meio e demonstrar que os outros não ocorreram, lançando mão de outro meio de prova. Aqui, haverá divisão no documento, prestando-se como prova para alguns e não para outros fatos. Assim, é possível o instrumento de um contrato, onde conste que o preço foi pago e a coisa entregue, servir de prova do pagamento, mas restar provado que não houve a tradição. A parte do documento que expressava fato inverídico sucumbe ante a prova em contrário".*[74]

Ao contrário do que ocorre com os documentos públicos, os documentos particulares somente terão efeitos em relação a terceiros quando levados ao conhecimento de todos (registro público). Assim, a força probante dos documentos particulares é apenas em relação aos seus signatários e não a terceiros.

Surgindo dúvidas sobre a data do documento, as partes poderão utilizar-se de todos os outros meios de provas para demonstrar as suas alegações. Arruda Alvim[75] diz que

---

[73] THEODORO JÚNIOR, Humberto. Ob. cit., v. 1, p. 448.

[74] WAMBIER, Luiz Rodrigues; ALMEIDA, Flávio Renato Correia de; TALAMINI, Eduardo. *Curso avançado de processo civil*, v. 1, 8. ed., p. 427.

[75] ALVIM, Arruda. Ob. cit., v. 2, p. 502.

"certamente, uma vez impugnada a data, o ônus da prova não recai sobre aquele que se queira utilizar o documento e que valha a data que foi objeto de impugnação, senão que sobre o impugnante".

Contudo, a questão não nos parece tão simples. Devemos verificar outras situações. Há casos em que a impugnação é baseada em outra prova constante dos autos, inclusive documental, ou, ainda, poderá haver no mesmo documento duas datas conflitantes. Nesses casos, se o requerido impugnar uma data e afirmar outra no momento processual adequado, caberá ao autor o ônus da prova do fato constitutivo do seu direito.

Em relação a terceiros, havendo dúvidas quanto à data do documento, considera-se datado do dia em que foi levado ao conhecimento público (registro público); da data da morte ou da impossibilidade física de um dos signatários; da sua apresentação em repartição pública ou em juízo ou, ainda, do ato ou do fato que demonstre a formação do documento (art. 409, I a V, CPC).

9.8.2.1.3 Documentos Especiais

Os documentos especiais (telegrama, o radiograma ou qualquer outro meio de transmissão) têm a mesma força probatória do documento particular, se o original constante da estação expedidora tiver sido assinado pelo remetente (art. 413, CPC; art. 222, CC).

A firma do remetente poderá ser reconhecida pelo tabelião, declarando-se essa circunstância no original depositado na estação expedidora (art. 413, parágrafo único, CPC; art. 223, CC).

As cartas, bem como os registros domésticos, provam contra quem os escreveu quando: (a) enunciam o recebimento de um crédito; (b) contêm anotação, que visa suprir a falta de título em favor de quem é apontado como credor; (c) exigem conhecimento de fatos para os quais não se exija determinada prova (art. 415, I a III, CPC).

As notas feitas pelo credor no documento representativo da obrigação, mesmo que não assinadas, fazem prova em benefício do devedor (art. 416, *caput*, CPC). Aplica-se essa regra tanto para o documento que o credor conservar em seu poder quanto para aquele que se achar em poder do devedor ou de terceiro (art. 416, parágrafo único, CPC).

Os livros comerciais apresentados em juízo fazem prova (art. 226, CC). Quando fizerem prova contra o seu autor, poderá o comerciante demonstrar, pelos meios de provas admitidos em lei, que os lançamentos feitos não correspondem à verdade dos fatos (art. 417, CPC). Por outro lado, observados os requisitos legais, no litígio entre comerciantes, os livros poderão ser utilizados pelo seu autor para provar as suas alegações (arts. 417 e 418, CPC).

A escrituração contábil é indivisível, sendo que os fatos favoráveis e os desfavoráveis que resultam dos lançamentos deverão ser analisados em conjunto, como uma unidade (art. 419, CPC).

Mediante requerimento da parte, nos casos de liquidação da sociedade, na sucessão por morte de um ou mais sócios, no caso de falência, e outros previstos em lei, o juiz poderá ordenar a exibição integral dos livros empresariais e dos documentos arquivados (art. 420, CPC).

Em outros casos, de ofício, o juiz poderá ordenar a exibição parcial dos livros e documentos, extraindo-se deles a suma ou cópias autenticadas que interessar ao litígio (art. 421, CPC). A orientação do STF é no sentido de que *"o exame de livros comerciais, em ação judicial, fica limitado às transações entre os litigantes"* (Súm. 260).

A reprodução (fotográfica, cinematográfica, fonográfica ou de outra espécie) vale como prova dos dados ou das coisas ali representadas. Se impugnada autenticidade da prova documental (reprodução mecânica), deverá ser determinado exame pericial.

9.8.2.1.4 Ata Notarial

De acordo com o art. 7º, III, Lei 8.935/94, incumbe aos tabeliães de notas lavrar atas notariais.

Ata notarial é o instrumento público, no qual, a pedido de pessoa capaz, o tabelião formaliza um documento, indicando tudo aquilo que percebe pelos seus próprios sentidos. O tabelião poderá retratar um fato ou ato por ele presenciado. Nesta materialização, o tabelião não deve emitir opinião ou juízo de valor. Deve retratar com fidelidade o que vê, como se fosse uma fotografia com fé pública.

O art. 369, CPC, indica que todos os meios legais e moralmente legítimos são hábeis para a demonstração dos fatos deduzidos em juízo, portanto, a ata notarial é admissível como meio de prova.

De forma explícita, o art. 384, CPC, menciona que a existência e o modo de existir de algum fato podem ser atestados ou documentados, a requerimento do interessado, mediante ata lavrada por tabelião. Também dados representados por imagem ou som gravados em arquivos eletrônicos poderão constar da ata notarial.

No âmbito do judiciário trabalhista, exemplificativamente, a ata notarial pode ser adotada para as hipóteses de: (a) arrombamento de locais, os quais contém pertences de empregados; (b) retratar a condição de um bem; (c) confirmação da extensão de prejuízos causados ao patrimônio do empregador.

9.8.2.1.5 Cópias Reprográficas e a Fé que Emana Desses Documentos

As fotográficas, xerográficas etc. dos documentos particulares valem como certidões, sempre que o escrivão ou chefe de secretaria certificar a sua conformidade com o original (art. 423, CPC; art. 225, CC).

As cópias têm o mesmo valor probante do original, cabendo ao escrivão, intimadas as partes, proceder à conferência e certificar a conformidade entre a cópia e o original (art. 424, CPC).

De acordo com o art. 422, §§ 1º a 3º, CPC, qualquer reprodução mecânica, como a fotográfica, a cinematográfica, a fonográfica ou a de outra espécie, tem aptidão para fazer prova dos fatos ou das coisas representadas, se a sua conformidade com o documento original não for impugnada por aquele contra quem foi produzida. No mesmo sentido: (a) as fotografias digitais e as extraídas da rede mundial de computadores fazem prova das imagens que reproduzem, devendo, se impugnadas, ser apresentada a respectiva

PARTE VI · Cap. IX – PROVAS | **619**

autenticação eletrônica ou, não sendo possível, realizada perícia; (b) se se tratar de fotografia publicada em jornal ou revista, será exigido um exemplar original do periódico, caso impugnada a veracidade pela outra parte; (c) a forma impressa de mensagem eletrônica.

Esclarece Humberto Theodoro Júnior[76] que *"tem prevalecido nos tribunais o entendimento de que a autenticação da cópia de documento nem sempre é requisito de sua acolhida como prova no processo. Se a cópia não é impugnada, 'há de ter-se como conforme ao original' e desse modo gozar do 'mesmo valor probante do original'. Em suma, a conferência ou autenticação da cópia 'somente é imprescindível se a parte contra quem produzida impugná-la'".*

Apesar disso, lembra Vicente Greco Filho[77] que *"as cópias provam como os originais, ou seja, os fatos que delas emanam são considerados da mesma maneira. Todavia, a cópia não substitui o original se é o próprio documento que produz efeitos jurídicos, como, por exemplo, o título executivo, cujo original é indispensável".*

De forma fundamentada, o magistrado apreciará a fé que merece o documento apresentado com entrelinhas, emendas, borrões e cancelamentos no ponto substancial, sem a ressalva adequada (art. 426, CPC).

O art. 830, CLT, dispõe que o advogado pode oferecer cópia e sob sua responsabilidade pessoal autenticá-la. A autenticação é válida para qualquer peça processual ou documento que pretenda juntar aos autos. Impugnada a autenticidade da cópia, a parte que a produziu será intimada para apresentar cópias devidamente autenticadas ou o original, cabendo ao serventuário competente proceder à conferência e certificar a conformidade entre esses documentos.

9.8.2.1.6 Falsidade Documental

O documento escrito possui um contexto, o qual *"enuncia a declaração de vontade ou de conhecimento do fato, e da assinatura que lhe dá autenticidade. O documento é idôneo quando a declaração é verdadeira e a assinatura é autêntica. Em regra, estabelecida a autenticidade do documento, presume-se verdadeira a declaração nele contida".*[78]

Cessa a fé do documento, público ou particular, quando se tem a decretação judicial de falsidade (art. 427, *caput*, CPC).

A falsidade consiste em: (a) formar documento não verdadeiro; (b) alterar documento verdadeiro (art. 427, parágrafo único, I e II).

Cessa a fé do documento particular quando: (a) for impugnada sua autenticidade e enquanto não se comprovar sua veracidade; (b) assinado em branco, for impugnado seu conteúdo, por preenchimento abusivo (art. 428, I e II).

---

[76] THEODORO JÚNIOR, Humberto. Ob. cit., v. 1, p. 453.
[77] GRECO FILHO, Vicente. Ob. cit., v. 2, p. 208.
[78] THEODORO JÚNIOR, Humberto. Ob. cit., v. 1, p. 454.

Constata-se o abuso quando aquele que recebeu documento assinado, com texto não escrito no todo ou em parte formá-lo ou completá-lo, por si ou por meio de outrem, violando o pacto feito com o signatário (art. 428, parágrafo único).

Incumbe o ônus da prova quando se tratar de: (a) falsidade de documento ou de preenchimento abusivo, à parte que a arguir; (b) se tratar de impugnação da autenticidade, à parte que produziu o documento (art. 429, I e II).

Não se deve confundir falsidade da assinatura com a falsidade do documento.

Como regra, a falsidade da assinatura não necessita do incidente de falsidade (art. 428, I), sendo ônus da parte que produziu o documento à prova da autenticidade da assinatura (art. 429, II). Normalmente, essa prova é efetuada no curso da demanda e pelos meios admissíveis em direito, inclusive, por uma perícia grafotécnica, contudo, sem a necessidade do aspecto formal do incidente.

Posta de lado a questão da falsidade da assinatura, o documento pode ser falso quando: (a) a declaração é relativa a um fato não verdadeiro; (b) há vício de forma e nos aspectos exteriores da formação do documento.

Quando se está diante de um fato não verídico, é o que se chama de falsidade ideológica.

Quando a falsidade envolve aspectos físicos do documento, o vício importa falsidade material.

A rigor, as hipóteses do art. 427, CPC são relativas à falsidade material. A primeira hipótese *"forma-se, materialmente, um documento falso quando, por exemplo, se utiliza papel assinado em branco e nele se lança uma declaração nunca formulada, nem desejada pelo signatário; ou quando se utiliza apenas a parte final de um texto, de onde se extrai a assinatura da parte para incluí-la num outro texto totalmente diverso do primitivo. Nesse caso, não se pode falar em falsidade ideológica, porque o autor nunca quis declarar o fato não verdadeiro, pois a declaração falsa foi lançada por outrem".*[79]

A segunda hipótese, *"altera-se um instrumento quando não se cria um documento novo, mas apenas se modificam palavras, cláusulas ou termos de escrito preexistente. Em suma: formar documento não verdadeiro é criar um documento por inteiro, e alterar documento verdadeiro é apenas inserir novidade no documento para modificar o sentido da declaração nele contida".*[80]

É importante ressaltar que essas noções de falsidade material devem ser complementadas com o disposto no art. 428, I e II.

O incidente de falsidade (arts. 430 e segs.) é utilizado para a falsidade material (arts. 427 e 428), sendo que deve ser suscitado pela parte, contra quem foi produzido o documento. Nesse incidente, geralmente, o que se tem será submetido à perícia grafotécnica.

---

[79] THEODORO JÚNIOR, Humberto. Ob. cit., v. 1, p. 456.
[80] THEODORO JÚNIOR, Humberto. Ob. cit., v. 1, p. 456.

PARTE VI · Cap. IX – PROVAS | **621**

Contudo, quando a falsidade material estiver relacionada somente com a assinatura, basta a sua impugnação, para cessar a presunção de autenticidade do documento, sendo que o respectivo encargo probatório é de quem produziu o documento.

Surgem dificuldades, quando, além da falsidade de assinatura, o próprio documento contiver vícios seja na sua formação ou na sua alteração. Nesse caso, será necessário o incidente de falsidade, mesmo que o documento tenha sido assinado em branco, em função do prazo peremptório de dez dias.

Um exemplo elucidativo: (a) na exordial, a parte indica que assinou vários papéis em branco, logo, em tese, estaremos diante da necessidade de prova testemunhal; (b) na primeira audiência, vêm os documentos assinados em branco com a resposta. O reclamante deverá solicitar o incidente para provar a falsidade, evitando, assim, a preclusão (art. 430, CPC); (c) após o incidente, para ratificar a conclusão da prova pericial grafotécnica, haverá a produção da prova testemunhal, demonstrando, assim, que foram assinados em branco, quando do ato da admissão.

9.8.2.2 Incidente de Falsidade

O incidente de falsidade tem natureza jurídica de ação de cunho declaratório, podendo ser autônoma (art. 19, I e II, CPC) ou incidental (arts. 430 a 433).

A falsidade pode ser suscitada na contestação, na réplica ou no prazo de 15 dias, contado da intimação da juntada do documento aos autos (art. 430, caput).

A falsidade do documento ocorre quando a assinatura do documento for falsa ou, quando assinado em branco, for abusivamente preenchido.

Além da questão que envolve a assinatura do documento, o falso pode se dar em dois sentidos: (a) declaração de fato não verdadeiro (declaração intrínseca) (falsidade ideológica); (b) vício de formação dos aspectos exteriores do documento (falsidade material).

Diz Humberto Theodoro Júnior:[81] *"quando a declaração, consciente ou inconsciente, revela um fato inverídico, ocorre o que se chama de falsidade ideológica, que corresponde ao fruto da simulação ou dos vícios de consentimento (erro, dolo e coação). Nas hipóteses em que o vício se manifestou na elaboração física do documento, e não na vontade declarada, o defeito chama-se falsidade material. A falsidade ideológica enseja anulação do ato jurídico, mas isto só pode ser pretendido em ação própria (principal ou reconvencional) em que se busque uma sentença constitutiva. Para tanto, não se presta a simples impugnação em contestação, nem tampouco o incidente de falsidade, pois a primeira é simples resistência passiva do réu e o segundo é apenas o de função declaratória. Nem um nem outro tem força desconstitutiva capaz de desfazer o ato jurídico viciado ideologicamente. Daí a opinião majoritária da doutrina brasileira de que apenas os vícios instrumentais (falsidade material) são objeto de incidente de falsidade. Há, porém, alguns casos em que o documento ideologicamente falso também pode ser objeto desse incidente. É o que ocorre quando o documento não espelha declaração negocial de vontade, mas apenas registra objetivamente*

---

[81] THEODORO JÚNIOR, Humberto. Ob. cit., v. 1, p. 455.

fato relevante para prova pertinente ao litígio. É que, então, a falsidade poderá ser declarada independentemente de desconstituição de qualquer ato jurídico".

9.8.2.2.1 Procedimento do Incidente de Falsidade

A falsidade documental pode ser requerida por meio de ação autônoma (art. 19, II, CPC) ou no curso da demanda (art. 430, caput).

De forma articulada, a parte deve arguir a falsidade do documento, com a exposição dos motivos em que funda a sua pretensão, além da indicação dos meios probatórios da sua alegação (art. 431).

A parte contrária será ouvida no prazo de 15 dias. Na sequência, haverá a realização da prova técnica (exame pericial), a qual pode ser dispensada se a parte, a qual produziu o documento, concordar em retirá-lo dos autos (art. 432). Como se denota, a parte contrária não é o autor do documento e sim quem produziu o documento nos autos.

A declaração da falsidade documental, quando invocada como questão principal, deverá constar da parte dispositiva da decisão, incidindo sobre ela também a autoridade da coisa julgada (art. 433).

9.8.2.3 *Produção da Prova Documental*

Nos termos da legislação processual em vigor, as partes deverão instruir a petição inicial e a defesa com todos os documentos destinados a fazer prova de suas alegações (arts. 320, 335 e 434, caput, CPC; arts. 787 e 845, CLT).

É lícito às partes, em qualquer tempo, juntar aos autos documentos novos, quando (art. 435, *caput*, CPC):

a) destinados a fazer prova de fatos ocorridos depois dos articulados – essa hipótese é justificável por ser um fato novo, não se exigindo, assim, maiores polêmicas quanto à sua admissibilidade;

b) apresentados como contraprova de documentos apresentados pela parte contrária – por ser um documento já existente, essa juntada há de ser apreciada com acuidade pelo juiz. Não se pode permitir à parte, sem uma justificativa razoável, a juntada extemporânea de documentos, o que levaria à violação do princípio da lealdade processual.

Como critérios objetivos, o juiz deve admitir a juntada de documentos já existentes para refutar:

b.1) fatos alegados pelo réu na defesa e que eram desconhecidos do autor. Exemplo: a inicial solicita o pagamento das verbas rescisórias, alegando a ocorrência da dispensa imotivada, sem qualquer justificativa fática do empregador; na defesa, o empregador alega faltas injustificadas e junta os cartões de ponto, demonstrando, assim, a justa causa do seu ex-empregado; na réplica, o autor está autorizado a juntar as cópias dos atestados médicos das faltas ocorridas, por desconhecer o motivo da dispensa;

PARTE VI · Cap. IX – PROVAS | **623**

b.2) fatos alegados pelo réu na defesa e conhecidos do autor, contudo, cuja prova não era essencial no ato da propositura da demanda. Exemplo: o autor solicita os reflexos dos salários pagos "por fora" em outros títulos; o empregador, em sua defesa, nega esse pagamento e junta recibos de salários, os quais demonstram não haver essa diferença salarial alegada; como o autor não solicita o pagamento do principal (salário pago "por fora"), com a sua réplica, deverá juntar o extrato bancário como contraprova documental;

b.3) outros fatos alegados, no curso da demanda, após a formulação da resposta, desde que sejam essenciais para a busca da verdade real, notadamente, diante de outras provas documentais produzidas pelas partes ou não. Exemplos: (a) no laudo, o perito afirma que o autor, como eletricista, não laborava em condições periculosas, por não adentrar na cabina primária (alta tensão); na impugnação, o autor poderá juntar relatórios, do período em que foi empregado, para demonstrar os reparos por ele realizados nesse local; (b) durante a vistoria, para fins de constatação da insalubridade alegada na inicial, o perito afirma que os empregados, os quais estavam laborando durante a inspeção, não tinham a substituição periódica dos protetores auriculares; a reclamada, na sua impugnação, poderá juntar os documentos individuais de entrega desses protetores, indicando, assim, a substituição ocorrida.

No processo do trabalho, seguindo a tradição brasileira, *"a juntada de documento na fase recursal só se justifica quando provado o justo impedimento para a sua oportuna apresentação ou se referir a fatos posteriores à sentença"* (Súm. 8, TST).

Apresentado o documento aos autos por uma das partes, ou aqueles requisitados a terceiros (exibição de documentos), ensejará cerceamento de defesa a ausência de oportunidade para a outra parte ou ambas se manifestarem sobre a prova documental produzida no prazo de 15 dias (arts. 350, 351, e 437, § 1º, CPC).

Considerando necessário, a qualquer tempo ou grau de jurisdição, o juiz poderá requisitar às repartições públicas certidões necessárias à prova das alegações das partes ou os procedimentos administrativos nas causas em que forem interessados: a União, o Estado, o Município, ou as respectivas entidades da administração indireta (art. 438, CPC). Recebidos os autos, o juiz mandará extrair, no prazo máximo e improrrogável de 30 dias, certidões ou reproduções fotográficas das peças que indicar e das que forem indicadas pelas partes, e, em seguida, devolverá os autos à repartição o origem (art. 438). As repartições públicas poderão fornecer todos os documentos em meio eletrônico, certificando, pelo mesmo meio, que se trata de extrato fiel do que consta em seu banco de dados ou do documento digitalizado (art. 438, § 2º).

De forma inovadora, além das hipóteses do art. 435, *caput*, o CPC/15 estabelece que é admissível também a juntada posterior de documentos formados após a petição inicial ou a contestação, bem como dos que se tornaram conhecidos, acessíveis ou disponíveis após esses atos, cabendo à parte que os produzir comprovar o motivo que a impediu de juntá-los anteriormente. Em qualquer hipótese, o magistrado deverá analisar a boa-fé da parte (art. 5º, CPC) (art. 435, parágrafo único).

9.8.2.4 Exibição de Documento ou Coisa

A pedido da parte ou de ofício, o juiz poderá determinar que a outra parte ou terceiro exiba documento ou coisa que esteja em seu poder, com o propósito de fazer prova de suas alegações. A matéria encontra-se regulada pelos arts. 396 a 404, CPC.

Na opinião de Vicente Greco Filho,[82] são *"três espécies ou tipos de pedido de exibição: (a) a exibição como resultante de ação autônoma principal, de modo que, exibida a coisa, esgota-se o interesse material do autor; (b) a exibição cautelar preparatória, que tem por finalidade a constatação de um fato sobre a coisa, ou com finalidade probatória futura ou com finalidade de ensejar outra ação principal; (c) a exibição incidental, inserida na ação pendente, com finalidade probatória. A natureza jurídica do pedido de exibição é a de uma ação, apesar de no caso de exibição incidental probatória entre as partes, o Código ter usado terminologia de mero incidente. Já no caso de exibição incidental contra terceiro o próprio Código utilizou terminologia de ação".*

A exibição, nas lições de Humberto Theodoro Júnior,[83] *"pode ser feita como prova direta do fato litigioso (ex.: o recibo de um pagamento controvertido; uma cópia do contrato em poder do litigante etc.), ou como instrumento de prova indireta ou circunstancial (a exibição de um veículo acidentado para submeter-se à perícia; ou de escrita contábil do litigante quando se queria demonstrar que entre as partes houve outros negócios além do litigioso e que as quitações dos autos estariam ligadas àqueles e não ao objeto da lide)".*

9.8.2.4.1 Procedimento e Efeitos da Exibição Requerida contra a Parte

O pedido de exibição de documento ou coisa poderá ser requerido na inicial, na contestação ou no curso da demanda.

A parte que requerer a exibição deverá formular o pedido com a individualização completa (descrição de todas as informações possíveis) do objeto da solicitação (documento ou da coisa); justificar o pedido (finalidade da prova) e as circunstâncias de fato ou legais para afirmar que o objeto do pedido encontra-se em poder da parte contrária (art. 397, CPC).

Deferido o pedido exibitório pelo juiz, o requerido será intimado para a sua resposta no prazo de cinco dias (art. 398), o qual poderá ter as seguintes atitudes: (a) exibição do documento ou da coisa – tem-se o encerramento do incidente; (b) silêncio – se o requerido não efetuar a exibição, nem fizer nenhuma declaração no prazo de cinco dias, o juiz admitirá como verdadeiros os fatos (art. 400, *caput*, I); (c) contestar o pedido, afirmando a inexistência do documento ou coisa – nessa hipótese, caberá ao requerente provar, por qualquer meio, que a declaração do requerido não corresponde à verdade (art. 398), sendo que a solução do incidente ficará na dependência dessa prova. Se for acolhido o incidente, será aplicada a inteligência do art. 400, *caput*, CPC; (d) contestar o pedido, negando o dever de exibi-los – (1) a recusa é válida, quando ficar provado que:

---

[82]   GRECO FILHO, Vicente. Ob. cit., v. 2, p. 200.

[83]   THEODORO JÚNIOR, Humberto. Ob. cit., v. 1, p. 437.

(1.1) a coisa ou documento for concernente a negócios da própria vida da família; (1.2) a apresentação poderá violar dever de honra; (1.3) a publicidade do documento redundará em desonra à parte ou ao terceiro, bem como a seus parentes consanguíneos ou afins até o terceiro grau; ou lhes representará perigo de ação penal; (1.4) a exibição acarretará a divulgação de fatos, a cujo respeito, por estado ou profissão, deva guardar segredo; (1.5) subsistem outros motivos graves que, segundo o prudente arbítrio do juiz, justifiquem a recusa da exibição; (1.6) houver disposição legal que justifique a recusa da exibição (art. 404, I a VI). Contudo, se os motivos acima disserem respeito a apenas uma parcela do documento, a parte exibirá a outra em cartório, para dela ser extraída cópia reprográfica, de tudo sendo lavrado auto circunstanciado (art. 404, parágrafo único); (2) após o exame das alegações do requerido, se for o caso de improcedência, a ele será aplicada a sanção prevista no art. 400, II, isto é, o juiz admitirá como verdadeiros os fatos que, por meio do documento ou da coisa, a parte pretendia provar. De forma literal, o juiz não pode admitir os seguintes motivos para a recusa: (a) o requerido tiver a obrigação legal de exibir; (b) o requerido tiver aludido ao documento ou à coisa no processo, com o intuito de constituir prova; (c) o documento, por seu conteúdo, for comum às partes (art. 399, I a III).

É importante ressaltar que a decisão do incidente não condiciona o desfecho do mérito da demanda. Nesse sentido, Arruda Alvim[84] esclarece: *"no caso de a parte que tenha o ônus de exibir a coisa ou o documento não ter podido, de forma legal, se escusar fundamentadamente de exibi-lo, o juiz deverá admitir como verdadeiros os fatos que através do documento ou coisa, a parte solicitante da exibição pretendia provar. Isto, contudo, não implica necessariamente a vitória da parte que desejava a exibição do documento; tais fatos, tidos como verdadeiros por força de lei, serão examinados no conjunto de todos os fatos, pois que nem pelo fato de deverem ser reputados verídicos deixarão de sofrer avaliação com o conjunto das provas. Poderão, ou não, influir no resultado probatório e no da sentença. Ainda no caso de recusa fundada, conforme as circunstâncias, os fatos poderão vir a serem tidos como verdadeiros".*

Assim, diante da determinação judicial, caso a empresa não apresente cartões de ponto do reclamante (em regra geral, a empresa é obrigada a ter os controles de frequência, art. 74, CLT, e o documento de conteúdo comum das partes), será tida como verdadeira (presunção) a jornada de trabalho descrita na peça inicial (Súm. 338, I, TST), a qual poderá ser elidida por outros meios de prova.

Pelo CPC, sendo necessário, o juiz pode adotar medidas indutivas, coercitivas, mandamentais ou sub-rogatórias para que a parte exiba o documento (art. 400, parágrafo único).

No processo civil a decisão que acolhe ou rejeita o incidente de exibição de documento ou coisa contra a parte é de natureza interlocutória, logo, desafia o agravo de instrumento (art. 1.015, VI, CPC), o que não é possível pela estrutura legal do processo

---

[84] ALVIM, Arruda. Ob. cit., v. 2, p. 510.

trabalhista, em que o mérito da interlocutória somente é discutido no recurso da decisão definitiva (art. 893, § 1º, CLT).

9.8.2.4.2 Procedimento e Consequências da Exibição Requerida contra Terceiro

Na ótica de Humberto Theodoro Júnior,[85] *"pedido de exibição, quando formulado contra quem não é parte no processo principal, provoca a instauração de um novo processo, em que são partes o pretendente à exibição e o possuidor do documento ou coisa. Estabelece-se, pois, uma relação processual paralela, com partes diferentes, tendo também por objeto uma lide diferente, girando em torno da existência do documento ou coisa procurada e do dever de exibir. Esse feito incidental deverá ser processado em autos próprios, em apenso ao processo principal, e será julgado por sentença, como dispõe o art. 361, in fine. O recurso interponível será o de apelação, nos termos do art. 513".*

No processo trabalhista, a nosso ver, não se tem a necessidade da autuação em apartado, sendo que a decisão será de natureza interlocutória, não se admitindo recurso de imediato (art. 893, § 1º, CLT).

A petição do requerente deverá observar os requisitos do art. 397, CPC.

Deferido o pedido da exibição contra terceiro, o juiz mandará citá-lo para responder no prazo de 15 dias (art. 401). O terceiro poderá ter os seguintes comportamentos: (a) exibir o documento ou coisa – tem-se a extinção do incidente; (b) silêncio – a inércia implica a revelia, gerando, assim, a presunção de veracidade dos fatos alegados pelo requerente (art. 344), com a condenação do réu (terceiro) a depositar em juízo, em cinco dias, a coisa ou documento solicitado pela parte (art. 403); (c) contestar, negando a posse da coisa ou documento ou a obrigação de exibi-los (art. 404, I a VI, parágrafo único) – nessas hipóteses, o juiz designará audiência especial, tomando o depoimento do terceiro, bem como o das partes e, se necessário, de testemunhas; em seguida proferirá a sentença (art. 402). O ônus da prova da existência do documento é do requerente (art. 398).

Após o exame das provas, no processo civil, se o incidente for rejeitado, pelo acolhimento da defesa do terceiro, a sentença será declaratória negativa. Em caso contrário, por inércia ou rejeição da defesa do terceiro, a decisão será de natureza condenatória, já que o juiz condenará o terceiro *"a depositar o documento ou a coisa em cartório ou noutro lugar, no prazo de cinco dias, atribuindo-lhe, ainda, o ônus das despesas do depósito (art. 362). Trata-se, na verdade, de sentença preponderantemente executiva (ou mandamental, como quer Pontes de Miranda), visto que prescinde do processo de execução forçada para atuar sobre o vencido. Assim, transcorrido o prazo de cinco dias, da intimação da sentença, e não sendo cumprida a ordem, o juiz expedirá mandado de busca e apreensão, requisitando, se necessário, força policial, para efetivar, compulsoriamente, o depósito do objeto da execução (art. 362). São diversas, portanto, as consequências da não exibição, conforme seja a ação incidental movida contra parte da causa pendente ou contra terceiro. Para a parte, a ação tem efeito cominatório, e o inatendimento da ordem de exibição importa declaração*

---

[85] THEODORO JÚNIOR, Humberto. Ob. cit., v. 1, p. 440.

de veracidade dos fatos a cuja prova se destinava o objeto da exibição (art. 359). Para o terceiro a consequência é a execução coativa por meio de apreensão judicial do referido objeto, 'sem prejuízo' – ainda – 'da responsabilidade por crime de desobediência' (art. 362). Se, finalmente, o promovido destruir a coisa ou documento que deveria exibir, ficará, além disso, responsável civilmente pelas perdas e danos que acarretar ao promovente, as quais deverão ser demandadas em ação ordinária de indenização".

9.8.2.5   Prova Documental e o Processo Eletrônico

A Lei 11.419/06 regula o uso de meio eletrônico na tramitação de processos judiciais, bem como na comunicação de atos e transmissão de peças processuais, sendo aplicável, indistintamente, aos processos civil, penal e trabalhista, bem como aos juizados especiais, em qualquer grau de jurisdição (art. 1º, § 1º). A IN 30/07 do TST regulamentou a informatização do processo judicial no âmbito do Judiciário Trabalhista.

A palavra "documento"[86] relaciona-se com os objetos representativos de fatos e que se expressam por símbolos, sinais etc. Nesse sentido, por prova documental entenda-se todo objeto que tenha condições de demonstração da narração, reprodução ou representação de fato.

Documento não é apenas um papel escrito: *"Documento é todo objeto do qual se extraem fatos em virtude da existência de símbolos, ou sinais gráficos, mecânicos, eletromagnéticos etc. É documento, portanto, uma pedra sobre a qual estejam impressos caracteres, símbolos ou letras; é documento a fita magnética para reprodução por meio do aparelho próprio, o filme fotográfico etc."*[87]

Como forma de valorização da noção de documento, Luiz Guilherme Marinoni e Sérgio Cruz Arenhart,[88] com base nas lições de Carnelutti, elucidam a diferenciação das provas documental e testemunhal: *"em primeiro lugar, segundo Carnelutti, a representação documental é imediata, enquanto que a testemunhal seria mediata; enquanto 'na primeira a individualidade do fato a ser representado traduz-se imediatamente em um objeto exterior; na segunda fixa-se imediatamente na memória de um homem e somente através desta se reproduz na representação'. Sob outro enfoque, a prova documental serial permanente, ao passo que a representação testemunhal seria transitória. Isto porque, clarifica o mestre, 'se o documento não fosse durável não poderia ter eficácia de conservar por si só o traço do fato representado independentemente da memória humana; se o testemunho não fosse transitório, não se limitaria a uma reconstrução do fato representado com elementos puramente subjetivos'. Com essa análise, parece ser possível concluir, com segurança, que a prova documental*

---

[86]   Santos afirma que a palavra "Documento" vem do latim *documentum*, do verbo *doceo*, que significa ensinar, mostrar, indicar. Ou seja, "significa uma coisa que tem em si a virtude de fazer conhecer outra coisa'. Acrescenta ainda que um Documento pode ser representativo de ideias ou fatos" (CLEMENTINO, Edilberto Barbosa. *Processo judicial eletrônico*, p. 91).

[87]   GRECO FILHO, Vicente. *Direito processual brasileiro*, v. 2, 11. ed., p. 224.

[88]   MARINONI, Luiz Guilherme; ARENHART, Sérgio Cruz. *Curso de processo civil*: processo de conhecimento, v. 2, 7. ed., p. 340.

tem por característica típica a circunstância de, diretamente, demonstrar o fato pretérito. Através desse meio de prova, o juiz tem conhecimento do fato sem qualquer interferência valorativa outra, que não a sua própria. A interferência humana no fato, diante da prova documental, cinge-se à formação da coisa (documento) e à reconstrução do fato no futuro (pelo juiz ou pelas partes, por exemplo). Não há, como ocorre com a prova testemunhal ou com a prova pericial, mediação nessa reconstrução".

Como documento é o objeto que retrata um fato, por documento eletrônico entenda-se o objeto que por estar memorizado de forma digital não é perceptível para o ser humano, exceto com a utilização de computador e *software* adequado para a sua leitura. Em outras palavras, no documento eletrônico temos a retratação de uma informação, condensada em uma sequência de *bits* e que pode ser captada pelos sentidos humanos mediante um *software* específico e com a intermediação do computador. A diferença que há entre um documento tradicional e o eletrônico é a sua materialização. Não se consegue visualizar um documento eletrônico, exceto com a tecnologia (computador e o *software*).

Com a Medida Provisória 2.200-2/01, houve a instituição da ICP-Brasil, ou seja, a Infraestrutura de Chaves Públicas Brasileira, com objetivo de garantir a autenticidade, a integridade e a validade jurídica dos documentos eletrônicos, das aplicações de suporte e das aplicações habilitadas que utilizem certificados digitais, bem como a realização de transações eletrônicas seguras (art. 1º). A ICB-Brasil é composta por uma autoridade gestora de políticas[89] e pela cadeia de autoridades certificadoras composta pela

---

[89] A função de autoridade gestora de políticas será exercida pelo Comitê Gestor da ICP-Brasil, vinculado à Casa Civil da Presidência da República e composto por cinco representantes da sociedade civil (integrantes de setores interessados, designados pelo Presidente da República) e um representante de cada um dos seguintes órgãos, indicados por seus titulares: (Ministério da Justiça; Ministério da Fazenda; Ministério do Desenvolvimento, Indústria e Comércio Exterior; Ministério do Planejamento, Orçamento e Gestão; Ministério da Ciência e Tecnologia; Casa Civil da Presidência da República; e Gabinete de Segurança Institucional da Presidência da República). A coordenação do Comitê Gestor da ICP-Brasil será exercida pelo representante da Casa Civil da Presidência da República. Os representantes da sociedade civil serão designados para períodos de dois anos, permitida a recondução. A participação no Comitê Gestor da ICP-Brasil é de relevante interesse público e não será remunerada. O Comitê Gestor da ICP-Brasil terá uma Secretaria-Executiva, na forma do regulamento (art. 3º, § 1º ao § 4º, MP 2200-2/01). Compete ao Comitê Gestor da ICP-Brasil: (a) adotar as medidas necessárias e coordenar a implantação e o funcionamento da ICP-Brasil; (b) estabelecer a política, os critérios e as normas técnicas para credenciamento das AC, das AR e dos demais prestadores de serviço de suporte à ICP-Brasil, em todos os níveis da cadeia de certificação; (c) estabelecer a política de certificação e as regras operacionais da AC Raiz; (d) homologar, auditar e fiscalizar a AC Raiz e os seus prestadores de serviço; (e) estabelecer diretrizes e normas técnicas para a formulação de políticas de certificados e regras operacionais das AC e das AR e definir níveis da cadeia de certificação; (f) aprovar políticas de certificados, práticas de certificação e regras operacionais, credenciar e autorizar o funcionamento das AC e das AR, bem como autorizar a AC Raiz a emitir o correspondente certificado; (g) identificar e avaliar as políticas de ICP externas, negociar e aprovar acordos de certificação bilateral, de certificação cruzada, regras de interoperabilidade e outras formas de cooperação internacional, certificar, quando for o caso, sua compatibilidade com a ICP-Brasil, observado o disposto em tratados, acordos ou atos internacionais; (h) atualizar, ajustar e revisar os procedimentos e as práticas estabelecidas para a

PARTE VI · Cap. IX – PROVAS | 629

Autoridade Certificadora Raiz[90] (AC Raiz), pelas Autoridades Certificadoras[91] (AC) e pelas Autoridades de Registro (AR)[92] (art. 2º).

A certificação digital é a atividade que retrata o reconhecimento em meio eletrônico da relação que se estabelece entre uma chave de criptografia[93] e uma pessoa física, jurídica, máquina ou aplicação. Esse reconhecimento é inserido no certificado digital.

Certificado digital é o conjunto de dados de computador, gerado pela autoridade certificadora e destinado ao registro (único, exclusivo e intransferível) da relação existente entre uma chave de criptografia e uma pessoa física, jurídica, máquina ou aplicação. O certificado digital contém: o nome do titular (pessoa natural ou jurídica); o número de série; a data da sua validade; a chave pública do titular e a assinatura digital.

ICP-Brasil, garantir sua compatibilidade e promover a atualização tecnológica do sistema e a sua conformidade com as políticas de segurança (art. 4º, I a VIII). O Comitê Gestor poderá delegar atribuições à AC Raiz (art. 4º, parágrafo único).

[90] À AC Raiz, primeira autoridade da cadeia de certificação, executora das Políticas de Certificados e normas técnicas e operacionais aprovadas pelo Comitê Gestor da ICP-Brasil, compete emitir, expedir, distribuir, revogar e gerenciar os certificados das AC de nível imediatamente subsequente ao seu, gerenciar a lista de certificados emitidos, revogados e vencidos, e executar atividades de fiscalização e auditoria das AC e das AR e dos prestadores de serviço habilitados na ICP, em conformidade com as diretrizes e normas técnicas estabelecidas pelo Comitê Gestor da ICP-Brasil, e exercer outras atribuições que lhe forem cometidas pela autoridade gestora de políticas (art. 5º, *caput*). É vedado à AC Raiz emitir certificados para o usuário final (art. 5º, parágrafo único).

[91] Às AC, entidades credenciadas a emitir certificados digitais vinculando pares de chaves criptográficas ao respectivo titular, compete emitir, expedir, distribuir, revogar e gerenciar os certificados, bem como colocar à disposição dos usuários as listas de certificados revogados e outras informações pertinentes e manter registro de suas operações (art. 6º, *caput*). O par de chaves criptográficas será gerado sempre pelo próprio titular e sua chave privada de assinatura será de seu exclusivo controle, uso e conhecimento (art. 6º, parágrafo único).

[92] Às AR, entidades operacionalmente vinculadas a determinada AC, compete identificar e cadastrar usuários na presença destes, encaminhar solicitações de certificados às AC e manter registros de suas operações (art. 7º).De acordo com os critérios estabelecidos pelo Comitê Gestor da ICP-Brasil, poderão ser credenciados como AC e AR os órgãos e as entidades públicos e as pessoas jurídicas de direito privado (art. 8º).É vedado a qualquer AC certificar nível diverso do imediatamente subsequente ao seu, exceto nos casos de acordos de certificação lateral ou cruzada, previamente aprovados pelo Comitê Gestor da ICP-Brasil (art. 9º).

[93] "Criptografia é um conjunto de técnicas que permite tornar incompreensível uma mensagem ou informação, com observância de normas especiais consignadas numa cifra ou num código. Para deslindar o seu conteúdo o interessado necessita da chave ou segredo. Essa chave pode ser obtida por ato de vontade daquele que encriptou a mensagem ou informação (confidenciando ao interessado o código de acesso) ou pela utilização de técnicas para se descobrir a forma de encriptação utilizada e respectivo código" (CLEMENTINO, Edilberto Barbosa. Ob. cit., p. 98).

Como documento eletrônico, o certificado digital tem por aspecto principal a interatividade das chaves privada[94] e pública,[95] isto é, dados matemáticos relacionados e que possuem as seguintes características: (a) a tecnologia adotada é a criptografia assimétrica; (b) não se pode calcular uma chave a partir da outra; (c) uma chave desempenha a função inversa da outra. A chave pública pode ser usada para verificação de uma assinatura digital que a chave privada correspondente tenha criado ou a chave privada pode decifrar uma mensagem cifrada a partir da sua correspondente chave pública.

Para que o documento eletrônico tenha validade, são necessários os requisitos da:

a) garantia de autenticidade, isto é, o documento eletrônico não se vincula ao computador em que foi elaborado e sim ao seu signatário. É uma forma de se garantir o não repúdio, visto que o autor do documento não poderá negar a sua autoria. Essa garantia é obtida pela utilização da assinatura eletrônica;

b) integridade, na medida em que o documento eletrônico deve estar protegido contra sua alteração posterior. É a sua inalterabilidade não só por quem o recebe, como também por qualquer outro indivíduo que a ele tenha acesso. Isso é possível pela criptografia.

A Lei 11.419 conceitua assinatura eletrônica como sendo as seguintes formas de identificação inequívoca do signatário: (a) assinatura digital baseada em certificado digital emitido por uma autoridade certificadora credenciada; (b) mediante cadastro de usuário no Poder Judiciário (art. 1º, § 2º, III).

São considerados documentos eletrônicos os documentos públicos ou particulares emitidos com observância dos requisitos da MP 2.200-2/01 (art. 10, MP 2.200-2/01; art. 225, CC; art. 425, VI, CPC).

Os documentos produzidos eletronicamente e juntados aos processos eletrônicos com garantia da origem e de seu signatário serão considerados originais para todos os efeitos legais (art. 11, *caput, Lei 11.419*).

Os extratos digitais e os documentos digitalizados e juntados aos autos pelos órgãos da Justiça e seus auxiliares, pelo Ministério Público e seus auxiliares, pelas procuradorias, pelas autoridades policiais, pelas repartições públicas em geral e por advogados públicos e privados têm a mesma força probante dos originais, ressalvada a alegação motivada e fundamentada de adulteração antes ou durante o processo de digitalização (art. 11, § 1º).

A arguição de falsidade do documento original será processada eletronicamente na forma da lei processual em vigor (art. 11, § 2º).

---

[94] Chave de um par de chaves mantida secreta pelo seu dono e usada no sentido de criar assinaturas para cifrar e decifrar mensagens com as chaves públicas correspondentes.

[95] Chave de um par de chaves criptográficas que é divulgada pelo seu dono e usada para verificar a assinatura digital criada com a chave privada correspondente ou, dependendo do algoritmo criptográfico assimétrico utilizado, para cifrar e decifrar mensagens.

PARTE VI · Cap. IX – PROVAS | **631**

Os originais dos documentos digitalizados deverão ser preservados pelo seu detentor até o trânsito em julgado da sentença ou, quando admitida, até o final do prazo para interposição de ação rescisória (art. 11, § 3º).

Os documentos cuja digitalização seja tecnicamente inviável devido ao grande volume ou por ser ilegível deverão ser apresentados ao cartório ou secretaria no prazo de dez dias contados do envio de petição eletrônica comunicando o fato, os quais serão devolvidos à parte após o trânsito em julgado (art. 11, § 5º).

Os documentos digitalizados juntados em processo eletrônico somente estarão disponíveis para acesso por meio da rede externa para suas respectivas partes processuais e para o Ministério Público, respeitado o disposto em lei para as situações de sigilo e de segredo de justiça (art. 11, § 6º).

9.8.3 Prova Testemunhal

9.8.3.1 Conceito

A prova testemunhal[96] é a fornecida oralmente por pessoa estranha à relação processual, via de regra, perante o juiz da causa, com o intuito de auxiliar o Poder Judiciário em esclarecer os fatos controvertidos entre as partes.

Nas palavras de Arruda Alvim,[97] *"testemunha é a pessoa física, distinta das partes do processo, que, admitida pela lei, vem informar ao juiz – a pedido das partes e por determinação do juiz, ou só por ordem deste – sobre os fatos suscetíveis de serem provados por esse tipo de prova, em regra, admissível a prova por testemunha (art. 400, 1ª frase, caput)".*

Vicente Greco Filho[98] aponta: *"Os elementos que caracterizam a pessoa como testemunha são: (a) é uma pessoa natural; (b) é uma pessoa estranha ao feito; (c) é uma pessoa que deve saber do fato litigioso; (d) a pessoa deve ser convocada regularmente a depor em juízo; (e) a pessoa deve ser capaz de depor e não pode estar impedida ou ser suspeita."*

9.8.3.2 Deveres e Direitos das Obrigações da Testemunha

Os principais deveres da testemunha são: (a) comparecimento a juízo – as testemunhas comparecerão à audiência independentemente de intimação (art. 825, *caput,*

---

[96] "Conforme tenham notícia dos fatos, as testemunhas classificam-se em: (i) presenciais: são as que tiveram contato direto com o fato probando. São as de melhor credibilidade, pois podem relatar com detalhes a ocorrência. II) de ouvida (ou de referência: são as que não presenciaram o fato, mas dele tiveram notícia por terceira pessoa. Seu depoimento merecerá análise mais cuidadosa, porque o fato já está filtrado, sendo difícil a riqueza de detalhes; III) referidas: aquelas que, embora não arroladas pelas partes, surgiram através do depoimento de outras testemunhas. Podem ser ouvidas de ofício ou a requerimento da parte" (WAMBIER, Luiz Rodrigues et al. Ob. cit., v. 1, p. 435).

[97] ALVIM, Arruda. Ob. cit., v. 2, p. 523.

[98] GRECO FILHO, Vicente. Ob. cit., v. 2, p. 212.

CLT). Se a testemunha for servidor público civil ou militar, e tiver de depor em hora de serviço, será requisitado ao chefe da repartição para comparecer à audiência designada (art. 823, CLT; art. 455, § 4º, III, NCPC). As que não comparecerem serão intimadas, *ex officio*, ou a requerimento da parte, ficando sujeitas à condução coercitiva, além das penalidades do art. 730 da CLT (multa de um a dez valores de referência), caso, sem motivo justificado, não atendam à intimação (art. 825, parágrafo único); (b) prestar depoimento – a testemunha tem a obrigação de responder ao que lhe é indagado. Contudo, não é obrigada a depor de fatos: (1) que lhe acarretem grave dano, bem como ao seu cônjuge e aos seus parentes consanguíneos ou afins, em linha reta, ou no colateral em segundo grau; (2) a cujo respeito, por estado ou profissão, deve guardar sigilo; (c) dizer a verdade – a testemunha não poderá fazer afirmação falsa, ou negar a verdade ou calar a verdade, sob pena de reclusão, de dois a quatro anos, e multa (art. 342, *caput*, CP).[99] As penas aumentam-se de um sexto a um terço, se o crime é praticado mediante suborno (art. 342, § 1º). O fato deixa de ser punível se, antes da sentença, o agente se retrata ou declara a verdade (art. 342, § 2º). Esse dispositivo penal visa proteger a administração da justiça, precipuamente, o procedimento e a lisura na coleta das provas.

Ante a Reforma Trabalhista (Lei 13.467/17), é aplicável a multa do art. 793-C, CLT (superior a 1% e inferior a 10% do valor corrigido da causa) à testemunha que intencionalmente alterar a verdade dos fatos ou omitir fatos essenciais ao julgamento da causa (art. 793-D, caput), sendo que a execução da multa será executada nos mesmos autos (art. 793-D, parágrafo único). A alteração legal é aplicável as ações ajuizadas a partir de 11 de novembro de 2017 (art. 10, caput, IN 41/18, TST), contudo, a sua imposição ocorrerá em sentença, devendo ser precedida de instauração de incidente mediante o qual o juiz indicará o ponto ou os pontos controvertidos no depoimento, assegurados o contraditório, a defesa, os meios a ela inerentes, além de possibilitar a retratação (art. 10, parágrafo único, IN 41/18, TST).

Os direitos da testemunha são: (a) o tratamento com urbanidade, não lhes fazendo perguntas ou considerações impertinentes, capciosas ou vexatórias (art. 459, § 2º, CPC); (b) a recusa em responder às perguntas nas hipóteses do art. 448, I e II, CPC; (c) não poderá sofrer qualquer desconto pelas faltas ao serviço, ocasionadas pelo seu comparecimento para depor, quando devidamente arroladas ou convocadas (art. 822, CLT).

---

[99] "Três são os comportamentos incriminados: a. Fazer afirmação falsa. Trata-se de conduta comissiva, na qual o agente afirma inverdade. b. Negar a verdade. Nessa hipótese, o sujeito ativo nega o que sabe. c. Calar a verdade. Nesta última modalidade, o agente silencia, omite o que sabe (é a chamada reticência). A falsidade deve ser relativa a fato juridicamente relevante, pois 'se a circunstância em nada influi, se não há possibilidade de prejuízo, apesar da inverdade, não haverá falso testemunho' (Magalhães Noronha, *Direito penal*, 1995, v. IV, p. 369). Duas teorias existem acerca da falsidade: a objetiva e a subjetiva. Pela primeira, falso será o que não corresponde ao que aconteceu. Para a subjetiva, o falso será o que não corresponde ao que o agente efetivamente percebeu; é a teoria entre nós adotada por Hungria e Magalhães Noronha (*Comentários ao Código Penal*, 1959, vol. IX, p. 476, e *Direito penal*, 1995, vol. IV, p. 369). Assim, pode haver o crime quando o agente, falsamente, afirma ter presenciado fato verdadeiro, mas que, na verdade, não viu" (DELMANTO, Celso. *Código Penal Comentado*, 5. ed., p. 619).

PARTE VI · Cap. IX – PROVAS | **633**

De acordo com o art. 459, caput, CPC, as perguntas serão efetuadas diretamente à testemunha, começando pela parte que a arrolou, não admitindo o magistrado as perguntas que: (a) puderem induzir a resposta; (b) não tiverem relação com as questões de fato objeto da atividade probatória; (c) importarem repetição de outra já respondida. Citado dispositivo não é aplicável ao processo trabalhista, na medida em que o art. 820, CLT, é explícito no sentido de que as testemunhas serão ouvidas a requerimento das partes, seus representantes ou advogados, por intermédio do magistrado (art. 11, IN 39/16, TST).

9.8.3.3   *Admissibilidade da Prova Testemunhal*

A prova testemunhal é sempre admissível, não dispondo a lei de modo contrário. O juiz indeferirá a inquirição de testemunhas sobre fatos (art. 443, CPC):

a) provados por documento – a prova documental, quando não tenha sido objeto de impugnação, presume-se verdadeira (art. 411, III). Exemplos: o pedido de demissão juntado com a resposta, o qual não foi impugnado. Não se poderá admitir prova oral a respeito do motivo da cessação do liame empregatício e dos cartões de ponto não impugnados. É inadmissível a oitiva das testemunhas para a comprovação do horário da exordial;

b) provados por confissão da parte – não dependem de prova os fatos confessados (art. 374, II). Essa regra é inaplicável para as demandas que versarem sobre direitos indisponíveis (art. 392, caput). As confissões extrajudiciais dos trabalhadores devem ser vistas com restrições pelo magistrado, notadamente, diante da submissão do confessor ao poder diretivo do empregador, além do princípio da irrenunciabilidade dos direitos trabalhistas (art. 9º, CLT);

c) quando o fato, por sua natureza, só puder ser provado por documento – *"o preceito deve ser assim entendido: não se admite a prova testemunhal se o ato jurídico que se pretenda provar for daqueles para os quais se exija forma escrita, ou seja, quando a forma é da substância do ato (o casamento, o pacto antenupcial, a compra e venda do bem imóvel, por exemplo), porque é evidente a admissibilidade do meio testemunhal para provar que o conteúdo do documento particular não é verdadeiro"*.[100] Essa restrição não é muito aplicável ao processo do trabalho, já que a forma não é a essência do Direito do Trabalho, além do princípio da primazia da realidade. Aliás, mesmo quando a forma seja a regra, o magistrado deverá permitir a prova testemunhal, valorizando a busca da verdade real, como forma de solução justa da demanda posta à sua apreciação;

d) quando o fato, por sua natureza, só puder ser provado por perícia técnica – no processo trabalhista, a perícia é comum para as demandas em que se têm os pedidos de insalubridade, de periculosidade ou de reintegração por doença profissional ou acidente de trabalho. Nessas hipóteses, a prova técnica

---

[100] WAMBIER, Luiz Rodrigues et al. Ob. cit., v. 1, p. 436.

é imperiosa, contudo, como o juiz não se vincula à perícia (art. 479, CPC), a nosso ver, deverá permitir a produção da prova testemunhal. Em muitas circunstâncias, a oitiva das testemunhas é necessária para a reconstituição do local de trabalho, para a comprovação ou não da entrega dos equipamentos de proteção, para a visualização das efetivas tarefas desempenhadas e outros pormenores peculiares à demanda. Portanto, essa restrição não possui aplicabilidade no processo do trabalho.

9.8.3.4 Quem Pode ser Testemunha?

Podem depor, no processo civil, como testemunhas todas as pessoas, exceto as incapazes, impedidas ou suspeitas (art. 447, CPC).

No processo do trabalho, são tidos como suspeitos o parente até o terceiro grau, o amigo íntimo e o inimigo de qualquer uma das partes (art. 829, CLT).

Porém, sendo estritamente necessário, as testemunhas menores, impedidas ou suspeitas poderão prestar depoimentos, mas esses serão prestados independentemente de compromisso e o juiz lhes atribuirá o valor que possam merecer (art. 447, §§ 4º e 5º, CPC; art. 829, CLT). Em outras palavras, as testemunhas devem ser ouvidas como informantes.

Havendo restrições para a testemunha, a parte interessada deverá apresentar a contradita, entre a qualificação da testemunha e compromisso tomado pelo magistrado (art. 457, § 1º, CPC).

9.8.3.4.1 Incapazes

São incapazes[101] (art. 447, § 1º, I a IV, CPC: (a) o interdito por enfermidade ou deficiência mental; (b) o que, acometido por enfermidade ou retardamento mental, ao tempo em que ocorreram os fatos, não poderia discerni-los; ou, ao tempo em que deve depor, não está habilitado a transmitir as percepções; (c) o menor de 16 anos – o menor, que tenha a idade entre 16 e 18 anos, pode ser testemunha, contudo, não poderá ser processado por falso testemunho, dada a sua inimputabilidade criminal. Portanto, o seu relato valerá como de mero informante; (d) o cego e o surdo, quando a ciência do fato depender dos sentidos que lhes faltam.

9.8.3.4.2 Impedidos

As hipóteses legais (art. 447, § 2º, I a III, CPC): para o impedimento são originárias de situações mais graves e que podem ser aferidas objetivamente pelo magistrado, a saber: (a) o cônjuge, o companheiro, o ascendente e o descendente em qualquer grau, e o colateral, até o terceiro grau, de alguma das partes por consanguinidade ou afinidade, salvo se o exigir o interesse público, ou, tratando-se de causa relativa ao estado da pessoa,

---

[101] Os limites impostos pelo CPC não se confundem com a capacidade civil (art. 228, CC).

não puder obter de outro modo a prova, que o juiz repute necessária ao julgamento do mérito; (b) o que é parte na causa; (c) o que intervém em nome de uma parte, como tutor na causa do menor, o representante legal da pessoa jurídica, o juiz, o advogado e outros que assistam ou tenham assistido às partes.

9.8.3.4.3 Suspeitas

As testemunhas suspeitas são (art. 447, § 3º, I e II, CPC; art. 228, IV, CC):

a) o inimigo da parte – inimigo capital é aquele que, movido por sentimento de ódio, deseja o mal de seu desafeto, sendo suspeito para depor em juízo como testemunha sobre questão que envolva interesse de seu adversário.[102] O TST editou a Súm. 357, sumulando o entendimento de que não torna suspeita a testemunha o simples fato de estar litigando ou de ter litigado contra o mesmo empregador.

b) o amigo íntimo da parte – amizade íntima é o laço de *"afeição que liga duas pessoas que apresentam intimidade por estarem em contato permanente ou por terem convivência"*.[103] Por amigo íntimo compreenda-se a pessoa que compartilha de fatos da vida privada, e não quem somente mantém contato por causa da convivência profissional (TRT – 12ª R. – 5ª C. – Relª Maria de Lourdes Leiria – j. 20/8/2013). Convém ser dito que mensagens trocadas no Facebook não são elementos, os quais demonstrem, de forma invariável, a amizade íntima. É necessário que o conteúdo das mensagens envolva aspectos de efetiva intimidade entre a parte e a testemunha.

c) o que tiver interesse no litígio – por excelência, testemunha é uma pessoa estranha à lide, logo, não pode ter nenhum interesse na demanda. Esse interesse há de ser jurídico e objetivamente apreciável, para que a pessoa não seja compromissada. Essa hipótese legal costuma ser arguida para: o empregado que detenha cargo de confiança na empresa; a troca de favores entre ex-empregados em ações contra o mesmo empregador; a situação em que a testemunha apresentada costuma ser preposto do empregador etc. Contudo, os "depoimentos recíprocos", ou seja, o simples fato de um trabalhador ser testemunha do outro colega (sua testemunha) não é suficiente para caracterizar seu interesse na causa ("troca de favores").[104]

---

[102] DINIZ, Maria Helena. *Dicionário jurídico*, v. 2, p. 843.

[103] DINIZ, Maria Helena. Ob. cit., v. 4, p. 190.

[104] TST – 8ª T., RR-375-37.2012.5.09.0088, Relator Ministro Márcio Eurico Vitral Amaro, *DEJT* 11/03/2016; TST – 3ª T. – ARR 1197-47.2014.5.11.0008 – Rel. Min. Mauricio Godinho Delgado – *DEJT* 04/03/2016; TST – 7ª T . – RR 64-73.2013.5.05.0039 – Rel. Des. Conv. Arnaldo Boson Paes – *DEJT* 20/03/2015.

9.8.3.5 Produção de Prova Testemunhal

9.8.3.5.1 O Número de Testemunhas

No procedimento ordinário trabalhista, cada uma das partes não poderá indicar mais de três testemunhas, salvo quando se tratar de inquérito, caso em que esse número será elevado a seis (art. 821, CLT).

No procedimento sumaríssimo trabalhista, o número de testemunhas é limitado a duas para cada parte (art. 852-H, § 2º).

É lícito a cada parte, no processo civil, oferecer, no máximo, dez testemunhas. Quando qualquer das partes oferecer mais de três testemunhas para a prova de cada fato, o juiz poderá dispensar as restantes (art. 357, § 6º, CPC).

Além das testemunhas das partes, o juiz, de ofício ou a requerimento do interessado, pode ordenar: (a) a inquirição de testemunhas referidas[105] nas declarações da parte ou das testemunhas; (b) a acareação de duas ou mais testemunhas ou de alguma delas com a parte, quando, sobre fato determinado, que possa influir na decisão da causa, divergirem as suas declarações (art. 461, I e II, CPC). Trata-se uma faculdade e não de uma obrigação imposta ao magistrado.

Pelo CPC, os acareados serão reperguntados para que expliquem os pontos de divergência, reduzindo-se a termo o ato de acareação (art. 461, § 1º).

9.8.3.5.2 Comparecimento da Testemunha

Quanto ao comparecimento da testemunha, no processo civil têm-se as seguintes regras: (a) o juiz fixará prazo comum não superior a 15 dias para que as partes apresentem rol de testemunhas, precisando-lhes, sempre que possível, o nome, a profissão, o estado civil, a idade, o número de inscrição no Cadastro de Pessoas Físicas (CPF), o número de registro de identidade e o endereço completo da residência e do local de trabalho (arts. 357, § 4º, 450, CPC); (b) a parte pode comprometer-se a levar à audiência a testemunha, independentemente de intimação, presumindo-se, caso não compareça, que desistiu de sua inquirição (art. 455, § 2º); (c) depois de apresentado o rol (art. 450), a parte só pode substituir a testemunha que (art. 451, I a III): (1) falecer; (2) por enfermidade, não estiver em condições de depor; (3) tendo mudado de residência ou de local de trabalho, não for encontrada.

No processo trabalhista, a matéria é regulada da seguinte forma:

a) no procedimento ordinário: as testemunhas comparecerão à audiência independentemente de notificação ou intimação (arts. 825, *caput*, 845, CLT). As que não comparecerem serão intimadas, de ofício ou a requerimento da parte, ficando

---

[105] Testemunha referida é "aquela a que outra testemunha, ao depor, fez referência, motivando a tomada de suas declarações em juízo, por ser conhecedora do fato que se pretende provas" (DINIZ, Maria Helena. Ob. cit., v. 4, p. 556).

PARTE VI · Cap. IX – PROVAS | **637**

sujeitas à condução coercitiva, além das penalidades do art. 730 da CLT (multa), caso, sem motivo justificado, não atendam à intimação (art. 825, parágrafo único). Há duas hipóteses: (1) comparecimento espontâneo (a parte convida a testemunha). Para Valentin Carrion, se a parte assumir o compromisso de trazer a testemunha, independentemente de intimação, e a mesma vier a faltar, presumir-se-á que houve a desistência em ouvi-la (art. 455, § 2º, CPC). De fato, essa presunção somente é aplicável se houver nos autos a expressa manifestação da parte interessada. Em caso contrário, se a testemunha não comparecer, haverá a redesignação da audiência, a requerimento da parte ou por determinação judicial, não sendo necessária a prova do convite, salvo procedimento sumaríssimo; (2) testemunha intimada[106] pelo órgão jurisdicional – a requerimento da parte ou por determinação judicial, diante da ausência da testemunha, haverá a redesignação da audiência, ficando a testemunha sujeita à multa e à condução coercitiva;

b) no procedimento sumaríssimo: as testemunhas comparecerão à audiência de instrução e julgamento independentemente de intimação (art. 852-H, § 2º). Só será deferida intimação de testemunha, se, comprovadamente convidada, deixar de comparecer. Não comparecendo a testemunha intimada, o juiz poderá determinar sua imediata condução coercitiva (art. 852-H, § 3º).

Diante das regras do procedimento trabalhista, não se tem a necessidade de apresentação de rol prévio das testemunhas e de sua respectiva qualificação (art. 450, CPC),[107]

---

[106] No CPC (art. 455), incumbe ao advogado da parte informar ou intimar a testemunha por ele arrolada do dia, da hora e do local da audiência designada, dispensando-se a intimação do juízo. A intimação deverá ser realizada por carta com aviso de recebimento, cumprindo ao advogado juntar aos autos, com antecedência de pelo menos três dias da data da audiência, cópia da correspondência de intimação e do comprovante de recebimento. Independentemente da intimação, a parte pode comprometer-se a levar a testemunha à audiência, presumindo-se, caso a testemunha não compareça, que a parte desistiu de sua inquirição. A inércia na realização da intimação importa desistência da inquirição da testemunha. A intimação será feita pela via judicial quando: (a) for frustrada a intimação pelo advogado da parte; (b) sua necessidade for devidamente demonstrada pela parte ao juiz; (c) figurar no rol de testemunhas servidor público ou militar, hipótese em que o juiz o requisitará ao chefe da repartição ou ao comando do corpo em que servir; (d) a testemunha houver sido arrolada pelo Ministério Público ou pela Defensoria Pública; (e) a testemunha for autoridade pública (art. 454).

[107] "[...] NULIDADE. CERCEAMENTO DE DEFESA. INDEFERIMENTO DE ADIAMENTO DA AUDIÊNCIA. AUSÊNCIA DE TESTEMUNHA. Constitui cerceamento do direito de defesa da parte o indeferimento de pedido de intimação de testemunha que não comparece à audiência. O artigo 825, parágrafo único, da CLT dispõe expressamente que o julgador deve, de ofício ou a requerimento da parte, realizar a intimação da testemunha ausente. O fato de o reclamante ter sido notificado para apresentar rol de testemunhas a fim de que fossem intimadas, não afasta o seu direito de ter realizada tal intimação em se verificando a sua ausência na audiência, visto que a providência realizada no âmbito da vara do trabalho não pode se sobrepor à disposição expressa da CLT. Recurso de revista conhecido e provido" (TST – 6ª T. – RR 10217-69.2013.5.01.0204 – Rel. Des. Conv. Paulo Marcelo de Miranda Serrano – DJe 1/7/2016). "RECURSO ORDINÁRIO. AUSÊNCIA DE TESTEMUNHA. INDEFERIMENTO DO ADIAMENTO DA AUDIÊNCIA. CERCEAMENTO

bem como se tem a possibilidade da ampla substituição, independentemente, das hipóteses legais (art. 451). Essa é a posição doutrinária de Sergio Pinto Martins e de Manoel Antonio Teixeira Filho. Concordamos com essa posição, já que reflete a objetividade e a celeridade do processo trabalhista.

Contudo, não é possível a substituição de testemunha cuja contradita tenha sido deferida.[108]

Se a testemunha for servidor público civil ou militar, e tiver de depor em hora de serviço, será requisitado ao chefe da repartição para comparecer à audiência marcada (art. 823, CLT; art. 455, § 4º, III, CPC).

Quando for arrolado como testemunha o juiz da causa, este: (a) declarar-se-á impedido, se tiver conhecimento de fatos, que possam influir na decisão; caso em que será vedado à parte, que o incluiu no rol, desistir de seu depoimento; (b) se nada souber, mandará excluir o seu nome (art. 452, I e II, CPC).

As testemunhas depõem, na audiência de instrução e julgamento, perante o juiz da causa, exceto: (a) as que prestam depoimento antecipadamente (produção antecipada de provas); (b) as que são inquiridas por carta; (c) as que, por doença, ou outro motivo relevante, estão impossibilitadas de comparecer em juízo (art. 449, parágrafo único, CPC) (art. 453, I e II).

São inquiridos em sua residência ou onde exercem sua função: (a) o Presidente e o Vice-Presidente da República; (b) os Ministros de Estado; (c) os Ministros do STF, os Conselheiros do Conselho Nacional de Justiça e os Ministros do STJ, do STM, do TSE, do TST e do Tribunal de Contas da União; (d) o Procurador-geral da República e os Conselheiros do Conselho Nacional do Ministério Público; (e) o Advogado-geral da União, o Procurador-geral do Estado, o Procurador-geral do Município, o Defensor Público-geral federal e o Defensor público-geral do Estado; (f) os Senadores e os Deputados Federais; (g) os Governadores dos Estados e do Distrito Federal; (h) o Prefeito; (i) os Deputados estaduais e distritais; (j) os Desembargadores dos Tribunais de Justiça, dos TRFs, dos TRTs e dos TREs e os Conselheiros dos Tribunais de Contas dos Estados e do Distrito Federal; (l) o Procurador-geral de Justiça; (m) o embaixador de país que, por lei ou tratado, concede idêntica prerrogativa a agente diplomático do Brasil (art. 454, I a XII, CPC);

DE DEFESA. CONFIGURAÇÃO. NULIDADE DA SENTENÇA. O indeferimento de adiamento da audiência, em razão da ausência de testemunha, sob o fundamento de ausência do requerimento de intimação ou de apresentação de rol, não se coaduna com o regramento disposto no artigo 825 da CLT, o qual permite a intimação de testemunhas que tenham sido convidadas pela parte e não tenham comparecido à audiência, não havendo qualquer exigência de prévia apresentação de rol de testemunhas. Caracterizado, portanto o cerceamento do direito de defesa, ensejando a nulidade da sentença e o retorno dos autos à Vara do Trabalho de origem para reabertura da instrução processual. Recurso do reclamante a que se dá provimento" (TRT – 1ª R. – 6ª T. – RO 0010530-51.2015.5.01.0045 – Rel. Jorge Orlando Sereno Ramos – DOERJ 14/7/2016).

[108] TST – 1ª T. – RR 147340-19.2005.5.01.0066 – Rel. Des. Conv. José Maria Quadros de Alencar – *DJe* 13/12/2013.

O juiz solicitará à autoridade que indique dia, hora e local a fim de ser inquirida, remetendo-lhe cópia da petição inicial ou da defesa oferecida pela parte que a arrolou como testemunha (art. 454, § 1º).

O juiz designará dia, hora e local para o depoimento, preferencialmente na sede do juízo, quando: (a) houver o decurso de um mês sem manifestação da autoridade; (b) a autoridade não comparecer, injustificadamente, à sessão agendada para a colheita de seu testemunho no dia, hora e local por ela mesma indicados (art. 454, §§ 2º e 3º).

9.8.3.5.3 O Procedimento Quanto ao Depoimento Testemunhal

O juiz inquirirá as testemunhas, separada e sucessivamente, primeiro as do autor e depois as do réu, providenciando de modo que uma não ouça o depoimento das outras (art. 456, *caput*, CPC; art. 824, CLT). Nada obsta, pelos encargos probatórios das partes, que se tenha a inversão dessa sequência por determinação judicial.

O CPC (art. 456, parágrafo único) indica que o juiz poderá alterar a ordem, caso se tenha a concordância das partes.

Antes de depor, a testemunha será qualificada, declarando o nome por inteiro, a profissão, a residência e o estado civil, bem como se tem relação de parentesco com a parte, ou interesse no objeto do processo (art. 457, *caput*, CPC; art. 828, *caput*, CLT).

Sergio Pinto Martins entende que a testemunha é obrigada a exibir um documento de identidade para que possa ser qualificada. Se não estiver na posse do documento, a sua oitiva só será possível se a outra parte a conhecer. Razoável esse entendimento, na medida em que a exata qualificação depende da comprovação da identidade da testemunha.

É lícito à parte contraditar a testemunha, arguindo-lhe a incapacidade, o impedimento ou a suspeição (art. 457, §§ 1º a 3º, CPC).

O momento da contradita é após a qualificação da testemunha e antes do compromisso judicial.

Se a testemunha negar os fatos que lhe são imputados, a parte terá a faculdade de provar a contradita com documentos ou com testemunhas, até três, apresentada no ato e inquiridas em separado. Sendo provados ou confessados os fatos, o juiz dispensará a testemunha, ou lhe tomará o depoimento, na qualidade de informante (art. 457, § 1º, CPC; art. 829, CLT).

A testemunha pode requerer ao juiz que a escuse de depor; ouvidas as partes, o juiz decidirá de plano (art. 457, § 3º).

Ao início da inquirição, a testemunha prestará o compromisso de dizer a verdade do que souber e lhe for perguntado (art. 458, *caput*).

O juiz advertirá à testemunha que incorre em sanção penal quem faz a afirmação falsa, cala ou oculta a verdade (art. 458, parágrafo único).

Ante a Reforma Trabalhista (Lei 13.467/17), é aplicável a multa do art. 793-C, CLT (superior a 1% e inferior a 10% do valor corrigido da causa) à testemunha que intencionalmente alterar a verdade dos fatos ou omitir fatos essenciais ao julgamento da causa (art. 793-D, caput), sendo que a execução da multa será executada nos mesmos autos (art. 793-D, parágrafo único). A alteração legal é aplicável as ações ajuizadas a partir de 11 de novembro de 2017 (art. 10, caput, IN 41/18, TST), contudo, a sua imposição ocorrerá em sentença, devendo ser precedida de instauração de incidente mediante o qual o juiz indicará o ponto ou os pontos controvertidos no depoimento, assegurados o contraditório, a defesa, os meios a ela inerentes, além de possibilitar a retratação (art. 10, parágrafo único, IN 41/18, TST).

No processo civil, as perguntas serão formuladas pelas partes diretamente à testemunha (art. 459, caput). Citado dispositivo não é aplicável ao processo trabalhista, na medida em que o art. 820, CLT, é explícito no sentido de que as testemunhas serão ouvidas a requerimento das partes, seus representantes ou advogados, por intermédio do magistrado (art. 11, IN 39/16, TST).

Por outro lado, o depoimento começa pela parte que a arrolou, não admitindo o juiz perguntas que: (a) puderem induzir a resposta; (b) não tiverem relação com as questões de fato objeto da atividade probatória; (c) importarem repetição de outra pergunta já respondida (art. 459, *caput*). Tal dispositivo é compatível com o processo trabalhista.

Em qualquer caso, o juiz poderá inquirir a testemunha tanto antes quanto depois da inquirição feita pelas partes (art. 459, § 1º). Regra compatível com o processo do trabalho.

Em qualquer hipótese, as testemunhas devem ser tratadas com urbanidade, não se lhes fazendo perguntas ou considerações impertinentes, capciosas ou vexatórias (art. 466; § 2º). As perguntas indeferidas devem ser transcritas no termo, se houver requerimento da parte (art. 459, § 3º). Regra aplicável ao processo laboral.

No procedimento ordinário trabalhista, os depoimentos das testemunhas serão resumidos, por ocasião da audiência, devendo haver a assinatura do juiz e dos depoentes (art. 828, parágrafo único, CLT). No sumário, será dispensável o resumo dos depoimentos, devendo constar da ata a conclusão da vara quanto à matéria de fato (art. 2º, § 3º, Lei 5.584/70). Para o sumaríssimo, serão registradas, resumidamente, as afirmações fundamentais das partes e as informações úteis à solução da causa trazidas pela prova testemunhal (art. 852-F, CLT).

A testemunha pode requerer ao juiz o pagamento da despesa que efetuou para comparecimento à audiência, devendo a parte pagá-la logo que arbitrada, ou depositá-la em cartório dentro de três dias (art. 462, CPC).

Para Manoel Antonio Teixeira Filho,[109] esse dispositivo é incompatível com o processo trabalhista: *"A incompatibilidade resulta da presença do empregado na relação jurídica processual, a quem não se deve impor qualquer encargo de índole pecuniária, máxime se não previsto na CLT. Seria iníquo, de outro lado, que se impusesse apenas ao empregador o ressarcimento das despesas feitas por suas testemunhas. Tais despesas, tanto as relativas às testemunhas do empregado quanto às do empregador, entendemos nós, devem ser ressarcidas voluntariamente pela parte interessada, conforme seja a sua possibilidade*

---

[109] TEIXEIRA FILHO, Manoel Antonio. Ob. cit., p. 227.

de fazê-lo. Afaste-se o Juiz do Trabalho, portanto, dessa questão, que bem melhor ficará se reservada ao domínio dos litigantes."

O depoimento prestado em juízo é considerado serviço público. A testemunha, quando sujeita ao regime da legislação trabalhista, não sofre, por comparecer à audiência, perda de salário nem desconto no tempo de serviço (art. 463, CPC; arts. 822 e 473, VIII, CLT).

O indeferimento da prova testemunhal pelo magistrado pode implicar no cerceamento do amplo direito de defesa (art. 5º, LV, CF), gerando, assim, uma nulidade processual, a qual deve ser arguida em razões de recurso ordinário pela parte interessada. Em caráter excepcional pode ser arguido em contrarrazões.

9.8.4   Prova Pericial

9.8.4.1   Conceito

Perícia é o meio de prova, onde técnicos capacitados, por determinação judicial, manifestam o seu parecer sobre determinado fato ou coisa, apresentando-o ao juízo da causa.

A prova pericial consiste em exames, vistorias ou avaliações (art. 464, CPC).

Vicente Greco Filho[110] esclarece: *"exame é o tipo de perícia que consiste na verificação de fatos dos quais o perito extrai uma conclusão também no plano fático, ainda que no campo das probabilidades; vistoria é a simples constatação não conclusiva, restrita, portanto; avaliação é atribuição de valor mensurável por comparação objetiva com outros bens, direitos ou obrigações constatados concretamente; arbitramento é a atribuição de valor quando a coisa ou direito tem elementos imponderáveis que necessitam da integração da experiência pessoa do árbitro".*

9.8.4.2   A Admissibilidade da Prova Pericial

O objeto da prova pericial são os fatos descritos pelo autor na inicial, e pelo réu em sua defesa (*litiscontestatio*), que necessitem de uma opinião técnica para a sua confirmação.

Para o deferimento do pedido de perícia formulado por uma das partes, devem estar presentes os pressupostos específicos de sua realização: (a) imprescindibilidade de conhecimentos técnicos ou científicos; (b) necessidade de que os fatos a serem provados por seu intermédio necessitem de tais esclarecimentos e interpretação.

Em outras palavras, a perícia será indeferida quando: (a) a prova do fato não depender de conhecimento técnico específico; (b) for desnecessária em vista de outras provas constantes dos autos; (c) a sua realização for impraticável (art. 464, § 1º, I a III, CPC).

---

[110]   GRECO FILHO, Vicente. Ob. cit., v. 2, p. 218.

Poderá ocorrer a dispensa da realização da prova pericial, se as partes, no momento processual adequado, apresentarem pareceres técnicos ou documentos elucidativos que sejam suficientes para a convicção do juiz (art. 472).

O CPC dispensa a realização da prova pericial, prevendo a hipótese da prova técnica simplificada, quando for o caso de ponto controvertido de menor importância. Neste caso, a prova consiste na inquirição de um especialista pelo juiz a respeito do ponto controvertido, que demande conhecimento técnico científico ou técnico (art. 464, §§ 2º e 3º). De qualquer forma, o especialista deve ter formação acadêmica específica na área objeto de seu depoimento. Aliás, no seu depoimento, o especialista poderá utilizar qualquer recurso tecnológico de transmissão de sons e imagens com o fim de esclarecer os pontos controvertidos da causa (art. 464, § 4º).

De acordo com a 1ª Jornada de Direito Material e Processual na Justiça do Trabalho (2007), há de ser aplicado o art. 472 do NCPC no processo do trabalho, de modo que o juiz pode dispensar a produção de prova pericial quando houver prova suficiente nos autos.

No processo trabalhista, a prova pericial é obrigatória nas demandas judiciais onde se discutem os adicionais de insalubridade e periculosidade (art. 195, § 2º, CLT). O art. 195 da CLT não faz qualquer distinção entre o médico e o engenheiro para efeito de caracterização e classificação da insalubridade e periculosidade, bastando, para a elaboração do laudo, que seja o profissional devidamente qualificado (OJ 165, SDI-I).

Além da insalubridade e periculosidade, a perícia é imperiosa nas ações em que se discute:

a) a reintegração, por cláusula normativa (convenção ou acordo coletivo de trabalho ou sentença normativa), decorrente de acidente de trabalho ou doença profissional; a constatação da responsabilidade civil por acidente de trabalho ou doença profissional. Nessas duas hipóteses, a necessidade repousa na avaliação médica das lesões causadas no trabalhador e o respectivo nexo causal, além da aferição da negligência do empregador quanto ao cumprimento das normas de medicina e segurança do trabalho. Recomenda-se que a perícia seja efetuada por dois peritos: (1) o médico, para avaliar a lesão, o tipo de incapacidade etc.; (2) o engenheiro, para análise do nexo causal e a inobservância das normas de medicina e segurança do trabalho. A dupla nomeação deriva da aplicação subsidiária do processo civil (art. 475, CPC), precipuamente, por ser uma perícia complexa e que exige conhecimento especializado de mais de uma área do conhecimento humano;

b) nas lides em que se discutem valores pecuniários controvertidos (horas extras, apuração de controles de frequência; diferenças de comissões; reclassificação salarial por quadro de carreira etc.), onde se tem a necessidade da designação de um perito contábil;

c) nas liquidações trabalhistas, quando a sentença trabalhista é ilíquida (no todo ou em parte), diante da controvérsia dos cálculos apresentados pelas partes ou por outros motivos;

PARTE VI · Cap. IX – PROVAS | 643

d) grafotécnica – quando o exame tiver por objeto a autenticidade ou a falsidade de documento, o perito será escolhido, de preferência, entre os técnicos dos estabelecimentos oficiais especializados. O juiz autorizará a remessa dos autos, bem como do material sujeito a exame, ao diretor do estabelecimento (art. 478, *caput*, CPC). Quando o exame tiver por objeto a autenticidade da letra e da firma, o perito poderá requisitar, para efeito de comparação, documentos existentes em repartições públicas; na falta destes, poderá requerer ao juiz que a pessoa, a quem se atribuir à autoria do documento, lance em folha de papel, por cópia, ou sob ditado, dizeres diferentes, para fins de comparação (art. 478, § 3º, CPC). De acordo com o NCPC, nas situações de gratuidade de justiça, os órgãos e as repartições oficiais deverão cumprir a determinação judicial com preferência, no prazo estabelecido, cuja prorrogação poderá ocorrer de forma motivada (art. 478, §§ 1º e 2º).

9.8.4.3   Perito

Perito é o técnico ou especialista, o qual opina sobre questões propostas pelas partes ou pelo juiz, auxiliando o órgão jurisdicional no esclarecimento dos fatos necessários para a prolação da decisão (art. 156, *caput*, CPC).

O perito cumprirá escrupulosamente o encargo que lhe foi cometido, independentemente de termo de compromisso (art. 466), podendo escusar-se ou ser recusado por impedimento ou suspeição (art. 467). Ao aceitar a escusa ou julgar procedente a impugnação, o juiz nomeará novo perito.

O CPC (art. 156, § 1º) assegura que os peritos serão nomeados dentre os profissionais legalmente habilitados ou entre os órgãos técnicos científicos devidamente inscritos em cadastro mantido pelo tribunal ao qual o juiz está vinculado.

Na formação do cadastro de peritos, os tribunais devem realizar consulta pública, por meio de divulgação na rede mundial de computadores ou em jornais de grande circulação, além de consulta direta a universidades, a conselhos de classe, ao Ministério Público, à Defensoria Pública e à Ordem dos Advogados do Brasil, para a indicação de profissionais ou órgãos técnicos interessados (art. 156, § 2º).

Os tribunais devem, periodicamente, proceder a avaliação deste cadastro, considerando a formação profissional, a atualização do conhecimento e a experiência dos peritos interessados (art. 156, § 3º). O cadastro é um critério de dar transparência ao processo de indicação e nomeação do perito pelo magistrado.

Nas localidades onde não houver inscrito no cadastro disponibilizado pelo tribunal, a nomeação do perito será de livre escolha pelo magistrado, contudo, a nomeação deverá recair sobre profissional ou órgão técnico ou científico comprovadamente detentor do conhecimento necessário à realização da perícia (art. 156, § 5º).

O perito tem o dever de cumprir o ofício, no prazo fixado, empregando toda a sua diligência; pode, todavia, escusar-se do encargo alegando motivo legítimo (art. 157, *caput*). A escusa será apresentada dentro de quinze dias, contados da intimação, da suspeição ou do impedimento supervenientes, sob pena de se reputar renunciado o direito de alegá-la (art. 157, § 1º).

O CPC estabelece que o órgão jurisdicional deve organizar uma lista de peritos, com disponibilização dos documentos exigidos para habilitação à consulta de interessados, para que a nomeação seja distribuída de modo equitativo, observadas a capacidade técnica e a área de conhecimento (art. 157, § 2º). Trata-se de um dispositivo, o qual dá transparência à indicação e nomeação do profissional pelo magistrado.

A Resolução 233, de 13/7/2016, CNJ, regula a criação de cadastro de profissionais e órgãos técnicos ou científicos no âmbito da Justiça (primeiro e segundo graus) (Cadastro Eletrônico de Peritos e Órgãos Técnicos ou Científicos – CPTEC).

O perito que, por dolo ou culpa, prestar informações inverídicas responderá pelos prejuízos que causar à parte e ficará inabilitado para atuar em outras perícias no prazo de dois a cinco anos, independentemente das demais sanções legais, devendo o juiz comunicar o fato ao respectivo órgão de classe para adoção das medias que entende cabíveis (art. 158, CPC). O crime de falsa perícia encontra-se previsto no art. 342, CP.[111]

O CPC estabelece que as partes podem, de comum acordo, escolher o perito, indicando-o mediante requerimento, desde que: (a) sejam plenamente capazes; (b) a causa possa ser resolvida por autocomposição (art. 471, caput, I e II). Quando da escolha do perito, as partes devem indicar os respectivos assistentes técnicos para acompanhar a realização da perícia, que se realizará em data e local previamente anunciados (art. 471, § 1º). O perito e os assistentes técnicos devem entregar, respectivamente, laudo e pareceres em prazo fixado pelo juiz, sendo que a adoção da perícia consensual substitui, para todos os efeitos, a que seria realizada por perito nomeado pelo juiz (art. 471, §§ 2º e 3º).

Pela redação do art. 826, CLT, era facultado a cada uma das partes apresentar seus peritos ou técnicos. No entanto, não subiste mais essa sistemática.

O art. 826, CLT, foi tacitamente revogado pelo art. 3º, Lei 5.584/70, a qual determinou que *"os exames periciais serão realizados por perito único designado pelo juiz, que fixará o prazo para entrega do laudo"*.

Com isso, o papel do perito se desvinculou da parte.

Por essa sistemática, o perito é único, vinculado ao Juízo. Somente esse presta compromisso. As partes, que assim desejarem, poderão indicar assistentes técnicos, os quais deverão apresentar seus laudos no mesmo prazo assinado para o perito, sob pena de não serem considerados, inclusive, com o seu desentranhamento dos autos (art. 3º, Lei 5.584).

---

[111] Art. 342. Fazer afirmação falsa, ou negar ou calar a verdade como testemunha, perito, contador, tradutor ou intérprete em processo judicial, ou administrativo, inquérito policial, ou em juízo arbitral: Pena – reclusão, de dois a quatro anos, e multa. § 1º As penas aumentam-se de um sexto a um terço, se o crime é praticado mediante suborno ou se cometido com o fim de obter prova destinada a produzir efeito em processo penal, ou em processo civil em que for parte entidade da administração pública direta ou indireta. § 2º O fato deixa de ser punível se, antes da sentença no processo em que ocorreu o ilícito, o agente se retrata ou declara a verdade.

PARTE VI · Cap. IX – PROVAS | **645**

O assistente técnico é *"um consultor técnico da parte. Sua função é acompanhar e assessorar o trabalho do perito, auxiliando-o quanto aos aspectos técnicos favoráveis à parte que o indicou. Os assistentes exercem uma função processual, na medida em que, indicados pelas partes, passam a funcionar no assessoramento do perito".*[112]

Considerando necessário para esclarecimento do litígio, juiz poderá arguir o perito e os assistentes técnicos em audiência (art. 827, CLT).

9.8.4.4 Procedimento

Na estrutura do processo civil, há dois tipos de perícias:

a) simplificada – o CPC dispensa a realização da prova pericial, prevendo a hipótese da prova técnica simplificada, quando for o caso de ponto controvertido de menor importância. Nesse caso, a prova consiste na inquirição de um especialista pelo juiz a respeito do ponto controvertido, que demande conhecimento científico ou técnico (art. 464, §§ 2º e 3º). De qualquer forma, o especialista deve ter formação acadêmica específica na área objeto de seu depoimento. Aliás, no seu depoimento, o especialista poderá utilizar qualquer recurso tecnológico de transmissão de sons e imagens com o fim de esclarecer os pontos controvertidos da causa (art. 464, § 4º). Não se tem a necessidade de laudo escrito e detalhado. A sua adoção não é comum no processo trabalhista;

b) por laudo – ao determinar a perícia, o juiz nomeará o perito de sua confiança, fixando-lhe um prazo para entrega do laudo (art. 465, *caput*, CPC). A data de entrega do laudo poderá ser prorrogada por motivo justificado (art. 476). Esse tipo de perícia é a mais comum no processo trabalhista.

Ciente da designação judicial, em quinze dias, as partes poderão indicar assistentes técnicos e apresentar quesitos (art. 465, § 1º, I e II). Poderá haver quesitos suplementares (art. 469, *caput*), os quais serão deferidos ou indeferidos pelo juiz da causa (art. 470, I). Quando houver a formulação de quesitos suplementares, o escrivão dará ciência à parte contrária (art. 469, parágrafo único).

Além das partes, o juiz poderá formular quesitos para esclarecimento do litígio (art. 470, II).

Quando a prova tiver de realizar-se por carta, poderá proceder-se à nomeação do perito e indicação de assistentes técnicos no juízo, ao qual se requisitar a perícia (art. 465, § 6º).

Tratando-se de perícia complexa que esteja relacionada com mais de uma área de conhecimento especializado, o juiz poderá nomear mais de um perito e a parte indicar mais de um assistente técnico (art. 475).

O perito pode se escusar de cumprir a perícia (arts. 467 e 158) ou ter a sua indicação recusada por impedimento ou suspeição. Ao aceitar a escusa ou julgar procedente

---

[112] NASCIMENTO, Amauri Mascaro. *Curso de direito processual do trabalho*, 20. ed., p. 451.

a impugnação, o juiz nomeará novo perito. A decisão judicial, a qual acolhe ou rejeita a recusa pela parte, não comporta recurso de imediato, por se tratar de uma decisão interlocutória (art. 893, § 1º, CLT).

Além da recusa pela parte, o perito poderá ser substituído pelo magistrado quando: (a) faltar-lhe conhecimento técnico ou científico; (b) sem motivo justificado, deixar de cumprir o encargo no prazo que lhe foi assinado (art. 468, I e II, CPC). Nessa hipótese, o juiz comunicará a ocorrência à corporação profissional respectiva, podendo, ainda, impor a multa ao perito, fixada tendo em vista o valor da causa e o possível prejuízo decorrente do atraso no processo (art. 468, § 1º).

O CPC/15 acrescenta: (a) o perito substituído deverá restituir, no prazo de 15 dias, os valores recebidos pelo trabalho não realizado, sob pena de ficar impedido de atuar como perito judicial pelo prazo de cinco anos; (b) não ocorrendo a restituição voluntária, a parte que tiver realizado o adiantamento dos honorários poderá promover execução contra o perito fundada na decisão que determinar a devolução da quantia (art. 468, §§ 2º e 3º).

A lei permite ao perito e aos assistentes técnicos, que possam utilizar todos os meios necessários para a realização do seu trabalho, como a oitiva de testemunhas, a solicitação de documentos que estejam em poder das partes ou em repartições públicas, bem como instruir o laudo com plantas, desenhos, fotografias e outras quaisquer peças (art. 473, § 3º).

As partes terão ciência da data e local designados pelo juiz ou indicados pelo perito para ter início à produção da prova (art. 474). Esse artigo é aplicável ao processo trabalhista. O magistrado trabalhista, quando da designação da perícia, deverá determinar ao perito que dê ciência prévia às partes e aos assistentes técnicos do dia e hora da realização da sua diligência ou exame.

Como trabalho técnico, o laudo pericial deve conter: (a) a exposição do objeto da perícia; (b) a análise técnica ou científica realizada pelo perito; (c) a indicação do método utilizado, esclarecendo-o e demonstrando ser predominantemente aceito pelos especialistas da área do conhecimento da qual se originou; (d) resposta conclusiva a todos os quesitos apresentados pelo juiz, pelas partes e pelo órgão do Ministério Público (art. 473, I a IV).

Na articulação técnica do laudo, o perito deve apresentar sua fundamentação em linguagem simples e com coerência lógica, indicando como alcançou suas conclusões (art. 473, § 1º), sendo que: (a) é vedado ao perito ultrapassar os limites de sua designação, bem como emitir opiniões pessoais que excedam o exame técnico ou científico do objeto da perícia; (b) para o desempenho de sua função, o perito e os assistentes técnicos podem valer-se de todos os meios necessários, ouvindo testemunhas, obtendo informações, solicitando documentos que estejam em poder da parte, de terceiros ou em repartições públicas, bem como instruir o laudo com planilhas, mapas, plantas, desenhos, fotografias ou outros elementos necessários ao esclarecimento do objeto da perícia (art. 473, §§ 2º e 3º).

No processo civil: (a) o laudo deverá ser entregue, pelo menos, 20 dias antes da data designada para audiência de instrução e julgamento (art. 477); (b) os assistentes técnicos oferecerão seus pareceres no prazo comum de quinze dias, após a intimação das partes da apresentação do laudo (art. 477, § 1º).

No processo trabalhista: (a) o laudo pericial será entregue no prazo fixado pelo magistrado (art. 3º, *caput*, Lei 5.584/70); (b) os assistentes técnicos deverão oferecer seus laudos no mesmo prazo assinado para o perito, sob pena de ser desentranhado dos autos (art. 3º, parágrafo único).

A parte que desejar esclarecimento do perito e do assistente técnico requererá ao juiz que mande intimá-lo a comparecer à audiência, formulando, desde logo, as perguntas, sob forma de quesitos (art. 477, § 3º, CPC). O perito e o assistente técnico só estarão obrigados a prestar os esclarecimentos, quando intimados dez dias antes da audiência (art. 477, § 4º).

Se a parte não impugna o laudo pericial, bem como não solicita esclarecimentos ao perito, a rigor, sofrerá os efeitos decorrentes da sua inércia, não podendo, assim, discutir a prova pericial em outras fases do processo.

Pelo CPC, o perito do juízo tem o dever de, no prazo de 15 dias, bem esclarecer ponto: (a) sobre o qual exista divergência ou dúvida de qualquer das partes, do juiz ou do órgão do Ministério Público; (b) divergente apresentado no parecer do assistente técnico da parte (art. 477, § 2º).

Com a apresentação dos laudos (do perito e dos assistentes técnicos), se a matéria não lhe parecer suficientemente esclarecida, o juiz poderá determinar a realização de uma segunda perícia (art. 480), a qual terá por objeto os mesmos fatos sobre que recaiu a primeira e destina-se tão somente a corrigir eventual omissão ou inexatidão dos resultados a que esta conduziu (art. 480, § 1º), não substituindo por completo a primeira (art. 480, §3º).

De qualquer forma, o juiz não está vinculado à conclusão do laudo pericial ou dos pareceres técnicos dos assistentes das partes, devendo formar a sua convicção por todos os demais elementos probatórios constantes dos autos (arts. 378 e 479).

Arruda Alvim[113] assevera: *"mesmo que careça de conhecimentos científicos, poderá, ainda, assim, sobrepor-se ao laudo e aos pareceres, liberdade essa que é rigorosamente inerente à função jurisdicional (art. 436) e de que não pode o juiz, em face do sistema, abdicar. Por outras palavras, a perícia idônea é a que demonstra ao juiz, em face dos dados colhidos e da explicação, técnica ou científica, serem aqueles claramente identificados e ser a explicação nitidamente entendida. O perito deve traduzir o objeto da prova pericial de forma a que sejam os fatos e sua explicação cabalmente entendidos. E, sendo assim, poderá o juiz concordar ou não com a conclusão do perito. Por outro lado corretamente se tem decidido, e esta orientação ainda é plenamente válida, que o juiz não fica vinculado ao laudo pericial, podendo formar sua convicção a partir de outros elementos probatórios existentes nos autos"*.

---

[113]   ALVIM, Arruda. Ob. cit., v. 2, p. 571.

9.8.5 Inspeção Judicial

A inspeção judicial é o meio de prova auferido diretamente pelo juiz. Ocorre quando o juiz, de ofício ou a requerimento da parte, em qualquer fase do processo, inspeciona pessoas ou coisa, a fim de se esclarecer sobre fato, que interessa à decisão da causa (art. 481, CPC).

Para a sua realização, o juiz poderá estar assistido por um ou mais peritos técnicos (art. 482).

O juiz se locomoverá até o local onde se encontre o objeto da inspeção, quando julgar necessário para a melhor verificação ou interpretação dos fatos que deva observar; a coisa não puder ser apresentada em juízo, sem consideráveis despesas ou graves dificuldades, bem como quando se pretender a reconstituição dos fatos (art. 483).

É assegurado as partes o direito de assistir à inspeção, prestando esclarecimentos e fazendo observações que considerem de interesse para a causa (art. 483, parágrafo único).

Encerrada a diligência, será lavrado um auto circunstanciado, mencionando tudo o que for útil ao julgamento da causa, inclusive, se necessário, instruído com desenho, gráfico ou fotografia (art. 484).

QUESTIONÁRIO

1. Em uma demanda trabalhista, Josualdo solicita de Pedro horas extras e suas incidências. Na sua defesa, Pedro salienta que as horas extras prestadas estão pagas, inclusive, quanto aos reflexos pleiteados. Por este enunciado, a quem compete o encargo probatório?

2. Após a oitiva das testemunhas do reclamante, o juiz, por entender que não há outros fatos controvertidos, dá por encerrada a instrução processual. A sua atitude está correta? Justifique.

3. Na qualidade de juiz substituto, Pedro Américo é designado para substituir em uma comarca do interior. Na condução dos trabalhos de audiência, Pedro Américo pode indeferir o pedido das partes, quanto à não necessidade de provas orais, sob o fundamento de que o fato deduzido em juízo é notório na referida comarca? Explique e justifique.

4. Ao sentenciar, o juiz indefere o adicional de 100% para as horas extras, sob o fundamento de que não houve a juntada do instrumento normativo com a exordial. No seu recurso, a parte prejudicada pode solicitar a reforma do julgado sob o fundamento de que o adicional de 100% é público e notório para a categoria profissional do trabalhador? Explique e justifique.

5. O ônus da prova é um encargo ou um dever legal?

6. Está o magistrado trabalhista vinculado a uma convenção sobre o ônus da prova (cláusula do contrato individual de trabalho assinado entre o empregado e o empregador)?

7. O princípio *in dubio pro operario*, como um dos fatores de interpretação da norma jurídica trabalhista, deve ser aplicado pelo magistrado na formulação da sua convicção? Explique e justifique.

8. A presunção é meio de prova?

9. Na estrutura do processo trabalhista, deve ser aplicável a dicotomia do processo civil, onde se permite o depoimento e o interrogatório? Explique e justifique.

PARTE VI · Cap. IX − PROVAS | **649**

10. Há limites para a confissão?

11. A parte, a qual não prestou o depoimento, deve ouvir o relato da parte contrária?

12. Qual é o mecanismo correto, a ser observado pelo advogado, quanto às perguntas indeferidas pelo magistrado quando da audiência?

13. O menor de 18 anos pode prestar depoimento pessoal? É válida a sua confissão?

14. São as partes obrigadas a fornecer cópias autenticadas de seus documentos? Explique e justifique.

15. João, quando da formulação da sua defesa, junta uma série de documentos. Na sua réplica, Pedro poderá juntar outros documentos ou essa prova está preclusa? Explique e justifique.

16. O incidente de falsidade é válido quando a parte esclarece que o conteúdo do documento não corresponde à verdade real? Explique e justifique.

17. Quem é competente para julgar o incidente de falsidade, quando o mesmo é arguido em razões recursais? Explique e justifique.

18. Pedro e Maria foram dispensados por justa causa sob alegação de incontinência de conduta. Não se conformando com a alegação patronal para a justa causa, Pedro ajuíza uma demanda trabalhista contra o seu ex-empregador, o qual solicita a intimação judicial de Maria como sua testemunha. Na audiência, Maria pode se recusar a depor sobre os fatos da justa causa? Explique e justifique.

19. Astrogildo é o diretor clínico do Hospital Boa Vida Ltda. O juiz, de ofício, pode indeferir o compromisso a essa pessoa, a qual é trazida como testemunha da reclamada? Explique e justifique.

20. Joroastro deseja ouvir três testemunhas para cada pedido formulado na exordial. Tal faculdade é consentânea com o processo trabalhista? Explique e justifique.

21. Na audiência inicial, o juiz aceitou a defesa e designou nova sessão em prosseguimento, sendo que as partes assumiram o encargo de trazerem as suas testemunhas, independentemente de intimação. No dia aprazado, as testemunhas do reclamante não compareceram. A parte tem direito à redesignação dessa audiência? Explique e justifique.

22. O autor, quando da formulação da inicial, junta três laudos periciais, onde se denota a constatação da insalubridade para a mesma função e idêntica época contratual (em outras palavras, os laudos são contra o mesmo empregador). O juiz é obrigado a designar uma nova perícia técnica para a insalubridade? Explique e justifique.

23. O juiz, para o mesmo pedido e causa de pedir, pode nomear dois peritos?

24. Quem é o responsável pelo pagamento da verba honorária pericial na execução trabalhista?

25. A parte e o respectivo advogado têm o direito de estarem presentes quando da realização da perícia no local de trabalho? Explique e justifique.

26. O local de trabalho está desativado. É admissível a prova emprestada (laudos periciais) para a prova da insalubridade solicitada em juízo? Explique e justifique.

27. O juiz é obrigado a indicar os motivos da formação da sua convicção?

Capítulo X
PROCEDIMENTO SUMARÍSSIMO

10.1 INTRODUÇÃO

A Lei 9.957/00 trouxe uma série de alterações no texto da CLT, com a inserção dos seguintes arts. 852-A a 852-I, 895, § 1º, I e II, e § 2º, 896, § 6º, 897-A.

Com o procedimento sumaríssimo, o legislador teve por escopo a celeridade processual, ao otimizar as regras processuais, com a fixação do prazo para a solução da demanda: 15 dias e no máximo de 30.

10.2 CAUSAS SUJEITAS AO PROCEDIMENTO SUMARÍSSIMO

Dispõe o art. 852-A, *caput*, da CLT: *"Os dissídios individuais cujo valor não exceda a quarenta vezes o salário-mínimo vigente na data do ajuizamento da reclamação ficam submetidos ao procedimento sumaríssimo."*

A demanda individual, cujo valor da causa corresponde ao montante máximo de 40 salários-mínimos, fica sujeita ao procedimento sumaríssimo. Deve ser observado o salário-mínimo vigente na época da distribuição da ação trabalhista.

O conteúdo da demanda individual poderá envolver uma obrigação de dar, de fazer ou não fazer, desde que o valor da causa não ultrapasse o limite legal.

Independentemente do valor da causa, as demandas em que a Administração Pública Direta, a autárquica e a fundacional é parte não se sujeitam ao procedimento sumaríssimo (art. 852-A, parágrafo único, CLT). As empresas públicas e as sociedades de economia mista não estão excluídas do procedimento sumaríssimo.

As demandas trabalhistas que possuam rito especial e independente do valor da causa não se sujeitam ao procedimento sumaríssimo. É o caso do inquérito para apuração de falta grave (art. 853, CLT).

Com o advento da EC 45/04, as ações ajuizadas na Justiça do Trabalho tramitarão pelo rito ordinário ou sumaríssimo, excepcionando-se, apenas, as que, por disciplina legal expressa, estejam sujeitas ao rito especial, tais como: mandado de segurança, *habeas corpus*, *habeas data*, ação rescisória, ação cautelar e ação de consignação em pagamento (art. 1º, IN 27/05, TST).

PARTE VI · Cap. X – PROCEDIMENTO SUMARÍSSIMO | 651

10.2.1   Requisitos da Petição Inicial no Procedimento Sumaríssimo

As demandas que se enquadram no procedimento sumaríssimo devem observar as seguintes regras: (a) o pedido deverá ser certo ou determinado e indicará o valor correspondente; (b) não se fará citação por edital, incumbindo ao autor a correta indicação e endereço do reclamado (art. 852-B, I e II). No julgamento da ADI 2160, o STF entendeu que a restrição legal à citação por edital não viola o princípio da igualdade (Min. Cármen Lúcia).

A não observância destes requisitos implicará ao reclamante o arquivamento da ação e a sua condenação ao pagamento das custas, as quais serão arbitradas sobre o valor da causa (art. 852-B, § 1º). Ou seja, importará no julgamento do feito, sem resolução de mérito.

Sendo escrita, a reclamação deverá conter a designação da vara ou do juízo de direito, a qualificação do reclamante e do reclamado, uma breve exposição dos fatos de que resulte o dissídio, o pedido, que deverá ser certo, determinado e com indicação de seu valor, a data e assinatura do reclamante ou de seu representante (art. 840, § 1º).

Na estrutura do CPC, a petição inicial deve observar três tipos de requisitos: (a) externos (formais) – como regra, a petição inicial deve ser elaborada por escrito. Somente em caráter excepcional admite-se o procedimento oral na postulação; (b) internos (conteúdo) – são divididos em: (1) relativos ao processo, ou seja, as informações necessárias na elaboração da petição inicial, tais como: o juízo a que é dirigida; os nomes, os prenomes, o estado civil, a existência de união estável, a profissão, o número de inscrição no CPF (Cadastro de Pessoas Físicas) ou no CNPJ (Cadastro Nacional da Pessoa Jurídica), o endereço eletrônico, o domicílio e a residência do autor e do réu; o valor da causa; as provas com que o autor pretende demonstrar a verdade dos fatos alegados (art. 319, I, II, V e VI); (2) relativos ao mérito: o fato e os fundamentos jurídicos do pedido; o pedido, com as suas especificações (art. 319, III e IV); (c) complementares – referem-se aos elementos que acompanham a petição inicial, tais como: documentos indispensáveis à propositura da demanda (art. 320); o instrumento de mandato do advogado que subscreve a peça (arts. 103 e 104) etc.

Caso não disponha das informações necessárias para a qualificação das partes, o autor poderá, na petição inicial, requerer ao órgão jurisdicional diligências necessárias à sua obtenção. Contudo, em qualquer hipótese, a inicial não será indeferida, caso: (a) a despeito da falta de informações, for possível a citação do réu; (b) se a obtenção de tais informações tornar impossível ou excessivamente oneroso o acesso à justiça (art. 319, §§ 1º a 3º, CPC).

Cotejando-se os dispositivos citados, concluímos que as discrepâncias repousam no valor da causa e nas provas solicitadas.

A indicação do valor da causa nas ações trabalhistas era necessária para que fosse possível a diferenciação entre o rito previsto na CLT e o estatuído no art. 2º da Lei 5.584/70 (procedimento sumário).

O art. 2º da Lei 5.584 dispõe sobre os processos de alçada exclusiva da vara do trabalho, sendo que o valor é igual ou inferior a duas vezes o salário-mínimo. Se o valor fosse indeterminado no pedido, o juiz presidente deveria estabelecê-lo, havendo a possibilidade desta impugnação. Mantendo o valor fixado, a parte interessada poderia solicitar a revisão ao presidente do tribunal regional do trabalho. Trata-se de um recurso sem efeito suspensivo. Frise que o importante é que as demandas de alçada exclusiva da vara não poderiam ser reapreciadas pelas instâncias superiores, exceto se a matéria envolvesse questão constitucional.

As ponderações sobre os requisitos da petição inicial, bem como do procedimento de alçada exclusiva da vara do trabalho, foram efetuadas com o intuito de apontar e realçar a importância do valor da causa.

O valor da causa é fator importante na Justiça do Trabalho, mesmo antes da adoção do procedimento sumaríssimo, para se fazer às diferenciações entre o rito comum e o sumário (art. 2º).

O valor da causa retrata o valor do pedido, isto é, representa a mensuração pecuniária do pedido indireto ou do mediato aduzido em juízo (o bem da vida lesado e cuja tutela é requerida).

A CLT não é explícita quanto aos critérios legais para a fixação do valor da causa, portanto, aplica-se, subsidiariamente, o CPC (art. 769, CLT).

Na adoção do procedimento sumaríssimo, a parte deverá indicar o valor correspondente ao pedido, não se admitindo mais a expressão *a apurar*. Com a Lei 13.467/17, o pedido da reclamação trabalhista deverá ser certo, determinado, com a indicação de seu valor (art. 840, § 1º, CLT). A inobservância da indicação do valor da causa enseja a extinção sem julgamento de mérito (art. 840, § 3º), caso a parte não emende a petição inicial.

Trata-se de uma disposição que existe no CPC e que está inserida nos arts. 322 e 324, ou seja, o pedido deve ser certo e determinado.

Certo indica que o pedido deve ser explícito. Determinado indica, como regra, que o valor deve ser líquido. Como exceção, a iliquidez é admissível nos pedidos genéricos (pedido mediato ou indireto).

O procedimento sumaríssimo trabalhista é mais rígido. Admite somente o pedido explícito e com valores indicados (art. 852-B, I, CLT).

Além do valor correspondente ao pedido, o reclamante deverá indicar corretamente o nome e o endereço da reclamada, não se admitindo a citação por edital (art. 852-B, II).

O não atendimento dessas determinações implica o arquivamento da demanda (art. 852-B, § 1º).

Como foi dito, pelo teor do dispositivo legal, não observados os requisitos quando da propositura, o magistrado trabalhista está autorizado a proceder ao arquivamento da demanda, quando não observada a determinação de emenda no prazo legal (art. 321, CPC, Súm. 263, TST).

Apesar do texto legal, impõe-se uma análise sistemática e teleológica na aplicação do procedimento sumaríssimo. Não se pode esquecer que o processo é um instrumento de justiça.

A observância dos critérios formais é primordial, contudo, não é a razão de ser do processo, como meio efetivo e constitucional da composição dos conflitos de interesses.

Há situações em que o princípio da razoabilidade é a medida exemplar, como exemplos: (a) a devolução da citação pelo correio por insuficiência do endereço ou indicação

PARTE VI · Cap. X – PROCEDIMENTO SUMARÍSSIMO | 653

errônea do nome da reclamada; (b) pequenas incorreções na formulação da causa de pedir ou do pedido, que podem ser sanadas em audiência, com um simples requerimento ou observação do juiz junto às partes; (c) situações em que não é possível a citação pessoal, com a necessidade da citação por edital.

Nessas circunstâncias, como em outras que sejam equivalentes, o bom-senso do juiz haverá de prevalecer na condução do processo, evitando, assim, o arquivamento da demanda trabalhista.

O juiz poderá, simplesmente, desconsiderar o rigor do procedimento sumaríssimo, com as medidas necessárias para o encadeamento processual, valorizando a economia e a celeridade processual, ou fazendo a conversão do rito sumaríssimo em ordinário, face à necessidade da realização de atos complexos, incompatíveis com o procedimento inicial.

A apreciação da reclamação sujeita ao procedimento sumaríssimo deverá ocorrer no prazo máximo de 15 dias do seu ajuizamento. Se houver necessidade, poderá constar de pauta especial o que irá ocorrer de acordo com a pauta da vara do trabalho (art. 852-B, III, CLT).

As partes e advogados comunicarão ao juízo as mudanças de endereço ocorridas no curso do processo, reputando-se eficazes as intimações enviadas ao local anteriormente indicado, na ausência de comunicação (art. 852-B, § 2º). Trata-se de uma adaptação da inteligência contida no § 2º do art. 106, NCPC, ao processo sumaríssimo trabalhista.

10.3 AUDIÊNCIA UNA

As demandas sujeitas a rito sumaríssimo serão instruídas e julgadas em audiência única, sob a direção de juiz presidente ou de seu substituto, que poderá ser convocado para atuar simultaneamente com o titular (art. 852-C, CLT).

O rito ordinário previsto na CLT também adota a audiência una: a audiência de julgamento será contínua; mas se não for possível, por motivo de força maior, concluí-la no mesmo dia, o juiz designará uma nova data, independentemente de nova intimação (art. 849).

Não se pode negar que o espírito da Lei 9.957 é a celeridade na prestação jurisdicional, contudo, a realidade mostra uma outra situação, a qual, infelizmente, demonstra ser inaplicável aos juízes titulares das varas do trabalho a audiência una, inclusive, com a observância do prazo de 15 dias para a sentença. As pautas das varas do trabalho encontram-se carregadas de outros processos, inviabilizando, assim, uma pauta diferenciada para as demandas sujeitas ao rito sumaríssimo. Diante desse quadro, caberá aos presidentes dos tribunais regionais do trabalho a adoção de mecanismos para a elaboração de pautas com juízes auxiliares, atuando em conjunto com os titulares em todas as varas do trabalho.

Como dirigente do processo,[1] o juiz, de acordo com o art. 852-D, CLT, possui os seguintes poderes: (a) a liberdade quanto às provas a serem produzidas, observando-se

---

[1]   O juiz, como sujeito da relação jurídica processual, se coloca acima e entre as partes. Deve preservar a imparcialidade e a igualdade no tratamento das partes, com observância do contraditório em

o ônus probatório das partes (art. 818, I e II, CLT, Lei 13.467; art. 373, I e II, CPC); (b) a limitação quanto às provas, podendo limitar ou excluir as excessivas, impertinentes ou protelatórias; (c) a liberdade na apreciação das provas, dando-se especial valor às regras de experiência comum ou técnica.

Ressalte-se que o art. 852-D, CLT, resume vários outros dispositivos existentes no ordenamento jurídico nacional: (a) os juízos e tribunais do trabalho terão ampla liberdade na direção do processo e velarão pelo andamento rápido das causas, podendo determinar qualquer diligência necessária ao esclarecimento delas (art. 765, CLT); (b) caberá ao juiz, de ofício ou a requerimento da parte, determinar as provas necessárias à instrução do processo, indeferindo as diligências inúteis ou meramente protelatórias (art. 370, CPC); (c) o juiz apreciará livremente a prova, independentemente do sujeito que a tiver promovido, e indicará na decisão as razões da formação de seu convencimento (art. 371, CPC); (d) o juiz aplicará as regras de experiência comum subministradas pela observação do que ordinariamente acontece e, ainda, as regras de experiência técnica, ressalvada, quanto a estas, a perícia (art. 375, CPC).

Aberta a sessão, o juiz esclarecerá as partes presentes sobre as vantagens da conciliação e usará os meios adequados de persuasão para a solução conciliatória do litígio, em qualquer fase da audiência (art. 852-E, CLT).

No rito ordinário, a conciliação é obrigatória na abertura da sessão (art. 846, *caput*, CLT), como após o término da instrução (após o oferecimento das razões finais, art. 850, *caput*).

No procedimento sumaríssimo, não há grandes formalidades quanto aos registros dos atos praticados em audiência. Serão registrados, resumidamente, os atos essenciais (comparecimento das partes, a tentativa de conciliação, a defesa apresentada, requerimentos formulados). Quanto aos relatos pessoais, o juiz está autorizado a registrar somente as afirmações fundamentais das partes. Em relação às testemunhas ouvidas, bastam as informações úteis (art. 852-F).

Quanto à transcrição dos relatos orais e testemunhais, o juiz deve agir com cautela e objetividade. Na ata de audiência, é necessária a inserção de todas as perguntas e respectivas respostas, evitando, assim, um desgaste desnecessário com os advogados e as partes, o que poderá gerar um tumulto prejudicial aos trabalhos em audiência. São públicas as reclamações dos advogados quanto aos procedimentos dos juízes trabalhistas que não transcrevem perguntas indeferidas ou os protestos lançados. Às vezes, é melhor a simplicidade da transcrição, que o desgaste em não lançar os requerimentos ou as perguntas que são solicitadas ou indeferidas.

---

todo o transcorrer do procedimento, resguardando, assim, a dignidade de sua posição e do Poder Judiciário.

PARTE VI · Cap. X – PROCEDIMENTO SUMARÍSSIMO | **655**

10.3.1 Decisão de Plano dos Incidentes e Exceções

Serão decididos, de plano, todos os incidentes e exceções que possam prejudicar o prosseguimento da audiência e do processo, sendo que as demais questões serão apreciadas ao final (art. 852-G, CLT).

A expressão "todos os incidentes e exceções" compreende os pressupostos processuais de existência e validade (inexistência ou nulidade da citação; incompetência absoluta ou relativa, quando arguida; inépcia da petição inicial; perempção; litispendência; coisa julgada; conexão; incapacidade da parte) e as condições da ação (legitimidade, possibilidade jurídica do pedido e o interesse processual), como também as matérias prejudiciais de mérito (prescrição e decadência).

10.3.2 Produção das Provas

Todas as provas serão produzidas na audiência una, ainda que não requeridas previamente (art. 852-H, CLT). Há exceções: a prova técnica para a apuração de insalubridade ou periculosidade (arts. 195, § 2º, e 852-H, § 4º).

A prova documental será produzida com a inicial e a defesa (art. 787, CLT; arts. 320 e 434, CPC).

A reclamada deve se manifestar sobre os documentos juntados com a inicial quando da formulação da resposta, adequando a resistência ao que foi produzido pelo reclamante, sob pena de sofrer as decorrências do princípio da eventualidade (art. 341, CPC).

Quanto aos documentos juntados com a defesa, o reclamante efetuará a manifestação em audiência, não se justificando o adiamento, exceto na hipótese de absoluta impossibilidade, a critério do juiz (art. 852-H, § 1º, CLT).

Dependendo do volume da documentação, além da complexidade da defesa, é razoável que o magistrado dê um prazo para a parte proceder a análise da contestação e documentos.

As testemunhas permitidas são no máximo duas para cada parte, as quais deverão comparecer à audiência, independentemente de intimação (art. 852-H, § 2º). Só será deferida intimação de testemunha que, comprovadamente convidada, deixar de comparecer. Não comparecendo a testemunha intimada, o juiz poderá determinar sua imediata condução coercitiva (art. 852-H, § 3º).

Cotejando-se os § 2º e § 3º, art. 852-H, tem-se: (a) cada parte poderá ouvir no máximo duas testemunhas; poderá, se for o caso, o juiz limitar o número de testemunhas a serem ouvidas de acordo com o art. 852-D; (b) as testemunhas deverão comparecer de forma independente de intimação; a intimação só é cabível quando a testemunha convidada não comparece, devendo a parte comprovar o convite, sob pena de preclusão da prova; (c) não comparecendo a testemunha intimada, haverá a sua condução coercitiva; ao que nos parece, em tal hipótese, teríamos um segundo adiamento, o que prejudicaria o prazo dos 15 dias; o juiz, se a testemunha for convidada e não comparecer na primeira audiência, de imediato, deverá determinar a sua condução coercitiva, evitando, assim, um segundo adiamento.

No rito comum, o número de testemunhas é três para cada parte (art. 821, CLT), devendo as testemunhas comparecer à audiência, independentemente de intimação. As que não comparecerem serão intimadas, *ex officio* ou a requerimento da parte, ficando sujeitas à condução coercitiva, além das penalidades do art. 730, caso, sem motivo justificado, não atendam à intimação (art. 825).

Em determinadas situações não é possível ao magistrado concluir a audiência una, com a realização de todas as provas. Interrompida a audiência, o seu prosseguimento e a solução do processo dar-se-ão no prazo máximo de 30 dias, salvo motivo relevante justificado nos autos pelo juiz da causa (art. 852-H, § 7º). Exemplos: o adiamento para se ouvir testemunhas convidadas, para realização de prova técnica etc.

Quanto à prova técnica, seja imposta por lei (insalubridade e periculosidade) ou em função do fato (perícia médica em face de um pedido de reintegração), a mesma será deferida, devendo o juiz fixar o prazo, o objeto da perícia e nomear perito (art. 825-H, § 4º).

Em face do conteúdo do art. 825-H, § 4º, além do prazo legal para o desfecho processual e respectiva sentença, surge a conclusão de que não é cabível a indicação de assistentes técnicos e formulação de quesitos pelas partes, o que fere o princípio do contraditório e do amplo direito de defesa (art. 5º, LV, CF).

Após a entrega do laudo no prazo fixado pelo juiz, as partes serão intimadas para manifestação (concordância ou impugnação) no prazo comum de cinco dias (art. 852-H, § 6º, CLT).

Se o juiz não sentenciar no prazo máximo de 30 dias, deverá justificar os motivos relevantes nos autos (art. 852-H, § 7º). Um dos argumentos relevantes, em descompasso com o espírito da Lei 9.957, é a falta de elementos materiais e funcionais para a celeridade processual. É comum, nas varas do trabalho, a falta de funcionários, aliás, nem todas possuem a lotação completa.

10.4 SENTENÇA

No procedimento ordinário, as partes integrantes da sentença são: relatório, fundamentação e conclusão (art. 832, *caput, CLT,* art. 489, CPC).

As sentenças prolatadas, nas demandas trabalhistas submetidas ao procedimento sumaríssimo, de acordo com o art. 852-I, CLT, dispensam a elaboração de relatório.

Na elaboração da fundamentação da sentença, ao apreciar os fatos expostos pelas partes e as provas produzidas, o juiz adotará a decisão que reputar mais justa e equânime, atendendo aos fins sociais da lei e às exigências do bem comum (art. 852, I, § 1º).

Diante da interpretação literal do art. 852, I, § 1º, o legislador atribui ao juiz, quando da formulação da sentença, a mescla de integração (juízo de equidade) e de interpretação teleológica.

Interpretar representa o estabelecimento do alcance e do conteúdo da lei.

Várias são as técnicas interpretativas, tais como: literal, lógica, sistemática, histórica, autêntica e teleológica (art. 5º, LINDB).[2]

---

[2] "Observa Tercio Sampaio Ferraz Jr., com a argúcia que lhe é peculiar, que os termos 'fins sociais' e 'bem comum' são tidos como sínteses éticas da vida em comunidade, por pressuporem uma uni-

PARTE VI · Cap. X – PROCEDIMENTO SUMARÍSSIMO | **657**

Integração indica o preenchimento das lacunas existentes no ordenamento jurídico. Pela visão tridimensional, o Direito representa a interação de fato, norma e valor, formando, assim, um sistema. Quando esses elementos estão em harmonia com a realidade, não há lacunas no ordenamento jurídico.

O Direito como sistema é aberto, pois não contempla todas as respostas necessárias ao vasto complexo das relações jurídicas.

Diante da lacuna ou obscuridade do ordenamento jurídico, o juiz não se exime de sentenciar ou despachar, devendo recorrer à analogia, aos costumes e aos princípios gerais de direito (art.140, CPC; art. 4º, LINDB; art. 8º, CLT).

Na solução da lacuna, a equidade[3] só será utilizada pelo juiz nos casos previstos em lei (art. 140, parágrafo único, CPC).

Portanto, pelas assertivas postas, a exata autorização dada ao magistrado, diante do art. 852-I, § 1º, CLT, é de aplicar a legislação material pertinente ao conteúdo da demanda, valorizando o fim social da norma, na busca da interpretação que reflita a justiça ao caso concreto. Contudo, o juiz não se esquecerá da indicação dos motivos pelos quais lastreou o seu convencimento, sob pena de nulidade do julgado (art. 93, IX, CF).

A expressão "decisão que reputar mais justa e equânime" contida no art. 852-I, § 1º, CLT, não indica um juízo de equidade, sob pena de tornar a discricionariedade do magistrado em arbitrariedade, em prejuízo ao universo da prova e das razões do convencimento.

As partes serão intimadas da sentença na própria audiência em que é prolatada (art. 852-I, § 3º).

No caso de não ser possível à prolação da sentença em audiência, de acordo com o art. 852-H, § 7º, o juiz poderá publicá-la em outra oportunidade, valendo-se, inclusive, da aplicação da Súm. 197, TST.

---

dade de objetivos do comportamento humano social. Os fins sociais são do direito; logo, é preciso encontrar nos preceitos normativos o seu *telos* (fim), que não poderá ser, em hipótese alguma, antissocial. O bem comum, por sua vez, postula uma exigência que se faz à própria sociabilidade; logo, não se trata de um fim do direito, mas da vida social" (DINIZ, Maria Helena. *As lacunas no direito*, 4. ed., p. 278).

3   "Equidade" não é um vocábulo unívoco ou equívoco, mas análogo, pois, interage com realidades conexas ou relacionadas entre si. Portanto, não há consenso doutrinário quanto ao seu exato conceito. Na síntese de várias correntes doutrinárias, Alípio Silveira, citado por Maria Helena Diniz, nos dá três acepções: "a) na *latíssima*, ela seria o princípio universal da ordem normativa, a razão prática extensível a toda conduta humana: religiosa, moral, social, jurídica, configurando-a como uma suprema regra de justiça a que os homens devem obedecer; (b) na *lata*, a equidade confundir-se-ia com a ideia de justiça absoluta ou ideal, com os princípios de direito, com a ideia do direito, com o direito natural em todas as suas significações; (c) na estrita, seria ela esse mesmo ideal de justiça enquanto aplicado, ou seja, na interpretação, integração, individualização judiciária, adaptação etc., sendo, nessa acepção, empírica: seria ela a justiça no caso concreto" (Ob. cit., p. 248).

Pela redação originária do projeto de lei aprovado pelo Congresso Nacional, não seria admitida sentença condenatória por quantia ilíquida, porém, houve o veto por parte do Presidente da República ao art. 852-I, § 2º.

QUESTIONÁRIO

1. No procedimento sumaríssimo, diante de irregularidades na petição inicial, é permitido ao juiz a concessão do prazo de 15 dias (art. 321, CPC) para eventual emenda? Justifique.

2. João foi empregado de uma pequena empreiteira – José Silva Serviços de Pedreiro ME. Quando da sua dispensa, nada recebeu. Ao postular os seus direitos rescisórios (R$ 1.500,00 – valor inferior a 40 salários-mínimos) na Justiça do Trabalho, não consegue localizar o seu ex-empregador. É cabível a citação por edital? Justifique.

3. O juiz é obrigado a prolatar a sentença na audiência una se a demanda estiver submetida ao rito sumaríssimo?

4. No rito sumaríssimo as partes podem indicar assistentes e formular quesitos? Em caso afirmativo, qual é o prazo?

5. Quais são as hipóteses de cabimento do recurso de revista no procedimento sumaríssimo?

6. Na sua opinião, o procedimento sumaríssimo é obrigatório para o empregado?

7. Na sentença de uma demanda submetida ao procedimento sumaríssimo, o magistrado pode decidir com base na equidade?

Capítulo XI
DESPESAS PROCESSUAIS

11.1 CONCEITO: DESPESAS PROCESSUAIS

Despesas processuais são os *"gastos feitos com uma causa, abrangendo pagamento de peritos, emolumentos, taxas, comissões, conduções, honorários advocatícios, custas etc."*.

É importante o exame das disposições legais quanto à cobrança das custas processuais, dos emolumentos e da responsabilidade pelo pagamento dos honorários periciais na Justiça do Trabalho, as quais são decorrentes da Lei 10.537/02, da Instrução Normativa 20/02, TST, e do Ato 21.10, TST e CSJT.

A Lei 10.537 alterou a redação dos arts. 789 e 790, bem como acrescentou os arts. 789-A, 789-B, 790-A e 790-B ao corpo da CLT. As regras processuais foram alteradas pela Reforma Trabalhista (Lei 13.467/17).

11.2 CONCEITOS: CUSTAS PROCESSUAIS, EMOLUMENTOS E VERBA HONORÁRIA PERICIAL

Custas processuais representam uma *"parte de despesas judiciais, relativas à formação, propulsão e terminação do processo taxadas por lei (Pontes de Miranda, Comentários)"*.[1]

Emolumentos são *"taxados para os atos estranhos à instância, ainda que depois possam ser nela produzidos, referentes a escrituras, registros, traslados, certidões etc. (João Mendes, apud Eliézer Rosa)"*.[2]

Verba honorária pericial é a despesa judicial decorrente dos laudos, vistorias e exames realizados pelo perito.

De acordo com art. 5º, LXXVII, CF, as ações de *habeas corpus* e *habeas data* são gratuitas e, na forma da lei, os atos necessários ao exercício da cidadania. Além disso, o Estado prestará assistência judiciária integral e gratuita aos que comprovarem insuficiência de recursos (art. 5º, LXXIV). A assistência judiciária, atualmente, está disciplinada pelo CPC (art. 98 e segs.,), sendo que na seara trabalhista é complementada pela Lei 5.584/70.

---

[1] CARRION, Valentin. *Comentários à Consolidação das Leis do Trabalho*, 28. ed., p. 577.
[2] CARRION, Valentin. Ob. cit., p. 577

DIREITO PROCESSUAL DO TRABALHO • *Francisco Ferreira Jorge Neto – Jouberto de Quadros Pessoa Cavalcante*

Pela EC 45, as custas e os emolumentos serão destinados exclusivamente ao custeio dos serviços afetos às atividades específicas da Justiça (art. 98, § 2º, CF).

11.3 AS CUSTAS PROCESSUAIS NOS DISSÍDIOS INDIVIDUAIS E COLETIVOS TRABALHISTAS

Nos dissídios individuais e nos dissídios coletivos do trabalho, nas ações e procedimentos de competência da Justiça do Trabalho, bem como nas demandas propostas perante a Justiça Estadual, no exercício da jurisdição trabalhista, as custas relativas ao processo de conhecimento incidirão à base de 2%, observado o mínimo de R$ 10,64 e o máximo de quatro vezes o limite máximo dos benefícios do Regime Geral de Previdência Social (art. 789, *caput*, CLT, Lei 13.467).

O TST, de acordo com a autorização legislativa (art. 790, *caput*, CLT), determinou: *"Não serão fixadas, no processo de conhecimento, custas inferiores a R$ 10,64, ainda que o resultado do cálculo seja inferior a este valor"* (item 10, IN 20).

Diante da leitura do art. 789, *caput*, da CLT, o limite mínimo de R$ 10,64 é válido para todo e qualquer dissídio, individual ou coletivo, excetuando os processos de execução, os quais possuem uma regra especial (art. 789-A).

Em janeiro/2018, o limite máximo dos benefícios do Regime Geral de Previdência Social é de R$ 5.645,80 (Portaria 15, do Ministro da Fazenda, de 16/1/2018).

11.3.1 O Percentual Legal e a Base de Cálculo das Custas Processuais

O percentual legal para apuração das custas processuais é de 2% e a base de cálculo será sobre: (a) valor do acordo; (b) valor da causa; (c) valor da condenação (art. 789, I a IV, CLT).

As custas processuais são devidas quando o montante for igual ou superior a R$ 532,00, já que o valor mínimo é de R$ 10,64 (2% sobre R$ 532,00).

O valor da condenação não se confunde com o valor da causa.

Valor da condenação é o montante estabelecido pelo juízo, quando da prolação da sentença, para fins de cálculo das custas processuais. Pondere-se, ainda, que o valor da condenação é importante para o recolhimento do depósito recursal (art. 899, CLT); enquanto o valor da causa é a importância pecuniária que se atribui ao pedido. Não sendo conhecido, deverá ser calculado por estimativa.

No processo do trabalho, ao atribuir-se um valor econômico a um processo, determina-se: (a) o rito procedimental (ordinário, sumário[3] ou sumaríssimo);[4] (b) a alçada recursal (art. 2º, §§ 3º e 4º, Lei 5.584/70); (c) o impulso oficial (art. 4º).

---

[3] O procedimento sumário é regulado pelo art. 2º da Lei 5.584/70, sendo aplicável às causas em que o valor da causa é igual ou inferior a dois salários-mínimos.

[4] O procedimento sumaríssimo é aplicável aos dissídios individuais em que o valor da causa é igual ou inferior a 40 salários-mínimos (art. 852-A, *caput*, CLT, pela Lei 9.957/00). Estão excluídas do

PARTE VI · Cap. XI – DESPESAS PROCESSUAIS | 661

11.3.1.1 Valor do Acordo

Quando o valor do acordo for igual ou superior a R$ 532,00, as custas processuais serão calculadas sobre o respectivo montante (art. 789, I, CLT).

11.3.1.2 Valor da Causa

Quanto ao valor da causa, ante a omissão da CLT, aplicam-se, subsidiariamente, os arts. 291 e 292, CPC, a saber: (a) para toda demanda será atribuído um valor certo, ainda que não tenha conteúdo econômico imediato; (b) o valor da causa constará da petição inicial ou da reconvenção e será: (1) na ação de cobrança de dívida, a soma monetariamente corrigida do principal, dos juros de mora vencidos e de outras penalidades, se houver, até a data da propositura da ação; (2) quando o litígio tiver por objeto a existência, a validade, o cumprimento, a modificação, a resolução; (3) resilição ou a rescisão de ato jurídico, o valor do ato ou o de sua parte controvertida; (4) na ação de alimentos, a soma de doze prestações mensais pedidas pelo autor; (5) na ação de divisão, de demarcação e de reivindicação o valor de avaliação da área ou bem objeto do pedido; (6) nas ações indenizatórias, inclusive as fundadas em dano moral, o valor pretendido; (7) havendo cumulação de pedidos, a quantia correspondente à soma dos valores de todos eles; (8) sendo alternativos os pedidos, o de maior valor; (9) se houver também pedido subsidiário, o valor do pedido principal; (10) quando se pedirem prestações vencidas e vincendas, será considerado o valor de todas as parcelas, observando que o valor das prestações vincendas será igual a uma prestação anual, se a obrigação for por tempo indeterminado ou por tempo superior a um ano; se, por tempo inferior, será igual à soma das prestações.

O art. 12, § 2º, IN 41/18, TST, reza que o valor da causa será estimado, observando-se, no que couber, o disposto nos arts. 291 a 293, CPC.

Nas ações plúrimas, as custas incidem sobre o respectivo valor global (Súm. 36, TST).[5]

As custas serão calculadas sobre o valor da causa quando: (a) houver extinção do processo, sem julgamento do mérito, e o montante seja igual ou superior a R$ 532,00 (art. 789, *caput*, II, CLT). Essa regra é aplicável à situação em que a extinção é total; (b) julgado totalmente improcedente o pedido, desde que o valor da causa seja igual ou superior a R$ 532,00 (art. 789, *caput*, II); (c) no caso de procedência do pedido formulado em

---

procedimento sumaríssimo as demandas em que é parte a Administração Pública (direta, autárquica e fundacional) (art. 852-A, parágrafo único).

[5] "O objetivo do Enunciado foi o de dar tratamento como se fosse um único processo (sinônimo de lide). Todavia, a regra só tem assento quando se cuidar de arquivamento pela ausência dos autores ou desistência de todos ou mesmo renúncia por todos os autores. Em se prosseguindo normalmente na instrução e julgamento, o valor dado à causa passa a ser considerado tão somente para efeito de determinar ou não a alçada recursal desligando-se do valor das custas, que passará a ser informado por outras realidades do processo. Assim, em havendo condenação, as custas poderão ser fixadas em valor maior (totalmente procedentes os pedidos, considerando-se juros e correção monetária e o tempo decorrido) ou em valor menor (procedência parcial dos pedidos)" (Oliveira, Francisco Antonio de. *Comentários aos enunciados do Tribunal Superior do Trabalho*, 3. ed., p. 100).

ação declaratória e em ação constitutiva, sobre o valor da causa, desde que o montante seja igual ou superior a R$ 532,00 (art. 789, *caput*, III). Isso é possível para as situações em que haja um único pedido – declaratório ou constitutivo. Se a exordial tiver vários pedidos cumulados e líquidos (declaratórios, constitutivos e condenatórios), as custas serão calculadas sobre a soma dos pedidos, se a decisão acolher os respectivos valores, ou, em caso contrário, sobre o valor arbitrado pelo juiz (art. 789, IV, § 2º).

É importante ressaltar que com a decisão judicial prolatada em dissídio individual, as custas serão devidas pelo vencido, portanto, não poderá haver a fixação de dois montantes distintos (art. 789, § 1º).

11.3.1.3 Valor da Condenação

Há fatores que influem na fixação do valor da condenação: (a) quando a exordial não aponta os valores dos pedidos formulados; (b) o acolhimento parcial ou total dos títulos requeridos em juízo; (c) mesmo com os títulos líquidos na inicial, a decisão determina a apuração em liquidação.

Tais variáveis justificam os critérios legais inseridos no art. 789, I e § 2º, da CLT, respectivamente: (a) quando o valor for indeterminado, sobre o que o juiz fixar; (b) não sendo líquida a condenação, o juízo arbitrará o valor e fixará o montante das custas processuais.

Quando o valor da condenação for igual ou superior a R$ 532,00, haverá a fixação das custas sobre o respectivo montante, adotando-se o percentual de 2%.

Diante da leitura do art. 789, § 1º, não há custas para os dois litigantes, em face da decisão judicial prolatada na demanda judicial individual trabalhista, já que as mesmas sempre serão pagas pelo vencido.

Nos dissídios individuais trabalhistas, a decisão sempre deverá mencionar as custas que devem ser pagas pela parte vencida (art. 832, § 2º, CLT).

A IN 9/96 do TST declinava que das decisões proferidas pelos tribunais trabalhistas, bem assim das decisões monocráticas dos Presidentes e dos Relatores deveria constar, quando couber, o valor atribuído à causa, à condenação ou ao acréscimo da condenação, e o consequente valor das custas, com efeito de intimação do litigante sucumbente indicado, para fins de recolhimento no prazo legal, quando exigível, das custas processuais no importe fixado.

11.3.2 As Regras quanto ao Pagamento das Custas Processuais

As custas processuais devem ser pagas pelo vencido, depois de transitada em julgado a decisão (art. 789, § 1º, CLT; item XI, IN 20, TST).

No caso de recurso, as custas serão pagas e comprovado o recolhimento dentro do prazo recursal (art. 789, § 1º), sob pena de deserção.

No caso de ser insuficiente o valor recolhido a título de custas processuais, somente será caso de deserção se o recorrente, intimado na pessoa do seu advogado, não vier a supri-lo no prazo de cinco dias (art. 1.007, § 2º, NCPC; OJ 140, SDI-I).

PARTE VI · Cap. XI – DESPESAS PROCESSUAIS | **663**

Não caracteriza deserção a hipótese em que, acrescido o valor da condenação, não houve fixação ou cálculo do valor devido a título de custas e tampouco intimação da parte para o preparo do recurso, devendo, pois, as custas ser pagas ao final (Súm. 25, III).

No caso de inversão do ônus da sucumbência em segundo grau, sem acréscimo ou atualização do valor das custas e se estas já foram devidamente recolhidas, descabe um novo pagamento, pela parte vencida, ao recorrer. Deverá ao final, se sucumbente, reembolsar a quantia (Súm. 25, II).

É ônus da parte recorrente efetuar o depósito legal, integralmente, em relação a cada novo recurso interposto, sob pena de deserção. Atingido o valor da condenação, nenhum depósito mais é exigido para qualquer recurso (Súm. 128, I, TST).

O preparo de recurso da competência do STF será feito no prazo e na forma do disposto no Regimento Interno daquela Corte e segundo a sua "Tabela de Custas" (item XII, IN 20).

Sempre que houver acordo, se de outra forma não for convencionado, o pagamento das custas caberá em partes iguais aos litigantes (art. 789, § 3º, CLT). Essa regra se aplica ao procedimento de homologação de acordo extrajudicial (art. 855-B).

Ao contrário do que ocorre nos dissídios individuais, nos dissídios coletivos[6] os vencidos responderão solidariamente pelo pagamento das custas, calculadas sobre o valor arbitrado na decisão, ou pelo presidente do tribunal (art. 789, § 4º), não sendo permitido o rateio, devendo o pagamento ser feito no valor integral das custas (item IX, IN 20).

Nos dissídios individuais, se o empregado não obtiver o benefício da justiça gratuita ou a isenção de custas, o sindicato que houver intervindo no processo responderá solidariamente pelo pagamento das custas devidas (art. 790, § 1º, CLT).

A regra é aplicável quando a entidade sindical atua como assistente da parte e não quando, por exemplo, a entidade sindical concede apenas a assistência judiciária ao empregado.

Em caso de indeferimento do requerimento de justiça gratuita formulado na fase recursal, cumpre ao relator fixar prazo para que o recorrente efetue o preparo (art. 99, § 7º, CPC) (OJ 269, II, SDI-I).

11.4 AS CUSTAS PROCESSUAIS NO PROCESSO DE EXECUÇÃO TRABALHISTA

O art. 789, § 2º, CLT, enunciava que *"as custas de execução e os emolumentos de translados e instrumentos serão determinados em tabelas expedidas pelo Tribunal Superior do Trabalho"*.

---

[6] Pela Consolidação dos Provimentos da Corregedoria-Geral da Justiça do Trabalho, nos dissídios coletivos, as partes vencidas responderão solidariamente pelo pagamento das custas (art. 69). Por outro lado, nos dissídios coletivos de natureza econômica em que for instituída norma ou condição de trabalho em favor da categoria profissional, o pagamento integral das custas processuais caberá à empresa ou à entidade sindical patronal que integrou a relação processual (art. 70).

Ocorre que, como apontou Wagner Giglio,[7] *"o Supremo Tribunal Federal, ao decidir o Recurso Extraordinário nº 116.208-2, interposto pelo Estado de Minas Gerais, entendeu que somente a lei federal poderia dispor sobre a cobrança de taxas judiciárias, não subsistindo a delegação dada ao Tribunal Superior do Trabalho pelo art. 789, § 2º, da CLT, para emitir tabela de custas de execução, diante da Constituição Federal de 1967, com a Emenda nº 7, de 13/4/77. Assim sendo, até que a lei venha a estipular as custas de execução e os emolumentos de translados e de documentos, o pagamento daquelas e destes não poderá ser exigido nos processos da Justiça do Trabalho".*

A CF, em seu art. 24, IV, estabelece a competência concorrente da União, dos Estados e do Distrito Federal para legislar a respeito das custas dos serviços forenses.

A Lei 10.537/02 completa um vazio legislativo quanto às custas processuais no processo de execução.

No processo de execução, são devidas custas, sempre de responsabilidade do executado e pagas ao final (art. 789-A, *caput*), observando os parâmetros da seguinte tabela (art. 789-A, I a IX): (a) autos de arrematação, de adjudicação e de remição: 5% sobre o respectivo valor, até o máximo de R$ 1.915,38; (b) atos dos oficiais de justiça, por diligência certificada: (1) em zona urbana: R$ 11,06; (2) em zona rural: R$ 22,13; (c) agravo de instrumento: R$ 44,26; (d) agravo de petição: R$ 44,26; (e) embargos à execução, embargos de terceiro e embargos à arrematação: R$ 44,26; (f) recurso de revista: R$ 55,35; (g) impugnação à sentença de liquidação: R$ 55,35; (h) despesa de armazenagem em depósito judicial – por dia: 0,1% do valor da avaliação; (i) cálculos de liquidação realizados pelo contador do juízo – sobre o valor liquidado: 0,5% até o limite de R$ 638,46.

No processo de execução, ao contrário dos demais tipos de processos, as custas são devidas ao final de todo o processado e são mensuradas em face dos atos praticados.

Não será possível a cobrança das custas em execução provisória, já que as mesmas somente serão pagas ao final, o que pressupõe o trânsito em julgado da decisão exequenda.

11.5 EMOLUMENTOS NA JUSTIÇA DO TRABALHO

O art. 789-B, CLT, disciplina os emolumentos na Justiça do Trabalho, impondo os seguintes atos e respectivos valores: (a) autenticação de traslado de peças mediante cópia reprográfica apresentada pelas partes – por folha: R$ 0,55; (b) fotocópia de peças – por folha: R$ 0,28; (c) autenticação de peças – por folha: R$ 0,55; (d) cartas de sentença, de adjudicação, de remição e de arrematação – por folha: R$ 0,55; (e) certidões – por folha: R$ 5,53.

Ao contrário das custas, as quais, como regra, são devidas pelo vencido, os emolumentos são devidos pelo requerente em função dos atos praticados pelo serventuário (art. 789-B, *caput*, CLT; item XVI, IN 20).

Os emolumentos são devidos em todos os procedimentos na Justiça do Trabalho, abrangendo os processos de conhecimento e de execução.

---

[7] GIGLIO, Wagner. *Direito processual do trabalho,* 8. ed., p. 137.

PARTE VI · Cap. XI – DESPESAS PROCESSUAIS | 665

É importante ressaltar que o legislador não disciplinou o prazo e o momento para o pagamento dos emolumentos, como também não fixou o tempo para que os atos sejam realizados pelo serventuário.

A matéria também não está disciplinada pela IN 20. Enquanto não houver uma determinação legislativa, a solução há de ser dada pelos juízes, orientando os seus serventuários, como forma de evitar dissabores com os jurisdicionados ou advogados.

A solução judicial deve cotejar a inteligência do art. 218, § 3º, CPC, ou seja, como não há previsão legal, o prazo será de cinco dias. Dessa forma, a parte deve comprovar o recolhimento dos emolumentos em cinco dias.

Os serventuários deverão cumprir os atos elencados no art. 789-B, CLT, em cinco dias, em face da aplicação subsidiária do art. 228, *caput*, CPC.

Se o número de atos for elevado, o prazo poderá ser dilatado pelo magistrado, aplicando-se a regra inserida no item XVIII, da IN 20: *"As requisições de traslados serão atendidas sem o comprometimento das atividades normais das secretarias."*

O momento, para a comprovação do pagamento dos emolumentos, será computado a partir do decurso do prazo do serventuário para a prática do ato requerido.

De acordo com o item XVII, os órgãos da Justiça do Trabalho não estão obrigados a manter serviços de reprografia para atendimento ao público, tampouco autenticar fotocópias apresentadas pelas partes.

Discordamos da posição adotada pelo TST. É inegável que os emolumentos representam ônus para as partes. Além do ônus, se a secretaria não proceder à autenticação das fotocópias, haverá um outro gravame para as partes, já que o valor da autenticação perante os cartórios é superior ao fixado pela legislação trabalhista.

11.6 DEMAIS PROCEDIMENTOS QUANTO ÀS CUSTAS PROCESSUAIS E OS EMOLUMENTOS

De acordo com o art. 790, *caput*, da CLT, nas varas do trabalho, nos juízos de direito, nos tribunais e no TST, a forma de pagamento das custas e emolumentos obedecerá às instruções que serão expedidas pelo TST.

A partir de janeiro de 2011, nos termos do Ato Conjunto 21/10 TST.CSJT.GP.SG: (a) o pagamento das custas e dos emolumentos no âmbito da Justiça do Trabalho deverá ser realizado, exclusivamente, mediante Guia de Recolhimento da União (GRU Judicial), sendo ônus da parte interessada efetuar seu correto preenchimento; (b) a emissão da GRU Judicial deverá ser realizada por meio do sítio da Secretaria do Tesouro Nacional na Internet (*www.stn.fazenda.gov.br*), ou em aplicativo local instalado no Tribunal, devendo o recolhimento ser efetuado exclusivamente no Banco do Brasil ou na Caixa Econômica Federal; (c) o preenchimento da GRU Judicial deverá obedecer às orientações contidas no Anexo I do Ato Conjunto 21; (d) o pagamento poderá ser feito em dinheiro em ambas as instituições financeiras ou em cheque somente no Banco do Brasil; (e) serão utilizados os seguintes códigos de recolhimento: 18740-2 – STN-CUSTAS JUDICIAIS (CAIXA/ BB) e 18770-4 – STN-EMOLUMENTOS (CAIXA/BB)

O anexo I ao Ato Conjunto 21 prevê: (a) o campo "Unidade Gestora" deverá ser preenchido com o código do tribunal favorecido pelo recolhimento, conforme relação constante do Anexo II; (b) no campo "Gestão" deverá constar o código 00001; (c) o campo "Código de Recolhimento" deverá ser preenchido com um dos seguintes códigos, conforme o caso: 18740-2 – STN-CUSTAS JUDICIAIS (CAIXA/BB) e 18770-4 – STN-E-MOLUMENTOS (CAIXA/BB); (d) o campo "número do processo/referência" deverá ser preenchido, sem pontos ou hífens, excluindo-se os quatro últimos dígitos, que deverão ser informados no campo "Vara"; (e) os demais campos deverão ser preenchidos conforme as regras estabelecidas pela Secretaria do Tesouro Nacional. O anexo II ao Ato Conjunto 21/2010 traz os códigos (unidade gestora código) dos Tribunais.

11.7 ISENÇÃO QUANTO AO PAGAMENTO DAS CUSTAS PROCESSUAIS E DOS EMOLUMENTOS

É facultado aos juízes, órgãos julgadores e presidentes dos tribunais do trabalho de qualquer instância conceder, a requerimento ou de ofício, o benefício da justiça gratuita, inclusive quanto a traslados e instrumentos, àqueles que perceberem salário igual ou inferior a 40% do limite máximo dos benefícios do Regime Geral de Previdência Social (art. 790, § 3º, CLT, Lei 13.467).

A quem ganha acima de 40%, o benefício será concedido a quem comprovar insuficiência de recursos para o pagamento das custas do processo (art. 790, § 4º, Lei 13.467), sendo que para a concessão da assistência judiciária gratuita à pessoa natural (art. 99, § 3º, CPC), basta a declaração de hipossuficiência econômica firmada pela parte ou por seu advogado, desde que munido de procuração com poderes específicos para esse fim (art. 105, CPC) (Súmula 463, I, TST).

No caso de pessoa jurídica, para fins de concessão da assistência judiciária gratuita, não basta a mera declaração: é necessária a demonstração cabal de impossibilidade de a parte arcar com as despesas do processo (Súmula 463, II, TST).

O art. 790-A, *caput*, CLT, menciona somente à isenção quanto às custas. Entendemos que a palavra "custas" deve ser interpretada de forma ampla, incluindo-se não só as custas processuais, como também os emolumentos e outras despesas do processo (art. 98, § 1º, CPC).

Na sistemática processual civil, são dispensados de preparo os recursos interpostos: pelo Ministério Público, pela União, pelos Estados e Municípios e respectivas autarquias (art. 1.007, § 1º CPC).

No processo do trabalho, de acordo com o Dec.-lei 779/69, a União está dispensada quanto ao pagamento das custas processuais (art. 1º, VI). A matéria é reproduzida no art. 790-A, I, CLT.

Para os Estados, Municípios, Distrito Federal e as autarquias ou fundações de direito público federais, estaduais ou municipais que não explorem atividade econômica, as custas eram pagas a final (art. 1º, VI, Dec.-lei 779). O art. 790-A, I, da CLT, revogou o conteúdo do art. 1º, VI, já que tais entes de Direito Público interno estão isentos quanto ao pagamento das custas processuais.

PARTE VI · Cap. XI – DESPESAS PROCESSUAIS | 667

O Ministério Público do Trabalho também está isento quanto ao pagamento das custas processuais (art. 790-A, II).

As isenções previstas no art. 790-A não alcançam as entidades fiscalizadoras do exercício profissional (OAB, CRM, CREA etc.).

As pessoas jurídicas de Direito Público interno (a União, os Estados, o Distrito Federal e respectivas autarquias e fundações públicas federais, estaduais ou municipais que não explorem atividade econômica) não estão isentas da obrigação de reembolsar as despesas judiciais realizadas pela parte vencedora (art. 790-A, parágrafo único).

Os privilégios e isenções no foro da Justiça do Trabalho não abrangem as sociedades de economia mista, ainda que gozassem desses benefícios anteriormente ao Dec.-lei 779 (Súm. 170, TST).

A massa falida também está dispensada quanto ao pagamento das custas processuais, o que não ocorre com as empresas em liquidação extrajudicial (Súm. 86).

11.8   A RESPONSABILIDADE PELOS HONORÁRIOS PERICIAIS

Pelo princípio da sucumbência, *"para que o Estado dê ao vencedor da demanda aquilo que o direito lhe atribui, é preciso que a demanda não acarrete depreciamento de seu patrimônio".*[8]

Observando tal princípio, a parte vencida é responsável por todas as despesas realizadas no processo tais como: custas, honorários de advogado, multa às partes, perícias, condução de testemunhas etc. (art. 85, NCPC).

A sucumbência pode ser de vários tipos, a saber: (a) única – quando o prejuízo atinge somente uma das pessoas; (b) múltipla – quando temos mais de um vencido, ou seja, são atingidos vários interesses. Pode ser dividida em paralela ou recíproca. A primeira ocorre quando o ato prejudica interesses idênticos de várias partes ou lesa interesses iguais de mais de uma parte. Por sua vez, recíproca é quando se tem o prejuízo em comum aos interesses opostos de duas partes; (c) direta – quando atinge quem é parte; (d) reflexa – quando atinge pessoas que estão fora da relação processual – terceiros; (e) total – o gravame atinge o pedido em sua totalidade; (f) parcial – o prejuízo atinge parte do pedido.

O TST, ao entender que a indicação do perito assistente é faculdade da parte, acabou por considerar que a responsabilidade pelo pagamento dos seus honorários é de quem o indicou, sem qualquer vinculação com o resultado da perícia (Súm. 341). Assim, quanto aos honorários do assistente técnico, é inaplicável o princípio da sucumbência. Ousamos, entretanto, discordar do posicionamento adotado pelo TST, pois a faculdade da parte em indicar o assistente técnico não muda a natureza dos honorários. Os honorários do assistente técnico continuam sendo despesas processuais.

---

[8]   BARBI, Celso Agrícola. *Comentários ao Código de Processo Civil*, v. 1, 7. ed., p. 63.

A partir da EC 45, nas lides que não sejam decorrentes da relação de emprego, faculta-se ao juiz a exigência do depósito prévio quanto ao pagamento dos honorários periciais (art. 6º, parágrafo único, IN 27, TST).

A controvérsia que envolvia a responsabilidade pelo pagamento de honorários periciais no processo de conhecimento não encontra grande questionamento jurídico atualmente. A Lei 10.537/02 promoveu a inserção do art. 790-B, CLT, e agasalhou a posição jurisprudencial (Súm. 236, TST, cancelada), de modo que "A responsabilidade pelo pagamento dos honorários periciais é da parte sucumbente na pretensão objeto da perícia, salvo se beneficiária de justiça gratuita".

É indiscutível que a responsabilidade pelos honorários periciais, no processo de conhecimento, é atribuição de quem tenha sido sucumbente no objeto da perícia, ainda que o julgamento se dê por outros elementos do processo e divergindo a conclusão do laudo pericial. Vale dizer: paga a verba honorária, quem for condenado no título cuja convicção foi lastreada na perícia. A procedência ou não do pedido, que se correlaciona com a perícia, vincula o encargo quanto ao pagamento.

Com a Reforma Trabalhista, as regras processuais foram alteradas (art. 790-B, CLT). Com isso, o valor dos honorários não poderá ser superior ao estabelecido pelo CSJT e o juízo poderá deferir o parcelamento dos honorários periciais (art. 790-B, §§ 1º e 2º). Acrescente-se que foi positivado do entendimento do TST, sendo ilegal a exigência de depósito prévio para custeio dos honorários periciais, dada a incompatibilidade com o processo do trabalho (art. 790-B, § 3º), admitindo-se o mandado de segurança visando à realização da perícia independentemente do depósito (OJ 98, SDI-II). As novas regras somente são aplicáveis às ações propostas após 11 de novembro de 2017 (art. 5º, IN 41/18, TST).

O beneficiário da justiça gratuita não responderá pelos honorários periciais, quando não houver proveito econômico na reclamação trabalhista ou em outra ação judicial (art. 790-B, § 4º, CLT, Lei 13.467).[9]

Quando o trabalhador é beneficiário da justiça gratuita, ante o seu estado de necessidade, não é correta a imposição do pagamento de honorários periciais, visto que: (a) o crédito trabalhista é de natureza alimentar; (b) o crédito trabalhista não é penhorável; (c) a responsabilidade pelos honorários periciais não se coaduna com a assistência jurídica integral, tampouco com a proteção do salário (art. 5º, LXXIV; art. 7º, X, CF); (d) como necessitado, o trabalhador depende dos seus créditos trabalhistas para a sua subsistência, logo, essa responsabilidade não se coaduna com o primado da dignidade da pessoa humana (art. 1º, III, CF); (e) a responsabilidade pelos honorários periciais, diante da concessão da justiça gratuita, representa uma severa limitação prática ao acesso ao Judiciário (art. 5º, XXX, CF).

Pela Resolução 66/10 do Conselho Superior da Justiça do Trabalho, os TRTs deverão destinar recursos orçamentários para o pagamento de honorários periciais,

---

[9] As alterações do art. 790-B, CLT, pela Lei 13.467/17, são objeto da ADI 5766, perante o STF (Rel. Min. Roberto Barroso).

PARTE VI · Cap. XI – DESPESAS PROCESSUAIS | 669

sempre que à parte sucumbente na pretensão for concedido o benefício da justiça gratuita. A responsabilidade da União pelo pagamento de honorários periciais em caso de concessão do benefício da justiça gratuita está condicionada ao atendimento simultâneo dos seguintes requisitos: (a) fixação judicial de honorários periciais; (b) sucumbência da parte na pretensão objeto da perícia; (c) trânsito em julgado da decisão (Súm. 457, TST).

A Resolução 232/16, do CNJ, disciplina a fixação dos valores a serem pagos pelos serviços de perícia de responsabilidade de beneficiário da gratuidade da justiça (art. 95, § 3º, III, CPC). As principais regras são: (a) o magistrado, em decisão fundamentada, arbitrará os honorários do profissional ou do órgão nomeado para prestar os serviços nos termos desta Resolução, observando-se, em cada caso: (1) a complexidade da matéria; (2) o grau de zelo e de especialização do profissional ou do órgão; (3) o lugar e o tempo exigidos para a prestação do serviço; (4) as peculiaridades regionais; (b) o pagamento dos valores será efetuado com recursos alocados no orçamento da União, do Estado ou do Distrito Federal. Quando o valor dos honorários for fixado em montante superior aos definidos em tabela oficial, seu pagamento, a ser realizado pelos cofres públicos, estará limitado àqueles valores estabelecidos por cada Tribunal ou, na sua falta, pelo CNJ; (c) em sendo o beneficiário da justiça gratuita vencedor na demanda, a parte contrária, caso não seja beneficiária da assistência judiciária, deverá arcar com o pagamento integral dos honorários periciais arbitrados; (d) o juiz, ao fixar os honorários, poderá ultrapassar o limite fixado na tabela em até cinco vezes, desde que de forma fundamentada.

Por fim: será que o princípio da sucumbência também pode ser considerado como critério a fim de embasar a responsabilidade pelas perícias contábeis realizadas na liquidação dos processos trabalhistas?

Por dois fatores (complexidade dos cálculos trabalhistas e a quase a totalidade das decisões judiciais serem ilíquidas), a perícia contábil é uma determinação corriqueira nas liquidações.

Sem adentrarmos nas questões controvertidas da liquidação de sentença, devemos ter em mente que a sua finalidade é a apuração do *quantum debeatur*, quantificando o montante do crédito exequendo. Não se discute o que é devido, mas sim o quanto é devido.

A perícia não atua como meio de prova na liquidação, na medida em que não mais se discute o direito já reconhecido no título executivo. Aliás, qualquer discussão quanto ao conteúdo do título exequendo é vedada às partes e ao juiz (art. 879, § 1º, CLT; art. 509, § 4º, CPC).

A responsabilidade pelo pagamento das despesas de perícia é da parte vencida no processo de conhecimento do feito. Exceção, contudo, são os casos em que temos a má-fé da parte. Hipóteses em que, além de ser condenado por litigância de má-fé, a parte deverá arcar com o ônus das despesas causadas.

Ocorrendo a realização da perícia por erros e acertos de ambas as partes ou por litigância de má-fé recíproca, a responsabilidade será apurada de forma proporcional.

11.8.1   A Atualização da Verba Honorária Pericial

Diferentemente da correção aplicada aos débitos trabalhistas, que têm caráter alimentar, a atualização monetária dos honorários periciais é fixada pelo art. 1º, Lei 6.899/91, aplicável a débitos resultantes de decisões judiciais (OJ 198, SDI-I).

Como a verba honorária pericial é uma despesa processual, correto o posicionamento adotado pelo TST, já que o art. 39, *caput*, da Lei 8.177/91, só é aplicável para os débitos de natureza trabalhista.

QUESTIONÁRIO

1. Quem é o responsável pelo pagamento das custas no processo de conhecimento?

2. Explique as diferenças entre valor da causa e valor da condenação?

3. Qual é o momento do pagamento das custas no processo de execução trabalhista?

4. Quem é o responsável pelo pagamento da verba honorária pericial no processo de execução trabalhista? Explique.

5. Quais são as hipóteses de isenção quanto ao pagamento das custas e dos emolumentos no processo trabalhista?

6. Quem é o responsável pelo pagamento dos honorários do assistente técnico?

Capítulo XII
SENTENÇA TRABALHISTA

12.1 ATOS DO JUIZ

Como responsável pela condução do processo, o juiz pratica atos decisórios e não decisórios.[1]

Atos decisórios possuem um conteúdo de deliberação ou de comando, enquanto os não decisórios representam aspectos administrativos ou de poderes de polícia do magistrado.

12.1.1 Atos Decisórios

De acordo com a natureza do processo (cognição ou de execução), os atos decisórios são divididos em: *"a) atos decisórios propriamente ditos; e (b) atos executivos. Nos primeiros, visa-se preparar ou obter a declaração da vontade concreta da lei frente ao caso* sub judice. *Já nos atos executivos, procura-se a realização efetiva da mesma vontade, através de providências concretas sobre o patrimônio do devedor, para satisfação do direito do credor (atos, por exemplo, que ordenam a penhora, a arrematação, à adjudicação etc.). Quando, no entanto, se faz a confrontação dos atos do juiz com os atos das partes no processo, aqueles, mesmo quando se referem ao processo executivo, 'são, regra geral, provisões, ordens, determinações, decisões', logo, 'atos decisórios' em sentido lato. Assim, é perfeitamente válida a afirmação de Amaral Santos de que 'as atividades do juiz, no desenvolvimento da relação processual, se manifestam especialmente por meio de atos decisórios – despachos e sentenças."*[2]

---

[1] "No comando do processo, o juiz está dotado de duas espécies de poderes: o de dar solução à lide, e o de conduzir o feito segundo o procedimento legal, resolvendo todos os incidentes que surgirem até o momento adequado à prestação jurisdicional. Durante a marcha processual e no exercício de seus poderes de agente da jurisdição, o juiz pratica atos processuais de duas naturezas: (a) decisórios; e (b) não decisórios. Nos primeiros, há sempre um conteúdo de deliberação ou de comando. Nos últimos, há apenas função administrativa, ou de polícia judicial" (THEODORO JÚNIOR, Humberto. *Curso de direito processual civil*, v. 1, 25. ed., p. 225).

[2] THEODORO JÚNIOR, Humberto. Ob. cit., p. 225.

Do ponto de vista doutrinário, os atos decisórios propriamente ditos do magistrado[3] são finais ou interlocutórios.

As decisões interlocutórias são as proferidas durante o transcorrer do processo, sendo divididas em: (a) simples despachos ordinatórios (também chamados de decisões interlocutórias simples) atos de mero impulso processual. Como exemplos: ato que ordena a citação; o que defere a juntada de contestação, o que manda intimar a testemunha etc.; (b) decisões que resolvem questões processuais, contudo, sem pôr fim ao processo. Resolvem questões incidentes no curso do processo. Por exemplo: as que repelem a exceção de coisa julgada, de litispendência, de ilegitimidade de parte, de incompetência etc. Essas decisões são as denominadas de decisões interlocutórias pela ordem processual civil.

Decisões finais são as que põem termo à relação processual, esgotando a atividade jurisdicional. São terminativas ou definitivas.[4]

Terminativas resolvem o processo, sem adentrar ao mérito (art. 485, CPC). Por exemplo: as que acolhem as exceções de coisa julgada e de litispendência.

Definitivas decidem o mérito, acolhendo ou rejeitando a pretensão contida na petição inicial. O escopo da decisão de mérito é a solução da situação jurídica material controvertida posta em juízo. São as sentenças finais por excelência (art. 487).

O julgamento colegiado proferido pelos tribunais recebe a denominação de acórdão (art. 204).

As decisões proferidas nos dissídios coletivos pelos TRTs são denominadas sentenças normativas.[5]

---

[3] "Os atos do juiz foram classificados por Liebman em quatro grupos: (a) Despachos de expediente ou ordenatórios – são os que dispõem simplesmente sobre o andamento do processo. São exemplos, no direito brasileiro: despachos de juntada, de vista, de notificação de testemunha, de designação de audiência etc.; (b) Despachos interlocutórios – são os que decidem as questões controvertidas relativas à regularidade e à marcha do processo, sem por-lhe fim. São exemplos, no direito brasileiro: o despacho de rejeição de ilegitimidade de parte; de rejeição de extinção do processo etc.; (c) Decisões terminativas – são aquelas com as quais o juiz põe termo ao processo por um defeito de constituição ou de procedimento, ou por qualquer outro motivo que torne impossível a decisão da lide. São terminativas do processo, sem lhe resolverem o mérito. São exemplos, no direito brasileiro: a decisão que declara o autor parte legítima; a que acolhe a alegação de perempção, litispendência, coisa julgada etc.; (d) Decisões definitivas – são as que decidem (no todo ou em parte) o mérito da causa, a lide, e recebem o nome de sentenças em sentido restrito. São exemplos, no direito brasileiro: as sentenças que julgam procedente ou improcedente a ação" (ALVIM, José Eduardo Carreira. *Elementos de teoria geral do processo*, 7. ed., p. 249).

[4] "Sentença é o ato jurisdicional por excelência e consiste no provimento por meio do qual o juiz põe termo ao processo dividindo ou não o mérito da causa. Tendo em vista esta circunstância, subdividem-se as sentenças em terminativas – quando extinguem a relação processual sem decidir a respeito do mérito da causa – e definitivas quando encerram a relação processual decidindo o mérito da causa" (SILVA, Ovídio A. Baptista. *Curso de processo civil*, v. 1, 4. ed., p. 200).

[5] As sentenças normativas são os pronunciamentos judiciais que põem fim aos processos trabalhistas (dissídios coletivos) nos quais temos como partes os grupos ou categorias profissionais e econômicas e cujos objetos versam sobre interesses não individuais.

Pelo prisma do CPC/73, os atos decisórios do magistrado[6] eram:

a) sentença é o ato pelo qual o juiz põe termo ao processo, decidindo ou não o mérito da causa (art. 162, § 1º);

b) decisão interlocutória é o ato pelo qual o juiz, no curso do processo, resolve questão incidente (art. 162, § 2º);

c) despachos são todos os demais atos do juiz praticados no processo, de ofício ou a requerimento da parte, a cujo respeito à lei não estabelece outra forma (art. 162, § 3º);

d) com a reforma do CPC, em 1994, houve a inserção dos atos meramente ordinários, como a juntada e a vista obrigatória, os quais independem de despacho, devendo ser praticados de ofício pelo servidor e revistos pelo juiz quando necessário (art. 162, § 4º).

Pela Lei 11.232/05, o art. 162, § 1º, CPC/73, passou a ter a seguinte redação: *"Sentença é o ato do juiz que implica alguma das situações previstas nos arts. 267 e 269 desta Lei."*

A inovação legislativa significou uma adequação do conceito legal à visão doutrinária do que representa a sentença.

Como conceito legal (CPC/73, antes da Lei 11.232/05), sentença era o ato pelo qual o juiz põe termo ao processo, decidindo ou não o mérito. Posteriormente, após a Lei 11.232/05, sentença é o ato praticado pelo magistrado que implica alguma das situações previstas nos arts. 267 e 269, CPC/73 (arts. 485 e 487, CPC/15). Vale dizer, o cunho significativo da sentença, como ato processual, é o seu conteúdo.

Para Teresa Arruda Alvim Wambier:[7] *"Dizer-se que a sentença é o ato do juiz que põe fim ao procedimento em primeiro grau é uma tautologia. Pergunta-se: qual é o ato do juiz que põe fim ao procedimento em primeiro grau de jurisdição? Responde-se: a sentença. Por outro lado, ao se perguntar o que é uma sentença, tem de responder-se que é o ato do juiz que põe fim ao procedimento em primeiro grau de jurisdição [...]. Discordamos, nesse passo, da lição de Barbosa Moreira, segundo quem as sentenças se diferenciam das demais manifestações jurisdicionais pelo critério topográfico, que, então, faria com que pudéssemos*

---

[6] "Há inúmeros outros atos processuais praticados pelo juiz que não estão incluídos nesse rol, como, por exemplo, a audiência (que é um ato complexo, onde o juiz tanto pode apenas realizar a colheita da prova, como produzir decisões e, mesmo, sentença), a inspeção judicial (que é ato instrutório, mas realizado pelo próprio juiz), ou, ainda, quando o juiz presta informações no recurso de agravo (art. 527, I), ou no mandado de segurança (art. 7º, I, da Lei nº 1.533/51), quando impetrado contra ato judicial. Nessa última hipótese, o ato praticado pelo juiz é de mera comunicação. Há, ainda, os atos de documentação, como a assinatura de termos e ofícios, que também são atos processuais (tanto que servem de prova), mas que não integram o disposto no art. 162. Portanto, do art. 162 deveria ter constado a expressão "pronunciamento", espécie do gênero ato. As hipóteses ali elencadas dizem respeito aos pronunciamentos do juiz no processo, e não a toda gama de atos processuais que por ele podem ser realizados" (WAMBIER, Luiz Rodrigues et al. Ob. cit., p. 166).

[7] WAMBIER, Teresa Arruda Alvim. *Nulidades do processo e da sentença*, 4. ed., p. 24.

identificá-las. Dizer poder distinguir-se a sentença das demais manifestações judiciais a partir do critério topográfico significa, a nosso ver, endossar a tautologia a que se chega pelo texto legal: o lugar em que a sentença se encontra é o fim do procedimento em primeiro grau. Essa é a impressão que se pode ter à primeira vista, se não se leva em conta uma circunstância: o legislador especificou quais são os conteúdos que fazem com que se possa identificar um pronunciamento judicial como sentença. Os possíveis conteúdos materiais das sentenças vêm expressamente previstos nos arts. 267 e 269 do CPC. Cremos, portanto, ser esta a nota marcante das sentenças, ou seja, é o seu conteúdo, preestabelecido por lei de forma expressa e taxativa, que as distingue dos demais pronunciamentos do juiz."

Vicente Greco Filho[8] tece críticas à antiga redação do art. 162, § 1º, CPC/73 (antes da Lei 11.232/05), ao afirmar que o conceito de sentença *"como o ato do juiz que põe termo ao processo deve ser entendido em caráter figurado, ou seja, como o ato do juiz que está apto a provocar a extinção do processo se não houver recurso, ou ainda o ato do juiz que põe termo à fase do processo em primeiro grau de jurisdição. Isto porque o recurso contra a sentença não instaura um novo processo, mas é apenas uma nova fase do mesmo processo que continua em desenvolvimento. Ora, se a sentença tivesse o condão de, desde logo, extinguir o processo, o recurso não poderia dar continuidade ao que já não existe mais".*

No mesmo sentido, Humberto Theodoro Júnior[9] afirma: *"Para o Código, contudo, o que importa para a conceituação de sentença não é o seu conteúdo, mas apenas a força da decisão de pôr fim ao processo, ainda que não se aprecie o mérito da demanda. No entanto, há consequências, inclusive no bojo do próprio Código, decorrentes da diversidade de natureza jurídica registrada entre a sentença definitiva e a terminativa. Assim é que o art. 459, ao tratar dos requisitos e efeitos da sentença, faz nítida distinção entre as duas figuras sob apreciação [...]. Por outro lado, embora o Código considere a força de extinguir o processo como o traço caracterizador da sentença, na verdade a relação processual nunca se encerra com a simples prolação de uma sentença (basta lembrar a possibilidade de recurso e a devolução do conhecimento da causa a outro órgão jurisdicional, e, às vezes, com reabertura de oportunidade ao próprio juiz autor da sentença de proferir novo julgamento, como se dá nos embargos declaratórios). A extinção do processo, embora ligada à sentença, só ocorre, na realidade, quando se opera a coisa julgada formal, ou seja, quando o pronunciamento judicial se torna irrecorrível. O que, de ordinário, a sentença encerra é a atividade jurisdicional do órgão judicial perante o qual pendia a causa".*

Ao comentar alteração legal, Manoel Antonio Teixeira Filho[10] discorre: *"A nova redação, atenta à advertência oriunda das fontes romanas de que toda definição em direito é perigosa (omnis definitio in ius civile periculosa est), abandonou o conceito expresso de sentença. De maneira objetiva, o dispositivo legal em exame configurou o pronunciamento*

---

8   GRECO FILHO, Vicente. Ob. cit., p. 16.
9   THEODORO JÚNIOR, Humberto. Ob. cit., p. 229.
10 TEIXEIRA FILHO. Manoel Antonio. As novas leis alterantes do processo civil e sua repercussão no processo do trabalho. *Revista LTr*, v. 70, nº 3, p. 275.

jurisprudencial de primeiro grau de acordo com as situações previstas nos arts. 267 e 269, do CPC, que especificam os casos em que o processo será extinto sem resolução de mérito, ou mediante apreciação deste, respectivamente. De qualquer modo, a referência efetuada pelo art. 162, § 1º – em sua nova redação – aos arts. 267 e 269 demonstra haver permanecido, ainda que implícito, o antigo conceito de sentença, pois os sobreditos dispositivos, como se disse, cuidam de situações em que o processo se extingue. Por este motivo, e para os efeitos práticos, o ato jurisdicional deverá ser considerado sentença toda vez que, mesmo não estando previsto nos arts. 267 e 269, acarretar a extinção do processo."

Pelo CPC, os atos do juiz são denominados de "pronunciamentos" e consistem em: (a) ressalvadas as disposições expressas dos procedimentos especiais, sentença é o pronunciamento por meio do qual o juiz, com fundamento nos arts. 485 e 487, põe fim ao processo ou a alguma de suas fases; (b) decisão interlocutória é todo pronunciamento judicial de natureza decisória que não se enquadre como sentença; (c) despachos são todos os demais pronunciamentos do juiz praticados no processo, de ofício ou a requerimento da parte; (d) os atos meramente ordinatórios, como a juntada e a vista obrigatória, independem de despacho, devendo ser praticados de ofício pelo servidor e revistos pelo juiz quando necessário (art. 203, §§ 1º a 4º).

Como se denota, o CPC adota a expressão pronunciamento, ou seja, os atos praticados pelo magistrado não mais se resumem aos descritos no art. 203. Há outros atos, tais como: inquirição das partes e das suas testemunhas; inspeções; assinatura de termo de penhora, de termo de leilão etc.

Diante da nova sistemática legal, sentença é a decisão que resolve ou não o mérito (arts. 485 e 487, CPC), bem como, de forma cumulativa, põe fim ao processo (processo ordinário e de execução) ou a alguma das suas fases (fase de conhecimento e de cumprimento).

Atualmente, do ponto de vista legal, decisão interlocutória é a que não se enquadra no conceito de sentença, logo, pode ou não tratar do mérito do processo, contudo, não põe termo ao processo ou a uma de suas fases.

Pelo CPC, a distinção básica de sentença e da decisão interlocutória não está no conteúdo e sim na capacidade de pôr fim ao processo ou uma de suas fases. Nesse sentido, a extinção parcial do processo (art. 354, parágrafo único) ou o julgamento antecipado parcial do mérito (art. 356, § 5º) são impugnáveis por agravo de instrumento. A IN 39/16, TST, admite a aplicação do julgamento parcial do mérito ao processo trabalhista, contudo, da decisão caberá recurso ordinário (art. 6º).

A doutrina aponta: *"Altera-se, no art. 203, o conceito de sentença encontrado no CPC revogado, afastando-se por completo a possibilidade de se cogitar de verdadeiras sentenças parciais de mérito. Isto porque, ao explicitar que a sentença não apenas é o pronunciamento judicial calcado numa das hipóteses dos arts. 485 e 487 do CPVC – definição essa já contida no CPC revogado – o art. 203 vai além, ao estabelecer que, para ser definido como sentença, tal pronunciamento deve pôr fim à fase cognitiva do procedimento comum. Como a decisão que resolver parcialmente o mérito no curso do processo, sem prejuízo deste, não põe fim à fase cognitiva, não pode ela ser definida como sentença.*

Não obstante, permanecerá a possibilidade de se proferirem decisões interlocutórias que resolvam o mérito em caráter definitivo, como prevê o art. 356, que trata do 'julgamento antecipado parcial do mérito'. Contra tais decisões, caberá agravo de instrumento, conforme prevê o art. 1.015, II e o próprio art. 356, § 5º.

Passa-se a conceituar expressamente como sentença a decisão que extingue o processo de execução. Aqui, deve-se atentar para algumas distinções importantes. Serão considera-das sentenças as decisões que (i) extinguirem por completo processo de execução de título extrajudicial ou procedimento de cumprimento e execução de sentença ou que (ii) extin-guirem embargos à execução de título extrajudicial, ainda que continue o processo total ou parcialmente (mas, nessa segunda hipótese, sentença é dos embargos, e não da execução). Não serão consideradas sentenças as decisões que extinguirem parcialmente o processo de execução de título extrajudicial ou o procedimento de cumprimento e execução de sentença, permitindo o prosseguimento destes, ainda que tal extinção parcial decorra do acolhimento da impugnação ao cumprimento de sentença, que é resolvida por decisão interlocutória".[11]

12.1.2   Atos Não Decisórios

O art. 203, CPC, não esgota os atos processuais praticados pelo magistrado. No desenrolar da relação jurídica processual, o juiz pratica uma série de outros atos, os quais não possuem conteúdo decisório, mas são importantes para que se chegue à sentença, tais como: presidência de audiências; oitiva de testemunhas; inspeção judicial de coisas e pessoas; poderes de polícia em audiência etc.

12.2   FORMA DOS ATOS DECISÓRIOS

No Processo Civil, os elementos[12] essenciais da sentença e do acórdão são: (a) o relatório, que conterá os nomes das partes, a identificação do caso, com a suma do pedido e da contestação, e o registro das principais ocorrências havidas no andamento do pro-cesso; (b) os fundamentos, em que o juiz analisará as questões de fato e de direito; (c) o dispositivo, em que o juiz resolverá as questões principais que as partes lhe submeterem (art. 489, I e III, CPC).

No Processo do Trabalho, a sentença deverá conter: (a) o nome das partes, o resumo do pedido e da defesa, a apreciação das provas, os fundamentos da decisão e a respectiva conclusão; (b) quando a decisão concluir pela procedência do pedido, determinará o prazo e as condições para o seu cumprimento; (c) a decisão mencionará sempre as custas que

---

[11]   AMARAL, Guilherme Rizzo. *Comentários às alterações do CPC*, p. 301.

[12]   "A palavra que deveria ter sido usada pelo legislador no art. 458 seria elemento, e não requisito. Requisito é 'condição necessária para que se chegue a algum objetivo'. É, portanto, anterior, lógica e cronologicamente, ao seu 'objetivo', não integrando. Relatório, fundamentação e decisório são, portanto, elementos da sentença, e não requisitos" (WAMBIER, Luiz Rodrigues et al. Ob. cit., p. 614).

PARTE VI · Cap. XII – SENTENÇA TRABALHISTA | 677

devam ser pagas pela parte vencida;[13] (d) a natureza jurídica das parcelas constantes da condenação ou do acordo homologado, inclusive o limite de responsabilidade de cada parte pelo recolhimento da contribuição previdenciária, se for o caso (art. 832, §§ 1º a 3º, CLT).

No procedimento sumaríssimo trabalhista, não se tem a necessidade do relatório (art. 852-I, CLT). Tem-se uma forma sintética de relatório, o que ficaria implícito na formulação da fundamentação da sentença.

Pelo CPC/73: (a) as decisões interlocutórias necessitam de fundamentação (art. 165), contudo, de forma concisa; (b) os despachos não necessitam de fundamentação, pois somente impulsionam o processo; (c) as sentenças terminativas serão concisas (art. 459, CPC).

Pela nova sistemática legal (CPC/15): (a) todos os julgamentos dos órgãos do Poder Judiciário serão públicos, tem como fundamentadas serão todas as decisões, sob pena de nulidade (art. 11, CPC; art. 93, IX, CF); (b) os embargos declaratórios são oponíveis contra qualquer decisão judicial (art. 489, caput, CPC); (c) é omissa a decisão que incorra em qualquer das condutas mencionadas no art. 489, § 1º. Como se constata, o NCPC deu uma dimensão mais acentuada ao dever de fundamentação dos atos jurisdicionais, não fazendo uma diferenciação expressa entre as decisões interlocutórias e as sentenças quanto à motivação.

É importante o desenvolvimento dos elementos legais integrantes da sentença e do acórdão:

a) o relatório[14] contém: o nome das partes; resumo da causa de pedir e do pedido, da defesa e das ocorrências e atos. Em suma: a síntese de todo o processo. Para Carlos Henrique Bezerra Leite, a sentença sem relatório, é nula de pleno direito, pela violação do disposto nos arts. 832, CLT, art. 489, I, CPC. José Augusto Rodrigues Pinto[15] afirma: *"Affonso Braga chega mesmo a refletir assim: 'certo que o relatório não é peça essencial do processo, no sentido de não anulá-lo, visto como o juiz pode sem ele decidir com o conhecimento de causa'. Embora a letra da lei processual trabalhista não se alinhe por interpretação tão literal, o ensinamento*

---

[13] Deve constar das decisões proferidas pelo Judiciário do Trabalho de primeiro e segundo graus de jurisdição, nos dissídios individuais, o valor das custas processuais, a ser calculado, no caso de improcedência da reclamação, sobre o valor dado à causa, e, no caso de procedência sobre o valor arbitrado à condenação, a cargo do reclamante ou do reclamado, dependendo de quem tenha sucumbido na ação (art. 68, Consolidação dos Provimentos da Corregedoria Geral da Justiça do Trabalho).

[14] "No relatório, o juiz faz como que um resumo do processo, expondo tudo o que lhe parece relevante, como fatos, razões de direito alegadas pelas partes, o pedido, a defesa. Expõe, pois, a matéria-prima que será o ponto de partida para sua decisão. É ainda, nessa oportunidade que deverá o juiz mencionar as principais ocorrências havidas no curso do processo, como, por exemplo, ter sido interposto agravo contra algum(s) de sua(s) decisões interlocutória(s) e, no caso de se ter entrado com agravo de instrumento, a solução que tenha sido dado ao recurso pelo tribunal, ou, ainda, as eventuais providências preliminares que tenham sido determinadas" (WAMBIER, Luiz Rodrigues et al. Ob. cit., p. 614).

[15] PINTO, José Augusto Rodrigues. Ob. cit., p. 402.

do velho mestre baiano deve ser tomado como fator de abrandamento, de modo que só mesmo a completa ausência do relatório enseje a nulificação do julgado". O relatório sucinto não induz a nulidade do julgado;

b) a fundamentação analisa as questões de fato e de direito. É a síntese do exame das provas e dos fatos alegados pelas partes, os quais são imprescindíveis para a formulação do convencimento do órgão jurisdicional. Apesar de o juiz ser soberano na avaliação das provas, na fundamentação deverá expor os motivos que declinam a sua convicção (art. 371, CPC). A fundamentação é vital para a validade da sentença, porém, o juiz não está obrigado a examinar todos os argumentos desenvolvidos pelas partes quando do exame do mérito.

c) a conclusão é o resumo da condenação. Pode ser: (a) direta – o juiz menciona um a um os pedidos solicitados e que foram deferidos na sentença; (b) indireta – reporta-se ao que foi deferido na fundamentação. A conclusão direta é a mais recomendável, evitando-se, assim, a arguição de nulidade do julgado.

A sentença, como um dos atos essenciais da jurisdição, há de ser clara e precisa, contendo os elementos previstos em lei. Em caso contrário, a sentença poderá ser objeto de uma ação rescisória, por violar literal disposição de lei (art. 966, V, CPC; art. 93, IX, CF).

A sentença, como ato de inteligência e vontade, deve decidir a lide nos limites propostos. Não deve ir além do pedido (*ultra petita*) ou ficar aquém do pedido (*citra petita*), ou ainda (*extra petita*) – condenação em objeto diverso do que é solicitado (arts. 141 e 492, NCPC).

Como forma de ressaltar a importância do princípio da motivação das decisões, o CPC (art. 489, § 1º, I a VI) dispõe que não se considera fundamentada qualquer decisão judicial, seja ele interlocutória, sentença ou acordão, que:

(a) se limitar à indicação, à reprodução ou à paráfrase de ato normativo, sem explicar sua relação com a causa ou a questão decidida. Não basta a simples indicação ou alusão ao texto legal. É necessário que a fundamentação, de forma objetiva, vincule a aplicação do dispositivo às peculiaridades do caso concreto;

(b) empregar conceitos jurídicos indeterminados, sem explicar o motivo concreto de sua incidência no caso. Conceito jurídico indeterminado é o conceito cujo objeto não é por ele bem definido, sendo aplicável a uma série enorme de situações ou fatos. São expressões, as quais contém um conteúdo axiológico por demais extenso. Exemplos: interesse público; hipossuficiente; bem-estar; função social etc. Portanto, há necessidade da sua vinculação aos fundamentos (os juízos valorativos, os quais embasam os pedidos de direito material e processual deduzidos pelas partes), aos argumentos (assertivas ou alegações invocadas pelas partes para a demonstração dos fundamentos por ela invocados) e as questões (quando se tem dúvida, controvérsia, dissenso, quanto aos fundamentos invocados pelas partes; são os pontos duvidosos, os quais necessitam ser solucionados pelo magistrado) discutidos no caso concreto, demonstrando, assim, os motivos pelos quais se aplica um determinado conceito como razão de decidir;

PARTE VI · Cap. XII – SENTENÇA TRABALHISTA | 679

(c) invocar motivos que se prestariam a justificar qualquer outra decisão. Quando se invoca um fundamento, não basta indicá-lo, contudo, é importante que a decisão vincule o fundamento adotado aos aspectos peculiares da demanda. É uma forma de se evitar a motivação genérica, quando não se diz a razão pela qual se adota esse ou aquele motivo ao caso concreto. Não basta dizer, por exemplo, que se defere a liminar, porque se tem o fumus boni iuris e o periculum in mora como razão de decidir. Esse tipo de fundamentação equivale à motivação genérica, sem cor, sem vida. No universo dos fundamentos, argumentos e questões arguidas pelas partes, o magistrado, por sua vez, quando decide, deve mencionar os motivos adotados, contudo, vinculando-os ao que foi discutido e invocado pelas partes;

(d) não enfrentar todos os argumentos deduzidos no processo, capazes de, em tese, infirmar a conclusão adotada pelo julgador. O juiz não é obrigado a emitir um juízo de valor, um parecer, um estudo, a respeito de cada argumento deduzido pela parte. Contudo, quando a parte invoca uma assertiva ou alegação, a qual possa levar a outra decisão, é razoável que o magistrado se pronuncie sobre o argumento, completando, assim, a prestação jurisdicional, para que a parte, na formulação das suas razões recursais, possa desenvolver as suas teses, como forma de contraposição aos fundamentos adotados na decisão recorrida;

(e) se limitar a invocar precedente ou enunciado de súmula, sem identificar seus fundamentos determinantes nem demonstrar que o caso sob julgamento se ajusta àqueles fundamentos. Todo precedente reflete uma decisão judicial, cujo conteúdo pode ser adotado como diretriz para o julgamento posterior de casos análogos. Logo, ao julgar, o magistrado deve acoplar o conteúdo do precedente, ou seja, a razão de decidir do precedente ao conjunto dos fundamentos, dos argumentos e das questões invocadas pelas partes;

(f) deixar de seguir enunciado de súmula, jurisprudência ou precedente invocado pela parte, sem demonstrar a existência de distinção no caso em julgamento ou a superação do entendimento. Quando se tem a identidade do precedente ao conteúdo do caso a ser decidido, o magistrado é obrigado a respeitá-lo, se for um precedente obrigatório (= vinculativo) (art. 927, CPC; art. 15, IN 39/16, TST). Contudo, essa vinculação deixa de existir, se o magistrado, diante do exame do caso concreto, demonstrar que há distinção do precedente em relação ao conteúdo da demanda. Pode ser, em face do confronto do precedente em relação à demanda, que se tenha a visualização de que não haja semelhança entre as teses jurídicas discutidas nos dois processos. Vale dizer, por não haver a coincidência entre o que se discute na demanda e a razão de decidir, que está contida no precedente, afasta-se a sua aplicação, pela distinção (distinguishing). Por outro lado, o conteúdo, como razão de decidir do precedente, não mais reflete a realidade, por estar superado. Logo, pela técnica do overruling, afasta-se o precedente, por estar o seu conteúdo superado em razão da modificação dos valores sociais, dos conceitos jurídicos, da tecnologia etc.

Por sua vez, diante da colisão entre normas, o órgão jurisdicional deve justificar o objeto e os critérios gerais da ponderação efetuada, enunciando as razões que autorizam a interferência na norma afastada e as premissas fáticas que fundamenta a conclusão (art. 489, § 2º).

Por fim, a decisão judicial deve ser interpretada a partir da conjugação de todos os seus elementos e em conformidade com o princípio da boa-fé (art. 489, § 3º).

Pela IN 39/16, TST, o art. 489, § 1º, CPC, é aplicável ao processo trabalhista, devendo, para tanto, ser observadas as seguintes premissas: (a) por força dos arts. 332 e 927, CPC, para efeito do art. 489, § 1º, V e VI, considera -se "precedente" apenas: (1) acórdão proferido pelo STF ou pelo TST em julgamento de recursos repetitivos (art. 896-B, CLT; art. 1046, § 4º, CPC); (2) entendimento firmado em incidente de resolução de demandas repetitivas ou de assunção de competência; (3) decisão do STF em controle concentrado de constitucionalidade; (4) tese jurídica prevalecente em TRT e não conflitante com súmula ou orientação jurisprudencial do TST (art. 896, § 6º, CLT); (5) decisão do plenário, do órgão especial ou de seção especializada competente para uniformizar a jurisprudência do tribunal a que o juiz estiver vinculado ou do TST; (b) para os fins do art. 489, § 1º, V e VI, CPC, serão considerados unicamente os precedentes referidos no item anterior, súmulas do STF, orientação jurisprudencial e súmula do TST, súmula de TRT não conflitante com súmula ou orientação jurisprudencial do TST, que contenham explícita referência aos fundamentos determinantes da decisão (*ratio decidendi*); (c) não ofende o art. 489, § 1º, IV, CPC, a decisão que deixar de apreciar questões cujo exame haja ficado prejudicado em razão da análise anterior de questão subordinante; (d) o art. 489, § 1º, IV não obriga o juiz ou o Tribunal a enfrentar os fundamentos jurídicos invocados pela parte, quando já tenham sido examinados na formação dos precedentes obrigatórios ou nos fundamentos determinantes de enunciado de súmula; (e) decisão que aplica a tese jurídica firmada em precedente não precisa enfrentar os fundamentos já analisados na decisão paradigma, sendo suficiente, para fins de atendimento das exigências constantes no art. 489, § 1º, a correlação fática e jurídica entre o caso concreto e aquele apreciado no incidente de solução concentrada; (f) é ônus da parte, para os fins do disposto no art. 489, § 1º, V e VI, identificar os fundamentos determinantes ou demonstrar a existência de distinção no caso em julgamento ou a superação do entendimento, sempre que invocar precedente ou enunciado de súmula.

A Lei 13.665/18 alterou a LINDB e ressaltou a importância da motivação, de modo que, entre outros aspectos:

a) nas esferas administrativa, controladora e judicial, não se decidirá com base em valores jurídicos abstratos sem que sejam consideradas as consequências práticas da decisão (art. 20);

b) a motivação demonstrará a necessidade e a adequação da medida imposta ou da invalidação de ato, contrato, ajuste, processo ou norma administrativa, inclusive em face das possíveis alternativas;

c) a decisão que, nas esferas administrativa, controladora ou judicial, decretar a invalidação de ato, contrato, ajuste, processo ou norma administrativa deverá indicar de modo expresso suas consequências jurídicas e adminis-trativas (art. 21);

d) a decisão administrativa, controladora ou judicial que estabelecer interpretação ou orientação nova sobre norma de conteúdo indeterminado, impondo novo

PARTE VI · Cap. XII – SENTENÇA TRABALHISTA | 681

dever ou novo condicionamento de direito, deverá prever regime de transição quando indispensável para que o novo dever ou condicionamento de direito seja cumprido de modo proporcional, equânime e eficiente e sem prejuízo aos interesses gerais (art. 23).

12.3 PUBLICAÇÃO E INTIMAÇÃO DA SENTENÇA

A publicação é ato necessário para a eficácia da sentença. Com a publicação é fixado o teor da sentença, indicando que órgão jurisdicional apresentou a prestação jurisdicional e que está encerrado o seu ofício. O objetivo da publicidade é permitir à sociedade maior fiscalização e total acesso aos atos que estão sendo realizados.

No Processo Civil, o prazo para a interposição do recurso conta-se da data, em que os advogados, a sociedade de advogados, a Advocacia Pública, a Defensoria Pública ou o Ministério Público são intimados da decisão, da sentença ou do acórdão (art. 1.003, *caput*, CPC).

As partes são intimadas da sentença quando na audiência é publicada a decisão ou a sentença. Para tanto, é necessário que as partes sejam devidamente intimadas da designação da audiência (art. 1.013, § 1º).

Se a sentença não for publicada no dia da audiência, as partes serão intimadas do conteúdo da sentença. Será da intimação que se contará o prazo para a interposição do recurso (art. 230).

No processo do trabalho, da decisão serão os litigantes notificados, pessoalmente ou por seu representante, na própria audiência (art. 834, CLT). A intimação também poderá ocorrer eletronicamente (arts. 4º e segs., Lei 11.419/06).

Em caso de revelia, a intimação da sentença será efetuada por meio de SEED ou registrado postal (art. 852). No procedimento sumaríssimo, as partes serão intimadas da sentença na própria audiência em que for prolatada (art. 852-I, § 3º).

É importante também o exame, respectivamente, das Súm. 37 e 197, TST:

"Súm. 37 – Prazo para recurso. Ausência da parte à audiência: o prazo para recurso da parte que não comparece à audiência de julgamento, apesar de cientificada, conta-se da intimação da sentença".

"Súm. 197 – O prazo para recurso da parte que, intimada, não comparecer à audiência em prosseguimento para a prolação da sentença, conta-se de sua publicação".

A Súm. 37 fazia com que sempre houvesse a intimação. Bastava não haver o comparecimento da parte ou de seu representante. Houve a reformulação dessa sistemática com a Súm. 197, que, de forma concreta, representa um avanço.

A aplicação da Súm. 197 está condicionada ao fato de que a sentença seja juntada aos autos no dia e horário da audiência. Se não o for, as partes deverão ser intimadas da decisão.

Infelizmente, o acúmulo de serviços no Judiciário trabalhista não torna possível ao magistrado a elaboração e juntada das decisões nos dias já designados para as audiências, levando-se à adoção da sistemática da intimação da decisão por via postal.

Então, se a parte ou seu representante estão cientes que a sentença será publicada nos moldes da Súm. 197 deverão exigir a sua juntada aos autos no dia e horário designados para a audiência. Se assim não o estiver, deverão solicitar a lavratura da certidão de comparecimento, para que sejam, oportunamente, intimados da decisão.

Para fins recursais, sistematizando-se as assertivas acima, temos:

a) se as partes ou seus representantes estiverem presentes à audiência, em que se tenha a prolação da prestação jurisdicional (sentença), a comunicação é imediata, fluindo o prazo recursal a partir desse momento;

b) no caso do não comparecimento das partes ou de seus representantes à audiência, em que se tenha à emissão da sentença, o início do prazo recursal será a partir da data: (1) do recebimento da comunicação postal; (2) da publicação da sentença na imprensa oficial (atualmente, na Justiça do Trabalho, quando a parte está representada por advogado, as intimações são realizadas pela publicação no *Diário Oficial Eletrônico*; art. 4º, Lei 11.419/06);

c) se a sentença for proferida em nova data de continuação de audiência, haverá duas situações distintas:

c.1) sem prévia intimação da nova data de audiência às partes, o início do prazo recursal será a partir da data: (1) do recebimento da comunicação postal; (2) da publicação da sentença no Diário Oficial Eletrônico;

c.2) com prévia intimação da nova data de audiência às partes, desde que a sentença tenha sido juntada aos autos na data designada, a fluência recursal terá início a partir do momento da realização da audiência (Súm. 197).

12.4 SENTENÇA TRABALHISTA

12.4.1 Conceito

Do ponto de vista legal, sentença era o ato pelo qual o juiz põe termo ao processo, decidindo ou não o mérito da causa (art. 162, § 1º, CPC/73).

Pela Lei 11.232/05, o art. 162, § 1º, CPC/73, passou a ter a seguinte redação: *"Sentença é o ato do juiz que implica alguma das situações previstas nos arts. 267 e 269 desta Lei."*

Como se constata, no CPC/73, sentença era o ato praticado pelo magistrado que implica alguma das situações previstas nos arts. 267 e 269 do CPC/73. Vale dizer, o cunho significativo da sentença, como ato processual, é o seu conteúdo.

Na doutrina, a respeito da construção do conceito de sentença, José Eduardo Carreira Alvim[16] destacava: *"No direito romano, sententia era sinônimo de sentença definitiva, ou seja, decisão emanada do juiz que, recebendo ou rejeitando a demanda, punha fim a contestabilidade de um bem da vida (Chiovenda); era um provimento do juiz que resolvia sobre o pedido do autor, acolhendo-o ou rejeitando-o e definindo a lide com a atuação da*

---

[16] ALVIM, José Eduardo Carreira. *Elementos de teoria geral do processo*, 7. ed., p. 250.

vontade da lei. Os demais provimentos do juiz, no processo recebiam o nome de interlocu-tiones (não eram sentenças).

No processo comum medieval, contudo, aquela clareza do conceito foi obscurecida pela influência do processo germânico, sendo dado o nome de sentença não somente à decisão de fundo (mérito), mas, também, às decisões sobre questões processuais incidentes, surgindo daí a distinção entre sentença interlocutória e sentença definitiva.

Essa influência se fez notar no legislador de 1973 que, no art. 162, § 1º [...]. Entretanto, a doutrina tem reservado esta expressão, sentença, para as decisões com as quais o juiz resolve a lide, quer dizer, decisões de fundo ou de mérito. A sentença é, dos atos do juiz, o mais importante e o de maior relevância, porque coroa todo o procedimento, constituindo-se no último ato, com o qual o juiz termina o ofício jurisdicional."

José Eduardo Carreira Alvim[17] arrematava: *"Ao nosso estudo interessa particularmente a sentença definitiva, que Moacyr Amaral Santos define como 'o ato pelo qual o juiz decide a lide', encerrando o processo e cumprindo a obrigação jurisdicional devida pelo Estado. É justamente o conceito romano de sentença."*

José Augusto Rodrigues Pinto[18] afirmava que a sentença *"é o ato final do processo e o instrumento da prestação jurisdicional pedida ao Estado e por ele devida [...]. Comple-tado seu traçado genético, é possível conceituar a sentença com as palavras, por exemplo, de João Monteiro: 'a decisão final da causa'. Pode-se também, defini-la com as palavras de Espínola Filho: 'a decisão proferida, afinal, pelo juiz, dando, diretamente, solução à causa. Esta última definição deve ser entendida junto com a advertência do mesmo jurídica: 'como órgão incumbido de prover à regularidade da marcha do processo [...] o juiz toma deliberações e objetiva determinações [...] que se apresentam sob forma de decisões, na verdade de natureza assas variada'. Dentro dessa variedade de decisões, só cabe no conceito de sentença a que for final porque extingue ou põe fim ao processo, na instância. Mesmo, porém, dentro dessa característica, a sentença divide-se em duas classes: (a) terminativa porque extingue o processo, mas sem decidir-lhe a questão de mérito; (b) definitiva, porque extingue o processo, resolvendo-lhe a questão de mérito".*

Para nós, por excelência, a sentença, como uma das modalidades do pronunciamento do juiz, deveria ser analisada pelo seu conteúdo. O seu conteúdo poderia ser uma das hipóteses previstas nos arts. 267, CPC/73 (art. 485, CPC/15) (sentenças processuais ou terminativas, motivadas por ausência dos pressupostos processuais e das condições da ação) e 269, CPC/73 (art. 487, CPC/15) (sentenças definitivas ou de mérito). A sentença poria fim ao procedimento em primeiro grau de jurisdição e, se não houver recurso, também ao processo.

Portanto, agasalhamos a definição de Luiz Rodrigues Wambier[19] et al., os quais con-ceituavam a sentença como o *"pronunciamento judicial que tem por conteúdo o estabelecido nos arts. 267 e 269 do CPC e que tem por efeito principal o de pôr fim ao procedimento em primeiro grau de jurisdição e, em não havendo recurso, também ao processo".*

---

[17] ALVIM, José Eduardo Carreira. Ob. cit., p. 251.
[18] PINTO, José Augusto Rodrigues. *Processo trabalhista de conhecimento*, 2. ed., p. 393.
[19] WAMBIER, Luiz Rodrigues; ALMEIDA, Flávio Renato Correia de; TALAMINI, Eduardo. *Curso avançado de processo civil*, v. 1, p. 603.

Pelo CPC/15 (art. 203, § 1º), ressalvadas as disposições expressas dos procedimentos especiais, sentença é o pronunciamento por meio do qual o juiz, com fundamento nos arts. 485 e 487, põe fim ao processo ou a alguma de suas fases.

Como se denota, ante a nova sistemática legal, sentença é a decisão que resolve ou não o mérito (arts. 485 e 487, CPC), bem como, de forma cumulativa, põe fim ao processo (processo ordinário e de execução) ou a alguma das suas fases (fase de conhecimento e de cumprimento).

Por sua vez, em termos atuais (art. 203, § 2º, NCPC), decisão interlocutória é a que não se enquadra no conceito de sentença, logo, pode tratar ou não do mérito do processo, contudo, não põe termo ao processo ou a uma de suas fases.

Pelo CPC, a distinção básica de sentença e da decisão interlocutória não está no conteúdo e sim na capacidade de pôr fim ao processo ou a uma de suas fases. Nesse sentido, a extinção parcial do processo (art. 354, parágrafo único) ou o julgamento antecipado parcial do mérito (art. 356, § 5º) são impugnáveis por agravo de instrumento. A IN 39/16, TST, admite a aplicação do julgamento parcial do mérito ao processo trabalhista, contudo, da decisão caberá recurso ordinário (art. 6º).

Em qualquer caso, seja pelos aspectos de conteúdo e de finalidade, não se pode deixar de mencionar que a sentença é um ato de inteligência e de vontade, sendo importante para o desfecho do litígio. Não se trata de um mero parecer a respeito das questões controvertidas e de direito discutidas no desenrolar do processo. É um ato criador do direito. A sentença, além de declarar o direito preexistente, também é criativa, pois irá formar a jurisprudência, que é uma das fontes indiretas do Direito.

12.4.2 Sentenças Processuais

As sentenças processuais[20] podem ser divididas em típicas e atípicas.

As primeiras ocorrem pela extinção do processo, sem resolução de mérito, quando: (a) se verificar a ausência de pressupostos de constituição e de desenvolvimento válido e regular do processo (art. 485, IV, CPC); (b) o juiz acolher a alegação de litispendência

---

[20] "Já se aludiu à circunstância de que é o conteúdo material específico da sentença que a distingue – fundamentalmente, enquanto manifestação judicial – das demais. Esse mesmo critério se presta, outrossim, a uma primeira classificação das sentenças, já referida: sentenças processuais e sentenças de mérito. Serão processuais as sentenças cujos conteúdos atestarem a inexistência dos pressupostos de admissibilidade, do exame e do julgamento do mérito. Esses pressupostos de admissibilidade, de exame e de julgamento de mérito, consistem nos pressupostos processuais, positivos e negativos, e nas condições da ação. Em princípio, se a decisão der pela inexistência destes elementos, será uma sentença processual típica; salvo, evidentemente, o caso da categoria dos pressupostos processuais negativos: se a decisão der pela existência deles, tratar-se-á de sentença processual típica. A lei brasileira elenca outros casos de sentenças processuais que preferimos, por razões a que mais tarde aludiremos, chamar de sentenças processuais atípicas, cujos conteúdos consistem, grosso modo, nas outras hipóteses do art. 267" (WAMBIER, Teresa Arruda Alvim. *Nulidades do processo e da sentença*, 4. ed., p. 32)."Quando a sentença atinge apenas a relação processual, isto é, extingue o

ou de coisa julgada (art. 485, V); (c) se verificar ausência de legitimidade ou de interesse processual (art. 485, VI). Tais hipóteses são as relacionadas com os pressupostos processuais e as condições da ação.

Também são hipóteses de sentenças processuais típicas: (a) no caso de morte do procurador de qualquer das partes, ainda que iniciada a audiência de instrução e julgamento, o juiz marcará, a fim de que a parte constitua novo mandatário, o prazo de 15 dias, ao final do qual extinguirá o processo sem julgamento do mérito, se o autor não nomear novo mandatário (arts. 313, § 3º e 485, X,); (b) nos casos de litisconsórcio passivo necessário, o juiz determinará ao autor que requeira a citação de todos que devam ser litisconsortes, sob pena de extinção do processo (arts. 115, parágrafo único e 485, X).

Sentenças processuais atípicas encontram-se relacionadas com as demais hipóteses do art. 485, II, III, VIII, IX e X, CPC, ou seja, com a extinção do feito, sem resolução de mérito, quando: (a) ficar parado durante mais de um ano por negligência das partes; (b) por não promover os atos e diligências que lhe competir, o autor abandonar a causa por mais de 30 dias; (c) houver a desistência da ação; (d) a ação for considerada intransmissível por disposição legal; (e) ocorrer confusão entre autor e réu.

O juiz conhecerá de ofício, em qualquer tempo e grau de jurisdição, enquanto não proferida a sentença de mérito, as seguintes matérias: (a) ausência quanto aos pressupostos de constituição e de desenvolvimento válido e regular do processo (pressupostos de existência e de validade – positivos e negativos); (b) perempção, litispendência ou coisa julgada; (c) inocorrência de qualquer das condições da ação, como a legitimidade das partes e o interesse processual (arts. 485, § 3º, e 337, § 5º, CPC).

Pela expressão "em qualquer grau de jurisdição", no Processo Civil, entenda-se até o primeiro e segundo graus, até o momento da oposição dos embargos infringentes, não se incluindo nessa locução as instâncias excepcionais dos recursos – especial e extraordinário. No processo trabalhista, compreendam-se os recursos – de revista e o extraordinário.

---

processo sem resolução de mérito, temos o que se denomina sentença terminativa. Terminativa porque não adentra o mérito do litígio, apenas inadmite a ação, seja por ausência de pressuposto processual, seja por falta de condições de ação (art. 267). A sentença terminativa pode ser proferida em diversas fases do processo: no despacho inicial, quando o juiz indefere a petição inicial (art. 267, I, c/c o art. 295); depois das providências preliminares, na fase denominada julgamento conforme o estado do processo (art. 329), ou após a colheita das provas, inclusive na audiência de instrução e julgamento. Lembre-se de que matéria relativa a condições da ação e pressupostos processuais não precluem (art. 267, § 3º). A sentença terminativa, repita-se, apenas põe fim à relação processual, deixando indene a relação de direito material que ensejou processo. Por isso, salvo nos casos de perempção, litispendência ou coisa julgada, a extinção do processo não obsta a que o autor intente de novo a ação (art. 268). A sentença terminativa, em razão da coisa julgada formal, apenas impede a discussão do direito controvertido na relação processual que se encerrou, não havendo obstáculo à propositura de uma nova ação (art. 268)" (DONIZETTI, Elpídio. *Curso didático de direito processual civil*, 9. ed., p. 351).

12.4.2.1 Sentenças Processuais Típicas

Serão hipóteses de sentenças processuais típicas, quando o magistrado, ao extinguir o processo, sem resolução de mérito, pela constatação da: (a) inocorrência de pressuposto processual de existência; (b) inexistência de pressuposto processual de validade; (c) presença de pressuposto processual de validade existente; (d) inexistência dos elementos da ação.

São pressupostos processuais de existência:

a) jurisdição: é uma das funções do Estado e inerente ao Poder Judiciário. Como é vedado aos particulares o exercício arbitrário das próprias razões (autotutela), o Estado Moderno atua na pacificação dos conflitos. Simultaneamente, o termo "jurisdição" sintetiza: poder, função e atividade;

b) petição inicial: é o meio material, pelo qual o cidadão dispõe para ativar a prestação jurisdicional, expondo a relação jurídica material controvertida e os seus fundamentos jurídicos e legais, além do requerimento da respectiva solução pelo Estado;

c) citação: é o ato pelo qual são convocados o réu, o executado ou o interessado para integrar a relação processual (art. 238, CPC). A citação válida, ainda quando ordenada por juízo incompetente, induz litispendência, torna litigiosa a coisa e constitui em mora o devedor, bem como interrompe a prescrição (art. 240, *caput*, § 1º, CPC);

d) capacidade postulatória: capacidade postulatória consiste na faculdade de requerer e praticar os atos processuais, sendo que no processo civil é atribuída ao advogado. O mandato é um documento vital para a presença do advogado (art. 104, CPC). Quando não se juntava o mandato, no CPC/73, os atos processuais eram considerados inexistentes. Atualmente, o ato não ratificado será considerado ineficaz relativamente àquele em cujo nome foi praticado, respondendo o advogado pelas despesas e por perdas e danos. No Processo Trabalhista, a eventual irregularidade de representação quanto ao advogado não pode gerar as consequências previstas no Processo Civil (art. 76, NCPC; Súmula 383, TST), diante da capacidade postulatória dada às partes (art. 791, CLT).

Os pressupostos processuais de validade positivos são:

a) petição inicial apta: para que possa desenvolver de forma válida o encadeamento processual, deverá preencher os requisitos da lei;

b) órgão jurisdicional competente: a petição inicial deve ser endereçada a um órgão jurisdicional competente para a sua apreciação. A jurisdição, como expressão do poder estatal, é uma só. Cada juiz ou tribunal é investido da jurisdição. O seu exercício é distribuído, pelas normas constitucionais e ordinárias, para vários órgãos jurisdicionais. Essa distribuição se faz em função de vários critérios. Em função desses critérios, cada órgão jurisdicional poderá exercitar a sua jurisdição de acordo com determinados limites, ou seja, grupo de litígios. Vale dizer, a jurisdição representa o todo, enquanto a competência é um fragmento desta;

c) juiz imparcial: no desempenho de suas atribuições, o magistrado deve atuar com isenção de ânimo, lisura e probidade. A plena capacidade subjetiva do juiz é um dos pressupostos processuais. Quando não se tem a plena capacidade subjetiva do juiz, a parte pode e deve denunciá-la. A denúncia ocorre pela petição indicativa das hipóteses legais de impedimento ou suspeição (arts.146 a 148, CPC; arts. 801 e 802, CLT);

d) capacidade processual: o direito civil efetua a distinção quanto à capacidade de gozo ou de direito em relação à de fato ou de exercício. Enquanto a capacidade de gozo é imanente à pessoa como sujeito de direitos e deveres, a capacidade de fato ou de exercício pressupõe certos fatores como idade e estado de saúde. A primeira é o pressuposto da segunda. A capacidade de fato ou de exercício é a adequação dos fatores subjetivo e objetivo. Toda pessoa que se acha no exercício dos seus direitos tem capacidade para estar em juízo (art. 70, CPC). A capacidade de ser parte é inerente ao ser humano. É uma decorrência dos atributos da personalidade civil. Contudo, não basta possuir a capacidade de ser parte, para que se possa estar em juízo – capacidade processual ou capacidade de estar em juízo. Esta deriva da primeira, na medida em que pressupõe certos fatores, tais como: idade e estado mental, que lhe propicie demandar ou ser demandado. Os incapazes serão representados ou assistidos por seus pais, tutores ou curadores, na forma da lei civil (art. 71, CPC). A partir dos 18 anos é plena a capacidade trabalhista (art. 439, CLT). A reclamação trabalhista do menor de 18 anos será feita por seus representantes legais e, na falta destes, pela Procuradoria da Justiça do Trabalho, pelo sindicato, pelo Ministério Público Estadual ou curador nomeado em juízo (art. 793).

As hipóteses de pressupostos processuais de validade negativos são: litispendência e coisa julgada;[21] convenção de arbitragem.[22]

---

[21] Ações idênticas são aquelas nas quais se tem a identidade dos elementos da ação (pedido, causa de pedir e partes) (art. 337, § 2º, CPC). Litispendência representa a reprodução de uma ação idêntica à outra, a qual ainda está em curso. Coisa julgada denota a repetição de uma outra ação, na qual também se tem a tríplice identidade, contudo já houve o trânsito em julgado (art. 337, §§ 3º e 4º). Tais pressupostos levam à extinção do processo sem julgamento do mérito (art. 485, V).

[22] No direito civil, a arbitragem é admitida para solução de litígios relativos a direitos patrimoniais disponíveis (art. 1º, Lei 9.307/96). A convenção de arbitragem (art. 3º) é a cláusula que estabelece a solução dos litígios mediante o juízo arbitral compreendendo tanto a cláusula compromissária como o compromisso arbitral. Cláusula compromissória é a convenção pela qual as partes em um contrato comprometem-se a submeter à arbitragem os litígios que possam a vir a surgir, relativamente a tal contrato (art. 4º, *caput*). Compromisso arbitral é a convenção pela qual as partes submetem um litígio à arbitragem de uma ou mais pessoas, podendo ser judicial ou extrajudicial (art. 9º).

As situações da inexistência dos elementos da ação (carência de ação) são: interesse de agir e legitimidade. Citados elementos foram analisados no Capítulo I da Parte VI desta obra.

12.4.2.2 Sentenças Processuais Atípicas

Sentenças processuais atípicas encontram-se relacionadas com as demais hipóteses do art. 485, II, III, VIII, IX e X, CPC, ou seja, com a extinção do feito, sem resolução de mérito, quando:

a) ficar parado durante mais de um ano por negligência das partes (contumácia das partes). A negligência das partes é presumida pelas partes. Após o decurso do prazo de um ano, a decretação da extinção só será possível, se as partes, intimadas pessoalmente, em 5 dias, não procederem ao andamento processual determinado pelo magistrado (art. 485, § 1º, NCPC);

b) por não promover os atos e diligências que lhe competir, o autor abandonar a causa por mais de 30 dias. A decretação da extinção só será possível, se o autor, intimado pessoalmente, em 5 dias, não proceder ao andamento processual determinado pelo magistrado (art. 485, § 1º, CPC). Pelo CPC, após o oferecimento da contestação, a extinção do processo, por abandono da causa pelo autor, depende de requerimento do réu (art. 485, § 6º);

c) houver a desistência da ação, o qual é um instituto de natureza processual. O autor, ao desistir da ação, com essa atitude nada afeta a pretensão material contida na fundamentação da citada ação. Vale dizer, o direito material restará intangível com a desistência, sendo facultado ao autor, em querendo, propor outra ação com idêntico objeto em relação à que foi arquivada. É importante ressaltar que depois de decorrido o prazo para a resposta, o autor não poderá, sem o consentimento do réu, desistir da ação (art. 485, § 4º, CPC; art. 841, § 3º, CLT, Lei 13.467/17) (pelo CPC, a desistência só pode ser apresentada até a sentença – art. 485, § 5º). Citada regra é aplicável ao processo trabalhista. A desistência não se confunde com a situação em que o autor renuncia ao direito sobre que se funda a ação, que implica, por sua vez, na resolução do mérito (art. 487, III, c, CPC). A renúncia é um ato privativo do autor, o qual implica a disponibilidade do direito alegado em juízo, com a impossibilidade de nova propositura de ação pleiteando o direito a que renunciou;

d) a ação for considerada intransmissível por disposição legal. A causa da extinção do processo, sem resolução de mérito, não é pela não possibilidade da transmissão do direito de ação e sim do próprio direito material posto em juízo. É o caso de uma ação de divórcio, quando se tem a morte de um dos cônjuges no curso da demanda. Citada hipótese é de rara incidência no processo trabalhista, onde, geralmente, quando se tem a morte de um dos autores, tem-se a sucessão (art. 110, CPC);

e) ocorrer confusão entre autor e réu. De acordo com o art. 381, CC, tem-se a extinção da obrigação, desde que na mesma pessoa se confundam as qualidades

PARTE VI • Cap. XII − SENTENÇA TRABALHISTA | **689**

de credor e devedor. Pode ser total ou parcial (art. 382). Na solidariedade ativa ou passiva, só tem a extinção da obrigação, respectivamente, até a concorrência da respectiva parte no crédito ou débito (art. 383). Com a cessão da confusão, restabelece-se a obrigação anterior com todos os seus acessórios (art. 384). No Processo Civil, como exemplos de confusão, temos: o locatário que vem a adquirir o bem na pendência da ação de despejo; o réu que adquire do autor o imóvel no curso da ação de reivindicação; o herdeiro do autor, que o sucede no direito de propriedade da coisa reivindicada. No processo trabalhista, tem-se a confusão, na situação em que o reclamante, filho do réu, vem a falecer, sendo o réu o seu único herdeiro. Na confusão, o que se visualiza é a falta do interesse processual, deixando de ocorrer não só a adequação, como a necessidade do prosseguimento da prestação jurisdicional pleiteada. A melhor solução seria a extinção do processo, sem resolução de mérito, pela carência de ação.

12.4.3 Sentenças de Mérito

Moacyr Amaral Santos[23] ensina: *"Sentença, no sentido estrito, sentença definitiva, é a sentença final de mérito. Conceitua-a Gabriel de Rezende Filho: – 'sentença definitiva é aquela em que o juiz resolve a contenda, cumprindo a obrigação jurisdicional'; ou 'resolve a lide, satisfazendo a obrigação jurisdicional que lhe foi imposta pelo pedido do autor. A sentença definitiva resolve a lide. O conflito, suscitado pelo pedido do autor e contestação, real ou virtual, do réu, se compõe pela decisão que o juiz profere. Fica, em consequência, satisfeita a obrigação jurisdicional do Estado, esgotando-se a função do juiz e, pois, encerrando-se a relação processual. Traço característico: a sentença definitiva resolve a lide. Resolvendo a lide, compondo-a, a sentença será a lei reguladora da espécie decidida."*

Sentença definitiva "é a que resolve o mérito. Por meio desse ato, denominado sentença, o juiz aplica o Direito Objetivo, de caráter geral, ao caso concreto. Em outras palavras, o juiz cria norma especial para dirimir o conflito entre as partes, baseada no Direito objetivo. Sentença definitiva não significa sentença perpétua, imutável, mas, sim, que é o provimento final, definidor do litígio, no juízo de primeiro grau. A imutabilidade só advirá com o esgotamento de todos os recursos possíveis, ou seja, com a coisa julgada material (art. 467). [...] *Sentença definitiva é aquela que resolve o litígio e que, uma vez transitada em julgado, torna imutável a relação de direito material, não permitindo a discussão do direito controvertido, por força da coisa julgada material"*.[24]

As hipóteses de extinção do processo com resolução de mérito ocorrem quando o juiz: (a) acolher ou rejeitar o pedido formulado na ação ou na reconvenção; (b) decidir, de ofício ou a requerimento, sobre a ocorrência de decadência ou prescrição; (c) homologar: (1) o reconhecimento da procedência do pedido formulado na ação ou na reconvenção;

---

[23] SANTOS, Moacyr Amaral. *Primeiras linhas de direito processual civil*, v. 3, 5. ed., p. 9.

[24] DONIZETTI, Elpídio. Ob. cit., p. 351

2) a transação; (3) a renúncia à pretensão formulada na ação ou na reconvenção (art. 485, CPC).[25]

12.4.3.1 Acolhimento ou Rejeição do Pedido

O acolhimento ou rejeição do pedido é a forma mais usual de composição da lide, representando a declaração judicial de procedência ou improcedência.

Pelo CPC (art. 332), nas causas que dispensem a fase instrutória, o juiz, independentemente da citação do réu, julgará liminarmente improcedente o pedido que contrariar: (a) súmula do STF ou do STJ; (b) acórdão proferido pelo STF ou pelo STJ em julgamento de recursos repetitivos; (c) entendimento firmado em incidente de resolução de demandas repetitivas ou de assunção de competência; (d) frontalmente norma jurídica extraída de dispositivo expresso de ato normativo; (e) enunciado de súmula de tribunal de justiça sobre direito local.

O juiz também poderá julgar liminarmente improcedente o pedido se verificar, desde logo, a ocorrência de decadência ou de prescrição. Não interposta a apelação, o réu será intimado do trânsito em julgado da sentença. Interposta a apelação, o juiz poderá retratar-se em 5 dias. Se houver retratação, o juiz determinará o prosseguimento do processo, com a citação do réu para apresentar resposta; se não houver retratação, determinará a citação do réu para apresentar contrarrazões, no prazo de 15 dias.

12.4.3.2 Reconhecimento do Pedido pelo Réu

Ocorre o reconhecimento do pedido pelo réu quando se tem, expressamente, como procedente a pretensão do autor.[26] Representa a adesão do réu quanto ao pedido contra ele formulado. Tem-se o desaparecimento da própria lide, na medida em que deixa de haver a resistência do réu quanto à pretensão formulada em juízo pelo autor.

O processo trabalhista admite a compensação como matéria de defesa (art. 767, CLT). É muito comum nas demandas trabalhistas, em que o magistrado reconhece o

---

[25] "O que importa para classificar a sentença como definitiva é saber se houve acertamento do direito material (no processo de conhecimento). Irrelevante é perquirir se tal composição decorreu dos atos cognitivos do juiz, que sopesou os elementos fáticos e jurídicos constantes dos autos, ou se decorreu da iniciativa das partes. Havendo reconhecimento da procedência do pedido pelo réu, transação, acolhimento de alegação de decadência ou prescrição do direito material, ou renúncia, por parte do autor, ao direito sobre que se funda a ação, definitiva será a sentença. Havendo resolução de mérito (art. 269, I a V), a sentença é denominada definitiva" (DONIZETTI, Elpídio. Ob. cit., p. 351).

[26] "Ato privativo do réu consiste na admissão de que a pretensão do autor é fundada e, portanto, deve ser julgada procedente, Seu objeto é, portanto, o direito. Pode ser total ou parcial, tácito ou expresso. Somente pode ocorrer quanto a direitos disponíveis e, se regular e correta na forma, implica necessariamente a extinção do processo com julgamento de mérito, de procedência do pedido. Não se confunde com a confissão, que é meio de prova, pode ser efetivada por qualquer das partes e tem como objeto o fato e não o direito" (NERY JUNIOR, Nelson; Nery, Rosa Maria de Andrade. *Código de Processo Civil comentado*, 9. ed., p. 446).

direito ao trabalhador, contudo, determinar que os valores pagos sejam descontados em liquidação de sentença. Trata-se de uma sentença de procedência ilíquida. Se na fase da liquidação de sentença (art. 879), a sentença de liquidação não fixar valores positivos ao autor, não implica, necessariamente, em se afirmar que a sentença seja de improcedência. A doutrina reconhece a possibilidade de valor zero na liquidação.[27]

Nesta hipótese, o que se tem é uma sentença de conhecimento, em que se reconheceu a procedência, contudo, que por ser ilíquida, após a fase de liquidação, implica em um julgamento de improcedência quanto ao pedido de liquidação.[28]

12.4.3.3 Transação

O termo "transação"[29] deriva do latim *transigere*, transigir, ceder, condescender, contemporizar, chegar a acordo. Representa o ato jurídico pelo qual as partes (transigentes) extinguem obrigações litigiosas mediante concessões mútuas (arts. 840 a 850, CC).

---

[27] "Em algumas raras hipóteses, a doutrina tem admitido a recorribilidade imediata da decisão que homologa os cálculos de liquidação, na hipótese em que cerra o próprio processo, a exemplo da decisão que fixa o valor zero na liquidação por artigos. Neste caso, há divergência sobre qual seja o recurso cabível. Considerando-se que a liquidação pertence à fase de conhecimento, seria cabível o recurso ordinário (art. 895, *a*, da CLT). No entanto, a própria CLT incluiu a liquidação no capítulo da execução. Dessa forma, seria cabível o agravo de petição (art. 897, *a*, da CLT)" (SCHAVI, Mauro. *Manual de direito processual do trabalho*, 4ºed., p. 864).

[28] "A liquidação com dano zero ou sem resultado positivo é aquela em que se conclui que o liquidante não sofreu dano algum, isto é, o *quantum debeatur* é zero, o que torna inexistente o próprio *an debeatur*. (...) Essa situação teratológica (patológica) decorre de que, provavelmente, na fase cognitiva inicial não foram investigadas a contento as circunstâncias de fato que supostamente alicerçavam o direito afirmado pelo credor. O suporte fático do *an debeatur* não estava completo. A sentença, portanto, que firma juízo condenatório em situações como esta, mostra-se incerta, insuscetível de firmar um preceito, porque o direito por ela certificado não foi suficientemente investigado, o que a torna um ato jurídico nulo. Trata-se de uma anomalia juridicamente inadmissível em nosso sistema. Diante de uma situação como essa, o que deve fazer o juiz que preside a liquidação? Como fica ele frente à regra do art. 475-G do CPC que o proíbe modificar a norma individualizada contida na sentença liquidanda? Teori Zavascki, acertadamente, conclui que a única forma de não se onerar o sujeito passivo duplamente – visto que já foi alvo de condenação anômala – é julgar-se improcedente o pedido de liquidação. Com juízo semelhante, Candido Rangel Dinamarco dita que 'o mais razoável e realista é autorizar o juiz a concluir pelo valor zero, sendo arbitrário obriga-lo a afirmar uma quantidade positiva, em desacordo com os elementos de convicção existentes nos autos; o que lhe é rigorosamente vedado é negar os fatos aceitos na sentença liquidanda ou substituir o juízo ali formulado quanto à obrigação e seus pressupostos'. De igual modo, Luiz Rodrigues Wambier entende que, em casos assim, 'o caminho será necessariamente o da improcedência do pedido de liquidação, porque, na verdade, aquele juízo hipotético sobre a existência de dano ao patrimônio da vítima não se terá convertido em juízo efetiva'" (DIDIER JR., Fredie *et ali. Curso de direito processual civil*, v. 5, 4. ed., p. 143-144).

[29] Os elementos constitutivos da transação são: (a) ajuste de vontades entre as partes; (b) existência de litígio ou dúvida sobre os direitos das partes; (c) intenção das partes em pôr termo ao litígio ou dúvida; (d) reciprocidade de concessões; (e) intuito da prevenção ou extinção de um litígio ou de uma dúvida.

É possível quanto aos direitos patrimoniais de caráter privado. A transação é efetuada por meio de concessões recíprocas, extinguindo-se obrigações litigiosas ou duvidosas. Não se confunde com a renúncia.

A palavra "renúncia" importa abandono ou desistência voluntária, ou seja, o titular de um direito deixa de usá-lo ou anuncia que não o deseja utilizar. Como se trata de um ato unilateral, deve incidir sobre direito presente ou atual, isto é, sobre direito existente.

Para o direito do trabalho, a regra básica é a de que os direitos dos trabalhadores são irrenunciáveis. Contudo, esse juízo de valor não pode ser visto de forma absoluta.

Há hipóteses nas quais o direito é absolutamente indisponível, logo, não poderia haver a renúncia. Nessas situações denota-se o interesse público, isto é, a tutela direta não envolve o indivíduo em si, porém como membro de uma classe social ou de uma categoria profissional.

Por outro lado, pode-se, também, estar diante de direitos de indisponibilidade relativa, ou seja, quando são passíveis de renúncia ou transação.

Como a solução deriva da autocomposição, a intervenção do juiz ocorre para a constatação da capacidade das partes, a licitude do objeto e a regularidade formal do ato.

A transação deve ser interpretada de forma restritiva, na medida em que não se transmite direitos, havendo apenas a declaração ou reconhecimento (art. 843).

A transação só se anula por dolo, coação ou erro essencial quanto à pessoa ou coisa controversa (art. 849, *caput*). Não é possível sua anulação por erro de direito a respeito das questões que foram objeto de controvérsia entre as partes (art. 849, parágrafo único).

Pode ser concretizada por meio de documento elaborado pelas partes ou em termo lavrado nos autos. O termo de conciliação, assinado pelas partes e homologado pelo juiz, terá valor de sentença (art. 487, III, *b*, CPC).

No Processo Trabalhista, o termo de conciliação vale como decisão irrecorrível, atacável por ação rescisória, salvo para as contribuições previdenciárias (art. 831, parágrafo único, CLT) e para a União quanto aos seus tributos (art. 832, §§ 4º a 6º).[30]

---

[30] Para as partes, o acordo trabalhista vale como termo de sentença irrecorrível (art. 831, *caput*, CLT), não estando sujeito a recurso, sendo possível sua desconstituição somente por intermédio da ação rescisória (Súm. 259, TST). No caso de conciliação, o termo que for lavrado valerá como decisão irrecorrível, salvo para a Previdência Social quanto às contribuições que lhe forem devidas (art. 831, parágrafo único) e para a União quanto aos seus tributos (art. 832, §§ 4º a 6º, CLT, Lei 11.457/07). Mesmo havendo o acordo entre as partes, a União e o INSS poderão recorrer da decisão homologatória. Em tese, há uma contradição entre o art. 831, *caput*, e o seu parágrafo único: (a) as partes, para se opor à decisão homologatória, devem ajuizar ação rescisória; (b) ao contrário, à União e à entidade autárquica basta o recurso contra a decisão homologatória (art. 832, § 4º). Contudo, essa contradição é aparente, já que é dissipada por uma interpretação sistemática: (a) a União e o INSS, como não são partes originárias do processo, têm o interesse jurídico em discutir a existência da parcela indenizatória na conciliação trabalhista, bem como de outros elementos do crédito tributário; (b) o interesse jurídico repousa na atribuição legal de zelar pela arrecadação e recolhimento dos tributos federais e das contribuições previdenciárias, além da obrigação legal de empregadores e trabalhadores em contribuírem para o custeio da Seguridade Social (art. 195, CF).

12.4.3.4 Prescrição e Decadência

A temática da prescrição e da decadência foi apreciada na Parte V da presente obra.

12.4.3.5 Renúncia ao Direito

Ocorre a renúncia quando o autor, de forma expressa, desiste do direito material, o qual representa o fundamento da pretensão deduzida em juízo. Como o autor elimina a própria lide, não há que se falar em processo, pela falta de seu objeto. A renúncia não pode envolver direitos indisponíveis, tais como os inerentes ao estado das pessoas, além do que a parte deve possuir capacidade civil plena. Para ser acatada deve ser expressa, ou seja, a manifestação de vontade deverá constar de documento escrito e juntado aos autos.

A renúncia não pode ser confundida com a desistência. Na desistência, o autor não prossegue no exercício do direito de ação. Após a contestação do feito, a desistência não poderá ser acatada, exceto com a concordância do réu (art. 485, § 4º, CPC), possuindo efeito de coisa julgada formal. Por sua vez, a renúncia faz coisa julgada material, não mais podendo ser discutido o direito renunciado em qualquer outra ação, não dependendo da aquiescência do réu.

12.5 SENTENÇA E AS AÇÕES TRABALHISTAS

As sentenças podem ser classificadas de acordo com o tipo da demanda trabalhista proposta em juízo.

12.5.1 Classificação das Ações

As ações podem ser classificadas de acordo com: (a) o provimento pedido pelo autor[31] (conhecimento e execução); (b) o tipo de tutela pleiteada no processo de conhecimento.

De acordo com o tipo de tutela pleiteada no processo de conhecimento, a doutrina tradicional classifica as sentenças de mérito em declaratórias, constitutivas e condenatórias.

As decisões cognitivas ou homologatórias deverão sempre indicar a natureza jurídica das parcelas constantes da condenação ou do acordo homologado, inclusive o limite de responsabilidade de cada parte pelo recolhimento dos tributos, se for o caso.

[31] "A classificação verdadeiramente processual das ações, tal como a construiu a moderna doutrina jurídica, é aquela que as distingue em ações de conhecimento, ações executivas e ações cautelares. Descansa essa tripartição das ações na própria tutela jurisdicional invocada, ou seja, no verdadeiro conteúdo processual do direito subjetivo da ação. Nessa classificação, vamos encontrar subdivisões ou subcategorias, pelo que podemos assim esquematizar a divisão das ações: I – Ações de conhecimento: (a) ações declaratórias, que se dividem, por sua vez, em declaratórias negativas e declaratórias positivas; (b) ações condenatórias; (c) ações constitutivas; II – Ações executivas em sentido lato: (a) ações executórias; (b) ações executivas em sentido restrito; (c) ações executivas fiscais; III – Ações cautelares" (MARQUES, José Frederico. *Instituições de direito processual civil*, v. 2, p. 34).

Teresa Arruda Alvim Wambier[32] entende que as sentenças executivas *lato sensu*[33] e as mandamentais[34] devem ser incluídas dentro da classificação do processo de conhecimento: *"As sentenças executivas* lato sensu *contêm algo mais além da condenação. Há uma condenação, sim. Mas, além desta, é necessário observar que esta espécie de sentença, para que haja alteração no mundo empírico, no mundo real, na esfera dos fatos, não reclama a existência de posterior processo de execução. Ao contrário, ela, por si mesma, é apta a levar à efetiva satisfação do credor, prescindindo-se do processo de execução propriamente dito [...]. O principal efeito da sentença executiva* lato sensu *não é formar o título executivo, como no caso da sentença condenatória típica. É ser exequível no próprio processo em que foi proferida.*

Veja-se, por exemplo, o art. 65 da Lei 8.245/91, Lei de Locação de Imóveis Urbanos: 'Findo o prazo assinado para a desocupação constado da data da notificação, será efetuado o despejo, se necessário com emprego de força, inclusive arrombamento.' Tal dispositivo torna evidente a carga executiva que contém a sentença de procedência de ação de despejo.

A sentença mandamental, a seu turno, além de condenar, ordena, manda. O mandado correspondente à sentença de procedência no mandado de segurança gera a necessidade de cumprimento específico da ordem do juiz, sob pena de configuração de crime (ou de desobediência ou de responsabilidade)."

---

[32] WAMBIER, Teresa Arruda Alvim. Ob. cit., p. 77.

[33] A ação executiva *lato sensu* não exige a propositura de uma nova ação (processo de execução). O cumprimento da decisão é realizado na própria relação processual em que foi proferida a sentença. Vale dizer, a decisão executiva *lato sensu* é provimento jurisdicional dotado de uma eficácia condenatória, a qual não necessita da instauração de um novo processo para a sua implementação. Na sentença de procedência, o juiz emite um comando, ordenando a realização de atos práticos e materiais, tendentes à realização do direito reconhecido na própria sentença. Portanto, não se há a citação do réu para o cumprimento da decisão, como também não haverá a possibilidade de oposição de embargos à execução. Exemplos: sentenças proferidas nas ações possessórias e de despejo.

[34] A princípio, ação mandamental refletia a ação na qual se tinha um comando (=mandamento) dirigido a um outro órgão estatal. A sentença continha um comando dirigido a um órgão estatal, sem a necessidade de realização de um outro processo (o de execução). Atualmente, a ação mandamental, além do órgão estatal, poderá abranger o particular, sem a implementação de um outro processo autônomo (o de execução). Ao lado da condenação (ordem dirigida ao órgão público ou ao particular), tem-se a imposição de medidas coercitivas a serem aplicadas no caso de resistência do obrigado no cumprimento da ordem. É o caso do art. 536, § 1º, CPC, em que para a efetivação da tutela específica ou a obtenção do resultado prático equivalente, o juiz poderá determinar as medidas necessárias, tais como a imposição de multa por tempo de atraso, busca e apreensão, remoção de pessoas e coisas, desfazimento de obras e impedimento de atividade nociva, se necessário com a requisição de força policial. O escopo, com a imposição das medidas concretas e práticas, é de propiciar o cumprimento efetivo do direito reconhecido na decisão, sem a necessidade da instauração de um processo autônomo de execução.

PARTE VI · Cap. XII – SENTENÇA TRABALHISTA | **695**

Além da inclusão das sentenças executivas e mandamentais, como assevera José Frederico Marques,[35] *"também pretendem alguns que exista, no tocante às ações de cognição, um grupo à parte: o das ações dispositivas ou determinativas".*

Em algumas situações concretas, o juiz, ao proferir a sentença, ao complementar o mandamento legal aplicável, determina discricionariamente um elemento da relação jurídica litigiosa. É o que se denomina sentença dispositiva.

José Frederico Marques[36] pondera: *"Fala-se de um processo dispositivo ao lado do processo declaratório. Ou então se apresentam as sentenças como agrupáveis em dois tipos: (a) sentenças vinculadas; (b) sentenças discricionárias. Há ainda os que dividem as sentenças em declarativas e determinativas, classificando assim aquelas em declaratórias, condenatórias e constitutivas, e as últimas em sentenças de pura determinação, de determinação constitutiva e de determinação condenatória.*

Parece-nos acertada, porém, a observação de Liebman de que o fenômeno da discricionariedade outorgada ao juiz em casos especiais 'não incide na costumada classificação das sentenças', pois 'ainda quando tal se verifique, a sentença não deixa de pertencer a uma das três categorias mencionadas'. E mais adiante completa seu pensamento, in verbis: 'Existe uma regra material, mas seu conteúdo é elástico e deve ser determinado caso por caso, no momento da sua aplicação. A função do processo não é, pois, nesses casos, diversa da comum, e a sentença será conforme as várias hipóteses, declaratória, condenatória ou constitutiva; a única particularidade consiste no fato de que a atividade do juiz, vinculada ordinariamente pela lei a aplicar, em vista de certos fatos, a consequência exatamente estabelecida, se exerce, em alguns casos, com certa medida de poder discricionário, destinado a permitir que se determinem as consequências legais conforme as exigências das circunstâncias concretas do caso examinado. Mas isso não altera a função exercida pelo juiz que, todos os dias, deve ponderar as circunstâncias do caso concreto (por exemplo, quando deve decidir se houve dolo, coação, boa-fé, erro grosseiro etc.)'.

Disso se infere que há sentenças (ou declaratórias, ou condenatórias, ou constitutivas) em que o juiz, ao ter de aplicar a lei, usa de algum poder discricionário para entendimento e efetivamento do comando legal."

Como exemplos da complementação ao mandamento legal, temos: (a) os alimentos devem ser fixados na proporção das necessidades do reclamante e dos recursos da pessoa obrigada (art. 1.694, § 1º, CC); (b) o dono do prédio que não tiver acesso à via pública, nascente ou porto, pode, mediante pagamento de indenização cabal, constranger o vizinho a lhe dar passagem, cujo rumo seria judicialmente fixado, se necessário (art. 1.285, *caput*); (c) a penalidade deve ser reduzida equitativamente pelo juiz se a obrigação principal tiver sido cumprida em parte, ou se o montante da penalidade for manifestamente excessivo, tendo-se em vista a natureza e a finalidade do negócio (art. 413).

---

[35]   MARQUES, José Frederico. Ob. cit., v. 2, p. 35.

[36]   MARQUES, Jodé Frederico. Ob. cit., v. 3, p. 480.

12.5.1.1 Quanto ao Tipo de Provimento Pedido pelo Autor

De acordo com o resultado desejado pelo autor, os processos são classificados em dois tipos: conhecimento e execução.

12.5.1.1.1 Conhecimento

A ação de conhecimento é aquela *"em que a parte realiza afirmação de direito, demonstrando sua pretensão de vê-lo reconhecido pelo Poder Judiciário, mediante a formulação de um pedido, cuja solução será ou no sentido positivo ou no sentido negativo, conforme esse pleito da parte seja resolvido por sentença de procedência ou de improcedência".*[37]

Há três tipos de ações de conhecimento: declaratória, constitutiva e condenatória.

12.5.1.1.2 Execução

A doutrina classifica as ações executivas em sentido estrito e amplo.

No aspecto estrito, as ações executivas são aquelas em que a atividade jurisdicional restringe-se à prática de atos constritivos (para a satisfação das obrigações previstas nos títulos executivos judiciais e extrajudiciais), de transferência do patrimônio, não existindo a fase cognitiva, como ocorre nas ações de conhecimento. A fase cognitiva pode até surgir, contudo, incidentalmente, por meio dos embargos do devedor.

No sentido amplo, as ações executivas implicam uma relação jurídica processual composta de fase cognitiva ou de conhecimento, além da fase executiva propriamente dita. No mesmo processo cognitivo tem-se a prática de atos constritivos (de transferência de patrimônio). A sentença, além de ser cognitiva (adentra o mérito), é simultaneamente executória. Exemplos: as ações reivindicatórias, de emissão de posse, de reintegração de posse, de dissolução e liquidação de sociedades, de busca e apreensão (Dec.-lei 911/69) etc.

Pela antiga estrutura do processo civil, geralmente, a ação de execução, mesmo para os títulos executivos judiciais, operava-se por meio de processo autônomo, distinto do processo de conhecimento.

A partir de 1994, por sucessivas reformas legislativas na estrutura do processo civil, o processo de execução autônomo limita-se aos títulos executivos extrajudiciais e às hipóteses do art. 475-N, II, IV e VI, CPC/73, as quais tratam dos seguintes títulos executivos judiciais: sentença penal condenatória transitada em julgada; sentença arbitral; sentença estrangeira homologada pelo STJ.

Na primeira fase da Reforma do CPC/73, por intermédio da Lei 8.952/94, com a nova redação dada ao art. 461 do CPC/73, a efetivação da sentença condenatória de obrigação de fazer ou não fazer deixou de ser feita por processo autônomo, sendo implementada nos próprios autos da ação de conhecimento.

---

[37] WAMBIER, Luiz Rodrigues et al. Ob. cit., p. 107.

PARTE VI · Cap. XII – SENTENÇA TRABALHISTA | **697**

As principais inovações foram: (a) o juiz deveria conceder a tutela específica da obrigação ou, se procedente o pedido, determinar as providências que assegurem o resultado prático equivalente ao do inadimplemento (art. 461, *caput*); (b) sendo relevante o fundamento da demanda e havendo justificado receio de ineficácia do provimento final, era lícito ao juiz conceder tutela liminarmente ou mediante justificação prévia, citado o réu. A medida liminar poderia ser revogada ou modificada, a qualquer tempo, em decisão fundamentada (art. 461, § 2º); (c) na hipótese da antecipação da tutela ou na sentença, o juiz poderia impor multa diária ao réu (*astreinte*), independentemente de pedido do autor, se fosse suficiente ou compatível com a obrigação, fixando-lhe prazo razoável para o cumprimento do preceito (art. 461, § 4º); (d) para a efetivação da tutela específica ou a obtenção do resultado prático equivalente, poderia o juiz, de ofício ou a requerimento, determinar as medidas necessárias, tais como: a imposição de multa por tempo de atraso; busca e apreensão, remoção de pessoas e coisas, desfazimento de obras e impedimento de atividade nociva, se necessário com requisição de força policial (art. 461, § 5º).

A Lei 10.444/02, um dos textos legislativos da segunda fase da Reforma do CPC, ao alterar a redação do art. 644, estabeleceu, expressamente, que a sentença relativa à obrigação de fazer ou não fazer seria cumprida de acordo com as regras do art. 461, aplicando-se, subsidiariamente, o disposto no Capítulo III do Título II do Livro II do CPC (processo de execução das obrigações de fazer e de não fazer).

Com a Lei 10.444 houve a criação da tutela específica de obrigação de entrega de coisa, que passou a ser regida pela sistemática relativa à obrigação de fazer ou não fazer (art. 461-A, CPC/73).

A Lei 11.232, que compreendeu a terceira fase da Reforma do CPC/73, instituiu a fase de cumprimento da sentença no processo de conhecimento, fazendo com que a "liquidação" e a "execução" fossem partes integrantes desse processo, ao qual são aplicáveis, de forma subsidiária, no que couber, as normas reguladoras do processo de execução de título extrajudicial (art. 475-R, CPC/73). Portanto, o processo de execução, de forma autônoma, persiste para o título extrajudicial (art. 585, CPC/73).

Enquanto a Lei 11.232/05 trouxe uma série de mudanças na cobrança judicial, colocando um fim na separação entre a fase de conhecimento e a de execução, criando a multa de 10% para o não pagamento voluntário da decisão, a Lei 11.382/06 inovou com algumas medidas para acelerar os últimos momentos da execução, além de dispor a respeito da execução de títulos extrajudiciais. Algumas das novas medidas foram: (a) o uso da penhora *on line* para as execuções cíveis; (b) autorização para o uso de leilão eletrônico pelos tribunais para o leilão público de bens; (c) mudança de regras para a desapropriação dos bens do devedor, com prioridade à adjudicação, em que a propriedade do bem era transferida para o credor, que pode vendê-lo em condições melhores. Quando não fosse possível a adjudicação, a lei priorizava a venda por leiloeiros privados, e só então mencionava o leilão público, o qual seria virtual; (d) o fim para o efeito suspensivo quanto aos embargos do devedor, exceto se fosse o caso de grave lesão ou de dano irreparável na transferência.

O CPC/15, quanto ao cumprimento da sentença (título judicial), dispõe: (a) nos arts. 513 a 519, disposições gerais a respeito do cumprimento da sentença; (b) nos arts.

520 a 522, o cumprimento provisório da sentença que reconheça a exigibilidade de obrigação de pagar quantia certa; (c) nos arts. 523 a 527, o cumprimento definitivo da decisão judicial quanto a obrigação de pagar quantia certa; (d) nos arts. 528 a 533, as regras quanto a sentença que impõe a obrigação de pagar alimentos; (e) nos arts. 534 a 535, a obrigação de pagar quantia certa pela Fazenda Pública; (f) nos arts. 536 a 537, as obrigações de fazer, de não fazer ou de entregar coisa; (g) no art. 538, o cumprimento da sentença que reconheça a exigibilidade de obrigação de entregar coisa.

Quanto aos títulos extrajudiciais, a matéria é regulada no art. 771 e segs., CPC.

12.5.1.2 Tutela Pleiteada no Processo de Conhecimento

A classificação é utilizada de acordo com o tipo de sentença que é proferida, a qual varia de acordo com a tutela pleiteada no processo de conhecimento, podendo ser: declaratória, constitutiva e condenatória.

As sentenças de natureza constitutiva surtem efeitos *ex nunc* (válidos para o futuro). Por outro lado, os efeitos das sentenças declaratórias e condenatórias são *ex tunc* (retroagem ao passado).

12.5.1.2.1 Declaratória

As ações declaratórias[38] são utilizadas nas situações de incerteza. Pede-se o reconhecimento quanto à existência ou não de uma relação jurídica, sem haver a pretensão quanto à sanção. O interesse do autor pode limitar-se à declaração da: (a) existência, ou inexistência ou do modo de ser de uma relação jurídica; (b) autenticidade ou falsidade de documento (art. 19, I e II, CPC). Contudo, não podem servir à prova de simples fatos, a não ser o expressamente previsto (falsidade de documento). É admissível a ação declaratória, ainda que tenha ocorrido violação do direito (art. 20, CPC).

A eficácia da sentença declaratória é instantânea, com a produção dos seus efeitos independentemente da tomada de outras medidas acessórias ou do ajuizamento de uma nova demanda. Por regra, a eficácia da sentença declaratória é *ex tunc*, com a retroação dos seus efeitos ao passado e não a partir do trânsito em julgado. Ressalte-se, contudo, que a certeza só será concretizada com o trânsito em julgado.

---

[38] "As sentenças com carga preponderantemente declaratória limitam-se a afirmar a existência, inexistência ou conteúdo de uma relação jurídica ou, excepcionalmente, de um fato. Assim, a crise de certeza pendente sobre a relação jurídica e/ou sobre o fato é resolvida, de modo imperativo, pela sentença. Com efeito, o que se objetiva numa sentença declaratória é a 'mera declaração de um direito; contentam-se as partes, portanto, com a própria sentença que trará certeza jurídica, disciplinando a relação jurídica das partes ou o conflito de interesses retratado na lide" (RIBEIRO, Leonardo Ferres da Silva. "Breves Considerações Acerca do Impacto da Lei 11.232/05 no Tema da Eficácia das Sentenças". *Processo de execução civil*: modificações da Lei 11.232/05, p. 132).

PARTE VI · Cap. XII – SENTENÇA TRABALHISTA | 699

Ao contrário do CPC/73, o CPC/15 não mais prevê, como figura geral, a ação declaratória[39] incidental, como questão prejudicial, a não ser para a declaração de falsidade documental, a qual constará da parte dispositiva da sentença e sobre ela incidirá também a autoridade da coisa julgada (art. 503, CPC).

O CPC (art. 503, § 1º, I a III) dispõe que a decisão da questão prejudicial[40] faz coisa julgada, desde que: (a) a sua solução seja necessária para o julgamento do mérito; (b) tiver ocorrido o contraditório prévio e efetivo, o que não será necessário se for o caso de revelia; (c) se o juízo tiver competência em razão da matéria e da pessoa para resolver a temática como questão principal.

Não se aplica a coisa julgada à questão prejudicial, se no curso da demanda houver restrições probatórias ou limitações à cognição que impeçam o aprofundamento da sua análise (art. 503, § 2º).

12.5.1.2.2 Condenatória

A ação condenatória é o tipo mais comum nas intituladas ações de conhecimento. O que se pretende é o reconhecimento do direito a uma prestação (obrigação positiva ou negativa). Reconhece-se o direito, bem como uma ordem para que o vencido a cumpra. Esta última ordem será cumprida no processo de execução, caso o vencido não o faça espontaneamente.

12.5.1.2.3 Constitutiva

A ação constitutiva não se limita à simples declaração de um direito, como também ao reconhecimento de um fato que leve à constituição, modificação ou desconstituição de relação jurídica.

---

[39] Se, no curso do processo, se tornasse litigiosa relação jurídica de cuja existência ou inexistência dependesse o julgamento da lide, qualquer das partes poderia requerer que o juiz a declarasse por sentença (art. 5º, CPC/73). Esse dispositivo tratava da ação declaratória incidental. Contestando o réu o direito que constituísse fundamento do pedido, o autor poderia requerer, no prazo de dez dias, que sobre ele o juiz proferisse sentença incidente, se da declaração da existência ou da inexistência do direito dependesse, no todo ou em parte, o julgamento da lide (art. 325, CPC/73). Não implicava coisa julgada a apreciação de questão prejudicial, decidida incidentemente no processo, exceto se a parte o requeresse (arts. 5º e 325, CPC), bem como o juiz fosse competente em razão da matéria e constituísse pressuposto necessário para o julgamento da lide (art. 470, CPC/73). Em face dos artigos citados, conclui-se que a ação declaratória incidental poderia ser negativa ou positiva, tendo como escopo a análise de questão prejudicial de mérito, que seria apreciada *incidenter tantum*, inclusive podendo ser abrangida pela coisa julgada. A ação declaratória incidental ocorria no curso de um processo, de qualquer cunho (condenatório, constitutivo, declaratório, executório ou cautelar).

[40] Questão prejudicial é a questão relacionada com a existência, inexistência ou modo de ser de uma relação ou situação jurídica. Não se vincula com o mérito da causa, contudo, a sua solução é necessária para a análise do mérito. Ex.: a validade de um contrato, na demanda de cobrança de uma de suas parcelas.

Na sentença constitutiva podemos visualizar dois momentos: (a) o primeiro, de cunho declaratório, em que o juiz declara a existência do direito da parte em modificar a relação jurídica; (b) o segundo de natureza constitutiva, resultante da declaração judicial, o qual impõe ao magistrado o poder-dever de proceder à operação da modificação pedida pela parte.

Por regra, a eficácia da sentença constitutiva é *ex nunc*, com a produção dos seus efeitos após o trânsito em julgado, sem qualquer projeção no passado.

12.6 OS CONFLITOS TRABALHISTAS

Os conflitos trabalhistas podem ser divididos em: (a) puros, típicos ou obreiro-patronais, resultantes do antagonismo de interesses entre empregados e empregadores, em função das relações individuais e coletivas de trabalho; (b) impuros ou atípicos, ou seja, os resultantes de uma relação jurídica regulada pelo Direito do Trabalho, não abrangendo aspectos diretos das relações individuais e coletivas entre empregados e empregadores.

Os conflitos puros ou obreiro-patronais são divididos em individuais e coletivos. Por sua vez, os coletivos permitem uma subdivisão em jurídicos e econômicos.

O conflito individual de trabalho ocorre entre um trabalhador ou vários trabalhadores, individualmente considerados (interesses individuais), e o empregador, tendo como base o contrato individual de trabalho.

Os conflitos coletivos alcançam um grupo de trabalhadores e um ou vários empregadores, referindo a interesses gerais do grupo. Os trabalhadores são representados pela sua entidade sindical, o que também ocorre com os empregadores, excetuando-se a hipótese do acordo coletivo de trabalho.

O objeto do conflito coletivo de trabalho reflete os interesses de uma categoria ou de um grupo de trabalhadores, podendo ser de ordem econômica ou jurídica.

O conflito coletivo de natureza econômica engloba a reivindicação de novas e melhores condições de trabalho. Sua finalidade é a obtenção de uma norma jurídica – convenção coletiva, acordo coletivo ou sentença normativa.

No conflito coletivo de cunho jurídico, a divergência repousa na aplicação ou interpretação de uma norma jurídica. Seu intuito não é a obtenção de uma nova norma jurídica, porém, a declaração sobre o sentido de uma regra já existente ou a execução de uma norma que o empregador não esteja cumprindo.

12.6.1 Ações Individuais Trabalhistas

Os conflitos individuais trabalhistas geram as ações individuais na Justiça do Trabalho. Os titulares das ações individuais trabalhistas encontram-se individualizados e visam a um pronunciamento jurisdicional sobre interesses concretos.

As ações individuais trabalhistas também podem ser divididas em ações de conhecimento, executórias e cautelares. Por sua vez, as ações de conhecimento subdividem-se em: condenatórias, constitutivas e declaratórias.

12.6.1.1 Ações Individuais Trabalhistas de Conhecimento

12.6.1.1.1 Condenatória

No processo trabalhista, as ações individuais envolvem as obrigações de pagar, de fazer e de não fazer.

A mais comum é a ação em que o empregado solicita do empregador o pagamento dos seus direitos não adimplidos na vigência do contrato de trabalho, tais como: saldo de salário; títulos rescisórios; equiparação salarial; horas extras etc.

Também podem ocorrer as ações de fazer em que o empregado, detentor de uma estabilidade (legal, normativa ou contratual), solicita a sua reintegração aos quadros da empresa, em face da dispensa ou suspensão decretada pelo empregador. Por exemplo: as ações trabalhistas que visem reintegrar no emprego dirigente sindical: afastado, suspenso ou dispensado pelo empregador (art. 659, X, CLT).

Não se pode, ainda, negar, o que não é comum na prática forense trabalhista, a possibilidade de o empregado solicitar em juízo uma obrigação negativa por parte do empregador, como, por exemplo, as demandas que visem a tornar sem efeito transferência disciplinada pelos parágrafos do art. 469 da CLT (art. 659, IX).

12.6.1.1.2 Constitutiva e Desconstitutivas

No Processo Trabalhista, há ações individuais constitutivas (e desconstitutivas): (a) o inquérito judicial (arts. 853 e segs., CLT), em que o empregador solicita a decretação judicial da rescisão contratual do empregado estável (decenal, dirigente sindical etc.), em face da justa causa por ele perpetrada; (b) a demanda trabalhista em que o empregado pleiteia o reconhecimento da justa causa do empregador – dispensa indireta (art. 483); (c) os pedidos de cancelamento de advertências e suspensões dadas pelo empregador ao empregado; (d) o pedido da gestante em mudar de serviço em face de dificuldades físicas ou materiais durante o período da gravidez; (e) a solicitação quanto ao reconhecimento de desvio ou acúmulo de função; (f) ação anulatória de auto de infração da fiscalização do trabalho.

12.6.1.1.3 Declaratória

As ações declaratórias podem ser positivas ou negativas.

O exemplo mais comum de ação declaratória individual trabalhista[41] é a solicitação quanto ao reconhecimento do contrato de trabalho, com o pedido de anotações na CTPS e expedição de ofícios à Superintendência Regional do Trabalho e Emprego (SRTE) (Dec. 8.894, 3/11/2016, art. 23), ao Instituto Nacional do Seguro Social e à Caixa Econômica Federal.

---

[41] Súm. 242, STJ – Cabe ação declaratória para reconhecimento de tempo de serviço para fins previdenciários.

Também não se pode negar o direito de o empregador solicitar ao Judiciário Trabalhista uma tutela declaratória negativa de existência de uma relação jurídica trabalhista.

Além das ações declaratórias positivas ou negativas quanto à existência de uma relação jurídica empregatícia, a Justiça do Trabalho tem analisado várias ações nas quais a parte postula, de forma incidental, a falsidade ou não de prova documental.

A jurisprudência atual do TST entende que é incabível ação, visando à declaração do direito à complementação de aposentadoria, se não houver o atendimento do requisito necessário à aquisição do direito, seja por via regulamentar, ou por acordo coletivo (OJ 276, SDI-I).[42]

12.6.1.2 Ações Individuais Trabalhistas Executórias

As ações individuais trabalhistas executórias eram lastreadas em títulos judiciais: (a) decisões com trânsito em julgado; (b) decisões sujeitas a recurso, o qual foi recebido tão somente no efeito devolutivo; (c) os acordos judiciais não cumpridos.

Com a edição da Lei 9.958/00, a Justiça do Trabalho passou a ser competente para executar títulos extrajudiciais: (a) os termos de conciliação oriundos das Comissões de Conciliação Prévia não adimplidos; (b) os termos de ajuste de conduta firmados perante o Ministério Público do Trabalho.

Com a EC 45/04, a Justiça do Trabalho passou a ter competência para as ações relativas às penalidades administrativas impostas aos empregadores pelos órgãos de fiscalização das relações de trabalho. Essa nova competência também abrange a execução trabalhista. Em outras palavras, a Justiça do Trabalho passou a ter competência para a execução fiscal das multas e dos valores relativos às infrações aplicáveis pela fiscalização do trabalho ao empregador.

Marcos Neves Fava[43] ensina: *"De inconsistência e temeridade ímpares constitui-se a hermenêutica de rejeição das execuções fiscais relacionadas às penalidades administrativas impostas aos empregadores pela fiscalização das relações de trabalho.*

---

[42]   "Para que a parte provoque o Poder Judiciário, deve atender a certos requisitos, entre os quais as condições da ação. Vale dizer, além da legitimidade para agir ou qualidade para agir, deverá existir a possibilidade jurídica do pedido e o legítimo interesse. Por outro lado, o Poder Judiciário não decide por conjecturas nem é órgão ao qual se formulem consultas. Decide sobre casos concretos. Daí a razão pela qual não será possível o ajuizamento de ação declaratória com o objetivo de declaração sobre se teria direito ou não à complementação de aposentadoria se ainda não atende aos requisitos formais formadores do direito. Ausente, neste caso, o interesse jurídico" (OLIVEIRA, Francisco Antonio. *Comentários aos precedentes normativos e às orientações jurisprudenciais do TST*, 2. ed., p. 392).

[43]   FAVA, Marcos Neves. As ações relativas às penalidades administrativas impostas aos empregadores pelos órgãos de fiscalização das relações de trabalho – Leitura do Artigo 114, VII, da Constituição da República. *Revista da Escola da Magistratura do TRT da 2ª Região*, nº 1, set. 2006, p. 15.

PARTE VI · Cap. XII – SENTENÇA TRABALHISTA | 703

Desde logo, porque a competência para o gênero 'ações' induz, por corolário lógico, a da espécie 'execução'. Aliás, o processo de conhecimento, ressalvas tutelas meramente declaratórias, não se faz útil ou efetivo, sem a correspondente ação de execução.

Ainda que assim não fosse, considerando-se o caráter instrumental das normas de competência, vinculadas que são à organização prática da jurisdição, de muito rasa lógica seria a distribuição da competência, de forma a exigir dos litigantes que se defendessem, ou postulassem, perante a Justiça do Trabalho, mas que, consolidada a obrigação de pagamento da dívida, aforassem – ou se defendessem – perante a Justiça Federal, durante a execução.

Mesma conclusão toma Estevão Mallet, ensinando que 'a finalidade da nova hipótese de competência leva a afirmar-se que a própria execução fiscal das multas e dos valores deve ser feita perante a Justiça do Trabalho, admitindo-se a discussão da legalidade do lançamento em embargos do executado'.

Da Justiça do Trabalho passou a ser, portanto, a competência para julgamento das ações fiscais de cobrança da dívida ativa da União, sempre que decorrerem de auto de infração relacionado com a fiscalização das relações de trabalho, desde que o exigido figure como empregador."

Outros títulos extrajudiciais reconhecidos pela legislação civil e processo civil não podiam ser executados na Justiça do Trabalho (art. 784, I, NCPC). Na Justiça do Trabalho, tais títulos poderiam instruir a ação monitória.

Na IN 39/16 (art. 13), o TST fixou que, por aplicação supletiva do art. 784, I, CPC, o cheque e a nota promissória emitidos em reconhecimento de dívida inequivocamente de natureza trabalhista também são títulos extrajudiciais para efeito de execução perante a Justiça do Trabalho (art. 876 e segs., CLT).

12.6.2   Dissídio Coletivo

Os conflitos coletivos de trabalho levam à formulação das ações coletivas trabalhistas (dissídios coletivos) as quais, juntamente com suas decisões e efeitos, são estudadas na Parte VIII da presente obra.

12.7   A EFICÁCIA DA SENTENÇA

A sentença, como ato processual, pode ser visualizada em três planos distintos: existência, validade e eficácia.

12.7.1   Existência

Pela ótica da existência, a sentença pode ser juridicamente existente ou inexistente. A sentença é considerada ato jurídico inexistente quando não ingressa no mundo jurídico, existindo apenas no mundo fático (empírico). É o ato que tem mera aparência, não possuindo nenhum valor jurídico, portanto, desprovida de validade ou eficácia.

Exemplos de sentenças inexistentes: (a) proferida por quem não é juiz, pela falta do atributo da jurisdição. Quando é prolatada por juiz incompetente, em razão da matéria, a decisão será nula; se for o caso de incompetência relativa, a sentença será anulável;

DIREITO PROCESSUAL DO TRABALHO • *Francisco Ferreira Jorge Neto – Jouberto de Quadros Pessoa Cavalcante*

(b) sem a conclusão ou a parte dispositiva; (c) no processo em que não houve a citação válida; (d) sem condições materiais de produzir efeitos, porque incerta ou impossível; (e) pronunciada contra pessoa inexistente ou sem legitimidade para a ação. Nesta última hipótese, não há uma das condições da ação; (f) não assinada pelo juiz; (g) ilegíveis; (h) quando não se tem a publicação; (i) não escrita.

12.7.2 Validade

Após a constatação da existência, a sentença há de ser analisada pelos prismas da validade e da eficácia. Pela validade, a sentença pode ser válida ou inválida.

Válida é a que atende às exigências legais, ou seja, que observa: os requisitos dos arts. 141 e 492, CPC (princípio da congruência), do art. 489, CPC, e art. 832, CLT (relatório, fundamentação e conclusão).

No exercício da jurisdição, o Estado, por intermédio de seus órgãos jurisdicionais competentes, há de observar os pedidos formulados, não ultrapassando os seus limites e nem decidindo fora dele. Entre o pedido e a sentença há de existir uma correspondência, daí a formulação do princípio da congruência ou da correlação (arts. 141 e 492, CPC). A congruência deve existir entre o pedido mediato (bem da vida violado) e o pedido imediato (tutela jurisdicional invocada).

Segundo as lições de Andra Boari Caraciola,[44] com apoio de Cândido Rangel Dinamarco, *"será incongruente a sentença que transbordar os limites objetivos e subjetivos fixados na demanda, já que são rígidos os contornos que se impõem ao Estado-juiz no exercício da função jurisdicional. Daí consignarmos a impossibilidade de o juiz decidir a respeito de pessoas outras que não guardam pertinência subjetiva para com a demanda, prover por motivos diversos dos que venham a constituir a causa de pedir e impor solução não pedidas ou relativas a objetivos, coisas ou interesses não solicitado".*

A decisão *infra petita* ocorre em dois planos: (a) o qualitativo, quando o magistrado não resolve todas as questões e pedidos (mediatos e imediatos). Exemplo: a inicial pleiteia a declaração do vínculo empregatício e a rescisão contratual, pela ocorrência da justa causa do empregador, contudo, a decisão somente lhe reconhece o vínculo; (b) o quantitativo, isto é, a sentença defere menos do que pedido, no tocante aos valores ou quanto às verbas devidas.

O julgamento *extra petita* se concretiza quando o julgado proferido não se vincula à natureza ou à espécie do pedido requerido em juízo, ou conceda objeto distinto do demandado. A vedação relaciona-se não só com a causa de pedir e o respectivo pedido contemplado na petição inicial, mas igualmente às questões, os fundamentos e os pedidos postos na resposta do réu. A decisão não pode substituir uma causa de pedir por outra. Exemplos: se a exordial solicita a condenação no vínculo empregatício, a sentença não poderá decretar a rescisão indireta do contrato de trabalho, pela justa causa do empregador; o pedido é de horas extras e a sentença lhe concede as horas de sobreaviso. A

---

[44] CARACIOLA, Andrea Boari. *Princípio da Congruência no Código de Processo Civil*, p. 173.

proibição da sentença *extra petita* não contempla as denominadas matérias de ordem pública (art. 337, § 5º, CPC). Há de ser ressaltado que a adequação construída na decisão pelo magistrado em função da qualificação jurídica errônea dos fatos ou da pretensão não viola a vedação do julgamento *extra petita* (*da mihi factum, dato tibi jus, iura novit cúria*).

A sentença é *ultra petita* quando ultrapassa os limites do pedido. O pedido contempla três horas extras diárias e o julgado concede quatro horas extras diárias. Não há julgamento *ultra petita* para os pedidos implícitos: (a) as parcelas vencidas e vincendas (art. 323, CPC); (b) os juros legais (art. 322, CPC; Súm. 211, TST); (c) a correção monetária (Súm. 211); (d) os honorários advocatícios e as despesas processuais (art. 85, CPC).

A respeito do princípio da congruência ou da correlação, a doutrina, como aponta Nelton Agnaldo Moraes dos Santos,[45] *"fala nas sentenças* ultra petita, extra petita *e* citra petita *(ou* infra petita*). Diz-se que a sentença é* ultra petita *quando ela ultrapassa os limites do que foi pedido; é* extra petita *quando decide sobre objeto diverso; e* citra petita *quando deixa de decidir sobre algum pedido.*

Essas noções não comportam dificuldade. Mas problemas surgem quando se sabe que o juiz, além de adstrito ao pedido, também o é à causa de pedir. Sim, pois o art. 128 do Código de Processo Civil estabelece que o juiz decidirá a lide nos limites em que foi proposta, sendo-lhe defeso conhecer de questões não suscitadas, a cujo respeito a lei exige a iniciativa da parte. O dispositivo da lei, como se percebe, é rigoroso. Nem sequer questões (no âmbito de uma mesma causa de pedir) o juiz pode conhecer de ofício, à exceção das de ordem pública. Com muito mais razão é vedada a modificação da causa de pedir.

Milton Paulo de Carvalho entende que a causa de pedir é elemento de identificação do pedido. Afirma ele, a nosso ver com acerto, que basta considerar que um pedido pode ser formulado por mais de uma causa (ex.: separação por adultério ou por sevícia) para deduzir que a causa identifica o pedido. No mesmo sentido, Teresa Arruda Alvim Pinto afirma que embora os pedidos em si mesmos sejam idênticos, se acoplados a fundamentos diversos (já que os fundamentos os identificam), é como se fossem pedidos diversos [...]. Se o juiz, destarte, acolhe o pedido do autor com base em causa de pedir não invocada, outra coisa não faz senão julgar pedido diverso do formulado. Não é por outra razão que os mencionados processualistas sustentam que a sentença será extra petita *não só quando o juiz conceder bem da vida ou provimento jurisdicional diverso do pretendido, mas também quando conceber qualquer coisa com base em causa de pedir não invocada na inicial. Será, outrossim,* ultra petita *a sentença que, embora adstrita aos objetos imediato e mediato, valer-se da causa de pedir invocada e de mais outra. E, por fim, será* citra petita *a sentença que, no caso de concursos de pedidos, deixar de apreciar uma das causas de pedir invocadas pelo autor.*

As sentenças citra *e* extra petita *são nulas; e, por importarem vício de ordem pública, deve o tribunal declarar a nulidade, de ofício ou a pedido do interessado. Já a sentença* ultra petita *pode ser reduzida aos limites devidos. Neste caso, o tribunal fará o decote necessário e poderá reexaminar a matéria regularmente decidida. Mas isso não significa descaracterização do vício enquanto nulidade processual de natureza absoluta.*

---

[45] SANTOS, Nelton Agnaldo Moraes dos. Ob. cit., p. 56.

Não importa, contudo, vício de qualquer natureza o fato de o juiz dar novos nomes aos institutos jurídicos aludidos pelas partes, sem, evidentemente, alterar o fato alegado ou o direito invocado".

Inválida é a sentença que foi proferida sem a observância de alguma formalidade essencial imposta por lei. Apesar da gravidade do seu vício, o ato processual é considerado uma sentença. Como exemplos de sentenças inválidas ou nulas, temos as decisões que: (a) não contêm o relatório ou a motivação (fundamentação); (b) violam o princípio da congruência (*extra* ou *citra petita*, arts. 141 e 492, CPC); a *ultra petita* não é inválida, visto que pode ser reformada mediante o recurso adequado, com a exclusão do que foi deferido em excesso; (c) são proferidas por juiz absolutamente incompetente (art. 64, § 2º).

12.7.3 Eficácia

A sentença, válida ou inválida (nula), pode ser eficaz ou não. Eficácia é a aptidão de um ato jurídico para produzir efeitos. A sentença eficaz é a apta para gerar os seus efeitos, após a regular publicação.[46] Será ineficaz, ao contrário, quando, após a sua regular publicação,[47] os efeitos ficam diferidos para outro momento. É o caso da sentença, quando ainda esteja pendente o prazo para o recurso ou que tenha ocorrido à oposição do apelo, recebido no efeito suspensivo. A sentença possui efeitos principais e secundários.

Os principais são decorrentes do pedido formulado e explicitados no conteúdo da decisão pelo magistrado. Vale dizer, os efeitos principais exprimem de modo expresso o conteúdo da sentença. Exemplos: os efeitos declaratórios, constitutivos, condenatórios etc.

Os secundários não dependem de pedido específico da parte ou de pronunciamento do juiz, contudo, resultam da sentença. São efeitos automáticos e impostos por expressa disposição legal. Exemplos: (a) perempção (art. 485, III e 486, CPC); (b) hipoteca judiciária, em se tratando de sentença condenatória (art. 495, CPC); (c) condenação em custas (art. 832, CLT); (d) a execução provisória da sentença (os recursos trabalhistas somente possuem o efeito devolutivo, art. 899, CLT); (e) condenado o devedor a emitir declaração de vontade, a sentença, uma vez transitada em julgado, produzirá todos os efeitos da declaração não emitida (art. 501, CPC); (f) se aquele que se comprometeu a concluir um contrato não cumprir a obrigação, a outra parte, sendo isso possível e não excluído pelo título, poderá obter uma sentença que produza o mesmo efeito do contrato a ser firmado (art. 466-B, CPC/73; o CPC/15 não trata dessa matéria de forma expressa. Aplica-se, pois, a inteligência do art. 501, ou seja, a regra pertinente a ação, a qual tenha

---

[46] "A sentença, como os atos processuais em geral, é ato público. Deverá ser dada à publicidade por meio da publicação. Enquanto não publicada não produzirá os efeitos que lhe são próprios" (Santos, Moacyr Amaral. Ob. cit., p. 25).

[47] "A publicação da sentença é condição de sua integração ao processo. A sentença existe e produz efeitos a partir da sua publicação. Mas, em relação às partes, seus efeitos se produzem a partir da sua intimação, que é o ato pelo qual se lhes dá conhecimento dela" (SANTOS, Moacyr Amaral. Ob. cit., p. 25).

PARTE VI · Cap. XII – SENTENÇA TRABALHISTA | **707**

por objeto a emissão de declaração de vontade);[48] (g) tratando-se de contrato que tenha por objeto a transferência da propriedade de coisa determinada, ou de outro direito, a ação não será acolhida se a parte que a intentou não cumprir a sua prestação, nem a oferecer, nos casos e formas legais, salvo se ainda não exigível (art. 466-C, CPC/73; o CPC/15 não reproduz essa regra de forma explícita, contudo, devemos aplicar as regras dos arts. 497 a 501, os quais tratam das ações relacionadas às prestações de fazer, de não fazer e de entregar coisa).

12.8 COISA JULGADA

12.8.1 Introdução

Por norma constitucional (cláusula pétrea), a lei não prejudicará o direito adquirido, o ato jurídico perfeito e acabado e a coisa julgada[49] (art. 5º, XXXVI).

---

[48] "O art. 466-B trata da hipótese de uma obrigação de fazer, em que o credor, com base em um contrato preliminar, sem cláusula de arrependimento, solicita o que o devedor se comprometera a tornar definitivo e não o fez. O art. 463 do Código Civil determina que, concluído o contrato preliminar, e desde que dele não conste cláusula de arrependimento, qualquer das partes terá o direito de exigir a celebração do contrato definitivo, assinando prazo à outra que o efetive. Esgotado o prazo, poderá o juiz, a pedido do interessado, suprir a vontade da parte inadimplente, conferindo caráter definitivo ao contrato preliminar, saldo se a isso se opuser à natureza da obrigação (art. 464, CC). No processo do trabalho, como exemplo, temos: "determinado trabalhador firmou um contrato preliminar (sem cláusula de arrependimento, insistamos) com o seu empregador, contrato que, por qualquer motivo, ficou para ser formalizado posteriormente. Isso poderia ocorrer nos casos em que a sociedade (comercial, industrial etc.) empregadora estivesse para instalar-se em certa localidade e, a despeito de só vir a funcionar muitos meses depois, entendesse prudente assegurar, desde logo, a contratação de mão de obra (que seria utilizada somente no futuro), seja porque é escassa na região, seja por outro motivo qualquer. Seleciona, então, os candidatos a emprego e realiza, com estes, um contrato preliminar a ser concluído (= tornado definitivo) dentro de alguns dias. Decorrido o prazo, tais trabalhadores, percebendo que o empregador está propenso a não formalizar o contrato, poderá ingressar em juízo para postular uma sentença que produza os mesmos efeitos do contrato que seria firmado. É verdade que, no exemplo por nós formulado, poderia o trabalhador, desprezando o apoio do art. 466-B, do CPC, invocar a tutela jurisdicional para obter uma sentença declaratória da existência de relação de emprego entre ele e o réu, utilizando, nessa oportunidade, como prova, o contrato preliminar estabelecido com a parte contrária, bem como outros meios probantes admitidos em direito. A conveniência de o trabalhador, em alguns casos, optar por essa espécie de ação (declaratória) não deita por terra o nosso parecer de que, desejando, poderá valer-se da faculdade que lhe propicia a norma do processo civil (art. 466-B)" (TEIXEIRA FILHO, Manoel Antonio. Ob. cit., p. 279).

[49] "O instituto em questão privilegia a segurança jurídica, na medida em que impede que se rediscuta a sentença que decidiu o mérito da causa e em relação a qual não sejam mais oponíveis recursos. A exceção seria a ação rescisória, que permite a desconstituição da decisão transitada em julgado, nas hipóteses legalmente previstas. Diz-se que coisa é soberanamente julgada quando ultrapassado, inclusive, o prazo para a propositura da ação rescisória. Neste sentido, Teresa Arruda Alvim Wambier e José Miguel Garcia Medina: 'A expressão coisa julgada deriva da expressão latina *res iudicata*, que significa bem julgado. É fenômeno típico do processo de conhecimento o resultado

Com a publicação, a sentença torna-se irretratável,[50] ou seja, a sentença não poderá ser alterada ou revogada pelo mesmo órgão jurisdicional que a prolatou. A sentença pode ser impugnada pelo vencido, sob alegação de vício de procedimento ou de ser errada ou injusta.[51] A CF assegura o duplo grau de jurisdição (art. 5º, LV).

A respeito da natureza jurídica da sentença sujeita a recurso, a doutrina aponta as seguintes teorias: (a) equivalente a uma mera situação jurídica (CHIOVENDA);[52] (b) ato sujeito a uma condição resolutiva (CALAMANDREI);[53] (c) ato imperativo do juiz, não imutável, mas que produz determinados efeitos (condição suspensiva) (CARNELUTTI).

Na nossa opinião, apesar de possuir os requisitos necessários a sua existência, a sentença, pendente de recurso, está tolhida em seus efeitos. Ao contrário da condição

---

final do processo de conhecimento normalmente atribuir um bem jurídico a alguém. Define-se, assim, uma situação jurídica, estabelecendo-se a sua titularidade, passando esta definição, por causa da coisa julgada material, a ser imutável, razoavelmente estável ou marcadamente duradoura. Este bem jurídico é abrangido pela categoria dos direitos subjetivos'. Cândido Rangel Dinamarco também trata do tema, ponderando que a coisa julgada não é 'um efeito da sentença, mas especial qualidade que imuniza os efeitos substanciais desta a bem d a estabilidade da tutela jurisdicional'. Enfatiza ele que 'a coisa julgada não tem dimensões próprias, mas as dimensões que tiverem os efeitos da sentença." (PIMENTA, Adriana Campos de Souza Freire. Relativização da coisa julgada. *In Revista Trabalhista Direito e Processo*, ano 11, n. 44, p. 18/19).

[50] Publicada a sentença, o juiz só poderá alterá-la: (a) para corrigir-lhe, de ofício ou a requerimento da parte, inexatidões materiais, ou lhe retificar erros de cálculos; (b) por meio de embargos de declaração (art. 494, I e II, CPC).

[51] "Mas a sentença pode ser impugnada pelo vencido, sob fundamento de vício de procedimento ou de ser errada ou injusta. Num sistema judiciário, em que se consagra o duplo grau de jurisdição, a impugnação far-se-á por meio de recurso, que consiste no pedido de reexame da causa pelo órgão jurisdicional hierarquicamente superior ao que proferiu a sentença. Assim é no processo brasileiro, em que das sentenças dos juízes de primeiro grau se concede ao vencido recurso para os órgãos jurisdicionais de segundo grau, cujas decisões também são impugnáveis por outros recursos" (SANTOS, Moacyr Amaral. *Primeiras linhas de direito processual civil*, v. 3, 5ª ed., p. 39).

[52] "Mero ato do magistrado, enquanto dela pendem recursos, traduz-se a sentença num ato que pode chegar a ser sentença, pela preclusão dos prazos para recursos ou pela sua conformação no juízo ad quem. Daí a conclusão de que a sentença sujeita a recurso constitui um ato que exprime uma mera situação jurídica, isto é, uma circunstância que, acrescida a outras circunstâncias, que poderão ocorrer, poderá conduzir a determinado ou determinados efeitos jurídicos. Em suma, a sentença sujeita a recurso constitui simples situação jurídica, ou seja, possibilidade de sentença" (SANTOS, Moacyr Amaral. Ob. cit., p. 41).

[53] "A sentença sujeita a recurso é ato submetido à condição resolutiva; com isso se afirma que a sentença traz em si, de modo inerente, os requisitos necessários à sua existência estável, no mundo jurídico, embora possa ser destituída dessa eficácia originária na hipótese de haver um pronunciamento jurisdicional contrário, pelo órgão hierárquico superior, mediante a apreciação do recurso dela interposto. A essa alegação, contudo, se contrapôs o argumento de que, a ser dessa maneira, a sentença deveria produzir, desde logo, como consequência normal, o efeito executório, por força do disposto no art. 119 do CC; na realidade, apenas em caráter excepcional a sentença recorrível produz esse efeito" (TEIXEIRA FILHO, Manoel Antonio. *Sistema dos recursos trabalhistas*, 10. ed., p. 114).

resolutiva, trata-se de uma condição suspensiva, já que a eficácia da sentença será concreta quando ocorrer o trânsito em julgado.[54]

12.8.2 Sentença e a Coisa Julgada

No curso do processo, antes da prolação da sentença, é vedado à parte discutir as questões já decididas, a cujo respeito operou-se a preclusão (art. 507, CPC). Preclusão é um instituto de direito processual, não repercutindo fora do processo. Representa a perda de uma faculdade processual. O objetivo da preclusão é impedir que o processo se eternize. Há três formas de preclusão: temporal, consumativa e lógica. A preclusão temporal é a decorrente da perda de prazo para a realização do ato processual. A consumativa acontece quando se pratica o ato no prazo legal, não podendo ser, portanto, repetido, ainda que não esgotado o prazo judicial. A lógica é resultante da prática de um ato incompatível com aquele que deveria ter sido realizado no processual oportuno.

Há, segundo parte da doutrina, ainda, a preclusão *pro iudicato*, *"no sentido de que ao magistrado é imposto impedimento com a finalidade de que não possa mais julgar questão decidida. A doutrina faz referência a esse fenômeno denominando-o de preclusão* pro iudicato*".*[55] Contudo, não há preclusão *pro iudicato* para as questões de ordem pública, *"o juiz pode decidir de novo a respeito desta matéria, até proferir sentença, quando não mais poderá inovar no processo".*[56]

No processo civil, diante da decisão interlocutória, a parte, para evitar a preclusão, deverá interpor o recurso de agravo (art. 1.015, CPC). No processo trabalhista, admite-se a apreciação do merecimento da decisão interlocutória somente em recurso da decisão definitiva (art. 893, § 1º, CLT; Súm. 214, TST). Para se evitar a preclusão no processo trabalhista, logo após a ciência da decisão interlocutória, a parte prejudicada deve manifestar expressamente o seu inconformismo, por uma simples manifestação em audiência ou por uma petição ao magistrado. Ato conhecido na prática como "protesto".

No curso do processo, quando a decisão interlocutória envolver matéria de ordem pública (pressupostos processuais de existência e de validade; requisitos quanto ao exercício do direito de ação) ou de direito indisponível não se tem à ocorrência da preclusão para a parte ou para o magistrado (arts. 485, § 3º e art. 505, II, CPC).

---

[54] "A sentença configuraria um ato condicionado, ou melhor, penderia de condição suspensiva, isso porque, nada obstante ela se faça dotada de todos os requisitos necessários à sua existência, está tolhida em sua eficácia. Dessa forma, os seus efeitos apenas seriam ativados na hipótese de não ocorrer um novo julgamento, em grau de recurso. Essa suspensividade permaneceria enquanto perdurasse a possibilidade de impugnar-se a decisão, o que equivale a dizer, em sentido inverso, que os seus efeitos seriam liberados assim que ficasse afastada em definitivo a possibilidade recursal" (TEIXEIRA FILHO, Manoel Antonio. Ob. cit., p. 115).

[55] NERY JUNIOR, Nelson; NERY, Rosa Maria de Andrade. *Código de Processo Civil comentado*, 9. ed., p. 618.

[56] NERY JUNIOR, Nelson; NERY, Rosa Maria de Andrade. Ob. cit., p. 436.

A decisão interlocutória poderá ser revista por um pedido de reconsideração ao magistrado, oposto por intermédio de uma simples petição. Para as matérias de ordem pública e de direito indisponível, a preclusão ocorrerá quando da: (a) prolação da sentença pelo magistrado de primeiro grau; (b) concretização da coisa julgada formal.

A doutrina considera: *"O limite final para a apreciação das questões de ordem pública e de direitos indisponíveis é a preclusão máxima, denominada impropriamente 'coisa julgada formal' (nas instâncias ordinárias) ou, em se tratando do juiz de primeiro grau, a prolação da sentença de mérito, quando cumpre e acaba seu ofício jurisdicional. [...] No caso de não haver preclusão pelo fato de a matéria objeto da decisão ser de ordem pública ou de direito indisponível, a decisão poderá ser revista pelo mesmo juiz ou tribunal superior, ex officio ou a requerimento da parte. Este requerimento poderá ser feito por petitio simplex ou por intermédio de recurso de agravo, se apresentado no primeiro grau de jurisdição. A petitio simplex poderá receber o nome de pedido de reconsideração. Somente nesta hipótese entendemos aceitável a utilização desse meio recursal para provocar o reexame da decisão já decidida pelo juiz, sem que seja preciso interpor o recurso de agravo."*[57]

Com o trânsito em julgado, não mais será possível o reexame da decisão no mesmo processo onde foi proferida, ante o preenchimento das seguintes hipóteses: (a) houve a interposição dos recursos previstos em lei; (b) a não utilização dos recursos pelos interessados nos prazos legais; (c) ausência de previsão legal de meio de impugnação contra a decisão; (d) observância da remessa obrigatória (art. 496, CPC; Súm. 303, TST); (e) renúncia ao direito de recorrer; (f) desistência quanto ao apelo interposto. Em qualquer dessas hipóteses, a sentença, como ato processual, é imutável. É o fenômeno da coisa julgada formal, que representa a preclusão máxima dentro do processo. É o passo fundamental para a coisa julgada material ou substancial.

A coisa julgada material representa a imutabilidade do que foi decidido no processo. A situação jurídica material dirimida pela sentença não poderá ser rediscutida no mesmo processo ou em qualquer outro processo. A coisa julgada material torna imutáveis os efeitos produzidos pela sentença dentro e fora do processo.[58] O atributo da coisa julgada material é inerente à sentença definitiva ou de mérito.

---

[57] NERY JUNIOR, Nelson; NERY, Rosa Maria de Andrade. Ob. cit., p. 619.

[58] "Em consequência da coisa julgada formal, pela qual a sentença não poderá ser reexaminada e, pois, modificada ou reformada no mesmo processo em que foi proferida, tornam-se imutáveis os seus efeitos (declaratório, ou condenatório, ou constitutivo). O comando emergente da sentença, como ato imperativo do Estado, torna-se definitivo, inatacável, imutável, não podendo ser desconhecido fora do processo. E aí se tem o que se chama coisa julgada material, ou coisa julgada substancial, que consiste no fenômeno pelo qual a imperatividade do comando emergente da sentença adquire força de lei entre as partes. Pode-se dizer, com Liebman, que a coisa julgada formal e a coisa julgada material são degraus do mesmo fenômeno. Proferida a sentença e preclusos os prazos para recursos, a sentença se torna imutável (primeiro degrau – coisa julgada formal); e, em consequência, tornam-se imutáveis os seus efeitos (segundo grau – coisa julgada material)" (SANTOS, Moacyr Amaral. Ob. cit., p. 43).

Há dois fundamentos relevantes: (a) político – representa a solução definitiva das relações materiais e suas controvérsias (conflitos de interesses), realçando o processo como instrumento destinado à composição da lide, mecanismo essencial da função jurisdicional do Estado; (b) jurídico – a coisa julgada denota uma qualidade especial da sentença, a reforçar a sua eficácia, consistente na imutabilidade da sentença como ato processual (coisa julgada formal) e na imutabilidade dos seus efeitos (coisa julgada material) (arts. 502 e 503, CPC; art. 836, CLT).[59]

De acordo com o art. 508, CPC, passada em julgado a sentença de mérito, consideram-se deduzidas e repelidas todas as alegações e as defesas que a parte poderia opor tanto ao acolhimento quanto à rejeição do pedido. Isso significa que a coisa julgada material abrange o deduzido e o deduzível. Tudo o que parte, autor ou réu, poderia ter deduzido para fins de acolhimento ou rejeição do pedido, por ficção, presume-se que tenha sido articulado. A coisa julgada material absorve todas as questões discutidas como as que poderiam ter sido discutidas, como fundamentos da causa de pedir e do pedido. Por exemplo: se o empregado, vítima de um acidente de trabalho, articula que não tinha o treinamento adequado para operar uma máquina, não poderá, após o trânsito em julgado da decisão que rejeitou o pedido da indenização de danos morais e materiais em relação ao seu empregador, articular, em uma outra demanda, alegando o mesmo acidente de trabalho, que não houve a entrega dos equipamentos de proteção adequados.

O princípio do dedutível e do deduzido não é aplicável quando a sentença deixa de apreciar um dos pedidos formulados. Por exemplo: a sentença somente apreciou o pedido de dano material e não o fez quanto ao pedido de dano moral em uma demanda trabalhista por ato ilícito do empregador (acidente de trabalho). O art. 508, CPC, é aplicável para as questões que poderiam ter sido alegadas e não o foram, não sendo adequado para as ações em que há vários pedidos e um deles não foi oportunamente apreciado. Em uma nova demanda, o pedido poderá ser regularmente apreciado, não estando acobertado pela coisa julgada material da demanda anterior.

Há atos judiciais que não possuem a autoridade da coisa julgada: sentenças terminativas; as proferidas em processos de jurisdição voluntária ou graciosa;[60] as interlocutórias e os despachos.

De acordo com a regra prevista no art. art. 486, CPC, a extinção do feito, sem resolução de mérito, com exceção da hipótese prevista no inciso V, art. 485, CPC (peremição, litispendência ou coisa julgada), não obsta a que o autor intente de novo a ação. Vale dizer, a coisa julgada formal não obsta que a parte ajuíze nova demanda.

Também de acordo com o art. 486, § 2º, CPC, no processo civil, a petição inicial só será despachada com a prova do pagamento ou do depósito das custas e dos honorários

---

[59] Na doutrina é controvertida a temática quanto ao fundamento jurídico da coisa julgada. As teorias são: (a) presunção da verdade; (b) ficção da verdade; (c) força legal e substancial da sentença; (d) eficácia da declaração; (e) extinção da obrigação jurisdicional; (f) vontade do Estado.

[60] Como nos processos de jurisdição voluntária ou graciosa não há conflito de interesses a ser dirimido, torna-se incabível a formulação da coisa julgada.

advocatícios. Essa exigência é incompatível com o processo trabalhista, ante a presença do princípio da gratuidade processual.

12.8.3 Sentença e a Cláusula *Rebus Sic Stantibus*

A temática da sentença e a cláusula *rebus sic stantibus* está analisada no tópico 14.1 do Capítulo XIV da Parte VII desta obra.

12.8.4 Limites Objetivos da Coisa Julgada

A sentença que julgar total ou parcialmente a lide tem força de lei nos limites da questão principal expressamente decidida (art. 503, CPC).

Não fazem coisa julgada: (a) os motivos, ainda que importantes para determinar o alcance da parte dispositiva da sentença; (b) a verdade dos fatos, estabelecida como fundamento da sentença; (c) a apreciação de questão prejudicial, decidida incidentemente no processo (art. 504, I e II, e o art. 503, §§ 1º e 2º).

Pelo prisma legal, o limite objetivo da coisa julgada é a parte dispositiva da sentença, ou seja, o acolhimento ou a rejeição do pedido. Não se inserem no âmbito da coisa julgada: os motivos e a verdade dos fatos, bem como a apreciação da questão prejudicial incidental.

Questões prejudiciais são aquelas que constituem premissas lógicas da sentença e que poderiam ser objeto de discussão em um processo autônomo. Como são importantes, devem ser analisadas como antecedente lógico da questão principal, pois irão influir quando da prolação da sentença definitiva. É o caso de incidente de falsidade quanto à prova documental. Dependendo do documento, o incidente de falsidade é primordial para a convicção do juízo. Se a questão prejudicial for decidida no curso do processo não fará coisa julgada, já que é mera preparação lógica da sentença, exceto se for provocada e julgada em ação declaratória incidental. De forma excepcional, o CPC/15 (art. 503, § 1º, I a III) dispõe que a decisão da questão prejudicial faz coisa julgada, desde que: (a) a sua solução é necessária para o julgamento do mérito; (b) tiver ocorrido o contraditório prévio e efetivo, o que não é necessário se for o caso de revelia; (c) se o juízo tiver competência em razão da matéria e da pessoa para resolver a temática como questão principal.

Não se aplica a coisa julgada à questão prejudicial, se no curso da demanda houver restrições probatórias ou limitações à cognição que impeçam o aprofundamento da sua análise (art. 503, § 2º).

Quanto aos limites objetivos da coisa julgada, a doutrina aponta: *"Ninguém jamais negou que o relatório não transita em julgado, da mesma forma que nunca se contestou que o dispositivo transita em julgado.*

O problema reside, todo ele, na motivação da sentença, ou seja, se os motivos transitam ou não em julgado.

Em sede doutrinária, diversas são as opiniões: (a) para uns, a coisa julgada absolutamente não atinge a motivação; (b) para outros, atinge a motivação, quando o dispositivo for confuso e o seu esclarecimento dela depender; (c) para outros, a coisa julgada abrange os motivos, quando insertos na decisão; (d) outros entendem que os motivos são sempre abrangidos pela coisa julgada, por neles estar a 'alma da sentença'."[61]

Por vezes, dependendo das peculiaridades da sentença, houve o reconhecimento à coisa julgada do teor da motivação,[62] por exemplo: (a) *"Segundo o art. 469, I, do CPC, os fundamentos invocados pelo juiz não fazem coisa julgada, ou seja, somente a parte dispositiva da sentença sofre os seus efeitos, entretanto, o alcance dos mesmos não pode limitar-se exclusivamente à conclusão contida no final da sentença, pois o juiz, muitas vezes, ao expor o seu raciocínio, aproveita para decidir sobre pedidos desde logo. Nesses pontos há decisum, o qual é alcançado pelos efeitos da coisa julgada. Liebman ensina que à parte dispositiva da sentença, 'deve dar-se um sentido substancial e não formalista, de modo que abranja não só a fase final da sentença, como também qualquer outro ponto em que tenha o juiz eventualmente provido sobre os pedidos das partes' (apud Moacyr Amaral Santos, na obra Comentários ao Código de Processo Civil, Ed. Forense, v. IV, 5ª ed., p. 447). Constatando-se que a sentença exequenda contém menção expressa ao deferimento dos reflexos das horas extras, a sua inclusão no cálculo não constitui afronta à coisa julgada"* (TRT – 3ª R. – SE – AgP 02288/95 – Relª Alice M. de Barros – DJMG 1/11/1995 – p. 55); (b) *"Coisa julgada material. Limites. Não obstante os fundamentos de decidir não façam parte da coisa julgada (art. 469, I, do CPC), circunscrevendo-se esta à parte dispositiva dos julgados, não há como ser interpretado o dispositivo de forma meramente literal. Destarte, por imperativo lógico, a decisão judicial que afasta o reconhecimento de vínculo de emprego com a empresa tomadora de serviço terceirizado convalida a higidez do contrato de trabalho celebrado entre o trabalhador e a empresa prestadora do serviço"* (TRT – 12ª R. – 2ª T. – Ac. 8578/2002 – Rel. Dilnei A. Biléssimo – DJSC 12/8/2002 – p. 121); (c) *"Decisão contida nos fundamentos. Coisa julgada. Existência. A despeito do disposto no art. 469, I, do CPC, não se pode interpretar o conteúdo do dispositivo da sentença de forma*

---

[61] ALVIM, José Eduardo Carreira. *Elementos de teoria geral do processo*, 7. ed., p. 294.

[62] "Do ponto de vista estrutural, recorrendo mais uma vez a Taruffo, uma completa motivação pode ser demonstrada da seguinte forma:a) Escolha justificada dos fatos relevantes, aptos a gerar efeitos jurídicos reclamados na pretensão e que serão objeto de decisão (*i. e.*, fatos jurígenos). Nessa escolha, o magistrado analisa e valora a relevância e o conteúdo das provas, como elementos que demonstram fatos por si, e dos indícios, como fatos que necessitam ser circunstanciadas e valorados para ter significado com relevância suficiente para levar à conclusão da ocorrência ou não de um fato.b) Escolha justificada dos fundamentos jurídicos (*i. e.*, institutos jurídicos) e normativos (*i. e.* dispositivos normativos), decorrente da dialética a partir do tema a ser decidido.c) Enquadramento dos fatos nos fundamentos jurídicos e normativos, qualificando-os. A partir da causa de pedir e do pedido formulados, com base no princípio *iura novi curia*, o magistrado deve proceder à subsunção, ou seja, aplicação do fato concreto à norma abstrata, com que o magistrado poderá decidir a lide.d) Conclusão, consistente na declaração dos efeitos gerados pelas normas aplicadas aos fatos relevantes da causa, visando à solução da relação deduzida na lide (*fattispecie* concreta). O pedido é o seu limite de decisão e é na causa de pedir, baseada em fundamentos de fato e de direito, confrontada com a causa de pedir, que o magistrado desenvolve sua conclusão" (GONÇALVES NETO, Diógenes M. Decisões judiciais: motivação inexistente, parcial ou fictícia e a violação ao Estado Democrático de Direito. *Revista do Advogado*, ano XXV, dez. 2005, nº 84, p. 45).

literal e formalista, de modo a afastar a parte da fundamentação que tenha efetivamente provido determinada pretensão. É que a fundamentação encerra a análise das questões da lide, as razões de decidir e o consequente acolhimento ou rejeição dos pedidos. Desse modo, não se pode considerar que não houve o deferimento do pedido de entrega de guias do seguro-desemprego pela ré pelo simples fato de não se referir o dispositivo à expressa determinação nesse sentido, já contida nos fundamentos, assim como não se pode considerar não indeferidos os pedidos denegados na fundamentação, mas que não constaram da parte conclusiva da sentença" (TRT – 3ª R. – 1ª T. – Ap. 312/1997.103.03.00-6 – Rel. Maurício G. Delgado – *DJMG* 3/10/2003 – p. 3).

12.8.5   Limites Subjetivos da Coisa Julgada

A sentença faz coisa julgada às partes entre as quais é dada, não prejudicando terceiros (art. 506, CPC).

Como regra, a autoridade da coisa julgada vincula as partes e não terceiros.[63]

A restrição da coisa julgada às partes é de índole política, ou seja, quem não foi parte do contraditório, não tendo as oportunidades de produzir suas provas e de influir sobre a formação da convicção do juízo, não pode ser prejudicado pela coisa julgada.

Liebman declina que a eficácia natural da sentença possui dois princípios: (a) a eficácia natural da sentença vale para todos; (b) a autoridade da coisa julgada forma-se e existe somente para as partes.

Há várias correntes doutrinárias sobre os efeitos da extensão da coisa julgada a terceiros, os quais não integraram a relação jurídica processual:

a) identidade objetiva da relação jurídica (Cogliolo, Mendelssohn-Barthold e Sperl) – aplica-se ao terceiro a coisa julgada alheia desde que haja identidade objetiva quanto ao conteúdo da relação jurídica material;

b) representação (Savigny) – essa teoria parte do pressuposto de que há uma relação intercorrente entre o terceiro e a parte (autor e réu). O terceiro fica sujeito aos efeitos da coisa julgada, em face da sua representação pela parte. A bem da verdade, é uma representação *ficta*, a qual é utilizada para justificar algumas exceções à limitação subjetiva da coisa julgada. É o que ocorre com os sucessores das partes, a título universal ou singular (herdeiros, compradores). No Brasil, os seus defensores foram Teixeira de Freitas, João Monteiro e Paula Batista;

c) subordinação da posição jurídica (Betti) – a extensão da coisa julgada ao terceiro é justificada pela sua posição jurídica de subordinação em face de uma das partes. A subordinação é de direito material. Há quatro formas de subordinação: (1) sucessão – é o caso das hipóteses legais ou contratuais de sucessão das

---

[63]   Quando da interposição do recurso, deve ser ressaltado que o terceiro deve provar o prejuízo, além do interesse jurídico, elementos decorrentes dos efeitos reflexos ou indiretos da sentença, denotando a interdependência das relações jurídicas (art. 1.009, CPC).

PARTE VI • Cap. XII – SENTENÇA TRABALHISTA | 715

partes, alcançando a legitimação ativa e passiva; (2) substituição processual – o substituído é beneficiado ou prejudicado pela atuação processual do substituto (legitimação extraordinária); (3) concorrência alternativa – é a situação das obrigações solidárias, onde o terceiro é prejudicado ou beneficiado pela atuação de quem foi o primeiro que agiu ou foi chamado a juízo; (4) dependência necessária – é o caso da existência de uma relação jurídica principal e uma acessória, como ocorre com a fiança. O fiador poderá ser prejudicado em face do que ocorrer na ação entre o credor e o devedor;

d) efeitos reflexos da coisa julgada (Chiovenda) – todos devem respeitar a sentença como coisa julgada entre as partes, contudo não são obrigados a fazê-lo com o prejuízo dos próprios direitos. Os terceiros, que se julgarem prejudicados pela sentença, poderão opor-se à mesma, demonstrando o interesse jurídico próprio que esteja em conflito com o que foi reconhecido na decisão. Há três categorias de terceiros: (1) indiferentes – não sofrem nenhum prejuízo pela decisão. Nessa situação, os terceiros devem reconhecer a eficácia natural da sentença; (2) interessados praticamente – podem ser considerados todos aqueles em relação aos quais a sentença traga somente prejuízo prático ou econômico. Em uma ação de reivindicação, terceiros que sejam credores do vencido, não poderão ir contra a sentença, pois não há incompatibilidade entre o seu direito de crédito e o direito de propriedade reconhecido na decisão; (3) juridicamente interessados – são divididos entre os que têm interesse igual ao das partes e os que têm interesse de categoria inferior ao das partes. No primeiro tipo, podemos exemplificar o terceiro que se julga proprietário de uma coisa reivindicada entre A e B. Nesse caso teria legitimidade, pois a decisão irá contra os seus interesses jurídicos. No segundo tipo, o interesse jurídico do terceiro é de categoria inferior ao das partes: *"Tais terceiros estão sujeitos à sentença, com a faculdade de insurgir-se contra ela, demonstrando a sua injustiça ou ilegalidade. Assim, a sentença condenatória da Fazenda Pública por ato ilícito de funcionário, que não é parte no processo, não faz coisa julgada em face deste. O funcionário, na ação de regresso que aquela lhe intentar, poderá insurgir-se contra a sentença, demonstrando a sua ilegalidade ou injustiça."*[64]

12.8.6 Coisa Julgada Parcial

O NCPC regula o julgamento antecipado parcial do mérito, ou seja, o juiz decidirá parcialmente o mérito quando um ou mais dos pedidos formulados ou parcela deles: (a) mostrar-se incontroverso; (b) estiver em condições de imediato julgamento, por não mais existir a necessidade de produção de outras provas ou ante à revelia e confissão do réu (art. 356, *caput*, I e II).

---

[64] SANTOS, Moacyr Amaral. Ob. cit., v. 3, p. 75.

No julgamento parcial antecipado, a sentença pode impor uma condenação líquida ou ilíquida, sendo plenamente cabível a execução provisória ou a definitiva.

Pondere-se que a liquidação e o cumprimento da decisão poderão ser processados em autos suplementares, a requerimento da parte ou a critério do juiz.

Por fim, a decisão proferida é impugnável por agravo de instrumento, por ser tratar de uma decisão interlocutória, na medida em que não põe fim à fase cognitiva do procedimento comum (art. 203, §§ 1º e 2º, CPC).

O art. 5º, IN 39/16, TST, indica que o julgamento antecipado parcial do mérito é aplicável ao processo trabalhista, contudo, ao contrário do processo civil, o recurso cabível é o recurso ordinário. Essa diferenciação decorre da aplicação específica do agravo de instrumento no processo do trabalho, ou seja, somente é cabível de decisão denegatória de processamento de recurso (ordinário, revista e o agravo de petição) (art. 897, *b*, CLT).

Se de forma concreta a Justiça do Trabalho aplicar o julgamento antecipado parcial do mérito, haverá o incremento da progressividade da coisa julgada, na medida em que o mérito, dependendo da maturação do conjunto probatório, poderia ser julgado em partes e em momentos distintos. Por lógica, também haverá recursos ordinários parciais em momentos processuais distintos.

Diante do recurso parcial, com a preclusão processual e observância dos limites do efeito devolutivo, o TST vem reconhecendo a existência da coisa julgada parcial. Com isso, o prazo de decadência, na ação rescisória, conta-se do dia imediatamente subsequente ao trânsito em julgado da última decisão proferida na causa, seja de mérito ou não (Súm. 100, I, TST). Em havendo recurso parcial no processo principal, o trânsito em julgado dá-se em momentos e em tribunais diferentes, contando-se o prazo decadencial para a ação rescisória do trânsito em julgado de cada decisão, salvo se o recurso discutir questões preliminares ou prejudiciais (matérias que antecedem o exame do mérito da relação jurídica controvertida apresentada em juízo) que possam tornar insubsistente a decisão recorrida, hipótese em que flui a decadência a partir do trânsito em julgado da decisão que julgar o recurso parcial (Súm. 100, II). Se houver dúvida razoável, a interposição de recurso intempestivo ou a interposição de recurso incabível não protrai o termo inicial do prazo decadencial (Súm. 100, III).

Em sentido contrário, o STJ não reconhece a coisa julgada parcial e, assim, o prazo decadencial da ação rescisória só se inicia quando não for cabível qualquer recurso do último pronunciamento judicial (Súm. 401).

O CPC (art. 975) estabelece que o direito de propor ação rescisória se extingue em dois anos contados do trânsito em julgado da última decisão proferida no processo.

Se o fundamento da ação rescisória repousa em prova nova, cuja existência ignorava ou de que não pôde fazer uso, capaz, por si só, de lhe assegurar pronunciamento favorável (art. 966, VII, CPC), o termo inicial do prazo decadencial de dois anos será a data de descoberta da prova nova, observado o prazo máximo de cinco anos, contado do trânsito em julgado da última decisão proferida no processo (art. 975, § 2º, CPC).

12.8.7 Eficácia da Coisa Julgada Criminal no Processo Civil

Como bem preleciona Rui Stoco,[65] *"as sentenças criminais só influem no cível naquilo que é comum às duas jurisdições. Desta verdade, que todos sustentam sem discrepância, é que é preciso partir, para a exata compreensão do problema. Se não a perdemos de vista, não há risco de apreciar erradamente a magna questão de influência do julgado penal na instância da reparação do dano".*

Aguiar Dias,[66] apoiado nas lições de Mendes Pimentel, ensina: *"sistematizando em três grupos as correntes de opinião que na França debateram a repercussão da sentença criminal no juízo cível: (a) decisão criminal constitui coisa julgada no cível (Merlin); (b) não há coisa julgada e é nenhuma a influência do juízo criminal no cível (Toullier); (c) não se trata de apurar condições de coisa julgada, mas de evitar contradições de julgamento (Zacchariae). Colocou em relevo a solução afinal dominante na jurisprudência e na doutrina: decidido no juízo penal que o evento imputado não ocorreu* (res judicata in rem concepta) *ou que o acusado não praticou e nem tomou parte na sua produção* (res judicata in personam concepta), *não é mais permitida, na instância cível, a discussão sobre a existência do fato ou sobre a autoria ou coparticipação do réu; se, porém, a absolvição criminal teve motivo peculiar ao direito ou ao processo penal (inimputabilidade do delinquente, prescrição da ação penal etc.), a sentença criminal não obsta ao pronunciamento cível sobre a reparação do dano. Esse conceito prevaleceu no direito positivo italiano, onde ficou assente a solução indicada, pela qual a sentença criminal influi na ação cível sempre que neste seja possível contradizer diretamente o que tenha sido decidido pelo magistrado criminal na esfera de sua competência."*

Com a edição do CC de 1916, a matéria passou a ser regulada pelo art. 1.525, o qual dispõe: *"A responsabilidade civil é independente da criminal; não se poderá, porém, questionar mais sobre a existência do fato, ou que seja o seu autor, quando estas questões se acharem decididas no crime."*

O CC de 2002 enuncia no art. 935: *"A responsabilidade civil é independente da criminal, não se podendo questionar mais sobre a existência do fato, ou sobre quem seja o seu autor, quando estas questões se acharem decididas no juízo criminal."*

As decisões criminais (absolutória ou condenatória) são disciplinadas pelos arts. 386 e 387, CPP.

Assim, em face do ordenamento jurídico, pode-se dizer da decisão criminal quando: (a) condenatória, não pode ser reapreciada pelo Direito Civil e tem força executória nesse juízo (arts. 91, I, CP, 63,[67] CPP, e art. 515, VI, CPC); (b) absolutória que negar a existência do fato ou a sua autoria faz coisa julgada no cível, não pode ser novamente

---

[65]   STOCO, Rui. *Responsabilidade civil e a sua interpretação jurisprudencial*, 2. ed., p. 106.

[66]   DIAS, José de Aguiar. *Da responsabilidade civil*, v. 2, 10. ed., p. 814.

[67]   Pela Lei 11.719/08 houve o acréscimo do parágrafo único ao art. 63 do CPP: "Transitada em julgado a sentença condenatória, a execução poderá ser efetuada pelo valor fixado nos termos do inciso IV do caput do art. 387 deste Código sem prejuízo da liquidação para a apuração do dano efetivamente sofrido."

discutida (art. 935, CC); (c) absolutória, reconhecido o estado de necessidade, legítima defesa, cumprimento estrito do dever legal ou exercício regular de direito faz coisa julgada no cível, inibe uma ação de reparação de danos (art. 65, CPP); (d) absolutória, porque a culpa do réu não foi reconhecida, não impossibilita a ação cível (art. 66); (e) o despacho que arquiva o inquérito policial ou peças de informação não impede a propositura de uma ação no cível (art. 67, I); (f) a decisão que julgar extinta a punibilidade (morte do acusado; anistia; indulto; prescrição; decadência; perempção; renúncia ao direito de queixa ou perdão aceito pelo inculpado; reabilitação; retratação) e a sentença absolutória que decidir que o fato imputado não constitui crime não tem o condão de repelir a ação de reparação de danos (art. 67, II e III).

Além disso, a Lei dos Juizados Especiais Criminais (Lei 9.099/95) traz algumas inovações.

Na audiência preliminar, com a presença das partes, seus representantes legais e o membro do Ministério Público, o juiz esclarecerá sobre a possibilidade da composição dos danos e da aceitação da proposta de aplicação imediata de pena não privativa de liberdade.

A composição das partes em relação aos danos civis será reduzida a escrito e submetida à apreciação do juiz, a qual poderá vir a ser homologada, mediante sentença irrecorrível. Terá eficácia de título executivo no juízo civil competente. Homologado o acordo, a parte renuncia ao seu direito de queixa ou representação criminal, nos casos de ação penal de iniciativa privada ou de ação pública condicionada à representação.

Mostrando-se infrutífera a conciliação, o ofendido terá oportunidade de exercer o direito de representação verbal, a qual será reduzida a termo.

Com a representação ou nos casos de crime de ação penal pública incondicionada, não sendo caso de arquivamento, o Ministério Público poderá propor a aplicação imediata de pena restritiva de direito ou multas, a ser especificada em cada proposta. Nas hipóteses de ser a pena de multa a única aplicável, o juiz poderá reduzi-la até a metade.

Não se admitirá a proposta se ficar comprovado: (a) ter sido o autor da infração condenado, pela prática de crime, à pena privativa de liberdade, por sentença definitiva; (b) ter sido o agente beneficiado anteriormente, no prazo de cinco anos, pela aplicação de pena restritiva ou multa, nos termos deste artigo; (c) não indicarem os antecedentes, a conduta social e a personalidade do agente, bem como os motivos e as circunstâncias, ser necessária e suficiente à adoção de medida.

Acolhendo o autor da infração a proposta do Ministério Público, o juiz aplicará a pena restritiva de direitos ou multa, que não importará em reincidência, sendo registrada apenas para impedir novamente o mesmo benefício no prazo de 5 anos.

Imposição da sanção, prevista no § 4º, art. 76, LJE, não constará de certidão de antecedentes criminais, salvo para os fins previstos no mesmo dispositivo, e não terá efeitos civis, cabendo aos interessados propor ação cabível no juízo cível.

Desse modo, nos casos regulados pela Lei 9.099, existe em um primeiro momento a possibilidade de composição amigável das partes, com a renúncia do direito de queixa ou representação. Esse acordo tem força executiva no juízo civil competente. Em outras palavras, feito o acordo e homologado pelo Juízo, opera-se a coisa julgada no cível, e, *a priori*, impede qualquer outra ação de reparação.

PARTE VI · Cap. XII – SENTENÇA TRABALHISTA | **719**

Superada a primeira fase, com a aceitação pelo ofensor da proposta do Ministério Público, com a homologação do juiz, essa não terá nenhum efeito na esfera civil, seja negativo (absolvição), seja positivo (condenação). Por isso, se quiser, deverá o interessado ingressar no juízo cível com a ação cabível para obter a reparação do dano. Ocasião em que a responsabilidade civil será totalmente independente.

12.8.8 A Decisão Penal e os seus Efeitos no Direito do Trabalho

O direito civil é fonte subsidiária do direito do trabalho (art. 8º, § 1º, CLT). Desse modo, deve-se observar o preceito civil, descrito no art. 935, CC, sobre a autonomia e limitação das responsabilidades.

Além disso, o intérprete deve utilizar do Direito positivo como um todo para a solução do caso *in concreto*, observando a jurisprudência, a analogia, equidade, outros princípios, normas gerais de direito, usos e costumes e o direito comparado.

Até para que não existam decisões conflitantes entre o direito penal e o trabalhista, basicamente todas as regras analisadas sobre os efeitos da decisão penal no direito civil devem ser observadas em relação às questões que envolvam a Justiça do Trabalho.

Se a Justiça Criminal reconhecer, por exemplo, a legítima defesa ou o estado de necessidade, a decisão faz coisa julgada na Justiça do Trabalho (art. 65, CPP).

No caso da não condenação dos réus, por falta de elementos, tais decisões na Justiça Criminal não influenciam a Justiça Comum ou Trabalhista (art. 66). Poderá o juízo trabalhista reconhecer a justa causa e declarar improcedentes os títulos rescisórios solicitados.

A decisão criminal que reconhece a existência material do crime e da autoria faz coisa julgada na Justiça do Trabalho (art. 63).

A sentença criminal, a qual reconhece a inexistência categórica do crime ou a inocência do réu, tem força de coisa julgada na Justiça Comum ou do Trabalho (art. 935, CC).

12.8.9 Coisa Julgada Inconstitucional

A CF, no seu art. 5º, XXXVI, assegura que a lei não irá prejudicar o direito adquirido, o ato jurídico perfeito e a coisa julgada. Contudo, de acordo com o princípio constitucionalista (também denominado princípio da supremacia da Constituição),[68]

---

[68] "A rigidez constitucional decorre da maior dificuldade para sua modificação do que para a alteração das demais normas jurídicas da ordenação estatal. Da rigidez emana, como primordial consequência, o princípio da supremacia da constituição que, no dizer de Pinto Ferreira, 'é reputado como pedra angular, em que assenta o edifício do moderno direito político'. Significa que a constituição se coloca no vértice do sistema jurídico do país, a que confere validade, e que todos os poderes estatais são legítimos na medida em que ela os reconheça e na proporção por ela distribuídos. É enfim, a lei suprema do Estado, pois é nela que se encontram a própria estrutura deste e a organização de seus órgãos; é nela que se acham as normas fundamentais de Estado, e só nisso se notará sua superioridade em relação às demais normas jurídicas" (SILVA, José Afonso da. *Curso de direito constitucional positivo*, 18. ed., p. 47).

todo e qualquer ato do poder público há de estar em sintonia com a CF,[69] inclusive, os proferidos em decorrência da função jurisdicional. Isso significa que as decisões judiciais devem observar as normas e os princípios inseridos na CF.

Além do princípio da supremacia da Constituição, em prol da construção da coisa julgada inconstitucional, a doutrina aponta outros princípios: (a) moralidade (art. 37, *caput*, CF) – a decisão judicial há de estar de acordo com o primado da honestidade e da legalidade; (b) legalidade (art. 5º, II, e art. 37, *caput*) – como ato estatal, a decisão judicial há de observar a legalidade, não podendo, assim, afrontar normas e dispositivos constitucionais ou estar lastreada em norma infraconstitucional considerada inconstitucional; (c) igualdade (art. 5º) – o conteúdo da sentença, ao violar a norma constitucional, não pode tratar de forma desigual os iguais, nem de forma igualitária os desiguais; (d) motivação judicial (art. 93, IX) – o ato jurisdicional, como manifestação do Estado Democrático de Direito, deve adotar fundamentos os quais estejam em sintonia com a norma fundamental (CF); (e) razoabilidade ou da proporcionalidade – por tal princípio, na interpretação da CF, o magistrado, como operador do direito, deve encontrar a interpretação a qual esteja mais em sintonia com o espírito da CF, adequando-se todos os princípios anteriormente citados, evitando-se, assim, um conflito aparente entre eles, buscando, assim, no caso concreto, a melhor solução para o litígio, com a plena valorização da dignidade humana.

A coisa julgada inconstitucional, também denominada relativização da coisa julgada material,[70] ocorre quando a decisão judicial está incompatível com a CF. Vale dizer, a coisa julgada maculada pelo vício da inconstitucionalidade não se encontra acobertada pelos efeitos da imutabilidade (coisa julgada). A inconstitucionalidade poderá ocorrer quando a decisão judicial: (a) viola direta um preceito ou um princípio constitucional; (b) aplica uma norma inconstitucional; (c) recusa a aplicação de uma norma sob o fundamento de que a mesma é inconstitucional, sem que se tenha a constatação de qualquer inconstitucionalidade da norma.

---

[69] "Toda interpretação constitucional se assenta no pressuposto da superioridade jurídica da Constituição sobre os demais atos normativos no âmbito do Estado. Por força da supremacia constitucional, nenhum ato jurídico, nenhuma manifestação de vontade pode subsistir validamente se for incompatível com a Lei Fundamental" (BARROSO, Luís Roberto. *Interpretação e aplicação da constituição*, 4. ed., p. 158).

[70] Há críticas quanto a tais expressões: "As expressões 'coisa julgada inconstitucional' e 'relativização da coisa julgada' merecem ser criticadas pelos motivos a seguir expostos: (i) a coisa julgada é uma qualidade da sentença, não podendo, por isso, ser constitucional ou inconstitucional; II) a inconstitucionalidade pode estar na sentença ou em qualquer ato de poder, nunca na coisa julgada; III) a sentença incompatível com a Constituição Federal assim já é, antes mesmo do trânsito em julgado; IV) não se 'relativiza' a coisa julgada, quando muito há 'a ampliação do terreno relativizado' ou 'alargamento dos limites da relativização'; (v) aliás, 'não faz sentido que se pretenda relativizar o que já é relativo, uma vez que a lei não confere nem nunca conferiu valor absoluto à coisa julgada material; VI) pelo contrário, a coisa julgada só prevalece dentro dos limites dispostos expressamente pelo ordenamento jurídico" (LUCON, Paulo Henrique dos Santos. Ob cit., p. 160).

PARTE VI · Cap. XII – SENTENÇA TRABALHISTA | 721

A imutabilidade dos efeitos da coisa julgada material não deve se sobrepor à CF, a qual no seu art. 5º, XXXVI, assegurou que a lei não prejudicará a coisa julgada. Em outras palavras, a segurança jurídica decorrente de uma relação jurídica solucionada pela coisa julgada não se pode sobrepor à verdadeira justiça, ideal maior de todo e qualquer ordenamento jurídico. Nada mais há de inseguro para o Estado Democrático de Direito do que uma sentença, a qual fundada em uma interpretação errônea do direito, imponha uma solução que viole a própria dignidade do ser humano. A verdadeira e a efetiva segurança jurídica pressupõe a legalidade e a constitucionalidade na materialização de toda e qualquer decisão jurisdicional.[71]

Quando a sentença definitiva não é mais passível de impugnação recursal, tem-se a possibilidade da sua desconstituição pela oposição da ação rescisória. Geralmente, a hipótese ventilada é a violação literal de lei (art. 966, V, CPC). Citada adoção não é totalmente viável ante os termos da Súm. 343 do STF, a qual preconiza que não cabe ação rescisória por ofensa à literal disposição de lei, quando a decisão rescindenda se tiver baseado em texto legal de interpretação controvertida nos tribunais. No âmbito trabalhista, no mesmo sentido, temos a Súm. 83 do TST. O marco jurisprudencial para se indagar a respeito da controvérsia ou não, a respeito da interpretação dos dispositivos legais citados na ação rescisória é a data da inclusão, na OJ do TST, da matéria discutida (Súm. 83, II).

Além da ação rescisória, a qual tem o prazo decadencial de dois anos, a doutrina tem admitido a adoção de uma ação autônoma. Trata-se de uma ação declaratória ordinária, que não se sujeita a prazo preclusivo, cujo objetivo é a correção de uma injustiça pela decretação da insubsistência da coisa julgada.

Como modalidade de desconstituição da coisa julgada material, temos as hipóteses do CPC (art. 525, §§ 12 a 14; art. 535, §§ 5º a 8º), em que se considera inexigível o título judicial fundado em lei ou ato normativo declarados inconstitucionais pelo

---

[71] Há críticas doutrinárias quanto à teoria da coisa julgada inconstitucional. Paulo Henrique dos Santos Lucon ensina: "A partir do momento em que está configurada a coisa julgada material, não é possível – salvo se houver expressa – previsão legal – indagar-se acerca de uma situação anterior que já fora ou poderia ter sido aduzida [...]. Fora dos limites do ordenamento jurídico, não é possível se questionar a justiça do julgamento ainda que o juiz tenha se distanciado do direito material, indeferindo provas relevantes ou mesmo apreciado mal aquelas encartadas aos autos. Não se pode, por isso, admitir a 'relativização' ainda que tenha havido grave injustiça. Isso porque existe no sistema jurídico brasileiro o 'direito público subjetivo de ser exigido respeito à coisa julgada'. Não é à toa que o próprio Código de Processo Civil determina que o juiz reconheça de ofício a preliminar de coisa julgada (art. 301, inciso VI, § 4º) ou extinga o processo sem o exame de mérito ao verificar a ocorrência de coisa julgada (art. 267, inciso (v) [...] O respeito à coisa julgada é elemento característico do Estado Democrático de Direito e impede que o juiz julgue novamente, seja qual for o teor da decisão. Admitir, sem limites normativos, a impugnação à sentença inconstitucional significa eternizar conflitos, já que ao sabor de cada momento histórico ou mesmo governante, a coisa julgada poderia ser afastada. Inadmissível, portanto, ingerências arbitrárias não contempladas no ordenamento jurídico. O respeito à garantia constitucional da coisa julgada e à lei, sem dúvida, o melhor e mais razoável preço que o sistema como um todo paga como contrapartida da preservação de outros valores" (Ob. cit., p. 160).

STF, ou fundado em aplicação ou interpretação da lei ou ato normativo tidas pelo STF como incompatíveis com a Constituição Federal. O art. 884, § 5º, da CLT contém idêntica hipótese.

Citados dispositivos fixam três hipóteses de inexigibilidade: (a) a existência de julgado proferido pelo STF que tiver reconhecido a inconstitucionalidade da lei ou do ato normativo sobre o qual o título executivo estiver fundado; (b) título executivo que implique aplicação considerada incompatível com a CF; (c) título executivo judicial que, no seu conteúdo, tenha interpretação incompatível com a CF. A inexigibilidade poderá ser alegada não só em embargos à execução, como também por intermédio da exceção de pré-executividade, na medida em que a exigibilidade do título é uma das condições da ação executiva.

O CPC determina que: (a) os efeitos da decisão do STF, quanto à declaração da inconstitucionalidade, poderão ser modulados no tempo, em atenção à segurança jurídica; (b) caso a decisão do STF tenha sido proferida antes do trânsito em julgado da decisão exequenda, basta uma simples comunicação da decisão nos autos, para se ter a inexigibilidade do título judicial; (c) se proferida após o trânsito em julgado, caberá ação rescisória, cujo prazo será contado do trânsito em julgado da decisão proferida pelo STF.

12.8.10 Coisa Julgada e a Colusão

Colusão é o *"conluio secreto das partes, que, simulando um litígio, visam enganar o magistrado, com o intuito de prejudicar terceiro, fraudando, assim, a lei, ao conseguir ato por ela proibido".*[72]

O juiz, diante das circunstâncias da causa, convencido de que autor e réu se serviram do processo para praticar ato simulado ou conseguir fim vedado por lei, proferirá sentença que impeça os objetivos das partes (art. 142, CPC). Trata-se de um dever imposto ao magistrado. A colusão é um dos motivos legais para o ajuizamento da ação rescisória (art. 966, III, CPC; OJ 94, SDI-II).

Contudo, nem sempre é possível a constatação de uma colusão em determinada ação, a qual passará a ter os efeitos da coisa julgada. Por exemplo: uma demanda trabalhista, onde houve um acordo fraudulento não cumprido. Na execução, com a arrematação ou a adjudicação, tem-se a transferência dos bens da pessoa jurídica, ora executada, para terceiro ou para o autor. Assim, com o desfalque no seu patrimônio, a pessoa jurídica evitará futuras constrições legais sobre os seus bens.

Entendemos que a coisa julgada em uma ação na qual se tem a colusão, haverá de ser desconsiderada pelo magistrado, sob pena de se perpetuar a ofensa ao Judiciário e ao próprio ideal da Justiça.

Portanto, em outras execuções contra a mesma pessoa jurídica, o juiz deverá afastar a alienação judicial ou a adjudicação, imputando-se tais bens.

---

[72] DINIZ, Maria Helena. *Dicionário jurídico*, v. 1, p. 651.

PARTE VI · Cap. XII – SENTENÇA TRABALHISTA | 723

O magistrado, diante da colusão, deve aplicar, de ofício, as penalidades da litigância de má-fé (art. 142, CPC; art. 793-C, CLT, Lei 13.467).

12.8.11 Coisa Julgada e a Ação Coletiva

No direito processual moderno tem-se a visualização de três ondas de inovações, as quais, no seu conjunto, visam permitir um melhor acesso à Justiça.[73]

Essas inovações levaram à superação do modelo individualista do processo[74] (séculos XVIII e XIX), onde se tinha tão somente a garantia do acesso formal à Justiça.[75]

As três ondas são: (a) assistência judiciária;[76] (b) meios processuais de proteção aos interesses e direitos difusos e coletivos; (c) criação de mecanismos de acessibilidade geral à justiça.[77]

Como destaque, os meios processuais de proteção aos interesses e direitos difusos e coletivos, a bem da verdade, não representam uma reforma e sim uma verdadeira revolução, já que houve a necessidade da superação dos cânones do processo civil limitados *"aos interesses individuais, promovendo o que se denominou de coletivização do processo, com admissão do representante grupal, sem citação de todos os envolvidos*

---

[73] "Em sua obra conjunta intitulada 'Acesso à Justiça', Mauro Cappelletti e Bryant Garth falam das 3 ondas de inovações que se verificaram no Direito Processual, a partir de 1965, como tendência mundial, de forma a permitir um melhor acesso à Justiça. O objetivo dessas inovações foi o de estabelecerem um sistema pelo qual as pessoas pudessem reivindicar seus direitos e resolver seus litígios sob os auspícios do Estado que fosse, ao mesmo tempo, acessível a todos e que produzisse resultados" (MARTINS FILHO, Ives Gandra. *Processo coletivo do trabalho*, 3. ed., p. 243).

[74] "Tal período é caracterizado pelas declarações dos direitos humanos (direito à vida, à liberdade, à propriedade, à família), com uma visão individualista dos direitos" (MARTINS FILHO, Ives Gandra. Ob. cit., p. 244).

[75] "Com o advento da Revolução Francesa e supremacia do individualismo, houve a propagação da ideia proibitiva de organizações associativas, inclusive com a extinção das corporações de ofício surgidas nos séculos XII e XII e que representam uma forma incipiente de associação corporativa na defesa de interesses coletivos determinados. Noticia Kocher que a intenção, então declarada, foi no sentido de evitar que os cidadãos fossem excluídos do processo político por organizações semi-estatais tendo justificado o relator da lei extintiva, em seus fundamentos, que 'deve res-tar apenas o interesse particular e o interesse geral [...]. É ilícito sugerir aos cidadãos um interesse intermediário, separá-los do corpo comum por um espírito corporativo'. Com efeito, à violação de determinado Direito, ainda que na esfera coletiva, deveria a solução ser buscada no campo individual, a fim de submetê-lo a um Processo Judicial" (LIMA, Amarildo Carlos de. *A ação civil pública e sua aplicação no processo do trabalho*, p. 20).

[76] Para se permitir o acesso dos pobres à Justiça, houve a criação de órgãos públicos destinados à assistência judiciária ou de escritórios que cobrassem do Estado, para fins de prestação de serviços aos menos afortunados.

[77] A terceira onda pressupõe: (a) a adoção de novos mecanismos procedimentais para o implemento do acesso à Justiça; (b) mudanças estruturais nos Tribunais, com a criação de tribunais especializados, para as pequenas causas cíveis e penais; (c) métodos alternativos e preventivos de solução de conflitos de interesses (mediação, conciliação e a arbitragem).

na demanda, e extensão da coisa julgada a quem não foi ouvido em juízo e não pode se defender individualmente".[78]

No elenco dos novos instrumentos para a proteção dos interesses e direitos metaindividuais, destacamos a ação civil pública e a ação civil coletiva.

No Capítulo IV da Parte VII houve a análise da ação civil pública e da ação civil coletiva, bem como dos desdobramentos das sentenças proferidas em tais ações e o instituto da coisa julgada.

QUESTIONÁRIO

1. Qual é a natureza jurídica da sentença de mérito?

2. Qual é a parte da sentença que faz coisa julgada? Explique e justifique.

3. Após a publicação da sentença, o juiz pode alterá-la?

4. As sentenças prolatadas nos processos que decidem relações continuativas fazem coisa julgada?

5. Joana foi absolvida por falta de provas no juízo criminal. Essa decisão faz coisa julgada na ação trabalhista em que se discute a prática ou não de justa causa? Explique e justifique.

6. A decisão proferida no cível faz coisa julgada na Justiça do Trabalho?

7. Quais são os limites objetivos da coisa julgada?

8. Quais são os limites subjetivos da coisa julgada?

9. Explique o fenômeno da coisa julgada inconstitucional.

10. Neirinha e Felito simulam uma ação trabalhista para prejudicar os direitos trabalhistas de Francisco di Franco. Há um acordo entre as partes. O juiz é obrigado a homologar o acordo se entender que é o caso de fraude? Explique e justifique.

---

[78] MARTINS FILHO, Ives Gandra. Ob. cit., p. 245.

Capítulo XIII
TEORIA GERAL DOS RECURSOS

13.1 RECURSO

13.1.1 Conceito

Do latim *re + cursus*, "recurso" significa retorno, volta e repetição.[1]

Etimologicamente, do latim *recurrere*, o termo "recurso", no meio jurídico, representa o meio que a parte vencida em um processo possui para provocar a revisão de uma decisão judicial desfavorável.[2]

Nas lições de Barbosa Moreira,[3] recurso é o *"remédio voluntário idôneo a ensejar, dentro do mesmo processo, a reforma, a invalidação, o esclarecimento ou a integração de decisão judicial que se impugna".*

Representa o *"direito (a) que a parte vencida ou o terceiro (b) possui de, na mesma relação processual (c), e atendidos os pressupostos de admissibilidade (d), submeter à matéria contida na decisão recorrida (e) a reexame (f), pelo mesmo órgão prolator, ou por órgão distinto e hierarquicamente superior (g), com o objetivo de anulá-la (h), ou de reformá-la (i), total ou parcialmente (j)".*[4]

Trata-se de um direito cujo exercício pressupõe a presença do interesse jurídico por parte do recorrente (gravame ao patrimônio jurídico). Se existe o direito subjetivo de recorrer, o ato de recorrer constitui um *"ônus processual, uma vez que, não praticado o ato, a decisão ficará insusceptível de reexame, passando em julgado ou se tornando preclusa".*[5]

Os fundamentos dos recursos podem ser divididos em dois grupos: (a) jurídicos (possibilidade de erro, ignorância ou má-fé do juiz ao julgar; a oportunidade de reexame

---

[1] ACQUAVIVA, Marcus Cláudio. *Dicionário jurídico brasileiro Acquaviva*, 13. ed., p. 716.

[2] HOUAISS, Antônio; VILLAR, Mauro de Salles; FRANCO, Francisco Manoel de Mello. *Dicionário Houaiss da Língua Portuguesa*, p. 2406.

[3] BARBOSA MOREIRA, José Carlos. *Comentários ao Código de Processo Civil*: Lei nº 5.869, de 11 de janeiro de 1973, arts. 476 a 565, v. 5, 11. ed., p. 233.

[4] TEIXEIRA FILHO, Manoel Antonio. *Sistema dos recursos trabalhistas,* 10. ed., p. 73.

[5] FREDERICO MARQUES, José. *Manual de direito processual civil*, v. 2, 9. ed., p. 381.

da decisão e uniformização da interpretação da legislação); (b) psicológicos (tendência humana de não se conformar com apenas uma decisão e possibilidade da reforma da decisão de um julgamento injusto).

O termo "recurso", em direito processual, como aponta Antônio Cláudio da Costa Machado,[6] pode compreender quatro sentidos diferentes: (a) meio de impugnação de decisões judiciais; (b) direito subjetivo processual que a parte tem de impugnar decisões; (c) palavra que identifica cada um dos recursos em espécie; (d) instituto jurídico-processual que torna concreto o princípio do duplo grau de jurisdição.

O recurso é interposto e analisado na mesma relação jurídica processual da decisão judicial que se pretende reformar, distinguindo-se tradicionalmente das ações de impugnação, como mandado de segurança (remédio constitucional contra ato de autoridade que viole direito líquido e certo) e da ação rescisória (ação de impugnação de coisa julgada material).

Como direito, o recurso exige o preenchimento dos pressupostos de admissibilidade que são subjetivos ou intrínsecos (legitimidade, capacidade e interesse de agir), que dizem respeito ao recorrente, e objetivos ou extrínsecos (previsão legal, adequação, tempestividade e preparo), que se referem ao recurso em si.

No recurso podem ser alegadas questões visando à nulidade do julgado, como, por exemplo: cerceamento do direito de defesa, decisões interlocutórias (*error in procedendo* – erro quanto ao procedimento), contudo, o objetivo mais comum é a reforma parcial ou total da decisão impugnada, sempre respeitando o princípio de *reformatio in pejus* (é incabível a reforma do julgado além do que é solicitado pelo recorrente em seu prejuízo).

13.1.2 Natureza Jurídica

O recurso é um desdobramento do direito de ação (art. 5º, XXXV, CF),[7] na medida em que interposto, como instituto processual, dentro da mesma relação jurídica processual e observados os seus pressupostos de admissibilidade, satisfaz a necessidade do homem quanto ao reexame da decisão que lhe foi prejudicial, além da segurança das decisões judiciais.

O recurso representa um ônus processual, pois para que a parte pleiteie e alcance reforma ou anulação de decisão desfavorável, deve tomar a iniciativa de apresentar seu recurso, pois em caso contrário, está se sujeitando ao efeito da coisa julgada da decisão.

Contudo, parte minoritária da doutrina considera o recurso uma ação constitutiva autônoma destinada a impugnar as decisões judiciais. Na visão dessa plêiade, esclarece

---

[6] MACHADO, Antônio Cláudio da Costa. *Código de Processo Civil interpretado*: artigo por artigo, parágrafo por parágrafo, 5. ed., p. 821-822.

[7] "A maior parte da doutrina prefere conceituar o poder de recorrer como simples aspecto, elemento, modalidade ou extensão do próprio direito de ação exercido no processo" (BARBOSA MOREIRA, José Carlos. Ob. cit., p. 236).

PARTE VI · Cap. XIII – TEORIA GERAL DOS RECURSOS | **727**

Aloysio Santos,[8] *"a necessidade de ajuizar esta ação (exercício do direito subjetivo de recorrer) surge com a decisão residente no processo instaurado pelo exercício do direito de ação, e o seu objetivo é modificá-la (se a considera injusta) ou anulá-la (se vislumbra nela algum vício de nulidade)"*.

13.1.3 Classificação dos Recursos nos Processos: Civil e Trabalhista

Diversas são as formas de classificação dos recursos.

Uma primeira forma de classificação diz respeito à extensão da matéria impugnada pelo recurso, podendo ser parcial ou total, quando abranger todo o conteúdo impugnável da decisão atacada. Por sua vez, será parcial quando não compreenda a totalidade do conteúdo impugnável.

Além disso, os recursos podem ser distinguidos pela fonte normativa de seu regramento: ordinário ou extraordinário (atualmente, denominados por parte da doutrina como recursos excepcionais). Distinção essa mencionada pelo legislador processual civil. Nos recursos ordinários *"se corrigem não só o erro* in iure *como também* in procedendo, *já que pelo menos a dois impérios de normas se submete ao juiz ao decidir: a do direito material, que define os fatos jurídicos, e as processuais, que lhe dão a instrumentalidade para conduzir a discussão até a sentença. [...] Já os recursos ditos extraordinários cuidam da norma, quanto sua aplicação e interpretação, deixando para as instâncias inferiores a definição do fato em si e da norma que sobre ele deva incidir."*[9]

A principal característica do recurso extraordinário é a limitação dos fundamentos legais que permitem sua interposição e que são, em geral, *numerus clausus*.[10]

Considerando que o objetivo do recurso é atacar a decisão judicial, em alguns casos a lei impõe limites de conteúdo e, em outros casos, não. Ou seja, existem recursos onde o recorrente é livre para invocar quaisquer erros e em outros o conteúdo do recurso é limitado, configurando-se como pressuposto de admissibilidade do recurso (*v. g.*, recurso especial, extraordinário, revista etc.). No primeiro caso, têm-se os recursos de fundamentação livre e, no segundo, de fundamentação vinculada.

Outra forma de distinção dos recursos é pela sucumbência, separando-os em comuns ou especiais. Comuns, por exemplo, são os recursos de apelação e o agravo de instrumento, enquanto os especiais, também a título exemplificativo, seriam os embargos infringentes e o recurso extraordinário.

Quanto à forma de interposição do recurso (autonomia), podemos classificá-lo em principal e subordinado (ou adesivo). Como regra, todos os recursos são independentes, contudo, pode haver o caso do recurso adesivo, que possui como pressuposto a interposição do recurso pela outra parte da relação processual (art. 997, § 1º, CPC). O adesivo

---

8   SANTOS, Aloysio. *Recurso de revista*: o recurso extraordinário trabalhista: doutrina e práxis do recurso de revista, p. 57.

9   SILVA, Antônio Álvares da. *O novo recurso de revista na justiça do trabalho*, p. 16.

10 SILVA, Antônio Álvares da. *A transcendência no recurso de revista*, p. 17.

será interposto perante a autoridade competente para admitir o recurso principal, no prazo de que a parte dispõe para responder (art. 997, § 2º, I). É admissível na apelação, no recurso extraordinário e no recurso especial (art. 997, § 2º, II). Não será conhecido, se houver desistência do recurso principal, ou se for ele declarado inadmissível ou deserto (art. 997, § 2º, III). Ao recurso adesivo se aplicam as mesmas regras do recurso independente, quanto às condições de admissibilidade, preparo e julgamento no tribunal superior (art. 997, § 2º). O recurso adesivo é compatível com o processo do trabalho, onde cabe, no prazo de oito dias, nas hipóteses de interposição de recurso ordinário, de agravo de petição, de revista e de embargos, sendo desnecessário que a matéria nele veiculada esteja relacionada com a do recurso interposto pela parte contrária (Súm. 283, TST).

Em relação ao processo trabalhista, os critérios de classificação dos recursos são os seguintes:

a) finalidade: representa o objetivo do recurso quanto ao mérito da decisão impugnada. São: (1)   dirigidos ao mérito ou não liberatórios (recurso ordinário, agravo de petição, revista, extraordinário e embargos no TST). Subdividem-se em reformativos – reforma total ou parcial da decisão impugnada – ou anulantes – a anulação da decisão impugnada; (2)   não dirigidos ao mérito ou liberatórios (agravo de instrumento);

b) efeitos da interposição: os recursos são divididos em devolutivos e suspensivos. O efeito devolutivo é inerente a todo e qualquer recurso. O aspecto devolutivo significa que com o recurso é devolvida ao juízo *ad quem* toda a matéria que é debatida no juízo *a quo*, desde que esteja inserida no apelo. Por sua vez, o efeito suspensivo é inerente à ideia de se permitir à execução do que foi decidido. Geralmente, a execução se processa mediante extração de carta de sentença. Como regra, os recursos trabalhistas somente são recebidos no efeito devolutivo (art. 899, CLT).

13.1.4   Principiologia dos Recursos

Aos recursos, em geral, são aplicáveis os princípios: (a) duplo grau de jurisdição; (b) concentração dos recursos ou irrecorribilidade das decisões interlocutórias; (c) singularidade, unirrecorribilidade, absorção ou unicidade recursal; (d) fungibilidade recursal; (e) variabilidade; (f) dialeticidade ou discursividade; (g) voluntariedade; (h) proibição de *reformatio in pejus*.

13.1.4.1   Duplo Grau de Jurisdição

A necessidade humana impõe que se dê ao vencido a oportunidade quanto ao reexame da decisão. Pelo aspecto político, o duplo grau de jurisdição é fator de segurança para as decisões judiciais. É garantia fundamental de boa justiça (art. 5º, LV, CF). O direito de recorrer também está previsto no Pacto de São José da Costa Rica (art. 8º, *h*).

Como regra geral, a parte tem *"direito a que sua pretensão seja conhecida e julgada por dois juízes distintos, mediante recurso, caso não se conforme com a primeira decisão. Desse princípio decorre a necessidade de órgãos judiciais de competência hierárquica diferente:*

PARTE VI · Cap. XIII – TEORIA GERAL DOS RECURSOS | **729**

os de primeiro grau (juízes singulares) e os de segundo grau (Tribunais Superiores). Os primeiros são os juízos da causa e os segundos, os juízos dos recursos".[11]

Recurso é o *"meio legal ou remédio processual de que dispõe o vencido em uma demanda, ou aquele que se julgue prejudicado para, recorrendo a tribunal superior, obter a reforma, total ou parcial, de uma decisão recorrível, ou sua anulação, invocando um novo pronunciamento judicial sobre a questão* sub judice *que venha a defender ou preservar seu direito, que foi violado, ameaçado ou* não reconhecido pela sentença".[12]

Como instituto processual, o recurso denota um prolongamento do direito de ação, não podendo ser tido como nova manifestação desse direito. Essa afirmação repousa na bilateralidade processual e no seu encadeamento, já que o recurso é um ato praticado após a prolação de uma decisão recorrível.

Não se trata de um princípio expresso, mas implícito na CF, quando prevê a existência de vários órgãos do Poder Judiciário (art. 92, CF), dos recursos extraordinário e especial e as hipóteses de cabimento dos mesmos (arts. 102 e 105).

A afirmativa de que o duplo grau é um princípio constitucional não implica, necessariamente, o argumento de que toda norma infraconstitucional que faça a vedação de recurso a uma determinada decisão seja tida por inconstitucional. Pode e deve o legislador ordinário, em função de determinadas situações, traçar novos critérios quanto aos pressupostos recursais, bem como em relação aos diversos tipos de recursos e decisões recorríveis. É uma garantia, mas não pode ser vista de forma ilimitada. O duplo exame deve ser assegurado, adequando-o aos limites e pressupostos inseridos na legislação infraconstitucional.[13]

Como princípio constitucional, o duplo grau de jurisdição é fator de manutenção do prestígio, da formação e da conduta ética do Judiciário como um todo. Deve ser incentivado. Aliás, representa um elemento primordial para a segurança das decisões.

O duplo grau de jurisdição possui pontos a favor e contra.

Os fundamentos positivos: necessidade humana quanto à revisão dos julgados; o cuidado em se evitar o erro nos julgados ou a má-fé; como os recursos são julgados por pessoas de maior experiência, tem-se a possibilidade de que o Juízo inferior seja mais prudente em suas decisões.

---

[11] THEODORO JÚNIOR, Humberto. *Curso de direito processual civil*, v. 1, 44. ed., p. 32.

[12] DINIZ, Maria Helena. *Dicionário jurídico*, v. 4, p. 68.

[13] Nelson Nery Junior conclui que, "muito embora o princípio do duplo grau de jurisdição esteja previsto na CF, não tem incidência ilimitada, como ocorria no sistema da Constituição Imperial. De todo modo, está garantido pela lei maior. Quer dizer, a lei ordinária não poderá suprimir recursos pura e simplesmente, os recursos previstos na Constituição Federal" (*Teoria geral dos recursos*, 6. ed., p. 41).

Os fundamentos negativos: atividade supérflua do Judiciário; a reforma envolve desprestígio do próprio poder que o julga; os recursos delongam a atividade para a formação da coisa julgada; a má-fé na utilização dos recursos.[14]

13.1.4.2 Singularidade, Unirrecorribilidade, Absorção ou Unicidade Recursal

Não pode haver a interposição simultânea ou cumulativa de mais de um recurso quanto ao mesmo ato. A parte tem a obrigação de escolher o recurso adequado. Se escolher um apelo incorreto e de forma grosseira, estará precluso o direito quanto à recorribilidade. Esse princípio está inserido de forma implícita no ordenamento jurídico, ao contrário do que ocorria pelo CPC/39, em seu art. 809.

Em outras palavras, significa que para cada ato jurisdicional existe um recurso único e adequado, de modo que não se podem exercer cumulativamente dois recursos contra a mesma decisão.

No processo civil, considerando objetivamente decisões complexas e conteúdos impugnados por recursos distintos, como exceção, as partes podem interpor de forma simultânea: recurso especial e o extraordinário.

Outra exceção a esse princípio ocorre quando a decisão judicial: (a) negar a observância de enunciado de súmula vinculante e de decisão do STF em controle concentrado de constitucionalidade; (b) estiver em dissonância com acórdão proferido em julgamento de demandas repetitivas ou de incidente de assunção de competência (art. 988, III e IV, CPC). Nessas hipóteses caberá reclamação (recurso) diretamente ao STF (art. 988), sem prejuízo dos recursos ou outros meios admissíveis de impugnação (art. 7º, Lei 11.417/06).

13.1.4.3 Fungibilidade Recursal

De acordo com o art. 810 do CPC/39, salvo nas hipóteses de má-fé ou erro grosseiro, a parte não seria prejudicada pela interposição de um recurso por outro.

Apesar de o princípio da fungibilidade recursal não se encontrar disciplinado no CPC/73 ou no CPC/15, sua observância é imperiosa. A fungibilidade decorre da unirrecorribilidade. Haverá o aproveitamento do recurso que foi erroneamente nominado, em decorrência do princípio de que, se o ato alcançou a sua finalidade, não há nulidade (arts. 277 e 282, CPC).

No âmbito do processo, a fungibilidade representa a possibilidade de um recurso ser aceito em lugar de um outro, desde que o fato da substituição não seja decorrência de erro grosseiro ou má-fé.

A aplicação do princípio da fungibilidade apresenta três requisitos:

a) dúvida objetiva a respeito do recurso cabível, isto é, a dúvida não pode ser pessoal e sim decorrente do próprio sistema recursal. Nelson Nery Junior[15] ensina: *"(a)*

---

[14] Reputa-se litigante de má-fé: quem interpuser recurso com intuito manifestamente protelatório (art. 80, VII, NCPC).

[15] NERY JUNIOR, Nelson. Ob. cit., p. 146.

o próprio código designa uma decisão interlocutória como sentença e vice-versa, fazendo-o obscura ou impropriamente; (b) a doutrina e/ou a jurisprudência divergem quanto à classificação de determinados atos judiciais e, consequentemente, quanto à adequação do respectivo recurso para atacá-los; (c) o juiz profere um pronunciamento no lugar de outro";

b) inexistência de erro grosseiro na medida em que o princípio da fungibilidade não serve para validar a oposição de recurso manifestamente incabível para o caso concreto;

c) a observância do prazo adequado para o recurso correto: *"exige a jurisprudência nacional que o prazo em que foi interposto o recurso seja o correto para a interposição do recurso adequado. É dizer que, por hipótese, se o recurso adequado no caso tinha prazo de dez dias para interposição, o recurso erroneamente oferecido somente poderá ser conhecido, por meio da aplicação do princípio da fungibilidade, se for oferecido também no prazo de dez dias. Esse último requisito, conforme bem observa a doutrina,*[16] *parece mal colocado. Ora, se é razoável que, em face do caso concreto, o interessado utilize o recurso errado imaginando ser o correto, exigir a adequação do prazo (para o caso correto) não tem sentido algum".*[17] No processo do trabalho, esse requisito não tem tamanha discussão ante o prazo de oito dias para os recursos trabalhistas.

O TST admite embargos de declaração com efeito modificativo contra decisão monocrática do juiz relator do recurso (art. 932, CPC), submetendo ao Colegiado pela conversão em agravo, em face dos princípios da fungibilidade e celeridade processual (Súm. 421). Da mesma forma ocorre no STF.[18]

Pela fungibilidade recursal, o recurso ordinário interposto contra despacho monocrático indeferitório da petição inicial de ação rescisória ou de mandado de segurança pode ser recebido como agravo regimental. Hipótese de não conhecimento do recurso

---

[16] "Ora, tendo em vista que a fungibilidade dos recursos tem por escopo não prejudicar a parte pela interposição de um recurso no lugar de outro, no caso de dúvida objetiva acerca da via recursal cabível, nada mais razoável do que desconsiderar o requisito da interposição do recurso 'errôneo' no prazo daquele tido por cabível. Aliás, 'é bom frisar que a má-fé não é elemento a ser considerado para a admissibilidade do recurso; ou há dúvida ou, alternativamente, inexiste o erro grosseiro e se aplica a fungibilidade, ou não há um desses pressupostos e o princípio não incide'. Por conseguinte, ocorrendo má-fé do recorrente na utilização do recurso com prazo maior em lugar daquele com prazo menor, tal circunstância não deve servir de óbice à aplicação do princípio da fungibilidade, embora seja perfeitamente sustentável a aplicação da sanção prevista nos arts. 17 e 18" (DONIZETTI, Elpídio. *Curso didático de direito processual civil*, 14. ed., p. 688). A litigância de má-fé (arts. 17 e 18, CPC/73) é disciplinada no art. 79 e segs., NCPC.

[17] MARINONI, Luiz Guilherme; ARENHART, Sérgio Cruz. *Curso de processo civil*: processo de conhecimento, v. 2, 7. ed., p. 513.

[18] STF – 2ª T. – RE-ED 242241 – Rel. Min. Gilmar Mendes – j. 21/3/2006 – *DJ* 20/4/2006 – p. 36.

DIREITO PROCESSUAL DO TRABALHO • *Francisco Ferreira Jorge Neto – Jouberto de Quadros Pessoa Cavalcante*

pelo TST e devolução dos autos ao TRT, para que aprecie o apelo como agravo regimental (OJ 69, SDI-II).[19]

O STF não admite como ordinária a oposição de recurso extraordinário diante de uma decisão denegatória de mandado de segurança (Súm. 272).

13.1.4.4 Variabilidade

No CPC/39, o art. 809 previa a possibilidade de o recorrente variar (alterar ou tornar diverso) de recurso quando ainda não esgotado o prazo legal (princípio da variabilidade).

Nas palavras de Pontes de Miranda,[20] pelo princípio da variabilidade do recurso *"permite que se abra mão de um recurso interposto e, se ainda é tempestivo, que se use de outro".*

O CPC/73 e o CPC/15 não trataram desse princípio de forma expressa, gerando divergências doutrinárias sobre à manutenção do princípio da variabilidade no Direito brasileiro.

Reconhecido por Manoel Antonio Teixeira Filho e Sergio Pinto Martins, o princípio da variabilidade é contestado por Wilson Campos Batalha e Christovão Piragibe Tostes Malta, com quem concordamos, já que, uma vez apresentado o recurso, opera-se a preclusão consumativa.

13.1.4.5 Dialeticidade ou Discursividade

O contraditório é essencial no devido processo legal. De todo e qualquer ato as partes devem ter a devida ciência, para que possa haver a sua articulação, em prol do resguardo de suas alegações e direitos. O recorrido tem o direito de se manifestar contra o teor das matérias ou do mérito do próprio recurso (art. 10, CPC).

O art. 899 da CLT menciona que o recurso será interposto por simples petição.

Wagner Giglio[21] afirma que a autorização contida no art. 899, CLT, significa que basta uma simples petição para desencadear a revisão do julgado, mesmo que não se denunciem os motivos da irresignação, o mero pedido de reexame, despido de qualquer fundamentação, é hábil para provocar novo pronunciamento judicial.

Francisco Antonio de Oliveira[22] alerta que da *"não exigência de razões recursais advirão ausências de prequestionamento de temas importantes para a interposição do recurso de revista, já que, quanto a este, não haverá tal informalidade. Entretanto, a lei permite em âmbito de recursos para os Regionais essa informalidade, coerente com a presença do ius postulandi das partes (art. 791, CLT)".*

---

[19]   TST – SDI-II – ROAR 2.705/2003-000-06-00.0 – Rel. Min. Emmanoel Pereira – *DJU* 1/7/2005.

[20]   MIRANDA, Pontes de. *Comentários ao Código de Processo Civil*, t. 7, 3. ed., p. 42.

[21]   GIGLIO, Wagner; CORRÊA, Claudia Giglio Veltri. *Direito processual do trabalho*, 15. ed., p. 436.

[22]   OLIVEIRA, Francisco Antonio de. *Comentários à Consolidação das Leis do Trabalho*, 3. ed., p. 893.

PARTE VI · Cap. XIII – TEORIA GERAL DOS RECURSOS | 733

No entanto, esse dispositivo não deve ser interpretado com o espírito de quando foi editada a CLT. As questões processuais e matérias são intrincadas e merecem um tratamento profissional adequado, o que, infelizmente, não é mais possível às partes. É hora de se abolir das partes a faculdade processual de requerer pessoalmente no Judiciário Trabalhista os seus direitos. A moderna ciência jurídica processual não mais permite a um leigo a devida articulação de suas posições e convicções. É obrigação da parte, no exercício do seu direito de recorrer, expor os motivos do pedido de reexame da decisão, delimitando com exatidão os limites da impugnação.

Para Sergio Pinto Martins,[23] *"a interpretação sistemática da CLT mostra que a inexigibilidade de fundamentação só pode ser utilizada nos casos em que empregado ou empregador estiverem postulando na Justiça do Trabalho sem advogado (arts. 791 e 839 da CLT)"*.

No caso específico do recurso de revista, o TST entende que a admissibilidade do recurso tem como pressuposto a indicação expressa do dispositivo de lei ou da CF tido como violado (Súm. 221). É válida, para efeito de conhecimento do recurso de revista ou de embargos, a invocação de OJ, desde que, das razões recursais, conste o seu número ou conteúdo (OJ 219, SDI-I). Até porque esses recursos exigem o prequestionamento da matéria recursal.

Essa lógica deve ser também aplicada a outros recursos que exijam o prequestionamento da matéria ou em que, por determinação legal, a matéria deve ser especificada, como ocorre com o agravo de petição (art. 897, *a* e § 1º, CLT).

O TST não conhece de recurso de revista pela ausência dos fundamentos de fato e de direito – requisitos de admissibilidade (art. 1.010, II e III, CPC), quando as razões do recorrente não impugnam os fundamentos da decisão recorrida, nos termos em que fora proposta (Súm. 422, I). Essa exigência não se aplica em relação à motivação secundária e impertinente, consubstanciada em despacho de admissibilidade de recurso ou em decisão monocrática (Súm. 422, II), bem como ao recurso ordinário de competência de TRT, exceto em caso de recurso cuja motivação é inteiramente dissociada dos fundamentos da sentença (Súm. 422, II).

Em caso de embargos de declaração, com eventual efeito modificativo, a parte contrária tem o direito de se manifestar antes do julgamento do recurso (art. 897-A, § 2º, CLT).

13.1.4.6 Voluntariedade

O recurso é ato de emanação da vontade da parte. O art. 2º do CPC assegura o princípio da inércia, ou seja, o juiz somente prestará a tutela quando houver a provocação por parte do interessado. Logo, os tribunais somente poderão conhecer da matéria quando houver a provocação do interessado.

Em função do princípio da voluntariedade, a remessa de ofício (art. 496, CPC) art. 1º, V, Dec.-lei 779/69) não deve ser vista como recurso, mas como reexame determinado pela lei, sem o qual não se forma a coisa julgada.

---

[23]   MARTINS, Sergio Pinto. *Direito processual do trabalho*, 26. ed., p. 385.

13.1.4.7 Proibição de Reformatio in Pejus

O princípio da proibição de *reformatio in pejus* é decorrente da preclusão processual e até mesmo da coisa julgada parcial (preclusão processual), além da devolutibilidade do recurso.

Há *reformativo in pejus "quando o órgão ad quem, no julgamento de um recurso, profere decisão mais desfavorável ao recorrente, sob o ponto de vista prático, do que aquela contra a qual se interpôs o recurso".*[24]

Em nosso sistema, não se admite a reforma da decisão atacada para pior para a parte recorrente. Seria contraditório para a parte recorrente ser prejudicada com a nova decisão, já que o recurso é um ato voluntário.

Até porque a decisão que reformar para pior a sentença impugnada, sem que isso decorra do acolhimento das razões recursais, estará julgando *extra* ou *ultra petita*.[25]

Esse princípio não impede que o órgão julgador analise questões de ordem pública, como as condições da ação, matérias que podem ser expressamente conhecidas de ofício (decadência e prescrição), direito superveniente, litigância de má-fé e dano processual etc.

Constatando a ocorrência de nulidade sanável, o tribunal poderá determinar a realização ou renovação do ato processual, intimadas as partes; cumprida a diligência, sempre que possível prosseguirá o julgamento da apelação (art. 1.013, § 3º, I a IV, CPC). Diante da nulidade existente, não há como prosseguir o julgamento sem o seu reconhecimento. Tratando-se de nulidade relativa, a inovação legislativa permite que a mesma seja sanada no próprio tribunal, dando ao processo maior celeridade. Medida que também encontra ampla aplicação no processo do trabalho.

Na remessa obrigatória (art. 496, CPC; Súm. 303, TST), de acordo com a jurisprudência do STJ, é defeso ao Tribunal agravar a condenação imposta à Fazenda Pública (Súm. 45, STJ).

13.1.4.8 Concentração dos Recursos ou Irrecorribilidade das Decisões Interlocutórias

As decisões interlocutórias no processo do trabalho, ou seja, os atos processuais exarados pelo juiz no curso e marcha do procedimento, são irrecorríveis (art. 893, § 1º, CLT).

Como exceção a essa regra, o TST admite que algumas decisões interlocutórias sejam passíveis de recursos imediatamente. São elas: (a) de tribunal regional do trabalho contrária à súmula ou orientação jurisprudencial do TST; (b) suscetível de impugnação mediante recurso para o mesmo tribunal; (c) que acolhe exceção de incompetência territorial, com a remessa dos autos para tribunal regional distinto daquele a que se vincula o juízo excepcionado, consoante o disposto no art. 799, § 2º, CLT (Súm. 214, TST).

Outra exceção é a decisão que acolhe a preliminar de incompetência material, a qual é atacável por recurso ordinário.

---

[24] BARBOSA MOREIRA, José Carlos. Ob. cit., p. 432.
[25] TEIXEIRA FILHO, Manoel Antonio. Ob. cit., p. 131.

O Regimento Interno do TST, art. 265, prevê o cabimento do recurso de agravo contra decisão dos Presidentes do Tribunal e das Turmas, do Vice-Presidente, do Corregedor-Geral da Justiça do Trabalho ou de relator, nos termos da legislação processual, no prazo de 8 dias, pela parte que se considerar prejudicada. Como exemplo, decisão do relator, dando ou negando provimento ou negando seguimento a recurso (art. 932, CPC).

A decisão que denega seguimento ao recurso também pode ser contestada por recurso de agravo de instrumento (art. 897, *b*, CLT).[26] *"O agravo de instrumento, no processo do trabalho, é um recurso em sentido estrito."*[27] Em outras palavras, tem uma finalidade específica, atacar decisão interlocutória denegatória de seguimento de recurso.

Ainda existem outras exceções, as decisões interlocutórias podem ser objeto de embargos de declaração (art. 897-A, CLT), enquanto a decisão que rejeitar a impugnação ao valor da causa é atacável pelo pedido de revisão (art. 2º, § 1º, Lei 5.584/70) e a decisão que seja atentatória à boa ordem processual é questionável pela correição parcial (art. 709, II, CLT).

13.1.5 Os Efeitos dos Recursos

Em linhas gerais, os recursos possuem dois efeitos principais: devolutivo e suspensivo. Além desses, também existem os efeitos translativo, substitutivo e extensivo.

13.1.5.1 Efeito Devolutivo

O efeito devolutivo é inerente aos recursos, consiste em dar ao órgão *ad quem* o conhecimento da matéria impugnada. Efeito também inerente aos recursos trabalhistas (arts. 899 e 896, § 1º, CLT).

No processo do trabalho, guardadas as devidas proporções, o recurso ordinário corresponde ao recurso de apelação no processo civil.

A exata configuração do efeito devolutivo é um problema que se desdobra em dois aspectos, um concerne à extensão do efeito e outro à sua profundidade.

Esclarece José Carlos Barbosa Moreira:[28] *"delimitar a extensão do efeito devolutivo é precisar o que se submete, por força do recurso, ao julgamento do órgão* ad quem; *medir-lhe a profundidade é determinar com que material há de trabalhar o órgão* ad quem *para julgar.*

A decisão apelada tem o seu objeto: pode haver julgado o mérito da causa (sentença definitiva), ou matéria preliminar ao exame do mérito (sentença terminativa). É necessário verificar se a decisão do tribunal cobrirá ou não área igual à coberta pela do juiz a quo. *Encara-se aqui o problema, por assim dizer, em perspectiva horizontal.*

---

[26] No processo civil, é cabível o agravo de instrumento ou retido contra as decisões interlocutórias (art. 1.028, CPC).

[27] ALMEIDA, Amador Paes. *CLT comentada*, 3. ed., p. 498.

[28] BARBOSA MOREIRA, José Carlos. Ob. cit., p. 429.

Por outro lado, a decisão apelada tem os seus fundamentos: o órgão de primeiro grau, para decidir, precisou naturalmente enfrentar e resolver questões, isto é, pontos duvidosos de fato e de direito, suscitados pelas partes ou apreciados ex officio. *Cumpre averiguar se todas essas questões, ou nem todas, devem ser reexaminadas pelo tribunal, para proceder, por sua vez, ao julgamento; ou ainda se, porventura, hão de ser examinadas questões que o órgão a quo, embora pudesse ou devesse apreciar, de fato não apreciou. Focaliza-se aqui o problema em perspectiva vertical".*

A apelação devolverá ao tribunal o conhecimento da matéria impugnada (art. 1.013, *caput*, CPC). A velha máxima do Direito romano: *tantum devolutum quantum appellatum*. A quantidade da devolução está na medida do tanto que se impugnou.

Por disposição legal, serão objeto de apreciação e julgamento pelo tribunal todas as questões suscitadas e discutidas no processo, ainda que a sentença não as tenha julgado por inteiro (art. 1.013, § 1º).

A simples leitura do art. 1.013, § 1º, CPC poderia levar o leitor desavisado a considerar que a instância revisora poderá conhecer de toda a matéria. Ledo engano. A interpretação deve ser lógica e não, meramente, literal.

Por exemplo: a sentença condena em horas extras e no adicional de transferência, e indefere equiparação salarial. Se o reclamante efetuar a interposição do recurso ordinário, somente objetivará o título em que foi vencido, nesse caso, a equiparação salarial. Como não ocorre a reforma para pior – *reformatio in pejus*, haverá a devolução de todas as matérias discutidas nos autos quanto à questão da equiparação e não dos demais títulos.

Quando o pedido ou a defesa tem mais de um fundamento e o juiz acolhe apenas um deles, a apelação devolve ao tribunal o conhecimento dos demais (art. 1.013, § 2º, CPC).

Com o recurso são apreciadas todas as situações de fato e de direito em função das postulações que foram objeto do recurso. Também nesse sentido deve ser interpretado o art. 1.013, § 2º.

Essas assertivas espelham melhor o recurso e o seu efeito devolutivo, sempre de acordo com a máxima – *tantum devolutum quantum appellatum*, ou seja, a quantidade da devolução está na medida do tanto que se impugnou.

Como regra, todas as razões da causa de pedir e da defesa devem ser expostas nos momentos processuais oportunos (arts. 329, 319, 320, 341 e 342, CPC). Pondere-se que a inicial e a defesa constituem as peças vitais da relação jurídica processual. Trata-se da aplicação dos princípios da imutabilidade e inalterabilidade da causa de pedir, como também da concentração ou eventualidade.

O órgão revisor reexamina a causa em função da matéria impugnada, atuando como instância da correção das decisões do juízo inferior.

O art. 899 da CLT menciona que o recurso será interposto por simples petição.

O TST não conhece de recurso pela ausência dos fundamentos de fato e de direito – requisitos de admissibilidade (art. 1.010, II e III, CPC), quando as razões do recorrente não impugnam os fundamentos da decisão recorrida, nos termos em que fora proposta (Súm. 422, I).

Pela Súmula 393, I, o TST fixou o entendimento de que o efeito devolutivo em profundidade do recurso ordinário (art. 1.013, § 1º) transfere automaticamente ao Tribunal a apreciação de fundamento de defesa não examinado pela sentença, ainda que não renovado em contrarrazões. Se o processo estiver em condições, o Tribunal, ao julgar o recurso ordinário, deverá decidir desde logo o mérito da causa (art. 1.013, § 3º), inclusive quando constatar a omissão da sentença no exame de um dos pedidos (Súm. 393, II). Há situações nas quais existem questões de fato que não foram aduzidas no juízo originário, que poderão ser aduzidas no recurso de apelação, provando a parte que não as efetuou por motivo de força maior (art. 1.014).[29]

A força maior relaciona-se com fato anterior ou posterior à prolação da decisão impugnada. Quando é anterior, o fato pode ser do conhecimento ou não da parte. Se o for, será necessária a justificação da não exposição ao juízo *a quo*. Em qualquer hipótese, é vital que o fato seja exposto e provado pela parte a quem aproveita (recorrente ou recorrida).

A juntada de documentos na fase recursal só se justifica quando provado o justo impedimento para sua oportuna apresentação ou se referir a fato posterior à sentença (Súm. 8, TST). Estamos nos referindo ao "documento novo".

Se, depois da propositura da ação, algum fato constitutivo, modificativo ou extintivo do direito influir no julgamento da lide, caberá ao juiz tomá-lo em consideração, de ofício ou a requerimento da parte, no momento de proferir a sentença (art. 493, caput, CPC). Muitas vezes, esse "fato novo" ou "fato superveniente" é demonstrável por prova documental. Por imposição legal (art. 493, parágrafo único), se constatar de ofício o fato novo, o juiz ouvirá as partes sobre ele antes de decidir.

A inovação de fato constitutivo, modificativo ou extintivo do direito, superveniente à propositura da ação, é aplicável de ofício aos processos em curso em qualquer instância trabalhista, cumprindo ao juiz ou tribunal ouvir as partes sobre o fato novo antes de decidir (Súm. 394, TST).

Francisco Antonio de Oliveira[30] ensina que o *"art. 462 encontra prestígio no art. 303 e incisos e é excepcionado pelo art. 517, ambos do CPC. São requisitos para que o julgador leve em consideração fato constitutivo, modificativo ou extintivo do direito: (a) que tenha ocorrido após a propositura da ação; (b) que tenha influência no julgamento da controvérsia. Como regra geral, exige-se que a parte invoque o preceito legal e comprove o alegado. Todavia, o juiz tomará em consideração tais fatos de ofício, quando a lei não exija a iniciativa da parte interessada (art. 128, CPC). De resto, satisfeitos os requisitos, a parte interessada poderá invocar o benefício enquanto pendente a discussão da causa. Vale dizer que o tema poderá ser conhecido em qualquer instância, desde que não encerrada a discussão da controvérsia".*

---

[29] Força maior é todo ato inevitável a que a parte não deu causa, impedindo-a de praticar determinado ato processual.

[30] OLIVEIRA, Francisco Antonio de. *Comentários aos precedentes normativos e individuais do Tribunal Superior do Trabalho*, p. 214.

Alguns recursos, como de revista e o de embargos, exigem o prequestionamento da matéria (Súm. 297 e 184, TST), não sendo possível a aplicação do art. 493, CPC e da Súm. 394, TST.

Também ficam submetidas ao tribunal as questões anteriores à sentença, ainda que não decididas (art. 1.013, § 1º, CPC). Ao comentar o dispositivo legal, Antônio Alvares da Silva[31] esclarece: *"Há, porém, possibilidade de se antever um lado altamente positivo no art. 516, com a nova redação, que poderá ser de grande significado, não só para o processo civil, mas também para o processo trabalhista. Este lado foi antevisto pelo Juiz Álfio Amaury dos Santos, em brilhante exposição sobre o assunto no plenário da 3ª Turma do TRT da 3ª Região, a propósito de um julgamento onde o tema aflorou. Ali se entendeu por longo período, por maioria de votos, que não se devolve o processo à instância inferior quando o juiz de primeiro grau extingue o processo sem julgamento do mérito e o tribunal reforma o entendimento. Neste caso, o tribunal julgava logo o mérito, desde que os autos estivessem suficientemente instruídos. O argumento era no sentido de que não havia supressão de instância. O primeiro grau se manifestou, tanto que houve recurso. Só que, dentro de seu livre convencimento, a Junta entendeu que não devesse adentrar o mérito, acolhendo alguma das razões do art. 267 do CPC. E, assim, exerceu a função jurisdicional a que estava obrigada. O tribunal, pensando diferentemente, superou o óbice processual e desde logo julgou o mérito. Com isto se evitava perda de tempo e demora injustificada, ganhando o processo em agilização e celeridade. Tal entendimento foi rechaçado pelo TST, sob o fundamento de que se estava suprimindo uma instância. Agora, entretanto, a questão pode e deve ter uma visão bem diferente diante do novo texto do art. 516 do CPC. Se o juiz de primeiro grau não decide o meritum causae, há, sem dúvida alguma, questão ainda não decidida que foi devolvida ao tribunal. Cabe, portanto, a ela completar a prestação jurisdicional, decidindo-a. E esta questão é exatamente o mérito ou o fundo da controvérsia. Com isto se evitará a volta dos autos à instância inferior e, ainda, com uma vantagem para o magistrado de primeiro grau que não mais sofrerá o constrangimento de ter que decidir uma controvérsia contrariamente à sua convicção pessoal. Se explorado este lado do problema, o art. 516 fará uma pequena revolução no processo civil e trabalhista, contribuindo decisivamente para a solução rápida e segura de litígios."*

Além disso, há questões que podem ser conhecidas, mesmo que não constem do recurso ou tenham sido suscitadas pelas partes. São as denominadas matérias de ordem pública (art. 337, § 5º, CPC). A decadência e a prescrição também podem ser conhecidas de ofício (art. 332, § 1º).

Não ofende o princípio do duplo grau de jurisdição a decisão do TST que, após afastar a decadência em sede de recurso ordinário, aprecia desde logo a lide, se a causa versar questão exclusivamente de direito e estiver em condições de imediato julgamento (Súm. 100, VII, TST).

---

[31] SILVA, Antônio Álvares da. Os recursos trabalhistas à luz das modificações do Código de Processo Civil. *Revista LTr*, v. 59, nº 4, p. 449.

A Lei 10.352/01 acrescentou § 3º ao art. 515, CPC/73, com a seguinte redação: *"Nos casos de extinção do processo sem julgamento do mérito (art. 267), o tribunal pode julgar desde logo a lide, se a causa versar questão exclusivamente de direito e estiver em condições de imediato julgamento."*

Em situações em que uma questão prejudicial como a prescrição é afastada pela Instância Superior, muitas vezes, é determinado o retorno dos autos para que os demais pedidos sejam apreciados pelo Juízo de primeira instância.

Razão para isso, equivocadamente em nosso entender, é a observância do princípio do duplo grau de jurisdição, de modo, inclusive, a não suprimir instâncias ou violar o princípio do juiz natural (art. 5º, LIII, CF).

O princípio do duplo grau de jurisdição, como está posto atualmente, *"se realiza com a mera possibilidade de reexame, não se fazendo necessário, para a configuração do princípio, que tal reexame se dê de forma obrigatória"*.[32]

Mesmo quando a questão que impediu a apreciação de mérito seja a decadência ou a prescrição (art. 487, II, CPC/15) (decisão de mérito), caberá ao Tribunal, caso afaste a questão prejudicial, apreciar as questões de mérito, ainda que a sentença não as tenha julgado (Súm. 100, VII, TST), desde que o processo trate de questões de direito ou estiver em condições de imediato julgamento.

Também não se poderia pensar em violação ao princípio do juiz natural ou mesmo supressão de instância, porquanto o juízo de primeira instância já havia sentenciado no processo, não havendo obrigação de proferir nova decisão neste caso apenas porque a decadência ou a prescrição foi afastada.

Com a inclusão do § 4º no art. 515, CPC/73 (Lei 11.276/06), o tribunal, constatando a ocorrência de nulidade sanável, poderia determinar a realização ou renovação do ato processual, intimadas as partes; cumprida a diligência, sempre que possível haveria o prosseguimento do julgamento da apelação (art. 515, § 4º, CPC/73).

Se o tribunal, ao julgar o recurso, visualizasse a ocorrência de vício, o qual pudesse ser corrigido, determinaria a realização ou a renovação do ato, intimando-se, previamente, às partes. Após a regularização, se possível, prosseguiria com o julgamento do recurso. Citado dispositivo era aplicável ao processo trabalhista.

Como reflexo das sucessivas alterações no CPC/73 (art. 515), o CPC/15 ampliou as hipóteses de aplicação da teoria da causa madura. Vale dizer, se o processo estiver em condições de imediato julgamento, mesmo que o mérito não tenha sido apreciado na decisão recorrida (extinção sem resolução de mérito). Não é uma faculdade e sim um dever no sentido de que a instância revisora prossiga no julgamento do mérito da causa, ao ultrapassar as questões preliminares contidas no apelo. Isso somente não deverá acontecer caso não tenha sido propiciado pelo andamento processual o devido contra-ditório. É a hipótese de recurso ordinário, em que se discute a extinção do processo, sem

---

[32] CÂMARA, Alexandre Freitas. Ob. cit., p. 5.

resolução de mérito, por inépcia da inicial, sem que a parte contrária tenha sido citada do conteúdo da inicial.

O tribunal deve decidir desde logo o mérito quando: (a) reformar sentença fundada no art. 485 (extinção da demanda sem resolução de mérito); (b) decretar a nulidade da sentença por não ser ela congruente com os limites do pedido ou da causa de pedir; (c) constatar a omissão no exame de um dos pedidos, hipótese em que poderá julgá-lo. Para que se tenha o julgamento de mérito, é necessário que a parte, antes da oposição do recurso, tenha discutido a omissão junto a instância a quo, via interposição de embargos declaratórios. Caso não tenha interposto os embargos, a matéria estará preclusa; (d) decretar a nulidade de sentença por falta de fundamentação (art. 1.013, § 3º, I a IV, CPC).

Por outro lado, quando o acórdão reformar a sentença, a qual tenha reconhecido a prescrição ou a decadência, o tribunal deverá julgar o mérito, procedendo ao exame das demais matérias, sem que se tenha o retorno dos autos ao juízo de primeiro grau (art. 1.013, § 4º, CPC).

Pela IN 39/16 (art. 3º, XXVIII), os arts. 1.013 e 1.014, CPC, são aplicáveis ao processo trabalhista.

13.1.5.2 Efeito Suspensivo

Como aponta Nelson Nery Junior,[33] o efeito suspensivo *"é uma qualidade do recurso que adia a produção dos efeitos da decisão impugnada assim que interposto o recurso, qualidade essa que perdura até que transite em julgado a decisão sobre o recurso. Pelo efeito suspensivo, a execução do comando emergente da decisão impugnada não pode ser efetivada até que seja julgado o recurso. A decisão que ainda não havia produzido efeitos, porque não prolatada, continua a não produzi-los pelo efeito suspensivo do recurso, pois a eficácia não preexiste à interposição do recurso que não pode, por certo, suspendê-la. Na verdade, a suspensividade diz mais de perto com a recorribilidade, do que propriamente com o recurso. De consequência, somente pode atribuir-se efeito suspensivo ao recurso se a decisão impugnada for recorrível, e, mais, se para o recurso respectivo se estipular o regime da suspensividade"*.

No processo civil, a apelação será recebida em seu efeito devolutivo e suspensivo. Será, no entanto, recebida só no efeito devolutivo, quando interposta de sentença que: (a) homologar a divisão ou a demarcação; (b) condenar à prestação de alimentos; (c) extinguir sem resolução do mérito os embargos à execução ou julgá-los improcedentes; (d) julgar procedente o pedido de instituição de arbitragem; (e) confirmar, conceder ou revogar tutela provisória; (f) decretar a interdição (art. 1.012, § 1º, I a VI, CPC).

O recurso ordinário em sede de mandado de segurança será recebido com efeito devolutivo, sendo incabível medida cautelar para imprimir efeito suspensivo a recurso interposto, pois ambos visam, em última análise, à sustação do ato atacado. Nesse caso, extingue-se a ação cautelar, sem julgamento do mérito, por ausência de interesse de agir,

---

[33] NERY JUNIOR, Nelson. Ob. cit., p. 376.

PARTE VI • Cap. XIII – TEORIA GERAL DOS RECURSOS | 741

para evitar que decisões judiciais conflitantes e inconciliáveis passem a reger idêntica situação jurídica (OJ 113, SDI-II).

No caso de remessa *ex officio* ou interposição de recurso voluntário contra decisão concessiva de mandando de segurança que importe outorga ou adição de vencimento ou ainda reclassificação funcional, há efeito suspensivo (art. 14, § 3º, Lei 12.016/09).

Recebida a apelação em ambos os efeitos, o juiz não poderá inovar no processo; recebido no efeito devolutivo, o recorrido poderá promover, desde logo, o cumprimento provisório com a extração da carta de sentença (art. 1.012, § 2º, CPC).

Como regra geral, ao contrário do processo civil, os recursos trabalhistas possuem apenas o efeito devolutivo (art. 899, CLT).

Além do efeito devolutivo na Justiça do Trabalho, é possível que o juízo *a quo* equivocadamente dê ao recurso ordinário o seu efeito suspensivo, obstando, assim, a execução provisória. Isso significa que o interessado poderá fazer valer o seu direito (quanto à execução provisória), segundo Manoel Antonio Teixeira Filho,[34] por meio do mandado de segurança, pois *"a correição parcial seria incabível na espécie, pois nenhum dos despachos teria, em rigor, atentado contra a boa ordem do procedimento; o que houve, sim, foi lesão a um direito, líquido e certo da parte, subsumido nos arts. 899, caput, da CLT e 589/590, do CPC".*

Contudo, cumpre ressaltar que o recurso ordinário em dissídio coletivo de trabalho admite o efeito suspensivo. Na vigência do art. 6º, da Lei 4.725/65, os recursos das decisões proferidas nos dissídios coletivos tinham efeito meramente devolutivo, sendo que o presidente do TST poderia dar efeito suspensivo ao recurso ordinário, a requerimento do recorrente em petição fundamentada. A lei era expressa no sentido de que o provimento do recurso não importa na restituição dos salários ou vantagens pagas em execução do julgado.

O recurso interposto pela União era recebido com efeito suspensivo quanto à parte que exceder o índice fixado pela política salarial do governo (art. 8º, Lei 5.584/70).

A Lei 7.701/88, em seu art. 9º, limitou o período de eficácia do efeito suspensivo no recurso em dissídio coletivo há 120 dias contados da publicação do despacho. Por sua vez, o art. 7º, Lei 7.788/89, a qual tratava de política salarial do governo, estabeleceu que *"em qualquer circunstância não se dará efeito suspensivo aos recursos interpostos em processo de dissídio coletivo".* A Lei 7.788 foi integralmente revogada pelo art. 14, Lei 8.030/90 (Plano Collor).

Nesse período, para evitar o pagamento de salários que possivelmente seriam tidos como indevidos posteriormente, o TST passou a aceitar ações cautelares com pedido liminar para dar efeito suspensivo ao recurso ordinário.

Com a Lei 10.192/01, a qual converteu em lei a MP que disciplinava o Plano Real (MP 2.074-73), mantiveram-se as disposições desse instrumento legal que dão ao recurso ordinário em dissídio coletivo o efeito suspensivo na medida e extensão conferidas em

---

[34]   TEIXEIRA FILHO, Manoel Antonio. Ob. cit., p. 187.

despacho do Presidente do TST (art. 14), a ser requerido nos termos do Regimento Interno do TST.

O recurso extraordinário também será recebido apenas com efeito devolutivo (art. 1.029 § 5º, CPC), sendo que não há direito líquido e certo à execução definitiva na pendência de recurso extraordinário ou de agravo de instrumento visando a destrancá-lo (OJ 56, SDI-II).

A execução é provisória quando a sentença é impugnada mediante recurso recebido só no efeito devolutivo. Nesse caso, a execução se faz por intermédio de carta de sentença.

O cumprimento provisório de sentença ("carta de sentença") está disciplinado nos arts. 520 e segs. do CPC.

A execução provisória e definitiva, quando couber, da sentença corre por iniciativa, conta e responsabilidade do exequente, que se obriga, se a sentença for reformada, a reparar os danos que o executado haja sofrido (art. 520, I).

Na hipótese de o acórdão modificar ou anular a sentença exequente, fica sem efeito a execução provisória, de modo que as partes devem ser restituídas ao estado anterior e liquidados eventuais prejuízos nos mesmos autos, fixados por arbitramento. Contudo, se a anulação ou reforma for parcial da sentença, somente nessa parte ficará sem efeito a execução (art. 520, II e III).

O levantamento de depósito em dinheiro e a prática de atos que importem alienação de propriedade ou dos quais possa resultar grave dano ao executado dependem de caução suficiente e idônea, arbitrada de plano pelo juiz e prestada nos próprios autos.

No sistema processual civil, fica dispensada a prestação da caução nos casos em que: (a) o crédito for de natureza alimentar, independentemente de sua origem; (b) o credor demonstrar situação de necessidade; (c) pender o recurso de agravo (art. 1.042, CPC); (d) a sentença estiver em consonância com súmula da jurisprudência do STF ou do STJ ou em conformidade com acórdão proferido no julgamento de casos repetitivos (art. 521, I a IV). Ressalte-se que a exigência de caução será mantida, quando da dispensa possa resultar manifesto risco de grave dano de difícil ou incerta reparação (art. 521, parágrafo único).

Ao contrário do processo civil, a execução provisória trabalhista não necessita de caução, isso porque irá até a penhora. Quanto ao agravo de petição, em não havendo a impugnação total, a parte que não é objeto do apelo poderá ser objeto de execução definitiva, nos próprios autos ou na carta de sentença (art. 897, § 1º, CLT).

Em se tratando de execução provisória, o TST entendia que havia violência a direito líquido e certo do impetrante a determinação de penhora em dinheiro, quando nomeados outros bens à penhora, pois o executado tinha direito a que a execução se processe da forma que lhe seja menos gravosa, nos termos do art. 620 do CPC/73 (Súm. 417, III, TST, cancelada pela Resolução 212/16).

Paras as penhoras ocorridas, em execução provisória de sentença, a partir do CPC/15, não fere direito líquido e certo do impetrante o ato judicial que determina penhora em dinheiro do executado para garantir crédito exequendo, pois é prioritária e obedece à gradação legal (art. 835, CPC) (Súm. 417, I, com a redação dada pela Res. 212/16).

PARTE VI · Cap. XIII – TEORIA GERAL DOS RECURSOS | **743**

O art. 899 da CLT, ao impedir a execução definitiva do título executório, enquanto pendente recurso, ao limitar a execução provisória até a penhora, alcança tanto as execuções por obrigação de pagar quanto às por obrigação de fazer. Nesse sentido, temos o disposto no art. 520, § 5º, CPC, o qual determina que o cumprimento provisório de sentença é aplicável, no que couber, às obrigações de fazer, de não fazer ou de dar coisa.

Antes do cancelamento da OJ 87, SDI-II, o TST entendia que a obrigação de reintegrar, em caráter definitivo, somente pode ser decretada, liminarmente, nas hipóteses legalmente previstas, em sede de tutela antecipada ou tutela específica.

Assim, o TST não admitia a execução das obrigações de fazer, exceto quando for tutela prevista de forma explícita na legislação trabalhista, como são os casos dos incisos IX e X do art. 659 da CLT, ou seja: (a) medida liminar, até decisão final do processo em reclamações trabalhistas que visem tornar sem efeito transferência disciplinada pelos parágrafos do art. 549 da CLT; (b) medida liminar, até decisão final do processo, em reclamações trabalhistas que visem reintegrar no emprego dirigente sindical (afastado, suspenso ou dispensado pelo empregador).

Em relação às duas situações, há posicionamentos jurisprudenciais específicos: (a) ressalvada a hipótese do art. 494, da CLT, não fere direito líquido e certo a determinação liminar de reintegração no emprego de dirigente sindical, em face da previsão do inciso X do art. 659 da CLT (OJ 65, SDI-II); (b) não fere direito líquido e certo a concessão de liminar obstativa de transferência de empregado, em face da previsão do inciso IX do art. 659 da CLT (OJ 67, SDI-II).

A antecipação da tutela conferida na sentença não comporta impugnação pela via do mandado de segurança, por ser impugnável mediante recurso ordinário.

O recurso ordinário trabalhista não tem efeito suspensivo, ainda que a sentença tenha concedido tutela provisória. Inaplicável o art. 1.012, V, CPC ao processo trabalhista. Demonstrando a ausência dos requisitos legais para a concessão da medida, o recorrente deverá solicitar a concessão excepcional do efeito suspensivo ao recurso ordinário em razões dirigidas ao Tribunal e requerer em petição, devidamente instruída, ao Tribunal, ao relator ou ao presidente ou ao vice-presidente do Tribunal recorrido, por aplicação subsidiária ao processo do trabalho dos arts 1.012, § 4º, 1.029, § 5º, I a III, CPC (incidente de efeito suspensivo) (Súm. 414, I, TST; arts. 294 e segs., CPC). Vale dizer, não será mais necessário o ajuizamento de uma ação cautelar incidental para fins de obtenção do efeito suspensivo ao recurso ordinário.

Pelas peculiaridades do processo trabalhista, sempre nos pareceu razoável dispensar da caução os credores trabalhistas, que são trabalhadores e desempregados, que, não raras vezes, mal conseguem manter o próprio sustento e de seus familiares após o término do vínculo empregatício, além da própria natureza salarial do crédito trabalhista, de cunho privilegiado (art. 186, CTN). Com o aperfeiçoamento da sistemática processual (arts. 520 e 521, NCPC), os exequentes de créditos de natureza alimentar ou decorrente de ato ilícito procederão à execução definitiva, precipuamente, se estiverem em situação de necessidade.

O TST tem entendido que não cabe a liberação de valores ao exequente quando a execução é provisória (E-ED-RR 23.500-47.2007.5.03.0064; RR 5100-06.2009.5.03.0003).

O pedido da execução provisória será formulado por petição dirigida ao juízo competente. Caso não sejam eletrônicos os autos, a petição será acompanhada de cópias das seguintes peças do processo, cuja autenticidade poderá ser certificada pelo próprio advogado, sob sua responsabilidade pessoal: (a) decisão exequenda; (b) certidão de interposição do recurso não dotado de efeito suspensivo; (c) procurações outorgadas pelas partes; (d) decisão de habilitação, se for o caso; (e) facultativamente, outras peças processuais consideradas necessárias para demonstrar a existência do crédito.

13.1.5.3 Efeito Translativo

Além dos efeitos devolutivo e suspensivo, os recursos possuem outros efeitos, como o efeito translativo.

O recurso é um ato de vontade do vencido e somente devolve a matéria objeto do apelo para reexame para a instância *ad quem*. Contudo, há situações em que a instância revisora pode extravasar tais limites. São as matérias de ordem pública, conhecidas *ex officio* pelo juiz, em qualquer grau de jurisdição, e em relação às quais não se opera a preclusão: arts. 485, § 3º, e 337, § 5º, CPC. Trata-se do efeito translativo.

A translatividade permite a cognição pelo juízo *ad quem* no momento de apreciar o recurso de apelação, uma vez que autoriza ao tribunal conhecer *ex officio* certas questões, independentemente de provocação. Ou seja, questões de iniciativa cognitiva do juízo *ad quem* sobre determinadas matérias.

A translação dessas questões ao juízo *ad quem* está autorizada (art. 1.013, §§ 1º e 2º, CPC). Consequência análoga à provocada pelo efeito translativo do recurso ocorre com o reexame necessário, pelo tribunal, das sentenças sujeitas ao duplo grau de jurisdição obrigatório (art. 496, CPC; Dec.-lei 779/69).

Importante ressaltar que o efeito translativo não está presente nos recursos excepcionais (extraordinário, especial, revista e nos embargos no TST), os quais têm como pressuposto de admissibilidade o prequestionamento da matéria – objeto do recurso.

13.1.5.4 Efeito Extensivo

O recurso interposto por um dos litisconsortes a todos aproveita, salvo se distintos ou opostos os seus interesses (art. 1.005, *caput*, CPC).

A questão se desdobra em dois ângulos distintos. No primeiro, trata-se de uma exceção ao princípio da personalidade, segundo o qual o recurso só aproveita ao próprio recorrente, e sob o prisma do litisconsórcio, trata-se de uma exceção ao princípio da independência dos litigantes (art. 117).

Quando se tem o litisconsórcio necessário e unitário (e não comum ou simples), a sentença exarada a todos aproveita. Logo, o recurso interposto por um dos litisconsortes beneficia a todos (interesse comum).

Exemplo do efeito extensivo tem-se quando o tribunal acolhe preliminar recursal e extingue o processo sem julgamento de mérito, de modo a projetar os efeitos do acórdão sobre toda a sentença, ainda que partes da decisão atacada não tenham sido objeto de recurso.

13.1.5.5 Efeito Substitutivo

Pelo efeito substitutivo, a decisão (acórdão) proferida pelo tribunal substituirá a sentença ou a decisão impugnada no que tiver sido objeto de recurso (art. 1.008, CPC).

Pontes de Miranda[35] elenca as explicações da substituição: (a) o recurso tem a consequência de fazer cessar de existir, deixar de "ser", a sentença de que se recorreu; (b) a sentença recorrida existe sob condição resolutiva; (c) a sentença recorrida, que era, fica suspensa até que se profira a segunda, que a confirme, ou que a desfaça *ex tunc*; (d) a sentença recorrida, se confirmada, supõe-se ter sempre existido e é ela que se cumpre ou executa, ao passo que a reformada, no todo ou em parte, supõe-se não ter nunca existido, ou ter existido em parte; (e) a sentença recorrida é apenas sentença, situação jurídica – a segunda sentença é que é a entrega da prestação jurisdicional (a última explicação é a verdadeira, segundo Pontes de Miranda).

O acórdão que cuida das questões de respeito do mérito do recurso substitui, dentro dos limites da impugnação contida no apelo, o teor do ato judicial impugnado (sentença). Somente haverá a substituição quando o recurso for conhecido e julgado no mérito (acolhimento ou rejeição dos pedidos formulados em juízo).

O recurso, *"por propiciar o reexame da decisão recorrida, seja para invalidá-la seja para reformá-la, no todo ou em parte, terá o caráter substitutivo da decisão recorrida"*.[36]

Parece-nos necessário uma ressalva, pois em não havendo o pronunciamento da instância recursal sobre o acerto ou desacerto do apelo, de forma concreta, inexiste a substituição. Ocorre a substituição, quando o objeto da impugnação for *error in judicando*. Em caso contrário, quando é a hipótese de *error in procedendo*, com o provimento do recurso, tem-se a anulação da decisão recorrida, não se existindo a substituição propriamente dita.

A doutrina separa o efeito substitutivo em total ou parcial, dependendo da extensão da decisão,[37] distinguindo outros efeitos: diferido (*"circunstância processual ocorrente quando o exame de um dos recursos fica, temporariamente, adiado e condicionado ao julgamento de outro recurso"*) e retratação (*"quando cabe ao próprio juiz que decidiu a matéria preliminar ou de mérito o reexame da questão em sede recursal"*), como ocorre no agravo de instrumento e no agravo regimental.

Uma análise mais crítica do efeito substitutivo permite-nos dizer que *"o efeito substitutivo não é produzido pelo recurso, em si, mas, pelo acórdão que, em decorrência do recurso, rejulga o mérito"*.[38]

---

[35] MIRANDA, Pontes de. Ob. cit., p. 137.
[36] PAULA, Jônatas Luiz Moreira de. Ob. cit., p. 460.
[37] SANTOS, Aloysio. Ob. cit., p. 87.
[38] TEIXEIRA FILHO, Manoel Antonio. Ob. cit., p. 245.

13.1.6 Pressupostos dos Recursos

13.1.6.1 Pressupostos Básicos dos Recursos

Quanto aos recursos, os pressupostos processuais são classificados em subjetivos (intrínsecos) ou objetivos (extrínsecos). Os pressupostos subjetivos são pertinentes àquele que apresenta o recurso (recorrente), enquanto os objetivos são relativos ao próprio recurso.

Os pressupostos devem existir quando da apresentação do recurso, não se admitindo a concessão de prazo suplementar.

13.1.6.2 Pressupostos Subjetivos

Os pressupostos subjetivos dizem respeito aos sujeitos, em especial, o recorrente. Constituem pressupostos subjetivos: legitimidade, capacidade e interesse de recursal.

13.1.6.2.1 Legitimidade

Quando a sentença é desfavorável, no todo ou em parte, surge a oportunidade do exercício do direito ao recurso por parte do interessado.

O recurso pode ser interposto pela parte vencida, pelo terceiro prejudicado e pelo Ministério Público (como parte ou fiscal da ordem jurídica) (art. 996, *caput*, CPC).

De acordo com o CPC, o terceiro deve demonstrar a possibilidade de a decisão sobre a relação jurídica submetida à apreciação judicial atingir direito de que se afirme titular ou que possa discutir em juízo como substituto processual (art. 996, parágrafo único).

O *ius postulandi* das partes (art. 791, CLT) limita-se às varas do trabalho e aos TRTs, não alcançando a ação rescisória, a ação cautelar, o mandado de segurança e os recursos de competência do TST (Súm. 425).

Interessante notar que se a parte era incapaz, estando representada ou assistida, e, no curso do processo, veio a se tornar capaz, a legitimidade passa a ser do ex-incapaz. Em havendo advogado, com o advento da extinção da incapacidade, existe a necessidade de apresentação de um novo instrumento de mandato.

Os sucessores *causa mortis* e *inter vivos* têm legitimidade recursal.

O art. 898 da CLT determina que das decisões proferidas em dissídio coletivo que afete empresa de serviço público, ou, em qualquer caso, das proferidas em revisão, poderão recorrer, além dos interessados, o presidente do tribunal[39] e o Ministério Público do Trabalho (MPT).

---

[39] A doutrina, diante da relativa liberdade sindical prevista na Constituição de 1988 (art. 8º), não admite a instauração de ofício pelo Presidente do Tribunal prevista na CLT (arts. 856 e 874, CLT).

PARTE VI · Cap. XIII – TEORIA GERAL DOS RECURSOS | 747

O art. 8º, Lei 5.584/70, enuncia que das decisões prolatadas nos dissídios coletivos, a União poderá interpor recurso, o qual será sempre recebido no efeito suspensivo quanto à parte que exceder o índice fixado pela política salarial do Governo.

O art. 83, VI, LC 75/93, dispõe que o MPT poderá recorrer das decisões da Justiça do Trabalho, quando entender necessário, tanto nos processos em que for parte, como naqueles em que oficiar como fiscal da lei.

Constitucionalmente, compete ao Ministério Público a defesa da ordem jurídica, do regime democrático e dos interesses sociais e individuais indisponíveis (art. 127, CF).

O Ministério Público tem legitimidade para propor ação civil pública em defesa do patrimônio público (Súm. 329, STJ).

O Ministério Público não tem legitimidade para recorrer na defesa de interesse patrimonial privado, inclusive de empresas públicas e sociedades de economia mista (OJ 237, I, SDI-I).

Há interesse do Ministério Público do Trabalho para recorrer contra decisão que declara a existência de vínculo empregatício com sociedade de economia mista ou empresa pública, após a CF/88, sem a prévia aprovação em concurso público (OJ 237, II, SDI-I).

Para Tostes Malta,[40] os peritos[41] e os depositários não podem recorrer de decisões que lhes sejam contrárias, como, por exemplo, quando fixa honorários reduzidos, já que não são partes na lide.

Da mesma forma, o juiz não é parte, não podendo interpor recurso contra decisão em reclamação correicional julgada procedente, sendo que nem mesmo o juiz relator de agravo regimental que teve a decisão liminar alterada pelo tribunal poderá recorrer.

O preposto somente representa a parte em audiência (art. 843, § 1º, CLT), não tendo legitimidade para interpor recurso em nome da parte.[42]

Os Estados e os Municípios não têm legitimidade para recorrer em nome das autarquias detentoras de personalidade jurídica, devendo ser representadas pelos procuradores que fazem parte de seus quadros ou por advogados constituídos (OJ 318, SDI-I).

13.1.6.2.2 Capacidade Processual

Para que a parte possa exercer o seu direito de ação, torna-se necessário que tenha a capacidade de estar em juízo (capacidade processual). Trata-se de um dos pressupostos de validade do processo.

Como o recurso é um desdobramento do direito de ação, além da capacidade de ser parte (consequência natural da personalidade jurídica), para que o apelo possa ser

---

[40] TOSTES MALTA, Christovão Piragibe. Ob. cit., p. 540.

[41] TST – RR 260/2003-012-12-00 – Rel. Min. Renato de Lacerda Paiva – *DJe* 12/3/2010 – p. 544.

[42] "O preposto não pode assinar a petição de recurso, pois a preposição se exaure nos atos de audiência. Podem assinar o recurso o reclamante, seu advogado, o reclamado, seu representante legal ou seu advogado" (SCHIAVI, Mauro. *Manual de direito processual do trabalho*, 3. ed., p. 721).

conhecido pelo órgão jurisdicional *ad quem*, o recorrente deverá ter plena capacidade de estar em juízo.

Sobre a representação da parte em juízo, sua capacidade postulatória (ius postulandi) e a representação judicial pelo advogado ou procurador, sugerimos consultar o item 4.2 da Parte VI da presente obra.

13.1.6.2.3 Interesse Recursal

Mencionado por Pontes de Miranda[43] como princípio, *"à interponibilidade dos recursos preside o princípio da lesividade da resolução, ainda que se trate de lesividade por não ter concedido tudo que se pediu fosse reconhecido pela instância do recurso".*

José Frederico Marques[44] coloca como requisito primordial e básico, inarredável e imperativo, em todo recurso, a lesividade, pois *"sem prejuízo ou gravame a direito da parte, não pode estar pretender recorrer. O gravame (ou 'dano provindo de decisão desfavorável') coloca a parte em situação de derrota no litígio ou no processo, o que constitui a sucumbência, a qual pode ser conceituada como a situação criada por um julgamento em antagonismo com o que pediu o litigante".*

Parece-nos que a lesividade é elemento caracterizador do interesse recursal.

O interesse recursal é a necessidade de se pedir a proteção jurisdicional ao órgão *ad quem* pela via recursal, vez que, na ótica do recorrente, o seu direito não foi protegido ou foi violado pelo órgão jurisdicional.

Ou seja, pode ser definido como a utilidade do provimento pleiteado por meio do recurso (necessidade/utilidade e adequação). De modo que *"haverá utilidade no recurso interposto quando estiverem presentes a necessidade de interposição do recurso e a adequação do recurso interposto".*[45]

Como esclarece Alexandre Freitas Câmara, não basta que o recurso seja *"o único meio à disposição do legitimado a recorrer para que este possa alcançar situação mais favorável. É preciso ainda, para que o recurso possa ser admitido, que se tenha interposto o recurso adequado, ou seja, que se tenha interposto o recurso cabível contra o tipo de provimento impugnado".*[46]

Para Manoel Antonio Teixeira Filho,[47] como regra genérica, *"o interesse radica na situação desfavorável em que foi lançada a parte recorrente pelo pronunciamento jurisdicional, motivo por que as leis processuais lhe concedem a possibilidade de tentar elidir, mediante os meios recursórios, esse estado de desfavorabilidade".*

---

[43] MIRANDA, Pontes de. Ob. cit., p. 5.

[44] FREDERICO MARQUES, José. Ob. cit., p. 382.

[45] CÂMARA, Alexandre Freitas. *Lições de direito processual civil*, v. 2, 12. ed., p. 68.

[46] CÂMARA, Alexandre Freitas. Ob. cit., p. 69.

[47] TEIXEIRA FILHO, Manoel Antonio. Ob. cit., p. 147.

PARTE VI · Cap. XIII – TEORIA GERAL DOS RECURSOS | **749**

Dessa forma, o interesse *"resulta não da sucumbência de uma ou de ambas as partes (que, segundo a doutrina, pressupõe um gravame ou prejuízo ocasionado pela decisão), mas, apenas, da situação jurídica desfavorável trazida pela decisão".*[48]

Tostes Malta considera como requisito subjetivo do recurso à sucumbência, ou seja, *"a situação desfavorável em que uma das partes fica, em razão de ter sido vencida",* considerando, porém, que *"não há sucumbência quando o juiz, conquanto não atendendo aos fundamentos jurídicos da parte, decide em seu favor".*[49]

O interesse não pode ser visto pelo prisma econômico ou patrimonial. Há de ser visto pelo aspecto jurídico (Súm. 82, TST). Por prisma jurídico entenda-se qualquer situação desfavorável que a sentença possa trazer ao recorrente. Um exemplo elucidativo: em uma demanda trabalhista, na qual se pleiteia pagamento de horas extras, o juiz trabalhista rejeita a tese de ilegitimidade passiva da empresa tomadora (Súm. 331, IV); contudo, no mérito, julga improcedente o pedido de hora extra; a empresa tomadora poderá recorrer da decisão, já que a rejeição da preliminar de ilegitimidade de parte, de forma concreta, significa uma situação que lhe é desfavorável.

Contra a decisão que homologa a conciliação das partes perante o juiz do trabalho, inexiste interesse recursal (Súm. 259, TST).

13.1.6.3 *Pressupostos Objetivos*

13.1.6.3.1 Previsão legal

O recorrente tem direito a interposição do recurso previamente previsto em lei, com decorrência dos princípios da legalidade e do devido processo legal.

13.1.6.3.2 Adequação

Pela adequação, a parte deverá escolher o recurso correto para que a decisão seja reexaminada ou anulada. Para cada ato judicial existe o recurso adequado. O pressuposto da adequação há de ser interpretado em sintonia com os princípios da fungibilidade e variabilidade recursais.

13.1.6.3.3 Tempestividade

Os recursos devem ser interpostos dentro do prazo previsto em lei. Os recursos devem ser tempestivos. Se não o forem, *ipso facto*, não serão admitidos pelo juízo *a quo* ou mesmo pela instância revisora, além de provocarem a coisa julgada da decisão.

As questões envolvendo os prazos processuais foram analisadas no item 5.10 da Parte VI da presente obra.

---

[48]   TEIXEIRA FILHO, Manoel Antonio. Ob. cit., p. 147.
[49]   TOSTES MALTA, Christovão Piragibe. Ob. cit., p. 539.

13.1.6.3.4 Preparo

Preparo do recurso é o pagamento prévio das despesas com o seu processamento.

No processo do trabalho, o preparo repousa no pagamento das custas processuais e do depósito recursal (garantia recursal) para o empregador e somente das custas para o empregado. Se não houver o preparo, o recurso não será conhecido por sua deserção.

Custas processuais e o depósito recursal devem ser pagos e comprovados no prazo recursal (art. 789, § 1º, CLT; Súm. 245, TST).

O STJ admite que o preparo seja efetuado no primeiro dia útil subsequente, quando a interposição do recurso ocorrer após o encerramento do expediente bancário (Súm. 484).

13.1.6.3.4.1 Instrução Normativa 27/2005, TST

A IN 27/05, do TST, dispõe sobre normas procedimentais aplicáveis ao processo do trabalho em decorrência da ampliação da competência da Justiça do Trabalho pela EC 45/04, com as seguintes regras no tocante à temática recursal: (a) a sistemática recursal a ser observada é a prevista na CLT, inclusive no tocante à nomenclatura, à alçada, aos prazos e às competências; (b) o depósito recursal a que se refere o art. 899 da CLT é sempre exigível como requisito extrínseco do recurso, quando houver condenação em pecúnia; (c) aplicam-se quanto às custas as disposições da CLT, sendo que as custas serão pagas pelo vencido, após o trânsito em julgado da decisão, ou na hipótese de interposição de recurso, as custas deverão ser pagas e comprovado seu recolhimento no prazo recursal (arts. 789, 789-A, 790 e 790-A).

13.1.6.3.4.2 Custas Processuais

A temática das custas processuais foi analisada no Capítulo XI da Parte VI da presente obra.

13.1.6.3.4.3 Garantia Recursal (Depósito Recursal)

Além de ser um pressuposto processual recursal[50] objetivo de admissibilidade do recurso trabalhista, a garantia recursal (depósito recursal) é uma garantia da futura execução por quantia certa. Vale dizer, o objetivo do depósito recursal é impor dificuldades à interposição de recursos protelatórios e até certo ponto garantir a execução da sentença. Pondere-se que o depósito recursal não tem natureza de taxa de recurso e sim de garantia do juízo recursal[51] (art. 899, CLT; art. 40, Lei 8.177/91).

---

[50] Preparo do recurso é o pagamento prévio das despesas com o seu processamento. No processo do trabalho, o preparo repousa no pagamento de custas e do depósito recursal para o empregador e somente das custas para o empregado. Se não houver o preparo, o recurso não será conhecido por sua deserção.

[51] "Primeira, a natureza jurídica do depósito para rejeitar a interpretação de que é uma taxa de recurso e deixar claro que se trata de garantia do juízo recursal, que pressupõe decisão conde-

PARTE VI · Cap. XIII – TEORIA GERAL DOS RECURSOS | **751**

A exigência quanto à garantia recursal é do empregador, não podendo ser imposto ao empregado, mesmo que sofra uma condenação decorrente de uma reconvenção.[52] Nesse sentido, Teixeira Filho[53] ensina: *"Essa exigência, como é elementar, concerne apenas ao empregador ou ao réu. Daí por que dele estará dispensado o empregado, mesmo que tenha sido, em virtude de reconvenção formulada pelo empregador, condenado ao pagamento de certa quantia em favor deste".*

Carlos Zangrando[54] indica que nas demandas cujo objeto de apreciação é a relação jurídica empregatícia, não há dúvidas de que a obrigação do depósito recursal seja do empregador, se vencido e desde que decisão envolva obrigação de pagar: *"No sistema de competência restrita às lides derivadas da relação de emprego, a lei parece indicar que apenas o empregador, quando vencido e condenado em pecúnia, estaria obrigado a efetuar o depósito, se desejasse recorrer. Chega-se a essa conclusão pois o § 4º do art. 899 da CLT determina expressamente que o depósito recursal far-se-á na conta vinculada do FGTS do empregado. Além disso, o § 5º desse mesmo artigo instrui no sentido de que, se o empregado ainda não tiver conta vinculada aberta em seu nome, a empresa procederá à respectiva abertura. Ora, o empregador não possui, e nunca possuirá, 'conta vinculada' do FGTS. Logo, se interpretarmos o art. 899 em conjunto com os §§ 4º e 5º, logo, observamos que a exigência legal do depósito se refere ao empregador/reclamado, em relação ao empregado/reclamante. Dessa forma, a primeira interpretação que se tem é: na reclamação trabalhista fundada na relação de emprego, o depósito recursal é devido apenas pelo empregador, se vencido e condenado em pecúnia. Portanto, não possui qualquer sentido a interpretação de que o depósito recursal seria exigível do 'empregado' recorrente que fora vencido na demanda, ainda que condenado em pecúnia, em relação ao empregador".*

Contudo, após a alteração da competência material trabalhista, com o advento da EC 45, é exigível o depósito recursal, para as denominadas relações de trabalho, independente de quem seja o vencido pela condenação (empregado, empregador, ou qualquer outro). Nesse sentido, temos a IN 27/05 do TST, que em seu art. 2º enuncia que a sistemática recursal a ser observada é a regulada pela CLT, inclusive no tocante à nomenclatura, à alçada, aos prazos e às competências, sendo que o depósito recursal a ser exigível, como requisito extrínseco do recurso, quando houver condenação em pecúnia, é o previsto no art. 899, CLT.

---

natória ou executória de obrigação de pagamento em pecúnia, com valor líquido ou arbitrado" (NASCIMENTO, Amauri Mascaro. *Curso de direito processual do trabalho*, 24. ed., p. 614).

[52] A jurisprudência do TST é pacífica quanto à inexigibilidade do depósito recursal como pressuposto de admissibilidade do recurso ordinário do trabalhador, quando condenado em sede de reconvenção (TST – 7ª T. – RO 112400-56.2008.5.09.0662 – Rel. Min. Pedro Paulo Manus – *DEJT* 22/8/2012; TST – 3ª T. – RR 23800.28.2009.5.7.17.0007 – Rel. Min. Mauricio Godinho Delgado – *DEJT* 26/6/2013; TST – 6ª T. – ED-RR 426-94.2011.5.09.0084 – Rel. Min. Augusto César Leite de Carvalho – *DEJT* 11/10/2013; TSWT – 6ª T. – RR 93540-85.2007.5.23.0004 – Rel. Min. Mauricio Godinho Delgado – *DEJT* 17/6/2011).

[53] TEIXEIRA FILHO, Manoel Antonio. *Curso de direito processual do trabalho*, v. 2, 2009, p. 1500.

[54] ZANGRANDO, Carlos. *Processo do trabalho*: processo de conhecimento, t. II, 2009, p. 1451.

Carlos Zangrando[55] ensina: *"A rigor, entendemos que não seria exigível o depósito recursal naqueles processos de competência da Justiça do Trabalho, mas que não envolvam relação de emprego. Porém, já decidiu o TST que às demandas abrangidas pela nova competência da Justiça do Trabalho devem ser aplicadas às regras do Processo do Trabalho, previstas na CLT, e não as do Código de Processo Civil (IN/TST n. 27/05, art. 2º, parágrafo único). Assim, mesmo nas demandas envolvendo relação de trabalho, havendo condenação a pagamento em pecúnia, é exigível o depósito recursal".*

A obrigatoriedade do depósito recursal pressupõe decisão condenatória ou executória de obrigação de pagamento com valor líquido ou arbitrado. Aliás, não havendo condenação em pecúnia, é desnecessário o depósito (Súm. 161, TST).

Com a Reforma Trabalhista, o depósito recursal passa a ser feito em conta vinculada ao juízo (art. 899, § 4º, CLT, Lei 13.467). Citada regra é aplicável para os recursos interpostos contra as decisões proferidas a partir de 11 de novembro de 2017 (art. 20, IN 41/18, TST).

As Instruções Normativas 3/93, 15/98, 18/98 e 26/04, TST, aprovam as normas relativas ao depósito recursal.

A comprovação do depósito recursal deverá ocorrer no prazo do recurso, sendo que a interposição antecipada não prejudica a dilação legal (Súm. 245, TST; art. 7º, Lei 5.584/70).

Não é essencial para a validade da comprovação do depósito recursal a indicação do número do PIS/PASEP na guia respectiva (OJ 264, SDI-I).

A partir de 1º-8-2017 (Ato 360/SEGJUD.GP, de 13 de julho de 2017), os valores máximos do depósito recursal (teto do depósito recursal) são: (a) R$ 9.189,00, no caso de interposição de recurso ordinário; (b) R$ 18.378,00, no caso de interposição de recurso de revista, embargos e recurso extraordinário; (c) R$ 18.378,00, no caso de interposição de recurso em ação rescisória.

É ônus da parte recorrente efetuar o depósito legal, integralmente, em relação a cada novo recurso interposto, sob pena de deserção. Atingido o valor da condenação, nenhum depósito mais é exigido para qualquer recurso (Súm. 128, I, TST).

De acordo com a posição atual do TST (IN 3/93), como regra, o valor do depósito corresponde ao valor da condenação, observado o limite exigido para cada recurso. Depositado o valor total da condenação, nenhum depósito será exigido nos recursos das decisões posteriores, exceto se o valor da condenação vier a ser ampliado. Se o valor constante do primeiro depósito, efetuado no limite legal, for inferior ao da condenação, será devida complementação do depósito em recurso posterior, observado o valor nominal remanescente da condenação e/ou os limites legais de cada novo recurso.

Assim, o depósito terá como limite o valor da condenação; no caso de a condenação ser superior ao valor do teto, a parte deverá depositar o valor correspondente ao teto, sendo que o depósito recursal é obrigatório a cada novo recurso oposto.

---

55 ZANGRANDO, Carlos. Ob. cit., t. II, p. 1452.

PARTE VI · Cap. XIII – TEORIA GERAL DOS RECURSOS | **753**

Exemplifiquemos: (a) se o valor da condenação é de R$ 3.000,00, a parte deverá depositar esse montante; (b) se o valor da condenação é de R$ 12.000,00, o depósito para o recurso ordinário será de R$ 9.189,00; no caso do recurso de revista, se mantido o valor da condenação, somente irá depositar a diferença (R$ 2.811,00); (c) a condenação de primeiro grau é de R$ 60.000,00; no ordinário, o depósito será de R$ 9.189,00; no recurso de revista, o valor será de R$ 18.378,00; nos embargos, R$ 18.378,00; no recurso extraordinário, o valor do depósito será a diferença: R$ 14.055,00.

O depósito recursal é exigível nos seguintes recursos: recurso ordinário, recurso de revista, embargos no TST, recurso extraordinário, recurso adesivo (Súm. 283), agravo de petição, quando não garantida integralmente a execução, e no agravo de instrumento (art. 899, § 7º, CLT).

Não é exigível o depósito recursal nos recursos: (a) agravo de instrumento, quando interposto pelo reclamante; (b) agravo de petição, quando garantida integralmente a execução: (c) embargos de declaração; (d) pedido de revisão; (e) agravo regimental.

O depósito recursal para o agravo de instrumento no ato de interposição do recurso, correspondente a 50% do valor do depósito do recurso ao qual se pretende destrancar (art. 899, § 7º).

O depósito no agravo de instrumento não é necessário quando: (a) considerando a natureza do depósito recursal (garantia da execução), caso o agravante já tenha feito outro depósito judicial/recursal do valor integral da condenação ou esteja garantida integralmente a execução pela penhora; (b) é agravante o próprio trabalhador, por ser o próprio credor; (c) for a hipótese de agravo de instrumento[56] com a finalidade de destrancar recurso de revista que se insurge contra decisão que é contrária a jurisprudência uniforme do TST, consubstanciada nas suas súmulas ou orientações jurisprudenciais (art. 899, § 8º).

O depósito recursal não é exigido para a União, os Estados, o Distrito Federal, Municípios, autarquias ou fundações de Direito Público (federais, estaduais e municipais) (art. 1º, IV, Dec.-lei 779), massa falida (Súm. 86, TST), herança jacente, Ministério Público (art. 1.007, § 1º, CPC).

O INSS não está obrigado a efetuar depósito prévio do preparo por gozar das prerrogativas e privilégios da Fazenda Pública (Súm. 483, STJ).

Alguns consideram que o privilégio da União (isenção de custas; dispensa de depósito recursal e prazo recursal em dobro) é extensível a outros entes de direito público interno, como os estados estrangeiros.

---

[56] O art. 23, *caput*, do Ato TST.SEGJUD.GP 491/14, disciplina que a dispensa do depósito recursal (art. 899, § 8º, CLT) não será aplicável aos casos em que o agravo de instrumento se refira a uma parcela de condenação, pelo menos, que não seja objeto de arguição de contrariedade a súmula ou a orientação jurisprudencial do TST. Por outro lado, quando a arguição se revelar manifestamente infundada, temerária ou artificiosa, o agravo de instrumento será considerado deserto (art. 23, parágrafo único).

A empresa em liquidação extrajudicial ou em recuperação judicial é obrigada a efetuar o depósito recursal, não lhe sendo aplicável os benefícios da falência, como previsto na Súm. 86.

Com a Reforma Trabalhista, estão dispensados do depósito recursal os beneficiários da justiça gratuita, as entidades filantrópicas e as empresas em recuperação judicial (art. 899, § 10). Além disso, para as entidades sem fins lucrativos, os empregadores domésticos, microempreendedores individuais, microempresas e empresas de pequeno porte, o valor do depósito recursal será reduzido pela metade (art. 899, § 9º).

A garantia recursal pode ser feita pode fiança bancária ou seguro garantia judicial (art. 899, § 11).

As novas regras (art. 899, §§ 9º e 10, CLT) devem ser observadas para os recursos interpostos contra decisões proferidas a partir de 11 de novembro de 2017 (art. 20, IN 41/18, TST).

No caso de mandado de segurança contra ato judicial ou de diretor da vara do trabalho, não há necessidade do depósito recursal, por inexistir condenação pecuniária.

Com o CPC/15, houve a reformulação do entendimento jurisprudencial do TST (OJ 140, SDI-I), de modo que, em caso de recolhimento insuficiente das custas processuais ou do depósito recursal, somente haverá deserção do recurso se, concedido o prazo de cinco dias, o recorrente não complementar e comprovar o valor devido (art. 1.007, § 2º, CPC). Contudo, parece-nos que o recolhimento em dobro dos valores (art. 1.007, § 4º) é inaplicável ao processo do trabalho (art. 10, IN 39/16, TST).

Havendo recurso ordinário em ação rescisória, o depósito recursal só é exigível quando for julgado procedente o pedido, com a imposição de condenação em pecúnia, devendo este ser efetuado no prazo recursal, no limite e nos termos da legislação vigente (Súm. 99, TST). Vale dizer, ainda, que se a ação rescisória for acolhida para desconstituir a coisa julgada (*iudicium rescindens*), mas ao se realizar novo julgamento da reclamação trabalhista (*iudicium rescissorium*), a mesma resulta em condenação pecuniária, haverá a necessidade do depósito recursal.

A Lei 8.542/92 trouxe complicações para o depósito recursal na interposição de embargos do executado e nos demais recursos interpostos na execução (como no caso do agravo de petição), principalmente porque só se podem opor embargos do executado se o juízo estiver garantido (art. 884, CLT).

A jurisprudência atual do TST entende que, na fase executória, garantido o juízo, a exigência de depósito para recorrer de qualquer decisão viola os incisos II e LV do art. 5º da CF, havendo, porém, elevação do valor do débito, exige-se a complementação da garantia do juízo (Súm. 128, II).

Segundo o TST, em havendo condenação solidária de duas ou mais empresas, o depósito recursal efetuado por uma delas aproveita as demais, quando a empresa que efetuou o depósito não pleiteia sua exclusão da lide (Súm. 128, III).

A ausência de pagamento dos honorários periciais não leva a deserção, quando da interposição do recurso, visto que a verba pericial representa uma espécie do gênero – despesas processuais, logo, não é considerada como custas ou emolumentos.

PARTE VI · Cap. XIII – TEORIA GERAL DOS RECURSOS | 755

Para o TST, o recolhimento do valor da multa imposta por litigância de má-fé não é pressuposto objetivo para interposição dos recursos de natureza trabalhista. Assim, é inaplicável o regramento processual civil como fonte subsidiária, uma vez que, na Justiça do Trabalho, as custas serão reguladas pelo art. 789, CLT (OJ 409, SDI-I).

A multa imposta, quando manifestamente inadmissível ou infundado o agravo (arts. 932 e 1.021, §§ 2º a 5º, CPC; IN 17/00, TST), deverá ser recolhida para fins de preparo, sob pena de deserção, o que não é aplicável à Fazenda Pública e ao beneficiário de justiça gratuita, que farão o pagamento ao final (OJ 389, SDI-I). A imposição da multa, por reiteração de embargos declaratórios protelatórios (art. 1.026, § 3º, CPC), também deverá ser recolhida para fins de preparo, sob pena de deserção quanto ao recurso interposto.

As multas devem ser recolhidas em guia de depósito comum (art. 71 Consolidação dos Provimentos da Corregedoria Geral da Justiça do Trabalho; IN 36/12, TST).

A jurisprudência tem se dividido quanto à exigibilidade do depósito recursal da empresa que teve seus bens bloqueados por uma tutela provisória de urgência cautelar de arresto. De fato, o depósito não deve ser exigível, na medida em que o arresto, quando formalizado, é a própria garantia de uma futura execução por quantia certa.

13.1.6.3.5 Prequestionamento

O prequestionamento é um requisito de admissibilidade dos recursos excepcionais.

Surgido no *Judiciary Act* norte-americano de 1789, o prequestionamento era defendido pela doutrina com o argumento de que a simples alegação da questão federal não seria suficiente para ensejar a manifestação da Suprema Corte americana sobre a controvérsia. A questão deveria ser suscitada e resolvida pelos tribunais inferiores.

Incorporada pela Constituição brasileira de 1891, em seu art. 59, § 1º, a exigência do prequestionamento para o recurso perante o STF foi mantida nas Constituições seguintes até 1967, quando deixou de existir como requisito expresso.

Na CF/88, o prequestionamento encontra amparo no art. 102, III, quando se atribui ao STF competência para julgar, mediante recurso extraordinário, "as causas decididas", e no art. 105, III, ao se determinar que o STJ julgue, em recurso especial, as "causas decididas", pelas instâncias inferiores.

O prequestionamento, nas lições de Marcus Cláudio Acquaviva,[57] é a suscitação obrigatória de questão já ventilada no curso da demanda, ou seja, uma questão que tenha sido abordada no acórdão recorrido.

Considerando que o termo "prequestionamento" significa debater, discutir, controverter previamente determinada matéria, podem ser identificadas três correntes doutrinárias que tentam conceituá-lo. "*A primeira corrente sustenta que prequestionamento é questionamento prévio. Desse modo, diz-se que uma matéria foi prequestionada quando a parte interessada provoca a iniciativa do debate antes do julgamento. Basta, então, que a*

---

[57] ACQUAVIVA, Marcus Cláudio. Ob. cit., p. 665.

parte tome a iniciativa (nas razões ou contrarrazões de seu recurso) de provocar a manifestação do órgão julgador para que este emita um juízo de valor acerca da matéria. É irrelevante, no caso, a efetiva ocorrência dessa circunstância, ou seja, é irrelevante o conteúdo da decisão proferida. A segunda corrente sustenta que prequestionamento é decisão prévia. Desse modo, diz-se que uma matéria foi prequestionada quando sobre ela se emitiu juízo de valor no acórdão. Nesse caso, irrelevante é a iniciativa da parte em provocar a manifestação no órgão recursal, uma vez que o prequestionamento emerge com o que efetivamente foi decidido. A terceira corrente sustenta que prequestionamento é questionamento e decisão prévios. Diz-se, então, que a matéria foi prequestionada quando a parte interessada provoca a iniciativa do debate antes do julgamento e neste há emissão de tese a respeito da matéria."[58]

Quanto à ocorrência do prequestionamento, a doutrina tem apontado três formas: (a) implícito; (b) numérico; (c) explícito.

O prequestionamento implícito se configura pela apresentação da questão em sede recursal ou mesmo em contrarrazões, mas sem que o tribunal de segunda instância a abordasse, nem a enfocasse ou a tratasse, deixando de emitir juízo de valor de forma explícita. Fernando Orotavo Neto e Joaquim Pedro Rohr[59] afirmam que, atualmente, *"o Superior Tribunal de Justiça vem adotando a tese do prequestionamento implícito moderado, ou seja, haveria uma 'desnecessidade de menção expressa, pelo acórdão, do dispositivo legal que se pretende violado, bastando que a questão federal tenha sido debatida', e, assim, 'A Corte Especial deste Superior Tribunal de Justiça firmou entendimento no sentido de que a violação à determinada norma legal ou dissídio sobre sua interpretação não requer, necessariamente, que tal preceito tenha sido expressamente mencionado no acórdão do Tribunal de origem. É o chamado prequestionamento implícito'. Logo, no entendimento atual e dominante no STJ, seria possível o prequestionamento implícito desde que a questão federal tivesse sido debatida pelo tribunal de origem, mesmo que não expressamente"*.

O prequestionamento numérico é aquele em que se tem a indicação do dispositivo da lei ou da Constituição violado. Posição mais formalista, não tem sido acatada pelos Tribunais Superiores. Para o TST, em havendo tese explícita sobre a matéria, na decisão recorrida, desnecessário contenha nela referência expressa do dispositivo legal para ter-se como prequestionado este (OJ 118, SDI-I).

Já o prequestionamento explícito ocorre quando a questão a ser abordada nos recursos excepcionais é enfrentada pelo tribunal regional de forma clara e inequívoca. Trata-se de um juízo de valor emitido sobre a questão e não a simples menção ao dispositivo no voto do relator.

Para o STF, é inadmissível o recurso extraordinário quando não ventilada, na decisão recorrida, a questão federal suscitada (Súm. 282).

---

[58] BEBBER, Júlio César. Prequestionamento (Súmula nº 297 do TST). *Revista LTr*, v. 68, nº 4, p. 442.
[59] OROTAVO NETO, Fernando; ROHR, Joaquim Pedro. *Dos recursos cíveis*: dos recursos em espécie, 2. ed., p. 256-257.

O ponto omisso da decisão, sobre o qual não foram opostos embargos declaratórios, não pode ser objeto de recurso extraordinário, por faltar o requisito do prequestionamento (Súm. 356, STF).

Assim, *"se a Corte de origem não analisou a questão constitucional veiculada, deverão ser interpostos embargos declaratórios, para esse fim, de maneira que se esgotem todos os mecanismos ordinários de discussão da questão constitucional, possibilitando-se o apelo extremo".*[60] Trata-se de embargos declaratórios prequestionatórios.

Para o TST, a matéria ou questão está prequestionada quando na decisão impugnada haja sido adotada, explicitamente, tese a respeito. Assim, incumbe à parte interessada, desde que a matéria haja sido invocada no recurso principal, opor embargos declaratórios objetivando o pronunciamento sobre o tema, sob pena de preclusão (Súm. 297, I e II).

O prequestionamento implícito ou prequestionamento ficto (Súm. 297, III, TST) está previsto no art. 1.025, CPC. Segundo o TST, a omissão para fins do prequestionamento ficto dá-se no caso de o TRT, mesmo instado mediante embargos de declaração, recusar-se a emitir tese sobre questão jurídica pertinente, na forma da Súmula 297, III (art. 9º, parágrafo único, IN 39). Para fins de prequestionamento (Súm. 297), há necessidade de que haja, no acórdão, de maneira clara, elementos que levem à conclusão de que o tribunal regional adotou uma tese contrária à lei ou ao enunciado (OJ 256, SDI-I).

Apesar do entendimento do TST esboçado na Súm. 297, III, em sendo o acórdão omisso no enfrentamento da questão, não basta o recurso de embargos de declaração para tornar a matéria prequestionada. A decisão dos embargos de declaração deve enfrentar a controvérsia, pois, caso contrário, não existe o prequestionamento desejado. O não enfrentamento da questão após os embargos de declaração prequestionatórios configura negativa de prestação jurisdicional (art. 93, IX, CF, art. 832, CLT; art. 489, § 1º, I a VI, arts. 1.022, parágrafo único, II, e 1.025, CPC), ensejando a nulidade da decisão. Nesse sentido, é a posição do STJ, inadmissível recurso especial quanto à questão que, a despeito da oposição de embargos declaratórios, não foi apreciada pelo tribunal *a quo* (Súm. 211).

Com a Reforma Trabalhista, no caso de a parte alegar a nulidade do julgado por negativa de prestação jurisdicional em sede de recurso de revista, deverá transcrever na peça recursal o trecho dos embargos declaratórios em que foi pedido o pronunciamento do tribunal sobre questão veiculada no recurso ordinário e o trecho da decisão regional que rejeitou os embargos quanto ao pedido, para cotejo e verificação, de plano, da ocorrência da omissão (art. 896, § 1º-A, IV, CLT).

Nelson Nery Junior[61] aponta que os recursos especial e extraordinário não são *"meios excepcionais de impugnação das decisões judiciais, não se configurando como terceiro ou quarto graus de jurisdição. Não se prestam à correção de injustiças e se destinam à uniformização do entendimento da lei federal no País (Resp) e à salvaguarda dos comandos emergentes da CF (RE)".*

---

[60] MORAES, Alexandre de. *Constituição do Brasil interpretada e legislação constitucional*, p. 1401.

[61] NERY JUNIOR, Nelson. Ob. cit., p. 285.

Toda e qualquer decisão judicial, a qual possua omissão, contradição ou obscuridade, deverá ser objeto de embargos declaratórios, sob pena da preclusão da matéria (Súm. 184, TST).

Assim, não havendo os embargos no momento processual adequado, tem-se a preclusão. O STF considera improcedentes os embargos declaratórios, quando não pedida a declaração do julgado anterior, em que se verificou a omissão (Súm. 317).

No processo trabalhista, para fins de conhecimento de recurso de revista, além dos embargos no TST e do recurso extraordinário para o STF, a matéria violada (lei federal ou a CF) deve ser prequestionada, sob pena de sua preclusão.

Nos termos da Súm. 221, TST, a admissibilidade do recurso de revista tem como pressuposto a indicação expressa do dispositivo de lei ou da Constituição tido como violado. Por sua vez, é válida, para efeito de conhecimento do recurso de revista ou de embargos, a invocação de OJ, desde que, das razões recursais, conste o seu número ou conteúdo (OJ 219, SDI-I).

Francisco Antonio de Oliveira[62] ensina: *"Ao apreciar o recurso de revista o relator se detém sobre aquilo que restou expressamente apreciado pelo acórdão hostilizado. Não se admite o prequestionamento implícito. Para que possa concluir ou não pela exigência de divergência jurisprudencial ou da infringência de texto legal há que haver pronunciamente expresso do Regional acerca da matéria trazida em razões recursais ou contrarrazões. É intuitivo que se a parte não ventilou a matéria em razões recursais não poderá fazê-lo através de embargos declaratórios, posto que assim agindo estaria inovando. E o tribunal não se pronunciará sobre aquilo que não foi alegado."*

Apesar das críticas de parte da doutrina, o prequestionamento é exigível mesmo que a matéria seja de ordem pública. Os arts. 485, § 3º, e 337, § 5º, CPC são aplicáveis nas instâncias ordinárias e não para os recursos extraordinário, especial, de revista e os embargos no TST. Dessa forma, o TST exige o prequestionamento como pressuposto de admissibilidade em recurso de natureza extraordinária, ainda que se trate de incompetência absoluta (OJ 62, SDI-I). Na hipótese em que a ação rescisória tem como causa de rescisão o inciso II do art. 966 do CPC, a arguição de incompetência absoluta prescinde de prequestionamento (OJ 124, SDI-II).

Mesmo quando houver violação da CF, necessário se faz o prequestionamento.

Se a matéria não tiver sido prequestionada impossibilitando a admissibilidade do recurso de revista, caberá ao interessado a utilização da ação rescisória (art. 966, V, CPC).

Segundo Fernando Orotavo Neto e Joaquim Pedro Rohr,[63] mesmo quando a violação à lei federal ou a CF nasce no acórdão (ex.: julgamento *extra petita* ou fira dispositivo constitucional de forma expressa), a jurisprudência do STF e do STJ vêm *"entendendo como obrigatória a oposição de embargos de declaração para que o tribunal local aprecie seu erro, e na falta destes o recurso não será conhecido"*.

---

[62] OLIVEIRA, Francisco Antônio. Ob. cit., p. 720.

[63] OROTAVO NETO, Fernando; ROHR, Joaquim Pedro. Ob. cit., p. 263.

PARTE VI · Cap. XIII – TEORIA GERAL DOS RECURSOS | **759**

Acertadamente, no âmbito da Justiça do Trabalho, o prequestionamento é inexigível quando a violação nasce na própria decisão recorrida (OJ 119, SDI-I).

O TST firmou posição no sentido de que a decisão regional que simplesmente adota os fundamentos da decisão de primeiro grau não preenche a exigência do prequestionamento (OJ 151, SDI-I). Contudo, nos parece que o tribunal regional, ao adotar os fundamentos contidos na decisão de primeiro grau, como razão de decidir, já está, automaticamente, posicionando-se sobre a matéria.

O recurso de revista comporta a discussão de violação à lei federal ou ao texto da CF, além de julgados contrários à jurisprudência atual e dominante do TST.

Para que a revista seja conhecida, os embargos declaratórios devem ser opostos como forma de prequestionamento explícito de tese contrária ao texto da lei ou a enunciado adotado pelo tribunal regional do trabalho.

Os embargos declaratórios pós-questionamento, ou seja, embargos de declaração objetivando inovar questão de violação de lei federal ou à CF, não podem ser admitidos, por ser questão estranha à controvérsia existente, salvo quando se tratar de matéria de ordem pública.

É importante ressaltar que os embargos declaratórios utilizados como notório propósito de prequestionamento não têm caráter protelatório (Súm. 98, STJ).

Manoel Antonio Teixeira Filho[64] defende que a exigência do prequestionamento deva ser dispensada do terceiro recorrente, *"pois seria injusto impor-lhe essa prévia arguição quando a sua intervenção se verificasse apenas na oportunidade do remédio extraordinário"*.

13.1.6.3.6 A Relevância, a Transcendência ou a Repercussão Geral

No sistema jurídico positivado, a relevância, a transcendência ou a repercussão geral é um requisito de admissibilidade específico do recurso extraordinário e do recurso de revista.

No Brasil, as discussões envolvendo a relevância como requisito para o recurso extraordinário tiveram início com a alteração do art. 119, CF/67, pela EC 1/69, passando a ter a seguinte redação: *"art. 119 – [...] § 1º – As causas a que se refere o item III, alíneas a e d deste artigo, serão indicadas pelo Supremo Tribunal Federal no Regimento Interno, que atenderá à sua natureza, espécie, valor pecuniário"*.

Diante disso, o STF alterou seu Regimento Interno (art. 308), enumerando as causas em que, salvo nos casos de ofensa à CF ou relevância de questão federal, não caberá recurso extraordinário.

Com a EC 7/77, foi acrescida de forma expressa ao art. 119, § 1º, CF, a expressão "relevância da questão federal".[65]

---

[64] TEIXEIRA FILHO, Manoel Antonio. Ob. cit., p. 540-541.

[65] "Art. 119 – [...] § 1º As causas a que se refere o item III, alíneas *a* e *d* deste artigo, serão indicadas pelo Supremo Tribunal Federal no Regimento Interno, que atenderá à sua natureza, espécie, valor pecuniário e relevância da questão federal."

Em 1985, o STF alterou seu Regimento Interno de 1980, para enumerar no art. 325 as hipóteses de cabimento do recurso extraordinário e, no item XI, admitir o recurso *"em todos os demais feitos, quando reconhecida a relevância da questão federal".*

O Regimento Interno definia a *"relevância da questão federal",* ao prever *"enten-de-se relevante à questão federal que, pelos reflexos na ordem jurídica, e considerados os aspectos morais, econômicos, políticos ou sociais da causa, exigir a apreciação do recurso extraordinário pelo Tribunal"* (art. 327, § 1º).

Interessante notar que a arguição era apresentada em autos apartados e apreciada pelo STF em sessão de conselho. Das mais de 30.000 arguições feitas, apenas 5% das arguições foram acolhidas, sendo que 20% deixaram de ser conhecidas por deficiência do instrumento de arguição e as restantes (75%) foram rejeitadas.[66]

Com a Constituição Federal de 1988, a exigência de relevância deixou de existir.

Objeto de inúmeros debates doutrinários e políticos, principalmente no âmbito da "Reforma do Judiciário" (EC 45/04), essa exigência veio para o recurso de revista, atualmente denominada de transcendência (ou critério de transcendência ou repercussão geral),[67] com a inserção do art. 896-A pelo Projeto de Lei 3.267/00.

Ocorre que parte do PL 3.267/00 foi inserido na CLT pelo art. 1º da MP 2.226/01, que estabeleceu a transcendência como pré-requisito de admissibilidade para o recurso de revista e acrescentou o art. 896-A, CLT, com a seguinte redação: *"O Tribunal Superior do Trabalho, no recurso de revista, examinará previamente se a causa oferece transcendência com relação aos reflexos gerais de natureza econômica, política, social ou jurídica."*

Com isso, o legislador brasileiro desprezou o termo "relevância", utilizado na vigência da CF/67, e buscou a transcendência no art. 280 do Código de Processo Civil e Comercial da Argentina.[68]

Na língua portuguesa, a transcendência, esclarece o dicionário Houaiss,[69] é o caráter do que transcende; superioridade de inteligência; perspicácia, sagacidade; importância superior.

---

[66] MARTINS FILHO, Ives Gandra da Silva. Critérios de transcendência no recurso de revista: Projeto de Lei nº 3.267/00. *Revista LTr* v. 65, nº 8, p. 912.

[67] "A repercussão geral deve ser estendida a todos os tribunais superiores e não apenas ao STF, em matéria constitucional" (SILVA, Antônio Álvares da. *A transcendência no recurso de revista.* São Paulo: LTr, 2002, p. 49). "O TST goza da mesma natureza do STF, de instância extraordinária, atuando por delegação na interpretação final do ordenamento jurídico-trabalhista infraconstitucional, razão pela qual o tratamento a ser dado, em termos de mecanismos redutores de recursos ao STF, deve ser adotado também para o TST (e STJ)" (MARTINS FILHO, Ives Gandra da Silva. Ob. cit., p. 905).

[68] SILVA, Antônio Álvares da. Ob. cit., p. 10.

[69] HOUAISS, Antônio; VILLAR, Mauro de Salles; FRANCO, Francisco Manoel de Mello. *Dicionário Houaiss da língua portuguesa.* Rio de Janeiro: Objetiva, 2004, p. 2749.

A transcendência, esclarece João de Lima Teixeira Filho,[70] é noção metajurídica, com notável subjetividade, ainda mais porque tem a ver com reflexos gerais de natureza econômica, política, social ou jurídica.

O PL 3.267/00, que serviu de base para a edição da MP 2.226/01, mencionava a transcendência com relação aos reflexos gerais de natureza jurídica, política, social ou econômica, considerando: (a) jurídica, o desrespeito patente aos direitos humanos fundamentais ou aos interesses coletivos indisponíveis, com comprometimento da segurança e estabilidade das relações jurídicas; (b) política, o desrespeito notório ao princípio federativo ou à harmonia dos Poderes constituídos; (c) social, a existência de situação extraordinária de discriminação, de comprometimento do mercado de trabalho ou de perturbação notável à harmonia entre capital e trabalho; (d) econômica, a ressonância de vulto da causa em relação à entidade de direito público ou economia mista, ou à grave repercussão da questão na política econômica nacional, no segmento produtivo ou no desenvolvimento regular da atividade empresarial.

Ives Gandra da Silva Martins Filho,[71] ao analisar o PL 3.267, no que se refere à transcendência jurídica, aponta, de plano, quatro hipóteses: (a) recursos oriundos de ações civis públicas, cujo objeto envolva interesses difusos e coletivos; (b) processos em que o sindicato atue como substituto processual da categoria, defendendo interesses individuais homogêneos; (c) causas que discutam norma que tenha por fundamento maior o próprio direito natural, cujo desrespeito pode ensejar a necessidade de defesa dos direitos humanos fundamentais; (d) processos em que um TRT resista a albergar a jurisprudência pacificada do TST ou do STF.

O Conselho Federal da Ordem dos Advogados do Brasil ajuizou, perante o STF, ação direta de inconstitucionalidade em relação à MP 2.226 (ADIN 2.527-9, Rel. Min. Cármen Lucia),[72] com solicitação de medida cautelar, a qual está pendente de julgamento.

Antônio Álvares da Silva,[73] depois de analisar inúmeros questionamentos sobre a constitucionalidade da MP, aponta: (a) falta dos pressupostos de relevância e urgência (art. 62, CF); (b) ofensa ao art. 246, CF; (c) ofensa aos arts. 1º, 5º, II, e 37, CF; e (d) falta de previsão constitucional para o exercício da transcendência, afirma que a mesma *"não tem nada de inconstitucional"*.

Nos termos da legislação vigente, o requisito da transcendência deveria ser disciplinado pelo TST, em seu regimento interno, assegurada a apreciação da transcendência em sessão pública, com direito à sustentação oral e fundamentação da decisão (art. 2º,

---

[70] SÜSSEKIND, Arnaldo; MARANHÃO, Délio; VIANNA, Segadas; TEIXEIRA, Lima. *Instituições de direito do trabalho*, v. 2, 22. ed. São Paulo: LTr, 2005, p. 1498.

[71] MARTINS FILHO, Ives Gandra da Silva. Ob. cit., p. 916..

[72] Em 16 de agosto de 2007, o Plenário do STF indeferiu a concessão da medida cautelar quanto à inconstitucionalidade do art. 1º da MP 2.226/01. Com o advento da Lei 13.467/17, a ADIN 2.527-9 perdeu o seu objeto.

[73] SILVA, Antônio Álvares da. Ob. cit., p. 69-87.

MP 2.226). Contudo, passados 25 anos da previsão legal, não houve a regulamentação interna pelo TST.

A partir da EC 45, a exigência da repercussão geral, como requisito de admissibilidade do recurso extraordinário, retornou à CF (art. 102, § 3º). Assim, deverá o recorrente, no recurso extraordinário, demonstrar a repercussão geral das questões constitucionais discutidas no caso, nos termos da lei, a fim de que o Tribunal examine a admissão do recurso, somente podendo recusá-lo pela manifestação de dois terços de seus membros.

Com a Lei 11.418/06, a repercussão geral prevista no art. 102, § 3º, CF, passou a ser disciplinada pelos arts. 543-A e 543-B, do CPC/73. Por determinação da própria lei, o STF adequou o seu regimento interno à nova sistemática da repercussão geral (arts. 322 a 329, Emenda Regimental 21/07).

O CPC/15 regulamentou a repercussão geral e os recursos extraordinários repetitivos nos arts. 1.035 a 1.041.

13.1.6.3.6.1 A Repercussão Geral e as Relações de Trabalho no STF

Nesses últimos anos, o STF vem reconhecendo a repercussão geral de inúmeras questões, algumas delas relacionadas às relações de trabalho e aos direitos sociais, como por exemplo:

a) direito de praça à remuneração não inferior a um salário-mínimo (atual SV 6);

b) o salário mínimo não pode ser usado como indexador de base de cálculo de vantagem de servidor público ou de empregado, nem ser substituído por decisão judicial, salvo nos casos previstos na Constituição (atual SV 4);

c) direito de servidor comissionado exonerado receber férias não gozadas acrescidas de um terço;

d) renúncia genérica a direitos mediante adesão a plano de demissão voluntária (RE 590415);

e) afronta o art. 7º, IV, CF, a adoção do salário mínimo como base de cálculo para a fixação de piso salarial (RE 603451);

f) a CF comina de nulidade as contratações de pessoal pela Administração Pública sem a observância das normas referentes à indispensabilidade da prévia aprovação em concurso público (art. 37, § 2º), não gerando, essas contratações, quaisquer efeitos jurídicos válidos em relação aos empregados contratados, a não ser o direito à percepção dos salários referentes ao período trabalhado e ao levantamento dos depósitos efetuados no Fundo de Garantia por Tempo de Serviço (FGTS, art. 19-A, Lei 8.036/90) (RE 705140);

g) os prazos da licença adotante não podem ser inferiores aos prazos da licença gestante, o mesmo valendo para as respectivas prorrogações. Em relação à licença adotante, não é possível fixar prazos diversos em função da idade da criança adotada (RE 778889).

PARTE VI · Cap. XIII – TEORIA GERAL DOS RECURSOS | 763

13.1.6.3.6.2 A Repercussão Geral e a Transcendência no Sistema Processual

Inicialmente, a repercussão geral para o recurso extraordinário foi disciplinada pelo CPC/73 (arts. 543-A e 543-B).

Com as alterações advindas Lei 13.015/14, determinou-se que sejam aplicáveis ao processo trabalhista expressamente as regras do CPC/73 (art. 896-B, CLT).

O Ato TST.SEG.JUD.GP 491, de 23/9/2014, estabeleceu os parâmetros procedimentais para fins de se obter efetividade às diretrizes da Lei 13.015, deixando evidenciado que as alterações legislativas se aplicam aos recursos interpostos das decisões publicadas a partir da data de sua vigência (art. 1º).

Com o advento do CPC/15, a repercussão geral e os recursos extraordinários repetitivos foram regulamentados nos arts. 1.035 a 1.041.

Em relação à repercussão geral no CPC/15, destacamos:

a) em decisão irrecorrível, o STF não conhecerá do recurso extraordinário, quando a questão constitucional nele versada não oferecer repercussão geral. A repercussão geral envolve: (1) a existência de questões relevantes do ponto de vista econômico, político, social ou jurídico. Trata-se da relevância, ou seja, da importância da questão constitucional discutida na demanda, refletindo, assim, o aspecto qualitativo da matéria recursal); (2) a ultrapassagem dos interesses subjetivos da causa. Pela importância da temática, visualiza-se a transcendência, isto é, a decisão pode influenciar várias outras demandas. Trata-se do aspecto quantitativo, que pode ser inferido pelo número das pessoas atingidas pela decisão ou pelo número de processos já existentes, os quais abordam idêntica questão constitucional;

b) o legislador não define o que entende por questões econômicas, políticas, sociais ou jurídicas, logo, a solução está nas mãos do STF. De forma automática, haverá repercussão geral sempre que o recurso: (1) impugnar decisão contrária à súmula ou jurisprudência dominante do STF; (2) questionar decisão que tenha reconhecido a inconstitucionalidade de tratado ou lei federal, nos termos do art. 97, CF;

c) do ponto de vista legal, não é necessário um capítulo específico da repercussão geral, contudo, recomenda-se à parte a demonstração da existência da relevância e da transcendência, quando da articulação das teses e dos pedidos recursais;

d) o relator poderá admitir, na análise da repercussão geral, a manifestação de terceiros, subscrita por procurador habilitado, nos termos do regimento interno do STF. Trata-se da intervenção do *amicus curiae*;

e) caso se tenha o reconhecimento da repercussão geral, o relator no STF determinará a suspensão do processamento de todos os processos pendentes, individuais ou coletivos, que versem sobre a questão e tramitem no território nacional;

f) o interessado pode requerer, ao presidente ou vice-presidente do tribunal de origem, que exclua da decisão de sobrestamento e inadmita o recurso extraordinário que tenha sido interposto intempestivamente. O recorrente deverá ser ouvido para, em 5 dias, manifestar-se sobre esse requerimento. Da decisão que indeferir este requerimento caberá agravo interno (art. 1.042);

g) diante da negativa da repercussão geral, o presidente ou vice-presidente do tribunal de origem negará seguimento aos recursos extraordinários sobrestados na origem que versem sobre matéria idêntica;

h) o recurso que tiver a repercussão geral reconhecida deverá ser julgado no prazo de um ano e terá preferência sobre os demais feitos, ressalvados os que envolvam réu preso e o pedido de *habeas corpus*. Não ocorrendo o julgamento no prazo de um ano a contar do reconhecimento da repercussão geral, cessa a suspensão dos processos em todo o território nacional, que retomarão seu curso normal;

i) a súmula da decisão sobre a repercussão geral constará de ata, que será publicada no Diário Oficial e valerá como acórdão.

Com a Reforma Trabalhista, a transcendência foi regulamentada para o recurso de revista (art. 896-A, CLT). Trata-se de um pressuposto intrínseco quanto à admissibilidade do recurso de revista.

Na ótica de Homero Batista Mateus da Silva[74], *"a palavra transcendência, difícil de escrever, de pronunciar e de entender, representa a necessidade de aquele recurso de revista transbordar os estreitos limites do processo e repercutir de maneira geral em toda a sociedade. São casos célebres, como a legalidade da assinatura de linha telefônica, o direito adquirido ao reajuste salarial expurgado no meio do mês por planos econômicos ou o cálculo do fundo de garantia. Ou seja, uma vez implementada a transcendência como filtro de apreciação do recurso de revista, somente poderão ou deverão ser julgados aqueles que excederem o alcance do processo e influenciarem o entendimento de tantos quantos. Irradiar efeitos na sociedade é a marca característica dos recursos transcendentais".*

Seguindo as referências jurídicas do instituto, o legislador adotou quatro indicadores para a transcendência. São eles:

a) econômico, o elevado valor da causa. Citado indicador não pode ser visto unicamente pela ótica empresarial, na medida em que o aspecto econômico também pode influenciar os trabalhadores. Por outro lado, a mensuração econômica não pode ficar também atrelada somente ao valor da causa ou da condenação;

b) político, o desrespeito da instância recorrida à jurisprudência sumulada do TST ou do STF. Esse indicador representa um entrave ao cabimento de recurso de revista, quando a matéria discutida, mesmo não sumulada, tenha uma corrente jurisprudencial forte no TST ou que esteja prevista em uma orientação jurisprudencial;

c) social, a postulação, por reclamante-recorrente, de direito social constitucionalmente assegurado. Não se pode restringir esse aspecto tão somente aos dispositivos constitucionais, mas também aos direitos previstos na legislação infraconstitucional e nas convenções da OIT;

---

[74] SILVA, Homero Batista Mateus da. *Comentários à reforma trabalhista*, p. 183.

d) jurídico, a existência de questão nova em torno da interpretação da legislação trabalhista. Campo fecundo para a interposição de recurso de revista, precipuamente, em face das alterações legislativas, além das inovações trazidas pela Reforma Trabalhista (Lei 13.467) no campo do Direito Individual do Trabalho, como também das consequências interpretativas do modelo legislado em relação ao negociado (arts. 611-A e 611-B, CLT).

Sem dúvida, a análise da transcendência será objeto de inúmeros debates, pois não são *numerus clausus* ("entre outros", art. 896-A, § 1º), de modo que se poderá admitir "outros indicadores", a critério do relator.

Além disso, são "vagos" e "imprecisos" na lei. Por exemplo, na transcendência social, o legislador utilizou *"direito social constitucionalmente assegurado"* e, no indicador jurídico, *"questão nova em torno da interpretação da legislação trabalhista"*.

No âmbito dos TRTs, a admissibilidade do recurso de revista não analisará o critério ou os indicativos da transcendência (juízo *a quo*). A análise desse requisito intrínseco é de competência exclusiva do juízo *ad quem*.

Com isso, em um primeiro momento, de forma fundamentada (art. 93, IX, CF), caberá ao relator em uma das Turmas do TST decidir monocraticamente sobre a existência ou não da transcendência do recurso de revista. Contra a decisão que não reconhecer a transcendência, denegando seguimento ao recurso de revista, admite-se o agravo para o órgão colegiado, permitida a sustentação oral em sessão de julgamento sobre a matéria. A decisão do órgão colegiado é irrecorrível no âmbito do TST. Isso significa que, observadas as hipóteses cabíveis, o recurso adequado será o recurso extraordinário.

Também é irrecorrível a decisão monocrática do relator que, em agravo de instrumento em recurso de revista, considerar ausente a transcendência da matéria (art. 896-A, § 5º). Essa regra legal causa estranheza, pois o agravo de instrumento pode estar relacionado, *v.g.*, a um pressuposto extrínseco, como a tempestividade, a qual, uma vez afastada pelo relator no TST (provido o agravo de instrumento), analisará os demais pressupostos e decidirá exclusivamente sobre a transcendência!

Diante do imperativo legal, o TST alterou seu Regimento Interno, passando a dispor sobre o instituto (arts. 246 a 249).

Como não poderia deixar de ser, a regulamentação interna prevê que as normas relativas ao exame da transcendência dos recursos de revista somente incidirão naqueles interpostos contra decisões proferidas pelos TRTs a partir de 11/11/2017 (data de início da vigência da Lei 13.467; art. 19, IN 41/18, TST).

Além disso, o RI prevê a sustentação oral do recorrido perante o órgão colegiado, apenas no caso de divergência entre os componentes da Turma sobre a existência ou não da transcendência. Nas ações em que o Ministério Público for parte, seu representante poderá fazer uso da sustentação oral (art. 161, § 5º, IV, RI).

Medida jurídica relevante será o banco de dados de temas a respeito dos quais houver sido reconhecida a transcendência (art. 249, RI). Contudo, ressalta-se que não há vinculação aos precedentes constantes do banco de dados da própria Turma ou de outras

Turmas ou ainda do STF que reconheceram ou não a relevância da matéria (repercussão geral ou transcendência).

Sem dúvida, caberá ao TST a difícil tarefa de buscar a melhor interpretação à transcendência, de modo a garantir os valores e as normas fundamentais estabelecidos na Constituição Federal (art. 1º, CPC).

13.1.7 Recurso do Terceiro Interessado

O conceito de terceiro é determinado por exclusão, quem não é parte, nunca tendo sido ou deixado de ser, é terceiro.

Ao terceiro interessado que interpuser recurso cumpre demonstrar a possibilidade de a decisão sobre a relação jurídica submetida à apreciação judicial atingir direito de que se afirme titular ou que possa discutir em juízo como substituto processual (art. 996, parágrafo único, CPC).

Depois de distinguir a figura do terceiro das ideias extraídas na doutrina estrangeira aplicadas à *opposizione del terzo*, Vicente Greco Filho[75] afirma que o recurso do terceiro *"é puro recurso, em que se pode pleitear a nulidade da sentença por violação de norma cogente, mas não acrescentar nova lide ou ampliar a primitiva. Ao recorrer, o terceiro não pode pleitear nada para si, porque ação não exerce. Seu pedido se limita à lide primitiva e a pretender a procedência ou improcedência da ação como posta originariamente entre as partes. Desse resultado, positivo ou negativo para as partes, é que decorre seu benefício, porque sua relação jurídica é dependente da outra"*.

Deve provar o terceiro o seu interesse jurídico, isto é, as repercussões que a sentença possa ter junto aos seus direitos e obrigações. Não basta a simples ideia do interesse de fato para que o terceiro possa recorrer. O seu interesse há de ser jurídico, como ocorre na assistência (art. 119, CPC). A intervenção assistencial simples ou adesiva só é admissível se demonstrado o interesse jurídico e não o meramente econômico perante a justiça onde é postulada (Súm. 82, TST).

Exemplo do interesse recursal da entidade sindical, na qualidade de terceiro interessado, ocorreria quando o reclamante conseguisse, em reclamação individual, anular cláusula de instrumento normativo firmado pelo sindicado, que não estaria em consonância com preceito legal.

O INSS (União) também atua como terceiro interessado nos processos trabalhistas, podendo recorrer das decisões ou acordos que fixam as contribuições previdenciárias (art. 831, parágrafo único, CLT). A partir da Lei 11.457/07, a União atua nos processos trabalhistas no que tange aos tributos federais (arts. 832, §§ 4º a 7º, 879, § 3º, CLT).[76]

---

[75] GRECO FILHO, Vicente. *Direito processual civil brasileiro*, v. 2, 17. ed., p. 309-310.

[76] Cuidamos da questão do Imposto de Renda e Proventos de Qualquer Natureza no direito do trabalho no livro *A responsabilidade pelo cumprimento da obrigação tributária no ilícito trabalhista*, de Jouberto de Quadros Pessoa Cavalcante, Rio de Janeiro: Lumen Juris, 2005.

PARTE VI · Cap. XIII – TEORIA GERAL DOS RECURSOS | 767

Quanto aos pressupostos recursais objetivos, o terceiro não necessita pagar as custas processuais (art. 789, CLT) ou efetuar o depósito recursal (art. 899). Os demais pressupostos devem ser observados pelo terceiro recorrente.

O recurso de agravo de petição interposto pelo terceiro após a Lei 10.537/02, a qual alterou os art. 789 e segs.; CLT, exige o recolhimento de custas sobre o valor da causa (OJ 53, transitória, SDI-I; art. 789-A, V, CLT).

Em relação aos subjetivos, além do interesse jurídico e consequente legitimação, é imperioso que o terceiro tenha capacidade.

A CLT e o CPC não tratam do momento em que o terceiro possa interpor o recurso. Geralmente, o terceiro não é intimado da sentença, salvo quando já faça parte do processo (intervenção de terceiro). Nessa hipótese, como é intimado da sentença, o prazo começa a fluir da intimação.

Quando o terceiro ainda não interviu no processo, com razão a tese de Manoel Antonio Teixeira Filho, ao afirmar:[77] *"Pensamos que se deve adotar, como* dies a quo *da contagem do prazo, o que corresponder ao da última intimação feita (de um dos litigantes) conforme comprovante existente nos autos. Não nos parece recomendável tomar-se como início da contagem o prazo da parte em relação à qual o terceiro pretende (com seu recurso) que o órgão* ad quem *beneficie (= torne a situação mais favorável) com a reforma da sentença."*

13.1.8 Recurso em Caso de Litisconsórcio

Litisconsórcio representa a presença de vários interessados em um mesmo processo, seja na qualidade de autores ou de réus, visando à defesa de interesses em comum.

Ao contrário da cumulação objetiva (vários pedidos feitos contra o mesmo réu), o litisconsórcio denota uma situação de cumulação subjetiva (vários autores – ativo; vários réus – passivo; vários autores e vários réus simultaneamente – misto).

Além disso, quanto ao momento de formação, originário ou superveniente; quanto à obrigatoriedade da sua formação, pode ser necessário ou facultativo e, por fim, quanto à unidade da decisão a ser proferida pelo juiz, pode ser unitário ou comum (não unitário).

Duas ou mais pessoas podem litigar, no mesmo processo, em conjunto, ativa ou passivamente, quando: (a) entre elas houver comunhão de direitos ou de obrigações relativamente à lide; (b) entre as causas houver conexão pelo pedido ou pela causa de pedir; (c) ocorrer afinidade de questões por ponto comum de fato ou de direito (art. 113, I a III, CPC).

Cabe ao juiz limitar o litisconsórcio ativo facultativo quanto ao número de litigantes, quando este comprometer a rápida solução do litígio ou dificultar a defesa ou o cumprimento da sentença (art. 113, § 1º).

---

[77] TEIXEIRA FILHO, Manoel Antonio. Ob. cit., p. 223.

A CLT prevê que, sendo várias as reclamações e havendo identidade de matéria, poderão ser acumuladas num só processo, se se tratar de empregados da mesma empresa ou estabelecimento (art. 842).

Tem-se litisconsórcio necessário quando decorrer de disposição legal ou quando, pela natureza da relação jurídica controvertida, a eficácia da sentença depender da citação de todos que devam ser litisconsortes (art. 114, CPC), sendo que ele será unitário quando, pela natureza da relação jurídica, o juiz tiver de decidir o mérito de modo uniforme para todos aqueles que estiverem no mesmo polo da relação jurídica processual (art. 116).

Salvo disposição em contrário, todos os litisconsortes são considerados em suas relações com a parte adversa como litigantes distintos, exceto no litisconsórcio unitário, caso em que os atos e omissões de um não prejudicarão os outros, mas os poderão beneficiar (art. 117).

Isso significa que, apesar de se estar em um único processo, cada litisconsorte possui autonomia com a parte contrária, sendo vista como parte distinta em relação ao adversário (princípio da independência dos litigantes).[78]

Cada litisconsorte poderá ter advogado próprio, alegar o que julgar conveniente em defesa dos seus direitos, efetuar as exceções que tiver, oferecer prova, recorrer dos despachos ou sentenças, reconvir etc. (art. 118, CPC).

A autonomia é absoluta quanto aos litisconsórcios facultativos, o que inocorre quanto ao unitário. Por exemplo, temos que: (a) à revelia não possui os seus efeitos, quando houver pluralidade de réus, algum deles contestar a ação a qual tenha um laço fático que una todos os litisconsortes (arts. 344 e 345, I); (b) o recurso interposto por um dos litisconsortes a todos aproveita, salvo se distintos ou opostos os seus interesses (art. 1.005, *caput*).

Na solidariedade passiva, o recurso ordinário interposto por um devedor aproveitará aos outros, quando as defesas opostas ao credor lhes forem comuns (art. 1.005, parágrafo único).

O controle da extensão subjetiva dos efeitos do recurso é controlável, como aponta Barbosa Moreira:[79] *"a) pelo órgão perante o qual se dá a interposição, e ao qual cabe, se for o caso, mandar intimar todos os litisconsortes vencedores, ou a todos abrir vista, sendo recorrente o adversário; (b) pelo órgão ad quem, no julgamento do recurso interposto por um (ou alguns) dos co-litigantes, ou pela parte contrária só em face de um (ou alguns) deles; (c) eventualmente, pelo órgão a que se requerer a execução: v.g., se o adversário dos litisconsortes quiser promovê-la contra algum que não tenha recorrido da sentença de procedência, reformada em grau superior".*

---

[78] Também conhecido como princípio de pessoalidade dos meios de recurso, "a eficácia do recurso só aproveita a quem recorre, e as consequências de não se ter recorrido só prejudicam a quem deixou de recorrer ou recorre fora do prazo" (MIRANDA, Pontes de. Ob. cit., p. 5).

[79] BARBOSA MOREIRA, José Carlos. Ob. cit., p. 386-387.

PARTE VI · Cap. XIII – TEORIA GERAL DOS RECURSOS | **769**

13.1.9 Recursos das Pessoas Jurídicas de Direito Público e a Remessa *Ex Officio*

No processo do trabalho, as pessoas jurídicas de direito público (art. 1º, IV e VI, Dec.-lei 779/69; art. 790-A, I, CLT) poderão efetuar o recurso, dispensando-se o pagamento das custas, bem como do depósito recursal. Esse privilégio envolve: União, Estados, Municípios, Distrito Federal, bem como as autarquias e fundações de direito público que não explorem atividade econômica (as autarquias e fundações podem ser federais, estaduais ou municipais). O prazo para o recurso é em dobro (art. 1º, III).

Alguns consideram que o privilégio da União da isenção de custas, dispensa do depósito recursal e prazo em dobro é extensível a outros entes de direito público externo, como os estados estrangeiros. Tese essa rejeitada pela SDI-2, do TST, que entendeu que, *"como a impetrante da ação mandamental é pessoa jurídica de direito público externo e não sendo a decisão regional remetida de ofício desfavorável aos interesses da administração pública federal, estadual ou municipal ou do distrito federal, afigura-se incabível o reexame necessário, de acordo com os arts. 1º, V, do Decreto-lei nº 779/69 e 475, I, do CPC e a Súmula nº 303, item III, do TST"* (ROMS 282/2003-000-10-00.1 – Rel. Min. Renato de Lacerda Paiva – j. 28/6/05 – *DJ* 26/8/2005).

Pelo CPC, está sujeita ao duplo grau de jurisdição (art. 496, I e II, §§ 1º e 2º), não produzindo efeito senão depois de confirmada pelo tribunal, a sentença: (a) proferida contra a União, os Estados, o Distrito Federal, os Municípios e suas respectivas autarquias e fundações de direito público; (b) que julgar procedentes, no todo ou em parte, os embargos à execução fiscal. Não interposta a apelação no prazo legal, o juiz ordenará a remessa dos autos ao tribunal, e, se não o fizer, o presidente do respectivo tribunal deverá avocá-los, implementando, assim, a remessa necessária.

Não se aplica a remessa necessária quando a condenação ou o proveito econômico obtido na causa for de valor certo e líquido inferior a: (a) mil salários mínimos para União e as respectivas autarquias e fundações de direito público; (b) quinhentos salários mínimos para os Estados, o Distrito Federal, as respectivas autarquias e fundações de direito público e os Municípios que constituam capitais dos Estados; (c) cem salários mínimos para todos os demais Municípios e fundações de direito público (art. 496, § 3º, I a III).

Também é inaplicável nas hipóteses em que a sentença estiver fundada em: (a) súmula de tribunal superior; (b) acórdão proferido pelo STF ou pelo STJ em julgamento de recursos repetitivos; (c) entendimento firmado em incidente de resolução de demandas repetitivas ou de assunção de competência; (d) entendimento coincidente com orientação vinculante firmada no âmbito administrativo do próprio ente público, consolidada em manifestação, parecer ou súmula administrativa (art. 496, § 4º, I a IV).

Pelos termos da Súmula 303, TST, a remessa obrigatória é aplicável ao processo trabalhista nos seguintes termos:

a) em dissídio individual, está sujeita ao reexame necessário, mesmo na vigência da CF/88, decisão contrária à Fazenda Pública, salvo quando a condenação não ultrapassar o valor correspondente a: (1) mil salários mínimos para a União e as respectivas autarquias e fundações de direito público; (2) quinhentos salários mínimos para os Estados, o Distrito Federal, as respectivas autarquias e fundações de direito público e os Municípios que constituam capitais dos Estados; (3) cem salários mínimos para todos os demais Municípios e respectivas autarquias e fundações de direito público. Segundo o STJ, a dispensa de reexame necessário não se aplica a sentenças ilíquidas (Súm. 490);

b) a decisão fundada em: (1) súmula ou orientação jurisprudencial do TST; (2) acórdão proferido pelo STF ou pelo TST em julgamento de recursos repetitivos; (3) entendimento firmado em incidente de resolução de demandas repetitivas ou de assunção de competência; (4) entendimento coincidente com orientação vinculante firmada no âmbito administrativo do próprio ente público, consolidada em manifestação, parecer ou súmula administrativa;

c) em ação rescisória, a decisão proferida pelo TRT está sujeita ao duplo grau de jurisdição obrigatório quando desfavorável ao ente público, exceto nas hipóteses dos incisos anteriores;

d) em mandado de segurança, somente cabe reexame necessário se, na relação processual, figurar pessoa jurídica de direito público como parte prejudicada pela concessão da ordem. Tal situação não ocorre na hipótese de figurar no feito como impetrante e terceiro interessado pessoa de direito privado, ressalvada a hipótese de matéria administrativa.

A remessa *ex officio* dos autos pelo juízo se opera independentemente da vontade das partes. Caso não ocorra pelo juízo prolator da decisão, o presidente do tribunal deverá avocá-los (art. 475, § 1º, CPC/73; art. 496, § 1º, NCPC).

Como esclarecem Nelson Nery Junior e Rosa Maria de Andrade Nery:[80] "Trata-se de condição de eficácia da sentença, que, embora existente e válida, somente produzirá efeitos depois de confirmada pelo Tribunal. Não é recurso por lhe faltar: tipicidade, voluntariedade, tempestividade, dialeticidade, legitimidade, interesse em recorrer e preparo, características próprias dos recursos. Enquanto não reexaminada a sentença pelo tribunal, não haverá trânsito em julgado e, consequentemente, será ela ineficaz."

O STF entende que não transita em julgado a sentença por haver omitido o recuso ex officio, que se considera interposto ex lege (Súm. 423).

Dessa forma, sem a apreciação da decisão ex officio pelo tribunal, não há coisa julgada material, como aponta Humberto Theodoro Júnior:[81] "Naturalmente, a coisa julgada não ocorre senão a partir da confirmação da sentença pelo tribunal, com esgotamento da possibilidade de recursos voluntários pelas partes."

Inexistindo a coisa julgada material, não é possível a ação rescisória para desconstituir de decisão não confirmada pela instância superior quando a lei assim exigir. Essa

---

[80] NERY JUNIOR, Nelson; NERY, Rosa Maria de Andrade. *Código de Processo Civil comentado*, 9. ed., p. 622.

[81] THEODORO JÚNIOR, Humberto. Ob. cit., p. 592.

PARTE VI · Cap. XIII – TEORIA GERAL DOS RECURSOS | **771**

posição foi acolhida pelo TST, de modo que a solução passa pela avocação do processo pela instância superior para apreciação do recurso ex officio (OJ 21, SDI-II; art. 496, § 1º, CPC).

Para efeito de ação rescisória, considera-se prequestionada a matéria tratada na sentença quando, examinando a remessa de ofício, o tribunal simplesmente a confirma (Súm. 298, III, TST).

No que tange ainda à apreciação da remessa ex officio pelo tribunal, a reforma não poderá ser in pejus para o ente de direito público (Súm. 45, STJ).

Para o TST, será incabível o recurso de revista de ente público que não interpôs recurso ordinário voluntário da decisão de primeira instância, ressalvada a hipótese de ter sido agravada, na segunda instância, a condenação imposta (OJ 334, SDI-I).

13.1.10 Desistência e Renúncia dos Recursos

A desistência ocorre quando a parte, após a interposição do recurso, manifesta a vontade de que não se tenha o seu julgamento. Poderá ser concretizada a qualquer tempo, sem a anuência do recorrido ou dos litisconsortes[82] (art. 998, CPC). Como regra, a desistência é formalizada por uma petição escrita. Não se trata de requerimento da desistência, mas uma simples comunicação.

Pelo CPC, a desistência do recurso não impede a análise de questão discutida em: (a) repercussão geral reconhecida; (b) recursos extraordinários ou especiais repetitivos (art. 998, parágrafo único).

Depois de afirmar que não há desistência tácita do recurso, Pontes de Miranda[83] reconhece a possibilidade de desistência parcial.

A renúncia (art. 999, CPC), ao contrário da desistência ao direito de interpor o recurso, é verificada quando a parte vencida, previamente, abre mão do exercício do direito de recorrer. A desistência pressupõe a interposição do apelo, enquanto a renúncia é prévia.

Os efeitos da desistência no litisconsorte podem ser distintos.

Na hipótese de litisconsórcio simples, somente haverá o trânsito para quem desistiu.

No caso de litisconsórcio unitário, podem surgir várias situações: (a) recurso dos litisconsortes, em peça comum, ou em apartado, e somente um ou alguns desistem – como

---

[82] Quanto ao direito de ação, quando a ação já foi contestada, a parte poderá desistir somente quando houver a concordância do réu (art. 485, § 4º, CPC). A diversidade de tratamento e justificável para os recursos, "é que no procedimento de primeiro grau o réu pode ter interesse no proferimento de uma sentença de mérito, que componha logo a lide, evitando, com isso, os inconvenientes e transtornos de uma nova propositura da ação, caso a desistência da primeira independesse da sua concordância. Em grau de recurso, entretanto, já existe uma decisão que pôs fim àquele estado de incerteza do direito, existente antes da prolação da sentença impugnada, 'que a desistência do recurso normalmente fará prevalecer em definitivo, sem que disso possa advir qualquer prejuízo para a outra parte'" (TEIXEIRA FILHO, Manoel Antonio. Ob. cit., p. 180).

[83] MIRANDA, Pontes de. Ob. cit., p. 81.

a decisão que será proferida deve ser homogênea, a desistência não implica o trânsito em julgado e seus efeitos para o desistente e para os demais recorrentes; (b) quando o recurso seja interposto apenas por um litisconsorte e este venha a desistir, o ato da desistência irá atingir todos os demais litisconsortes; se, porém, não tiver havido o decurso de prazo para todos os litisconsortes, os demais ainda poderão efetuar o recurso; em havendo a interposição do recurso por um dos litisconsortes, mesmo com a desistência do outro, por se tratar de um litisconsórcio unitário, o recurso irá beneficiar a todos (desistente e não recorrente).

A renúncia ao direito de recorrer independe da aceitação da outra parte (art. 999, CPC).

A parte, por intermédio de um pedido por escrito, a partir do momento em que toma ciência da decisão no prazo para o recurso, poderá renunciar ao mesmo, sem haver a necessidade de aquiescência da parte contrária. Tanto na desistência como na renúncia aplica-se idêntico critério valorativo para os litisconsórcios simples e unitário.

A parte que aceitar expressa ou tacitamente a sentença ou a decisão não poderá recorrer (art. 1.000, *caput*).

Considera-se aceitação tácita a prática, sem nenhuma reserva, de um ato incompatível com a vontade de recorrer (art. 1.000, parágrafo único).

A aceitação tácita não é de fácil caracterização. A sua avaliação sempre será feita em função do caso concreto. Na dúvida, o juiz deve entender que a parte não renunciou ao recurso.

Se o litisconsórcio for simples, a aceitação tácita ou expressa não afeta o direito do outro litisconsorte. Em caso de litisconsórcio unitário, a aceitação tácita ou expressa irá prejudicar o direito do outro litisconsorte, exceto se um dos litisconsortes exercer o seu próprio direito de recorrer. Nesse caso, mesmo que se tenha a aceitação, renúncia ou desistência por parte de um litisconsorte, a situação permanece inalterável, devendo a decisão ser mantida homogênea para todos os litigantes.

No caso de sentença homologatória de conciliação judicial, inadmissível o recurso por ausência de interesse recursal, sendo desnecessário que as partes renunciem ao recurso.

13.1.11 Admissibilidade dos Recursos

O juízo de admissibilidade consiste no exame dos pressupostos subjetivos e objetivos do recurso. Vale dizer, implica no exame: (a) do cabimento do recurso; (b) da legitimidade e do interesse em recorrer: (c) da inexistência de fato impeditivo ou extintivo do recurso; (d) tempestividade; (e) regularidade formal; (f) recolhimento do preparo (pagamento de custas e exigibilidade do depósito recursal). Por outro lado, o juízo de admissibilidade também deve inferir se a decisão recorrida está em sintonia com a jurisprudência dominante (TRTs; Tribunais Superiores e STF).

No CPC/73, como regra geral, havia dois juízos de admissibilidade: o juízo *a quo*, realizado pelo prolator da decisão impugnada, e o juízo *ad quem*, que é efetuado pelo órgão competente para apreciar o apelo interposto.

PARTE VI • Cap. XIII – TEORIA GERAL DOS RECURSOS | **773**

Pelo CPC/15, excetuando as hipóteses do recurso especial e o extraordinário (art. 1.030), após a interposição do apelo, a parte contrária será regularmente intimada para contrarrazões, sendo que, na sequência, os autos serão remetidos para o tribunal, independentemente de juízo de admissibilidade (art. 1.010, § 3°; art. 931).

No processo trabalhista, não se aplica o disposto no art. 1.003, § 3°, CPC, mantendo-se, assim, na sistemática processual recursal, o duplo juízo de admissibilidade (art. 2°, XI, IN 39/16, TST).

No tribunal, o relator:

a) não conhecerá de recurso inadmissível, prejudicado ou que não tenha impugnado, de forma específica, os fundamentos da decisão recorrida;

b) negará provimento ao recurso que for contrário a: (1) súmula do STF, do TST ou do próprio tribunal; (2) acórdão proferido pelo STF ou pelo TST em julgamento de recursos repetitivos; (3) entendimento firmado em incidente de resolução de demandas repetitivas ou de assunção de competência;

c) depois de facultada a apresentação de contrarrazões, dará provimento ao recurso se a decisão recorrida for contrária a: (1) súmula do STF, do TST ou do próprio tribunal; (2) acórdão proferido pelo STF ou pelo TST em julgamento de recursos repetitivos; (3) entendimento firmado em incidente de resolução de demandas repetitivas ou de assunção de competência (art. 932, III a V, NCPC).

O art. 932, CPC, deve ser aplicável pelos juízes relatores trabalhistas (tribunais regionais e TST), quando do exame dos recursos (ordinário; agravo de instrumento; agravo de petição; recurso de revista e embargos).

No processo trabalhista, pelo art. 896, § 5°, CLT (atualmente revogado), o ministro-relator no TST poderia negar seguimento ao recurso de revista, embargos e ao agravo de instrumento, quando a decisão recorrida estivesse em consonância com o enunciado da súmula da jurisprudência do TST. Também nos parecia ser possível negar seguimento quando a decisão recorrida estivesse em conformidade com as súmulas do STF.[84]

No caso de súmula vinculante (art. 103-A, CF, Lei 11.417/06; art. 932, III, IV e V, CPC), tanto no juízo de admissibilidade pelo juízo *a quo*, quanto *ad quem* feito pelos tribunais ou pelo TST, o recurso (ordinário, revista, agravo de instrumento, agravo de petição, embargos) contrário à súmula vinculante não poderia ser admitido.

Pela Lei 13.015, temos que: (a) o art. 896, a, § 1°-A, disciplina que o recurso de revista não será conhecido quando estiver em dissonância com: (1) súmula ou orientação jurisprudencial do TST; (2) súmula vinculante do STF; (3) súmula regional ou tese jurídica prevalecente no TRT e não conflitante com súmula ou orientação jurisprudencial do TST; (b) o art. 894, II e § 3° indica que o ministro relator denegará seguimento aos

---

[84] Acrescente-se que se considera inexigível o título judicial fundado em lei ou ato normativo declarado inconstitucional pelo STF ou de aplicação ou interpretação consideradas incompatíveis com a CF (art. 884, § 5°, CLT; art. 525, § 12, e art. 535, § 5°, CPC).

embargos se a decisão recorrida estiver em consonância com: (1) súmula vinculante do STF; (2) súmula da jurisprudência do TST ou do STF; (3) iterativa, notória e atual jurisprudência do TST.

O despacho exarado pelo juízo *a quo* não vincula o órgão revisor. Não possui eficácia de coisa julgada formal, não operando nenhum efeito preclusivo quando admite o recurso.

Desde 1997, por força da Lei 9.469, o Advogado-Geral da União está autorizado a dispensar a propositura de ações ou a interposição de recursos judiciais quando a controvérsia jurídica estiver sendo iterativamente decidida pelo STF ou pelos tribunais superiores.

No caso de não preenchimento dos requisitos, será denegado seguimento ao recurso. Nesse caso, dentro da sistemática do processo trabalhista contra a decisão que denega seguimento ao recurso – obsta o processamento ("tranca o recurso") –, é cabível o agravo de instrumento (art. 897, *b*, CLT).

Com o seguimento dado ao recurso pelo juízo *a quo*, como regra, o efeito será o devolutivo (art. 899, CLT). Se houver o recebimento também pelo efeito suspensivo, será o caso de mandado de segurança.

Pelo CPC (art. 332), nas causas que dispensem a fase instrutória, o juiz, independentemente da citação do réu, julgará liminarmente improcedente o pedido que contrariar: (a) súmula do STF ou STJ; (b) acórdão proferido pelo STF ou STJ em julgamento de recursos repetitivos; (c) entendimento firmado em incidente de resolução de demandas repetitivas ou de assunção de competência; (d) frontalmente norma jurídica extraída de dispositivo expresso de ato normativo; (e) enunciado de súmula de tribunal de justiça sobre direito local.

Resguardada a organização judiciária da Justiça do Trabalho (TST e TRTs), a sistemática trabalhista não repele o disposto no art. 332, CPC, notadamente, após a promulgação da Lei 13.015/14.

Pelo art. 7º (I a IV), IN 39/16, o art. 332, CPC, é aplicável ao processo trabalhista com algumas adaptações, cumprindo ao juiz do trabalho julgar liminarmente improcedente o pedido que contrariar: (a) enunciado de súmula do STF ou TST (art. 927, V, CPC); (b) acórdão proferido pelo STF ou TST em julgamento de recursos repetitivos (art. 896-B, CLT; art. 1046, § 4º, CPC); (c) entendimento firmado em incidente de resolução de demandas repetitivas ou de assunção de competência; (d) enunciado de súmula de TRT sobre direito local, convenção coletiva de trabalho, acordo coletivo de trabalho, sentença normativa ou regulamento empresarial de observância obrigatória em área territorial que não exceda à jurisdição do respectivo Tribunal (art. 896, *b*, CLT, *a contrario sensu*). Em querendo, O juiz também poderá julgar liminarmente improcedente o pedido se verificar, desde logo, a ocorrência de decadência.

A antecipação da tutela conferida na sentença não comporta impugnação pela via do mandado de segurança, por ser impugnável mediante recurso ordinário. A tutela provisória de urgência cautelar é o meio próprio para se obter efeito suspensivo a recurso (Súm. 414, I, TST).

Quanto ao juízo de admissibilidade do recurso de revista, o TST admite a interposição de agravo de instrumento pelo fato de o juízo primeiro de admissibilidade do

PARTE VI · Cap. XIII – TEORIA GERAL DOS RECURSOS | **775**

recurso entendê-lo cabível apenas quanto à parte das matérias veiculadas (IN 40/16, TST; art. 1.034, parágrafo único, CPC).

Também é possível a concessão de tutela provisória de urgência antecipada em sede recursal, sendo que a competência é do juiz relator, o qual deverá submeter sua decisão ao colegiado respectivo, independentemente de pauta, na sessão imediatamente subsequente (OJ 68, SDI-II).

13.1.12 Consequências do Julgamento do Recurso

A sentença sujeita ao recurso reputa-se um ato cuja natureza jurídica é de condição suspensiva. É um ato destituído de eficácia até o momento em que houver o trânsito em julgado, ou seja, a formação da coisa julgada formal. Daí a consequência de que a sentença pode ser substituída pelo acórdão.

O julgamento proferido pelo tribunal substituirá a sentença ou a decisão impugnada no que tiver sido objeto de recurso (art. 1.008, CPC).

Quando não estão presentes os pressupostos de admissibilidade, o recurso não é conhecido. Nessa hipótese, a sentença tem liberada a sua eficácia. Não haverá a substituição da sentença pelo acórdão.

O recurso também pode ser conhecido, com o provimento de uma preliminar de nulidade do julgado impugnado. É o caso de anulação da sentença, com a vinda dos autos à primeira instância para o cumprimento das determinações exaradas no acórdão.

Quando o recurso é apreciado em relação ao mérito da decisão (acolhimento ou rejeição das postulações contidas na exordial): (a) improvimento do apelo – a sentença é mantida. A sentença é conteúdo documental e lógico do acórdão, sendo o instrumento básico para a liquidação do feito; (b) o recurso é parcial e o provimento é total – ocorre a substituição. O teor da decisão impugnada legitima a execução dos títulos deferidos não impugnados e o acórdão, os títulos analisados e deferidos pela instância revisora; (c) o apelo é total (abrange todos os pedidos contidos na sentença) – ocorre a substituição da sentença. Se o acolhimento é parcial, o que irá predominar é o acórdão, porém, a sentença será observada para fins de liquidação quanto às verbas nela deferidas. Na hipótese do acolhimento total, a substituição é plena, já que a sentença, em face da ordem jurídica, é tida por prejudicada.

13.2 UNIFORMIZAÇÃO DE JURISPRUDÊNCIA

13.2.1 Incidente de Uniformização de Jurisprudência

No CPC de 1939 (art. 853), o recurso de revista era cabível de decisões finais divergentes das diversas turmas, câmaras ou grupos de câmaras de um mesmo tribunal, na maneira de interpretar o direito em tese,[85] não se prestando a discutir matéria de fato. O

---

[85] Direito em tese é o direito expresso na lei, sem considerar o direito da parte num caso concreto ou o também chamado direito em hipótese. Direito, em tese, é o direito legal em abstrato.

intuito era a uniformização da interpretação de uma lei (questão de direito), não objetivando reparar injustiças ou incorreções contra o direito da parte.

O CPC/73 substituiu o recurso de revista pelo incidente de uniformização de jurisprudência (arts. 476 a 479).

A uniformização de jurisprudência não se reputa um recurso, mas sim um incidente processual de natureza preventiva, pelo qual se objetiva a predeterminação de uma decisão que ainda não foi proferida. Contudo, é de se notar que *"poderá acontecer que o tribunal, ao dar 'pronunciamento prévio' acerca da interpretação do direito, julgue a matéria pertinente ao recurso interposto contra alguma decisão. Para julgar o recurso, teria o órgão competente de resolver a* quaestio iuris, *escolhendo uma dentre as possíveis interpretações da regra jurídica, a fim de aplicá-la à espécie; a solução da* quaestio iuris *integraria, pois o julgamento do recurso".*[86]

Assim, o incidente de uniformização *"é destinado a fazer com que seja mantida a unidade da jurisprudência interna de determinado tribunal. Havendo, na mesma corte, julgamentos conflitantes a respeito de uma mesma tese jurídica, é cabível o incidente a fim de que, primeiramente, o pleno do tribunal se manifeste sobre a tese, para, tão somente depois, ser aplicado o entendimento resultante do incidente ao caso concreto levado a julgamento pelo órgão do tribunal. Esse julgamento fica sobrestado até que o plenário resolva o incidente de uniformização".*[87]

Pelo CPC/15, os tribunais devem uniformizar sua jurisprudência, mantendo-a estável, íntegra e coerente. Observadas as regras do regimento interno, os tribunais editarão enunciados de súmula correspondentes à sua jurisprudência dominante. Nessa enunciação, é imperioso que se respeitem as circunstâncias fáticas dos precedentes que motivaram sua criação (art. 926, §§ 1º e 2º).

Como desdobramento da responsabilidade institucional, os juízes e os tribunais devem observar: (a) as decisões do STF em controle concentrado de constitucionalidade; (b) os enunciados de súmula vinculante; (c) os acórdãos em incidente de assunção de competência ou de resolução de demandas repetitivas e em julgamento de recursos extraordinário e especial repetitivos; (d) os enunciados das súmulas do STF em matéria constitucional e do STJ em matéria infraconstitucional; (e) a orientação do plenário ou do órgão especial aos quais estiverem vinculados (art. 927, I a V, CPC).

Quando não houver o respeito aos precedentes vinculativos, de acordo com o art. 988, CPC, é cabível o uso da reclamação pela parte interessada ou pelo Ministério Público.

Quando da aplicação dos precedentes vinculativos, os juízes e os tribunais devem observar (art. 927, § 1º, CPC): (a) o princípio do contraditório (art. 10); (b) na sua aplicação, que se tenha a identificação dos fundamentos do precedente e a subsequente demonstração de que o caso, a ser decidido, se ajusta àqueles fundamentos (art. 489, §

---

[86] BARBOSA MOREIRA José Carlos. *Comentários ao Código de Processo Civil, Lei nº 5.869, de 11 de janeiro de 1973, arts. 476 a 565*, v. 5, 11. ed., p. 9.

[87] NERY JUNIOR, Nelson; NERY, Rosa Maria de Andrade. Ob. cit., p. 665.

PARTE VI · Cap. XIII – TEORIA GERAL DOS RECURSOS | 777

1º, V); (c) a inobservância do precedente exige que se tenha a demonstração da distinção (*distinguishing*, os fundamentos do verbete jurisprudencial se distinguem dos que são discutidos no caso concreto) ou da superação do entendimento (*overruling*, os fundamentos do verbete jurisprudencial já estão superados face à dinâmica social atual discutida no caso concreto) (art. 489, § 1º, VI).

Os §§ 2º a 5º, art. 927, possuem a preocupação de prever e regular a forma de superação da jurisprudência dominante ou do precedente. É a ferramenta denominada de *overruling*. De fato, se o precedente não é mais compatível com a realidade, o seu conteúdo não mais pode subsistir.

As regras são: (a) a alteração de tese jurídica adotada em enunciado de súmula ou em julgamento de casos repetitivos poderá ser precedida de audiências públicas e da participação de pessoas, órgãos ou entidades que possam contribuir para a rediscussão da tese; (b) na hipótese de alteração de jurisprudência dominante do STF e dos tribunais superiores ou daquela oriunda de julgamento de casos repetitivos, pode haver modulação dos efeitos da alteração no interesse social e no da segurança jurídica; (c) a modificação de enunciado de súmula, de jurisprudência pacificada ou de tese adotada em julgamento de casos repetitivos observará a necessidade de fundamentação adequada e específica, considerando os princípios da segurança jurídica, da proteção da confiança e da isonomia; (d) os tribunais darão publicidade a seus precedentes, organizando-os por questão jurídica decidida e divulgando-os, preferencialmente, na rede mundial de computadores.

O CPC considera-se julgamento de casos repetitivos a decisão proferida em: (a) incidente de resolução de demandas repetitivas; (b) recursos especial e extraordinário repetitivos (art. 928, *caput*, I e II). O julgamento de casos repetitivos tem por objeto questão de direito material ou processual (art. 928, parágrafo único).

O art. 3º, XXIII, IN 39/16, TST, assegura que são aplicáveis ao processo trabalhista os arts. 927 a 928, CPC.

Pelo art. 15, IN 39/16, TST, o atendimento à exigência legal de fundamentação das decisões judiciais no processo trabalhista (arts. 489, § 1º, 332 e 927, CPC), deve observar que:

    (a) entende-se por "precedente": (1) acórdão proferido pelo STF ou pelo TST em julgamento de recursos repetitivos; (2) entendimento firmado em incidente de resolução de demandas repetitivas ou de assunção de competência; (3) decisão do STF em controle concentrado de constitucionalidade; (4) tese jurídica prevalecente em TRT e não conflitante com súmula ou orientação jurisprudencial do TST; (5) decisão do plenário, do órgão especial ou de seção especializada competente para uniformizar a jurisprudência do tribunal a que o juiz estiver vinculado ou do TST;

    (b) para fins de aplicação do art. 489, § 1º, V e VI, CPC, por precedente devem ser considerados os citados na letra "a" supra, além dos seguintes verbetes: súmulas do STF; orientação jurisprudencial e súmula do TST; súmula de TRT não conflitante com súmula ou orientação jurisprudencial do TST, que contenham explícita referência aos fundamentos determinantes da decisão (*ratio decidendi*);

(c) não ofende o art. 489, § 1º, IV, CPC, a decisão que deixar de apreciar questões cujo exame haja ficado prejudicado em razão da análise anterior de questão subordinante;

(d) o art. 489, § 1º, IV, não obriga o juiz ou o tribunal a enfrentar os fundamentos jurídicos invocados pela parte, quando já tenham sido examinados na formação dos precedentes obrigatórios ou nos fundamentos determinantes de enunciado de súmula;

(e) a decisão que aplica a tese jurídica firmada em precedente não precisa enfrentar os fundamentos já analisados na decisão paradigma, sendo suficiente, para fins de atendimento das exigências constantes no art. 489, § 1º, a correlação fática e jurídica entre o caso concreto e aquele apreciado no incidente de solução concentrada;

(f) é ônus da parte, para os fins do disposto no art. 489, § 1º, V e VI, identificar os fundamentos determinantes ou demonstrar a existência de distinção no caso em julgamento ou a superação do entendimento, sempre que invocar precedente ou enunciado de súmula.

De forma obrigatória, os tribunais regionais do trabalho deveriam proceder à uniformização de sua jurisprudência (art. 896, §§ 3º a 6º, CLT; art. 2º, IN 40/16, TST).

A CLT chegou a disciplinar expressamente o IUJ (art. 896, §§ 3º a 6º, CLT, com a redação da Lei 13.015/14). Contudo, tais dispositivos foram revogados expressamente pela Reforma Trabalhista.

A Lei 13.467/17 evidenciou que não cabe aos tribunais trabalhistas editarem súmulas ou enunciados com caráter normativo (restringindo ou criando direitos) (art. 8º, § 2º, CLT), pois tal atribuição compete ao Poder Legislativo.

Apesar da revogação dos §§ 3º a 6º, art. 896, a Lei 13.467 (art. 702, § 4º, CLT) assegura aos TRTs o estabelecimento ou a alteração de súmulas e outros enunciados de jurisprudência, contudo, desde que seja observado: (a) o quórum de votação de pelo menos dois terços de seus membros, caso a mesma matéria já tenha sido decidida de forma idêntica por unanimidade em, no mínimo, dois terços das Turmas em pelo menos dez sessões diferentes em cada uma delas, podendo, ainda, por maioria de dois terços de seus membros, restringir os efeitos daquela declaração ou decidir que ela só tenha eficácia a partir de sua publicação no Diário Oficial (art. 702, *f*); (b) as sessões de julgamento deverão ser públicas, divulgadas com, no mínimo, trinta dias de antecedência, e deverão possibilitar a sustentação oral pelo MPT, pela Ordem dos Advogados do Brasil, pela Advocacia-Geral da União e por entidades sindicais ou entidades de classe, observada a abrangência de sua circunscrição judiciária (art. 702, § 3º).

A IN 41, de 21/06/2018, TST, disciplina a aplicação das normas processuais da CLT, as quais foram alteradas pela Lei 13.467/17 (Reforma Trabalhista).

De acordo com o art. 18, § 1º, IN 41, os incidentes de uniformização suscitados ou iniciados antes da vigência da Lei 13.467, no âmbito dos Tribunais Regionais do Trabalho ou por iniciativa de decisão do TST, deverão observar e serão concluídos sob

PARTE VI · Cap. XIII – TEORIA GERAL DOS RECURSOS | 779

a égide da legislação vigente ao tempo da interposição do recurso, segundo o disposto nos respectivos Regimentos Internos.

Por outro lado, face ao § 3º, art. 18, as teses jurídicas prevalecentes e os enunciados de Súmulas decorrentes do julgamento dos incidentes de uniformização de jurisprudência suscitados ou iniciados anteriormente à entrada em vigência da Reforma Trabalhista (dia 11/11/2017), no âmbito dos Tribunais Regionais do Trabalho, conservam sua natureza vinculante (arts. 926, §§ 1º e 2º, e 927, III e V, CPC).

13.2.2   Incidente de Assunção de Competência

A Lei 10.352/01 acresceu o § 1º ao art. 555, CPC/73, com a seguinte redação: *"Ocorrendo relevante questão de direito, que faça conveniente prevenir ou compor divergência entre câmaras ou turmas do tribunal, poderá o relator propor seja o recurso julgado pelo órgão colegiado que o regimento indicar; reconhecendo o interesse público na assunção de competência, esse órgão colegiado julgará o recurso."*

O CPC/15, no art. 947, regula o incidente de assunção de competência nos seguintes termos: (a) admite-se o incidente quando o julgamento de recurso, de remessa necessária ou de processo de competência originária envolver relevante questão de direito, com grande repercussão social, sem repetição em múltiplos processos; (b) o incidente pode ser proposto, de ofício ou a requerimento da parte, do Ministério Público ou da Defensoria Pública; (c) o órgão colegiado julgará o recurso, a remessa necessária ou o processo de competência originária se reconhecer interesse público na assunção de competência; (d) a matéria deliberada (acórdão proferido em assunção de competência) vinculará todos os juízes e órgãos fracionários, exceto se houver revisão de tese.

O incidente é aplicável quando ocorrer relevante questão de direito a respeito da qual seja conveniente a prevenção ou a composição de divergência entre câmaras ou turmas do tribunal.

O escopo do incidente de assunção de competência é assegurar o tratamento igualitário dos jurisdicionados perante as decisões dos tribunais, evitando, assim, decisões contraditórias, objetivando, assim, a segurança jurídica.

O incidente pode ocorrer não só pela divergência jurisprudencial, como também pela relevância pública quanto à matéria a ser analisada.

A IN 39/16, TST, assegura que o incidente de assunção de competência é compatível com o processo trabalhista (art. 3º, XXV). O art. 896, § 13, CLT, determina que, diante da relevância da matéria, por iniciativa da SDI do TST, aprovada pela maioria dos seus integrantes, poderá haver a uniformização de jurisprudência. O incidente será apreciado pelo Pleno do TST (IN 39/2016, TST).

O RITST regula o incidente de assunção de competência (arts. 299 a 304).

13.2.3   Incidente de Resolução de Demandas Repetitivas (IRDR)

O Incidente de Resolução de Demandas Repetitivas (IRDR) é disciplinado pelo CPC/15 (art. 976 e segs.).

Os requisitos para a instauração do IRDR são: (a) efetiva repetição de processos que contenham controvérsia sobre a mesma questão unicamente de direito; (b) risco de ofensa à isonomia e à segurança jurídica.

A desistência ou o abandono do processo não impede o exame do mérito do IDRH.

O Ministério Público, quando não for o requerente, de forma obrigatória deverá intervir no incidente, assumindo, inclusive a sua titularidade em caso de desistência ou de abandono.

A inadmissão do IRDR por ausência de qualquer de seus pressupostos de admissibilidade não impede que, uma vez satisfeito o requisito, seja o incidente novamente suscitado.

Não se admite o IRDR quando um dos tribunais superiores, no âmbito de sua respectiva competência, já tiver afetado recurso para definição de tese sobre questão de direito material ou processual repetitiva.

O julgamento do incidente caberá ao órgão colegiado indicado pelo regimento interno dentre aqueles responsáveis pela uniformização de jurisprudência do tribunal, o qual, inclusive, julgará igualmente o recurso, a remessa necessária ou o processo de competência originária de onde se originou o incidente.

O pedido de instauração do incidente será dirigido ao presidente de tribunal: (a) de ofício, pelo juiz ou relator; (b) de forma voluntária, mediante petição, pelas partes; (c) pelo Ministério Público ou pela Defensoria Pública, por petição. Em qualquer caso, o pedido deve será instruído com os documentos necessários à demonstração do preenchimento dos pressupostos para a instauração do incidente. Não se exige o pagamento de custas processuais.

A instauração e o julgamento do incidente serão sucedidos da mais ampla e específica divulgação e publicidade, por meio de registro eletrônico no CNJ. Para tanto, os tribunais manterão banco eletrônico de dados atualizados com informações específicas sobre questões de direito submetidas ao incidente, comunicando-o imediatamente ao CNJ para inclusão no cadastro. Com o objetivo de possibilitar a identificação dos processos abrangidos pela decisão do incidente, o registro eletrônico das teses jurídicas constantes do cadastro conterá, no mínimo, os fundamentos determinantes da decisão e os dispositivos normativos a ela relacionados.

O julgamento deverá ocorrer no prazo de um ano, sendo que a apreciação do IRDR terá preferência sobre os demais feitos, excetuando-se as hipóteses que envolvam réu preso e os pedidos de *habeas corpus*. Caso o prazo não seja cumprido, tem-se a cessação da suspensão dos processos, salvo decisão fundamentada do relator em sentido contrário.

Após a distribuição, o órgão colegiado competente para julgar o incidente procederá ao seu juízo de admissibilidade. Com a sua admissão, o relator: (a) suspenderá os processos pendentes, individuais ou coletivos, que tramitam no Estado ou na região, conforme o caso; (b) poderá requisitar informações a órgãos em cujo juízo tramita processo no qual se discute o objeto do incidente, que as prestarão no prazo de quinze dias; (c) intimará o Ministério Público para, querendo, manifestar-se no prazo de quinze dias.

A suspensão será comunicada aos órgãos jurisdicionais competentes. Durante a suspensão, o pedido de tutela de urgência deverá ser dirigido ao juízo onde tramita o processo suspenso.

PARTE VI • Cap. XIII – TEORIA GERAL DOS RECURSOS | **781**

Visando à garantia da segurança jurídica, os legitimados (partes, Ministério Público ou Defensoria Pública) poderão requerer, ao tribunal competente para conhecer do recurso extraordinário ou especial, a suspensão de todos os processos individuais ou coletivos em curso no território nacional que versem sobre a questão objeto do incidente já instaurado. Independentemente dos limites da competência territorial, a parte no processo em curso no qual se discuta a mesma questão objeto do incidente é legitimada para requerer essa suspensão.

Tem-se a cessação da suspensão caso não seja interposto recurso especial ou recurso extraordinário contra a decisão proferida no incidente.

Quanto ao procedimento do IRDR, o relator: (a) ouvirá as partes e os demais interessados, inclusive pessoas, órgãos e entidades com interesse na controvérsia, que, no prazo comum de quinze dias, poderão requerer a juntada de documentos, bem como as diligências necessárias para a elucidação da questão de direito controvertida, e, em seguida, haverá a manifestação do MP, também em quinze dias; (b) poderá, para fins de instrução, designar data para, em audiência pública, ouvir depoimentos de pessoas com experiência e conhecimento na matéria; (c) solicitará dia para o julgamento do incidente, após o implemento de todas as diligências.

Quando do julgamento do incidente, será observada a seguinte ordem: (a) o relator fará a exposição do objeto do incidente; (b) poderão sustentar suas razões, sucessivamente: (1) o autor e o réu do processo originário e o Ministério Público, pelo prazo de trinta minutos; (2) os demais interessados, no prazo de trinta minutos, divididos entre todos, sendo exigida inscrição com dois dias de antecedência. De acordo com o número de inscritos, o prazo poderá ser ampliado.

Na elaboração do acórdão, o conteúdo abrangerá a análise de todos os fundamentos suscitados concernentes à tese jurídica discutida, sejam favoráveis ou contrários.

Após o julgamento, a tese jurídica será aplicada: (a) a todos os processos individuais ou coletivos que versem sobre idêntica questão de direito e que tramitem na área de jurisdição do respectivo tribunal, inclusive àqueles que tramitem nos juizados especiais do respectivo Estado ou região; (b) aos casos futuros que versem idêntica questão de direito e que venham a tramitar no território de competência do tribunal, salvo se houver a revisão do conteúdo da tese (art. 986, NCPC).

Caso não seja observada a tese adotada no incidente, caberá reclamação.

Se o incidente tiver por objeto questão relativa à prestação de serviço concedido, permitido ou autorizado, o resultado do julgamento será comunicado ao órgão, ao ente ou à agência reguladora competente para fiscalização da efetiva aplicação, por parte dos entes sujeitos a regulação, da tese adotada.

A revisão da tese jurídica firmada no incidente será efetuada pelo mesmo tribunal, de ofício ou mediante requerimento do Ministério Público ou da Defensoria Pública.

Na estrutura do NCPC, do julgamento do mérito do incidente caberá recurso extraordinário ou especial, conforme o caso. O recurso tem efeito suspensivo, presumindo-se a repercussão geral de questão constitucional eventualmente discutida. Apreciado o mérito do recurso, a tese jurídica adotada pelo STF ou pelo STJ será aplicada no território nacional a todos os processos individuais ou coletivos que versem sobre idêntica questão de direito.

Os arts. 976 a 986, CPC, que tratam do incidente de resolução de demandas repetitivas (IRDR), são aplicáveis ao processo do trabalho (art. 8º, IN 39/16, TST).

Admitido o incidente, o relator suspenderá o julgamento dos processos pendentes, individuais ou coletivos, que tramitam na Região, no tocante ao tema objeto de IRDR, sem prejuízo da instrução integral das causas e do julgamento dos eventuais pedidos distintos e cumulativos igualmente deduzidos em tais processos, inclusive, se for o caso, do julgamento antecipado parcial do mérito.

Do julgamento do mérito do incidente caberá recurso de revista para o TST, dotado de efeito meramente devolutivo (art. 8º, § 2º, IN 39).

Apreciado o mérito do recurso, a tese jurídica adotada pelo TST será aplicada no território nacional a todos os processos, individuais ou coletivos, que versem sobre idêntica questão de direito.

O RITST regula o incidente de resolução de demandas repetitivas (arts. 305 a 307).

QUESTIONÁRIO

1. É possível a oposição de recurso por um terceiro? Em caso afirmativo, quais são os seus requisitos?

2. Astrogildo foi suspenso por dois dias. Não se conformando com a atitude do seu empregador, Astrogildo procurou um advogado, o qual entrou com um pedido de cancelamento dessa penalidade e o pagamento dos dias correspondentes e respectivos DSRs. O valor da ação é de R$ 150,00. Após o regular procedimento, a sentença foi julgada improcedente. Dessa decisão, qual é o recurso oponível? A quem o recurso deve ser endereçado? Da eventual decisão desse recurso caberá algum outro apelo?

3. É possível a oposição de mais de um recurso quanto a um único ato? Justifique.

4. Fernando ingressou na vara do trabalho da Transilvânia solicitando os direitos trabalhistas da sua ex-empregadora – Lucífer Prestadora de Serviços S/C Ltda., além da responsabilidade subsidiária da empresa tomadora – Irmãos Quadros Metalúrgica Ltda. Ao sentenciar, o juiz titular reconheceu a procedência do pedido. Não convencida da justiça realizada, a empresa tomadora entrou com recurso ordinário, o que também ocorreu com a empregadora. Nas suas razões recursais, a empresa tomadora não discute a sua responsabilidade subsidiária. Pergunta-se: É necessário que a mesma também faça o depósito recursal, se o mesmo já tiver sido realizado pela ex-empregadora?

5. A justiça gratuita compreende a não exigibilidade quanto ao depósito recursal?

6. A sentença deferiu o pedido inicial, com exceção da equiparação salarial, sob o fundamento de que há diferença de dois anos na função (art. 461, CLT; Súm. 135, TST). Ao recorrer, o reclamante declina que a diferença é inferior a dois anos, o que é acatado pela turma do tribunal regional do trabalho; contudo, a sentença é mantida sob o fundamento de que há diferença de produtividade. A posição da turma está correta? Explique e justifique.

PARTE VI · Cap. XIII – TEORIA GERAL DOS RECURSOS | 783

7. A vara do trabalho, após rejeitar a incompetência em razão da matéria, julga procedente o pedido de dano material decorrente de acidente de trabalho. No recurso ordinário, a empresa somente discute a indenização pleiteada invocando a inexistência dos requisitos da responsabilidade subjetiva. Pergunta-se: o tribunal regional do trabalho poderá conhecer a temática da competência ou não? Em caso afirmativo, qual é o efeito do recurso? Explique e justifique.

Capítulo XIV
RECURSOS TRABALHISTAS EM ESPÉCIE

14.1 EMBARGOS DE DECLARAÇÃO

14.1.1 Conceito e Natureza Jurídica

O termo "embargo", de origem latina, significa *imbarricare*, obstaculizar e impedir.[1] Empregado no singular, *"o vocábulo indica, genericamente, toda medida cautelar ou preparatória de uma ação principal, que visa a impedir o exercício de um suposto direito ou a retenção judicial de bens. Dessa natureza, portanto, o arresto ou o sequestro".[2]* Utilizado no plural (embargos), denomina espécie recursal (de declaração, de nulidade, infringência ou divergência) ou ação própria, *v. g.*, embargos à execução e de terceiros.

Denominam-se embargos de declaração o *"recurso destinado a pedir ao juiz ou juízes prolatores da sentença ou do acórdão que esclareçam obscuridade, ou dúvida, eliminem contradição ou supram omissão existente no julgado".[3]*

O recurso de embargos de declaração constitui o *"meio específico que a lei põe ao alcance das partes sempre que desejarem obter do órgão jurisdicional uma declaração com o objetivo de escoimar a sentença ou o acórdão de certa falha de expressão formal que alegam existir".[4]*

A essência dos embargos declaratórios é adequar a decisão à realidade dos autos. O fim específico desse instituto é propiciar às partes junto ao órgão jurisdicional uma declaração com o objetivo de elucidar obscuridade, contradição ou omissão (art. 1.022, I a III, CPC).

Considerando o novo regramento processual civil e a necessidade de o TST se posicionar, ainda que não de forma exaustiva, sobre a aplicação de várias regras e de institutos disciplinados pelo CPC ao processo do trabalho, foi editada a IN 39/16. Nesse aspecto,

---

[1] ACQUAVIVA, Marcus Cláudio. *Dicionário jurídico brasileiro Acquaviva*, 13. ed., p. 332.

[2] ACQUAVIVA, Marcus Cláudio. Ob. cit., p. 332.

[3] SANTOS, Moacyr Amaral. *Primeiras linhas de direito processual civil*, v. 3, 9. ed., p. 148.

[4] TEIXEIRA FILHO, Manoel Antonio. *Sistemas dos recursos trabalhistas*, 10. ed., p. 456.

o TST entende que as hipóteses de cabimento dos embargos de declaração previstas no CPC se aplicam ao processo do trabalho (art. 9º, IN 39).

É profunda a discussão na doutrina quanto à natureza jurídica dos embargos declaratórios. Como os embargos visam adequar a sentença à realidade dos autos, não tendo como escopo a reforma do julgado, não podem ser vistos como recurso.

Na visão de Antônio Cláudio da Costa Machado,[5] *"embargos de declaração (ou embargos declaratórios) não são um recurso, como alguns chegam a pensar, já que por meio deles não se impugna a sentença ou acórdão, mas apenas se pede esclarecimento ou complementação. Trata-se, portanto, apenas de um meio formal de integração do ato decisório, pelo qual se exige do seu prolator uma sentença. A ratio do instituto liga-se evidentemente ao fato de que são requisitos da sentença e do acórdão, além dos enumerados no art. 458, a sua clareza e precisão".*

Manoel Antonio Teixeira Filho não reconhece a natureza recursal dos embargos de declaração, apontando como traço distintivo do recurso a finalidade. *"Enquanto estes visam à reforma, à cassação da decisão impugnada, aqueles se destinam, meramente, a obter, do mesmo órgão jurisdicional, uma declaração de qual seja o verdadeiro conteúdo da sentença (ou do acórdão), para integrá-la ou para liberá-la de qualquer eiva de expressão."*[6]

Os embargos de declaração, para Sergio Pinto Martins,[7] não têm como objetivo *"alterar o julgado. Trata-se apenas de meio de correção e integração, de um aperfeiçoamento da sentença, sem possibilidade de alterar o seu conteúdo, porém não para retratação. O juiz não vai redecidir, mas vai tornar a se exprimir sobre algo que não ficou claro.*

Assim, entendemos que os embargos de declaração correspondem a incidente processual e não propriamente a recurso, tendo por objetivo o aperfeiçoamento da decisão".

Por sua vez, Nelson Nery Junior e Rosa Maria de Andrade Nery[8] reconhecem que os embargos de declaração têm natureza jurídica de recurso, sendo-lhes aplicável a teoria geral dos recursos. Da mesma forma, José Frederico Marques,[9] ao considerá-los como recurso exclusivamente de retratação, por vislumbrar o *"pedido de reparação do gravame"* resultante de obscuridade, contradição ou omissão.

Considerar os embargos de declaração como recurso ou não, segundo Pontes de Miranda,[10] depende da conceituação que se dê ao recurso.

---

5   MACHADO, Antônio Cláudio da Costa. *Código de Processo Civil interpretado*: artigo por artigo, parágrafo por parágrafo, 5. ed., p. 908.

6   TEIXEIRA FILHO, Manoel Antonio. Ob. cit., p. 458.

7   MARTINS, Sergio Pinto. *Direito processual do trabalho*, 26. ed., p. 465.

8   NERY JUNIOR, Nelson; NERY, Rosa Maria de Andrade. *Código de processo civil comentado*, 9. ed., p. 785.

9   FREDERICO MARQUES, José. *Manual de direito processual civil*, v. 2, 9. ed., p. 427.

10   MIRANDA, Pontes. *Comentários ao Código de Processo Civil*, t. 7, 3. ed., p. 315.

Para Barbosa Moreira,[11] a questão é meramente de direito positivo, cabendo ao legislador optar e ao intérprete respeitar a opção feita, aceitando os embargos de declaração como recurso.

Do ponto de vista legal, o art. 994, IV, CPC, classifica os embargos declaratórios como recurso e o art. 897-A, CLT, que cuida dos embargos de declaração, está dentro do Capítulo que cuida dos recursos. Contudo, parte expressiva da doutrina entende não se tratar de recurso.

Independentemente das questões doutrinárias, por determinação legal, aos embargos de declaração aplica-se a teoria geral dos recursos.

14.1.2 Cabimento

O CPC prevê o cabimento dos embargos de declaração quando na decisão judicial: (a) houver obscuridade ou contradição; (b) for omitido ponto sobre o qual devia pronunciar-se; (c) apresentar erro material (art. 1.022).

Obscuridade deriva do latim *obscuritas*, indicando estado do que é obscuro. A sentença obscura representa um julgamento ininteligível, não propiciando à parte a correta interpretação do que foi decidido. Como ato de inteligência e vontade, a sentença deve ser dotada de posições claras e objetivas.

A contradição ocorre quando o julgado possui proposições que são entre si inconciliáveis. A expressão deriva do latim *contra + dique*, ou seja, é o ato pelo qual alguém se coloca em antagonismo com o que havia dito ou feito.

A sentença é contraditória quando no seu conteúdo há juízos de valor inconciliáveis ou antagônicos, não possuindo a clareza necessária, a qual deve estar inserida em todo e qualquer julgado. Por exemplo: a sentença determina o pagamento de horas extras e, na sequência, afirma que elas são indevidas.

O termo "omissão" deriva do latim *omissio*, indicando a ação de omitir, de não fazer, de preterir, de esquecer.

A omissão surge quando o julgado deixa de: (a) apreciar pedido formulado pelas partes, refletindo, assim, um julgado, o qual não se esmera pela atenção (*citra petita*).[12] Vale dizer, a sentença analisa pedidos aquém dos que foram solicitados em juízo. A título exemplificativo: o reclamante pretende o recebimento de horas extras e sua incidência (DSR e feriados; décimo-terceiro salário e nas férias e abono); a sentença reconhece tais títulos, contudo, não faz alusão à incidência nos DSR e feriados; (b) apreciar fundamento, argumento ou questão que foi suscitado pelas partes e que é importante para a devida e profícua prestação jurisdicional; (c) observar formalidade exigida pela lei (custas;

---

[11] BARBOSA MOREIRA, José Carlos. *Comentários ao Código de Processo Civil, Lei nº 5.869, de 11 de janeiro de 1973, arts. 476 a 565*, v. 5, 11. ed., p. 542.

[12] OJ 41, SDI-II – Revelando-se a sentença *citra petita*, o vício processual vulnera os arts. 141 e 492 do CPC de 2015 (arts. 128 e 460 do CPC de 1973), tornando-a passível de desconstituição, ainda que não interpostos embargos de declaração.

PARTE VI · Cap. XIV – RECURSOS TRABALHISTAS EM ESPÉCIE | **787**

responsabilidade pelos descontos de INSS e IRPF); (d) diminuir o valor da condenação fixado na sentença recorrida, diante do acolhimento do recurso ordinário patronal, que exclui títulos deferidos ao trabalhador. Os embargos devem ser manejados para reduzir o valor da condenação e das custas processuais.

Para a caracterização da omissão é necessário que o pedido não analisado esteja inserido na defesa ou na inicial, abrangendo também pedidos implícitos, tais como verba honorária, juros e correção monetária.

Na nova sistemática processual civil, considera-se omissa a decisão que: (a) deixe de se manifestar sobre tese firmada em julgamento de casos repetitivos ou em incidente de assunção de competência aplicável ao caso sob julgamento; (b) se limitar à indicação, à reprodução ou à paráfrase de ato normativo, sem explicar sua relação com a causa ou a questão decidida; (c) empregar conceitos jurídicos indeterminados, sem explicar o motivo concreto de sua incidência no caso; (d) invocar motivos que se prestariam a justificar qualquer outra decisão; (e) não enfrentar todos os argumentos deduzidos no processo capazes de, em tese, infirmar a conclusão adotada pelo julgador; (f) se limitar a invocar precedente ou enunciado de súmula, sem identificar seus fundamentos determinantes nem demonstrar que o caso sob julgamento se ajusta àqueles fundamentos; (g) deixar de seguir enunciado de súmula, jurisprudência ou precedente invocado pela parte, sem demonstrar a existência de distinção no caso em julgamento (*distinguishing*) ou a superação do entendimento(*overruling*) (art. 1.022, parágrafo único, art. 489, § 1º).

O previsto no art. 489, CPC, é aplicável ao processo do trabalho (art. 3º, IX, IN 39, TST). Segundo o TST, a exigência legal de fundamentação das decisões judicias no processo do trabalho observará (art. 15, IN 39):

I – por força dos arts. 332 e 927 do CPC, adaptados ao processo do trabalho, para efeito do art. 489, V e VI, considera-se "precedente" apenas:

a) acórdão proferido pelo STF ou pelo TST em julgamento de recursos repetitivos (art. 896-B, CLT; art. 1046, § 4º, NCPC);

b) entendimento firmado em incidente de resolução de demandas repetitivas ou de assunção de competência;

c) decisão do STF em controle concentrado de constitucionalidade;

d) tese jurídica prevalecente em TRT e não conflitante com súmula ou orientação jurisprudencial do TST (art. 896, § 6º, CLT);

e) decisão do plenário, do órgão especial ou de seção especializada competente para uniformizar a jurisprudência do tribunal a que o juiz estiver vinculado ou do TST.

II – para os fins do art. 489, § 1º, V e VI, CPC, considerar-se-ão unicamente os precedentes referidos no item anterior, súmulas do STF, orientação jurisprudencial e súmula do TST, súmula de TRT não conflitante com súmula ou orientação jurisprudencial do TST, que contenham explícita referência aos fundamentos determinantes da decisão (*ratio decidendi*).

III – não ofende o art. 489, § 1º, IV, CPC, a decisão que deixar de apreciar questões cujo exame haja ficado prejudicado em razão da análise anterior de questão subordinante.

IV – o art. 489, § 1º, IV, CPC, não obriga o juiz ou o tribunal a enfrentar os fundamentos jurídicos invocados pela parte, quando já tenham sido examinados na formação dos precedentes obrigatórios ou nos fundamentos determinantes de enunciado de súmula.

V – decisão que aplica a tese jurídica firmada em precedente, nos termos do item I, não precisa enfrentar os fundamentos já analisados na decisão paradigma, sendo suficiente, para fins de atendimento das exigências constantes no art. 489, § 1º, CPC, a correlação fática e jurídica entre o caso concreto e aquele apreciado no incidente de solução concentrada.

VI – é ônus da parte, para os fins do disposto no art. 489, § 1º, V e VI, CPC, identificar os fundamentos determinantes ou demonstrar a existência de distinção no caso em julgamento ou a superação do entendimento, sempre que invocar precedente ou enunciado de súmula.

Outras situações, como inexatidões materiais, erro no nome ou grafia das partes ou para retificar erros de cálculos (erro material), podem ser alteradas *ex officio* ou por embargos de declaração (Instrução Normativa do TST nº 39/16)

Considerando que as matérias de ordem pública podem ser suscitadas pelas partes ou até mesmo conhecidas *ex officio* a qualquer momento, elas também podem ser objeto do recurso de embargos de declaração.[13]

O direito superveniente e o fato superveniente deverão ser considerados quando do julgamento (Súm. 394, TST; arts. 493 e 933, CPC) e, no caso de sua não análise pela decisão judicial, os embargos de declaração devem ser propostos.

De acordo com a redação do CPC (art. 1.022), os embargos declaratórios são cabíveis em sentenças e acórdãos, mas também podem dirigir-se às decisões interlocutórias, principalmente porque, por determinação constitucional, todas as decisões judiciais devem ser motivadas (art. 93, IX, CF). Até mesmo a decisão judicial que analisa os embargos de declaração está sujeita a novos embargos de declaração, quando apresentar outra irregularidade que justifique o recurso (a irregularidade deve se fazer presente na decisão dos embargos).

O TST admite embargos de declaração contra despacho monocrático de provimento ou denegação de recurso (art. 932, CPC), de conteúdo definitivo e conclusivo da lide, a ser solucionado por decisão monocrática. Porém, se houve postulação do efeito modificativo (efeito infringente), os embargos declaratórios deverão ser submetidos ao pronunciamento do colegiado, convertidos em agravo, em face dos princípios da fungibilidade e celeridade processual, após a intimação do recorrente para, no prazo de cinco

---

[13] O limite sistemático para que as matérias de ordem pública sejam apresentadas pelas partes são os recursos excepcionais (recurso extraordinário, especial e de revista), por exigirem o prequestionamento da matéria recursal.

PARTE VI · Cap. XIV – RECURSOS TRABALHISTAS EM ESPÉCIE | **789**

dias, complementar as razões recursais, de modo a ajustá-las às exigências do art. 1.021, § 1º, do CPC (Súm. 421, II).

Assim, se admitem, *v. g.*, os embargos para reformar a decisão atacada que não conhecia do recurso por intempestividade ou por ausência de peça essencial ao conhecimento do agravo de instrumento.

No processo do trabalho, existindo evidentes erros ou enganos de escrita, de datilografia ou de cálculos, poderão os mesmos, antes da execução, ser corrigidos de ofício, a requerimento da parte ou da Procuradoria do Trabalho (art. 833, CLT). Admite-se que esses erros sejam sanados mesmo depois do trânsito em julgado da decisão, mas antes da execução, diferentemente do que se dá no processo civil, o qual admite que a correção pode ocorrer a qualquer tempo.

Com a Lei 13.015/14, os erros materiais poderão ser corrigidos de ofício ou a requerimento de qualquer das partes por mera petição ou mesmo em sede de embargos de declaração (art. 897-A, § 1º, CLT).

Já as questões relacionadas ao *error in judicando* e *error in procedendo* da decisão devem ser impugnadas por recursos próprios e não por embargos de declaração.

14.1.3   Efeito Modificativo ou Efeito Infringente

A natureza da omissão suprida pelo julgamento de embargos declaratórios pode ocasionar efeito modificativo no julgado (Súm. 278, TST). Trata-se do efeito modificativo, também conhecido como efeito ou caráter infringente (art. 897-A, CLT; art. 1.024, § 4º, CPC).

É o caso de uma decisão na qual se tenha um julgamento inferior aos títulos postulados. Em função de ser a decisão *citra petita*, com a oposição dos embargos declaratórios haverá um acréscimo ao julgado. Outro exemplo: a decisão é proferida sem a análise da preliminar de prescrição total. Com a propositura dos embargos de declaração, o juiz acolhe a preliminar de mérito e resolve o processo com mérito (art. 487, II, CPC), modificando totalmente a decisão anterior.

Os efeitos infringentes dos embargos só podem ocorrer excepcionalmente, quando: (a) correção de erro material manifesto; (b) suprimento de omissão; (c) extirpação de contradição.[14]

O efeito modificativo não desconfigura os embargos e a sua natureza jurídica. Apenas ratifica, para alguns, a ideia de que não é recurso, que seu intuito não é o reexame da decisão, porém, a adaptação de falhas da sentença à realidade dos autos.

Francisco Antonio de Oliveira[15] afirma: *"Há que se ter, todavia, muita cautela para que se não venha a ampliar desmesuradamente o seu âmbito restrito. Isso não significa que não possa modificar julgados ou até transformar um decisum. Suponha-se que 'A' ingressou*

---

[14]   NERY JUNIOR, Nelson; NERY, Rosa Maria de Andrade. Ob. cit., p. 786.
[15]   OLIVEIRA, Francisco Antonio de. *Comentários aos enunciados do TST*, 4. ed., p. 671.

com reclamatória contra 'B' por dispensa imotivada, onde pleiteia o pagamento das verbas rescisórias, tão somente. Ao defender-se 'B' argui a prescrição da ação, vez que decorridos mais de dois anos do ato rescisório. A Junta instrui o processo, julgada, esquecendo-se de apreciar a prescrição, razão pela qual decidiu pela procedência do pedido. 'B' interpõe embargos declaratórios para que a Junta aprecie a 'prescrição', omitida no julgado e que poderá ocasionar a nulidade por decisão citra petita."

O que não se admite nos embargos declaratórios é o reexame de matéria de prova para desdizer o julgado: *"A boa ou má apreciação da prova é de foro subjetivo. E a parte que perdeu o processo nunca vai concordar com a apreciação da prova feita pelo juízo de primeiro grau ou mesmo pela Turma do Regional, muito embora o tema termine aí."*[16]

Pela importância da matéria discutida nos embargos declaratórios com efeito modificativo e até para se resguardar, em algumas situações, o contraditório, se mostra necessário que o juiz conceda ao embargado um prazo para a sua manifestação, podendo proceder, com segurança, ao reexame da decisão embargada.

Cândido Rangel Dinamarco[17] assevera que os embargos de declaração vão *"desbordando daquela sua configuração clássica e assumindo a condição de verdadeiro recurso, excepcionalmente aceito com o objetivo de corrigir certos errores da sentença ou acórdão. São os chamados embargos declaratórios com caráter infringente, com os quais a jurisprudência admite, p. ex., corrigir decisões de não conhecimento de recurso ou repor em julgamento feito julgado sem inclusão em pauta etc. A modificação do julgado, em casos assim, é absolutamente ilegítima quando feita sem a parte embargada em contraditório. Ainda que nada disponha a lei a respeito, a observância do contraditório nesses casos é de rigor constitucional e viola a garantia do contraditório o julgamento feito sem oportunidade para a resposta do embargado".*

Na versão original do art. 897-A, CLT, somente havia previsão expressa sobre a possibilidade de se ter o efeito modificativo (efeito infringente) nos embargos de declaração nos casos de omissão e contradição no julgado e manifesto equívoco no exame dos pressupostos extrínsecos do recurso, contudo, sem qualquer alusão à necessidade prévia de intimação do embargado.

O TST vinha entendendo que seria passível de nulidade decisão que acolhesse embargos de declaração com efeito modificativo sem que fosse concedida oportunidade de manifestação prévia à parte contrária (OJ 142, I, SDI-I). Contudo, em decorrência do efeito devolutivo amplo conferido ao recurso ordinário, essa regra não se aplicava às hipóteses em que não se concedia vista à parte contrária para se manifestar sobre os embargos de declaração opostos contra sentença (OJ 142, II).

Com a inserção do § 2º ao art. 897-A, CLT, pela Lei 13.015/14, o efeito modificativo somente poderá ocorrer em virtude da correção de vício na decisão embargada, desde que ouvida a parte contrária, no prazo de cinco dias. No mesmo sentido, há o art. 1.023, § 2º,

---

[16] OLIVEIRA, Francisco Antonio. Ob. cit., p. 278.
[17] DINAMARCO, Cândido Rangel. *A reforma do Código de Processo Civil*, p. 186.

PARTE VI · Cap. XIV − RECURSOS TRABALHISTAS EM ESPÉCIE | **791**

CPC. Em função do CPC, o teor do tópico II, OJ 142, foi cancelado pelo TST. Portanto, quando houver a possibilidade de se dar efeito modificativo aos embargos declaratórios, é imperiosa a intimação prévia do embargado para eventual manifestação quanto ao apelo.

Pela jurisprudência do TST, os embargos declaratórios são cabíveis da decisão monocrática do relator (art. 932, CPC), se a parte pretende tão somente juízo integrativo retificador da decisão e não a modificação do julgado (Súm. 421, I, TST). Contudo, se a parte postular a revisão no mérito da decisão monocrática, cumpre ao relator converter os embargos de declaração em agravo, em face dos princípios da fungibilidade e celeridade processual, submetendo-o ao pronunciamento do Colegiado, após a intimação do recorrente para, no prazo de 5 dias, complementar as razões recursais, de modo a ajustá-las às exigências do art. 1.021, § 1º, CPC (Súm. 421, II).

14.1.4   Embargos Declaratórios Prequestionatórios

Sobre a utilização dos embargos de declaração com natureza prequestionatória, sugerimos a leitura do item 13.1.6.3.5., da Parte VI, da presente obra.

14.1.5   A Decisão dos Embargos de Declaração

Por conta das peculiaridades dos embargos de declaração, sua decisão declarativa não substitui a decisão anterior, mas passa a integrá-la, completando a prestação jurisdicional.

14.1.6   Princípio da Identidade Física do Juiz na Apreciação dos Embargos de Declaração

No processo civil, pela aplicação do princípio da identidade física do juiz, o julgamento dos embargos de declaração deve ser feito pelo mesmo juiz que proferiu a decisão, excepcionando apenas situações em que o juiz estiver convocado, licenciado, afastado por qualquer motivo, promovido ou aposentado. No processo do trabalho, até recentemente, tal princípio não era aplicável (Súm. 136, TST, cancelada pela Res. 185/12).

14.1.7   Prazo Recursal

Com a Lei 13.467, os prazos passam a ser contados em dias úteis (art. 775, CLT).

O prazo para a interposição dos embargos declaratórios é de cinco dias a contar da ciência da decisão, não estando sujeitos a preparo (art. 897-A, CLT; art. 1.023, CPC). É em dobro o prazo para a interposição de embargos declaratórios por pessoa jurídica de direito público, de acordo com o art. 1º, III, Dec.-lei 779/69 (OJ 192, SDI-I).

A não apresentação dos embargos enseja a preclusão (Súm. 317, STF; Súm. 184, TST).

Os embargos declaratórios tempestivos interrompem o prazo para a interposição de outros recursos (art. 1.026, CPC) ou realização de outros atos judiciais. Assim, os embargos declaratórios intempestivos não geram efeitos.

Em regra, os embargos de declaração não possuem efeito suspensivo (art. 899, CLT), contudo, o magistrado poderá lhe atribuir tal efeito diante da probabilidade de seu acolhimento ou diante de um possível risco de dano grave ou de difícil reparação (art. 1.026, § 1º, CPC). Entendemos que é possível conceder excepcionalmente efeito suspensivo aos embargos de declaração na Justiça do Trabalho, pela aplicação do NCPC.

No Juizado Especial Cível, os embargos de declaração interrompem o prazo para outros recursos (art. 50, Lei 9.099/95).

Na seara trabalhista, os embargos de declaração interrompem o prazo para interposição de outros recursos, por qualquer das partes, salvo quando não conhecidos, por intempestivos, irregular a representação da parte ou ausente a sua assinatura (art. 897-A, § 3º, CLT, incluído pela Lei 13.015).

A interrupção do prazo recursal se dá não só para o embargante, como também para a parte contrária. Isso significa que o prazo recomeça a correr por inteiro, a partir da intimação da sentença ou do acórdão de embargos de declaração para ambas as partes (nos limites do seu conteúdo).

Importante destacar que o STJ tinha posição no sentido de que apresentado o recurso (*v. g.* recurso especial) por uma das partes e os embargos de declaração por outra, a partir da intimação da decisão dos embargos, ainda que não se altere o julgado, a parte não embargante deveria ratificar o interesse no recurso apresentado (por mera petição) (Súm. 418, a qual foi cancelada em julho de 2016). Com o NCPC, desnecessária a petição de ratificação (art. 1.024, § 5º).

Segundo o TST, a interrupção do prazo recursal em razão da interposição de embargos de declaração pela parte adversa não acarreta qualquer prejuízo àquele que apresentou seu recurso tempestivamente (Súm. 434, II, TST).

O TST considera a ampliação dos prazos quando existir litisconsorte passivo, com procuradores distintos (art. 229, CPC), incompatível ao processo do trabalho (OJ 310, SDI-I).

14.1.8 Embargos Protelatórios

Quando os embargos de declaração forem manifestamente protelatórios, o magistrado, em decisão fundamentada, condenará o embargante a pagar ao embargado multa não excedente a 2% o valor atualizado da causa (art. 1.026, § 2º, CPC).

A multa deve ser aplicável tanto para o reclamante como para a reclamada. Assevere-se que os benefícios da assistência judiciária (art. 98, CPC) não contemplam a isenção quanto ao pagamento dessa multa.

A base de cálculo será o valor da causa. Se a exordial não contiver o valor da causa (art. 840, CLT), a multa será calculada sobre o valor de condenação.

Na reiteração de embargos declaratórios protelatórios, a multa é elevada a até 10% do valor da causa atualizado, sendo que qualquer outro recurso ficará condicionado ao depósito prévio do valor da multa (art. 1.026, § 3º, CPC). O recolhimento da multa é um pressuposto objetivo de admissibilidade. A comprovação deve ocorrer no prazo recursal, sob pena de deserção.

PARTE VI · Cap. XIV – RECURSOS TRABALHISTAS EM ESPÉCIE | **793**

A Fazenda Pública e o beneficiário de gratuidade da justiça farão o recolhimento da multa ao final (art. 1.026, § 3º, CPC).

Como não se trata de depósito recursal, o recolhimento desta multa (embargos declaratórios protelatórios) deverá ser efetuado sob a forma de depósito judicial, em conta judicial aberta em estabelecimento bancário, em nome da parte contrária e à disposição do juízo (IN 36/12, TST). O art. 71 da Consolidação dos Provimentos da Corregedoria Geral da Justiça do Trabalho estabelece que as guias de depósito judicial para pagamentos, garantia de execução, encargos processuais e levantamento de valores, excetuados os depósitos recursais, devem seguir o modelo único padrão fixado na IN 36.

Não serão admitidos novos embargos de declaração se os dois anteriores houverem sido considerados protelatórios (art. 1.026, § 4º, NCPC).

O STJ entende que os embargos declaratórios com notório propósito de prequestionamento não têm caráter protelatório (Súm. 98).

Em setembro de 2009, o TST deliberou no sentido de que é incabível a aplicação simultânea das multas dos arts. 538 e 18 do CPC/73 quando se tem o julgamento de embargos declaratórios. (TST – 2ª T. – RR 57.400-20.2002.5.05.0007 – Rel. Min. Renato de Lacerda Paiva – *DEJT* 4-9-2009).

Para o TST, o recolhimento do valor da multa imposta por litigância de má-fé (a multa prevista no art. 81, CPC; art. 793-A, CLT, Lei 13.467) não é pressuposto objetivo para interposição dos recursos de natureza trabalhista (OJ 409, SDI-I).

14.1.9 Processamento

Os embargos declaratórios devem ser apresentados por mera petição, dirigida ao juiz ou relator, no prazo de cinco dias e com a indicação de erro, obscuridade, contradição, omissão ou erro material.

Cabe à parte o ônus de provar, quando da interposição dos embargos declaratórios, a existência de feriado local que autorize a prorrogação do prazo recursal. No caso de o recorrente alegar a existência de feriado local e não o comprovar no momento da interposição do recurso, cumpre ao relator conceder o prazo de cinco dias para que seja sanado o vício (art. 932, parágrafo único, CPC), sob pena de não conhecimento se da comprovação depender a tempestividade recursal. Na hipótese de feriado forense, incumbirá à autoridade que proferir a decisão de admissibilidade certificar o expediente nos autos (Súm. 385, I e II, TST).

Na petição de embargos de declaração no âmbito do TST, a partir agosto de 2012, o embargante informará o respectivo número de inscrição das partes no cadastro de pessoas físicas ou jurídicas da Receita Federal do Brasil, salvo impossibilidade que comprometa o acesso à justiça, expressamente justificada na própria petição (Atos SEJUD.GP 440/12 e 713/12 do TST).

Em regra, o recurso não possui efeito suspensivo. Contudo, o magistrado poderá lhe atribuir tal efeito, se demonstrada a probabilidade de provimento ou se houver risco de dano grave ou de difícil reparação (art. 1.026, § 1º, CPC).

Não há contrarrazões aos embargos de declaração, exceto se for o caso de efeito modificativo (art. 897-A, § 2º, CLT, OJ 142, I, SDI-I; art. 1.023, § 2º, CPC). Também não se tem a necessidade do preparo, por falta de previsão legal.

Na vara do trabalho, os embargos declaratórios devem ser julgados na primeira audiência após sua apresentação. Nos tribunais, o relator apresentará o seu voto em mesa na sessão subsequente, não cabendo sustentação oral quando do julgamento dos embargos (art. 937, CPC).

14.2 RECURSO ORDINÁRIO

14.2.1 Cabimento

Previsto no art. 895, CLT, cabe recurso ordinário[18] para a instância superior das decisões definitivas e terminativas:

a) das varas do trabalho e dos juízes de direito, investidos da jurisdição trabalhista (art. 895, I). O recurso ordinário será apreciado pelo TRT em cuja jurisdição estiver situado o órgão de proferimento da decisão (art. 678, II, *a*);

b) dos TRTs, em dissídio individual de competência originária (art. 895, II), a saber: mandado de segurança (Súm. 201, TST), ação rescisória (Súm. 158) e *habeas corpus*. O recurso ordinário será apreciado pela SDI-II (art. 78, III, *c*, RITST);

c) proferidas pelos TRTs, em dissídio coletivo de competência originária (art. 7º, *caput*, Lei 7.701/88), que será julgado pela SDC (art. 77, II, *a*, RITST);

d) em processo administrativo para o TST, objetivando tão somente o exame da legalidade do ato (Súm. 321 cancelada pela Res. 135/05, TST);

e) dos TRTs, em ações rescisórias e nos mandados de segurança pertinentes a dissídios coletivos e em ações anulatórias de acordos e convenções coletivas (art. 77, II, *b*, RITST).

É cabível recurso ordinário contra a decisão que homologar parcialmente ou não homologar acordo judicial ou acordo extrajudicial (art. 855-B, CLT) celebrado entre as

---

[18] Trata-se do princípio do duplo grau de jurisdição, sendo que o recurso ordinário tem previsão no art. 895 e as contrarrazões, no art. 900, ambos da CLT. Em certa medida, o recurso ordinário equivale ao recurso de apelação do processo civil, de modo que as regras daquele são aplicáveis, quando compatíveis (art. 769, CLT). Considerando o novo regramento processual civil e a necessidade de o TST se posicionar, ainda que não de forma exaustiva, sobre a aplicação de várias regras e de institutos disciplinados pelo NCPC ao processo do trabalho, foi editada a IN 39, de 15-3-2016. Nesse aspecto, o TST entende que o efeito devolutivo previsto nos arts. 1.013 e 1.014, NCPC, é aplicável ao processo do trabalho (art. 3º, XXVIII, IN 39).

PARTE VI · Cap. XIV – RECURSOS TRABALHISTAS EM ESPÉCIE | 795

partes. Em caráter excepcional, a jurisprudência vinha admitindo o recurso ordinário conta a decisão que homologa parcialmente o acordo celebrado entre as partes.[19]

O TST admite o recurso ordinário imediato contra o julgamento antecipado parcial do mérito (art. 356, CPC; art. 5º, IN 39). Com isso, por exemplo, se o magistrado afastar as alegações de prescrição de parte das pretensões iniciais em audiência e determinar o prosseguimento da instrução, terá havido uma decisão parcial de mérito, atacável por recurso ordinário.

O recurso ordinário também é oponível da decisão interlocutória terminativa da competência material trabalhista e contra a decisão interlocutória que acolhe exceção de incompetência territorial, com a remessa dos autos para TRT distinto daquele a que se vincula o juízo excepcionado (Súm. 214) ou mesmo que acolhe preliminar de incompetência material da Justiça do Trabalho.

Não cabe recurso ordinário contra decisão em agravo regimental interposto em reclamação correicional ou em pedido de providência (OJ 5, TP).

Além de outras matérias, o recurso ordinário também será o meio adequado para se questionar a decisão interlocutória impugnada oportunamente pela parte prejudicada (arts. 794 e segs., art. 817, CLT), contra a qual inexiste recurso específico – princípio da irrecorribilidade das decisões interlocutórias (art. 893, § 1º).

14.2.2 Recurso Ordinário Constitucional

Em algumas situações restritas, pode haver recurso ordinário do TST para o STF, trata-se do recurso ordinário constitucional.

No sistema processual constitucional vigente, caberá ao STF resolver, em recurso ordinário, o *habeas corpus*, o mandado de segurança, o *habeas data* e o mandado de injunção decididos em única instância pelos tribunais superiores, se denegatória a decisão (art. 102, II, *a*, CF).

Na legislação infraconstitucional, os recursos ordinários interpostos em sede de mandado de segurança, *habeas corpus* e mandado de injunção decididos em única instância pelos Tribunais Superiores, quando denegatória a decisão, serão decididos pelo

---

[19] "AGRAVO DE INSTRUMENTO. RECURSO ORDINÁRIO. ACORDO. HOMOLOGAÇÃO PARCIAL. Assegurado às partes interpor recurso ordinário contra decisão que homologa parcialmente acordo celebrado nos autos, com o objetivo de ser homologada a conciliação nos exatos termos em que proposta. Agravo de instrumento provido" (TRT – 4ª R. – AIRO 0000831-42.2011.5.04.0029 – Rel. Alexandre Corrêa da Cruz – *DJE* 2-12-2011). "ACORDO. HOMOLOGAÇÃO PARCIAL. CONTRARIEDADE AOS TERMOS DA PETIÇÃO DE ACORDO. NEGATIVA DE PRESTAÇÃO JURISDICIONAL. A homologação parcial de acordo, pelo MM. Juízo *a quo*, com ressalvas e restrições quanto ao que foi avençado entre as partes, importa em negativa de prestação jurisdicional, ainda que as partes, de comum acordo, no transcorrer da lide, tenham ampliado os limites iniciais do pedido. A ampliação do objeto da lide equivale, nesse caso, a uma emenda do pedido inaugural, com a concordância da parte contrária (art. 264 do CPC). Não havendo prejuízo ao reclamante e reclamado, que se encontravam devidamente representados por advogado, nem fim ilícito ou proibido por lei, essa negativa não se justifica, sendo vedado ao juiz declará-la. Recurso provido" (TRT – 15ª R. – 1ª C. – Rel. Olga Ainda Joaquim Gomieri – j. 3/3/2015).

STF (art. 1.027, I, CPC). Tratando-se de decisão que atenda ao pedido da parte, o recurso é o extraordinário.[20]

O STF não admite como ordinário recurso extraordinário de decisão denegatória de mandado de segurança (Súm. 272).

O Regimento Interno do TST (RITST) prevê o mandado de segurança (arts. 224 a 231), ação rescisória (arts. 233 a 239) e dissídio coletivo de trabalho (arts. 240 a 244) como ações originárias. O RITSTS também trata do *habeas corpus* nos arts. 218 a 223.

O cabimento do recurso ordinário constitucional será possível no âmbito da Justiça do Trabalho no mandado de segurança, *habeas corpus* e mandado de injunção decididos pelo TST, em instância única, e se a decisão for denegatória.

O STF considera inadmissível o recurso extraordinário, quando couber, na justiça de origem, recurso ordinário da decisão impugnada (Súm. 281).

No âmbito do STF, o recurso ordinário e o extraordinário interpostos no mesmo processo de mandado de segurança, ou de *habeas corpus*, serão julgados conjuntamente pelo Tribunal Pleno (Súm. 299). Contudo, a decisão que enseja a interposição de recurso ordinário ou extraordinário não é a do plenário que resolve o incidente de inconstitucionalidade, mas a do órgão (câmaras, grupos ou turmas) que completa o julgamento do feito (Súm. 513).

Ao processamento do recurso ordinário constitucional, quanto aos requisitos de admissibilidade e ao procedimento no juízo de origem, aplica-se o CPC, observando-se o Regimento Interno do STF (art. 1.028, CPC).

A Súm. 319 prevê o prazo de 5 dias para o recurso ordinário para o STF, em *habeas corpus* ou mandado de segurança. O Regimento Interno do STF disciplina o prazo de 5 dias para o ROC, contra as decisões denegatórias de *habeas corpus* (art. 310). Apesar do entendimento sumulado, considerando o previsto no sistema processual vigente (art. 24, da Lei 8.038/98; art. 1.003, § 5º, CPC), o Tribunal Pleno do STF entendeu que o prazo recursal é de 15 dias.[21]

14.2.3 Prazo Recursal

Com a Lei 13.467, os prazos passam a ser contados em dias úteis (art. 775, CLT).

O prazo para a interposição do recurso ordinário é de oito dias, com início a partir do momento em que houve a regular intimação da decisão. Ou seja, no primeiro dia útil subsequente à intimação da decisão (*dies a quo*).

---

[20] MACHADO, Antônio Cláudio da Costa. Ob. cit., p. 916.

[21] "1) Mandado de segurança: recurso ordinário constitucional: o prazo. Já antes da L. 8.038/90, era de quinze dias o prazo para a interposição do recurso ordinário constitucional em mandado de segurança, contado em dobro quando recorrente a Fazenda Pública: os arts. 508 e 188 C. Pr. Civil prejudicam a Súm. 319 do Supremo Tribunal. 2. Mandado de segurança: recurso ordinário constitucional: cabimento. [...]" (STF – TP – RMS 21.106/DF – Rel. Min. Sepúlveda Pertence – j. 20/2/1991 – *DJ* 24/4/1998 – p. 16).

PARTE VI · Cap. XIV – RECURSOS TRABALHISTAS EM ESPÉCIE | **797**

De acordo com o Dec.-lei 779/69, o prazo é de 16 dias para a União, Estados, Distrito Federal e Municípios, bem como as autarquias ou fundações de direito público federais, estaduais e municipais que não explorem atividades econômicas (art. 1º, III).

O Ministério Público também tem prazo em dobro para manifestar-se nos autos (art. 180, CPC).

O TST considera a ampliação dos prazos quando existir litisconsorte passivo, com procuradores distintos (art. 229, CPC), incompatível ao processo do trabalho (OJ 310, SDI-I).

O prazo também se encerra em dia útil (*dies ad quem*).

Cabe à parte o ônus de provar, quando da interposição do recurso, a existência de feriado local que autorize a prorrogação do prazo recursal. Na hipótese de feriado forense,[22] incumbirá à autoridade que proferir a decisão de admissibilidade certificar o expediente nos autos (Súm. 385, I e II, TST).

Não se admite a interposição simultânea ou cumulativa dos embargos de declaração, recurso ordinário e outro recurso pela parte interessada. Salvo as situações específicas e disciplinadas por lei, não pode haver a interposição simultânea de mais de um recurso quanto ao mesmo ato. A parte tem a obrigação de escolher o recurso adequado. Se escolher um apelo incorreto e de forma grosseira, estará precluso o direito quanto à recorribilidade. Esse princípio está inserido de forma implícita no ordenamento jurídico atual, ao contrário do que ocorria pelo CPC de 1939, em seu art. 809. Em outras palavras, significa que para cada ato jurisdicional existe um recurso único e adequado, de modo que não se podem exercer cumulativamente dois recursos contra a mesma decisão.

14.2.4 Efeitos do Recurso Ordinário

O recurso ordinário possui os seguintes efeitos: devolutivo (art. 899, CLT), translativo, substitutivo (se admitido como um dos efeitos dos recursos) e extensivo. Como regra geral, não possui o efeito suspensivo, de modo que é possível a execução provisória do título judicial por cumprimento provisório de sentença ("carta de sentença") (art. 520, CPC).

Contudo, cumpre destacar que o sistema jurídico prevê a existência do efeito suspensivo ao recurso ordinário em dissídio coletivo na medida e extensão conferidas em despacho pelo presidente do TST (art. 14, Lei 10.192/01), a ser requerido nos termos do Regimento Interno do TST.

Diferentemente do processo civil, contra a decisão interlocutória do juiz do trabalho que acolhe ou rejeita ou ainda revoga tutela provisória, seja em caráter antecedente ou

---

[22] Nessa hipótese, admite-se a reconsideração da análise da tempestividade do recurso, mediante prova documental superveniente, em agravo regimental, agravo de instrumento, agravo interno, ou embargos de declaração desde que, em momento anterior, não tenha havido a concessão de prazo para a comprovação da ausência de expediente forense (Súm. 385, III, TST).

não, é incabível o recurso de agravo de instrumento, em face da irrecorribilidade das decisões interlocutórias no processo do trabalho. No processo do trabalho, a decisão interlocutória é impugnável por mandado de segurança (Súm. 414, II, TST).

Por sua vez, para o TST, na vigência do CPC/73, a antecipação da tutela concedida na sentença não comportava impugnação pela via do mandado de segurança, por ser impugnável mediante recurso ordinário. A ação cautelar era o meio próprio para se obter efeito suspensivo a recurso (Súm. 414, I).

Contudo, o CPC extinguiu a ação cautelar autônoma.

Assim, parece-nos que, dentro do sistema positivado vigente, não é possível atribuir ao recurso ordinário trabalhista efeito suspensivo (art. 899, CLT), ainda que a sentença tenha concedido tutela provisória, por ser inaplicável o previsto no art. 1.012, § 1º, V, CPC, ao processo do trabalho (art. 769, CLT; art. 15, CPC). Demonstrando a ausência dos requisitos legais para a concessão da medida ou equívoco em sua concessão, o recorrente deverá solicitar excepcionalmente o efeito suspensivo ao recurso ordinário em razões recursais dirigidas ao tribunal e requerer em petição, devidamente instruída, o efeito suspensivo ao recurso imediatamente à Corte Regional (incidente de efeito suspensivo) (art. 1.012, § 3º, CPC).

Em abril/2017, o TST deu nova redação à Súmula 414, I (pela Resolução 217/2017), ao dispor que: *"A tutela provisória concedida na sentença não comporta impugnação pela via do mandado de segurança, por ser impugnável mediante recurso ordinário. É admissível a obtenção de efeito suspensivo ao recurso ordinário mediante requerimento dirigido ao tribunal, ao relator ou ao presidente ou ao vice-presidente do tribunal recorrido, por aplicação subsidiária ao processo do trabalho do art. 1.029, § 3º, do CPC de 2015"*.

Pela jurisprudência do TST, o efeito devolutivo ao recurso ordinário deve ser dirigido: (a) ao tribunal respectivo, no período compreendido entre a publicação da decisão de admissão do recurso e sua distribuição, ficando o relator designado para seu exame prevento para julgá-lo; (b) ao relator, se já distribuído o recurso; (c) ao presidente ou ao vice-presidente do tribunal recorrido, no período compreendido entre a interposição do recurso e a publicação da decisão de admissão do recurso, assim como no caso de o recurso ter sido sobrestado (art. 1.037, CPC). Por analogia, se o recurso ordinário for interposto de decisão da vara do trabalho, nessa hipótese o pedido de efeito devolutivo deverá ser dirigido ao juiz da vara do trabalho.

Tratando-se de requerimento feito no âmbito dos tribunais, a decisão do relator é atacável por agravo interno.

14.2.5   Procedimento

No processo civil, o recurso de apelação, interposto por petição dirigida ao juiz, conterá: (a) os nomes e a qualificação das partes; (b) a exposição do fato e do direito; (c) as razões do pedido de reforma ou de decretação de nulidade; (d) o pedido de nova decisão (art. 1.010, I a IV, CPC).

O art. 899 da CLT menciona que o recurso será interposto por simples petição.

Wagner Giglio e Cláudia Giglio[23] afirmam que a autorização contida no art. 899, CLT, significa que basta uma simples petição para desencadear a revisão do julgado; mesmo que não se denunciem os motivos da irresignação, o mero pedido de reexame, despido de qualquer fundamentação, é hábil para provocar novo pronunciamento judicial.

Francisco Antonio de Oliveira[24] alerta: da *"não exigência de razões recursais advirão ausências de prequestionamento de temas importantes para a interposição do recurso de revista, já que, quanto a este, não haverá tal informalidade. Entretanto, a lei permite em âmbito de recursos para os Regionais essa informalidade, coerente com a presença do ius postulandi das partes (art. 791, CLT)".*

No entanto, esse dispositivo não deve ser interpretado com o espírito de quando foi editada a CLT. As questões processuais e matérias são intrincadas e merecem um tratamento profissional adequado, o que, infelizmente, não é mais possível às partes. É hora de se abolir das partes a faculdade processual de requerer pessoalmente no Judiciário Trabalhista os seus direitos. A moderna ciência jurídica processual não mais permite a um leigo a devida articulação de suas posições e convicções. É obrigação da parte, no exercício do seu direito de recorrer, expor os motivos do pedido de reexame da decisão, delimitando com exatidão os limites da impugnação.

Para Sergio Pinto Martins,[25] *"a interpretação sistemática da CLT mostra que a inexigibilidade de fundamentação só pode ser utilizada nos casos em que empregado ou empregador estiverem postulando na Justiça do Trabalho sem advogado (arts. 791 e 839 da CLT)".*

Manoel Antonio Teixeira Filho[26] ensina: (a) prescindem de razões o recurso ordinário, o agravo de petição (quando interposto pelo empregado), o agravo de instrumento; (b) exigem a apresentação das razões recursais o recurso de revista, os embargos para o Pleno do TST, o extraordinário, os embargos de declaração, o agravo regimental, a correição parcial e o agravo de petição interposto pelo empregador.

Para o recurso ordinário de competência do Tribunal Regional do Trabalho, o TST não exige que as razões impugnem os fundamentos da decisão recorrida, nos termos em que proferida, exceto quando a motivação do recurso esteja inteiramente dissociada dos fundamentos da sentença (Súm. 422, III).

No caso específico do recurso de revista, o TST entende que a admissibilidade do recurso tem como pressuposto a indicação expressa do dispositivo de lei ou da CF, tido como violado (Súm. 221). Por sua vez, é válida, para efeito de conhecimento do recurso de revista ou de embargos, a invocação de OJ, desde que, das razões recursais, conste o seu número ou conteúdo (OJ 219, SDI-I). Até porque esses recursos exigem o prequestionamento da matéria recursal.

---

[23] GIGLIO, Wagner; CORRÊA, Claudia Giglio Veltri. *Direito processual do trabalho*, 15. ed., p. 436.

[24] OLIVEIRA, Francisco Antonio de. *Comentários à Consolidação das Leis do Trabalho*, 3. ed., p. 893.

[25] MARTINS, Sergio Pinto. *Direito processual do trabalho*, 26. ed., p. 385.

[26] TEIXEIRA FILHO, Manoel Antonio. Ob. cit., p. 142.

Essa lógica deve ser também aplicada a outros recursos que exijam o prequestionamento da matéria ou em que, por determinação legal, a matéria deve ser especificada, como ocorre com o agravo de petição (art. 897, *a* e § 1º, CLT).

O TST não conhece de recurso pela ausência dos fundamentos de fato e de direito – requisitos de admissibilidade (arts. 1.010, II e III, CPC), quando as razões do recorrente não impugnam os fundamentos da decisão recorrida, nos termos em que proferida (Súm. 422, I).

A contar da ciência da decisão, a parte tem o prazo de oito dias para interpor o recurso ordinário, em petição endereçada ao órgão responsável pela prolação da decisão impugnada.

O juízo *a quo* efetua a análise quanto à existência dos pressupostos objetivos e subjetivos. É o primeiro juízo de admissibilidade, o qual implicará duas situações: (a) na hipótese do não seguimento, o recorrente terá a oportunidade de interpor agravo de instrumento para o Tribunal competente para conhecer do recurso denegado (art. 897, § 4º, CLT); (b) o recurso será processado, com a intimação da parte contrária para contrarrazões em oito dias. Diante da leitura das contrarrazões, o juízo *a quo* pode reconsiderar o ato que determinou o processamento do apelo. Nessa situação, a parte prejudicada também terá a oportunidade para o agravo de instrumento.

Na instância *ad quem* temos: a autuação do recurso; parecer do Ministério Público; distribuição; visto do relator com remessa ao revisor; visto do revisor com remessa à pauta; designação de publicação da pauta; julgamento e publicações.

O segundo juízo de admissibilidade é realizado pelo juiz relator. É um ato de cognição completo, pois, além do exame dos pressupostos processuais, adentra ao mérito do recurso.

No processo civil, o relator não conhecerá de recurso inadmissível, prejudicado ou que não tenha impugnado especificamente os fundamentos da decisão recorrida (art. 932, III, CPC). Além disso, é atribuição do relator negar provimento ao recurso que for contrário a: (a) súmula do STF, do STJ ou do próprio tribunal; (b) acórdão proferido pelo STF ou pelo STJ em julgamento de recursos repetitivos; (c) entendimento firmado em incidente de resolução de demandas repetitivas ou de assunção de competência (art. 932, IV).

O relator, depois de facultada a apresentação de contrarrazões, dará provimento ao recurso se a decisão recorrida for contrária a: (a) súmula do STF, do STJ ou do próprio tribunal; (b) acórdão proferido pelo STF ou pelo STJ em julgamento de recursos repetitivos; (c) entendimento firmado em incidente de resolução de demandas repetitivas ou de assunção de competência (art. 932, V).

Contra decisão proferida pelo relator caberá agravo interno para o respectivo órgão colegiado, observadas, quanto ao processamento, as regras do regimento interno do tribunal (art. 1.021, CPC). Aplicável ao processo do trabalho, salvo quanto ao prazo do agravo interno (art. 3º, XXIX, IN 39, TST).

Aplica-se subsidiariamente as regras do NCPC ao processo do trabalho (Súm. 435, TST; IN 17/00, TST) (art. 932, CPC).

O STJ aplica a sistemática do art. 557 do CPC/73 (arts. 932, III e IV, NCPC) à remessa necessária (Súm. 253, STJ).

Em relação ao tema, tendo a decisão monocrática de provimento ou denegação de recurso conteúdo decisório definitivo e conclusivo da lide, o TST admite que seja esclarecida pela via dos embargos de declaração, em decisão aclaratória, também monocrática, quando se pretende tão somente suprir omissão e não modificação do julgado. Na hipótese de estar postulando o embargante efeito modificativo, os embargos declaratórios deverão ser submetidos ao pronunciamento do Colegiado, convertidos em agravo, em face dos princípios da fungibilidade e celeridade processual (Súm. 421, TST; art. 1.024, § 3º, CPC).

Quando o agravo for declarado manifestamente inadmissível ou improcedente em votação unânime, em decisão fundamentada, o órgão colegiado condenará o agravante a pagar ao agravado uma multa fixada entre 1% e 5% do valor atualizado da causa (art. 1.021, § 4º, CPC), ficando a interposição de qualquer outro recurso condicionada ao depósito do respectivo valor (art. 1.021, § 5ºo). Está a parte obrigada, sob pena de deserção, a recolher a multa (arts. 932 e 1.021, §§ 2º a 5º, CPC; IN 17/00, TST), o que não é aplicável à Fazenda Pública e ao beneficiário de justiça gratuita, que farão o pagamento ao final (OJ 389, SDI-I).

É inaplicável o princípio da fungibilidade recursal quando da interposição de agravo (art. 1.021, CPC) ou agravo regimental (art. 235, RITST) contra decisão proferida por órgão colegiado, visto que tais recursos são destinados, exclusivamente, a impugnar decisão monocrática nas hipóteses expressamente previstas (OJ 412, SDI-I).

14.2.6 Preparo

No processo do trabalho, o preparo repousa no pagamento das custas processuais e do depósito recursal (garantia recursal) para o empregador e somente das custas para o empregado.

Sugerimos a leitura do item 13.1.6.3.4 da Parte VI da presente obra.

14.2.7 Recurso Ordinário no Procedimento Sumário

No procedimento sumário, não caberá recurso contra as sentenças, salvo se versarem sobre matéria constitucional (art. 2º, § 4º, Lei 5.584/70). Entendemos que essa regra não foi recepcionada pela CF/88, além de violar o art. 8º, h, do Pacto de San José da Costa Rica, uma vez que o princípio do duplo grau de jurisdição deve ser amplo, ou seja, permitir a reapreciação de todas as matérias fáticas e de direito por um novo órgão julgador.

Nos casos específicos, o Ministério Público terá 8 dias para exarar seu parecer (art. 5º).

14.2.8 Recurso Ordinário no Procedimento Sumaríssimo

Nas demandas sujeitas ao procedimento sumaríssimo, as sentenças podem ser revistas por meio de recurso ordinário (art. 895, a, CLT), com as seguintes observações: (a) distribuição imediata no tribunal, com a liberação pelo relator no prazo máximo de

10 dias, e a colocação imediata em pauta para julgamento, sem revisor (art. 895, § 1º, II); (b) parecer oral do representante do Ministério Público presente à sessão de julgamento, se este entender necessário o parecer, com registro na certidão (art. 895, § 1º, III); (c) acórdão consistente unicamente na certidão de julgamento, com a indicação suficiente do processo e parte dispositiva, e das razões de decidir do voto prevalente. Se a sentença for confirmada pelos próprios fundamentos, a certidão de julgamento, registrando tal circunstância, servirá de acórdão (art. 895, § 1º, IV).

Em outras palavras, no tribunal, o recurso ordinário no procedimento sumaríssimo não terá a figura do juiz revisor, sendo que o parecer do Ministério Público será oral e o acórdão, sob a forma de certidão.

Ao que nos parece, a simples confirmação da sentença, pelos seus próprios fundamentos, servindo a certidão de julgamento como acórdão, nos leva à patente violação do princípio da motivação das decisões judiciais (art. 93, IX, CF, art. 832, CLT). Mesmo que a sentença seja confirmada, em qualquer hipótese, deve haver a declinação dos motivos da convicção do voto vencedor, fundamentando-se as razões. Trata-se de uma imposição constitucional, bem como uma forma de resguardo ao duplo grau de jurisdição (art. 5º, LV).

Os tribunais regionais, divididos em turmas, poderão designar turma para o julgamento dos recursos ordinários interpostos das sentenças prolatadas nas demandas sujeitas ao procedimento sumaríssimo (art. 895, § 2º).

14.2.9 A Decisão Homologatória de Acordo e a Sentença Trabalhista. Os Recolhimentos das Contribuições Previdenciárias e do Imposto de Renda. Recurso Ordinário da União

De acordo com o disposto no art. 831, parágrafo único, da CLT, no caso de conciliação, o termo que for lavrado valerá como decisão irrecorrível. Pela jurisprudência consolidada do TST, ação rescisória é o meio de impugnação do termo de conciliação (art. 831, parágrafo único) (Súm. 259 e Súm. 100, V). Contudo, a sentença meramente homologatória, que silencia sobre os motivos do convencimento do juiz, não se mostra rescindível, por ausência de pronunciamento explícito (Súm. 298, IV).

O acordo judicial que dê por quitada dívida previdenciária poderá ter efeito perante a União, se ela não participa da relação instaurada perante a Justiça do Trabalho?

Com a alteração da CLT (art. 832, §§ 3º e 4º, com a redação originária dada pela Lei 10.035/00 e que foi alterada pela Lei 11.457/07),[27] temos que a União será intimada

---

[27] Quando a União, os Estados, os Municípios e o Distrito Federal, suas autarquias e fundações públicas, forem representadas em juízo, ativa e passivamente, por seus procuradores, estarão dispensadas da juntada de instrumento de mandato (Súm. 436, I, TST). Contudo, é essencial que o signatário declare-se exercente do cargo de procurador, não bastando a indicação do número de inscrição na Ordem dos Advogados do Brasil (Súm. 436, II). Com o advento da Lei 11.457/07, além da criação da Secretaria da Receita Federal do Brasil (conhecida como "A Super Receita") e das reestruturações administrativas e de algumas carreiras públicas (Administração Tributária

PARTE VI · Cap. XIV – RECURSOS TRABALHISTAS EM ESPÉCIE | 803

das decisões homologatórias de acordo, desde que contenha parcela indenizatória, com a possibilidade da oposição de recurso ordinário, cujo objeto será a discriminação das verbas do acordo judicial em salariais e indenizatórias.

A União atua como terceiro interessado nos processos trabalhistas, podendo recorrer das decisões homologatórias de acordos que fixam as contribuições previdenciárias (art. 831, parágrafo único, CLT).

A Lei 11.457/07 também assegura à União a devida atuação no que tange aos tributos federais (arts. 832, §§ 4º a 7º, 879, § 3º, CLT), com a possibilidade de recurso ordinário.

A decisão judicial trabalhista deve fixar: (a) os títulos salariais e os seus valores; (b) os títulos indenizatórios e os seus montantes; (c) a responsabilidade das partes pelas contribuições previdenciárias (art. 832, § 3º).

O recurso da sentença homologatória de acordo na ação de conhecimento é o ordinário, cujo objetivo é evitar a lesão aos cofres da União, homologando todas as verbas como indenizatórias, quando o pedido, de fato, contenha verbas salariais. O apelo deverá abranger a impugnação quanto à parcela indenizatória e a discriminação efetuada (art. 832, § 4º), além de outros elementos do crédito tributário (sujeito passivo, alíquota etc.).

Na celebração do acordo judicial, tem sido controvertida a possibilidade de as partes não estarem presas ao objeto inicial, podendo excluir títulos ou ampliar o objeto do acordo. Nessa linha de raciocínio, as partes também não estariam obrigadas a manter a proporcionalidade das verbas salariais e indenizatórias descritas na reclamação trabalhista e no acordo judicial.

Quando se põe fim ao litígio por um acordo entre as partes sem o reconhecimento de vínculo empregatício, a possibilidade de as partes fixarem o pagamento de todas as verbas como de natureza indenizatória, sem que haja incidência da contribuição previdenciária, tem sido questionada pelo INSS.

Em maio de 2008, o TST uniformizou a sua jurisprudência: *"É devida a incidência das contribuições para a Previdência Social sobre o valor total do acordo homologado em juízo, independentemente do reconhecimento de vínculo de emprego, desde que não haja discriminação das parcelas sujeitas à incidência da contribuição previdenciária, conforme o art. 43 da Lei no 8.212, de 24-7-1991, e do art. 195, I, a, da CF/1988"* (OJ 368, SDI-I).

Em agosto de 2010, o TST deliberou que nos acordos homologados em juízo em que não haja o reconhecimento de vínculo empregatício é devido o recolhimento da contribuição previdenciária, mediante a alíquota de 20% a cargo do tomador de serviços e de 11% por parte do prestador de serviços, na qualidade de contribuinte individual, sobre o valor total do acordo, respeitado o teto de contribuição (art. 30, § 4º, art. 22, III, Lei 8.212/91) (OJ 398, SDI-I).

Federal), os arts. 832, 876, 879 e 889-A da CLT foram alterados. O art. 16 da Lei 11.457 atribui à Procuradoria-Geral Federal a representação da União, nos processos em tramitação perante a Justiça do Trabalho relacionados com a cobrança de contribuições previdenciárias, de imposto de renda retido na fonte e de multas impostas aos empregadores pelos órgãos de fiscalização das relações de trabalho, mediante delegação da Procuradoria-Geral da Fazenda Nacional.

Com a Lei 11.457/07, a União deverá não só ser intimada da decisão homologatória de acordo que contenha parcela indenizatória, como também das sentenças proferidas na ação de conhecimento, com a possibilidade da oposição de recurso ordinário (art. 832, § 5º). Trata-se de uma inovação legislativa. Anteriormente, não era possível a oposição de recurso ordinário no caso de sentença de conhecimento por parte do INSS.

Na jurisprudência dos pretórios trabalhistas, antes da edição da Lei 11.457, após o trânsito em julgado da decisão judicial, o acordo entre as partes não poderia gerar lesão ao direito de terceiro, de forma a preservar a coisa julgada.

Com a Lei 11.457, o acordo celebrado após o trânsito em julgado da sentença ou após a celebração dos cálculos de liquidação não poderá prejudicar os créditos da União, sejam eles de natureza previdenciária ou de imposto de renda retido na fonte (tributo federal) (art. 832, § 6º, da CLT).

Ao que nos parece, o art. 832, § 6º, da CLT comete uma impropriedade: a redação contempla a conjunção *ou*, logo, a princípio, pode parecer que trata de duas hipóteses distintas (acordo celebrado após o trânsito em julgado da sentença; acordo celebrado após a elaboração dos cálculos de liquidação de sentença). Vale dizer, uma hipótese contempla o trânsito em julgado e a outra hipótese, não. Na execução provisória, em que se tenha a sentença de liquidação, a exigência do recolhimento das contribuições com base na sentença é inadmissível, visto que ainda não se tem o trânsito em julgado da própria sentença de mérito. Não se pode esquecer que uma sentença, pendente de recurso, encontra-se tolhida em seus efeitos. O correto é que a contribuição previdenciária seja calculada sobre os valores da sentença quando de fato e de direito houver ocorrido o seu trânsito em julgado.

O TST firmou posição no sentido de que é devida a contribuição previdenciária sobre o valor do acordo celebrado e homologado após o trânsito em julgado de decisão judicial, respeitada a proporcionalidade de valores entre as parcelas de natureza salarial e indenizatória deferidas na decisão condenatória e as parcelas objeto do acordo (OJ 376, SDI-I). Esse entendimento está em sintonia com o art. 43, § 5º, Lei 8.212/91, o qual enuncia que na hipótese de acordo celebrado após ter sido proferida decisão de mérito a contribuição será calculada com base no valor do acordo.

Caso não haja a discriminação da natureza das parcelas constantes do acordo judicial, a incidência da contribuição previdenciária será sobre a totalidade do avençado (art. 43, § 1º, da Lei 8.212/91; art. 276, § 2º, Decreto 3.048/99).

O TST vem entendendo que a competência da Justiça do Trabalho, quanto à execução das contribuições previdenciárias, limita-se às sentenças condenatórias em pecúnia que proferir e aos valores, objeto de acordo homologado, que integrem o salário de contribuição (Súm. 368, I).

Tal entendimento não prevalecia diante da Lei 11.457/07, que promoveu a alteração do parágrafo único do art. 876 da CLT (redação anterior à Lei 13.467/17), o qual passou a prever que "*serão executadas ex officio as contribuições sociais devidas em decorrência de decisão proferida pelos Juízes e Tribunais do Trabalho, resultantes de condenações ou homologação de acordo, inclusive sobre os salários pagos durante o período contratual reconhecido*".

PARTE VI • Cap. XIV – RECURSOS TRABALHISTAS EM ESPÉCIE | 805

O TST, ao apreciar o processo ERR 346/2003-021-23-00.4, por unanimidade, manteve a atual redação do item I da Súmula 368, logo, no âmbito desta Corte trabalhista, a Justiça do Trabalho não tem competência para executar de ofício as contribuições previdenciárias não recolhidas sobre os salários de contribuição pagos na vigência da prestação dos serviços.

Em setembro de 2008, após o exame do RE 569056, o STF decidiu que a Justiça do Trabalho não tem competência para executar as contribuições previdenciárias devidas pelos salários pagos à época da prestação dos serviços. O que ensejou a edição da Súmula Vinculante 53: *"A competência da Justiça do Trabalho prevista no art. 114, VIII, da Constituição Federal alcança a execução de ofício das contribuições previdenciárias relativas ao objeto da condenação constante das sentenças que proferir e acordos por ela homologados."*

Com a Reforma Trabalhista, o art. 876, parágrafo único, CLT, positivou o entendimento consolidado pelo TST e pelo STF.

Além disso, compete à Justiça do Trabalho a execução, de ofício, da contribuição referente ao seguro de acidente de trabalho (SAT), que tem natureza de contribuição para a seguridade social (arts. 114, VIII, e 195, I, *a*, CF), pois se destina ao financiamento de benefícios relativos à incapacidade do empregado decorrente de infortúnio no trabalho (arts. 11 e 22, da Lei 8.212/1991) (Súm. 454, TST).

No caso das decisões homologatórias de acordos e das sentenças, desde que contenham verbas indenizatórias, o prazo recursal para a União é de 16 dias (art. 1º, III, Dec.-Lei 779/69), não havendo necessidade de preparo (art. 1º, IV).

A intimação da decisão homologatória de acordos ou da sentença trabalhista será na forma do art. 20 da Lei 11.033/04, ou seja, será efetuada pessoalmente ao Procurador mediante a entrega dos autos com vista.

De acordo com os arts. 832, § 7º, e 879, § 5º, da CLT o Ministro de Estado da Fazenda poderá, mediante ato fundamentado, dispensar a manifestação da União nas decisões homologatórias de acordo ou nas liquidações de sentença trabalhista em que o montante da parcela indenizatória envolvida ocasionar perda de escala decorrente da atuação do órgão jurídico.

A Portaria do Ministério da Fazenda 582, de 11-12-2013, fixou os limites de atuação do órgão jurídico quanto à Justiça do Trabalho, sendo que a Procuradoria-Geral Federal está desobrigada de manifestação quando o valor das contribuições previdenciárias devidas no processo judicial for igual ou inferior a R$ 20.000,00.

14.2.10 O Recurso Ordinário, a União e os Tributos Federais

O art. 16 (Lei 11.457/07) atribui a Procuradoria Geral Federal à representação da União, nos processos em tramitação perante a Justiça do Trabalho relacionados com a cobrança de contribuições previdenciárias, de Imposto de Renda retido na fonte e de multas impostas aos empregadores pelos órgãos de fiscalização das relações de trabalho, mediante delegação da Procuradoria-Geral da Fazenda Nacional.

A União será intimada das decisões homologatórias de acordos que contenham parcela indenizatória, na forma do art. 20, Lei 11.033/04, facultada a interposição de recurso relativo aos tributos que lhe forem devidos (art. 832, § 4º, CLT).

Intimada da sentença, a União poderá interpor recurso relativo à cobrança das contribuições previdenciárias, de Imposto de Renda retido na fonte e de multas impostas aos empregadores pelos órgãos de fiscalização das relações de trabalho (art. 832, § 5º, CLT; art. 16, § 3º, Lei 11.457).

O Ministro de Estado da Fazenda poderá, mediante ato fundamentado, dispensar a manifestação da União nas decisões homologatórias de acordos em que o montante da parcela indenizatória envolvida ocasionar perda de escala decorrente da atuação do órgão jurídico (art. 832, § 7º).

A Portaria MF 176, de 22/2/2010, fixou os limites de atuação do órgão jurídico quanto à Justiça do Trabalho, sendo que a Procuradoria-Geral Federal está desobrigada de manifestação quando: (a) o valor do acordo, na fase de conhecimento, for igual ou inferior a R$ 10.000,00; (b) o valor total das parcelas que integram o salário-de-contribuição constantes do cálculo de liquidação de sentença for igual ou inferior a R$ 10.000,00. A Portaria MF 435, de 8/9/2011, que revogou a Portaria MF 176, fixou que a Procuradoria-Geral Federal estava desobrigada do acompanhamento da execução das contribuições previdenciárias perante a Justiça do Trabalho quando o valor das contribuições previdenciárias fosse igual ou inferior a R$ 10.000,00. Atualmente, o valor é de R$ 20.000,00 (Resolução MF 582, de 11/12/2013).

Com a Portaria MF 75, de 26/3/2012, alterada pela Portaria MF 130, de 19/4/2012, o procurador requererá o arquivamento, sem baixa na distribuição, das execuções fiscais de débitos com a Fazenda Nacional, cujo valor consolidado seja igual ou inferior a R$ 20.000,00, desde que não conste dos autos garantia integral ou parcial, útil à satisfação do crédito (art. 2º).

14.2.11 O Recurso Ordinário, as Nulidades e o Protesto

Diferentemente do que ocorre no CPC, a CLT é expressa no sentido de que a apreciação das decisões interlocutórias somente ocorrerá em recurso da decisão definitiva (art. 893, § 1º). Ou seja, tem-se a irrecorribilidade das decisões interlocutórias.

Dessa forma, diante de uma decisão interlocutória, a parte prejudicada deverá fazer constar nos autos sua insatisfação (contrariedade ou impugnação) em primeira oportunidade (arts. 794[28] e segs., art. 817). Figura conhecida na prática como "protesto" ou

---

[28] "Diz o art. 794 que, nos processos sujeitos à apreciação da Justiça do Trabalho, só haverá nulidade quando resultar dos atos inquinados manifesto prejuízo às partes litigantes. É a consagração do princípio da transcendência, formulado por Couture ('Fundamentos', p. 315): 'Não há nulidade formal se o desvio não tem transcendência quanto às garantias essenciais da defesa. [...] As nulidades – estabelece o art. 795 – não serão declaradas senão mediante provocação das partes, as quais deverão argui-las à primeira vez em que tiverem de falar em audiência ou nos autos (*Ex officio*, porém, deverá ser declarada a nulidade fundada em incompetência absoluta de foro, caso

"protesto nos autos", que lembra o agravo no auto do processo do CPC 1939.[29] Wagner Giglio e Claudia Corrêa[30] afirmam: *"esse pronunciamento consiste num protesto contra o ato inquinado de nulo, numa tentativa vitoriosa, segundo a praxe trabalhista imperante, de criar um substitutivo para o agravo no auto do processo, inexistente no procedimento trabalhista".*

Com a impugnação da decisão interlocutória, salvo a reconsideração por parte do juízo, os efeitos da decisão não ocorrem, mas ficam aguardando o interesse da parte prejudicada em alegar na nulidade na fase recursal. A não alegação da impugnação feita gera a preclusão.

A insatisfação da parte expressa por escrito ou forma verbal em audiência não tem natureza jurídica de recurso, mas de mera impugnação não preclusiva da matéria que poderá ser suscitada em recurso próprio.

Por isso, a não impugnação da decisão em primeira oportunidade enseja a preclusão, como bem esclarece Pedro Paulo Teixeira Manus e Carla Teresa Martins Romar:[31] *"O processo do trabalho admite a preclusão, que ocorre pela inércia da parte, se não se manifesta contra ato do juízo na primeira oportunidade em que deve falar nos autos. [...] Assim, a parte, ao tomar ciência do ato judicial, deve manifestar contrariedade, ainda que seu prejuízo seja meramente potencial."*

A ausência de qualquer requerimento contrário ao decidido, aponta Valentin Carrion,[32] *"implica concordância tácita, acarretando preclusão e impossibilidade de justificar a reforma na instância superior, pelo que o protesto tem juridicidade e razão de ser".*

A prática do dia a dia do uso do "protesto" é criticada por Sergio Pinto Martins,[33] para quem os *"protestos não existem, porque não há disposição na lei que verse sobre o tema. É comum, contudo, na Justiça do Trabalho, consignar-se em ata tais protestos, quando uma das partes não concorda com uma determinação do juiz".*

Quando se falar em preclusão pela ausência de manifestação de contrariedade da parte, também poderá ocorrer a preclusão lógica e não apenas a temporal. Evidentemente,

---

em que serão considerados nulos os atos decisórios). É o princípio da convalidação, a que se refere Couture (p. 316): toda a nulidade, em princípio, fica sanada pelo consentimento (cf. também MATTIROLO, op. cit., p. 176) (BATALHA, Wilson de Souza Campos. *Tratado de direito judiciário do trabalho*, v. 1, p. 746).

[29] "As sentenças interlocutórias simples (v. art. 831/1) somente são recorríveis quando da sentença terminativa; não há uma norma expressa que determine se consigne o inconformismo da parte, por intermédio do protesto nos autos; este vem a ser como o antigo agravo nos autos do processo do anterior CPC, lá substituído pelo agravo de instrumento, que permanece ou não nos autos (art. 522, § 1º)" (CARRION, Valentin. *Comentários à Consolidação das Leis do Trabalho*, atualizada por Eduardo Carrion, 31. ed., p. 771).

[30] GIGLIO, Wagner; CORRÊA, Claudia Giglio Veltri. Ob. cit., p. 170.

[31] MANUS, Pedro Paulo Teixeira; ROMAR, Carla Teresa Martins. *Consolidação das Leis do Trabalho e Legislação Complementar*, 4. ed., p. 249, art. 893, nota 2.

[32] CARRION, Valentin. Ob. cit., p. 771.

[33] MARTINS, Sergio Pinto. Ob. cit., p. 451.

não se tem a preclusão nas matérias de ordem pública, as quais devem ser conhecidas de ofício, em qualquer grau de jurisdição. Portanto, com a aplicação subsidiária do CPC, entendemos que as nulidades envolvendo matérias de ordem pública (absoluta) também devem ser conhecidas de ofício e não apenas a nulidade fundada em incompetência de foro – absoluta (art. 795, § 1º, CLT). Assim, concluímos que, na verdade, o art. 795 refere-se às anulabilidades que estão sujeitas a preclusão e são passíveis de convalidação[34] (art. 794).

A insatisfação apresentada pela parte, em havendo interesse recursal, poderá ser suscitada em preliminar de recurso ordinário.

Importante destacar que a figura da contrariedade não se confunde com o agravo retido previsto no CPC. Isso porque: (a) a contrariedade não tem natureza jurídica recursal, mas sim de mera impugnação não preclusiva da matéria; (b) possuem fontes normativas distintas; (c) não há prazo para contrarrazões pela parte contrária na impugnação, o que se dará apenas na fase recursal se a matéria for suscitada; (d) não há juízo de retratação na impugnação.

Pela leitura do art. 897, § 5º, CLT, o agravo será formalizado sempre por meio de instrumento.

O art. 795, CLT, diz que as nulidades deverão ser arguidas na primeira vez em que a parte tiver que falar em audiência ou nos autos.

Para Wagner Giglio, *"na verdade as partes devem falar ([...] tiverem de falar, na expressão da lei) quando, em audiência, lhes for dada a palavra ou, nos autos, quando convocadas pelo juiz para se pronunciar. Não se justifica, assim sendo, a afoiteza das partes ou de seus advogados de requerer, intempestivamente, a consignação de seu protesto, em meio à audiência. Exceto quando expressamente convidada, pelo juiz, para se pronunciar em audiência, a primeira oportunidade para alegar nulidade ocorre nas razões finais. Fora de audiência, o momento oportuno para arguir nulidade surge quando é dada vista dos autos para pronunciamento da parte"*.

No mesmo sentido, Sergio Pinto Martins[35] leciona: *"o momento adequado de a parte falar sobre eventual nulidade é em audiência ou por ocasião de razões finais (art. 850 da CLT). Se for dada vista à parte dos autos em cartório, esse será o momento adequado de arguir a nulidade. Em segundo grau, o momento adequado é em preliminar de recurso"*.

Conquanto o processo do trabalho (assim como o processo civil), afirma Manoel Antônio Teixeira Filho,[36] *"não preveja o 'protesto' como meio de a parte externar a sua insatisfação quanto a determinado ato do juiz, o fato é que a prática tem admitido, com*

---

[34] Ao comentar o art. 245, CPC/73 (art. 278, CPC/15), Nelson Nery Junior e Rosa Maria de Andrade Nery colocam: "embora fale de nulidade, a norma regula as anulabilidades, pois somente estas estão sujeitas a preclusão". E complementa, "evidentemente a norma ser refere às anulabilidades, isto é, invalidades sanáveis, pois as nulidades absolutas, cominadas, não podem ser convalidadas nem são suscetíveis de preclusão" (Ob. cit., p. 426).

[35] MARTINS, Sergio Pinto. Ob. cit., p. 170.

[36] TEIXEIRA FILHO, Manoel Antônio. *Curso de processo do trabalho*: perguntas e respostas sobre assuntos polêmicos em opúsculos específicos, nº 7, p. 27.

amplitude, essa forma. Pessoalmente, não temos nada contra, até porque muitas nulidades nem sempre poderão ser arguidas nas razões finais – que seriam, em princípio, o momento apropriado para fazê-lo, no processo do trabalho –, considerando-se o fracionamento da audiência (inicial, instrução e julgamento), também consagrado pela praxe".

Na opinião de Eduardo Gabriel Saad,[37] *"a nulidade deve ser denunciada no momento processual imediato ao indeferimento da prova e na própria audiência (logo após o despacho do juiz) e não no recurso; neste, é ela reiterada".*

O art. 278, CPC, prevê que a nulidade dos atos deve ser alegada na primeira oportunidade em que couber à parte falar nos autos, sob pena de preclusão.

Assim, além de outras matérias, o recurso ordinário também será o momento adequado para se questionar a decisão interlocutória impugnada oportunamente pela parte prejudicada (arts. 794 e segs., art. 817, CLT), contra a qual inexiste recurso específico – princípio da irrecorribilidade das decisões interlocutórias (art. 893, § 1º).

Na prática, o protesto oral não costuma ser motivado (motivação diferida – preliminar de recurso ordinário), salvo por expressa determinação do magistrado trabalhista. Já o protesto escrito deve detalhar as razões de insatisfação da parte, até para que se permita, diante do caso concreto, a reconsideração da decisão por parte do magistrado.

14.3 AGRAVO DE INSTRUMENTO

14.3.1 Introdução

O recurso de agravo tem origem no direito português como reação da prática judiciária ante a restrição imposta por Afonso IV à faculdade de apelar contra as interlocutórias.[38]

Atualmente, vários recursos distintos carregam essa denominação: agravo interno, agravo de petição, agravo de instrumento[39] e agravo retido (o CPC/15 não mais disciplina o agravo retido).

O agravo interno, apesar de ter algumas de suas hipóteses previstas na legislação processual, por ex., no art. 1.021, CPC, seu regramento encontra-se previsto nos Regimentos Internos dos Tribunais que preveem as hipóteses de cabimento, competência, prazo etc.

O Regimento Interno do TST cuida do agravo interno nos arts. 265 e 266.

O agravo de petição, atualmente, recurso específico na seara trabalhista, é interposto contra as decisões do juiz na execução (art. 897, *a*, CLT). Com previsão no CPC 1939 (art. 846), deixou de existir no processo civil com o CPC de 1973.

---

[37]   SAAD, Eduardo Gabriel. *CLT comentada*, 32. ed., p. 530, nota 6.

[38]   BARBOSA MOREIRA, José Carlos. Ob. cit., p. 482.

[39]   O vocábulo "instrumento" denota a necessidade que se tem da formação de autos em apartado, pois o que vai para o tribunal é o apelo e não os autos do processo no qual se tem a decisão, objeto do recurso.

O art. 1.015, CPC, trata do agravo de instrumento, o qual se destina à impugnação das decisões interlocutórias que versarem sobre: (a) tutelas provisórias; (b) mérito do processo; (c) rejeição da alegação de convenção de arbitragem; (d) incidente de desconsideração da personalidade jurídica; (e) rejeição do pedido de gratuidade da justiça ou acolhimento do pedido de sua revogação; (f) exibição ou posse de documento ou coisa; (g) exclusão de litisconsorte; (h) rejeição do pedido de limitação do litisconsórcio; (i) admissão ou inadmissão de intervenção de terceiros; (j) concessão, modificação ou revogação do efeito suspensivo aos embargos à execução; (k) redistribuição do ônus da prova; (l) outros casos expressamente referidos em lei.

O CPC, em seu art. 1.042, trata do agravo contra decisão denegatória de seguimento dos recursos extraordinário e especial de forma particularizada.

No âmbito da Justiça do Trabalho, o agravo de instrumento é regido pelo art. 897, *b*, § 2º, § 4º, § 5º, § 6º e § 7º, CLT, bem como pelos demais dispositivos do direito processual do trabalho e, na omissão, pelo direito processual comum, desde que compatível com as normas e princípios daquele (art. 769, CLT; item I, IN 16, TST).

Como já visto, no processo civil, o agravo de instrumento serve para impugnar as decisões interlocutórias (art. 1.015, CPC), o que não ocorre no processo do trabalho, onde prepondera o princípio da irrecorribilidade de imediato quanto às decisões interlocutórias (art. 893, § 1º, CLT).

No processo do trabalho, diante da irrecorribilidade das decisões interlocutórias, o agravo de instrumento é o recurso oponível apenas contra ato denegatório quanto ao seguimento de recurso (art. 897, *b*, CLT). O mérito repousa no exame do ato judicial que indeferiu o processamento do recurso.

14.3.2 Cabimento e Prazo

No processo civil, o agravo de instrumento tem por escopo a impugnação quanto às decisões interlocutórias. O prazo é de 15 dias (art. 1.003, § 5º).

Pelo CPC/73, contra as decisões interlocutórias proferidas em audiência, havia a previsão do agravo retido, o qual era interposto oral e de forma imediata, constando do termo de audiência as razões (art. 523, § 3º, CPC/73). O agravo retido não é mais previsto no CPC/15.

Pelo CPC/15, as questões resolvidas na fase de conhecimento, se a decisão a seu respeito não comportar agravo de instrumento, têm de ser impugnadas em apelação, eventualmente interposta contra a sentença, ou nas contrarrazões. Sendo suscitadas em contrarrazões, o recorrente será intimado para, em quinze dias, manifestar-se a respeito delas (art. 1.009, § 1º). A impugnação não pressupõe a prévia apresentação de protesto específico contra a decisão no primeiro momento que couber à parte falar nos autos.

Há ainda o agravo de instrumento contra a decisão que não admite os recursos extraordinário e especial (art. 1.042, CPC), a ser apresentado no prazo de quinze dias.

Diante do princípio da irrecorribilidade de imediato quanto às decisões interlocutórias (art. 893, § 1º, CLT), no processo do trabalho, o agravo de instrumento tem como

PARTE VI · Cap. XIV – RECURSOS TRABALHISTAS EM ESPÉCIE | 811

única finalidade atacar decisão denegatória de seguimento do recurso ordinário, revista e agravo de petição (art. 897, *b*), sendo que o mérito repousa no exame do ato judicial que indeferiu o processamento do recurso.

Com a Lei 13.467, os prazos passam a ser contados em dias úteis (art. 775, CLT).

O agravo de instrumento será interposto no prazo de oito dias a partir da ciência da decisão denegatória de seguimento de recurso.

De acordo com o Decreto-Lei 779/69, o prazo é de 16 dias para a União, Estados, Distrito Federal e Municípios, bem como as autarquias ou fundações de direito público que não explorem atividades econômicas (art. 1º, III).

O Ministério Público também tem prazo em dobro para recorrer (art. 180, CPC).

O TST considera a ampliação dos prazos, quando houver litisconsortes passivos com procuradores distintos (art. 229, CPC), incompatível ao processo do trabalho (OJ 310, SDI-I).

Conforme entendimento do TST, na hipótese de feriado forense, incumbirá à autoridade que proferir a decisão de admissibilidade certificar o expediente nos autos, sendo admitida a reconsideração da análise da tempestividade do recurso, mediante prova documental superveniente, em agravo regimental, agravo de instrumento ou embargos de declaração (Súm. 385).

Contra a decisão denegatória de seguimento do recurso extraordinário no processo trabalhista, também será passível de agravo de instrumento. Nesse caso, o agravo de instrumento seguirá a sistemática processual recursal específica (art. 1.042, CPC; item XIII, IN 16).

O agravo de instrumento é incabível das decisões: (a) interlocutórias (art. 893, § 1º, CLT); (b) denegatórias dos embargos à execução (art. 884, CLT), sendo o recurso oponível o agravo de petição (art. 897, *a*); (c) denegatórias de seguimento a um outro agravo de instrumento pelo relator. Nessa hipótese, o correto é o agravo interno; (d) denegatórias dos embargos no TST. A solução é o agravo (art. 3º, III, *c*, da Lei 7.701/88).

Até recentemente, o TST entendia que era incabível o agravo de instrumento contra a decisão do presidente do TRT, quando admitia o processamento do recurso de revista somente por um dos fundamentos invocados (Súm. 285, TST, cancelada em 16-3-2016). Com a IN 40, de 15/3/2016, o TST passou a entender que, admitido apenas parcialmente o recurso de revista, constitui ônus da parte impugnar, mediante agravo de instrumento, o capítulo denegatório da decisão, sob pena de preclusão (art. 1º).

Assim, admitido o recurso de revista por um fundamento, devolve-se ao TST o conhecimento dos demais fundamentos para a solução apenas do capítulo impugnado (art. 1.034, parágrafo único, CPC; art. 12, IN 39, TST). Admitido apenas por um fundamento, caberá à parte fazer agravo de instrumento dos demais capítulos da sentença em que o recurso não foi admitido, sob pena de preclusão.

Se houver omissão no juízo de admissibilidade do recurso de revista quanto a um ou mais temas, será ônus da parte interpor embargos de declaração para o órgão prolator da decisão embargada supri-la (art. 1.024, § 2º, CPC), sob pena de preclusão.

812 | DIREITO PROCESSUAL DO TRABALHO • *Francisco Ferreira Jorge Neto – Jouberto de Quadros Pessoa Cavalcante*

Incorre em nulidade a decisão regional que se abstiver de exercer controle de admissibilidade sobre qualquer tema objeto de recurso de revista, não obstante interpostos embargos de declaração (art. 93, IX, CF; art. 489, § 1º, CPC). Sem prejuízo da nulidade, a recusa do presidente do TRT a emitir juízo de admissibilidade sobre qualquer tema equivale à decisão denegatória.

É ônus da parte, assim, após a intimação da decisão dos embargos de declaração, impugná-la mediante agravo de instrumento (art. 896, § 12, CLT), sob pena de preclusão.

14.3.3 Procedimento

Na Justiça do Trabalho, com o advento da Lei 9.756/98, as partes (agravante e agravado) formalizarão o agravo de instrumento com as peças necessárias para o julgamento do recurso cujo seguimento foi negado. Com o provimento do agravo de instrumento, o Tribunal prosseguirá no exame do recurso cujo processamento foi denegado no juízo *a quo*. As cópias são obrigatórias, pois, em caso de omissão, o próprio agravo não será conhecido (art. 897, § 5º, CLT).

O art. 897, § 5º, I, elenca as peças que devem ser transladadas com o agravo de instrumento de forma obrigatória: (a) cópias da decisão agravada; (b) certidão da respectiva intimação; (c) procurações outorgadas aos advogados do agravante e do agravado; (d) petição inicial; (e) contestação; (f) decisão originária (sentença ou acórdão); (g) comprovação do depósito recursal referente ao recurso que se pretende destrancar; (h) comprovação do recolhimento das custas; (i) comprovação do depósito recursal do agravo de instrumento (art. 899, § 7º, CLT, incluído pela Lei 12.275/10). São primordiais, além de obrigatórias, as cópias relativas ao recurso que foi trancado no juízo *a quo*.

Apesar da previsão legal expressa, o TST considera que para a formação do agravo de instrumento não é necessária a juntada de comprovantes de recolhimento de custas e de depósito recursal relativamente ao recurso ordinário, desde que não seja objeto de controvérsia no recurso de revista a validade daqueles recolhimentos (OJ 217, SDI-I).

Além das peças obrigatórias, de forma facultativa, poderão ser apresentadas outras peças que a agravante reputar úteis ao deslinde da matéria de mérito controvertida.

O agravo não será conhecido se o instrumento não contiver as peças necessárias para o julgamento do recurso denegado, incluindo a cópia do respectivo arrazoado e da comprovação de satisfação de todos os pressupostos extrínsecos do recurso principal (item III, IN 16/99).

A juntada da ata de audiência, em que está consignada a presença do advogado do agravado, desde que não estivesse atuando com mandato expresso, torna dispensável a procuração deste, porque demonstrada a existência de mandato tácito. Configurada a existência de mandato tácito, fica suprida a irregularidade detectada no mandato expresso (OJ 286, I e II).

É regular a representação processual do subscritor do agravo de instrumento ou do recurso de revista que detém mandato com poderes de representação limitados ao âmbito do TRT, pois, embora a apreciação desse recurso seja realizada pelo TST, a sua interposição é ato praticado perante o TRT, circunstância que legitima a atuação do advogado no feito (OJ 374).

PARTE VI · Cap. XIV – RECURSOS TRABALHISTAS EM ESPÉCIE | 813

Para comprovar a tempestividade do recurso de revista no agravo de instrumento interposto na vigência da Lei 9.756/98, basta a juntada da certidão de publicação do acórdão dos embargos declaratórios opostos perante o TRT, se conhecidos (OJ 17, SDI-I transitória).

A certidão de publicação do acórdão regional é peça essencial para a regularidade do traslado do agravo de instrumento interposto na vigência da Lei 9.756, porque imprescindível para aferir a tempestividade do recurso de revista e para viabilizar, quando provido, seu imediato julgamento, salvo se nos autos houver elementos que atestem a tempestividade da revista (OJ 18, SDI-I transitória).

Mesmo na vigência da Lei 9.756/98, a ausência de peças desnecessárias à compreensão da controvérsia, ainda que relacionadas no inciso I, § 5º, art. 897, da CLT, não implica o não conhecimento do agravo (OJ 19, SDI-I transitória).

Para aferição da tempestividade do AI interposto pelo Ministério Público, desnecessário o traslado da certidão de publicação do despacho agravado, bastando a juntada da cópia da intimação pessoal na qual conste a respectiva data de recebimento (LC 75/93, art. 84, IV) (OJ 20, SDI-I transitória).

As peças trasladadas conterão informações que identifiquem o processo do qual foram extraídas, autenticadas uma a uma, no anverso e verso. Tais peças poderão ser declaradas autênticas pelo próprio advogado, sob sua responsabilidade pessoal. Não será válida a cópia de despacho ou de decisão que não contenha a assinatura do juiz prolator, nem as certidões subscritas por serventuário sem as informações exigidas (item IX, IN 16/99 alterada pela Resolução 102/00).

Distintos os documentos contidos no verso e anverso, é necessária a autenticação de ambos os lados da cópia (OJ 287, SDI-I).

Inexistindo impugnação da parte contrária, bem como o disposto no art. 795 da CLT, é válida a autenticação aposta em uma face da folha que contenha documento que continua no verso, por constituir documento único (OJ 23, SDI-I transitória).

Cumpre às partes providenciar a correta formação do instrumento, não comportando a omissão em conversão em diligência para suprir a ausência de peças, ainda que essenciais (item X, IN 16).

Não há como dizer que a exigência de traslado de peças necessárias ao julgamento de ambos os recursos (o agravo e o recurso principal) somente se tornou obrigatória após a edição da IN 16, pois trata-se apenas de meio destinado à interpretação das novas exigências que se tornaram efetivas a partir da vigência da Lei 9.756/98 (OJ 16, SDI-I transitória).

O agravo de instrumento, protocolizado e autuado, será concluso ao juiz prolator do despacho agravado, para reforma ou confirmação da decisão impugnada, observada a competência estabelecida nos arts. 659, VI, e 682, IX, da CLT (item IV, IN 16).

Diante da interposição do agravo de instrumento perante o juízo agravado, temos: (a) a peça será instruída com os elementos necessários; (b) com a formulação do juízo de retratação, o agravante perde o seu interesse recursal; (c) sem a retratação, o agravo será processado, com a intimação da parte contrária para contraminuta e com posterior remessa para a autoridade competente para conhecer do recurso cujo seguimento foi negado (art. 897, § 4º, CLT).

O agravado será intimado para oferecer resposta ao agravo e ao recurso principal (item VI, IN 16), instruindo-a com as peças que considerar necessárias ao julgamento de ambos os recursos (art. 897, § 6º, CLT). O prazo para a contraminuta é de oito dias.

É válido o traslado de peças essenciais efetuado pelo agravado, pois a regular formação do agravo incumbe às partes e não somente ao agravante (OJ 283, SDI-I).

Obrigatoriamente, será certificada nos autos principais a interposição do agravo de instrumento e a decisão que determina o seu processamento ou a decisão que reconsidera o despacho agravado (item V, IN 16).

14.3.4 Preparo Recursal

14.3.4.1 *Custas Processuais*

No processo de conhecimento trabalhista, não se tem a exigência do pagamento de custas processuais para o processamento do agravo de instrumento (item XI, IN 16).

Enquanto no processo de execução são devidas custas processuais, sempre de responsabilidade do executado e pagas ao final (art. 789, *caput*, CLT) no valor de R$ 44,26 (art. 789-A, III).

14.3.4.2 *Depósito Recursal*

Com o advento da Lei 12.275/10, e a inclusão do § 7º ao art. 899, CLT, passou-se a exigir o depósito recursal para o agravo de instrumento no ato de interposição do recurso, correspondente a 50% do valor do depósito do recurso ao qual se pretende destrancar.

Quando o agravo de instrumento tem a finalidade de destrancar recurso de revista que se insurge contra decisão que contraria a jurisprudência uniforme do TST, consubstanciada nas suas Súmulas ou em Orientação Jurisprudencial, não haverá obrigatoriedade de se efetuar o depósito recursal (art. 899, § 8º, CLT, incluído pela Lei 13.015/14). A dispensa de depósito recursal (art. 899, § 8º) não será aplicável aos casos em que o agravo de instrumento se refira a uma parcela de condenação, pelo menos, que não seja objeto de arguição de contrariedade a súmula ou a orientação jurisprudencial do TST. Quando a arguição a que se refere o *caput* deste artigo revelar-se manifestamente infundada, temerária ou artificiosa, o agravo de instrumento será considerado deserto (art. 23 do Ato 491, SEGJUD.GP, de 23/9/2014).

O recolhimento do depósito recursal deve observar a IN 3/93, TST, alterada pelas Resoluções 168/10, 180/12 e 190/13.

A partir da Reforma Trabalhista (Lei 13.467), o depósito recursal será feito em conta vinculada ao juízo e corrigido com os mesmos índices da poupança (art. 899, § 4º, CLT).

Considerando a natureza do depósito recursal (garantia da execução), caso o agravante já tenha feito outro depósito judicial/recursal do valor integral da condenação ou esteja garantida integralmente a execução pela penhora, entendemos que o depósito recursal do agravo de instrumento se mostra desnecessário.

PARTE VI • Cap. XIV – RECURSOS TRABALHISTAS EM ESPÉCIE | 815

O trabalhador, quando reclamante e na qualidade de agravante, também não precisa fazer o depósito recursal, visto que ele é o próprio credor.

O beneficiário da assistência judiciária gratuita está dispensado do depósito.

Quando da interposição do recurso, é necessário que a comprovação do preparo se faça com a documentação original. Se isto não for possível, que sejam juntadas cópias autenticadas ou que a autenticação da cópia ocorra na forma do art. 830, CLT, pelo próprio advogado (TST – 8ª T. – AIRR 95-55.2010.5.03.0136 – Rela Mina Dora Maria da Costa – *DEJT* 22/6/2012; TST – 7ª T. – AIRR 8600-63.2009.5.09.0666 – Rela Mina Delaíde Miranda Arantes – *DEJT* 20/4/2012; TST – 2ª T. – AIRR 2475-54.2010.5.18.0000 – Rel. Min. Renato de Lacerda Paiva – *DEJT* 23/9/2011).

14.3.5   Processamento

A IN 16/99, item II, determina que o agravo de instrumento será dirigido à autoridade judiciária do despacho agravado, sendo processado em autos apartados.

A interposição do agravo de instrumento, bem como a decisão que determina o processamento ou a decisão que reconsidera o despacho, devem ser certificadas nos autos.

No processo trabalhista, mantida a decisão pelo juízo agravado, após a oportunidade de manifestação contrária (contraminuta), o agravo de instrumento será remetido e julgado pelo tribunal que seria competente para conhecer do recurso cuja interposição foi denegada.

Se o recurso denegado trata de agravo contra decisão denegatória do processamento de agravo de petição ou recurso ordinário, a competência é do TRT, por meio do pleno ou das Turmas. Se se tratar de decisão denegatória do processamento do recurso de revista, o agravo será julgado pelo TST, em uma de suas Turmas.

O juiz relator, estando a decisão recorrida em sintonia com o enunciado, poderá denegar seguimento ao recurso de revista, de embargos ou agravo de instrumento (art. 932, IV, *a*, CPC).

Se o agravo de instrumento for rejeitado de forma monocrática pelo juiz relator no TRT ou TST, dessa decisão caberá o agravo (art. 896, § 12).

Nos TRTs, aplica-se de forma subsidiária o CPC, ou seja, o art. 932, com a possibilidade da interposição de agravo no prazo de oito dias (IN 17/00, TST; Súm. 435, TST).

Provido o agravo de instrumento, no processo do trabalho, a Turma deliberará sobre o julgamento do recurso principal, observando-se, se for o caso, daí em diante, o procedimento relativo a esse recurso (art. 897, § 7º, CLT; item VII, IN 16/99).

Da certidão de julgamento do agravo provido constará o resultado da deliberação relativa à apreciação do recurso destrancado (item VIII, IN 16).

A tramitação e o julgamento de agravo de instrumento no juízo competente obedecerão à disciplina legal e ao constante dos respectivos Regimentos Internos (item XII).

Pela Resolução Administrativa 1.418, de 30/8/2010, o TST determinou que o agravo não mais será formado em apartado e sim processado nos próprios autos, com as seguintes regras: (a) o agravo de instrumento interposto de despacho que negar seguimento a recurso para o TST deve ser processado nos autos do recurso denegado (art. 1º); (b) após a juntada da petição de agravo de instrumento, o processo será concluso ao juiz prolator do despacho agravado, para sua reforma ou confirmação (art. 2ºo, *caput*). Mantido o despacho e não havendo outro recurso admitido, o agravo de instrumento será autuado no TRT (§ 1º). Havendo agravo de instrumento e também recurso admitido, o processo será remetido ao TST com a classe processual anterior à interposição dos recursos, cabendo ao TST proceder à devida autuação do processo (art. 2º, § 2º); (c) nos processos em que haja agravo de instrumento e também recurso admitido, se provido o agravo, será publicada certidão para efeito de intimação das partes, dela constando que o julgamento de ambos os recursos ocorrerá na primeira sessão ordinária subsequente à data da publicação, com a determinação de nova autuação do processo e a alteração dos registros (art. 3º, *caput*). Após o julgamento dos recursos, haverá a lavratura de um único acórdão, que conterá também os fundamentos do provimento do agravo de instrumento, fluindo a partir da data da publicação do acórdão o prazo para interposição de recursos (art. 3º, § 1º). Se não for conhecido ou provido o agravo de instrumento, será de imediato julgado o recurso, com lavratura de um único acórdão, que consignará os fundamentos de ambas as decisões (art. 3º, § 2º). Interposto apenas agravo de instrumento, se lhe for dado provimento, observar-se-á o procedimento descrito no art. 3º, § 1º (art. 4º).

De acordo com o Ato SEJUD.GP 342/10 do TST, o agravo de instrumento endereçado ao TST será processado de forma eletrônica, não tendo mais a parte recorrente a obrigatoriedade quanto ao fornecimento de cópias para a formação do agravo.

Juntamente com outros tribunais, o TRT da 2ª Região disciplinou o processamento do agravo de instrumento nos próprios autos principais quando houver recurso de ambas as partes (art. 173, RITRT).

O agravo de instrumento de despacho denegatório de recurso extraordinário obedecerá à sistemática recursal específica para o STF (art. 1.042, NCPC e item XIII, IN 16).

Como os demais recursos que são interpostos em uma instância e remetidos para outra instância ou órgão julgador, o agravo de instrumento contém duas partes: (a) petição de interposição. Dirigida ao juízo *a quo*, contém requerimentos quanto a admissibilidade e regular processamento do recurso, a intimação da parte contrária e remessa ao tribunal competente. Também é o momento processual adequado para se pedir ao juízo *a quo* a reconsideração da decisão agravada, pela aplicação do art. 1.018, § 1º, CPC. A relação das peças e a indicação dos nomes (das partes, dos patronos e seus endereços) poderão constar da petição de interposição ou em relação anexa às razões do agravo (art. 1.016, CPC); (b) razões recursais. Dirigida ao juízo *ad quem*, leva ao tribunal as questões envolvendo a reforma ou invalidação da decisão denegatória de seguimento do recurso, com pedido e requerimentos finais quanto à admissibilidade, processamento e ao acolhimento do agravo para determinar o regular processamento do recurso denegado e, consequentemente, o julgamento desse recurso.

Não se deve esquecer de juntar as peças processuais para formação do instrumento, devidamente autenticadas (IN 16).

Interposto o agravo de instrumento, a parte contrária será intimada para apresentar sua contraminuta ao agravo e, no mesmo prazo, as contrarrazões ao recurso denegado (ordinário, revista ou agravo de petição), no prazo de oito dias (art. 897, § 6º, CLT).

PARTE VI · Cap. XIV – RECURSOS TRABALHISTAS EM ESPÉCIE | **817**

A contraminuta efetiva o princípio do contraditório, de modo que nessa oportunidade caberá à parte interessada se opor às alegações do recurso.

Nessa oportunidade, poderá o agravado apresentar outras peças processuais que julgar necessárias (todas devidamente autenticadas).

14.3.6 Efeitos

No processo civil, o agravo de instrumento devolve à instância superior o exame das decisões interlocutórias.

Na Justiça do Trabalho, a análise será do despacho denegatório do seguimento do recurso (art. 897, *b*, CLT). O juízo *ad quem* deve examinar o despacho denegatório, aferindo se foi proferido de acordo com os princípios legais. Se provido o agravo, deverá prosseguir no exame dos demais pressupostos extrínsecos e intrínsecos do recurso trancado (OJ 282, SDI-I).

O agravo de instrumento não possui efeito suspensivo (art. 899). Nesse sentido, o agravo de instrumento interposto contra o despacho que não receber agravo de petição não suspende a execução da sentença (art. 897, § 2º, CLT).

14.4 AGRAVO INTERNO OU REGIMENTAL

14.4.1 Introdução

O recurso de agravo tem origem no direito português como reação da prática judiciária ante a restrição imposta por Afonso IV à faculdade de apelar contra as interlocutórias.[40]

Atualmente, há vários recursos distintos que carregam essa denominação: agravo interno (ou regimental), agravo de petição, agravo de instrumento[41] e agravo retido.

Tradicionalmente conhecido como agravo regimental, parte da doutrina processual civil prefere denominar esse recurso de agravo interno. Nesse sentido, ao comentar o art. 557, § 1º, CPC/73, leciona Antônio Cláudio da Costa Machado:[42] *"o agravo aqui instituído bem pode ser denominado de 'agravo interno', porque não forma instrumento, não fica retido, nem se confunde com o previsto pelo art. 544; agravo interno porque se processa nos próprios autos para o julgamento imediato pelo órgão competente (preferimos a qualificação 'interno' à 'regimental', uma vez que esse agravo se encontra hoje regulado pelo próprio CPC e não exclusivamente por regimento interno, mas a utilização do adjetivo 'regimental' não é de todo inadequada pelo passado legislativo desse instituto)".*

---

40   BARBOSA MOREIRA, José Carlos. Ob. cit., p. 482.

41   O vocábulo "instrumento" denota a necessidade que se tem da formação de autos em apartado, pois o que vai para o Tribunal é o apelo e não os autos do processo no qual se tem a decisão, objeto do recurso.

42   MACHADO, Antônio Cláudio da Costa. Ob. cit., p. 970.

No agravo interno, apesar de ter algumas de suas hipóteses previstas na legislação processual, por ex., no art. 1.021, CPC/15, seu regramento encontra-se previsto nos regimentos internos dos tribunais (norma *interna corporis*) que preveem as hipóteses de cabimento, competência, prazo etc.

O RITST cuida do agravo interno em seus arts. 265 e 266.

A respeito da natureza jurídica do agravo há duas correntes doutrinárias. Uma corrente *"que tem como membro Teixeira Filho advogando a tese de que não se constitui propriamente modalidade de recurso. O argumento utilizado é o de que não se pressupõe o julgamento por um órgão hierarquicamente superior, mas sim pelo próprio órgão ao qual pertence o juiz prolator do despacho agravado. Assevera essa corrente, por outro lado, que nesse recurso não há a ouvida da outra parte nem se admite sustentação oral das partes, tratando-se simplesmente de provocar complementação do despacho atacado. Situando-se em polo diametralmente oposto está outra corrente, da qual faço parte, que defende a natureza recursal do instituto, pois que apresenta ele os pressupostos objetivos dos recursos em geral e visa à revisão de uma decisão judicial. Com efeito, a circunstância de não se ouvir a parte contrária é irrelevante, porquanto também tal fato se acha presente nos embargos de declaração, que para muitos são considerados recursos. Ademais, a circunstância de não se permitir sustentação oral das partes também se acha presente no recurso de agravo de instrumento que, sem qualquer sombra de dúvida, tem natureza recursal"*.[43]

Considerando o novo regramento processual civil e a necessidade de o TST se posicionar, ainda que não de forma exaustiva, sobre a aplicação de várias regras e de institutos disciplinados pelo CPC ao processo do trabalho, foi editada a IN 39. Nesse aspecto, o TST entendeu aplicável ao processo do trabalho o art. 1.021, CPC, exceto quanto ao prazo do recurso (art. 3º, XXIX, IN 39).

14.4.2 Hipóteses de Cabimento

O art. 709, § 1º, da CLT, prevê o agravo regimental para o Órgão Especial do TST quanto às decisões proferidas nas correições parciais pelo Corregedor-Geral da Justiça do Trabalho.

Com a Lei 13.467/17, cabe agravo regimental contra; (a) a decisão do relator no tribunal que acolher ou rejeitar o incidente de desconsideração da personalidade jurídica (art. 855-A, § 1º, III, CLT); (b) decisão do ministro relator quando denegar seguimento ao recurso de revista que não demonstrar transcendência; (art. 896-A, § 2º, CLT); (c) decisão do ministro relator quando denegar seguimento ao recurso de revistas nas hipóteses de intempestividade, deserção, irregularidade de representação ou de ausência de qualquer outro pressuposto extrínseco ou intrínseco de admissibilidade (art. 896, § 14).

As Turmas do TST terão competência para julgar, em última instância, os agravos regimentais (art. 5º, *c*, Lei 7.701/88).

---

[43] DINIZ, José Janguiê Bezerra. *Os recursos no direito processual trabalhista*, p. 175.

PARTE VI · Cap. XIV – RECURSOS TRABALHISTAS EM ESPÉCIE | **819**

Compete à SDI julgar, em última instância, os agravos regimentais de despachos denegatórios dos presidentes das Turmas, em matéria de embargos, na forma estabelecida no RITST (arts. 3º, III, *c*, e 71).

É de atribuição da SDC julgar, em última instância, os embargos de declaração opostos aos seus acórdãos e os agravos regimentais pertinentes aos dissídios coletivos (art. 2º, II, *d*, e 70).

Em linhas gerais, nos regimentos internos dos TRTs, o agravo regimental é previsto nas seguintes decisões: (a) do presidente da corte, quando exerce a função de corregedor; (b) do presidente do Tribunal, do vice-presidente, do corregedor ou do vice-corregedor, dos presidentes dos grupos de Turmas, dos presidentes de Turmas ou dos relatores, desde que haja prejuízo às partes em relação à decisão praticada; (c) do relator que indeferir petição de ação rescisória; (d) do relator que indeferir de plano o pedido de mandado de segurança; (e) do relator que conceder ou denegar o pedido de medida liminar.

O recurso oponível, quando se indefere a petição da ação rescisória e do mandado de segurança, é o ordinário. Será o caso de agravo regimental quando houver somente o indeferimento da liminar quanto ao mandado de segurança (Súm. 158 e 201, TST).

No âmbito do TST, cabe agravo interno contra decisão dos Presidentes do Tribunal e das Turmas, do Vice-Presidente, do Corregedor-Geral da Justiça do Trabalho ou de relator, nos termos da legislação processual, no prazo de oito dias úteis, pela parte que se considerar prejudicada, salvo nos casos em que haja recurso próprio ou decisão de caráter irrecorrível (art. 265, RITST).

É incabível agravo (art. 1.021, CPC) contra decisão proferida por órgão colegiado. Tais recursos destinam-se, exclusivamente, a impugnar decisão monocrática nas hipóteses expressamente previstas. Inaplicável, no caso, o princípio da fungibilidade ante a configuração de erro grosseiro (OJ 412, SDI-I).

Conforme entendimento do TST, na hipótese de feriado forense, incumbirá à autoridade que proferir a decisão de admissibilidade certificar o expediente nos autos, sendo admitida a reconsideração da análise da tempestividade do recurso, mediante prova documental superveniente, em agravo regimental, agravo interno, agravo de instrumento ou embargos de declaração (Súm. 385).

14.4.3 Processamento

Publicado o despacho que indeferir a concessão de liminar ou do prosseguimento de recurso, ou a decisão do corregedor geral, terá a parte o prazo legal de 15 dias para sua interposição (art. 1.021, CPC). Nos regimentos internos, o prazo costuma ser de cinco ou de oito dias.

O juiz prolator do despacho ou decisão agravada pode rever a decisão (juízo de consideração). Em caso contrário, o agravo regimental será colocado em mesa para julgamento pela corte que conheceria do recurso ou do processo trancado, com prévia publicação de pauta. Não se tem a ocorrência de contrarrazões, bem como de sustentação oral.

O agravo regimental é recebido somente no efeito devolutivo (art. 899, CLT). O juiz relator, diante de um agravo regimental, pode reconsiderar o seu ato, mas, não poderá jamais indeferir o seu processamento. Se indeferir o processamento, o remédio competente é o mandado de segurança. Nesse sentido, o teor do art. 317, § 4º, do Regimento Interno do STF.

Nas petições de agravo no TST, o agravante informará o número de inscrição das partes no cadastro de pessoas físicas ou jurídicas da Receita Federal do Brasil, salvo impossibilidade que comprometa o acesso à justiça, expressamente justificada na própria petição (Atos SEJUD.GP 440/12 e 713/12 do TST).

Por falta de previsão legal, não existem custas processuais ou depósito recursal a serem realizados para o agravo.

Quando o agravo interno for declarado manifestamente inadmissível ou improcedente em votação unânime, o órgão colegiado, em decisão fundamentada, condenará o agravante a pagar ao agravado uma multa fixada entre 1% e 5% do valor atualizado da causa. A interposição de qualquer outro recurso está condicionada ao depósito prévio do valor da multa aplicada, à exceção da Fazenda Pública e do beneficiário de gratuidade, que farão pagamento ao final (art. 1.021, §§ 4º e 5º, CPC; OJ 389, SDI-I).

Como os demais recursos que são interpostos em uma instância e remetidos para outra instância ou órgão julgador, o agravo contém duas partes: (a) petição de interposição. Dirigida ao juízo *a quo*, contém requerimentos quanto à admissibilidade e ao regular processamento do recurso, à intimação da parte contrária e remessa ao órgão jurisdicional competente. Também é o momento processual adequado para se pedir ao juízo *a quo* a reconsideração da decisão agravada; (b) razões recursais. Dirigida ao juízo *ad quem*, leva ao tribunal as questões envolvendo a reforma da decisão denegatória de seguimento do recurso (impugnação específica dos fundamentos da decisão agravada), com pedido e requerimentos finais quanto à admissibilidade, ao processamento e acolhimento do agravo para determinar o regular processamento do recurso denegado e, consequentemente, o julgamento desse recurso.

Interposto o agravo, a parte contrária será intimada para apresentar sua contraminuta ao agravo no prazo de oito dias.

A contraminuta efetiva o princípio do contraditório, de modo que nessa oportunidade caberá à parte interessada se opor às alegações do recurso.

14.5 AGRAVO DE PETIÇÃO

14.5.1 Cabimento

O agravo de petição é o recurso cabível das decisões do juiz na execução[44] (art. 897, *a*, CLT). Contudo, como regra, as decisões interlocutórias são irrecorríveis (art. 893, § 1º, CLT, Súm. 214, TST).

---

[44] O Enunciado 40 da Jornada Nacional sobre Execução na Justiça do Trabalho (realizada nos dias 24 a 26 de novembro de 2010 em Cuiabá) assim dispõe: "I. Não cabe correição parcial como substituta de recurso na execução. II. A decisão proferida em correição parcial ou pedido de providências

PARTE VI · Cap. XIV – RECURSOS TRABALHISTAS EM ESPÉCIE | 821

Assim, devemos ter uma interpretação sistemática dos dispositivos legais, de modo a concluir qual é a decisão na execução atacável pelo recurso de agravo de petição.

Os despachos de mero expediente e as decisões interlocutórias, mesmo na execução, são irrecorríveis no processo do trabalho. Nem mesmo a decisão interlocutória que tenha cunho decisório pode ser impugnada pelo agravo de petição. Logo, a decisão que não admite a produção de determinada prova na execução ou que recusa a nomeação de bens não pode ser atacada de imediato. Restando, por consequência lógica, a decisão que resolve a execução com ou sem mérito (decisões definitivas ou terminativas).

Acrescente-se que nem todas as sentenças na execução (sentido lato) são recorríveis. Por exemplo: as sentenças de liquidação, as quais serão impugnadas na oportunidade dos embargos à execução ou na impugnação à sentença de liquidação (art. 884). A liquidação é uma fase preparatória da execução (sentido lato). Só caberá o agravo quando a decisão proferida em liquidação rejeitar os artigos de liquidação. Assim, como regra, o agravo de petição é oponível na execução propriamente dita, a qual tem início com o despacho do juiz que determina a citação do devedor (art. 880).

O cabimento do agravo de petição, no entanto, tem-se mostrado muito controvertido na doutrina.

Na análise do tema, Manoel Antonio Teixeira Filho[45] entende que: *"1) por princípio, apenas comportam agravo de petição as sentenças e as decisões, exceto quanto a estas, as que julgam a liquidação; 2) consequentemente, não são impugnáveis, por esse remédio, os despachos de mero expediente, os despachos com conteúdo decisório (exceto os que denegarem a interposição de recurso) e as decisões interlocutórias, observada, quanto a estas, a regra do art. 893, § 1º, da CLT".*

Amador Paes de Almeida[46] e Wagner Giglio e Claudia Giglio Veltri Corrêa[47] admitem o agravo de petição contra sentença proferida em embargos à execução, arrematação e adjudicação.

Excepcionalmente, Francisco Antonio de Oliveira[48] admite que *"o agravo de petição poderá fazer as vezes do agravo de instrumento do processo comum. Isso se dá em certas decisões interlocutórias mistas com a paralisação do processo, v. g., envio ao arquivo porque a parte não atendeu determinação de apresentar cálculos em cinco dias, ou ainda com intensidade de verdadeira decisão terminativa, v. g., indeferimento de novos juros e correção com o arquivamento do processo".*

---

para sustar ou reformar atos praticados pelo juízo de execução, seja pela Corregedoria Regional ou Geral, viola frontalmente os princípios do devido processo legal, contraditório e da ampla defesa, subtraindo o julgamento do órgão constitucionalmente investido para tal".

[45] TEIXEIRA FILHO, Manoel Antonio. Ob. cit., p. 405-406.

[46] ALMEIDA, Amador Paes. *CLT comentada*, 3. ed., p. 501.

[47] GIGLIO, Wagner; CORRÊA, Claudia Giglio Veltri. Ob. cit., p. 483.

[48] OLIVEIRA, Francisco Antonio de. *Comentários à Consolidação das Leis do Trabalho*, 3. ed., p. 886.

De forma mais abrangente, Amauri Mascaro Nascimento[49] considera: *"as duas oportunidades nas quais o juiz decide definitivamente na execução de sentença são os embargos à penhora e os embargos à praça. Pode, também, decidir os artigos de liquidação, julgando-os não provados. Nesses três casos cabe agravo de petição contra as decisões proferidas em embargos à penhora, embargos à praça e artigos de liquidação julgados não provados. Porém, a lei abre campo para que outras decisões de execução também sejam agraváveis, já que não faz essa restrição. Assim, o despacho que determina o levantamento dos depósitos da execução é agravável. Também o despacho que nega o levantamento é passível de agravo. Cabe restrição aos despachos simples, de mera rotina e andamento do processo e que, se agraváveis, tornariam impraticável o desenvolvimento do processo, truncado que ficaria com sucessivos recursos, impedindo a sua marcha para frente. De qualquer modo, a amplitude do texto legal não é um mal, porque permite sempre um policiamento da segunda instância sobre os atos praticados pela instância ordinária nas execuções de sentença."*

Para João de Lima Teixeira Filho,[50] salvo as decisões interlocutórias que são irrecorríveis, *"todas as demais decisões em execução são passíveis de ataque pelo agravo de petição. Restringir o cabimento deste apelo, pela natureza da decisão, equivale a malferir a garantia da defesa ampla, com os meios e recursos a ela inerentes (art. 5º, LV, da CF)".*

Nessa linha, Valentin Carrion[51] considera que o *"agravo de petição é o recurso específico contra qualquer decisão do juiz na execução, após o julgamento de embargos do executado (art. 884)".*

Em face da omissão da lei, José Augusto Rodrigues Pinto[52] admite o agravo de petição: *"a) das decisões definitivas em processo de execução trabalhista; (b) das decisões interlocutórias que envolverem matéria de ordem pública a justificar novo exame de seu conteúdo".*

Em nossa opinião, o agravo de petição é cabível nas hipóteses de decisão que: (a) aprecia os embargos à execução, impugnação à sentença de liquidação, embargos à expropriação (arrematação; adjudicação e alienação por iniciativa particular) e os embargos de terceiro; (b) acolhe a exceção de pré-executividade; (c) não encerra o processo de execução, contudo, pelo seu conteúdo causa gravame à parte (ex.: o indeferimento de levantamento de valores depositados); (d) encerra ou obsta prosseguimento da execução (ex.: indefere a desconsideração da personalidade jurídica; rejeição da penhora sobre um determinado bem, etc.); (e) rejeita os artigos de liquidação; (f) extingue a execução, como é o caso do indeferimento do pedido de diferenças por atualização ou do acolhimento da prescrição intercorrente.

O Enunciado 53 da Jornada Nacional sobre Execução na Justiça do Trabalho (realizada nos dias 24 a 26 de novembro de 2010 em Cuiabá) assim dispõe: *"Não cabe*

---

[49]   NASCIMENTO, Amauri Mascaro. *Curso de direito processual do trabalho*, 21. ed., p. 576.

[50]   SÜSSEKIND, Arnaldo; MARANHÃO, Délio; VIANNA, Segadas; TEIXEIRA, Lima. *Instituições de direito do trabalho*, v. 2, 22. ed., p. 1504.

[51]   CARRION, Valentin. Ob. cit., p. 796.

[52]   PINTO, José Augusto Rodrigues. *Execução trabalhista*, 11. ed., p. 407.

agravo de petição de decisão interlocutória, ressalvadas as hipóteses em que estes atos se equiparam à decisão terminativa do feito, com óbice ao prosseguimento da execução, ou quando a pretensão recursal não possa ser manejada posteriormente."

Das decisões proferidas pelos TRTs ou por suas turmas, em execução de sentença, inclusive em processos incidentes de embargos de terceiro, não caberá recurso de revista, salvo na hipótese de ofensa direta e literal da CF (art. 896, § 2º, CLT).

Se o valor dado à causa for de até dois salários-mínimos, é incabível o agravo de petição, exceto se envolver matéria constitucional (art. 2º, § 4º, Lei 5.584/70).

O Enunciado 50 da Jornada Nacional sobre Execução na Justiça do Trabalho (2010, em Cuiabá) assim dispõe: *"Não cabe agravo de petição nas execuções de até 2 (dois) salários-mínimos, por aplicação do art. 2º, §§ 3º e 4º, da Lei nº 5.584/1970, recepcionados pela Constituição Federal."*

14.5.2 Matérias

Podem ser arguidas em sede de agravo de petição as matérias próprias aos embargos à execução, ou seja, cumprimento da sentença exequenda; cumprimento do acordo; quitação e prescrição (art. 884, CLT), sendo que o CPC ainda prevê: (a) falta ou nulidade de citação no processo de conhecimento, se a ação lhe correu à revelia; (b) inexequibilidade do título ou inexigibilidade da obrigação; (c) ilegitimidade de parte; (d) cumulação indevida de execuções; (e) excesso de execução ou nulidade desta até a penhora; (f) qualquer causa impeditiva, modificativa ou extintiva da obrigação, como pagamento, novação, compensação com execução aparelhada, transação ou prescrição, desde que supervenientes à sentença; (g) incompetência do juízo da execução, bem como suspeição ou impedimento do juiz (arts. 910 e 525, § 1º, CPC).

Também pode ser reiterada em sede de agravo de petição a impugnação feita à sentença de liquidação (valor do crédito).

O cabimento do agravo de petição exige que a parte tenha questionado as matérias nos embargos à execução ou na impugnação à sentença de liquidação. Tal exigência não abarca as matérias de ordem pública.

Além dos requisitos objetivos e subjetivos exigidos para os recursos em geral, o agravo de petição exige a delimitação das matérias e valores impugnados (o remanescente é denominado de valor incontroverso). Essa exigência é um pressuposto objetivo de admissibilidade do recurso. Assim, não é mais possível a oposição do agravo de petição de forma genérica e ampla (art. 897, § 1º, CLT).

Tanto é assim que não fere direito líquido e certo o prosseguimento da execução quanto aos tópicos e valores não especificados no agravo de petição (Súm. 416, TST).

A obrigatoriedade de delimitação dos valores é para o recurso do devedor (ou executado), normalmente, a empresa. A delimitação do valor não é um requisito imposto ao credor (ou exequente).

Não havendo controvérsia sobre valores, não é o caso de delimitação.

Com a obrigação de a parte indicar as matérias e valores impugnados, o recurso de agravo de petição não poderá ser por mera petição (art. 899, CLT), ainda que no exercício do *ius postulandi.*

Não atendida essa exigência, não cabe prazo suplementar, nem determinação judicial para que se adite o recurso, por falta de previsão legal e porque os requisitos de admissibilidade do recurso devem ser comprovados quando da interposição.

O Enunciado 51 da Jornada Nacional sobre Execução na Justiça do Trabalho (2010, em Cuiabá) assim dispõe: *"Há exigência de nova delimitação de cálculos, em agravo de petição, quando acolhidos em parte os embargos à execução ou impugnação à sentença de liquidação, que implica alteração dos cálculos anteriormente elaborados; e o executado deixa de recorrer de algum dos pontos em que foi sucumbente."*

14.5.3 Prazo

Com a Lei 13.467/17, os prazos passam a ser contados em dias úteis (art. 775, CLT).

O prazo para a interposição é de oito dias.

A União, Estados, Distrito Federal, Municípios, autarquias, fundações de direito público e o Ministério Público têm prazo em dobro. O INSS também terá prazo em dobro.

O prazo para as contrarrazões sempre é de oito dias.

O TST considera a ampliação dos prazos quando existir litisconsorte passivo, com procuradores distintos (art. 229, CPC), incompatível ao processo do trabalho (OJ 310, SDI-I).

14.5.4 Depósito Recursal

A exigência de depósito no processo de execução observa o seguinte: (a) a inserção da vírgula entre as expressões "... aos embargos" e "à execução..." é atribuída a erro de redação, devendo ser considerada a locução "embargos à execução"; (b) dada a natureza jurídica dos embargos à execução, não será exigido depósito para a sua oposição quando estiver suficientemente garantida a execução por depósito recursal já existente nos autos, efetivado no processo de conhecimento, que permaneceu vinculado à execução, e/ou pela nomeação ou apreensão judicial de bens do devedor, observada a ordem preferencial estabelecida em lei; (c) garantida integralmente a execução nos embargos, só haverá exigência de depósito em qualquer recurso subsequente do devedor se tiver havido elevação do valor do débito, hipótese em que o depósito recursal corresponderá ao valor do acréscimo, sem qualquer limite; (d) o depósito será efetivado pelo executado recorrente, mediante guia de depósito judicial expedida pela Secretaria Judiciária, à disposição do juízo da execução (item IV, IN 3, TST).

Com a Lei 13.467, as entidades filantrópicas e aqueles que compõem ou compuseram a diretoria dessas instituições estão dispensados de fazer a garantia da execução ou indicar bens à penhora como requisito extrínseco dos embargos à execução (art. 884, § 6º, CLT). Citado dispositivo é aplicável às execuções iniciadas a partir de 11 de novembro de 2017 (art. 16, IN 41/18, TST).

PARTE VI · Cap. XIV – RECURSOS TRABALHISTAS EM ESPÉCIE | 825

Com a garantia do juízo (penhora ou o depósito do valor da execução), o depósito só será exigível em caso de elevação do valor do débito, o que é difícil de ocorrer. Por exemplo: (a) a sentença de liquidação fixa o crédito em R$ 4.000,00; (b) o exequente e o executado discordam da sentença, impugnando-a no momento oportuno (art. 884, CLT); (c) a impugnação do exequente é acolhida. O valor é fixado em R$ 20.000,00. Originariamente, o juízo está garantido até o montante de R$ 4.000,00. Para recorrer (agravo de petição), o recorrente deverá fazer o depósito do acréscimo – R$ 16.000,00. Contudo, nem sempre a decisão fixa a diferença de forma líquida, logo, não será exigível a complementação, pois não se tem a noção concreta do montante.

De acordo com o item II da Súmula 128 do TST, garantido o juízo, na fase executória, a exigência de depósito para recorrer de qualquer decisão viola os incisos (II e LV) do art. 5º, CF. Contudo, se houver a elevação do valor do débito, exige-se a complementação da garantia do juízo.

O Enunciado 52 da Jornada Nacional sobre Execução na Justiça do Trabalho (2010, Cuiabá) assim dispõe: *"Impõe-se a garantia integral do juízo para a admissibilidade do agravo de petição. Exigir-se-á complementação da garantia em caso de majoração da execução, inclusive em face de condenação por ato atentatório à dignidade da justiça ou por litigância de má-fé (Lei nº 8.542/92, art. 8º e Instrução Normativa 03/93, item IV, alínea 'c', do Tribunal Superior do Trabalho)."*

Nas execuções contra a Fazenda Pública, a devedora será citada para opor embargos sem a garantia em juízo (arts. 535 e 910, CPC), já que os bens públicos são impenhoráveis (art. 100, CC) e a Fazenda Pública paga suas dívidas no sistema de precatório (art. 100, CF). Assim, também quando da interposição do agravo de petição, não se exige depósito recursal (art. 1º, IV, Dec.-lei 779/69).

O depósito recursal não tem natureza de taxa de recurso e sim de garantia do juízo recursal (art. 899, CLT; art. 40, Lei 8.177/91).

O TST, ao admitir expressamente o incidente de desconsideração da personalidade jurídica no processo do trabalho, previu a possibilidade do agravo de petição como meio de atacar a decisão do incidente (em fase de execução), independentemente de garantia do juízo (art. 6º, II, IN 39/2016, art. 855-A, § 1º, II, CLT, Lei 13.467).

14.5.5 Custas

No processo de execução são devidas custas, sempre de responsabilidade do executado e pagas ao final (art. 789-A, *caput*, CLT), de conformidade com o tipo de ato processual (tabela prevista nos incisos I a IX do art. 789-A).

Para o agravo de petição, o valor das custas é de R$ 44,26.

Independentemente de quem seja a agravante, as custas serão pagas a final, sendo a responsabilidade do executado.

Ressalte-se que, em se tratando de embargos de terceiro, incidentes em execução, ajuizados anteriormente à Lei 10.537/02, incabível a exigência do recolhimento de custas para a interposição de agravo de petição por falta de previsão legal (OJ 53, SDI-I transitória).

826 DIREITO PROCESSUAL DO TRABALHO • *Francisco Ferreira Jorge Neto – Jouberto de Quadros Pessoa Cavalcante*

A partir de 1º de janeiro de 2011, nos termos do Ato Conjunto 21 TST.CSJT.GP.SG, de 7-12-2010, publicado no *DEJT* 9-12-2010, as custas processuais passaram a ser recolhidas em GRU Judicial.

14.5.6 Efeitos

Como os demais recursos trabalhistas, o agravo de petição só tem o efeito devolutivo (art. 899, CLT).

Se o agravo de petição somente discute os limites da liquidação (o valor efetivamente devido e que foi apurado – *quantum debeatur*), o valor incontroverso será executado de forma definitiva, por carta de sentença ou nos próprios autos, se o agravo for remetido ao Tribunal em autos apartados.

Tanto é assim que não fere direito líquido e certo o prosseguimento da execução quanto aos tópicos e valores não especificados no agravo de petição (Súm. 416, TST).

No caso de o agravo de petição abranger matérias próprias quanto à penhora e seus desdobramentos, não cogitando do montante devido, a execução é provisória, não se permitindo atos judiciais de alienação.

14.5.7 Processamento

O agravo será interposto perante o juízo da vara do trabalho, com as suas razões endereçadas para o tribunal regional do trabalho.

Deverá ser processado em autos apartados, quando a parte deverá juntar todas as peças necessárias para o exame da matéria controvertida, ou nos próprios autos, se tiver sido determinada a extração de cumprimento provisório de sentença ("carta de sentença") (art. 897, § 3º).

O julgamento ocorrerá nas turmas dos TRTs, exceto se não houver essa divisão, hipótese em que a análise caberá ao pleno do tribunal. O processamento é mais rápido em relação aos demais tipos de recursos, pois o processo encontra-se em execução.

Admite-se o recurso adesivo ao agravo de petição (Súm. 283, TST).

Denegado seguimento ao agravo de petição, em primeira instância, o remédio oponível é o agravo de instrumento.

Indeferido o processamento do agravo de petição pelo tribunal, o recurso de revista é incabível, exceto se for o caso de ofensa à CF (art. 896, § 2º, CLT). Da mesma forma, se o tribunal rejeitar no mérito o agravo de petição.

A admissibilidade do recurso de revista interposto de acórdão proferido em agravo de petição, na liquidação de sentença ou em processo incidente na execução, inclusive os embargos de terceiro, depende de demonstração inequívoca de violência direta à CF (Súm. 266, TST).

A admissibilidade do recurso de embargos contra acórdão de turma em recurso de revista em fase de execução, publicado na vigência da Lei 11.496/07, condiciona-se à demonstração de divergência jurisprudencial entre turmas ou destas e a SDI em relação à interpretação de dispositivo constitucional (Súm. 433, TST).

PARTE VI · Cap. XIV – RECURSOS TRABALHISTAS EM ESPÉCIE | 827

Como os demais recursos que são interpostos em uma instância e remetidos para outra instância ou órgão julgador, o agravo de petição contém duas partes: (a) petição de interposição. Dirigida ao juízo *a quo*, contém requerimentos quanto à admissibilidade e ao regular processamento do recurso, à intimação da parte contrária e remessa dos autos ao tribunal competente. No caso de apresentação de guias do preparo recursal, é importante informar que se encontram anexas; (b) razões recursais. Dirigida ao juízo *ad quem*, leva ao tribunal as questões processuais e materiais para, via de regra, nova apreciação. Assim, sugerimos o seguinte desenvolvimento: identificação do processo; saudação ao tribunal e julgadores; breve resumo do processo; questões processuais (matéria de protestos realizados no curso do processo; preliminares processuais: condições da ação, pressuposto de validade e desenvolvimento do processo etc.); prejudiciais de mérito (decadência e prescrição); questões de mérito; pedido e requerimentos finais (admissibilidade, processamento e acolhimento); informar o recolhimento do preparo recursal. De acordo com o art. 897, § 1º, CLT, quando da formulação das razões recursais, a parte agravante deve delimitar, justificadamente, as matérias e os valores impugnados, inclusive, indicando o valor incontroverso da execução.[53]

Após a admissibilidade do recurso, a parte contrária será intimada para apresentar suas contrarrazões no prazo de oito dias (art. 900, CLT).

As contrarrazões efetivam o princípio do contraditório, de modo que nessa oportunidade caberá à parte interessada se opor às alegações do recurso. Como regra, são descabidas alegações de insatisfação da parte em contrarrazões, o que deve ser feito em recurso próprio. Contudo, também devem ser alegadas as questões envolvendo a admissibilidade do recurso.

14.5.8   O Agravo de Petição e a Execução das Contribuições Previdenciárias

Além da discussão quanto aos incidentes da execução e de outras matérias (art. 884, § 1º, CLT; art. 525, § 1º, CPC), o devedor poderá discutir a matéria pertinente às contribuições sociais (art. 884, § 3º) em sede de embargos à execução.

Se o devedor discutir os valores e a questão da responsabilidade em relação às contribuições sociais, o juiz deverá dar ciência dos embargos ao credor trabalhista e ao previdenciário.

---

[53] "AGRAVO DE INSTRUMENTO EM RECURSO DE REVISTA. CERCEAMENTO DE DEFESA. AUSÊNCIA DE DELIMITAÇÃO DE VALORES. AGRAVO DE PETIÇÃO NÃO CONHECIDO. A decisão regional foi proferida com base em legislação infraconstitucional, mais precisamente no artigo 897, § 1º, da CLT, o qual dispõe que o agravo de petição só será recebido quando o agravante delimitar, justificadamente, as matérias e os valores impugnados, providência não satisfeita no presente caso. Eventual violação reflexa de dispositivo da Constituição Federal não se insere nas condições estabelecidas no artigo 896, § 2º, da CLT e na Súmula nº 266 desta Corte. Agravo de instrumento a que se nega provimento" (TST – 7ª T. – AIRR 219100-98.2005.5.08.0109 – Rel. Min. Cláudio Mascarenhas Brandão – *DJe* 6/6/2014).

Para o credor trabalhista e o previdenciário, o valor da contribuição social será objeto de apreciação, por intermédio da impugnação à sentença de liquidação. O prazo é de cinco dias, que será computado a partir da ciência da garantia do juízo (art. 884, § 3º).

Como forma de observar os princípios do contraditório e do amplo direito de defesa, evitando nulidades, o juiz deve dar ciência das impugnações apresentadas para todas as partes envolvidas na controvérsia.

O prazo para manifestação contrária em relação às impugnações e aos embargos à execução é de cinco dias (art. 900).

Os embargos e as impugnações à liquidação apresentadas pelas partes serão julgados pela mesma sentença (art. 884, § 4º).

No caso de divergência das partes (o credor trabalhista, o credor previdenciário e o devedor) a respeito da sentença, que julgou as impugnações e os embargos à execução, o recurso próprio é o agravo de petição (art. 897, § 3º).

Nas situações em que o agravo de petição envolver somente a contribuição previdenciária, o juiz da execução determinará a extração de cópias das peças necessárias, que serão autuadas em apartado e remetidas à instância superior para a devida apreciação, após a concessão do prazo para contraminuta (art. 897, § 8º).

Do acórdão que julgar o agravo de petição no tribunal regional do trabalho a respeito da contribuição previdenciária somente caberá recurso de revista se a matéria impugnada envolver violação direta e literal da CF (art. 896, § 2º).

O Enunciado 49 da Jornada Nacional sobre Execução na Justiça do Trabalho (2010, em Cuiabá) assim dispõe: *"Cabe agravo de petição pela União, e não recurso ordinário, contra decisão homologatória de acordo no que diz respeito à natureza das parcelas discriminadas, uma vez que o processo já se encontra em fase de execução."*

14.6 RECURSO DE REVISTA

14.6.1 Breve Histórico

O recurso de revista surge na Constituição de 1824 (art. 164), sendo apenas regulamentado em 1828. A competência era do Supremo Tribunal Federal (STF), também recém-criado por aquela Constituição.

Na Constituição de 1891, o recurso para o STF era inominado (art. 60, § 1º) e, apesar da doutrina já denominá-lo assim, somente com a Constituição de 1934 o recurso dirigido ao STF passou a ser denominado de recurso extraordinário (art. 76, III), o que se manteve nas Constituições seguintes.

No Código de Processo Civil (art. 853, CPC/39), o recurso de revista era cabível de decisões finais divergentes das diversas turmas, câmaras ou grupos de câmaras de um mesmo tribunal, na maneira de interpretar o direito em tese, não se prestando a discutir matéria de fato. O intuito era a uniformização da interpretação de uma lei (questão de direito), não objetivando reparar injustiças ou incorreções contra o direito da parte, permanecendo dessa forma até o advento do CPC/73.

PARTE VI · Cap. XIV – RECURSOS TRABALHISTAS EM ESPÉCIE | **829**

Na seara trabalhista, apareceu inicialmente como recurso inominado (art. 76, Dec.--lei 1.237/39[54]), e passou a ser denominado recurso extraordinário pelo regulamento da Justiça do Trabalho (art. 203, Decreto 6.596/40[55]), o qual disciplinou o Dec.-lei 1.237, com a exigência de demonstração de violação literal do dispositivo de lei ou de divergência jurisprudencial para o seu cabimento.

Na primeira redação da Consolidação das Leis do Trabalho (Dec.-lei 5.452/43), o recurso era intitulado de recurso extraordinário, o que foi mantido na primeira reformulação do art. 896 (Dec.-lei 8.737/46).

Pouco tempo depois de a Justiça do Trabalho passar a integrar o Poder Judiciário (CF, 1946), o recurso ganha nova denominação – "recurso de revista" (Lei 861/49) –, com a finalidade precípua de uniformizar a jurisprudência no âmbito nacional.

A alteração da denominação foi importante, passando a evitar confusões que se fizessem com o recurso extraordinário constitucionalmente previsto como de competência do STF.

Ao longo da história, o art. 896 da CLT, que cuida do recurso de revista, sofreu outras alterações, promovidas pela Lei 2.244/54, Dec.-lei 229/67, Lei 5.442/68, Lei 7.701/88,[56] Lei 9.756/98 e Lei 9.957/00.

A MP 2.226/01 acrescentou o art. 896-A à CLT, que trata da temática da transcendência quanto ao cabimento do recurso de revista.

A Lei 13.015/14 trouxe alterações quanto ao recurso de revista, alterando a redação do art. 896, bem como acresceu ao texto da CLT os arts. 896-B e 896-C, os quais tratam dos recursos de revista repetitivos.

A Lei 13.467/17 regulamentou a transcendência quanto ao recurso de revista (art.896-A), bem como: (a) fixou a necessidade da transcrição, no caso de suscitar preliminar de nulidade do julgado por negativa de prestação jurisdicional, o trecho dos embargos declaratórios em que foi pedido o pronunciamento do tribunal sobre questão veiculada no recurso ordinário e o trecho da decisão regional que rejeitou os embargos quanto ao pedido, para cotejo e verificação, de plano, da ocorrência da omissão (art. 896, § 1º-A, IV); (b) procedeu à revogação dos §§ 3º a 6º do art. 896, CLT, os quais tratavam da uniformização

---

[54] Art. 76, Dec.-lei 1.237/39 – Quando a decisão do Conselho Regional der à mesma lei inteligência diversa da que tiver sido dada por outro Conselho ou pelo Conselho Nacional do Trabalho, caberá recurso para este. Parágrafo único. O recurso terá efeito devolutivo, salvo ao presidente do tribunal, no caso de divergência manifesta, dar-lhe também efeito suspensivo.

[55] Art. 203, Decreto 6.596/40 – Cabe recurso extraordinário das decisões proferidas em única instância pelos Conselhos Regionais, que derem à mesma lei interpretação diversa da que já tiver sido dada por outro Conselho Regional ou pela Câmara de Justiça do Trabalho ou ainda pelo Conselho Nacional do Trabalho, na plenitude de sua composição.§ 1º O recurso extraordinário será interposto no prazo de quinze dias para a Câmara de Justiça do Trabalho, ou para o Conselho Pleno, quando se tratar de interpretação deste.§ 2º O recurso terá efeito devolutivo, salvo ao juiz ou presidente do tribunal recorrido, no caso de divergência manifesta, dar-lhe também efeito suspensivo.

[56] Súm. 312, TST – É constitucional a alínea *b* do art. 896 da CLT, com a redação dada pela Lei 7.701, de 21/12/1988.

de jurisprudência; (c) criou a possibilidade de interposição do agravo, quando o relator do recurso de revista denegar-lhe seguimento, em decisão monocrática, nas hipóteses de intempestividade, deserção, irregularidade de representação ou ausência de qualquer outro pressuposto extrínseco ou intrínseco de admissibilidade (art. 896, § 14); (d) estabeleceu a interposição do agravo em relação a decisão do ministro relator, quando denegar seguimento ao recurso de revista, que não demonstrar transcendência; (art. 896-A, § 2º).

14.6.2 Cabimento

14.6.2.1 Introdução

Nos termos da legislação atual (art. 896, *a* a *c*, e os §§ 2º e 10, CLT, com a redação dada pela Lei 13.015), cabe o recurso de revista para uma das turmas do Tribunal Superior do Trabalho (TST) das decisões proferidas em grau de recurso ordinário, em dissídio individual, pelos Tribunais Regionais do Trabalho (TRT), quando na fase de:

a) conhecimento: (1) a decisão recorrida dá ao mesmo dispositivo de lei federal interpretação diversa da que lhe houver dado outro tribunal regional, no seu pleno ou turma, ou a Seção de Dissídios Individuais (SDI), ou a Súmula de jurisprudência uniforme do TST ou Súmula Vinculante do STF. É válida, para efeito de conhecimento do recurso de revista, a invocação de Orientação Jurisprudencial do TST, desde que, das razões recursais, conste o seu número ou conteúdo (OJ 219, SDI-I); (2) o acórdão recorrido dá a idêntico dispositivo de norma jurídica (lei estadual, convenção coletiva de trabalho, acordo coletivo, sentença normativa ou regulamento empresarial) de observância obrigatória, em área territorial que exceda a jurisdição do tribunal regional prolator da decisão recorrida, interpretação divergente da que houver sido dada por outro tribunal regional do trabalho (pleno ou turma), ou a SDI, ou a Súmula ou OJ do TST ou Súmula Vinculante do STF (inovação pela Lei 13.015); (3) proferidas com violação literal de disposição de lei federal ou afronta direta e literal à CF; (4) a decisão recorrida violar súmula ou tese jurídica prevalecente no TRT (não conflitante com súmula ou orientação jurisprudencial do TST);

b) execução: (1) a decisão recorrida contiver ofensa direta e literal de norma da CF; (2) nas hipóteses de execuções fiscais e nas controvérsias relacionadas com a certidão negativa de débitos trabalhistas (CNDT), por violação da lei federal, por divergência jurisprudencial e por ofensa à CF.

De modo geral, têm-se duas situações de cabimento do recurso de revista: (a) decorrente da interpretação divergente (recurso de revista de divergência); (b) violação de norma jurídica (recurso de revista de nulidade).Assim, são incabíveis os recursos de revista e ou de embargos (arts. 896 e 894, II, CLT) para reexame de fatos e provas (Súm. 126, TST). Da mesma forma, ocorrem com os recursos extraordinário (Súm. 279, STF) e especial (Súm. 7, STJ).

PARTE VI · Cap. XIV – RECURSOS TRABALHISTAS EM ESPÉCIE | 831

Do julgamento de mérito do incidente de resolução de demandas repetitivas (IRDR) (arts. 976 a 986, CPC) é cabível recurso de revista para o TST (art. 8°, § 2°, IN 39/16, TST).

14.6.2.2 *Hipóteses*

14.6.2.2.1 Divergência Jurisprudencial (Art. 896, Alínea *a*)

A divergência jurisprudencial prevista no art. 896, *a*, CLT, está relacionada com decisões que deram ao mesmo dispositivo de lei federal interpretação diversa, abrangendo:

a) um outro TRT, no seu pleno ou turma (interpretação jurisprudencial horizontal). Não serve ao conhecimento de recurso de revista aresto oriundo de mesmo TRT, salvo se o recurso houver sido interposto anteriormente à vigência da Lei 9.756/98 (OJ 111, SDI-I);

b) a SDI do TST (interpretação jurisprudencial vertical). É importante ressaltar que a divergência não é com acórdãos das Turmas do TST, já que a decisão turmária pode ser reapreciada e reformada pela própria seção, pela interposição de embargos (art. 894, II), eliminando-se a divergência ensejadora do recurso de revista;

c) súmula de jurisprudência uniforme do TST. Também é válida, para efeito de conhecimento do recurso de revista ou de embargos, a invocação de orientação jurisprudencial do TST, desde que, das razões recursais, conste o seu número ou conteúdo (OJ 219, SDI-I). A Lei 13.015/14 é explícita a permitir a OJ como hipótese da demonstração da divergência, na medida em que o art. 896, § 1°-A, indica que a parte deve também indicar se a decisão recorrida contém contrariedade à orientação jurisprudencial;

d) súmula vinculante do STF;

e) súmula regional ou a tese jurídica prevalecente no TRT.

A finalidade do recurso de revista é a uniformização da jurisprudência trabalhista, já que não é recomendável que os tribunais trabalhistas tenham interpretações antagônicas em matérias idênticas, o que resulta em insegurança nos jurisdicionados, que se sentem confusos e de certo modo desalentados sempre que os tribunais não lhes definem a melhor interpretação para o texto legal.

Os acórdãos (recorrido e paradigma) devem versar sobre pontos interpretativos controversos sobre o mesmo dispositivo de lei federal.

A divergência jurisprudencial ensejadora da admissibilidade, do prosseguimento e do conhecimento do recurso há de ser específica, revelando a existência de teses diversas na interpretação de um mesmo dispositivo legal, embora idênticos os fatos que as ensejaram (Súm. 296, I), de modo que não ofende o art. 896, CLT, decisão de turma que, examinando premissas concretas de especificidade da divergência colacionada no apelo revisional, conclui pelo conhecimento ou desconhecimento do recurso (Súm. 296, II).

A expressão "interpretação diversa" deve ser entendida como julgados conflitantes. Não basta a simples divergência de interpretação, mas que essas sejam de fato conflitantes e específicas. Nesse sentido se traduzem aquelas decisões que apreciam idêntica situação jurídica. O acórdão paradigma deve ter enfrentado a mesma hipótese do acórdão impugnado.

A divergência apta a ensejar o recurso de revista deve ser atual, não se considerando como tal a ultrapassada por súmula (TST ou STF), ou superada por iterativa e notória jurisprudência do TST (art. 896, § 7º; Súm. 333, TST).

O recurso de revista, mesmo contrário à jurisprudência atual, iterativa e notória do TST, deverá ser admitido quando colidir com a jurisprudência do STF (Súm. 401, STF).

Quando o recurso fundar-se em dissenso jurisprudencial, incumbe ao recorrente o ônus de produzir prova da divergência jurisprudencial, mediante certidão, cópia ou citação do repositório de jurisprudência, oficial ou credenciado, inclusive em mídia eletrônica, em que houver sido publicada a decisão divergente, ou, ainda, pela reprodução de julgado disponível na Internet, com indicação da respectiva fonte, mencionando, em qualquer caso, as circunstâncias que identifiquem ou assemelhem os casos confrontados (art. 896, § 8º, CLT; Súm. 337, TST).

Para a comprovação da divergência justificadora do recurso, deve ser observado o seguinte:

a) é necessário que o recorrente junte certidão ou cópia autenticada do acórdão paradigma ou cite a fonte oficial ou o repositório autorizado em que foi publicado;

b) é necessário que o recorrente transcreva, nas razões recursais, as ementas e/ou trechos dos acórdãos trazidos à configuração do dissídio, demonstrando o conflito analítico de teses que justifique o conhecimento do recurso, ainda que os acórdãos já se encontrem nos autos ou venham a ser juntados com o recurso (art. 896, § 1º-A, CLT, Lei 13.015/14; CLT; Súm. 337, I, TST). São fontes oficiais de publicação dos julgados: o Diário Eletrônico da Justiça do Trabalho, a Revista do TST, as revistas publicadas pelos TRTs, os sítios do TST e dos TRTs na rede mundial de computadores e os repositórios autorizados a publicar a jurisprudência trabalhista (art. 250, parágrafo único, RITST). A concessão de registro de publicação como repositório autorizado de jurisprudência do TST torna válidas todas as suas edições anteriores (Súm. 337, II);

c) a mera indicação da data de publicação, em fonte oficial, de aresto paradigma não é válida para comprovação de divergência jurisprudencial, nos termos do item I, a, da Súmula 337, quando a parte pretende demonstrar o conflito de teses mediante a transcrição de trechos que integram a fundamentação do acórdão divergente, uma vez que só se publicam o dispositivo e a ementa dos acórdãos (Súm. 337, III);

d) é válida para a comprovação da divergência jurisprudencial justificadora do recurso a indicação de aresto extraído de repositório oficial na Internet, desde que o recorrente: (1) transcreva o trecho divergente; (2) aponte o sítio de onde foi extraído; e (3) decline o número do processo, o órgão prolator do acórdão e a data da respectiva publicação no *Diário Eletrônico da Justiça do Trabalho* (Súm. 337, IV);

PARTE VI · Cap. XIV – RECURSOS TRABALHISTAS EM ESPÉCIE | 833

e) a existência do código de autenticidade na cópia, em formato pdf, do inteiro teor do aresto paradigma, juntada aos autos, torna-a equivalente ao documento original e também supre a ausência de indicação da fonte oficial de publicação;

f) na IN 23, de 5/8/2003, o TST estabelecia procedimentos quanto à demonstração da divergência no recurso de revista, ao indicar que: (1) junte certidão ou cópia autenticada do acórdão paradigma ou cite a fonte oficial ou repositório em que foi publicado; (2) transcreva, nas razões recursais, as ementas e/ou trechos dos acórdãos trazidos à configuração do dissídio, demonstrando os conflitos de teses que justifiquem o conhecimento do recurso, ainda que os acórdãos já se encontrem nos autos ou venham a ser juntados com o recurso.

No âmbito do STF, quando houver necessidade de demonstração de dissídio jurisprudencial no recurso extraordinário, o recorrente fará a prova da divergência mediante certidão, cópia autenticada ou pela citação do repertório de jurisprudência, oficial ou credenciado em que tiver sido publicada a decisão divergente, mencionando as circunstâncias que identifiquem ou assemelhem os casos confrontados (art. 1.029, § 1º, CPC; Súm. 291, STF).

A prova da divergência também poderá ser feita por meio de repertório oficial ou credenciado de jurisprudência, inclusive em mídia eletrônica, em que tiver sido publicada a decisão divergente, ou, ainda, pela reprodução de julgado disponível na Internet, com indicação da respectiva fonte (art. 1.029, § 1º, CPC).

O Ato 421/99, do Min. Wagner Pimenta, presidente do TST, cuida do registro de repertório oficial, exigindo que os repertórios e revistas tenham edição periódica, pelo menos semestral, e tiragem mínima de três mil exemplares que reproduzam, na íntegra, decisão do TST, obrigatoriamente, e dos tribunais regionais do trabalho. Admite-se a utilização do sistema em CD-rom.

O Ato 651/09 acresceu o § 3º ao art. 1º do Ato 421/99, dispondo que a página em portal da Rede Mundial de Computadores poderá ser inscrita como repositório autorizado de jurisprudência desde que: (a) seja certificada pela Infraestrutura de Chaves Pública Brasileira (ICP-Brasil); (b) possua base de dados própria; (c) forneça a íntegra dos acórdãos publicados; (d) permita a utilização de diversos navegadores e tenha disponibilidade do sítio de, no mínimo, 99,9%, conforme média de mercado, para grandes provedores de serviços *on-line*.

Além disso, não se conhece de revista quando a decisão recorrida resolver determinado item do pedido por diversos fundamentos, e a jurisprudência transcrita não abranger a todos (Súm. 23, TST). Com isso, *"deve a parte, para que a revista ou os embargos possam ser conhecidos, tomar a cautela de indicar jurisprudência que abranja todo o fundamento do julgado. Assim, se a decisão recorrida alijou a pretensão por vários fundamentos, a revista ou os embargos terão de ser instruídos com jurisprudência que abranja todos os fundamentos"*.[57]

---

[57] OLIVEIRA, Francisco Antonio. *Comentários às súmulas do TST,* 10. ed., 2010, p. 86.

Manoel Antonio Teixeira Filho[58] considera que a Súm. 23 do TST *"comete a injustiça de exigir-lhe que transcreva pronunciamentos jurisdicionais abrangentes de todos os fundamentos adotados pela decisão impugnada; e o que é mais grave, afasta-se de certos princípios processuais consagrados, que dizem da ampla devolutibilidade dos recursos, máxime em se tratando de* quaestio iuris, *que é justamente o caso da revista".*

Para fins de implemento da Súmula 23, não é necessário que o acórdão paradigma adotado pelo recorrente contenha todas as teses necessárias para justificar a divergência em relação ao acórdão recorrido. Pode o recorrente se valer de vários acórdãos distintos. O importante é que a jurisprudência colhida pelo recorrente, mesmo que seja embasada em vários acórdãos, ataque na íntegra os fundamentos adotados pelo acórdão recorrido (TST – SDI-I – E-ED-RR 73500-49.2006.5.22.0003 – Rel. Min. Brito Pereira – *DJE* 6/6/2013).

O art. 896, § 1º-A, I a IV, menciona ser ônus da parte, quando da formulação das razões do recurso de revista, sob pena de não conhecimento, indicar: (a) o trecho do acórdão recorrido que consubstancia o prequestionamento da controvérsia; (b) de forma explícita e fundamentada, a contrariedade à norma jurídica (lei; súmula ou orientação jurisprudencial do TST; súmula vinculante do STF); (c) as razões do pedido de reforma, impugnando todos os fundamentos jurídicos da decisão recorrida, inclusive mediante demonstração analítica de cada dispositivo de lei, da CF, de súmula ou OJ cuja contrariedade aponte; (d) a transcrição, no caso de suscitar preliminar de nulidade do julgado por negativa de prestação jurisdicional, do trecho dos embargos declaratórios em que foi pedido o pronunciamento do tribunal sobre questão veiculada no recurso ordinário e do trecho da decisão regional que rejeitou os embargos quanto ao pedido, para cotejo e verificação, de plano, da ocorrência da omissão.

Na IN 23, o TST estabelecia procedimentos quanto à demonstração das razões do recurso de revista, ao indicar que: "II – Explicitar que é ônus processual da parte demonstrar o preenchimento dos pressupostos intrínsecos do recurso de revista, indicando qual o: (a) trecho da decisão recorrida que consubstancia o prequestionamento da controvérsia trazida no recurso; (b) dispositivo de lei, súmula, orientação jurisprudencial do TST ou ementa (com todos os dados que permitam identificá-la) que atrita com a decisão regional".

Não se conhece recurso para o TST (Súm. 422, I), pela ausência do requisito de admissibilidade (art. 1.010, II, CPC), quando as razões do recorrente não impugnam os fundamentos da decisão recorrida nos termos em que fora proposta.

14.6.2.2.2 Divergência Jurisprudencial (Art. 896, Alínea *b*)

A hipótese do art. 896, *b*, CLT, é relativa à divergência de interpretação de lei estadual, convenção ou acordo coletivo do trabalho, sentença normativa ou regulamento de empresa de observância obrigatória em área territorial que exceda a jurisdição do tribunal regional do trabalho prolator do acórdão.

---

[58] TEIXEIRA FILHO, Manoel Antonio. *Curso de direito processual do trabalho*, v. 2, p. 1.622.

PARTE VI · Cap. XIV – RECURSOS TRABALHISTAS EM ESPÉCIE | 835

A divergência jurisprudencial deve estar relacionada com: (a) acórdãos de outros tribunais regionais do trabalho, por meio do pleno ou das turmas; (b) decisões da SDI; (c) súmula ou orientação jurisprudencial (OJ 219, SDI-I); (d) súmula vinculante do STF.

A admissibilidade do recurso de revista tem como pressuposto a indicação expressa do dispositivo de lei ou da CF tido como violado (Súm. 221, TST).

A interpretação razoável de preceito de lei, ainda que não seja a melhor, não dá ensejo à admissibilidade ou ao conhecimento de recurso de revista.

O TST entende que é inadmissível o recurso de revista fundado tão somente em divergência jurisprudencial, se a parte não comprovar que a lei estadual, a norma coletiva ou o regulamento da empresa extrapolam o âmbito do TRT prolator da decisão recorrida (OJ 147, SDI-I).

Em função dessa previsão legal (art. 896, *b*), todas as fontes do direito do trabalho, excluindo-se as de cunho legislativo federal, são passíveis de discussão na revista, no sentido de se lhes fixar a correta interpretação, mas sob o enfoque exclusivo da demonstração de existência de divergência jurisprudencial.

A lei estadual, para ser objeto de discussão, deve envolver uma norma trabalhista. Naturalmente, a divergência de interpretação pode surgir quando o estado disciplina as relações jurídicas com os servidores que são contratados sob a égide do regime celetista. No entanto, como regra, tal norma não ultrapassará os limites territoriais de um estado (pacto federativo, art. 1º, CF), de modo que não se consegue demonstrar o requisito de admissibilidade do recurso. Contudo, é de se ressaltar que no Estado de São Paulo há dois TRTs (2ª Região e 15ª Região). Na hipótese de haver divergência jurisprudencial sobre a interpretação de lei estadual pelos Tribunais mencionados, o recurso de revista será admitido.

Em determinadas situações, o exame de convenção ou acordo coletivo, sentença normativa ou regulamento de empresa, pode envolver a apreciação de fatos e provas. Nessas circunstâncias, é incabível o recurso de revista (Súm. 126, TST). O recurso de revista é cabível quando se tiver a divergência interpretativa, mas, que não esteja relacionada com aspectos fáticos da negociação coletiva e suas cláusulas. Vale dizer, a divergência há de existir no fundamento jurídico do instrumento normativo, com evidência no alcance de interpretação.

Evidentemente, também caberá o recurso de revista se houver questionamento de validade na norma no sistema jurídico, *v. g.*, quando se mostrar em conflito com a CF (art. 896, *c*), questão essa que poderá até mesmo ser divergente na jurisprudência, como ocorreu com a possibilidade de a norma coletiva de trabalho fixar um prazo decadencial para a empregada gestante demitida informar o empregador (OJ 88, SDI-I, antiga redação, atualmente cancelada, e OJ 30, SDC).

14.6.2.2.3 Violação Literal de Dispositivo de Lei Federal ou Afronta Direta e Literal da Constituição Federal (Art. 896, Alínea *c*)

A última hipótese de cabimento do recurso de revista prevista no art. 896, CLT, é se a decisão for proferida com violação literal de dispositivo de lei federal ou afronta direta e literal à CF (alínea *c*).

A violação da lei, autorizadora da revista, deve ser literal, categórica, frontal, seja a texto da norma de direito (material ou processual), no âmbito constitucional ou não, ou a princípios constitucionais.

A afronta à CF deverá ser direta, não se admitindo violação reflexa (ou indireta).

Aloysio Santos[59] aponta algumas situações de violação direta e literal da Constituição. São elas: *"(a) permitir a redução do salário do trabalho, fundado em acordo individual (porquanto o artigo 7º, inciso VI, da CF, fala em acordo ou convenção coletiva); (b) deferir o 13º salário calculado apenas sobre o salário-base ('ferindo de morte o disposto no artigo 7º, inciso VIII, da mesma Lei); (c) admitir remuneração do trabalho em horas extraordinárias com adicional de 30% (trinta por cento), negando vigência, então, ao inciso XVI do artigo 7º da Carta Magna."*

A violação deve estar ligada a literalidade do preceito (Súm. 221, TST).

A invocação expressa no recurso de revista dos preceitos letais ou constitucionais tidos como violados não significa exigir que a parte adote a utilização das expressões contrariar, ferir, violar etc. (OJ 257, SDI-I).

14.6.2.2.4 Recurso de Revista em Procedimento Sumaríssimo

No procedimento sumaríssimo, o recurso de revista é cabível nas hipóteses de: (a) contrariedade à súmula de jurisprudência uniforme do TST; (b) contrariedade à súmula vinculante do STF; (c) violação direta da Constituição Federal (art. 896, § 9º, CLT).

Portanto, não será possível o recurso de revista com base: (a) em divergência jurisprudencial sobre dispositivo de lei federal (art. 896, *a*); (b) sobre dispositivo de convenção coletiva de trabalho, acordo coletivo, sentença normativa ou regulamento de empresa de observância obrigatória em área territorial que exceda a jurisdição do TRT (art. 896, *b*), arguindo-se como acórdão paradigma, decisão de outro TRT ou da SDI; (c) não aplicação ou contradição com OJ do TST (Súm. 442, TST).

No caso de o despacho denegatório de recurso de revista invocar, em processo iniciado antes da Lei 9.957/00 (diploma legal instituidora do procedimento sumaríssimo), o art. 896, § 9º, CLT, como óbice ao trânsito do apelo calcado em divergência jurisprudencial ou violação de dispositivo infraconstitucional, o tribunal superará o obstáculo, apreciando o recurso sob esses fundamentos (OJ 260, II, SDI-I). Portanto, é inaplicável o rito sumaríssimo aos processos iniciados antes da vigência da Lei 9.957/00 (OJ 260, I).

14.6.2.2.5 Recurso de Revista em Execução Trabalhista

A admissibilidade do recurso de revista interposto de acórdão proferido em agravo de petição, na liquidação de sentença ou em processo incidente na execução, inclusive

---

[59] SANTOS, Aloysio. *Recurso de revista: o recurso extraordinário trabalhista: doutrina e práxis do recurso de revista*, p. 122.

PARTE VI · Cap. XIV – RECURSOS TRABALHISTAS EM ESPÉCIE | 837

os embargos de terceiro, depende de demonstração inequívoca de violência direta à CF (Súm. 266; art. 896, § 2º, CLT).

Deverá ser admitido o recurso de revista quando houver violação a princípio constitucional, não se limitando à literalidade de dispositivo da CF.

Por se tratar de um recurso de caráter excepcional, a violação à CF não pode ser reflexa (ou indireta). Contudo, o TST, em alguns julgados, tem mitigado o rigor do óbice sumular e legal, para admitir excepcionalmente, nos casos de recurso de revista em execução de sentença, o conhecimento do recurso por "vulneração ao comando constitucional", quando violada de forma gritante na fase de execução norma legal que impõe expressamente conduta ao juiz.[60]

14.6.2.2.6 Recurso de Revista nas Execuções Fiscais e nas Controvérsias envolvendo a CNDT

Nas execuções fiscais e nas controvérsias da fase de execução, as quais estejam relacionadas com a Certidão Negativa de Débitos Trabalhistas (CNDT, Lei 12.440/11), é cabível recurso de revista por violação à lei federal, por divergência jurisprudencial e por ofensa direta à CF (art. 896, § 10, CLT).

14.6.2.2.7 Recurso de Revista em Agravo de Instrumento

No processo trabalhista, o agravo de instrumento tem como objetivo atacar a decisão do juízo *a quo* que indeferiu o processamento de um outro recurso (art. 897, *b*, CLT).

Nas decisões prolatadas pelos tribunais regionais do trabalho em relação ao agravo de instrumento é incabível o recurso de revista (Súm. 218, TST).

14.6.2.2.8 Preliminar de Nulidade em Recurso de Revista

Em caso de preliminar de nulidade de julgado por negativa de prestação jurisdicional, cabe à parte interessada transcrever o trecho dos embargos declaratórios em que foi pedido o pronunciamento do tribunal sobre questão veiculada no recurso ordinário e o trecho da decisão do TRT que rejeitou os embargos quanto ao pedido, para cotejo e verificação, de plano, da ocorrência da omissão (art. 896, § 1º-A, IV, CLT, Lei 13.467/17).

14.6.3 Recurso de Revista em Incidente de Resolução de Demandas Repetitivas (IRDR)

Os arts. 976 a 986, CPC, que tratam do Incidente de Resolução de Demandas Repetitivas (IRDR), são aplicáveis ao processo do trabalho (art. 8º, IN 39/16, TST).

---

[60] TST – 4ª T. – RR 1257/1995-015-04-00 – Rel. Min. Ives Gandra Martins Filho – j. 22/3/2006 – *DJ* 5/5/2006.

Admitido o incidente, o relator suspenderá o julgamento dos processos pendentes, individuais ou coletivos, que tramitam na Região, no tocante ao tema objeto de IRDR, sem prejuízo da instrução integral das causas e do julgamento dos eventuais pedidos distintos e cumulativos igualmente deduzidos em tais processos, inclusive, se for o caso, do julgamento antecipado parcial do mérito.

Do julgamento do mérito do incidente caberá recurso de revista para o Tribunal Superior do Trabalho, dotado de efeito meramente devolutivo (art. 8º, § 2º, IN 39).

Apreciado o mérito do recurso, a tese jurídica adotada pelo TST será aplicada no território nacional a todos os processos, individuais ou coletivos, que versem sobre idêntica questão de direito.

14.6.4   Noções sobre a Uniformização de Jurisprudência

A uniformização de jurisprudência não se reputa um recurso, mas sim um incidente processual de natureza preventiva, pelo qual se objetiva a predeterminação de uma decisão que ainda não foi proferida. Contudo, é de se notar que "*poderá acontecer que o tribunal, ao dar 'pronunciamento prévio' acerca da interpretação do direito, julgue a matéria pertinente ao recurso interposto contra alguma decisão. Para julgar o recurso, teria o órgão competente de resolver a* quaestio iuris*, escolhendo uma dentre as possíveis interpretações da regra jurídica, a fim de aplicá-la à espécie; a solução da* quaestio iuris *integraria, pois o julgamento do recurso*".[61]

Assim, o incidente de uniformização de jurisprudência (IUJ) "*é destinado a fazer com que seja mantida a unidade da jurisprudência interna de determinado tribunal. Havendo, na mesma corte, julgamentos conflitantes a respeito de uma mesma tese jurídica, é cabível o incidente a fim de que, primeiramente, o pleno do tribunal se manifeste sobre a tese, para, tão somente depois, ser aplicado o entendimento resultante do incidente ao caso concreto levado a julgamento pelo órgão do tribunal. Esse julgamento fica sobrestado até que o plenário resolva o incidente de uniformização*".[62]

Os tribunais devem uniformizar sua jurisprudência e mantê-la estável, íntegra e coerente. Na forma estabelecida e segundo os pressupostos fixados no regimento interno, os tribunais editarão enunciados de súmula correspondentes à sua jurisprudência dominante. Ao editar enunciados de súmula, os tribunais devem ater-se às circunstâncias fáticas dos precedentes que motivaram sua criação (art. 926, §§ 1º e 2º, NCPC).

A CLT chegou a disciplinar o IUJ no art. 896, §§ 3º a 6º (Lei 13.015/14). Segundo o TST, mesmo como regramento previsto no CPC, o IUJ previsto na CLT continua a subsistir, observado o procedimento previsto no regimento interno do TRT (art. 2º, IN 40, de 15/3/2016). A Lei 13.467 revogou de forma expressa o disposto no art. 896, §§ 3º a 6º, CLT.

---

[61]   MOREIRA, José Carlos Barbosa. *Comentários ao Código de Processo Civil, Lei nº 5.869, de 11 de janeiro de 1973, arts. 476 a 565*, 7. ed., v. 5, p. 9.

[62]   NERY JUNIOR, Nelson; NERY, Rosa Maria de Andrade. *Código de Processo Civil comentado*, 9. ed., p. 665.

PARTE VI · Cap. XIV – RECURSOS TRABALHISTAS EM ESPÉCIE | **839**

Com essa alteração legislativa, o processo do trabalho perde um sensível mecanismo de uniformização da jurisprudência, na medida em que os Tribunais Regionais do Trabalho deixaram de disciplinar as divergências internas a respeito de várias matérias, as quais são vistas de forma distinta em face dos seus diversos órgãos fracionários (turmas). Essa alteração está em dissonância com o princípio da responsabilidade institucional (art. 927, CPC).

Apesar da revogação dos §§ 3º a 6º do art. 896, a Lei 13.467 (art. 702, § 4º, CLT) assegura aos TRTs o estabelecimento ou a alteração de súmulas e outros enunciados de jurisprudência, contudo, desde que seja observado: (a) o quórum de votação de pelo menos dois terços de seus membros, caso a mesma matéria já tenha sido decidida de forma idêntica por unanimidade em, no mínimo, dois terços das turmas em pelo menos dez sessões diferentes em cada uma delas, podendo, ainda, por maioria de dois terços de seus membros, restringir os efeitos daquela declaração ou decidir que ela só tenha eficácia a partir de sua publicação no Diário Oficial (art. 702, *f*); (b) as sessões de julgamento deverão ser públicas, divulgadas com, no mínimo, trinta dias de antecedência, e deverão possibilitar a sustentação oral pelo MPT, pela Ordem dos Advogados do Brasil, pela Advocacia da União e por entidades sindicais ou entidades de classe, observada a abrangência de sua circunscrição judiciária (art. 702, § 3º).

A IN 41, de 21/06/2018, TST, disciplina a aplicação das normas processuais da CLT, as quais foram alteradas pela Lei 13.467/17 (Reforma Trabalhista).

De acordo com o art. 18, § 1º, IN 41, os incidentes de uniformização suscitados ou iniciados antes da vigência da Lei 13.467, no âmbito dos Tribunais Regionais do Trabalho ou por iniciativa de decisão do TST, deverão observar e serão concluídos sob a égide da legislação vigente ao tempo da interposição do recurso, segundo o disposto nos respectivos Regimentos Internos.

Por outro lado, face ao § 3º, art. 18, as teses jurídicas prevalecentes e os enunciados de Súmulas decorrentes do julgamento dos incidentes de uniformização de jurisprudência suscitados ou iniciados anteriormente à entrada em vigência da Reforma Trabalhista (dia 11/11/2017), no âmbito dos Tribunais Regionais do Trabalho, conservam sua natureza vinculante (arts. 926, §§ 1º e 2º, e 927, III e V, CPC).

14.6.5 Recurso de Revista (e de Embargos no TST) Repetitivos

O CPC disciplina o julgamento dos recursos extraordinário e especial repetitivos (com fundamento em idêntica questão de direito) nos arts. 1.036 e seguintes.

No processo do trabalho, o procedimento a ser adotado pelo TST e TRTs em caso de recurso de revista repetitivo está no art. 896-C, CLT, com aplicação subsidiária do CPC (art. 896-B, CLT).

A IN 38, de 17/11/2015, do TST, regula o procedimento interno do incidente de demandas repetitivas e prevê a aplicação das normas do regramento processual civil do julgamento dos recursos extraordinário e especial repetitivos, no que couber, ao recurso de revista e ao recurso de embargos repetitivos (art. 1º).

Assim, diante da multiplicidade de recursos de revista ou de embargos para a SDI fundados em idêntica questão de direito, a questão poderá ser afetada à SDI ou ao Tribunal Pleno, por decisão da maioria simples de seus membros, mediante requerimento de um dos Ministros que compõem a SDI, considerando a relevância da matéria ou a existência de entendimentos divergentes entre os Ministros dessa Seção ou das Turmas do Tribunal (art. 896-C, *caput*, CLT; art. 2º, IN 38).

Diante do texto legal, podemos concluir que a adoção do procedimento dos recursos repetitivos exige: (a) multiplicidade de recursos de revista; (b) idêntica questão de direito em tais recursos, sendo que a temática pode ser de cunho material ou processual; (c) a relevância da matéria ou a existência de divergência quanto à sua interpretação.

Por excelência, o procedimento de recursos repetitivos vincula-se a dissídio individual, não sendo muito razoável a sua adoção para as denominadas ações coletivas, mesmo quando se tratar de direitos individuais homogêneos.[63]

14.6.5.1   *Seleção dos Múltiplos Recursos com Idêntica Questão de Direito*

Para a instauração do incidente de resolução de demandas repetitivas, é necessário que haja um expresso número de processos nos quais se discute a idêntica questão de direito. A seleção dos casos representativos pode ser efetuada no TST ou TRTs.

Com o novo regramento processual civil (art. 1.036, §§ 1º a 6º, CPC), cabe ao presidente ou ao vice-presidente dos tribunais (Tribunal de Justiça ou Tribunal Regional Federal) selecionar dois ou mais recursos representativos da controvérsia, que serão encaminhados ao STF ou ao STJ para fins de afetação, determinando a suspensão do trâmite de todos os processos pendentes, individuais ou coletivos, que tramitem no Estado ou na região, conforme o caso.

O interessado pode requerer, ao presidente ou ao vice-presidente, que exclua da decisão de sobrestamento e inadmita o recurso especial ou o recurso extraordinário que tenha sido interposto intempestivamente, tendo o recorrente o prazo de cinco dias para manifestar-se sobre esse requerimento.

---

[63] Nas ações coletivas, o que se tem é um vasto leque de titulares de direitos, os quais, dependendo da natureza dos direitos metajurídicos, podem ser indetermináveis (difusos), *a priori* não determináveis, contudo, com a possibilidade de determinação (coletivos) ou plenamente possíveis de determinação (homogêneos). O condão da sentença coletiva não é estabelecer os titulares e sim reconhecer o aspecto transindividual, indicando o dano e a responsabilidade do réu pelo dano. Na liquidação da ação coletiva é que serão identificados os titulares, a vinculação de cada titular e a exata quantificação do seu direito, geralmente por artigos de liquidação ou arbitramento. E, por fim, não podemos nos esquecer que as ações coletivas somente implicam coisa julgada se o resultado for favorável (arts. 103 e 104, CDC). No incidente de resolução de demandas repetitivas a questão de direito será solucionada e o respectivo conteúdo será aplicável às demandas que tenham ficado sobrestadas. As demais matérias a serem dirimidas nas demandas sobrestadas, as quais não se vinculam a essa questão de direito, o serão de acordo com a convicção e os fundamentos do juízo. Assevere-se, ainda, que o incidente de resolução não implica título executivo judicial, vale dizer, trata-se somente de um fundamento de decidir.

PARTE VI · Cap. XIV – RECURSOS TRABALHISTAS EM ESPÉCIE | 841

Por uma questão de lógica do sistema, a escolha feita no âmbito dos tribunais não vinculará o relator no Tribunal Superior, que poderá selecionar outros recursos representativos da controvérsia. O relator em Tribunal Superior também poderá selecionar dois ou mais recursos para julgamento da questão de direito.

Somente podem ser selecionados recursos admissíveis que contenham abrangente argumentação e discussão a respeito da questão a ser decidida.

Essa regra deve ser também aplicada no âmbito dos tribunais da Justiça do Trabalho (IN 38/15, TST).

No processo do trabalho, por indicação dos Ministros Relatores, o presidente da Turma ou da SDI afetará um ou mais recursos representativos da controvérsia para julgamento pela SDI ou pelo Tribunal Pleno, sob o rito dos recursos repetitivos (art. 896-C, § 1º, CLT).

14.6.5.2 Órgão Julgador

O julgamento do incidente pode ser atribuído à SDI ou ao Tribunal Pleno (art. 896-C, *caput, CLT*).

Se acolhida a proposta, por maioria simples, o colegiado também decidirá se a questão será analisada pela própria SDI-I ou pelo Tribunal Pleno. O processo será distribuído a um relator e a um revisor do órgão jurisdicional correspondente (art. 896-C, § 6º).

14.6.5.3 Procedimento do Incidente de Recursos Repetitivos

Aprovada a proposta para o incidente de recursos repetitivos, haverá a designação dos ministros (relator e revisor) (art. 1.037, CPC; art. 896-C, § 6º, CLT).

O CPC disciplina o procedimento do incidente de recursos repetitivos no art. 1.029 e arts 1.037 e segs.

Selecionados os recursos, o relator, verificando os pressupostos legais, proferirá decisão de afetação, na qual: (a) identificará com precisão a questão a ser submetida a julgamento; (b) determinará a suspensão do processamento de todos os processos pendentes, individuais ou coletivos, que versem sobre a questão e tramitem no território nacional; (c) poderá requisitar aos presidentes ou aos vice-presidentes dos tribunais de justiça ou dos tribunais regionais federais a remessa de um recurso representativo da controvérsia (art. 1.037, CPC).

Se, após receber os recursos selecionados, não se proceder à afetação, o relator comunicará o fato ao presidente ou ao vice-presidente que os houver enviado, para que seja revogada a decisão de suspensão.

O presidente do STF ou do STJ, ao receber requerimento de suspensão de processos em que se discuta questão federal constitucional ou infraconstitucional, poderá, considerando razões de segurança jurídica ou de excepcional interesse social, estender a suspensão a todo o território nacional, até ulterior decisão do recurso extraordinário ou do recurso especial a ser interposto (art. 1.029, § 4º).

Havendo mais de uma afetação, será prevento o relator que primeiro tiver proferido a decisão anterior. É permitido a outro relator do respectivo Tribunal Superior afetar dois ou mais recursos representativos da controvérsia (art. 1.037, §§ 3º, 4º e 6º).

Os recursos afetados deverão ser julgados no prazo de um ano e terão preferência sobre os demais feitos, ressalvados os que envolvam réu preso e os *habeas corpus*.

Caso os recursos requisitados contiverem outras questões além daquela que é objeto da afetação, caberá ao tribunal decidir a questão afetada em primeiro lugar e depois as demais, em acórdão específico para cada processo.

As partes deverão ser intimadas da decisão de suspensão de seu processo.

A parte poderá requerer o prosseguimento de seu processo, caso demonstre a distinção entre a questão a ser decidida no processo e aquela a ser julgada nos recursos afetados.

O relator, antes de decidir, poderá: (a) solicitar ou admitir manifestação de pessoas, órgãos ou entidades com interesse na controvérsia, considerando a relevância da matéria e consoante dispuser o regimento interno; (b) fixar data para, em audiência pública, ouvir depoimentos de pessoas com experiência e conhecimento na matéria, com a finalidade de instruir o procedimento; (c) requisitar informações aos tribunais inferiores a respeito da controvérsia e, cumprida a diligência, intimará o Ministério Público para manifestar-se, no prazo de 15 dias e, sempre que possível, os atos serão praticados por meio eletrônico (art. 1.038).

Transcorrido o prazo para o Ministério Público e remetida cópia do relatório aos demais Ministros, haverá inclusão em pauta, devendo ocorrer o julgamento com preferência sobre os demais feitos, ressalvados os que envolvam réu preso e os *habeas corpus*.

O conteúdo do acórdão abrangerá a análise dos fundamentos relevantes da tese jurídica discutida.

No âmbito da Justiça do Trabalho, o art. 896-C, CLT, e a IN 38/15, do TST, disciplinam o procedimento. A referida IN prevê a aplicação do sistema processual civil subsidiariamente e revogou parcialmente o Ato 491/SEGJUD.GP/14 (arts. 7º a 22).

O requerimento fundamentado de um dos Ministros da SDI-I de afetação da questão a ser julgada em incidente de recursos repetitivos deverá indicar um ou mais recursos de revista ou de embargos representativos da controvérsia e ser formulado por escrito diretamente ao presidente da SDI-I, ou oralmente, em questão preliminar suscitada, quando do julgamento do processo incluído na pauta de julgamentos da Subseção.

De forma concorrente, quando a Turma do TST entender necessária a adoção do procedimento de julgamento de recursos de revista repetitivos, seu presidente deverá submeter ao presidente da SDI-I a proposta de afetação do recurso de revista.

O presidente da Subseção submeterá a proposta de afetação ao colegiado, se formulada por escrito, no prazo máximo de 30 dias de seu recebimento, ou de imediato, se suscitada em questão preliminar, quando do julgamento de determinado processo pela SDI-I, após o que: (a) acolhida a proposta, por maioria simples, o colegiado também decidirá se a questão será analisada pela própria SDI-I ou pelo Tribunal Pleno; (b) acolhida a proposta, a desistência da ação ou do recurso não impede a análise da questão objeto de julgamento de recursos repetitivos; (c) na hipótese do inciso I, o processo será distribuído a um relator e a um revisor do órgão jurisdicional correspondente, para sua tramitação nos termos do artigo 896-C da CLT; (d) rejeitada a proposta, se for o caso, os autos serão devolvidos ao órgão julgador respectivo, para que o julgamento do recurso prossiga regularmente.

Não será admitida sustentação oral versando, de forma específica, sobre a proposta de afetação.

A critério do presidente da Subseção, as propostas de afetação formuladas por escrito por um dos Ministros da SDI-I ou pelo presidente de Turma poderão ser apreciadas pela SDI-I por meio eletrônico. Nesse caso, as partes serão cientificadas pelo Diário da Justiça.

Caso surja alguma divergência entre os integrantes do colegiado durante o julgamento eletrônico, este ficará imediatamente suspenso, devendo a proposta de afetação ser apreciada em sessão presencial.

O presidente da SDI-I que afetar processo para julgamento sob o rito dos recursos repetitivos deverá expedir comunicação aos demais presidentes de Turma, que poderão afetar outros processos sobre a questão para julgamento conjunto (art. 896-C, § 2º, CLT), a fim de conferir ao órgão julgador visão global da questão.

Somente poderão ser afetados recursos representativos da controvérsia que sejam admissíveis e que, a critério do relator do incidente de julgamento dos recursos repetitivos, contenham abrangente argumentação e discussão a respeito da questão a ser decidida.

O relator desse incidente não fica vinculado às propostas de afetação, podendo recusá-las por desatenderem aos requisitos e, ainda, selecionar outros recursos representativos da controvérsia.

Selecionados os recursos, o relator, na SDI-I ou no Tribunal Pleno, constatada a presença do pressuposto legal (art. 896-C, *caput*, CLT), proferirá decisão de afetação, sempre fundamentada, na qual: (a) identificará com precisão a questão a ser submetida a julgamento; (b) poderá determinar a suspensão dos recursos de revista ou de embargos; (c) poderá solicitar aos TRTs informações a respeito da controvérsia, a serem prestadas no prazo de 15 dias, e requisitar aos presidentes ou vice-presidentes dos TRTs a remessa de até dois recursos de revista representativos da controvérsia; (d) concederá o prazo de 15 dias para a manifestação escrita das pessoas, órgãos ou entidades interessados na controvérsia (*amici curiae*); (e) informará aos demais Ministros sobre a decisão de afetação; (f) poderá conceder vista ao Ministério Público e às partes.

O presidente do TST oficiará aos presidentes dos TRTs, com cópia da decisão de afetação, para que suspendam os recursos de revista interpostos em casos idênticos aos afetados como recursos repetitivos e ainda não encaminhados a este tribunal, bem como os recursos ordinários interpostos contra as sentenças proferidas em casos idênticos aos afetados como recursos repetitivos, até o pronunciamento definitivo do TST.

Caberá ainda ao presidente do Tribunal de origem, caso receba a solicitação de informações ou requisição de processos, admitir até dois recursos representativos da controvérsia, os quais serão encaminhados ao TST.

Se, após receber os recursos de revista selecionados pelo TRT, não se proceder à sua afetação, o relator no TST comunicará o fato ao presidente ou vice-presidente que os houver enviado, para que seja revogada a decisão de suspensão (art. 896-C, § 4º, CLT).

As partes deverão ser intimadas da decisão de suspensão de seu processo, a ser proferida pelo respectivo relator.

Para instruir o procedimento, o relator poderá fixar data para, em audiência pública, ouvir depoimentos de pessoas com experiência e conhecimento na matéria, sempre que entender necessário o esclarecimento de questões ou circunstâncias de fato subjacentes à controvérsia objeto do incidente de recursos repetitivos.

Também é facultado ao relator admitir a manifestação, como *amici curiae* (simples assistência, art. 896-C, § 8º), de pessoas, órgãos ou entidades com interesse na controvérsia, considerando a relevância da matéria e assegurando o contraditório e a isonomia de tratamento. A manifestação do *amici curiae* somente será admitida até a inclusão do processo em pauta.

Após a remessa das informações e da concessão de prazo às partes, será aberta vista ao MPT pelo prazo de 15 dias (art. 896-C, § 9º). O MPT atuará como *custos legis*.

Os recursos afetados deverão ser julgados no prazo de um ano e terão preferência sobre os demais feitos (art. 896-C, § 10). Na hipótese de não ocorrer o julgamento no prazo de um ano, a contar da publicação da decisão, cessam automaticamente, em todo o território nacional, a afetação e a suspensão dos processos, que retomarão seu curso normal, o que não impede a formulação de outra proposta de afetação de processos representativos da controvérsia para instauração e julgamento de recursos repetitivos para ser apreciada e decidida pela SDI-I.

O conteúdo do acórdão paradigma abrangerá a análise de todos os fundamentos da tese jurídica discutida, favoráveis ou contrários. É vedado ao órgão colegiado decidir questão não delimitada na decisão de afetação.

14.6.5.4 *Incidente de Não Afetação do Recurso e Prosseguimento da Ação*

A parte interessada poderá requerer o prosseguimento de seu processo (incidente de não afetação do recurso e prosseguimento da ação). Para tanto, será necessário que demonstre a distinção entre a questão a ser decidida no processo e aquela a ser julgada nos recursos afetados (art. 1.037, § 9º, CPC).

O requerimento será dirigido ao: (a) juiz, se o processo sobrestado estiver em primeiro grau; (b) relator, se o processo sobrestado estiver no tribunal de origem; (c) relator do acórdão recorrido, se for sobrestado recurso especial ou recurso extraordinário no Tribunal de origem; (d) relator, no Tribunal Superior, de recurso especial ou de recurso extraordinário cujo processamento houver sido sobrestado.

Diante do requerimento, a parte contrária terá a oportunidade de se manifestar no prazo de cinco dias.

Reconhecida a distinção alegada no caso, o magistrado dará prosseguimento ao processo. Caso o pedido seja decidido pelo relator do acórdão recorrido, este comunicará

PARTE VI · Cap. XIV – RECURSOS TRABALHISTAS EM ESPÉCIE | **845**

a decisão ao presidente ou ao vice-presidente que houver determinado o sobrestamento, para que o recurso (especial ou extraordinário) seja encaminhado ao respectivo Tribunal Superior.

A decisão que resolver o requerimento poderá ser atacada por agravo de instrumento, se o processo estiver em primeiro grau, e por agravo interno, se a decisão for de relator (art. 1.037, §§ 10 a 13, CPC).

No processo do trabalho, a IN 38, TST, prevê a intimação das partes da decisão de suspensão do processo (art. 9º).

A decisão que resolver o requerimento é irrecorrível de imediato (art. 893, § 1º, CLT).

14.6.5.5   Acórdão Paradigma

Decididos os recursos afetados no âmbito do Tribunal Superior, os órgãos colegiados declararão prejudicados os demais recursos versando sobre idêntica controvérsia ou os decidirão aplicando a tese firmada (art. 1.039, CPC).

Na hipótese de ser negada a existência de repercussão geral no recurso extraordinário afetado, serão considerados automaticamente inadmitidos os recursos extraordinários cujo processamento tenha sido sobrestado.

Após a publicação do acordão paradigma (decisão do incidente de recursos repetitivos), têm-se a seguintes providências: (a) o presidente ou o vice-presidente do Tribunal de origem negará seguimento aos recursos especiais ou extraordinários sobrestados na origem, se o acórdão recorrido coincidir com a orientação do Tribunal Superior; (b) o órgão que proferiu o acórdão recorrido, na origem, reexaminará o processo de competência originária, a remessa necessária ou o recurso anteriormente julgado, se o acórdão recorrido contrariar a orientação do Tribunal Superior; (c) os processos suspensos em primeiro e segundo graus de jurisdição retomarão o curso para julgamento e aplicação da tese firmada pelo Tribunal Superior; (d) se os recursos versarem sobre questão relativa à prestação de serviço público objeto de concessão, permissão ou autorização, o resultado do julgamento será comunicado ao órgão, ao ente ou à agência reguladora competente para fiscalização da efetiva aplicação, por parte dos entes sujeitos à regulação, da tese adotada.

O CPC permite que a parte desista a ação em curso no primeiro grau de jurisdição, antes de proferida a sentença, se a questão nela discutida for idêntica à resolvida pelo recurso representativo da controvérsia, independentemente do consentimento da parte contrária, ainda que já contestada.

Mantido o acórdão divergente pelo Tribunal de origem, o recurso especial ou extraordinário será remetido ao respectivo Tribunal Superior (art. 1.041, CPC).

Realizado o juízo de retratação, com alteração do acórdão divergente, o Tribunal de origem, se for o caso, decidirá as demais questões ainda não decididas cujo enfrentamento tornou-se necessário em decorrência da alteração.

O órgão que proferiu o acórdão recorrido reexaminará o processo (art. 1.040, II) e, se o recurso versar sobre outras questões, caberá ao presidente ou ao vice-presidente do tribunal recorrido, depois do reexame pelo órgão de origem e independentemente de ratificação do recurso, sendo positivo o juízo de admissibilidade, determinar a remessa do recurso ao Tribunal Superior para julgamento das demais questões.

No processo do trabalho, decidido o recurso representativo da controvérsia, os órgãos jurisdicionais respectivos declararão prejudicados os demais recursos versando sobre idêntica controvérsia ou os decidirão, aplicando a tese firmada (art. 13, IN 38).

Quando os recursos requisitados do TRT contiverem outras questões além daquela que é objeto da afetação, caberá ao órgão jurisdicional competente, em acórdão específico para cada processo, decidir esta em primeiro lugar e depois as demais.

Publicado o acórdão paradigma: (a) o presidente ou vice-presidente do Tribunal de origem negará seguimento aos recursos de revista sobrestados na origem, se o acórdão recorrido coincidir com a orientação do TST; (b) o órgão que proferiu o acórdão recorrido, na origem, reexaminará o processo de competência originária ou o recurso anteriormente julgado, na hipótese de o acórdão recorrido contrariar a orientação do TST; (c) os processos porventura suspensos em primeiro e segundo graus de jurisdição retomarão o curso para julgamento e aplicação da tese firmada pelo TST.

Para fundamentar a decisão de manutenção do entendimento, o órgão que proferiu o acórdão recorrido deverá demonstrar a existência de distinção, por se tratar de caso particularizado por hipótese fática distinta ou questão jurídica não examinada, a impor solução diversa. Nesse caso, o recurso de revista será submetido a novo exame de sua admissibilidade pelo presidente ou vice-presidente do Tribunal Regional, retomando o processo o seu curso normal.

Realizado o juízo de retratação, com alteração do acórdão divergente, o Tribunal de origem, se for o caso, decidirá as demais questões ainda não decididas, cujo enfrentamento se tornou necessário em decorrência da alteração.

Quando for alterado o acórdão divergente e o recurso anteriormente interposto versar sobre outras questões, o presidente ou vice-presidente do Tribunal Regional, independentemente de ratificação do recurso, procederá a novo juízo de admissibilidade, retomando o processo o seu curso normal.

A parte poderá desistir da ação em curso no primeiro grau de jurisdição, antes de proferida a sentença, se a questão nela discutida for idêntica à resolvida pelo recurso representativo da controvérsia, independentemente de consentimento da parte contrária, mesmo que tenha apresentado contestação (art. 16).

Caberá revisão da decisão firmada em julgamento de recursos repetitivos quando se alterar a situação econômica, social ou jurídica, caso em que será respeitada a segurança jurídica das relações firmadas sob a égide da decisão anterior, podendo o TST modular os efeitos da decisão que a tenha alterado (art. 896-C, § 17, CLT; art. 17, IN 38). Trata-se de uma espécie de *overruling*, ou seja, tem-se a rejeição da tese anterior, diante da alteração[64] da situação, podendo o TST adotar um efeito modelador.[152]

---

[64] "O processo de uniformização de teses no sistema dos recursos repetitivos, contudo, não deve ser invocado como sinônimo de imutabilidade e engessamento ou como contraposição à evolução juris-

PARTE VI · Cap. XIV – RECURSOS TRABALHISTAS EM ESPÉCIE | **847**

Caso a questão afetada e julgada sob o rito dos recursos repetitivos também contenha questão constitucional, a decisão proferida pelo Tribunal Pleno não obstará o conhecimento de eventuais recursos extraordinários sobre a questão constitucional (art. 896-C, § 13, CLT; art. 18, IN 38), desde que tenha o preenchimento dos pressupostos objetivos e subjetivos, em especial o da repercussão geral (art. 102, § 3º, CF) e outros requisitos do recurso.

O TST deverá manter e dar publicidade, preferencialmente pela internet, às questões de direito objeto dos recursos repetitivos já julgados, pendentes de julgamento ou já reputadas sem relevância, bem como daquelas objeto das decisões proferidas por sua composição plenária (art. 21, IN 38).

Não se deve aplicar a decisão firmada em recurso repetitivo aos casos em que fique demonstrado que a situação de fato ou de direito é distinta da discutida no processo julgado sob o rito dos recursos repetitivos (art. 896-C, § 16, CLT).[66],[154] Para situações

---

prudencial, votada a atualizar a interpretação da lei. Em outras palavras, a fixação do precedente pelo TST não significar negar que o aporte de novos elementos possa ensejar a revisão da jurisprudência, culminando, mas uma vez, com sua posterior estabilização. De fato, pode ocorrer que o precedente rixado pela Corte Superior deixe 'de corresponder aos padrões de congruência social', negando proposições morais, políticas e de experiência. Nesse contexto, numa interpretação até então adequada pode vir a mostrar-se incorreta ou desatualizada, em razão de alterações no contexto histórico ou social, dando ensejo, assim, ao surgimento de outra, dela divergente. [...] Antecipando-se a essa realidade, a Lei nº 13.015/2014 contempla a hipótese do *overruling*, oportunidade em que autoriza a revisão da decisão firmada em julgamento de recursos repetitivos quando se alterar a situação econômica, social ou jurídica (CLT, art. 896-C, § 17)" (LINDOSO, Alexandre Simões. O Recurso de Revista e os Embargos de Divergência à Luz da Lei 13.014/2014 – Primeiras Reflexões. *Revista LTr*, v. 78, nº 9, p. 1085).

[65] "A figura da modulação surgiu com a Lei nº 9.868, de 1999, em sede de controle concentrado da inconstitucionalidade das leis e dos atos normativos do Poder Público. [...] Em nosso sistema jurídico, a lei declarada inconstitucional é nula, vale dizer, é destituída de aptidão para produzir efeitos jurídicos válidos. Por este motivo, em princípio, a declaração de inconstitucionalidade possui efeito retroativo (*ex tunc*), apanhando a norma legal em seu nascedouro e tornando inválidos todos os atos praticados com fundamento nela. Considerando que essa consequência da pronúncia jurisdicional de inconstitucionalidade poderia gerar uma situação juridicamente caótica, em relação aos fatos passados, a infundir uma profunda insegurança jurídica nos jurisdicionados, a jurisprudência do STF passou a modular os efeitos da declaração, ou seja, a decidir que ela somente teria eficácia a partir de certo momento – que poderia ser o da própria publicação do acórdão declaratório da inconstitucionalidade" (TEIXEIRA FILHO, Manoel Antonio. Recursos Trabalhistas – Comentários à Lei n. 13.015/2014. *Revista LTr*, v. 78, nº 8, p. 929).

[66] "A literalidade do dispositivo impele inexoravelmente à conclusão de que o afastamento do precedente deverá ser motivado, de modo a ficar evidenciado que 'a situação de fato ou de direito é distinta'. E isso porque não se pode conceber tenha o legislador instituído todo um sistema voltado à uniformização de teses em processos de massa sem dotá-lo de um mínimo de eficácia. Não é razoável admitir que os graus de jurisdição inferiores estejam autorizados a simplesmente desconsiderar todo o aparato legal voltado a racionalizar o trabalho do Poder Judiciário, esquivando-se de aplicar o precedente sem externar, no mínimo, uma justificação para tanto. Conforme bem observa Marinoni: 'O juiz é uma 'peça' no sistema de distribuição de justiça e não alguém que é investido do Poder estatal para satisfazer suas vontades. Para que esse sistema possa adequadamente funcionar, cada um dos juízes deve se comportar de modo a permitir que o Judiciário

848 | DIREITO PROCESSUAL DO TRABALHO • *Francisco Ferreira Jorge Neto – Jouberto de Quadros Pessoa Cavalcante*

processuais distintas, não se pode aplicar a solução posta no incidente de resolução de recursos repetitivos.

14.6.6 Prequestionamento

Sugerimos ler o item 13.1.6.3.5 da Parte VI da presente obra.

14.6.7 Transcendência

Sugerimos ler o item 13.1.6.3.6 da Parte VI da presente obra.

14.6.8 Recurso de Revista Adesivo

O recurso adesivo é compatível com o processo do trabalho e cabe, no prazo de oito dias, nas hipóteses de interposição de recurso ordinário, de agravo de petição, de revista e de embargos, sendo desnecessário que a matéria nele veiculada esteja relacionada com a do recurso interposto pela parte contrária (Súm. 283, TST).

14.6.9 Prazo

Com a Lei 13.467, os prazos passam a ser contados em dias úteis (art. 775, CLT).

O recurso de revista deve ser interposto no prazo de oito dias a partir da ciência do acórdão.

De acordo com o Dec.-lei 779/69, o prazo é de 16 dias para União, Estados, Distrito Federai e Municípios, bem como as autarquias ou fundações de direito público federais, estaduais e municipais que não explorem atividades econômicas (art. 1º, III).

O Ministério Público também tem prazo em dobro para recorrer (art. 180, CPC).

---

possa se desincumbir do seu dever de prestar a tutela jurisdicional de forma isonômica e sem ferir a coerência do direito e a segurança jurídica. Portanto, a absurda e impensada ideia de dar ao juiz o poder de julgar o caso como quiser, não obstante ter o Tribunal Superior já conferido os seus contornos, é hoje completamente insustentável'" (LINDOSO, Alexandre Simões. Ob. cit., p. 1.085.).

[67] O acatamento do magistrado quanto à solução posta no incidente de recurso repetitivo é uma manifestação inequívoca de aplicação da responsabilidade institucional. Para o Código Ibero-Americano de Ética Judicial o bom funcionamento do conjunto das instituições judiciais é condição necessária para que cada juiz possa desempenhar adequadamente a sua função (art. 41), contudo, adverte que o juiz: (a) institucionalmente responsável é aquele que, além de cumprir com suas obrigações específicas de caráter individual, assume um compromisso ativo com o bom funcionamento de todo o sistema judicial (art. 42); (b) tem o dever de promover na sociedade uma atitude, racionalmente fundada, de respeito e confiança para com a administração de justiça; (c) deve estar disposto a responder voluntariamente por suas ações e omissões; (d) deve denunciar, perante os órgãos competentes, os descumprimentos graves nos quais possam incorrer os seus colegas; (e) deve evitar favorecer promoções ou ascensões irregulares ou injustificadas de outros membros do serviço de justiça; (f) deve estar disposto a promover e colaborar em tudo aquilo que signifique um melhor funcionamento da administração de justiça.

PARTE VI · Cap. XIV – RECURSOS TRABALHISTAS EM ESPÉCIE | **849**

O TST considera a ampliação dos prazos quando existir litiscónsorcio passivo, com procuradores distintos (art. 229, CPC), incompatível ao processo do trabalho (OJ 310, SDI-I).

14.6.10 Preparo Recursal

No processo do trabalho, o preparo repousa no pagamento das custas e do depósito recursal para o empregador e somente das custas para o empregado.

Diante da inocorrência do preparo, o recurso não será conhecido pela sua deserção.

No mais, quanto à sistemática das custas processuais e da garantia recursal (depósito recursal), reportamo-nos ao teor do tópico 13.1.6.3.4 (Parte VI, Capítulo 13).

14.6.11 Juízo de Admissibilidade

O recurso de revista está sujeito a um duplo juízo de admissibilidade, o primeiro, pelo presidente do TRT prolator da decisão atacada (juízo *a quo*) (art. 896, § 1º, CLT) e, o segundo, pelo juiz relator no TST (juízo *ad quem*).

Por expressa disposição legal, como ocorre com os demais recursos trabalhistas, o recurso de revista somente tem efeito devolutivo (arts. 899, *caput*, e 896, § 1º, CLT).

O juízo de admissibilidade *a quo* é incompleto, visto que o seu juízo de valor não condiciona, muito menos vincula o critério de admissibilidade efetuado pelo ministro relator.

Da decisão do juiz presidente do TRT, a qual nega seguimento ao recurso de revista, cabe agravo de instrumento para a turma do TST. O apelo deve ser endereçado ao presidente do TRT e as razões à turma do TST (art. 897, *b*, § 4º, CLT).

Até recentemente, o TST entendia que era incabível o agravo de instrumento contra a decisão do presidente do TRT, quando admitia o processamento do recurso de revista somente por um dos fundamentos invocados (Súm. 285, TST, cancelada em 16/3/2016). Com a IN 40, de 15/3/2016, o TST passou a entender que, admitido apenas parcialmente o recurso de revista, constitui ônus da parte impugnar, mediante agravo de instrumento, o capítulo denegatório da decisão, sob pena de preclusão (art. 1º).

Assim, admitido o recurso de revista por um fundamento, devolve-se ao TST o conhecimento dos demais fundamentos para a solução apenas do capítulo impugnado (art. 1.034, parágrafo único, CPC; art. 12, IN 39, TST). Admitido apenas por um fundamento, caberá à parte fazer agravo de instrumento dos demais capítulos da sentença em que o recurso não foi admitido, sob pena de preclusão.

Se houver omissão no juízo de admissibilidade do recurso de revista quanto a um ou mais temas, é ônus da parte interpor embargos de declaração para o órgão prolator da decisão embargada supri-la (art. 1.024, § 2º, CPC), sob pena de preclusão.

No âmbito do TST, o relator do recurso de revista poderá denegar-lhe seguimento, em decisão monocrática, nas hipóteses de intempestividade, deserção, irregularidade de representação ou de ausência de qualquer outro pressuposto extrínseco ou intrínseco de admissibilidade (art. 896, § 14, CLT, Lei 13.467/17).

Incorre em nulidade a decisão regional que se abstiver de exercer controle de admissibilidade sobre qualquer tema objeto de recurso de revista, não obstante interpostos embargos de declaração (art. 93, IX, CF; art. 489, § 1º, CPC). Sem prejuízo da nulidade, a recusa do presidente do TRT a emitir juízo de admissibilidade sobre qualquer tema equivale à decisão denegatória.

É ônus da parte, assim, após a intimação da decisão dos embargos de declaração, impugná-la mediante agravo de instrumento (art. 896, § 12, CLT), sob pena de preclusão.

Quanto ao procedimento do agravo de instrumento no TST, é importante destacar:

a) o agravo de instrumento interposto contra a decisão denegatória de seguimento do recurso de revista pode ter negado o seu seguimento, de forma monocrática pelo ministro relator (art. 932, III e IV, CPC; IN 17, TST). Dessa decisão monocrática cabe agravo para a Turma (art. 896, § 12, CLT; art. 1.021, CPC), sendo que petição é endereçada ao ministro relator e as razões do apelo para a Turma do TRT;

b) o agravo de instrumento contra decisão denegatória do recurso de revista pode ser provido pelo ministro relator, de forma monocrática (art. 932, V, CPC). Dessa decisão monocrática cabe agravo para a Turma (art. 896, § 12, CLT; art. 1.021, CPC), sendo que a petição é endereçada ao ministro relator e as razões do apelo para a Turma do TST;

c) nas duas hipóteses acima (decisão monocrática), o ministro relator, diante das razões do agravo, poderá se retratar, prosseguindo o exame do agravo de instrumento. Em caso contrário, proporá o seu voto, sendo que na sequência, o agravo será julgado pela Turma do TST. Com ou sem retratação, se o agravo é provido, tem-se o julgamento do agravo de instrumento pela Turma. Da decisão da Turma, podemos ter: (1) a rejeição do agravo de instrumento. Desse julgamento turmário, em tese, são incabíveis embargos para a SDI-I, exceto se houver as exceções previstas na Súmula 353, TST; (2) acolhimento do agravo de instrumento pela Turma. Na sequência, a Turma passa a apreciar o recurso de revista. Do acórdão turmário, caberão embargos de divergência para a SDI-I;

d) ao invés da atuação monocrática, o ministro relator, ao analisar o agravo de instrumento, poderá propor o seu voto para a Turma. Nessa situação quem julga é a Turma. A Turma pode acolher ou rejeitar o agravo de instrumento. Se rejeitar o agravo de instrumento, é passível o recurso de embargos. Se acolher o agravo de instrumento, passa-se ao exame do recurso de revista pela Turma.

O processamento total ou parcial do recurso de revista, no primeiro juízo de admissibilidade efetuado pelo TRT, não vincula a atuação do ministro relator quanto à matéria processada (art. 1.034, CPC; art. 12, IN 39/16, TST).

Quanto ao procedimento do recurso de revista, devemos destacar:

a) em decisão monocrática, o ministro relator poderá negar seguimento ou dar provimento. As hipóteses são as mencionadas nas letras "a" e "b" supra (agravo de instrumento. A decisão monocrática do relator é atacável por agravo para a

PARTE VI · Cap. XIV – RECURSOS TRABALHISTAS EM ESPÉCIE | 851

Turma (art. 1.021, CPC). Diante das razões do agravo, o ministro relator poderá retratar-se. Em caso contrário, proporá o seu voto, sendo que, na sequência, o agravo será julgado pela Turma do TST. No caso do provimento do agravo interposto contra a decisão denegatória, haverá o julgamento do recurso de revista pela Turma do TST. Se o agravo não for provido pela Turma, será o caso de embargos para a SDI-I (Sum. 353, "f", TST);

b) ao invés de atuar de forma monocrática, o ministro relator poderá propor o seu voto para a Turma;

c) nas duas hipóteses acima, do acórdão turmário, que rejeitou ou acolheu a revista, são cabíveis os embargos por divergência jurisprudencial para a SDI-I (art. 3º, III, *b*, Lei 7.701/88; art. 894, II, CLT).

Pela redação do art. 896, § 11 (Lei 13.015/14), quando o recurso de revista tempestivo contiver defeito formal que não se repute grave, o TST poderá desconsiderar o vício ou mandar saná-lo, julgando o mérito.

Quanto a essa alteração legal, Manoel Antonio Teixeira Filho[68] entende que: *"O § 11 do art. 896, da CLT, orna concreta a incidência de dois princípios moderadores das nulidades processuais, a saber: a) da instrumentalidade, conforme o qual consideram-se válidos os atos que, 'realizados de outro modo, lhe preencham a finalidade essencial' (CPC, art. 154, caput, parte final); b) da proteção, segundo o qual não se declara a nulidade quando for possível suprir a falta ou repetir o ato (CLT, art. 796, a; CPC, art. 249, § 2º).*

A definição sobre ser grave, ou não, o defeito formal, poderá, na prática, ser produto de subjetivismo, pois a lei não fornece elementos capazes de conduzir a uma conclusão verdadeiramente objetiva. Haverá necessidade, pois, que a doutrina e, máxime, a jurisprudência preencham essa lacuna, a partir da classificação dos defeitos em veniais (ou escusáveis) e graves (ou grosseiros). Somente no caso destes últimos é que não se aplicará o disposto no parágrafo em estudo".

De forma idêntica, o art. 932, parágrafo único, CPC, estabelece que antes de ser considerado inadmissível o recurso, o relator concederá o prazo de cinco dias ao recorrente para que seja sanado vício ou complementada a documentação exigível. A IN 39, TST, indica que o referido dispositivo é aplicável ao processo trabalhista (art. 10, *caput*).

14.6.12 Estrutura do Recurso de Revista

Sob pena de não conhecimento do recurso de revista, é ônus da parte:

a) indicar o trecho da decisão recorrida que consubstancia o prequestionamento da controvérsia objeto do recurso de revista;

b) indicar, de forma explícita e fundamentada, contrariedade a dispositivo de lei, súmula ou orientação jurisprudencial do TST que conflite com a decisão regional;

---

[68] TEIXEIRA FILHO, Manoel Antonio. Ob. cit., p. 917.

c) em caso de preliminar de nulidade por negativa de prestação jurisdicional, observar a exigência do art. 896, § 1º-A, IV, CLT, Lei 13.467;

d) expor as razões do pedido de reforma, impugnando todos os fundamentos jurídicos da decisão recorrida, inclusive mediante demonstração analítica de cada dispositivo de lei, da CF, de súmula ou orientação jurisprudencial cuja contrariedade aponte (art. 896, § 1º-A, CLT).

Como os demais recursos que são interpostos em uma instância e remetidos para outra instância ou órgão julgador, o recurso de revista contém duas partes:

a) petição de interposição. Dirigida ao juízo *a quo*, contém requerimentos quanto a admissibilidade e regular processamento do recurso, a intimação da parte contrária e remessa dos autos ao tribunal competente. Deverá haver a indicação sobre o fundamento do recurso interposto (divergência jurisprudencial ou violação de lei ou da CF). No caso de apresentação de guias do preparo recursal, é importante informar que se encontram anexas. Também poderá ser o momento processual adequado para requerer o benefício da assistência jurídica integral e gratuita ou a juntada da declaração de pobreza e procuração;

b) razões recursais. Dirigida ao juízo *ad quem*, leva ao TST as questões processuais e materiais para apreciação. Assim, sugerimos o seguinte desenvolvimento: identificação do processo; saudação ao tribunal e julgadores; breve resumo do processo; indicação do cabimento do recurso; questões processuais e matérias do recurso (observando o previsto no art. 896, § 1º-A, CLT); pedido e requerimentos finais (admissibilidade, processamento e acolhimento); informar o recolhimento do preparo recursal.

Após a admissibilidade do recurso de revista, a parte contrária será intimada para apresentar suas contrarrazões no prazo de oito dias (art. 900, CLT).

As contrarrazões efetivam o princípio do contraditório, de modo que nessa oportunidade caberá à parte interessada se opor às alegações do recurso. Como regra, são descabidas alegações de insatisfação da parte em contrarrazões, o que deve ser feito em recurso próprio. Contudo, também devem ser alegadas as questões envolvendo a admissibilidade do recurso.

14.7 EMBARGOS

14.7.1 Embargos no Tribunal Superior do Trabalho

O termo "embargo", de origem latina, significa *imbarricare*, obstaculizar e impedir.[69]

Empregado no singular, embargo *"indica, genericamente, toda medida cautelar ou preparatória de uma ação principal, que visa a impedir o exercício de um suposto direito*

---

[69] ACQUAVIVA, Marcus Cláudio. Ob. cit., p. 332.

PARTE VI · Cap. XIV – RECURSOS TRABALHISTAS EM ESPÉCIE | 853

ou a retenção judicial de bens. Dessa natureza, portanto, o arresto ou o sequestro".[70] Utilizado no plural, denomina espécie recursal (de declaração, nulidade, infringência ou divergência) ou ação própria, *v. g.*, embargos à execução e de terceiros.

14.7.2   Finalidade e Natureza dos Embargos

Pela sistemática recursal do processo do trabalho, o recurso de embargos (denominado de "embargos para a SDI-I" pelo art. 258, do RITST) previsto no art. 894 da CLT somente era admissível perante o TST e não nos TRTs. Com a Lei 7.701/88, tacitamente, o recurso de embargos deixou de ser regulamentado pelo art. 894 da CLT.

A Lei 7.701 estabeleceu a competência para julgar os embargos de divergência e de nulidade às Seções Especializadas em SDI (art. 3º, III, *b*) e os embargos infringentes para a SDC (art. 2º, II, *c*). Com isso, extinguiu os embargos para o Pleno do TST. Os embargos reputam-se recurso (art. 894, CLT) de natureza excepcional (ou extraordinária), pois sua finalidade é a uniformização da interpretação jurisprudencial entre as Turmas ou das Turmas com a seção especializada, sendo cabível, ainda, de decisões não unânimes em processos de competência originária do TST.

Assim, incabível o recurso revista ou de embargos (arts. 896 e 894, CLT) para reexame de fatos e provas (Súm. 126, TST). Da mesma forma se dá com o recurso extraordinário (Súm. 279, STF) e o recurso especial (Súm. 7, STJ). É um recurso que exige o prequestionamento da matéria (Súm. 297 e 184, TST).

Com apoio da Lei 7.701 e considerando o objeto do recurso, a doutrina distinguia os embargos em: de divergência, de nulidade e infringentes. Com a edição da Lei 11.496/07, os embargos passam apenas a ser de divergência e infringentes.

A Lei 11.496 reformulou o art. 894 da CLT, no sentido de cabimento de embargos das decisões: (a) não unânimes de julgamento que conciliar, julgar ou homologar conciliação em dissídios coletivos que excedam a competência territorial dos TRTs e nos casos previstos em lei; (b) das Turmas que divergirem entre si, ou das decisões proferidas pela SDI, salvo se a decisão recorrida estiver em consonância com súmula ou orientação jurisprudencial do TST ou do STF.

Também pela Lei 11.496, expressamente, houve a alteração da redação do art. 3º, III, da Lei 7.701, no sentido de que os embargos para a SDI somente são cabíveis das decisões das Turmas que divergirem entre si ou das decisões proferidas pela SDI.

Com a Lei 13.015/14, houve alteração na redação do inciso II, do art. 894, CLT, sendo que o recurso de embargos passou a ser cabível contra as decisões das Turmas que divergirem entre si ou das decisões proferidas pela SDI, ou contrárias a súmula ou orientação jurisprudencial do TST ou Súmula Vinculante do STF.

O TST fixou o entendimento de que não encontra amparo no art. 894, CLT, o recurso de embargos interposto à decisão monocrática exarada nos moldes do CPC (art. 932), pois o comando legal restringe seu cabimento à pretensão de reforma de decisão

---

[70]   ACQUAVIVA, Marcus Cláudio. Ob. cit., p. 332.

colegiada proferida por Turma (OJ 378, SDI-I). Vale dizer, os embargos são incabíveis nas decisões monocráticas do ministro relator.

Quando a decisão recorrida estiver em conformidade com a OJ, desnecessário o exame das divergências e das violações de lei e da CF alegadas em embargos interpostos antes da vigência da Lei 11.496, salvo nas hipóteses em que a OJ não fizer qualquer citação do dispositivo constitucional (OJ 336, SDI-I).

14.7.3   Embargos de Divergência

De acordo com o art. 894, II, da CLT e art. 3º, III, *b*, da Lei 7.701/88, em última instância, à SDI-I compete resolver os embargos interpostos das decisões divergentes entre as Turmas ou destas com decisão da SDI ou contrárias à súmula ou orientação jurisprudencial do TST ou Súmula Vinculante do STF.

Não cabem embargos para a SDI de decisão de turma proferida em agravo, exceto: (a) da decisão que não conhece de agravo de instrumento ou de agravo pela ausência de pressupostos extrínsecos; (b) da decisão que nega provimento a agravo contra decisão monocrática do relator, em que se proclamou a ausência de pressupostos extrínsecos de agravo de instrumento; (c) para revisão dos pressupostos extrínsecos de admissibilidade do recurso de revista, cuja ausência haja sido declarada originariamente pela turma no julgamento do agravo; (d) para impugnar o conhecimento de agravo de instrumento; (e) para impugnar a imposição de multas previstas nos arts. 1.021, § 4º, ou 1.026, § 2º, do CPC; (f) da decisão turmária proferida em agravo em recurso de revista de acordo com o inciso II do art. 894 da CLT (Súm. 353, TST).

O TST fixou o entendimento de que em causas sujeitas ao procedimento sumaríssimo, em que pese a limitação imposta no art. 896, CLT, à interposição de recurso de revista, admitem-se os embargos interpostos quando demonstrada a divergência jurisprudencial entre Turmas do TST, fundada em interpretações diversas acerca da aplicação de mesmo dispositivo constitucional ou de matéria sumulada (Súm. 458, TST).

A configuração, ou não, do exercício da função de confiança (art. 224, § 2º, CLT) dependente da prova das reais atribuições do empregado é insuscetível de exame mediante recurso de revista ou de embargos (Súm. 102, I).

Não tem amparo, quer na redação anterior quer na redação posterior à Lei 11.496/07, recurso de embargos interposto à decisão monocrática exarada nos moldes do CPC (art. 932) e art. 896, § 5º, CLT (revogado expressamente pela Lei 13.467/17), pois o comando legal restringe seu cabimento à pretensão de reforma de decisão colegiada proferida por Turma do TST (OJ 378, SDI-I).

A admissibilidade do recurso de embargos contra acórdão de Turma em recurso de revista em fase de execução, publicado na vigência da Lei 11.496, condiciona-se à demonstração de divergência jurisprudencial entre Turmas ou destas e a SDI em relação à interpretação de dispositivo constitucional (Súm. 433, TST).

Para a admissibilidade e conhecimento de embargos, interpostos antes da vigência da Lei 11.496, interpostos contra decisão mediante a qual não foi conhecido o recurso

PARTE VI · Cap. XIV – RECURSOS TRABALHISTAS EM ESPÉCIE | 855

de revista pela análise dos pressupostos intrínsecos, necessário que a parte embargante aponte expressamente a violação ao art. 896 da CLT (OJ Transitória 78, SDI-I).

A SDI, ao conhecer dos embargos, interpostos antes da vigência da Lei 11.496, por violação do art. 896, por má aplicação de súmula ou de orientação jurisprudencial pela turma, julgará desde logo o mérito, caso conclua que a revista merecia conhecimento e que a matéria de fundo se encontra pacificada no TST (OJ Transitória 79, SDI-I).

É válida, para efeito de conhecimento do recurso de revista ou de embargos, a invocação da orientação jurisprudencial do TST, desde que das razões recursais conste o seu número ou conteúdo (OJ 219, SDI-I).

Em 19/5/1997, a SDI-Plena, por maioria, decidiu que acórdãos oriundos da mesma Turma, embora divergentes, não fundamentam divergência jurisprudencial de que trata a alínea *b* do art. 894 da CLT, para embargos à SDI-I (OJ 95).

É imprescindível a arguição de afronta ao art. 896 para o conhecimento de embargos interpostos em face de acórdão de Turma que conhece indevidamente de recurso de revista, por divergência jurisprudencial, quanto a tema regulado por lei estadual, norma coletiva ou norma regulamentar de âmbito restrito ao regional prolator da decisão (OJ 147, II).

Estando a decisão recorrida em conformidade com orientação jurisprudencial, desnecessário o exame das divergências e das violações legais e constitucionais alegadas em embargos interpostos antes da vigência da Lei 11.496, salvo nas hipóteses em que a orientação jurisprudencial não fizer qualquer citação do dispositivo constitucional (OJ 336).

A divergência jurisprudencial ensejadora da admissibilidade, do prosseguimento e do conhecimento do recurso há de ser específica, revelando a existência de teses diversas na interpretação de um mesmo dispositivo legal, embora idênticos os fatos que as ensejaram (Súm. 296, I, TST).

A expressão *interpretação diversa* deve ser entendida como julgados conflitantes. Não basta a simples divergência de interpretação, mas que estas sejam de fato conflitantes e específicas. Nesse sentido se traduzem aquelas decisões que apreciam idêntica situação jurídica. O acórdão paradigma deve ter enfrentado a mesma hipótese do acórdão impugnado.

A divergência apta a ensejar os embargos deve ser atual, não sendo considerada a que estiver ultrapassada por súmula do TST ou do STF, ou superada por iterativa e notória jurisprudência do TST (art. 896, § 2º, CLT, Súm. 333, TST). Estando a decisão recorrida em consonância com súmula da jurisprudência do TST ou do STF, ou com iterativa, notória e atual jurisprudência do TST, poderá o relator negar seguimento ao recurso de embargos (art. 894, § 3º, I).

O recurso de embargos, mesmo contrário à jurisprudência atual, iterativa e notória do TST, deverá ser admitido quando colidir com a jurisprudência do STF (Súm. 401, STF).

Para fins da comprovação da divergência jurisprudencial, é necessário que o recorrente: (a) junte certidão ou cópia autenticada do acórdão paradigma ou cite a fonte oficial ou o repositório autorizado em que foi publicado; (b) transcreva, nas razões recursais, as ementas e/ou trechos dos acórdãos trazidos à configuração do dissídio, demonstrando o conflito (conflito analítico) de teses que justifique o conhecimento do recurso, ainda que os acórdãos já se encontrem nos autos ou venham a ser juntados com o recurso (Súm. 337, I, TST). São fontes oficiais de publicação dos julgados: o *Diário Eletrônico da Justiça do Trabalho*, o *Diário da Justiça* da União e dos Estados, a *Revista do TST*, as revistas publicadas pelos TRTs, os sítios do TST e dos TRTs na Internet e os repositórios autorizados a publicar a jurisprudência trabalhista (art. 250, parágrafo único, RITST). A concessão de registro de publicação como repositório autorizado de jurisprudência do TST torna válidas todas as suas edições anteriores (Súm. 337, II); (c) a mera indicação da data de publicação, em fonte oficial, de aresto paradigma é inválida para comprovação de divergência jurisprudencial, nos termos do item I, *a*, Súmula 337, quando a parte pretende demonstrar o conflito de teses mediante a transcrição de trechos que integram a fundamentação do acórdão divergente, uma vez que só se publicam o dispositivo e a ementa dos acórdãos (Súm. 337, III); (d) é válida para a comprovação da divergência jurisprudencial justificadora do recurso a indicação de aresto extraído de repositório oficial na Internet, desde que o recorrente: (1) transcreva o trecho divergente; (2) aponte o sítio de onde foi extraído; e (3) decline o número do processo, o órgão prolator do acórdão e a data da respectiva publicação no Diário Eletrônico da Justiça do Trabalho (Súm. 337, IV); (e) a existência do código de autenticidade na cópia, em formato pdf, do inteiro teor do aresto paradigma, juntada aos autos, torna-a equivalente ao documento original e também supre a ausência de indicação da fonte oficial de publicação (Súm. 337, V).

O Ato 421/99 do Min. Wagner Pimenta, presidente do TST, cuida do registro de repertório oficial, exigindo que os repertórios e revistas tenham edição periódica, pelo menos semestral, e tiragem mínima de três mil exemplares que reproduzam, na íntegra, decisão do TST, obrigatoriamente, e dos TRTs. Admite-se a utilização do sistema em CD-ROM.

O Ato 651/09 acresceu o § 3º ao art. 1º do Ato 421/99, dispondo que a página em portal da Rede Mundial de Computadores poderá ser inscrita como repositório autorizado de jurisprudência desde que: (a) seja certificada pela Infraestrutura de Chaves Pública Brasileira (ICP-Brasil); (b) possua base de dados própria; (c) forneça a íntegra dos acórdãos publicados; (d) permita a utilização de diversos navegadores e tenha disponibilidade do sítio de, no mínimo, 99,9%, conforme média de mercado, para grandes provedores de serviços *online*.

No STF, a prova do dissídio jurisprudencial que justifique o cabimento do recurso extraordinário far-se-á por certidão, ou mediante indicação do *Diário da Justiça* ou de repertório de jurisprudência autorizado, com a transcrição do trecho que configure a divergência, mencionadas as circunstâncias que identifiquem ou assemelhem os casos confrontados (Súm. 291).

A prova da divergência também poderá ser feita por meio de repertório oficial ou credenciado de jurisprudência, inclusive em mídia eletrônica, em que tiver sido publicada a decisão divergente, ou ainda pela reprodução de julgado disponível na Internet, com indicação da respectiva fonte (art. 1.029, § 1º, CPC).

PARTE VI · Cap. XIV – RECURSOS TRABALHISTAS EM ESPÉCIE | 857

Não se conhece de revista ou embargos quando a decisão recorrida resolver determinado item do pedido por diversos fundamentos e a jurisprudência transcrita não abranger a todos (Súm. 23, TST).

Não é necessário que o acórdão paradigma adotado pelo recorrente contenha todas as teses necessárias para justificar a divergência em relação ao acórdão recorrido. Pode o recorrente se valer de vários acórdãos distintos. O importante é que a jurisprudência colhida pelo recorrente, mesmo que seja embasada em vários acórdãos, ataque na íntegra os fundamentos adotados pelo acórdão recorrido (TST – SDI-I – E-ED-RR 73500-49.2006.5.22.0003 – Rel. Min. Brito Pereira – *DJE* 6-6-2013).

No âmbito do STF, será inadmissível o recurso extraordinário quando a decisão recorrida se assenta em mais de um fundamento suficiente e o recurso não abranger todos eles (Súm. 283), porém, se a decisão contiver partes autônomas, a admissão parcial, pelo presidente do Tribunal *a quo*, de recurso extraordinário que sobre qualquer delas se manifestar, não limitará a apreciação de todas pelo STF, independentemente de interposição de agravo de instrumento (Súm. 528).

14.7.4 Embargos de Nulidade

Em última instância, à SDI-I competia julgar os embargos de nulidade interpostos das decisões em dissídios individuais das turmas, as quais tivessem sido proferidas contra violação de preceito de lei federal ou da CF (art. 3º, III, *b*, Lei 7.701/88). Com a edição da Lei 11.496/07, não é mais cabível a interposição de recurso de embargos contra decisão proferida por Turma do TST fundado na hipótese de violação de preceito de lei federal.

14.7.5 Preparo nos Embargos

Nos embargos, tem-se como pressuposto objetivo a realização do preparo, que consiste no pagamento do depósito recursal, observando-se a Lei 8.177/91 e a IN 3, TST.

Também haverá a necessidade do pagamento das custas processuais, se houver acréscimo quanto às mesmas na decisão impugnada.

14.7.6 Processamento nos Embargos

Os embargos de divergência são interpostos perante as Turmas do TST (juízo *a quo*) e serão julgados pela SDI-I (juízo *ad quem*).

Atualmente, a IN 35/12, disciplina o processamento dos embargos de divergência à SDI-I.

O Presidente da Turma procederá ao exame prévio de admissibilidade do recurso de embargos, proferindo despacho fundamentado (art. 2º, IN 35). Recebido o recurso de embargos, deverá ser enviado à secretaria da Turma, com o fim de intimação da parte embargada para impugnação.

Contra a decisão que não admitir o recurso de embargos, caberá agravo.

No caso de interposição simultânea dos embargos e de recurso extraordinário, observará a IN 35 apenas após o trâmite relacionado com o recurso extraordinário (art. 4º).

Nas petições de embargos, o embargante/agravante informará o respectivo número de inscrição no cadastro de pessoas naturais ou jurídicas mantido pela Secretaria da Receita Federal do Brasil, salvo impossibilidade que comprometa o acesso à justiça, expressamente justificada na própria petição (Atos SEGJUD.GP 713/12 do TST).

Como os demais recursos que são interpostos em uma instância e remetidos para outra instância ou órgão julgador, o recurso de embargos de divergência contém duas partes: (a) petição de interposição. Dirigida ao juízo *a quo*, contém requerimentos quanto à admissibilidade e regular processamento do recurso, a intimação da parte contrária e remessa dos autos à SDI-I. Deverá haver a indicação sobre o fundamento do recurso interposto (divergência jurisprudencial ou violação de lei ou da CF). No caso de apresentação de guias do preparo recursal, é importante informar que se encontram anexas. Também poderá ser o momento processual adequado para requerer o benefício da assistência jurídica integral e gratuita ou a juntada da declaração de pobreza e procuração; (b) razões recursais. Dirigida ao juízo *ad quem*, leva à SDI-I as questões processuais e materiais para apreciação. Assim, sugerimos o seguinte desenvolvimento: identificação do processo; saudação ao tribunal e julgadores; breve resumo do processo; indicação do cabimento do recurso; questões processuais e matérias do recurso; pedido e requerimentos finais (admissibilidade, processamento e acolhimento); informar o recolhimento do preparo recursal.

Após a admissibilidade do recurso de embargos de divergência, a parte contrária será intimada para apresentar suas contrarrazões no prazo de oito dias (art. 900, CLT).

As contrarrazões efetivam o princípio do contraditório, de modo que nessa oportunidade caberá à parte interessada se opor às alegações do recurso. Como regra, são descabidas alegações de insatisfação da parte em contrarrazões, o que deve ser feito em recurso próprio. Contudo, também devem ser alegadas as questões envolvendo a admissibilidade do recurso.

No julgamento dos embargos, incumbe ao Ministro relator (art. 261, RITST):

1) denegar seguimento aos embargos: (a) se a decisão recorrida estiver em consonância com tese fixada em julgamento de casos repetitivos ou de repercussão geral, com entendimento firmado em incidente de assunção de competência, súmula, orientação jurisprudencial ou precedente normativo do TST ou súmula do STF, ou com iterativa, notória e atual jurisprudência do TST, cumprindo-lhe indicá-la; (b) nas hipóteses de intempestividade, deserção, irregularidade de representação ou de ausência de qualquer outro pressuposto extrínseco de admissibilidade, se o recorrente, após ser intimado para sanar o vício ou complementar a documentação exigível, na forma da legislação aplicável, não o fizer no prazo concedido para tanto;

2) dar provimento aos embargos, se a decisão recorrida estiver contrária à tese fixada em julgamento de casos repetitivos ou de repercussão geral, com entendimento

PARTE VI · Cap. XIV – RECURSOS TRABALHISTAS EM ESPÉCIE | 859

firmado em incidente de assunção de competência, súmula, orientação jurisprudencial ou precedente normativo do TST ou súmula vinculante do STF, ou com
iterativa, notória e atual jurisprudência do TST, cumprindo-lhe indicá-la.

14.7.7 Embargos Infringentes

Os embargos infringentes, na Justiça do Trabalho, são interpostos contra decisão não
unânime proferida em processo de dissídio coletivo de sua competência originária, salvo
se a decisão atacada estiver em consonância com precedente jurisprudencial do TST ou da
Súmula de sua jurisprudência predominante (art. 2º, II, *c*; Lei 7.701/88; art. 894, I, *a*, CLT).

A competência recursal é da SDC.

A matéria dos embargos infringentes será restrita à cláusula em que há divergência,
e, se esta for parcial, ao objeto da divergência (art. 262, parágrafo único, RITST).

Registrado o protocolo na petição a ser encaminhada à Secretaria do órgão julgador
competente, esta juntará o recurso aos autos respectivos e abrirá vista à parte contrária,
para impugnação, no prazo legal. Transcorrido o prazo, o processo será remetido à unidade competente, para ser imediatamente distribuído (art. 263).

Não atendidas as exigências legais relativas ao cabimento dos embargos infringentes, o relator denegará seguimento ao recurso, facultada à parte a interposição de agravo
interno (art. 264).

14.7.8 Embargos no TST (e Recursos de Revista) Repetitivos

Sobre o recurso de embargos e o incidente de demandas repetitivas no TST, seu
procedimento, julgamento e efeitos, sugerimos ler o Capítulo 14, item 14.6.5, Recursos
de Revista (e de Embargos no TST) Repetitivos.

14.8 CORREIÇÃO PARCIAL

14.8.1 Fundamento Jurídico

A correição parcial, também denominada de reclamação correicional, tem previsão
no art. 709, II, da CLT, com disciplina nos Regimento Internos dos TRTs.

O CPC prevê a representação ao corregedor contra magistrado que injustificadamente exceder os prazos previstos em lei, regulamento ou regimento interno (art. 235).

14.8.2 Cabimento

O vocábulo *correição* deriva do latim, *correctio*, e significa corrigir e reformar. Surge,
no Brasil, com o art. 142 do Dec. 9.623/1911, que cuidava da organização judiciária do
Distrito Federal.

Em sentido amplo, correição representa as auditorias que são efetuadas anualmente
nas varas do trabalho (art. 682, XI, CLT).

Na Justiça do Trabalho, o corregedor-geral tem a atribuição para decidir sobre as correições parciais contra os atos atentatórios da boa ordem processual praticados pelos tribunais regionais e seus presidentes, quando inexistir recurso específico (art. 709, II, CLT). Trata-se da correição parcial, a qual também está inserida nos regimentos internos dos TRTs.

No âmbito do TST, entre outras atribuições, compete ao corregedor-geral exercer funções de inspeção e correição (permanente ou periódica, ordinária ou extraordinária, geral ou parcial) e decidir as correições parciais contra os atos atentatórios à boa ordem processual praticados pelos tribunais regionais, seus presidentes e juízes, quando inexistir recurso específico (art. 6º, I e II, RICGJT).

Manoel Antonio Teixeira Filho[71] afirma que a correição parcial é um recurso clandestino, ante o fato de que a sua disciplina está regulada em regimentos internos. Além dessa origem clandestina, nas lições do insigne jurista, denota ser um recurso judicial *sui generis*.

Para Janguiê Bezerra Diniz, a correição parcial é uma providência administrativa decorrente do direito de petição.

Valentin Carrion[72] ensina: "*É uma espécie de recurso camuflado, atentatório aos princípios processuais, inclusive àquele do Estado de direito, que proíbe que a jurisdição seja avocada pela hierarquia superior, salvo em recurso previsto expressamente. Essa deformação advém de não ter sido expressa e minuciosamente regulada pela lei processual. O CPC de 1973 circunscreveu-se a verberá-lo em sua exposição de motivos (nº 31). A correição parcial deve ser considerada como sendo medida exclusivamente censória, portanto, administrativa, que não deve extravasar a intocável superfície contenciosa, ou processual. São tantas e tão luminares as vozes processualistas que se manifestam (no sentido de que a correição é meramente administrativa) que se pode dizer ser unânime a doutrina (v. a longa relação de Moniz Aragão, A Correição Parcial). Essa doutrina é contrariada apenas por um cochilo legislativo isolado e por casuísmos paternalistas de decisões judiciárias, que representam o indesejado perigo de criar uma nova e ilegal linha recursal: [...] 'A chamada reclamação é correição disciplinar, ou figura intrusa, ditatorialiforme, como a chamou Pontes de Miranda' (apud A Correição Parcial, E. D. Moniz Aragão). Ressalta-se que cada ato do juiz, em princípio, está sujeito simultaneamente a duas ordens: a disciplinar e a processual. 'A diferença entre atos disciplinares e atos não disciplinares está ligada ao dever de organização dos serviços públicos, do qual emanam poderes aos responsáveis pelos serviços' (Pontes de Miranda, Comentários ao CPC de 1939). No processo trabalhista ainda é mais injurídico o uso da correição para fins contenciosos, porque se refere à ação em que é proferida a decisão interlocutória, e só está sob reforma do próprio Tribunal, em recurso contencioso. Assim diz a CLT, art. 893, § 1º: [...] Porque a correição parcial é disciplinar apenas e porque a norma procedimental o prevê expressamente, é intocável o ato do juízo, nos autos*".

---

[71] TEIXEIRA FILHO, Manoel Antonio. *Sistema dos recursos trabalhistas*, 10. ed., p. 565-566.

[72] CARRION, Valentin. *Comentários à Consolidação das Leis do Trabalho*, atualizada por Eduardo Carrion, 31. ed., p. 775-776.

PARTE VI · Cap. XIV – RECURSOS TRABALHISTAS EM ESPÉCIE | **861**

Sergio Pinto Martins[73] chega a afirmar que não se trata de recurso, mas, sim, de incidente processual.

A correição parcial é cabível quando o ato impugnado: (a) seja atentatório à boa ordem processual; (b) não possa ser impugnado por outro recurso ou por mandado de segurança; (c) cause prejuízo ao corrigente.[74]

A legislação não configura quais são os atos atentatórios à boa ordem processual. O exame dependerá do caso concreto. O juiz não é senhor absoluto do processo, mas é o responsável pela condução de seus trabalhos, e nessa condução não poderá causar prejuízos à ordem processual. Manoel Antonio Teixeira Filho fala de algumas hipóteses nas quais pode haver o cabimento da correição parcial: conversão do julgamento em diligência; indeferimento de provas; indeferimento da reunião de autos; e designação de audiência, mas cada caso é um caso, não havendo como disciplinar de forma técnica quais os atos que justificam ou não a correição parcial.

14.8.3 Prazo Recursal

O prazo da correição parcial, como regra, é de cinco dias, a contar da ciência do ato impugnado. O prazo é fixado nos regimentos do TST (art. 17, RICGJT) e dos TRTs.

O prazo para a Fazenda Pública e o Ministério Público é em dobro (art. 180, CPC; art. 17, parágrafo único, RICGJT).

Não existe previsão legal para realização de preparo recursal.

---

[73] MARTINS, Sergio Pinto. *Direito processual do trabalho*, 26. ed., p. 461.

[74] "ÓRGÃO ESPECIAL Correição Parcial. Finalidade. Correição parcial tem cabimento para corrigir erros, abusos e atos atentatórios à boa ordem processual, que importem em atentado a fórmulas legais do processo, quando para o caso não haja recurso ou outro meio processual específico" (TRT – 1ª R. – AgR 01162949820145010000 – Rel. Fernando Antonio Zorzenon da Silva – j. 29/1/2015). "AGRAVO REGIMENTAL. CORREIÇÃO PARCIAL. Nos termos dos artigos 709, II, da CLT, e 34 do Regimento Interno deste Regional, a correição parcial é cabível para corrigir ações, omissões, abusos e atos contrários à boa ordem processual, que impliquem erro de procedimento, desde que não haja recurso específico para a parte. Se o ato judicial que supostamente atenta contra a boa ordem do procedimento era passível de impugnação perante a instância superior, mediante a interposição de recurso próprio, não é admissível a utilização do instrumento como sucedâneo do recurso específico. A discussão sobre a regularidade da intimação da agravante a respeito do teor da sentença proferida nos autos originários, e do direito à devolução do prazo recursal, foge, portanto, a esfera de atuação da Corregedoria Regional" (TRT – 3ª R. – OE – AgR 0000507-98.2013.5.03.0000 – Rel. João Bosco Pinto Lara – j. 10/4/2014). "CORREIÇÃO PARCIAL. PREVISÃO DE RECURSO NA ESFERA JUDICIAL. NÃO CABIMENTO. A possibilidade de recurso na esfera judicial obsta o manejo da correição parcial (art. 34, *caput*, do Regimento Interno do TRT da 3ª Região)" (TRT – 3ª R. – OE – AgR 0000530-10.2014.5.03.0000 – Rel. Ricardo Antônio Mohallem – j. 11/12/2014).

14.8.4 Efeitos

Como os demais recursos, a correição parcial possui os seguintes efeitos: devolutivo (art. 899, CLT), translativo, substitutivo (se admitido como um dos efeitos dos recursos) e extensivo. Como regra geral, não possui o efeito suspensivo, de modo que é possível a execução provisória do título judicial por cumprimento provisório de sentença ("carta de sentença") (art. 520, CPC).

Contudo, nos termos do regimento interno de cada tribunal, ao receber a correição parcial, o Corregedor poderá deferir, liminarmente, a suspensão do ato impugnado, desde que relevantes os fundamentos do pedido ou da eficácia do ato impugnado resultar justificado receio de dano irreparável ou de difícil reparação, como ocorre no âmbito do TST (art. 20, III, RICGJT).

14.8.5 Procedimento

No TST, a correição parcial está disciplinada nos arts. 13 segs. do RICGJT.

Ao despachar a petição inicial da correição parcial (art. 20), o Ministro Corregedor-Geral poderá: (a) indeferi-la, desde logo, caso seja incabível, inepta, intempestiva ou desacompanhada de documento essencial; (b) deferir, liminarmente, a suspensão do ato impugnado, desde que relevantes os fundamentos do pedido ou da eficácia do ato impugnado resultar justificado receio de dano irreparável ou de difícil reparação; (c) julgar, de plano, a correição parcial, desde que manifestamente improcedente o pedido.

Formalmente apta a petição inicial e regularmente instruída, o Ministro Corregedor-Geral ordenará a notificação da autoridade requerida, por ofício, mediante a remessa da cópia apresentada pelo autor, acompanhada dos documentos respectivos, para que se manifeste sobre o pedido, no prazo máximo de dez dias, prestando as informações que entender necessárias (art. 19).

Após a conclusão dos autos, o Corregedor-Geral proferirá decisão fundamentada e conclusiva, dentro do prazo de dez dias (art. 21, *caput*).

A decisão será publicada no *Diário da Justiça* e remetida por cópia, mediante ofício, ao autor, à autoridade a que se refere a impugnação e, se for o caso, ao terceiro interessado (art. 21, parágrafo único).

O Corregedor-Geral, se entender necessário, poderá determinar a remessa de cópia da decisão transitada em julgado a outros juízes e tribunais, para observância uniforme (art. 22).

A autoridade responsável pelo cumprimento da decisão oficiará à Corregedoria-Geral sobre a observância do determinado (art. 23).

Nos TRTs, o procedimento da correição parcial é disciplinado pelos regimentos internos (norma *interna corporis*). O recurso cabível das decisões proferidas em correição parcial é o agravo regimental.

Como regra, a correição parcial deve ser endereçada ao Corregedor Regional, contudo, em alguns TRTs, por força do regimento interno, a petição é endereçada ao próprio juiz corrigendo.

PARTE VI · Cap. XIV – RECURSOS TRABALHISTAS EM ESPÉCIE | 863

No âmbito do TRT da 2ª Região, a correição parcial é disciplinada nos arts. 177 a 180 do Regimento Interno. O prazo é de cinco dias. A petição de correição parcial, acompanhada dos documentos indispensáveis ao seu processamento, sob pena de não conhecimento, será dirigida ao juiz da causa, que terá cinco dias para encaminhá-la à Corregedoria Regional, acompanhada das informações. Na hipótese de reconsideração do ato, a correição perderá o seu objeto. O prazo de cinco dias poderá ser prorrogado pela Corregedoria Regional, na ocorrência de força maior ou de outro motivo relevante, desde que solicitado pela autoridade. A correição será julgada no prazo de dez dias. No caso de ser necessária a aplicação de penalidade disciplinar, o processo será encaminhado ao Vice-Presidente Administrativo para ser apreciado pelo Tribunal Pleno. Na hipótese de ser julgada procedente a correição parcial, o juiz deverá dar imediato cumprimento à decisão, sob pena de responsabilidade.

14.8.6   Estrutura

Nas correições parciais apresentadas junto ao TST, a petição inicial (art. 14, I a V, RICGJT), dirigida ao Corregedor Geral, deverá conter: (a) a qualificação do autor, a indicação da autoridade a que se refere a impugnação e, se for o caso, do terceiro interessado; (b) os fatos e os fundamentos jurídicos do pedido; (c) o pedido, com suas especificações; (d) a apresentação das provas necessárias à comprovação dos fatos alegados; (e) a data e a assinatura do autor, ou seu representante.

É facultado ao interessado apresentar a petição inicial da correição parcial mediante a utilização do Sistema de Peticionamento Eletrônico da Justiça do Trabalho (*e*-doc) (art. 16).

A petição inicial será obrigatoriamente instruída com: (a) certidão de inteiro teor, ou cópia reprográfica autenticada que a substitua, da decisão ou despacho reclamado e das peças em que se apoiou; (b) outras peças que contenham elementos necessários ao exame do pedido e da sua tempestividade; (c) instrumento de mandato outorgado ao subscritor, caso houver (art. 15, I a III).

A petição inicial e os documentos que a acompanham deverão ser apresentados em tantas vias quantas necessárias ao processamento e à instrução da correição parcial (art. 15, § 1º).

As cópias reprográficas de peças do processo de correição parcial poderão ser declaradas autênticas pelo próprio advogado, sob sua responsabilidade pessoal (art. 15, § 2º).

14.9   PEDIDO DE REVISÃO

14.9.1   Cabimento

O pedido de revisão (recurso) está previsto no art. 2º da Lei 5.584/70.

Mesmo no processo do trabalho, a fixação do valor da causa segue os critérios fixados nos arts. 291 e 292, CPC. Apesar de a CLT não prever o valor da causa como requisito da reclamação trabalhista inicial (art. 840, § 1º, CLT), atualmente, pela necessidade de se fixar o procedimento (ordinário, sumário e sumaríssimo), trata-se de um requisito obrigatório.

Se o valor da causa for indeterminado, o juiz, antes de passar à instrução, fixará *ex officio* o valor (art. 2º, Lei 5.584).

A alçada é fixada pelo valor dado à causa na data do seu ajuizamento, exceto se o valor não for impugnado (Súm. 71, TST).

No processo civil, a parte interessada deverá promover a impugnação da causa na contestação (arts. 293 e 337, III, CPC). Não havendo impugnação, presume-se aceito o valor atribuído à causa na petição inicial.

Exceção a isso se dará quando o juiz *ex officio* fixar o valor da causa em audiência. Nesse caso, em audiência, ao aduzir razões finais, poderá qualquer das partes impugnar o valor fixado (art. 2º, § 1º, Lei 5.584). Caso haja o fracionamento da audiência, a impugnação se fará na primeira oportunidade (art. 795, CLT).

O pedido de revisão (recurso) está ligado à ideia do procedimento sumário. Isso se dá principalmente pelo fato de que no processo com valor igual ou inferior a dois salários-mínimos a sentença é irrecorrível, salvo quando versar sobre matéria constitucional (art. 2º, Lei 5.584).

Atualmente, também se admite o pedido de revisão para atacar as decisões que rejeitam a impugnação ao valor da causa, mesmo quando ela ocorre em outros procedimentos (sumaríssimo e ordinário).

Questão diária de difícil solução ocorre quando, considerando a audiência una, o juiz, após rejeitar a impugnação (decisão interlocutória), resolve a reclamação trabalhista (sentença), como ocorreria quando inexistem provas a serem produzidas em audiência ou em questões apenas de direito.

Nas reclamações com questões de direito, também, poderia o juiz, na mesma decisão, rejeitar a impugnação e analisar o mérito da ação.

No primeiro caso, parece-nos que mesmo depois da sentença de mérito, o recurso contra a decisão interlocutória que rejeita a impugnação ao valor da causa é o pedido de revisão, pois é um recurso de competência do presidente do TRT. O pedido de revisão não suspende o prazo do recurso ordinário que deverá ser interposto e, com a procedência do pedido de revisão, o mesmo não poderá deixar de ser processado apenas porque não cuida de questões constitucionais.

No segundo caso, diante da impossibilidade de haver mais de um recurso contra a mesma decisão (princípio da singularidade ou unicidade recursal), a solução é concentrar toda a matéria recursal no recurso ordinário, tratando da questão como matéria preliminar e, em havendo decisão denegatória de processamento, interpor o agravo de instrumento.

Nesse caso, a questão preliminar passa a ser de competência da Turma e não mais do presidente do TRT, já que a competência do presidente do TRT não é do conteúdo da decisão interlocutória, mas sim do pedido de revisão (do recurso). Se a matéria faz parte do recurso ordinário, a competência recursal é da turma.

PARTE VI · Cap. XIV – RECURSOS TRABALHISTAS EM ESPÉCIE | **865**

O TST, em questão semelhante, considera incabível a impetração de mandado de segurança contra ato judicial que, de ofício, arbitrou novo valor à causa, acarretando a majoração das custas processuais, uma vez que cabia à parte, após recolher as custas, calculadas com base no valor dado à causa na inicial, interpor recurso ordinário e, posteriormente, agravo de instrumento no caso de o recurso ser considerado deserto (OJ 88, SDI-II).

14.9.2   Prazo Recursal

A parte interessada tem o prazo de 48 horas para interpor o pedido de revisão (art. 2º, § 2º, Lei 5.584/70).

De acordo com o Decreto-Lei 779/69, o prazo é em dobro para a União, Estados, Distrito Federal e Municípios, bem como para as autarquias ou fundações de direito público federais, estaduais e municipais que não explorem atividades econômicas (art. 1º, III).

O Ministério Público também tem prazo em dobro para recorrer (art. 180, CPC).

Não existe previsão legal para realização de preparo recursal.

14.9.3   Efeitos

Como os demais recursos, o pedido de revisão possui os seguintes efeitos: devolutivo (art. 899, CLT), translativo, substitutivo (se admitido como um dos efeitos dos recursos) e extensivo. Não possui efeito suspensivo (art. 2º, § 2º, Lei 5.584/70).

14.9.4   Procedimento

Com a rejeição da impugnação ao valor da causa pelo juiz, ou seja, havendo manutenção do valor da causa indicado, a decisão interlocutória torna-se atacável pelo recurso de pedido de revisão.

Assim, descabe a mera insatisfação (contrariedade ou impugnação ou "protesto") da parte na ata de audiência.

O pedido de revisão é um recurso *sui generis* no processo do trabalho, pois visa propiciar a recorribilidade da decisão interlocutória que rejeitou a impugnação ao valor da causa. As decisões interlocutórias são, como regra, irrecorríveis.

A competência para análise do recurso é do presidente do TRT.

O julgamento do recurso ocorrerá em 48 horas.

O recurso é dirigido diretamente ao presidente do TRT e deve ser instruído com cópia da petição inicial, cópia da ata de audiência e quaisquer outros documentos que a parte julgue interessantes para o convencimento do presidente do TRT. Os documentos devem ser autenticados.

Como decorrência do princípio do contraditório (art. 5º, LV, CF; art. 10, CPC), a parte contrária tem o direito de se manifestar sobre as alegações apresentadas.

As contrarrazões são feitas por simples petição dirigidas ao juiz competente para julgar o pedido de revisão.

14.10 RECURSO EXTRAORDINÁRIO

14.10.1 O Recurso Extraordinário no Sistema Jurídico Brasileiro

Com origem no direito norte-americano (*Judiciary Act* de 24/9/1789), a Constituição decretada pelo Governo Republicano Provisório, que não chegou a viger, em seu art 58, § 1º, previu as hipóteses em que caberia para o STF recurso contra as decisões de última instância das Justiças Estaduais. Previsto no Decreto 848, de 24/10/1890, que organizou a Justiça Federal (art. 9º, parágrafo único), estava presente na Constituição de 1891, art. 59, § 1º. Era um recurso inominado.

A denominação de "recurso extraordinário" foi utilizada pelo primeiro Regimento Interno do STF (1891) e acabou sendo absorvida pela legislação posterior.[75]

Desde 1891, todas as Constituições trataram do recurso, sem variações significativas até a 1988, quando se cindiram as hipóteses de cabimento do recurso extraordinário com o recurso especial, de competência do STJ, criados pela nova Constituição.[76]

Atualmente, o recurso extraordinário tem suas hipóteses de cabimento no art. 102, III, CF. Trata-se de um recurso de índole constitucional, logo, pertence ao Direito Processual Constitucional.

A Lei 8.038/90 instituiu normas procedimentais para os processos no STF e STJ. A Lei 8.950/94 revigorou os arts. 539 a 546, do CPC/73 (arts. 1.029 a 1.035, CPC), que tratam dos recursos ordinário constitucional, extraordinário e especial. As Leis 9.756/98 e 10.352/01 fizeram complementos à sistemática recursal excepcional do CPC.

---

[75] BARBOSA MOREIRA, José Carlos. Ob. cit., p. 575.

[76] "Com o advento da Constituição Federal de 1988, o recurso extraordinário previsto no antigo sistema constitucional veio a ser desmembrado, criando-se um novo recurso com o objetivo de tutela das normas infraconstitucionais. O recurso extraordinário propriamente dito continuou existindo no nosso sistema jurídico, destinando-se, no entanto, à tutela das normas constitucionais, cuja competência continuou sendo do Supremo Tribunal Federal (art. 102, inc. III, da CF/88), ao passo que o recurso especial foi destinado à tutela das normas infraconstitucionais, cuja competência passou a ser do Superior Tribunal de Justiça (art. 105, inc. III, da CF/88). Esse desmembramento foi decorrência da chamada crise do Supremo Tribunal Federal, isto porque, juntamente, o aumento demográfico e do processo de industrialização nas grandes regiões do país gerou o aumento de demandas, e, consequentemente, um crescente número de processos em fase de recurso. Não obstante existirem inúmeros óbices jurisprudenciais e regimentais para a admissão do recurso extraordinário, a multiplicidade de recursos advindos de todas as partes do país não foi suficiente para evitar a referida crise. A criação do Superior Tribunal de Justiça, competente para tutela das normas infraconstitucionais, foi de grande importância para o nosso sistema jurídico, uma vez que diminuiu o número de processos enviados ao Supremo Tribunal Federal. O recurso especial é considerado por todos como um recurso extraordinário, distinguindo-se do recurso especial *stricto sensu* em função da matéria e do tribunal a que será enviado" (RODRIGUES, Fernando Anselmo. Requisitos de admissibilidade do recurso especial e do recurso extraordinário. *Aspectos Polêmicos e Atuais do Recurso Especial e do Recurso Extraordinário*, p. 214).

PARTE VI · Cap. XIV – RECURSOS TRABALHISTAS EM ESPÉCIE | **867**

Esse recurso também encontra previsão no RISTF (arts. 321 a 329). Quando interposto perante o TST, tem previsão regimental (arts. 266 a 268).

A CLT prevê o recurso extraordinário (art. 893, § 2º), contudo, nada disciplina quanto às suas hipóteses de cabimento e processamento.

14.10.2   Hipóteses de Cabimento do Recurso Extraordinário

Constitucionalmente, o recurso extraordinário é cabível quando a decisão proferida em única ou última instância estiver contrariando dispositivo da CF, declarar a inconstitucionalidade de tratado ou lei federal, julgar válida lei ou ato de governo local contestado em face da CF ou julgar válida lei local contestada em face de lei federal (art. 102, III, *a* a *d*).

Segundo Alexandre de Moraes,[77] *"a Constituição não exige que a decisão seja de algum tribunal, mas que tenha esgotada a via recursal ordinária, dessa forma cabível o recurso extraordinário das decisões de juiz singular (quando inexistir recurso ordinário) e das Turmas Recursais dos juizados Especiais Criminais e Civis"*. E acrescenta, a previsão constitucional *"permite seu cabimento de decisões interlocutórias, desde que presentes os demais requisitos constitucionais"*.[78]

O STF tem admitido o extraordinário contra decisão proferida por juiz de primeiro grau nas causas de alçada, ou por turma recursal de juizado especial cível e criminal (Súm. 640).

Em relação à decisão proferida em "última instância", exige-se o prévio esgotamento das instâncias ordinárias, pois, caso contrário, haveria uma supressão de instância (dos tribunais estaduais ou federais). O pronunciamento não precisa ser de mérito, basta ser final. Em outras palavras, "a priori, *final seria aquela decisão contra a qual não cabe mais nenhum recurso ordinário previsto na legislação"*.[79]

O recurso extraordinário pressupõe um *"julgado contra o qual já foram esgotadas as possibilidades de impugnação nas várias instâncias ordinárias ou na instância única, originária. Isso coloca o problema de só serem exercitáveis contra 'causas decididas' ou 'decisões finais', ambas as expressões significando que não podem ser exercitados per saltum, deixando* in albis *alguma possibilidade de impugnação (ex.: não interposição de embargos infringentes contra a parte não unânime do julgado recorrido)"*.[80]

---

[77]   MORAES, Alexandre de. *Constituição do Brasil interpretada e Legislação Constitucional*, p. 1397.

[78]   Nesse sentido, Súm. 86, STJ, cabe recurso especial contra acórdão proferido no julgamento de agravo de instrumento.

[79]   OROTAVO NETO, Fernando; ROHR, Joaquim Pedro. *Dos recursos cíveis*: dos recursos em espécie, 2. ed., p. 251.

[80]   MANCUSO, Rodolfo de Camargo. *Recurso extraordinário e recurso especial*, 5. ed., p. 77.

Assim, não se admite o extraordinário quando houver, na justiça de origem, recurso ordinário da decisão impugnada (Súm. 281, STF).[81]

As causas decididas se relacionam com as decisões proferidas nos processos de jurisdição contenciosa ou voluntária, não incluindo as originárias de processos administrativos.

Da mesma forma que os demais recursos excepcionais, inadmissível o extraordinário para simples reexame de prova (Súm. 279) ou por ofensa a direito local (Súm. 280).

Inadmissível será o recurso extraordinário, quando não ventilada, na decisão recorrida, a questão federal suscitada (Súm. 282), trata-se do prequestionamento explícito da matéria. Tanto é assim que o ponto omisso da decisão, sobre o qual não foram opostos embargos declaratórios, não pode ser objeto de recurso extraordinário, por faltar o requisito do prequestionamento (Súm. 356).

Não se admite o extraordinário, quando a decisão recorrida assenta em mais de um fundamento suficiente e o recurso não abrange a todos (Súm. 283). Em outras palavras, é necessário que se proceda à análise e verificação de todos os fundamentos autônomos do acórdão recorrido (requisito do fundamento não atacado). Deve o recorrente rebater todos os fundamentos autônomos do acórdão atacado. Feita a admissão do recurso por apenas um dos fundamentos do recurso, não prejudica o seu conhecimento por qualquer dos outros (Súm. 292). O STF não está limitado à admissão parcial feita pelo juízo *a quo* (Súm. 528).

Também não se admite o recurso quando a deficiência na sua fundamentação não permitir a exata compreensão da controvérsia (Súm. 284) ou não for razoável a arguição de inconstitucionalidade (Súm. 285).

Salvo limite legal, a fixação de honorários de advogado, em complemento da condenação, depende das circunstâncias da causa, não dando lugar a recurso extraordinário (Súm. 389).

Não será o caso de recurso extraordinário, por violação de lei federal, quando a ofensa alegada for a regimento de tribunal (Súm. 399). A decisão que deu razoável interpretação à lei, ainda que não seja a melhor, não autoriza o recurso (Súm. 400)[82] ou que envolver simples interpretação de cláusulas contratuais (Súm. 454).

---

[81] O STJ não admite o recurso especial quando cabíveis embargos infringentes contra o acórdão proferido no tribunal de origem (Súm. 207).

[82] "Esta súmula é letra morta em nosso ordenamento jurídico atual, pois, com a vigência da Constituição de 1988, a competência para dar a palavra final sobre a constitucionalidade e a legalidade de normas e decisões passou a ser exclusiva do STF e do STJ, sendo esta indelegável. Admitir-se o não conhecimento do recurso extraordinário ou especial com base na razoável interpretação da lei, mesmo que não seja a melhor, como disposto na Súmula 400 do STF, é negar a competência do STF para dirimir as questões constitucionais e do STJ para dirimir as questões federais, conferindo-lhe a melhor e última interpretação" (OROTAVO NETO, Fernando; ROHR, Joaquim Pedro. Ob. cit., p. 270-271).

PARTE VI · Cap. XIV – RECURSOS TRABALHISTAS EM ESPÉCIE | **869**

Não cabe recurso extraordinário contra acórdão de tribunal de justiça que defere pedido de intervenção estadual em município (Súm. 637). Da mesma forma, não cabe recurso extraordinário contra decisão proferida no processamento de precatórios (Súm. 733).

O STF não admite o extraordinário contra acórdão que defere medida liminar (Súm. 735).

14.10.2.1 Contrariar Dispositivo da Constituição Federal

A primeira hipótese constitucional de cabimento do recurso extraordinário é quando a decisão recorrida contrariar dispositivo constitucional. A ofensa deve ser direta, não se admitindo o recurso por ofensa indireta (ou reflexa), ou quando, para comprovar a contrariedade, houver necessidade de antes demonstrar a ofensa à lei ordinária.

Tanto é assim que o STF não admite o recurso extraordinário por contrariedade ao princípio constitucional da legalidade, quando a sua verificação pressuponha rever a interpretação dada a normas infraconstitucionais pela decisão recorrida (Súm. 636).

Trata-se do controle de constitucionalidade das decisões dos órgãos integrantes do Poder Judiciário.

De forma ampla, a decisão é contrária à lei quando: (a) se distancia da mensagem do legislador; (b) a interpretação não se coaduna com a finalidade da lei; (c) a interpretação é falha e desvirtua o conteúdo da norma. A doutrina aponta quatro tipos de sentenças, que denotam ofensa a um dispositivo legal, a saber: (1) colidem, literalmente, com a expressão formal da lei; (2) mesmo não afrontando diretamente a letra da lei, não estão em sintonia com o seu sentido ou o espírito; (3) não contrariando a letra ou o espírito da lei, aplicam de forma equivocada um outro texto legal, como, por exemplo, com o emprego da analogia; (4) apesar de não ser obscura, a sentença está baseada em textos legais de compreensão duvidosa, lacunosa ou obscura. Há situações em que a interpretação é clara e objetiva diante de um texto legal, logo, não há contrariedade, contudo, existem momentos em que há vários entendimentos. Nessas situações, o julgador deve acolher o entendimento majoritário. Se aplicar o minoritário, deverá fazê-lo com base em argumentos fortes e razoáveis, pois senão estará dando ensejo ao recurso extraordinário.

A oposição pode ocorrer tanto nas hipóteses nas quais não se tenha dado interpretação compatível com a norma constitucional, como também naquelas em que houve ofensa a um dos princípios inseridos na CF.

Certo é que julgados do mesmo tribunal não servem para fundamentar o recurso extraordinário por divergência jurisprudencial (Súm. 369).

14.10.2.2 Declarar a Inconstitucionalidade de Tratado ou Lei Federal

O recurso extraordinário também é cabível quando a decisão recorrida declarar a inconstitucionalidade de tratado ou lei federal.

Quanto à inconstitucionalidade de tratado, o recurso extraordinário é cabível quando a decisão recorrida negar vigência a essa norma.

Importante lembrar que os tratados e as convenções internacionais de direitos humanos aprovados em cada Casa do Congresso Nacional, em dois turnos, por três quintos dos votos dos respectivos membros, são equivalentes às emendas constitucionais (art. 5º, § 3º, CF).

Já a inconstitucionalidade de norma federal pode ser declarada por vício: (a) quanto à forma de elaboração da lei; (b) quanto à matéria; (c) quanto ao órgão; (d) quanto à esfera de competência. Representa o controle de constitucionalidade difuso exercido em última instância pelo STF.

Visualiza-se a inconstitucionalidade quanto à lei federal, quando a decisão recorrida entende ser a mesma aplicável ou quando lhe dá aplicação dissonante quanto ao entendimento do STF.

A decisão que enseja a interposição de recurso ordinário ou extraordinário não é a do plenário que resolve o incidente de inconstitucionalidade, mas a do órgão (câmaras, grupos ou turmas) que completa o julgamento do feito (Súm. 513, STF).

14.10.2.3 Julgar Válida Lei ou Ato de Governo Local Contestado em Face da Constituição ou de Lei Federal

A última hipótese de cabimento do recurso ocorre quando, desprezando a CF, a decisão recorrida venha julgar a validade de lei ou ato de governo local.

A EC 45/04 incluiu no art. 102, III, CF, a alínea *d*, a qual disciplina que o recurso extraordinário é cabível na hipótese de a decisão recorrida julgar válida lei local contestada em face de lei federal.

A expressão "governo local" declina as normas e os atos emanados dos Estados, Distrito Federal e Municípios.

14.10.3 O Recurso Extraordinário e a Repercussão Geral

A matéria foi analisada no tópico 13.1.6.3.6, Capítulo XIII, Parte VI, desta obra.

14.10.4 Recurso Extraordinário e o Processo do Trabalho

O art. 102, III, CF, atribui ao STF julgar, mediante recurso extraordinário, as causas decididas em única ou última instância.

Na Justiça Comum, o recurso extraordinário é interposto contra a decisão do tribunal de justiça ou tribunal regional federal, de forma concomitante com o recurso especial para o STJ (art. 1.029, CPC), ficando sobrestado até apreciação final deste último.

Diferentemente do que ocorre no processo civil, no processo do trabalho o recurso extraordinário é interposto de forma única das seguintes decisões: (a) última instância – as proferidas pelo TST, por intermédio de suas Seções Especializadas (SDC e SDI) ou Órgão Especial; (b) única instância – as prolatadas pela SDI-II em ações rescisórias e outras de competência originária do TST, que não sejam passíveis de recurso ordinário constitucional (art. 102, II, *a*).

PARTE VI · Cap. XIV – RECURSOS TRABALHISTAS EM ESPÉCIE | 871

Manoel Antonio Teixeira Filho[83] e Mauro Schiavi[84] defendem o cabimento do recurso extraordinário contra as decisões prolatadas em única instância pela Justiça do Trabalho nos processos de competência exclusiva da vara do trabalho (procedimento sumário) (art. 2º, § 4º, Lei 5.584/70).

Para o STF, é cabível recurso extraordinário contra decisão proferida por juiz de primeiro grau nas causas de alçada, ou por turma recursal de juizado especial cível e criminal (Súm. 640). Contudo, considera inadmissível o recurso extraordinário quando couber, na Justiça de origem, recurso ordinário da decisão impugnada (Súm. 281).

Não cabe recurso extraordinário quando a divergência alegada for entre decisões da justiça do trabalho (Súm. 432).

É incabível a condenação em verba honorária nos recursos extraordinários interpostos em processo trabalhista, exceto nas hipóteses previstas na Lei 5.584 (Súm. 633).

A Lei 11.496/07 reduziu as hipóteses de cabimento dos embargos no TST para as divergências entre as Turmas ou das Turmas com as decisões proferidas pela SDI, salvo se a decisão recorrida estiver em sintonia com súmula ou orientação jurisprudencial do TST ou do STF. Em outras palavras, houve a supressão de embargos para a SDI-I quando for o caso de violação literal de lei federal ou da CF (embargos de nulidade). Logo, quando a matéria discutida na decisão proferida pela Turma do TST limitar-se à discussão de questão constitucional, a Turma será considerada a última instância para fins de oposição de recurso extraordinário.

Por outro lado, pode ser que a decisão da Turma tenha no seu conteúdo questões relacionadas com a oposição de embargos e de recurso extraordinário, logo, estaremos diante de uma dupla recorribilidade, surgindo, daí a seguinte formulação: o recurso extraordinário e o de embargos deverão ser opostos simultaneamente? Essa questão exige a análise de duas situações distintas.

A primeira ocorre quando o contencioso constitucional e a divergência jurisprudencial relacionam-se com o mesmo capítulo da decisão da Turma do TST. Nessa hipótese, o correto é a oposição dos embargos e, após a análise da SDI quanto aos embargos, a formulação do recurso extraordinário em relação à decisão da SDI-I, visto que esse apelo é cabível da decisão de última instância, logo, nada mais adequado do que aguardar o último pronunciamento do TST a respeito do capítulo da decisão, a qual, simultaneamente, envolve questão federal e constitucional. Em sentido contrário, o TST tem admitido a dupla interposição simultânea.[85]

---

83   TEIXEIRA FILHO, Manoel Antonio. Ob. cit., p. 532.

84   SCHIAVI, Mauro. Ob. cit., p. 674.

85   "RECURSO DE EMBARGO A SDI/TST E RECURSO EXTRAORDINÁRIO INTERPOSIÇÃO SIMULTÂNEA POSSIBILIDADE. Parece inquestionável que a nova redação do art. 894 da CLT, introduzida pela Lei nº 11.496/2007, deu ensejo a uma cisão do procedimento trabalhista, de maneira que cabe a SDI uniformizar a jurisprudência interna e cabe, doravante, ao Supremo Tribunal Federal, examinar diretamente se for o caso, os aspectos constitucionais da decisão proferida por Turma do Tribunal Superior do Trabalho. Logo, se a parte pretende impugnar, de

A segunda situação dá-se quando a questão constitucional e a questão federal estão relacionadas com capítulos diferentes na decisão proferida pela Turma do TST, logo, o correto é a oposição simultânea dos dois recursos, sendo que o processamento do extraordinário ficará sobrestado até a decisão da SDI-I em relação aos embargos opostos da decisão da Turma.

14.10.5 Dissídio Jurisprudencial

Quando o recurso extraordinário se fundar em dissídio jurisprudencial, o recorrente fará a prova da divergência com a certidão, cópia ou citação do repositório de jurisprudência, oficial ou credenciado, inclusive em mídia eletrônica, em que houver sido publicado o acórdão divergente, ou ainda com a reprodução de julgado disponível na rede mundial de computadores, com indicação da respectiva fonte, devendo-se, em qualquer caso, mencionar as circunstâncias que identifiquem ou assemelhem os casos confrontados (art. 1.029, § 1º, CPC; Súm. 291, STF).

Não existe óbice para que a sistemática do art. 1.029, § 1º, CPC também seja aplicada ao processo do trabalho.

Além de indicar ou apresentar a decisão divergente, cabe ao recorrente proceder ao confronto analítico, demonstrando onde reside a divergência na interpretação, transcrevendo o trecho do acórdão paradigma e do acórdão atacado.[86]

Cumpre ressalvar que o dissídio jurisprudencial, por si só, quando resultar interpretações divergentes de lei federal por tribunais distintos, enseja o recurso especial (art. 105, III, *c*, CF). O que não ocorre com o recurso extraordinário.

O recurso extraordinário não será admitido quando, fundado em divergência jurisprudencial, o Plenário do STF já se firmou no mesmo sentido da decisão recorrida (Súm. 286).

Certo é que julgados do mesmo tribunal não servem para fundamentar o recurso extraordinário por divergência jurisprudencial (Súm. 369).

---

um lado, o capítulo do acórdão turmário com denúncia de mácula à Constituição Federal e, de outro, com alegação de divergência jurisprudencial, afigura-se razoável não descartar o manejo, concomitantemente, do recurso extraordinário e do recurso de embargos, sobrestando-se, aquele, no aguardo do julgamento dos embargos, não sendo a hipótese de incidência do princípio da unirrecorribilidade. Rejeitada, por maioria, a preliminar de inadmissibilidade do recurso de embargos. [...] (TST – SDI-I – E-ED-RR 660.023/2000-9 – Rel. Min. Horácio Senna Pires – *DJ* 2/5/2008).

[86] "O recorrente deve demonstrar em suas razões de recurso, de forma analítica, onde reside a divergência na interpretação da lei federal, transcrevendo o trecho do acórdão paradigma e o trecho do acórdão recorrido onde isto ter-se-ia verificado. Embora a exigência da transcrição do trecho em que se deu a divergência não decorra da lei, mas de norma regimental (RISTJ 255 § 2º), se o recorrente assim não agir o STJ não terá condições de avaliar a existência da divergência, motivo por que poderá deixar de conhecer o recurso por não estar presente o requisito da CF 105 III *c*. V. RISTJ 255 § 2º" (NERY JUNIOR, Nelson; NERY, Rosa Maria de Andrade. *Código de Processo Civil comentado*, 9. ed., p. 796).

PARTE VI · Cap. XIV – RECURSOS TRABALHISTAS EM ESPÉCIE | 873

14.10.6 Processamento

O recurso extraordinário é interposto perante o presidente do TST (art. 1.029, CPC). Assim, o apelo deve ser endereçado ao presidente do TST, enquanto as razões do recurso hão de ser endereçadas para à Turma do STF (art. 9º, III, RISTF).

Recebida a petição pela secretaria do TST, o recorrido será intimado para apresentar contrarrazões. Findo o prazo para as contrarrazões, no prazo de 15 dias, em decisão fundamentada, o Presidente ou o Vice-presidente do TST deverá admitir ou não o recurso extraordinário (art. 1.030, CPC).

14.10.6.1 Admissibilidade pelo Tribunal A Quo

Após o decurso do prazo para o recorrido apresentar contrarrazões ao recurso extraordinário (art. 1.030, CPC), os autos serão conclusos ao Vice-presidente do TST, que deverá: (a) negar seguimento: (1) a recurso que discuta questão constitucional em relação à qual o STF não tenha reconhecido a existência de repercussão geral ou a recurso interposto contra acórdão que esteja em conformidade com entendimento do STF, exarado no regime de repercussão geral; (2) a recurso interposto contra acórdão que esteja em conformidade com entendimento do STF ou do TST, respectivamente, exarado no regime de julgamento de recursos repetitivos; (b) encaminhar o processo ao órgão julgador para realização do juízo de retratação, se o acórdão recorrido divergir do entendimento do STF ou TST, conforme o caso, nos regimes de repercussão geral ou de recursos repetitivos; (c) sobrestar o recurso que versar sobre controvérsia de caráter repetitivo ainda não decidida pelo STF ou TST, conforme se trate de matéria constitucional ou infraconstitucional; (d) selecionar o recurso como representativo de controvérsia constitucional ou infraconstitucional; (e) realizar o juízo de admissibilidade e, se positivo, remeter o feito ao STF, desde que: (1) o recurso ainda não tenha sido submetido ao regime de repercussão geral ou de julgamento de recursos repetitivos; (2) o recurso tenha sido selecionado como representativo da controvérsia; (3) o tribunal recorrido tenha refutado o juízo de retratação.

Diante da decisão de inadmissibilidade, caberá agravo ao STF (prazo – 15 dias) (art. 1.042, § 3º, CPC).

14.10.6.2 Admissibilidade pelo Tribunal Ad Quem

Processado o recurso extraordinário no âmbito do TST, caberá ao ministro relator no STF proceder ao juízo de admissibilidade.

Na Turma do STF, o relator poderá (art. 932, III e IV, CPC): (a) não conhecer de recurso inadmissível, prejudicado ou que não tenha impugnado especificamente os fundamentos da decisão recorrida;(b) negar provimento ao recurso que for contrário a: (1) súmula do STF; (2) acórdão proferido pelo STF ou pelo STJ em julgamento de recursos repetitivos; (3) entendimento firmado em incidente de resolução de demandas repetitivas ou de assunção de competência.

O regramento processual civil permite ainda ao relator (art. 932, V): (a) depois de facultada a apresentação de contrarrazões, dar provimento ao recurso se a decisão recorrida for contrária a: (1) súmula do STF, do STJ ou do próprio tribunal; (2) acórdão proferido pelo STF ou pelo STJ em julgamento de recursos repetitivos; (3) entendimento firmado em incidente de resolução de demandas repetitivas ou de assunção de competência.

O STF poderá desconsiderar vício formal de recurso tempestivo ou determinar sua correção, desde que não o repute grave (art. 1.029, § 3º). Dentro dessa lógica, antes de considerar inadmissível o recurso, o relator concederá o prazo de cinco dias ao recorrente para que seja sanado vício ou complementada a documentação exigível (arts. 932, parágrafo único, e 938, § 1º).

Além disso, se o relator constatar a ocorrência de fato superveniente à decisão recorrida ou a existência de questão apreciável de ofício ainda não examinada que devam ser considerados no julgamento do recurso, intimará as partes para que se manifestem no prazo de cinco dias (art. 933).

Contra as decisões monocráticas do relator é cabível agravo interno (art. 1.021).

Se a decisão contiver partes autônomas, a admissão parcial, pelo presidente do tribunal *a quo*, de recurso extraordinário que, sobre qualquer delas se manifestar, não limitará a apreciação de todas pelo STF, independentemente de interposição de agravo de instrumento (Súm. 528).

O agravo deve ser dirigido ao ministro relator e as razões do recurso à Turma.

Diante do agravo, o ministro relator poderá: (a) retratar-se, prosseguindo o exame do recurso extraordinário pela turma; (b) não se retratar, propondo o voto quanto ao agravo, o qual será julgado pela Turma.

No caso de o agravo ser provido, haverá o julgamento do recurso extraordinário pela Turma. O recurso cabível dessa decisão é o de embargos de divergência. Se o agravo não for provido pela Turma, o recurso também cabível é o de embargos de divergência.

Certo é que o provimento do agravo por uma das Turmas, ainda que sem ressalva, não prejudica a questão do cabimento do recurso extraordinário (Súm. 289, STF).

Quando for manifestamente inadmissível ou improcedente o agravo interno em votação unânime, o tribunal condenará o agravante a pagar ao agravado uma multa entre 1% e 5% do valor corrigido da causa, ficando a interposição de qualquer recurso condicionada ao depósito do respectivo (art. 1.021, §§ 4º e 5º, CPC).

O recurso ordinário e o extraordinário interpostos no mesmo processo de mandado de segurança, ou de *habeas corpus*, serão julgados conjuntamente pelo Tribunal Pleno (Súm. 299, STF).

O STF, conhecendo do recurso extraordinário, julgará a causa, aplicando o direito à espécie (Súm. 456).

Como os demais recursos que são interpostos em uma instância e remetidos para outra instância ou órgão julgador, o recurso extraordinário contém duas partes: (a) petição de interposição. Dirigida ao juízo *a quo*, contém requerimentos quanto ao regular processamento do recurso, à intimação da parte contrária e remessa dos autos ao tribunal competente. No caso de apresentação de guias do preparo recursal, é importante informar

PARTE VI · Cap. XIV – RECURSOS TRABALHISTAS EM ESPÉCIE | **875**

que se encontram anexas. Também poderá ser o momento processual adequado para requerer o benefício da assistência jurídica integral e gratuita ou a juntada da declaração de pobreza e procuração; (b) razões recursais. Dirigida ao juízo *ad quem*, leva ao tribunal as questões processuais e materiais de apreciação. Assim, sugerimos o seguinte desenvolvimento: identificação do processo; saudação ao tribunal e julgadores; breve resumo do processo; cabimento do recurso; demonstração da repercussão geral; questões de mérito; pedido e requerimentos finais (admissibilidade, processamento e acolhimento); informar o recolhimento do preparo recursal.

Na sistemática do CPC, a petição deve conter: (a) a exposição do fato e do direito; (b) a demonstração do cabimento do recurso interposto; (c) as razões do pedido de reforma ou de invalidação da decisão recorrida (art. 1.029, I a III).

Importante destacar que o recorrente deve demonstrar a repercussão geral das questões constitucionais discutidas no caso, nos termos da lei, a fim de que o tribunal examine a admissão do recurso, somente podendo recusá-lo pela manifestação de 2/3 de seus membros (art. 102, § 3º, CF).

Após a admissibilidade do recurso extraordinário, a parte contrária será intimada para apresentar suas contrarrazões no prazo de 15 dias (arts. 1.003, § 5º, 1.030, CPC).

As contrarrazões efetivam o princípio do contraditório, de modo que nessa oportunidade caberá à parte interessada se opor às alegações do recurso extraordinário. Como regra, são descabidas alegações de insatisfação da parte em contrarrazões, o que deve ser feito em recurso próprio. Contudo, também devem ser alegadas as questões envolvendo a admissibilidade do recurso.

14.10.7   Efeito

Segundo o próprio STF, não é provisória a execução na pendência de recurso extraordinário, ou de agravo destinado a fazê-lo admitir (Súm. 228). Assim, no processo trabalhista, a execução será definitiva, ainda que haja pendência do extraordinário.

Até porque a interposição de recurso para o STF não prejudicará a execução do julgado (art. 893, § 2º, CLT).

O TST entende que não há direito líquido e certo à execução definitiva na pendência de recurso extraordinário, ou de agravo de instrumento visando destrancá-lo (OJ 56, SDI-II).

Até recentemente, segundo entendimento do STF, não competia ao Supremo conceder medida cautelar para dar efeito suspensivo a recurso extraordinário que ainda não foi objeto de juízo de admissibilidade na origem (Súm. 634). Assim, caberia ao presidente do tribunal de origem decidir o pedido de medida cautelar em recurso extraordinário ainda pendente do seu juízo de admissibilidade (Súm. 635).

Com o CPC, a parte interessada poderá requerer efeito suspensivo ao recurso extraordinário (art. 1.029, § 5º)(incidente de efeito suspensivo), o qual será requerido: (a) ao Tribunal Superior requerido, no período compreendido entre a publicação da decisão de admissão do recurso e sua distribuição, ficando o relator designado para seu exame prevento para julgá-lo; (b) ao relator, se já distribuído o recurso; (c) ao Presidente ou Vice-presidente do tribunal recorrido, no período compreendido entre a interposição do recurso e a publicação da decisão de admissão do recurso, assim como no caso de o recurso ter sido sobrestado pelo incidente de demandas repetitivas (art. 1.037).

Entendemos que somente é possível conceder efeito suspensivo ao recurso extraordinário (incidente de efeito suspensivo) quando demonstrados os *periculum in mora* e o *fumus boni iuris*.

14.10.8 Preparo Recursal

O depósito recursal trabalhista é pressuposto objetivo para a interposição do recurso extraordinário (art. 40, Lei 8.177/91; IN 3/93, TST).

Custas processuais são recolhidas segundo a tabela de custas do próprio STF – Resolução 606, de 23/1/2018 (valor atual: R$ 198,95), além da necessidade de recolhimento das despesas de remessa e retorno dos autos, conforme o peso do processo (ver tabela do STF constante da Resolução 581).

Nos termos da Resolução 581, de 8/6/2016, os valores das despesas processuais deverão ser recolhidos na rede bancária da seguinte forma, juntando-se os comprovantes aos autos (art. 5º):

I) custas, por feito, mediante Guia de Recolhimento da União – GRU, do tipo "Cobrança" – Ficha de Compensação, emitida no sítio eletrônico do ST;

II) porte de remessa e retorno dos autos:

a) mediante Guia de Recolhimento da União – GRU, do tipo "Cobrança" – Ficha de Compensação, emitida no sítio eletrônico do STF;

b) quando o Tribunal de origem for do Poder Judiciário Estadual e arcar com as despesas: 1) de remessa e retorno, será recolhido ao erário local o custo total da tabela, na forma por ele disciplinada; 2) apenas de remessa, será recolhido ao erário local o valor correspondente à metade do valor da tabela, na forma disciplinada pelo órgão estadual, e ao erário federal a outra metade (porte de retorno).

No formulário eletrônico para emitir a Guia de Recolhimento da União – GRU do tipo "Cobrança", o campo de dados pessoais deve ser preenchido com o nome completo ou razão social da parte do processo, de seu advogado ou do responsável pela emissão da guia, com seu número de cadastro de pessoas físicas ou jurídicas.

Entre outras hipóteses, não será exigido o pagamento do porte de remessa e retorno para recursos interpostos por meio do processo eletrônico, salvo aqueles em que o relator requisitar os autos físicos (art. 4º, III, Res. 581).

Quando, por problemas técnicos, a GRU não puder ser emitida no sítio eletrônico do STF, o recolhimento das custas poderá ser feito na forma orientada pela Central de Atendimento do STF.

Sobre as regras da garantia recursal (depósito recursal) existente no processo do trabalho, sugerimos consultar o Capítulo 13, tópico 13.1.6.3.4 – Preparo Recursal, desta obra.

PARTE VI · Cap. XIV – RECURSOS TRABALHISTAS EM ESPÉCIE | 877

O STF, quando da apreciação do RE 607447, deliberou pela repercussão geral, para fins de apreciação da matéria quanto à necessidade ou não da comprovação do depósito recursal para fins de admissibilidade do recurso extraordinário interposto no âmbito do TST.

14.10.9   Recursos Extraordinários Repetitivos

Os arts. 1.036 e segs., CPC, disciplinam o processamento dos recursos extraordinários, quando houver multiplicidade de recursos com fundamento em idêntica questão de direito (recursos repetitivos).

Aos recursos extraordinários interpostos perante o TST será aplicado o procedimento previsto no art. 1.036, CPC, cabendo ao presidente do TST selecionar um ou mais recursos representativos da controvérsia e encaminhá-los ao STF, sobrestando os demais até o pronunciamento definitivo da Corte (art. 896-C, §§ 14 e 15, CLT).

O presidente do TST poderá oficiar aos TRTs e os Presidentes das Turmas e da Seção Especializada do Tribunal para que suspendam os processos idênticos aos selecionados como recursos representativos da controvérsia e encaminhados ao STF, até o seu pronunciamento definitivo.

A decisão firmada em recurso repetitivo não será aplicada aos casos em que se demonstrar que a situação de fato ou de direito é distinta da discutida no processo julgado sob o rito dos recursos repetitivos.

Caberá revisão da decisão firmada em julgamento de recursos repetitivos quando se alterar a situação econômica, social ou jurídica, caso em que será respeitada a segurança jurídica das relações firmadas sob a égide da decisão anterior, podendo o TST modular os efeitos da decisão que a tenha alterado.

14.11   RECURSO ADESIVO

14.11.1   Fundamento Jurídico

O recurso adesivo (ou recurso subordinado) é disciplinado pelo art. 997, § 1º, CPC.

14.11.2   Cabimento

Nos casos em que autor e réu forem vencidos (sentença parcialmente procedente), ao recurso interposto por qualquer das partes a outra poderá aderir (recurso adesivo) (art. 997, § 1º, CPC). É necessária a interposição do recurso da parte contrária (recurso principal).

Como regra, todos os recursos são independentes, contudo, pode haver o caso do recurso adesivo (caráter subordinado).

Na estrutura do CPC, o adesivo é admissível na apelação, no recurso extraordinário e no recurso especial (art. 997, § 2º, II).

Admite-se o recurso adesivo no processo do trabalho nas hipóteses de interposição de recurso ordinário, de agravo de petição, de revista e de embargos (Súm. 283, TST).

Manoel Antonio Teixeira Filho aponta algumas singularidades desse recurso: a) a oposição do recurso adesivo é faculdade da parte; b) qualquer ato que implique aceitação, tácita ou expressa, da sentença significa que a parte não poderá recorrer (art. 1.000, CPC); c) o adesivo pode abranger parte da matéria que pode ser impugnada pela parte;[87] d) não há o adesivo no recurso *ex officio*; e) não há adesivo a um outro adesivo; o recurso só se relaciona com o recurso principal da outra parte; f) por regra, no julgamento dos recursos (principal e adesivo), a análise inicial se relaciona com o principal e, posteriormente, com o adesivo. Contudo, em situações especiais, após admitir os recursos, "*apreciará, em primeiro lugar, o conteúdo do adesivo, para só depois, disso – e, se for o caso –, julgar o principal. Isso ocorrerá, por exemplo, quando o adesivo contiver matéria prejudicial do principal, como: alegação de falta das condições da ação; arguição de prescrição extintiva total; de inconstitucionalidade da lei ou de ato normativo, em que fundou a sentença impugnada, etc.*";[88] g) a Fazenda Pública tem o prazo em dobro (16 dias) para recorrer adesivamente (art. 6º, Lei 5.584/80; art. 900, CLT); h) o efeito devolutivo no adesivo fica limitado à matéria impugnada pela parte, excetuando as matérias de ordem pública, as quais podem ser conhecidas de ofício (art. 1.009, CPC); i) no litisconsórcio unitário, o apelo adesivo oposto por um dos colitigantes aproveita aos demais (art. 1.005, CPC); j) a parte pode desistir do recurso adesivo independentemente da aquiescência da parte contrária; k) o empregador, quando da formulação do adesivo, se necessário, deverá pagar as custas processuais e efetuar a comprovação do depósito recursal.

Manoel Antonio Teixeira Filho entende que o fato de a parte não impugnar o despacho denegatório do seu recurso principal não lhe retira o direito de opor o adesivo. Para ele, o disposto no art. 183, *caput*, do CPC/73 fica absorvido pela regra específica do art. 500 do CPC/73 (arts. 223 e 997, CPC/15).

Mauro Schiavi[89] afirma que o adesivo não é supedâneo do principal, logo, "*se a parte recorrer, ainda que intempestivamente, ou o recurso não foi conhecido por ausência de algum pressuposto recursal, não poderá se valer do recurso adesivo*".

Concordamos com a posição de Mauro Schiavi, ante a preclusão consumativa e o princípio da unirrecorribilidade. Assim, de cada ato jurisdicional, por regra, somente se pode ter a faculdade de opor apenas um recurso.

---

[87] "A admissibilidade do recurso de revista requer, também, que autor e réu tenham ficado vencidos em face do pronunciamento jurisdicional: é a sucumbência parcial, a que a doutrina muitas vezes se refere como sucumbência recíproca (sic). Esta última expressão, contudo, é imprópria, se levarmos em conta que cada tópico da decisão constitui, em si, um todo, razão por que pela contra a lógica quem fala em reciprocidade no sucumbimento. O que ocorre, isto sim, nesses casos, é que cada litigante fica vencido em partes distintas da sentença, configurando, desse modo, um estado de sucumbência parcial" (TEIXEIRA FILHO, Manoel Antonio. *Curso de direito processual do trabalho*, v. 2, p. 1.794).

[88] TEIXEIRA FILHO, Manoel Antonio. Ob. cit., v. 2, p. 1.798.

[89] SCHIAVI, Mauro. *Manual de direito processual do trabalho*, p. 666.

PARTE VI · Cap. XIV – RECURSOS TRABALHISTAS EM ESPÉCIE | 879

14.11.3 Objeto

Apesar de seu caráter subordinado, no recurso adesivo a parte interessada deverá direcionar-se contra a decisão recorrida. Ou seja, pleitear a reforma da decisão atacada, aduzindo as alegações que poderiam ter sido feitas em recurso principal. Não existe vinculação das matérias do recurso principal de uma das partes com o recurso adesivo da parte contrária (Súm. 283, TST).

14.11.4 Prazo Recursal

O recurso adesivo será interposto no prazo que a parte dispõe para responder ao recurso principal (art. 997, CPC). Em outras palavras, no prazo das contrarrazões.

14.11.5 Preparo Recursal

No recurso adesivo, é necessário o preparo recursal (recolhimento de custas processuais e depósito recursal), observando as peculiaridades de cada recurso (ordinário, agravo de petição, revista e de embargos) (art. 997, § 2º, CPC).

14.11.6 Efeitos

O recurso adesivo possui os seguintes efeitos: devolutivo (arts. 899 e 896, § 1º, CLT), translativo, substitutivo (se admitido como um dos efeitos dos recursos) e extensivo. Como regra geral, não possui o efeito suspensivo, de modo que é possível a execução provisória do título judicial por cumprimento provisório de sentença ("carta de sentença") (art. 520, CPC).

Contudo, cumpre destacar que o sistema jurídico prevê a existência do efeito suspensivo ao recurso ordinário (ainda que adesivo) em dissídio coletivo, na medida e extensão conferidas em despacho pelo presidente do TST (art. 14, Lei 10.192/01).

14.11.7 Procedimento

A interposição do recurso adesivo será perante a autoridade competente para admitir o recurso principal (art. 997, § 2º, I, CPC).

Não será conhecido se houver desistência do recurso principal ou se for ele declarado inadmissível (art. 997, § 2º, III).

Ao recurso adesivo se aplicam as mesmas regras do recurso independente, quanto às condições de admissibilidade, preparo e julgamento no tribunal superior (art. 997, § 2º).

A estrutura do recurso adesivo deve observar a estrutura delineada de cada recurso (ordinário, agravo de petição, revista e de embargos), já sugerida em outros capítulos.

Sugerimos especial atenção com os requisitos de admissibilidade específicos de cada recurso.

Após a admissibilidade do recurso adesivo, a parte contrária será intimada para apresentar suas contrarrazões no mesmo prazo (art. 900, CLT).

As contrarrazões efetivam o princípio do contraditório, de modo que nessa oportunidade caberá à parte interessada se opor às alegações do recurso adesivo. Como regra, são descabidas alegações de insatisfação da parte em contrarrazões, o que deve ser feito em recurso próprio. Contudo, também devem ser alegadas as questões envolvendo a admissibilidade do recurso, as matérias de ordem pública e aquelas que o juiz deve conhecer de ofício.

QUESTIONÁRIO

1. O que significa dizer que o recurso não é conhecido?

2. Quais são as hipóteses de cabimento de embargos declaratórios no processo do trabalho?

3. É possível o efeito modificativo nos embargos declaratórios? Em caso afirmativo, esse efeito justifica a natureza recursal desse instituto?

4. O que representa o prequestionamento para o recurso de revista?

5. O recurso ordinário é cabível da decisão que homologa o acordo entre o reclamante e a reclamada, com a fixação total do montante como verbas indenizatórias? Em caso afirmativo, haverá o preparo?

6. Na sua opinião, é possível a oposição do recurso ordinário por meio de uma simples petição, a qual, simplesmente, pede o novo julgamento, sem a exata indicação da matéria impugnada?

7. É possível a alegação de fato novo no recurso ordinário?

8. Em qualquer hipótese, documentos podem ser juntados com o recurso ordinário?

9. Quais são as hipóteses de cabimento do recurso de revista? Explique e justifique.

10. João Alberto solicita de seu empregador Francisco, por meio de uma ação trabalhista, o pagamento das horas extras. Na sua defesa, Francisco alega que João Alberto era um comissionista puro, logo, não lhe são devidas as horas extras, como também nega a ocorrência da jornada suplementar. Na sentença, o juiz condena Francisco a pagar todas as horas extras. No seu recurso ordinário, todas as matérias da defesa são alegadas por Francisco, o qual pugna pela improcedência da demanda. O Tribunal Regional do Trabalho acolhe em parte o recurso ordinário deferindo somente o adicional suplementar para João Alberto. Diante dessa decisão, caberá o recurso de revista pelas partes? Se for o caso, quais serão as hipóteses de cabimento? Explique e justifique.

11. Cabe recurso de revista de um acórdão do TRT que rejeita os embargos de terceiro?

12. O valor da causa é de R$ 1.000,00. Cabe recurso de revista do acórdão que manteve a decisão originária de procedência total? Explique e justifique.

13. A decisão da Turma do TST colide com uma orientação jurisprudencial. Qual é o recurso oponível?

14. Na Justiça do Trabalho, é razoável se falar na ocorrência de embargos infringentes? Explique e justifique.

PARTE VI · Cap. XIV – RECURSOS TRABALHISTAS EM ESPÉCIE | 881

15. O recurso ordinário de Francisca não é processado por ser intempestivo. O seu empregador também entra com recurso ordinário, o qual é processado. Francisca poderá aderir adesivamente ao recurso ordinário da parte contrária?

16. Asdrúbal desiste do seu recurso de revista. Como fica o recurso ordinário adesivo da parte contrária?

17. Qual é a natureza jurídica da correição parcial?

18. Os embargos à execução não foram conhecidos pela Vara de Francislândia. O devedor Joroastro entra com agravo de instrumento. A sua decisão está correta? Em caso negativo, qual seria o recurso correto? Explique e justifique.

19. O recurso de revista não teve o seu processamento reconhecido pelo não preenchimento dos seus requisitos legais de admissibilidade. Qual é o recurso cabível?

20. A finalidade do agravo de instrumento no processo do trabalho é a mesma do processo civil?

21. É possível o processamento do agravo de instrumento nos próprios autos? Em caso afirmativo, explique o processamento.

22. O depósito recursal é necessário no agravo de instrumento?

23. O depósito recursal é necessário no agravo de petição?

24. A parte não indicou a parte incontroversa do crédito do reclamante. O seu agravo de petição será conhecido?

25. Quais são as hipóteses de cabimento do recurso extraordinário? Explique e justifique.

Capítulo XV
LIQUIDAÇÃO TRABALHISTA

15.1 CONCEITO DE LIQUIDAÇÃO E A SUA NATUREZA JURÍDICA

Entre as fases de conhecimento e de execução, no encadeamento processual, há uma fase intermediária, em que são praticados vários atos processuais, a qual é denominada liquidação.

O objetivo da liquidação é estabelecer os elementos necessários para a exata declinação numérica e pecuniária dos direitos reconhecidos ao autor.

Para Manoel Antonio Teixeira Filho,[1] a liquidação constitui: *"a) a fase preparatória da execução; b) em que um ou mais atos são praticados; c) por uma ou por ambas as partes; d) com a finalidade de determinar o valor da condenação; e) ou de individuar o seu objeto; f) mediante a utilização, quando necessária, dos meios de prova admitidos em lei".*

Quanto à natureza jurídica: a liquidação é um *"incidente da fase cognitiva. Sua natureza é declaratória, posto que apenas o* an debeatur *é conhecido. Há incerteza no que respeita ao* quantum. *Conhecido este, ela se torna integrativa da execução".*[2]

Por ser uma fase incidente entre a fase de conhecimento e a de execução, de natureza preparatória, a liquidação não poderá modificar, ou inovar, a sentença liquidanda, nem discutir matéria pertinente à causa principal (art. 879, § 1º, CLT; art. 509, § 4º, CPC).[3]

Além da quantificação do crédito exequendo, a liquidação abrangerá, também, o cálculo das contribuições previdenciárias devidas (art. 879, § 1º-A, CLT) e outros tributos que possam incidir, como, por exemplo, o imposto de renda.

Deve ser salientado que a Lei 11.232/05, a qual instituiu a fase de cumprimento da sentença no processo de conhecimento (CPC/73), fazendo com que a "liquidação" e a "execução" fossem partes integrantes desse processo, ao qual são aplicáveis, de forma subsidiária, no que couber, as normas reguladoras do processo de execução de título

---

[1] TEIXEIRA FILHO, Manoel Antonio. *Liquidação da sentença no processo do trabalho,* 3. ed., p. 168.

[2] OLIVEIRA, Francisco Antonio. *A execução na Justiça do Trabalho,* 3. ed., p. 63.

[3] Portanto, não se pode reconhecer a natureza jurídica da liquidação de sentença como constitutiva, pois não se tem a criação, modificação ou extinção de uma relação jurídica.

PARTE VI • Cap. XV – LIQUIDAÇÃO TRABALHISTA | **883**

extrajudicial (art. 475-R, CPC/73; art. 771, NCPC). Portanto, o processo de execução, de forma autônoma, persiste para o título extrajudicial (art. 585, CPC/73; art. 784, NCPC).

No NCPC, a sistemática adotada pela Lei 11.232/05 foi mantida pela estrutura procedimental proposta.

15.2 REGRAS GERAIS QUANTO À LIQUIDAÇÃO TRABALHISTA

Sendo ilíquida a decisão exequenda trabalhista, será ordenada, previamente, sua liquidação, que poderá ser feita por cálculo, por arbitramento ou por artigos (art. 879, *caput*, CLT).

No processo civil, procede-se à liquidação, quando a sentença não determinar o valor (art. 509, *caput*, CPC).

Na liquidação civil ou trabalhista, não se poderá modificar, ou inovar, a sentença liquidanda, nem discutir matéria pertinente à causa principal (art. 879, § 1º, CLT; art. 509, § 4º, CPC).

A Justiça do Trabalho, a partir da EC 20/98, passou a ter a competência para executar, de ofício, as contribuições sociais previstas no art. 195, I, *a*, e II, da CF, e seus acréscimos legais, decorrentes das sentenças que proferir (art. 114, VIII, CF).

Como regra, é competente para a liquidação e execução das decisões o juízo que tiver conciliado ou julgado originariamente o dissídio (art. 877, CLT).

Quanto aos títulos extrajudiciais,[4] será competente para a liquidação e execução o juiz que teria competência para o processo de conhecimento relativo à matéria (art. 877-A).

A liquidação e a execução poderão ser promovidas pelas partes, ou *ex officio*, pelo próprio juiz ou presidente do tribunal responsável originariamente pela conciliação ou julgamento do dissídio, quando a parte não estiver representada por advogado (art. 878).

A liquidação e a execução poderão ser promovidas pelo Ministério Público do Trabalho, nos casos em que atuou como parte ou ainda quando interveio como *custos legis*.

Na liquidação trabalhista, antes mesmo da extinção da representação classista (EC 24/99), a atuação era exclusiva do juiz togado (art. 649, § 2º, CLT).

Os erros existentes (de escrita, de datilografia ou de cálculo) na decisão exequenda poderão ser corrigidos, *ex officio*, ou a requerimento dos interessados ou da Procuradoria da Justiça do Trabalho até o momento da sua liquidação (art. 833).

Usualmente, no processo trabalhista, adota-se a liquidação por cálculos, intimando a parte na pessoa de seu advogado legalmente constituído nos autos.

---

[4] São títulos extrajudiciais no processo do trabalho o termo de ajuste de conduta firmado perante o Ministério Público do Trabalho, o termo de conciliação celebrado na Comissão de Conciliação Prévia (art. 876, CLT), o cheque e a nota promissória emitidos em reconhecimento de dívida inequivocamente de natureza trabalhista (art. 13, IN 39/16, TST).

Raras são as hipóteses em que se tem a liquidação por arbitramento ou por artigos de liquidação. Se existentes, a parte também será intimada na pessoa de seu advogado, consoante a aplicação subsidiária do CPC (art. 513, § 2º, I).

Após os procedimentos da liquidação (cálculos, arbitramento ou por artigos de liquidação), temos a sentença de liquidação,[5] isto é, o ato processual que delimita o montante do crédito exequendo.

Como regra, por ser uma decisão interlocutória, a sentença de liquidação é irrecorrível de imediato, só podendo ser discutida após a garantia do juízo.[6]

Na sistemática processual civil, a sentença de liquidação pode ser revista por agravo de instrumento (art. 1.015, parágrafo único, CPC).

15.2.1 Títulos extrajudiciais e a liquidação trabalhista

Por regra, o título extrajudicial é líquido, contudo, pode ocorrer a hipótese de que o título indique uma obrigação, a qual não tenha um valor predeterminado. Por exemplo: o termo firmado perante a Comissão de Conciliação Prévia, em que o empregador se obrigou a liberar o FGTS, assumindo a responsabilidade pela exatidão dos depósitos fundiários. Após o saque do FGTS, o empregado constata a existência de diferenças.

Para a execução das diferenças, após o ajuizamento da ação de execução (título extrajudicial, art. 876, CLT), será necessária a quantificação do valor da diferença para que se dê liquidez ao título (art. 783, CPC). Para tanto, será adotada a modalidade de liquidação por cálculos, como ocorre com os títulos judiciais ilíquidos.

---

[5] A doutrina é controvertida a respeito da natureza jurídica da sentença de liquidação. José Frederico Marques entende que a sentença de liquidação é condenatória. O seu destino é completar a decisão exequenda, tornando-a título executivo líquido e certo. Para Alcides de Mendonça Lima e Pontes de Miranda, a sentença de liquidação é constitutiva integrativa. Como uma decorrência natural da decisão exequenda, o seu objetivo é a produção de um novo estado jurídico, ou seja, a mensuração monetária dos direitos reconhecidos na ação de conhecimento. Na visão de Manoel Antonio Teixeira Filho, essas duas correntes doutrinárias não podem ser acatadas: a sentença de liquidação não "condena, nem obriga: apenas faz concreta condenação e a obrigação preexistentes [...] Em quaisquer das espécies de liquidação, legalmente previstas, a finalidade da sentença será uma só: declarar, exteriorizando de maneira concreta, o conteúdo da sentença condenatória, que lhe constitui o pressuposto lógico e jurídico de existência, com o que estará fixando os limites da execução que se irá promover" (Ob. cit., p. 180).

[6] Garantida a execução ou penhorados os bens (garantia do juízo), terá o executado cinco dias para apresentar embargos à execução, cabendo igual prazo ao exequente para impugnação (art. 884, *caput*, CLT). Somente nos embargos à execução poderá o executado impugnar a sentença de liquidação, cabendo ao exequente igual direito e no mesmo prazo (art. 884, § 3º). Na mesma decisão serão julgados os embargos e as impugnações apresentadas pelo credor trabalhista e o previdenciário (art. 884, § 4º). O objetivo da impugnação à sentença de liquidação é a discussão quanto à extensão da sentença de liquidação, a qual fixa o montante do crédito exequendo.

PARTE VI · Cap. XV – LIQUIDAÇÃO TRABALHISTA | 885

15.3 CRITÉRIOS PARA A LIQUIDAÇÃO TRABALHISTA

Apesar das divergências doutrinárias surgidas com a alteração do art. 879, CLT, pela Lei 8.432/92, a liquidação trabalhista pode ser feita por cálculos, arbitramento ou artigos de liquidação (art. 879, *caput*).

Quando da apresentação dos cálculos, o juiz deverá abrir às partes prazo comum de oito dias para impugnação fundamentada com a indicação dos itens e valores objeto da discordância, sob pena de preclusão (art. 879, § 2º, CLT, Lei 13.467/17). Anteriormente, o prazo era de dez dias e o juiz tinha a faculdade de dar ciência às partes. A nova regra não é aplicável à liquidação do julgado iniciada antes de 11 de novembro de 2017 (art. 14, IN 41/18, TST).

Elaborada a conta pela parte ou pelos órgãos auxiliares da Justiça do Trabalho, o juiz procederá à intimação da União para manifestação, no prazo de dez dias, sob pena de preclusão (art. 879, § 3º, CLT, Lei 11.457/07). A Lei 13.467 não alterou o § 3º, art. 879. Por questão de isonomia, é razoável impor-se que o prazo também seja de oito dias para o credor previdenciário.

Em caso de divergências, não sendo possível ao magistrado solucioná-las, tem-se a nomeação de um perito contador, facultando-se às partes a indicação de assistente técnico e da formulação de quesito.

Para evitar dúvidas quanto à modalidade de liquidação (cálculos, arbitramento ou artigos de liquidação), o juiz, ao redigir a sentença, deverá estabelecer previamente o critério, evitando, assim, discussões inócuas. Em caso de omissão, as partes devem provocar o juízo, por embargos declaratórios.

Em relação aos créditos previdenciários, temos que: (a) a liquidação abrangerá o cálculo das contribuições previdenciárias devidas (art. 879, § 1º-A); (b) as partes deverão ser previamente intimadas para a apresentação do cálculo de liquidação, inclusive da contribuição previdenciária incidente (art. 879, § 1º-B); (c) elaborada a conta pela parte ou pelos órgãos auxiliares da Justiça do Trabalho, o juiz procederá à intimação da União para manifestação, no prazo de 10 dias, sob pena de preclusão (art. 879, § 3º); (d) a atualização do crédito devido à Previdência Social deverá observar os critérios estabelecidos na legislação previdenciária (art. 879, § 4º); (e) o Ministro de Estado da Fazenda poderá, mediante ato fundamentado, dispensar a manifestação da União quando o valor total das verbas que integram o salário-de-contribuição, de acordo com o art. 28, Lei 8.212/91, ocasionar perda de escala decorrente da atuação do órgão jurídico (art. 879, § 5º).

15.3.1 Liquidação por Cálculos

Por cálculos, a liquidação necessita de meras operações aritméticas.

No CPC/73, quando a determinação do valor da condenação dependia apenas de cálculo aritmético, o credor procederá à sua execução na forma dos arts. 652 e seguintes (execução direta), instruindo o pedido com a memória discriminada e atualizada do cálculo (art. 604).

A Lei 10.444/02 acresceu dois parágrafos ao art. 604, CPC/73, a saber: (a) quando a elaboração da memória do cálculo depender de dados existentes em poder do devedor ou de terceiro, o juiz, a requerimento do credor, poderá requisitá-los, fixando prazo de até 30 dias para o cumprimento da diligência; se os dados não forem, injustificadamente, apresentados pelo devedor, reputar-se-ão corretos os cálculos apresentados pelo credor e a resistência do terceiro será considerada desobediência (§ 1º); (b) poderá o juiz, antes de determinar a citação, valer-se do contador do juízo quando a memória apresentada pelo credor aparentemente exceder os limites da decisão exequenda e, ainda, nos casos de assistência judiciária. Se o credor não concordar com esse demonstrativo, far-se-á a execução pelo valor originariamente pretendido, mas a penhora terá por base o valor encontrado pelo contador (§ 2º).

A Lei 11.232/05, que revogou o art. 604, CPC/73, fez com que o processo civil adotasse as seguintes regras: (a) quando a determinação do valor da condenação depender apenas de cálculo aritmético, o credor fará o requerimento do cumprimento da sentença, instruindo o pedido com a memória discriminada e atualizada do crédito (art. 475-B, *caput*); (b) se a elaboração da memória do cálculo depender de dados existentes em poder do devedor ou de terceiro, o juiz, a requerimento do credor, poderá requisitá-los, com a imposição do prazo de até 30 dias para o cumprimento da determinação (art. 475-B, § 1º). Se os dados não forem, injustificadamente, apresentados pelo devedor, os cálculos formulados pelo credor serão considerados corretos. Quando os dados não são apresentados pelo terceiro, aplica-se a regra do art. 362, do CPC/73 (art. 475-B, § 2º, CPC/73); (d) o magistrado tem a faculdade de determinar a realização de cálculos pelo contador, quando: (1) a memória formulada pelo credor aparentemente exceder os limites da decisão exequenda; (2) houver a hipótese da assistência judiciária (art. 475-B, § 3º, CPC/73). Nas duas situações, se o credor não concordar com os cálculos apresentados pelo contador do juízo, a execução será realizada pelo valor originariamente pretendido, contudo, a penhora terá por base o montante encontrado pelo contador (art. 475-B, § 4º, CPC/73)

Pelo CPC/15 (art. 509, § 2º), quando a apuração do valor depender apenas de cálculo aritmético, o credor poderá promover, desde logo, o cumprimento da sentença.

O cumprimento da sentença, a qual reconhece a exigibilidade de obrigação de pagar quantia certa, deve observar as seguintes regras (arts. 523 e 524, CPC):

(a) no caso de condenação em quantia certa, ou já fixada em liquidação, e no caso de decisão sobre parcela incontroversa, por requerimento do exequente, será efetuado o cumprimento definitivo da sentença, sendo o executado intimado para pagar o débito, no prazo de 15 dias, acrescido de custas, se houver;

(b) o requerimento do exequente, para fins de intimação do devedor, deve ser instruído com a memória dos cálculos. A petição deve conter: (1) o nome completo, o número do cadastro de pessoas físicas ou do cadastro nacional de pessoas jurídicas do exequente e do executado; (2) o índice de correção monetária adotado; (3) os juros aplicados e as respectivas taxas; (4) o termo inicial e o termo final dos juros e da correção monetária utilizados; (5) a periodicidade da capitalização dos juros, se for o caso; (6) especificação dos eventuais descontos obrigatórios realizados; (7) indicação dos bens passíveis de penhora, sempre que possível;

PARTE VI • Cap. XV – LIQUIDAÇÃO TRABALHISTA | **887**

(c) quando o valor apontado no demonstrativo aparentemente exceder os limites da condenação, a execução será iniciada pelo valor pretendido, mas a penhora terá por base a importância que o juiz entender adequada. Para verificação dos cálculos, o juiz poderá se auxiliar de contabilista do juízo, que terá o prazo máximo de 30 dias para efetuá-la, exceto se outro lhe for determinado. Quando a elaboração do demonstrativo depender de dados em poder de terceiros ou do executado, o juiz poderá requisi-tá-los, sob cominação do crime de desobediência. Quando a complementação do demonstrativo depender de dados adicionais em poder do executado, o juiz poderá, a requerimento do exequente, requisitá-los, fixando prazo de até trinta dias para o cumprimento da diligência; se os dados adicionais não forem apresentados pelo executado, sem justificativa, no prazo designado, reputar-se-ão corretos os cálculos apresentados pelo exequente apenas com base nos dados de que dispõe;

(d) não ocorrendo pagamento voluntário no prazo de quinze dias, o débito será acrescido de multa de 10% e, também, de honorários de advogado de 10%. Efe-tuado o pagamento parcial no prazo de 15 dias, a multa e os honorários incidirão sobre o restante;

(e) não efetuado tempestivamente o pagamento voluntário, será expedido, desde logo, mandado de penhora e avaliação, seguindo-se os atos de expropriação.

No processo trabalhista, quando a sentença é ilíquida, independentemente do critério de liquidação, necessita da sentença de liquidação para embasar a execução. A liquidação por cálculos, ao contrário do que ocorre no Processo Civil, não enseja o cumprimento direto da decisão.

Após a elaboração da conta, antes da Lei 13.467/17, o juiz poderia conceder às partes prazo sucessivo de dez dias para impugnação fundamentada com a indicação dos itens e valores objeto da discordância, sob pena de preclusão (art. 879, § 2º). Com a Lei 13.467, o juiz é obrigado a dar ciência à parte ou às partes quanto aos cálculos apresentados, para eventual manifestação, sob pena de preclusão, no prazo de 8 dias.

Pela leitura do art. 879, § 2º, o legislador consolidado não aponta o responsável pela elaboração dos cálculos, para justificar a formulação do prazo sucessivo e da respectiva preclusão, nas hipóteses de ausência da impugnação ou de sua inépcia.

Diante da omissão, os cálculos podem ser apresentados pelas partes ou por um terceiro (contador judicial, perito judicial ou pela secretaria da vara do trabalho). Pela experiência forense, como regra, os cálculos são apresentados pelo reclamante. Contudo, nada obsta ao devedor proceder ao cálculo do seu débito, depositando, de imediato, o valor apurado.

Deve ser dito que é direito das partes serem intimadas de forma prévia para a apresentação dos cálculos de liquidação (art. 879, § 1º-B). Os cálculos devem englobar o crédito trabalhista e as contribuições previdenciárias (art. 879, § 1º-A).

Com a Lei 12.405/11, foi acrescido o § 6º ao art. 879, o qual dispõe que em se tratando de cálculos de liquidação complexos, o juiz poderá nomear perito para a elaboração e fixará, depois da conclusão do trabalho, o valor dos respectivos honorários com obser-vância, entre outros, dos critérios de razoabilidade e proporcionalidade.

Com esta inovação, desde que os cálculos apresentem dificuldades, é lícito ao magistrado determinar a perícia contábil, sem antes dar prazo às partes para a liquidação do feito. A prudência há de pautar esta discricionariedade do magistrado. A realização de perícias, sem a oitiva das partes, é onerar o feito, o que deve ser evitado. O correto é a adoção da perícia como critério de solução da discordância entre os cálculos apresentados pelas partes.

Em qualquer caso, os cálculos devem compor, um a um, todos os títulos que foram deferidos na sentença exequenda, inclusive, com juros e correção monetária, além das parcelas previdenciárias cabíveis (art. 879, § 1º-B, CLT).

Qualquer que seja a pessoa que apresente o cálculo, o juiz terá a faculdade de abrir prazo para a impugnação. Entendemos, por questão de celeridade processual, que é melhor o magistrado trabalhista propiciar a discussão na própria liquidação.[7]

Se a parte ou as partes, dependendo de quem tenha formulado os cálculos, não apresentam uma impugnação fundamentada, com a indicação dos itens e valores objeto da discordância, sofrerão os efeitos da preclusão.[8]

Cálculos devem ser impugnados com outros cálculos. A parte contrária deverá indicar um a um, pormenorizadamente, os itens da sua discordância, apresentando os respectivos valores e declinando o valor total dos títulos que compõem a sentença exequenda.

Se ocorrer a preclusão na liquidação, quando da execução, as partes não mais poderão impugnar a sentença de liquidação.

---

[7] "AGRAVO DE PETIÇÃO. IMPUGNAÇÃO AOS CÁLCULOS. PROCEDIMENTO. Há dois procedimentos para impugnar a conta de liquidação. O procedimento previsto no § 3º do art. 884 da CLT estabelece que o devedor somente poderá discutir a sentença de liquidação nos embargos à penhora, cabendo ao exequente o mesmo direito e no mesmo prazo por meio da impugnação à sentença de liquidação. Esse procedimento atende à técnica da concentração de atos processuais, uma vez que concentra numa só oportunidade o manejo dos incidentes de impugnação. Tanto que o julgamento dos embargos à execução e a impugnação à sentença de liquidação será feito numa única sentença, conforme § 4º do art. 884 da CLT. Caso seja adotado o procedimento previsto no § 2º do art. 879 da CLT o MM. Juízo da execução abrirá prazo sucessivo de 10 dias para as partes impugnar a sentença de liquidação. Veja que o juiz tem a faculdade de abrir prazo para a parte se manifestar sobre os cálculos do perito. Se abrir prazo, as partes deverão se manifestar sob pena de preclusão" (TRT – 2ª R. – AP 0199900-90.2009.5.02.0446 – Rel. Marcelo Freire Gonçalves – DJe 20/5/2016).

[8] "LIQUIDAÇÃO. INTIMAÇÃO DOS CÁLCULOS. ARTIGO 879, § 2º, DA CLT. INÉRCIA. PRECLUSÃO TEMPORAL E LÓGICA. Em fase de liquidação de sentença dois procedimentos podem ser adotados pelo juízo da execução: o que se baseia na regra do artigo 884 da CLT ou aquele que se baseia do artigo 879, § 2º, da CLT. Se o executado é intimado acerca da conta de liquidação na exata forma do § 2º do art. 879 da CLT, e não se manifesta, não pode, em momento posterior, pretender alteração na metodologia de apuração das parcelas, por ocorrência de preclusão temporal e lógica" (TRT – 3ª R. – 9ª T. – AP 0010401-02.2014.5.03.0053 – Relª Monica Sette Lopes – j. 12/4/2016).

PARTE VI · Cap. XV – LIQUIDAÇÃO TRABALHISTA | **889**

A preclusão também abrange os cálculos das parcelas previdenciárias (art. 879, § 3º, CLT).

A sentença de liquidação é irrecorrível de imediato (art. 884, § 3º, CLT).

15.3.2 Liquidação por Arbitramento

O arbitramento compreende a realização de exame ou vistoria pericial de pessoas ou coisas, com o objetivo da apuração do montante devido relativo à obrigação pecuniária a ser adimplida pelo devedor, ou, em determinadas situações, para a regular individualização do objeto da condenação.

A liquidação por arbitramento ocorre quando é determinada pela sentença ou convencionada pelas partes, ou, ainda, quando exigir a natureza do objeto da liquidação (art. 509, I, CPC).

Essa modalidade de liquidação não é comum no processo do trabalho.

Contudo, como exemplo: a hipótese do reconhecimento do vínculo empregatício, sem a fixação da evolução salarial. O juiz poderá determinar a apuração da evolução salarial, por arbitramento, em função do que dispõe o art. 460 da CLT.

A CLT não disciplina essa forma de liquidação, sendo aplicáveis, subsidiariamente, os dispositivos do processo civil (art. 769, CLT).

Pelo CPC, a liquidação por arbitramento ocorrerá por: (a) determinação na sentença; (b) convenção das partes; (c) exigência da natureza do objeto da liquidação (art. 509, I). A sua estrutura: (a) o juiz concederá às partes um prazo para que as procedam à apresentação de pareceres ou documentos elucidativos; (b) diante da impossibilidade de decisão, o juiz procederá à nomeação de perícia, observando-se, no que couber, o procedimento da prova pericial (art. 510). No prazo de quinze dias, contados da intimação do despacho de nomeação do perito, caberá às partes a indicação de assistentes e formulação de quesitos (art. 465, § 1º, I e II).

Apresentado o laudo, sobre o qual poderão as partes manifestar-se no prazo de 15 dias, o juiz proferirá a sentença ou designará audiência de instrução e julgamento, se necessário (arts. 510 e 477, § 1º).

O juiz não está adstrito ao laudo pericial, podendo formar a sua convicção com outros elementos ou fatos provados nos autos (art. 479, CPC), bem como poderá determinar, de ofício ou a requerimento da parte, a realização de nova perícia, quando a matéria não lhe parecer suficientemente esclarecida (art. 480).

A segunda perícia tem por objeto os mesmos fatos sobre os quais recaiu a primeira e destina-se a corrigir eventual omissão ou inexatidão dos resultados por ela produzidos (art. 480, § 1º).

A sentença de arbitramento é irrecorrível de imediato. Será objeto de eventual discordância, na fase de execução, após a garantia do juízo, por meio da impugnação à sentença de liquidação (art. 884, § 3º, CLT).

15.3.3 Liquidação por Artigos

A liquidação por artigos é aquela feita em petição articulada, onde cada fato a ser provado deverá ser colocado em um artigo, visando à individualização do objeto e a fixação do valor da condenação.

Será efetuada a liquidação por artigos quando, para determinar o valor da condenação, houver a necessidade de alegar e provar fato novo (art. 509, II, CPC).

Pela expressão "fato novo" entenda-se o elemento fático necessário para a quantificação do crédito e não para a fixação do direito reconhecido.

O processo trabalhista não prevê o rito para os artigos de liquidação, logo, aplica-se o CPC (art. 769, CLT; art. 15, CPC).

A adoção dos artigos de liquidação deve ser evitada pelo magistrado trabalhista ao prolatar as sentenças de mérito. Deve fixar os meios e critérios necessários para a quantificação dos direitos reconhecidos, mesmo que a liquidação seja efetuada por meros cálculos.

A experiência forense, felizmente, indica que os artigos de liquidação não são muito utilizados nas liquidações das demandas trabalhistas.

Apesar de incomum, como exemplos: (a) a sentença menciona hora extra, contudo, não menciona o horário ou o número. Haverá a necessidade da prova do fato novo: o horário de trabalho e o respectivo número diário ou semanal de horas extras; (b) sentença na ação civil pública, em que determina a condenação em dano moral coletivo, mas não fixa o valor.

Na liquidação por artigos será observado o procedimento comum (art. 511, CPC).

É necessário que a parte formule petição inicial, com alegação dos fatos a serem provados e os meios de prova que serão utilizados.

A parte deve articular o que deve ser efetivamente liquidado, indicando, um a um, os itens necessários para a quantificação da sentença.

Em outras palavras, é imperiosa, além da indicação do fato novo, a mensuração pecuniária articulada dele decorrente.

No caso de o juiz entender que a petição inicial possua irregularidades, deverá conceder à parte o prazo de quinze dias para emendá-la, sob pena de seu indeferimento (arts. 322 e 485, I, CPC; Súm. 263, TST).

Após a regular intimação, o devedor poderá contestar o pedido em quinze dias (arts. 335 e 513, § 2º, I, CPC). Manoel Antonio Teixeira Filho entende que o prazo para a resposta da parte contrária é de cinco dias (art. 841, *caput*, CLT).

A intimação do réu será na pessoa de seu advogado constituído nos autos (art. 513, § 2º, I, CPC). Caso contrário, a intimação será endereçada ao próprio devedor, por registro pessoal. Em havendo dificuldades na localização ou criação de embaraços pelo destinatário, será efetuada a intimação por edital, inserto no jornal oficial ou no que publicar o expediente forense, ou, na falta, afixado na sede da vara do trabalho (art. 841, § 1º).

O CPC (art. 513, §§ 2º, II e III, 3º e 4º) estabelece outras formas de intimação do devedor por: (a) carta com aviso de recebimento, quando representado pela Defensoria Pública ou não tiver procurador constituído nos autos, exceto se tiver sido revel na fase de conhecimento. Será considerada realizada a intimação quando o devedor houver mudado de endereço sem prévia comunicação ao juízo. Se o requerimento para o cumprimento for formulado após um ano do trânsito em julgado da sentença, a intimação será feita na pessoa do devedor, por meio de carta com aviso de recebimento, encaminhada ao endereço que consta nos autos; (b) meio eletrônico, quando não tiver procurador constituído nos autos. Essa regra será aplicável tendo em vista que, não se tratando de microempresas e das empresas de pequeno porte, as empresas públicas e privadas ficam obrigadas a manter cadastro junto aos sistemas de processo em autos eletrônicos; (c) edital, quando, já citado na fase de conhecimento por edital, tiver sido declarado revel.

O cumprimento da sentença não poderá ser promovido em face do fiador, do coobrigado ou do corresponsável que não tiver participado da fase de conhecimento (art. 513, § 5º, CPC). Para o processo civil, como forma de respeito ao devido processo legal e ao contraditório, a execução de título executivo só pode ser promovida contra quem tenha participado na fase anterior (conhecimento). É discutível a aplicação dessa regra ao processo civil, precipuamente em face da natureza alimentar do crédito trabalhista e a aplicação rotineira, na Justiça do Trabalho, da teoria menor quanto à desconsideração da personalidade da pessoa jurídica.

Não contestada a petição inicial, os fatos alegados presumem-se verídicos (arts. 336, 341 e 344, CPC). Como essa presunção é *iuris tantum*, é evidente que o juiz não está obrigado a acatar os artigos de liquidação do credor. Se necessário, poderá determinar a realização das provas que entender necessárias.

Mauro Schiavi[9] ensina ser inadmissível a revelia na liquidação por artigos, por entender que o autor tem a obrigação de provar o fato novo: *"Vale dizer: o autor deve fazer prova do fato, ainda que o réu não tenha contestado. Além disso, se o autor não conseguir demonstrar o fato novo em razão de insuficiência de provas, pode renovar a liquidação novamente, não havendo formação de coisa julgada material. De outro lado, os arts. 475-G do CPC e 879, § 1º, dizem que é defeso na liquidação discutir a lide e modificar a sentença que a julgou."*

Impugnados os artigos de liquidação, o juiz deverá examinar a manifestação oferecida pelo devedor.

No caso da necessidade de provas, haverá designação de audiência de instrução e julgamento, onde serão ouvidas as partes e as suas testemunhas, no número máximo de três (art. 821, CLT).

O juiz também poderá determinar a juntada de outros documentos ou, se for o caso, requisitá-los perante terceiros.

---

[9] SHIAVI, Mauro. *Manual de direito processual do trabalho.* 4. ed., p. 861.

É importante ressaltar que a dilação probatória será ampla, evitando, assim, ofensa ao amplo direito de defesa.

Em qualquer situação (contestada ou não a liquidação por artigos de liquidação), a decisão há de ser fundamentada, julgando provados ou não os artigos de liquidação (art. 93, IX, CF).

Julgados provados os artigos de liquidação, efetuada a correção monetária e computados os juros,[10] será expedida a determinação para o pagamento (art. 880, *caput*, e § 2º, CLT). A sentença de liquidação só poderá ser impugnada, quando da formulação dos embargos à execução, após a garantia do juízo (art. 884, § 3º).

Se, ao contrário, os artigos não foram provados (parcial ou total), poderá o liquidante interpor agravo de petição (art. 897, *a*, CLT)?

Manoel Antonio Teixeira Filho,[11] diante da literalidade do art. 884, § 3º, entende que ao liquidante restará *"apresentar nova petição articulada, empenhando-se, desta vez, em ter êxito no encargo probatório que lhe impõe a lei (CPC, art. 608)"*.

Em sentido contrário, Wilson de Souza Campos Batalha[12] afirma: *"É óbvio que a sentença que julga improcedente a liquidação comporta imediato recurso de agravo de petição, que deve ser interposto no prazo de oito dias contados da ciência da sentença."*

A posição doutrinária defendida por Teixeira Filho é a mais adequada em face do texto legal, contudo, há situações em que o rigor excessivo pode ser prejudicial, precipuamente, se o liquidante for o reclamante.

É o caso do exemplo citado por Mozart Victor Russomano:[13] *"Vejamos, porém, a segunda hipótese, que nos demonstrará o absurdo da lei em vigor. O empregado requer a liquidação de sentença e só obtém o acolhimento parcial dos artigos. Como irá ele, mais tarde, discutir a matéria em embargos à penhora, já que a execução será requerida, normalmente, pelo próprio empregado, nos termos da sentença de liquidação? E, pior do que isso, como se poderá falar em embargos à penhora, por exemplo, se, proferida a sentença de liquidação, o empregador com ela se conformar, prontificando-se a pagar o que for reconhecido judicialmente? Ficará, portanto, o exequente na dura situação de não ter ao*

---

[10] "A praxe de, em alguns juízos, exigir-se que o liquidante ofereça, na petição de liquidação, os valores já corrigidos monetariamente, e acrescidos dos juros, é, *venia concessa*, quase sempre inútil, em virtude de que, quando do proferimento da sentença de liquidação, os índices de correção monetária já serem outros, em decorrência de haver sobrevindo um ou mais trimestres, relativamente à data em que a petição de liquidação foi elaborada. Preferível será, diante disto, que a correção monetária e os juros de mora sejam calculados somente após a sentença de liquidação, e ainda assim pelo contador, ou por quem lhe fizer, segundo a lei, as vezes" (TEIXEIRA FILHO, Manoel Antonio. Ob. cit., p. 197). Não se pode concordar com essa afirmação. A indicação dos artigos de liquidação, com os cálculos do principal e os acréscimos legais (correção monetária e juros de mora), dinamiza as liquidações trabalhistas, evitando-se a possibilidade de discussões quanto aos cálculos subsequentes de atualização ou de juros.

[11] TEIXEIRA FILHO, Manoel Antonio. Ob. cit., p. 196.

[12] BATALHA, Wilson de Souza Campos. *Tratado de direito judiciário do trabalho*, v. 2, 3. ed., p. 745.

[13] RUSSOMANO, Mozart Victor. *Comentários à Consolidação das Leis do Trabalho*, 11. ed., p. 952.

PARTE VI · Cap. XV – LIQUIDAÇÃO TRABALHISTA | 893

seu alcance meios de pedir o reexame da matéria dirimida pelo juiz da liquidação, que assume, dessa forma, o papel saliente de prolator de sentenças irrecorríveis."

15.4 LIQUIDAÇÃO MISTA

Em algumas situações a liquidação pode ser efetuada por duas modalidades distintas.

Isso poderá ser decorrência do estabelecido na decisão liquidanda, de eventual convenção das partes ou de exigência natural do objeto da liquidação.

Assim sendo, deverão ser observados os procedimentos legais do tipo de liquidação adequado a cada parte do título judicial.

É razoável que o magistrado evite critérios dúplices para a liquidação, pois isso costuma representar obstáculos para a rápida quantificação do crédito exequendo.

15.5 LIQUIDAÇÕES AUTÔNOMAS

Quando o título executivo judicial impõe às partes prestações recíprocas, resultantes de atos jurídicos distintos, cada uma poderá promover a liquidação independentemente da outra, como também simultaneamente. É o que se denomina liquidação autônoma.

Não são comuns os casos de liquidações autônomas no processo trabalhista. Contudo, poderá ocorrer. Por exemplo: (a) a sentença determina o pagamento de horas extras pelo empregador ao empregado; (b) na mesma decisão, o juízo reconhece, pelo acolhimento da reconvenção, o direito do empregador a uma indenização decorrente de ato ilícito do empregado.

15.6 LIQUIDAÇÃO DAS OBRIGAÇÕES ALTERNATIVAS

A liquidação das obrigações alternativas[14] não é disciplinada pela CLT, logo, aplicam-se, subsidiariamente, as regras do processo civil.

---

[14] A obrigação alternativa sintetiza a faculdade que o devedor possui de escolher a prestação pela qual se desonera do encargo (em regra). Há uma pluralidade de prestações, mas é suficiente que o devedor escolha uma delas, para cumprir com o seu encargo (arts. 252 a 256, CC). Na estrutura do processo civil, o pedido será alternativo, quando, pela natureza da obrigação, o devedor puder cumprir a prestação de mais de um modo (art. 325, *caput*, CPC). Quando, pela lei ou pelo contrato, a escolha couber ao devedor, o juiz lhe assegurará o direito de cumprir a prestação de um ou de outro modo, ainda que o autor não tenha formulado pedido alternativo (art. 325, parágrafo único). Pedido alternativo não se confunde com pedidos sucessivos (art. 326). No pedido alternativo, como se tem mais de uma prestação, a escolhida pelo devedor e cumprida, implica o adimplemento da obrigação. Exemplos: (a) a decisão que determina o fornecimento da alimentação ou a sua conversão em pecúnia; (b) a decisão que torna sem efeito a transferência do empregado para localidade diversa da prevista no contrato ou, se efetivada a transferência, o encargo quanto ao pagamento do adicional de 25%. Os pedidos sucessivos apresentam uma relação de preferência, isto é, são baseados na mesma causa de pedir (fundamento fático). Não sendo possível ao juiz apreciar o primeiro, fará a apreciação do subsequente. No Processo Trabalhista, uma das formas

Tratando-se de obrigações alternativas, cuja escolha compete ao devedor, a liquidação precederá a execução.

O devedor será citado para exercer a opção e realizar a prestação em 10 dias, se outro prazo não lhe foi determinado em lei ou em contrato (art. 800, CPC).

Ao credor será devolvida a opção, se o devedor não a exercitou no prazo determinado (art. 800, § 1º).

Se a escolha couber ao credor, este deverá indicá-la na petição inicial da ação de execução (art. 800, § 2º).

15.7 CORREÇÃO MONETÁRIA

15.7.1 Conceito de Correção Monetária

Correção monetária é o fator de atualização do valor nominal dos direitos trabalhistas pela adoção dos índices legais em face do processo inflacionário.

15.7.1.1 Evolução da Sistemática Legal dos Índices da Correção Monetária

A instituição da correção monetária para os débitos trabalhistas ocorreu com o advento do Dec.-lei 75/66 e respectivo regulamento, Decreto 61.032/67.

Pela Lei 6.899/81, diploma de caráter geral, houve a universalização da correção dos débitos judiciais, adotando como indexador a variação mensal das Obrigações Reajustáveis do Tesouro Nacional (ORTN).

Com o primeiro plano visando à estabilidade do padrão monetário – Plano Cruzado (Dec.-lei 2.283/86 e 2.294/86, em fev./86), houve a substituição da ORTN pela OTN, sendo que o seu valor foi fixado em Cz$ 106,40.

O Dec.-lei 2.322/87 estabeleceu a variação da OTN, como fator de atualização dos débitos trabalhistas. Os juros passaram a ser de 1% ao mês e de forma capitalizada. Anteriormente, o percentual era de 0,5% ao mês (art. 1.061, CC de 1916).

Com as Leis 7.730/89 e 7.738/89 houve a extinção da OTN como fator de correção, atrelando a atualização ao critério de reajuste dos depósitos da poupança. A moeda, que era o cruzado, passa a ser conhecida como cruzado novo, com a retirada de três casas e extinção da OTN.

A Lei 8.177/91 instituiu a correção monetária pela variação diária da Taxa Referencial (TR) e dá nova disciplina aos juros de mora, revogando o Dec.-lei 2.322/87. Os juros são mantidos em 1% ao mês, de forma simples e não mais capitalizados.

---

de pedidos sucessivos é a relativa às estabilidades. Se não for possível a reintegração no emprego, poderá o juiz convertê-la em pecúnia.

PARTE VI · Cap. XV – LIQUIDAÇÃO TRABALHISTA | 895

Não viola a CF (art. 5º, II e XXXVI) a determinação de aplicação da TRD, como fator de correção monetária dos débitos trabalhistas, cumulada com juros de mora (OJ 300, SDI-I).

A Lei 8.880/94, a qual estabelece o real como padrão monetário, declina que o IPC-r é o índice geral de correção monetária, mas mantém o art. 39, Lei 8.177/91, como critério legal para a atualização dos débitos trabalhistas.

Posteriormente, houve a ratificação desse critério por meio da Lei 9.069/95 (art. 27, § 6º).

Com a Reforma Trabalhista (Lei 13.467/17), a CLT passou a prever expressamente a utilização da TR como índice de correção dos créditos decorrentes de decisão judicial (art. 879, § 7º).

Há críticas quanto a adoção da TR, como critério de correção dos débitos trabalhistas, face aos baixíssimos índices deste fator de indexação.

O TST, em julgamento plenário realizado no dia 4/8/2015, examinou a Arguição de Inconstitucionalidade suscitada pela 7ª Turma, nos autos do AIRR-479-60.2011.5.04.0231, e pronunciou a inconstitucionalidade por arrastamento do artigo 39 da Lei da Lei 8.177/91, elegendo como fundamento a *ratio decidendi* exposta pelo STF no julgamento das ADIs 4.357, 4.372, 4.400 e 4.425. Foi determinada a modulação dos efeitos da decisão, a fim de que os créditos trabalhistas alvos de execuções judiciais fossem corrigidos pelo IPCA-E a contar de 30/6/2009, observada, porém, a preservação das situações jurídicas consolidadas resultantes dos pagamentos efetuados nos processos judiciais, em andamento ou extintos, em virtude dos quais foi adimplida e extinta a obrigação, ainda que parcialmente, sobretudo em decorrência da proteção ao ato jurídico perfeito (art. 5º, XXXVI, da CF, art. 6º da LINDB).

Diante da relevância da matéria e de seus expressivos impactos econômicos, a Federação Nacional dos Bancos (Fenaban) apresentou ao STF a Reclamação Constitucional 22012, distribuída ao Ministro Dias Toffoli, sobrevindo decisão deferitória de liminar, *"para suspender os efeitos da decisão reclamada e da 'tabela única' editada pelo CSJT em atenção a ordem nela contida, sem prejuízo do regular trâmite da Ação Trabalhista nº 0000479-60.2011.5.04.0231, inclusive prazos recursais"*.

A partir desse julgamento, três correntes se formaram no TST acerca da gestão dos casos em que a questão relativa ao índice de atualização monetária tenha sido posta em discussão: (a) suspensão dos feitos para se aguardar a resolução definitiva da questão no âmbito do STF; (b) continuação do julgamento dos recursos que veiculam a matéria, aplicando-se a regra do art. 39 da Lei 8.177/91; (c) julgamento dos recursos com a fixação da TRD, mas sem prejuízo do direto a eventuais diferenças futuras, caso o STF conclua pela manutenção da decisão proferida pelo TST nos autos da Arguição de Inconstitucionalidade 479-60.2011.5.04.0231.

Com decisão da 2ª Turma do STF, no sentido de julgar improcedente a Reclamação Constitucional 22.012, prevalecendo o entendimento de que a decisão do TST não configura desrespeito ao julgamento do STF nas ações diretas de inconstitucionalidade 4.357 e 4.425, indubitável a viabilidade de adoção do IPCA-E como índice aplicável para a correção de débitos trabalhistas.

Os fundamentos adotados pelo TST e pelo STF, quanto à TR como critério inadmissível de correção monetária, também leva em conta a inconstitucionalidade do § 7º art. 879, CLT (Lei 13.467/17, Reforma Trabalhista).

15.7.1.2 Da Época Própria

Para fins de atualização monetária, a época própria surge da exigibilidade do crédito, ou seja, do momento em que a obrigação contratual trabalhista não é adimplida.

O art. 39 da Lei 8.177/91 determina que os débitos trabalhistas de qualquer natureza, quando não satisfeitos pelo empregador, serão atualizados nas épocas próprias definidas em lei, acordo ou convenção coletiva, sentença normativa ou cláusula contratual.

A época própria legal: Quando o pagamento houver sido estipulado por mês, deverá ser efetuado, o mais tardar, até o quinto dia útil subsequente ao vencido (art. 459, § 1º, CLT).

Para José Severino da Silva Pitas,[15] a época própria legal *"coincide com o interesse de agir, e configura-se com a data em que, legitimamente, pode ser exigido o cumprimento da obrigação. Não é, portanto, necessariamente, o término da prestação de serviços no final de cada mês que constitui a época própria para atualização dos salários mensais, conceito leigo, mas, necessariamente, o fato jurídico, previsto no art. 2º do Decreto-lei nº 75/66 e posteriormente no art. 39 da Lei nº 8.177/91, que definirá a época própria para correção monetária. Na falta de estipulação contratual, mais benéfica, escrita ou tácita, a época própria será o quinto dia útil após o mês trabalhado, na forma do que dispõe o parágrafo único do art. 459 da CLT. A expressão utilizada pela lei, 'o mais tardar', fixa o quinto dia útil como data de exigibilidade da obrigação e, desnecessariamente, uma faculdade ao empregador para antecipação do pagamento. Não é, juridicamente, possível exigir-se do empregador o pagamento, nesta hipótese, antes do quinto dia útil".*

Valentin Carrion entende que a época própria legal, para o cômputo da correção monetária, é a partir do 1º dia do mês seguinte ao vencido para aqueles que recebem salário por mês. Justifica essa posição ao citar o art. 1º, § 1º, Lei 6.899/91, o qual salienta que, nas execuções de títulos de dívida líquida e certa, a correção será calculada a contar do respectivo vencimento.

Assevera, ainda, que *"o favor legal do pagamento até o 5º dia útil, previsto no art. 459, parágrafo único, é aplicável para os casos de regular adimplemento da obrigação pelo devedor; a norma, de proteção ao salário, não prevê a liberalidade quando o empregador já está em mora no pagamento".*[16]

Para outros autores, a exata interpretação do art. 459, da CLT, é de que o prazo (até o 5º dia útil do mês subsequente) é uma faculdade legal dada ao empregador, não

---

[15]   PITAS, José Severino da Silva. Correção monetária dos débitos trabalhistas: evolução legislativa e definição legal. *Revista Trabalho e Processo*, dez./94, p. 117.

[16]   CARRION, Valentin. *Comentários à Consolidação das Leis do Trabalho*, 25. ed., p. 619.

PARTE VI · Cap. XV – LIQUIDAÇÃO TRABALHISTA | 897

se constituindo no momento exato para a correção monetária, a qual deveria ter como época própria o mês da prestação dos serviços.

Nesse sentido, Francisco Antonio de Oliveira[17] ensina: *"A faculdade que tem o empregador de pagar os salários até o quinto dia útil do mês subsequente ao trabalhado somente se aplica àquelas empresas que cumpram suas obrigações nas épocas próprias, não àquelas inadimplentes. Adotar-se entendimento contrário, no sentido de que a atualização somente deve ser considerada a partir da exigibilidade prevista em lei, representaria um prêmio ao mau pagador. Desta maneira, não há por que aplicar-se os índices de atualização do mês subsequente."*

Portanto, há três posições configuradoras da época própria legal: (a) o mês da prestação dos serviços; (b) a partir do quinto dia útil do mês subsequente ao vencido; (c) a partir do primeiro dia do mês subsequente ao vencido.

O TST agasalhou a terceira posição (Súm. 381).

Essas três posições são discutíveis quando se faz a apuração mês a mês, observando a evolução salarial.

Se os salários são pagos antes do prazo previsto no art. 459 da CLT, por imposição normativa (convenção coletiva, acordo coletivo de trabalho, sentença normativa) ou cláusula contratual, a época própria deve observar o referido momento, por ser uma condição mais benéfica, a qual adere ao contrato individual de trabalho.

Outras épocas próprias legais: (a) verbas rescisórias – até 10 dias contados a partir do término do contrato (art. 447, § 6º, CLT, Lei 13.467/17); (b) 13º salário (na vigência do contrato) – 1ª parcela (30 de novembro ou a data em que a empresa costuma pagá-la ao empregado; 2ª parcela (20 de dezembro) (art. 1º, Lei 4.749/65); (c) férias e abono (na vigência do contrato) – 2º dia antes do início do respectivo período de gozo (art. 145, *caput*, CLT).

Quando se faz uma atualização de um valor outrora atualizado, a época própria é a data para a qual o valor se encontra atualizado.

Para créditos resultantes de acordos judiciais inadimplidos, a época própria irá refletir o momento em que a parcela deveria ter sido paga.

15.7.1.3 A Correção Monetária e a Jurisprudência do TST

A correção monetária não incide sobre o débito do trabalhador (Súm. 187).

A posição do TST fere o princípio da igualdade e da legalidade, pois a lei manda proceder à correção monetária sem qualquer distinção (art. 5º, CF). O débito trabalhista, seja do empregado ou do empregador, deve ser atualizado, como forma de recomposição do seu valor nominal. Ressalte-se que o art. 39, *caput*, da Lei 8.177/91 estabelece a atualização monetária para os débitos trabalhistas de qualquer natureza.

---

[17] OLIVEIRA, Francisco Antonio de. *Comentários aos precedentes normativos e individuais do TST,* p. 253.

Os juros de mora e a correção monetária incluem-se na liquidação, ainda que omisso o pedido inicial ou a condenação (Súm. 211). Os acréscimos legais são inseridos no rol dos pedidos implícitos.

Os débitos trabalhistas das entidades submetidas aos regimes de intervenção ou liquidação extrajudicial estão sujeitos à correção monetária desde o respectivo vencimento até seu efetivo pagamento, sem interrupção ou suspensão, não incidindo, entretanto, sobre tais débitos, juros de mora (Súm. 304). Esse entendimento está em sintonia com o art. 46 do ADCT.

O cálculo da correção monetária incidente sobre débitos relativos a benefícios previdenciários devidos a dependentes de ex-empregado pelo empregador, ou entidade de previdência privada a ele vinculada, será o previsto na Lei 6.899/91 (Súm. 311).

Diferentemente da correção aplicada aos débitos trabalhistas, que têm caráter salarial, a atualização monetária dos honorários periciais é fixada pelo art. 1º da Lei 6.899, aplicável a débitos resultantes de decisões judiciais (OJ 198, SDI-I).

Os créditos trabalhistas referentes ao FGTS, decorrentes de condenação judicial, serão corrigidos pelos mesmos índices aplicáveis aos débitos trabalhistas (OJ 302, SDI-I).

15.7.1.4 Correção Monetária e a Falência do Empregador

O art. 1º, Lei 6.899/81, determina que a correção monetária incide sobre qualquer débito resultante de decisão judicial, inclusive sobre custas e honorários advocatícios.

Mesmo antes da edição desse diploma legal, a jurisprudência vinha entendendo que a correção monetária era incidente sobre os débitos trabalhistas da massa falida.

Os fundamentos: a natureza superprivilegiada e alimentar do crédito trabalhista; o fato de que o empregado não teve participação na gestão da empresa, logo, não pode ser responsabilizado pela má administração ou insucesso do empregador; os direitos trabalhistas são decorrentes da prestação dos serviços e não do risco do empreendimento.[18]

15.7.1.5 Correção Monetária e o Dano Moral

O STJ entende que a correção monetária do valor da indenização do dano moral incide desde a data do arbitramento (Súm. 362).

---

[18] "AGRAVO DE PETIÇÃO DA EXECUTADA. MASSA FALIDA. JUROS E CORREÇÃO MONETÁRIA. Os juros de mora e a correção monetária incidem mesmo após a decretação da falência da agravante. Porém, como o art. 124 da Lei n 11.101/05 determina que os juros vencidos após a decretação da falência não são exigíveis contra a massa falida quando não houver ativo suficiente para pagamento dos credores, o cálculo de tal parcela, a partir de então, deve ser feito em separado, a fim de facilitar sua exclusão da conta, na hipótese de incidência do disposto no referido artigo. Quanto à correção monetária, inexiste amparo legal para a pretendida limitação, porquanto seu objetivo é apenas o de recompor o valor da moeda ao tempo do seu pagamento, não detendo natureza punitiva" (TRT – 4ª R. – AP 0177700-97.2009.5.04.0781 – Rel. Maria da Graça Ribeiro Centeno – *DJe* 21/1/2013).

PARTE VI · Cap. XV – LIQUIDAÇÃO TRABALHISTA | **899**

O verbete sumular do STJ está correto visto que o valor do dano moral é fixado quando da prolação da decisão judicial, portanto, este é o momento ideal para fins de atualização deste título.

O TST adota a posição do STJ: *"Nas condenações por dano moral, a atualização monetária é devida a partir da data da decisão de arbitramento ou de alteração do valor. Os juros incidem desde o ajuizamento da ação, nos termos do art. 883 da CLT"* (Súm. 439).

15.8 JUROS

Juros representam o fator de remuneração dos créditos trabalhistas em face da situação de mora do empregador, bem como para remunerar o próprio capital, que é representado pelos direitos reconhecidos em juízo.

De acordo com a OJ 400, SDI-I, os juros de mora decorrentes do inadimplemento de obrigação de pagamento em dinheiro não integram a base de cálculo do Imposto de Renda, independentemente da natureza jurídica da obrigação inadimplida, ante o cunho indenizatório conferido pelo art. 404, CC, aos juros de mora.

15.8.1 Época Própria

Os juros são devidos a partir do ajuizamento da ação trabalhista (art. 883, CLT).

Atualmente, o percentual dos juros é de 1% ao mês, aplicados *pro rata die*, ainda que não explicitados na sentença ou termo de conciliação (art. 39, § 1º, Lei 8.177/91).

Anteriormente: (a) 0,5% ao mês (forma simples) (art. 1.062, CC 1916); (b) 1% ao mês (forma capitalizada), no período de 3/87 até 2/91, de acordo com o Dec.-lei 2.322/87 e Súm. 307 do TST.

Os juros devem incidir sobre o crédito atualizado (Súm. 200, TST).

Após o advento do CC de 2002, para os créditos trabalhistas, surgiu o entendimento de que a taxa de juros a ser aplicável seria a SELIC, pela aplicação da norma mais benéfica (art. 407). A posição doutrinária não é a mais correta na medida em que a legislação trabalhista é explícita quanto à matéria (art. 39, § 1º, Lei 8.177/91). O percentual é de 1% ao mês e de forma não capitalizada.

15.8.2 Juros e a Falência do Empregador

Contra a massa não correm juros, ainda que estipulados forem, se o ativo apurado não bastar para o pagamento do principal, como já previa o art. 26, *caput*, da antiga Lei de Falências (Dec.-lei 7.661/45).

O magistrado não deveria observar essa determinação legal quanto às condenações trabalhistas e seus respectivos créditos. O empregado não corre os riscos do empreendimento, logo, não pode ser apenado pelos insucessos do empregador.

A Lei 11.101/05 passou a disciplinar a recuperação judicial, a recuperação extrajudicial e a falência do empresário e da sociedade empresária, os quais são qualificados como devedor (art. 1º).

Pela nova Lei, a decretação da falência determina que o vencimento antecipado das dívidas do devedor é dos sócios ilimitada e solidariamente responsáveis, com o abatimento proporcional dos juros (art. 77), sendo que contra a massa falida não são exigíveis juros vencidos após a decretação da falência, previstos em lei ou em contrato, se o ativo apurado não bastar para o pagamento dos credores subordinados, excetuando os juros das debêntures e dos créditos com garantia real, mas por eles responde, exclusivamente, o produto dos bens que constituem a garantia (art. 124).

Manoel Justino Bezerra Filho,[19] ao tratar do tema, esclarece: *"O principal e os juros serão pagos, se a massa comportar. Portanto, no sistema do processo falimentar, são pagos os créditos habilitados com valores atualizados e juros calculados até o momento do decreto falimentar. Se houver saldo, serão pagos correção e juros contados da data do decreto falimentar até o momento do efetivo pagamento desta nova parcela, devolvendo-se ao falido o que sobrar."*

15.8.3 Juros e as Empresas em Liquidação Extrajudicial ou Intervenção

Os débitos trabalhistas das entidades submetidas aos regimes de intervenção ou liquidação extrajudicial (Lei 6.024/74) estão sujeitos à correção monetária desde o respectivo vencimento até seu efetivo pagamento, sem interrupção ou suspensão, não incidindo, entretanto, sobre tais débitos, juros de mora (Súm. 304, TST).

É devida a incidência em relação aos débitos trabalhistas de empresa em liquidação extrajudicial sucedida nos moldes dos arts. 10 e 448, CLT. O sucessor responde pela obrigação do sucedido, não se beneficiando de qualquer privilégio a este destinado (OJ 408, SDI-I).

15.8.4 Juros e os Créditos contra a Fazenda Pública

Nas condenações impostas à Fazenda Pública, independentemente de sua natureza e para fins de atualização monetária, remuneração do capital e compensação da mora, haverá a incidência, uma única vez, até o efetivo pagamento, dos índices oficiais de remuneração básica e juros aplicados à caderneta (art. 1º-F, Lei 9.494/97). A antiga redação do art. 1º-F indicava que os juros de mora (condenação imposta à Fazenda Pública para pagamento de verbas remuneratórias devidas a servidor público) não poderiam ultrapassar o percentual de 6% ao ano.

No RE 870.947, quanto aos juros moratórios e a correção monetária impostas à Fazenda Pública, o STF fixou as seguintes teses: (a) juros moratórios – *"O art. 1º-F da Lei nº 9.494/97, com a redação dada pela Lei nº 11.960/09, na parte em que disciplina os juros moratórios aplicáveis a condenações da Fazenda Pública, é inconstitucional ao incidir sobre débitos oriundos de relação jurídico-tributária, aos quais devem ser aplicados os mesmos juros de mora pelos quais a Fazenda Pública remunera seu crédito tributário, em respeito ao princípio constitucional da isonomia (CRFB, art. 5º, caput); quanto às condenações oriundas de relação jurídica não-tributária, a fixação dos juros moratórios segundo o*

---

[19] BEZERRA FILHO, Manoel Justino. *Nova lei de recuperação e falência comentada*: Lei 11.101, de 9 de fevereiro de 2005, comentário artigo por artigo, 3. ed., p. 291.

PARTE VI • Cap. XV – LIQUIDAÇÃO TRABALHISTA | 901

índice de remuneração da caderneta de poupança é constitucional, permanecendo hígido, nesta extensão, o disposto no art. 1º-F da Lei nº 9.494/97 com a redação dada pela Lei nº 11.960/09"; (b) correção monetária – "O art. 1º-F da Lei nº 9.494/97, com a redação dada pela Lei nº 11.960/09, na parte em que disciplina a atualização monetária das condenações impostas à Fazenda Pública segundo a remuneração oficial da caderneta de poupança, revela-se inconstitucional ao impor restrição desproporcional ao direito de propriedade (CRFB, art. 5º, XXII), uma vez que não se qualifica como medida adequada a capturar a variação de preços da economia, sendo inidônea a promover os fins a que se destina".

Portanto, de acordo com a OJ 7, TP, TST, quanto aos juros e correção monetária dos débitos trabalhistas da Fazenda Pública, devem ser observados: (a) 1% ao mês, até agosto de 2001 (art. 39, § 1º, Lei 8.177/91); (b) 0,5% ao mês, de setembro de 2001 a junho de 2009 (art. 1º-F, Lei 9.494/97); (c) a partir de 30/6/2009, atualizam-se os débitos trabalhistas, mediante a incidência dos índices oficiais de remuneração básica e juros aplicados à caderneta de poupança (art. 5º da Lei 11.960/09).

De acordo com a Súmula Vinculante 17, durante o período previsto no § 1º do art. 100 da CF (período transcorrido entre a elaboração da conta e o efetivo pagamento, se realizado no exercício subsequente), não incidem juros de mora sobre os precatórios que nele sejam pagos.

15.8.5 Juros e o Depósito na Execução

De acordo com o art. 889 da CLT, na execução trabalhista, diante da omissão legislativa, aplica-se a lei relativa à execução fiscal (Lei 6.830/80).

Pelo art. 9º, § 4º, da Lei 6.830, o depósito em dinheiro da quantia, objeto da execução, faz cessar a responsabilidade pela atualização monetária e juros de mora.

Portanto, o executado, após o depósito do valor da execução na íntegra, com juros e atualização até a data do efetivo recolhimento bancária, cessa, em definitivo, com a sua obrigação.

Contudo, na execução trabalhista, é comum o devedor, após o depósito bancário da quantia, opor embargos e, na sequência, o agravo de petição, inviabilizando, assim, que o credor tenha acesso ao seu crédito.

Nessas circunstâncias, surge o impasse: o credor tem direito às diferenças, a partir do depósito judicial, entre o índice praticado pela instituição financeira e o aplicável ao débito trabalhista.

Em outras palavras: a atualização e os juros são devidos até o momento do depósito ou até o dia em que o credor, efetivamente, teve acesso ao valor depositado?

A solução é pela efetiva contagem da atualização e juros até a data do levantamento do valor depositado, se a demora pelo saque não for culpa exclusiva do credor.

15.9 JUROS LEGAIS E CORREÇÃO MONETÁRIA EM COBRANÇA DE CONTRIBUIÇÃO SINDICAL RURAL

O art. 600, CLT, previa que o recolhimento da contribuição sindical efetuado fora do prazo legal, quando espontâneo, será acrescido da multa de 10%, nos trinta primeiros

902 | DIREITO PROCESSUAL DO TRABALHO • *Francisco Ferreira Jorge Neto – Jouberto de Quadros Pessoa Cavalcante*

dias, com o adicional de 2% por mês subsequente de atraso, além de juros de mora de 1% ao mês e correção monetária, ficando, nesse caso, o infrator, isento de outra penalidade.

Porém, tratando-se de contribuição sindical rural (Súm. 432, TST), quando não recolhida nos prazos fixados, será atualizada monetariamente, na data do efetivo pagamento (art. 61 da Lei 7.799/89) e cobrada pela União com os seguintes acréscimos: (a) juros de mora, na via administrativa ou judicial, contados do mês seguinte ao do vencimento, à razão de 1% ao mês e calculados sobre o valor atualizado, monetariamente, na forma da legislação em vigor; (b) multa de mora de 20% sobre o valor atualizado, monetariamente, sendo reduzida a 10% se o pagamento for efetuado até o último dia útil do mês subsequente àquele em que deveria ter sido pago; (c) encargo legal de cobrança da Dívida Ativa de que trata o art. 1º, Dec-lei 1.025/69, e o art. 3º do Dec-lei 1.645/78, quando for o caso. Os juros de mora não incidem sobre o valor da multa de mora.

15.10 OS CRÉDITOS DA PREVIDÊNCIA SOCIAL

A questão dos créditos da Previdência Social e os critérios de juros e correção monetária são analisados no tópico 16.15.4 do Capítulo XVI da presente obra.

15.11 JUROS E O DANO MORAL

De acordo com a Súmula 54 do STJ, nos casos de responsabilidade extracontratual, os juros de mora são devidos a partir da data do evento danoso. Esta súmula está em sintonia com o art. 398 do Código Civil, o qual determina que nas obrigações por ato ilícito, o devedor é considerado em mora desde o momento em que tenha praticado a ilicitude.

O STJ estabeleceu, por aplicação do art. 407, do CC, que os juros são devidos a partir da data da fixação do valor do dano moral (REsp 903258/RS).

O TST consolidou o entendimento de que nas condenações por dano moral, a atualização monetária é devida a partir da data da decisão de arbitramento ou de alteração do valor e os juros legais incidem desde o ajuizamento da ação (art. 883, CLT) (Súm. 439).

QUESTIONÁRIO

1. O que é liquidação?

2. Quais são as formas de liquidação?

3. Quem deve ser o responsável pela elaboração dos cálculos na liquidação trabalhista?

4. Diante da redação do art. 879, § 2º, da CLT, o juiz deve conceder às partes o prazo para a impugnação dos cálculos?

5. A sentença de liquidação é recorrível de imediato?

6. Qual é o conceito de época própria?

7. A correção monetária é aplicável aos débitos da massa falida? E os juros?

Capítulo XVI
EXECUÇÃO TRABALHISTA

16.1 A EXECUÇÃO E A REFORMA DO CÓDIGO DE PROCESSO CIVIL

Pela antiga estrutura do processo civil, geralmente, a ação de execução, mesmo para os títulos executivos judiciais, operava-se por meio de processo autônomo, distinto do processo de conhecimento.

A partir de 1994, por sucessivas reformas legislativas na estrutura do CPC/73, o processo de execução autônomo limita-se aos títulos executivos extrajudiciais e às hipóteses do art. 475-N, II, IV e VI, do CPC/73, as quais tratam dos seguintes títulos executivos judiciais: sentença penal condenatória transitada em julgado; sentença arbitral; sentença estrangeira homologada pelo STJ.

Por intermédio da Lei 8.952/94, com a nova redação dada ao art. 461, CPC/73, a efetivação da sentença condenatória de obrigação de fazer ou não fazer deixou de ser feita por processo autônomo, sendo implementada nos próprios autos da ação de conhecimento.

As principais inovações foram: (a) o juiz deverá conceder a tutela específica da obrigação ou, se procedente o pedido, determinar as providências que assegurem o resultado prático equivalente ao do inadimplemento (art. 461, *caput, CPC/73*); (b) sendo relevante o fundamento da demanda e havendo justificado receio de ineficácia do provimento final, é lícito ao juiz conceder tutela liminarmente ou mediante justificação prévia, citado o réu. A medida liminar poderá ser revogada ou modificada, a qualquer tempo, em decisão fundamentada (art. 461, § 2º, CPC/73); (c) na hipótese da antecipação da tutela ou na sentença, o juiz poderá impor multa diária ao réu (*astreinte*), independentemente de pedido do autor, se for suficiente ou compatível com a obrigação, fixando-lhe prazo razoável para o cumprimento do preceito (art. 461, § 4º, CPC/73); (d) para a efetivação da tutela específica ou a obtenção do resultado prático equivalente, poderá o juiz, de ofício ou a requerimento, determinar as medidas necessárias, tais como: a imposição de multa por tempo de atraso; busca e apreensão, remoção de pessoas e coisas, desfazimento de obras e impedimento de atividade nociva, se necessário, com requisição de força policial (art. 461, § 5º, CPC/73, com a redação dada pela Lei 10.444/02).

A Lei 10.444, ao alterar a redação do art. 644, CPC/73, estabeleceu, expressamente, que a sentença relativa à obrigação de fazer ou não fazer deveria ser cumprida de acordo com as regras do art. 461, aplicando-se, subsidiariamente, o disposto no Capítulo III do Título II do Livro II do CPC/73 (processo de execução das obrigações de fazer e de não fazer).

Com a Lei 10.444 houve a criação da tutela específica de obrigação de entrega de coisa (art. 461-A, CPC/73).

A Lei 11.232/05 instituiu a fase de cumprimento da sentença no processo de conhecimento, fazendo com que a "liquidação" e a "execução" fossem partes integrantes desse processo, ao qual são aplicáveis, de forma subsidiária, as normas reguladoras do processo de execução de título extrajudicial (art. 475-R, CPC/73). Portanto, o processo de execução, de forma autônoma, persiste para o título extrajudicial (art. 585, CPC/73).

Enquanto a Lei 11.232 trouxe uma série de mudanças na cobrança judicial, colocando um fim na separação entre a fase de conhecimento e a de execução, criando a multa de 10% para o não pagamento voluntário da decisão, a Lei 11.382/06 inova com algumas medidas para acelerar os últimos momentos da execução, além de dispor a respeito da execução de títulos extrajudiciais. Destacamos: (a) o uso da penhora *on-line* para as execuções cíveis; (b) autorização do uso de leilão eletrônico pelos tribunais para o leilão público de bens; (c) mudança de regras para a desapropriação dos bens do devedor, com prioridade à adjudicação, em que a propriedade do bem é transferida para o credor, que pode vendê-lo em condições melhores. Quando não for possível a adjudicação, a lei prioriza a venda por leiloeiros privados, e só então menciona o leilão público, o qual será virtual; (d) o fim para o efeito suspensivo quanto aos embargos do devedor, exceto se for o caso de grave lesão ou de dano irreparável na transferência.

O CPC/15, em relação ao cumprimento da sentença (título judicial), dispõe: (a) nos arts. 513 a 519, as disposições gerais a respeito do cumprimento da sentença; (b) nos arts. 520 a 522, o cumprimento provisório da sentença que reconheça a exigibilidade de obrigação de pagar quantia certa; (c) nos arts. 523 a 527, o cumprimento definitivo da decisão judicial quanto a obrigação de pagar quantia certa; (d) nos arts. 528 a 533, as regras quanto a sentença que impõe a obrigação de pagar alimentos; (e) nos arts. 534 a 549, a obrigação de pagar quantia certa pela Fazenda Pública; (f) nos arts. 536 a 537, as obrigações de fazer, de não fazer ou de entregar coisa; (g) no art. 538, o cumprimento da sentença que reconheça a exigibilidade de obrigação de entregar coisa.

Quanto aos títulos extrajudiciais, a matéria é regulada no art. 771 e segs., CPC/15.

16.2 CONCEITO DE EXECUÇÃO

Execução é a atividade "*pela qual o Estado, por intermédio do órgão jurisdicional, e tendo por base um título judicial ou extrajudicial (CPC, art. 583), empregando medidas coativas, efetiva e realiza a sanção. Pelo processo de execução, por meio de tais medidas, o Estado visa alcançar, contra a vontade do executado, a satisfação do direito do credor. A execução, portanto, é a atuação da sanção inerente ao título executivo*".[1]

Além de reconhecer o direito, a sentença condenatória possui como função criar a sanção. Como ato jurídico judicial, a sentença declara o direito, bem como formula a

---

[1] SANTOS, Moacyr Amaral. *Primeiras linhas de direito processual civil*, v. 1, 5. ed., p. 205.

PARTE VI · Cap. XVI – EXECUÇÃO TRABALHISTA | 905

obrigação e dá ao credor a tutela executiva. A sentença condenatória representa o título pelo qual poderá o credor solicitar o órgão judiciário, iniciando a execução.

Em outras situações, a própria legislação outorga a determinados títulos a força executória. São os títulos extrajudiciais (art. 784, CPC), os quais, por expressa disposição ou presunção legal, conferem ao credor certeza de direito bastante para acionar o órgão judiciário, objetivando o cumprimento da obrigação, quando o devedor deixa de cumpri-la.

16.3 CONCEITO DE EXECUÇÃO TRABALHISTA

Execução trabalhista é a atividade jurisdicional do Estado, de natureza coercitiva, desempenhada por órgão competente, de ofício ou mediante requerimento do interessado, visando: (1) ao devedor o cumprimento de obrigação contida: (a) sentença condenatória transitada em julgado; (b) acordo judicial inadimplido; (c) os termos de ajuste de conduta firmados perante o Ministério Público do Trabalho; (d) os termos celebrados perante a Comissão de Conciliação Prévia; (2) à execução *ex officio* dos créditos previdenciários devidos em decorrência de decisão proferida pelos juízes e tribunais do trabalho, resultantes de condenação ou homologação de acordo.

Com a EC 45/04, a Justiça do Trabalho passou a ter competência para as ações relativas às penalidades administrativas impostas aos empregadores pelos órgãos de fiscalização das relações de trabalho. Essa nova competência também abrange a execução trabalhista. Em outras palavras, a Justiça do Trabalho passou a ter competência para a execução fiscal das multas e dos valores relativos às infrações aplicáveis pela fiscalização do trabalho ao empregador.

Com a IN 39/16 (art. 13), o TST entende pela aplicação supletiva do art. 784, I, CPC, ao processo trabalhista, logo, o cheque e a nota promissória emitidos em reconhecimento de dívida inequivocamente de natureza trabalhista também são títulos extrajudiciais para efeito de execução perante a Justiça do Trabalho.

16.4 NATUREZA JURÍDICA DA EXECUÇÃO TRABALHISTA

Na seara trabalhista, há duas correntes doutrinárias relacionadas com a natureza jurídica da execução: (a) processo autônomo, visto que se tem a necessidade da citação do executado (art. 880, CLT); (b) uma fase do processo de conhecimento na medida em que a execução trabalhista era calcada somente em título executivo judicial – sentença condenatória ou acordo não cumprido, ao contrário do CPC, que autoriza a execução com base em título extrajudicial. Assevere-se, ainda, que, no processo trabalhista, a execução pode ser iniciada pelo próprio juiz, quando a parte não estiver representada por advogado (art. 878, da CLT, Lei 13.467/17) ou ainda pelo Ministério Público[2]. Na estrutura do

---

[2] No caso concreto, a aplicação do dispositivo deve estar em consonância com as atribuições constitucionais e legais do MPT, ou seja, nos casos em que o MPT pode ser parte ou intervém como *custos legis*.

DIREITO PROCESSUAL DO TRABALHO • *Francisco Ferreira Jorge Neto – Jouberto de Quadros Pessoa Cavalcante*

processo civil (arts. 778 e segs., CPC), a execução não pode ter início por determinação espontânea do juiz. Atualmente, não se justifica a posição de que a execução trabalhista, necessariamente, seja um processo autônomo em relação ao de conhecimento. Os fundamentos: (1) a execução trabalhista pode ter como título executivo não só as sentenças e os acordos não adimplidos, como também os termos de ajuste e de condição perante as Comissões de Conciliação Prévia, além das execuções das multas por penalidades aplicadas aos empregadores pela fiscalização no trato das relações trabalhistas; (2) a alteração ocorrida no processo civil em que houve a separação entre os títulos judiciais e os títulos extrajudiciais. Para os primeiros, o que se tem é o cumprimento da sentença, sem qualquer necessidade de instauração de um processo autônomo, enquanto para os segundos ainda se impõe a citação (arts. 829 e segs., CPC).

16.5 PRINCÍPIOS INFORMATIVOS DA EXECUÇÃO TRABALHISTA

No sentido comum, a palavra *princípio* significa a origem, o começo de algo.

No aspecto jurídico, o vocábulo é de grande realce e importância, compreendendo o conjunto de normas que norteiam o surgimento do Direito (ciência jurídica), influenciando a formação das leis, inclusive atuando como parâmetros interpretativos e integrativos na aplicação das normas jurídicas.

16.5.1 Redução do Contraditório

Pelo princípio da redução do contraditório, na execução, o tratamento igualitário deve ser visto com acuidade (art. 5º, *caput*, CF). Em tese, o credor encontra-se em uma "situação de superioridade".

No processo de conhecimento, tem-se a essência do contraditório, enquanto na execução inexiste o equilíbrio, não há contraditório. O devedor, por intermédio de seu patrimônio, está sujeito aos atos coativos para a efetiva reparação da lesão do direito material, a qual advém da condenação (processo de conhecimento).

16.5.2 Natureza Real

Diante do princípio da natureza real, a responsabilidade é patrimonial,[3] na medida em que o devedor responde, para o cumprimento de suas obrigações, com todos os seus bens presentes e futuros (art. 789, CPC), não havendo a possibilidade de prisão por dívida, salvo a do responsável pelo inadimplemento voluntário e inescusável de obrigação

---

[3] Patrimônio deriva da expressão *patrimonium, de pater*, indicando de forma originária os bens da família ou os bens herdados dos pais. No aspecto jurídico, sintetiza o conjunto de bens, de direitos e obrigações, que sejam de apreciação econômica, pertencentes a uma pessoa física ou jurídica. Representa um conjunto de direitos ou de relações jurídicas que possuem valor econômico.

alimentar e a do depositário infiel[4] (art. 5º, LXVII, CF). A sujeição patrimonial pode ser parcial ou total, mas até o limite do valor do crédito exequendo.

Na execução por quantia certa (art. 824, CPC), o objeto será a expropriação dos bens do devedor para a satisfação do direito do credor, ressalvado ao primeiro, na sua impugnação, a objeção quanto ao excesso de execução (art. 525, § 1º, V). Pondere-se, ainda, que a execução se fará da forma menos gravosa para o devedor (art. 805).

16.5.3 Limitação Expropriatória

Pelo princípio da limitação expropriatória, a execução deve ter como limite o valor exato da obrigação a ser adimplida pelo devedor (principal, juros, custas, honorários advocatícios e outras despesas processuais).

A essência da limitação expropriatória está lastreada no CPC (art. 831). Além disso, o CPC (art. 899) prevê a suspensão da arrematação logo que o produto da alienação dos bens seja suficiente para o pagamento do credor.

16.5.4 Primazia do Credor Trabalhista

Em face do princípio da primazia do credor trabalhista, a execução trabalhista se processa no interesse do credor, visto que o crédito é de natureza alimentar. Todos os atos executivos devem convergir para a satisfação desse crédito.

16.5.5 Meio Menos Oneroso para o Executado

Pelo princípio do meio menos oneroso para o executado, a sujeição patrimonial do devedor ocorrerá da forma menos gravosa (art. 805, CPC).

Quando a promoção da execução pode ser concretizada de diversas formas, o juiz determinará a que menos onere o patrimônio do devedor.

O CPC determina que, diante da alegação da inobservância desse princípio, ao executado incumbe a indicação de outros meios mais eficazes e menos onerosos, sob pena de manutenção dos atos executados determinados (art. 805, parágrafo único).

16.5.6 Especificidade

A aplicação desse princípio fica restrita às execuções para a entrega de coisa, bem como quanto às obrigações de fazer e de não fazer (arts. 809 e 816, CPC). Como a CLT não disciplina a execução de tais tipos de obrigações, as regras do processo civil são aplicáveis de forma subsidiária, adequando-as à estrutura da execução laboral (art. 769, CLT; art. 15, CPC).

---

[4] O STF deliberou que é ilícita a prisão civil de depositário infiel, qualquer que seja a modalidade do depósito (SV 25). No mesmo sentido, para o STJ, descabe a prisão civil do depositário judicial infiel (Súm. 419).

16.5.7 Responsabilidade pelas Despesas Processuais

Pelo princípio da responsabilidade pelas despesas processuais, além do crédito exequendo, a execução deve compreender outros títulos, tais como custas, emolumentos, editais, honorários periciais etc. Por regra, as despesas processuais na execução são de responsabilidade do executado, não se aplicando o princípio da sucumbência.

16.5.8 Não Aviltamento do Executado

Ante o princípio do não aviltamento do executado, apesar da imputação patrimonial do devedor, a execução será efetuada da forma menos gravosa, não podendo abranger os bens indispensáveis à sua subsistência e de seus familiares.

Para isso, o CPC (art. 833) apresenta um rol bens impenhoráveis, ou seja, não podem ser objeto de atos de constrição e, por consequência, de expropriação (alienação judicial). À falta de outros bens, podem ser penhorados: (1) os frutos e os rendimentos dos bens inalienáveis, salvo se destinados à satisfação de prestação alimentícia (art. 834).

16.5.9 Livre Disponibilidade do Processo pelo Exequente

Pelo princípio da livre disponibilidade do processo pelo credor, o exequente tem a faculdade de desistir de toda execução ou de apenas algumas medidas executivas (art. 775, CPC).

No caso da desistência, devem ser observadas as seguintes regras: (a) serão extintos a impugnação e os embargos que versarem apenas sobre questões processuais, pagando o exequente as custas processuais e os honorários advocatícios; (b) nos demais casos, a extinção dependerá da concordância do impugnante ou do embargante (art. 775, parágrafo único, I e II). Como se observa, a desistência unilateral pelo credor é possível, mas, no caso de impugnação pelo devedor, haverá a necessidade de seu consentimento. O devedor, pela impugnação, pode ter interesse em relação à manifestação judicial quanto à quitação, prescrição extintiva e de outras matérias alegadas. Na execução, a desistência somente será válida com o consentimento do réu, se houver decorrido o prazo para a resposta (art. 485, § 4º).

16.5.10 Título

Ante o princípio do título, qualquer execução é lastreada em título executivo, seja judicial ou extrajudicial. O título há de ser (art. 783, CPC): (1) líquido: a obrigação há de estar individualizada (fazer, não fazer ou de dar), além de quantificada; (2) exigível: o título não pode ser condicionado à ocorrência de uma condição (evento futuro e incerto) ou termo (evento futuro e certo).

Pelo art. 786, CLT, os títulos executivos judiciais trabalhistas são: (a) sentença trabalhista transitada em julgado; (b) sentença trabalhista, a qual esteja em apreciação, mediante recurso, o qual tenha sido recebido apenas no efeito devolutivo; (c) acordos trabalhistas homologados.

PARTE VI · Cap. XVI – EXECUÇÃO TRABALHISTA | 909

Pela aplicação subsidiária do CPC, podemos incluir como títulos executivos trabalhistas:

a) sentença penal condenatória transitada em julgado (art. 515, VI, NCPC) – a Justiça do Trabalho tem competência para as ações de indenização por dano moral ou patrimonial decorrentes da relação de trabalho (art. 114, VI, CF), logo, eventuais condenações criminais, as quais estabeleçam a responsabilidade do empregador por danos causados à vítima (= empregado ou os dependentes do empregado), se a situação fática estiver vinculada à uma relação de trabalho, o valor poderá ser executado no Judiciário Trabalhista. Mauro Schiavi[5] ensina: *"Acreditamos que é desnecessária a propositura de reclamação trabalhista para discutir os danos morais e patrimoniais, se a responsabilidade do empregador já foi dirimida no crime. (...) Sendo assim, a sentença penal condenatória em que houve o trânsito em julgado será executada diretamente na Justiça do Trabalho, procedendo-se à liquidação por artigos, uma vez que haverá necessidade de se provar fato novo, qual seja, os limites dos danos morais e patrimoniais"*;

b) transação extrajudicial homologada pela Justiça do Trabalho (art. 515, III, NCPC) – o processo civil contempla, como título executivo judicial, a decisão homologatória de autocomposição extrajudicial de qualquer natureza. Diante de um pedido de homologação de transação extrajudicial, desde que a matéria fática esteja relacionada com uma relação jurídica trabalhista, diante da competência do Judiciário Trabalhista (art. 114, CF), o juiz trabalhista, após a oitiva das partes, bem como em face da análise minuciosa dos termos de pagamento e dos limites da quitação, poderá homologar a transação. Caso a avença não seja cumprida, será executada. Mauro Schiavi[6] acentua: *"No nosso sentir, diante da EC n. 45/04 que disciplina a competência da Justiça do Trabalho para conhecer das controvérsias oriundas e decorrentes da relação de trabalho, parece que a Justiça do Trabalho detém competência em razão da matéria para homologar acordo extrajudicial envolvendo matéria trabalhista. De outro lado, pensamos que o Juiz do Trabalho deva tomar inúmeras cautelas para homologar eventual transação extrajudicial. Deve designar audiência, inteirar-se dos limites do litígio e ouvir sempre o trabalhador. Acreditamos que, somente em casos excepcionais, deve o juiz homologar o acordo extrajudicial com eficácia liberatória geral. Uma vez homologada a transação extrajudicial, ela adquirirá contornos de título executivo judicial"*.

Admitida a arbitragem para os conflitos coletivos de trabalho (art. 114, § 1º, CF) e para alguns conflitos individuais (art. 507-A, CLT, Lei 13.467/17), a sentença arbitral é título executivo judicial.

---

[5] SCHIAVI, Mauro. *Manual de direito processual do trabalho*. 10. ed., p.1.056.
[6] SCHIAVI, Mauro. Ob. cit., p. 1.057.

Como títulos executivos extrajudiciais (art. 876, CLT), temos: (a) os termos de ajustes de conduta firmados perante o Ministério Público do Trabalho; (b) os termos de conciliação avençados junto às Comissões de Conciliação Prévia; (c) a certidão de inscrição na dívida ativa da União decorrente das penalidades administrativas impostas ao empregador pelos órgãos de fiscalização do trabalho (art. 114, VII, CF); (d) títulos de crédito originários das relações de trabalho, tais como cheques, notas promissórias etc. De acordo com o art. 13, IN 39/16, TST, por aplicação supletiva do art. 784, I (art. 15, CPC), o cheque e a nota promissória, os quais tenham sido emitidos em reconhecimento de dívida inequivocamente de natureza trabalhista, são títulos extrajudiciais para efeito de execução na Justiça do Trabalho.

16.5.11 Subsidiariedade

Diante da lacuna da CLT, as regras do processo civil devem ser aplicadas de forma subsidiária e supletiva ao processo trabalhista (art. 769, CLT; art. 15, CPC).

Em linhas gerais, as regras do processo civil são aplicáveis ao processo trabalhista quando: (a) a CLT seja omissa, ou seja, a legislação processual trabalhista não disciplina a matéria; (b) a norma do processo civil a ser aplicada, há de ser compatível com a principiologia informativa do processo laboral.

De acordo com o art. 889, CLT, em primeiro lugar, na execução trabalhista, de forma subsidiária, são aplicáveis as regras da lei dos executivos fiscais (Lei 6.830/80). Posteriormente é que são aplicáveis as regras do processo civil.

A bem da verdade, é inegável a vantagem da aplicação subsidiária do CPC, visto que a Lei 6.830, diante do seu contexto, é mais adaptável ao título extrajudicial, de natureza fiscal ou não, representado pela certidão da dívida ativa (art. 6º, § 1º, Lei 6.830).

16.5.12 Função Social da Execução Trabalhista

Pelo cunho publicista do processo trabalhista, além da natureza alimentar do crédito trabalhista, a doutrina tem defendido a aplicação do princípio da função social da execução trabalhista.

O juiz trabalhista, não só diante do impulso oficial, como da origem alimentar do crédito trabalhista, deve adotar as medidas necessárias e eficazes, como forma de objetivar a execução trabalhista, satisfazendo, de forma célere, o adimplemento dos direitos trabalhistas.

16.6 AS FASES DA EXECUÇÃO TRABALHISTA

16.6.1 Quantificação

Pelo elevado número de demandas trabalhistas, bem como em face da complexidade do cálculo dos direitos trabalhistas, ocorre o fato de as sentenças trabalhistas serem ilíquidas.

A sentença de mérito estabelece o direito em função das provas e das alegações, aplicando a norma jurídica ao caso concreto, reconhecendo as verbas e os critérios de apuração, mas reporta-se à liquidação.

A liquidação é a fase na qual se estabelece o valor do que é devido e não o que é devido. O seu escopo é quantificar o conteúdo obrigacional do que está contido na decisão exequenda (art. 879, CLT; arts. 509 a 512, CPC).

16.6.2 Constrição

Na execução de obrigação por quantia certa, não há mais a citação, de acordo com os arts. 523 e segs., NCPC.

Vale dizer, no Processo Civil, o devedor, quando está diante de uma condenação de quantia certa ou fixada em liquidação, caso não efetue o pagamento no prazo de 15 dias, contados da intimação, o montante terá o acréscimo de 10% (art. 523, *caput* e § 1º, CPC). Na inércia do devedor, haverá a expedição do mandado de penhora e avaliação (art. 523, § 3º, CPC), portanto, também não mais se cogita da indicação de bens à penhora (nomeação de bens).

De acordo com a literalidade da legislação consolidada (sem a aplicação das regras do processo civil), fixado o crédito exequendo, o devedor será citado para que em 48 horas efetue o pagamento em dinheiro ou garanta a execução, sob pena de penhora (execução por quantia certa). Em se tratando de outro tipo de condenação, será citado, dentro do mesmo prazo, para que cumpra a determinação no modo e sob as cominações estabelecidas (art. 880, CLT).

De acordo com a legislação consolidada, caso não efetue a garantia da execução (com depósito judicial, seguro-garantia judicial ou nomeação de bens à penhora), de acordo com a gradação do art. 835, NCPC (art. 882, CLT, Lei 13.467/17), no prazo de 48 horas, haverá o ato da constrição (= penhora), em bens suficientes para a satisfação do crédito exequendo e de outras despesas (art. 883).

Garantida a execução ou penhorados os bens, terá o executado 5 dias para apresentar embargos, cabendo igual prazo ao exequente para impugnação (art. 884, *caput*).

Somente nos embargos à execução poderá o executado impugnar a sentença de liquidação, cabendo ao exequente igual direito e no mesmo prazo (art. 884, § 3º).

Na mesma sentença serão julgados os embargos e as impugnações à liquidação apresentadas pelo credor trabalhista e o previdenciário (art. 884, § 4º). Dessa decisão, caberá agravo de petição para o TRT (art. 897, *a*).

No processo civil, o devedor, após a penhora (art. 537, CPC), poderá opor a impugnação, cujas matérias são disciplinadas pelo art. 525, § 1º, NCPC.

16.6.3 Expropriação

Efetuada a penhora e a sua regular avaliação, não havendo a oposição de embargos (ou impugnação ao cumprimento da decisão) ou após a sua solução, ocorrerá a expropriação.

A expropriação visa à venda judicial de bens para a satisfação do direito do credor. Não só representa a alienação judicial, bem como significa a privação do devedor quanto à propriedade dos bens penhorados (adjudicação ou arrematação).

O devedor poderá remir a execução, resgatando a posse ou a propriedade dos bens, os quais foram objeto da penhora, mediante o pagamento da execução (art. 826, CPC; art. 13 da Lei 5.584/70).

Realizada a expropriação patrimonial, sendo o valor auferido suficiente para a satisfação do crédito e das demais despesas processuais, a execução restará extinta (art. 924, II, CPC), a qual será declarada por sentença (art. 925, CPC).

A expropriação será efetuada por leilão judicial (eletrônico ou presencial) se não for efetivada a adjudicação ou a alienação por iniciativa particular do bem penhorado (art. 881, CPC).

O processo civil estabelece (art. 825, CPC) as seguintes modalidades de expropriação: (1) adjudicação em favor do exequente ou das pessoas mencionadas nos arts. 876, § 5º, e 889, II a VIII, CPC: o coproprietário de bem indivisível do qual tenha sido penhorada fração ideal; o titular de usufruto, uso, habitação, enfiteuse, direito de superfície, concessão de uso especial para fins de moradia ou concessão de direito real de uso, quando a penhora recair sobre bem gravado com tais direitos reais; o proprietário do terreno submetido ao regime de direito de superfície, enfiteuse, concessão de uso especial para fins de moradia ou concessão de direito real de uso, quando a penhora recair sobre tais direitos reais; o credor pignoratício, hipotecário, anticrético, fiduciário ou com penhora anteriormente averbada, quando a penhora recair sobre bens com tais gravames, caso não seja o credor, de qualquer modo, parte na execução; o promitente comprador, quando a penhora recair sobre bem em relação ao qual haja promessa de compra e venda registrada; o promitente vendedor, quando a penhora recair sobre direito aquisitivo derivado de promessa de compra e venda registrada; a União, o Estado e o Município, no caso de alienação de bem tombado; credores concorrentes que hajam penhorado o mesmo bem; cônjuge; companheiro, ascendentes e descendentes do executado); (2) alienação (por iniciativa particular, em leilão judicial eletrônico ou presencial); (3) apropriação de frutos e rendimentos de empresa ou de estabelecimentos e de outros bens.

A adjudicação ou a alienação particular deve ser aplicada de forma subsidiária ao processo trabalhista (art. 769, CLT; art. 15, CPC).

16.7 LEGISLAÇÃO APLICÁVEL À EXECUÇÃO TRABALHISTA

A respeito da legislação aplicável à execução trabalhista, tem-se: (a) a princípio, aplicam-se as normas expressas e peculiares da CLT; (b) no caso de lacuna, a primeira invocação subsidiária é a Lei dos Executivos Fiscais (Lei 6.830/80) (art. 889, CLT); (c) se a Lei 6.830 não resolver a omissão legal, as regras do processo civil serão aplicadas (art. 769, CLT).

Em qualquer caso, a incidência subsidiária desses diplomas legais, para suprir as lacunas da lei consolidada, deve observar a compatibilidade com o Processo Trabalhista.

PARTE VI · Cap. XVI – EXECUÇÃO TRABALHISTA | 913

16.8 AÇÃO DE EXECUÇÃO TRABALHISTA

16.8.1 Pretensão Executiva

A sentença, ao reconhecer o direito invocado, outorga ao credor o preceito sancionatório, que lhe dá o direito à tutela executória.

Por intermédio da tutela executória, o credor tem a possibilidade de aparelhar, pela prática de atos coercitivos, a satisfação em concreto do direito com a realização da penhora e subsequente expropriação dos bens do devedor.

Na execução, a pretensão não consagra o reconhecimento do direito, mas a satisfação em concreto desse direito. O conteúdo da pretensão executiva repousa em exigir do devedor o cumprimento da decisão e, em não sendo possível, a constrição de seu patrimônio, a expropriação e posterior entrega do valor auferido ao credor.

É vedada, como regra, em execução ou liquidação de sentença, a modificação ou inovação quanto à decisão exequenda (art. 879, § 1º, CLT). A jurisprudência atual do TST aponta exceções: (a) os descontos previdenciários e fiscais devem ser efetuados pelo juízo executório, ainda que a sentença exequenda tenha sido omissa sobre a questão, dado o caráter de ordem pública ostentado pela norma que os disciplina. A ofensa à coisa julgada somente poderá ser caracterizada na hipótese de o título exequendo, expressamente, afastar a dedução dos valores a título de imposto de renda e de contribuição previdenciária (Súm. 401); (b) o direito à percepção dos salários vencidos e vincendos decorrentes da condenação ao pagamento de indenização dobrada é assegurado até a data da primeira decisão que converteu a reintegração em indenização dobrada (Súm. 28, TST); (c) não ofende a coisa julgada a limitação à data-base da categoria, na fase executória, da condenação ao pagamento de diferenças decorrentes de planos econômicos, quando a decisão exequenda silenciar sobre a limitação, uma vez que a limitação decorre de norma cogente. Apenas quando a sentença exequenda houver expressamente afastado a limitação à data-base é que poderá ocorrer ofensa à coisa julgada (OJ 262, SDI-I); (d) a coisa julgada produzida na ação de cumprimento é atípica, pois dependente de condição resolutiva, ou seja, da não modificação da decisão normativa por eventual recurso. Assim, modificada a sentença normativa pelo TST, com a consequente extinção do processo, sem julgamento de mérito, deve-se extinguir a execução em andamento, uma vez que a norma sobre a qual se apoiava o título exequendo deixou de existir no mundo jurídico (OJ 277, SDI-I).

16.8.2 Condições da Ação Executória

Pela estrutura do processo civil, as condições do direito de ação são: interesse e a legitimidade (art. 485, VI, CPC). Além disso, há outros dois específicos para a ação executiva: o inadimplemento do devedor e a existência do título executivo judicial ou extrajudicial (arts. 786 e 515, CPC; arts. 876 e 880, CLT). O título executivo, por sua vez, para cobrança de crédito deve conter uma obrigação certa, líquida e exigível (art. 783, CPC).

16.8.2.1 Interesse de Agir

Para a propositura da ação, a parte deve despertar o interesse.

O interesse pode ser visto sob dois aspectos: (a) material: como sinônimo de pretensão: (b) processual: a relação de necessidade existente entre um pedido e a atuação do Poder Judiciário (necessidade-interesse), além da busca do procedimento adequado para essa reparação (adequação-interesse). Vale dizer, a tutela jurisdicional invocada deve ser adequada para a solução da situação material controvertida. É o que se intitula de interesse de agir e que decorre da resistência oposta a uma pretensão.

Na pretensão executiva, o interesse de agir deriva da necessidade e da utilidade em solicitar os atos coercitivos, considerando que o devedor não deseja a satisfação espontânea do direito do credor.[7]

O interesse na pretensão executiva deriva do inadimplemento do devedor. O credor não poderá dar início à execução se houver o adimplemento espontâneo do devedor (art. 788, CPC).

Ainda quanto ao interesse, assevere-se que a execução será extinta quando: (a) a petição inicial for indeferida; (b) a obrigação for satisfeita; (c) o executado obtiver, por qualquer outro meio, a extinção total da dívida; (d) o exequente renunciar ao crédito; (e) ocorrer a prescrição intercorrente (art. 924, I a V).

16.8.2.2 Legitimidade

No Processo Civil, a legitimidade da execução (ativa ou passiva), como ocorre nas ações de conhecimento, pode ser:

a) ordinária:[8] sujeitos da relação jurídica processual executiva são os mesmos da situação jurídica material controvertida. Vale dizer, as partes do processo de execução coincidem com os sujeitos da lide (conflito de interesses). A legitimação ordinária é dividida

---

[7] "Já no que diz respeito ao interesse de agir na execução, pode-se identificar tal condição de duas maneiras diversas. Sob o prisma da necessidade-utilidade do provimento executivo, consiste o interesse de agir na exigibilidade do crédito exequendo, que se faz presente quando verificado o inadimplemento pelo devedor; ausente o inadimplemento, desnecessário se afigura a execução. Sob a ótica da adequação da via eleita, deve o procedimento executivo ser escolhido quando se buscar a realização de direito consubstanciado em título judicial ou extrajudicial tipificado em lei; vale dizer, sem a asserção de que a demanda se fundamenta em título executivo poderá ser admissível alguma tutela, mas não a executiva" (DONIZETTI, Elpídio. *O novo processo de execução*, 2. ed., p. 61).

[8] "Qualifica-se legítima a parte, segundo se intui à primeira vista, quando a situação legitimadora corresponde à titularidade da relação jurídica substantiva. Em outras palavras, a regra é a coincidência dos sujeitos do processo com os sujeitos da lide. Tal espécie de legitimidade se chama de ordinária. Esta legitimidade ordinária se divide em primária e superveniente, tendo como parâmetro o título executivo. A primeira alcança aqueles *nominatim* no título, seja no polo ativo, seja no passivo. Já a legitimação superveniente ocorre naqueles casos em que, por influência de causas diversas, embora omisso o documento, o sujeito é dado como parte legítima" (ASSIS, Araken de. *Manual do processo de execução*, 4. ed., p. 217).

em primária ou derivada (superveniente). Primária é quando se tem a identificação das condições de credor e devedor no título executivo. Derivada ou superveniente é a decorrente de situações subsequentes à elaboração do título executivo, em que o sujeito é considerado como parte legítima. Essas situações subsequentes, geralmente, estão relacionadas com os temas da sucessão e da cessão de direitos;

b) extraordinária: quanto autorizado pelo ordenamento jurídico, alguém pode solicitar, em nome próprio, direito alheio (art. 18, CPC). *"Excepcionalmente, a lei dissocia o sujeito admitido à dignidade de parte na situação legitimadora e o sujeito da lide. Motivos especiais de conveniência, na maioria das vezes, operam na raiz desta radical cirurgia. Aí se tem a legitimadora extraordinária. Tal espécie de legitimidade comporta, de sua vez, duas classes. Em primeiro lugar, ela pode ser autônoma, tanto exclusiva, ou seja, aquela em que a situação legitimadora exclui totalmente a participação do titular do direito, quanto concorrente, na qual permite-se o ingresso simultâneo ou superveniente do sujeito da lide no processo. A legitimação extraordinária subordinada explica o instituto da assistência. Faculta a situação legitimadora à intervenção, no processo pendente, de quem não é o titular do direito litigioso, em posição auxiliar e secundária, porque figurante em relação jurídica dependente daquela transformada em objeto do processo."*[9]

Esses tipos de legitimação são aplicáveis ao processo de execução trabalhista, o qual, por sua vez, possui uma peculiaridade, ou seja, o juiz pode dar início à execução, nos casos em que a parte não esteja representada por advogado (art. 878, CLT, Lei 13.467/17). É comum ao magistrado, após o trânsito em julgado, intimar a parte para que dê início à liquidação. Quando isso não ocorre, de ofício, pode solicitar que os autos sejam remetidos à contadoria ou que a própria secretaria, se possível, apresente os cálculos da liquidação. Para os artigos de liquidação, o impulso oficial não é possível, cabendo à parte interessada a iniciativa (art. 509, II, CPC). É necessário que a parte apresente a peça, indicando os fatos objeto de prova, bem como os meios, devendo a parte contrária ser intimada para a resposta em 15 dias.

O art. 13, IN 41/18, TST, indica que somente a partir da vigência da Lei 13.467 – dia 11/11/2017, é que a iniciativa do juiz na execução e no incidente de desconsideração da personalidade jurídica ficará limitada aos casos em que as partes não estejam representadas por advogado.

16.8.2.2.1 Legitimidade Ativa Ordinária Primária

Na execução lastreada em título judicial ou extrajudicial, como regra, o autor da pretensão executiva é o sujeito ativo do processo de conhecimento (art. 778, *caput*, CPC).

Por excelência, o credor é a pessoa legítima para solicitar a execução.

A CLT faculta ao devedor o pagamento imediato da parte que entenda devida à Previdência Social, sem prejuízo da cobrança de eventuais diferenças encontradas na execução *ex officio* (art. 878-A).

---

[9] ASSIS, Araken de. Ob. cit., p. 217.

16.8.2.2.1.1 A União (Tributos Federais e as Contribuições Previdenciárias)

A Procuradoria-Geral Federal tem a incumbência da representação da União, nos processos em tramitação na Justiça do Trabalho relacionados com a cobrança de contribuições previdenciárias, de Imposto de Renda retido na fonte e de multas impostas aos empregadores pelos órgãos de fiscalização das relações de trabalho, mediante delegação da Procuradoria-Geral da Fazenda Nacional (art. 16, Lei 11.457/07).

16.8.2.2.1.2 Advogado

Quando a verba honorária está inserida na sentença ou no acordo, é inquestionável, pela expressão por qualquer interessado (art. 878, CLT), que o advogado terá legitimação para solicitar a execução.

Essa legitimação é discutível quando a demanda versar sobre o contrato de prestação de serviços entre o advogado e o seu cliente. Para tanto, remetemos o leitor para o Capítulo III, da Parte IV, da presente obra.

De acordo com a OJ 138, SDI-II, a Justiça do Trabalho era incompetente para apreciar ação de cobrança de honorários advocatícios, pleiteada na forma do art. 24, §§ 1º e 2º, da Lei 8.906/94, em razão da natureza civil do contrato de honorários. Em face da EC 45/04, o TST cancelou a OJ 138.

Com a imposição dos honorários advocatícios sucumbenciais (art. 791-A, CLT), o advogado terá legitimidade para a execução de tais valores. O art. 6º, IN 41/18, TST, menciona que a condenação em honorários sucumbenciais somente será aplicável as ações propostas após 11 de novembro de 2017.

16.8.2.2.2 Legitimidade Ativa Ordinária Derivada ou Superveniente

Na expressão "qualquer interessado" (art. 878, *caput*, CLT) pode-se incluir: (a) o espólio, os herdeiros ou os sucessores do credor, sempre que, por morte deste, lhes for transmitido o direito resultante do título executivo; (b) o cessionário, quando o direito resultante do título executivo lhe foi transferido por ato entre vivos; (c) o sub-rogado, nos casos de sub-rogação legal ou convencional (art. 778, § 1º, II a IV, CPC).

O CPC estabelece que a sucessão não necessita do consentimento do executado (art. 778, § 2º).

16.8.2.2.2.1 Espólio, Herdeiros ou Sucessores

O direito de exigir do devedor a satisfação do direito não se exaure com a morte do credor. Também são legitimados: o espólio, os herdeiros e os sucessores[10] (art. 778, § 1º, II, CPC).

---

[10] Herdeiros são sucessores *causa mortis*, em função de disposição legal ou testamentária, enquanto os sucessores podem suceder tanto por *causa mortis*, universal (herdeiro) ou singular (legatário), bem como através de atos *inter vivos*, o que ocorre, geralmente, a título singular. O herdeiro é sempre sucessor, enquanto o sucessor nem sempre é herdeiro.

PARTE VI · Cap. XVI – EXECUÇÃO TRABALHISTA | 917

Com a morte do credor, o juiz deverá suspender o prosseguimento da execução (art. 921, I), para que seja efetuada a habilitação incidental (arts. 687 e segs.). Trata-se de uma alteração subjetiva da execução.

No sistema processual civil, a habilitação incidental se faz com a juntada da certidão de óbito do *de cujus*, além da certidão de que o interessado foi incluído, sem qualquer ressalva, no inventário. O espólio é representado pelo inventariante (art. 75, VII, CPC).

No processo trabalhista, o espólio do empregado deverá ser representado na forma prevista na Lei 6.858/80.

Os valores devidos pelos empregadores aos empregados e os montantes das contas individuais do FGTS e do PIS-PASEP, não recebidos em vida pelos respectivos titulares, serão pagos, em quotas iguais, aos dependentes habilitados perante a Previdência Social ou na forma da legislação específica dos servidores públicos ou militares. Por último, na ausência desses dependentes, os valores serão pagos aos sucessores previstos na lei civil, indicados em alvará judicial, independentemente de inventário ou arrolamento (art. 1º, *caput*, Lei 6.858).

As quotas atribuídas a menores ficarão depositadas em caderneta de poupança, rendendo juros e correção monetária, e só serão disponíveis após o menor completar 18 anos, salvo autorização do magistrado para aquisição do imóvel destinado à residência do menor e de sua família ou para dispêndio necessário à subsistência e educação do menor (art. 1º, § 1º).

"*(...) LEGITIMIDADE ATIVA. EMPREGADO FALECIDO. O Processo do Trabalho tem regras próprias nos casos de sucessão de espólio, já que a Lei nº 6.858/80 veio estabelecer que a titularidade de representação de espólio compete aos dependentes habilitados perante a Previdência Social, e, na falta, os herdeiros, de forma que não se aplica a esses casos o artigo 75 do CPC/2015 que trata do inventariante como representante do espólio*" (TRT – 5ª R. – 1ª T. – RO 0000561-53.2014.5.05.0621 – Rel. Marcos Gurgel – DJe 22/8/2016).

16.8.2.2.2.2 Cessionários

A cessão de crédito denota a transferência que o credor faz a outrem de seus direitos, havendo a figura do cedente e do cessionário. O primeiro é quem transfere os seus direitos. O segundo é quem os adquire, assumindo a titularidade. O devedor não intervém na formação do ato jurídico (arts. 286 a 298, CC). Na legislação brasileira, a cessão de crédito é válida se: (a) não estiver em dissonância com a natureza da obrigação; (b) for permitida pela lei; (c) não houver convenção em contrário com o devedor.

No processo civil é admissível a cessão desde que ocorra através de atos *inter vivos* (art. 778, § 1º, III, CPC).

É discutível, na Justiça do Trabalho, se é possível ao reclamante ceder o seu crédito. Nessa temática, o importante é a constatação exata quanto ao ato da cessão de crédito pelo credor trabalhista.

Se o juiz, ao analisar o documento relativo à cessão, denotar que não há indícios de fraude ou de prejuízo ao credor-reclamante, nos termos do art. 878 da CLT, poderá reconhecer a validade da cessão.

DIREITO PROCESSUAL DO TRABALHO • *Francisco Ferreira Jorge Neto – Jouberto de Quadros Pessoa Cavalcante*

Diante desta cessão, deixa de se ter o fundamento constitucional (relação de trabalho) para o prosseguimento da execução junto à Justiça do Trabalho, visto que o cessionário (terceiro) não é um trabalhador, bem como o crédito deixa de ter a natureza alimentar.

Apesar de ser contrário à cessão de crédito, se admitida, Mauro Schiavi[11] entende pela cessação da competência trabalhista: *"Dessa forma, pensamos que, uma vez cedido o crédito a terceiro, cessará a competência material da Justiça do Trabalho para executá-lo, pois a controvérsia não será oriunda ou decorrente da relação de trabalho (art. 114, da Constituição Federal, incisos I e IX)."*

A cessão de crédito prevista no art. 286 do CC não podia ser operacionalizada no âmbito da Justiça do Trabalho, visto que se trata de um negócio jurídico entre empregado e terceiro que não se coloca em quaisquer dos polos da relação processual trabalhista (art. 100, da Consolidação dos Provimentos da Corregedoria Geral da Justiça do Trabalho, revogado em agosto/2012).[12]

16.8.2.2.2.3 Sub-rogação

O vocábulo *sub-rogação* origina-se do latim *subrogatio*, indicando substituição de uma coisa por outra com as mesmas qualidades e ônus. Pode ser real (substituição da coisa) ou pessoal (substituição de uma pessoa por outra).

No campo obrigacional, a sub-rogação pessoal ocorre quando alguém efetua o adimplemento de obrigação alheia ou faz o empréstimo do montante necessário que satisfaça o credor. Ocorre a substituição do sujeito ativo, sendo que o novo credor passa a ter todos os direitos creditórios contra o devedor.

A cessão de crédito e a sub-rogação denotam a existência de uma alteração subjetiva da obrigação (sujeito ativo), porém, a primeira reflete uma sucessão particular quanto ao direito creditório, decorrente de manifestação de vontade, não havendo a necessidade do pagamento. Por sua vez, a sub-rogação pode ocorrer independentemente da manifestação de vontade, desde que se tenha o pagamento da obrigação.

A sub-rogação pessoal pode ser legal ou convencional. Legal é a imposta pela lei, podendo ocorrer: (a) do credor que paga a dívida do devedor comum ao credor, a quem competia direito de preferência; (b) do adquirente do imóvel hipotecado, que paga ao credor hipotecário; (c) do terceiro interessado, que paga a dívida pela qual era ou podia ser obrigado, no todo ou em parte (art. 346, I a III, CC). Convencional é a sub-rogação em função de um ajuste de vontades, podendo ocorrer: (a) quando o credor recebe o pagamento de terceiro e expressamente lhe transfere todos os seus direitos; (b) quando uma terceira pessoa empresta ao devedor a quantia necessária para solver a obrigação,

---

[11]   SCHIAVI, Mauro. *Manual de Direito Processual do Trabalho*, 4. ed., p. 895.

[12]   TST – AIRR 972/1995-141-06-40.0 – Rel. Min. Lelio Bentes Corrêa – *DJe* 25/11/2011 – p. 341; TRT – 9ª R. – RO 1643900-62.1997.5.09.0012 – Rel. Ney Fernando Olivé Malhadas – *DJe* 31/5/2012 – p. 53.

tendo a condição expressa de ficar o mutuante investido nos direitos do credor satisfeito (art. 347, I e II).

O que foi dito da cessão de crédito também é aplicável à sub-rogação quanto a sua ocorrência no processo laboral. É possível a sua aceitação, desde que o juiz da execução, ao analisar a situação, não esteja diante de uma situação de fraude ou de prejuízo ao credor-cedente (reclamante). Em sendo aceita a sub-rogação, é imperiosa a adequação das normas contidas no CC ao procedimento trabalhista.

16.8.2.2.3 Legitimação Ativa Extraordinária

No Processo Trabalhista, como exemplo usual de legitimação ativa extraordinária, temos a atuação da entidade profissional (art. 8º, III, CF).

A entidade sindical age em nome próprio, mas em defesa do interesse dos associados ou dos integrantes da categoria profissional. É o que ocorre nas ações de cumprimento (art. 872, parágrafo único, CLT), nos casos de insalubridade ou periculosidade (art. 195, § 2º) e nas demandas de reajustes salariais. Como regra, a execução das decisões proferidas nessas demandas trabalhistas é promovida pela entidade sindical, contudo, nada obsta que o próprio substituído venha a integrar a lide, portanto, trata-se de uma legitimação ativa extraordinária concorrente.

16.8.2.2.4 Legitimidade Passiva Ordinária Primária

A pessoa que se encontra legitimada para responder à execução é o próprio devedor (a pessoa física ou jurídica que foi parte na ação de conhecimento), contra quem é dirigida a sentença ou o acordo inadimplido (art. 779, I, CPC).

16.8.2.2.4.1 Solidariedade e Grupo Econômico

O grupo de empresas é caracterizado quando há várias empresas, tendo, embora, cada uma delas, personalidade jurídica própria, estiverem sob a direção, controle ou administração de outra, ou ainda guardando cada uma sua autonomia (art. 2º, § 2º, CLT, Lei 13.467/17). Nesses casos, geralmente, o que se tem é a existência de várias empresas sob o controle de uma só empresa. Tal fato ocorre com os grupos financeiros. Ainda pode ocorrer quando se tem uma empresa como acionista majoritária em várias outras empresas.

A figura do grupo econômico e a responsabilidade solidária visam resguardar o próprio patrimônio do empregado, bem como coibir a prática de fraudes. Com a dificuldade financeira de uma das empresas, os seus empregados poderão exigir os seus créditos das demais empresas do grupo econômico.

Há solidariedade quando na mesma obrigação concorre mais de um credor, ou mais de um devedor, cada um com direito, ou obrigado à dívida toda (art. 264, CC).

O vínculo obrigacional parte-se em tantas relações jurídicas autônomas quantos forem os credores ou devedores. Tal princípio sofre exceções quando se tem a indivisibilidade do objeto ou ocorre a solidariedade. Em vez de a obrigação se dividir em tantos quantos forem os sujeitos, ela continua solidificada em um todo, podendo cada um dos vários credores exigir do devedor comum a totalidade da prestação. Ou ainda, cada um dos devedores pagar ao credor comum a dívida por inteiro. Pode ser ativa (vários credores), passiva (vários devedores) ou ainda mista (credores e devedores de forma recíproca).

A solidariedade implica multiplicidade de credores ou de devedores, ou, ainda, de ambos, bem como unidade da prestação e corresponsabilidade dos interessados. O traço marcante é que a prestação pode ser exigida de forma integral. Em função desse traço é que a solidariedade não se presume. Deriva da lei ou do ajuste das partes. É legal ou convencional (art. 265, CC).

A Súm. 205, TST, enunciava: *"O responsável solidário, integrante do grupo econômico, que não participou da relação processual como reclamado e que, portanto, não consta do Título Executivo Judicial como devedor, não pode ser sujeito passivo na execução"* (a Súm. 205 foi cancelada pela Res. 121/2003).

A Súm. 205 representava um retrocesso, pois a solidariedade passiva é prevista de forma explícita no art. 2º, § 2º, CLT.

Exigir do empregado, na fase de conhecimento, litigar contra todas as empresas do grupo é exagerado. Deve ajuizar a ação contra a empresa aparente. Cabe a esta discutir o mérito do contrato de trabalho que se apresenta litigioso. Somente quando a referida empresa mostra-se inadimplente é que o empregado, pela aplicação da solidariedade, tem o direito de exigir das demais integrantes do grupo o ressarcimento de seus créditos trabalhistas.

Havendo a lesão ao direito subjetivo trabalhista, o empregado deve procurar a sua reparação, exercitando o seu direito de ação contra o seu empregador aparente.

Reconhecido o direito, por meio do competente processo de conhecimento, em execução de sentença (art. 876, CLT), se a empresa devedora mostra-se de fato inadimplente, os bens das empresas integrantes do grupo econômico devem ser penhorados e, na sequência, expropriados, em função do fato de que a solidariedade passiva é uma imposição legal (art. 2º, § 2º, CLT).

Para o TST, o sucessor não responde solidariamente por débitos trabalhistas de empresa não adquirida, integrante do mesmo grupo econômico da empresa sucedida, quando, à época, a empresa devedora direta era solvente ou idônea economicamente, ressalvada a hipótese de má-fé ou fraude na sucessão (OJ 411, SDI-I). Assim, é solidária a responsabilidade entre a empresa cindida subsistente e aquelas que absorverem parte do seu patrimônio, quando constatada fraude na cisão parcial (OJ transitória 30, SDI-I).

O Estado-membro não é responsável subsidiária ou solidariamente com a associação de pais e mestres pelos encargos trabalhistas dos empregados contratados por esta última, que deverão ser suportados integral e exclusivamente pelo real empregador (OJ 185, SDI-I).

16.8.2.2.5 Legitimidade Passiva Ordinária Derivada ou Superveniente

16.8.2.2.5.1 Legitimidade do Espólio, Herdeiros e Sucessores do Devedor

No falecimento do devedor (pessoa física), adentra-se a questão quanto ao espólio, herdeiros ou sucessores.

PARTE VI · Cap. XVI – EXECUÇÃO TRABALHISTA | **921**

Se o falecimento ocorrer antes da prolação do título judicial, a habilitação dos herdeiros lhes atribui a condição de devedores (art. 779, II, CPC). Na hipótese da não divisão dos bens, o devedor será o espólio, representado pelo inventariante (art. 75, VI).

Quando a morte do devedor ocorrer após a publicação da decisão judicial, a execução será promovida contra o espólio ou contra os herdeiros, conforme tenha havido a partilha ou não (art. 779, II).

Em qualquer hipótese, é imperiosa a habilitação incidental quanto ao polo passivo da demanda (art. 687 e segs.).

A legitimação passiva é interessante quando se está diante de um caso de pessoa jurídica. No caso, a morte do sócio em nada altera a condição da pessoa jurídica como devedora originária.

16.8.2.2.5.2 Novo Devedor

É sujeito passivo na execução o novo devedor que assumiu, com o consentimento do credor, a obrigação resultante do título executivo (art. 779, III, CPC). Torna-se necessário o consentimento do credor (art. 109, § 1º). Quando se trata de mera assistência ao devedor pelo terceiro (art. 109, § 2º), a existência do consentimento não é necessária. Essa legitimação não é comum no processo trabalhista.

16.8.2.2.5.3 Sucessão de Empregadores

Qualquer alteração na estrutura jurídica da empresa não afetará os direitos adquiridos por seus empregados (art. 10, CLT).

A mudança na propriedade ou na estrutura jurídica da empresa não afetará os contratos de trabalho dos respectivos empregados (art. 448).

Caracterizada a sucessão empresarial ou de empregadores prevista (arts. 10 e 448, CLT), as obrigações trabalhistas, inclusive as contraídas à época em que os empregados trabalhavam para a empresa sucedida, são de responsabilidade do sucessor (art. 448-A, CLT, Lei 13.467). Em caso de fraude na transferência, a empresa sucedida responderá solidariamente com a sucessora (art. 448-A, parágrafo único).

16.8.2.2.6 Legitimação Passiva Extraordinária e a Desconsideração da Personalidade Jurídica

16.8.2.2.6.1 Os Efeitos da Personalização da Pessoa Jurídica

A pessoa jurídica é a resultante da união de esforços para a realização de fins comuns.

A existência legal das pessoas jurídicas de direito privado começa com a inscrição dos seus contratos, atos constitutivos, estatutos ou compromissos no seu registro peculiar, que é regulado por lei especial, ou com a autorização ou aprovação do governo, quando necessária (art. 45, *caput*, CC).

Em face da personalidade jurídica atribuída pelo Direito, as pessoas jurídicas passam a ser sujeitos de direitos e obrigações, com consequências na titularidade obrigacional, processual e patrimonial.

Na titularidade obrigacional, tem-se: as relações jurídicas contratuais ou extracontratuais, decorrentes da exploração da atividade econômica envolvem os terceiros e a pessoa jurídica, sendo que os sócios não são participantes dessa relação.

Com a sua personificação, a pessoa jurídica terá a legitimação para demandar e ser demandada em juízo – titularidade processual.

Por conta disso, o patrimônio da pessoa jurídica não se confunde com os bens dos sócios, bem como as suas obrigações não podem ser imputadas aos sócios; logo, respondem pelas obrigações da sociedade, em princípio, apenas os bens sociais. Em suma: a garantia do credor é representada pelo patrimônio social da pessoa jurídica.

Em face da concessão de personalidade às pessoas jurídicas tem-se a aquisição da autonomia patrimonial, ou seja: os bens da sociedade não se confundem com os bens particulares de seus sócios, bem como os sócios não respondem pelas obrigações sociais.

16.8.2.2.6.2 Os Limites da Personalização da Pessoa Jurídica

O princípio da autonomia patrimonial é decorrência da personalização da pessoa jurídica. Em face desse princípio, os sócios não respondem, como regra, pelas obrigações da sociedade.

Com o avanço das relações sociais, o princípio da autonomia patrimonial passou a ter uma aplicação restrita, deixando de ser utilizado quando o credor da empresa é empregado, consumidor ou o próprio Estado.

A origem do desprestígio da autonomia da pessoa jurídica repousa em dois fatores: (a) na utilização fraudulenta do instituto da personalidade jurídica, como forma de evitar os deveres legais ou contratuais; (b) em função da natureza da obrigação imputada à pessoa jurídica.

Para se coibirem as práticas fraudulentas dos sócios na utilização da pessoa jurídica, a doutrina desenvolveu a teoria da desconsideração da personalidade jurídica: afasta-se o princípio da autonomia patrimonial, nos casos em que ele é mal utilizado.

Outro modo de limitação ao princípio da autonomia patrimonial reside na natureza da obrigação contraída pela pessoa jurídica. A doutrina faz a diferenciação entre a obrigação negociável e a não negociável.

A obrigação negociável é a decorrente do exercício da atividade empresarial. A pessoa jurídica é a única responsável pelas dívidas e demais encargos decorrentes dos negócios jurídicos realizados com outras pessoas (naturais ou jurídicas). Tais obrigações pertencem ao campo do Direito Civil e Comercial, geralmente representadas por títulos cambiais ou em contratos mercantis.

A obrigação não negociável é a originária de atos ilícitos ou por imposição legal. Nesse tipo de obrigação, deixa-se de lado o princípio da autonomia patrimonial, para que os bens particulares dos sócios também sejam responsáveis pelas dívidas da pessoa jurídica.

A lógica dessa distinção encontra-se no argumento de que nas obrigações negociáveis as partes, geralmente, estabelecem outros mecanismos de garantia, tais como: aval, fiança, hipoteca, penhor etc.

16.8.2.2.6.3 A Desconsideração da Personalidade Jurídica

A desconsideração da personalidade jurídica representa um avanço doutrinário e jurisprudencial de grande valia, notadamente como forma de se aceitar a responsabilidade patrimonial e particular dos sócios, em função dos débitos sociais das empresas em que são membros. Não se pode aceitar, por ser uma questão de justiça, o fato de os sócios recorrerem à ficção da pessoa jurídica para enganar credores, para fugir à incidência da lei ou para proteger um ato desonesto. Pode e deve o Judiciário como um todo desconsiderar o véu da personalidade jurídica, para que se possa imputar o patrimônio pessoal dos sócios como forma de se auferir elementos para a satisfação dos créditos, notadamente, dos empregados da sociedade. Essa temática jurídica deriva da concepção desenvolvida pela doutrina americana e que se intitula nas expressões – *disregard theory* ou *disregard of the legal entity*, ou ainda, na locução *lifting the corporate veil* – erguendo-se a cortina da pessoa jurídica. A solução, diante de casos concretos, é o juiz desconsiderar o véu da personalidade jurídica, para coibir as fraudes, os jogos de interesses e os abusos de poder, para se conseguir o resguardo dos interesses de terceiros e do próprio Fisco.

Silvio Rodrigues[13] acentua que *"o juiz deve esquecer a ideia de personalidade jurídica para considerar os seus componentes como pessoas físicas e impedir que através do subterfúgio prevaleça o ato fraudulento"*.

Para Maria Helena Diniz,[14] *"a desconsideração ou penetração permite que o magistrado não mais considere os efeitos da personificação ou da autonomia jurídica da sociedade para atingir e vincular a responsabilidade dos sócios, com o intuito de impedir a consumação de fraudes e abusos de direito cometidos, por meio da personalidade jurídica, que causem prejuízos ou danos a terceiros. Convém lembrar, ainda, que a* disregard doctrine *visa atingir o detentor do comando efetivo da empresa, ou seja, o acionista controlador* (maitre de l'affaire *ou* active shareholder) *e não os diretores assalariados ou empregados, não participantes do controle acionário. Pressupõe, portanto, a utilização fraudulenta da companhia pelo seu controlador, sendo que na Inglaterra, observa Tunc, opera-se sua extensão aos casos graves de negligência ou imprudência na conduta negocial* (reckless trading), *admitindo que se acione o administrador se houver culpa grave* (misfeasance e breach of trust), *para que sejam indenizados os prejuízos causados à sociedade por atos praticados contra ela. Nos Estados Unidos essa doutrina só tem sido aplicada nas hipóteses de fraudes comprovadas, em que se utiliza a sociedade como mero instrumento ou simples agente do acionista controlador. Em tais casos de confusão do patrimônio da sociedade com o do acionista induzindo terceiros em erro, tem-se admitido a desconsideração, para responsabilizar pessoalmente o controlador"*.

Há no Direito Brasileiro, segundo Fábio Ulhoa Coelho,[15] duas teorias: *"De um lado, a teoria mais elaborada, de maior consistência e abstração, que condiciona o afastamento episódico da autonomia patrimonial das pessoas jurídicas à caracterização da manipulação*

---

[13]   RODRIGUES, Silvio. *Direito civil*, v. 1, 25. ed., p. 74.
[14]   DINIZ, Maria Helena. *Curso de direito civil brasileiro*, 11. ed., p. 370.
[15]   COELHO, Fábio Ulhoa. *Curso de direito comercial*, v. 2, p. 35.

fraudulenta ou abusiva do instituto. Nesse caso, distingue-se com clareza a desconsideração da personalidade jurídica e outros institutos jurídicos que também importam a afetação de patrimônio de sócio por obrigação da sociedade (p. ex., a responsabilização por ato de má gestão, a extensão da responsabilidade tributária ao gerente etc.). Ela será chamada, aqui, de teoria maior. De outro lado, a teoria menos elaborada, que se refere à desconsideração em toda e qualquer hipótese de execução do patrimônio de sócio por obrigação social, cuja tendência é condicionar o afastamento do princípio da autonomia à simples insatisfação de crédito perante a sociedade. Trata-se da teoria menor, que se contenta com a demonstração pelo credor da inexistência de bens sociais e da solvência de qualquer sócio, para atribuir a este a obrigação da pessoa jurídica.”

De acordo com Fábio Ulhoa Coelho, há duas maneiras para se formular a teoria da desconsideração da personalidade jurídica: (a) a primeira – a maior, quando o juiz deixa de lado a autonomia patrimonial da pessoa jurídica, coibindo-se a prática de fraudes e abusos; (b) a segunda – a menor, em que o simples prejuízo já autoriza o afastamento da autonomia patrimonial da pessoa jurídica.

16.8.2.2.6.4 A Desconsideração no Direito Brasileiro

No Direito pátrio, a teoria da desconsideração da personalidade jurídica é aplicada em hipóteses de simulação, fraude à lei ou à execução.

Em alguns diplomas legais, a teoria da desconsideração da pessoa jurídica é prevista de forma expressa, como, por exemplo:

a) na sociedade por cota de responsabilidade limitada, nos casos de excesso de mandato e pelos atos praticados com violação do contrato ou da lei, a responsabilidade dos sócios-gerentes ou que derem o nome à firma encontra-se prevista no art. 10 do Decreto 3.708/19;

b) na sociedade anônima, a responsabilidade do acionista, controlador e do administrador está prevista nos arts. 115, 117 e 158, da Lei 6.404/76;

c) a Lei 9.605/98, art. 4º, prevê a desconsideração da pessoa jurídica sempre que sua personalidade for obstáculo ao ressarcimento de prejuízos causados à qualidade do meio ambiente;

d) no Direito pátrio, a *disregard doctrine* foi acolhida pelo CDC (art. 28, Lei 8.078/90), autorizando a desconsideração da personalidade jurídica da sociedade quando houver: (1) abuso de direito, desvio ou excesso de poder, lesando consumidor; (2) infração legal ou estatutária, por ação ou omissão, em detrimento do consumidor; (3) falência, insolvência, encerramento ou inatividade, em razão da má administração; (4) obstáculo ao ressarcimento dos danos que causar aos consumidores, pelos simples fato de ser pessoa jurídica;[16]

---

[16] "Esse preceito do Código de Defesa do Consumidor (art. 28, § 5º) é plenamente aplicável ao direito do trabalho, autorizando, portanto, a desconsideração da personalidade jurídica do empregador

PARTE VI · Cap. XVI – EXECUÇÃO TRABALHISTA | **925**

e) a Lei 12.529/11, art. 34, determina a desconsideração da personalização da pessoa jurídica quando ocorrer infração à ordem econômica, desde que configurado abuso de direito, excesso de poder, infração à lei, fato ou ato ilícito, violação dos estatutos ou contrato social e quando houver falência, insolvência, encerramento ou inatividade da pessoa jurídica provocados por má administração;

f) de acordo com o art. 19, Lei 12.846/13, em razão da prática de atos lesivos à Administração Pública, a União, os Estados, o Distrito Federal e os Municípios, por meio das respectivas Advocacias Públicas ou órgãos de representação judicial, ou equivalentes, e o Ministério Público, poderão ajuizar ação com vistas à aplicação das seguintes sanções às pessoas jurídicas infratoras: (1) perdimento dos bens, direitos ou valores que representem vantagem ou proveito direta ou indiretamente obtidos da infração, ressalvado o direito do lesado ou de terceiro de boa-fé; (2) suspensão ou interdição parcial de suas atividades; (3) dissolução compulsória da pessoa jurídica; (4) proibição de receber incentivos, subsídios, subvenções, doações ou empréstimos de órgãos ou entidades públicas e de instituições financeiras públicas ou controladas pelo poder público, pelo prazo mínimo de um e máximo de cinco anos. A dissolução compulsória da pessoa jurídica será determinada quando comprovado ter sido: (a) a personalidade jurídica utilizada de forma habitual para facilitar ou promover a prática de atos ilícitos; (b) constituída para ocultar ou dissimular interesses ilícitos ou a identidade dos beneficiários dos atos praticados. Qualquer das sanções poderá ser aplicada de forma isolada ou cumulativa. O Ministério Público, a Advocacia Pública ou órgão de representação judicial, ou equivalente, do ente público poderá requerer a indisponibilidade de bens, direitos ou valores necessários à garantia do pagamento da multa ou da reparação integral do dano causado, ressalvado o direito do terceiro de boa-fé.

O art. 50, CC, acabou por adotar essa teoria. Em caso de abuso da personalidade jurídica, caracterizado pelo desvio de finalidade, ou pela confusão patrimonial, pode o juiz decidir, a requerimento da parte, ou do Ministério Público quando lhe couber intervir no processo, que os efeitos de certas e determinadas relações de obrigações civis sejam estendidos aos bens particulares dos administradores ou sócios da pessoa jurídica.

---

na fase de execução trabalhista. Vale lembrar que o direito do consumidor, preocupado com a proteção da parte mais vulnerável em termos materiais e processuais, guarda especial semelhança com o direito do trabalho, igualmente atento à parte da relação jurídica que apresenta maior vulnerabilidade material e processual. Essa similitude de princípios e finalidades chancela a incidência daquele dispositivo nas relações laborais, como forma de assegurar a efetividade e o cumprimento da própria legislação trabalhista. Assim, havendo insuficiência de bens por parte da empresa empregadora pagar as dívidas trabalhistas, com fundamento no art. 28, § 5º, do CPC, a jurisprudência dos tribunais admite alcançar os bens dos sócios, por aplicação da teoria da desconsideração da personalidade jurídica" (PEDUZZI, Maria Cristina Irigoyen. Execução trabalhista e responsabilidade de sócios e diretores, *Revista Magister de Direito do Trabalho*, nº 57, p. 17, nov./dez. 2013).

Nos seus comentários ao art. 50, Maria Cecília Alves Pinto[17] afirma: *"Edilton Meireles lamenta que o novo Código não tenha avançado mais na despersonificação da pessoa jurídica, para fins de responsabilidade de seus sócios, pois o projeto previa a responsabilidade solidária, sempre que o administrador ou representante se houvesse utilizado da maneira fraudulenta ou abusiva da pessoa jurídica. Entretanto, o fato de ter havido limitação da responsabilidade dos administradores ou sócios da pessoa jurídica à hipótese de abuso da personalidade, caracterizado por desvio de conduta ou confusão patrimonial, não obsta a despersonificação da pessoa jurídica, com responsabilidade pessoal dos administradores e sócios, em decorrência da aplicação da teoria da responsabilidade civil por atos ilícitos. Neste diapasão, conclui Edilton Meireles que: 'Assim, mesmo fora das hipóteses elencadas no caput do art. 50 do novo Código Civil, desde que caracterizado o abuso de direito das pessoas físicas integrantes da pessoa jurídica, é possível responsabilizar patrimonialmente aquelas pelos atos ilícitos praticados através dessa pessoa ficta admitida em direito.'*

Prevê o art. 927 do CC/2002 que: 'Aquele que, por ato ilícito, causar dano a outrem, fica obrigado a repará-lo.'

Seguindo a linha de raciocínio do jurista citado, referido art. 927 autoriza a desconsideração da personalidade jurídica do empregador, com responsabilização pessoal dos sócios ou administradores, sempre que causarem dano aos empregados, em decorrência de ato ilícito. E o não cumprimento da legislação trabalhista, sendo o empregado lesado em direitos que lhe são assegurados, subsume-se à previsão legal, gerando a responsabilização do sócio ou administrador responsável pelo dano.

É importante salientar, ainda, que, no Direito do Trabalho, em que a execução pode ser iniciada a requerimento do interessado, ou ex officio, pelo próprio juiz competente, nos termos do art. 878 da CLT, tem-se por inaplicável ao processo trabalhista o art. 50 do CC/2002, quando exige, para a despersonificação da pessoa jurídica, o requerimento da parte ou do Ministério Público. Detendo o juiz o impulso oficial da execução, mesmo sem requerimento, pode direcioná-la contra o sócio ou administrador responsável, atendidos os preceitos legais a respeito da questão".

Apesar das críticas doutrinárias, não se pode negar os avanços adotados no art. 50 do CC, a saber: (a) a adoção de uma regra genérica a respeito da responsabilidade civil dos administradores e sócios da pessoa jurídica por abuso da personalidade jurídica; (b) essa responsabilidade inclui o administrador ou o sócio de qualquer pessoa jurídica; anteriormente, somente havia previsão legal para o administrador da sociedade anônima e os sócios das sociedades comerciais limitadas.

16.8.2.2.6.5 A Responsabilidade do Sócio e o Direito do Trabalho

Os bens particulares dos sócios não respondem pelas dívidas da sociedade, senão nos casos previstos em lei. O sócio, demandado pelo pagamento da dívida, tem direito a exigir que sejam primeiro executados os bens da sociedade (art. 795, *caput*, CPC).

---

[17] PINTO, Maria Cecília Alves. *O direito de empresa no novo Código Civil e seus reflexos no direito do trabalho*, p. 144.

PARTE VI · Cap. XVI – EXECUÇÃO TRABALHISTA | **927**

O sócio que pagar a dívida poderá executar o devedor (pessoa jurídica) nos autos do mesmo processo (art. 795, § 3º).

Questão interessante é quanto à responsabilidade do sócio, quando os bens da pessoa jurídica são insuficientes para a satisfação do valor global da execução.

Os bens particulares de sócio, como regra geral, não podem ser objeto de penhora por dívida da sociedade, pois o patrimônio dos sócios não se confunde com o da pessoa jurídica.

Cabe aos sócios o direito de exigir que sejam executados, em primeiro lugar, os bens da sociedade, indicando bens livres e desembaraçados da empresa, suficientes para a liquidação do débito (art. 795, § 2º).

O CPC exige que, para fins da desconsideração da personalidade jurídica, que se faça o incidente previsto nos arts. 134 a 137 (art. 795, § 4º).

Com a Reforma Trabalhista, foi admitido expressamente o incidente de desconsideração da personalidade jurídica na Justiça do Trabalho e foram disciplinados os aspectos recursais do incidente (art. 855-A, CLT).

A penhora, em bens particulares dos sócios, é feita quando não há patrimônio da sociedade, ou quando se tem a dissolução ou extinção irregular da sociedade.

Deve ser aplicada a teoria da desconsideração da personalidade jurídica como forma de se conseguir bens em quantidade suficiente para a devida satisfação dos créditos reconhecidos em Juízo.

Também se justifica a responsabilidade do sócio, em execução trabalhista, quando o mesmo, antes da propositura da ação, efetua a cessão de suas cotas, desligando-se da sociedade.

Os sócios devem responder pelos débitos da pessoa jurídica quando os seus bens são insuficientes ou não são localizados, precipuamente, considerando-se a natureza alimentar e privilegiada dos créditos trabalhistas.

No Direito do Trabalho, alguns defendem a menção do nome do sócio executado no título executivo judicial, de maneira a evitar constrição judicial contra quem não foi citado, negando-lhe o direito de defesa. Por analogia, invocam o previsto na Súm. 205, TST (cancelada em outubro/2013).

Seus defensores entendem que *"por analogia, o referido Enunciado poderá ser aplicado quando o sócio for chamado a responder pela pessoa jurídica, já que a reclamatória jamais é proposta contra a pessoa jurídica e seus sócios ou diretores".*[18]

Neste sentido, são os ensinamentos de Wilson de Souza Campos Batalha:[19] *"Essa longa viagem através dos atos de fraude e da solidariedade que envolvem, demonstra que a*

---

[18]   OLIVEIRA, Francisco Antonio. *Comentários aos enunciados do TST*, 3. ed., p. 536.

[19]   BATALHA, Wilson de Souza Campos. Desconsideração da personalidade jurídica na execução trabalhista: responsabilidade dos sócios em execução trabalhista contra sociedade. *Revista LTr*, v. 58, nº 11, p. 1299.

personalidade jurídica, como conceito, não pode frustrar a aplicação dos princípios jurídicos a realidade subjacente, desde que se obedeçam aos requisitos fundamentais da execução – a participação de quem vier a ser condenado no processo executório e a sua inclusão no título executivo judicial. O título executivo judicial, como o título executivo cartular necessita ser completo e insuscetível de dúvidas, constituindo requisito essencial a sua nominatividade, sem a qual o processo executório constituiria fonte de insegurança e incerteza."

A inclusão do nome dos sócios na fase de conhecimento não pode ser condição *sine qua non* para a sua execução, nos casos de fraude ou abuso de direito, eis que não nos parece estar em consonância com a moderna teoria *disregard doctrine*, até porque as disposições legais não fazem essa exigência.

Mais do que isso, tal exigência nos parece, inclusive, violar o próprio espírito dessa teoria, já que após incansáveis anos seguidos à espera da tutela jurisdicional e estando prestes a receber aquilo que lhe é de direito, o autor não consegue receber seus créditos, porque os sócios fecharam as portas e dilapidaram o patrimônio da pessoa jurídica, em um verdadeiro gesto de má-fé.

A teoria da *disregard of legal entity* pretende evitar esses tipos de fraudes e abusos de direitos, garantindo a continuidade da execução contra a pessoa dos sócios ou empresas coligadas.

Há o predomínio da aplicação da teoria objetiva na desconsideração da personalidade jurídica ante o caráter protetor do Direito do Trabalho e a valorização do trabalho para a própria dignidade do trabalhador como ser humano.

Nesse sentido, Carlos Carmelo Balaró[20] ensina que *"[...] a jurisprudência reinante nos Tribunais do Trabalho está calcada no sentimento de que basta a comprovação da ausência de bens da pessoa jurídica para satisfação da execução para a responsabilização dos seus sócios e ex-sócios, independente da comprovação dos artigos 50 do CC e 28 do CDC, ou das ponderações sobre a garantia do contraditório ao menos quanto à possibilidade de impugnação da conta de liquidação em sede de embargos à execução. Tal sentimento da nossa jurisprudência especializada pode até causar indignação aos estudiosos de outras áreas do Direito, entretanto, nas palavras de José Augusto Rodrigues Pinto, deve-se preservar e privilegiar '[...] o princípio primário do Direito do Trabalho, do qual emergiram, por desdobramento, todos os demais, [...] da Proteção do Hipossuficiente Econômico'. No mesmo sentido, encontramos nos ensinamentos de Arion Sayão Romita, citado por Francisco Antonio de Oliveira, que: 'não se compadece com a índole do direito obreiro a perspectiva de ficarem os créditos trabalhistas a descoberto, enquanto os sócios, afinal os beneficiários diretos do resultado do labor dos empregados da sociedade, livram os seus bens pessoais da execução, a pretexto de que os patrimônios são separados. Que permaneçam separados para os efeitos comerciais, compreende-se; já para os fins fiscais, assim não entende a lei; não*

---

[20] BALARÓ, Carlos Carmelo. O sócio, o ex-sócio, o administrador da empresa e o alcance da execução trabalhista, *Revista do Advogado da Associação dos Advogados de São Paulo*, ano XXVIII, nº 97, p. 43, maio 2008.

PARTE VI · Cap. XVI – EXECUÇÃO TRABALHISTA | 929

se deve permitir, outrossim, no Direito do Trabalho, para a completa e adequada proteção dos empregados".

O TST tem acolhido a teoria objetiva na desconsideração da personalidade jurídica.[21]

Evidentemente, o que é inadmissível é a execução de créditos contra uma pessoa natural ou jurídica que não possua nenhuma relação com o fato, seja uma relação direta (da própria pessoa), seja ela indireta (responsabilidade por atos de outrem).

O STJ fixou o entendimento de que se presume dissolvida irregularmente a empresa que deixar de funcionar no seu domicílio fiscal, sem comunicação aos órgãos competentes, legitimando o redirecionamento da execução fiscal para o sócio-gerente (Súm. 435).

A interpretação dos arts. 1.003,[22] parágrafo único, e 1.032,[23] CC 2002, indica a responsabilidade solidária do sócio que se retira da empresa, a qual, contudo, tem a limitação temporal de 2 anos após a averbação no registro.

Há julgado do TST quanto à aplicação do prazo de dois anos[24] para fins de exclusão da responsabilidade do ex-sócio na execução trabalhista.

Mauro Schiavi entende ser aplicável o art. 1.003, CC, ao processo do trabalho, *"por conter um critério objetivo e razoável de delimitação da responsabilidade do sócio retirante. Não obstante, em caso de fraude ou notória insolvência da empresa ao tempo da retirada, a responsabilidade do sócio retirante deve persistir por prazo superior a dois anos".*[25]

A Reforma Trabalhista regulou a responsabilidade do sócio retirante (art. 10-A, CLT), em nível de sucessão trabalhista, ao dispor que responde subsidiariamente pelas obrigações trabalhistas da sociedade relativas ao período em que figurou como sócio, somente em ações ajuizadas até dois anos depois de averbada a modificação do contrato. Contudo, deverá ser observada a seguinte ordem de preferência: (a) a empresa devedora; (b) os sócios atuais; (c) os sócios retirantes. Caso seja a hipótese de fraude, o sócio retirante responderá solidariamente com os demais sócios.

Com a Reforma Trabalhista, o prazo decadencial de dois anos é interrompido com o ajuizamento da demanda trabalhista, portanto, o sócio retirante não mais poderá invocar

---

[21] TST – AIRR 0084700-87.1998.5.05.0009 – Relª Minª Dora Maria da Costa – DJe 30/6/2015 – p. 1.405.

[22] Até 2 anos depois de averbada a modificação do contrato, responde o cedente solidariamente com o cessionário, perante a sociedade e terceiros, pelas obrigações que tinha como sócio (art. 1.003, parágrafo único, CC).

[23] A retirada, exclusão ou morte do sócio não o exime, ou a seus herdeiros, da responsabilidade pelas obrigações sociais anteriores, até 2 anos após averbada a resolução da sociedade; nem nos dois primeiros casos, pelas posteriores e em igual prazo, enquanto não se requerer a averbação (art. 1.032, CC).

[24] TST – RR 0001452-69.2011.5.09.0459 – Rel. Min. Guilherme Augusto Caputo Bastos – *DJe* 26/6/2015 – p. 1.553.

[25] SCHIAVI, Mauro. *Manual de direito processual do trabalho*, p. 712.

a interrupção a partir do momento em que houve a desconsideração na fase executória da demanda trabalhista.[26]

Por outro lado, ao contrário do Código Civil (art. 1.003) (= responsabilidade solidária), a responsabilidade do sócio retirante é subsidiária, sendo somente solidária diante da fraude na alteração societária. Diante da fraude, não se tem a observância da ordem de preferência.[27]

16.8.2.2.6.6 Teoria inversa da Desconsideração da Personalidade Jurídica

A aplicação da teoria inversa da desconsideração da personalidade jurídica faz com que a pessoa jurídica seja responsabilizada por débitos contraídos por sócios, administradores ou ex-sócios. É uma forma de se coibir a prática de fraudes por sócios, os quais transferem os seus bens para a pessoa jurídica, como forma de prejudicar os seus credores pessoais. Ao invés da responsabilidade do patrimônio do sócio, quem será responsabilizado é o patrimônio da pessoa jurídica. Tem-se a confusão entre o patrimônio da pessoa jurídica e o do sócio, o que deve ser punido, aplicando-se, assim, a inteligência do art. 50 do Código Civil.

Ben-Hur Silveira Claus[28] ensina: "A desconsideração inversa da personalidade jurídica visa a coibir o desvio de bens do sócio para a sociedade, conforme se extrai da lição de Fábio Ulhoa Coelho. Na desconsideração inversa, o abuso da personalidade jurídica do ente societário caracteriza-se pelo preenchimento do suporte fático da confusão patrimonial, requisito previsto no art. 50 do Código Civil.

O autor esclarece que a desconsideração inversa consiste no afastamento do princípio da autonomia patrimonial da pessoa jurídica para responsabilizar a sociedade por obrigação do sócio, técnica jurídica que tem cabimento quando '(...) o devedor transfere seus bens para a pessoa jurídica sobre a qual detém absoluto poder. Desse modo, continua a usufruí-los,

---

[26] "O enxerto do art. 10-A ao texto da CLT pode ter piorado a condição do sócio retirante: aplica-se, em geral, a regra do art. 1.003, parágrafo único, do CC, quanto ao prazo de dois anos da responsabilidade do sócio retirante. Ocorre que a reforma trabalhista de 2017 adotou o entendimento de que os dois anos se calculam entre a saída do sócio e o ajuizamento da ação trabalhista. Ou seja, contanto que a ação esteja ajuizada, o sócio pode ser responsabilizado cinco, dez, quinze anos após, porque somente após a fase de conhecimento e o acertamento dos cálculos é que se descobrirá se a pessoa jurídica e os sócios atuais têm patrimônio suficiente para arcar com o débito. Para o sócio retirante, era mais favorável o entendimento de que ele respondia por dois anos contados entre sua saída e a fase de execução ou simplesmente entre sua saída e o mandado de citação, penhora e avaliação. Agora, ele ficará vinculado a um processo trabalhista cuja existência ele pode até mesmo desconhecer" (SILVA, Homero Batista Mateus. *Comentários à reforma trabalhista – Análise da Lei 13.467/2017 – artigo por artigo*. São Paulo: Revista dos Tribunais, 2017, p. 27).

[27] "O art. 10-A, parágrafo único, prevê a hipótese de responsabilidade direta do ex-sócio, sem passar pelo esgotamento do patrimônio societário ou dos sócios atuais, em caso de prova da fraude na alienação empresarial" (SILVA, Homero Batista Mateus. Ob. cit., p. 28).

[28] CLAUS, Bem-Hur Silveira. "A Desconsideração Inversa da Personalidade Jurídica na Execução Trabalhista e a Pesquisa Eletrônica de Bens de Executados". Revista Síntese Trabalhista e Previdenciária n 290, agosto/2013, p.13.

apesar de não serem de sua propriedade, mas da pessoa jurídica controlada'. Vale dizer, a técnica da desconsideração inversa tem aplicação quando o sócio esvazia seu patrimônio pessoal, transferindo-o à pessoa jurídica quando o sócio esvazia seu patrimônio pessoal, transferindo-o à pessoa jurídica da qual é sócio, para furtar-se às obrigações que são de sua responsabilidade pessoal, mediante a artificiosa invocação da autonomia patrimonial da sociedade personificada para a qual o sócio desviou seu patrimônio pessoal."

Mauro Shiavi afirma que é aplicável essa teoria ao processo trabalhista, como forma de valorização da satisfação do crédito trabalhista, aplicando-se, assim, a inteligência evolutiva e teleológica dos artigos 50, CC, 28, CDC.

Ao analisar o tema, o STJ entendeu:

"[...] III – A desconsideração inversa da personalidade jurídica caracteriza-se pelo afastamento da autonomia patrimonial da sociedade, para, contrariamente do que ocorre na desconsideração da personalidade propriamente dita, atingir o ente coletivo e seu patrimônio social, de modo a responsabilizar a pessoa jurídica por obrigações do sócio controlador. IV – Considerando-se que a finalidade da disregard doctrine é combater a utilização indevida do ente societário por seus sócios, o que pode ocorrer também nos casos em que o sócio controlador esvazia o seu patrimônio pessoal e o integraliza na pessoa jurídica, conclui-se, de uma interpretação teleológica do art. 50 do CC/02, ser possível a desconsideração inversa da personalidade jurídica, de modo a atingir bens da sociedade em razão de dívidas contraídas pelo sócio controlador, conquanto preenchidos os requisitos previstos na norma. V – A desconsideração da personalidade jurídica configura-se como medida excepcional. Sua adoção somente é recomendada quando forem atendidos os pressupostos específicos relacionados com a fraude ou abuso de direito estabelecidos no art. 50 do CC/02. Somente se forem verificados os requisitos de sua incidência, poderá o juiz, no próprio processo de execução, 'levantar o véu' da personalidade jurídica para que o ato de expropriação atinja os bens da empresa. VI – À luz das provas produzidas, a decisão proferida no primeiro grau de jurisdição, entendeu, mediante minuciosa fundamentação, pela ocorrência de confusão patrimonial e abuso de direito por parte do recorrente, ao se utilizar indevidamente de sua empresa para adquirir bens de uso particular. VII – Em conclusão, a r. decisão atacada, ao manter a decisão proferida no primeiro grau de jurisdição, afigurou-se escorreita, merecendo assim ser mantida por seus próprios fundamentos. Recurso especial não provido" (STJ – 3ª T. – REsp 948.117/MS – Relª Minª Nancy Andrighi – j. 22/6/2010 – DJ 3/8/2010).

Há decisões na Justiça do Trabalho que reconhecem a inversão na desconsideração da personalidade jurídica:

"Execução. Desconsideração inversa da personalidade jurídica. Inexistência de bens do devedor principal ou de seus sócios. Existência de empresa de propriedade de sócios. Grupo econômico. A pessoa jurídica não pode servir de anteparo para o inadimplemento de crédito exequendo, sendo a desconsideração da personalidade jurídica salutar solução para assegurar a satisfação final do crédito. Caso a pessoa física não apresente bens, mas seja proprietária de outra empresa, esta é passível de constrição de seus bens. O fato de serem ambas controladas pela mesma pessoa configura grupo econômico, que autoriza a penhora pela ocorrência da solidariedade. Agravo de Petição provido" (TRT – 2ª R. – 14ª T. – AP 02233009619915020048 – Rel. Davi Furtado Meirelles – j. 27/3/2014).

"Desconsideração inversa da personalidade jurídica. Possibilidade. Prova inconteste da fraude. A desconsideração 'inversa' da personalidade jurídica é aplicável apenas em situações excepcionais, devendo haver comprovação inconteste de fraude à execução. Como nos casos em que o sócio transfere seus bens para outra pessoa jurídica sobre a qual detenha o controle, utilizando-se da empresa para eximir-se de suas obrigações. Agravo de petição da executada provido" (TRT – 9ª R. – SE – AP 04714-2013-662-09-00-6 – Rel. Cássio Colombo Filho – *DEJT* 25/3/2014).

O CPC admite a desconsideração inversa da personalidade jurídica (art. 135).

16.8.2.2.6.7 O Incidente de Desconsideração da Personalidade Jurídica no CPC

Com o incidente da desconsideração da personalidade jurídica, o CPC/15 criou uma nova modalidade de intervenção de terceiros, assim, não se exige uma ação judicial própria para a aplicação da teoria da desconsideração da personalidade jurídica.

Quanto à sua disciplina legal, destacam-se (arts. 134 a 137):

a) o incidente será instaurado a pedido da parte ou do Ministério Público, quando lhe couber intervir no processo. Será obrigatória a observância dos pressupostos previstos em lei. Admite-se a hipótese de desconsideração inversa da personalidade jurídica;

b) o pedido é cabível em todas as fases do processo de conhecimento, no cumprimento de sentença e na execução fundada em título executivo extrajudicial;

c) a instauração do incidente será imediatamente comunicada ao distribuidor para as anotações devidas. A comunicação é dispensada quando o pedido é efetuado na petição inicial, hipótese em que será citado o sócio ou a pessoa jurídica;

d) a instauração do incidente suspende o processo, exceto se o requerimento for efetuado na petição inicial. O requerimento deve demonstrar o preenchimento dos pressupostos legais específicos para a desconsideração da personalidade jurídica. Instaurado o incidente, o sócio ou a pessoa jurídica será citado para manifestar-se e requerer as provas cabíveis no prazo de 15 dias. Concluída a instrução, se necessária, o incidente será resolvido por decisão interlocutória, contra a qual caberá agravo de instrumento. Se a decisão for proferida pelo relator, cabe agravo interno;

e) acolhido o pedido de desconsideração, a alienação ou oneração de bens, havida em fraude de execução, será ineficaz em relação ao requerente.

É considerado terceiro, para fins de embargos de terceiro, quem sofre constrição judicial de seus bens por força de desconsideração da personalidade jurídica, de cujo incidente não fez parte (art. 674, § 2º, III, CPC).

Na sistemática processual civil, o recurso contra as decisões proferidas em incidente de desconsideração da personalidade jurídica é o agravo de instrumento (art. 1.015, IV, CPC).

O CPC estabelece que ficam sujeitos à execução os bens do responsável, nos casos da desconsideração da personalidade jurídica, se observado o incidente (art. 790, VII, CPC).

PARTE VI · Cap. XVI – EXECUÇÃO TRABALHISTA | **933**

Quanto à fraude à execução, nos casos de desconsideração da personalidade jurídica, verifica-se a partir da citação da parte cuja personalidade se pretende desconsiderar (art. 792, § 3º, CPC).

16.8.2.2.6.8 Processo Trabalhista e o Incidente de Desconsideração

Há na doutrina trabalhista uma razoável resistência à aplicação do incidente de desconsideração da personalidade jurídica ao processo trabalhista.

Em linhas gerais, as objeções repousam nos seguintes argumentos:

a) a exigência de iniciativa da parte, o que colide com o princípio do impulso oficial (art. 878, CLT);

b) a suspensão automática do processo para a solução do incidente, o que colide com a celeridade processual, com prejuízo evidente à garantia da efetividade da jurisdição;

c) a necessidade que possui o credor em provar os requisitos quanto à desconsideração da personalidade jurídica, o que poderia inviabilizar o seu deferimento, pelas dificuldades práticas na produção dessa prova;

d) a necessidade do contraditório prévio, o que colide com o processo trabalhista, o qual exige a garantia do juízo para que, posteriormente, o devedor possa discutir a sua legitimação quando da oposição de embargos à execução;

e) a possibilidade de recurso imediato, o que colide com o princípio da irrecorribilidade imediata das decisões interlocutórias no processo trabalhista (art. 893, § 1º, CLT; Súm. 214, TST).

Assim, como inúmeras outras inovações do CPC, não temos dúvidas que o incidente da desconsideração da personalidade jurídica é compatível com o processo trabalhista (arts. 769 e 889, CLT; art. 15, CPC), notadamente, por ser um procedimento que permite o respeito à segurança jurídica e ao devido processo legal quanto à pessoa do sócio ou ex-sócio (arts. 7º e 10, CPC).

Contudo, diante das peculiaridades do microssistema processual, a aplicação do incidente de desconsideração da personalidade jurídica deve ser adequada aos procedimentos do processo do trabalho.

Por conta disso, entendemos que o incidente pode também ser instaurado de ofício, na medida em que a execução trabalhista pode ser processada por ato do magistrado (art. 878, CLT).

A IN 39/16 (art. 6º, *caput*), TST, determina a aplicação do incidente de desconsideração da personalidade jurídica ao processo trabalhista, assegurando a iniciativa, na fase de execução, também ao juiz do trabalho (art. 878, CLT).

A instauração do incidente suspenderá o processo, sem prejuízo de concessão da tutela de urgência de natureza cautelar (art. 301, CPC) (art. 6º, § 2º, IN 39). Isso significa que o juiz trabalhista, de ofício, poderá adotar as medidas necessárias, durante o desenrolar do incidente, para evitar o perigo de dano ou o risco ao resultado útil do processo. Por exemplo, durante a solução do incidente, poderá ser determinada a indisponibilidade dos bens do sócio ou ex-sócio.

A Lei 13.467 fixou que o incidente de desconsideração da personalidade jurídica é aplicável ao processo trabalhista (art. 133 e segs., CPC) (art. 855-A, CLT).

Instaurado o incidente, o sócio ou a pessoa jurídica será citado. Concluída a instrução, se necessária, o incidente será resolvido por decisão interlocutória. Não há dúvidas de que, para fins de acolhimento do incidente, o juiz trabalhista irá adotar a teoria menor, não se exigindo que o credor trabalhista demonstre a culpa do sócio ou do ex-sócio na gestão patrimonial da pessoa jurídica.

Além disso, o magistrado, diante do caso concreto, poderá adotar medida acautelatórias (*v.g.* sequestro, arresto e indisponibilidade de bens) *ex officio*, desde que visem a efetivar as decisões judiciais (art. 855-A, § 2º, CLT).

A Lei 13.467 alterou a redação do art. 878, CLT, ao dispor que a execução de ofício somente é permitida nos casos em que as partes não estiverem representadas por advogado. Evidente a inconstitucionalidade da nova redação, visto que a atuação de ofício do magistrado, ante o impulso oficial, é fator de aplicação do princípio constitucional da razoabilidade da duração do processo (art. 5º, LXXVIII).

Em relação aos recursos na seara trabalhista, temos:

a) na fase de conhecimento, seja a matéria discutida em decisão interlocutória ou na própria sentença definitiva, o recurso cabível é o ordinário, quando da prolação da sentença (art. 893, § 1º, CLT; art. 855-A, § 1º, I). Assim, tratando-se de decisão interlocutória proferida no curso do processo, a parte interessada deverá consignar sua insatisfação – "protesto não preclusivo" (art. 795) e, posteriormente, questioná-la pelo recurso ordinário;

b) se ocorrer o incidente apenas na fase recursal por decisão monocrática do relator do processo, o recurso oponível será o agravo interno (art. 855-A, § 1º, III);

c) na liquidação ou execução de sentença, após a decisão do incidente, *a priori*, tem-se o direcionamento da execução em relação à pessoa do sócio ou ex-sócio. Pela ótica dos autores, após a garantia do juízo (art. 884), o sócio deverá interpor embargos à execução. Da decisão que julgar os embargos, caberá o agravo de petição (art. 897, *a*). Contudo, o art. 855-A, § 1º, II, dispõe que na fase de execução o recurso cabível é o agravo de petição, sem a necessidade da garantia do juízo.

Quanto a iniciativa do juiz na execução (art. 878, CLT) e o incidente da desconsideração da personalidade jurídica (art. 855-A, CLT), o art. 13, IN 41, 21/06/2018, TST, determina que, a partir da vigência da Reforma Trabalhista (Lei 13.467/17) a atuação de ofício do magistrado ficará limitada aos casos em que as partes não estiverem representadas por advogado.

16.8.2.2.7 Legitimação Passiva Extraordinária e o Fiador

Pelo contrato de fiança, uma pessoa garante satisfazer ao credor uma obrigação assumida pelo devedor, caso este não a cumpra (art. 818, CC).

PARTE VI · Cap. XVI – EXECUÇÃO TRABALHISTA | 935

A fiança é uma obrigação acessória, tendo como pressuposto uma obrigação principal.

A legitimação passiva do fiador é prevista expressamente no processo civil (art. 9º, II, Lei 6.830/80), a qual é aplicável ao processo trabalhista.

Pelo CPC, a matéria passou a ter uma regulação diferenciada, visto que: (a) o art. 779, IV, assegura a legitimação do fiador do débito, se a obrigação da fiança estiver em título extrajudicial; (b) quanto ao título executivo judicial, somente haverá a sua legitimação, quando do cumprimento da sentença, se o fiador tiver participado da fase de conhecimento (art. 513, § 5º).

Em qualquer fase do processo, será deferida pelo juiz ao executado a substituição da penhora em dinheiro ou fiança bancária (art. 15, I, Lei 6.830).

A carta de fiança bancária e o seguro garantia judicial, desde que em valor não inferior ao do débito em execução, acrescido de 30%, equivalem a dinheiro para efeito de gradação dos bens penhoráveis (art. 835, NCPC; OJ 59, SDI-II).

Não sendo embargada a execução ou sendo rejeitados os embargos, no caso de garantia prestada por terceiro, será este intimado, sob pena de contra ele prosseguir a execução nos próprios autos, para, no prazo de 15 dias: (a) remir o bem, se a garantia for real; (b) pagar o valor da dívida, juros e multa de mora e demais encargos pelos quais se obrigou, se a garantia for fidejussória, como é o caso da fiança (art. 19, I e II, Lei 6.830).

O credor poderá executar o devedor ou o fiador judicial. Se o fiador pagar a dívida, estará sub-rogado no direito do credor, tendo, assim, ação regressiva contra o devedor (art. 831, CC).

16.8.2.2.8 Massa Falida, Recuperação Judicial e Liquidação Extrajudicial e a Legitimação Passiva Ordinária Primária

A falência produz os seus efeitos sobre a execução trabalhista. A competência da Justiça do Trabalho engloba o processo de conhecimento e a liquidação de sentença, quando necessária. Após a fixação do crédito exequendo, haverá a sua habilitação junto à massa falida. Pondere-se que os créditos trabalhistas são de natureza privilegiada (arts. 449, CLT, e 186, CTN).

Quanto à liquidação extrajudicial, não se tem alteração na competência da Justiça do Trabalho desde o processo de conhecimento até os atos expropriatórios e consequente liberação do numerário ao exequente (arts. 5º e 29, Lei 6.830).

A recuperação judicial do empregador não impede a execução de crédito nem a reclamação do empregado na Justiça do Trabalho (art. 6º, Lei 11.101/05).

É direta a execução de crédito trabalhista contra empresa em liquidação extrajudicial (OJ 143, SDI-I).

16.8.2.2.9 A Responsabilidade da Empresa Tomadora no Caso da Terceirização. Legitimação Ordinária ou Extraordinária?

A empresa tomadora deve fiscalizar o cumprimento das obrigações trabalhistas da empresa escolhida. É o desdobramento da responsabilidade civil quanto às relações do

trabalho, pela culpa *in eligendo* e *in vigilando* (art. 8º, CLT; Súm. 331, TST; art. 5º-A, §
5º, Lei 6.019/74). Deve solicitar, mensalmente, a comprovação quanto aos recolhimentos
previdenciários, fiscais e trabalhistas.

A responsabilidade subsidiária da empresa tomadora é aplicável quando fica evidente que a empresa prestadora é inadimplente quanto aos títulos trabalhistas de seus
empregados.

É comum, pela experiência forense, quando se tem a rescisão do contrato de prestação de serviços entre a tomadora e a prestadora, o não pagamento dos títulos rescisórios
dos empregados da segunda.

Diante dessa situação de inadimplemento, pela aplicação decorrente da responsabilidade civil – culpa *in eligendo* e *in vigilando*, a tomadora será responsabilizada.

Claro está que a empresa tomadora deve ser inserida na relação jurídica processual,
para que possa ser responsabilizada, em caso do inadimplemento por parte da empresa
prestadora (Súm. 331, IV, TST).

A inclusão é uma medida salutar, pois, fazendo parte da relação jurídica processual,
a empresa tomadora poderá requerer em juízo as provas necessárias, deduzir os seus
argumentos etc., visando ao respeito aos princípios do contraditório e do amplo direito
de defesa, como pilares do devido processo legal.

A coisa julgada somente faz lei entre as partes (art. 506, CPC), logo, em havendo o
reconhecimento de sua responsabilidade, se for o caso, será acionada no transcorrer da
execução (art. 876, CLT).

A legitimação da empresa tomadora é extraordinária (responde em nome próprio
por dívida alheia) e originária (a previsão consta do título judicial).

Na execução trabalhista, haverá a ativação da legitimação da empresa tomadora, na
qualidade de devedor subsidiário, nas seguintes hipóteses: (a) o devedor principal não tiver
bens; (b) os bens do devedor principal não forem localizados ou se forem insuficientes;
(c) o devedor principal vier a ser declarado falido ou estiver em recuperação judicial;
(d) não se necessita da desconsideração da personalidade jurídica do devedor principal,
visto que a desconsideração é uma faculdade do credor e não do devedor subsidiário.

16.8.2.2.10 A Legitimação (Ativa e Passiva) e os Títulos Extrajudiciais Trabalhistas

Com a Lei 9.958/00, a execução trabalhista também pode estar fundada em títulos
extrajudiciais (art. 876, *caput*, CLT): (a) os termos de ajuste firmados perante o Ministério
Público do Trabalho (MPT); (b) os termos de conciliação assinados perante as Comissões
de Conciliação Prévia (CCP).[29]

---

[29] O Enunciado 17 da Jornada Nacional sobre Execução na Justiça do Trabalho (2010) assim dispõe:
"Os títulos enumerados no art. 585 do Código de Processo Civil (CPC) e os previstos em leis
especiais podem ser executados na Justiça do Trabalho, respeitada a sua competência."

PARTE VI · Cap. XVI – EXECUÇÃO TRABALHISTA | **937**

O termo de ajuste de conduta firmado perante o MPT não implica nenhuma transação. O legitimado (ativo) aceita da parte contrária uma espécie de promessa de que a partir do ajuste modificará o seu comportamento. É um reconhecimento implícito da parte contrária de que as suas atitudes eram contrárias à ordem jurídica, assumindo o compromisso de que irá se adequar aos preceitos legais. Como uma espécie de carta de intenção, por acordo mútuo é estabelecido o prazo e as condições visando à obtenção de uma conduta lícita, submetendo-se à imposição de cominações pecuniárias (*astreintes*). O objetivo do termo de ajuste de conduta é evitar a propositura de uma ação civil pública. No caso do seu descumprimento, a tutela executória poderá ser solicitada pelos signatários ativos do ajuste. É imperioso ressaltar que o fato de o termo de ajuste de conduta ter sido assinado perante o MPT não faz dessa instituição a única parte legitimada. O ajuste pode ter sido assinado perante o Ministério Público, contudo, na presença de outras entidades ativas signatárias (por exemplo: sindicato da categoria profissional, o qual tem legitimidade para propor a ação civil pública, de acordo com o art. 5º, da Lei 7.347/85). Assim: (a) os legitimados ativos, para requerer a tutela executiva, são todos os signatários do termo de ajuste de conduta; (b) o sujeito passivo será a parte que assumiu o compromisso de se adequar aos preceitos legais e não o fez.

Os termos de conciliação são firmados perante as CCP, as quais atuam como órgãos de solução de controvérsias decorrentes de conflitos individuais de trabalho (arts. 625-A e segs., CLT). Geralmente, nesses acordos, as partes (empregado e empregador) estabelecem os critérios da solução das suas pendências individuais. No caso do descumprimento do acordo, tem-se a possibilidade da ação executória trabalhista. Os legitimados – ativo e passivo – são, respectivamente, o credor e o devedor do termo de conciliação não adimplido.

É competente para a execução de título executivo extrajudicial o juiz que teria competência para o processo de conhecimento relativo à matéria (art. 877-A, CLT).

Para o termo de ajuste de conduta, como regra geral, a competência será da vara do trabalho onde o legitimado passivo executa as suas atividades econômicas como empregador. Também podem ser observados os critérios para a competência territorial da ação civil pública (OJ 130, SDI-II).

No tocante ao termo de conciliação assinado perante a CCP, como regra geral, a competência será da vara do trabalho onde se deu a prestação dos serviços, em face do que dispõe o art. 651 da CLT.

16.8.3 A Competência na Execução Trabalhista

16.8.3.1 *Órgão Competente*

A expressão "juiz ou presidente do tribunal", contida no art. 877 da CLT, compreende os juízes de direito, singulares, com jurisdição trabalhista, os juízes das varas do trabalho, de TRTs e do TST, desde que cada um desses órgãos tenha proferido originariamente a sentença a ser executada.

No caso dos títulos extrajudiciais – os termos de ajuste e de conciliação, firmados, respectivamente, perante o Ministério Público do Trabalho e as Comissões de Conciliação Prévia –, a execução deverá ser proposta ao juiz que teria competência para o processo de conhecimento relativo à matéria (art. 877-A, CLT).

Na estrutura do Processo Civil, o cumprimento da sentença será efetuado perante o juízo que processou a causa no primeiro grau de jurisdição (art. 516, II, CPC). Contudo, o credor poderá optar pelo juízo do local onde se encontram os bens sujeitos à expropriação ou pelo do atual domicílio do executado, casos em que a remessa dos autos do processo será solicitada ao juízo de origem (art. 516, parágrafo único).

Jorge Luiz Souto Maior entende que a regra do processo civil é aplicável ao processo do trabalho.[30]

Manoel Antonio Teixeira Filho afirma também que a regra é aplicável ao processo trabalhista, inclusive, não havendo nenhum desrespeito ao disposto no artigo 651, da CLT.[31]

Para Estevão Mallet o art. 475-P, parágrafo único, CPC/73 (art. 516, parágrafo único, NCPC) colide com o art. 877 da CLT.[32]

16.8.3.2 Execução Mediante Carta Precatória e os Embargos do Devedor

Na execução que se processa mediante carta, os embargos do devedor podem ser oferecidos no juízo deprecante ou no deprecado, sendo que a competência para o julgamento é do primeiro, exceto se a matéria versar sobre vícios ou defeitos da penhora, avaliação ou alienação dos bens efetuadas no juízo deprecado (art. 914, § 2º, NCPC; art. 20, Lei 6.830/80).

---

[30] "Trata-se de dispositivo que, igualmente, merece aplicação no processo do trabalho, por atender aos objetivos da melhoria da prestação jurisdicional, embora a regra seja a de que compete ao juiz executar as suas próprias decisões – art. 659, II, da CLT)" (MAIOR, Jorge Luiz Souto. Reflexos das alterações do Código de Processo Civil no processo do trabalho. *Revista da Escola da Magistratura do TRT da 2ª Região – São Paulo*, nº 1, p. 50, set./2006).

[31] "A norma em exame (incisos I e II) incide no processo do trabalho (CLT, art. 769). Não vemos inconveniência na aplicação, a este processo, também do parágrafo único, tendo em conta o fato de a possibilidade de a execução processar-se em juízo diverso daquele que proferiu a decisão exequenda atender aos interesses do credor. O art. 612, do CPC, a propósito, declara que a execução em geral se realiza no interesse do credor. Não haverá desrespeito ao art. 651, da CLT" (TEIXEIRA FILHO, Manoel Antonio. "As novas leis alterantes do Processo Civil e sua repercussão no processo do trabalho". *Revista LTr*, v. 70, nº 3, p. 293).

[32] "A possibilidade de processamento do pedido de cumprimento do julgado, a critério do exequente, perante o juízo da localidade em que se encontram os bens sujeitos à expropriação ou o juízo do domicílio do executado, nos termos do parágrafo único, do art. 475-P, certamente facilita o andamento da execução. No processo do trabalho, porém, contrasta com o disposto no art. 877, da Consolidação das Leis do Trabalho" (MALLET, Estevão. O processo do trabalho e as recentes modificações do Código de Processo Civil. *Revista da Escola da Magistratura do TRT da 2ª Região – São Paulo*, nº 1, p. 61, set./2006).

PARTE VI · Cap. XVI – EXECUÇÃO TRABALHISTA | **939**

Na execução por carta, os embargos do devedor serão decididos no juízo deprecante, salvo se versarem unicamente vícios ou defeitos da penhora, avaliação ou alienação dos bens (Súm. 46, STJ).

A competência é do juízo deprecante para o julgamento quanto aos embargos do devedor, exceto quando a matéria questionada nos embargos versar sobre vícios, defeitos, avaliação ou alienação dos bens penhorados, deslocando-a para o juízo deprecado.

16.8.3.3 A Competência nos Embargos de Terceiro

Os embargos de terceiro (arts. 674 a 681, CPC) são aplicáveis, subsidiariamente, ao processo laboral (art. 769, CLT).

Os embargos de terceiro serão distribuídos por dependência ao juízo que ordenou a constrição e autuados em apartado (art. 676, CPC).

De acordo com a Súm. 419, TST, na execução por carta precatória, os embargos de terceiro serão oferecidos no juízo deprecado, salvo se indicado pelo juízo deprecante o bem constrito ou se já devolvida a carta (art. 676, parágrafo único).

O juízo deprecado, na execução por carta, é o competente para julgar os embargos de terceiro, salvo se o bem penhorado for indicado pelo juízo deprecante (Súm. 33, ex-TFR).

16.8.4 Requisitos da Execução Trabalhista

Além das condições comuns às demais ações (legitimação, interesse e possibilidade jurídica), há outros dois específicos para a ação executiva: o inadimplemento do devedor e a existência do título executivo judicial ou extrajudicial (arts. 515 e 784, CPC; arts. 876 e 880, CLT).

16.8.4.1 Inadimplemento do Devedor

O devedor é inadimplente quando deixa de cumprir a obrigação contida no título executivo, cabendo ao credor promover a execução (art. 786, *caput*, CPC).

Considera-se inadimplente o devedor que não satisfaz espontaneamente o direito reconhecido pela sentença (título executivo judicial), ou a obrigação, a que a lei atribuir a eficácia de título executivo (extrajudicial).

O legislador processual civil adotou o vocábulo "inadimplente" em duplo significado: (a) o absoluto: não houve o cumprimento da obrigação, nem poderá haver, em decorrência, exemplificativamente, do perecimento do objeto, de culpa do credor etc. No inadimplemento absoluto total, a obrigação não foi cumprida em sua integralidade. No absoluto parcial, o inadimplemento atinge uma parte da obrigação; (b) mora: a obrigação deixou de ser cumprida no lugar, tempo ou na forma convencionada, embora se tenha a possibilidade de ser satisfeita.

O credor não poderá iniciar a execução, ou nela prosseguir, se o devedor cumprir a obrigação; mas poderá recusar o recebimento da prestação, estabelecida no título executivo, se ela não corresponder ao direito ou à obrigação; caso em que requererá ao juiz a execução, ressalvado ao devedor o direito de embargá-la.

A obrigação, para ser exigível, necessita estar líquida – certa quanto à sua existência e determinada quanto ao seu objeto (art. 783, CPC). A liquidação de sentença é vital quando a decisão liquidanda é ilíquida (art. 509). Caso contrário, o devedor, nos seus embargos à execução, poderá alegar a inexequibilidade ou inexigibilidade do título (art. 525, § 1º, III).

Nas hipóteses em que o devedor não for obrigado a satisfazer sua prestação senão mediante a contraprestação do credor, este deverá provar que a adimpliu ao requerer a execução, sob pena de extinção do processo (art. 787, *caput*). Esse dispositivo é aplicável nas execuções em que se tem a aplicação da regra – *non adimpleti contractus* (exceção do contrato não cumprido).[33]

O executado poderá eximir-se da obrigação, depositando em juízo a prestação ou a coisa, caso em que o juiz não permitirá que o credor a receba sem cumprir a contraprestação que lhe tocar (art. 787, parágrafo único).

Toda vez que o credor, sem adimplir a prestação que lhe cabe, exigir o cumprimento da que toca ao devedor, este poderá, no ensejo dos embargos que vier a oferecer, alegar o excesso de execução (art. 917, § 2º, III).

Como exemplo: (a) as partes fazem o acordo; a reclamada se compromete a pagar a quantia de R$ 1.000,00, enquanto o reclamante assume o compromisso de que desocupará o imóvel (que era ocupado em função de ser zelador) em tantos dias; (b) se o credor não cumprir com a sua obrigação, é legítimo ao devedor (reclamado) que não cumpra a sua parte até que a outra faça o estabelecido na transação judicial.

16.8.4.2 Título Executivo – Execução Definitiva e Provisória

A execução provisória é analisada no tópico 13.1.5.2 do Capítulo XIII da Parte VI, quando abordamos o efeito do recurso no processo trabalhista.

16.8.5 Cumulação de Execuções

É lícito ao exequente, quando o executado é a mesma pessoa, cumular várias execuções, ainda que fundadas em títulos diferentes, desde que para todas as execuções seja competente o mesmo juízo e idêntico o procedimento (art. 780, CPC). Esse dispositivo é aplicável ao processo trabalhista, ante a lacuna da lei consolidada.

A cumulação de execuções só poderá envolver títulos judiciais, além da identidade quanto à forma do procedimento.

O art. 28 da Lei 6.830/80 permite ao juiz, a requerimento das partes, e visualizando a conveniência da unidade da garantia da execução, ordenar a reunião de processos contra o mesmo devedor. Haverá a reunião, sendo que os processos serão redistribuídos ao juízo da primeira distribuição. Não se trata de coligação de credores e sim de uma pluralidade

---

[33] Nos contratos bilaterais, nenhum dos contratantes, antes de cumprida a sua obrigação, pode exigir o implemento da do outro (art. 476, CC).

de credores. Por medida de economia processual, pode o Judiciário Trabalhista fazer a reunião de todos os processos contra o mesmo devedor, desde que se mantenha a unidade da execução.

16.8.6 Execução de Obrigações Alternativas

A obrigação alternativa sintetiza a faculdade que o devedor possui de escolher a prestação pela qual se desonera do encargo. Há uma pluralidade de prestações, mas é suficiente que o devedor escolha uma delas para cumprir com o seu encargo (arts. 252 a 256, CC).

Na estrutura do processo civil, o pedido será alternativo, quando, pela natureza da obrigação, o devedor puder cumprir a prestação de mais de um modo (art. 325, *caput*, CPC).

Quando, pela lei ou pelo contrato, a escolha couber ao devedor, o juiz lhe assegurará o direito de cumprir a prestação de um ou de outro modo, ainda que o autor não tenha formulado pedido alternativo (art. 325, parágrafo único).

Pedido alternativo não se confunde com pedidos sucessivos (art. 326). No pedido alternativo, como se tem mais de uma prestação, a escolhida pelo devedor e cumprida implica o adimplemento da obrigação. Exemplos: (a) a decisão que determina o fornecimento da alimentação ou a sua conversão em pecúnia; (b) a decisão que torna sem efeito a transferência do empregado para localidade diversa da prevista no contrato ou, se efetivada a transferência, o encargo quanto ao pagamento do adicional de 25%.

Os pedidos sucessivos apresentam uma relação de preferência, isto é, são baseados na mesma causa de pedir (fundamento fático). Não sendo possível ao juiz apreciar o primeiro, fará a apreciação do subsequente. No processo trabalhista, uma das formas de pedidos sucessivos é a temática relativa às estabilidades. Se não for possível a reintegração no emprego, poderá o juiz convertê-la em pecúnia.

Na execução das obrigações alternativas será observado: (a) quando a escolha couber ao devedor, este será citado para exercer a opção e realizar a prestação dentro em 10 dias, se outro prazo não lhe foi determinado em lei, no contrato, ou na sentença; (b) ao credor será devolvida a opção, se o devedor não a exercitou no prazo determinado; (c) se a escolha couber ao credor, este a indicará na petição inicial da execução (art. 800, §§ 1º e 2º).

16.8.7 Execução Sujeita a Condição ou Termo

Condição é a cláusula que, derivando exclusivamente da vontade das partes, subordina o efeito do negócio jurídico a um evento futuro e incerto (art. 121, CC). Podem ser suspensivas ou resolutivas.

Nas primeiras, o negócio jurídico só produz os seus efeitos na ocorrência do evento. Exemplo: a promessa de emprego de um tio ao seu sobrinho se o mesmo passar no exame vestibular.

A resolutiva implica a eficácia do ato desde a sua constituição, gerando efeitos, os quais serão extintos com a concretização do evento futuro e incerto. Como exemplos:

(a) a perda do cargo de confiança, caso o empregado não atinja determinada meta estabelecida pela empresa; (b) a manutenção do contrato até a ocorrência de justa causa do empregado ou do empregador (arts. 482 e 483, CLT).

Na condição resolutiva, o contrato de trabalho produz os seus efeitos até a constatação do evento futuro e incerto. Verificada a condição, o contrato se extingue. Os efeitos da condição resolutiva são *ex nunc*, não se admitindo o efeito retroativo.

O vocábulo "termo" possui dois significados: (a) o momento a partir do qual um ato jurídico começa a produzir ou cessa de produzir efeitos. Reflete o dia no qual se inicia ou se extingue a eficácia do ato jurídico; (b) cláusula que subordina a eficácia do ato jurídico à verificação de evento futuro e certo.

A certeza quanto à realização do evento é pacífica, todavia, nem sempre é possível a fixação da data com exatidão. O termo "certo" subordina os efeitos do contrato a um evento futuro e com data exata. O termo "incerto", apesar da certeza do evento, não tem condições de fixar a sua realização com precisão.

No direito do trabalho, o termo encontra-se presente na temática dos contratos por prazo determinado: (a) termo certo: cuja vigência dependa de data prefixada; (b) termo incerto: cuja vigência dependa da execução de serviços especificados ou ainda da realização de certo acontecimento suscetível de previsão aproximada (art. 443, § 1º, CLT).

No processo civil, quando o juiz decidir a relação jurídica sujeita a condição ou termo, o credor não poderá executar a sentença sem provar que se realizou a condição ou que ocorreu o termo (art. 514, CPC).

16.8.8 Execução de Prestações Sucessivas

Nas prestações sucessivas por tempo determinado a execução pelo não pagamento de uma prestação compreenderá as que lhe sucederem (art. 891, CLT). Esse dispositivo é aplicável, geralmente, às execuções quanto aos acordos que estabelecem parcelas. O inadimplemento de uma das parcelas implica o vencimento automático das demais.

Se for o caso de prestações sucessivas por tempo indeterminado, a execução compreenderá inicialmente as prestações devidas até a data do ingresso na execução (art. 892, CLT).

O art. 892 é aplicável nas condenações judiciais, as quais reconheçam o direito ao pagamento de parcelas vencidas e vincendas, estando o contrato de trabalho em vigência. As parcelas serão exigíveis de uma só vez, desde que estejam vencidas até a data do ingresso do processo na execução. As subsequentes somente serão exigíveis a partir do vencimento legal de cada uma delas (art. 459, CLT).

16.8.9 Responsabilidade Patrimonial do Devedor

O devedor responde, para o cumprimento de suas obrigações, com todos os seus bens presentes e futuros, observadas as restrições estabelecidas em lei (art. 789, CPC).

A execução tem como objeto imediato a realização de medidas concretas de cunho coercitivo, previstas em lei e com o escopo de satisfazer o direito reconhecido no título

PARTE VI · Cap. XVI – EXECUÇÃO TRABALHISTA | **943**

executivo. Como objeto mediato, a constrição sobre os bens que integram ou integrarão o patrimônio do devedor.

Com o avanço do direito, a garantia quanto ao cumprimento das obrigações não é mais pessoal e sim real. O que garante o efetivo cumprimento da obrigação é o patrimônio do devedor.

Patrimônio deriva do termo *patrimonium*, de *pater*, indicando de forma originária os bens da família ou os bens herdados dos pais. No aspecto jurídico, sintetiza o conjunto de bens, de direitos e obrigações, que sejam de apreciação econômica, pertencentes a uma pessoa física ou jurídica. Representa um conjunto de direitos ou de relações jurídicas que possuem valor econômico.

No campo do direito das obrigações, a responsabilidade é patrimonial, na medida em que o devedor responde, para o cumprimento de suas obrigações, com todos os seus bens presentes e futuros (art. 789, CPC), não havendo a possibilidade de prisão civil por dívida, salvo a do responsável pelo inadimplemento voluntário e inescusável de obrigação alimentar (art. 5º, LXVII, CF).

A execução tem como objeto imediato a realização de medidas concretas de cunho coercitivo, previstas em lei e com o escopo de realizar a sanção condenatória prevista no título executivo.

Como objeto mediato, é a constrição sobre os bens que integram ou integrarão o patrimônio do devedor.

16.8.10 Fraude à Execução

A fraude à execução é crime: fraudar execução, alienando, desviando, destruindo ou danificando bens, ou simulando dívidas, com a fixação de uma pena de detenção de dois meses a dois anos, ou multa (art. 179, CP).[34] Trata-se de um crime de ação penal privada, a qual se processará mediante queixa-crime.

Fraude à execução significa tornar impossível a execução pela inexistência real ou simulada de bens.

---

[34] "Objeto jurídico: O patrimônio. Sujeito ativo: O devedor demandado judicialmente; se for comerciante, o crime poderá ser falimentar. Sujeito passivo: O credor que está acionando. Tipo objetivo: É imprescindível à tipificação que haja uma ação judicial cobrando o agente. Fraudar execução é tornar irrealizável a execução de sentença judicial ou de título executivo pré-constituído, pela inexistência (real ou simulada) de bens. Taxativamente, são arroladas as formas de frustrar: alienando, desviando, destruindo ou danificando bens, ou, ainda, simulando dívidas. É indispensável que o devedor tenha conhecimento da ação judicial proposta e que a diminuição do seu patrimônio torne impossível a execução da dívida. Evidentemente, se a lei processual civil não considerar o ato fraude à execução não se poderá cogitar da figura penal. Tipo subjetivo: O dolo, isto é, a vontade livre e consciente de alienar, desviar, destruir, danificar ou simular, e o elemento sujeito do tipo, que é o fim de fraudar a execução. Não há forma culposa. Para a doutrina tradicional é o 'dolo específico'" (DELMANTO, Celso. *Código Penal comentado*, 5. ed., p. 383).

Considera-se em fraude de execução a alienação ou oneração de bens quando: (a) sobre eles pender ação fundada em direito real ou com pretensão reipersecutória, desde que a pendência do processo tenha sido averbada no respectivo registro público, se houver; (b) ao tempo da alienação ou oneração, tramitava contra o devedor ação capaz de reduzi-lo à insolvência; (c) nos demais casos expressos em lei (art. 792, I, IV e V, CPC).

O CPC (art. 792, II e III) mantém as hipóteses acima com a inclusão de: (a) quando tiver sido averbada, em seu registro, a pendência do processo de execução, na forma do art. 844 (certidão de que a execução foi admitida pelo magistrado); (b) quando tiver sido averbado, em seu registro, hipoteca judiciária ou outro ato de constrição judicial originário do processo onde foi arguida a fraude.

Na fraude à execução tem-se a presunção do *concilium fraudis*. Não se cogita da boa ou má-fé do adquirente do bem do devedor para figurar a fraude. Basta a certeza de que, ao tempo da alienação, já corria demanda capaz de alterar o patrimônio, reduzindo-o à insolvência. Proposta a execução, desnecessária a inscrição da penhora para a ineficácia de venda posteriormente feita, sendo suficiente o desrespeito a ela, por parte do executado (art. 792, § 1º, CPC). Pondere-se que a fraude à execução pode ser declarada incidentalmente no processo de execução, independentemente de ação específica.

A hipótese do art. 792, I, é inaplicável no Processo Trabalhista. Não tem a Justiça do Trabalho competência material para apreciar questões que tenham como objeto discussões pertinentes a direito real (existência de litígio sobre bens).

A hipótese – quando, ao tempo da alienação ou oneração, corria contra o devedor ação capaz de reduzi-lo à insolvência – é aplicável no âmbito do Processo Trabalhista. Essa situação envolve dois elementos simultâneos: (a) à época da alienação ou da oneração dos bens existir contra o devedor certa demanda judicial; (b) que dita ação seja capaz de torná-lo insolvente. O fato de existir uma demanda contra o devedor não é motivo plausível para a concretização da fraude à execução. É necessário que a venda ou qualquer ato de oneração implique ficar o patrimônio do devedor afetado pelo ato, a ponto de ficar impossibilitado para solver a obrigação.

Geralmente, a questão da fraude à execução é visualizada pelos próprios elementos existentes nos autos na fase executória. Procuram-se os bens e esses não são localizados, em sua quase maioria, bens móveis. Quando os bens móveis não são encontráveis ou são de difícil comercialização, é comum a solicitação quanto aos bens imóveis, os quais são alienados, doados ou passam a ter qualquer outro fator oneroso. Essas situações impõem ao Judiciário Trabalhista o reconhecimento da fraude à execução, com a determinação da ineficácia do negócio jurídico em relação ao credor, inclusive, com os atos de registro do cancelamento da transcrição ou inscrição no registro de imóveis.

Pela atual jurisprudência do STJ, o reconhecimento da fraude à execução depende do registro da penhora do bem alienado ou da prova de má-fé do terceiro adquirente (Súm. 375). A Súmula 375 tem influenciado alguns julgados trabalhistas.[35]

---

[35] TST – 6ª T. – RR 154500-05.2004.5.15.0046 – Rel. Min. Augusto César Leite de Carvalho – *DEJT* 18/3/2011; TRT 13ª R. – AP 37500-95.2012.5.13.0001 – Rel. Eduardo Sergio de Almeida – *DJe* 6/8/2012 – p. 16.

PARTE VI · Cap. XVI – EXECUÇÃO TRABALHISTA | 945

Pelo CPC, no caso de aquisição de bem não sujeito a registro, o terceiro adquirente tem o ônus de provar que adotou as cautelas necessárias para a aquisição, mediante a exibição das certidões pertinentes, obtidas no domicílio do vendedor e no local onde se encontra o bem (art. 792, § 2º).

As duas outras hipóteses acrescidas ao CPC/75 (art. 792, II e III) são compatíveis com o processo do trabalho, pois envolvem as hipóteses de alienação ou oneração de bem, quando: (a) já se teve iniciada a execução (desde que se tenha a inscrição da certidão no registro de imóveis, de veículos ou de outros bens sujeitos à penhora ou indisponibilidade); (b) do registro da decretação da hipoteca judiciária ou de outro ato de apreensão judicial originário da demanda em que foi arguida a fraude.

O art. 792, V, CPC, faz alusão aos demais casos expressos em lei. Por exemplo, no processo civil existe a penhora de crédito do devedor perante terceiros: (a) a penhora de crédito representado por letra de câmbio, nota promissória, duplicata, cheque ou outros títulos, será efetuada pela apreensão do documento, esteja ou não em poder do executado (art. 856, *caput*) (b) se o título não for apreendido, mas o terceiro confessar a dívida, será havido como depositário da importância (art. 856, § 1º); (c) o terceiro só se exonerará da obrigação depositando em juízo a importância da dívida (art. 856, § 2º); (d) se o terceiro negar o débito em conluio com o executado, a quitação, que este lhe der caracterizará fraude à execução (art. 856, § 3º); (e) a requerimento do exequente, o juiz determinará o comparecimento, em audiência especialmente designada, do executado e do terceiro, a fim de lhes tomar depoimentos (art. 856, § 4º). Essa hipótese é aplicável no processo trabalhista (art. 769, CLT).

De acordo com a Lei 13.097/15 (art. 54, I a IV), os negócios jurídicos que tenham por fim constituir, transferir ou modificar direitos reais sobre imóveis são eficazes em relação a atos jurídicos precedentes, nas hipóteses em que não tenham sido registradas ou averbadas na matrícula do imóvel as seguintes informações: (a) registro de citação de ações reais ou pessoais reipersecutórias; (b) averbação, por solicitação do interessado, de constrição judicial, do ajuizamento de ação de execução ou de fase de cumprimento de sentença, procedendo-se nos termos previstos do art. 615-A, CPC/73 (art. 828, CPC); (c) averbação de restrição administrativa ou convencional ao gozo de direitos registrados, de indisponibilidade ou de outros ônus quando previstos em lei; (d) averbação, mediante decisão judicial, da existência de outro tipo de ação cujos resultados ou responsabilidade patrimonial possam reduzir seu proprietário à insolvência (art. 792, IV, CPC).

Não poderão ser opostas situações jurídicas não constantes da matrícula no Registro de Imóveis, inclusive para fins de evicção, ao terceiro de boa-fé que adquirir ou receber em garantia direitos reais sobre o imóvel, ressalvados o disposto nos arts. 129 e 130, Lei 11.101/05, e as hipóteses de aquisição e extinção da propriedade que independam de registro de título de imóvel (art. 54, parágrafo único).

A alienação ou oneração de unidades autônomas integrantes de incorporação imobiliária, parcelamento do solo ou condomínio edilício, devidamente registrada, não poderá ser objeto de evicção ou de decretação de ineficácia, mas eventuais credores do alienante ficam sub-rogados no preço ou no eventual crédito imobiliário, sem prejuízo das perdas e danos imputáveis ao incorporador ou empreendedor, decorrentes de seu dolo ou culpa, bem como da aplicação das disposições constantes da Lei 8.078/90 (art. 55).

A averbação na matrícula do imóvel será realizada por determinação judicial e conterá a identificação das partes, o valor da causa e o juízo para o qual a petição inicial foi distribuída (art. 56, *caput*). Para efeito de inscrição, a averbação é considerada sem valor declarado e será gratuita àqueles que se declararem pobres sob as penas da lei (art. 56, §§ 1º e 2º). O Oficial do Registro Imobiliário deverá comunicar ao juízo a averbação efetivada, no prazo de até dez dias contado da sua concretização (art. 56, § 3º). Deve a averbação recair de forma preferencial sobre imóveis indicados pelo proprietário e se restringirá a quantos sejam suficientes para garantir a satisfação do direito objeto da ação (art. 56, § 4º). A averbação será efetuada ou serão indicadas as pendências a serem satisfeitas para sua efetivação no prazo de cinco dias (art. 57).

A Lei 13.097 não se aplica a imóveis que façam parte do patrimônio da União, dos Estados, do Distrito Federal, dos Municípios e de suas fundações e autarquia (art. 58).

16.8.11 Ato Atentatório à Dignidade da Justiça

O processo moderno é um dos baluartes da democracia. Toda e qualquer lesão ou ameaça a direito deve ser objeto de apreciação judicial (art. 5º, XXXV, CF). Assim, não pode o Judiciário, precipuamente, nas ações executórias, permitir a prática de atos que sejam atentatórios à dignidade da justiça.

Em qualquer momento do processo, o juiz pode: (a) ordenar o comparecimento das partes; (b) advertir ao devedor que o seu procedimento constitui ato atentatório à dignidade da justiça (art. 772, I e II, CPC).

O CPC/15 acresce outra hipótese: determinar que sujeitos indicados pelo exequente forneçam informações em geral relacionadas ao objeto da execução, tais como documentos e dados que tenham em seu poder, assinando-lhes prazo razoável (art. 772, III). Nesse sentido, o juiz poderá, de ofício ou a requerimento, determinar as medidas necessárias ao cumprimento da ordem de entrega de documentos. Quando o juiz receber dados sigilosos, deve adotar as medidas necessárias para assegurar sua confidencialidade (art. 773). Citadas inovações são plenamente compatíveis com o processo trabalhista.

Considera-se atentatório à dignidade da justiça (art. 600, I a IV, CPC/73; art. 774, I, II, IV e V, CPC/15) o ato do executado que: (a) frauda a execução: são as hipóteses do art. 593, do CPC/73 (art. 792, CPC/15), as quais foram analisadas no tópico anterior; (b) se opõe maliciosamente à execução, empregando ardis e meios artificiosos: a resistência do devedor é possível na fase executória, inclusive com direito de oposição dos embargos à execução (art. 884, CLT). Pondere-se que a resistência há de ser jurídica e não arbitrária. Aliás, o NCPC estabelece que é litigante de má-fé quem opõe resistência injustificada ao andamento processual, bem como age de forma temerária em qualquer incidente ou ato do processo. Nem sempre é fácil efetivar a concretização para o juiz do que vem a ser a resistência injustificada. Exemplos: (1) a indicação de bens que não atende à gradação legal (art. 655, CPC/73; art. 835, CPC/15); (2) impugna a sentença de liquidação ou

PARTE VI · Cap. XVI – EXECUÇÃO TRABALHISTA | **947**

oferece embargos à execução, destituídos de qualquer fundamento legal ou ponderação jurídica; (c) resiste injustificadamente às ordens judiciais: as partes possuem o dever de atender às determinações judiciais. Se o devedor não observa as determinações sem um motivo plausível, pode haver a caracterização da resistência injustificada. Exemplos: (1) o não comparecimento à presença do juiz (art. 591, I, CPC/73; art. 772, I, CPC/15); (2) a não juntada de certo documento que se encontra em seu poder; (3) o não fornecimento de informações ou esclarecimentos essenciais à causa etc.; (d) intimado, não indica ao juiz, em cinco dias, quais são e onde se encontram os bens sujeitos à penhora e seus respectivos valores.

Ao elenco acima, o CPC/15 acresceu a hipótese de quando se tem a oposição de dificuldades ou embaraços à realização da penhora (art. 774, III). Hipótese aplicável ao processo trabalhista.

Na caracterização de ato atentatório à dignidade da justiça, o devedor incidirá em multa fixada pelo juiz, em montante não superior a 20% do valor atualizado do débito em execução, sem prejuízo de outras sanções de natureza processual ou material, multa essa que reverterá em proveito do exequente, exigível nos próprios autos do processo, sem prejuízo de outras sanções de natureza processual ou material (art. 601, *caput*, CPC/73; art. 774, parágrafo único, CPC/15).

16.8.12 Execução contra a Fazenda Pública

16.8.12.1 Conceito de Fazenda Pública

A expressão "Fazenda Pública" compreende as pessoas jurídicas de direito público interno (União, os Estados, os Municípios, o Distrito Federal, os Territórios e as autarquias ou fundações de direito público federais, estaduais ou municipais cujos bens estejam sujeitos ao regime de Direito Público).

As empresas públicas e as sociedades de economia mista são entes de direito privado, não se adequando ao conceito de Fazenda Pública (art. 173, § 1º, II, CF) (STF – TP – RE 599628/DF – Rel. Min. Joaquim Barbosa – DJ 17/10/2011).

16.8.12.2 A Obrigatoriedade do Precatório na Execução contra a Fazenda Pública

Como regra, os pagamentos devidos pela Fazenda Federal, Estadual, Distrital ou Municipal, em virtude de sentença judiciária, serão efetuados exclusivamente na ordem cronológica de apresentação dos precatórios[36] e à conta dos créditos respectivos, proibida

---

[36] Precatório é a "requisição de pagamento ou prestação pecuniária que é objeto da execução contra a Fazenda Pública, contendo peças obrigatórias exigidas pelo regimento do tribunal, pelo juízo da execução ou indicadas pelas partes, tais como: petição inicial, procuração, contestação, sentença de primeiro grau, acórdão do tribunal, petição inicial da execução, sentença que julgou a liquidação, firma reconhecida do magistrado e autenticação das peças que foram juntadas por cópia. A requerimento do autor, o juízo da execução promove o envio do aludido ofício ao presidente do

a designação de casos ou de pessoas nas dotações orçamentárias e nos créditos adicionais abertos para esse fim (art. 100, *caput*, CF).[37]

No orçamento das entidades de direito público, tem-se por obrigatória a inclusão de verba necessária ao pagamento de seus débitos, oriundos de sentenças transitadas em julgado, constantes de precatórios judiciários apresentados até 1º de julho, fazendo-se o pagamento até o final do exercício seguinte, quando terão seus valores atualizados monetariamente (art. 100, § 5º). Durante o período previsto no § 1º do art. 100 da Constituição, não incidem juros de mora sobre os precatórios que nele sejam pagos (Súm. Vinculante 17, STF).

As dotações orçamentárias e os créditos abertos serão consignados diretamente ao Poder Judiciário, cabendo ao Presidente do Tribunal que proferir a decisão exequenda determinar o pagamento integral e autorizar, a requerimento do credor e exclusivamente para os casos de preterimento de seu direito de precedência ou de não alocação orçamentária do valor necessário à satisfação do seu débito, o sequestro da quantia respectiva (art. 100, § 6º).

O Presidente do Tribunal competente que, por ato comissivo ou omissivo, retardar ou tentar frustrar a liquidação regular de precatórios incorrerá em crime de responsabilidade e responderá, também, perante o CNJ (art. 100, § 7º).

Após a citação da Fazenda Pública, o juiz requisitará o pagamento por intermédio do presidente do tribunal competente (arts. 535, § 3º, I, e 910, § 1º, NCPC), sendo que o pagamento será realizado na ordem de apresentação do precatório e à conta do respectivo crédito.

16.8.12.2.1 Créditos de Natureza Alimentícia

Os débitos de natureza alimentícia compreendem aqueles decorrentes de salários, vencimentos, proventos, pensões e suas complementações, benefícios previdenciários e indenizações por morte ou por invalidez, fundadas em responsabilidade civil, em virtude de sentença judicial transitada em julgado, e serão pagos com preferência sobre todos os demais débitos, com exceção dos previstos no art. 100, § 2º, CF (art. 100, § 1º). [38]

---

tribunal para que este, após ouvir o Ministério Público e obter parecer favorável, requisite a verba junto à autoridade administrativa" (DINIZ, Maria Helena. *Dicionário jurídico*, v. 3, p. 675).

[37] É válida a penhora em bens de pessoa jurídica de direito privado, realizada anteriormente à sucessão pela União ou por estado-membro, não podendo a execução prosseguir mediante precatório. A decisão que a mantém não viola o art. 100 da CF/1988 (OJ 343, SDI-I).

[38] O Conselho Federal da Ordem dos Advogados do Brasil (CFOAB), Associação dos Magistrados Brasileiros (AMB); Associação Nacional dos Membros do Ministério Público (CONAMP); Associação Nacional dos Servidores do Poder Judiciário (ANSJ); Confederação Nacional dos Servidores Públicos (CNSP); Associação Nacional dos Procuradores do Trabalho (ANPT) questionam perante o STF a constitucionalidade formal e material da EC 62 (ADIn 4357, Rel. Min. Carlos Ayres Britto). Em março de 2013, o Plenário do STF declarou procedente em parte a ação para declarar a inconstitucionalidade da expressão "na data de expedição de precatório", contida no § 2º, bem como os §§ 9º, 10 e 15, bem como das expressões "índice oficial de remuneração básica

Os débitos de natureza alimentícia cujos titulares, originários ou por sucessão hereditária, tenham 60 anos de idade, ou sejam portadores de doença grave, ou pessoas com deficiência, assim definidos na forma da lei, serão pagos com preferência sobre todos os demais débitos, até o valor equivalente ao triplo do fixado em lei para os fins do disposto no § 3º, art. 100, CF, admitido o fracionamento para essa finalidade, sendo que o restante será pago na ordem cronológica de apresentação do precatório (art. 100, § 2º).

Os créditos trabalhistas são considerados de natureza alimentícia. Sujeitam-se à espera na ordem cronológica entre os demais de igual natureza, já que toda a despesa pública necessita de previsão orçamentária (art. 167, CF).

O pagamento dos créditos trabalhistas será realizado na ordem de apresentação dos respectivos precatórios de natureza alimentícia (Súm. 144, STJ; Súm. 655, STF).

Não cabe recurso extraordinário contra decisão proferida no processamento de precatórios (Súm. 733).

16.8.12.2.2 Obrigações de Pequeno Valor contra a Fazenda Pública

A exigência da expedição de precatórios não se aplica aos pagamentos de obrigações definidas em lei como de pequeno valor que a Fazenda Pública (Federal, Estadual, Distrital ou Municipal) deva fazer em virtude de sentença judicial transitada em julgado (art. 100, § 3º, CF).[39]

Nos termos do art. 128, Lei 8.213/91, as demandas judiciais que tiverem por objeto o reajuste ou a concessão de benefícios regulados pela lei previdenciária cujos valores de execução não forem superiores a R$ 57.240,00 (Portaria Interministerial MF nº 15, de 16/1/2018), por opção de cada um dos exequentes, por autor poderão ser quitadas no prazo de até 60 dias após a intimação do trânsito em julgado da decisão, sem necessidade da expedição de precatório.

Não se admite a expedição de precatório complementar ou suplementar de valor pago, bem como fracionamento, repartição ou quebra do valor da execução, para que o pagamento ocorra em parte sem precatório e a outra mediante expedição de precatório (art. 100, § 8º).

O montante da obrigação de pequeno valor pode ser fixado de forma distinta para as entidades de direito público, segundo as diferentes capacidades econômicas, contudo, será respeitado, por mínimo, o valor do maior benefício do regime geral de previdência social (art. 100, § 4º).

---

da caderneta de poupança" e "independentemente de sua natureza", constantes do § 12, todos dispositivos do art. 100 da CF, com a redação dada pela EC 62/09. Também houve a declaração da inconstitucionalidade do art. 97 do ADCT e do art. 1º– F, da Lei 9.494/97.

[39] Há dispensa da expedição de precatório, na forma do art. 100, § 3º, da CF, quando a execução contra a Fazenda Pública não exceder os valores definidos, provisoriamente, pela EC 37/02, como obrigações de pequeno valor, inexistindo ilegalidade, sob esse prisma, na determinação de sequestro da quantia devida pelo ente público (OJ 1, TP).

Com a promulgação da Lei 10.259/01, houve a instituição do Juizado Especial Cível, no âmbito da Justiça Federal, o qual tem as atribuições de processar, conciliar e julgar causas até o valor de 60 salários-mínimos, bem como executar as suas sentenças (art. 3º, *caput*).

O cumprimento do acordo ou da sentença, com trânsito em julgado, que imponham obrigação de fazer, não fazer ou entrega de coisa certa, será efetuado mediante ofício do juiz à autoridade citada para a causa, com cópia da sentença ou do acordo (art. 16).

Tratando-se de obrigação de pagar quantia certa, após o trânsito em julgado da decisão, o pagamento será efetuado no prazo de 60 dias, contados da entrega da requisição, por ordem do juiz, à autoridade citada para a causa, na agência mais próxima da Caixa Econômica Federal (CEF) ou do Banco do Brasil, independentemente de precatório (art. 17, *caput*).

A obrigação de pequeno valor tem por limite o valor estabelecido na Lei 10.259 para a competência do Juizado Especial Federal Cível, ou seja, o equivalente a 60 salários-mínimos (art. 17, § 1º).

Caso não seja cumprida a requisição judicial, o juiz determinará o sequestro do numerário suficiente ao cumprimento da decisão (art. 17, § 2º).

Se o valor da execução ultrapassar o estabelecido montante de 60 salários-mínimos, o pagamento será efetuado, sempre, por meio do precatório, contudo, o exequente tem a faculdade de renunciar ao crédito do valor excedente, para que possa optar pelo pagamento do saldo sem o precatório (art. 17, § 4º).

Em abril/07, o TST fixou o entendimento de que em se tratando de reclamações trabalhistas plúrimas, a aferição do que vem a ser obrigação de pequeno valor, para efeito de dispensa de formação de precatório e aplicação do disposto no art. 100, § 3º, CF, deve ser realizada de acordo com os créditos de cada reclamante (OJ 9, TP).

A IN 32 do TST define os valores relativos à execução por obrigação de pequeno valor: (a) 60 salários-mínimos (Fazenda Pública Federal); (b) 40 salários ou o valor estipulado pela legislação local (Fazendas Públicas: Estadual e Distrital); (c) 30 salários-mínimos, ou o valor estipulado pela legislação local (Fazenda Pública Municipal).

16.8.12.2.3 Compensação de Crédito pela Fazenda Pública

No momento da expedição dos precatórios, independentemente de regulamentação, deles deverá ser abatido, a título de compensação, valor correspondente aos débitos líquidos e certos, inscritos ou não em dívida ativa e constituídos contra o credor original pela Fazenda Pública devedora (com a inclusão das parcelas vincendas de parcelamentos), ressalvada a execução suspensa em virtude de contestação administrativa ou judicial (art. 100, § 9º).

Antes da expedição dos precatórios, o Tribunal solicitará à Fazenda Pública devedora, para resposta em até 30 dias, sob pena de perda do direito de abatimento, informação sobre os débitos que preencham as condições estabelecidas no § 9º, para os fins nele previstos (art. 100, § 10).

Os §§ 9º e 10 foram declarados inconstitucionais pela decisão do STF (ADIn 4357).

PARTE VI · Cap. XVI – EXECUÇÃO TRABALHISTA | 951

16.8.12.2.4 Atualização dos Precatórios

A atualização de valores de requisitórios, após sua expedição, até o efetivo pagamento, independentemente de sua natureza, será feita pelo índice oficial de remuneração básica da caderneta de poupança, e, para fins de compensação da mora, incidirão juros simples no mesmo percentual de juros incidentes sobre a caderneta de poupança, ficando excluída a incidência de juros compensatórios (art. 100, § 12).

As expressões "índice oficial de remuneração básica da caderneta de poupança" e "independentemente de sua natureza" foram declaradas inconstitucionais pelo STF (ADIn 4357). Na sua decisão, o STF entendeu que devem ser aplicados os mesmos critérios de fixação de juros moratórios para devedores públicos e privados nos limites da relação jurídica tributária. Isso significa que essa decisão não afetou os critérios de juros e correção monetária quanto aos débitos trabalhistas da Fazenda Pública.

No RE 870.947, quanto aos juros moratórios e a correção monetária impostas à Fazenda Pública, o STF fixou as seguintes teses: (a) juros moratórios – *"O art. 1º-F da Lei nº 9.494/97, com a redação dada pela Lei nº 11.960/09, na parte em que disciplina os juros moratórios aplicáveis a condenações da Fazenda Pública, é inconstitucional ao incidir sobre débitos oriundos de relação jurídico-tributária, aos quais devem ser aplicados os mesmos juros de mora pelos quais a Fazenda Pública remunera seu crédito tributário, em respeito ao princípio constitucional da isonomia (CRFB, art. 5º, caput); quanto às condenações oriundas de relação jurídica não-tributária, a fixação dos juros moratórios segundo o índice de remuneração da caderneta de poupança é constitucional, permanecendo hígido, nesta extensão, o disposto no art. 1º-F da Lei nº 9.494/97 com a redação dada pela Lei nº 11.960/09"*; (b) correção monetária – *"O art. 1º-F da Lei nº 9.494/97, com a redação dada pela Lei nº 11.960/09, na parte em que disciplina a atualização monetária das condenações impostas à Fazenda Pública segundo a remuneração oficial da caderneta de poupança, revela-se inconstitucional ao impor restrição desproporcional ao direito de propriedade (CRFB, art. 5º, XXII), uma vez que não se qualifica como medida adequada a capturar a variação de preços da economia, sendo inidônea a promover os fins a que se destina".*

Portanto, de acordo com a OJ 7, TP, TST, quanto aos juros e correção monetária dos débitos trabalhistas da Fazenda Pública, devem ser observados: (a) 1% ao mês, até agosto de 2001 (art. 39, § 1º, Lei 8.177/91); (b) 0,5% ao mês, de setembro de 2001 a junho de 2009 (art. 1º-F, Lei 9.494/97); (c) a partir de 30/6/2009, atualizam-se os débitos trabalhistas, mediante a incidência dos índices oficiais de remuneração básica e juros aplicados à caderneta de poupança (art. 5º da Lei 11.960/09).

De acordo com a Súmula Vinculante 17, durante o período previsto no § 1º do art. 100 da CF (período transcorrido entre a elaboração da conta e o efetivo pagamento, se realizado no exercício subsequente), não incidem juros de mora sobre os precatórios que nele sejam pagos.

16.8.12.2.5 Atuação do Credor

É facultada ao credor (conforme estabelecido em lei da entidade federativa devedora) a entrega de créditos em precatórios para compra de imóveis públicos do respectivo ente federado (art. 100, § 11).

O credor poderá ceder, total ou parcialmente, seus créditos em precatórios a terceiros, independentemente da concordância do devedor (art. 100, § 13), não se aplicando ao cessionário os seguintes benefícios: (a) os débitos de natureza alimentícia cujos titulares, originários ou por sucessão hereditária, tenham 60 anos de idade, ou sejam portadores de doença grave, ou pessoas com deficiência, assim definidos na forma da lei, serão pagos com preferência sobre todos os demais débitos, até o valor equivalente ao triplo do fixado em lei para os fins do disposto no § 3º, art. 100, CF, admitido o fracionamento para essa finalidade, sendo que o restante será pago na ordem cronológica de apresentação do precatório (art. 100, § 2º); (b) a expedição de precatórios não se aplica aos pagamentos de obrigações definidas em leis como de pequeno valor que as Fazendas referidas devam fazer em virtude de sentença judicial transitada em julgado (art. 100, § 3º).

A cessão de precatórios somente produzirá efeitos após comunicação, por meio de petição protocolizada, ao tribunal de origem e à entidade devedora (art. 100, § 14).

16.8.12.2.6 Regime Especial para Pagamento de Precatórios

Sem prejuízo do disposto no art. 100, lei complementar à CF poderá estabelecer regime especial para pagamento de crédito de precatórios de Estados, Distrito Federal e Municípios, dispondo sobre vinculações à receita corrente líquida e forma e prazo de liquidação (art. 100, § 15).

A seu critério exclusivo e na forma de lei, a União poderá assumir débitos, oriundos de precatórios, de Estados, Distrito Federal e Municípios, com o refinanciamento direto (art. 100, § 16).

Até a edição da lei complementar (art. 100, § 15), os Estados, o Distrito Federal e os Municípios que, na data de publicação desta EC, estejam em mora na quitação de precatórios vencidos, relativos às suas administrações (direta e indireta), inclusive os emitidos durante o período de vigência do regime especial instituído por este artigo, farão esses pagamentos de acordo com as normas a seguir estabelecidas, sendo inaplicável o disposto no art. 100, exceto em seus §§ 2º, 3º, 9º, 10, 11, 12, 13 e 14, e sem prejuízo dos acordos de juízos conciliatórios já formalizados na data de promulgação desta EC (art. 97, *caput*, ADCT).

Pela EC 94, de 15/12/2016, foram acrescidos os §§ 17 a 18 ao art. 100 da CF, com a seguinte redação: (a) A União, os Estados, o Distrito Federal e os Municípios aferirão mensalmente, em base anual, o comprometimento de suas respectivas receitas correntes líquidas com o pagamento de precatórios e obrigações de pequeno valor; (b) entende-se como receita corrente líquida, o somatório das receitas tributárias, patrimoniais, industriais, agropecuárias, de contribuições e de serviços, de transferências correntes e outras receitas correntes, incluindo as oriundas do § 1º, do art. 20, CF, verificado no período compreendido pelo segundo mês imediatamente anterior ao de referência e os onze meses precedentes, excluídas as duplicidades, e deduzidas: (1) na União, as parcelas entregues aos Estados, ao Distrito Federal e aos Municípios por determinação constitucional; (2) nos Estados, as parcelas entregues aos Municípios por determinação constitucional; (3) na União, nos Estados, no Distrito Federal e nos Municípios, a contribuição dos servidores para custeio de seu sistema de previdência e assistência social e as receitas provenientes da compensação financeira referida no § 9º, do art. 201, CF; (c) caso o montante total de débitos decorrentes de condenações judiciais em precatórios e obrigações de pequeno valor, em período de doze meses, ultrapasse a média do comprometimento percentual da receita corrente líquida nos cinco anos imediatamente anteriores, a parcela que exceder esse percentual poderá ser financiada, excetuada dos limites de endividamento de que tratam os incisos VI e VII, art. 52, CF e de quaisquer outros limites de endividamento previstos, não se aplicando a esse financiamento a vedação de vinculação de receita prevista no inciso IV, art. 167, CF; (d) caso haja precatório com valor superior a 15% do montante dos precatórios apresentados nos termos do § 5º do art. 100, CF, 15% do valor deste precatório serão pagos até o final do exercício seguinte e o restante em parcelas iguais nos cinco exercícios subsequentes, acrescidas de juros de mora e correção monetária, ou mediante acordos diretos, perante Juízos Auxiliares de Conciliação de Precatórios, com redução máxima de 40% (quarenta por cento) do valor do crédito atualizado, desde que em relação ao crédito não penda recurso ou defesa judicial e que sejam observados os requisitos definidos na regulamentação editada pelo ente federado.

A EC 99, de 14/12/2017, estabeleceu novas regras quanto aos precatórios, com alterações quanto aos arts. 101, 102, 103 e 105, do ADCT.

16.8.12.3 A Citação da Fazenda Pública

Na execução por quantia certa contra a Fazenda Pública com base em: (a) título judicial, será intimada na pessoa de seu representante judicial, por carga, remessa ou meio eletrônico, para, querendo, apresentar impugnação à execução (art. 535, caput, CPC); (b) título extrajudicial, será citada para opor embargos (art. 910, caput). Nas duas hipóteses, o prazo é de 30 dias.[40]

O TST vinha entendendo que o prazo para a Fazenda Pública apresentar embargos à execução era de 10 dias.[41] Contudo, o TST fixou a posição de que o prazo é de 30 dias, visto que o STF não analisou o mérito da ADC 11-MC/DF.[42]

Como os bens públicos são impenhoráveis (art. 100, *caput*, CF), a Fazenda Pública não tem a obrigação quanto à garantia do juízo.

---

[40] O prazo a que se refere o *caput* dos arts. 535 e 910, CPC, e 884, da CLT, é de 30 dias (art. 1º-B, da Lei 9.494/97, com a redação dada pela MP 2.180-35, de 24/8/01). A MP 2.180-35, apesar de sua reedição em 24/8/91, não perdeu a sua eficácia diante da EC 32/01, a qual, em seu art. 2º, estabelece: "As medidas provisórias editadas em data anterior à da publicação desta emenda continuam em vigor até que medida provisória ulterior as revogue de forma explícita ou até deliberação definitiva do Congresso Nacional". A MP está em vigor, já que é anterior à EC 32, além do que não há MP posterior que a tenha revogado explicitamente e até a presente data não ocorreu deliberação definitiva pelo Congresso Nacional.

[41] TST – 2ª T. – RR 163100-27.1987.5.01.0005 – Relator Ministro: José Roberto Freire Pimenta – *DEJT* 15/6/2012.

[42] TST – SDI-I – E-RR 110200-18.2003.5.21.0921 – Rel. Min. Renato de Lacerda Paiva – *DEJT* 18/10/2013.

Na impugnação (art. 535, I a VI, CPC), a Fazenda poderá alegar: (a) falta ou nulidade da citação se, na fase de conhecimento, o processo correu à revelia; (b) ilegitimidade de parte; (c) inexequibilidade do título ou inexigibilidade da obrigação; (d) cumulação indevida de execuções; (e) excesso de execução; (f) incompetência absoluta ou relativa do juízo da execução; (g) qualquer causa modificativa ou extintiva da obrigação, como pagamento, novação, compensação, transação ou prescrição, desde que supervenientes ao trânsito em julgado da sentença; (h) suspeição ou impedimento do juiz.

Considera-se também inexigível a obrigação reconhecida em título executivo judicial fundado em: (a) lei ou ato normativo considerado inconstitucional pelo STF; (b) aplicação ou interpretação da lei ou ato normativo tido pelo STF como incompatíveis com a CF. A decisão pode ser originária em controle de constitucionalidade concentrado ou difuso (art. 535, § 5º, NCPC), a qual: (a) poderá modular no tempo os efeitos, como forma de favorecer a segurança jurídica; (b) deve ser proferida antes do trânsito em julgado da decisão exequenda. Caso seja posterior ao trânsito em julgado da decisão exequenda, não mais será possível a impugnação, cabendo, então, à Fazenda Pública o ajuizamento de ação rescisória, cujo prazo será contado do trânsito em julgado da decisão proferida pelo STF (art. 535, §§ 6ª a 8ª).

Nos embargos (art. 910, § 2º, CPC), a Fazenda Pública poderá alegar qualquer matéria que lhe seria lícito aduzir, como defesa, no processo de conhecimento.

O Presidente do TRT, em sede de precatório, não tem competência funcional para declarar a inexigibilidade do título judicial exequendo, com fundamento no art. 884, § 5º, da CLT, ante a natureza meramente administrativa do procedimento (OJ, 12).

Transcorrido o prazo sem apresentação de embargos pela Fazenda Pública, serão observadas as seguintes regras: (a) o juiz fará a requisição do pagamento do crédito por intermédio do presidente do tribunal competente; (b) o pagamento será feito na ordem de apresentação do precatório e à conta do respectivo crédito (art. 730, I e II, CPC/73; art. 910, § 1º, NCPC).

Pelo CPC/73, se o credor fosse preterido no seu direito de preferência, o presidente do tribunal, que expediu a ordem, poderá, depois de ouvido o chefe do Ministério Público, ordenar o sequestro da quantia necessária para satisfazer o débito (art. 731).

A IN 32/08 uniformiza os procedimentos para a expedição de precatórios e ofícios requisitórios referentes às condenações decorrentes de decisões transitadas em julgado, contra a União Federal (Administração Direta), autarquias e fundações de direito público.

O sequestro de verbas públicas para satisfação de precatórios trabalhistas só é admitido na hipótese de preterição do direito de precedência do credor, a ela não se equiparando as situações de não inclusão da despesa no orçamento ou de não pagamento do precatório até o final do exercício, quando não incluído no orçamento (OJ 3, TP).

É indevido o sequestro de verbas públicas quando o exequente/requerente não se encontra em primeiro lugar na lista de ordem cronológica para pagamento de precatórios ou quando não demonstrada essa condição (OJ 13, TP).

16.8.13 Execução contra a Massa Falida e a Empresa em Recuperação Judicial

Terá preferência em todas as fases processuais o dissídio cuja decisão tiver de ser executada perante o juízo da falência (art. 768, CLT).

Em face da legislação consolidada, com a decretação da quebra, o processo de cognição e o de liquidação tem prosseguimento na Justiça do Trabalho. O CPC determina que a massa falida será representada pelo administrador judicial (art. 75, V).

De acordo com o art. 23, da antiga Lei de Falências (Dec.-lei 7.661/45), ao juízo da falência deviam concorrer todos os credores do devedor comum, comerciais ou civis, alegando e provando os seus direitos. O art. 24, § 1º, enunciava que se achando os bens já em praça, com dia definitivo para arrematação, com data fixada por editais, a mesma seria realizada, entrando o produto para a massa. Se, porém, os bens já tiverem sido arrematados ao tempo da declaração da falência, somente entrará para a massa a sobra, depois de pago o exequente.

Ajuizada a execução fiscal anteriormente à falência, com penhora realizada antes desta, não ficam os bens penhorados sujeitos à arrecadação no juízo falimentar; proposta a execução fiscal contra a massa falida, a penhora far-se-á no rosto dos autos do processo de quebra, citando-se o síndico (Súm. 44, ex-TRF).

Na vigência do Dec.-lei 7.661/45, a execução contra a massa falida na Justiça do Trabalho era polêmica na doutrina.

Para Valentin Carrion,[43] *"a controvérsia está em a execução trabalhista ser sustada ou não, para dar passo à competência exclusiva e universal do juízo falimentar. Essa é a doutrina tradicional. Mas há entendimento minoritário no sentido de que o juízo universal da falência não atinge a execução trabalhista baseado na Lei de Falências (art. 24, § 2º) e que não susta as ações por títulos não sujeitos a rateio. Para ele: (a) as execuções laborais não seriam sustadas; (b) o juiz trabalhista poderia penhorar e arrematar bens arrecadados pela massa; (c) a habilitação na falência seria facultativa. Essa interpretação ignora as hipóteses de diversos credores trabalhistas (sujeitos a rateio entre si) em juízos diferentes, em comarcas distintas ou não, e não se preocupa com a falta de publicidade dessas execuções marginais e o desconhecimento pelos demais credores da massa, para o contraditório. Contra esse entendimento está a própria lei ordinária (CLT, art. 768), a discordância unânime do TST e da doutrina (não obstante algumas vozes ilustres isoladas, favoráveis, Calmon de Passos, LTr 46/519; Amaral Santos, DPC) e se assenta no que se disse acima e na circunstância de que a CF não opõe à Justiça do Trabalho a universidade do juízo falimentar, como faz quanto à Justiça Federal (art. 109, I). O entendimento do STJ, nessa divergência, é importante por ter competência para decidir o conflito entre o juiz falimentar e o juiz da execução trabalhista; o espírito da Súmula 44 (matéria fiscal) do antigo TFR poderíamos sintetizar assim: os bens penhorados antes da declaração da falência não são arrecadáveis pelo juízo falimentar, mas após a decretação da falência não há lugar para penhoras trabalhistas".*

---

[43]   CARRION, Valentin. *Comentários à Consolidação das Leis do Trabalho*, 28. ed., p. 705.

Em sentido contrário, ou seja, da competência trabalhista, inclusive para fins de execução, Calmon de Passos[44] afirmava: *"Em que pese à universalidade do juízo da falência, por conseguinte do foro em que ela tem o seu curso, essa universalidade carece de força para se sobrepor ao preceito constitucional que institui, com exclusividade, a Justiça do Trabalho para processar e julgar os dissídios entre empregados e empregadores. Isso é tanto exato que o constituinte, quando quis excepcionar, fê-lo, porque era necessário que o fizesse, de modo expresso, tal como acontece no tocante à Justiça Federal, que, segundo o art. 125 da Carta Magna, cede sua competência constitucional em favor da Justiça Comum por força do juízo universal da falência [...] o credor trabalhista não está sujeito ao juízo universal da falência, visto como só a Justiça do Trabalho é competente para julgar os dissídios individuais de trabalho e executar as decisões que neles profira. Destarte, a execução trabalhista iniciada não tem o seu curso suspenso por força de decretação da falência do executado. Nem se pode obstar a venda em hasta pública de bem que seria arrecadável ou foi arrestado pela massa, por força do que vem de ser afirmado. O único incidente possível seria o da suspensão prejudicial da entrega do produto, se dependesse da definição, no juízo da falência, a posição do crédito trabalhista no quadro geral dos credores. Isso, entretanto, hoje, no Direito brasileiro, se fez despiciendo, visto como ao crédito trabalhista se concedeu, por sua própria natureza e independente de qualquer acertamento jurisdicional, posição eminente e incontrastável em relação a qualquer crédito, seja provido de garantia real, seja beneficiado com privilégio geral e especial."*

Na opinião de Clóvis Salgado,[45] *"existem fundamentos de ordem legal, doutrinária e jurisprudencial, autorizando, desenganadamente, o prosseguimento das ações e execuções trabalhistas, que precederem à declaração da quebra, na Justiça do Trabalho, até o final pagamento por salários e 1/3 da indenização devida. Mas, além desses fundamentos, a conclusão se impõe, uma razão de ordem lógica e, ainda, por envolver a matéria aspecto social da alta relevância. Razão de ordem lógica porque, gozando aquele crédito de um privilégio especialíssimo, batizado pelo Dr. Barreto Filho até de 'superprivilégio', feriria o bom-senso manter-se o mesmo para o quadro geral dos credores e esperar-se o morosíssimo processo falimentar. Por que esperar, se serão pagos logo a seguir aos acidentados em serviço, preterindo os demais? Qual o prejuízo de a ação prosseguir no Juízo especialíssimo, indiscutivelmente mais rápido que o falimentar, por razões óbvias, se o síndico terá a mais ampla e total possibilidade de, nesse mesmo Juízo especialíssimo, defender os interesses da massa, dando as informações que desejar aos demais credores? E, afinal, a celeridade, a distribuição da Justiça da maneira mais rápida, desde que não haja cerceamento de defesa, não é uma das preocupações máximas da moderna processualística?"*

Segundo Amauri Mascaro Nascimento:[46] *"A falência produz efeitos sobre a execução trabalhista, que decorrem da sua força atrativa, concentrando todas as execuções em uma*

---

[44] CALMON, José Joaquim de Passos. O crédito trabalhista no direito positivo brasileiro. A supremacia do crédito do trabalhador sobre o crédito fiscal e os créditos com garantias reais. Aspectos processuais. *Revista LTr*, v. 46, nº 5, p. 519.

[45] SALGADO, Clóvis. Falência e crédito trabalhista. *Revista LTr*, v. 31, p. 638.

[46] NASCIMENTO, Amauri Mascaro. *Curso de direito processual do trabalho*, 12. ed., p. 268.

só, daí resultando o processo de execução coletiva falimentar. Também essa regra geral deve prevalecer no processo trabalhista, de modo que o princípio fundamental é o de que, havendo falência de uma empresa, a prestação jurisdicional trabalhista termina com a sentença proferida na fase de conhecimento, não cabendo execução dessa sentença perante a junta. O interessado deve habilitar o seu crédito no juízo falimentar, como credor da massa falida, e será pago de acordo com as prescrições da lei falimentar. Se a sentença é ilíquida, cabe a fase preambular executória da liquidação da sentença na Justiça do Trabalho, porque é evidente que o crédito a ser habilitado na falência deve ter o seu valor estabelecido pela sentença trabalhista. Após a liquidação, cessa a atuação do juízo especial e o empregado, de posse de certidão da sentença ou por ofício expedido pelo juiz presidente da junta, dirigido ao juízo falimentar, terá o seu crédito examinado pelo síndico da massa falida e habilitado."

Em sentido oposto, aos que entendem competente o juízo trabalhista, Amauri Mascaro Nascimento[47] discorria: "*A tese, apesar dos seus aspectos positivos, traz consequências práticas que contrariam os fins a que se propõe, ou seja, a proteção maior do trabalhador. Admitida essa dualidade de execuções, a singular, para os salários e 1/3 das indenizações dos empregados que têm esses direitos, e a coletiva, para os demais créditos trabalhistas, resultaria uma situação de total desproteção para os empregados cujos créditos terão de ser habilitados na falência. Mesmo entre os empregados que têm créditos privilegiados e que continuariam suas execuções singulares na Junta, pode ocorrer, como de fato ocorreu no caso concreto que deu causa ao pronunciamento da Corte Suprema, desigualdade de atendimento, porque os empregados que estavam assistidos por advogados cobraram desde logo os seus créditos, aqueles que estavam desassistidos e cujos processos não correram com a mesma celeridade, não puderam cobrar os seus créditos, porque os primeiros exauriram as forças patrimoniais sobre as quais as suas execuções singulares exercitaram-se porque da tese resulta a impossibilidade do Juiz do Trabalho determinar a execução coletiva por rateio, exatamente o tipo de execução que mais convém nesses casos e que é falimentar.*"

Apesar das controvérsias anteriormente existentes, o STF, pela decisão tomada no CC 7116-SP (Relª Min. Ellen Gracie), entendeu que "*decretada falência, a execução de crédito trabalhista deve ser processada perante o juízo falimentar. Com esse entendimento, o Tribunal, julgando conflito de competência entre o TST e juiz de direito estadual, declarou a competência do juízo da falência para arrecadar os bens da massa falida que foram penhorados pela Justiça do Trabalho em execução trabalhista*".

Com a Lei 11.101/05, a qual disciplina a recuperação judicial, a recuperação extrajudicial e a falência do empresário e da sociedade empresária, os quais são qualificados como devedor (art. 1º), com repercussões no Direito do Trabalho.

Como regra, a decretação da falência ou o deferimento do processamento da recuperação judicial suspende o curso da prescrição e de todas as ações e execuções em face do devedor, inclusive aquelas dos credores particulares do sócio solidário (art. 6º, *caput*, Lei 11.101).

---

[47]   NASCIMENTO, Amauri Mascaro. Ob. cit., p. 270.

Pela interpretação lógica do art. 6°, a suspensão somente é aplicável para as ações e execuções nas quais se tenha a fixação de um valor líquido em face do devedor, de acordo com as próprias exceções legais:

a) o processamento da demanda em que se tenha quantia ilíquida (art. 6°, § 1°), pela necessidade da liquidação do crédito na ação competente, para a subsequente habilitação;

b) as ações de natureza trabalhista e as impugnações previstas no art. 8°, Lei 11.101, serão processadas perante a Justiça do Trabalho até a apuração do respectivo crédito, que será inscrito no quadro-geral de credores pelo valor determinado em sentença (art. 6°, § 2°). Essa exceção deriva da competência material trabalhista prevista no art. 114, CF.

Nas duas hipóteses acima, o juiz da ação ou da execução tem a faculdade de determinar a reserva da importância que estimar devida na recuperação judicial. Após a fixação do crédito (valor líquido), o seu montante poderá ser incluído na classe própria (art. 6°, § 3°).

Portanto, o magistrado trabalhista, mesmo antes da prolação da sentença de mérito ou da liquidação do crédito na execução, por cautela, poderá solicitar ao juízo da recuperação judicial ou da falência a reserva de numerário para a garantia do crédito trabalhista.

A suspensão do curso da prescrição na recuperação judicial não excederá o prazo improrrogável de 180 dias contado do deferimento do processamento da recuperação, restabelecendo-se, após o decurso do prazo, o direito dos credores de iniciar ou continuar suas ações e execuções, independentemente de pronunciamento judicial (art. 6°, § 4°).

O art. 6°, § 2°, permite pleitear, perante o administrador judicial, habilitação, exclusão ou modificação de créditos derivados da relação de trabalho. Essa possibilidade é admissível se o crédito for líquido.

O art. 6°, § 5°, menciona que é aplicável ao processo trabalhista a suspensão do curso da prescrição e das ações e execuções contra o devedor, durante a recuperação judicial, devendo ser observado o prazo improrrogável de 180 dias, sendo que, após o fim da suspensão, as execuções trabalhistas poderão ser normalmente concluídas, ainda que o crédito já esteja inscrito no quadro-geral de credores.

Após o decurso do prazo de 180 dias, o crédito trabalhista poderá ser executado na própria ação trabalhista, mesmo que o crédito tinha sido incluído junto ao quadro-geral de credores. Contudo, o TST tem entendido que o prazo de 180 dias não é peremptório, não admitindo, assim, o prosseguimento automático das execuções no processo trabalhista (SDI-II – RO 80169-95.2016.5.07.0000 – Rel. Min. Alberto Luiz Bresciani de Fontan Pereira – DEJT 11/10/2016).

O STJ tem entendido que a execução do crédito trabalhista há de ser feita junto ao juízo onde se processa a recuperação judicial.[48]

---

[48] STJ – 2ª S. – CC 103.025/SP – Rel. Min. Fernando Gonçalves – *DJe* 5/11/2009; STJ – 2ª S. – CC 101.552/AL – Rel. Conv. Honildo Amaral de Mello Castro – *DJe* 1/10/2009.

PARTE VI · Cap. XVI – EXECUÇÃO TRABALHISTA | **959**

Por outro lado, diante da ocorrência da adjudicação na vara do trabalho, o STJ deliberou pela manutenção da execução no judiciário laboral.[49]

Pela Súmula 480, o STJ fixou o entendimento de que o juízo da recuperação judicial não é competente para decidir sobre a constrição de bens não abrangidos pelo plano da recuperação judicial.

O STF, em decisão de lavra do Ministro Ricardo Lewandowski (RE 583955), deliberou que compete à Justiça Comum a execução de créditos trabalhistas em processos de recuperação judicial, excluindo-se, assim, a competência da Justiça do Trabalho.[50]

Quanto à recuperação judicial, a Consolidação dos Provimentos da Corregedoria--Geral da Justiça do Trabalho determina que (arts. 80 a 84):

a) deferida a recuperação judicial, caso o juiz do trabalho entenda pela cessação da competência para prosseguimento da execução trabalhista, cabe determinar a expedição de certidão de habilitação de crédito para ser submetida à apreciação do administrador judicial. A certidão conterá: (1) nome do exequente, data da distribuição da reclamação trabalhista, da sentença condenatória e a de seu trânsito em julgado; (2) a especificação dos títulos e valores integrantes da sanção jurídica, das multas, dos encargos fiscais e sociais (imposto de renda e contribuição previdenciária), dos honorários advocatícios e periciais, se houver, e demais despesas processuais; (3) data da decisão homologatória dos cálculos e do seu trânsito em julgado (art. 884, § 3º, CLT); (4) o nome do advogado que o exequente tiver constituído, seu endereço, para eventual intimação, e número de telefone a fim de facilitar possível contato direto pelo administrador judicial;

b) após a expedição da certidão, os juízes do trabalho deverão se abster de encaminhar diretamente à Justiça Comum os autos das execuções trabalhistas e/ou certidões;

c) os juízes do trabalho manterão em seus arquivos os autos das execuções trabalhistas que tenham sido suspensas em decorrência do deferimento da recuperação judicial, de modo que, com o seu encerramento ou com o encerramento da quebra em que ela tenha sido convolada (art. 156 e segs., Lei 11.101/05), seja retomado o seu prosseguimento, para cobrança dos créditos que não tenham sido totalmente satisfeitos;

d) o juiz do trabalho contrário à cessação da competência para prosseguimento da execução trabalhista contra a empresa em recuperação judicial deverá proferir decisão fundamentada, da qual dará ciência aos juízes de direito das comarcas ou aos juízes das varas especializadas, que tenham deferido o pedido de recuperação judicial, para adoção de medida judicial pertinente;

---

[49]   STJ – 2ª S. – AgRg CC 105.345-DF – Rel. Min. Fernando Gonçalves – *DJe* 6/11/2009.

[50]   STF – RE 583955/RJ – Rel. Min. Ricardo Lewandowski – *DJe* de 27/8/2009.

DIREITO PROCESSUAL DO TRABALHO • *Francisco Ferreira Jorge Neto – Jouberto de Quadros Pessoa Cavalcante*

e) os arts. 80 a 84 são inaplicáveis no caso de o juiz do trabalho determinar o direcionamento da execução contra sócio da empresa pela desconsideração da personalidade jurídica, ou determinar o seu direcionamento à empresa que integre grupo econômico do qual faça parte a empresa em recuperação judicial.

16.8.13.1 A Falência e a Sucessão Trabalhista

A Lei 11.101/05 fixa que quando houver a alienação conjunta ou separada de ativos, inclusive da empresa ou de suas filiais, promovida sob qualquer das modalidades, tem-se que:

a) todos os credores, observada a ordem de preferência definida no art. 83 da Lei nº 11.101, sub-rogam-se no produto da realização do ativo (art. 141, *caput*);

b) o objeto da alienação estará livre de qualquer ônus e não haverá sucessão do arrematante nas obrigações do devedor (incluindo-se: as de natureza tributária, as derivadas da legislação do trabalho e as decorrentes de acidentes de trabalho) (art. 141, I e II);

c) não se aplica o disposto no art. 141, *caput* e II, quando o arrematante for: (1) sócio da sociedade falida, ou sociedade controlada pelo falido; (2) parente, em linha reta ou colateral até o 4º grau, consanguíneo ou afim, do falido ou de sócio da sociedade falida; (3) identificado como agente do falido com o objetivo de fraudar a sucessão (art. 141, § 1º, I a III);

d) os empregados do devedor contratados pelo arrematante serão admitidos mediante novos contratos de trabalho e o arrematante não responde por obrigações decorrentes do contrato anterior (art. 141, § 2º).

Pela nova lei de falência (art. 141),[51] não se tem a ocorrência do fenômeno da sucessão na alienação conjunta ou separada de ativos, inclusive da empresa ou de suas filiais. Em outras palavras: (a) o objeto da alienação e o arrematante estão desobrigados das dívidas do devedor; (b) o arrematante, no caso da contratação de empregados do devedor, não assume qualquer responsabilidade pelo contrato de trabalho anterior.[52], [73]

---

[51] O STF fixou o entendimento de que o art. 141 da Lei 11.101 não é inconstitucional (STF – ADI 3934/DF – Rel. Min. Ricardo Lewandowski – j. 27/5/2009).

[52] "Na alienação conjunta ou separada de ativos, inclusive da empresa ou de suas filiais, o objeto da alienação estará livre de qualquer ônus e não haverá sucessão do arrematante nas obrigações do devedor, inclusive as de natureza tributária, as derivadas da legislação do trabalho e as decorrentes de acidentes do trabalho (art. 141, II, da Lei 11.101). O objetivo é permitir que o adquirente compre os ativos e verta dinheiro para a massa, sem que tenha responsabilidade trabalhista ou tributária por sucessão. Do contrário, não terá interesse em adquiri bens e ser responsabilizado como sucessor. Empregados do devedor contratados pelo arrematante serão admitidos mediante novos contratos de trabalho, e o arrematante não responde por obrigações decorrentes do contrato anterior (§ 2º do art. 141 da Lei 11.101). Se o arrematante responder pelos créditos dos empregados

PARTE VI · Cap. XVI – EXECUÇÃO TRABALHISTA | **961**

16.8.13.2 A Recuperação Judicial e a Sucessão Trabalhista

Se o plano de recuperação judicial aprovado envolver alienação judicial de filiais ou de unidades produtivas isoladas do devedor, o juiz ordenará a sua realização (art. 60, *caput*, Lei 11.101/05), sendo que o objeto da alienação estará livre de qualquer ônus e não haverá sucessão do arrematante nas obrigações do devedor, inclusive as de natureza tributária (art. 60, parágrafo único).

Pela interpretação literal, diante da alienação judicial de filiais ou de unidades produtivas isoladas do devedor, desde que tenha ocorrido aprovação no plano de recuperação judicial, pode-se dizer que não há a sucessão trabalhista.

Em sentido contrário, no tocante à recuperação judicial, ao comentar o art. 60 da Lei 11.101, Sergio Pinto Martins[54] aponta: *"Se o legislador não foi expresso na exclusão de créditos trabalhistas na alienação de bens na recuperação judicial, foi porque não teve interesse nesse sentido. As exceções têm de ser interpretadas de forma restritiva. O § 1º do art. 161 da Lei nº 11.101 estabelece que a recuperação extrajudicial não abrange créditos decorrentes da legislação do trabalho. O parágrafo único do art. 60 da Lei nº 11.101 faz remissão ao § 1º do art. 141 da mesma Lei e não ao inciso II do art. 141, que faz a ressalva em relação às verbas de natureza trabalhista. Não havendo exceção na Lei nº 1.101 quanto à sucessão trabalhista na alienação na recuperação judicial, devem ser observados os arts. 10 e 448 da CLT."*

A jurisprudência do TST aponta pela não responsabilidade do adquirente.[55]

Segundo o STJ, o juízo da recuperação judicial não é competente para decidir sobre a constrição de bens não abrangidos pelo plano de recuperação da empresa (Súm. 480).

16.8.14 Execução contra as Sociedades em Regime de Liquidação Extrajudicial

Quanto à liquidação extrajudicial, a competência do judiciário trabalhista mantém-se inalterável desde a ação de conhecimento até os atos expropriatórios e consequente liberação do numerário ao exequente.

---

    em decorrência da falência, não irá contratá-los" (MARTINS, Sergio Pinto. A nova lei de falência e suas implicações nos créditos dos trabalhadores. *Jornal Síntese*, nº 97, p. 3, março de 2005).

[53]   "Uma exceção foi introduzida em 2005 pela Lei de Falências e de Recuperação de Empresas (Lei n. 11.101/2005) e que derroga, mas não revoga, o art. 448 da CLT, no caso de arrematação de bens decorrentes de falência e de recuperação judicial de empresas. Nesse caso, o objeto da alienação estará livre de qualquer ônus e não haverá sucessão do arrematante nas obrigações do devedor, inclusive as derivadas da legislação do trabalho (arts. 60 e 141, II). Na falência, empregados do devedor contratados pelo arrematante serão admitidos mediante novos contratos de trabalho (art. 141, § 2º)" (NASCIMENTO, Amauri Mascaro. *Curso de direito do trabalho*, 21. ed., 2006, p. 731).

[54]   MARTINS, Sergio Pinto. Alienação na recuperação judicial e sucessão trabalhista. *Revista do Direito Trabalhista*, ano 13, p. 25, ago. 2007.

[55]   TST – RR 10600-63.2008.5.04.0002 – Relª Minª Maria Doralice Novaes – *DJe* 11/6/2010 – p. 993.

São aplicáveis, subsidiariamente, os arts. 5º e 29 da Lei 6.830/80 (art. 889, CLT), que excluem qualquer juízo especial, inclusive a liquidação extrajudicial, para processar os créditos com privilégio especial (= crédito trabalhista).

É direta a execução de crédito trabalhista contra empresa em liquidação extrajudicial (OJ 143, SDI-I).

16.8.15 Execução contra Devedor Insolvente

De acordo com o art. 1.052, CPC/15, até a edição de lei específica, as execuções contra devedor insolvente, as quais já estejam em curso ou que venham a ser ajuizadas, serão reguladas pelo CPC/73 (arts. 748 a 786-A).

Dá-se a insolvência toda vez que as dívidas excederem à importância dos bens do devedor (art. 748, CPC/73).

Se o devedor for casado e o outro cônjuge, assumindo a responsabilidade por dívidas, não tiver bens próprios que bastem ao pagamento de todos os credores, poderá ser declarada nos autos do mesmo processo a insolvência de ambos (art. 749, CPC/73).

Presume-se a insolvência quando: (a) o devedor não possuir outros bens livres e desembaraçados para nomear a penhora; (b) forem arrestados bens do devedor, com fundamento no art. 813, I, II e III, do CPC/73 (art. 750, I e II, CPC/73).

A declaração de insolvência do devedor produz: (a) o vencimento antecipado das suas dívidas; (b) a arrecadação de todos os seus bens suscetíveis de penhora, quer os atuais, quer os adquiridos no curso do processo; (c) a execução por concurso universal dos seus credores (art. 751, I a III, CPC/73).

Declarada a insolvência, o devedor perde o direito de administrar os seus bens e de dispor deles, até a liquidação total da massa (art. 752, CPC/73).

A declaração de insolvência pode ser requerida: (a) por qualquer credor quirografário; (b) pelo devedor; (c) pelo inventariante do espólio do devedor (art. 753, I a III, CPC/73).

Para Amauri Mascaro Nascimento,[56] a *"Justiça do Trabalho é incompetente para declarar e processar execução contra devedor insolvente, figura introduzida pelo Código de Processo Civil que substitui o concurso de credores. Cabe à Justiça comum fazê-lo. [...] Como a declaração de insolvência produz efeitos que excedem o âmbito jurisdicional trabalhista, como a arrecadação de todos os bens suscetíveis de penhora e a execução por concurso universal de credores civis e trabalhistas, segue-se que, não sendo dado ao juiz do trabalho atrair e habilitar créditos civis, ele não tem poderes para declarar e executar insolvência. A insolvência declarada pela Justiça comum reflete-se sobre o processo trabalhista, do mesmo modo que a falência. Prosseguirá a reclamação trabalhista até a fixação, por trânsito em julgado, na sentença ou acórdão do quantum. Porém, o título executivo será habilitado na execução coletiva da Justiça comum".*

---

[56] NASCIMENTO, Amauri Mascaro. *Curso de direito processual do trabalho*, 12. ed., p. 270.

PARTE VI · Cap. XVI – EXECUÇÃO TRABALHISTA | 963

Em sentido contrário, Francisco Antonio de Oliveira[57] entende que são aplicáveis *"ao caso do devedor insolvente as mesmas regras de preferência do crédito trabalhista, podendo a ação ou a execução prosseguir na execução do trabalho".*

16.8.16 Suspensão da Execução

Diante da omissão do legislador consolidado quanto à suspensão da execução, aplicam-se as regras do processo civil (art. 15, CPC; art. 769, CLT), as quais estão previstas no art. 921, I a V, CPC.

Durante a suspensão da execução, as partes não podem praticar atos processuais, entretanto, é facultado ao juiz ordenar as providências urgentes (art. 923, CPC). Idêntica regra existe no processo de conhecimento (art. 315, CPC).

16.8.16.1 Suspensão do Processo

Tem-se a suspensão da execução nas hipóteses dos arts. 313 e 315, CPC (art. 921, I): (a) pela morte ou pela perda da capacidade processual de qualquer das partes, de seu representante legal ou de seu procurador; (b) pela convenção das partes; (c) pela arguição de impedimento ou de suspeição; (d) pela admissão de incidente de resolução de demandas repetitivas; (e) quando a sentença de mérito: (1) depender do julgamento de outra causa ou da declaração de existência ou de inexistência de relação jurídica que constitua o objeto principal de outro processo pendente; (2) tiver de ser proferida somente após a verificação de determinado fato ou a produção de certa prova, requisitada a outro juízo; (3) por motivo de força maior; (4) quando se discutir em juízo questão decorrente de acidentes e fatos da navegação de competência do Tribunal Marítimo; (f) pelo parto ou pela concessão de adoção, quando a advogada responsável pelo processo constituir a única patrona da causa; (g) quando o advogado responsável pelo processo constituir o único patrono da causa e tornar-se pai; (h) se o conhecimento do mérito depender de verificação da existência de fato delituoso, o juiz pode determinar a suspensão do processo até que se pronuncie a justiça criminal; (o) nos demais casos previstos no NCPC. Tais hipóteses foram apreciadas no tópico 3.4 do Capítulo III da Parte VI desta obra.

16.8.16.2 Embargos à Execução Recebidos com Efeito Devolutivo

Suspende-se a execução, no todo ou em parte, quando são recebidos com efeito suspensivo os embargos à execução (art. 921, I, CPC).

Com o advento da Lei 11.232/05, a qual instituiu nova forma de execução dos títulos judiciais ao CPC/73 (a intitulada fase de cumprimento da sentença), em substituição aos embargos, adotou-se a expressão impugnação (art. 475-L, CPC/73; art. 525, CPC/15).

Pelo regramento do processo civil/73, a impugnação não teria efeito suspensivo, contudo, a critério do magistrado, o efeito seria concedido desde que relevantes os seus

---

[57] OLIVEIRA, Franciso Antonio de. *A execução na Justiça do Trabalho*, 3. ed., p. 203.

fundamentos e desde que o prosseguimento da execução fosse manifestamente suscetível de causar ao executado grave dano de difícil ou incerta reparação (art. 475-M, *caput*).[58]

Mesmo que fosse atribuído o efeito suspensivo à impugnação, o credor tinha a faculdade de requerer o prosseguimento da execução, desde que oferecesse e prestasse caução suficiente e idônea, a qual seria arbitrada pelo magistrado e prestada nos próprios autos (art. 475-M, § 1º). Se houvesse o deferimento do efeito suspensivo, a instrução seria instruída e decidida nos próprios autos (art. 475-M, § 2º).

Em linhas gerais, a sistemática do CPC/73 foi mantida no CPC/15, com as seguintes premissas (art. 525, §§ 6º a 10): (a) a apresentação de impugnação não impede a prática dos atos executivos, inclusive os de expropriação, podendo o juiz, a requerimento do executado e desde que garantido o juízo com penhora, caução ou depósito suficientes, atribuir-lhe efeito suspensivo, se seus fundamentos forem relevantes e se o prossegui-mento da execução for manifestamente suscetível de causar ao executado grave dano de difícil ou incerta reparação; (b) a concessão de efeito suspensivo não impedirá a efetivação dos atos de substituição, de reforço ou de redução da penhora e de avaliação dos bens; (c) quando o efeito suspensivo atribuído à impugnação disser respeito apenas à parte do objeto da execução, esta prosseguirá quanto à parte restante; (d) a concessão de efeito suspensivo à impugnação deduzida por um dos executados não suspenderá a execução contra os que não impugnaram, quando o respectivo fundamento disser respeito exclusivamente ao impugnante; (e) caso seja atribuído efeito suspensivo, é facultado ao exequente requerer o prosseguimento da execução, oferecendo e prestando, nos próprios autos, caução suficiente e idônea a ser arbitrada pelo magistrado.

A CLT não menciona se os embargos do devedor (art. 884) devem ser recebidos com efeito suspensivo ou não. Apesar da omissão, como o executado tem a obrigação de garantir a execução, para que possa opor os embargos, é razoável que dê a eles o efeito suspensivo. Portanto, os embargos à execução devem ser recebidos e processados com a consequente suspensão da execução.

Se o efeito suspensivo não for dado pelo magistrado, qual será o remédio processual cabível? Manoel Antonio Teixeira Filho entende que o recurso oponível é o agravo de petição. O agravo de petição levará um tempo demasiado longo para dirimir a questão, em detrimento da própria celeridade processual, o que afeta não só a imagem do Judiciário Trabalhista, como também a dignidade do próprio credor, pela natureza alimentar do seu crédito. A solução adequada é a correição parcial, diante do atentado à boa ordem

---

[58] "Caberá ao juiz, à luz das circunstâncias do caso concreto decidir se atribui efeito suspensivo à impugnação. A atividade do juiz nessa hipótese – como qualquer outra atividade jurisdicional cognitiva – não é arbitrária e nem mesmo discricionária (no sentido de mera avaliação de conve-niência e oportunidade). O juiz fica vinculado aos requisitos legalmente estabelecidos. Ele terá o dever de atribuir efeito suspensivo à impugnação quando forem relevantes os seus fundamentos e houver risco de o prosseguimento da execução gerar danos graves e de difícil reparação (art. 475-M, *caput*). Ausentes esses pressupostos, o efeito suspensivo não deve ser concedido" (WAMBIER, Luiz Rodrigues; ALMEIDA, Flávio Renato Correia de; TALAMINI, Eduardo. *Curso avançado de processo civil*, v. 2, 8. ed., p. 314).

PARTE VI · Cap. XVI – EXECUÇÃO TRABALHISTA | 965

processual praticado pelo juiz da execução, o qual não suspendeu a execução, prejudicando o embargante (devedor). Ainda, pode-se pensar no mandado de segurança, diante da ofensa ao direito líquido e certo do impetrante quanto ao efeito suspensivo aos embargos à execução, notadamente, pela natureza jurídica desse instituto (uma ação na própria execução com o intuito de discutir a penhora ou o título executivo judicial ou extrajudicial).

16.8.16.3 Outras Hipóteses

Suspende-se a execução quando o executado não possuir bens penhoráveis (art. 921, III, CPC).

De acordo com o art. 40 da Lei 6.830 (citado dispositivo, ante o disposto no art. 889, CLT, é aplicável ao processo trabalhista), também faz alusão à suspensão do curso da execução, enquanto não forem encontrados bens sobre os quais possa recair a penhora. Nessa hipótese, não ocorrerá o prazo da prescrição. Após o decurso do prazo de um ano, sem que sejam encontrados bens penhoráveis ou o devedor, o juiz ordenará o arquivamento dos autos (art. 40, § 2º). Encontrados que sejam a qualquer tempo, os bens, os autos serão desarquivados para prosseguimento da execução (art. 40, § 3º). Se da determinação judicial, a qual tenha ordenado o arquivamento dos autos, tiver decorrido o prazo prescricional, após a oitiva do credor, o juiz, de ofício, reconhecerá e decretará a prescrição intercorrente.

De forma inovadora, o CPC (art. 921, §§ 1º a 4º) regula a suspensão e a prescrição intercorrente nos seguintes termos: (1) o juiz suspenderá a execução pelo prazo de um ano, durante o qual não será computada a prescrição; (2) decorrido o prazo máximo de um ano, sem que seja localizado o executado ou que sejam encontrados bens penhoráveis, o juiz ordenará o arquivamento dos autos; (3) os autos serão desarquivados para prosseguimento da execução se a qualquer tempo forem encontrados bens penhoráveis; (4) decorrido o prazo de um ano, sem manifestação do exequente, começa a correr o prazo de prescrição intercorrente. O juiz, depois de ouvidas as partes, no prazo de quinze dias, poderá, de ofício, reconhecer esta prescrição e extinguir o processo. Era discutível a aplicação da prescrição intercorrente ao processo trabalhista (Súmula 114, TST), eis que com a Reforma Trabalhista, a qual acresceu o art. 11-A ao texto consolidado, temos que: (a) aplica-se a prescrição intercorrente no processo do trabalho, sendo o prazo de dois anos; (b) inicia-se o prazo bienal quando o exequente deixa de cumprir determinação judicial no curso da execução; (c) a prescrição pode ser declarada de ofício ou a requerimento da parte em qualquer grau de jurisdição (Lei 13.467/17). De acordo com o art. 2º, IN 41/18, o fluxo temporal da prescrição intercorrente deve ser computado a partir do descumprimento da determinação judicial, desde que feita a partir de 11 de novembro de 2017.

O CPC/15 estabelece uma nova hipótese de suspensão, ou seja, quando o executado obtiver o parcelamento do crédito (art. 916). Pela nossa ótica, trata-se de uma hipótese aplicável ao processo trabalhista, visto que o objetivo é a satisfação do crédito do trabalhador, mesmo que de forma parcelada. Esse também é o entendimento do TST (art. 3º, XXI, IN 39/16).

Além das hipóteses do art. 921, CPC, podemos citar outras: (a) o devedor poderá, entretanto, exonerar-se da obrigação, depositando em juízo a prestação ou a coisa; caso em que o juiz suspenderá a execução, não permitindo que o credor a receba, sem cumprir a contraprestação, que lhe tocar (art. 787, parágrafo único, CPC); (b) a suspensão da execução mediante o requerimento da tutela provisória de urgência (arts. 297 e 969, CPC) nas ações rescisórias.[59]

16.8.17 Extinção da Execução

Ocorre a extinção da execução quando: (a) a obrigação for satisfeita; (b) o executado obtiver, por qualquer outro meio, a extinção total da dívida; (c) o exequente renunciar ao crédito (art. 924, II, III e IV, CPC).

Dentre essas hipóteses, a que exige o exame é a relativa à renúncia do crédito pelo credor. Trata-se de uma situação especial, a qual deve ser vista com acuidade pelo magistrado. Não se pode esquecer que o direito do trabalho, pela decorrência do princípio da irrenunciabilidade, vê com restrições o ato de renúncia por parte do trabalhador (art. 9º, CLT).

O CPC/15 acresceu duas outras hipóteses: (a) petição inicial for indeferida; (b) ocorrer a prescrição intercorrente (art. 924, I e V). Citadas hipóteses não eram aplicáveis ao processo trabalhista: (a) a execução trabalhista, na sua quase totalidade, podia ser processada de ofício (art. 878, CLT), visto que o título executivo é judicial. Com a Reforma Trabalhista (Lei 13.467), a execução somente será promovida de ofício nos casos em que as partes não estiverem representadas por advogado; (b) era discutível a aplicação da prescrição intercorrente ao processo trabalhista (Súm. 114, TST; Súm. 327, STF). Com a Reforma Trabalhista (Lei 13.467/17), a prescrição intercorrente passou a ser aplicável ao processo laboral (art. 11-A, CLT), sendo que o fluxo é computado a partir do descumprimento da determinação judicial, desde que feita após 11 de novembro de 2017 (art. 2º, IN 41/18, TST).

A extinção só produz efeito quando declarada por sentença (art. 925, CPC).

16.8.18 Desistência da Execução

O exequente tem a faculdade de desistir de toda execução ou de apenas algumas medidas executivas (art. 775, *caput*, CPC).

No caso da desistência, devem ser observadas as seguintes regras: (a) serão extintos a impugnação e os embargos que versarem apenas sobre questões processuais, pagando o exequente as custas e os honorários advocatícios; (b) nos demais casos, a extinção dependerá da concordância do impugnante ou do embargante (art. 775, parágrafo único, I e II).

---

[59] Não se pode negar que o respeito à coisa julgada é garantia constitucional (art. 5º, XXXVI), contudo, há situações excepcionais nas quais a decisão, a qual é à base da ação de execução, viola a ordem jurídica. Por exemplo: a decisão prolatada na ação de conhecimento, em que não houve a devida citação. Nessa hipótese, a suspensão da execução é uma medida de justiça.

PARTE VI · Cap. XVI – EXECUÇÃO TRABALHISTA | **967**

A desistência unilateral pelo credor é possível, mas, no caso de embargos pelo devedor, haverá a necessidade de seu consentimento.[60] Nos embargos à execução, o devedor tem o interesse da manifestação judicial quanto à quitação, prescrição extintiva e das demais matérias alegadas.

Aplicam-se, ao processo da execução, as regras da ação de conhecimento, consoante o teor do art. 771, parágrafo único), logo, em tese, a desistência da execução não inviabiliza que o credor solicite, em outra oportunidade, a execução do crédito reconhecido, pela aplicação do que dispõe o art. 486, CPC. Haveria, a bem da verdade, somente coisa julgada formal.

16.9 ESPÉCIES DE EXECUÇÃO

16.9.1 Entrega de Coisa Certa

Walter Brasil Mujalli[61] afirma que a *"obrigação de dar se distingue em obrigação de dar coisa certa e obrigação de dar coisa incerta. Obrigação de dar é o gênero, das quais as outras são espécies. Nas obrigações de dar coisa certa se estabelece um vínculo entre as partes, no qual o devedor (sujeito passivo) se obriga perante o credor (sujeito ativo) a entregar-lhe ou restituir-lhe um determinado objeto que se considera em sua individualidade (uma determinada joia ou determinado cavalo de corrida). Nas obrigações de dar coisa incerta, em vez de considerar a coisa em si, ela é considerada de forma genérica, sendo indiferente ao credor, receber uma outra, senão aquela devida ou prometida. O que realmente importa é a especificidade, qualidade, quantidade da coisa devida (exemplo: uma partida de café, uma partida de feijão dos tipos a, b, c, etc.)".*

A execução não tem como escopo a realização de atos expropriatórios. O seu objetivo é a entrega da coisa certa ou incerta. Não sendo a coisa entregue ou depositada, nem admitidos embargos suspensivos da execução, será expedido, em favor do credor, mandado de imissão na posse ou de busca e apreensão, conforme se tratar de imóvel ou de móvel (art. 538, *caput*, CPC).

No processo trabalhista, como exemplos de ação para a entrega de coisa certa, temos as ações possessórias, tais como: imóvel cedido em função da existência do contrato de trabalho; ferramentas, utensílios de trabalho, mostruários, que fiquem na posse do trabalhador.

Diante da omissão da CLT, aplicam-se, subsidiariamente, as regras dos arts. 498 e 806 a 810, CPC.

Em se tratando de título judicial, o art. 498, caput, CPC, dispõe a respeito do cumprimento da obrigação de entrega de coisa certa nos seguintes termos: o juiz, ao conceder a tutela específica, fixará o prazo para o cumprimento da obrigação. Não

---

[60] Na execução vale a mesma regra do art. 267, § 4º, do CPC/73 (art. 485, § 4º, NCPC), ou seja, a desistência da ação, no processo de conhecimento, somente será válida com o consentimento do réu, se houver decorrido o prazo para a resposta.

[61] MUJALLI, Walter Brasil. *Direito civil para concursos públicos*, p. 100.

cumprida a obrigação, será expedido mandado de busca e apreensão ou de imissão na posse em favor do credor, conforme se tratar de coisa móvel ou imóvel (art. 538, caput). Eventuais benfeitorias e os valores devem ser alegados na fase de conhecimento, de forma discriminada e com atribuição, se possível, do respectivo valor (art. 538, § 1º). Portanto, o direito de retenção de benfeitorias pelo réu somente poderá ser exercido na fase de conhecimento, quando da contestação aos termos em que a demanda foi proposta (art. 538, § 2º). No mais, quanto ao procedimento, no que couber, aplicam-se as disposições sobre o cumprimento da obrigação de fazer e de não fazer.

O art. 806, CPC, regula a execução para a entrega de coisa fundada em título executivo extrajudicial nos seguintes moldes: (a) o devedor será citado para, dentro de 15 dias, satisfazer a obrigação; (b) o juiz, ao despachar a inicial, poderá fixar multa por dia de atraso no cumprimento da obrigação, ficando o respectivo valor sujeito à alteração, caso se revele insuficiente ou excessivo (art. 806, § 1º).

No mandado de citação deverá constar a ordem para imissão na posse, se for o caso de bem imóvel, ou de busca e apreensão, em se tratando de bem móvel, o que será imediatamente cumprido, caso o executado não cumpra com a sua obrigação (art. 806, § 2º).

Se o executado entregar a coisa, será lavrado o termo respectivo e considerada satisfeita a obrigação, exceto se houver o prosseguimento da execução para o pagamento de frutos ou ressarcimento de prejuízos (art. 807).

Alienada a coisa quando já litigiosa, será expedido mandado contra o terceiro adquirente, que somente será ouvido depois de depositá-la (art. 808). A alienação do bem, quando se tem a sua discussão em juízo, implica fraude à execução, sendo que a má-fé do devedor é presumida. Se o terceiro deseja efetuar a sua defesa, deverá fazê-lo por embargos de terceiro.

Além das perdas e danos, o exequente tem direito a receber o valor da coisa, quando: (a) ocorrer a sua deterioração; (b) o bem não lhe for entregue; (c) a coisa não for encontrada; (d) o bem não for reclamado junto ao terceiro adquirente (art. 809, caput). Diante dessa regra, o credor não está obrigado a direcionar a execução contra o terceiro. Portanto, o disposto no art. 808, CPC, é uma faculdade e não uma obrigação legal.

Caso não conste do título executivo o valor da coisa ou se não é possível a sua avaliação, será procedida a estimativa, por arbitramento judicial (art. 809, §§ 1º e 2º).

Havendo benfeitorias indenizáveis feitas na coisa pelo executado ou por terceiros, de cujo poder ela houver sido tirada, a liquidação prévia é obrigatória. No caso de saldo em favor do executado, o exequente deverá depositar o valor ao requerer a entrega da coisa; em caso contrário (crédito do credor), este poderá cobrá-lo nos autos do mesmo processo (art. 810). Esse dispositivo é inaplicável ao processo trabalhista, na medida em que a Justiça do Trabalho não possui competência para dirimir questões quanto ao direito de retenção pelas benfeitorias realizadas.

16.9.2 Entrega de Coisa Incerta

A prática jurídica trabalhista indica que é demasiado incomum, em face das peculiaridades do Direito Material do Trabalho, a execução para a entrega de coisa incerta

PARTE VI · Cap. XVI – EXECUÇÃO TRABALHISTA | **969**

na Justiça do Trabalho. Em primeiro lugar, a quase totalidade das execuções trabalhistas consiste em obrigações de pagar (direitos trabalhistas inadimplidos na vigência dos contratos individuais de trabalho). Em segundo lugar, quando se tem a execução de coisa, trata-se de coisa certa, como a entrega de ferramentas de trabalho, mostruário, CTPS etc.

Em qualquer caso, o art. 498, CPC, dispõe a respeito do cumprimento da obrigação de entrega de coisa incerta, a qual foi objeto de decisão judicial, nos seguintes termos: (a) o juiz, ao conceder a tutela específica, fixará o prazo para o cumprimento da obrigação; (b) tratando-se de entrega de coisa determinada pelo gênero e pela quantidade, o autor deverá individualizá-la na petição inicial, se lhe couber a escolha, ou, se a escolha couber ao réu, este a entregará individualizada, no prazo fixado pelo juiz.

Por sua vez, o art. 811, CPC, ao dispor a respeito da obrigação de entrega de coisa incerta e o título extrajudicial, fixa que se a execução recair sobre coisa determinada pelo gênero e pela quantidade, ocorrerá a citação do executado para que proceda a entrega da coisa de forma individualizada, se a escolha lhe couber.

Caso a escolha seja atribuição do exequente, quando da formulação da petição inicial deverá proceder à sua individualização (art. 811, parágrafo único). Em qualquer caso, é facultado às partes, no prazo de quinze dias, impugnar a escolha feita pela outra. Na sequência, o juiz deverá decidir de plano ou, se for necessário, ouvir perito de sua nomeação.

As regras do CPC quanto à execução de entrega de coisa certa são aplicáveis, no que couber, à entrega de coisa incerta (art. 813).

16.9.3 Obrigação de Fazer

Na obrigação de fazer, o devedor está vinculado a um determinado comportamento, o qual consiste na prática ou abstenção de um ato. Essa obrigação pode ser um trabalho físico ou intelectual. Exemplos: o trabalho do mestre de obra na edificação de uma obra; a outorga de escritura pública; a elaboração da obra pelo escritor etc.

As obrigações de fazer podem ser: (a) personalíssimas, em que a obrigação só pode ser executada pelo próprio devedor (o *show* a ser realizado por uma banda internacional de reconhecida fama); (b) não personalíssimas, nas quais a obrigação pode ser executada por outra pessoa que não seja o devedor.

Alguns exemplos de obrigação de fazer no processo do trabalho:

a) determinação judicial para a entrega da documentação necessária para o saque dos depósitos fundiários. Se o devedor não efetuar a entrega ou se os depósitos fundiários recolhidos forem insuficientes, haverá a conversão em pecúnia, com a consequente execução por quantia certa;

b) reintegração de empregado estável: tem-se a expedição do mandado de reintegração para que o empregado estável retorne aos quadros de funcionários da empresa, com o direito à percepção dos salários vencidos e vincendos. Diante da recusa do devedor, para uma corrente doutrinária, é justificável a reintegração pela utilização da força policial – *manu militari*. Para outros, a imposição da força é algo drástico, sendo aconselhável a fixação das *astreintes*. O importante é o cumprimento da determinação judicial. O empregado tem direito não só aos salários, bem como ao trabalho, o qual é fator de dignidade da pessoa humana. A recusa do empregador em cumprir a obrigação judicial da reintegração, mesmo com o pagamento dos salários e da multa, é atitude de completo desrespeito ao comando da coisa julgada. Portanto, além do uso da força, também é aconselhável a multa;

c) decisão judicial para que as anotações sejam efetuadas na CTPS. Exemplos: retificação quanto à admissão; inserção do contrato (admissão, saída, função e salários; a baixa etc.). Nessas hipóteses, com a intimação do devedor e a sua inércia, o juiz poderá fixar a multa ou determinar a secretaria da vara do trabalho que o faça (art. 39, CLT);

d) condenação para que o empregador promova o empregado.

Diante da omissão da legislação consolidada, o procedimento das obrigações de fazer é regulado: (a) títulos judiciais – nos arts. 497, 499 e 500, 536 a 537, CPC; (b) títulos extrajudiciais – nos arts. 815 a 821, CPC. A IN 39/16, TST, no art. 3º, XI, indica que os arts. 497 a 501 são aplicáveis ao processo trabalhista.

O CPC (arts. 497, 499 e 501) dispõe que: (a) na ação que tenha por objeto a prestação de fazer ou de não fazer, o juiz, se procedente o pedido, concederá a tutela específica ou determinará providências que assegurem a obtenção de tutela pelo resultado prático equivalente. A tutela específica serve para inibir a prática, a reiteração ou a continuação de um ilícito, ou a sua remoção; serve, também, para o ressarcimento de um dano. Para a concessão da tutela específica que serve para inibir a prática, reiteração ou a continuação de um ilícito, é irrelevante a demonstração da ocorrência de dano ou da existência de culpa ou dolo; (b) a obrigação somente será convertida em perdas e danos se o autor o requerer ou se impossível a tutela específica ou a obtenção de tutela pelo resultado prático equivalente. A indenização é devida além da multa fixada periodicamente para compelir o réu ao cumprimento específico da obrigação.

Quanto ao procedimento, o art. 536, CPC, regula a matéria nos seguintes termos: (a) o cumprimento da sentença que reconheça a exigibilidade de obrigação de fazer ou de não fazer, o juiz poderá, de ofício ou a requerimento, para a efetivação da tutela específica ou a obtenção de tutela pelo resultado prático equivalente, determinar as medidas necessárias à satisfação do exequente. O juiz poderá determinar, entre outras medidas, a imposição de multa, a busca e apreensão, a remoção de pessoas e coisas, o desfazimento de obras e o impedimento de atividade nociva, podendo, caso necessário, requisitar o auxílio de força policial. O mandado de busca e apreensão de pessoas e coisas será cumprido por dois oficiais de justiça. Caso haja a necessidade de arrombamento, será observado o disposto no art. 846, CPC; (b) o executado incidirá nas penas de litigância de má-fé quando injustificadamente descumprir a ordem judicial, sem prejuízo de sua responsabilização por crime de desobediência; (c) o art. 537, CPC, é aplicável, quando se tem o cumprimento de sentença, nas hipóteses em que a decisão impõe deveres de fazer e de não fazer de natureza não obrigacional; (d) no cumprimento da sentença que reconheça a exigibilidade de obrigação de fazer ou de não fazer, aplica-se o art. 525, CPC, no que couber (artigo que regula a impugnação ao cumprimento da sentença).

Quanto à multa, o art. 537, CPC, dispõe que: (a) a multa independe de requerimento da parte e poderá ser concedida na fase de conhecimento, em tutela antecipada ou na sentença, ou na execução, desde que seja suficiente e compatível com a obrigação e que se determine prazo razoável para cumprimento do preceito; (b) o juiz poderá, de ofício ou a requerimento, modificar o valor ou a periodicidade da multa vincenda ou excluí-la, sem eficácia retroativa, caso verifique que: (1) se tornou insuficiente ou excessiva; (2) o obrigado demonstrou cumprimento parcial superveniente da obrigação ou justa causa para o descumprimento; (c) o valor da multa será devido ao exequente; (d) a decisão que fixa a multa é passível de cumprimento provisório, sendo que o valor será depositado em juízo, permitindo, contudo, o levantamento somente após o trânsito em julgado da sentença favorável à parte; (e) a multa será devida desde o dia em que se houver configurado o descumprimento da decisão e incidirá enquanto não for cumprida a decisão que a tiver cominado; (f) o art. 537, CPC, é aplicável, no que couber, quando se tem o cumprimento de sentença que reconheça deveres de fazer e de não fazer de natureza não obrigacional.

O art. 3º, XII, da IN 39/16, TST, dispõe que os arts. 536 a 538, CPC, são aplicáveis ao processo trabalhista.

As execuções lastreadas em título extrajudicial têm o início da execução com a citação do executado, para que, no prazo determinado pelo juiz, satisfaça a prestação (art. 815, CPC). A obrigação pode envolver coisas fungíveis como infungíveis. Normalmente, as decisões trabalhistas não fixam os prazos para a satisfação das obrigações de fazer, logo, o prazo será de 48 horas (art. 880, *caput*, CLT).

A Súmula 410 do STJ determina que a prévia intimação do devedor é condição necessária para a cobrança de multa pelo descumprimento de obrigação de fazer ou não fazer.

Se a obrigação não for satisfeita no prazo estabelecido, é lícito ao exequente, nos próprios autos do processo, requerer a satisfação da obrigação por um terceiro ou que haja a conversão em perdas e danos (arts. 816, *caput*, e 817, CPC). A fixação das perdas e danos será efetuada em liquidação, havendo *a posteriori* a execução por quantia certa (art. 816, parágrafo único). Quando a obrigação é realizada por terceiro, o responsável pelas despesas é o devedor.

Os arts. 816 e 817, CPC, os quais mencionam a realização da obrigação por ato de terceiro, são de aplicação remota no Processo do Trabalho. Ante a inércia do devedor, geralmente, a execução será por quantia certa, com a prévia liquidação do valor devido.

Nas obrigações de fazer, quando for convencionado que o executado o faça pessoalmente, o exequente poderá requerer ao juiz que lhe assine prazo para cumpri-las (art. 821, CPC). Havendo recusa ou mora do executado, a obrigação pessoal será convertida em perdas e danos (art. 821, parágrafo único).

Nas obrigações de fazer ou não fazer, havendo solicitação ou não no processo de conhecimento, poderá o juiz fixar a multa para que o executado efetue o cumprimento da obrigação (art. 537).

O valor da multa poderá ser modificado pelo juiz da execução, caso verifique que: (a) se tornou insuficiente ou excessivo; (b) o obrigado demonstrou cumprimento parcial superveniente da obrigação ou justa causa para o descumprimento (art. 537, § 1º).

Na execução de obrigação de fazer ou não fazer, fundada em título extrajudicial, o juiz, ao despachar a inicial, fixará multa por dia de atraso no cumprimento da obrigação e a data a partir da qual será devida (art. 814, caput).

Se o valor da multa estiver previsto no título e for excessivo, o juiz poderá reduzi-lo (art. 814, parágrafo único).

A multa prevista nos arts. 537 e 814, CPC, correspondem às *astreintes* do direito francês, visando compelir o devedor ao cumprimento da obrigação de fazer ou não fazer, pena de haver a sua responsabilidade pelo valor da multa e eventuais perdas e danos quanto à conversão da obrigação em dar, por meio da execução por quantia certa.

16.9.4 Obrigação de Não Fazer

Na obrigação de não fazer, o devedor assume a responsabilidade quanto à abstenção de um ato. Pode ser: (a) instantânea: é aquela que uma vez inadimplida não mais possibilita o seu cumprimento. O credor deverá exigir o pagamento de indenização, a título de perdas e danos; (b) permanente: deve ser satisfeita para sempre ou durante certo tempo. Caso a obrigação negativa não seja cumprida, incumbe ao credor solicitar ao juiz que o ato praticado pelo devedor seja desfeito, com o pagamento da indenização pelas perdas e danos.

Como a obrigação de fazer, a de não fazer também pode ser personalíssima ou não. Exemplo: o comerciante que, após ter vendido o seu estabelecimento comercial, assume o compromisso de não se fixar no mesmo bairro onde está localizado o comércio. A licitude da obrigação de não fazer irá depender do grau de restrição imposto à liberdade individual do devedor, o que somente poderá ser analisado em função do caso concreto. Se a obrigação de não fazer for impossível de ser cumprida, sem culpa do devedor, tem-se a sua extinção (art. 250, CC).

Na estrutura do CPC, a obrigação de não fazer instantânea é tratada no art. 823, parágrafo único: na impossibilidade do desfazimento do ato, a obrigação resolve-se em perdas e danos, com a execução por quantia certa.

Quanto à execução da obrigação de não fazer permanente, o CPC determina: se o executado praticou o ato, a cuja abstenção se vinculou pela lei ou pelo contrato, o credor requererá ao juiz que lhe assine prazo para desfazê-lo (art. 822). Havendo recusa ou mora do executado, não sendo possível o desfazimento, a obrigação se resolverá em perdas e danos (art. 823, *caput*, CPC).

Como regra, as obrigações de não fazer trabalhistas são do tipo permanente. Por exemplo: o empregador é compelido a não efetuar a transferência do empregado para localidade diversa da qual foi contratado ou está prestando serviços (art. 659, IX, CLT). Com a transferência ilícita, o empregador será citado para que cumpra a ordem legal para retornar o empregado ao local de trabalho. Poderá haver a fixação da multa. Mesmo se omissa a sentença, a multa deve ser imposta. Como a imposição da multa fica a critério

PARTE VI · Cap. XVI – EXECUÇÃO TRABALHISTA | 973

do juiz, também não é necessária a sua inclusão no rol dos pedidos da exordial. O valor da multa será modificado pelo juiz da execução, verificado que se tornou insuficiente ou excessivo.

Para se evitar a conversão da obrigação de não fazer permanente trabalhista em perdas e danos, não sendo possível o retorno ao antigo local de trabalho, não se deverão impor perdas e danos, e sim haverá a incorporação do adicional de transferência (25%) ao salário do empregado-credor, mesmo que o devedor alegue o caráter definitivo da remoção.

16.9.5 Obrigação de Emitir Declaração de Vontade

Na ação que tenha por objeto a emissão de declaração de vontade, a sentença, que julgar procedente o pedido, uma vez transitada em julgado, produzirá todos os efeitos da declaração não emitida (art. 501, CPC).

Se a sentença estabelece que o devedor deverá emitir a declaração, em havendo o trânsito em julgado, a própria decisão produz os efeitos da declaração não emitida.

Não se trata de uma condenação em que o credor passa a ter o direito a tutela executiva, mas de uma imposição substitutiva de declaração de vontade, de natureza constitutiva. O provimento jurisdicional é o fator constitutivo da própria declaração não emitida pelo devedor, logo, ele não se sujeita ao pagamento de nenhuma multa.

Como regra, as obrigações de emitir declaração são infungíveis. Contudo, diante de um contrato preliminar no qual o vendedor se compromete a vender um determinado imóvel, diante do não cumprimento dessa obrigação, o comprador, em juízo, após a comprovação de suas obrigações, poderá solicitar ao órgão jurisdicional que emita uma declaração (= sentença), a qual terá o mesmo efeito do contrato definitivo. Essa sentença servirá de título para a inscrição da transferência da propriedade no registro imobiliário.

No processo do trabalho, não é comum a solicitação de uma sentença substitutiva da vontade não manifestada pelo empregador.

16.9.6 Execução por Quantia Certa (Cumprimento de Sentença)

Execução por quantia certa é aquela em que o credor tem direito a receber uma soma pecuniária e que pode ser originária: (a) do negócio jurídico não cumprido pelo devedor; (b) da substituição da prestação que o devedor tinha de cumprir; (c) da indenização decorrente da responsabilidade civil (objetiva ou subjetiva).

A execução para cobrança de crédito será fundada sempre em título de obrigação certa, líquida e exigível (art. 783, CPC).

Quando o título é ilíquido, é imperiosa a realização da liquidação, a qual é uma fase preparatória da execução forçada, onde se estabelece com exatidão o valor do *quantum* devido. Nesse sentido, também temos o art. 879, CLT.

A quase totalidade das ações trabalhistas visa à execução por quantia certa, tendo a liquidação como fase preparatória, adotando-se as seguintes modalidades: cálculos, arbitramento ou por artigos de liquidação.

Também é comum, quando as obrigações de fazer, de não fazer, entrega de coisa certa ou incerta não são cumpridas pelo devedor, ocorrer a imposição das perdas e danos, os quais são apurados na liquidação, com a subsequente execução por quantia certa.

A Lei 11.232/05, instituiu no CPC/73 a fase de cumprimento da sentença no processo de conhecimento, fazendo com que a "liquidação" e a "execução" fossem partes integrantes desse processo, ao qual são aplicáveis, de forma subsidiária, no que couber, as normas reguladoras do processo de execução de título extrajudicial (art. 475-R, CPC/73; art. 787, parágrafo único, NCPC). Portanto, o processo de execução, de forma autônoma, persiste para o título extrajudicial (art. 585, CPC/73; art. 784, CPC/15).

O CPC/15, quanto ao cumprimento da sentença (título judicial), dispõe: (a) nos arts. 513 a 519, as disposições gerais a respeito do cumprimento da sentença; (b) nos arts. 520 a 522, o cumprimento provisório da sentença que reconheça a exigibilidade de obrigação de pagar quantia certa; (c) nos arts. 523 a 527, o cumprimento definitivo da decisão judicial quanto a obrigação de pagar quantia certa; (d) nos arts. 528 a 533, as regras quanto a sentença que impõe a obrigação de pagar alimentos; (e) nos arts. 534 e 535, a obrigação de pagar quantia certa pela Fazenda Pública; (f) nos arts. 536 e 537, as obrigações de fazer, de não fazer ou de entregar coisa; (g) no art. 538, o cumprimento da sentença que reconheça a exigibilidade de obrigação de entregar coisa.

Quanto aos títulos extrajudiciais, a matéria é regulada no art. 771 e segs., CPC/15.

16.9.7 Execução de Sentença Arbitral

Quanto aos conflitos individuais de trabalho, a doutrina e a jurisprudência trabalhista são majoritárias na afirmação de que a arbitragem não se coaduna com o Direito do Trabalho de forma absoluta (Parte II, Capítulo VIII, tópico 8.3.1.5).

Em relação à execução da sentença arbitral, o art. 876, CLT, não prevê a sentença arbitral como título executivo trabalhista, o que não ocorre com o processo civil (art. 515, VII, CPC; art. 31, Lei 9.307/96).

Diante da omissão da CLT (art. 769, CLT), será que é possível a aplicação subsidiária do CPC ao processo trabalhista?

Apesar de o art. 876, CLT, ter um rol taxativo de títulos executivos judiciais, com a Reforma Trabalhista, em especial com a possibilidade da arbitragem em conflitos individuais envolvendo "altos empregados" (art. 507-A, CLT), a sentença arbitral envolvendo esses trabalhadores pode ser executada na Justiça do Trabalho.

Mesmo antes da Reforma Trabalhista, a matéria não era pacífica na jurisprudência trabalhista.[62]

Quanto aos conflitos coletivos de trabalho, expressamente, a Carta Política de 1988 prevê a arbitragem, como forma de solução (art. 114, § 1º).

---

[62] TST – 2ª T. – RR 127600-31.2008.5.02.0070 – Rel. Min. Caputo Bastos – j. 26/11/2012. TRT – 2ª R. – 4ª T. – AP 20120076220 – Rel. Paulo Sérgio Jakutis – *DOE/SP* 1/2/2013.

A sentença arbitral coletiva, como ocorre com as convenções e os acordos coletivos de trabalho, tem uma natureza normativa, logo, o seu conteúdo, do ponto de vista processual, é constitutivo e não condenatório.

Portanto, não se pode pensar em uma ação de execução direta, caso não venha a ser cumprida, de forma espontânea, uma sentença arbitral coletiva trabalhista. Torna-se necessário o ajuizamento de uma ação de cumprimento (art. 872, CLT).

Túlio Augusto Tayano Afonso[63] ensina: *"Mesmo sendo possível, e até mesmo fomentada (pela Constituição, p. ex.), a arbitragem no dissídio coletivo também enfrenta sérios problemas em relação a sua execução.*

Da mesma maneira que a arbitragem no dissídio individual, também não configura como sendo título executivo sua decisão, e aqui com mais razão.

Mais do que isso, a sentença arbitral coletiva possui natureza de instrumento normativo, igual à da Convenção Coletiva de Trabalho. (...)

Diferentemente da arbitragem individual, na coletiva não existem especificações de seus destinatários. A decisão atingirá todos os trabalhadores e empregadores da categoria da base territorial dos sindicatos participantes. Será uma decisão com cunho amplo, geral e abstrato.

(...) Dessa maneira podemos concluir que a sentença arbitral coletiva possui a mesma natureza que a convenção coletiva de trabalho, inclusive devendo se submeter aos mesmos comandos.

Cabe esclarecer que a convenção coletiva de trabalho não se configura como título executivo, portanto não pode ser objeto de execução direta. Sendo assim, depende de um processo cognitivo (ação de cumprimento) para que possa ser apreciada pelo Poder Judiciário. (...)

A sentença arbitral coletiva, com muito mais razão, não possui natureza executiva. Se a convenção coletiva de trabalho não é título executivo, a sentença arbitral coletiva também não o é. Dessa forma, qualquer descumprimento de preceito insculpido em uma decisão dessa natureza deverá buscar sua efetivação no Poder Judiciário via ação de cumprimento e não ação de execução, pois é requisito para ação executiva um título executivo."

16.10 O PROCEDIMENTO DA EXECUÇÃO

O objeto do cumprimento de sentença (execução por quantia certa) é a expropriação de bens do devedor, a fim de satisfazer o direito do credor (art. 824, CPC).

---

[63] AFONSO, Túlio Augusto Tayano. Reflexões sobre a sentença arbitral coletiva de trabalho como instrumento normativo. *CLT – 70 anos de consolidação: uma reflexão social, econômica e jurídica*. Coord. Jouberto de Quadros Pessoa Cavalcante e Marco Antônio César Villatore, p.281-283.

16.10.1 Citação do Devedor

A execução tem início com a citação[64] do devedor, com a expedição do mandado de citação, penhora e avaliação (art. 880, *caput*, CLT), o qual deverá conter o título executivo judicial ou extrajudicial (art. 880, § 1º).

A validade da citação não implica a necessidade da transcrição por inteiro do título executivo judicial ou extrajudicial. Basta que o mandado simplesmente mencione a parte dispositiva da sentença ou os teores finais do acordo não cumprido.

Mandado designa a ordem judicial para que seja cumprida determinada diligência. O juiz determina ao executado que, no prazo de 48 horas, cumpra a obrigação, efetuando o depósito da quantia fixada ou que garanta a execução, pena de penhora. No CPC, o prazo concedido ao executado é de 3 dias (art. 829, *caput*).

No processo de conhecimento trabalhista, a citação não necessita ser pessoal (art. 841, CLT), o que não é possível no processo de execução trabalhista, em que a mesma é realizada por oficial de justiça (art. 880, § 2º).

A validade da citação fica condicionada à sua realização na pessoa do devedor ou daquele que se encontre dotado de poderes expressos para recebê-la.

Em caráter excepcional, se o executado não tiver sido encontrado por duas vezes no espaço de 48 horas, a citação poderá ser efetuada por meio de edital. O edital deverá ser publicado no jornal oficial, ou, na falta deste, será afixado na sede da vara ou do juízo de direito, quando investido da jurisdição trabalhista, pelo prazo de cinco dias (art. 880, § 3º).

A citação por edital é um mal necessário. O seu escopo é obstar que o executado, escondendo-se, impeça o cumprimento da obrigação. É imperioso que o oficial de justiça certifique as diligências realizadas com o intuito da localização do devedor.

Diante dessa modalidade de citação, o prazo de 48 horas, para o pagamento ou garantia do juízo, começará a fluir após o decurso dos cinco dias da publicação ou afixação do edital (art. 880, § 3º).

A partir da Lei 11.232/05, na execução de obrigação por quantia certa prevista no CPC/73, deixou de existir a citação do executado (art. 475-J e segs.), o que foi mantido na estrutura do CPC/15 (art. 523 e segs.).

Vale dizer, no Processo Civil, o executado, quando está diante de uma condenação de quantia certa ou fixada em liquidação, caso não efetue o pagamento no prazo de 15 dias, o montante terá o acréscimo de 10%. Não há mais a citação e sim a intimação para o pagamento em 15 dias (art. 475-J, *caput, CPC/73*; art. 523, *caput*, §§ 1º e 2º, CPC/15). Na inércia do devedor, haverá a expedição do mandado de penhora e avaliação (art. 475-J, § 1º, CPC/73; art. 523, § 3º, CPC/15), portanto, também não mais se cogita da indicação de bens à penhora (nomeação de bens).

---

[64] Citação é o ato pelo qual são convocados o réu, o executado ou o interessado para integrar a relação processual. Para a validade do processo, é indispensável a citação inicial do réu (arts. 238 e 239, CPC).

PARTE VI · Cap. XVI – EXECUÇÃO TRABALHISTA | **977**

A jurisprudência do TST é dominante no sentido de que o art. 475-J, CPC/73 (art. 523, CPC/15) é inaplicável ao processo trabalhista.[65]

Pelo CPC/15 (arts. 827 a 829), quanto à citação do executado, na execução de título extrajudicial, tem-se que: (a) ao despachar a inicial, o juiz fixará, de plano, os honorários advocatícios de 10%, a serem pagos pelo executado. Caso se tenha o integral pagamento no prazo de três dias, o valor dos honorários advocatícios será reduzido pela metade. O valor dos honorários poderá ser elevado até 20% quando rejeitados os embargos à execução, podendo a majoração, caso não opostos os embargos, ocorrer ao final do procedimento executivo, levando-se em conta o trabalho realizado pelo advogado do exequente. Citadas regras não podem ser aplicadas, de forma literal, ao processo do trabalho. Por regra, não são cabíveis os honorários advocatícios no processo trabalhista. Por outro lado, por aplicação do art. 880, CLT, o executado será intimado para que, em 48 horas, proceda ao pagamento ou à indicação de bens à penhora; (b) o exequente poderá obter certidão de que a execução foi admitida pelo juiz, com identificação das partes e do valor da causa, para fins de averbação no registro de imóveis, de veículos ou de outros bens sujeitos a penhora, arresto ou indisponibilidade. No prazo de 10 dias de sua concretização, o exequente deverá comunicar ao juízo as averbações efetivadas. Formalizada a penhora sobre bens suficientes para cobrir o valor da dívida, o exequente providenciará, no prazo de dez dias, o cancelamento das averbações relativas àqueles não penhorados. O juiz determinará o cancelamento das averbações, de ofício ou a requerimento, caso o exequente não o faça no prazo. Presume-se em fraude à execução a alienação ou a oneração de bens efetuada após a averbação. O exequente que promover averbação manifestamente indevida ou não cancelar as averbações indenizará a parte contrária, processando-se o incidente em autos apartados. Entendemos que essas regras são perfeitamente aplicáveis ao processo trabalhista, seja na execução de título judicial como na de título extrajudicial. É uma forma de se evitar a fraude à execução; (c) o executado será citado para pagar a dívida no prazo de 3 dias, contado da citação. Do mandado de citação constarão, também, a ordem de penhora e a avaliação a ser cumpridas pelo oficial de justiça tão logo verificado o não pagamento no prazo assinalado, de tudo lavrando-se auto, com intimação do executado. A penhora recairá sobre os bens indicados pelo exequente, salvo se outros forem indicados pelo executado e aceitos pelo juiz, mediante demonstração de que a constrição proposta lhe será menos onerosa e não trará prejuízo ao exequente.

16.10.2 Análise do Art. 830 do CPC

O oficial de justiça, não encontrando o devedor, arrestará os bens necessários para a garantia da execução (art. 830, *caput*, CPC).

As correntes doutrinárias quanto a natureza jurídica desse arresto são: (a) medida cautelar dentro do processo de execução; (b) como ato de antecipação da penhora reputa-se uma pré-penhora.

---

[65] TST – RR 1345-35.2011.5.08.0012 – Rel. Min. Pedro Paulo Manus – *DJe* 5/10/2012 – p. 1715.

Não nos parece medida cautelar, já que é uma medida *ex officio* do oficial de justiça, o qual independe de ordens expressas do juiz e não se tem a necessidade da constatação do *fumus boni iuris* ou do *periculum in mora*.

O arresto realizado de acordo com o art. 830, CPC, reputa-se uma penhora prévia. O normal é a citação e, posteriormente, a penhora, contudo, nada mais justo para o credor que se faça o arresto. É uma forma de evitar que a não localização do devedor impeça o curso normal da execução.

Nos 10 dias seguintes à efetivação do arresto, o oficial de justiça procurará o devedor 2 vezes em dias distintos e, havendo suspeita de ocultação, deverá realizar a citação com hora certa, certificando, de forma pormenorizada, o ocorrido (art. 830, § 1º).

No processo civil, compete ao credor requerer a citação por edital do devedor, uma vez frustradas a pessoal e a com hora certa (art. 830, § 2º).

Aperfeiçoada a citação e transcorrido o prazo de pagamento (3 dias, art. 829), o arresto será convertido em penhora, independentemente de termo (art. 830, § 3º).

No processo trabalhista, a citação por edital do devedor não necessita ser requerida pelo credor. É ato que incumbe de ofício ao juízo da execução (art. 880, § 3º, CLT).

Adequando-se a inteligência do art. 830, CPC, ao processo trabalhista, caberá ao oficial de justiça: (a) certificar nos autos as diligências empreendidas na localização do devedor (o executado será procurado por duas vezes no prazo de 48 horas); (b) proceder ao arresto dos bens encontrados; (c) após lavratura do auto de arresto, devolver o mandado aos autos.

De ofício, a secretaria irá providenciar a citação por edital, publicado no jornal oficial ou, na falta deste, afixado na sede da vara ou do juízo de direito, quando investido da jurisdição trabalhista, durante cinco dias (art. 880, § 3º). Com o decurso desse prazo, o devedor terá 48 horas para pagar ou indicar bens à penhora, sob pena de conversão do arresto em penhora.

16.10.3 Depósito e Nomeação de Bens

No caso de pagamento da importância reclamada, será este feito perante o escrivão ou chefe da secretaria, lavrando-se termo de quitação, em duas vias, assinadas pelo exequente, pelo executado e pelo mesmo escrivão ou chefe da secretaria, entregando-se a segunda via ao executado e juntando-se a outra ao processo (art. 881, *caput*, CLT).

Não estando presente o exequente, será depositada a importância, mediante guia, em estabelecimento oficial de crédito ou, em falta deste, em estabelecimento bancário idôneo (art. 881, parágrafo único).

Normalmente, o adimplemento da obrigação se faz por meio do depósito da quantia junto à Caixa Econômica Federal ou Banco do Brasil. É difícil que o pagamento se faça na presença do exequente, porém, nada obsta que tal possibilidade ocorra e que tenha efeito de quitação.

O executado, que não pagar a importância executada, poderá garantir a execução mediante depósito da mesma, atualizada e acrescida das despesas processuais, ou por nomeação de bens à penhora, observada a ordem preferencial estabelecida no art. 835, NCPC (art. 882, CLT). O prazo para o depósito ou nomeação de bens é de 48 horas, o qual é computado a partir da citação (art. 880, *caput*).

De forma preferencial, a penhora deverá observar a seguinte ordem (art. 835, I a XIII, CPC): (a) dinheiro, em espécie ou em depósito ou aplicação em instituição financeira; (b) títulos da dívida pública da União, dos Estados e do Distrito Federal com cotação em mercado; (c) títulos e valores mobiliários com cotação em mercado; (d) veículos de via terrestre; (e) bens imóveis; (f) bens móveis em geral; (g) semoventes; (h) navios e aeronaves; (i) ações e quotas de sociedades simples e empresárias; (j) percentual do faturamento de empresa devedora; (l) pedras e metais preciosos; (m) direitos aquisitivos derivados de promessa de compra e venda e de alienação fiduciária em garantia; (n) outros direitos.

De forma inovadora, o CPC indica: (a) ser prioritária a penhora em dinheiro, podendo o juiz, nas demais hipóteses, alterar a ordem preferencial de acordo com as circunstâncias do caso concreto (art. 835, § 1º); (b) para fins de substituição da penhora, equiparam-se a dinheiro a fiança bancária e o seguro garantia judicial, desde que em valor não inferior ao do débito constante da inicial, acrescido de 30% (art. 835, § 2º).

Antes do CPC/15, o STJ já entendia que a penhora em dinheiro na ordem de nomeação de bens não tinha caráter absoluto (Súm. 417, STJ). Ao que nos parece, a Súmula 417 está em plena sintonia com o CPC, na medida em que a penhora em dinheiro é prioritária, contudo, há situações em que o magistrado tem a faculdade de alterar a ordem legal, de acordo com as circunstâncias do caso concreto.

Pelas inovações do CPC/15, o TST alterou a jurisprudência ao dispor que: (a) não fere direito líquido e certo do impetrante o ato judicial que determina penhora em dinheiro do executado para garantir crédito exequendo, pois é prioritária e obedece à gradação do art. 835, CPC (Súm. 417, I). Anteriormente, de acordo com o item III da Súmula 417, somente era possível a penhora em dinheiro quando se tratava de execução definitiva. A nova redação é válida para as penhoras em dinheiro em execução provisória efetivadas a partir de 18/3/16; (b) a carta de fiança bancária e o seguro garantia judicial, desde que em valor não inferior ao do débito em execução, com o acréscimo de 30%, equivalem a dinheiro para efeito de gradação dos bens penhoráveis (art. 835, § 2º, CPC; OJ 59, SDI--II). Anteriormente, havia a previsão de que a carta de fiança bancária era equivalente a dinheiro, não sendo necessário o acréscimo de 30%.

Quanto à penhora eletrônica de dinheiro em depósito ou em aplicação financeira, o CPC (art. 854) disciplina a matéria nos seguintes termos:

a) para possibilitar a penhora de dinheiro em depósito ou em aplicação financeira, o juiz, a requerimento do exequente, sem dar ciência prévia do ato ao executado, determinará às instituições financeiras, por meio de sistema eletrônico gerido pela autoridade supervisora do sistema financeiro nacional, que torne indisponíveis ativos financeiros existentes em nome do executado, limitando-se a indisponibilidade ao valor indicado na execução. As transmissões (ordens de indisponibilidade, de seu cancelamento e de determinação de penhora)   serão efetuadas por meio de sistema eletrônico gerido pela autoridade supervisora do sistema financeiro nacional. A instituição financeira será responsável pelos prejuízos causados ao executado em decorrência da indisponibilidade de ativos financeiros em valor superior ao indicado na execução ou pelo juiz, bem como na hipótese de não cancelamento da indisponibilidade no prazo de 24 horas, quando assim determinar o juiz;

b) no prazo de 24 horas a contar da resposta, de ofício, o juiz determinará o cancelamento de eventual indisponibilidade excessiva, o que deverá ser cumprido pela instituição financeira em igual prazo. Tornados indisponíveis os ativos financeiros do executado, haverá a sua intimação na pessoa de seu advogado ou, não o tendo, de forma pessoal;

c) incumbe ao executado, no prazo de 5 dias, comprovar que: (1) as quantias tornadas indisponíveis são impenhoráveis; (2) ainda remanesce indisponibilidade excessiva de ativos financeiros. Acolhida qualquer das arguições do executado, o juiz determinará o cancelamento de eventual indisponibilidade irregular ou excessiva, a ser cumprido pela instituição financeira em 24 horas. Rejeitada ou não apresentada a manifestação do executado, a indisponibilidade será convertida em penhora, sem necessidade de lavratura de termo, devendo o juiz da execução determinar à instituição financeira depositária que, no prazo de 24 horas, transfira o montante indisponível para conta vinculada ao juízo da execução;

d) realizado o pagamento da dívida por outro meio, o juiz determinará, imediatamente, por meio de sistema eletrônico gerido pela autoridade supervisora do sistema financeiro nacional, a notificação da instituição financeira para que, em até 24 horas, cancele a indisponibilidade;

e) quando se tratar de execução contra partido político, o juiz, a requerimento do exequente, determinará para as instituições financeiras, por meio de sistema eletrônico gerido por autoridade supervisora do sistema bancário, que torne indisponíveis ativos financeiros somente em nome do órgão partidário que tenha contraído a dívida executada ou que tenha dado causa à violação de direito ou ao dano, ao qual cabe exclusivamente a responsabilidade pelos atos praticados.

A Lei 11.382 acresceu ao CPC/73 o art. 655-B, o qual enunciava que, em se tratando de penhora em bem indivisível, a meação do cônjuge alheio a execução recairia sobre o produto da alienação do bem. O CPC/15 regula a matéria no art. 843, com inovações: (a) tratando-se de penhora de bem indivisível, o equivalente à quota-parte do coproprietário ou do cônjuge alheio à execução recairá sobre o produto da alienação do bem; (b) é reservada ao coproprietário ou ao cônjuge não executado a preferência na arrematação do bem em igualdade de condições; (c) não será levada a efeito expropriação por preço inferior ao da avaliação na qual o valor auferido seja incapaz de garantir, ao coproprietário ou ao cônjuge alheio à execução, o correspondente à sua quota-parte calculado sobre o valor da avaliação. O artigo é aplicável ao processo trabalhista (art. 769, CLT; art. 15, CPC).

O juiz poderá, de ofício ou a requerimento do exequente, determinar, a qualquer tempo, a intimação do executado, na pessoa do seu advogado ou pessoalmente, se não tiver advogado, para indicar bens passíveis de penhora, como também para mencionar onde se encontram os bens sujeitos a penhora e seus respectivos valores, sob pena de caracterização de ato atentatório à dignidade da Justiça (art. 774, V, CPC). Essa regra é compatível com o processo trabalhista.

As partes poderão requerer a substituição da penhora (art. 848, I a VII, CPC) se: (1) ela não obedecer à ordem legal; (2) ela não incidir sobre os bens designados em lei, contrato ou ato judicial para o pagamento; (3) havendo bens no foro da execução, outros tiverem sido penhorados; (4) havendo bens livres, ela tiver recaído sobre bens já penhorados ou objeto de gravame; (5) ela incidir sobre bens de baixa liquidez; (6) fracassar a tentativa de alienação judicial do bem; (7) o executado não indicar o valor dos bens ou omitir qualquer das indicações previstas em lei. A substituição da penhora é possível tanto para o exequente como para o executado. A nova regra é compatível com o processo do trabalho.

É dever do executado (art. 774, III e V, CPC), no prazo fixado pelo juiz, indicar onde se encontram os bens sujeitos à execução, exibir a prova de sua propriedade e, se for o caso, certidão negativa de ônus, bem como se abster de qualquer atitude que dificulte ou embarace a realização da penhora. Essa disposição é compatível com o processo trabalhista.

A penhora pode ser substituída por fiança bancária ou seguro garantia judicial, em valor não inferior ao do débito constante da inicial, mais 30% (art. 848, parágrafo único, CPC). O processo trabalhista em nada colide com essa possibilidade, que é dada ao executado no processo civil (OJ 59, SDI-II). Com a Reforma Trabalhista (Lei 13.467/17), o executado poderá garantir a execução com a adoção do seguro-garantia judicial (art. 882, CLT).

Salvo se o regime for o de separação absoluta de bens, o executado somente poderá oferecer bem imóvel em substituição caso o requeira com a expressa anuência do cônjuge (art. 847, § 3º, CPC), o que é compatível com o processo trabalhista (art. 769, CLT).

Ouvida em 3 dias a parte contrária, se os bens inicialmente penhorados (art. 829, CPC) forem substituídos por outros, será lavrado o respectivo termo (arts. 849 e 853, *caput*). O juiz decidirá de plano quaisquer questões suscitadas (art. 853, parágrafo único).

O art. 847, *caput*, CPC, autoriza que o executado, no prazo de 10 dias, após a intimação da penhora, requeira a substituição do bem penhorado, desde que comprove cabalmente que a substituição não trará prejuízo algum ao exequente e será menos onerosa para ele devedor (art. 805, *caput*), sob pena de ser considerado litigante de má-fé (art. 80, IV e VI).

O CPC (art. 847, § 1º, I a V) indica que o executado deverá: (a) comprovar as respectivas matrículas e registros, por certidão do correspondente ofício, quanto aos bens imóveis; (b) descrever os bens móveis, com todas as suas propriedades e características, bem como seu estado e o lugar onde se encontram; (c) descrever os semoventes, com indicação de espécie, número, marca ou sinal e local onde se encontram; (d) identificar os créditos, indicando quem seja o devedor, qual a origem da dívida, o título que a representa e a data do vencimento; (e) atribuir, em qualquer caso, valor aos bens indicados à penhora, além de especificar os ônus e os encargos a que estejam sujeitos.

16.10.3.1 Nomeação de Bens e Benefício de Ordem

Na sistemática do CPC, a penhora observará preferencialmente a ordem prevista no art. 835. A Lei dos Executivos fiscais também disciplina uma ordem de bens para penhora ou aresto (art. 11, Lei 6.830/80).

Segundo o TST, na execução definitiva, o juiz pode determinar a penhora de dinheiro, afastando outros bens indicados pelo devedor, uma vez que obedece à gradação prevista no art. 835, CPC.

Pelas inovações do CPC (art. 835, §§ 1º e 2º), o TST alterou a jurisprudência ao dispor que: (a) não fere direito líquido e certo do impetrante o ato judicial que determina penhora em dinheiro do executado para garantir crédito exequendo, pois é prioritária e obedece à gradação do art. 835, CPC (Súm. 417, I). Anteriormente, de acordo com o item III da Súmula 417, somente era possível a penhora em dinheiro quando se tratava de execução definitiva. A nova redação é válida para as penhoras em dinheiro em execução provisória efetivadas a partir de 18/3/16; (b) a carta de fiança bancária e o seguro garantia judicial, desde que em valor não inferior ao do débito em execução, com o acréscimo de 30%, equivalem a dinheiro para efeito de gradação dos bens penhoráveis (art. 835, § 2º, CPC; OJ 59, SDI-II). Anteriormente, havia a previsão de que a carta de fiança bancária era equivalente a dinheiro, não sendo necessário o acréscimo de 30%.

Com a Reforma Trabalhista (Lei 13.467/17), o art. 882, CLT, dispõe que a garantia do juízo pode ser efetuada por seguro-garantia judicial, sem que se tenha alusão a obrigatoriedade do acréscimo de 30%.

Em caso de discordância do credor, em execução definitiva, não tem o executado direito líquido e certo a que os valores penhorados em dinheiro fiquem depositados no próprio banco, ainda que atenda aos requisitos do art. 840, I, NCPC (Súm. 417, II).

Tratando-se de grupo de empresas (empregador único), a responsabilidade pelo cumprimento da obrigação trabalhista é solidária[66] (art. 2º, § 2º, CLT), sendo que, atualmente, a caracterização do grupo econômico pode ocorrer durante a execução. Até novembro de 2003, o TST entendia que o responsável solidário, integrante do grupo econômico, que não participou da relação processual como reclamado e que, portanto, não consta no título executivo judicial como devedor, não pode ser sujeito passivo na execução (Súm. 205, cancelada). Sobre a responsabilidade do grupo econômico, sugerimos a leitura do item 16.8.2.2.4.1, Solidariedade e Grupo Econômico.

O Estado-membro não é responsável subsidiária ou solidariamente com a associação de pais e mestres pelos encargos trabalhistas dos empregados contratados por esta última, que deverão ser suportados integral e exclusivamente pelo real empregador (OJ 185, SDI-I).

---

[66] No sistema jurídico, há solidariedade quando na mesma obrigação concorre mais de um credor, ou mais de um devedor, cada um com direito, ou obrigado à dívida toda (art. 264, CC). A solidariedade não se presume. Deriva da lei ou do ajuste das partes. É legal ou convencional (art. 265, CC).

PARTE VI · Cap. XVI – EXECUÇÃO TRABALHISTA | **983**

Apesar da divergência em torno do tema, não consideramos necessário o exaurimento de todos os meios de execução contra o devedor principal para que se inicie a execução contra o devedor subsidiário, bastando a inexistência de indicação de bens livres e desembaraçados pela devedora e a frustração dos meios regulares de execução ou quando se verifica a indisponibilidade patrimonial, face ao princípio da efetividade processual e ao princípio da duração razoável do processo.[67]

Assim, também pelos mesmos motivos não nos parece necessário a habilitação em processo de falência ou aguardar o desfecho da recuperação judicial antes de direcionar a execução contra o devedor subsidiário.[68]

Entendemos que a execução contra o devedor subsidiário precede a desconsideração da personalidade jurídica, a qual é medida excepcional e somente é possível após a execução dos devedores constantes do título judicial.[69]

O Enunciado 7 da Jornada Nacional sobre Execução na Justiça do Trabalho assim dispõe: *"A falta de indicação de bens penhoráveis do devedor principal e o esgotamento, sem êxito, das providências de ofício nesse sentido, autorizam a imediata instauração da execução contra o devedor subsidiariamente corresponsável, sem prejuízo da simultânea desconsideração da personalidade jurídica do devedor principal, prevalecendo entre as duas alternativas a que conferir maior efetividade à execução."*

16.10.4 Penhora

16.10.4.1 Conceito de Penhora

A penhora consiste na apreensão dos bens do executado que sejam suficientes para o pagamento da condenação (principal com os acréscimos monetários e os juros de mora), dos recolhimentos previdenciários e das demais despesas processuais (art. 883, CLT).

Como ato processual, a penhora representa o momento máximo da concretização da tutela executiva, isto é, a sujeição do devedor e de seu patrimônio, como forma de atuação do direito em prol da satisfação do crédito exequendo.

Pela penhora, os bens apreendidos ficam vinculados à execução, permitindo, assim, a sua posterior expropriação (alienação judicial), como também torna os atos de disposição do devedor ineficazes em face do credor.

A alienação ou oneração dos bens penhorados pelo devedor equivale à hipótese de fraude à execução prevista no art. 792, CPC.

---

[67] TST – 5ª T. – AIRR 603-03.2012.5.06.0021 – Rel. Des. Conv. Ronaldo Medeiros de Souza – j. 11/11/2014.

[68] TST – 7ª T. – RR 154200-66.2009.5.12.0041 – Rel. Min. Cláudio Brandão – j. 4/11/2014.

[69] TST – 8ª T. – AIRR 76900-86.2008.5.05.0581 – Rel. Min. Maria Laura F. L. de Faria – j. 17/10/2012; TRT – 2ª R. – 5ª T. – Proc. 00005137920135020050 – Rel. Des. Maria da Conceição Batista – j. 6/10/2015; TRT – 2ª R. – 13ª T – Proc. 00002541220125020441 – Rel. Des. Cíntia Táffari – j. 15/9/2015.

16.10.4.2 Natureza Jurídica dos Bens Penhorados

A penhora não retira do devedor o direito de propriedade sobre os bens apreendidos.

O devedor pode até vender, onerar ou doar os bens penhorados, contudo, esses atos, quanto ao credor, são tidos como ineficazes. É como se não existissem para a execução onde se processa a penhora.

16.10.4.3 Bens Penhoráveis

A penhora possui como objeto os bens do devedor, na medida em que a sua responsabilidade é patrimonial (art. 789, CPC).

Em situações específicas, devidamente previstas em lei, a execução poderá recair em bens de terceiro. É o caso, por exemplo, do fiador (art. 794).

Os bens particulares dos sócios não respondem pelas dívidas da sociedade senão nos casos previstos em lei. O sócio, demandado pelo pagamento da dívida, tem direito a exigir que sejam preliminarmente executados os bens da sociedade (art. 795, *caput*).

Independentemente do tipo societário, pela aplicação da teoria objetiva da desconsideração da personalidade jurídica, a jurisprudência trabalhista tem admitido a execução contra a pessoa dos sócios ou ex-sócios quando a pessoa jurídica não mais possui bens a serem executados e tem admitido a execução contra a pessoa dos sócios.

Não são passíveis de penhora os bens que estejam em posse do devedor, mas que não são integrantes do seu patrimônio. Se ocorrer a penhora, será o caso da oposição de embargos de terceiro (art. 674, § 2º, III).

Por outro lado, é admissível a penhora de bens do devedor, os quais estejam na posse de terceiro. É o caso da penhora de crédito do devedor junto a terceiro.

A penhora pode incidir sobre bens corpóreos (dinheiro, pedras e metais preciosos, móveis, veículos, semoventes, imóveis, navios, aeronaves) e incorpóreos (títulos da dívida pública, títulos de crédito que tenham cotação em Bolsa, direitos, ações etc.).

Como a essência da execução por quantia certa é a expropriação (alienação judicial), os bens penhorados (corpóreos ou incorpóreos) devem ser transmissíveis.

A apreensão judicial deve incidir sobre os bens suficientes para a satisfação do principal atualizado, juros, custas e honorários advocatícios (art. 831).

Não se levará a efeito a penhora quando evidente que o produto da execução dos bens encontrados será totalmente absorvido pelo pagamento das custas da execução (art. 836, *caput*).

16.10.4.4 Bens Impenhoráveis

Não estão sujeitos à execução os bens que a lei considera impenhoráveis ou inalienáveis (art. 832, CPC).

A impenhorabilidade pode ser absoluta ou relativa. A respeito dessa temática, Moacyr Amaral Santos[70] ensina: *"Bens há absolutamente impenhoráveis, por força de lei,*

---

[70] SANTOS, Moacyr Amaral. Ob. cit., v. 3, p. 293.

ou pela sua própria natureza, ou por motivos de ordem pública, ou, ainda, em atenção a sentimentos de humanidade, a princípios de equidade, a razões de direito; outros são relativamente impenhoráveis, no sentido de que sobre eles poderá incidir a penhora na falta de outros bens."

São absolutamente impenhoráveis: (a) os bens inalienáveis e os declarados por ato voluntário não sujeito a execução; (b) os móveis, os pertences e as utilidades domésticas que guarnecem a residência do executado, salvo os de elevado valor ou os que ultrapassem as necessidades comuns correspondentes a um médio padrão de vida; (c) os vestuários, bem como os pertences de uso pessoal do executado, salvo se de elevado valor; (d) os vencimentos, os subsídios, os soldos, os salários, as remunerações, os proventos de aposentadoria, as pensões, os pecúlios e os montepios, bem como as quantias recebidas por liberalidade de terceiro e destinadas ao sustento do devedor e de sua família, os ganhos de trabalhador autônomo e os honorários de profissional liberal, observadas as exceções do art. 833, § 2º, CPC; (e) os livros, as máquinas, as ferramentas, os utensílios, os instrumentos ou outros bens móveis que sejam necessários ou úteis ao exercício da profissão do executado; (f) o seguro de vida; (g) os materiais necessários para obras em andamento, salvo se essas forem penhoradas; (h) a pequena propriedade rural, assim definida em lei, desde que trabalhada pela família; (i) os recursos públicos recebidos por instituições privadas para aplicação compulsória em educação, saúde ou assistência social; (j) a quantia depositada em caderneta de poupança, até o limite de 40 salários mínimos; (l) os recursos públicos do fundo partidário recebidos por partido político, nos termos da lei (art. 833, I a XI, CPC). O art. 3º, XV, IN 39, TST, considera o art. 833, CPC compatível com o processo trabalhista.

O CPC/15 incluiu como hipótese de impenhorabilidade: os créditos oriundos de alienação de unidades imobiliárias, sob regime de incorporação imobiliária, vinculados à execução da obra (art. 833, XII).

A impenhorabilidade não é oponível à execução de dívida relativa ao próprio bem, inclusive àquela contraída para sua aquisição (art. 833, § 1º).

O CPC fixou a posição de que os salários (art. 833, IV) e a poupança (art. 833, X) podem ser objeto de penhora para pagamento de prestação alimentícia, independentemente de sua origem, bem como as importâncias excedentes a cinquenta salários-mínimos mensais, respeitando-se as regras previstas no art. 528, § 8º (eventual concessão de efeito suspensivo à impugnação ao cumprimento da decisão por parte do executado não obsta a que o exequente levante mensalmente a importância da prestação) e art. 529, § 3º (o débito objeto da execução pode ser descontado dos rendimentos ou rendas do executado, de forma parcelada, desde que, somado à parcela devida, não ultrapasse 50% dos ganhos líquidos do exequente). Citada inovação é aplicável ao processo trabalhista ante a natureza alimentar do crédito trabalhista (art. 833, § 2º).

Pelo CPC/15, devem ser incluídos à hipótese do inciso V, art. 833 (equipamentos em geral para o exercício da profissão), os equipamentos, implementos e máquinas agrícolas pertencentes a pessoa física ou a empresa individual produtora rural, exceto quando tais bens tenham sido objeto de financiamento e estejam vinculados em garantia a negócio jurídico, ou quando respondam por dívida de natureza alimentar, trabalhista ou previdenciária (art. 833, § 3º).

Podem ser penhorados, à falta de outros bens, os frutos e os rendimentos dos bens inalienáveis, salvo se destinados a satisfação de prestação alimentícia (art. 834).

16.10.4.4.1 Alienação Fiduciária

Alienação fiduciária é uma espécie de negócio fiduciário, tendo como objeto um bem móvel, o qual é adquirido pelo comprador com recursos fornecidos por uma instituição financeira, e revendido fiduciariamente para ela, que fica com o direito de propriedade do bem até o pagamento integral da quantia fornecida para a aquisição.

Podem ser objeto de penhora os bens alienados fiduciariamente?

Os bens alienados fiduciariamente não estão previstos expressamente no elenco dos bens impenhoráveis (art. 833, CPC). Contudo, o CPC dispõe que são penhoráveis os direitos aquisitivos de promessa de compra e venda e de alienação fiduciária em garantia (art. 835, XII).

Na alienação fiduciária, o devedor é simples possuidor direto e depositário do bem, sendo que o credor possui o domínio resolúvel e a posse indireta.

Como simples possuidor direto e depositário, o devedor fiduciário tem todas as responsabilidades e encargos que lhe estabelecem as disposições da lei civil e penal.

Em função dessas ponderações, Manoel Antonio Teixeira Filho entende que não é possível a penhora sobre bens alienados de forma fiduciária. Em sentido contrário, Francisco Antonio de Oliveira considera ser possível a penhora, esclarecendo a natureza do crédito trabalhista como sendo privilegiada.

Se houver a penhora do bem alienado fiduciariamente, é imperiosa a comunicação ao credor fiduciário, como ocorre em relação ao credor hipotecário (art. 799, I, CPC).

A jurisprudência é divergente sobre a possibilidade de penhora de bem gravado com cláusula de alienação fiduciária.[71]

16.10.4.4.2 Bem de Família

O imóvel residencial próprio do casal ou da entidade familiar não responderá por dívida de natureza fiscal, civil, previdenciária, trabalhista ou de outra natureza, contraída pelos cônjuges ou pelos pais ou filhos que sejam seus proprietários e nele residam, salvo nas hipóteses previstas na Lei 8.009/90 (art. 1º, *caput*).

O bem de família é isento de execução por dívidas posteriores à sua instituição, salvo as que provierem de tributos relativos ao prédio, ou de despesas de condomínio (art. 1.715, *caput*, CC).

---

[71] TRT – 2ª R. – 14ª T. – AP 00005399620115020034 – Rel. Davi Furtado Meirelles – *DOE/SP* 24/1/2014; TRT – 12ª R. – AP 0003973-07.2013.5.12.0047 – Relª Mari Eleda Migliorini – *DJe* 20/6/2014.

PARTE VI · Cap. XVI – EXECUÇÃO TRABALHISTA | **987**

Compreende-se como imóvel residencial um único imóvel utilizado pelo casal ou pela entidade familiar para moradia permanente (art. 5º, *caput*).[72] Na hipótese de o casal ou entidade familiar ser possuidor de vários imóveis utilizados como residência, a impenhorabilidade recairá sobre o de menor valor, salvo se outro tiver sido registrado, para esse fim, no Registro de Imóveis (art. 5º, parágrafo único).

Além do imóvel, a impenhorabilidade compreende a construção, as plantações, as benfeitorias de qualquer natureza e todos os equipamentos, inclusive de uso profissional, os móveis que guarnecem a casa, desde que quitados (art. 1º, parágrafo único). Não são impenhoráveis os veículos de transporte, obras de arte e adornos suntuosos (art. 2º, *caput*). Mesmo em se tratando de imóvel locado, a impenhorabilidade aplica-se aos bens móveis quitados que guarneçam a residência e que sejam de propriedade do locatário, tais como geladeira, fogão etc. (art. 2º, parágrafo único).

Segundo entendimento do STJ, o conceito de impenhorabilidade de bem de família abrange também: (a) o imóvel pertencente a pessoas solteiras, separadas e viúvas (Súm. 364); (b) o único imóvel residencial do devedor que esteja locado a terceiros, desde que a renda obtida com a locação seja revertida para a subsistência ou a moradia da sua família (Súm. 486).

A penhora é possível sobre aparelhagem eletrônica, televisão etc., desde que não estão ligados à sobrevivência e ao bem-estar da família.

A impenhorabilidade não é oponível em relação aos seguintes créditos: (a) decorrente de financiamento destinado à construção ou à aquisição do imóvel, no limite dos créditos e acréscimos constituídos em função do respectivo contrato; (b) pensão alimentícia, resguardados os direitos, sobre o bem, do seu coproprietário que, com o devedor, integre união estável ou conjugal, observadas as hipóteses em que ambos responderão pela dívida; (c) cobrança de impostos, predial ou territorial, taxas e contribuições devidas em função do imóvel familiar; (d) execução de hipoteca sobre o imóvel oferecido como garantia real pelo casal ou pela entidade familiar; (e) por ter sido adquirido com produto de crime ou para execução de sentença penal condenatória a ressarcimento, indenização ou perdimento de bens; (f) decorrente de fiança concedida em contrato de locação.

Após a indicação dos principais aspectos da Lei 8.009, torna-se imperiosa a análise da impenhorabilidade do bem de família e do crédito trabalhista.

A Constituição estabelece os valores sociais do trabalho como um dos fundamentos do Estado Democrático de Direito (art. 1º, IV). Por sua vez, o *caput* do art. 170 assegura que a ordem econômica será fundada na valorização do trabalho humano. Em face da conjugação desses dispositivos, torna-se evidente que o trabalho humano é um dos fundamentos da ordem constitucional econômica.

Como se não bastassem essas assertivas, o art. 193, *caput*, estabelece que a ordem social tem como base o primado do trabalho e como objetivos o bem-estar e a justiça

---

[72] TST – SDI-II – RO 232-31.2012.5.23.0000 – Rel. Min. Luiz Philippe Vieira de Mello Filho – j. 17/5/2016.

social. A ordem social deve ser vista como um sistema de proteção da força de trabalho. Os direitos sociais são previstos no art. 6º, sendo que o trabalho é um deles. Pondere-se que o art. 7º declina quais são os direitos sociais específicos dos trabalhadores.

Diante desses princípios constitucionais, a Lei 8.009 é inconstitucional quando estabelece a impenhorabilidade do bem de família em relação aos créditos trabalhistas em geral, os quais são de natureza privilegiada e se sobrepõem a qualquer outro (art. 186, CTN, e art. 449, CLT).

A EC 26/00 estabeleceu a moradia como um dos direitos sociais, logo, tem idêntico *status* constitucional destinado ao trabalho. Isso faz com que se tenha um choque de valores entre os dois direitos sociais, demonstrando, assim, um argumento razoável para se contrapor à tese da inconstitucionalidade da Lei 8.009.

O STJ fixou o entendimento de que a vaga de garagem que tenha matrícula própria no registro de imóveis não constitui bem de família para efeito de penhora (Súm. 449).

Mesmo em se tratando de bem de alto valor (bem suntuoso), o TST não tem admitido a penhora do bem de família. Nesse sentido, também é o entendimento do STJ.

A penhora do bem de família é possível quando viável seu fracionamento.[73]

A defesa do bem de família pode ser arguida até o exaurimento da execução, logo, eventual ausência em embargos do executado não implica na preclusão da matéria (TRT – 15 R. – AP 0164000-52.2009.5.15.0133 – Rel. Des. João Alberto Alves Machado).

De forma incidental, o TST também reconheceu que a arguição do bem de família pode ser alegada, a qualquer tempo, nas instâncias ordinárias, como também pode ser decretada de ofício pelo magistrado (TST – SDI-II – ROAR 86500-95.2002.5.03.0000 – Rel. Min. Emmanoel Pereira – DJT 17/3/2006).

16.10.4.4.3 Impenhorabilidade do Salário

O CPC/73 determinava que o salário era impenhorável, excetuando-se a hipótese em que a penhora era para pagamento de prestação alimentícia (art. 649, IV, § 2º).

Diante da exceção prevista no art. 649, § 2º, CPC/73, será que seria inoponível a impenhorabilidade a qualquer credor de prestação alimentícia? Em outras palavras: qual é o exato sentido da expressão "prestação alimentícia"?

---

[73] "AGRAVO REGIMENTAL EM AGRAVO DE INSTRUMENTO. FRACIONAMENTO DE IMÓVEL GRAVADO COMO BEM DE FAMÍLIA. DECISÃO MONOCRÁTICA NEGANDO PROVIMENTO AO RECURSO. 1. A orientação desta Corte de Justiça firma-se no sentido de que é viável a penhora de parte do imóvel caracterizado como bem de família, quando desmembrável. 2. Alegada violação ao art. 620 do Código de Processo Civil. Parte que, nas razões do apelo extremo, deixou de suscitar afronta ao art. 535 do CPC. Falta de prequestionamento. Incidência da súmula n. 211 do STJ. 3. Decisão da corte de origem que, com base nas provas constantes, firmou a possibilidade de fracionamento do imóvel objeto da lide. Pretensão que exige o reexame do contexto fático--probatório, encontrando vedação na súmula 7 do STJ. 4. Agravo desprovido, com aplicação de multa" (STJ – 4ª T. – AgRg no Ag 1406830-SC – Rel. Min. Marco Buzzi – *DJe* 1º/8/2012).

Se adotássemos uma visão restrita, a expressão "prestação alimentícia" estaria relacionada somente com os alimentos previstos no art. 1.694, CC. A impenhorabilidade não seria oponível somente para os alimentos decorrentes da lei civil.

"Segundo Orlando Gomes, alimentos são prestações para satisfação das necessidades vitais de quem não pode provê-las por si. Compreende o que é imprescindível à vida da pessoa como alimentação, vestuário, habitação, tratamento médico, diversões, e, se a pessoa alimentada for menor de idade, ainda verbas para sua instrução e educação (CC, art. 1.701, in fine), incluindo parcelas despendidas com sepultamento, por parentes legalmente responsáveis pelos alimentos. [...] O fundamento desta obrigação de prestar alimentos é o princípio da preservação da dignidade da pessoa humana (CF, art. 1º, III) e o da solidariedade humana, pois vem a ser um dever personalíssimo, devido pelo alimentante, em razão do parentesco que o liga ao alimentado. Assim, na obrigação alimentar um parente fornece a outro aquilo que lhe é necessário à sua manutenção, assegurando-lhe meios de subsistência, se ele, em virtude da idade avançada, doença, falta de trabalho ou qualquer incapacidade, estiver impossibilitado de produzir recursos materiais com o próprio esforço".[74]

A visão restritiva era inaceitável. Como os valores pecuniários eram necessários para a subsistência do ser humano, logo, para sua própria dignidade, deveriam ser considerados como prestação alimentícia.

A impenhorabilidade seria inaplicável quando o único meio de penhora da obrigação alimentícia era o salário do próprio executado. Em outras palavras: diante do caso concreto, o juiz não deveria considerar a impenhorabilidade como um valor absoluto. Por exemplo: a condenação judicial de pensão vitalícia imposta a um trabalhador. Se o único bem do trabalhador for o seu salário, nada mais justo que o magistrado defira a penhora de um determinado percentual do seu salário para o pagamento da pensão vitalícia à vítima.

"Quanto ao salário, parte da doutrina e jurisprudência tem admitido a penhora em certo percentual, aplicando-se os princípios da razoabilidade e proporcionalidade. Desse modo, segundo o caso concreto, a situação econômica do reclamante e do reclamado, pensamos ser possível a penhora de parte do salário do executado. Hoje, assistimos, muitas vezes, em audiências trabalhistas, o reclamado dizer que irá cumprir o acordo entabulado na audiência ou a condenação com um percentual do salário".[75]

Em dezembro/08, o TST fixou o entendimento de que há ofensa a direito líquido e certo a decisão que determina o bloqueio de numerário existente em conta-salário para a satisfação de crédito trabalhista, ainda que seja limitado a determinado percentual dos valores recebidos ou a valor revertido para fundo de aplicação ou poupança, visto que o art. 649, IV, CPC/73 contém norma imperativa que não admite interpretação ampliativa, sendo que a exceção prevista no art. 649, § 2º, CPC/73, espécie e não gênero de crédito de natureza alimentícia, não engloba o crédito trabalhista (OJ 153, SDI-II).

---

[74] DINIZ, Maria Helena. *Curso de direito civil brasileiro.* 17. ed., v. 5, p. 458.

[75] SCHIAVI, Mauro. *Manual de direito processual do trabalho,* p. 763.

A visão do TST era ampliativa quanto à impenhorabilidade, pois envolveria não só a conta salário como também as sobras do salário mensal que fossem revertidas para fundo de aplicação ou poupança, visto que a origem deste valor teria sido originária do salário auferido pelo trabalhador.

Há críticas na doutrina quanto a esse posicionamento do TST:

"Interpretando esse artigo, o C. TST entendeu que aludidos vencimentos são absolutamente impenhoráveis, vez que são destinados a preservar a subsistência do devedor e de sua família. Além disso, entendeu que a execução prevista no parágrafo 2º teve como foco tão somente a prestação alimentícia (ação de alimentos), o que não englobaria os créditos trabalhistas que também possuem natureza alimentar.

O Eg. TST entendeu ainda que, mesmo as sobras salariais, revertidas para fundo de aplicação ou poupança, também são impenhoráveis. Seria o caso, por exemplo, de o executado receber R$ 10.000,00 e no fim do mês lhe sobrar R$ 1.000,00, que seria aplicado na poupança. Nesse caso, o TST entende que o valor transferido para a poupança derivou do salário do executado, sendo preservado pela impenhorabilidade. Com base nesse entendimento, o Tribunal Superior do Trabalho passou a admitir a impetração do mandado de segurança quando fosse penhorada conta-salário do executado, mesmo que apenas uma porcentagem, sob o fundamento de violação de direito de direito líquido e certo do executado. Registra-se que, embora a penhora tenha mecanismo próprio de impugnação, qual sejam, os embargos à penhora, a jurisprudência do TST e a do próprio STF permitem a impetração de mandado de segurança nas hipóteses em que do ato impugnado possa advir prejuízos imediatos e irreparáveis ou de difícil reparação ao executado.

Em que pese o entendimento da Corte Trabalhista, com ele não podemos concordar, pelos seguintes fundamentos.

A impenhorabilidade de certos bens estabelecida na ordem jurídica é regra que restringe o direito fundamental à tutela executiva (e também à tutela efetiva). Tal restrição se justifica como forma de preservar a dignidade do executado e de seus familiares, conferindo-lhe um patrimônio mínimo e verbas que possam garantir sua sobrevivência, como é o caso do salário.

No entanto, por se tratar de uma técnica de restrição de direito fundamental, é preciso que se submeta ao método da ponderação de interesses, o qual deve ser analisado em cada caso concreto, com base no princípio da proporcionalidade".[76]

O CPC/15 fixou a posição de que os salários (art. 833, IV) e a poupança (art. 833, X) podem ser objeto de penhora para pagamento de prestação alimentícia, independentemente de sua origem, bem como as importâncias excedentes a cinquenta salários mínimos mensais, respeitando-se as regras previstas no art. 528, § 8º (eventual concessão de efeito suspensivo à impugnação ao cumprimento da decisão por parte do executado não obsta a que o exequente levante mensalmente a importância da prestação) e art. 529, § 3º (o débito objeto da execução pode ser descontado dos rendimentos ou rendas do executado, de forma parcelada, desde que, somado à parcela devida, não ultrapasse 50%

---

[76] SANTOS, Élisson Miessa dos; CORREIA, Henrique Correia. *Súmulas e orientações jurisprudenciais do TST*. 2 ed., p. 1393.

dos ganhos líquidos do exequente). Citada inovação é aplicável ao processo trabalhista diante da natureza alimentar do crédito trabalhista (art. 833, § 2º).

A partir da vigência do CPC/15, como a impenhorabilidade é inaplicável à prestação alimentícia, sem qualquer tipo de restrição, nas demandas trabalhistas o salário do executado poderá ser objeto de penhora, visto que os créditos trabalhistas são de natureza salarial.

Nas execuções trabalhistas em que as penhoras ocorreram após a vigência do CPC/15, é inaplicável o teor da OJ 153, SDI-II, TST. O TST já reconhece esse juízo de valor, pois, ao revisar o conteúdo da OJ em setembro de 2017, no seu corpo manteve alusão ao art. 649, IV e § 2º, significando, assim, que a impenhorabilidade é aplicável para as situações fáticas ocorridas antes de 17 de março de 2016 (data em que o CPC/2015 entrou em vigência).

16.10.4.4.3.1   Penhora sobre Créditos Trabalhistas

Em relação ao credor do empregado, Ísis de Almeida salienta que é impossível a penhora no rosto dos autos de uma demanda trabalhista, visando constranger o crédito do empregado por dívida cobrada na Justiça Comum.

Discorre: *"[...] não se pode penhorar, na execução, o salário ou qualquer outro direito trabalhista do empregado, ainda que de natureza indenizatória, ou mesmo crédito trabalhista que ele esteja executando na Justiça do Trabalho [...]. Estão nesse caso, inclusive, os empréstimos concedidos pela empresa ao empregado, se de alguma forma desvinculados do contrato de trabalho, ou quando a obrigação de pagar esteja representada por títulos de crédito, contrato especial etc. De trabalhista, a dívida se tornou civil, se foi assumida através de algum instrumento que corporifique o negócio jurídico civil, notadamente se há coobrigados garantindo o crédito, empregados ou não da empresa, ou sócio desta. De todas as restrições supra só se exclui a prestação de alimentos quando determinada judicialmente. Neste caso, o empregador obedece fielmente à ordem do juiz competente, descontando o valor arbitrado e entregando-o à Justiça".*[77]

Trata-se da aplicação do princípio de que os salários são impenhoráveis.

Como vimos no tópico anterior, a regra não pode ser absoluta. Imaginemos a hipótese de uma condenação judicial na qual o empregado tenha sido condenado ao pagamento de uma pensão mensal vitalícia a uma determinada vítima. O crédito trabalhista do empregado, na sua demanda judicial, poderá vir a ser penhorado pela vítima (autora da ação na qual o empregado é o réu).

A partir da vigência do CPC/15, como a impenhorabilidade é inaplicável à prestação alimentícia, sem qualquer tipo de restrição, nas demandas trabalhistas em que o executado é credor, como reclamante, o seu crédito poderá ser objeto de penhora, visto que os créditos discutidos na outra demanda também têm natureza alimentar.

---

[77]   ALMEIDA, Ísis de. Ob. cit., p. 218.

16.10.4.4.3.2   Penhora sobre Conta Corrente

Para Sergio Pinto Martins,[78] *"estando o salário em conta corrente, já não é mais salário, mas numerário à disposição do cliente, podendo ser penhorado".*

A princípio discordamos desse entendimento, visto que o fato de o salário ter sido depositado em conta corrente, por questão de lógica, não transforma a sua natureza jurídica, permanecendo o seu caráter alimentar.

Contudo, há situações em que a penhora recai em contas correntes: (a) onde se tenha a percepção de salários, cujas retiradas mensais não implicam o saque de todo o valor depositado, havendo, assim, saldos residuais, os quais somados, em um determinado período, passam a significar um acréscimo ao patrimônio do devedor; (b) que além de depósitos de salários, se tenha depósitos de outras origens, formando, assim, um acréscimo ao patrimônio do devedor. Normalmente, tais valores ficam em uma poupança atrelada à conta corrente.

Nessas situações somos a favor da penhora da conta corrente na medida em que o valor depositado deixa de ser salário para ser patrimônio.

16.10.4.4.3.3   Penhora sobre Conta Poupança

O CPC/73 (art. 649, X) determinava que o valor de até 40 salários mínimos depositados em caderneta de poupança não poderia ser objeto de penhora.

Por sua vez, o CPC/15 fixou a posição de que os salários (art. 833, IV) e a poupança (art. 833, X) podem ser objeto de penhora para pagamento de prestação alimentícia, independentemente de sua origem, bem como as importâncias excedentes a cinquenta salários mínimos mensais, respeitando-se as regras previstas nos arts. 528, § 8º (eventual concessão de efeito suspensivo à impugnação ao cumprimento da decisão por parte do executado não obsta a que o exequente levante mensalmente a importância da prestação) e 529, § 3º (o débito objeto da execução pode ser descontado dos rendimentos ou rendas do executado, de forma parcelada, desde que, somado à parcela devida, não ultrapasse 50% dos ganhos líquidos do exequente). Citada inovação é aplicável ao processo trabalhista diante da natureza alimentar do crédito trabalhista (art. 833, § 2º).

A partir da vigência do CPC/15, como a impenhorabilidade é inaplicável à prestação alimentícia, sem qualquer tipo de restrição, nas demandas trabalhistas os depósitos da caderneta de poupança poderão ser objeto de penhora, visto que os créditos trabalhistas são de natureza salarial.

Nas execuções trabalhistas, em que as penhoras ocorreram após a vigência do CPC/15, é inaplicável o teor da OJ 153, SDI-II, TST. O TST já reconhece esse juízo de valor, pois, ao revisar o conteúdo da OJ em setembro de 2017, no seu corpo manteve alusão ao art. 649, IV e § 2º, significando, assim, que a impenhorabilidade é aplicável para situações fáticas ocorridas antes de 17 de março de 2016 (data em que o CPC/15 entrou em vigência).

---

[78]   MARTINS, Sergio Pinto. *Direito do trabalho*, 21. ed., p. 309.

16.10.4.5 O Local da Realização da Penhora

A penhora será efetuada onde quer que se encontrem os bens, ainda que sob a posse, detenção ou guarda de terceiros (art. 845, CPC).

O art. 837, CPC, determina, que obedecidas as normas de segurança fixadas pelo Conselho Nacional de Justiça (CNJ), a penhora de dinheiro e as averbações de penhoras de bens imóveis e móveis podem ser realizadas por meio eletrônico. É muito comum a adoção dos meios eletrônicos para o bloqueio de bens móveis e imóveis dos executados no Judiciário Trabalhista (BACEN-JUD, RENAJUD, ARISP, INFOSEG, INFOJUD etc.).

Quando os bens do devedor se encontram fora dos limites territoriais da comarca, a penhora será efetuada mediante carta precatória (art. 236, § 1º, CPC), em que serão realizados os atos de apreensão, avaliação, depósito e a alienação judicial dos bens penhorados (art. 845, § 2º).

A penhora de imóveis, independentemente de onde se localizem, quando for apresentada a certidão da respectiva matrícula, bem como a de veículos automotores, quando apresentada a certidão comprobatória da sua existência, serão realizadas por termo nos autos (art. 845, § 1º). A inscrição da penhora não é mais requisito legal para a validade do ato constritivo, tendo apenas a função de gerar a presunção legal e absoluta de conhecimento de terceiros, o que é importante para o credor trabalhista, evitando, assim, discussões a respeito da alienação do bem penhorado (art. 240, Lei 6.015/73).

A expedição de carta precatória, objetivando a penhora de bem imóvel, o qual esteja situado fora dos limites do foro da causa, não é necessária, desde que seja apresentada a certidão da respectiva matrícula. Contudo, dependendo de peculiaridades do bem e de eventuais dificuldades na execução (avaliação e subsequente alienação judicial), impõe-se a expedição de carta precatória. É importante ressaltar que o executado assume a condição de depositário com a respectiva intimação.

Quando o local da execução estiver fora dos limites do território nacional, haverá a necessidade da expedição da carta rogatória. A carta rogatória executória é o instrumento processual que permite a execução em país estrangeiro de sentenças proferidas no Brasil e vice-versa (art. 237, II, CPC). Consta da CF: (a) compete ao STJ processar e julgar a homologação das sentenças estrangeiras e a concessão do *exequatur* às cartas rogatórias (art. 105, I, *i*, CF); (b) aos juízes federais compete processar a execução de carta rogatória, após o *exequatur* pelo STJ (art. 109, X, CF).

No CPC, a matéria está regulada no art. 960, sendo que cabe ao Presidente do STJ, de acordo com o Regimento Interno, deve conceder *exequatur* às cartas rogatórias provenientes do exterior, salvo se lhes faltar autenticidade ou se a medida solicitada, quanto à sua natureza, atentar contra a ordem pública nacional.

São requisitos essenciais das cartas – rogatória e precatória: (a) a indicação dos juízes de origem e de cumprimento do ato; (b) o inteiro teor da petição, do despacho judicial e do instrumento do mandato conferido ao advogado; (c) a menção do ato processual que lhes constitui o objeto; (d) o encerramento com a assinatura do juiz (art. 260, I a IV, CPC).

Em todas as cartas declarará o juiz o prazo dentro do qual deverão ser cumpridas, atendendo à facilidade das comunicações e à natureza da diligência (art. 261).

DIREITO PROCESSUAL DO TRABALHO • *Francisco Ferreira Jorge Neto – Jouberto de Quadros Pessoa Cavalcante*

A carta precatória tem caráter itinerante, podendo, antes ou depois de lhe ser ordenado o cumprimento, ser encaminhada a juízo diverso do que dela consta, a fim de se praticar o ato (art. 262, *caput*). O encaminhamento será imediatamente comunicado ao órgão expedidor, que intimará as partes (art. 262, parágrafo único).

Em relação à carta precatória, a qual é de circulação entre os juízes do mesmo grau de jurisdição, o juiz deprecado poderá recusar o seu cumprimento, quando: (a) não estiver revestida dos requisitos legais (art. 260); (b) faltar competência em razão da matéria ou da hierarquia; (c) tiver dúvida acerca de sua autenticidade (art. 267, I a III). Em qualquer situação, o despacho há de ser fundamentado (art. 267, *caput*). No caso de incompetência em razão da matéria ou da hierarquia, o juiz deprecado, conforme o ato a ser praticado, poderá remeter a carta ao juiz ou ao tribunal competente (art. 267, parágrafo único).

16.10.4.6 *O Auto de Penhora*

É considerada realizada a penhora com a apreensão e o depósito dos bens, com a lavratura do auto de penhora (art. 839, *caput*, CPC).

Havendo mais de uma penhora, para cada um deverá ser lavrado um auto de penhora (art. 839, parágrafo único).

O auto de penhora deverá conter os seguintes elementos: (a) a indicação do dia, do mês, do ano e do lugar em que foi feita; (b) os nomes do exequente e do executado; (c) a descrição dos bens penhorados, com as suas características; (d) a nomeação do depositário dos bens (art. 838, I a IV).

Pelo exame dos requisitos legais, o auto de penhora representa a documentação do ato executivo da constrição legal quanto ao patrimônio do devedor.

O devedor deve ser intimado da penhora, para que possa, em querendo, interpor os embargos à execução, cujo prazo é de cinco dias (art. 884, CLT). No processo civil, o prazo é de 15 dias (arts. 915, *caput*, e 525, CPC). Se a penhora recair sobre bens imóveis, o cônjuge também deve ser intimado (art. 842, CPC).

A validade da penhora de bem imóvel não mais exige a sua inscrição no registro de imóveis (art. 844, CPC). O exequente deve providenciar o registro, somente com o intuito de se ter a presunção absoluta do conhecimento da penhora por terceiros, evitando, assim, discussões futuras a respeito da alienação do bem penhorado. Não se pode esquecer que a inscrição da penhora faz prova quanto à fraude de qualquer transação posterior (art. 240, Lei 6.015/73).

Por outro lado, a partir do momento em que houve a lavratura do auto ou termo de penhora do bem imóvel, com a intimação do executado, tem-se o início do prazo para a oposição de embargos à execução (arts. 845, § 1º e 841, § 1º, CPC), o qual será de cinco dias (art. 884, CLT).

Para Alexandre Freitas Câmara:[79] *"É de se dizer, ainda com relação penhora de bens imóveis, que a mesma será efetivada por termo nos autos, qualquer que seja o lugar em*

---

[79] CÂMARA, Alexandre Freitas. Ob. cit., v. 2, p. 314.

PARTE VI · Cap. XVI – EXECUÇÃO TRABALHISTA | 995

que o bem se encontre (portanto, mesmo que o imóvel esteja em comarca diversa daquela em que tramita o processo), se houver nos autos uma certidão de ônus reais do prédio. Neste caso, pois, bastará a lavratura do auto de penhora para que o bem esteja constrito, intimando-se da penhora o executado pessoalmente ou na pessoa de seu advogado (se já tiver constituído um), caso em que a intimação se fará através do Diário Oficial. O mesmo ato de intimação da penhora servirá, também, para tornar o executado depositário do bem (se for ele, evidentemente, quem ficar com essa incumbência)."

16.10.4.7 Expropriação Antecipada

O juiz determinará a alienação antecipada dos bens penhorados quando: (a) se tratar de veículos automotores, de pedras e metais preciosos e de outros bens móveis sujeitos à depreciação ou à deterioração; (b) houver manifesta vantagem (art. 852, I e II, CPC).

Se uma das partes solicita a alienação antecipada dos bens penhorados, o juiz deve ouvir a outra antes de decidir (art. 853, *caput*), sendo que o prazo para manifestação é de 3 dias. É importante a existência do contraditório quanto ao pedido de antecipação de alienação dos bens penhorados. As partes devem ser ouvidas para que o juiz possa decidir. A decisão judicial, a qual determina a alienação antecipada, é de natureza inter-locutória, logo, na Justiça do Trabalho, é incabível o agravo de petição. No processo civil, é oponível o agravo (art. 1.015, parágrafo único).

A alienação antecipada produz efeitos análogos aos da alienação ordinária, con-tudo, o recebimento do produto da venda pelo credor deverá aguardar o desfecho da ação executória.

Para o CPC (art. 730), nos casos expressos em lei, não havendo acordo entre os interessados sobre o modo como deve ser realizada a alienação do bem, o juiz, de ofício ou a requerimento dos interessados ou do depositário, determinará a venda em leilão, observadas as regras do procedimento de jurisdição voluntária (arts. 719 a 725) e, no que couber, o disposto nas regras da alienação (arts. 879 a 903).

16.10.4.8 Penhora de Direitos e Ações

Direitos e ações podem ser objeto de penhora (art. 835, IX, CPC; art. 11, VIII, Lei 6.830/80).

Por direitos e ações, compreendam-se as dívidas ativas, vencidas e vincendas, as ações reais ou pessoais para cobrança de dívidas, as quotas de herança em inventário, os fundos líquidos do devedor em sociedades civis e comerciais e todos os demais direitos similares.

No CPC, a penhora de quotas ou das ações de sociedades personificadas está regulada no art. 861: (a) com a penhora das quotas ou das ações de sócio em sociedade simples ou empresária, o juiz assinará prazo razoável, não superior a três meses, para que a sociedade: (1) apresente balanço especial, na forma da lei; (2) ofereça as quotas ou ações aos demais sócios, observado direito de preferência legal ou contratual; (3) não havendo interesse dos sócios na aquisição das ações, proceda à liquidação das quotas ou das ações, depositando em juízo o valor apurado, em dinheiro. Quanto às ações de sociedade anônima de capital aberto, não se aplica a penhora, sendo que as ações serão adjudicadas ao exequente ou alienadas em bolsa de valores, conforme o caso; (b) para evitar a liquidação das quotas ou das ações, a sociedade poderá adquiri-las sem redução do capital social e com utilização de reservas, para manutenção em tesouraria; (c) para os fins da liquidação, o juiz poderá, a requerimento do exequente ou da sociedade, nomear administrador, que deverá submeter à aprovação judicial a forma de liquidação; (d) o prazo de três meses poderá ser ampliado pelo juiz, se o pagamento das quotas ou das ações liquidadas: (1) superar o valor do saldo de lucros ou reservas, exceto a legal, e sem diminuição do capital social, ou por doação; (2) colocar em risco a estabilidade financeira da sociedade simples ou empresária; (e) Caso não haja interesse dos demais sócios no exercício de direito de preferência, não ocorra a aquisição das quotas ou ações pela sociedade e a liquidação seja excessivamente onerosa para a sociedade, o juiz poderá determinar o leilão judicial das quotas ou ações.

16.10.4.9 *Penhora de Créditos*

A penhora de créditos está disciplinada nos arts. 855 a 860, CPC. É possível que o devedor seja credor de terceiro. É o caso de penhora de títulos de crédito (letra de câmbio, nota promissória, duplicata, cheque etc.).

Estando o título em posse ou não do terceiro, a penhora se faz pela sua apreensão.

Se não ocorrer a apreensão (art. 856), reputa-se realizada a penhora pela intimação: (a) ao terceiro, para que não pague ao executado, seu credor; (b) ao executado, credor do terceiro, para que não pratique ato de disposição do crédito (art. 855, I e II).

Na hipótese de o terceiro confessar, sem a apreensão do título, ficará como depositário da importância, sendo que somente estará desobrigado se efetuar o depósito da quantia em juízo (art. 856, §§ 1º e 2º).

No caso de o terceiro negar a dívida, em conluio com o devedor/executado, qualquer quitação que for dada será tida como fraude à execução. Nesse caso, deverá o juiz, a requerimento do credor, determinar o comparecimento do devedor e do terceiro para que prestem os esclarecimentos (art. 856, §§ 3º e 4º).

O credor fica sub-rogado nos direitos do executado, se não tiver havido a oposição dos embargos ou a sua rejeição, porém, até o limite de seu crédito (art. 857, caput).

Também pode o exequente, em 10 dias, optar pela sub-rogação ou pela alienação judicial do direito penhorado (art. 857, § 1º). O prazo será computado a partir da realização da penhora.

A sub-rogação não impede o sub-rogado, se não receber o crédito do executado, de prosseguir na execução, nos mesmos autos, requerendo a apreensão de outros bens do devedor (art. 857, § 2º).

Quando o direito estiver sendo pleiteado em juízo, a penhora que recair sobre ele será averbada, com destaque, nos autos pertinentes ao direito e na ação correspondente à penhora, a fim de que esta seja efetivada nos bens que forem adjudicados ou que vierem a caber ao executado (art. 860). É o caso da penhora sobre os direitos que o executado está pleiteando em outra demanda.

Quando a penhora recair sobre dívidas de dinheiro a juros, de direito a rendas, ou de prestações periódicas, o exequente poderá levantar os juros, os rendimentos ou as prestações à medida que forem sendo depositados, abatendo-se do crédito as importâncias recebidas, conforme as regras da imputação em pagamento (art. 858).

É possível a realização da penhora sobre direito, o qual seja decorrência de uma prestação ou restituição de coisa determinada (art. 859). Trata-se da penhora de um crédito do devedor decorrente de uma coisa corpórea e determinada. Não é o caso de penhora sobre a coisa determinada. O devedor será intimado para que efetue o depósito do seu crédito, quando de seu vencimento, sendo que o prazo para os embargos tem início a partir da intimação da penhora.

16.10.4.10 Penhora de Empresas, de Outros Estabelecimentos e de Semoventes

A empresa é uma abstração, representando uma atividade econômica organizada. O estabelecimento representa o local onde estão situados os bens corpóreos e incorpóreos, que, aglutinados, levam à produção de bens e serviços. Trata-se de uma entidade material, ao contrário da empresa.

Semovente é o bem móvel que tem movimento próprio, tal como os animais selvagens e domésticos.

O CPC regula a penhora de empresas, de outros estabelecimentos e de semoventes nos arts. 862 a 863: (a) diante da impossibilidade de outro meio eficaz para a efetivação do crédito, a penhora poderá recair em estabelecimento comercial, industrial ou agrícola, bem como em semoventes, plantações ou edifícios em construção. O juiz nomeará administrador-depositário, determinando-lhe que apresente em 10 dias o plano de administração. Ouvidas as partes, o juiz decidirá. É lícito às partes ajustar a forma de administração, escolhendo o depositário, hipótese em que o juiz homologará por despacho a indicação; (b) em relação aos edifícios em construção sob regime de incorporação imobiliária, a penhora somente poderá recair sobre as unidades imobiliárias ainda não comercializadas pelo incorporador. Sendo necessário afastar o incorporador da administração da incorporação, será ela exercida pela comissão de representantes dos adquirentes ou, se se tratar de construção financiada, por empresa ou profissional indicado pela instituição fornecedora dos recursos para a obra. Neste último caso, a comissão de representantes dos adquirentes deve ser ouvida; (c) a penhora de empresa, que funcione mediante concessão ou autorização, será feita, conforme o valor do crédito, sobre a renda, sobre determinados bens ou sobre todo o patrimônio, nomeando o juiz como depositário, de preferência, um dos seus diretores; (d) quando a penhora recair sobre a renda ou sobre determinados bens, o administrador-depositário apresentará a forma de administração e o esquema de pagamento, observando-se, quanto ao mais, o disposto quanto ao regime de penhora de frutos e rendimentos de coisa móvel e imóvel. Recaindo a penhora sobre todo o patrimônio, prosseguirá a execução nos seus ulteriores termos, ouvindo-se, antes da arrematação ou da adjudicação, o ente público que houver outorgado a concessão; (e) a penhora de navio ou aeronave não obsta a que continuem navegando ou operando até a alienação, mas o juiz, ao conceder a autorização para tanto, não permitirá que saiam do porto ou aeroporto antes que o executado faça o seguro usual contra riscos.-

Para o TST, é admissível a penhora sobre a renda mensal ou faturamento de empresa, limitada a determinado percentual, desde que não comprometa o desenvolvimento regular de suas atividades, desde que não haja outros bens penhoráveis ou, havendo outros bens, eles sejam de difícil alienação ou insuficientes para satisfazer o crédito executado (OJ 93, SDI-II). O STJ considera legítima a penhora da sede do estabelecimento comercial (Súm. 451).

A penhora quanto ao faturamento é disciplinada no CPC, no art. 866, §§ 1º a 3º: (a) diante das hipóteses de inexistência de bens penhoráveis; bens de difícil alienação ou insuficientes para pagar o crédito executado, o juiz poderá ordenar a penhora de percentual de faturamento da empresa. O percentual será fixado de forma a proporcionar a satisfação do crédito exequendo em tempo razoável, mas que não torne inviável o exercício da atividade empresarial; (b) haverá a nomeação de administrador-depositário, o qual submeterá à aprovação judicial a forma de sua atuação e prestará contas mensalmente, entregando em juízo as quantias recebidas, com os respectivos balancetes mensais, a fim de serem imputadas no pagamento da dívida; (c) no que for pertinente, na penhora de percentual de faturamento de empresa, será observado o regramento quanto ao regime de penhora de frutos e rendimentos de coisa móvel e imóvel.

16.10.4.11 Penhora de Navio ou Aeronave

A penhora sobre navio ou aeronave não obsta a que continue navegando ou operando até a alienação; mas o juiz, ao conceder a autorização para navegar ou operar, não permitirá que saia do porto ou aeroporto antes que o devedor faça o seguro usual contra riscos (art. 864, CPC).

Trata-se de uma penhora de difícil concretização no processo de trabalho. A exigência do seguro deriva da necessidade de se dar segurança à execução trabalhista, possibilitando, assim, a efetiva prestação jurisdicional.

16.10.4.12 Penhora de Bem Imóvel Hipotecado

A existência do ônus real de hipoteca não é óbice para a realização da penhora (art. 333, II, CC).

Também nesse sentido temos o art. 30, *caput*, Lei 6.830, aplicável ao processo trabalhista (art. 889, CLT), *in verbis*: *"Sem prejuízo dos privilégios especiais sobre determinados bens, que sejam previstos em lei, responde pelo pagamento da Dívida Ativa da Fazenda Pública a totalidade dos bens e das rendas, de qualquer origem ou natureza, do sujeito passivo, seu espólio ou sua massa, inclusive os gravados por ônus real ou cláusula de inalienabilidade ou impenhorabilidade, seja qual for a data da constituição do ônus ou da cláusula, excetuados unicamente os bens e rendas que a lei declara absolutamente impenhoráveis."*

Quanto se tem a penhora do bem hipotecado, o CPC determina: (a) a intimação do credor hipotecário da penhora (art. 804); (b) a inserção no edital da hipoteca quanto ao bem penhorado (art. 886, VI), sob pena de desfazimento do ato expropriatório (art. 903, § 1º, III); (c) intimação do credor hipotecário quanto às datas designadas para a realização da hasta pública (art. 889, V), sob pena de ser considerada ineficaz a expropriação para o credor hipotecário (art. 903, § 1º, II).

O crédito trabalhista se sobrepõe a qualquer outro crédito, inclusive os que tenham a garantia real (art. 186, CTN; arts. 10 e 30, Lei 6.830/80).

Como o bem hipotecado é passível da apreensão judicial, nada obsta que haja a sua alienação judicial. Contudo, adquirido o bem, adquire-se o gravame quanto à hipoteca, pois o acessório segue o principal. A alienação judicial transfere o ônus da hipoteca junto com o direito de propriedade.[80]

Nas arrematações em função de créditos quirografários, geralmente, o credor hipotecário fica sub-rogado quanto ao preço depositado. Isso não ocorre nas execuções trabalhistas, já que o credor trabalhista tem preferência quanto ao pagamento de seu crédito. No máximo, como já foi mencionado, tem-se a transferência do domínio para o arrematante com os encargos decorrentes da hipoteca.

O Enunciado 35 da Jornada Nacional sobre Execução na Justiça do Trabalho assim dispõe: *"En. 35, I – Na execução trabalhista, aplica-se o art. 130, parágrafo único, do Código Tributário Nacional, dando-se preferência ao crédito trabalhista (art. 186,* caput, *CTN) e, em seguida, à satisfação dos créditos tributários. II – O adquirente receberá o bem livre e desembaraçado de ônus fiscais, condição que ficará expressa no edital. III – Satisfeitos os créditos trabalhistas, em caso de remanescerem débitos tributários, persiste a responsabilidade do devedor originário."*

16.10.4.13 Penhora de Fração do Bem

A execução de fração de um bem penhorado, no processo do trabalho, apresenta dissenso na jurisprudência.

Parcela majoritária entende pela possibilidade de execução de bem sobre o qual recaia condomínio, sendo que, nesse caso, haveria a penhora e arrematação de todo ele. Posteriormente à arrematação ou adjudicação, os coproprietários seriam reembolsados de acordo com cada quota-parte, à exceção do devedor trabalhista, que teria descontado de sua fração os valores destinados aos seus credores (art. 843, §§ 1º e 2º, CPC).

Por outro lado, existem posicionamentos contrários à possibilidade de penhora e arrematação/leilão de bens que se encontram nessa situação. A jurisprudência que partilha desse entendimento alegação violação ao art. 894, CPC, bem como sua inviabilidade prática e inutilidade da alienação do bem, por ocasionar certo desconforto ao arrematante, justamente por não oferecer cômoda divisão.

Por sua vez, é pacífica a oposição de embargos de terceiro pelos demais proprietários não devedores. De fato, nessa situação os demais proprietários não são partes na execução, podendo, valer-se, assim, dos embargos de terceiro. A propósito, é oportuno trazer à baila a lição de Fredie Didier Jr., Leonardo José Carneiro da Cunha, Paula Sarno Braga

---

[80] O art. 1.499, VI, do CC, determina a extinção da hipoteca pela arrematação ou adjudicação.

e Rafael Oliveira,[81] acerca da defesa dos bens do cônjuge, mas que sua inteligência pode ser perfeitamente aplicação ao caso em análise: *"(...) A segunda é os embargos de terceiro (art. 1.046, § 3º, do CPC). Cabem quando o consorte acredita que seus bens (próprios ou de sua meação) não respondem pela execução; visam, pois, excluir a constrição a eles imposta, único caso em que se comportará, de fato, como responsável secundário. (...) A orientação jurisprudencial, já bastante consolidada, se tornou definitiva com a nº134 da súmula do STJ: 'Embora intimado da penhora em imóvel do casal, o cônjuge do executado pode opor embargos de terceiro para defesa de sua meação."*

Por seu turno, o artigo 1.322 do Código Civil, autoriza os coproprietários a exercer o direito de adjudicação ou terão preferência na arrematação do imóvel.

Comentando o indigitado dispositivo legal, Flávio Tartuce e José Fernando Simão[82] esclarecem: *"(...) Desde logo se deve frisar que, sendo o bem indivisível, pode um dos condôminos optar pela adjudicação do bem, excluindo-se a venda forçada. Se houver acordo, um dos condôminos adjudica a integralidade do bem pagando aos demais o valor de seus quinhões. (...) Se não houve acordo entre os condôminos e o bem for oferecido a terceiro, mesmo assim, ao condômino é garantido o direito de preferência ou de preempção. A alienação judicial é tratada pelos arts. 1.113 a 1.119 do CPC, também seguindo rito especial. Nessa hipótese, em igualdade de condições com o terceiro, o condômino adquire o bem alienado judicialmente. Não se trata de adjudicação – que surge do acordo entre condôminos –, mas sim de um direito potestativo que poderá ser exercido, ainda que sem a concordância dos demais condôminos. Em outras palavras, tal concordância é irrelevante juridicamente (...)."*

Apesar da indivisibilidade do bem, pela aplicação da inteligência do art. 1.322, CC, não há óbice para que a penhora recaia sobre fração ideal de imóvel que pertença ao executado.

Quando da alienação judicial, a lei assegura o direito de preferência aos demais coproprietários, logo, não se tem nenhuma violação ao direito de propriedade. O que é inadmissível é que, em função desse direito, fique o credor trabalhista sem receber o seu crédito, que é de cunho alimentar.

O CPC, ao dispor a respeito da matéria, no art. 843, caput, menciona que se a penhora recair sobre bem indivisível, o equivalente à quota-parte do coproprietário ou do cônjuge alheio à execução recairá sobre o produto da alienação do bem. Portanto, é possível, do ponto de vista legal, a penhora e a expropriação do bem, mesmo quando o executado tenha o direito a uma parte ideal do bem (móvel ou imóvel). Contudo, é ressaltado que: (a) é reservado ao coproprietário ou ao cônjuge não executado a preferência na arrematação do bem em igualdade de condições; (b) não será levada a efeito expropriação por preço inferior ao da avaliação, na qual o valor auferido seja incapaz de garantir, ao coproprietário ou ao cônjuge alheio à execução, o correspondente à sua quota-parte calculado sobre o valor da avaliação (art. 843, §§ 1º e 2º).

---

[81] DIDIER JR. Fredie; CUNHA, Leonardo José Carneiro da; BRAGA, Paula Sarno; OLIVEIRA, Rafael. Curso de Direito Processual Civil, v. 5, 2. ed., p. 270.

[82] TARTUCE, Flávio; SIMÃO, José Fernando. Direito Civil, v. 4, 2. ed., p. 278.

16.10.4.14 Da Segunda Penhora

A execução deve consistir na apreensão de tantos bens quantos sejam necessários para a satisfação do valor global (crédito atualizado do credor trabalhista acrescido dos juros de mora, contribuições previdenciárias e das demais despesas processuais).

A proibição da segunda penhora representa respeito ao devedor. Infelizmente, a prática forense trabalhista demonstra que nem sempre a primeira penhora é suficiente para a cobertura satisfatória dos créditos trabalhistas.

É admissível a segunda penhora, quando: (a) a primeira for anulada; (b) executados os bens, o produto de alienação não bastar para o pagamento do exequente; (c) o exequente desistir da primeira penhora, por serem litigiosos os bens, ou por estarem submetidos a constrição legal (art. 851, I a III, CPC).

16.10.4.15 Modificação da Penhora

A matéria é disciplinada nos arts. 847 a 850, CPC, os quais são compatíveis com o processo trabalhista, diante da omissão do texto consolidado.

As regras são:

(a) é assegurado às partes o direito de requerer a substituição da penhora, quando: (1) ela não obedecer à ordem legal; (2) ela não incidir sobre os bens designados em lei, contrato ou ato judicial para o pagamento; (3) havendo bens no foro da execução, outros tiverem sido penhorados; (4) havendo bens livres, ela tiver recaído sobre bens já penhorados ou objeto de gravame; (5) ela incidir sobre bens de baixa liquidez; (6) fracassar a tentativa de alienação judicial do bem; (7) o executado não indicar o valor dos bens ou omitir qualquer das indicações previstas em lei;

(b) é dever do executado, no prazo fixado pelo juiz, indicar onde se encontram os bens sujeitos à execução, exibir a prova de sua propriedade e a certidão negativa ou positiva de ônus, bem como abster-se de qualquer atitude que dificulte ou embarace a realização da penhora;

(c) a penhora pode ser substituída por fiança bancária ou por seguro garantia judicial, em valor não inferior ao do débito constante da inicial, acrescido de 30%. Citado dispositivo é aplicável ao processo trabalhista (OJ 59, SDI-II, TST). Assevere-se que com a Reforma Trabalhista (Lei 13467/17), o art. 882, CLT, foi reformulada para contemplar o seguro-garantia judicial, como forma de garantia do juízo, sem que se tenha a exigência expressa do percentual de 30%;

(d) o executado somente poderá oferecer bem imóvel em substituição caso o requeira com a expressa anuência do cônjuge, salvo se o regime for o de separação absoluta de bens;

(e) como forma de respeito ao princípio do contraditório, o juiz intimará o exequente para manifestar-se sobre o requerimento de substituição do bem penhorado. O prazo para a resposta é de 3 dias (art. 853, CPC).

O executado tem a faculdade de requerer a substituição dos bens penhorados. O prazo é de dez dias, computado a partir da intimação da penhora, desde que comprove que lhe será menos onerosa e não trará prejuízo ao exequente. Só haverá o deferimento da substituição pelo magistrado se o executado: (a) comprovar as respectivas matrículas e os registros por certidão do correspondente ofício, quanto aos bens imóveis; (b) descrever os bens móveis, com todas as suas propriedades e características, bem como o estado deles e o lugar onde se encontram; (c) descrever os semoventes, com indicação de espécie, de número, de marca ou sinal e do local onde se encontram; (d) identificar os créditos, indicando quem seja o devedor, qual a origem da dívida, o título que a representa e a data do vencimento; (e) atribuir, em qualquer caso, valor aos bens indicados à penhora, além de especificar os ônus e os encargos a que estejam sujeitos.

Diante da substituição dos bens inicialmente penhorados, será lavrado novo termo.

O CPC também admite a redução ou a ampliação da penhora, bem como sua transferência para outros bens, se, no curso do processo, o valor de mercado dos bens penhorados sofrer alteração significativa.

16.10.4.16 Ampliação ou Redução da Penhora

Após a avaliação, após o requerimento do interessado e com a ciência a parte contrária, o juiz poderá: (a) reduzir a penhora aos bens suficientes, ou transferi-la para outros que bastem à execução, se o valor dos bens penhorados for consideravelmente superior ao crédito do exequente e dos acessórios; (b) ampliar a penhora, ou transferi-la para outros bens mais valiosos, se o valor dos bens penhorados for inferior ao crédito do exequente (art. 874, I a II, CPC).

16.10.4.17 Depósito dos Bens Penhorados

O depósito é o *"contrato pelo qual o depositário recebe para guardar um objeto móvel alheio, com a obrigação de restituí-lo quando o depositante o reclamar. O depósito pode ser voluntário e necessário. A guarda da coisa alheia é a finalidade precípua deste instituto. Daí, em tese, a lei veda o uso da coisa pelo depositário, pois se admitida, nesse caso, se confundiria com o comodato. O art. 1.287 (art. 652, Código Civil de 2002), dispõe, como dissemos antes, que o depósito pode ser voluntário e necessário.*

Portanto, diz-se que o depósito é voluntário quando livremente ajustado pelas partes, sem previsão de circunstâncias externas. Nesse caso é contrato real, não solene, unilateral, gratuito, portanto sem caráter oneroso, e personalíssimo.

Quanto ao aspecto enunciado pela lei, de ser o depósito meramente gratuito, devemos discordar desta acepção, posto que, hoje em dia, a maioria dos depósitos são assalariados, havendo na maioria das vezes uma contraprestação, como é óbvio, do depositário, que tem a responsabilidade de guardar e zelar pelos bens depositados, como a do depositante, que se vê privado de seus bens, correndo o risco de tê-los deteriorados ou danificados.

Acontece que o instituto nasceu da origem gratuita, pois à sua época, o depósito era incumbência que se conferia a um amigo, de guardar certa coisa. Daí o caráter de sua gratuidade e seu caráter personalíssimo, porque, justamente, era feito em confiança. Contudo, a vida moderna nos trouxe várias situações em que o depósito oneroso se impõe. Exemplo é o depósito de automóveis efetuado nas garagens que servem de estacionamento de veículos e dos depósitos efetuados em armazéns especializados. Assim, surge para o depositário obrigação onerosa, qual seja, a de guardar e conservar a coisa alheia devendo restituí-la ao seu dono quando reclamada. Nesses casos, o depósito é oneroso para ambas as partes, deixando de ser gratuito.

O depósito necessário é aquele em que o depositante, não podendo escolher livremente a quem deve confiar a guarda e conservação da coisa (bem), é forçado por circunstâncias externas e alheias à sua vontade, a efetuar o depósito em desempenho a uma obrigação legal ou em decorrência de uma calamidade pública (incêndio, inundação etc.)." [83]

O depósito judicial representa o negócio jurídico entre o Estado e o depositário, sendo que o último obtém, em seguida, a apreensão da *res pignorata*, posse imediata da coisa.

O objeto do depósito judicial é a coisa penhorada, seja móvel ou imóvel, fungível ou infungível, material ou imaterial.

A penhora sem o depósito não se aperfeiçoa (art. 839, CPC).

Como é de costume, pelo regramento anterior do CPC/73 (antes da Lei 11.382/06), o próprio devedor, quando da execução, era quem ficava como depositário dos bens penhorados (art. 666, *caput*, CPC/73; art. 840, *caput*, CPC/15).

Posteriormente, só com a expressa anuência do exequente ou nos casos de difícil remoção, os bens poderiam ser depositados em poder do executado (art. 666, § 1º, CPC/73, com a redação dada pela Lei 11.382/06. A regra foi mantida pelo CPC/15 (art. 840, § 2º).

Essa regra é de difícil aplicação no processo do trabalho, na medida em que os TRTs não dispõem de serviços adequados de depositário público. Portanto, no processo laboral, continuará sendo regra que o executado fique como depositário dos bens penhorados.

A nomeação compulsória do devedor, como depositário, não é possível: "Habeas corpus. *Depositário. Termo de depósito não assinado pelo paciente. Necessidade de aceitação do encargo. Impossibilidade de prisão civil. A investidura no encargo de depositário depende da aceitação do nomeado que deve assinar termo de compromisso no auto de penhora, sem o que é inadmissível a restrição de seu direito de liberdade"* (OJ 89, SDI-II).

Apesar do entendimento jurisprudencial, é inadmissível a recusa injustificada do devedor em assumir o compromisso do depósito.

A prática forense trabalhista indica sucessivas manobras protelatórias de devedores, os quais, ao não assumirem os encargos de depositários, retardam o andamento da execução trabalhista, com a remoção dos bens penhorados e a busca de outros depositários, geralmente, o exequente, que nem sempre tem a condição de zelar pela guarda dos bens penhorados.

Essa recusa injustificada deve ser penalizada como ato atentatório à dignidade da justiça (art. 774, III, CPC), sujeitando-se o devedor à multa em montante não superior a 20% do valor atualizado do débito em execução, sem prejuízo de outras sanções de

---

[83] MUJALLI, Walter Brasil. Ob. cit., p. 141.

natureza processual ou material. A multa reverterá em proveito do credor, sento exigível na própria execução (art. 774, parágrafo único).

O TST, pela OJ 143 (SDI-II), fixou o entendimento de que não se caracteriza a condição de depositário infiel quando a penhora recair sobre coisa futura, circunstância que, por si só, inviabiliza a materialização do depósito no momento da constituição do paciente em depositário, autorizando-se a concessão do *habeas corpus* diante da prisão ou ameaça de prisão que sofra.

O art. 840, CPC, regula a questão do depósito do bem penhorado: (a) as quantias em dinheiro, os papéis de crédito, as pedras e os metais preciosos serão depositados preferencialmente no Banco do Brasil, na Caixa Econômica Federal ou em banco no qual o Estado ou o Distrito Federal possua mais da metade do capital social integralizado ou, na falta desses estabelecimentos, em qualquer instituição de crédito designada pelo juiz; (b) os móveis, os semoventes, os imóveis urbanos e os direitos aquisitivos sobre imóveis urbanos, em poder do depositário judicial. Se não houver depositário judicial, os bens ficarão em poder do exequente; (c) os imóveis rurais, os direitos aquisitivos sobre imóveis rurais, as máquinas, os utensílios e os instrumentos necessários ou úteis à atividade agrícola, mediante caução idônea, em poder do executado; (d) os bens poderão ser depositados em poder do executado nos casos de difícil remoção ou quando concordar o exequente; (e) as joias, as pedras e os objetos preciosos deverão ser depositados com registro do valor estimado de resgate.

A função do depositário é zelar pela guarda e conservação dos bens penhorados, evitando extravios e deteriorações, enquanto se tem o aguardo do ato expropriatório (arrematação), agindo sempre em nome e à ordem do juiz (art. 161, CPC).

Nas hipóteses de penhora da empresa ou estabelecimento (arts. 862 a 864, CPC), o depositário também tem a obrigação de mantê-la ou torná-la frutífera. Em tais casos, a função do depositário é ativa, consistindo em manter em atividade e produção a empresa ou estabelecimento penhorado. A gestão exige um plano previamente preparado e aprovado pelo juiz da execução.

No processo do trabalho, a recusa do credor quanto à condição do devedor, como depositário, há de ser fundamentada. A execução deve ser processada da forma menos gravosa ao devedor.

Somente em situações especiais o exequente pode recusar o devedor como depositário. Por exemplo: *"Havendo discordância do credor, em execução definitiva, não tem o executado direito líquido e certo a que os valores penhorados em dinheiro fiquem depositados no próprio banco, ainda que atenda aos requisitos do art. 840, I, do CPC de 2015"* (Súm. 417, II).

16.10.4.18 *Ação de Depósito*

Após o término do depósito, incumbe ao depositário efetuar a devolução da coisa apreendida.

Ação de depósito é a *"que objetiva a devolução da coisa depositada em poder do depositário. Se julgada procedente, o magistrado ordenará a expedição do mandado para que*

PARTE VI · Cap. XVI – EXECUÇÃO TRABALHISTA | 1005

seja entregue ao depositante a coisa em litígio, ou o seu equivalente em dinheiro, dentro do prazo de vinte e quatro horas. Se esse mandado não for cumprido, a prisão do depositário infiel será decretada judicialmente".[84]

O objeto da ação de depósito é a restituição da coisa depositada, a qual pode envolver tanto o depósito particular como o judicial.

O procedimento da ação de depósito era regulado pelo disposto nos arts. 901 a 906 do CPC.

O CPC não regula de forma explícita a ação de depósito, como procedimento especial, contudo, o art. 311, III, assegura que a tutela de evidência será concedida, independentemente da demonstração de perigo de dano ou de risco ao resultado útil do processo, quando se tratar de pedido reipersecutório fundado em prova documental adequada do contrato de depósito. Vale dizer, a tutela provisória será decretada, liminarmente, determinando-se a ordem de entrega do objeto depositado, sob comunicação de multa.

Quanto ao depósito judicial, o STF admitia a decretação da prisão do depositário infiel no próprio processo em que se constituiu o encargo, independentemente da propositura de ação de depósito (Súm. 619, revogada).[85]

A jurisprudência trabalhista admitia que os procedimentos, quanto à restituição da coisa depositada, não necessitam da ação de depósito. A Justiça do Trabalho tinha competência para solucionar as questões decorrentes de suas decisões, além de ser um incidente da execução trabalhista, sem a necessidade de uma ação autônoma.

Atualmente, é ilícita a prisão civil de depositário infiel, qualquer que seja a modalidade do depósito (SV 25, STF). No mesmo sentido, para o STJ, descabe a prisão civil do depositário judicial infiel (Súm. 419).

16.10.4.19 A Avaliação dos Bens Penhorados

O art. 887 da CLT foi revogado tacitamente pela Lei 5.442/68, que alterou o art. 721 da CLT.

De acordo com o art. 721, § 3º, CLT, a avaliação dos bens penhorados é atribuição funcional do oficial de justiça, o qual terá o prazo de 10 dias para fazê-lo (art. 888).

Quando da realização da penhora, normalmente, o oficial de justiça procede à avaliação dos bens. Quando isso não for possível, deverá fazê-lo no prazo de 10 dias.

A CLT é omissa quanto à possibilidade de as partes impugnarem a avaliação. Aplica--se, pois, subsidiariamente, a Lei 6.830, a qual, em seu art. 13, §§ 1º e 2º, respectivamente, determina: *"§ 1º Impugnada a avaliação, pelo executado, ou pela Fazenda Pública, antes de publicado o edital de leilão, o juiz, ouvida a outra parte, nomeará avaliador oficial para*

---

[84] DINIZ, Maria Helena. *Dicionário jurídico*, v. 1, p. 45.

[85] No julgamento do HC 92566 (*DJe* 104/2009), o STF revogou expressamente a Súmula 619. Nesse sentido: RE 349703 (*DJe* 104/2009), RE 466343 (*DJe* 104/2009) e HC 87585 (*DJe* 118/2009), todos do Plenário.

proceder à nova avaliação dos bens penhorados. § 2º Se não houver, na comarca, avaliador oficial ou este não puder apresentar o laudo de avaliação no prazo de quinze dias, será nomeada pessoa ou entidade habilitada, a critério do juiz."

Apresentado o laudo, o juiz decidirá de plano sobre a avaliação (art. 13, § 3º).

16.10.5 Arrematação

Para Manoel Antonio Teixeira Filho,[86] a arrematação pode ser conceituada *"como o ato público de execução, que o Estado pratica por meio do juiz, visando à transferência ao patrimônio de outrem bens penhorados ao devedor, sem o consentimento deste, e a propiciar, com o produto pecuniário dessa transferência, a satisfação do direito do credor".*

16.10.5.1 Edital

A arrematação, como ato estatal da expropriação dos bens penhorados, necessita de publicidade. A forma da sua publicidade é o edital (art. 888, CLT).

O leilão será precedido de publicação de edital, o qual deve conter: (a) a descrição do bem penhorado, com suas características, e, tratando-se de imóvel, sua situação e suas divisas, com remissão à matrícula e aos registros; (b) o valor pelo qual o bem foi avaliado, o preço mínimo pelo qual poderá ser alienado, as condições de pagamento e, se for o caso, a comissão do leiloeiro designado; (c) o lugar onde estiverem os móveis, os veículos e os semoventes e, tratando-se de créditos ou direitos, a identificação dos autos do processo em que foram penhorados; (d) o sítio, na rede mundial de computadores, e o período em que se realizará o leilão, salvo se este se der de modo presencial, hipótese em que serão indicados o local, o dia e a hora de sua realização; (e) a indicação de local, dia e hora de segundo leilão presencial, para a hipótese de não haver interessado no primeiro; (f) menção da existência de ônus, recurso ou processo pendente sobre os bens a serem leiloados (art. 886, CPC).

No caso de títulos da dívida pública e de títulos negociados em bolsa, constará do edital o valor da última cotação.

Incumbe ao leiloeiro público designado adotar providências para a ampla divulgação da alienação (art. 887, CPC).

A divulgação do edital deve ocorrer pelo menos cinco dias antes da data marcada para o leilão, e ainda deve ser divulgado na internet, em sítio designado pelo juízo da execução, contendo descrição detalhada e, sempre que possível, ilustrada dos bens, informando expressamente se o leilão se realizará de forma eletrônica ou presencial.

Caso não seja possível sua divulgação na internet ou considerando o juiz, em atenção às condições da sede do juízo, que esse modo de divulgação é insuficiente ou inadequado, o edital será afixado em local de costume e publicado, em resumo, pelo menos uma vez em jornal de ampla circulação local.

---

[86] TEIXEIRA FILHO, Manoel Antonio. *Execução no processo do trabalho*, 9. ed., p. 523.

Atendendo ao valor dos bens e às condições da sede do juízo, o juiz poderá alterar a forma e a frequência da publicidade na imprensa, mandar publicar o edital em local de ampla circulação de pessoas e divulgar avisos em emissora de rádio ou televisão local, bem como em sítios distintos.

Os editais de leilão de imóveis e de veículos automotores serão publicados pela imprensa ou por outros meios de divulgação, preferencialmente na seção ou no local reservados à publicidade dos respectivos negócios.

O juiz poderá determinar a reunião de publicações em listas referentes a mais de uma execução.

Não se realizando o leilão por qualquer motivo, o juiz mandará publicar a transferência.

Serão cientificados da alienação judicial (art. 889 do CPC, com pelo menos cinco dias de antecedência): (a) o executado, por meio de seu advogado ou, se não tiver procurador constituído nos autos, por carta registrada, mandado, edital ou outro meio idôneo; (b) o coproprietário de bem indivisível do qual tenha sido penhorada fração ideal; (c) o titular de usufruto, uso, habitação, enfiteuse, direito de superfície, concessão de uso especial para fins de moradia ou concessão de direito real de uso, quando a penhora recair sobre bem gravado com tais direitos reais; (d) o proprietário do terreno submetido ao regime de direito de superfície, enfiteuse, concessão de uso especial para fins de moradia ou concessão de direito real de uso, quando a penhora recair sobre tais direitos reais; (e) o credor pignoratício, hipotecário, anticrético, fiduciário ou com penhora anteriormente averbada, quando a penhora recair sobre bens com tais gravames, caso não seja o credor, de qualquer modo, parte na execução; (f) o promitente comprador, quando a penhora recair sobre bem em relação ao qual haja promessa de compra e venda registrada; (g) o promitente vendedor, quando a penhora recair sobre direito aquisitivo derivado de promessa de compra e venda registrada; (h) a União, o Estado e o Município, no caso de alienação de bem tombado.

Se o executado for revel e não tiver advogado constituído, não constando dos autos seu endereço atual, ou, ainda, não sendo ele encontrado no endereço constante do processo, a intimação será considerada feita por meio do próprio edital de leilão.

No processo trabalhista, o edital deve ser afixado na sede do juízo ou tribunal, além de ser publicado no jornal local, com antecedência mínima de 20 dias (art. 888, *caput*, CLT). O devedor não pode ser considerado intimado com a publicação do edital, sendo necessária a comunicação da data da alienação judicial – via postal ou por publicação no diário oficial.

Quanto ao conteúdo do edital, no processo do trabalho, assevere-se, deve constar: (a) o nome das partes, o número dos autos, os bens apreendidos, com sua quantidade, qualidade, especificação e outros característicos, além do valor da avaliação e a existência ou não de ônus incidentes nos bens, além das eventuais despesas processuais a serem suportadas pelo arrematante; (b) o dia, a hora e o local onde será efetuada a praça; (c) as condições legais relativas ao pagamento do preço oferecido (art. 888, §§ 2º e 4º); (d) o esclarecimento de que, não havendo licitantes e não requerendo o credor a adjudicação, os bens serão levados a uma "segunda praça".

16.10.5.2 Praça e Leilão

Há diferença entre praça e leilão?

Diferentemente do CPC/73, o CPC/15 não trata da "praça".

Na execução trabalhista, de acordo com o art. 888, § 1º, CLT, os bens são vendidos em face do maior lance dado na realização da praça, a qual é uma só e ocorre, geralmente, nas dependências do próprio fórum trabalhista.

A prática forense trabalhista indica que os editais são confeccionados com a identificação de datas alusivas à "praça e leilão".

Essa segunda data é uma nova praça, não podendo ter o *nomen iuris* de leilão, o qual pressupõe a existência de um leiloeiro, que não é serventuário da Justiça do Trabalho e sim agente comercial.

A CLT, em seu art. 888, § 3º, afirma que não havendo licitante, e não requerendo o exequente à adjudicação, os bens penhorados poderão ser vendidos por leiloeiro nomeado pelo juiz da execução.

Assim, tem-se: (a) alusão a dois momentos distintos: praça (lanço superior à avaliação) e leilão (qualquer valor para o lanço); (b) o § 1º do art. 888 da CLT declina que os bens serão vendidos pelo maior valor, sendo que o exequente terá preferência quanto à adjudicação. Os editais costumam indicar duas datas, primeira e segunda praças, as quais são realizadas por serventuário da Justiça do Trabalho. No caso de não haver licitante, e diante da ausência de solicitação da adjudicação, os bens penhorados poderão ser vendidos pelo leiloeiro nomeado pelo juiz (art. 888, § 3º).

16.10.5.3 Credor Hipotecário

Em se tratando de bem imóvel, é imperioso que no edital se faça constar a existência do referido ônus sobre o bem penhorado (art. 686, V, CPC/73; art. 886, VI, CPC/15).

O CPC/15 determina que não será efetuada a adjudicação ou alienação do bem do executado sem que da execução seja cientificado, por qualquer meio idôneo e com pelo menos dez dias de antecedência, o credor pignoratício, hipotecário, anticrético, fiduciário ou com penhora anteriormente averbada, quando a penhora recair sobre bens com tais gravames, caso não seja o credor, de qualquer modo, parte na execução (art. 889, V).

16.10.5.4 Aspectos Procedimentais da Arrematação

A alienação judicial será realizada em dia, hora e no local mencionados no edital.

Licitante é quem concorre, durante a realização da hasta pública, com outros interessados, na aquisição dos bens penhorados. Pode ser licitante todo aquele que esteja na livre administração de seus bens.

O arrematante é o licitante que deu o maior lanço, logo, será a pessoa à qual o juiz, no momento oportuno, passará o domínio quanto aos bens que foram do patrimônio do devedor.

O arrematante deve ter a plena capacidade jurídica.

PARTE VI · Cap. XVI – EXECUÇÃO TRABALHISTA | **1009**

Pode oferecer lance quem estiver na livre administração de seus bens, com exceção: (a) dos tutores, dos curadores, dos testamenteiros, dos administradores ou dos liquidantes, quanto aos bens confiados à sua guarda e à sua responsabilidade; (b) dos mandatários, quanto aos bens de cuja administração ou alienação estejam encarregados; (c) do juiz, do membro do Ministério Público e da Defensoria Pública, do escrivão, do chefe de secretaria e dos demais servidores e auxiliares da justiça, em relação aos bens e direitos objeto de alienação na localidade onde servirem ou a que se estender a sua autoridade; (d) dos servidores públicos em geral, quanto aos bens ou aos direitos da pessoa jurídica a que servirem ou que estejam sob sua administração direta ou indireta; (e) dos leiloeiros e seus prepostos, quanto aos bens de cuja venda estejam encarregados; (f) dos advogados de qualquer das partes (art. 890, CPC).

Como regra geral, o pagamento deverá ser realizado de imediato pelo arrematante, por depósito judicial ou por meio eletrônico (art. 892).

Contudo, se o exequente arrematar os bens e for o único credor, não estará obrigado a exibir o preço, mas se o valor dos bens exceder ao seu crédito, depositará, dentro de três dias, a diferença, sob pena de tornar-se sem efeito a arrematação, e, nesse caso, realizar-se-á novo leilão, à custa do exequente. Se houver mais de um pretendente, proceder-se-á entre eles à licitação, e, no caso de igualdade de oferta, terá preferência o cônjuge, o companheiro, o descendente ou o ascendente do executado, nessa ordem.

No caso de leilão de bem tombado, a União, os Estados e os Municípios terão, nessa ordem, o direito de preferência na arrematação, em igualdade de oferta.

Tratando-se de leilão de diversos bens e com mais de um lançador, terá preferência aquele que se propuser a arrematá-los todos, em conjunto, oferecendo, para os bens que não tiverem lance, preço igual ao da avaliação e, para os demais, preço igual ao do maior lance que, na tentativa de arrematação individualizada, tenha sido oferecido para eles.

Quando o imóvel admitir cômoda divisão, o juiz, a requerimento do executado, ordenará a alienação judicial de parte dele, desde que suficiente para o pagamento do exequente e para a satisfação das despesas da execução. Não havendo lançador, será efetuada a alienação do imóvel em sua integridade. A alienação por partes deverá ser requerida a tempo de permitir a avaliação das glebas destacadas e sua inclusão no edital, e, nesse caso, caberá ao executado instruir o requerimento com planta e memorial descritivo subscritos por profissional habilitado (art. 894).

Sem que ocorra a suspensão do leilão, o interessado em adquirir o bem penhorado em prestações poderá apresentar por escrito: (a) até o início do primeiro leilão, proposta de aquisição do bem por valor não inferior ao da avaliação; (b) até o início do segundo leilão, proposta de aquisição do bem por valor que não seja considerado vil (art. 895).

Em qualquer hipótese, a proposta conterá oferta de pagamento de pelo menos 25% do valor do lance à vista e o restante parcelado em até 30 meses, garantido por caução idônea, quando se tratar de móveis, e por hipoteca do próprio bem, quando se tratar de imóveis.

As propostas para aquisição em prestações indicarão o prazo, a modalidade, o indexador de correção monetária e as condições de pagamento do saldo.

No caso de atraso no pagamento de qualquer das prestações, incidirá multa de 10% sobre a soma da parcela inadimplida com as parcelas vincendas.

O inadimplemento autoriza o exequente a pedir a resolução da arrematação ou promover, em face do arrematante, a execução do valor devido, devendo ambos os pedidos ser formulados nos autos da execução em que se deu a arrematação.

Em caso de várias propostas, a proposta de pagamento do lance à vista sempre prevalecerá sobre as propostas de pagamento parcelado. Em havendo mais de uma proposta de pagamento parcelado: (a) em diferentes condições, o juiz decidirá pela mais vantajosa, assim compreendida, sempre, a de maior valor; (b) em iguais condições, o juiz decidirá pela formulada em primeiro lugar.

No caso de arrematação a prazo, os pagamentos feitos pelo arrematante pertencerão ao exequente até o limite de seu crédito, e os subsequentes, ao executado.

Quando o imóvel de incapaz não alcançar em leilão pelo menos 80% do valor da avaliação, o juiz o confiará à guarda e à administração de depositário idôneo, adiando a alienação por prazo não superior a um ano (art. 896). Se, durante o adiamento, algum pretendente assegurar, mediante caução idônea, o preço da avaliação, o juiz ordenará a alienação em leilão. Se o pretendente à arrematação se arrepender, o juiz impor-lhe-á multa de 20% sobre o valor da avaliação, em benefício do incapaz, valendo a decisão como título executivo. De qualquer forma, o juiz poderá autorizar a locação do imóvel no prazo do adiamento. Findo o prazo do adiamento, o imóvel será submetido a novo leilão.

Caso o arrematante ou seu fiador não pague o preço no prazo estabelecido, o juiz imporá, em favor do exequente, a perda da caução, voltando os bens a novo leilão, do qual não serão admitidos a participar o arrematante e o fiador remissos (art. 897). O fiador do arrematante que pagar o valor do lance e a multa poderá requerer que a arrematação lhe seja transferida (art. 898).

A arrematação será suspensa assim que alcançado o valor suficiente para o pagamento do credor e para a satisfação das despesas da execução (art. 899).

Ultrapassado o horário do expediente forense, o leilão prosseguirá no dia útil imediato, à mesma hora em que teve início, independentemente de novo edital (art. 900). O expediente forense trabalhista é das 11 às 18 horas.

16.10.5.5 Lanço Vil na Arrematação Trabalhista

Não será aceito lanço que, em segunda praça ou leilão, ofereça preço vil (art. 891, CPC). O art. 888, § 1º, CLT, dispõe que a arrematação será realizada pelo maior lanço, tendo o exequente a devida preferência quanto à adjudicação.

O CPC considera vil o preço inferior ao mínimo estipulado pelo juiz e constante do edital, e, não tendo sido fixado preço mínimo, considera vil o preço inferior a 50% do valor da avaliação.

Assim, a solução deve ser efetuada em função do caso concreto. Não se pode permitir a proliferação da indústria dos arrematantes. O valor, mesmo quando inferior ao da avaliação, deve ser razoável para a satisfação parcial do crédito. Quando isso não é

PARTE VI · Cap. XVI – EXECUÇÃO TRABALHISTA | 1011

possível, não pode o juiz acatar o valor. Geralmente, é fixado o valor mínimo do lanço em 20% da avaliação dos bens penhorados. Contudo, a melhor solução sempre será o exame acurado do caso concreto pelo magistrado.

16.10.5.6 Auto de Arrematação

O auto de arrematação será lavrado de imediato e poderá abranger bens penhorados em mais de uma execução, nele mencionadas as condições nas quais foi alienado o bem (art. 901, CPC).

A carta de arrematação do bem imóvel ou ordem de entrega do bem móvel será expedida depois de efetuado o depósito ou prestadas as garantias pelo arrematante, bem como realizado o pagamento da comissão do leiloeiro e das demais despesas da execução.

No caso de leilão de bem hipotecado, o executado poderá remi-lo até a assinatura do auto de arrematação, oferecendo preço igual ao do maior lance oferecido (art. 902).

Em caso de falência ou insolvência do devedor hipotecário decretada pelo juiz competente, o direito de remição defere-se à massa ou aos credores em concurso, não podendo o exequente recusar o preço da avaliação do imóvel.

Qualquer que seja a modalidade de leilão, assinado o auto pelo juiz, pelo arrematante e pelo leiloeiro, a arrematação será considerada perfeita, acabada e irretratável, ainda que venham a ser julgados procedentes os embargos do executado ou a ação autônoma, assegurada a possibilidade de reparação pelos prejuízos sofridos.

16.10.5.7 Desfazimento da Arrematação

A arrematação pode ser desfeita por decisão judicial ou pela vontade do arrematante, desde que observados os parâmetros legais (art. 903, *caput*, CPC).

Mediante provocação apresentada até 10 dias após a arrematação, o juiz poderá invalidá-la, quando realizada por preço vil ou com outro vício, considerá-la ineficaz (art. 804, CPC), ou, ainda, ser resolvida, se não for pago o preço ou se não for prestada a caução. Exaurido o prazo legal para as alegações, será expedida a carta de arrematação e a ordem de entrega ou o mandado de imissão na posse (art. 903, § 3º). Entendemos que o magistrado também poderá desfazer o ato *ex officio*, quando verificar qualquer das irregularidades que podem ser suscitadas pelos interessados.

Por sua vez, o arrematante poderá desistir da arrematação, sendo-lhe imediatamente devolvido o depósito que tiver feito: (a) se provar, nos 10 dias seguintes, a existência de ônus real ou gravame não mencionado no edital; (b) se, antes de expedida a carta de arrematação ou a ordem de entrega, o executado alegar alguma das situações de invalidação, ineficácia ou resolução; (c) uma vez citado para responder à ação autônoma, desde que apresente a desistência no prazo de que dispõe para responder a essa ação.

Considera-se ato atentatório à dignidade da justiça a suscitação infundada de vício com o objetivo de ensejar a desistência do arrematante, devendo o suscitante ser condenado, sem prejuízo da responsabilidade por perdas e danos, ao pagamento de multa, a ser fixada pelo juiz e devida ao exequente, em montante não superior a 20% do valor atualizado do bem.

16.10.5.8 Carta de Arrematação

A carta de arrematação conterá a descrição do imóvel, com remissão à sua matrícula ou individuação e aos seus registros, a cópia do auto de arrematação e a prova de pagamento do imposto de transmissão, além da indicação da existência de eventual ônus real ou gravame (art. 901, § 2º, CPC).

16.10.5.9 Consequências da Arrematação

A arrematação, como ato jurídico de expropriação dos bens do devedor, acarreta repercussões na esfera jurídica dos envolvidos na relação jurídica processual, como também de terceiros.

As consequências da arrematação são as seguintes:

a) a transferência ao arrematante do domínio dos bens pertencentes ao devedor. A arrematação é uma forma de aquisição do direito de propriedade, inclusive com os gravames existentes na coisa alienada;

b) o depositário tem a obrigação de transferir ao arrematante a posse dos bens alienados;

c) o arrematante, com a transferência, também tem direito aos frutos pendentes, assumindo a obrigação de cobrir as despesas feitas com eles;

d a extinção da hipoteca (art. 1.499, VI, CC), pois o ônus adere ao preço, ocorrendo a sub-rogação legal;

e) o preço pago pelo arrematante toma o lugar dos bens penhorados, sendo destinado ao pagamento do crédito exequendo, das contribuições previdenciárias e das demais despesas processuais. O que sobrar do valor arrecadado será entregue ao devedor.

16.10.6 Reunião de Execuções Trabalhistas

A satisfação do crédito exequendo é feita pela: (a) entrega do dinheiro; (b) adjudicação dos bens penhorados (art. 904, I e II, CPC).

O juiz autorizará que o exequente levante, até a satisfação integral de seu crédito, o dinheiro depositado para segurar o juízo ou o produto dos bens alienados, bem como do faturamento de empresa ou de outros frutos e rendimentos de coisas ou empresas penhoradas, quando: (a) a execução for movida só a benefício do exequente singular, a quem, por força da penhora, cabe o direito de preferência sobre os bens penhorados e alienados; (b) não houver sobre os bens alienados outros privilégios ou preferências instituídas anteriormente à penhora (art. 905, I e II).

Diante da leitura do art. 905, o legislador adotou dois procedimentos para o levantamento do dinheiro.

No simplificado (art. 905, II) em relação ao bem arrematado não havia nenhuma outra penhora nem garantia real.

PARTE VI • Cap. XVI – EXECUÇÃO TRABALHISTA | **1013**

Ao receber o mandado de levantamento, o exequente dará ao executado, por termo nos autos, quitação da quantia paga (art. 906, *caput*). O mandado de levantamento pode ser substituído pela transferência eletrônica do valor depositado em conta vinculada ao juízo para outra indicada pelo exequente (art. 906, parágrafo único).

Se o produto oriundo da alienação judicial for suficiente para o pagamento do crédito exequendo, das contribuições previdenciárias e de todas as demais despesas processuais, haverá a extinção da execução, a qual se opera por sentença (art. 924, II, e 925). O que sobrar do produto da alienação judicial será restituído ao devedor (art. 907). No caso de insuficiência do produto, haverá o prosseguimento da execução, com nova penhora.

O outro procedimento relaciona-se com o concurso singular de credor, ou seja, a existência de outras penhoras ou direitos reais de garantia que recaiam sobre o bem (art. 905, I, e 908, caput). O concurso objetiva a constatação da ordem de preferência para fins de recebimento do dinheiro arrecadado com alienação judicial do bem vinculado também a outras penhoras ou garantias reais. Concorrendo vários credores, o dinheiro será distribuído e entregue consoante a ordem das respectivas prelações.

No caso de adjudicação ou alienação, os créditos, que recaem sobre o bem, incluindo-se os de natureza propter rem (as obrigações reais que se estabelecem entre o devedor e a coisa), ficam sub-rogados sobre o respectivo preço, observando-se a ordem de preferência (art. 908, § 1º).

Não havendo título legal à preferência, o dinheiro será distribuído entre os concorrentes, observando-se a anterioridade de cada penhora (art. 908, § 2º).

Prelação representa o direito de preferência entre os credores. O direito de preferência pode ser decorrente:

a) de título anterior à penhora: receberão em primeiro lugar os credores com privilégio de direito material (trabalhista, previdenciário, fiscal etc.);[87]

b) da anterioridade da penhora:[88] como já foi dito, a preferência é atribuída a quem primeiro teve êxito na penhora sobre o bem.[89] A doutrina indica: *"Tendo em vista*

---

[87] "Há várias atribuições legais de preferência – e uma hierarquia, também legalmente prevista, entre tais preferências (v. especialmente CTN, arts. 186 e 187; Lei 6.830/80, arts. 4º, § 4º, e 29, parágrafo único; CC, art. 961). Conjugadas todas essas regras, tem-se a seguinte ordem de preferência: crédito trabalhista, crédito previdenciário, crédito fiscal não previdenciário, crédito dotado de garantia real, crédito com privilégio especial, crédito com privilégio geral e crédito quirografário (isto é, crédito sem nenhum tipo de preferência) – nessa ordem" (WAMBIER, Luiz Rodrigues; ALMEIDA, Flávio Renato Correia de; TALAMINI, Eduardo. *Curso avançado de processo civil*, v. 2, 8. ed., p. 216).

[88] Pela penhora, o credor adquire o direito de preferência (art. 797, CPC). Mesmo com a apreensão judicial sobre os mesmos bens do devedor, em autos apartados, cada credor conserva o seu direito de preferência, de acordo com a ordem cronológica das penhoras (art. 797, parágrafo único, CPC).

[89] "A literalidade do art. 711 do CPC/73 (art. 908, CPC/15) deve ser, porém, adequadamente entendida, sob pena de graves distorções de seus objetivos verdadeiros. Assim, inexistindo título legal de prelação anterior à penhora, receberá por primeiro não o credor que, pura e simplesmente, promoveu, com precedência aos demais, a execução. O que a norma legal está a dizer é que ele será

as considerações formuladas, concluímos que o juiz, ciente de que sobre o mesmo bem recaem diversas penhoras, deve instaurar um procedimento apropriado para classificar os créditos segundo a ordem de preferência, e dentre os créditos de uma mesma classe, deve providenciar a liberação dos valores, segundo a antiguidade da penhora realizada nos processos de execução promovidos pelos credores. Não cabe, na hipótese em exame, a divisão do saldo remanescente em valor proporcional aos créditos da mesma classificação, porque não estamos tratando de hipótese de devedor insolvente. Assim sendo, os credores que não puderem beneficiar-se do pagamento por insuficiência do valor arrecadado em hasta pública, já que estamos presumindo que o executado tem outros bens (devedor solvente)."[90]

Pela estrutura do processo civil: (a) os exequentes formularão as suas pretensões, que versarão unicamente sobre o direito de preferência e a anterioridade da penhora; (b) apresentadas as razões, o juiz decidirá (art. 909, CPC).

Se houver vários credores trabalhistas, cujas execuções, em autos apartados, envolvam a penhora dos mesmos bens, poderá ocorrer a reunião dessas ações (art. 28, Lei 6.830/80), a qual é aplicável ao processo laboral (art. 889, CLT).

Para Manoel Antonio Teixeira Filho,[91] o procedimento, quanto a esse concurso singular de credores, deve adotar as seguintes premissas: *"a) o concurso poderá ser instaurado ex officio (CLT, art. 765), ou a requerimento do interessado; (b) se as execuções (de que resultarem as diversas penhoras sobre os mesmos bens) estiverem sendo processadas em juízos distintos, incumbirá ao prevento (há de considerar-se, para este efeito, o que ordenou, em primeiro lugar, a citação do devedor, pois não se pode pensar, neste processo especializado, na distribuição da inicial relativa à execução, mencionada pelo parágrafo único do art. 28 da Lei nº 6.830/80) solicitar que os outros lhe remetam os autos, reunindo-os em seguida; (c) abrirá o juiz prazo para que todos os credores formulem as suas pretensões (CPC, art. 712/73; art. 909, CPC/15) e requeiram, se necessário, a designação de audiência, a fim de que sejam produzidas provas (ibidem); (d) tornar-se-á desnecessária a realização da audiência se a totalidade dos credores (mais o devedor) concordar com a ordem cronológica de efetivação das penhoras e que, por despacho, o juiz ordene a remessa dos diversos autos ao contador (ou a quem lhe fizer, legalmente, as vezes), para que elabore o plano de pagamento – autorizando o juiz, depois disso, os respectivos pagamentos; (e) se a matéria ventilada for exclusivamente de direito, também não se designará audiência instrutória*

---

o primeiro a ter o seu crédito satisfeito em virtude de, tendo promovido a execução, a penhora ter sido realizada antes que as outras; a preferência, que aí se estabelece, é, como se pode perceber, em razão da anterioridade da penhora (e não do ingresso da execução), tendo os demais concorrentes direito sobre a quantia porventura restante, respeitada a anterioridade de cada apreensão judicial dos bens" (TEIXEIRA FILHO, Manoel Antonio. Ob. cit., p. 551).

[90] GUEDES, Renato de Carvalho. "Concurso de credores em processo de execução: preferência de créditos, competência para julgá-la e procedimento do concurso". *In Revista do Tribunal Regional do Trabalho da 15ª Região*, 2007, nº 31, p. 140.

[91] TEIXEIRA FILHO, Manoel Antonio. Ob. cit., p. 554.

(CPC, art. 330, I, CPC/73; art. 355, I, CPC/15). Despicienda será a audiência, por outro lado, se a prova desejada pelos credores constar dos autos onde foram feitas as penhoras; (f) havendo audiência, o magistrado, ao final dela, abrirá oportunidade para debates orais (CPC, art. 713), proferindo, logo após, a decisão; se a isso não se sentir habilitado, marcará audiência de julgamento. O ato pelo qual o juiz soluciona a controvérsia ocorrida entre os credores – e a estabelece, segundo a ordem das penhoras, a cronologia dos pagamentos –, não é, data venia, sentença, como supôs o legislador (ibidem), e sim decisão interlocutória, pois não é extintiva do processo de execução (CPC, art. 162, § 1º, CPC/73; art. 203, § 1º, CPC/15). Apesar de seu traço de interlocutoriedade, essa decisão poderá ser impugnada por agravo de petição (CLT, art. 897, a), uma vez que, para esse fim, são inaptos o mandado de segurança e a correição parcial".

Mauro Schiavi entende que como não há preferência entre os créditos trabalhistas, quando houver mais de uma penhora sobre o mesmo bem, o critério para o pagamento dos credores trabalhistas seria o da anterioridade da penhora (arts. 797 e 909, CPC). Contudo, o autor adverte que, face ao volume das execuções contra o mesmo devedor, bem como pela escassez de bens, seria razoável ao Judiciário Trabalhista determinar que o produto arrecadado pela alienação judicial fosse rateado de forma proporcional entre os credores trabalhistas.[92]

Em 9/2/2018, a Corregedoria-Geral da Justiça do Trabalho regulamentou a padronização do procedimento de reunião de execuções no âmbito da Justiça do Trabalho (Provimento CGJT 1).

O Enunciado 45 da Jornada Nacional sobre Execução na Justiça do Trabalho assim dispõe: *"A execução em vários processos contra o mesmo devedor deverá ser conjunta, mediante a juntada de certidões de crédito ao processo em que efetivada a primeira penhora."*

16.10.7 Adjudicação

Pela doutrina, adjudicação é o *"ato judicial por intermédio do qual se transfere ao patrimônio do credor, a requerimento deste de modo coativo, bens penhorados ao devedor e que haviam sido levados à praça ou leilão".*[93]

---

[92] "Os créditos trabalhistas não têm preferência entre si, por isso, recaindo mais de uma penhora sobre o mesmo bem, os créditos trabalhistas devem ser pagos segundo a anterioridade da penhora, nos termos dos arts. 612 e 711, do CPC/73. Não obstante, em algumas situações, considerando-se o número de execuções em face de uma mesma empresa e a escassez de bens, pode o Juiz do Trabalho adotar, em razão da razoabilidade e equidade, que o valor do produto dos bens seja dividido de forma proporcional entre os credores trabalhistas. Para tanto, devem todos os processos trabalhistas, na fase de execução, serem reunidos no mesmo juízo, se tramitarem em juízos diferentes, devendo ser realizada uma única hasta pública para todos os bens do executado. O concurso de credores pode ser realizado por portaria da Vara do Trabalho ou até mesmo mediante provimento expedido pelo Tribunal Regional do Trabalho, quando os feitos trabalhistas tramitarem em Varas diferentes" (SCHIAVI, Mauro. *Manual de direito processual do trabalho*. 4. ed., p. 1026).

[93] TEIXEIRA FILHO, Manoel Antonio. Ob. cit., p. 555.

1016 DIREITO PROCESSUAL DO TRABALHO • *Francisco Ferreira Jorge Neto – Jouberto de Quadros Pessoa Cavalcante*

Do ponto de vista legal, a adjudicação representa uma das formas de pagamento ao credor (art. 904, II, CPC).

Na estrutura do processo civil, é lícito ao exequente, oferecendo preço não inferior ao da avaliação, requerer que lhe sejam adjudicados os bens penhorados (art. 876).

No processo laboral, a adjudicação pode envolver bens móveis ou imóveis, não havendo a necessidade da presença de licitantes e, inclusive, com preferência em relação à arrematação (art. 888, §§ 1º e 3º, CLT).

O art. 24, I e II, da Lei 6.830/80 estabelece que a Fazenda Pública poderá adjudicar os bens penhorados: (a) antes do leilão, pelo preço da avaliação, se a execução não for embargada ou se rejeitados os embargos; (b) findo o leilão: (1) se não houver licitante, pelo preço da avaliação; (2) havendo licitantes, com preferência, em igualdade de condições com a melhor oferta, no prazo de 30 dias.

Se o preço da avaliação ou o valor da melhor oferta for superior ao dos créditos da Fazenda Pública, a adjudicação somente será deferida pelo juiz, se a diferença for depositada, pela exequente, à ordem do juízo, no prazo de 30 dias (art. 24, parágrafo único).

No processo trabalhista, pela adequação do art. 888, §§ 1º e 3º, da CLT, com o art. 24 da Lei 6.830, tem-se: (a) momento – a adjudicação deve ser requerida após a realização da praça; (b) valor – adota-se o maior lanço, no caso de licitantes; caso contrário, o valor da avaliação dos bens alienados; (c) prazo – o prazo é de até 24 horas após a realização da praça. O prazo de 30 dias, como previsto na Lei 6.830, é inaplicável ao Processo Laboral, dada a celeridade processual exigível na execução dos créditos trabalhistas.

16.10.7.1 Legitimação para a Adjudicação

Além do credor exequente, tem legitimidade para a adjudicação (art. 876, § 5º, CPC): (a) credores concorrentes que hajam penhorado o mesmo bem; (b) o cônjuge, o companheiro, os descendentes ou os ascendentes do executado; (c) o coproprietário de bem indivisível do qual tenha sido penhorada fração ideal; (d) o titular de usufruto, uso, habitação, enfiteuse, direito de superfície, concessão de uso especial para fins de moradia ou concessão de direito real de uso, quando a penhora recair sobre bem gravado com tais direitos reais; (e) o proprietário do terreno submetido ao regime de direito de superfície, enfiteuse, concessão de uso especial para fins de moradia ou concessão de direito real de uso, quando a penhora recair sobre tais direitos reais; (f) o credor pignoratício, hipotecário, anticrético, fiduciário ou com penhora anteriormente averbada, quando a penhora recair sobre bens com tais gravames, caso não seja o credor, de qualquer modo, parte na execução; (g) o promitente comprador, quando a penhora recair sobre bem em relação ao qual haja promessa de compra e venda registrada; (h) o promitente vendedor, quando a penhora recair sobre direito aquisitivo derivado de promessa de compra e venda registrada; (i) a União, o Estado e o Município, no caso de alienação de bem tombado.

Se houver mais de um pretendente, proceder-se-á à licitação entre eles, tendo preferência, em caso de igualdade de oferta, o cônjuge, o companheiro, o descendente ou o ascendente, nessa ordem.

No caso de penhora de quota social ou de ação de sociedade anônima fechada realizada em favor de exequente alheio à sociedade, esta será intimada, ficando responsável por informar aos sócios a ocorrência da penhora, assegurando-se a estes a preferência.

16.10.7.2 Procedimento

Caso o exequente (art. 876, CPC) tenha requerido a adjudicação, o executado será intimado do pedido: (a) pelo Diário da Justiça, na pessoa de seu advogado constituído nos autos; (b) por carta com aviso de recebimento, quando representado pela Defensoria Pública ou quando não tiver procurador constituído nos autos; (c) por meio eletrônico (art. 246, § 1º, CPC), quando não tiver procurador constituído nos autos.

Considera-se realizada a intimação quando o executado houver mudado de endereço sem prévia comunicação ao juízo.

Se o executado, citado por edital, não tiver procurador constituído nos autos, é dispensável a intimação.

Se o valor do crédito for: (a) inferior ao dos bens, o requerente da adjudicação depositará de imediato a diferença, que ficará à disposição do executado; (b) superior ao dos bens, a execução prosseguirá pelo saldo remanescente.

Transcorrido o prazo de cinco dias, contado da última intimação, e decididas eventuais questões, o juiz ordenará a lavratura do auto de adjudicação (art. 877, CPC).

Considera-se perfeita e acabada a adjudicação com a lavratura e a assinatura do auto pelo juiz, pelo adjudicatário, pelo escrivão ou chefe de secretaria, e, se estiver presente, pelo executado, expedindo-se: (a) a carta de adjudicação e o mandado de imissão na posse, quando se tratar de bem imóvel; (b) a ordem de entrega ao adjudicatário, quando se tratar de bem móvel.

A carta de adjudicação conterá a descrição do imóvel, com remissão à sua matrícula e aos seus registros, a cópia do auto de adjudicação e a prova de quitação do imposto de transmissão.

Na hipótese de falência ou de insolvência do devedor hipotecário, o direito de remição será deferido à massa ou aos credores em concurso, não podendo o exequente recusar o preço da avaliação do imóvel.

Frustradas as tentativas de alienação do bem, será reaberta oportunidade para requerimento de adjudicação, caso em que também se poderá pleitear a realização de nova avaliação (art. 878, CPC).

16.10.8 Alienação por Iniciativa Particular ou em Leilão Judicial

A alienação se dá por iniciativa particular (iniciativa do exequente) ou em leilão judicial (eletrônico ou presencial) (art. 879, CPC).

Não efetivada a adjudicação, o exequente poderá requerer a alienação por sua própria iniciativa ou por intermédio de corretor ou leiloeiro público credenciado perante o órgão judiciário (art. 880).

Cabe ao magistrado fixar o prazo em que a alienação deve ser efetivada, a forma de publicidade, o preço mínimo, as condições de pagamento, as garantias e, se for o caso, a comissão de corretagem.

A alienação será efetuada em leilão judicial se não efetivada a adjudicação ou a alienação por iniciativa particular (art. 881).

Em regra, o leilão do bem penhorado será realizado por leiloeiro público. Ressalvados os casos de alienação a cargo de corretores de bolsa de valores, todos os demais bens serão alienados em leilão público.

Não sendo possível a sua realização por meio eletrônico, o leilão será presencial (art. 882). A alienação por meio eletrônico será realizada com: (a) observância das garantias processuais das partes, de acordo com regulamentação específica do Conselho Nacional de Justiça (CNJ – Resolução 236/16); (b) o respeito aos requisitos da ampla publicidade, autenticidade e segurança, inclusive, observando-se as regras estabelecidas na legislação sobre certificação digital.

Cabe ainda ao magistrado: (a) indicar o local para a realização do leilão presencial (art. 882, § 3º); (b) designar o leiloeiro público, o qual poderá ser indicado pelo exequente (art. 883); (c) estabelecer o preço mínimo, as condições de pagamento e as garantias que poderão ser prestadas pelo arrematante (art. 885).

São tarefas do leiloeiro público (art. 884): (a) publicação do edital com o anúncio da alienação; (b) realização do leilão onde se encontrem os bens ou no lugar designado pelo juiz; (c) exposição dos bens ou das amostras das mercadorias aos pretendentes; (d) receber e depositar, dentro de um dia, à ordem do juiz, o produto da alienação; (e) prestação de contas nos dois dias subsequentes ao depósito.

O leiloeiro tem o direito de receber do arrematante a comissão estabelecida em lei ou arbitrada pelo juiz.

A alienação será formalizada com a lavratura de termo nos autos, com as seguintes assinaturas: juiz, exequente, adquirente e, se estiver presente, do executado. Na sequência serão expedidos: (a) a carta de alienação e o mandado de imissão na posse, quando se tratar de bem imóvel; (b) a ordem de entrega ao adquirente, quando se tratar de bem móvel (art. 880, § 2º).

16.10.9 Remição

A remição da execução se dá quando o devedor efetua o pagamento da dívida, com juros e correção monetária, das contribuições previdenciárias e das demais despesas processuais (art. 826, NCPC).

A remição de bens era uma forma de *pietatis causa*, concedida ao cônjuge, ascendente ou descendente, para resgatar os bens penhorados, quando o devedor estava em situação de insolvência (art. 787, *caput*, CPC/73). Não poderia ser parcial quando havia licitante para todos os bens (art. 787, parágrafo único, CPC/73). A remição de bens foi revogada pela Lei 11.382/06 (art. 7º, I).

PARTE VI • Cap. XVI – EXECUÇÃO TRABALHISTA | 1019

Com o CPC/15, no caso de penhora de bem hipotecado, o executado poderá remi-lo até a assinatura do auto de adjudicação, oferecendo preço igual ao da avaliação, se não tiver havido licitantes, ou ao do maior lance oferecido (art. 877, § 3º).

Na Justiça do Trabalho, aplica-se somente a remição da execução (art. 13, Lei 5.584/70), a qual tem preferência em relação à adjudicação e esta quanto à arrematação.

16.11 EMBARGOS DO DEVEDOR

16.11.1 Fundamento Jurídico

No processo do trabalho, os embargos do devedor têm previsão no art. 884, CLT. A sistemática trabalhista tem que ser completada pelo CPC (arts. 525 e 914).

Considerando o novo regramento processual civil e a necessidade de o TST se posicionar, ainda que não de forma exaustiva, sobre a aplicação de várias regras e de institutos disciplinados pelo CPC ao processo do trabalho, foi editada a IN 39/16.

16.11.2 Cabimento

No processo civil, os embargos do devedor são considerados uma ação de conhecimento que se instaura como ação incidental e autônoma em relação à execução, por intermédio da qual o executado impugna a pretensão do exequente e a validade da relação processual executiva.[94]

A função dos embargos é propiciar ao devedor o exercício do direito de defesa. Assim, dá ensejo, a nova relação processual, a um novo processo no qual o devedor, ao defender-se, propõe uma nova demanda em face do credor, objetivando: (a) a discussão do crédito pretendido pelo exequente; (b) a desconstituição do título executivo; (c) a correção dos defeitos do processo de execução.

O NCPC disciplina o cumprimento da sentença, o qual será utilizado no que couber e conforme a natureza da obrigação (arts. 513 e segs.).

---

[94] "Os embargos do executado são, pois, processo autônomo, incidente à execução, de natureza cognitiva, dentro do qual se poderá apreciar a pretensão manifestada pelo exequente, para o fim de verificar se a mesma é procedente ou improcedente. Não parece haver muitas dúvidas em doutrina acerca desta natureza dos embargos do executado, definidos de forma pouco menos que unânime como processo de conhecimento autônomo em relação à execução" (CÂMARA, Alexandre Freitas. *Lições de Direito Processual Civil*, 15. ed., v. 2, p. 351)."Em vista disto, o processo executivo não comporta a defesa do devedor, necessariamente dirigida à desconstituição da pretensão a executar, que se realizará, nesta contingência, através de ação autônoma. Há inequívoca incompatibilidade funcional na convivência de atos executivos com atos de índole diversa, simultaneamente, na mesma estrutura (processo). Esta é a ideia fundamental posta à base dos embargos do executado. Por outro lado, a certeza relativa quanto à existência do crédito, outorgada pelo título [...] não torna inútil a defesa. Como quer que seja, a ideia de que os embargos constituem ação incidente à execução é universal" (ASSIS, Araken de. *Manual do Processo de Execução*, 4. ed., p. 957).

No processo civil, a impugnação ao cumprimento da decisão não tem efeito suspensivo. Assim, não impede a prática dos atos executivos, inclusive os de expropriação. Desde que garantida a execução, a requerimento do executado, o juiz poderá atribuir efeito suspensivo, quando existirem fundamentos relevantes e se o prosseguimento da execução for manifestamente suscetível de causar ao executado grave dano de difícil ou incerta reparação (art. 525, § 6º). A impugnação à execução não se confunde com os embargos à execução.

Para alguns doutrinadores, a impugnação não é uma ação do devedor contra o credor. Não se trata de um processo incidente ou de uma ação incidente. A impugnação é uma modalidade de defesa em que o devedor reage à tutela jurisdicional do direito exercida pelo credor, sendo processada nos próprios autos em que se dá a fase de execução.

Pela estrutura atual do processo civil, os embargos à execução estão restritos à execução civil lastreada em título extrajudicial (art. 914) e à execução contra a Fazenda Pública (art. 910, § 2º).

No processo do trabalho, de acordo com Gustavo Filipe Barbosa Garcia,[95] *"parte da doutrina já entendia que os embargos na execução trabalhista não resultam em processo dotado de plena autonomia. Francisco Antonio de Oliveira defende até mesmo que: 'os embargos no processo do trabalho não têm a dignidade de verdadeira ação, mas de simples pedido de reconsideração'. Mesmo se reconhecermos a natureza jurídica de ação judicial dos embargos do executado, é corrente entender-se, no direito processual do trabalho, que se trata de ação meramente incidental à execução, sem dar origem a processo autônomo (tal como, na fase de conhecimento, ocorre com a ação declaratória incidental e a reconvenção)".*

Para outros, os embargos à execução, dentro da processualística laboral, possuem a natureza de um incidente na fase de execução, sem se cogitar da natureza de ação. Vale dizer, não se reputam os embargos uma ação autônoma. Trata-se de uma impugnação oposta pelo devedor em relação ao credor.

Na opinião de Mauro Schiavi, *"A doutrina trabalhista buscava a natureza jurídica dos embargos à execução como ação autônoma no Direito Processual Civil, não obstante, sempre foi dominante na doutrina trabalhista que a execução trabalhista não era um processo autônomo e sim fase do processo. Além disso, no Processo do Trabalho, os embargos à execução, em razão dos princípios da celeridade e processual, sempre foram opostos por petição nos próprios autos do processo e nele processados. Sob outro enfoque, o § 1º do art. 884, da CLT alude à matéria de defesa que pode ser invocada nos embargos, o que denota não ter os embargos natureza jurídica de ação autônoma e sim de impugnação".*[96]

Apesar de a CLT não ser omissa às matérias dos embargos do devedor (art. 884, § 1º), a maior parte dos doutrinadores[97] entende que são aplicáveis ao processo trabalhista

---

[95] GARCIA, Gustavo Filipe Barbosa. Lei nº 11.232/2005: Reforma da Execução Civil e Direito Processual do Trabalho, *Revista Justiça do Trabalho*, ano 23, nº 274, out. 2006, p. 12.

[96] SCHIAVI, Mauro. *Manual de direito processual do trabalho*, 4. ed., p. 1.044.

[97] De forma divergente, Sergio Pinto Martins afirma que as matérias dos embargos ficam restritas ao inserido no art. 884, § 1º, da CLT: "Não havendo mais embargos do devedor no processo civil, não tem sentido admitir outras hipóteses de embargos no processo do trabalho, além das que já

PARTE VI • Cap. XVI – EXECUÇÃO TRABALHISTA | **1021**

as hipóteses previstas no processo civil:[98] *"A praxe, mais sábia do que o legislador, vem permitindo que o embargante alegue matéria não relacionada no art. 884, § 1º, da CLT, mas de alta relevância para o processo e para o próprio Judiciário. O que se pode admitir é que, para efeito de matérias a serem alegadas pelo devedor, em seus embargos, haja conjugação dos arts. 741, 745 e 475-L, do CPC, embora este último diga respeito à impugnação de que fala o art. 475-J, § 1º. Conquanto essa impugnação seja inadmissível no processo do trabalho, o art. 475-L poderia ser aplicado, apenas, com vistas às matérias que poderiam ser alegadas nos embargos à execução trabalhistas".*

Na visão de Mauro Schiavi, *"Pensamos, conforme já sedimentado na doutrina, que o rol do § 1º do art. 884, da CLT não é taxativo. Acreditamos que o referido dispositivo legal não veda que as matérias que o Juiz possa conhecer de ofício possam ser invocadas, como os pressupostos processuais e as condições da ação, e também as matérias previstas na impugnação do Processo Civil desde que não acarretem demora no curso do processo. Se hoje a jurisprudência trabalhista admite que tais matérias possam ser invocadas por meio da exceção de pré-executividade, não há razão para que não admiti-las nos embargos".*[99]

No processo civil, para as execuções de títulos extrajudiciais, os embargos do executado prescindem de penhora, depósito ou caução (art. 914), mas continuam a ser distribuídos por dependência, com autuação em apartado e instruídos com as cópias das peças processuais relevantes, as quais poderão ser consideradas autenticadas pelo próprio advogado (art. 914, § 1º).

No processo do trabalho, os embargos do devedor tramitam nos autos da ação trabalhista.

16.11.3 Objeto

Na CLT, a matéria de defesa nos embargos do devedor é restrita às alegações de cumprimento da decisão ou do acordo, quitação ou prescrição da dívida (art. 884, § 1º, CLT).

No processo trabalhista, as matérias dos embargos do devedor não podem ficar restritas às hipóteses anteriormente mencionadas. Quando a execução estiver fundada em título executivo judicial, deve-se conjugar o art. 841, § 1º, CLT com o disposto nos arts. 525, § 1º, e 535, CPC:

a) cumprimento da decisão ou do acordo – quando o devedor cumpriu a obrigação, não é possível o prosseguimento da execução. A comprovação não necessita ser documental (art. 884, § 2º, CLT). Essa hipótese é relativa a fatos posteriores à constituição do título executivo judicial, pois na execução não se pode discutir matéria exaurida na ação de conhecimento (art. 879, § 1º) (art. 884, § 1º, CLT; arts. 535, VI, e 525, § 1º, VII, CPC);

---

eram descritas no § 1º do art. 884 da CLT, ou seja: cumprimento da decisão ou do acordo, quitação ou prescrição da dívida" (*Direito processual do trabalho*, 29. ed., p. 769).

[98]   TEIXEIRA FILHO, Manoel Antonio. *Curso de direito processual do trabalho*, v. 3, p. 2.256.

[99]   SCHIAVI, Mauro. Ob. cit., p. 1045.

b) quitação da dívida – é o ato pelo qual alguém se desobriga de pagar o que deve (arts. 319 e segs., CC). Pode originar-se de diversas formas, inclusive com o pagamento da dívida ou o cumprimento da obrigação. O devedor poderá alegar a quitação, desde que seja superveniente à constituição do título executivo judicial (art. 879, § 1º, CLT); (art. 884, § 1º, CLT; arts. 535, IV, e 525, § 1º, VII, CPC);

c) prescrição da dívida – é o caso da prescrição intercorrente (art. 884, § 1º, CLT; arts. 535, VI, 525, § 1º, VII, 924, V, CPC);

d) falta ou nulidade de citação, se a ação lhe ocorreu à revelia[100] (arts. 535, I, e 525, § 1º, I). Contudo, parte da doutrina considera que essa alegação é incabível no processo trabalhista, pois o revel é intimado da decisão (art. 852, CLT), portanto, a matéria deve ser alegada em recurso ordinário (art. 895);

e) inexequibilidade do título e inexigibilidade da obrigação (arts. 535, III e 525, § 1º, III) – o título deve ser líquido, certo e exigível (art. 783). Líquido é o título em que se tem a individualização da obrigação (obrigação de entregar, fazer ou não fazer), além da delimitação do valor a ser pago (obrigação de pagar). Exigível é o título que não está sujeito à condição ou termo. Condição é a cláusula que sujeita a eficácia do ato a um evento futuro e incerto. Termo é o que vincula a exigibilidade do ato a um evento futuro e certo. Sentença sem o trânsito em julgado não é um título exigível. Título exigível é aquele em que o credor pode reclamar o que lhe é devido, sem que tenha de atender a qualquer outra condição. Manoel Antonio Teixeira Filho[101] entende que o adjetivo "certeza" insere-se na expressão "exigível", logo o título deve ser líquido e exigível;

f) ilegitimidade de parte (arts. 535, II, e 525, § 1º, II) – na execução, geralmente são legitimados os sujeitos da relação processual da ação de conhecimento. Contudo, nada obsta que outros sejam os legitimados (ativa e passiva) (art. 778);

g) cumulação indevida de execuções (arts. 535, IV, e 525, § 1º, V) – o exequente pode cumular várias execuções, ainda que fundadas em títulos diferentes, quando o executado for o mesmo e desde que para todas elas seja competente o mesmo juízo e idêntico o procedimento (art. 780);

h) excesso de execução[102] (arts. 535, IV, e 525, § 1º, V) – há excesso de execução quando (art. 917, § 2º, CPC): (1) o exequente pleiteia quantia superior à do título – o *quantum* fixado na sentença de liquidação deve refletir os direitos reconhecidos no título executivo judicial (art. 879, § 1º, CLT). Se o credor estiver executando o que não lhe é devido, o devedor poderá, quando dos embargos à execução, discutir a sentença de liquidação (art. 884, § 3º); (2) a execução recai sobre coisa diversa da que foi indicada

---

[100] A citação válida é um dos pressupostos processuais de existência. A sentença proferida em uma demanda na qual não houve a regular citação reputa-se uma sentença inexistente.

[101] TEIXEIRA FILHO, Manoel Antonio. Ob. cit., v. 3, p. 1.955.

[102] Essa hipótese não deve ser confundida com o excesso de penhora, o qual não era matéria de embargos à execução. Essa alegação era dirimida mediante simples petição ao juiz (art. 685, I, CPC/73; art. 874, I, CPC/15), e hoje pode ser matéria de embargos (art. 475-L, III, CPC/73; art. 525, § 1º, IV, CPC/15).

PARTE VI · Cap. XVI – EXECUÇÃO TRABALHISTA | **1023**

no título, o que envolve as execuções por quantia certa e as para entrega de coisa certa e incerta; (3) se processa de modo diferente do que foi determinado no título – devem ser observados os procedimentos próprios para cada tipo de execução. Como a CLT é omissa, os diversos tipos previstos no CPC são aplicáveis, desde que sejam compatíveis com a estrutura do processo laboral. Logo, quando a sentença estabelece uma obrigação de fazer, não se pode executar o decisório, adotando os critérios para a entrega de coisa ou quantia certa. Outra hipótese é quando o decisório determina a liquidação por artigos e se processa a mesma por cálculos; (4) o credor, sem cumprir a prestação que lhe corresponde, exige o adimplemento da obrigação do devedor (art. 787, CPC). Trata-se da exceção *non adimpleti contractus*; (5) o credor não pode provar que a condição se realizou – a execução necessita do implemento de uma condição inserida no título executivo judicial (art. 514, CPC);

i) penhora incorreta[103] ou avaliação errônea[104] (art. 525, § 1º, IV);

j) qualquer causa modificativa ou extintiva da obrigação, como pagamento, novação, compensação, transação ou prescrição (arts. 535, VI, e 525, § 1º, VII) – essas causas devem ser posteriores à constituição do título executivo judicial. Também são previstas no processo trabalhista (art. 884, § 1º, CLT);

k) incompetência do juízo da execução, bem como a suspeição ou o impedimento do juízo (arts. 535, V, e 525, § 1º, VI, CPC) – são arguidas como preliminares nos embargos do devedor (art. 16, § 3º, Lei 6.830/80).

Também é considerado inexigível o título judicial fundado em lei ou ato normativo declarado inconstitucional pelo STF ou fundado em aplicação ou interpretação da lei

---

[103] "Esse inciso III do art. 475-L não encontra correspondente perfeito em nenhum dos incisos do texto anterior do art. 741 do Código de Processo Civil. Há, aqui, duas matérias alegáveis na impugnação à execução: vício da penhora e erro de avaliação do bem penhorado. Sob a rubrica *penhora incorreta* encontram-se reunidos dois fenômenos diferentes. Em primeiro lugar, a penhora inválida; em segundo lugar, o excesso de penhora. A invalidade (nulidade ou anulabilidade) da penhora pode, portanto, ser alegada na impugnação à execução. Pense, por exemplo, na hipótese de se ter penhorado bem impenhorável, ou de se ter feito a penhora sem respeito às formalidades legais. Não só isso, porém, se poderá alegar nessa fase. Também o excesso de penhora. Antes da Lei nº 11.232/05 era comum encontrar-se em doutrina a afirmação de que o excesso de penhora não poderia ser alegado nos embargos do executado. Ocorre que no modelo original do CPC apenas depois do julgamento dos embargos é que se procedia à avaliação dos bens penhorados. Com a modificação operada pela reforma processual, que passou a avaliação para o momento da penhora, tornou-se possível a alegação de excesso de penhora já no momento da impugnação à execução" (Câmara, Alexandre Freitas. *A nova execução de sentença*, 3. ed., p. 134).

[104] "Também os vícios da avaliação (como, por exemplo, ter sido ela feita em laudo de avaliação nulo por falta de fundamentação, ou ter sido apontado valor errado para o bem penhorado) serão alegáveis na impugnação à execução. Este é, registre-se, um dos pontos certamente mais positivos da reforma empreendida pela Lei nº 11.232/05, uma vez que trouxe para o momento da impugnação toda a discussão a respeito da avaliação, que antes acontecia em momento posterior, depois do julgamento dos embargos. Ganhar-se-á, certamente, bastante tempo com o novo modelo" (CÂMARA, Alexandre Freitas. Ob. cit., p. 136).

ou ato normativo tidos pelo STF como incompatíveis com a CF (art. 884, § 5º, CLT; MP 2.180-35/01; arts. 525, § 12, e 535, § 5º, CPC).

A regra processual civil (art. 535, § 5º, CPC) não se aplica às sentenças transitadas em julgado em data anterior à da sua vigência (Súm. 487, STJ).

Quanto aos títulos executivos extrajudiciais (por exemplo: o termo de conciliação da Comissão de Conciliação Prévia e o termo de ajuste de conduta firmado perante o Ministério Público do Trabalho), nos seus embargos, o devedor poderá, além das matérias previstas no art. 884, § 1º, CLT, alegar as matérias mencionadas art. 917, NCPC: (a) inexequibilidade do título ou inexigibilidade da obrigação; (b) penhora incorreta ou avaliação errônea; (c) excesso de execução ou cumulação indevida de execuções; (d) retenção por benfeitorias necessárias ou úteis, nos casos de execução para entrega de coisa certa (art. 806, CPC); (e) incompetência absoluta ou relativa do juízo da execução; (f) qualquer matéria que lhe seria lícito deduzir como defesa em processo de conhecimento.

A IN 39/16, TST, por aplicação supletiva do art. 784, I, CPC, admite por títulos executivos extrajudiciais o cheque e a nota promissória, desde que tenham sido emitidos em reconhecimento de dívida inequivocamente de natureza trabalhista (art. 13).

16.11.4 Legitimação

A legitimação ativa para oferecer embargos é do devedor (arts. 914 e 525, § 1º, CPC; art. 884, CLT).

O termo "devedor" relaciona-se com todas as pessoas em relação às quais a execução trabalhista está dirigida. São sujeitos passivos da execução: (a) o devedor, reconhecido como tal no título executivo; (b) o espólio, os herdeiros ou os sucessores do devedor; (c) o novo devedor, que assumiu, com o consentimento do credor, a obrigação resultante do título executivo; (d) o fiador do débito constante em título extrajudicial; (e) o responsável titular do bem vinculado por garantia real ao pagamento do débito; (f) o responsável tributário, assim definido em lei (art. 779, CPC).

Por excelência, são legitimados para os embargos, os devedores (pessoas naturais, jurídicas e entes despersonalizados), que participaram da relação jurídica de direito material reconhecida pela sentença exequenda. Contudo, nada obsta que essa legitimação abranja outros devedores que, mesmo não tendo participado da relação jurídica material, possam ser responsabilizados pelo adimplemento da obrigação. É o caso do sócio ou do ex-sócio.

Quando a execução trabalhista, pela desconsideração da personalidade jurídica, é dirigida contra o sócio ou o ex-sócio da pessoa jurídica, ora executada, surgem sérias dúvidas quanto ao remédio processual adequado: será o caso de embargos do devedor ou de embargos de terceiro?

Por regra, se o sócio ou o ex-sócio é citado como devedor, na execução trabalhista, deve adotar os embargos à execução. Além da sua ilegitimidade (arts. 535, II, e 525, § 1º, II, CPC), também poderá alegar outras matérias, as quais somente serão apreciadas, se for acolhida a primeira.

PARTE VI · Cap. XVI – EXECUÇÃO TRABALHISTA | 1025

Esse entendimento é razoável tendo em vista o teor da Súmula 184 do ex-TFR: *"Em execução movida contra sociedade por quotas, o sócio-gerente, citado em nome próprio, não tem legitimidade para opor embargos de terceiro, visando livrar da constrição judicial seus bens particulares".*

Contudo, nem sempre é possível ao sócio ou ao ex-sócio ajuizar os embargos à execução. Vale dizer, como os embargos do executado exigem a garantia do juízo (art. 884, *caput*, CLT), pode ser que não tenha condições de discutir a sua legitimidade, na medida em que o seu patrimônio não seja suficiente para esta garantia.

Por outro lado, ressaltamos que, invariavelmente, o sócio ou o ex-sócio são considerados partes e devedores na execução, sem a mínima oportunidade de discutir o requerimento da desconsideração da personalidade jurídica.

Como então ficará o meio adequado para o sócio ou o ex-sócio discutir a sua legitimidade para a execução?

A possibilidade de conhecimento dos embargos de terceiro nessas condições não só é importante para evitar graves prejuízos ao sócio ou ex-sócio executado, que poderiam advir da eventual escolha equivocada da medida processual cabível, mas, sobretudo, pelo fato de que nem sempre se tem a disponibilidade de bens suficientes para a garantia da execução para fins de oposição de embargos do executado.

Entendimento contrário criaria situação extremamente desfavorável para o executado que, ao ingressar após a formação do título executivo judicial, no estado em que se encontra o processo, teria tolhida a possibilidade de suspensão da execução por não possuir bens suficientes à garantia do Juízo.

Tal hipótese de agravamento desmedido da situação do executado, além de contrariar o teor do art. 805, CPC, afigura-se ofensiva aos princípios da razoabilidade e proporcionalidade. O previsto no art. 805, NCPC, é aplicável ao processo do trabalho (art. 3º, XIV, IN 39, TST).

Somando-se a isso, é evidente que o executado tem direito à efetiva e devida prestação jurisdicional. Portanto, é válida a discussão da sua legitimação, pela qualidade ou não de terceiro, em sede de embargos de terceiro.

16.11.5 Competência

A expressão "juiz ou presidente do Tribunal" contida no art. 877 da CLT compreende os juízes de direito, singulares, com jurisdição trabalhista, os juízes das varas do trabalho, de TRTs e do TST, desde que cada um desses órgãos tenha proferido originariamente a sentença a ser executada.

No caso dos títulos extrajudiciais trabalhistas, a execução deverá ser proposta ao juiz que teria competência para o processo de conhecimento relativo à matéria (art. 877-A, CLT).

Na estrutura do processo civil, o cumprimento da sentença será efetuado perante o juízo que decidiu a causa no primeiro grau de jurisdição (art. 516, II, CPC). Contudo, o exequente poderá optar pelo juízo do atual domicílio do executado, pelo juízo do local onde se encontrem os bens sujeitos à execução ou pelo juízo do local onde deva ser executada a obrigação de fazer ou de não fazer, casos em que a remessa dos autos do processo será solicitada ao juízo de origem (art. 516, parágrafo único).

Na execução que se processa mediante carta, os embargos do devedor podem ser oferecidos no juízo deprecante ou no deprecado, sendo que a competência para o julgamento é do primeiro, exceto se a matéria versar sobre vícios ou defeitos da penhora, avaliação ou alienação dos bens (art. 914, § 2º, CPC; art. 20, Lei 6.830/80).

Nessa linha jurídica, na execução por carta precatória os embargos de terceiro serão oferecidos no juízo deprecado, salvo se indicado pelo juízo deprecante o bem constrito ou se já devolvida a carta (Súm. 419, TST).

Na execução por carta, os embargos do devedor serão decididos no juízo deprecante, salvo se versarem unicamente vícios ou defeitos da penhora, avaliação ou alienação dos bens (Súm. 46, STJ).

A competência é do juízo deprecante para o julgamento quanto aos embargos do devedor, exceto quando a matéria questionada nos embargos versar sobre vícios, defeitos, avaliação ou alienação dos bens penhorados, deslocando-a para o juízo deprecado.

16.11.6 Prazo

No processo do trabalho, o prazo para a propositura dos embargos à execução é de cinco dias, a contar da data do depósito da quantia executada ou da penhora dos bens com a ciência do devedor (art. 884, *caput*, CLT).

Quando a garantia do juízo se opera com o bloqueio *online* de ativo financeiro, o termo inicial do prazo para oposição de embargos à execução é a data da intimação da parte, pelo juízo, de que se efetivou bloqueio de numerário em sua conta (art. 99, parágrafo único, Consolidação dos Provimentos da Corregedoria Geral da Justiça do Trabalho).

No processo civil, o devedor oferecerá os embargos à execução no prazo de 15 dias (arts. 525, *caput*, e 915, CPC).

Com a MP 2.180-35/01, a qual alterou a Lei 9.494/97, o prazo para os embargos do devedor da Fazenda Pública passou a ser de 30 dias (art. 1º-B, Lei 9.494/97; art. 910, NCPC).[105] Na execução por quantia certa pela Fazenda Pública, não se tem a necessidade quanto à garantia do juízo (art. 910). Apesar de a matéria ainda estar sendo questionada junto ao STF,[106] o TST vinha aplicando o prazo de 10 dias para a Fazenda Pública, por considerar inconstitucional a alteração legislativa.[107] Contudo, o TST fixou a posição de que o prazo é de 30 dias, visto que o STF não analisou o mérito da ADC 11-MC/DF.[128]

---

[105] Após essa alteração legislativa, houve o surgimento de duas correntes doutrinárias quanto ao novo prazo para os embargos do devedor no processo trabalhista: (a) expansiva – o prazo de 30 dias é válido para todos os devedores; (b) restritiva – a alteração abrange somente a Fazenda Pública. Deve ser acatada a segunda posição, a qual tem como fundamentos: (a) a alteração está relacionada com a Lei 9.494/97, a qual é aplicável às pessoas jurídicas de direito público; (b) a modificação do prazo é alusiva ao art. 730 do CPC, não havendo referência ao art. 738, o qual fixava o prazo de 10 dias para os demais devedores.

[106] STF – TP – ADC-MC 11 – Rel. Min. Gilmar Mendes.

[107] TST – 2ª T. – RR 163.100-27.1987.5.01.0005 – Rel. Min. José Roberto Freire Pimenta – *DEJT* 15-6-2012.

16.11.7 Garantia do Juízo

A garantia do juízo é representada pelo depósito do valor da quantia executada (crédito do exequente; do credor previdenciário; despesas processuais; honorários advocatícios ou periciais etc.) ou pela penhora (constrição judicial) de bens suficientes para a satisfação oportuna de toda a execução. Trata-se de um pressuposto processual para a oposição dos embargos pelo devedor (art. 884, *caput*, CLT). Admitida a aplicação da multa legal (art. 523, CPC) ao processo do trabalho, a garantia do juízo também abrange a multa de 10%.

A formalização da garantia do juízo ocorre por intermédio do depósito da quantia executada ou da penhora de bens suficientes para a satisfação do crédito exequendo (arts. 882 e 883, CLT; arts. 523 e 524, CPC).

Nas execuções de títulos extrajudiciais no processo civil, os embargos do executado não mais necessitam de penhora, depósito ou caução (art. 914, CPC).

No processo do trabalho, por aplicação da regra específica do art. 884, CLT, mesmo quando for o caso de execução para a entrega de coisa, o juízo deverá estar garantido para fins de oposição de embargos do devedor.

Se não ocorrer a garantia do juízo, por ausência ou insuficiência de bens, será que o devedor poderá opor embargos à execução?

Diante do caso concreto, se o devedor tiver parte dos bens, pelas peculiaridades discutidas na execução, é razoável admitir-se a oposição de embargos, até para se evitar uma situação de injustiça. Exemplo: a sentença de liquidação fixa o crédito em quantia superior à efetivamente devida; o devedor tem a possibilidade de efetuar a garantia em parte desse valor, sendo que é razoável a impugnação aos cálculos; o juiz deverá receber os embargos e determinar o seu processamento.[109]

Não é aplicável a exigência da garantia do juízo às entidades filantrópicas e/ou àqueles que compõem ou compuseram a diretoria dessas instituições (art. 884, § 6º, CLT, acrescentado pela Reforma Trabalhista, Lei 13.467/17). Citada inovação é aplicável em processos com execuções iniciadas a partir de 11 de novembro de 2017 (art. 16, IN 41/18, TST).

16.11.8 Custas Processuais

Por expressa determinação legal, no processo de execução, as custas processuais são de responsabilidade do executado e serão recolhidas ao final (art. 789-A, CLT). No caso de embargos à execução, o valor das custas processuais é de R$ 44,26 (art. 789-A, V).

---

[108] TST – SDI-I – E-RR 110200-18.2003.5.21.0921 – Rel. Min. Renato de Lacerda Paiva – *DEJT* 18-10-2013.

[109] "Se o executado não tiver bens suficientes que garantam o juízo, mas uma boa parte deles, sem perspectiva de possuir outros bens que garantam o juízo, pensamos que os embargos poderão ser processados, mesmo sem a garantia integral do juízo, uma vez que o prosseguimento da execução não pode ficar aguardando eternamente o executado conseguir ter bens para a garantia do juízo" (SCHIAVI, Mauro. Ob. cit., p. 1053).

1028 | DIREITO PROCESSUAL DO TRABALHO • *Francisco Ferreira Jorge Neto – Jouberto de Quadros Pessoa Cavalcante*

O recolhimento das custas processuais seguirá o procedimento definido pelo Ato Conjunto 21, do TST.CSJT.GP.SG, de 7/12/2010, publicado no *DEJT*, de 9/12/2010.

16.11.9 Efeitos dos Embargos à Execução

No processo civil, os embargos do executado não possuem efeito suspensivo (art. 919, CPC), com as seguintes cautelas:

a) o juiz poderá, a requerimento do embargante, atribuir efeito suspensivo aos embargos quando verificados os requisitos para a concessão da tutela provisória e desde que a execução já esteja garantida por penhora, depósito ou caução suficientes (art. 919, § 1º);

b) a decisão relativa aos efeitos dos embargos poderá, a requerimento da parte, ser modificada ou revogada a qualquer tempo, em decisão fundamentada, cessando as circunstâncias que a motivaram (art. 919, § 2º);

c) quando o efeito suspensivo atribuído aos embargos disser respeito apenas à parte do objeto da execução, esta prosseguirá quanto à parte restante (art. 919, § 3º);

d) a concessão do efeito suspensivo aos embargos oferecidos por um dos executados não suspenderá a execução contra os que não embargaram, quando o respectivo fundamento disser respeito exclusivamente ao embargante (art. 919, § 4º);

e) a concessão de efeito suspensivo não impedirá a efetivação de atos de substituição, de reforço ou de redução da penhora e de avaliação dos bens (art. 919, § 5º).

No cumprimento de sentença, a apresentação de impugnação não impede a prática dos atos executivos, inclusive os de expropriação, podendo o juiz, a requerimento do executado e desde que garantido o juízo com penhora, caução ou depósito suficientes, atribuir-lhe efeito suspensivo, se seus fundamentos forem relevantes e se o prosseguimento da execução for manifestamente suscetível de causar ao executado grave dano de difícil ou incerta reparação (art. 525, § 6º).

Mesmo que atribuído efeito suspensivo à impugnação, é lícito ao exequente requerer o prosseguimento da execução, oferecendo e prestando, nos próprios autos, caução suficiente e idônea, a ser arbitrada pelo juiz (art. 525, § 10).

Mauro Schiavi[110] ensina que os embargos à execução no processo trabalhista não possuem efeito suspensivo, ao contrário de Renato Saraiva,[111] que afirma ser cabível o processamento da peça com este efeito.

---

[110] "Pensamos que os embargos à execução não têm efeito suspensivo da execução, pois o art. 884 da CLT não atribui tal efeito, se presentes os requisitos legais" (SCHIAVI, Mauro. Ob. cit., p. 1054).

[111] "Os embargos à execução no processo do trabalho são processados nos mesmos autos da execução, sendo sempre recebidos com efeito suspensivo, ficando a execução suspensa até o julgamento dos embargos. Outrossim, havendo vários executados no mesmo processo, os embargos à execução apresentados por um dos devedores não suspende a execução em relação aos demais, quando

PARTE VI · Cap. XVI – EXECUÇÃO TRABALHISTA | **1029**

No prazo para embargos, se o executado reconhecer o crédito do exequente, desde que comprovado o depósito de 30% do valor da execução (com a inclusão das custas e honorários do advogado), terá o executado a possibilidade de pagar o restante em seis parcelas mensais, acrescidas de correção monetária e juros de 1% (art. 916).

O exequente será intimado para manifestar-se sobre o preenchimento dos pressupostos do parcelamento, e o juiz decidirá o requerimento em cinco dias. Enquanto não apreciado o requerimento, o executado terá de depositar as parcelas vincendas, facultado ao exequente seu levantamento.

Sendo a proposta deferida, o exequente levantará a quantia depositada e serão suspensos os atos executados. Caso contrário, haverá o prosseguimento da execução, mantendo o depósito, o qual se converterá em penhora (art. 916, §§ 3º e 4º).

O não pagamento de qualquer das prestações implicará, de pleno direito, o vencimento das demais parcelas, com o imediato início dos atos executivos, impondo-se ao executado uma multa de 10% sobre o valor das prestações inadimplidas, além de implicar a renúncia ao direito de opor embargos. A nosso ver, o parcelamento (art. 916, CPC; art. 3º, XXI, IN 39, TST) é aplicável ao processo trabalhista, não só na execução por título extrajudicial como judicial.[112]

16.11.10 Procedimento

Os embargos serão juntados aos próprios autos nos quais se processa a execução, não havendo, assim, o seu processamento em autos em apartado. No processo trabalhista, os embargos reputam-se um incidente da execução.

Admitidos os embargos do devedor, com ou sem a concessão de medidas de urgência acautelatórias, a parte contrária será intimada para se manifestar. O prazo para a impugnação é de 5 dias pelo exequente.

Os embargos serão rejeitados liminarmente quando: (a) intempestivos; (b) nos casos de indeferimento da petição inicial e de improcedência liminar do pedido; (c) manifestamente protelatórios (art. 918, CPC; art. 3º, XXII, IN 39).

---

o fato e fundamento apresentados disserem respeito, exclusivamente, ao devedor embargante" (SARAIVA, Renato. *Curso de Direito Processual do Trabalho*, 6. ed. p. 665).

[112] "No nosso sentir, o presente dispositivo é compatível com o procedimento trabalhista para a execução por título executivo extrajudicial, considerando-se que não há a fase de conhecimento em tal processo, não sendo possível, em tese, o Juiz tentar a conciliação em audiência, e que o parcelamento não causa prejuízo ao reclamante, pois o valor total do crédito do exequente está reconhecido e, além disso, propicia maior celeridade na execução. Não obstante, deve o parcelamento ser apreciado livremente pelo Juiz do Trabalho, segundo seu livre convencimento, podendo indeferi-lo se considerar prejudicial ao credor trabalhista. Por aplicação analógica, também podemos transportar o presente dispositivo para a execução por título executivo judicial, considerando-se a ausência de prejuízo para o exequente e a efetividade que pode trazer para o processo" (SCHIAVI, Mauro. Ob. cit., p. 1056).

No que concordamos, Manoel Antonio Teixeira Filho ensina que os embargos também devem ser rejeitados de forma liminar quando não houver delimitação motivada das matérias e valores impugnados. Trata-se da aplicação da inteligência do art. 897, § 1º, o qual afirma que o agravo de petição não será conhecido se a parte agravante não delimitar de forma justificada as matérias e os valores impugnados.

Quando os embargos forem manifestamente protelatórios, o juiz deverá impor, em favor do exequente, multa ao executado em valor não superior a 20% do valor atualizado do débito em execução (arts. 918, parágrafo único, e 774, parágrafo único, CPC).

No cumprimento da decisão (execução de obrigação por quantia certa), quando o executado alegar que o exequente, em excesso de execução, pleiteia quantia superior à resultante da sentença, deverá declarar de imediato qual é o valor que entende correto, apresentando demonstrativo discriminado e atualizado de cálculo (art. 525, § 4º, CPC). Citada regra é aplicável ao processo trabalhista por inteligência do art. 897, § 1º, da CLT.

No processo trabalhista, a decisão que indeferir, liminarmente, os embargos do executado, pode ser reavaliada pelo agravo de petição (art. 897, *a*, CLT).

Na Justiça Comum, o recurso oponível é o de apelação (art. 1.012, § 1º, III, CPC), para os embargos do executado. Caberá agravo de instrumento contra as decisões interlocutórias proferidas na fase de liquidação ou de cumprimento de sentença no processo de execução (art. 1.015, parágrafo único).

Diante do caso concreto, se houver necessidade da instrução dos embargos, as partes poderão indicar as suas testemunhas, as quais serão ouvidas em audiência a ser designada pelo magistrado (art. 884, § 2º, CLT). Para a designação da audiência, a CLT indica o prazo de 5 dias. Após a instrução, os autos, dentro de 48 horas, serão levados à conclusão do magistrado, o qual terá o prazo de 5 dias para a prolação da decisão (arts. 885 e 886, CLT).

Se não houver a necessidade de provas, os autos serão imediatamente dirigidos à conclusão do juiz, que irá proferir a decisão em 5 dias (art. 885).

O ato pelo qual o juiz analisa os embargos à execução[113] é uma sentença na execução trabalhista (art. 884, § 4º).

Carlos Henrique Bezerra Leite[114] indica que nesta decisão poderão ocorrer as seguintes hipóteses: *"(a) declaração de subsistência da penhora, caso os embargos sejam julgados improcedentes; (b) declaração de insubsistência da penhora, caso em que o juiz mandará realizar nova penhora; (c) acolhimento ou procedência dos embargos, julgando extinta a execução; (d) a determinação para nova elaboração dos cálculos".*

Dessa sentença, o agravo de petição é o recurso cabível (art. 897, *a*), que só será recebido quando a parte agravante delimitar, justificadamente, as matérias e os valores impugnados, permitindo-se a execução imediata do valor remanescente até o final, nos

---

[113] A sentença que analisa os embargos do devedor é de natureza constitutiva, pois o seu conteúdo poderá dissolver ou modificar o título em que se funda a execução ou ainda eliminar os efeitos.

[114] LEITE, Carlos Henrique Bezerra. Ob. cit., p. 1042.

PARTE VI · Cap. XVI – EXECUÇÃO TRABALHISTA | **1031**

próprios autos ou por cumprimento provisório de sentença ("carta de sentença") (art. 897, § 1º).

Do despacho denegatório do agravo de petição, cabe a interposição de agravo de instrumento (art. 897, *b*). Da decisão do TRT quanto ao não provimento do agravo de instrumento não cabe recurso de revista (Súm. 218, TST).

Da decisão do TRT quanto ao agravo de petição não cabe recurso de revista, exceto se a decisão recorrida implicar ofensa direta e literal de norma da CF (art. 896, § 2º, CLT; Súm. 266, TST).

16.11.11 Estrutura

Por se tratar de ação autônoma incidental, é necessário observar os requisitos dos arts. 840 da CLT e 319 do CPC na formulação dos embargos à execução (reclamação trabalhista).

Como regra, os embargos do devedor são dirigidos ao juiz da execução. Exceção a isso é o que ocorre em alguns casos de execução por carta precatória (juiz competente).

A qualificação das partes é indispensável; contudo, na prática, costuma ser sucinta, já que os embargos tramitam nos autos da própria reclamação trabalhista (ação principal).

O advogado deve declarar o endereço físico e eletrônico em que receberá intimações (art. 106, CPC).

É indispensável apresentar os fatos e fundamentos jurídicos. No entanto, o conteúdo dos embargos de título judicial tem limitações de matéria de defesa. Isso não ocorre no caso dos títulos extrajudiciais (art. 841, § 1º, CLT; art. 525, § 1º, CPC).

Tratando-se de excesso de execução, torna-se indispensável a apresentação de cálculos e a indicação do valor que julga correto (arts. 525, § 4º, e 917, § 3º, CPC).

Pode haver requerimento de concessão de tutela provisória (suspensão parcial ou total da execução trabalhista) (art. 919, § 1º, CPC). Nesse caso, os requisitos legais devem ser destacados.

Em seguida, deve-se requerer o regular processamento da ação, com a citação da parte contrária para que integre a lide e apresente sua defesa no prazo legal.

O pedido (de mérito e de tutela provisória) deve ser certo e determinado (arts. 322 e 324, CPC; art. 840, § 1º, CLT, Lei 13.467/17).

Deve-se indicar os meios de prova pelos quais pretende provar o alegado e o valor da causa, juntando eventuais documentos que sejam vitais para a demonstração das suas alegações.

16.11.12 Resposta do Embargado

Com o recebimento dos embargos do devedor, no processo civil, o credor será intimado para impugná-lo (apresentar resposta) em 15 dias (art. 920, I, CPC). No processo trabalhista, o prazo é de cinco dias (art. 884, CLT).

Quanto à impugnação ao cumprimento da sentença, o executado tem 15 dias para opô-la (art. 525, CPC).

Em resposta, o embargado deverá se opor aos fatos e fundamentos jurídicos alegados, sempre apresentando os motivos que justifiquem a manutenção da sentença de liquidação ou do título extrajudicial. É a oportunidade que tem o embargado para alegar questões processuais (*v. g.*, condições da ação, requisitos de admissibilidade da ação incidental etc.).

É inadmissível a reconvenção como forma de defesa na execução trabalhista (art. 16, § 3º, Lei 6.830/80).[115]

Será que o exequente, se ficar inerte quanto à impugnação aos embargos à execução, poderá ser considerado revel?

Mauro Schiavi entende que não há os efeitos da revelia, visto que os embargos visam à desconstituição do título judicial, o qual goza de presunção de veracidade.

Sergio Pinto Martins acentua que nem sempre ocorrerão os efeitos da revelia em relação ao exequente, dependendo dos demais elementos de prova já constantes dos autos ou da matéria que tenha sido alegada nos embargos à execução.

16.12 IMPUGNAÇÃO À SENTENÇA DE LIQUIDAÇÃO

16.12.1 Fundamento Jurídico

A impugnação à sentença de liquidação tem fundamento jurídico no art. 884 e parágrafos da CLT.

16.12.2 Cabimento

Ao lado dos embargos à execução, temos a figura da impugnação à sentença de liquidação (art. 884, *caput* e §§ 3º e 4º, CLT).

A impugnação à sentença de liquidação pode ocorrer pelos credores trabalhista e previdenciário (exequentes) e pelo devedor (executado) (art. 884, § 3º).

---

[115] "Nas ponderadas palavras de Calmon de Passos, 'não poderá o réu executado formular contra o autor pedido cuja tutela reclame o processo de conhecimento; isso porque mesmo vistos os embargos do executado como ação de conhecimento, têm eles um procedimento especial, regulado pelo art. 740 do CPC, procedimento este incompatível quer com o procedimento ordinário, quer com o procedimento sumaríssimo, não sendo lícito ao executado embargante, na espécie, preferir o rito ordinário, porquanto seria opção em desfavor do credor exequente e embargado' [...] Não só pelas razões doutrinárias, que realçam a incompatibilidade do procedimento da reconvenção com o da execução, mas, sobretudo, pela vontade da lei, não se deve consentir que o devedor embargante reconvenha ao credor. Com efeito, o art. 16, § 3º, da Lei 6.830/80 contém um veto peremptório à possibilidade de o devedor contra-atacar o credor, no mesmo processo – norma essa amplamente aplicável ao processo do trabalho, lacunoso nesse ponto" (TEIXEIRA FILHO, Manoel Antonio. Ob. cit., v. 3, p. 2268).

16.12.3 Objeto

O objetivo da impugnação é a discussão da extensão da sentença de liquidação, a qual fixa o crédito e o seu montante, enquanto os embargos do devedor visam desconstituir o título executivo ou os atos da relação processual executiva.

A impugnação à sentença de liquidação não poderá: (a) modificar, ou inovar, a sentença liquidanda, nem discutir matéria pertinente à causa principal (art. 879, § 1º); (b) impugnar o montante do crédito exequendo, se não tiver impugnado os cálculos (art. 879, §§ 2º e 3º), ante a preclusão. Claro está que as partes deverão ficar cientes dos cálculos na liquidação de sentença.

Para Wagner Giglio,[116] a lei facultou *"ao juiz da execução determinar a antecipação da conta, mas não lhe impôs essa solução, caso contrário não teria sido utilizada a expressão poderá e teria sido revogado o art. 884, § 3º, da CLT. Mantido este, há de se entender que sobreviveu como alternativa de discussão da conta de liquidação, caso não haja opção pela discussão antecipada [...] Optando pela discussão antecipada, o juiz intimará as partes para impugná-la, no prazo de dez dias para cada uma, sucessivamente. Se as partes não oferecerem impugnação, ou aquela que não o fizer, não mais poderá ser utilizado o prazo dos embargos à execução para fazê-lo, porque a impugnação ficará preclusa. A mesma pena de preclusão será aplicada se a impugnação não 'indicar os itens e valores objeto da discordância', em preceito obviamente tendente a coibir manifestações meramente protelatórias. Em qualquer caso, a reabertura da discussão da liquidação somente poderá ser feita através de recurso de agravo de petição"*.

Renato Saraiva[117] ensina: *"Na segunda hipótese, qual seja, quando o juiz, após a elaboração dos cálculos, utilizar da faculdade prevista no § 2º do art. 879 consolidado, abrirá prazo de 10 dias sucessivos para as partes impugnarem a sentença de liquidação, sob pena de preclusão (não mais haverá possibilidade de discutir a sentença de liquidação, nem no momento da apresentação de embargos à execução)."*

Com relação à questão da preclusão, a prudência do juiz é imperiosa. Pode uma das partes apresentar cálculos que não estejam em sintonia com a coisa julgada, contendo erros gravíssimos. Nessa hipótese, mediante a impugnação da sentença de liquidação, tais valores fixados devem ser revisados, adequando-os aos direitos reconhecidos e deferidos pelo título executivo judicial.

16.12.4 Prazo

O prazo para a impugnação é de cinco dias (art. 884, *caput*).[118] Normalmente, após a garantia do juízo (penhora de bens ou o depósito da quantia executada), o devedor,

---

[116] GIGLIO, Wagner; CORRÊA, Claudia Giglio Veltri. *Direito processual do trabalho,* 15. ed., p. 588.

[117] SARAIVA, Renato. *Curso de direito processual do trabalho,* 5. ed., p. 619.

[118] O art. 1º-B da Lei 9.494/97, acrescentado pelo art. 4º da MP 2.180-35/01, aumentou o prazo de que trata esse artigo para 30 dias. O entendimento doutrinário e jurisprudencial predominante é que o aumento do prazo somente beneficia a Fazenda Pública.

como tem a ciência da própria garantia, começa a ter a fluência do prazo de cinco dias. A impugnação é matéria dos embargos do devedor com o título de excesso de execução.

Para os credores (trabalhista e previdenciário), a nosso ver, é a partir do momento em que tomam ciência da garantia do juízo que podem discutir a sentença de liquidação (art. 884, § 3º).[119]

Contudo, há varas do trabalho que, após a elaboração da sentença de liquidação, já concedem ao exequente a oportunidade de impugnação à sentença de liquidação, por entenderem que o direito à impugnação por parte dos credores independe da garantia do juízo.

16.2.5   Custas Processuais

Por expressa determinação legal, no processo de execução as custas processuais são de responsabilidade do executado e serão recolhidas ao final (art. 789-A, CLT). No caso de impugnação à sentença de liquidação, o valor das custas processuais é de R$ 55,35 (art. 789-A, VII).

O recolhimento das custas processuais seguirá o procedimento definido na IN 20/02 do TST e no Ato Conjunto 21/10, do TST.CSJT.GP.SG.

16.12.6   Efeitos

Apresentada impugnação à sentença de liquidação, a execução somente prossegue após sua solução.

16.12.7   Procedimento

Com a impugnação à sentença de liquidação, abre-se prazo para manifestação da parte contrária.

Se tiverem sido arroladas testemunhas, caso julgue necessário seus depoimentos, o juiz designará audiência para produção da prova no prazo de cinco dias (art. 884, § 2º, CLT).

As impugnações e o embargo de devedor serão julgados na mesma sentença.

Torna-se inexigível o título judicial fundado em lei ou ato normativo declarados inconstitucionais pelo STF ou em aplicação ou interpretação tidas por incompatíveis com a CF (art. 884, § 5º).

O ato pelo qual o juiz analisa a impugnação à sentença de liquidação é uma sentença na execução trabalhista (art. 884, § 4º). Dessa sentença, o agravo de petição é o recurso cabível (art. 897, *a*).

---

[119]   "Uma vez homologados os cálculos, após a garantia do Juízo, o executado pode impugnar os cálculos de liquidação, no corpo dos embargos à execução, cabendo ao exequente tal direito no incidente processual denominado impugnação à sentença de liquidação (art. 883, § 3º, CLT)" (SCHIAVI, Mauro. *Manual de Direito Processual do Trabalho*, p. 690).

PARTE VI · Cap. XVI – EXECUÇÃO TRABALHISTA | **1035**

16.12.8 Estrutura

A impugnação de sentença de liquidação é dirigida ao próprio juiz prolator da decisão de liquidação.

Na impugnação, a parte interessada (impugnante) deverá alegar os motivos de seu descontentamento, sempre de forma fundamentada, e, no caso de divergências de cálculos, deverá apresentar os cálculos que entende corretos.

Com o objetivo de provar suas alegações, o impugnante poderá fazer uso de todos os meios de prova, inclusive de testemunhas (indicar rol de testemunhas).

Feita a impugnação à sentença de liquidação, por força dos princípios do contraditório e amplo direito de defesa, a parte contrária deverá ser intimada a se manifestar no prazo de cinco dias.

16.13 IMPUGNAÇÃO À ARREMATAÇÃO E À ADJUDICAÇÃO

16.13.1 Sistemática no CPC/73

Era lícito ao executado, no prazo de cinco dias, contados de adjudicação, alienação ou arrematação, oferecer embargos com fundamentos em nulidade da execução, ou em causa extintiva da obrigação, desde que superveniente à penhora (art. 746, *caput*, CPC). Por causa extintiva entendia-se: o pagamento, a novação, a compensação, a transação ou prescrição, desde que supervenientes à penhora.

Os embargos previstos no art. 746 representavam o meio processual de oposição aos atos expropriatórios (arrematação, adjudicação ou alienação).

Também se tinha a possibilidade, que, após a oposição dos embargos, o adquirente desistisse da aquisição (art. 746, § 1º). Por adquirente, entendia-se somente o arrematante (art. 694, § 1º, IV; art. 746, § 2º), na medida em que a remição pelo executado só era possível até a adjudicação ou a alienação. Caso os embargos fossem declarados manifestamente protelatórios, o juiz imporia multa ao executado, não superior a 20% do valor da execução, em favor de quem desistisse da aquisição (art. 746, § 3º).

No processo do trabalho, a competência e o procedimento deviam observar as regras pertinentes aos embargos do executado: (a) prazo: cinco dias; (b) o início da contagem do prazo era a partir do momento da assinatura do auto de arrematação ou adjudicação; (c) a parte contrária tinha o mesmo prazo para impugnação; (d) o conteúdo envolvia: nulidade da execução, pagamento, novação, compensação, transação ou prescrição, desde que supervenientes à penhora; (e) suspensão quanto aos efeitos da arrematação ou adjudicação; se fossem parciais, a execução prosseguiria quanto à parte não embargada; se fosse o caso de diversos devedores e apenas um deles oferecesse os embargos cuja matéria dissesse respeito apenas ao embargante, haveria o prosseguimento da execução quanto aos demais; (f) na execução por carta precatória, os embargos seriam oferecidos no juízo deprecado e remetidos ao deprecante, para instrução e julgamento (art. 20, *caput*, Lei 6.830/80). Contudo, se tivessem por objeto vícios ou irregularidades quanto aos atos do juízo deprecado, essa matéria seria por ele julgada (art. 20, parágrafo único).

A aplicação literal da desistência da aquisição pelo arrematante, após os embargos à arrematação pelo executado, era discutível no Processo Trabalhista, em face do caráter salarial do crédito trabalhista.

Era incabível o mandado de segurança contra sentença homologatória de adjudicação, uma vez que existia meio próprio para impugnar o ato judicial consistente nos embargos a adjudicação (OJ 66, SDI-II).

Diante dessa orientação jurisprudencial, não havia dúvidas de que não só os embargos a adjudicação, como também os relativos à arrematação, de fato, eram admissíveis na execução trabalhista.

Da decisão dos embargos à arrematação ou à adjudicação era cabível a interposição de agravo de petição (art. 897, *a, CLT*).

16.13.2   O CPC/15 e a Impugnação à Arrematação

O CPC/15 não mais prevê os embargos à expropriação, contudo, estabelece outros mecanismos de defesa para o executado (art. 903).

Pelo CPC, a arrematação poderá ser: (a) invalidada, quando realizada por preço vil ou com outro vício; (b) considerada ineficaz, se não observado o disposto no art. 804 (ausência de intimação do credor pignoratício, hipotecário ou anticrético); (c) resolvida, se não for pago o preço ou se não for prestada a caução.

No CPC, qualquer que seja a situação apontada, o juiz decidirá o incidente, se for provocado em até 10 dias após o aperfeiçoamento da arrematação.

Decorrido o prazo de 10 dias, sem que tenha havido alegação de qualquer das situações previstas, será expedida a carta de arrematação e, conforme o caso, a ordem de entrega ou mandado de imissão na posse.

Após a expedição da carta de arrematação ou da ordem de entrega, a invalidação da arrematação poderá ser pleiteada por ação autônoma, em cujo processo o arrematante figurará como litisconsorte necessário.

No CPC, o arrematante poderá desistir da arrematação, sendo-lhe imediatamente devolvido o depósito que tiver feito: (a) se provar, nos 10 dias seguintes, a existência de ônus real ou gravame não mencionado no edital; (b) se, antes de expedida a carta de arrematação ou a ordem de entrega, o executado alegar: invalidação; ineficácia ou resolução (qualquer das hipóteses do art. 804, § 1º, I a III); (c) uma vez citado para responder a ação autônoma, desde que apresente a desistência no prazo de que dispõe para responder a essa ação.

Pelo CPC, considera-se ato atentatório à dignidade da justiça a suscitação infundada de vício com o objetivo de ensejar a desistência do arrematante, que será condenado, sem prejuízo da responsabilidade por perdas e danos, ao pagamento de multa, a ser fixada pelo juiz e devida ao exequente, em montante não superior a 20% do valor atualizado do bem.

A sistemática do CPC é aplicável ao processo trabalhista, sendo que da decisão da impugnação é cabível o agravo de petição (art. 897, a, CLT).

PARTE VI · Cap. XVI – EXECUÇÃO TRABALHISTA | 1037

16.13.3   O CPC/15 e a Impugnação à Adjudicação

De acordo com o art. 877, caput, CPC, após o transcurso do prazo de cinco dias, contado da última intimação, e após a decisão das eventuais questões, o juiz determinará a lavratura do auto de adjudicação.

Quanto à adjudicação (art. 876), estabelece um concurso de pessoas, dentre eles o executado e as demais pessoas mencionadas no § 5º. Após a intimação de todas essas pessoas, bem como do próprio executado, se tem o decurso do prazo de cinco dias. Nesse prazo, qualquer interessado na adjudicação poderá impugnar as propostas efetuadas. Logo, a impugnação antecede à lavratura do auto de adjudicação.

Pela atual redação da OJ 66, SDI-II, temos que: (a) sob a égide do CPC/73, era incabível o mandado de segurança contra sentença homologatória de adjudicação, uma vez que existia meio próprio para a impugnação do ato judicial (embargos à adjudicação; art. 746, CPC/73); (b) na vigência do NCPC, também não é cabível o mandado de segurança, devendo o ato ser impugnado por simples petição, em conformidade com a aplicação subsidiária do art. 877, caput. Portanto, a sistemática do CPC/15 é aplicável ao processo trabalhista. Da decisão quanto à impugnação é cabível o agravo de petição (art. 897, a, CLT).

16.14 EMBARGOS DE TERCEIRO

16.14.1   Fundamento Jurídico

Diante da omissão da CLT, os arts. 674 a 679, CPC, os quais regulam os embargos de terceiro, são aplicáveis ao processo trabalhista.

Considerando o novo regramento processual civil e a necessidade de o TST se posicionar, ainda que não de forma exaustiva, sobre a aplicação de várias regras e de institutos disciplinados pelo CPC ao processo do trabalho, foi editada a IN 39/16.

16.14.2   Cabimento

Os embargos de terceiro representam o meio processual posto à disposição de quem, não sendo parte no processo, vier a sofrer constrição ou ameaça de constrição sobre bens que possua ou sobre os quais tenha direito incompatível com o ato constritivo, podendo requerer seu desfazimento ou sua inibição (art. 674, CPC).

É uma ação incidental de conhecimento, conexa ao processo principal no qual se teve o esbulho ou a turbação de bens. Os embargos de terceiro[120] podem ser opostos em

---

[120] Não devem ser confundidos com a oposição (arts. 56 e segs., CPC/73; arts. 682 e segs., CPC/15). A oposição é uma forma de intervenção de terceiro, a qual ocorre no processo de conhecimento, em que o opoente pretende, no todo ou em parte, a exclusão de uma das partes, declinando que o direito ou a coisa é sua, o que não ocorre com os embargos de terceiro, cujo escopo é a exclusão do bem penhorado ou turbado.

1038 | DIREITO PROCESSUAL DO TRABALHO • *Francisco Ferreira Jorge Neto – Jouberto de Quadros Pessoa Cavalcante*

qualquer tipo processual. Na Justiça do Trabalho, geralmente, os embargos de terceiro são adotados na execução.

16.14.3 Objeto

O conteúdo dos embargos de terceiro versa sobre a defesa do bem, objeto de constrição ou ameaça de constrição, quando na qualidade de terceiro (proprietário, fiduciário ou possuidor), e a não responsabilidade pelo cumprimento da obrigação.

16.14.4 Legitimidade

Do ponto de vista processual, quem, não sendo parte no processo, sofrer constrição ou ameaça de constrição sobre bens que possua ou sobre os quais tenha direito incompatível com o ato constritivo, poderá requerer seu desfazimento ou sua inibição por meio de embargos de terceiro. Os embargos podem ser de terceiro proprietário, inclusive fiduciário, ou possuidor (art. 674, *caput* e § 1º, CPC).

Considera-se terceiro – legitimado ativo (art. 674, § 2º): (a) o cônjuge ou companheiro, quando defende a posse de bens próprios ou de sua meação, ressalvado quando se tratar de penhora sobre bem indivisível (art. 843); (b) o adquirente de bens cuja constrição decorreu de decisão que declara a ineficácia da alienação realizada em fraude à execução; (c) quem sofre constrição judicial de seus bens por força de desconsideração da personalidade jurídica, de cujo incidente não fez parte; (d) o credor com garantia real para obstar expropriação judicial do objeto de direito real de garantia, caso não tenha sido regularmente intimado dos atos expropriatórios.

Nas palavras de Manoel Antonio Teixeira Filho,[121] terceiro é a *"pessoa que, sendo ou não parte no processo de execução, defende bens que, em decorrência do título aquisitivo ou da qualidade em que os possui, não podem ser objeto de apreensão judicial. O amor à clareza nos conduz a reafirmar que a configuração jurídica do terceiro não deve ser buscada no fato imperfeito de estar o indivíduo fora da relação processual executiva, e sim na particularidade fundamental, de que, embora esteja eventualmente figurando como parte passiva nessa relação, colime praticar aí atos destinados não a opor-se ao título executivo, se não a que liberar bens de indevida constrição judicial – fazendo-o, nesse caso, com fundamento no título de aquisição ou na qualidade pela qual detém a posse dos referidos bens".*

Para Araken de Assis,[122] *"em síntese, encontra-se na singular posição de terceiro, no que tange ao processo executivo, quem, cumulativamente: (a) não estiver indicado no título executivo; (b) não se sujeitar aos efeitos do título; e (c) não integrar a relação processual executiva. Deste modo, se ostentam partes (e jamais terceiros): os sujeitos designados no título executivo, aqueles a que a lei processual declara legitimados (p. ex., o fiador judicial, segundo o art. 568, IV); os que tiverem seus bens sujeitos aos atos executórios (p. ex., o adquirente da coisa litigiosa, ex vi do art. 626); e, finalmente, os*

---

[121] TEIXEIRA FILHO, Manoel Antonio. *Execução no processo do trabalho*, 9. ed., p. 642.

[122] ASSIS, Araken de. *Manual do processo de execução*, 4. ed., p. 1.060.

que, por simples equívoco ou deliberado capricho do credor, tiveram contra si proposta a ação executória. Por outro lado, é realmente terceiro, quem, estranho a quaisquer dessas situações, sofre constrição patrimonial no processo executivo. Fundamentalmente, os embargos do art. 1.046 se admitem quando o bem constrito não pertence ao devedor, nem se sujeita à responsabilidade executiva".

Quando a execução trabalhista, pela desconsideração da personalidade jurídica, é dirigida contra o sócio ou o ex-sócio da pessoa jurídica, ora executada, surgem sérias dúvidas quanto ao remédio processual adequado: será o caso de embargos do devedor ou de embargos de terceiro?

Por regra, se o sócio ou o ex-sócio é citado como devedor, na execução trabalhista, deve adotar os embargos à execução. Além da sua ilegitimidade (arts. 535, III, e 525, § 1º, II, CPC), também poderá alegar outras matérias, as quais somente serão apreciadas se for acolhida a primeira.

Esse entendimento é razoável, ante o teor da Súmula 184 do ex-TFR: *"Em execução movida contra sociedade por quotas, o sócio-gerente, citado em nome próprio, não tem legitimidade para opor embargos de terceiro, visando livrar da constrição judicial seus bens particulares."*

Contudo, nem sempre é possível ao sócio ou ao ex-sócio ajuizar os embargos à execução. Vale dizer, como os embargos do executado exigem a garantia do juízo (art. 884, *caput*, CLT), pode ser que não tenha condições de discutir a sua legitimidade, na medida em que o seu patrimônio não seja suficiente para essa garantia.

Por outro lado, ressaltamos que, invariavelmente, o sócio ou o ex-sócio são considerados como partes e devedores na execução, sem a mínima oportunidade de discutir o requerimento da desconsideração da personalidade jurídica.

Como então ficará o meio adequado para o sócio ou o ex-sócio discutir a sua legitimidade para a execução?

A possibilidade de conhecimento dos embargos de terceiro nessas condições não só é importante para evitar graves prejuízos ao sócio ou ex-sócio executado, que poderiam advir da eventual escolha equivocada da medida processual cabível, mas, sobretudo, pelo fato de que nem sempre se tem a disponibilidade de bens suficientes para a garantia da execução para fins de oposição de embargos do executado.

Entendimento contrário criaria situação extremamente desfavorável para o executado que, ao ingressar após a formação do título executivo judicial, no estado em que se encontra o processo, teria tolhida a possibilidade de suspensão da execução por não possuir bens suficientes à garantia do juízo.

Tal hipótese de agravamento desmedido da situação do executado, além de contrariar o teor do CPC (art. 805), afigura-se ofensiva aos princípios da razoabilidade e proporcionalidade.

Some-se a isso que é evidente que o executado tem direito à efetiva e devida prestação jurisdicional.

Portanto, é válida a discussão da sua legitimação, pela qualidade ou não de terceiro, em sede de embargos de terceiro.

No que se refere à legitimidade passiva, será legitimado o sujeito a quem o ato de constrição aproveita, assim como o será seu adversário no processo principal quando for sua a indicação do bem para a constrição judicial (art. 677, § 4º).

16.14.5 Competência

A competência para julgar os embargos de terceiro é do juiz que determinou a constrição (art. 676, CPC).

Nos casos de ato de constrição realizado por carta, os embargos serão oferecidos no juízo deprecado, salvo se indicado pelo juízo deprecante o bem constrito ou se já devolvida a carta (art. 676, parágrafo único). Esse já era o entendimento consolidado pela jurisprudência (Súm. 33, ex-TFR; Súm. 419, TST).

16.14.6 Prazo

No processo de conhecimento, os embargos de terceiro podem ser opostos a qualquer tempo, enquanto não transitada em julgado a sentença.

No cumprimento de sentença ou no processo de execução, os embargos de terceiro podem ser ajuizados até cinco dias depois da adjudicação, da alienação por iniciativa particular ou da arrematação, mas sempre antes da assinatura da respectiva carta (art. 675, CPC).

O Enunciado 42 da Jornada Nacional sobre Execução na Justiça do Trabalho (novembro/10, Cuiabá) assim dispõe: *"I – Os embargos de terceiro podem ser opostos a qualquer tempo, com termo final em 5 (cinco) dias contados da arrematação, adjudicação ou remição, desde que antes da assinatura da respectiva carta. II – O conhecimento posterior da apreensão ou do ato expropriatório não enseja a oposição de embargos de terceiro, cabendo eventual ação anulatória, de competência da Justiça do Trabalho."*

16.14.7 Custas Processuais

O TST entende que, tratando-se de embargos de terceiro, incidentes em execução, interpostos anteriormente à Lei 10.537/02, incabível o pagamento de custas, por falta de previsão legal (OJ Transitória 53, SDI-I).

Atualmente, pelo art. 789-A, V, CLT, as custas dos embargos de terceiro na fase de execução importam em R$ 44,26 e são pagas ao final pelo executado.

Durante a fase de conhecimento, a nosso ver, as custas devem ser reguladas pelo art. 789, *caput* e inciso II, sendo calculadas sobre o montante do valor da causa. E, no caso de recurso, as custas serão pagas e comprovadas dentro do prazo recursal (art. 789, § 1º).

O recolhimento das custas processuais seguirá o procedimento definido pelo Ato Conjunto 21/10, do TST.CSJT.GP.SG.

16.14.8 Efeitos

A decisão que reconhecer suficientemente provado o domínio ou a posse determinará a suspensão das medidas constritivas sobre os bens litigiosos objeto dos embargos,

PARTE VI · Cap. XVI – EXECUÇÃO TRABALHISTA 1041

bem como a manutenção ou a reintegração provisória da posse, se o embargante a houver requerido (art. 678, CPC).

O juiz poderá condicionar a ordem de manutenção ou de reintegração provisória de posse à prestação de caução pelo requerente, ressalvada a impossibilidade da parte economicamente hipossuficiente.

16.14.9 Procedimento

Os embargos serão distribuídos por dependência e correrão em autos distintos perante o mesmo juiz que ordenou a constrição (art. 676, CPC).

Se o embargado contestar no prazo legal (15 dias), o juiz designará audiência de instrução e julgamento, havendo prova a ser nela produzida (procedimento comum). Não contestados os fatos alegados, presumir-se-ão aceitos pelo embargado como verdadeiros.

Contra os embargos do credor com garantia real, o embargado somente poderá alegar que: (a) o devedor comum é insolvente; (b) o título é nulo ou não obriga a terceiro; (c) outra é a coisa dada em garantia (art. 680, CPC).

Acolhido o pedido inicial, o ato de constrição judicial indevida será cancelado, com o reconhecimento do domínio, da manutenção da posse ou da reintegração definitiva do bem ou do direito ao embargante (art. 681).

Da decisão proferida nos embargos de terceiro cabe agravo de petição (art. 897, *a*, CLT).

Por se tratar de ação autônoma incidental, o embargante deverá observar o previsto no art. 840, CLT, e no art. 319, CPC.

Em regra, os embargos são dirigidos ao juiz que determinou a constrição (art. 676, CPC).

O juízo deprecado, na execução por carta precatória, é o competente para julgar os embargos de terceiro, salvo se o bem apreendido foi indicado pelo juízo deprecante ou se já houve a devolução da carta (art. 676, parágrafo único, CPC; Súm. 33, ex-TFR; Súm. 419, TST).

A qualificação das partes é indispensável.

O advogado deve declarar o endereço físico e eletrônico em que receberá intimações (art. 106, CPC).

É imprescindível apresentar os fatos e fundamentos jurídicos. Ao elaborar a petição inicial, o embargante fará a prova sumária de sua posse ou de seu domínio e da qualidade de terceiro (art. 677, CPC). É necessário que o embargante faça a prova da constrição.

Também é indispensável que o embargante junte cópias de peças e documentos existentes nos autos da ação principal, desde que sejam essenciais para a compreensão da discussão.

A prova da posse é facultada em audiência preliminar designada pelo juiz (art. 677, § 1º).

O possuidor direto pode alegar, além da sua posse, domínio alheio (art. 677, § 2º). Depois, deve requerer o regular processamento da ação, com a citação da parte contrária para que integre a lide e apresente sua defesa no prazo legal. Se houver advogado constituído, deve requerer a citação na pessoa do procurador (art. 677, § 3º, CPC).

O pedido deve ser determinado (art. 324).

O embargante também deve indicar os meios de prova pelos quais pretende provar o alegado, oferecendo documentos, rol de testemunhas (art. 677, CPC) e o valor da causa.

É imprescindível que o embargante apresente, além de provas de suas alegações, cópia das peças processuais da ação principal, de modo a evidenciar suas alegações de constrição patrimonial ilegal (sugerimos: certidão de distribuição, cópia da peça inicial, procurações e substabelecimentos, sentença, acórdão, certidão de trânsito em julgado, sentença de liquidação, ordem de constrição, certidão da penhora etc.).

Os embargos de terceiro poderão ser contestados no prazo de 15 dias.

Da decisão que acolher ou rejeitar os embargos de terceiro, dentro da sistemática processual trabalhista, cabem os seguintes recursos: (a) na fase de conhecimento, o recurso ordinário (art. 895, CLT); (b) na execução, o de agravo de petição (art. 897, *a*, CLT). O prazo é de 8 dias.

Não há obrigatoriedade de depósito recursal, quando garantida integralmente a execução.

16.15 A EXECUÇÃO TRABALHISTA E OS RECOLHIMENTOS PREVIDENCIÁRIOS

16.15.1 Introdução

Com a EC 20/98, houve o acréscimo do § 3º ao art. 114 da CF, que assim enuncia: *"Compete ainda à Justiça do Trabalho executar, de ofício, as contribuições sociais previstas no art. 195, I, a, e II, e seus acréscimos legais, decorrentes das sentenças que proferir."* A qual foi inicialmente regulamentada pela Lei 10.035/2000.

Pela EC 45/04, a qual ampliou a competência material trabalhista, o antigo § 3º do art. 114 foi alterado para o inciso VIII do art. 114, com a seguinte redação: *"a execução, de ofício, das contribuições sociais previstas no art. 195, I, a, e II, e seus acréscimos legais, decorrentes das sentenças que proferir".*

O art. 16 (Lei 11.457/07) atribui à Procuradoria Geral Federal a representação da União, nos processos em tramitação perante a Justiça do Trabalho e que estejam relacionados com a cobrança de contribuições previdenciárias, de Imposto de Renda retido na fonte e de multas impostas aos empregadores pelos órgãos de fiscalização das relações de trabalho, mediante delegação da Procuradoria-Geral da Fazenda Nacional.

Além das contribuições sociais,[123] a Seguridade Social é financiada pela sociedade de forma direta e indireta (art. 195, *caput*, CF), mediante recursos orçamentários da União, dos Estados, do Distrito Federal e dos Municípios.

---

[123] As contribuições sociais são: (a) do empregador, da empresa e da entidade a ela equiparada na forma da lei, incidentes sobre: (1) a folha de salários e demais rendimentos do trabalho pagos ou creditados, a qualquer título, a pessoa física que lhe preste serviço, mesmo sem vínculo emprega-

PARTE VI · Cap. XVI – EXECUÇÃO TRABALHISTA | 1043

A competência da Justiça do Trabalho compreende as seguintes contribuições sociais: (a) do empregador, da empresa e da entidade a ela equiparada na forma da lei e que são incidentes sobre a folha de salários e demais rendimentos do trabalho pagos ou creditados, a qualquer título, à pessoa física que lhe preste serviço, mesmo sem vínculo empregatício; (b) do trabalhador e dos demais segurados da previdência social.

A execução da contribuição previdenciária poderá envolver: a parcela do empregador, a do trabalhador ou as duas de forma simultânea. Em qualquer hipótese, além da parcela, a execução deverá abranger os acréscimos legais: juros, correção monetária e multa.

A nosso ver, a competência da Justiça do Trabalho abrange não só as contribuições decorrentes das tutelas condenatórias ou constitutivas, como também as decorrentes das ações meramente declaratórias[124] pelo mero reconhecimento do vínculo.

A princípio, o TST fixou o entendimento de que a competência da Justiça do Trabalho para execução das contribuições previdenciárias alcança as parcelas integrantes do salário-de-contribuição, pagas em virtude de contrato de emprego reconhecido em juízo, ou decorrentes de anotação da CTPS, objeto de acordo homologado em juízo (Súm. 368, I).

Segundo o TST, a competência limita-se às sentenças condenatórias em pecúnia que proferir e aos valores, objeto de acordo homologado, os quais integrem o salário-de-contribuição (Súm. 368, I).

Tal entendimento não prevalecia diante da Lei 11.457/07, que promoveu a alteração da CLT, dispondo expressamente sobre a competência da Justiça do Trabalho para as contribuições sociais incidentes sobre os salários pagos na vigência do contrato de trabalho (art. 876, parágrafo único). Em outras palavras, a competência não estava mais limitada à execução das contribuições previdenciárias que possam ser apuradas na execução de sentenças condenatórias.

O TST, ao apreciar o processo ERR 34600.18.2003.5.23.0021, por unanimidade, manteve a atual redação do item I, Súm. 368, logo, no âmbito desta corte trabalhista, a Justiça do Trabalho não tem competência para executar de ofício as contribuições previdenciárias não recolhidas sobre os salários de contribuição pagos na vigência da prestação dos serviços.

---

tício (art. 195, I, *a*, CF); (2) a receita ou o faturamento (art. 195, I, *b*, CF); (3) o lucro (art. 195, I, *c*, CF); (b) do trabalhador e dos demais segurados da previdência social, não incidindo contribuição sobre aposentadoria e pensão concedidas pelo regime geral de previdência social de que trata o art. 201 (art. 195, II); (c) sobre a receita de concursos e prognósticos (art. 195, III).

124   Se da decisão resultar reconhecimento de vínculo empregatício, deverão ser exigidas as contribuições, tanto do empregador como do reclamante, para todo o período reconhecido, ainda que o pagamento das remunerações correspondentes não tenha sido reclamado na ação, tomando-se por base de incidência, na ordem, o valor da remuneração paga, quando conhecida, da remuneração paga a outro empregado de categoria ou função equivalente ou semelhante, do salário normativo da categoria ou do salário-mínimo mensal, permitida a compensação das contribuições patronais eventualmente recolhidas (art. 276, § 7º, Decreto 3.048/99).

Em setembro de 2008, após o exame do RE 569056, o STF decidiu que a Justiça do Trabalho não tem competência para executar as contribuições previdenciárias devidas pelos salários pagos à época da prestação dos serviços. Em junho de 2015, o STF editou a Súmula Vinculante 53: "A competência da Justiça do Trabalho prevista no art. 114, VIII, da Constituição Federal alcança a execução de ofício das contribuições previdenciárias relativas ao objeto da condenação constante das sentenças que proferir e acordos por ela homologados".

Com a Reforma Trabalhista (Lei 13.467/17), o entendimento jurisprudencial consagrado foi positivado. A CLT passou a dispor expressamente que: *"A Justiça do Trabalho executará, de ofício, as contribuições sociais previstas na alínea a do inciso I e no inciso II do* caput *do art. 195 da Constituição Federal, e seus acréscimos legais, relativas ao objeto da condenação constante das sentenças que proferir e dos acordos que homologar"* (art. 876, parágrafo único).

Também se inclui na competência da Justiça do Trabalho a execução, de ofício, da contribuição referente ao Seguro de Acidente de Trabalho (SAT), que tem natureza de contribuição para a seguridade social (arts. 114, VIII, e 195, I, *a*, da CF), pois se destina ao financiamento de benefícios relativos à incapacidade do empregado decorrente de infortúnio no trabalho (arts. 11 e 22 da Lei 8.212/91) (Súm. 454, TST).

A responsabilidade pelo recolhimento das contribuições social e fiscal, resultante de condenação judicial referente a verbas remuneratórias, é do empregador e incide sobre o total da condenação (Súm. 368, II, TST). Contudo, a culpa do empregador pelo inadimplemento das verbas remuneratórias não exime a responsabilidade do empregado pelos pagamentos do Imposto de Renda devido e da contribuição previdenciária que recaia sobre sua quota-parte (OJ 363, SDI-I).

É devida a incidência das contribuições para a Previdência Social sobre o valor total do acordo homologado em juízo, independentemente do reconhecimento de vínculo de emprego, desde que não haja discriminação das parcelas sujeitas à incidência da contribuição previdenciária, conforme art. 43, Lei 8.212/91, e do art. 195, I, *a*, da CF (OJ 368).

É devida a contribuição previdenciária sobre o valor do acordo celebrado e homologado após o trânsito em julgado de decisão judicial, respeitada a proporcionalidade de valores entre as parcelas de natureza salarial e indenizatória deferidas na decisão condenatória e as parcelas objeto do acordo (OJ 376).

Nos acordos homologados em juízo em que não haja o reconhecimento de vínculo empregatício, é devido o recolhimento da contribuição previdenciária, mediante a alíquota de 20% a cargo do tomador de serviços e de 11% por parte do prestador de serviços, na qualidade de contribuinte individual, sobre o valor total do acordo, respeitado o teto de contribuição (art. 30, § 4º, art. 22, III, Lei 8.212/91) (OJ 398).

Apesar da competência da Justiça do Trabalho para execução de ofício da contribuição previdenciária, o TST entendeu que não há fundamento para determinar ao INSS averbação de tempo de serviço, devendo este pedido ser apreciado pela Justiça Federal ou Justiça Estadual, na hipótese em que a comarca do domicílio do segurado ou do

PARTE VI · Cap. XVI – EXECUÇÃO TRABALHISTA | **1045**

beneficiário não seja sede de vara do juízo federal.[125] O TST considera cabível mandado de segurança para impugnar ato que determina ao INSS o reconhecimento e/ou averbação de tempo de serviço (OJ 57, SDI-II).

A Portaria MF 582/13 prevê que o Órgão Jurídico da União responsável pelo acompanhamento da execução de ofício das contribuições previdenciárias perante a Justiça do Trabalho, inclusive nos processos perante os Tribunais, poderá deixar de se manifestar quando o valor das contribuições previdenciárias devidas no processo judicial for igual ou inferior a R$ 20.000,00.

Em 2017, o TST, pela Resolução 219, procedeu à reformulação da Súmula 368, alterando a redação do item II e incluindo os itens IV a VI, com a seguinte redação final:

> *"I - A Justiça do Trabalho é competente para determinar o recolhimento das contribuições fiscais. A competência da Justiça do Trabalho, quanto à execução das contribuições previdenciárias, limita-se às sentenças condenatórias em pecúnia que proferir e aos valores, objeto de acordo homologado, que integrem o salário de contribuição. (ex-OJ nº 141 da SBDI-1 - inserida em 27.11.1998).*
>
> *II - É do empregador a responsabilidade pelo recolhimento das contribuições previdenciárias e fiscais, resultantes de crédito do empregado oriundo de condenação judicial. A culpa do empregador pelo inadimplemento das verbas remuneratórias, contudo, não exime a responsabilidade do empregado pelos pagamentos do imposto de renda devido e da contribuição previdenciária que recaia sobre sua quota-parte. (ex-OJ nº 363 da SBDI-1, parte final)*
>
> *III - Os descontos previdenciários relativos à contribuição do empregado, no caso de ações trabalhistas, devem ser calculados mês a mês, de conformidade com o art. 276, § 4º, do Decreto n º 3.048/1999 que regulamentou a Lei nº 8.212/1991, aplicando-se as alíquotas previstas no art. 198, observado o limite máximo do salário de contribuição (ex-OJs nºs 32 e 228 da SBDI-1 - inseridas, respectivamente, em 14.03.1994 e 20.06.2001).*
>
> *IV - Considera-se fato gerador das contribuições previdenciárias decorrentes de créditos trabalhistas reconhecidos ou homologados em juízo, para os serviços prestados até 4.3.2009, inclusive, o efetivo pagamento das verbas, configurando-se a mora a partir do dia dois do mês seguinte ao da liquidação (art. 276, "caput", do Decreto nº 3.048/1999). Eficácia não retroativa da alteração legislativa promovida pela Medida Provisória nº 449/2008, posteriormente convertida na Lei nº 11.941/2009, que deu nova redação ao art. 43 da Lei nº 8.212/91.*
>
> *V - Para o labor realizado a partir de 5.3.2009, considera-se fato gerador das contribuições previdenciárias decorrentes de créditos trabalhistas reconhecidos ou homologados em juízo a data da efetiva prestação dos serviços. Sobre as contribuições previdenciárias não recolhidas a partir da prestação dos serviços incidem juros de*

---

[125] TST – 8ª T. – RR 22700.52.2007.5.15.0043 – Relª Minª Dora Maria da Costa – *DEJT* 4/9/2009.

mora e, uma vez apurados os créditos previdenciários, aplica-se multa a partir do exaurimento do prazo de citação para pagamento, se descumprida a obrigação, observado o limite legal de 20% (art. 61, § 2º, da Lei nº 9.430/96).

VI – O imposto de renda decorrente de crédito do empregado recebido acumuladamente deve ser calculado sobre o montante dos rendimentos pagos, mediante a utilização de tabela progressiva resultante da multiplicação da quantidade de meses a que se refiram os rendimentos pelos valores constantes da tabela progressiva mensal correspondente ao mês do recebimento ou crédito, nos termos do art. 12-A da Lei nº 7.713, de 22/12/1988, com a redação conferida pela Lei nº 13.149/2015, observado o procedimento previsto nas Instruções Normativas da Receita Federal do Brasil".

16.15.2 A Importância do Título Judicial

Serão executados *ex officio* os créditos previdenciários (contribuições sociais, art. 195, CF) devidos em decorrência de decisão proferida pelos juízes e tribunais do trabalho, resultantes de condenação ou homologação de acordo, inclusive sobre os salários pagos durante o período contratual reconhecido (art. 876, parágrafo único, CLT; SV 53, STF; Súm. 368, TST).

16.15.2.1 A Conciliação Trabalhista e os seus Efeitos quanto à Previdência Social

Para as partes, o acordo trabalhista vale como termo de sentença irrecorrível (art. 831, *caput*, CLT), não estando sujeito a recurso, sendo possível a sua desconstituição somente por intermédio da ação rescisória (Súm. 259, TST).

No caso de conciliação, o termo que for lavrado valerá como decisão irrecorrível, salvo para a Previdência Social quanto às contribuições que lhe forem devidas (art. 831, parágrafo único).

Mesmo havendo o acordo entre as partes, o INSS (União) poderá recorrer da decisão homologatória. O objeto desse recurso poderá ser: (a) a presença de parcelas indenizatórias (art. 832, § 4º, CLT; (b) a discriminação das parcelas do acordo em títulos salariais e indenizatórios (art. 832, § 5º).

Em tese, há uma contradição entre o art. 831, *caput*, e o seu parágrafo único: (a) as partes, para se opor à decisão homologatória, devem ajuizar ação rescisória; (b) ao contrário, à entidade autárquica (e à União) basta o recurso contra a decisão homologatória (art. 832, § 4º).

Contudo, essa contradição é aparente, já que é dissipada por uma interpretação sistemática: (a) o INSS (e a União), como não é parte originária do processo, tem o interesse jurídico em discutir a existência da parcela indenizatória na conciliação trabalhista; (b) o interesse jurídico repousa na atribuição legal de zelar pela arrecadação e recolhimento das contribuições previdenciárias, além da obrigação legal de empregadores e trabalhadores em contribuírem para o custeio da Seguridade Social (art. 195, CF).

PARTE VI • Cap. XVI – EXECUÇÃO TRABALHISTA | 1047

16.15.2.2 A Decisão Trabalhista e a Contribuição Previdenciária

As decisões cognitivas ou homologatórias deverão sempre indicar a natureza jurídica das parcelas constantes da condenação ou do acordo homologado, inclusive o limite de responsabilidade de cada parte pelo recolhimento da contribuição previdenciária, se for o caso (art. 832, § 3º, CLT).[126]

É imperioso relembrar que o art. 43, *caput*, da Lei 8.212/91, determinava: *"Nas ações trabalhistas de que resultar o pagamento de direitos sujeitos à incidência de contribuição previdenciária, o juiz, sob pena de responsabilidade, determinará o imediato recolhimento das importâncias devidas à Seguridade Social."*

O magistrado trabalhista possui o dever legal de observar: (a) a natureza jurídica das parcelas integrantes da condenação ou do acordo homologado; (b) a fixação da responsabilidade das partes quanto ao recolhimento da contribuição previdenciária.

A definição do valor da parcela e da responsabilidade é vital, pois, *"nas sentenças judiciais ou nos acordos homologados em que não figurarem, discriminadamente, as parcelas legais relativas às contribuições sociais, estas incidirão sobre o valor total apurado em liquidação de sentença ou sobre o valor do acordo homologado"* (art. 43, § 1º, Lei 8.212; art. 276, § 3º, Decreto 3.048/99).

Com a Lei 11.457, o acordo celebrado após o trânsito em julgado da sentença ou após a celebração dos cálculos de liquidação não poderá prejudicar os créditos da União, sejam eles de natureza previdenciária ou de Imposto de Renda retido na fonte (tributo federal) (art. 832, § 6º, da CLT).

Ao que nos parece, o art. 832, § 6º, CLT, comete uma impropriedade: a redação contempla a conjunção *ou*, logo, a princípio, pode parecer que trata de duas hipóteses distintas (acordo celebrado após o trânsito em julgado da sentença; acordo celebrado após a elaboração dos cálculos de liquidação de sentença). Vale dizer, uma hipótese contempla o trânsito em julgado e a outra hipótese não.

Em uma execução provisória (que se lastreia em uma decisão ainda passível de reforma pela instância revisora), na qual já se tenha a sentença de liquidação, a contribuição será exigível com base na sentença, o que é inadmissível. Não se pode esquecer que uma sentença, pendente de recurso, está tolhida em seus efeitos.

Não é justo que na execução provisória, em que se tenha a sentença de liquidação, a base de cálculo da contribuição previdenciária seja a sentença de mérito. O correto é que a contribuição previdenciária seja calculada sobre os valores da sentença quando de fato e de direito houver ocorrido o seu trânsito em julgado.

---

[126] É evidente a impropriedade terminológica na utilização da expressão "decisão cognitiva". Vários são os tipos de sentenças emitidas nos processos de conhecimento (cognição), ou seja: de natureza ou conteúdo condenatório, constitutivo ou declaratório. A qualidade de cognitivo é atribuída ao processo e não ao pronunciamento judicial que lhe põe fim (sentença). A decisão judicial homologatória é uma decorrência da jurisdição cognitiva (art. 269, III, CPC/73; art. 487, III, NCPC); logo, também é injustificável a conjunção alternativa no artigo em apreço.

Dispondo de forma contrária aos termos da legislação consolidada (art. 832, § 6º), o TST fixou a posição de que é devida a contribuição previdenciária sobre o valor do acordo celebrado e homologado após o trânsito de decisão judicial, respeitada a proporcionalidade de valores entre as partes de natureza salarial e indenizatória deferidas na decisão condenatória e as parcelas objeto do acordo (OJ 376, SDI-I).

A OJ 376 está em sintonia com o art. 43, § 5º, Lei 8.212, o qual enuncia que na hipótese de acordo celebrado após ter sido proferida decisão de mérito, a contribuição será calculada com base no valor do acordo.

O Enunciado 28 da Jornada Nacional sobre Execução na Justiça do Trabalho (novembro/10, em Cuiabá) assim dispõe: *"O acordo homologado em juízo não afasta a incidência das contribuições para a Previdência Social sobre as verbas remuneratórias deferidas em sentença."*

16.15.3 Pagamento Espontâneo pelo Devedor

É facultado ao devedor o pagamento imediato da parte que entende devida à Previdência Social, com a exclusão da cobrança de eventuais diferenças encontradas na execução *ex officio* (art. 878-A, CLT).

Não se trata de um dispositivo inovador ao Direito. Ao devedor, de forma concreta, sempre se reconheceu o direito de promover espontaneamente o cumprimento das suas obrigações.

16.15.4 A Contribuição Previdenciária na Liquidação Trabalhista

O cerne básico do presente tópico é o fato gerador das contribuições previdenciárias.

A execução dessas contribuições sempre observou o regramento do *caput* do art. 276 do Decreto-lei 3.048/99, que estabelece o marco inicial de exigibilidade para efeitos de atualização por juros e correção monetária.

Contudo, a partir da MP 449/08, convertida na Lei 11.941/09, houve a alteração da redação do parágrafo único do art. 43, Lei 8.212/91, além do acréscimo ao citado dispositivo dos §§ 2º a 6º.

Pela legislação trabalhista, a atualização do crédito devido à Previdência Social deve observar os critérios estabelecidos na legislação previdenciária (art. 879, § 4º, CLT). Os §§ 2º e 3º do art. 43 (Lei 8.212) reproduzem de forma explícita o que já constava da CLT.

A jurisprudência trabalhista, ao interpretar o art. 879, § 4º, demonstra ser controvertida quanto ao momento em que se aplica a atualização pelos critérios da legislação previdenciária.

Em alguns julgados, para fins de atualização, são aplicáveis os índices da seguridade social a partir do decurso do prazo previsto no art. 276, *caput*, do Decreto 3.048/99.

PARTE VI · Cap. XVI – EXECUÇÃO TRABALHISTA | **1049**

Vale dizer, até o dia dois do mês seguinte ao da liquidação da sentença, a base de cálculo da contribuição previdenciária é o salário de contribuição atualizado pelos índices dos débitos trabalhistas.[127]

Em sentido contrário, há julgados que determinam a observância da sistemática dos débitos da seguridade social desde o momento da prestação dos serviços.[128]

O TST vinha considerando o fator de atualização das contribuições previdenciárias relativo ao débito trabalhista, ou seja, as bases do cálculo (contribuição previdenciária) são atualizadas com base nos créditos trabalhistas e os recolhimentos calculados e comprovados nos autos a partir do novo prazo legal (art. 43, § 3º, Lei 8.212). A data do recolhimento da contribuição previdenciária é a mesma data do dia em que foi feito o pagamento do crédito trabalhista, somente se admitindo a atualização com base na legislação previdenciária se não for observado o dia do recolhimento.

Tal posicionamento, contudo, foi modificado pelo Pleno do TST em dezembro/2015, oportunidade em que se conferiu aplicabilidade ao art. 43, Lei 8.212.[129]

Com efeito, a contribuição previdenciária tem previsão no art. 195, I, *a*, CF, sendo que as hipóteses de incidência da contribuição previdenciária a cargo do empregador decorrem do pagamento de rendimentos pela prestação de trabalho.

Contudo, o art. 195, CF, apenas dispõe acerca do financiamento das contribuições previdenciárias, devendo ser interpretado sob o enfoque dos princípios que norteiam a seguridade social, quais sejam solidariedade, universalidade da cobertura, atendimento, seletividade e distributividade, equidade na forma de participação do custeio e diversidade da base de financiamento.

O fato gerador das contribuições previdenciárias não está descrito no art. 195, I, *a*, da Constituição Federal.

Em razão das disposições constitucionais e do entendimento do STF (RE 569.056-3/PA), a Lei 8.212/91 pode dispor acerca do fato gerador da contribuição previdenciária.

A Lei 8.212 dispõe sobre a seguridade social e sofreu diversas alterações em seu texto, resultando diversas controvérsias.

Em relação à questão do fato gerador das contribuições previdenciárias decorrentes de decisões judiciais que determinem ou homologuem o pagamento de créditos trabalhistas sujeitos à incidência de contribuição previdenciária, a matéria está disciplinada no art. 43, Lei 8.212. Citada legislação foi alterada pela MP 449, posteriormente convertida na Lei 11.941, que deu nova redação ao artigo 43 da Lei 8.212.

---

[127] TST – 6ª T. – RR 360600-13.2008.5.12.0053 – Relª Minª Katia Magalhães Arruda – *DEJT* 15/2/2013. TRT – 21ª R. – Proc. 00412-2009-017-21-40-8 – Rel. Simone Medeiros Jali – *DJ* 25/5/2011.

[128] TRT – 13ª R. – TP – Proc. 01316.2009.001.13.00-0 – Rel. Carlos Coelho de Miranda Freire – *DJ* 19/8/2010.

[129] TST – TP – E-RR 1125-36.2010.5.06.0171 – Rel. Min. Alexandre de Souza Agra Belmonte – *DEJT* 15/12/2015.

Diante das alterações legislativas, é necessário abordar dois momentos relativos à matéria afeta ao art. 43 da Lei 8.212: um, referente ao período que antecede a alteração da lei e o outro, ao período posterior à alteração legislativa. Para melhor visualização, far-se-á a análise dos referidos períodos de forma separada.

No período anterior à entrada em vigor da MP 449, o art. 43, *caput* e parágrafo único, da Lei 8.212, dispunha que: "*Nas ações trabalhistas de que resultar o pagamento de direitos sujeitos à incidência de contribuição previdenciária, o juiz, sob pena de responsabilidade, determinará o imediato recolhimento das importâncias devidas à Seguridade Social. Parágrafo único. Nas sentenças judiciais ou nos acordos homologados em que não figurarem, discriminadamente, as parcelas legais relativas à contribuição previdenciária, esta incidirá sobre o valor total apurado em liquidação de sentença ou sobre o valor do acordo homologado. (Parágrafo acrescentado pela Lei nº 8.620, de 5.1.93)*".

Pelo disposto acima, nas ações trabalhistas de que resultava o pagamento de direitos sujeitos à incidência de contribuição previdenciária, o fato gerador das contribuições previdenciárias era a efetiva remuneração dos serviços prestados, portanto, estabelecendo o regime de caixa para a incidência de juros e multa.

Corroborando essa conclusão, o art. 276, *caput*, do Decreto 3.048/99 estabelece que: "*Nas ações trabalhistas de que resultar o pagamento de direitos sujeitos à incidência de contribuição previdenciária, o recolhimento das importâncias devidas à seguridade social será feito no dia dois do mês seguinte ao da liquidação da sentença*".

Pela análise desses dispositivos, vislumbra-se que para os casos em que a prestação de serviços se deu antes da alteração legislativa do art. 43 da Lei 8.212, considera-se como fato gerador das contribuições previdenciárias decorrentes de créditos trabalhistas reconhecidos em juízo o efetivo pagamento das verbas trabalhistas, estando em atraso o devedor apenas quando não efetuasse o pagamento das contribuições previdenciárias incidentes sobre aqueles créditos até o dia dois do mês seguinte ao da liquidação.

A jurisprudência do TST agasalhou esse entendimento (SDI-I – E-RR 293-78.2010.5.15.0065 – Rel. Min. José Roberto Freire Pimenta – *DEJT* 24/6/2016; 8ª T. - RR 4965-89.2012.5.12.0018 – Relª Minª Dora Maria da Costa – *DEJT* 19/02/2016; 1ª T. – RR 41200-13.2007.5.03.0008 – Rel. Min. Walmir Oliveira da Costa – *DEJT* 11/9/2015).

Portanto, no tocante ao período anterior à alteração legislativa, não pairam dúvidas de que o fato gerador das contribuições previdenciárias decorrentes de créditos trabalhistas reconhecidos em juízo é o efetivo pagamento das verbas trabalhistas, estando em atraso o devedor apenas quando não efetuado o pagamento das contribuições previdenciárias incidentes sobre aqueles créditos até o dia dois do mês seguinte ao da liquidação.

Não há que se falar em retroatividade, tampouco em aplicação imediata da alteração ocorrida na Lei 8.212, tendo em vista que as normas tributárias se sujeitam ao princípio da anterioridade (art. 150, III, *b*, CF).

Como já declinado, a alteração do art. 43 da Lei 8.212 se deu com a MP 449, passando o artigo em comento a ter a seguinte redação: "*Nas ações trabalhistas de que resultar o pagamento de direitos sujeitos à incidência de contribuição previdenciária, o juiz, sob*

PARTE VI • Cap. XVI – EXECUÇÃO TRABALHISTA | 1051

pena de responsabilidade, determinará o imediato recolhimento das importâncias devidas à Seguridade Social.

§ 1º - Nas sentenças judiciais ou nos acordos homologados em que não figurarem, discriminadamente, as parcelas legais relativas às contribuições sociais, estas incidirão sobre o valor total apurado em liquidação de sentença ou sobre o valor do acordo homologado.

§ 2º - Considera-se ocorrido o fato gerador das contribuições sociais na data da prestação do serviço.

§ 3º - As contribuições sociais serão apuradas mês a mês, com referência ao período da prestação de serviços, mediante a aplicação de alíquotas, limites máximos do salário--de-contribuição e acréscimos legais moratórios vigentes relativamente a cada uma das competências abrangidas, devendo o recolhimento das importâncias devidas ser efetuado até o dia dez do mês seguinte ao da liquidação da sentença ou da homologação do acordo.

§ 4º - No caso de reconhecimento judicial da prestação de serviços em condições que permitam a aposentadoria especial após quinze, vinte ou vinte e cinco anos de contribuição, serão devidos os acréscimos de contribuição de que trata o § 6º do art. 57 da Lei nº 8.213, de 1991.

§ 5º - O acordo celebrado após ter sido proferida decisão de mérito não prejudicará ou de qualquer forma afetará o valor e a execução das contribuições dela decorrentes.

§ 6º - Aplica-se o disposto neste artigo aos valores devidos ou pagos nas Comissões de Conciliação Prévia de que trata a Lei nº 9.958, de 12 de janeiro de 2000".

A MP 449 foi convertida na Lei 11.941, restando novamente alterada a redação do art. 43 da Lei 8.212, porém mantida a redação do § 2º do referido artigo: *"Considera-se ocorrido o fato gerador das contribuições sociais na data da prestação do serviço".*

Após a modificação da lei, houve duas alterações importantes: a primeira é que o fato gerador da contribuição previdenciária passou a ser a data da prestação do serviço, conforme o art. 43, § 2º, Lei 8.212. A segunda é que no § 3º do art. 43 da referida lei institui-se o regime de competência para aplicação dos acréscimos legais moratórios, pois se passou a considerar que estes devem incidir no mês de competência em que ocorreu o fato gerador, e não a partir do momento em que o pagamento é feito, como no regime de caixa: *"As contribuições sociais serão apuradas mês a mês, com referência ao período da prestação de serviços, mediante a aplicação de alíquotas, limites máximos do salário-de-contribuição e acréscimos legais moratórios vigentes relativamente a cada uma das competências abrangidas, devendo o recolhimento ser efetuado no mesmo prazo em que devam ser pagos os créditos encontrados em liquidação de sentença ou em acordo homologado, sendo que nesse último caso o recolhimento será feito em tantas parcelas quantas as previstas no acordo, nas mesmas datas em que sejam exigíveis e proporcionalmente a cada uma delas".*

Contudo, a Constituição Federal estabeleceu o princípio da anterioridade nonagesimal, princípio pelo qual as contribuições sociais, por serem uma espécie de tributo, somente poderão ser exigidas após decorridos noventa dias da data da publicação da lei que as houver instituído ou modificado (art. 150, III, *"a"* c/c o art. 195, § 6º, da CF).

Como a MP 449/08 foi publicada em 4/12/08, suas alterações só podem ser exigidas após transcorridos noventa dias de sua publicação.

Assim, o marco inicial da exigibilidade do regime de competência é a data de 5/3/09, a partir da qual o fato gerador das contribuições previdenciárias decorrentes de ação trabalhista passou a ser a efetiva prestação de serviço ao longo do contrato de trabalho, mas tão somente quando o labor se der posteriormente à respectiva data. Há julgados do TST em prol desta assertiva: Tribunal Pleno – E-RR- 1125-36.2010.5.06.0171 – Rel. Min. Alexandre Agra Belmonte – *DEJT* 15/12/2015; SDI-I – E-ED-RR 4484-80.2012.5.12.0001 – Rel. Min. Renato de Lacerda Paiva – *DEJT* 27/11/2015; 7ª T. – RR 73100-45.2010.5.13.0003 – Rel. Min. Cláudio Mascarenhas Brandão – *DEJT* 12/6/2015.

Necessário mencionar que o regime de competência para a incidência das contribuições previdenciárias devidas após a alteração legislativa dada pela MP 449 buscou corrigir uma distorção no sistema de arrecadação, para fazer frente ao pagamento de benefícios. Se os valores devidos ao trabalhador, fixados em sentença ou acordo, retroagem à data da prestação de serviços, inclusive para efeito de média do salário de contribuição sobre o qual será calculado o benefício, as contribuições são devidas a partir dessa mesma data, para observância do equilíbrio atuarial previdenciário.

Por sua vez, o art. 879, § 4º, CLT, dispõe: *"A atualização do crédito devido à Previdência Social observará os critérios estabelecidos na legislação previdenciária".*

Relativamente aos critérios, dispõe a lei previdenciária (§ 3º do art. 43, Lei 8.212, conforme redação dada pela MP 449): *"As contribuições sociais serão apuradas mês a mês, com referência ao período da prestação de serviços, mediante a aplicação de alíquotas, limites máximos do salário-de-contribuição e acréscimos legais moratórios vigentes relativamente a cada uma das competências abrangidas, devendo o recolhimento ser efetuado no mesmo prazo em que devam ser pagos os créditos encontrados em liquidação de sentença ou em acordo homologado, sendo que nesse último caso o recolhimento será feito em tantas parcelas quantas as previstas no acordo, nas mesmas datas em que sejam exigíveis e proporcionalmente a cada uma delas".*

O dispositivo acima utilizou a expressão *"acréscimos legais moratórios",* indo, portanto, além da atualização monetária, para abranger os juros de mora correspondentes à utilização do capital alheio, ou seja, para remuneração do tempo em que a empresa deixou de recolher para o sistema previdenciário as contribuições devidas, utilizando-as em proveito próprio.

Ainda que a obrigação para pagamento seja reconhecida pela sentença, esse reconhecimento remonta à data da constituição do crédito, com efeitos *ex tunc*. Assim, fere a lógica pretender que os juros devidos à previdência, decorrentes dos mesmos créditos, sejam computados somente a partir da sentença de liquidação. Em outras palavras, se o empregador se utilizou, em proveito próprio, até a liquidação da sentença, de um crédito devido ao trabalhador e por isso deve a ele juros da mora, também se utilizou, até a liquidação, do crédito devido à previdência, que é incidente sobre o crédito do trabalhador.

A simples atualização dos valores das contribuições apenas recompõe o valor do poder de compra da moeda, ajustando-o à inflação. Os juros têm finalidade distinta e seriam inócuos, se contados para a frente, ou seja, a partir da liquidação de um crédito devido desde antes, porque não remunerariam o tempo de utilização, pelo devedor, do capital.

Na forma da lei, o recolhimento deve ser efetuado no mesmo prazo em que devam ser pagos os créditos encontrados em liquidação de sentença ou em acordo homologado, mas, por óbvio, acrescidos de atualização monetária e juros da mora desde a prestação de serviços, retroagindo, portanto, à época em que as contribuições deveriam ter sido recolhidas para o caixa previdenciário.

A incidência de juros de mora somente a partir da liquidação, além de incongruente, geraria evidente desequilíbrio atuarial para o caixa da previdência social e desestimularia os que cumprem tempestivamente suas obrigações previdenciárias.

Quanto à multa, no entanto, o raciocínio não é o mesmo. Ela não incide retroativamente à prestação de serviços, mas, sim, a partir do exaurimento do prazo de citação para o pagamento, uma vez apurados os créditos previdenciários. É o que dispõe o art. 61, § 1º, Lei 9.430/96: *"A multa de que trata este artigo será calculada a partir do primeiro dia subsequente ao do vencimento do prazo previsto para o pagamento do tributo ou da contribuição até o dia em que ocorrer o seu pagamento".*

O prazo do vencimento, nos termos do art. 43, § 3º, Lei 8.212, é o mesmo em que devem ser pagos os créditos encontrados em liquidação de sentença ou em acordo homologado.

Ao contrário da atualização monetária para recomposição do valor da moeda e dos juros da mora, pela utilização do capital alheio, a multa é uma penalidade destinada a compelir o devedor à satisfação da obrigação a partir do seu reconhecimento, cujo pagamento incide a partir do vencimento do prazo previsto para o pagamento da contribuição que, nos termos do art. 61, § 1º, da Lei 9.430/96, tem início a partir do exaurimento do prazo de citação, observado o limite legal de 20% (art. 61, § 2º).

Portanto, (a) se a prestação de serviços ocorreu após a vigência da nova redação do art. 43 da Lei 8.212, há de ser observado o seguinte: (1) incidência dos juros da mora sobre as contribuições previdenciárias não recolhidas, a partir da prestação de serviços; (2) aplicação de multa a partir do exaurimento do prazo de citação para o pagamento, uma vez apurados os créditos previdenciários, se descumprida a obrigação, observado o limite legal de 20% (art. 61, § 2º, Lei 9.430); (b) caso a prestação de serviços tenha ocorrido antes da vigência da nova redação do art. 43 da Lei 8.212, considera-se como fato gerador das contribuições previdenciárias o efetivo pagamento das verbas trabalhistas, configurando-se a mora a partir do dia dois do mês seguinte ao da liquidação. Assim, para cálculo dos acréscimos legais (juros de mora e multa) aplica-se o disposto no art. 276 do Decreto 3.048/99, ou seja, para aquelas hipóteses em que a prestação do serviço se deu até o dia 4/3/09, será observado o regime de caixa.

Em 2017, o TST, pela Resolução 219, procedeu a reformulação da Súmula 368, procedendo à inclusão dos itens IV a VI:

"IV – Considera-se fato gerador das contribuições previdenciárias decorrentes de créditos trabalhistas reconhecidos ou homologados em juízo, para os serviços

prestados até 4./3/2009, inclusive, o efetivo pagamento das verbas, configurando-se a mora a partir do dia dois do mês seguinte ao da liquidação (art. 276, 'caput', do Decreto 3.048/99). Eficácia não retroativa da alteração legislativa promovida pela Medida Provisória 449/08, posteriormente convertida na Lei 11.941/2009, que deu nova redação ao art. 43 da Lei 8.212/91.

V – Para o labor realizado a partir de 5.3/2009, considera-se fato gerador das contribuições previdenciárias decorrentes de créditos trabalhistas reconhecidos ou homologados em juízo a data da efetiva prestação dos serviços. Sobre as contribuições previdenciárias não recolhidas a partir da prestação dos serviços incidem juros de mora e, uma vez apurados os créditos previdenciários, aplica-se multa a partir do exaurimento do prazo de citação para pagamento, se descumprida a obrigação, observado o limite legal de 20% (art. 61, § 2º, da Lei 9.430/96).

VI – O imposto de renda decorrente de crédito do empregado recebido acumuladamente deve ser calculado sobre o montante dos rendimentos pagos, mediante a utilização de tabela progressiva resultante da multiplicação da quantidade de meses a que se refiram os rendimentos pelos valores constantes da tabela progressiva mensal correspondente ao mês do recebimento ou crédito, nos termos do art. 12-A da Lei 7.713, de 22/12/88, com a redação conferida pela Lei 13.149/15, observado o procedimento previsto nas Instruções Normativas da Receita Federal do Brasil".

16.15.4.1 A Preclusão na Liquidação Trabalhista

A parte, quando é intimada dos cálculos do perito ou da parte contrária, terá o prazo de 8 dias para apresentar a respectiva impugnação (art. 879, § 2º, CLT).

A impugnação deverá conter os itens e valores da discordância. Isso significa que os cálculos apresentados são impugnados com outros cálculos, apontando-se, pormenorizadamente, os respectivos pontos da dissonância.

No caso da impugnação não fundamentada ou do silêncio da parte, a ela serão aplicados os efeitos da preclusão.

Com os efeitos da preclusão, a parte interessada não poderá discutir os valores fixados, seja por meio de embargos à execução (devedor) ou da impugnação à sentença de liquidação (credor).

Com razão, Francisco Antonio de Oliveira[130] ensina: *"A liquidação de sentença e a execução, como vimos, são coisas distintas. O fato de constar do art. 884, § 3º, que somente em embargos poderá o executado impugnar a sentença de liquidação não quer dizer que antes da sentença, por ocasião do acertamento possa deixar de impugnar os cálculos cuja ciência lhe fora dada. A esse entendimento se opõe o instituto da preclusão e o princípio da utilidade do prazo. Por outro lado, a seriedade e a segurança que devem nortear os atos processuais exigem, como regra, que de tudo se dê ciência às partes e estas, em discordando,*

---

[130] OLIVEIRA, Francisco Antonio de. Ob. cit., p. 66.

PARTE VI · Cap. XVI – EXECUÇÃO TRABALHISTA | **1055**

manifestem expressamente a sua discordância. É exigência do princípio do contraditório que se decida depois de ouvida a parte contrária. Essa é a diretriz que informa o processo comum e ao qual o processo do trabalho está visceralmente ligado."

Os efeitos da preclusão também são válidos para a entidade autárquica.

O INSS (União), quando intimado a respeito dos cálculos das contribuições previdenciárias, em caso de discordância, deverá impugná-los no prazo de 10 dias, sob pena de preclusão (art. 879, § 3º).

16.15.5 A Contribuição Previdenciária na Execução Trabalhista

16.15.5.1 Estrutura da Relação Jurídica

Na execução trabalhista, a partir da EC 20/98, além do credor trabalhista, tem-se, também, a participação do credor previdenciário, no caso, a entidade autárquica (INSS), atualmente, representada pela União.

Há uma dupla execução: (a) a primeira, envolve empregado e empregador – execução trabalhista; (b) a segunda, envolvendo, de um lado, o INSS (União), e, de outro, empregado e empregador, na qualidade de contribuintes devedores da seguridade social – execução de cunho previdenciário.

Daí a importância de a sentença de liquidação indicar: (a) o crédito trabalhista; (b) as parcelas previdenciárias do empregado e do empregador.

Salvo disposição contrária disposta no título judicial executivo, a parcela previdenciária do empregado será descontada de seus créditos e recolhida pelo empregador juntamente com o valor de sua responsabilidade. Segundo a Súm. 368, II, TST, é do empregador a responsabilidade pelo recolhimento das contribuições previdenciárias e fiscais, resultante de crédito do empregado oriundo de condenação judicial, devendo ser calculadas, em relação à incidência dos descontos fiscais, mês a mês (art. 12-A, Lei 7.713/88).

16.15.5.2 Os Trâmites Iniciais da Execução

O mandado de citação ao executado deverá incluir o montante relativo à contribuição previdenciária, o qual terá o prazo de 48 horas para pagar os valores devidos ou para garantir a execução (art. 880, *caput*, CLT).

Ocorre a garantia da execução pelo depósito da quantia ou pela nomeação de bens à penhora, observada a ordem preferencial prevista no art. 835, CPC (art. 882, CLT).

Em qualquer das hipóteses, a garantia do juízo deverá envolver o crédito trabalhista e o previdenciário, além das demais despesas processuais.

16.15.5.3 Os Embargos do Devedor e a Impugnação à Sentença de Liquidação

Os embargos do devedor devem ser opostos no prazo de cinco dias após a garantia do juízo.

Além da discussão quanto aos incidentes da execução e de outras matérias (arts. 884, § 1º, CLT, 525, NCPC), o devedor poderá discutir a matéria pertinente à contribuição social (art. 884, § 3º).

Se o devedor discutir os valores e a questão da responsabilidade em relação às contribuições sociais, o juiz deverá dar ciência dos embargos ao credor trabalhista e ao previdenciário.

Para o credor trabalhista e o previdenciário, o valor da contribuição social será objeto de apreciação, por intermédio da impugnação à sentença de liquidação. O prazo é de cinco dias, que será computado a partir da ciência da garantia do juízo (art. 884, § 3º).

A fim de se evitar qualquer nulidade, é razoável que o juiz dê ciência das impugnações apresentadas para todas as partes contrárias, como forma de observar os princípios do contraditório e do amplo direito de defesa.

O prazo para manifestação, em relação às impugnações e aos embargos à execução, é de cinco dias (art. 900).

Os embargos e as impugnações à liquidação apresentados pelas partes serão julgados pela mesma sentença (art. 884, § 4º).

16.15.5.4 Recolhimentos das Contribuições Sociais

Os recolhimentos das importâncias relativas às contribuições sociais serão efetuados nas agências locais da Caixa Econômica Federal (CEF) ou do Banco do Brasil S.A., por intermédio de documento de arrecadação da Previdência Social, dele se fazendo constar o número do processo (art. 889-A, *caput*, CLT).

Se houver a concessão do parcelamento do débito previdenciário perante a Secretaria da Receita Federal do Brasil, o devedor deverá juntar aos autos o documento comprobatório do ajuste, ficando, assim, suspensa a execução da respectiva contribuição social até o final e integral cumprimento do parcelamento (art. 889-A, § 1º).

O prazo para o recolhimento das importâncias devidas à seguridade social, em função das execuções trabalhistas, é o dia dois do mês seguinte ao da liquidação da sentença (art. 276, *caput*, Dec. 3.048/99).

No caso do pagamento parcelado, as contribuições serão recolhidas na mesma data e proporcionalmente ao valor de cada parcela (art. 276, § 1º).

As varas do trabalho deverão encaminhar, de forma mensal, à Secretaria da Receita Federal do Brasil, as cópias das guias relativas aos recolhimentos comprovados nos autos das execuções trabalhistas, exceto se outro prazo for estabelecido no Regulamento da Previdência Social (art. 889-A, § 2º).

Para fins de implemento desta última exigência, as secretarias das varas do trabalho deverão exigir das partes a entrega de cópias das guias de recolhimento.

16.15.5.5 O Recurso na Execução Trabalhista das Contribuições Previdenciárias

No caso de divergência das partes (o credor trabalhista, o credor previdenciário e o devedor) a respeito da sentença que julgou as impugnações e os embargos à execução,

PARTE VI · Cap. XVI – EXECUÇÃO TRABALHISTA | **1057**

o recurso cabível é o agravo de petição (art. 897, § 3º, CLT), no prazo de 8 dias, a contar da intimação da decisão.[131]

Para contrarrazões, o prazo também é de 8 dias (art. 900). Não se justifica o prazo em dobro para o credor previdenciário, pois o Dec.-lei 779/69 não estabelece nenhum privilégio na execução trabalhista.

Quando o agravo de petição é relativo somente à contribuição previdenciária, o juiz da execução determinará a extração de cópias das peças necessárias, que serão autuadas em apartado e remetidas à instância superior para a devida apreciação após a concessão do prazo para contraminuta (art. 897, § 3º).

Do acórdão que julgar o agravo de petição no TRT, a respeito da contribuição previdenciária, somente caberá recurso de revista se a matéria impugnada envolver violação direta e literal da CF (art. 896, § 2º).

16.15.5.6 *A Execução Previdenciária contra a Massa Falida, Recuperação Judicial ou Empresa em Liquidação Extrajudicial*

A entidade autárquica deverá habilitar o valor das contribuições sociais junto à massa falida, ou a recuperação judicial (art. 6º, Lei 11.101/05).

A decretação da liquidação extrajudicial não desloca a competência da Justiça do Trabalho (OJ 143, SDI-I) quanto à execução do crédito trabalhista. Logo, a Justiça do Trabalho também será a competente para a execução da contribuição social.

16.15.5.7 *A Execução Previdenciária contra as Entidades Filantrópicas*

As entidades filantrópicas, para não responderem na Justiça do Trabalho pelas contribuições previdenciárias, deverão comprovar o preenchimento dos requisitos legais quanto à isenção na forma dos arts. 206 a 210 do Regulamento da Previdência Social (Decreto 3.048/99).

16.16 EXCEÇÃO DE PRÉ-EXECUTIVIDADE

16.16.1 Conceito

A expressão *pré-executividade* representa a ideia do ato praticado antes da penhora (apreensão judicial dos bens do devedor, uma das etapas mais importantes na ação de execução).

---

[131] O Enunciado 49 da Jornada Nacional sobre Execução na Justiça do Trabalho (novembro/2010, em Cuiabá) assim dispõe: "Cabe agravo de petição pela União, e não recurso ordinário, contra decisão homologatória de acordo no que diz respeito à natureza das parcelas discriminadas, uma vez que o processo já se encontra em fase de execução."

Exceção de pré-executividade é a faculdade dada ao executado para levar ao conhecimento do juiz da execução, sem a necessidade da penhora ou dos embargos, matérias que somente poderiam ser arguidas nos embargos do devedor.

A exceção só pode ser relativa à matéria suscetível de conhecimento *ex officio* (pressupostos processuais e condições da ação) ou originária de nulidade do título, não sendo cabível o contraditório ou a dilação probatória.

Não se pode negar a aplicabilidade da exceção de pré-executividade no processo do trabalho.

Manoel Antonio Teixeira Filho[132] afirma que *"não podemos ignorar a existência, também no processo do trabalho, de situações especiais, em que essa imposição de garantimento patrimonial da execução poderá converter-se em causa de gritante injustiça, como quando o devedor pretende arguir, digamos, nulidade, por não haver sido, comprovadamente, citado para a execução".*

16.16.2 Hipóteses de Cabimento da Exceção de Pré-Executividade

A prudência recomenda que não se faça uma interpretação ampla quanto às hipóteses de cabimento da exceção de pré-executividade.

As matérias passíveis dessa articulação são as pertinentes às matérias as quais possam ser conhecidas de ofício pelo magistrado e que não necessitam de dilação probatória muito profunda,[133] tais como: *"a) ausência de pressupostos processuais de constituição e de validade; (b) ausência das condições da ação; (c) vícios do título executivo; (d) nulidades da ação executiva; (e) excesso de execução; (f) pagamento; prescrição; decadência; compensação e novação."*[134]

Para Manoel Antonio Teixeira Filho,[135] *"nada obsta a que o processo do trabalho, sem renunciar a seus princípios ideológicos e à sua finalidade, admita, em situações verdadeiramente extraordinárias, independentemente de embargos – e, em consequência, de garantia patrimonial do juízo –, alegações de: nulidade da execução; pagamento; transação; prescrição (intercorrente); novação – enfim, envolventes de outras matérias dessa natureza, capazes, muitas delas, de extinguir a execução, se acolhidas. Por outras palavras: as matérias que possam ser alegadas mediante a exceção de pré-executividade são, preponderantemente, aquelas consideradas de ordem pública, a cujo respeito o juiz poderia e deveria manifestar-se ex officio, p. ex., as enumeradas nos incisos IV, V e VI do art. 267 ou no art. 301 do mesmo Código (salvo, neste último caso, a convenção de arbitragem)".*

---

[132] TEIXEIRA FILHO, Manoel Antonio. Ob. cit., p. 628.

[133] Com isso, estamos afirmando que a exceção de pré-executividade necessita estar fundada em prova documental, como ocorre com o mandado de segurança, não exigindo do juiz da execução, para apreciação da matéria, grandes indagações (cognição exauriente) para o acolhimento da pretensão.

[134] GANDINI, João Agnaldo Donizetti; RANGEL, Luciana Rangel. Ob. cit., p. 53.

[135] TEIXEIRA FILHO, Manoel Antonio. Ob. cit., p. 628.

PARTE VI · Cap. XVI – EXECUÇÃO TRABALHISTA | **1059**

No processo do trabalho, como matérias da exceção de pré-executividade, têm-se: (a) nulidade da execução; (b) pagamento, transação, novação e outras modalidades que impliquem a extinção da execução; (c) prescrição intercorrente; (d) ausência dos pressupostos processuais de existência (petição inicial, jurisdição e a citação); (e) ausência dos pressupostos processuais de validade positivos (petição inicial válida, órgão jurisdicional competente e imparcial e a capacidade); (f) ausência dos pressupostos processuais de validade negativos (litispendência e coisa julgada); (g) condições da ação (legitimidade e interesse processual).

Para o STJ, a exceção de pré-executividade é admissível na execução fiscal relativamente às matérias conhecíveis de ofício que não demandem dilação probatória (Súm. 393).

16.16.3 Procedimento

Como não há regulamentação legal expressa a respeito do procedimento da exceção de pré-executividade, a solução há de ser dada pela prática forense:

a) deve ser interposta por meio de simples petição, dirigida ao juiz da execução, com a indicação fática e jurídica da matéria;

b) não há prazo para a oposição da exceção, já que as suas matérias, geralmente, são de ordem pública;

c) como a exceção é aplicável a situações especiais, a sua oposição deverá implicar a suspensão da ação de execução, abrindo-se o prazo para a manifestação do credor trabalhista;

d) o legitimado para a exceção é o devedor trabalhista, ou seja, contra quem está voltada a ação de execução;

e) a decisão, a qual rejeita a exceção de pré-executividade, é interlocutória, logo, não comporta recurso de imediato pelo devedor (art. 893, § 1º, CLT). A matéria deverá ser objeto dos embargos à execução;

f) a decisão, que acolhe a exceção, é uma sentença, da qual cabe o agravo de petição pelo credor (art. 897, *a*).

Os Enunciados 47 e 48 da Jornada Nacional sobre Execução na Justiça do Trabalho assim dispõem: "En. 47 – Cabe agravo de petição de decisão que acolhe exceção de pré-executividade (CLT, art. 897, 'a'). Não cabe, porém, da decisão que a rejeita ou que não a admite, por possuir natureza interlocutória, que não comporta recurso imediato."

"En. 48 – Incabível mandado de segurança da decisão que rejeita ou que não admite exceção de pré-executividade."

16.17 A JUSTIÇA DO TRABALHO E O CONVÊNIO BACEN-JUD

O objetivo do BACEN-JUD é permitir que o TST e os demais Tribunais Regionais do Trabalho signatários de termo de adesão possam, dentro de suas áreas de competência, ter acesso, via Internet, ao Sistema de Solicitações do Poder Judiciário ao Banco Central do Brasil.

A princípio, o TST regulamentou a utilização do BACEN-JUD pelo Provimento TST/CGJT 1, de 25/7/2003.

Posteriormente, com o Provimento 3, de 23/9/03, da Corregedoria Geral da Justiça do Trabalho permitiu-se às empresas que possuíssem contas bancárias em diversas agências do país o cadastramento de conta bancária apta a sofrer bloqueio *on-line* realizado pelo sistema BACEN-JUD. Na hipótese de impossibilidade de constrição sobre a conta indicada por insuficiência de fundo, o juiz da causa deveria expedir ordem para que o bloqueio recaísse em qualquer conta da empresa devedora e comunicar o fato, imediatamente, à Corregedoria Geral da Justiça do Trabalho para descadastramento da conta bancária.

Na sequência, em função da implantação de novo convênio do TST com o Banco Central (BACEN-JUD 2.0), o Ministro Corregedor-Geral da Justiça do Trabalho editou o Provimento 6, de 3/11/2005, que revogou expressamente o Provimento CGJT 3/03.

E, por fim, os Provimentos 1/03 e 6/05 da CGJT foram revogados expressamente pela Consolidação dos Provimentos da Corregedoria Geral da Justiça do Trabalho. Atualmente, a matéria está disciplinada nos arts. 95 a 115 da Consolidação.

Manoel Antonio Teixeira Filho[136] pondera que o bloqueio *on-line*, diante da ausência de previsão legal, seria uma medida cautelar inominada: *"Se pusermos à frente o fato de o bloqueio ser uma providência antecedente ao ato formal da penhora, e o que se destina, de maneira imediata, a assegurar a futura satisfação dos direitos do credor, não teremos dificuldade em perceber o traço cautelar, que assinala esse ato judicial. Cuida-se, pois, de medida cautelar inominada, derivante do poder geral de cautela que o art. 798, do CPC, atribui aos magistrados em geral, e cuja incidência não se restringe ao processo de execução, conforme possa fazer supor uma interpretação equivocadamente restritiva do vocábulo lide, utilizado na redação dessa norma legal.*

Estamos a asseverar, portanto, que: (a) o poder geral de acautelamento pode ser exercido, também, no terreno da execução; (b) o bloqueio on line traduz medida cautelar inominada, ainda que sui generis. Logo, em princípio, não há ilegalidade nesse bloqueio, exceto, é evidente, se a sua realização implicar extravasamento dos próprios limites impostos pelo convênio BACEN-JUD, ou pelo título executivo."

Para a validade da adoção do BACEN-JUD, Manoel Antonio Teixeira Filho[137] declina as seguintes regras: *"1) pressupostos para emissão da ordem judicial de bloqueio; 2) pressupostos para a concretização do bloqueio. No primeiro caso, os pressupostos são: 1.1) tratar-se de execução definitiva; 1.2) deixar, o devedor, de indicar bens à penhora, ou fazê-lo em desobediência à ordem preferencial estabelecida pelo art. 655, do CPC; no segundo: 2.1) a proporcionalidade do bloqueio; 2.2) a utilidade do bloqueio; 2.3) a convolação para penhora."*

No CPC (art. 854), a penhora eletrônica é disciplinada nos seguintes termos: (a) para possibilitar a penhora de dinheiro em depósito ou em aplicação financeira, o juiz,

---

[136] TEIXEIRA FILHO, Manoel Antonio. *Execução no processo do trabalho*, 9. ed., p. 515.
[137] TEIXEIRA FILHO, Manoel Antonio. Ob. cit., p. 510.

PARTE VI · Cap. XVI – EXECUÇÃO TRABALHISTA | **1061**

a requerimento do exequente, sem dar ciência prévia do ato ao executado, determinará às instituições financeiras, por meio de sistema eletrônico gerido pela autoridade supervisora do sistema financeiro nacional, que torne indisponíveis ativos financeiros existentes em nome do executado, limitando-se a indisponibilidade ao valor indicado na execução. As transmissões (ordens de indisponibilidade, de seu cancelamento e de determinação de penhora) serão efetuadas por meio de sistema eletrônico gerido pela autoridade supervisora do sistema financeiro nacional. A instituição financeira será responsável pelos prejuízos causados ao executado em decorrência da indisponibilidade de ativos financeiros em valor superior ao indicado na execução ou pelo juiz, bem como na hipótese de não cancelamento da indisponibilidade no prazo de 24 horas, quando assim determinar o juiz; (b) no prazo de 24 horas a contar da resposta, de ofício, o juiz determinará o cancelamento de eventual indisponibilidade excessiva, o que deverá ser cumprido pela instituição financeira em igual prazo. Tornados indisponíveis os ativos financeiros do executado, haverá a sua intimação na pessoa de seu advogado ou, não o tendo, de forma pessoal; (c) incumbe ao executado, no prazo de 5 dias, comprovar que: (1) as quantias tornadas indisponíveis são impenhoráveis; (2) ainda remanesce indisponibilidade excessiva de ativos financeiros. Acolhida qualquer das arguições do executado, o juiz determinará o cancelamento de eventual indisponibilidade irregular ou excessiva, a ser cumprido pela instituição financeira em 24 horas. Rejeitada ou não apresentada a manifestação do executado, a indisponibilidade será convertida em penhora, sem necessidade de lavratura de termo, devendo o juiz da execução determinar à instituição financeira depositária que, no prazo de 24 horas, transfira o montante indisponível para conta vinculada ao juízo da execução; (d) realizado o pagamento da dívida por outro meio, o juiz determinará, imediatamente, por meio de sistema eletrônico gerido pela autoridade supervisora do sistema financeiro nacional, a notificação da instituição financeira para que, em até 24 horas, cancele a indisponibilidade; (e) quando se tratar de execução contra partido político, o juiz, a requerimento do exequente, determinará para as instituições financeiras, por meio de sistema eletrônico gerido por autoridade supervisora do sistema bancário, que torne indisponíveis ativos financeiros somente em nome do órgão partidário que tenha contraído a dívida executada ou que tenha dado causa à violação de direito ou ao dano, ao qual cabe exclusivamente a responsabilidade pelos atos praticados, na forma da lei.

16.17.1 Os Serviços mais Importantes Disponibilizados pelo Sistema

16.17.1.1 Solicitação de Informações

O sistema propicia o acesso às informações relativas de contas e aplicações financeiras em nome dos devedores dos processos judiciais em todo o sistema bancário nacional, podendo a pesquisa ser feita por Estado e por Município.

No pedido de solicitação de informações, o magistrado deve: (a) informar o número do processo; (b) informar o nome do autor da ação; (c) informar o endereço: caso o destinatário da resposta seja diverso daquele que formulou a consulta; (d) informar a relação dos pesquisados, com a indicação dos nomes e respectivo número de CPF ou CNPJ; (e) informar dados para a solicitação de informações: o sistema direciona o pedido de informações por Estados e Municípios; (f) requisitar extrato bancário de período informado: se desejado, poderá ser emitida solicitação para envio de extrato bancário do período informado. Também deve ser selecionada a opção (recomendável) de envio de respostas apenas positivas das instituições bancárias e, finalmente, deve ser indicado, mediante escolha dentre aqueles cadastrados previamente, o juiz ordenador da prática do ato; (g) registrar pedido de informações; (h) confirmar solicitação; (i) armazenar pedido.

16.17.1.2 Bloqueio de Contas

Antes do pedido de bloqueio, o correto é a solicitação de informações a respeito da existência de contas e dos seus respectivos valores. A cautela pelo magistrado é necessária, pois o sistema, no caso de ser requisitado o bloqueio, irá bloquear os valores solicitados em todas as contas porventura existentes em nome dos envolvidos no pedido.

O bloqueio pode ser efetuado em: (a) uma única conta, sendo importante a indicação do seu número e o código da agência; (b) diversas contas do devedor, contudo, o sistema propicia evitar o bloqueio de conta-salário. Em qualquer hipótese, o valor a ser bloqueado deverá ser indicado pelo magistrado, havendo também a possibilidade da requisição de extrato da conta. Após a digitação dos dados, haverá a confirmação da solicitação do bloqueio e a sua respectiva impressão, a qual deve ser juntada aos autos.

16.17.2 Questões Procedimentais da Execução Trabalhista

16.17.2.1 A Utilização do Sistema em Tutela Provisória de Urgência

Normalmente, os pedidos de solicitação de informações e de bloqueio de valores são realizados nas ações executórias trabalhistas.

Contudo, nada obsta, pela demonstração do *fumus boni iuris* e do *periculum in mora* na ação cautelar preparatória ou incidental, que o magistrado trabalhista possa solicitar as informações ou determinar o bloqueio. Em qualquer situação, no caso de não existir nos autos a indicação exata das contas e dos respectivos titulares, a princípio, torna-se recomendável a solicitação das informações a respeito da existência de contas e extratos. Após a resposta, deve ocorrer a determinação judicial quanto aos bloqueios de valores, observando o montante necessário para a futura reparação do direito violado.

16.17.2.2 A Utilização do Sistema na Execução Trabalhista

Na execução trabalhista por quantia certa, o devedor, após a citação efetuada por oficial de justiça, tem o prazo de 48 horas para fazer o depósito da quantia fixada ou garantir a execução, sob pena de penhora (art. 880, CLT).

Se o devedor trabalhista é localizado (pressuposto: a regular citação), a solicitação de informações ou de bloqueio de valores em conta só poderá ser adotada após o desfecho de eventual nomeação de bens à penhora ou no caso de inércia do executado quanto a

PARTE VI · Cap. XVI – EXECUÇÃO TRABALHISTA | 1063

esta faculdade legal (art. 805, CPC). Não se pode esquecer que o dinheiro, em espécie ou em depósito ou aplicação em instituição financeira, é a primeira indicação na gradação legal da nomeação de bens à penhora (art. 835). Portanto, mesmo que se tenha a indicação de bens, os quais, geralmente, não observam o inciso I, inexoravelmente, haverá a determinação do bloqueio via BACEN-JUD.

Se optarmos pela aplicação do processo civil, o devedor não mais será citado para pagamento, bem como não se terá a oportunidade para a indicação de bens à penhora (art. 513). Vale dizer, o devedor será intimado para pagar o montante da dívida em 15 dias, sob pena de uma multa de 10% e a expedição do competente mandado de penhora e avaliação. Decorrido então o prazo de 15 dias, o magistrado está autorizado a utilizar o BACEN-JUD (art. 513, § 3º).

16.17.2.2.1 O BACEN-JUD e o Art. 830 do CPC

Se o devedor trabalhista não for localizado, após as devidas diligências pelo oficial de justiça, torna-se razoável a utilização do sistema, por parte do magistrado trabalhista, adotando, assim, a inteligência contida no art. 830, CPC.

Dessa forma, haverá a solicitação de informações sobre contas bancárias e, na sequência, o respectivo pedido de bloqueio, observado o valor do crédito exequendo e demais despesas processuais.

16.17.2.3 A Questão da Penhora Eletrônica

Para Arion Sayão Romita,[138] *"não é correto falar em penhora eletrônica. Eletrônica não é a penhora. Eletrônico é apenas o meio de comunicação utilizado pelo juízo para se informar a respeito de dinheiro de propriedade do devedor, sobre o qual recairá a penhora. Como afirmam os processualistas, a penhora há de ser real e filhada, ou seja, efetivada com apreensão corpórea dos bens do devedor e sua entrega ao depositário, para segurança da execução. Os meios eletrônicos são inidôneos para a efetivação do importante ato processual, ou é a penhora. Eles apenas facilitam a colheita de informações instrumentalizando a localização das contas bancárias do devedor, ensejando o bloqueio. A penhora, portanto, não se processa por meio eletrônico. As formalidades processuais não podem ser preteridas, sob pena de se violar o princípio do devido processo legal. A função dos meios eletrônicos se esgota na localização das contas bancárias de que é titular o devedor e na determinação ao estabelecimento bancário de bloqueá-las até o limite da satisfação da importância devida ao credor".*

No mesmo diapasão, Gustavo Filipe Barbosa Garcia[139] aduz: *"Na realidade, o mencionado 'convênio' é instrumento para se viabilizar a penhora propriamente. Realizado o*

---

[138] ROMITA, Arion Sayão. Penhora eletrônica. *Repertório de Jurisprudência IOB*, set./2002, Caderno 2, p. 472.

[139] GARCIA, Gustavo Filipe Barbosa. A Penhora "ON-LINE" e o convênio BACEN/TST. *Repertório de Jurisprudência IOB*, set./2002, caderno 2, p. 471.

bloqueio de valores (em razão do cumprimento da respectiva determinação judicial realizada por meio eletrônico), não se pode olvidar já existir constrição judicial. Inobstante, a penhora é ato processual específico, para o qual todos os requisitos legais fazem-se necessários (art. 883 da CLT e arts. 659 e seguintes do CPC), com posterior ciência do executado, possibilitando-lhe, então, a oposição de embargos à execução e/ou a apresentação de impugnação à decisão de liquidação (CLT, art. 884). Portanto, na realidade, o que é on-line não é a penhora em si, mas sim o meio, quer dizer, o instrumental utilizado para sua efetivação, na busca do bem (no caso, dinheiro) para a garantia da execução."

Concordamos com essas lições doutrinárias. O sistema não propicia a penhora, já que o seu objetivo é a celeridade na busca de elementos para o aparelhamento da execução.

O magistrado, simultaneamente com a ordem de bloqueio, deverá determinar que os valores bloqueados sejam transferidos pela instituição financeira para a conta judicial da vara do trabalho.

Após a transferência, o valor será considerado como penhora, dando-se ciência ao executado, abrindo-se, assim, o prazo para fins de oposição de embargos do devedor (art. 884, CLT).

16.17.2.4 *Competência para as Determinações de Bloqueio*

Como regra, de acordo com o art. 845, § 1º, CPC, quando o devedor não tem bens no foro da causa, será efetuada a execução por carta, com a penhora, avaliação e alienação dos bens no foro da sua localização (art. 914, § 2º).

Essa realidade não é consentânea com o BACEN-JUD. O ideal do convênio é a celeridade processual, portanto, o juiz da execução poderá determinar o bloqueio de quaisquer valores existentes em contas do devedor no território nacional.

16.18 EXECUÇÃO DAS MULTAS IMPOSTAS AOS EMPREGADORES PELOS ÓRGÃOS DE FISCALIZAÇÃO DO TRABALHO

A EC 45/04 estabeleceu no art. 114, VII, CF, a competência da Justiça do Trabalho para processar e julgar as ações relativas às penalidades administrativas impostas aos empregadores pelos órgãos de fiscalização das relações do trabalho.

O procedimento a ser adotado para a cobrança das multas impostas aos empregadores é o previsto na Lei 6.830/80 e, supletivamente, as regras da CLT e do NCPC.

16.18.1 Legitimação Ativa

A União será representada pela Procuradoria da Fazenda Nacional (art. 131, § 3º, CF; arts. 4º, §§ 4º e 6º, § 3º, Lei 6.830). A multa equipara-se a um crédito tributário da União.

Na execução fiscal, qualquer intimação ao representante judicial da Fazenda Pública será feita pessoalmente. A intimação poderá ser feita mediante vista dos autos, com imediata remessa ao representante judicial da Fazenda Pública, pelo cartório ou secretaria (art. 25, *caput* e parágrafo único).

PARTE VI · Cap. XVI – EXECUÇÃO TRABALHISTA | 1065

Convém ser dito que o Ministério Público do Trabalho não pode ser considerado como parte legítima ante o disposto no art. 129, IX, da CF.

16.18.2 Legitimação Passiva

A execução fiscal poderá ser promovida contra: (a) o devedor; (b) o fiador; (c) o espólio; (d) a massa falida; (e) o responsável legal por dívidas (tributárias ou não) de pessoas físicas ou pessoas jurídicas de direito privado; (f) os sucessores a qualquer título (art. 4º, I a IV, Lei 6.830).

Ressalvado o disposto no art. 31, o síndico, o comissário, o liquidante, o inventariante e o administrador, nos casos de falência, concordata, liquidação, inventário, insolvência ou concurso de credores, se, antes de garantidos os créditos da Fazenda Pública, alienarem ou derem em garantia quaisquer dos bens administrados, respondem, solidariamente, pelo valor desses bens (art. 4º, § 1º).

Pela Súm. 435, STJ, presume-se dissolvida irregularmente a empresa que deixar de funcionar no seu domicílio fiscal, sem comunicação aos órgãos competentes, legitimando o redirecionamento da execução fiscal para o sócio gerente.[140]

Deve ser também ressaltado que o inadimplemento da obrigação tributária pela sociedade não gera, por si só, a responsabilidade solidária do sócio-gerente (Súm. 430, STJ).

O TST tem entendido que não cabe a desconsideração da personalidade jurídica na execução fiscal, exceto na hipótese de o sócio tiver sido inserido na certidão da dívida ativa.[141]

---

[140] "NÃO HÁ COMO SER DEFERIDA A DESPERSONIFICAÇÃO DA PESSOA JURÍDICA DA EXECUTADA. O artigo 135 do Código Tributário Nacional não pode ser aplicado à hipótese, pois trata de obrigação tributária e não de pena administrativa imposta aos empregadores pelos órgãos de fiscalização das relações de trabalho. Não há provas contumazes nos autos que indiquem a dissolução da sociedade e que esta teria se operado de forma irregular, o que afasta a presunção disposta na Súmula 435 do STJ. Nego provimento" (TRT – 2ª R. – Proc. 0000826-98.2015.5.02.0202 – Rel. Sergio Pinto Martins – DJe 5/7/2016). "EXECUÇÃO FISCAL DE MULTA POR INFRAÇÃO À LEGISLAÇÃO TRABALHISTA. RESPONSABILIDADE DO SÓCIO. GERENTE. POSSIBILIDADE EM CASO DE DISSOLUÇÃO IRREGULAR DA SOCIEDADE. ENTENDIMENTO DO STJ CRISTALIZADO NO JULGAMENTO DE RECURSO REPETITIVO (RESP 1371128/RS). Ao julgar recurso especial representativo de controvérsia (REsp 1371128/RS), o E. STJ entendeu pela inaplicabilidade do artigo 135, III, do CTN, na execução fiscal de penalidade administrativa, mas reconheceu a possibilidade de redirecionamento da execução de dívida de natureza não tributária contra o sócio-gerente quando ocorre a dissolução irregular da sociedade, com base nos artigos 10, do Decreto nº 3.078/19 e 158, da Lei nº 6.404/78 - LSA. No caso, ficou demonstrado que a empresa encerrou suas atividades sem comunicar os órgãos competentes, o que caracteriza violação à lei, autorizando o redirecionamento da execução em face do sócio-gerente, nos termos da Súmula 435 do STJ, também aplicável às dívidas não tributárias. Agravo de petição da União a que se dá provimento" (TRT – 9ª R. – AP 0000465-28.2015.5.09.0092 – Relª Thereza Cristina Gosdal – DJe 29/7/2016 – p. 273).

[141] TST – RR 19300-12.2009.5.18.0161 – Rel. Min. José Roberto Freire Pimenta – DJe 26/10/2012 – p. 571.

16.18.3 Requisitos da Petição Inicial

De acordo com o art. 6º, Lei 6.830, a petição inicial indicará: (a) o juiz a quem é dirigida; (b) o pedido; (c) o requerimento para a citação.

A petição inicial deverá ser instruída com a Certidão da Dívida Ativa[142] (CDA), que dela será parte integrante, como se estivesse transcrita (art. 6º, § 1º). Aliás, não só a petição inicial como também a CDA poderá constituir um único documento, inclusive, com a preparação via eletrônica (art. 6º, § 2º).

Não há a necessidade de pedido explícito de provas (art. 6º, § 3º).

O valor da causa será o da dívida inserido na certidão com os demais encargos legais (art. 6º, § 4º). Por demais encargos entendem-se: atualização monetária; juros; multa e os demais encargos previstos em lei ou contrato (art. 2º, § 2º).

16.18.4 Despacho do Juiz ao Deferir a Inicial

A determinação judicial que defere a inicial para fins da execução da dívida ativa é um ato complexo.

O art. 7º, Lei 6.830, enuncia que o despacho do juiz que deferir a inicial importa em ordem para: (a) citação, pelas sucessivas modalidades previstas no art. 8º; (b) penhora, se não for paga a dívida, nem garantida a execução, por meio de depósito, fiança ou seguro garantia; (c) arresto, se o executado não tiver domicílio ou dele se ocultar; (d) registro da penhora ou do arresto, independentemente do pagamento de custas ou outras despesas, observado o disposto no art. 14; (e) avaliação dos bens penhorados ou arrestados.

16.18.5 Demais Procedimentos da Lei 6.830/80

16.18.5.1 Citação do Executado

No prazo de cinco dias, o executado será citado para pagar a dívida com os juros e multa de mora e encargos indicados na Certidão de Dívida Ativa, ou garantir a execução, observadas as seguintes normas: (a) a citação será feita pelo correio, com aviso de

---

[142] A Certidão da Dívida Ativa conterá: (a) o nome do devedor, dos corresponsáveis e, sempre que conhecido, o domicílio ou residência de um e de outros; (b) o valor originário da dívida, bem como o termo inicial e a forma de calcular os juros de mora e demais encargos previstos em lei ou contrato; (c) a origem, a natureza e o fundamento legal ou contratual da dívida; (d) a indicação, se for o caso, de estar a dívida sujeita à atualização monetária, bem como o respectivo fundamento legal e o termo inicial para o cálculo; (e) a data e o número da inscrição, no Registro de Dívida Ativa; (f) o número do processo administrativo ou do auto de infração, se neles estiver apurado o valor da dívida (art. 2º, § 5º, I a VI, e § 6º, Lei nº 6.830/80). Até a decisão de primeira instância, a CDA poderá ser emendada ou substituída, assegurando-se ao executado a devolução do prazo para embargos (art. 2º, § 8º). A dívida ativa regularmente inscrita goza de presunção de certeza e liquidez, contudo, como a presunção é relativa, pode ser ilidida por prova inequívoca, a cargo do executado ou de terceiro, a quem aproveite (art. 3º). Se, antes da decisão de primeira instância, a inscrição de dívida ativa for, a qualquer título, cancelada, a execução fiscal será extinta, sem qualquer ônus para as partes.

PARTE VI · Cap. XVI – EXECUÇÃO TRABALHISTA | **1067**

recepção, se a Fazenda Pública não a requerer por outra forma; (b) a citação pelo correio considera-se feita na data da entrega da carta no endereço do executado, ou, se a data for omitida, no aviso de recepção, 10 dias após a entrega da carta à agência postal; (c) se o aviso de recepção não retornar no prazo de 15 dias da entrega da carta à agência postal, a citação será feita por Oficial de Justiça ou por edital; (d) o edital de citação será afixado na sede do Juízo, publicado uma só vez no órgão oficial, gratuitamente, como expediente judiciário, com o prazo de 30 dias, e conterá, apenas, a indicação da exequente, o nome do devedor e dos corresponsáveis, a quantia devida, a natureza da dívida, a data e o número da inscrição no Registro da Dívida Ativa, o prazo e o endereço da sede do Juízo (art. 8º, *caput*, I a IV).

O executado ausente do País será citado por edital, com prazo de 60 dias (art. 8º, § 1º).

O despacho do Juiz que ordenar a citação interrompe a prescrição (art. 8º, § 2º).

Quando for o caso de citação pelo correio, exige-se o aviso do recebimento (Súm. 429, STJ).

A citação por edital na execução fiscal é cabível quando estão frustradas as demais modalidades de citação (Súm. 414, STJ).

O TST entende que não é cabível a aplicação do art. 523, CPC, à execução fiscal.[143]

16.18.5.2 Pagamento Imediato ou Garantia da Execução

Em garantia da execução, pelo valor da dívida, juros e multa de mora e encargos indicados na Certidão de Dívida Ativa, o executado poderá: (a) efetuar depósito em dinheiro, à ordem do Juízo em estabelecimento oficial de crédito, que assegure atualização monetária; (b) oferecer fiança bancária ou seguro garantia; (c) nomear bens à penhora com observância da ordem do artigo 11; (d) indicar à penhora bens oferecidos por terceiros e aceitos pela Fazenda Pública (art. 9º, I a IV).

O executado só poderá indicar e o terceiro oferecer bem imóvel à penhora com o consentimento expresso do respectivo cônjuge.

Será juntada aos autos a prova do depósito, da fiança bancária, do seguro garantia ou da penhora dos bens do executado ou de terceiros.

A garantia da execução, por meio de depósito em dinheiro, fiança bancária ou seguro garantia, produz os mesmos efeitos da penhora. Somente o depósito em dinheiro faz cessar a responsabilidade pela atualização monetária e juros de mora. Os depósitos judiciais em dinheiro serão obrigatoriamente feitos: (a) na Caixa Econômica Federal (CEF), quando relacionados com a execução fiscal proposta pela União ou suas autarquias; (b) na CEF ou no banco oficial da unidade federativa ou, à sua falta, na CEF, quando relacionados com execução fiscal proposta pelo Estado, Distrito Federal, Municípios e suas autarquias. Os depósitos estão sujeitos à atualização monetária, segundo os índices estabelecidos

---

[143] "TST – RR 179900-42.2008.5.15.0026 – Rel. Min. Ives Gandra Martins Filho – *DJe* 26/10/2012 – p. 1234.

para os débitos tributários federais. Após o trânsito em julgado da decisão, o depósito, monetariamente atualizado, será devolvido ao depositante ou entregue à Fazenda Pública, mediante ordem do juízo competente.

A fiança bancária obedecerá às condições pré-estabelecidas pelo Conselho Monetário Nacional.

O executado poderá pagar parcela da dívida, que julgar incontroversa, e garantir a execução do saldo devedor.

Não ocorrendo o pagamento, nem a garantia da execução, a penhora poderá recair em qualquer bem do executado, exceto os bens absolutamente impenhoráveis (art. 10).

A penhora ou arresto de bens obedecerá à seguinte ordem (art. 11): (a) dinheiro; (b) título da dívida pública, bem como título de crédito, que tenham cotação em bolsa; (c) pedras e metais preciosos; (d) imóveis; (e) navios e aeronaves; (f) veículos; (g) móveis ou semoventes; (h) direitos e ações.

De forma excepcional, a penhora poderá recair sobre estabelecimento comercial, industrial ou agrícola, bem como em plantações ou edifícios em construção.

A penhora efetuada em dinheiro será convertida em depósito judicial.

O juiz ordenará a remoção do bem penhorado para depósito judicial, particular ou da Fazenda Pública exequente, sempre que esta o requerer, em qualquer fase do processo.

O termo ou auto de penhora conterá, também, a avaliação dos bens penhorados, efetuada por quem o lavrar (art. 13). Impugnada a avaliação, pelo executado, ou pela Fazenda Pública, antes de publicado o edital de leilão, o juiz, ouvida a outra parte, nomeará avaliador oficial para proceder à nova avaliação dos bens penhorados. Se não houver, na comarca, avaliador oficial ou este não puder apresentar o laudo de avaliação no prazo de 15 dias, será nomeada pessoa ou entidade habilitada a critério do juiz. Apresentado o laudo, o juiz decidirá de plano sobre a avaliação.

O oficial de justiça entregará contrafé e cópia do termo ou do auto de penhora ou arresto, com a ordem de registro (art. 7º, inciso IV): (a) no ofício próprio, se o bem for imóvel ou a ele equiparado; (b) na repartição competente para emissão de certificado de registro, se for veículo; (c) na Junta Comercial, na Bolsa de Valores e na sociedade comercial, se forem ações, debênture, parte beneficiária, cota ou qualquer outro título, crédito ou direito societário nominativo (art. 14, I a III).

Em qualquer fase do processo, será deferida pelo Juiz: (a) ao executado, a substituição da penhora por depósito em dinheiro, fiança bancária ou seguro garantia; (b) à Fazenda Pública, a substituição dos bens penhorados por outros, independentemente da ordem enumerada no artigo 11, bem como o reforço da penhora insuficiente (art. 15, I e II).

De acordo com a Súm. 406, STJ, a Fazenda Pública pode recusar a substituição do bem penhorado por precatório.

16.18.5.3 Intimação da Penhora

Na execução fiscal, a intimação da penhora será efetuada ao executado, mediante publicação, no órgão oficial, do ato de juntada do termo ou do auto de penhora (art. 12).

PARTE VI · Cap. XVI – EXECUÇÃO TRABALHISTA | 1069

Nas comarcas do interior dos Estados, a intimação poderá ser feita pela remessa de cópia do termo ou do auto de penhora, pelo correio.

Se a penhora recair sobre imóvel, será efetuada a intimação ao cônjuge.

Ocorrerá a intimação da penhora pessoalmente ao executado se, na citação feita pelo correio, o aviso de recepção não contiver a assinatura do próprio executado, ou de seu representante legal.

16.18.5.4 Embargos do Executado

O executado oferecerá embargos, no prazo de 30 dias, contados: (a) do depósito; (b) da juntada da prova da fiança bancária ou do seguro garantia; (c) da intimação da penhora (art. 16).

Não são admissíveis embargos do executado antes de garantida a execução. O STJ tem o entendimento de que a exceção de pré-executividade é admissível na execução fiscal para as matérias que podem ser conhecidas de ofício e que não demandem dilação probatória (Súm. 393).

No prazo dos embargos, o executado deverá alegar toda matéria útil à defesa, requerer provas e juntar aos autos os documentos e rol de testemunhas, até 3, ou, a critério do juiz, até o dobro desse limite.

Não será admitida reconvenção, nem compensação e as exceções. Admitem-se apenas as seguintes exceções: de suspeição, incompetência e impedimentos, as quais serão arguidas como matéria preliminar e serão processadas e julgadas com os embargos.

Recebidos os embargos, o juiz mandará intimar a Fazenda, para impugná-los no prazo de 30 dias, designando, em seguida, audiência de instrução e julgamento. Não se realizará audiência se os embargos versarem sobre matéria de direito, ou, sendo de direito e de fato, a prova for exclusivamente documental, caso em que o juiz proferirá a sentença no prazo de 30 dias (art. 17).

Caso não sejam oferecidos os embargos, a Fazenda Pública efetuará a manifestação sobre a garantia da execução (art. 18).

Não sendo embargada a execução ou sendo rejeitados os embargos, no caso de garantia prestada por terceiro, será este intimado, sob pena de contra ele prosseguir a execução nos próprios autos, para, no prazo de 15 dias: (a) remir o bem, se a garantia for real; (b) pagar o valor da dívida, juros e multa de mora e demais encargos, indicados na Certidão de Dívida Ativa pelos quais se obrigou se a garantia for fidejussória (art. 19, I e II).

Na execução por carta, os embargos do executado serão oferecidos no Juízo deprecado, que os remeterá ao Juízo deprecante, para instrução e julgamento (art. 20, *caput*).

Quando os embargos tiverem por objeto vícios ou irregularidades de atos do próprio juízo deprecado, será de sua competência o julgamento dessa matéria (art. 20, parágrafo único).

Na hipótese de alienação antecipada dos bens penhorados, o produto será depositado em garantia da execução (art. 9º, I) (art. 21).

DIREITO PROCESSUAL DO TRABALHO • *Francisco Ferreira Jorge Neto – Jouberto de Quadros Pessoa Cavalcante*

Os procedimentos da arrematação e da adjudicação estão previstos nos arts. 22 a 24 da Lei 6.830.

Tem-se a possibilidade de concurso de credores (arts. 28 a 30).

A suspensão da execução está regulada no art. 40.

Das decisões proferidas na execução, não se aplica o sistema recursal da Lei 6.830/80 (art. 34).

Aplica-se o sistema trabalhista de acordo com a IN 27 do TST, portanto, de acordo com o art. 897, das sentenças proferidas pelo juiz, caberá o agravo de petição.

QUESTIONÁRIO

1. Quais são as fases da execução trabalhista?

2. A execução trabalhista é uma ação autônoma ou mera fase do processo de conhecimento? Justifique.

3. Qual é a legislação subsidiária aplicável à execução trabalhista?

4. A cessão dos direitos trabalhistas é possível na execução trabalhista? Justifique.

5. É possível a execução de uma empresa integrante do grupo econômico, a qual não consta do título judicial executivo?

6. É necessário o abuso do direito ou fraude para se justificar a desconsideração da personalidade jurídica na execução trabalhista?

7. O sócio, para ser executado, necessita ter sido parte na ação de conhecimento? Justifique.

8. Na execução por carta precatória, a qual foi expedida pela 2ª Vara do Trabalho de São Paulo, a 1ª Vara do Trabalho de São Caetano do Sul procedeu à penhora de um FIAT, tipo 147, ano 1977. Qual é o órgão jurisdicional competente para apreciar os embargos à execução ou embargos de terceiro? Justifique.

9. É possível a liberação de valores ao credor trabalhista em execução provisória de sentença?

10. A responsabilidade do devedor é pessoal ou patrimonial?

11. Quais são as hipóteses de fraude à execução?

12. Fraude à execução é a mesma coisa que fraude contra credores? Justifique.

13. Quais são as hipóteses de ato atentatório à dignidade da justiça?

14. A execução contra a Fazenda Pública envolve uma obrigação por quantia certa no montante equivalente a 10 salários-mínimos. Como se efetua a citação da Fazenda Pública? É imperiosa a expedição de precatório? Justifique.

15. A Justiça do Trabalho é competente para proceder à execução da massa falida?

16. É possível a execução *manu militari* da reintegração trabalhista de um empregado portador de estabilidade? Justifique.

17. Mesmo não havendo a citação do devedor, o oficial de justiça pode proceder ao arresto dos seus bens? Explique e justifique.

PARTE VI · Cap. XVI – EXECUÇÃO TRABALHISTA | 1071

18. O devedor pode recusar a condição de depositário? Em caso negativo, qual é a solução mais adequada para o magistrado, visando à celeridade processual da execução trabalhista?

19. O devedor pode alienar os bens penhorados?

20. O bem de família é penhorável em execução de crédito trabalhista do empregado doméstico?

21. O juiz pode autorizar a venda antecipada dos bens penhorados?

22. O credor hipotecário possui preferência em relação ao credor trabalhista quanto aos bens penhorados na execução trabalhista?

23. João, na qualidade de devedor, sofreu a penhora do seu veículo – WOLKS, ano 1977. Pode solicitar ao juiz da execução trabalhista a substituição desse bem penhorado por outro veículo? Justifique.

24. O depositário, o qual não entrega o bem penhorado e arrematado, pode ser preso?

25. Quem procede à avaliação dos bens penhorados na execução trabalhista?

26. Praça e leilão. Explique as diferenças.

27. Felipe, na qualidade de arrematante, oferece um lanço de R$ 1.000,00. O valor da avaliação dos bens penhorados equivale e R$ 10.000,00. Esse lanço pode ser recusado pelo magistrado? Em caso positivo, cabe algum recurso dessa decisão pelo arrematante? Explique e justifique.

28. Neire, na qualidade de arrematante, pode solicitar o desfazimento da arrematação, já que não teve ciência do ônus de hipoteca em relação ao bem imóvel penhorado e arrematado? Justifique.

29. Perivaldo e Josualdo, exequentes em processos distintos, os quais estão em execução de sentença, litigam contra a empresa Joroastro Móveis S/C Ltda. Podem solicitar a reunião das duas execuções? Em caso afirmativo, explique o juiz competente e o respectivo procedimento.

30. O valor da avaliação é de R$ 5.000,00. O montante do crédito exequendo é de R$ 3.000,00. O credor trabalhista pode adjudicar o bem penhorado, quando da sua alienação judicial, mesmo quando não há outro licitante? Em caso afirmativo, qual será o valor mínimo do lanço, além do prazo necessário para a formulação do pedido de adjudicação?

31. Excesso de penhora é matéria que pode ser arguida nos embargos do devedor?

32. A prescrição intercorrente é aplicável ao processo trabalhista? Em caso afirmativo, qual é o seu prazo e o início do seu cômputo? Justifique.

33. José Roberto, ex-sócio da empresa Joroastro Móveis S/C Ltda., teve a penhora do veículo KADET, ano 1995. Qual é o remédio processual adequado para solicitar a insubsistência dessa penhora?

1072 | DIREITO PROCESSUAL DO TRABALHO • *Francisco Ferreira Jorge Neto – Jouberto de Quadros Pessoa Cavalcante*

34. Astrogilda, na qualidade de exequente, não impugnou os cálculos de liquidação ofertados pela executada. Pode, após a garantia do juízo, impugnar esses cálculos? Explique e justifique.

35. José Albertino litiga contra Francisnaldo, seu ex-empregador. Na execução houve a penhora de todos os bens de Francisnaldo, contudo, o montante da avaliação é inferior ao valor total da execução. É possível, nessa situação, diante de uma irregularidade, Francisnaldo opor os seus embargos à execução?

36. Quem são as partes legítimas para os embargos à arrematação ou à adjudicação?

37. A execução *ex officio* das contribuições previdenciárias envolve as sentenças declaratórias de vínculo empregatício?

Parte VII

AS AÇÕES CONSTITUCIONAIS E AS DE PROCEDIMENTOS ESPECIAIS

NOTAS INTRODUTÓRIAS

Com a EC 45, a CF passou a prever expressamente a competência da Justiça do Trabalho para mandado de segurança, *habeas corpus* e *habeas data*, quando o ato questionado envolver matéria sujeita a sua jurisdição (art. 114, IV). Há também controvérsias envolvendo o mandado de injunção, a ação civil pública e ação popular na Justiça Laboral.

Essas ações são conhecidas como ações ou remédios constitucionais e possuem regramento infraconstitucional encontrado em leis esparsas.

No âmbito infraconstitucional, com exceção do inquérito para apuração de falta grave e da ação de cumprimento, não há outro procedimento individual especial tratado pela CLT. A ação rescisória não é tratada na CLT, mas apenas mencionada no art. 836.

A omissão do Texto Consolidado quanto aos procedimentos especiais e a abrangência da competência jurisdicional da Justiça do Trabalho (art. 114, CF) obriga o operador do Direito, constantemente, a se socorrer dos procedimentos especiais previstos no CPC (art. 769, CLT; art. 15, CPC) e em outros diplomas legais.

A IN 27, de 27/2/2005, do TST, dispõe sobre normas procedimentais aplicáveis ao processo do trabalho em decorrência da ampliação da competência da Justiça do Trabalho pela EC 45, com as seguintes regras: (a) as ações ajuizadas na Justiça do Trabalho tramitarão pelo rito ordinário ou sumaríssimo, conforme previsto na CLT, excepcionando-se, apenas, as que, por disciplina legal expressa, estejam sujeitas a rito especial, tais como o mandado de segurança, *habeas corpus*, *habeas data*, ação rescisória, ação cautelar e ação de consignação em pagamento; (b) a sistemática recursal a ser observada é a prevista na CLT, inclusive no tocante à nomenclatura, à alçada, aos prazos e às competências; (c) o depósito recursal (garantia recursal) a que se refere o art. 899 da CLT é sempre exigível como requisito extrínseco do recurso, quando houver condenação em pecúnia; (d) em relação às custas, aplicam-se as disposições da CLT, sendo que as custas serão pagas pelo vencido; após o trânsito em julgado da decisão, ou na hipótese de interposição de recurso, as custas deverão ser pagas e comprovado seu recolhimento no prazo recursal (arts. 789, 789-A, 790 e 790-A); (e) nas lides decorrentes da relação de emprego não é aplicável o princípio da sucumbência recíproca, relativamente às custas; (f) aos emolumentos aplicam-se as regras previstas na CLT, conforme previsão dos arts. 789-B e 790.

Capítulo I

HABEAS CORPUS

1.1 *HABEAS CORPUS* NO SISTEMA LEGAL

Com origem remota no direito romano e, modernamente, na Magna Carta inglesa de 1215, outorgada pelo rei João Sem Terra, e, no reinado de Carlos II, com a edição da *Petition of Rights*, a qual culminou com o *Habeas Corpus Act* de 1679.

A Declaração Universal dos Direitos do Homem, de 10/12/1948, em seu art. 8º, preocupou-se com a restrição de liberdade, ao estabelecer que *"toda pessoa tem direito a um recurso efetivo ante os tribunais competentes que a ampare contra atos violatórios de seus direitos fundamentais, reconhecidos pela constituição e pelas leis".*

No Direito Pátrio, mesmo antes da menção constitucional, o *habeas corpus* encontrou assento no Código de Processo Criminal de 1832.

No âmbito constitucional, foi previsto na Constituição de 1891, art. 72, parágrafo 22; na de 1934, art. 113, item 23; na de 1937, art. 122, item 16; na de 1946, art. 141, § 23; na de 1967, art. 150, parágrafo 20; e, depois com a EC 1/69, no art. 153, § 20.

Atualmente, o *habeas corpus* encontra amparo no inciso LXVIII, art. 5º, CF: *"conceder-se-á* habeas corpus *sempre que alguém sofrer ou se achar ameaçado de sofrer violência ou coação em sua liberdade de locomoção, por ilegalidade ou abuso de poder".*

A própria CF estabelece que não caberá *habeas corpus* em relação a punições disciplinares militares (art. 142, § 2º).[1],[2]

No âmbito da legislação infraconstitucional, é regulado pelos arts. 647 a 667, CPP.

---

[1] (STM – HC 2006.01.034201-0 – DF – Rel. Min. Flavio Flores da Cunha Bierrenbach – *DJ* 25/8/2006.

[2] "A doutrina e a jurisprudência, analisando tais disposições constitucionais, vieram a estabelecer o entendimento a ser adotado na matéria, qual seja: (a) é vedada a interposição de *habeas corpus* para discutir o mérito das punições disciplinares militares; (b) é admissível a propositura da ação para discutir os pressupostos de legalidade da punição, dentre eles, a competência para a aplicação da penalidade, a observância dos princípios do contraditório e da ampla defesa, bem como dos demais princípios processuais, a conformidade do processo com a legislação em vigor, as razões declaradas pela autoridade do processo com a legislação em vigor, as razões declaradas pela autoridade militar para decidir sobre a culpa e definir a espécie e graduação da penalidade etc. Valendo-nos dos termos do STF, 'hierarquia, poder disciplinar, ato ligado à função e pena suscetível de ser aplicada disciplinarmente' são os pressupostos de legalidade passíveis de apreciação pelo Poder Judiciário no bojo de um *habeas corpus* instaurado para discutir uma penalidade disciplinar militar (HC nº 70.648)" (MOTTA, Sylvio; BARCHET, Gustavo. *Curso de direito constitucional*, p. 271).

1.2 CONCEITO E FINALIDADE

O *habeas corpus* é uma garantia constitucional e individual ao direito de locomoção no território nacional, podendo qualquer pessoa nele entrar, permanecer e sair com seus bens, desde que atendidos os termos da lei (art. 5º, XV, CF). Também é utilizado o termo *writ*[3] para se referir ao *habeas corpus*.

O direito de locomoção[4] se desmembra em quatro situações: (a) direito de acesso e ingresso no território nacional; (b) direito de saída do território nacional; (c) direito de permanência no território nacional; (d) direito de deslocamento dentro do território nacional.

Alexandre de Moraes[5] ensina que o *habeas corpus* é visto como *"meio idôneo para garantir todos os direitos do acusado e do sentenciado relacionados com sua liberdade de locomoção, ainda que pudesse, como salienta Celso de Mello, 'na simples condição de direito-meio, ser afetado apenas de modo reflexo, indireto ou oblíquo'"*.

Sylvio Motta e Gustavo Barchet[6] prelecionam que o *habeas corpus* é o *"instrumento judicial destinado à defesa do direito de locomoção contra ilegalidade ou abuso de poder. Aplica-se na proteção à liberdade do indivíduo de ingressar no território nacional, dele se retirar, nele se deslocar e permanecer, quando tal liberdade for efetivamente violada ou estiver na iminência de sê-lo por ato de autoridade pública ou de particular"*.

Eugênio Pacelli de Oliveira[7] afirma que a ameaça ao direito de locomoção não necessita ser concretizada, bastando que seja potencial para que o *habeas corpus* seja manuseado: *"Para que se configure um ato atentatório ao direito de locomoção não é necessário que haja uma ordem de prisão determinada por autoridade judiciária ou que o seu titular (do direito) já se encontre preso. Será objeto do* writ *tanto a ameaça real, concretizada, como a ameaça potencial.*

Por ameaça potencial estamos nos referindo ao simples início de qualquer atividade persecutória que tenha por objeto a apuração de fato imputado ou imputável à pessoa individualizada. Nesse sentido, a simples instauração de inquérito policial ou de procedimento investigatório será suficiente para configurar situação de ameaça potencial à liberdade de locomoção, quando dirigida a fato certo e a pessoa previamente determinada, e desde que, para a conduta, seja prevista imposição de pena privativa de liberdade."

O STF entende que o *habeas corpus* é incabível quando: (a) for o caso de decisão condenatória na qual houve a imposição de pena de multa ou de processo em curso em que a pena pecuniária seja a única cominada (Súm. 693); (b) ocorrer a imposição da

---

[3] "O termo *writ* é mais amplo e significa, em linguagem jurídica, mandado ou ordem a ser cumprida" (MORAES, Alexandre. *Curso de direito constitucional*, 24. ed., p. 125).

[4] Durante o estado de sítio (art. 139, (*i*) e de defesa (art. 136, § 3º, I), pode haver restrições ao direito de locomoção.

[5] MORAES, Alexandre de. Ob. cit., p. 126.

[6] MOTTA, Sylvio; BARCHET, Gustavo. Ob. cit., p. 265.

[7] OLIVEIRA, Eugênio Pacelli de. *Curso de processo penal*, 9. ed., p. 728.

PARTE VII · Cap. I – *HABEAS CORPUS* | 1077

pena de exclusão de militar ou de perda de patente ou de função pública (Súm. 694); (c) tiver ocorrido a extinção da pena privativa da liberdade (Súm. 695).

Como remédio constitucional, o *habeas corpus* tem caráter sumaríssimo, visto que a sua prova há de ser pré-constituída.

Apesar da ausência de expressa previsão legal, a doutrina admite a concessão de medida liminar, desde que demonstrados os *periculum in mora* e o *fumus boni iuris*.

1.3 CABIMENTO DE *HABEAS CORPUS* NA JUSTIÇA DO TRABALHO

A partir da EC 45, a Constituição Federal estabeleceu de forma expressa a competência da Justiça do Trabalho quando o ato questionado envolver matéria sujeita à sua jurisdição (art. 114, IV).

Anteriormente a isso, havia dúvidas sobre a competência da Justiça do Trabalho para *habeas corpus*. O Pleno do STF entendeu pela incompetência da Justiça do Trabalho para julgar matéria criminal, ainda que a questão material seja de natureza civil, decorrente de prisão de depositário infiel em execução trabalhista (STF – TP – CC 6979-1-DF – Rel. Min. Ilmar Galvão – j. 15/8/1991 – *DJU*, I, 2/2/1993 – p. 2.356).

Fernando da Costa Tourinho Filho,[8] ao tratar da matéria, afirma que *"e se por acaso o Juiz do Trabalho determinar a prisão de alguém por ser depositário ou, mesmo, se numa audiência for ele desacatado, e o agente for preso, a quem poderá ser impetrado eventual* habeas corpus? *Obviamente, não tendo a Justiça do Trabalho competência para apreciar matéria penal, e sendo o Juiz do Trabalho, num conceito mais amplo, Juiz Federal, visto que mantido pelos cofres da União, evidentemente o remédio heroico será postulado junto ao Tribunal Regional Federal, de acordo com o art. 108, I, a, da CF, por analogia, ou art. 108, I, d, da CF. A mesma solução é válida para o Juiz Estadual que esteja exercendo as funções de Juiz do Trabalho"*.

Necessário, no nosso modo de ver, mesmo antes da EC 45, era distinguir as situações possíveis de decretação de prisão na Justiça do Trabalho[9] e a respectiva análise da sua natureza (penal ou civil).

Uma primeira situação seria o caso de prisão em flagrante delito ou não, por crime contra funcionário público federal; quando se relaciona com o exercício da função, a competência será da Justiça Federal (Súm. 147, STJ). Os casos mais comuns seriam: prisão em flagrante por delito de desacato (art. 331, CP) e falso testemunho ou falsa perícia (art. 342).

---

[8]   TOURINHO FILHO, Fernando da Costa. *Prática de processo penal*, 24. ed., p. 628.

[9]   "Têm ocorrido hipóteses de impetração de *habeas corpus*: (a) na determinação de prisão de testemunhas; (b) na determinação de prisão de depositário infiel [...]; e (c) na determinação de prisão em ocorrência de desacato à autoridade. A impetração de *habeas corpus* deve caber, em tais hipóteses, perante os Tribunais Regionais do Trabalho, semelhança do que ocorre com o mandado de segurança" (BATALHA, Wilson de Souza Campos. *Tratado de direito judiciário do trabalho*, v. 2, 3. ed., p. 302).

O STJ firmou posição no sentido que compete à Justiça Estadual processar e julgar o crime de falsa anotação na CTPS, atribuído a empresa privada (Súm. 62).

Outros crimes também podem ocorrer e serão julgados pela Justiça Federal, ainda que houvesse a sua ocorrência na tramitação da demanda trabalhista: coação no curso do processo (art. 344) e fraude processual (art. 347).

Da mesma forma, será de competência da Justiça Federal o julgamento de crime praticado por funcionário público federal, ainda que integrante da Justiça do Trabalho, no exercício de suas funções, esteja ou não relacionado diretamente à prestação da tutela jurisdicional do Estado, como peculato (art. 312), extravio, sonegação ou inutilização de livro e documento (art. 314), concussão (art. 316); corrupção passiva (art. 317); prevaricação (art. 319) e violência arbitrária (art. 322).[10]

Nesses casos, inegavelmente, a competência para apreciar *habeas corpus* não será da Justiça do Trabalho, até porque com a auto de prisão em flagrante tem-se a instauração do inquérito policial e a comunicação da prisão à autoridade judiciária competente, a qual poderá relaxá-la ou conceder liberdade provisória (art. 5º, LXV, CF; art. 310, CPP). A competência será da Justiça Federal.

Uma outra situação é a da prisão determinada no caso do depositário infiel (prisão de natureza civil). Como se sabe, a Justiça do Trabalho se mostra competente para os litígios que tenham origem no cumprimento das suas sentenças.

O STF tinha o entendimento de que a prisão do depositário judicial (prisão civil) podia ser decretada no próprio processo em que se constituía o encargo, independentemente de propositura de ação de depósito (Súm. 619, revogada).[11] Atualmente, é ilícita a prisão civil de depositário infiel, qualquer que seja a modalidade do depósito (SV 25, STF, Súm. 419, STJ).

O RITST possui uma seção que trata do processamento do *habeas corpus* (arts. 218 e segs.), inclusive dispondo sobre a possibilidade de expedição de salvo-conduto a favor do paciente, até decisão do feito, se houver grave risco de se consumar a violência (art. 218, IV).

Acrescente-se que o RITST determina o indeferimento liminar do *habeas corpus* quando o pedido for incabível ou manifesta a incompetência originária do TST, ou ainda for reiteração de outro com os mesmos fundamentos (art. 223).

Assim, o TST entende que a competência é da Justiça do Trabalho para *habeas corpus* quando a alegada coação for proveniente de juiz do trabalho e possuir natureza civil, como no caso do depositário infiel.[12]

---

[10] STJ – 5ª T. – RHC 9276 – Rel. Min. Felix Fischer – *DJU* 1/8/2000 – p. 282.

[11] No julgamento do HC 92566 (*DJe* 104/2009), o STF revogou expressamente a Súmula 619. Nesse sentido: RE 349703 (*DJe* 104/2009), RE 466343 (*DJe* 104/2009) e HC 87585 (*DJe* 118/2009), todos do Plenário.

[12] TST – SDI-II – ROHC 2707 – Rel. Min. Ronaldo J. Lopes Leal – *DJU* 10/5/2002.

PARTE VII · Cap. I – *HABEAS CORPUS* | **1079**

Apesar disso, alguns entendiam incabível *habeas corpus* na Justiça do Trabalho, não porque negavam a competência da Justiça Especializada para decidir incidente da fase de execução, mas porque não aceitavam a utilização do remédio constitucional como forma de atacar decisão que decreta prisão civil.

Por isso, o *habeas corpus* não se aplicaria aos casos de prisão civil.

Acrescente-se a isso que o procedimento do *habeas corpus* encontra-se previsto nos artigos 647 a 667, CPP.

Considerando que a decisão judicial que decreta a prisão do depositário infiel é de natureza interlocutória, não havendo recurso próprio contra essas decisões no Processo do Trabalho e não se admitindo *habeas corpus* contra prisão civil, alguns defendiam que o remédio cabível seria mandado de segurança. Essa corrente, no entanto, não tem sido aceita no Direito Processual do Trabalho.[13]

Quanto à prisão penal, mesmo após o advento da EC 45/04, na ótica de Eugênio Pacelli de Oliveira,[14] a competência não pertence ao Judiciário Trabalhista e sim à Justiça Federal. O jurista entende que a Justiça do Trabalho não tem competência material para dirimir questões criminais, logo, o disposto no inciso IV do art. 114 não poderia adentrar a seara criminal. José Affonso Dallegrave Neto[15] entende que a competência da Justiça do Trabalho, mesmo após a EC 45/04, também está restrita à hipótese da decretação de prisão civil para o depositário infiel. Júlio César Bebber[16] também afirma que a competência trabalhista para o *habeas corpus* não atinge as questões de natureza criminal.

Em fevereiro de 2007, o Pleno do STF (Rel. Min. Cézar Peluso), ao analisar o pedido liminar feito na ADIn 3.684, entendeu que atribuir à Justiça do Trabalho competência penal viola o princípio do juiz natural, uma vez que, "segundo a norma constitucional, cabe à justiça comum, estadual ou federal, dentro de suas respectivas competências, julgar e processar matéria criminal". Com isso, por unanimidade, foi deferida a liminar na ADIn, com efeitos *ex tunc*, para atribuir interpretação conforme a CF, aos incisos I, IV e IX de seu art. 114, declarando que, no âmbito da jurisdição da Justiça do Trabalho, não está incluída competência para processar e julgar ações penais.

A ADIn 3.684, de 9/3/2006, ajuizada pela Procurador-Geral da República, em atendimento ao pedido feito pela Associação Nacional dos Procuradores da República, solicita a decretação da inconstitucionalidade dos incisos I, IV e IX, do art. 114, CF.[17]

---

[13] TRT – 2ª R. – SDI – MS 10733-2005-000-02-00 – Rel. Marcelo Freire Gonçalves – *DOESP* 11/10/2006.

[14] OLIVEIRA, Eugênio Pacelli de. Ob. cit., p. 736.

[15] DALLEGRAVE NETO, José Affonso. Primeiras linhas sobre a nova competência da justiça do trabalho fixada pela reforma do judiciário (EC 45/2004). In: COUTINHO, Grijalbo Fernandes; FAVA, Marcos Neves (Coord.). *Nova Competência da justiça do trabalho*, 1. ed., p. 209.

[16] BEBBER, Júlio César. *Mandado de segurança, habeas corpus, habeas data na justiça do trabalho*, 2. ed., p. 135.

[17] O conteúdo da ADIn afirma: (a) a inobservância do devido processo legislativo na aprovação da EC 45 (alteração substancial do texto do projeto de emenda, na votação do Senado em primeiro

O objetivo da ADIn é evitar os desequilíbrios interpretativos praticados pelo Ministério Público do Trabalho que estariam propondo medidas contra os crimes da organização do trabalho junto à Justiça do Trabalho.

A nova ordem constitucional não estendeu ao Judiciário Trabalhista a ampla competência criminal no exame das situações criminais decorrentes das relações do trabalho ante a ausência de previsão expressa. A matéria encontra-se afeta ao Judiciário Federal (art. 109, VI, CF).

O STF, ao analisar o RE 398.041 concluiu que os crimes contra a organização do trabalho devem ser apreciados e solucionados pela Justiça Federal.

No segundo semestre de 2008, o TST entendeu que a Justiça do Trabalho não tem competência para dirimir o *habeas corpus* quando se está diante de um crime de falso testemunho (TST – SDI-II – ROHC 25500-51.2008.5.15.0000 – Min. Rel. Alberto Luiz B. de Fontan Pereira – *DEJT* 17/10/2008).

1.4 COMPETÊNCIA TRABALHISTA E O *HABEAS CORPUS*

Competência funcional é a competência que se relaciona com a hierarquia dos órgãos jurisdicionais. É a que se estabelece entre os graus de jurisdição ou das instâncias dos órgãos competentes para o conhecimento de uma dada matéria.

Sergio Pinto Martins[18] ensina que o "habeas corpus *deve ser impetrado junto à autoridade imediatamente superior à que praticou a prisão, pois quem tem competência para prender, tem para soltar*".

Quando o coator é um particular, a competência originária para o *habeas corpus* é da vara do trabalho do local da ocorrência do ato (art. 651, CLT). Da decisão da Vara do Trabalho caberá recurso ordinário para o TRT.

No curso da demanda trabalhista, de competência originária da vara do trabalho, diante da prática de ato que justifique *habeas corpus*, a propositura ocorrerá junto ao TRT onde está situada a vara do trabalho (art. 666, CPP). Da decisão do TRT, caberá recurso ordinário para a SDI-II (art. 78, III, *c*, 1, RITST).

E, por fim, se o coator for juiz do TRT, a competência originária será do TST, devendo a petição ser dirigida para SDI-II (art. 78, III, *a*, 4, RITST). Se a decisão for denegatória, caberá recurso ordinário para o STF (art. 102, II, *a*, CF). Em caso de procedência do *habeas corpus*, o recurso a ser oposto é o extraordinário (art. 102, III, CF).

Constitucionalmente, cabe ao STF a competência originária para julgar *habeas corpus*, sendo pacientes os membros de tribunais superiores ou o coator for tribunal

---

turno, a qual não foi devidamente observada na votação do segundo turno e consequente aprovação); (b) a interpretação dada ao art. 114 da CF para fins de fixação da competência criminal da Justiça do Trabalho estaria violando regras e princípios da própria CF relacionados ao juiz natural e à repartição das competências jurisdicionais, na medida em que a CF, no seu art. 109, VI, fixa a competência da Justiça Federal para processar e julgar os crimes contra a organização do trabalho.

[18] MARTINS, Sergio Pinto. *Direito processual do trabalho*, 29. ed., p. 534.

PARTE VII · Cap. I – *HABEAS CORPUS* | **1081**

superior ou, ainda, quando o coator ou paciente for autoridade ou funcionário cujos atos estejam sujeitos diretamente à jurisdição do STF, ou se trata de crime sujeito à mesma jurisdição em uma única instância (art. 102, I, *d* e *i*).

A regra constitucional que fixa a competência originária do STJ para os *habeas corpus* quando o coator ou paciente for membro dos tribunais regionais do trabalho (art. 105, I, *a* e *c*), como aponta Mauro Schiavi,[19] há de ser vista com restrição: *"Diante da EC 45/04 (art. 114, IV, da CF) a nosso ver, o STJ não tem mais competência para apreciar mandado de segurança impetrado contra ato de Juiz de Tribunal Regional do Trabalho, restando derrogado o art. 105, I, c, da CF. Como destaca Júlio César Bebber, a 'incompatibilidade entre as duas regras constitucionais, obrigatoriamente, exclui a primeira em favor da mais moderna'."*

O RITST possui uma seção que trata do processamento do *habeas corpus* (arts. 218 e segs.).

Além disso, não compete ao STF conhecer de *habeas corpus* impetrado contra decisão de relator que, em *habeas corpus* requerido a tribunal superior, indefere a liminar (Súm. 691)[20] e não cabe *habeas corpus* originário para o tribunal pleno de decisão de turma, ou do plenário, proferida em *habeas corpus* ou no respectivo recurso (Súm. 606).

1.5 LEGITIMIDADE ATIVA

O autor na ação de *habeas corpus* é denominado de impetrante, isto é, a pessoa natural ou jurídica que ajuíza a demanda. Paciente é a pessoa física em favor da qual é impetrada a ação (o ser humano que sofre a lesão ou a ameaça de lesão). Quando é o paciente quem ajuíza a demanda, tem-se a concomitância da ocupação das duas posições (impetrante e paciente).

Não se exige na impetração do *habeas corpus* capacidade para se estar em juízo ou capacidade postulatória, de modo que pode ser proposta por qualquer pessoa, independentemente da capacidade civil, idade, nacionalidade.

O Estatuto da Ordem dos Advogados do Brasil exclui das atividades privativas da advocacia a impetração do *habeas corpus* (art. 1º, § 1º, Lei 8.906/94).

Pode ser impetrado pelo próprio paciente ou por terceiro em seu favor (impetrante). Admite-se inclusive a impetração feita por pessoa jurídica em favor da pessoa natural. Pondere-se que os juízes e os tribunais têm competência para a expedição de ofício de ordem de *habeas corpus*, quando no curso de processo verificarem que alguém sofre ou está na iminência de sofrer coação ilegal (art. 654, § 2º, CPP).

Assim, o *writ* poderá ser impetrado por qualquer pessoa ou mesmo pelo Ministério Público (art. 654, CPP).

---

[19] SCHIAVI, Mauro. Ob. cit., p. 1246.

[20] TST – SDI-II – HC 120.589/04.8 – Rel. Min. Ives Gandra Martins Filho – *DJU* 19/3/2004 – p. 627.

Sylvio Motta e Gustavo Barchet[21] ensinam que a legitimação para a propositura do *habeas corpus* observa o princípio da universalidade, isto é, qualquer um, independentemente de qualquer atributo, pode impetrar a ação: *"Desse modo, qualquer pessoa, física ou jurídica, pública ou privada, nacional ou estrangeira, independentemente de capacidade civil ou política ou de quaisquer elementos relacionados a sexo, cor, idade, profissão, domicílio, estado mental, ou quaisquer outros, tem legitimidade para o ajuizamento da ação, em benefício próprio ou alheio.*

Nem mesmo capacidade civil ou a plena posse das faculdades mentais é exigida, de modo que até os menores e os doentes mentais podem interpor a ação, sem necessidade de assistência ou representação. O analfabeto também pode ajuizá-la, desde que alguém assine a rogo a petição.

Como dito acima, até mesmo as pessoas jurídicas têm legitimidade ativa para a propositura do habeas corpus, *desde que em favor de pessoas físicas a elas vinculadas, uma vez que, nesse contexto, o direito de locomoção não é extensível às pessoas jurídicas, pois incompatível com a sua natureza.*

Os estrangeiros também gozam de legitimidade para a propositura. Porém, exige-se que a petição de interposição seja redigida em português, sob pena de não conhecimento, mesmo quando o magistrado a quem foi distribuída a petição conheça o idioma estrangeiro, uma vez que seu conteúdo tem que ser acessível a todos.

Os membros do Ministério Público, nessa qualidade, também podem ajuizar a ação em favor de terceiros, seja perante a justiça de primeiro grau, seja perante as instâncias jurisdicionais superiores.

A única ressalva ao caráter universal do instituto refere-se aos magistrados, aos quais se veda, na sua qualidade de magistrado, o ajuizamento de habeas corpus. Todavia, podem concedê-lo de ofício, no decorrer de um processo judicial sob sua apreciação.

Ressalte-se que na condição de particular poderá um membro do Poder Judiciário interpor a ação, desde que não se refira a uma situação já sujeita à sua apreciação, caso em que, pela lição anterior, deve o magistrado simplesmente conceder a ordem de ofício, atuando na sua qualidade de juiz."

Alexandre de Moraes[22] afirma que a legitimação para ao ajuizamento do *habeas corpus* é *"um atributo de personalidade, não se exigindo a capacidade de estar em juízo, nem a capacidade postulatória, sendo uma verdadeira ação penal popular"*.

1.6   LEGITIMIDADE PASSIVA

Impetrado é o réu na ação de *habeas corpus*, isto é, a pessoa contra quem é instaurada a ação. Também é conhecido como coator ou sujeito coator.

---

[21]   MOTTA, Sylvio; BARCHET, Gustavo. Ob. cit., p. 266.
[22]   MORAES, Alexandre de. Ob. cit., p. 129.

O *habeas corpus* deverá ser impetrado contra a autoridade pública ou particular que praticou o ato do coator violador do direito de liberdade de locomoção.

Quando o coator é autoridade pública, as hipóteses podem ser de abuso de poder ou de ilegalidade. Por outro lado, quando praticado por um particular, o ato coator é originário de uma ilegalidade.

1.7 ESPÉCIES

Considerando o momento da impetração do *writ* em relação ao ato coator, o mesmo poderá ser preventivo ou liberatório (repressivo).

No preventivo, o que se pretende é a expedição de um salvo-conduto ao paciente de modo que o ato coator não venha a se concretizar.[23]

No liberatório ou repressivo, o que se objetiva é a elaboração de contramandado de prisão caso a ordem tenha sido feita, mas não concretizada, ou alvará de soltura se a restrição ao direito de locomoção se efetivou.[24]

1.8 PEDIDO LIMINAR

Mesmo inexistindo previsão legal expressa, admite-se o pedido liminar no *habeas corpus*, desde que estejam presentes o *periculum in mora* e o *fumus boni iuris*.[25]

No âmbito do Regimento Interno do TST temos que a decisão concessiva de *habeas corpus* será imediatamente comunicada, mediante ofício ou qualquer meio idôneo, às autoridades a quem couber cumpri-la, sem prejuízo da remessa de cópia do acórdão (art. 220). No caso de o servidor público ou autoridade administrativa causarem embaraço ou retardo ao encaminhamento do pedido de *habeas corpus* ou das informações sobre a causa da violência, coação ou ameaça, serão multados na forma da lei (art. 221). Em havendo desobediência ou retardamento abusivo ao cumprimento da ordem de *habeas*

---

[23] "Quando alguém se achar ameaçado de sofrer violência ou coação em sua liberdade de locomoção por ilegalidade ou abuso de poder. Assim, bastará, pois, a ameaça de coação à liberdade de locomoção, para obtenção de um salvo-conduto ao paciente, concedendo-se livre trânsito, de forma a impedir sua prisão ou detenção pelo mesmo motivo que ensejou o *habeas corpus*. Pretende evitar o desrespeito à liberdade de locomoção" (MORAES, Alexandre de. Ob. cit., p. 132).

[24] "Quando alguém estiver sofrendo violência ou coação em sua liberdade de locomoção por ilegalidade ou abuso de poder. Pretende fazer cessar o desrespeito à liberdade de locomoção (MORAES, Alexandre de. Ob. cit., p. 132).

[25] Sylvio Motta e Gustavo Barchet ensinam que, "embora o rito do *habeas corpus* seja, por si só, célere, o caso concreto pode justificar uma atuação jurisdicional ainda mais rápida, a legitimar a concessão de medida liminar pelo órgão jurisdicional competente. Por tal fundamento, apesar de inexistente a expressa previsão da medida na legislação processual penal, a jurisprudência é pacífica quanto ao cabimento de liminar em *habeas corpus*, seja preventivo ou repressivo, desde que no caso concreto estejam presentes os pressupostos de toda medida dessa natureza, a saber: o *periculum in mora* (a probabilidade de dano irreparável ou de difícil reparação em caso de demora no provimento jurisdicional) e o *fumus boni iuris* (indícios razoáveis de que a lesão ou a ameaça de lesão ao direito de locomoção é abusiva ou ilegal)" (Ob. cit., p. 268).

corpus, o Presidente do Tribunal expedirá mandado contra o desobediente e oficiará o Ministério Público para que promova a ação penal (art. 222).

1.9 ATO COATOR

De acordo com o art. 5º, LXVIII, CF, o *habeas corpus* será concedido quando alguém sofrer ou se achar ameaçado de sofrer violência ou coação no seu direito de locomoção.

O primeiro elemento na configuração de ato coator é que o ato implique na existência da violência ou coação quanto ao direito de locomoção de alguém.

Violência e coação não são palavras sinônimas. Violência é o emprego da força física, enquanto que coação é uma pressão, de natureza moral e que prejudica a pessoa no seu livre-arbítrio.

Celso Ribeiro Bastos[26] ensina: *"Como visto, o* habeas corpus *protege a liberdade, mas desde que cerceada por ato de ilegalidade ou abuso de poder. Portanto, como bem observa Manoel Gonçalves Ferreira Filho, a primeira condição do* habeas corpus *é a existência de ato lesivo ou de sua ameaça à liberdade de locomoção.*

Mas esta lesão por sua vez deverá assumir as funções de violência ou coação ilegal.

Há autores que consideram estas expressões como sinônimas. Não é a melhor doutrina, contudo. Esta inteligência feriria regra conhecidíssima de hermenêutica, segundo a qual a lei não tem palavras inúteis. Rui Barbosa nos fornece uma distinção entre os dois conceitos: 'Coação, definirei eu, é a pressão empregada em condições de eficácia contra a liberdade no exercício de um direito, qualquer que este seja. Desde que no exercício de um direito meu, qualquer que ele for, intervém uma coação externa, sob cuja pressão eu me sinto embaraçado ou tolhido para usar desse direito, na liberdade plena de seu exercício, estou debaixo daquilo que, em Direito, se chama coação. E violência é o uso de força material ou oficial, debaixo de qualquer das duas formas, em grau eficiente para evitar, contrariar ou dominar o exercício de um direito. Creio que a definição não é incorreta. Toda vez que a ação do que se chama força, ou seja a das armas, ou seja a de violência, ou seja a de um decreto do Poder, em contrário, me ameaça, ou me domina no exercício de um direito, estou sujeito à força no sentido que em direito pode receber este nome' (O habeas corpus. Sua feição jurídica e sua evolução no direito público brasileiro, in Coletânea Jurídica, Ed. Nacional, 1928, p. 57).

O trecho barbosiano cuida, como se viu, da violência e da coação quando voltadas para o exercício de qualquer direito. Suas palavras são, no entanto, perfeitamente válidas para caracterizar tanto a violência como a coação no exercício do direito de locomoção física. Antonio Macedo de Campos fornece síntese lapidar: 'Em última análise, a violência seria a 'vis compulsiva' a força física e coação também a 'vis moralis'. Para efeito de ordem prática força física seria todo o ato exercido materialmente sobre alguém. E a força física moral, consistiria na supressão do livre-arbítrio' (Habeas corpus; doutrina e legislação, Ed. Jalovi)".

---

[26] BASTOS, Celso Ribeiro. *Curso de direito constitucional*, 22. ed., p. 241.

PARTE VII · Cap. I – *HABEAS CORPUS* | 1085

Não basta que se tenha a configuração da coação ou da violência. É necessário que o ato seja decorrência de uma prática ilegal (= ilegalidade) ou com abuso de poder (= abusividade).

Ato ilegal é o que viola a lei ou os princípios jurídicos. Exemplos: prisão sem mandado judicial ou realizada quando não se têm as hipóteses de flagrância.

A abusividade é caracterizada quando: (a) a autoridade pública extravasa os limites da sua competência; (b) se objetiva uma finalidade que não tem amparo no interesse público; (c) ou quando a finalidade é diversa da prevista em lei para o ato praticado. Exemplos: a prisão para o pagamento de uma dívida de natureza não alimentar.

O CPP considera ilegal o ato quando: (a) não houver justa causa; (b) alguém estiver preso por mais tempo do que determina a lei; (c) quem ordenar a coação não tiver competência para fazê-lo; (d) houver cessado o motivo que autorizou a coação; (e) não for alguém admitido a prestar fiança, nos casos em que a lei a autoriza; (f) o processo for manifestamente nulo; (g) extinta a punibilidade (art. 648).

É nula a decisão que decretar a prisão sem apresentar motivação (arts. 5º, LIV, 93, IX, CF).

1.10 GRATUIDADE

A própria Carta Política de 1988 determina que são gratuitas as ações de *habeas corpus* e *habeas data*, e, na forma da lei, os atos necessários ao exercício da cidadania (art. 5º, LXXVII).

1.11 PROCEDIMENTO

O *habeas corpus*, como ação[27] constitucional, tem uma natureza mandamental e se submete a um rito especial (previsto nos arts. 647 e seguintes, CPP).

No STF, enquanto não for editada legislação específica, para o *habeas corpus*, serão observadas as normas do mandado de segurança (art. 24, parágrafo único, Lei 8.038/90).

Pela inteligência do art. 1º, IN 27/2005, TST, o rito especial previsto no CPP há de ser observado à Justiça do Trabalho, visto que não há no processo do trabalho regras aplicáveis ao *habeas corpus* (art. 769, CLT). Os regimentos dos TRTs devem estabelecer as normas complementares para o processo e julgamento do pedido de *habeas corpus* de sua competência originária (art. 666, CPP).

De acordo com o art. 654, *caput*, do CPP, o *habeas corpus* pode ser impetrado por qualquer pessoa, em seu favor ou de outrem, bem como pelo Ministério Público. Saliente-se, ainda, que pode ser concedido até de ofício (art. 654, § 2º). Qualquer pessoa tem

---

[27] "Sob a ótica do Código de Processo Penal, o *habeas corpus* seria um recurso, mas, com o tempo, a doutrina passou a ver no *habeas corpus* um remédio jurídico-constitucional, uma ação constitucional, para a proteção do direito de ir e vir" (Lima, Marcellus Polastri. *Manual de processo penal*, 3. ed., p. 1010"

capacidade postulatória para o ajuizamento do *habeas corpus* (art. 5º, XXXIV, CF). Quando o impetrante não é o paciente, não se tem a exigência do instrumento de procuração.

A petição do *habeas corpus* deve conter: (a) o nome da pessoa que sofre ou está ameaçada de sofrer violência ou coação e o de quem exerce a violência, coação ou ameaça; (b) a declaração de espécie de constrangimento ou, em caso de simples ameaça de coação, as razões em que se funda o seu temor. Para Alexandre de Moraes, na defesa do direito de locomoção, via *habeas corpus*, "*cabe ao Poder Judiciário considerar ato de constrangimento que não tenha sido apontado na petição inicial*", como também, "*pode atuar no tocante à extensão da ordem, deferindo-a aquém ou além do que pleiteado*".[28] Vale dizer, diante da petição inicial desse remédio constitucional, o órgão jurisdicional não está vinculado ao pedido e à causa de pedir formulada pelo impetrante; (c) a assinatura do impetrante, ou de alguém a seu rogo, quando não souber ou não puder escrever, e a designação das respectivas residências (art. 654, § 1º).

Diante da probabilidade de dano irreparável ou de difícil reparação (perigo na demora), além da visualização de que o ato implica em ofensa ao direito de locomoção (fumaça do bom direito), o juiz poderá conceder a medida liminar. Contudo, nada obsta que a análise da liminar fique vinculada à prévia informação do impetrado. Também pode ocorrer de o juiz verificar que já cessou a violência ou coação ilegal, logo, restará prejudicado o pedido (art. 659, CPP).

Como bem ensina Júlio César Bebber,[29] o *habeas corpus* não admite dilação probatória, devendo a prova ser pré-constituída para que a liminar possa ser deferida. Se não houver a prova pré-constituída, não será o caso de se indeferir a liminar e sim do indeferimento liminar da própria demanda: "*Como no mandado de segurança, a ação de habeas corpus não possui fase própria para a produção de provas (supra, n. 2.24). A única prova admitida, por isso, é essencialmente documental (prova pré-constituída), não se aplicando a disciplina geral sobre a produção de provas. Incumbe ao impetrante, portanto, comprovar de plano o direito líquido e certo. Advirta-se, porém, que a expressão direito líquido e certo é tipicamente processual, ou seja, nada tem, em si, com o direito subjetivo. Haverá direito líquido e certo sempre que a prova documental que instrui a petição inicial demonstrar, de forma inequívoca (incontestável), os fatos que embasam a pretensão deduzida. Em outras palavras, para que o impetrante tenha êxito na ação de habeas corpus deverá provar, já na petição inicial, o que afirma. Se não tiver prova documental (ou seja, se não tiver prova pré-constituída) não tem direito líquido e certo. E essa ausência de suporte fático enseja o indeferimento liminar da segurança (e não apenas do pedido liminar).*"

Quando do recebimento da petição de *habeas corpus*, o juiz, se julgar necessário e se estiver preso o paciente, mandará que este lhe seja imediatamente apresentado em dia e hora que designar. Em caso de desobediência, será expedido mandado de prisão contra o detentor, que será processado na forma da lei, e o juiz providenciará para que o paciente seja tirado da prisão e apresentado em juízo (art. 656, CPP).

---

[28]   MORAES, Alexandre de. Ob. cit., p. 126.

[29]   BEBBER, Júlio César. Ob. cit., p. 169.

PARTE VII · Cap. I – *HABEAS CORPUS* | 1087

Se o paciente estiver preso, nenhum motivo escusará a sua apresentação, salvo: (a) grave enfermidade do paciente; (b) não estar ele sob a guarda da pessoa a quem se atribui a detenção; (c) se o comparecimento não tiver sido determinado pelo juiz ou pelo tribunal. O juiz poderá ir ao local em que o paciente se encontrar, se este não puder ser apresentado por motivo de doença (art. 657).

Efetuadas as diligências, e interrogado o paciente, o juiz decidirá, fundamentadamente, dentro de 24 horas: (a) se a decisão for favorável ao paciente, será logo posto em liberdade, salvo se por outro motivo dever ser mantido na prisão; (b) se os documentos que instruírem a petição evidenciarem a ilegalidade da coação, o juiz ou o tribunal ordenará que cesse imediatamente o constrangimento; (c) se a ilegalidade decorrer do fato de não ter sido o paciente admitido a prestar fiança, o juiz arbitrará o valor desta (que poderá ser prestada perante ele), remetendo, neste caso, à autoridade os respectivos autos, para serem anexados aos do inquérito policial ou aos do processo judicial; (d) se a ordem de *habeas corpus* for concedida para evitar ameaça de violência ou coação ilegal, será dado ao paciente salvo-conduto assinado pelo juiz. Será incontinenti enviada cópia da decisão à autoridade que tiver ordenado a prisão ou tiver o paciente à sua disposição, a fim de juntar-se aos autos do processo. Quando o paciente estiver preso em lugar que não seja o da sede do juízo ou do tribunal que conceder a ordem, o alvará de soltura será expedido pelo telégrafo ou por via postal (art. 660, §§ 1º a 6º).

Em caso de competência originária do tribunal, a petição de *habeas corpus* será apresentada ao secretário, que a enviará imediatamente ao presidente do tribunal, ou da câmara criminal, ou da turma, que estiver reunida, ou primeiro tiver de reunir-se (art. 661).

Se a petição contiver os requisitos legais, o juiz relator, se necessário, requisitará da autoridade indicada como coatora informações por escrito. Faltando, porém, qualquer daqueles requisitos, o juiz relator mandará preenchê-la, logo que lhe for apresentada a petição (art. 662).

As diligências do art. 662 não serão ordenadas se o juiz relator entender que o *habeas corpus* deve ser indeferido *in limine*. Nesse caso, levará a petição ao tribunal, câmara ou turma, para que delibere a respeito (art. 663).

Recebidas as informações, ou dispensadas, o *habeas corpus* será julgado na primeira sessão, podendo, entretanto, adiar-se o julgamento para a sessão seguinte. A decisão será tomada por maioria de votos. Havendo empate, se o presidente não tiver tomado parte na votação, proferirá voto de desempate; no caso contrário, prevalecerá a decisão mais favorável ao paciente (art. 664).

O Ministério Público do Trabalho deve emitir parecer no *habeas corpus*, visto que atua como fiscal da lei (art. 179, I, CPC). O prazo é de oito dias e será contado da data da ciência pessoal do processo pelo procurador do trabalho (art. 5º, Lei 5.584/70).

O secretário do tribunal lavrará a ordem que, assinada pelo presidente do tribunal, câmara ou turma, será dirigida, por ofício ou telegrama, ao detentor, ao carcereiro ou autoridade que exercer ou ameaçar exercer o constrangimento (art. 665, CPP).

No curso da demanda trabalhista, de competência originária da vara do trabalho, diante da prática de ato que justifique *habeas corpus*, a propositura ocorrerá junto ao

TRT onde está situada a vara do trabalho (art. 666, CPP). Da decisão do TRT, caberá recurso ordinário para a SDI-II.

Se o coator for juiz do TRT, a competência originária será do TST, devendo a petição ser dirigida para SDI-II. Se a decisão for denegatória, caberá recurso ordinário para o STF (art. 102, II, *a*, CF). Em caso de procedência do *habeas corpus*, o recurso a ser oposto é o extraordinário (art. 102, III).

1.12 NOMEAÇÃO DO DEPOSITÁRIO

O depósito judicial representa o negócio jurídico entre o Estado e o depositário, sendo que o último obtém, em seguida, a apreensão da *res pignorata* ou posse imediata da coisa.

O objeto do depósito judicial é a coisa penhorada, seja móvel ou imóvel, fungível ou infungível, material ou imaterial. A penhora sem o depósito não se aperfeiçoa (art. 839, NCPC).

Como de costume, pelo regramento anterior do CPC/73 (antes da Lei 11.382/06), o próprio devedor, quando da execução, era quem ficava como depositário dos bens penhorados (art. 666, *caput*, CPC/73; art. 840, *caput*, CPC/15).

Posteriormente, só com a expressa anuência do exequente ou nos casos de difícil remoção, os bens poderiam ser depositados em poder do executado (art. 666, § 1º, CPC/73, com a redação dada pela Lei 11.382/06. A regra foi mantida pelo CPC/15 (art. 840, § 2º).

Essa regra é de difícil aplicação no processo do trabalho, na medida em que os tribunais do trabalho não dispõem de serviços adequados de depositário público. Portanto, no processo laboral, continuará sendo regra que o executado fique como depositário dos bens penhorados.

A nomeação compulsória do devedor, como depositário, não é possível (OJ 89, SDI-II).

Apesar do entendimento jurisprudencial, é inadmissível a recusa injustificada do devedor em assumir o compromisso do depósito.

A prática forense trabalhista indica sucessivas manobras protelatórias de devedores, os quais, ao não assumirem os encargos de depositários, retardam o andamento da execução trabalhista, com a remoção dos bens penhorados e a busca de outros depositários, geralmente, o exequente, que nem sempre tem a condição de zelar pela guarda dos bens penhorados.

Essa recusa injustificada deve ser penalizada como ato atentatório à dignidade da justiça (art. 600, III, CPC/73; art. 774, III, CPC/15), sujeitando-se o devedor à multa em montante não superior a 20% do valor atualizado do débito em execução, sem prejuízo de outras sanções de natureza processual ou material. A multa reverterá em proveito do credor, sento exigível na própria execução (art. 601, *caput*, CPC/73; art. 774, parágrafo único, CPC/15).

O TST, pela OJ 143 (SDI-II), fixou o entendimento de que não se caracteriza a condição de depositário infiel quando a penhora recair sobre coisa futura, circunstância

PARTE VII · Cap. I – *HABEAS CORPUS* | **1089**

que, por si só, inviabiliza a materialização do depósito no momento da constituição do paciente em depositário, autorizando-se a concessão do *habeas corpus* diante da prisão ou ameaça de prisão que sofra.

O art. 840, NCPC, regula a questão do depósito do bem penhorado, dispondo que serão preferencialmente depositados: (a) as quantias em dinheiro, os papéis de crédito, as pedras e os metais preciosos, no Banco do Brasil, na Caixa Econômica Federal ou em banco no qual o Estado ou o Distrito Federal possua mais da metade do capital social integralizado ou, na falta desses estabelecimentos, em qualquer instituição de crédito designada pelo juiz; (b) os móveis, os semoventes, os imóveis urbanos e os direitos aquisitivos sobre imóveis urbanos, em poder do depositário judicial. Se não houver depositário judicial, os bens ficarão em poder do exequente; (c) os imóveis rurais, os direitos aquisitivos sobre imóveis rurais, as máquinas, os utensílios e os instrumentos necessários ou úteis à atividade agrícola, mediante caução idônea, em poder do executado; (d) os bens poderão ser depositados em poder do executado nos casos de difícil remoção ou quando concordar o exequente; (e) as joias, as pedras e os objetos preciosos deverão ser depositados com registro do valor estimado de resgate.

A função do depositário é zelar pela guarda e conservação dos bens penhorados, evitando extravios e deteriorações, enquanto se tem o aguardo do ato expropriatório (arrematação), agindo sempre em nome e à ordem do juiz (art. 161, NCPC).

Nas hipóteses de penhora da empresa ou estabelecimento (arts. 862 a 864, CPC), o depositário também tem a obrigação de mantê-la ou torná-la frutífera. Em tais casos, a função do depositário é ativa, consistindo em manter em atividade e produção a empresa ou estabelecimento penhorado. A gestão exige um plano previamente preparado e aprovado pelo juiz da execução.

No processo do trabalho, a recusa do credor quanto à condição do devedor, como depositário, há de ser fundamentada. A execução deve ser processada da forma menos gravosa ao devedor.

Somente em situações especiais o exequente pode recusar o devedor como depositário. Por exemplo: *"Havendo discordância do credor, em execução definitiva, não tem o executado direito líquido e certo a que os valores penhorados em dinheiro fiquem depositados no próprio banco, ainda que atenda aos requisitos do art. 840, I, do CPC de 2015"* (Súm. 417, II).

Após o término do depósito, incumbe ao depositário efetuar a devolução da coisa apreendida.

Ação de depósito é a *"que objetiva a devolução da coisa depositada em poder do depositário. Se julgada procedente, o magistrado ordenará a expedição do mandado para que seja entregue ao depositante a coisa em litígio, ou o seu equivalente em dinheiro, dentro do prazo de vinte e quatro horas. Se esse mandado não for cumprido, a prisão do depositário infiel será decretada judicialmente"*.[30]

---

[30] DINIZ, Maria Helena. *Dicionário jurídico*, v. 1, p. 45.

O objeto da ação de depósito é a restituição da coisa depositada, a qual pode envolver tanto o depósito particular como o judicial.

O procedimento da ação de depósito era regulado pelo disposto nos arts. 901 a 906 do CPC.

O CPC/15 não regula de forma explícita a ação de depósito, como procedimento especial, contudo, o art. 311, III, assegura que a tutela de evidência será concedida, independentemente da demonstração de perigo de dano ou de risco ao resultado útil do processo, quando se tratar de pedido reipersecutório fundado em prova documental adequada do contrato de depósito. Vale dizer, a tutela provisória será decretada, liminarmente, determinando-se a ordem de entrega do objeto depositado, sob comunicação de multa.

Quanto ao depósito judicial, o STF admitia a decretação da prisão do depositário infiel no próprio processo em que se constituiu o encargo, independentemente da propositura de ação de depósito (Súm. 619, revogada).[31]

A jurisprudência trabalhista admitia que os procedimentos, quanto à restituição da coisa depositada, não necessitam da ação de depósito. A Justiça do Trabalho tinha competência para solucionar as questões decorrentes de suas decisões, além de ser um incidente da execução trabalhista, sem a necessidade de uma ação autônoma.

QUESTIONÁRIO

1. Qual a finalidade do *habeas corpus*?

2. A Justiça do Trabalho é competente para apreciar e julgar habeas corpus impetrado contra decisão proferida no processo judicial trabalhista? Justifique.

---

[31] No julgamento do HC 92566 (*DJe* 104/2009), o STF revogou expressamente a Súmula 619. Nesse sentido: RE 349703 (*DJe* 104/2009), RE 466343 (*DJe* 104/2009) e HC 87585 (*DJe* 118/2009), decididos pelo Plenário.

Capítulo II
MANDADO DE SEGURANÇA

2.1 FUNDAMENTO JURÍDICO

Previsto na Constituição Federal (art. 5º, LXIX e LXX), o mandado de segurança não se encontra disciplinado pelo CPC, mas por legislação especial. A Lei 1.533, de 31/12/1951, e suas alterações (Lei 4.166/62, Lei 4.348/64 e Lei 5.021/66) foram revogadas expressamente pela Lei do Mandado de Segurança (Lei 12.016, de 7/8/2009).

2.2 CABIMENTO E ATOS ATACÁVEIS

Nos termos da CF, o mandado de segurança será concedido *"para proteger direito líquido e certo, não amparado por* habeas corpus *ou* habeas data, *quando o responsável pela ilegalidade ou abuso de poder for autoridade pública ou agente de pessoa jurídica no exercício de atribuições do Poder Público".*

No âmbito infraconstitucional, o mandado de segurança existe para proteger *"direito líquido e certo, não amparado por* habeas corpus *ou* habeas data, *sempre que, ilegalmente ou com abuso de poder, qualquer pessoa física ou jurídica sofrer violação ou houver justo receio de sofrê-la por parte de autoridade, seja de que categoria for e seja quais forem as funções que exerça"* (art. 1º, Lei 12.016).

Com a EC 45, passou a haver a previsão expressa de seu cabimento no âmbito da Justiça do Trabalho (art. 114, IV, CF). Contudo, mesmo antes da EC 45, não existia qualquer restrição à sua aplicação na Justiça do Trabalho.

Trata-se de uma ação constitucional de natureza civil.

Assim, o direito violado que enseja o ajuizamento do *mandamus of writ* não se refere ao direito de liberdade ou ao direito de informação (conhecimento e retificação de dados).

Direito líquido e certo, como leciona Hely Lopes Meirelles,[1] *"é o que se apresenta manifesto na sua existência, delimitado na sua extensão e apto a ser exercitado no momento da impetração. Por outras palavras, o direito invocado, para ser amparável por mandado de segurança, há de vir expresso em norma legal e trazer em si todos os requisitos e condições de sua aplicação ao impetrante: se sua existência for duvidosa; se sua extensão ainda não*

---

[1] MEIRELLES, Hely Lopes. Ob. cit., p. 34.

estiver delimitada; se seu exercício depender de situações e fatos ainda indeterminados, não rende ensejo à segurança, embora possa ser defendido por outros meios judiciais".

Direito líquido e certo é aquele que não enseja dúvidas sobre sua existência fática,[2] havendo comprovação de plano. Consequentemente, não pode depender de instrução probatória.[3] Tanto é assim que exige prova documental pré-constituída, sendo inaplicável o art. 321, CPC, quando verificada, na petição inicial do *mandamus*, a ausência de documento indispensável ou de sua autenticação (Súm. 415, TST).

O objetivo do mandado de segurança é atacar o ato judicial ou administrativo (ato coator) praticado por autoridade pública ou particular que exerce função delegada do Estado[4] (Súm. 510, STF) que viole direito líquido e certo.

O ato coator pode ser de caráter omissivo ou comissivo.

A inobservância do direito pela autoridade pública pode ocorrer por ilegalidade ou abuso de poder.

O mandado de segurança poderá ser repressivo se o ato já foi praticado, e preventivo, quando há justo receio de que o mesmo venha a ocorrer (ameaça).

Assim, há requisitos essenciais do mandado de segurança: (a) ato omissivo ou comissivo da autoridade pública ou do particular que exercer função delegada; (b) ato ilegal ou abusivo; (c) lesão ou ameaça de lesão a direito; (d) caráter subsidiário, proteção ao direito líquido e certo não amparado por outras ações constitucionais.

A legislação infraconstitucional exclui o cabimento do mandado de segurança contra atos de gestão comercial praticados pelos administradores de empresas públicas, de sociedade de economia mista e de concessionárias de serviço público (art. 1º, § 2º, Lei 12.016). E não será concedida a segurança quando se tratar de: (a) ato do qual caiba recurso

---

[2] "Hoje, está pacificado o entendimento de que a liquidez e certeza referem-se aos fatos; estando estes devidamente provados, as dificuldades com relação à interpretação do direito serão resolvidas pelo juiz" (DI PIETRO, Maria Sylvia Zanella. *Direito administrativo*, 18. ed. p. 677).

[3] "Direito líquido e certo é o que resulta de fato certo, ou seja, é aquele capaz de ser comprovado, de plano, por documentação inequívoca. Note-se que o direito é sempre líquido e certo. A caracterização de imprecisão e incerteza recai sobre os fatos, que necessitam de comprovação. Importante notar que está englobado na conceituação de direito líquido e certo o fato que para tornar-se incontroverso necessite somente de adequada interpretação do direito, não havendo possibilidades de o juiz denegá-lo, sob o pretexto de tratar-se de questão de grande complexidade jurídica" (MORAES, Alexandre de. *Direito constitucional*, 19. ed. p. 139).

[4] "A esse propósito, a jurisprudência tem admitido mandado de segurança contra agentes de: 1. estabelecimentos particulares de ensino, embora exerçam funções apenas autorizadas e não delegadas pelo Poder Público (acórdãos *in RT* 496/77, 497/69, 498/84, 502/55); 2. sindicatos, no que diz respeito à cobrança da contribuição sindical; 3. agentes financeiros que executam planos governamentais, sob as normas e a fiscalização do Poder Público, como ocorre com os agentes financeiros do Sistema Financeiro de Habitação; 4. serviços sociais autônomos que, embora de natureza privada, recebem parcela da contribuição arrecadada pela Previdência Social, para, em troca, prestar assistência a determinadas categorias de trabalhadores; é o caso do SESI, SESC, SENAI, Legião Brasileira de Assistência e outras entidades congêneres" (DI PIETRO, Maria Sylvia Zanella. Ob. cit., p. 675-676).

PARTE VII · Cap. II – MANDADO DE SEGURANÇA | **1093**

administrativo com efeito suspensivo, independentemente de caução; (b) decisão judicial da qual caiba recurso com efeito suspensivo; (c) decisão transitada em julgado (art. 5º).

A segurança será denegada nos casos do art. 485, CPC (art. 6º, § 5º).

Dessa forma, o mandado de segurança não substitui a ação popular (Súm. 101, STF), ação de cobrança (Súm. 269, STF), ação adequada para a declaração do direito à compensação tributária (Súm. 213, STJ) e os embargos de terceiros para desconstituir penhora (OJ 54, SDI-II).

Também não se presta o *writ of mandamus* contra ato judicial passível de recurso ou correição (Súm. 267, STF), decisão judicial com trânsito em julgado (Súm. 268, STF, Súm. 33, TST), lei em tese, salvo se de efeito concreto ou autoexecutória (Súm. 266, STF), que envolva exame de prova ou situação funcional complexa (Súm. 270, STF) e atos *interna corporis* de órgãos colegiados.

Para o TST, a existência de recurso próprio, ainda que com efeito diferido, impede o mandado de segurança (OJ 92, SDI-II).[5]

A mera existência de recurso administrativo, com efeito suspensivo, não impede o uso do mandado de segurança contra omissão da autoridade – ato omissivo (Súm. 429, STF).

O art. 5º, I, Lei 12.016, errou ao prever o não cabimento do *writ* contra ato administrativo do qual caiba recurso administrativo com efeito suspensivo, ainda que independentemente de caução. Tal restrição é inconstitucional, por violar ou restringir o princípio da inafastabilidade do controle jurisdicional (art. 5º, XXXV, CF).

O que tem sido inadmissível é a postulação administrativa e judicial simultaneamente, por falta de interesse de agir (necessidade).

O recurso administrativo não se confunde com o pedido de reconsideração, o qual não interrompe o prazo para ajuizamento do *writ* (Súm. 430, STF).

Para o TST, não procede ação rescisória calcada em ofensa à coisa julgada perpetrada por decisão proferida em ação de cumprimento, em face de a sentença normativa, na qual se louvava, ter sido modificada em grau de recurso, porque em dissídio coletivo somente se consubstancia coisa julgada formal. Assim, os meios processuais aptos a atacarem a execução da cláusula reformada são a exceção de pré-executividade e o mandado de segurança, no caso de descumprimento do art. 514, CPC (Súm. 397, TST, OJ 277, SDI-I).

Não há direito líquido e certo, amparado pelo mandado de segurança, quando se escuda em lei cujos efeitos foram anulados por outra declarada constitucional pelo STF (Súm. 474, STF).

A existência de meio judicial adequado para impugnar o ato afasta o cabimento do *writ of mandamus*, de modo que contra sentença homologatória de adjudicação é incabível o remédio constitucional: (a) sob a égide do CPC/73, é incabível o mandado

---

[5] "Mandado de Segurança. Existência de recurso próprio. Não cabe mandado de segurança contra decisão judicial passível de reforma mediante recurso próprio, ainda que com efeito diferido. OJ SDI II 92 C.TST" (TRT – 1ª R. – SDI – MS 00083466820125010000 – Relª Tania da Silva Garcia – publ. 2/6/2014).

de segurança (o meio próprio consiste nos embargos à adjudicação) (OJ 66, I, SDI-II; (b) na vigência do CPC/15 também não cabe o mandado, na medida em que o ato judicial pode ser impugnado por simples petição (art. 877, *caput*, CPC) (OJ 66, II, SDI-II).

Não cabe mandado de segurança contra ato judicial que, de ofício, arbitrou novo valor à causa, acarretando a majoração das custas processuais (OJ 88).

Não havendo recurso próprio no processo do trabalho, a tutela antecipada concedida ou indeferida antes da prolação da sentença é impugnável mediante mandado de segurança (Súm. 414, II, TST).

Na vigência do CPC/73, a antecipação da tutela concedida na sentença não comportava impugnação pela via do mandado de segurança, por ser impugnável mediante recurso ordinário. A ação cautelar era o meio próprio para se obter efeito suspensivo a recurso (Súm. 414, I).

Contudo, o CPC extinguiu a ação cautelar autônoma.

Assim, parece-nos que, dentro do sistema positivado vigente, não é possível atribuir ao recurso ordinário trabalhista efeito suspensivo (art. 899, CLT), ainda que a sentença tenha concedido tutela provisória, por ser inaplicável o previsto no art. 1.012, § 1º, V, CPC, ao processo do trabalho (art. 769, CLT; art. 15, CPC). Demonstrando a ausência dos requisitos legais para a concessão da medida ou equívoco em sua concessão, o recorrente deverá solicitar excepcionalmente o efeito suspenso ao recurso ordinário em razões recursais dirigidas ao Tribunal e requerer em petição, devidamente instruída, o efeito suspensivo ao recurso imediatamente à Corte Regional (incidente de efeito suspensivo) (art. 1.012, § 3º, CPC).

Em abril/2017, o TST deu nova redação a Súmula 414, I (pela Resolução 217/2017), ao dispor que: *"A tutela provisória concedida na sentença não comporta impugnação pela via do mandado de segurança, por ser impugnável mediante recurso ordinário. É admissível a obtenção de efeito suspensivo ao recurso ordinário mediante requerimento dirigido ao tribunal, ao relator ou ao presidente ou ao vice-presidente do tribunal recorrido, por aplicação subsidiária ao processo do trabalho do art. 1.029, § 3º, do CPC de 2015".*

Pela jurisprudência do TST, o efeito devolutivo ao recurso ordinário deve ser dirigido: (a) ao tribunal respectivo, no período compreendido entre a publicação da decisão de admissão do recurso e sua distribuição, ficando o relator designado para seu exame prevento para julgá-lo; (b) ao relator, se já distribuído o recurso; (c) ao presidente ou ao vice-presidente do tribunal recorrido, no período compreendido entre a interposição do recurso e a publicação da decisão de admissão do recurso, assim como no caso de o recurso ter sido sobrestado (art. 1.037, CPC). Por analogia, se o recurso ordinário for interposto de decisão da Vara do Trabalho, nessa hipótese o pedido de efeito devolutivo deverá ser dirigido ao juiz da Vara do Trabalho.

Tratando-se de requerimento feito no âmbito dos tribunais, a decisão do relator é atacável por agravo interno.

A superveniência da sentença, nos autos originários, faz perder o objeto do mandado de segurança que impugnava a concessão da tutela antecipada (ou liminar) (Súm. 414, III).

Não se admite mandado de segurança para impugnar despacho que acolheu ou indeferiu liminar em outro mandado de segurança (OJ 140, SDI-II).

Se houve determinação de reintegração do empregado em "ação cautelar", admite-se o mandado de segurança como forma de atacar a decisão (OJ 63).

Contudo, não há violação de direito líquido e certo na concessão de tutela antecipada para reintegrar empregado protegido por estabilidade provisória decorrente de lei ou norma coletiva (OJ 64, SDI-II), decorrente do exercício da função sindical (OJ 65) ou para obstar a transferência de empregado (OJ 67).

Constitui direito líquido e certo do empregador a suspensão do empregado, ainda que detentor de estabilidade sindical, até a decisão final do inquérito em que se apure a falta grave a ele imputada (art. 494, *caput* e parágrafo único, CLT) (OJ 137).

A concessão de liminar ou a homologação de acordo constituem faculdade do juiz, inexistindo direito líquido e certo tutelável pela via do mandado de segurança (Súm. 418, TST), de modo que inexiste direito líquido e certo a ser oposto contra ato de juiz que, antecipando a tutela jurisdicional, determina a reintegração do empregado até a decisão final do processo, quando demonstrada a razoabilidade do direito subjetivo material, como nos casos de anistiado pela Lei 8.878/94, aposentado, integrante de comissão de fábrica, dirigente sindical, portador de doença profissional, portador de vírus HIV ou detentor de estabilidade provisória prevista em norma coletiva (OJ 142, SDI-II).

Não fere direito líquido e certo o prosseguimento da execução quanto aos tópicos e valores não especificados no agravo de petição (Súm. 416, TST) ou a penhora em dinheiro do executado, em execução definitiva, para garantir crédito exequendo, uma vez que obedece à gradação prevista no CPC (art. 835) (Súm. 417).

Também não há direito líquido e certo à execução definitiva na pendência de recurso extraordinário ou de agravo de instrumento visando destrancá-lo (OJ 56, SDI-II).

Em execução definitiva, mesmo havendo discordância do credor, não tem o executado o direito a que os valores penhorados em dinheiro fiquem depositados no próprio banco (art. 840, I, NCPC) (Súm. 417, II, TST).

Tratando-se de execução provisória: (a) até o advento do CPC/15, há violação de direito do impetrante na determinação de penhora em dinheiro, quando nomeados outros bens à penhora, na medida em que o executado tem o direito a que a execução se processe da forma menos gravosa; (b) com a vigência do CPC/15 (a partir de 18/3/2016), não há violação de direito líquido e certo a determinação para a penhora em dinheiro do executado para garantir crédito exequendo, pois é prioritária e obedece à gradação prevista no art. 835, I, § 1º, NCPC (Súm. 417, I, TST).

O exaurimento das vias recursais existentes não abre espaço para o mandado de segurança (OJ 99, SDI-II).

A liquidação extrajudicial de sociedade cooperativa não suspende a execução dos créditos trabalhistas existentes contra ela por mandado de segurança (OJ 53, SDI-II).

A decisão do juiz que não aceita carta de fiança bancária e o seguro garantia judicial, desde que em valor não inferior ao do débito em execução, acrescido de 30%, como garantia da execução (art. 835, § 2º, CPC) é atacável por *mandamus* (OJ 59).

O ato do juiz que determinar ao INSS o reconhecimento ou a averbação de tempo de serviço é atacável por mandado de segurança (OJ 57).

Não sendo a parte beneficiária da assistência judiciária gratuita, inexiste direito líquido e certo à autenticação, pelas secretarias dos tribunais, de peças extraídas do processo principal, para formação do agravo de instrumento (OJ 91).

É admissível mandado de segurança para limitar a penhora sobre a renda mensal ou faturamento de empresa a determinado percentual que não comprometa o desenvolvimento regular da atividade empresarial (OJ 93).

A exigência de depósito prévio para custeio de honorários periciais é ilegal, dada a incompatibilidade com o processo do trabalho, sendo cabível o mandado de segurança visando à realização da perícia, independentemente do depósito (OJ 98). Citada regra foi positivada com a Reforma Trabalhista (Lei 13.467/17) (art. 790-B, § 3º, CLT). A nova redação do art. 790-B, CLT, somente é aplicável às ações propostas após 11 de novembro de 2017 (art. 5º, IN 41/18, TST).

A decisão que admite a cobrança de honorários advocatícios, pleiteada na forma do art. 24, §§ 1º e 2º, Lei 8.906/94, é passível de mandado de segurança, ante a incompetência da Justiça do Trabalho, em face da natureza civil do contrato de honorários (OJ 138, SDI-II, cancelada em maio/2006).

O mandado de segurança não se presta à obtenção de uma sentença genérica, aplicável a eventos futuros, cuja ocorrência é incerta (OJ 144, SDI-II).

A decisão que determina o bloqueio de numerário existente em conta salário ofende direito líquido e certo, para satisfação de crédito trabalhista, ainda que seja limitado a determinado percentual dos valores recebidos ou a valor revertido para fundo de aplicação ou poupança, visto que o art. 649, IV, CPC/73, contém norma imperativa que não admite interpretação ampliativa. A exceção prevista no art. 649, § 2º, CPC/73, espécie e não gênero de crédito de natureza alimentícia, não engloba o crédito trabalhista (OJ 153, SDI-II).

O CPC/15 fixou a posição de que os salários (art. 833, IV) e a poupança (art. 833, X) podem ser objeto de penhora para pagamento de prestação alimentícia, independentemente de sua origem, bem como as importâncias excedentes a cinquenta salários mínimos mensais, respeitando-se as regras previstas no art. 528, § 8º (eventual concessão de efeito suspensivo à impugnação ao cumprimento da decisão por parte do executado não obsta a que o exequente levante mensalmente a importância da prestação) e art. 529, § 3º (o débito objeto da execução pode ser descontado dos rendimentos ou rendas do executado, de forma parcelada, desde que, somado à parcela devida, não ultrapasse 50% dos ganhos líquidos do exequente). Citada inovação é aplicável ao processo trabalhista ante a natureza alimentar do crédito trabalhista (art. 833, § 2º).

A partir da vigência do CPC/15, como a impenhorabilidade é inaplicável à prestação alimentícia, sem qualquer tipo de restrição, nas demandas trabalhistas o salário do executado poderá ser objeto de penhora, visto que os créditos trabalhistas são de natureza salarial.

PARTE VII · Cap. II – MANDADO DE SEGURANÇA | 1097

Nas execuções trabalhistas, em que as penhoras ocorreram após a vigência do CPC/15, é inaplicável o teor da OJ 153, SDI-II, TST. O TST já reconhece esse juízo de valor, pois, ao revisar o conteúdo da OJ em setembro de 2017, no seu corpo manteve alusão ao art. 649, IV e § 2º, significando, assim, que a impenhorabilidade é aplicável para as situações fáticas ocorridas antes de 18 de março de 2016 (data em que o CPC/15 entrou em vigência).

2.3 LEGITIMIDADE ATIVA

2.3.1 *Writ* individual

Tem legitimidade ativa para o mandado de segurança individual o titular do direito líquido e certo, pouco importando tratar-se de pessoa natural ou jurídica, nacional ou estrangeira, domiciliada ou não em território nacional, além dos entes com órgãos despersonalizados como chefia do Poder Executivo, Mesas do Congresso, Senado, Câmara, Assembleia e Ministério Público e universalidades patrimoniais (massa falida e espólio).

Quando o direito ameaçado ou violado couber a várias pessoas, qualquer uma delas poderá requerer o mandado de segurança (art. 1º, § 3º, Lei 12.016).

A legislação específica prevê a possibilidade de o titular de direito líquido e certo decorrente de direito, em condições idênticas, de terceiro, poder impetrar mandado de segurança a favor do direito originário, se o seu titular não o fizer, no prazo de 30 dias, quando notificado judicialmente (art. 3º). Esse é um caso de legitimação extraordinária, em que o impetrante estará agindo como substituto processual.

2.3.1.1 *Capacidade Postulatória*

O *ius postulandi*, previsto no art. 791, da CLT, limita-se às varas do trabalho e aos TRTs (instâncias ordinárias), não alcançando a ação rescisória, o mandado de segurança e os recursos de competência do TST (Súm. 425, TST).

2.3.2 *Writ* coletivo

O mandado de segurança coletivo pode ser impetrado por: (a) partido político com representação no Congresso Nacional; (b) organização sindical, entidade de classe ou associação legalmente constituída e em funcionamento há pelo menos um ano, em defesa dos interesses de seus membros ou associados (art. 5º, LXX, CF), como substituto processual (art. 8º, III, CF). O art. 21, Lei 12.016, também indica os mesmos legitimados ativos.

Em maio de 2014, o STF entendeu que o art. 5º, LXX, CF, dispõe a respeito de representação específica, não alcançado previsão genérica do estado da associação a revelar a defesa dos interesses dos associados. Logo, a execução da sentença coletiva somente pode beneficiar os associados, os quais autorizaram de forma expressa a associação na propositura da ação na fase de conhecimento (STF – TP – RE 573232 – Ministro Ricardo Lewandowski – j. 14/5/2014 – *DJe* 19/9/2014).

2.4 LEGITIMIDADE PASSIVA

O mandado de segurança é cabível contra ato de autoridade pública, seja de que categoria for e sejam quais forem as funções que exerça (art. 1º, Lei 12.016), equiparando-se a ela particulares que desempenhem funções delegadas do Estado.

Autoridade é a pessoa física investida de poder de decisão dentro da esfera de competência atribuída pela lei (autoridade coatora), não envolve todos os agentes públicos, mas apenas aqueles com poder de decisão.

Também são equiparados à autoridade coatora, para efeito do *writ*, os representantes ou órgãos de partidos políticos e os administradores de entidades autárquicas, bem como os dirigentes de pessoas jurídicas ou as pessoas naturais no exercício de atribuições do Poder Público (art. 1º, § 1º).

Por previsão expressa da lei, os atos de gestão comercial praticados pelos administradores de empresas públicas, de sociedade de economia mista e de concessionárias de serviços públicos não podem ser questionados em sede de *writ* (art. 1º, § 2º). A exclusão da lei é específica para os atos de gestão comercial e não abrange todos os atos praticados.

É de se ressaltar que, quando da impetração do mandado de segurança, deve haver expressa indicação do agente público que praticou o ato (autoridade coatora) e não simplesmente do ente ou órgão público para o qual trabalha. Nos órgãos colegiados, considera-se coator o presidente.

A Lei 12.016 considera federal a autoridade coatora se as consequências de ordem patrimonial do ato contra o qual se requer o mandado houverem de ser suportadas pela União ou entidade por ela controlada.

Trata-se de autoridade coatora, como leciona Hely Lopes Meirelles:[6] *"a pessoa que ordena ou omite a prática do ato impugnado, e não o superior que recomenda ou baixa normas para sua execução. Não há de confundir, entretanto, o simples executor material do ato com a autoridade por ele responsável. Coator é a autoridade superior que pratica ou ordena concreta e especificamente a execução ou inexecução do ato impugnado e responde pelas suas consequências administrativas; executor é o agente subordinado que cumpre a ordem por dever hierárquico, sem se responsabilizar por ela"*.

Essa posição também é defendida por Vicente Greco Filho, Ulderico Pires dos Santos, Alfredo de Araújo Lopes da Costa, Sergio Sahione Fadel e Hamilton de Moraes e Barros, entre outros.

Tratando-se de autoridade coatora, em sede de mandado de segurança, não se pode deixar de observar que a nova lei perdeu a oportunidade de encerrar de maneira clara uma polêmica que perdura há décadas. O que é a autoridade coatora? Ela é a parte passiva? Ela é representante? Qual a sua posição jurídico-processual? Moacyr Amaral Santos e outros apontam que a autoridade coatora é mero substituto processual da pessoa

---

[6] MEIRELLES, Hely Lopes. *Mandado de segurança, ação popular, ação civil pública, mandado de injunção*, habeas data, 19. ed., p. 54.

PARTE VII · Cap. II – MANDADO DE SEGURANÇA | 1099

de direito público à qual se acha subordinada. Para esses autores, portanto, ela seria a ré do mandado de segurança.

Há, ainda, os que consideram que o sujeito passivo do mandado de segurança é a pessoa jurídica de Direito Público. Posição defendida por Sálvio de Figueiredo Teixeira, José de Castro Nunes, José Carlos Barbosa Moreira, Themístocles Brandão Cavalcanti, Miguel Seabra Fagundes, Celso Agrícola Barbi, Carlos Augusto de Assis, Cássio Scarpinella Bueno etc.

Por fim, destacamos aqueles, como Sebastião de Souza, Luis Eulálio de Bueno Vidigal, Alfredo Buzaid, Aguiar Dias etc., que defendem o litisconsórcio necessário passivo entre a autoridade administrativa e a pessoa de direito público.

A nova lei também merecerá reflexão mais aprofundada a respeito do tema, mas, pelo menos num juízo preliminar, parece-nos que a teoria que mais se adequa é a de que a ré do mandado de segurança é a pessoa jurídica de direito público, sendo a autoridade coatora mera informante. isso porque a própria lei, de um lado, manda comunicar tanto à Pessoa Jurídica de Direito Público como à autoridade coatora (art. 7º, I e II), mas, de outro, no art. 14, § 2º, estabelece que se *estende à autoridade coatora o direito de recorrer*. Ora, se ela fosse parte, não haveria necessidade desse dispositivo, pois o direito ao recurso derivaria da própria condição de parte. Assim, sem entrar em mais detalhes, tendo em vista que a proposta desse capítulo é apresentar uma visão panorâmica do mandado de segurança no âmbito trabalhista, temos que o mais correto, segundo a nova legislação, é considerar a pessoa de direito público a ré no mandado de segurança, e não a autoridade coatora.[7]

A existência de diversos tipos de atos administrativos passíveis de mandado de segurança tem dividido a doutrina e a jurisprudência quanto à identificação da autoridade coatora. A doutrina[8] procura solucionar a questão e identificar a autoridade coatora em cada uma das hipóteses: (a) ato violador baseado em lei: a autoridade coatora será aquela que praticou o ato; (b) ato violador baseado em decisão normativa: o sujeito passivo será o que aplicou a instrução normativa e não o que a elaborou; (c) ato decisório e executório: a autoridade coatora é aquela que determinou a prática do ato; (d) ato complexo: coatoras são todas as que concorreram à elaboração do ato; (e) atos compostos: há divergência sobre a identificação da autoridade coatora, se é aquela que praticou o ato principal ou na análise de caso a caso, a depender do grau de participação na realização do ato; (f) órgãos colegiados: aponta a divergência: o presidente ou o próprio órgão colegiado; (g) atos legislativos: descartam a possibilidade de *writ* contra lei formal. É admissível o mandado

---

[7]   A nova lei fornece mais argumentos para a tese defendida por Sérgio Ferraz (*Mandado de segurança*. São Paulo: Malheiros, 2006, p. 85-95). Para esse autor, a pessoa jurídica de direito público era a parte passiva no mandado de segurança, e não a autoridade coatora. Entretanto, ao contrário do defendido por Celso Barbi e outros, a autoridade coatora, para Sérgio Ferraz, não é representante da pessoa de direito público, mas mera informante. Assim, defende que a Pessoa de Direito Público deve ser citada para, querendo, apresentar defesa. Essa exigência de comunicação à pessoa de direito público hoje consta expressamente da lei.

[8]   ASSIS, Carlos Augusto de. *Sujeito passivo no mandado de segurança*, p. 16.

de segurança quando o ato legislativo tem a forma de lei, contudo, o seu conteúdo é de cunho administrativo. Em caso de lei autoexecutável, a autoridade coatora será a que executar os atos; (h) procedimentos administrativos: autoridade passível de mandado de segurança será a autoridade que preside sua realização; (i) ato praticado por delegação: coator será o agente delegado (Súm. 510, STF); (j) autoridade coatora no mandado de segurança coletivo, reportando-se, como regra geral, aos critérios anteriores.

O critério apontado pela doutrina e jurisprudência é de que é *"autoridade coatora aquela que dispõe de competência para corrigir a ilegalidade apontada".*[9]

Em certa medida, essa regra foi absorvida pela nova lei, a qual considera *"autoridade coatora aquela que tenha praticado o ato impugnado ou da qual emane a ordem para sua prática"* (art. 6º, § 3º).

Importante destacar que a Administração Pública, quando contrata pelo regime celetista, equipara-se ao empregador comum, despindo-se de suas prerrogativas de Estado, e não praticando atos de cunho administrativo que possam ser atacáveis por mandado de segurança.

O antigo Tribunal Federal de Recursos entendia que o mandado de segurança não é o meio processual idôneo para dirimir litígios trabalhistas (Súm. 195).

Isso não significa que a Administração não esteja presa a regras de Direito Constitucional e de Direito Administrativo quando contrata pelo regime celetista, como exigência de aprovação em concurso público, vedação de acumulação de cargos e empregos públicos, limites de gastos com servidores etc.[10]

A sistemática normativa da CLT é direcionada para a iniciativa privada e quando o Estado a escolhe para reger a relação jurídica de seus servidores acaba por gerar inúmeras controvérsias, uma verdadeira zona cinzenta entre o Direito do Trabalho e o Direito Administrativo, tanto nas relações individuais como coletivas de trabalho.

Excluídos os atos da Administração Pública, somente figurarão como autoridade coatora no processo do trabalho: o juiz de direito investido da jurisdição trabalhista, o juiz do trabalho, seja de primeira ou de instância superior, o diretor de secretaria ou, ainda, outro funcionário da Justiça do Trabalho.

A partir da EC 45, podemos incluir nesse rol os atos praticados pela fiscalização das relações de trabalho, sejam eles de multa ou não (art. 114, VII, CF).

Com a Lei 12.016, as autoridades administrativas, no prazo de 48 horas da notificação da medida liminar, remeterão ao Ministério ou órgão a que se acham subordinadas e ao Advogado-Geral da União ou a quem tiver a representação judicial da União, do Estado, do Município ou da entidade apontada como coatora, cópia autenticada do mandado notificatório, assim como indicações e elementos outros necessários às providências a

---

[9]   ASSIS, Carlos Augusto de. Ob. cit., p. 20.

[10] Sugerimos consultar o livro CAVALCANTE, Jouberto de Quadros Pessoa; NETO, Francisco Ferreira Jorge. *O empregado público*. 5. ed. São Paulo: LTr, 2016.

PARTE VII · Cap. II – MANDADO DE SEGURANÇA | **1101**

serem tomadas para a eventual suspensão da medida e defesa do ato apontado como ilegal ou abusivo de poder (art. 9º).

2.5 LITISCONSÓRCIO

Na vigência da Lei 1.533/51, admitiam-se o litisconsórcio e a assistência nos moldes da legislação processual civil (art. 19). Com a Lei 12.016, o ingresso do litisconsorte ativo não será admitido após o despacho da petição inicial (art. 10, § 2º). Aplicam-se ao *writ* os arts. 113 a 118, CPC (art. 24, Lei 12.016).

Para Sebastião de Souza, Luis Eulálio de Bueno Vidigal, Alfredo Buzaid, Aguiar Dias e outros há um litisconsórcio necessário passivo entre a autoridade administrativa e a pessoa de Direito Público.

Caso o impetrante não promova a citação do litisconsorte passivo necessário no prazo determinado, extingue-se o processo de mandado de segurança (Súm. 631, STF).

No âmbito do processo penal, o STF considera indispensável a citação do réu como litisconsorte passivo, quando o Ministério Público impetra mandado de segurança contra decisão (Súm. 701).

2.6 COMPETÊNCIA

Com a ampliação da competência material da Justiça do Trabalho, por força da EC 45, segundo Amador Paes de Almeida,[11] "*a competência originária em mandado de segurança, por certo, não se restringirá ao tribunal regional do trabalho, ou ao Tribunal Superior do Trabalho, estendendo-se, obviamente, às varas do trabalho*".

Na CLT, o mandado de segurança é de competência originária do pleno do TRT (art. 678, I, *b*, 3), caso inexistam turmas ou seção especializada com essa competência.

Após a EC 45, o entendimento dos TRTs é no sentido de que a competência dos tribunais será para os mandados de segurança impetrados contra atos de magistrados trabalhistas, sendo nos demais casos de competência originária das varas.

Mandado de segurança contra ato do presidente do TRT em execução trabalhista é de competência do próprio tribunal (Súm. 433, STF). Até porque o STF não é competente para conhecer de mandado de segurança contra atos dos tribunais de justiça dos Estados (Súm. 330), bem como não tem competência para conhecer originariamente de mandado de segurança contra atos de outros tribunais (Súm. 624).

O STJ também não tem competência para processar e julgar, originariamente, mandado de segurança contra atos de outros tribunais ou dos respectivos órgãos (Súm. 41).

A competência para julgar mandados de segurança conta atos praticados pelo presidente do tribunal ou por qualquer ministro integrante da Seção Especializada em processo de dissídio coletivo é da SDC (art. 2º, I, *d*, Lei 7.701/88).

---

[11] ALMEIDA, Amador Paes. *Curso prático de processo do trabalho*, 17. ed., p. 450.

Conforme previsão do RITST, em matéria judiciária, compete ao Órgão Especial julgar: (a) MS impetrado contra atos do Presidente ou de qualquer Ministro, ressalvada a competência das Seções Especializadas; (b) os recursos interpostos contra decisões dos TRTs em *writ* de interesse de juízes e servidores da Justiça do Trabalho; (c) os recursos ordinários interpostos contra decisões proferidas em MS impetrado contra ato do Presidente de TRT em sede de precatório (art. 76, *b*, *c* e *f*).

A SDC tem incumbência de julgar, em última instância, os recursos ordinários interpostos contra decisões proferidas pelos TRTs em ações rescisórias e mandados de segurança pertinentes a dissídios coletivos e em ações anulatórias de acordos e convenções coletivas (art. 77, II, *b*).

Cabe à SDI-II julgar os mandados de segurança contra os atos praticados pelo Presidente, ou por qualquer dos Ministros integrantes da SDI, nos processos de sua competência (art. 78, III, *a*, 2).

Ao TST não compete apreciar, originariamente, mandado de segurança impetrado em face de decisão de TRT (OJ 4, TP). Nos casos de competência originária dos tribunais, é atribuição do relator a instrução do processo, sendo assegurada a defesa oral na sessão do julgamento do mérito ou do pedido liminar (art. 16, Lei 12.016, com a alteração da Lei 13.676/18).

2.7 PRAZO PARA AJUIZAMENTO

Originariamente, o prazo fixado em lei para impetração do mandado de segurança era de 120 dias (art. 18, Lei 1.533/51). Apesar das questões envolvendo a constitucionalidade desse prazo legal, o prazo de 120 dias foi mantido pelo art. 23, Lei 12.016/09.

Trata-se de prazo decadencial que, por conta dessa natureza, não sofre interrupção ou suspensão (art. 207, CC). O TST entende que o prazo da ação rescisória, também de natureza decadencial, se prorroga até o primeiro dia útil imediatamente subsequente (Súm. 100, IX; art. 975, § 1º, CPC).

Na contagem do prazo decadencial para ajuizamento de mandado de segurança, o efetivo ato coator é o primeiro em que se firmou a tese hostilizada e não aquele que a ratificou (OJ 127, SDI-II).

Nem mesmo o pedido de reconsideração na via administrativa interrompe o prazo para o mandado de segurança (Súm. 430, STF). O pedido de reconsideração não se confunde com recurso na esfera administrativa.

Quanto ao início do prazo (*dies a quo*), como aponta Maria Sylvia Zanella di Pietro,[12] *"é preciso distinguir: 1. Se o mandado é interposto contra ato lesivo já praticado, o prazo começa a correr a partir da ciência do ato; nenhuma consequência terá a interposição de recurso administrativo sem efeito suspensivo, porque o ato já está causando lesão e, em consequência, o prazo de decadência já está correndo; mas se o recurso tem efeito suspensivo, o prazo começa a correr quando decidido o último recurso ou quando se esgotar o prazo para recorrer administrativamente; 2. Se o mandado é interposto contra omissão, duas hipóteses*

---

[12] DI PIETRO, Maria Sylvia Zanella. Ob. cit., p. 689.

PARTE VII · Cap. II – MANDADO DE SEGURANÇA | **1103**

devem ser distinguidas: se a Administração está sujeita a prazo para praticar o ato, esgotado esse prazo, começam a correr os 120 dias para impetração da segurança, conforme decisão do STF, in RTJ 53/637; se a Administração não está sujeita a prazo legal para a prática do ato, não se cogita de decadência para o mandado de segurança, por inexistência de um termo a quo; enquanto persistir a omissão, é cabível o mandado; 3. Se o mandado é interposto preventivamente, quando haja ameaça de lesão, também não se cogita de decadência, porque, enquanto persistir a ameaça, há a possibilidade de impetração".

Antes do advento da Lei 12.016, o STF (Súm. 632)[13] e o STJ[14] entenderam que o art. 18, Lei 1.533/51, foi recepcionado pela CF.

Em se tratando de *writ* impetrado por terceiro em favor do direito originário (art. 3º, Lei 12.016), o prazo de 120 dias conta-se da notificação judicial (art. 3º, parágrafo único).

2.8 MEDIDA LIMINAR

O mandado de segurança comporta pedido de medida liminar quando houver fundamento relevante e do ato impugnado puder resultar a ineficácia da medida, caso seja finalmente deferida, sendo facultado exigir do impetrante uma garantia (caução, fiança ou depósito), com o objetivo de assegurar o ressarcimento à pessoa jurídica (art. 7º, III, Lei 12.016).

Em outras palavras, mesmo com a legislação vigente, os requisitos para a concessão da medida liminar continuam sendo os mesmos (o relevante fundamento e o perigo da demora ou perigo iminente). Exatamente por terem sido mantidas as mesmas expressões, tende a permanecer a divergência doutrinária sobre quais seriam os pressupostos para a concessão da liminar. Não quanto ao perigo na demora, mas com relação ao grau de convicção exigido para o magistrado conceder a liminar. Alguns falam que bastaria o *fumus boni juris* (à semelhança da natureza cautelar), enquanto outros falam que basta que o juiz vislumbre um direito possível,[15] havendo quem defenda um rigor maior (probabilidade).[16]

A medida liminar é um direito da parte quando preenchidos seus requisitos, não podendo ser negada pelo juiz. Tanto é assim que a controvérsia sobre matéria de direito não impede concessão de mandado de segurança (Súm. 625, STF).

---

[13] Súm. 632, STF: "É constitucional lei que fixa o prazo de decadência para a impetração de mandado de segurança".

[14] STJ – 2ª T. – RMS 710-0 – Rel. Min. Américo Luz – j. 18-8-1993 – *DJ* 20-9-1993.

[15] MACIEL, Adhemar Ferreira. Observações sobre a liminar no mandado de segurança. In: TEIXEIRA, Sálvio de Figueiredo (Coord.). *Mandados de segurança e de injunção*, p. 235.

[16] É o que se pode inferir da lição de Teori Albino Zavascki (Antecipação da tutela, p. 191-192) que, comparando a liminar no mandado de segurança com a antecipação de tutela do art. 273, CPC/73 (arts. 294 segs., NCPC), equipara a verossimilhança amparada em prova inequívoca (art. 273, CPC/73) com a exigência de prova pré-constituída que acompanha a inicial do *writ*. Como afirma o processualista, "no momento de decidir sobre a liminar ('ao despachar a inicial'), supõe-se presente, também no mandado de segurança, 'prova inequívoca' dos fatos alegados". Também no sentido da exigência de probabilidade são as lições de Maria Fátima Vaquero Ramalho de Leyser (*Mandado de segurança*, p. 93). Cássio Scarpinella Bueno entende que a concessão da liminar pressupõe "alta probabilidade" (*Mandado de segurança*, p. 85).

Contudo, é vedada a concessão de medida liminar que tenha por objeto a compensação de créditos tributários, a entrega de mercadorias e bens provenientes do exterior, a reclassificação ou equiparação de servidores públicos e a concessão de aumento ou a extensão de vantagens ou pagamento de qualquer natureza (art. 7º, § 2º, Lei 12.016). Também é vedada a concessão de liminares de natureza antecipatória quando envolver tais questões (art. 7º, § 5º).

No mandado de segurança coletivo, a liminar será concedida, após a audiência do representante judicial da pessoa jurídica de direito público, que deverá se pronunciar no prazo de 72 horas (art. 22, § 2º).

Os efeitos da medida liminar concedida persistirão até a prolação da sentença (art. 7º, § 3º), podendo a parte interessada promover a execução provisória da sentença, salvo nos casos em que for vedada a concessão da medida liminar (art. 14, § 3º). A nova lei agiu bem ao eliminar o prazo de eficácia de 90 dias previsto na Lei 4.348/64 (art. 1º), de discutível – para dizer o mínimo – constitucionalidade.

Será decretada a perempção ou caducidade da medida liminar *ex officio* ou a requerimento do Ministério Público quando, concedida a medida, o impetrante criar obstáculos ao normal andamento do processo ou deixar de promover, por mais de 3 dias úteis, os atos e as diligências que lhe cumprirem (art. 8º).

O TST, com base no art. 899, CLT, entendia que havia impedimento para a execução definitiva do título executório, tanto para as obrigações de pagar quanto para as de fazer. Assim, como a obrigação de reintegrar tem caráter definitivo, entendia que tal reintegração somente poderia ser decretada de forma liminar nas hipóteses legalmente previstas (OJ 87, SDI-II, cancelada aos 22/8/2005).

Denegada a segurança pelo acórdão do TRT, a liminar concedida fica sem efeito (Súm. 405, STF).

Cassada a liminar concedida ou cessada sua eficácia, a situação volta ao *status quo ante*.

A competência para conceder a medida liminar é do relator do processo.

2.9 RECURSOS CONTRA A DECISÃO LIMINAR

2.9.1 Agravo de Instrumento

O cabimento do recurso de agravo de instrumento contra decisão liminar em sede de mandado de segurança já foi muito polêmico. O STJ já considerou que não cabe agravo de decisão que indefere o pedido de suspensão da execução da liminar ou da sentença em mandado de segurança (Súm. 217, atualmente cancelada).

Atualmente, por força da Lei 12.016, contra a decisão liminar, concessiva ou denegatória, cabe o recurso de agravo de instrumento (art. 7º, § 1º), sendo que sua interposição não prejudica, nem condiciona o julgamento do pedido de suspensão de liminar dirigida ao presidente do tribunal (art. 15, § 3º).

Apesar disso, diante do cabimento restrito do agravo de instrumento no Processo do Trabalho (art. 897, *b*, CLT), parte expressiva da jurisprudência não tem admitido tal

PARTE VII · Cap. II – MANDADO DE SEGURANÇA | 1105

agravo contra decisão liminar em MS (TRT – 2ª R – SDI – MS 12224007920105020000 – Rel. Marcelo Freire Gonçalves – j. 10/5/2011).

Por outro lado, o próprio TST não admite mandado de segurança para impugnar despacho que acolheu ou indeferiu liminar em outro MS (OJ 140, SDI-II).

Entendemos que o recurso correto contra decisão liminar é o agravo de instrumento, isso porque , em face do regramento específico do MS, não se aplica as regras da CLT (processo do trabalho), como se denota da própria IN 27/05 (art. 1º)[17] e da Súm. 425, TST. Ou seja, trata-se de um procedimento especial que tramita na Justiça do Trabalho, quando envolver sua competência, mas que deve seguir o regramento processual próprio, por isso exige a figura do advogado.

Nos casos de competência originária dos tribunais, da decisão do relator que conceder ou denegar a medida liminar caberá agravo ao órgão competente do tribunal (art. 16, parágrafo único, Lei 12.016).

Na vigência da Lei 1.533, o STF havia pacificado o entendimento de que a decisão do relator que concede ou indefere liminar em mandado de segurança não pode ser objeto de agravo regimental (Súm. 622, STF).

No âmbito do TST, o art. 265, RITST prevê expressamente o cabimento do agravo interno contra decisões do presidente do tribunal que suspender execução de liminares ou de decisão concessiva de mandado de segurança; conceder ou negar suspensão da execução de liminar, antecipação de tutela provisória e, ainda, concessivo de liminar em mandado de segurança.

Concedida a medida liminar e sobrevindo a sentença nos autos da ação originária, configura-se a perda superveniente do interesse processual, impondo-se a denegação da segurança (art. 6º, § 5º, Lei 12.016; Súm. 414, III, TST).

2.9.2   Pedido de Suspensão dos Efeitos da Liminar

Concedida a medida liminar, o presidente do tribunal competente para conhecer o recurso, a requerimento da pessoa jurídica de direito público ou do Ministério Público, poderá, em decisão fundamentada, ordenar a suspensão da execução da liminar, para evitar grave lesão à ordem, à saúde, à segurança e à economia pública (art. 15, *caput*, Lei 12.016/09). Dessa decisão caberá agravo, sem efeito suspensivo, no prazo de 5 dias, o qual será levado a julgamento na sessão seguinte à sua interposição.

Cabe ao presidente do tribunal conferir efeito suspensivo ao pedido de suspensão de liminar, quando constatar, em juízo prévio, a plausibilidade do direito invocado e a urgência na concessão da medida (art. 15, § 4º).

---

[17]   Artigo 1º: "As ações ajuizadas na Justiça do Trabalho tramitarão pelo rito ordinário ou sumaríssimo, conforme previsto na Consolidação das Leis do Trabalho, excepcionando-se, apenas, as que, por disciplina legal expressa, estejam sujeitas a rito especial, tais como o mandado de segurança, *habeas corpus, habeas data*, ação rescisória, ação cautelar e ação de consignação em pagamento".

1106 DIREITO PROCESSUAL DO TRABALHO • *Francisco Ferreira Jorge Neto – Jouberto de Quadros Pessoa Cavalcante*

Na hipótese de o pedido de suspensão ser indeferido ou caso haja o acolhimento do agravo, caberá novo pedido de suspensão a ser formulado ao presidente do tribunal competente para conhecer de eventual recurso especial ou extraordinário (art. 15, § 1º).

Também é cabível esse novo pedido de suspensão (art. 15, § 1º) quando negado provimento a agravo de instrumento (art. 7º, § 1º) interposto contra a liminar (art. 15, § 3º).

Aliás, a interposição de agravo de instrumento contra a liminar nas ações movidas contra o poder público e os seus agentes, diante da redação do art. 15, § 3º, não prejudica bem como não condiciona a solicitação do pedido de suspensão.

As liminares cujo objeto seja idêntico poderão ser suspensas em uma única decisão, podendo o presidente do tribunal estender os efeitos da suspensão a liminares supervenientes, mediante simples aditamento do pedido original (art. 15, § 5º).

A suspensão da liminar em mandado de segurança, salvo determinação em contrário da decisão que a deferir, vigorará até o trânsito em julgado da decisão definitiva de concessão da segurança ou, havendo recurso, até a sua manutenção pelo STF, desde que o objeto da liminar deferida coincida, total ou parcialmente, com o da impetração (Súm. 626, STF).

2.10 DECISÃO

Como esclarece Sérgio Ferraz,[18] a decisão do mandado de segurança "*poderá ser condenatória (como se depreende, por exemplo, do art. 5º, da Lei nº 4.348, de 26-6-64), constitutiva (na maior parte das vezes) e mesmo executória (v. g., § 3º, do art. 1º, da Lei nº 5.021, de 9-6-66). Em todos esses casos, ela ainda será, em maior ou menor grau (mas nunca com exclusividade, à vista da própria dicção da previsão constitucional), declaratória. Cumpre ponderar que não se trata, salvo as exceções já antes focalizadas, de uma carga declaratória aberta, de cunho normativo, invocável como regra regedora para situações administrativas análogas: a força declaratória dirige-se unicamente ao ato coator já praticado, atingindo, no máximo, outros idênticos, já em vias de consumação. Nesses limites, a segurança poderá ter, a um só tempo, feição corretiva e preventiva.*

Acima de tudo, porém, a sentença no writ *é mandamental*".

Se for o caso de qualquer das hipóteses de resolução sem julgamento de mérito (art. 485, CPC), a segurança será denegada (art. 6º, § 5º, Lei 12.016), sendo que o pedido de mandado de segurança sempre poderá ser renovado, dentro do prazo decadencial, se a decisão denegatória não lhe houver apreciado o mérito (art. 6º, § 6º).

A petição inicial deverá ser indeferida de plano, em decisão fundamentada, quando não for o caso de mandado de segurança ou quando lhe faltar algum dos requisitos legais ou, ainda, quando decorrido o prazo para sua impetração (art. 10).

A decisão denegatória de mandado de segurança que não fizer coisa julgada material contra o impetrante não impede o uso da ação própria (art. 19, Lei 12.016, Súm. 304, STF).

---

[18] FERRAZ, Sérgio. Ob. cit., p. 175.

PARTE VII · Cap. II – MANDADO DE SEGURANÇA | **1107**

Ao analisar a Súm. 304, STF, esclarece Paulo Roberto de Figueiredo Dantas:[19] *"Se a decisão concluir apenas pela inexistência de direito líquido e certo (aqui não há exame de mérito), será possível ao impetrante propor posterior ação de conhecimento, para pleitear seus direitos e respectivos efeitos patrimoniais. Caso, contudo, o pedido seja julgado improcedente, e transite em julgado, não poderá propor ação de conhecimento, devendo respeitar a coisa julgada material".*

Nas decisões proferidas em mandado de segurança e nos respectivos recursos, quando não publicado, no prazo de 30 dias, contados da data do julgamento, o acórdão será substituído pelas respectivas notas taquigráficas, independentemente de revisão (art. 17, Lei 12.016).

No *mandamus* coletivo, a sentença fará coisa julgada limitadamente aos membros do grupo ou categoria substituídos pelo impetrante (art. 22).

O mandado de segurança coletivo não induz a litispendência para as ações individuais, mas os efeitos da coisa julgada não beneficiarão o impetrante a título individual se não requerer a desistência de seu mandado de segurança no prazo de 30 dias, a contar da ciência comprovada da impetração da segurança coletiva (art. 22, § 1º).

É pacífico o entendimento de que a concessão de mandado de segurança não produz efeitos patrimoniais em relação a período pretérito, os quais devem ser reclamados de forma administrativa ou pela via judicial própria (Súm. 271, STF). Assim, o pagamento de vencimentos e vantagens pecuniárias asseguradas em sentença concessiva de mandado de segurança a servidor público da Administração Pública somente será efetuado relativamente às prestações que se vencerem a contar da data do ajuizamento da inicial (art. 14, § 4º, Lei 12.016), observando o sistema de pagamento por precatórios.

Constitui crime de desobediência o não cumprimento das decisões proferidas em mandado de segurança, sem prejuízo das sanções administrativas (art. 26) e trabalhistas que possam ser aplicadas.

2.11 RECURSOS CONTRA SENTENÇA

A decisão que indeferir a petição inicial pelo juiz de primeiro grau será atacada pelo recurso de apelação. Contudo, quando a competência para o julgamento do *writ* for originária do tribunal, do ato do relator caberá agravo para o órgão competente no tribunal (art. 10, § 1º, Lei 12.016).

Da sentença denegatória ou concessiva da segurança caberá apelação, sendo que a decisão concessiva de segurança ainda está sujeita ao duplo grau de jurisdição (art. 10, Lei 12.016).

O TST considera que somente cabe remessa *ex officio* se na relação processual figurar pessoa jurídica de direito público como parte prejudicada pela concessão da ordem. Tal situação não ocorre se figurar no feito como impetrante e terceiro interessado pessoa de direito privado, ressalvada a hipótese de matéria administrativa (Súm. 303, IV).

---

[19] DANTAS, Paulo Roberto de Figueiredo. *Direito processual constitucional*, p. 303.

Além do Ente de Direito Público ao qual pertence a autoridade coatora, também poderá recorrer a própria autoridade coatora (art. 14, § 2º). A constitucionalidade do dispositivo legal está sendo questionada perante o STF (ADIn 4.403 – Rel. Min. Ricardo Lewandowski).

Cabe ao STF julgar, em recurso ordinário, *habeas corpus*, mandado de segurança, *habeas data* e mandado de injunção decididos em única instância pelos tribunais superiores, se denegada a decisão (art. 102, II, *a*, CF), sendo o prazo do recurso ordinário para o STF, em *habeas corpus* ou mandado de segurança, de 5 dias (Súm. 319).

Da decisão do TRT em mandado de segurança cabe recurso ordinário para o TST no prazo de 8 dias (Súm. 201, TST).

Não cabe recurso ordinário para o TST de decisão proferida pelo TRT em agravo regimental interposto contra despacho que concede ou não liminar em ação cautelar ou em mandado de segurança, uma vez que o processo ainda pende de decisão definitiva do tribunal *a quo* (OJ 100, SDI-II).

A interposição de recurso de revista de decisão definitiva de TRT em ação rescisória ou em mandado de segurança, com fundamento em violação legal e divergência jurisprudencial e remissão expressa ao art. 896, CLT, configura erro grosseiro, insuscetível de autorizar o seu recebimento como recurso ordinário (art. 895, II, CLT) (OJ 152, SDI-II).

Não se aplicam as limitações do valor de alçada em mandado de segurança (Súm. 365, TST).

Na vigência da Lei 1.533, o STF não admitia embargos infringentes de acórdão que em mandado de segurança decidiu, por maioria de votos, a apelação (Súm. 597). Para o STJ, também eram inadmissíveis embargos infringentes no mandado de segurança (Súm. 169). No Processo do Trabalho, inexiste previsão do recurso de embargos infringentes com essa finalidade. Por força dessa construção jurisprudencial, o art. 25, Lei 12.106, vetou expressamente o cabimento do recurso de embargos infringentes em sede de *writ of mandamus*.

O recurso ordinário será recebido com efeito devolutivo, sendo incabível medida cautelar para imprimir efeito suspensivo a recurso interposto, pois ambos visam, em última análise, à sustação do ato atacado. Nesse caso, extingue-se o processo, sem julgamento do mérito, por ausência de interesse de agir, para evitar que decisões judiciais conflitantes e inconciliáveis passem a reger idêntica situação jurídica (OJ 113, SDI-II, cancelada pela Res. 220/17).

No caso de decisão concessiva da segurança, o presidente do tribunal competente para conhecer o recurso, a requerimento da Pessoa Jurídica de Direito Público ou do Ministério Público, poderá, em decisão fundamentada, ordenar a suspensão da execução da sentença, para evitar grave lesão à ordem, à saúde, à segurança e à economia pública (art. 15, *caput*, Lei 12.016).

Cabe ao presidente do tribunal conferir efeito suspensivo ao pedido de suspensão de liminar, quando constatar, em juízo prévio, a plausibilidade do direito invocado e a urgência na concessão da medida (art. 15, § 4º).

PARTE VII · Cap. II – MANDADO DE SEGURANÇA | **1109**

As liminares cujo objeto seja idêntico poderão ser suspensas em uma única decisão, podendo o presidente do tribunal estender os efeitos da suspensão a liminares supervenientes, mediante simples aditamento do pedido original (art. 15, § 5º).

Recurso ordinário interposto contra despacho monocrático indeferitório da petição inicial de ação rescisória ou de mandado de segurança pode, pelo princípio de fungibilidade recursal, ser recebido como agravo regimental. Hipótese de não conhecimento do recurso pelo TST e devolução dos autos ao TRT, para que aprecie o apelo como agravo regimental (OJ 69, SDI-II).

Das decisões em mandado de segurança proferidas em única instância pelos tribunais cabe recurso especial e extraordinário, nos casos legalmente previstos, e recurso ordinário, quando a ordem for denegada (art. 18, Lei 12.016).

Não existem motivos para a exigência do depósito recursal em sede de mandado de segurança. Contudo, o pagamento de custas processuais não está dispensado (OJ 148, SDI-II).

2.12 HONORÁRIOS ADVOCATÍCIOS

Mesmo antes da Lei 12.016, já era pacífico o entendimento do STF e do STJ no sentido de ser incabível a condenação em honorários de advogado na ação de mandado de segurança (Súm. 512, STF, Súm. 105, STJ). Atualmente, a não condenação em honorários advocatícios está expressa no art. 25, Lei 12.016, sem prejuízo da aplicação de litigância de má-fé.

2.13 PROCESSAMENTO

Em caso de urgência, é permitido, observados os requisitos legais, impetrar mandado de segurança por telegrama, radiograma, fax ou outro meio eletrônico[20] de autenticidade comprovada (art. 4º, Lei 12.016).

Poderá o juiz, em caso de urgência, notificar a autoridade por telegrama, radiograma ou outro meio que assegure a autenticidade do documento e a imediata ciência pela autoridade. Nesse caso, o texto original da petição deverá ser apresentado nos 5 dias úteis seguintes.

A petição inicial, que deverá preencher os requisitos estabelecidos pela lei processual, será apresentada em 2 vias com os documentos que instruírem a primeira reproduzidos na segunda e indicará, além da autoridade coatora, a pessoa jurídica que esta integra, à qual se acha vinculada ou da qual exerce atribuições.

No caso em que o documento necessário à prova do alegado se ache em repartição ou estabelecimento público ou em poder de autoridade que se recuse a fornecê-lo por certidão ou de terceiro, o juiz ordenará, preliminarmente, por ofício, a exibição desse

---

[20] Em se tratando de documento eletrônico, serão observadas as regras da Infraestrutura de Chaves Públicas Brasileira (ICP) Brasil.

documento em original ou em cópia autêntica e marcará, para o cumprimento da ordem, o prazo de 10 dias. O escrivão extrairá cópias do documento para juntá-las à segunda via da petição.

Se a autoridade que tiver procedido dessa maneira for a própria coatora, a ordem far-se-á no próprio instrumento da notificação.

Ao despachar a inicial, o juiz ordenará que: (a) se notifique o coator do conteúdo da petição inicial, enviando-lhe a segunda via apresentada com as cópias dos documentos, a fim de que, no prazo de 10 dias, preste as informações; (b) se dê ciência do feito ao órgão de representação judicial da pessoa jurídica interessada, enviando-lhe cópia da inicial sem documentos, para que, querendo, ingresse no feito; (c) se suspenda o ato que deu motivo ao pedido, quando houver fundamento relevante e do ato impugnado puder resultar a ineficácia da medida, caso seja finalmente deferida, sendo facultado exigir do impetrante caução, fiança ou depósito, com o objetivo de assegurar o ressarcimento à pessoa jurídica.

Em caso de deferimento da medida liminar, o processo terá prioridade para julgamento (art. 7º, § 4º), e, nos termos do art. 20, os processos de mandado de segurança e os respectivos recursos terão prioridade sobre todos os atos judiciais, salvo *habeas corpus*.[21]

As autoridades administrativas, no prazo de 48 horas da notificação da medida liminar, remeterão ao Ministério ou órgão a que se acham subordinadas e ao Advogado-Geral da União ou a quem tiver a representação judicial da União, do Estado, do Município ou da entidade apontada como coatora, cópia autenticada do mandado notificatório, assim como indicações e elementos outros necessários às providências a serem tomadas para a eventual suspensão da medida e defesa do ato apontado como ilegal ou abusivo de poder.

Feitas as notificações, o serventuário em cujo cartório corra o feito juntará aos autos cópia autêntica dos ofícios endereçados ao coator e ao órgão de representação judicial da pessoa jurídica interessada, bem como a prova da entrega a estes ou da sua recusa em aceitá-los ou dar recibo e, no caso do art. 4º, Lei 12.016, a comprovação da remessa.

Em seguida, o juiz ouvirá o representante do Ministério Público, que opinará, dentro do prazo improrrogável de 10 dias. Com ou sem o parecer do Ministério Público, os autos serão conclusos ao juiz para a decisão, a qual deverá ser necessariamente proferida em 30 dias.

Concedido o mandado, o juiz transmitirá em ofício, por intermédio do oficial do juízo, ou pelo correio, mediante correspondência com aviso de recebimento, o inteiro teor da sentença à autoridade coatora e à pessoa jurídica interessada.

Em caso de urgência, poderá o juiz observar a utilização de telegrama, radiograma, *fax* ou outro meio eletrônico de autenticidade comprovada.

---

[21] Na instância superior, deverão ser levados a julgamento na primeira sessão que se seguir à data em que forem conclusos ao relator. O prazo para a conclusão dos autos não poderá exceder de 5 dias.

Da sentença, denegando ou concedendo o mandado, cabe apelação. Concedida a segurança, a sentença estará sujeita obrigatoriamente ao duplo grau de jurisdição.

Pode recorrer também à autoridade coatora. No processo trabalhista, o recurso oponível é o recurso ordinário (Súm. 201, TST). Convém lembrar que a procuração outorgada com poderes específicos para ajuizamento de reclamação trabalhista não autoriza a propositura de ação rescisória e mandado de segurança, contudo, constatado o defeito de representação na fase recursal, cumpre ao relator ou ao tribunal conceder prazo de cinco dias para a regularização, nos termos da Súm. 383, II, TST (OJ 151, SDI-II).

A sentença que conceder o mandado de segurança pode ser executada provisoriamente, salvo nos casos em que for vedada a concessão da medida liminar.

Nas decisões proferidas em mandado de segurança e nos respectivos recursos, quando não publicado, no prazo de 30 dias, contado da data do julgamento, o acórdão será substituído pelas respectivas notas taquigráficas, independentemente de revisão.

Das decisões em mandado de segurança proferidas em única instância pelos tribunais cabe recurso especial e extraordinário, nos casos legalmente previstos, e recurso ordinário, quando a ordem for denegada.

QUESTIONÁRIO

1. Quais os requisitos para impetração do mandado de segurança?

2. Aponte três atos atacáveis por mandado de segurança.

3. Quais são as espécies de mandado de segurança?

4. Na Justiça do Trabalho, quem pode figurar no polo passivo do *mandamus of writ*?

5. Qual órgão do Poder Judiciário é competente para conhecer e julgar mandado de segurança?

6. Qual o prazo para ajuizamento do *mandamus*?

7. Quais os requisitos para concessão de medida liminar no *writ*?

8. Qual o recurso cabível contra a decisão liminar ou que vise suspender os efeitos da sentença concessiva da segurança?

Capítulo III
HABEAS DATA

3.1 ASPECTOS GERAIS

Com origem histórica no *Freedom of Information Act* de 1974, alterado pelo *Freedom of Information Reform Act* de 1978, dos Estados Unidos,[1] o *habeas data* encontra-se expressamente previsto na CF (art. 5º, LXXII).[2]

É o meio constitucional *"posto à disposição de pessoa física ou jurídica para lhe assegurar o conhecimento de registros concernentes ao postulante e constantes de repartições públicas ou particulares acessíveis ao público, para retificação de seus dados pessoais".*[3]

Assim, é uma ação constitucional (também denominada de remédio constitucional por parte expressiva da doutrina), de caráter civil, conteúdo e rito sumário, a qual tem por finalidade a proteção do direito do impetrante em conhecer as informações e registros

---

[1] Também encontrado no direito comparado (Constituição de Portugal, de 1976, art. 35, e Constituição da Espanha, de 1978, art. 105, *b*).

[2] "A toda evidência, o *habeas data* surgiu com dois endereços certos, um no domicílio governamental, outro no conglomerado empresarial: um, as famigeradas fichas do Serviço Nacional de Informações, esse 'monstro' criado pelo regime ditatorial de 1964, segundo seu próprio criador e um dos áulicos do Estado-do-não direito, outro, os 'bancos de dados' mantidos para alimentar instantaneamente os serviços de proteção ao crédito sobre a solvibilidade do universo de consumidores e usuários.A 'Proposta de Constituição Democrática para o Brasil', resultante do Congresso Pontes de Miranda, promovido em Porto Alegre em 1891, insere como item 34 do art. 2º, o seguinte dispositivo: 'Toda pessoa tem direito de acesso aos informes a seu respeito registrados por entidades públicas ou particulares, e de correção dos erros que demonstrar existirem nesses dados. Responde pelos danos materiais e morais que causar, o órgão que transmitir informações errôneas" (SIDOU, J. M. Othon. Habeas corpus, *mandado de segurança, mandado de injunção,* habeas data, *ação popular – as garantias ativas dos direitos coletivos,* 5. ed., p. 289).

[3] MEIRELLES, Hely Lopes. *Mandado de segurança. Ação popular. Ação civil pública. Mandado de injunção. "Habeas data". Ação direta de inconstitucionalidade. Ação declaratória de constitucionalidade. Arguição de descumprimento de preceito fundamental. O controle incidental de normas no direito brasileiro,* atualizado por Arnaldo Wald, Gilmar Ferreira Mendes e Rodrigo Garcia de Fonseca, 26. ed., p. 270.

PARTE VII · Cap. III – *HABEAS DATA* | **1113**

relativos à sua pessoa e constantes de registros de repartições públicas ou particulares acessíveis a todos, para, inclusive, retificá-los se for necessário.[4]

Nos termos da CF, será concedido *habeas data*: (a) para assegurar o conhecimento de informações relativas à pessoa do impetrante, constantes de registros ou bancos de dados de entidades governamentais ou de caráter público; (b) para a retificação de dados, quando não se prefira fazê-lo por processo sigiloso, judicial ou administrativo.

Como esclarece José Afonso da Silva,[5] o *habeas data* visa proteger a esfera íntima dos indivíduos contra: (a) usos abusivos de registros de dados pessoais coletados por meios fraudulentos, desleais ou ilícitos; (b) introdução nesses registros de dados sensíveis (assim chamados os de origem racial, opinião política, filosófica ou religiosa, filiação partidária e sindical, orientação sexual etc.); (c) conservação de dados falsos ou com fins diversos dos autorizados em lei.

Além dessas finalidades, uma outra foi prevista no âmbito infraconstitucional, para a anotação nos assentamentos do interessado, de contestação ou explicação sobre dado verdadeiro, mas justificável e que esteja sob pendência judicial ou amigável (art. 7°, III, Lei 9.507/97).

O *habeas data* possui duas finalidades independentes e autônomas:[6] (a) direito de acesso às informações (banco de dados público e banco de dados de caráter público); (b) direito de retificação (informação inexata, informação ilegal ou inconstitucional, complementação de dados, anotação de pendência sobre fato verdadeiro).

Como lembra Hely Lopes Meirelles,[7] o *habeas data* não pode ser utilizado para substituir ação declaratória ou ser impetrado quando a matéria é controversa, nem se confunde com a garantia constitucional de se obter certidões (art. 5°, XXXIV, *b*, CF).[8]

3.2 O *HABEAS DATA* E A COMPETÊNCIA DA JUSTIÇA DO TRABALHO

Com a EC 45/04, a Justiça do Trabalho passou a ter competência para *habeas data*, quando o ato questionado envolver matéria sujeita à sua jurisdição (art. 114, IV).

O Texto Constitucional prevalece sobre o art. 20, da Lei 9.507, o qual fixa a competência dos órgãos do Poder Judiciário para conhecer e julgar o *habeas data* e traça como regra geral a competência da Justiça Estadual.

---

[4]   Parte da doutrina classifica como *habeas data* preventivo quando visar conhecer as informações e *habeas data* repressivo quando tiver por finalidade retificá-las.

[5]   SILVA, José Afonso da. *Curso de direito constitucional positivo*, 9. ed., p. 396.

[6]   ARAÚJO, Luiz Alberto David; NUNES JÚNIOR, Vidal Serrano. *Curso de direito constitucional*, 6. ed., p. 165-166.

[7]   MEIRELLES, Hely Lopes. Ob. cit., p. 271-272.

[8]   A violação ao direito à obtenção de certidões poderá ser resguardada pelo mandado de segurança ou outra via judicial.

1114 | DIREITO PROCESSUAL DO TRABALHO • *Francisco Ferreira Jorge Neto – Jouberto de Quadros Pessoa Cavalcante*

É de se ressaltar que, mesmo antes da previsão constitucional expressa, se o questionamento do *habeas data* decorresse da relação de emprego (contrato de trabalho) (art. 114, *caput*, CF, antes da EC 45), a competência seria da Justiça Laboral.[9]

Na seara trabalhista, o *habeas data* poderá ser impetrado tanto por aquele que presta os serviços (*v. g.*, empregado), como por aquele que é o beneficiário dos serviços prestados (*v. g.*, empregador).

Certo é que no âmbito da Justiça do Trabalho, o *habeas data* é de rara ocorrência e parece-nos cabível para situações, como por exemplo, em que a Administração Pública se recusa a dar conhecimento de informações ou a retificar dados de determinada empresa existentes nos órgãos de fiscalização do trabalho, por força da interpretação que se dá ao art. 114, VII, CF, ao não se limitar a competência da Justiça do Trabalho apenas às penalidades administrativas decorrentes de órgãos de fiscalização das relações de trabalho, mas a todo ato praticado pela fiscalização, como abuso de autoridade.

Uma outra situação a qual nos parece cabível a ação constitucional ocorreria quando a entidade sindical formasse banco de dados sobre os membros da categoria para consulta de terceiros, visando recolocação profissional e não permitisse a retificação de informações ali constantes.

Ao tratar do tema, Sergio Pinto Martins[10] coloca a hipótese na qual *"um funcionário da Justiça do Trabalho pode pretender a retificação dos seus dados, não preferindo fazê-lo por processo sigiloso, judicial ou administrativo"*.

Os funcionários da Justiça do Trabalho somente poderão, quando cabível, impetrar *habeas data* na Justiça Federal. Isso porque são regidos pela Lei 8.112/90, de cunho administrativo, e porque o STF afastou toda e qualquer interpretação do art. 114, I, CF, EC 45, que inclua na competência da Justiça do Trabalho a análise de questões de funcionários públicos estatutários (STF – TP – ADI-MC 3.395-6 – Rel. Min. Cezar Peluzo – j. 5/4/2006, confirmada no mérito a liminar concedida pelo Min. Nelson Jobin em 27/1/2005).

Se for o caso de funcionário público estadual, competente será a Justiça Comum.

Tratando-se de servidor público, regido pela CLT (empregado público), não é cabível *habeas data*, eis que o empregador se equipara ao empregador privado, não podendo figurar no polo passivo de mandado de segurança ou de *habeas data*.

Não cabe *habeas data* contra o mero empregador que se recusa a prestar informações funcionais de ex-empregada, já que não exerce função de banco de informações públicas e por não ser entidade governamental. Nesse sentido, o STF entendeu que *"o Banco do Brasil não tem legitimidade passiva para responder ao* habeas data*, uma vez que não figura como entidade governamental, e sim como explorador de atividade econômica, nem se enquadra*

---

[9] *"HABEAS DATA*. Sendo o pedido decorrente do contrato de trabalho havido entre as partes, patente é a *competência* desta Justiça Especializada, a teor do disposto no artigo 114 da Constituição Federal de 1988, para dirimir a questão" (TRT – 3ª R. – 5ª T. – RO 12275/97 – Rel. Roberto Marcos Calvo – *DJMG* 25/7/1998).

[10] MARTINS, Sergio Pinto. *Direito processual do trabalho*, 26. ed., p. 552.

no conceito de registros de caráter público a que se refere o art. 5º, LXXII, da CF, porquanto a ficha funcional de empregado não utilizável por terceiro" (TP – RE 165.304-MG – Rel. Min. Octávio Gallotti – j. 19/10/2000 – *DJU* 15/12/2000 – *Informativo STF* 208).

"HABEAS DATA. *PROCEDIMENTO ADMINISTRATIVO DO EMPREGADOR PARA APURAÇÃO DA FALTA GRAVE. Incabível a impetração de habeas data objetivando acesso de inquérito administrativo para apuração de falta grave, por não se tratar de banco de dados e nem conter caráter público. Justa causa já analisada em sentença ao abrigo do trânsito em julgado, com base em inquérito administrativo, não autoriza revisão de decisão pela via do habeas data"* (TRT – 4ª R. – 2ª T. – RO 00519-2008-541-04-00-8 – Relª Vania Mattos – *DJe* 24/9/2009).

No final de 2005, o Presidente em exercício do TST, Min. Oreste Dalazen, extinguiu o *habeas data*, sem resolução de mérito, por litispendência, impetrado pela Agropecuária Pimenta Bueno S/A, no qual requer a exclusão de seu nome do cadastro de empregadores que tenham mantido trabalhadores em condições análogas à de escravo. Embora tenha considerado consistente o argumento da defesa da empresa, o Ministro Dalazen verificou que ainda tramita no TST processo semelhante, relatado e negado pelo ministro Barros Levenhagen, em que a empresa faz o mesmo pedido (HD 164929/2005-000-00-00.8).

Em outubro de 2014, a 2ª Turma do TST admitiu *habeas data*, com *jus postulandi*, contra empregador público, com o objetivo de conseguir certidão por tempo de serviço.[11]

Guardadas as devidas proporções, o STJ entendeu que o mandado de segurança contra gerente da Caixa Econômica Federal (CEF) para liberação de parcelas do seguro desemprego é de competência da Justiça Federal.[12] Nessa ótica, a Justiça do Trabalho não seria competente para *habeas data* contra o gerente ou diretor da CEF.

Há de ser ressaltado que não cabe *habeas data* para obter informações quanto aos dados colhidos em provas realizadas em concursos públicos. O meio processual adequado é a oposição de mandado de segurança (TRF – 4ª R. – 3ª T. – AI 2007.04.00.020472-4 – Relª Vânia Hack de Almeida – *DJU* 17/10/2007; TJMS – 2ª T. Cív. – AC 2007.003556-1/0000-00 – Rel. Horácio Vanderlei N. Pithan – j. 15/5/2007; STJ – 1ª S. – AgRg-HD 127-DF – Rel. Min. João Otávio de Noronha – *DJU* 14/8/2006).

3.3 DISCIPLINA JURÍDICA

Atualmente, no plano infraconstitucional, o *habeas data* é disciplinado pela Lei 9.507, de 12/11/1997.[13] Apesar de não haver previsão expressa, em casos de omissão, o CPC deverá ser utilizado de forma subsidiária, desde que não conflite com a lei específica. Por sua natureza civil, não é possível a utilização subsidiária da CLT, mesmo nas hipóteses de competência da Justiça do Trabalho.

---

[11] TST – 2ª T. – RR 83800-42.2005.5.17.0101 – Rel. Min. José Roberto Freire Pimenta – j. 15/10/2014.

[12] STJ – 1ª S. – CC 77865-RJ – Rel. Min. Castro Meira – j. 8/8/07 – *DJ* 27/8/2007 – p. 177.

[13] Anteriormente, o art. 24, parágrafo único, Lei 8.038/90, previa que enquanto não editada a legislação específica, o *habeas data* observará as normas do mandado de segurança.

Mesmo como ação constitucional, o *habeas data* se submete às condições da ação delineadas pelo sistema processual vigente.

No que se refere ao interesse de agir, a jurisprudência do extinto Tribunal Federal de Recursos era no sentido da necessidade de prévio pedido administrativo para propositura da medida judicial, sem o qual a ação seria julgada extinta sem julgamento de mérito (TFR – Pleno – HD 001-DF – Rel. Min. Milton Pereira – *DJ* 2/5/1989 – p. 6.774).[14]

Esse entendimento acabou sendo incorporado pelo STJ na Súm. 2: *"Não cabe o habeas data (CF, art. 5º, LXXII, (a) se não houve recusa de informações por parte da autoridade administrativa."*

O Tribunal Pleno do STF também reconheceu a necessidade do indeferimento ou a omissão do pedido de informações de dados pessoais (STF – TP – Recurso em HD 22-DF – Rel. Min. Celso de Mello – *RTJ* 162/807).

O entendimento jurisprudencial se consolidou no parágrafo único do art. 8º, da Lei 9.507, o qual prevê expressamente que, além dos demais requisitos previstos no CPC (arts. 319 e segs., CPC), a petição inicial deverá ser instruída com prova: (a) da recusa[15] ao acesso às informações ou do decurso de mais de 10 dias sem decisão; (b) da recusa em fazer-se a retificação ou do decurso de mais de 15 dias sem decisão; ou (c) da recusa em fazer-se a anotação a que se refere o § 2º do art. 4º ou do decurso de mais de 15 dias sem decisão.

Ausente o pedido administrativo, faltará ao impetrante o interesse de agir, levando à extinção do processo sem julgamento de mérito. Contudo, tal exigência é inconstitucional. Primeiro, por restringir o princípio da inafastabilidade da jurisdição estatal (art. 5º, XXXV, CF). Depois, porque o dispositivo constitucional que trata do *habeas data* prevê expressamente seu cabimento *"para retificação de dados, quando não se prefira fazê-lo por processo sigiloso, judicial ou administrativo"* (art. 5º, LXXI, *b*), ou seja, o interessado pode optar ou não pela via administrativa, não estando obrigado a ela. Por fim, acrescentamos que tal exigência não se faz necessária se o interessado optar por qualquer outra medida judicial, como uma ação ordinária visando a retificar ou anular um registro.

Haverá também falta de interesse processual, quando houver impossibilidade material do cumprimento da ordem, uma vez que extraviados os documentos objeto da impetração do *habeas data*.[16]

A legitimidade ativa é de qualquer pessoa, natural ou jurídica, brasileira ou estrangeira.[17] Contudo, importante ressaltar que o *habeas data* somente poderá ter como objeto as informações relativas ao próprio impetrante (caráter personalíssimo), nunca

---

[14] TFR – Pleno – HD 001-DF – Rel. Min. Milton Pereira – *DJ* 2/5/1989 – p. 6.774.

[15] TRF – 4ª R. – 4ª T. – AP. 200372080022177 – Rel. Valdemar Capeletti – j. 15/10/2003 – *DJU* 5/11/2003.

[16] STF – 1ª T. – AI-AgR 619464-MG – Rel. Min. Ricardo Lewandowski – j. 23/10/2007 – *DJ* 14/11/2007 – p. 46.

[17] MORAES, Alexandre de. *Direito constitucional*, 19. ed., p. 128.

PARTE VII · Cap. III – *HABEAS DATA* | **1117**

de terceiro.[18] Não se admite, como esclarece Vicente Grecco Filho,[19] *"pedido de terceiros e, sequer, sucessão no direito de pedir. A vida privada deve ser muito respeitada, a ponto de se preservar a intimidade de cada um, inclusive no âmbito familiar. Admitir-se que outra pessoa, ainda que seja cônjuge ou filho, obtenha dados de alguém seria admitir a devassa na vida íntima do indivíduo, incompatível exatamente com o princípio que o novo instituto visou resguardar".*

Apesar disso, o extinto Tribunal Federal de Recursos admitiu a legitimação dos herdeiros do morto ou de seu cônjuge supérstite para o *habeas data* (TFR – Pleno – HD 001-DF – Rel. Min. Milton Pereira – *DJ* 2/5/1989), a qual, na visão de José Afonso da Silva,[20] *"é uma decisão liberal que supera o entendimento meramente liberal do texto, com justiça, pois não seria razoável que se continuasse a fazer uso ilegítimo e indevido dos dados do morto, afrontando sua memória, sem que houvesse meio de corrigenda adequada".*

Para o STJ, a viúva de militar tem legitimidade *ad causam* para pleitear informações funcionais do ex-esposo.[21]

Acrescente-se que as regras do CPC relativas ao litisconsórcio e à assistência se aplicam ao *habeas data "sempre que as informações em foco disserem respeito também a interesses jurídicos de terceiros".*[22]

O sujeito passivo é a entidade governamental ou de caráter público (art. 5º, LXXII, *a*, CF) que tenha registro ou banco de dados sobre a pessoa, sendo que, segundo Maria Sylvia Zanella di Pietro,[23] *"a primeira abrange qualquer órgão do Estado, seja ele do Judiciário, Legislativo ou Executivo, bem como as entidades da Administração Indireta; a segunda, que não pode ser sinônima da primeira (a menos que se queira atribuir ao constituinte emprego de palavras inúteis), abrange entidades que, embora particulares, contenham dados sobre a pessoa, destinados ao conhecimento de terceiros. Não teria sentido proteger a pessoa contra o registro de dados falsos coletados pelo Poder Público e não conceder igual proteção quando esses dados sejam registrados por particulares para uso público".*

Ao acolher a teoria da encampação, o STJ considera parte legítima passiva a autoridade superior hierárquica aos responsáveis pelas informações.[24]

Para Hely Lopes Meirelles, é equivocado o entendimento que resolve a ação sem julgamento de mérito, quando ocorre a indicação equivocada da autoridade coatora, por considerar que *"no âmbito administrativo o requerimento deve ser feito 'ao órgão ou*

---

[18] STJ – 1ª S. – HD 123-DF – Rel. Min. Castro Meira – j. 22/3/2006 – *DJ* 3/4/2006 – p. 197; TRF – 4ª R. – 4ª T. – AC 2007.71.09.000964-1/RS – Rel. Edgard Lippman Jr. – *DJ* 20/11/2007.

[19] GRECCO FILHO, Vicente. *Tutela constitucional das liberdades*, p. 176.

[20] SILVA, José Afonso da. Ob. cit., p. 397-398.

[21] STJ – 3ª S. – HD 147-DF – Rel. Min. Arnaldo Esteves Lima – j. 12/12/2007 – *DJ* 28/2/2008 – p. 69.

[22] MEIRELLES, Hely Lopes. Ob. cit., p. 277.

[23] DI PIETRO, Maria Sylvia Zanella. *Direito administrativo*, 18. ed., p. 667-668.

[24] STJ – 3ª S. – HD 84-DF – Rel. Min. Maria Thereza de Assis Moura – j. 27/9/2006 – *DJ* 30/10/2006 – p. 236.

entidade depositária do registro ou banco de dados' (Lei nº 9.507/97, art. 3º), o coator deve ser considerado, sempre, este órgão ou entidade, e não uma pessoa que ocupe determinado cargo. Assim, será legitimado passivo para o habeas data o próprio órgão ou entidade depositária do registro ou banco de dados, que poderá ter personalidade jurídica independente ou não, e que será representado em juízo por quem de direito, de acordo com os seus atos constitutivos, estatutos ou regimentos".[25]

Walter Claudius Rothenburg[26] admite como sujeito passivo tanto um órgão do Poder Público quanto um particular.

A Lei 9.507 considera de caráter público todo registro ou banco de dados contendo informações que sejam ou que possam ser transmitidas a terceiros ou que não sejam de uso privativo do órgão ou entidade produtora ou depositária das informações (art. 1º, parágrafo único).[27]

Para o STJ, a Caixa Econômica Federal, na qualidade de empresa pública que se sujeita ao controle do Poder Público, tem legitimidade para figurar no polo passivo do *habeas data* com o objetivo de fornecimento de dados sobre descontos efetuados na conta corrente dos impetrantes.[28]

A petição inicial também será apresentada em duas vias e os documentos que instruírem a primeira serão reproduzidos por cópia na segunda (art. 8º).

Não há dilação probatória, exigindo a produção da prova pré-constituída.[29]

No caso do *habeas data* na Justiça do Trabalho (art. 114, IV, CF), a competência originária é do juiz de primeira instância, por inexistir previsão expressa de competência dos tribunais trabalhistas. A competência dos tribunais fica restrita aos recursos.[30]

O *habeas data* pode se desenvolver em duas fases, a primeira, representando o direito de acesso às informações do impetrante e, uma segunda, se for necessária, compreendendo o direito de retificação dessas informações.

A Lei 9.507 prevê um procedimento sumário para o *habeas data* e com prioridade sobre todos os atos judiciais, exceto *habeas corpus* e mandado de segurança, sendo que

---

[25] Meirelles, Hely Lopes. Ob. cit., p. 285.

[26] Rothenburg, Walter Claudius. Réquiem para o *habeas data* (o *Habeas Data* e a Nova Lei 9.507/97). In: WAMBIER, Teresa Arruda Alvim (Coord.). *Habeas Data*, p. 374-375.

[27] A Lei 8.159/91 dispõe sobre a política nacional de arquivos públicos e privados.

[28] STJ – 1ª T. – RESP 929381-AL – Rel. Min. Francisco Falcão – j. 4/10/2007 – *DJ* 25/10/2007 – p. 137.

[29] "A prova pré-constituída poderá ser extremamente difícil de produzir nas hipóteses de *habeas data* para retificação de dados ou anotações de justificativa de informação. Como se sabe, a prova pré-constituída diz respeito aos fatos da causa, e, dependendo da natureza das informações e do banco de dados, os fatos podem ser altamente complexos. De qualquer forma, tanto as retificações quanto as anotações de justificativas só poderão se fazer sobre fatos concretos, passíveis de prova documental prévia e incontestável" (MEIRELLES, Hely Lopes. Ob. cit., p. 289).

[30] O RITST prevê o cabimento do recurso ordinário contra decisões proferidas em *habeas data* de competência originária dos TRTs (art. 245, VIII).

em instância superior deverão ser levados a julgamento na primeira sessão que se seguir à data em que, feita a distribuição, forem conclusos ao relator (art. 19).

Ao despachar a inicial, o juiz ordenará que se notifique o coator do conteúdo da petição, entregando-lhe a segunda via apresentada pelo impetrante, com as cópias dos documentos, a fim de que, no prazo de 10 dias, preste as informações que julgar necessárias, sendo que a inicial será desde logo indeferida, quando não for o caso de *habeas data*, ou se lhe faltar algum dos requisitos. Contra o despacho de indeferimento caberá recurso de apelação.

Mesmo sem previsão expressa na Lei, parece-nos possível a concessão de medida liminar para sustar os efeitos do ato coator, com aplicação subsidiária do art. 7º, Lei 12.016/09 (Lei do mandado de segurança), quando forem relevantes os fundamentos e o ato impugnado resultar na ineficácia da medida, caso seja deferida. Em outras palavras, são requisitos para concessão da medida liminar o *fumus boni iuris* (fumaça do bom direito) e o *periculum in mora* (perigo da demora ou perigo iminente). Até porque, tanto a doutrina, quanto a jurisprudência, passaram a admitir a concessão de medida liminar em *habeas corpus* quando existirem tais requisitos, com aplicação subsidiária da Lei 12.016.

Feita a notificação, o serventuário em cujo cartório corra o feito juntará aos autos cópia autêntica do ofício endereçado ao coator, bem como a prova da sua entrega a este ou da recusa, seja de recebê-lo, seja de dar recibo.

Findo o prazo legal e ouvido o representante do Ministério Público dentro de 5 dias, os autos serão conclusos ao juiz para decisão a ser proferida em 5 dias.

Na decisão, se julgar procedente o pedido, o juiz marcará data e horário para que o coator: (a) apresente ao impetrante as informações a seu respeito, constantes de registros ou bancos de dados; ou (b) apresente em juízo a prova da retificação ou da anotação feita nos assentamentos do impetrante (art. 13).

A decisão será comunicada ao coator, por correio, com aviso de recebimento, ou por telegrama, radiograma ou telefonema, conforme o requerer o impetrante.

Da sentença que conceder ou negar o *habeas data* cabe apelação, sendo que, quando a sentença conceder o *habeas data*, o recurso terá efeito meramente devolutivo (art. 15).

Quando o *habeas data* for concedido e o presidente do tribunal ao qual competir o conhecimento do recurso ordenar ao juiz a suspensão da execução da sentença, desse seu ato caberá agravo (art. 16).

Nos casos de competência do STF e dos demais tribunais caberá ao relator a instrução do processo (arts. 17 e 20).

O pedido de *habeas data* poderá ser renovado se a decisão denegatória não lhe houver apreciado o mérito (art. 18, Lei 9.507) e desde que não envolva perempção, litispendência ou coisa julgada.

A decisão de mérito fará coisa julgada nos limites do teor decisório.

O art. 5º, LXXVII, CF, determina a gratuidade do *habeas corpus* e *habeas data*, e, na forma da lei, os atos necessários ao exercício da cidadania. O art. 12, da Lei 9.507, prevê a gratuidade do procedimento administrativo para acesso a informações e retificação de dados e para anotação de justificação, bem como a ação de *habeas data*.

Diante disso, na Justiça do Trabalho, inexistem custas processuais a serem pagas e o depósito recursal está dispensado, porque: (a) a Lei 9.507 não possui tal exigência; (b) as regras processuais da CLT são inaplicáveis ao procedimento do *habeas data* (IN 27/05, TST); (c) inexistindo condenação pecuniária, não haverá execução a ser garantida (Súm. 161, TST).

O entendimento que prevalece é no sentido de que não há honorários advocatícios.

QUESTIONÁRIO

1. Qual é a finalidade do *habeas data*?
2. Em quais hipóteses é cabível o *habeas data* na Justiça do Trabalho?
3. Discorra sobre o procedimento do *habeas data*.

Capítulo IV
INQUÉRITO CIVIL, AÇÃO CIVIL PÚBLICA E AÇÃO CIVIL COLETIVA

4.1 DIREITOS DIFUSOS, COLETIVOS E INDIVIDUAIS HOMOGÊNEOS

Direitos ou interesses difusos são transindividuais, de natureza indivisível, de que sejam titulares pessoas indeterminadas e ligadas por circunstâncias de fato (art. 81, parágrafo único, I, Lei 8.078).

Na doutrina, Eduardo Arruda Alvim[1] ensina: *"Portanto, uma primeira nota do conceito de direitos difusos é a de que eles não dizem respeito a uma só pessoa, senão que atinam com mais de uma (número indeterminado), daí porque se dizem transindividuais, pertencendo a uma comunidade composta por pessoas indeterminadas e indetermináveis. As pessoas, titulares desses direitos, estarão ligadas por circunstâncias de fato, o que não quer dizer que estejam submetidas às mesmas e idênticas circunstâncias, senão que hão de estar sujeitas a circunstâncias equivalentes. As notas essenciais que se podem retirar do conceito legal são: número indeterminado (e indeterminável) de pessoas, que não se interligam por relação jurídica, mas por circunstâncias fáticas (aspecto subjetivo) e indivisibilidade do bem jurídico em litígio (aspecto objetivo. [...] Exemplo de violação a direito difuso consiste, v. g., na veiculação de propaganda enganosa via televisão ou jornal. [...] Celso Fiorillo, com pertinência, escreve: '(Há) algumas normas que assumem claramente a característica ou natureza de direitos transindividuais, de natureza indivisível de que são titulares pessoas indeterminadas e ligadas por circunstâncias de fato. Assim o princípio de que todas são iguais perante a lei; o uso da propriedade; a higiene e segurança do trabalho; a educação, incentivo à pesquisa e ao ensino científico'."*

Podemos destacar quanto aos interesses ou direitos difusos: (a) prisma subjetivo, são transindividuais, em que se tem a indeterminação absoluta dos titulares. Não há um determinado titular individual, sendo que as ligações que ocorrem entre os diversos titulares repousam em mera circunstância de fato; (b) prisma objetivo, são indivisíveis, isto é, a lesão afeta a todos de forma idêntica (exemplo: direito ao meio ambiente sadio, art. 225, CF); (c) diante da sua natureza: (1) não podem ser apropriados de forma individual; (2)

---

[1]   ALVIM, Eduardo Arruda. Apontamento sobre o processo coletivo das ações coletivas. *Processo civil coletivo*, p. 28.

não são transmissíveis por ato *inter vivos* ou *causa mortis*; (3) o titular da ação coletiva não pode dispor a respeito dos direitos dos titulares individuais, como também não poderá celebrar acordos, nem renunciar, muito menos confessar ou assumir ônus probatório. Vale dizer, tais direitos são insuscetíveis de renúncia ou de transação; (4) a legitimação processual dos entes autorizados por lei a ajuizar a sua proteção, para uma parte da doutrina, se dá sob a forma de substituição processual, e para outros doutrinadores, sob a forma de uma legitimação processual própria do direito processual coletivo; (5) os titulares individuais, como não são passíveis de determinação, possuem uma mutação extremamente informal, visto que há entres eles mera circunstância de fato, que os liga.

No campo das relações trabalhistas, como exemplos de interesses ou direitos difusos, temos: (a) greve em serviços inadiáveis, em que o Ministério Público ajuíza o procedimento processual cabível para evitar a interrupção da prestação dos serviços à coletividade; (b) contratação de servidores públicos sem a realização do concurso público; (c) empresa que exige dos seus candidatos a emprego uma certidão negativa do Judiciário trabalhista, a respeito da inexistência de ajuizamento de ação; (d) empresa que discrimina, quando da contratação, os trabalhadores negros, as mulheres e os portadores de deficiência.

Interesses ou direitos coletivos são os de cunho transindividual, de natureza indivisível de que seja titular grupo, categoria ou classe de pessoas ligadas entre si ou com a parte contrária por uma relação jurídica básica (art. 81, parágrafo único, II).

Eduardo Arruda Alvim[2] afirma: *"A distinção entre interesses e direitos coletivos, de um lado, e, de outro lado, interesses e direitos coletivos, decorre do direito positivo brasileiro. Ao lado dos direitos difusos, colocam-se os coletivos* stricto sensu. *Como aqueles primeiros são transindividuais, de natureza indivisível. A diferença é que dizem respeito a um número determinável de pessoas, ligadas entre si ou com a parte contrária, por uma relação jurídica básica (art. 81, parágrafo único, II, do CDC). Há, pois, um laço jurídico e não meramente fático, como na hipótese anterior. Conquanto sejam direitos transindividuais e indivisíveis, as pessoas titulares desses direitos, nesta hipótese, são determináveis. Tal é o caso, figurado como exemplo por Nelson Nery e Rosa Nery, do direito dos alunos de uma escola em lhes ver assegurada determinada qualidade de ensino. As pessoas são determináveis, têm uma relação jurídica com a parte contrária (que é a escola) e o bem jurídico (qualidade de ensino) é indivisível, na acepção de que não é fruível individualmente. O Código do Consumidor delimita o universo possível dessas pessoas, ou seja, devem pertencer a um mesmo grupo, categoria ou classe; assim, uma coletividade perceptível por vínculos, não havendo desordenamento ou profusão na titularidade. Não se permite a identificação dos titulares pela individualidade, mas pelo grupo ou coletividade, mantendo-se a indivisibilidade do direito."*

Podemos destacar quanto aos interesses ou direitos coletivos: (a) prisma subjetivo, são transindividuais, em que se tem a determinação relativa dos titulares. Não há um determinado titular individual, sendo que as ligações que ocorrem entre os diversos titulares repousam em uma relação jurídica-base; (b) prisma objetivo, são indivisíveis, isto é, a lesão afeta a todos de forma idêntica (exemplo: direito de classe dos advogados

---

[2]   ALVIM, Eduardo Arruda. Ob. cit., p. 30.

PARTE VII · Cap. IV – INQUÉRITO CIVIL, AÇÃO CIVIL PÚBLICA E AÇÃO CIVIL COLETIVA | 1123

quanto ao representante na composição dos tribunais, art. 107, I, CF); (c) ante a sua natureza: (1) não podem ser apropriados de forma individual; (2) não são transmissíveis por ato *inter vivos* ou *causa mortis*; (3) o titular da ação coletiva não pode dispor a respeito dos direitos dos titulares individuais, como também não poderá celebrar acordos, nem renunciar, muito menos confessar ou assumir ônus probatório. Vale dizer, tais direitos são insuscetíveis de renúncia ou de transação; (4) a legitimação processual dos entes autorizados por lei a ajuizar a sua proteção, para uma parte da doutrina, se dá sob a forma de substituição processual, e para outros doutrinadores, sob a forma de uma legitimação processual própria do direito processual coletivo; (5) os titulares individuais, como não são passíveis de determinação, possuem uma mutação relativamente informal, visto que há entres eles uma relação jurídica-base, que os liga. Basta a adesão ou a exclusão do titular à essa relação jurídica-base.

No campo das relações trabalhistas, como exemplos de interesses ou direitos coletivos, temos: (a) realização de exames médicos admissionais, demissionais e periódicos por parte de uma empresa; (b) eliminação ou diminuição de riscos à integridade física e psíquica dos trabalhadores de uma empresa; (c) determinação patronal para que os trabalhadores recebam parte dos seus salários em mercadorias, as quais sejam fornecidas pela própria empresa; (d) não recolhimento dos depósitos fundiários.

Importante mencionar, ainda, a existência dos interesses e direitos homogêneos, assim entendidos os decorrentes de origem comum (art. 83, parágrafo único, III).[3]

Os direitos individuais homogêneos *"são direitos individuais cujo titular é perfeitamente identificável e cujo objeto é divisível e cindível. O que caracteriza um direito individual comum como homogêneo é sua origem comum. A grande novidade trazida pelo CDC no particular foi permitir que esses direitos individuais pudessem ser defendidos coletivamente em juízo. Não se trata de pluralidade subjetiva de demandas (litisconsórcio), mas de uma única demanda, coletiva, objetivando a tutela dos titulares dos direitos individuais homogêneos. A ação coletiva para a defesa de direitos individuais homogêneos é*, grosso modo, *a class action brasileira".*[4]

Podemos destacar quanto aos interesses ou direitos individuais homogêneos: (a) prisma subjetivo, são individuais, em que se tem a plena determinação ou identificação do titular. Há titulares individuais, sendo que as ligações que ocorrem entre os diversos

---

[3]   "Por exemplo, o direito à troca de determinada peça defeituosa de dado automóvel, que diz respeito a todos aqueles que tenham adquirido o carro. Ao contrário dos dois anteriores, justamente porque são direitos individuais, não aparece o traço da indivisibilidade, que surge no caso dos direitos difusos e coletivos. Assim, os direitos individuais homogêneos têm caráter predominantemente individualizado, são perfeitamente divisíveis entre os titulares, há ordenamento da relação de titularidade com o bem da vida violado ou disputado, e este, também por sua vez, é perfeitamente distribuído e individualizado entre os titulares; no entanto, pode-se postular a proteção jurisdicional coletivamente, em face da origem comum do direito afirmado" (ALVIM, Eduardo Arruda. Ob. cit., p. 31).

[4]   NERY JUNIOR, Nelson; Nery, Rosa Maria de Andrade. *Código de Processo Civil comentado*, 3. ed., p. 1394.

titulares repousam na afirmação de que os direitos são decorrentes de uma origem comum; (b) prisma objetivo, são divisíveis, isto é, a lesão afeta a todos de forma diferenciada e individualizada (exemplo: trabalhadores em um determinado setor de trabalho insalubre, no qual há trabalhadores que laborem com ou sem os protetores auriculares); (c) ante a sua natureza: (1) podem ser apropriados de forma individual; (2) são transmissíveis por ato *inter vivos* ou *causa mortis*; (3) geralmente, a tutela se faz pelo exercício do direito de ação pelo próprio titular, contudo, quando a defesa for pelo titular da ação coletiva, não poderá o substituto dispor a respeito dos direitos dos titulares individuais, como também não poderá celebrar acordos, nem renunciar, muito menos confessar ou assumir ônus probatório. Vale dizer, tais direitos são insuscetíveis de renúncia ou de transação por parte do substituto processual; (4) a legitimação processual dos entes autorizados por lei se dá sob a forma de substituição processual; (5) a mutação dos titulares individuais ocorreu por ato ou fato jurídico típico e específico, como transação, morte etc.

No campo das relações trabalhistas, como exemplos de interesses ou direitos individuais homogêneos, temos: (a) ação em que a entidade sindical postule o pagamento de adicional de insalubridade e de periculosidade para um determinado grupo de trabalhadores; (b) qualquer ato do empregador que implique uma lesão de forma coletiva a todos os trabalhadores ou a um grupo de trabalhadores da empresa, sendo que a origem da lesão é comum a todos os titulares. Cada trabalhador pode postular os seus direitos de forma individual, contudo, por questões de celeridade e de econômica processuais, a defesa pode ser coletiva.

4.2 PRESCRIÇÃO

Sem estudos científicos aprofundados, parte expressiva da doutrina tem afirmado ser incabível a prescrição na ação civil pública.[5]

Tal afirmativa parte do pressuposto de que o objeto da ação civil pública ultrapassa os horizontes de um direito individual ou de um grupo apenas, pois abrange a defesa do interesse público, que engloba os interesses difusos, coletivos e individuais homogêneos, pertencentes a pessoas indeterminadas ou apenas determináveis, com ausência de conteúdo econômico.

Considerando que a prescrição tem como objetivo fulminar os direitos individuais, de natureza patrimonial, logo a sua dimensão estaria restrita à parte individualmente

---

[5] Apesar de a LACP (Lei da Ação Civil Pública) ser omissa (Lei 7.347/85), há diversas regras esparsas que preveem a prescrição e a decadência no tocante ao processo coletivo: (a) no tocante à ação de improbidade administrativa, a prescrição dos pedidos repressivos-punitivos ocorrerá no prazo de cinco anos (art. 23, Lei 8.429/92; (b) decadência do direito quanto à habilitação individual nas ações indenizatórias para fins de composição dos direitos individuais homogêneos (um ano) (art. 100, Lei 8.078/90); (c) prescrição ou decadência na ação popular (cinco anos) (art. 21, Lei 4.717/65); (d) cento e vinte dias para o ajuizamento do mandado de segurança coletivo (art. 23, Lei 12.016/09; Súmula 632, STF).

PARTE VII · Cap. IV – INQUÉRITO CIVIL, AÇÃO CIVIL PÚBLICA E AÇÃO CIVIL COLETIVA | 1125

posta na demanda trabalhista (um trabalhador – dissídio individual; grupo de trabalhadores – dissídio indivíduo plúrimo).

Essa posição é defendida por Francisco Antonio de Oliveira:[6] *"Ora, se os interesses difusos e coletivos não têm titulação definida, mas pertencem a todos, dúvida não existe de que estamos frente a um direito de interesse social e que diz respeito ao povo e ao público em geral. E, se assim é, premiar o instituto da prescrição ou da decadência seria o mesmo que inverter a ordem dos valores, ou seja, premiar o interesse particular em detrimento do interesse público. Chegar-se-ia ao absurdo de deixar que uma região toda fosse destruída, por exemplo, sem a possibilidade de cobrar a indenização, já que o ato legal e nocivo não poderá ser desconstituído. E mais. Em não havendo interesse do Poder Público, como já vimos, o Ministério Público estará sempre muito assoberbado de trabalho e as prescrições ocorreriam, sem que ninguém pudesse fazer nada.*

A exemplo do que acontece com a coisa julgada, os interesses metaindividuais devem ter tratamento processual especial, não correndo, contra tais direitos, a prescrição da ação ou a decadência do direito. Pensamento contrário será o mesmo que permitir que o escorpião, de veneno letal, pique a si mesmo.

A verdade é que o bem, objeto de proteção da ação civil pública, não tem parâmetro indenizatório em termos de patrimônio, já que não se individualiza a titularidade. E, se assim é, não haverá como aplicarem-se preceitos civis de proteção ao patrimônio individual, pena de neutralizar-se o próprio objetivo da lei que é a proteção (preventiva ou repressiva). Preventiva em termos de não deixar que aconteça o dano e repressiva quando, causando o dano, impõe à parte ônus do restabelecimento ao status quo ante ou a indenização correspondente".

Posição compartilhada por Vera Regina Loureiro Winter:[7] *"Pela própria noção de interesse público, compreendendo a defesa de interesses difusos e coletivos, resulta a imprescritibilidade de tais ações, pois tutelam direitos insuscetíveis da apreciação econômica, visando, como já referido, não ao ressarcimento pessoal, mas ao cumprimento de obrigação de fazer ou de não fazer, dentro da ótica protecionista do Direito Laboral".*

E, também, por Raimundo Simão de Melo:[8] *"Ora, se a prescrição atinge direito patrimonial de quem, no prazo legal, sem razão justificada, não agiu na defesa dos seus interesses, já se pode imaginar que esse instituto não tem o condão de atingir os direitos e interesses metaindividuais nas modalidades difusa e coletiva. É que tais direitos pertencem às pessoas indeterminadas ou apenas determináveis no seio da sociedade, tendo como características marcantes a indivisibilidade, a indisponibilidade, a essencialidade e a ausência de conteúdo econômico".*

---

[6] OLIVEIRA, Francisco Antonio de. Da ação civil pública: instrumento de cidadania. *Revista LTr*, v. 61, nº 7, p. 881.

[7] WINTER, Vera Regina Loureiro. Ação civil pública, uma nova abordagem na Justiça do Trabalho. *Revista Síntese Trabalhista*, nº 65, p. 25.

[8] MELO, Raimundo Simão de. *Ação civil pública na Justiça do Trabalho*, p. 179.

No tocante aos direitos individuais homogêneos e à prescrição na tutela coletiva, Enoque Ribeiro dos Santos[9] ensina: *"Diversamente dos direitos difusos e coletivos, que em regra são imantados pela imprescritibilidade, como nas lides cujo objeto seja o meio ambiente de trabalho, os direitos individuais homogêneos, por se constituírem, nuclearmente, como direitos individuais puros, deverão ser submetidos ao mesmo regramento destes, ou seja, ao art. 7º, XXIX, da Constituição Federal de 1988, e ao art. 11 da CLT, desde que inseridos na seara trabalhista.*

A prescrição, que se constitui em prejudicial de mérito da demanda, posto que não é utilizada para se contrapor diretamente aos fatos trazidos pelo autor, mas sim à exequibilidade do direito invocado, no momento de sua proposição, é suscitada nas ações moleculares da mesma forma que nas ações individuais.

A principal diferença é que nas ações atomizadas, em geral, o réu suscita a prescrição no momento da apresentação de sua contestação, haja vista as próprias peculiaridades desse tipo de procedimento. Dessa forma, existe a identificação da parte autora da demanda e dos pedidos formulados considerando o lapso temporal em que ocorreu o dano. Em face dessa contextualização, a sentença delimitará exatamente os pedidos contemplados favoravelmente, bem como sua limitação temporal, para fins de futura execução.

Diversamente, nas ações civis coletivas tendo por objeto os direitos individuais homogêneos, não existe a delimitação exata dos titulares do direto material, já que estes se apresentam despersonalizados, na medida em que figura como autor na relação jurídica processual a entidade legitimada (sindicato, Ministério Público, associação etc.), na condição de substituto processual. Nesse caso, havendo a procedência dos pedidos formulados na ação civil coletiva, a condenação será genérica, fixando tão somente a responsabilidade do infrator pelas lesões provocadas.

Observa-se que o magistrado, na análise do mérito, não adentrará as especificidades de matérias individuais na fase de conhecimento, como nas situações em que o réu suscite a prescrição, a decadência, a compensação etc. relativamente a um ou mais dos substituídos. Tais matérias serão objeto de análise meritória na fase de execução da sentença, que será processada sob a forma de artigos, ensejando uma cognição jurisdicional exauriente. Nessa fase, haverá não apenas a subsunção dos fatos à norma, ou seja, a qualificação/enquadramento do trabalhador liquidante como detentor dos direitos contemplados na sentença coletiva genérica, decorrente dos fatos que levaram à condenação e à responsabilização do executado, como também aos fatos que delimitaram os valores do quantum *indenizatório. Daí, a prescrição arguida pelo réu/infrator, nas ações civis coletivas, será examinada nesse contexto processual.*

Se eventualmente o réu formular a defesa indireta por meio de arguição da prescrição genérica na fase de conhecimento, nada impedirá sua análise pelo magistrado, que poderá, se acolhê-la, delimitar os termos iniciais e finais da prescrição genericamente considerada, remanescendo para a fase executória da sentença a demonstração e o enquadramento dos

---

[9] SANTOS, Enoque Ribeiro dos. *O microssistema de tutela coletiva*: parceirização trabalhista, 2. ed., p.158.

PARTE VII · Cap. IV – INQUÉRITO CIVIL, AÇÃO CIVIL PÚBLICA E AÇÃO CIVIL COLETIVA | 1127

titulares do direito material no lapso temporal prescrito, causas de suspensão e interrupção da prescrição e assim por diante".

Apesar de os direitos individuais homogêneos envolveram um grupo de vítimas, para Fredie Didier Jr. e Hermes Zaneti Jr.[10] é razoável que se aplique a prescrição às ações coletivas, visto que:

"Essa ligação entre o direito coletivo criado por ficção e os inúmeros direitos individuas, que dizem respeito à regra comum, em razão da origem, faz com que o estudo da tutela coletiva dos direitos individuais homogêneos seja, entre todos os temas da tutela da tutela jurisdicional coletiva, o mais polêmico.

A prescrição da pretensão coletiva relacionada aos direitos individuais homogêneos é um desses temas controversos:

a) *A tutela condenatória dos direitos individuais homogêneos é sempre repressiva. Assim, pressupõe ter havido lesão comum a diversos direitos individuais ligados por circunstâncias de origem. Exatamente por conta disso, é possível cogitar prescrição das pretensões individuais, cujo prazo começa a correr da respectiva lesão (art. 189 do Código Civil).*

b) *A ação coletiva para a tutela de direitos individuais homogêneos visa à obtenção de uma decisão judicial, que sirva de título executivo para a execução preferencial- mente individual, a ser proposta pela vítima ou por um legitimado extraordinário para a tutela de direitos individuais já certificados previamente em liquidação. É possível, ainda, que haja uma execução coletiva dessa sentença, que será residual, nos casos da* fluid recovery *(art. 100, CDC...).*

c) *O prazo prescricional para a tutela coletiva de direitos individuais homogêneos será o prazo prescricional das respectivas pretensões individuais. Não há qualquer razão para que haja prazos diversos, um para a ação coletiva e outro para a ação individual. Assim, se se trata de pretensões individuais ressarcitórias que prescrevem em três anos, três anos será o prazo para ajuizamento da respectiva ação coletiva para a tutela dos direitos individuais homogêneos. É relevante notar que este prazo é vinculado ao direito material tutelado, não existe no ordenamento brasileiro, em princípio, nenhum prazo prescricional puramente processual. (...)*

d) *O ajuizamento de uma ação coletiva para a tutela de direitos individuais homo- gêneos interrompe a prescrição das pretensões individuais. O prazo prescricional recomeça a correr, após o trânsito em julgado da decisão coletiva. Isto ocorre mesmo que tenha sido reconhecida a prescrição quinquenal. (...)*

e) *Pode acontecer, ainda, que, nada obstante se tenha ultrapassado o prazo prescricio- nal para o ajuizamento da ação coletiva relativa a direitos individuais homogêneos (repita-se: o mesmo prazo para as pretensões individuais), ainda remanesçam efi- cazes algumas pretensões individuais, beneficiadas por hipóteses de impedimento,*

---

[10] DIDIER JR. Fredie; ZANETI Jr. Hermes. *Curso de direito processual civil*, 10. ed., v. 4, p. 286.

1128 | DIREITO PROCESSUAL DO TRABALHO • *Francisco Ferreira Jorge Neto – Jouberto de Quadros Pessoa Cavalcante*

suspensão ou interrupção do prazo prescricional. Embora prescrita a possibilidade da tutela coletiva, será possível a tutela individual dessas pretensões individuais remanescentes".

No âmbito do STJ, para o Min. Luiz Fux, a relevância da ação civil pública no microssistema jurídico de tutela coletivas equipara-se à da ação popular e, assim, deve ser aplicável o prazo prescricional de cinco anos (art. 21, Lei 4.717, de 29/6/1965).[11]

Em outra oportunidade, o próprio STJ afastou a prescrição da ação civil pública quando buscava a reparação de dano ambiental.[12]

Há julgado do TST no sentido de que a natureza do direito indisponível justifica a imprescritibilidade da ação civil pública[13]. Em outra oportunidade, o TST reconheceu a prescrição.[14]

4.3 INQUÉRITO CIVIL

O inquérito civil foi instituído pelo art. 8º, Lei 7.347/85, e, posteriormente, previsto no art. 129, III, CF/88, além de ser mencionado em outras normas, como, por exemplo: Lei 7.853/89 (proteção das pessoas portadoras de deficiência); Lei 7.913/89 (apuração de responsabilidade por danos causados aos investidores em mercado de valores imobiliários); Lei 8.069/90 (Estatuto da Criança e do Adolescente – ECA); Lei 8.078/90 (Código de Proteção e Defesa do Consumidor – CDC); Lei 8.625/93 (Lei Orgânica do Ministério Público); LC 75/93 (Lei Orgânica do Ministério Público da União – LOMPU) e Lei 10.741/03 (Estatuto do Idoso).

Trata-se de um procedimento, semelhantemente ao inquérito policial, de natureza administrativa inquisitiva, o qual objetiva colher provas preparatórias de uma possível ação civil pública ou de uma ação civil coletiva; em outras palavras, provas da existência da lesão ao ordenamento jurídico.

Quanto ao inquérito civil no âmbito trabalhista, Raimundo Simão de Melo[15] ensina: *"É o inquérito civil trabalhista um procedimento administrativo (1) e inquisitorial (2), informal (3), a cargo do Ministério Público do Trabalho (4), destinado a investigar sobre a ilegalidade do ato denunciado (5), a colher elementos de convicção para ajuizamento da ação civil pública ou de qualquer outra medida judicial (6) e, convencido o órgão condutor, da irregularidade denunciada, a tomar do inquirido termo de ajustamento de conduta às disposições legais (7).*

---

[11] STJ – 1ª T. – RE 406545-SP – Rel. Min. Luiz Fux – j. 21/11/2002 – *DJ* 9/12/2002 – p. 292; STJ – 1ª T. – Resp 909446-RN – Rel. Min. Luiz Fux – j. 6/4/2010 – *Dje* 22/4/2010.

[12] STJ – 2ª T. – Resp 1120117 – Rela. Min. Eliana Calmon – j. 10/11/2009 – *Dje* 19/11/2009.

[13] TST – 1ª T. – RR 21242/2002-900-10-00 – Rel. Min. Lélio Bentes Corrêa – j. 10/12/2003 – *DJ* 16/4/2004.

[14] TST – 6ª T. – RR 94700-18.2007.5.05.0661 – Rel. Min. Aloysio Corrêa da Veiga – *DEJT* 19/12/2016.

[15] MELO, Raimundo Simão de. *Ação civil pública na Justiça do Trabalho*, 2. ed., p. 55.

PARTE VII · Cap. IV – INQUÉRITO CIVIL, AÇÃO CIVIL PÚBLICA E AÇÃO CIVIL COLETIVA | **1129**

1) Trata-se o inquérito civil de um mero procedimento administrativo e não de processo administrativo; 2) por isso, não há falar em contraditório no sentido do devido processo legal, vez que por ele não se acusa nem se estabelece sanção alguma, apenas se investiga sobre o ato inquinado de ilegal; 3) é um procedimento interno e bastante informal, daí, mais uma vez, não se coadunar o seu procedimento com o devido processo legal, mediante ampla defesa do inquirido (e não do acusado, como fala a CF); 4) destina-se a investigar o ato inquinado de ilegal, que no âmbito laboral não está adstrito aos direitos estritamente trabalhistas entre empregados e empregadores, abrangendo qualquer outro direito do cidadão como trabalhador lato sensu; 5) é um instrumento exclusivo de atuação do Ministério Público do Trabalho, que, no entanto, não constitui condição indispensável para ajuizamento de eventual medida judicial, inclusive por parte dos demais legitimados ativos, que prescindem do mesmo; 6) somente se instaura o inquérito se realmente se fizer necessária a investigação e a colheita de elementos de convicção para ajuizamento da ação civil pública, pois é certo que em muitos casos a denúncia já chega ao parquet *munida dos elementos probatórios e de convicção para propositura da ação ou obtenção do ajustamento de conduta; 7) finalmente, por disposição inserida no CDC na LACP (§ 6º do art. 5º), cabe ao MPT, convencido da irregularidade trabalhista denunciada, tomar do inquirido termo de ajustamento de sua conduta aos termos da lei, mediante comunicação, tendente à tutela imediata do direito metaindividual ofendido. É, induvidosamente, o TAC (Termo de Ajustamento de Conduta), um dos mais nobres objetivos do inquérito civil trabalhista porque, por meio dele, obtém-se de imediato a tutela jurisdicional que seria oferecida pelo Poder Judiciário, mediante processo lento, burocrático e dispendioso para os cofres públicos e para as próprias partes".*

Como visto, por vezes, durante o inquérito civil se celebra um termo de ajustamento de conduta (TAC) (art. 5º, § 6º, Lei 7.347), o que não caracteriza uma transação dos interesses e direitos difusos da coletividade, mas mera concessão de prazo e estipulação das formas em que a obrigação jurídica será prestada.

O termo de ajuste de conduta firmado perante o Ministério Público do Trabalho (MPT) é título executivo extrajudicial na Justiça do Trabalho (art. 876, CLT).

O inquérito pode ser dividido nas seguintes fases: (a) instauração; (b) instrução (coleta de provas) e (c) conclusão (relatório final).

A conclusão do inquérito civil pode levar a três situações: (a) arquivamento, por ausência de provas, por inexistência de violação do direito ou perda do objeto; (b) celebração de termo de ajuste de conduta entre as partes, mediante fixação das condições de cumprimento, prazo de tolerância e cominação de *astreintes*; (c) ajuizamento da ação civil pública.

Mesmo no caso de arquivamento do inquérito civil, não há óbice para que os demais colegitimados ajuízem a ação civil pública.

No âmbito do Conselho Superior do Ministério Público do Trabalho, o inquérito civil é disciplinado pela Resolução 69/07.

4.4 TERMO DE AJUSTE DE CONDUTA (TAC)

Com a Lei 9.958/00, a execução trabalhista adotou como título executivo extrajudicial (art. 876, *caput*, CLT), os termos de ajuste firmados perante o MPT.

O termo de ajuste de conduta firmado perante o MPT não implica nenhuma transação.

O legitimado (ativo) aceita da parte contrária uma espécie de promessa de que a partir do ajuste modificará o seu comportamento. É um reconhecimento implícito da parte contrária de que as suas atitudes eram contrárias à ordem jurídica, assumindo o compromisso de que irá se adequar aos preceitos legais.

Como uma espécie de carta de intenção, por acordo mútuo é estabelecido o prazo e as condições visando à obtenção de uma conduta lícita, submetendo-se à imposição de cominações pecuniárias (*astreintes).*

O objetivo do termo de ajuste de conduta é evitar a propositura de uma ação civil pública. No caso do seu descumprimento, a tutela executória poderá ser solicitada pelos signatários ativos do ajuste. É imperioso ressaltar que o fato de o termo de ajuste de conduta ter sido assinado perante o MPT não faz dessa instituição a única parte legitimada.

O ajuste pode ter sido assinado perante o Ministério Público, contudo, na presença de outras entidades ativas signatárias (por exemplo: sindicato da categoria profissional, o qual tem legitimidade para propor a ação civil pública, de acordo com o art. 5º, Lei 7.347/85). Assim: (a) os legitimados ativos, para requerer a tutela executiva, são todos os signatários do termo de ajuste de conduta; (b) o sujeito passivo será a parte que assumiu o compromisso de se adequar aos preceitos legais e não o fez.

É competente para a execução de título executivo extrajudicial o juiz que teria competência para o processo de conhecimento relativo à matéria (art. 877-A, CLT).

Para o termo de ajuste de conduta, como regra geral, a competência será da vara do trabalho onde o legitimado passivo executa as suas atividades econômicas como empregador. Também podem ser observados os critérios para a competência territorial da ação civil pública (OJ 130, SDI-II).

4.5   AÇÃO CIVIL PÚBLICA

A ação civil pública foi prevista pela primeira vez em nosso ordenamento jurídico na LC 40, de 14/12/81, art. 3º, III (Lei Orgânica Nacional do Ministério Público), e depois pela Lei 7.347/85, até chegar à CF.

Pela CF, a ação civil pública teve seu objeto ampliado para *"a proteção do patrimônio público e social"* e *"de outros interesses difusos e coletivos"* (art. 129, III).

Foi com a LC 75/93 que as dúvidas sobre o cabimento da ação civil pública no âmbito da Justiça do Trabalho foram dissipadas, com a finalidade da proteção dos direitos e interesses difusos e coletivos no âmbito das relações trabalhistas.

No âmbito do Direito Processual do Trabalho, compete ao MPT seu ajuizamento para defesa dos interesses coletivos, quando desrespeitados os direitos sociais constitucionalmente garantidos (art. 83, III, LC 75).

O MPT está legitimado a ajuizar ação civil pública *"contra as organizações sindicais das categorias econômica e profissional, para obter declaração de nulidade de cláusula de acordo coletivo ou de convenção coletiva de trabalho que, no seu entender, violem 'as liberdades individuais ou coletivas ou os direitos individuais indisponíveis dos trabalhadores' (LC 75/93, art. 83, IV)".[16]*

Além disso, o Ministério Público tem legitimidade para propor ação civil pública em defesa do patrimônio público (Súm. 329, STJ).

É de se destacar que há controvérsias sobre a possibilidade do ajuizamento de ação civil pública para a defesa de direitos individuais homogêneos, havendo duas posições: (a) dos que negam tal possibilidade, afirmando que os direitos individuais homogêneos são divisíveis e disponíveis; (b) dos que a admitem, com argumentações distintas: (1) apenas quando ocorrer repercussão social (pela natureza da lide e pelo número de titulares desses direitos); (2) sob o argumento de que a CF (art. 129, III) fala em legitimidade do Ministério Público para os direitos difusos e coletivos, sendo que os individuais homogêneos foram criados posteriormente (CDC, 1990) e não poderiam estar na CF, mas encontra amparo a legitimidade no art. 129, IX, CF, quando o constituinte atribuiu ao Ministério Público a possibilidade de *"exercer outras funções que lhe forem conferidas, desde que compatíveis com sua finalidade, sendo-lhe vedada a representação judicial e a consultoria jurídica de entidades públicas".*

O TST já reconheceu a legitimidade do MPT para ajuizar ação civil pública visando à tutela dos interesses coletivos e/ou individuais homogêneos dos trabalhadores de uma empresa (ainda que composta de pequeno número de empregados) para assegurar o cumprimento da ordem jurídica no que respeita à jornada de trabalho, no caso, dentre outras pretensões, impedir prorrogação habitual superior a duas horas, respeitar intervalo mínimo de onze horas entre jornadas e conceder repouso semanal de 24 horas, com efeitos imediatos e futuros (TST – 5ª T. – RR 763.390/2001.0 – Rel. José Pedro de Camargo – j. 5/10/2005 – *DJ* 4/11/2005; TST – SDI-I – E-RR 170000-69.2009.5.11.0007- Min. Rel. João Batista Brito Pereira – *DEJT* 19/4/2013).). No mesmo sentido, quanto às condições de trabalho (meio ambiente do trabalho e a ocorrência de acidentes de trabalho) (TST – RR 1764/2002-026-03-40 – Rel. Min. Valmir Oliveira da Costa – *DJE* 5/2/2010 – p. 587).

A ação civil pública poderá ter por objeto a condenação em dinheiro, ou o cumprimento de obrigação de fazer ou não fazer (art. 3º, Lei 7.347/85).

A Lei 7.347, art. 1º, parágrafo único, veda a utilização da ação civil pública para veicular pretensões que envolvam tributos, contribuições previdenciárias, o FGTS ou outros fundos de natureza institucional cujos beneficiários podem ser individualmente determinados (MP 2.180-35/01, em vigor conforme o art. 2º, EC 32).

A legitimidade ativa para a ação civil pública (principal e cautelar) é do Ministério Público, da Defensoria Pública,[17] da União, dos Estados, do Distrito Federal e dos Municípios, além da autarquia, empresa pública, fundação ou sociedade de economia mista e associação que esteja constituída há pelo menos um ano, nos termos da lei civil, e inclua, entre suas finalidades institucionais, a proteção ao patrimônio público e social, ao meio ambiente, ao consumidor, à ordem econômica, à livre concorrência, aos direitos

---

[16] DONATO, Messias Pereira. Ação civil pública. *Compêndio de Direito Processual do Trabalho*, p. 805.

[17] A legitimidade da Defensoria Pública para propor ação civil pública na defesa de direitos difusos e coletivo foi confirmada pelo STF (RE 733.433/MG – Min. Rel. Dias Toffoli – *DJE* 7/4/2016).

de grupos raciais, étnicos ou religiosos ou ao patrimônio artístico, estético, histórico, turístico e paisagístico (art. 5º, Lei 7.347).

Há dúvidas doutrinárias e jurisprudenciais sobre a legitimidade da entidade sindical para o ajuizamento da ação civil pública, o que não parece se justificar diante da natureza jurídica de associação civil dos sindicatos.

A ação civil pública deverá ser proposta no foro do local onde ocorrer o dano, cujo juízo terá competência funcional para processar e julgar a causa (art. 2º, Lei 7.347). Em outras palavras, nas varas do trabalho de primeira instância, por não haver previsão legal diferente, de modo que nos parecem equivocados aqueles que defendem seu ajuizamento nos tribunais, alegando tratar-se de questões de natureza coletiva. Envolvendo vários municípios, a competência seria de qualquer das varas do trabalho da capital.

O TST entende que, para a fixação da competência territorial em sede de ação civil pública, cumpre tomar em conta a extensão do dano causado ou a ser reparado, pautando-se pela incidência analógica do art. 93 do CDC (OJ 130, SDI-II). Assim, em caso de dano de abrangência regional, que atinja cidades sujeitas à jurisdição de mais de uma vara do trabalho, a competência será de qualquer das varas das localidades atingidas, ainda que vinculadas a TRTs distintos. Em caso de dano de abrangência suprarregional ou nacional, há competência concorrente para a ação civil pública das varas do trabalho das sedes dos TRTs. Estará prevento o juízo a que a primeira ação houver sido distribuída.

Poderá ser concedida liminar com ou sem justificativa prévia (art. 12, Lei 7.347).

A cominação de multa liminarmente só será exigível após o trânsito em julgado da decisão, mas será devida desde o dia em que se houver configurado o descumprimento (art. 12, § 2º).

Para evitar grave lesão à ordem, à saúde, à segurança e à economia pública, poderá o presidente do tribunal a que competir o conhecimento do respectivo recurso suspender a execução da liminar, em decisão fundamentada (art. 12, § 1º).

A ação civil pública pode ter os seguintes cunhos: condenatório, declaratório, constitutivo (negativo ou positivo), cautelar ou mandamental.

4.6 AÇÃO CIVIL COLETIVA

A primeira menção legislativa à ação civil coletiva foi feita pelo art. 91, Lei 8.078/90, sendo também encontrada no art. 6º, XII, LC 75/93.

Trata-se de uma das espécies do gênero ação coletiva, em que tem a finalidade exclusiva de proteção aos interesses e direitos individuais homogêneos.

Diferentemente da ação civil pública, que tem caráter genérico e abstrato, a ação civil coletiva tem natureza reparatória concreta, com a finalidade de reparar os danos causados aos trabalhadores.

No âmbito trabalhista, segundo Raimundo Simão de Melo,[18] *"pode-se pensar na ação civil coletiva para buscar a reparação decorrente de descontos ilegais dos salários dos*

---

[18] MELO, Raimundo Simão. *Ação civil pública na Justiça do Trabalho*, p. 208.

PARTE VII · Cap. IV – INQUÉRITO CIVIL, AÇÃO CIVIL PÚBLICA E AÇÃO CIVIL COLETIVA | 1133

trabalhadores, em razão de um ato comum do empregador, consistente, por exemplo: (a) na cobrança de contribuições sindicais descontadas indevidamente; (b) na suspensão do pagamento do adicional noturno de 40% que vinham recebendo os trabalhadores por força de convenção coletiva de trabalho ou do regulamento interno da empresa, já incorporado aos contratos individuais de trabalho; (c) pela redução salarial sem negociação coletiva com o sindicato; (d) pela suspensão disciplinar coletiva dos trabalhadores, como represália em razão de uma greve julgada não abusiva. Além desses exemplos, outros são possíveis, como no caso do pagamento de verbas rescisórias para um grupo de trabalhadores dispensados sem justa causa, para depósito ou pagamento direto do FGTS em atraso, para reconhecimento da obrigação de pagar adicionais de remuneração, como os de insalubridade, periculosidade, penosidade, por tempo de serviço etc.".

Semelhantemente à ação civil, a legitimidade ativa da ação civil coletiva é do Ministério Público, da Defensoria Pública, da União, dos Estados, do Distrito Federal e dos Municípios, além da autarquia, empresa pública, fundação ou sociedade de economia mista e associação legalmente constituída que atenda aos requisitos legais.

A legitimidade é em nome próprio no interesse das vítimas ou seus sucessores (art. 91, Lei 8.078/90).

4.7   A COISA JULGADA NA AÇÃO COLETIVA

No processo individual, a coisa julgada produz efeitos *pro et contra*, ou seja, independentemente de a decisão ser favorável ou não aos interesses das partes ou de terceiros. Isso decorre do aspecto de que se tem a identidade entre o titular do direito material e a legitimidade processual.

Na ação coletiva, como se tem a dissociação entre o titular do direito material e o ente legitimado para a sua propositura, a formulação e a extensão da coisa julgada dependem da natureza do direito material tutelado e do resultado da demanda.

4.7.1   Coisa Julgada na Ação Coletiva com Fundamento em Interesses ou Direitos Difusos

De acordo com o art. 103, I, CDC, em se tratando de interesses ou direitos difusos, a coisa julgada terá eficácia *erga omnes*, exceto se o pedido for julgado improcedente por insuficiência de provas, hipótese em que qualquer legitimado poderá intentar outra ação, com idêntico fundamento valendo-se de nova prova.

O efeito *erga omnes* (a expressão indica perante todos, contra todos) é uma imposição natural dos interesses e direitos difusos, na medida em que se tem uma coletividade, onde os seus titulares são pessoas indeterminadas e ligadas por circunstâncias de fato (tutela do meio ambiente, patrimônio histórico, cultural, direitos sociais etc.).[19]

---

[19]   "AGRAVO DE INSTRUMENTO. [...] AÇÃO COLETIVA E INDIVIDUAL. COISA JULGADA. INEXISTÊNCIA. A coisa julgada requer, em princípio, para a sua configuração, uma tríplice identidade: a) de pessoas (*eadem personae*); b) de causa de pedir (*eadem causa petendi*) e c) de

1134 DIREITO PROCESSUAL DO TRABALHO • *Francisco Ferreira Jorge Neto – Jouberto de Quadros Pessoa Cavalcante*

De forma sucinta, temos:

a) extinção da ação coletiva, sem julgamento de mérito: ocorre tão somente a coisa julgada formal, com a possibilidade de propositura de nova ação com o mesmo objeto e causa de pedir por qualquer ente legitimado (art. 5º, Lei 7.437, art. 82, Lei 8.078);

b) procedência do pedido: é o caso de coisa julgada material, com eficácia *erga omnes*, não havendo a possibilidade de uma nova demanda, com idêntica causa de pedir e pedido, por qualquer ente legitimado;

c) improcedência da ação coletiva; exceto se for o caso de insuficiência de prova, tem-se a imposição da coisa julgada material, com a impossibilidade de uma nova demanda (idêntica causa de pedir e pedido) por qualquer ente legitimado;

d) improcedência da ação coletiva por insuficiência de provas: é o caso da coisa julgada *secundum eventum probationis* (de acordo com a sorte das provas). Nessa hipótese, há a possibilidade de nova demanda (idêntica causa de pedir e pedido), por qualquer dos entes legitimados, inclusive pelo autor da ação anterior, desde que haja novas provas.

4.7.2 Coisa Julgada na Ação Coletiva com Fundamento em Interesses ou Direitos Coletivos

O art. 103, II, CDC, ao dispor sobre a sentença proferida nas ações que tratam de interesses ou direitos coletivos, fixa que a sua eficácia será *ultra partes*, mas limitadamente ao grupo, categoria ou classe, salvo improcedência por insuficiência de provas, em que qualquer legitimado (art. 5º, Lei 7.347, art. 82, Lei 8.078) poderá ajuizar nova demanda, com idêntico fundamento, desde que se tenha nova prova.

Como os interesses ou direitos coletivos, nos termos do art. 81, II, CDC, envolvem os integrantes de um grupo, categoria ou classe, ligados entre si por uma relação jurídica básica, a eficácia da sentença é *ultra partes* e não *erga omnes*, como ocorre nos interesses ou direitos difusos. A expressão *ultra partes* tem uma abrangência mais restrita que a

---

pedidos (*eadem res, petitum*), e a ação anteriormente ajuizada ter transitada em julgado. O inciso I do artigo nº 103 do Código de Defesa do Consumidor estabelece que, nas ações coletivas, a sentença fará coisa julgada *erga omnes*. No entanto, o § 1º do referido artigo preceitua que 'os efeitos da coisa julgada previstos nos incisos I e II não prejudicarão interesse e direitos individuais dos integrantes da coletividade, do grupo, categoria ou classe'. Assinale-se que, nas ações coletivas em defesa de direitos ou interesses individuais homogêneos, a coisa julgada tem efeito erga omnes, mas apenas para os casos em que foram julgados procedentes os pedidos, nos termos do artigo 103, III, do CDC. Além disto, os interessados que não intervieram como litisconsorte podem ajuizar ação de indenização a título individual, consoante a preceituação contida no § 2º do artigo nº 103, do CDC. Inteligência da Súmula 23 deste E. TRT" (TRT – 1ª R. – 10ª T. – AI-RO 0001080-89.2012.5.01.0045 – Rel. Angelo Galvão Zamorano – *DOERJ* 4/11/2013).

PARTE VII • Cap. IV – INQUÉRITO CIVIL, AÇÃO CIVIL PÚBLICA E AÇÃO CIVIL COLETIVA | **1135**

segunda. A eficácia está restrita aos titulares do direito material integrantes do grupo, categoria ou classe.

Esquematicamente, temos:

a) extinção do processo sem julgamento de mérito: tem-se a hipótese da coisa julgada formal, com a possibilidade de nova demanda (idêntica causa de pedir e pedido), por qualquer dos entes legitimados;

b) procedência do pedido: é a situação em que se tem a formulação da coisa julgada material, com eficácia *ultra partes*. Não haverá a possibilidade de ajuizamento de uma nova ação coletiva, por qualquer dos entes legitimados;

c) improcedência do pedido, excluindo-se a hipótese da insuficiência de provas: ocorrerá a coisa julgada material *ultra partes*, não havendo a possibilidade de propositura de nova ação idêntica por qualquer ente legitimado;

d) improcedência do pedido por insuficiência de provas: é o caso da coisa julgada *secundum eventum probationis*. Nessa hipótese haverá a possibilidade de nova demanda, em que se tenha idêntica causa de pedir e respectivo pedido, por qualquer dos entes legitimados, inclusive o autor da ação anterior.

4.7.3 Coisa Julgada na Ação Coletiva com Fundamento em Interesses ou Direitos Individuais Homogêneos

O art. 103, III, CDC, ao tratar da ação coletiva e sua sentença, quando trata dos interesses ou direitos individuais homogêneos, fixa que a sua eficácia será *erga omnes*, somente quando for o caso da procedência da demanda coletiva, beneficiando não só o titular do direito material, como também os seus sucessores.

A disciplina da eficácia da coisa julgada para os direitos difusos e coletivos não é a mesma para os individuais homogêneos. A razão está no fato de que nos direitos individuais homogêneos, de acordo com o art. 81, III, CDC, o que se tem são titulares dos direitos materiais devidamente identificados, contudo, por uma proteção social, a tutela se faz por via processual coletiva.[20]

---

[20] "Os direitos individuais homogêneos, assim, são individuais em sua essência (com titulares determinados, divisíveis, de fruição singular e disponíveis), sendo que somente adquire feição coletiva a forma processual pela qual podem ser tratados, dada a sua homogeneidade decorrente da origem comum e a expressão social que adquirem. Diversamente dos interesses difusos e coletivos cuja guarida processual encontra-se jungida a uma tutela coletiva, proposta por um autor ideológico, os interesses individuais homogêneos podem ser tutelados tanto pela via coletiva quanto pela via individual, justificando o tratamento peculiar da coisa julgada que se forma nas demandas que os tenham como objeto. Em virtude dessa peculiaridade, tanto o pedido quanto o conteúdo da decisão serão distintos consoante se tratam de interesses difusos e coletivos ou de interesses individuais homogêneos. Na hipótese de interesses difusos e coletivos, o pedido deverá ser certo e determinado, devendo a ação ter por objeto uma tutela específica (artigo 3º da Lei nº 7.347/85) de sorte que o conteúdo da decisão também seja específico [...]; já nas ações referentes a interesses

DIREITO PROCESSUAL DO TRABALHO • *Francisco Ferreira Jorge Neto – Jouberto de Quadros Pessoa Cavalcante*

Nos interesses ou direitos individuais homogêneos, a eficácia da coisa julgada será *erga omnes* e *secundum eventum litis* (segundo a sorte da lide), ou seja, se procedente a demanda coletiva, todos os titulares serão beneficiados, inclusive os seus sucessores, não havendo a necessidade de um processo de conhecimento. O art. 103, § 2º, reza que, em caso de improcedência da ação coletiva, os interessados que não tiverem intervindo no processo como litisconsortes poderão propor ação de indenização a título individual.

Como exceção, a sentença favorável na ação coletiva não irá beneficiar o titular do direito material, se houver a propositura de ação individual, exceto se houver a solicitação da suspensão da sua demanda individual no prazo de 30 dias a contar do momento da ciência nos autos da demanda coletiva (art. 104).

Quanto aos entes legitimados, mesmo em caso de improcedência por insuficiência de provas, não se poderá ter o ajuizamento de outra ação coletiva, com idêntico objeto.

Esquematicamente, temos:

a) extinção da demanda coletiva sem julgamento de mérito: ocorre a coisa julgada formal, com a possibilidade de novo ajuizamento, com idêntico objeto, por qualquer dos entes legitimados;

b) procedência do pedido: é a hipótese da coisa julgada material *erga omnes*, não podendo qualquer legitimado propor nova demanda com idêntico objeto. A execução poderá ser coletiva ou individual. O titular do direito material não será beneficiado pela coisa julgada, se não tiver requerido a suspensão do seu processo individual;

c) improcedência do pedido por insuficiência de provas ou qualquer outro motivo: coisa julgada material. Não haverá a possibilidade do ajuizamento de nova ação coletiva por idêntico objeto por qualquer dos entes legitimados. A coisa julgada irá prejudicar o titular do direito material que interveio na ação coletiva como litisconsorte.

4.7.4 A Decisão na Ação Coletiva com Fundamento nos Direitos Difusos e Coletivos e os Titulares dos Direitos Materiais

De acordo com o art. 103, § 1º, CDC, os efeitos da coisa julgada nas demandas coletivas embasadas nos direitos difusos e coletivos não prejudicarão interesses e direitos

---

individuais homogêneos, em caso de procedência do pedido, a condenação será genérica, com a fixação da responsabilidade do réu pelos danos causados (artigo 95 da Lei nº 8.078/90), devendo o *quantum debeatur* ser apurado em liquidação e/ou execução coletiva, em que serão identificados os beneficiários, ou em liquidação e/ou execução propostas pelos próprios interessados individuais (artigos 97 e 98 da Lei nº 8.078/90). Na liquidação, além do *quantum debeatur*, cada liquidante deverá provar, por artigos, a existência do seu dano pessoal e o nexo etiológico com o dano reconhecido na demanda coletiva" (SANTOS, Ronaldo Lima dos. Amplitude da coisa julgada nas ações coletivas. *Ação coletiva na visão de juízes e procuradores do trabalho*, p. 303).

PARTE VII · Cap. IV – INQUÉRITO CIVIL, AÇÃO CIVIL PÚBLICA E AÇÃO CIVIL COLETIVA | **1137**

individuais dos integrantes da coletividade, do grupo, categoria ou classe. Em outras palavras, a coisa julgada só terá efeitos para os titulares do direito material se for útil aos mesmos (coisa julgada *in utilibus*). Esse traço é o que diferencia a coisa julgada nas ações individuais e nas ações coletivas.

O transporte *in utilibus* da coisa julgada favorável nas ações coletivas (direitos difusos e coletivos) é acentuado quando o art. 103, § 3º, dispõe que os efeitos da coisa julgada não prejudicarão as ações de indenização por danos pessoalmente sofridos, propostos individualmente, mas, se procedente o pedido, beneficiarão as vítimas e os seus sucessores, que poderão proceder à liquidação e à execução do julgado.[21]

4.7.5 A Coisa Julgada na Ação Coletiva e o Art. 16 da Lei 7.347/85

A extensão objetiva da coisa julgada nas ações coletivas confunde-se com a sua amplitude subjetiva. Em outras palavras, os efeitos serão sentidos em toda a delimitação territorial onde se encontram os seus beneficiários, os titulares do direito material violado. A decisão terá eficácia em todo o território nacional. Nesse sentido, é o que se visualiza da interpretação dos art. 103 e 104, CDC.

Contudo, o art. 16, Lei 7.347, dispõe que a sentença civil faz coisa julgada *erga omnes*, no limite da competência territorial do órgão prolator, exceto se o pedido for julgado improcedente por insuficiência de provas, hipótese em que qualquer legitimado poderá intentar outra ação com idêntico fundamento, valendo-se de nova prova.

Carlos Henrique Bezerra Leite[22] afirma que a redação do art. 16 é originária de "*engendrações políticas perpetradas durante os famosos processos de privatizações das estatais brasileiras, onde o legislador visou restringir a eficácia da coisa julgada aos limites de competência do juiz prolator da decisão. O legislador, seguramente, confundiu competência com limites subjetivos da coisa julgada*".

A competência é critério de repartição do trabalho jurisdicional. Após a fixação do órgão jurisdicional competente, não mais pode ser invocada para se justificar a extensão dos efeitos da coisa julgada na ação coletiva.

Ronaldo Lima dos Santos[23] ensina: "*A competência constitui mero critério de repartição do trabalho judiciário, que opera mediante a disponibilização de determinados*

---

[21] "Tome-se como exemplo, uma ação civil pública proposta pelo Ministério Público do Trabalho cujo objetivo é a eliminação da insalubridade no estabelecimento de determinada empresa. Embora o pedido seja a proteção de um bem essencialmente coletivo (meio ambiente do trabalho), em sendo julgada procedente a demanda, o reconhecimento da insalubridade do meio ambiente daquele estabelecimento, e dos danos reais ou potenciais à saúde dos trabalhadores, aproveita *in utilibus* os trabalhadores individuais, que não necessitarão discutir novamente a salubridade daquele ambiente, podendo promover diretamente a execução do julgado, demonstrando na liquidação, que se processará por artigos, os elementos necessários à fixação do adicional de insalubridade" (SANTOS, Ronaldo Lima dos. Ob. cit., p. 307).

[22] LEITE, Carlos Henrique Bezerra. Ob. cit., p. 1063.

[23] SANTOS, Ronaldo Lima dos. Ob. cit., p. 309.

conjuntos de processos, a partir de critérios distintos (determinativos ou modificativos), a certos órgãos jurisdicionais. Conquanto seja bastante extenso o território nacional, em virtude do nosso desenho jurídico-político republicano-federativo, uma vez fixado o órgão jurisdicional, federal (comum e especial, estrutura em seções, e distribuída por regiões ou estados) ou estadual (estrutura em comarcas reunidas em entrâncias) seu julgado produzirá efeitos na razão direta da dimensão do conflito, não cabendo ao legislador e nem ao juiz restringir ou exacerbar esses parâmetros. Uma vez definido o órgão jurisdicional, cessa a utilidade da regra de competência, razão pela qual não se justifica o seu emprego para questões de outra ordem, como para determinar quais sujeitos estarão suscetíveis aos efeitos do comando judicial".

Além da incongruência, pela confusão entre competência e jurisdição, a doutrina aponta outras incorreções quanto ao art. 16, Lei 7.347:

a) o art. 16 somente se refere aos interesses difusos (o texto adota a expressão *erga omnes*), pois a coisa julgada nos interesses coletivos é *ultra partes*; por outro lado, quando fixa a coisa julgada de acordo com a sorte das provas (*secundum eventum probationis*), automaticamente exclui a sua aplicação às demandas coletivas fundadas em direito individual homogêneo, em que a eficácia subjetiva do julgado não depende da sorte das provas;

b) o art. 16, ao confundir competência e extensão dos efeitos da coisa julgada, não se aplica aos interesses ou direitos difusos, os quais têm a fixação da sua eficácia de acordo com o pedido (*erga omnes*), portanto, irá abranger todos os titulares do direito material violado.

Além das incorreções apontadas, Carlos Henrique Bezerra Leite assevera que o art. 16 foi revogado tacitamente pelo art. 103, CDC: *"Ocorre que o art. 103 do CPC, tratando de maneira inteiramente nova sobre o instituto da coisa julgada nas ações coletivas, incluída, por óbvio, a ACP, disciplinou, já em 1990, que a sentença fará coisa julgada. [...] Ora, lei nova que dispõe de forma diversa sobre a matéria tratada na lei velha, sendo ambas de mesma hierarquia, revoga-a, expressa ou tacitamente. No caso vertente, houve revogação parcial (derrogação) tácita do art. 16 da LACP pelo art. 103 do CDC. Logo, a alteração pretendida pelo legislador somente surtiria o efeito almejado se tivesse sido modificada a redação dos incisos do art. 103 do CDC, pois esta era a norma em vigor na temática da coisa julgada, e não o art. 16 da LACP".*[24]

4.7.6 A Coisa Julgada na Ação Coletiva e o Art. 2º-A da Lei 9.494/97

A sentença civil prolatada em ação de caráter coletivo proposta por entidade associativa, na defesa dos interesses e direitos dos seus associados, abrangerá apenas os substituídos que tenham, na data da propositura da ação, domicílio no âmbito da

---

[24] LEITE, Carlos Henrique Bezerra. Ob. cit., p. 1063.

PARTE VII · Cap. IV – INQUÉRITO CIVIL, AÇÃO CIVIL PÚBLICA E AÇÃO CIVIL COLETIVA | 1139

competência territorial do órgão prolator (art. 2º-A, Lei 9.494, MP 2.180-35/01, em vigor por força da EC 32).

Mais uma vez, o legislador deliberadamente confundiu competência com jurisdição. A amplitude da ação coletiva se faz de acordo com o pedido e não com a competência territorial do órgão prolator. A decisão irá abranger, se favorável, os sujeitos do direito material violado de acordo com o pedido exposto na fundamentação da ação coletiva.

Nas ações coletivas propostas contra a União, os Estados, o Distrito Federal, os Municípios e suas autarquias e fundações, a petição inicial deverá obrigatoriamente estar instruída com a ata da assembleia da entidade associativa que a autorizou, acompanhada da relação nominal dos seus associados e indicação dos respectivos endereços (art. 2º-A, parágrafo único, Lei 9.494, MP 2.180-35).

A exigência da apresentação de rol de substituídos, além de ineficaz, apresenta-se desnecessária, na medida em que o CDC (art. 103) fixa que a sentença na ação coletiva, quando benéfica, terá efeito para todos os titulares do direito material violado, com a possibilidade da sua execução, seja de forma coletiva ou individual. Por outro lado, não podemos nos esquecer que os entes legitimados para a ação coletiva não são representantes legais dos titulares dos direitos materiais violados e sim detentores de uma legitimação autônoma para o ajuizamento da ação coletiva (art. 5º, LACP, art. 82, CDC).

4.8 CUMPRIMENTO DAS DECISÕES COLETIVAS

A decisão judicial, como norma jurídica individualizada, deve conter: (a) a especificação do direito do credor a uma obrigação (fazer, não fazer, entrega de coisa ou pagamento de quantia); (b) as indicações: (1) existência da dívida (*an debeatur*); (2) credor (*cui debeatur*); (3) devedor (*quis debeat*); (4) o que é devido (*quid debeatur*); (5) quando for o caso, o valor devido (*quantum debeatur*).

A sentença é ilíquida quando o seu conteúdo não estabelece o montante da obrigação (a prestação é suscetível de quantificação) ou não individualiza, por completo, o objeto da prestação.

4.8.1 Liquidação e a Execução de Sentença Coletiva (Direitos Individuais Homogêneos)

Por regra, de acordo com o art. 95, Lei 8.078/90 (CDC), em se tratando de direitos individuais homogêneos, em caso de procedência do pedido, a condenação será genérica, fixando a responsabilidade do réu pelos danos causados.

A sentença coletiva não estabelece quem são os credores e o respectivo montante dos créditos (danos), visto que seu objetivo e conteúdo é apenas estabelecer a responsabilidade genérica do responsável pela violação aos direitos individuais homogêneos.

Logo, a liquidação de sentença coletiva (direitos individuais homogêneos) objetivará a demonstração e apuração: (a) de fatos e alegações pertinentes ao dano sofrido por cada titular; (b) do nexo de causalidade entre o dano indicado pelo titular e a situação genérica descrita no corpo da sentença coletiva; (c) dos valores relacionados com a dimensão pecuniária do dano sofrido.

A sentença de liquidação deverá individualizar o credor e quantificar o seu crédito. Esta apuração será efetuada por arbitramento (arts. 509, I, e 487, CPC) ou pelo procedimento comum ("por artigos de liquidação") (art. 509, II).

São legitimados para a liquidação:

a) a vítima e seus sucessores (art. 97, CDC);

b) os entes coletivos legitimados para a ação coletiva (Ministério Público, Defensoria Pública, União, Estados, Municípios e Distrito Federal, as entidades e órgãos da Administração Pública, direta e indireta, ainda que sem personalidade jurídica e as associações que preencham os requisitos para a legitimidade ativa) (art. 97, CDC) (art. 82, CDC; art. 5º, Lei 7.347/85, diploma que regula a ação civil pública, LACP), para os danos globais e residuais (*fluid recovery*) (art. 100, CDC). Quando se tem o decurso de um ano, sem que ocorra a habilitação dos titulares e ou sucessores em número compatível com a gravidade do dano, os entes legitimados podem promover a liquidação e execução da sentença coletiva (art. 100, *caput*), sendo que o produto dessa indenização será revertido para o FDD – Fundo de Defesa de Direitos Difusos (previsto na Lei 7.347/85) (art. 100, parágrafo único). O fundo é disciplinado no art. 13, Lei 7.347, e no Decreto 1.306/94. Nas sentenças coletivas trabalhistas, o valor da reparação fluída deve reverter para o FAT (Fundo de Amparo ao Trabalhador, o qual foi instituído pela Lei 7.998/90). O *fluid recovery* (indenização ou reparação fluída; resíduo não reclamado) não é uma soma das indenizações individuais, as quais não tenham sido cobradas pelas vítimas ou seus sucessores. Trata-se de um valor estimativo, que deve ser cobrado junto ao demandado como forma de se evitar o seu enriquecimento ilícito. Os seus requisitos são: (1) o decurso de um ano após o trânsito em julgado da sentença condenatória genérica; (2) a incompatibilidade entre o pequeno número de liquidações promovidas e a gravidade do dano causado. O prazo de um ano não é prescricional, muito menos decadencial. Serve apenas como critério objetivo para autorizar os entes legitimados para a ação coletiva a darem início à liquidação e execução. Logo, se houver o decurso do prazo de um ano, as vítimas e ou seus sucessores podem ajuizar as demandas individuais, objetivando a identificação e a quantificação dos seus créditos. Na hipótese do *fluid recovery*, os entes legitimados possuem uma legitimação extraordinária subsidiária, sendo que a liquidação é residual;

c) há autores que defendem, também diante da leitura do art. 97, CDC, que os entes legitimados (art. 82, CDC) podem propor a liquidação coletiva, independentemente da hipótese do *fluid recovery*. Nessa situação, tais entes atuariam como representantes, diante da necessidade da identificação das vítimas ou de seus sucessores. Não seria a hipótese de substituição processual. Raimundo Simão de Melo[25] ensina que "*a liquidação e a execução podem ser promovidas pelos*

---

[25] MELO, Raimundo Simão de. *Ação civil pública na Justiça do Trabalho*, 2. ed., p. 208.

PARTE VII · Cap. IV – INQUÉRITO CIVIL, AÇÃO CIVIL PÚBLICA E AÇÃO CIVIL COLETIVA | **1141**

trabalhadores vitimados pelo dano e seus sucessores ou pelos legitimados coletivos de que tratam os arts. 5º, da LACPP, e 82, CDC, conforme prevê o art. 97 do CDC. Uma vez que a condenação consistirá no reconhecimento genérico da obrigação de indenizar. Por economia e celeridade processuais, no entanto, mais conveniente será que o próprio autor coletivo da ação, quando possível, proceda à liquidação e execução do julgado, pois, ao contrário, ter-se-á inúmeros pedidos de liquidação e consequentes execuções, de maneira a tumultuar a Justiça obreira".

A competência para a liquidação encontra guarida no art. 98, § 2º, CDC, em que se tem a possibilidade da escolha do juízo da ação condenatória e o da liquidação.

O liquidante pode optar pelo juízo da ação (art. 877, CLT; art. 475-P, II, CPC/73; art. 516, II, NCPC) ou pelo juízo do seu domicílio (aplicação da inteligência, art. 101, I, CDC).

É necessário que se dê ampla publicidade dos termos da sentença condenatória genérica (art. 94, CDC), para que um grande número de vítimas e seus sucessores possam ter conhecimento do reconhecimento dessa responsabilidade.

O procedimento da liquidação poderá ser o comum ("por artigos de liquidação") ou por arbitramento. É imperioso que se assegure, durante a fase de liquidação, que as partes possam ter o contraditório e a ampla defesa, objetivando, assim, a identificação dos titulares e dos valores dos respectivos créditos.

O conteúdo da sentença de liquidação pode pôr fim a liquidação: (a) terminativa, em que, por exemplo, se tem a ausência do interesse processual, pelo fato de a parte ter optado pela liquidação, via arbitramento, sendo que o correto seria a modalidade de artigos de liquidação. Nessa hipótese, nada obsta que a parte ajuíze nova liquidação; (b) definitiva, em que a sentença reconhece a ausência da demonstração da titularidade, visto não ter sido possível a prova dos fatos aduzidos na liquidação (não se demonstra o nexo de causalidade entre o alegado e o conteúdo da sentença coletiva condenatória genérica). Pode-se, ainda, pensar na hipótese de não se reconhecer nenhum dano específico ao liquidante. Nessas hipóteses, caso deseje discutir o mérito da sentença, o liquidante deverá interpor agravo de petição (art. 897, CLT).

Quando a sentença é de procedência, o seu conteúdo reconhece a titularidade e impõe a fixação do valor a ser ressarcido, ocorrendo, assim, o início da execução por quantia certa. A sentença não é recorrível de imediato, em face da processualística da execução trabalhista.

Os legitimados para a execução são os legitimados para a liquidação, podendo ocorrer execução individual ou coletiva, como também a relativa à reparação fluída.

Se a execução for individual, a parte tem legitimação ordinária. No caso de ser coletiva, para alguns doutrinadores, a legitimação é extraordinária e para outros se trata de uma representação.

Na reparação fluída, a legitimação é extraordinária subsidiária, diante do pequeno número de habilitações por parte das vítimas e sucessores.

O executado será citado para pagar ou garantir a execução no prazo de 48 horas (art. 880, CLT), podendo, se quiser, indicar bens à penhora.

Após a garantia do juízo, o devedor pode opor embargos à execução e o credor, impugnação à sentença de liquidação (art. 884, *caput* e § 3º, CLT; art. 525, CPC). Da decisão, caberá agravo de execução (art. 897, CLT).

No caso de não se conceder o efeito suspensivo ao recurso ordinário (art. 895, CLT; art. 14, LACP), pode se ter a liquidação e a execução, não só individual como também a coletiva.

Deve ser ressaltado que em caso de concurso de créditos decorrentes de condenação genérica (por danos morais e/ou materiais, além de valores decorrentes das astreintes) (Lei 7.347/85) e de indenizações pelos prejuízos individuais resultantes do mesmo evento danoso, estas terão preferência no pagamento (art. 99, *caput*, CDC).

Nessa hipótese, a destinação da importância recolhida ao FDD ficará sustada enquanto pendentes de decisão de segundo grau as ações de indenização pelos danos individuais, salvo na hipótese de o patrimônio do devedor ser manifestamente suficiente para responder pela integralidade das dívidas (art. 99, parágrafo único).

4.8.2   Liquidação e a Execução de Sentença Coletiva (Direitos Difusos e Coletivos)

O cumprimento da sentença coletiva, em que se tem a ocorrência de direitos difusos e ou coletivos, pode envolver várias obrigações: (a) pagar; (b) fazer; (c) não fazer e (d) de entregar coisa (art. 3º, LACP).

A obrigação de pagar, em se tratando de direitos difusos e coletivos, é caracterizada pela sua indivisibilidade, visto que se destina à proteção de bens e valores da coletividade lesada. É o caso da quantia a ser apurada em liquidação de sentença ou a quantia já fixada na sentença coletiva. Nas duas hipóteses, a obrigação retrata uma indenização por dano moral coletivo. O valor do dano moral coletivo é revertido para o Fundo de Defesa de Direitos Difusos. Nas sentenças coletivas trabalhistas, o valor do dano moral coletivo é destinado para o Fundo de Amparo ao Trabalhador (FAT, o qual foi instituído pela Lei 7.998/90).

Se o valor não estiver determinado na fundamentação da sentença coletiva, será necessária a realização da liquidação da decisão que, dependendo das peculiaridades da situação, poderá ser realizada pelo procedimento comum ("por artigos de liquidação") (art. 509, II, CPC) ou por arbitramento (arts. 509, I, e 487, CPC).

Nas obrigações de fazer e não fazer (art. 536, CPC), bem como nas de entrega de coisa, o juiz concederá a tutela específica da obrigação ou, se procedente o pedido, determinará providências que assegurem o resultado prático equivalente ao do adimplemento. Para a efetivação da tutela específica ou a obtenção do resultado prático equivalente, poderá o juiz, de ofício ou a requerimento, determinar as medidas necessárias, tais como a imposição de multa por tempo de atraso, busca e apreensão, remoção de pessoas e coisas, desfazimento de obras e impedimento de atividade nociva, se necessário com requisição de força policial.

Nas sentenças coletivas, em que se tenha obrigações (fazer, não fazer e de entrega de coisa), como a solução é pela concessão da tutela específica, é muito difícil afirmar-se quanto à possibilidade da liquidação da própria decisão.

PARTE VII · Cap. IV – INQUÉRITO CIVIL, AÇÃO CIVIL PÚBLICA E AÇÃO CIVIL COLETIVA | 1143

É imperioso, ante o caráter indivisível do direito violado (coletividade), que a tutela conferida na sentença coletiva seja a específica. Somente em situações excepcionais é que terá a conversão em perdas e danos.

De acordo com o art. 15, LACP, o autor da demanda coletiva tem o prazo de 60 dias, após o trânsito da sentença condenatória, para promover a liquidação ou a execução da sentença. Caso ultrapassado esse prazo, deverá fazê-lo o Ministério Público, facultada igual iniciativa aos demais legitimados (art. 82, CDC; art. 5º, LACP).

Marcos Neves Fava afirma que o juiz também tem legitimidade para a liquidação e execução das sentenças coletivas, ante o teor do art. 878, CLT.

O foro competente para a liquidação e a execução das sentenças coletivas, em que se discute direitos difusos e coletivos, será o foro da propositura da ação de conhecimento (art. 877, CLT; art. 516, CPC; art. 98, § 2º, II, CDC).

No caso de dissonância do executado, quanto aos trâmites da liquidação e da execução, a matéria deverá ser discutida em sede de embargos à execução (art. 884, CLT; art. 525, CPC), sendo que o prazo para o ajuizamento será de 5 dias após a regular ciência da garantia do juízo. Da decisão, caberá agravo de petição (art. 897, CLT).

O exequente, no caso de não concordância com os cálculos homologados, deverá interpor impugnação à sentença de liquidação (art. 884, § 3º, CLT), no prazo de 5 dias, após a regular ciência da garantia do juízo. Dessa decisão cabe agravo de petição em 8 dias (art. 897).

QUESTIONÁRIO

1. Qual a finalidade do inquérito civil?
2. Quais as possíveis conclusões do inquérito civil?
3. Qual a distinção entre a ação civil e a ação civil coletiva?
4. Qual a finalidade da ação civil e da ação civil coletiva?
5. Quem são os legitimados a ingressar com a ação civil e a ação civil coletiva?
6. Quais são os efeitos da decisão na ação civil?
7. Como se processa a liquidação da sentença coletiva?
8. Como se processa a execução da sentença coletiva?

Capítulo V
INQUÉRITO PARA APURAÇÃO DE FALTA GRAVE

A ação judicial denominada inquérito de apuração de falta grave tem previsão na própria CLT (arts. 494 e segs.), com procedimento delineado nos arts. 853 e segs. da CLT.

O inquérito para apuração de falta grave é a ação trabalhista que, diante da falta grave do empregado estável, permite ao juiz a rescisão motivada do contrato de trabalho.

A ação é proposta pelo empregador (requerente) contra o empregado estável (requerido).

O ajuizamento do inquérito para apuração de falta grave exige que o empregado seja portador de estabilidade, sob pena de ser decretada a extinção da demanda por carência de ação (falta de interesse processual).

Atualmente, o inquérito judicial é utilizado para apuração de falta grave dos seguintes empregados: (a) que detenham estabilidade decenal (arts. 492, 494 e 853, CLT); (b) dirigente sindical (Súm. 197, STF; Súm. 379, TST); (c) empregado eleito para o cargo de diretor em sociedade cooperativa também goza de estabilidade (art. 55, Lei 5.764/71); (d) representante no Conselho Curador do FGTS (art. 3º, § 9º, Lei 8.036/90); (e) representante no Conselho Nacional de Previdência Social (art. 3º, § 7º, Lei 8.213/91); (f) membro do Conselho deliberativo das entidades fechadas de previdência complementar (art. 12, *caput* e § 1º, LC 108/01); (g) empregado público estável (art. 19, ADCT) – nesse caso, apesar do entendimento doutrinário, o TST se posicionou no sentido de que não se tem tal exigência (TST – SDI-I – ED-RR 481730-84.1998.5.09.5555 – Rel. Min. Aloysio Corrêa da Veiga – *DJ* 08.06.2007); (h) empregado público estável (art. 41, CF, antes da EC 19/98, Súm. 390, TST) – nesse caso, apesar do entendimento doutrinário, o TST se posicionou no sentido de que não se tem tal exigência (TST – SDI-I – ED-RR 481730-84.1998.5.09.5555 – Rel. Min. Aloysio Corrêa da Veiga – *DJ* 08/06/2007); (i) membro da Comissão de Conciliação Prévia (art. 625-B, § 1º, CLT).

O empregado público estável pela aplicação do art. 41 da CF, antes da EC 19, também poderá ser dispensado motivadamente por apuração em processo administrativo, onde seja garantido o amplo direito de defesa (Súm. 20, STF). Nem mesmo a dispensa durante o estágio probatório poderia excluir a apuração da falta cometida, com aplicação analógica da Súmula 21 do STF.

Na ocorrência de falta grave por empregado estável, é facultado ao empregador suspender o empregado até a decisão final do processo, sendo que sua dispensa somente se tornará efetiva com a decisão do inquérito que reconheça a falta grave (art. 494, CLT).

PARTE VII · Cap. V – INQUÉRITO PARA APURAÇÃO DE FALTA GRAVE | **1145**

A partir da data em que ocorreu a suspensão do empregado, o empregador tem o prazo de 30 dias para ingressar com o inquérito (art. 853), respondendo pelos salários devidos no período do afastamento até o ajuizamento (art. 855).

O prazo de 30 dias para instauração de inquérito judicial de empregado estável para apuração de falta grave é de decadência, a contar da suspensão (Súm. 403, STF; Súm. 62, TST).

Não havendo a suspensão do empregado, não se pode falar em decadência do direito de ajuizar inquérito, ante a ausência de marco inicial do prazo para ingresso da ação desconstitutiva.

Nesse caso, o ajuizamento do inquérito não pode tardar, o que implicará o perdão tácito da empresa, porque caso o empregado não fosse estável e o empregador quisesse rescindir motivadamente o contrato, quando da falta grave, a aplicação da pena de demissão teria que ser imediata.

Como regra, não há despesas processuais realizadas antes da postulação judicial, por falta de previsão legal.

As custas processuais serão pagas quando da interposição do recurso ou ao final do processo (arts. 789 e segs., CLT), de modo que não existem custas processuais no momento da distribuição da ação.

Também por falta de amparo legal, não existem despesas de juntada do instrumento do mandato e diligência de oficial de justiça.

O inquérito de apuração de falta grave seguirá o mesmo procedimento da reclamação trabalhista: o procedimento ordinário, apenas com duas particularidades: (a) número de testemunhas: até seis para cada parte (art. 821, CLT); (b) considerando a alegação, a prova da falta grave cabe ao empregador (art. 818, CLT, Lei 13.467/17; art. 373, CPC).

Quando do julgamento, caso se tenha provado a falta grave cometida, se houve a suspensão do empregado, a extinção retroage à data da suspensão, data em que o empregador teria demitido o empregado, se pudesse. Em não havendo a suspensão e continuando o empregado no trabalho até a decisão judicial, essa decisão extinguirá o contrato de trabalho na data do ajuizamento da ação e o período posterior passa a constituir um novo contrato.

Julgado improcedente o inquérito, nada se altera no contrato de trabalho. Caso tenha ocorrido a suspensão do contrato de trabalho, o empregado será reintegrado e terá direito aos salários e outras vantagens pecuniárias do período de afastamento.

O empregador que deixar de cumprir decisão transitada em julgado de reintegração de empregado incorrerá em multa de 1/5 a 1 valor de referência regional por dia (art. 729). A multa *"agora é de 3/5 (três quintos) a 3 (três) valores de referência regionais. A multa será devida até a data anterior à reintegração. A multa é diária e não por mês"*.[1]

O valor de referência foi extinto pelo art. 3º, III, da Lei 8.177/91, deixando de existir os parâmetros legais para a fixação da multa diária (*astreintes*). Com isso, parece-nos

---

[1] MARTINS, Sergio Pinto. *Comentários à CLT*, 10. ed., p. 780.

que a solução é a aplicação dos arts. 536, § 1º, e 537, CPC, de forma subsidiária, o qual traça como parâmetros para a fixação de multa diária, se for o caso, *"se for suficiente ou compatível com a obrigação"*, podendo alterá-la caso verifique que *"se tornou insuficiente ou excessiva"*.

Quando a reintegração do empregado se mostrar desaconselhável, como consequência da incompatibilidade criada pela circunstância fática ou/e pelo processo judicial, principalmente, quando o empregador for pessoa natural, o juiz poderá converter a reintegração em indenização (art. 496, CLT; Súm. 28, TST). A decisão será desconstitutiva e condenatória.

No caso de estabilidade decenal, a indenização será em dobro (art. 497), salvo na ocorrência de força maior, quando a indenização será simples (art. 502, I).

A estrutura do inquérito de apuração de falta grave observará os requisitos previstos no art. 840 da CLT, Lei 13.467/17, e no art. 319, CPC.

QUESTIONÁRIO

1. Quais as hipóteses de cabimento do inquérito para apuração de falta grave?
2. O afastamento do empregado acusado de praticar falta grave é obrigatório?
3. Qual o prazo para ajuizamento do inquérito para apuração de falta grave?
4. Quais os efeitos da decisão judicial do inquérito?

Capítulo VI
AÇÃO RESCISÓRIA

6.1 FUNDAMENTO JURÍDICO

A ação rescisória está disciplinada nos arts. 996 e segs., CPC e no art. 836, CLT.

Considerando o novo regramento processual civil e a necessidade de o TST se posicionar, ainda que não de forma exaustiva, sobre a aplicação de várias regras e de institutos disciplinados pelo NCPC ao processo do trabalho, foi editada a IN 39, de 15/3/2016. Nesse aspecto, o TST entende que os arts. 996 a 975, CPC, são aplicáveis ao processo do trabalho (art. 3º, XXVI, IN 39).

6.2 ASPECTOS DA AÇÃO RESCISÓRIA

A ação rescisória é uma ação que tem por objeto reconhecer a nulidade da decisão que transitou em julgado (*iudicium rescindens*) e, se for o caso, proferir novo julgamento (*iudicium rescissorium*).

Pelo CPC, a ação rescisória pode ter por objeto apenas um capítulo da decisão (art. 966, § 3º).

A rescisória é uma "ação autônoma de impugnação", de natureza constitutiva negativa (desconstitutiva) quanto ao juízo rescindendo, dando ensejo à instauração de uma nova relação processual, distinta daquela em que foi proferida a decisão rescindenda.

Não são todas as decisões judiciais que podem ser atacadas por ação rescisória.

O CPC separa os pronunciamentos do juiz em: sentenças, decisões interlocutórias e despachos (art. 203, CPC).

Denomina-se sentença o pronunciamento por meio do qual o juiz põe fim à fase cognitiva do procedimento comum, bem como extingue a execução, com ou sem resolução de mérito (arts. 485, 487 e 203, § 1º).

As sentenças são terminativas ou definitivas (= mérito). São terminativas as sentenças que põem fim ao processo, porém, sem julgar o mérito (art. 485). Exemplos: as que acolhem as exceções de coisa julgada e de litispendência.

As definitivas decidem o mérito, acolhendo ou rejeitando a pretensão. Têm como escopo a decisão da própria situação jurídica controvertida. São as sentenças finais por excelência (art. 487).

Vários são os efeitos que surgem da sentença.

O primeiro é a coisa julgada (*res iudicata*), que pode ser formal, quando a sentença coloca termo ao processo sem apreciar o mérito. Logo, as sentenças terminativas fazem coisa julgada formal.

O segundo é no sentido de que também faz coisa julgada material, ou seja, quando a sentença coloca termo ao processo apreciando o mérito. Tal efeito é peculiar às sentenças definitivas.

As sentenças definitivas fazem coisa julgada material, isto é, são reputadas e repelidas todas as alegações e defesas que as partes poderiam aduzir quanto à pretensão posta em juízo (art. 508).

Nas relações jurídicas continuativas (art. 505, I), a possibilidade de revisão dos efeitos da coisa julgada se dá pela modificação no estado de fato ou de direito e ocorrerá em ação revisional.

Por regra, a ação rescisória somente poderá rescindir decisão transitada em julgado (Súm. 299, I e III, TST). Em caráter excepcional, o CPC admite que a ação rescisória, embora não seja a sentença de mérito, impeça: (a) nova propositura da demanda; (b) admissibilidade do recurso correspondente (art. 966, § 2º, I e II). É a hipótese da sentença que acolhe a preliminar de coisa julgada (arts. 337, VII, e 485, V).

Sob a égide do CPC/73 (art. 512), era juridicamente impossível o pedido de desconstituição da decisão impugnada quando substituída pelo acórdão regional (Súm. 192, III, TST). A Súmula 192, III, não mais se aplica ao CPC/15, ante os termos do art. 966, § 2º.

A decisão que não conhece de recurso de embargos ou de revista, analisando arguição de violação de dispositivo de lei material ou decidindo em consonância com súmula de direito material ou com iterativa, notória e atual jurisprudência de direito material da SDI (Súm. 337), examina o mérito da causa, cabendo ação rescisória da competência do TST (Súm. 192, II), o que não ocorre com a decisão que não conhece recurso de revista, com base em divergência jurisprudencial (Súm. 413).

Não é de mérito decisão homologatória de adjudicação e de arrematação (Súm. 399, I).

A decisão homologatória de cálculos apenas comporta rescisão quando enfrentar as questões envolvidas na elaboração da conta de liquidação, quer solvendo a controvérsia das partes, quer explicitando, de ofício, os motivos pelos quais acolheu os cálculos oferecidos por uma das partes, ou pelo setor de cálculos, e não contestados pela outra (Súm. 399, II).

A decisão que conclui estar preclusa a oportunidade de impugnação da sentença de liquidação, por ensejar tão somente a formação da coisa julgada formal não é suscetível de rescindibilidade (OJ 134, SDI-II).

Se a decisão recorrida, em agravo regimental, aprecia a matéria na fundamentação, sob o enfoque das Súmulas 83 do TST e 343 do STF, constitui sentença de mérito, ainda que haja resultado no indeferimento da petição inicial e na extinção do processo sem julgamento do mérito. Sujeita-se, assim, à reforma pelo TST, a decisão do tribunal que, invocando controvérsia na interpretação da lei, indefere a petição inicial de ação rescisória (Súm. 411, TST).

PARTE VII · Cap. VI – AÇÃO RESCISÓRIA | 1149

Sob a égide do CPC/73, podia uma questão processual ser objeto de rescisão desde que consistisse em pressuposto de validade de uma sentença de mérito (Súm. 412).

Importante dizer que é cabível a ação rescisória contra sentença transitada em julgado ainda que contra ela não se tenham esgotado todos os recursos (Súm. 514, STF) ou apresentado embargos de declaração contra a decisão que é *citra petita* (OJ 41, SDI-II).

A própria decisão de mérito da ação rescisória pode ser objeto de nova ação rescisória (Súm. 400, TST), quando o vício apontado deve nascer na decisão rescindenda, não se admitindo a rediscussão do acerto do julgamento da rescisória anterior.

O pretenso vício de intimação, posterior à decisão que se pretende rescindir, se efetivamente ocorrido, não permite a formação da coisa julgada material. Assim, a ação rescisória deve ser julgada extinta, sem julgamento do mérito, por carência de ação, por inexistir decisão transitada em julgado a ser rescindida (Súm. 299, IV).

Não se admitia, por impossibilidade jurídica do pedido, na vigência do CPC/73 (art. 512), o pedido de rescisão do julgado proferido em agravo de instrumento, que, se limitando a aferir o eventual desacerto do juízo negativo de admissibilidade do recurso de revista, não substituía o acórdão regional (Súm. 192, IV). Como o CPC, esse entendimento não pode mais ser aplicado (art. 966, § 2º, II).

Tem-se admitido ação rescisória para corrigir contradição entre a parte dispositiva do acórdão rescindendo e sua fundamentação, por erro de fato na retração do que foi decidido (OJ 103, SDI-II). Da mesma forma, embora não haja atividade cognitiva, a decisão que declara extinta a execução, nos termos do CPC (arts. 924 e 925), extingue a relação processual e a obrigacional, sendo passível de rescisão (OJ 107). A decisão proferida pela SDI, em sede de agravo regimental, calcada na Súmula 333, substitui acórdão de Turma do TST, porque emite juízo de mérito, comportando, em tese, o corte rescisório (Súm. 192, V).

Na vigência do CPC/73 (art. 267, V), reputava-se juridicamente impossível o pedido de corte rescisório de decisão que, reconhecendo a configuração de coisa julgada, extinguia o processo sem resolução de mérito, o que, ante o seu conteúdo meramente processual, a tornava insuscetível de produzir a coisa julgada material (OJ 150, SDI-II). Com o CPC, esse entendimento não pode mais ser aplicado (art. 966, § 2º, I).

De acordo com o art. 831, parágrafo único, CLT, no caso de conciliação, o termo que for lavrado valerá como decisão irrecorrível, salvo para a Previdência Social quanto às contribuições que lhe forem devidas. Só por ação rescisória é impugnável o termo de conciliação (Súm. 259, TST).

Em caráter excepcional, o NCPC prevê a possibilidade de ação rescisória contra decisão transitada em julgado que, embora não seja de mérito, impeça (art. 966, § 2º):

(a) nova propositura de demanda (hipóteses relacionadas com o art. 486, § 1º, CPC, ou seja: (1) litispendência; (2) indeferimento da petição inicial; (3) ausência de pressupostos de constituição e de desenvolvimento válido e regular do processo; (4) ausência de legitimidade ou de interesse processual; (5) acolhimento da alegação de existência de convenção de arbitragem ou quando o juiz arbitral reconhecer sua competência. A rigor, a parte pode ajuizar nova demanda, contudo, pode discutir o teor da decisão, a qual tenha extinto a demanda por qualquer das hipóteses acima mencionadas, por meio de ação rescisória;

(b) admissibilidade do recurso correspondente, isto é, quando o tribunal, ao analisar um recurso interposto de uma sentença de mérito, não venha a conhecê-lo, como são as hipóteses de deserção, intempestividade etc.

6.3 CABIMENTO

As hipóteses de cabimento da ação rescisória estão elencadas no art. 966, CPC.

6.3.1 Prevaricação, Concussão ou Corrupção do Juiz

A primeira hipótese de ação rescisória prevista em lei diz respeito à pessoa do juiz, quando o mesmo agir com prevaricação (art. 319, CP), concussão (art. 316) ou corrupção passiva (art. 317). São tipos do Direito Penal.

Prevaricar significa retardar ou deixar de praticar, indevidamente, ato de ofício, ou praticá-lo contra disposição expressa de lei, para satisfazer interesse ou sentimento pessoal.

Concussão é exigir, para si ou para outrem, direta ou indiretamente, ainda que fora da função, ou antes de assumir a função, mas em razão dela, vantagem indevida.

A corrupção passiva se configura ao solicitar ou receber, para si ou para outrem, direta ou indiretamente, ainda que fora da função ou antes de assumi-la, mas em razão dela, vantagem indevida, ou aceitar promessa de tal vantagem.

6.3.2 Impedimento ou Incompetência Absoluta do Juiz

No sistema processual, a imparcialidade do magistrado é um dos pressupostos de validade do processo, logo, a decisão prolatada por autoridade impedida enseja a sua rescisão.

No desempenho de suas atribuições o magistrado deve atuar com isenção de ânimo, lisura e probidade. Portanto, a plena capacidade subjetiva do juiz é um dos pressupostos processuais.

Quando não se tem a plena capacidade subjetiva do juiz, a parte pode e deve denunciá-la. A denúncia ocorre por meio da exceção de impedimento ou suspeição (arts. 144 a 148, CPC; arts. 801 e 802, CLT).

Ao contrário do que ocorre com o processo civil, a CLT não efetua uma diferenciação explícita quanto aos motivos de impedimento ou suspeição em relação ao magistrado.

As hipóteses legais quanto ao impedimento estabelecem uma presunção absoluta quanto à parcialidade do magistrado, o que não ocorre com a suspeição.

No nosso sistema processual, a competência jurisdicional pode ser relativa ou absoluta.

A competência em razão do valor da causa e territorial é relativa, deixando de existir se não questionada no momento processual adequado por meio de preliminar de contestação (art. 336, CPC). Não pode ser declarada de ofício (Súm. 33, STJ).

PARTE VII • Cap. VI – AÇÃO RESCISÓRIA | **1151**

A incompetência absoluta ocorre quando se têm os critérios relativos à matéria e à hierarquia. Esses critérios não podem ser derrogados, mesmo pela vontade das partes (art. 62, CPC), podendo tal incompetência ser reconhecida de ofício e alegada em qualquer tempo ou grau de jurisdição (art. 64, § 1º). A incompetência do juiz capaz de ensejar a ação rescisória é a absoluta, a qual prescinde de prequestionamento (OJ 124, SDI-II).

6.3.3 Dolo ou Coação da Parte Vencedora em Detrimento da Parte Vencida ou, Ainda, de Simulação ou Colusão entre as Partes, a Fim de Fraudar a Lei

Ocorre dolo quando a parte vencedora, faltando com seu dever de lealdade e boa-fé, impeça ou dificulte a atuação processual da outra parte, como a produção de provas, reduzindo-lhe a capacidade de defesa e afastando o juiz de uma decisão de acordo com a verdade.

As partes, seus procuradores e todos aqueles que participarem do processo devem proceder com lealdade e boa-fé, de modo a: (a) expor os fatos em juízo conforme a verdade; (b) não formular pretensão ou apresentar defesa quando cientes de que são destituídas de fundamento; (c) não produzir provas e não praticar atos inúteis ou desnecessários à declaração ou à defesa do direito; (d) cumprir com exatidão as decisões jurisdicionais, de natureza provisória ou final, e não criar embaraços à sua efetivação; (e) declinar, no primeiro momento que lhes couber falar nos autos, o endereço residencial ou profissional onde receberão intimações, atualizando essa informação sempre que ocorrer qualquer modificação temporária ou definitiva; (f) não praticar inovação ilegal no estado de fato de bem ou direito litigioso (art. 77, CPC). Desse modo, considera-se litigante de má-fé aquele que: (a) deduzir pretensão ou defesa contra texto expresso de lei ou fato incontroverso; (b) alterar a verdade dos fatos; (c) usar do processo para conseguir objetivo ilegal; (d) opuser resistência injustificada ao andamento do processo; (e) proceder de modo temerário em qualquer incidente ou ato do processo; (f) provocar incidente manifestamente infundado; (g) interpuser recurso com intuito manifestamente protelatório (art. 80).

Por coação compreende-se a pressão física ou moral exercida sobre alguém para induzi-lo à prática de um ato.

Na coação física, tem-se o constrangimento corporal. Como não há a devida e livre manifestação de vontade, denota a nulidade absoluta do ato jurídico.

Na moral, a vontade não está completamente eliminada, como ocorre no caso de emprego da violência física. A vítima conserva relativa liberdade. Tem a escolha de praticar o ato exigido ou sofrer o dano. A manifestação de vontade ocorre, apesar de os resultados não serem os desejados pelo emissor.

São requisitos da coação: (a) ser causa determinante do ato; (b) deve incutir ao paciente um temor justificado; (c) esse temor deve dizer respeito à dano iminente e que seja considerável; (d) o dano pode envolver tanto a pessoa da vítima como seus familiares ou seus bens (arts. 151 a 155, CC).

Simulação é a declaração enganosa da vontade, com o intuito de produzir efeito diverso do aparentemente indicado. É o desacordo intencional entre a vontade interna e a declarada. Tem-se a realização de um ato jurídico aparente, com a devida ocultação do ato efetivamente desejado.

Os seus requisitos são: (a) como regra – uma declaração bilateral da vontade; (b) é sempre fruto da combinação com a outra parte que participa da relação jurídica ou das pessoas que participam da relação jurídica; (c) o ato emanado da simulação não reflete a real intenção das partes e tem o escopo de prejudicar ou iludir a terceiros.

Em geral, a simulação nos atos jurídicos ocorre quando: (a) aparentar conferir ou transmitir direitos a pessoas diversas daquelas a quem realmente se confere ou transmite; (b) contiver declaração, confissão, condição ou cláusula não verdadeira; (c) os instrumentos particulares foram antedatados ou pós-datados (art. 167, § 1º, I a III, CC).

Ficam ressalvados os direitos de terceiros de boa-fé em face dos contraentes do ato jurídico simulado (art. 167, § 2º).

Pela Lei Civil, o negócio jurídico simulado deverá subsistir, se for válido na sua substância e forma, consoante o disposto no art. 167, *caput*. Essa disposição é aplicável ao Direito do Trabalho, notadamente pela aplicação do princípio da primazia da realidade.

Por fim, colusão é o *"conluio secreto das partes, que, simulando um litígio, visam enganar o magistrado, com o intuito de prejudicar terceiro, fraudando, assim, a lei, ao conseguir ato por ela proibido"*.[1]

O juiz, diante das circunstâncias da causa, convencido de que autor e réu se serviram do processo para praticar ato simulado ou conseguir fim proibido por lei, proferirá sentença que obste aos objetivos das partes, aplicando, de ofício, as penalidades da litigância de má-fé (art. 142, NCPC; OJ 94, SDI-II).

Contudo, nem sempre é possível a constatação de uma colusão em determinada ação, a qual passará a ter os efeitos da coisa julgada. Por exemplo: uma demanda trabalhista em que houve um acordo fraudulento não cumprido. Na execução, com a arrematação ou a adjudicação, tem-se a transferência dos bens da pessoa jurídica, ora executada, para terceiro ou para o autor. Assim, com o desfalque no seu patrimônio, a pessoa jurídica evitará futuras constrições legais sobre os seus bens. Entendemos que a coisa julgada em uma ação na qual se tem a colusão haverá de ser desconsiderada pelo magistrado, sob pena de se perpetuar a ofensa ao Judiciário e ao próprio ideal da Justiça. Portanto, em outras execuções contra a mesma pessoa jurídica, o juiz deverá afastar a alienação judicial ou a adjudicação, imputando-se tais bens.

Se a decisão rescindenda é homologatória de acordo, não há parte vencedora ou vencida, razão pela qual não é possível a sua desconstituição calcada no inciso III do art. 966, CPC (dolo da parte vencedora em detrimento da vencida), pois constitui fundamento de rescindibilidade que supõe solução jurisdicional para a lide (Súm. 403, II, TST).

Importante lembrar que o acordo celebrado e homologado judicialmente, em que o empregado dá plena e ampla quitação, sem qualquer ressalva, alcança não só o objeto da inicial, como também todas as demais parcelas referentes ao extinto contrato de trabalho, violando a coisa julgada a propositura de nova reclamação trabalhista (OJ 132, SDI-II).

---

[1] DINIZ, Maria Helena. *Dicionário Jurídico*, v. 1, p. 651.

PARTE VII · Cap. VI – AÇÃO RESCISÓRIA | **1153**

Não caracteriza dolo processual previsto no art. 966, III, CPC, o simples fato de a parte vencedora haver silenciado a respeito de fatos contrários a ela, porque o procedimento, por si só, não constitui ardil do qual resulte cerceamento de defesa e, em consequência, desvie o juiz de uma sentença não condizente com a verdade (Súm. 403, I).

A sentença homologatória de acordo prévio ao ajuizamento de reclamação trabalhista, no qual foi conferida quitação geral do extinto contrato, sujeita-se ao corte rescisório tão somente se verificada a existência de fraude ou vício de consentimento (OJ 154, SDI-II). Nos termos da Súm. 298, IV, a sentença meramente homologatória, que silencia sobre os motivos de convencimento do juiz, não se mostra rescindível, por ausência de pronunciamento explícito.

A declaração de nulidade de decisão homologatória de acordo, em razão da colusão entre as partes (art. 966, III, NCPC), é sanção suficiente em relação ao procedimento adotado, não havendo que ser aplicada a multa por litigância de má-fé (OJ 158, SDI-II).

Segundo entendimento firmando no TST, ao tratar do fundamento para invalidar a confissão como hipótese de rescindibilidade da decisão judicial, refere-se à confissão real, fruto de erro, dolo ou coação, e não à confissão ficta resultante de revelia (Súm. 404).

6.3.4   Ofensa à Coisa Julgada

Coisa julgada é o caráter de que se reveste a decisão judicial, a qual não está mais sujeita a recurso, tornando-se imutável e indiscutível (art. 502, CPC).

A coisa julgada faz lei entre as partes, na medida em que a questão não poderá ser objeto de outra demanda ou ser discutida no mesmo processo.

O CPC reconhece a coisa julgada à questão prejudicial, quando decidida e expressa incidentalmente no processo, se: (a) dessa resolução depender o julgamento do mérito; (b) a seu respeito tiver havido contraditório prévio e efetivo, não se aplicando no caso de revelia; (c) o juízo tiver competência em razão da matéria e da pessoa para resolvê-la como questão principal. Contudo, tal regra não se aplica se no processo houver restrições probatórias ou limitações à cognição que impeçam o aprofundamento da análise da questão prejudicial (art. 503, §§ 1º e 2º).

Desse modo, a ofensa à coisa julgada se daria pela decisão que volta a decidir a mesma questão.

Até para que se respeite a CF, a decisão que viola direito adquirido, ato jurídico perfeito e a coisa julgada (art. 5º, XXXVI, CF) é rescindível.

A ofensa à coisa julgada supõe dissonância patente entre as decisões exequenda e rescindenda, o que não se verifica quando se faz necessária a interpretação do título executivo judicial para se concluir pela lesão à coisa julgada (OJ 123, SDI-II).

Para viabilizar a desconstituição do julgado pela causa de rescindibilidade do inciso IV do art. 966, IV, CPC, é necessário que a decisão rescindenda tenha enfrentado as questões ventiladas na ação rescisória, sob pena de inviabilizar o cotejo com o título executivo judicial tido por desrespeitado, de modo a se poder concluir pela ofensa à coisa julgada (OJ 101, SDI-II).

É de se destacar, porém, que não há ofensa à coisa julgada se a segunda decisão apenas contraria os fundamentos da primeira.

Se a decisão exequenda for omissa quanto aos descontos previdenciários e fiscais, não haverá violação à coisa julgada se os mesmos se derem no juízo executório, dado o caráter de ordem pública das normas que os regem. A violação, contudo, ocorrerá se a decisão judicial exequenda expressamente afastar a possibilidade de descontos legais (Súm. 401, TST).

Também não caracterizará violação à coisa julgada a limitação à data-base da categoria, na fase executória, da condenação ao pagamento de diferenças salariais decorrentes de planos econômicos, quando a decisão exequenda for omissa. Apenas quando a sentença exequenda houver expressamente afastado a limitação à data-base é que poderá ocorrer ofensa à coisa julgada (OJ 35, SDI-II).

Não é viável ação rescisória calcada em ofensa à coisa julgada perpetrada por decisão proferida em ação de cumprimento, em face de a sentença normativa, na qual se louvara, ter sido modificada em grau de recurso, porque em dissídio coletivo somente se consubstancia coisa julgada formal (Súm. 397, TST; OJ 277, SDI-I). Segundo o TST, a exceção de pré-executividade e o mandado de segurança seriam os meios aptos a atacarem a execução de cláusula normativa (decisão normativa) reformada.

A ofensa à coisa julgada de que trata o art. 966, IV, CPC, refere-se apenas às relações processuais distintas. A invocação de desrespeito à coisa julgada formada no processo de conhecimento, na correspondente fase de execução, somente é possível com base na violação do art. 5º, XXXVI, CF (OJ 157, SDI-II).

6.3.5   Violar Manifestamente Norma Jurídica

A legislação processual civil prevê a possibilidade de rescisão do julgado se este *"violar manifestamente norma jurídica"* (art. 966, V, NCPC; art. 485, V, CPC/73). A doutrina criticava o CPC/73 por restringir a hipótese legal à violação de "literal disposição de lei". Nesse aspecto, o NCPC é mais amplo, pois, ao prever "norma jurídica", acaba por permitir a rescisão do julgado que violar a lei e os princípios, como, por exemplo, uma decisão que violar o princípio da igualdade.

Ocorre violação de direito em tese quando a decisão afronta o direito positivo, e não apenas a lei.

Na vigência do CPC/73 (art. 485, V), o TST não admitia pedido de rescisão do julgado, quando se apontava violação à norma de acordo e convenção coletiva de trabalho, bem como de portaria do Poder Executivo, regulamento de empresa e súmula, ou orientação jurisprudencial de tribunal (OJ 25, SDI-II).

A ação rescisória calcada em violação de lei não admite reexame de fatos e provas do processo que originou a decisão rescindenda (Súm. 410, TST).

Para que a violação da lei dê causa à rescisão de decisão de mérito alicerçada em duplo fundamento, é necessário que o autor da ação rescisória invoque causas de rescindibilidade que, em tese, possa infirmar a motivação dúplice da decisão rescindenda (OJ 112, SDI-II).

A violação ao Texto Constitucional permite a rescisão do julgado. Exemplo de violação direta à CF é o julgado que considerou válido o contrato de trabalho de empregado público sem aprovação em concurso público após a CF/88 (OJ 10, SDI-II; OJ 335, SDI-I; Súm. 363, TST). Nem mesmo a assunção de professor adjunto ao cargo de professor titular de universidade pública dispensa aprovação em concurso público (OJ 38, SDI-II).

Outro exemplo de violação à CF é a decisão que defere a correção automática do salário pelo reajuste do salário mínimo (OJ 71, SDI-II), sendo que a mera estipulação do salário profissional em múltiplos do salário mínimo não afronta o inciso IV do art. 7º da CF.

No que se refere ao certame público posteriormente anulado, equivale à contratação realizada sem a observância da exigência contida no art. 37, II, da CF, sendo-lhe aplicável a Súm. 363 do TST (OJ 128, SDI-II).

A ação rescisória calcada em violação do art. 37, *caput*, da CF, por desrespeito ao princípio da legalidade administrativa exige que ao menos o princípio constitucional tenha sido prequestionado na decisão (OJ 135, SDI-II).

Por outro lado, não ofende o princípio do duplo grau de jurisdição decisão que afasta a decadência acolhida em instância inferior e aprecia o mérito, se houver condições de imediato julgamento (Súm. 100, VII, TST). O legislador processual civil admite que se o processo estiver em condições de imediato julgamento, o tribunal deve decidir desde logo o mérito (art. 1.013, § 3º, CPC).

Segundo entendimento do TST, a decisão judicial que determina a apuração do adicional de insalubridade, considerando a base de cálculo não o salário mínimo, mas a remuneração do trabalho, viola dispositivo expresso de lei (art. 192, CLT) (OJ 2, SDI-II).

Decisão que reconhece estabilidade provisória e determina a reintegração do empregado, depois de exaurido o período de estabilidade, viola a lei, cabendo ação rescisória para restringir a condenação ao pagamento da remuneração do período (Súm. 396, II, TST; OJ 24, SDI-II).

Nem mesmo a vontade das partes espelhada na norma coletiva de trabalho prevalece frente à legislação superveniente de política salarial (Súm. 375, TST). Nos demais casos, a norma superveniente tratando da mesma matéria, há de se aplicar o princípio da norma mais favorável ao trabalhador.

O pedido genérico e não fundamentado de violação aos princípios da legalidade, do devido processo legal, do contraditório e da ampla defesa não servem de fundamento para a desconstituição da coisa julgada (OJ 97, SDI-II). É indispensável a expressa indicação da norma jurídica manifestamente violada (Súm. 408, TST).

Ao discorrer sobre o CPC/73, Sérgio Rizzi[2] declina que o *"art. 485, V, do Código, portanto, não cuida da violação do direito em tese que não conste de nenhuma norma escrita"*. Haveria, para Sérgio Rizzi, violação quando a decisão: (a) nega validade a uma lei evidentemente válida; (b) dá validade a uma lei que não vale; (c) nega vigência a uma

---

[2]   RIZZI, Sérgio. *Ação rescisória*, p. 106.

lei que ainda vige; (d) admite a vigência de uma lei que ainda não vige ou já não vige; (e) nega aplicação a uma lei reguladora da espécie; (f) aplica uma lei não reguladora da espécie; (g) interpreta tão erroneamente a lei que, *"sob a cor de interpretar, é a lei trateada ainda no seu sentido literal"*.

O mesmo não ocorreria, esclarece o autor, quando a decisão judicial: (a) afirma ocorrido ou não ocorrido um fato; (b) rende ensejo a simples injustiça, aprecia erroneamente a prova ou interpreta com erronia o contrato, porque *"a má apreciação da prova consiste em má solução de* quaestio facti *ou de* quaestioni facti*"*; (c) viola a lei, mas a violação não está *"em relação de causalidade com a decisão de modo que o declarar-se a violação tenha efeito prático"*.

A Lei 13.256/16 incluiu os §§ 5º e 6º ao art. 966, dispondo que cabe ação rescisória, por violação manifesta à norma jurídica, contra decisão baseada em enunciado de súmula ou acórdão proferido em julgamento de casos repetitivos que não tenha considerado a existência de distinção entre a questão discutida no processo e o padrão de decisão que lhe deu fundamento. Nessa hipótese, sob pena de inépcia, o autor deverá demonstrar que se trata de situação particularizada por hipótese fática distinta ou de questão jurídica não examinada, a impor outra solução jurídica.

No âmbito do processo trabalhista, o prequestionamento também é exigido para a ação rescisória (Súm. 298), sendo que o entendimento jurisprudencial considera: (a) a conclusão acerca da ocorrência de violação literal à disposição de lei pressupõe pronunciamento explícito, na sentença rescindenda, sobre a matéria veiculada; (b) o pronunciamento explícito exigido em ação rescisória diz respeito à matéria e ao enfoque específico da tese debatida na ação, e não necessariamente ao dispositivo legal tido por violado. Basta que o conteúdo da norma reputada violada haja sido abordado na decisão rescindenda para que se considere preenchido o pressuposto; (c) para efeito de ação rescisória, considera-se pronunciada explicitamente a matéria tratada na sentença quando, examinando remessa de ofício, o Tribunal simplesmente a confirma; (d) a sentença meramente homologatória, que silencia sobre os motivos de convencimento do juiz, não se mostra rescindível, por ausência de pronunciamento explícito. Esse entendimento deve ser analisado em conjunto com a Súm. 100, V, e a Súm. 259, TST; (e) não é absoluta a exigência de pronunciamento explícito na ação rescisória, ainda que esta tenha por fundamento violação de dispositivo de lei. Assim, prescindível o pronunciamento explícito quando o vício nasce no próprio julgamento, como se dá com a sentença *extra, citra* e *ultra petita*.

Sobre o controle de constitucionalidade concentrado e a ação rescisória há duas questões: (a) a decisão judicial transitada em julgado fundada em lei posteriormente declarada inconstitucional pode ser rescindível? (b) como fica a ação trabalhista em tramitação, cujo pedido se baseie em lei declarada inconstitucional, pelo STF?

O STF, como guardião da Constituição, é competente para processar e julgar, de forma originária, a ação direta de inconstitucionalidade, bem como a ação declaratória de constitucionalidade de lei ou ato normativo federal (art. 102, I, *a*).

Trata-se de um controle de constitucionalidade concentrado, logo, a decisão tem efeito *ex tunc*, sendo, em tese, rescindível, pois, a sentença que tenha sido prolatada com base em uma lei julgada inconstitucional.

PARTE VII · Cap. VI – AÇÃO RESCISÓRIA | 1157

Problemas poderiam surgir quanto ao cabimento da ação rescisória se o STF, tendo em vista razões de segurança jurídica ou de excepcional interesse social, por maioria de dois terços dos seus membros, restringir os efeitos da declaração de inconstitucionalidade ou decidir que ela só tenha eficácia a partir de seu trânsito em julgado ou de outro momento que venha a ser fixado (art. 27, Lei 9.868/99).

Em ambas as hipóteses, o cabimento da ação rescisória ficaria condicionado à observância obrigatória dos limites impostos pela decisão do STF.

É inexigível o título judicial fundado em: (a) lei ou ato normativo declarado inconstitucional pelo STF; (b) aplicação ou interpretação da lei ou ato normativo tidas pelo STF como incompatíveis com a Constituição Federal (arts. 525, § 12, e 535, § 5º, CPC; art. 884, § 5º, CLT).[3]

No segundo caso, o efeito *erga omnes* da decisão vincula os órgãos jurisdicionais, de modo que não poderá haver decisão de conteúdo diverso, logo dispensando a ação rescisória.

O STF não tem admitido ação rescisória por ofensa à literal disposição de lei quando a decisão rescindenda se tiver baseado em texto legal de interpretação controvertida (Súm. 343). Essa era a posição do extinto Tribunal Federal de Recursos (Súm. 134) e atual do TST (Súm. 83, I; OJ 39, SDI-II).

Parte da doutrina diverge dessa posição, por entender que há violação do princípio da legalidade, pois, a partir do momento em que deixa de ser controvertida, pode revelar decisões com trânsito em julgado que violentem a exata interpretação do texto legal, logo, seria injusta a sua manutenção, abrindo espaço para a ação rescisória.

Tal fato ocorreu com as Súmulas 316 e 317 do TST, ambas canceladas, que reconheciam o direito do trabalhador ao reajuste salarial de junho/87 (correspondente a 26,06%) e a correção salarial de fevereiro/89 (equivalente a 26,05%), sendo que, posteriormente, o STF, adotando outro posicionamento, não reconheceu o direito dos trabalhadores a tais diferenças.

Haveria, nesse caso, violação expressa do art. 5º, XXXVI, da CF, permitindo ação rescisória contra as decisões judiciais que reconheceram o direito dos trabalhadores ao reajuste salarial de junho/87 e à correção salarial de fevereiro/89. Esse é o posicionamento do TST (OJ 34, SDI-II).

As limitações impostas pelas Súmula 343 do STF e Súmula 83, I, do TST não se aplicam se a matéria for de natureza constitucional (OJ 29, SDI-II, cancelada pela Res. 121/03). Isso abre a possibilidade de ação rescisória para reintegrar empregado público estável (Súm. 390, I, TST), para reconhecer a estabilidade de membro suplente da CIPA (OJ 6, SDI-II) e para discussão quanto ao prazo prescricional constitucional (OJ 37, SDI-II, cancelada pela Res. 121/03).

---

[3]   O parágrafo único do art. 741 do CPC não se aplica às sentenças transitadas em julgado em data anterior à da sua vigência (Súm. 487, STJ).

Em relação à matéria prescricional, não procede rescisória calcada em violação do art. 7º, XXIX, da CF, quando a questão envolve discussão sobre a espécie de prazo prescricional aplicável ao crédito trabalhista, se total ou parcial, porque a matéria tem índole infraconstitucional, construída no plano jurisprudencial (Súm. 409, TST).

A data da inclusão da matéria discutida na ação rescisória, na Orientação Jurisprudencial do TST, é o divisor de águas quanto a ser ou não controvertida nos tribunais a interpretação dos dispositivos legais citados na ação rescisória (Súm. 83, II).

Pela aplicação desse entendimento e das Súmula 343 do STF e 83 do TST, não se tem admitido ação rescisória para desconstituir decisão judicial que determinou a incidência do imposto de renda sobre parcela paga pelo empregador a título de desligamento incentivado (OJ 19, SDI-II), ainda que atualmente não exista mais controvérsia sobre a questão (OJ 207, SDI-I; Súm. 215, STJ).

Isso também ocorre com as decisões que não reconheceram a estabilidade do empregado público no período pré-eleitoral antes da sua pacificação pelo TST pela OJ 51 da SDI-I (OJ 23, SDI-II).

Da mesma forma, não se rescinde julgado que impôs condenação ao pagamento da multa acessória sem limitá-la à obrigação principal (art. 412, CC/02) antes que a matéria fosse pacificada pela OJ 54 da SDI-I. Em execução, rejeita-se limitação da condenação ao pagamento de multa, por inexistência de violação literal (OJ 30, I e II, SDI-II).

6.3.6   Falsidade da Prova

Contenta-se o dispositivo legal com o fato de a sentença fundar-se na prova falsa (art. 966, VI, CPC), sendo que a falsidade pode ter sido apurada em processo criminal ou será demonstrada na própria rescisória.

Nessas situações, *"o que importa é averiguar se a conclusão a que chegou o órgão judicial, ao sentenciar, se sustentaria ou não sem a base que lhe ministrara a prova falsa. A sentença não será rescindível se havia outro fundamento bastante para a conclusão"*.[4]

Pouco importa se a falsidade da prova é material ou ideológica. Importante dizer que se a falsidade da prova foi apurada em outro processo, civil ou trabalhista, a mesma não será suficiente para que se declare a rescisão do julgado; necessário será prová-la na rescisória. A decisão que reconhece a falsidade funcionará como meio de prova.

6.3.7   Prova Nova

Se a parte tiver em suas mãos um documento ou outro tipo de prova, existente à época dos fatos, porém que desconhecia ou cujo uso não foi possível, poderá justificar a rescisão do julgado. Trata-se de uma "prova nova".

---

[4]   BARBOSA MOREIRA, José Carlos. *Comentários ao Código de Processo Civil, Lei nº 5.869, de 11 de janeiro de 1973, arts. 476 a 565*, 7. ed. p. 131.

PARTE VII • Cap. VI – AÇÃO RESCISÓRIA | **1159**

Para fundamentar a rescisória, a prova nova terá que ser de relevante significação para a solução da controvérsia. Sua existência, por si só, deve ser suficiente para assegurar ao autor da rescisória um pronunciamento diverso daquele contido na sentença impugnada e que, naturalmente, lhe seja favorável.

Note-se que apenas a prova é que deve ser nova e não os fatos. Não é ilícito ao vencido, a pretexto de exibição de documento novo ou outro tipo de prova, inovar a *causa petendi* em que se baseou a sentença.

Para efeito de ação rescisória (art. 966, VII, CPC), considera-se prova nova a cronologicamente velha, já existente ao tempo do trânsito em julgado da decisão rescindenda, mas ignorada pelo interessado ou de impossível utilização, à época, no processo (Súm. 402, I, TST).

Nas ações rescisórias de decisão proferida em dissídio coletivo de trabalho, não tem sido considerado novo: (a) sentença normativa proferida ou transitada em julgado posteriormente à sentença rescindenda; (b) sentença normativa preexistente à sentença rescindenda, mas não exibida no processo principal, em virtude de negligência da parte, quando podia e deveria louvar-se de documento já existente e não ignorado quando emitida a decisão rescindenda (Súm. 402).

O "documento novo" não se confunde com "fato novo" (art. 493, CPC). O *ius superveniens* consiste no advento de fato ou direito que possa influir no julgamento da lide e deverá ser considerado, de ofício ou a requerimento, quando do julgamento, pouco importando a quem possa beneficiar.

6.3.8   Erro de Fato Verificável do Exame dos Autos

A decisão pode ser rescindida quando estiver fundada em erro de fato verificável do exame dos autos, o qual pode ser resultante de atos ou de documentos da causa. Erro de fato ocorre quando a sentença admitir um fato inexistente, ou quando considerar inexistente um fato efetivamente ocorrido. Porém, nas duas hipóteses é necessário que não tenha havido controvérsia nem pronunciamento judicial sobre o fato.

A caracterização do erro de fato como causa de rescindibilidade de decisão judicial transitada em julgado supõe a afirmação categórica e indiscutida de um fato, na decisão rescindenda, que não corresponde à realidade dos autos. O fato afirmado pelo julgador, que pode ensejar ação rescisória calcada no inciso VIII do art. 966 do CPC, é apenas aquele que se coloca como premissa fática indiscutida de um silogismo argumentativo, não aquele que se apresenta ao final desse mesmo silogismo, como conclusão decorrente das premissas que especificaram as provas oferecidas, para se concluir pela existência do fato. Esta última hipótese é afastada pelo § 1º do art. 966, CPC, ao exigir que não tenha havido controvérsia sobre o fato e pronunciamento judicial esmiuçando as provas (OJ 136, SDI-II).

6.3.9   Confissão, Desistência ou Transação

O art. 485, VIII, CPC/73 previa a ação rescisória quando houvesse fundamento para invalidar confissão, desistência ou transação, em que se baseou a decisão.

Segundo entendimento firmado no TST, o art. 485, VIII, CPC/73, ao tratar do fundamento para invalidar a confissão como hipótese de rescindibilidade da decisão judicial, refere-se à confissão real, fruto de erro, dolo ou coação, e não à confissão ficta resultante de revelia (Súm. 404).

A desistência não é a prevista no art. 267, VIII, do CPC/73 (art. 485, VIII, CPC/15), porém, fundamenta-se na renúncia ao direito no qual se funda a ação, ou seja, a própria renúncia ao direito material controvertido. Isso porque a mera desistência, sem implicação no direito material, leva à extinção do processo sem julgamento de mérito (decisão terminativa), a qual não pode ser rescindível.

A transação, como negócio jurídico representativo de autocomposição da lide, para justificar a rescisória, deve ser formalizada em feito contencioso (art. 269, III, CPC/73; art. 487, III, *b*, CPC/15).

O CPC/15 não prevê essa hipótese (art. 485, VIII, CPC/73) de forma explícita, contudo, entendemos que está acobertada pelo art. 966, § 4º, o qual prevê a ação anulatória.

Nesse sentido, Manoel Antonio Teixeira Filho[5] pondera: *"Uma conclusão necessária: como afirmamos no início deste item, o NCPC em vigor não incluiu a confissão, a desistência e a transação como causas de rescindibilidade da sentença e do acórdão. Diante disso, e considerando: 1) ser absolutamente indispensável que subsistam essas causas; 2) que, mesmo no caso de confissão, esta não pode ser desfeita por ação anulatória quando contida em sentença ou acórdão transitados em julgado; 3) que a sentença homologatória de transação, no processo do trabalho, por ser ontologicamente irrecorrível, não pode ser objeto de ação anulatória, a doutrina e a jurisprudência trabalhistas deverão adotar uma destas atitudes: a) entender que o CPC atual recepcionou o inciso VIII do art. 485 do CPC revogado; b) entender que a confissão, a desistência e a transação estão abrangidas pelo § 4º, do art. 966, do atual CPC, de tal modo que deverão ser objeto de ação anulatória, e não, de ação rescisória".*

No direito processual civil, ação anulatória é o instrumento para atacar atos de disposição de direitos, praticados pelas partes ou por outros participantes do processo e homologados pelo juízo, bem como os atos homologatórios praticados no curso da execução (art. 966, § 4º, CPC).

Esse, contudo, não é o entendimento predominante na seara do Direito Processual do Trabalho. O TST entende que só por ação rescisória é atacável o termo de conciliação previsto no parágrafo único do art. 831 da CLT (Súm. 259). Essa posição entende que a homologação judicial tem natureza de sentença, pois o próprio CPC determina a resolução do processo com mérito no caso de transação (art. 487, III, *b*, CPC).

Entretanto, quando a sentença for meramente homologatória (silencia sobre os motivos de convencimento do juiz), não se mostrará rescindível, por ausência de pronunciamento explícito (Súm. 298, IV, TST).

---

[5]   TEIXEIRA FILHO, Manoel Antonio. *Comentários ao novo Código de Processo Civil sob a perspectiva do processo do trabalho (Lei n. 13.105, 16 de março de 2015)*. São Paulo: LTr, 2015. p. 966.

PARTE VII • Cap. VI – AÇÃO RESCISÓRIA | **1161**

Importante lembrar que o acordo celebrado e homologado judicialmente, em que o empregado dá plena e ampla quitação, sem qualquer ressalva, alcança não só o objeto da inicial, como também todas as demais parcelas referentes ao extinto contrato de trabalho, violando a coisa julgada a propositura de nova reclamação trabalhista (OJ 132, SDI-II).

A sentença homologatória de acordo prévio ao ajuizamento de reclamação trabalhista, no qual foi conferida quitação geral do extinto contrato, sujeita-se ao corte rescisório tão somente se verificada a existência de fraude ou vício de consentimento (OJ 154, SDI-II).

Não se aplica esse entendimento às conciliações realizadas perante as Comissões de Conciliação Prévia, as quais podem ser desconstituídas no curso da ação trabalhista, se assim for necessário, quando houver, por exemplo, um defeito do negócio jurídico (erro ou ignorância, dolo, coação, estado de perigo, lesão e fraude contra credores – arts. 138 a 165, CC) ou, ainda, nulidade, como ocorre quando celebrado por pessoa absolutamente incapaz, for ilícito, impossível ou indeterminável o seu objeto, tiver por objetivo fraudar lei imperativa, simulado etc. (arts. 166 e 167).

6.4 PRAZO DE AJUIZAMENTO

O direito de propor ação rescisória se extingue em dois anos, sendo que a contagem desse lapso temporal tem início no dia seguinte ao trânsito em julgado da última decisão do processo (art. 975, CPC).

Como é uma ação de natureza desconstitutiva, com prazo previsto em lei, tal prazo é de natureza decadencial, não havendo as possibilidades de interrupção ou suspensão.

No Processo Civil, o STJ firmou posição no sentido de que o prazo para a ação rescisória de natureza decadencial só se inicia quando não for cabível qualquer recurso do último pronunciamento judicial (Súm. 401).

No Processo do Trabalho, o prazo de decadência, na ação rescisória, conta-se do dia imediatamente subsequente ao trânsito em julgado da última decisão proferida na causa, seja de mérito ou não (Súm. 100, I, TST). Havendo recurso parcial no processo principal, o trânsito em julgado dá-se em momentos e em tribunais diferentes, contando-se o prazo decadencial para a ação rescisória do trânsito em julgado de cada decisão, salvo se o recurso tratar de preliminar ou prejudicial que possa tornar insubsistente a decisão recorrida, hipótese em que flui a decadência a partir do trânsito em julgado da decisão que julgar o recurso parcial (Súm. 100, II). Se houver dúvida razoável, a interposição de recurso intempestivo ou a interposição de recurso incabível não protrai o termo inicial do prazo decadencial (Súm. 100, III).

O não conhecimento do recurso por deserção não antecipa o *dies a quo* do prazo decadencial para o ajuizamento da ação rescisória, atraindo, na contagem do prazo, a aplicação da súmula 100 do TST (OJ 80, SDI-II).

O juízo rescindente não está adstrito à certidão de trânsito em julgado juntada com a ação rescisória, podendo formar sua convicção por meio de outros elementos dos autos quanto à antecipação ou postergação do *dies a quo* do prazo decadencial (Súm. 100, IV).

Segundo entendimento do TST, na hipótese de colusão das partes, o prazo decadencial da ação rescisória somente começa a fluir para o Ministério Público que não interveio no processo principal a partir do momento em que tem ciência da fraude (Súm. 100, VI).

A exceção de incompetência, ainda que oposta no prazo recursal, sem ter sido aviado o recurso próprio, não tem o condão de afastar a consumação da coisa julgada e, assim, postergar o termo inicial do prazo decadencial para a ação rescisória (Súm. 100, VIII).

O acordo homologado judicialmente tem força de decisão irrecorrível, na forma do art. 831 da CLT. Assim sendo, o termo conciliatório transita em julgado na data da sua homologação judicial (Súm. 100, V).

Apesar da controvérsia que envolve o tema, o TST considera prorrogado o prazo decadencial até o primeiro dia útil imediatamente subsequente, para ajuizamento de ação rescisória, quando expira em férias forenses, feriados, finais de semana ou em dia em que não houver expediente forense, por aplicação do art. 775 da CLT (Súm. 100, IX).

Conta-se o prazo decadencial da ação rescisória, após o decurso do prazo legal previsto para a interposição do recurso extraordinário, apenas quando esgotadas todas as vias recursais ordinárias (Súm. 100, X).

É o que se tem denominado de "obstáculo judicial" e "obstáculo legal", com fundamento nos art. 132, § 1º, CC, art. 224, CPC, e art. 775, CLT. Como exemplos: (a) obstáculo legal: a coincidência do último dia da prescrição com o dia destinado ao feriado; (b) obstáculo judicial: a eventual paralisação dos serviços forenses, o que poderá prejudicar o exercício da defesa do direito por seu titular.

Necessário se faz alertar que as figuras denominadas "obstáculo judicial" e "obstáculo legal" não são reconhecidas de forma absoluta pela jurisprudência e doutrina.

Absorvendo a experiência do processo do trabalho, o CPC prevê a possibilidade da ação rescisória contra uma parte da sentença – capítulos da sentença (art. 966, § 3º).

Além disso, na contagem do prazo decadencial, tem-se a seguintes regras (art. 975, §§ 1º a 3º):

(a) prorroga-se até o primeiro dia útil imediatamente subsequente o prazo a que se refere o *caput*, quando expirar durante férias forenses, recesso, feriados ou em dia em que não houver expediente forense;

(b) se fundada a ação em "prova nova", o termo inicial do prazo será a data de sua descoberta, observado o prazo máximo de cinco anos, contado do trânsito em julgado da última decisão proferida no processo;

(c) nas hipóteses de simulação ou de colusão das partes, o prazo começa a contar, para o terceiro prejudicado e para o Ministério Público, que não interveio no processo, a partir do momento em que têm ciência da simulação ou da colusão.

6.5   LEGITIMIDADE

Tem legitimidade para propor a ação rescisória quem foi parte no processo ou o seu sucessor, a título universal ou singular, o terceiro juridicamente interessado, o Ministério

Público e aquele que não foi ouvido no processo em que lhe era obrigatória a intervenção (art. 967, CPC).

A legitimidade do Ministério Público fica restrita às hipóteses em que: (a) não foi ouvido no processo, nas quais era obrigatória a intervenção; (b) a decisão rescindenda é o efeito de simulação ou de colusão das partes, a fim de fraudar a lei; (c) em outros casos em que se imponha sua atuação.

O TST tem entendido que hipóteses legais são exemplificativas, não limitando a atuação do Ministério Público do Trabalho (Súm. 407).

Tem-se se admitido legítimo o terceiro que não participou do processo em que deveria ter atuado na condição de litisconsorte necessário.

Terão legitimidade passiva todos os que foram parte no processo e não figuram no polo ativo da ação rescisória, de modo que se a ação é proposta pelo Ministério Público, aqueles que atuaram como autores e réus na demanda da qual se busca a rescisão do julgado (processo original) estarão no polo passivo da ação rescisória. Trata-se de litisconsórcio necessário.

Para o TST, o litisconsórcio é necessário em relação ao polo passivo da demanda, porque supõe uma comunidade de direitos ou de obrigações que não admite solução díspar para os litisconsortes, em face da indivisibilidade do objeto. Já em relação ao polo ativo, o litisconsórcio é facultativo, uma vez que a aglutinação de autores se faz por conveniência, e não pela necessidade decorrente da natureza do litígio, pois não se pode condicionar o exercício do direito individual de um dos litigantes no processo originário à anuência dos demais para retomar a lide (Súm. 406, I).

O sindicato, substituto processual e autor da reclamação trabalhista (em cujos autos fora proferida a decisão rescindenda), possui legitimidade para figurar como réu na ação rescisória, sendo descabida a exigência de citação de todos os empregados substituídos, porquanto inexistente litisconsórcio passivo necessário (Súm. 406, II).

6.6 COMPETÊNCIA JURISDICIONAL

A competência jurisdicional originária para a ação rescisória da sentença do juiz do trabalho, do juiz de direito investido na jurisdição trabalhista e do acórdão regional, é do TRT (art. 678, I, *c*, 2, CLT), ainda que existam recursos de revista e embargos não conhecidos (Súm. 192, I, TST).

O acórdão rescindendo do TST que não conhece de recurso de embargos ou de revista, analisando arguição de violação de dispositivo de lei material ou decidindo em consonância com súmula de direito material ou com iterativa, notória e atual jurisprudência de direito material da Seção de Dissídios Individuais (Súm. 333), examina o mérito da causa, cabendo ação rescisória da competência do TST (Súm. 192, II).

Quando inexistir turma especial nos TRTs para essa finalidade, a competência será do pleno do TRT.

Ações rescisórias das decisões do TST são de competência originária da Seção de Dissídios Individuais, sejam elas das Turmas ou da própria Seção, inclusive as anteriores à especialização em seções (art. 3º, I, *a*; Lei 7.701/88). Tratando-se de ação contra sentenças normativas do TST, a competência será da Seção de Dissídios Coletivos (art. 2º, I, *c*).

O STF é competente para as ações rescisórias de seus julgados (art. 102, I, *j*, CF), contudo, não o será quando a questão federal apreciada no recurso extraordinário ou no agravo de instrumento seja diversa da que foi suscitada no pedido rescisório (Súm. 515).

Na ação rescisória, não estão impedidos juízes que participaram do julgamento rescindendo (Súm. 252, STF).

Importa a extinção da ação sem julgamento de mérito, por impossibilidade jurídica do pedido, a falta de competência funcional do tribunal para a desconstituição da decisão que se busca rescindir (OJ 70, SDI-II).

6.7 NATUREZA JURÍDICA DA DECISÃO NA RESCISÓRIA

A decisão proferida pelo *iudicium rescindens* é de índole constitutiva, na medida em que modifica a relação jurídica estabelecida entre as partes. Será constitutivo propriamente dito quando acolher o pedido do autor e constitutivo negativo, quando o rejeitar.

Entretanto, quando o acórdão entender que a ação rescisória é incabível, a sua natureza será declaratória, pois estará afirmando (= declarando) a falta de adequação da *res in iudicio deducta* com as normas legais disciplinadoras da ação rescisória.

A decisão emanada do *iudicium rescissorium*, contudo, pode ser declaratória, constitutiva ou condenatória, tudo a depender da pretensão formulada na petição inicial.

6.8 VALOR DA CAUSA

No âmbito da Justiça do Trabalho, o valor da causa na ação rescisória segue os parâmetros fixados na IN 31/07, TST: (a) na fase de conhecimento, o valor da causa corresponderá, no caso de improcedência, ao valor dado à causa do processo originário ou aquele que for fixado pelo juiz. No caso de procedência, total ou parcial, ao respectivo valor arbitrado à condenação; (b) na fase de execução, o valor corresponderá ao valor apurado em liquidação de sentença (arts. 2º e 3º, IN 31).

O valor da causa da ação rescisória, quer objetive desconstituir decisão da fase de conhecimento ou da fase de execução, será reajustado pela variação cumulada do INPC do IBGE até a data do seu ajuizamento (art. 4º, IN 31).

6.9 CUSTAS PROCESSUAIS

Tramitando perante a Justiça do Trabalho, as custas processuais seguirão as regras da CLT (IN 27/05, TST).

Como regra, não há despesas processuais realizadas antes da postulação judicial, por falta de previsão legal.

As custas processuais serão pagas quando da interposição do recurso ou ao final do processo (arts. 789 e segs., CLT), de modo que não existem custas processuais no momento da distribuição da ação.

PARTE VII · Cap. VI – AÇÃO RESCISÓRIA | 1165

Também por falta de amparo legal, não existem despesas de juntada do instrumento do mandato e diligência de oficial de justiça.

6.10 DEPÓSITO PRÉVIO

No âmbito da Justiça do Trabalho, o depósito de 5% sobre o valor da causa não era exigido para as ações rescisórias (art. 968, II, CPC) (art. 836, CLT; Súm. 194, TST). A Lei 11.495/07 alterou isso, aduzindo nova redação ao art. 836 da CLT, a qual passou a prever a obrigatoriedade do depósito prévio à base de 20% do valor da causa, salvo prova de miserabilidade jurídica do requerente.

O recolhimento do depósito prévio na ação rescisória é regulado pela IN 31/07 do TST, a qual determina que o depósito será realizado via transferência eletrônica disponível (TED) ou por meio de guia de depósito obtida junto à secretaria da vara do trabalho ou do tribunal, junto ao Banco do Brasil S.A. ou à Caixa Econômica Federal (IN 188/12).

Estão dispensados do depósito legal a União, os Estados, o Distrito Federal, os Municípios, as suas respectivas autarquias e fundações de direito público, o Ministério Público, a Defensoria Pública e os que tenham obtido o benefício de gratuidade da justiça.

No caso de a decisão judicial declarar inadmissível ou improcedente a ação rescisória, a importância do depósito reverterá a favor do réu (art. 974, CPC).

6.11 PROCEDIMENTO

Ao receber a petição inicial da ação rescisória, verificando o relator a falta de documento essencial, intimará a parte para que o apresente em 15 dias, sob pena de indeferimento (Súmulas 263 e 299, II, TST).

Se a ausência da decisão rescindenda ou da certidão se verificar apenas em fase recursal, cumpre ao relator do recurso ordinário arguir, de ofício, a extinção do processo, sem julgamento de mérito, por falta de pressuposto de constituição e desenvolvimento válido do feito (OJ 84, SDI-II).

A petição inicial poderá ser indeferida quando (art. 968, § 3º, CPC): (a) ocorrer ausência do depósito legal; (b) houver inépcia da inicial (faltar pedido ou causa de pedir; o pedido for indeterminado, ressalvadas as hipóteses legais em que se permite o pedido genérico; da narração dos fatos não decorrer logicamente a conclusão; contiver pedidos incompatíveis entre si); (c) ocorrer ilegitimidade de parte; (d) o autor carecer de interesse processual; (e) diante da não regularização da petição inicial (art. 321, CPC) ou do não fornecimento do endereço e do número da OAB (quando o advogado postula em causa própria; art. 106, NCPC).

Não padece de inépcia a petição inicial de ação rescisória apenas porque omite a subsunção do fundamento de rescindibilidade no art. 966, CPC, ou o capitula erroneamente em um de seus incisos. Contanto que não se afaste dos fatos e fundamentos invocados como causa de pedir, ao tribunal é lícito emprestar-lhes a adequada qualificação jurídica (*iura novit curia*). No entanto, fundando-se a ação rescisória no art. 966, V, NCPC, é indispensável expressa indicação, na petição inicial da ação rescisória, da norma jurídica manifestamente violada, por se tratar de causa de pedir da rescisória, não se aplicando, no caso, o princípio *iura novit curia* (Súm. 408).

Indeferida a petição inicial, cabe agravo regimental no TST.

A procuração outorgada com poderes específicos para ajuizamento de reclamação trabalhista não autoriza a propositura de ação rescisória e de mandado de segurança, contudo, se admite sua regularização quando verificado o defeito de representação processual na fase recursal, nos termos da Súmula 383, II, do TST (OJ 151, SDI-II). O relator ou o tribunal deverá conceder o prazo de cinco dias para a regularização.

O recurso ordinário interposto contra despacho monocrático indeferitório da petição inicial de ação rescisória ou de mandado de segurança pode, pelo princípio de fungibilidade recursal, ser recebido como agravo regimental (OJ 69, SDI-II).

Distribuída a ação rescisória, o relator mandará citar o réu, fixando-lhe o prazo para resposta entre 15 e 30 dias (art. 970, CPC).

A contestação apresentada em sede de ação rescisória obedece à regra relativa à contagem de prazo constante do art. 774, CLT, sendo inaplicável o art. 231, CPC (OJ 146, SDI-II).

Considerando a existência da coisa julgada, a revelia não produz a confissão na ação rescisória (Súm. 398, TST).

É possível o julgamento liminar da ação, independentemente da citação do réu, com a sua improcedência, quando o pedido contrariar (art. 332, CPC): (a) enunciado de súmula do STF e STJ; (b) acórdão proferido pelo STF e STJ em julgamento de recursos repetitivos; (c) entendimento firmado em incidente de resolução de demandas repetitivas ou de assunção de competência; (d) enunciado de súmula de tribunal de justiça sobre direito local; (e) na ocorrência de decadência ou de prescrição.

No processo do trabalho, as hipóteses do art. 332, CPC, são extensivas às súmulas e às decisões do TST e dos TRTs.

Se os fatos alegados pelas partes dependerem de prova, o relator delegará a competência ao juiz do trabalho ou ao juiz de direito da comarca onde deva ser produzida, fixando-lhe prazo, de um a três meses, para a devolução dos autos.

Encerrada a fase instrutória, autor e réu terão o prazo sucessivo de dez dias para apresentar razões finais. Em seguida se dará o julgamento.

Na ação rescisória, devolvidos os autos pelo relator, a secretaria do tribunal expedirá cópias do relatório e as distribuirá entre os juízes que compuserem o órgão competente para o julgamento. A escolha de relator recairá, sempre que possível, em juiz que não haja participado do julgamento rescindindo (art. 971, CPC).

Em maio/2011, o TST sumulou o entendimento de que é cabível a condenação ao pagamento de honorários advocatícios em ação rescisória no processo trabalhista (Súm. 219, II).

Da decisão do TRT, além do recurso de embargos de declaração, cabe recurso ordinário para o TST (Súm. 158, TST). No caso do recurso em ação rescisória, exige-se o depósito recursal (R$ 17.919,26, Ato 320/SEGJUD.GP, de 15/7/2016).

O recurso ordinário apresentado pelo empregador contra decisão condenatória deve vir acompanhado do depósito recursal quando houver o acolhimento do pedido e a imposição de condenação em pecúnia (Súm. 99).

PARTE VII · Cap. VI – AÇÃO RESCISÓRIA | **1167**

A IN 3/93 do TST determina que, se julgada procedente ação rescisória e imposta condenação em pecúnia, será exigido um único depósito recursal, dispensando novo depósito para os recursos subsequentes (item III).

O depósito será efetivado pela parte recorrente vencida, mediante guia de depósito judicial expedida pela secretaria judiciária. Com o trânsito em julgado da decisão, se condenatória, o valor depositado e seus acréscimos serão considerados na execução; se absolutória, será liberado o levantamento do valor do depositado e seus acréscimos (item III, *a* e *b*).

Não se aplicam as limitações recursais do processo sumário (valor de alçada) previstas pela Lei 5.584 às ações rescisórias (Súm. 365, TST).

Os entes de direito público possuem prazo recursal em dobro, estando dispensados do depósito recursal e isentos do pagamento de custas processuais (art. 790-A, CLT).

Há ainda a remessa *ex officio* para as decisões contrárias a entes de direito público (Súm. 303, II).

A interposição de recurso de revista de decisão definitiva de TRT em ação rescisória ou em mandado de segurança, com fundamento em violação legal e divergência jurisprudencial e remissão expressa ao art. 896 da CLT, configura erro grosseiro, não autorizando o seu recebimento como recurso ordinário, em face do disposto no art. 895, *b*, da CLT (OJ 152, SDI-II).

6.12 ESTRUTURA

A estrutura da ação rescisória deve observar os requisitos previstos no art. 319, CPC, e art. 840, CLT.

Além da decisão que se procura rescindir e demais documentos necessários para demonstrar a nulidade apontada, é indispensável a prova do trânsito em julgado da decisão.

A petição inicial deverá ser acompanhada de tantas cópias quantos forem os réus. Além do pedido de rescisão do julgado, quando for o caso, também se faz necessário o pedido de novo julgamento.

Reconhecida a incompetência do tribunal para julgar a ação rescisória, o autor será intimado para emendar a petição inicial, a fim de adequar o objeto da ação rescisória, quando a decisão apontada como rescindenda (art. 968, §§ 5º e 6º, CPC): (a) não tiver apreciado o mérito e não se enquadrar na situação prevista no § 2º do art. 966; (b) tiver sido substituída por decisão posterior.

Após a emenda da petição inicial, será permitido ao réu complementar os fundamentos de defesa, e, em seguida, os autos serão remetidos ao tribunal competente.

6.12.1 Tutela Provisória na Ação Rescisória

Em regra, o ajuizamento da ação rescisória não impede o cumprimento da decisão rescindenda. Contudo, atendidos os requisitos legais, é possível a concessão de tutela provisória, de modo a restringir ou mesmo suspender os efeitos da decisão acatada (art. 969, CPC).

A tutela provisória na ação rescisória se mostra incabível para, em um juízo *prima facie*, antecipar os efeitos de uma decisão judicial futura e afastar os efeitos de uma decisão acobertada pela coisa julgada material (Súm. 405, TST).

Por outro lado, o juiz pode se socorrer de medidas acautelatórias (Súm. 405) para determinar as medidas provisórias que julgar adequadas, quando houver fundado receio de que uma parte, antes do julgamento da lide, cause ao direito da outra lesão grave e de difícil reparação.

6.12.2 Os Pedidos da Ação Rescisória

A lei processual prevê a formulação dos pedidos de rescisão do julgado (*iudicium rescindens*) e de novo julgamento do processo (*iudicium rescissorium*) (art. 968, CPC).

No geral, a ação rescisória provoca o chamamento dos dois juízos, como se dá quando ela se funda nos incisos I (prevaricação, concussão ou corrupção do juiz), II (impedimento ou incompetência absoluta), III (dolo ou coação da parte vencedora em detrimento da vencida, ainda, de simulação ou colusão entre elas com o objetivo de fraudar a lei), VI (falsidade do documento em que se baseou a sentença rescindenda), VII (obtenção de prova nova) e VIII (erro de fato verificável do exame dos autos), embora os casos enumerados comportem exceções.

Contudo, quando o tribunal acolhe a rescisória para fazer desaparecer a sentença que houvera interpretado ofensa à coisa julgada (IV), a atuação é exclusiva do *iudicium rescindens*, cuja tarefa consiste em restabelecer o império e a autoridade da *res iudicata*, que estavam sendo afrontados pela sentença rescindida. O mesmo se diga quanto à rescisória calcada em violação à literal disposição de lei, a despeito de essa causa de rescindibilidade dos julgados não impedir, em certas situações, a participação do *indicium rescissorium*.

O TST, até pelo princípio da economia processual, tem admitido o ajuizamento de uma única ação rescisória contendo mais de um pedido, em ordem sucessiva, de rescisão da sentença e do acórdão. Sendo inviável a tutela jurisdicional de um deles, o julgador está obrigado a apreciar os demais, sob pena de negativa de prestação jurisdicional (OJ 78, SDI-II). Isso pode ocorrer quando parte da sentença transita em julgado porque o recurso ordinário não envolveu todas as questões debatidas na decisão singular e, ao término do processo, constata-se que a sentença e o acórdão proferidos apresentam irregularidades capazes de ensejar uma ação rescisória.

Na ação rescisória, não era possível pleitear a condenação relativa à devolução dos valores pagos ao trabalhador pela execução da decisão rescindenda (OJ 28, SDI-II), o que somente será possível pelo ajuizamento de uma nova ação trabalhista. Com o cancelamento da OJ 28 (Resolução 149/2008 do TST), os valores pagos por uma decisão judicial, a qual, posteriormente, venha a ser rescindida por meio de uma ação rescisória, serão executados (= devolução) no curso da própria demanda na qual valor foi pago (art. 836, parágrafo único, CLT).

QUESTIONÁRIO

1. Qual é o conceito de ação rescisória?

2. Como se justifica o cabimento da ação rescisória na Justiça do Trabalho?

3. Qual a natureza jurídica das decisões judiciais atacáveis por ação rescisória?

4. Por que a decisão judicial em que a lei impõe o reexame necessário não pode ser objeto de ação rescisória antes de sua confirmação pelo tribunal?

5. Quais são as hipóteses legais de cabimento da ação rescisória? Explique sucintamente cada uma e aponte exemplos de ordem prática no Processo do Trabalho.

6. Qual é o prazo legal para ajuizamento da ação rescisória? Sua natureza jurídica? Quando se tem o início da contagem desse prazo?

7. Quem tem legitimidade ativa para ingressar com a ação rescisória?

8. Qual órgão do Poder Judiciário é competente para a ação rescisória?

9. Quais são os pedidos da ação rescisória? Esclareça a finalidade de cada um.

10. É cabível pedido liminar na ação rescisória? Justifique.

11. Qual é a natureza jurídica da decisão da ação rescisória?

12. Como calcular o valor da causa da ação rescisória?

13. É exigível o depósito prévio em ação rescisória?

Capítulo VII
AÇÃO ANULATÓRIA

7.1 FUNDAMENTO JURÍDICO

A nulidade e anulabilidade do negócio jurídico são previstas pelo CC (arts. 166 e 171), sendo que a ação de nulidade de ato judicial tem respaldo no art. 966, § 4º, CPC.

Considerando o novo regramento processual civil e a necessidade de o TST se posicionar, ainda que não de forma exaustiva, sobre a aplicação de várias regras e de institutos disciplinados pelo NCPC ao processo do trabalho, foi editada a IN 39/2016.

7.2 CABIMENTO

A ação anulatória é a ação de declaração de nulidade (objeto da ação) de um negócio jurídico ou ato judicial.

Os requisitos de validade do negócio jurídico são: (a) agente capaz; (b) objeto lícito, possível, determinado ou determinável; (c) forma prescrita e não defesa em lei (art. 104, CC).

O negócio jurídico é nulo quando: (a) celebrado por pessoa absolutamente incapaz; (b) for ilícito, impossível ou indeterminável o seu objeto; (c) for lícito o motivo determinante comum a ambas as partes; (d) não revestir a forma prescrita em lei; (e) for preterida alguma solenidade que a lei considere essencial para a sua validade; (f) tiver por objeto fraudar lei imperativa; (g) a lei taxativamente o declarar nulo, ou proibir-lhe a prática, sem cominar sanção (art. 166, CC).

Além disso, o negócio jurídico é anulável por: (a) incapacidade relativa do agente; (b) vício resultante de erro, dolo, coação, estado de perigo, lesão ou simulação ou fraude contra credores (art. 171). Outras normas específicas poderão prever a anulabilidade do negócio jurídico.

Normalmente, o pedido de nulidade do negócio jurídico está inserido na reclamação trabalhista (ações individuais) ao lado de outros pedidos, como remuneração de férias, horas extras etc.

Tratando-se de atos judiciais, a ação anulatória terá cabimento contra aqueles atos praticados pelas partes ou por outros participantes do processo e homologados pelo juízo. Os atos homologatórios praticados no curso da execução também estão sujeitos à anulação (art. 966, § 4º, CPC).

PARTE VII • Cap. VII – AÇÃO ANULATÓRIA | 1171

7.3 AÇÃO ANULATÓRIA DE NEGÓCIO OU ATO JUDICIAL

No Processo do Trabalho, admite-se o ingresso da ação anulatória para anular negócio jurídico entre as partes ou ato judicial que não tenha natureza de sentença definitiva, a qual somente é atacável por ação rescisória.

Desse modo, é possível o ajuizamento de ação trabalhista objetivando declarar nulo contrato de trabalho ou cláusulas dos contratos quando visem fraudar a lei, se tiver ocorrido manifestação de vontade das partes viciadas, que procurem fraudar credores etc.

Questão que enseja controvérsia doutrinária até os dias atuais é o cabimento da ação anulatória contra decisão homologatória de acordo judicial trabalhista. O TST pacificou o entendimento no sentido de que só por ação rescisória é atacável o termo de conciliação firmado em juízo (Súm. 259), isso porque, no caso de conciliação, o termo que for lavrado valerá como decisão irrecorrível (art. 831, parágrafo único, CLT), tratando-se, segundo o TST, de decisão definitiva, atacável apenas por ação rescisória. Contudo, a sentença meramente homologatória, que silencia sobre os motivos de convencimento do juiz, não se mostra atacável por ação rescisória, por ausência de pronunciamento explícito (Súm. 298, IV, TST), abrindo espaço para a ação anulatória.

7.4 AÇÃO ANULATÓRIA DE CLÁUSULA CONVENCIONAL

Com procedimento especial, a ação anulatória tem-se mostrado instrumento processual adequado à defesa das liberdades individuais e coletivas, bem como dos direitos indisponíveis dos trabalhadores, com destaque para a atuação do MPT na defesa dos interesses dos trabalhadores.

Infelizmente, por vezes, nota-se que a atuação das entidades sindicais na celebração de normas coletivas de trabalho viola preceitos de ordem pública de proteção aos trabalhadores, como: a liberdade individual, a liberdade coletiva e os direitos individuais indisponíveis dos trabalhadores.

Com a Reforma Trabalhista, os sindicatos subscritores do instrumento normativo participarão, como litisconsortes necessários, em ação individual ou coletiva que tenha como objeto a anulação de cláusulas desses instrumentos, vedada a apreciação por ação individual (art. 611-A, § 5º, CLT, Lei 13.467). Regra aplicável aos processos iniciados a partir de 11 de novembro de 2017 (art. 3º, IN 41/18, TST).

Nos termos do art. 614, § 3º, da CLT, é de dois anos o prazo máximo de vigência dos acordos e convenções coletivas de trabalho, sendo inválida, naquilo que ultrapassar esse prazo, a cláusula de termo aditivo que prorroga a vigência do instrumento coletivo originário por prazo indeterminado (OJ 322, SDI-I).

Além disso, não raro têm-se encontrado cláusulas convencionais que estabelecem descontos a título de contribuição confederativa ou contribuição assistencial em detrimento da liberdade individual e coletiva e dos direitos indisponíveis dos trabalhadores.

Para o STF, a contribuição confederativa (art. 8º, IV, CF) só é exigível dos filiados à entidade sindical (Súm. 666; SV 40).

O TST entende que é ofensiva ao direito constitucional de livre associação e sindicalização cláusula constante de acordo, convenção coletiva ou sentença normativa que estabeleça contribuição em favor de entidade sindical a título de taxa para custeio do sistema confederativo, assistencial, revigoramento ou fortalecimento sindical e outros da mesma espécie, obrigando trabalhadores não sindicalizados, sendo nulas e passíveis de restituição dos valores irregularmente descontados (PN 119, TST).

Considerando a posição acolhida pelo TST no sentido de que a competência jurisdicional para a ação anulatória é dos tribunais do trabalho, e as normas do sistema processual que atribuem a competência da ação de pretensão individual para a devolução dos descontos efetuados à vara do trabalho, o TST não admite a ação anulatória da cláusula convencional cumulada com a devolução dos descontos realizados por impossibilidade de cumulação de pedidos de procedimentos distintos (art. 327, NCPC), ocasionando a extinção do pedido incompatível com o procedimento sem julgamento de mérito (arts. 330, I, § 1º, IV, 485, I).

7.5 AÇÃO ANULATÓRIA DE DÉBITO FISCAL

A Lei 6.830/80 prevê que a discussão judicial da dívida ativa da Fazenda Pública pode se dar tanto em execução como em sede de mandado de segurança, ação de repetição do indébito ou ação anulatória do ato declarativo da dívida (art. 38).

Atualmente, a competência da Justiça do Trabalho alcança inúmeras questões de ordem tributária (art. 114, VIII, CF, Lei 11.457/2007) e também se estende para as penalidades administrativas impostas aos empregadores pelo órgão de fiscalização das relações de trabalho (art. 114, VII, CF).

7.6 LEGITIMIDADE ATIVA

No âmbito das relações individuais, o empregado e o empregador possuem legitimidade ativa (*legitimatio ad causam*) para o ajuizamento da ação trabalhista visando à nulidade do negócio jurídico, como as cláusulas abusivas que possam existir no contrato de trabalho ou, ainda, ato judicial que não dependa de sentença (art. 966, § 4º, CPC).

Admite-se a legitimidade ativa do terceiro juridicamente interessado e do Ministério Público quando a violação for de normas de natureza absoluta.

No caso de ato judicial, além das partes do processo, também podem propor a ação anulatória o terceiro juridicamente interessado, o Ministério Público e aquele que não foi ouvido no processo em que lhe era obrigatória a intervenção (art. 967, CPC).

A legitimidade do Ministério Público no CPC/73 para a ação anulatória de ato judicial ficava restrita às hipóteses em que não foi ouvido no processo e nas quais era obrigatória a intervenção, ou quando a sentença é o efeito de colusão das partes, a fim de fraudar a lei. O TST tem entendido que tais hipóteses são exemplificativas, não limitando a atuação do Ministério Público do Trabalho (Súm. 407). Além de manter as hipóteses do CPC/73, o NCPC incluiu: (a) simulação das partes; (b) em outros casos em que se imponha sua atuação (art. 967, III, *a* a *c*).

PARTE VII · Cap. VII – AÇÃO ANULATÓRIA | **1173**

O art. 83, IV, LC 75/93 confere legitimidade ativa ao Ministério Público do Trabalho para propor ações cabíveis para declaração de nulidade de cláusula (contrato, acordo coletivo ou convenção coletiva) que viole as liberdades individuais ou coletivas ou os direitos indisponíveis dos trabalhadores (ação anulatória de cláusula convencional).

O trabalhador lesado e as partes convenentes também possuem legitimidade para propor a ação anulatória de cláusula convencional.

O TST já reconheceu, excepcionalmente, a legitimidade de sindicato terceiro, ou seja, de entidade sindical que não participou da norma coletiva questionada, quando a categoria representada sofre efeito jurídico da norma coletiva celebrada.

O trabalhador e o empregador que tenham sido lesados por uma cláusula normativa possuem legitimidade para propor a ação anulatória de cláusula convencional. Normalmente, a discussão é efetuada em uma demanda trabalhista comum, em que a nulidade da cláusula é requerida de forma incidental. No polo passivo da ação deverão constar os signatários do instrumento normativo (sindicatos, categoria profissional e econômica, se for convenção coletiva; no caso de acordo coletivo, o sindicato da categoria profissional e a empresa ou empresas signatárias do instrumento normativo.

É razoável que se tenha um litisconsórcio ativo facultativo, quando vários trabalhadores pretendem a nulidade da cláusula normativa.

As associações também podem ajuizar ação anulatória de cláusulas convencionais, visto que têm legitimidade para representar seus filiados judicial ou extrajudicialmente (art. 5º, XXI, CF). Nessa hipótese, a legitimação não seria para discutir direitos coletivos e sim os direitos individuais homogêneos de seus associados.

7.7 PROCEDIMENTO

Como regra, não existem despesas processuais realizadas antes da postulação judicial, por falta de previsão legal.

As custas processuais serão pagas quando da interposição do recurso ou ao final do processo (arts. 789 e segs., CLT), de modo que não existem custas processuais no momento da distribuição da ação.

Também por falta de amparo legal, não existem despesas de juntada do instrumento do mandato e diligência de oficial de justiça.

A ação anulatória tramitará seguindo os procedimentos trabalhistas (sumário, sumaríssimo e ordinário), fixados pelo critério valor da causa.

A estrutura da ação anulatória deve observar os requisitos previstos no art. 319, CPC, e art. 840, CLT.

O TST entende que, em se tratando de ação anulatória contra ato judicial, a competência originária se dá no mesmo juízo em que praticado o ato supostamente eivado de vício (OJ 129, SDI-II).

Tratando-se de ação anulatória contra negócio jurídico ou cláusula do contrato individual do trabalho, a competência será da primeira instância trabalhista.

Em relação às ações anulatórias de cláusula de acordo ou convenção coletiva de trabalho, a competência da Justiça do Trabalho encontra-se prevista no art. 1º, Lei 8.984/95, o qual fixou a competência da Justiça Especializada para conciliar e julgar os dissídios que tenham origem no cumprimento de convenção coletiva de trabalho ou acordo coletivo de trabalho mesmo quando ocorram entre sindicatos ou entre sindicato de trabalhadores e empregador.

No que tange à competência hierárquica dentro dos órgãos da Justiça do Trabalho, diferentemente do que ocorreria com a ação anulatória do negócio jurídico individual, considerando a natureza coletiva da ação, tem-se firmado a posição de que no caso da ação anulatória de cláusula convencional a competência será do TRT ou do próprio TST, por envolver interesses coletivos da categoria.

QUESTIONÁRIO

1. Quando é cabível a ação anulatória?

2. Quando é cabível a ação anulatória de cláusula convencional? E quais são seus fundamentos?

3. Quem tem legitimidade ativa para a ação anulatória?

4. Quem é o órgão jurisdicional competente para a ação anulatória?

Capítulo VIII
AÇÃO DE CONSIGNAÇÃO DE PAGAMENTO

Disciplinada pelos arts. 334 a 345, CC, e arts. 539 a 549, CPC, a ação de consignação em pagamento não foi prevista pela CLT.

Tratando-se de consignação de aluguéis ou encargos da locação, o procedimento a ser seguido é o do art. 67, Lei 8.245/91 (Lei de Locação de Imóveis Prediais Urbanos).

O art. 304, CC, prevê que *"qualquer interessado na extinção da dívida pode pagá-la, usando, se o credor se opuser, dos meios conducentes à exoneração do devedor. Parágrafo único. Igual direito cabe ao terceiro não interessado, se o fizer em nome e à conta do devedor, salvo oposição deste."*

Analisando o Texto Legal, Antonio Carlos Marcato[1] conclui que, *"em primeiro lugar, o pagamento representa o modo normal de extinção da obrigação, pelo cumprimento voluntário da prestação devida. Extrai-se, mais, que não sendo a obrigação voluntariamente desfeita dessa forma – seja porque o credor se recusou injustificadamente a receber o pagamento, ou a dar quitação, seja porque o devedor ficou impedido, por motivos alheios à sua vontade, de realizar o pagamento (v. CC, art. 335) –, resta a este último, ou a qualquer interessado na extinção da obrigação, a via anormal do pagamento por consignação (CC, arts. 334 a 345)".*

É cabível a ação de consignação em pagamento quando: (a) o credor não puder ou, sem justa causa, se recusar a receber o pagamento ou dar quitação (dívida portável);[2] (b) o credor não for, nem mandar receber a coisa no lugar, tempo e condição devidos (dívida quesível);[3] (c) o credor for incapaz de receber, for desconhecido, declarado ausente, ou residir em lugar incerto ou de acesso perigoso ou difícil; (d) ocorrer dúvida sobre quem deva legitimamente receber o objeto do pagamento; (e) pender litígio sobre o objeto de pagamento (art. 335, CC).

---

[1] MARCATO, Antonio Carlos. *Procedimentos especiais*, 10. ed., p. 85.

[2] Dívida portável é aquela que impõe ao devedor o ônus de oferecer o pagamento no domicílio do credor ou em outro local por ele designado (art. 327, CC).

[3] Dívida quesível é aquela na qual cabe ao credor buscar o pagamento no domicílio do devedor (arts. 335, II, e 327, *caput*, CC).

O legislador considera a consignação como pagamento e extingue a obrigação (art. 334, CC), podendo a coisa devida ser depositada judicialmente ou em estabelecimento bancário, no caso de dinheiro – consignação extrajudicial (art. 539, § 1º, NCPC).

Normalmente, a ação de consignação é utilizada pelo empregador para colocar à disposição do ex-empregado as verbas rescisórias do contrato de trabalho, quando este não mais comparece à empresa ou quando vem a falecer, liberando-se da multa do art. 477, § 8º, CLT. Vale dizer, a ação de consignação não pode ser vista como uma via processual para o simples pedido de homologação da rescisão contratual.[4]

A liberação do pagamento da multa do art. 477, CLT, pelo ajuizamento da ação de consignação em pagamento é controvertida, sendo aceita por alguns apenas se a ação é proposta no prazo (dentro do prazo) legal para pagamento das verbas rescisórias.[5]

Outra hipótese comum, segundo Amador Paes de Almeida,[6] ocorre quando o *"empregador que, depositando em juízo as férias, evita sejam elas pagas em dobro, ou ainda a consignação de salários, evitando, com isso, a ocorrência da falta grave capitulada no art. 483, d, da Consolidação das Leis do Trabalho, ou, ainda, a dobra estabelecida no art. 467 do mesmo Estatuto"*.

Além da ação de consignação, a Lei Processual prevê a consignação em pagamento de forma extrajudicial (art. 539, § 1º, CPC).

Nesse caso, o depósito extrajudicial (exclusivamente prestação pecuniária) será feito em estabelecimento bancário oficial situado no lugar do pagamento, em conta com correção monetária, e o credor cientificado por carta com aviso de recepção dos valores depositados e para que manifeste a recusa em 10 dias. Decorrido esse prazo sem manifestação de recusa do credor, o devedor está liberado da obrigação.

Ocorrendo a recusa do credor por escrito junto ao estabelecimento bancário, o devedor ou terceiro poderá propor a ação de consignação, instruindo-a com a prova do depósito e a recusa do credor, no prazo de 30 dias,[7] sob pena de o depósito perder seu efeito, podendo ser inclusive levantado.

Inexistindo estabelecimento bancário oficial na localidade, o devedor poderá se socorrer de banco particular.

---

[4] TRT – 2ª R. – 17ª T. – RO 20120091361 – Rel. Álvaro Alves Nôga – *DOE/SP* 28/1/2013; TRT – 1ª R. – 8ª T. – RO 0001655-96.2012.5.01.0013 – Relª Dalva Amelia de Oliveira – *DOERJ* 11/11/2013.

[5] TRT – 3ª R. – RO 727/2011-099-03-00.4 – Rel. Emerson Jose Alves Lage – *DJe* 31/7/2013 – p. 69; TRT – 5ª R. – 3ª T. – RO 0064400-33.2009.5.05.0102 – Relª Desª Sônia França – *DJe* 19/7/2013.

[6] ALMEIDA, Amador Paes de. *Curso prático de processo do trabalho*, 17. ed., p. 452.

[7] "É evidente que a não propositura da ação no prazo legal não obsta, ao interessado, o seu ajuizamento posterior, desde que, agora, o valor consignando esteja devidamente atualizado. Implementado o 30º dia a contar do depósito extrajudicial, a não propositura da ação consignatória caracterizará o estado de mora do devedor, devendo a prestação, a partir daí, ser acrescida de juros moratórios, multa (quando houver previsão a respeito) e corrigida monetariamente (caso o devedor depositante tenha levantado o depósito) até que, em futuro processo consignatório, seja efetuado o depósito a que alude o inc. I do art. 893 do CPC" (MARCATO, Antonio Carlos. Ob. cit., p. 93).

A jurisprudência se divide quanto à possibilidade da consignação extrajudicial dos direitos trabalhistas.

Wagner Giglio e Claudia Giglio Veltri Corrêa[8] consideram que a *"aplicação subsidiária do depósito extrajudicial não ocorrerá, entretanto, por obstáculos e inconvenientes praticamente insuperáveis.*

As diligências impostas ao empregador ou a seu advogado exigem dispêndio de tempo sem apresentar eficácia ou segurança compensatórias. O procedimento fora de juízo é desprovido de sanções, e assim não poderá ser exigido do banco que certifique o decurso do prazo para a resposta, por exemplo. Além disso, o disposto no art. 477, §§ 1º e 2º, CLT, poderá ser invocado para invalidar o pagamento efetuado a empregado com mais de um ano de tempo de serviço ou questionar o alcance da quitação, e o trabalhador analfabeto poderá anular o efeito de sua inércia e não exonerar o depositante, sob alegação de que não tomou ciência do teor da comunicação recebida".

Amador Paes de Almeida[9] afirma não haver qualquer incompatibilidade com o direito processual do trabalho, mesmo porque se trata de medida extrajudicial, porém, admite inconvenientes para sua adoção.

A ação de consignação poderá ser proposta pelo devedor ou terceiro (art. 539, CPC), havendo certa controvérsia na doutrina se apenas o terceiro interessado juridicamente na extinção da obrigação tivesse legitimidade para a consignação ou também o terceiro sem interesse.

A ação de consignação será proposta segundo os critérios de competência territorial da CLT (art. 651), tendo como regra geral o local da prestação de serviços.

Na ação de consignação, caso a coisa devida seja imóvel ou que deva ser entregue no mesmo lugar onde está, poderá o devedor citar o credor para vir ou mandar recebê-la. No segundo caso, não comparecendo o credor, a coisa será depositada (art. 341, CC).

Para que a consignação tenha força de pagamento, será necessário que concorram, em relação às pessoas, ao objeto, modo e tempo, todos os requisitos sem os quais não é válido o pagamento (art. 336).

Na hipótese de o devedor da obrigação litigiosa pagar a qualquer dos pretendidos credores, tendo conhecimento do litígio, assume os riscos do pagamento. O que não ocorre com a consignação que o exonera da obrigação.

Salvo se for julgado improcedente, o depósito cessa o cômputo dos juros da dívida e os riscos (art. 337, CC; art. 540, CPC).

Enquanto o credor não declarar que aceita o depósito ou não o impugnar, o devedor poderá requerer o levantamento dos valores depositados, desde que pague as despesas. Nesse caso, a obrigação do devedor continua a existir.

---

[8] GIGLIO, Wagner; CORRÊA, Claudia Giglio Veltri. *Direito processual do trabalho*, 15. ed., p. 315.

[9] ALMEIDA, Amador Paes de. Ob. cit., p. 452.

O credor que, depois de contestar a lide ou aceitar o depósito, aquiescer no levantamento, perderá a preferência e a garantia que lhe competiam com respeito à coisa consignada, ficando desobrigados os codevedores e fiadores que não tenham anuído.

Na petição de consignação, o autor requererá o depósito da quantia ou coisa devida a ser efetuado no prazo de cinco dias do deferimento.

Se a escolha da coisa indeterminada competir ao credor, será ele citado para exercer o direito no prazo de cinco dias, se outro prazo não constar da lei ou do contrato, sob cominação de perder o direito e de ser depositada a coisa que o devedor escolher.

Se a dívida vencer durante o litígio entre os credores, qualquer um deles poderá requerer a consignação.

Tratando-se de prestações periódicas, consignada a primeira prestação, as demais serão consignadas no mesmo processo, desde que o depósito seja efetuado até cinco dias da data do vencimento. Trata-se de uma faculdade do autor.

Tido como revel ou comparecendo em juízo o credor para receber e dar quitação, a ação será julgada procedente, declarando-se extinta a obrigação e o réu responderá pelas despesas processuais.

Nessas hipóteses ou quando a decisão julga procedente a consignação e a consignação for das verbas rescisórias, a decisão judicial acaba por reconhecer como corretos os valores oferecidos para a extinção do contrato de trabalho e a homologação da rescisão contratual exigida pela norma trabalhista (art. 477, § 1º, CLT, revogado pela Lei 13.467/17) torna-se dispensável. O ato administrativo de homologação é dispensável diante da força da coisa julgada da decisão trabalhista.

Além das questões processuais, na contestação, o réu poderá alegar que: (a) não houve recusa ou mora em receber a quantia ou coisa devida; (b) foi justa a recusa; (c) o depósito não se efetuou no prazo ou no lugar do pagamento; (d) o depósito não é integral, devendo indicar os valores que entende devidos.

Caso a contestação alegue que o depósito não corresponde ao montante da obrigação, poderá o autor complementá-lo no prazo de 10 dias, salvo se se tratar de prestação cujo inadimplemento acarrete rescisão do contrato.

Além da contestação, admitem-se as exceções e a reconvenção, essa última desde que conexa com a ação principal ou com os fundamentos da defesa (art. 343, CPC). Porém, é de se ressalvar que não haveria interesse processual na reconvenção, quando o réu alega na contestação insuficiência do depósito, pois, nesse caso, a decisão da própria consignação determinará o pagamento da diferença (art. 545, § 2º, CPC). Nesse caso, a doutrina tem reconhecido o caráter dúplice da ação de consignação.

O não comparecimento do autor em audiência importa no arquivamento da ação de consignação, enquanto, o réu, na revelia e seus efeitos.

A defesa será apresentada de forma escrita ou oral no prazo de 20 minutos, seguindo as regras da CLT (art. 847).

Quando a dívida se fundar em dúvida sobre quem deva legitimamente receber, não comparecendo nenhum pretendente, converter-se-á o depósito em arrecadação de bens de ausentes.

PARTE VII · Cap. VIII – AÇÃO DE CONSIGNAÇÃO DE PAGAMENTO | **1179**

Feito o depósito e tendo comparecido mais de um pretendente, o juiz declarará extinta a obrigação e o processo continuará entre os pretendentes.

Em regra, o acordo celebrado e homologado na ação de consignação é decisão irrecorrível (art. 831, CLT), somente atacável por ação rescisória (Súm. 259 e 298, IV, TST).

Se a decisão judicial concluir pela insuficiência do depósito, determinará, sempre que possível, o montante devido, sendo facultado ao credor promover-lhe a execução nos mesmos autos.

Quanto à natureza da sentença, *"a ação consignatória tem natureza meramente declaratória, pois mediante seu exercício pretende o autor um provimento jurisdicional declaratório da idoneidade e suficiência do depósito por ele realizado. Por outras palavras, busca o consignante liberar-se da obrigação, mediante o depósito da coisa ou quantia devida, depósito este que tem, ele sim, o efeito de desconstituir o vínculo obrigacional; [...] Não se perca de vista, porém, a situação prevista no último parágrafo do art. 899 do CPC (condenação do autor ao pagamento da diferença do depósito), quando então a sentença também terá carga condenatória, tanto que valerá como título executivo judicial (CPC, art. 584, I)"*.[10]

QUESTIONÁRIO

1. Quando é cabível na Justiça do Trabalho ação de consignação em pagamento?

2. Quais os efeitos da consignação em pagamento?

3. O ajuizamento da ação de consignação em pagamento libera o empregado do pagamento da multa do art. 477, § 8º, CLT?

4. Qual o prazo legal para consignação do bem?

5. Quais podem ser as alegações da contestação?

6. Quais os efeitos da decisão que julga improcedente a ação de consignação em pagamento?

7. Qual é a natureza da sentença da ação de consignação?

---

[10] MARCATO, Antonio Carlos. Ob. cit., p. 108.

Capítulo IX
AÇÕES POSSESSÓRIAS

9.1 O CABIMENTO DAS AÇÕES POSSESSÓRIAS NA JUSTIÇA DO TRABALHO

Tema dos mais controvertidos foi a utilização de ações possessórias na Justiça do Trabalho. Admitida por César Pires Chaves,[1] João de Lima Teixeira Filho,[2] Eduardo Gabriel Saad,[3] Christovão Piragibe Tostes Malta,[4] José Augusto Rodrigues Pinto,[5] Isis de Almeida,[6] Sergio Pinto Martins[7] e Wagner Giglio,[8] foi negada por José Martins Catharino,[9] Wilson de Souza Campos Batalha[10] e Valentin Carrion.[11]

Para os que negam a competência da Justiça do Trabalho, *"o problema relativo à manutenção ou reintegração na posse de um imóvel não se nos afigura poder caracterizar--se como relação jurídico-trabalhista. Inexiste a pretendida* vis attractiva *da competência da Justiça do Trabalho. A ela compete decidir os problemas relacionados com a habitação, quando esta é considerada como salário, em suas implicações com o contrato de trabalho (supressão, alteração, cômputo no cálculo indenizatório etc.), mas nunca determinar a entrega de certo imóvel ou a permanência em determinada habitação. Trata-se, aqui, do problema relativo à proteção da posse, estranho à competência da Justiça do Trabalho. E é*

---

[1] CHAVES, César Pires apud TEIXEIRA FILHO, João de Lima. *Instituições de direito do trabalho*, v. 2, 19. ed., p. 1305.

[2] TEIXEIRA FILHO, João de Lima. Ob. cit., p. 1304-1306.

[3] SAAD, Eduardo Gabriel. *Direito processual do trabalho*, 2. ed., p. 820.

[4] MALTA, Christovão Piragibe Tostes. *Prática do processo trabalhista*, 30. ed., p. 329.

[5] PINTO, José Augusto Rodrigues. *Processo trabalhista de conhecimento*, 5. ed., p. 248.

[6] ALMEIDA, Isis de. Ação de reintegração de posse. *Compêndio de direito processual do trabalho*, p. 752.

[7] MARTINS, Sergio Pinto. *Direito processual do trabalho*, 26. ed., p. 517.

[8] GIGLIO, Wagner; CORRÊA, Claudia Giglio Veltri. *Direito processual do trabalho*, 15. ed., p. 320.

[9] CATHARINO, José Martins apud GIGLIO, Wagner; CORRÊA, Claudia Giglio Veltri. Ob. cit., p. 319.

[10] BATALHA, Wilson de Souza Campos. *Tratado de direito judiciário do trabalho*, v. 2, 3. ed., p. 245-247.

[11] VALENTIN, Carrion. *Comentários à Consolidação das Leis do Trabalho*, 31. ed., p. 676.

PARTE VII · Cap. IX – AÇÕES POSSESSÓRIAS | **1181**

por essa razão que a Justiça Comum tem invariavelmente apreciado os interditos posses-sórios em tais hipóteses".[12]

Certo é que, no campo do Direito do Trabalho, existem alguns trabalhadores que precisam residir no local de trabalho ou em sua proximidade, sendo comum, nesses casos, o fornecimento pelo empregador de um imóvel para moradia do trabalhador com ou sem sua família. Trata-se de salário *in natura* (art. 458, CLT).

Isso ocorre, por exemplo, com o empregado doméstico, zelador que reside no imóvel, caseiro de sítio, trabalhador rural e outros.

As controvérsias sobre a posse também podem envolver bens móveis, como ferramentas de trabalho, uniformes, mostruário de vendas, máquina de costura colocada à disposição do empregado que trabalha em sua residência.

Importante mencionar o caso de altos empregados que têm a sua disposição imóvel, carro, computadores etc.

Como nesses casos o fornecimento de moradia para o trabalho é cláusula do contrato de trabalho (salário *in natura*) ou a disponibilidade de equipamentos é para a prestação do trabalho (instrumentos de trabalho), as ações possessórias, apesar de envolverem questões sobre a posse do bem, somente poderão ser propostas na Justiça do Trabalho (art. 114, CF), já que a posse direta do bem decorre da relação de emprego.[13]

Quando se analisa a competência material da Justiça do Trabalho, não se deve pensar que a solução somente está no exame da legislação trabalhista. A competência material deriva da relação jurídica empregatícia, ou seja, do vínculo jurídico que envolve empregado e empregador. O magistrado trabalhista, ao solucionar uma demanda, pode e deve, se for o caso, analisar normas jurídicas alheias ao Direito do Trabalho. Portanto, as controvérsias a respeito da posse de coisas móveis e imóveis, decorrentes da relação jurídico-trabalhista, devem ser solucionadas pela Justiça do Trabalho.

Tanto é assim que, no caso de o empregado manter com o empregador um contrato de locação de imóvel, o qual não possua relação com o contrato de trabalho, ainda que haja autorização para o desconto da locação na remuneração, a competência será da Justiça Comum e não do Trabalho (são contratos paralelos). Trata-se de um outro contrato, distinto do contrato de trabalho e regulado pela legislação especial.

A Lei 8.245/91 prevê a prorrogação automática por prazo indeterminado dos contratos de locação ajustados por um prazo inferior a 30 meses, somente autorizando a retomada do imóvel por parte do locador em decorrência da extinção do contrato de trabalho, quando o contrato de locação estiver relacionado com a relação de emprego (art. 47, II).

---

[12]   GIGLIO, Wagner; CORRÊA, Claudia Giglio Veltri. Ob. cit., p. 319-320.

[13]   "A controvérsia acerca de coisas móveis do empregado (como ferramentas e utensílios) utilizados em serviço e retidas pelo empregador, e vice-versa, a despeito de não concernir a alguma prestação contratual, aflora em razão direta da execução do contrato de emprego. Por isso, inequivocamente se compreende na competência da Justiça do Trabalho" (DALAZEN, João Oreste. *Competência material trabalhista*, p. 123).

A locação será não residencial quando o locatário for pessoa jurídica e o imóvel destinado ao uso de seus titulares, diretores, sócios, gerentes, executivos e empregados (art. 55).

No caso de o contrato de locação estar relacionado ao de trabalho, a rescisão desse permite o ajuizamento da ação de despejo na Justiça Comum, inclusive, mediante a prestação de caução equivalente a 3 meses de aluguel, o pedido liminar para desocupação em 15 dias (art. 59, § 1º, II).

Se, porém, forem alegadas a simulação do contrato de locação e a moradia como salário *in natura*, a questão será de competência da Justiça do Trabalho, como consequência dos princípios protetor e da primazia da realidade, tendo como pano de fundo a questão salarial (art. 458, CLT).[14]

Situação equivalente ocorre se o empregador possui um conjunto de imóveis que loca apenas para empregados, com preço inferior ou não ao de mercado. A possibilidade de locação do bem e o preço diferenciado decorrem da existência de um contrato de trabalho anterior. O contrato de locação acaba sendo acessório ao contrato de trabalho.[15]

O STF entendeu que compete à Justiça do Trabalho julgar ação de empregados do Banco do Brasil para compelir a empresa ao cumprimento da promessa de vender-lhes, em dadas condições de preço e modo de pagamento apartamentos que, assentindo em se transferir para Brasília, viessem a ocupar o bem, por mais de 5 anos, permanecendo a seu serviço exclusivo e direto. Isso porque a determinação da competência da Justiça do Trabalho não importa que dependa a solução da lide de questões de Direito Civil, mas sim, no caso, que a promessa de contratar, cujo alegado conteúdo é o fundamento do pedido, tenha sido feita em razão da relação de emprego, inserindo-se no contrato de trabalho (STF – Pleno – CJ 6.959-6 – Rel. Min. Sepúlveda Pertence – j. 23/5/1990 – *DJU* 22/2/1991 – p. 1.259).

Contratos de compra e venda em condições especiais firmados por empregados para aquisição de veículo próprio diretamente com o empregador e a necessidade de que o veículo seja utilizado para visitar clientes são de competência da Justiça do Trabalho, na medida em que apenas os empregados, normalmente do departamento de vendas ou divulgação, podem comprar o veículo. A possibilidade de celebração de contratos de compra e venda é exclusiva para os empregados. Em alguns casos, a aquisição do veículo é uma imposição do empregador para que o contrato de trabalho continue em vigor.

A ocupação ou a ameaça de ocupação do local de trabalho pelos empregados como decorrência de movimento grevista ou de outras controvérsias coletivas de trabalho se inserem na competência da Justiça do Trabalho, ante o fato de que a ocupação é um desdobramento das relações coletivas de trabalho e do próprio exercício do direito de greve.

Em seus julgados, o STF vinha reconhecendo a competência da Justiça do Trabalho para julgar as ações possessórias decorrentes da greve (STF – TP – RE 579648-MG – Rel. Min. Cármen Lúcia – j. 10/9/2008 – *DJe* 5/3/2008).

---

[14] STJ – 2ª S. – CC 57524/PR – Rel. Min. Carlos Alberto Menezes Direito – *DJ* 23/10/2006, p. 249.
[15] TEIXEIRA FILHO, João de Lima et al. Ob. cit., p. 1305.

PARTE VII · Cap. IX – AÇÕES POSSESSÓRIAS | 1183

Atualmente está pacificado na jurisprudência do STF de que a Justiça do Trabalho é competente para processar e julgar ação possessória ajuizada em decorrência do exercício do direito de greve pelos trabalhadores da iniciativa privada (SV 23).

Em alguns casos, o empregador retém as ferramentas de trabalho ou pertences pessoais do empregado, com a alegação de que o mesmo deve ressarci-lo dos danos causados que geraram a dispensa com justa causa ou pagar-lhe dívidas de natureza civil, como a do empregado que faz compras no mercado ou loja em que trabalha para pagar no mês seguinte.

Em casos como esses, o pedido de restituição do bem móvel costuma ocorrer como mais um pedido da reclamação trabalhista.

A retenção do bem pode ser alegada como matéria de defesa, desde que relacionada ao contrato de trabalho (art. 767, CLT).

Ao comentar o dispositivo legal, diz Sergio Pinto Martins:[16] *"O devedor retém determinada coisa a outrem devida, visando satisfazer seu crédito. Certos requisitos devem ser atendidos para a configuração da retenção: (a) ser o retentor credor; (b) deter o credor legitimamente a coisa; (c) haja relação de conexidade entre crédito e a coisa retida; (d) não existir nenhum impedimento legal ou convencional para seu exercício. Visa-se com a retenção apenas garantir o crédito de que é detentor o credor, no caso, o reclamado. Hipótese de retenção seria quando o empregador retém ferramenta de trabalho do empregado alegando que este causou dano à empresa, com previsão expressa no contrato de trabalho a hipótese de desconto, inexistindo, porém, nenhum valor a ser descontado do empregado."*

9.2 DAS AÇÕES POSSESSÓRIAS

Duas são as principais teorias jurídicas sobre a posse, um subjetiva, de Savigny, e outra objetiva, de Ihering. Para Savigny, a posse é o poder de dispor fisicamente da coisa (*corpus*), combinado com a convicção do possuidor de que tem esse poder (*animus rem sibi habendi*), enquanto, para Ihering, a posse pode ser definida como o poder de fato sobre a coisa.

A teoria de Ihering foi adotada pelo CC 1916 (art. 485) e se manteve no de 2002 (art. 1.196).

O CC vigente, em seu art. 1.196, define possuidor como *"todo aquele que tem de fato o exercício, pleno ou não, de algum dos poderes inerentes à propriedade"*. Se a posse for em nome alheio, tem-se a detenção (art. 1.198).

Há em nosso sistema jurídico três ações possessórias (arts. 554 e segs., CPC), também conhecidas como interditos possessórios, são elas: ação de reintegração de posse, ação de manutenção de posse e interdito proibitório.[17]

---

[16] MARTINS, Sergio Pinto. *Comentários à CLT*, 10. ed., p. 797-798.

[17] "Típicas ações possessórias são, no regime do CPC, as de manutenção e reintegração de posse (CPC, arts. 926 a 931) e o interdito proibitório (arts. 932 e 933). A mesma natureza não é reconhecida às ações de nunciação de obra nova (arts. 934 a 940), de embargos de terceiro (CPC, arts. 1.046 a

A ação de reintegração de posse é cabível no caso de esbulho (perda total da posse). A ação de manutenção da posse é utilizada quando ocorre a turbação, ou seja, perda de algum dos poderes sobre a coisa, mas não a totalidade da posse. E, por fim, a ação de interdito proibitório é o meio processual para a proteção da posse quando ainda não houve o esbulho ou a turbação, mas existe uma ameaça de que ocorra (demanda preventiva).

Em relação à possibilidade de alteração da situação fática, como da ameaça para a efetiva turbação ou da turbação para o esbulho, o legislador civil previu a fungibilidade dos interditos possessórios, de modo que o juiz não está impedido de conhecer medida diferente da postulada, mas adequada à nova realidade (art. 554, CPC). O que a doutrina acabou por denominar de princípio da fungibilidade dos interditos possessórios.

É direito do possuidor ser mantido na posse ou ser restituído no caso de esbulho ou segurado de violência eminente, se tiver justo receio de ser molestado (art. 1210, CC). Inclusive fazendo uso da própria força no caso de turbação ou esbulho, desde que o faça logo e se utilize de meios moderados (§ 1º).

As ações possessórias, como o nome indica, visam apenas proteger a posse. Nelas não se discute a propriedade, sendo que, na pendência do processo possessório, é defeso ao autor ou ao réu intentar ação de reconhecimento de domínio (art. 557, CPC).

Admite-se a cumulação da ação possessória com os pedidos de condenação do réu em perdas e danos e indenização dos frutos. Pode o autor requerer, ainda, a imposição de medida necessária e adequada para: (a) evitar nova turbação ou esbulho; (b) cumprir a tutela provisória ou final (art. 555).

Dois são os procedimentos das ações possessórias: (a) especial (ações possessórias de força nova), aplicável às ações de manutenção e reintegração de posse, desde que intentadas dentro de ano e dia da turbação ou do esbulho; (b) ordinário (ações possessórias de força velha), quando não ajuizada após ano e dia da turbação ou do esbulho, sem, contudo, perder o caráter possessório.

As ações possessórias têm caráter dúplice, podendo o réu, na contestação, alegar que foi ofendido em sua posse, demandar a proteção possessória e a indenização pelos prejuízos sofridos (art. 556, CPC).[18]

1.054) e de dano infecto (CC, art. 1.280 e CPC, 888, VIII), que podem ser ajuizadas também pelo proprietário do bem e não, exclusivamente, por seu eventual possuidor. Quanto à ação de imissão de posse, prevalece o entendimento de que tem natureza petitória" (MARCATO, Antonio Carlos. *Procedimentos especiais*, 10. ed., p. 165).

[18] "Caráter dúplice da ação possessória. A ação dúplice se caracteriza quando as posições de autor e réu no processo se confundem, sendo que, por esta razão, não poderá o réu deduzir reconvenção. Isto porque, em sua contestação, deduzida na ação possessória, poderá ele pedir a proteção possessória e indenização por perdas e danos (CPC 922). Normalmente não poderia fazer isso, pois o réu não deduz pedido, mas apenas contesta o pedido do autor. O elemento novo na contestação da possessória pelo CPC vigente (indenização) faz com que a ação possessória não seja uma idêntica configuração da *actio duplex* do processo romano, mais se aproximando do *actio contraria*, de cunho notadamente reconvencional. A 'duplicidade' da ação possessória, entretanto, limita-se única e exclusivamente àqueles pedidos cuja formação foi autorizada pelo CPC 922. Se o réu

PARTE VII · Cap. IX – AÇÕES POSSESSÓRIAS | 1185

Se o autor provisoriamente mantido ou reintegrado na posse carecer de idoneidade financeira para responder por perdas e danos no caso de não obter sucesso na demanda, o juiz dará o prazo de 5 dias para que preste caução, sob pena de ser depositada a coisa litigiosa (art. 559).

Na petição inicial, o autor deve provar e especificar: (a) sua posse; (b) a turbação ou esbulho praticado ou iminente pelo réu; (c) a data do ocorrido; (d) a continuação da posse, embora turbada, na ação de manutenção, a perda da posse, na ação de reintegração (art. 561).

Diante das alegações da petição inicial e das provas apresentadas, tratando-se de ação possessória de força nova (art. 562), o juiz poderá conceder medida liminar *inaudita altera parte* de manutenção ou reintegração de posse.[19] Não havendo elementos que considere suficientes para a concessão da medida, o juiz designará audiência de justificação, na qual apenas o autor poderá produzir provas. O réu será intimado para que participe da audiência.

Regularmente citado, o réu apresentará sua defesa (contestação e exceções) em audiência trabalhista designada para essa finalidade.

Apesar das divergências entre os processualistas, parece-nos possível a concessão de tutela provisória para as ações possessórias de força velha, desde que verificados os requisitos previstos no art. 294 e segs., CPC.

No caso de interdito possessório, para garantir a proteção do possuidor direto ou indireto contra o justo receio de ser molestado na posse, o juiz poderá conceder mandado proibitório, cominando ao réu determinada pena pecuniária, caso haja o esbulho ou a turbação.

QUESTIONÁRIO

1. São cabíveis as ações possessórias na Justiça do Trabalho? Exemplifique.
2. Quais são as ações possessórias e a distinção entre elas?
3. Explique a fungibilidade das ações possessórias.
4. Explique o caráter dúplice das ações possessórias.

---

quiser pedir a proteção possessória ou a indenização por outro meio que não seja a contestação, carecerá de interesse processual (Nery, RP 52/170)" (NERY JUNIOR, Nelson; NERY, Rosa Maria de Andrade. *Código de Processo Civil comentado*, 9. ed., p. 990).

[19] Em se tratando o réu de pessoa jurídica de direito público (arts. 40 e 41, CC), não será deferida a manutenção de posse ou a reintegração liminar sem a prévia audiência de seu respectivo representante legal (art. 928, parágrafo único, CPC/73; art. 562, parágrafo único, NCPC), na medida em que a mesma possui presunção de legalidade de seus atos.

Capítulo X
HABILITAÇÃO INCIDENTAL

Prevista nos arts. 687 a 692, CPC, a habilitação incidental não encontra referência na CLT.

A habilitação incidental ocorre quando, por falecimento de qualquer uma das partes, os interessados houverem de lhe suceder no processo (art. 687). É um procedimento pelo qual os sucessores da parte ingressam em juízo para recompor a relação processual afetada pelo evento morte que atingiu uma das partes do processo.

Não se presta a habilitação para sucessão *inter vivos*, como esclarece Alexandre Freitas Câmara:[1] *"[...], alienando uma das partes a terceiro o direito litigioso, permanece o alienante no processo, agora como substituto processual do adquirente, salvo no caso de seu adversário concordar com a sucessão processual, caso em que o adquirente do direito litigioso ingressa em seu lugar na relação processual. É interessante observar, porém, que, nos termos do art. 1.061 do CPC, tendo ocorrido a alienação do direito litigioso, e tendo permanecido no processo o alienante, como substituto processual do adquirente, falecendo o alienante, será ele sucedido – independentemente de processo de habilitação – pelo adquirente do direito litigioso"*.

O evento morte pode ser de qualquer uma das partes, reclamante ou reclamado, este último quando se tratar de pessoa natural, porque a morte do sócio da pessoa jurídica não reflete nas obrigações dessa para com o trabalhador (arts. 10 e 448, CLT).

Durante a vigência do contrato de trabalho, a morte do trabalhador ou empregador pessoa natural implica sua extinção.

Importante dizer que no caso de morte de uma das partes do processo no qual era intransmissível a posição jurídica por ela ocupada, *v. g.*, quando morre o devedor de obrigação personalíssima, opera-se a extinção do processo sem julgamento de mérito (art. 485, IX, CPC).[2]

---

[1] CÂMARA, Alexandre Freitas. *Lições de direito processual civil*, v. 3, 10. ed., p. 498-499.

[2] "Na verdade a causa de extinção do processo é da intransmissibilidade do direito material posto em juízo e não da ação. Quando falecer a parte (autor e réu) e o direito feito valer na ação for intransmissível por expressa disposição legal, o processo deve ser extinto sem julgamento de mérito. Exemplo: falecendo o réu em ação de divórcio, extingue-se o processo por intransmissibilidade

PARTE VII · Cap. X – HABILITAÇÃO INCIDENTAL | 1187

Os valores devidos pelos empregadores aos empregados e os montantes das contas individuais do Fundo de Garantia por Tempo de Serviço e do Fundo de Participação PIS-PASEP, não recebidos em vida pelos respectivos titulares, serão pagos, em quotas iguais, aos dependentes habilitados perante a Previdência Social ou na forma da legislação específica dos servidores civis e militares, e, na sua falta, aos sucessores previstos na lei civil, indicados em alvará judicial, independentemente de inventário ou arrolamento (art. 1º, Lei 6.858/80).

As quotas atribuídas a menores ficarão depositadas em caderneta de poupança, rendendo juros e correção monetária, e só serão disponíveis após o menor completar 18 anos, salvo autorização do juiz do inventário para aquisição de imóvel destinado à residência do menor e de sua família ou para dispêndio necessário à subsistência e educação do menor.

Inexistindo dependentes ou sucessores, esses valores serão revertidos em favor, respectivamente, do Fundo de Previdência e Assistência Social, do FGTS ou do Fundo de Participação PIS-PASEP.

Essa mesma sistemática se aplica às restituições relativas ao Imposto de Renda e outros tributos, recolhidos por pessoa natural, e, não existindo outros bens sujeitos a inventário, aos saldos bancários e de contas de cadernetas de poupança e fundos de investimento até o limite legal. Na hipótese de inexistirem dependentes ou sucessores do titular, esses valores serão revertidos em favor do Fundo de Previdência e Assistência Social.

Em relação ao levantamento dos valores relativos ao PIS/PASEP e FGTS, em decorrência do falecimento do titular da conta, o STJ tem entendido que a competência é da Justiça Comum (Súm. 161).

Citada súmula não mais prospera ante o teor da EC 45 e o próprio cancelamento da Súm. 176, TST.

Nesse sentido, o Enunciado 63 da 1ª Jornada de Direito Material e Processual na Justiça do Trabalho indica que: *"Compete à Justiça do Trabalho, em procedimento de jurisdição voluntária, apreciar pedido de expedição de alvará para liberação do FGTS e de ordem judicial para pagamento do seguro-desemprego, ainda que figurem como interessados os dependentes de ex-empregado falecido."*

Com a morte do empregado ou empregador pessoa natural antes do ingresso do processo, não se tem a habilitação, mas sim a representação do espólio pelo inventariante nomeado no processo de inventário ou, quando inexistindo bens a serem inventariados, diretamente pelos herdeiros.

Em alguns julgados trabalhistas, tem-se entendido que a representação não ocorrerá nos moldes da lei civil e sim pelos dependentes na forma da lei previdenciária (art. 1º, Lei 6.858/80).[3]

---

do direito" (NERY JUNIOR, Nelson; NERY, Rosa Maria de Andrade. *Código de Processo Civil comentado*, 9. ed., p. 437).

[3] TST – 1ª T. – AIRR 409/1997-012-04-40.0 – Rel. Min. Walmir Oliveira da Costa – *DEJT* 25/9/2009; TST – SDI-II – ROMS – 750235-36.2001.5.02.5555 – Rel. Min. Ives Gandra Martins Filho – *DJe* 16/11/2001.

No caso da morte de uma das partes no curso do processo, o mesmo fica suspenso até que ocorra a habilitação do espólio ou de seus sucessores.

Assim, a habilitação incidental só terá lugar se ocorrer o evento morte no curso do processo. Se ocorrer antes do ajuizamento da ação, a representação em juízo se fará pelo inventariante ou sucessores legais.

Como não poderia deixar de ser, a competência para o processo de habilitação é do juízo da causa principal (art. 61, CPC). Se o processo encontrar-se no tribunal (competência originária ou recursal), a habilitação será processada perante o relator, sendo julgada na forma prevista no regimento interno. O julgamento será do colegiado.

Se o pedido de habilitação ocorrer após a prolação da sentença ainda que o processo se encontre em primeira instância, parece-nos que a competência para a habilitação será do juiz relator no tribunal e não mais do juiz singular, como entendem alguns que haveria competência residual.

Considerando que há interesse das partes na solução do conflito principal, a habilitação pode ser requerida pela parte adversa, em relação aos sucessores do falecido, ou pelos próprios sucessores do falecido (art. 688, CPC).

Dois são os procedimentos da habilitação incidental: (a) ação incidental (art. 690, CPC); (b) habilitação direta (requerimento de habilitação) nos autos da causa principal (art. 689).

No primeiro, há um procedimento contencioso, com a citação dos requeridos, resposta, instrução e julgamento (art. 691).

A citação será pessoal se a parte não tiver procurador constituído no processo e a resposta, contestação e exceção, será ofertada no prazo de cinco dias. É incabível a reconvenção.

No outro procedimento (muito comum na prática forense trabalhista), há uma simplificação, o ingresso se dá sem a ocorrência de contencioso, com uma decisão interlocutória do juiz a admitindo.

Inexistindo bens a serem inventariados na Justiça Comum, na Justiça do Trabalho, tem-se admitido o pedido de habilitação feito pelos dependentes, desde que provem essa condição perante a Previdência Social ou apresentem certidões de casamento e nascimento.

Enquanto se processa a habilitação, nenhum ato processual será praticado, salvo para evitar dano irreparável (art. 314, CPC), retomando o curso o processo após decidida a questão (transitada em julgado a decisão, art. 692).

QUESTIONÁRIO

1. Quando é cabível a habilitação incidental na Justiça do Trabalho?

2. Quais são os procedimentos de habilitação incidental e as particularidades de cada um?

Capítulo XI
AÇÃO REVISIONAL

11.1 AÇÃO REVISIONAL

Existem relações jurídicas de efeito continuado, são as relações jurídicas continuativas, que se projetam no tempo e sofrem mutações pela alteração do estado das coisas, mesmo depois do reconhecimento do direito pelo Estado.

Caso muito comum das relações jurídicas continuativas é a do dever de alimentos (pensão alimentícia). Isso porque, é uma relação que se projeta por anos seguidos e sofre inúmeras variações, como a redução ou aumento da capacidade de pagar do devedor (desemprego, nascimento de outros filhos, nova colocação profissional etc.) ou pela alteração da necessidade do alimentando, como no caso de uma doença grave, necessidade de uma formação educacional particularizada, diante de algumas limitações físicas ou mentais existentes etc.

Na seara do direito do trabalho, encontram-se casos de relações jurídicas continuadas, *v. g.*, quanto à obrigação do empregador de pagar o adicional de insalubridade ao trabalhador, o qual pode variar de grau (mínimo, médio e máximo) de uma época para outra, chegando inclusive a deixar de existir caso os agentes químicos e biológicos sejam eliminados.

Assim, ainda que o trabalhador tenha o direito à percepção do adicional de insalubridade reconhecido por uma decisão transitada em julgado, os efeitos da decisão podem sofrer variações no tempo (na vigência do contrato de trabalho).

A influência da situação fática nos efeitos da coisa julgada decorre da teoria da imprevisão (*rebus sic stantibus*), a qual se expressa da seguinte forma: enquanto as coisas permanecem como estão, enquanto houver a permanência dos requisitos que lhes deram causa.[1]

---

[1] A teoria da imprevisão (*rebus sic stantibus*) do Direito Civil e os arts. 478, CC, 471, I, CPC/73 (art. 516, I, NCPC), justificam o pedido de revisão judicial das relações continuadas quando houver modificação no estado de fato ou de direito.Nas lições de Maria Helena Diniz: "Imprevisão. 1. Direito civil e direito administrativo. Teoria que admite a possibilidade de revisão dos contratos, em casos graves, quando a superveniência de acontecimentos extraordinários e imprevisíveis, por ocasião da formação dos pactos, torna sumamente onerosas as relações contratuais assumidas,

A possibilidade de revisão dos efeitos da coisa julgada nas relações jurídicas continuativas pela modificação no estado de fato ou de direito se dá pela ação revisional (art. 505, I, NCPC).

Ao comentar o CPC/73, Antônio Cláudio da Costa Machado[2] esclarece: *"A previsão legal sob comentário reconhece a categoria das chamadas sentenças determinativas, que são aquelas que contêm em seu bojo, implicitamente, a cláusula* rebus sic stantibus. *Tais sentenças transitam em julgado como quaisquer outras, mas pelo fato de veicularem relações jurídicas continuativas, a imutabilidade dos seus efeitos naturais só persiste enquanto não sobrevierem modificações no estado de fato ou de direito (porque essas sentenças admitem revisão, contra elas não tem cabimento ação rescisória)."*

Importante dizer que não se trata de uma ação que vise desconstituir a coisa julgada, o que somente é possível por ação rescisória, mas à adequação do julgado à nova realidade.

Trata-se de uma ação trabalhista autônoma em relação à que reconheceu o direito, sendo aconselhável a distribuição por dependência a essa.

Em regra geral, a ação revisional pode ser proposta tanto pelo empregado como pelo empregador. No que tange aos adicionais de insalubridade e periculosidade, tem-se admitido a substituição processual pelo sindicato (art. 195, § 2º, CLT, Súm. 271, TST, cancelada pela Res. 121/03). Assim, também o sindicato pode ingressar com a ação revisional substituindo os trabalhadores.

Após a distribuição da ação, segue-se o procedimento trabalhista, sendo que no caso de adicional de insalubridade, ou mesmo periculosidade, a realização de nova prova pericial se mostra indispensável.

Até porque o direito do empregado ao adicional cessará com a eliminação do risco à sua saúde ou integridade física (art. 194, CLT), o que será constatado por uma nova perícia técnica.

Trata-se de uma ação de natureza constitutiva, com efeito *ex nunc*.

11.2 DISSÍDIO COLETIVO DE TRABALHO REVISIONAL

A CLT prevê o dissídio de natureza econômica originário (quando inexistir norma coletiva anterior, art. 867, parágrafo único, *a*), revisional (quando pretender a revisão de norma coletiva anterior, arts. 873 a 875) e de extensão (quando visar à extensão ao restante da categoria, art. 868 a 871).

---

gerando a impossibilidade subjetiva de execução desses contratos. Tal doutrina tempera o princípio absoluto da imutabilidade contratual, aditando à regra *pacta sunt servanda* a cláusula *rebus sic stantibus*, que se inspira na equidade e no princípio do justo equilíbrio entre os contratantes, como ensinam Nicola e Francesco Stolfi. 2. Nas linguagens comuns e jurídicas: (a) negligência, (b) falta de previsão, (c) falta de análise prévia dos efeitos decorrentes de certo ato" (*Dicionário jurídico*, v. 2, p. 788).

[2] MACHADO, Antônio Cláudio da Costa. *Código de Processo Civil interpretado*. Artigo por artigo. Parágrafo por parágrafo, 5. ed., p. 672.

PARTE VII · Cap. XI – AÇÃO REVISIONAL | 1191

Com a mesma lógica da ação revisional, no dissídio coletivo revisional (art. 873, CLT), o interesse processual surge quando houver alterações nas circunstâncias que ditaram as condições de trabalho fixadas em norma coletiva há mais de um ano em vigor, de modo que tais condições se hajam tornado injustas ou inaplicáveis.

Apesar de a CLT admitir que a revisão poderá ser proposta por iniciativa do tribunal prolator, não se tem mais admitido tal hipótese, devendo ser ajuizada pelo MPT, entidades sindicais ou empregador(es) interessados no cumprimento da decisão (art. 874).

Após o ajuizamento, a parte contrária interessada terá 30 dias para se manifestar.

O dissídio coletivo de revisão deverá ser proposto no mesmo tribunal prolator da decisão, com manifestação obrigatória do MPT.

QUESTIONÁRIO

1. Qual a finalidade da ação revisional?
2. Qual a natureza e os efeitos da decisão revisional?
3. Quando é cabível o dissídio coletivo revisional?

Parte VIII

PROCESSO COLETIVO DO TRABALHO

Capítulo I

RELAÇÕES E CONFLITOS COLETIVOS DE TRABALHO

1.1 AS RELAÇÕES DE TRABALHO: INDIVIDUAL E COLETIVA

Segundo Mozart Victor Russomano,[1] o Direito do Trabalho é o único ramo do Direito que, *"deixando de lado a dicotomia clássica entre relações reais e pessoais, engloba-as no conceito de relações individuais, pospondo a esta a esfera distinta, certamente mais ampla, das relações coletivas".*

Assim, no campo do direito do trabalho, a doutrina costuma distinguir dois tipos de relações de trabalho, a saber: individual ou coletiva.

A relação individual de trabalho diz respeito ao contrato individual de trabalho, envolvendo o empregado e o empregador (sujeitos), em seus interesses individuais (dizem respeito ao contrato de trabalho individual, ou seja, a relação de emprego). Trata de regulação do contrato de trabalho (direitos e deveres de ambas as partes).[2]

As relações individuais diferem das coletivas porque, nestas, as questões ultrapassam o contrato individual de trabalho para atingir uma coletividade que se une para defender suas reivindicações.

Santiago Pérez del Castillo[3] entende por relação coletiva de trabalho *"a conexão entre grupos de pessoas em torno de interesses derivados do trabalho".*

Para Giuliano Mazzoni,[4] *"sob o nome de 'relações coletivas de trabalho', devemos entender as relações sociais, nem sempre reguladas pela lei, que ocorrem entre as organizações sindicais de empregadores e de trabalhadores subordinados ou entre organizações de trabalhadores subordinados (reconhecidas – no âmbito empresarial – pela lei, acordos*

---

[1] RUSSOMANO, Victor Mozart. *Princípios gerais de direito sindical*, p. 41.

[2] "Se as relações jurídicas individuais não oferecem originalidade quanto à sua constituição, muito embora ofereçam ângulos admiráveis no que diz respeito à sua regulamentação e ao seu desdobramento fático, as relações coletivas, ao revés, estão cheias de novidades jurídicas e, inclusive, da beleza que hoje emerge, para a terra firme do Direito, da infraestrutura das aspirações populares" (RUSSOMANO, Mozart Victor. Ob. cit., p. 42).

[3] CASTILLO, Santiago Pérez del. *Introducción al derecho de las relaciones colectivas de trabajo*, p. 19.

[4] MAZZONI, Giuliano. *Manuale di diritto del lavoro*, v. 2., 6. ed., p. 356-357.

coletivos ou pela direção da empresa) e direção da empresa, ou entre representação de fato dos trabalhadores e dos empregadores, em cada caso, que têm por escopo: (a) a regulação acordada das tarifas das retribuições e de todas as condições de trabalho, com conteúdo normativo e econômico; (b) a regulamentação da atividade sindical, as obrigações recíprocas entre sindicatos, o exercício dos direitos sindicais, o exercício dos direitos de representação coletiva sob plano da empresa, o procedimento convencional para a solução das controvérsias coletivas de trabalho e para a solução de todos os conflitos no âmbito da empresa, os licenciamentos coletivos e individuais e toda a vasta gama de relações que ocorrem, sob o plano coletivo, seja entre empregadores e trabalhadores, seja entre os próprios sindicatos".

O que caracteriza as relações coletivas de trabalho, segundo Alfredo Ruprecht, *"é que podem dar origem a uma relação concreta ou à formulação abstrata de normas de trabalho, obrigatórias e imperativas, sendo assim fonte de regras gerais".*[5]

Sob a denominação de relação coletiva de trabalho, Giuliano Mazzoni,[6] entende *"o complexo de relações sociais, nem sempre reguladas por lei, que ocorrem entre organizações sindicais de empregadores e de trabalhadores subordinados ou entre organizações de trabalhadores subordinados (reconhecidas – no plano da empresa) e a da empresa; ou entre representantes de fato de trabalhadores e empresários, de qualquer maneira qualificados, e que tenham por escopo: (a) a regulação acordada das tarifas das retribuições e de todas as condições de trabalho, com conteúdo normativo e econômico; (b) além da regulação da atividade sindical [...]".*

Na concepção de Amauri Mascaro Nascimento,[7] a distinção entre as relações individuais e as coletivas se dá pelos sujeitos e pelos interesses. Isso porque *"nas relações coletivas, os sujeitos são os grupos de trabalhadores e de empregadores, representados, em regra, pelos sindicatos profissionais e patronais, apresentando-se como relações intersindicais. São coletivas as relações entre sindicato de trabalhadores e, diretamente, uma empresa, ou mais de uma empresa. Quando o sindicato representa os trabalhadores da empresa perante esta, sem a intermediação do sindicato patronal, estar-se-á diante de uma relação coletiva. O sindicato pode representar interesses dos trabalhadores de uma única empresa e, quando o faz, trata-se de uma relação coletiva, uma vez que o grupo, e não cada trabalhador, é o representado.*

Nessa mesma perspectiva, no direito sindical há sujeitos coletivos. A expressão refere-se ao grupo. Este, o grupo, é o sujeito. E é coletivo porque é considerado de modo global, como um todo, sem destaque de cada um dos seus participantes. O grupo não tem personalidade jurídica. O ente que o representa, sim, é que a terá formalizado perante o direito. O grupo é, simplesmente, a unidade representada".

Além dos sujeitos e interesses, Amauri Mascaro afirma que a causa também permite diferenciar as duas relações, pois *"nas relações coletivas a defesa dos interesses grupais, nas*

---

5   RUPRECHT, Alfredo J. *Relações coletivas de trabalho*, p. 33.
6   MAZZONI, Giuliano. *Relações coletivas de trabalho*, p. 107.
7   NASCIMENTO, Amauri Mascaro. *Compêndio de direito sindical*, 3. ed., p. 31.

PARTE VIII • Cap. I – RELAÇÕES E CONFLITOS COLETIVOS DE TRABALHO | 1197

relações individuais a defesa dos interesses isolados e específicos das pessoas. A causa nas relações coletivas é abstrata e geral, nas individuais é concreta e específica".[8]

A diferença entre relação individual e coletiva, afirma Giuliano Mazzoni,[9] *"não radica apenas no fato de que no primeiro haja sujeitos individuais e coletivos (pelo menos um deles) no segundo; mas, mais propriamente na circunstância de que, enquanto os efeitos da relação individual repercutem direta e imediatamente nas partes, na coletiva, as obrigações de cada membro, assumidas pelo sindicato, se encontram em função dos demais e implicam certo conteúdo obrigatório da relação individual de trabalho, sempre que a mesma surgir".*

Américo Plá Rodríguez, após reconhecer a distinção entre as duas formas de relações de trabalho, entende que essas relações possuem distintos sujeitos e conteúdo, além de se separarem pela natureza do conflito (interesse do trabalhador e interesse abstrato da categoria); interesse que está em jogo e, por fim, afirma que nas relações individuais se busca negociar trabalho por salário e as coletivas têm uma finalidade normativa ou obrigacional.

Santiago Pérez del Castillo[10] aponta traços distintivos quanto aos: sujeitos, conteúdo, interesses, finalidade, conflitos: meios de solução e formas de exteriorização.

Para Bayón Chacón e Perez Botija,[11] as relações individuais se distinguem das coletivas pelos seguintes aspectos: *"(1) Pelos sujeitos: na relação individual são sujeitos um empresário e um trabalhador; na coletiva, grupos definidos por pertencerem a uma empresa ou estruturados na forma de uma associação profissional; (2) Por seu conteúdo: na relação individual é essencialmente contratual e sinalagmática e define contraprestações concretas; a coletiva, em vez, não implica obrigações laborais, mas um meio de criar normas que as sejam; (3) Por sua forma: a relação jurídica do trabalho se reveste da forma de um contrato, escrito, verbal ou tácito; a coletiva, em vez, nem sempre se desenvolve de forma negocial; pelo contrário, é pluriforme; (4) Por sua finalidade: a da relação individual é uma troca econômica de trabalho por salário e a da coletiva é essencialmente normativa, às vezes para obter vantagens extra-econômicas; (5) Por sua transcendência econômica e político-social, apenas perceptível na relação individual e manifesta na coletiva."*

Assim, pode-se dizer que as relações jurídicas de trabalho individual e coletiva diferem essencialmente quanto aos sujeitos e interesses, ainda que outras distinções também possam ser encontradas como apontado por inúmeros doutrinadores.

Nas relações coletivas de trabalho os sujeitos são os grupos, constituídos de pessoas abstratamente consideradas, e não pessoas individualmente determinadas. O que aparece é o grupo.

Identificado o grupo, no Direito brasileiro, este compõe uma categoria profissional ou econômica ou diferenciada.

---

[8]   NASCIMENTO, Amauri Mascaro. *Curso de direito do trabalho*, 19. ed., p. 1005.

[9]   MAZZONI, Giuliano. Ob. cit., p. 109.

[10]   CASTILLO, Santiago Pérez del. Ob. cit., p. 24-27.

[11]   BAYÓN CHACÓN; PEREZ BOTIJA apud RUPRECHT, Alfredo J. Ob. cit., p. 32-33.

No Brasil, segundo Amauri Mascaro Nascimento,[12] são sujeitos coletivos dos trabalhadores: as categorias profissional e diferenciada, representadas pelos sindicatos; as federações e confederações; as centrais sindicais (quando representam os sindicatos[13]); os delegados sindicais (representando os sindicatos); as comissões de representantes nas empresas; o representante eleito pelos trabalhadores na empresa e, em determinadas situações, como de greve, o grupo pode ser de pouca duração, denominado de coalizão.

E os sujeitos coletivos dos empregadores são: as categorias econômicas, representadas pelos sindicatos; as empresas quando agem sem intermediação sindical; as federações; as confederações.

Tarefa árdua para a doutrina é conceituar interesse coletivo e distingui-lo do interesse individual.

Amauri Mascaro Nascimento[14] dimensiona a questão: *"O interesse coletivo é indivisível no sentido de vincular pessoas. Se um grupo de empregados é despedido num mesmo dia, cada empregado por um motivo diferente difere da dispensa de muitos empregados em dias próximos pelo mesmo motivo. Na primeira hipótese, os interesses são individuais, e, na segunda, há um interesse coletivo. Nesta, o motivo da dispensa é comum a todos os empregados. Nesse sentido é possível cogitar da indivisibilidade do interesse coletivo."*

Atualmente, têm-se classificado os interesses das massas em difusos e coletivos (transindividuais). Importante mencionar ainda a existência dos interesses individuais homogêneos.

São interesses e direitos difusos os de natureza indivisível, de que sejam titulares pessoas indeterminadas e ligadas por circunstância de fato. E os interesses e direitos coletivos os de natureza indivisível de que sejam titulares grupo, categoria ou classes de pessoas ligadas entre si ou com a parte contrária por uma relação jurídica base (art. 81, I e II, Lei 8.078/90).

Os interesses e direitos homogêneos, assim entendidos os decorrentes de origem comum (art. 81, III), são, como esclarecem Nelson Nery Junior e Rosa Maria de Andrade Nery,[15] *"direitos individuais cujo titular é perfeitamente identificável e cujo objeto é divisível e cindível. O que caracteriza um direito individual comum como homogêneo é sua origem comum. A grande novidade trazida pelo CDC no particular foi permitir que esses direitos individuais pudessem ser defendidos coletivamente em juízo. Não se trata de pluralidade subjetiva de demandas (litisconsórcio), mas de uma única demanda, coletiva, objetivando a tutela dos titulares dos direitos individuais homogêneos. A ação coletiva para a defesa de direitos individuais homogêneos é, grosso modo, a class action brasileira".*

---

[12]   NASCIMENTO, Amauri Mascaro. *Compêndio de direito sindical,* 3. ed., p. 35.

[13]   A partir da Lei 11.648/08, as centrais sindicais passaram a coordenar a representação dos trabalhadores por meio das organizações sindicais a elas filiadas (art. 1º, I).

[14]   NASCIMENTO, Amauri Mascaro. Ob. cit., p. 33-34.

[15]   NERY JÚNIOR, Nelson; NERY, Rosa Maria de Andrade. *Código de Processo Civil comentado,* 3. ed., p. 1394.

PARTE VIII · Cap. I – RELAÇÕES E CONFLITOS COLETIVOS DE TRABALHO | **1199**

1.2   CONFLITOS DE TRABALHO

1.2.1   Conceito

O termo "conflito" deriva do latim *conflictus*, significando combate, colisão, luta e posições antagônicas.

O *Dicionário Houaiss da Língua Portuguesa* apresenta como alguns dos significados do termo "conflito" a profunda falta de entendimento entre duas ou mais partes, choque, enfrentamento e estado de divergência.[16]

Deocleciano Torrieri Guimarães[17] considera como sinônimos de conflito: controvérsia, desentendimento, lide, demanda e divergência.

Ao cuidar do tema, Sebastião Antunes Furtado et al.[18] afirmam que *"só em casos extremos – já se disse – capital e trabalho possuem interesses econômicos comuns e, ainda, esta apreciação é uma apreciação política, sem equivalência no terreno econômico. Daí porque uma compreensão ampla dos fatos sociais induz a pensar as relações de trabalho como conflitivas por natureza, embora esta conflituosidade muitas vezes não se exteriorize, indicando um estado de normalidade nas relações entre empresários e trabalhadores".*

Certo é que, como aponta Mozart Victor Russomano,[19] *"quando se procura conceituar o 'conflito de trabalho', parte-se da ideia de que existe uma divergência ou controvérsia entre duas ou mais de pessoas, que, pela áspera oposição de seus interesses, se transforma em 'conflito'".*

Apesar disso, não há unanimidade entre os autores em relação à conceituação do fenômeno denominado de conflito coletivo de trabalho. Essa é a conclusão a que chega Bernardo Van der Laat Echeverría[20] depois de estudar vários sistemas jurídicos: *"Não obstante a importância e transcendência que há nas relações trabalhistas, não encontram nas legislações conferidas dos países da América Latina, uma noção geral de conflito e menos, ainda, de conflito coletivo."*

Waldemar Ferreira[21] afirma que conflito é *"muito mais que dissídio, litígio ou questão. É altercação. Desordem entre duas ou mais pessoas. Choque. Investida. Embate. Luta de forças físicas e morais. Entende que a palavra conflito, provavelmente, tenha sido utilizada*

---

[16]   HOUAISS, Antônio; VILLAR, Mauro de Salles; FRANCO, Francisco Manoel de Mello. *Dicionário Houaiss da Língua Portuguesa*, p. 797.

[17]   GUIMARÃES, Deocleciano Torrieri. *Dicionário técnico jurídico*, 8. ed., p. 197.

[18]   FURTADO, Sebastião Antunes; SCIBERRAS, Jean-Chistophe; TRANCOZO, Claudia Antunes Lopes; SAMPAIO, Rômulo Silveira da Rocha. *Solução dos conflitos coletivos de trabalho no setor privado*: estudos dos sistemas do Brasil e da França, p. 20.

[19]   RUSSOMANO, Mozart Victor. Ob. cit., p. 225.

[20]   ECHEVERRÍA, Bernardo Van der Laat. Conflictos colectivos, huelga y paro patronal. El derecho. In: URIARTE, Oscar Ermida; AVILÉS, Antonio Ojeda (Coord.). *Sindical en América Latina*, p. 219-220.

[21]   FERREIRA, Waldemar apud NASCIMENTO, Amauri Mascaro. *Conflitos coletivos de trabalho*. Fundamentos do sistema jurisdicional brasileiro, p. 3.

para dar a medida da aspereza da controvérsia a resolver e aparece em muitas legislações e em muitos tratadistas exprimindo a causa levada à Justiça do Trabalho".

Para Marcus Cláudio Acquaviva,[22] conflito coletivo de trabalho é aquele que envolve *"toda uma categoria profissional, vale dizer, os indivíduos coletivamente considerados como um todo e não com uma soma de partes. Ocorre, no conflito coletivo, uma contraposição de interesses de categorias, que se insere entre os interesses particular e o do Estado, sendo, por isso, considerado de interesse público".*

Na visão de Alcalá-Zamora e Cabanellas,[23] conflito de trabalho é *"toda oposição ocasional de interesses, pretensões ou atitudes entre o patrão ou vários empregados, de uma parte, e um ou mais trabalhadores a seu serviço, por outro lado, sempre que se origine do trabalho, e pretenda solução mais ou menos coativa sobre o setor oposto".*

A Comissão argentina coordenada por Fernández Gianotti[24] (1965) define conflito de trabalho como *"qualquer desinteligência com relevância jurídica, que se produza nas relações emolduradas pelo direito do trabalho em seus dois ramos fundamentais, a individual e a coletiva".*

Em seus estudos, Alfredo Ruprecht adota a definição dada por Garcia Abellán, ao considerar que se formaliza a situação de conflito coletivo, mediante uma relação de litígio estabelecida entre *"uma coletividade homogênea de trabalhadores e uma empresa ou grupo de empresas, que tem como matéria ou objeto a confrontação de direitos ou interesses comuns à categoria profissional".*[25]

O conflito coletivo, alerta Amauri Mascaro Nascimento,[26] *"não é apenas a insatisfação de um grupo de trabalhadores com as condições de trabalho, mas também a exteriorização dessa insatisfação, expressada como ruptura com o modelo jurídico, pondo em crise a relação coletiva. A exteriorização não observa uma unidade de forma. Às vezes é violenta, como na eclosão de greve. Outras, pacíficas, como na reivindicação de um líder pelo grupo. Basta que de algum modo os trabalhadores façam sentir ao empregador que não concordam mais com o modelo jurídico ou o descumprimento de uma obrigação que o rompeu".*

Para Nicola Jaeger,[27] o conflito coletivo é *"aquele em que estão em jogo os interesses abstratos da categoria (interesses reflexíveis a qualquer um que se encontra fazendo parte da categoria profissional), tanto que o conflito individual é aquele que se promove em vista da tutela de um interesse concreto individual".*

---

[22] ACQUAVIVA, Marcus Cláudio. *Dicionário Jurídico Brasileiro Acquaviva,* 13. ed., p. 218.

[23] ALCALÁ-ZAMORA, Niceto; CABANELLAS *apud* NASCIMENTO, Amauri Mascaro. *Iniciação ao direito do trabalho,* 28. ed., p. 555.

[24] FERNÁNDEZ Cianotti *apud* ETALA, Carlos Alberto. *Derecho colectivo del trabajo,* p. 339.

[25] RUPRECHT, Alfredo J. Ob. cit., p. 682.

[26] NASCIMENTO, Amauri Mascaro. *Curso de direito do trabalho,* 19. ed., p. 1082-1083.

[27] NICOLA JAEGER *apud* RODRÍGUEZ, Américo Plá. *Curso de derecho laboral:* conflictos colectivos, t. 2., v. 2., p. 13-14.

O conflito coletivo constitui, nas palavras de José Carlos Arouca,[28] *"a defesa e manutenção resistida de reivindicações do conjunto de trabalhadores de uma ou mais empresas ou do grupo profissional (categoria)"*. De modo que o coletivo interessa ao *"grupo de trabalhadores como representantes de uma comunidade definida de interesses e não apenas a soma material de indivíduos; interessa à categoria, isto é, a empregados ou empregadores coletivamente considerados e não aos indivíduos considerados em si mesmos"*.[29]

Ari Possidônio Beltran,[30] ao analisar o tema, o define como *"todo movimento que gere perturbação da atividade, provocado por grupo de trabalhadores, assistido por entidade legalmente representativa ab initio ou no curso do movimento, contra empregador ou grupo de empregadores, tendo por objetivo reivindicações, relacionadas com o contrato de trabalho, perseguindo interesses abstratos da coletividade"*.

Manuel-Carlos Palomeque López[31] entende que o conflito coletivo de trabalho *"é uma tensão ou controvérsia manifesta (não se trata já do conflito estrutural próprio da relação de trabalho) entre trabalhadores e um ou vários empresários surgidos no seio das relações de trabalho"*. Nele, há dois elementos configuradores: (a) a existência de uma pluralidade de sujeitos na posição jurídica dos trabalhadores em conflito (elemento subjetivo ou quantitativo) (grupo genérico); (b) um interesse coletivo de classe, de grupo ou categoria (elemento objetivo ou qualitativo).

Octavio Bueno Magano salienta que os termos "conflitos", "controvérsias" e "dissídios" são empregados para caracterizar as lides trabalhistas de natureza coletiva, definindo conflito coletivo como a *"divergência entre o grupo de trabalhadores, de outro lado, tendo por objeto a realização de um interesse de grupo, ou dos membros que compõem, considerados estes não uti singuli mas uti univers"*.[32]

Em linhas objetivas, pode-se dizer que conflito coletivo de trabalho é o conflito oriundo da relação de trabalho, o qual, de um lado, envolve um grupo de trabalhadores, visto de forma abstrata, e, de outro, um grupo de empregadores ou um único empregador. Grupos esses que no direito brasileiro formam as categorias econômica (empregador), profissional e diferenciada (trabalhadores).

1.2.2   Classificações dos Conflitos

Ao tratar das lides de trabalho, Manuel Alonso Olea[33] aponta que os *"conflitos de trabalho apresentam características singulares, sobretudo naquela de suas variantes em que o conflito é, ao mesmo tempo, coletivo – em oposição ao individual, no sentido que põe frente o empresário ou associação de empresários com grupo de trabalhadores, e normativo*

---

[28]   AROUCA, José Carlos. *Repensando o sindicato*, p. 170.

[29]   ROMITA, Arion Sayão. *Competência da Justiça do Trabalho*, p. 72-73.

[30]   BELTRAN, Ari Possidônio. *A autotutela nas relações de trabalho*, p. 64.

[31]   LÓPEZ, Manuel-Carlos Palomeque. *Derecho sindical español*, 5. ed., p. 254.

[32]   MAGANO, Octavio Bueno. *Manual de direito do trabalho*. Direito coletivo do trabalho, v. 3, p. 161.

[33]   OLEA, Manuel Alonso. *Introdução ao direito do trabalho*, p. 377.

ou de interesses – em oposição ao jurídico –, no sentido de que trata não sobre a interpretação ou aplicação de uma norma já existente, mas sobre a existência e o conteúdo de uma norma futura".

As controvérsias entre o capital e o trabalho são objeto de estudo por várias Ciências, em especial, pela história, sociologia, política, economia e também pelo direito. No entanto, o Direito, sem desconsiderar outros aspectos, *"interessa-se precipuamente pela composição desses conflitos, de forma racional e pacífica. Cabe ao Direito do trabalho, de maneira específica, encontrar solução não violenta para as desavenças entre empregados e empregadores".*[34]

Na estrutura das lides coletivas de trabalho, Alfredo J. Ruprecht[35] distingue quatro elementos essenciais: (a) material (relação jurídica que serve de meio ou base onde nasce ou se gera o conflito – direito do trabalho, civil e comercial); (b) subjetivo (os sujeitos que contrapõem seus interesses); (c) natureza do interesse comprometido (nos leva às diferenças entre conflitos individuais e coletivos); (d) objetivo (objeto ou causa da controvérsia, distinguindo os conflitos em jurídicos ou econômicos).

Considerando ainda que *"todo o direito dos conflitos coletivos de trabalho representa o empenho de regular as lutas trabalhistas",*[36] afirma que os conflitos podem ser abertos (as partes descumprem as regras, enfrentando-se diretamente, com ânimo de causar prejuízo à parte contrária, utilizando os meios de ação direta) ou regulamentados (as partes cumprem as disposições legais pertinentes).

Ao analisar o elemento material, Ruprecht aponta a existência de duas grandes categorias: (a) conflitos de trabalho próprio (ou puros): *"são todos os que se produzem entre as partes de uma relação de trabalho ou sujeitos de uma convenção coletiva";* (b) conflitos de trabalho impróprios (ou impuros): *"são os que se dão entre associações profissionais ou entre estas e seus filiados ou entre seus membros entre si por causa do trabalho".*[37] O conjunto denominado de conflitos puros é formado pelos conflitos individuais e coletivos de direito e interesse.

No Direito do Trabalho, apesar de outras classificações existentes,[38] a doutrina majoritária costuma classificar de duas formas as lides de trabalho: em individuais ou coletivos, a depender da relação da qual se originam. Por sua vez, os conflitos coletivos se subdividem em de natureza jurídica (também denominados de conflitos de direito, de interpretação ou de cunho declaratório) ou econômica (ou de interesses, constitutivo ou de regulamentação).

---

[34] GIGLIO, Wagner D.; CORRÊA, Claudia Giglio Veltri. *Direito processual do trabalho*, 15. ed., p. 405.
[35] RUPRECHT, Alfredo J. Ob. cit., p. 685.
[36] RUPRECHT, Alfredo J. Ob. cit., p. 685.
[37] RUPRECHT, Alfredo J. Ob. cit., p. 686-687.
[38] RUPRECHT, Alfredo J. Ob. cit., p. 683-685.

PARTE VIII • Cap. I – RELAÇÕES E CONFLITOS COLETIVOS DE TRABALHO | 1203

Considerando a classificação doutrinária mencionada, Manuel Alonso Olea[39] trata da importância dos conflitos trabalhistas: *"Quanto aos conflitos individuais e jurídicos, sua especificidade é tal que determinou o aparecimento de processos e jurisdições ordinárias de trabalho, distintos dos civis, ali onde não se recorreu a sistemas arbitrais instruídos nas convenções coletivas, ou coexistindo com estas, e sempre com um certo entrelaçamento com as potestades administrativas. O juiz ou tribunal de trabalho, ao facilitar o recurso direto a um órgão dirimente de trabalho, demonstrou em qualquer parte a eficácia da solução jurisdicional de conflitos sociais e fez com que aqueles sejam instituições 'populares e dura-douras'. Ao contrário, assim como uma normatização estatal sobre conciliação e medição em conflitos coletivos pode-se dizer que exista em qualquer parte, a mesma afirmação não é tão certa se referida à sua decisão jurisdicional ou arbitral, que pode não estar prevista, especialmente se o conflito é de interesses – deixando o conflito à sua solução por vitória ou composição entre as partes do mesmo; daí que fale destes conflitos como meramente 'negociáveis', frente a outros que seriam 'dirimíveis' –, ou somente prevista como ad hoc para casos de emergência grave ou com caráter voluntário."*

Ruprecht lembra que Pic, embora sem muita clareza, foi o primeiro autor a distinguir os conflitos individuais dos coletivos, sob a denominação dos conflitos obreiro-patronais, fazendo referência à quarta edição do livro *Traité élémentaire de législation industrielle* de 1912.

Para Pic,[40] as lides individuais originavam-se *"por divergência no contrato individual de trabalho e no de aprendizagem, e os coletivos eram os que se produziam entre patrões e todos os trabalhadores de sua indústria ou várias indústrias da mesma localidade e que podiam generalizar-se por todo o país".*

Especificamente, em relação a essa forma de classificação, Américo Plá Rodríguez[41] aponta a existência de três critérios diversos para classificar as controvérsias laborais em individual ou coletivo: *"(a) Critério subjetivo: o número dos sujeitos. Se for um reclamante, o conflito é individual. Se for mais de um reclamante, é coletivo. (b) Critério objetivo: a norma que se toma em conta. Parte-se do contrato individual de trabalho ou se discute um contrato individual do trabalho, estamos na presença de um conflito individual. Parte-se de um convênio coletivo de trabalho ou se pretende modificar uma convenção coletiva, teremos um conflito coletivo; (c) Critério funcional: o interesse em jogo. Se o interesse é concreto, isto é, de uma ou mais pessoas determinadas, o conflito é individual. Se o interesse é abstrato ou de categoria, isto é, de todos os que pertencem à categoria, o conflito é coletivo."*

Alfredo Ruprecht[42] aponta outros critérios: (a) subjetivo (número de sujeitos); (b) objetivo (relações reguladas individual ou coletivamente); (c) dimensão social quantitativa (ou âmbito social em que repercutem); (d) critério que se baseia na realização formal do

---

[39]   OLEA, Manuel Alonso. Ob. cit., p. 378.
[40]   PIC apud RUPRECHT, Alfredo J. Ob. cit., p. 693.
[41]   RODRÍGUEZ, Américo Plá. Ob. cit., p. 13.
[42]   RUPRECHT, Alfredo J. Ob. cit., p. 697-699.

conflito (órgão ante o qual se formaliza o conflito); (e) critério que busca a diferenciação em mais de um elemento.

Na controvérsia individual de trabalho, o que se tem, na visão de Sebastião Antunes Furtado et al.,[43] são interesses individualizados, o que *"não significa, contudo, que o conflito deva envolver necessariamente um empregado e um empregador; vários empregados podem fazer parte do mesmo conflito (plúrimo) – porém os interesses de cada um aparecem perfeitamente demarcados. Quando se trata de conflitos coletivos, os interesses são gerais e, normalmente, abstratos, neles se enfrentam um ou vários empresários a uma coletividade de trabalhadores. [...]*

É necessário ademais, que o objeto do conflito afete diretamente a um conjunto de empregados, enquanto tal, e só indiretamente aos seus componentes individualmente considerados".

Seguindo as lições de Nicola Jaeger (1936), Américo Plá Rodríguez prefere o critério funcional.

Arnaldo Süssekind entende que o que caracteriza a natureza do dissídio é o seu objeto, ao afirmar: *"se a controvérsia tende a assegurar, a uma ou várias pessoas, o direito proveniente da relação de emprego a que se vincularam, seja este resultado da lei, de sentença, de contrato coletivo ou individual, haverá então dissídio individual. Haverá, em troca, dissídio coletivo, quando a controvérsia tiver por objeto assegurar às pessoas que pertencem a certo grupo ou categoria de trabalhadores novas condições de trabalho, como também a aplicação e interpretação das normas jurídicas às condições de trabalho vigentes.*

Como se pode ver, no primeiro caso existem interesses concretos, e o conflito é sempre de natureza jurídica; no segundo, os interesses são mais abstratos, considerando o grupo como representante da comunidade, sendo o conflito, quase sempre, de natureza econômica".[44]

Hélène Sinay, no *Traité de droit du travail* (1966), considera que a noção de conflito coletivo de trabalho tem duas exigências cumulativas, *"a presença no litígio de um grupo de assalariados e a existência de um interesse coletivo a defender. Assim, o aspecto coletivo é marcado pela qualidade das partes e pelo objeto do litígio".*[45]

Para definir o conflito coletivo de trabalho, segundo Carlos Alberto Etala,[46] não bastará a comprovação da existência de um elemento quantitativo representado pela pluralidade de trabalhadores envolvidos, será necessária a presença de um elemento qualitativo representado pela existência de um interesse coletivo que não é simplesmente o resultado da soma de interesses individuais de vários trabalhadores (*conflicto pluriindividual*).

---

[43] FURTADO, Sebastião Antunes et al. Ob. cit., p. 22.

[44] SÜSSEKIND, Arnaldo apud RUPRECHT, Alfredo J. Ob. cit., p. 693-694.

[45] SINAY, Hélène apud NASCIMENTO, Amauri Mascaro. *Conflitos coletivos de trabalho.* Fundamentos do sistema jurisdicional brasileiro, p. 11.

[46] ETALA, Carlos Alberto. Ob. cit., p. 340.

PARTE VIII • Cap. I – RELAÇÕES E CONFLITOS COLETIVOS DE TRABALHO | **1205**

1.2.2.1 Conflitos Coletivos de Trabalho

Os conflitos coletivos de trabalho se dividem em conflitos de natureza jurídica (também denominados de conflitos de direito ou de cunho declaratório) ou econômica (ou de interesses ou constitutivo).

Parte da doutrina tem atribuído a paternidade da segunda forma de classificação (natureza econômica ou jurídica) a Henri Binet, referindo-se à obra *Les tribunaux du travail*, da própria OIT (1938).[47] De La Cueva alerta que essa *"classificação é mais antiga e serviu como norma para atribuir a competência aos tribunais alemães, que conheciam em todas as contendas jurídicas, independentemente da natureza dos interesses afetados, individuais ou coletivos"*.[48]

Nessa obra, Henri Binet[49] sustenta que *"a expressão conflitos coletivos designa, em geral, aqueles conflitos que não afetam direitos preexistentes das partes. Esses conflitos se produzem geralmente por motivo da apresentação de reivindicações de novos direitos que dão lugar a discussão e conflito entre os interesses opostos das partes. Eis por que são chamados por vezes de conflitos de interesses. Mas podem também surgir conflitos coletivos por motivo de direitos preexistentes. Tal é o caso, por exemplo, quando o conflito surge por discrepância na interpretação ou na aplicação de um contrato coletivo anteriormente celebrado entre as partes. Esses conflitos são chamados de 'conflitos de direito'"*.

Distinção essa que acabou sendo acolhida por quase a totalidade dos doutrinários pátrios e pelo TST (art. 241, RITST).

Além de prever os dissídios de natureza jurídica e econômica, o RITST prevê a existência dos dissídios originários, de revisão e de declaração sobre a paralisação do trabalho decorrente de greve dos trabalhadores (art. 241, III a V).[50]

Para Cássio de Mesquita Barros Júnior,[51] os dissídios coletivos são de natureza preponderantemente econômica ou preponderantemente jurídica.

A distinção entre os conflitos coletivos de natureza econômica e de natureza jurídica ocorre, como aponta a doutrina,[52] porque *"nos primeiros a finalidade é a obtenção de uma*

---

[47] RUSSOMANO, Mozart Victor. Ob. cit., p. 230, nota. 4. RODRÍGUEZ, Américo Plá. Ob. cit., p. 15.

[48] LA CUEVA, Mario de apud RUPRECHT, Alfredo J. Ob. cit., p. 701.

[49] BINET, Henri apud RUPRECHT, Alfredo J. Ob. cit., p. 701.

[50] "Na verdade, a classificação não é homogênea, pois os dois primeiros tipos referem-se ao prisma material e os três últimos ao prisma formal, podendo haver superposição de enquadramentos num mesmo dissídio. A classificação, ademais, exclui, como forma ultrapassada, o dissídio de extensão, e revigora o originário, ampliando-o para os casos em que a última norma coletiva tenha sido convencional, ainda que a anterior possa ter sido sentença normativa" (MARTINS FILHO, Ives Gandra. *Processo coletivo do trabalho*, 3. ed., p. 83).

[51] BARROS JÚNIOR, Cássio de Mesquita apud MANUS, Pedro Paulo Teixeira. Revisão da sentença normativa. *Curso de direito coletivo do trabalho*, p. 428.

[52] RODRÍGUEZ, Américo Plá. Ob. cit., p. 15; LÓPEZ, Manuel-Carlos Palomeque. Ob. cit., p. 260; Giudice, F. del.; MARIANI, F. *Diritto sindicale*, 9. ed., p. 253-254; Etala, Carlos Alberto. Ob. cit., p. 341; ROMITA, Arion Sayão. Ob. cit., p. 74; VIVOT, Julio J. Martinez. Formas de composição dos

norma jurídica – convenção coletiva ou sentença normativa. Nos segundos a finalidade não é a obtenção mas a declaração sobre o sentido de uma norma já existente ou a execução de uma norma que o empregador não cumpre; exemplifique-se com o atraso no pagamento dos salários".[53]

De forma semelhante, Francesco Santaro-Passarelli[54] considera que os conflitos coletivos se dividem em duas grandes categorias: de um lado, as controvérsias sobre aplicação e interpretação da vigente disciplina de trabalho, que são as controvérsias sobre direitos; de outro lado, as controvérsias sobre modificação de tal disciplina que são as de interesse.[55]

A OIT, segundo Alfredo Ruprecht, considera *"conflito jurídico é a interpretação ou aplicação de um direito nascido e atual, pouco importa que este tenha sua fonte numa prescrição formal de lei ou numa disposição de contrato individual ou coletivo",* enquanto o conflito de interesse *"não versa sobre a interpretação de um direito adquirido, fundado na lei ou no contrato; é uma reivindicação que tende a modificar um direito existente ou a criar um direito novo; estes conflitos competem, normalmente, ao conciliador ou árbitro".*[56]

Assim, para nós a caracterização dos conflitos coletivos de trabalho em conflitos de natureza econômica ou jurídica se dá porque, nos primeiros, a finalidade é a obtenção de uma norma jurídica (melhores condições de trabalho), enquanto, nos outros, se busca a declaração sobre o sentido de uma norma preexistente ou a execução de uma norma não cumprida, que pode ser uma lei de aplicação particular de determinada categoria (não se tem admitido dissídio coletivo para interpretação de norma legal de caráter geral – OJ 7, SDC[57]), uma convenção coletiva, um acordo coletivo, um contrato coletivo, uma sentença normativa, um laudo arbitral ou um ato normativo qualquer.

Na sistemática do Texto Consolidado, o dissídio de natureza econômica pode ser subdividido em: originário (quando inexistir norma coletiva anterior, art. 867, parágrafo único, *a*), revisional (quando pretender a revisão de norma coletiva anterior, arts. 873 a 875) e de extensão (quando visar à extensão ao restante da categoria, arts. 868 a 871).

---

conflitos coletivos. In: TEIXEIRA FILHO, João de Lima (Coord.). *Relações coletivas de trabalho*, p. 535; OLEA, Manoel Alonso. Experiência espanhola do sistema de solução de conflitos de trabalho. In: TEIXEIRA FILHO, João de Lima (Coord.). *Relações coletivas de trabalho*, p. 543.

[53] NASCIMENTO, Amauri Mascaro. *Iniciação ao direito do trabalho*, 28. ed., p. 556.

[54] SANTORO-PASSARELLI, Francesco. *Nozioni di diritto del lavoro*, p. 59.

[55] "Embora a designação econômico possa induzir à falsa ideia de que são conflitos que envolvem um 'bem econômico' em si mesmo, na verdade essa não é a sua função, mas a de indicar que o conflito é de natureza construtiva de novo conteúdo normativo para as relações de trabalho. Trata-se de um processo criador, gerador de normas que regerão as condições de trabalho da coletividade laboral (FURTADO, Sebastião Antunes; SCIBERRAS, Jean-Chistophe; TRANCOZO, Claudia Antunes Lopes; SAMPAIO, Rômulo Silveira da Rocha. Ob. cit., p. 24).

[56] RUPRECHT, Alfredo J. Ob. cit., p. 701.

[57] OJ 07, SDC: "Dissídio coletivo. Natureza jurídica. Interpretação de norma de caráter genérico. Inviabilidade. Não se presta o dissídio coletivo de natureza jurídica à interpretação de normas de caráter genérico, a teor do disposto no art. 313, II, do RITST (atual art. 241, II, RITST)."

PARTE VIII · Cap. I – RELAÇÕES E CONFLITOS COLETIVOS DE TRABALHO | **1207**

Na visão de Ives Gandra Martins Filho,[58] *"De qualquer modo, se diferenciação deve haver entre dissídios coletivos no momento da autuação, por comportarem procedimentos distintos, esta só pode se referir à circunstância de se encontrar, ou não, a categoria de greve."*

Arion Sayão Romita[59] condena a classificação clássica, por entender que *"todo dissídio, em matéria de trabalho, quer individual quer coletivo, tem natureza econômica, direta ou indiretamente. A classificação dos dissídios coletivos em dissídios de natureza jurídica e de natureza econômica deve ser afastada, por imprecisa, pois todo dissídio coletivo tem, ao mesmo tempo, natureza jurídica e econômica. Deve ser preferida a nomenclatura que distingue os dissídios de direito dos dissídios de interesses".*

José Augusto Rodrigues Pinto[60] entende que o critério clássico de classificação é redundante e incompleto, preferindo classificá-los em dissídio originário (ou primário), quando tiver por objeto criar norma, pouco importando seu ineditismo (inédita ou em substituição a outra criada em dissídio anterior), e derivados (ou secundários), os quais dependem da existência de norma anterior e têm por objeto revê-la ou interpretá-la para aplicação em concreto.

Há uma outra classificação a ser mencionada: dissídios voluntários, quando instaurados pelos interessados, e coatos, quando iniciados de ofício pelo presidente do tribunal ou em decorrência de representação do Ministério Público do Trabalho (MPT).[61]

Manuel-Carlos Palomeque López[62] considera que, por razões de motivação (ou causa), as lides coletivas podem ser tidas como laborais, se versarem sobre questões relativas à própria relação de trabalho entre os sujeitos contratantes, ou políticas (ou extraordinárias), se nascem com qualquer outra finalidade que não corresponda ao interesse profissional dos trabalhadores afetados.

Mozart Victor Russomano,[63] após discorrer sobre a classificação clássica,[64] também reconhece a existência de um outro grupo de conflitos coletivos de trabalho, são os

---

[58]   MARTINS FILHO, Ives Gandra. Ob. cit., p. 83.

[59]   ROMITA, Arion Sayão. O poder normativo da justiça do trabalho: a necessária reforma. *Revista do Direito do Trabalho Consulex*, nº 5, maio/2001, p. 25.

[60]   "Redundante, na medida em que não há, no Direito do Trabalho e em sua extensão processual, nada que não tenha, no fundo, natureza econômica. O próprio Direito do Trabalho é fruto de um fato econômico. Logo, essa natureza não define um tipo de dissídio, estando presente também, inclusive, no dissídio individual. Incompleto porque não exprime a propriedade de ramificação das classes nem expressa a realidade de precedência obrigatória ou, em outro sentido, de acessoriedade entre elas" (PINTO, José Augusto Rodrigues. *Direito sindical e coletivo do trabalho*, p. 354).

[61]   MALTA, Christovão Piragibe Tostes. *Prática do processo trabalhista*, 30. ed., p. 681.

[62]   López, Manuel-Carlos Palomeque. Ob. cit., p. 259.

[63]   RUSSOMANO, Mozart Victor. Ob. cit., p. 227-235.

[64]   "Na verdade, na terminologia empregada, há evidentes imprecisões. Os conflitos jurídicos são conflitos de interesses, no sentido de que resultam do choque entre interesses juridicamente protegidos. Da mesma forma, os conflitos econômicos (ou de interesses), embora criem normas e condições de trabalho, nem por isso deixam de ser jurídicos, porque as normas resultantes da sentença são normas jurídicas e porque as condições modificadas ou criadas são cláusulas de ato jurídico, ou seja, do contrato individual de trabalho. É exatamente por essa possível confusão de

conflitos coletivos impróprios (ou impuros), *"embora não caibam, com justeza"*, na definição articulada por ele mesmo sobre os conflitos de trabalho.

Mozart Russomano,[65] com base nas lições de Américo Plá Rodríguez, aponta como principais formas de conflitos impróprios: (a) conflitos intersindicais coletivos; (b) conflitos intersindicais não coletivos; (c) conflitos intrassindicais (conflitos internos); (d) conflitos extrasindicais; (e) conflitos entre trabalhadores.

Américo Plá Rodríguez[66] considera como formas de conflitos impróprios: (a) conflitos intersindicais coletivos; (b) conflitos intersindicais não coletivos; (c) conflitos entre o sindicato e seus membros; (d) conflitos entre trabalhadores.

Alfredo R. Ruprecht[67] entende que os conflitos impróprios são: (a) intersindicais coletivos; (b) intersindicais não coletivos; (c) entre os sindicatos e seus respectivos membros; (d) entre trabalhadores.

Ao analisar a tutela judicial na Lei das Associações Sindicais da Argentina (Lei 23.551/88), Jorge Guillermo Bermúdez[68] separa a abordagem em três partes: (a) conflitos intrassindicais; (b) conflitos intersindicais; (c) conflitos atípicos, que abarcam todos os outros sujeitos e aspectos que não estão inseridos nos itens anteriores (aspecto residual).

Há, na doutrina, inúmeras outras formas de classificação das lides coletivas, como leciona Amauri Mascaro Nascimento:[69] *"Há conflitos coletivos voluntários e involuntários, para alguns autores, como Blasco e Alcazar; há conflitos justos e injustos, segundo Cabanellas; há conflitos coletivos interobreiros e interpatronais, segundo Rueda e Miguel Hernainz Márquez; para Jean Rivero e Jean Savatier, há conflitos de aplicação e conflitos de revisão do direito, denominação que empregam para evitar a palavra econômico; há conflitos, para Russomano, próprios e impróprios; Mario de la Cueva, depois de passar em revista a doutrina francesa, alemã, italiana e sul-americana, admitindo a clássica divisão entre conflitos jurídicos e econômicos, concorda com a mesma, subdivide ambos, para afirmar que dentre os jurídicos há conflitos que afetam a vida dos grupos profissionais, outros que se referem à interpretação dos contratos coletivos e outros sobre o cumprimento de um contrato coletivo. Nos econômicos, por sua vez, há aqueles em que o fim é a criação de novas normas gerais de trabalho, outros destinam-se à suspensão da vigência das normas já existentes e outros têm por finalidade a supressão de condições gerais de trabalho vigentes com o fechamento da empresa."*

---

palavras e conceitos que as expressões correntemente usadas em Direito do Trabalho devem ser tomadas em sentido estrito e próprio" (RUSSOMANO, Mozzart Victor. Ob. cit., p. 231).

[65] RUSSOMANO, Mozart Victor. Ob. cit., p. 234-235.

[66] RODRÍGUEZ, Américo Plá. Ob. cit., p. 17-18.

[67] RUPRECHT, Alfredo J. Ob. cit., p. 687.

[68] BERMÚDEZ, Jorge Guillermo et al. *Derecho colectivo del trabajo*, p. 402.

[69] NASCIMENTO, Amauri Mascaro. *Conflitos coletivos de trabalho*. Fundamentos do sistema jurisdicional brasileiro, p. 8-9.

PARTE VIII • Cap. I – RELAÇÕES E CONFLITOS COLETIVOS DE TRABALHO | 1209

1.3 FORMAS DE SOLUÇÕES DE CONFLITOS COLETIVOS DE TRABALHO

Como bem acentua Pedro Vidal Neto, *"os conflitos coletivos de trabalho podem ser solucionados pelos mesmos processos de composição dos demais conflitos de interesses. A experiência concreta mostra, porém, a utilização institucionalizada de técnicas mais variadas de composição pacífica e a persistência de meios de ação direta, especialmente no que diz respeito aos conflitos coletivos"*.[70]

A doutrina, contudo, está muito longe de um consenso sobre os meios e classificação das formas de soluções de conflitos coletivos de trabalho. Isso porque, conforme as diferentes épocas e países, por influência de questões sociais, econômicas e políticas, adotaram-se diversos mecanismos para solucionar os conflitos laborais que acabaram sendo classificados de formas distintas.

Uma primeira classificação para a solução das lides trabalhistas destacada por Alfredo Ruprecht é a de Sander (1947),[71] para quem são oito formas de solução: discussão e negociação, conciliação, mediação, arbitragem voluntária, investigação e inquérito, arbitragem obrigatória, intervenção judicial e legislativa.

Alfredo Ruprecht também faz referência à classificação de Commons e Andrews (1936),[72] o qual aponta quatro formas: mediação ou conciliação, arbitragem voluntária, investigação obrigatória e arbitragem obrigatória.

Para ele próprio,[73] sem descartar outros tipos (decisão administrativa, comissões paritárias e investigação),[74] as principais formas de solução são: (a) conciliação (voluntária ou obrigatória; convencional ou regulamentada); (b) mediação; (c) arbitragem; (d) intervenção jurisdicional; (e) negociação coletiva.

Manuel-Carlos Palomeque López,[75] sem prejuízo da tutela jurisdicional do estado aplicável a todos os conflitos, esquematiza as formas de soluções de lide coletiva de trabalho: (a) autocomposição (negociação coletiva); (b) heterocomposição (arbitragem, mediação e conciliação).

---

[70] VIDAL NETO, Pedro. *Do poder normativo da justiça do trabalho*, p. 42.

[71] SANDER apud RUPRECHT, Alfredo J. Ob. cit., p. 898.

[72] COMMONS; ANDREWS apud RUPRECHT, Alfredo J. Ob. cit., p. 898.

[73] RUPRECHT, Alfredo J. Ob. cit., p. 899.

[74] Além disso, Ruprecht menciona a existência dos meios de ação direta do conflito: "Os meios de ação direta são os que utilizam as partes trabalhistas quando se encontram num conflito de caráter coletivo e não recorrem aos órgãos ou aos procedimentos instituídos para tal fim. Isto é, ignoram os meios de solução que lhes proporciona o estado e tratam de obter o êxito na luta por seus próprios meios, rendendo o adversário e impondo-lhes seus pontos de vista. [...] O objetivo dos meios de ação direta ou conflitos abertos é o de vencer o opositor mediante pressão econômica, uso da força, etc., para causar-lhe um sofrimento, mas correndo os riscos próprios que tais atos implicam" (Ob. cit., p. 707).

[75] LÓPEZ, Manuel-Carlos Polomeque. Ob. cit., p. 263-264.

Amauri Mascaro Nascimento,[76] baseado nas lições de Alcalá-Zamora Y Castillo, discorre sobre a evolução histórica das formas de soluções de conflitos. Após isso, aponta a existência de duas formas de soluções de controvérsias coletivas: a autocomposição e a heterocomposição.

Segundo Amauri Mascaro Nascimento, *"na ordem trabalhista, a forma autocompositiva clássica é a convenção coletiva de trabalho, decorrente de negociação coletiva, das quais resultam, mediante o acerto dos interesses, as normas que, instituídas de comum acordo pelos sindicatos e empresas, vigorarão por um certo prazo, disciplinando as suas relações e os contratos individuais de trabalho. Há variações de figuras que pertencem ao gênero convenção coletiva, como os acordos coletivos, os acordos intra-empresariais etc. Fala-se, às vezes, em protocolo de intenções".*[77]

Também menciona a existência da conciliação e da mediação como meios de solução de controvérsias.

Ainda para Amauri Mascaro Nascimento, a greve e o *lockout* são formas autodefensivas, *"não são atos decisórios, mas atos de encaminhamento da decisão, modos de pressão sobre a vontade para levá-la à autocomposição".*[78] Enquanto a arbitragem e a jurisdição são formas de heterocomposição.

Antonio Ojeda Avilés[79] coloca que *"devido às partes sociais utilizarem frequentemente medidas de pressão a se propor um conflito, muitos setores da doutrina chegaram a identificar o conflito com a greve, entendendo que esta é o conflito coletivo por excelência".*

Gino Giugni[80] afirma que o ordenamento jurídico italiano *"reconheceu o direito de greve aos trabalhadores, direito este que constitui a forma mais incisiva de autotutela"* e ressalta que a autotutela dos interesses coletivos constitui uma das manifestações essenciais e originárias da coalizão sindical, a qual se expressa de maneiras diversas (condutas), com o objetivo de pressionar a parte contrária para induzi-la a fazer ou não fazer alguma coisa e para determinar equilíbrio entre os fatores de produção.

Apesar disso, Bernardo Van der Laat[81] aponta que *"a doutrina majoritariamente coincide em afirmar que a greve não é o conflito em si, senão um meio de ação direta que utiliza os trabalhadores em conflito na busca de uma solução favorável a suas pretensões".*

Américo Plá Rodríguez[82] entende que a greve e o *lockout* são meios de luta e não formas de solução de conflitos.

---

[76] NASCIMENTO, Amauri Mascaro. *Compêndio de direito sindical*, 3. ed., p. 287.

[77] NASCIMENTO, Amauri Mascaro. *Curso de direito do trabalho*, 19. ed., p. 1135.

[78] NASCIMENTO, Amauri Mascaro. Ob. cit., p. 1136.

[79] AVILÉS, Antonio Ojeda apud ECHEVERRÍA, Bernardo Van der Laat. Ob. cit., p. 228.

[80] GIUGNI, Gino, com colaboração de Pietro Curzio e Mario Giovanni Girofalo. *Direito sindical*, p. 169.

[81] ECHEVERRÍA, Bernardo Van der Laat. Ob. cit., p. 229.

[82] RODRÍGUEZ, Américo Plá. Medios de solución de conflictos. In: URIARTE, Oscar Ermida; AVILÉS, Antonio Ojeda (Coord.). *El derecho sindical en América Latina*, p. 261.

PARTE VIII · Cap. I − RELAÇÕES E CONFLITOS COLETIVOS DE TRABALHO | 1211

Sebastião Antunes Furtado et al.[83] entendem que a greve, os piquetes e o *lockout* são formas de exteriorização, de visibilidade, dos conflitos latentes, não representando os conflitos em si mesmos.

No que tange à greve ser considerada como forma de autodefesa, Pedro Paulo Teixeira Manus esclarece: *"Denomina-se autodefesa a prerrogativa que têm os empregados de forçar o empregador à negociação, recusando-se a prestar serviços. Assim, exerce-se o direito de autodefesa por meio do exercício do direito de greve.*

Trata-se de forma de solução de conflito de trabalho no sentido genérico da expressão, pois o exercício em si do direito de greve não significa a própria solução do conflito coletivo. Com efeito, podem os trabalhadores lançar mão da greve, que pode inclusive ser vitoriosa e nem por isso apresentar a solução do conflito.

A greve é, isso sim, um meio de forçar o empregador à negociação, quando este se recusa a sentar-se à mesa de negociação para iniciar o processo de autocomposição, ou quando interrompe o processo de negociação em curso por algum motivo."[84]

Maurício Godinho Delgado[85] classifica as formas de soluções de controvérsias, basicamente, em três grandes grupos: autotutela (greve),[86] autocomposição (negociação coletiva) e heterocomposição (jurisdição, arbitragem, conciliação e mediação).[87]

Raimundo Simão de Melo[88] vê como formas de autodefesa: a greve e o *lockout*; de autocomposição: a negociação coletiva; e de heterocomposição: arbitragem e jurisdição.

---

[83]   FURTADO, Sebastião Antunes et al. Ob. cit., p. 57.

[84]   MANUS, Pedro Paulo Teixeira. *Negociação coletiva e contrato individual de trabalho*, p. 37-38.

[85]   DELGADO, Maurício Godinho. *Curso de direito do trabalho*, 5. ed., p. 1441 ss.

[86]   "No Direito do Trabalho, a greve constitui importante exemplo da utilização da autotutela na dinâmica de conflitos coletivos trabalhistas. Entretanto, conforme já anotado nesta obra, raramente ela completa seu ciclo autotutelar, impondo à contraparte toda a solução do conflito: o que ocorre é funcionar esse mecanismo como simples meio de pressão, visando o alcance de mais favoráveis resultados na dinâmica negocial coletiva em andamento ou a se iniciar" (DELGADO, Maurício Godinho. Ob. cit., p. 1442-1443).

[87]   "É que a diferenciação essencial entre os métodos de solução de conflitos encontra-se, como visto, nos sujeitos envolvidos e na sistemática operacional do processo utilizado. Na autocomposição, apenas os sujeitos originais em confronto é que se relacionam na busca de extinção do conflito, conferindo origem a uma sistemática de análise e solução da controvérsia autogerida pelas próprias partes. Já na heterocomposição, ao contrário, dá-se a intervenção de um agente exterior aos sujeitos originais na dinâmica de solução do conflito, transferindo, como já exposto, em maior ou menor grau, para este agente exterior a direção dessa própria dinâmica. Isso significa que a sistemática de análise e solução da controvérsia deixa de ser exclusivamente gerida pelas partes, transferindo-se em alguma extensão para a entidade interveniente. É evidente que o papel exercido por este agente exterior e a intensidade de sua intervenção são aspectos que variam significativamente em consonância com os tipos de mecanismos heterocompositivos" (DELGADO, Maurício Godinho. Ob. cit., p. 1445).

[88]   MELO, Raimundo Simão de. Formas de solução dos conflitos coletivos de trabalho no Brasil. In: *Revista LTr*, v. 55, nº 11, p. 1305-1310.

Oscar Ermida Uriarte[89] distingue também três formas de soluções de demandas trabalhistas: autodefesa ou autotutela (ex., a greve), a autocomposição (negociação coletiva, conciliação facultativa, mediação facultativa e arbitragem facultativa) e heterocomposição (arbitragem obrigatória, intervenção estatal administrativa e decisão judicial). José Carlos Arouca[90] aponta como formas tradicionais de solução de controvérsias coletivas de trabalho: (a) negociações diretas; (b) conciliação; (c) mediação; (d) arbitragem; (e) jurisdicional.

Na visão de Mozart Victor Russomano,[91] a solução do conflito coletivo pode ser direta (negociação sindical, greve e *lockout*) ou indireta, que se dá pela participação de um terceiro (conciliação, mediação, arbitragem e jurisdicional).

João de Lima Teixeira Filho[92] classifica os meios de composição em autônomos e heterônomos, considerando autônomos se a composição é fruto da vontade dos interessados, *v. g.*, negociação coletiva e mediação. Enquanto a arbitragem e o dissídio coletivo constituem soluções externas do conflito, por independer da vontade das partes (formas heterônomas).

Amador Paes de Almeida[93] afirma que modernamente pode-se sintetizar as formas de soluções de interesses opostos em livre negociação (negociação coletiva), arbitragem e jurisdição.

Wagner Giglio[94] considera *"a mais aceitável das classificações das formas de solução dos conflitos"* a que distingue autocomposição da heterocomposição, embora entenda que seja superficial, no sentido de considerar apenas o aspecto exterior da composição e tenha pouca utilidade prática.

Patrícia Tuma Martins Bertolin[95] prefere classificar as formas de soluções de conflitos em autocompositivas e heterocompositivas, sendo que, apesar das divergências existentes, considera como formas autocompositivas a conciliação, a mediação e a negociação coletiva e formas heterocompositivas, a arbitragem e o processo.

Da mesma forma, Luiz Felipe Spezi[96] diz que as formas de soluções de demandas trabalhistas se dividem em autocompositivas ou autônomas (conciliação, mediação

---

[89] URIARTE, Oscar Ermida apud ROCCA, Danúbio Moreira. Estudio comparativo sobre los medios de prevención y solución de conflictos de trabajo en los paises del Mercosur. In: *Revista Derecho Laboral*, nº 214, abr./jun./2004, p. 304.

[90] AROUCA, José Carlos. Ob. cit., p. 173.

[91] RUSSOMANO, Mozart Victor. Ob. cit., p. 237 ss.

[92] SÜSSEKIND, Arnaldo; MARANHÃO, Délio; VIANNA, Segadas; TEIXEIRA, Lima. *Instituições de direito do trabalho*, v. 2, 19. ed., p. 1185.

[93] ALMEIDA, Amador Paes. *CLT comentada*, 3. ed., p. 452.

[94] GIGLIO, Wagner D. Os conflitos trabalhistas, a arbitragem e a justiça do trabalho. In: *Revista LTr*, v. 47, nº 3, p. 274.

[95] BERTOLIN, Patrícia Tuma Martins. *Reformulação do processo do trabalho*, p. 26.

[96] SPEZI, Luiz Felipe. Formas de soluções dos conflitos do trabalho (autônomas, heterônomas, conciliação, mediação e arbitragem, solução jurisdicional). Atuação do Ministério Público do Trabalho. *Revista do Advogado*, nº 54, p. 107, dez./98.

e negociação coletiva) e heterocomposição ou heterônomas (arbitragem ou solução jurisdicional).

Oswaldo Mantero de San Vicente[97] também concorda com essa distinção.

José Claudio Monteiro de Brito Filho[98] divide os meios de solução de conflitos em autocompositivos e heterocompositivos (arbitragem e jurisdição). Na autocomposição, além da negociação e mediação, ele acrescenta a renúncia,[99] e considera a greve e o *lockout* como meios de ação sindical direta.

Ari Possidonio Beltran[100] considera adequada a classificação sistematizada por Martín Valverde, Sañudo-Gutiérrez e Garcia Murcia, que distinguem os meios de solução de conflitos segundo sua origem (autônomos e heterônomos), natureza (privados e públicos) e uso (voluntários e obrigatórios).

Américo Plá Rodríguez[101] aponta como formas de solução de divergências: (a) *el arreglo directo;* (b) *la investigación;*[102] (c) *la conciliación; (d) la mediación;* (e) *el arbitraje;* (f) *la decisión judicial,* e vê como os principais meios de ação direta a greve e o *lockout.*

Contudo, é importante ressalvar que para Américo Plá Rodríguez[103] o trato direto não deveria ser considerado como forma de solução, *"mas entendemos que, na realidade, não corresponde catalogá-lo como meio de solução de conflito, pois esse trato direto costuma supor a ausência do conflito.*

A só existência de interesses distintos ou de pontos de vista diferentes não significa a existência de conflito sempre que, por meio do diálogo e intercâmbio de pontos de vista, se busca o encontro de soluções aceitáveis para todos.

Os que se reúnem para celebrar um contrato não estão em conflito. Pelo contrário, procuram ajuste e entendimento, que será mais ou menos difícil, segundo as diferenças que existam e a vontade de quem delibera em encontrar um ponto de acordo. O trato direto supõe um comum desejo de superar os interesses distintos, o que parece excluir a ideia do conflito".

---

[97] SAN VICENTE, Osvaldo Mantero de. *Derecho sindical*, p. 172.

[98] BRITO FILHO, José Cláudio Monteiro de. *Direito sindical*, p. 271.

[99] "A renúncia, definida como ato unilateral por meio do qual alguém abre mão de direito adotado de certeza, é o último meio autocompositivo de solução de conflitos coletivos de trabalho. Caracteriza-se por emanar de apenas uma das partes envolvidas em conflito coletivo, que abre mão de um direito ou de uma posição assumida, sem que a outra faça o mesmo tipo de concessão" (BRITO FILHO, José Claudio Monteiro de. Ob. cit., p. 275).

[100] BELTRAN, Ari Possidonio. Ob. cit., p. 265-266.

[101] RODRÍGUEZ, Américo Plá. *Curso de derecho laboral:* conflictos colectivos, v. 2, p. 27.

[102] "La investigación" consiste em um procedimento pelo qual ocorre uma averiguação e publicação das causas do conflito, a interessar a opinião pública para que esta influa sobre as partes, a fim de solucionar o conflito. Geralmente, se formaliza mediante a designação de um técnico ou de uma comissão de investigação que reúne todas as informações disponíveis, escuta as partes e elabora um informe que se difunde. Porém, ressalta Américo Plá Rodríguez, "não é um meio direto de solução, e sim um modo de estimular a solução que se alcançará pelo acordo direto, a conciliação, inclusive, a arbitragem" (Ob. cit., p. 28).

[103] RODRÍGUEZ, Américo Plá. Médios de solución de confictos. Ob. cit., p. 273.

Carlos Aldão Zapiola[104] apresenta a seguinte classificação: (a) segundo existe ou não a intervenção de terceiros no conflito, distingue entre meios de autocomposição e meios de heterocomposição; (b) segundo a origem ou forma de se estabelecer, serão informais ou formais (unilaterais ou convencionais, legais ou governamentais); (c) segundo o objeto sobre o qual recaem, têm-se os conflitos individuais e coletivos (de direito ou de interesse); (d) segundo o grau de imposição do sistema: voluntários, mistos ou obrigatórios; (e) segundo o momento em que nascem, podem ser prévios ou posteriores ao conflito; (f) podem ser criados para um único conflito ou para vários ou todos os conflitos que podem surgir.

Carlos Alberto Etala[105] enumera as formas de soluções de demandas coletivas em: (a) autocomposição das partes; (b) a conciliação; (c) a arbitragem.

Hugo Roberto Mansueti[106] considera autocomposição, quando a solução ou a prevenção do conflito derivar do próprio grupo, o que ocorre pela negociação, transação ou mediação, e a prevenção basicamente ocorre pela negociação e a mediação. Na hipótese de um terceiro determinar a solução da lide, o mecanismo é denominado de heterocomposição (arbitragem e jurisdição).

Considerando a presença (ou não) de um terceiro que tenha atribuição de solucionar o conflito (com poderes de impor a decisão), preferimos classificar os meios de solução de conflitos coletivos em: autocomposição (negociação coletiva, conciliação e mediação) e heterocomposição (arbitragem e jurisdição), pois a greve e o *lockout* representam formas de pressão na solução do conflito. A autodefesa deixou de existir como forma de solução de controvérsia individual com a jurisdição dos estados modernos.[107]

No Direito do Trabalho brasileiro atual, as formas mais importantes de solução dos conflitos são: negociação coletiva, conciliação, mediação, arbitragem e jurisdição.

O Conselho Nacional de Justiça (CNJ), pela Resolução 125/2010, instituiu a Política Judiciária Nacional de tratamento adequado dos conflitos de interesses no âmbito do Poder Judiciário.

A Resolução 125 prevê: (a) Política Pública de Tratamento Adequado dos Conflitos de Interesses; (b) Atribuições do CNJ; (c) Atribuições dos Tribunais, em relação aos Núcleos Permanentes de Métodos Consensuais de Solução de Conflitos; (d) os Centros Judiciários de Solução de Conflitos e Cidadania; (e) os Conciliadores e Mediadores;

---

[104] ALDÃO ZAMPIOLA, Carlos. La prevención y resolución de los conflictos laborais. *Revista Trabajo y Seguridad Social*, nº 2, 1986, p. 107.

[105] ETALA, Carlos Alberto. Ob. cit., p. 392.

[106] MANSUETI, Hugo Roberto. *Direito sindical no Mercosul*, p. 115.

[107] Referindo-se à autotutela, Antonio Carlos de Araújo Cintra et al. lecionam: "A esse regime chama-se autotutela (ou autodefesa) e hoje, encarando-se do ponto de vista da cultura do século XX, é fácil ver como era precária e aleatória, pois não garantia a justiça, mas a vitória do mais forte, mais astuto ou mais ousado sobre o mais frasco ou mais tímido. São fundamentalmente dois os traços característicos da autotutela: (a) ausência de juiz distinto das partes; (b) imposição da decisão por uma das partes à outra" (ARAÚJO CINTRA, Antonio Carlos de; GRINOVER, Ada Pellegrini; RANGEL DINAMARCO, Cândido. *Teoria geral do processo*, 14. ed., p. 21).

PARTE VIII • Cap. I – RELAÇÕES E CONFLITOS COLETIVOS DE TRABALHO | 1215

(f) os Fóruns de Coordenadores de Núcleos; (g) as Câmaras Privadas de Conciliação e Mediação; (h) os Dados Estatísticos e o Portal da Conciliação.

O Conselho Superior da Justiça do Trabalho (CSJT), pela Resolução 174/2016, regulamentou a política judiciária nacional de tratamento adequado das disputas de interesses no âmbito do Poder Judiciário Trabalhista (conciliação e mediação).

A Resolução 174 estabelece regras atinentes: (a) ao incentivo à pacificação social; (b) à estrutura e ao funcionamento dos Núcleos Permanentes e Centros Judiciários de Métodos Consensuais de Solução de Disputas; (c) à Comissão Nacional de Promoção da Conciliação; (d) ao Portal da Conciliação.

O Ato 168, TST.GP, de 4/4/2016, instituiu o procedimento de mediação e conciliação pré-processual em dissídios coletivos, o qual deverá ser conduzido e processado no âmbito da Vice-Presidência do TST.

1.3.1 Os Meios de Solução de Conflitos Coletivos de Trabalho Apregoados pela OIT

No âmbito da OIT, a Recomendação[108] 91 (1951) estimula os estados a estabelecer sistemas, por via contratual ou legislativa, para a negociação, celebração, revisão e renovação de contratos coletivos.

A Recomendação 92 (1951), que dispõe sobre conciliação e arbitragem voluntárias, preconiza o estabelecimento de organismos para prevenção e solução de conflitos apropriados às condições nacionais, de modo a estimular as partes que se abstenham de recorrer a greve ou *lockout* durante os procedimentos de conciliação ou arbitragem.

A Recomendação da OIT sobre colaboração no âmbito da Empresa (94, de 1952) sugere a adoção de medidas apropriadas a promover a consulta e a colaboração entre empregadores e trabalhadores no âmbito da empresa sobre as questões de interesse comum que não estejam compreendidas dentro do campo de ação dos organismos de

---

[108] "A recomendação não é um tratado internacional, destinando-se apenas a sugerir normas que podem ser adotadas no direito internacional por qualquer das fontes formais do Direito do Trabalho, embora visem basicamente ao legislador de cada um dos estados-membros da OIT. Ela não é susceptível de ratificação; mas, como vimos, no campo da OIT ela acarreta para os estados-membros obrigações de natureza formal, a principal das quais é a obrigatoriedade de submissão do seu texto à autoridade nacional competente. E o controle exercido no tocante ao cumprimento dessas obrigações tem concorrido, em inúmeros casos, para que as regras consubstanciadas nas recomendações se convertam em leis ou atos de natureza regulamentar integrantes do direito nacional dos estados-membros. A recomendação cumpre, assim, a função de fonte material de direito. [...] Hoje, a Conferência vem utilizando a recomendação para: (a) disciplinar um tema sobre o qual o direito comparado ainda não revela soluções largamente aceitas; (b) enunciar regras ainda avançadas para grande número de estados-membros, mas cuja universalização a Conferência deseja promover; (c) regulamentar a aplicação de princípios inseridos em muitas convenções, possibilitando aos diversos países ampla flexibilidade para aplicá-los mediante regulamentação adequada às condições nacionais, ainda que inseridas no texto recomendado" (SÜSSEKIND, Arnaldo. *Direito internacional do trabalho*, 3. ed., p. 196-197).

negociação coletiva ou que normalmente sejam tratadas por organismos encarregados de determinar as condições de emprego, de modo a: (a) facilitar e estimular a celebração de acordos voluntários entre as partes; (b) promover uma legislação que estabeleça organismos de consulta e colaboração e que determine seu alcance, competência, estrutura e modalidades de funcionamento.

A Recomendação 113 (1960) procura estimular medidas para promover de maneira efetiva a consulta e colaboração, nos ramos de atividade econômica e no âmbito dos estados, entre as autoridades públicas e as organizações de empregadores e de trabalhadores, assim como entre as próprias organizações, com o objetivo, entre outros, de permitir o exame conjunto de questões de interesse comum, a fim de lograr, em maior medida possível, soluções de comum acordo.

Apesar de ser direcionada às lides individuais de trabalho, a Recomendação 130 (1967) sugere que a solução da controvérsia entre o empregador e o trabalho ocorra dentro da própria empresa e, quando isso não for possível, que o conflito seja resolvido por: (a) procedimento previsto no contrato coletivo; (b) conciliação ou arbitragem prestadas pelas autoridades públicas competentes; (c) um tribunal do trabalho ou outra autoridade judicial; (d) procedimentos apropriados (art. 17).

A Convenção[109] 151 (1978) da OIT, que trata das relações de trabalho na administração pública, reforça a ideia de que a solução dos conflitos envolvendo as condições de emprego deverá lograr êxito, de maneira apropriada às condições nacionais, por meio da negociação entre as partes ou mediante procedimentos independentes e imparciais, tais como a mediação, a conciliação e a arbitragem, estabelecidos de modo que inspirem a confiança dos interessados (art. 8º).

Além disso, a Convenção 151 prevê que as medidas adotadas pelas autoridades públicas para estimular e fomentar o desenvolvimento da negociação coletiva devem ser objeto de consultas prévias e, quando possível, de acordos entre as autoridades públicas e as organizações de empregadores e trabalhadores (art. 7º). E que as medidas previstas com objetivo de fomentar a negociação coletiva não deverão ser concebidas ou aplicadas de modo que obstaculizem a liberdade da negociação coletiva (art. 8º).

Por sua vez, a Convenção 154 (1981) trata do fomento da negociação coletiva, prevendo que os estados devem adotar medidas adequadas às condições nacionais para fomentar a negociação coletiva (art. 5º), embora não obste o funcionamento de sistemas

---

[109] "A convenção ratificada constitui fonte formal do direito, gerando direitos subjetivos individuais, sobretudo nos países onde vigora a teoria do monismo jurídico e desde que não se trate de diploma meramente promocional ou programático. Já as recomendações e as convenções não ratificadas constituem fonte material do direito, portanto servem de inspiração e modelo para a atividade legislativa nacional, os atos administrativos de natureza regulamentar, os instrumentos da negociação coletiva e os laudos de arbitragem voluntária ou compulsória dos conflitos coletivos de interesse, neste último caso compreendidas as decisões dos tribunais do trabalho dotados de poder normativo. [...] As convenções constituem tratados multilaterais, abertos à ratificação dos estados-membros, que, uma vez ratificadas, integram a respectiva legislação nacional" (SÜSSEKIND, Arnaldo. Ob. cit., p. 181-182).

PARTE VIII · Cap. I – RELAÇÕES E CONFLITOS COLETIVOS DE TRABALHO | **1217**

de relações de trabalho nos quais *"a negociação coletiva tenha lugar no início dos mecanismos ou das instituições de conciliação ou de arbitragem, ou de ambos às vezes, nos quais participam voluntariamente as partes na negociação coletiva"* (art. 6º).

A Recomendação 163 (1981) procura fomentar a negociação coletiva no âmbito dos estados e em todos os níveis (por estabelecimento, por empresa, por ramo de atividade, de indústria e níveis regional ou nacional).

Ao lado da abolição do trabalho forçado, erradicação do trabalho infantil e a eliminação da discriminação no emprego e na ocupação, a negociação coletiva foi elevada ao patamar de princípio pela Declaração sobre os Princípios e Direitos Fundamentais do Trabalho da OIT em 1998. Os parâmetros protetivos adotados pela OIT em suas Cartas e Convenções somam-se aos tratados de proteção dos direitos humanos,[110] como a Declaração Universal dos Direitos dos Humanos (1948), Pacto Internacional de Direitos Civis e Políticos, Pacto Internacional dos Direitos Econômicos, Sociais e Culturais (1966), Convenção Americana sobre Direitos Humanos – Pacto de San José da Costa Rica (1969), Convenção sobre os Direitos da Criança (1989) e a Declaração de Direitos Humanos de Viena (1993).

Além das Convenções e Recomendações da OIT, é importante também mencionar que a Carta Interamericana de Direitos Sociais (art. 7º) e a Carta da Organização dos Estados Americanos (art. 45, *c*) tratam do tema.

E, no âmbito do Mercosul, a Declaração Sociolaboral, especificamente em relação às divergências laborais, determina que os estados-membros comprometam-se a propiciar e desenvolver formas preventivas e alternativas de autocomposição dos conflitos individuais e coletivos de trabalho, fomentando a utilização de procedimentos independentes e imparciais de solução de controvérsias (art. 12) e, ainda, garante aos empregadores ou suas organizações e às organizações ou representações de trabalhadores o direito de negociar e celebrar convenções e acordos coletivos para regular as condições de trabalho, em conformidade com as legislações e práticas nacionais (art. 10).

1.4 OS PRINCIPAIS MEIOS DE SOLUÇÃO DE CONFLITOS

Não havendo um consenso sobre os meios de solução de conflitos laborais e sua classificação na doutrina trabalhista nacional e estrangeira, parece-nos adequado, sem desconsiderarmos a relevância das demais formas ou suas classificações, nos limitarmos a tecer considerações sobre os tidos como de maior expressão, são eles: a negociação coletiva, a conciliação, a mediação, a arbitragem e a jurisdição.

Contudo, é de se notar que a negociação coletiva, a conciliação, a mediação e a arbitragem, ainda que, no caso das três últimas, sejam prestadas por autoridades

---

[110] PIOVESAN, Flávia. Direitos humanos no trabalho. In: FREITAS JÚNIOR, Antônio Rodrigues de (Coord.). *Direito do trabalho e direitos humanos*, p. 306.

administrativas, de forma obrigatória ou voluntária, representam formas de soluções extrajudiciais, contrapondo-se à jurisdição prestada pelo Estado (Poder Judiciário).[111]

1.4.1 Negociação Coletiva

Considerada a forma mais eficiente de solução das controvérsias coletivas de trabalho,[112] a negociação coletiva significa o entendimento direto das partes, podendo resultar na celebração de uma norma coletiva de trabalho. É a principal forma de autocomposição do conflito,[113] tida como a mais legítima e democrática de entendimento no mundo laboral,[114] como ressalta Oscar Ermida Uriarte:[115] *"O segundo aspecto sobressalente na consideração dos meios de solução dos conflitos laborais é a constatação de que a negociação coletiva é a forma perfeita de autocomposição de conflitos coletivos. A doutrina é praticamente unânime em considerar que, para a solução de conflitos coletivos, a negociação é, como se disse, a 'forma perfeita', 'o melhor meio', porque constitui por excelência a forma de diálogo entre os diversos grupos componentes da sociedade moderna pluralista, sendo desejável seu florescimento nos países da América Latina."*

---

[111] "A divisão segundo o critério funcional é a célebre 'separação dos Poderes', que consiste em distinguir três funções estatais, quais sejam, legislação, administração e jurisdição, que devem ser atribuídas a três órgãos autônomos entre si, que as exercerão com exclusividade, foi esboçada pela primeira vez por Aristóteles, na Obra 'Política', detalhada, posteriormente, por John Locke, no 'Segundo tratado do governo civil', que também reconheceu três funções distintas, entre elas a executiva, consistente em aplicar a força pública no interno, para assegurar a ordem e o direito, e a federativa, consistente em manter relações com outros estados, especialmente por meio de alianças. E, finalmente, consagrada na obra de Montesquieu 'O espírito das leis', a quem devemos a divisão e distribuição clássica, tornando-se princípio fundamental da organização política liberal e transformando-se em dogma pelo art. 16 da Declaração Francesa dos Direitos do Homem e do Cidadão, de 1789" (MORAES, Alexandre de. *Direito constitucional*, 19. ed., p. 373).

[112] "Em linhas gerais, se distinguem em três planos distintos de onde as leis latino-americanas identificam negociações coletivas válidas: (a) negociação coletiva em sentido estrito. Quando as partes querem regular as condições dos contratos de trabalho e das relações coletivas no âmbito da negociação; (b) negociação como solução de um conflito coletivo. Se trata de diversas fórmulas, também etiquetadas com diversos nomes – negociação direta, acordo, etc. – que se contemplam como saídas de uma controvérsia coletiva; (c) negociação de salários mínimos. [...]" (AVILÉS, Antonio Ajeda. El procedimiento de la negociación colectiva. In: URIARTE, Oscar Ermida; AVILÉS, Antonio Ojeda (Coord.), El derecho sindical en América Latina, p. 143).

[113] "Dentre as possíveis e mais importantes contribuições do Direito do Trabalho e das alternativas no âmbito das relações laborais exequíveis para a mitigação da crise do emprego no Brasil e no mundo encontra-se a negociação coletiva de trabalho, por meio de seus dois principais instrumentos: a convenção coletiva e o acordo coletivo" (SANTOS, Enoque Ribeiro dos. *O direito do trabalho e o desemprego*, p. 110).

[114] FURTADO, Sebastião Antunes et al. Ob. cit., p. 27.

[115] URIARTE, Oscar Ermida. El conflito de trabajo. In: URIARTE, Oscar Ermida (Coord.). *Curso introductorio de relaciones laborales*, 2. ed., p. 263.

PARTE VIII • Cap. I – RELAÇÕES E CONFLITOS COLETIVOS DE TRABALHO | **1219**

A doutrina considera a negociação coletiva, ao lado dos sindicatos e da greve, pilastra da estrutura triangular do direito coletivo.[116] Para Héctor Babace,[117] os principais temas do direito coletivo são: os sujeitos, as relações negociadas e os conflitos coletivos.

Nas palavras de Amauri Mascaro Nascimento, a autocomposição é a técnica de *"solução dos conflitos coletivos pelas próprias partes, sem emprego de violência, mediante ajustes de vontade. Na autocomposição, um dos litigantes ou ambos consentem no sacrifício do próprio interesse, daí a sua classificação unilateral".*[118]

Contudo, Enoque Ribeiro do Santos[119] aponta que parte da doutrina entende que a prática da negociação coletiva deveria ser obrigatória às partes, como forma preventiva de soluções das lides laborais.

A negociação coletiva é definida, segundo Manuel-Carlos Palomeque López,[120] como o processo formalizado de diálogo entre os representantes dos trabalhadores e dos empresários encaminhado, no exercício de sua autonomia coletiva, à celebração de um convênio coletivo regulador das relações entre ambos.

Nas lições de Carlos Alberto Etala,[121] a negociação coletiva se apresenta como um processo desenvolvido entre as partes – a parte empresarial e a parte obreira – que invocam e defendem interesses distintos, no curso do qual ambas se comunicam e interatuam influenciando-se reciprocamente e como resultado desse desenvolvimento normalmente se logra a elaboração de um produto mutuamente aceito – o convênio coletivo de trabalho – destinado a regular – com eficácia normativa – as condições de trabalho da atividade, profissão, ofício ou categoria de que se trate e eventualmente acordem matérias que atendam às relações entre as associações pactuantes.

Nas palavras de Enoque Ribeiro dos Santos,[122] negociação coletiva pode ser conceituada *"como processo dialético por meio do qual os trabalhadores e as empresas, ou seus representantes, debatem uma agenda de direito e obrigações, de forma democrática e transparente, envolvendo as matérias pertinentes à relação de trabalho-capital, na busca de um acordo que possibilite o alcance de uma convivência pacífica, em que impere o equilíbrio, a boa-fé e a solidariedade humana".*

Para a Convenção 154, da OIT, a expressão "negociação coletiva de trabalho" compreende todas as negociações entre um empregador, um grupo de empregadores ou uma organização ou várias organizações de empregadores, de um lado, e uma organização ou várias organizações de trabalhadores de outra, com o fim de fixar condições de trabalho

---

[116] BARBOZA, Ramiro. Los actores en la negociación colectiva en Paraguay. XVII CONGRESO MUNDIAL DE DERECHO DEL TRABAJO Y DE LA SEGURIDAD SOCIAL, versão em CD-Rom.

[117] BABACE, Héctor; CASTELLO, Alejandro; BILLAR, Pedro. *Derecho de la integración y relaciones laborales*, 2. ed., p. 265.

[118] NASCIMENTO, Amauri Mascaro. *Curso de direito do trabalho*, 19. ed., p. 1135.

[119] SANTOS, Enoque Ribeiro dos. *Direitos humanos na negociação coletiva*, p. 89.

[120] LÓPEZ, Manuel-Carlos Palomeque. *Derecho sindical español*, 5. ed., p. 351.

[121] ETALA, Carlos Alberto. Ob. cit., p. 271.

[122] SANTOS, Enoque Ribeiro. Ob. cit., p. 90.

e emprego ou regular as relações entre empregadores e trabalhadores ou regular as relações entre empregadores e suas organizações e uma organização ou várias organizações de trabalhadores (art. 2º).

A Carta da Organização dos Estados Americanos reconhece aos empregadores e aos trabalhadores, tanto rurais como urbanos, o direito de se associarem livremente para a defesa e promoção de seus interesses, inclusive o direito de negociação coletiva e o de greve por parte dos trabalhadores, o reconhecimento da personalidade jurídica das associações e a proteção de sua liberdade e independência, tudo de acordo com a respectiva legislação (art. 45, *c*).

A negociação coletiva como instituto está estritamente vinculada à liberdade sindical, à medida que é inerente ao direito de exercer o gênero da ação sindical. Na esfera coletiva, *"este gênero corresponde às ações destinadas à reivindicação ou defesa dos interesses coletivos que representam as organizações profissionais ou sindicais, tanto em conflito como em acordo".*[123]

O Comitê de Liberdade Sindical da OIT tem sustentado que o direito à negociação coletiva pelas organizações representativas dos trabalhadores e empregadores (não apenas aos sindicatos, mas também às federações e às confederações), no que tange às condições de trabalho, *"é um elemento essencial da liberdade sindical, e que os sindicatos deveriam ter o direito – mediante a negociação coletiva ou por outros meios lícitos – de melhorar as condições de vida e de trabalho daqueles que representam".*[124]

Assim, a liberdade sindical só se *"completa quando os sindicatos organizados podem defender os interesses dos seus representados e estabelecer livremente, através da negociação, normas mais vantajosas do que as fixadas em lei. O que, naturalmente, só é possível quando garantido o direito de greve".*[125]

A convenção coletiva de trabalho representa, segundo Arion Sayão Romita,[126] *"eficaz instrumento de composição dos conflitos de interesses, pela flexibilidade que oferece à regulamentação das condições de trabalho. Exige, porém, certo grau de amadurecimento das empresas e bem assim das entidades de classe que representam os trabalhadores".*

A negociação coletiva de trabalho, para nós, representa o processo de diálogo entre os atores não estatais do direito do trabalho, ou seja, entre um grupo de trabalhador ou grupos de trabalhadores, de um lado, e empregador ou grupos de empregadores, do outro, representados ou não pelas entidades sindicais, no qual se busca a solução para os interesses conflitantes diretamente pelas partes e que poderão resultar em instrumentos normativos, materializados pela autonomia privada coletiva dos atores, mas não se confundindo com os mesmos. Trata-se da principal forma de autocomposição.

---

[123] MANSUETI, Hugo Roberto. Ob. cit., p. 77.

[124] SANTOS, Enoque Ribeiro. Ob. cit., p. 82-83.

[125] FURTADO, Sebastião Antunes. *Liberdade sindical*: o retorno ao debate na EC 45/2004. Direito coletivo do trabalho depois da EC 45/2004, p. 46.

[126] ROMITA, Arion Sayão. A conciliação nos dissídios coletivos de caráter econômico e suas peculiaridades (no direito brasileiro). *Revista LTr*, v. 41, nº 5, p. 601.

PARTE VIII • Cap. I – RELAÇÕES E CONFLITOS COLETIVOS DE TRABALHO | **1221**

A negociação coletiva possui várias funções, que podem, segundo Enoque Ribeiro dos Santos,[127] ser enumeradas em: (a) função jurídica, a qual se subdivide em função normativa (criação de normas), função obrigacional (as cláusulas obrigacionais dos instrumentos jurídicos provenientes da negociação coletiva) e compositiva (um acordo de vontades, instrumentalizado pelo convênio coletivo); (b) função política (processo no qual as partes convenientes exercitam o poder por intermédio do diálogo social); (c) função econômica (luta por melhores condições de trabalho); (d) função social (busca de uma harmonização e equilíbrio entre os grupos pela efetiva participação); (e) função participativa (forma de participação); (f) função pedagógica (processo constante de aquisição e trocas de experiência).

Acrescente-se que, nos dias atuais, a negociação coletiva é um dos meios eficazes para *"diminuir as desigualdades sociais e fortalecer a autoestima e capacidade dos cidadãos, posto que facilita sua participação"*, ainda que indiretamente, pelas entidades sindicais, *"no processo de tomada e implementação de decisões que afetam o seu próprio desenvolvimento"*.[128]

Na análise do aspecto da vontade das partes na conciliação, pode-se encontrar, segundo Wagner Giglio,[129] uma ou mais atitudes dos contendores: renúncia do direito pelo trabalhador, reconhecimento do direito pelo empregador, transação.

Genericamente, nas três formas de soluções de controvérsias (negociação, conciliação e mediação) que se agrupam na autocomposição, a vontade é o elemento essencial e se manifesta pela desistência (renúncia à pretensão), submissão (renúncia à resistência oferecida à pretensão) ou transação (concessões recíprocas).

Para Manoel Alonso García,[130] a negociação coletiva tem como características: (a) é um procedimento, uma forma empregada para conseguir um objetivo determinado, sem que, por si mesma, seja uma instituição definida e substantiva, servindo a outra; (b) constitui a forma empregada para chegar a uma convenção coletiva, não a outra figura diferente, e sua finalidade é, precisamente, a de alcançar aquela; (c) trata de pôr fim a um conflito ou exercer uma pretensão, mas não quer dizer que possa dar-se sem a existência prévia de um ou de outra; assim sendo, enquanto se considere sob esse aspecto, o conflito ou a pretensão são pressupostos necessários para que a negociação se inicie, pois noutro caso não passará a convenção coletiva da expressão formal de um instituto de direito material.

O êxito da negociação coletiva de trabalho, segundo Arnaldo Süssekind,[131] depende de vários fatores, entre os quais se destacam: (a) garantia de liberdade e autonomia sindical; (b) razoável índice de sindicalização do grupo representado; (c) espaço para a complementação e suplementação do sistema legal de proteção ao trabalho.

---

[127] SANTOS, Enoque Ribeiro dos. Ob. cit., p. 128-132.

[128] SANTOS, Enoque Ribeiro dos. Ob. cit., p. 151.

[129] GIGLIO, Wagner D. Ob. cit., p. 275.

[130] GARCÍA, Manoel Alonso. *Curso de derecho del trabajo*, 4. ed., p. 673.

[131] SÜSSEKIND, Arnaldo. *Direito constitucional do trabalho*, p. 401.

Ao traçar as linhas da introdução do direito do trabalho, Efrén Borrajo Dacruz[132] considera a negociação coletiva uma realidade vigorosa e pujante quando presentes os seguintes requisitos: (a) existência de organizações sindicais representativas e disciplinadas; (b) existência de uma estrutura econômica uniforme, ao menos flexível; (c) existência de um espírito de negociação entre as partes e na sociedade em geral que predomine sobre o afã de prestígio ou sobre as ideologias.

Ermida Uriarte[133] chega a afirmar que a negociação imprescinde da existência de liberdade sindical e, especialmente, de sindicatos autônomos, autênticos e com boa capacidade de negociação.

Alfredo J. Ruprecht[134] apresenta a seguinte classificação: (a) negociação coletiva de criação, quando não existia antes uma convenção coletiva; (b) negociação coletiva de modificação, a qual visa alterar cláusula preexistente; (c) negociação coletiva de substituição, ocorre quando se substitui a convenção existente por uma nova.

Manuel-Carlos Palomeque López afirma que os processos de negociação coletiva se acomodam, em geral, sobre dois métodos básicos: *negociación estática (static bargaining)* e *negociación dinámica (dynamic bargaining)*.[135]

1.4.1.1 A Negociação Coletiva de Trabalho no Brasil

No Brasil, a negociação coletiva de trabalho é disciplinada pela CLT (arts. 611 a 625).

É obrigatória a participação dos sindicatos na negociação coletiva de trabalho (art. 8º, VI, CF), os quais podem ser por categoria (econômica, profissional e diferenciada).[136]

---

[132] DACRUZ, Efrén Borrajo. *Introducción al derecho del trabajo*, 9. ed., p. 282.

[133] URIARTE, Oscar Ermida. Ob. cit., p. 261.

[134] RUPRECHT, Alfredo J. Ob. cit., p. 927-928.

[135] "1. Negociação estática *(static bargaining)*, próprio dos países continentais europeus, em que as partes entram nas relações de negociação de forma circunstancial ou periódica, dando vida a bandeiras coletivas perfeitamente determinadas e imediatamente configuráveis. As partes, uma vez obtido o acordo, não voltam a entrar em negociação até o término do acordo ou, em caso de não se ter fixado um limite temporal, até que haja uma alteração nas circunstâncias. 2. Negociação Dinâmica *(dynamic bargaining)*, própria do sistema britânico de relações de trabalho, em que as partes dão vida a uma série de instituições de caráter permanente *(joint council, joint committee, conciliation board)* que cumprem a função de adaptar os pactos às novas circunstâncias. Neste modelo dinâmico, a duração do convênio não tem importância, considerando que as comissões igualitárias instituídas atualizam as cláusulas convencionadas, superando os conflitos que surjam em cada momento à base de uma negociação direta e contínua *(continuous bargaining)*. Originam-se, assim, peculiares relações intersindicais, das quais resultam instituições que têm a ver mais com a administração do convênio que com a própria 'contratação', na medida em que os atos de estipulação ou renovação das convenções sejam substituídos por processos contratuais e sistemas de conciliação de conflitos de caráter continuado" (LÓPEZ, Manuel-Carlos Palomeque. Ob. cit., p. 352).

[136] O Brasil, ao contrário dos demais países do Mercosul, não possui a figura do sindicato por empresa, pois a legislação apenas reconhece o sindicato representativo da categoria (SANTOS, Enoque Ribeiro dos. Ob. cit., p. 132).

PARTE VIII · Cap. I – RELAÇÕES E CONFLITOS COLETIVOS DE TRABALHO | **1223**

A partir da Lei 11.648/08, as centrais sindicais passaram a coordenar a representação dos trabalhadores por meio das organizações sindicais a elas filiadas (art. 1º, I).

As federações[137] e, na falta destas, as confederações[138] representativas de categorias econômicas ou profissionais poderão celebrar convenções coletivas de trabalho para reger as relações das categorias a elas vinculadas, inorganizadas em sindicatos, no âmbito de suas representações (art. 611, § 2º, CLT).

Os empregados de uma ou mais empresas, que estejam interessados na negociação de um acordo coletivo de trabalho, darão ciência do seu interesse ao sindicato para que este assuma a direção da negociação no prazo de oito dias. Ultrapassado esse prazo, os empregados darão ciência à federação e, na falta dessa, à confederação para que assuma a negociação no prazo de oito dias. Esgotado o prazo, os interessados poderão prosseguir diretamente na negociação (art. 617). Da mesma forma deverá proceder a empresa ou grupo de empresas interessadas na negociação do acordo coletivo de trabalho.

De acordo com o art. 612, caput, CLT, os sindicatos só poderão celebrar convenções ou acordos coletivos de trabalho por deliberação de assembleia geral especialmente convocada para esse fim, consoante o disposto nos respectivos estatutos, dependendo sua validade do comparecimento e votação, em primeira convocação, de 2/3 dos associados da entidade, se se tratar de convenção, e dos interessados, no caso de acordo, e, em segunda, de 1/3 dos mesmos.

Na segunda convocação, o *quorum* de comparecimento e votação será de 1/8 dos associados, nas entidades sindicais que tenham mais de 5.000 associados (art. 612, parágrafo único).

Pela OJ 13, SDC, o TST entendia que, mesmo após a promulgação da CF/88, subordinava-se a validade da assembleia de trabalhadores à observância do quórum estabelecido no art. 612 da CLT. A OJ 13 foi cancelada (*DJ*, de 24/11/2003).

Portanto, em face da liberdade e da autonomia sindicais, caberá ao estatuto da entidade sindical deliberar a respeito das formalidades para expedição de edital, elaboração de ato de assembleia, forma de votação, vista de presença, *quorum* etc.

Segundo Maurício Godinho Delgado[139]: *"Não se pode desconhecer, porém que o rigor deste quórum da CLT afronta o princípio constitucional da autonomia dos sindicatos. Como insistido neste Curso, a matéria é efetivamente própria à regência dos estatutos sindicais (cujas regras submetem-se, é claro, aos princípios jurídicos da lealdade e transparência nas negociações coletivas, da racionalidade e razoabilidade, da vedação ao abuso do direito). Esclareça-se, à propósito, que o TST, após fase de reverência, iniciada nos anos de 1990,*

---

[137] Faculta-se aos sindicatos sempre em número superior a 5, desde que representem a maioria absoluta de um grupo de atividades ou profissões idênticas, similares ou conexas, organizarem-se em federação (art. 534, CLT). Via de regra, a representação é estadual. Excepcionalmente, interestadual ou nacional (art. 543, § 2º).

[138] A confederação é formada por, pelo menos, três federações, e terá sede na capital do país (art. 535).

[139] DELGADO, Maurício Godinho. *Curso de direito do trabalho*, 11. ed., p. 1.403.

ao quórum do art. 612 da CLT (nesta linha, OJs 13 e 21 da SDC), felizmente alterou sua compreensão, cancelando em 2003 as referidas orientações jurisprudenciais".

Os sindicatos representativos de categorias econômicas ou profissionais e as empresas, inclusive as que não tenham representação sindical, quando provocados, não podem recusar-se à negociação coletiva (art. 616, *caput*).

Verificando-se recusa à negociação coletiva, cabe aos sindicatos ou empresas interessadas dar ciência do fato, conforme o caso, ao Departamento Nacional do Trabalho (atualmente Secretaria de Emprego e Salário) ou aos órgãos regionais do Ministério do Trabalho e Emprego (MTE), para convocação compulsória dos sindicatos ou empresas recalcitrantes (art. 616, § 1º).

No caso de persistir a recusa à negociação coletiva, pelo desatendimento às convocações feitas pelo Departamento Nacional do Trabalho (atualmente Secretaria de Emprego e Salário) ou órgãos regionais do Ministério do Trabalho, ou se malograr a negociação entabulada, é facultada aos sindicatos ou empresas interessadas a instauração de dissídio coletivo (art. 616, § 2º).[140]

A CLT também prevê a instauração do dissídio coletivo por iniciativa do presidente do tribunal em caso de greve (art. 856). Contudo, a doutrina entende que o referido dispositivo legal não foi recepcionado pela CF/88, a qual atribuiu ao sindicato e ao MPT a legitimidade ativa para o dissídio de greve. O art. 8º, Lei 7.783/89, prevê a possibilidade de instauração do dissídio por qualquer uma das partes (empregador e comissão de negociação dos trabalhadores, na falta de entidade sindical).

Com a EC 45, em caso de recusa das partes à negociação coletiva ou à arbitragem, o ajuizamento do dissídio coletivo de natureza econômica somente poderá ocorrer em "comum acordo" das partes (art. 114, § 2º, CF). A OJ 06 da SDC do TST fixa que o dissídio coletivo de natureza jurídica não prescinde de autorização da categoria, nem da etapa negocial prévia para buscar solução de consenso (cancelada em ago./2000).

No caso de greve em atividades essenciais, com possibilidade de lesão ao interesse público, o MPT tem legitimidade ativa para ingressar com o dissídio coletivo (art. 114, § 3º, CF, art. 856, CLT).

Havendo convenção, acordo ou sentença em vigor, o dissídio coletivo deverá ser instaurado dentro dos 60 dias anteriores ao respectivo termo final, para que o novo instrumento possa ter vigência no dia imediato a esse termo (art. 616, § 3º). Caso esse prazo não seja observado, as categorias ficarão expostas *"ao vazio normativo temporário, na medida em que a sentença normativa prolatada não poderá retroagir à data da categoria (CLT, art. 867, parágrafo único, b), mas entrará em vigor apenas a partir de sua publicação (CLT, art. 867, parágrafo único, a)".*[141]

---

[140] O TST já entendeu que o dissídio coletivo de natureza jurídica não prescinde da autorização da categoria, reunida em assembleia, para legitimar o sindicato próprio, nem da etapa negocial prévia para buscar solução de consenso (OJ 6, SDC, cancelada em 10/8/2000).

[141] MARTINS FILHO, Ives Gandra. *Processo coletivo do trabalho*, 3. ed., p. 131.

PARTE VIII · Cap. I – RELAÇÕES E CONFLITOS COLETIVOS DE TRABALHO | **1225**

Em setembro de 2012, a Súm. 277,[142] TST, passou a espelhar uma nova posição: *"As cláusulas normativas dos acordos coletivos ou convenções coletivas integram os contratos individuais de trabalho e somente poderão ser modificadas ou suprimidas mediante negociação coletiva de trabalho."*[143] *Com a Reforma Trabalhista, o entendimento sumular não prevalece (art. 614, § 3º, CLT).*

Nenhum processo de dissídio coletivo de natureza econômica será admitido sem antes se esgotarem as medidas relativas à formalização da convenção ou acordo correspondente (art. 616, § 4º).

Não tem sido admitida a negociação coletiva de trabalho para os empregados públicos da administração pública direta, autárquica e fundacional, considerando restrições do próprio sistema jurídico: (a) competência constitucional privativa para projetos de leis que versem sobre a criação de cargos, empregos e funções públicas, bem como dispõem sobre sua remuneração; (b) concessão de reajustes e outras vantagens por lei – princípio da legalidade constitucional (art. 37, *caput*); (c) requisitos constitucionais para a concessão de vantagens e reajustes econômicos, bem como limites de gastos com pessoal (art. 169, CF, LC 101/00); (d) observância do teto remuneratório; (e) princípios da supremacia do interesse público e da continuidade dos serviços públicos.

O Decreto Legislativo 206, de 7/4/2010, aprovou a Convenção 151 da OIT, cujo conteúdo diz respeito às relações de trabalho na Administração Pública, dispondo sobre o direito de organização e as garantias às organizações de trabalhadores do setor público, além da fixação de parâmetros para a fixação e negociação das condições de trabalho, solução de conflitos e para o exercício dos direitos civis e políticos. Houve a ratificação do Decreto Legislativo pelo governo brasileiro em 15/6/2010.

Por decorrência da inteligência da Convenção 151, o TST reformulou o teor da OJ 5 da Seção de Dissídios Coletivos, a qual, na sua antiga redação, não facultava aos empregados públicos a possibilidade do dissídio coletivo, visto não lhes ser aplicável o direito ao reconhecimento de acordos e convenções coletivas de trabalho.

Com a Resolução 186, de 14/9/2012, a OJ 5 tem a seguinte redação: *"Em face de pessoa jurídica de direito público que mantenha empregados, cabe dissídio coletivo exclusivamente*

---

[142] O TST entendia que *"as condições de trabalho alcançadas por força de sentença normativa, convenção ou acordos coletivos vigoram no prazo assinado, não integrando, de forma definitiva, os contratos individuais de trabalho"* (Súm. 277, alterada pela Res. 185/2012).Por outro lado, temos a OJ 41, SDI-I, *in verbis*: *"Preenchidos todos os pressupostos para a aquisição de estabilidade decorrente de acidente ou doença profissional, ainda durante a vigência do instrumento normativo, goza o empregado de estabilidade mesmo após o término da vigência deste."*Em 24/5/2011, o TST havia sedimentado o entendimento de que a sentença normativa vigora, desde seu termo inicial até que sentença normativa, convenção coletiva de trabalho ou acordo coletivo de trabalho superveniente produza sua revogação, expressa ou tácita, respeitado, porém, o prazo máximo legal de quatro anos de vigência (PN 120).

[143] A ADPF 323 (STF), Rel. Min. Gilmar Mendes, questiona a constitucionalidade da nova redação da Súm. 277, TST.

para apreciação de cláusulas de natureza social. Inteligência da Convenção nº 151 da Organização Internacional do Trabalho, ratificada pelo Decreto Legislativo nº 206/2010".

Com esse novo direcionamento, o TST passou a admitir, de forma explícita, o ajuizamento de dissídios coletivos contra a administração pública, objetivando a análise das cláusulas sociais.

Para os empregados das empresas públicas, sociedades de economia mista, suas subsidiárias e controladas e demais empresas sob controle direto e indireto da União, aumentos reais de salário somente poderão ocorrer depois de autorizados pelo Comitê de Coordenação das Empresas Estatais (CCE), devendo todas as cláusulas do acordo coletivo vigente ser objeto de negociação a cada nova data-base.

Genericamente, a negociação coletiva de trabalho pode resultar em convenção coletiva de trabalho ou acordo coletivo de trabalho, que são reconhecidos pelo estado (art. 7º, XXVI, CF).

A convenção coletiva de trabalho é o acordo de caráter normativo, pelo qual dois ou mais sindicatos representativos de categorias econômicas e profissionais estipulam condições de trabalho aplicáveis, no âmbito das respectivas representações, às relações individuais do trabalho (art. 611, *caput*, CLT).[144]

Já o acordo coletivo de trabalho é celebrado pela entidade sindical dos trabalhadores com uma ou mais empresas da correspondente categoria econômica, que estipulem condições de trabalho, aplicáveis no âmbito da empresa ou das empresas acordantes às respectivas relações de trabalho (art. 611, § 1º).

Esclarece Roberto Barretto Prado que, durante a vigência de convenção coletiva da categoria, o acordo posterior não poderá desrespeitá-la, admitindo *"entretanto que os acordantes introduzam novas condições complementares. Não há possibilidade de conflitos, mas simplesmente direito de acréscimo e aperfeiçoamento".*[145] Isso porque o próprio legislador determinou que as condições estabelecidas em convenção, quando mais favoráveis, prevalecerão sobre as estipuladas no acordo (art. 620). Trata-se do princípio da norma mais favorável.[146]

---

[144] No Brasil, o CDC, art. 107, prevê a figura da "convenção coletiva de consumo", a qual não tem cunho trabalhista, mas "é um meio de solução de conflitos coletivos em que fornecedores e consumidores, por intermédio de suas entidades representativas, estabelecem condições para certos elementos da relação de consumo, de modo a atuarem nos contratos individuais" (FINK, Daniel Roberto et al. *Código de Defesa do Consumidor.* Comentado pelos Autores do Anteprojeto. (Coord.). Ada Pellegrini Grinover et al. 7. ed., p. 912).

[145] PRADO, Roberto Barretto. *Curso de direito coletivo do trabalho,* 2. ed., p. 87.

[146] Segundo Américo Plá Rodríguez, a princípio protetor se expressa sob três formas: (a) a regra *in dúbio, pro operario*; (b) a regra da norma mais favorável; (c) a regra da condição mais benéfica (*Princípios de direito do trabalho,* 3. ed., p. 107). A aplicação do princípio da norma mais favorável está condicionada à conjugação dos pressupostos: (a) pluralidade de normas jurídicas; (b) validade das normas no confronto; (c) aplicabilidade das normas concorrentes ao caso concreto; (d) colisão entre as normas; (e) maior favorabilidade de uma das normas para o trabalhador (SILVA, Luiz de Pinho Pedreira. *Principiologia do direito do trabalho,* p. 66-67).

PARTE VIII · Cap. I – RELAÇÕES E CONFLITOS COLETIVOS DE TRABALHO | **1227**

São requisitos essenciais desses instrumentos normativos: (a) designação dos sindicatos acordantes (convenentes) ou dos sindicatos e empresas acordantes; (b) prazo de vigência; (c) categorias ou classes de trabalhadores abrangidas pelos respectivos dispositivos; (d) condições ajustadas para reger as relações individuais de trabalho durante sua vigência; (e) normas para a conciliação das divergências surgidas entre os acordantes por motivo de seus dispositivos; (f) disposições sobre o processo de sua prorrogação e de revisão total ou parcial de seus dispositivos; (g) direitos e deveres dos empregados e empresas; (h) penalidades para os sindicatos acordantes, os empregados e as empresas em caso de violação de seus dispositivos (art. 613, CLT).

Além disso, devem ser escritas, sem emendas ou rasuras, em tantas vias quantas forem as partes. Uma cópia também deverá ser destinada ao registro (art. 613, parágrafo único).

As convenções e acordos coletivos são aplicáveis às partes (sindicatos e empresas) participantes da negociação, aos seus representados (empresas e empregados) e seus empregados não sindicalizados – efeito *erga omnes* (arts. 611 e 613, III).

Para a validade da convenção ou do acordo, é necessária a publicidade. Começam a viger três dias após a data do depósito. Nos sindicatos acordantes e nos estabelecimentos das empresas compreendidas no seu campo de aplicação, os instrumentos deverão ser fixados em lugar visível no prazo de cinco dias da data do depósito (art. 614).

Não existe controle administrativo sobre o conteúdo do instrumento normativo.

O art. 623 considera nulas de pleno direito: disposições dos instrumentos normativos que, direta ou indiretamente, contrariem proibição ou norma disciplinadora da política econômico-financeira do governo ou concernente à política salarial vigente.

As normas coletivas não poderão vigorar por prazo superior a 2 anos (art. 614, § 3º).[147]

---

[147] Renato Rua de Almeida, ao abordar a questão da vantagem individualmente adquirida, ensina-nos: "No entanto, há uma exceção ao princípio da não incorporação definitiva das cláusulas normativas nos contratos individuais de trabalho. Trata-se da hipótese que o direito francês convencionou chamar de vantagem individualmente adquirida por força da aplicação de cláusula normativa. Essa exceção foi consagrada no direito francês pela Lei Auroux, de 13 de novembro de 1982 (Código do Trabalho, artigo L. 132-8, alínea 6), que serve, inclusive, de elemento para o juiz brasileiro decidir, aplicando a incorporação definitiva da cláusula normativa no contrato individual de trabalho, diante da falta de disposição legal expressa, com efeito amplo, por ser o direito comparado um método importante de integração do direito, conforme, aliás, previsto pelo artigo 8º da CLT. As vantagens individuais, no dizer de Gérard Couturier, são aquelas diretamente relacionadas ao empregado, distinguindo-se das vantagens coletivas dirigidas à representação eleita ou sindical dos trabalhadores na empresa (Convenção 135 da OIT), que no caso do direito brasileiro seria, por exemplo, alguma vantagem especial dos representantes eleitos pelos empregados para a Comissão Interna de Prevenção de Acidentes (CIPA's), prevista pelo artigo 163 da Consolidação das Leis do Trabalho, ou daquelas relacionadas à organização interna de trabalho na empresa (garantias disciplinares, alteração de horário, intervalos etc.). Em complemento, essas vantagens, para se incorporarem aos contratos individuais de trabalho, devem estar individualmente adquiridas, isto é, o empregado tenha delas se beneficiado ou implementado as condições para beneficiar-se. Por último, tais vantagens individuais devem ter caráter continuado e não casual ou ocasional, bem como não depender de evento futuro e incerto" (Das cláusulas normativas das convenções coletivas

De certa maneira, esse dispositivo legal perdeu a sua eficácia com a redação da Súmula 277 do TST: *"As cláusulas normativas dos acordos coletivos ou convenções coletivas integram os contratos individuais de trabalho e somente poderão ser modificadas ou suprimidas mediante negociação coletiva de trabalho"* (redação dada pela Resolução 185, de 14/9/2012).

Em 14/10/2016, na ADPF 323, o Ministro Gilmar Mendes (STF) concedeu liminar para suspender a eficácia da Súmula 277.

Por fim, a Reforma Trabalhista (Lei 13.467) pôs fim à celeuma, vedando a ultratividade quanto às normas coletivas, ao alterar a redação do § 3º, art. 614: "Não será permitido estipular duração de convenção coletiva ou acordo coletivo de trabalho superior a dois anos, sendo vedada a ultratividade".

A prorrogação, revisão, denúncia ou revogação total ou parcial da convenção ou acordo depende de aprovação da assembleia geral do sindicato ou dos concordantes, observando o *quorum* mínimo legal para a realização da assembleia (art. 615).

O sistema jurídico brasileiro faz referência, em normas esparsas, ao contrato coletivo de trabalho (art. 1º, Lei 8.542/92; art. 18, Lei 8.630/93, revogada pela Lei 12.815/13), contudo não há regramento legal sobre o conteúdo desse instrumento.

Nas palavras de Octavio Bueno Magno,[148] contrato coletivo é o instrumento normativo pelo qual as *"entidades sindicais representativas de uma ou mais categorias, ou de um ou mais ramos de atividade econômica, estipulam normas salariais e condições de trabalho, a serem aplicadas no âmbito das respectivas representações, às relações de trabalho".*

Para Amauri Mascaro Nascimento,[149] *"do modo como foi instituído o contrato coletivo é, como disse, um corpo sem rosto".*

José Augusto Rodrigues Pinto[150] considera contrato coletivo de trabalho um instrumento de negociação e contratação intersetorial e nacional capaz de determinar *"os princípios mais amplos que deverão reger as relações entre categorias, através de suas associações sindicais, ou entre categoria profissional, através de sua associação sindical representativa, e empresa ou empresas".* E tem como destinação *"transferir da órbita estatal para a dos próprios interlocutores das relações de trabalho a regulamentação dos princípios norteadores de seus interesses gerais".*[151]

Com a Lei 13.467/17 (Reforma Trabalhista), a CLT sofreu uma série de modificações no campo do Direito Individual do Trabalho, com alterações e inovações legais prejudiciais aos trabalhadores, além da fixação da prevalência do negociado em relação

---

de trabalho: conceito, eficácia e incorporação nos contratos individuais de trabalho. *Revista LTr,* v. 60, nº 12, p. 1.602).

[148] MAGANO, Octavio Bueno. Contração coletiva. In: *Revista LTr,* nº 57, v. 2, p. 200.

[149] NASCIMENTO, Amauri Mascaro. Contrato coletivo como alteração do modelo de relações de trabalho. In: *Revista LTr,* v. 57, nº 2, p. 198.

[150] PINTO, José Augusto Rodrigues. Ob. cit., p. 238.

[151] PINTO, José Augusto Rodrigues. Ob. cit., p. 238.

ao modelo legal, ao fixar, no art. 611-A, que a convenção coletiva e o acordo coletivo de trabalho têm prevalência sobre a lei quando, entre outros, dispuserem sobre: (a) pacto quanto à jornada de trabalho, observados os limites constitucionais; (b) banco de horas anual; (c) intervalo intrajornada, respeitado o limite mínimo de trinta minutos para jornada superior a seis horas; (d) adesão ao Programa Seguro-Emprego (PSE) (Lei 13.189/15); (e) plano de cargos, salários e funções compatíveis com a condição pessoal do empregado, bem como identificação dos cargos que se enquadram como funções de confiança; (f) regulamento empresarial; (g) representante dos trabalhadores no local de trabalho; (h) teletrabalho, regime de sobreaviso e trabalho intermitente; (i) remuneração por produtividade, incluídas as gorjetas percebidas pelo empregado, e remuneração por desempenho individual; (j) modalidade de registro de jornada de trabalho; (l) troca do dia de feriado; (m) enquadramento do grau de insalubridade; (n) prorrogação de jornada em ambientes insalubres, sem licença prévia das autoridades competentes do MTE; (o) prêmios de incentivo em bens ou serviços, eventualmente concedidos em programas de incentivo; (p) participação nos lucros ou resultados da empresa.

Os direitos acima fixados estão vinculados a três elementos naturais do contrato de trabalho, como negócio jurídico, a saber: função; jornada de trabalho e remuneração, logo, por uma interpretação literal, com base no art. 611, *caput*, CLT, o instrumento normativo pode dispor de forma prejudicial ao que estiver previsto na norma legal, em detrimento dos direitos sociais (art. 7º, *caput*, CF).

Por um prisma teleológico, a finalidade constitucional da negociação coletiva (art. 7º, XXVI) é a obtenção de outros direitos, os quais visem a melhoria das condições sociais dos trabalhadores, logo, é inadmissível a valorização da negociação como mecanismo legal de limitação ou supressão de direitos.

Por outro lado, dentro do espírito liberal da Reforma Trabalhista, o legislador fixou outras regras prejudiciais aos trabalhadores (art. 611-A, §§ 1º a 5º). São elas:

a) no exame do instrumento normativo (convenção coletiva ou acordo coletivo de trabalho), a Justiça do Trabalho analisará exclusivamente a conformidade dos elementos essenciais do negócio jurídico, respeitado o disposto no art. 104, CC (agente capaz; objeto lícito, possível, determinado ou determinável; forma prescrita ou não defesa em lei), bem como balizará sua atuação pelo princípio da intervenção mínima na autonomia da vontade coletiva (art. 8º, § 3º, CLT). Diante do caso concreto, por essa disposição legal, o magistrado trabalhista não poderá adentrar ao mérito da cláusula normativa, analisando, tão somente, se a norma atende aos critérios formais de validade do instrumento normativo, como negócio jurídico. Trata-se de uma violação indevida ao controle jurisdicional das normas coletivas, visto que limita a independência funcional do magistrado trabalhista;

b) a inexistência de expressa indicação de contrapartidas recíprocas em convenção coletiva ou acordo coletivo de trabalho não ensejará sua nulidade por não caracterizar um vício do negócio jurídico. Por disposição legal, a ausência de compensação, quando da supressão ou limitação de direitos previstos na norma legal pela cláusula normativa, não poderá ser considerada, diante do caso concreto, motivo determinante da ilicitude da cláusula. Evidente que a regra é uma ingerência à independência funcional da magistratura trabalhista;

c) se for pactuada cláusula que reduza o salário ou a jornada, o instrumento normativo deverá prever a proteção dos empregados contra dispensa imotivada durante o prazo de sua vigência. Por disposição legal expressa, essa é a única hipótese exigível de compensação, visto que condiciona a redução do salário ou da jornada de trabalho à expressa fixação da garantia de emprego durante o período de vigência da cláusula normativa;

d) na hipótese de procedência de ação anulatória de cláusula normativa, quando houver a cláusula compensatória, esta deverá ser igualmente anulada, sem repetição do indébito. A nulidade compulsória da cláusula compensatória fere os ditames da independência funcional da magistratura trabalhista. Se há ou não a nulidade da compensação, por consequência, diante do contexto do caso concreto, é solução que se vincula, tão somente, ao livre convencimento jurídico do magistrado (art. 93, IX, CF);

e) os sindicatos subscritores do instrumento normativo participarão, como litisconsortes necessários, em ação individual ou coletiva que tenha como objeto a anulação de cláusulas normativas. Impor a não possibilidade de apreciação de cláusula normativa em uma ação individual simples ou plúrima implica negar o acesso ao Judiciário, o que é por demais inconstitucional, consoante o disposto no art. 5º, XXV, da CF, o qual estabelece: *"a lei não excluirá da apreciação do Poder Judiciário lesão ou ameaça a direito"*. Citada regra é aplicável as demandas ajuizadas após 11/11/2017 (art. 3º, IN 41/18, TST).

Além do art. 611-A, a Reforma Trabalhista acresceu o art. 611-B ao texto consolidado, estabelecendo os temas que não podem ser objeto de negociação coletiva: (1) normas de identificação profissional, inclusive as anotações na CTPS; (2) seguro-desemprego, em caso de desemprego involuntário; (3) valor dos depósitos mensais e da indenização rescisória do FGTS; (4) salário mínimo; (5) valor nominal do décimo terceiro salário; (6) remuneração do trabalho noturno superior à do diurno; (7) proteção do salário na forma da lei, constituindo crime sua retenção dolosa; (8) salário-família; (9) repouso semanal remunerado; (10) remuneração do serviço extraordinário superior, no mínimo, em 50% à do normal; (11) número de dias de férias devidas ao empregado e o gozo de férias anuais remuneradas com, pelo menos, um terço a mais do que o salário normal; (12) licença-maternidade com a duração mínima de 120 dias; (13) licença-paternidade; (14) proteção do mercado de trabalho da mulher, mediante incentivos específicos, nos termos da lei; (15) aviso prévio proporcional ao tempo de serviço, sendo no mínimo de 30 dias, nos termos da lei; (16) normas de saúde, higiene e segurança do trabalho previstas em lei ou em normas regulamentadoras do Ministério do Trabalho; (17) adicional de remuneração para as atividades penosas, insalubres ou perigosas; (18) aposentadoria; (19) seguro contra acidentes de trabalho, a cargo do empregador; (20) ação, quanto aos créditos resultantes das relações de trabalho, com prazo prescricional de cinco anos para

PARTE VIII • Cap. I – RELAÇÕES E CONFLITOS COLETIVOS DE TRABALHO | **1231**

os trabalhadores urbanos e rurais, até o limite de dois anos após a extinção do contrato de trabalho; (21) proibição de qualquer discriminação no tocante a salário e critérios de admissão do trabalhador com deficiência; (22) proibição de trabalho noturno, perigoso ou insalubre a menores de dezoito anos e de qualquer trabalho a menores de dezesseis anos, salvo na condição de aprendiz, a partir de quatorze anos; (23) medidas de proteção legal de crianças e adolescentes; (24) igualdade de direitos entre o trabalhador com vínculo empregatício permanente e o trabalhador avulso; (25) liberdade de associação profissional ou sindical do trabalhador, inclusive o direito de não sofrer, sem sua expressa e prévia anuência, qualquer cobrança ou desconto salarial estabelecidos em convenção coletiva ou acordo coletivo de trabalho; (26) direito de greve, competindo aos trabalhadores decidir sobre a oportunidade de exercê-lo e sobre os interesses que devam por meio dele defender; (27) definição legal sobre os serviços ou atividades essenciais e disposições legais sobre o atendimento das necessidades inadiáveis da comunidade em caso de greve; (28) tributos e outros créditos de terceiros; (29) as disposições previstas nos arts. 373-A, 390, 392, 392-A, 394, 394-A, 395, 396 e 400, CLT.

O parágrafo único, art. 611-B, dispõe que as regras sobre duração do trabalho e intervalos não são consideradas normas de saúde, higiene e segurança do trabalho para os fins de aplicação da proibição quanto à negociação.

1.4.2 Conciliação e Mediação

1.4.2.1 Conciliação

Patrícia Tuma Martins Bertolin[152] tece considerações sobre a importância da conciliação: *"A conciliação é uma forma pacífica de se dirimir controvérsias. É bastante provável que seja ela uma instituição tão antiga quanto o interesse dos homens em resolver seus conflitos por via pacífica e vem se ampliando sobremaneira, de forma a assumir importância até mesmo na solução de conflitos internacionais e na manutenção da paz mundial.*

No mundo atual, provavelmente só há uma outra esfera em que a conciliação se reveste de importância comparável: as relações de trabalho. É exatamente no âmbito das relações laborais que se tem recorrido com mais frequência à conciliação e em que tem ela alcançado seu mais alto grau de perfeição."

A conciliação representa uma forma consensual de solução das lides de trabalho, com o auxílio de um terceiro (conciliador).[153] Segundo Arion Sayão Romita, a conciliação já foi chamada de "negociação coletiva protegida" (Oficina Internacional del Trabajo, 1974).[154]

---

[152] BERTOLIN, Patrícia Tuma Martins. Ob. cit., p. 27.

[153] "Os componentes que a integram são dois: (a) A base. O acordo entre as partes. (b) O elemento complementar. A presença de um terceiro que busca cercar as partes e facilitar o acordo" (RODRÍGUEZ, Américo Plá. *Curso de derecho laboral*: conflictos colectivos, t. 4, v. 2, p. 29).

[154] ROMITA, Arion Sayão. Ob. cit., p. 603.

Para Alfredo Ruprecht,[155] a conciliação é um meio de solução das demandas coletivas de trabalho, *"pelo qual as partes – voluntária ou obrigatoriamente – levam suas diferenças ante um terceiro, que não propõe nem decide, com o objetivo de harmonizar, conformar ou ajustar suas mútuas pretensões, na tentativa de chegar a um acordo que seja satisfatório para ambos".*

Assim, a conciliação representa uma forma de solução da lide coletiva de trabalho pelas partes, com auxílio de um terceiro (o conciliador) que tem como papel fundamental manter os canais de diálogo abertos e promover a aproximação das partes, a qual, seme-lhantemente à negociação coletiva, poderá resultar na celebração de um instrumento normativo de trabalho.

Dessa forma, o objetivo da conciliação é chegar a um acordo, *"mediante renúncias parciais de pretensões expostas, com o fim de restabelecer a paz industrial e levar adiante as relações trabalhistas, ficando ambas as partes conformes com o resultado obtido".*[156]

O conciliador, segundo Pedro Paulo Teixeira Manus, *"não efetua propostas, nem age no sentido de interferir no conteúdo do ajuste a ser celebrado, limitando-se a aproximar e estimular os negociadores".*[157]

Américo Plá Rodríguez menciona a possibilidade de classificar as formas de conci-liação de diferentes maneiras: (a) quem seja o terceiro atuante: públicas (administrativa, judicial ou política) ou privadas (obrigatórias ou facultativas); (b) momento: preventiva ou posterior; (c) a composição do órgão conciliador: unipessoal ou colegiado; (d) proce-dimento: regulado previamente ou sem trâmite predeterminado; (e) caráter: estabelecido ou aleatório.[158]

1.4.2.2 Mediação

Alfredo Ruprecht[159] afirma que a mediação é considerada como um intermediário entre a conciliação e a arbitragem, mas se aproximaria da conciliação, por constituir um instrumento de aproximação entre as partes para encontrar a solução para a divergên-cia que as separa e encontrar a solução que satisfaça a ambos, e sua proximidade com a arbitragem ocorre pelo papel ativo que tem o mediador.

---

[155] RUPRECHT, Alfredo J. Ob. cit., p. 904.

[156] RUPRECHT, Alfredo J. Ob. cit., p. 905.

[157] MANUS, Pedro Paulo Teixeira. Ob. cit., p. 54.

[158] "Segundo seu caráter estável ou aleatório, cabe distinguir entre aquelas conciliações a cargo dos órgãos normalmente encarregados de cumprir esta função e de órgãos que eventualmente podem cumprir esta tarefa, seja por iniciativa própria, seja a pedido das partes, seja por encargo de alguma autoridade" (RODRÍGUEZ, Américo Plá. Ob. cit., p. 29-30).

[159] RUPRECHT, Alfredo J. Ob. cit., p. 918.

PARTE VIII · Cap. I – RELAÇÕES E CONFLITOS COLETIVOS DE TRABALHO | **1233**

Para Marco Antônio César Villatore,[160] *"na mediação, as partes que não conseguem um acordo direto designam um terceiro, chamado de mediador, que deverá tentar aproximá-las para que cheguem a um resultado final que lhe seja satisfatório".*

Como outra forma de solução das controvérsias trabalhistas, parece-nos precisa a conceituação feita por Ruprecht,[161] para quem a mediação é um meio *"pelo qual as partes recorrem a um órgão por elas designado ou instituído oficialmente, o qual propõe a solução que pode ou não ser acolhida por elas".*

Nas lições de Maurício Godinho Delgado,[162] a mediação corresponde à atuação do terceiro, assim *"considerado terceiro imparcial em face dos interesses contrapostos e das respectivas partes conflituosas, busca auxiliá-las e, até mesmo, instigá-las à composição, cujo teor será, porém, decidido pelas próprias partes".*

Para Ruprecht,[163] a mediação tem como característica *"obter das partes uma aceitação à solução da divergência, originada numa proposta de um terceiro, que não tem força compulsiva, mas simplesmente de recomendação".*

Em outras palavras, quer dizer, como na conciliação, é a vontade das partes que prevalece, resultando, quando favorável, via de regra, em um instrumento normativo de trabalho.

Amauri Mascaro Nascimento destaca que o mediador não substitui a vontade das partes conflitantes, mas se restringe a propor a solução às mesmas, que terão plena liberdade para aceitá-la ou não.

A mediação pode ser: (a) facultativa ou obrigatória quanto à vontade das partes se submeterem ou não ao procedimento de mediação; (b) unipessoais ou colegiadas, considerando o órgão mediador; (c) pública ou privada.[164]

Parte da doutrina[165] tem apontado que a principal diferença entre mediação e conciliação está na atividade do órgão. Na mediação a atividade do órgão é muito mais intensa, não se limita apenas a dirigir o debate, como acontece na conciliação, mas intervém ativamente nele e propõe a solução.

Segundo Pedro Paulo Manus,[166] na mediação *"o mediador efetua proposta de solução do conflito, diferentemente do conciliador, que apenas estimula as partes ao acordo, sem nele interferir".*

---

[160] VILLATORE, Marco Antônio César. Aspectos gerais da solução extrajudicial de conflitos em países do Mercosul. In: *Revista do Tribunal Regional do Trabalho da Décima Quinta Região*, nº 18, set. 2002, p. 52.

[161] RUPRECHT, Alfredo J. Ob. cit., p. 919.

[162] DELGADO, Maurício Godinho. *Curso de direito do trabalho*, 5. ed., p. 1453.

[163] RUPRECHT, Alfredo J. Ob. cit., p. 918.

[164] NASCIMENTO, Amauri Mascaro. *Compêndio de direito sindical*, 3. ed., p. 292.

[165] ROMITA, Arion Sayão. Ob. cit., p. 603.

[166] MANUS, Pedro Paulo Teixeira. Ob. cit., p. 55.

Amauri Mascaro Nascimento[167] afirma que *"a diferença entre as duas figuras está menos na sua função e perspectivas de atuação do agente, mais no âmbito em que é exercida. A medição é um mecanismo basicamente extrajudicial e a conciliação é judicial e extrajudicial. ...*

Diferem conciliação e mediação: a mediação tem produzido efeitos muito bons nos conflitos coletivos de interesse e a conciliação nos conflitos individuais jurídicos. Assim, a conciliação é, também, um ato processual, enquanto a mediação não, a menos que se designe a atuação conciliatória judicial como ato de mediação. A conciliação, se assim dispuser o ordenamento jurídico, pode ser um ato administrativo ou um ato judicial, e a tendência da mediação é a de ser um procedimento particular. Mas as funções das duas figuras são muito próximas".

Carlos Alberto Etala,[168] ao distinguir os dois institutos, diz que na mediação *"o terceiro chamado a ajudar as partes em conflitos a buscar uma solução terá uma intervenção mais direta até o ponto de formular sua própria proposta de solução a que colocará a consideração dos interessados".*

Américo Plá Rodríguez,[169] após reconhecer a dificuldade de se distinguir a conciliação da mediação, inclusive fazendo referência à doutrina de inúmeros países, afirma que a mediação se contenta com uma composição, sem se preocupar com a justiça dela, e a conciliação aspira a uma composição justa.[170] Essa distinção também é apontada por Arion Sayão Romita.[171]

Além disso, segundo Américo Plá Rodríguez,[172] a conciliação e a mediação são os caminhos preferidos para a solução dos conflitos coletivos de trabalho, isso porque *"responde aos ensinos de uma larga experiência que nos mostra que as soluções conseguidas de comum acordo entre as partes são muito mais sólidas, mais firmes, mais duráveis, mais fecundas que as soluções impostas pela via de autoridade.*

---

[167] NASCIMENTO, Amauri Mascaro. Ob. cit., p. 293-294.

[168] ETALA, Carlos Alberto. Ob. cit., p. 392.

[169] RODRÍGUEZ, Américo Plá. Ob. cit., p. 32.

[170] "Mas logo introduz uma nota distinta. Quando a mediação se contenta com uma composição qualquer sem se preocupar com sua justiça, a conciliação aspira a uma composição justa. Coincidindo com este último enfoque diversos autores sustentam que a conciliação deve buscar não somente uma solução aceita por ambas as partes, sem que seja também razoavelmente justa. Dentro da dificuldade para encontrar uma solução justa em uma etapa conciliatória, cremos que a conciliação não deve buscar a paz a qualquer preço, mas somente no âmbito da lei e de acordo com considerações de razoabilidade e justiça. O conciliador não deve atuar mecanicamente sem critérios. Não deve limitar-se a mensurar a distância entre as posições das partes para cortar pela metade a diferença, sem buscar soluções que pareçam adequadas às circunstâncias do caso, introduzindo elementos ponderados e descartando renúncias de direitos irrenunciáveis" (RODRÍGUEZ, Américo Plá. Ob. cit., p. 32).

[171] ROMITA, Arion Sayão. Solução dos conflitos coletivos de trabalho. In: *Revista LTr*, v. 42, p. 691.

[172] RODRÍGUEZ, Américo Plá. Ob. cit., p. 32-33.

PARTE VIII · Cap. I – RELAÇÕES E CONFLITOS COLETIVOS DE TRABALHO | **1235**

Não importa o cuidado que se tenha posto em encontrar uma solução equilibrada e equânime; não interessa o acerto e a justiça com que se tenha atuado; não conta muito o poder persuasivo dos fundamentos da solução imposta. O que as partes sentem é que lhes impõem de fora uma solução que eles não aceitaram.

A mesma solução tem maiores possibilidades de triunfar nas práticas, se contou desde o princípio, no período de sua gestação, com o aporte, a colaboração, o consentimento e a responsabilidade de cada uma das partes.

Se ambas as partes contribuem entre as duas a forjar uma solução, se sentirão mais solidárias com ela e vão procurar cumpri-la com maior entusiasmo, lealdade e fidelidade a seu espírito. Procurarão caminhar nos eixos que alcancem os propósitos perseguidos".

1.4.2.3 A Conciliação e a Mediação no Brasil

No Brasil, não existe previsão legal quanto à conciliação extrajudicial para os conflitos coletivos de trabalho. Para os conflitos individuais, a conciliação extrajudicial é feita na Comissão de Conciliação Prévia (arts. 625-A e segs., CLT).

Nos conflitos coletivos de trabalho, a conciliação será feita pelo presidente dos tribunais do trabalho em audiência designada no curso da ação judicial – dissídio coletivo de trabalho (art. 862), o qual será submetido à homologação do tribunal na primeira sessão (art. 863). Trata-se de conciliação feita no curso do processo judicial.

Feita a conciliação perante os órgãos da Justiça do Trabalho, ela somente será desconstituída por ação rescisória (Súm. 259, TST).

A mediação extrajudicial será prestada pelo Ministério do Trabalho (MT) (âmbito administrativo, atualmente Ministério do Trabalho e Emprego – MTE). Quando se verificar recusa à negociação coletiva, cabe aos sindicatos ou empresas interessadas dar ciência do fato ao Departamento Nacional do Trabalho (atualmente Secretaria de Emprego e Salário) ou aos órgãos regionais do MTE, para convocação compulsória dos sindicatos ou empresas recalcitrantes (art. 616, § 1º).

No caso de persistir a recusa à negociação coletiva, pelo desatendimento às convocações feitas pelo Departamento Nacional do Trabalho (atualmente Secretaria de Emprego e Salário) ou órgãos regionais do MTE, ou se malograr a negociação entabulada, é facultada aos sindicatos ou empresas interessadas a instauração de dissídio coletivo (art. 616, § 2º). A partir da EC 45, o dissídio coletivo de trabalho de natureza econômica somente pode ser proposto de "comum acordo" pelas partes (art. 114, § 2º, CF).

A Lei 10.192/01, que dispõe sobre medidas complementares do Plano Real, prevê as soluções de conflitos trabalhistas por negociação direta ou pela mediação.

A Lei 10.101/00, que prevê o sistema de participação dos trabalhadores nos lucros e resultados da empresa, menciona a mediação e a arbitragem de ofertas finais[173] como forma de solução dos impasses.

---

[173] "Art. 4º, Lei 10.101/2000 – [...]§ 1º Considera-se arbitragem de ofertas finais aquela em que o árbitro deve restringir-se a optar pela proposta apresentada, em caráter definitivo, por uma das partes."

O Decreto 1.572, de 28/7/1995, estabelece uma série de regras sobre a mediação na negociação coletiva dos conflitos trabalhistas. Da mesma forma, a Portaria do MTE 3.122, de 5/7/1988.

A Portaria do MTE 817, de 30/8/1995, estabelece critérios para participação do mediador na negociação coletiva de natureza trabalhista, enquanto a Portaria 818, de 30/8/1995, estabelece critérios para o credenciamento de mediador perante a Superintendência Regional do Trabalho e Emprego (SRTE) (Dec. 5.063, 3/5/2004, Anexo I, art. 21).

O art. 240, RITST, prevê a possibilidade de a parte solicitar a mediação, como forma de solução de um conflito coletivo, a qual será formulada antes da instauração do dissídio coletivo, em petição dirigida à Vice-Presidência, que marcará audiência para composição voluntária do conflito.

Pondere-se que vários tribunais regionais possuem núcleos de mediação para os dissídios coletivos.

1.4.3 Arbitragem

Entre 1860 e 1864, na Inglaterra, as primeiras modalidades de arbitragem tomaram forma, eram as juntas mistas do tipo Mundella e Kettle, seguidas pelas formas compulsórias de arbitragem da Nova Zelândia (1894) e da Austrália (início do séc. XX).[174]

Nesses últimos anos, segundo Efrén Córdova,[175] a arbitragem trabalhista vem decaindo e *"seu uso se faz cada vez mais raro nos conflitos de natureza econômica ocorridos nos países industrializados. A função arbitral, que antes parecia prioritária, vem perdendo importância em quase todos os países. Pode-se hoje inclusive falar de seu ocaso. Em contrapartida, existe uma tendência nítida no Direito Comparado do Trabalho para usar-se a conciliação como meio preferencial de solução dos conflitos econômicos".*

Arbitragem, na conceituação de Alfredo Ruprecht,[176] *"é um meio de solução dos conflitos coletivos de trabalho pelo qual as partes – voluntária ou obrigatoriamente – levam suas dificuldades ante um terceiro, obrigando-se a cumprir o laudo que o árbitro ditar".*

Em sentido lato, Wagner Giglio[177] entende que a arbitragem *"consiste em submeter o conflito à decisão de um terceiro, pessoa ou grupo de pessoas físicas, entidade administrativa ou órgão judicial".*

Carlos Alberto Etala[178] considera a arbitragem um procedimento de solução das lides de trabalho, *"mediante a qual das partes, de comum acordo, designam uma pessoa alheia a elas – o árbitro – para que resolvam em um prazo determinado as questões controvertidas que lhes submetem voluntariamente a sua decisão."*

---

[174] CÓRDOVA, Efrén. O acaso da arbitragem nos conflitos de interesse. In: TEIXEIRA FILHO, João de Lima (Coord.), *Relações coletivas de trabalho*, p. 557.

[175] CÓRDOVA, Efrén. Ob. cit., p. 571.

[176] RUPRECHT, Alfredo J. Ob. cit., p. 941.

[177] GIGLIO, Wagner D. Ob. cit., p. 277.

[178] ETALA, Carlos Alberto. Ob. cit., p. 392.

PARTE VIII · Cap. I – RELAÇÕES E CONFLITOS COLETIVOS DE TRABALHO | **1237**

João de Lima Teixeira Filho[179] vê na arbitragem *"mais um mecanismo auxiliar pelo qual as partes podem recorrer para concluir a negociação coletiva que diretamente não lograram compor"*.

Como forma de solução da controvérsia, a arbitragem representa a submissão pelas partes do conflito, no caso, coletivo de trabalho, voluntária ou obrigatoriamente, a um terceiro (árbitro ou tribunal arbitral) que dará a solução por meio de uma decisão, observando os critérios previamente definidos pelas partes e em consonância com o sistema jurídico vigente.

Diferentemente do que ocorre na conciliação e mediação, na arbitragem, o árbitro resolve obrigatoriamente o conflito, com a apresentação de um laudo (ou decisão).[180]

As principais classes de arbitragem, apontadas por Oscar Ermida Uriarte,[181] são: voluntária (ou facultativa) e obrigatória; posterior ou concomitante à divergência.

Américo Plá Rodríguez[182] separa as formas de arbitragem em arbitragem facultativa[183] (de aceitação por acordo comum entre as partes ou imposição unilateral) e obrigatória (obrigatória enquanto ao submetimento, mas livre enquanto ao cumprimento do fato, o qual não é preceptivo ou obrigatório enquanto ao submetimento e ao fato).[184]

---

[179] SÜSSEKIND, Arnaldo; MARANHÃO, Délio; Segadas, Vianna; Teixeira, Lima. *Instituições de direito do trabalho*, v. 2, 19. ed., p. 1195.

[180] Ari Possidonio Beltran apresenta características específicas de distinção entre conciliação, mediação e arbitragem: "(a) na arbitragem o conflito é dirimido ao prevalecer a decisão ou lado do árbitro sobre a vontade das partes em contenda. Na conciliação as próprias partes compõem ou resolvem o conflito, com mútuas concessões. Na mediação, o mediador não decide, mas propõe um projeto de solução às partes, que poderão aceitá-lo; (b) na conciliação não é necessário, em princípio, que exista um sujeito ou órgão conciliador, podendo as partes conciliarem-se entre si, sendo que, ao contrário, a figura do árbitro e a do mediador são necessárias na arbitragem e na mediação, respectivamente; (c) a conciliação e a mediação são meios especialmente adequados para conflitos coletivos de regulação, enquanto a arbitragem melhor se presta para a solução de conflitos sobre a aplicação do Direito vigente. Com frequência o árbitro é um técnico em legislação trabalhista, incumbido de dirimir tais conflitos, razão pela qual sua posição muito se assemelha à do juiz profissional" (Ob cit., p. 275).

[181] URIARTE, Oscar Ermida. Ob. cit., p. 263.

[182] RODRÍGUEZ, Américo Plá. Ob. cit., p. 34.

[183] "A arbitragem pode ser voluntária (ou facultativa), obrigatória (ou compulsório). Em primeiro lugar, as partes têm a faculdade de submeter sua divergência à decisão de um árbitro. Em segundo, o ordenamento jurídico impõe às partes que submetam a mesma a um arbitramento. A obrigatoriedade pode dar-se em relação a dois aspectos: quanto a recorrer ao arbitramento e/ou quanto a acatar o laudo arbitral uma vez que ele mesmo pronuncie.Por suas peculiares características, existe a dúvida se a arbitragem voluntária é uma forma de autocomposição ou de uma composição heterogênea, visto que há uma autocomposição no compromisso arbitral (as partes acordam recorrer do arbitramento) e a heterocomposição no laudo (a decisão que põe fim ao conflito é tomada por um árbitro, não pelas partes), especialmente quando é necessário executar o mesmo" (ROCCA, Danubio Moreira. Ob. cit., p. 308).

[184] "(b) Obrigatório quanto ao submetimento mas livre quanto ao cumprimento da sentença, o qual não é regra. Isto importa na desnaturalização do instituto que se assemelha mais a uma investigação do que a uma autêntica arbitragem. Geralmente é fonte de problemas anteriores porque a

Repudiando a arbitragem obrigatória, Oscar Ermida Uriarte[185] entende que a arbitragem facultativa pode ser aceita como meio de solução das controvérsias coletivas sempre que existirem alguns requisitos (absolutamente indispensáveis): (a) liberdade sindical; (b) existência de sindicatos autônomos, autênticos e fortes; (c) árbitros independentes em sua eleição e forma de atuação; (d) disponibilidade das partes de mesma possibilidade de expressão.

Patrícia Tuma[186] denomina de arbitragem contratual, quando decorra de um ajuste das partes, e de arbitragem legal, se se tratar de procedimento determinado pela lei. E, em relação à escolha do árbitro, se feita pelos litigantes, será particular, se a indicação cabe ao Estado, considera-se oficial ou administrativa.[187]

Apesar da proximidade da arbitragem obrigatória da solução jurisdicional, pois em ambas há uma solução imposta às partes, elas não se confundem, pois *"o caráter compulsório daquele procedimento não interfere em sua natureza privada, enquanto a atividade jurisdicional é necessariamente exercida por órgãos públicos, imposto às partes"*, e porque *"o árbitro não pode usar medidas coercitivas, nem decretar medidas cautelares, prerrogativas da via jurisdicional"*.[188]

Além disso, *"o juiz aplica a lei correspondente, o árbitro não costuma ter uma norma anterior que lhe aponte a solução. O juiz aplica o direito, o árbitro o declara"*.[189] As funções do árbitro são apenas similares às do juiz e o laudo arbitral não é uma sentença. O árbitro é *"um terceiro instituído, cuja natureza e funções não são as de órgãos jurisdicionais"*.

Capitant e Cuche[190] resumem as objeções à arbitragem obrigatória nos conflitos coletivos de trabalho, apontando: (a) existe um repúdio à arbitragem obrigatória, já a facultativa tem encontrado defensores; (b) a arbitragem obrigatória implica impor sanções aos que não a acatam, o que é difícil de aplicar ao trabalhador; (c) a arbitragem obrigatória representa supressão do direito de greve.

Também se tem apontado como crítica à arbitragem obrigatória a vinculação das partes a uma decisão imposta por um terceiro, retirando das partes a possibilidade de criação de melhores condições de trabalho. Haveria também o perigo de as partes, no

---

parte beneficiada com a sentença pretenderá seu cumprimento ainda que dê razões ao caráter não obrigatório de tal sentença. (c) Obrigatório quanto ao submetimento e à sentença; o que supõe a regra do submetimento e a obrigatoriedade do laudo, uma vez que este se pronuncie" (RODRÍGUEZ, Américo Plá. Ob. cit., p. 34).

[185] URIARTE, Oscar Ermida. Ob. cit., p. 266.

[186] BERTOLIN, Patrícia Tuma Martins. Ob. cit., p. 38.

[187] "Dessa maneira tem sido dividida em arbitragem convencional e regulamentada em arbitragem voluntária, livre ou autônoma e obrigatória, compulsória ou legal" (RUPRECHT, Alfredo J. Ob. cit., p. 944).

[188] BERTOLIN, Patrícia Tuma Martins. Ob. cit., p. 39.

[189] RUPRECHT, Alfredo J. Ob. cit., p. 949-950.

[190] CAPITANT; CUCHE apud RUPRECHT, Alfredo J. Ob. cit., p. 939.

PARTE VIII · Cap. I – RELAÇÕES E CONFLITOS COLETIVOS DE TRABALHO | **1239**

procedimento arbitral, ao formularem suas pretensões, exagerarem o mais possível, objetivando um resultado "máximo".[191]

Américo Plá Rodríguez[192] expõe os problemas encontrados na arbitragem obrigatória: *"Foi muito resistido porque o setor do trabalho o vê como uma maneira de restringir o direito de greve, já que a prática significa a obrigação de submeter às diferenças ao tribunal arbitral que resolve inapelavelmente as diferenças.*

Essa resistência do setor laboral tem sido compartida, em grande parte, pelo setor empregador que prefere as soluções negociadas às soluções impostas.

No fundo há uma desconfiança da imparcialidade, da idoneidade e do acerto do órgão arbitral. [...] Cabe anotar que o submetimento à arbitragem de conflitos de direito suscita menos resistência porquanto, em definitiva, é uma questão referente ao alcance do significado de normas jurídicas, as quais sempre têm sido submetidas à decisão de terceiros."

Parte da doutrina pensa de forma contrária, argumentando: (a) facilita a rápida solução dos conflitos; (b) pronto reconhecimento da personalidade jurídica das associações profissionais de trabalhadores e sua equiparação às dos empregadores; (c) a assistência prestada aos grupos mais fracos; (d) o reajuste dos níveis gerais de salários à situação da economia geral.[193]

Orlando Gomes e Élson Gottschalk fazem observância relevante no que tange à arbitragem obrigatória em alguns países, prestada por órgãos administrativos (Austrália, Nova Zelândia, Países Baixos) ou por órgãos judiciários (Brasil, México, Espanha): *"não dispensa na primeira fase do procedimento a conciliação, que, por estar inserida necessariamente no mecanismo, é uma conciliação obrigatória [...]."*[194]

Amauri Mascaro Nascimento,[195] de forma breve, aponta as formas de arbitragem nos Estados Unidos: *"(a) convencional, a preferida dor árbitros, uma vez que eles têm plena liberdade para resolver as questões, tirar médias ou impor outras situações; (b) final ofter, na qual o árbitro ficará limitado a colher ou a oferta de uma parte ou a oferta de outra parte, tal como foram apresentadas; (c) package ou arbitragem por pacote. O árbitro adotará como decisão o pacote total das ofertas do empregador sobre todos os itens da negociação, ou pacote global das pretensões do sindicato sobre todos os itens da negociação. Não decidirá alguns temas segundo a pretensão do sindicato e outros de acordo com a proposta do empregador; e (d) med-arb, que é a arbitragem na qual o árbitro pode atuar como mediador".*

---

[191]   BLANPAIN apud RUPRECHT, Alfredo J. Ob. cit., p. 939.

[192]   RODRÍGUEZ, Américo Plá. Ob. cit., p. 34-35.

[193]   LAFFERT apud RUPRECHT, Alfredo J. Ob. cit., p. 939.

[194]   GOMES, Orlando; GOTTSCHALK, Elson. *Curso de direito do trabalho*, 14. ed., p. 649.

[195]   NASCIMENTO, Amauri Mascaro. Ministério do Trabalho e Previdência Social: arbitragem e mediação. In: TEIXEIRA FILHO, João de Lima (Coord.). *Perspectivas do direito do trabalho*, p. 39.

1.4.3.1   A Arbitragem no Brasil

A CF/88, em sua redação original, previa que frustrada a negociação coletiva de trabalho, as partes poderiam eleger árbitros (art. 114, § 1º). Em outras palavras, poderiam buscar a solução do conflito pela arbitragem. A possibilidade de se adotar a arbitragem voluntária para solução do conflito coletivo foi mantida pela EC 45 (art. 114, § 1º), além de menção específica na lei de greve (art. 3º, Lei 7.783/89) e na lei que disciplina a participação dos trabalhadores nos lucros e resultados da empresa (art. 4º, Lei 10.101/00).

No sistema jurídico brasileiro, a arbitragem é regulamentada pela Lei 9.307/96, a qual é aplicável aos litígios relativos a direitos patrimoniais disponíveis (art. 1º), alcançando os contratos que contenham cláusula arbitral, ainda que celebrados antes da sua edição (Súm. 485, STJ).

Apesar de ser uma norma destinada à arbitragem privada, Carlos Alberto Carmona[196] entende que *"tanto para as questões ligadas aos direitos coletivos quanto para aquelas atinentes aos individuais pode incidir a Lei nº 9.307/96, cujos dispositivos são plenamente aplicáveis também à arbitragem trabalhista".*

De forma semelhante, depois de analisar o tema, J. E. Carreira Alvim[197] afirma que *"excluem alguns ordenamentos jurídicos do âmbito da arbitragem – assim procede o italiano, art. 806 – as controvérsias individuais de trabalho, o que não acontece entre nós, onde a Lei nº 9.307/96 não faz qualquer restrição nesse sentido".*

Além disso, Luiz Scavone[198] defende a celebração do compromisso arbitral depois da extinção do contrato de trabalho, por entender que o interessado tem a possibilidade de optar entre a postulação judicial e a arbitragem, ou seja, "é preciso ponderar que, depois do fim da relação jurídica trabalhista, os direitos de qualquer trabalhador – não apenas aqueles qualificados pelo art. 507-A da CLT – são patrimoniais disponíveis, de natureza indenizatória sendo possível neste momento, pactuar a arbitragem".

A doutrina trabalhista tem apresentado grande resistência à aplicação da arbitragem aos conflitos entre empregado e empregador, por serem os direitos individuais indisponíveis para o trabalhador. Com a Reforma Trabalhista, a CLT passou a prever a arbitragem para conflitos individuais envolvendo "altos empregados" (art. 507-A).

De forma inovadora, a Lei 13.129/15 fixa que a Administração Pública direta e indireta pode adotar a arbitragem como forma de solução de conflitos que estejam relacionados com direitos patrimoniais disponíveis (art. 1º, § 1º). Será competente para a celebração da convenção de arbitragem a pessoa que tenha a incumbência para a realização de acordos ou transações (art. 1º, § 2º). A solução não pode ser por equidade, visto que é admissível somente a arbitragem de direito, ou seja, aquela em que os árbitros devem

---

[196]   CARMONA, Carlos Alberto. *Arbitragem e processo*: um comentário à Lei nº 9.307/96, p. 51-52.

[197]   CARREIRA ALVIM, J. E. *Comentários à Lei de Arbitragem (Lei nº 9.307, de 23/9/1996)*, 2. ed., p. 32.

[198]   SCAVONE JUNIOR, Luiz Antonio. *Manual de arbitragem*: mediação e conciliação, 8. ed., p. 39.

PARTE VIII · Cap. I – RELAÇÕES E CONFLITOS COLETIVOS DE TRABALHO | **1241**

decidir o conflito com fundamento em regras de direito, devendo haver o respeito ao princípio da publicidade (art. 2º, § 3º).

A solução dos conflitos pela via arbitral, com a exclusão da jurisdição estatal foi objeto de acirrados debates em que alguns defendiam sua inconstitucionalidade, por violação à garantia constitucional de acesso ao Poder Judiciário (art. 5º, XXXV, CF). Analisando o tema, o STF reconheceu a constitucionalidade da Lei 9.307, ao considerar, por maioria de votos, que a manifestação de vontade da parte na cláusula compromissória, quando da celebração do contrato, e a permissão legal dada ao juiz para que substitua a vontade da parte recalcitrante em firmar o compromisso não ofendem o art. 5º, XXXV, da CF (TP – SE 5.206 Espanha (Ag. Reg.) – Rel. Min. Sepúlveda Pertence – j. 12/12/2001).

Contudo, é possível a parte se socorrer da via judicial não como instância revisional ou recursal da arbitragem, mas para reconhecer sua nulidade, quando não atender às determinações legais ou quando o laudo for proferido fora dos limites da convenção arbitral. Reconhecida a nulidade, o árbitro ou tribunal arbitral fará novo laudo.

Cabe ao MPT, quando solicitado pelas partes, a função de árbitro nos conflitos de competência da Justiça do Trabalho (art. 83, XI, LC 75/93). Função disciplinada pela Resolução 44/1999, do Conselho Superior do Ministério Público do Trabalho.

As partes poderão submeter seus litígios à arbitragem mediante convenção de arbitragem (cláusula compromissória e compromisso arbitral[199]) (art. 3º, Lei 9.307).

A sentença arbitral será proferida no prazo fixado pelas partes ou no prazo de 6 meses, prazo que poderá ser prorrogado pela vontade das partes interessadas.

Por previsão expressa da Lei, a sentença arbitral produz, entre as partes e seus sucessores, os mesmos efeitos da sentença proferida pelo Judiciário e, sendo condenatória, constitui título executivo (art. 31).

1.4.4 Jurisdição

Embora o Estado seja uno, modernamente, ele possui três funções: a legislativa, a executiva e a jurisdicional.[200]

É a clássica tripartição dos poderes apresentada por Montesquieu em *"O espírito das leis"*, esboçada inicialmente por Aristóteles (na obra *Política*) e estudada por John Locke (na obra *Segundo tratado do governo civil*).

---

[199] Cláusula compromissória é a convenção pela qual as partes em um contrato se comprometem a submeter à arbitragem os litígios que possam surgir, relativamente ao contrato. Já o compromisso arbitral é a convenção pela qual as partes submetem um litígio à arbitragem, podendo ser judicial ou extrajudicial. No direito coletivo do trabalho, a cláusula compromissória deverá ser feita em acordo ou convenção coletiva de trabalho firmada anteriormente pelas partes. O compromisso arbitral também pode ser firmado por norma coletiva específica para esse fim, à medida que dependerá de aprovação da assembleia de trabalhadores.

[200] SILVA, José Afonso da. *Curso de direito constitucional positivo*, 9. ed., p. 97.

Deixando as funções legislativa e executiva um pouco de lado, coube ao Poder Judiciário *"a função de dizer o direito no processo de conhecimento e, quando necessário, de realizá-lo coativamente (processo de execução)".*[201]

A jurisdição é uma das funções do Estado, *"mediante a qual este se substitui aos titulares dos interesses em conflito para, imparcialmente, buscar a pacificação do conflito que os envolve, com justiça".*[202]

A intervenção judicial, segundo as palavras de Alfredo Ruprecht,[203] é o meio de solução das demandas coletivas de trabalho, no qual *"as partes devem levar obrigatoriamente suas divergências a um tribunal de justiça que ditará uma sentença que põe fim à divergência e tem caráter obrigatório para as partes".*

Representa um procedimento pelo qual *"os tribunais ordinários ou de trabalho, quando existem, se pronunciam definitivamente a respeito de litígios sobre direitos e obrigações vinculados com as relações laborais".*[204]

Assim, como ocorre nos conflitos individuais, nos coletivos, o Estado *"substitui as atividades das partes em conflito, tomando para si a atribuição de solucioná-lo, vedando às partes a utilização da autodefesa".*[205]

Sem desconsiderarmos a existência de outras classificações, costuma-se indicar a existência de dois tipos de solução judicial para as divergências coletivas de trabalho, uma de direito (jurídico ou declaratório) e outra de interesse (econômico ou constitutivo), sendo que, no primeiro apenas se discute sobre a interpretação de uma norma preexistente e, no segundo, se busca a constituição de novas condições de trabalho.

Muito se tem discutido em torno de se aplicar a jurisdição, como meio de solução de conflito, aos conflitos coletivos laborais de interesse.

Wagner Giglio[206] afirma que, nos conflitos de interesse, *"a intervenção do estado é repelida pela notória maioria dos países, que adotam a arbitragem de vários outros tipos".*

Américo Plá Rodríguez[207] entende que apenas os conflitos jurídicos devem se submeter à jurisdição, isso porque, semelhantemente aos conflitos jurídicos individuais, os conflitos coletivos jurídicos podem ser solucionados por operação lógica idêntica: o silogismo no qual a premissa maior é a norma e a premissa menor são as circunstâncias do caso concreto.

---

[201] ARRUDA, Alvin. *Manual de direito processual civil*, v. 1, 6. ed., p. 161.
[202] ARAÚJO CINTRA, Antonio Carlos de; GRINOVER, Ada Pelegrini; RANGEL DINAMARCO, Cândido. Ob. cit., p. 129.
[203] RUPRECHT, Alfredo J. Ob. cit., p. 964.
[204] ALDÃO ZAMPIOLA, Carlos. Ob. cit., p. 127.
[205] BERTOLIN, Patrícia Tuma Martins. Ob. cit., p. 41.
[206] GIGLIO, Wagner D. Ob. cit., p. 278.
[207] RODRÍGUEZ, Américo Plá. Ob. cit., p. 36.

PARTE VIII • Cap. I – RELAÇÕES E CONFLITOS COLETIVOS DE TRABALHO | **1243**

Por outro lado, os conflitos coletivos de interesse *"não podem resolver-se de acordo com os critérios jurídicos, que são os que manejam constantemente os juízes senão em função de critérios econômicos, práticos, políticos e de equidade.*

Os juízes estão acostumados a resolver os problemas em função das normas existentes. Não têm o hábito da criação de soluções distintas a aquelas que derivam das normas e que provêm de razões de mérito ou de conveniência".[208]

Ainda que tratando especificadamente do Brasil, Ives Gandra Martins Filho[209] diz que a intervenção estatal na solução dos conflitos coletivos pelo poder normativo apresenta vários inconvenientes: (a) enfraquecimento da liberdade negocial; (b) desconhecimento real das condições do setor; (c) demora nas decisões; (d) generalização das condições de trabalho; (e) incompatibilidade com a democracia pluralista e representativa; (f) maior índice de descumprimento da norma coletiva.

Além desses, outras deficiências da intervenção estatal no Brasil podem ser apontadas: (a) inibe a autocomposição, principalmente quando o empregador possui uma orientação mais tradicional em relações do trabalho; (b) impõe solução artificial, que resulta em descumprimento (não atende às expectativas de uma das partes); (c) aumenta ou esconde o conflito (ausência da verdadeira solução); (d) coercitiva.[210]

Wagner Giglio[211] aponta outros problemas: (a) atribuição de poderes normativos ao juiz, afetando o princípio constitucional da divisão de poderes; (b) seu caráter anti-democrático; (c) a falta de confiança na neutralidade do estado; (d) a possibilidade de o Estado, ao criar normas, alterar a ordem social; (e) repressão ao direito de greve.

Após refutar inúmeros argumentos contrários à prestação jurisdicional aos conflitos coletivos,[212] Alfredo Ruprecht, para quem a solução judicial é a mais conveniente,[213] aponta as vantagens da solução judicial aos conflitos coletivos laborais: *"1ª) os conflitos*

---

[208] RODRÍGUEZ, Américo Plá. Ob. cit., p. 36.

[209] MARTINS FILHO, Ives Gandra. Ob. cit., p. 35-36.

[210] DURANT, Cláudia Maria Beatriz S. Vantagens e desvantagens da ratificação pelo Brasil da Convenção nº 87 da OIT. In: Reforma sindical e negociação coletiva, p. 45.

[211] GIGLIO, Wagner D. Ob. cit., p. 279.

[212] "Os inconvenientes que seus detratores ressaltam podem ser agrupados nos seguintes termos: 1ª) desvirtuar-se-ia a essência da função judicial, ao se dar aos tribunais função normativa; 2ª) despojar-se-ia a sentença do valor da coisa julgada que é inseparável dela; 3ª) poderiam ficar afetadas a agilidade e a rapidez das soluções que são fundamentais nesse tipo de controvérsia, tendo em vista a morosidade e lentidão do procedimento judicial; 4ª) os magistrados poderiam não ter um perfeito conhecimento específico do problema em litígio; 5ª) os conflitos sobre salários devem, muitas vezes, ser resolvidos com composição, em razão de política social ou econômica, onde, por razões de sua função, os magistrados não podem entrar; 6ª) obrigaria os juízes a atuar em causas e procedimentos muito distintos dos que integram sua normal e corrente função específica; 7ª) aceita a distinção entre conflito de direito e econômico, poderiam surgir problemas de competência, sobre se uma controvérsia é de um tipo ou de outro; 8ª) desprestigiar-se-ia a justiça pelo descumprimento de suas sentenças, pelas partes ou pelo próprio estado" (RUPRECHT, Alfredo J. Ob. cit., p. 973).

[213] RUPRECHT, Alfredo J. Ob. cit., p. 969.

coletivos seriam resolvidos, em definitivo, por técnicos em Direito. Isso contribuiria para o acerto jurídico da decisão e limitaria as possibilidades de erros formais que poderiam incidir na validade das resoluções que se ditem; 2ª) os casos seriam sempre submetidos a tribunais criados com anterioridade ao fato da causa; 3ª) a constituição desses tribunais seria permanente, pelo menos a respeito dos juízes de direito que os integram; 4ª) estariam garantidas a imparcialidade e independência do tribunal, pelo menos com respeito aos juízes de direito, pois se trataria de magistrados alheios aos interesses em conflito. Não precisaria dizer que esse argumento incidirá favoravelmente na seriedade e prestígio dos tribunais; 5ª) a obrigatoriedade de submissão à jurisdição judicial asseguraria a solução pacífica dos conflitos e, por conseguinte, a paz social; 6ª) dar-se-ia às partes a garantia de um verdadeiro processo."[214]

QUESTIONÁRIO

1. Como se classificam as relações de trabalho? E como se distinguem?

2. Como podem ser os conflitos de trabalho? O que os distingue?

3. Explique os conflitos próprios e impróprios.

4. Quais são os meios (ou formas) de soluções de conflitos coletivos de trabalho?

5. Sobre negociação coletiva de trabalho, aponte o conceito, os sujeitos e as funções.

6. Conceitue e distinga conciliação e mediação.

7. Quais são os instrumentos normativos existentes? Em breves palavras, explique cada um deles.

8. A arbitragem tem sido admitida como forma de solução de conflitos trabalhistas (individual e coletivo)? Justifique.

9. O que é jurisdição?

10. Quais as vantagens e desvantagens da jurisdição nos conflitos coletivos de trabalho?

---

[214] RUPRECHT, Alfredo J. Ob. cit., p. 974-975.

Capítulo II
DISSÍDIO COLETIVO DE TRABALHO

2.1 CONCEITO E ESPÉCIES

O dissídio coletivo de trabalho é uma ação judicial em que as partes buscam a solução de um conflito que ultrapasse as relações individuais de trabalho[1] (conflito coletivo[2]).

Como bem aponta Alice Monteiro da Silva Barros,[3] o dissídio coletivo do trabalho não se confunde com o dissídio individual, ainda que plúrimo, isso porque, *"no primeiro estão em jogo, imediatamente, interesses abstratos de um grupo social ou de uma categoria, enquanto no segundo a relação jurídica submete à apreciação do judiciário interesses concretos de indivíduos determinados. Nos dissídios coletivos reivindica-se a criação de novas condições de trabalho ou a interpretação de norma preexistente e nos dissídios individuais plúrimos se pleiteia a aplicação destas normas. Nos primeiros, o conflito interessa a uma comunidade de interesses e as decisões se aplicam a pessoas indeterminadas que pertençam ou venham a pertencer à coletividade; nos segundos, os interesses em jogo são de um grupo, de uma soma material de indivíduos. A indeterminação dos sujeitos é o traço fundamental*

---

[1]   Na opinião de Isis de Almeida (*Manual de direito processual do trabalho*, v. 1, p. 201) e Eduardo Gabriel Saad (*Direito processual do trabalho*, 2. ed., p. 521), o dissídio coletivo não é uma ação coletiva, mas sim a causa dela.

[2]   "Essa distinção não é aceita de modo uniforme. O motivo da divergência existente resulta da dificuldade em estabelecer a exata diferença entre ambos e das suas motivações de ordem prática. Pode-se, no entanto, entender por individuais os conflitos entre um trabalhador ou diversos trabalhadores, individualmente considerados, e o empregador. São conflitos sobre o contrato individual de trabalho de cada um. O conflito coletivo, ao contrário, é mais amplo. Não surge de um contrato de trabalho, individualmente considerado, nem é destinado a superar as controvérsias em torno dele. Alcança um grupo de trabalhadores e um ou vários empregadores e se refere a interesses gerais do grupo, ainda que possa surgir de questões sobre os contratos individuais de trabalho. Assim, os conflitos são coletivos quando, em razão dos seus sujeitos, os grupos de trabalhadores, abstratamente considerados de um lado, e o grupo de empregadores, de outro lado, objetivarem matéria de ordem geral. O grupo não é uma simples soma ou reunião de pessoas" (NASCIMENTO, Amauri Mascaro. *Compêndio de direito sindical*, 3. ed., p. 285).

[3]   BARROS, Alice Monteiro de (Coord.). *Procedimento no dissídio coletivo*. Compêndio de direito processual do trabalho, p. 643.

do dissídio coletivo: refere-se indeterminadamente aos que pertençam ou venham a pertencer à coletividade, cujos interesses abstratos estão em jogo.

Por fim, há outro traço distintivo que merece destacar entre o dissídio coletivo e o dissídio individual plúrimo: trata-se da competência para julgá-los".

A doutrina dominante distingue os dissídios coletivos de natureza jurídica (também denominados de conflitos de direito ou de cunho declaratório) e os de natureza econômica (ou de interesses ou constitutivo).

Essa forma de distinção, a qual tem como referência o objeto do dissídio, acabou sendo acolhida por quase a totalidade dos doutrinários pátrios e pelo TST (art. 241, RITST).

Além de prever os dissídios de natureza jurídica e econômica, o RITST prevê a existência dos dissídios originários, de revisão e de declaração sobre a paralisação do trabalho decorrente de greve dos trabalhadores (art. 241, III a V).

No dissídio coletivo de natureza econômica, os trabalhadores reivindicam novas e melhores condições de trabalho. Já no de natureza jurídica, procura-se sanar divergência sobre aplicação ou interpretação de uma norma jurídica existente,[4] que pode ser uma lei de aplicação particular de determinada categoria (não se tem admitido dissídio coletivo para interpretação de norma legal de caráter geral – OJ 7, SDC), uma convenção coletiva, um acordo coletivo, um contrato coletivo, uma sentença normativa, um laudo arbitral ou um ato normativo qualquer.

Na sistemática do Texto Consolidado, o dissídio de natureza econômica pode ser subdividido em: originário (quando inexistir norma coletiva anterior, art. 867, parágrafo único, *a*), revisional (quando pretender a revisão de norma coletiva anterior, arts. 873 a 875) e de extensão (quando visar à extensão ao restante da categoria, arts. 868 a 871).

Com a EC 45, a CF passou a prever que no caso de recusa de qualquer das partes à negociação coletiva ou à arbitragem, é facultado às mesmas, de "comum acordo", ajuizar dissídio coletivo de natureza econômica, podendo a Justiça do Trabalho decidir o conflito, respeitadas as disposições mínimas legais de proteção ao trabalho, bem como as convencionadas anteriormente (art. 114, § 2º). Apesar das divergências sobre a interpretação e aplicação da expressão constitucional "comum acordo", a exigência constitucional de ajuizamento do dissídio pelas partes de comum acordo nos parece ser a forma encontrada pelo legislador para fortalecer o diálogo social entre as partes.

O art. 1º, da Lei 8.984/95, prevê a competência da Justiça do Trabalho para conciliar e julgar os dissídios que tenham origem no cumprimento de convenções coletivas de trabalho ou acordos coletivos de trabalho, mesmo quando ocorram entre sindicatos ou entre sindicato de trabalhadores e empregador.

Apesar de não haver referência expressa na CF considerando que cabe à Justiça do Trabalho a solução dos conflitos trabalhistas, o que, por vezes, ocorre pela interpretação normativa (função do Poder Judiciário), tanto no campo do direito individual, como coletivo, e que também possuem competência para ações anulatórias e de cumprimento

---

4   NASCIMENTO, Amauri Mascaro. Ob. cit., p. 286.

PARTE VIII • Cap. II – DISSÍDIO COLETIVO DE TRABALHO | **1247**

de cláusula de convenção ou acordo coletivo, os dissídios coletivos de natureza jurídica continuam existindo em nosso sistema, não havendo a exigência de sua instauração de comum acordo pelas partes.

2.2 NATUREZA JURÍDICA

O dissídio coletivo de natureza econômica será de natureza constitutiva, se cuidar de remuneração, e dispositiva se tratar de condições de trabalho.[5] O dissídio coletivo de natureza jurídica tem natureza declaratória.[6]

Para alguns, a decisão do dissídio coletivo de interesse inova na ordem jurídica, criando normas e condições de trabalho não previstas em lei, de modo que possui natureza de ação dispositiva.[7] Como esclarece Ives Gandra Martins Filho:[8] *"Ora, se o dissídio coletivo inova na ordem jurídica, criando normas e condições de trabalho não previstas em lei, não é uma ação meramente constitutiva, mas uma ação dispositiva – espécie nova –, porque dispõe sobre uma determinada relação jurídica (de emprego), estabelecendo novas obrigações e direitos, como uma lei entre as partes.*

Portanto, a natureza jurídica da ação coletiva, que se assemelha à da ação constitutiva, é de natureza dispositiva, própria somente dela, uma vez que apenas a sentença normativa trabalhista tem a possibilidade de criar novas regras jurídicas para solucionar um determinado conflito de interesses trabalhistas."

Uma terceira posição defende a natureza dúplice do dissídio coletivo de interesse: constitutiva e dispositiva.[9]

2.3 COMPETÊNCIA

A competência originária do dissídio coletivo é do TST, se a base territorial sindical for superior à da jurisdição de um TRT, e é do TRT, quando o dissídio envolver categorias profissionais sob sua jurisdição.

---

[5]   TEIXEIRA FILHO, Manoel Antonio. *Curso de processo do trabalho*: perguntas e respostas sobre assuntos polêmicos em opúsculos específicos – nº 24: dissídio coletivo, p. 27.

[6]   CHAVES, César Pires. *Da ação trabalhista*, p. 229; BARROS, Alice Monteiro da (Coord.). Ob. cit., p. 644; SAAD, Eduardo Gabriel. Ob. cit., p. 540.

[7]   "A ação coletiva de natureza econômica envolve interesses coletivos abstratos, num conflito econômico ou de interesses, e quer obter um pronunciamento jurisdicional constitutivo do Tribunal Regional do Trabalho ou do Tribunal Superior do Trabalho (Plenos), para criar ou modificar condições de trabalho, sobretudo cláusulas salariais, provocando e obrigando o Juízo a proferir sentença 'dispositiva' (Carnelutti), 'constitutiva' (Chiovenda), ou 'determinativa' (Raselli), nunca condenatória (Jaeger); *nella controversia collettiva di fissazioni di nuove condizione di lavoro* (Litala). É o poder normativo constitucional da Justiça do Trabalho em pleno exercício (art.142, § 1º), pelo qual o Tribunal não aplica norma preexistente, mas cria novas condições de trabalho" (COSTA, Carlos Coqueijo. *Direito judiciário do trabalho*, 3. ed., p. 86).

[8]   MARTINS FILHO, Ives Gandra. *Processo coletivo do trabalho*, 3. ed., p. 76.

[9]   ARAÚJO, José Carlos de. *Ação coletiva do trabalho*, p. 43; MELO, Raimundo Simão de. *Dissídio coletivo de trabalho*, p. 58-59.

No TST, a competência para julgamento dos dissídios coletivos é da SDC (art. 2º, Lei 7.701/88).

Ives Gandra Martins Filho[10] diz se tratar de competência hierárquica e não territorial, como possa parecer inicialmente, o que importará no reconhecimento da incompetência pelo juiz *ex officio* e na remessa dos autos para o Tribunal competente.

Exceção a essa regra de competência originária do TST é o Estado de São Paulo, o qual comporta os TRT da 2ª R. e da 15ª R. Nesse estado da federação, caso o dissídio envolva a jurisdição dos dois Tribunais Regionais, a competência será do TRT da 2ª Região (Lei 7.520/86, art. 12, I, a qual instituiu o TRT da 15ª R. com a redação dada pela Lei 9.254/96).

Caso o dissídio envolva apenas a jurisdição de um desses TRTs, a competência será do TRT.

Nos TRTs onde não há turma especializada para a solução dos conflitos coletivos, a competência para examinar os dissídios coletivos é do pleno.

Quando o dissídio ocorrer fora da sede do tribunal, o presidente do tribunal poderá delegar ao juiz do trabalho local ou ao juiz estadual com essa função a atribuição conciliatória. Havendo a conciliação, a autoridade local encaminhará o processo ao tribunal para homologação, fazendo exposição circunstanciada dos fatos e indicando a solução que lhe parece conveniente (art. 866, CLT).

Antes da EC 45, a Justiça do Trabalho não tinha competência para disputa de titularidade de representação sindical (OJ 4, SDC), nem para as ações nas quais o sindicato buscava obter o reconhecimento judicial de que a categoria que representa é diferenciada (OJ 9), que era de atribuição da Justiça Estadual. Contudo, mesmo antes da alteração da CF (EC 45), sendo a disputa intersindical questão incidental do processo de dissídio coletivo, poderia a Justiça do Trabalho resolver a questão de forma incidental e sem força de coisa julgada (art. 503, § 1º, CPC).

2.4 PRAZO PARA INSTAURAÇÃO

Na vigência de convenção, acordo ou sentença normativa em vigor, o dissídio coletivo deverá ser instaurado dentro dos 60 dias anteriores ao respectivo termo final, para que o novo pacto coletivo tenha vigência no dia imediato a este termo (art. 616, § 3º, CLT; art. 867, parágrafo único, b, CLT)).

Não havendo encerrado a negociação coletiva antes dos 60 dias anteriores ao respectivo termo final da norma coletiva de trabalho, a IN 4/93, TST (antes de seu cancelamento pela Resolução 116/03, do TP), previa que a entidade interessada poderia formular protesto judicial[11] em petição escrita dirigida ao presidente do tribunal do trabalho, com

---

[10] MARTINS FILHO, Ives Gandra. Ob. cit., p. 143.

[11] Diz o art. 726, caput, NCPC: "Quem tiver interesse em manifestar formalmente sua vontade a outrem sobre assunto juridicamente relevante poderá notificar pessoas participantes da mesma relação jurídica para dar-lhes ciência de seu propósito".

PARTE VIII · Cap. II – DISSÍDIO COLETIVO DE TRABALHO | 1249

o objetivo de preservar a data-base da categoria[12] (item II). Com o protesto, a instauração deveria ocorrer no prazo de 30 dias, contados da intimação, sob pena de perda da eficácia do protesto (item III).

Essa mesma sistemática encontra-se no RITST (art. 240, § 1º), ou seja, a possibilidade de formular o protesto judicial (art. 726, CPC) para preservar a data-base, com a possibilidade da instauração do dissídio no prazo de 30 dias, contados da intimação de deferimento da medida, sob pena de perda da eficácia do protesto.

Em ambos os casos, o reajuste salarial, as diferenças dele decorrentes e as demais obrigações previstas na decisão normativa seriam devidos a partir do termo final de vigência da convenção, acordo ou sentença normativa anterior (item XXV).

Caso não ocorra a instauração no prazo de 60 dias anteriores ao termo final de vigência da norma coletiva, a decisão passará a valer da data de publicação da sentença normativa (art. 867, parágrafo único, a, CLT).

Em maio de 2011, o TST fixou o entendimento de que a sentença normativa vigora, desde seu termo inicial até que sentença normativa, convenção coletiva de trabalho ou acordo coletivo de trabalho superveniente produza sua revogação, expressa ou tácita, respeitado, porém, o prazo máximo legal de quatro anos de vigência (PN 120).

2.5 CONDIÇÕES DO DISSÍDIO COLETIVO

Pelo CPC/15, as condições do direito de ação são: legitimidade e interesse de agir. Pelo CPC/73, também se tinha a possibilidade jurídica do pedido. Além das condições da ação aplicáveis aos processos judiciais em geral, no dissídio coletivo de trabalho há três condições específicas: negociação prévia frustrada; autorização da assembleia-geral de trabalhadores e ajuizamento de "comum acordo".

Quando não houver uma das condições da ação, tem-se a carência da ação e haverá a extinção do processo sem resolução de mérito (art. 485, VI, CPC/15).

2.5.1 Legitimidade Ativa e Passiva

Para postular em juízo é necessário que se tenha interesse e legitimação (art. 17, CPC), sendo que o juiz não resolverá o mérito quando verificar a ausência de qualquer um deles (art. 485, VI).

Como regra, os integrantes da relação jurídica processual são os envolvidos na própria situação jurídica material controvertida.

As partes são legítimas quando, dentro da relação jurídica processual, refletem os sujeitos que são os implicados na situação jurídica material processual. É o que se

---

[12] "Data-base. É o momento em que se dá a substituição do instrumento normativo expirado por um outro, com novas e/ou renovadas condições de trabalho, a vigorar até a próxima data-base, que se renova, em regra, a cada 12 meses. É, pois, um instituto de Direito Coletivo do Trabalho" (SÜSSEKIND, Arnaldo; MARANHÃO, Délio; VIANNA, Segadas; TEIXEIRA, Lima. *Instituições de direito do trabalho*, v. 2, 19. ed., p. 1.414).

intitula de legitimação ordinária em oposição à legitimação extraordinária ou substituição processual.

A legitimação extraordinária ocorre quando alguém, em nome próprio, pleiteia direito alheio. Para tanto se torna necessária a autorização legal (art. 18, CPC). É o caso do sindicato, como substituto processual, nas demandas trabalhistas em que pleiteia o adicional de insalubridade ou periculosidade para os associados (art. 195, § 2º, CLT) ou nas ações de cumprimento (art. 872, parágrafo único).

No Direito Coletivo do Trabalho, a titularidade do direito material é da categoria, logo, a legitimidade *ad causam* é da categoria e tem como órgão de representação em juízo o sindicato (art. 8º, III, CF, art. 513, *a*, CLT).

Por isso, a legitimidade *ad causam* será verificada pela necessária correspondência entre as atividades exercidas pelos setores profissional e econômico envolvidos no conflito (OJ 22, SDC).

É importante ressaltar que a exata configuração do que vem a ser a legitimidade não é algo que possa ser efetuado de forma abstrata, necessitando de sua aferição dentro de um contexto. Para a exata denotação da sua existência, o juiz deve avaliar a interação do conflito de interesses advindos da situação jurídica material e o bem da vida que deve ser tutelado, com o desdobramento que se tenha na relação jurídica processual que é posta à sua apreciação.

O dissídio coletivo será proposto mediante representação escrita ao presidente do tribunal do trabalho, pela entidade sindical interessada[13] (art. 114, § 2º, CF, arts. 856, 857 e 874, CLT) ou, em caso de greve em atividade essencial, com lesão ao interesse público, pelo MPT (art. 114, § 3º, e art. 127, CF, art. 83, VIII, LC 75/93, arts. 856 e 874, CLT, art. 8º, Lei 7.783/89).

Segundo o TST, a comprovação da legitimidade *ad processum* da entidade sindical se faz por seu registro no órgão competente do Ministério do Trabalho, mesmo após a promulgação da CF/88 (OJ 15, SDC).

A CF é expressa ao afirmar que, recusando-se qualquer das partes à negociação ou à arbitragem, é facultado às mesmas, de comum acordo, ajuizar dissídio coletivo de natureza econômica (art. 114, § 2º).[14]

---

[13] O sindicato, como as demais associações de natureza civil, adquire personalidade jurídica com o registro em cartório civil (art. 45, CC), sendo que a "personalidade sindical" depende do registro no órgão do Ministério do Trabalho e Emprego (Portaria 186, de 10/04/2008).

[14] "Nos dissídios coletivos suscitados contra sindicato representativo da categoria econômica, podem intervir, como assistentes, as empresas abrangidas pelo âmbito de representação do sindicato? Negativa deve ser a resposta em relação às empresas livremente filiadas ao sindicato. Sendo estas representadas, no dissídio, pelo respectivo sindicato, admitir-lhes a participação no feito, como assistentes, seria consagrar a duplicidade de atuação da mesma parte no mesmo processo. [...] É de admitir-se, porém, que intervenham como assistentes as empresas não filiadas ao sindicato, uma vez que, embora incluídas no âmbito de representação do sindicato, não têm o ensejo de participar das respectivas deliberações assembleares. Razoável é, portanto, se lhes faculte participarem

PARTE VIII · Cap. II – DISSÍDIO COLETIVO DE TRABALHO | **1251**

No caso de dissídio coletivo de natureza econômica, o ajuizamento será feito de "comum acordo" entre as partes (art. 114, § 3º).

Inexistindo sindicato representativo da categoria, poderá ser proposto pelas federações e, na falta dessas, pelas confederações, sempre no âmbito de sua representação.

É prerrogativa da entidade sindical a representação, perante as autoridades administrativas e judiciárias, dos interesses gerais da categoria ou profissão liberal ou dos interesses individuais dos associados relativos à atividade ou profissão exercida (art. 513, *a*, CLT).

No Texto Constitucional, ao sindicato cabe a defesa dos direitos e interesses coletivos ou individuais da categoria, inclusive em questões judiciais ou administrativas (art. 8º, III).

Por sua vez, a representação e a defesa dos interesses da entidade sindical perante órgãos públicos e as empresas constituem atribuição exclusiva da diretoria do sindicato (ou seu mandatário), dos delegados sindicais e associado investido em representação prevista em lei (art. 522, § 3º, CLT).

Nos dissídios individuais, os empregados e empregadores poderão fazer-se representar por intermédio do sindicato (art. 791, § 1º). E, nos dissídios coletivos, é facultativa a assistência do advogado (art. 791, § 2º).

O art. 857, CLT, fala em prerrogativa das entidades sindicais.

Para alguns doutrinadores, a atuação do sindicato no dissídio coletivo ocorre pela substituição processual,[15] em que o sindicato age em nome próprio na defesa de direito alheio.[16] Exemplos: ações de cumprimento (art. 872, parágrafo único, CLT);[17] insalubridade ou periculosidade (art. 195, § 2º).

---

do dissídio coletivo, na posição de assistente" (BATALHA, Wilson de Souza Campos. *Tratado de direito judiciário do trabalho*, v. 2, 3. ed., p. 497-498).

[15] CASTELO, Jorge Pinheiro. *O direito processual do trabalho na moderna teoria do processo*, p. 330; VIDAL NETO, Pedro. *Do poder normativo da justiça do trabalho*, p. 140; ANDRADE, Everaldo Gaspar Lopes de. *Dissídio coletivo*, p. 56; MARTINS FILHO, Ives Gandra. Ob. cit., p. 108.

[16] José Afonso da Silva ensina que a "legitimação para agir em juízo é tradicionalmente pessoal, como direito público subjetivo do indivíduo, tanto que, nas constituições anteriores, se declarava que a lei não poderia excluir da apreciação do Poder Judiciário qualquer lesão a direito individual. Agora se dispõe, como veremos, que a lei não poderá excluir da apreciação do Poder Judiciário lesão ou ameaça a direito, sem qualificá-lo. Em consequência, a Constituição já previu casos de representação coletiva de interesses coletivos ou mesmo individuais integrados numa coletividade. É assim que se estabelece que as entidades associativas, quando expressamente autorizadas (certamente em seus estatutos), têm legitimidade para representar seus filiados em juízo ou fora dele (art. 5º, XXI), legitimidade essa também reconhecida aos sindicatos em termos até mais amplos e precisos, *in verbis*: ao sindicato cabe a defesa dos direitos e interesses coletivos ou individuais da categoria, inclusive em questões judiciais ou administrativas (art. 8º, III)" (*Curso de direito constitucional positivo*, 18. ed., p. 263).

[17] A legitimidade do sindicato para propor ação de cumprimento estende-se também à observância de acordo ou de convenção coletiva (Súm. 286, TST).

Outros, contudo, visualizam uma legitimação ordinária[18] na atuação do sindicato, na medida em que a categoria não é pessoa jurídica ou física, não podendo ser sujeita de direito e porque os interesses do sindicato são indissociáveis dos interesses da categoria. Acrescentam ainda que no dissídio de natureza econômica o sindicato não defende direitos da categoria que inexistem e cuja criação se postula pelo dissídio.

Para Luiz de Pinho Pedreira da Silva trata-se de representação legal.[19]

É de se acrescentar que em algumas situações o sindicato atua em nome próprio, o sindicato figura *"em juízo, como suposto titular de um direito pessoal, isto é, defendendo interesse dele como pessoa jurídica e não de quaisquer integrantes da categoria representada. Os dissídios individuais desta última espécie podem apresentar-se em juízo sob multiformes facetas, no direito brasileiro, destacando-se as seguintes subespécies: (a) os intersindicais não coletivos; (b) os intra-sindicais; (c) os sindicais sobre contribuições".[20]*

Em várias leis ordinárias, notadamente de política salarial, após o advento da CF/88, foi atribuída aos sindicatos a substituição processual – Leis 7.839/89, 7.708/89 e 8.036/90 (FGTS).

Como destaque, a Lei 8.073/90, em seu art. 3º assegura que as entidades sindicais poderão atuar como substitutos processuais dos integrantes da categoria.

A Lei 8.078/90 e a Lei 7.347/85 também tratam do tema.

Procurando dirimir a questão, o TST editou a Súm. 310. Da leitura da Súm. 310, o TST entendeu que o art. 8º, III, CF, não atribuiu a ampla substituição processual para a entidade sindical.

O STF, ao apreciar o Mandado de Injunção 347-5 (impetrante: Sindicato dos Trabalhadores do Serviço Público Federal em Santa Catarina; impetrado: o Excelentíssimo Senhor Presidente da República; Rel. Min. Néri da Silveira), ao enfrentar a preliminar de ilegitimidade de parte do sindicato impetrante, arguida pela Consultoria Geral da República, por unanimidade, entendeu ser caso de substituição processual o previsto no art. 8º, III, CF, bem como ser tal dispositivo autoaplicável.

O Min. Octávio Gallotti (RE 213.693-0), no mesmo sentido, entendeu que a substituição processual prevista no art 8º, III, CF, e art. 3º, Lei 8.073, não pode sofrer as limitações inseridas na Súm. 310, TST. O STF, portanto, diante dos acórdãos mencionados, entendeu que a entidade sindical possui a legitimação processual em face do que dispõe o art. 8º, III, CF/88.

O TST, por intermédio da Resolução 121/03, cancelou a Súm. 310, como também a Súm. 359, a qual estabelecia que a substituição processual para o ajuizamento de ação de cumprimento pertence à entidade sindical e não à federação.

---

[18] Antunes, Oswaldo Moreira. Os direitos coletivos e o processual do sindicato. In: *Revista LTr* 1990, p. 413; ROMITA, Arion Sayão. Legitimação ordinária do sindicato. In: *Revista LTr*, v. 56, 1992, p. 161; MARTINS, Sergio Pinto. *Direito processual do trabalho*, 26. ed., p. 614.

[19] SILVA, Luiz de Pinho Pedreira da. A legitimação ativa para ajuizamento de dissídio coletivo. In: FRANCO FILHO, Georgenor de Sousa (Coord.). *Curso de direito coletivo do trabalho*, p. 410.

[20] DALAZEN, João Oreste. *Competência material trabalhista*, p. 161.

PARTE VIII · Cap. II – DISSÍDIO COLETIVO DE TRABALHO | **1253**

Na apreciação do RE 210.029-RS, o Plenário do STF firmou a posição de que o sindicato pode atuar na defesa de todos e quaisquer direitos subjetivos individuais e coletivos da categoria por ele representada. Inegável o avanço no entendimento do STF.

A priori, pelas decisões anteriores, o sindicato teria, de acordo com o art. 8º, III, da CF, autorização, como substituto processual, para atuar na defesa dos direitos e interesses coletivos ou individuais de seus associados.

Pela nova decisão, a entidade sindical pode atuar na defesa de todos e quaisquer direitos subjetivos individuais e coletivos da categoria por ele representada.

Em outras palavras, pela decisão do STF, no RE 210.029-RS, a entidade sindical possui ampla legitimação, tanto para os direitos ou interesses metaindividuais: (1) ação civil pública (direito difuso); (2) dissídio coletivo (direito coletivo); (3) ação civil coletiva (direito individual homogêneo, exemplo: ação em que solicita insalubridade ou periculosidade); (4) ação de cumprimento (art. 872, parágrafo único, CLT). Nas duas primeiras hipóteses, o sindicato atua com legitimação autônoma (legitimação ordinária). Nas duas últimas hipóteses, o sindicato atua como substituto processual (legitimação extraordinária).

Pela posição do STF, a entidade sindical poderá defender o empregado nas ações coletivas ou individuais que sejam do interesse da categoria a qual pertença, não sendo necessária a indicação prévia do rol dos substituídos.

Contudo, há julgado no TST no sentido de que, se na petição inicial a entidade sindical indicar o rol dos substituídos, somente serão beneficiados pela decisão os que estejam inseridos na lista.[21]

*Além disso, h*á julgado do TST, o qual reconheceu a qualidade da entidade sindical, como substituto processual, de um único empregado.[22]

No dissídio coletivo, à atuação do sindicato sempre depende de autorização da assembleia-geral dos associados (art. 859, CLT) e deve haver correspondência entre as atividades exercidas pelos setores profissional e econômico envolvidos no conflito (OJ 22, SDC).

As empresas que não possuem sindicato ou na hipótese de greve poderão compor a lide nas ações coletivas. Antes do cancelamento, a IN 4/93 também previa a legitimidade do empregador quando os interesses em conflito fossem particularizados.[23]

Não se admitia a legitimidade do sindicato profissional em requerer judicialmente a legalidade de movimento grevista por ele fomentado (OJ 12, SDC, cancelada pela Resolução 166/2010).

---

21 TST – SDI-I – E-ED-RR 9849840-70.2006.5.09.0011 – Rel. Min. Aloysio Corrêa da Veiga – *DJe* 31/5/2013.

22 TST – 7ª T. – RR 397-89.2010.5.03.0102 – Relª Minª Cláudio Mascarenhas Brandão – *DEJT* 23/5/2014.

23 Item IV, IN 4/93: "Têm legitimidade para o ajuizamento do dissídio coletivo as entidades sindicais e os empregadores; estes, quando não haja entidade sindical representativa ou os interesses em conflito sejam particularizados" (cancelada pela Resolução n. 116, de 20 de março de 2003).

Guilherme Mastrichi Basso[24] e Raimundo Simão de Melo[25] discordavam dessa orientação e apontavam sua inconstitucionalidade, o primeiro por considerar que o direito constitucional de ação encontra-se violado e o segundo por visualizar afronta ao art. 8º, II, CF, que assegura ao sindicato a defesa aos interesses individuais e coletivos da categoria.

A Lei 7.783/89 (art. 4º, § 2º, e art. 5º) confere à comissão de trabalhadores legitimidade para participarem do dissídio coletivo em caso de greve e desde que não haja entidade sindical da categoria.

Parte expressiva da doutrina, diante da relativa liberdade sindical prevista na CF/88 (art. 8º), não admite a instauração de ofício pelo presidente do tribunal (arts. 856 e 874, CLT).

Nas ações individuais e coletivas de competência da Justiça do Trabalho, as entidades sindicais que integram a Confederação Nacional das Profissões Liberais terão o mesmo poder de representação dos trabalhadores empregados atribuído, pela legislação em vigor, aos sindicatos representativos das categorias profissionais diferenciadas (art. 1º, Lei 7.316/85).

A Confederação Sindical ou entidade de classe de âmbito nacional pode propor a ação direta de inconstitucionalidade e a ação declaratória de constitucionalidade (art. 103, IX, CF), observando a pertinência temática.

As associações civis e de natureza profissional, como OAB, CRM e CREA, não possuem legitimidade para instaurar dissídio coletivo. Isso porque possuem outras finalidades estatutárias, incompatíveis com a defesa dos interesses trabalhistas da categoria (prerrogativa dos sindicatos) e não integram a estrutura sindical vigente.

As centrais sindicais não estão autorizadas diretamente a atuar nos dissídios coletivos.

Também carece de legitimidade ativa o superintendente regional do trabalho e emprego para instaurar dissídio coletivo, mesmo no caso de greve, pois não está previsto nos arts. 856 e 857, CLT.[26]

No que tange ainda às questões coletivas, o STF considera que a impetração de mandado de segurança coletivo por entidade de classe em favor dos associados independe da autorização destes (Súm. 629) e que a entidade de classe tem legitimação para o mandado de segurança ainda quando a pretensão veiculada interesse apenas a uma parte da respectiva categoria (Súm. 630).

Quando a entidade sindical (como substituto processual) é autora da reclamação trabalhista, em cujos autos foi prolatada a decisão rescindenda, tem legitimidade para figurar como réu na ação rescisória, sendo descabida a exigência de citação de todos os

---

[24] BASSO, Guilherme Mastrichi. Dissídio coletivo de natureza jurídica. *Revista Jurídica Virtual da Presidência da República* – Subchefia para Assuntos Jurídicos, nº 4, ago./1999.

[25] MELO, Raimundo Simão de. Ob. cit., p. 60.

[26] TST – RO DC 43.042/92.6 – Rel. Min. Almir Pazzianoto Pinto – *DJU* 14/5/1993 – p. 9134. TST – RO DC 37.360/91.6 – Rel. Min. Ursulino Santos – *DJU* 5/3/1993 – p. 2991.

PARTE VIII · Cap. II – DISSÍDIO COLETIVO DE TRABALHO | 1255

empregados substituídos, porquanto inexistente litisconsórcio passivo necessário (Súm. 406, II, TST).

A legitimidade da entidade sindical para a instauração da instância (dissídio coletivo) contra determinada empresa está condicionada à prévia autorização dos trabalhadores da suscitada diretamente envolvidos no conflito (OJ 19, SDC).

2.5.1.1 *Deliberação da Assembleia*

A validade da assembleia que tenha por finalidade pronunciamento sobre relações ou dissídio de trabalho depende de convocação específica para esse fim e o quórum mínimo de metade mais um dos associados quites, em primeira convocação, e, com os presentes em segunda convocação, considerando-se aprovadas as deliberações que obtiverem 2/3 dos votos (art. 524, *e*, CLT).

A celebração de acordos ou convenções coletivas de trabalho pelos sindicatos prescinde de autorização da assembleia-geral especialmente convocada para esse fim, dependendo a validade da mesma do comparecimento e votação, em primeira convocação, de 2/3 dos associados da entidade (no caso de convenção) ou dos interessados (no caso de acordo), e, em segunda, 1/3 dos membros (art. 612). O quórum de comparecimento e votação será de 1/8 dos associados em segunda convocação nas entidades sindicais que tenham mais de 5.000 associados (parágrafo único).

Pela CLT, o ajuizamento do dissídio coletivo de trabalho pela entidade sindical está condicionado à aprovação da assembleia-geral dos associados interessados na solução do litígio, respeitado o quórum mínimo, ou seja, em primeira convocação, por maioria de 2/3 dos associados interessados e, em segunda convocação, por 2/3 dos presentes (art. 859).

A jurisprudência atual entende que o art. 859 da CLT não foi recepcionado pela nova ordem constitucional (CF/88), ante o cancelamento da Súmula 177 do TST pela Resolução 121 (*DJ*, 19/11/2003 e 25/11/2003).

Por outro lado, pela OJ 13, SDC, o TST entendia que, mesmo após a promulgação da CF/88, subordinava-se a validade da assembleia de trabalhadores à observância do quórum estabelecido no art. 612 da CLT. A OJ 13 foi cancelada (*DJ*, de 24/11/2003).

Portanto, face à liberdade e a autonomia sindicais, bem como diante do cancelamento dos verbetes jurisprudenciais, o quórum a ser observado é o estipulado no estatuto da entidade sindical.[27]

---

[27] "Não se pode desconhecer, porém que o rigor deste quórum da CLT afronta o princípio constitucional da autonomia dos sindicatos. Como insistido neste Curso, a matéria é efetivamente própria à regência dos estatutos sindicais (cujas regras submetem-se, é claro, aos princípios jurídicos da lealdade e transparência nas negociações coletivas, da racionalidade e razoabilidade, da vedação ao abuso do direito). Esclareça-se, à propósito, que o TST, após fase de reverência, iniciada nos anos de 1990, ao quórum do art. 612 da CLT (nesta linha, OJs 13 e 21 da SDC), felizmente alterou sua compreensão, cancelando em 2003 as referidas orientações jurisprudenciais" (DELGADO, Mauricio Godinho. *Curso de Direito do Trabalho*, 11. ed., p. 1403).

No caso de dissídio contra empresa, a legitimação do sindicato se faz pela autorização dos trabalhadores da suscitada diretamente envolvidos no conflito (OJ 19, SDC). Por isso, a legitimidade *ad causam* será verificada pela necessária correspondência entre as atividades exercidas pelos setores profissional e econômico envolvidos no conflito (OJ 22).

O TST tem exigido a ampla divulgação do edital de convocação para assembleia--geral (OJ 28) e a indicação do total de associados da entidade sindical como forma de apurar se houve o quórum de trabalhadores exigidos pela lei.[28]

A ata da assembleia de trabalhadores que legitima a atuação da entidade sindical deve registrar, obrigatoriamente, a pauta reivindicatória (OJ 8).

O edital de convocação da assembleia-geral e a ata da assembleia-geral são requisitos essenciais para instauração do dissídio.[29]

No caso de a base sindical ser superior à base mínima constitucional, necessária será a realização de múltiplas assembleias.[30]

É possível ainda que os estatutos da entidade sindical exijam, entre outras, quórum qualificado para votação e aprovação de determinadas matérias e prazo mínimo entre a publicação e a realização da assembleia (OJ 35, SDC).

A exigência de aprovação da assembleia é para o dissídio de natureza econômica.

Frustrada a negociação ou verificada a impossibilidade de recurso via arbitral, é facultada a cessação coletiva do trabalho, mediante prévia deliberação da assembleia-geral convocada para tanto. O estatuto da entidade sindical deverá prever as formalidades de convocação e o quórum para a deliberação quanto à deflagração e cessação da greve (arts. 3º e 4º, Lei 7.783).

A falta de autorização prévia da assembleia-geral da categoria implica a carência de legitimidade ativa da entidade sindical (*legitimatio ad causam*).

2.5.2   Interesse de Agir

Para a propositura da ação, a parte deve despertar o interesse processual, também denominado de interesse de agir. A expressão "interesse" pode ser vista em seu aspecto material, isto é, como sinônimo de pretensão, bem como em seu aspecto processual, que sintetiza a relação de necessidade existente entre um pedido e a atuação do Judiciário. A

---

[28]   OJ 21, SDC: "Ilegitimidade *ad causam* do sindicato. Ausência de indicação total de associados da entidade sindical. Insuficiência de quórum (art. 612 da CLT)" (cancelada, *DJ* 2/12/2003).

[29]   OJ 29, SDC: "Edital de convocação e ata da assembleia-geral. Requisitos essenciais para instauração de dissídio coletivo. O edital de convocação da categoria e a respectiva ata da AGT constituem peças essenciais à instauração do processo de dissídio coletivo" (cancelada, *DJ* 2/12/2003).

[30]   OJ 14, SDC: "Sindicato. Base territorial excedente de um município. Obrigatoriedade da realização de múltiplas assembleias. Se a base territorial do sindicato representativo da categoria abrange mais de um município, a realização de assembleia deliberativa em apenas um deles inviabiliza a manifestação de vontade da totalidade dos trabalhadores envolvidos na controvérsia, pelo que conduz à insuficiência de quórum deliberativo, exceto quando particularizado o conflito" (cancelada, *DJ* 2/12/2003).

PARTE VIII · Cap. II – DISSÍDIO COLETIVO DE TRABALHO | **1257**

segunda hipótese retrata o que se chama de interesse processual (ou de agir). Decorre o interesse processual da própria resistência oposta a uma pretensão. Denota-se a necessidade de se solicitar a atuação do Estado na pacificação da lide, pois é vedado à própria parte o exercício arbitrário das próprias razões.

O interesse processual representa uma relação de necessidade e adequação. A necessidade deflui do aspecto de que a tutela jurisdicional invocada seja útil para a reparação do direito lesado. Porém, para que se tenha a devida reparação, a tutela jurisdicional invocada deve ser adequada à própria situação material controvertida.

Portanto, o interesse processual *"é uma relação de necessidade e uma relação de adequação, porque é inútil a provocação da tutela jurisdicional se ela, em tese, não for apta a produzir a correção da lesão arguida na inicial. Haverá, pois, falta de interesse processual se, descrita determinada situação jurídica, a providência pleiteada não for adequada a essa situação. Se alguém, por exemplo, foi esbulhado em sua posse, fará pedido inadequado, faltando-lhe interesse, se pleitear a declaração de que é proprietário. Nesse exemplo, o pedido só pode ser de devolução da posse, indevidamente esbulhada"*.[31]

No dissídio coletivo revisional (art. 873, CLT), o interesse processual surge quando houver alterações nas circunstâncias que ditaram as condições de trabalho fixadas em norma coletiva há mais de um ano em vigor, de modo que tais condições se hajam tornado injustas ou inaplicáveis.

2.5.2.1 Negociação Coletiva Prévia Frustrada

A CF prevê a possibilidade do ajuizamento do dissídio coletivo, quando houver recusa de qualquer uma das partes à negociação ou à arbitragem. Essa exigência já era feita pela CLT (art. 616, § 2º e § 4º).

Em outras palavras, somente após esgotadas as tentativas de solução negociada ou arbitral do conflito é que poderá ser instaurado o dissídio coletivo. A recusa deve ser expressa e não tácita.[32]

Os sindicatos e as empresas não podem recusar-se à negociação coletiva.

Na fase negocial, verificando a recusa, cabe aos sindicatos ou empresas interessadas dar ciência do fato, conforme o caso, ao Departamento Nacional do Trabalho ou aos órgãos regionais do Ministério do Trabalho para convocação compulsória dos sindicatos ou empresas recalcitrantes (art. 616).

A Lei 10.192/01, que dispõe sobre medidas complementares do Plano Real, prevê as soluções de conflitos trabalhistas por negociação direta ou pela mediação.

---

[31] GRECO FILHO, Vicente. *Direito processual civil brasileiro*, v. 1, 12. ed., p. 81.

[32] OJ 24, SDC - Negociação prévia insuficiente. Realização de mesa-redonda perante a DRT. Art. 114, § 2º, da CF/88. Violação (atualmente cancelada).

A Lei 10.101/00, que prevê o sistema de participação dos trabalhadores nos lucros e resultados da empresa, menciona a mediação e a arbitragem de ofertas finais[33] como forma de solução dos impasses.

O Decreto 1.572, 28/7/1995, estabelece uma série de regras sobre a mediação na negociação coletiva dos conflitos trabalhistas. Da mesma forma, a Portaria do Ministério do Trabalho 3.122, de 5/7/1988.

A Portaria do Ministério do Trabalho 817, 30/8/1995, estabelece critérios para a participação do mediador nos conflitos de negociação coletiva de natureza trabalhista, enquanto a Portaria 818, de 30/8/1995, estabelece critérios para o credenciamento de mediador perante as Superintendência Regional do Trabalho e Emprego (SRTE).

Como condição da ação específica para os dissídios coletivos, a negociação prévia frustrada é exigida para o ajuizamento dos dissídios de natureza econômica[34] e jurídica,[35] mesmo quando há greve.[36]

2.5.3 Possibilidade Jurídica do Pedido

No CPC/73, a temática da possibilidade jurídica do pedido é tratada como questão preliminar ao mérito, como condição de ação (art. 267, VI), o que não ocorre com o CPC/15 (art. 485, VI). No CPC/15, a questão interage com o mérito da demanda.

Há uma corrente doutrinária que entende a possibilidade jurídica do pedido como sendo a viabilidade jurídica da pretensão deduzida pela parte em face do direito positivo.

Para outros estudiosos, o pedido será juridicamente possível sempre que não houver vedação expressa ao que está sendo pleiteado em juízo.

A solução para o impasse está exatamente em mesclar as duas correntes doutrinárias, adotando-se uma posição eclética: (a) no direito público haverá o pedido juridicamente possível, quando a solicitação em juízo for autorizada pela norma jurídica material; (b) em sede de direito privado, o pedido será possível quando não estiver proibido pela ordem jurídica.

---

[33] Art. 4º, Lei 10.101/00: "§ 1º Considera-se arbitragem de ofertas finais aquela em que o árbitro deve restringir-se a optar pela proposta apresentada, em caráter definitivo, por uma das partes."

[34] OJ 6, SDC: "Dissídio coletivo. Natureza jurídica. Imprescindibilidade de realização de assembleia de trabalhadores e negociação prévia. O dissídio coletivo de natureza jurídica não prescinde da autorização da categoria, reunida em assembleia, para legitimar o sindicato próprio, nem da etapa negocial prévia para a solução de consenso" (cancelada pela SDC em 10/8/2000).

[35] "Mesmo que seja de natureza jurídica, o dissídio coletivo, para ser suscitado, depende de autorização dada ao sindicato da categoria, pela assembleia, e de etapa negocial prévia, como se infere de Precedentes do TST, entre eles DC 316836/96, AC 426/97, *DJ* 20/6/97, Rel. Min. Ursulino Santos" (BARROS, Alice Monteiro de. Ob. cit., p. 647). "Tal exigência estende-se também ao dissídio coletivo de natureza jurídica, conforme entendimento do TST" (MARTINS FILHO, Ives Gandra da Silva. Ob. cit., p. 75).

[36] OJ 11, SDC: "Greve. Imprescindibilidade de tentativa direta e pacífica da solução do conflito. Etapa negocial prévia. É abusiva a greve levada a efeito sem que as partes hajam tentado, direta e pacificamente, solucionar o conflito que lhe constitui o objeto."

PARTE VIII · Cap. II – DISSÍDIO COLETIVO DE TRABALHO | **1259**

Os ajustamentos de salário fixados em decisões da Justiça do Trabalho, aprovados em julgamento de dissídios coletivos ou em acordos homologados, serão aplicados, automaticamente, nas mesmas condições estabelecidas para os integrantes das categorias profissionais litigantes ou interessadas, aos empregados das próprias entidades suscitantes e suscitadas, observadas as peculiaridades que lhes sejam inerentes (art. 10, Lei 4.725/65). Desse modo, o TST vinha extinguindo, por impossibilidade jurídica do pedido, os dissídios que visem a regramento próprio para os empregados das entidades sindicais (OJ 37, SDC, cancelada *DJ* 18/10/2006). Pela Lei 11.295, de 9/5/2006, foi acrescido o § 2º ao art. 526 da CLT, que dispõe da aplicação ao empregado de entidade sindical dos preceitos das leis de proteção do trabalho e previdência social, inclusive, o direito de associação em sindicato.

Considerando que o Texto Constitucional não mencionava entre os direitos dos empregados domésticos o reconhecimento dos acordos e convenções coletivas de trabalho, prejudicando a negociação prévia exigida para o ajuizamento do dissídio coletivo, e que a atividade exercida por esses trabalhadores não podia ser considerada atividade econômica, a doutrina[37] e a jurisprudência[38] vinha entendendo que o dissídio coletivo desses trabalhadores é juridicamente impossível.

A EC 72/13, no sentido da Convenção 189 da OIT, garante expressamente aos empregados domésticos a possibilidade de autorregulamentação da atividade profissional, por meio da celebração de acordos ou convenções coletivas.

Contudo, há dificuldades para a consecução desse direito. Isso porque a jurisprudência entendido que, embora possa haver representação profissional de sua categoria por sindicato próprio, trata-se de mera associação com caracteres de representação de classe, não se encontrando os empregadores domésticos jungidos a qualquer categoria econômica correspondente, o que implica reconhecer a ausência de negociação coletiva e a impossibilidade de condenação do empregador ao pagamento de benefícios normativos dessa espécie (TST – 6ª T. – RR 169600-16.2005.5.15.0094 – Rel. Min. Augusto César Leite de Carvalho – *DJe* 19/10/2012).

Isso se deve ao fato de que a categoria econômica correspondente, ou seja, dos empregadores, não desenvolve atividade efetivamente econômica, contrariando toda a sistemática sindical atualmente vigente. De fato, não se pode dizer que há uma unidade de empregadores domésticos exercentes de uma mesma atividade econômica, tampouco que essa atividade possa ser assim considerada para efeitos de enquadramento sindical.

---

[37] PAMPLONA FILHO, Rodolfo; VILLATORE, Marco Antônio César. *Direito do trabalho doméstico*, 2. ed., p. 169; BARROS, Alice Monteiro de. Ob. cit., p. 655.

[38] "Dissídio coletivo. Sindicato de trabalhadores domésticos. Impossibilidade jurídica. A categoria dos trabalhadores domésticos é, ainda, uma categoria limitada no que tange a direitos coletivos e individuais, não lhe sendo assegurado, no que tange àqueles, o reconhecimento dos acordos e convenções coletivas (art. 7º, parágrafo único, da Carta Magna), o que afasta, por incompatibilidade lógica, a possibilidade de negociação coletiva e, finalmente, de chegar-se ao estágio do ajuizamento da ação coletiva (art. 114, § 2º). Recurso ordinário desprovido" (TST – RO DC 112.868/94.7 – Rel. Min. Manoel Mendes de Freitas – *DJU* 25/11/1994).

Portanto, em que pese a possibilidade de celebração de normas coletivas, de imediato ainda não se afigura "possível" o exercício desse direito, até que haja sindicato patronal correspondente.

Em 2013, apesar dos diversos obstáculos a serem superados, o Sindicato das Empregadas e Trabalhadores Domésticos da Grande São Paulo – Sindoméstica-SP (base territorial: Arujá, Barueri, Biritiba-Mirim, Carapicuíba, Cotia, Embu-Guaçu, Ferraz de Vasconcelos, Guararema, Guarulhos, Itaquaquecetuba, Itapecerica da Serra, Itapevi, Jandira, Juquitiba, Mogi das Cruzes, Mairiporã, Osasco, Salesópolis, Santa Isabel, Santana de Parnaíba, Suzano, São Lourenço da Serra, Taboão da Serra, Vargem Grande Paulista) e o Sindicato dos Empregadores Domésticos do Estado de São Paulo celebraram uma convenção coletiva de trabalho.

A instauração de dissídios coletivos de natureza econômica, envolvendo a Administração Pública direta, autárquica e fundacional e os empregados públicos, tem se mostrado juridicamente impossível como consequência das regras de competência legislativa e as restrições impostas à Administração pela CF.

O STF não tem admitido o dissídio coletivo de natureza econômica instaurado contra a Administração Pública direta, autárquica e fundacional (Súm. 679, STF).

Pelo teor original da OJ 05, da SDC, aos servidores públicos não foi assegurado o direito ao reconhecimento de acordos e convenções coletivas de trabalho, pelo que, por conseguinte, também não lhes é facultada a via do dissídio coletivo, à falta de previsão legal.

Os empregados de empresa pública, sociedades de economia mista ou outras entidades públicas que explorem atividades econômicas poderão ajuizar dissídio coletivo na Justiça do Trabalho, pois estão sujeitos ao regime trabalhista da iniciativa privada (art. 173, § 1º, CF), desde que observem a regra do teto remuneratório, caso recebam recursos da União, dos Estados, do Distrito Federal ou dos Municípios para pagamento de despesas de pessoal ou de custeio geral (art. 37, § 9º).

Para as empresas estatais, o TST também não considera possível a homologação de acordo em dissídio coletivo que implique majoração salarial ou concessão de qualquer benefício que implique impacto nos gastos com pessoal, sem que haja autorização prévia do Comitê de Coordenação de Empresas Estatais (Decreto 908/93).

É de se destacar que parte minoritária da jurisprudência tem reconhecido a validade dos instrumentos normativos celebrados com a Administração Pública (direta, autárquica e fundacional), desde que não importem aumento de despesas públicas.

Com a alteração da OJ 5, SDC, em setembro de 2012, o TST passou admitir dissídio coletivo para análise de cláusulas exclusivamente sociais.

A doutrina aponta outras duas hipóteses de impossibilidade jurídica do pedido em dissídio coletivo: (a) dissídio coletivo de natureza jurídica postulando interpretação de norma legal de caráter geral; (b) fixação de condições menos benéficas do que as previstas em lei, quando frustrada a negociação coletiva quanto às matérias em relação às quais a CF admite flexibilização.

PARTE VIII · Cap. II – DISSÍDIO COLETIVO DE TRABALHO | 1261

2.5.4 Ajuizamento de "Comum Acordo"

A partir da EC 45, o ajuizamento do dissídio coletivo de trabalho de natureza econômica, após a recusa de qualquer das partes à negociação coletiva ou à arbitragem, somente pode ocorrer de "comum acordo" pelas partes (art. 114, § 2º) que, por sua vontade, estarão indicando ao Judiciário quais são exatamente as questões divergentes e limitando a prestação jurisdicional. Tal questão encontra-se pendente no STF (ADIN 3.392, Rel. Min. Cezar Peluso). Segundo Amauri Mascaro Nascimento,[39] a origem histórica dessa exigência constitucional para o dissídio coletivo resulta de uma sugestão do Comitê de Liberdade Sindical da OIT. Por ocasião da greve dos petroleiros e a dispensa de cinquenta dirigentes sindicais em 1995, a CUT apresentou uma queixa na OIT contra o Governo Brasileiro. A queixa foi apreciada pelo Comitê de Liberdade Sindical da OIT, que encaminhou ao Brasil as seguintes sugestões: (a) reintegração dos dirigentes sindicais despedidos; (b) transformação do nosso sistema de solução dos conflitos coletivos com a adoção da arbitragem quando solicitado pelas duas partes; (c) manutenção do dissídio coletivo apenas nos casos de greve em atividades essenciais. Com isso, caminhou-se para a supressão do dissídio coletivo. Cogitou-se a transformação do dissídio coletivo em arbitragem pelos tribunais do trabalho, o que não foi aceito.

Enoque Ribeiro dos Santos[40] elenca as diversas teses jurídicas que dizem respeito ao "comum acordo" do art. 114, § 2º: (a) extinção do poder normativo dos Tribunais, privilegiando a negociação coletiva de trabalho; (b) mitigação do poder normativo, passando a ter um cunho arbitral – pública estatal prestada pelo Poder Judiciário; (c) manutenção do poder normativo nos demais tipos de dissídios coletivos (natureza jurídica, revisão, originário e declaração); (d) o comum acordo teria cunho facultativo; (e) inconstitucionalidade da exigência, por afronta ao princípio constitucional da inafastabilidade do Judiciário.

Amauri Mascaro Nascimento considera que a exigência do "comum acordo" para o ajuizamento do dissídio coletivo de natureza econômica é inconstitucional, por violação ao princípio da inafastabilidade da jurisdição.[41]

Na visão de Arion Sayão Romita,[42] não existe inconstitucionalidade a ser reconhecida, porque a regra constitucional (art. 5º, XXXV) é *"inaplicável à hipótese, porque o dissídio coletivo não tem por objeto a reparação de lesão ou ameaça a direito subjetivo. No julgamento do dissídio coletivo de interesses, não está em tela de juízo a aplicação de uma norma preexistente que assegura um 'direito' pretensamente violado, porquanto essa modalidade de processo judicial visa à criação da norma, ou seja, inovar o direito positivo*

---

[39] NASCIMENTO, Amauri Mascaro. A questão do dissídio coletivo de comum acordo. In: *Revista LTr*, v. 70, nº 6, p. 650-651.

[40] SANTOS, Enoque Ribeiro. Dissídio coletivo e Emenda Constitucional nº 45/2004 – Considerações sobre as teses jurídicas da existência do "comum acordo". In: *Revista Justiça do Trabalho*, nº 264, p. 16, dez. 2005.

[41] NASCIMENTO, Amauri Mascaro. Ob. cit., p. 655-656.

[42] ROMITA, Arion Sayão. *Competência da justiça do trabalho*, p. 92.

aplicável às categorias em litígio. [...] Por outro lado, a exigência de iniciativa conjunta não impede o acesso ao Poder Judiciário. Observado o pressuposto processual do 'comum acordo', o tribunal julgará o dissídio coletivo".

Para Mauro Schiavi,[43] o § 2º do art. 114 da Constituição Federal não está em atrito com o princípio da inafastabilidade da jurisdição, visto que este princípio *"é dirigido à lesão de direito já existente (positivado no ordenamento jurídico), pois o dissídio coletivo de natureza econômica tem natureza dispositiva (ou constitutiva para alguns), já que visa à criação de norma aplicável no âmbito da categoria e não de aplicação do direito vigente a uma lesão de direito. Além disso, se trata de competência atribuída à Justiça do Trabalho, por exceção, para criar normas jurídicas no âmbito das categorias profissional e econômica, no chamado vazio da lei e solucionar o conflito coletivo de natureza econômica, quando fracassarem as tentativas de negociação direta e arbitragem voluntária. [...] A nosso ver, o comum acordo não é um pressuposto processual, e sim uma condição da ação, ou, melhor dizendo, um óbice à apreciação da pretensão coletiva trazida em juízo. Por isso não se trata de um requisito de validade da relação jurídica processual, umas uma condição prévia para apreciação da pretensão. [...] Assim, não há necessidade de o comum acordo ser prévio ao ajuizamento do dissídio, podendo tal condição ser preenchida no curso do processo, inclusive de forma tácita, pela não oposição do suscitado".*

Ives Gandra Martins Filho[44] acentua: *"O grande impacto da Emenda Constitucional nº 45/2004 no campo dos dissídios coletivos foi a introdução da exigência do mútuo acordo para o ajuizamento da ação coletiva (CF, art. 114, § 2º). Nos debates de que participei na SDC-TST algum tempo depois da promulgação da referida Emenda, sustentei a natureza semelhante a juízo arbitral que teria adquirido o dissídio coletivo com a EC 45/04...".*

Nos processos que se seguiram, a SDC-TST, para minimizar o impacto que a EC 45/2004 teve na seara do Processo Coletivo do Trabalho, passou a negar peremptoriamente qualquer similaridade do novo perfil do dissídio coletivo com o juízo arbitral. Para tanto, tem feito finca-pé na tese de que a EC 45/04 não reduziu o Poder Normativo da Justiça do Trabalho (o que não condiz com a realidade), mas apenas introduziu pressuposto processual suplementar aos já existentes, exigindo o mútuo acordo para a proposição da ação coletiva de natureza econômica.

Com a chegada dos dez novos ministros do TST, previsto na EC 45/04 para recomposição da Corte pós-extinção da representação classista, a SDC acabou sendo substancialmente renovada, com os ministros mais novos passando a integrá-la. Nesse contexto, buscou-se ainda negar a necessidade do mútuo acordo para o ajuizamento de dissídio coletivo, de modo a se manter em sua plenitude o Poder Normativo da Justiça do Trabalho. Fui relator do processo em que se debateu, proposta pela divergência dos ilustres colegas Min. WALMIR OLIVEIRA DA COSTA e MAURICIO GODINHO DELGADO, a tese mais arrojada (sustentada também por alguns TRTs) da desnecessidade do comum acordo para a instauração da instância coletiva.

---

43   SCHIAVI, Mauro. *Manual de direito processual do trabalho*, 3. ed., p. 1043 e segs.

44   MARTINS FILHO, Ives Gandra. *Processo coletivo do trabalho*, 4. ed., p. 117-124.

PARTE VIII · Cap. II – DISSÍDIO COLETIVO DE TRABALHO | 1263

Em que pese as ponderáveis razões expostas pela corrente divergente, acabou prevalecendo a jurisprudência já consolidada da exigência do comum acordo, ao menos tácito.

Assim postas as coisas, pacificada a jurisprudência, é o comum acordo pressuposto processual negativo do dissídio coletivo, no sentido de que, se o Suscitante opuser-se à instauração da instância, o dissídio coletivo deverá ser extinto. Se a recusa se der apenas na fase recursal, não será levada em conta, na medida em que o dissídio coletivo já foi instaurado e já existe sentença normativa regulando as relações entre as partes e compondo o conflito coletivo."

O TST tem entendido que o comum acordo é um pressuposto processual, contudo, não se tem à obrigatoriedade do seu preenchimento no ato do ajuizamento do dissídio coletivo (TST – SDC – RO 28100.44.2009.5.03.0000 – Relª Minª Dora Maria da Costa – *DEJT* 28/10/2010; TST – SDC – RO 28300.51.2009.5.03.0000 – Rel. Min. Fernando Eizo Ono – *DEJT* 28/10/2010; TST – SDC – RO 2018900.40.2008.5.02.0000 – Rel. Min. Walmir Oliveira da Costa – *DEJT* 28/10/2010).

No curso da demanda, se houver por parte da entidade suscitada, quando da resposta, a invocação do comum acordo, a SDC – Seção de Dissídios Coletivos – do TST tem extinto o dissídio coletivo econômico sem resolução de mérito (art. 485, IV, CPC).

"DISSÍDIO COLETIVO. RECURSO ORDINÁRIO. FALTA DO MÚTUO ACORDO. ARTIGO 114, § 2º, DA CONSTITUIÇÃO FEDERAL DE 1988. ACOLHIMENTO DA PRELIMINAR. EXTINÇÃO DO PROCESSO SEM RESOLUÇÃO DO MÉRITO. ART. 267, IV, DO CÓDIGO DE PROCESSO CIVIL. O entendimento que prevalece nesta Corte é de que a recusa expressa para a instauração do dissídio coletivo, manifestada na contestação, acarreta o não preenchimento do requisito do comum acordo, estabelecido no art. 114, § 2º, da CF/88, que é instransponível para o ajuizamento do dissídio coletivo. Por consequência, resulta na extinção do processo, sem resolução do mérito, ante a falta de pressuposto de desenvolvimento válido e regular do processo. Recurso ordinário provido, para decretar a extinção do processo, sem resolução do mérito, nos termos do art. 267, IV, do Código de Processo Civil, diante do acolhimento da preliminar de recusa para o ajuizamento da representação coletiva suscitada no momento oportuno" (TST – SDC – RO 2301-21.2012.5.02.0000 – Relª Minª Kátia Magalhães Arruda – *DEJT* 2/10/2015).

Se no curso processual do dissídio coletivo econômico houver a deflagração da greve, não se tem a necessidade do comum acordo (TST – SDC – RO 381-24.2014.5.17.0000 – Rel. Min. Mauricio Godinho Delgado – DEJT 22/3/2016).

A exigência do comum acordo para a propositura do dissídio coletivo por parte das empresas ou das entidades sindicais equivale ao abuso de direito.

Abuso de direito e a boa-fé são institutos que se completam.

A doutrina indica que: *"Historicamente, ausente previsão normativa específica em sede civil, se encarregou a jurisprudência da tarefa de dar contornos e aplicação ao instituto do abuso de direito, embora, como não poderia ser diferente, sem uniformidade de entendimento.*

O Código Civil de 2002, inovando em relação ao texto do seu antecessor, consagrou, expressamente, a teoria do abuso de direito, em seu art. 187, com nítida inspiração no direito português (art. 334 do Código luso): [...] 'Também comete ato ilícito o titular de um direito que, ao exercê-lo, excede manifestamente os limites impostos pelo seu fim econômico ou social, pela boa-fé ou pelos bons costumes'.

O abuso do direito é constatado no instante da violação do elemento axiológico da norma. Instala-se a contrariedade entre o comportamento comissivo ou omissivo do indivíduo e o fundamento valorativo-material do preceito.

Indaga-se, todavia, se é possível mensurar o que pode ou não ser considerado exercício admissível de determinada posição jurídica. Parece-nos que a resposta se situa justamente nos termos do art. 187 do Código Civil. O essencial do abuso do direito será dado pela boa-fé, pelos bons costumes e pela função social e econômica dos direitos.

Sob o ponto de vista do direito obrigacional, o mencionado artigo é a cláusula geral mais rica do Codex. Reúne em um único dispositivo os quatro princípios éticos que presidem o sistema. Bastaria acrescentar a ordem pública para tê-los todos em vista.

A boa-fé é o parâmetro de correção e honestidade nas relações obrigacionais. No imaginário coletivo, a boa-fé e os bons costumes não seriam conceitos distintos, pois ambos emanam de um anseio ético, convergindo em uma mesma linha moral.

Se é verdade que ambos tangenciam a linha da moral e se direcionam à satisfação de anseios gerais, Menezes Cordeiro explica que os bons costumes surgem como algo exterior, exprimindo a moral social, a ponto de expressar regras impeditivas de comportamentos que não recebem consagração expressa por determinada coletividade, a certo tempo. Já a boa-fé é algo interior ao ordenamento jurídico. Com base em comportamentos típicos, ela será sistematizada mediante a criação de esquemas normativos de atuação.

Ademais, explica Larenz que a cláusula de bons costumes se aplica indiscriminadamente, enquanto a boa-fé pressupõe um vínculo já existente de confiança entre quem invoca esse princípio e quem deve comportar-se com submissão perante ele. Por isso, nem toda infração à boa-fé significa ofensa aos bons costumes, enquanto qualquer conduta imoral, particularizada em relações especiais, atinge gravemente o princípio da boa-fé. A nosso viso, enquanto uma prescreve, a outra proscreve. A boa-fé é afirmativa, pois elabora modelos de comportamento a assumir; já os bons costumes se limitam a suprimir efeitos da atividade negocial nociva.

Por último, ao descrever o abusivo o exercício do direito que excede manifestamente a sua função social e econômica, o legislador adverte que, sendo a ordem econômica constitucional submetida aos princípios da justiça e solidariedade (art. 170, CF), será possível uma intervenção no âmbito da liberdade contratual se a forma pela qual o contratante atuar for lesiva ao bem comum. O exercício de um direito de modo contrário ao interesse geral é antijurídico, caracterizando o abuso do direito.

O verdadeiro critério do abuso do direito no campo das obrigações, por conseguinte, parece se localizar no princípio da boa-fé, pois em todos os atos geralmente apontados como de abuso de direito estará presente uma violação ao dever de agir de acordo com os padrões de lealdade e confiança, independentemente de qualquer propósito de prejudicar.

Conforme a lição de Tereza Negreiros, boa-fé e abuso do direito complementam-se, operando aquela como parâmetros de valoração do comportamento dos contratantes: o

PARTE VIII · Cap. II – DISSÍDIO COLETIVO DE TRABALHO | 1265

exercício de um direito será irregular e, nesta medida, abusivo se consubstanciar quebra de confiança e frustração de legítimas expectativas".[45]

Enquanto o art. 186, CC, exige, para fins de conceituação de ato ilícito, a violação frontal dos pressupostos lógico-formais da norma jurídica, já no abuso de direito, o legislador civil não exige o desrespeito à estrutura formal e sim a ofensa a sua valoração.

Em outras palavras: *"[...] Conduz-se de forma contrária aos fundamentos materiais da norma, por negligenciar o elemento ético que preside a sua adequação ao ordenamento. [...] No abuso do direito não há desafio à legalidade estrita de uma regra, porém à sua própria legitimidade, posto vulnerado o princípio que a fundamenta e lhe concede sustentação sistemática".*[46]

A entidade sindical, a qual invoca o aspecto formal do "comum acordo", sem qualquer conteúdo valorativo no exercício deste direito, equivale a dizer que também está agindo em violação ao princípio da boa-fé.

Quem invoca o "comum acordo", sem qualquer conteúdo fático e jurídico consistente, está, simultaneamente: (a) opondo resistência injustificada ao andamento processual; (b) agindo de forma temerária, na medida em que cria um incidente, sem a menor razoabilidade; (c) provocando incidentes manifestamente infundados.

É imperiosa que a atuação da Justiça do Trabalho estabeleça mecanismos de evidenciar a má-fé do responsável pela alegação do "comum acordo".

Recomenda-se, então, quando da realização da audiência de conciliação nos dissídios coletivos, que questões sejam discutidas ou indagadas aos suscitados, os quais invocam o "comum acordo", como forma de evidenciar que esta alegação não a tem a devida consistência fática e jurídica.

As questões propostas são:

1) O suscitado recebeu a pauta de reivindicações?

2) Quando do recebimento da pauta de reivindicações, o suscitado foi convidado pelo suscitante à negociação coletiva em uma reunião previamente agendada para este fim?

3) Quais foram às atitudes do suscitado quanto à pauta de reivindicação? Houve uma contraproposta formal?

4) Para o suscitado, quais são as cláusulas normativas quanto à pauta de reivindicações que não possibilitam a formalização do instrumento normativo?

5) Quais são as cláusulas normativas da pauta de reivindicações as quais são aceitas pelo suscitado?

6) O suscitado compareceu à reunião para negociação junto ao MPT? Nesta reunião, quais foram os motivos do impasse?

7) Quais são os motivos concretos e relevantes pela suscitada quanto à discordância na formalização do instrumento normativo?

---

45   FARIAS, Cristiano Chaves de; ROSENVALD, Nelson. *Direito civil*: teoria geral, 7. ed., p. 473-475.

46   FARIAS, Cristiano Chaves de; ROSENVALD, Nelson. Ob. cit., p. 473-475.

8) Dentro do primado do respeito ao princípio da boa-fé, diga o suscitado quais são os pontos efetivos pelos quais sustenta a necessidade do "comum acordo"?

2.6 O JULGAMENTO DO DISSÍDIO COLETIVO E O PRINCÍPIO DO NÃO RETROCESSO SOCIAL

A partir da EC 45, a Justiça do Trabalho ao decidir o conflito, respeitará *"as disposições mínimas legais de proteção ao trabalho, bem como as convencionadas anteriormente"* (art. 114, § 2º, parte final, CF).

Assim, o julgador, por determinação constitucional, não poderá deixar de observar e garantir a proteção mínima ao trabalho e as normas pactuadas pelas partes anteriormente. Em outras palavras, não haverá retrocesso de direitos trabalhistas já conquistados.

Com vários direitos trabalhistas individuais e coletivos, o Pacto dos Direitos Econômicos, Sociais e Culturais (1966)[47] estabelece a obrigação dos estados em assegurar, progressivamente, o pleno exercício dos direitos nele enunciados, utilizando o máximo dos recursos disponíveis (art. 2º, § 1º). Desta forma, como aponta Flávia Piovesan,[48] os estados, *"no livre e pleno exercício de sua soberania, ratificam, há que se observar o princípio da aplicação progressiva dos direitos sociais, o que, por si só, implica o princípio da proibição do retrocesso social".*

O princípio da proibição do retrocesso social, segundo o constitucionalista português Canotilho,[49] *"pode formular-se assim: núcleo essencial dos direitos sociais já realizado e efetivado através de medidas legislativas ('lei de segurança nacional', 'lei do subsídio de desemprego', 'lei do serviço de saúde') dever considerar-se constitucionalmente garantido, sendo inconstitucionais quaisquer medidas que, sem a criação de esquemas alternativos ou compensatórios, se traduzam, na prática, numa 'anulação', 'revogação' ou 'aniquilação' pura e simples desse núcleo essencial. A liberdade de conformação do legislador e inerente autorreversibilidade têm como limite o núcleo essencial já realizado, sobretudo quando o núcleo essencial se reconduz à garantia do mínimo de existência condigna inerente ao respeito pela dignidade da pessoa humana (cf. Ac 509/2002, DR, I 12/2/2003)".*

2.7 DISSÍDIO COLETIVO DE TRABALHO NO SETOR PÚBLICO

O dissídio coletivo de trabalho é uma ação judicial, onde as partes buscam a solução de um conflito que ultrapassa as relações individuais de trabalho (conflito coletivo), as quais possuem inúmeras peculiaridades nas relações de trabalho com o Estado.[50]

---

[47] Aprovado pelo Decreto Legislativo 226, de 12/12/1991. Assinado pelo Brasil em 24 de janeiro de 1992. Entrou em vigor no Brasil em 24/2/1992. Promulgado pelo Decreto 591, de 6/7/1992.

[48] PIOVESAN, Flávia. Direitos humanos e o trabalho. In: FREITAS JUNIOR, Antônio Rodrigues de (Coord.). *Direito do trabalho e direitos humanos*, p. 305.

[49] CANOTILHO, J. J. Gomes. *Direito constitucional e teoria da constituição*, 7. ed., p. 339-340.

[50] As diversas relações de trabalho com Estado, tanto no aspecto individual e coletivo, são estudadas e analisadas em outros estudos dos autores: *O empregado público*. 3. ed. São Paulo: LTr, 2012.

PARTE VIII · Cap. II – DISSÍDIO COLETIVO DE TRABALHO | **1267**

As relações coletivas de trabalho do grupo formado pelos servidores estatutários, relações de natureza administrativa, escapam à competência da Justiça do Trabalho mesmo após a EC 45 (STF – TP – ADI-MC 3.395-6, Rel. Min. Cezar Peluzo – j. 5/4/2006).[51] Inexiste a ação de dissídio coletivo na esfera civil.

No que tange às relações coletivas de trabalho do grupo de trabalhadores celetistas, semelhantemente ao que ocorre na iniciativa privada, os acordos e convenções coletivas de trabalho e as sentenças normativas[52] não lhes são aplicáveis se não foram representados nas negociações ou no dissídio coletivo (Súm. 374, TST, OJ 2, SDC).

A instauração de dissídios coletivos de natureza econômica, contudo, envolvendo a Administração Pública direta, autárquica e fundacional e os empregados públicos tem se mostrado juridicamente impossível como consequência das regras de competência legislativa e as restrições impostas à Administração pela CF.

Mesmo para as empresas estatais, o TST considera impossível a homologação de acordo em dissídio coletivo que implique majoração salarial ou concessão de qualquer benefício que implique impacto nos gastos com pessoal, sem que haja autorização prévia do Comitê de Coordenação de Empresas Estatais (Decreto 908/93).

No que tange aos dissídios coletivos envolvendo a Administração Pública direta, autárquica e fundacional, a impossibilidade jurídica decorre do sistema jurídico vigente.

Cabe ao Poder Legislativo, com a sanção do chefe do Poder Executivo, dispor sobre lei que promova aumento da remuneração dos servidores da Administração direta e autárquica (art. 48, X, CF), sendo que a iniciativa do processo legislativo é competência privativa do chefe do Poder Executivo (art. 61, § 1º, II, *a*).

O Poder Legislativo tem a iniciativa de leis que tratem da remuneração dos seus servidores, observando os parâmetros estabelecidos na Lei de Diretrizes Orçamentárias (arts. 51, IV, e 52, XIII), sem qualquer interferência do Executivo (art. 48, *caput*).

Cabe ao tribunal interessado a iniciativa de leis que visem à criação, transformação, extinção dos cargos públicos e remuneração dos seus servidores auxiliares e dos juízes que lhes forem vinculados (art. 96, II, *b*), com exceção à fixação dos subsídios dos Ministros do STF, que se dará por lei de iniciativa conjunta dos presidentes da república, da câmara dos deputados, do senado federal e do STF (art. 48, XV).

---

[51] Seguindo nessa esteira, o TST tem assentado não usufruir a Justiça do Trabalho de competência normativa em relação a dissídios coletivos de servidores públicos, quer sejam estaduais (TST – RO DC 12.344/90.0 – Rel. Min. Antonio Amaral – *DJU* 18/6/1993 – p. 12.185), municipais (TST – RO DC 34.204/91.0 – Rel. Min. Wagner Pimenta – *DJU* 17/9/1993 – p. 19.010), autárquicos (TST – RO DC 37.166/91.0 – Rel. Min. Fernando Vilar – *DJU* 19/3/1993 – p. 4.380) ou fundacionais (TST – RO DC 38.174/91.5 – Rel. Min. Hylo Gurgel – *DJU* 19/3/1993 – p. 4.381) (MARTINS FILHO, Ives Gandra. *Processo coletivo do trabalho*, 4. ed., p. 92-93).

[52] "Os empregados de pessoas jurídicas de direito público quando regidos pela Consolidação das Leis do Trabalho não são alcançados pelas condições estabelecidas em sentenças normativas" (MALTA, Christovão Piragibe Tostes Malta. *Prática do processo trabalhista*, 30. ed., p. 699).

Erigido à categoria de unidade orgânica independente, cabe ao Ministério Público, por seu procurador-geral, propor ao Legislativo a criação, transformação e extinção dos cargos de sua estrutura institucional e dos integrantes da organização de apoio, além da política remuneratória e os planos de carreira (art. 127, § 2º).

A norma constitucional prevê em cada Ente da Federação a instituição de conselhos de política de administração e remuneração de pessoal integrado por servidores de cada um dos Poderes (art. 39, *caput*), sendo que a fixação dos padrões de vencimentos e dos demais componentes do sistema remuneratório levará em conta: (a) a natureza, o grau de responsabilidade e a complexidade dos cargos componentes de cada carreira; (b) os requisitos para a investidura; (c) as peculiaridades dos cargos (art. 39, § 1º).

Também não se pode esquecer que, em sua redação original, a CF determinava que as despesas com pessoal, ativo e inativo, dos Entes federados não poderiam ultrapassar os limites a serem fixados em lei complementar (art. 169, *caput*).

Além disso, condicionava a concessão de qualquer vantagem ou aumento de remuneração, a criação de cargos ou alteração de estrutura das carreiras, bem como a admissão de pessoal a qualquer título, pelos órgãos e entidades da Administração direta e indireta: (a) a prévia dotação orçamentária suficiente para atender às projeções de despesa de pessoal e aos acréscimos dela decorrentes; (b) a autorização específica na Lei de Diretrizes Orçamentárias, ressalvadas as empresas públicas e as sociedades de economia mista (art. 169, § 1º).

Pretendendo evitar que o preceito constitucional caísse no vazio, o Constituinte limitou as despesas de pessoal a 65% dos valores das respectivas receitas correntes, devendo reduzir o percentual excedente à razão de um quinto por ano se os gastos com pessoal fossem superiores a esse limite (art. 38, ADCT).

Posteriormente, a matéria foi regulamentada pela LC 82/95 (Lei Camata), a qual fixou que os gastos com pessoal ativo e inativo da Administração direta e indireta não poderiam exceder a 60% das receitas correntes líquidas no caso da União e dos Estados, enquanto para os Municípios e o Distrito Federal o limite era de 60% das receitas correntes.

Com a LC 96/99 (Lei Camata II), ocorreram alterações nesses limites e no que se refere aos parâmetros legais para a conceituação de despesas, encargos e receitas. A limitação das despesas totais com pessoal da União passou a ser 50% da receita corrente líquida federal; dos Estados e Distrito Federal, 60% da receita corrente líquida do Estado; e do Município, 60% da sua receita corrente líquida.

A EC 19 alterou o art. 169, CF, passando a exigir, para a criação de cargos, empregos e funções, alteração de estrutura das carreiras, concessão de vantagem ou aumento de remuneração pela Administração direta ou indireta, os seguintes requisitos: (a) prévia dotação orçamentária suficiente para atender às projeções de despesa de pessoal e aos acréscimos dela decorrentes; (b) autorização específica na Lei de Diretrizes Orçamentárias, ressalvadas as empresas públicas e as sociedades de economia mista.

Também passou a prever que, em não sendo observados os limites com gastos com pessoal fixados na Lei Complementar, serão suspensos os repasses de verbas federais ou estaduais aos Estados, ao Distrito Federal e aos Municípios, bem como descreve as medidas a serem tomadas para que se reduzam os gastos com pessoal.

PARTE VIII · Cap. II – DISSÍDIO COLETIVO DE TRABALHO | 1269

Atualmente, o limite de gasto com pessoal encontra-se disciplinado na LC 101/00, também conhecida como Lei de Responsabilidade na Gestão Fiscal, a qual fixa os gastos com pessoal em 50% para a União e 60% para os Estados e Municípios das respectivas receitas correntes líquidas (arts. 18 e 19).[53]

A LC 101 fixa ainda os limites de repartição entre os Poderes (art. 20). No âmbito federal: (a) 2,5% para o Legislativo, incluído o Tribunal de Contas da União; (b) 6% para o Judiciário; (c) 40,9% para o Executivo; (d) 0,6% para o Ministério Público da União. No âmbito dos Estados: (a) 3% para o Legislativo, incluído o Tribunal de Contas do Estado; (b) 6% para o Judiciário; (c) 49% para o Executivo; (d) 2% para o Ministério Público dos Estados. Nos Municípios: (a) 6% para o Legislativo, incluído o Tribunal de Constas do Município; (b) 54% para o Executivo.

O Poder Legislativo municipal não poderá gastar mais de 8%, 7%, 6% ou 5%, dependendo do número de habitantes, da somatória das receitas tributárias e das transferências disciplinadas no Texto Constitucional (arts. 153, § 5º, 158 e 159), já considerando os subsídios dos Vereadores e excluídos os gastos com inativos (art. 29-A), sendo que não poderá gastar mais de 70% de sua receita com folha de pagamento, incluídos os subsídios dos vereadores (art. 29-A, § 1º).

A legislação eleitoral veda, na circunscrição do pleito, qualquer majoração salarial dos servidores que exceda a recomposição da perda do poder aquisitivo ao longo do ano da eleição no prazo de 180 dias que antecedem a votação até a data da posse dos eleitos (art. 73, VIII, Lei 9.504/97).

O legislador, pretendendo preservar a moralidade dos atos administrativos, sem o favorecimento de candidatos apoiados pelos administradores públicos eleitos anteriormente, declarou a nulidade plena de atos que resultem aumentos de despesa com pessoal no prazo de 180 dias que antecede ao final do mandato eletivo dos Poderes federal, estadual ou municipal (art. 21, parágrafo único, LC 101).

A criação de cargos, empregos e funções, alteração de estrutura das carreiras, concessão de vantagem ou aumento de remuneração pela Administração direta ou indireta que não atendam às exigências do art. 169, § 1º, ou seja, desprovidos de prévia dotação orçamentária e sem autorização específica na lei de diretrizes orçamentárias, neste último caso ressalvadas as empresas públicas e as sociedades de economia mista, ou que não observem o limite legal de comprometimento aplicado às despesas com pessoal inativo, serão nulas de pleno direito (art. 21, I, LC 101).

---

[53] Certamente, somente após uma análise político-histórica dos aspectos jurídicos do sistema federalista de governo e do seu princípio fundamental, como fundamento de um sistema de competências legislativas entre os integrantes da Federação, é que se pode concluir que não há incompatibilidade das limitações administrativo-funcionais impostas pela legislação eleitoral e pela lei de responsabilidade na gestão fiscal aos Entes de Direito Público e o princípio federativo. Isso porque a legislação eleitoral possui caráter nacional e é de competência privativa da União, enquanto a lei de responsabilidade na gestão fiscal, também de caráter nacional, limita-se a disciplinar normas gerais ou a repetir uma regra de limite de gastos com pessoal prevista no ordenamento jurídico anteriormente a sua própria existência.

DIREITO PROCESSUAL DO TRABALHO • *Francisco Ferreira Jorge Neto – Jouberto de Quadros Pessoa Cavalcante*

Para verificação e controle dos gastos, foram adotadas duas regras: (a) excesso de gastos no exercício anterior ao da publicação da LC 101; (b) quando verificado o excedente de gastos.

O Poder ou órgão que tinham despesas com pessoal no exercício anterior ao da publicação da LC 101 acima dos limites ali estabelecidos deveriam se enquadrar em até dois exercícios, eliminando o excesso, gradualmente, à razão de, pelo menos, 50% ao ano, ficando sujeitos a restrições em suas operações e recebimento de transferência de recursos (art. 23, § 3º). Essa é a primeira regra.

A segunda regra é aplicada quando se verifica o excesso aos limites com gasto com pessoal, verificação que se dá a cada quadrimestre (art. 22).

Caso a despesa total com pessoal exceda 95% do limite fixado pela lei, dispara-se o que se passou a denominar "gatilho", ficando vedados: (a) concessão de vantagem, aumento, reajuste ou adequação de remuneração a qualquer título, salvo os decorrentes de sentença judicial ou determinação legal ou contratual, ressalvada a revisão geral anual (art. 37, X, CF); (b) criação de cargo, emprego ou função; (c) alteração de estrutura de carreira que implique aumento de pessoal; (d) provimento de cargo público e admissão de pessoal, ressalvada a reposição decorrente de aposentadoria ou falecimento de servidores das áreas de educação, saúde e segurança; (e) contratação de horas extras, não havendo essa restrição para convocação do Congresso Nacional (art. 57, § 6º) e as situações previstas na lei de diretrizes orçamentárias (art. 22, LC 101).

Se a despesa total com pessoal, mesmo após a adoção das medidas do "gatilho", mantiver-se acima dos limites definidos no art. 20, LC 101, o percentual excedente terá de ser eliminado nos dois quadrimestres seguintes, sendo pelo menos um terço no primeiro, com a adoção das seguintes: (a) redução em pelo menos 20% das despesas com cargos em comissão e funções de confiança (art. 169, § 3º, I, CF), que poderá ser alcançada tanto pela extinção de cargos e funções quanto pela redução dos valores a eles atribuídos, sendo facultada redução temporária da jornada de trabalho com adequação dos vencimentos (art. 23, § 1º, LC 101); (b) exoneração de servidores não estáveis; (c) exoneração de servidor estável, por ato normativo motivado que especifique a atividade funcional, o órgão ou entidade administrativa objeto da redução de pessoal, observando disposições da legislação federal (art. 169, § 3º, § 4º e § 7º, CF).

O servidor estável que perder o cargo para que ocorra o enquadramento dos gastos com pessoal terá direito a uma indenização correspondente a um mês de remuneração por ano de serviço, ficando vedada a criação de cargo, emprego ou função com atribuições iguais ou assemelhadas pelo prazo de 4 anos (art. 169, § 5º e § 6º).

Não alcançada a redução nesses prazos, enquanto perdurar o excesso, o Ente não poderá: (a) receber transferências voluntárias; (b) obter garantias, direta ou indiretamente, de outro Ente; (c) contratar operações de crédito, ressalvadas as destinadas ao refinanciamento da dívida mobiliária e as que visem à redução das despesas com pessoal (art. 23, § 3º, III e IV, LC 101).

Acrescente-se que o legislador constituinte, com a EC 19, fixou os limites da remuneração e do subsídio dos ocupantes de cargos, funções e empregos públicos da

PARTE VIII · Cap. II – DISSÍDIO COLETIVO DE TRABALHO | 1271

Administração direta, autárquica e fundacional, dos membros de qualquer dos Poderes da União, dos Estados, do Distrito Federal e dos Municípios, dos detentores de mandato eletivo e dos demais agentes políticos e os proventos, pensões ou outra espécie remuneratória percebidos cumulativamente ou não, incluídas as vantagens pessoais ou de qualquer outra natureza, o subsídio mensal, em espécie, dos Ministros do STF (art. 37, XI, CF). A nova regra mostra-se incompatível com o disposto no inciso XII, o qual determina que *"os vencimentos dos cargos do Poder Legislativo e do Poder Judiciário não poderão ser superiores aos pagos pelo Poder Executivo".*

O teto remuneratório constitucional aplica-se às empresas públicas e às sociedades de economia mista, e suas subsidiárias, quando receberem recursos da União, dos Estados, do Distrito Federal ou dos Municípios para pagamento de despesas de pessoal ou de custeio geral (art. 37, § 9º).

Mesmo nos casos em que se admite acúmulo de cargos, empregos e funções públicas, haverá um único teto a ser observado (art. 37, XI e XVI).

Sempre observando o limite constitucional, poderá a lei de cada Ente da Federação estabelecer a relação entre a maior e a menor remuneração dos servidores públicos (art. 37, § 5º).

Acrescente-se ao sistema de limitação de gastos públicos com servidores que o STF suspendeu liminarmente e, posteriormente, declarou a inconstitucionalidade da Lei 8.112/90, em seu art. 240, *d* e *e*, que havia assegurado ao servidor público civil o direito à negociação coletiva e fixado a competência da Justiça do Trabalho para dirimir controvérsias individuais e coletivas (STF – ADIn 4921 – Rel. Min. Carlos Mário Velloso – *DJU* 12/3/1993).

Assim, com razão, não se tem admitido o dissídio coletivo de natureza econômica instaurada contra a Administração Pública direta, autárquica e fundacional (Súm. 679, STF).[54]

Pelo teor original da OJ 05, do SDC, aos servidores públicos[55] não foi assegurado o direito ao reconhecimento de acordos e convenções coletivas de trabalho, pelo que, por

---

[54] Súm. 679, STF: "A fixação de vencimentos dos servidores públicos não pode ser objeto de convenção coletiva."

[55] "Em face desses óbices legais, surgiram duas correntes doutrinárias, a saber: uma, que sustenta a total impossibilidade jurídica da negociação coletiva no setor público, tendo em vista os princípios e regras precípuas da Administração Pública, em especial, o princípio da legalidade. A outra corrente sustenta a possibilidade de negociação coletiva dentro de certas condições. Para essa corrente, a negociação coletiva no setor público é possível, pois a omissão do art. 39 da CF/88 em relação ao inciso XXVI do art. 7º da Constituição Federal não é motivo suficiente para a não fruição desse direito pelos servidores públicos, uma vez que seria de toda incoerência a admissão da sindicalização do servidor público, conferindo-lhe ainda o direito de greve, sem o reconhecimento do direito à negociação coletiva" (SANTOS, Enoque Ribeiro dos; SILVA, Juliana Araújo Lemos da. Ob. cit., p. 219).

conseguinte, também não lhes é facultada a via do dissídio coletivo, à falta de previsão legal. [56]

Os empregados de empresa pública, sociedades de economia mista ou outras entidades públicas que explorem atividades econômicas poderão ajuizar dissídio coletivo na Justiça do Trabalho, pois estão sujeitos ao regime trabalhista da iniciativa privada (art. 173, § 1º, CF), desde que observem a regra do teto remuneratório, caso recebam recursos da União, dos Estados, do Distrito Federal ou dos Municípios para pagamento de despesas de pessoal ou de custeio geral (art. 37, § 9º).[57]

Para as empresas estatais, o TST também não considera possível a homologação de acordo em dissídio coletivo que implique majoração salarial ou concessão de qualquer benefício que implique impacto nos gastos com pessoal, sem que haja autorização prévia do Comitê de Coordenação de Empresas Estatais (Decreto 908/93).[58]

É de se destacar que parte minoritária da jurisprudência tem reconhecido a validade dos instrumentos normativos celebrados com a Administração Pública (direta, autárquica e fundacional), desde que não importem em aumento de despesas públicas.[59]

Com a alteração da OJ 5, SDC, em setembro de 2012, o TST passou admitir dissídio coletivo para análise de cláusulas exclusivamente sociais.

Dentre as denominadas cláusulas normativas, é imperiosa a diferenciação entre cláusula econômica e cláusula social. A cláusula econômica é que retrata uma condição de trabalho relacionada diretamente com a remuneração do trabalhador, enquanto que as cláusulas sociais são as que se envolvem de forma indireta com a retribuição do trabalhador.

Há de ser ressaltado que na distinção das cláusulas normativas em econômicas e sociais, não se pretende negar que a quase totalidade das cláusulas de um instrumento normativo implica em custo econômico para o empregador.

Não há estudo doutrinário com um indicativo concreto de temas ou grupo de temas elucidando quais são as cláusulas econômicas e quais são as sociais.

Como critério jurisprudencial para a diferenciação do conteúdo normativo do instrumento normativo em econômico e social, deve ser mencionada a decisão da SDC do TRT da 2ª Região no dissídio coletivo 20253.2008.000.02.00-4, Rel. Vânia Paranhos. Nesta decisão, como exemplos de cláusulas econômicas, temos as seguintes cláusulas: CLÁUSULA 1ª: PERMANÊNCIA DAS CLÁUSULAS VIGENTES E PROPOSTA DE

---

[56] TST – 7ª T. – RR 529059 – Rel. Min. Pedro Paulo Teixeira Manus – *DJ* 7/12/2007; TST – 4ª T. – RR 1384.2004.031.02-00 – Rel. Min. Barros Levenhagen – *DJ* 7/12/2007.

[57] Da mesma forma, pensam Enoque Ribeiro dos Santos e Juliana Araújo Lemos da Silva. Direito de greve do servidor público como norma de eficácia contida. *Revista de Direito do Trabalho*, p. 213-231, out./dez. 2004.

[58] TST – 3ª T. – RR 2230-2002-035-12-00 – Rel. Min. Carlos Alberto Reis de Paula – *DJ* 23/11/2007.

[59] TRT – 3ª R. – 3ª T. – Proc. 00765-2006-073-03-00-7 – Rel. Irapuan de Oliveira Teixeira Lyra – *DJMG* 2/6/2007 – p. 6; TRT – 3ª R. – 7ª T. – Proc. 02232-2006-149-03-00-4 – Rel. Conv. Wilméia da Costa Benevides – *DJMG* 31/7/2007 – p. 20.

ALTERAÇÕES E INCLUSÃO DE CLÁUSULAS; CLÁUSULA 2ª: PROPOSTA DE REA-JUSTAMENTO E CORREÇÃO SALARIAL; CLÁUSULA 3ª: APLICAÇÃO SUBSIDIÁRIA DOS SALÁRIOS NORMATIVOS E PISOS SALARIAIS FIRMADOS COM A CATE-GORIA ECONÔMICA "ESPELHO"; CLÁUSULA 4ª: NORMA SALARIAL COLETIVA E SUA ABRANGÊNCIA; CLÁUSULA 5ª: REAJUSTE PROPORCIONAL; CLÁUSULA 6ª: ANTECIPAÇÕES SALARIAIS; CLÁUSULA 7ª: SALÁRIO DO SUBSTITUTO; CLÁUSULA 8ª: FORMA DE PAGAMENTO DOS SALÁRIOS; CLÁUSULA 9ª: FOLHA DE PAGAMENTO MENSAL; CLÁUSULA 10ª: ADIANTAMENTO QUINZENAL; CLÁUSULA 12ª: VALE OU TICKET REFEIÇÃO; CLÁUSULA 13ª: CESTA BÁSICA; CLÁUSULA 14ª: PARTICIPAÇÃO NOS RESULTADOS; CLÁUSULA 15ª: ADICIONAL DE RISCO DE VIDA; CLÁUSULA 16ª: ANTECIPAÇÃO DA DATA BASE – REIVIN-DICAÇÃO; CLÁUSULA 22ª: ADICIONAL DE HORAS EXTRAS – ACRÉSCIMO; CLÁUSULA 23ª: DOMINGOS, FERIADOS E FOLGAS TRABALHADAS; CLÁUSULA 24ª: ADICIONAL NOTURNO – ACRÉSCIMO; CLÁUSULA 29ª: VALE TRANSPORTE; CLÁUSULA 34ª: AUXÍLIO FUNERAL; CLÁUSULA 36ª: COMPLEMENTAÇÃO DE AUXÍLIO PREVIDENCIÁRIO; CLÁUSULA 39ª: CARTA DE DISPENSA – RESCISÃO – AVISO-PRÉVIO – EM PARTE; CLÁUSULA 45ª: AUXÍLIO CRECHE; CLÁUSULA 46ª: AUXÍLIO AO FILHO EXCEPCIONAL; CLÁUSULA 51ª: PENAS COMINATÓRIAS EM FAVOR DOS EMPREGADOS.

No Processo 20231.2004.000.02.00-0, o TST entendeu por cláusulas econômicas: "Por consequência, julgo extinto o Processo, sem julgamento do mérito (art. 267, VI, CPC), na parte em que ele cuida de cláusulas econômicas, que são as seguintes: CLÁUSULA PRIMEIRA – REPOSIÇÃO SALARIAL; CLÁUSULA SEGUNDA – PISO SALARIAL; CLÁUSULA TERCEIRA – HORAS EXTRAS; CLÁUSULA QUARTA – PLANO DE CARREIRA; CLÁUSULA QUINTA – VALE TRANSPORTE; CLÁUSULA SEXTA – VALE REFEIÇÃO; CLÁUSULA SÉTIMA – TÍQUETE ALIMENTAÇÃO; CLÁUSULA OITAVA – ADICIONAL NOTURNO; CLÁUSULA NONA – ABONO DE FÉRIAS; CLÁUSULA DÉCIMA – COMPLEMENTAÇÃO DE SALÁRIO FAMÍLIA".

Na busca de um consenso para a diferenciação das cláusulas normativas em eco-nômicas e sociais, partimos da distinção entre remuneração e salário.

O ponto de destaque para a diferenciação entre salário e remuneração é a vinculação ou não da parcela auferida pelo empregado em função da disponibilização da sua força de trabalho, independentemente de ser paga pelo empregador ou por terceiro. Nesse sentido, remuneração é o conjunto de todas as vantagens auferidas pelo empregado, de natureza salarial ou não, pecuniárias ou não, decorrentes do contrato de trabalho. Por sua vez, salário é a parte integrante da remuneração e que representa as parcelas auferidas como contraprestação do serviço disponibilizado ao empregador.

O elemento diferenciador é a vinculação ou não da parcela à força de trabalho dis-ponibilizada, o que inclusive soluciona as questões para a incidência das parcelas remu-neratórias em outros títulos, tais como: férias, 13º salário, recolhimentos fundiários etc.

Elucidado o que vem a ser remuneração e salário, entendemos que como cláusula econômica devemos considerar as cláusulas normativas cujas consequências estejam diretamente relacionadas com o salário do trabalhador, como forma de contraprestação à força de trabalho disponibilizada pelo trabalhador. E, como cláusula social, o que esteja relacionado com a remuneração do trabalhador, contudo, não vincula à força de trabalho disponibilizada pelo empregado ao empregador.

Também podemos acoplar a diferenciação de cláusula normativa em econômica e social, a partir da interação de salário e remuneração, com a temática do salário-de-contribuição, como decorrência do direito da seguridade social.

Para o empregado e o trabalhador avulso, salário-de-contribuição é a remuneração auferida em uma ou mais empresas, assim entendida a totalidade dos rendimentos pagos, devidos ou creditados a qualquer título, durante o mês, destinados a retribuir o trabalho, qualquer que seja a sua forma, inclusive as gorjetas, os ganhos habituais sob a forma de utilidades e os adiantamentos decorrentes de reajuste salarial, quer pelos serviços efetivamente prestados, quer pelo tempo à disposição do empregador ou tomador de serviços nos termos da lei ou do contrato ou, ainda, de convenção ou acordo coletivo de trabalho ou sentença normativa (art. 28, I, Lei 8.212/91). Como se vislumbra, a definição legal de salário-de-contribuição interage com a diferenciação de remuneração e salário. Como cláusula social tem-se o benefício atrelado ao que não incide para fins de recolhimento previdenciário e por cláusula econômica, de forma distinta, o que há de ser considerado para fins da incidência da contribuição previdenciária. Portanto, devem ser consideradas como cláusulas sociais o que não integra a base de cálculo do salário de contribuição (art. 28, § 9º).

Por outro lado, é possível o dissídio coletivo de natureza jurídica, como para interpretação de disposições legais particulares, ou para apreciação de eventual pedido despido de caráter econômico,[60] desde que observados os princípios que norteiam a Administração Pública e a competência privativa do chefe do Poder Executivo[61] para: (a) dispor, mediante decreto, sobre a organização e funcionamento da Administração, quando não implicar aumento de despesas, nem criação ou extinção de órgãos públicos; (b) extinção de funções e cargos públicos, quando vagos (art. 84, VI, *a* e *b*, CF), o que também se aplica aos chefes dos demais Poderes.

O dissídio coletivo de natureza jurídica também se mostra possível para interpretar disposições legais estaduais e municipais particulares dos empregados públicos,

---

[60] "Conclui-se, assim, que não obstante se reconheça a competência da Justiça do Trabalho e o cabimento do ajuizamento de dissídio coletivo por servidores públicos celetistas, a possibilidade jurídica do pedido restringe-se aos pleitos de declaração sobre determinada norma jurídica, sobre a abusividade de movimento grevista e a apreciação de eventual pedido despido de caráter econômico, conforme restou decidido pelo STF na ADIn 492-DF" (MELO, Raimundo Simão de. *Dissídio coletivo de trabalho*, p. 48).

[61] Pelo princípio da simetria, o rol de matérias de iniciativa de competências do chefe do Executivo Federal se estende aos demais Entes, cabendo assim aos Chefes do Poder Executivo estadual e municipal a iniciativa do processo legislativo de projeto de lei que vise à criação de cargos, funções, empregos públicos e aumento de remuneração dos servidores, podendo dispor, mediante decreto, sobre: (a) organização e funcionamento da administração federal, quando não implicar aumento de despesas, nem criação ou extinção de órgãos públicos; (b) extinção de funções ou cargos públicos, quando vagos.

PARTE VIII · Cap. II – DISSÍDIO COLETIVO DE TRABALHO | **1275**

por possuírem aspecto formal de lei, ainda que possuam natureza de regulamento de empresa[62] (aspecto material).

QUESTIONÁRIO

1. Qual é o conceito de dissídio coletivo de trabalho?

2. Quais são as espécies de dissídio coletivo de trabalho e qual é a distinção entre elas?

3. Qual é a natureza jurídica do dissídio coletivo?

4. Qual órgão do Poder Judiciário Trabalhista é competente para conhecer e julgar dissídio coletivo de trabalho?

5. Qual é o prazo para instauração do dissídio coletivo de trabalho?

6. Quem tem legitimidade para instauração do dissídio coletivo de trabalho?

7. Quando o dissídio coletivo é juridicamente impossível?

8. Quais são as condições da ação específicas do dissídio coletivo de trabalho?

9. Qual o significado que se tem dado à expressão "de comum acordo" (art. 114, § 2º, CF)?

10. A CF (art. 114, § 2º) determinou a aplicação do princípio da proibição de retrocesso social quando do julgamento do dissídio coletivo de trabalho?

11. É possível a instauração de dissídio coletivo de trabalho de natureza econômica e jurídica em face da Administração Pública direta e indireta?

---

[62] Constitucionalmente, a competência legislativa para instituir normas sobre Direito do Trabalho é da União (competência privativa – art. 22, I, CF), sendo que tais normas, via de regra, se estendem a todos os empregados celetistas, de modo que normas instituídas pelos Entes de Direito Público tratando de questões trabalhistas aplicáveis aos seus empregados equivalem-se ao regulamento de empresa, obrigando apenas as partes ao seu cumprimento, desde que estejam em consonância com o sistema jurídico-normativo trabalhista federal.

Capítulo III

PROCEDIMENTO DO DISSÍDIO COLETIVO DE TRABALHO

3.1 INSTAURAÇÃO DO DISSÍDIO COLETIVO

No dissídio coletivo, as partes são denominadas suscitante (autor) e suscitado (réu).

A petição inicial deve ser escrita. Não há imposição legal para que seja subscrita por advogado (art. 790, § 2º, CLT), exceto se a demanda for de competência originária da SDC do TST (art. 2º, I, *a*, Lei 7.701/88: *"conciliar e julgar os dissídios coletivos que excedam a jurisdição dos Tribunais Regionais do Trabalho e estender ou rever suas próprias sentenças normativas, nos casos previstos em lei"*; Súm. 425, TST).

Para propor ou contestar a ação é necessário ter interesse e legitimidade (art. 17, NCPC). Diante da ausência de um desses requisitos, haverá a extinção do processo, sem resolução de mérito (art. 485, VI).

Como regra, os integrantes da relação jurídica processual são os envolvidos na própria situação jurídica material controvertida.

As partes são legítimas quando, dentro da relação jurídica processual, refletem os sujeitos que são os implicados na situação jurídica material processual. É o que se intitula de legitimação ordinária, em oposição à legitimação extraordinária ou substituição processual.

A legitimação extraordinária ocorre quando alguém, em nome próprio, pleiteia direito alheio. Para tanto, se torna necessária a autorização legal (art. 18, CPC). É o caso do sindicato, como substituto processual, nas demandas trabalhistas em que pleiteia o adicional de insalubridade ou periculosidade para os associados (art. 195, § 2º, CLT) ou nas ações de cumprimento (art. 872, parágrafo único).

No Direito Coletivo do Trabalho, a titularidade do direito material é da categoria, logo, a legitimidade *ad causam* é da categoria e tem como órgão de representação em juízo o sindicato (art. 8º, III, CF, art. 513, *a*, CLT).

Por isso, a legitimidade *ad causam* será verificada pela necessária correspondência entre as atividades exercidas pelos setores profissional e econômico envolvidos no conflito (OJ 22, SDC).

É importante ressaltar que a exata configuração do que vem a ser a legitimidade não é algo que possa ser efetuado de forma abstrata, necessitando de sua aferição dentro de um contexto. Para a exata denotação da sua existência, o juiz deve avaliar a interação do

PARTE VIII · Cap. III – PROCEDIMENTO DO DISSÍDIO COLETIVO DE TRABALHO | **1277**

conflito de interesses advindos da situação jurídica material e o bem da vida que deve ser tutelado, com o desdobramento que se tenha na relação jurídica processual que é posta à sua apreciação.

O dissídio coletivo será proposto mediante representação escrita ao presidente do TRT, pela entidade sindical interessada (art. 114, § 2º, CF; arts. 856, 857 e 874, CLT) ou, em caso de greve em atividade essencial, com lesão ao interesse público, pelo MPT (art. 114, § 3º, e art. 127, CF; art. 83, VIII, LC 75/93; arts. 856 e 874, CLT; art. 8º, Lei 7.783/89).[1]

Segundo o TST, a comprovação da legitimidade *ad processum* da entidade sindical se faz pelo registro da entidade no órgão competente do Ministério do Trabalho, mesmo após a promulgação da CF/88 (OJ 15, SDC).

Inexistindo sindicato representativo da categoria, poderá ser proposto pelas federações e, na falta dessas, pelas confederações, sempre no âmbito de sua representação.

No texto constitucional, ao sindicato cabe a defesa dos direitos e interesses coletivos ou individuais da categoria, inclusive em questões judiciais ou administrativas (art. 8º, III). O art. 857, CLT, fala em prerrogativa das entidades sindicais.

Para alguns doutrinadores, a atuação do sindicato no dissídio coletivo ocorre pela substituição processual, em que o sindicato age em nome próprio na defesa de direito alheio. Exemplos: ações de cumprimento (art. 872, parágrafo único, CLT); insalubridade ou periculosidade (art. 195, § 2º, CLT). Outros visualizam uma legitimação ordinária na atuação do sindicato, na medida em que a categoria não é pessoa jurídica ou física, não podendo ser sujeito de direito e porque os interesses do sindicato são indissociáveis dos interesses da categoria. Acrescentam ainda que no dissídio de natureza econômica o sindicato não defende direitos da categoria que não existem e cuja criação se postula pelo dissídio. E, por fim, há os que entendem que se trata de representação legal.

As empresas privadas ou públicas, que não possuem sindicato, ou na hipótese de greve, poderão compor a lide nas ações coletivas.

A Lei 7.783/89 (art. 4º, § 2º, e art. 5º) confere à comissão de trabalhadores legitimidade para participar do dissídio coletivo em caso de greve e desde que não haja entidade sindical da categoria.

Parte expressiva da doutrina, diante da relativa liberdade sindical prevista na CF/88 (art. 8º), não admite a instauração de ofício pelo presidente do tribunal (arts. 856 e 874, CLT).

As centrais sindicais não estão autorizadas diretamente a atuar nos dissídios coletivos.

---

[1] A instauração do dissídio coletivo de trabalho se dará mediante petição escrita (art. 856, CLT) ao TST – Seção de Dissídios Coletivos, se a base territorial sindical for superior à da jurisdição do TRT, e ao TRT, quando o dissídio envolver categorias profissionais sob sua jurisdição. Exceção a essa regra de competência originária do TST é o Estado de São Paulo, o qual comporta os TRT da 2ª e da 15ª Região. Nesse Estado da federação, caso o dissídio envolva a jurisdição dos dois TRTs, a competência será do TRT da 2ª Região (Lei 7.520/86, artigo 12, I, a qual instituiu o Tribunal da 15ª Região, Lei 9.254/96). Caso o dissídio envolva apenas a jurisdição de um desses Tribunais, a competência será do Tribunal Regional.

Também carece de legitimidade ativa o superintendente regional do trabalho e emprego para instaurar dissídio coletivo, mesmo no caso de greve, pois não está previsto nos arts. 856 e 857, CLT.

Nas ações individuais e coletivas de competência da Justiça do Trabalho, as entidades sindicais que integram a Confederação Nacional das Profissões Liberais terão o mesmo poder de representação dos trabalhadores empregados atribuído, pela legislação em vigor, aos sindicatos representativos das categorias profissionais diferenciadas (art. 1º, Lei 7.316/85).

No que tange ainda às questões coletivas, o STF considera que a impetração de mandado de segurança coletivo por entidade de classe em favor dos associados independe da autorização destes (Súm. 629) e que a entidade de classe tem legitimação para o mandado de segurança ainda quando a pretensão veiculada interesse apenas a uma parte da respectiva categoria (Súm. 630).

Quando a entidade sindical (como substituto processual) é autora da reclamação trabalhista, em cujos autos foi prolatada a decisão rescindenda, tem legitimidade para figurar como ré na ação rescisória, sendo descabida a exigência de citação de todos os empregados substituídos, porquanto inexistente litisconsórcio passivo necessário (Súm. 406, II, TST).

A legitimidade da entidade sindical para a instauração da instância (dissídio coletivo) contra determinada empresa está condicionada à prévia autorização dos trabalhadores da suscitada diretamente envolvidos no conflito (OJ 19, SDC).

3.1.1 Dissídio de Extensão

O dissídio coletivo de extensão objetiva que a decisão normativa, a qual reconheceu novas condições de trabalho, alcance todos os empregados da mesma categoria profissional compreendida na jurisdição do tribunal.

A extensão somente é admissível para os dissídios coletivos de natureza econômica.

A competência jurisdicional para julgar o dissídio de extensão é do tribunal que reconheceu novas condições de trabalho.

A extensão pode alcançar: (a) todos os empregados da empresa; (b) a toda a categoria profissional.

O art. 868 trata da extensão procedida *ex officio* pelo tribunal e que abrange uma fração de empregados da empresa. Portanto, não será necessário que 3/4 dos empregadores e 3/4 dos empregados concordem com a extensão da decisão (art. 870, CLT).

Apesar da ausência de expressa previsão legal, o MPT pode requerer a extensão (inteligência do art. 869, *d*, CLT).

A efetividade do art. 868, CLT, pressupõe que o dissídio coletivo tenha sido instaurado pela entidade sindical somente no interesse de parte dos trabalhadores de uma empresa.

A sentença normativa não poderá ser estendida a quem não seja parte do processo.

O TST não admite a extensão de condições constantes de acordo homologado nos autos de dissídio coletivo às partes que não o subscreveram, exceto se observado o procedimento previsto no art. 868 e segs. da CLT (OJ 2, SDC).

O art. 869, CLT, trata da extensão da sentença normativa (dissídio coletivo econômico) a todos os empregados da mesma categoria profissional compreendida na jurisdição do tribunal.

A instauração do dissídio por extensão pode ocorrer por solicitação: (a) de um ou mais empregadores ou dos seus sindicatos – por regra, a legitimação para a instauração de dissídio coletivo é das entidades sindicais (art. 8º, VI, CF; art. 611, *caput*, art. 857, CLT). Contudo, como as empresas podem negociar com o sindicato da categoria profissional (art. 611, § 1º), também poderá solicitar a extensão da sentença normativa; (b) de um ou mais sindicatos de empregados – a Carta Política de 1988 assegura aos sindicatos a legitimação para a negociação coletiva (art. 8º, VI, CF), logo, em caso de não solução do conflito coletivo, poderá requerer a extensão da sentença normativa; (c) *ex officio* pelo tribunal – não se trata da instauração originária e sim da extensão de uma sentença normativa já proferida pelo tribunal em dissídio econômico, a qual tenha sido requerido por um outro ente legitimado. A partir da CF/88, o tribunal não mais detém a legitimação para o ajuizamento de dissídio coletivo (art. 8º, VI, CF); (d) do MPT.

O art. 10, Lei 4.725/65, previa a extensão automática das sentenças normativas para os empregados das entidades sindicais (OJ 37, SDC, cancelada em 2006). Isso não é mais possível, visto que a Lei 11.295/06 acresceu o § 2º ao art. 526, CLT, dispondo que: *"Aplicam-se ao empregado da entidade sindical os preceitos de lei de proteção de trabalho e de previdência, inclusive o direito de associação em sindicato".* Citado diploma legal está em sintonia com a Carta Política de 1988 (art. 8º, I), a qual assegura a liberdade sindical quanto à constituição e organização das entidades sindicais.

Não é possível a extensão de uma sentença normativa (art. 869, CLT) de forma automática. A extensão pressupõe a oitiva dos interessados, em prazo não inferior a 30 dias e nem superior a 60 dias.

Para que a extensão da decisão normativa ocorra será necessário que 3/4 dos empregadores e 3/4 dos empregados ou dos respectivos sindicatos concordem com a extensão da decisão (art. 870). Como dito, a manifestação deverá ocorrer no prazo não inferior a 30 e nem superior a 60 dias.

A exigência de concordância também deve ser observada quando o pedido de extensão tenha sido efetuado pelo Tribunal ou pelo MPT.

Em qualquer caso, a negativa quanto à extensão por parte dos requeridos há de ser fundamentada, sob pena de caracterização de abuso de direito.

Após a manifestação dos interessados e parecer do MPT, o dissídio de extensão será julgado.

A decisão deverá ser fundamentada (art. 93, IX, CF), com os fundamentos legais e fáticos adotados quanto à decretação da extensão, inclusive com a fixação do termo inicial e a respectiva vigência, a qual não poderá ser superior a 4 anos (art. 868, parágrafo único, CLT; PN 120, SDC).

Caso a extensão não esteja em sintonia com o parecer ministerial, o MPT poderá interpor recurso ordinário.

Quando da extensão, o tribunal deverá fixar o termo inicial da vigência da norma coletiva, sendo que a duração não poderá ser superior a quatro anos (art. 871, CLT). A data de início da vigência deverá observar uma das hipóteses do art. 867, CLT.

O PN 120, SDC, fixa: *"A sentença normativa vigora, desde seu termo inicial até que sentença normativa, convenção coletiva e trabalho ou acordo coletivo de trabalho superveniente produza sua revogação, expressa ou tácita, respeitado, porém, o prazo máximo legal de quatro anos de vigência".*

3.1.2 Dissídio de Revisão

Há relações jurídicas de efeito continuado, as quais se projetam no tempo e sofrem mutações pela alteração do estado das coisas, mesmo depois do reconhecimento do direito pelo Estado.

Na seara do direito individual do trabalho, encontram-se casos de relações jurídicas continuadas, *v.g.*, quanto à obrigação do empregador de pagar o adicional de insalubridade ao trabalhador, o qual pode variar de grau (mínimo, médio e máximo) de uma época para outra, chegando inclusive a deixar de existir caso os agentes químicos e biológicos sejam eliminados. Assim, ainda que o trabalhador tenha o direito à percepção do adicional de insalubridade reconhecido por uma decisão transitada em julgado, os efeitos da decisão podem sofrer variações no tempo (na vigência do contrato de trabalho).

A influência da situação fática nos efeitos da coisa julgada decorre da teoria da imprevisão (*rebus sic stantibus*), a qual se expressa da seguinte forma: enquanto as coisas permanecem como estão, enquanto houver a permanência dos requisitos que lhes deram causa.

A possibilidade de revisão dos efeitos da coisa julgada nas relações jurídicas continuativas pela modificação no estado de fato ou de direito se dá pela ação revisional (art. 505, I, NCPC).

Importante dizer que não se trata de uma ação que visa desconstituir a coisa julgada, o que somente é possível por ação rescisória, mas à adequação do julgado à nova realidade.

Trata-se de uma ação trabalhista autônoma em relação à que reconheceu o direito, sendo aconselhável a distribuição por dependência a essa.

Trata-se de uma ação de natureza constitutiva, com efeito *ex nunc*.

O dissídio coletivo econômico de revisão repousa na aplicação da cláusula *rebus sic stantibus* (teoria da imprevisão), em que se tem a suscitação de um novo dissídio coletivo econômico, com o objetivo da revisão das cláusulas normativas previstas em sentença normativa proferida em dissídio coletivo anterior.

Por regra, o ajuizamento somente será possível quando decorrido mais de um ano de sua vigência e desde que tenha ocorrido alteração das circunstâncias que a ensejaram, de modo que tais condições tenham se tornado injustas ou inaplicáveis (art. 873, CLT).

Contudo, nada obsta que se tenha o ajuizamento em período anterior a um ano, desde que estejam comprovadas as alterações onerosas nas situações de fato ou de direito, prejudicando, assim, o direito de uma das partes. Não se reputa abuso de direito

PARTE VIII • Cap. III – PROCEDIMENTO DO DISSÍDIO COLETIVO DE TRABALHO | **1281**

a paralisação que seja motivada pela superveniência de fato novo ou acontecimento imprevisto que modifique substancialmente a relação de trabalho (art. 14, parágrafo único, II, Lei 7.783/89).

O dissídio de revisão poderá ser instaurado por iniciativa do tribunal que julgou o dissídio, do MPT ou dos sindicatos interessados no cumprimento da decisão (art. 874, CLT).

Caso o pedido de revisão se dê por iniciativa do tribunal (*ex officio*) ou do MPT, os sindicatos interessados serão ouvidos no prazo de 30 dias. Se a iniciativa for de uma das partes interessadas, as demais serão ouvidas também no prazo de 30 dias.

O entendimento atual é de que a iniciativa do tribunal de instauração do dissídio de revisão não foi recepcionada pela CF/88 e que o MPT só pode instaurar dissídio coletivo em caso de greve em atividades essenciais, com possibilidade de lesão ao interesse público (art. 114, § 3º, CF).

A competência jurisdicional é do tribunal que proferiu a decisão em relação a qual se pretende a revisão (art. 875, CLT).

Depois do parecer do Ministério Público, haverá a decisão que, se reconhecer relevantes os fatos e motivos do pedido de revisão, fixará normas de trabalho compatíveis com a nova realidade.

O dissídio coletivo tem natureza constitutiva, sendo que a vigência será a partir da data do ajuizamento ou da data da publicação da sentença normativa.

A vigência perdurará até o término do prazo do dissídio originário.

3.1.3 Dissídio de Greve

Todas as ações que envolvam o direito de greve são de competência da Justiça do Trabalho (art. 114, II, CF), no aspecto individual ou coletivo, não se limitando à aplicação da Lei 7.783/89 (a qual regulamentou o direito de greve previsto no art. 9º, CF), como a legalidade ou abusividade (formal ou material) do movimento (greve típica), mas abrangendo também a atuação dos trabalhadores no que a doutrina denomina de greve atípica (movimentos de não colaboração), como greve rotativa (ou articulada ou por turno), greve trombose (ou nevrálgica ou tampão), greve de solidariedade, greve de zelo, greve de política, greve de rigor excessivo (operação padrão) e outras formas de paralisação ou não colaboração dos trabalhadores, em que pese as divergências doutrinárias para se enquadrar essas formas de manifestações como exercício do direito de greve.

A ocupação ou a ameaça de ocupação do local de trabalho pelos empregados como decorrência de movimento grevista ou de outras controvérsias coletivas de trabalho se inserem na competência da Justiça do Trabalho (ações possessórias), ante o fato de que a ocupação é um desdobramento das relações coletivas de trabalho e do próprio exercício do direito de greve.

Mesmo após a EC 45, o STJ considerava que a questão civil (direito de propriedade) prevalecia na definição da competência, rejeitando a competência da Justiça do Trabalho para as ações possessórias decorrentes de movimento paredista (STJ – 2ª S. – CC 46577/

ES – Rel. Min. Fernando Gonçalvez – j. 14/2/2005 – *DJ* 4/5/2005 – p. 153; STJ – 4ª T. – AgRg no Ag 720362/SP – Rel. Min. Aldir Passarinho Junior – j. 7/2/2006 – *DJ* 20/3/2006 – p. 296 – Revista *LTr*, v. 4 – abril/2006 – p. 484).

Nessa mesma linha, segundo o STJ, a ação de manutenção de posse visando coibir piquete realizado por empregados de outra categoria profissional (greve de solidariedade) seria julgado pela Justiça Comum e não do Trabalho (STJ – 2ª S. – EDcl no AgRg no CC 57730-RJ – Rel. Min. Ari Pargendler – j. 24/5/2006 – *DJ* 8/6/2006 – p. 17).

Em seus julgados, o STF tinha reconhecido a competência da Justiça do Trabalho para julgar as ações possessórias decorrentes da greve (STF – TP – RE 579648-MG – Rel. Min. Cármen Lúcia – j. 10/9/2008 – *DJe* 5/3/2008).

O STF fixou o entendimento de que a Justiça do Trabalho é competente para processar e julgar ação possessória ajuizada em decorrência do exercício do direito de greve pelos trabalhadores da iniciativa privada (Súmula Vinculante 23).

Da mesma forma que as controvérsias envolvendo o exercício do direito de greve, as ações que envolvam controvérsias sobre o *lockout*,[2] ainda que não previstas expressamente na CF, também são de competência da Justiça do Trabalho, porque decorrem das relações coletivas de trabalho.

Nos termos da legislação infraconstitucional, a Justiça do Trabalho decidirá sobre a procedência, total ou parcial, ou improcedência das reivindicações (art. 8º, Lei 7.783) e a abusividade ou não da greve (Súm. 189, TST).

Em caso de greve em atividade essencial, com possibilidade de lesão do interesse público, o MPT poderá ajuizar dissídio coletivo, competindo à Justiça do Trabalho decidir o conflito (art. 114, § 3º). Não se trata de legitimidade *ad causam* exclusiva do MPT, de modo que o empregador ou sindicato patronal também poderá pedir a instauração do dissídio de greve.

A Lei 7.783, art. 4º, § 2º, e art. 5º, confere à comissão de trabalhadores legitimidade para participarem do dissídio coletivo em caso de greve e desde que não haja entidade sindical da categoria.

O sindicato dos trabalhadores que deu início ao movimento grevista não poderá ingressar com o dissídio coletivo postulando declaração de sua legalidade (OJ 12, SDC) (cancelada pela Res. 166/10).

No caso de greve conjunta da categoria predominante e da categoria diferenciada na mesma empresa, o caráter abusivo ou não do movimento será apreciado pelo tribunal separadamente, pois o movimento de qualquer das categorias, analisado isoladamente, pode estar respeitando os limites da lei de greve.

---

[2] *Lockout* é a paralisação das atividades, por iniciativa do empregador, com o objetivo de frustrar negociação ou dificultar o atendimento de reivindicações dos respectivos empregados (art. 17, Lei 7.783). Trata-se da paralisação patronal quanto às suas atividades econômicas, sendo que é proibida pela lei. Durante a referida paralisação patronal, é assegurado ao trabalhador o direito aos salários (art. 17, parágrafo único).

PARTE VIII · Cap. III – PROCEDIMENTO DO DISSÍDIO COLETIVO DE TRABALHO | 1283

3.2 PEDIDO DE INSTAURAÇÃO

Na vigência de convenção, acordo ou sentença normativa em vigor, o dissídio coletivo deverá ser instaurado dentro dos 60 dias anteriores ao respectivo termo final, para que o novo pacto coletivo tenha vigência no dia imediato a esse termo (art. 616, § 3º, CLT; art. 867, parágrafo único, *b*, CLT).

Não havendo encerramento da negociação coletiva antes dos 60 dias anteriores ao respectivo termo final da norma coletiva de trabalho, a IN 4/93, TST (antes de seu cancelamento pela Resolução 116/03 do TP), previa que a entidade interessada poderia formular protesto judicial em petição escrita dirigida ao presidente do tribunal do trabalho, com o objetivo de preservar a data-base da categoria (item II). Com o protesto, a instauração deveria ocorrer no prazo de 30 dias, contados da intimação, sob pena de perda da eficácia do protesto (item III).

Essa mesma sistemática encontra-se no RITST (art. 240, § 1º), ou seja, a possibilidade de formular o "protesto judicial" ("notificação judicial") (art. 726, CPC) para preservar a data-base, com a possibilidade da instauração do dissídio no prazo de 30 dias contados da intimação de deferimento da medida, sob pena de perda da eficácia do protesto.

Em ambos os casos, o reajuste salarial, as diferenças dele decorrentes e as demais obrigações previstas na decisão normativa seriam devidos a partir do termo final de vigência da convenção, acordo ou sentença normativa anterior (item XXV, IN 4/93).

Caso não ocorra a instauração no prazo de 60 dias anteriores ao termo final de vigência da norma coletiva, a decisão passará a valer da data de publicação da sentença normativa (art. 867, parágrafo único, a, CLT).

Em maio de 2011, o TST fixou o entendimento de que a sentença normativa vigora desde seu termo inicial até que sentença normativa, convenção coletiva de trabalho ou acordo coletivo de trabalho superveniente produza sua revogação, expressa ou tácita, respeitado, porém, o prazo máximo legal de quatro anos de vigência (PN 120).

São requisitos intrínsecos da petição inicial:

(a) de acordo com o art. 858, *a*, da CLT, a petição inicial deverá conter a designação e qualificação dos suscitantes e dos suscitados, além da natureza do estabelecimento ou do serviço. Essa indicação é uma forma de se ter elementos para fins de aferição das categorias envolvidas no conflito e no âmbito da respectiva representação, além das respectivas notificações dos atos processuais e solução a respeito de eventual conflito de representação. O art. 12, *caput*, Lei 10.192, indica que no ajuizamento do dissídio coletivo as partes deverão apresentar, de forma fundamentada, suas propostas finais, as quais serão objeto de conciliação ou deliberação judicial, quando da prolação da sentença normativa.

(b) pelo art. 858, *b*, CLT, a petição inicial deverá indicar os motivos do dissídio e as bases da conciliação. Por bases da conciliação entenda-se a proposta do sindicato profissional das cláusulas sociais e econômicas. É o rol de reivindicações. Quanto aos motivos do dissídio, compreendam-se às fundamentações (fática, social e econômica) da cláusula apresentada na pauta de reivindicações. A OJ 32 indica que: *"É pressuposto indispensável à constituição válida e regular da ação coletiva a apresentação em forma clausulada e fundamentada das reivindicações da categoria, conforme orientação do item*

VI, letra e, da IN n. 04/93". É comum, no exame do caso concreto, visualizar-se essa condição com ressalvas. É inegável que a suscitada tem plena ciência dos motivos de cada uma das cláusulas apresentadas na pauta das reivindicações. Geralmente, essa assertiva é corroborada pelas sucessivas reuniões ocorridas no curso da negociação coletiva. E, por fim, a defesa, quando apresentada em juízo, ao contestar o mérito de cada cláusula, tem o condão de ratificar que havia os fundamentos necessários.

São requisitos extrínsecos da petição inicial, ou seja, os documentos que devem ser juntados aos autos, com o objetivo da plena demonstração do preenchimento das condições da ação e dos pressupostos processuais:

(a) edital de convocação da assembleia geral da categoria (OJ 28 e 29, SDC, TST);

(b) ata da assembleia geral. O quórum a ser observado é o fixado no estatuto da entidade sindical, visto que a Súmula 177 foi cancelada pelo TST, logo, podemos afirmar que o art. 859 da CLT não foi recepcionado pela nova ordem constitucional (art. 8º, I, CF);

(c) lista de presença da assembleia geral;

(d) certidão da Superintendência Regional do Trabalho e Emprego (SRTE, antiga DRT) de que houve as tentativas de negociação coletiva ou qualquer outro documento que comprove a recusa na negociação coletiva (art. 114, § 2º, CF; OJ 11, SDC);

(e) norma coletiva anterior (acordo, convenção ou sentença), se o dissídio é de natureza revisional;

(f) quando subscrita a petição inicial por advogado, a procuração passada pelo presidente da entidade suscitante ao advogado que a subscreve.

O magistrado trabalhista (presidente do tribunal ou o magistrado competente na forma do regimento interno), ao tomar conhecimento do conteúdo da demanda, se, após o seu exame, constatar que é inepta ou que apresenta defeitos e irregularidades capazes de dificultar o julgamento do mérito, deverá utilizar o art. 321, CPC (Súm. 263, TST), concedendo à parte o prazo de 15 dias para a emenda, sob pena do indeferimento da petição inicial.

A CF prevê a possibilidade do ajuizamento do dissídio coletivo quando houver recusa de qualquer uma das partes à negociação ou à arbitragem. Essa exigência já era feita pela CLT (art. 616, § 2º e § 4º).

Em outras palavras, somente após esgotadas as tentativas de solução negociada ou arbitral do conflito é que poderá ser instaurado o dissídio coletivo. A recusa deve ser expressa e não tácita.

Como condição da ação específica para os dissídios coletivos, a negociação prévia frustrada é exigida para o ajuizamento dos dissídios de natureza econômica, mesmo quando há greve.

A validade da assembleia que tenha por finalidade pronunciamento sobre relações ou dissídio de trabalho depende de convocação específica para esse fim e o quórum mínimo de metade mais um dos associados quites, em primeira convocação, e com os presentes em segunda convocação, considerando-se aprovadas as deliberações que obtiverem 2/3 dos votos (art. 524, *e*, CLT).

PARTE VIII · Cap. III — PROCEDIMENTO DO DISSÍDIO COLETIVO DE TRABALHO | **1285**

A celebração de acordos ou convenções coletivas de trabalho pelos sindicatos prescinde de autorização da assembleia geral especialmente convocada para esse fim, dependendo a validade da mesma do comparecimento e votação, em primeira convocação, de 2/3 dos associados da entidade (no caso de convenção) ou dos interessados (no caso de acordo), e, em segunda, 1/3 dos membros (art. 612). O quórum de comparecimento e votação será de 1/8 dos associados em segunda convocação nas entidades sindicais que tenham mais de 5.000 associados (parágrafo único).

Pela CLT, o ajuizamento do dissídio coletivo de trabalho pela entidade sindical está condicionado à aprovação da assembleia geral dos associados interessados na solução do litígio, respeitado o quórum mínimo, ou seja, em primeira convocação, por maioria de 2/3 dos associados interessados e, em segunda convocação, por 2/3 dos presentes (art. 859).

A jurisprudência atual entende que o art. 859 da CLT não foi recepcionado pela nova ordem constitucional (CF/88) ante o cancelamento da Súmula 177 do TST pela Resolução 121 (novembro/2003).

Por outro lado, pela OJ 13, SDC, o TST entendia que, mesmo após a promulgação da CF/88, subordinava-se a validade da assembleia de trabalhadores à observância do quórum estabelecido no art. 612 da CLT. A OJ 13 foi cancelada (novembro/2003).

Portanto, em face da liberdade e da autonomia sindicais, caberá ao estatuto da entidade sindical deliberar a respeito das formalidades para expedição de edital, elaboração de ata de assembleia, forma de votação, vista de presença, *quórum* etc.

Pela Lei de Greve (art. 4º, *caput*, § 1º, Lei 7.783/89), caberá à entidade sindical profissional convocar, na forma do seu estatuto, assembleia geral que definirá as reivindicações da categoria e deliberará sobre a paralisação coletiva. O Estatuto deverá prever as formalidades de convocação e o *quorum* para a deliberação (deflagração e cessação da greve).

No caso de dissídio contra empresa, a legitimação do sindicato se faz pela autorização dos trabalhadores da suscitada diretamente envolvidos no conflito (OJ 19, SDC). Por isso, a legitimidade *ad causam* será verificada pela necessária correspondência entre as atividades exercidas pelos setores profissional e econômico envolvidos no conflito (OJ 22).

O TST tem exigido a ampla divulgação do edital de convocação para assembleia geral (OJ 28) e a indicação do total de associados da entidade sindical como forma de apurar se houve o quórum de trabalhadores exigidos pela lei.

A ata da assembleia de trabalhadores que legitima a atuação da entidade sindical deve registrar, obrigatoriamente, a pauta reivindicatória (OJ 8).

O edital de convocação e a ata da assembleia geral são requisitos essenciais para instauração do dissídio (OJ 29).

No caso de a base sindical ser superior à base mínima constitucional, era necessária a realização de múltiplas assembleias (OJ 14, cancelada em dezembro/2003).

É possível ainda que os estatutos da entidade sindical exijam, entre outras coisas, *quorum* qualificado para votação e aprovação de determinadas matérias e prazo mínimo entre a publicação e a realização da assembleia (OJ 35).

A exigência de aprovação da assembleia é para o dissídio de natureza econômica.

Frustrada a negociação ou verificada a impossibilidade de recurso via arbitral, é facultada a cessação coletiva do trabalho, mediante prévia deliberação da assembleia geral convocada para tanto. O estatuto da entidade sindical deverá prever as formalidades de convocação e o *quorum* para a deliberação quanto à deflagração e cessação da greve (arts. 3º e 4º, Lei 7.783).

A falta de autorização prévia da assembleia geral da categoria implica a carência de legitimidade ativa da entidade sindical (*legitimatio ad causam*).

3.3 AUDIÊNCIA

Recebido o pedido de instauração de dissídio devidamente autuado, o presidente do tribunal designará audiência de conciliação no prazo de 10 dias, determinando, se for o caso, a citação dos suscitados (art. 860, CLT).

Caso a petição inicial não preencha os requisitos legais, é razoável a concessão de um prazo (art. 321, CPC), para que a parte proceda à regularização da petição, sob pena de arquivamento (Súm. 263, TST).

A citação será feita pelo correio, sendo também possível por oficial de justiça ou mesmo pelo telefone, quando houver urgência, como no caso de greve.

A audiência deverá ser realizada no prazo mínimo de cinco dias (art. 841, CLT).

Após a CF/88, não há mais a instauração de ofício. Em se tratando de dissídio de greve em atividade essencial, com possibilidade de lesão do interesse público, o MPT poderá ajuizar dissídio coletivo, competindo à Justiça do Trabalho decidir o conflito (art. 114, § 3º, CF, EC 45; art. 127, CF; art. 83, VIII, LC 75/93; arts. 856 e 874, CLT; art. 8º, Lei 7.783/89). Não se trata de legitimidade *ad causam* exclusiva do MPT, mas de legitimidade concorrente com o empregador ou entidades sindicais (patronal ou profissional).

Para os dissídios coletivos de greve, considerando-se a paralisação dos serviços, além da necessidade do atendimento às necessidades inadiáveis da sociedade, nas atividades e ou serviços essenciais, deve se ter maior agilidade quanto à solução do conflito coletivo, daí ser necessário que a audiência ocorra dentro do prazo mais breve possível.

É importante a fase de conciliação nos dissídios coletivos, como forma de obtenção da composição amigável do conflito coletivo.

Apesar de não ser obrigatória, pode ocorrer a instrução processual, observadas as peculiaridades do caso concreto, com a tomada de depoimentos pessoais e testemunhais, juntada de documentos e a realização de perícias (obtenção de índices de reajustes, de produtividade etc.). É comum, nos dissídios coletivos de greve, as diligências realizadas por oficiais de justiça visando obter informações quanto à manutenção dos serviços e atividades essenciais.

Nos termos do art. 861, CLT, é facultado ao empregador fazer-se representar na audiência pelo gerente, ou por qualquer outro preposto que tenha conhecimento do dissídio, e por cujas declarações será sempre responsável.

Por regra, o empregador, como pessoa jurídica, é representado pela pessoa designada pelo estatuto, ou, em caso de não se ter essa designação, pelo seu diretor (art. 75, VIII, CPC).

PARTE VIII · Cap. III – PROCEDIMENTO DO DISSÍDIO COLETIVO DE TRABALHO | **1287**

A pessoa jurídica estrangeira será representada pelo gerente, representante ou administrador de sua filial, agência ou sucursal aberta ou instalada no Brasil (art. 75, X).

O gerente da filial ou agência presume-se autorizado, pela pessoa jurídica estrangeira, a receber citação inicial para o processo de conhecimento, de execução, cautelar e especial (art. 75, § 3º).

Como pessoa natural, o empregador poderá comparecer pessoalmente à audiência.

Contudo, o empregador, pessoa física ou jurídica, tem a faculdade da representação por um preposto. Apesar de o texto legal não indicar que o preposto seja, necessariamente, empregado, por aplicação da inteligência da Súmula 377, TST, recomenda-se que a indicação recaia em um empregado.

As declarações do preposto obrigarão o empregador.

Na audiência de conciliação, diante do comparecimento das partes ou de seus representantes, a quem competir a direção da audiência (presidente do tribunal ou o juiz conciliador) incumbirá a obrigação de propor as bases da conciliação, objetivando, assim, a solução autocompositiva do conflito.

A conciliação é a melhor essência para a solução dos conflitos trabalhistas, sejam individuais como coletivos (art. 764, CLT), evitando-se, assim, o julgamento do dissídio coletivo.

Como desdobramento da autonomia privada coletiva (art. 7º, XXVI, CF), no curso do dissídio coletivo, as partes podem celebrar um acordo (art. 863, CLT).

Se o acordo for celebrado entre as partes, sem a homologação da Justiça do Trabalho, mesmo após o ajuizamento do dissídio coletivo, isso implicará a extinção da demanda sem resolução de mérito (art. 485, VI, CPC; OJ 34, SDC, TST). Evidente a perda do interesse processual na decisão judicial.

Contudo, se as partes optarem pelo crivo da homologação judicial do acordo, após ser ouvido, de forma obrigatória, o MPT (art. 11, Lei 7.701/88), caberá ao Tribunal, ao examinar o conteúdo do ajuste, verificar se as cláusulas propostas são contrárias à Constituição, à lei, ou aos precedentes normativos da própria corte ou do TST. Cláusulas em dissonância com as normas mínimas de proteção ao trabalhador não devem ser homologadas. Com a homologação total ou parcial, tem-se a extinção do processual com resolução de mérito (art. 487, III, *b*, CPC).

Formalizado o acordo pelas partes e homologado pelo Tribunal, não caberá qualquer recurso, salvo por parte do MPT (art. 7º, § 5º, Lei 7.701). Apesar do rigor legal, caberá o recurso ordinário por qualquer das partes, diante da não homologação de alguma cláusula do acordo.

Caso seja infrutífera a conciliação ou não se tenha o comparecimento das partes ou de uma delas, a sequência natural do procedimento será o julgamento do dissídio coletivo (art. 864, CLT).

Antes do julgamento, o MPT deverá apresentar seu parecer escrito ou oralmente em audiência (art. 11).

Nos dissídios coletivos de trabalho, a decisão, homologatória de acordo ou não, é conhecida como sentença normativa.

Como as demais decisões judiciais, a sentença normativa necessita da fundamentação (art. 93, IX, CF). Na fundamentação da decisão, serão analisados os argumentos jurídicos apresentados, a legalidade e a constitucionalidade dos pedidos. Os pedidos serão postos em forma de cláusulas que serão julgadas individualmente pelo colegiado.

3.4 RESPOSTA

A formulação da resposta não é uma obrigação por parte do reclamado. Trata-se de um ônus. A resposta é um desdobramento do amplo direito de defesa.

A revelia é uma situação processual decorrente da omissão do réu em não contestar a ação (art. 344, CPC; art. 844, CLT).

A revelia gera a presunção de veracidade dos fatos articulados pelo autor na fundamentação da petição inicial, contudo, não se confunde com a confissão ficta.

Revelia é a ausência de defesa ante a inércia do reclamado (réu). É uma situação jurídica. A confissão ficta é a consequência advinda dessa situação jurídica (a presunção de veracidade quanto à matéria fática), a qual também ocorre quando a parte não comparece para prestar depoimento pessoal (Súm. 74, I, TST)

A inércia na apresentação da defesa no dissídio coletivo torna a parte revel, porém, sem os efeitos da revelia, na medida em que o julgamento será realizado com base no Direito e na equidade (conveniência e oportunidade).

O objetivo do dissídio coletivo não é a imposição de uma sentença condenatória, mas sim de um provimento jurisdicional, o qual estabeleça as cláusulas normativas e obrigacionais, respeitadas as disposições mínimas legais de proteção ao trabalho e as convencionadas anteriormente.

Assim, o não comparecimento do suscitado em audiência apenas compromete a possível conciliação entre as partes, impondo a solução do dissídio pela sentença normativa.

3.4.1 Contestação

Do ponto de vista técnico, a defesa ou resposta do suscitado, decorrente do princípio constitucional do amplo direito de defesa (art. 5º, LV), pode ser dividida em contestação, reconvenção e exceção.

Nos dissídios coletivos de natureza econômica, instaurados de comum acordo pelas partes, não haverá a necessidade de resposta, sendo que, frustrada a conciliação em audiência, após a manifestação do Ministério Público, haverá a sentença normativa.

A contestação será apresentada na audiência designada para conciliação, a qual deve conter as matérias pertinentes às questões de direito processual e as relativas ao mérito do conflito coletivo de trabalho.

As questões de natureza processual (competência material e ou hierárquica; legitimação processual das partes; comum acordo para a instauração da instância; inexistência de litispendência; negociação coletiva prévia; inexistência de norma coletiva em vigor; observância da época própria para ajuizamento; elementos intrínsecos e extrínsecos da petição inicial; dissídio coletivo e as condições da ação – possibilidade jurídica do pedido,

PARTE VIII · Cap. III – PROCEDIMENTO DO DISSÍDIO COLETIVO DE TRABALHO | **1289**

legitimação *ad causa* – autorização da assembleia geral, interesse processual) devem estar mencionadas na contestação em forma de tópico preliminar.

No mérito, o conteúdo dependerá de quem seja o suscitado ou da natureza jurídica do conflito:

(a) econômico: (1) a justificação quanto ao cabimento das reivindicações apresentadas em juízo pela categoria profissional; (2) pela categoria econômica, a proposta de conciliação amigável, fundamentada nas circunstâncias fáticas e jurídicas que recomendariam sua adoção, destacando, em relação às cláusulas que importem em elevações salariais, as condições financeiras das empresas e a situação econômica do respectivo setor de atividades;

(b) greve: (1) quando suscitado pela empresa, categoria econômica ou pelo MPT, a entidade sindical profissional, como suscitado, deverá justificar os motivos que ensejaram a paralisação coletiva de trabalho, como forma de evidenciar a não abusividade do movimento, além da procedência quanto as reinvindicações apresentadas; (2) no caso de ser a empresa ou a categoria econômica a entidade suscitada, quando da formulação da contestação, deverá pugnar pela abusividade do movimento, além de motivar os argumentos e fundamentos quanto à improcedência das cláusulas normativas e obrigacionais inseridas na pauta de reivindicações;

(c) jurídico: além da indicação da norma jurídica, a qual é objeto de análise, qual é ou quais são as interpretações mais adequadas de acordo com a ótica do suscitado.

3.4.2 Reconvenção

Reconvenção é a ação proposta pelo réu contra o autor no bojo da ação em que está sendo demandado (art. 343, CPC).

A aceitação da reconvenção no dissídio coletivo tem sido objeto de divergência pelos doutrinadores.

Ives Gandra Martins Filho[3] admite a reconvenção no dissídio coletivo, *"por se tratar de um Juízo de Equidade instituidor de norma jurídica, também o suscitado poderá ter interesse na fixação de novas condições de trabalho"*, em duas hipóteses: (a) proposta patronal de cláusulas suplementares; (b) reivindicações dos trabalhadores em dissídio de greve.

Em sentido contrário, Raimundo Simão de Melo[4] defende sua incompatibilidade com o dissídio e a natureza dúplice desse, de modo que o suscitado estaria autorizado a apresentar no bojo da contestação seus pedidos.

Segundo decisão da SDC, *"I – Não obstante o processo coletivo se distinga do processo individual, na medida em que aqui se aplica direito preexistente e lá se constitui direito novo,*

---

[3]   MARTINS FILHO, Ives Gandra da Silva. Ob. cit., p. 144-145.

[4]   MELO, Raimundo Simão de. *Dissídio coletivo de trabalho*, p. 100.

DIREITO PROCESSUAL DO TRABALHO • Francisco Ferreira Jorge Neto – Jouberto de Quadros Pessoa Cavalcante

ambos se identificam como instrumentos de atuação jurisdicional do Estado, pelo que não se divisa nenhum óbice à aplicação subsidiária do art. 315 do CPC. II – Mesmo porque o processo do trabalho, quer o seja coletivo, quer o seja individual, singulariza-se pela ênfase dada à celeridade e simplicidade processuais, que igualmente ilustram a finalidade da reconvenção, de sorte que há sobejas razões jurídicas para sua aplicação incondicional no dissídio coletivo, mesmo que o seja de greve. III – Isso por ser norma do art. 8º da Lei nº 7.783/89 cabe a Justiça do Trabalho, ao examinar a legalidade ou abusividade do exercício do direito de greve, deliberar, por iniciativa de qualquer das partes ou do Ministério Público, sobre a procedência, total ou parcial, ou improcedência das reivindicações. IV – Significa dizer que o sindicato patronal, ao suscitar o dissídio de greve a fim de que o Judiciário examine a higidez jurídico-material do movimento, há de deduzir pretensão referente às condições de trabalho, a permitir que o sindicato profissional, opondo-se à declaração de abusividade da greve, ofereça reconvenção na qual deduza pretensão relativa a outras condições de trabalho, tendo em conta o concurso do pressuposto do art. 315 do CPC, relativo indiferentemente à conexão com a ação principal e com o fundamento da defesa. Preliminar rejeitada" (TST – SDC – RODC 82/2005-000-23-00 – Rel. Min. Barros Levenhagen – j. 29/6/2006 – *DJ* 18/8/2006).

3.4.3 Exceção

Semelhantemente ao dissídio individual de trabalho, nos dissídios coletivos também há as exceções de incompetência, suspeição e impedimento do julgador nos termos da legislação processual civil e das regras constantes da CLT.

3.5 DILIGÊNCIAS NECESSÁRIAS

A CLT não prevê expressamente a realização de instrução do dissídio, mas a realização de diligências necessárias (art. 864, CLT), de modo que o presidente do tribunal poderá determinar a produção das provas que julgar essenciais para o julgamento, como a realização de estudos econômicos por especialistas, perícia ou inspeção judicial nos locais de trabalho, oitivas das partes (art. 861) e testemunhas.

A CLT autoriza o presidente a delegar ao juiz da localidade do dissídio, quando esse ocorrer fora da sede do tribunal, as atribuições conciliatórias, mas não a realização de diligências (art. 866, CLT). Trata-se de competência delegada. O presidente tem a faculdade de atribuir a tentativa conciliatória e a instrução do dissídio coletivo ao juiz do trabalho da vara onde as partes exercem a sua representação (base territorial de atuação), desde que o local não coincida com a sede do tribunal. Caso a jurisdição trabalhista seja exercida por juiz de direito (art. 668, CLT), a ele caberá a incumbência de ser a autoridade delegada. A autoridade delegada não pode homologar o acordo ou julgar a demanda coletiva. O acordo deverá ser homologado pelo TRT. Após o exaurimento das atribuições delegadas, caso não tenha ocorrido a conciliação, remeterá os autos para o TRT, com a exposição dos fatos ocorridos e a indicação da solução que lhe pareça conveniente.

A perturbação da ordem pode ocorrer não só durante a audiência de conciliação e julgamento, como também durante a tramitação do dissídio coletivo, em especial durante as greves em serviços ou atividades essenciais. A ordem e a tranquilidade são vitais na

PARTE VIII • Cap. III – PROCEDIMENTO DO DISSÍDIO COLETIVO DE TRABALHO | **1291**

realização das audiências, devendo os juízes ordenar medidas para a manutenção do respeito por parte dos espectadores, inclusive requisitando a força pública, se necessário, fazendo prender e autuar os desobedientes, evacuar a sala, interromper os trabalhos e tomar outras medidas que sejam convenientes. Compete-lhe, manter a ordem e o decoro, ordenando, se necessário, que se retirem da sala de audiência os que se comportarem de forma inconveniente (arts. 816 e 865, CLT; art. 360, CPC).

Noticiada nos autos do dissídio a paralisação do trabalho em decorrência de greve em serviços ou atividades essenciais, o Poder Público assegurará a prestação dos serviços indispensáveis (art. 12, Lei 7.783/89).

Nos serviços e atividades não considerados essenciais, durante a greve, o sindicato ou a comissão de negociação, mediante acordo com a entidade patronal ou diretamente com o empregador, manterá em atividade equipes de empregados com o propósito de assegurar os serviços cuja paralisação resulte em prejuízo irreparável, pela deterioração irreversível de bens, máquinas e equipamentos, bem como proporcionará a manutenção daqueles essenciais à retomada das atividades da empresa quando da cessação do movimento.

Não havendo acordo nesse sentido, é assegurado ao empregador, enquanto perdurar a greve, o direito de contratar diretamente os serviços necessários para evitar prejuízo irreparável, pela deterioração irreversível de bens, máquinas e equipamentos, bem como de manter daqueles essenciais à retomada das atividades da empresa quando da cessação do movimento.

3.6   SENTENÇA NORMATIVA

Nos dissídios coletivos de trabalho, a decisão, homologatória de acordo ou não, é conhecida como sentença normativa.

Como as demais decisões judiciais, a sentença normativa não prescinde da fundamentação (art. 93, IX, CF). Na fundamentação da decisão, serão analisados os argumentos jurídicos apresentados, a legalidade e constitucionalidade dos pedidos. Os pedidos serão postos em forma de cláusulas que serão julgadas individualmente pelo colegiado.

A Lei 10.192/01, que converteu em lei a MP que instituiu o Plano Real, estabelece que: (a) no ajuizamento do dissídio coletivo, as partes deverão apresentar, fundamentadamente, suas propostas finais, que serão objeto de conciliação ou deliberação do tribunal, na sentença normativa; (b) a decisão que puser fim ao dissídio será fundamentada, sob pena de nulidade, e deverá traduzir, em seu conjunto, a justa composição do conflito de interesses das partes e guardar adequação com o interesse da coletividade; (c) no acordo ou convenção e no dissídio coletivo, é vedada a estipulação ou fixação de cláusula de reajuste ou correção salarial automática vinculada a índices de preços; (d) nas revisões salariais na data-base anual, serão deduzidas as antecipações concedidas no período anterior à revisão; (e) qualquer concessão de aumento salarial a título de produtividade deverá estar amparada em indicadores objetivos (arts. 12 e 13).

A decisão de conceder aumento salarial deveria explicitar, se pertinentes, as compensações a serem observadas, ressalvadas as situações decorrentes de término de aprendizagem, promoção por merecimento e antiguidade, transferência de cargo, função, estabelecimento ou de localidade, bem assim de equiparação salarial determinada por sentença transitada em julgado (item XXI, IN 4, cancelada).

A sentença normativa poderia determinar que as diferenças salariais resultantes do decidido sejam devidas a contar da data do ajuizamento do dissídio coletivo, quando proposto após a data-base ou do originário, a fim de se evitarem distorções decorrentes do período de tramitação do processo (XXII, IN 4, cancelada).

Para garantir os efeitos da sentença normativa e desde que o empregador não possua quadro de pessoal organizado em carreira, poderia ser fixado salário normativo para a categoria profissional ou parte dela, hipótese em que, na sua vigência, o empregado admitido para função de outro dispensado sem justa causa teria garantido salário igual ao do empregado de menor salário na função, sem considerar vantagens pessoais (XXIII, IN 4, cancelada). Na hipótese de o empregado ser admitido após a data-base ou de empresa constituída e em funcionamento depois da data-base, o reajuste seria calculado de forma proporcional em relação à data de admissão e com preservação da hierarquia salarial (XXIV).

Se durante a tramitação do dissídio coletivo for requerida a homologação de acordo, antes ou mesmo depois do julgamento, da apresentação de recursos ou da publicação do acórdão, adotar-se-á o seguinte procedimento: a) o pedido de homologação de acordo será apreciado pelo relator originário ou pelo redator designado para lavrar o acórdão do julgamento já realizado, se for o caso; b) o processo será redistribuído a um dos membros do colegiado, se ausente, por qualquer motivo, o relator; c) o pedido de homologação de acordo será apreciado, independentemente de publicação de pauta, cabendo ao relator apresentar os autos em mesa, na primeira sessão ordinária subsequente à formulação do pedido, ou em sessão extraordinária designada para esse fim, sendo de igual modo dispensada a prévia inclusão em pauta, quando o pedido ingressar antes do julgamento do recurso ordinário (art. 243, RITST).

Na opinião de Ives Gandra Martins Filho,[5] *"se as partes, no curso do processo coletivo, chegarem a um acordo, poderão adotar uma das duas posturas: (a) depositá-lo na Delegacia Regional do Trabalho [...], pedindo então ao Tribunal a extinção do feito sem julgamento de mérito (CPC, art. 267); ou (b) pedir sua homologação (CLT, art. 863), através do exercício de jurisdição voluntária por parte do Tribunal".*

É desnecessária a homologação, por tribunal trabalhista, do acordo extrajudicialmente celebrado, sendo suficiente, para que surta efeitos, sua formalização perante o Ministério do Trabalho (art. 614, CLT; art. 7º, XXVI, CF) (OJ 34, SDC).

A homologação do acordo não poderá envolver as cláusulas que sejam atentatórias à ordem pública, como por exemplo: (a) desconto assistencial; (b) contribuição assistencial patronal ao sindicato da categoria econômica; (c) eleição de foro.

---

5   MARTINS FILHO, Ives Gandra. Ob. cit., p. 158.

PARTE VIII · Cap. III – PROCEDIMENTO DO DISSÍDIO COLETIVO DE TRABALHO | 1293

Mesmo que haja a exclusão de algumas cláusulas do acordo pelo tribunal, não será possível apresentação de termo aditivo pelas partes, na medida em que a prestação jurisdicional já foi feita.

O acordo judicial homologado no processo de dissídio coletivo, abrangendo a totalidade ou parte das pretensões, tem força de decisão irrecorrível para as partes (art. 244, RITST).

Em não havendo acordo entre as partes e concluído o julgamento é proclamada a decisão, o relator lavrará o acórdão que será imediatamente publicado. O acórdão deverá ser lavrado no prazo de 10 dias (art. 7º, § 1º, Lei 7.701). A decisão deverá ser publicada no prazo de 15 dias da decisão do tribunal (art. 12, § 2º, Lei 10.192).

A decisão atinge todas as organizações sindicais que participaram do dissídio coletivo e seus integrantes, desde que representados no processo de dissídio. A sentença normativa alcança todos da categoria – efeito *erga omnes*.[6]

Para julgamento, o processo será incluído em pauta preferencial, se for caso de urgência, sobretudo na ocorrência ou iminência de paralisação do trabalho. Na hipótese de greve em serviços ou atividades essenciais, poderá o Presidente do Tribunal, justificando a urgência, dispensar a inclusão do processo em pauta, convocar sessão para julgamento do dissídio coletivo, notificando as partes, por meio de seus patronos e cientificando o Ministério Público, tudo com antecedência de, pelo menos, doze horas (art. 242, RITST).

Em caso de dissídio de greve, a Justiça do Trabalho, em sua decisão, deverá estabelecer os critérios quanto ao pagamento dos salários e demais direitos durante o período da paralisação, inclusive quanto ao momento de retorno dos grevistas ao trabalho. Se for o caso, ainda, poderá fixar penalidades aos empregados ou aos empregadores no caso de descumprimento da decisão.

A decisão do tribunal deverá solucionar a questão da greve e das reivindicações dos trabalhadores. Trata-se de uma sentença única, devendo, de forma preliminar, haver a análise sobre a greve, pronunciando-se sobre a sua ocorrência e a verificação da abusividade ou não.

Constata-se a existência ou não do abuso do direito de greve quando se tem a inobservância das normas contidas na Lei 7.783, bem como a manutenção da paralisação após a celebração de acordo, convenção ou decisão da Justiça (art. 14).

Posteriormente, deve adentrar no mérito das reivindicações, estabelecendo as condições aceitas ou não, em função das ponderações das partes e de acordo com a pauta deliberada em assembleia. O acolhimento das deliberações contidas na pauta pode ser parcial ou total. A decisão, no seu todo, pode concluir pela abusividade da greve e, mesmo assim, acolher o elenco das reivindicações de forma parcial ou total. Por outro lado, a

---

6   OJ 23, SDC: "Legitimidade *ad causam*. Sindicato representativo de segmento profissional ou patronal. Impossibilidade. A representação sindical abrange toda a categoria, não comportando separação fundada na maior ou menor dimensão de cada ramo ou empresa."

solução pode ser pela não abusividade quanto ao exercício do direito de greve, mas com o indeferimento das pretensões dos trabalhadores.[7]

Entre outras cláusulas, o TST tem rejeitado as seguintes: (a) determinação de adiantamento salarial; (b) vigência da sentença normativa no dia seguinte ao término do acordo, convenção ou sentença normativa vigente, se o dissídio coletivo for instaurado dentro dos 60 dias anteriores ao respectivo termo final (art. 616, § 3º); (c) fixação do adicional de penosidade; (d) adicional de periculosidade com percentual distinto do legal; (e) adicional noturno com percentual distinto do legal; (f) obrigatoriedade de assistência jurídica aos empregados indiciados em inquéritos policiais ou processados judicialmente por atos praticados em defesa do patrimônio da empresa; (g) proteção contra automação; (h) fixação do dia da categoria; (i) aplicação das condições mais benéficas a todos os empregados em caso de fusão de empresas; (j) habilitação de jornalista como requisito para contratação; (k) gratuidade de ensino aos dependentes dos professores; (l) cobrança de taxas de homologação de rescisão contratual; (m) cláusulas de impedimento à terceirização.

Duas são as considerações sobre o prazo de vigência da decisão normativa: (a) termo inicial; (b) prazo de duração.

Em relação ao termo inicial: (a) da data do ajuizamento do dissídio, quando for o primeiro da categoria (art. 867, parágrafo único, *a*, CLT); (b) no dia seguinte ao término do acordo, convenção ou sentença normativa vigente, se o dissídio coletivo for instaurado dentro dos 60 dias anteriores ao respectivo termo final (art. 616, § 3º); (c) a partir da publicação da sentença, se o dissídio não for instaurado nos 60 dias anteriores à data-base da categoria.

A IN 4 determinava que o reajuste salarial, as diferenças dele decorrentes e as demais obrigações previstas na decisão normativa seriam devidos a partir do termo final de vigência da convenção, acordo ou sentença normativa anterior (item XXV, cancelada).

No que diz respeito ao prazo de duração, o mesmo será fixado na decisão e não poderá ser superior a 4 anos (art. 868, parágrafo único, CLT). Via de regra, os tribunais fixam o prazo de 1 ano de vigência, o que acaba por impossibilitar o dissídio de revisão (art. 873). Atualmente, o prazo é de 4 anos na jurisprudência (PN 120, SDC, TST).

Nos dissídios coletivos[8] as partes vencidas responderão solidariamente pelo pagamento das custas processuais, calculadas sobre o valor arbitrado na decisão, ou pelo

---

[7] OJ 38, SDC: "Greve. Serviços essenciais. Garantia das necessidades inadiáveis da população usuária. Fator determinante da qualificação jurídica do movimento. É abusiva a greve que se realiza em setores que a lei define como sendo essenciais à comunidade, se não é assegurado o atendimento básico das necessidades inadiáveis dos usuários do serviço, na forma prevista na Lei nº 7.783/89."

[8] Pela consolidação dos Provimentos da Corregedoria-Geral da Justiça do Trabalho, nos dissídios coletivos, as partes vencidas responderão solidariamente pelo pagamento das custas (art. 69). Por outro lado, nos dissídios coletivos de natureza econômica em que for instituída norma ou condição de trabalho em favor da categoria profissional, o pagamento integral das custas processuais caberá à empresa ou à entidade sindical patronal que integrou a relação processual (art. 70).

PARTE VIII · Cap. III – PROCEDIMENTO DO DISSÍDIO COLETIVO DE TRABALHO | **1295**

presidente do tribunal (art. 789, § 4º, CLT), não sendo permitido o rateio, devendo o pagamento ser feito no valor integral das custas (item IX, IN 20).

A decisão normativa pode ser objeto de ação de cumprimento a partir do vigésimo dia subsequente ao do julgamento, fundada no acórdão ou na certidão de julgamento, salvo se concedido efeito suspensivo pelo presidente do TST (art. 7º, § 6º, Lei 7.701).

A Lei 7.701 faculta às partes interessadas a possibilidade de recorrerem ou de ajuizarem ação de cumprimento a partir do 20º dia subsequente ao julgamento, apenas com base na certidão de julgamento, se não publicado o acórdão.

3.6.1   Poder Normativo

O poder normativo do Poder Judiciário Trabalhista desempenhou papel relevante na solução dos conflitos coletivos de trabalho submetidos à jurisdição do Estado.

O poder normativo da Justiça do Trabalho no Brasil teve como paradigma a Carta del Lavoro do regime fascista italiano de Benito Mussolini, a qual atribui ao magistrado trabalhista italiano o poder de dirimir conflitos coletivos de trabalho pela fixação de novas condições laborais, não tendo sido consagrado expressamente pela Constituição de 1934 ou pela de 1937 do Brasil. Apesar disso, para Almir Pazzianto Pinto,[9] o poder normativo teve seu embrião na CF/34, art. 122, que instituiu a Justiça do Trabalho, destinada a dirimir questões, regidas pela legislação social, entre empregadores e empregados.

Getúlio Vargas, em outubro de 1935, apresentou à Câmara dos Deputados um anteprojeto de organização da Justiça do Trabalho que, segundo Valdemar Ferreira, era inconstitucional em vários pontos, em especial, pela incompatibilidade da função normativa dos Tribunais do Trabalho com a Constituição vigente à época. Oliveira Vianna defendeu arduamente a constitucionalidade do poder normativo.

Com a dissolução da Câmara pelo Presidente da República, o projeto não chegou a se converter em lei e a organização da Justiça do Trabalho acabou sendo disciplinada pelo Dec.-lei 1.217, de 1/5/1939, que, em seu art. 65, atribuiu expressamente o poder normativo à Justiça do Trabalho. Regulamentado pelo Decreto 6.596/40, o conteúdo do Dec.-lei foi absorvido pela CLT em 1º/5/1943.

Com a CF/46, a Justiça do Trabalho foi incorporada pelo Poder Judiciário, sendo que o art. 123, § 2º, previu que a lei especificará os casos em que as decisões nos dissídios coletivos poderão estabelecer normas e condições de trabalho.[10]

---

[9]   PINTO, Almir Pazzianoto. Justiça do Trabalho e poder normativo. *Revista Synthesis*, nº 39, 2004, p. 20.

[10]   "Logo que promulgada a Constituição de 1946, foi submetida aos tribunais a tese de que a Justiça do Trabalho era incompetente para julgar os dissídios coletivos de natureza econômica enquanto não fosse votada a lei a qual alude o seu art. 123, § 2º, isto é, se persistia, ou não, o poder normativo da Justiça do Trabalho, em face da nova Carta. [...] Esta opinião – a da constitucionalidade do poder normativo da Justiça do Trabalho – foi a que prevaleceu no Supremo Tribunal Federal" (ROMITA, Arion Sayão. Ob. cit., p. 83-84).

Desde então, o poder normativo da Justiça do Trabalho foi previsto em todas as Constituições brasileiras, pouco importando sua origem autoritária ou democrática.

A previsão constitucional do instituto não foi óbice para que o poder normativo, durante todos esses anos, tenha sido objeto de acirrados debates e inúmeras críticas.

Também conhecido como competência normativa, o poder normativo era a possibilidade constitucional de a Justiça Laboral estabelecer normas e condições, respeitadas as disposições convencionais e legais mínimas de proteção ao trabalho, para a solução do conflito coletivo de trabalho (art. 114, § 2º, CF, anteriormente à EC 45).

Nas palavras de Amador Paes de Almeida,[11] *"é a faculdade concebida à Justiça do Trabalho de criar novas condições de trabalho, numa função inequivocadamente legiferante, própria do poder legislativo".*

Para Vantuil Abdala,[12] o poder normativo *"tem sido um importante fator de equilíbrio social, principalmente em um país como o nosso, com as realidades mais diversas e com um sindicalismo, como se disse no início, sem muito poder de barganha, sem muita autenticidade, muitas vezes. Assim, quem tem possibilidade de estabelecer condições mais justas para essas categorias com menor poder de pressão é a Justiça do Trabalho".*

Dois são os fundamentos que, na opinião de José Augusto Rodrigues Pinto,[13] justificavam, antes do advento da EC 45, a presença do poder normativo no ordenamento jurídico brasileiro: *"O primeiro, social, é a longa manus da tutela estatal para a proteção do hipossuficiente econômico, buscando neutralizar a resistência patronal para negociar a normatização das condições gerais de trabalho, sob o influxo das reivindicações operárias.*

Seu exercício produz uma fonte imperativa estatal, que irá preencher o vazio normativo aberto pela falta de fonte imperativa profissional, não completada através das tratativas diretas dos grupos interessados na relação de emprego.

O segundo fundamento, de índole totalitária pouco disfarçada, é a infiltração do poder político nas relações entre sindicatos, um dos meios de tornar dependente, pela oferta da tutela, a atividade da representação profissional, ao mesmo tempo que facilita a oposição patronal ao avanço das reivindicações trabalhistas."

O poder normativo sempre sofreu críticas, como aponta Valentin Carrion:[14] *"É a intromissão do estado no livre jogo da negociação. A negociação coletiva é inconcebível sem a pressão da greve ou de sua ameaça, como o mostra o Direito Comparado nas democracias. E a greve só deve terminar com a vitória ou a derrota das pretensões, pela negociação ('tratado de paz', como disse Planiol).*

---

[11] ALMEIDA, Amandor Paes de. *CLT comentada*, 3. ed., p. 453.

[12] ABDALA, Vantuil. Assunto em destaque: poder normativo da Justiça do Trabalho: manutenção ou extinção. Entrevista concedida pelo Ministro-Presidente do TST. *Revista Synthesis*, nº 39, 2004, p. 11-12.

[13] PINTO, José Augusto Rodrigues. *Direito sindical e coletivo do trabalho*, p. 349.

[14] CARRION, Valentin. *Comentários à Consolidação das Leis do Trabalho*, 31. ed., p. 710.

PARTE VIII · Cap. III – PROCEDIMENTO DO DISSÍDIO COLETIVO DE TRABALHO | 1297

O recurso ao Poder Judiciário contraria a doutrina e a experiência internacionais. Em nosso país, só se justifica pela existência de comunidades sem qualquer tradição gregária trabalhista e sem poder de negociação.

O Poder Normativo, como hoje existe, é uma dura provocação que as Constituições têm imposto à Justiça do Trabalho. Os dissídios coletivos são julgados sem que se ofereça, aos seus Juízes, qualquer conhecimento objetivo da realidade fática referente à categoria interessada. A lei ou a jurisprudência terá de exigir nos autos laudo circunstanciado quanto à realidade setorial da categoria profissional que está litigando.

Pela Constituição de 1988, o âmbito do novo Poder Normativo da Justiça do Trabalho passa a ser aparentemente ilimitado. Sem aquele laudo técnico ou instrução real, as decisões normativas proferidas como até aqui foram poderão cair, à falta de justificativa na reprovação constitucional, quando determinam que sejam 'fundamentadas todas as suas decisões, sob pena de nulidade'.

A questão não é meramente formal, mas consequência de que, de um lado, as concessões normativas não podem ser mero capricho judiciário; de outro, que a Justiça está concebida para decidir com base na lei e nos princípios e não para criar a norma do legislador. Se assim ocorrer, haverá colisão com a competência do Poder Legislativo, expressamente lembrada na Carta Magna: 'É da competência exclusiva do Congresso Nacional [...] zelar pela preservação de sua competência legislativa em face da atribuição normativa dos outros Poderes' (art. 49, XI)."

Para Sebastião Antunes Furtado et al.,[15] há uma contradição intrínseca no poder normativo. *"De um lado, o juiz, por princípio, deve respeitar a lei e aplicá-la ao caso concreto com a maior isenção de ânimo possível. [...] O poder normativo, por outro lado, significa criar a norma, função esdrúxula para o juiz, que, na prática, nem cria direito, nem o interpreta. [...] Porém, se trata de criar normas, então o magistrado não está tecnicamente preparado, razão pela qual não há prestação jurisdicional. O que se vê com frequência é 'jurisprudencialização' de cláusulas preestabelecidas."*

Certo é que a atuação da Justiça do Trabalho pelo poder normativo encontrava seus limites no próprio sistema jurídico, como esclarece Carlos Coqueijo Costa: *"O Poder Normativo, atribuído à Justiça do Trabalho, limita-se ao norte, pela Constituição; ao sul, pela lei, à qual não pode contrariar; a leste, pela equidade e o bom-senso; e a oeste, pela regra consolidada no art. 766, conforme a qual nos dissídios coletivos serão estipuladas condições que assegurem justo salário aos trabalhadores, mas permitam também justa retribuição às empresas interessadas."*

O Poder Judiciário não exerce função típica legislativa – princípio da separação dos poderes (art. 2º, CF). O Congresso Nacional tem por competência exclusiva *"zelar pela preservação de sua competência legislativa em face da atribuição normativa dos outros Poderes"* (art. 49, XI).

---

[15] FURTADO, Sebastião Antunes et al. *Solução dos conflitos coletivos de trabalho no setor privado:* estudo dos sistemas do Brasil e da França, p. 98.

A República Federativa do Brasil, constitucionalmente, é um Estado democrático de direito e tem como fundamento a soberania, a cidadania, a dignidade da pessoa humana, os valores sociais do trabalho e da livre iniciativa, o pluralismo político (art. 1º).

A própria CF afirma que a ordem econômica, fundada na valorização do trabalho humano e na livre iniciativa, tem por fim assegurar a todos a existência digna, conforme os ditames da justiça social, observando os princípios elencados, em especial, a propriedade privada, a função social da propriedade privada e a livre concorrência (art. 170).

O exercício do poder normativo também devia considerar o princípio da legalidade ("*ninguém será obrigado a fazer ou deixar de fazer alguma coisa senão em virtude de lei*") (art. 5º, II).

Como destaca Wilson de Souza Campos Batalha,[16] "*a Justiça do Trabalho, na vigência das anteriores Constituições, manifestava-se contrária à concessão de vantagens* praete legem. [...] *Entretanto, com o decorrer do tempo, convenções e acordos coletivos vieram formando um autêntico direito consuetudinário relativo à consagração de certas estipulações estranhas ao mero reajuste salarial, que a Justiça do Trabalho considerou válidas e que, hoje, se caracterizam como jurisprudência predominante*".

Contudo, é de se destacar que o STF declarou a inconstitucionalidade de várias estipulações,[17] como menciona Wilson Campos Batalha:[18] "*O STF havia recusado validade à cláusula de abono de faltas de empregado estudante, de seguro de vida e por acidentes pessoais, anuênios e obrigações de a empresa fornecer, anualmente, ao sindicato, relação de seus empregados. Também fora condenada a cláusula obrigando a empresa a fornecer declaração escrita acerca da justa causa, ao ensejo da rescisão contratual, sob pena de considerar-se injusta a despedida. Nega-se validade à cláusula de estabilidade do empregado em idade de convocação militar.*

Não era admitida a obrigatoriedade de colocação de avisos sem se excluírem matérias político-partidárias ou que contenham ofensas. Admitia-se a fixação de prazo para homologação das rescisões contratuais. Não se admitia a complementação de salários dos empregados afastados para tratamento de moléstia, nem obrigação de transporte e alimentação, nem a obrigação de fornecerem as empresas relação dos contribuintes da contribuição sindical. Admitia-se fixação de aviso prévio superior a 30 dias para empregados com mais de 45 anos de idade."

O STF, mesmo na vigência da CF anterior, entendia que o poder normativo não poderia ser exercido se não houvesse previsão legal, como, por exemplo, não poderia assegurar estabilidade ao empregado acidentado;[19] abono de falta ao empregado estu-

---

[16]   BATALHA, Wilson de Souza Campos. *Tratado de direito judiciário do trabalho*, v. 2, 3. ed., p. 465.

[17]   Súm. 190, TST: "Poder normativo do TST. Condições de trabalho. Inconstitucionalidade. Decisões contrárias ao STF. Ao julgar ou homologar ação coletiva ou acordo nela havido, o Tribunal Superior do Trabalho exerce o poder normativo constitucional, não podendo criar ou homologar condições de trabalho que o Supremo Tribunal Federal julgue iterativamente inconstitucionais."

[18]   BATALHA, Wilson de Souza Campos. Ob. cit., p. 466.

[19]   STF – 2ª T. – RE 107.920-SP – Rel. Min. Aldir Passarinho – j. 19/5/1987.

PARTE VIII · Cap. III – PROCEDIMENTO DO DISSÍDIO COLETIVO DE TRABALHO | **1299**

dante[20] e incidência de aumento salarial sobre diárias de viagem não excedentes a 50% do salário.[21]

Em vários julgados, o STF considerou que as cláusulas deferidas em sentença normativa pelo poder normativo só podem ser impostas se encontrarem suporte em lei,[22] com preocupação em matéria de reajuste salarial.[23]

O STF (RE 197.911-9-PE – Rel. Min. Octavio Gallotti – *DJU* 7/11/1997) deliberou que o poder normativo da Justiça do Trabalho somente poderá ser exercido quando: (a) a lei seja omissa; (b) não for contrário à legislação vigente; (c) não se sobreponha aos termos da legislação; (d) estabeleça cláusulas normativas e ou obrigacionais, cujos conteúdos não estejam vedados pela ordem constitucional; (e) a matéria tratada na sentença normativa não esteja reservada de forma explícita ao regramento legal (lei ordinária ou lei complementar) por expressa previsão constitucional.

Segundo Ronaldo Lima dos Santos[24], o STF, *"por meio do notório voto do Ministro Octavio Gallotti, proferido no RE 197.911-9-PE, 1ª T., DJU 7.11.1997, interpretou o § 2º do art. 114 da CF/88, para estabelecer duas ordens de limites ao poder normativo da Justiça do Trabalho. Reconheceu o STF que, na sua área de atuação, o poder normativo não poderia ser elevado, no regime jurídico da separação dos poderes, ao grau de um 'poder irrestrito de legislar ao órgão do Poder Judiciário', estando restrito a atuar no 'vazio legislativo', de forma subsidiária ou supletiva, mas, ainda assim, subordinado à lei e, não podendo 'produzir normas ou disposições contrárias à Constituição'.*

Foram duas as ordens de limitações impostas ao poder normativo pelo STF: a) observância dos preceitos constitucionais; (b) não invasão da esfera reservada à lei (princípio da reserva legal). Desse modo, não podem, por meio do poder normativo, os Tribunais Trabalhistas complementarem legislação preexistente, redefinindo os direitos nela previstos, como também não podem suprir omissão do legislador, quando a Constituição delega à lei infraconstitucional a regulamentação de determinada matéria. Vazio da lei não se confunde com omissão do legislador".

O TST entendeu que auxílio-educação é matéria de acordo e não de dissídio coletivo, pois é dever do estado e da família a educação, sendo direito de todos (art. 205, CF).[25] A

---

[20] STF – 2ª T. – RE 108.474-SP, Rel. Min. Carlos Madeira – j. 12/8/1986 – *Revista LTr*, n. 52, v. 2, p. 302.STF – 1ª T. – RE 109.397-8 – Rel. Min. Ilmar Galvão – j. 28/11/1995 – *DJ* 1/3/1996 – p. 5.013.

[21] STF – TP – RE 87.120-9-SP – Rel. Min. Djaci Falcão – j. 9/11/1978 – *Revista LTr*, nº 43, p. 619.

[22] STF – 2ª T. – RE 116.047-PR – Rel. Min. Carlos Madeira – j. 7/10/1988 – *DJ* 27/10/88 – p. 27934. STF – 2ª T. – RE 114.836-MG – Rel. Min. Maurício Corrêa – j. 1/12/1097 – *DJ* 6/3/98 – p. 16.

[23] STF – TP – RE 81.514 –RS – Rel. Min. Xavier de Albuquerque – j. 20/11/1975 – *DJ* 12/12/1975 – *RTJ*, v. 76 – 289.

[24] SANTOS, Ronaldo Lima dos. *Sindicatos e ações coletivas*. 4. ed, p. 320.

[25] TST – SDC – RO DC 176.982/95.1-4 – Rel. Min. Ursulino Santos – j. 4/12/1995 – *DJU* 12/2/1996 – p. 1.008.

instituição de banco de horas e a participação dos trabalhadores nos lucros da empresa são matérias de negociação coletiva de trabalho, não cabendo ao Judiciário intervir.[26]

A Lei 7.701/88, em seu art. 4º, *d*, conferiu ao Pleno do TST a competência para aprovar os precedentes da jurisprudência predominante em dissídios coletivos.

Com base no permissivo legal, o TST[27] instituiu vários Precedentes Normativos criando direitos e obrigações não previstos em lei[28] que vigoraram por aproximadamente 6 anos, até que foram cancelados pelas Res. 81, 82 e 86, de 1998.

Parte expressiva da doutrina tem afirmado que, com a EC 45, o poder normativo da Justiça Laboral deixou de existir,[29] em primeiro lugar, porque a CF apenas passou a prever expressamente que, ajuizado o dissídio coletivo de natureza econômica, caberá "*a Justiça do Trabalho decidir o conflito, respeitadas as disposições mínimas legais de proteção ao trabalho, bem como as convencionadas anteriormente*", não fazendo mais referência à possibilidade de o Judiciário Trabalhista "*estabelecer normas e condições, respeitadas as disposições convencionais e legais mínimas de proteção ao trabalho*", como estava na redação original do § 2º, art. 114, CF.[30]

---

[26] TST – SDC – DC 145687/2004-000-00-00 – Rel. Min. Barros Levenhagen – j. 21/10/2004 – *DJU* 28/10/2004; TST – SDC – DC 145688/2004-000-00-00 – Rel. Min. Barros Levenhagen – j. 21/10/2004 – *DJU* 28/10/2004.

[27] Resolução Administrativa TST 37, de 8/9/1992.

[28] Exemplos de direitos e obrigações criados pelos precedentes normativos eram: Precedente Normativo 43: "Horas extras. Adicional (positivo). As horas extraordinárias serão remuneradas com o adicional de 100%." Precedente Normativo 75: "Contrato de experiência. Readmissão (positivo). Readmitido o empregado no prazo de um ano na função que exercia, não será celebrado novo contrato de experiência, desde que cumprido na integralidade o anterior. Precedente Normativo 76. Aviso prévio de sessenta dias (positivo). Concedem-se sessenta dias de aviso prévio a todos os trabalhadores demitidos sem justa causa. Precedente Normativo 90 – Trabalho noturno. Adicional de 60% (positivo). O trabalho noturno será pago com o adicional de 60%, a incidir sobre o salário da hora normal. Precedente Normativo 101 – Adicional de transferência (positivo). Concede-se adicional de transferência estabelecido pelo § 3º do art. 469 da CLT, no percentual de 50%."

[29] "A extinção do efeito normativo para as decisões adotadas pelos tribunais do trabalho em dissídios coletivos representou, na verdade, a última aresta aparada no sentido de viabilizar a definitiva integração da Justiça do Trabalho no conceito pleno de jurisdição e, por via de consequência, no sistema constitucional da separação dos poderes do Estado" (MACÊDO, José Acurcio Cavaleiro de. A Emenda Constitucional nº 45/2004 e a judiciarização da Justiça do Trabalho. *Revista LTr*, v. 69, nº 1, p. 106); "O poder normativo da Justiça do Trabalho acabou. E já acabou tarde" (GARCIA, Pedro Carlos Sampaio. O fim do poder normativo. In: COUTINHO, Grijalbo Fernandes; FAVA, Marcos Neves (Coord.). *Justiça do trabalho*: competência ampliada, p. 396).

[30] "Não se pode negar, contudo, que, seguindo o vezo da má técnica, o legislador inseriu no § 2º conceito clássico, aceito inclusive pela doutrina da OIT, de conflitos coletivos de natureza econômica, ao tempo em que determinou à Justiça do Trabalho que julgue o conflito. [...] Embora a designação econômica possa induzir à falsa ideia de que são conflitos que envolvem um 'bem econômico' em si mesmo, na verdade essa não é a sua função, mas a de indicar que o conflito é de natureza construtiva de novo conteúdo normativo para as relações de trabalho. Trata-se de um processo criador, gerador de normas que regerão as condições de trabalho da coletividade laboral. [...] Portanto, como observa o percuciente Procurador do Trabalho, Itacir Luchtemberg,

PARTE VIII · Cap. III – PROCEDIMENTO DO DISSÍDIO COLETIVO DE TRABALHO | **1301**

Ao lado desse argumento também se deve considerar que, com a EC, o ajuizamento do dissídio coletivo de trabalho de natureza econômica, após a recusa de qualquer das partes à negociação coletiva ou à arbitragem, somente pode ocorrer de "comum acordo" pelas partes (art. 114, § 2º) que, por sua vontade, estarão indicando ao Judiciário quais são exatamente as questões divergentes e limitando a prestação jurisdicional.

Com a alteração constitucional, as disposições convencionais e legais mínimas de proteção ao trabalho passaram apenas a orientar as decisões dos tribunais em questões trabalhistas.

Segundo Amauri Mascaro Nascimento,[31] a origem histórica dessa exigência constitucional para o dissídio coletivo resulta de uma sugestão do Comitê de Liberdade Sindical da OIT. Por ocasião da greve dos petroleiros e a dispensa de cinquenta dirigentes sindicais em 1995, a CUT apresentou uma queixa na OIT contra o Governo Brasileiro. A queixa foi apreciada pelo Comitê de Liberdade Sindical da OIT que encaminhou ao Brasil as seguintes sugestões: (a) reintegração dos dirigentes sindicais despedidos; (b) transformação do nosso sistema de solução dos conflitos coletivos com a adoção da arbitragem quando solicitado pelas duas partes; (c) manutenção do dissídio coletivo apenas nos casos de greve em atividades essenciais. Com isso, caminhou-se para a supressão do dissídio coletivo. Cogitou-se a transformação do dissídio coletivo em arbitragem pelos tribunais do trabalho, o que não foi aceito.

No que se refere ao poder normativo, Amauri Mascaro[32] afirma que: *"não é sustentável a tese de que o poder normativo da Justiça do Trabalho foi extinto. Como será possível defender o fim do poder normativo da Justiça do Trabalho quando a EC nº 45 manteve o dissídio coletivo econômico que só pode ser solucionado com decisão de mérito com pronunciamento sobre as condições de trabalho pleiteadas? [...] Mas, como é possível um Tribunal do Trabalho julgar dissídio coletivo de natureza econômica sem solucionar o pleito que o motivou? E ao julgar o pleito, como será possível ao Tribunal fazê-lo sem decidir sobre as normas e condições de trabalho em torno das quais as partes controvertem e não chegaram a um acordo na negociação coletiva?"*

Para Sergio Pinto Martins,[33] a expressão constitucional "decidir o conflito" tem que ser entendida no sentido de estabelecer normas e condições de trabalho, pois essa é a função do poder normativo da Justiça do Trabalho.

---

há aqui um nó legislativo a desvelar. Se por um lado, pela primeira vez na história constitucional, há expressa referência ao conceito consagrado de dissídio coletivo de natureza econômica, que praticamente equivale a poder normativo, onde, a rigor, não há julgamento em sentido estrito, há, por outro, determinação, também expressa, de que a Justiça do Trabalho julgue o conflito" (Furtado, Sebastião Antunes. Liberdade sindical: o retorno ao debate na EC 45/2004. In: RAMOS FILHO, Wilson (Coord.). *Direito coletivo do trabalho depois da EC 45/2004*, p. 70-71).

[31] NASCIMENTO, Amauri Mascaro. A questão do dissídio coletivo de comum acordo. *Revista LTr*, v. 70, nº 6, p. 650-651.

[32] NASCIMENTO, Amauri Mascaro. Ob. cit., p. 655-656.

[33] MARTINS, Sergio Pinto. Ob. cit., p. 610.

A eliminação da competência normativa, para Almir Pazzianotto Pinto,[34] *"não redundará no desaparecimento dos conflitos, nem trará aperfeiçoamento no desempenho do movimento sindical ou nas relações entre patrões e empregados. Não atenuará diferença nos níveis regionais de desenvolvimento, tampouco contribuirá para que desapareçam greves abusivas ou não abusivas. Extinguirá, entretanto, instrumento judiciário legítimo do qual hoje e há cinquenta anos se servem, em última instância, trabalhadores ou patrões, empresas privadas, sociedades de economia mista, estatais e governo, quando malograram todas as chances de solução pelo caminho do diálogo, colocando em perigo interesses superiores da coletividade".*

Com a supressão do poder normativo, segundo Nelson Nazar,[35] *"estar-se-ia gerando um desequilíbrio em nosso sistema jurídico-positivo, insustentável no meu entender".*

Na visão de Sebastião Antunes Furtado,[36] *"embora não tenha eliminado de uma vez por todas o poder normativo da Justiça do Trabalho, a referida Emenda Constitucional feriu-o de morte ao limitá-lo, quer ampliando os pressupostos de admissibilidade do dissídio coletivo, quer balizando os pressupostos para o seu julgamento, inclusive nas hipóteses de greve.*

Naturalmente, ao condicionar o ajuizamento da ação à concordância das partes, a norma reduziu em muito a possibilidade de real exercício do poder normativo, na medida em que não é crível que elas 'negociem' o julgamento pelos Tribunais do Trabalho, mas não negociem diretamente os seus instrumentos normativos".

Para Dirceu Pinto Júnior[37] a vinculação do ajuizamento do dissídio coletivo de natureza econômica à concordância de ambas as partes levará, na prática, ao fim do poder normativo, apesar de ainda existir o poder normativo no âmbito constitucional.

Amauri Mascaro Nascimento considera que a exigência do "comum acordo" para o ajuizamento do dissídio coletivo de natureza econômica é inconstitucional, por violação ao princípio da inafastabilidade da jurisdição. No que se refere ao poder normativo, Amauri Mascaro[38] afirma que *"não é sustentável a tese de que o poder normativo da Justiça do Trabalho foi extinto. Como será possível defender o fim do poder normativo da Justiça do Trabalho quando a EC nº 45 manteve o dissídio coletivo econômico que só pode ser solucionado com decisão de mérito com pronunciamento sobre as condições de trabalho pleiteadas? [...] Mas, como é possível um Tribunal do Trabalho julgar dissídio coletivo de natureza econômica sem solucionar o pleito que o motivou? E ao julgar o pleito, como será*

---

[34] PINTO, Almir Pazzianotto. *Temas escolhidos de direito do trabalho*, p. 94.

[35] NAZAR, Nelson. Poder normativo da Justiça do Trabalho: manutenção ou extinção? *Revista Synthesis*, nº 39, 2004, p. 20.

[36] FURTADO, Sebastião Antunes. Liberdade Sindical: O retorno ao debate na EC 45/2004. In: RAMOS FILHO, Wilson (Coord.). *Direito coletivo do trabalho depois da EC 45/2004*, p. 84.

[37] PINTO JÚNIOR, Dirceu. O Poder normativo da Justiça do Trabalho e a EC 45/2004. In: RAMOS FILHO, Wilson (Coord.). *Direito coletivo do trabalho depois da EC 45/2004*, p. 140.

[38] NASCIMENTO, Amauri Mascaro. Ob. cit., p. 655-656.

PARTE VIII · Cap. III – PROCEDIMENTO DO DISSÍDIO COLETIVO DE TRABALHO | 1303

possível ao Tribunal fazê-lo sem decidir sobre as normas e condições de trabalho em torno das quais as partes controvertem e não chegaram a um acordo na negociação coletiva?"

De fato, a redação constitucional após a EC 45 não é mais explícita quanto à possibilidade de o Judiciário Trabalhista estabelecer normas e condições de trabalho, contudo, isso não significa que tenha ocorrido uma plena redução do poder normativo.

Assim, concordamos com as ponderações de Ronaldo Lima dos Santos,[39] que, ao analisar os limites do poder normativo da Justiça do Trabalho após a edição da EC 45, afirma: *"Não houve alteração da natureza do poder normativo da Justiça do Trabalho com a EC n. 45/2004, mantendo-se a sua essência de juízo de equidade, solucionante de um conflito coletivo de trabalho por meio da elaboração da norma jurídica (regras e condições) a ser aplicada às relações de trabalho. Assim, em linhas gerais, no exercício do poder normativo, a Justiça do Trabalho deverá observar os limites outrora definidos pelo STF, com alguns novos parâmetros e referências decorrentes da atual redação do § 2º do art. 14 da CF/88, ficando assim delineadas as suas balizas: a) atuação no vazio da lei; b) observância dos preceitos constitucionais; c) não invasão da esfera reservada à lei (princípio da reserva legal); d) não supressão de omissão do legislador; (e) não imissão no campo reservado à autonomia coletiva das partes; f) observância das disposições mínimas de proteção ao trabalho; g) observância das disposições convencionadas anteriormente".*

É inegável que a EC 45 exige o comum acordo para fins de ajuizamento do dissídio coletivo de trabalho de natureza econômica, como forma de valorizar e incentivar a negociação coletiva, porém, esse requisito não pode ser considerado tão somente no seu aspecto formal, visto que: (a) comum acordo não é a suscitação da instância por meio de petição conjunta das partes. Admite-se a distribuição da demanda coletiva por uma das partes; (b) comum acordo não é, bem como não representa, um instrumento formal de simples oposição ao ajuizamento do dissídio coletivo. Admitir-se essa ideia equivale a valorizar o aspecto formal em detrimento do conteúdo. Vale dizer, o suscitado, para se opor ao ajuizamento do dissídio coletivo, deve alegar situações legítimas, como, por exemplo, o não exaurimento das fases da negociação coletiva. Portanto, o comum acordo é apenas um pressuposto processual, o qual pode ser desconsiderado pelo órgão jurisdicional quando o seu exercício não se pauta por aspectos legítimos na sua argumentação.

Dessa forma, entendemos que o poder normativo da Justiça do Trabalho continua existindo.

3.6.2 Coisa Julgada

Ao se referir expressamente à ação de cumprimento, o legislador trabalhista exige o acordo celebrado ou o trânsito em julgado da decisão (sentença normativa) (art. 872, *caput*, CLT). Com a Lei 7.701/88, a ação de cumprimento pode ser proposta a partir do vigésimo dia subsequente ao julgamento, fundada no acórdão ou na certidão de julgamento, quando não publicado o acórdão (art. 7º, § 6º).

---

[39] SANTOS, Ronaldo Lima dos. *Sindicatos e ações coletivas*. 4. ed., p. 325.

A Lei 7.701, em seu art. 2º, I, *c*, prevê a competência da SDC para julgar ações rescisórias propostas contra suas decisões, as quais via de regra dizem respeito a questões de natureza coletiva.

Na visão do TST, é dispensável o trânsito em julgado da sentença normativa para a propositura da ação de cumprimento (Súm. 246).

A sentença normativa poderá vir a ser modificada no curso de sua vigência por ação revisional (processo de relação continuada) ou pela exclusão de sua aplicação em face de lei nova que regulamente a matéria, ainda que de índole salarial (Súm. 375, TST).

O TST não tem admitido ação rescisória calcada em ofensa à coisa julgada perpetrada por decisão proferida em ação de cumprimento, em face de a sentença normativa, na qual se louvava, ter sido modificada em grau de recurso, porque em dissídio coletivo somente se consubstancia coisa julgada formal. Assim, os meios processuais aptos a atacarem a execução da cláusula reformada são a exceção de pré-executividade e o mandado de segurança, no caso de descumprimento do art. 514 do CPC (Súm. 397, TST).

Segundo o TST, não ocorre a coisa julgada material na sentença normativa, mas apenas a coisa julgada formal, quando esgotadas as vias recursais ou a preclusão do prazo recursal, sendo incabível, consequentemente, ação rescisória contra esse tipo de decisão (art. 966, CPC).

Por expressa determinação legal (art. 6º, § 3º, Lei 4.725/65), os pagamentos efetuados pelo empregador com base em sentença normativa regional não podem ser objeto de repetição de indébito se houver reforma da decisão pelo TST.

3.6.3 Integração da Sentença Normativa ao Contrato Individual de Trabalho

Quanto à incorporação das cláusulas típicas dos instrumentos normativos ao contrato de trabalho, há 4 correntes doutrinárias: (a) com o término de vigência do instrumento normativo, cessam de forma automática os efeitos das cláusulas que não foram renegociadas e que não constaram do instrumento normativo subsequente; (b) as cláusulas estabelecidas nos instrumentos normativos permanecem, ainda que não renovadas, pois foram inseridas nos contratos individuais e se constituíram em fonte de direito; (c) a aderência ocorre até que novo diploma normativo coletivo faça a revogação expressa ou tácita. Como aponta Mauricio Godinho Delgado:[40] *"É óbvio que a revogação consumar-se-ia não apenas de modo expresso, podendo também se passar tacitamente (tal como acontece com qualquer norma jurídica). A revogação tácita ocorreria, por exemplo, em virtude de o novo diploma regular o conjunto da matéria omitindo preceitos da velha convenção ou acordo coletivo, independentemente de haver efetiva incompatibilidade entre dispositivos novos e antigos; ocorreria também se despontasse incompatibilidade entre os velhos preceitos confrontados. Tal posição é tecnicamente mais correta, por se estar tratando de norma jurídica – e norma provisória é, regra geral, uma excepcionalidade. Doutrinariamente é também mais sábia, por ser mais harmônica aos objetivos do Direito*

---

[40] DELGADO, Mauricio Godinho. *Direito coletivo do trabalho*, p. 135.

PARTE VIII · Cap. III – PROCEDIMENTO DO DISSÍDIO COLETIVO DE TRABALHO | **1305**

Coletivo do Trabalho, que são buscar a paz social, aperfeiçoar as condições laborativas e promover a adequação setorial justrabalhista." (d) para a 4ª corrente, há cláusulas que se incorporam e outras que não.

Na essência, temos duas correntes divergentes, uma intermediária e uma eclética. A última faz a diferenciação entre cláusulas obrigacionais e normativas. Assim, segundo ela, as cláusulas de cunho obrigacional extinguem-se com o término da vigência da norma jurídica. Já quanto às cláusulas normativas, as opiniões são divergentes. Os que entendem que as cláusulas normativas aderem aos contratos individuais de forma permanente justificam tal posição aduzindo que as novas condições de trabalho não podem vir a prejudicar o empregado, consoante o teor do art. 468 da CLT. Saliente-se, ainda, o teor da Súm. 51, TST, bem como a própria figura do direito adquirido. Para os que negam a incorporação, a justificativa repousa no argumento de que as condições ajustadas nos instrumentos normativos somente são válidas para o respectivo prazo de vigência (arts. 613, IV, e 614, § 3º, CLT). Nesse sentido, era o entendimento esboçado na Súm. 277, TST (alterada pela Res. 185/2012): *"As condições de trabalho alcançadas por força de sentença normativa vigoram no prazo assinado, não integrando, de forma definitiva, os contratos."*

Por outro lado, ainda dentro dessa polêmica, temos a OJ 41, SDI-I, *in verbis: "Preenchidos todos os pressupostos para a aquisição de estabilidade decorrente de acidente ou doença profissional, ainda durante a vigência do instrumento normativo, goza o empregado de estabilidade mesmo após o término da vigência deste."*

A matéria é polêmica.

Entendemos, em respeito à autonomia privada coletiva, que a integração é pelo prazo do instrumento, não interagindo de forma definitiva com os contratos individuais, exceto quando for o caso de vantagem individualmente adquirida[41] (como é o caso da

---

[41] Renato Rua de Almeida, ao abordar a questão da vantagem individualmente adquirida, ensina-nos: "No entanto, há uma exceção ao princípio da não incorporação definitiva das cláusulas normativas nos contratos individuais de trabalho. Trata-se da hipótese que o direito francês convencionou chamar de vantagem individualmente adquirida por força da aplicação de cláusula normativa. Essa exceção foi consagrada no direito francês pela Lei Auroux, de 13 de novembro de 1982 (Código do Trabalho, artigo L. 132-8, alínea 6), que serve, inclusive, de elemento para o juiz brasileiro decidir, aplicando a incorporação definitiva da cláusula normativa no contrato individual de trabalho, diante da falta de disposição legal expressa, com efeito amplo, por ser o direito comparado um método importante de integração do direito, conforme, aliás, previsto pelo artigo 8º da CLT. As vantagens individuais, no dizer de Gérard Couturier, são aquelas diretamente relacionadas ao empregado, distinguindo-se das vantagens coletivas dirigidas à representação eleita ou sindical dos trabalhadores na empresa (Convenção 135 da OIT), que no caso do direito brasileiro seria, por exemplo, alguma vantagem especial dos representantes eleitos pelos empregados para a Comissão Interna de Prevenção de Acidentes (CIPA's), prevista pelo artigo 163 da Consolidação das Leis do Trabalho, ou daquelas relacionadas à organização interna de trabalho na empresa (garantias disciplinares, alteração de horário, intervalos etc.). Em complemento, essas vantagens, para se incorporarem aos contratos individuais de trabalho, devem estar individualmente adquiridas, isto é, o empregado tenha delas se beneficiado ou implementado as condições para beneficiar-se. Por último, tais vantagens individuais devem ter caráter continuado e não casual ou ocasional, bem como não depender de evento futuro e incerto" (Das cláusulas normativas das convenções coletivas

estabilidade pela norma coletiva). Talvez fosse melhor que a matéria fosse legislada, dirimindo-se as dúvidas doutrinárias e jurisprudenciais.

Em novembro de 2009, o TST acresceu o tópico II à Súm. 277, ou seja, as regras previstas nos instrumentos normativos integram os contratos de forma definitiva no período compreendido entre 23/12/1992 e 28/7/1995, em que vigorou a Lei 8.542, revogada pela MP 1.709, convertida na Lei 10.192/01. O § 1º do art. 1º da Lei 8.542 determinava que as cláusulas dos acordos, convenções ou contratos coletivos de trabalho integram os contratos individuais de trabalho e somente poderão ser reduzidas ou suprimidas por posterior acordo, convenção ou contrato coletivo de trabalho.

Em setembro de 2012, por intermédio da Resolução 185, o TST reformulou a sua posição jurisprudencial ao determinar que as cláusulas normativas (convenções e acordos coletivos) integram os contratos individuais de trabalho e somente poderão ser modificadas ou suprimidas mediante negociação coletiva (nova redação dada à Súmula 277). Como se denota, a posição do TST adotou a aderência dos instrumentos normativos aos contratos de trabalho até que se tenha novo diploma normativo.

Em 14/10/2016, na ADPF 323, o Ministro Gilmar Mendes (STF) concedeu a liminar para suspender a eficácia da Súmula 277.

Por fim, a Reforma Trabalhista (Lei 13.467) pôs fim à celeuma, vedando a ultratividade quanto às normas coletivas, ao alterar a redação do § 3º do art. 614: "Não será permitido estipular duração de convenção coletiva ou acordo coletivo de trabalho superior a dois anos, sendo vedada a ultratividade".

3.7   RECURSOS

3.7.1   Efeito Suspensivo do Recurso Ordinário

A sentença normativa proferida em dissídio coletivo é impugnada pela interposição de recurso ordinário (art. 7º, Lei 7.701/88; art. 895, II, CLT).

Na vigência do art. 6º da Lei 4.725/65, os recursos das decisões proferidas nos dissídios coletivos tinham efeito meramente devolutivo, sendo que o presidente do TST poderia dar efeito suspensivo ao recurso ordinário, a requerimento do recorrente em petição fundamentada. A lei era expressa no sentido de que o provimento do recurso não importaria na restituição dos salários ou vantagens pagas em execução do julgado.

O recurso interposto pela União era recebido com efeito suspensivo quanto à parte que excedesse o índice fixado pela política salarial do governo (art. 8º, Lei 5.584/70).

A Lei 7.701, em seu art. 9º, limitou o período de eficácia do efeito suspensivo no recurso em dissídio coletivo a 120 dias, contados da publicação do despacho.

---

de trabalho: conceito, eficácia e incorporação nos contratos individuais de trabalho. *Revista LTr*, v. 60, nº 12, p. 1.602).

Por sua vez, o art. 7º, Lei 7.788, a qual tratava de política salarial do governo, estabeleceu que *"em quaisquer circunstâncias não se dará efeito suspensivo aos recursos interpostos em processo de dissídio coletivo"*. A Lei 7.788 foi integralmente revogada pelo art. 14, Lei 8.030/90 (Plano Collor).

Nesse período, para evitar o pagamento de salários que possivelmente seriam tidos como indevidos posteriormente, o TST passou a aceitar ações cautelares com pedido liminar para dar efeito suspensivo ao recurso ordinário.

A Lei 10.192/01 manteve as disposições que dão ao recurso ordinário em dissídio coletivo o efeito suspensivo na medida e extensão conferidas em despacho do presidente do TST (art. 14), a ser requerido observando o RITST (incidente de efeito suspensivo ou pedido de concessão de efeito suspensivo, arts. 267 e 268).

3.7.2   Custas Processuais e o Depósito Recursal

O recurso ordinário contra a decisão normativa deverá ser apresentado no prazo de 8 dias (art. 895, *II*, CLT, art. 2º, II, Lei 7.701). Em caso de acordo homologado das partes, o Ministério Público (art. 7º, Lei 7.701) e o terceiro interessado poderão interpor recurso ordinário.

Concluído o julgamento e proclamada a decisão, o acórdão deverá ser lavrado no prazo de 10 dias (art. 7º, § 1º, Lei 7.701) e a decisão publicada no prazo de 15 dias da decisão do tribunal (art. 12, § 2º, Lei 10.192/01).

Caso a decisão não seja publicada no prazo de 20 dias subsequentes ao julgamento, faculta-se às partes e ao MPT interpor recurso ordinário, fundado apenas na certidão de julgamento (art. 7º, § 2º, Lei 7.701/88). Nesse caso, publicado o acórdão, abre-se o prazo para aditamento do recurso interposto.

No caso do recurso ordinário, o recorrente deverá recolher as custas judiciais. O depósito recursal prévio não tem sido exigido pelo TST, por entender que o valor do recurso previsto no art. 8º, § 3º, Lei 8.542/92 diz respeito apenas ao cálculo das custas processuais (item V, IN 3/93).

Em sentido contrário, Ives Gandra Martins Filho[42] ensina que: *"No caso do preparo do RO-DC ele inclui apenas as custas processuais. A questão do depósito recursal em dissídio coletivo, previsto no art. 8º, § 3º da Lei n. 8.542/1992, restou sepultada diante da orientação adotada pelo TST, na IN n. 3/1993, item V, quando definiu não ser devido nessa espécie de processo, dada a inexistência de sentença condenatória. Seria, no caso, impossível ao TST regulamentar dispositivo legal que introduzia inovação incompatível com a sistemática existente, sem definir como e onde se faria o depósito e a favor de quem."*

O provimento do recurso não importará na restituição dos salários ou vantagens pagas em execução da sentença normativa (art. 6º, § 3º, Lei 4.725/65).

---

[42]   MARTINS FILHO, Ives Gandra. *Processo coletivo do trabalho*, 4. ed., p. 209.

A sentença normativa também comporta os seguintes recursos: (a) ordinário adesivo (art. 997, CPC; Súm. 283, TST); (b) agravo de instrumento, contra decisão denegatória do processamento de recurso (art. 897, *b*, *CLT*); (c) agravo regimental, conforme previsão dos Regimentos Internos dos Tribunais; (d) embargos infringentes, contra as decisões coletivas originárias do TST, não unânimes e que não estejam em consonância com precedente jurisprudencial ou súmula de sua jurisprudência predominante (art. 2º, II, *c*, Lei 7.701/88; art. 894, I, a, CLT); (e) extraordinário, quando houver violação direta à CF (art. 102, III, *a*, CF; arts. 1.029 e segs. CPC); (f) as hipóteses de omissão, contradição ou obscuridade (art. 897-A, CLT; art. 1.022, CPC) ensejam o recurso de embargos de declaração no prazo de 5 dias.

QUESTIONÁRIO

1. Como se dá a instauração do dissídio coletivo de trabalho?

2. Quando se tem o dissídio de extensão?

3. Quando se tem o dissídio de revisão?

4. Quando será apresentada a contestação e quais matérias podem ser abordadas na contestação?

5. É cabível reconvenção no dissídio coletivo de trabalho?

6. Como se dará a realização de diligências necessárias à solução do conflito?

7. Como se pode conceituar sentença normativa?

8. Discorra sobre o prazo de vigência da sentença normativa.

9. Discorra sobre a integração da sentença normativa ao contrato individual de trabalho.

10. O recurso ordinário suspende a exigibilidade da sentença normativa? Justifique.

11. O que é Poder Normativo da Justiça do Trabalho?

12. Qual o significado que se tem dado à expressão "de comum acordo" (art. 114, § 2º, CF)?

Capítulo IV
AÇÃO DE CUMPRIMENTO

4.1 CONCEITO E CABIMENTO DA AÇÃO DE CUMPRIMENTO

Celebrado o acordo ou transitada em julgado a decisão, a CLT prevê que, quando os empregadores deixarem de satisfazer o pagamento de salários decorrentes da sentença normativa, os empregados poderão apresentar reclamação trabalhista (art. 872). Trata-se da ação de cumprimento.

Apesar de a CLT mencionar apenas o pagamento de salários, também cabe ação de cumprimento de decisão normativa envolvendo outras obrigações decorrentes do acordo celebrado ou da sentença normativa proferida nos autos do dissídio coletivo de trabalho.

A CLT, art. 872, apenas contempla a ação de cumprimento para os acordos homologados judicialmente e as decisões normativas, por terem essas decisões natureza condenatória.

Com o advento da Lei 8.984/95, a Justiça do Trabalho passou a ter competência para conciliar e julgar os dissídios que tenham origem no cumprimento de acordos e convenções coletivos de trabalho, mesmo quando ocorram entre sindicatos ou entre sindicato de trabalhadores e empregador (art. 1º).

Com isso, passou a existir no sistema positivado a possibilidade de ação de cumprimento de acordos e convenções coletivos de trabalho e a reconhecer-se a legitimidade da entidade sindical para ação de cumprimento de acordo ou convenção coletiva de trabalho (Súm. 286, TST).

A ação de cumprimento é uma reclamação trabalhista individual, embora possa ser formada por um litisconsórcio ativo, quando promovida por vários trabalhadores. Trata-se de uma ação de procedimento especial.

A decisão normativa não permite a execução direta nos próprios autos, isso porque ela tem natureza constitutiva, ou dispositiva, como preferem alguns doutrinadores, se se tratar de dissídio de natureza econômica, e declaratória, se for de natureza jurídica. Não há verdadeiramente condenação, com exceção das despesas processuais do próprio dissídio coletivo.

Dessa forma, o cumprimento da decisão normativa dependerá de uma fase cognitiva, em que o reclamado poderá usar do seu amplo direito de defesa, para posteriormente ensejar um processo de execução.

DIREITO PROCESSUAL DO TRABALHO • *Francisco Ferreira Jorge Neto – Jouberto de Quadros Pessoa Cavalcante*

A ação de cumprimento é uma ação autônoma em relação ao dissídio coletivo que proferiu a sentença normativa, não representando mera forma de execução da decisão normativa primeiro, porque se assim fosse se processaria nos autos do dissídio normativo e, depois, não dependeria de uma fase cognitiva entre as partes. Acrescente-se que também pode ter por objeto o cumprimento das cláusulas constantes dos instrumentos normativos e não apenas decisões judiciais.

4.2 NATUREZA JURÍDICA

A ação de cumprimento tem natureza condenatória, pois busca o cumprimento do determinado na decisão normativa (decisão normativa genérica) ao caso concreto.

A autonomia da vontade das entidades sindicais e empregadores espelhada nos acordos e convenções coletivos de trabalho cria obrigações para as partes e seus substituídos, podendo ser exigíveis por ação de cumprimento de natureza condenatória.

4.3 COMPETÊNCIA JURISDICIONAL

Diferentemente do que possa parecer no primeiro momento, a competência jurisdicional para ação de cumprimento não é do tribunal prolator da sentença normativa, mas sim da vara do trabalho ou do juiz de direito investido de jurisdição trabalhista, observando os critérios para fixação de competência do art. 651, da CLT.

Após a EC 45, a Justiça do Trabalho se mostra competente para apreciar ação de cumprimento em que figurem o sindicato patronal e a respectiva categoria econômica, objetivando cobrar a contribuição assistencial.

4.4 LEGITIMIDADE ATIVA E PASSIVA

A ação de cumprimento pode ser proposta individualmente pelo trabalhador ou por um grupo de trabalhadores ou, ainda, pela entidade sindical (substituição processual) (art. 8º, III, CF), superada a ideia de que a legitimidade sindical se limita aos associados (art. 872, parágrafo único, CLT, Súm. 310, TST, cancelada pela Res. 119/03).

O TST tem entendido que as federações não têm legitimidade para ajuizar ação de cumprimento em nome dos trabalhadores.[1]

Com a Lei 8.984/95, art. 1º, a qual admitiu a ação de cumprimento dos acordos e convenções coletivos, é que os sindicatos passaram a ter legitimidade para ações de cumprimento dos dispositivos constantes desses diplomas (Súm. 286, TST).

A ação de cumprimento terá no polo passivo o empregador.

---

[1] Súm. 359, TST: "Substituição processual. Ação de cumprimento. Art. 872, parágrafo único, da CLT. Federação. Legitimidade. A federação não tem legitimidade para ajuizar a ação de cumprimento prevista no art. 872, parágrafo único, da CLT, na qualidade de substituto processual da categoria profissional inorganizada" (cancelada pela Res. 121/03).

4.5 AJUIZAMENTO

Apesar de o art. 872, CLT prever a ação de cumprimento após a celebração do acordo ou do trânsito em julgado da decisão, o art. 7º, § 6º, de Lei 7.701/88 autoriza o ajuizamento da ação a partir do vigésimo dia subsequente ao julgamento, fundada no acórdão ou na certidão de julgamento, quando não publicado o acórdão (Súm. 246, TST).

Não importa se se trata de dissídio de natureza econômica ou jurídica (art. 10, Lei 7.701).

A ação de cumprimento somente poderá ser proposta se não houver sido concedido efeito suspensivo ao recurso ordinário no dissídio coletivo, o qual atualmente é disciplinado pela Lei 10.192/01, que permite o efeito suspensivo ao recurso ordinário na medida e extensão conferidas em despacho do presidente do TST (art. 14).

Obrigatoriamente a ação de cumprimento deverá ser instruída com a certidão da decisão normativa (art. 872, CLT). A não apresentação da certidão enseja o julgamento do processo sem resolução de mérito (art. 267, I, CPC/73; art. 485, I, CPC).

Caso a certidão de julgamento não acompanhe a ação de cumprimento, o juiz poderá determinar que se apresente a mesma no prazo de quinze dias (art. 321, CPC; Súm. 263, TST).

Concluído o julgamento e proclamada a decisão, o acórdão deverá ser lavrado no prazo de 10 dias (art. 7º, § 1º, Lei 7.701/88) e a decisão publicada no prazo de 15 dias da decisão do tribunal (art. 12, § 2º, Lei 10.192).

4.6 PRAZO PRESCRICIONAL

O entendimento do TST é de que *"o prazo de prescrição com relação à ação de cumprimento de decisão normativa flui apenas a partir da data de seu trânsito em julgado"* (Súm. 350).

A execução da sentença normativa, por intermédio da ação de cumprimento, antes do trânsito em julgado, é uma faculdade, de modo que o prazo prescricional começa a fluir do trânsito em julgado da decisão.

Até porque, pela Súm. 246, o TST exarou o entendimento de que é dispensável o trânsito em julgado da sentença normativa para propositura da ação de cumprimento.

Alguns, porém, entendem que, *"a partir da publicação da sentença normativa passa a existir para as empresas a obrigação de efetivar os salários e vantagens deferidos, correlata ao direito do empregado beneficiário.*

O não cumprimento espontâneo da obrigação correlacionada ao direito deferido, por parte de quem estava a ela diretamente vinculado (a empresa), impunha a intervenção do Judiciário, mediante o exercício da ação própria (ação de cumprimento). Vale dizer, publicada a sentença normativa, o empregado interessado, desde então, é titular da ação de cumprimento, destinada a efetivar o direito nela proclamado. [...]

No caso, então, a prescrição começou a fluir desde a verificação do não cumprimento da sentença normativa, logo após a respectiva publicação e logo que verificada a falta de observância da obrigação por ela instituída.

Aí surge o momento da ação de cumprimento (actio nata)".[2]

4.7   AÇÃO RECONVENCIONAL

A ação reconvencional na ação de cumprimento deve ser conexa com a ação principal ou com o fundamento da defesa, não sendo permitido ao réu, em seu nome próprio, reconvir ao autor, quando este demandar em nome de outrem (art. 343, CPC).

Pelo CPC, se o autor for substituto processual, o reconvinte deverá afirmar ser titular de direito em face do substituído, devendo a reconvenção ser proposta em face do autor, também na qualidade de substituto processual (art. 343, § 6º).

4.8   INSTRUÇÃO

Na audiência, será apresentada a defesa oral, em 20 minutos, ou escrita (art. 847, CLT). No PJe, a defesa será entregue até a audiência (art. 847, parágrafo único, CLT, Lei 13.467/17).

Durante a instrução da ação de cumprimento, todos os meios de provas são admitidos pela lei, devendo limitar-se ao objeto da ação, o cumprimento da decisão normativa, não sendo possível qualquer discussão fática ou jurídica sobre a decisão.

Wilson de Souza Campos Batalha[3] entende que a incapacidade econômica ou financeira da empresa pode ser livremente discutida na ação individual de cumprimento, caso a decisão normativa não tenha entrado na questão.

O acordo coletivo de trabalho ou a decisão da Justiça do Trabalho que tenha reajustado ou aumentado salários não será aplicado, no todo ou em parte, à empresa que demonstrar, perante a mesma Justiça, a incapacidade econômica ou financeira do atender ao aumento de despesa decorrente (art. 5º, Dec.-lei 15/66).

O requerimento da empresa à Justiça do Trabalho suspenderá a aplicação do acordo ou da decisão até a decisão final daquela Justiça.

Cabe ao presidente do tribunal suspender *in limine* a aplicação da sentença normativa, caso haja a impossibilidade de a empresa conceder o reajuste salarial.

A empresa que invocar incapacidade econômica ou financeira para pagar o aumento de salário, enquanto não aplicar o acordo coletivo ou decisão da Justiça do Trabalho, não poderá: (a) distribuir lucros ou dividendos a titulares, sócios ou acionistas; (b) atribuir gratificações a diretores e gerentes ou aumentar sua remuneração (art. 5º, § 2º, Dec.-lei 15).

---

[2]   FERNANDEZ, Cláudio F. Penna. O termo inicial da prescrição na ação de cumprimento. *Revista LTr*, v. 60, nº 4, p. 496.

[3]   BATALHA, Wilson de Souza Campos. *Tratado de direito judiciário do trabalho*, v. 2, 3. ed., p. 510.

Outra matéria que pode ser objeto de defesa é o enquadramento sindical da empresa.

A compensação de importâncias pagas a título de adiantamento salarial deve ser objeto de contestação (art. 767, CLT).

4.9 A DECISÃO

Como todas as demais decisões trabalhistas, a decisão da ação de cumprimento não prescinde do relatório, motivação e parte dispositiva (art. 832, CLT; art. 489, CPC).[4] A motivação das decisões judiciais é exigência constitucional (art. 93, IX).

4.10 EFEITOS DA ALTERAÇÃO DA SENTENÇA NORMATIVA NA AÇÃO DE CUMPRIMENTO

A alteração da sentença normativa pelo TST tem reflexos no julgamento e na própria execução da decisão da ação de cumprimento.

A possibilidade legal de ingresso da ação de cumprimento antes do trânsito em julgado da sentença normativa, quando não concedido o efeito suspensivo ao recurso (art. 7º, § 6º, Lei 7.701/88, Súm. 246, TST), e a irrestitubilidade dos valores pagos, mesmo que haja reversão da decisão normativa (art. 6º, § 3º, Lei 4.725/65), têm gerado alguns problemas.

Se a ação de cumprimento foi proposta quando o dissídio coletivo estava pendente de recurso e esse foi acolhido, antes do trânsito em julgado da ação de cumprimento, extinguindo ou julgando improcedente a reivindicação (objeto da reclamação trabalhista), a ação individual perde razão de ser, devendo ser extinta por impossibilidade jurídica do pedido.

O maior problema surge quando a decisão da ação de cumprimento transita em julgado antes do julgamento final do recurso do dissídio coletivo de trabalho.

Nesse caso, a doutrina e jurisprudência se dividem. Para alguns, a ação de cumprimento deverá ser extinta, por entenderem que a ação de cumprimento era provisória e sua execução definitiva estava sujeita a uma condição resolutiva. Outros,[5] em respeito à coisa julgada da decisão ocorrida na ação de cumprimento, defendem que a inexecução da decisão de cumprimento dependerá do resultado de uma ação rescisória.

O TST tem admitido mandado de segurança e exceção de pré-executividade para extinguir a execução fundada em sentença proferida em ação de cumprimento, quando excluída da sentença normativa a cláusula que lhe serviu de sustentáculo. Isso porque a sentença normativa depende da exaustão do processo coletivo (art. 514, CPC) e a sentença

---

[4] Exceções a essa regra são as decisões proferidas em procedimento sumaríssimo que estão dispensadas do relatório (art. 852-I).

[5] TEIXEIRA FILHO, Manoel Antonio. *Curso de processo do trabalho*: perguntas e respostas sobre assuntos polêmicos em opúsculos específicos – nº 24: Dissídio Coletivo, p. 39; MELO, Raimundo Simão de. *Dissídio coletivo de trabalho*, p. 155.

da ação de cumprimento perde sua eficácia executória com a reforma da sentença normativa em instância recursal (Súm. 397).

A coisa julgada produzida na ação de cumprimento, segundo o entendimento do TST, é atípica, pois depende de condição resolutiva (OJ 277, SDI-I).

Além disso, no TST não tem sido admitido a ação rescisória, por violação da coisa julgada, da sentença na ação de cumprimento, com a alteração da sentença normativa em instância superior, porque no dissídio coletivo somente se consubstancia coisa julgada formal (Súm. 397).

O STF, nos autos RE 394051 AgR/SP, julgado em 11/3/2014, concluiu que a superveniente extinção do processo de dissídio coletivo, sem julgamento de mérito, implica a perda de eficácia da sentença normativa, tornando insubsistente o prosseguimento da ação de cumprimento, não, havendo, assim, a existência de ofensa à coisa julgada.

QUESTIONÁRIO

1. Quando é cabível a ação de cumprimento?

2. Qual a natureza jurídica da ação de cumprimento?

3. Qual órgão do Poder Judiciário Trabalhista é competente para a ação de cumprimento?

4. Quem possui legitimidade ativa e passiva para a ação de cumprimento?

5. A partir de quando é possível o ajuizamento da ação de cumprimento? Quando se inicia a contagem do prazo prescricional?

6. Quando será apresentada a defesa e quais matérias podem ser alegadas em contestação?

7. Quais os reflexos jurídicos da alteração da decisão normativa na ação de cumprimento?

Parte IX

PROCEDIMENTOS ADMINISTRATIVOS

Capítulo I

FALTA OU RECUSA DE ANOTAÇÃO NA CARTEIRA DE TRABALHO E PREVIDÊNCIA SOCIAL

1.1 A DEFINIÇÃO DA CTPS

Carteira de Trabalho e Previdência Social (CTPS) é o *"documento de identificação profissional, que serve também de atestado de antecedentes do trabalhador e de prova de seu contrato de trabalho".*[1]

De utilização obrigatória pelo empregado urbano e rural, a CTPS possui também referência expressa para outros trabalhadores: empregado aprendiz (art. 428, § 1º, CLT); trabalhador autônomo (Lei 4.886/65); empregado doméstico (art. 9º, LC 150/15); temporários (art. 12, § 1º, Lei 6.019/74); e treinador profissional (art. 6º, Lei 8.650/93).

Ao natural de país limítrofe, domiciliado em cidade contígua ao território nacional, respeitados os interesses da segurança nacional, pode ter permitida a entrada nos municípios fronteiriços a seu respectivo país, desde que apresente prova de identidade. Ao estrangeiro fronteiriço que pretenda exercer atividade remunerada ou frequentar estabelecimento de ensino naqueles municípios, será fornecido documento especial que o identifique e caracterize a sua condição, e, ainda, CTPS, quando for o caso (art. 21, Lei 6.815/80, revogada pela Lei 13.445/17).

O residente fronteiriço também poderá requerer a CTPS e a inscrição junto ao Cadastro de Pessoas Físicas (art. 93, Decreto 9.199/17 – Regulamento da Lei de Migração – Lei 13.445/17).

Ao migrante (pessoa que se desloque de país ou região geográfica ao território de outro país ou região geográfica, em que estão incluídos o imigrante, o emigrante e o apátrida – art. 1º, parágrafo único, I, Decreto 9.199) é assegurada a garantia de cumprimento de obrigações legais e contratuais trabalhistas e de aplicação das normas de proteção ao trabalhador, sem discriminação em razão da nacionalidade e da condição migratória (art. 4º, XI, Lei 13.445).

---

[1] MAGANO, Octavio Bueno. *Manual de direito do trabalho*: direito tutelar do trabalho, v. 4, 2. ed., p. 15.

PARTE IX • Cap. I – FALTA OU RECUSA DE ANOTAÇÃO NA CARTEIRA DE TRABALHO E PREVIDÊNCIA SOCIAL | **1317**

Os Estrangeiros, desde que tenham visto provisório no país, poderão trabalhar com registro em carteira de trabalho, emitida pela Superintendência do Trabalho e Emprego (Decreto 9.199/17).

A carteira de trabalho tem dupla finalidade: (a) prova do contrato de trabalho – finalidade probatória; (b) as informações nela inseridas valem a favor do empregado (finalidade constitutiva).

A carteira é um fator de qualificação profissional do empregado, mas pode existir o contrato sem anotação na CTPS.

Em conclusão, são independentes as duas coisas, o contrato de trabalho e a carteira de trabalho, mas ambas se completam.

1.2 AS ANOTAÇÕES NA CTPS

A CTPS será obrigatoriamente apresentada, contra recibo, pelo trabalhador ao empregador que o admitir, o qual terá o prazo de 48 horas para nela anotar,[2] especificamente, a data de admissão, a remuneração e as condições especiais, se houver, sendo facultada a adoção de sistema manual, mecânico ou eletrônico, conforme instruções a serem expedidas pelo Ministério do Trabalho e Emprego (MTE) (art. 29, *caput*, CLT).

A retenção da CTPS é apenada com multa administrativa (art. 53).

Os dados relativos à remuneração devem especificar o salário, qualquer que seja sua forma de pagamento, seja ele em dinheiro ou em utilidades, bem como a estimativa da gorjeta (art. 29, § 1º).

As anotações devem ser realizadas: (a) na data-base; (b) a qualquer tempo, por solicitação do trabalhador; (c) no caso de rescisão contratual; (d) necessidade de comprovação perante a Previdência Social (art. 29, § 2º).

A inobservância dessas determinações acarretará a lavratura do auto de infração, pelo fiscal do trabalho, que deverá, de ofício, comunicar a falta de anotação ao órgão competente, para o fim de instaurar o processo de anotação (art. 29, § 3º).

Importante ressaltar que é vedado ao empregador efetuar anotações desabonadoras à conduta do empregado em sua CTPS, sujeitando-se a multa (art. 29, § 4º e § 5º). O

---

[2] A Carteira de Trabalho e Previdência Social serve de prova nos atos em que a mesma é exigida, especialmente, em se tratando de: (a) dissídio na Justiça do Trabalho entre a empresa e o empregado em função de salário, férias ou tempo de serviço; (b) perante a Previdência Social, para o efeito de declaração de dependentes; (c) para cálculo de indenização pela ocorrência de acidente de trabalho ou moléstia profissional (art. 40, CLT). As anotações apostas pelo empregador na carteira profissional do empregado não geram presunção *iuris et de iure*, mas apenas *iuris tantum* (Súm. 12, TST, Súm. 225, STF). Isso significa que as anotações inseridas na carteira de trabalho são válidas em juízo até prova em contrário. A prova do contrato individual do trabalho será feita pelas anotações constantes da carteira ou por instrumento escrito e suprida por todos os meios permitidos em direito, tais como confissão, testemunhas, vistorias e exames, presunções, documentos etc. (art. 456, *caput*).

empregador que fizer anotações desabonadoras responde pelo dano causado na Justiça do Trabalho, ainda que o contrato de trabalho não tenha se efetivado (pré-contrato).[3]

Também são obrigatórias as anotações relativas a acidente de trabalho (art. 30).

O portador da CTPS possui o direito de apresentá-la aos órgãos autorizados, para o fim de ser anotado o que for cabível, não podendo ser recusada a solicitação, nem cobrado emolumento não previsto em lei (art. 31).

As anotações relativas às alterações no estado civil dos portadores de CTPS serão feitas mediante prova documental, as quais somente podem ser feitas pelo INSS, e, somente na sua falta, pelos órgãos emitentes (art. 20). As declarações referentes aos dependentes serão registradas nas fichas respectivas, pelo funcionário encarregado da identificação profissional, a pedido do próprio declarante, que as assinará (art. 32, *caput*). As SRTE e os órgãos autorizados deverão comunicar ao Departamento Nacional de Mão de Obra todas as alterações que anotarem nas CTPS (art. 32, parágrafo único).

Todas as anotações serão feitas seguidamente, sem abreviaturas, ressalvando-se no fim de cada assentamento as emendas, entrelinhas e quaisquer circunstâncias que possam ocasionar dúvidas (art. 33).

Tratando-se de serviço de profissionais de qualquer atividade, exercício por empreitada individual ou coletiva, com ou sem fiscalização da outra parte contratante, a carteira será anotada pelo respectivo sindicato profissional ou pelo representante legal de sua cooperativa (art. 34).

O valor das anotações da CTPS não é absoluto – *iuris tantum* (Súm. 225, STF; Súm. 12, TST), até por conta do princípio da primazia da realidade.

Também é obrigatório o livro de registro (arts. 41 e segs., CLT).

O valor da multa pelo não registro é regulado pelo art. 47, CLT, sendo de: (a) R$ 3.000,00 por empregado não registrado, acrescido de igual valor em cada reincidência; (b) quando se tratar de microempresa ou empresa de pequeno porte, o valor é de R$ 800,00 por empregado não registrado; (c) a imposição da multa não exige o critério da dupla visita (art. 627, CLT).

As penalidades administrativas quanto às anotações falsas estão disciplinadas a partir do art. 49, CLT.

O MTE, por intermédio da Portaria MTE 41, de 28/3/2007, disciplina o registro e a anotação da CTPS de empregados.

A 2ª Turma do TST entendeu que o extravio da CTPS gera o direito à percepção de dano moral (AIRR-18.697/2005-011-09-40.7 – Rel. Min. Renato de Lacerda Paiva – j. 11/3/2009).

---

[3]   TST – RR 0002321-27.2011.5.20.0006 – Relª Minª Dora Maria da Costa – *DJe* 16/5/2014 – p. 2079.TRT – 4ª R. – 4ª T. – RO 0001412-14.2011.5.04.0011 – Rel. André Reverbel Fernandes – *DJe* 5/5/2014.

PARTE IX · Cap. I – FALTA OU RECUSA DE ANOTAÇÃO NA CARTEIRA DE TRABALHO E PREVIDÊNCIA SOCIAL | 1319

1.3 O PROCEDIMENTO ADMINISTRATIVO QUANTO À FALTA OU RECUSA DE ANOTAÇÃO NA CTPS

A reclamação pela falta ou recusa quanto às anotações é um procedimento administrativo junto à SRTE ou órgão autorizado (art. 36, CLT), o qual pode desaguar na Justiça do Trabalho.

O procedimento administrativo é instaurado por: (a) ato *ex officio* do MTE diante das irregularidades constatadas pelo inspetor do trabalho (art. 29, § 3º); (b) solicitação do próprio trabalhador (arts. 31 e 36), com ou sem o patrocínio de advogado ou pelo sindicato.

O início do procedimento ocorre com a lavratura do termo de reclamação, em que são especificados os seguintes dados: (a) qualificação do trabalhador e do seu empregador; (b) as anotações recusadas. Nada obsta que o procedimento tenha início com a petição inicial subscrita por advogado.

Após a lavratura do termo de reclamação, tem-se a realização da diligência pelo inspetor do trabalho. A instrução ocorre no próprio local de trabalho, ouvindo-se, informalmente, o empregado e, se necessário, as testemunhas, com a elaboração do termo de diligência. Caso o empregador concorde com a anotação na CTPS, tem-se o término do procedimento administrativo com seu arquivamento.

Diante da persistência quanto à recusa da anotação, o empregador é notificado, por via postal, para que, em dia e hora previamente designados, venha prestar os esclarecimentos ou efetuar as devidas anotações na CTPS ou sua entrega (art. 37).

Não comparecendo o empregador, lavra-se o termo de audiência, sendo considerado revel e confesso sobre os termos da reclamação feita, devendo as anotações serem efetuadas por despacho da autoridade que tenha processado a reclamação (art. 37, parágrafo único).

Valentin Carrion[4] entende que *"não comparecendo o empregador, a anotação do funcionário, por ser administrativa, não vincula o Poder Judiciário nem se opera coisa julgada ou preclusão; em nosso entender, é um simples fato a ser pesado pelo juiz, com os demais".*

Em havendo o comparecimento, poderá haver as anotações se houver concordância do empregador. Em caso de recusa, será lavrado um termo de comparecimento, que deverá conter, entre outras indicações, o lugar, o dia e hora de sua lavratura, o nome e a residência do empregador, assegurando-lhe o prazo de 48 horas, a contar do termo, para declinar a sua defesa (art. 38, *caput*).

Na sua defesa, o empregador, pessoalmente ou acompanhado de advogado, deveria apontar as razões pelas quais não efetuou as anotações solicitadas pelo trabalhador. Permite-se a produção de provas documentais pelo empregador.

Com o término do prazo para a defesa, o procedimento administrativo é encaminhado para a autoridade que o preside, a qual poderá determinar novas diligências ou proceder ao seu julgamento.

---

4   CARRION, Valentin. *Comentários à Consolidação das Leis do Trabalho*, 31. ed., p. 101.

No procedimento administrativo, leciona Amauri Mascaro Nascimento,[5] a defesa *"é ampla, podendo versar sobre as anotações da carteira de trabalho em geral, como data da admissão, função, salário, férias, opção pelo Fundo de Garantia por Tempo de Serviço etc. Porém, a lei retira a atribuição de decidir do Ministério do Trabalho e Emprego nos casos em que o empregador, em sua defesa, alega que não procedem as anotações em decorrência da inexistência de relação de emprego. Nesse caso, dificilmente, pelos meios administrativos, é possível fazer o levantamento de prova necessária para dirimir a controvérsia."*

No caso da impugnação pelo empregador, na visão de Valentin Carrion,[6] *"o julgamento por funcionários do Poder Executivo seria inconstitucional em face da Carta Magna, que atribui competência à Justiça do Trabalho para julgamento de dissídios entre empregados e empregador (CF de 1988, art. 114)".*

Verificando-se que as alegações feitas pelo empregador versam sobre a não existência de relação de emprego ou sendo impossível verificar essa condição pelos meios administrativos, será o processo encaminhado à Justiça do Trabalho ficando, nesse caso, sobrestado o julgamento do auto de infração que houver sido lavrado (art. 39, *caput*).

Com a remessa do procedimento administrativo à Justiça do Trabalho, adota-se o rito do dissídio individual trabalhista, com a distribuição para uma das varas. Como não há valor da causa estimável, o rito a ser adotado é o relativo ao procedimento trabalhista comum.

A peça inicial do dissídio individual repousa no próprio termo de comparecimento, tendo como objeto a anotação solicitada perante a autoridade administrativa. Nada obsta que o empregado, em querendo, faça o aditamento com novos dados ou pedidos, desde que o requerimento ocorra antes da citação do empregador. Nessas hipóteses, diante do aspecto pecuniário da demanda, de acordo com o valor da causa, deverá ser observado o rito processual adequado (procedimento comum, sumário ou sumaríssimo).

Após a regular distribuição, a vara do trabalho deverá providenciar a designação de audiência de instrução e julgamento, citando o empregador para que compareça, pena de incorrer nos efeitos da revelia.

Quando da audiência, diante do acordo, as anotações serão efetuadas de acordo com o estabelecido pelas partes.

Diante da impossibilidade do acordo, o empregador terá a oportunidade de formular a defesa, oralmente ou por escrito, prosseguindo o feito com sua regular instrução, ouvindo-se as partes e as testemunhas.

Se a vara do trabalho, em face do conjunto probatório, reconhecer o vínculo empregatício, deverá determinar que o empregador faça as anotações necessárias na CTPS após o trânsito em julgado e, em caso de recusa, que a própria secretaria as efetue e expeça comunicação à autoridade competente para o fim de aplicar as sanções administrativas cabíveis (art. 39, § 1º).

---

[5] NASCIMENTO, Amauri Mascaro. *Curso de direito processual do trabalho*, 21. ed., p. 622.

[6] CARRION, Valentin. Ob. cit., p. 101.

PARTE IX · Cap. I – FALTA OU RECUSA DE ANOTAÇÃO NA CARTEIRA DE TRABALHO E PREVIDÊNCIA SOCIAL | **1321**

Igual procedimento será observado no caso de processo trabalhista de qualquer natureza, quando for verificada a falta de anotações na CTPS, devendo o juiz, nesta hipótese, mandar proceder, desde logo, àquelas sobre as quais não houver controvérsia (art. 39, § 2º).

Diante da ausência do registro pelo empregador, quando da vigência da prestação dos serviços, torna-se comum o ajuizamento da demanda trabalhista objetivando a sua anotação, além dos demais direitos violados. Na sentença, se houver a imposição do vínculo empregatício e a correspondente anotação na CTPS, a vara do trabalho deve determinar que o registro seja efetuado pelo empregador sob pena de multa diária.

A disposição do artigo 39, § 2º, da CLT, em verdade, não afasta a aplicação das *astreintes*, haja vista que, embora a Secretaria da Vara, autorizada pelo Juiz, possa promover anotações na CTPS do empregado, tal providência deve ser tida como excepcional, só implementada nas hipóteses raras em que o empregador estiver impossibilitado de realizar a retificação, pois a este é que incumbe, de fato, a responsabilidade pelos registros, como se infere claramente do teor do artigo 29 da CLT.

Não se pode olvidar, ainda, que na prática do mercado de trabalho, a anotação pela Secretaria da Vara é considerada desabonadora, causando embaraços ao trabalhador e ainda acaba desmerecendo o empregado e até obstaculizando a sua contratação por um novo empregador.

Além disso, a imposição de multa com vistas ao cumprimento de obrigação de fazer encontra amparo nas disposições estabelecidas no art. 832, § 1º, CLT, e arts. 537 e 814, CPC.

Como decorrência do registro na CTPS, os valores das contribuições previdenciárias serão devidos ao INSS, contudo, a competência para executá-los é da Justiça Federal (Súmula Vinculante 53, STF; art. 876, parágrafo único, CLT).

1.4   A CTPS E A LEGISLAÇÃO CRIMINAL

A CLT, ao tratar dos crimes de falsidade na emissão, substituição ou anotação da carteira profissional, adotou o regime da catalogação, declinando, uma a uma, as hipóteses, indicando que as penalidades são as mencionadas no art. 299 do Código Penal, o qual trata de falsidade ideológica (art. 49, *caput*, CLT).

As hipóteses de falsidade da CLT são: (a) fazer, no todo ou em parte, qualquer documento falso ou alterar o verdadeiro; (b) afirmar falsamente a sua própria identidade, filiação, lugar de nascimento, residência, profissão ou estado civil e beneficiários, ou atestar os de outra pessoa; (c) servir-se de documentos, por qualquer forma falsificados; (d) falsificar, fabricando ou alterando, ou vender, usar ou possuir CTPS assim alterada; (e) anotar dolosamente em CTPS ou registro de empregado, ou confessar ou declarar, em juízo ou fora dele, data de admissão em emprego diversa da verdadeira[7] (art. 49, I a V).

---

[7]   "Trata-se de fato que ocupa boa parte dos anais da jurisprudência do trabalho, pois são sem conta os litígios tendo como causa a dúvida na data da admissão. Em muitos desses fatos, são fortes os

Nessa catalogação, o legislador consolidado não menciona quais são as hipóteses de falsidade ideológica e material, contudo, estabelece a pena prevista para a falsidade ideológica.

Como se sabe, é importante a diferenciação entre a falsidade material e a ideológica: *"a. Na falsidade material, o que se frauda é a própria forma do documento, que é alterada, no todo ou em parte, ou é forjada pelo agente, que cria um documento novo. b. Na falsidade ideológica, ao contrário, a forma do documento é verdadeira, mas seu conteúdo é falso, isto é, a ideia ou declaração que o documento contém não corresponde à verdade. Efeitos da distinção: 1. Quanto à capitulação penal. Se a falsidade do documento é material, incide no art. 297; mas se é ideológica, enquadra-se no art. 299. Se o falso em documento particular é material, insere-se neste art. 298; e, se for ideológico, no art. 299 do CP."*[8]

O art. 297, §§ 1º a 4º, CP trata da falsificação de documento público, ao aplicar a pena de 2 a 6 anos, além da multa, a quem falsificar, no todo ou em parte, documento público, ou alterar documento público verdadeiro. Se o agente é funcionário público, e comete o crime prevalecendo-se do cargo, aumenta-se a pena de sexta parte. Equiparam-se a documento público, para fins de aplicação da lei penal: (a) o emanado de entidade paraestatal; (b) o título ao portador ou transmissível por endosso; (c) as ações de sociedade comercial; (d) os livros mercantis; (e) o testamento particular. Nas mesmas penas incorre quem: (a) insere ou faz inserir: (1) na folha de pagamento ou em documento de informações que seja destinado a fazer prova perante a previdência social, pessoa que não possua a qualidade de segurado obrigatório; (2) na CTPS do empregado ou em documento que deva produzir efeito perante a previdência social, declaração falsa ou diversa da que deveria ter sido escrita; (3) em documento contábil ou em qualquer outro documento relacionado com as obrigações da empresa perante a previdência social, declaração falsa ou diversa da que deveria ter constado; (b) omite, nos documentos mencionados no § 3º, nome do segurado e seus dados pessoais, a remuneração, a vigência do contrato de trabalho ou de prestação de serviços.[9]

---

indícios de dolo por parte do empregador" (SAAD, Eduardo Gabriel. *Consolidação das Leis do Trabalho*, 28. ed., p. 80).

[8] DELMANTO, Celso et al. *Código Penal comentado*, 5. ed., p. 529.

[9] "SALÁRIO EXTRAFOLHA. FRAUDE TRABALHISTA. CRIME DE FALSIFICAÇÃO DE DOCUMENTO PÚBLICO. EFEITOS. Pagamento de salário extrafolha. Fraude trabalhista. Crime de falsificação de documento público. Presume-se a veracidade da alegação do demandante no que se refere ao pagamento de salário não condizente com o valor registrado em CTPS (pagamento de salário extrafolha), quando o empregador demandado, embora afirme ter pago salário conforme este documento, não comprova as suas alegações (art. 818 da CLT c/c art. 333, II, do CPC), deixando, injustificadamente, de juntar aos autos os recibos de pagamento de salário do período contratual (art. 464 da CLT). De modo que o valor consignado na CTPS do obreiro, ao que se evidenciou pela omissão da ré ao não juntar os recibos de pagamento, constituía apenas salário pro forma, com o escopo de desvirtuar e fraudar a aplicação da legislação (art. 9º da CLT), conduta que, em tese, encontra-se capitulada no art. 297, §§ 3º e 4º, do Código Penal. Determinada a retificação da CTPS do autor e o pagamento das diferenças remuneratórias decorrentes, bem como a comunicação ao

PARTE IX · Cap. I – FALTA OU RECUSA DE ANOTAÇÃO NA CARTEIRA DE TRABALHO E PREVIDÊNCIA SOCIAL | **1323**

Diante da situação concreta e das hipóteses legais do art. 49, I a V, CLT, o operador do direito deve enquadrá-la como falsidade material ou ideológica, objetivando, assim, a devida aplicação da norma penal. Vale dizer, nem todas as hipóteses do art. 49 podem ser penalizadas como se fossem falsidade ideológica, sob pena de violação da própria tipificação penal.

Segundo o STJ, compete à Justiça Estadual processar e julgar o crime de falsa anotação na CTPS, atribuído a empresa privada (Súm. 62).

1.5 A OMISSÃO QUANTO AO REGISTRO NA CTPS É CRIME?

Pelo disposto no art. 297, §§ 3º e 4º, CP, será que é razoável o argumento de que a omissão quanto ao registro é uma hipótese de menor gravidade em relação à anotação fraudulenta ou errônea na CTPS do trabalhador? Em outras palavras, será que a não anotação (omissão) do contrato não se trata de tipo penal?

Damásio de Jesus[10] afirma que a alteração imposta pela Lei 9.983 *"não tem o condão de inserir no rol de comportamentos típicos a omissão de anotação de novo contrato de trabalho. Pune a conduta do empregador que, mantendo contrato de trabalho e o registro na CTPS, altera-o falsamente (§ 3º e incisos), ou que, no ato do registro, modifica dados com o intuito de burlar a Previdência Social (§ 4º). A incriminação, porém, não passa disso, não prevendo como fato típico a simples omissão do registro".*

Para Damásio de Jesus,[11] os objetos jurídicos dos delitos de falsidade documental não são atingidos pela simples conduta de o empregador não proceder ao registro do empregado, já que o *"intento do legislador, ao definir a nova figura típica, foi claramente o de proteger dois sujeitos passivos: a Previdência Social e o segurado. Por segurado entende--se o contratado cujo registro já tenha sido informado, achando-se inscrito na Previdência Social. A Seguridade é tutelada pela norma penal, que claramente quer exigir lisura na relação estabelecida pelo empregador com o órgão de previdência, constituindo os assentamentos da CTPS os parâmetros legítimos para os cálculos contributivos. O segurado, por sua vez, é protegido porque somente a partir de informações válidas alcançar-se-ão benefícios igualmente válidos.*

Quanto à objetividade normativa do tipo, de ver-se que está superado o conceito de fé pública como objeto jurídico dos delitos de falsidade documental. De noção vaga e imprecisa, sob o prisma objetivo indica a autenticidade documental, subjetivamente, a confiança que as pessoas têm na veracidade dos objetos, documentos etc. Mas, segurança ou confiabilidade no tráfego jurídico, como diz Luiz Flávio Gomes, indicam uma noção tão vaga quanto 'fé pública'. Modernamente, entende-se que os objetos jurídicos dos delitos de falsidade documental são: (a) autenticidade (função de garantia do documento); (b)

Ministério Público (art. 5º, II, c/c art. 40 do CPP, e art. 7º da Lei nº 7.347/85)" (TRT - 4ª R. – 2ª T. - RO 0001461-18.2012.5.04.0012 – Rel. Marcelo José Ferlin D'Ambroso – *DJe* 13/6/2014).

[10] JESUS, Damásio de. Deixar de registrar empregado não é crime. Disponível em: <www.damasio.com.br/novo/html/artigos/art_115.htm>. Acesso em: 13 jun. 2004.

[11] JESUS, Damásio de. Ob. cit.

perpetuação (incolumidade física do objeto material); (c) valor de prova (função probatória do documento). Desse modo, não é suficiente que haja afetação material do documento para a existência de crime, sendo necessário que a conduta ofenda-o juridicamente, lesando ou expondo a perigo de lesão suas funções de garantia, perpetuação e valor probatório. O simples fato de o empregador deixar de registrar o empregado não afeta nenhuma das mencionadas funções da Carteira de Trabalho. [...]

Ora, a Carteira de Trabalho não submetida a registro pelo empregador não sofre, em face da conduta negativa, nenhuma alteração material ou ideológica capaz de lesar sua autenticidade, perpetuação e função probatória. O documento continua o mesmo, nele não se produzindo nenhum efeito lesivo efetivo ou potencial. Sob o aspecto da autenticidade, pela omissão de registro o documento não passa a ser falso, nulo ou de valor reduzido. Sob o prisma probatório, não perde seu valor de fazer prova em juízo das declarações materialmente nele produzidas. Quanto à perpetuação, os enunciados de pensamento nele contidos não são afetados, acrescidos ou reduzidos".

Em sentido contrário, Anita Tormen[12] afirma: *"Não se tem, pois, como não perceber ou acatar a inclusão dada pela Lei nº 9.983/00 com o dom de inserir no rol de comportamentos típicos a omissão de anotação de novo contrato de trabalho. Ora, se se pune a conduta do empregador que, mantendo contrato de trabalho e o registro na CTPS, altera-o falsamente (§ 3º e incisos), ou que, no ato do registro, modifica dados com o intuito de burlar a Previdência Social (§ 4º), por óbvio que a omissão assume, sim, o suporte fático à atração da regra de conduta."*

1.6   A CTPS E O DANO MORAL

Será que a ausência do registro na CTPS do trabalhador pode implicar dano moral para o empregador?

É inegável que o trabalhador é prejudicado pela ausência de um contrato de trabalho na sua CTPS.

A anotação representa a efetiva participação do trabalhador no mercado formal de trabalho, além da indicação das suas qualidades de profissional e da vinculação a um determinado ofício ou atividade econômica, como também da sua participação em várias áreas da vida social e jurídica, tais como: abertura de conta bancária; obtenção de crédito junto à instituição financeira e no comércio em geral; participação junto ao FGTS e à Seguridade Social etc. Por tais motivos, o empregado tem direito à percepção de uma indenização a título de danos morais.

A jurisprudência do TST é dissonante quanto ao reconhecimento de dano moral pela ausência do registro na CTPS:

"(...) DANO MORAL. AUSÊNCIA DE ANOTAÇÃO NA CTPS. A Carteira de Trabalho e Previdência Social registra a vida funcional pretérita do trabalhador, bem como comprova

---

[12]   TORMEN, Anita. Da omissão e da falsidade dos registros na CTPS – aspectos criminais. *Justiça do Trabalho*, nº 242, fev. 2004, p. 64.

PARTE IX · Cap. I – FALTA OU RECUSA DE ANOTAÇÃO NA CARTEIRA DE TRABALHO E PREVIDÊNCIA SOCIAL | **1325**

sua situação laboral no momento presente. Garante, assim, o acesso do obreiro aos principais direitos trabalhistas, tais como seguro-desemprego, benefícios previdenciários e FGTS. A ausência de anotação na CTPS, mormente quando não se discute em Juízo o vínculo de emprego, gera a obrigação de indenizar o trabalhador pelos danos morais suportados, neste caso comprovados in re ipsa. Agravo a que se nega provimento" (TST – 1ª T. – Ag-AIRR 343-59.2011.5.02.0024 – Rel. Des. Conv. Marcelo Lamego Pertence – DEJT 16/10/2015).

"(...) RECURSO DE REVISTA. FALTA DE ANOTAÇÃO DA CTPS. INDENIZA-ÇÃO POR DANOS MORAIS. Esta Corte Superior já teve a oportunidade de se manifestar quanto ao não cabimento da indenização por danos morais pela mera falta de anotação da CTPS. Para o dever de indenizar deve existir a prova cabal de que a parte sofreu algum constrangimento pela omissão consignada. Recurso de revista não conhecido" (TST – 2ª T. – RR 3323-58.2010.5.02.0203 – Rel. Des. Conv. Gilmar Cavalieri – DEJT 16/10/2015).

Há julgado do TST no sentido de que a não devolução da CTPS do trabalhador enseja o dano moral. Correto esse entendimento, em nossa visão, pois a carteira de trabalho é documento de identificação pessoal e de total relevância para o exercício de qualquer emprego ou de atividade por conta própria, pois registra todo o histórico profissional do trabalhador e também garante o acesso a alguns dos principais direitos trabalhistas, tais como seguro-desemprego e benefícios previdenciários. Desse modo, a retenção injustificada do documento viola o direito à honra e dignidade humana do trabalhador e da sua família, que sofre limitação na comprovação da sua vida funcional e, principalmente, no acesso a inúmeros direitos trabalhistas, essenciais na manutenção da sua vida e de seus dependentes (TST – 5ª T. – RR 98400-51.2009.5.08.0013 – Rel. Min. Emmanoel Pereira – *DEJT* 24/8/2012).

Não se admite que o empregador, ao cumprir a determinação de anotação na CTPS, faça alusão na CTPS de que o registro é imposição judicial. Essa atitude patronal afeta a credibilidade do empregador junto ao mercado de trabalho, causando-lhe sensíveis prejuízos materiais e morais, visto que essa anotação é uma marca de que o trabalhador processou um determinado empregador (TST – 7ª T. – RR 2779-61.2011.5.02.0421 – Rel. Min. Luiz Philippe Vieira de Mello Filho – *DEJT* 28/6/2013).

QUESTIONÁRIO

1. As anotações na CTPS possuem um valor absoluto? Explique.

2. O empregador, diante da anotação do contrato efetuada pela Superintendência Regional do Trabalho e Emprego (SRTE), em uma demanda trabalhista, em que se pleiteiam os títulos rescisórios, pode negar o vínculo trabalhista? Explique e justifique.

3. Como se obtém a CTPS?

4. Qual é o prazo prescricional quanto às anotações na CTPS?

Capítulo II
FISCALIZAÇÃO DO TRABALHO

2.1 CONCEITO DE FISCALIZAÇÃO DO TRABALHO

Fiscalização do Trabalho é o *"conjunto de normas emitidas pelo Ministério do Trabalho com o escopo de garantir não só a aplicação dos preceitos legais e regulamentares e das convenções internacionais, devidamente ratificadas pelo Brasil, alusivas à duração e às condições de trabalho, mas também a proteção dos trabalhadores no exercício da atividade profissional"*.[1]

Para Octavio Bueno Magano:[2] *"fiscalizar, no sentido comum da expressão, significa examinar, vigiar, sindicar. No sentido técnico do Direito do Trabalho, possui as seguintes acepções: (a) atuação visando à aplicação das normas legais; (b) orientação de empregadores e trabalhadores quanto à observância das normas legais; (c) informação às autoridades sobre deficiências de condições de trabalho, ainda não regulamentadas".*

De forma concomitante, o fiscal do trabalho é censor, orientador e pesquisador.

Na tarefa de censor, o fiscal visita os locais de trabalho, constatando as irregularidades e punindo os empregadores infratores da legislação trabalhista.

Como orientador, o fiscal do trabalho colabora na compreensão da legislação trabalhista, aprimorando a sua observância, atuando como um autêntico educador social.

E, por fim, no desempenho de suas tarefas, o fiscal propicia o levantamento de elementos que serão utilizados nas pesquisas relativas às condições de trabalho, como forma de melhorias quanto à legislação trabalhista.

2.2 A FISCALIZAÇÃO DO TRABALHO NOS PLANOS INTERNACIONAL E NACIONAL

Com o surgimento da OIT, por intermédio do Tratado de Versalhes, a fiscalização do trabalho passou a merecer especial atenção.

---

[1] DINIZ, Maria Helena. *Dicionário jurídico*, v. 2, p. 562.

[2] MAGANO, Octavio Bueno. *Manual de direito do trabalho*: direito tutelar do trabalho, v. 4, 2. ed., p. 177.

PARTE IX · Cap. II – FISCALIZAÇÃO DO TRABALHO | **1327**

O art. 427, nº 9, do Tratado de Versalhes, preconizou que cada Estado deveria organizar um serviço de inspeção, compreendendo o trabalho das mulheres, além de assegurar a aplicação das leis e regulamentos para a proteção de todos os trabalhadores.

Vários são as os instrumentos normativos (recomendações e convenções) da OIT relativos à fiscalização do trabalho.

As Recomendações são: (a) 5 (1919), cuida da instalação de uma inspeção eficaz nas empresas; (b) 20 (1923), sobre a organização de serviços de inspeção do trabalho; (c) 28 (1936), traz os princípios para a inspeção do trabalho entre os marítimos; (d) 54 (1937), trata sobre inspeção do trabalho na indústria de construção; (e) 59 (1939), dispensa tratamento à inspeção do trabalho entre os indígenas; (f) 81 (1947), sobre a inspeção do trabalho na indústria e no comércio; (g) 82 (1947), cuida da inspeção do trabalho entre os mineiros e nos transportes.

As Convenções que cuidam do tema são: (a) 21 (1926), relativa à simplificação da inspeção do trabalho dos emigrantes a bordo; (b) 81 (1947), sobre a inspeção do trabalho na indústria e no comércio; (c) 85 (1947), cuida da inspeção do trabalho nos territórios não metropolitanos.

Para Octavio Bueno Magano,[3] os traços mais importantes da Convenção 81 são os seguintes: *"I – caracterização da fiscalização como: (a) ação visando à aplicação das disposições legais sobre condições de trabalho; (b) orientação de empregados e empregadores sobre a observância da lei trabalhista; (c) pesquisa de condições de trabalho ainda não regulamentadas; II – atribuição da função de fiscalizar a funcionários públicos, que podem contar, todavia, com a colaboração de empregadores, empregados e suas organizações; III – ampla liberdade de ação assegurada ao fiscal, com a franquia, inclusive, de penetrar de dia ou de noite, sem aviso prévio, em qualquer estabelecimento submetido à inspeção."*

A Constituição em vigor, em seu art. 21, XXIV, estabelece que compete à União *"organizar, manter e executar a inspeção do trabalho".*

A CLT, no Título VII, intitulado "Do Processo de Multas Administrativas", no Capítulo I, assevera o caráter repressor da inspeção do trabalho, incumbindo ao MTE a fiscalização do fiel cumprimento das normas de proteção ao trabalho (art. 626, *caput*). Os aspectos (educador e orientador) da atividade do fiscal encontram-se nos arts. 627 e 627-A.

A inspeção do trabalho é competência privativa dos agentes federais, porém há convênios entre os Estados, os Municípios e o MTE para uma ação conjunta no campo da fiscalização das normas relativas ao Direito do Trabalho.

As esferas de competência do MTE são: (a) política e diretrizes para a geração de emprego e renda e de apoio ao trabalhador; (b) política e diretrizes para a modernização das relações de trabalho; (c) fiscalização do trabalho, inclusive do trabalho portuário, bem como aplicação das sanções previstas em normas legais ou coletivas; (d) política

---

[3]   MAGANO, Octavio Bueno. Ob. cit., p. 177.

salarial; (e) formação e desenvolvimento profissional; (f) segurança e saúde no trabalho; (g) política de imigração (art. 14, XIX, Lei 9.649/98).

Na Lei 13.502/17, constitui área de competência do MTE: a) política e diretrizes para a geração de emprego e renda e de apoio ao trabalhador; b) política e diretrizes para a modernização das relações de trabalho; c) fiscalização do trabalho, inclusive do trabalho portuário, e aplicação das sanções previstas em normas legais ou coletivas; d) política salarial; e) formação e desenvolvimento profissional; f) segurança e saúde no trabalho; g) política de imigração laboral; h) cooperativismo e associativismo urbano (art. 54).

Atualmente, compõe a estrutura básica do MTE: a) o Conselho Nacional do Trabalho; b) o Conselho Nacional de Imigração; c) o Conselho Nacional de Economia Solidária; d) o Conselho Curador do Fundo de Garantia do Tempo de Serviço; e) o Conselho Deliberativo do Fundo de Amparo ao Trabalhador; f) até três Secretarias (art. 55, Lei 13.502). Os referidos Conselhos são órgãos colegiados de composição tripartite, observada a paridade entre representantes dos trabalhadores e dos empregadores.

Incumbem à Secretaria de Fiscalização do Trabalho (SEFIT), no âmbito nacional, as competências de planejamento e normatização da ação fiscalizatória do Estado quanto ao cumprimento dos direitos e garantias previstas nas normas legais e convencionais, além da repressão ao trabalho escravo e outras formas de trabalho degradante e à sonegação dos recolhimentos fundiários.

A fiscalização das condições ambientais de trabalho, a qual é realizada pelos médicos e engenheiros do trabalho, é de competência da Secretaria de Segurança e Saúde no Trabalho. Também são de sua competência as ações preventivas de acidentes de trabalho.

As Superintendências Regionais do Trabalho e Emprego (SRTE) são os órgãos descentralizados do MTE responsáveis pela fiscalização da legislação trabalhista junto às empresas. Tais órgãos devem observar as diretrizes expedidas pelas Secretarias de Fiscalização do Trabalho e de Segurança e Saúde no Trabalho.

Atualmente, o título auditor-fiscal do trabalho (art. 10, I a IV, Lei 10.593/02) engloba os cargos de: (a) fiscal do trabalho; (b) assistente social, encarregado da fiscalização do trabalho da mulher e do menor; (c) engenheiros e arquitetos, com a especialização prevista na Lei 7.410/85, encarregados da fiscalização da segurança no trabalho; (d) médico do trabalho, encarregado da fiscalização das condições de salubridade do ambiente do trabalho.

O regime jurídico do auditor-fiscal do trabalho é o previsto na Lei 8.112/90, não sendo possível a contratação pelo vínculo de emprego regulado pela CLT (Lei 9.962/00).

Os ocupantes do cargo de auditor fiscal do trabalho têm por atribuições assegurar, em todo o território nacional: (a) o cumprimento de disposições legais e regulamentares, inclusive as relacionadas à segurança e à medicina do trabalho, no âmbito das relações de trabalho e de emprego; (b) a verificação dos registros em CTPS, visando à redução dos índices de informalidade; (c) a verificação do recolhimento do FGTS, objetivando maximizar os índices de arrecadação; (d) o cumprimento de acordos, convenções e contratos coletivos de trabalho celebrados entre empregados e empregadores; (e) o respeito aos acordos, tratados e convenções internacionais dos quais o Brasil seja signatário; (f)

PARTE IX · Cap. II – FISCALIZAÇÃO DO TRABALHO | 1329

a lavratura de auto de apreensão e guarda de documentos, materiais, livros e assemelhados, para verificação da existência de fraude e irregularidades, bem como o exame da contabilidade das empresas (art. 11, I a VI, Lei 10.593).

O Decreto 4.552, de 27/12/2002, instituidor do Regulamento da Inspeção do Trabalho, no seu Anexo, traz pormenores quanto às demais competências e atribuições do auditor-fiscal do trabalho (art. 18):

a) verificar o cumprimento das disposições legais e regulamentares, inclusive as relacionadas à segurança e à saúde no trabalho, no âmbito das relações de trabalho e de emprego, em especial: (1) os registros em CTPS, visando à redução dos índices de informalidade; (2) o recolhimento do FGTS, objetivando maximizar os índices de arrecadação; (3) o cumprimento de acordos, convenções e contratos coletivos de trabalho celebrados entre empregados e empregadores; e (4) o cumprimento dos acordos, tratados e convenções internacionais ratificados pelo Brasil;

b) ministrar orientações e dar informações e conselhos técnicos aos trabalhadores e às pessoas sujeitas à inspeção do trabalho, atendidos os critérios administrativos de oportunidade e conveniência;

c) interrogar as pessoas sujeitas à inspeção do trabalho, seus prepostos ou representantes legais, bem como trabalhadores, sobre qualquer matéria relativa à aplicação das disposições legais e exigir-lhes documento de identificação;

d) expedir notificação para apresentação de documentos;

e) examinar e extrair dados e cópias de livros, arquivos e outros documentos que entenda necessários ao exercício de suas atribuições legais, inclusive quando mantidos em meio magnético ou eletrônico;

f) proceder a levantamento e notificação de débitos;

g) apreender, mediante termo, materiais, livros, papéis, arquivos e documentos, inclusive quando mantidos em meio magnético ou eletrônico, que constituam prova material de infração, ou, ainda, para exame ou instrução de processos;

h) inspecionar os locais de trabalho, o funcionamento de máquinas e a utilização de equipamentos e instalações;

i) averiguar e analisar situações com risco potencial de gerar doenças ocupacionais e acidentes do trabalho, determinando as medidas preventivas necessárias;

j) notificar as pessoas sujeitas à inspeção do trabalho para o cumprimento de obrigações ou a correção de irregularidades e adoção de medidas que eliminem os riscos para a saúde e segurança dos trabalhadores, nas instalações ou métodos de trabalho;

l) quando constatado grave e iminente risco para a saúde ou segurança dos trabalhadores, expedir a notificação, determinando a adoção de medidas de imediata aplicação;

m) coletar materiais e substâncias nos locais de trabalho para fins de análise, bem como apreender equipamentos e outros itens relacionados com a segurança e saúde no trabalho, lavrando o respectivo termo de apreensão;

n) propor a interdição de estabelecimento, setor de serviço, máquina ou equipamento, ou o embargo de obra, total ou parcial, quando constatar situação de grave e iminente risco à saúde ou à integridade física do trabalhador, por meio de emissão de laudo técnico que indique a situação de risco verificada e especifique as medidas corretivas que deverão ser adotadas pelas pessoas sujeitas à inspeção do trabalho, comunicando o fato de imediato à autoridade competente;

o) analisar e investigar as causas dos acidentes do trabalho e das doenças ocupacionais, bem como as situações com potencial para gerar tais eventos;

p) realizar auditorias e perícias e emitir laudos, pareceres e relatórios;

q) solicitar, quando necessário ao desempenho de suas funções, o auxílio da autoridade policial;

r) lavrar termo de compromisso decorrente de procedimento especial de inspeção;

s) lavrar autos de infração por inobservância de disposições legais;

t) analisar processos administrativos de auto de infração, notificações de débitos ou outros que lhes forem distribuídos;

u) devolver, devidamente informados os processos e demais documentos que lhes forem distribuídos, nos prazos e formas previstos em instruções expedidas pela autoridade nacional competente em matéria de inspeção do trabalho;

v) elaborar relatórios de suas atividades, nos prazos e formas previstos em instruções expedidas pela autoridade nacional competente em matéria de inspeção do trabalho;

x) levar ao conhecimento da autoridade competente, por escrito, as deficiências ou abusos que não estejam especificamente compreendidos nas disposições legais;

w) atuar em conformidade com as prioridades estabelecidas pelos planejamentos nacional e regional, nas respectivas áreas de especialização;

z) atuar em conformidade com as prioridades estabelecidas pelos planejamentos nacional e regional.

O art. 31 do Dec. 4.552/02 estabelece as atribuições dos agentes de higiene e segurança do trabalho, os quais, em linhas objetivas, executam tarefas operacionais.

2.3 O PROCEDIMENTO DA FISCALIZAÇÃO TRABALHISTA

O procedimento da fiscalização trabalhista é regulado pelos arts. 627 e segs. da CLT.

2.3.1 Da Fiscalização, da Autuação e da Imposição das Multas

Com o intuito de promover a instrução dos responsáveis no cumprimento das leis de proteção do trabalho, a fiscalização deverá observar o critério de dupla visita nos seguintes casos: (a) quando ocorrer promulgação ou expedição de novas leis, regulamentos ou instruções ministeriais, sendo que, com relação exclusivamente a esses atos, será feita apenas a instrução dos responsáveis; (b) em se realizando a primeira inspeção dos

PARTE IX · Cap. II – FISCALIZAÇÃO DO TRABALHO | **1331**

estabelecimentos ou dos locais de trabalho, recentemente inaugurados ou empreendidos (art. 627, CLT).

Na dupla visita, o auditor-fiscal do trabalho não *"deverá agir no sentido de autuar o empregador logo em sua primeira inspeção. Deve, isto sim, orientar e instruir o empregador sobre o sentido e o alcance da norma, indicando como cumpri-la. Só na segunda visita é que a persistência da infração ensejará o procedimento corretivo: a autuação. Essa preocupação educativa cederá quando ficar constatado, já na primeira visita, que o empregador recorre a expedientes obnubilativos à configuração do próprio vínculo de emprego (ausência de anotação na CTPS), ou o inspetor encontrar fraude, resistência ou embaraço à própria ação fiscal, porque aí a malícia é evidente e a autuação, por consequência, deve ser feita desde logo".*[4]

A fiscalização também poderá adotar procedimento especial para a ação fiscal, objetivando a orientação sobre o cumprimento das leis de proteção ao trabalho, bem como a prevenção e o saneamento de infrações à legislação mediante termo de compromisso, na forma a ser adotada no Regulamento da Inspeção do Trabalho (art. 627-A).

O art. 627-A permite a realização da mesa de entendimento, a qual tem como objetivo persuadir o empregador a se adequar às normas trabalhistas, assinando o termo de compromisso para a regularização da situação.

A proposição da mesa de entendimento é emanada da chefia da fiscalização local junto à Superintendência Regional do Trabalho e Emprego – SRTE. Em caso da sua aprovação, será instalada de imediato. Em caso de recusa, o superintendente regional deverá fundamentar sua decisão.

Com a instauração, o processo administrativo tem 60 dias para ser concluído, admitindo uma prorrogação. Com a celebração do termo de compromisso, na presença da entidade sindical e do empregador, este terá o prazo de 120 dias para o implemento das condições ajustadas.

Se o empregador não atender à convocação da mesa de entendimento ou não cumprir com o ajustado, sofrerá a fiscalização imediata e a respectiva imposição de multa.

Além do sistema de dupla visita (art. 627, CLT) e da mesa de entendimento (art. 627-A), em toda diligência realizada pelo auditor fiscal do trabalho, na qual houver a conclusão pela existência de violação de preceito legal, deverá ser lavrado o auto de infração, sob pena de responsabilidade administrativa (art. 628, *caput*).

As empresas são obrigadas a possuir o livro intitulado "Inspeção do Trabalho", cujo modelo encontra-se previsto em portaria ministerial. Nesse livro, o agente da inspeção registrará sua visita ao estabelecimento, declarando a data e a hora do início e término da mesma, bem como o resultado da inspeção, nele consignando, se for o caso, todas as irregularidades verificadas e as exigências feitas com os respectivos prazos para seu atendimento, e, ainda, de modo legível, os elementos de sua identificação funcional (art. 628, § 1º e § 2º).

---

[4]   SÜSSEKIND, Arnaldo et al. *Instituições de direito do trabalho*, v. 2, 19. ed., p. 1.273.

O auditor-fiscal deverá agir com lisura e boa-fé, observando os princípios de Direito Administrativo em sua conduta. Em caso contrário, responderá por falta grave no cumprimento do dever funcional, ficando passível, desde logo, da pena de suspensão até 30 dias, instaurando-se, obrigatoriamente, em caso de reincidência, inquérito administrativo (art. 628, §§ 3º e 4º). No desempenho de suas funções, o auditor-fiscal exibirá sua carteira funcional (art. 630, *caput*).

É vedada a outorga de identidade fiscal a quem não esteja autorizado, em razão do cargo ou função, a exercer ou praticar, no âmbito da legislação trabalhista, atos de fiscalização.

O auto de infração será lavrado em duplicata, com uma via entregue ou enviada ao infrator, dentro de 10 dias da lavratura sob pena de responsabilidade (art. 629, *caput*).

Não se condiciona a validade do auto à assinatura do infrator ou de testemunhas. O auto de infração será lavrado no local da inspeção, salvo havendo motivo justificado, que será declarado no próprio auto, quando então deverá ser lavrado no prazo de 24 horas, sob pena de responsabilidade. Após a lavratura, não poderá ser inutilizado, nem sustado o curso do respectivo processo, devendo o agente da inspeção apresentá-lo à autoridade competente, mesmo se incorrer em erro (art. 629, §§ 1º e 2º).

O auditor-fiscal tem o livre acesso a todas as dependências do estabelecimento, tendo o empregador ou seu preposto a obrigação de lhe prestar todas as informações e esclarecimentos necessários (art. 630, § 3º), sendo que os documentos sujeitos à inspeção deverão permanecer, sob as penas da lei, nos locais de trabalho, somente se admitindo, por exceção, a critério da autoridade competente, sejam os mesmos apresentados em dia e hora previamente fixados pela fiscalização (art. 630, § 4º).

No caso da não observância das imposições previstas no art. 630, §§ 3º a 5º, haverá a configuração de resistência ou embaraço à fiscalização e justificará a lavratura do respectivo auto de infração, cominada a multa de valor igual a 189,424 UFIR's a 1.891,4236 UFIR's (Portaria 290, MTE 11/4/1997), levando-se em conta, além das circunstâncias atenuantes ou agravantes, a situação econômico-financeira do infrator e os meios a seu alcance para cumprir a lei (art. 630, § 6º). O último valor da UFIR foi de R$ 1,0641. A UFIR foi extinta pela edição da MP 2.176-79 (2001), a qual se transformou na Lei 10.522/02. Após a extinção, os valores são atualizados pela taxa SELIC. Com a Lei 13.467/17 (Reforma Trabalhista), os valores das multas administrativas expressos em moeda corrente serão reajustados anualmente pela Taxa Referencial (TR), divulgada pelo Banco Central do Brasil, ou pelo índice que vier a substituí-lo (art. 634, § 2º).

Quando solicitadas, é obrigação das autoridades policiais prestarem assistência ao auditor-fiscal de que necessitarem para o fiel cumprimento de suas atribuições legais (art. 630, § 8º).

O servidor público (federal, estadual ou municipal) ou representante legal de entidade sindical poderá comunicar à autoridade competente do Ministério do Trabalho as infrações que verificar (art. 631, *caput*), sendo que após a comunicação, a autoridade competente tomará as diligências necessárias, inclusive lavrando os autos de infrações cabíveis (art. 631, parágrafo único).

PARTE IX • Cap. II – FISCALIZAÇÃO DO TRABALHO | **1333**

No caso de lavratura de auto de infração, o empregador infrator tem o prazo de 10 dias, contados do recebimento do auto, para a formulação da sua defesa (art. 629, § 3º), podendo requerer a audiência de testemunhas e as diligências que lhe parecerem necessárias à elucidação do processo, cabendo, porém, à autoridade, julgar da necessidade de tais provas (art. 632).

Os prazos para defesa ou recurso poderão ser prorrogados de acordo com despacho expresso da autoridade competente, quando o autuado residir em localidade diversa daquela onde se achar essa autoridade (art. 633).

A imposição das multas incumbe às autoridades regionais competentes em matéria de trabalho (art. 634, *caput*), sendo que a aplicação da multa não elidirá o reconhecimento da responsabilidade criminal (art. 634, § 1º).

Ilustrando a responsabilidade criminal do empregador infrator, João de Lima Teixeira Filho[5] aduz: *"O Código Penal, de maneira ampla, considera crime o ato de frustrar, mediante fraude ou violência, qualquer direito assegurado pela Legislação do Trabalho (art. 203). Anotações falsas na CTPS tipificam, eventualmente, crime de falsidade ideológica (art. 49 c/c art. 299 do CP). O atraso no pagamento de salários, por período superior a três meses, sem motivo grave e relevante, excluídas as causas referentes ao risco do empreendimento, pode importar pena de detenção de um mês a um ano (art. 4º do Decreto-lei nº 368/68). A inobservância às regras de segurança no trabalho, de modo a expor a vida ou a saúde de trabalhador a perigo direto e iminente, também pode configurar crime (art. 132 do CP).*

O empregador ou preposto que dirigir ofensas verbais ao inspetor do trabalho comete crime de desacato (art. 331 do CP). E o que resistir à fiscalização, mediante emprego de violência ou ameaça, responderá por crime de resistência (art. 329 do CP). Abster-se de satisfazer o recolhimento das contribuições sociais também configura crime, sujeitando-se os empregadores às penas de reclusão, de dois a seis anos, e a multa penal (art. 95 da Lei nº 8.212/91)."

Com reflexos nas relações de trabalho, a Lei 9.983/00, inseriu vários artigos no Código Penal, a saber:

a) apropriação indébita previdenciária: deixar de repassar à previdência social as contribuições recolhidas dos contribuintes, no prazo e forma legal ou convencional, com pena de reclusão, de dois a cinco anos, e multa (art. 168-A). Nas mesmas penas incorre quem deixar de: (1) recolher, no prazo legal, contribuição ou outra importância destinada à previdência social que tenha sido descontada de pagamento efetuado a segurados, a terceiros ou arrecadada do público; (2) recolher contribuições devidas à previdência social que tenham integrado despesas contábeis ou custos relativos à venda de produtos ou à prestação de serviços; (3) pagar benefício devido a segurado, quando as respectivas cotas ou valores já tiverem sido reembolsados à empresa pela previdência social (art. 168-A, § 1º, I a III). É extinta a punibilidade se o agente, espontaneamente, declara, confessa e

---

5   SÜSSEKIND, Arnaldo et al. Ob. cit., p. 1.278.

efetua o pagamento das contribuições, importâncias ou valores e presta as informações devidas à previdência social, na forma definida em lei ou regulamento, antes do início da ação fiscal (art. 168-A, § 2º). É facultado ao juiz deixar de aplicar a pena ou aplicar somente a de multa se o agente for primário e de bons antecedentes, desde que tenha promovido, após o início da ação fiscal e antes de oferecida a denúncia, o pagamento da contribuição social previdenciária, inclusive acessórios; ou o valor das contribuições devidas, inclusive acessórios, seja igual ou inferior àquele estabelecido pela previdência social, administrativamente, como sendo o mínimo para o ajuizamento de suas execuções fiscais (art. 168-A, § 3º). A faculdade prevista no § 3º desse artigo não se aplica aos casos de parcelamento de contribuições cujo valor, inclusive dos acessórios, seja superior àquele estabelecido, administrativamente, como o mínimo para o ajuizamento de suas execuções fiscais (art. 168-A, § 4º);

b) sonegação de contribuição previdenciária: suprimir ou reduzir contribuição social previdenciária e qualquer acessório, mediante as seguintes condutas: (1) omitir de folha de pagamento da empresa ou documento de informações previsto pela legislação previdenciária segurados: empregado, empresário, trabalhador avulso ou trabalhador autônomo ou a este equiparado que lhe prestem serviços; (2) deixar de lançar mensalmente nos títulos próprios da contabilidade da empresa as quantias descontadas dos segurados ou as devidas pelo empregador ou pelo tomador de serviços; (3) omitir, total ou parcialmente, receitas ou lucros auferidos, remunerações pagas ou creditadas e demais fatos geradores de contribuições sociais previdenciárias. A pena prevista é de reclusão, de dois a cinco anos, e multa (art. 337-A). É extinta a punibilidade se o agente, espontaneamente, declara e confessa as contribuições, importâncias ou valores e presta as informações devidas à previdência social, na forma definida em lei ou regulamento, antes do início da ação fiscal (art. 337-A, § 1º). É facultado ao juiz deixar de aplicar a pena ou aplicar somente a de multa se o agente for primário e de bons antecedentes, desde que: o valor das contribuições e acessórios seja igual ou inferior àquele estabelecido pela previdência social, administrativamente, como sendo o mínimo para o ajuizamento de suas execuções fiscais (art. 337-A, § 2º). Se o empregador não for pessoa jurídica e sua folha de pagamento mensal não ultrapassar a R$ 1.510,00, o juiz poderá reduzir a pena de 1/3 até a metade ou aplicar apenas a de multa (art. 337-A, § 3º), sendo que esse valor será reajustado nas mesmas datas e nos mesmos índices do reajuste dos benefícios da previdência social (art. 337-A, § 4º);

c) os §§ 3º e 4º do art. 297, CP, tratam de falsificação de documento público: (1) na folha de pagamento ou em documento de informações que seja destinado a fazer prova perante a previdência social de pessoa que não possua a qualidade de segurado obrigatório (art. 297, § 3º, I); (2) na CTPS do empregado ou em documento que deva produzir efeito perante a previdência social, declaração falsa ou diversa da que deveria ter sido escrita (art. 297, § 3º, II); (3) em documento contábil ou em qualquer outro documento relacionado com as obrigações da empresa perante a previdência social, declaração falsa ou diversa da que deveria

PARTE IX · Cap. II – FISCALIZAÇÃO DO TRABALHO | 1335

ter constado (art. 297, § 3º, III); (4) nas mesmas penas incorre quem omite, nos documentos obrigatórios (mencionados no § 3º), o nome do segurado e seus dados pessoais, a remuneração, a vigência do contrato de trabalho ou de prestação de serviços (art. 297, § 4º). As situações previstas no § 3º, I a II, retratam hipóteses de crime formal comissivo. Por sua vez, o § 4º retrata um crime omissivo formal. Como crime formal, não se tem a necessidade da concretização do resultado ou de eventual prejuízo. De acordo com o STF, a competência para eventual ação penal é da Justiça Comum, ratificando, assim, as Súmulas 62 e 107, STJ.[6]

2.3.2 Fiscalização Orientadora para as Microempresas e as Empresas de Pequeno Porte

A LC 123, de 14/12/2006 (Estatuto Nacional da Microempresa e da Empresa de Pequeno Porte), prevê que a fiscalização, no que se refere aos aspectos trabalhista, metrológico, sanitário, ambiental, de segurança, de relações de consumo e de uso e ocupação do solo das microempresas e das empresas de pequeno porte, deverá ter natureza prioritariamente orientadora quando a atividade ou situação, por sua natureza, comportar grau de risco compatível com esse procedimento (art. 55).

Será observado o critério de dupla visita para lavratura de autos de infração, salvo quando for constatada infração por falta de registro de empregado ou anotação da CTPS, ou, ainda, na ocorrência de reincidência, fraude, resistência ou embaraço à fiscalização.

2.3.3 Fiscalização do Trabalho Doméstico

A LC 150/15 acresceu à Lei 10.593/02 o art. 11-A, o qual trata da atuação do auditor-fiscal do trabalho quando da fiscalização das normas relativas ao contrato de trabalho doméstico.

A fiscalização do trabalho doméstico exige a observância do seguinte: (a) no âmbito do domicílio do empregador, a inspeção depende de agendamento e de entendimento prévio com o empregador; (b) a fiscalização tem natureza prioritariamente orientadora; (c) o critério de dupla visita para lavratura de auto de infração, salvo quando for constatada infração por falta de anotação na carteira de trabalho e previdência social, ou, ainda, na ocorrência de reincidência, fraude, resistência ou embaraço à fiscalização; (d) durante a inspeção do trabalho, o auditor-fiscal do trabalho deverá estar acompanhado pelo empregador ou por alguém de sua família por este designado.

A IN 110/14 do MTE fixa os procedimentos de fiscalização do cumprimento das normas relativas à proteção ao trabalho doméstico.

---

[6] STF – Pet. 5.084/SP – Rel. Min. Marco Aurélio – *DJE* 28/9/2015.

2.3.4   Recursos Administrativos

De toda decisão que impuser multa por infração das leis e disposições reguladoras do trabalho, e não havendo forma especial de processo, caberá recurso para a Secretaria das Relações do Trabalho (art. 635, *caput*, CLT). Todas as decisões devem ser fundamentadas (art. 635, parágrafo único).

Os recursos devem ser interpostos no prazo de 10 dias, contados do recebimento da notificação, perante a autoridade que houver imposto a multa, a qual, depois de os informar, encaminhá-los-á à autoridade de instância superior (art. 636, *caput*).

O recurso só terá seguimento se o interessado o instruir com a prova do depósito da multa (art. 636, § 1º). Contudo, tal exigência não foi recepcionada pela CF/88, na medida em que a própria CF garante aos litigantes, no processo judicial ou administrativo, o direito ao contraditório e à ampla defesa, com os meios e recursos a ele inerentes (art. 5º, LV), bem como assegura o direito de petição aos Poderes Públicos em defesa de direitos ou contra ilegalidade ou abuso de poder (art. 5º, XXIX, *c*).

A princípio, o STF entendia que o art. 636, § 1º, CLT, havia sido recepcionado pela CF vigente (STF – 2ª T. – RE 234.881-3-AM – Rel. Desig. Min. Nélson Jobim – *DJU* 3/9/1999 – p. 43; STF – 2ª T. – RE 210.732-0 – Rel. Min. Maurício Corrêa – *DJU* 6/3/1998).

Atualmente a jurisprudência do STF é no sentido de que não é necessário o depósito prévio para fins de oposição de recurso administrativo (STF – AgRg-RE 591.917-0 – Rel. Eros Grau – *DJe* 14/11/2008 – p. 170).

A Súm. 373, STJ, afirma que é ilegítima a exigência de depósito prévio para admissibilidade de recurso administrativo.

Em novembro/09, o STF fixou o entendimento de que é inconstitucional a exigência de depósito ou arrolamento prévios de dinheiro ou bens para admissibilidade de recurso administrativo (SV 21).

Dias após (16/11/2009), o TST editou a Súm. 424 com a seguinte redação: *"O § 1º do art. 636 da CLT, que estabelece a exigência de prova do depósito prévio do valor da multa cominada em razão de autuação administrativa como pressuposto de admissibilidade de recurso administrativo, não foi recepcionado pela Constituição Federal de 1988, ante a sua incompatibilidade com o inciso LV do art. 5º."*

No caso de o empregador infrator estar em local incerto e não sabido, a notificação será realizada por edital, publicado no órgão oficial (art. 636, § 2º).

A notificação fixará igualmente o prazo de dez dias para que o infrator recolha o valor da multa, sob pena de cobrança executiva (art. 636, § 3º). A multa será reduzida de 50% se o infrator, renunciando ao recurso, a recolher ao Tesouro Nacional dentro do prazo de dez dias contados do recebimento da notificação ou da publicação do edital (art. 636, § 6º).

De todas as decisões que proferirem em processos de infração das leis de proteção ao trabalho e que impliquem arquivamento destes, observado o disposto no parágrafo único do art. 635, deverão as autoridades prolatoras recorrer de ofício para a autoridade competente de instância superior (art. 637).

PARTE IX · Cap. II – FISCALIZAÇÃO DO TRABALHO | 1337

Ao Ministro do Trabalho é facultado avocar ao seu exame e decisão, dentro de 90 dias do despacho final do assunto, ou no curso do processo, as questões referentes à fiscalização dos preceitos estabelecidos na CLT (art. 638).

2.3.5 Do Depósito, da Inscrição e da Cobrança da Multa

Se o recurso não for provido, o depósito da multa se converterá em pagamento (art. 639), ocasionando a extinção da obrigação.

É facultado às SRTE, na conformidade de instruções expedidas pelo Ministro de Estado, promover a cobrança amigável das multas antes do encaminhamento dos processos à cobrança executiva (art. 640).

Não comparecendo o infrator, ou não depositando a importância da multa ou penalidade, far-se-á a competente inscrição em livro especial, existente nas repartições das quais se tiver originado a multa ou penalidade, ou de onde tenha provindo a reclamação que a determinou, sendo extraída cópia autêntica dessa inscrição e enviada às autoridades competentes para a respectiva cobrança judicial, valendo tal instrumento como título de dívida líquida e certa (art. 641).

A cobrança judicial das multas impostas pelas autoridades administrativas do trabalho obedecerá ao disposto na legislação aplicável à cobrança da dívida ativa da União, sendo promovida, no Distrito Federal e nas capitais dos Estados em que funcionarem TRTs, pelo MPT, e, nas demais localidades, pelo Ministério Público Estadual, nos termos da Lei 6.830/80 (art. 640). Atualmente, essa regra se tornou inaplicável.

Pela EC 45/04, a Justiça do Trabalho passou a ser competente para as ações relativas às penalidades administrativas impostas aos empregadores pelos órgãos de fiscalização das relações de trabalho (art. 114, VII, CF).

Importante salientar que a competência da Justiça Laboral abrange não só as penalidades aplicadas, como também os demais atos praticados pela Fiscalização das Relações de Trabalho que possam ocasionar prejuízos pecuniários ou não ao empregador, como, por exemplo, o ato do fiscal do trabalho que extrapola o exercício regular das suas funções.

Com o advento da Lei 11.457/07, além da criação da Secretaria da Receita Federal do Brasil (conhecida como "A Super Receita") e as reestruturações administrativas e de algumas carreiras públicas (Administração Tributária Federal), os arts. 832, 876, 879 e 889-A, da CLT, foram alterados.

O art. 16, da Lei 11.457, atribui à Procuradora Geral Federal a representação da União, nos processos em tramitação perante a Justiça do Trabalho relacionados com a cobrança de contribuições previdenciárias, de imposto de renda retido na fonte e de multas impostas aos empregadores pelos órgãos de fiscalização das relações de trabalho, mediante delegação da Procuradoria-Geral da Fazenda Nacional.

QUESTIONÁRIO

1. Qual é o conceito de fiscalização do trabalho?
2. Como a fiscalização do trabalho é tratada pela OIT?

3. Como se dá a fiscalização no plano da Superintendência Regional do Trabalho e Emprego (SRTE)?

4. Quais são as fases do procedimento quanto à fiscalização trabalhista?

REFERÊNCIAS BIBLIOGRÁFICAS

ABDALA, Vantuil. Assunto em destaque: poder normativo da Justiça do Trabalho: manutenção ou extinção. Entrevista concedida pelo Ministro-Presidente do TST. *Revista Synthesis*, nº 39, 2004.

ACQUAVIVA, Marcus Cláudio. *Dicionário jurídico brasileiro*. São Paulo: Jurídica Brasileira, 12. ed., 2004 e 13. ed., 2006.

AFONSO, Túlio Augusto Tayano. Reflexões sobre a sentença arbitral coletiva de trabalho como instrumento normativo. In: CAVALCANTE, Jouberto de Quadros Pessoa; VILLATORE, Marco Antônio César (Coord.). *CLT – 70 anos de consolidação: uma reflexão social, econômica e jurídica*. São Paulo: Atlas, 2013.

ALBUQUERQUE, João Batista de. *O empregador e o empregado rural*. São Paulo: LTr, 1996.

ALDAO ZAMPIOLA, Carlos. La prevención y resolución de los conflictos laborais. *Revista Trabajo y Seguridad Social*, nº 2, 1986.

ALMEIDA, Amador Paes de. *CLT comentada*. São Paulo: Saraiva, 1. ed., 2003 e 3. ed., 2005.

_____. *Curso de falência e concordata*. 12. ed. São Paulo: Saraiva, 1995.

_____. *Curso prático de processo do trabalho*. São Paulo: Saraiva, 9. ed., 1996 e 17. ed., 2006.

_____. *Direito de empresa no Código Civil*. São Paulo: Saraiva, 2004.

_____. *O procedimento sumaríssimo na Justiça do Trabalho e comissão de conciliação prévia*. 2. ed. São Paulo: Saraiva, 2002.

ALMEIDA, Elizabeth Accioly Pinto de. *Mercosul & União Europeia*: estrutura jurídico-institucional. 2. ed. Curitiba: Juruá, 1998.

ALMEIDA, Ísis de. *Manual de direito individual do trabalho*. São Paulo: LTr, 1998.

_____. *Manual de direito processual do trabalho*. São Paulo: LTr, 1985.

_____. *Manual da prescrição trabalhista*. São Paulo: LTr, 1. ed., 1990 e 2. ed., 1994.

ALMEIDA, Paulo Roberto de. A dimensão social nos processos de integração. In: Chaloult, Yves; Almeida, Paulo Roberto de (Coord.). *Mercosul, Nafta, Alca*: a dimensão social. São Paulo: LTr, 1999.

ALMEIDA, Renato Rua de. Das cláusulas normativas das convenções coletivas de trabalho: conceito, eficácia e incorporação nos contratos individuais de trabalho. *Revista LTr*, v. 60, nº 12.

ALVAREZ, Eduardo et al. *Derecho colectivo del trabajo*. Buenos Aires: La Ley, 1998.

ALVIM, Arruda. *Manual de direito processual civil*. 6. ed. São Paulo: Revista dos Tribunais, 1997. v. 1 e 2.

ALVIM, Eduardo Arruda. Apontamentos sobre o processo das ações coletivas. In: MAZZEI, Rodrigo; NOLASCO, Rita Dias (Coord.). *Processo civil coletivo*. São Paulo: Quartier Latin do Brasil, 2005.

ALVIM, José Eduardo Carreira. *Elementos de teoria geral do processo*. 7. ed. Rio de Janeiro: Forense, 1998.

AMARAL, Antonio Carlos Rodrigues do et al. In: AMARAL, Antonio Carlos Rodrigues do (Coord.). *Direito do comércio internacional*: aspectos fundamentais. São Paulo: Aduaneiras, 2004.

AMARAL, Guilherme Rizzo. Comentários às alterações do novo CPC. São Paulo: Revista dos Tribunais, 2015.

AMARO, Luciano. *Direito tributário brasileiro*. 9. ed. São Paulo: Saraiva, 2003,

AMEGLIO, Eduardo; MANTERO, Ricardo. Las modalidades de solución de conflictos colectivos de intereses. *Revista de Derecho Laboral*, nº 163, 1993.

AMORIM FILHO, Agnelo. Critério científico para distinguir a prescrição da decadência e para identificar as ações imprescritíveis. *Revista dos Tribunais*, v. 300.

ANDRADE, Everaldo Gaspar Lopes de. *Dissídio coletivo*. São Paulo: LTr, 1993.

_____. *O MERCOSUL e as relações de trabalho*: relações individuais, relações coletivas, relações internacionais de trabalho. São Paulo: LTr, 1993.

ANTUNES, Oswaldo Moreira. Os direitos coletivos e o processual do sindicato. *Revista LTr*, 1990.

ARANTES, Silvana. Trabalho informal avança na Argentina. *Folha de S. Paulo*, Caderno Dinheiro, 22/3/2004.

ARAÚJO, Francisco Rossal de. A natureza jurídica da relação de trabalho (novas competências da Justiça do Trabalho – Emenda Constitucional nº 45/04. In: COUTINHO, Grijalbo Fernandes; FAVA, Marcos Neves (Coord.). *Nova competência da Justiça do Trabalho*. São Paulo: LTr, 2005.

ARAÚJO, José Carlos de. *Ação coletiva do trabalho*. São Paulo: LTr, 1993.

ARAUJO, Luiz Alberto David; NUNES JÚNIOR, Vidal Serrano. *Curso de direito constitucional*. 6. ed. São Paulo: Saraiva, 2002.

AROUCA, José Carlos. *Repensando o sindicato*. São Paulo: LTr, 1998.

_____. *O sindicato em um mundo globalizado*. São Paulo: LTr, 2003.

ASSIS, Araken de. *Manual do processo de execução*. 4. ed. São Paulo: Revista dos Tribunais, 1997.

ASSIS, Carlos Augusto de. *Sujeito passivo no mandado de segurança*. São Paulo: Malheiros, 1997.

_____; COMINALE, Flávia Saes. Suspensão do processo de execução por falta de bens penhoráveis. *Revista Dialética de Direito Processual*, nº 37.

AVILÉS, Antonio Ojeda. El procedimento de la negociación colectiva. In: URIARTE, Oscar Ermida; AVILÉS, Antonio Ojeda (Coord.). *El derecho sindical en América Latina*. Montevidéu: Fundación de Cultura Universitaria, 1995.

BABACE, Héctor; CASTELLO, Alejandro; BILLAR, Pedro. *Derecho de la integración y relaciones laborales*. 2. ed. Montevidéu; Fundación de Cultura Universitaria, 2004.

BANDINI, Renato Luiz de Avelar. Justiça gratuita em relação à pessoa jurídica na Justiça do Trabalho. In: VILLATORE, Marco Antônio; HASSON, Roland (Coord.). *Estado & atividade econômica*. Curitiba: Juruá, 2007.

BARBAGELATA, Héctor-Hugo; RÍMOLO, Jorge Rosembaum; ARIGÓN, Mario Garmendia. *El contenido de los convenios colectivos*. Montevidéu: Fundación de Cultura Universitaria, 1998.

BARBI, Celso Agrícola. *Comentários ao Código de Processo Civil*. 7. ed. Rio de Janeiro: Forense, 1992. v. 1.

BARBOSA MOREIRA, José Carlos. *Comentários ao Código de Processo Civil, Lei nº 5.869, de 11 de janeiro de 1973, arts. 476 a 565*. Rio de Janeiro: Forense, 7. ed., 1998 e 11. ed., 2003. v. 5.

REFERÊNCIAS BIBLIOGRÁFICAS | 1341

BARBOZA, Ramiro. Los actores en la negociación colectiva en Paraguay. XVII Congreso Mundial de Derecho del Trabajo y de la Seguridade Social, versão em CD-Rom, realizado em setembro de 2003, Montevidéu, Uruguai.

BARROS, Alice Monteiro de. A nova competência jurisdicional à luz da Emenda Constitucional nº 45, de 2004. Primeiras manifestações concretas. *Revista Justiça do Trabalho*, ano 23, nº 267, mar. 2006.

_____. *Curso de direito do trabalho.* 3. ed. São Paulo: LTr, 2007.

_____. *Proteção à intimidade do empregado.* São Paulo: LTr, 1997.

_____. (Coord.). Procedimento no dissídio coletivo. Compêndio de direito processual do trabalho. São Paulo: LTr, 1998.

BARROS, Cássio Mesquita. O Mercosul e o direito do trabalho. In: RODRIGUES, Aluisio (Coord.). *Direito constitucional do trabalho.* São Paulo: LTr, 1997. v. 2.

_____. *Perspectivas do direito do trabalho no Mercosul.* 1993. Dissertação para Concurso de Professor Titular do Departamento de Direito do Trabalho da Faculdade de Direito da Universidade de São Paulo, São Paulo.

_____. A harmonização dos direitos individuais e o Mercosul. *Revista LTr*, v. 61, nº 5, 1997.

BARROS, Juliana Augusta Medeiros de. Liquidação e execução das sentenças das ações para a defesa de direitos trabalhistas difusos e coletivos *stricto sensu*. In: MALLET, Estevão; SANTOS, Enoque Ribeiro dos. *Tutela processual coletiva trabalhista.* São Paulo: LTr, 2010.

BARROSO, Luís Roberto. *Interpretação e aplicação da Constituição.* 4. ed. São Paulo: Saraiva, 2001.

BASILE, César Reinaldo Offa. A (Des)Atualização Monetária do Crédito na Justiça do Trabalho. Revista LTR, v. 77, nº 7.

BASSO, Guilherme Mastrichi. Dissídio coletivo de natureza jurídica. *Revista Jurídica Virtual da Presidência da República – Subchefia para Assuntos Jurídicos*, nº 4, ago./1999. Disponível em: <www.presidencia.gov.br/ccivil.03/revista/Rev.04/dissidio.coletivo.denatureza.ju.htm>.

BASTOS, Celso Ribeiro; Martins, Ives Gandra da Silva. *Comentários à Constituição do Brasil.* São Paulo: Saraiva, 1992. v. 3.

BASTOS, Celso Ribeiro. *Curso de direito constitucional.* São Paulo: Saraiva, 18. ed., 1997, e 22., 2001.

BATALHA, Wilson de Souza Campos. *Direito intertemporal.* Rio de Janeiro: Forense, 1980.

_____. Desconsideração da personalidade jurídica na execução trabalhista – responsabilidade dos sócios em execução trabalhista contra sociedade. *Revista LTr*, v. 58, nº 11.

_____. *Tratado de direito judiciário do trabalho.* 3. ed. São Paulo: LTr, 1995. v. 1 e 2.

_____; RODRIGUES NETTO, Silvia M. L. Batalha de. *Prescrição e decadência no direito do trabalho.* 2. ed. São Paulo: LTr, 1998.

_____. *Tratado elementar de direito internacional privado.* Rio de Janeiro: Forense, 1961. v. 2.

BATISTA JÚNIOR, Geraldo da Silva. *Exceção de pré-executividade.* Disponível em: <www.fdc.br>.

BEBBER, Júlio Cesar. A competência da Justiça do Trabalho e a nova ordem constitucional. In: COUTINHO, Grijalbo Fernandes; FAVA, Marcos Neves (Coord.). *Nova competência da Justiça do Trabalho.* São Paulo: LTr, 2005.

_____. *Mandado de Segurança, habeas corpus, habeas data na Justiça do Trabalho.* 2. ed. São Paulo: LTr, 2009.

_____. Prequestionamento (súmula nº 297 do TST). *Revista LTr*, v. 68, nº 4.

BELTRAN, Ari Possidonio. *Os impactos da integração econômica no direito do trabalho*: globalização e direitos sociais. São Paulo: LTr, 1998.

_____. *Direito do trabalho e direitos fundamentais.* São Paulo: LTr, 2002.

_____. *A autotutela nas relações de trabalho.* São Paulo: LTr, 1996.

BERMÚDEZ, Jorge Guillermo et al. *Derecho colectivo del trabajo.* Buenos Aires: La Ley, 1998.

BERTOLIN, Patrícia Tuma Martins. *Reformulação do processo do trabalho.* São Paulo: LTr, 1996.

_____. *A (livre) circulação de trabalhadores.* 2000. Tese de Doutoramento apresentada à Faculdade de Direito da Universidade de São Paulo, São Paulo.

_____. Relações de trabalho, emprego e seguridade social no MERCOSUL. *Revista Trabalho e Doutrina*, nº 11.

Bezerra Filho, Manoel Justino. *Nova lei de Recuperação e Falência comentada.* Lei 11.101, de 9 de fevereiro de 2005, comentário artigo por artigo. 3. ed. São Paulo: Revista dos Tribunais, 2005.

BORGES, Arnaldo. *Introdução ao direito tributário.* São Paulo: Revista dos Tribunais, 1992.

BRANDÃO, Cláudio Mascarenhas. Relação de trabalho: enfim, o paradoxo superado. In: COUTINHO, Grijalbo Fernandes; FAVA, Marcos Neves (Coord.). *Nova competência da Justiça do Trabalho.* São Paulo: LTr, 2005.

_____. BACEN-JUD – Sistema de Atendimento das Solicitações do Poder Judiciário ao Banco Central do Brasil – Manual de Instruções do Usuário. *Anamatra.*

BRANDÃO, Manoel Felipe Rego. Responsabilidade tributária nas decisões judiciais. Parecer PGFN/CAT nº 2.998, de 18/9/2002, DOU 19/9/2002, Seção 1, p. 16, Republicado DOU 20/9/2002, Seção 1, p. 36-37. *JTB – Jornal Trabalhista Consulex*, nº 19, set. 2002.

BRITO FILHO, José Cláudio Monteiro de. *Direito sindical.* São Paulo: LTr, 2000.

_____. O sindicalismo no serviço público. In: SILVA NETO, Manoel Jorge e (Coord.). *Constituição e trabalho.* São Paulo: LTr, 1998.

BRUNELLE, Dorval; CHALOULT, Yves. Transnacionalização das práticas sindicais: quadro teórico-analítico. In: CHALOULT, Yves; ALMEIDA, Paulo Roberto de (Coord.). *Mercosul, Nafta e Alça*: a dimensão social. São Paulo: LTr, 1999.

CAETANO, Marcello. *Manual de direito administrativo.* Coimbra: Almedina, 1997. t. 1.

CAHALI, Yussef Said. Decadência. In: FRANÇA, Rubens Limongi (Coord.). *Enciclopédia Saraiva do Direito.* São Paulo: Saraiva, 1977. v. 22.

CALLADO, Adriana; DAMASCENO, Fernando A. V. Notas sobre o valor da causa no processo do trabalho. *Revista LTr*, v. 59, nº 11.

CALLIZO, María del Pilar. *La justicia laboral y la solución de los conflictos.* Disponível em: <www.camparaguay.com>. Acesso em: 15 dez. 2004.

_____. *La ley Paraguaya de Arbitraje y Mediación (1.879/02).* Consideraciones y desafios. Disponível em: <www.camparaguay.com>. Acesso em: 20 set. 2003.

CALMON, José Joaquim de Passos. O crédito trabalhista no direito positivo brasileiro. A supremacia do crédito do trabalhador sobre o crédito fiscal e os créditos com garantias reais. Aspectos processuais. *Revista LTr*, v. 46, maio 1982.

CALVET, Otavio Amaral. A nova competência da Justiça do Trabalho: relação de trabalho × relação de consumo. *Revista LTr*, v. 69, nº 1.

CÂMARA, Alexandre Freitas. *A nova execução de sentença.* 3. ed. Rio de Janeiro: Lumen Juris, 2007.

_____. *Lições de direito processual civil.* Rio de Janeiro: Lumen Juris, 10. ed., 2006, v. 3; 12. ed. 2006, v. 2; 14. ed., 2006, v. 1; 17. ed., 2008, v. 1.

CANOTILHO, José Joaquim Gomes. *Direito constitucional e teoria da constituição.* 7. ed. Coimbra: Almedina, 2003.

_____. *Direito constitucional e teoria da constituição.* 5. ed. Coimbra: Almedina, 2002.

CARDONE, Marly A. Prescrição: direito do trabalho II. In: FRANÇA, Rubens Limongi (Coord.). *Enciclopédia Saraiva do Direito*. São Paulo: Saraiva, 1977. v. 60.

CARMONA, Carlos Alberto. *Arbitragem e processo*: um comentário à Lei nº 9.307/96. São Paulo: Malheiros, 1998.

CARREIRA ALVIM, J. E. *Comentários à Lei de Arbitragem (Lei nº 9.307, de 23.9.1996)*. 2. ed. Rio de Janeiro: Lumen Juris, 2004.

CARRION, Valentin. *Comentários à Consolidação das Leis do Trabalho*. Atualizada por Eduardo Carrion. São Paulo: Saraiva, 28. ed., e 31. ed., 2003.

_____. *Comentários à Consolidação das Leis do Trabalho*. São Paulo: Saraiva, 22. ed., 1997, 24. ed., 1999, e 25. ed., 2000.

_____. *Comentários à Consolidação das Leis do Trabalho*. 15. ed. São Paulo: Revista dos Tribunais, 1992.

CARVALHO, Milton Paulo de (Coord.) et al. *Teoria geral do processo civil*. Rio de Janeiro: Elsevier, 2010.

CARVALHO FILHO, José dos Santos. *Manual de direito administrativo*. Rio de Janeiro: Lumen Juris, 6. ed., 2001 e 16. ed., 2006.

CASELLA, Paulo Borba. *Mercosul*: exigência e perspectivas: integração e consolidação de espaço econômico (1995-2001-2006). São Paulo: LTr, 1996.

_____. *União Europeia*: instituições e ordenamento jurídico. São Paulo: LTr, 2002.

CASTELO, Jorge Pinheiro. *O direito processual do trabalho*. 2. ed. São Paulo: LTr, 1996.

_____. *O direito processual do trabalho na moderna teoria do processo*. São Paulo: LTr, 1993.

_____. *Tutela antecipada na teoria geral do processo*. São Paulo: LTr, 1999. v. 1.

CASTILLO, Santiago Pérez del. *Introduccion al derecho de las relaciones colectivas de trabajo*. Montevidéu: Fundacion de Cultura Universitaria, 1995.

_____. *Manual práctico de normas laborales*. 10. ed. Montevidéu: Fundación de Cultura Universitária, 2000.

CASTRO, Carlos Borges. *Regime jurídico da CLT no funcionalismo*. São Paulo: Saraiva, 1981.

CASTRO, José Nilo de. *Direito municipal positivo*. Belo Horizonte: Del Rey, 2006.

CASTRO, Maria Silvia Portella de. Negociações coletivas internacionais e Mercosul. In: CHALOULT, Yves; ALMEIDA, Paulo Roberto de (Coord.). *Mercosul, Nafta e Alca*: a dimensão social. São Paulo: LTr, 1999.

CATHARINO, José Martins. *Compêndio universitário de direito do trabalho*. São Paulo: Jurídica e Universitária, 1972. v. 1.

_____. Prescrição: direito do trabalho. In: FRANÇA, Rubens Limongi (Coord.). *Enciclopédia Saraiva do Direito*. São Paulo: Saraiva, 1977. v. 60.

_____. O protesto judicial. In: FRANCO FILHO, Georgenor de Sousa (Coord.). *Curso de direito coletivo do trabalho*. São Paulo: LTr, 1998.

CAVALCANTE, Jouberto de Quadros Pessoa. *MERCOSUL. A integração, o direito e os conflitos coletivos de trabalho*. Rio de Janeiro: Lumen Juris, 2006.

_____. *A responsabilidade pelo cumprimento da obrigação tributária no ilícito trabalhista*: Imposto de Renda e Proventos de Qualquer Natureza. Rio de Janeiro: Lumen Juris, 2005.

CAVALCANTE, Jouberto de Quadros Pessoa; JORGE NETO, Francisco Ferreira. A decisão do STF e a multa fundiária. *Suplemento Trabalhista LTr*, nº 161, 2000.

_____. *Prática jurídica trabalhista*. 9. ed. São Paulo: Atlas, 2018.

CESÁRIO, João Humberto. O processo do trabalho e o novo Código de Processo Civil: critérios para uma leitura dialogada dos arts. 769 da CLT e 15 do CPC/2015. *Revista Trabalhista – Direito e Processo.* São Paulo, ano 14, n. 53, jan./mar. 2015.

CESARINO JÚNIOR, Antônio Ferreira. *Direito social.* São Paulo: LTr, Ed. da Universidade de São Paulo, 1980.

CHALOULT, Yves. Relações Mercosul, ALCSA, Alca e papel do Estado. In: CHALOULT, Yves; ALMEIDA, Paulo Roberto de (Coord.). *Mercosul, Nafta e Alca*: a dimensão social. São Paulo: LTr, 1999.

CHAVES, César Pires. *Da ação trabalhista.* Rio de Janeiro: Forense, 1956.

CHIARELLI, Carlos Alberto Gomes; CHIARELLI, Matteo Rota. *Integração*: direito e dever. São Paulo: LTr, 1992.

CHIOVENDA, Giuseppe. *Instituições de direito processual civil.* 3. ed. Campinas: Bookseller, 2002. v. 1.

CINTRA, Antonio Carlos de Araújo; GRINOVER, Ada Pellegrini; DINAMARCO, Cândido Rangel. *Teoria geral do processo.* São Paulo: Malheiros, 12. ed., 1996 e 14. ed., 1998.

CLAUS, Bem-Hur Silveira. A Desconsideração Inversa da Personalidade Jurídica na Execução Trabalhista e a Pesquisa Eletrônica de Bens de Executados. Revista Síntese Trabalhista e Previdenciária nº 290, agosto/2013.

_____. A (re)descoberta do instituto diante da Súmula 375 do STJ – execução efetiva e atualidade da hipoteca judiciária. *Revista Justiça do Trabalho* nº 357, setembro/2013.

CLEMENTINO, Edilberto Barbosa. *Processo judicial eletrônico.* Curitiba: Juruá, 2008.

COELHO, Fábio Ulhoa. *Curso de direito comercial.* São Paulo: Saraiva, 1999. v. 2.

CORDEIRO, Wolney de Macedo. *A regulamentação das relações de trabalho individuais e coletivas no âmbito do Mercosul.* São Paulo: LTr, 2000.

CÓRDOVA, Efrén. O acaso da arbitragem nos conflitos de interesse. In: TEIXEIRA FILHO, João de Lima (Coord.). *Relações coletivas de trabalho.* São Paulo: LTr, 1989.

CORNAGLIA, Ricardo J. *Derecho sindical.* Derecho colectivo del trabajo. Buenos Aires: La Ley, 2004.

COSTA, Carlos Coqueijo. *Direito judiciário do trabalho.* 3. ed. Rio de Janeiro: Forense, 1986.

CRETELLA JÚNIOR, José. *Comentários à Constituição de 1988.* 2. ed. São Paulo: Forense Universitária, 1992.

CUNHA, Maria Inês Moura S. A. *Direito do trabalho.* São Paulo: Saraiva, 1995.

DACRUZ, Efrén Borrajo. *Introducción al derecho del trabajo.* 9. ed. Madri: Tecnos, 1996.

DALAZEN, Orestes. A reforma do judiciário e os novos marcos da competência material da Justiça do Trabalho no Brasil. In: COUTINHO, Grijalbo Fernandes; FAVA, Marcos Neves (Coord.). *Nova competência da Justiça do Trabalho.* São Paulo: LTr, 2005.

_____. *Competência material trabalhista.* São Paulo: LTr, 1994.

_____. Controvérsias sobre a execução de contribuição previdenciária na Justiça do Trabalho. *Revista do Direito Trabalhista*, ano 9, nº 6, jun. 2003.

DALLARI, Dalmo de Abreu. *Elementos de teoria geral do Estado.* 11. ed. São Paulo: Saraiva, 1985.

DALLEGRAVE NETO, José Afonso. Primeiras linhas sobre a nova competência da Justiça do Trabalho fixada pela reforma do Judiciário (EC nº 45/2004). In: COUTINHO, Grijalbo Fernandes; FAVA, Marcos Neves (Coord.). *Nova competência da Justiça do Trabalho.* São Paulo: LTr, 2005.

REFERÊNCIAS BIBLIOGRÁFICAS | **1345**

DANTAS, Ivo. *O valor da constituição*: do controle de constitucionalidade como garantia da supralegalidade constitucional. Rio de Janeiro: Renovar, 1996.

DANTAS, Paulo Roberto de Figueiredo. *Direito processual constitucional*. São Paulo: Atlas, 2009.

DELGADO, Maurício Godinho. *Curso de direito do trabalho*. São Paulo: LTr, 1. ed., 2002, 5. ed., 2006 e 11. ed., 2012

_____. *Direito coletivo do trabalho*. São Paulo: LTr, 2001.

_____. *Introdução ao direito do trabalho*. 2. ed. São Paulo: LTr, 1999.

DELGUE, Juan Raso. Las relaciones de trabajo en America Latina. In: LIMA E SILVA, Diana de; PASSOS, Edésio (Coord.). *Impactos da globalização: relações de trabalho e sindicalismo na América Latina e Europa: teses do Grupo de Bologna/Seminário Internacional do Direito do Trabalho*. São Paulo: LTr, 2001.

DELMANTO, Celso. *Código penal comentado*. 5. ed. Rio de Janeiro: Renovar, 2000.

DIAS, Carlos Eduardo Oliveira. O novo CPC e a preservação ontológica do processo do trabalho. *Revista Magister de Direito do Trabalho*, n. 66, maio-junho/2015.

DIAS, José de Aguiar. *Da responsabilidade civil*. 10. ed. Rio de Janeiro: Forense, 1995. v. 2.

DIDIER JR., Fredie; CUNHA, Leonardo Carneiro da; BRAGA, Paula Sarno; OLIVEIRA, Rafael. *Curso de direito processual civil*. 4. ed. Salvador: JusPodivm, 2012.

_____. *Curso de direito processual civil*. 14. ed. Salvador: JusPodivm, 2012. v. 1.

_____; ZANETI JR., Hermes. Curso de direito processual civil. 10. ed. Salvador: JusPodivm, 2016, v. 4.

DINAMARCO, Cândido Rangel. *A reforma do Código de Processo Civil*. São Paulo: Malheiros, 1995.

DINIZ, José Janguiê Bezerra. *Os recursos no direito processual trabalhista*. Brasília: Consulex, 1994.

DINIZ. Maria Helena. *As lacunas no direito*. 4. ed. São Paulo: Saraiva, 1997.

_____. *Compêndio de introdução à ciência do direito*. 9. ed. São Paulo: Saraiva, 1997.

_____. *Dicionário jurídico*. São Paulo: Saraiva, 1998.

_____. *Lei de introdução ao Código Civil Brasileiro interpretada*. 2. ed. São Paulo: Saraiva, 1996.

_____. *Curso de direito civil brasileiro*. 11. ed. São Paulo: Saraiva, 1996. v. 1.

_____. _____. 12. ed. São Paulo: Saraiva, 1996. v. 1 a 4.

_____. _____. 20. ed. São Paulo: Saraiva, 2005. v. 1 a 7.

_____. _____. 18. ed. São Paulo: Saraiva, 2003. v. 3.

_____. _____. 10. ed. São Paulo: Saraiva, 1995. v. 7.

DI PIETRO, Maria Sylvia Zanella. *Direito administrativo*. São Paulo: Atlas, 13. ed., 2001, 16. ed., 2003 e 18. ed., 2005.

DONIZETTI, Elpídio. *Curso didático de direito processual civil*. 9. ed. Rio de Janeiro: Lumen Juris, 2008.

_____. *Curso didático de direito processual civil*. 14. ed. São Paulo: Atlas, 2010.

DONIZETTI, Elpídio. *O novo processo de execução*. 2. ed. Rio de Janeiro: Lumen Juris, 2009.

DROMI, Roberto; EKMEKDJIAN, Miguel; RIVEIRA, Julio C. *Derecho comunitario* – sistemas de integración – régimen del Mercosur. Buenos Aires: Ciudad Argentina, 1995.

DUBUGRAS, Regina Maria Vasconcelos. O cancelamento do Enunciado nº 310 do Tribunal Superior do Trabalho e a substituição processual. *Revista LTr*, v. 67, nº 10.

DURANT, Cláudia Maria Beatriz S. Vantagens e desvantagens da ratificação pelo Brasil da Convenção nº 87 da OIT. In: PEREIRA, Armand (Org.). *Reforma sindical e negociação coletiva*. Brasília: OIT, 2001.

ECHEVERRÍA, Bernardo Van der Laat. Conflictos colectivos, huelga y paro patronal. In: URIARTE, Oscar Ermida; AVILÉS, Antonio Ojeda (Coord.). *El derecho sindical en América Latina*. Montevidéo: Fundación de Cultura Universitaria. 1995.

ETALA, Carlos Alberto. *Derecho colectivo del trabajo*. Buenos Aires: Astrea, 2002.

FARIA, José Eduardo. *O direito na economia globalizada*. São Paulo: Rio de Janeiro, 1999.

FARIAS, Cristiano Chaves de; ROSENVALD, Nelson. *Direito civil*: parte geral. 7. ed. Rio de Janeiro: Lumen Juris, 2009. v. 3.

FAVA, Marcos Neves. *Ação civil pública*. São Paulo: LTr, 2005.

_____. As ações relativas às penalidades administrativas impostas aos empregadores pelos órgãos de fiscalização das relações de trabalho – leitura do artigo 114, VII, da Constituição da República. *Revista da Escola da Magistratura do TRT da 2ª Região*, nº 1, set. 2006.

FELICIANO, Guilherme Guimarães. Justiça do Trabalho: nada mais, nada menos. In: COUTINHO, Grijalbo Fernandes; FAVA, Marcos Neves (Coord.). *Justiça do trabalho: competência ampliada*. São Paulo: LTr, 2005.

FEÓLA, Luis Fernando. Prática jurídica no PJe/JT – processo judicial eletrônico da justiça do trabalho. São Paulo: LTr, 2014.

FERNANDEZ, Cláudio F. Penna. O termo inicial da prescrição na ação de cumprimento. *Revista ltr*, v. 60, nº 4.

FERRARI, Irany; MARTINS, Melchíades Rodrigues. *Consolidação das Leis do Trabalho*: doutrina, jurisprudência dominante e procedimentos administrativos. introdução. São Paulo: LTr, 2006. v. 1.

_____; NASCIMENTO, Amauri Mascaro; MARTINS FILHO, Ives Gandra da Silva. *História do trabalho, do direito do trabalho e da Justiça do Trabalho*. São Paulo: LTr, 1998.

_____; MARTINS, Melchíades Rodrigues. *Dano moral*: múltiplos aspectos nas relações de trabalho. 2. ed. São Paulo: LTr, 2006.

FERRAZ, Sérgio. *Mandado de segurança*: individual e coletivo. aspectos polêmicos. 3. ed. São Paulo: Malheiros, 1996.

FERREIRA FILHO, Manoel Gonçalves. *Comentários à Constituição Brasileira de 1988*. 2. ed. São Paulo: Saraiva, 1997.

_____. *Curso de direito constitucional*. 28. ed. São Paulo: Saraiva, 2002.

FERREIRA, Luiz Pinto. Federação. *Enciclopédia Saraiva do Direito*, São Paulo: Saraiva, 1977. v. 36.

FERREIRA, Pinto. *Curso de direito constitucional*. 11. ed. São Paulo: Saraiva, 2001.

FIGUEIREDO, Guilherme José Purvin de. *O estado no direito do trabalho*: as pessoas jurídicas de direito público no direito individual, coletivo e processual do trabalho. São Paulo: LTr, 1996.

FILETI, Narbal Antônio Mendonça. A projeção do lapso contratual em face do aviso prévio indenizado: contagem da prescrição e data da baixa da CTPS. *Revista ltr*, v. 62, nº 5.

FINATI, Cláudio Roberto. As relações do trabalho na era da informática. *Revista do Direito Trabalhista*, versão CD-Rom.

FINK, Daniel Roberto. In: GRINOVER, Ada Pellegrini et al. (Coord.). *Código de Defesa do Consumidor*. Comentado pelos autores do anteprojeto. 7. ed. São Paulo: Forense Universitária, 2001.

FONSECA, Ricardo Tadeu Marques. A tutela dos direitos individuais homogêneos pelo Ministério Público na ação civil pública. *Revista do Ministério Público do Trabalho de São Paulo*, nº 2, 1998.

FRANÇA, Rubens Limongi. *A irretroatividade das leis e o direito adquirido*. 5. ed. São Paulo: Saraiva, 1988.

REFERÊNCIAS BIBLIOGRÁFICAS | **1347**

FRANCO FILHO, Georgenor de Souza (Coord.). *Curso de direito coletivo do trabalho*. São Paulo: LTr, 1998.

_____. Harmonização da legislação trabalhista e conflito especial de leis no Mercosul. *Repertório IOB de Jurisprudência*, nº 10/96, 2ª quinzena maio 1996.

FREDERICO MARQUES, José. *Manual de direito processual civil*. 9. ed. Campinas/São Paulo: Millennium, 2003. v. 2.

FURTADO, Sebastião Antunes et al. *Solução dos conflitos coletivos de trabalho no setor privado*: estudos dos sistemas do Brasil e da França. Curitiba: Gênesis, 2004.

_____. Liberdade sindical: o retorno ao debate na EC 45/2004. In: RAMOS FILHO, Wilson (Coord.). *Direito coletivo do trabalho depois da EC 45/2004*. Curitiba: Genesis, 2006.

GANDINI, João Agnaldo Donizetti; RANGEL, Luciana. O acesso à justiça e a exceção de pré--executividade. *Revista Consulex*, Editora Consulex, nº 149.

GARCIA, Gustavo Filipe Barbosa. As alterações no CPC decorrentes da Lei nº 10.352 e suas repercussões no Processo do Trabalho. *Repertório de Jurisprudência IOB*, nº 4/2002, caderno 2.

_____. A nova redação da súmula nº 368 do TST e as contribuições previdenciárias referentes a vínculo de emprego reconhecido pela Justiça do Trabalho. *Revista LTr*, v. 70, nº 1.

_____. A penhora "ON-LINE" e o convênio BACEN/TST. *Repertório de Jurisprudência IOB*, caderno 2, 1ª quinzena de set. 2002.

_____. Lei nº 11.280/2006: novas reflexões sobre o foro de eleição e a competência territorial no processo do trabalho. *Revista Justiça do Trabalho*, nº 270, jun. 2006.

_____. Lei nº 11.232/2005: reforma da execução civil e direito processual do trabalho. *Revista Justiça do Trabalho*, ano 23, nº 274, out. 2006.

_____. Nova reforma do CPC: a Lei nº 10.444 e o processo do trabalho. *Jornal Consulex*, ano 20, nº 962, abr. 2003.

GARCIA, Manoel Alonso. *Curso de derecho del trabajo*. 4. ed. Barcelona, 1973.

GARCIA, Pedro Carlos Sampaio. O fim do poder normativo. In: COUTINHO, Grijalbo Fernandes; FAVA, Marcos Neves (Coord.). *Justiça do Trabalho*: competência ampliada. São Paulo: LTr, 2005.

GARCIA JUNIOR, Armando Álvares. *O direito do trabalho no Mercosul*. São Paulo: LTr, 1997.

GEMIGNANI, Tereza Aparecida Asta. Justiça do Trabalho: um novo rosto à procura de uma nova identidade. *Revista LTr*, v. 70, nº 8.

GEHLING, Ricardo. Ações sobre acidente do trabalho contra o empregador: competência, coisa julgada e prescrição. *Revista LTr*, v. 69, nº 12.

GIGLIO, Wagner D. Os conflitos trabalhistas, a arbitragem e a Justiça do Trabalho. *Revista LTr*, v. 47, nº 3.

GIGLIO, Wagner D. *Direito processual do trabalho*. São Paulo: LTr, 8. ed., 1993, 12. ed., 2002 e 13. ed., 2003.

_____. Os conflitos trabalhistas, a arbitragem e a Justiça do Trabalho. *Revista LTr*, v. 47, nº 3.

_____. CORRÊA, Claudia Giglio Veltri. *Direito processual do trabalho*. 15. ed. São Paulo: Saraiva, 2005.

GIUDICE, F. del.; MARIANI, F. *Diritto sindicale*. 9. ed. Napoli: Giuridiche Simone, 1998.

GIUGNI, Gino, com colaboração de Pietro Curzio e Mario Giovanni Girofalo. *Direito sindical*. Tradução e nota Eiko Lúcia Itioka; revisão técnica José Francisco Siqueira Neto. São Paulo: LTr, 1991.

GOMES, Orlando. *A convenção coletiva de trabalho*. São Paulo: LTr, 1995. Edição fac-similada.

_____. *O salário no direito brasileiro.* São Paulo: LTr, 1996.

_____; GOTTSCHALK, Elson. *Curso de direito do trabalho.* 14. ed. Rio de Janeiro: Forense, 1998.

GONÇALVES, Carlos Roberto. *Responsabilidade civil.* 6. ed. São Paulo: Saraiva, 1995.

GONÇALVES, Cunha Gonçalves. *Tratado de direito civil.* Coimbra: Coimbra Editora, 1930. v. 3.

GONÇALVES, Emílio. *Exceção, contestação e reconvenção no processo trabalhista:* teoria e prática. 3. ed. São Paulo: LTr, 1996.

GONÇALVES NETO, Diógenes M. Decisões judiciais: motivação inexistente, parcial ou fictícia e a violação ao estado democrático de direito. *Revista do Advogado,* ano 25, nº 84, dez. 2005.

GRECO FILHO, Vicente. *Comentários ao procedimento sumário, ao agravo e à ação monitória.* São Paulo: Saraiva, 1996.

_____. *Direito processual civil brasileiro.* São Paulo: Saraiva, 12. ed., 1996 e 17. ed., 2006. v. 1 a 3.

_____. *Tutela constitucional das liberdades.* São Paulo: Saraiva, 1989.

GUEDES, Renato de Carvalho. Concurso de credores em processo de execução: preferência de créditos, competência para julgá-la e procedimento do concurso. *Revista do Tribunal Regional do Trabalho da 15ª Região,* nº 31, 2007.

GUIMARÃES, Deocleciano Torrieri. *Dicionário técnico jurídico.* 8. ed. São Paulo: Rideel, 2006.

GUIMARÃES, Márcio Souza. Apontamentos sobre os aspectos trabalhistas na nova lei de falências e de recuperação de empresas. *Revista da Associação Carioca dos Advogados Trabalhistas (ACAT),* nº 1, 2006.

GUNTHER, Luiz Eduardo, ZORNIG, Cristina Maria Navarro. Descontos previdenciários e fiscais na Justiça do Trabalho. *Jornal Trabalhista Consulex,* Brasília, nº 893, dez. 2001.

_____. Uniformização da Jurisprudência Intramuros no TRT: aplicação do § 1º do art. 555 do CPC. *Jornal Trabalhista Consulex,* nº 973, jul. 2003.

GUSMÃO, Paulo Dourado de. *Introdução ao estudo do direito.* 31. ed. Rio de Janeiro: Forense, 2002.

HADDAD, José Eduardo. *Precedentes jurisprudenciais do TST comentados.* São Paulo: LTr, 1999.

HORTA, Raul Machado. *Estudos de direito constitucional.* Belo Horizonte: Del Rey, 1995.

HOUAISS, Antônio; VILLAR, Mauro de Salles; FRANCO, Francisco Manoel de Mello. *Dicionário Houaiss da língua portuguesa.* Rio de Janeiro: Objetiva, 2004.

HÜBNER, Marlot Ferreira Caruccio. *O direito constitucional do trabalho nos países do Mercosul.* São Paulo: Memória Jurídica, 2002.

JAEGER JUNIOR, Augusto. *Temas de direito da integração e comunitário.* São Paulo: LTr, 2002.

JATAHY, Carlos Roberto de Castro. *Princípios institucionais do Ministério Público.* 3. ed. Rio de Janeiro: Lumen Juris, 2008.

JESUS, Damásio de. *Deixar de registrar empregado não é crime.* Disponível em: <www.damasio.com.br/novo/ html/artigos/art_115.htm>. Acesso em: 13 jun. 2004.

JO, Hee Moon. *Introdução ao direito internacional.* São Paulo: LTr, 2000.

JORGE NETO, Francisco Ferreira. *Sucessão trabalhista.* São Paulo: LTr, 2001.

_____. *Recursos trabalhistas.* Bauru: Edipro, 1999.

_____. *Convenção nº 158 da OIT – como fica?* Aspectos doutrinários. Bauru: Edipro, 1997.

_____; CAVALCANTE, Jouberto de Quadros Pessoa. *Direito do trabalho.* Rio de Janeiro: Lumen Juris, 4. ed., 2008 e 5. ed., 2010.

_____. *A decadência e a prescrição no direito do trabalho.* Rio de Janeiro: Lumen Juris, 2003.

_____. *Estudos dirigidos:* direito do trabalho. São Paulo: LTr, 1999.

_____. *O direito eleitoral e o direito do trabalho*: as ingerências do direito eleitoral no contrato de trabalho. São Paulo: LTr, 2004.

_____. *O empregado público*. São Paulo: LTr, 1. ed., 2002 e 2. ed., 2009.

_____. *Responsabilidade e as relações de trabalho*. São Paulo: LTr, 1998.

JUCÁ, Francisco Pedro. *Parlamento do Mercosul*: alterações necessárias à Constituição brasileira de 1988. São Paulo: LTr, 2002.

JUSTEN FILHO, Marçal. *Curso de direito administrativo*. São Paulo: Saraiva, 2005.

KÜMMEL, Marcelo Barroso. *As convenções da OIT e o Mercosul*. São Paulo: LTr, 2001.

LAMARCA, Antonio. *Roteiro judiciário trabalhista*. São Paulo: Revista dos Tribunais, 1975.

LAMBERT, Jean-Marie Lambert. *Curso de direito internacional público*: Mercosul em questão. Goiânia: Kelps, 2002.

LAURINO, Salvador Franco de Lima. A Emenda nº 20/98 e os limites à aplicação do par. 3º do art. 114 da Constituição da República: a conformidade com o devido processo legal. *Revista da Amatra II*, nº 2, 1999.

_____. O artigo 15 do novo Código de Processo Civil e os limites da autonomia do processo do trabalho. *Revista LTr*, v. 79, nº 8, agosto de 2015.

LEAL, Antônio Luis da Câmara. *Da prescrição e da decadência*. 2. ed. Rio de Janeiro: Forense, 1959.

LEITE, Carlos Henrique Bezerra. *Ação civil pública*. 2. ed. São Paulo: LTr, 2008.

_____. Ação civil pública. *Revista do Direito Trabalhista*, nº 5, 1996.

_____. Cumprimento espontâneo da sentença (Lei nº 11.232/2005) e suas repercussões no processo do trabalho. *Revista LTr*, v. 70, nº 09.

_____. *Curso de direito processual do trabalho*. São Paulo: LTr, 1. ed., 2003, 2. ed., 2004, 4. ed., 2006, 6. ed., 2008 e 8. ed., 2010.

LIMA, Amarildo Carlos de. *A ação civil pública e sua aplicação no processo do trabalho*. São Paulo: LTr, 2002.

LIMA, Francisco Gerson Marques de. Alterações no processo do trabalho pela Lei nº 10.352/01. *Repertório de Jurisprudência IOB*, nº 4/2002, caderno 2.

LIMA, Marcellus Polastri. *Juizados especiais criminais*. Rio de Janeiro: Lumen Juris, 2005.

_____. *Manual de processo penal*. 3. ed. Rio de Janeiro: Lumen Juris, 2009.

LINDOSO, Alexandre Simões. O recurso de revista e os embargos de divergência à luz da Lei 13.015/2014 – primeiras reflexões. *Revista LTr*, v. 78, nº 9.

LIPOVETZKY, Jaime César; LIPOVETZKY, Daniel Andrés. *El derecho del trabajo en los tiempos del ALCA*. Buenos Aires: Distal, 2002.

LOGUÉRCIO, José Eymard. Dos recursos extraordinários no âmbito trabalhista. *Revista LTr*, v. 58, nº 12.

LOPES, Néri Cezimbra. Criação do tribunal permanente de revisão inova sistema de solução de controvérsias do MERCOSUL. *Revista de Direito Internacional e Econômico*, Síntese, jan./fev. 2004.

LÓPEZ, Manuel-Carlos Palomeque. *Derecho sindical español*. 5. ed. Madri: Tecnos, 1994.

LORA, Ilse Marcelina Bernardi. *A prescrição no direito do trabalho*: teoria geral e questões polêmicas. São Paulo: ltr, 2000.

_____. A nova competência da Justiça do Trabalho. *Revista LTr*, v. 69, nº 2.

_____. A prescrição nas ações de indenização decorrentes de acidentes do trabalho. O problema da competência. Disponível em: <http://www.amatra5.org.br/artigos/artigos49_05.php>.

LORENZETTI, Ari Pedro. *A prescrição no direito do trabalho*. São Paulo: LTr, 1999.

LUCON, Paulo Henrique dos Santos. Coisa julgada, efeitos da sentença, "coisa julgada inconstitucional" e embargos à execução do artigo 741, parágrafo único. *Revista do Advogado*, nº 84, dez. 2005.

MACÊDO, José Acurcio Cavaleiro de. A Emenda Constitucional nº 45/2004 e a judiciarização da Justiça do Trabalho. *Revista LTr*, v. 69, nº 1.

MACHADO, Antônio Cláudio da Costa. *Código de Processo Civil interpretado*: artigo por artigo, parágrafo por parágrafo. Barueri: Manole, 4. ed., 2005 e 5. ed., 2006.

_____. *Normas processuais civis interpretadas artigo por artigo, parágrafo por parágrafo da Constituição Federal*. São Paulo: Juarez de Oliveira, 2001.

MACHADO JÚNIOR, César P. S. A execução das contribuições previdenciárias. *Suplemento Trabalhista LTr*, nº 28, jan. 2001.

_____. *O ônus da prova no processo do trabalho*. 3. ed. São Paulo: LTr, 2001.

MACHADO, Hugo de Brito. *Curso de direito tributário*. 12. ed. Malheiros. São Paulo, 1997.

MAGANO, Octavio Bueno. *Manual de direito do trabalho*: direito coletivo do trabalho. São Paulo: LTr, 1986. v. 3.

_____. *Manual de direito do trabalho*: direito individual do trabalho. 4. ed. São Paulo: LTr, 1993.

_____. Internacionalização de relações de trabalho. In: BAPTISTA, Luiz Olavo et al. (Coord.) *Direito e comércio internacional*. Tendência e perspectivas. São Paulo: LTr, 1994.

_____. Contração coletiva. *Revista LTr*, v. 57, nº 2.

_____. Sindicalização e direito de greve dos servidores públicos. In: RODRIGUES, Aluisio (Coord.). *Curso de direito constitucional do trabalho*. São Paulo: LTr, 1991. v. 2.

MAIOR, Jorge Luiz Souto. Reflexos das alterações do Código de Processo Civil no processo do trabalho. *Revista da Escola da Magistratura do TRT da 2ª Região – São Paulo*, nº 1, set. 2006.

_____. A prescrição do direito de ação para pleitear indenização por dano moral e material decorrentes de acidente do trabalho. *Revista LTr*, v. 70, nº 5.

MALHADAS, Júlio Malhadas. *Direito do trabalho & direito processual do trabalho*. Curitiba: Genesis, 2004. t. 1 e 2.

MALLET, Estêvão. A dupla inconstitucionalidade do § 5º do art. 884 da CLT. *Revista do Tribunal Superior do Trabalho* v. 68, nº 1, jan./mar. 2002.

_____. *Apontamentos de direito processual do trabalho*. São Paulo: LTr, 1997.

_____. Apontamentos sobre a competência da Justiça do Trabalho após a Emenda Constitucional nº 45. In: COUTINHO, Grijalbo Fernandes; FAVA, Marcos Neves (Coord.). *Justiça do Trabalho*: competência ampliada. São Paulo: LTr, 2005.

_____. A prescrição na relação de emprego rural após a Emenda Constitucional nº 28. *Revista ltr*, v. 64, nº 8.

_____. *Direito, trabalho e processo em transformação*. São Paulo: LTr, 2005.

_____. O processo do trabalho e as recentes modificações do Código de Processo Civil. *Revista da Escola da Magistratura do TRT da 2ª Região – São Paulo*, nº 1, set. 2006.

MALTA, Christovão Piragibe Tostes. *A prova no processo do trabalho*. São Paulo: LTr, 1997.

_____. *Prática do processo trabalhista*. 22. ed. Rio de Janeiro: Edições Trabalhistas, 1991.

_____. *Prática do processo trabalhista*. 30. ed. São Paulo: LTr, 2000.

MANCUSO, Rodolfo de Camargo. *Recurso extraordinário e recurso especial*. 5. ed. São Paulo: Revista dos Tribunais, 1998.

MANSUETI, Hugo Roberto. *Direito sindical no MERCOSUL*. São Paulo: LTr, 2004.

MANUS, Pedro Paulo Teixeira. *Negociação coletiva e contrato individual de trabalho*. São Paulo: Atlas, 2001.

_____. Revisão da sentença normativa. In: FRANCO FILHO, Georgenor de Souza (Coord.). *Curso de direito coletivo do trabalho*. São Paulo: LTr, 1998.

_____; ROMAR, Carla Teresa Martins. *Consolidação das Leis do Trabalho e legislação complementar*. 4. ed. São Paulo: Malheiros, 2004.

MARANHÃO, Délio. *Direito do trabalho*. 8. ed. Rio de Janeiro: Getulio Vargas, 1980.

_____ et al. *Instituições de direito do trabalho*. 19. ed. São Paulo: LTr, 2000. v. 1 e 2.

MARCATO, Antonio Carlos. *Procedimentos especiais*. 10. ed. São Paulo: Atlas, 2004.

MARINONI, Luiz Guilherme; ARENHART, Sérgio Cruz. *Processo de conhecimento*. São Paulo: Revista dos Tribunais, 5. ed., 2006 e 7. ed., 2008.

_____. *Execução*. São Paulo: 2. ed. Revista dos Tribunais, 2008.

_____. *Procedimentos especiais*. São Paulo: Revista dos Tribunais, 2008.

_____. *Processo cautelar*. São Paulo: Revista dos Tribunais, 2008.

_____. *Teoria geral do processo*. 3. ed. São Paulo: Revista dos Tribunais, 2008.

MARQUES, José Frederico. *Instituições de direito processual civil*. Campinas: Millennium, 1. ed., 2000 e 9. ed., 2003. v. 1 e 2.

MARTINS, Nei Frederico Cano. Os princípios do direito do trabalho e a flexibilização ou desregulamentação. *Revista LTr* v. 64, nº 7.

MARTINS, Ives Gandra da Silva. *Sistema tributário na Constituição de 1988*. 4. ed. São Paulo: Saraiva, 1992.

MARTINS, Ives Gandra da Silva (Coord.). *Decadência e prescrição*. Caderno de Pesquisas Tributárias. São Paulo: Resenha Tributária, 1991. v. 1.

MARTINS, Sergio Pinto. Alienação na recuperação judicial e sucessão trabalhista. *Revista do Direito Trabalhista*, ago. 2007.

_____. A Nova Lei de Falência e suas implicações nos créditos dos trabalhadores. *Jornal Síntese nº 97*, mar. 2005.

_____. *Comentários a CLT*. São Paulo: Atlas, 3. ed., 2000, e 10. ed., 2006.

_____. Cancelamento do Enunciado 310 do TST sobre substituição processual. *Carta Forense*, nº 10, fev. 2004.

_____. *Direito do trabalho*. São Paulo: Atlas, 13. ed., 2001, 18. ed., 2003, e 21. ed., 2005.

_____. *Direito processual do trabalho*. São Paulo: Atlas, 4. ed., 1997, 15. ed., 2001, 19. ed., 2002, 20. ed., 2003, 21. ed., 2004, 26. ed., 2006 e 29. ed., 2009.

_____. *Direito da seguridade social*. São Paulo: Atlas, 4. ed., 1996, e 18. ed., 2002.

MARTINS FILHO, Ives Gandra da Silva. Ação civil pública e ação civil coletiva. *Revista LTr*, v. 59, nº 11.

_____. A reforma do Judiciário e seus desdobramentos na Justiça do Trabalho. *Revista LTr*, v. 6, nº 1.

_____. Critérios de transcendência no recurso de revista – Projeto de Lei nº 3.267/00. *Revista LTr*, v. 65, nº 8.

_____. *Processo coletivo do trabalho*. São Paulo: LTr, 2. ed., 1996; 3. ed., 2003 e 4. ed., 2009.

_____. Recursos de natureza extraordinária no processo do trabalho. *Revista LTr*, v. 56, nº 8.

MAZZONI, Giuliano. *Manuale di diritto del lavoro*. 6. ed. Milano: Dott. A. Giuffrè Editore, 1990. v. 2.

_____. *Relações coletivas de trabalho*. Tradução de Antonio Lamarca. São Paulo: LTr, 1972.

MEIRELES, Edilton. A nova Justiça do Trabalho – competência e procedimento. In: COUTI-NHO, Grijalbo Fernandes; FAVA, Marcos Neves (Coord.). *Nova competência da Justiça do Trabalho*. São Paulo: LTr, 2005.

_____; BORGES, Leonardo Dias. A nova execução cível e seus impactos no processo do trabalho. *Revista TST*, v. 72, nº 1, jan./abr. 2006.

_____. *O novo Código Civil e o direito do trabalho*. 2. ed. São Paulo: LTr, 2003.

MEIRELLES, Hely Lopes. *Direito administrativo brasileiro*. São Paulo: Malheiros, 19. ed., 1994, 21. ed., 1996, e 23. ed., 1998.

_____. *Direito municipal brasileiro*. 9. ed. São Paulo: Malheiros, 1997.

_____. *Mandado de segurança, ação popular, ação civil pública, mandado de injunção,* habeas data. 19. ed. São Paulo: Malheiros, 1997.

_____. *Mandado de segurança. Ação popular. Ação civil pública. Mandado de injunção.* Habeas data. *Ação direta de inconstitucionalidade. Ação declaratória de constitucionalidade. Arguição de descumprimento de preceito fundamental. O controle incidental de normas no direito brasileiro.* Atualizado por Arnaldo Wald, Gilmar Ferreira Mendes e Rodrigo Garcia de Fonseca. 26. ed. São Paulo: Malheiros, 2003.

MELLO, Celso Antonio Bandeira de. *Curso de direito administrativo*. São Paulo: Malheiros, 12. ed., 2000.

_____. *Regime dos servidores na administração direta e indireta*. 3. ed. São Paulo: Malheiros, 1995.

MELLO, José Luiz Lauria Jansen de. Matéria de ordem pública – direito processual constitucional – prescrição trabalhista – artigo 7º, inciso XXIX, letra a, da Constituição Federal de 1988 – inaplicabilidade do artigo 166 do Código Civil. *Revista ltr*, v. 59, nº 9.

MELLO, Oswaldo Aranha Bandeira de. *Princípios gerais de direito administrativo*. 2. ed. Rio de Janeiro: Forense, 1979. v. 2.

MELO, Raimundo Simão de. *Ação civil pública na Justiça do Trabalho*. São Paulo: LTr, 2002.

_____. *Direito ambiental do trabalho e a saúde do trabalhador*. 2. ed. São Paulo: LTr, 2006.

_____. *Dissídio coletivo de trabalho*. São Paulo: LTr, 2002.

_____. Formas de solução dos conflitos coletivos de trabalho no Brasil. *Revista LTr*, v. 55, nº 11.

_____. Prescrição nas ações acidentárias. *Revista Justiça do Trabalho*, nº 276, dez. 2006.

_____. *Direito ambiental do trabalho e a saúde do trabalhador*. São Paulo: LTr, 2004.

MENDONÇA JUNIOR, Nelson Teixeira. A prescrição e a equidade. *Revista LTr*, v. 60, nº 5.

MENEZES, Cláudio Armando Couce de. O juiz do trabalho no processo moderno (estudo baseado nas recentes alterações do CPC). *Revista do Direito Trabalhista*, 1995.

_____. Os novos contornos das relações de trabalho e de emprego: direito do trabalho e a nova competência trabalhista estabelecida pela Emenda nº 45/04. *Revista LTr*, v. 69, nº 5.

MIRANDA, Pontes de. *Comentários ao Código de Processo Civil*. 3. ed. Rio de Janeiro: Forense, 1999. t. 7.

MISAILIDIS, Mirta Lerena de. *Os desafios do sindicalismo brasileiro diante das atuais tendências.* São Paulo: LTr, 2001.

MOTTA, Sylvio; BARCHET, Gustavo. *Curso de direito constitucional*. São Paulo: Elsevier, 2007.

MONTANER, Jorge Dario Cristaldo; RODRÍGUEZ, Beatriz E. Cristado. *Legislación y jurisprudencia del trabajo*. Asunción: Litocolor, 2002.

MONTEIRO, Washington de Barros. *Curso de direito civil*. 33. ed. São Paulo: Saraiva, 1995. v. 1.

_____. *Curso de direito civil*. 28. ed. São Paulo: Saraiva, 1995. v. 4 e v. 5.

REFERÊNCIAS BIBLIOGRÁFICAS | 1353

MONTORO, André Franco. *Introdução à ciência do direito*. 25. ed. São Paulo: Revista dos Tribunais, 2000.

MONTOYA, Silvia. La integración de los mercados laborales y el MERCOSUR. Argentina. *Revista de Trabajo*, jul./ago. 1994.

MORAES, Alexandre de. *Constituição do Brasil interpretada e legislação constitucional*. São Paulo: Atlas, 2002.

_____. *Direito constitucional*. São Paulo: Atlas, 19. ed., 2006 e 24. ed., 2009.

MORAES, Bernardo Ribeiro de. A decadência e a prescrição diante do crédito tributário. In:

MORAES FILHO, Evaristo de. *Sucessão nas obrigações e a teoria da empresa*. Rio de Janeiro: Forense, 1960. v. 1.

_____. *Introdução ao direito do trabalho*. 5. ed. São Paulo: LTr.

MUCERINO, Andréa Ehlke. A prescrição quinquenal do FGTS. *Revista ltr*, v. 59, nº 10.

MUJALLI, Walter Brasil. *Direito civil para concursos públicos*. São Paulo: Edipro, 1995.

MUNHOZ, José Lúcio. A EC nº 20/98 e a Lei nº 10.035/00. *Revista Synthesis*, v. 32, jan. 2001.

NADER, Paulo. *Introdução ao estudo do direito*. 22. ed. Rio de Janeiro: Forense, 2002.

NAHAS, Thereza Christina. *Curso de direito processual do trabalho*: processo cautelar, procedimento especial. São Paulo: Escola da Magistratura do Trabalho 2ª Região, 1999.

NALINI, José Renato. *Ética geral e profissional*. 2. ed. São Paulo: Revista dos Tribunais, 1999.

NANNI, Giovanni Ettore. *A responsabilidade civil do juiz*. São Paulo: Max Limonad, 1999.

NASCIMENTO, Amauri Mascaro. *Curso de direito processual do trabalho*. São Paulo: Saraiva, 12. ed., 1990, 20. ed., 2001, e 21. ed., 2002.

_____. A competência da Justiça do Trabalho para a relação de emprego. In: COUTINHO, Grijalbo Fernandes; FAVA, Marcos Neves (Coord.). *Nova competência da Justiça do Trabalho*. São Paulo: LTr, 2005.

_____. A questão do dissídio coletivo de comum acordo. *Revista LTr*, v. 70, nº 6.

_____. *Conflitos coletivos de trabalho*. Fundamentos do sistema jurisdicional brasileiro. São Paulo: Saraiva, 1978.

_____. Contrato coletivo como alteração do modelo de relações de trabalho. *Revista LTr*, v. 57, nº 2.

_____. *Curso de direito do trabalho*. São Paulo: Saraiva, 3. ed., 1984, 16. ed., 1999, 19. ed., 2004, e 21. ed., 2006.

_____. *Compêndio de direito sindical*. 3. ed. São Paulo: LTr, 2003.

_____. *Iniciação ao direito do trabalho*. São Paulo: LTr, 8. ed., 1982, 20. ed., 1993, 27. ed., 2001, 28. ed., 2003, 30. ed., 2004, e 32. ed., 2006.

_____. O problema da execução das contribuições previdenciárias pela Justiça do Trabalho. *Revista Synthesis*, v. 32, jan. 2001.

_____. Problemas atuais do direito e do processo do trabalho. *Revista LTr*, v. 55, nº 8.

_____. Nova liquidação da sentença. *Revista LTr*, v. 56, nº 8.

_____. Ministério do Trabalho e Previdência Social: arbitragem e mediação. In: TEIXEIRA FILHO, João de Lima (Coord.). *Perspectivas do direito do trabalho*. São Paulo, LTr, 1993.

NASSER, Rabih Ali. *A liberalização do comércio internacional nas normas do GATT-OMC*. São Paulo: LTr, 1999.

NAZAR, Nelson. Poder normativo da Justiça do Trabalho: manutenção ou extinção? *Revista Synthesis*, nº 39, 2004.

NERY JUNIOR, Nelson. *Princípios do processo civil na Constituição Federal*. 5. ed. São Paulo: Revista dos Tribunais, 1999.

_____. *Princípios fundamentais*: teoria geral dos recursos. São Paulo: Revista dos Tribunais, 4. ed., 1997 e 6. ed., 2004.

_____; Nery, Rosa Maria Barreto Borriello de Andrade. *Código de processo civil comentado*. São Paulo: Revista dos Tribunais, 3. ed., 1997, e 9. ed., 2006.

_____; _____. *Código civil comentado*. 3. ed. São Paulo: Revista dos Tribunais, 2005.

NICOLAU, Gustavo Rene. *Prazos prescricionais no Novo Código Civil*. Disponível em: <www.direitonet.com.br>.

NORRIS, Roberto. *Contratos coletivos supranacionais de trabalho e a internacionalização das relações laborais no Mercosul*. São Paulo: LTr, 1998.

OLEA, Manuel Alonso. *Introdução ao Direito do Trabalho*. Tradução de Regina Maria Macedo Nery Ferrari, Aglaé Marcon, Itacir Luchtemberg e Sebastião Antunes Furtado. Curitiba: Gênesis, 1997.

_____. Experiência espanhola do sistema de solução de conflitos de trabalho. Teixeira Filho, João de Lima (Coord.). *Relações Coletivas de Trabalho*. São Paulo: LTr, 1989.

OLIVEIRA, Alexandre Nery. Contribuição previdenciária e competência da Justiça do Trabalho: análise da Emenda Constitucional nº 20/98. *Revista da Amatra II*, nº 2, 1999.

OLIVEIRA, Eugênio Pacelli. *Curso de processo penal*. 9. ed. Rio de Janeiro: Lumen Juris, 2008.

OLIVEIRA, Francisco Antonio de. *A execução na Justiça do Trabalho*. 3. ed. São Paulo: Revista dos Tribunais, 1995.

_____. *Comentários à Consolidação das Leis do Trabalho*. 3. ed. São Paulo: Revista dos Tribunais, 2005.

_____. *Comentários aos enunciados do Tribunal Superior do Trabalho*. São Paulo: Revista dos Tribunais, 3. ed., 1996; 4. ed., 1997 e 10. ed., 2010.

_____. *Comentários aos precedentes normativos e individuais do TST*. São Paulo: Revista dos Tribunais, 1. ed., 1999, 2. ed., 2004.

_____. Da ação civil pública: instrumento de cidadania. *Revista ltr*, v. 61, nº 7.

_____. *Direito do trabalho em sintonia com a nova Constituição*. São Paulo: Revista dos Tribunais, 1993.

_____. *Mandado de injunção (da inconstitucionalidade por omissão)*. São Paulo: Revista dos Tribunais, 1993.

_____. *Manual de audiências trabalhistas*. São Paulo: Revista dos Tribunais, 1994.

_____. *Medidas cautelares, procedimentos especiais, mandado de segurança, ação rescisória e ação anulatória no processo trabalhista*. 3. ed. São Paulo: Revista dos Tribunais, 1994.

_____. A prescrição com cara nova. *Revista LTr*, v. 70, nº 5.

OLIVEIRA, Eugênio Pacelli. *Curso de processo penal*. 9. ed. Rio de Janeiro: Lumen Juris, 2008.

OLIVEIRA JUNIOR, Dario da Silva. *A contratação de pessoal em caráter temporário na administração municipal*. Rio de Janeiro: Lumen Juris, 2000.

OLIVEIRA, Sebastião Geraldo de. Prescrição nas ações indenizatórias decorrentes de acidente do trabalho ou doença ocupacional. *Revista LTr*, v. 70, nº 5.

OROTAVO NETO, Fernando; ROHR, Joaquim Pedro. *Dos recursos cíveis*: dos recursos em espécie. 2. ed. Rio de Janeiro: Lumen Juris, 2006.

PACÍFICO, Luiz Eduardo Boaventura. *O ônus da prova no direito processual civil*. São Paulo: Revista dos Tribunais, 2000.

REFERÊNCIAS BIBLIOGRÁFICAS | 1355

PAIVA, Mário Antônio Lobato de. A privacidade do trabalhador no meio informático. *Revista do Direito Trabalhista*, nº 4, abr. 2003.

PAMPLONA FILHO, Rodolfo. Convênio BACEN/TST: primeiras dúvidas. *Revista do Direito Trabalhista*. Brasília: Consulex, nº 5, maio 2002.

_____. *Prescrição trabalhista*: questões controvertidas. São Paulo: LTr, 1996.

_____. *Repertório de conceitos trabalhistas*: direitos individuais. São Paulo: LTr, 2000. v. 1.

_____. Prescrição do direito de ação. *Revista do Direito Trabalhista*, nº 5,maio 1996.

_____. VILLATORE, Marco Antônio César. *Direito do trabalho doméstico*. 3. ed. São Paulo: LTr, 2007.

PANCOTTI, José Antonio. A nova competência da Justiça do Trabalho. *Revista LTr*, v. 69, nº 1.

PAULA, Jônatas Luiz Moreira de. *Comentários ao Código de Processo Civil*. 2. ed. Barueri/São Paulo: Manole, 2005. v. 5.

PAULA, Modesto de. *Lei de falências anotada*. Rio de Janeiro: Lumen Juris, 2001.

PEDUZZI, Maria Cristina Irigoyen. Execução trabalhista e responsabilidade de sócios e diretores. *Revista Magister de Direito do Trabalho*, nº 57, nov-dez/2013.

PEREIRA, André Gonçalves. QUADROS, Fausto de. *Manual de direito internacional público*. 3. ed. Coimbra: Almedina, 1995.

PIMENTA, Adriana Campos de Souza Freire. Relativização da coisa julgada. Revista Trabalhista Direito e Processo, ano 11, n. 44.

PINTO, Almir Pazzianotto. *Temas escolhidos de direito do trabalho*. Curitiba: Genesis, 2002.

_____. Justiça do Trabalho e poder normativo. *Revista Synthesis*, nº 39, 2004.

PINTO, José Augusto Rodrigues. A Emenda Constitucional nº 45/2004 e a Justiça do Trabalho: reflexos, inovações e impactos. In: COUTINHO, Grijalbo Fernandes; FAVA, Marcos Neves (Coord.). *Justiça do Trabalho*: competência ampliada. São Paulo: LTr, 2005.

_____. Compreensão didática da Lei nº 11232, de 22/12/2005. *Revista LTr*, v. 70, nº 3.

_____. *Direito sindical e coletivo do trabalho*. São Paulo: LTr, 1998.

_____. *Execução trabalhista*. São Paulo: LTr, 4. ed., 1991, 9. ed. e 11. ed., 2006.

_____. *Processo trabalhista de conhecimento*. São Paulo: LTr, 2. ed., 1993, e 5. ed., 2000.

_____. Reconhecimento *ex officio* da prescrição e processo do trabalho. *Revista LTr*, v. 70, nº 4.

_____; PAMPLONA FILHO, Rodolfo. *Repertório de conceitos trabalhistas*: direito individual. São Paulo: ltr, 2000. v. 1.

PINTO JÚNIOR, Dirceu. O poder normativo da Justiça do Trabalho e a EC 45/2004. In: RAMOS FILHO, Wilson (Coord.). *Direito coletivo do trabalho depois da EC 45/2004*. Curitiba: Genesis, 2006.

PIOVESAN, Flávia. Direitos humanos no trabalho. In: FREITAS JUNIOR, Antônio Rodrigues de (Coord.). *Direito do trabalho e direitos humanos*. São Paulo: BH Editora, 2006.

PITAS, José Severino da Silva. Correção monetária dos débitos trabalhistas: evolução legislativa e definição legal. *Revista Trabalho e Processo*, dez. 1994.

_____. Lei nº 10.035/2000: contribuições sociais. *Jornal Trabalhista Consulex*, ano 18, nº 857.

PIRES, Rosemary de Oliveira. Da jurisdição e da competência da Justiça do Trabalho. In: BARROS, Alice Monteiro de (Coord.). *Compêndio de direito processual do trabalho*. São Paulo: LTr, 1998.

PRADO, Roberto Barretto. *Curso de direito coletivo do trabalho*. 2. ed. São Paulo: LTr, 1991.

PRUNES, José Luiz Ferreira. *Terceirização do trabalho*. Curitiba: Juruá, 1997.

RAMOS, Carlos Alberto. *Informe do mercado de trabalho do Mercosul*. Brasília: Ministério do Trabalho e Emprego (TEM), Secretaria-Executiva, n° 2, nov. 2002.

REALE, Miguel. *Lições preliminares de direito*. 18. ed. São Paulo: Saraiva, 1991.

_____. *Fontes e modelos do direito*: para um novo paradigma hermenêutico. São Paulo: Saraiva, 1999.

RELASUR/OIT. Bases para un debate sobre la conveniencia de establecer un marco institucional para la negociación colectiva en Uruguay. *Revista Relasur*, n° 4, 1994.

RIBEIRO, Leonardo Ferres da Silva. Breves considerações acerca do impacto da Lei 11.232/05 no tema da eficácia das sentenças. *Processo de Execução Civil*: Modificações da Lei 11.232/05. São Paulo: Quartier Latin, 2006.

RIBEIRO, Luis José de Jesus. *A prova ilícita no processo do trabalho*. São Paulo: LTr, 2004.

RIJO, Dulce Maria Soler Gomes. *Prescrição do dano moral trabalhista*. 2001. Dissertação de mestrado em Direito Político e Econômico da Universidade Presbiteriana Mackenzie, São Paulo.

RÍMOLO, Jorge Rosenbaum. Laudos de consejos de salarios. *Trinta y Seis Estúdios sobre las Fuentes del Derecho del Trabajo*. Montevidéu: Fundación de Cultura Universitaria, 1995.

RIZZI, Sérgio. *Ação rescisória*. São Paulo: Revista dos Tribunais, 1979.

ROBORTELLA, Luiz Carlos Amorim. Flexibilização da norma constitucional e garantia de emprego. In: SILVA NETO, Manoel Jorge e (Coord.). *Constituição e trabalho*. São Paulo: LTr, 1998.

_____. Relações de trabalho na integração regional. *Direito do Trabalho na integração regional*. São Paulo: Observador Legal, 2002.

ROCCA, Danubio Moreira. Estudio Comparativo sobre los medios de prevención y solución de conflictos de trabajo en los países del Mercosur. *Revista Derecho Laboral* n° 214, abr./jun. 2004.

RODRIGUES, Fernando Anselmo. Requisitos de admissibilidade do recurso especial e do recurso extraordinário. *Aspectos polêmicos e atuais do Recurso Especial e do Recurso Extraordinário*. São Paulo: Revista dos Tribunais, 1998.

RODRIGUES, Leôncio Martins. *Destino do sindicalismo*. 2. ed. São Paulo: Edusp, 2002.

RODRIGUES, Rodnei Doreto; RODRIGUES, Gustavo Doreto. A nova competência da Justiça do Trabalho: uma abordagem Inicial. In: COUTINHO, Grijalbo Fernandes; FAVA, Marcos Neves (Coord.). *Justiça do Trabalho: competência ampliada*. São Paulo: LTr, 2005.

RODRIGUES, Silvio. *Direito civil*: parte geral. 25. ed. São Paulo: Saraiva, 1995. v. 1.

RODRÍGUEZ, Américo Plá. *Curso de derecho laboral*: conflictos colectivos. Montevidéu, IDEA, 2001. t. 4, v. 1 e 2.

RODRÍGUEZ, Américo Plá. *Princípios de direito do trabalho*. 3. ed. São Paulo: LTr, 2000.

_____. Medios de solución de conflictos. In: URIARTE, Oscar Ermida; AVILÉS, Antonio Ojeda (Coord.). *El derecho sindical en América Latina*. Montevidéu: Fundación de Cultura Universitaria. 1995.

ROMITA, Arion Sayão. *Competência da Justiça do Trabalho*. Curitiba: Genesis, 2005.

_____. Competência da Justiça do Trabalho para ações sobre relações de trabalho – trabalho eventual. *Revista Justiça do Trabalho*, ano 22, n° 258, jun. 2005.

_____. O sindicalismo no serviço público. In: SILVA NETO, Manoel Jorge e (Coord.). *Constituição e trabalho*. São Paulo: LTr, 1998.

_____. O poder normativo da Justiça do Trabalho: a necessária reforma. *Revista do Direito do Trabalho Consulex*, n° 5, maio 2001.

_____. Legitimação ordinária do sindicato. *Revista LTr*, n° 56.

_____. Penhora eletrônica. *Repertório de Jurisprudência IOB*, caderno 2, 1ª quinzena de set. 2002.

_____. A conciliação nos dissídios coletivos de caráter econômico e suas peculiaridades (no direito brasileiro). *Revista LTr*, v. 41, nº 5.

_____. Solução dos conflitos coletivos de trabalho. *Revista LTr*, v. 42.

ROTHENBURG, Walter Claudius. Réquiem para o *habeas data* (o *habeas data* e a nova Lei 9.507/97). In: WAMBIER, Teresa Arruda Alvim (Coord.). *Habeas data*. São Paulo: Revista dos Tribunais, 1998.

RUPRECHT, Alfredo J. *Relações coletivas de trabalho*. Tradução de Edilson Alkim Cunha. São Paulo: LTr, 1995.

_____. *Conflitos coletivos de trabalho*. São Paulo: LTr e EDUSP, 1979.

_____. *Os princípios do direito do trabalho*. Tradução de Edilson Alkim Cunha. São Paulo: ltr, 1995.

RUSSOMANO, Mozart Victor. *Comentários à CLT*. 11. ed. Rio de Janeiro: Forense, 1985.

_____. *Princípios de direito processual do trabalho*. São Paulo: LTr, 1976.

_____. *Princípios gerais de direito sindical*. 2. ed. Rio de Janeiro: Forense, 2002.

SAAD, Eduardo Gabriel. *CLT comentada*. 32. ed. São Paulo: LTr, 2000.

_____. *Direito processual do trabalho*. 2. ed. São Paulo: LTr, 1998.

SAKO, Emília Simeão Albino. Prescrição *ex officio* – § 5º do art. 219 do CPC – a impropriedade e inadequação da alteração legislativa e sua incompatibilidade com o direito e o processo do trabalho. *Revista LTr*, v. 70, nº 8.

SALGADO, Clóvis. Falência e crédito trabalhista. *Revista LTr*, v. 31.

SALVADOR, Antônio Raphael Silva; SOUZA, Osni de. *Mandado de segurança*: doutrina e jurisprudência. São Paulo: Atlas, 1998. v. 4. (Coleção Temas Jurídicos.)

SANT'ANNA, Valéria Maria. *Arbitragem*: comentários à Lei nº 9.307/96. São Paulo: Edipro, 1997.

SAN VICENTE, Osvaldo Mantero de. *Derecho sindical*. Montevidéu: Fundación de Cultura Universitaria, 1998.

_____. *Derecho del trabajo de los países del Mercosur*: un estudio de derecho comparado. Primeira Parte. Montevidéu: Fundación de Cultura Universitaria, 1996.

_____. Las cartas de derechos sociales y la progresividad de los derechos fundamentales de los trabajadores. *Costos laborales en el MERCOSUR*. Montevidéu: Fundación de Cultura Universitaria, 1993.

_____. Negociación colectiva. *El derecho laboral del Mercosur ampliado*. Montevidéu: Oficina Internacional do Trabalho e Fundación de Cultura Universitaria, 2000.

SANCHES, Gislene Aparecida. Os sistemas jurídicos dos estados-partes do Mercosul. In: SANTOS, Hermelino de Oliveira (Coord.). *Constitucionalização do direito do trabalho no Mercosul*. São Paulo: LTr, 1998.

SANTOS, Aloysio. *Recurso de revista*: o recurso extraordinário trabalhista: doutrina e práxis do recurso de revista. Rio de Janeiro: Forense, 2006.

_____. Reflitamos: a prescrição no direito do trabalho pode mesmo ser alegada no recurso ordinário. *Revista LTr*, v. 64, nº 4.

SANTOS, Enoque Ribeiro dos. *O direito do trabalho e o desemprego*. São Paulo: LTr, 1999.

_____. *Direitos humanos na negociação coletiva*. São Paulo: LTr, 2004.

_____. Agências reguladoras: regime jurídico de contratação de pessoal e responsabilidade objetiva. *Revista Magister de Direito Trabalhista e Previdenciário*, out./dez. 2004.

_____. *A problemática da negociação coletiva de trabalho frente ao fenômeno da descoletivização*. 2003. Tese de doutorado na Faculdade de Direito da Universidade de São Paulo, São Paulo.

DIREITO PROCESSUAL DO TRABALHO • *Francisco Ferreira Jorge Neto – Jouberto de Quadros Pessoa Cavalcante*

_____. Dissídio coletivo e Emenda Constitucional nº 45/2004: considerações sobre as teses jurídicas da existência do "comum acordo". *Revista Justiça do Trabalho*, nº 264, dez. 2005.

_____. O Microssistema de tutela coletiva – parceirização trabalhista. 2. ed. São Paulo: LTr, 2013.

_____. *Temas modernos de direito do trabalho*. Leme: BH Editora, 2005.

_____. *Responsabilidade objetiva e subjetiva do empregador em face do novo Código Civil*. São Paulo: LTr, 2007.

_____; SILVA, Juliana Araújo Lemos da. Direito de greve do servidor público como norma de eficácia contida. *Revista de Direito do Trabalho*, out./dez. 2004.

SANTOS, Élisson Miessa dos; CORREIA, Henrique. *Súmulas e orientações jurisprudenciais do TST*. 2. ed. Salvador: JusPodivm, 2012.

SANTOS, Hermelino de Oliveira (Coord.). *Constitucionalização do direito do trabalho no Mercosul*. São Paulo: LTr, 1998.

SANTOS, Moacyr Amaral. *Primeiras linhas de direito processual civil*. 9. ed. São Paulo: Saraiva, 1981. v. 1 a 3.

SANTOS, Nelton Agnaldo Moraes dos. *A técnica de elaboração da sentença*. São Paulo: Saraiva, 1996.

SANTOS, Ronaldo Lima dos. *Sindicatos e ações coletivas*. São Paulo: LTr, 1. ed., 2003 e 4. ed., 2014.

_____. Amplitude da coisa julgada nas ações coletivas. *Ação coletiva na visão de juízes e procuradores do trabalho*. São Paulo: LTr, 2006.

SANTOS JÚNIOR, Aloísio Cristovam dos; PAMPLONA FILHO, Rodolfo M. V. Prescrição: a improrrogabilidade do biênio prescricional previsto no art. 7º, XXIX, da Constituição Federal de 1988. *Revista ltr*, v. 60, nº 4.

SANTORO-PASSARELLI, Francesco. *Nozioni di diritto del lavoro*. Napoli: Casa Editrice Jovene, 1993.

SARAIVA, Renato. *Curso de direito processual do trabalho*. São Paulo: Método, 5. ed., 2008, e 6. ed., 2009.

SCAVONE JUNIOR, Luiz Antonio. Manual de arbitragem: mediação e conciliação. São Paulo: Atlas, 8. ed., 2018.

SCHIAVI, Mauro. O alcance da expressão "relação de trabalho" e a competência da Justiça do Trabalho um ano após a Emenda Constitucional nº 45/2004. *Revista TST*, v. 72, nº 1, jan./abr. 2006.

_____. *Manual de direito processual do trabalho*. São Paulo: LTr, 1. ed., 2008, 3. ed., 2010; 4. ed. 2011 e 10. ed., 2016.

SIDOU, J. M. Othon. Habeas corpus, *mandado de segurança, mandado de injunção,* habeas data, *ação popular*: as garantias ativas dos direitos coletivos. 5. ed. Rio de Janeiro, 1998.

SILVA, Antônio Álvares. A greve no serviço público. In: RODRIGUES, Aluisio (Coord.). *Direito constitucional do trabalho*. São Paulo: LTr, 1997. v. 2.

_____. *A Justiça do Trabalho e o recolhimento de contribuições previdenciárias*. São Paulo: LTr, 1999.

_____. *A transcendência no recurso de revista*. São Paulo: LTr, 2002.

_____. *O novo recurso de revista na Justiça do Trabalho*. São Paulo: LTr, 1999.

_____. Os recursos trabalhistas à luz das modificações do Código de Processo Civil. *Revista LTr*, v. 59, nº 4.

_____. *Os servidores públicos e o direito do trabalho*. São Paulo: LTr, 1993.

_____. Prescrição do trabalhador rural após a Emenda Constitucional 28/2000. *Revista do Tribunal Superior do Trabalho*, v. 67, nº 1.

_____. *Competência penal da Justiça do Trabalho*. São Paulo: LTr, 2006.

_____. *Revista do Tribunal Superior do Trabalho*, v. 67, nº 1, jan./mar. 2001.

SILVA, Carlos Alberto Barata. *Aspectos fundamentais do direito do trabalho*. São Paulo: LTr, 1991.

SILVA, Homero Batista Mateus da. Eficácia Contida, Ilegalidades e inconstitucionalidades na Lei nº 10.035, de 25 de outubro de 2000. *Revista Synthesis*, v. 32.

_____. Ações coletivas interrompem a prescrição das pretensões individuais trabalhistas? *Ação coletiva na visão de juízes e procuradores do trabalho*. São Paulo: LTr, 2006.

_____. *Comentários à reforma trabalhista*. São Paulo: Revista dos Tribunais, 2017.

SILVA, José Afonso da. *Curso de direito constitucional positivo*. São Paulo: Malheiros, 9. ed., 1993; 15. ed., 1998, e 18. ed., 2000.

SILVA, Luiz de Pinho Pedreira. *Principiologia do direito do trabalho*. São Paulo: LTr, 1999.

_____. A legitimação ativa para ajuizamento de dissídio coletivo. In: FRANCO FILHO, Georgenor de Sousa (Coord.). *Curso de direito coletivo do trabalho*. São Paulo: LTr, 1998.

SILVA, Ovídio A. Batista da Silva. *Curso de processo civil*. 4. ed. São Paulo: Revista dos Tribunais, 1998. v. 1 e 2.

SILVA, De Plácido e. *Vocabulário jurídico*. 6. ed. Rio de Janeiro: Forense, 1980.

SOARES, Evanna. A remessa *ex officio* no processo do trabalho diante da Lei nº 10.352/01. *Repertório de Jurisprudência IOB*, nº 5/2002, caderno 2.

SOARES, Humberto Ribeiro. O significado das disposições da Constituição de 5/10/88 sobre prescrição trabalhista. *Revista ltr*, v. 59, nº 9.

SOUZA, André Pagani de et al. Teoria geral do processo contemporâneo. São Paulo: Atlas, 2016.

SOUZA, César Nadal. A prescrição e sua declaração de ofício. *Revista do Tribunal Regional do Trabalho da 12ª Região*, nº 14.

SOUZA, Lilian Castro de. Contribuições previdenciárias nas ações trabalhistas – Emenda Constitucional nº 20/98. In: FREDIANI, Yone (Coord.). *Tendências do direito material e processual do trabalho*. São Paulo: LTr, 2000.

SPEZI, Luis Felipe. Formas de soluções dos conflitos do trabalho (autônomas, heterônomas, conciliação, mediação e arbitragem, solução jurisdicional). Atuação do Ministério Público do Trabalho. *Revista do Advogado* nº 54, dez. 1998.

STOCO, Rui. *Responsabilidade civil e a sua interpretação jurisprudencial*. 2. ed. São Paulo: Revista dos Tribunais, 1997.

SÜSSEKIND, Arnaldo. *Direito constitucional do trabalho*. Rio de Janeiro: Renovar, 1999.

_____. *Direito internacional do trabalho*. 3. ed. São Paulo: LTr, 2000.

_____. Harmonização do direito individual do trabalho no Mercosul. *Revista LTr*, v. 61, nº 5.

_____. História e perspectiva da Justiça do Trabalho. *Revista do Tribunal Superior do Trabalho*, v. 67, out./dez. 2001.

_____. Prescrição. *Revista ltr*, v. 53, nº 9.

_____ et al. *Instituições de direito do trabalho*. São Paulo: LTr, 19. ed., 2000 e 22. ed., 2005.

TARTUCE, Flávio; SIMÃO, José Fernando. *Direito civil*. 2. ed. São Paulo: Método, 2010, v. 4.

TEIXEIRA FILHO, João de Lima. O fator trabalho no Mercado Comum do Sul. *Direito e processo do trabalho: estudos em homenagem a Octavio Bueno Magano*. São Paulo: LTr, 1996.

_____. A harmonização da legislação no trabalho do Mercosul. *Revista LTr*, v. 57, nº 1.

TEIXEIRA FILHO, Manoel Antonio. *Ação rescisória no processo do trabalho*. São Paulo: LTr, 1991.

_____. *As ações cautelares no processo do trabalho*. 4. ed. São Paulo: LTr, 1996.

_____. A Justiça do Trabalho e a Emenda Constitucional nº 45/2004. *Revista LTr*, v. 69, nº 1.

_____. As novas leis alterantes do Processo Civil e sua repercussão no processo do trabalho. *Revista LTr*, v. 70, nº 3.

_____. *A prova no processo do trabalho*. 5. ed. São Paulo: LTr, 1991.

_____. *Breves comentários à reforma do Poder Judiciário (com ênfase à Justiça do Trabalho)*: Emenda Constitucional nº 45/2004. São Paulo: LTr, 2005.

_____. *Curso de direito processual do trabalho*. São Paulo: LTr, 2009. v. 1 a 3.

_____. *Curso de processo do trabalho*: perguntas e respostas sobre assuntos polêmicos em opúsculos específicos nº 1: petição inicial. São Paulo: LTr, 1996.

_____. *Curso de processo do trabalho*: perguntas e respostas sobre assuntos polêmicos em opúsculos específicos nº 3: resposta do réu. São Paulo: LTr, 1997.

_____. *Curso de processo do trabalho*: perguntas e respostas sobre assuntos polêmicos em opúsculos específicos: nº 5: audiência. São Paulo: LTR, 1997.

_____. *Curso de processo do trabalho*: perguntas e respostas sobre assuntos polêmicos em opúsculos específicos nº 8: suspensão do processo. São Paulo: LTr, 1997.

_____. *Curso de processo do trabalho*: perguntas e respostas sobre assuntos polêmicos em opúsculos específicos – nº 24: dissídio coletivo. São Paulo: LTr, 1998.

_____. *Execução no processo do trabalho*. São Paulo: LTr, 2. ed., 1991; 7. ed., 2001 e 9. ed., 2005.

_____. *Liquidação da sentença no processo do trabalho*. 3. ed. São Paulo: LTr, 1992.

_____. *Litisconsórcio, assistência e intervenção de terceiros no processo do trabalho*. São Paulo: LTr, 1992.

_____. *Mandado de injunção e direitos sociais*. Direito do trabalho e a nova Constituição. Curitiba: Juruá, 1989.

_____. Novas alterações no CPC e suas implicações no processo do trabalho (Lei nº 10.444/2002). *Suplemento Trabalhista LTr*, nº 87/2002.

_____. *O procedimento sumaríssimo no processo do trabalho*: comentários à Lei nº 9.957/2000. São Paulo: LTr, 2000.

_____. Recursos Trabalhistas – Comentários à Lei n. 13.015/2014. *Revista LTr*, v. 78, nº 8.

_____. *Sistema dos recursos trabalhistas*. São Paulo: LTr, 5. ed., 1991, e 10. ed., 2003.

_____. *Curso de direito processual civil do trabalho*. São Paulo: LTr, 2009. v. 2.

_____. Recursos trabalhistas – comentários à Lei 13.015/2014. *Revista LTr*, v. 78, nº 8.

TEMER, Michel. *Elementos de direito constitucional*. 9. ed. São Paulo: Malheiros, 1992.

TERRUGGI, Liliane M.; OPORTO, Sílvia F. Relações trabalhistas – subgrupo nº 11. In: BAPTISTA, Luiz Olavo; MERCADANTE, Araminta de Azevedo; CASELLA, Paulo Borba (Coord.). *Mercosul*: das negociações à implantação. São Paulo: LTr, 1994.

THEODORO JÚNIOR, Humberto. *Curso de direito processual civil*. Rio de Janeiro: Forense, 25. ed., 1998, e 44. ed., 2006. v. 1 a 3.

_____. Prescrição e decadência no novo Código Civil: alguns aspectos relevantes. *Revista Síntese de Direito Civil e Processual Civil*, nº 23, maio/jun. 2003.

_____. *Processo cautelar*. São Paulo: LEUD, 16. ed., 1995, e 21. ed., 2004.

TORMEN, Anita. Da omissão e da falsidade dos registros na CTPS – aspectos criminais. *Justiça do Trabalho*, nº 242, fev. 2004.

TOURINHO FILHO, Fernando da Costa. *Prática de processo penal*. 24. ed. São Paulo: Saraiva, 2002.

REFERÊNCIAS BIBLIOGRÁFICAS | **1361**

URIARTE, Oscar Ermida. El conflito de trabajo. In: URIARTE, Oscar Ermida (Coord.). *Curso introductorio de relaciones laborales*. 2. ed. Montevidéu: Fundación de Cultura Universitaria, 1996.

_____. *La dimensión social del Mercosur*. Montevidéu: Fundación de Cultura Universitaria, 2004.

_____. El Mercosur y los aspectos laborales. *Revista de Trabajo*, jul./ago. 1994.

_____. Característica, contenido y eficacia de una eventual carta social del Mercosur. *OIT: RELA-SUR: ¿Una carta social del Mercosur? Trabajo de la jornada técnica sobre la Carta de Derechos Fundamentales en Materia Laboral del Mercosur*. Montevidéu, 1994.

_____. Característica, conteúdo e eficácia de uma eventual carta social do Mercosul. In: Rodrigues, Aluisio (Coord.). *Direito constitucional do trabalho*. Tradução de Aluisio Rodrigues. São Paulo: LTr, 1999. v. 2.

VIDAL NETO, Pedro. *Do poder normativo da Justiça do Trabalho*. São Paulo: LTr, 1983.

VIGEVANI, Tullo. *Mercosul*: impactos para trabalhadores e sindicatos. São Paulo: LTr, 1998.

_____. VEIGA, João Paulo. Mercosul: interesse e mobilização sindical. *Estudos avançados*. 1995. v. 3 (Coleção Documentos, Série Assuntos Internacionais 41.2.)

VILLATORE, Marco Antônio César. Aspectos gerais da solução extrajudicial de conflitos em países do Mercosul. *Revista do Tribunal Regional do Trabalho da Décima Quinta Região*, nº 18, 2002.

VIVOT, Julio J. Martinez. Formas de composição dos conflitos coletivos. In: TEIXEIRA FILHO, João de Lima (Coord.). *Relações coletivas de trabalho*. São Paulo: LTr, 1989.

WALDRAFF, Célio Horst (Coord.). *Coletânea de direito processual do trabalho*. Curitiba: Gênesis, 2004.

WAMBIER, Luiz Rodrigues; ALMEIDA, Flávio Renato Correia de; TALAMINI, Eduardo. *Curso avançado de processo civil*. São Paulo: Revista dos Tribunais, 1. ed., 1998, 8. ed., 2006, e 13. ed., 2013. v. 1 a 3.

WAMBIER, Teresa Arruda Alvim. *Nulidades do processo e da sentença*. São Paulo: Revista dos Tribunais, 3. ed., 1993, e 4. ed., 1997.

_____; DIDIER JR. Fredie, TALAMINI. Eduardo. DANTAS, Bruno. *Breves comentários ao Código de Processo Civil*. São Paulo: Revista dos Tribunais, 2015.

_____; CONCEIÇÃO, Maria Lúcia Lins; RIBEIRO, Leonardo Ferres da Silva; MELLO, Rogério Licastro Torres de. *Primeiros comentários ao novo Código de Processo Civil artigo por artigo*. São Paulo: Revista dos Tribunais, 2015.

_____; WAMBIER, Luiz Rodriguez. *Processo de execução e assuntos afins*. São Paulo: Revista dos Tribunais, 1998.

WINTER, Vera Regina Loureiro. Ação civil pública, uma nova abordagem na Justiça do Trabalho. *Revista Síntese Trabalhista*, nº 65, nov. 1994.

ZANGRANDO, Carlos Henrique da Silva. As diferenças entre relação de consumo e relação de trabalho e a competência da justiça laboral – parte final. *Jornal Trabalhista Consulex*, nº 1.141, out. 2005.

_____. *Curso de direito do trabalho*. São Paulo: LTr, 2008. t. 1 a 3.

_____. *Processo do trabalho*: processo de conhecimento. São Paulo: LTr, 2009. t. 1 e 2.

Pré-impressão, impressão e acabamento

grafica@editorasantuario.com.br
www.graficasantuario.com.br
Aparecida-SP